PEARSON

Química

Wilbraham · Staley · Matta · Waterman

PEARSON

ISBN 10: 1-269-38133-4
ISBN 13: 978-1-269-38133-8

Dennis Staley earned a Master of Science in chemistry at Southern Illinois University Edwardsville. As an Instructor in the Department of Chemistry and the Office of Science and Math Education at Southern Illinois University Edwardsville, he taught high school and college-level chemistry and led teacher workshops. Mr. Staley has been writing high school and college-level chemistry textbooks for over 30 years. He currently enjoys gardening, bicycling, sharing hands-on science with kids, and traveling to visit his grandchildren.

Antony Wilbraham spent the majority of his career at Southern Illinois University Edwardsville, where he currently holds the position of Emeritus Professor of Chemistry. He is a member of several professional societies. For more than 30 years, he has been writing high school and college-level chemistry textbooks and has published extensively in scientific journals. Professor Wilbraham enjoys traveling, woodworking, gardening, and making toys for his granddaughters.

Michael Matta earned a Bachelor of Science in chemistry at the University of Dayton and a Doctor of Philosophy in chemistry at Indiana University. He spent most of his career at Southern Illinois University Edwardsville, where he currently is an Emeritus Professor. Dr. Matta has been developing and writing high school and college-level chemistry textbooks and related ancillaries for over 30 years and has published extensively in scientific journals. He is a member of several professional societies. In his spare time, he enjoys woodworking, watercolor painting, and playing with his six grandchildren.

Michael Matta died shortly after the onset of this program. While he is greatly missed by his many friends throughout the chemistry community, his coauthors remain inspired by his visionary dedication to education, and they are committed to searching for even better ways to engage students in the wonders of chemistry.

Edward Waterman taught chemistry and advanced placement chemistry from 1976 to 2007 at Rocky Mountain High School in Fort Collins, Colorado. He now conducts workshops for teachers on inquiry, differentiation, small-scale chemistry, AP chemistry and virtual chemistry laboratory. He also presents photo-essay lectures about the natural history of molecules, engaging the general public in the appreciation for and understanding of chemistry. Mr. Waterman holds a Bachelor of Science degree in chemistry from Montana State University and a Master of Science degree in chemistry from Colorado State University. In his free time, he enjoys exploring wild places in the Rocky Mountains and on the Colorado Plateau by hiking, kayaking, and cross-country skiing.

Consultants/Reviewers

Grant Wiggins, Ed.D.
Dr. Wiggins is a coauthor of *Understanding by Design*® (UbD), a philosophy of instructional design. UbD is a disciplined way of thinking about curriculum design, assessment, and instruction that moves teaching from covering the content to ensuring understanding.

BIGIDEA Big Ideas are one of the core components of UbD in **Pearson Chemistry.** These Big Ideas, such as The Mole and Quantifying Matter, establish a conceptual framework for the program. Look for opportunities throughout each chapter to link back to the Big Ideas.

Each chapter in the Student Edition provides opportunities to link back to the Big Ideas. Since the Understanding by Design® methodology is by nature a teaching tool, additional applications of this philosophy can be found in the Teacher's Edition.

UNDERSTANDING BY DESIGN® and UbD™ are trademarks of ASCD, and are used under license.

Teacher Advisory Board

Linda Dearth-Monroe
Warren Central High School
Indianapolis, Indiana

Jason Gilley
Cypress Creek High School
Orlando, Florida

Kenneth A. Greathouse
Parkway Central High School
Chesterfield, Missouri

Paul Holloman
Rocky Mount High School
Rocky Mount, North Carolina

George "Rod" Larsen
West Orange High School
Winter Garden, Florida

Stephanie C. LeGrone
Mary G. Montgomery High School
Semmes, Alabama

Christopher Schrempp
Los Osos High School
Rancho Cucamonga, California

Content Reviewers

Matthew Asplund, Ph.D.
Department of Chemistry
and Biochemistry
Brigham Young University
Provo, Utah

Regina M. Barrier
Western Outreach Coordinator
The Science House
North Carolina State University
Lenoir, North Carolina

J. Phillip Bowen, Ph.D.
Department of Chemistry
and Biochemistry
University of North Carolina
Greensboro, North Carolina

Alison J. Frontier, Ph.D.
Department of Chemistry
University of Rochester
Rochester, New York

David J. Merkler, Ph.D.
Department of Chemistry
University of South Florida
Tampa, Florida

Gregory S. Owens, Ph.D.
Department of Chemistry
University of Utah
Salt Lake City, Utah

Eric T. Sevy, Ph.D.
Department of Chemistry
and Biochemistry
Brigham Young University
Provo, Utah

William H. Steinecker, Ph.D.
Miami University
Oxford, Ohio

Harry A. Stern, Ph.D.
Department of Chemistry
University of Rochester
Rochester, New York

Mark E. Welker, Ph.D.
Department of Chemistry
Wake Forest University
Winston-Salem, North Carolina

Teacher Reviewers

Jeff Bilyeu
West Linn High School
West Linn, Oregon

Mary Chuboff
Athens Academy
Athens, Georgia

Linda Dearth-Monroe
Warren Central High School
Indianapolis, Indiana

Jason Gilley
Cypress Creek High School
Orlando, Florida

Stella Glogover
Head-Royce School
Oakland, California

Paul Holloman
Rocky Mount High School
Rocky Mount, North Carolina

Laura McGregor
Marist School
Atlanta, Georgia

Nancy Monson
West Linn High School
West Linn, Oregon

Daniel R. Mullaney
Walpole High School
Walpole, Massachusetts

Michael Roadruck, Ph.D.
Department of Chemistry
University of Toledo
Toledo, Ohio

Michelle Tindall
Birmingham Groves High School
Beverly Hills, Michigan

Safety Consultant

Kenneth R. Roy, Ph.D.
Director of Science and Safety
Glastonbury Public Schools
Glastonbury, Connecticut

Todos los elementos para el éxito

El nuevo programa **Química Pearson** combina contenido comprobado con apoyo digital innovador y una variedad de investigaciones de laboratorio para ayudarte a asegurar el éxito en química.

En tu nuevo programa encontrarás:

- **Aprendizaje personalizado** oportunidades para apoyar tu estilo de aprendizaje único.

- **Conexiones con el mundo real** relacionan conceptos y procesos abstractos a tu vida diaria.

- **Tecnología innovadora** que se integra a lo largo del programa proporcionando opciones para que interactúes con el contenido de múltiples maneras.

- **Ricas exploraciones de laboratorio** y **apoyo de estudio** proporcionan numerosas oportunidades para practicar y reforzar destrezas químicas esenciales.

En las páginas siguientes, verás sólo algunos de los elementos contenidos en el programa **Química Pearson** que te llevarán al éxito.

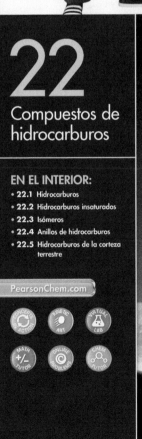

22
Compuestos de hidrocarburos

EN EL INTERIOR:
- **22.1** Hidrocarburos
- **22.2** Hidrocarburos insaturados
- **22.3** Isómeros
- **22.4** Anillos de hidrocarburos
- **22.5** Hidrocarburos de la corteza terrestre

PearsonChem.com

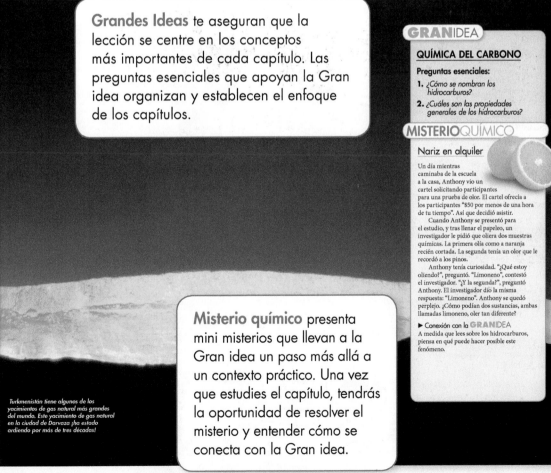

Turkmenistán tiene algunos de los yacimientos de gas natural más grandes del mundo. Este yacimiento de gas natural en la ciudad de Darvaza ¡ha estado ardiendo por más de tres décadas!

Grandes Ideas te aseguran que la lección se centre en los conceptos más importantes de cada capítulo. Las preguntas esenciales que apoyan la Gran idea organizan y establecen el enfoque de los capítulos.

Misterio químico presenta mini misterios que llevan a la Gran idea un paso más allá a un contexto práctico. Una vez que estudies el capítulo, tendrás la oportunidad de resolver el misterio y entender cómo se conecta con la Gran idea.

GRANIDEA

QUÍMICA DEL CARBONO

Preguntas esenciales:

1. ¿Cómo se nombran los hidrocarburos?
2. ¿Cuáles son las propiedades generales de los hidrocarburos?

MISTERIOQUÍMICO

Nariz en alquiler

Un día mientras caminaba de la escuela a la casa, Anthony vio un cartel solicitando participantes para una prueba de olor. El cartel ofrecía a los participantes "$50 por menos de una hora de tu tiempo". Así que decidió asistir.

Cuando Anthony se presentó para el estudio, y tras llenar el papeleo, un investigador le pidió que oliera dos muestras químicas. La primera olía como a naranja recién cortada. La segunda tenía un olor que le recordó a los pinos.

Anthony tenía curiosidad. "¿Qué estoy oliendo?", preguntó. "Limoneno", contestó el investigador. "¿Y la segunda?", preguntó Anthony. El investigador dio la misma respuesta: "Limoneno". Anthony se quedó perplejo. ¿Cómo podían dos sustancias, ambas llamadas limoneno, oler tan diferente?

▶ Conexión con la **GRAN**IDEA
A medida que lees sobre los hidrocarburos, piensa en qué puede hacer posible este fenómeno.

760

v

Aprendizaje personalizado

Cada estudiante se aproxima al aprendizaje de muchas maneras. **Química Pearson** proporciona todas las herramientas para apoyar tu estilo único y ayudarte a desarrollar las destrezas que necesitas para lograr el éxito. Los ejemplos de problemas de química y el apoyo de matemáticas son sólo unos ejemplos.

Afinación de matemáticas páginas que están al final de capítulos seleccionados te ayudan a hacer referencias rápidamente acerca de cómo resolver un problema y también son una excelente manera para repasar antes de la evaluación.

Ejemplos de problemas te guían paso a paso a través de problemas químicos complicados. Busca los botones naranjas para un tutorial animado en línea y más problemas de práctica.

Afinar las matemáticas: Problemas de conversión

Problema	❶ Analizar	❷ Calcular	❸ Evaluar
En una tienda se venden naranjas a 3 por $2. ¿Cuánto costará comprar una docena de naranjas?	Conocido: 3 naranjas = $2; 1 docena = 12. Desconocido: Costo de 12 naranjas = ? La conversión deseada es naranjas ⟶ $.	Usa la relación 3 naranjas = $2 para escribir el factor de conversión correcto. $$\frac{\$2}{3\ naranjas}$$ Multiplica la cantidad conocida por el factor de conversión. $$12\ naranjas \times \frac{\$2}{3\ naranjas} = \$8$$	Una docena es más grande que número 3, así que el costo debería mayor que $2. L unidad conocida (naranjas) se car y la respuesta tie unidad correcta
Convierte el volumen 865 cm³ a litros.	Conocido: volumen = 865 cm³; 10^3 cm³ = 1 L. Desconocido: volumen = ? L. La conversión deseada es cm³ ⟶ L.	Usa la relación 10^3 cm³ = 1 L para escribir el factor de conversión. $$\frac{1\ L}{10^3\ cm^3}$$ Multiplica el volumen conocido por el factor de conversión. $$865\ cm^3 \times \frac{1\ L}{10^3\ cm^3} = 0.865\ L$$	Un centímetro cúbico es mucho más pequeño que un litro, así que la respuesta debería ser numéricamente más pequeña que la medida dada. La un dad conocida (cm³) se cancela y la respu esta tiene la unidad correcta (L)
Expresa la longitud 8.2×10^{-4} μm en centímetros.	Conocido: longitud = 8.2×10^{-4} μm; 10^6 μm = 1 m; 1 m = 10^2 cm. Desconocido: longitud = ? L. La conversión deseada es μm ⟶ cm. Primero cambia μm a m; después cambia m a cm: μm ⟶ m ⟶ cm.	Usa la relación 10^6 μm = 1 m para escribir el primer factor de conversión. $$\frac{1\ m}{10^6\ \mu m}$$ Usa la relación 1 m = 10^2 cm para escribir el segundo factor de conversión. $$\frac{10^2\ cm}{1\ m}$$ Multiplica la longitud conocida por los factores de conversión. $$8.2 \times 10^{-4}\ \mu m \times \frac{1\ m}{10^6\ \mu m} \times \frac{10^2\ cm}{1\ m}$$ $$= 8.2 \times 10^{-8}\ cm$$	Un micrómetro es más pequeño que un centímetro, así que la respuesta debería ser numéricamente más pequeña que la medida dada. La uni- dad conocida (μm) se cancela y la respu- esta tiene la unidad correcta (cm). **Pista:** Para un problema de pasos múltiples, haz una conversión a la vez.

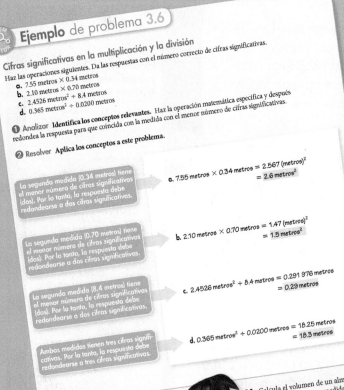

Ejemplo de problema 3.6

Cifras significativas en la multiplicación y la división

Haz las operaciones siguientes. Da las respuestas con el número correcto de cifras significativas.

a. 7.55 metros × 0.34 metros
b. 2.10 metros × 0.70 metros
c. 2.4526 metros² ÷ 8.4 metros
d. 0.365 metros² ÷ 0.0200 metros

❶ **Analizar Identifica los conceptos relevantes.** Haz la operación matemática específica y después redondea la respuesta para que coincida con la medida con el menor número de cifras significativas.

❷ **Resolver Aplica los conceptos a este problema.**

La segunda medida (0.34 metros) tiene el menor número de cifras significativas (dos). Por lo tanto, la respuesta debe redondearse a dos cifras significativas.

a. 7.55 metros × 0.34 metros = 2.567 (metros)²
  = 2.6 metros²

La segunda medida (0.70 metros) tiene el menor número de cifras significativas (dos). Por lo tanto, la respuesta debe redondearse a dos cifras significativas.

b. 2.10 metros × 0.70 metros = 1.47 (metros)²
  = 1.5 metros²

La segunda medida (8.4 metros) tiene el menor número de cifras significativas (dos). Por lo tanto, la respuesta debe redondearse a dos cifras significativas.

c. 2.4526 metros² ÷ 8.4 metros = 0.291 976 metros
  = 0.29 metros

Ambas medidas tienen tres cifras signifi- cativas. Por lo tanto, la respuesta debe redondearse a tres cifras significativas.

d. 0.365 metros² ÷ 0.0200 metros = 18.25 metros
  = 18.3 metros

10. Resuelve cada problema. Da tus respuestas con el número correcto de cifras significativas y en notación científica.
a. 8.3 metros × 2.22 metros
b. 8432 metros² ÷ 12.5 metros
c. 35.2 segundos × $\frac{1\ minuto}{60\ segundos}$

11. Calcula el volumen de un almacén que tiene las dimensiones medidas de 22.4 metros por 11.3 metros por 5.2 metros. (Volumen = $l \times a \times h$)

En el Problema 11, la medida con la menor cantidad de cifras significativas es 5.2 metros. ¿Qué te dice esto?

Conectar la química con tu mundo

Las conexiones de química están a tu alrededor. **Química Pearson** te da ejemplos de química en la vida diaria, conectando el contenido con ejemplos familiares y experiencias en tu mundo.

La química y tú introducciones que empiezan cada lección con una pregunta interesante para ayudarte a provocar tu curiosidad y guiar tu aprendizaje.

La química y tú características a lo largo del libro que presentan aplicaciones reales emocionantes de la química en la tecnología, el medio ambiente y numerosas profesiones.

22.1 Hidrocarbu

LA QUÍMICA Y TÚ

P: *¿Por qué algunos combustibles fósiles son gases, otros son líquidos y otros son sólidos?* La gasolina que se usa para encender esta motocicleta es un líquido a TPE. También lo es el combustible diesel que se usa en camiones y autobuses, y el kerosene que se usa en linternas. Otros combustibles son gases o sólidos. Por ejemplo, el combustible usado en un horno puede ser de gas natural o un sólido, como el carbón. Todos estos combustibles contienen mezclas de compuestos llamados hidrocarburos. En esta lección, aprenderás acerca de la estructura y las propiedades de los hidrocarburos.

Preguntas clave

⬤ *¿Por qué los átomos de carbono forman cuatro enlaces covalentes?*

⬤ *¿Cuáles son dos posibles configuraciones de los átomos de carbono en un alcano?*

Vocabulario

- hidrocarburo
- alcano
- alcano de cadena lineal
- serie homóloga
- fórmula estructural condensada
- sustituto
- grupo alquilo
- alcano de cadena ramificada

Químic

⬤ *¿Por qu covalentes?*

Hace menos
sintetizar los
células. Así d
orgánicos, y
orgánica. M
dirigía la fo
Friedrich W
de usar sus
orgánico q
incluye a la
independi

Introduc
muestra l
compuest
inorgánic
orgánico
hidrocarb
element
sólo car
metano

El d
a veces
de las b
zonas
sustan

LA QUÍMICA Y TÚ: TECNOLOGÍA

Biorremediación

El petróleo y el agua no se mezclan. Es posible que hayas visto este hecho en imágenes de un derrame de petróleo en las noticias. Los derrames de petróleo pueden llevar a la muerte de las aves marinas y de los mamíferos marinos, y pueden contaminar el suelo y el agua potable.

Una de las herramientas que se usan para limpiar el petróleo derramado es una tecnología relativamente nueva llamada biorremediación. La tecnología usa microbios "comepetróleo" (especialmente bacterias) para remediar el derrame. Para estos microbios, los hidrocarburos en el petróleo crudo no son un contaminante sino una fuente de alimento. Durante el proceso de la digestión, los hidrocarburos nocivos se convierten en productos menos dañinos, sobre todo dióxido de carbono y agua. La biorremediación es un método seguro, simple y relativamente barato para solucionar los derrames de petróleo. Sin embargo, el proceso requiere de tiempo para funcionar. Además, por lo general solo funciona en el petróleo residual de las costas, después de que parte del derrame ha sido eliminado por otros medios.

Un paso más allá

1. Describir Dos hidrocarburos que se encuentran en los derrames de crudo son el metilbenceno y el metilciclopentano. Dibuja las fórmulas estructurales de estos dos compuestos.

2. Investigar un problema Otra tecnología llamada agente de dispersión se usa a menudo para remediar los derrames de petróleo. Investiga esta tecnología y compárala con la biorremediación.

TECNOLOGÍA DE VANGUARDIA Y VIVO La degradación del petróleo en el medio ambiente marino es llevada a cabo por diversos microorganismos, incluyendo la especie *Pseudomonas* que se muestra aquí.

Química Pearson cobra vida en línea con muchas maneras para practicar, tutoriales para revisar la química y los problemas de matemáticas, laboratorios en línea, arte interactivo, animaciones y mucho más para ampliar tu aprendizaje más allá del salón de clases. Los botones a lo largo del texto te dirigen a emocionantes y útiles actividades en línea en PearsonChem.com.

16
Soluciones

EN EL INTERIOR:

- **16.1** Propiedades de las soluciones
- **16.2** Concentraciones de soluciones
- **16.3** Propiedades coligativas de las soluciones
- **16.4** Cálculos con propiedades coligativas

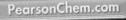
PearsonChem.com

Conceptos en acción animaciones que porporcionan una visión general de un concepto clave del capítulo usando contextos del mundo real así como ejemplos y analogías.

Tutorial de química animaciones que te dan una ayuda extra en la resolución de problemas demostrando los pasos que se muestran en uno o más Ejemplos de problemas seleccionados de cada capítulo.

Arte cinético animaciones que te ayudan a entender conceptos abstractos llevando el arte de tu libro de texto a la vida en línea.

Tutorial de matemáticas animaciones para repasar destrezas de matemáticas clave necesarias para resolver los problemas del capítulo que verás en tu libro de texto. Te muestra videos de 2 a 3 minutos que te llevarán paso a paso para resolver un tipo de problema específico.

Conjuntos de problemas en línea que te dan una práctica extra para resolver problemas similares a los que encontrarás en tu libro de texto.

Laboratorio virtual dirigido actividades que te guían a través de las investigaciones de Laboratorio quimico virtual, diseñadas para explicar y reforzar los conceptos del capítulo en un ambiente virtual y de laboratorio reales.

El agua de río contiene m[...] iones disueltos, incluyend[...] de sodio, calcio, magnesi[...] cloruro y sulfato.

516

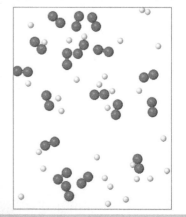

Dalton's Law

Heliox is a mixture of helium and oxygen gas. The pressure exerted by the helium in the mixture is independent of the pressure exerted by the oxygen.

He

O_2

Heliox

500 kPa

Pearson se complace en asociarse con **Molecular Workbench** para todas las animaciones de Arte cinético.

Investigaciones de laboratorio y herramientas de estudio

Las investigaciones de laboratorio y las herramientas de estudio amplían tu comprensión de los conceptos de la química al proporcionarte práctica y un apoyo extra en el estudio de las áreas que más necesites.

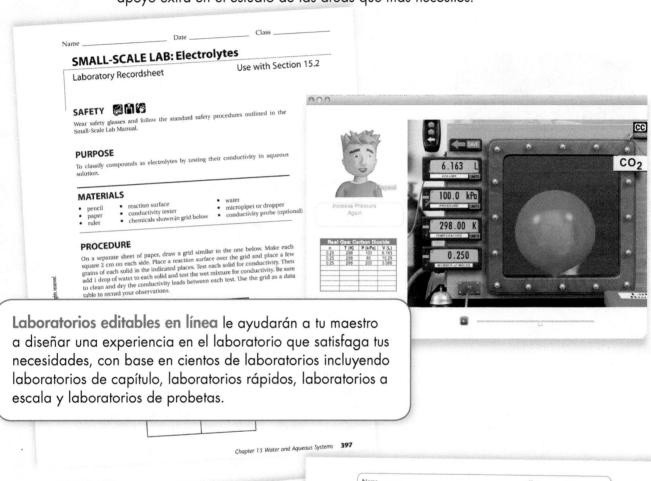

Name _____ Date _____ Class _____

SMALL-SCALE LAB: Electrolytes
Laboratory Recordsheet

Use with Section 15.2

SAFETY
Wear safety glasses and follow the standard safety procedures outlined in the Small-Scale Lab Manual.

PURPOSE
To classify compounds as electrolytes by testing their conductivity in aqueous solution.

MATERIALS
- pencil
- paper
- ruler
- reaction surface
- conductivity tester
- chemicals shown in grid below
- water
- micropipet or dropper
- conductivity probe (optional)

PROCEDURE
On a separate sheet of paper, draw a grid similar to the one below. Make each square 2 cm on each side. Place a reaction surface over the grid and place a few grains of each solid in the indicated places. Test each solid for conductivity. Then add 1 drop of water to each solid and test the wet mixture for conductivity. Be sure to clean and dry the conductivity leads between each test. Use the grid as a data table to record your observations.

Laboratorios editables en línea le ayudarán a tu maestro a diseñar una experiencia en el laboratorio que satisfaga tus necesidades, con base en cientos de laboratorios incluyendo laboratorios de capítulo, laboratorios rápidos, laboratorios a escala y laboratorios de probetas.

6.163 L
100.0 kPa
298.00 K
0.250

CO₂

Increase Pressure Again

Real Gas: Carbon Dioxide			
n	T (K)	P (kPa)	V (L)
0.25	298	100	6.163
0.25	298	60	10.29
0.25	298	200	3.066

Chapter 15 Water and Aqueous Systems   **397**

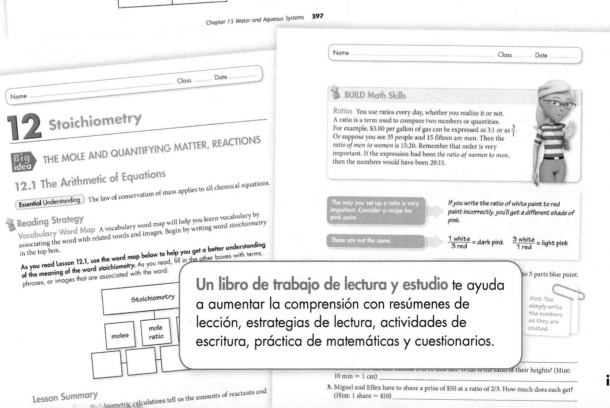

Name _____ Class _____ Date _____

12 Stoichiometry

Big idea THE MOLE AND QUANTIFYING MATTER, REACTIONS

12.1 The Arithmetic of Equations

Essential Understanding The law of conservation of mass applies to all chemical equations.

Reading Strategy
Vocabulary Word Map A vocabulary word map will help you learn vocabulary by associating the word with related words and images. Begin by writing word *stoichiometry* in the top box.

As you read Lesson 12.1, use the word map below to help you get a better understanding of the meaning of the word *stoichiometry*. As you read, fill in the other boxes with terms, phrases, or images that are associated with the word.

Stoichiometry

moles | mole ratio

Lesson Summary

Name _____ Class _____ Date _____

BUILD Math Skills

Ratios You use ratios every day, whether you realize it or not. A ratio is a term used to compare two numbers or quantities. For example, $3.00 per gallon of gas can be expressed as 3:1 or as $\frac{3}{1}$. Or suppose you see 35 people and 15 fifteen are men. Then the *ratio of men to women* is 15:20. Remember that order is very important. If the expression had been the *ratio of women to men*, then the numbers would have been 20:15.

The way you set up a ratio is very important. Consider a recipe for pink paint.

If you write the ratio of white paint to red paint incorrectly, you'll get a different shade of pink.

These are not the same.

$\frac{1 \text{ white}}{3 \text{ red}}$ = dark pink $\frac{3 \text{ white}}{1 \text{ red}}$ = light pink

...o 5 parts blue paint.

Hint: You simply write the numbers as they are stated.

Un libro de trabajo de lectura y estudio te ayuda a aumentar la comprensión con resúmenes de lección, estrategias de lectura, actividades de escritura, práctica de matemáticas y cuestionarios.

10 mm = 1 cm)

3. Miguel and Ellen have to share a prize of $50 at a ratio of 2/3. How much does each get? (Hint: 1 share = $10)

ix

Contenido

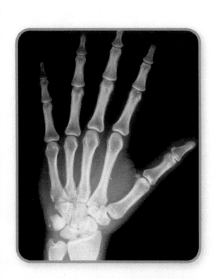

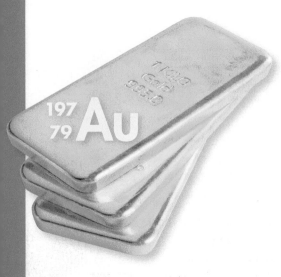

197
79 Au

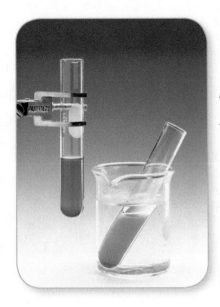

MISTERIOQUÍMICO

Mejora tu conocimiento explorando un misterio químico que se conecte a la Gran idea de cada capítulo. Por ejemplo, aprenderás cómo joyería más económica puede parecer estar hecha de oro.

What's Online

PearsonChem.com

Your chemistry book comes alive online at **PearsonChem.com.** Anytime you spot one of these icons on a page, you can visit **PearsonChem.com** for an online activity, tutorial, or practice problem that helps reinforce the concepts introduced in the book.

Laboratorio a escala

Usa materiales disponibles rápidamente y procedimientos fáciles para producir resultados de laboratorio confiables.

Laboratorio rápido

Aplica conceptos y destrezas de química con estas oportunidades rápidas y prácticas.

Las versiones Investigación o Detector están disponibles en el Manual de Laboratorio de Utensilios de Investigación.

Interpretar gráficas

Visualiza datos químicos en forma gráfica y mejora tus destrezas de pensamiento crítico.

Real Gases Deviate From the Ideal

Interpretar datos

Organiza e interpreta datos mientras desarrollas tus habilidades de pensamiento crítico.

LA QUÍMICA Y TÚ

Páginas distintivas

Aprende más acerca de cómo se aplica la química a las situaciones del mundo real. Leerás acerca del impacto social y ambiental de las tecnologías químicas e investigarás algunas profesiones interesantes que aplican la química. Algunas características incluyen divertidos experimentos que puedes hacer por tu cuenta o con tus compañeros de clase.

Problema de ejemplo

Aprovéchate de estos problemas para guiarte en la resolución de procesos.

1
Introducción a la química

EN EL INTERIOR:

- **1.1** Temas de la química
- **1.2** La química y tú
- **1.3** Pensar como un científico
- **1.4** Resolver problemas en la química

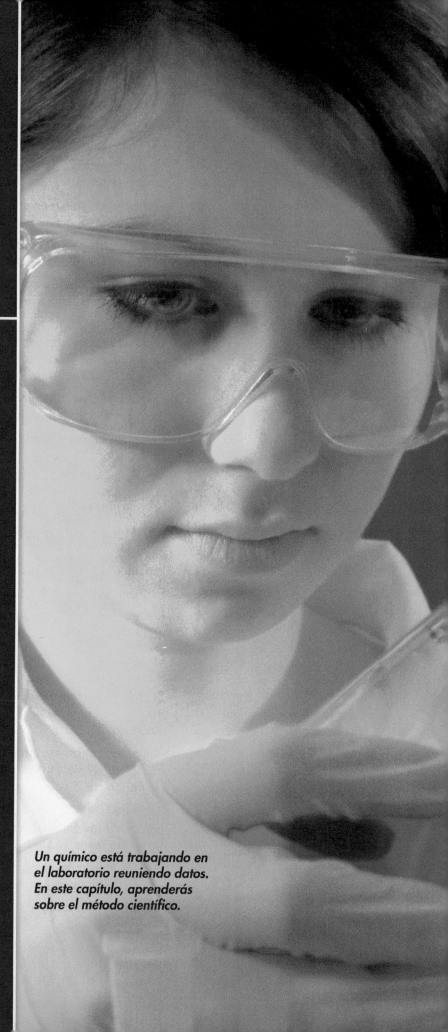

PearsonChem.com

Un químico está trabajando en el laboratorio reuniendo datos. En este capítulo, aprenderás sobre el método científico.

LA QUÍMICA COMO CIENCIA CENTRAL

Preguntas esenciales:

1. ¿Por qué es importante estudiar química?

2. ¿Cómo resuelven problemas los químicos?

MISTERIOQUÍMICO

¿Son mejores las cosas biodegradables?

Te estás preparando para un picnic con tus amigos y necesitas comprar suministros, incluyendo vasos y cubiertos. En la tienda te das cuenta que hay otras opciones además de los cubiertos de plástico desechables que normalmente hay. La etiqueta de algunos de los artículos dice que están hechos de "bioplástico". El empaque anuncia que estos productos son "ecológicos", "degradables" y "fabricados con recursos renovables". Todas las etiquetas de estos productos te dejan perplejo. ¿Qué es este nuevo material? ¿Es mejor para el medio ambiente que el plástico común? Decides averiguar más sobre el bioplástico antes de hacer la compra. ¿Qué factores debes tomar en cuenta con el fin de tomar una decisión informada cuando vuelvas a la tienda para hacer la compra?

▶ Conexión con la **GRAN**IDEA A medida que lees sobre las destrezas y métodos que se usan en la química, piensa cómo se pueden aplicar a las decisiones que tomas cada día.

1.1 Temas de la química

LA QUÍMICA Y TÚ

P: *¿Por qué esta criatura te podría interesar si fueras un químico?* El fugu, también conocido como pez globo, es una exquisitez de sushi, que también puede ser letal. El pez globo contiene una potente toxina que puede matar a un adulto unas pocas horas después de ingerirlo. Los cocineros de sushi que preparan fugu deben estar especialmente capacitados, ya que cualquier contaminación de las partes del pez que no contienen la toxina puede ser mortal. Recientemente, se consiguió un buen uso para esta toxina, pues los científicos han descubierto que una forma purificada de la misma puede tratar el dolor severo en pacientes con cáncer.

Preguntas clave

🔑 *¿Por qué el ámbito de la química es tan amplio?*

🔑 *¿Cuáles son las cinco áreas tradicionales de estudio de la química?*

🔑 *¿Cuáles son los temas centrales de la química?*

Vocabulario

- materia
- química
- química orgánica
- química inorgánica
- bioquímica
- química analítica
- físicoquímica
- química pura
- química aplicada

Figura 1.1 La materia que te rodea
Todo lo que te rodea está formado de materia. La química es el estudio de la materia y de los cambios que sufre la materia. **Inferir** *¿Qué cambios sufre la materia en esta foto?*

¿Qué es la química?

🔑 *¿Por qué el ámbito de la química es tan amplio?*

Mira a tu alrededor. Este libro que estás leyendo, la silla en la que estás sentado y la computadora que usas están formados de materia. Materia es el término general que usamos para nombrar todas las cosas que pueden ser descritas como materiales. **Materia** es cualquier cosa que tenga masa y ocupe un espacio. Los árboles, el agua, y los edificios que ves en la Figura 1.1 son ejemplos de materia. Sin embargo, para que algo se pueda clasificar como materia, no es necesario que sea visible. El aire que respiras es un ejemplo de materia que no se puede ver a simple vista.

¿Alguna vez te has preguntado cómo es que algunas criaturas logran sobrevivir en las profundidades del océano, donde no hay luz? ¿Por qué algunos alimentos saben dulce y otros saben amargo? La química responde éstas y muchas otras preguntas que puedas tener sobre el mundo en el que vives. La **química** es el estudio de la composición de la materia y los cambios que ésta sufre. 🔑 *La química afecta todos los aspectos de la vida y la mayor parte de los eventos naturales porque todos los seres vivos y no vivos están hechos de materia.* La química también se conoce como la ciencia central, porque es fundamental para la comprensión de las otras ciencias.

Áreas de estudio

🔑 *¿Cuáles son las cinco áreas tradicionales de estudio de la química?*

El ámbito de la ciencia es muy amplio; por lo tanto, cada químico tiende a concentrarse en un área de estudio. 🔑 **Las cinco áreas tradicionales de estudio son la química orgánica, la química inorgánica, la bioquímica, la química analítica y la fisicoquímica.**

Aprende más en línea sobre las áreas de la química.

La mayoría de los productos químicos que se encuentran en los organismos contienen carbono. Por lo tanto, la química orgánica se definió originalmente como el estudio de los productos químicos a base de carbono que se encuentran en los organismos. Hoy en día, con pocas excepciones, la **química orgánica** se define como el estudio de todos los productos químicos que contienen carbono. El estudio de los productos químicos que, en general, no contienen carbono se denomina **química inorgánica.** Muchos sustancias químicas inorgánicas se encuentran en las cosas inanimadas, tales como las rocas. El estudio de los procesos que tienen lugar en los organismos vivos es la **bioquímica.** Estos procesos incluyen la contracción muscular y la digestión. El área de estudio que se centra en la composición de la materia es la **química analítica.** Una tarea que podría formar parte de esta área de la química es medir el nivel de dióxido de carbono en la atmósfera. La **fisicoquímica** es el área que se ocupa de los mecanismos, la frecuencia y la transferencia de energía que se produce cuando la materia experimenta un cambio.

Los límites entre las cinco áreas que no son claros. Un químico es probable que trabaje en más de un área de la química en un momento dado. Por ejemplo, un químico orgánico utiliza la química analítica para determinar la composición de una sustancia química orgánica. La Figura 1.1 muestra ejemplos de los tipos de investigación que llevan a cabo diferentes químicos.

Algunos químicos hacen investigaciones sobre los aspectos fundamentales de la química. Este tipo de investigación a veces se llama química pura. La **química pura** es la búsqueda del conocimiento químico por sí mismo. El químico no espera que no haya ningún uso práctico inmediato para el conocimiento. Sin embargo, la mayoría de los químicos hacen investigaciones que están diseñadas para responder a una pregunta específica. La **química aplicada** es la investigación que se hace con un objetivo o aplicación práctica. En la práctica, la química pura y aplicada suelen estar vinculadas. La investigación pura puede conducir directamente a una aplicación, pero puede existir una aplicación antes de que se haga una investigación para explicar por qué funciona.

P: *¿Por qué estudiarías un pez globo si fueras un bioquímico? ¿Y si fueras un químico orgánico?*

Química analítica
Un químico analítico podría analizar el aire en busca de contaminantes.

Fisicoquímica
Un fisicoquímico podría estudiar los factores que afectan la frecuencia de la fotosíntesis de los árboles.

Química inorgánica
Un químico inorgánico podría desarrollar materiales metálicos para fabricar partes más duraderas para los edificios.

Bioquímica
Un bioquímico podría estudiar cómo se produce y almacena la energía que se usa en la contracción de los músculos.

Química orgánica
Un químico orgánico podría desarrollar un nuevo plástico más ligero para los discos voladores.

Las grandes ideas de la química

🔑 ¿Cuáles son los temas centrales de la química?

Este libro contiene muchas ideas de la ciencia química. Uno de los objetivos de tu curso de química es ayudarte a entender estas ideas para que puedas utilizarlas para explicar situaciones que puedas encontrar en tu vida, tal como la que se muestra en la Figura 1.2. Afortunadamente, la mayoría de los temas de interés en química están conectados por unos pocos principios organizativos o "grandes ideas". 🔑 **Algunas de las grandes ideas de la química son: la química como ciencia central, los electrones y la estructura de los átomos, enlaces e interacciones, reacciones, teoría cinética, el mol y la cuantificación de la materia, materia y energía, y la química del carbono.**

GRANIDEA **La química como ciencia central** La química se superpone con todas las otras ciencias. Muchos físicos, biólogos, astrónomos, geólogos, científicos ambientales y otros utilizan la química en su trabajo.

GRANIDEA **Los electrones y la estructura de los átomos** El carbono, el oxígeno y el cobre son ejemplos de elementos. Los elementos están compuestos de partículas llamadas átomos, y cada átomo contiene un núcleo y uno o más electrones. El tipo de productos obtenidos en una reacción química está determinado en gran medida por los electrones de los productos químicos que reaccionan.

GRANIDEA **Enlaces e interacciones** La mayoría de los elementos existen en compuestos químicos, que son colecciones de dos o más elementos unidos por fuerzas de atracción relativamente fuertes. Estas fuerzas, llamadas enlaces químicos, influyen en gran medida en las propiedades de los compuestos. Las propiedades de los materiales pueden depender de los enlaces débiles que hay entre las partículas de un elemento o compuesto.

Figura 1.2 Las grandes ideas
Las grandes ideas de la química te pueden ayudar a entender el mundo que te rodea. Por ejemplo, toda la materia está hecha de átomos, que se mantienen unidos en compuestos por enlaces químicos. El fuego es el resultado de una reacción química entre los compuestos de la madera que contienen carbono y el oxígeno del aire. El fuego emite energía en forma de calor y luz. Las partículas de gas en el aire alrededor del fuego comienzan a moverse más rápido a medida que el aire se calienta.

Predice *Los malvaviscos están hechos de azúcar, un compuesto que contiene carbono. ¿Qué crees que suceda cuando el azúcar se caliente en el fuego?*

GRANIDEA **Reacciones** Las reacciones químicas implican procesos en los que los reactivos generan productos. Cuando prendes un cerillo, los compuestos de la cabeza del cerillo se combinan con el oxígeno del aire para producir una llama. Se forman nuevos compuestos, junto con la luz y el calor. Los compuestos en la cabeza del cerillo y el oxígeno son los reactivos, y los nuevos compuestos son los productos. Las reacciones químicas son importantes para la química de la vida y las cosas no vivientes.

GRANIDEA **Teoría cinética** Las partículas de materia están en constante movimiento. La manera en que este movimiento varía con los cambios de temperatura y la presión determina si una sustancia será un sólido, líquido o gas.

GRANIDEA **El mol y la cuantificación de la materia** En muchos aspectos de la química, es de vital importancia conocer la cantidad de material con la que estás lidiando. Al llevar a cabo una reacción química, debes utilizar sólo la cantidad justa de material reactivo para que no se malgaste. Esta medición es posible utilizando el mol, la unidad invaluable del químico para especificar una cantidad de material. Otros conceptos en la química también se basan en el mol.

GRANIDEA **Materia y energía** Cada proceso químico utiliza o produce energía, a menudo en forma de calor. Los cambios de calor que se producen en las reacciones químicas son fáciles de medir. Los cambios en una cantidad llamada energía libre te permiten predecir si una reacción ocurrirá bajo las condiciones dadas.

GRANIDEA **La química del carbono** Hay alrededor de 10 millones de compuestos que contienen carbono, y hay otros que se preparan cada día. Muchos de estos compuestos, incluyendo plásticos y fibras sintéticas, se producen a partir petróleo. Los compuestos de carbono son la base de la vida en todos los organismos vivos.

1.1 Comprobación de la lección

1. **Explica** ¿Por qué la química afecta todos los aspectos de la vida en la mayoría de los eventos naturales?

2. **Haz una lista** Nombra las cinco áreas tradicionales en las que está dividida la química.

3. **Repasa** ¿Cuáles son las "grandes ideas" de la química?

4. **Describe** ¿Qué relación hay entre química pura y química aplicada?

5. **Infiere** ¿Por qué un geólogo podría pedirle ayuda a un químico analítico para identificar una roca?

6. **Aplica conceptos** Unos trabajadores que están excavando un túnel a través de una ciudad hallan unas vasijas antiguas decoradas con diseños geométricos. ¿Cuál de las siguientes tareas le podrían pedir que hiciera a un químico? Explica.
   a. Determinar qué materiales se usaron para hacer las vasijas.
   b. Explicar qué representan los diseños de las vasijas.
   c. Recomendar cómo se pueden almacenar las vasijas para que no se sigan deteriorando.

GRANIDEA
LA QUÍMICA COMO CIENCIA CENTRAL

7. ¿Por qué un estudiante que quiere ser médico necesita estudiar química?

1.2 La química y tú

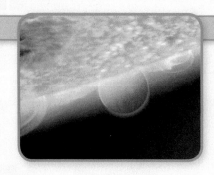

P: *¿Cómo se usa la química para estudiar otros mundos aparte del tuyo?* El Telescopio Espacial Hubble ha proporcionado vistas detalladas de los cuerpos celestes. Los científicos que saben de química también han usado el telescopio para descubrir agua y compuestos que contienen carbono en un planeta situado a 63 años luz de la Tierra. Estos compuestos son necesarios para la vida en la Tierra. Sin embargo, el planeta, designado HD189733b, es demasiado caliente como para sustentar la vida. Tal vez el Telescopio Hubble o sus sucesores se usen algún día para encontrar evidencia de vida en planetas con atmósferas más parecidas a la de la Tierra.

Preguntas clave

🔑 **¿Cuáles son tres razones generales para estudiar química?**

🔑 **¿Cuáles son algunos resultados de la investigación moderna en química?**

Vocabulario

• tecnología

¿Para qué estudiar química?

🔑 **¿Cuáles son tres razones generales para estudiar química?**

Tal vez no lo sabes, pero la química puede responder a muchas preguntas que tengas sobre el mundo que te rodea. ¿Debes usar agua caliente o agua fría para eliminar una mancha de pasto de una camiseta? ¿Cómo puedes prepararte para una carrera en enfermería, extinción de incendios o periodismo? Si el gobierno local quisiera construir un incinerador de residuos sólidos en la ciudad, ¿qué preguntas harías sobre el proyecto? 🔑 **La química puede ser útil para explicar el mundo natural, preparar a las personas para las oportunidades profesionales y contar con ciudadanos informados.**

Explicar el mundo natural Naciste con curiosidad acerca de tu mundo. La química puede ayudarte a satisfacer tu deseo natural de saber cómo funcionan las cosas. Por ejemplo, la química se puede ver en todos los aspectos de la preparación de alimentos. La química puede explicar por qué las manzanas cortadas, como la que se muestra en la Figura 1.3, se ponen marrones cuando se exponen al aire. Puede explicar por qué la textura de los huevos cambia de líquida a firme cuando se hierven. La química puede explicar por qué el agua se expande al congelarse, por qué el azúcar se disuelve más rápido en agua caliente que en agua fría, y por qué la levadura hace crecer la masa de pan. Después de estudiar este libro de texto, sabrás las respuestas a estas preguntas y muchas más.

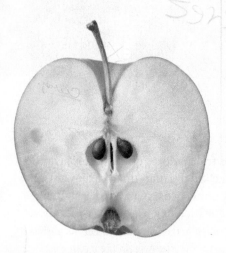

Figura 1.3 Química y alimentos
Cuando las manzanas cortadas quedan expuestas al aire, se produce una reacción química, lo que hace que el color cambie a marrón.

Prepararse para una carrera Ser un químico puede ser gratificante. Los químicos contribuyen con la sociedad de muchas maneras. En este libro encontrarás características en profesiones que requieren conocimientos de química. Algunas de las opciones te podrían sorprender. No tienes que tener la palabra *químico* en tu título laboral para beneficiarte de la comprensión de la química. Por ejemplo, a un periodista se le puede pedir que entreviste a un químico para recopilar información para una historia. Los encargados del césped tienen la importante tarea de mantener saludable el césped en los campos de golf, jardines y campos de fútbol, como se muestra en la Figura 1.4a. Este trabajo requiere una comprensión de la química de los suelos. La Figura 1.4b muestra a un bombero, que debe saber qué productos químicos utilizar para combatir diferentes tipos de incendios.

Figura 1.4 Carreras
Muchas carreras requieren un conocimiento de la química. **a.** Los encargados del césped deben saber cómo el suelo y otras condiciones afectan el césped. **b.** Los bomberos deben elegir los productos químicos correctos para apagar diferentes tipos de incendios.
Inferir ¿Cuáles son algunos de los factores que pueden afectar la salud y el aspecto del césped en un campo de fútbol?

Ser un ciudadano informado La industria, las fundaciones privadas, y los gobiernos federales y estatales proveen fondos para la investigación científica. La disponibilidad de fondos puede influir en la dirección de la investigación. Quienes distribuyen los fondos deben equilibrar la importancia de un objetivo contra el costo. Las áreas de investigación a menudo compiten por fondos porque no hay suficiente dinero disponible.

Por ejemplo, la exploración espacial no se habría podido llevar a cabo sin fondos federales. Los críticos argumentan que el dinero gastado en la exploración espacial sería mejor invertido en programas para la investigación del cáncer. Quienes apoyan la exploración espacial señalan que la investigación de la NASA ha conducido al desarrollo de muchos artículos utilizados en la Tierra. Estos incluyen detectores de humo, lentes de plástico que no se rayan, monitores cardíacos y televisores de pantalla plana. ¿Qué pasaría si todo el dinero gastado en la exploración espacial se utilizara para hallar una cura para el cáncer? ¿Hay suficientes vías de investigación válidas para aprovechar los fondos adicionales? ¿Habría científicos calificados para hacer la investigación?

Como el ciudadano que se muestra en la Figura 1.5, tendrás que tomar decisiones que influirán en la dirección de la investigación científica. Puedes votar directamente sobre algunos temas o indirectamente a través de los funcionarios que eliges. Puedes hablar en un foro público, escribir una carta al editor o firmar una petición. Cuando se trata de una investigación científica, no hay una respuesta correcta. Sin embargo, el conocimiento de la química y de otras ciencias puede ayudarte a evaluar los datos presentados, llegar a una opinión informada y tomar las medidas adecuadas.

Figura 1.5 Votar
Al votar, los ciudadanos tienen voz y voto en las decisiones que toma su gobierno. Estas decisiones incluyen la cantidad de dinero que se debe proporcionar a la investigación científica.

Figura 1.6 Los envases de plástico incluyen botellas de refrescos y de agua, leche y jarras de agua así como otros recipientes de plástico.

a. Leer gráficas ¿Cuántos envases de plástico se desecharon en EE.UU. en 2007?

b. Calcular ¿Cuántos más envases de plástico se desecharon en EE.UU. en 2000 que en 1990?

c. Predecir ¿Crees que la cantidad de envases de plástico desechados en EE.UU. aumentará o disminuirá en los próximos 10 años? Explica.

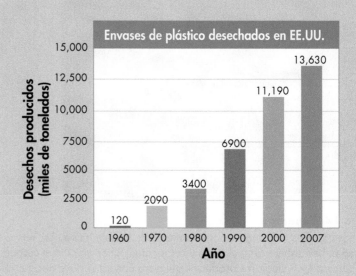

Nota: La cantidad de envases de plástico desechados en EE.UU. incluye envases de plástico reciclados.

Química, tecnología y sociedad

🔑 *¿Cuáles son algunos resultados de la investigación moderna en química?*

Probablemente has oído hablar del término *tecnología de avanzada*, utilizado para describir los aparatos e inventos más recientes, como las computadoras que tienen el tamaño de tu reloj, o los coches que se pueden conducir solos. Sin embargo, es posible que no te hayas dado cuenta que muchas de las cosas básicas que usas a diario, como los zapatos que llevas o el cereal que comes, son productos de la tecnología. La **tecnología** es el medio por el cual una sociedad proporciona a sus miembros aquellas cosas necesarias y deseadas. La tecnología permite a los seres humanos hacer algunas cosas más rápido o con menos esfuerzo. También permite a las personas hacer cosas que de otro modo sería imposible, como viajar a la Luna. 🔑 **La investigación moderna en química puede dar lugar a tecnologías que tengan por objeto beneficiar al medio ambiente, conservar y producir energía, mejorar la vida humana, y expandir nuestro conocimiento del universo.**

Materiales y medio ambiente Los químicos no sólo estudian la materia. También utilizan lo que saben acerca de la estructura y propiedades de la materia para hacer nuevos materiales con propiedades diferentes o mejoradas. Tomemos por ejemplo el plástico. Si alguna vez has bebido agua embotellada, has comido una ensalada con un tenedor desechable, o te has puesto un casco antes de andar en bicicleta, has utilizado el plástico. La química ha jugado un papel muy importante en el desarrollo del plástico para diferentes usos.

La mayoría de los plásticos se hacen usando productos petroquímicos, que son productos químicos derivados del petróleo. Aunque los plásticos son una parte de nuestra vida diaria, existe la preocupación de que su uso esté dañando el medio ambiente y los recursos naturales. El suministro de productos petroquímicos es limitado, y la fabricación de plásticos requiere grandes cantidades de energía. El plástico no reciclado termina en vertederos, donde permanecerá por cientos de años. La Figura 1.6 muestra la cantidad de envases plásticos desechados en EE.UU. Comprensiblemente, ha habido una demanda de plásticos que son mejores para el medio ambiente. La Figura 1.7 describe una nueva tecnología que ofrece una alternativa a los plásticos derivados del petróleo.

Figura 1.7 Bioplástico

El ácido poliláctico (PLA) se conoce como un bioplástico. Hecho a partir de maíz, el PLA se puede usar para la fabricación de muchos artículos que normalmente se hacen con plásticos a base de petróleo, incluyendo vasos, cubiertos, recipientes y envases para alimentos, y bolsas.

El maíz se cultiva, se cosecha y se muele. Se extrae un azúcar llamado glucosa.

El **ácido láctico** también se encuentra en tu tejido muscular cuando haces ejercicio.

Se añaden bacterias para convertir la glucosa en **ácido láctico.**

Las moléculas de ácido láctico se enlazan en cadenas largas llamadas **polímeros.**

Los plásticos se hacen a partir de **polímeros.** Los polímeros son cadenas largas de moléculas unidas químicamente.

El polímero de ácido poliláctico (PLA) se transforma en pequeñas bolitas. Las bolitas se pueden convertir en fibras o se pueden fundir y darles casi cualquier forma.

Pros y contras

Ventajas del PLA

✔ **Hecho a partir de recursos renovables** El PLA se puede hacer a partir del maíz y otros cultivos, que se pueden cosechar año tras año.

✔ **Menos energía** La producción de PLA utiliza menos energía que la producción convencional de plásticos.

✔ **Mejor para el medio ambiente** En la producción de PLA se generan menos gases de efecto invernadero, como el dióxido de carbono, que en la producción de otros plásticos. Además, el PLA se puede descomponer en compuestos que se encuentran en la naturaleza.

Desventajas del PLA

✘ **Se derrite a temperaturas bajas** Como el PLA se derrite a temperaturas más bajas que otros plásticos comunes, no tiene tantas aplicaciones.

✘ **Hecho de maíz** Las áreas dedicadas al cultivo de maíz para el PLA se podrían utilizar para producir alimentos para la creciente población de la Tierra. También existe la preocupación de que el maíz utilizado para producir PLA es genéticamente modificado.

✘ **Es difícil de desechar** El PLA se debe degradar en instalaciones especiales con el fin de garantizar que el material se descomponga. Los productos hechos de PLA no se pueden reciclar con otros plásticos.

Energía Las necesidades de cualquier sociedad moderna requieren de energía para hogares, fábricas y transporte. Con el crecimiento de la población y más industrialización en todo el mundo, la demanda de energía va en aumento. Hay sólo dos maneras de satisfacer la demanda de energía: conservarla o producir más. La química juega un papel esencial en ambas opciones.

Los coches híbridos de gasolina y electricidad desempeñan un papel muy importante en la conservación de la energía. Son más eficientes que los vehículos de gasolina. Los híbridos usan tanto un motor de gasolina como un conjunto de baterías para hacer funcionar el coche. Se necesitó un conocimiento de la química para desarrollar estas baterías. En un esfuerzo por producir más energía, es importante tomar en cuenta las fuentes de energía sustentables. A diferencia de los combustibles fósiles, el Sol es una fuente de energía renovable. Los químicos ayudan a diseñar materiales que capten la energía del Sol, que luego se convierte en electricidad.

Medicina y biotecnología La química suministra los medicamentos, los materiales y la tecnología que utilizan los médicos para tratar a sus pacientes. Los bioquímicos trabajan con biólogos y médicos para entender la estructura de la materia que se encuentra en el cuerpo humano y los cambios químicos que se producen en las células.

Hay más de 10.000 medicamentos con receta, que han sido diseñados para tratar diversas condiciones, incluyendo infecciones, presión arterial alta y depresión. Otros medicamentos, como la aspirina y los antiácidos, se pueden vender sin receta. Muchos medicamentos son eficaces debido a que interactúan de un modo específico con los productos químicos de las células. Los químicos que desarrollan estos medicamentos deben conocer la estructura y la función de estos productos químicos con el objetivo de diseñar medicamentos seguros y eficaces. La química también puede desarrollar materiales para reparar o reemplazar partes del cuerpo. Las arterias enfermas se pueden reemplazar con tubos de plástico. Las caderas y rodillas artificiales hechas de metales y plásticos pueden reemplazar articulaciones gastadas y permitir a las personas a caminar de nuevo sin dolor.

La Figura 1.8a muestra un modelo de un pequeño trozo de ADN. Los segmentos de ADN, llamados genes, almacenan la información que controla los cambios que se producen en las células. La biotecnología aplica la ciencia a la producción de productos o procesos biológicos. Utiliza técnicas que pueden alterar el ADN de los organismos vivos. Esto puede depender de la transferencia de genes de un organismo a otro. Cuando los genes de seres humanos se insertan en las bacterias, éstas actúan como fábricas que producen sustancias químicas de importancia para los seres humanos, como la insulina. La producción se lleva a cabo en versiones grandes de los biorreactores que se muestran en la Figura 1.8b.

Figura 1.8 Biotecnología
El descubrimiento de la estructura del ADN llevó al desarrollo de la biotecnología. **a.** Este modelo gráfico computarizado muestra un pequeño segmento de ADN. **b.** Las condiciones en un biorreactor se controlan de manera que las bacterias produzcan tanto producto como sea posible.

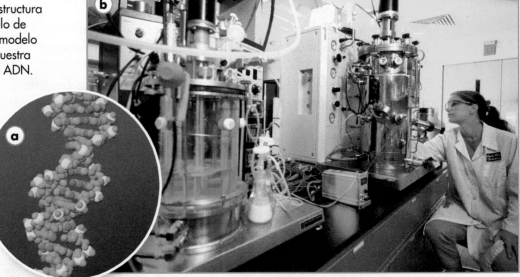

El universo Los científicos suponen que los métodos usados para estudiar la Tierra se pueden aplicar a otros objetos del universo. Para estudiar el universo, los químicos reúnen datos de muy lejos y analizan la materia que se trajo de vuelta a la Tierra.

A principios del siglo XIX, los científicos comenzaron a estudiar la composición de las estrellas mediante el análisis de la luz que transmiten a la Tierra. En 1868, Pierre Janssen descubrió un gas en la superficie del Sol que no se conocía en la Tierra. Joseph Norman Lockyer llamó a este gas helio, del griego *helios,* que significa "Sol". En 1895, William Ramsay descubrió el helio en la Tierra.

La Luna y los planetas no emiten luz, por lo que los científicos deben utilizar otros métodos para reunir datos sobre estos objetos. Los métodos usados dependen de la materia que los astronautas traen a la Tierra o de sondas que pueden analizar la materia en el espacio. Los químicos han analizado más de 850 libras de rocas lunares, que fueron traídas a la Tierra. Las rocas eran similares a rocas formadas por los volcanes de la Tierra, lo que sugiere que la superficie de la Luna estuvo una vez cubierta por vastos océanos de lava fundida. La Figura 1.9 es un dibujo del vehículo robot *Opportunity*. El vehículo fue diseñado para determinar la composición química de las rocas y del suelo de Marte. Los datos reunidos en el lugar de aterrizaje del vehículo indicaron que el sitio estuvo alguna vez inundado de agua.

Figura 1.9 Exploración espacial
Con la ayuda de la NASA, los químicos estudian la materia de otros cuerpos en el sistema solar. Este dibujo muestra el vehículo robot *Opportunity* en la superficie de Marte.

LA QUÍMICA Y TÚ

P: *¿Cómo se puede usar la química para hallar evidencia de vida en otros planetas?*

1.2 Comprobación de la lección

8. Hacer una lista ¿Cuáles son tres razones para estudiar química?

9. Repasar ¿Cómo se ha visto impactada la sociedad por la investigación moderna en química?

10. Describir ¿Cómo estudian el universo los químicos?

11. Formarse una opinión ¿Las ventajas de sustituir los plásticos convencionales por el bioplástico PLA superan a las desventajas? ¿Usarías productos hechos de PLA? ¿Por qué?

12. Explicar ¿Cómo te puede ayudar el conocimiento de la química a ser un ciudadano más informado?

GRANIDEA
QUÍMICA COMO CIENCIA CENTRAL

13. Un amigo te dice que no le parece importante aprender química. ¿Qué le responderías?

Química accidental

Por lo general, los químicos dirigen su investigación hacia un objetivo práctico o aplicación. Sin embargo, a veces los científicos se tropiezan accidentalmente con un descubrimiento que no tenían la intención de hallar.

Politetrafluoroetileno En 1938, Roy J. Plunkett estaba investigando nuevos refrigerantes, que son compuestos utilizados en refrigeradores y aparatos de aire acondicionado. Mientras se preparaba para experimento, Plunkett almacenó un compuesto llamado gas tetrafluoroetileno (TFE) en cilindros a baja temperatura durante la noche.

Cuando Plunkett estuvo listo para utilizar el TFE el siguiente día, halló que el gas no salía. Abrió el cilindro y halló un sólido blanco y ceroso que era muy resbaladizo y que no reaccionaba con otros productos químicos.

La sustancia que Plunkett hizo accidentalmente se llama politetrafluoroetileno (PTFE) y tiene muchos usos que debes conocer, como el aislamiento de cables eléctricos, los repelentes de manchas para telas y los recubrimientos antiadherentes para ollas y sartenes.

Sacarina En 1879, Constantino Fahlberg estaba buscando nuevos usos para el alquitrán de hulla y olvidó lavarse las manos después de trabajar un día en el laboratorio. Cuando volvió a su casa a cenar, se dio cuenta de que el pan sabía dulce. Se dio cuenta de que el sabor dulce venía de sus manos sin lavar.

La sustancia en sus manos era la sacarina, que es el edulcorante artificial más antiguo. La sacarina se vendió inicialmente en forma de tabletas desde finales de la década de 1890 y hasta la década de 1940. En 1957, se introdujo en forma granulada.

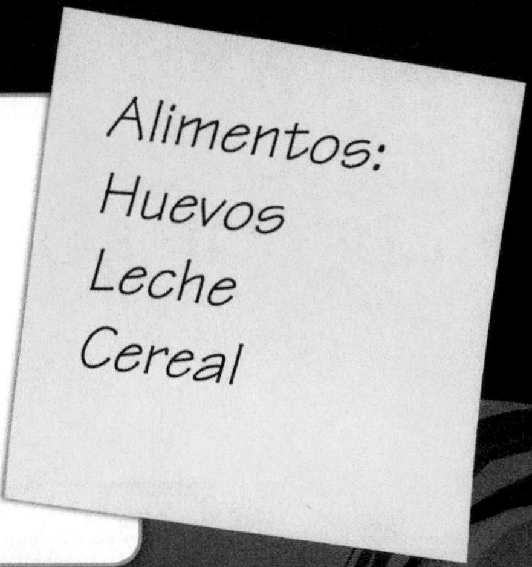

Notas autoadhesivas En 1968, un químico llamado Spencer Silver desarrolló un adhesivo que era poco pegajoso. Sin embargo, Silver no sabía cómo aplicar su descubrimiento. Varios años después, en 1974, un colega de Silver llamado Art Fry cantaba en el coro de su iglesia. Se le ocurrió que el adhesivo de Silver podría ser útil para pegar marcalibros a los himnarios. En 1980, las notas autoadhesivas fueron introducidas en todo el mundo.

Alimentos:
Huevos
Leche
Cereal

Caucho vulcanizado Cuando el caucho se introdujo a principios de la década de 1830, no era muy útil. Se congelaba en el invierno y, al igual que la goma, la sustancia se derretía en el verano. Charles Goodyear, un comerciante de maquinarias de Filadelfia, tenía la misión de mejorar las propiedades de dicha sustancia. Después de innumerables experimentos fallidos, Goodyear comenzó a usar azufre en sus compuestos de caucho. En el invierno de 1839, una parte de su compuesto de caucho y azufre cayó encima de una estufa caliente. En lugar de derretirse, el caucho se carbonizó. La mezcla se había endurecido pero aún así era elástica.

El inglés Thomas Hancock vio una muestra del caucho de Goodyear y lo reinventó en 1843. Llamó al proceso "vulcanización" en honor a Vulcano, el dios romano del fuego.

Un paso más allá

1. Identificar El alquitrán de hulla contiene carbono. ¿Qué tipo de química fue el centro de la investigación de Fahlberg?

2. Clasificar ¿Los inventores de estos ejemplos estaban realizando una investigación pura o una investigación aplicada cuando hicieron sus descubrimientos? Explica.

3. Inferir Cuando Plunkett no logró que el gas TFE saliera de los cilindros, los pesó y halló que pesaban lo mismo que la noche anterior. ¿Cuál fue la importancia de este hallazgo?

4. Formarse una opinión ¿Los inventos que se describen son ejemplos de la tecnología? ¿Por qué?

1.3 Pensar como un científico

P: *¿Cómo crees que Alexander Fleming comprobó su hipótesis?* En 1928, Alexander Fleming, científico escocés, se dio cuenta que una bacteria que estaba estudiando no crecía en presencia de un moho de color verde amarillento. Otros científicos habían hecho la misma observación, pero Fleming fue el primero en reconocer su importancia. Supuso que el moho había liberado una sustancia química que impedía el crecimiento de bacterias. Ese químico fue la penicilina, que puede matar a una amplia gama de bacterias dañinas.

Preguntas clave

🔑 **¿Cómo ayudó Lavoisier a transformar la química?**

🔑 **¿Cuáles son los pasos del método científico?**

🔑 **¿Qué función desempeñan la cooperación y la comunicación en la ciencia?**

Vocabulario

- método científico
- observación
- hipótesis
- experimento
- variable independiente
- variable dependiente
- modelo
- teoría
- ley científica

Un enfoque experimental de la ciencia

🔑 **¿Cómo ayudó Lavoisier a transformar la química?**

La palabra *química* viene de la palabra *alquimia*. Mucho antes de que hubiera químicos, los alquimistas estudiaban la materia. La alquimia surgió de manera independiente en muchas regiones del mundo. Ya se practicaba en China y la India y en el año 400 a.C. En el siglo VIII, los árabes llevaron la alquimia a España, y desde allí se extendió rápidamente a otras partes de Europa.

Tal vez hayas oído que los alquimistas estaban interesados en hallar la manera de transformar ciertos metales, como el plomo, en oro. Aunque los alquimistas no tuvieron éxito, el trabajo que hicieron estimuló el desarrollo de la química. Los alquimistas desarrollaron las herramientas y técnicas para trabajar con productos químicos. Por ejemplo, los alquimistas desarrollaron procesos para la separación de mezclas y la purificación de los productos químicos. Diseñaron equipos que todavía se utilizan hoy en día, incluyendo el vaso de precipitados, los frascos, las pinzas, los embudos y el mortero y la mano, que se muestran en la Figura 1.10. Lo que no lograron fue proporcionar un conjunto lógico de explicaciones para los cambios que observaban en la materia. Los químicos lograrían esta tarea muchos años después.

Figura 1.10 Mortero y mano
Los farmacéuticos siguen utilizando un mortero en forma de cuenco y una mano en forma de maza para mezclar medicamentos para los pacientes. El mortero y la mano de esta fotografía son de porcelana, que es un material duro.
Inferir *¿Cuáles pueden ser otros usos de un mortero y una mano?*

Hacia el siglo XVI, en Europa se produjo un cambio de la alquimia a la ciencia. La ciencia floreció en Gran Bretaña en el siglo XVII, en parte gracias a que el rey Carlos II apoyaba a las ciencias. Con su permiso, algunos científicos formaron la Real Sociedad de Londres para la Promoción del Conocimiento Natural. Los científicos se reunieron para discutir temas científicos y llevar a cabo experimentos. El objetivo de la sociedad era animar a los científicos a que fundamentaran sus conclusiones acerca del mundo natural en evidencia experimental, no en debates filosóficos.

En Francia, el trabajo de Antoine-Laurent Lavoisier a finales del siglo XVIII revolucionaría la ciencia química. **Lavoisier ayudó a transformar la química de una ciencia de la observación a la ciencia de la medición que es hoy en día.** Para realizar mediciones cuidadosas, Lavoisier diseñó una báscula que podía medir la masa al 0.0005 gramo más cercano.

Una de las muchas cosas que Lavoisier logró fue resolver un largo debate sobre cómo se queman los materiales. La explicación aceptada fue que los materiales se queman porque contienen flogisto, que se libera al aire mientras el material se quema. Para fundamentar esta explicación, los científicos tuvieron que pasar por alto la evidencia de que los metales pueden ganar masa cuando se queman. Cuando Lavoisier hizo sus experimentos, ya sabía que en el aire había dos gases principales: oxígeno y nitrógeno. Lavoisier fue capaz de demostrar que el oxígeno es necesario para que un material se queme. Marie Anne, la esposa de Lavoisier, que se muestra en la Figura 1.11, lo ayudó con su trabajo científico. Hizo dibujos de los experimentos y tradujo documentos científicos del inglés.

Figura 1.11 Antoine Lavoisier
Este retrato de Antoine Lavoisier y su esposa Marie Anne fue pintado por Jacques Louis David en 1788.

El método científico

¿Cuáles son los pasos del método científico?

Los científicos tienen una poderosa herramienta que utilizan para producir resultados valiosos. Al igual que todos los científicos, la bioquímica que se muestra en la Figura 1.12 está usando el método científico para resolver problemas difíciles. El **método científico** es una forma lógica y sistemática de aproximarse a la solución de un problema científico. **Los pasos del método científico son hacer observaciones, proponer y poner a prueba hipótesis y desarrollar teorías.**

Hacer observaciones El método científico es útil para resolver muchos tipos de problemas. Supón que intentas encender una linterna y notas que no enciende. Cuando usas tus sentidos para obtener información, haces una **observación.** Una observación puede llevar a una pregunta: ¿Por qué no funciona la linterna?

Figura 1.12 Observación con un microscopio
La observación es un paso fundamental del método científico.

Figura 1.13 Modelos informáticos

Este científico está utilizando una computadora para hacer un modelo de moléculas complejas, que son difíciles de estudiar solo con experimentos.

Ver modelos científicos *en línea.*

Probar hipótesis Si conjeturas que las pilas de la linterna están descargadas, estás formulando una hipótesis. Una **hipótesis** es una explicación que se propone para una observación. Para poner a prueba tu hipótesis, puedes ponerle pilas nuevas a la linterna. La sustitución de las pilas es un **experimento,** es decir, un procedimiento que se utiliza para poner a prueba una hipótesis. Si la linterna enciende, puedes estar seguro que la hipótesis era cierta. ¿Qué pasa si la linterna no funciona después de cambiar las pilas? Una hipótesis es útil sólo si toma en cuenta lo que realmente se está observando. Cuando los datos experimentales no se ajustan a una hipótesis, se debe cambiar la hipótesis. Una nueva hipótesis podría ser que la bombilla esté fundida. Un experimento para poner a prueba esta hipótesis es reemplazar la bombilla.

Cuando diseñas experimentos, tienes que lidiar con variables, o factores que pueden cambiar. La variable que cambias durante un experimento es la **variable independiente,** también llamada la variable manipulada. La variable que se observa durante el experimento es la **variable dependiente,** también llamada la variable de respuesta. Si evitas que cambien otros factores que pueden afectar el experimento, entonces puedes relacionar cualquier cambio en la variable dependiente con los cambios en la variable independiente. Para que los resultados de un experimento sean aceptados, el experimento debe producir el mismo resultado sin importar quién lo haga ni cuántas veces se repita. Por este motivo, se espera que los científicos publiquen una descripción de sus procedimientos junto con sus resultados.

A veces el experimento que un científico debe realizar para poner a prueba una hipótesis es difícil o imposible. Por ejemplo, los átomos y las moléculas, que son algunas de las unidades más pequeñas de la materia, no se pueden ver fácilmente. En estas situaciones, los científicos a menudo recurren a modelos para obtener una mayor comprensión de un problema. Un **modelo** es una representación de un objeto o evento. La Figura 1.13 muestra a un científico trabajando con modelos informáticos de moléculas biológicas muy complejas. Los químicos también pueden usar modelos para estudiar reacciones y procesos químicos.

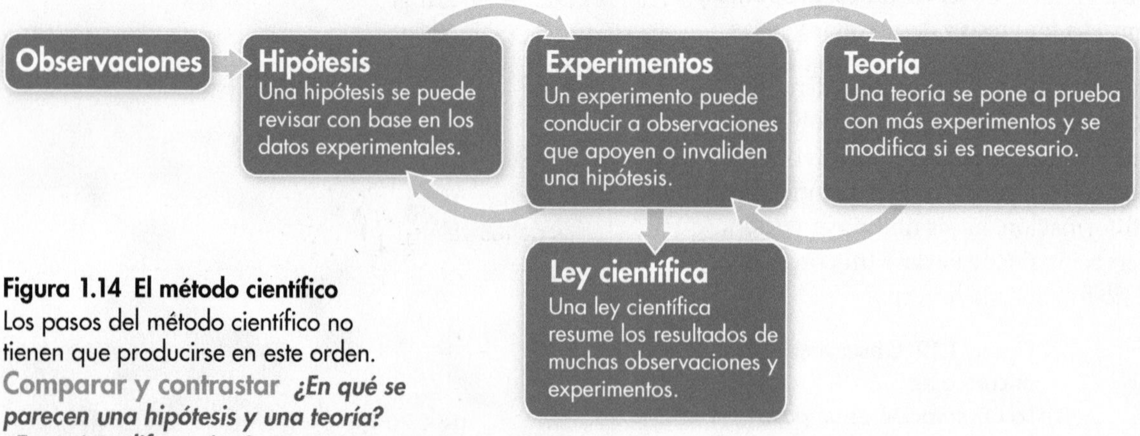

Observaciones ➤ **Hipótesis**
Una hipótesis se puede revisar con base en los datos experimentales.

Experimentos
Un experimento puede conducir a observaciones que apoyen o invaliden una hipótesis.

Teoría
Una teoría se pone a prueba con más experimentos y se modifica si es necesario.

Ley científica
Una ley científica resume los resultados de muchas observaciones y experimentos.

Figura 1.14 El método científico

Los pasos del método científico no tienen que producirse en este orden.

Comparar y contrastar *¿En qué se parecen una hipótesis y una teoría? ¿En qué se diferencian?*

Desarrollo de teorías La Figura 1.14 muestra cómo encajan los pasos del método científico. Una vez que una hipótesis satisface varios experimentos, puede elevarse a un nivel más alto de ideas. Se puede convertir en una teoría. Una **teoría** es una explicación comprobada ante un amplio conjunto de observaciones. Algunas de las teorías de la química son muy útiles porque te ayudan a formar imágenes mentales de objetos o procesos que no se pueden ver. Otras teorías te permiten predecir el comportamiento de la materia.

Cuando los científicos dicen que una teoría no puede ser comprobada, no están diciendo que la teoría no sea confiable. Simplemente, dejan abierta la posibilidad de que en algún momento se tenga que cambiar la teoría en el futuro para explicar nuevas observaciones o resultados experimentales.

Leyes científicas La Figura 1.14 muestra cómo los experimentos científicos pueden dar como resultado leyes, así como teorías. Una **ley científica** es una declaración concisa que resume los resultados de muchas observaciones y experimentos. En el Capítulo 14, estudiarás las leyes que describen el comportamiento de los gases. Una ley describe la relación entre el volumen de un gas en un recipiente y su temperatura. Si todas las demás variables se mantienen constantes, el volumen del gas aumenta conforme aumenta la temperatura. La ley no intenta explicar la relación que describe. Esa explicación requiere una teoría.

P: *¿Cuál era la hipótesis de Alexander Fleming? ¿Cómo pudo poner a prueba su hipótesis?*

Laboratorio rápido

Propósito Poner a prueba la hipótesis de que la tarea de hacer burbujas se puede ver afectada al agregar azúcar o sal a una mezcla para hacer burbujas

Materiales

- 3 vasos de plástico
- taza y cucharas medidoras
- detergente líquido para platos
- agua
- azúcar
- sal
- pajilla

¡Burbujas!

Procedimiento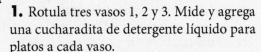

1. Rotula tres vasos 1, 2 y 3. Mide y agrega una cucharadita de detergente líquido para platos a cada vaso.

2. Usa la taza medidora para agregar dos tercios de taza de agua a cada vaso. Luego, agita los vasos para formar una mezcla transparente. **PRECAUCIÓN** *Limpia inmediatamente cualquier derrame para que nadie se resbale y caiga.*

3. Añade media cucharadita de azúcar al vaso 2 y media cucharadita de sal al vaso 3. Agita cada vaso durante un minuto.

4. Sumerge la pajilla en el vaso 1, retírala y sopla suavemente por la pajilla para hacer la burbuja más grande que puedas. Practica cómo hacer burbujas hasta que sientas que tienes cierto control sobre tu producción de burbujas.

5. Repite el paso 4 con las mezclas de los vasos 2 y 3.

Analizar y concluir

1. Observar ¿Observaste alguna diferencia en tu capacidad para producir burbujas al usar las mezclas de los vasos 1 y 2?

2. Observar ¿Observaste alguna diferencia en tu capacidad para producir burbujas al usar las mezclas de los vasos 1 y 3?

3. Sacar conclusiones ¿Qué puedes concluir acerca de los efectos del azúcar y la sal en tu capacidad para producir burbujas?

4. Diseñar un experimento Propón otra hipótesis relacionada con la producción de burbujas. Diseña un experimento para comprobar tu hipótesis.

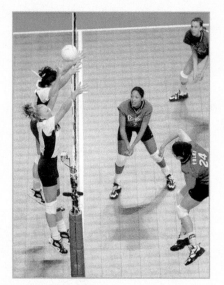

Figura 1.15 Trabajo en equipo
Para que un equipo de voleibol logre ganar, los jugadores deben trabajar juntos.

Cooperación y comunicación

¿Qué función desempeñan la cooperación y la comunicación en la ciencia?

Independientemente del talento que puedan tener los jugadores de un equipo, un jugador no puede asegurar la victoria para el equipo. Los individuos deben cooperar o trabajar juntos, por el bien del equipo. Piensa en los jugadores de voleibol de la Figura 1.15. En el voleibol, la persona que clava la pelota depende de la persona que sirve la pelota. El atacante tendrá un éxito limitado si no se le pasa la bola correctamente. Muchos deportes reconocen la importancia de la cooperación al darle un seguimiento a las asistencias. Durante un partido de voleibol, los jugadores también se comunican entre sí para que quede claro quién va a hacer cada tarea. Las estrategias que tienen éxito en los deportes pueden funcionar en otras áreas, como la ciencia. **Cuando los científicos cooperan y se comunican entre sí, aumentan la probabilidad de un resultado exitoso.**

Cooperación Los científicos deciden cooperar por diferentes razones. Por ejemplo, algunos problemas de investigación son tan complejos que nadie podría tener todo el conocimiento, las destrezas y los recursos para resolverlos. A menudo es necesario reunir personas de diferentes disciplinas. Por lo general, cada científico aporta diferentes conocimientos y, tal vez, un nuevo enfoque del problema. Tan sólo hablar con un científico de otra disciplina puede proporcionar ideas útiles.

Puede haber una razón práctica para la cooperación. Por ejemplo, una industria puede financiar un fondo universitario para la investigación pura en un área de interés para la industria. Los científicos de la universidad obtienen el financiamiento y el equipo necesarios para hacer la investigación. A cambio, los científicos contribuyen con sus ideas y experiencia. La industria puede beneficiarse de su inversión al comercializar las aplicaciones que surjan de la investigación.

La cooperación no siempre es un proceso fácil. Pueden surgir conflictos sobre el uso de los recursos, la cantidad de trabajo, quién debe recibir el crédito y cuándo o qué publicar. Al igual que los estudiantes de la Figura 1.16, seguramente trabajarás en pareja o en un equipo en el laboratorio. Si es así, es posible que enfrentes algunos desafíos. Sin embargo, también puedes experimentar los beneficios de una cooperación exitosa.

Figura 1.16 Compañeros de laboratorio
Trabajar en parejas o en grupo puede ser un reto, pero también puede ser gratificante.
Aplicar conceptos ¿Qué pasos del método científico están usando estos estudiantes?

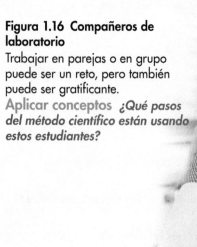

Comunicación   La manera en que los científicos se comunican entre sí y con el público ha cambiado a lo largo de los siglos. En siglos anteriores, los científicos intercambiaban ideas a través de cartas. También formaban sociedades para discutir el trabajo más reciente de sus miembros. Cuando las sociedades comenzaron a publicar revistas, los científicos empezaron a aprovecharlas para mantenerse al día sobre los nuevos descubrimientos.

Hoy en día, muchos científicos, como los de la Figura 1.17, trabajan en equipo. Se pueden comunicar cara a cara. También pueden intercambiar ideas con otros científicos por correo electrónico, por teléfono y en conferencias locales e internacionales. Los científicos siguen publicando sus resultados en revistas científicas, que son la fuente más confiable de información sobre los nuevos descubrimientos. La mayoría de las revistas se publican ahora en línea y son fácilmente accesibles. Los artículos se publican sólo después de ser revisados por expertos en el campo del autor. Los revisores pueden hallar errores en el diseño experimental o cuestionar las conclusiones del autor. Este proceso de revisión es bueno para la ciencia porque por lo general el trabajo que no está bien fundamentado no se publica.

La Internet es una gran fuente de información. Una de las ventajas de la Internet es que cualquier persona puede tener acceso a la información. Una desventaja es que cualquier persona puede publicar información a través de la Internet sin que nadie la revise antes. Para juzgar la fiabilidad de la información que halles en la Internet, tienes que tomar en cuenta la fuente. Este mismo consejo se aplica a los artículos de periódicos y revistas o a las noticias que recibes por la televisión. Si un medio de comunicación tiene un periodista que se especializa en ciencia, lo más probable es que sus reportajes sean precisos.

Figura 1.17 Comunicación
Los científicos se reúnen con frecuencia en las reuniones y talleres profesionales para comentar sus hallazgos y compartir ideas.

1.3 Comprobación de la lección

14. **Repasar** ¿Cómo revolucionó Lavoisier la ciencia química?

15. **Hacer una lista** Nombra tres pasos del método científico.

16. **Explicar** ¿Por qué son importantes la cooperación y la comunicación en la ciencia?

17. **Describir** ¿Cómo contribuyeron los alquimistas al desarrollo de la química?

18. **Explicar** ¿Cómo es que la esposa de Lavoisier lo ayudó a comunicar los resultados de sus experimentos?

19. **Describir** ¿Qué proceso se lleva a cabo antes de publicar un artículo en una revista científica?

20. **Explicar** ¿Por qué es importante para los científicos publicar una descripción de sus procedimientos junto con los resultados de sus experimentos?

21. **Inferir** ¿Por qué se debe desarrollar una hipótesis antes de hacer los experimentos?

22. **Comparar** ¿Cuál es la diferencia entre una teoría y una hipótesis?

23. **Clasificar** En el Capítulo 2, aprenderás que la materia no se crea ni se destruye en los cambios químicos. ¿Es esta declaración una teoría o una ley? Explica tu respuesta.

GRANIDEA
QUÍMICA COMO CIENCIA CENTRAL

24. ¿Siempre deben seguirse en orden los pasos del método científico? Explica.

Laboratorio a escala

Seguridad en el laboratorio

Propósito

Demostrar tu conocimiento de las prácticas de laboratorio
seguras

Procedimiento

Mientras haces los experimentos de química de este libro de texto, trabajarás con un equipo similar al que se muestra en la fotografía. Tu éxito
y tu seguridad dependerán de que sigas las instrucciones y apliques las
prácticas de laboratorio seguras. Para poner a prueba tu conocimiento
de estas prácticas, responde la pregunta que está después de cada símbolo de seguridad. Consulta las normas de seguridad en el Apéndice C y
cualquier instrucción proporcionada por tu maestro.

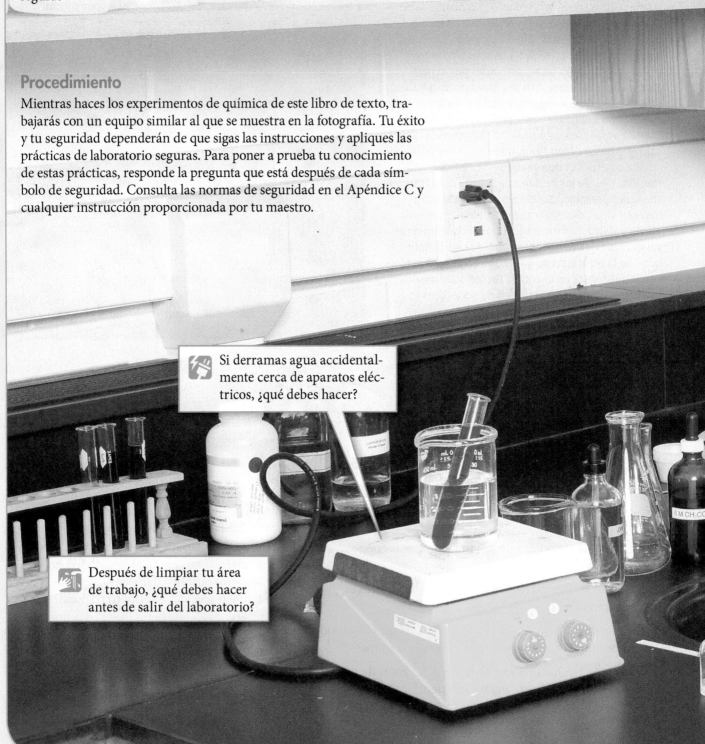

Si derramas agua accidentalmente cerca de aparatos eléctricos, ¿qué debes hacer?

Después de limpiar tu área
de trabajo, ¿qué debes hacer
antes de salir del laboratorio?

1.4 Resolver problemas en la química

P: *¿Cómo es que tener un plan facilita la resolución de problemas?* ¿Alguna vez has intentado resolver un crucigrama? Si es así, puedes haber hallado que es útil desarrollar una estrategia antes de empezar. Por ejemplo, puedes intentar completar todas las pistas "verticales" antes de intentar resolver las pistas "horizontales". O puedes tratar primero de completar las pistas más sencillas antes de pasar a las pistas más difíciles. En química, es útil desarrollar una estrategia para resolver problemas tanto numéricos como no numéricos.

Preguntas esenciales

🔑 **¿Qué es un enfoque general para resolver problemas?**

🔑 **¿Cuáles son los pasos para resolver problemas numéricos?**

🔑 **¿Cuáles son los pasos para resolver problemas no numéricos?**

Destrezas que se usan para resolver problemas

🔑 **¿Qué es un enfoque general para resolver problemas?**

La resolución de problemas es una destreza que usas todo el tiempo. Estás en un supermercado. ¿Compras mantequilla de cacahuete de marca o compras la marca de la tienda? ¿Compras la botella de 1 litro o la botella de 2 litros de una bebida carbonatada? ¿Eliges la caja rápida si hay cinco clientes adelante de ti o la caja normal con un único comprador que tiene muchas cosas?

Cuando resuelves un problema, es posible que tengas una tabla de datos, una gráfica u otra referencia visual. El comprador de la Figura 1.18 está leyendo la etiqueta de un recipiente mientras trata de decidir si comprar el artículo. Tal vez necesita evitar ciertos ingredientes debido a una alergia a los alimentos. Tal vez quiera saber también el número de calorías por porción.

Las destrezas que usas para resolver un problema de química no son tan diferentes de las que usas al hacer las compras, cocinar o planear una fiesta.
🔑 **La resolución efectiva de problemas siempre implica el desarrollo de un plan y luego la aplicación de dicho plan.**

Figura 1.18 Resolución de problemas

Un comprador debe tomar muchas decisiones. Algunas de esas decisiones se basan en datos, como la información en las etiquetas de los alimentos.

Resolución de problemas numéricos

🔑 *¿Cuáles son los pasos para resolver problemas numéricos?*

La mayoría de los problemas de química requieren matemáticas porque la medición es una parte importante de la química. Las técnicas utilizadas en este libro para resolver problemas numéricos están convenientemente organizadas según un enfoque de resolución de problemas en tres pasos. Este enfoque ha demostrado ser muy útil y eficaz. Recomendamos que sigas este enfoque cuando trabajes en problemas numéricos en este libro. 🔑 **Los pasos para la resolución de un problema numérico en palabras son analizar, calcular y evaluar.** La Figura 1.19 resume el proceso de tres pasos, y el Ejemplo de problema 1.1 de la página siguiente muestra cómo funcionan los pasos al resolver un problema numérico.

❶ Analizar Para resolver un problema en palabras, primero debes determinar dónde estás comenzando (identificar lo conocido) y hacia dónde vas (identificar lo desconocido). Lo que se conoce puede ser una medida o una ecuación que muestre una relación entre las medidas. Si esperas que la respuesta (lo que desconoces) sea un número, debes determinar en qué unidad(es) debería estar la respuesta antes de hacer cualquier cálculo.

Después de identificar lo conocido y lo desconocido, debes hacer un plan para partir de lo que conoces y llegar a lo que no conoces. La planeación es el centro de la resolución exitosa de problemas. Como parte de la planeación, tal vez quieras hacer un diagrama que te ayude a visualizar la relación entre lo conocido y lo desconocido. Tal vez tengas que usar una tabla o una gráfica para identificar los datos o para identificar una relación entre una cantidad conocida y lo que no sabes. Es posible que tengas que seleccionar una ecuación que puedes usar para calcular lo que desconoces.

❷ Calcular Si haces un plan efectivo, los cálculos serán la parte más fácil del proceso. Para algunos problemas, tendrás que convertir una medida de una unidad a otra. Para otros problemas, puedes necesitar reorganizar la ecuación antes de poder despejar una incógnita. Se te enseñarán estas habilidades en matemáticas según sea necesario.

❸ Evaluar Después de calcular una respuesta, debes evaluarla. ¿Es razonable la respuesta? ¿Tiene sentido? Si no es así, vuelve a leer el problema en palabras. ¿Copiaste los datos de manera correcta? ¿Elegiste las ecuaciones correctas?

Comprueba que tu respuesta esté en la(s) unidad(es) correcta(s) y que tenga el número correcto de cifras significativas. Tal vez tengas que utilizar la notación científica en tu respuesta. Estudiarás las cifras significativas y la notación científica en el Capítulo 3.

APOYO PARA LA LECTURA

Desarrolla destrezas de lectura: *Ideas principales* Bajo el título Resolución de problemas numéricos, hay tres ideas principales presentadas como subtítulos. *¿Cuáles son dos detalles que apoyan cada idea principal?*

Figura 1.19 Resolución de problemas numéricos
Este diagrama de flujo resume los pasos para resolver un problema numérico.
Identificar ¿En qué paso haces un plan para ir de los que conoces a lo que no conoces?

Estimar la duración de un recorrido

Estás visitando Indianápolis por primera vez. Es un día agradable, por lo que decides caminar desde la capital del estado de Indiana hasta el Centro Murat para una función en la tarde. Según el mapa de la Figura 1.20 en la página siguiente, la ruta más corta desde la capital hasta el teatro es de ocho cuadras. ¿Cuántos minutos tardará el viaje si puedes caminar una milla en 20 minutos? Supón que diez cuadras equivalen a una milla.

❶ **Analizar** **Haz una lista de lo conocido y lo desconocido.** Este problema es un ejemplo de lo que se suele llamar un problema de conversión. En un problema de conversión, una unidad de medida (en este caso, cuadras) se debe expresar en una unidad diferente (en este caso, minutos).

　　Divide la distancia a recorrer (en cuadras) por el número de cuadras que hay en una milla hasta obtener la distancia del viaje en millas. Luego, multiplica el número de millas por el tiempo que se requiere para caminar una milla.

> **CONOCIDO**
> distancia a recorrer = 8 cuadras
> velocidad al caminar = 1 milla/20 minutos
> 1 milla = 10 cuadras
>
> **DESCONOCIDO**
> duración del viaje = ? minutos

❷ **Calcula** **Resuelve para buscar lo desconocido.**

> La relación 1 milla = 10 cuadras se puede interpretar como "1 milla por 10 cuadras".

Divide el número de cuadras a recorrer por el número de cuadras que hay en una milla.

$$8 \text{ cuadras} \cdot \frac{1 \text{ milla}}{10 \text{ cuadras}} = 0.8 \text{ millas}$$

Multiplica el número de millas por el tiempo que toma caminar una milla.

$$0.8 \text{ millas} \cdot \frac{20 \text{ minutos}}{1 \text{ milla}} = \boxed{16 \text{ minutos}}$$

> Fíjate cómo se cancelan las unidades.

❸ **Evalúan** **¿Tiene sentido el resultado?** La respuesta parece razonable, 16 minutos para caminar ocho cuadras. La respuesta está en la unidad correcta. Las relaciones usadas son correctas.

25. Hay una heladería a seis cuadras al norte de tu hotel. ¿Cuántos minutos te tardarás en caminar hasta allá y regresar? Usa la información del ejemplo de problema.

> En el Problema 25, debes tomar en cuenta la distancia de ida hacia la heladería y la de vuelta.

26. Usando la información del ejemplo de problema, ¿cuántas cuadras se pueden caminar en 48 minutos?

> En el Problema 26, determina primero cuántas millas se pueden caminar en 48 minutos. Luego, convierte de millas a cuadras.

Resolución de problemas no numéricos

¿Cuáles son los pasos para resolver problemas no numéricos?

No todos los problemas en palabras en química requieren de cálculos. Algunos problemas te piden que apliques los conceptos que estás estudiando a una nueva situación. Para resolver un problema no numérico, todavía tienes que identificar lo que se conoce y lo que no se conoce. Y más importante aún, aun necesitas hacer un plan para ir de lo que conoces a lo que no conoces. Si tu respuesta no es un número, entonces no es necesario que compruebes las unidades, hagas una estimación o compruebes tus cálculos.

El enfoque de resolución de problemas de tres pasos se modifica para los problemas no numéricos. **Los pasos para la resolución de un problema no numérico son analizar y resolver.** Pueden ser útiles algunos métodos de resolución de problemas, como hacer un diagrama, crear un diagrama de flujo o construir un modelo. La Figura 1.21 resume el proceso, y el Ejemplo de problema 1.2 de la página siguiente muestra cómo funcionan los pasos en un problema real.

LA QUÍMICA Y TÚ

P: *Elige un juego que te guste o un tipo de rompecabezas que disfrutes resolver. ¿Cómo es que tener un plan hace que jugar un juego o resolver un rompecabezas sea más fácil?*

Figura 1.21 Resolución de problemas no numéricos
Este diagrama de flujo resume los pasos para la resolución de un problema no numérico.
Comparar *En un problema no numérico, ¿por qué el segundo paso se llama* resolver *en lugar de* calcular?

Ejemplo de problema 1.2

Programar clases

Manny necesita programar sus clases para el próximo año. La jornada escolar se divide en siete períodos, y él debe tomar Álgebra II, Arte, Química, Inglés, Historia y Educación Física. Usando la información del catálogo de cursos, halla una manera de que Manny pueda programar todas sus clases.

✔ Álgebra II se ofrece durante el primer o segundo período.
✔ Arte se ofrece sólo durante el segundo período.
✔ Química se ofrece durante el tercero o sexto período.
✔ Inglés se ofrece durante el sexto o séptimo período.
✔ Historia se ofrece durante el cuarto o séptimo período.
✔ Educación Física se ofrece sólo durante el cuarto período.
✔ El almuerzo está previsto para el quinto período.

❶ **Analiza Identifica los conceptos relevantes.** Manny debe tomar el almuerzo durante el quinto período. Arte sólo está disponible durante el segundo período. Educación Física sólo está disponible durante el cuarto período.

❷ **Resuelve Aplica los conceptos a este problema.**

> Como Arte sólo está disponible durante el segundo período, Manny debe tomar Álgebra II durante el primer período. Como E.F. está sólo disponible durante el cuarto período, él debe tomar Historia durante el séptimo período.

Coloca el almuerzo, Arte y Educación Física en el horario de Manny.

Horario de Manny

1er período	
2do período	**Arte**
3er período	
4to período	**E.F.**
5to período	**Almuerzo**
6to período	
7mo período	

Programa el resto de las clases en el horario de Manny.

Horario de Manny

1er período	Álgebra II
2do período	**Arte**
3er período	Química
4to período	**E.F.**
5to período	**Almuerzo**
6to período	Inglés
7mo período	Historia

27. ¿Cómo cambiaría el horario de Manny si Arte estuviera disponible durante el 1er período en lugar del 2do período?

28. ¿Cambiaría el horario de Manny si Álgebra II estuviera disponible durante el 1er, 2do y 3er períodos? Explica.

1.4 Comprobación de la lección

29. 🔑 **Repasar** ¿Cuáles son los dos pasos generales para resolver problemas con éxito?

30. 🔑 **Hacer una lista** ¿Cuáles son los tres pasos para resolver problemas numéricos?

31. 🔑 **Hacer una lista** ¿Cuáles son los dos pasos para resolver problemas no numéricos?

32. Comparar y contrastar ¿En qué se parecen los procesos para resolver problemas numéricos y no numéricos? ¿En qué se diferencian?

33. Calcular Lee el siguiente problema de conversión y luego responde las preguntas. "Hay 3600 segundos en una hora. ¿Cuántos segundos hay en un día?"

a. Identifica lo que conoces y lo que no conoces.

b. ¿Qué relación entre lo que conoces y lo que no conoces necesitas para resolver el problema?

c. Calcula la respuesta al problema.

d. Evalúa tu respuesta y explica por qué tiene sentido tu respuesta.

1 Guía de estudio

GRANIDEA
LA QUÍMICA COMO CIENCIA CENTRAL

Es importante estudiar química porque la química es fundamental para la comprensión de las otras ciencias. La química es relevante para muchas profesiones. El conocimiento de la química puede ayudarte a convertirte en un ciudadano informado. Los químicos usan el método científico para resolver problemas y desarrollar teorías sobre el mundo natural.

1.1 Temas de la química

🔑 La química afecta todos los aspectos de la vida y la mayoría de los eventos naturales, porque todos los seres vivos e inanimados están hechos de materia.

🔑 Las cinco áreas tradicionales de estudio son química orgánica, química inorgánica, bioquímica, química analítica y fisicoquímica.

🔑 Algunas de las grandes ideas de la química son las siguientes: la química como ciencia central, los electrones y la estructura de los átomos, enlaces e interacciones, reacciones, teoría cinética, el mol y cuantificación de la materia, materia y energía, y la química del carbono.

- materia (2)
- química (2)
- química orgánica (3)
- química inorgánica (3)
- bioquímica (3)
- química analítica (3)
- fisicoquímica (3)
- química pura (3)
- química aplicada (3)

1.2 La química y tú

🔑 La química puede ser útil para explicar el mundo natural, preparar a las personas para las oportunidades profesionales y producir ciudadanos informados.

🔑 La investigación moderna de la química puede producir tecnologías que tengan como objetivo beneficiar al medio ambiente, conservar y producir energía, mejorar la vida humana y ampliar nuestro conocimiento del universo.

- tecnología (8)

1.3 Pensar como un científico

🔑 Lavoisier ayudó a transformar la química de una ciencia de la observación a la ciencia de la medición que es hoy.

🔑 Los pasos del método científico son: hacer observaciones, proponer y poner a prueba una hipótesis, y desarrollar teorías.

🔑 Cuando los científicos cooperan y se comunican entre sí, aumentan la probabilidad de un resultado exitoso.

- método científico (15)
- observación (15)
- hipótesis (16)
- experimento (16)
- variable independiente (16)
- variable dependiente (16)
- modelo (16)
- teoría (17)
- ley científica (17)

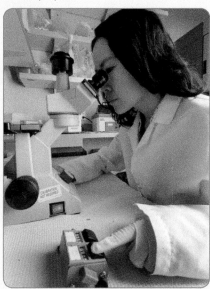

1.4 Resolver problemas en la química

🔑 Una resolución de problemas eficiente implica siempre el desarrollo de un plan y luego aplicar ese plan.

🔑 Los pasos para resolver un problema numérico en palabras son analizar, calcular y evaluar.

🔑 Los pasos para resolver un problema no numérico son analizar y resolver.

Lección por lección

1.1 Temas de la química

34. Explica por qué el aire se clasifica como materia.

✶**35.** Los caracteres japoneses para la química significan literalmente "estudio del cambio". ¿Por qué son apropiados estos caracteres para representar la química?

36. Describe la diferencia principal entre la química inorgánica y la química orgánica.

✶**37.** ¿Está un científico que estudia el cáncer con el objetivo de hallar un tratamiento efectivo haciendo una investigación pura o una investigación aplicada?

1.2 La química y tú

✶**38.** ¿Por qué un bombero o un periodista necesita entender la química?

39. ¿Cuáles son algunos productos que se podrían hacer a partir del bioplástico ácido poliláctico (PLA)?

40. ¿Cómo ayudan los químicos a los médicos a tratar los pacientes?

41. ¿Cuál es el objetivo general de los bioquímicos que trabajan en el campo de la medicina?

✶**42.** ¿Cómo pueden los científicos estudiar la composición de estrellas lejanas?

1.3 Pensar como un científico

43. ¿Qué tenían en común con Lavoisier los científicos que fundaron la Real Sociedad de Londres?

✶**44.** ¿Cuál es la herramienta más poderosa que pueda tener cualquier científico?

45. ¿Cuál es el propósito de un experimento?

✶**46.** ¿Cuál de las siguientes opciones no forma parte del método científico?
   a. hipótesis   **c.** conjetura
   b. experimento   **d.** teoría

47. ¿En qué se diferencian una variable independiente y una variable dependiente?

✶**48.** Realizas un experimento y obtienes resultados inesperados. Según el método científico, ¿qué debes hacer a continuación?

✶**49.** Explica cómo los resultados de muchos experimentos pueden conducir tanto a una teoría como a una ley científica.

50. Enumera dos razones generales por las que los científicos están dispuestos a cooperar.

1.4 Resolver problemas en la química

✶**51.** Identifica los enunciados que describen correctamente a los buenos solucionadores de problemas.
   a. leen el problema una sola vez
   b. comprueban su trabajo
   c. buscan datos que faltan
   d. buscan relaciones entre los datos

52. ¿Qué tienen en común las estrategias eficaces de resolución de problemas?

53. ¿En qué paso del enfoque de resolución de problemas en tres pasos para los problemas numéricos se desarrolla una estrategia de resolución de problemas?

✶**54.** En promedio, un equipo de béisbol gana dos de cada tres partidos que juega. ¿Cuántos partidos perderá este equipo en una temporada de 162 juegos?

55. Si tu corazón late a un ritmo promedio de 72 veces por minuto, ¿cuántas veces latirá tu corazón en una hora? ¿Y en un día?

✶**56.** ¿Cuántos días necesitarías para contar un millón de monedas de 1 centavo si pudieras contar un centavo cada segundo?

Entender conceptos

✶**57.** Relaciona cada área de la química con un enunciado numerado.
   a. fisicoquímica   **d.** química inorgánica
   b. química orgánica   **e.** bioquímica
   c. química analítica

   (1) medir el nivel de plomo en la sangre
   (2) estudiar los productos químicos de las rocas que no contienen carbono
   (3) investigar los cambios que se producen cuando digerimos los alimentos en el estómago
   (4) estudiar los químicos del carbón que contienen carbono
   (5) explicar la transferencia de energía que se produce cuando el hielo se derrite

Usa esta fotografía de los corredores para responder las Preguntas 58 y 59.

★**58.** Explica cómo ha afectado la química a la capacidad de estos atletas para competir.

59. ¿Qué tipo de químico podría estudiar la forma en que un atleta utiliza la energía durante una competencia? Da una razón para su respuesta.

60. Explica por qué la química podría ser útil en una carrera que estés pensando seguir.

★**61.** Un médico examina a un paciente que tiene dolor de garganta y sugiere que el paciente tiene faringitis. El médico toma una muestra para detectar las bacterias que causan la faringitis. ¿Qué partes del método científico está aplicando el médico?

★**62.** Realizas un experimento y hallas que los resultados no están de acuerdo con una teoría aceptada. ¿Deberías concluir que cometiste un error en el procedimiento? Explica.

63. Un estudiante está planeando un proyecto de feria científica llamado "¿La temperatura afecta la altura que puede rebotar una pelota de básquetbol?"
  a. Con base en el título del proyecto, identifica la variable independiente y la variable dependiente.
  b. Nombra por lo menos dos factores que necesitarías mantener constantes durante el experimento.

64. Describe una situación en la que hayas usado al menos dos pasos del método científico para resolver un problema.

★**65.** El agua pura se congela a 0 °C. Un estudiante quería probar el efecto de añadirle sal al agua. La tabla muestra los datos recopilados.

Efecto de la sal en el punto de congelación del agua	
Sal añadida	**Punto de congelación**
5 g	−4.8 °C
10 g	−9.7 °C
15 g	−15.1 °C
20 g	−15.0 °C

  a. ¿Cuál es la variable independiente?
  b. ¿Cuál era la variable dependiente?
  c. ¿Por qué es necesario que el volumen de agua sea el mismo en cada prueba?
  d. Con base en los datos, el estudiante formuló la siguiente hipótesis: "A medida que se añade más sal al agua, disminuye la temperatura a la que se congela el agua.";¿Apoyan los datos esta hipótesis? Explica.

★**66.** En el tiempo en que una persona viaja 4 millas en bicicleta, otra persona viaja 30 millas en coche. Suponiendo que la velocidad es constante, ¿qué tan lejos viajará el coche mientras la bicicleta recorre 40 millas?

Piensa de manera crítica

67. **Comparar y contrastar** ¿En qué se parece el estudio de la química al estudio de un idioma? ¿En qué se diferencia?

68. **Inferir** Comenta la idea de que la ciencia acepta lo que funciona y rechaza lo que no funciona.

69. **Aplicar conceptos** Te piden que diseñes un experimento para responder la pregunta: "¿Qué toalla de papel es la mejor?"
  a. ¿Cuál es la variable independiente en tu experimento?
  b. Enumera tres posibles variables dependientes que se podrían utilizar para definir "mejor".
  c. Elige una de las variables dependientes y vuelve a escribir la pregunta como una hipótesis.
  d. Haz una lista de al menos cinco factores que deban mantenerse constantes al poner a prueba una hipótesis.

★**70.** **Comparar** Los descubrimientos importantes en la ciencia son a veces el resultado de un accidente. Louis Pasteur dijo: "La suerte favorece a las mentes preparadas". Explica cómo estas dos declaraciones pueden ser verdad.

71. Calcular Cuatro vasos de precipitados tienen un peso total de 2.0 lb. Cada vaso de precipitados pesa 0.5 lb. Describe dos métodos diferentes que se pueden usar para calcular el peso de dos vasos. Luego prueba ambos métodos y compara las respuestas.

72. Aplicar conceptos Explica qué tiene de malo la afirmación: "Las teorías se prueban con experimentos".

73. Interpretar diagramas El aire que respiras está compuesto de aproximadamente 20% de oxígeno y 80% de nitrógeno. Usa tus destrezas de resolución de problemas para decidir qué dibujo representa mejor una muestra de aire. Explica tu elección.

a.
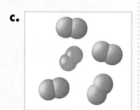

c.

b.

d.
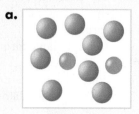

 Oxígeno   Nitrógeno

Enriquecimiento

74. Calcular Una cierta pelota, cuando cae de cualquier altura, rebota la mitad de la altura original. Si la pelota se deja caer desde una altura de 60 pulgadas y se deja rebotar libremente, ¿cuál es la distancia total que recorrió la pelota cuando toca el suelo por tercera vez? Supón que la pelota rebota derecho hacia arriba y hacia abajo.

75. Calcular Unos huevos son transportados en camión desde una granja hasta un mercado. Hay 12 huevos a un cartón y 20 cartones en una caja. Se colocan cuatro cajas en cada cajón. Los cajones se colocan en un camión del siguiente modo: 5 cajones de ancho, 6 cajones de profundidad y 5 cajones de alto. ¿Cuántos huevos hay en el camión?

76. Analizar datos Un tanque que contiene 4.000.000 barriles de petróleo se vacía a una tasa de 5000 galones por minuto. ¿Qué información necesitas para averiguar cuánto tiempo se necesita para vaciar el tanque?

77. Calcular Un cajón de sobres se vende por $576.00. Un paquete de sobres contiene 250 sobres. Seis paquetes se embalan en un cartón. Doce cartones se empaquetan en una caja. Ocho cajas se embalan en un cajón.

a. ¿Cuánto cuesta un paquete de sobres?
b. ¿Qué dato dado en el problema no era necesario para calcular la respuesta?

Escribe acerca de la ciencia

78. Explicar Elige una actividad que puedas hacer más rápido o con menos esfuerzo gracias a la tecnología. Escribe un párrafo en el que describas la actividad, identifiques la tecnología y expliques cómo la tecnología afecta la actividad.

79. Relacionar causa y efecto Escribe un párrafo explicando cómo puedes aprender sobre las investigaciones que realizan los científicos. Luego, explica cómo puede ayudarte esta información a ser un ciudadano informado.

MISTERIOQUÍMICO

¿Son mejores las cosas biodegradables?

Cuando regresas a casa de la tienda, te conectas en línea y buscas "bioplásticos". Aprendes que los productos que hallaste en la tienda fueron hechos muy probablemente a partir de ácido poliláctico (PLA). Te gusta que los productos de PLA provienen de recursos naturales, como el maíz, y que se utiliza menos energía en la fabricación de PLA que de otros plásticos. Sin embargo, te preocupa que sería difícil hallar un centro capaz de degradar los vasos y utensilios que tú y tus amigos hayan usado.

80. Relacionar causa y efecto ¿Qué factores afectarán tu decisión en cuanto a si hay que comprar los productos de picnic hechos de PLA? Explica.

81. Conexión con la GRANIDEA ¿Cómo un conocimiento de la química te ayuda a tomar una decisión informada?

Preparación para los exámenes estandarizados

Escoge la opción que mejor responda cada pregunta o complete cada enunciado.

1. La rama de la química que estudia las sustancias químicas que contienen carbono es la química _____ .
   (A) física
   (B) inorgánica
   (C) analítica
   (D) orgánica

2. Un químico analítico es más probable que
   (A) explique por qué se debe agitar la pintura antes de usarla.
   (B) explique por qué la pintura se mantiene adherida al marco de acero de un coche.
   (C) identifique el tipo de partículas de pintura que se encuentran en la escena de un accidente de atropellamiento y fuga.
   (D) investigue el efecto de la pintura a base de plomo en el desarrollo de un niño.

3. Los químicos que trabajan en el campo de la biotecnología es más probable que trabajen con
   (A) técnicos de rayos X.
   (B) geólogos.
   (C) médicos.
   (D) físicos.

Responde a cada enunciado en las preguntas 4 a 6.

4. Una persona que usa lentes de contacto no tiene que usar gafas protectoras en el laboratorio.

5. Comer comida que queda de un experimento es una alternativa al desecho de la comida.

6. Para un estudiante que haya leído el procedimiento, las instrucciones previas al laboratorio del maestro son innecesarias.

Usa el diagrama de flujo para responder la Pregunta 7.

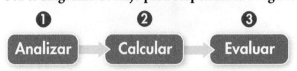

7. ¿Qué debes hacer antes de calcular una respuesta a un problema numérico, y qué debes hacer después de calcular la respuesta?

Usa este párrafo para responder las Preguntas 8 a 10.

(A) Un día, tu coche no arranca. (B) Tú dices: "¡La batería está muerta!". (C) Tu amigo usa un probador de baterías y descubre que la batería tiene una carga completa. (D) Tu amigo ve óxido en las terminales de la batería. (E) Tu amigo dice: "Tal vez el óxido está causando una mala conexión en el circuito eléctrico, lo que impide que el coche arranque". (F) Tu amigo limpia las terminales, y el coche arranca.

8. ¿Qué enunciados son observaciones?

9. ¿Qué enunciados son hipótesis?

10. ¿Qué enunciados describen experimentos?

Consejos para tener éxito

Preguntas de verdadero o falso Cuando la palabra *porque* se coloca entre dos enunciados, debes primero decidir si ambos enunciados son verdaderos, si ambos son falsos o si uno de los enunciados es verdadero y el otro es falso. Si ambos son verdaderos, debes decidir si el segundo enunciado es una explicación correcta para el primero

---

Hay dos enunciados por cada pregunta. Decide si cada enunciado es verdadero o falso. Luego, decide si el Enunciado II es una explicación correcta del Enunciado I.

Enunciado I		Enunciado II
11. Una hipótesis se puede descartar después de un experimento.	PORQUE	Los experimentos se usan para poner a prueba las hipótesis.
12. Las teorías te ayudan a formarte un modelo mental de los objetos que no puedes ver.	PORQUE	Las teorías resumen los resultados de muchas observaciones y experimentos.
13. Todos los sitios de Internet ofrecen información científica igualmente confiable.	PORQUE	Toda la información en estos sitios ha sido revisada por científicos calificados.

Si tienes problemas con . . .

Pregunta	1	2	3	4	5	6	7	8	9	10	11	12	13
Ver la Lección	1.1	1.1	1.2	1.3	1.3	1.3	1.4	1.3	1.3	1.3	1.3	1.3	1.3

2

Materia y cambio

EN EL INTERIOR:

- **2.1** Propiedades de la materia
- **2.2** Mezclas
- **2.3** Elementos y compuestos
- **2.4** Reacciones químicas

PearsonChem.com

A medida que un sándwich de queso se tuesta, se dan cambios físicos y químicos. El queso que se derrite sufre un cambio físico. El pan que se tuesta sufre un cambio químico.

GRANIDEA

LA QUÍMICA COMO CIENCIA CENTRAL

Preguntas esenciales:

1. *¿Qué propiedades se usan para describir a la materia?*

2. *¿Cómo cambia la materia su forma?*

MISTERIOQUÍMICO

¿Cuál es diferente a las demás?

En el Parque Nacional Yellowstone hay más de 300 géiseres. Si logras ver un géiser en erupción, verás agua y vapor saliendo del suelo.

En el Parque Nacional de los Glaciares, el fondo de los glaciares pasa por ciclos de fusión y congelación. Estos ciclos producen valles en forma de U y que están flanqueados por laderas de tierra empinadas.

En el Parque Nacional Acadia, las hojas de los árboles caducifolios cambian de color cada otoño. Las hojas pasan de verde a rojo, anaranjado o amarillo.

Estos tres lugares son increíbles para ver. Todos surgen gracias a ciertos cambios. ¿Son estos cambios físicos o químicos? Uno de ellos es diferente a los demás. Pero, ¿cuál es diferente, y por qué?

▶ Conexión con la **GRAN**IDEA A medida que lees sobre la materia, piensa en cómo la materia sufre cambios físicos y químicos.

2.1 Propiedades de la materia

P: *¿Por qué las ventanas están hechas de vidrio?* Cuando piensas en una ventana, probablemente pienses en algo a través de lo cual puedas ver. La mayoría de las ventanas están hechas de vidrio y son transparentes, lo que significa que puedes ver a través de ellas. Si hallaras un pedazo de vidrio roto en el suelo, probablemente reconocerías que se trata de vidrio. Es duro pero fácil de romper, y es resistente al calor. En esta lección, aprenderás cómo se pueden usar las propiedades para clasificar e identificar la materia.

Preguntas clave

🗝 *¿Por qué todas las muestras de una sustancia tienen las mismas propiedades intensivas?*

🗝 *¿Cuáles son tres estados de la materia?*

🗝 *¿Cómo se pueden clasificar los cambios físicos?*

Vocabulario

- masa
- volumen
- propiedad extensiva
- propiedad intensiva
- sustancia
- propiedad física
- sólido
- líquido
- gas
- vapor
- cambio físico

Describir la materia

🗝 *¿Por qué todas las muestras de una sustancia tienen las mismas propiedades intensivas?*

El entendimiento de la materia comienza con la observación, y lo que observamos cuando nos fijamos en una muestra particular de materia son sus propiedades. ¿Es brillante u opaco un sólido? ¿Fluye un líquido rápida o lentamente? ¿Es un gas inodoro o tiene olor? Las propiedades que se usan para describir la materia se pueden clasificar como extensivas o intensivas.

Propiedades extensivas Recuerda que la materia es todo aquello que tiene masa y ocupa espacio. La **masa** de un objeto es una medida de la cantidad de materia que contiene el objeto. La masa de la pelota de básquetbol en la Figura 2.1 es mayor que la masa de la pelota de golf. También hay una diferencia en el volumen de las pelotas. El **volumen** de un objeto es una medida del espacio que ocupa el objeto. El volumen de la pelota de básquetbol es mayor que el volumen de la pelota de golf. La masa y el volumen son ejemplos de propiedades extensivas. Una **propiedad extensiva** es una propiedad que depende de la cantidad de materia que hay en una muestra.

Propiedades intensivas Las pelotas de básquetbol pueden parecer todas iguales. Sin embargo, debemos tomar en cuenta ciertas propiedades al seleccionar una pelota de básquetbol, además de la masa y del volumen. La cubierta exterior puede estar hecha de cuero, goma o un compuesto sintético. Cada uno de estos materiales tiene diferentes propiedades que hacen a las pelotas de básquetbol adecuadas para diferentes situaciones de juego. Por ejemplo, las pelotas de cuero son adecuados para jugar en lugares cerrados, pero no al aire libre. Las pelotas de cuero absorben más agua y suciedad que las pelotas de goma. La absorbencia es un ejemplo de una propiedad intensiva. Una **propiedad intensiva** es una propiedad que depende del tipo de materia en una muestra, y no de la cantidad de materia.

Figura 2.1 Propiedades extensivas
Las pelotas de golf y de básquetbol tiene masas y volúmenes diferentes.

Identificar una sustancia Los objetos de la Figura 2.2 tienen composiciones químicas diferentes. La lata de refresco es principalmente de aluminio. La regadera es principalmente de cobre. La materia que tiene una composición uniforme y definida se llama **sustancia.** El aluminio y el cobre son ejemplos de sustancias, que también se llaman *sustancias puras.*  **Cada muestra de una sustancia dada tiene propiedades intensivas idénticas porque cada muestra tiene la misma composición.**

El aluminio y el cobre tienen algunas propiedades en común, pero hay diferencias más allá de sus colores distintivos. El aluminio es muy reflectante y a menudo se usa en las pinturas plateadas. El cobre puro pueden rayar la superficie del aluminio puro porque el cobre es más duro que el aluminio. El cobre conduce mejor el calor y la electricidad que el aluminio. El cobre y el aluminio son maleables, lo que significa que con estos metales se pueden hacer láminas con un martillo sin que se rompan. La dureza, color, conductividad y maleabilidad son ejemplos de propiedades físicas. Una **propiedad física** es una cualidad o condición de una sustancia, que se puede observar o medir sin cambiar la composición de la sustancia.

La Tabla 2.1 muestra las propiedades físicas de algunas sustancias. Los estados de las sustancias se dan a temperatura ambiente. (Aunque los científicos usan la temperatura ambiente para referirse a una gama de temperaturas, en este libro se usará para referirse a una temperatura específica, 20 °C). Las propiedades físicas pueden ayudar a los químicos a identificar sustancias. Por ejemplo, una sustancia incolora que hierve a 100 °C y se funde a 0 °C es probablemente agua. Una sustancia incolora que hierve a 78 °C y se funde a −117 °C definitivamente no es agua. Según la Tabla 2.1, probablemente sería etanol.

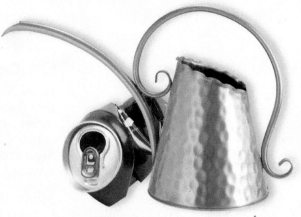

Figura 2.2 Aluminio y cobre
Esta lata de refresco está hecha, casi en su totalidad, de una delgada hoja de aluminio. La regadera está hecha de cobre, que ha sido martillado para darle su textura.
Analizar datos ¿Cuál de las propiedades enumeradas en la Tabla 2.1 no se podría usar para distinguir el cobre del aluminio?

LA QUÍMICA Y TÚ

P: *El vidrio se usa a menudo para hacer ventanas, mientras que el cobre se usa a menudo en cables eléctricos. ¿Qué propiedades del vidrio lo hacen un material ideal para hacer ventanas?*

Interpretar datos

Propiedades físicas de algunas sustancias				
Sustancia	**Estado**	**Color**	**Punto de fusión (°C)**	**Punto de ebullición (°C)**
Neón	Gas	Incoloro	−249	−246
Oxígeno	Gas	Incoloro	−218	−183
Cloro	Gas	Amarillo verdoso	−101	−34
Etanol	Líquido	Incoloro	−117	78
Mercurio	Líquido	Blanco plateado	−39	357
Bromo	Líquido	Marrón rojizo	−7	59
Agua	Líquido	Incoloro	0	100
Azufre	Sólido	Amarillo	115	445
Aluminio	Sólido	Plateado	660	2519
Cloruro de sodio	Sólido	Blanco	801	1413
Oro	Sólido	Amarillo	1064	2856
Cobre	Sólido	Amarillo rojizo	1084	2562

Tabla 2.1 Una sustancia se puede describir e identificar por su propiedades físicas.
a. Identificar ¿Qué propiedad puede distinguir más fácilmente al cloro de otros gases?
b. Identificar Un líquido incoloro hierve a 40 °C. ¿Es esta sustancia agua? ¿Por qué?
c. Calcular ¿Cuál de las sustancias líquidas tiene el punto de fusión más alto? ¿Y el punto de ebullición más bajo?
d. Sacar conclusiones ¿Cuál de las propiedades sería la más útil para identificar una sustancia desconocida?

Estados de la materia

¿Cuáles son los tres estados de la materia?

Dependiendo de las circunstancias, usas tres palabras diferentes para referirte al agua: agua, hielo y vapor. El agua, que es una sustancia común, existe en tres estados físicos diferentes. Lo mismo ocurre con la mayoría de las sustancias. **Los tres estados de la materia son sólido, líquido y gaseoso.** Algunas características que pueden distinguir a estos tres estados de la materia se resumen en la Figura 2.3.

Sólido Un **sólido** es un tipo de materia que tiene forma y volumen definidos. La forma de un sólido no depende de la forma de su envase. Las partículas de un sólido están muy unidas, a menudo de manera ordenada, como se muestra en la Figura 2.3a. Por tanto, los sólidos son casi incomprimibles; es decir, es difícil reducir el volumen de un sólido. Además, los sólidos se expanden sólo un poco cuando se calientan.

Líquidos Observa la Figura 2.3b. Las partículas de un líquido están en contacto entre sí, pero la ordenación de las partículas en un líquido no es rígida u ordenada. Dado que las partículas de un líquido son libres de fluir de un lugar a otro, un líquido toma la forma del recipiente en el que se coloca. Sin embargo, el volumen del líquido no cambia cuando cambia su forma. El volumen de un líquido es fijo o constante. Por tanto, un **líquido** es un tipo de materia que tiene una forma indefinida; que fluye, pero que tiene un volumen fijo. Los líquidos son casi incomprimibles, pero tienden a expandirse un poco cuando se calientan.

Figura 2.3

La configuración de las partículas es diferente en los sólidos, los líquidos y los gases.
Relacionar causa y efecto *Usa las configuraciones de sus partículas para explicar la forma general y el volumen de los sólidos y los gases.*

Consulta estados de la materia en línea animada.

Sólido En un sólido, las partículas están muy juntas en una configuración rígida.

Líquido En un líquido, las partículas están muy juntas, pero son libres de fluir unas frente a otras.

Gas En un gas, las partículas están relativamente separadas y puede moverse libremente.

Gases Al igual que los líquidos, los gases toman la forma de su recipiente. Pero a diferencia de los líquidos, los gases pueden expandirse para llenar cualquier volumen. Un **gas** es un tipo de materia que tiene tanto la forma como el volumen de su recipiente. Observa de nuevo la Figura 2.3c. Como se muestra en el modelo, las partículas de un gas están por lo general mucho más separadas que las partículas de un líquido. Debido al espacio entre las partículas, los gases se pueden comprimir fácilmente en un volumen más pequeño.

Las palabras *vapor* y *gas* se utilizan a veces indistintamente. Sin embargo, hay una diferencia. El término *gas* se usa para sustancias que, como el oxígeno, existen en estado gaseoso a temperatura ambiente. (*Gaseoso* es el adjetivo de *gas*.) **Vapor** describe el estado gaseoso de una sustancia que es generalmente un líquido o un sólido a temperatura ambiente, como el *vapor de agua*.

Cambios físicos

🔑 ¿Cómo se pueden clasificar los cambios físicos?

El punto de fusión del metal galio es de 30 °C. La Figura 2.4 muestra cómo el calor de la mano de una persona puede fundir una muestra de galio. La forma de la muestra cambia durante la fusión a medida que el líquido comienza a fluir, pero la composición de la muestra no cambia. La fusión es un cambio físico. Durante un **cambio físico,** algunas propiedades del material cambian, pero la composición no cambia.

Palabras tales como *ebullición, congelación, fusión,* y *condensación* se usan para describir cambios físicos. Lo mismo podemos decir de palabras como *romper, quebrar, moler, cortar* y *triturar*. Sin embargo, hay una diferencia entre estos dos conjuntos de palabras. Cada conjunto describe un cambio físico diferente. 🔑 **Los cambios físicos se pueden clasificar como reversibles o irreversibles.** La fusión es un ejemplo de un cambio físico reversible. Si una muestra de galio líquido se enfría por debajo de su punto de fusión, el líquido se convertirá en un sólido. Todos los cambios físicos que implican un cambio de un estado a otro son reversibles. Cortarse el pelo, limarse las uñas y quebrar un huevo son ejemplos de cambios físicos irreversibles.

Figura 2.4 Cambio físico
La sustancia plateada de la fotografía es galio, que tiene un punto de fusión de 30 °C.
Inferir *¿Qué se puede inferir de la temperatura de la mano que sostiene el galio?*

ONLINE PROBLEMS

2.1 Comprobación de la lección

1. 🔑 Explicar Explica por qué todas las muestras de una determinada sustancia tienen las mismas propiedades intensivas.

2. 🔑 Identificar Nombra tres estados de la materia.

3. 🔑 Describir Describe las dos categorías que se usan para clasificar los cambios físicos.

4. Identificar Nombra dos categorías que se usan para clasificar las propiedades de la materia.

5. Interpretar tablas ¿Qué propiedad en la Tabla 2.1 puede distinguir más fácilmente al cloruro de sodio de los demás sólidos?

6. Comparar y contrasta ¿En qué se parecen los líquidos y los gases? ¿En qué se diferencian los líquidos y los sólidos?

7. Explicar ¿Es la congelación del mercurio un cambio físico reversible o irreversible? Explica tu respuesta.

8. Explicar Explica por qué las muestras de platino y de cobre pueden tener las mismas propiedades extensivas pero no las mismas propiedades intensivas.

GRANIDEA
LA QUÍMICA COMO CIENCIA CENTRAL

9. ¿Por qué es útil entender las propiedades de la materia en otros campos de estudio además de la química?

2.2 Mezclas

P: *¿Por qué no hay granos de café en una taza de café?* El café se prepara a menudo al mezclar agua caliente con granos de café. Pero cuando alguien bebe café, los granos no suelen estar en su taza. En esta lección, aprenderás a clasificar y separar mezclas.

Preguntas clave

🔑 *¿Cómo se pueden clasificar las mezclas?*

🔑 *¿Cómo se pueden separar las mezclas?*

Vocabulario

- mezcla
- mezcla heterogénea
- mezcla homogénea
- solución
- fase
- filtración
- destilación

Clasificar mezclas

🔑 **¿Cómo se pueden clasificar las mezclas?**

Una barra de ensaladas, como la de la Figura 2.5, proporciona una serie de ingredientes, como lechuga, tomate, queso y pimientos verdes. Los clientes eligen qué ingredientes usar en sus ensaladas y la cantidad de cada ingrediente. Así que cada mezcla de ensalada tiene diferentes tipos y cantidades de ingredientes. Una **mezcla** es una combinación física de dos o más componentes.

La mayoría de las muestras de materia son mezclas. Algunas mezclas son más fáciles de reconocer que otras. Puedes reconocer fácilmente que la sopa de pollo con fideos es una mezcla de pollo, fideos y caldo. Reconocer que el aire es una mezcla de gases es más difícil. Pero el hecho de que el aire puede ser más seco o más húmedo es una muestra de que la cantidad de un componente (vapor de agua) puede variar. La sopa de pollo con fideos y el aire representan dos tipos diferentes de mezclas. 🔑 **Dependiendo de la distribución de sus componentes, las mezclas se pueden clasificar como heterogéneas u homogéneas.**

Figura 2.5
Las ensaladas son mezclas

Puedes elegir la cantidad de cada ingrediente en una barra de ensaladas. Así que es poco probable que tu ensalada tenga la misma composición que otras ensaladas que contienen los mismos ingredientes.

Propósito Separar una mezcla usando una cromatografía en papel

Materiales
- **marcador verde**
- **tira de papel filtro**
- **regla**
- **cinta adhesiva transparente**
- **lápiz**
- **alcohol**
- **vaso de plástico transparente**
- **envoltorio plástico transparente**

Separar mezclas

Procedimiento

1. Usa el marcador para trazar una línea a lo largo de una tira de papel filtro, como se muestra en el dibujo. La línea debe tener 2 cm desde un extremo de la tira.

2. Pega el extremo no marcado del papel filtro al centro de un lápiz de modo que la tira quede colgando hacia abajo cuando el lápiz esté en posición horizontal, como se muestra en el siguiente diagrama.

3. Trabaja en un lugar bien ventilado, y vierte alcohol en un vaso de plástico a una profundidad de 1 cm.

4. Coloca el lápiz en el borde del vaso de modo que el extremo de tinta de la tira toque el alcohol, pero sin extenderse por debajo de su superficie. Usa el envoltorio plástico para cubrir la parte superior del vaso.

5. Observa la organización durante 15 minutos.

Analizar y concluir

1. Identificar ¿Cómo cambió la apariencia del papel filtro durante el procedimiento?

2. Analizar datos ¿Qué pruebas hay de que la tinta verde es una mezcla?

3. Aplicar conceptos ¿Cómo podrías usar este procedimiento para identificar un tipo desconocido de tinta verde?

Mezclas heterogéneas

En la sopa de pollo con fideos, los ingredientes no están distribuidos uniformemente por toda la mezcla. Es probable que haya diferentes cantidades de pollo y de fideos en cada cucharada. Una mezcla en la que la composición no es uniforme es una **mezcla heterogénea.**

Mezclas homogéneas

Las sustancias en el aceite de oliva de la Figura 2.6 están distribuidas uniformemente por toda la mezcla. Por tanto, el aceite de oliva no se ve como una mezcla. Lo mismo ocurre con el vinagre. El vinagre es una mezcla de agua y ácido acético, que se disuelve en el agua. El aceite de oliva y el vinagre son mezclas homogéneas. Una **mezcla homogénea** es una mezcla en la que la composición es uniforme. Otro nombre para una mezcla homogénea es una **solución.** Muchas soluciones son líquidas. Pero algunas son gases, como el aire, y algunas son sólidas, como el acero inoxidable, que es una mezcla de hierro, cromo y níquel.

El término **fase** se usa para describir cualquier parte de una muestra con composición y propiedades uniformes. Por definición, una mezcla homogénea consiste en una sola fase. Una mezcla heterogénea se compone de dos o más fases. Cuando el aceite y el vinagre se mezclan, forman una mezcla heterogénea con dos capas o fases. Como se muestra en la Figura 2.6, la fase de aceite flota en la fase de agua o vinagre.

Figura 2.6 Mezclas homogéneas
El aceite de oliva y el vinagre son mezclas homogéneas. Las sustancias en estas mezclas se distribuyen uniformemente. Cuando el aceite de oliva y el vinagre se mezclan, forman una mezcla heterogénea con dos fases distintas.

Separar mezclas

🔑 ¿Cómo se pueden separar las mezclas?

Si tienes una ensalada que contiene un ingrediente que no te gusta, puedes usar un tenedor para eliminar los pedazos del ingrediente no deseado. Muchas mezclas no son tan fáciles de separar. Para separar una mezcla de aceite de oliva y vinagre, por ejemplo, puedes decantar, o verter, la capa de aceite. O puedes enfriar la mezcla hasta que el aceite se vuelva sólido. El primer método aprovecha el hecho de que el aceite flota en el agua. El segundo método aprovecha que el aceite de oliva y vinagre se congelan a temperaturas diferentes. 🔑 **Las diferencias en la propiedades físicas se pueden usar para separar mezclas.**

Filtración El filtro de café de la Figura 2.7 puede separar los granos de café del café colado. El café colado y líquido pasa a través del filtro de papel, pero los granos de café sólidos no pueden pasar a través del filtro. El filtro de papel que se usa en un laboratorio es similar a los filtros de café. El filtro de papel a menudo se coloca en un embudo. A continuación, la mezcla se vierte en el embudo. Las partículas sólidas que no pueden pasar a través del filtro permanecen en el embudo. El resto de las partículas de la solución pasan a través del filtro de papel. El proceso que separa un sólido de un líquido en una mezcla heterogénea se llama **filtración.**

Figura 2.7 Filtración
Un filtro se usa para separar los granos de café molido del café colado. Este proceso es un tipo de filtración.

Destilación El agua de la llave es una mezcla homogénea de agua y sustancias que están disueltas en el agua. Una manera para separar el agua de los otros componentes del agua de la llave es a través de un proceso llamado destilación. Durante una **destilación,** un líquido se hierve para producir un vapor que se condensa a continuación, para producir un líquido. La Figura 2.8 muestra un aparato que se puede usar para llevar a cabo una destilación a pequeña escala.

A medida que el agua del matraz de destilación se calienta, se forma vapor de agua que asciende en el matraz y que pasa a un tubo de vidrio en el condensador. El tubo está rodeado por agua fría, que enfría el vapor a una temperatura a la que se convierte otra vez en un líquido. El agua líquida se recoge en un segundo matraz. Las sustancias sólidas que se disolvieron en el agua permanecen en el matraz de destilación porque que sus puntos de ebullición son mucho más altos que el punto de ebullición del agua.

LA QUÍMICA Y TÚ

P: *El café colado es una mezcla de granos de café molidos y agua. ¿Qué proceso se usa para separar los granos de café molidos del café colado?*

Figura 2.8 Destilación
La destilación se puede usar para eliminar las impurezas del agua. A medida que el agua líquida se convierte en vapor de agua, las sustancias disueltas en el agua quedan en el matraz de destilación.

Consulta destilación *en línea animada.*

KINETIC ART

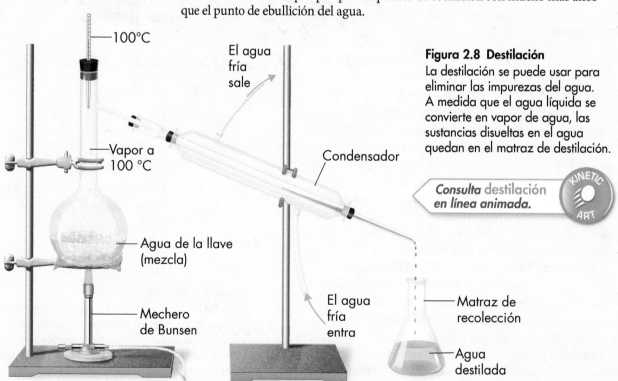

100°C

El agua fría sale

Vapor a 100 °C

Condensador

Agua de la llave (mezcla)

Mechero de Bunsen

El agua fría entra

Matraz de recolección

Agua destilada

Ejemplo de problema 2.1

Separar una mezcla heterogénea

¿Cómo se puede separar una mezcla de clavos de aluminio y clavos de hierro?

❶ Analizar Identifica los conceptos relevantes. Para identificar cómo separar clavos de aluminio y de hierro, debes conocer primero las propiedades tanto del aluminio como del hierro.

❷ Resolver Aplica los conceptos a este problema.

Haz una lista de las propiedades de cada sustancia en la mezcla.

Aluminio	Hierro
• metal	• metal
• color gris	• color gris
• no se disuelve en agua	• no se disuelve en agua
• no es atraído por los imanes	• atraído por los imanes

Identifica una propiedad que se pueda usar para separar las diferentes sustancias entre sí.

La capacidad de ser atraído por un imán es una propiedad que el hierro y el aluminio no comparten. Podrías usar un imán para eliminar los clavos de hierro de una mezcla de hierro y de aluminio.

10. ¿Qué propiedades físicas podrían usarse para separar limaduras de hierro de sal de mesa?

11. El aire es principalmente una mezcla de nitrógeno y oxígeno, con pequeñas cantidades de otros gases tales como argón y dióxido de carbono. ¿Qué propiedad podrías usar para separar los gases del aire?

2.2 Comprobación de la lección

12. 🔑 Identificar ¿Cómo se clasifican las mezclas?

13. 🔑 Hacer una lista ¿Qué tipo de propiedades se pueden usar para separar mezclas?

14. Explicar Explica el término *fase* en relación con las mezclas homogéneas y heterogéneas.

15. Clasificar Clasifica cada uno de lo siguiente como una mezcla homogénea o heterogénea.
  a. colorante de alimentos
  b. cubos de hielo en agua líquida
  c. enjuague bucal
  d. puré de papas sin pelar

16. Comparar y contrastar ¿En qué se parecen una sustancia y una solución? ¿En qué se diferencian?

17. Aplicar conceptos En general, ¿cuándo usarías la filtración para separar una mezcla? ¿Cuándo usarías la destilación para separar una mezcla?

18. Explicar Describe un procedimiento que podría usarse para separar una mezcla de arena y sal de mesa.

GRANIDEA
LA QUÍMICA COMO CIENCIA CENTRAL

19. Da tres ejemplos de cuando hayas separado mezclas en casa.

2.3 Elementos y compuestos

LA QUÍMICA Y TÚ

P: *¿Por qué un pan quemado sabe tan mal?* El pan tostado es muy sabroso en el desayuno. Pero la mayoría de las personas estarían de acuerdo en que el pan que se quema no es sabroso.

Distinguir elementos y compuestos

¿En qué se diferencian los elementos y los compuestos?

Las sustancias se pueden clasificar en elementos o compuestos. Un **elemento** es la forma más simple de la materia, y tiene un conjunto único de propiedades. El oxígeno y el hidrógeno son dos de los más de 100 elementos conocidos. Un **compuesto** es una sustancia que contiene dos o más elementos combinados químicamente en una proporción fija. Por ejemplo, el carbono, el oxígeno y el hidrógeno se combinan químicamente en un compuesto llamado sacarosa. A veces, a la sacarosa la llamamos azúcar de mesa para distinguirla de otros compuestos de azúcar. En cada muestra de sacarosa hay el doble de partículas de hidrógeno que de partículas de oxígeno. La proporción de partículas de hidrógeno y partículas de oxígeno en la sacarosa es fija. Hay una diferencia clave entre elementos y compuestos. **Los compuestos se pueden descomponer en sustancias más simples por medios químicos, pero los elementos no.**

Descomponer compuestos Los métodos físicos que se usan para separar mezclas no se pueden usar para descomponer un compuesto en sustancias más simples. Si hierves agua en estado líquido, obtienes vapor de agua, no el oxígeno y el hidrógeno que contiene el agua. Si disuelves un terrón de azúcar en agua, sigues teniendo sacarosa, no oxígeno, carbono e hidrógeno. Este resultado no significa que la sacarosa o el agua no se puedan descomponer en sustancias más simples, sino que los métodos deben implicar un cambio químico.

Preguntas clave

¿En qué se diferencian los elementos y los compuestos?

¿Cómo se pueden distinguir las sustancias y las mezclas?

¿Qué usan los químicos para representar elementos y compuestos?

¿Por qué es útil una tabla periódica?

Vocabulario

- elemento
- compuesto
- cambio químico
- símbolo químico
- tabla periódica
- período
- grupo

**Figura 2.9
Cambios químicos**
Cuando el azúcar se calienta, pasa por una serie de cambios químicos. Los productos finales de estos cambios son carbono sólido y vapor de agua.

Un **cambio químico** es uno que produce materia con una composición diferente a la de la materia original. El calentamiento es uno de los procesos que se usan para descomponer compuestos en sustancias más simples. La capa de azúcar en la Figura 2.9 se calienta en una sartén hasta que se descompone en carbono sólido y vapor de agua. ¿Se pueden descomponer también las sustancias producidas?

No existe un proceso químico para descomponer el carbono en sustancias más simples porque el carbono es un elemento. El calor no hace que el agua se descomponga, pero la electricidad sí. Cuando una corriente eléctrica pasa a través del agua, se producen los gases oxígeno e hidrógeno. El siguiente diagrama resume el proceso total.

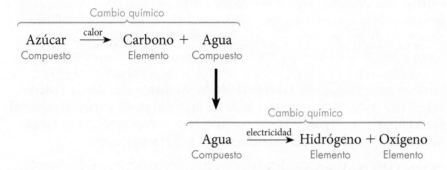

P: *¿Qué le sucede a los compuestos del pan cuando se queman y cambia el sabor del pan?*

Propiedades de los compuestos En general, las propiedades de los compuestos son muy diferentes de las de sus elementos. El azúcar es un sólido blanco de sabor dulce, y el carbono es un sólido negro sin sabor. El hidrógeno es un gas que se quema en presencia de oxígeno, un gas incoloro que permite que las cosas se quemen. El producto de este cambio químico es agua, un líquido que puede evitar que los materiales se quemen. La Figura 2.10 muestra ejemplos de sal de mesa (cloruro de sodio), de sodio y cloro. Cuando los elementos sodio y cloro se combinan químicamente para formar cloruro de sodio, se produce un cambio en la composición y un cambio en las propiedades. El sodio es un metal suave de color gris. El cloro es un gas venenoso y de color verde amarillento pálido. El cloruro de sodio es un sólido blanco.

Figura 2.10 Las propiedades de los compuestos y sus elementos
Los compuestos y los elementos que los componen tienen diferentes propiedades. Los elementos sodio y cloro tienen propiedades diferentes entre sí y diferentes a las del compuesto cloruro de sodio.
Observar *Con base en las fotografías, describe dos propiedades físicas del sodio y dos del cloro.*

El **sodio** se almacena bajo aceite para que no reaccione con el oxígeno o con el vapor de agua del aire. El vapor de sodio produce la luz en algunos postes de luz.

El **cloro** se usa para hacer compuestos que maten a los organismos nocivos en las piscinas.

El **cloruro de sodio** (comúnmente conocido como sal de mesa) es un compuesto que se usa para condimentar o conservar los alimentos.

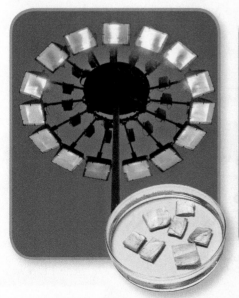

Distinguir sustancias y mezclas

¿Cómo se pueden distinguir las sustancias de las mezclas?

Puede ser difícil decidir si una muestra de materia es una sustancia o una mezcla con solo mirar su apariencia. Después de todo, las mezclas y las sustancias homogéneas parecen contener un solo tipo de materia. A veces puedes decidirlo al considerar si hay más de una versión del material en cuestión. Por ejemplo, puedes comprar leche entera, leche baja en grasa, leche descremada, crema ligera o crema de leche. A partir de esta información, puedes concluir que la leche y la crema son mezclas. Es posible que infieras que estas mezclas difieren en la cantidad de grasa que contienen. La mayoría de las estaciones de servicio ofrecen al menos dos mezclas de gasolina. Las mezclas tienen diferentes octanajes y diferentes costos por galón; las mezclas de primera calidad cuestan más que las mezclas regulares. Por tanto, la gasolina debe ser una mezcla.

Puedes usar las características generales de las sustancias para distinguirlas de las mezclas. **Si la composición de un material es fija, el material es una sustancia. Si la composición de un material puede variar, el material es una mezcla.** La Figura 2.11 resume las características generales de los elementos, los compuestos y las mezclas.

Figura 2.11 ¿Elemento, compuesto o mezcla?
Este diagrama de flujo resume el proceso para clasificar la materia. Cualquier muestra de materia es un elemento, un compuesto o una mezcla.
Interpretar diagramas
¿Cuál es la diferencia clave entre una sustancia y una solución?

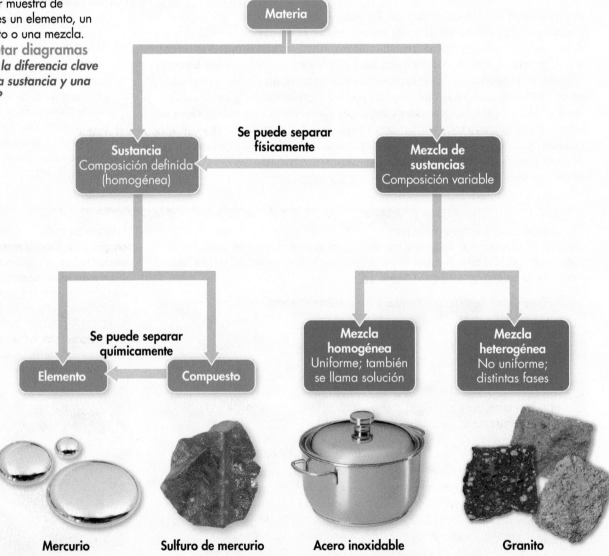

Materia

Se puede separar físicamente

Sustancia
Composición definida
(homogénea)

Mezcla de sustancias
Composición variable

Se puede separar químicamente

Elemento

Compuesto

Mezcla homogénea
Uniforme; también se llama solución

Mezcla heterogénea
No uniforme; distintas fases

Mercurio   Sulfuro de mercurio   Acero inoxidable   Granito

Ejemplo de problema 2.2

Clasificar materiales

Cuando un determinado sólido azul-verde se calienta, se forma un gas incoloro y un sólido negro. Los tres materiales son sustancias. ¿Es posible clasificar estas sustancias como elementos o compuestos?

1 Analizar Identifica los conceptos relevantes. Un compuesto se puede descomponer en sustancias más simples mediante un cambio químico, pero un elemento no. El calentamiento puede causar un cambio químico.

> Un compuesto está formado por dos o más elementos que están químicamente combinados.

2 Resolver Aplica los conceptos a este problema.

| Haz una lista de los datos y conceptos relevantes. | → | • Un sólido azul-verde se calienta. |

| Determina si las sustancias son elementos o compuestos. | → | • Aparecen un gas incoloro y un sólido negro. Antes de calentarse, había una sola sustancia. Después de calentarse, había dos sustancias. El sólido azul-verde debe ser un compuesto. Tomando en cuenta la información dada, no es posible saber si el gas incoloro y el sólido negro son elementos o compuestos. |

20. El líquido A y el líquido B son líquidos transparentes. Se colocan en recipientes abiertos y se dejan evaporar. Cuando la evaporación termina, hay un sólido de color blanco en el recipiente B pero no hay ningún sólido en el recipiente A. A partir de estos resultados, ¿qué puedes inferir de los dos líquidos?

21. Un líquido transparente en un recipiente abierto se dejó evaporar. Después de tres días, hay un sólido en el recipiente. ¿El líquido transparente era un elemento, un compuesto o una mezcla? ¿Cómo lo sabes?

Símbolos y fórmulas

🔑 ¿Qué usan los químicos para representar elementos y compuestos?

Los nombres comunes *agua* y *sal de mesa* no proporcionan información acerca de la composición química de estas sustancias. Además, las palabras no son ideales para mostrar lo que ocurre con la composición de la materia durante un cambio químico. 🔑 **Los químicos usan símbolos químicos para representar elementos, y fórmulas químicas para representar compuestos.**

Usar símbolos para representar diferentes tipos de materia no es una idea nueva. Durante miles de años, los alquimistas usaron símbolos, como los de la Figura 2.12, para representar elementos. Los símbolos que se usan en la actualidad para los elementos se basan en un sistema que desarrolló un químico sueco, Jöns Jacob Berzelius (1779–1848). Basó sus símbolos en los nombres de los elementos en Latín. Cada elemento está representado por un **símbolo químico** de una o dos letras. La primera letra del símbolo químico va siempre en mayúscula. Cuando se usa una segunda letra, va en minúscula.

Figura 2.12 Símbolos de los elementos Los símbolos que se usan para representar elementos han cambiado con el tiempo. Los alquimistas y el químico Inglés John Dalton (1766–1844) usaban dibujos para representar a los elementos químicos. Hoy en día, los elementos se representan por un símbolo de una o dos letras.

Plomo   Estaño   Zinc
Símbolos alquímicos

Oro   Oxígeno   Zinc
Símbolos de Dalton

Materia y cambio **45**

Tabla 2.2

Símbolos y nombres en Latín de algunos elementos

Nombre	Símbolo	Nombre en Latín
Sodio	Na	*natrium*
Potasio	K	*kalium*
Antimonio	Sb	*stibium*
Cobre	Cu	*cuprum*
Oro	Au	*aurum*
Plata	Ag	*argentum*
Hierro	Fe	*ferrum*
Plomo	Pb	*plumbum*
Estaño	Sn	*stannum*

Si el nombre en español y el nombre en latín de un elemento son similares, parecerá que el símbolo fue derivado del nombre en español. Algunos ejemplos son: Ca para el calcio, N para el nitrógeno y O para el oxígeno. La Tabla 2.2 muestra ejemplos de elementos cuyos símbolos no coinciden con los nombres en español. Los símbolos químicos proporcionan una forma abreviada de escribir las fórmulas químicas de los compuestos. Los símbolos del hidrógeno, del oxígeno y del carbono son H, O y C. La fórmula para el agua es H_2O. La fórmula de la sacarosa, o azúcar de mesa, es $C_{12}H_{22}O_{11}$. Los subíndices de las fórmulas químicas te indican cuántos de cada tipo de elemento se encuentran en el compuesto. Por ejemplo, el subíndice 2 en H_2O indica que en el agua siempre hay dos partes de hidrógeno por cada parte de oxígeno. Dado que un compuesto tiene una composición fija, la fórmula para un compuesto es siempre la misma.

La tabla periódica: Vista previa

¿Por qué es útil una tabla periódica?

Todos los elementos conocidos se organizan en una tabla especial llamada tabla periódica. La **tabla periódica** organiza los elementos en grupos dependiendo de un conjunto de propiedades que se repiten. **La tabla periódica te permite comparar fácilmente las propiedades de un elemento (o grupo de elementos) con las de otro elemento (o grupo de elementos).**

La Figura 2.13 muestra la forma más usual de la tabla periódica moderna, que a veces se llama la forma larga. Cada elemento se identifica por su símbolo colocado en un cuadrado. Los elementos se enlistan en orden de izquierda a derecha y de arriba a abajo por número atómico, un número único para cada elemento. El número atómico del elemento está centrado sobre el símbolo. Aprenderás más acerca de los números atómicos en el Capítulo 4. El hidrógeno (H), el elemento más ligero, se encuentra en la esquina superior izquierda. El helio (He), número atómico 2, se encuentra arriba a la derecha. El litio (Li), número atómico 3, está en el extremo izquierdo de la segunda fila.

Cada fila horizontal de la tabla periódica se llama **período.** Hay siete períodos en la tabla periódica. El número de elementos por período va de 2 (hidrógeno y helio) en el período 1 a 32 en el período 6. Dentro de un período, las propiedades de los elementos varían a medida que te mueves en el período. Este patrón de propiedades se repite conforme te mueves al siguiente período.

Cada columna vertical de la tabla periódica se llama **grupo,** o familia. Los elementos dentro de un grupo tienen propiedades físicas y químicas similares. Observa que cada grupo se identifica por un número y la letra A o B. Por ejemplo, el grupo 2A contiene los elementos berilio (Be), magnesio (Mg), calcio (Ca), estroncio (Sr), bario (Ba) y radio (Ra). Aprenderás más sobre las tendencias específicas en la tabla periódica en el Capítulo 6.

Figura 2.13 La tabla periódica
Los elementos están dispuestos en la tabla periódica moderna en orden de número atómico.
Interpretar diagramas ***¿Cuántos elementos hay en el período 2? ¿Y en el Grupo 2A?***

	1A	2A	3B	4B	5B	6B	7B	8B	8B	8B	1B	2B	3A	4A	5A	6A	7A	8A
1	1 H																	2 He
2	3 Li	4 Be											5 B	6 C	7 N	8 O	9 F	10 Ne
3	11 Na	12 Mg											13 Al	14 Si	15 P	16 S	17 Cl	18 Ar
4	19 K	20 Ca	21 Sc	22 Ti	23 V	24 Cr	25 Mn	26 Fe	27 Co	28 Ni	29 Cu	30 Zn	31 Ga	32 Ge	33 As	34 Se	35 Br	36 Kr
5	37 Rb	38 Sr	39 Y	40 Zr	41 Nb	42 Mo	43 Tc	44 Ru	45 Rh	46 Pd	47 Ag	48 Cd	49 In	50 Sn	51 Sb	52 Te	53 I	54 Xe
6	55 Cs	56 Ba	71 Lu	72 Hf	73 Ta	74 W	75 Re	76 Os	77 Ir	78 Pt	79 Au	80 Hg	81 Tl	82 Pb	83 Bi	84 Po	85 At	86 Rn
7	87 Fr	88 Ra	103 Lr	104 Rf	105 Db	106 Sg	107 Bh	108 Hs	109 Mt	110 Ds	111 Rg	112 Cn	113 Uut	114 Uuq	115 Uup	116 Uuh		118 Uuo

57 La	58 Ce	59 Pr	60 Nd	61 Pm	62 Sm	63 Eu	64 Gd	65 Tb	66 Dy	67 Ho	68 Er	69 Tm	70 Yb
89 Ac	90 Th	91 Pa	92 U	93 Np	94 Pu	95 Am	96 Cm	97 Bk	98 Cf	99 Es	100 Fm	101 Md	102 No

2.3 Comprobación de la lección

ONLINE PROBLEMS

22. **Comparar** ¿En qué se diferencia un compuesto de un elemento?

23. **Comparar** ¿Cómo distingues una sustancia de una mezcla?

24. **Identificar** ¿Para qué se usan los símbolos químicos y las fórmulas químicas?

25. **Explicar** ¿Qué hace a la tabla periódica una herramienta tan útil?

26. **Identificar** Nombra dos métodos que se pueden usar para descomponer compuestos en sustancias más simples.

27. **Clasificar** Clasifica cada una de estas muestras de materia como un elemento, un compuesto o una mezcla.

a. azúcar de mesa **c.** jarabe para la tos
b. agua de la llave **d.** nitrógeno

28. **Identificar** Escribe el símbolo químico de cada uno de los siguientes elementos:

c. plomo **c.** plata **e.** hidrógeno
d. oxígeno **d.** sodio **f.** aluminio

29. **Identificar** Nombra los elementos químicos que representan los siguientes símbolos:

a. C **c.** K **e.** Fe
b. Ca **d.** Au **f.** Cu

30. **Identificar** ¿Qué elementos componen el analgésico paracetamol cuya fórmula química es $C_8H_9O_2N$? ¿Qué elemento está presente en la mayor proporción por número de partículas?

31. **Identificar** Nombra dos elementos que tengan propiedades similares a los del elemento calcio (Ca).

2.4 Reacciones químicas

LA QUÍMICA Y TÚ

P: *¿Qué le sucedió al cerillo?* Los cerillos se usan a menudo para encender las velas de un pastel. Los cerillos se encienden por lo general en la punta y luego se queman. Por lo que debes ser rápido, o tus dedos se quemarán con el cerillo encendido. Un cerillo encendido es diferente de un cerillo apagado. En esta lección, aprenderás a reconocer si la combustión de un cerillo es un cambio químico o un cambio físico.

Cambios químicos

🗝 **¿Qué es lo que siempre sucede durante un cambio químico?**

El compuesto que se forma cuando el hierro se oxida es óxido de hierro (Fe_2O_3). Palabras como *quemar, deteriorar, oxidar, descomponer, fermentar, explotar* y *corroer* generalmente significan un cambio químico. La capacidad de una sustancia para experimentar un cambio químico específico se llama **propiedad química.** El hierro se puede combinar con el oxígeno para formar óxido. Por tanto, la capacidad de oxidación es una propiedad química del hierro. Las propiedades químicas se pueden usar para identificar una sustancia. Sin embargo, las propiedades químicas sólo se pueden observar cuando una sustancia experimenta un cambio químico.

En la Figura 2.14 se comparan un cambio físico y un cambio químico que pueden ocurrir en una muestra de carbón. Cuando el carbón se descompone en trozos más pequeños, el cambio es un cambio físico. Las sustancias presentes antes del cambio son las mismas sustancias presentes después del cambio, aunque los pedazos de carbón no sean tan grandes. Recuerda que durante un cambio físico, la composición de la materia nunca cambia. 🗝 **Durante un cambio químico, la composición de la materia siempre cambia.** Cuando el carbón se calienta y se quema, se produce un cambio químico. Las sustancias en el carbón reaccionan con el oxígeno del aire para formar otras sustancias.

Un cambio químico también se llama reacción química. Una o más sustancias se convierten en una o más sustancias nuevas durante una **reacción química.** Una sustancia presente al inicio de la reacción es un **reactante.** Una sustancia producida en la reacción es un **producto.** En la quema del carbón, el carbono y el oxígeno son los principales reactantes, y el dióxido de carbono es el principal producto.

Figura 2.14
Cambios físicos y químicos
El carbón se usa como combustible en las parrillas de carbón. **a.** Descomponer el carbón en trozos más pequeños es un cambio físico. **b.** Quemar el carbón es un cambio químico.

Preguntas clave

🗝 *¿Qué sucede siempre durante un cambio químico?*

🗝 *¿Cuáles son cuatro posibles pistas de que ha tenido lugar un cambio químico?*

🗝 *¿Cómo están relacionadas la masa de los reactantes con la masa de los productos de una reacción química?*

Vocabulario

• propiedad química
• reacción química
• reactante
• producto
• precipitado
• ley de conservación de la masa

Figura 2.15 Cambio químico
Las pistas de un cambio químico suelen tener aplicaciones prácticas.

Aprende más sobre cambios *físicos y químicos en línea.*

Producción de un gas
Las burbujas de dióxido de carbono se forman cuando una tableta de antiácido se deja caer en un vaso con agua.

Cambio de color
Cuando una tira de prueba se sumerge en un solución, el cambio de color se utiliza para determinar el pH de la solución.

Formación de un precipitado
Un paso en la producción de queso es una reacción que hace que la leche se separe en cuajada sólida y suero líquido.

Reconocer cambios químicos

¿Cuáles son cuatro posibles pistas de que ha ocurrido un cambio químico?

¿Cómo puedes saber si ha tenido lugar un cambio químico? Hay cuatro pistas que pueden servir como guía. **Las posibles pistas de los cambios químicos incluyen una transferencia de energía, un cambio de color, la producción de un gas o la formación de un precipitado.**

Todo cambio químico implica una transferencia de energía. Por ejemplo, la energía almacenada en el gas natural se usa para cocinar los alimentos. Cuando el metano en el gas natural se combina químicamente con el oxígeno en el aire, se produce energía en forma de calor y luz. Parte de esta energía se transfiere a, y es absorbida por, los alimentos que se cocinan sobre una hornilla de gas encendida. La energía causa cambios químicos en la comida. La comida puede cambiar de color y dorarse mientras se cocina, que es otra pista de que están ocurriendo cambios químicos.

Puedes observar otras dos pistas del cambio químico durante la limpieza de una bañera. El anillo de espuma de jabón que se puede formar en una bañera es un ejemplo de un precipitado. Un **precipitado** es un sólido que se forma y se deposita a partir de una mezcla líquida. Algunos limpiadores de baño que puedes usar para eliminar los residuos de jabón comienzan a burbujear cuando se rocían con la espuma. Las burbujas se producen porque se libera un gas durante el cambio químico que se está produciendo en el limpiador.

Aunque observes una pista de un cambio químico, no puedes estar seguro de que esté ocurriendo un cambio químico. La pista puede ser el resultado de un cambio físico. Por ejemplo, la energía siempre se transfiere cuando la materia cambia de un estado a otro. Las burbujas se forman cuando se hierve agua o se abre una bebida carbonatada. La única manera de estar seguro que ha ocurrido un cambio químico es poner a prueba la composición de una muestra antes y después del cambio. La Figura 2.15 muestra ejemplos de situaciones prácticas en las que son visibles las diferentes pistas de cambios químicos.

P: *¿Son cambios químicos o cambios físicos los que le ocurren a un cerillo que se quema? ¿Cómo lo sabes?*

Conservación de la masa

🔑 ¿Cómo están relacionadas la masa de los reactantes y la masa de los productos de una reacción química?

Cuando la madera se quema, las sustancias en la madera se combinan con el oxígeno del aire. A medida que la madera se quema, una cantidad considerable de materia se reduce a un pequeño montón de cenizas. La reacción parece implicar una reducción en la cantidad de materia. Pero las apariencias pueden ser engañosas. 🔑 **Durante cualquier reacción química, la masa de los productos es siempre igual a la masa de los reactantes.** Dos de los productos de la combustión de la madera (el gas dióxido de carbono y vapor de agua) son liberados al aire. Cuando se considera la masa de estos gases, la cantidad de la materia no se modificó. Una medición cuidadosa muestra que la masa total de los reactantes (la madera y el oxígeno consumidos) es igual a la masa total de los productos (dióxido de carbono, vapor de agua y cenizas).

La masa también se mantiene constante durante los cambios físicos. Por ejemplo, cuando se derriten 10 gramos de hielo, se producen 10 gramos de agua líquida. Observaciones similares se han registrado en todos los cambios químicos y físicos estudiados. La ley científica que refleja estas observaciones es la ley de la conservación de masa. La **ley de conservación de la masa** establece que en cualquier cambio físico, o reacción química, la masa se conserva. La masa no se crea ni se destruye. La conservación de la masa se observa más fácilmente cuando se produce un cambio en un recipiente cerrado, como el de la Figura 2.16.

Figura 2.16
Conservación de la masa
Cuando los líquidos en **a.** se mezclan, reaccionan. Los productos se muestran en **b.** Ninguno de los productos es gas.
Analizar datos ¿Cómo sabes que ocurrió una reacción y que la masa se conservó durante la reacción?

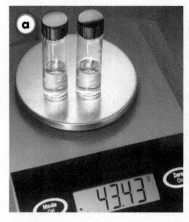
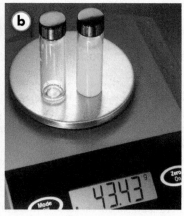

2.4 Comprobación de la lección

32. 🔑 Explicar ¿Cómo es que un cambio químico afecta la composición de la materia?

33. 🔑 Hacer una lista Nombra cuatro pistas posibles de que ocurrió un cambio químico.

34. 🔑 Comparar En una reacción química, ¿cómo se compara la masa de los reactantes con la masa de los productos?

35. Comparar ¿Cuál es la principal diferencia entre los cambios físicos y los cambios químicos?

36. Clasificar Clasifica los siguientes cambios como cambios físicos o cambios químicos.
a. El agua hierve. **c.** La leche se agria.
b. La sal se disuelve en el agua. **d.** Un metal se oxida.

37. Explicar De acuerdo con la ley de conservación de masa, ¿cuando se conserva la masa?

38. Calcular El hidrógeno y el oxígeno reaccionan químicamente para formar agua. ¿Cuánta agua se formaría si 4.8 gramos de hidrógeno reaccionaran con 38.4 gramos de oxígeno?

Laboratorio a escala

1 + 2 + 3 = ¡negro!

Propósito

Hacer observaciones macroscópicas de reacciones químicas y usarlas para resolver problemas

Materiales

- papel
- regla
- superficie de reacción
- materiales que se muestran en la cuadrícula
- pipeta, goteros y espátulas

Procedimiento

1. Dibuja dos copias de la cuadrícula en hojas separadas de papel. Haz cada cuadrado de la cuadrícula de 2 cm por lado.

2. Coloca una superficie de reacción sobre una de las cuadrículas. Usa la segunda cuadrícula como tabla de datos para registrar tus observaciones.

3. Usa las etiquetas de las columnas y filas para determinar qué materiales pertenecen a cada casilla. Dependiendo del material, añade una gota, un pedazo o unos pocos granos.

4. Revuelve cada mezcla forzando el aire de una pipeta vacía según las indicaciones de tu maestro.

	NaClO	H₂O₂	CuSO₄
KI			
KI + Fécula			
KI + Papel			
KI + Cereal			

Analizar

Usando tus datos experimentales, registra bajo la tabla de datos las respuestas a las siguientes preguntas.

1. Describir ¿De qué color es una mezcla de hipoclorito de sodio (NaClO) y yoduro de potasio (KI)?

2. Describir ¿Qué sucede cuando se mezclan NaClO, KI y la fécula?

3. Comparar ¿Qué tienen en común el NaClO, el H_2O_2, y el $CuSO_4$?

4. Comparar ¿Qué sustancia se encuentra en el papel y en el cereal? ¿Cómo lo sabes?

5. Predecir Si usaste NaClO en lugar de $CuSO_4$ en otras reacciones además de la reacción con KI y fécula, ¿se puede esperar que los resultados sean siempre idénticos? Explica tu respuesta.

Tú eres el químico

Las siguientes actividades a escala te permiten desarrollar tus propios procedimientos y analizar los resultados.

1. Analizar datos El NaClO es un agente blanqueador. Estos agentes se usan para blanquear la ropa y eliminar las manchas. Usa diferentes marcadores de colores para dibujar varias líneas en un pedazo de papel blanco. Añade una gota de NaClO a cada línea. ¿Qué sucede? Trata de inventar una técnica para hacer "arte de blanqueado".

2. Diseñar un experimento Diseña y lleva a cabo un experimento para ver qué alimentos contienen fécula.

3. Diseñar un experimento Lee la etiqueta de un paquete de sal yodada. ¿Cuánto KI contiene la sal yodada? Diseña un experimento para demostrar la presencia de KI en la sal yodada y su ausencia en sal no yodada.

4. Diseñar un experimento Las tabletas de antiácido contienen a menudo fécula como aglutinante para mantener juntos a los ingredientes en la tableta. Diseña y lleva a cabo un experimento para explorar varias tabletas de antiácido y ver si contienen fécula.

Mezclas recicladas

Tal vez estés acostumbrado a clasificar los materiales reciclables en recipientes separados. Pero ahora, un nuevo proceso conocido como reciclaje de flujo único te permite poner todos los materiales reciclables en un solo contenedor. La separación se hace después en una planta conocida como Planta de Recuperación de Materiales (PRM), que usa máquinas para separar papel, vidrio, metal y plásticos con base en sus propiedades.

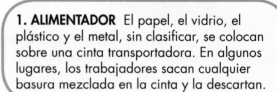

1. ALIMENTADOR El papel, el vidrio, el plástico y el metal, sin clasificar, se colocan sobre una cinta transportadora. En algunos lugares, los trabajadores sacan cualquier basura mezclada en la cinta y la descartan.

2. MÁQUINAS DE FILTRACIÓN Una serie de cuchillas de caucho que rotan rápidamente, llamadas cribas de estrella, separan el cartón, el periódico y otros papeles del resto de los materiales. El plástico, el vidrio y los metales caen a través de las pantallas en otra cinta transportadora.

3. ELECTROIMÁN Electroimanes muy poderosos atraen y sacan de la cinta transportadora los objetos hechos de metales ferrosos, como el hierro y el acero.

4. CORRIENTE DE FOUCAULT Un campo magnético giratorio crea una corriente de Foucault que repele los metales no magnéticos, como el aluminio, y los expulsa del resto de los materiales.

5. TRITURADORA DE VIDRIO El resto de los materiales se mueven a través de otra serie de cribas diseñadas para triturar el vidrio y eliminarlo del flujo.

6. ESCÁNER ÓPTICO Los escáneres ópticos usan tecnología infrarroja para reconocer los diferentes tipos o colores de los plásticos y pueden provocar explosiones de aire para separar los plásticos en los contenedores.

Un paso más allá

1. Identificar ¿Cuáles son tres propiedades de la materia que se usan para ayudar a clasificar los materiales durante el proceso de reciclaje de flujo único?

2. Describir ¿Cuáles son algunos de los posibles beneficios del reciclaje de flujo único frente al reciclaje normal?

EMPACADORA DE CARTÓN, PAPEL Y PERIÓDICO

EMPACADORA DE METALES FERROSOS

EMPACADORA DE ALUMINIO

EMPACADORA DE VIDRIO

EMPACADORA DE PLÁSTICOS

7. EMPACADORAS Después de que los productos se separan, se almacenan e introducen en las empacadoras, que empacan los materiales. Después, los materiales se envían a plantas de reciclaje, donde serán convertidos en nuevos productos.

GRANIDEA
LA QUÍMICA COMO CIENCIA CENTRAL

Las propiedades físicas, como el punto de fusión y el punto de ebullición, y las propiedades químicas, como cuando una sustancia se puede corroer o quemar, se usan para describir a la materia. La materia puede estar formada por elementos o compuestos. Los elementos y los compuestos son sustancias puras, pero se pueden combinar físicamente para hacer mezclas heterogéneas u homogéneas. Estos diferentes tipos de materia pueden experimentar cambios físicos o químicos.

2.1 Propiedades de la materia

🔑 Cada muestra de una sustancia dada tiene propiedades intensivas idénticas ya que cada muestra tiene la misma composición.

🔑 Los tres estados de la materia son sólido, líquido y gaseoso.

🔑 Los cambios físicos se pueden clasificar como reversibles o irreversibles.

- masa (34)
- volumen (34)
- propiedad extensiva (34)
- propiedad intensiva (34)
- sustancia (35)
- propiedad física (35)
- sólido (36)
- líquido (36)
- gas (37)
- vapor (37)
- cambio físico (37)

2.2 Mezclas

🔑 Las mezclas se pueden clasificar como mezclas heterogéneas o mezclas homogéneas, dependiendo de la distribución de sus componentes.

🔑 Las diferencias en las propiedades físicas se pueden usar para separar mezclas.

- mezcla (38)
- mezcla heterogénea (39)
- mezcla homogénea (39)
- solución (39)
- fase (39)
- filtración (40)
- destilación (40)

2.3 Elementos y compuestos

🔑 Los compuestos se pueden descomponer en sustancias más simples por medios químicos, pero los elementos no.

🔑 Si la composición de un material es fija, entonces es una sustancia. Si la composición puede variar, entonces es una mezcla.

🔑 Los químicos usan símbolos químicos para representar elementos, y fórmulas químicas para representar compuestos.

🔑 La tabla periódica te permite comparar fácilmente las propiedades de un elemento (o grupo de elementos) con las de otro elemento (o grupo de elementos).

- elemento (42)
- compuesto (42)
- cambio químico (43)
- símbolo químico (45)
- tabla periódica (46)
- período (46)
- grupo (47)

2.4 Reacciones químicas

🔑 Durante un cambio químico, la composición de la materia siempre cambia.

🔑 Cuatro posibles pistas de cambios químicos incluyen transferencia de energía, cambio de color, producción de un gas o formación de un precipitado.

🔑 Durante cualquier reacción química, la masa de los productos es siempre igual a la masa de los reactantes.

- propiedad química (48)
- reacción química (48)
- reactante (48)
- producto (48)
- precipitado (49)
- ley de conservación de la masa (50)

2 Evaluación

✶ Las soluciones aparecen en el Apéndice E

Lección por lección

2.1 Propiedades de la materia

39. Describe la diferencia entre una propiedad extensiva y una propiedad intensiva, y da una ejemplo de cada una.

40. Haz una lista de tres propiedades físicas del cobre.

41. Nombra dos propiedades físicas que pueden usarse para distinguir entre agua y etanol.

✶**42.** Nombra una propiedad física que no se pueda usar para distinguir el cloro del oxígeno.

43. ¿Cuál es el estado físico de cada uno de estos materiales a temperatura ambiente?

  a. oro
  b. gasolina
  c. oxígeno
  d. neón
  e. aceite de oliva
  f. azufre
  g. mercurio

✶**44.** El removedor de esmalte de uñas (en su mayoría acetona) es un líquido a temperatura ambiente. ¿Cómo describirías la acetona en estado gaseoso, como vapor o como gas? Explica su respuesta.

45. Compara la configuración de las partículas individuales en sólidos, líquidos y gases.

46. Use la Tabla 2.1 para identificar cuatro sustancias que experimenten un cambio físico si la temperatura se reduce de 50 °C a −50 °C. ¿Cuál es el cambio físico que ocurre en cada caso?

✶**47.** Explica por qué sacarle punta a un lápiz es un tipo de cambio físico diferente a congelar el agua para hacer cubos de hielo.

2.2 Mezclas

48. ¿Cuál es la diferencia entre las mezclas homogéneas y las mezclas heterogéneas?

49. ¿Cuántas fases tiene una solución? Explica tu respuesta.

✶**50.** **Clasificar** Clasifica cada uno de lo siguiente como una mezcla homogénea o heterogénea.

  a. helado con chispas de chocolate
  b. tinta verde
  c. masa para pastel
  d. aceite de cocina
  e. roca de granito
  f. agua salada
  g. pintura
  h. un anillo de plata

51. ¿Cuál es el objetivo de una destilación? Describe brevemente cómo se logra este objetivo.

2.3 Elementos y compuestos

52. ¿Cómo distingues un elemento de un compuesto?

✶**53.** Clasifica los siguientes materiales como elemento, compuesto o mezcla. Justifica tus respuestas.

  a. sal de mesa (NaCl)
  b. agua salada
  c. sodio (Na)

54. Describe la relación entre los tres artículos en cada uno de los siguientes grupos. Identifica cada artículo como un elemento, compuesto o mezcla.

  a. hidrógeno, oxígeno y agua
  b. nitrógeno, oxígeno y aire
  c. sodio, cloro y sal de mesa
  d. carbono, agua y azúcar

55. Nombra los elementos que se encuentran en cada uno de los siguientes compuestos.

  a. amoníaco (NH_3)
  b. óxido de potasio (K_2O)
  c. sacarosa ($C_{12}H_{22}O_{11}$)
  d. sulfuro de calcio (CAS)

56. No todos los nombres de los elementos provienen del inglés o de palabras en latín. El símbolo del tungsteno es W de la palabra alemana *wolfram*. El símbolo del mercurio es Hg de la palabra griega *hydragyrum*. Usa los símbolos W y Hg para explicar el sistema de símbolos de los elementos.

✶**57.** ¿Qué te indica la fórmula H_2O acerca de la composición del agua?

58. Busca la palabra *periódico* en el diccionario. ¿Cuál es el origen del nombre de la tabla periódica?

2.4 Reacciones químicas

59. Usa la ecuación de abajo para explicar la diferencia entre un cambio químico y un cambio físico.

$$\text{hierro} + \text{azufre} \xrightarrow{\text{calor}} \text{sulfuro de hierro}$$

★60. Clasifica cada uno de lo siguiente como un cambio físico o químico. Para cualquier cambio químico, haz una lista de por lo menos una pista que apoye tu respuesta.

   a. Se dobla un alambre de cobre.
   b. Se quema carbón en una parrilla.
   c. La masa de pan se eleva cuando se añade levadura.
   d. El azúcar se disuelve en agua.

61. ¿Qué tipo de propiedad no se puede observar sin cambiar la composición de una sustancia?

★62. Cuando el nitrato de amoníaco (NH_4NO_3) explota, los productos son nitrógeno, oxígeno y agua. Cuando explotan 40 gramos de nitrato de amoníaco, se forman 14 gramos de nitrógeno y 8 gramos de oxígeno. ¿Cuántos gramos de agua se forman?

Entender conceptos

Usa la tabla de datos para responder las Preguntas 63 a 66.

Sustancia	Color	Punto de fusión (°C)	Punto de ebullición (°C)
Bromo	Marrón rojizo	−7	59
Cloro	Verde amarillento	−101	−34
Etanol	Incoloro	−117	78
Mercurio	Blanco plateado	−39	357
Neón	Incoloro	−249	−246
Azufre	Amarillo	115	445
Agua	Incoloro	0	100

63. ¿Qué sustancia incolora es un líquido a −30 °C?

64. ¿Qué sustancia incolora es un gas a 60 °C?

65. ¿Qué sustancia es un sólido a 7 °C?

★66. A medida que aumenta la temperatura, ¿que sólido se derretirá antes de que hierva el mercurio?

★67. Explica por qué la masa no se puede usar como una propiedad para identificar una muestra de materia.

68. ¿Es la maleabilidad una propiedad extensiva o un propiedad intensiva? Explica.

69. El estado de una sustancia puede cambiar cuando la sustancia se calienta o se enfría. Entonces, ¿qué significa que una cierta sustancia sea un sólido, un líquido o un gas?

★70. Usa la configuración de las partículas en sólidos y gases para explicar por qué los sólidos no son tan fáciles de comprimir como los gases.

71. Estás de pie en la cocina y después, en medio de un parque. Cuando ves a tu alrededor en cada lugar, ¿ves una mayoría de elementos, compuestos o mezclas?

72. Identifica cada uno de los siguientes artículos como una mezcla o un compuesto. Clasifica las mezclas como homogéneas o heterogéneas.

   a. huevo crudo
   b. hielo
   c. gasolina
   d. sangre

73. Clasifica las siguientes propiedades del elemento silicio como propiedades químicas o físicas:

   a. color azul-gris
   b. frágil
   c. no se disuelve en agua
   d. se funde a 1410 °C
   e. reacciona vigorosamente con el flúor

74. ¿En qué se parecen los artículos de cada uno de los siguientes pares? ¿En qué se diferencian?

   a. cobre y plata
   b. agua destilada y agua salada
   c. azúcar y sal de mesa

75. Identifica cada uno de lo siguiente como un elemento, un compuesto o una mezcla.

   a. hierro
   b. agua destilada
   c. detergente para la ropa
   d. azufre
   e. caldo de pollo
   f. fluoruro de sodio

76. Describe las pistas que podrías observar durante los siguientes eventos, que pudieran apoyar la conclusión de que está ocurriendo un cambio químico.

   a. Una tableta de antiácido se echa en agua.

   b. Un anillo de suciedad se forma alrededor de una bañera.

   c. El hierro se oxida.

   d. Un fuego artificial estalla.

   e. Se forman burbujas cuando el peróxido de hidrógeno se vierte sobre una herida abierta.

   f. Se cocina una hamburguesa.

77. En la fotografía A, una bobina de metal de zinc está en una solución de ácido sulfúrico. En la fotografía B, se le añade una solución de cromato de sodio amarilla a una solución incolora de nitrato de plata. ¿Qué pistas en las fotografías indican que probablemente esté ocurriendo un cambio químico?

A.  **B.**

78. Clasifica cada uno de lo siguiente como un cambio químico o un cambio físico.

   a. Botellas de plástico se queman en un incinerador para generar electricidad.

   b. La digestión de una barra de cereal.

   c. El agua en un charco de lluvia se evapora.

   d. Cortar un tomate para un sándwich.

   e. Botellas de plástico se reciclan para hacer fibra de relleno para las chaquetas de esquí.

79. Explica por qué la producción de un gas no siempre significa que ha ocurrido una reacción química.

★80. La cera parece desaparecer cuando una vela arde. ¿Cómo se puede aplicar la ley de la conservación de la masa a esta reacción?

> **Piensa de manera crítica**

★81. Aplicar conceptos Piensa en una manera para separar la arena de una mezcla de carbón, arena, azúcar y agua.

82. Hacer una secuencia Supón que el agua, el mercurio y el galio están a 40 °C. A medida que la temperatura disminuye, ¿que sustancia se congelará primero? ¿Cuál se congelará al último?

83. Aplicar conceptos Un cambio de olor también puede ser una pista de que se ha producido un cambio químico. Describe al menos una situación en la que probablemente podrías detectar un cambio de este tipo en la cocina.

84. Explicar Explica por qué este enunciado es falso. "Dado a que no hay ningún cambio en la composición durante un cambio físico, la apariencia de la sustancia no cambiará."

★85. Interpretar gráficos La masa de los elementos hierro y oxígeno en cuatro muestras de una sustancia con color óxido se midió en gramos (g). La cantidad de hierro y oxígeno en cada muestra se ilustra en la gráfica.

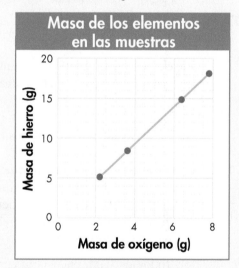

Masa de los elementos en las muestras

a. ¿Crees que las cuatro muestras son del mismo compuesto? Explica.

b. Se encontró que otra muestra de material contiene 9.9 gramos de hierro y 3.4 gramos de oxígeno. ¿Es esta una muestra de la misma sustancia que las otras cuatro muestras? Explica.

86. Explicar Cuando el hierro en polvo se deja expuesto al aire, se oxida. Explica por qué la masa de hierro oxidado es mayor que la masa de polvo de hierro.

87. Explicar Comenta el enunciado: "Un gas requiere un recipiente; en cambio, un sólido es su propio recipiente."

×88. Interpretar gráficas Cinco elementos constituyen el 98% de la masa del cuerpo humano. Estos elementos son oxígeno (61%), carbono (23%), hidrógeno (10.0%), nitrógeno (2.6%) y calcio (1.4%). Compara estos datos con los de la gráfica siguiente, que muestra los cinco elementos más abundantes por masa en la corteza terrestre, los océanos y la atmósfera.

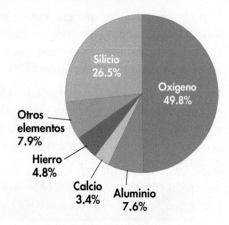

a. ¿Qué elementos son abundantes tanto en el cuerpo humano como en la corteza de la Tierra, los océanos y la atmósfera?

b. ¿Qué elementos son abundantes en la corteza de la Tierra, los océanos y la atmósfera, pero no en el cuerpo humano?

c. ¿Esperarías que los compuestos que se encuentran en el cuerpo humano fueran los mismos o diferentes a los que se encuentran en las rocas, el agua de mar y el aire? Usa los datos para explicar tu respuesta.

89. Evaluar Todos los días te encuentras con algunos cambios químicos que son útiles y con otros que son perjudiciales para los seres humanos o el medio ambiente. Cita tres ejemplos de cada tipo. Para cada ejemplo, enumera las pistas que identifican el cambio como un cambio químico.

90. Interpretar tablas Usa la Tabla 2.1 de la página 35 para responder esta pregunta.

a. ¿Qué sustancias de la tabla están en estado líquido a 125 °C?

b. Usa las propiedades físicas de una de estas sustancias para explicar cómo descubriste la respuesta a la Pregunta 90a.

c. Las sustancias de la tabla se muestran en orden ascendente de punto de fusión. Propón otra forma en que se podrían organizar estos datos.

91. Explicar Escribe un párrafo que apoye este enunciado: "El té seco es una mezcla, no una sustancia". Incluye al menos dos evidencias para apoyar tu argumento.

92. Explicar Lavoisier propuso la ley de conservación de la masa en 1789. Escribe un párrafo para que describa, en general, lo que Lavoisier debe haber hecho antes de proponer esta ley. Usa lo que has aprendido sobre el método científico.

93. Conexión con la GRANIDEA Compara elementos y compuestos diciendo en qué se parecen. Contrasta elementos y compuestos describiendo en qué se diferencian.

MISTERIOQUÍMICO

¿Cuál no es como las demás?

La erupción de los géiseres en el Parque Nacional Yellowstone es causada por un cambio físico. Las aguas subterráneas se calientan a temperaturas lo suficientemente altas para convertir el agua en vapor. Este vapor provoca un aumento en la presión subterránea. En el caso de los géiseres, el vapor no logra escapar en un primer momento. Pero cuando la presión alcanza un nivel crítico, ocurre una erupción, produciendo el géiser.

La conformación de los valles por los ciclos de fusión y congelamiento es también un cambio físico. La fusión y el congelamiento del agua es un cambio físico, y como la tierra debajo del glaciar se rompe en pedazos y se mueve, este es también un cambio físico.

El cambio de color de las hojas es un cambio químico. A medida que la temperatura y las horas de luz solar cambian en el otoño, se producen cambios químicos. Por tanto, el cambio químico que se produce cuando las hojas que cambian de color, no es como los cambios físicos de los géiseres que hacen erupción o de los glaciares que se mueven.

94. Identificar ¿Son los cambios físicos en el misterio cambios físicos reversibles o irreversibles? Explica tu respuesta.

95. Conexión con la GRANIDEA ¿Por qué es importante para los guardabosques en los parques nacionales tener conocimientos de cambios químicos y físicos?

Preparación para los exámenes estandarizados

Escoge la opción que mejor responda cada pregunta o complete cada enunciado.

1. ¿Cuál de los siguientes no es un cambio químico?
   - (A) papel que se rasga
   - (B) acero que se oxida
   - (C) carbón que se quema
   - (D) un periódico que se pone amarillento con el Sol

2. Qué frase describe mejor una manzana?
   - (A) mezcla heterogénea
   - (B) compuesto homogéneo
   - (C) sustancia heterogénea
   - (D) mezcla homogénea

3. ¿Qué elemento está junto a un símbolo erróneo?
   - (A) azufre, S
   - (B) potasio, P
   - (C) nitrógeno, N
   - (D) calcio, Ca

4. ¿Cuál de estas propiedades no se podría usar para distinguir la sal del azúcar?
   - (A) el punto de ebullición
   - (B) el punto de fusión
   - (C) la densidad
   - (D) el color

5. El estado de la materia que se caracteriza por un volumen definido y una forma indefinida es
   - (A) un sólido.
   - (B) un líquido.
   - (C) una mezcla.
   - (D) un gas.

Las opciones con letras siguientes se refieren a las Preguntas 6 a 9. Cada letra se puede usar una vez, más de una vez, o ninguna vez.
   - (A) compuesto
   - (B) mezcla heterogénea
   - (C) elemento
   - (D) mezcla homogénea

¿Qué descripción identifica correctamente cada uno de los siguientes materiales?

6. aire

7. monóxido de carbono

8. cinc

9. pizza con hongos

Usa las ventanas atómicas para responder la Pregunta 10.

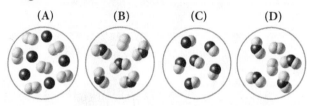

(A)　　　(B)　　　(C)　　　(D)

10. Las especies de la ventana A reaccionan. Usa la ley de conservación de la masa para determinar qué ventana representa mejor los productos de la reacción.

Usa la tabla de datos para responder las Preguntas 11 a 14.

Masa del magnesio (g)	Masa del oxígeno (g)	Masa del óxido de magnesio (g)
5.0	3.3	8.3
6.5	(a)	10.8
13.6	9.0	(b)
(c)	12.5	31.5

11. El metal magnesio se quema vigorosamente en oxígeno para producir el compuesto óxido de magnesio. Usa la ley de conservación de la masa para identificar las masas rotuladas como (a), (b) y (c) en la tabla.

12. Usa los datos de la tabla para hacer una gráfica con la masa del magnesio en el eje de las x y la masa del óxido de magnesio en el eje de las y.

13. ¿Cuántos gramos de óxido de magnesio se forman cuando se queman 8.0 g de magnesio?

14. ¿Cuántos gramos de magnesio y de oxígeno reaccionan para formar 20.0 g de óxido de magnesio?

Si tienes problemas con . . .

Pregunta	1	2	3	4	5	6	7	8	9	10	11	12	13	14
Ver la lección	2.4	2.2	2.3	2.1	2.1	2.3	2.3	2.3	2.3	2.4	2.4	2.4	2.4	2.4

3

Medición científica

PearsonChem.com

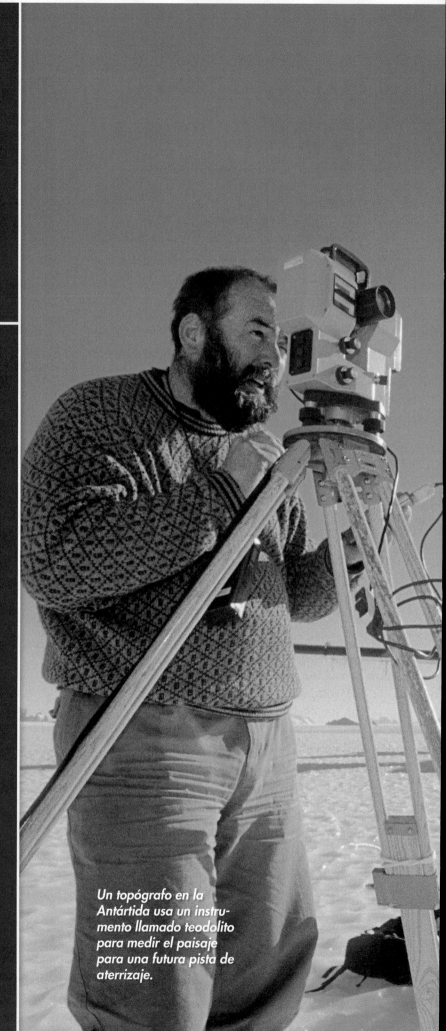

Un topógrafo en la Antártida usa un instrumento llamado teodolito para medir el paisaje para una futura pista de aterrizaje.

GRANIDEA

UN ASUNTO DE CUANTIFICACIÓN

Preguntas esenciales:

1. *¿Cómo expresan los científicos el grado de incertidumbre en sus medidas?*

2. *¿Cómo se usa el análisis dimensional para resolver problemas?*

MISTERIOQUÍMICO

Sólo dame una señal

Estás en otro país y te pierdes, como muchos turistas. Entonces ves estas señales junto al camino. Si conoces la distancia a tu destino, puedes encontrar el camino. Sin embargo, en las señales que se muestran aquí, las distancias están escritas como números sin unidades al lado. Por ejemplo, ¿Preston está a 8 kilómetros o a 8 millas? ¿Existe una forma de saberlo con exactitud?

▶ Conexión con la **GRAN**IDEA
A medida que lees el capítulo, intenta familiarizarte con las unidades de medida comunes que se usan en ciencias.

3.1 Usar y expresar medidas

P: *¿Cómo mides un final de fotografía?* Probablemente sabes que una carrera de 100 metros se mide en segundos. Pero si es un final cerrado, medir el tiempo de cada corredor al segundo más cercano no te indicará quién ganó. Es por ello que los tiempos de *sprint* a menudo se miden a la centésima de segundo más cercana (0.01 s). La química también requiere medidas exactas y, con frecuencia, muy pequeñas.

Preguntas clave

🔑 **¿Cómo escribes números en notación científica?**

🔑 **¿Cómo evalúas exactitud y precisión?**

🔑 **¿Por qué las medidas deben reportarse con el número correcto de cifras significativas?**

Vocabulario

- medida
- notación científica
- exactitud • precisión
- valor aceptado
- valor experimental
- error • error porcentual
- cifras significativas

Notación científica

🔑 **¿Cómo escribes números en notación científica?**

Todos tomamos y usamos las medidas. Una **medida** es una cantidad que tiene tanto un número como una unidad. Tu altura (66 pulgadas), tu edad (15 años) y tu temperatura corporal (37 °C) son ejemplos de medidas.

Las medidas son esenciales para las ciencias experimentales. Por tal razón, es importante poder tomar medidas y decidir si una medida es la correcta. Con frecuencia, en química encontrarás números muy grandes o muy pequeños. Un solo gramo de hidrógeno, por ejemplo, contiene aproximadamente 602,000,000,000,000,000,000,000 átomos de hidrógeno. La masa de un átomo de oro es de 0.000 000 000 000 000 000 000 327 gramos. Es difícil escribir y usar este tipo de números grandes y pequeños. Puedes trabajar más fácilmente con estos números al escribirlos en notación científica.

En **notación científica,** un número dado se escribe como el producto de dos números: un coeficiente y 10 elevado a una potencia. Por ejemplo, el número 602,000,000,000,000,000,000,000 se puede escribir en notación científica como 6.02×10^{23}. El coeficiente en este número es 6.02. La potencia de 10, o exponente, es 23. 🔑 **En notación científica, el coeficiente siempre es un número mayor que o igual a uno y menor que diez. El exponente es un entero.** Un exponente positivo indica cuántas veces debe multiplicarse el coeficiente por 10. Un exponente negativo indica cuántas veces debe dividirse el coeficiente por 10. La Figura 3.1 muestra una vista amplificada de un cabello humano que tiene un diámetro de cerca de 0.00007 m, o 7×10^{-5} m.

Cuando se escriben números mayores que diez en notación científica, el exponente es positivo y es igual al número de lugares que se movió el punto decimal a la izquierda.

$$6{,}300{,}000. = 6.3 \times 10^6 \qquad 94{,}700. = 9.47 \times 10^4$$

Los números menores que uno tienen un exponente negativo cuando se escriben en notación científica. El valor de un exponente es igual al número de lugares que se movió el punto decimal a la derecha.

$$0.000\ 008 = 8 \times 10^{-6} \qquad 0.00736 = 7.36 \times 10^{-3}$$

Figura 3.1 Sólo un cabello
El ancho de un cabello expresado en metros es una medida muy pequeña.

$$0.00007 \text{ m} = 7 \cdot 10^{-5} \text{ m}$$

El punto decimal se mueve 5 lugares a la derecha.   El exponente es −5

Multiplicación y división Para multiplicar números escritos en notación científica, multiplica los coeficientes y suma los exponentes.

$$(3 \times 10^4) \times (2 \times 10^2) = (3 \times 2) \times 10^{4+2} = 6 \times 10^6$$

$$(2.1 \times 10^3) \times (4.0 \times 10^{-7}) = (2.1 \times 4.0) \times 10^{3+(-7)} = 8.4 \times 10^{-4}$$

Para dividir números escritos en notación científica, divide los coeficientes y resta el exponente en el denominador del exponente en el numerador.

$$\frac{3.0 \times 10^5}{6.0 \times 10^2} = \left(\frac{3.0}{6.0}\right) \times 10^{5-2} = 0.5 \times 10^3 = 5.0 \times 10^2$$

Suma y resta Si quieres sumar o restar números expresados en notación científica y no estás usando una calculadora, entonces los exponentes deben ser iguales. Es decir, los puntos decimales deben alinearse antes de sumar o restar los números. Por ejemplo, cuando sumas 5.4×10^3 y 8.0×10^2, primero vuelve a escribir el segundo número de manera que el exponente sea un 3. Después suma los números.

$$
\begin{aligned}
(5.4 \times 10^3) + (8.0 \times 10^2) &= (5.4 \times 10^3) + (0.80 \times 10^3) \\
&= (5.4 + 0.80) \times 10^3 \\
&= 6.2 \times 10^3
\end{aligned}
$$

Ejemplo de problema 3.1

Usar notación científica

Resuelve cada problema y expresa la respuesta en notación científica.
a. $(8.0 \times 10^{-2}) \times (7.0 \times 10^{-5})$ **b.** $(7.1 \times 10^{-2}) + (5 \times 10^{-3})$

❶ **Analizar** **Identifica los conceptos relevantes.** Para multiplicar números en notación científica, multiplica los coeficientes y suma los exponentes. Para sumar números en notación científica, los exponentes deben coincidir. Si no coinciden, entonces ajusta la notación a uno de los números.

❷ **Resolver** **Aplica los conceptos a este problema.**

Multiplica los coeficientes y suma los exponentes.

$$
\begin{aligned}
\textbf{a. } (8.0 \times 10^{-2}) \times (7.0 \times 10^{-5}) &= (8.0 \times 7.0) \times 10^{-2+(-5)} \\
&= 56 \times 10^{-7} \\
&= 5.6 \times 10^{-6}
\end{aligned}
$$

Vuelve a escribir uno de los números de manera que los exponentes coincidan. Después suma los coeficientes.

$$
\begin{aligned}
\textbf{b. } (7.1 \times 10^{-2}) + (5 \times 10^{-3}) &= (7.1 \times 10^{-2}) + (0.5 \times 10^{-2}) \\
&= (7.1 + 0.5) \times 10^{-2} \\
&= 7.6 \times 10^{-2}
\end{aligned}
$$

1. Resuelve cada problema y expresa la respuesta en notación científica.
a. $(6.6 \times 10^{-8}) + (5.0 \times 10^{-9})$
b. $(9.4 \times 10^{-2}) - (2.1 \times 10^{-2})$

2. Calcula lo siguiente y escribe tu respuesta en notación científica:
$$\frac{6.6 \times 10^6}{(8.8 \times 10^{-2}) \times (2.5 \times 10^3)}$$

Exactitud, precisión y error

🔑 ¿Cómo evalúas exactitud y precisión?

Tu éxito en el laboratorio de química y en muchas de tus actividades diarias depende de tu habilidad para tomar medidas confiables. Idealmente, las medidas deben ser tanto correctas como reproducibles.

Exactitud y precisión Lo correcto y lo reproducible se relacionan con los conceptos de exactitud y precisión, dos palabras que significan lo mismo para muchas personas. Sin embargo, en química su significado es bastante diferente. La **exactitud** es una medida de qué tan cercana está una medición del valor real o verdadero de lo que sea que se esté midiendo. La **precisión** es una medida de qué tan cercanas están unas series de mediciones entre ellas, independientemente del valor real. 🔑 **Para evaluar la exactitud de una medida, el valor medido debe compararse con el valor correcto. Para evaluar la precisión de una medida, se deben comparar los valores de dos o más mediciones repetidas.**

Los dardos en una diana muestran la exactitud y precisión en la medición. Sea el blanco de la diana en la Figura 3.2 el valor verdadero, o correcto, de lo que estás midiendo. La proximidad de un dardo al blanco corresponde al grado de exactitud. Cuanto más cerca del blanco caiga el dardo, mayor exactitud habrá tenido el lanzamiento. La proximidad de varios dardos entre sí corresponde al grado de precisión. Cuanto más cerca estén los dardos unos de otros, mayor será la precisión y la reproducibilidad.

Figura 3.2 Exactitud vs. precisión

La distribución de dardos muestra la diferencia entre exactitud y precisión.

Usar analogías *¿Qué resultado describe un escenario en el que hayas medido adecuadamente la masa de un objeto tres veces usando una tabla que no haya sido ajustada?*

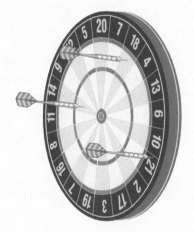

Buena exactitud, buena precisión

La proximidad al blanco indica un alto grado de exactitud. La proximidad de los dardos entre sí indica una alta precisión.

Mala exactitud, buena precisión

La precisión es alta debido a la proximidad del grupo—por consiguiente, existe un alto nivel de reproducibilidad. Pero los resultados son incorrectos.

Mala exactitud, mala precisión

Los dardos caen lejos unos de otros y con respecto al blanco. Los resultados son tanto inexactos como imprecisos.

Determinar el error Supón que usas un termómetro para medir el punto de ebullición de agua simple a una presión estándar. La lectura del termómetro es de 99.1 °C. Probablemente sabes que el valor verdadero o aceptado del punto de ebullición del agua simple bajo estas condiciones es de hecho 100.0 °C.

Hay una diferencia entre el **valor aceptado,** que es el valor correcto para la medición con base en referencias confiables, y el **valor experimental,** que es el valor medido en el laboratorio. La diferencia entre el valor experimental y el valor aceptado se llama **error.**

$$\text{Error} = \text{valor experimental} - \text{valor aceptado}$$

El error puede ser positivo o negativo, dependiendo de si el valor experimental es mayor o menor que el valor aceptado. Para la medición del punto de ebullición, el error es 99.1 °C − 100.0 °C, o −0.9 °C.

La magnitud del error muestra la cantidad en la que el valor experimental difiere del valor aceptado. Con frecuencia es útil calcular el error relativo o error porcentual. El **error porcentual** de una medida es el valor absoluto del error dividido por el valor aceptado, multiplicado por 100%.

$$\text{Error porcentual} = \frac{|\text{error}|}{\text{valor aceptado}} \times 100\%$$

APOYO PARA LA LECTURA
Desarrollar destrezas de lectura: *inferencia* A medida que lees, intenta identificar algunos de los factores que causan un error experimental. *¿Qué factores podrían resultar en medidas incorrectas? ¿Qué factores podrían resultad en medidas imprecisas?*

Ejemplo de problema 3.2

Calcular el error porcentual

La medida del punto de ebullición del agua da 99.1 °C. Calcula el error porcentual.

❶ Analizar Haz una lista de lo conocido y lo desconocido.
El valor aceptado del punto de ebullición del agua simple es 100 °C. Usa las ecuaciones para error y error porcentual para resolver el problema.

CONOCIDO	DESCONOCIDO
Valor experimental = 99.1°C	Error porcentual = ?
Valor aceptado = 100.0°C	

❷ Calcular Resuelve para buscar lo desconocido.

Empieza con la ecuación para el error porcentual.

$$\text{Error porcentual} = \frac{|\text{error}|}{\text{valor aceptado}} \times 100\%$$

Sustituye la ecuación para el error y después inserta los valores conocidos.

$$\text{Error porcentual} = \frac{|\text{valor experimental} - \text{valor aceptado}|}{\text{valor aceptado}} \times 100\%$$

$$= \frac{|99.1°C \cdot 100.0°C|}{100.0°C} \times 100\%$$

$$= \frac{0.9°C}{100.0°C} \times 100\% = 0.9\%$$

❸ Evaluar ¿Tiene sentido el resultado?
El valor experimental fue erróneo por aproximadamente 1 °C o $\frac{1}{100}$ del valor aceptado (100 °C). La respuesta tiene sentido.

3. Un estudiante mide que la profundidad de una alberca es de 2.04 metros en su parte más profunda. El valor aceptado es de 2.00 m. ¿Cuál es el error porcentual del estudiante?

Piénsalo: usar el valor absoluto del error significa que el error porcentual siempre será un valor positivo.

Figura 3.3 Grados Celsius
La temperatura que se muestra en este termómetro de grados Celsius se puede reportar con tres cifras significativas.

Cifras significativas

¿Por qué las medidas deben reportarse con el número correcto de cifras significativas?

Observa la lectura del termómetro que se muestra en la Figura 3.3. Si usas un termómetro con líquido que se calibre en intervalos de 1 °C, fácilmente puedes leer la temperatura al grado más cercano. Sin embargo, con el mismo termómetro también puedes calcular la temperatura a la decena de grado más cercana al notar la proximidad del líquido interno a las graduaciones. Al observar la Figura 3.3, supón que calculas que la temperatura está entre 22 °C y 23 °C, a 22.9 °C. Este número que se calcula tiene tres dígitos. Los dos primeros dígitos (2 y 2) se conocen con certeza. Pero el último dígito de la derecha (9) se calculó e involucra algo de incertidumbre. Sin embargo, todos estos dígitos reportados transmiten información útil y se llaman cifras significativas. Las **cifras significativas** en una medida incluyen todos los dígitos que se conocen más un último dígito que se calcula. **Las medidas siempre deben reportarse con el número correcto de cifras significativas porque, con frecuencia, las respuestas calculadas dependen del número de cifras significativas en los valores que se usaron para el cálculo.**

Los instrumentos difieren en el número de cifras significativas que se pueden obtener de su uso y, por consiguiente, en la precisión de las medidas. Se pueden usar las tres reglas de la Figura 3.4 para tomar medidas sucesivamente más precisas.

> **Más de** precisión en **las medidas** *en línea.*

KINETIC ART

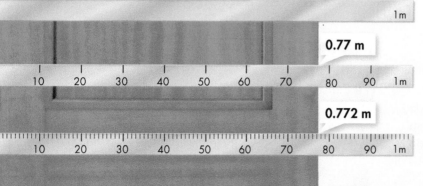

0.8 m

1 m

0.77 m

| 10 | 20 | 30 | 40 | 50 | 60 | 70 | 80 | 90 | 1 m |

0.772 m

| 10 | 20 | 30 | 40 | 50 | 60 | 70 | 80 | 90 | 1 m |

Figura 3.4 Aumentar la precisión
Se usan tres reglas calibradas de forma diferente para medir el ancho de una puerta. Una regla calibrada en intervalos de 0.1-m (1 dm) es más precisa que una calibrada en intervalos de 1-m pero menos precisa que una calibrada en intervalos de 0.01-m (1 cm). **Medir** *¿Cuántas cifras significativas se reportan en cada medida?*

Determinar cifras significativas en las medidas Para determinar si un dígito en un valor medido es significativo, necesitas aplicar las reglas siguientes.

1. Se asume como significativo cada dígito distinto de cero en una medida reportada.

24.7 metros
0.743 metros
714 metros

Cada una de estas medidas tiene tres cifras significativas.

2. Los ceros que aparecen entre los dígitos distintos de cero son significativos.

7003 metros
40.79 metros
1.503 metros

Cada una de estas medidas tiene cuatro cifras significativas.

3. Los ceros a la izquierda que aparecen frente a los dígitos distintos de cero no son significativos. Actúan como marcadores de posición. Al escribir las medidas en notación científica, puedes eliminar estos ceros que son marcadores de posición.

0.0071 metros	=	7.1×10^{-3} metros
0.42 metros	=	4.2×10^{-1} metros
0.000099 metros	=	9.9×10^{-5} metros

Cada una de estas medidas tiene dos cifras significativas.

4. Los ceros al final de un número y a la derecha de un punto decimal siempre son significativos.

43.00 metros
1.010 metros
9.000 metros

Cada una de estas medidas tiene cuatro cifras significativas.

5. Los ceros en el extremo derecho de una medida que están a la izquierda de un punto decimal no son significativos si funcionan como marcadores de posición para mostrar la magnitud del número.

300 metros (una cifra significativa)
7000 metros (una cifra significativa)
27,210 metros (cuatro cifras significativas)

Los ceros en estas medidas no son significativos.

Sin embargo, si tales ceros eran valores medidos conocidos, entonces serían significativos. Escribir el valor en notación científica hace evidente que esos ceros son significativos.

300 metros = 3.00×10^2 metros
(tres cifras significativas)

Los ceros en esta medida son significativos.

6. Existen dos situaciones en las que los números tienen una cantidad ilimitada de cifras significativas. La primera involucra el conteo. Un número que se cuenta es exacto.

23 personas en tu salón de clases

Esta medida es un valor contado, de manera que tiene un número ilimitado de cifras significativas.

La segunda situación involucra cantidades exactamente definidas como aquellas que se encuentran dentro de un sistema de medición.

60 min = 1 h
100 cm = 1 m

Cada uno de estos números tiene una cantidad ilimitada de cifras significativas.

Ejemplo de problema 3.3

Contar cifras significativas en las medidas

¿Cuántas cifras significativas hay en cada medida?

a. 123 m

b. 40,506 mm

c. 9.8000×10^4 m

d. 22 reglas

e. 0.070 80 m

f. 98,000 m

> Asegúrate de entender las reglas para contar cifras significativas (de la página anterior) antes de empezar.

❶ **Analizar Identifica los conceptos relevantes.** La ubicación de cada cero en la medida y la ubicación del punto decimal determinan qué reglas hay qué aplicar para determinar las cifras significativas. Estas ubicaciones se conocen al examinar cada valor de medida.

❷ **Resolver Aplica los conceptos a este problema.**

Aplica las reglas para determinar las cifras significativas. Todos los dígitos distintos de cero son significativos (regla 1). Usa las reglas 2 a 6 para determinar si los ceros son significativos

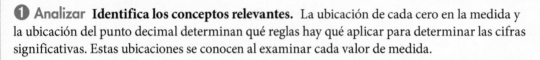

a. tres (regla 1)

b. cinco (regla 2)

c. cinco (regla 4)

d. ilimitadas (regla 6)

e. cuatro (reglas 2, 3, 4)

f. dos (regla 5)

---

4. Cuenta las cifras significativas en cada longitud medida.

a. 0.057 30 metros

b. 8765 metros

c. 0.000 73 metros

d. 40.007 metros

5. ¿Cuántas cifras significativas hay en cada medida?

a. 143 gramos

b. 0.074 metros

c. 8.750×10^{-2} gramos

d. 1.072 metros

LA QUÍMICA Y TÚ

P: *Supón que el ganador de una carrera de 100 metros terminó en 9.98 segundos. El corredor en segundo lugar terminó en 10.05 segundos. ¿Cuántas cifras significativas hay en cada medida? ¿Es una medida más exacta que otra? Explica tu respuesta.*

Cifras significativas en los cálculos Supón que usas una calculadora para hallar el área de un piso que mide 7.7 metros por 5.4 metros. La calculadora te daría una respuesta de 41.58 metros cuadrados. Sin embargo, cada una de las medidas que se usan en el cálculo se expresa con dos cifras significativas. Como resultado, la respuesta debe reportarse con dos cifras significativas (42 m²). Por lo general, una respuesta calculada no puede ser más precisa que la medida menos precisa de la cual se calculó. El valor calculado debe redondearse para hacerlo consistente con las medidas de las que se calculó.

Redondear Para redondear un número, primero debes decidir cuántas cifras significativas debe tener la respuesta. Esta decisión depende de las medidas dadas y del proceso matemático que se use para llegar a la respuesta. Una vez que sepas el número de cifras significativas que deba tener tu respuesta, redondea a ese número de dígitos, contando desde la izquierda. Si el dígito inmediatamente a la derecha del último dígito significativo es menor que 5, simplemente se elimina y el valor del último dígito significativo permanece igual. Si el dígito en cuestión es 5 o mayor, el valor del dígito en el último lugar significativo aumenta 1.

Redondear medidas

Redondea cada medida al número de cifras significativas que se muestran entre paréntesis. Escribe las respuestas en notación científica.

    a. 314.721 metros (cuatro)

    b. 0.001 775 metros (dos)

    c. 8792 metros (dos)

❶ **Analizar Identifica los conceptos relevantes.** Usando las reglas para determinar las cifras significativas, redondea el número en cada medida. Después aplica las reglas para expresar números en notación científica.

❷ **Resolver Aplica los conceptos a este problema.**

Empieza por la izquierda, cuenta los primeros cuatro dígitos que sean significativos. La flecha apunta al dígito inmediatamente siguiente al último dígito significativo.	**a.** 314.721 metros ↑ 2 es menor que 5, por tanto no se redondea. 314.7 metros = 3.147×10^2 metros
Empieza por la izquierda, cuenta los primeros dos dígitos que sean significativos. La flecha apunta al dígito inmediatamente después del segundo dígito significativo.	**b.** 0.001 775 metros ↑ 7 es mayor que 5, por tanto se redondea. 0.0018 metros = 1.8×10^{-3} metros
Empieza por la izquierda, cuenta los primeros dos dígitos que sean significativos. La flecha apunta al dígito inmediatamente después del segundo dígito significativo.	**c.** 8792 metros ↑ 9 es mayor que 5, por tanto se redondea. 8800 metros = 8.8×10^3 metros

6. Redondea cada medida a tres cifras significativas. Escribe tus respuestas en notación científica.

    a. 87.073 metros

    b. 4.3621×10^8 metros

    c. 0.01552 metros

    d. 9009 metros

    e. 1.7777×10^{-3} metros

    f. 629.55 metros

7. Redondea cada medida del Problema 6 a una cifra significativa. Escribe cada una de tus respuestas en notación científica.

Si estás familiarizado con el redondeo de números, te puedes saltar a los Ejemplos de problema 3.5 y 3.6.

Suma y resta La respuesta a un cálculo de suma o resta debería redondearse al mismo número de lugares decimales (no dígitos) de la medida con el menor número de lugares decimales. El Ejemplo de problema 3.5 proporciona ejemplos de redondeo en la suma y la resta.

Multiplicación y división En los cálculos que involucran multiplicación y división (como los del Ejemplo de problema 3.6), necesitas redondear la respuesta al mismo número de cifras significativas de la medida con el menor número de cifras significativas. La posición del punto decimal no tiene nada qué ver con el proceso de redondeo cuando se multiplican y dividen medidas. La posición del punto decimal es importante sólo en el redondeo de las respuestas a problemas de suma o resta.

Ejemplo de problema 3.5

Cifras significativas en la suma y la resta

Haz las siguientes operaciones de suma y resta. Para cada respuesta escribe el número correcto de cifras significativas.

a. 12.52 metros + 349.0 metros + 8.24 metros
b. 74.626 metros − 28.34 metros

❶ Analizar Identifica los conceptos relevantes. Haz la operación matemática específica y después redondea la respuesta para que coincida con la medida con el menor número de lugares decimales.

❷ Resolver Aplica los conceptos a este problema.

Alinea los puntos decimales y suma los números.

La segunda medida (349.0 metros) tiene el menor número de dígitos (uno) a la derecha del punto decimal. Entonces la respuesta debe redondearse a un dígito después del punto decimal.

$$
\begin{array}{r}
\textbf{a.} \quad 12.52 \ \text{metros} \\
349.0 \ \ \ \text{metros} \\
+ \quad 8.24 \ \text{metros} \\
\hline
369.76 \ \text{metros}
\end{array}
$$

369.8 metros = 3.698×10^2 metros

Alinea los puntos decimales y resta los números.

La segunda medida (28.34 metros) tiene el menor número de dígitos (dos) a la derecha del punto decimal. Entonces la respuesta debe redondearse a dos dígitos después del punto decimal.

$$
\begin{array}{r}
\textbf{b.} \quad 74.626 \ \text{metros} \\
- \ 28.34 \ \ \ \text{metros} \\
\hline
46.286 \ \text{metros}
\end{array}
$$

46.29 metros = 4.629×10^1 metros

8. Haz cada operación. Expresa tus respuestas con el número correcto de cifras significativas.
  a. 61.2 metros + 9.35 metros + 8.6 metros
  b. 9.44 metros − 2.11 metros
  c. 1.36 metros + 10.17 metros
  d. 34.61 metros − 17.3 metros

9. Halla la masa total de tres diamantes que tienen masas de 14.2 gramos, 8.73 gramos y 0.912 gramos.

Ejemplo de problema 3.6

Cifras significativas en la multiplicación y la división

Haz las operaciones siguientes. Da las respuestas con el número correcto de cifras significativas.

    a. 7.55 metros $\times$ 0.34 metros

    b. 2.10 metros $\times$ 0.70 metros

    c. 2.4526 metros^2 $\div$ 8.4 metros

    d. 0.365 metros^2 $\div$ 0.0200 metros

❶ Analizar Identifica los conceptos relevantes. Haz la operación matemática específica y después redondea la respuesta para que coincida con la medida con el menor número de cifras significativas.

❷ Resolver Aplica los conceptos a este problema.

> La segunda medida (0.34 metros) tiene el menor número de cifras significativas (dos). Por lo tanto, la respuesta debe redondearse a dos cifras significativas.

a. 7.55 metros $\times$ 0.34 metros = 2.567 (metros)^2

                                 = 2.6 metros^2

> La segunda medida (0.70 metros) tiene el menor número de cifras significativas (dos). Por lo tanto, la respuesta debe redondearse a dos cifras significativas.

b. 2.10 metros $\times$ 0.70 metros = 1.47 (metros)^2

                                 = 1.5 metros^2

> La segunda medida (8.4 metros) tiene el menor número de cifras significativas (dos). Por lo tanto, la respuesta debe redondearse a dos cifras significativas.

c. 2.4526 metros^2 $\div$ 8.4 metros = 0.291 976 metros

                                 = 0.29 metros

> Ambas medidas tienen tres cifras significativas. Por lo tanto, la respuesta debe redondearse a tres cifras significativas.

d. 0.365 metros^2 $\div$ 0.0200 metros = 18.25 metros

                                 = 18.3 metros

10. Resuelve cada problema. Da tus respuestas con el número correcto de cifras significativas y en notación científica.

    a. 8.3 metros $\times$ 2.22 metros

    b. 8432 metros^2 $\div$ 12.5 metros

    c. 35.2 segundos $\times \dfrac{1 \text{ minuto}}{60 \text{ segundos}}$

11. Calcula el volumen de un almacén que tiene las dimensiones medidas de 22.4 metros por 11.3 metros por 5.2 metros. (Volumen $= l \times a \times h$)

> En el Problema 11, la medida con la menor cantidad de cifras significativas es 5.2 metros. ¿Qué te dice esto?

Laboratorio rápido

Propósito Medir las dimensiones de un objeto lo más exacta y precisamente posible y aplicar las reglas para redondear las respuestas calculadas de las mediciones

Materiales

• **una tarjeta de 3 pulgadas por 5 pulgadas**

• regla

Exactitud y precisión

Procedimiento

1. Usa una regla para medir en centímetros la longitud y ancho de una tarjeta con tanta exactitud como puedas. Debe calcularse el lugar de las centésimas en tu medición.

2. Calcula el área ($A = l \times a$) y el perímetro [$P = 2 \times (l + a)$] de la tarjeta. Escribe en el pizarrón tanto tus respuestas sin redondear como tus respuestas correctamente redondeadas.

Analizar y concluir

1. Identificar ¿Cuántas cifras significativas hay en tus medidas de largo y ancho?

2. Comparar ¿Cómo se comparan tus medidas con las de tus compañeros de clase?

3. Explicar ¿Cuántas cifras significativas hay en tu valor calculado para el área? ¿Cuántas en tu valor calculado para el perímetro? Tus respuestas redondeadas, ¿tienen la misma cantidad de cifras significativas que las medidas de tus compañeros de clase?

4. Evaluar Supón que la longitud y el ancho correctos (exactos) de la tarjeta son 12.70 cm y 7.62 cm, respectivamente. Calcula el error porcentual para cada una de tus dos medidas.

3.1 Comprobación de la lección

12. Revisar ¿Cómo puedes expresar un número en notación científica?

13. Revisar ¿Cómo se evalúan la exactitud y la precisión?

14. Explicar ¿Por qué una medida dada siempre debe reportarse con el número correcto de cifras significativas?

15. Calcular Un técnico determinó experimentalmente que el punto de ebullición del octano es 124.1 °C. El punto de ebullición real del octano es 125.7 °C. Calcula el error y el error porcentual.

16. Evaluar Determina el número de cifras significativas en cada una de las siguientes medidas:

    a. 11 jugadores de soccer   **d.** 0.010 metros cuadrados

    b. 0.070 020 metros   **e.** 5.00 metros cúbicos

    c. 10,800 metros   **f.** 507 tachuelas

17. Calcular Resuelve lo siguiente y expresa cada respuesta en notación científica y con el número correcto de cifras significativas.

    a. $(5.3 \times 10^4) + (1.3 \times 10^4)$

    b. $(7.2 \times 10^{-4}) \div (1.8 \times 10^3)$

    c. $10^4 \times 10^{-3} \times 10^6$

    d. $(9.12 \times 10^{-1}) - (4.7 \times 10^{-2})$

    e. $(5.4 \times 10^4) \times (3.5 \times 10^9)$

GRANIDEA
UN ASUNTO DE CUANTIFICACIÓN

18. Escribe un párrafo breve en el que expliques las diferencias entre exactitud, precisión y error de una medición.

Observa lo que mides

Sólo porque vives en una era digital no significa que ya no tengas qué hacer las cosas a mano. De hecho, la medición manual de cantidades sigue siendo una habilidad importante de cada día en varias profesiones y actividades. Por ejemplo, los chefs miden el volumen de los ingredientes en tazas (tzas) o litros (L). Los sastres usan una cinta métrica calibrada en pulgadas (pulg. o ″) para medir la longitud, mientras que los biólogos usan reglas o compases calibrados en centímetros (cm). Un navegante usa un sextante para medir el ángulo entre el sol y el horizonte. El ángulo se expresa en grados (°) y en minutos (′).

La próxima vez que hagas una medición en el laboratorio, ten en cuenta que otros medidores están redondeando y anotando cifras significativas, igual que tú.

$7\frac{3}{4}$ ″

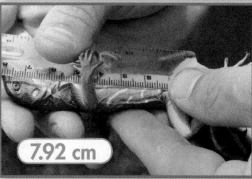

7.92 cm

42 ° 31.4′

Un paso más allá

1. Medir ¿Cuál es la altura medida del tomate que se muestra arriba? ¿Cuántas cifras significativas tiene tu respuesta?

2. Identificar ¿Qué otras actividades involucran medidas hechas a mano? ¿Qué unidades y herramientas de medición se usan?

3.2 Unidades de medida

Nueva York
Máx: 31°
Min: 16°
30°
Hoy 31°
Mañana 28°
Miércoles 27°

P: *¿Cuál es el pronóstico para mañana, cálido o frío?* En el pronóstico del tiempo que se muestra aquí, las temperaturas están en grados pero sin una escala de temperatura. ¿Será la temperatura para mañana de 28 °C, lo que es muy caluroso? ¿O será de 28 °F, lo que es muy frío? Sin las unidades correctas, no puedes estar seguro. Cuando tomas una medida, debes asignarle al número las unidades correctas. Sin las unidades, es imposible comunicar claramente las medidas a los demás.

Preguntas clave

🔑 **¿Qué es lo que hace a las unidades métricas fáciles de usar?**

🔑 **¿Qué unidades de temperatura usan los científicos comúnmente?**

🔑 **¿Qué es lo que determina la densidad de una sustancia?**

Vocabulario

- Sistema Internacional de Unidades (SI)
- metro (m) • litro (L)
- kilogramo (kg) • gramo (g)
- peso • energía
- julio (J) • caloría (cal)
- temperatura • escala Celsius
- escala Kelvin • cero absoluto
- densidad

Aprende más acerca de las unidades SI en línea.

Usar las unidades SI

🔑 **¿Qué es lo que hace a las unidades métricas fáciles de usar?**

Todas las medidas dependen de las unidades para servir como patrones de referencia. Los estándares de medición que se usan en ciencias son los del sistema métrico. El sistema métrico es importante debido a su simplicidad y facilidad de uso. 🔑 **Todas las unidades métricas se basan en múltiplos de 10. Como resultado, puedes convertir de una unidad a otra con facilidad.** El sistema métrico se estableció originalmente en Francia en 1795. El **Sistema Internacional de Unidades** (que se abrevia SI debido a su nombre en francés, *Le Système International d'Unités*) es una versión actualizada del sistema métrico. El SI se adoptó mediante un acuerdo internacional en 1960. Hay siete unidades SI básicas, que se enlistan en la Tabla 3.1. Todas las otras unidades de medición del SI derivan de estas unidades básicas. Las unidades derivadas se usan para mediciones como volumen, densidad y presión.

Todas las cantidades medidas se pueden reportar en unidades SI. Sin embargo, a veces se prefieren las unidades que no pertenecen al SI por conveniencia o por razones prácticas. En este libro de texto aprenderás acerca tanto de las unidades que pertenecen como de las que no pertenecen al SI.

Tabla 3.1

Unidades básicas del SI		
Cantidad	**Unidad básica del SI**	**Símbolo**
Longitud	metro	m
Masa	kilogramo	kg
Temperatura	kelvin	K
Tiempo	segundo	s
Cantidad de sustancia	mol	mol
Intensidad luminosa	candela	cd
Corriente eléctrica	amperio	A

Tabla 3.2

Prefijos métricos usados comúnmente

Prefijo	Símbolo	Significado	Factor
mega	M	1 millón de veces más grande que la unidad que le antecede	10^6
kilo	k	1000 veces más grande que la unidad que le antecede	10^3
deci	d	10 veces más pequeño que la unidad que le antecede	10^{-1}
centi	c	100 veces más pequeño que la unidad que le antecede	10^{-2}
mili	m	1000 veces más pequeño que la unidad que le antecede	10^{-3}
micro	μ	1 millón de veces más pequeño que la unidad que le antecede	10^{-6}
nano	n	mil millones de veces más pequeño que la unidad que le antecede	10^{-9}
pico	p	1 billón de veces más pequeño que la unidad que le antecede	10^{-12}

Unidades de longitud El tamaño es una propiedad importante de la materia. En el SI, la unidad básica de longitud, o medida lineal, es el **metro (m).** Todas las medidas de longitud se pueden expresar en metros. (La longitud de una página de este libro es cerca de un cuarto de metro.) Sin embargo, para longitudes muy grandes y muy pequeñas, puede ser más conveniente usar una medida de longitud que tenga un prefijo. En la Tabla 3.2 se enlistan los prefijos de uso común. Por ejemplo, el prefijo *mil-* significa 1/1000 (una milésima), entonces un milímetro (mm) es 1/1000 de metro, o 0.001 m. Un guión (-) mide cerca de 1 mm.

Para distancias grandes, generalmente es más apropiado expresar las medidas en kilómetros (km). El prefijo *kilo-* significa 1000, entonces 1 km es igual a 1000 m. La distancia de una carrera de maratón estándar de aproximadamente 42,000 m, se expresa más convenientemente como 42 km (42 × 1000 m). En la Tabla 3.3 se resumen las relaciones entre las unidades métricas de longitud.

diámetro del botón = 1 cm

grosor de la moneda = 1 mm

Tabla 3.3

Unidades métricas de longitud

Unidad	Símbolo	Relación	Ejemplo	
Kilómetro	km	1 km = 10^3 m	longitud de aproximadamente cinco cuadras de ciudad	≈ 1 km
Metro	m	unidad básica	altura de la manija de la puerta al suelo	≈ 1 m
Decímetro	dm	10^1 dm = 1 m	diámetro de una naranja grande	≈ 1 dm
Centímetro	cm	10^2 cm = 1 m	diámetro de un botón de camisa	≈ 1 cm
Milímetro	mm	10^3 mm = 1 m	grosor de una moneda	≈ 1 mm
Micrómetro	μm	10^6 μm = 1 m	diámetro de una célula bacterial	≈ 1 μm
Nanómetro	nm	10^9 nm = 1 m	grosor de una molécula de ARN	≈ 1 nm

Figura 3.5 Unidades volumétricas
El volumen de 20 gotas de líquido de un gotero de medicina es aproximadamente 1 mL. Este es el mismo volumen que el de un terrón de azúcar, que mide 1 cm de cada lado; $1 \text{ cm}^3 = 1 \text{ mL}$. Una botella de un litro tiene un volumen de 1 L, o 1000 mL.
Describir *¿Cuál es el volumen de una botella de 2 L en centímetros cúbicos?*

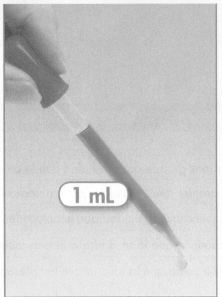

1 mL

1 cm^3

1 L

Unidades de volumen El espacio ocupado por cualquier muestra de materia se llama volumen. Tú calculas el volumen de cualquier sólido cúbico o rectangular al multiplicar su longitud por su ancho y por su altura. Entonces, la unidad para el volumen deriva de las unidades de longitud. La unidad SI del volumen es la cantidad de espacio ocupado por un cubo que sea de 1 m de cada lado. Este volumen es un metro cúbico (m^3). Una lavavajillas automática tiene un volumen de aproximadamente 1 m^3.

Una unidad más conveniente de volumen para el uso diario es el litro, una unidad que no pertenece al SI. Un **litro (L)** es el volumen de un cubo que tiene 10 centímetros (10 cm) de cada lado ($10 \text{ cm} \times 10 \text{ cm} \times 10 \text{ cm} = 1000 \text{ cm}^3 = 1 \text{ L}$). Un decímetro (dm) es igual a 10 cm, así que 1 L también es igual a 1 decímetro cúbico (dm^3). Una unidad de volumen más pequeña que no pertenece al SI es el mililitro (mL); 1 mL es 1/1000 de un litro. Por lo tanto, hay 1000 mL en 1 L. Puesto que 1 L se define como 1000 cm^3, 1 mL y 1 cm^3 son el mismo volumen. Entonces, las unidades mililitro y centímetro cúbico se usan indistintamente. La Figura 3.5 te da una idea de los tamaños relativos de un litro y un mililitro. En la Tabla 3.4 se resumen las relaciones entre unidades métricas de volumen comunes.

Hay muchos instrumentos para medir volúmenes líquidos, incluyendo cilindros graduados, pipetas, buretas, matraces volumétricos y jeringas. Nota que el volumen de cualquier sólido, líquido o gas cambia con la temperatura (aunque el cambio es mucho más dramático para los gases). Consecuentemente, los instrumentos para la medición exacta del volumen se calibran a una temperatura dada, por lo general a 20 grados Celsius (20 °C), que es aproximadamente la temperatura ambiente normal.

Tabla 3.4

Unidades métricas de volumen			
Unidad	**Símbolo**	**Relación**	**Ejemplo**
Litro	L	unidad básica	cuarto de leche ≈ 1 L
Mililitro	mL	$10^3 \text{ mL} = 1 \text{ L}$	20 gotas de agua ≈ 1 mL
Centímetro cúbico	cm^3	$1 \text{ cm}^3 = 1 \text{ mL}$	terrón de azúcar ≈ 1 cm^3
Microlitro	μL	$10^6 \text{ μL} = 1 \text{ L}$	cristal de sal de mesa ≈ 1 μL

Tabla 3.5

Unidad	Símbolo	Relación	Ejemplo	
Kilogramo (unidad básica)	kg	$1\ kg\ = 10^3\ g$	libro de texto pequeño	$\approx 1\ kg$
Gramo	g	$1\ g\ = 10^{-3}\ kg$	billete de un dólar	$\approx 1\ g$
Miligramo	mg	$10^3\ mg = 1\ g$	diez gramos de sal	$\approx 1\ mg$
Microgramo	μg	$10^6\ \mu g = 1\ g$	partícula de polvo para hornear	$\approx 1\ \mu g$

Unidades de masa La masa de un objeto se mide en comparación con una masa estándar de 1 **kilogramo (kg),** que es la unidad básica de SI de la masa. Originalmente, un kilogramo se definió como la masa de 1 L de agua líquida a 4 °C. Un cubo de agua a 4 °C que mide 10 cm en cada lado tendría un volumen de 1 L y una masa de 1000 gramos (g), o 1 kg. Un **gramo (g)** es 1/1000 de un kilogramo; la masa de 1 cm³ de agua a 4 °C es 1 g. Las relaciones entre las unidades de masa se muestran en la Tabla 3.5.

Tú puedes usar una báscula de plataforma para medir la masa de un objeto. Se coloca el objeto en un lado de la báscula y se añaden masas estándares en el otro lado hasta que el brazo de la báscula esté nivelado. La masa desconocida es igual a la suma de las masas estándares. Las básculas de laboratorio abarcan desde los instrumentos muy sensibles con una capacidad máxima de sólo unos pocos miligramos hasta instrumentos para medir cantidades en kilogramos. Una báscula analítica se usa para medir objetos de menos de 100 g y pueden determinar la masa al 0.0001 g (0.1 mg) más cercano.

El **peso** es una fuerza que mide el empuje de la gravedad en una masa dada. El peso, una medida de fuerza, es diferente de la masa, que es una medida de la cantidad de materia. El peso de un objeto puede cambiar con su ubicación. Por ejemplo, un astronauta en la superficie de la Luna pesa un sexto de lo que pesa en la Tierra. La razón para esta diferencia es que la fuerza de gravedad de la Tierra es aproximadamente seis veces mayor que la de la Luna. El astronauta en la Figura 3.6 está en caída libre conforme orbita la Tierra y, por lo tanto, no tiene peso. Aunque para un objeto es posible no tener peso, nunca puede no tener masa.

Figura 3.6 Ingravidez
Un astronauta en órbita no tiene peso, pero sí tiene masa. La masa del astronauta permanece constante a pesar de la ubicación o el movimiento.

Unidades de energía La capacidad para realizar trabajo o para producir calor se llama **energía.** Como cualquier otra cantidad, la energía se puede medir. La unidad SI de la energía es el **julio (J),** nombrado así por el físico inglés James Prescott Joule (1818–1819). Una unidad común de energía que no pertenece al SI es la caloría. Una **caloría (cal)** es una cantidad de calor que eleva la temperatura de 1 g de agua simple en 1 °C. Las conversiones entre julios y calorías se pueden hacer usando las relaciones siguientes:

$$1\ J = 0.2390\ cal \qquad 1\ cal = 4.184\ J$$

En este libro verás valores de energía expresados tanto en julios como en calorías, así como en kilojulios (kJ) y kilocalorías (kcal). Un kilojulio son 1000 julios; una kilocaloría son 1000 calorías.

Escalas de temperatura

¿Qué unidades de temperatura usan los científicos comúnmente?

Cuando sostienes un vaso con agua caliente, el vaso se siente caliente debido a la transferencia de calor del vaso a tu mano. Cuando sostienes un cubo de hielo, se siente frío debido a la transferencia de calor de tu mano al cubo de hielo. La **temperatura** es una medida de qué tan caliente o qué tan frío está un objeto. La temperatura del un objeto determina la dirección de la transferencia de calor. Cuando dos objetos a diferente temperatura entran en contacto, el calor se mueve del objeto con la temperatura mayor al objeto con la temperatura menor. En el Capítulo 13 aprenderás cómo se relaciona la temperatura de un objeto con la energía y el movimiento de las partículas.

Casi todas las sustancias se expanden con un aumento en la temperatura y se contraen conforme la temperatura disminuye. (Una excepción muy importante es el agua.) Estas propiedades sirven de base para el termómetro de bulbo. El líquido en el termómetro se expande y se contrae más que el volumen del cristal, lo que produce cambios en la altura de la columna del líquido. En la Figura 3.7 se muestran dos tipos diferentes de termómetros.

Se han concebido varias escalas de temperatura con unidades diferentes. **Comúnmente, los científicos usan dos unidades equivalentes de temperatura, el grado Celsius y el kelvin.** La escala Celsius del sistema métrico obtiene su nombre del astrónomo sueco Anders Celsius (1701–1744). Usa dos temperaturas fácilmente determinadas como valores de temperatura de referencia: el punto de congelación y el punto de ebullición del agua. La **escala Celsius** establece el punto de congelación del agua en 0 °C y el punto de ebullición del agua en 100 °C. La distancia entre estos dos puntos fijos se divide en 100 intervalos equitativos, o grados Celsius (°C).

Otra escala de temperatura que se usa en la física es la escala Kelvin o absoluta. Esta escala obtiene su nombre de Lord Kelvin (1824-1907), un físico y matemático escocés. En la **escala Kelvin,** el punto de congelación del agua es 273.15 grados kelvin (K) y el punto de ebullición es 373.15 K. Observa que con la escala Kelvin no se usa el signo de grado.

Figura 3.7 Termómetros
Un termómetro de bulbo contiene un líquido como alcohol o esencias minerales. Un termómetro de cuadrante, que a menudo se usa para medir la temperatura de cocción de carnes, contiene una banda enrollada compuesta de dos metales.

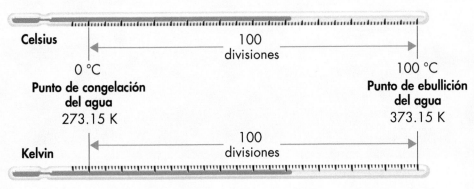

Figura 3.8 Escalas de temperatura
Un cambio de 1 °C en la escala Celsius es igual al cambio de 1 K en la escala Kelvin.
Interpretar diagramas ¿A qué equivale un cambio de 10 °C en la escala Kelvin?

En la Figura 3.8 se comparan las escalas Celsius y Kelvin. El cambio de un grado en la escala Celsius es equivalente a un kelvin en la escala Kelvin. El punto cero en la escala Kelvin, 0 K, o **cero absoluto,** es igual a −273.15 °C. Para los problemas de este texto, puedes redondear −273.15 °C a −273 °C. Dado que un grado en la escala Celsius es equivalente a un kelvin en la escala Kelvin, resulta fácil convertir de una temperatura a otra. Simplemente sumas o restas 273, como se muestra en las ecuaciones siguientes:

$$K = °C + 273$$
$$°C = K - 273$$

LA QUÍMICA Y TÚ

P: *En algunos países, como los Estados Unidos, las unidades métricas no se usan de forma común en las mediciones diarias. ¿Qué unidades de temperatura se usan para un pronóstico del tiempo típico en los Estados Unidos? ¿Qué sucede en un país que usa el sistema métrico, como Australia o Japón?*

Ejemplo de problema 3.7

Conversión entre escalas de temperatura

La temperatura del cuerpo humano normal es de 37 °C. ¿A qué temperatura equivale en grados kelvin?

❶ **Analizar Haz una lista de lo conocido y lo desconocido.** Usa el valor que conoces y la ecuación K = °C + 273 para calcular la temperatura en grados kelvin.

CONOCIDO
Temperatura en °C = **37°C**

DESCONOCIDO
Temperatura en K = **? K**

❷ **Calcular Resuelve para buscar lo desconocido.**

Sustituye el valor conocido por la temperatura en Celsius en la ecuación y resuelve.

$$K = °C + 273 = 37 + 273 = 310 K$$

❸ **Evaluar ¿Tiene sentido el resultado?** Deberías esperar una temperatura en este rango, dado que el punto de congelación del agua es 273 K y el punto de ebullición del agua es 373 K; la temperatura corporal normal está entre estos dos valores.

19. La plata se derrite a 960.8 °C y hierve a 2212 °C. Expresa estas temperaturas en grados kelvin.

20. El nitrógeno líquido hierve a 77.2 K. ¿Cuál es la temperatura en grados Celsius?

Densidad

🔑 ¿Qué es lo que determina la densidad de una sustancia?

¿Alguna vez te has preguntado por qué algunos objetos flotan en el agua mientras que otros se hunden? Si piensas que los arándanos de la Figura 3.9 flotan porque pesan poco, estás parcialmente en lo correcto. La relación entre la masa del objeto y su volumen es la que te dice si flotará o se hundirá. Esta relación se llama densidad. La **densidad** es la razón de la masa de un objeto con su volumen.

Figura 3.9 Flotar en el agua
Los arándanos son menos densos que el agua; por lo tanto, flotan. Los agricultores usan esta propiedad cuando es tiempo de cosecharlos.

$$\text{Densidad} = \frac{\text{masa}}{\text{volumen}}$$

Por ejemplo, un pedazo de plomo de 10.0 cm³ tiene una masa de 114 g. Puedes calcular la densidad del plomo al sustituir en la ecuación anterior.

$$\frac{114\ \text{g}}{10.0\ \text{cm}^3} = 11.4\ \text{g/cm}^3$$

Observa que cuando la masa se mide en gramos y el volumen en centímetros cúbicos, la densidad tiene unidades de gramos por centímetro cúbico (g/cm³). La unidad SI de la densidad es kilogramos por metro cúbico (kg/m³).

En la Figura 3.10 se compara la densidad de cuatro sustancias: litio, agua, aluminio y plomo. ¿Por qué cada muestra de 10-g tiene un volumen diferente? Los volúmenes varían porque las sustancias tienen densidades diferentes.

🔑 **La densidad es una propiedad intensiva que sólo depende de la composición de una sustancia, no del tamaño de la muestra.** Con una mezcla, la densidad varía porque varía la composición de la mezcla.

Figura 3.10 Comparar densidades
Una muestra de 10 g de agua simple tiene menos volumen que 10 g de litio pero más volumen que 10 g de plomo o 10 g de aluminio. Las caras de los cubos se muestran en su tamaño real.
Predecir ¿Cuál de los sólidos que se muestran se hundirá en el agua?

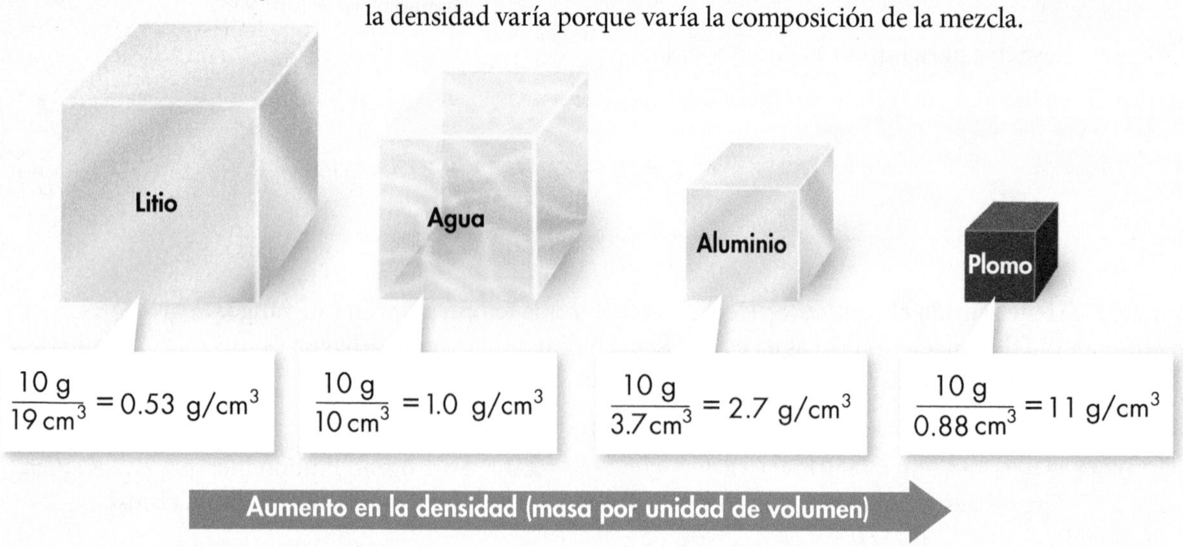

Litio

Agua

Aluminio

Plomo

$$\frac{10\ \text{g}}{19\ \text{cm}^3} = 0.53\ \text{g/cm}^3$$

$$\frac{10\ \text{g}}{10\ \text{cm}^3} = 1.0\ \text{g/cm}^3$$

$$\frac{10\ \text{g}}{3.7\ \text{cm}^3} = 2.7\ \text{g/cm}^3$$

$$\frac{10\ \text{g}}{0.88\ \text{cm}^3} = 11\ \text{g/cm}^3$$

Aumento en la densidad (masa por unidad de volumen)

Densidades de algunos materiales comunes

Sólidos y líquidos		Gases	
Material	**Densidad a 20 °C (g/cm³)**	**Material**	**Densidad a 20 °C (g/L)**
Oro	19.3	Cloro	2.95
Mercurio	13.6	Dióxido de carbono	1.83
Plomo	11.3	Argón	1.66
Aluminio	2.70	Oxígeno	1.33
Azúcar de mesa	1.59	Aire	1.20
Jarabe de maíz	1.35–1.38	Nitrógeno	1.17
Agua (4 °C)	1.000	Neón	0.84
Aceite de maíz	0.922	Amoníaco	0.718
Hielo (0 °C)	0.917	Metano	0.665
Etanol	0.789	Helio	0.166
Gasolina	0.66–0.69	Hidrógeno	0.084

Tabla 3.6 La densidad es la masa por unidad de volumen de un material.

a. Comparar ¿Por qué piensas que las densidades de los gases se reportan en unidades diferentes a las que se usan para las densidades de los sólidos y los líquidos?

b. Predecir Un globo relleno de dióxido de carbono ¿se hundirá o se elevará hacia el cielo? Explica.

c. Inferir ¿Por qué las densidades del jarabe de maíz y la gasolina están expresadas como un rango de valores?

Observa las unidades aquí: Las densidades de los sólidos y de los líquidos se expresan en g/cm³. Las densidades de los gases se expresan en g/L.

¿Qué piensas que pasará si se vierte aceite de maíz en un contenedor con agua? Usando la Tabla 3.6 puedes ver que la densidad del aceite de maíz es menor que la densidad del agua. Por esta razón, el aceite flota por encima del agua. En la Figura 3.11 se muestran diferentes líquidos formando distintas capas en un contenedor debido a la diferencia en sus densidades. Por ejemplo, el jarabe de maíz (en color rojo) se hunde por debajo del agua (en color verde) porque la densidad del jarabe de maíz es mayor que la densidad del agua.

Probablemente has visto un globo relleno con helio elevarse rápidamente al techo cuando se le suelta. El hecho de que un globo relleno con gas se hunda o se eleve cuando se suelta depende de cómo se compara la densidad del gas con la densidad del aire. El helio es menos denso que el aire, así que un globo relleno con helio se eleva. En la Tabla 3.6 se enlistan las densidades de varios gases.

¿Qué sucede con la densidad de una sustancia conforme aumenta su temperatura? Los experimentos muestran que el volumen de la mayoría de las sustancias aumenta conforme aumenta la temperatura. Mientras tanto, la masa permanece constante a pesar del cambio en la temperatura y el volumen. Recuerda que la densidad es la razón de la masa de un objeto con su volumen. Entonces, si el volumen cambia con la temperatura (mientras que la masa permanece constante), la densidad también debe cambiar con la temperatura. Por lo general, la densidad de una sustancia disminuye conforme aumenta su temperatura. Como aprenderás en el Capítulo 15, el agua es una excepción importante. Sobre un cierto rango de temperaturas, el volumen del agua aumenta conforme su temperatura disminuye. El hielo, o agua sólida, flota porque es menos denso (0.917 g/cm³) que el agua líquida (1.000 g/cm³).

Figura 3.11 Capas de líquido
Debido a las diferencias en la densidad, los líquidos se separan en capas.
Comparar *¿Es el líquido de color azul más o menos denso que el agua?*

Ejemplo de problema 3.8

Calcular la densidad

Una moneda de cobre tiene una masa de 3.1 g y un volumen de 0.35 cm³. ¿Cuál es la densidad del cobre?

❶ Analizar Haz una lista de lo conocido y lo desconocido.
Usa los valores que conoces y la ecuación de la densidad para resolver el problema.

CONOCIDO	DESCONOCIDO
masa = 3.1 g	densidad = ? g/cm³
volumen = 0.35 cm³	

❷ Calcular Resuelve para buscar lo desconocido.

Empieza con la ecuación de la densidad. ➡

$$\text{Densidad} = \frac{\text{masa}}{\text{volumen}}$$

> La respuesta calculada debe redondearse a dos cifras significativas.

Sustituye los valores conocidos por la masa y el volumen y después calcula. ➡

$$\text{Densidad} = \frac{3.1\ g}{0.35\ cm^3} = 8.8571\ g/cm^3 = 8.9\ g/cm^3$$

❸ Evaluar ¿Tiene sentido el resultado? Un pedazo de cobre con un volumen aproximado de 0.3 cm³ tiene una masa aproximada de 3 gramos. Aproximadamente tres veces ese volumen de cobre, 1 cm³, debería tener una masa tres veces más grande, cerca de 9 gramos. Este cálculo se acerca al resultado que se calculó.

21. Una estudiante encuentra una pieza de metal brillante que piensa que es aluminio. En el laboratorio, determina que el metal tiene un volumen de 245 cm³ y una masa de 612 g. Calcula la densidad. ¿Es aluminio el metal?

22. Una barra de plata tiene una masa de 68.0 g y un volumen de 6.48 cm³. ¿Cuál es la densidad de la plata?

3.2 Comprobación de la lección

23. 🔑 Revisar ¿Por qué las unidades métricas son fáciles de usar?

24. 🔑 Identificar ¿Qué unidades de temperatura usan los científicos comúnmente?

25. 🔑 Revisar ¿Qué es lo que determina la densidad?

26. Identificar Escribe el nombre y el símbolo de las unidades SI de masa, longitud, volumen y temperatura.

27. Definir Escribe el símbolo y significado de los prefijos siguientes.

  a. mili- **b.** nano- **c.** deci- **d.** centi-

28. Hacer una lista Ordena las unidades siguientes de la más grande a la más pequeña: m³, mL, cL, μL, L, dL.

29. Calcular ¿Cuál es el volumen de un libro de bolsillo que mide 21 cm de alto, 12 cm de ancho y 3.5 cm de grueso?

30. Comparar Expón la diferencia entre masa y peso.

31. Calcular Los instrumentos quirúrgicos pueden esterilizarse mediante calor a 170 °C durante 1.5 h. Convierte 170 °C a grados kelvin.

32. Calcular Se infla un globo meteorológico a un volumen de 2.2×10^3 L con 374 g de helio. ¿Cuál es la densidad del helio en gramos por litro?

33. Aplicar conceptos Se corta una barra de oro de 68 g en tres piezas iguales. ¿Cómo se compara la densidad de cada pieza a la densidad de la barra de oro original?

34. Interpretar datos Busca las densidades de los elementos en el Grupo 1A de la página R2. ¿Qué elementos del Grupo 1A son menos densos que el agua simple a 4 °C?

35. Explicar ¿Cómo varía la densidad con la temperatura?

Impacto ambiental

Para medir una huella, puedes usar unidades como centímetros o pulgadas. ¿Pero qué sucede con el impacto ambiental? El impacto ambiental es una medida de cuánto gas contaminante liberan en la atmósfera una persona, un país o la industria. Los gases contaminantes, como dióxido de carbono (CO_2) y metano (CH_4), son gases que contribuyen al calentamiento global.

Cualquier actividad que involucre la quema de combustibles fósiles resulta en emisiones de dióxido de carbono. Los recorridos en coche y en avión, la calefacción y enfriamiento de casas y el consumo de electricidad se suman al impacto ambiental de un individuo. Tu propio impacto ambiental es la masa total de CO_2 que pones en la atmósfera en el transcurso de un año. Esta cantidad se puede expresar en toneladas métricas (t) de CO_2 por año. Una tonelada métrica es igual a 1000 kg. Entonces, las unidades de tu impacto ambiental se pueden abreviar como: t CO_2/año o 10^3 kg CO_2/año.

LOS COSTOS DEL CARBONO Tus elecciones afectan el tamaño de tu impacto ambiental. Por ejemplo, el uso de una secadora de ropa consume electricidad pero el colgar la ropa limpia en un tendedero no. Las cosas que compras también contribuyen a su impacto ambiental. No sólo se necesita energía para hacer estos bienes sino que los bienes en sí (como las televisiones) pueden consumir energía.

UNIDADES DE IMPACTO AMBIENTAL El impacto ambiental de la producción agrícola se puede expresar en CO_2 por porción. Los coches requieren unidades diferentes: kg CO_2 por galón de gasolina. Para los aviones, las unidades son kg CO_2 por milla, por pasajero.

Un paso más allá

1. Calcular Un coche emite 8.6 kg de CO_2 por galón de gasolina sin plomo. ¿Cuánto CO_2 se produce si el coche quema 2.5 gal de combustible?

2. Inferir ¿Qué factores piensas que determinan el impacto ambiental de una manzana? ¿Por qué el impacto ambiental de dos manzanas en una misma tienda podría diferenciarse sustancialmente?

3.3 Resolver problemas de conversión

LA QUÍMICA Y TÚ

P: *¿Cómo puedes convertir dólares estadounidenses a euros?* Quizá hayas viajado a otro país o estés planeando hacerlo. Si es así, sabes (o pronto lo descubrirás) que diferentes países tienen diferentes monedas. Como turista, el cambio de monedas es una parte importante de tener un buen viaje. Después de todo, con frecuencia usas el efectivo para pagar comidas, transporte y recuerdos. Dado que cada moneda extranjera se compara de forma diferente al dólar estadounidense, resulta esencial saber cómo convertir unidades monetarias correctamente. Los problemas de conversión se resuelven fácilmente mediante un enfoque de resolución de problemas llamado análisis dimensional.

Preguntas clave

🔑 *¿Qué sucede cuando una medida se multiplica por un factor de conversión?*

🔑 *¿Qué tipos de problemas puedes resolver usando el análisis dimensional?*

Vocabulario

• factor de conversión
• análisis dimensional

Factores de conversión

🔑 *¿Qué sucede cuando una medida se multiplica por un factor de conversión?*

Si piensas en cualquier número de las situaciones diarias, te darás cuenta que, con frecuencia, una cantidad se puede expresar se diferentes maneras. Por ejemplo, considera la cantidad monetaria $1.

1 dólar = 4 monedas de 25 centavos = 10 monedas de 10 centavos = 20 monedas de 5 centavos = 100 monedas de 1 centavo

Todas éstas son expresiones, o medidas, de la misma cantidad de dinero. Lo mismo sucede con las cantidades científicas. Por ejemplo, considera una distancia que mide exactamente 1 metro.

1 metro = 10 decímetros = 100 centímetros = 1000 milímetros

Estas son formas diferentes de expresar la misma longitud.

Siempre que dos medidas sean equivalentes, una razón de las dos medidas será igual a 1, o la unidad. Por ejemplo, puedes dividir ambos lados de la ecuación 1 m = 100 cm por 1 m o por 100 cm.

$$\frac{1m}{1m} = \frac{100\ cm}{1\ m} = 1 \qquad or \qquad \frac{1\ m}{100\ cm} = \frac{100\ cm}{100\ cm} = 1$$

↑ ———— factores de conversión ———— ↑

Las razones 100 cm/1 m y 1 m/100 cm son ejemplos de factores de conversión. Un **factor de conversión** es una razón de medidas equivalentes. La medida del numerador (arriba) es equivalente a la medida del denominador (abajo). Los factores de conversión que se muestran arriba se leen "cien centímetros por metro" y "un metro por cien centímetros."

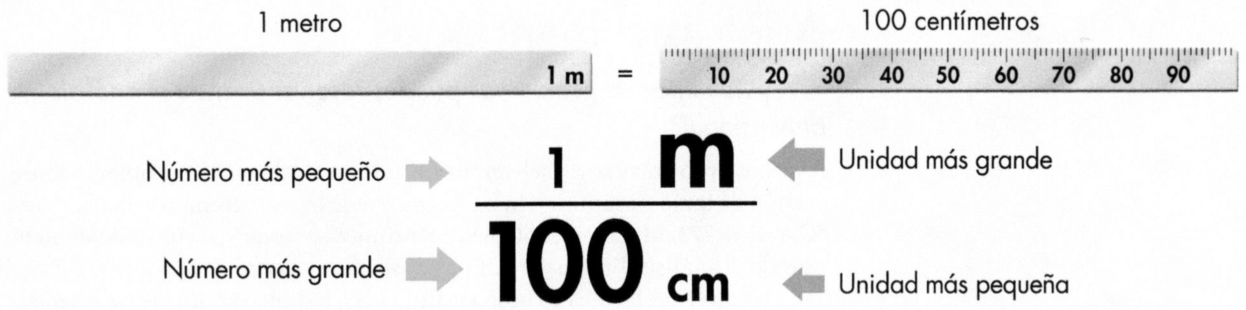

1 metro = 100 centímetros

Número más pequeño ➡	1 **m**	⬅ Unidad más grande
Número más grande ➡	**100** cm	⬅ Unidad más pequeña

Figura 3.12 Factor de conversión
Las dos partes de un factor de conversión, el numerador y el denominador, son iguales.

Ver factores de conversión *en línea animada.*

En la Figura 3.12 se ilustra otra forma de ver las relaciones en un factor de conversión. Observa que el número más pequeño es parte de la medida con la unidad más grande. Es decir, un metro es físicamente más grande que un centímetro. El número más grande es parte de la medida con la unidad más pequeña.

Los factores de conversión son útiles al resolver problemas en los que una medida dada debe expresarse en alguna otra unidad de medida. 🔑 **Cuando una medida se multiplica por un factor de conversión, por lo general se cambia el valor numérico pero el tamaño real de la cantidad medida permanece igual.** Por ejemplo, aun cuando los números en las medidas 1 g y 10 dg (decigramos) difieren, ambas medidas representan la misma masa. Además, los factores de conversión dentro de un sistema de medición son cantidades definidas o cantidades exactas. Por lo tanto, tienen un número ilimitado de cifras significativas y no afectan el redondeo de una respuesta calculada.

Aquí se presentan algunos ejemplos adicionales de pares de factores de conversión obtenidos de medidas equivalentes. La relación entre gramos y kilogramos es 1000 g = 1 kg. Los factores de conversión son:

$$\frac{1000\ g}{1\ kg} \quad y \quad \frac{1\ kg}{1000\ g}$$

En la Figura 3.13 se muestra una báscula que puede usarse para medir la masa en gramos o kilogramos. Si lees la báscula en términos de gramos, puedes convertir la masa a kilogramos al multiplicar por el factor de conversión 1 kg/1000 g.

La relación entre nanómetros y metros está dada por la ecuación 10^9 nm = 1 m. Los posibles factores de conversión son:

$$\frac{10^9\ nm}{1\ m} \quad y \quad \frac{1\ m}{10^9\ nm}$$

Las unidades volumétricas comunes que se usan en química incluyen el litro y el microlitro. La relación 1 L = 10^6 μL conduce a los siguientes factores de conversión:

$$\frac{1\ L}{10^6\ μL} \quad y \quad \frac{10^6\ μL}{1\ L}$$

Con base en lo que has aprendido acerca de los prefijos métricos, deberías poder escribir factores de conversión que reflejen cantidades métricas equivalentes.

Figura 3.13 Medir la masa
Esta báscula está calibrada para medir la masa a los 20 g más cercanos.
Interpretar fotos *¿Qué es lo que muestra la báscula en gramos? ¿Qué muestra en kilogramos?*

Análisis dimensional

🔑 **¿Qué tipos de problemas puedes resolver usando el análisis dimensional?**

Algunos problemas se resuelven mejor usando álgebra. Por ejemplo, la conversión de temperatura Kelvin a Celsius puede hacerse usando la ecuación $°C = K - 273$. Muchos problemas en química se resuelven convenientemente usando el análisis dimensional. El **análisis dimensional** es una forma de analizar y resolver problemas usando las unidades, o dimensiones, de las medidas. La mejor manera para explicar esta técnica es usarla para resolver una situación diaria, como la del Ejemplo de problema 3.9.

Como observaste en el Ejemplo de problema 3.10, debes ver cómo se podría resolver el problema de forma algebraica pero es más fácil resolverlo usando el análisis dimensional. En cualquier caso, debes elegir el método de resolución de problemas que te funcione mejor. Intenta ser flexible en tu enfoque para resolver problemas ya que ningún método por sí solo es el mejor para resolver cada tipo de problema.

Ejemplo de problema 3.9

Usar el análisis dimensional

¿Cuántos segundos hay en un día de trabajo que dura exactamente ocho horas?

❶ Analizar Haz una lista de lo conocido y lo desconocido.
Para convertir el tiempo de horas a segundos, necesitarás dos factores de conversión. Primero debes convertir de horas a minutos: h ⟶ min. Después debes convertir de minutos a segundos: min ⟶ s. Identifica los factores de conversión apropiados con base en las relaciones 1 h = 60 min y 1 min = 60 s.

CONOCIDO	DESCONOCIDO
tiempo trabajado = 8 h	segundos trabajados = ? s
1 hora = 60 min	
1 minuto = 60 s	

❷ Calcular Resuelve para buscar lo desconocido.

El primer factor de conversión se basa en 1 h = 60 min. La unidad horas debe estar en el denominador de manera que se cancele la unidad conocida.

$$\frac{60 \text{ min}}{1 \text{ h}}$$

Antes de hacer la aritmética real, es una buena idea asegurarse de que las unidades se cancelen y de que el numerador y el denominador de cada factor de conversión sean iguales.

El segundo factor de conversión se basa en 1 min = 60 s. La unidad minutos debe estar en el denominador de manera que la unidad deseada (segundos) esté en tu respuesta

$$\frac{60 \text{ s}}{1 \text{ min}}$$

Multiplica el tiempo trabajado por los factores de conversión.

$$8 \text{ h} \cdot \frac{60 \text{ min}}{1 \text{ h}} \cdot \frac{60 \text{ s}}{1 \text{ min}} = 28{,}800 \text{ s} = 2.8800 \cdot 10^4 \text{ s}$$

❸ Evaluar ¿Tiene sentido el resultado? La respuesta tiene la unidad deseada. Dado que el segundo es una unidad de tiempo pequeña, debes esperar un gran número de segundos en 8 horas. La respuesta es exacta dado que son exactos la medida dada y cada uno de los factores de conversión.

36. ¿Cuántos minutos hay en exactamente una semana?

37. ¿Cuántos segundos hay en exactamente una semana de trabajo de 40 horas?

Ejemplo de problema 3.10

Usar el análisis dimensional

Las indicaciones para un experimento le piden a cada estudiante medir 1.84 g de alambre de cobre (Cu). El único alambre de cobre disponible es un carrete con una masa de 50.0 g. ¿Cuántos estudiantes pueden hacer el experimento antes de que se termine el cobre?

❶ Analizar Haz una lista de lo conocido y lo desconocido.
De la masa de cobre conocida, usa el factor de conversión apropiado para calcular el número de estudiantes que pueden hacer el experimento. La conversión deseada es la masa de cobre ⟶ número de estudiantes.

> CONOCIDO
> masa de cobre disponible = 50.0 g Cu
> Cada estudiante necesita 1.84 gramos de cobre.
>
> DESCONOCIDO
> número de estudiantes = ?

❷ Calcular Resuelve para buscar lo desconocido.

El experimento requiere 1.84 gramos de cobre por estudiante. Con base en esta relación, puedes escribir dos factores de conversión.

$$\frac{1.84\ g\ Cu}{1\ estudiante} \quad y \quad \frac{1\ estudiante}{1.84\ g\ Cu}$$

> Observa que dado que los estudiantes no pueden ser un número fraccionario, la respuesta se redondea hacia abajo, hacia un número entero.

Dado que la unidad deseada para la respuesta es estudiantes, usa el segundo factor de conversión. Multiplica la masa de cobre por el factor de conversión.

$$50.0\ g\ Cu \cdot \frac{1\ estudiante}{1.84\ g\ Cu} = 27.174\ estudiantes = 27\ estudiantes$$

❸ Evaluar ¿Tiene sentido el resultado? La unidad de la respuesta (estudiantes) es la deseada. Puedes hacer un cálculo aproximado usando el siguiente factor de conversión.

$$\frac{1\ estudiante}{2\ g\ Cu}$$

Al multiplicar el factor de conversión anterior por 50 g Cu da una respuesta aproximada de 25 estudiantes, que está cercana a la respuesta calculada.

38. Un experimento requiere que cada estudiante use una cinta de magnesio de 8.5 cm de largo. ¿Cuántos estudiantes pueden hacer el experimento si hay una cinta de magnesio de 570 cm de largo disponible?

> Aquí un consejo: Las igualdades necesarias para escribir un factor de conversión en particular pueden estar dadas en el problema. En otros casos, necesitarás saber o buscar las igualdades necesarias.

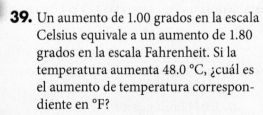

39. Un aumento de 1.00 grados en la escala Celsius equivale a un aumento de 1.80 grados en la escala Fahrenheit. Si la temperatura aumenta 48.0 °C, ¿cuál es el aumento de temperatura correspondiente en °F?

40. Un átomo de oro tiene una masa de 3.271×10^{-22} g. ¿Cuántos átomos de oro hay en 5.00 g de oro?

P: *Busca el tipo de cambio entre dólares estadounidenses y euros en Internet. Escribe un factor de conversión que te permita convertir de dólares estadounidenses a euros. ¿Cuántos euros podrías comprar con 50 dólares estadounidenses?*

Conversiones de unidad sencillas En química, como en la vida diaria, con frecuencia necesitas expresar una medida en una unidad diferente de la que se te da o la que se midió inicialmente. 🔑 **El análisis dimensional es una poderosa herramienta para resolver problemas de conversión en los que una medida con una unidad se cambia a una medida equivalente con otra unidad.** Los Ejemplo de problema 3.11 y 3.12 te guían para resolver problemas de conversión sencillos usando el análisis dimensional.

Ejemplo de problema 3.11

Convertir unidades métricas

Expresa 750 dg en gramos. (Consulta la Tabla 3.2 si necesitas refrescar tu memoria acerca de los prefijos métricos.)

❶ Analizar Haz una lista de lo conocido y lo desconocido.
La conversión deseada en decigramos ⟶ gramos. Multiplica la masa dada por el factor de conversión apropiado.

CONOCIDO	DESCONOCIDO
masa = 750 dg	masa = ? g
1 g = 10 dg	

❷ Calcular Resuelve para buscar lo desconocido.

Usa la relación 1 g = 10 dg para escribir el factor de conversión correcto.	$\dfrac{1\,g}{10\,dg}$
Multiplica la masa conocida por el factor de conversión.	$750\,dg \times \dfrac{1\,g}{10\,dg} = 75\,g$

> *Observa que la unidad conocida (dg) está en el denominador y la unidad desconocida (g) está en el numerador.*

❸ Evaluar ¿Tiene sentido el resultado? Dado que la unidad gramo representa una masa más grande que la unidad decigramo, tiene sentido que el número de gramos sea menor que el número dado de decigramos. La respuesta tiene la unidad correcta (g) y el número correcto de cifras significativas.

41. Usando las tablas de este capítulo, convierte lo siguiente:
  a. 0.044 km a metros
  b. 4.6 mg a gramos
  c. 0.107 g a centigramos

42. Convierte lo siguiente:
  a. 15 cm³ a litros
  b. 7.38 g a kilogramos
  c. 6.7 s a milisegundos
  d. 94.5 g a microgramos

Ejemplo de problema 3.12

Usar la densidad como un factor de conversión

¿Cuál es el volumen de una moneda de plata pura que tiene una masa de 14 g? La densidad de la plata (Ag) es 10.5 g/cm³.

① Analizar **Haz una lista de lo conocido y lo desconocido.**

Necesitas convertir la masa de la moneda en su volumen correspondiente. La densidad te da la relación siguiente entre volumen y masa: 1 cm³ Ag = 10.5 g Ag. Multiplica la masa dada por el factor de conversión apropiado para obtener una respuesta en cm³.

CONOCIDO	DESCONOCIDO
masa = 14 g	volumen de la moneda = ? cm³
densidad de la plata = 10.5 g/cm³	

② Calcular **Resuelve para buscar lo desconocido.**

Usa la relación 1 cm³ Ag = 10.5 g Ag para escribir el factor de conversión correcto.

$$\frac{1 \text{ cm}^3 \text{Ag}}{10.5 \text{ g Ag}}$$

Observa que la unidad conocida (g) está en el denominador y la unidad desconocida (cm³) está en el numerador.

Multiplica la masa de la moneda por el factor de conversión.

$$14 \text{ g Ag} \cdot \frac{1 \text{ cm}^3 \text{Ag}}{10.5 \text{ g Ag}} = 1.3 \text{ cm}^3 \text{Ag}$$

③ Evaluar **¿Tiene sentido el resultado?** Dado que una masa de 10.5 g de plata tiene un volumen de 1 cm³, tiene sentido que 14.0 g de plata tengan un volumen un poco mayor que 1 cm³. La respuesta tiene dos cifras significativas dado que la masa tiene dos cifras significativas.

---

43. Usa el análisis dimensional y las densidades dadas para hacer las conversiones siguientes:

   a. 14.8 g de boro a cm³ de boro. La densidad del boro es 2.34 g/cm³.

   b. 4.62 g de mercurio a cm³ de mercurio. La densidad del mercurio es 13.5 g/cm³.

44. Vuelve a trabajar los problemas anteriores aplicando la ecuación siguiente:

$$\text{Densidad} = \frac{\text{masa}}{\text{volumen}}$$

45. ¿Cuál es la masa, en gramos, de una muestra de jarabe para la tos que tiene un volumen de 50.0 cm³? La densidad del jarabe para la tos es 0.950 g/cm³.

La densidad se puede usar para escribir dos factores de conversión. Para darte una idea de cuál necesitas, considera las unidades de tu cantidad dada y las unidades que necesita tu respuesta.

Problemas de pasos múltiples Muchas tareas complejas en tu vida se manejan mejor desglosándolas en partes más pequeñas y manejables. Por ejemplo, si limpiaras tu coche, podrías comenzar aspirando el interior, después lavando el exterior, después secando el exterior y, finalmente, aplicando una capa fresca de cera. De forma similar, muchos problemas complejos se resuelven con mayor facilidad al descomponer la solución en pasos.

Cuando se convierte entre unidades, con frecuencia es necesario usar más de un factor de conversión. Los Ejemplo de problemas 3.13 y 3.14 ilustran el uso de múltiples factores de conversión.

Ejemplo de problema 3.13

Convertir unidades métricas

El diámetro de una aguja de coser es 0.073 cm. ¿Cuál es el diámetro en micrómetros?

1 Analizar Haz una lista de lo conocido y lo desconocido.

La conversión deseada es centímetros ⟶ micrómetros. El problema se puede resolver con una conversión de dos pasos. Primero, cambia de centímetros a metros; después cambia de metros a micrómetros: centímetros ⟶ metros ⟶ micrómetros.

CONOCIDO	DESCONOCIDO
diámetro = 0.073 cm = $7.3 \cdot 10^{-2}$ cm	diámetro = ? μm
10^2 cm = 1 m	
1 m = 10^6 μm	

2 Calcular Resuelve para buscar lo desconocido.

Usa la relación 10^2 cm = 1 m para escribir el primer factor de conversión.

$$\frac{1 \text{ m}}{10^2 \text{ cm}}$$

Cada factor de conversión se escribe de tal manera que la unidad en el denominador cancele la unidad en el numerador del factor anterior.

Usa la relación 1 m = 10^6 μm para escribir el segundo factor de conversión.

$$\frac{10^6 \ \mu\text{m}}{1 \text{ m}}$$

Multiplica la longitud por los factores de conversión.

$$7.3 \cdot 10^{-2} \text{ cm} \cdot \frac{1 \text{ m}}{10^2 \text{ cm}} \cdot \frac{10^6 \ \mu\text{m}}{1 \text{ m}} = 7.3 \cdot 10^2 \ \mu\text{m}$$

3 Evaluar ¿Tiene sentido el resultado? Dado que un micrómetro es una unidad mucho menor que un centímetro, la respuesta debería ser numéricamente más grande que la medida dada. Las unidades se cancelaron correctamente y la respuesta tiene el número correcto de cifras significativas.

46. El radio de un átomo de potasio es 0.227 nm. Expresa este radio en la unidad centímetros.

47. El diámetro de la Tierra es 1.3×10^4 km. ¿Cuál es el diámetro expresado en decímetros?

Ejemplo de problema 3.14

Convertir razones de unidades

La densidad del manganeso, un metal, es 7.21 g/cm³. ¿Cuál es la densidad del manganeso expresada en unidades de kg/m³?

❶ Analizar **Haz una lista de lo conocido y lo desconocido.**
La conversión deseada es g/cm³ ⟶ kg/m³. La unidad de masa en el numerador debe cambiarse de gramos a kilogramos: g ⟶ kg. En el denominador, la unidad de volumen debe cambiarse de centímetros cúbicos a metros cúbicos: cm³ ⟶ m³. Observa que la relación 10^6 cm³ = 1 m³ se derivó de elevar al cubo la relación 10^2 cm = 1 m. Es decir, $(10^2$ cm$)^3 = (1$ m$)^3$, o 10^6 cm³ = 1 m³.

> **CONOCIDO**
> densidad del manganeso = 7.21 g/cm³
> 10^3 g = 1 kg
> 10^6 cm³ = 1 m³
>
> **DESCONOCIDO**
> densidad del manganeso = ? kg/m³

❷ Calcular **Resuelve para buscar lo desconocido.**

Multiplica la densidad conocida por los factores de conversión correctos.

$$\frac{7.21 \text{ g}}{1 \text{ cm}^3} \times \frac{1 \text{ kg}}{10^3 \text{ g}} \times \frac{10^6 \text{ cm}^3}{1 \text{ m}^3} = 7.21 \times 10^3 \text{ kg/m}^3$$

❸ Evaluar **¿Tiene sentido el resultado?**
Dado que el tamaño físico de la unidad de volumen m³ es mucho más grande que cm³ (10^6 veces), el valor calculado de la densidad debería ser mayor que el valor dado aun cuando la unidad de masa también sea más grande (10^3 veces). Las unidades se cancelan, los factores de conversión son correctos y la respuesta tiene la razón correcta de unidades.

48. El oro tiene una densidad de 19.3 g/cm³. ¿Cuál es la densidad en kilogramos por metro cúbico?

49. Hay 7.0×10^6 glóbulos rojos en 1.0 mm³ de sangre. ¿Cuántos glóbulos rojos hay en 1.0 L de sangre?

3.3 Comprobación de la lección

50. 🔑 **Revisar** ¿Qué le sucede al valor numérico de una medida que se multiplica por un factor de conversión? ¿Qué le sucede al tamaño real de la cantidad?

51. 🔑 **Revisar** ¿Qué tipos de problemas se pueden resolver usando el análisis dimensional?

52. Identificar ¿Qué factor de conversión usarías para convertir estos pares de unidades?
   a. minutos a horas
   b. gramos a miligramos
   c. decímetros cúbicos a mililitros

53. Calcular Haz las conversiones siguientes. Expresa tus respuestas en notación científica.
   a. 14.8 g = ? μg
   b. 3.72 g = ? kg
   c. 66.3 L = ? cm³
   d. 7.5×10^4 J = ? kJ
   e. 3.9×10^5 mg = ? dg
   f. 2.1×10^{-4} dL = ? μL

54. Calcular ¿Cuál es la masa, en kilogramos, de 14.0 L de gasolina? (Supón que la densidad de la gasolina es de 0.680 g/cm³.)

55. Aplicar conceptos La luz viaja a una velocidad de 3.00×10^{10} cm/s. ¿Cuál es la velocidad de la luz en kilómetros/hora?

Laboratorio a escala

¿Y ahora qué hago?

Propósito
Resolver problemas mediante la toma de medidas exactas y la aplicación de las matemáticas

Materiales
- lápiz
- papel
- metro
- báscula
- par de dados
- lata de aluminio
- calculadora
- pipeta a escala
- agua
- una moneda de un centavo anterior a 1982
- una moneda de un centavo posterior a 1982
- tira de 8 pocillos
- un vaso de plástico

Procedimiento

1. Determina la masa, en gramos, de una gota de agua. Para hacer esto, mide la masa de un vaso vacío. Añade 50 gotas de agua con una pipeta a escala al vaso y mide la masa otra vez. Resta la masa del vaso vacío de la masa del vaso con agua. Para determinar la masa promedio en gramos de una sola gota, divide la masa del agua por el número de gotas (50). Repite el experimento hasta que tus resultados sean consistentes.

2. Determina la masa de una moneda de un centavo anterior a 1982 y de una moneda de un centavo posterior a 1982.

Analizar
Usando tus datos experimentales, registra las respuestas a las preguntas siguientes.

1. Calcular ¿Cuál es la masa promedio de una sola gota de agua en miligramos? (1 g = 1000 mg)

2. Calcular La densidad del agua es 1.00 g/cm³. Calcula el volumen de una sola gota en cm³ y en mL. (1 mL = 1 cm³) ¿Cuál es el volumen de una gota en microlitros (µL)? (1000 µL = 1 mL)

3. Calcular ¿Cuál es la densidad del agua en unidades de mg/cm³ y mg/mL? (1 g = 1000 mg)

4. Calcular Las monedas de un centavo hechas antes de 1982 consiste de 95.0% de cobre y 5.0% de zinc. Calcula la masa del cobre y la masa del zinc en la moneda de un centavo anterior a 1982.

5. Calcular Las monedas de un centavo hechas antes de 1982 están hechas de zinc con una delgada capa de cobre. Tienen 97.6% de zinc y 2.4% de cobre. Calcula la masa de cobre y la masa de zinc en la moneda de un centavo más reciente.

6. Explicar ¿Por qué una moneda de un centavo tiene menos masa que la otra?

Tú eres el químico
Las siguientes actividades a escala te permiten desarrollar tus propios procedimientos y analizar los resultados.

1. Diseñar un experimento Diseña un experimento para determinar si el tamaño de las gotas varía con el ángulo en el que se las dejas caer de la pipeta. Intenta de forma vertical (90 °), horizontal (0 °) y a la mitad (45 °). Repite hasta que tus resultados sean consistentes.

2. Analizar datos ¿Cuál es el mejor ángulo para sostener una pipeta para facilidad de uso y consistencia de medidas? Explica. ¿Por qué es importante expulsar las burbujas de aire antes de empezar el experimento?

3. Diseñar un experimento Toma las medidas necesarias para determinar el volumen de aluminio usado para hacer una lata de aluminio. *Pista:* Busca la densidad del aluminio en tu libro de texto.

4. Diseñar un experimento Diseña y lleva a cabo algunos experimentos para determinar el volumen de líquido que contendrá una lata de refresco.

5. Diseñar un experimento Mide una habitación y calcula el volumen de aire que contiene. Calcula el error porcentual asociado con el hecho de no tomar en cuenta el mobiliario en la habitación.

6. Diseñar un experimento Toma las medidas y haz los cálculos necesarios para determinar el volumen de un par de dados. Primero, ignora el volumen de los puntos en cada una de sus caras y después explica para el volumen de los puntos. ¿Cuál es tu error y tu error porcentual cuando ignoras los agujeros?

3 Guía de estudio

GRANIDEA UN ASUNTO DE CUANTIFICACIÓN

Los científicos expresan el grado de incertidumbre en sus medidas y cálculos usando cifras significativas. En general, una respuesta calculada no puede ser más precisa que la medida menos precisa de donde se calculó. El análisis dimensional es un método de resolución de problemas que involucra el análisis de unidades de una medida dada y de lo desconocido para planear una solució.

3.1 Usar y expresar medidas

🔑 En notación científica, el coeficiente siempre es un número mayor que o igual a uno y menor que diez. El exponente es un entero.

🔑 Para evaluar la exactitud, el valos medido debe compararse con el valor correcto. Para evaluar la precisión de una medida, debes comparar los valores de dos o más medidas repetidas.

🔑 Las medidas siempre deben reportarse con el número correcto de cifras significativas porque a menudo, las respuestas calculadas dependen del número de cifras significativas en los valores usados en el cálculo.

Ecuaciones clave

$$\text{Error} = \text{valor experimental} - \text{valor aceptado}$$

$$\text{Error porcentual} = \frac{|\text{error}|}{\text{valor aceptado}} \times 100\%$$

3.2 Unidades de medida

🔑 Todas las unidades métricas se basan en múltiplos de 10. Como resultado, puedes convertir unidades fácilmente.

🔑 Comúnmente, los científicos usan dos unidades equivalentes de temperatura, los grados Celsius y el kelvin.

🔑 La densidad es una propiedad intensiva que depende sólo de la composición de una sustancia, no del tamaño de la muestra.

Ecuaciones clave

$$K = {}^{\circ}C + 273$$
$${}^{\circ}C = K - 273$$

$$\text{Densidad} = \frac{\text{masa}}{\text{volumen}}$$

3.3 Resolver problemas de conversión

🔑 Cuando una medida se multiplica por un factor de conversión, por lo general se cambia el valor pero el tamaño real de la cantidad medida permanece igual.

🔑 El análisis dimensional es una herramienta poderosa para resolver problemas de conversión en los que una medida con una unidad se cambia a una medida equivalente con otra unidad.

Afinar las matemáticas: Problemas de conversión

Problema	❶ Analizar	❷ Calcular	❸ Evaluar
En una tienda se venden naranjas a 3 por \$2. ¿Cuánto costará comprar una docena de naranjas?	Conocido: 3 naranjas = \$2 1 docena = 12 Desconocido: Costo de 12 naranjas = ? La conversión deseada es naranjas ⟶ \$.	Usa la relación 3 naranjas = \$2 para escribir el factor de conversión correcto. $$\frac{\$2}{3 \text{ naranjas}}$$ Multiplica la cantidad conocida por el factor de conversión. $$12 \text{ naranjas} \times \frac{\$2}{3 \text{ naranjas}} = \$8$$	Una docena es más grande que el número 3, así que el costo debería ser mayor que \$2. La unidad conocida (naranjas) se cancela y la respuesta tiene la unidad correcta (\$).
Convierte el volumen 865 cm³ a litros.	Conocido: volumen = 865 cm³ 10^3 cm³ = 1 L Desconocido: volumen = ? L La conversión deseada es cm³ ⟶ L.	Usa la relación 10^3 cm³ = 1 L para escribir el factor de conversión. $$\frac{1 \text{ L}}{10^3 \text{ cm}^3}$$ Multiplica el volumen conocido por el factor de conversión. $$865 \text{ cm}^3 \times \frac{1 \text{ L}}{10^3 \text{ cm}^3} = 0.865 \text{ L}$$	Un centímetro cúbico es mucho más pequeño que un litro, así que la respuesta debería ser numéricamente más pequeña que la medida dada. La unidad conocida (cm³) se cancela y la respuesta tiene la unidad correcta (L)
Expresa la longitud 8.2×10^{-4} μm en centímetros.	Conocido: longitud = 8.2×10^{-4} μm 10^6 μm = 1 m 1 m = 10^2 cm Desconocido: longitud = ? L La conversión deseada es μm ⟶ cm. Primero cambia μm a m; después cambia m a cm: μm ⟶ m ⟶ cm	Usa la relación 10^6 μm = 1 m para escribir el primer factor de conversión. $$\frac{1 \text{ m}}{10^6 \text{ μm}}$$ Usa la relación 1 m = 10^2 cm para escribir el segundo factor de conversión. $$\frac{10^2 \text{ cm}}{1 \text{ m}}$$ Multiplica la longitud conocida por los factores de conversión. $$8.2 \times 10^{-4} \text{ μm} \times \frac{1 \text{ m}}{10^6 \text{ μm}} \times \frac{10^2 \text{ cm}}{1 \text{ m}}$$ $$= 8.2 \times 10^{-8} \text{ cm}$$	Un micrómetro es más pequeño que un centímetro, así que la respuesta debería ser numéricamente más pequeña que la medida dada. La unidad conocida (μm) se cancela y la respuesta tiene la unidad correcta (cm). Pista: Para un problema de pasos múltiples, haz una conversión a la vez.

Lección por lección

3.1 Usar y expresar medidas

56. Tres estudiantes pesaron varias veces un cilindro de cobre usando una báscula diferente. Describe la exactitud y precisión de cada medida del estudiante si la masa correcta del cilindro es de 47.32 g.

Masa del cilindro (g)			
	Colin	**Lamont**	**Kivrin**
Peso 1	47.13	47.45	47.95
Peso 2	47.94	47.39	47.91
Peso 3	46.83	47.42	47.89
Peso 4	47.47	47.41	47.93

57. ¿Cuántas cifras significativas hay en cada unidad subrayada?

a. 60 s = 1 min
b. 47.70 g de cobre
c. 1 km = 1000 m
d. 25 computadoras
e. 9 entradas en un juego de besibol
f. 0.0950 m de cadena de oro

58. Redondea cada una de estas medidas a tres cifras significativas.

a. 98.473 L
b. 0.000 763 21 cg
c. 57.048 m
d. 12.17 °C
e. $0.007\,498\,3 \times 10^4$ mm
f. 1764.9 mL

★**59.** Redondea correctamente cada una de las respuestas.

a. 8.7 g + 15.43 g + 19 g = 43.13 g
b. 4.32 cm $\times$ 1.7 cm = 7.344 cm^2
c. 853.2 L $-$ 627.443 L = 225.757 L
d. 38.742 m^2 $\div$ 0.421 m = 92.023 75 m
e. 5.40 m $\times$ 3.21 m $\times$ 1.871 m = 32.431 914 m^3
f. 5.47 m^3 + 11 m^3 + 87.300 m^3 = 103.770 m^3

★**60.** Expresa en notación científica cada una de las respuestas redondeadas de los Problemas 58 y 59.

61. ¿Cómo se calculan el *error* y el *error porcentual* de una medida?

3.2 Unidades de medida

62. Escribe la unidad básica SI de medida para cada una de estas cantidades.

a. tiempo
b. longitud
c. temperatura
d. masa
e. energía
f. cantidad de sustancia

★**63.** Ordena estas unidades de la más pequeña a la más grande: cm, μm, km, mm, m, nm, dm, pm. Después escribe cada medida en términos de metros.

64. Mide cada una de las dimensiones siguientes usando una unidad con el prefijo adecuado.

a. la altura de esta letra I
b. el ancho de la Tabla 3.3
c. la altura de esta página

65. Indica la relación entre grados Celsius y kelvin.

★**66.** El punto de fusión de la plata es de 962 °C. Expresa esta temperatura en kelvin.

67. ¿Qué ecuación se usa para determinar la densidad de un objeto?

68. ¿La densidad de una persona sería la misma sobre la superficie de la Tierra que sobre la superficie de la Luna? Explica tu respuesta.

★**69.** Una barra de metal de color dorado brillante que pesa 57.3 g tiene un volumen de 4.7 cm^3. ¿Es la barra de metal de oro puro?

70. Tres globos rellenos de neón, dióxido de carbono e hidrógeno se liberan en la atmósfera. Usando los datos de la Tabla 3.6 en la página 81, describe el movimiento de cada globo.

3.3 Resolver problemas de conversión

71. ¿Cuál es el nombre dado a una razón de dos medidas equivalentes?

72. ¿Qué debe ser verdadero para que una razón de dos medidas sea un factor de conversión?

73. ¿Cómo sabes qué unidad de un factor de conversión debe estar en el denominador?

74. Haz las conversiones siguientes:

   a. 157 cs a segundos
   b. 42.7 L a mililitros
   c. 261 nm a mililitros
   d. 0.065 km a decímetros
   e. 642 cg ta kilogramos
   f. 8.25×10^2 cg a nanogramos

75. Haz las conversiones siguientes:

   a. 0.44 mL/min a microlitros por segundo
   b. 7.86 g/cm² a miligramos por milímetro cuadrado
   c. 1.54 kg/L a gramos por centímetro cúbico

76. ¿Cuántos mililitros hay en 1 m³?

77. Completa esta tabla de tal manera que todas las medidas en cada fila tengan el mismo valor.

mg	g	cg	kg
a. _____	**b.** _____	28.3	**c.** _____
6.6×10^3	**d.** _____	**e.** _____	**f.** _____
g. _____	2.8×10^{-4}	**h.** _____	**i.** _____

Entender conceptos

78. Haz una lista de dos posibles razones para reportar medidas precisas pero inexactas.

79. Ordena estos números del más pequeño al más grande.

   a. 5.3×10^4
   b. 57×10^3
   c. 4.9×10^{-2}
   d. 0.0057
   e. 5.1×10^{-3}
   f. 0.0072×10^2

80. Comenta acerca de la exactitud y precisión de estos lanzadores de tiros libres.

   a. encesta 99 de 100 lanzamientos.
   b. 99 de 100 lanzamientos golpean el frente del aro y rebotan hacia afuera.
   c. encesta 33 de 100 lanzamientos; falla los demás.

81. Fahrenheit es la tercera escala de temperatura. Grafica los datos de la tabla y usa la gráfica para derivar una ecuación para la relación entre las escalas de temperatura Fahrenheit y Celsius.

Ejemplo	°C	°F
Punto de fusión del selenio	221	430
Punto de ebullición del agua	100	212
Temperatura normal del cuerpo	37	98.6
Punto de congelación del agua	0	32
Punto de ebullición del cloro	−34.6	−30.2

82. ¿Qué se fundiría primero, el germanio con un punto de fusión de 1210 K o el oro con un punto de fusión de 1064 °C?

83. Un pedazo de madera flota en etanol pero se hunde en gasolina. Da un rango de posibles densidades para la madera.

84. Una pelota de plástico con un volumen de 19.7 cm³ tiene una masa de 15.8 g. ¿Esta pelota se hundiría o flotaría en un contenedor con gasolina?

85. Escribe seis factores de conversión que incluyan estas unidades de medida: $1\ g = 10^2\ cg = 10^3\ mg$.

86. Una muestra de 2.00 kg de carbón bituminoso está compuesta por 1.30 kg de carbono, 0.20 kg de cenizas, 0.15 kg de agua y 0.35 kg de material volátil (que forma el gas). Usando esta información, determina cuántos kilogramos de carbono hay en 125 kg de este carbón.

87. La densidad del aire seco medido a 25 °C es de 1.19×10^{-3} g/cm³. ¿Cuál es el volumen de 50.0 g de aire?

88. ¿Cuál es la masa de un cubo de aluminio que tiene 3.0 cm de cada lado? La densidad del aluminio es de 2.7 g/cm³.

89. Un frasco que puede contener 158 g de agua a 4 °C puede contener sólo 127 g de etanol a la misma temperatura. ¿Cuál es la densidad del etanol?

90. Un reloj se atrasa 0.15 s cada minuto. ¿Cuántos minutos se atrasará el reloj en 1 día?

91. Un tanque que mide 28.6 cm por 73.0 mm por 0.72 m está lleno de aceite de oliva. El aceite en el tanque tiene una masa de 1.38×10^4 g. ¿Cuál es la densidad del aceite de oliva en kilogramos por litro?

92. Los alcanos son un tipo de molécula que tienen la fórmula general C_nH_{2n+2}, donde n es un entero. La tabla siguiente indica los puntos de ebullición para los primeros cinco alcanos con un número impar de átomos de carbono. Usando la tabla, haz una gráfica con el número de átomos de carbono en el eje de las x.

Punto de ebullición (°C)	Número de átomos de carbono
−162.0	1
−42.0	3
36.0	5
98.0	7
151.0	9

a. ¿Cuáles son los puntos de ebullición aproximados para los alcanos C_2, C_4, C_6 y C_8?

b. ¿Cuál de estos nueve alcanos son gases a temperatura ambiente (20 °C)?

c. ¿Cuál de estos nueve alcanos son líquidos a 350 K?

d. ¿Cuál es el aumento adecuado en el punto de ebullición por átomo de carbono adicional en estos alcanos?

★93. La Tierra está a aproximadamente 1.5×10^8 km del Sol. ¿Cuántos minutos le lleva a la luz viajar del Sol a la Tierra? La velocidad de la luz es 3.0×10^8 m/s.

★94. La densidad promedio de la Tierra es de 5.52 g/cm³. Expresa esta densidad en unidades de kg/dm³.

95. ¿Cuántos kilogramos de agua (a 4 °C) se necesitan para llenar un acuario que mide 40.0 cm por 20.0 cm por 30.0 cm?

Piensa de manera crítica

96. Explicar ¿Es posible para un objeto perder pero al mismo tiempo no perder masa? Explica tu respuesta.

★97. Calcular Una de las primeras mezclas de metales, llamadas amalgamas, que usan los dentistas para los empastes de dientes, consisten en 26.0 g de plata, 10.8 g de estaño, 2.4 g de cobre y 0.8 g de zinc. ¿Cuánta plata hay en una muestra de 25.0 g de esta amalgama?

★98. Calcular Un guepardo puede correr una distancia de 100 m a 112 km/h. ¿Cuál es la velocidad en metros por segundo?

99. Evaluar Te contratan para contar el número de patos en tres lagos del norte durante el verano. En el primero lago calculas 500,000 patos, en el segundo 250,000 patos y en el tercero 100,000 patos. Escribes que contaste 850,000 patos. Conforme te alejas, ves 15 patos volar desde el sur y aterrizar en el tercer lago. ¿Cambias el número de patos que reportaste? Justifica tu respuesta.

100. Describir ¿Qué pasaría si el hielo fuera más denso que el agua? Ciertamente sería más fácil vaciar agua de una jarra con cubos de hielo y agua. ¿Puedes pensar en situaciones de mayor importancia?

101. Hacer una gráfica Grafica estos datos que muestran cómo la masa del sulfuro aumenta con un aumento en el volumen. Determina la densidad del sulfuro a partir de la pendiente de la recta.

Volumen del sulfuro (cm³)	Masa del sulfuro (g)
11.4	23.5
29.2	60.8
55.5	115
81.1	168

102. Analizar datos A 20 °C, la densidad del aire es de 1.20 g/L. La densidad del nitrógeno es de 1.17 g/L. La densidad del oxígeno es de 1.33 g/L.

a. ¿Globos rellenos de oxígeno y globos rellenos de nitrógeno se elevarán o hundirán en el aire?

b. El aire es principalmente una mezcla de nitrógeno y oxígeno. ¿Qué gas es el principal componete? Explica tu respuesta.

*103. **Calcular** La masa de un cubo de hierro es 355 g. El hierro tiene una densidad de 7.87 g/cm^3. ¿Cuál es la masa de un cubo de plomo que tiene las mismas dimensiones?

*104. **Calcular** El agua de mar contiene 8.0×10^{-1} cg del elemento estroncio por kilogramo de agua de mar. Suponiendo que pudiera recuperarse todo el estroncio, ¿cuántos gramos de estroncio podrían obtenerse de un metro cúbico de agua de mar? Supón que la densidad del agua es de 1.0 g/mL.

105. **Calcular** La densidad del aire seco a 20 °C es 1.20 g/L. ¿Cuál es la masa de aire, en kilogramos, de una habitación que mide 25.0 m por 15.0 m por 4.0 m?

106. **Hacer una gráfica** Se añaden volúmenes diferentes del mismo líquido a un frasco sobre una báscula. Después de cada adición de líquido, se mide la masa del frasco con el líquido. Grafica los datos usando a la masa como la variable dependiente. Usa la gráfica para responder estas preguntas.

Volumen (mL)	Masa (g)
14	103.0
27	120.4
41	139.1
55	157.9
82	194.1

    a. ¿Cuál es la masa del frasco?
    b. ¿Cuál es la densidad del líquido?

*107. **Predecir** Una pepita de oro de 34.5 g se deja caer en un cilindro graduado que contiene agua. ¿En cuántros milímetros aumenta el volumen medido si la pepita está completamente cubierta de agua? La densidad del agua es 1.0 g/mL. La densidad del oro es 19.3 g/cm^3.

108. **Predecir** Se añaden cantidades iguales de mercurio, agua y aceite de maíz a un matraz. Usa la Tabla 3.6 para ayudarte a responder las preguntas siguientes.

    a. Describe el arreglo de las capas de líquidos en el matraz.
    b. Se añade un pequeño terrón de azúcar al matraz.
    c. ¿Qué cambio le ocurrirá al terrón de azúcar con el paso del tiempo?

*109. **Describir** Para uno de los temas siguientes, escribe un párrafo corto en el que identifiques tanto las unidades métricas como las no métricas que comúnmente se usan para comunicar información.

    a. medidas usadas en la cocina
    b. medidas usadas en los deportes
    c. medidas usadas en el transporte

110. **Conexión con la GRANIDEA** Explica cómo el enfoque de tres pasos en la resolución de problemas definido en el Capítulo 1 (*Analizar, calcular, evaluar*) se aplica a problemas que involucran el análisis dimensional.

MISTERIOQUÍMICO

Sólo dame una señal

Las señales viales apuntan a lugares en Inglaterra. Aunque Inglaterra adoptó las unidades métricas para muchas cantidades diarias, las distancias que se muestran en las señales viales no están entre ellas. Las señales viales de arriba indican las distancias en millas, una unidad que no es métrica. Las señales de límites de velocidad en Inglaterra generalmente se expresan en millas por hora que tampco son métricas. Sin embargo, en el mismo país la gasolina se vende en unidades métricas de volumen (litros), la tela se mide en unidades métricas de área (metros cuadrados) y el reporte del tiempo local usa unidades métricas de temperatura (°C)

111. **Calcular** La relación entre kilómetros y millas (mi) es 1 km = 0.621 mi. ¿Qué tan lejos está Chipping en kilómetros?

112. **Calcular** Supón que encuentras las señales viales de arriba mientras vas en bicicleta. Si tu velocidad promedio es de 18km/h, ¿cuántos minutos te tomará llegar a Preston?

113. **Conexión con la GRANIDEA** Describe dos formas en las que las señales viales de arriba deban considerarse ejemplos de "incertidumbre en la medición."

Preparación para los exámenes estandarizados

Selecciona la opción que responda mejor cada pregunta o que complete cada enunciado.

1. ¿Cuál de estas series de unidades está ordenada de la más pequeña a la más grande?
   (A) μg, cg, mg, kg
   (B) mm, dm, m, km
   (C) μs, ns, cs, s
   (D) nL, mL, dL, cL

2. ¿Qué respuesta representa la medida 0.00428 g redondeada a dos cifras significativas?
   (A) 4.28×10^3 g
   (B) 4.3×10^3 g
   (C) 4.3×10^{-3} g
   (D) 4.0×10^{-3} g

3. Un medicamento sin receta tiene 325 mg de su ingrediente activo por tableta. ¿Cuántos gramos representan esta masa?
   (A) 325,000 g
   (B) 32.5 g
   (C) 3.25 g
   (D) 0.325 g

4. Si 10^4 μm = 1 cm, ¿cuántos $μm^3$ = 1 cm^3?
   (A) 10^4
   (B) 10^6
   (C) 10^8
   (D) 10^{12}

5. Si una sustancia se contrae cuando se congela, su
   (A) densidad permanecerá igual.
   (B) densidad aumentará.
   (C) densidad disminuirá.
   (D) cambio en densidad no se puede predecir.

Para las preguntas 6 a 7, identifica lo conocido y lo desconocido. Incluye unidades en tus respuestas.

6. La densidad del agua es 1.0 g/mL. ¿Cuántos decilitros de agua llenarán una botella de 0.5 L?

7. Un cilindro graduado contiene 44.2 mL de agua. Una pieza de metal de 48.6 g se deja caer con cuidado dentro del cilindro. Cuando el metal está completamente cubierto por el agua, el agua se eleva hasta la marca de 51.3 mL. ¿Cuál es la densidad del metal?

Consejos para tener éxito

Interpretar diagramas Antes de responder preguntas acerca de un diagrama, estudia el diagrama con cuidado. Pregúntate: ¿Qué es lo que muestra el diagrama? ¿Qué es lo que me dice?

Usa los diagramas siguientes para responder las preguntas 8 y 9.

Las ventanas atómicas representan partículas del mismo gas ocupando el mismo volumen a la misma temperatura. Los sistemas difieren sólo en el número de partículas de gas por volumen de unidad.

a. 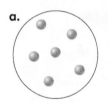 b. c.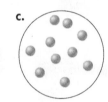

8. Haz una lista con las ventanas en orden de densidad decreciente.

9. Compara la densidad del gas en la ventana (a) con la densidad del gas en la ventana (b).

Para cada pregunta, hay dos enunciados. Decide si cada enunciado es verdadero o falso. Después decide si el Enunciado II es una explicación correcta para el Enunciado I.

	Enunciado I		Enunciado II
10.	Hay cinco cifras significativas en la medida 0.00450 m.	PORQUE	Todos los ceros a la derecha de un punto decimal en una medida son significativos.
11.	Medidas precisas siempre serán medidas exactas.	PORQUE	Un valor que es medido 10 veces seguidas debe ser exacto.
12.	Una temperatura en grados kelvin siempre es numéricamente más grande que la misma temperatura en grados Celsius.	PORQUE	Una temperatura en grados kelvin es igual a la temperatura en grados Celsius más 273.

Si tienes problemas con . . .

Pregunta	1	2	3	4	5	6	7	8	9	10	11	12
Ver la lección	3.2	3.1	3.3	3.3	3.2	3.3	3.2	3.2	3.2	3.1	3.1	3.2

4

Estructura atómica

EN EL INTERIOR:

- **4.1** Definir el átomo
- **4.2** La estructura del átomo nuclear
- **4.3** Distinguir entre átomos

PearsonChem.com

Se usó un microscopio electrónico de exploración para producir esta imagen que realza el color de átomos de níquel.

LOS ELECTRONES Y LA ESTRUCTURA DE LOS ÁTOMOS

Preguntas esenciales:

1. ¿Qué componentes conforman un átomo?

2. ¿Cómo se diferencian los átomos de un elemento con los átomos de otro elemento?

MISTERIO QUÍMICO

¿Artefacto o falsificación?

Los cráneos de cristal tienen la forma de un cráneo humano y están esculpidos a partir de cristal de cuarzo. Se piensa que los cráneos de cristal se originaron en las culturas precolombinas de América Central. Si es así, entonces los cráneos de cristal debieron haberse esculpido hace cientos, e incluso, hace miles de años. Probablemente se esculpían usando herramientas de piedra primitiva, madera y huesos.

Aunque los cráneos de cristal se exhiben en los museos de todo el mundo, ninguno de ellos se encontró en una excavación arqueológica real. Esta circunstancia inusual ha llevado a algunos a debatir acerca de la historia de los cráneos. Las personas cuestionaron el hecho de que los cráneos de cristal fueran esculpidos alguna vez por personas de civilizaciones antiguas. ¿Son estas esculturas verdaderos artefactos que se esculpieron en la era precolombina o sólo son falsificaciones?

▶ Conexión con la **GRAN**IDEA

A medida que lees acerca de la estructura de los átomos, piensa cómo los científicos podrían identificar si un cráneo de cristal proviene de una civilización antigua o sólo es una falsificación.

4.1 Definir al átomo

LA QUÍMICA Y TÚ

P: *¿Cómo estudias algo que no puedes ver?* A veces es divertido intentar entender lo que hay adentro de un regalo antes de abrirlo. Podrías observar la forma o el peso de la caja. O quizá podrías agitar la caja un poco para descubrir si algo se mueve o hace ruido dentro de ella. De forma similar a como estudiarías un regalo envuelto, a menudo los científicos estudian cosas que no se pueden ver a simple vista. En esta lección, aprenderás cómo obtienen los científicos información acerca de los átomos que no pueden ver.

Preguntas clave

🔑 *¿Cómo ha cambiado el concepto del átomo desde la época de Demócrito a la época de John Dalton?*

🔑 *¿Qué instrumentos se usan para observar los átomos individuales?*

Vocabulario

- átomo
- teoría atómica de Dalton

APOYO PARA LA LECTURA

Desarrollar el vocabulario:
Orígenes de la palabra *Átomo* proviene de la palabra griega *atomos,* que significa "indivisible". *¿Cómo se relaciona el origen de la palabra* átomo *con la teoría atómica de Dalton?*

Primeros modelos del átomo

🔑 **¿Cómo ha cambiado el concepto del átomo desde la época de Demócrito a la época de John Dalton?**

A simple vista no puedes ver las pequeñas partículas básicas que componen la materia. Además, toda la materia está compuesta de tales partículas, que se llaman átomos. Un **átomo** es la partícula más pequeña de un elemento que conserva su identidad en una reacción química.

El concepto del átomo intrigó a varios investigadores antiguos. Aunque estos filósofos y científicos no podían observar los átomos individuales, aún podían proponer ideas acerca de la estructura de los átomos.

Filosofía atómica de Demócrito El filósofo Demócrito (460 a.C.–370 a.C.) estuvo entre los primeros en sugerir la existencia de los átomos. 🔑 **Demócrito razonó que los átomos eran indivisibles e indestructibles.** Aunque las ideas de Demócrito concordaron con la teoría científica posterior, no explicaban el comportamiento químico. Además carecían del apoyo experimental debido a que el enfoque de Demócrito no se basaba en el método científico.

Teoría atómica de Dalton La naturaleza real de los átomos y la conexión entre los cambios observables y los eventos a nivel atómico no se establecieron por más de 2000 años después de la muerte de Demócrito. El proceso moderno del descubrimiento concerniente a los átomos comenzó con John Dalton (1766–1844), un químico y maestro inglés. 🔑 **Al usar métodos experimentales, Dalton transformó las ideas de Demócrito acerca de los átomos en una teoría científica.** Dalton estudió las razones en las que se combinan los elementos en reacciones químicas.

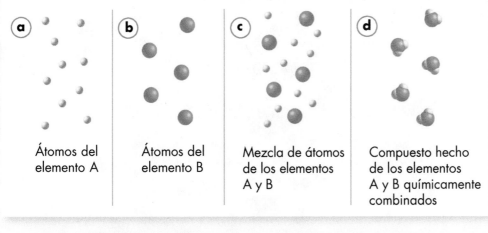

(a)	(b)	(c)	(d)
Átomos del elemento A	Átomos del elemento B	Mezcla de átomos de los elementos A y B	Compuesto hecho de los elementos A y B químicamente combinados

Figura 4.1
Teoría atómica de Dalton
De acuerdo con la teoría atómica de Dalton, un elemento está compuesto por sólo un tipo de átomo y un compuesto está formado por partículas químicamente combinadas de diferentes tipos de átomos.
Interpretar diagramas
¿Cómo se diferencia una mezcla de átomos de elementos diferentes de un compuesto?

Con base en los resultados de sus experimentos, Dalton formuló hipótesis y teorías para explicar sus observaciones. El resultado de su trabajo se conoce como la **teoría atómica de Dalton,** la cual incluye las ideas ilustradas en la Figura 4.1 y que se enlistan a continuación.

1. Todos los elementos están compuestos por pequeñas partículas indivisibles llamadas átomos.

2. Los átomos del mismo elemento son idénticos. Los átomos de cualquier elemento son diferentes de los de cualquier otro elemento.

3. Los átomos de diferentes elementos pueden mezclarse físicamente o combinarse químicamente en razones simples de números enteros para formar compuestos.

4. Las reacciones químicas ocurren cuando los átomos se separan entre sí, se unen o reacomodan en una combinación diferente. Sin embargo, los átomos de un elemento nunca se cambian en átomos de otro elemento como resultado de una reacción química.

Evaluar al átomo

¿Qué instrumentos se usan para observar átomos individuales?

El mercurio líquido de la Figura 4.2 ilustra el concepto del átomo de Dalton. Sin importar el tamaño de la gota de mercurio, todas las gotas tienen las mismas propiedades porque todas están hechas del mismo tipo de átomos.

Una moneda del tamaño de un centavo y compuesta por cobre (Cu) puro es otro ejemplo. Si redujeras la moneda de cobre a polvo, cada pizca del pequeño montón de polvo rojo brillante tendría las propiedades del cobre. Si, de alguna manera, pudieras continuar haciendo las partículas de polvo de cobre más pequeñas, eventualmente te encontrarías con una partícula de cobre que no puede dividirse más y que sigue teniendo las mismas propiedades químicas del cobre. Esta última partícula es un átomo.

Los átomos son muy pequeños. Una moneda de cobre puro del tamaño de una moneda de un centavo contiene aproximadamente 2×10^{22} átomos. En comparación, la población de la Tierra tiene sólo aproximadamente 7×10^9 personas. Hay aproximadamente 3×10^{12} veces más átomos en la moneda que personas sobre la Tierra. Si pudieras formar en una fila 100,000,000 átomos de cobre lado al lado, producirían una línea de sólo ¡1 cm de largo!

LA QUÍMICA Y TÚ

P: *¿Cómo pudo John Dalton estudiar los átomos aun cuando no podía observarlos directamente? ¿Qué evidencia usó para formular su teoría atómica?*

Figura 4.2 Gotas de mercurio
Esta placa de petri contiene gotas de mercurio líquido. Cada gota, sin importar su tamaño, tiene las mismas propiedades. Incluso si pudieras hacer una gota del tamaño de un átomo, aun tendría las propiedades químicas del mercurio

Figura 4.3 Modelo de un nanocarro

Estos nanocarros están hechos, cada uno, de una sola molécula. Cada nanocarro es de aproximadamente 2 nanómetros de largo. Una rueda de bote a pedales que se activa con luz sobre el carro lo impulsa para que se mueva. La flecha representa la dirección en que se mueve el nanocarro.

Aprende más acerca del tamaño del átomo **en línea.**

Los radios de la mayoría de los átomos están en el rango de entre 5×10^{-11} m y 2×10^{-10} m. ¿Parece imposible ver átomos de forma individual? **A pesar de su tamaño pequeño, los átomos individuales son observables con instrumentos como los microscopios electrónicos de exploración.** En los microscopios electrónicos de exploración, se enfoca un rayo de electrones en una muestra. Los microscopios electrónicos pueden con aumentos mucho mayores que los microscopios ópticos.

Con la ayuda de los microscopios electrónicos, los átomos individuales incluso se pueden mover y acomodar en patrones. La habilidad para mover átomos individuales mantiene una futura promesa para la creación de instrumentos electrónicos de tamaño atómico, como circuitos y chips de computadora. Un ejemplo de instrumento hecho de átomos individuales es el nanocarro que se muestra en la Figura 4.3. Esta tecnología de escala atómica, o "nanoescala", podría hacerse fundamental en futuras aplicaciones en medicina, comunicaciones, energía solar y exploración espacial.

4.1 Comprobación de la lección

1. Revisar ¿Cómo caracterizó Demócrito a los átomos?

2. Explicar ¿Cómo avanzó Dalton la filosofía atómica propuesta por Demócrito?

3. Identificar ¿Qué instrumento puede usarse para observar átomos individuales?

4. Explicar En tus propias palabras, explica las principales ideas de la teoría atómica de Dalton.

5. Evaluar Explica por qué las ideas acerca de los átomos propuestas por Dalton constituyen una teoría, mientras que las ideas propuestas por Demócrito no.

6. Identificar ¿Cuál es el rango de los radios de la mayoría de los átomos en nanómetros (nm)?

7. Calcular Una muestra de cobre con una masa de 63.5 g contiene 6.02×10^{23} átomos. Calcula la masa de un solo átomo de cobre.

GRANIDEA
LOS ELECTRONES Y LA ESTRUCTURA DE LOS ÁTOMOS

8. De acuerdo con la teoría de Dalton, ¿es posible convertir átomos de un elemento en átomos de otro? Explica tu respuesta.

4.2 La estructura del átomo nuclear

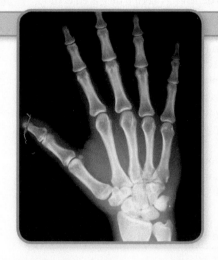

P: *Puedes sacarle rayos X a la mano de una persona para ver su interior pero, ¿puedes ver el interior de un átomo?* Puede ser que hayas visto los rayos X de una mano como los que se muestran aquí. Los doctores con frecuencia usan rayos X para ver los huesos y otras estructuras que no se pueden ver a través de la piel. Los científicos intentaron descubrir lo que está en el interior de un átomo sin poder ver dentro del átomo. En esta lección aprenderás los métodos que usan los científicos para "ver" el interior de un átomo.

Partículas subatómicas

¿Cuáles son tres tipos de partículas subatómicas?

Gran parte de la teoría atómica de Dalton es aceptada en la actualidad. Sin embargo, un cambio importante es que ahora se sabe que los átomos son divisibles. Se pueden romper en partículas más pequeñas y básicas, llamadas partículas subatómicas. **Los tres tipos de partículas subatómicas son los electrones, los protones y los neutrones.**

Electrones En 1987, el físico inglés J. J. Thomson (1856–1940) descubrió el electrón. Los **electrones** son partículas subatómicas con carga negativa. Thomson llevó a cabo experimentos que incluían el paso de corriente eléctrica a través de los gases a baja presión. Selló los gases en tubos de vidrio ajustados en ambos extremos con discos metálicos llamados electrodos. Conectaba los electrodos a una fuente de electricidad, como se muestra en la Figura 4.4. Un electrodo, el ánodo, se cargaba positivamente. El otro electrodo, el cátodo, se cargaba negativamente. El resultado era un rayo luminoso, o **rayo catódico,** que viajaba del cátodo al ánodo.

Preguntas clave

¿Cuáles son tres tipos de partículas subatómicas?

¿Cómo describes la estructura del átomo nuclear?

Vocabulario

- electrón
- rayo catódico
- protón
- neutrón
- núcleo

Figura 4.4
Tubo de rayos catódicos
En un tubo de rayos catódicos, los electrones viajan como un rayo del cátodo (−) al ánodo (+). Las televisiones solían estar hechas de un tipo especializado de tubo de rayos catódicos.

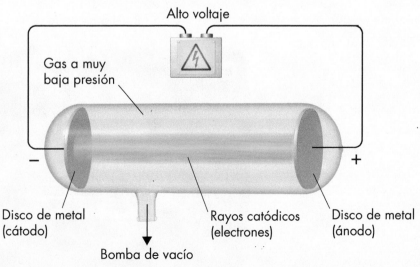

Alto voltaje

Gas a muy baja presión

Disco de metal (cátodo)

Rayos catódicos (electrones)

Disco de metal (ánodo)

Bomba de vacío

Thomson descubrió que el rayo catódico es desviado por placas de metal con carga positiva, como en la Figura 4.5a. Una placa con carga positiva atrae el rayo catódico mientras que una placa con carga negativa lo repele. Thomson sabía que las cargas opuestas se atraen y que las similares se repelen así que supuso que un rayo catódico era un flujo de pequeñas partículas con carga negativa moviéndose a gran velocidad. Thomson llamó a estas partículas corpúsculos; después se les dio el nombre de electrones.

Para probar su hipótesis, Thomson montó un experimento para medir la razón de la carga de un electrón con su masa. Descubrió que esta razón era constante. Además, la razón carga a masa de electrones no dependía del tipo de gas en el tubo de rayos catódicos o del tipo de metal usado para los electrodos. Thomson concluyó que los electrones son un componente de los átomos de todos los elementos.

El físico estadounidense Robert A. Millikan (1868–1953) llevó a cabo experimentos para hallar la cantidad de carga de un electrón. En su experimento de gota de aceite, Millikan suspendió pequeñas gotas de aceite con carga negativa entre dos placas cargadas. Después cambió el voltaje en las placas para ver cómo afectaba la razón de caída de las gotas. A partir de estos datos, halló que la carga en cada gota era un múltiplo de 1.60×10^{-19} culombios, lo que significa que ésta debe ser la carga de un electrón. Usando este valor de carga y la razón carga a masa de un electrón de Thomson, Millikan calculó la masa de un electrón. Los valores de Millikan para la carga y la masa electrónica eran similares a los que se aceptan en la actualidad. Un electrón tiene una unidad de carga negativa y su masa es 1/1840 la masa de un átomo de hidrógeno.

Figura 4.5
El experimento de Thomson
a. Thomson descubrió que los rayos catódicos eran atraídos a placas de metal que tienen una carga eléctrica positiva. **b.** Un rayo catódico también puede se puede desviar con un imán.

Inferir *Si un rayo catódico es atraído a una placa con carga eléctrica positiva, ¿qué puedes inferir acerca de la carga de las partículas que componen el rayo catódico?*

Consulta tubos de rayos catódicos *en línea animada.*

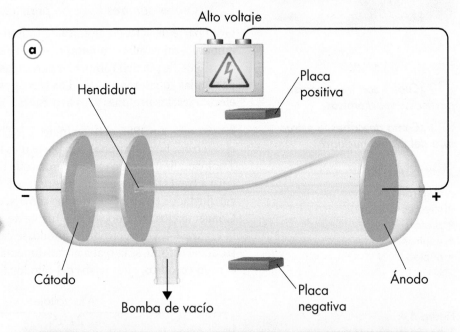

Alto voltaje

Hendidura

Placa positiva

Cátodo

Bomba de vacío

Placa negativa

Ánodo

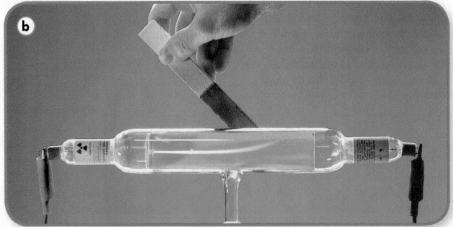

Tabla 4.1

Propiedades de las partículas subatómicas

Partícula	Símbolo	Carga relativa	Masa relativa (masa del protón = 1)	Masa real (g)
Electrón	e^-	1−	1/1840	9.11×10^{-28}
Protón	p^+	1+	1	1.67×10^{-24}
Neutrón	n^0	0	1	1.67×10^{-24}

Protones y neutrones Si los rayos catódicos son electrones desprendidos de los átomos, ¿qué queda de los átomos que han perdido los electrones? Por ejemplo, después de que un átomo de hidrógeno (el tipo de átomo más ligero) pierde un electrón, ¿qué queda? Puedes pensar en este problema usando cuatro ideas simples acerca de la materia y las cargas eléctricas. Primero, los átomos no tienen una carga eléctrica neta; son eléctricamente neutros. (Una importante pieza de evidencia para la neutralidad eléctrica es que ¡tú no recibes un choque eléctrico cada vez que tocas algo!). Segundo, las cargas eléctricas son llevadas por partículas de materia. Tercero, las cargas eléctricas siempre existen en múltiplos de números enteros de una unidad básica sencilla; es decir, no hay fracciones de cargas. Cuarto, cuando un número dado de partículas con carga negativa se combina con un número igual de partículas con carga positiva, se forma una partícula con carga neutra.

Considerando toda esta información, se deduce que una partícula con una unidad de carga positiva debería permanecer cuando un átomo típico de hidrógeno pierde un electrón. La evidencia de tal partícula con carga positiva se descubrió en 1886 cuando Eugen Goldstein (1850–1930) observó un tubo de rayos catódicos y encontró rayos viajando en dirección opuesta a los rayos catódicos. A estos rayos los llamó rayos canales y concluyó que estaban compuestos por partículas positivas. Tales partículas subatómicas con carga positiva se llaman **protones.** Cada protón tiene una masa aproximadamente 1840 veces la masa de un electrón.

En 1932, el físico inglés James Chadwick (1891–1974) confirmó la existencia de otra partícula subatómica: el neutrón. Los **neutrones** son partículas subatómicas sin carga pero con una masa casi igual a la de un protón. La Tabla 4.1 resume las propiedades de estas partículas subatómicas. Aunque los protones y los neutrones son sumamente pequeños, los físicos teóricos creen que están compuestos por partículas subnucleares incluso más pequeñas llamadas *quarks*.

El núcleo atómico

¿Cómo describes la estructura del átomo nuclear?

Cuando se descubrieron las partículas subatómicas, los científicos se preguntaron cómo es que se juntaron las partículas en un átomo. Esta pregunta era difícil de responder debido a lo pequeño que son los átomos. La mayoría de los científicos, incluyendo a J. J. Thomson, descubridor del electrón, pensaron que era probable que los electrones estuvieran distribuidos equitativamente a lo largo de un átomo lleno uniformemente de material cargado positivamente. En el modelo atómico de Thomson, conocido como el "modelo *plum-pudding*", los electrones estaban atascados en un bulto de carga positiva, similar a las uvas pasa atascadas en la masa. Sin embargo, este modelo del átomo resultó ser breve debido al trabajo de un antiguo estudiante de Thomson, Ernest Rutherford (1871–1937), que se muestra en la Figura 4.6.

Figura 4.6 Ernest Rutherford
Nacido en Nueva Zelanda, Rutherford ganó el Premio Nobel en Química en 1908. Su retrato aparece en el billete de $100 de Nueva Zelanda.

LA QUÍMICA Y TÚ

P: *¿Cómo "ven" los científicos el interior de un átomo para determinar las estructuras que están adentro?*

El experimento de la lámina de oro de Rutherford En 1911, Rutherford y sus colegas de la Universidad de Manchester, Inglaterra, quisieron probar la existencia del modelo *plum-pudding* de la estructura atómica. Por lo tanto, idearon el experimento de la lámina de oro. Su prueba usaba partículas alfa, que son átomos de helio que han perdido sus dos electrones y tienen una doble carga positiva debido a los dos protones restantes. En el experimento, que se ilustra en la Figura 4.7, se dirige un haz delgado de partículas alfa hacia una delgada lámina de oro. De acuerdo con la teoría predominante, las partículas alfa deberían pasar fácilmente a través del oro, con sólo una ligera desviación debido a la carga positiva que, se pensaba, se extendía en los átomos de oro.

Los resultados de Rutherford fueron que la mayor parte de las partículas alfa pasaron directamente a través de la lámina de oro o eran ligeramente desviadas. Sin embargo, lo sorprendente es que una pequeña fracción de las partículas alfa rebotó en la lámina de oro en ángulos muy grandes. Unas incluso rebotaron directamente hacia atrás, hacia la fuente. Después Rutherford recordó, "Esto es casi tan increíble como si lanzaras una cáscara a un pedazo de papel de seda y ésta rebotara y te golpeara."

El modelo atómico de Rutherford Con base en los resultados de su experimento, Rutherford sugirió una nueva teoría del átomo. Propuso que el átomo es, en su mayor parte, un espacio vacío, lo que explica la falta de desviación de la mayoría de las partículas alfa. Concluyó que toda la carga positiva y casi toda la masa se concentran en una pequeña región que tiene suficiente carga positiva para justificar la gran desviación de algunas de las partículas alfa. A esta región la llamó el núcleo. El **núcleo** es el pequeño centro de un átomo y está compuesto por protones y neutrones.

Figura 4.7 El experimento de Rutherford
El experimento de la lámina de oro de Rutherford produjo evidencia del núcleo atómico.

a. Rutherford y sus compañeros de trabajo dirigieron un rayo de partículas alfa hacia una lámina de oro rodeada por una pantalla fluorescente. La mayoría de las partículas pasaron a través de la lámina sin desviación alguna. Unas pocas partículas se desviaron mucho.

b. Rutherford concluyó que la mayor parte de las partículas alfa pasaron a través de la lámina de oro debido a que el átomo es en su mayor parte un espacio vacío. La masa y carga positiva están concentradas en una pequeña región del átomo. Rutherford llamó a esta región el núcleo. Las partículas que se aproximan mucho al núcleo son enormemente desviadas.

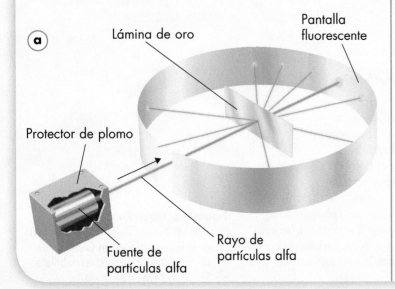

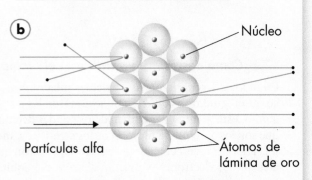

Consulta el experimento de la lámina de oro de Rutherford *en línea animada.*

El modelo atómico de Rutherford se conoce como el átomo nuclear. **En el átomo nuclear, los protones y los neutrones están en el núcleo con carga positiva. Los electrones están distribuidos alrededor del núcleo y ocupan casi todo el volumen del átomo.** De acuerdo con este modelo, el núcleo es muy pequeño y densamente compacto en comparación con el átomo en su totalidad. Si un átomo fuera del tamaño de un estadio de fútbol, el núcleo sería del tamaño de una canica.

Aunque fue una mejora sobre el modelo del átomo de Thomson, el modelo de Rutherford resultó estar incompleto. En el Capítulo 5 aprenderás cómo es que tuvo qué revisarse el modelo atómico de Rutherford con la finalidad de explicar las propiedades químicas de los elementos.

Laboratorio rápido

Usar la deducción: la caja negra

Propósito Determinar la forma de un objeto fijo dentro de una caja sellada sin abrir la caja

Materiales
• caja que contenga un objeto de forma regular fijo en un lugar y una canica suelta

Procedimiento

1. No abras la caja.

2. Maneja la caja de manera que la canica se mueva alrededor del objeto fijo.

3. Recopila datos (pistas) que describan el movimiento de la canica.

4. Haz un dibujo del objeto en la caja en el que se muestre su forma, tamaño y ubicación dentro de la caja.

5. Repite esta actividad con una caja diferente que contenga un objeto diferente.

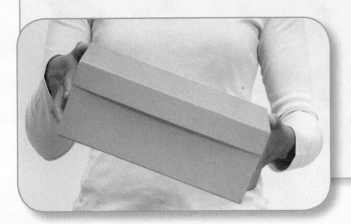

Analizar y concluir

1. Comparar Encuentra a un compañero de clase que tenga una caja con la misma letra que la tuya y comparen sus hallazgos.

2. Aplicar conceptos Piensa acerca de los experimentos que han contribuido a un mejor entendimiento del átomo. ¿A qué experimento te recuerda esta actividad?

4.2 Comprobación de la lección

9. Revisar ¿Cuáles son tres tipos de partículas subatómicas?

10. Explicar ¿Cómo describe el modelo de Rutherford la estructura de los átomos?

11. Revisar ¿Cuáles son las cargas y masas relativas de las tres principales partículas subatómicas?

12. Explicar Describe las contribuciones de Thomson y Millikan a la teoría atómica.

13. Comparar y contrastar Compara el resultado esperado de Rutherford con el resultado real del experimento de la lámina de oro.

14. Analizar datos ¿Qué evidencia experimental condujo a Rutherford a concluir que un átomo es, en su mayor parte, un espacio vacío?

15. Comparar y contrastar ¿En qué se diferencian los modelos del átomo de Rutherford y de Thomson?

Microscopía de electrones

Dentro de los siguientes 30 años después del descubrimiento del electrón por parte de J. J. Thomson, los científicos estudiaron cómo producir imágenes de objetos usando un rayo de electrones. En 1931, los científicos alemanes Ernst Ruska y Max Knoll construyeron el primer microscopio de electrones. Hay dos tipos de microscopios de electrones, los microscopios electrónicos de exploración (*Scanning electron microscope*, SEM) y los microscopios electrónicos de transmisión (*Transmission electron microscope*, TEM). Las imágenes que se muestran aquí son de SEMs. En un SEM, se dirige un rayo de electrones hacia un diámetro muy pequeño y se escanea una muestra. La mayoría de los materiales expulsan electrones cuando el rayo de electrones los alcanza. La ubicación de los electrones expulsados se detecta y usa para producir una imagen.

Un microscopio óptico típico puede ampliar un objeto 1000 veces. Un microscopio de electrones puede ampliar un objeto más de 100,000 veces. Otra ventaja de los microscopios de electrones es su resolución más alta. La resolución es la capacidad de diferenciar dos objetos que están muy cerca entre sí. Por lo tanto, un microscopio de electrones puede producir una imagen más clara que un microscopio óptico con el mismo aumento. Los microscopios de electrones no producen imágenes a color. Las imágenes a color que se muestran aquí tienen un color falso que se les añade. Los microscopios de electrones son útiles en química pero también en otros campos, como arqueología, farmacología y evaluación de control de calidad.

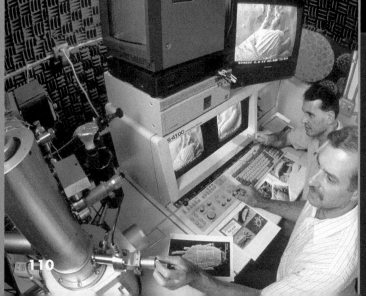

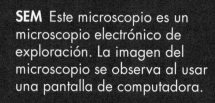

SEM Este microscopio es un microscopio electrónico de exploración. La imagen del microscopio se observa al usar una pantalla de computadora.

BIOLOGÍA Esta diatomea es un organismo de una célula que vive en el agua. La imagen que se muestra arriba es un ácaro sobre un pedazo de tela.

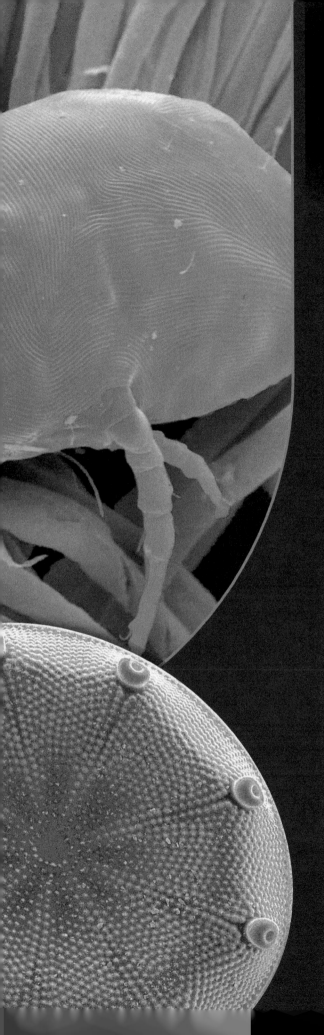

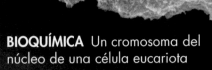

BIOQUÍMICA Un cromosoma del núcleo de una célula eucariota

CIENCIA FORENSE La imagen de la izquierda es de un microscopio óptico, la imagen de la derecha es de un SEM. La imagen del SEM muestra una imagen más clara de la huella dactilar a la izquierda de la página porque el aceite de nuestros dedos produce una intensidad diferente de electrones expulsados al del papel o la tinta.

CIENCIA DE MATERIALES La punta de un lápiz apunta a un pequeño sensor de presión (cuadro de malva) que se usa en la bolsa de aire de un coche. Cuando los sensores detectan una rápida desaceleración, desencadenan el inflado de la bolsa de aire.

Un paso más allá

1. Inferir ¿Por qué un investigador forense desearía analizar los residuos de pólvora usando un microscopio de electrones?

2. Comparar Investiga las diferencias entre un SEM y un TEM.

4.3 Distinguir entre átomos

P: *¿Cómo es que puede haber diferentes variedades de átomos?* Algunas cosas existen en muchas variedades diferentes. Por ejemplo, los perros son diferentes de muchas formas, tales como color, tamaño, forma de las orejas y el largo del pelo. Así como hay muchos tipos de perros, los átomos también vienen en variedades diferentes.

Número atómico y número de masa

¿Qué es lo que hace a un elemento diferente a otro?

Los átomos están compuestos de protones, neutrones y electrones. Los protones y los neutrones componen el núcleo. Los electrones rodean al núcleo. ¿Cómo, entonces, son los átomos de hidrógeno, por ejemplo, diferentes a los átomos de oxígeno?

Número atómico Ve la Tabla 4.2. Observa que un átomo de hidrógeno tiene un protón pero un átomo de oxígeno tiene ocho protones. **Los elementos son diferentes porque contienen diferente números de protones.** El **número atómico** de un elemento es el número de protones en el núcleo de un átomo de ese elemento. Dado que todos los átomos de hidrógeno tienen un protón, el número atómico del hidrógeno es 1. Todos los átomos de oxígeno tienen ocho protones; por lo tanto, el número atómico del oxígeno es 8. El número atómico identifica a un elemento. Para cada elemento enlistado en la Tabla 4.2, el número de protones es igual al número de electrones. Recuerda que los átomos son eléctricamente neutros. Por consiguiente, el número de electrones (partículas con carga negativa) debe ser igual al número de protones (partículas con carga positiva).

Preguntas clave

¿Qué es lo que hace a un elemento diferente a otro?

¿Cómo se diferencian los isótopos de un elemento?

¿Cómo calculas la masa atómica de un elemento?

Vocabulario

• número atómico • número de masa • isótopo • unidad de masa atómica (uma) • masa atómica

Tabla 4.2

			Átomos de los primeros diez elementos			
Nombre	**Símbolo**	**Número atómico**	**Protones**	**Neutrones***	**Número de masa**	**Electrones**
Hidrógeno	H	1	1	0	1	1
Helio	He	2	2	2	4	2
Litio	Li	3	3	4	7	3
Berilio	Be	4	4	5	9	4
Boro	B	5	5	6	11	5
Carbono	C	6	6	6	12	6
Nitrógeno	N	7	7	7	14	7
Oxígeno	O	8	8	8	16	8
Flúor	F	9	9	10	19	9
Neón	Ne	10	10	10	20	10

* Número de neutrones en el isótopo más abundante. Los isótopos se presentan más adelante en la Lección 4.3.

Entender el número atómico

El elemento nitrógeno (N) tiene un número atómico de 7. ¿Cuántos protones y electrones hay en un átomo de nitrógeno neutro?

 Analizar Identificar los conceptos relevantes. El número atómico da el número de protones, que en un átomo neutro es igual al número de electrones.

❷ **Resolver Aplicar los conceptos a este problema.**

| Identifica el número atómico. Después usa el número atómico para hallar el número de protones y de electrones. | → | El número atómico del nitrógeno es 7. Por lo tanto, un átomo de nitrógeno neutro tiene 7 protones y 7 electrones. |

16. ¿Cuántos protones y electrones hay en cada átomo?
  a. flúor (número atómico = 9)
  b. calcio (número atómico = 20)
  c. aluminio (número atómico = 13)
  d. potasio (número atómico = 19)

17. Completa la tabla.

Elemento	Número atómico	Protones	Electrones
S	16	a. ___	b. ___
V	c. ___	23	d. ___
e. ___	f. ___	g. ___	5

Número de masa La mayor parte de la masa de un átomo se concentra en su núcleo y depende del número de protones y de neutrones. El número total de protones y neutrones en un átomo se llama **número de masa.** Por ejemplo, un átomo de helio tiene dos protones y dos neutrones; por lo tanto, su número de masa es 12.

Si conoces el número atómico y el número de masa de un átomo de cualquier elemento, puedes determinar la composición del átomo. El número de neutrones en un átomo es la diferencia entre el número de masa y el número atómico.

| **Número de neutrones = número de masa − número atómico** |

La Tabla 4.2 muestra que un átomo de flúor tiene un número atómico de 9 y un número de masa de 19. Dado que el número atómico es igual al número de protones, que es igual al número de electrones, un átomo de flúor tiene nueve protones y nueve electrones. El número de masa del flúor es igual al número de protones más el número de neutrones. Por lo tanto, un átomo de flúor tiene diez neutrones, que es la diferencia entre el número de masa y el número atómico (19 − 9 = 10).

La composición de cualquier átomo puede representarse mediante notación abreviada usando el número atómico y el número de masa, como en la Figura 4.8. El símbolo químico para el oro, Au, aparece con dos números escritos a su izquierda. El número atómico es el subíndice. El número de masa es el sobrescrito. También te puedes referir a los átomos usando el número de masa y el nombre del elemento. Por ejemplo, $^{197}_{79}$Au puede escribirse como oro-197.

Figura 4.8 Símbolo químico
Au es el símbolo químico para el oro.
Aplicar conceptos ¿Cuántos electrones tiene un átomo de oro?

Ejemplo de problema 4.2

Determinar la composición de un átomo

¿Cuántos protones, electrones y neutrones hay en cada átomo?

a. $^{9}_{4}Be$ **b.** $^{20}_{10}Ne$ **c.** $^{23}_{11}Na$

❶ **Analizar** Haz una lista de lo conocido y lo desconocido.
Usa las definiciones de número atómico y número de masa
para calcular el número de protones, electrones y neutrones.

❷ **Calcular** Resuelve para buscar lo desconocido.

CONOCIDO	DESCONOCIDO
• Berilio (Be)	número de:
número atómico = 4	protones = ?
número de masa = 9	
• Neón (Ne)	electrones = ?
número atómico = 10	
número de masa = 20	neutrones = ?
• Sodio (Na)	
número atómico = 11	
número de masa = 23	

Usa el número atómico para hallar el número de protones.
→ número atómico = número de protones
a. 4 **b.** 10 **c.** 11

Usa el número atómico para hallar el número de electrones.
→ número atómico = número de electrones
a. 4 **b.** 10 **c.** 11

Usa el número de masa y el número atómico para hallar el número de neutrones.
→ número de neutrones = número de masa – número atómico
a. número de neutrones = 9 – 4 = 5
b. número de neutrones = 20 – 10 = 10
c. número de neutrones = 23 – 11 = 12

❸ **Evaluar** ¿Tienen sentido los resultados? Para cada átomo, el número de masa
es igual al número de protones más el número de neutrones. Los resultados tienen
sentido.

18. ¿Cuántos neutrones hay en cada átomo?

a. $^{80}_{35}Br$ **b.** $^{32}_{16}S$ **c.** $^{108}_{47}Ag$ **d.** $^{207}_{82}Pb$

19. Usa la Tabla 4.2 para expresar la composición
de cada átomo siguiente en forma abreviada.

a. carbono-12 **c.** berilio-9
b. boro-11 **d.** oxígeno-16

LA QUÍMICA Y TÚ

P: *¿Cómo son los átomos de un elemento diferentes a los átomos de otro elemento? ¿Cómo son diferentes los isótopos de un mismo elemento?*

Isótopos

🔑 ¿Cómo se diferencian los isótopos de un elemento?

La Figura 4.9 muestra que hay tres clases diferentes de átomos de neón. ¿Cómo
se diferencian estos átomos? Todos tienen el mismo número de protones (10) y
de electrones (10) pero cada uno de ellos tiene diferente número de neutrones.
Los **isótopos** son átomos que tienen el mismo número de protones pero diferente número de neutrones. 🔑 **Dado que los isótopos de un elemento tienen
número diferente de neutrones, también tienen diferente número de masa.** A
pesar de estas diferencias, los isótopos son químicamente similares porque tienen
idéntico número de protones y de electrones, que son las partículas subatómicas responsables del comportamiento químico. Recuerda a los perros al inicio de
la lección. Su color o tamaño no cambian el hecho de que son perros. De forma
similar, el número de neutrones en los isótopos de un elemento no cambia el tipo
de elemento que es porque el número atómico no cambia.

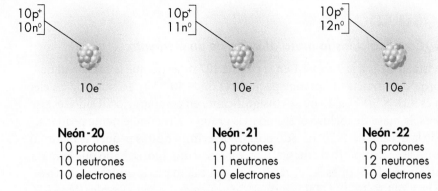

Figura 4.9 Isótopos
El neón-20, el neón-21 y el neón-22 son tres isótopos del neón.
Comparar y contrastar
¿En qué son diferentes estos isótopos? ¿En qué son similares?

Neón-20
10 protones
10 neutrones
10 electrones

Neón-21
10 protones
11 neutrones
10 electrones

Neón-22
10 protones
12 neutrones
10 electrones

Hay tres isótopos conocidos del hidrógeno. Cada isótopo de hidrógeno tiene un protón en su núcleo. El isótopo de hidrógeno más común no tiene neutrones. Tiene un número de masa de 1 y se llama hidrógeno-1 (^1_1H) o hidrógeno. El segundo isótopo tiene un neutrón y un número de masa de 2. Se puede llamar hidrógeno-2 (^2_1H) o deuterio. El tercer isótopo tiene dos neutrones y un número de masa de 3. Este isótopo se llama hidrógeno-3 (^3_1H) o tritio.

Ejemplo de problema 4.3

Escribir símbolos químicos para los isótopos

Los diamantes son una forma que ocurre naturalmente del elemento carbono. Dos isótopos estables de carbono son el carbono-12 y el carbono-13. Escribe el símbolo de cada uno usando sobrescritos y subíndices para representar el número de masa y el número atómico.

1 Analizar Identifica los conceptos relevantes. Los isótopos son átomos que tienen el mismo número de protones pero diferente número de neutrones. La composición de un átomo se puede expresar al escribir el símbolo químico con el número atómico como un subíndice y el número de masa como un sobrescrito.

2 Resolver Aplica los conceptos a este problema.

Usa la Tabla 4.2 para identificar el símbolo y el número atómico del carbono.	El símbolo del carbono es C. El número atómico del carbono es 6.
Observa el nombre del isótopo para hallar el número de masa.	Para el carbono-12, el número de masa es 12. Para el carbono-13, el número de masa es 13.
Usa el símbolo, número atómico y número de masa para escribir el símbolo del isótopo.	Para el carbono-12, el símbolo es $^{12}_6C$. Para el carbono-13, el símbolo es $^{13}_6C$.

20. Tres isótopos del oxígeno son el oxígeno-16, el oxígeno-17 y el oxígeno-18. Escribe el símbolo de cada uno, incluyendo el número atómico y el número de masa.

21. Tres isótopos del cromo son cromo-50, cromo-52 y cromo-53. ¿Cuántos neutrones hay en cada isótopo, dado que el cromo tiene un número atómico de 24?

Masa atómica

¿Cómo calculas la masa atómica de un elemento

Un vistazo atrás a la Tabla 4.1 en la página 107 muestra que la masa real de un protón o un neutrón es muy pequeña (1.67×10^{-24} g). La masa de un electrón es 9.11×10^{-28} g, lo que es insignificante en comparación. Dados estos valores, la masa de incluso el átomo más grande es increíblemente pequeña. Desde la década de 1920, ha sido posible determinar estas pequeñas masas al usar un espectrómetro de masas. Con este instrumento, se halló que la masa de un átomo de flúor es 3.155×10^{-23} g, y que la masa de un átomo de arsénico es 1.244×10^{-22} g. Tal información acerca de las masas reales de átomos individuales puede proporcionar información útil pero, en general, estos valores son inconvenientemente pequeños e imprácticos para trabajar con ellos. En su lugar, es más útil comparar las masas relativas de átomos usando un isótopo de referencia como estándar. El isótopo de referencia elegido es el carbono-12. A este isótopo de carbono se le asignó una masa de exactamente 12 unidades de masa atómica. Una **unidad de masa atómica (uma)** se define como una doceava parte de la masa de un átomo de carbono-12. Por otra parte, un átomo de níquel-60 tiene cinco veces la masa de un átomo de carbono-12.

Interpretar datos

Abundancia porcentual natural de isótopos estables de algunos elementos				
Nombre	Símbolo	Abundancia porcentual natural	Masa (uma)	Masa atómica
Hidrógeno	$^{1}_{1}$H	99.985	1.0078	
	$^{2}_{1}$H	0.015	2.0141	1.0079
	$^{3}_{1}$H	insignificante	3.0160	
Helio	$^{3}_{2}$He	0.0001	3.0160	
	$^{4}_{2}$He	99.9999	4.0026	4.0026
Carbono	$^{12}_{6}$C	98.89	12.000	
	$^{13}_{6}$C	1.11	13.003	12.011
Nitrógeno	$^{14}_{7}$N	99.63	14.003	
	$^{15}_{7}$N	0.37	15.000	14.007
Oxígeno	$^{16}_{8}$O	99.759	15.995	
	$^{17}_{8}$O	0.037	16.995	15.999
	$^{18}_{8}$O	0.204	17.999	
Azufre	$^{32}_{16}$S	95.002	31.972	
	$^{33}_{16}$S	0.76	32.971	
	$^{34}_{16}$S	4.22	33.967	32.06
	$^{36}_{16}$S	0.014	35.967	
Cloro	$^{35}_{17}$Cl	75.77	34.969	
	$^{37}_{17}$Cl	24.23	36.966	35.453

Tabla 4.3 La masa atómica de un elemento se calcula usando la abundancia porcentual y la masa de sus isótopos.

a. Identificar ¿Qué isótopo de oxígeno es el más abundante?

b. Describir ¿Cómo podrías usar la masa atómica del helio para determinar qué isótopo de helio es el más abundante?

Pista: La abundancia porcentual natural del hidrógeno-3 es "insignificante" porque la cantidad de hidrógeno-3 que ocurre naturalmente es tan pequeña que no afecta a la masa atómica del hidrógeno

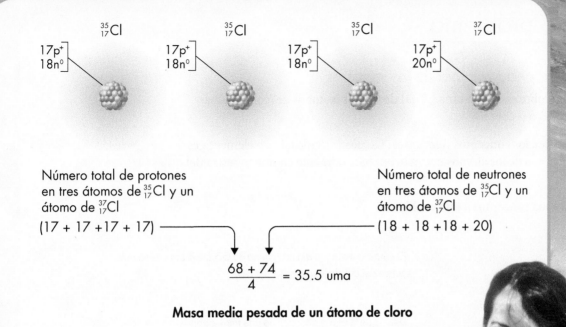

Número total de protones en tres átomos de $_{17}^{35}Cl$ y un átomo de $_{17}^{37}Cl$

$(17 + 17 + 17 + 17)$

Número total de neutrones en tres átomos de $_{17}^{35}Cl$ y un átomo de $_{17}^{37}Cl$

$(18 + 18 + 18 + 20)$

$$\frac{68 + 74}{4} = 35.5 \text{ uma}$$

Masa media pesada de un átomo de cloro

Un átomo de carbono-12 tiene seis protones y seis neutrones en su núcleo y su masa está establecida en 12 uma. Los seis protones y los seis neutrones justifican casi toda esta masa. Por lo tanto, la masa de un solo protón o de un solo neutrón es aproximadamente una doceava parte de 12 uma o aproximadamente 1 uma. Dado que la masa de cualquier átomo depende principalmente del número de protones y de neutrones en el núcleo del átomo, tú puedes predecir que la masa atómica de un elemento debería ser un número entero. Sin embargo, generalmente éste no es el caso.

En la naturaleza, la mayoría de los elementos ocurren como una mezcla de dos o más isótopos. Cada isótopo de un elemento tiene una masa fija y una abundancia porcentual natural. Considera los tres isótopos de hidrógeno analizados en esta sección. De acuerdo con la Tabla 4.3, casi todo el hidrógeno que ocurre naturalmente (99.985 por ciento) es hidrógeno-1. Los otros dos isótopos están presentes en cantidades de rastro. Observa que la masa atómica del hidrógeno en la lista de la Tabla 4.3 (1.0079 uma) es muy cercana a la masa del hidrógeno-1 (1.0078 uma). La ligera diferencia toma en cuenta las masas más grandes, pero cantidades mucho más pequeñas, de los otros dos isótopos de hidrógeno.

Ahora considera los dos isótopos estables del cloro en la lista de la Tabla 4.3: cloro-35 y cloro-37. Si calculas la media aritmética de estas dos masas ((34.969 uma + 36.966 uma)/2), obtienes una masa atómica promedio de 35.968 uma. Sin embargo, este valor es más alto que el valor real de 35.453. Para explicar esta diferencia, necesitas saber la abundancia porcentual natural de los isótopos de cloro. El cloro-35 justifica el 75 por ciento de los átomos de cloro que ocurren naturalmente; el cloro-37 justifica sólo el 25 por ciento. Observa la Figura 4.10. La **masa atómica** de un elemento es una masa media ponderada de los átomos que ocurren naturalmente en una muestra del elemento. Una masa media ponderada refleja tanto la masa como la abundancia relativa de los isótopos como ocurren en la naturaleza.

Figura 4.10 Isótopos de cloro

El cloro es un elemento reactivo que se usa para desinfectar las albercas. El cloro ocurre como dos isótopos: cloro-35 y cloro-37. Dado que en la naturaleza hay más cloro-35 que cloro-37, la masa atómica del cloro, 35.453 uma, está más cercana a 35 que a 37.

Evaluar *¿Cómo se diferencia la media pesada de la media aritmética?*

Entender la abundancia relativa de los isótopos

La masa atómica del cobre es 63.546 uma. ¿Cuál de los dos isótopos del cobre es más abundante, el cobre-63 o el cobre-65?

❶ Analizar Identifica los conceptos relevantes. La masa atómica de un elemento es la masa media ponderada de los átomos que ocurren naturalmente en una muestra del elemento.

❷ Resolver Aplica los conceptos a este problema.

Compara la masa atómica a la masa de cada isótopo.	El número atómico del nitrógeno de 63.546 uma está más cerca del 63 de lo que está del 65.
Determina el isótopo más abundante con base en la masa del isótopo que sea más cercana a la masa atómica.	Dado que la masa atómica es una media ponderada de los isótopos, el cobre-63 debe ser más abundante que el cobre-65.

22. El boro tiene dos isótopos: boro-10 y boro-11. ¿Cuál es más abundante, dado que la masa atómica del boro es 10.81?

23. Hay tres isótopos del silicio; tienen números de masa de 28, 29 y 30. La masa atómica del silicio es 28.086 uma. Comenta acerca de la abundancia relativa de estos tres isótopos.

Ahora que sabes que la masa atómica de un elemento es una media de las masas de sus isótopos, puedes determinar la masa atómica con base en la abundancia relativa. Para hacer esto, debes saber tres cosas: el número de isótopos estables del elemento, la masa de cada isótopo y la abundancia porcentual natural de cada isótopo. 🔑 **Para calcular la masa atómica de un elemento, multiplica la masa de cada isótopo por su abundancia natural, expresada como un decimal y después suma los productos.** La suma resultante es la masa media ponderada de los átomos del elemento como ocurren en la naturaleza. Puedes calcular las masas atómicas enlistadas en la Tabla 4.3 con base en las masas dadas y en la abundancia natural de los isótopos para cada elemento.

Por ejemplo, el carbono tiene dos isótopos estables: carbono-12, que tiene una abundancia natural del 98.89 por ciento, y el carbono-13, que tiene una abundancia natural del 1.11 por ciento. La masa del carbono-12 es de 12.000 uma; la masa del carbono-13 es de 13.003 uma. La masa atómica del carbono se calcula a continuación:

$$\text{Masa atómica del carbono} = (12.000 \text{ uma} \times 0.9889) + (13.003 \text{ uma} \times 0.0111)$$

$$= (11.867 \text{ uma}) + (0.144 \text{ uma})$$

$$= 12.011 \text{ uma}$$

Ejemplo de problema 4.5

Calcular la masa atómica

El elemento X tiene dos isótopos que ocurren natural-mente. El isótopo con una masa de 10.012 uma (^{10}X) tiene una abundancia relativa de 19.91 por ciento. El isótopo con una masa de 11.009 uma (^{11}X) tiene una abundancia rela-tiva de 80.09 por ciento. Calcula la masa atómica del ele-mento X.

❶ **Analizar Haz una lista de lo conocido y lo descon-ocido.** La masa con la que cada isótopo contribuye a la masa atómica del elemento se puede calcular multipli-cando la masa del isótopo por su abundancia relativa. La masa atómica del elemento es la suma de estos productos.

❷ **Calcular Resuelve para buscar lo desconocido.**

> Para hallar todo lo conocido, cambia la abundancia porcentual a decimales. Un porcentaje es una forma abreviada de expresar una fracción cuyo denominador es 111. 19.91% es equivalente a 19.91/100 o 0.1991.

CONOCIDO

- isótopo ^{10}X:
  masa = 10.012 uma
  abundancia relativa = 19.91% = 0.1991
- isótopo ^{11}X:
  masa = 11.009 uma
  abundancia relativa = 80.09% = 0.8009

DESCONOCIDO

masa atómica de X = ?

Usa la masa atómica y la forma decimal de la abundancia porcentual para hallar la masa contribuida por cada isótopo.

para ^{10}X: 10.012 uma × 0.1991 = 1.993 uma
para ^{11}X: 11.009 uma × 0.8009 = 8.817 uma

Suma las contribuciones de masa atómica de todos los isótopos.

Para el elemento X, la masa atómica = 1.993 uma + 8.817 uma
= 10.810 uma

❸ **Evaluar ¿Tiene sentido el resultado?** El valor calculado es más cercano a la masa del isótopo más abundante, como se esperaba.

24. El elemento cobre tiene isótopos que ocurren natural-mente con unos números de masa de 63 y 65. La abun-dancia relativa y las masas atómicas son 69.2% para la masa = 62.93 uma, y 30.8% para la masa = 64.93 uma. Calcula la masa atómica del cobre.

25. Calcula la masa atómica del bromo. Los dos isótopos del bromo tienen masas atómicas y abundancia rela-tiva de 78.92 uma (50.69%) y 80.92 uma (49.31%).

4.3 Comprobación de la lección

26. Explicar ¿Qué es lo que distingue a los átomos de un elemento de los átomos de otro elemento?

27. Comparar y contrastar ¿Cómo se diferen-cian los isótopos de un elemento dado entre sí?

28. Explicar ¿Cómo se calcula la masa atómica?

29. Identificar ¿Qué ecuación te dice cómo calcular el número de neutrones de un átomo?

30. Comparar ¿En qué se diferencia el número atómico del número de masa?

31. Usar modelos ¿Qué representa el número en el isótopo platino-194?

32. Explicar Por lo general, las masas atómicas de los elementos no son números enteros. Explica por qué.

33. Identificar ¿Cuál de los tres isótopos del argón es el más abundante, el argón-36, el argón-38 o el argón-40? (*Pista*: la masa atómica del argón es de 39.948 uma.)

34. Calcular Haz una lista del número de protones, neutrones y electrones en cada par de isótopos.
a. $^{6}_{3}$Li, $^{7}_{3}$Li   **b.** $^{42}_{20}$Ca, $^{44}_{10}$Ca   **c.** $^{78}_{34}$Se, $^{80}_{34}$Se

Laboratorio a escala

La masa atómica del "caramelum"

Propósito

Analizar los isótopos del "caramelum" y calcular su masa atómica

Materiales

- muestra de caramelum
- báscula

Procedimiento

Consigue una muestra de "caramelum" que contenga tres diferentes marcas de dulces redondos y cubiertos. Trata cada marca de dulces como un isótopo de caramelum. Separa los tres isótopos en grupos etiquetados con A, B y C y mide la masa de cada isótopo. Cuenta el número de átomos en cada muestra. Dibuja una tabla similar a la que está a continuación y registra tus datos medidos y calculados.

	A	B	C	Totales
Masa total (gramos)				
Número				
Masa promedio (gramos)				
Abundancia relativa				
Abundancia porcentual				
Masa relativa				

Analizar

Usando tus datos experimentales, registra las respuestas a las preguntas siguientes debajo de tu tabla de datos.

1. Calcular Calcula la masa promedio de cada isótopo dividiendo su masa total por el número de partículas de ese isótopo.

2. Calcular Calcula la abundancia relativa de cada isótopo dividiendo su número de partículas por el número total de partículas.

3. Calcular Calcula la abundancia porcentual de cada isótopo multiplicando la abundancia relativa del Paso 2 por 100.

4. Calcular Calcula la masa relativa de cada isótopo multiplicando su abundancia relativa del Paso 2 por su masa promedio.

5. Calcular Calcula la masa media ponderada de todas las partículas de caramelum sumando las masas relativas. La masa media ponderada es la masa atómica del caramelum.

6. Explicar ¿Cuál es la diferencia entre la abundancia porcentual y la abundancia relativa? ¿Cuál es el resultado cuando sacas el total de las abundancias relativas individuales?

7. Identificar La abundancia porcentual de cada tipo de dulce te dice cuántos de cada tipo de dulce hay en cada 100 partículas. ¿Qué es lo que te dice la abundancia relativa?

8. Analizar datos Compara los valores totales de las filas 3 y 6 de la tabla. Explica por qué son diferentes los totales y por qué el valor de la fila 6 es el que mejor representa a la masa atómica.

9. Analizar datos Explica cualquier diferencia entre la masa atómica de tu muestra de caramelum y la de tu compañero. Explica por qué la diferencia sería menor si se usaran muestras más grandes.

Tú eres el químico

La siguiente actividad a escala te permite desarrollar tus propios procedimientos y analizar los resultados.

1. Analizar datos Determina la masa atómica de una segunda muestra de caramelum. ¿Cómo se compara con la primera? Sugiere algunas razones para las diferencias entre las muestras.

4 Guía de estudio

GRANIDEA LOS ELECTRONES Y LA ESTRUCTURA DE LOS ÁTOMOS

Los átomos son pequeñas partículas de un elemento que aun posee propiedades químicas de ese elemento. Los átomos tienen protones y neutrones con carga positiva dentro del núcleo y electrones con carga negativa fuera del núcleo. Los átomos del mismo elemento tienen el mismo número de protones, que es igual al número atómico de un átomo. Pero los átomos del mismo elemento pueden tener un número diferente de neutrones. Los átomos del mismo elemento con un número diferente de neutrones son los isótopos.

4.1 Definir al átomo

🔑 Demócrito llegó a la conclusión de que los átomos eran indivisibles e indestructibles. Usando métodos experimentales, Dalton transformó las ideas de Demócrito acerca de los átomos en una teoría científica.

🔑 Los científicos pueden observar átomos individuales usando instrumentos como el microscopio electrónico de exploración.

• átomo (102)
• teoría atómica de Dalton (103)

4.2 Estructura de un átomo nuclear

🔑 Los tres tipos de partículas subatómicas son los electrones, los protones y los neutrones.

🔑 En el átomo nuclear, los protones y los neutrones se localizan en el núcleo. Los electrones están distribuidos alrededor del núcleo y ocupan casi todo el volumen del átomo.

• electrón (105)
• rayo catódico (105)
• protón (107)
• neutrón (107)
• núcleo (108)

4.3 Distinguir entre átomos

🔑 Los elementos son diferentes porque contienen números diferentes de protones.

🔑 Dado que los isótopos de un elemento tienen un número diferente de neutrones, también tienen un número de masa diferente.

🔑 Para calcular la masa atómica de un elemento, multiplica la masa de cada isótopo por su abundancia natural, expresada como un decimal, y después suma los productos.

• número atómico (112)
• número de masa (113)
• isótopo (114)
• unidad de masa atómica (uma) (116)
• masa atómica (117)

Ecuación clave

$$\text{número de neutrones} = \text{número de masa} - \text{número atómico}$$

 **4 Evaluación**

Lección por lección

4.1 Definir al átomo

35. ¿Qué es un átomo?

36. ¿Cuáles son las limitaciones de las ideas de Demócrito acerca de los átomos?

37. ¿Con cuál de estos enunciados habría estado de acuerdo John Dalton a principios de 1800? Para cada uno de ellos, explica por qué sí o por qué no.

a. Los átomos son las partículas más pequeñas de materia.

b. La masa de un átomo de hierro es diferente a la masa de un átomo de cobre.

c. Cada átomo de plata es idéntico a cada uno de los demás átomos de plata.

d. Un compuesto está formado por átomos de dos o más elementos diferentes.

38. Use Dalton's atomic theory to describe how atoms interact during a chemical reaction.

4.2 La estructura del átomo

39. ¿Qué evidencia experimental tenía Thomson para cada enunciado?

a. Los electrones tienen una carga negativa.

b. Los átomos de todos los elementos contienen electrones.

✱**40.** ¿Esperarías que dos electrones se atraigan o se repelan?

41. ¿Cómo se comparan la carga y la masa de un neutrón a la carga y la masa de un protón?

42. ¿Por qué tiene sentido que si un átomo pierde electrones, se quede con una carga positiva?

43. Describe la ubicación de los electrones en el modelo "plum-pudding" del átomo de Thomson.

✱**44.** ¿En qué difirieron los resultados del experimento de la lámina de oro de Rutherford de sus expectativas?

45. ¿Cuál es la carga, positiva o negativa, del núcleo de cada átomo?

46. En el modelo atómico de Rutherford, ¿qué partículas subatómicas se ubican en el núcleo?

4.3 Distinguir entre átomos

47. ¿Por qué es un átomo eléctricamente neutro?

48. ¿Qué representa el número atómico de cada átomo?

49. ¿Cuántos protones hay en los núcleos de los átomos siguientes?

a. fósforo (P)   **d.** cadmio (Cd)
b. molibdeno (Mo)   **e.** cromo (Cr)
c. aluminio (Al)   **f.** plomo (Pb)

50. ¿Cuál es la diferencia entre el número de masa y el número atómico de un átomo?

✱**51.** Completa la tabla siguiente.

Número atómico	Número de masa	Número de protones	Número de neutrones
9	**a.** _____	**b.** _____	10
c. _____	**d.** _____	14	15
e. _____	47	**f.** _____	25
g. _____	55	25	**h.** _____

52. Nombra dos formas en las que difieren los isótopos de un elemento.

✱**53.** El litio tiene dos isótopos, litio-6 (masa atómica = 6.015, abundancia relativa = 7.5%) y litio-7 (masa atómica = 7.016, abundancia relativa = 92.5%). Calcula la masa atómica del litio.

Entender conceptos

✱**54.** ¿Cómo es que puede haber más de 1000 átomos diferentes cuando sólo hay aproximadamente 100 elementos diferentes?

55. ¿Qué información debes conocer acerca de los isótopos de un elemento para calcular la masa atómica del elemento?

56. ¿En qué se diferencian la masa promedio y la masa media ponderada?

57. ¿Cuál es la masa atómica de un elemento?

58. Caracteriza el tamaño de un átomo.

59. Compara el tamaño y la densidad de un átomo con su núcleo.

✱**60.** Estás parado sobre el núcleo de un boro-11. Describe los números y los tipos de partículas subatómicas que ves adentro del núcleo y aquellos que ves fuera del núcleo.

61. ¿Qué partes de la teoría atómica de Dalton ya no concuerdan con la imagen actual del átomo?

62. Millikan midió la cantidad de carga llevada por un electrón. Entonces, ¿cómo calculó la masa de un electrón?

63. ¿Cómo se calcula la masa de un elemento a partir de datos del isótopo?

★64. Los cuatro isótopos de plomo se muestran abajo, cada uno con su porcentaje por abundancia de masa y la composición de su núcleo. Usando estos datos, calcula la masa atómica aproximada del plomo.

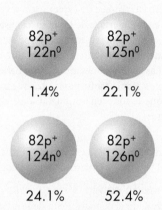

82p⁺
122n⁰

1.4%

82p⁺
125n⁰

22.1%

82p⁺
124n⁰

24.1%

82p⁺
126n⁰

52.4%

65. La teoría atómica de Dalton no era correcta en cada detalle. ¿Debería tomarse esto como crítica hacia Dalton como científico? Explica tu respuesta.

★66. La tabla siguiente muestra algunos de los datos recolectados por Rutherford y sus compañeros durante su experimento de la lámina de oro.

Ángulo de desviación (grados)	Número de desviaciones
5	8,289,000
10	502,570
15	120,570
30	7800
45	1435
60	477
75	211
>105	198

a. ¿Qué porcentaje de desviaciones de partículas alfa fueron de 5° o menos?

b. ¿Qué porcentaje de desviaciones fueron de 15° o menos?

c. ¿Qué porcentaje de desviaciones fueron de 60° o más?

★67. Usando los datos para el nitrógeno de la Tabla 4.3, calcula la masa atómica media ponderada del nitrógeno. Muestra tu trabajo.

68. ¿Qué características de los rayos catódicos condujeron a Thomson a concluir que los rayos consistían de partículas con carga negativa?

69. Si sabes el número atómico y el número de masa de un átomo de un elemento, ¿cómo puedes determinar el número de protones, neutrones y electrones en ese átomo?

70. ¿Qué es lo que hace a los isótopos de un mismo elemento químicamente iguales?

71. Si los isótopos son químicamente iguales pero físicamente diferentes, sugiere qué partículas subatómicas son las responsables de determinar la reactividad química de un elemento.

Piensa de manera crítica

72. Interpretar diagramas El diagrama siguiente muestra átomos de oro siendo bombardeados con partículas alfa de rápido movimiento.

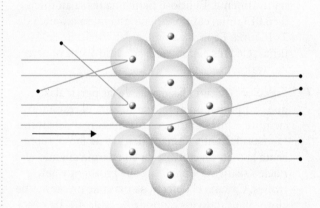

a. Las esferas amarillas grandes representan los átomos de oro. ¿Qué es lo que representan las esferas grises pequeñas?

b. Haz una lista de al menos dos características de las esferas grises pequeñas.

c. ¿Qué partícula subatómica no se puede hallar en el área representada por las esferas grises?

73. Evaluar y revisar ¿Cómo podrías modificar el procedimiento experimental de Rutherford para determinar los tamaños relativos de los diferentes núcleos?

74. Explicar La teoría atómica de Rutherford proponía un núcleo denso rodeado por electrones muy pequeños. Esta estructura implica que los átomos se componen principalmente por espacio vacío, ¿por qué es imposible caminar a través de las paredes o pasar tu mano a través de tu escritorio?

75. Explicar Este capítulo ilustra el método científico en acción. ¿Qué sucede cuando los nuevos resultados experimentales no pueden explicarse mediante la teoría existente?

76. Aplicar conceptos La ley de conservación de la masa se presentó en el Capítulo 2. Usa la teoría atómica de Dalton para explicar esta ley.

77. Inferir El diamante y el grafito están compuestos por átomos de carbono. La densidad del diamante es 3.52 g/cm^3. La densidad del grafito es 2.25 g/cm^3. En 1955, los científicos hicieron exitosamente un diamante a partir de grafito. Usando las densidades relativas, considera lo que sucede a nivel atómico cuando ocurre este cambio. Después sugiere cómo pudo haberse logrado esta síntesis.

78. Calcular El litio tiene dos isótopos que ocurren naturalmente. El litio-6 tiene una masa atómica de 6.015 uma; el litio-7 tiene una masa atómica de 7.016 uma. La masa atómica del litio es de 6.941 uma. ¿Cuál es el porcentaje de litio-7 que ocurre naturalmente?

79. Calcular Cuando las masas de las partículas que componen un átomo se suman, el resultado siempre es más grande que la masa real del átomo. La masa faltante, llamada defecto de masa, representa la materia convertida en energía cuando el núcleo se forma a partir de sus protones y neutrones. Calcula el defecto de masa de un átomo de cloro-35 usando los datos de la Tabla 4.1. La masa real de un átomo de cloro-35 es 5.81×10^{-23} g.

Escribe acerca de la ciencia

80. Comunicar Explica cómo es que el experimento de la lámina de oro de Rutherford condujo a nueva evidencia acerca de la estructura atómica. *Pista:* Primero, describe la organización del experimento. Después, explica cómo interpretó Rutherford sus datos experimentales.

81. Conexión con la GRAN IDEA Selecciona dos átomos de la Tabla 4.2. Compara y contrasta la estructura de los dos átomos.

MISTERIOQUÍMICO

¿Artefacto o falsificación?

Actualmente no hay cráneos de cristal que se haya probado que sean de civilizaciones antiguas. La Sociedad Linneana de Londres es un instituto de investigación que se especializa en taxonomía e historia natural. Ahí han usado la microscopía de electrones para observar la superficie de los cráneos de cristal, incluyendo un cráneo de cristal que es parte de la colección Smithsoniana. Las imágenes del microscopio electrónico de exploración revelan patrones circulares en la superficie de los cráneos. Estos patrones indican que, probablemente los cráneos se esculpieron usando un instrumento de escultura moderno con una rueda giratoria. Las civilizaciones antiguas no habrían tenido tales instrumentos. Por lo tanto, parece ser que todos los cráneos de cristal que se conocen hoy en día son "falsificaciones" y no artefactos

82. Inferir ¿Por qué los microscopios de electrones podrían proporcionar más información acerca de un objeto que un microscopio óptico?

83. Conexión con la GRAN IDEA ¿Cómo ha ayudado el conocimiento de la estructura atómica en el desarrollo del microscopio de electrones?

Repaso acumulativo

84. ¿En qué se diferencian una ley científica y una teoría científica?

85. Clasifica cada uno como un elemento, un compuesto o una mezcla.
   a. azufre
   b. aceite para ensalada
   c. periódico
   d. naranja

86. El oxígeno y el hidrógeno reaccionan explosivamente para formar agua. En una reacción, 6 g de hidrógeno se combinan con oxígeno para formar 54 g de agua. ¿Cuánto oxígeno se usó?

87. Un acuario mide 54.0 cm $\times$ 31.10 m $\times$ 80.0 cm. Cuántos centímetros cúbicos de agua tendrá este acuario?

88. ¿Cuál es la masa de 4.42 cm^3 de platino? La densidad del platino es 22.5 g/cm^3.

Si tienes problemas con . . .

Pregunta	84	85	86	87	88
Ver el Capítulo	1	2	2	3	3

Preparación para los exámenes estandarizados

Selecciona la opción que responda mejor cada pregunta o que complete cada enunciado.

1. La partícula más pequeña de un elemento que retiene su identidad en una reacción química es un
   (A) protón.
   (B) neutrón.
   (C) átomo.
   (D) compuesto.

2. ¿Cuál de estas descripciones es incorrecta?
   (A) protón: carga positiva, en el núcleo, masa de ≈1 uma
   (B) electrón: carga negativa, masa de ≈0 uma, en el núcleo
   (C) neutrón: masa de ≈1 uma, sin carga

3. El talio tiene dos isótopos, talio-203 y talio-205. El número atómico del talio es 81 y su masa atómica es 204.38 uma. ¿Cuál enunciado acerca del talio es verdadero?
   (A) Hay más talio-203 en la naturaleza.
   (B) Los átomos de ambos isótopos tienen 81 protones.
   (C) Los átomos del talio-205 tienen menos neutrones.
   (D) El átomo más común del talio tiene una masa de 204.38 uma.

4. ¿Qué átomo está compuesto por 16 protones, 16 electrones y 16 neutrones?
   (A) $^{48}_{16}S$ (C) $^{32}_{16}S$
   (B) $^{16}_{32}Ge$ (D) $^{16}_{32}S$

Usa la imagen para responder la pregunta 5.

5. ¿Cuántos átomos de nitrógeno-14 (^{14}N) necesitarías colocar del lado derecho de la báscula para equilibrar los tres átomos de calcio-42 (^{42}Ca) del lado izquierdo de la "báscula atómica" siguiente? Describe el método que usaste para determinar tu respuesta, incluyendo cualquier cálculo.

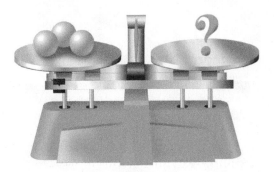

> ## Consejos para tener éxito
>
> **Conectores** A veces dos frases en una pregunta de verdadero/falso están unidas por una palabra como *porque* o *por lo tanto*. Estas palabras implican una relación entre una parte del enunciado y la otra. Los enunciados que incluyen tales palabras pueden ser falsos incluso si ambas partes del enunciado son verdaderas.

Para cada pregunta siguiente hay dos enunciados. Decide si cada enunciado es verdadero o falso. Después decide si el Enunciado II es una explicación correcta del Enunciado I.

Enunciado I		Enunciado II
6. Cada átomo de aluminio-27 tiene 27 protones y 27 electrones.	**PORQUE**	El número de masa del aluminio-27 es 27.
7. Los isótopos de un elemento tienen diferentes masas atómicas.	**PORQUE**	Los núcleos de los isótopos de un elemento contienen diferentes números de protones.
8. Un electrón es repelido por una partícula con carga negativa.	**PORQUE**	Un electrón tiene una carga negativa.
9. En un átomo, el número de neutrones es generalmente igual a, o mayor que, el número de protones.	**PORQUE**	El número de masa es generalmente igual a, o mayor que, el número atómico.

Si tienes problemas con . . .

Pregunta	1	2	3	4	5	6	7	8	9
Ver la lección	4.1	4.2	4.3	4.3	4.3	4.3	4.3	4.2	4.2

5

Electrones en átomos

EN EL INTERIOR:

- **5.1** Cambios al modelo atómico
- **5.2** Distribución de electrones en átomos
- **5.3** Espectros de emisión atómica y el modelo según la mecánica cuántica

PearsonChem.com

Los colores brillantes de los fuegos artificiales se producen mediante el uso de compuestos que contienen diferentes elementos. En este capítulo, aprenderás cómo los elementos pueden emitir luz de diferentes colores

LOS ELECTRONES Y LA ESTRUCTURA DE LOS ÁTOMOS

Preguntas esenciales:

1. ¿Cómo describe el modelo de la mecánica cuántica la configuración de los electrones en los átomos?

2. ¿Qué sucede cuando los electrones en los átomos absorben o liberan energía?

MISTERIOQUÍMICO

Ahora lo ves... Ahora no

Al joven Liam le encanta salir por la noche y contemplar la estrellas. Para su cumpleaños, sus padres le regalaron unas calcomanías de estrellas que brillan en la oscuridad para que pudiera mirar las estrellas desde la comodidad de su cama.

Esa noche, Liam miró las constelaciones que había creado en su techo mientras se quedaba dormido. Unas horas más tarde, Liam despertó muy perturbado. Las estrellas ya no brillaban a pesar de que todavía estaba oscuro en su habitación. Encendió la luz de la habitación y corrió por el pasillo para despertar a sus padres. Sin embargo, cuando Liam trajo a sus padres de nuevo a su cuarto y apagó la luz, las estrellas estaban brillando de nuevo. ¿Por qué las estrellas dejaron de brillar y luego se encendieron de nuevo más tarde?

▶ Conexión con la **GRAN**IDEA A medida que lees sobre los electrones en los átomos, piensa cómo funcionan las calcomanías que brillan en la oscuridad.

5.1 Cambios al modelo atómico

P: *¿Por qué los científicos usan modelos matemáticos para describir la posición de los electrones en los átomos?* A menudo se usan los túneles y modelos de viento para simular las fuerzas del aire en movimiento en un diseño. Aquí se muestra un modelo de tamaño real de un esquiador de velocidad. Se trata de un modelo físico. Sin embargo, no todos los modelos son físicos. De hecho, el actual modelo del átomo es un modelo matemático.

Los niveles de energía en los átomos

🔑 ¿Qué propuso Bohr con su modelo del átomo?

Hasta el momento, el modelo atómico que se presenta en este libro ha considerado a los átomos como un conjunto de protones y neutrones que componen un núcleo rodeado por electrones. Después de descubrir el núcleo del átomo, Rutherford usó ideas existentes sobre el átomo y propuso un modelo atómico en el que los electrones se movían alrededor del núcleo así como los planetas se mueven alrededor del Sol.

Limitaciones del modelo atómico de Rutherford El modelo atómico de Rutherford explicaba sólo algunas propiedades simples de los átomos. Pero no podía explicar las propiedades químicas de los elementos. Por ejemplo, el modelo de Rutherford no podía explicar por qué los metales o compuestos de metales emiten colores característicos cuando se calientan en una flama. Tampoco podía explicar por qué un objeto como la lámina de hierro que se muestra en la Figura 5.1 primero se ilumina de color rojo oscuro, luego amarillo y, a continuación, blanco cuando se calienta a temperaturas más altas. Para poder explicar las propiedades químicas de los elementos se requería un modelo que describiera mejor el comportamiento de los electrones en los átomos.

Preguntas clave

🔑 **¿Qué propuso Bohr con su modelo del átomo?**

🔑 **¿Qué determina el modelo de la mecánica cuántica acerca de los electrones en los átomos?**

🔑 **¿Cómo difieren los subniveles de los niveles de energía principales?**

Vocabulario

- nivel de energía
- cuanto
- modelo según la mecánica cuántica
- orbital atómico

Figura 5.1 Metal brillante

El modelo de Rutherford no pudo explicar por qué los objetos cambian de color cuando se calientan. A medida que aumenta la temperatura de esta lámina de hierro primero se pone negra, luego roja, luego amarilla y luego blanca. El comportamiento observado podría explicarse sólo si los átomos en el hierro despidieran luz en cantidades específicas de energía. Se necesitaba un modelo atómico mejor para explicar esta observación.

El modelo de Bohr En 1913, Niels Bohr (1885–1962), un joven físico danés y estudiante de Rutherford, desarrolló un nuevo modelo atómico. Cambió el modelo de Rutherford para incorporar nuevos descubrimientos sobre cómo cambia la energía de un átomo cuando el átomo absorbe o emite luz. Empezó con el átomo más simple, el hidrógeno, que tiene un electrón. 🔑 **Bohr propuso que un electrón se encuentra sólo en las trayectorias circulares específicas, u órbitas, alrededor del núcleo.**

Cada órbita de electrón posible en el modelo de Bohr tiene una energía fija. Las energías fijas que un electrón puede tener se llaman **niveles de energía**. Los niveles de energía fijos de los electrones son como los peldaños de la escalera de la Figura 5.2a. El peldaño más bajo de la escalera corresponde al nivel más bajo de energía. Una persona puede subir o bajar la escalera dando un paso de peldaño en peldaño. Del mismo modo, un electrón puede pasar de un nivel de energía a otro. La persona en la escalera no puede estar entre los peldaños. De manera similar, los electrones en un átomo no pueden existir entre los niveles de energía. Para pasar de un peldaño a otro, la persona que sube la escalera debe moverse la distancia justa. Para pasar de un nivel de energía a otro, un electrón debe ganar o perder la cantidad correcta de energía. Un **cuanto** de energía es la cantidad de energía requerida para mover un electrón de un nivel de energía a otro. Por tanto, se dice que la energía de un electrón está cuantizada.

APOYO PARA LA LECTURA

Desarrollar el vocabulario: *Origen de la palabra en Latín* *Quantum* proviene de la palabra en Latín *quantus*, que significa "cuánto". *¿Qué otra palabra que se usa comúnmente en español proviene de esta raíz?*

Figura 5.2 Niveles de energía Los peldaños de una escalera se parecen a los niveles de energía del modelo de Bohr del átomo. **a.** En una escalera ordinaria, los peldaños están espaciados equitativamente. **b.** Los niveles de energía de los átomos están inequitativamente espaciados, como los peldaños de esta inusual escalera. Los niveles de energía más altos están más juntos. Comparar *Para la escalera de b, compara la cantidad de energía necesaria para pasar del primer al segundo peldaño con la cantidad de energía que se necesitaría para pasar del segundo al tercer peldaño.*

La cantidad de energía que gana o pierde un electrón en un átomo no es siempre la misma. Al igual que los peldaños de la extraña escalera de la Figura 5.2b, los niveles de energía en un átomo no son equidistantes. Los niveles de energía más altos están más juntos. Se necesita menos energía para subir de un peldaño a otro cerca de la parte superior de la escalera en la Figura 5.2b, donde los peldaños están más cerca. Del mismo modo, cuanto mayor sea el nivel de energía ocupado por un electrón, menor será la energía que necesitará el electrón para pasar de ese nivel de energía al siguiente nivel de energía más alto.

El modelo de Bohr proporcionó resultados de acuerdo con los experimentos usando el átomo de hidrógeno. Sin embargo, el modelo de Bohr no pudo explicar la energía absorbida y emitida por los átomos con más de un electrón.

El modelo según la mecánica cuántica

¿Qué determina el modelo según la mecánica cuántica sobre los electrones de un átomo?

El modelo de Rutherford y el modelo de Bohr del átomo describían la trayectoria de un electrón en movimiento así como describirías la trayectoria de un objeto grande en movimiento. Pero otros cálculos teóricos y resultados experimentales no lograron describir el movimiento de electrones de esta manera. En 1926, el físico austríaco Erwin Schrödinger (1887–1961) usó estos cálculos y resultados para diseñar y resolver una ecuación matemática que describía el comportamiento del electrón en un átomo de hidrógeno. La descripción moderna de los electrones en los átomos, el **modelo según la mecánica cuántica,** provino de la solución matemática a la ecuación de Schrödinger.

Al igual que el modelo de Bohr, el modelo del átomo según la mecánica cuántica restringe la energía de los electrones a ciertos valores. Sin embargo, a diferencia del modelo de Bohr, el modelo según la mecánica cuántica no especifica la trayectoria exacta que toman los electrones alrededor del núcleo. **El modelo según la mecánica cuántica determina las energías permitidas que puede tener un electrón y qué probabilidad hay de encontrar al electrón en varios lugares alrededor del núcleo de un átomo.**

La probabilidad describe qué tan probable es encontrar un electrón en un lugar determinado alrededor del núcleo de un átomo. Si colocaras tres canicas rojas y una canica verde en una caja y luego tomaras una canica sin mirar, la probabilidad de sacar la canica verde sería una de cuatro, o 25 por ciento. Este porcentaje significa que si pones las cuatro canicas en una caja y tomas una, y repites esto muchas veces, tomarías una canica verde en 25 por ciento de tus intentos.

La descripción del modelo según la mecánica cuántica de cómo se mueven los electrones alrededor del núcleo es similar a la descripción de cómo giran las aspas de un molino de viento. Las aspas del molino de viento de la Figura 5.3a tienen cierta probabilidad de estar en cualquier lugar de la región borrosa que producen en la imagen, pero no se puede predecir su ubicación exacta en cualquier instante. En el modelo del átomo según la mecánica cuántica, la probabilidad de encontrar un electrón dentro de un cierto volumen de espacio que rodea al núcleo, se puede representar como una región difusa parecida a una nube, como se muestra en la Figura 5.3b. La nube es más densa donde la probabilidad de encontrar al electrón es alta y es menos densa donde la probabilidad de encontrar al electrón es baja. La nube no tiene límites porque hay una pequeña probabilidad de encontrar el electrón a una distancia considerable del núcleo. Por tanto, los intentos por mostrar probabilidades como una nube difusa se limitan por lo general al volumen en el que se encuentra el electrón 90 por ciento del tiempo. Para visualizar una nube de probabilidad del electrón, imagina que pudieras moldear un saco alrededor de la nube para que el electrón estuviera dentro del saco el 90 por ciento del tiempo. La forma del saco entonces te daría una imagen de la forma de la nube.

Figura 5.3 Nube de electrones

La nube de electrones de un átomo se puede comparar con la fotografía de las aspas de un molino de viento en movimiento. **a.** Las aspas de los molinos de viento están en algún lugar de la región borrosa que producen en esta imagen, pero la imagen no te indica su posición exacta en cualquier instante. **b.** Del mismo modo, la nube de electrones de un átomo representa los lugares en los que es probable que se encuentre un electrón, pero no es posible saber dónde está ese electrón en la nube en cualquier instante.

Nube de electrones

Orbitales atómicos

🔑 *¿Cómo difieren los subniveles de los niveles principales de energía?*

Las soluciones a la ecuación de Schrödinger dan las energías, o los niveles de energía, que un electrón puede tener. Para cada nivel de energía, la ecuación de Schrödinger también conduce a una expresión matemática, llamada **orbital atómico,** que describe la probabilidad de encontrar un electrón en varios lugares alrededor del núcleo. Un orbital atómico se representa gráficamente como una región de espacio en donde hay una alta probabilidad de encontrar un electrón.

Los niveles de energía de los electrones en el modelo según la mecánica cuántica se marcan por los números cuánticos principales (n). A estos números se les asignan los valores de $n = 1, 2, 3, 4$, y así sucesivamente. Para cada nivel de energía principal mayor que 1, hay varios orbitales con diferentes formas y en diferentes niveles de energía. Estos niveles de energía dentro de un nivel de energía principal constituyen subniveles de energía. 🔑 **Cada subnivel de energía corresponde a uno o más orbitales de diferente forma. Los orbitales describen donde es probable que se encuentre un electrón.**

Los diferentes orbitales atómicos se denotan por letras. Como se muestra en la Figura 5.4a, los orbitales s son esféricos y los orbitales p tienen forma de mancuerna. La probabilidad de encontrar un electrón a una distancia dada desde el núcleo en un orbital s no depende de la dirección debido a su forma esférica. Los tres tipos de orbitales p tienen diferentes orientaciones en el espacio. La Figura 5.4b muestra las formas de orbitales d. Cuatro de los cinco tipos de orbitales d tienen formas de hoja de trébol. Las formas de los orbitales f son más complicadas que las formas de los orbitales d.

ⓐ Formas de orbitales s y p.

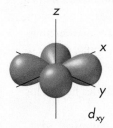 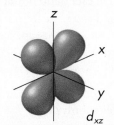 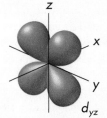 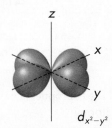 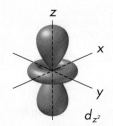

s p_x p_y p_z

ⓑ Formas de orbitales d.

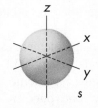 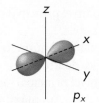 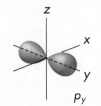 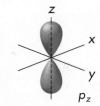

d_{xy} d_{xz} d_{yz} $d_{x^2-y^2}$ d_{z^2}

Consulta orbitales atómicos en línea animada.

Figura 5.4 Orbitales atómicos

Las soluciones a la ecuación de Schrödinger dan lugar a orbitales atómicos.
a. Para un nivel principal de energía dado mayor que 1, hay un orbital s y tres orbitales p. **b.** Cuatro de los cinco orbitales d tienen la misma forma pero diferentes orientaciones espaciales.

Interpretar diagramas *¿En qué se parecen las orientaciones de los orbitales d_{xy} y $d_{x^2} - y_2$? ¿En qué se diferencian?*

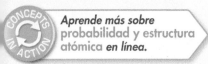
Tabla 5.1

Resumen de los niveles principales y subniveles de energía

Nivel principal de energía	Número de subniveles	Tipo de subnivel	Número máximo de electrones
$n = 1$	1	1s (1 orbital)	2
$n = 2$	2	2s (1 orbital), 2p (3 orbitales)	8
$n = 3$	3	3s (1 orbital), 3p (3 orbitales), 3d (5 orbitales)	18
$n = 4$	4	4s (1 orbital), 4p (3 orbitales), 4d (5 orbitales), 4f (7 orbitales)	32

Como se muestra en la Figura 5.1, los números y tipos de orbitales atómicos dependen del nivel principal de energía. El nivel principal de energía más baja ($n = 1$) tiene sólo un subnivel, llamado 1s. El segundo nivel principal de energía ($n = 2$) tiene dos subniveles, 2s y 2p. El subnivel 2p es de mayor energía que el subnivel 2s y consta de tres orbitales p de igual energía. Por lo tanto, el segundo nivel principal de energía tiene cuatro orbitales (un orbital 2s y tres orbitales 2p).

El tercer nivel de energía principal ($n = 3$) tiene tres subniveles. Éstos se llaman, 3s, 3p y 3d. El subnivel 3d consiste de cinco orbitales d de igual energía. Por lo tanto, el tercer nivel principal de energía tiene nueve orbitales (uno 3s, tres 3p y cinco 3d).

El cuarto nivel principal de energía ($n = 4$) tiene cuatro subniveles, llamados 4s, 4p, 4d y 4f. El subnivel 4f consta de siete orbitales f con la misma energía. Por tanto, el cuarto nivel principal de energía tiene dieciséis orbitales (uno 4s, tres 4p, cinco 4d y siete 4f).

Como se muestra en la tabla, el número cuántico principal siempre es igual al número de subniveles dentro de ese nivel principal de energía. El número de orbitales en un nivel principal de energía es igual a n^2. Como aprenderás en la próxima lección, un máximo de dos electrones pueden ocupar un orbital. Por tanto, el máximo número de electrones que pueden ocupar un nivel principal de energía está dado por la fórmula $2n^2$.

LA QUÍMICA Y TÚ

P: *Los modelos anteriores del átomo fueron modelos físicos basados en el movimiento de objetos grandes. ¿Por qué los científicos ya no usan modelos físicos para describir el movimiento de los electrones?*

5.1 Comprobación de la lección

1. 🔑 **Repasar** ¿Cuál fue la propuesta básica en el Modelo de Bohr del átomo?

2. 🔑 **Describir** ¿Qué determina el modelo según la mecánica cuántica sobre los electrones en los átomos?

3. 🔑 **Repasar** ¿En qué se diferencian dos subniveles del mismo nivel principal de energía?

4. **Describir** ¿Cómo pueden los electrones en un átomo moverse de un nivel de energía a otro?

5. **Explicar** Se dice que las energías de los electrones son cuantizadas. Explica lo que significa esto.

6. **Aplicar conceptos** ¿Cuántos orbitales hay en los siguientes subniveles?
   a. subnivel 3p
   b. subnivel 2s
   c. subnivel 4p
   d. subnivel 3d
   e. subnivel 4f

GRANIDEA LOS ELECTRONES Y LA ESTRUCTURA DE LOS ÁTOMOS

7. ¿En qué se diferencian el modelo de Bohr y el modelo según la mecánica cuántica en la manera en que describen la disposición de los electrones en los átomos?

El desarrollo de los modelos atómicos

El modelo atómico ha cambiado a medida que los científicos aprenden más sobre la estructura del átomo a través de experimentos y cálculos.

1923 Louis de Broglie propone que las partículas en movimiento como los electrones tienen propiedades parecidas a las de las ondas.

1904 Hantaro Nagaoka sugiere que un átomo tiene un núcleo central. Los electrones se mueven en órbitas como los anillos alrededor de Saturno.

Un electrón puede ganar o perder energía al cambiar de órbita.

Electrón

Núcleo

Modelo de Dalton

Pequeña esfera sólida

Modelo de Bohr

1932 James Chadwick confirma la existencia de los neutrones, que no tienen carga. Los núcleos atómicos contienen neutrones y protones con carga positiva.

1803 John Dalton se imagina a los átomos como partículas pequeñas e indestructibles.

1913 En el modelo de Niels Bohr, el electrón se mueve en una órbita circular a distancias fijas del núcleo.

| 1800 | 1805 | | 1895 | 1900 | 1905 | 1910 | 1915 | 1920 | 1925 | 1930 | 1935 |

1897 JJ Thomson descubre el electrón. Se imagina a los electrones incrustados en una esfera de carga eléctrica positiva.

Trayectoria de un electrón en movimiento

Núcleo

Modelo de Rutherford

1926 Erwin Schrödinger desarrolla ecuaciones matemáticas para describir el movimiento de los electrones en los átomos, lo que conduce al modelo según la mecánica cuántica.

El núcleo con carga positiva contiene protones y neutrones.

La nube de electrones es un modelo visual de las ubicaciones probables de los electrones en un átomo. La probabilidad de hallar un electrón es mayor en las regiones más densas de la nube.

1911 Ernest Rutherford descubre que un átomo tiene un núcleo pequeño y denso, con carga positiva.

Modelo según la mecánica cuántica

Esfera con carga positiva

Partícula con carga negativa (electrón)

Modelo de Thomson

Un paso más allá

1. Resumir Haz una lista de una contribución importante de cada uno de estos científicos a la comprensión del átomo: Dalton, Thomson, Rutherford, Bohr y Schrödinger.

2. Describir ¿Alguna vez has necesitado identificar algo que no podías ver? Explica.

P: *¿Qué hace que la configuración electrónica de un átomo sea estable?* Las configuraciones inestables, como la posición de yoga que se muestra aquí, tienden a ser más estables al perder energía. Si el yogui se fuera a caer, tendría menos energía, pero su posición sería más estable. La energía y la estabilidad desempeñan un papel importante en la determinación de cómo se configuran los electrones en un átomo.

Pregunta clave

🔑 **¿Cuáles son las tres reglas para escribir las configuraciones electrónicas de los elementos?**

Vocabulario

- configuración electrónica
- principio de aufbau
- principio de exclusión de Pauli
- espín
- regla de Hund

Configuraciones electrónicas

🔑 **¿Cuáles son las tres reglas para escribir las configuraciones electrónicas de los elementos?**

En un átomo, los electrones y el núcleo interactúan para lograr la distribución más estable posible. Las formas en las que se distribuyen los electrones en diversos orbitales alrededor del núcleo de los átomos se denominan **configuraciones electrónicas.** 🔑 **Tres reglas (el principio de aufbau, el principio de exclusión de Pauli y la regla de Hund) te indican cómo encontrar la configuración electrónica de los átomos.** Las tres reglas son las siguientes.

Principio de aufbau De acuerdo con el **principio de aufbau,** los electrones ocupan primero los orbitales de menor energía. Los orbitales de cualquier subnivel de un nivel principal de energía tienen siempre la misma energía. Dentro de un nivel principal de energía, el subnivel *s* es siempre el subnivel de energía más baja. Sin embargo, la gama de niveles de energía dentro de un nivel principal de energía se pueden superponer a los niveles de energía de otro nivel principal. Observa el diagrama de aufbau en la Figura 5.5. Cada cuadro representa un orbital atómico. Ten en cuenta que el llenado de los orbitales atómicos no sigue un modelo simple más allá del segundo nivel de energía. Por ejemplo, el orbital 4*s* tiene menos energía que el orbital 3*d*.

Principio de exclusión de Pauli De acuerdo con el **principio de exclusión de Pauli,** un orbital atómico puede describir como máximo dos electrones. Por ejemplo, ya sea uno o dos electrones pueden ocupar un orbital *s* o un orbital *p*. Para ocupar el mismo orbital, dos electrones deben tener espines opuestos, es decir, los espines de los electrones deben estar en pareja. El **espín** es una propiedad de la mecánica cuántica de los electrones y puede darse en sentido horario o contrahorario. Una flecha vertical indica un electrón y su dirección de giro (↑ o ↓). Un orbital que contiene electrones en pareja se escribe como ↑↓.

Regla de Hund De acuerdo con la **regla de Hund,** los electrones ocupan orbitales de la misma energía de manera que hace que el número de electrones cuyo espín tiene la misma dirección sea lo más grande posible. Por ejemplo, tres electrones ocuparían tres orbitales de igual energía de la siguiente manera: ↑ ↑ ↑ . Por tanto, los electrones ocupan cada orbital de modo que sus espines están emparejados con el primer electrón en el orbital.

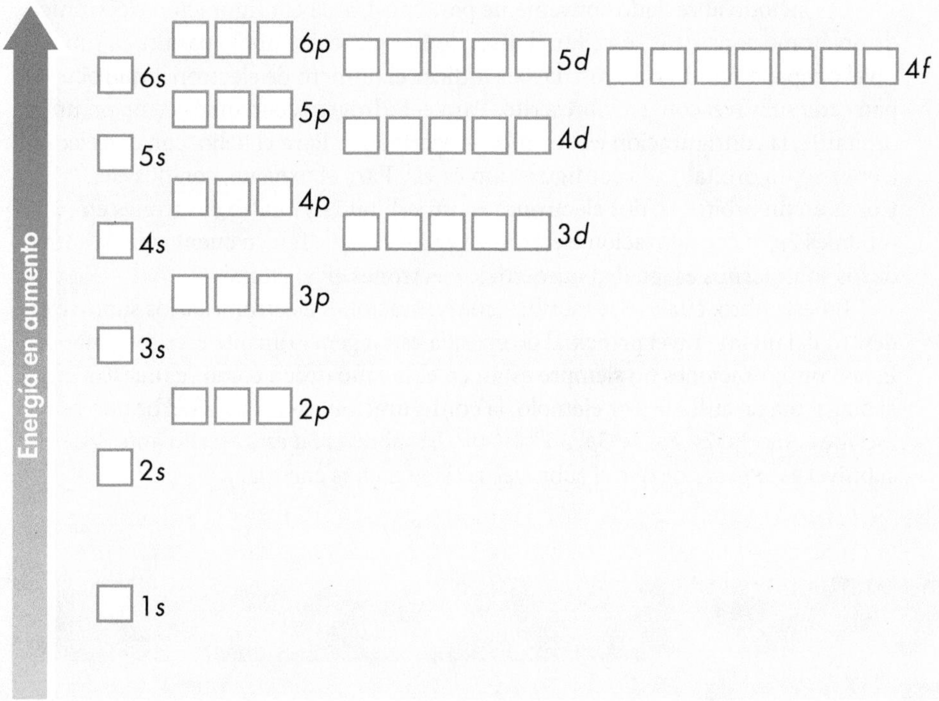

Figura 5.5 Diagrama de aufbau
Este diagrama de aufbau muestra los niveles de energía relativos de los diversos orbitales atómicos. Los orbitales de mayor energía están más arriba en el diagrama.
Interpretar tablas ¿Cuál tiene más energía: un orbital 4d o un orbital 5s?

Observa los diagramas de llenado de orbitales de los átomos enlistados en la Figura 5.2. Un átomo de oxígeno contiene ocho electrones. El orbital de menor energía, $1s$, tiene un electrón después, un segundo electrón de espín opuesto. El siguiente orbital a llenar es $2s$. También tiene un electrón, después, un segundo electrón de espín opuesto. Luego, un electrón ocupa uno de tres orbitales $2p$ de igual energía. El electrón restante se empareja con un electrón que ocupa uno de los orbitales $2p$. Los otros dos orbitales $2p$ se mantienen llenos sólo la mitad, con un electrón cada uno.

Tabla 5.2

Configuraciones electrónicas de algunos elementos							
Elemento	**1s**	**2s**	**2p$_x$**	**2p$_y$**	**2p$_z$**	**3s**	**Configuración electrónica**
H	↑						$1s^1$
He	↑↓						$1s^2$
Li	↑↓	↑					$1s^2 2s^1$
C	↑↓	↑↓	↑	↑			$1s^2 2s^2 2p^2$
N	↑↓	↑↓	↑	↑	↑		$1s^2 2s^2 2p^3$
O	↑↓	↑↓	↑↓	↑	↑		$1s^2 2s^2 2p^4$
F	↑↓	↑↓	↑↓	↑↓	↑		$1s^2 2s^2 2p^5$
Ne	↑↓	↑↓	↑↓	↑↓	↑↓		$1s^2 2s^2 2p^6$
Na	↑↓	↑↓	↑↓	↑↓	↑↓	↑	$1s^2 2s^2 2p^6 3s^1$

P: *Explica por qué la configuración electrónica correcta del oxígeno es $1s^2\, 2s^2\, 2p^4$ y no $1s^2\, 2s^2\, 2p^3\, 3s^1$.*

Un método abreviado conveniente para mostrar la configuración electrónica de un átomo consiste en escribir el nivel de energía y el símbolo para cada subnivel ocupado por un electrón. Debes indicar el número de electrones que ocupan cada subnivel con un sobrescrito. Para el hidrógeno, con un electrón en un orbital 1s, la configuración electrónica se escribe $1s^1$. Para el helio, con dos electrones en un orbital 1s, la configuración es $1s^2$. Para el oxígeno, con dos electrones en un orbital 1s, dos electrones en un orbital 2s y cuatro electrones en orbitales 2p, la configuración electrónica es $1s^2\, 2s^2\, 2p^4$. Ten en cuenta que la suma de los sobrescritos es igual al número de electrones en el átomo.

En este libro, cuando se escriben configuraciones electrónicas, los subniveles dentro del mismo nivel principal de energía están generalmente escritos juntos. Estas configuraciones no siempre están en el mismo orden como se muestra en el diagrama de aufbau. Por ejemplo, la configuración electrónica del bromo se escribe como $1s^2\, 2s^2\, 2p^6\, 3s^2\, 3p^6\, 3d^{10}\, 4s^2\, 4p^5$. El subnivel 3d está escrito antes que el subnivel 4s, a pesar de que el subnivel 4s tiene menos energía.

CHEM TUTOR

Ejemplo de problema 5.1

Escribir configuraciones electrónicas

El número atómico del fósforo es 15. Escribe la configuración electrónica de un átomo de fósforo.

❶ Analizar Identifica los conceptos relevantes. El fósforo tiene 15 electrones. Hay un máximo de dos electrones por orbital. Los electrones no se emparejan en un subnivel de energía (orbitales de la misma energía) hasta que cada orbital tenga un electrón.

> Al escribir configuraciones electrónicas, los subniveles dentro del mismo nivel principal de energía se escriben juntos.

❷ Resolver Aplica los conceptos a este problema.

> Usa el diagrama de aufbau de la Figura 5.5 para colocar electrones primero en el orbital que tenga menos energía (1s) Continúa colocando los electrones en cada orbital con el siguiente nivel más alto de energía.

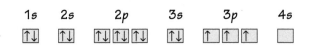

> Escribe la configuración electrónica.

La configuración electrónica del fósforo es $1s^2\, 2s^2\, 2p^6\, 3s^2\, 3p^3$. La suma de los sobrescritos es igual a el número de electrónes.

---

8. Escribe la configuración electrónica de cada átomo.
  a. carbono
  b. argón
  c. níquel

9. Escribe la configuración electrónica de cada átomo. ¿Cuántos electrones sin pareja tiene cada átomo?
  a. boro
  b. sílice
  c. azufre

Configuraciones electrónicas excepcionales El cobre, que se muestra en la Figura 5.6, tiene una configuración electrónica que es una excepción al principio de aufbau. Puedes obtener las configuraciones electrónicas correctas de los elementos hasta el vanadio (número atómico 23) siguiendo el esquema aufbau para el llenado orbital. Sin embargo, si siguieras de esta manera, tendrías que asignarles al cromo y al cobre las siguientes configuraciones incorrectas.

$$\text{Cr } 1s^2\,2s^2\,2p^6\,3s^2\,3p^6\,3d^4\,4s^2$$
$$\text{Cu } 1s^2\,2s^2\,2p^6\,3s^2\,3p^6\,3d^9\,4s^2$$

Las configuraciones electrónicas correctas son:

$$\text{Cr } 1s^2\,2s^2\,2p^6\,3s^2\,3p^6\,3d^5\,4s^1$$
$$\text{Cu } 1s^2\,2s^2\,2p^6\,3s^2\,3p^6\,3d^{10}\,4s^1$$

Estas distribuciones le dan al cromo un subnivel d medio lleno y al cobre un subnivel d lleno. Los subniveles de energía llenos son más estables que los subniveles parcialmente llenos. Algunas configuraciones electrónicas reales difieren de las asignadas usando el principio de aufbau, porque aunque los subniveles medio llenos no son tan estables como los subniveles llenos, son más estables que otras configuraciones. Esta tendencia supera la pequeña diferencia que hay entre las energías de los subniveles $3d$ y $4s$ del cobre y del cromo.

En números cuánticos principales superiores, las diferencias de energía entre algunos subniveles (como $5f$ y $6d$, por ejemplo) son aún más pequeñas que en los ejemplos del cromo y del cobre. En consecuencia, hay otras excepciones al principio de aufbau. Aunque vale la pena saber que el principio de aufbau tiene excepciones, es más importante entender las reglas generales para la determinación de las configuraciones electrónicas en los muchos casos en los que aplica el principio de aufbau.

Figura 5.6 Cobre
El cobre es un metal brillante que se puede modelar de diferentes formas. La configuración electrónica del cobre no sigue el principio de aufbau.

5.2 Comprobación de la lección

10. 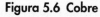 **Hacer una lista** ¿Cuáles son las tres reglas para escribir las configuraciones electrónicas de los elementos?

11. Hacer una secuencia. Usa la Figura 5.5 para organizar los siguientes subniveles en orden decreciente de energía: $2p$, $4s$, $3s$, $3d$, y $3p$.

12. Explicar ¿Por qué las configuraciones electrónicas reales de algunos elementos difieren de las configuraciones asignadas según el principio de aufbau?

13. Inferir ¿Por qué un electrón en un átomo de potasio entra en el cuarto nivel de energía en lugar de entrar en el tercer nivel de energía, junto con los ocho que ya están ahí?

14. Aplicar conceptos El número atómico del arsénico es 33. ¿Cuál es la configuración electrónica de un átomo de arsénico?

5.3 Espectros de emisión atómica y el modelo según la mecánica cuántica

P: *¿Qué les da su color a las lámparas llenas de gas?* Si caminas por la noche a lo largo de una calle muy concurrida y llena de tiendas y teatros, es probable que veas los letreros publicitarios iluminados. Los letreros están hechos de tubos de vidrio doblados en varias formas. Una corriente eléctrica que pasa a través del gas que hay en cada tubo de vidrio hace que el gas brille con su color característico.

Preguntas clave

🔑 **¿Qué causa los espectros de emisión atómica?**

🔑 **¿Cómo explicó Einstein el efecto fotoeléctrico?**

🔑 **¿Cómo se relacionan las frecuencias de luz emitida por un átomo a los cambios de energía de los electrones?**

🔑 **¿En qué se diferencia la mecánica cuántica de la mecánica clásica?**

Vocabulario

- amplitud • longitud de onda
- frecuencia • hertz
- radiación electromagnética
- espectro
- espectro de emisión atómica
- constante de Planck
- efecto fotoeléctrico • fotón
- estado basal
- principio de incertidumbre de Heisenberg

La luz y los espectros de emisión atómica

🔑 **¿Qué causa los espectros de emisión atómica?**

Las secciones anteriores de este capítulo te presentaron algunas ideas sobre cómo se distribuyen los electrones de los átomos en los orbitales, cada uno con un nivel de energía particular. También aprendiste a escribir las configuraciones electrónicas de los átomos. Ahora observarás más de cerca lo que condujo al desarrollo de la ecuación de Schrödinger y al modelo atómico según la mecánica cuántica.

La naturaleza de la luz Es curioso que el modelo según la mecánica cuántica se desarrollara fuera del estudio de la luz. Isaac Newton (1642–1727) intentó explicar lo que se sabía sobre el comportamiento de la luz al suponer que la luz consiste en partículas. Para el año 1900, sin embargo, había suficientes pruebas experimentales para convencer a los científicos de que la luz consiste en ondas. La Figura 5.7 muestra algunas de las propiedades de las ondas. Como se muestra, cada ciclo de onda completo comienza en cero en el eje de las *y*, aumenta a su valor más alto, pasa a través de cero para llegar a su nivel más bajo y vuelve de nuevo a cero. La **amplitud** de una onda es la altura de la onda de cero a la cresta, como se muestra en la Figura 5.7. La **longitud de onda**, representada por λ (la letra griega lambda), es la distancia entre las crestas. La **frecuencia**, representada por ν (la letra griega nu), es el número de ciclos de onda para pasar un punto dado por una unidad de tiempo. Las unidades de frecuencia son generalmente ciclos por segundo. La unidad SI de ciclos por segundo se llama **hertz** (Hz). Un hertz también se puede expresar como un segundo recíproco (s^{-1}).

Figura 5.7 Ondas de luz
La frecuencia (ν) y la longitud de onda (λ) de las ondas de luz están inversamente relacionadas. A medida que disminuye la longitud de onda, aumenta la frecuencia.

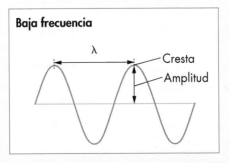

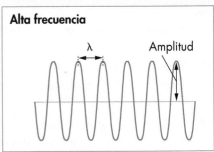

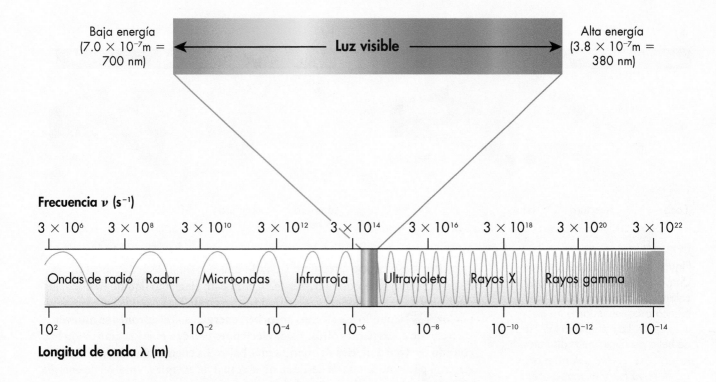

Figura 5.8 Espectro electromagnético

El espectro electromagnético se compone de la radiación en una amplia gama de longitudes de onda. La porción de luz visible es muy pequeña. Está en el rango de longitud de onda de 10^{-7} m y el rango de frecuencia de 10^{15} Hz (s^{-1}).

Interpretar diagramas *¿Qué tipos de radiación no visible tienen las longitudes de onda próximas a las de la luz roja? ¿Y a las de la luz azul?*

El producto de la frecuencia y la longitud de onda es igual a una constante (*c*), la velocidad de la luz.

$$c = \lambda\nu$$

La longitud de onda y la frecuencia de la luz son inversamente proporcionales. A medida que la longitud de onda de la luz aumenta, la frecuencia disminuye.

De acuerdo con el modelo de onda, la luz consiste en ondas electromagnéticas. La **radiación electromagnética** incluye ondas de radio, microondas, ondas infrarrojas, luz visible, ondas ultravioleta, rayos X y rayos gamma. Todas las ondas electromagnéticas viajan en el vacío a una velocidad de 2.998×10^8 m/s.

El Sol y los focos incandescentes emiten luz blanca, que consiste en luz que tiene un intervalo continuo de longitudes de onda y frecuencias. Como puedes ver en la Figura 5.8, la longitud de onda y la frecuencia de cada color de luz son características de ese color. Cuando la luz solar pasa a través de un prisma, las diferentes longitudes de onda se separan en un **espectro** de colores. Un arco iris es un ejemplo de este fenómeno. Cada gotita de agua actúa como un prisma para producir un espectro. Cada color se mezcla con el siguiente en el orden rojo, naranja, amarillo, verde, azul y violeta. Como puedes ver en la Figura 5.8, la luz roja tiene la longitud de onda más larga y la frecuencia más baja en el espectro visible.

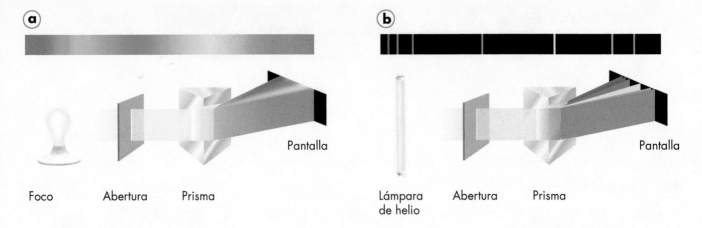

(a)

Foco   Abertura   Prisma   Pantalla

(b)

Lámpara de helio   Abertura   Prisma   Pantalla

Figura 5.9 Comparar espectros
Un prisma separa la luz en los colores que contiene. **a.** La luz blanca produce un arco iris de colores. **b.** La luz de una lámpara de helio produce líneas discretas.
Identificar ¿Qué color del arco iris tiene la frecuencia más alta?

Espectro de emisión atómica Cuando una corriente eléctrica pasa a través de un elemento gaseoso, o a través del vapor de un elemento líquido o sólido, los electrones de los átomos del gas o vapor se energizan. Esta energía hace que emitan luz. **Cuando los átomos absorben energía, sus electrones se mueven a niveles de energía más altos. Estos electrones pierden energía emitiendo luz cuando vuelven a niveles de energía más bajos.** La energía absorbida por un electrón para que se mueva desde su nivel actual de energía a un nivel de energía más alto es idéntica a la energía de la luz emitida por el electrón a medida que cae de nuevo a su nivel de energía original. La Figura 5.9a muestra el espectro visible de la luz blanca. Ten en cuenta que todas las longitudes de onda de luz visible se difuminan como en un arco iris. Sin embargo, cuando la luz emitida por los electrones energizados de un elemento gaseoso se hace pasar a través de un prisma, como se muestra en la Figura 5.9b, el espectro se compone de un número limitado de líneas estrechas de luz. Las longitudes de onda de estas líneas espectrales son características del elemento, constituyen el **espectro de emisión atómica** del elemento.

Cada línea espectral de un espectro de emisión atómica de un elemento corresponde exactamente a una longitud de onda de luz emitida por los electrones de ese elemento. La Figura 5.9b muestra la parte visible del espectro de emisión atómica del helio.

El espectro de emisión atómica de cada elemento es como la huella digital de una persona. Así como no hay dos personas que tengan la misma huella digital, no hay dos elementos que tengan el mismo espectro de emisión atómica. De la misma manera que las huellas digitales identifican a las personas, los espectros de emisión atómica son útiles para la identificación de los elementos. La Figura 5.10 muestra los colores característicos emitidos por el sodio y el mercurio. Gran parte del conocimiento sobre la composición del universo viene del estudio de los espectros de emisión atómica de las estrellas, que son cuerpos brillantes de gases.

Figura 5.10
Espectro de emisión atómica
No hay dos elementos que tengan el mismo espectro de emisión atómica. **a.** Las lámparas de vapor de sodio producen un resplandor amarillo. **b.** Las lámparas de vapor de mercurio producen un brillo azul.

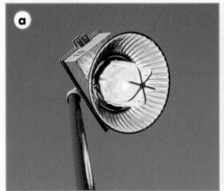

Ejemplo de problema 5.2

Calcular la longitud de onda de la luz

Calcula la longitud de onda de la luz amarilla emitida por una lámpara de sodio si la frecuencia de la radiación es 5.09×10^{14} Hz (5.09×10^{14}/s).

❶ Analizar Haz una lista de lo conocido y lo desconocido. Usa la ecuación $c = \lambda \nu$ para hallar la longitud de onda desconocida.

CONOCIDO

frecuencia (ν) = $5.09 \cdot 10^{14}$/s
$c = 2.998 \cdot 10^{8}$ m/s

DESCONOCIDO

longitud de onda (λ) = ? m

❷ Calcular Resuelve para buscar lo desconocido.

Escribe la expresión que relaciona la frecuencia y la longitud de onda de la luz.

$$c = \lambda \nu$$

Halla λ dividiendo ambos lados por ν:
$$\frac{c}{\nu} = \frac{\lambda \nu}{\nu}$$

Reordena la ecuación para hallar λ.

$$\lambda = \frac{c}{\nu}$$

Sustituye los valores Conocidos de ν y c en la ecuación y resuelve.

$$\lambda = \frac{2.998 \cdot 10^{8}\,\text{m/s}}{5.09 \cdot 10^{14}\text{/s}} = 5.89 \cdot 10^{-7}\,\text{m}$$

❸ Evalúar ¿Tiene sentido el resultado? La magnitud de la frecuencia es mucho mayor que el valor numérico de la velocidad de la luz, por lo que la respuesta debe ser mucho menor que 1. La respuesta debe tener tres cifras significativas.

15. ¿Cuál es la longitud de onda de la radiación con una frecuencia de 1.50×10^{13} Hz? ¿Tiene esta radiación una longitud de onda más larga o más corta que la luz roja?

En el Problema 15, halla la longitud de onda.

16. ¿Cuál es la frecuencia de la radiación con una longitud de onda de 5.00×10^{-8} m? ¿En qué región del espectro electromagnético está esta radiación?

En el Problema 16, halla la frecuencia.

Laboratorio rápido

Propósito Determinar la identidad del metal en una solución desconocida con base de su color característico en una flama

Materiales

- 6 tubos de ensayo pequeños
- solución de cloruro de sodio (NaCl)
- solución de cloruro de calcio (CaCl₂)

  solución de cloruro de calcio $(CaCl_2)$
- solución de cloruro de litio (LiCl)
- solución de cloruro de cobre(II) (CuCl₂)

  solución de cloruro de cobre(II) $(CuCl_2)$
- solución de cloruro de potasio (KCl)
- solución desconocida
- 6 hisopos de algodón
- quemador de gas

Prueba de flama

Procedimiento

1. Haz una tabla de datos de dos columnas. Rotula las columnas Metal y Color de flama. Escribe el nombre del metal para cada solución en la primera columna.

2. Rotula cada uno de cinco tubos de ensayo con el nombre de una solución; rotula el sexto tubo Desconocido. Añade 1 ml de cada solución a su correspondiente tubo de ensayo.

3. Sumerge uno de los extremos del hisopo de algodón en la solución de cloruro de sodio y luego sostenlo brevemente en la flama del quemador. Registra el color de la flama. No dejes el hisopo en la flama demasiado tiempo o el plástico se derretirá.

4. Repite el paso 3 para cada una de las soluciones restantes usando un nuevo hisopo de algodón cada vez.

5. Realiza una prueba de flama con la solución desconocida. Observa el color de la flama.

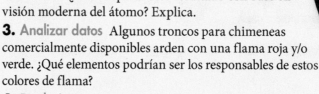

Analizar y concluir

1. Identificar ¿Cuál es el metal en la solución desconocida?

2. Sacar conclusiones Cada solución produce un color único. ¿Es de esperar este resultado con base en visión moderna del átomo? Explica.

3. Analizar datos Algunos troncos para chimeneas comercialmente disponibles arden con una flama roja y/o verde. ¿Qué elementos podrían ser los responsables de estos colores de flama?

4. Predecir Los fuegos artificiales contienen pólvora y productos químicos que producen colores. ¿Qué elemento incluirías para producir el rojo carmesí? ¿Y el amarillo?

El concepto de cuanto y de fotones

🔑 ¿Cómo explicó Einstein el efecto fotoeléctrico?

De acuerdo con las leyes de la física clásica, el espectro de emisión atómica de un elemento debería ser continuo. Por tanto, la física clásica no explica los espectros de emisión de los átomos, que consisten en líneas.

La cuantización de energía Recuerda la lámina de hierro de la Figura 5.1 que cambia de color cuando se calienta. En 1900, el físico alemán Max Planck (1858–1947) estaba tratando de describir por qué tal cuerpo aparecía primero negro, luego rojo, luego amarillo y luego blanco a medida que su temperatura aumentaba. Planck se dio cuenta que podía explicar los cambios de color si asumía que la energía de un cuerpo cambia sólo en pequeñas unidades discretas, o cuantos. Planck demostró matemáticamente que la cantidad de energía radiante (*E*) de un único cuanto absorbido o emitido por un cuerpo es proporcional a la frecuencia de la radiación (*v*).

$$E \propto v \text{ o } E = hv$$

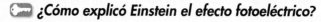

La constante (h), que tiene un valor de 6.626×10^{-34} J·s, (J es el julio, la unidad SI de energía) se llama **constante de Planck.** La energía de un cuanto es igual a $h\nu$. Un pequeño cambio de energía consiste en la emisión o absorción de radiación de baja frecuencia. Un cambio grande de energía consiste en la emisión o absorción de radiación de alta frecuencia.

El efecto fotoeléctrico Pocos años después de que Planck presentó su teoría sobre la cuantización de la energía, los científicos comenzaron a utilizarla para explicar muchas observaciones experimentales que no podían explicarse mediante la física clásica. En 1905, Albert Einstein (1879–1955), entonces un examinador de patentes en Berna, Suiza, usó la teoría cuántica de Planck para explicar el efecto fotoeléctrico, que se ilustra en la Figura 5.11. En el **efecto fotoeléctrico,** los electrones son expulsados cuando la luz brilla sobre un metal. No cualquier frecuencia de luz causa el efecto fotoeléctrico. Por ejemplo, la luz roja no hace que el potasio expulse electrones, no importa qué tan intensa sea la luz. Sin embargo, una luz amarilla muy débil que brille sobre el potasio comienza el efecto.

El efecto fotoeléctrico no podría explicarse por la física clásica. Aunque la física clásica describía correctamente la luz como una forma de energía, suponía que, bajo la luz débil de cualquier longitud de onda, un electrón en un metal finalmente recogería la energía suficiente para ser expulsado. El efecto fotoeléctrico presentaba un serio problema para la teoría ondulatoria clásica de la luz.

🔑 **Para explicar el efecto fotoeléctrico, Einstein propuso que la luz se pudiera describir como cuantos de energía que se comportan como si fueran partículas.** Estos cuantos de luz se llaman **fotones.** La energía de los fotones se cuantiza de acuerdo con la ecuación $E = h\nu$. Einstein reconoció que hay un valor de umbral de la energía por debajo del cual no se produce el efecto fotoeléctrico. De acuerdo con $E = h\nu$, todos los fotones en un rayo de luz monocromática (luz de una sola frecuencia) tienen la misma energía. Si la frecuencia, y por tanto, la energía de los fotones, es demasiado baja, entonces ningún electrón será expulsado. No importa si un fotón o un flujo continuo de fotones de baja energía inciden en un electrón en el metal. Sólo si la frecuencia de la luz está por encima de la frecuencia de umbral, se producirá el efecto fotoeléctrico.

La teoría de Einstein de que la luz se comporta como una corriente de partículas explica el efecto fotoeléctrico y muchas otras observaciones. Sin embargo, la luz también se comporta como ondas en otras situaciones. Por tanto, debemos tener en cuenta que la luz posee propiedades tanto parecidas a las ondas como parecidas a las partículas.

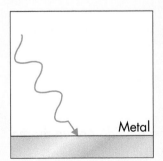

Ningún electrón es expulsado porque la frecuencia de la luz está por debajo del umbral de frecuencia.

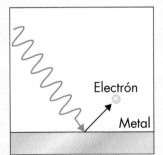

Si la luz está en, o por encima del, umbral de frecuencia, los electrones son expulsados.

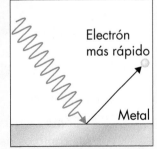

Si la frecuencia aumenta, los electrones expulsados viajarán más rápido.

**Figura 5.11
Efecto fotoeléctrico**
Einstein explicó el efecto fotoeléctrico al proponer que la luz se comporta como partículas.
Predecir *¿Qué sucederá si la luz ultravioleta brilla en el metal?*

Ejemplo de problema 5.3

Calcular la energía de un fotón

¿Cuál es la energía de un fotón de radiación de microondas con una frecuencia de 3.20×10^{11}/s?

① Analizar **Haz una lista de lo conocido y lo desconocido.** Usa la ecuación $E = h\nu$ para calcular la energía del fotón.

② Calcular **Resuelve para buscar lo desconocido.**

CONOCIDO

frecuencia $(\nu) = 3.20 \cdot 10^{11}$/s
$h = 6.626 \cdot 10^{-34}$ J·s

DESCONOCIDO

energía $(E) = ?$ J

Escribe la expresión que relaciona la energía de un fotón de radiación y la frecuencia de la radiación.

$E = h\nu$

Sustituye los valores conocidos por ν y h en la ecuación y resuelve.

$E = (6.626 \times 10^{-34} \text{ J·s}) \times (3.20 \times 10^{11}\text{/s})$

$= 2.12 \times 10^{-22}$ J

③ Evaluar **¿Tiene sentido el resultado?** Los fotones individuales tienen muy poca energía, por lo que la respuesta parece razonable.

En el Problema 18, usa la ecuación $c = \lambda\nu$ para calcular la frecuencia de luz de la longitud de onda. Luego, calcula la energía.

17. Calcula la energía de un cuanto de energía radiante que tiene una frecuencia de 5.00×10^{11}/s.

18. El efecto fotoeléctrico del umbral en el tungsteno es producido por una luz de una longitud de onda de 260 nm. Da la energía de un fotón de esta luz en julios.

Una explicación de los espectros atómicos

🔑 **¿Cómo se relacionan las frecuencias de luz emitida por un átomo con los cambios de energía de los electrones?**

Los espectros de emisión atómica eran conocidos antes de que Bohr propusiera su modelo del átomo de hidrógeno. Bohr aplicó la teoría cuántica a niveles de energía de electrones en átomos para explicar el espectro de emisión atómica del hidrógeno. El modelo de Bohr no sólo explicaba por qué el espectro de emisión atómica del hidrógeno consiste en frecuencias específicas de luz, sino que también predecía los valores específicos de estas frecuencias que estaban de acuerdo con los resultados experimentales.

En el modelo de Bohr, el electrón solitario en el átomo de hidrógeno sólo puede tener ciertas energías específicas. Cuando el electrón tiene su menor energía posible, el átomo está en su **estado basal.** En el estado basal, el número cuántico principal (n) es 1. La excitación del electrón mediante la absorción de energía lleva el átomo a un estado de excitación con $n = 2, 3, 4, 5$, o 6, y así sucesivamente. Un cuanto de energía en forma de luz se emite cuando el electrón cae de nuevo a un nivel menor de energía. La emisión se produce en un solo paso, llamado transición electrónica. Bohr ya sabía que este cuanto de energía E se relaciona con la frecuencia v de la luz emitida según la ecuación $E = hv$. **La luz emitida por un electrón que se mueve de un nivel de energía más alto a uno más bajo tiene una frecuencia directamente proporcional a la variación de energía del electrón.** Por tanto, cada transición produce una línea de una frecuencia específica en el espectro.

La Figura 5.12 muestra los tres grupos de líneas en el espectro de emisión de átomos de hidrógeno. Las líneas en el extremo ultravioleta del espectro de hidrógeno son la serie de Lyman. Estas líneas se deben a las transiciones de los electrones desde los niveles de energía más altos hasta el nivel de energía más bajo, $n = 1$. Las líneas en el espectro visible son la serie de Balmer. Estas líneas resultan de las transiciones desde los niveles de energía más altos hasta $n = 2$. Estas transiciones generalmente implican un cambio más pequeño en la energía de los electrones que las transiciones a $n = 1$. Las transiciones hacia $n = 3$ desde los niveles más altos de energía producen la serie de Paschen. En general, los cambios de energía del electrón siguen siendo pequeños. Las líneas están en el rango infrarrojo. Las líneas espectrales de las transiciones de los niveles de energía superiores hacia $n = 4$ y $n = 5$ también existen. Observa que las líneas espectrales en cada grupo se vuelven menos espaciadas en los valores mayores de n porque los niveles de energía se encuentren más próximos. Hay un límite superior de la frecuencia de luz emitida por cada conjunto de líneas porque un electrón con suficiente energía escapa completamente del átomo.

El modelo de Bohr explicaba el espectro de emisión atómica del hidrógeno, pero no los espectros de emisión de átomos con más de un electrón. Además, no permitía comprender cómo se enlazan los átomos para formar moléculas. Finalmente, el modelo según la mecánica cuántica desplazó al modelo del átomo de Bohr.

P: *Los tubos de vidrio en los carteles iluminados contienen helio, neón, argón, criptón o xenón, o una mezcla de estos gases. ¿Por qué los colores de la luz dependen de los gases que se usan?*

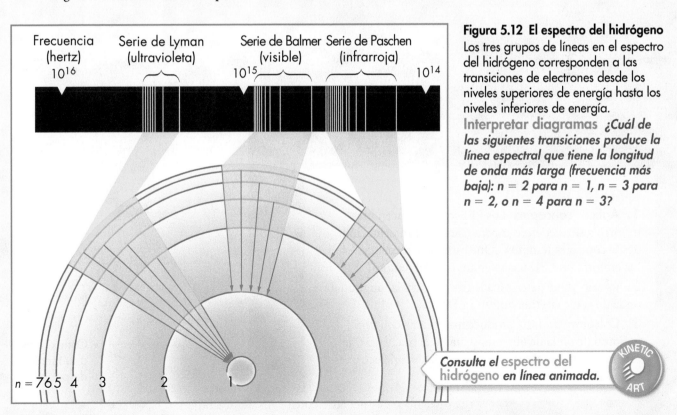

Figura 5.12 El espectro del hidrógeno
Los tres grupos de líneas en el espectro del hidrógeno corresponden a las transiciones de electrones desde los niveles superiores de energía hasta los niveles inferiores de energía.
Interpretar diagramas *¿Cuál de las siguientes transiciones produce la línea espectral que tiene la longitud de onda más larga (frecuencia más baja): n = 2 para n = 1, n = 3 para n = 2, o n = 4 para n = 3?*

Consulta el espectro del hidrógeno *en línea animada.*

Diodos que emiten luz

Aunque sean pequeños, es posible que hoy hayas visto varias veces diodos emisores de luz, o LED. Estos focos diminutos pueden formar los números en tu reloj digital, alumbrar tu reloj o iluminar el semáforo en el que te detuviste camino a la escuela. Es posible que incluso hayas visto televisión en una pantalla gigante hecha de LEDs.

La luz de un foco incandescente típico es generada cuando el filamento que está dentro del foco se calienta. La luz de un LED se genera de manera diferente. Un diodo está hecho de dos materiales con diferentes propiedades. Los electrones en uno de los materiales están en un mayor nivel de energía que los electrones en el otro material. Cuando se aplica un voltaje, suministrado por una batería u otra fuente de electricidad, al diodo, los electrones fluyen a través del límite entre los dos materiales. Los electrones del nivel de energía superior fluyen hacia el otro material, caen a un nivel de energía menor y emiten luz.

Los LED duran mucho más que los focos de luz incandescente porque no hay un filamento que se queme. Además, una gran cantidad de la energía que se usa para producir luz en un foco incandescente se pierde en forma de calor. Sin embargo, los LED producen muy poco calor, por lo que usan menos energía y cuestan menos para operar que las luces incandescentes.

Un paso más allá

1. Aplicar conceptos Los LED que producen luz infrarroja se pueden usar para transmitir información desde controles remotos. ¿Qué rango de frecuencias de luz emitiría un LED usado en un control remoto?

2. Inferir ¿Qué determina la frecuencia y la longitud de onda de la luz emitida por un LED?

3. Calcular Un LED produce luz naranja con una longitud de onda de 605 nm. ¿Cuál es la frecuencia de esta luz? ¿Cuál es el cambio de energía de los electrones en el LED mientras emiten la luz?

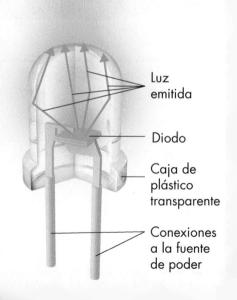

Luz emitida

Diodo

Caja de plástico transparente

Conexiones a la fuente de poder

Mecánica cuántica

🔑 *¿En qué se diferencia la mecánica cuántica de la mecánica clásica?*

En 1924, Louis de Broglie (1892–1987), un estudiante graduado francés, se hizo una pregunta importante: Dado que la luz se comporta como ondas y partículas, ¿pueden las partículas de materia comportarse como ondas? De Broglie se refirió al comportamiento ondulatorio de las partículas como ondas de materia. Su razonamiento lo llevó a una expresión matemática para la longitud de onda de una partícula en movimiento.

La naturaleza ondulatoria de la materia La propuesta de que la materia se mueve en forma de onda no habría sido aceptada sin experimentos que confirmaran su validez. Sólo tres años después, esto fue lo que hicieron los experimentos de Clinton Davisson y Lester Germer en los Laboratorios Bell en Nueva Jersey. Los dos científicos habían estado estudiando el bombardeo de metales con haces de electrones. Observaron que los electrones reflejados desde la superficie del metal producen patrones extraños. Los patrones eran como los que se obtienen cuando los rayos X (que son ondas electromagnéticas) se reflejan en las superficies metálicas. Los electrones, que se consideraban partículas, ¡se reflejaban como si fueran ondas! De Broglie fue galardonado con el premio Nobel por su trabajo en la naturaleza ondulatoria de la materia. Davisson también recibió el premio Nobel por sus experimentos con los que demostró la naturaleza ondulatoria de los electrones.

Hoy en día, las propiedades ondulatorias de los haces de electrones son útiles para visualizar objetos que no se pueden ver con un microscopio óptico. Los electrones en un microscopio electrónico poseen longitudes de onda mucho más pequeñas que la luz visible. Estas longitudes de onda más pequeñas permiten que una imagen ampliada de un objeto muy pequeño sea mucho más clara, como el grano de polen en la Figura 5.13, que la que es posible con un microscopio normal.

La ecuación de De Broglie predice que todos los objetos en movimiento tienen un comportamiento ondulatorio. ¿Por qué no logras observar los efectos de este movimiento ondulatorio en los objetos comunes, como pelotas de béisbol y trenes? La respuesta es que la masa del objeto debe ser muy pequeña para que su longitud de onda sea lo suficientemente grande para observar. Por ejemplo, una pelota de golf de 50 gramos que viaja a 40 m/s (alrededor de 90 mi/h) tiene una longitud de onda de sólo 3×10^{-34} m, que es demasiado pequeña para detectarse experimentalmente. Por otro lado, un electrón tiene una masa de sólo 9.11×10^{-28} g. Si se moviera a una velocidad de 40 m/s, tendría una longitud de onda de 2×10^{-5} m, que es comparable a la radiación infrarroja y se mide fácilmente.

La predicción de De Broglie de que la materia presenta propiedades tanto de onda como de partícula sentó las bases para una nueva forma de describir los movimientos de las partículas subatómicas y los átomos. La teoría más reciente se llama mecánica cuántica; la teoría más antigua se llama mecánica clásica. 🔑 **La mecánica clásica describe adecuadamente los movimientos de los cuerpos mucho más grandes que los átomos, mientras que la mecánica cuántica describe los movimientos de partículas subatómicas y de los átomos como ondas.**

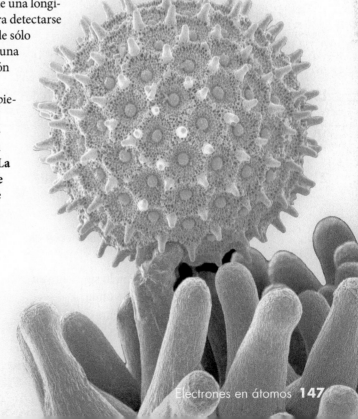

Figura 5.13 Micrografía electrónica
Un microscopio electrónico puede producir imágenes nítidas de un objeto muy pequeño, como este grano de polen, debido a la pequeña longitud de onda de un electrón en movimiento en comparación con la de la luz.

El principio de incertidumbre de Heisenberg El físico alemán Werner Heisenberg examinó otra característica de la mecánica cuántica. El **principio de incertidumbre de Heisenberg** indica que es imposible conocer al mismo tiempo tanto la velocidad como la posición de una partícula. Esta limitación es crítica cuando se trata de pequeñas partículas como los electrones, pero no tiene importancia para objetos de tamaño normal, como coches o aviones.

Considera cómo determinas la ubicación de un objeto. Para localizar un conjunto de llaves en un cuarto oscuro puedes usar una linterna. Ves las llaves cuando la luz rebota en ellas y regresa a tus ojos. Para localizar un electrón, es posible golpearlo con un fotón de luz, como se muestra en la Figura 5.14. Sin embargo, el electrón tiene una masa tan pequeña que golpearlo con un fotón afecta su movimiento de una manera que no se puede predecir con exactitud. El solo acto de medir la posición del electrón cambia su velocidad, haciéndola incierta.

El descubrimiento de las ondas de materia abrió el camino para la descripción de los electrones en los átomos de la mecánica cuántica de Schrödinger. La teoría de Schrödinger conduce al concepto de orbitales electrónicos e incluye el principio de incertidumbre.

Figura 5.14 El principio de incertidumbre de Heisenberg
De acuerdo con el principio de incertidumbre de Heisenberg, es imposible saber al mismo tiempo con exactitud tanto la velocidad como la posición de una partícula.

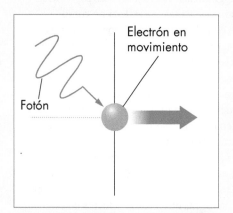

Antes de la colisión Un fotón choca contra un electrón durante un intento por observar la posición del electrón.

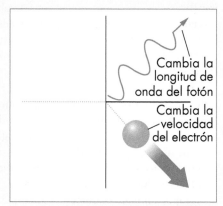

Después de la colisión El impacto cambia la velocidad del electrón, lo que la hace incierta.

5.3 Comprobación de la lección

19. Describir ¿Cuál es el origen del espectro de emisión atómica de un elemento?

20. Repasar ¿Cuál fue la explicación de Einstein del efecto fotoeléctrico?

21. Explicar ¿Cómo se relaciona el cambio de la energía electrónica con la frecuencia de luz emitida en transiciones electrónicas?

22. Explicar ¿En qué se diferencia la mecánica cuántica de la mecánica clásica?

23. Hacer una secuencia Organiza lo siguiente en orden decreciente de longitud de onda.
   a. la radiación infrarroja procedente de una lámpara de calor
   b. las radiografías dentales
   c. la señal de una estación de radio de onda corta

24. Calcular Una lámpara de hidrógeno emite varias líneas en la región visible del espectro. Una de estas líneas tiene una longitud de onda de 6.56×10^{-5} cm. ¿Cuál es la frecuencia de esta radiación?

25. Calcular ¿Cuál es la energía de un fotón de luz azul con una longitud de onda de 460 nm?

GRANIDEA
LOS ELECTRONES Y LA ESTRUCTURA DE LOS ÁTOMOS

26. Cuando un compuesto de estroncio se calienta en una flama, se produce luz roja. Cuando un compuesto de bario se calienta en una flama, se produce una luz amarilla-verde. Explica por qué se emiten estos colores.

Espectros de emisión atómica

Propósito

Construir un espectroscopio y usarlo para medir longitudes de onda, frecuencias y energías de líneas de emisión atómicas

Materiales

- papel de construcción negro
- cinta adhesiva
- caja de cereal
- tijeras
- papel de cuaderno blanco
- red de difracción
- regla

Procedimiento

Pega con cinta adhesiva dos tiras de 2.0 cm × 10 cm de papel de construcción negro, de modo que queden paralelas y formen una ranura estrecha de aproximadamente 2 mm de ancho. Retira la tapa de una caja de cereal y pega con cinta adhesiva la ranura de papel de construcción como se muestra. Cubre el resto de la abertura con papel blanco de cuaderno. Corta un agujero cuadrado (de aproximadamente 2 cm de lado) y pega con cinta adhesiva una red de difracción sobre el agujero como se muestra. Apunta el espectroscopio hacia una luz fluorescente. Tapa con cinta adhesiva cualquier fuga de luz. Tu compañero de laboratorio debe marcar la posición exacta de todas las líneas de emisión de color que aparecen en la hoja de cuaderno. Mide la distancia entre la línea violeta y las otras líneas que has marcado.

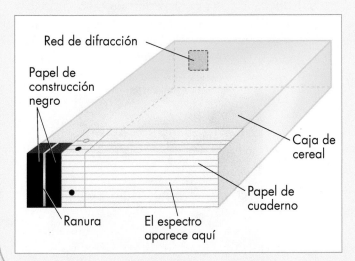

Red de difracción

Papel de construcción negro

Caja de cereal

Papel de cuaderno

Ranura

El espectro aparece aquí

Analizar y concluir

1. Observar Haz una lista del número de líneas distintas que ves, así como de sus colores.

2. Medir Cada línea que ves tiene una longitud de onda. La línea violeta que destaca tiene una longitud de onda de 436 nm y la línea verde que destaca tiene una longitud de onda de 546 nm. ¿Cuántos mm de separación hay entre estas líneas en el papel? ¿Por cuántos nm difieren sus longitudes de onda? ¿Cuántos nanómetros de longitud de onda están representados por cada milímetro que mediste?

3. Calcular Usando el valor nm/mm que calculaste y la distancia en mm que mediste para cada línea a partir de la línea de referencia violeta, calcula las longitudes de onda de todas las otras líneas que ves.

4. Calcular Usa el valor de longitud de onda de cada línea para calcular su frecuencia dado que $\nu = c/\lambda$ donde $c = 2.998 \times 10^{17}$ nm/s (2.998×10^{8} m/s).

5. Calcular La energía E de un cuanto de luz que emite un átomo está relacionada con su frecuencia ν por $E = h\nu$. Usa el valor de frecuencia para cada línea y $h = 6.626 \times 10^{-34}$ J·s para calcular su energía correspondiente.

Tú eres el químico

1. Diseñar un experimento Diseñar y lleva a cabo un experimento para medir las longitudes de onda más largas y más cortas que puedas ver en la luz de día. Usa el espectroscopio para observar la luz de día reflejada en un pedazo blanco de papel. **PRECAUCIÓN** *¡No mires directamente al Sol!* Describe las diferencias entre la luz de día y la luz fluorescente.

2. Diseñar un experimento Diseña y lleva a cabo un experimento para determinar el efecto de los filtros de color en el espectro de la luz fluorescente o de la luz de día. Para cada filtro, di qué colores se transmiten y cuáles se absorben.

3. Analizar datos Usa el espectroscopio para observar diversos tubos de descarga de emisiones atómicas proporcionados por el maestro. Observa y registra las líneas que ves y mide sus longitudes de onda.

5 Guía de estudio

GRANIDEA LOS ELECTRONES Y LA ESTRUCTURA DE LOS ÁTOMOS

El modelo del átomo según la mecánica cuántica proviene de las soluciones a la ecuación de Schrödinger. Las soluciones a la ecuación de Schrödinger dan las energías que un electrón puede tener y los orbitales atómicos que describen las regiones de espacio donde se puede encontrar un electrón. Los electrones pueden absorber energía para moverse de un nivel de energía a un nivel superior de energía. Cuando un electrón pasa de un nivel de energía superior a un nivel de energía inferior, emite luz.

5.1 Cambios al modelo atómico

🔑 Bohr propuso que un electrón sólo se halla en trayectorias circulares específicas, u órbitas, alrededor del núcleo.

🔑 El modelo según la mecánica cuántica determina las energías que puede tener un electrón y la probabilidad de hallar al electrón en varios lugares alrededor del núcleo de un átomo.

🔑 Cada subnivel de energía corresponde a uno o más orbitales de diferentes formas. Los orbitales describen dónde es probable que esté un electrón.

....

• nivel de energía (129)
• cuanto (129)
• modelo según la mecánica cuántica (130)
• orbital atómico (131)

5.2 Distribución de electrones en átomos

🔑 Tres reglas (principio de aufbau, principio de exclusión de Pauli y regla de Hund) te dicen cómo hallar las configuraciones electrónicas de los átomos.

....

• configuración electrónica (134)
• principio de aufbau (134)
• principio de exclusión de Pauli (134)
• espín (134)
• regla de Hund (134)

5.3 Espectros de emisión atómica y el modelo según la mecánica cuántica

🔑 Cuando los átomos absorben energía, sus electrones se mueven a niveles superiores de energía. Estos electrones pierden energía al emitir luz cuando regresan a los niveles de energía inferiores.

🔑 Para explicar el efecto fotoeléctrico, Eistein propuso que la luz se describiera como cuantos de energía que se comportan como si fueran partículas.

🔑 La luz emitida por un electrón que se mueve de un nivel de energía superior a un nivel de energía inferior tiene una frecuencia directamente proporcional al cambio de energía del electrón.

🔑 La mecánica clásica describe adecuadamente el movimiento de cuerpos mucho más grandes que los átomos, mientras que la mecánica cuántica describe el movimiento de las partículas subatómicas y de los átomos como ondas.

....

• amplitud (138)
• longitud de onda (138)
• frecuencia (138)
• hertz (138)
• radiación electromagnética (139)
• espectro (139)
• espectro de emisión atómica (140)
• constante de Planck (143)
• efecto fotoelétrico (143)
• fotón (143)
• estado basal (145)
• principio de incertidumbre de Heisenberg (148)

Ecuaciones clave

$$c = \lambda v$$

$$E = hv$$

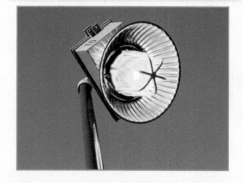

Problema

Calcula la longitud de onda de una radiación con frecuencia de 8.43×10^9 Hz (8.43×10^9/s). ¿En qué región del espectro electromagnético está esta radiación?

¿Cuál es la energía de un fotón de radiación de rayos X con una frecuencia de 7.49×10^{18}/s?

❶ Analizar

Conocido:
$v = 8.43 \times 10^9$/s
$c = 2.998 \times 10^8$ m/s

Desconocido:
$\lambda = ?$ m

Usa la ecuación que relaciona la frecuencia y la longitud de onda de la luz:
$c = \lambda v$

Conocido:
$v = 7.49 \times 10^{18}$/s
$h = 6.626 \times 10^{-34}$ J·s

Desconocido:
$E = ?$ J

Usa la ecuación que relaciona la energía de un fotón de radiación y la frecuencia de la radiación:
$E = hv$

❷ Calcular

Resuelve para λ y calcula.

$$\lambda = \frac{c}{v}$$

$$\lambda = \frac{2.998 \times 10^8 \text{ m/s}}{8.43 \times 10^9 \text{/s}}$$

$$\lambda = 3.56 \times 10^{-2} \text{ m}$$

La radiación está en la región de radar del espectro electromagnético.

Sustituye los valores conocidos para v y h en la ecuación y calcula.

$$E = (6.626 \times 10^{-34} \text{ J·s}) \times (7.49 \times 10^{18} \text{/s})$$

$$E = 4.96 \times 10^{-15} \text{ J}$$

> Si te dan la longitud de onda de la radiación, calcula primero la frecuencia usando $c = \lambda v$, y luego usa $E = hv$ para calcular la energía.

❸ Evaluar

La magnitud de la frecuencia de la radiación es mayor que el valor de la velocidad de la luz; por tanto, la respuesta debe ser menor que 1.

Los fotones individuales tienen energías muy pequeñas, por lo que la respuesta es razonable.

> Pista: Repasa el Ejemplo de problema 5.2 si tienes problemas con la conversión entre longitud de onda y frecuencia.

5 Evaluación

Lección por lección

5.1 Cambios al modelo atómico

27. ¿Por qué el modelo del átomo de Rutherford se conoce como el modelo planetario?

✶**28.** ¿Qué supuso Bohr sobre el movimiento de los electrones?

29. Describe el modelo del átomo de Rutherford y compáralo con el modelo propuesto por su estudiante Niels Bohr.

✶**30.** ¿Cuál es el significado de los límites de una nube de electrones?

31. ¿Qué es un orbital atómico?

32. Haz un esquema de los orbitales 1s, 2s, y 2p usando la misma escala para cada uno.

✶**33.** ¿Cuántos orbitales hay en el subnivel 2p?

✶**34.** ¿Cuántos subniveles están contenidos en cada uno de estos niveles principales de energía?

   a. $n = 1$ **c.** $n = 3$
   b. $n = 2$ **d.** $n = 4$

5.2 Distribución de electrones en átomos

✶**35.** ¿Cuáles son las tres reglas que gobiernan el llenado de los orbitales atómicos por los electrones?

✶**36.** Acomoda los siguientes subniveles en orden creciente de energía: 3d, 2s, 4s, 3p.

✶**37.** ¿Cuál de estas designaciones de orbitales no son válidas?

   a. 4s   **c.** 3f
   b. 2d   **d.** 3p

38. ¿Cuál es el número máximo de electrones que puede entrar en cada uno de los siguientes subniveles?

   a. 2s   **e.** 3p
   b. 4s   **f.** 3d
   c. 4p   **g.** 5s
   d. 4f   **h.** 5p

✶**39.** ¿Qué se entiende por $3p^3$?

40. Escribe las configuraciones electrónicas de los elementos identificados con estos números atómicos:

   a. 7   **c.** 12
   b. 9   **d.** 36

41. Da las configuraciones electrónicas de los átomos de estos elementos:

   a. Na   **c.** I
   b. K   **d.** Ne

✶**42.** ¿Cuántos electrones hay en el nivel de energía más alto ocupado de estos átomos?

   a. bario   **c.** sodio
   b. aluminio   **d.** oxígeno

43. ¿Cuántos electrones hay en el segundo nivel de energía de un átomo de cada elemento?

   a. cloro
   b. fósforo
   c. potasio

✶**44.** Escribe las configuraciones electrónicas de los átomos de estos elementos:

   a. selenio   **c.** vanadio
   b. titanio   **d.** calcio

5.3 Espectros de emisión atómica y el modelo según la mecánica cuántica

45. Usa un diagrama para ilustrar cada término de una onda.

   a. longitud de onda
   b. amplitud
   c. ciclo

46. ¿Qué significa frecuencia de una onda? ¿Cuáles son las unidades de frecuencia? Describe la relación entre frecuencia y longitud de onda.

✶**47.** Considera las siguientes regiones del espectro electromagnético: (i) ultravioleta, (ii) rayos X, (iii) visible, (iv) infrarroja, (v) ondas de radio, (vi) microondas.

   a. Usa la Figura 5.8 para organizarlas en orden decreciente de longitud de onda.
   b. ¿Cómo difiere este orden del de la frecuencia decreciente?

48. Haz una lista de los colores del espectro visible en orden creciente de longitud de onda.

49. ¿Cómo influyó Planck en el desarrollo de la teoría atómica moderna?

✶**50.** Explica la diferencia entre un fotón y un cuanto.

✶**51.** ¿Qué tiene más energía, un fotón de luz infrarroja o un fotón de luz ultravioleta?

52. ¿Cuál es la energía de un fotón de luz verde con una frecuencia de 5.80×10^{14}/s?

53. Explica la diferencia entre la energía que pierde o gana un átomo según las leyes de la física clásica y según el modelo del átomo según la mecánica cuántica.

54. ¿Qué sucede cuando un átomo de hidrógeno absorbe un cuanto de energía?

55. La transición de electrones desde los niveles de energía superiores hasta el nivel de energía $n = 2$ resulta en la emisión de luz de los átomos de hidrógeno. ¿En que parte del espectro se emite la luz, y cuál es el nombre que se le da a esta serie de transición?

Entender conceptos

56. Da el símbolo del átomo que corresponda a cada configuración electrónica.

a. $1s^2 2s^2 2p^6 3s^2 3p^6$

b. $1s^2 2s^2 2p^6 3s^2 3p^6 3d^{10} 4s^2 4p^6 4d^7 5s^1$

c. $1s^2 2s^2 2p^6 3s^2 3p^6 3d^{10} 4s^2 4p^6 4d^{10} 4f^7 5s^2 5p^6 5d^1 6s^2$

57. Escribe la configuración electrónica de un átomo de arsénico. Calcula el número total de electrones en cada nivel de energía e indica qué niveles de energía no están llenos.

58. ¿Cuántos pares de electrones hay en un átomo de cada elemento?

a. helio

b. sodio

c. boro

d. oxígeno

59. Un átomo de un elemento tiene dos electrones en el primer nivel de energía y cinco electrones en el segundo nivel de energía. Escribe la configuración electrónica de este átomo y nombra el elemento. ¿Cuántos electrones no emparejados tiene un átomo de este elemento?

60. Da los símbolos y los nombres de los elementos que correspondan a estas configuraciones de un átomo.

a. $1s^2 2s^2 2p^6 3s^1$

b. $1s^2 2s^2 2p^3$

c. $1s^2 2s^2 2p^6 3s^2 3p^2$

d. $1s^2 2s^2 2p^4$

e. $1s^2 2s^2 2p^6 3s^2 3p^6 4s^1$

f. $1s^2 2s^2 2p^6 3s^2 3p^6 3d^2 4s^2$

61. ¿Cuál es el número máximo de electrones que se pueden hallar en cualquier orbital de un átomo?

62. Supón que tu estación de radio favorita se emite a una frecuencia de 1150 kHz. ¿Cuál es la longitud de onda, en centímetros, de la radiación de la estación?

63. Una lámpara de mercurio, como la de abajo, emite una radiación con una longitud de onda de 4.36×10^{-7} m.

a. ¿Cuál es la longitud de onda de esta radiación en centímetros?

b. ¿En qué región del espectro electromagnético está esta radiación?

c. Calcula la frecuencia de esta radiación.

64. Las lámparas de vapor de sodio se usan para iluminar calles y carreteras. La brillante luz emitida por estas lámparas es en realidad el resultado de dos líneas de emisión muy cercanas en la región visible del espectro electromagnético. Una de estas líneas tiene una longitud de onda de 5.890×10^{-7} m, y la otra línea tiene una longitud de onda de 5.896×10^{-7} m.

a. ¿Cuáles son las longitudes de onda de estas radiaciones en centímetros?

b. Calcula las frecuencias de estas radiaciones.

c. ¿En qué región del espectro visible aparecen estas líneas?

65. ¿Qué pasará si ocurre lo siguiente?

a. Una luz monocromática que brilla sobre el metal cesio está justo por encima del umbral de frecuencia.

b. La intensidad de la luz aumenta, pero la frecuencia sigue siendo la misma.

c. Se usa una luz monocromática de una longitud de onda más corta.

66. Calcula la energía de un fotón de luz roja con una longitud de onda de 6.45×10^{-5} cm. Compara tu respuesta con la respuesta de la Pregunta 52. ¿Es la luz roja de una energía más alta o más baja que la luz verde?

67. Enuncia el principio de incertidumbre de Heisenberg.

68. Describe cómo la longitud de onda de una onda cambia si la frecuencia de la onda se multiplica por 1.5.

69. Indica si cada una de las siguientes transiciones electrónicas emite energía o requiere la absorción de energía.

a. $3p$ a $3s$ **c.** $2s$ a $2p$
b. $3p$ a $4p$ **d.** $1s$ a $2s$

70. La luz blanca se ve en un espectroscopio después de pasar a través de vapor de sodio demasiado frío para emitir luz. El espectro es continuo excepto por una línea oscura a 589 nm. ¿Cómo puedes explicar esta observación? (*Pista:* Recuerda del Ejemplo de problema 5.2 que el espectro de emisión atómica del sodio exhibe una fuerte línea amarilla a 589 nm.)

71. Usas un horno de microondas para calentar la cena. La frecuencia de la radiación es $2.37 \times 10^9\,\text{s}^{-1}$. ¿Cuál es la energía de un fotón de esta radiación?

72. Calcula las siguientes energías:

a. Un fotón de radiación infrarroja, si $\lambda = 1.2 \times 10^{-4}$ m.
b. Un fotón de radiación visible, si $\lambda = 5.1 \times 10^{-7}$ m.
c. Un fotón de radiación ultravioleta, si $\lambda = 1.4 \times 10^{-8}$ m.

¿Qué indican las respuestas acerca de la relación entre la energía de la luz y su longitud de onda?

Piensa de manera crítica

73. Comparar Explica la diferencia entre una órbita en el modelo de Bohr y un orbital en el modelo del átomo según la mecánica cuántica.

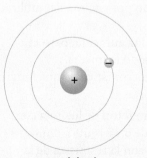

Modelo de Bohr   **Modelo según la mecánica cuántica**

74. Aplicar conceptos Identifica los elementos cuyos átomos eléctricamente neutros tienen las siguientes configuraciones electrónicas.

a. $1s^2 2s^2 2p^5$
b. $1s^2 2s^2 2p^6 3s^2 3p^6 3d^{10} 4s^2 4p^2$
c. $1s^2 2s^2 2p^6 3s^2 3p^6 3d^3 4s^2$

75. Predecir Los métodos de cocción tradicionales hacen uso de la radiación infrarroja (calor). La radiación de microondas cocina los alimentos más rápido. ¿Se podrían usar las ondas de radio para cocinar? Explica.

76. Sacar conclusiones Piensa en los modelos aceptados actualmente del átomo y de la luz. ¿De qué maneras te parecen extraños estos modelos? ¿Por qué estos modelos no son exactos o definitivos?

77. Evaluar y repasar Los diagramas de orbitales para los estados basales de dos elementos se muestran a continuación. Cada diagrama muestra algo que no es correcto. Identifica el error en cada diagrama y después dibuja el diagrama correcto.

a. Nitrógeno

1s   2s   2p
⊞↓ ⊞↓ ⊞↓⊞↑ ⊞

b. Magnesio

1s   2s   2p   3s
↑↓ ↑↓ ↑↓↑↓↑↓ ⊞

78. Inferir Imagina dos átomos de hidrógeno. El electrón en el primer átomo de hidrógeno está en el nivel $n = 1$. El electrón en el segundo átomo está en el nivel $n = 4$.

a. ¿Qué átomo tiene la configuración del electrón de estado basal?
b. ¿Qué átomo puede emitir radiación electromagnética?
c. ¿En qué átomo está el electrón en un orbital más grande?
d. ¿Qué átomo tiene la menor energía?

79. Inferir ¿Cuál de los siguientes es el estado basal de un átomo? ¿Cuál es su estado excitado? ¿Cuál es una configuración electrónica imposible? Identifica el elemento y explica brevemente tus elecciones.

a. $1s^2 2s^2 2p^6 3s^2 3p^6 5p^1$
b. $1s^2 2s^2 2p^6 3s^2 3p^6 4s^1$
c. $1s^2 2s^2 2p^6 3s^2 3p^7$

80. Relacionar causa y efecto ¿Por qué los electrones ocupan orbitales iguales de energía por separado antes de empezar a emparejarse?

★ 81. Hacer una gráfica La energía de un fotón está relacionada con su frecuencia y su longitud de onda.

Energía del fotón (J)	Frecuencia (s^{-1})	Longitud de onda (cm)
3.45×10^{-21}	ν_1 _____	5.77×10^{-3}
2.92×10^{-20}	ν_2 _____	6.82×10^{-4}
6.29×10^{-20}	ν_3 _____	3.16×10^{-4}
1.13×10^{-19}	ν_4 _____	1.76×10^{-4}
1.46×10^{-19}	ν_5 _____	1.36×10^{-4}
3.11×10^{-19}	ν_6 _____	6.38×10^{-5}

a. Completa la tabla anterior.
b. Traza la energía del fotón (eje de las y) frente a la frecuencia (eje de las x).
c. Determina la pendiente de la recta.
d. ¿Cuál es el significado de esta pendiente?

82. Calcular La distancia promedio entre la Tierra y Marte es de aproximadamente 2.08×10^8 km. ¿Cuánto tiempo tomaría transmitir imágenes de televisión de Marte a la Tierra?

★ 83. Calcular La teoría atómica de Bohr se puede usar para calcular la energía necesaria para remover un electrón de una órbita de un átomo o ion de hidrógeno o (un átomo que ha perdido o ganado electrones) que contiene un solo electrón. Este número es la energía de ionización para ese átomo o ion. La fórmula para determinar la energía de ionización (E) es

$$E = Z^2 \times \frac{k}{n^2}$$

donde Z es el número atómico, k es 2.18×10^{-18} J y n es el nivel de energía. ¿Qué energía se requiere para expulsar un electrón de un átomo de hidrógeno cuando el electrón se encuentra en el estado basal ($n = 1$)? ¿Y en el segundo nivel de energía? ¿Cuánta energía se necesita para expulsar un electrón del estado basal del tipo Li^{2+} (un átomo de litio que ha perdido dos electrones)?

84. Sacar conclusiones En un experimento fotoeléctrico, un estudiante arroja luz sobre la superficie de un metal. La frecuencia de la luz es mayor que la frecuencia umbral del metal. El estudiante observa que después de un tiempo, la energía máxima de los electrones expulsados empieza a disminuir. Explica esta observación.

★ 85. Explicar Escribe una breve descripción de cómo el intentar colocar dos imanes de barra que apunten en la misma dirección uno junto al otro es como intentar colocar dos electrones en el mismo orbital.

86. Conexión con la GRANIDEA Finales del siglo XIX y principios del siglo XX fueron tiempos importantes para el rápido desarrollo de la química. Bohr mejoró el modelo del átomo de Rutherford, luego Schrödinger desarrolló el modelo del átomo de la mecánica cuántica. Explica por qué un modelo del átomo es crucial para entender la química y explicar el comportamiento de la materia.

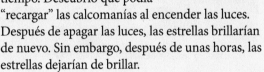

MISTERIOQUÍMICO

Ahora lo ves... Ahora no

Liam finalmente se dio cuenta que sus calcomanías de estrellas siempre dejarían de brillar después de un período de tiempo. Descubrió que podía "recargar" las calcomanías al encender las luces. Después de apagar las luces, las estrellas brillarían de nuevo. Sin embargo, después de unas horas, las estrellas dejarían de brillar.

Los objetos que brillan en la oscuridad contienen compuestos que reaccionan con la luz. Cuando estos objetos se exponen a la luz, los electrones en los compuestos absorben la energía y se excitan. A medida que los electrones vuelven al nivel de energía más bajo, emiten luz. Este proceso, llamado fosforescencia, se produce más lentamente en los compuestos contenidos en los objetos que brillan en la oscuridad que en otros compuestos.

87. Inferir ¿Las estrellas que brillan en la oscuridad de Liam brillan cuando las luces están encendidas? Explica.

★ 88. Conexión con la GRANIDEA La luz emitida por un foco incandescente está en la región visible del espectro electromagnético (300 nm a 700 nm). ¿Qué te dice esta información acerca de la energía de los fotones absorbidos por los electrones en los objetos que brillan en la oscuridad?

89. Clasifica cada uno de lo siguiente como homogéneo o heterogéneo:

   a. una página de este libro

   b. un banana split

   c. el agua de una botella de agua

90. Las hamburguesas experimentan un cambio químico cuando se cocinan en una parrilla. Todos los cambios químicos están sujetos a la ley de conservación de la masa. Sin embargo, una hamburguesa cocida tendrá un peso menor que la carne cruda. Explica.

★91. Las mezclas y compuestos homogéneos están compuestos de dos o más elementos. ¿Cómo distingues una mezcla homogénea de un compuesto?

92. La foto muestra una vista ampliada de un pedazo de granito. ¿Es el granito una sustancia o una mezcla?

★93. El diámetro de un átomo de carbono es de 77 pm. Expresa esta medida en μm.

94. Una barra de plata tiene una masa de 368 g. ¿Cuál es el volumen, en cm^3, de la barra? La densidad de la plata es de 19.5 g/cm^3.

★95. ¿Qué tiene más masa, un pedazo de plomo de 28.0 cm^3 o un pedazo de oro de 16.0 cm^3? La densidad del plomo es de 11.3 g/cm^3; la densidad del oro es de 19.3 g/cm^3.

96. Expresa las siguientes medidas en notación científica.

   a. 0.000039 kg   **c.** 0.0830 g

   b. 784 L   **d.** 9,700,000 ng

97. ¿Cuál de estas cantidades o relaciones son exactas?

   a. 10 cm = 1 dm

   b. Hay 9 jugadores de béisbol en el campo.

   c. Un diamante tiene una masa de 12.4 g.

   d. La temperatura es de 21°C.

98. Una barra de acero de un kilogramo se lleva a la Luna. ¿Cómo se ven afectados su masa y peso por este cambio de ubicación? Explica.

★99. Cuando un pedazo de cobre con una masa de 36.4 g se coloca en un cilindro graduado que contiene 20.00 mL de agua, el nivel del agua se eleva a 24.08 mL, cubriendo completamente el cobre. ¿Cuál es la densidad del cobre?

100. La densidad del oro es 19.3 g/cm^3. ¿Cuál es la masa, en gramos, de un cubo de oro de 2.00 cm en cada borde? ¿Y en kilogramos?

★101. Un globo lleno de helio se elevará al soltarlo. ¿Qué muestra este resultado acerca de las densidades relativas del helio y el aire?

★102. Explica la diferencia entre la exactitud y la precisión de una medida.

103. Da el número de protones y electrones en cada uno de lo siguiente:

   a. Cs

   b. Ag

   c. Cd

   d. Se

104. ¿Cuál de estos era una parte esencial del modelo atómico de Dalton?

   a. átomos indivisibles

   b. electrones

   c. núcleos atómicos

   d. neutrones

★105. ¿Cómo se diferencian el neón-20 y el neón-21?

106. La masa de un átomo debería estar muy cercana a la suma de las masas de sus protones y neutrones. La masa de un protón y la masa de un neutrón están muy cerca de 1 uma. ¿Por qué la masa atómica del cloro, 35.453 uma, está tan lejos de un número entero?

Si tienes problemas con . . .																	
Pregunta	89	90	91	92	93	94	95	96	97	98	99	100	101	102	103	104	105	106
Ver el capítulo	2	2	2	2	3	3	3	3	3	3	3	3	3	3	4	4	4	4

Preparación para los exámenes estandarizados

Escoge la opción que mejor responda cada pregunta o complete cada enunciado.

1. Selecciona la configuración electrónica correcta del silicio, número atómico 14.
   (A) $1s^2 2s^2 2p^2 3s^2 3p^2 3d^2 4s^2$
   (B) $1s^2 2s^2 2p^4 3s^2 3p^4$
   (C) $1s^2 2s^6 2p^6$
   (D) $1s^2 2s^2 2p^6 3s^2 3p^2$

2. ¿Cuáles dos orbitales tienen la misma forma?
   (A) $2s$ y $2p$
   (B) $2s$ y $3s$
   (C) $3p$ y $3d$
   (D) Más de una es correcta.

3. ¿Cuál de estos enunciados caracteriza al núcleo de todos los átomos?
   - I. Tiene una carga positiva.
   - II. Es muy denso.
   - III. Se compone de protones, electrones y neutrones.
   (A) sólo I y II
   (B) sólo II y III
   (C) sólo I y III
   (D) I, II, y III

4. A medida que aumenta la longitud de onda de la luz,
   (A) aumenta la frecuencia.
   (B) aumenta la velocidad de la luz.
   (C) disminuye la energía.
   (D) aumenta la intensidad.

5. En el tercer nivel de energía de un átomo,
   (A) hay dos subniveles de energía.
   (B) el subnivel f tiene 7 orbitales.
   (C) hay tres orbitales s.
   (D) se permite un máximo de 18 electrones.

Las opciones con letras siguientes se refieren a las Preguntas 6 a 10. Cada letra se puede usar una vez, más de una vez, o ninguna vez.

   (A) $s^2 p^6$ (b) $s^2 p^2$ (C) s^2 (D) $s^4 p^1$ (E) $s^2 p^4$

¿Qué configuración es la configuración del nivel de energía ocupado más alto en cada uno de estos elementos?

6. azufre
7. germanio
8. berilio
9. criptón
10. estroncio

Usa las ilustraciones para responder las Preguntas 11 a 14. Cada ilustración representa una onda electromagnética.

Ondas

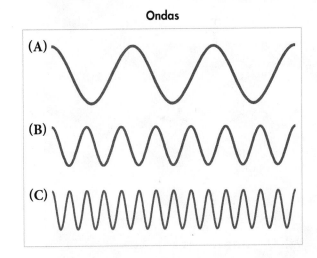

11. ¿Qué onda tiene la mayor longitud de onda?

12. ¿Qué onda tiene la mayor energía?

13. ¿Qué onda tiene la frecuencia más baja?

14. ¿Qué onda tiene la mayor amplitud?

Escribe un ensayo corto para responder la Pregunta 15.

15. Explica las reglas que determinan cómo se distribuyen los electrones alrededor del núcleo de los átomos.

Si tienes problemas con . . .

Pregunta	1	2	3	4	5	6	7	8	9	10	11	12	13	14	15
Ver la lección	5.2	5.1	5.1	5.3	5.1	5.2	5.2	5.2	5.2	5.2	5.3	5.3	5.3	5.3	5.2

6

Tabla periódica

PearsonChem.com

CONCEPTS IN ACTION

KINETIC ART

VIRTUAL LAB

MATH +/- TUTOR

ONLINE PROBLEMS

CHEM TUTOR

Estas cuentas están organizadas por color y forma. En la tabla periódica, los elementos están organizados en grupos con propiedades similares.

GRANIDEA

LOS ELECTRONES Y LA ESTRCTURA DE LOS ÁTOMOS

Preguntas esenciales:

1. ¿Qué información proporciona la tabla periódica?

2. ¿Cómo se pueden explicar las tendencias periódicas?

MISTERIOQUÍMICO

Hecho en EE. UU.

Que se sepa, sólo 90 elementos de la tabla periódica ocurren naturalmente. Podrías preguntarte entonces: "¿Por qué hay más de un centenar de elementos enlistados en la tabla periódica?".

Entre los años 1940 y 1958, nueve de estos elementos "no naturales" fueron descubiertos por el científico estadounidense Glenn Seaborg y sus colegas en la Universidad de California en Berkeley. Más tarde, en 1974, Seaborg y su equipo descubrieron otro elemento. Otros varios elementos "no naturales" fueron descubiertos por científicos rusos y alemanes.

¿Cómo se comparan estos elementos con otros elementos de la tabla periódica?

▶ Conexión con la GRANIDEA A medida que lees sobre la tabla periódica, mantente alerta a los elementos que no se producen naturalmente.

6.1 Organizar los elementos

P: *Cómo puedes organizar y clasificar los elementos?* Si alguna vez has jugado un juego de cartas, entonces probablemente has organizado tus cartas. Tal vez las clasificaste por color o por número. Los elementos también se pueden clasificar. En esta lección, aprenderás cómo se organizan los elementos en la tabla periódica y lo que esa distribución revela sobre los elementos.

Preguntas clave

🔑 **Cómo comenzaron los químicos a organizar los elementos conocidos?**

🔑 **Cómo organizó Mendeleev su tabla periódica?**

🔑 **Cómo está organizada la tabla periódica moderna?**

🔑 **¿Cuáles son tres clases amplias de elementos?**

Vocabulario

- ley periódica • metal
- no metal • metaloide

En busca de un principio de organización

🔑 **Cómo comenzaron los químicos organizar los elementos conocidos?**

Pocos elementos, incluyendo el cobre, la plata y el oro, se han conocido durante miles de años. Sin embargo, sólo había 13 elementos identificados hacia el año 1700. Los químicos sospechaban que existían otros elementos. Incluso les habían asignado nombres a algunos de estos elementos, pero no pudieron aislar los elementos de sus compuestos. A medida que los químicos empezaron a utilizar métodos científicos para buscar elementos, la tasa de descubrimiento aumentó. En una década (1765–1775), los químicos identificaron cinco elementos nuevos, incluyendo tres gases incoloros, hidrógeno, nitrógeno y oxígeno. ¿Había un límite para el número de elementos? ¿Cómo sabrían los químicos que ya habían descubierto todos los elementos? Para comenzar a responder estas preguntas, los químicos tuvieron que buscar una manera lógica para organizar los elementos.

🔑 **Los primeros químicos usaron las propiedades de los elementos para ordenarlos en grupos.** En 1829, un químico alemán, J. W. Dobereiner (1780–1849), publicó un sistema de clasificación. En su sistema, los elementos conocidos fueron agrupados en tríadas. Una tríada es un conjunto de tres elementos con propiedades similares. Los elementos de la Figura 6.1 formaban una tríada. Tal vez el cloro, el bromo y el yodo se vean diferentes, pero tienen propiedades químicas muy similares. Por ejemplo, reaccionan fácilmente con los metales. Lamentablemente, no todos los elementos conocidos se podían agrupar en tríadas.

Dobereiner observó un patrón en sus tríadas. Uno de los elementos en cada tríada tendía a tener propiedades con valores que caían a la mitad entre las de los otros dos elementos. Por ejemplo, el promedio de las masas atómicas del cloro y del yodo es [(35.453 1 + 126.90)/2] u 81.18 uma. Este valor se encuentra cerca de la masa atómica del bromo, que es 79.904 uma.

Figura 6.1 Tríada del sistema Dobereiners
El cloro, el bromo y el yodo formaban una tríada. Estos elementos tiene propiedades químicas similares.

но въ ней, мнѣ кажется, уже ясно выражается примѣнимость вы
ставляемаго мною начала ко всей совокупности элементовъ, пай
которыхъ извѣстенъ съ достовѣрностію. На этотъ разъ я и желалъ
преимущественно найдти общую систему элементовъ. Вотъ этотъ
опытъ:

```
                              Ti=50      Zr=90     ?=180.
                              V=51       Nb=94     Ta=182.
                              Cr=52      Mo=96     W=186.
                              Mn=55      Rh=104,₄  Pt=197,₄
                              Fe=56      Ru=104,₄  Ir=198.
                        Ni=Co=59         Pl=106₆,  Os=199.
   H=1                        Cu=63,₄    Ag=108    Hg=200.
        Be=9,₄     Mg=24      Zn=65,₂    Cd=112
        B=11       Al=27,₄    ?=68       Ur=116    Au=197?
        C=12       Si=28      ?=70       Sn=118
        N=14       P=31       As=75      Sb=122    Bi=210.
        O=16       S=32       Se=79,₄    Te=128?
        F=19       Cl=35,₅    Br=80      I=127
   Li=7 Na=23      K=39       Rb=85,₄    Cs=133    Tl=204.
                   Ca=40      Sr=87,₆    Ba=137    Pb=207.
                   ?=45       Ce=92
                   ?Er=56     La=94
                   ?Yt=60     Di=95
                   ?In=75,₆   Th=118?
```

Figura 6.2
Tabla periódica de Mendeleev
En esta primera versión de la
tabla periódica, Mendeleev (quien
se muestra en la estampilla de
abajo) organizó los elementos con
propiedades similares en la misma fila.
Identificar *¿Qué elemento está
agrupado con el cloro (Cl), el bromo
(Br) y el yodo (I)?*

La tabla periódica de Mendeleev

¿Cómo organizó Mendeleev su tabla periódica?

De 1829 a 1869 se propusieron los diferentes sistemas de organización de los elementos pero ninguno de ellos obtuvo una amplia aceptación. En 1869, un químico y profesor ruso, Dmitri Mendeleev, publicó una tabla de los elementos. Más tarde ese mismo año, un químico alemán, Lothar Meyer, publicó una tabla casi idéntica. Mendeleev recibió más crédito que Meyer ya que publicó su tabla primero y porque pudo explicar mejor su utilidad.

Mendeleev desarrolló su tabla mientras trabajaba en un libro de texto para sus estudiantes. Necesitaba una manera de mostrar las relaciones que hay entre más de 60 elementos. Escribió las propiedades de cada elemento en una tarjeta separada. Este enfoque le permitió mover las tarjetas hasta que encontró una organización que funcionaba. La organización que eligió fue una tabla periódica. Los elementos de una tabla periódica están dispuestos en grupos con base en un conjunto de propiedades que se repiten. **Mendeleev organizó los elementos en su tabla periódica en orden creciente de masa atómica.**

La Figura 6.2 es una primera versión de la tabla periódica de Mendeleev. Observa la columna que comienza con Ti = 50. Observa los dos signos de interrogación entre las entradas del zinc (Zn) y del arsénico (As). Mendeleev dejó estos espacios en su tabla porque sabía que el bromo debía ir junto al cloro y al yodo. Predijo que ciertos elementos serían descubiertos para llenar esos espacios y predijo cuáles serían sus propiedades con base en su ubicación en la tabla. Los elementos entre el zinc y el arsénico eran el galio y el germanio, que fueron descubiertos en 1875 y 1886, respectivamente. Había una estrecha correspondencia entre las propiedades predichas y las propiedades reales de estos elementos. Esta correspondencia ayudó a convencer a los científicos de que la tabla periódica de Mendeleev era una herramienta poderosa.

Consulta más sobre
organizar información.

CONCEPTS IN ACTION

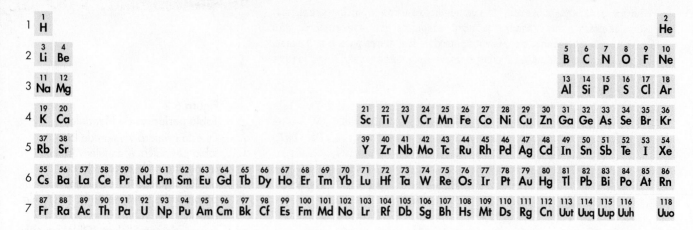

1 **H**																	2 **He**
3 **Li**	4 **Be**											5 **B**	6 **C**	7 **N**	8 **O**	9 **F**	10 **Ne**
11 **Na**	12 **Mg**											13 **Al**	14 **Si**	15 **P**	16 **S**	17 **Cl**	18 **Ar**
19 **K**	20 **Ca**	21 **Sc**	22 **Ti**	23 **V**	24 **Cr**	25 **Mn**	26 **Fe**	27 **Co**	28 **Ni**	29 **Cu**	30 **Zn**	31 **Ga**	32 **Ge**	33 **As**	34 **Se**	35 **Br**	36 **Kr**
37 **Rb**	38 **Sr**	39 **Y**	40 **Zr**	41 **Nb**	42 **Mo**	43 **Tc**	44 **Ru**	45 **Rh**	46 **Pd**	47 **Ag**	48 **Cd**	49 **In**	50 **Sn**	51 **Sb**	52 **Te**	53 **I**	54 **Xe**
55 **Cs**	56 **Ba**	57 **La**	72 **Hf**	73 **Ta**	74 **W**	75 **Re**	76 **Os**	77 **Ir**	78 **Pt**	79 **Au**	80 **Hg**	81 **Tl**	82 **Pb**	83 **Bi**	84 **Po**	85 **At**	86 **Rn**
87 **Fr**	88 **Ra**	89 **Ac**	104 **Rf**	105 **Db**	106 **Sg**	107 **Bh**	108 **Hs**	109 **Mt**	110 **Ds**	111 **Rg**	112 **Cn**	113 **Uut**	114 **Uuq**	115 **Uup**	116 **Uuh**		118 **Uuo**

Fila 6 (lantánidos): 57 **La** 58 **Ce** 59 **Pr** 60 **Nd** 61 **Pm** 62 **Sm** 63 **Eu** 64 **Gd** 65 **Tb** 66 **Dy** 67 **Ho** 68 **Er** 69 **Tm** 70 **Yb** 71 **Lu**

Fila 7 (actínidos): 89 **Ac** 90 **Th** 91 **Pa** 92 **U** 93 **Np** 94 **Pu** 95 **Am** 96 **Cm** 97 **Bk** 98 **Cf** 99 **Es** 100 **Fm** 101 **Md** 102 **No** 103 **Lr**

Figura 6.3 Tabla periódica moderna
En la tabla periódica moderna, los elementos están dispuestos en orden creciente del número atómico.
Interpretar diagramas ¿Cuántos elementos hay en el segundo período?

APOYO PARA LA LECTURA

Desarrollo del vocabulario: *Origen de las palabras* *Periódico* proviene de las raíces griegas *peri,* que significa "alrededor" y *hodos,* que significa "camino". En una tabla periódica, las propiedades se repiten de izquierda a derecha a través de cada período. *Si la palabra griega* metron *significa "medida", ¿qué significa* perímetro?

La tabla periódica de hoy en día

¿Cómo está organizada la tabla periódica moderna?

La masa atómica del yodo (I) es 126.90. La masa atómica del telurio (Te) es 127.60. En una tabla periódica con base en la masa atómica, el yodo debería estar antes del telurio ya que el yodo tiene una masa atómica menor que el telurio. Sin embargo, en función de sus propiedades químicas, el yodo pertenece al mismo grupo que el bromo y el cloro. Mendeleev rompió su regla de colocar los elementos en estricto orden de masa atómica y colocó el telurio antes del yodo en su tabla periódica. Supuso que las masas atómicas del yodo y del telurio eran incorrectas, pero no lo eran. Un problema similar ocurrió con otros pares de elementos. El problema no eran las masas atómicas sino el uso de la masa atómica para organizar la tabla periódica.

Mendeleev desarrolló su tabla antes de que los científicos conocieran la estructura de los átomos. No sabía que los átomos de cada elemento contienen un número único de protones. Recuerda que el número de protones es el número atómico. En 1913, un físico británico, Henry Moseley, determinó el número atómico de cada elemento conocido. El número atómico del telurio es 52 y el del yodo es 53, por lo que tiene sentido que el yodo esté después del telurio en la tabla periódica. **En la tabla periódica moderna, los elementos están dispuestos en orden creciente de número atómico.**

Los elementos de la Figura 6.3 están organizados por su número atómico, empezando por el hidrógeno, que tiene el número atómico 1. Hay siete filas, o períodos, en la tabla. El período 1 tiene 2 elementos, el período 2 tiene 8 elementos, el período 4 tiene 18 elementos y el período 6 tiene 32 elementos. Cada período corresponde a un nivel principal de energía. Hay más elementos en los períodos con números mayores porque hay más orbitales en los niveles de energía superiores. (Recuerda las reglas sobre cómo se llenan los orbitales con electrones, que estudiaste en el Capítulo 5).

Las propiedades de los elementos dentro de un período cambian a medida que te mueves en un período de izquierda a derecha. Sin embargo, el patrón de propiedades dentro de un período se repite al pasar de un período al siguiente. Este patrón da lugar a la **ley periódica:** cuando los elementos están dispuestos en orden creciente de número atómico, hay una repetición periódica de sus propiedades físicas y químicas. La organización de los elementos en períodos tiene una consecuencia importante. Los elementos que tienen propiedades químicas y físicas similares están en la misma columna de la tabla periódica.

Curiosidades "elementales"

¿Sabías que el hedor del rocío de un zorrillo se debe en gran parte a compuestos que contienen el elemento azufre, o que los rubíes son rojos debido a pequeñas cantidades de cromo? Descubre más datos curiosos sobre otros elementos a medida que lees esta página.

ANTIMONIO El elemento antimonio a menudo se utiliza para aumentar la dureza y la resistencia de las estatuillas de peltre.

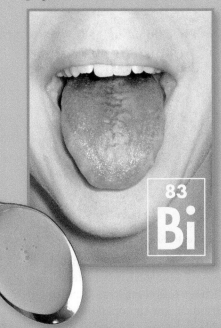

BISMUTO Un compuesto que contiene bismuto se usa comúnmente para tratar la indigestión. El bismuto se puede combinar con azufre en la saliva y temporalmente ¡ponerle negra la lengua a alguien!

83
Bi

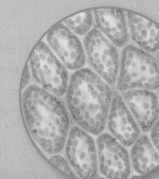

12
Mg

MAGNESIO El magnesio es un componente de la clorofila, el pigmento verde de las plantas que permite que ocurra la fotosíntesis.

SEABORGIO En 1974, este elemento fue creado por un equipo de científicos que incluía a Glenn T. Seaborg. Fue el primer elemento que lleva el nombre de una persona viva.

1
H

HIDRÓGENO El hidrógeno es el elemento más abundante en el universo y, entre otros lugares, se encuentra en estrellas y auroras.

Un paso más allá

1. Explicar En su forma elemental, el antimonio (Sb) y el bismuto (Bi) son ambos sólidos cristalinos y frágiles a temperatura ambiente. También son malos conductores del calor y de la electricidad. ¿Cómo apoya la ley periódica esta observación? Usa la Figura 6.3 para explicar tu respuesta.

2. Clasificar Observa la Figura 6.4. Usa la figura para clasificar los cinco elementos de arriba como metales, no metales o metaloides.

Figura 6.4 Clasificar elementos
Las tablas periódicas tienen a veces un código de colores para clasificar ciertos tipos de elementos. Esta tabla periódica clasifica los elementos como metales (amarillo), no metales (azul) y metaloides (verde).

Figura 6.5 Metales
La metales aluminio, cobre y hierro tiene muchos usos importantes. Las propiedades del metal determinan la forma en que se usa.

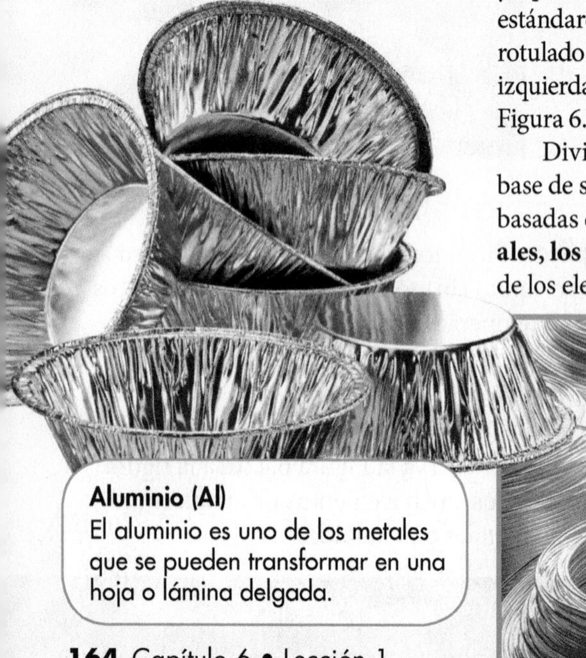

Metales, no metales y metaloides

¿Cuáles son tres clases amplias de elementos?

La mayoría de las tablas periódicas están organizadas como la de la Figura 6.4. Observa que algunos elementos de los períodos 6 y 7 se colocan debajo de la tabla. Esta disposición hace que la tabla periódica sea más compacta. También refleja una estructura subyacente de la tabla periódica, que vas a estudiar en la Lección 6.2. Cada columna, o grupo, en esta tabla, tiene tres rótulos. Los científicos de los Estados Unidos usan principalmente los rótulos que se muestran en rojo. Los científicos en Europa usan los rótulos que se muestran en azul.

Para que los científicos se puedan comunicar con claridad, se deben poner de acuerdo sobre las normas que usarán. La Unión Internacional de Química Pura y Aplicada (IUPAC , por sus siglas en inglés) es una organización que establece estándares para la química. En 1985, la IUPAC propuso un nuevo sistema para el rotulado de los grupos de la tabla periódica. Enumeraron los grupos del 1 al 18 de izquierda a derecha (los rótulos negros de la Figura 6.4). La gran tabla periódica en la Figura 6.9 incluye el sistema IUPAC y el sistema que se usa en los Estados Unidos.

Dividir los elementos en grupos no es la única manera de clasificarlos con base de sus propiedades. Los elementos se pueden agrupar en tres grandes clases basadas en sus propiedades generales. **Tres clases de elementos son los metales, los no metales y los metaloides.** A lo largo de un período, las propiedades de los elementos se vuelven menos metálicas y más no metálicas.

Aluminio (Al)
El aluminio es uno de los metales que se pueden transformar en una hoja o lámina delgada.

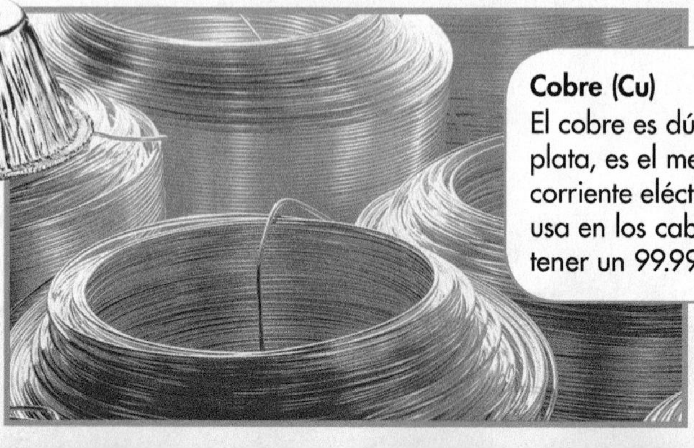

Cobre (Cu)
El cobre es dúctil y, después de la plata, es el mejor conductor de corriente eléctrica. El cobre que se usa en los cables eléctricos debe tener un 99.99 por ciento de pureza.

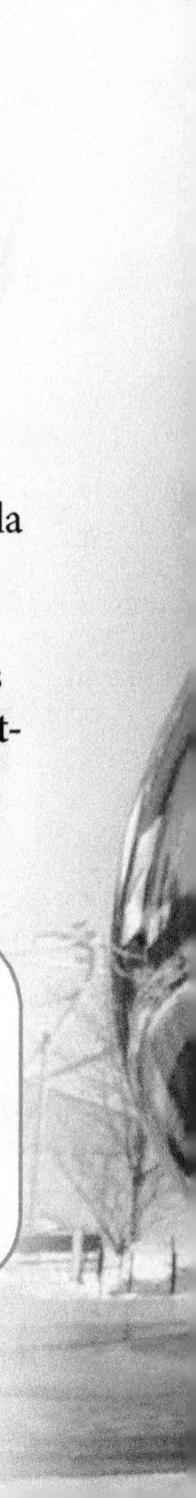

Metales El número de recuadros amarillos de la Figura 6.4 muestra que la mayoría de los elementos son metales (alrededor del 80 por ciento). Los **metales** son generalmente buenos conductores de calor y de corriente eléctrica. La superficie recién limpiada o cortada de un metal tendrá un mayor lustre, o brillo. El brillo es causado por la capacidad del metal de reflejar la luz. Todos los metales son sólidos a temperatura ambiente, con excepción del mercurio (Hg). Muchos metales son dúctiles, es decir, se pueden convertir en alambres. La mayoría de los metales son maleables, es decir, pueden ser martillados y convertidos así en láminas delgadas sin que se rompan. La Figura 6.5 muestra cómo las propiedades de los metales pueden determinar cómo se usan metales.

No metales En la Figura 6.4, el azul se usa para identificar los elementos no metálicos. Con la excepción del hidrógeno, estos elementos se encuentran en la esquina superior derecha de la tabla periódica. Hay una mayor variación en las propiedades físicas entre los elementos no metálicos que entre los metales. La mayoría de los no metales son gases a temperatura ambiente, incluyendo los principales componentes del aire (nitrógeno y oxígeno). Algunos son sólidos, como el azufre y el fósforo. Un no metal, el bromo, es un líquido de color rojo oscuro. Algunos ejemplos de los no metales se muestran en la Figura 6.6.

La variación entre los elementos no metálicos hace que sea difícil describir un conjunto de propiedades generales que se puedan aplicar a todos los no metales. Sin embargo, los elementos no metálicos tienden a tener propiedades opuestas a las de los metales. En general, los **no metales** son malos conductores de la corriente eléctrica y del calor. El carbono, en forma de grafito, es una excepción a esta regla. Los no metales sólidos tienden a ser frágiles, es decir, se rompen si se golpean con un martillo.

Figura 6.6 No metales
Las propiedades de los no metales varían.

Carbono (C) y fósforo (P)
Un diamante, que se compone de carbono, es muy duro. La cabeza de algunos cerillos está recubierta con fósforo, un sólido frágil.

Hierro (Fe)
Cloud Gate en Chicago, Illinois, está cubierta de acero inoxidable, que contiene hierro y cromo (Cr). El acero es brillante, maleable y fuerte. También resiste la oxidación.

Prueba propiedades de los metales *en línea.*

P: *Todos los elementos conocidos están en la tabla periódica. ¿Cuáles son las diferentes maneras en las que puedes usar la tabla periódica para clasificar los elementos?*

Metaloides Hay una línea escalonada en la Figura 6.4 que separa los metales de los no metales. La mayoría de los elementos que están en el borde de esta línea están sombreados en verde. Estos elementos son los metaloides. Un **metaloide** tiene generalmente propiedades similares a las de los metales y los no metales. Bajo ciertas condiciones, un metaloide puede comportarse como un metal. Bajo otras condiciones, puede comportarse como un no metal. El comportamiento a menudo se puede controlar al cambiar las condiciones. Por ejemplo, como la mayoría de los no metales, el silicio puro es un mal conductor de la corriente eléctrica. Sin embargo, si una pequeña cantidad de boro se mezcla con silicio, la mezcla es un buen conductor de corriente eléctrica. El silicio se puede cortar en obleas y usarse para fabricar chips de computadora. El silicio también está presente como un compuesto de dióxido de silicio en artículos de vidrio como el de la Figura 6.7

Figura 6.7 Metaloide
Los chips de computadora y el vidrio son dos elementos comunes que contienen metaloides.

Silicio (Si)
El vidrio contiene silicio en forma del compuesto dióxido de silicio. Los artesanos diestros preparan vidrio fundido y luego le dan la forma deseada a medida que se enfría.

6.1 Comprobación de la lección

1. **Explicar** ¿Cómo comenzaron los químicos el proceso de organización de los elementos?

2. **Identificar** ¿Qué propiedad usó Mendeleev para organizar su tabla periódica?

3. **Explicar** ¿Cómo están los elementos organizados en la tabla periódica moderna?

4. **Hacer una lista** Nombra las tres grandes clases de elementos.

5. **Clasificar** Identifica cada elemento como un metal, un metaloide o un no metal.
   - **a.** oro
   - **b.** silicio
   - **c.** azufre
   - **d.** bario

6. **Comparar** ¿Cuál de los siguientes conjuntos de elementos tienen propiedades físicas y químicas similares?
   - **a.** oxígeno, nitrógeno, carbono, boro
   - **b.** estroncio, magnesio, calcio, berilio
   - **c.** nitrógeno, neón, níquel, niobio

7. **Identificar** Nombra dos elementos que tengan propiedades similares a las del elemento sodio.

GRANIDEA
LOS ELECTRONES Y LA ESTRUCTURA DE LOS ÁTOMOS

8. ¿Por qué es el número atómico mejor que la masa atómica para organizar los elementos en la tabla periódica?

6.2 Clasificar los elementos

Preguntas clave

 ¿Qué información se puede presentar en una tabla periódica?

 ¿Cómo se pueden clasificar los elementos según sus configuraciones electrónicas?

Vocabulario

- metal alcalino
- metal alcalinotérreo
- halógeno
- gas noble
- elemento representativo
- metal de transición
- metal de transición interna

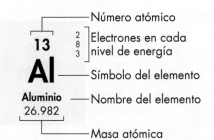

Figura 6.8 Casilla de la tabla periódica Esta es la casilla del elemento aluminio de la tabla periódica en la Figura 6.9. **Interpetar diagramas** *¿Qué te dicen los datos de la casilla sobre la estructura de un átomo de aluminio?*

P: *¿Qué puedes aprender sobre cada elemento a partir de la tabla periódica?* Muchas personas tienen una forma de identificación, como una licencia de conducir. Una identificación contiene la información específica de una persona en particular, como el nombre de la persona, dirección, altura, color de ojos y peso. La tabla periódica contiene una casilla para cada elemento que suministra información sobre el elemento. En esta lección, aprenderás los tipos de información que normalmente aparecen en una tabla periódica.

Leer la tabla periódica

 ¿Qué información se puede presentar en una tabla periódica?

La tabla periódica es una herramienta muy útil en química. **La tabla periódica muestra por lo general los símbolos y los nombres de los elementos, junto con información acerca de la estructura de sus átomos.** La Figura 6.8 muestra una casilla de la tabla periódica detallada de los elementos en la Figura 6.9 de la página 168. En el centro de la casilla está el símbolo del aluminio (Al). El número atómico del aluminio (13) está encima del símbolo. El nombre del elemento y la masa atómica están abajo del símbolo. También hay una columna vertical con los números 2, 8 y 3, que indican el número de electrones en cada nivel de energía ocupado de un átomo de aluminio.

El símbolo para el aluminio está impreso en negro porque el aluminio es un sólido a temperatura ambiente. En la Figura 6.9, los símbolos de los gases están en rojo. Los símbolos de los dos elementos que son líquidos a temperatura ambiente, mercurio y bromo, están en azul. Los símbolos de algunos elementos de la Figura 6.9 están impresos en gris. Estos elementos no se encuentran en la naturaleza. En el Capítulo 25, aprenderás cómo los científicos producen estos elementos.

Los colores de fondo de las casillas se usan para distinguir grupos de elementos en la tabla periódica. Por ejemplo, dos tonos de anaranjado se usan para los metales de los grupos 1A y 2A. Los elementos del grupo 1A se llaman **metales alcalinos.** Los elementos del grupo 2A se llaman **metales alcalinotérreos.** El nombre de alcalino proviene del árabe *al aqali*, que significa "las cenizas". Las cenizas de madera son ricas en compuestos de los metales alcalinos sodio y potasio. Algunos grupos de no metales también tienen nombres especiales. Los no metales del grupo 7A se llaman **halógenos.** El nombre *halógeno* proviene de la combinación de la palabra griega *hals,* que significa "sal", y la palabra en Latín *genesis,* que significa "nacer". Hay una clase general de compuestos llamados sales, que incluyen el compuesto llamado sal de mesa. El cloro, el bromo y el yodo, los halógenos más comunes, se pueden preparar a partir de sus sales.

Tabla periódica de los elementos

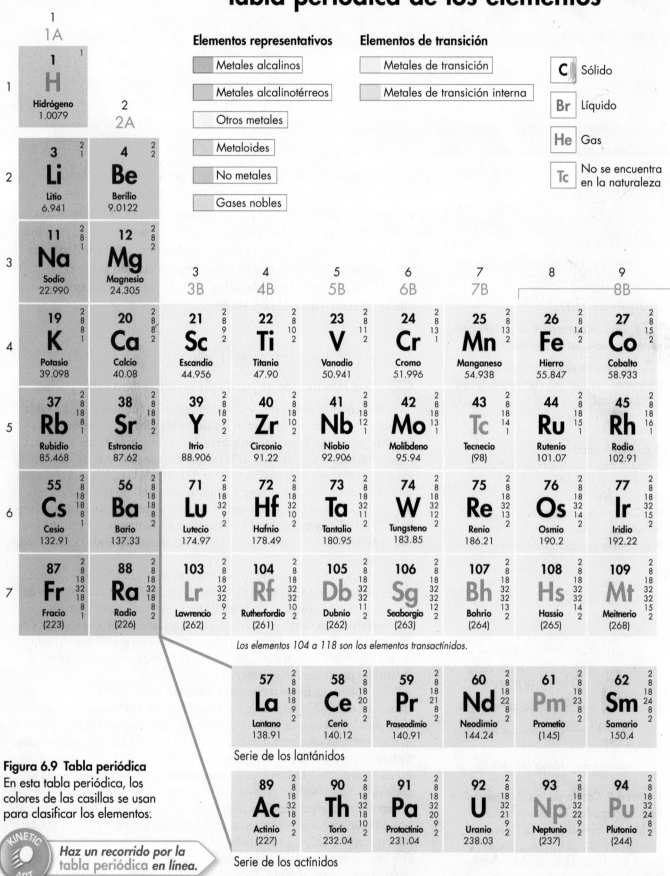

Elementos representativos
- Metales alcalinos
- Metales alcalinotérreos
- Otros metales
- Metaloides
- No metales
- Gases nobles

Elementos de transición
- Metales de transición
- Metales de transición interna

C Sólido
Br Líquido
He Gas
Tc No se encuentra en la naturaleza

Los elementos 104 a 118 son los elementos transactínidos.

Serie de los lantánidos

Serie de los actínidos

Figura 6.9 Tabla periódica
En esta tabla periódica, los colores de las casillas se usan para clasificar los elementos.

Haz un recorrido por la tabla periódica **en línea.**

xZxx

Número atómico

Electrones en cada nivel de energía

13
2 8 3

Al

Símbolo del elemento

Aluminio

Nombre del elemento

26.982

Masa atómica†

†Las masas atómicas entre paréntesis son los números de masa del isótopo más duradero de los elementos cuyas masas atómicas estándares no se pueden definir.

18 8A

| 2 He Helio 4.0026 | 2 |

13 3A	14 4A	15 5A	16 6A	17 7A

| 5 B Boro 10.81 | 2 3 | 6 C Carbono 12.011 | 2 4 | 7 N Nitrógeno 14.007 | 2 5 | 8 O Oxígeno 15.999 | 2 6 | 9 F Flúor 18.998 | 2 7 | 10 Ne Neón 20.179 | 2 8 |

| 13 Al Aluminio 26.982 | 2 8 3 | 14 Si Silicio 28.086 | 2 8 4 | 15 P Fósforo 30.974 | 2 8 5 | 16 S Azufre 32.06 | 2 8 6 | 17 Cl Cloro 35.453 | 2 8 7 | 18 Ar Argón 39.948 | 2 8 8 |

10	11 1B	12 2B

| 28 Ni Níquel 58.71 | 2 8 16 2 | 29 Cu Cobre 63.546 | 2 8 18 1 | 30 Zn Zinc 65.38 | 2 8 18 2 | 31 Ga Galio 69.72 | 2 8 18 3 | 32 Ge Germanio 72.59 | 2 8 18 4 | 33 As Arsénico 74.922 | 2 8 18 5 | 34 Se Selenio 78.96 | 2 8 18 6 | 35 Br Bromo 79.904 | 2 8 18 7 | 36 Kr Criptón 83.80 | 2 8 18 8 |

| 46 Pd Paladio 106.4 | 2 8 18 18 | 47 Ag Plata 107.87 | 2 8 18 18 1 | 48 Cd Cadmio 112.41 | 2 8 18 18 2 | 49 In Indio 114.82 | 2 8 18 18 3 | 50 Sn Estaño 118.69 | 2 8 18 18 4 | 51 Sb Antimonio 121.75 | 2 8 18 18 5 | 52 Te Telurio 127.60 | 2 8 18 18 6 | 53 I Iodo 126.90 | 2 8 18 18 7 | 54 Xe Xenón 131.30 | 2 8 18 18 8 |

| 78 Pt Platino 195.09 | 2 8 18 32 17 1 | 79 Au Oro 196.97 | 2 8 18 32 18 1 | 80 Hg Mercurio 200.59 | 2 8 18 32 18 2 | 81 Tl Talio 204.37 | 2 8 18 32 18 3 | 82 Pb Plomo 207.2 | 2 8 18 32 18 4 | 83 Bi Bismuto 208.98 | 2 8 18 32 18 5 | 84 Po Polonio (209) | 2 8 18 32 18 6 | 85 At Astato (210) | 2 8 18 32 18 7 | 86 Rn Radón (222) | 2 8 18 32 18 8 |

| 110 Ds Darmstadio (269) | 2 8 18 32 17 1 | 111 Rg Roentgenio (272) | 2 8 18 32 32 1 | 112 Cn Copernicio (277) | 2 8 18 32 32 2 | *113 Uut Ununtrio (284) | 2 8 18 32 18 3 | *114 Uuq Ununcuadio (289) | 2 8 18 32 32 4 | *115 Uup Ununpentio (288) | 2 8 18 32 18 5 | *116 Uuh Ununhexio (293) | 2 8 18 32 18 6 | *117 Uus Ununseptio Clasificación pendiente | *118 Uuo Ununoctio (299) | 2 8 18 32 18 8 |

*Descubrimiento reportado pero no verificado

| 63 Eu Europio 151.96 | 2 8 18 25 2 | 64 Gd Gadolinio 157.25 | 2 8 18 25 9 2 | 65 Tb Terbio 158.93 | 2 8 18 27 8 2 | 66 Dy Disprosio 162.50 | 2 8 18 28 8 2 | 67 Ho Holmio 164.93 | 2 8 18 29 8 2 | 68 Er Erbio 167.26 | 2 8 18 30 8 2 | 69 Tm Tulio 168.93 | 2 8 18 31 8 2 | 70 Yb Iterbio 173.04 | 2 8 18 32 8 2 |

| 95 Am Americio (243) | 2 8 18 32 25 2 | 96 Cm Curio (247) | 2 8 18 32 25 2 | 97 Bk Berkelio (247) | 2 8 18 32 27 8 2 | 98 Cf Californio (251) | 2 8 18 32 28 8 2 | 99 Es Einstenio (252) | 2 8 18 32 29 8 2 | 100 Fm Fermio (257) | 2 8 18 32 30 8 2 | 101 Md Mendelevio (258) | 2 8 18 32 31 8 2 | 102 No Nobelio (259) | 2 8 18 32 32 8 2 |

Configuraciones electrónicas de los grupos

🔑 Cómo se pueden clasificar los elementos con base en sus configuraciones electrónicas?

Los electrones tienen una función clave en la determinación de las propiedades de los elementos, por lo que debe haber una conexión entre la configuración electrónica de un elemento y su ubicación en la tabla periódica. 🔑 **Los elementos se pueden clasificar en gases nobles, elementos representativos, metales de transición o metales de transición interna con base en sus configuraciones electrónicas.** Es posible que desees consultar la tabla periódica a medida que lees sobre estas clases de elementos.

Los gases nobles Las fotografías de la Figura 6.10 muestran los usos del helio, del neón y del argón. El helio, el neón y el argón son ejemplos de **gases nobles,** los elementos del grupo 8A de la tabla periódica. Estos no metales se denominan a veces gases inertes porque rara vez intervienen en una reacción. Las configuraciones electrónicas de los primeros cuatro gases nobles del grupo 8A se enumeran a continuación.

Helio (He)	$1s^2$
Neón (Ne)	$1s^2 2s^2 2p^6$
Argón (Ar)	$1s^2 2s^2 2p^6 3s^2 3p^6$
Criptón (Kr)	$1s^2 2s^2 2p^6 3s^2 3p^6 3d^{10} 4s^2 4p^6$

Observa la descripción del nivel energético ocupado más alto de cada elemento, que está resaltado en amarillo. Los subniveles s y p están completamente llenos de electrones (dos electrones en el subnivel s y seis electrones en el subnivel p). En el Capítulo 7 se explicará cómo está relacionada esta distribución de los electrones con la relativa inactividad de los gases nobles.

Figura 6.10 Gases nobles
Los gases nobles son únicos debido a que sus niveles de energía ocupados más altos están completamente llenos.
Inferir Los globos llenos de helio ascienden en el aire. ¿Qué te dice esto sobre la densidad del helio?

Helio (He), neón (Ne) y argón (Ar)
Se suele llenar los globos con helio para que "vuelen". Los gases nobles neón y argón producen los colores en este letrero de neón.

Los elementos representativos La Figura 6.11 muestra la porción de la tabla periódica que contiene los grupos 1A a 7A. Los elementos de los grupos 1A a 7A a menudo se llaman **elementos representativos** porque muestran una amplia gama de propiedades físicas y químicas. Algunos elementos de estos grupos son metales, algunos son no metales y algunos son metaloides. La mayoría son sólidos, pero algunos son gases a temperatura ambiente y uno, el bromo, es un líquido.

En los átomos de los elementos representativos, los subniveles s y p del nivel de energía ocupado más alto no están llenos. Observa las configuraciones electrónicas del litio, del sodio y del potasio. En los átomos de estos elementos del Grupo 1A, sólo hay un electrón en el nivel de energía ocupado más alto. El electrón está en un subnivel s.

Litio (Li)	$1s^2 2s^1$
Sodio (Na)	$1s^2 2s^2 2p^6 3s^1$
Potasio (K)	$1s^2 2s^2 2p^6 3s^2 3p^6 4s^1$

En los átomos del Grupo 4A, los elementos carbono, silicio y germanio tienen cuatro electrones en el nivel de energía ocupado más alto.

Carbono (C)	$1s^2 2s^2 2p^2$
Silicio (Si)	$1s^2 2s^2 2p^6 3s^2 3p^2$
Germanio (Ge)	$1s^2 2s^2 2p^6 3s^2 3p^6 3d^{10} 4s^2 4p^2$

Para cualquier elemento representativo, su número de grupo es igual al número de electrones en el nivel de energía ocupado más alto.

Figura 6.11 Elementos representativos

Algunos de los elementos representativos existen en la naturaleza como elementos. Otros sólo se encuentran en los compuestos.

Estaño (Sn)
Los artesanos recubren a menudo los objetos hechos de otros metales con estaño porque el estaño es resistente a la corrosión.

Litio (Li)
Las baterías en muchos dispositivos electrónicos, incluyendo este vehículo personal, usan litio para generar energía eléctrica.

Azufre (S)
Algunos volcanes liberan grandes cantidades de vapores de azufre. El azufre se enfría y se deposita como un polvo amarillo sólido.

Figura 6.12 Uranio
Las plantas nucleares usan el metal de transición interna uranio como combustible. El material mostrado se llama torta amarilla, un compuesto impuro de uranio.

Elementos de transición En la tabla periódica, los elementos del grupo B separan a los grupos A, en el lado izquierdo de la tabla, de los grupos A, en el lado derecho. Los elementos de los Grupos B se conocen como elementos de transición. Hay dos tipos de elementos de transición: metales de transición y metales de transición interna. Se clasifican en función de sus configuraciones electrónicas.

Los **metales de transición** son los elementos del Grupo B que se muestran por lo general en el cuerpo principal de una tabla periódica. El cobre, la plata, el oro y el hierro son metales de transición. En los átomos de un metal de transición, el subnivel s ocupado más alto y un subnivel d cercano contienen electrones. Estos elementos se caracterizan por la presencia de electrones en los orbitales d.

Los **metales de transición interna** son los elementos que aparecen abajo del cuerpo principal de la tabla periódica. En los átomos de estos elementos, el subnivel s ocupado más alto y un subnivel f cercano por lo general contienen electrones. Los metales de transición interna se caracterizan por la presencia de electrones en los orbitales f. El uranio, ejemplo de metal de transición interna, se muestra en la Figura 6.12.

Antes de que los científicos supieran de los metales de transición interna, las personas los llamaban elementos de tierra rara. Este nombre es engañoso ya que algunos metales de transición interna son más abundantes que otros elementos. Toma en cuenta que algunos de los metales de transición interna no se encuentran en la naturaleza. Estos elementos fueron preparados en laboratorios que usan los métodos presentados en el Capítulo 25.

Bloques de elementos Si tienes en cuenta tanto las configuraciones electrónicas como las posiciones de los elementos en la tabla periódica, surge otro patrón. En la Figura 6.13, la tabla periódica está dividida en secciones, o bloques, que corresponde a los subniveles ocupados más altos. El bloque s contiene los elementos de los grupos 1A y 2A y el gas noble helio. El bloque p contiene los elementos de los grupos 3A, 4A, 5A, 6A, 7A y 8A, con la excepción del helio. Los metales de transición pertenecen al bloque d y los metales de transición interna pertenecen al bloque f.

Puedes usar la Figura 6.13 para ayudarte a determinar las configuraciones electrónicas de los elementos. Cada período de la tabla periódica corresponde a un nivel principal de energía. Supón que un elemento se encuentra en el período 3. Sabes que los subniveles s y p en los niveles de energía 1 y 2 están llenos de electrones. A continuación, lees el período 3 de izquierda a derecha para completar la configuración. Para los elementos de transición, se añaden electrones a un subnivel d con un nivel principal de energía que es uno menos que el número del período. Para los metales de transición interna, el nivel principal de energía del subnivel f es dos menos que el número del período. Este procedimiento da las configuraciones electrónicas correctas para la mayoría de los átomos.

Figura 6.13 Configuraciones electrónicas
Este diagrama clasifica los elementos en bloques de acuerdo con los subniveles que están llenos o se están llenando con electrones.
Interpretar diagramas En el nivel de energía ocupado más alto de un átomo de halógeno, ¿cuántos electrones hay en el subnivel p?

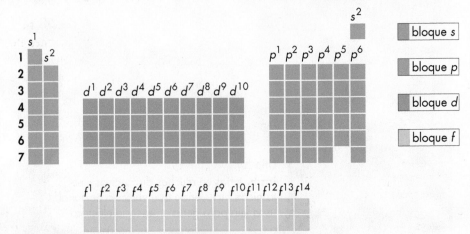

Ejemplo de problema 6.1

Usar subniveles de energía para escribir configuraciones electrónicas

Usa la Figura 6.9 y la Figura 6.13 para escribir la configuración electrónica del níquel (Ni).

1 Analizar Identifica los conceptos relevantes. Para todos los elementos, el número atómico es igual al número total de electrones. Para un elemento representativo, el nivel de energía ocupado más alto es igual que el número del período en el que se encuentra el elemento. Puedes saber cuántos electrones hay en este nivel de energía a partir del grupo en el que se encuentra el elemento.

2 Resolver Aplica los conceptos a este problema.

Usa la Figura 6.9 para identificar dónde está el átomo en la tabla periódica y el número de electrones en el átomo.	El níquel se encuentra en el cuarto período y tiene 28 electrones.
Usa la Figura 6.13 para determinar la configuración electrónica.	En el níquel, los subniveles s y p en los tres primeros niveles de energía están llenos, por lo que la configuración empieza con $1s^2 2s^2 2p^6 3s^2 3p^6$. Después $4s^2$ y $3d^8$. Escribe todo junto: $1s^2 2s^2 2p^6 3s^2 3p^6 3d^8 4s^2$

9. Usa la Figura 6.9 y la Figura 6.13 para escribir las configuraciones electrónicas de los siguientes elementos:
  a. carbono
  b. estroncio
  c. vanadio

10. Haz una lista de los símbolos de todos los elementos cuyas configuraciones electrónicas terminen de la siguiente manera. *Nota:* Cada n representa un nivel de energía.
  a. $ns^2 np^1$
  b. $ns^2 np^5$
  c. $ns^2 np^6 nd^2 (n+1)s^2$

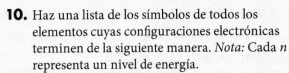

Recuerda que el número del nivel principal de energía de los elementos del bloque *d* es siempre uno menos que el número del período.

6.2 Comprobación de la lección

11. 🔑 **Identificar** ¿Qué tipos de información se pueden incluir en una tabla periódica?

12. 🔑 **Hacer una lista** ¿En cuáles cuatro clases se pueden ordenar los elementos en función de sus configuraciones electrónicas?

13. **Explicar** ¿Por qué los elementos potasio y sodio tienen propiedades químicas similares?

14. **Clasificar** Identifica cada elemento como un metal alcalino, un metal alcalinotérreo o un halógeno:
  a. bario   **c.** litio
  b. cloro   **d.** berilio

15. **Clasificar** Con base en las las siguientes configuraciones electrónicas, identifica cada elemento como un elemento representativo, un metal de transición o un gas noble.
  a. $1s^2 2s^2 2p^6 3s^2 3p^6 3d^{10} 4s^2 4p^6$
  b. $1s^2 2s^2 2p^6 3s^2 3p^6 3d^6 4s^2$
  c. $1s^2 2s^2 2p^6 3s^2 3p^2$

16. **Describir** ¿Cuántos electrones hay en el nivel de energía ocupado más alto de un elemento del Grupo 5A?

17. **Identificar** ¿Cuál de estos elementos son metales de transición: Cu, Sr, Cd, Au, Al, Ge, Co?

La tabla periódica **173**

6.3 Tendencias periódicas

P: *¿En qué se parecen las tendencias en el tiempo meteorológico a las tendencias en las propiedades de los elementos?* El tiempo meteorológico cambia de día a día. El tiempo meteorológico que experimentas está relacionado con tu ubicación en el globo. Por ejemplo, Florida tiene una temperatura media más alta que la de Minnesota. Del mismo modo, una selva tropical recibe más lluvia que un desierto. Estas diferencias son atribuibles a las tendencias en el tiempo meteorológico. En esta lección, aprenderás cómo una propiedad, como el tamaño atómico, está relacionada con la ubicación de un elemento en la tabla periódica.

Preguntas clave

🔑 *¿Cuáles son las tendencias del tamaño atómico entre los elementos?*

🔑 *¿Cómo se forman los iones?*

🔑 *¿Cuáles son las tendencias entre los elementos para la primera energía de ionización, el tamaño iónico y la electronegatividad?*

Vocabulario

- radio atómico
- ion
- catión
- anión
- energía de ionización
- electronegatividad

Tendencias en el tamaño atómico

🔑 *¿Cuáles son las tendencias del tamaño atómico entre los elementos?*

Una forma de pensar en el tamaño atómico es observando las unidades que se forman cuando los átomos de un mismo elemento se unen entre sí. Estas unidades se llaman moléculas. La Figura 6.14 muestra los modelos de las moléculas (modelos moleculares) de siete no metales. Debido a que los átomos en cada molécula son idénticos, puede usarse la distancia entre los núcleos de estos átomos para estimar el tamaño de los átomos. Este tamaño se expresa como un radio atómico. El **radio atómico** es la mitad de la distancia entre los núcleos de dos átomos de un mismo elemento cuando los átomos se unen.

Las distancias entre los átomos en una molécula son extremadamente pequeñas. Por lo tanto, el radio atómico se mide a menudo en picómetros (pm). Recuerda que hay mil billones, o 10^{12}, de picómetros en un metro. El modelo molecular del yodo en la Figura 6.14 es el más grande. La distancia entre los núcleos en una molécula de yodo es de 280 pm. Debido a que el radio atómico es la mitad de la distancia entre los núcleos, el valor del radio del átomo de yodo es de 140 pm (280/2).

🔑 **En general, el tamaño atómico aumenta de arriba hacia abajo dentro de un grupo y disminuye de izquierda a derecha en un período.**

Figura 6.14 Radios atómicos
El diagrama compara el radio atómico de siete no metales.

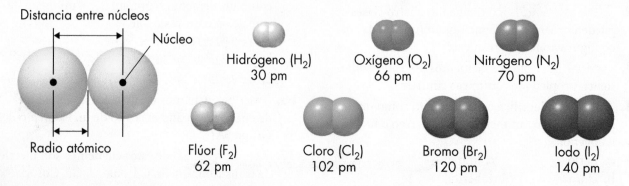

Distancia entre núcleos

Núcleo

Radio atómico

Hidrógeno (H_2) 30 pm

Oxígeno (O_2) 66 pm

Nitrógeno (N_2) 70 pm

Flúor (F_2) 62 pm

Cloro (Cl_2) 102 pm

Bromo (Br_2) 120 pm

Iodo (I_2) 140 pm

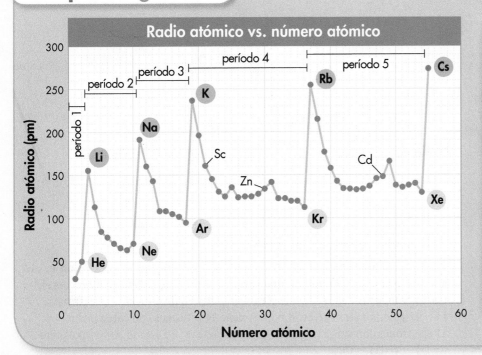

Radio atómico vs. número atómico

período 1
período 2
período 3
período 4
período 5

He
Li
Na
Ne
Ar
K
Sc
Zn
Kr
Rb
Cd
Cs
Xe

Radio atómico (pm)

Número atómico

Figura 6.15 Esta gráfica muestra el radio atómico versus el número atómico de los elementos con los números atómicos 1 a 55.

a. Leer gráficas ¿Qué metal alcalino tiene un radio atómico de 238 pm?

b. Sacar conclusiones Con base en los datos de los metales alcalinos y los gases nobles, ¿cómo cambia el tamaño atómico dentro de un grupo?

c. Predecir ¿Es un átomo de bario, número atómico 56, más pequeño o más grande que un átomo de cesio (Cs)?

Tendencias de grupo en el tamaño atómico Observa los datos de los metales alcalinos y de los gases nobles en la Figura 6.15. El radio atómico dentro de estos grupos aumenta a medida que aumenta el número atómico. Este aumento es un ejemplo de una tendencia.

A medida que el número atómico aumenta dentro de un grupo, la carga en el núcleo aumenta y el número de niveles de energía ocupados aumenta. Estas variables afectan el tamaño atómico de maneras opuestas. El aumento en la carga positiva atrae a los electrones más cerca del núcleo. El aumento en el número de orbitales ocupados protege a los electrones del nivel de energía ocupado más alto de la atracción de los protones en el núcleo. El efecto de protección es mayor que el efecto del aumento en la carga nuclear, por lo que aumenta el tamaño atómico.

Tendencias de período en el tamaño atómico Observa de nuevo la Figura 6.15. Con el aumento del número atómico, cada elemento tiene un protón más y un electrón más que el elemento anterior. A lo largo de un período, se añaden los electrones al mismo nivel de energía principal. El efecto de protección es constante para todos los elementos de un período. La creciente carga nuclear empuja los electrones en el nivel de energía ocupado más alto más cerca del núcleo, y el tamaño atómico disminuye. La Figura 6.16 resume las tendencias de grupo y de período en el tamaño atómico.

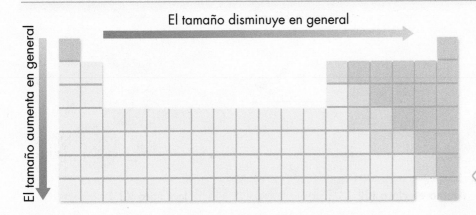

El tamaño disminuye en general

El tamaño aumenta en general

Figura 6.16 Tendencias en el tamaño atómico
El tamaño de los átomos tiende a disminuir de izquierda a derecha en un período y a aumentar de arriba a abajo dentro de un grupo.
Predecir *Si un halógeno y un metal alcalino están en el mismo período, ¿cuál tendrá el radio más grande?*

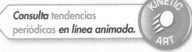

Consulta tendencias periódicas en línea animada.

Figura 6.17 Formación de cationes
Cuando un átomo de sodio pierde un electrón, se convierte en un ion con carga positiva.

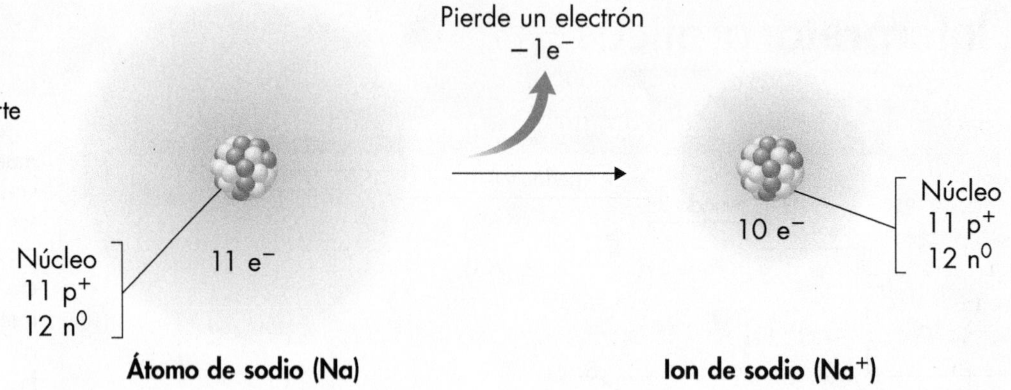

Pierde un electrón
$-1e^-$

Núcleo
$11\ p^+$
$12\ n^0$

$11\ e^-$

$10\ e^-$

Núcleo
$11\ p^+$
$12\ n^0$

Átomo de sodio (Na)

Ion de sodio (Na$^+$)

Iones

¿Cómo se forman los iones?

Algunos compuestos se componen de partículas llamadas iones. Un **ion** es un átomo o grupo de átomos con una carga positiva o negativa. Un átomo es eléctricamente neutro, ya que tiene el mismo número de protones y electrones. Por ejemplo, un átomo de sodio (Na) tiene 11 protones con carga positiva y 11 electrones con carga negativa. La carga neta en un átomo de sodio es cero $[(+11) + (-11) = 0]$.

Los iones positivos y negativos se forman cuando se transfieren electrones entre los átomos. Los átomos de metales, como el sodio, tienden a formar iones cuando pierden uno o más electrones de sus niveles de energía ocupados más altos. La Figura 6.17 compara la estructura atómica de un átomo de sodio y de un ion sodio. En el ion sodio, el número de electrones (10) no es igual al número de protones (11). Debido a que hay más protones con carga positiva que electrones con carga negativa, el ion sodio tiene una carga neta positiva. Un ion con una carga positiva se llama **catión.** La carga de un catión se escribe como un número seguido de un signo más. Si la carga es 1, el número en 1+ suele omitirse del símbolo para el ion. Por ejemplo, Na^{1+} se escribe como Na$^+$. Los átomos de los no metales, como el cloro, tienden a formar iones ganando uno o más electrones. La Figura 6.18 compara la estructura atómica de un átomo de cloro y de un ion cloro. En un ion cloruro, el número de electrones (18) no es igual al número de protones (17). Debido a que hay más electrones con carga negativa que protones con carga positiva, el ion de cloruro tiene una carga neta negativa. Un ion con una carga negativa se llama **anión.** La carga de un anión se escribe como un número seguido de un signo menos.

Figura 6.18 Formación de aniones
Cuando un átomo de cloro gana un electrón, se convierte en un ion con carga negativa.
Interpretar diagramas *¿Qué les sucede a los protones y a los neutrones durante este cambio?*

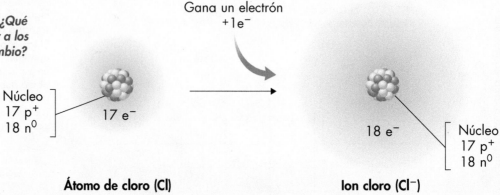

Gana un electrón
$+1e^-$

Núcleo
$17\ p^+$
$18\ n^0$

$17\ e^-$

$18\ e^-$

Núcleo
$17\ p^+$
$18\ n^0$

Átomo de cloro (Cl)

Ion cloro (Cl$^-$)

Tendencias en la energía de ionización

🔑 **¿Cuáles son las tendencias entre los elementos para la primera energía de ionización?**

Recuerda que los electrones pueden moverse a niveles más altos de energía cuando los átomos absorben energía. A veces, el electrón tiene energía suficiente para superar la atracción de los protones en el núcleo. La energía requerida para quitar un electrón de un átomo se llama **energía de ionización.** Esta energía se mide cuando un elemento se encuentra en su estado gaseoso. La energía requerida para quitar el primer electrón de un átomo se llama la primera energía de ionización. El catión producido tiene una carga de 1+. 🔑 **La primera energía de ionización tiende a disminuir de arriba hacia abajo dentro de un grupo y a aumentar de izquierda a derecha a lo largo de un período.**

Las energías de ionización pueden ayudarte a predecir qué iones formará un elemento. Observa los datos de la Tabla 6.1 para el litio (Li), el sodio (Na) y el potasio (K). El aumento en la energía entre la primera y la segunda energía de ionización es grande. Es relativamente fácil quitar un electrón de un átomo de metal del Grupo 1A, pero es difícil quitar un segundo electrón. Esta diferencia indica que los metales del Grupo 1A tienden a formar iones con una carga de 1+.

Interpretar datos

Energías de ionización de los primeros 20 elementos (kJ/mol*)			
Símbolo	**Primera**	**Segunda**	**Tercera**
H	1312		
He (gas noble)	2372	5247	
Li	520	7297	11,810
Be	899	1757	14,840
B	801	2430	3659
C	1086	2352	4619
N	1402	2857	4577
O	1314	3391	5301
F	1681	3375	6045
Ne (gas noble)	2080	3963	6276
Na	496	4565	6912
Mg	738	1450	7732
Al	578	1816	2744
Si	786	1577	3229
P	1012	1896	2910
S	999	2260	3380
Cl	1256	2297	3850
Ar (gas noble)	1520	2665	3947
K	419	3069	4600
Ca	590	1146	4941

*Una cantidad de materia equivalente a la masa atómica en gramos

Tabla 6.1 La tabla compara las energías de ionización de los elementos con números atómicos del 1 al 20.

a. Leer tablas ¿Cuáles son los valores de la primera, segunda y tercer energía de ionización del sodio y del aluminio?

b. Comparar ¿Es más fácil quitar un electrón de un átomo de sodio (Na) o de un átomo de aluminio (Al)? ¿De Na^+ o de Al^+? ¿De Na^{2+} o de Al^{2+}?

c. Sacar conclusiones ¿Qué ion es más común: Na^{3+} o Al^{3+}?

Nota: La segunda energía de ionización es la energía necesaria para eliminar un electrón de un ion con una carga de 1+. Esto produce un ion con una carga de 2+. La tercera energía de ionización es la energía necesaria para eliminar un electrón de un ion con una carga de 2+. Esto produce un ion con una carga de 3+.

Interpretar gráficas

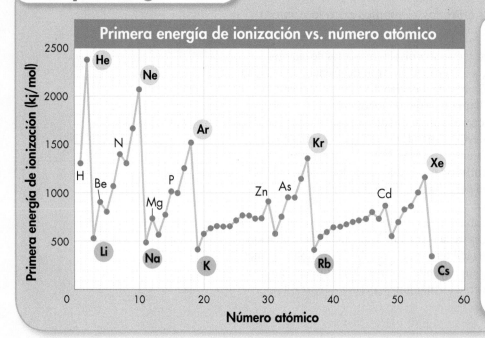

Primera energía de ionización vs. número atómico

Eje Y: Primera energía de ionización (kJ/mol)
Eje X: Número atómico

Elementos marcados: He, Ne, Ar, Kr, Xe (gases nobles); H, Li, Be, N, Mg, Na, P, K, Zn, As, Rb, Cd, Cs

Figura 6.19 Esta gráfica revela tendencias de grupo y de período para la energía de ionización.

a. Leer gráficas ¿Qué elemento del período 2 tiene la energía de ionización más baja? ¿Y del período 3?

b. Describir ¿Cuáles son las tendencias de grupo para la primera energía de ionización de los gases nobles y de los metales alcalinos?

c. Predecir Si trazas una gráfica de la segunda energía de ionización, ¿qué elemento tendrías que omitir? Explica.

Tendencias de grupo de la energía de ionización La Figura 6.19 es una gráfica de la primera energía de ionización frente al número atómico. Observa los datos de los gases nobles y de los metales alcalinos. En general, la primera energía de ionización disminuye de arriba hacia abajo dentro de un grupo. Recuerda que el tamaño atómico aumenta a medida que el número atómico aumenta dentro de un grupo. A medida que el tamaño de los átomos aumenta, la carga nuclear tiene un efecto menor sobre los electrones del nivel de energía ocupado más alto. Se requiere menos energía para quitar un electrón de este nivel de energía, y la primera energía de ionización es menor.

Tendencias de período de la energía de ionización En general, la primera energía de ionización de los elementos representativos tiende a aumentar de izquierda a derecha en un período. Esta tendencia se puede explicar por la carga nuclear y el efecto protector. La carga nuclear aumenta en todo el período, pero el efecto protector permanece constante. Como resultado, hay un aumento en la atracción que ejerce el núcleo hacia un electrón. Por tanto, se necesita más energía para quitar un electrón de un átomo. La Figura 6.20 resume las tendencias de grupo y de período de la primera energía de ionización.

Figura 6.20
Tendencias de la primera energía de ionización
La primera energía de ionización tiende a aumentar de izquierda a derecha en un período y a disminuir de arriba a abajo dentro de un grupo.
Predecir ¿Qué elemento tendría la primera energía de ionización más grande: un metal alcalino del período 2 o un metal alcalino del período 4?

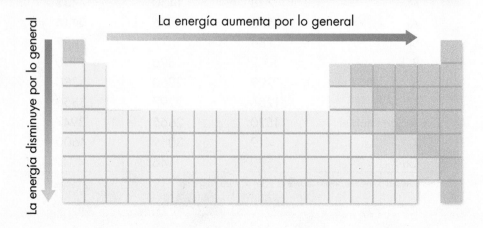

La energía aumenta por lo general

La energía disminuye por lo general

Tendencias en el tamaño iónico

🔑 *¿Cuáles son las tendencias entre los elementos para el tamaño iónico?*

Durante las reacciones entre metales y no metales, los átomos de los metales tienden a perder electrones y los átomos de los no metales tienden a ganar electrones. Esta transferencia de electrones tiene un efecto predecible sobre el tamaño de los iones que se forman. Los cationes son siempre más pequeños que los átomos a partir de los cuales se forman. Los aniones son siempre más grandes que los átomos a partir de los cuales se forman. 🔑 **El tamaño iónico tiende a aumentar de arriba hacia abajo dentro de un grupo. En general, el tamaño de los cationes y de los aniones disminuye de izquierda a derecha en un período.**

Tendencias de grupo en el tamaño iónico La Figura 6.21 compara el tamaño relativo de los átomos e iones de tres metales del Grupo 1A: litio (Li), sodio (Na) y potasio (K). Para cada uno de estos elementos, el ion es mucho más pequeño que el átomo. Por ejemplo, el radio de un ion de sodio (95 pm) es aproximadamente la mitad del radio de un átomo de sodio (191 pm). Cuando un átomo de sodio pierde un electrón, aumenta la atracción entre el resto de los electrones y el núcleo. En consecuencia, los electrones son atraídos más cerca del núcleo. Los metales que son elementos representativos tienden a perder todos sus electrones más externos durante la ionización. Por tanto, el ion tiene un nivel de energía ocupado menos.

La tendencia es la contraria en los no metales, al igual que en los halógenos del Grupo 7A. Observa la Figura 6.21, y comparar los tamaños relativos de los átomos y los iones de flúor (F), cloro (Cl) y bromo (Br). Para cada uno de estos elementos, el ion es mucho más grande que el átomo. Por ejemplo, el radio de un ion flúor (133 pm) es más de dos veces el radio de un átomo de flúor (62 pm). A medida que el número de electrones aumenta, la atracción del núcleo hacia cualquier electrón disminuye.

Tendencias de período en el tamaño iónico Mira más adelante la Figura 6.23. De izquierda a derecha en un período, hay dos tendencias visibles: una disminución gradual del tamaño de los iones positivos (cationes), seguida de una gradual disminución del tamaño de los iones negativos (aniones). La Figura 6.22 resume las tendencias de grupo y de período en el tamaño iónico.

Figura 6.21 Comparación de los tamaños iónicos y atómicos

Este diagrama compara el tamaño relativo de los átomos y los iones de algunos metales alcalinos (Grupo 1A) y halógenos (Grupo 7A). Los números son medidas de los radios en picómetros (pm).

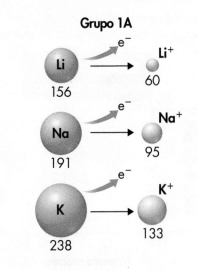

Grupo 1A

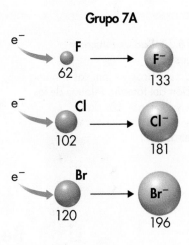

Grupo 7A

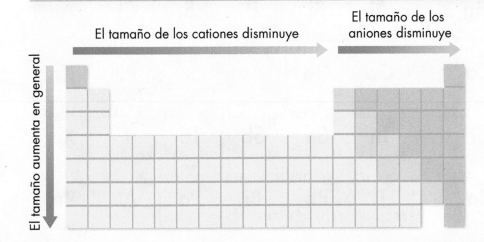

El tamaño de los cationes disminuye

El tamaño de los aniones disminuye

El tamaño aumenta en general

Figura 6.22 Tendencias en el tamaño iónico

Los radios iónicos de los cationes y los aniones disminuyen de izquierda a derecha en los períodos y aumentan de arriba hacia abajo en los grupos.

Laboratorio rápido

Propósito Usar una gráfica para identificar tendencias de grupo y de período

Materiales
- papel cuadriculado
- lápiz

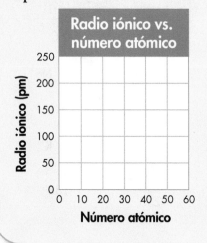

Radio iónico vs. número atómico

Radio iónico (pm)

250 200 150 100 50 0

0 10 20 30 40 50 60

Número atómico

Tendencias periódicas de los radios iónicos

Procedimiento

Usa los datos presentados en la Figura 6.23 para diagramar el radio iónico versus el número atómico.

Analizar y concluir

1. Comparar ¿Cómo cambia el tamaño cuando un átomo forma un catión y cuando un átomo forma un anión?

2. Describir ¿Cómo varían los radios iónicos dentro de un grupo de metales? ¿Cómo varían dentro de un grupo de no metales?

3. Describir ¿Cuál es la forma de una porción de la gráfica que corresponde a un período?

4. Comparar y contrastar ¿Es la tendencia en un período similar o diferente en los períodos 2, 3, 4 y 5?

5. Explicar Propón explicaciones para las tendencias que has descrito para los radios iónicos en los grupos y períodos.

Figura 6.23 Radios iónicos y atómicos

Los radios iónicos y atómicos son una indicación del tamaño relativo de los átomos y los iones. Los datos se presentan en picómetros (pm).

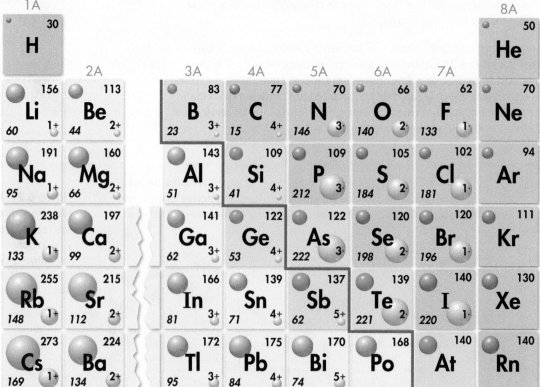

Tendencias en electronegatividad

🔑 ¿Cuáles son las tendencias entre los elementos para la electronegatividad?

En los Capítulos 7 y 8, estudiarás dos tipos de enlaces que pueden existir en los compuestos. Los electrones están involucrados en ambos tipos de enlaces. Hay una propiedad que se puede usar para predecir el tipo de enlace que se formará durante una reacción. Esta propiedad se llama electronegatividad. La **electronegatividad** es la capacidad de un átomo de un elemento para atraer electrones cuando el átomo está en un compuesto. Los científicos usan factores como la energía de ionización para calcular los valores de la electronegatividad.

La Tabla 6.2 enumera los valores de electronegatividad de los elementos representativos de los grupos 1A a 7A. Los elementos están organizados en el mismo orden que en la tabla periódica. Los gases nobles se omiten debido a que no forman muchos compuestos. Los datos de la Tabla 6.2 se expresan en unidades de Pauling. Linus Pauling ganó el Premio Nobel de Química por su trabajo sobre los enlaces químicos. Fue el primero en definir la electronegatividad.

🔑 **En general, los valores de electronegatividad disminuyen de arriba hacia abajo dentro de un grupo. Para los elementos representativos, los valores tienden a aumentar de izquierda a derecha en un período.** Los metales en el extremo izquierdo de la tabla periódica tienen valores bajos. Por el contrario, los no metales en el extremo derecho (excluyendo los gases nobles) tienen valores altos. Los valores de electronegatividad entre los metales de transición no son tan regulares.

El elemento menos electronegativo en la tabla es el cesio, con una electronegatividad de 0.7. Tiene la menor tendencia a atraer electrones. Cuando reacciona, tiende a perder electrones y formar cationes. El elemento más electronegativo es el flúor, con un valor de 4.0. Debido a que el flúor tiene esta fuerte tendencia a atraer electrones, suele atraer a los electrones compartidos o formar un anión cuando está enlazado a cualquier otro elemento.

La Figura 6.24, en la siguiente página, resume varias tendencias que existen entre los elementos. Consulta esta figura a medida que estudias las tendencias periódicas que se presentan en este capítulo.

Tabla 6.2

Valores de electronegatividad de algunos elementos

H 2.1						
Li 1.0	Be 1.5	B 2.0	C 2.5	N 3.0	O 3.5	F 4.0
Na 0.9	Mg 1.2	Al 1.5	Si 1.8	P 2.1	S 2.5	Cl 3.0
K 0.8	Ca 1.0	Ga 1.6	Ge 1.8	As 2.0	Se 2.4	Br 2.8
Rb 0.8	Sr 1.0	In 1.7	Sn 1.8	Sb 1.9	Te 2.1	I 2.5
Cs 0.7	Ba 0.9	Tl 1.8	Pb 1.9	Bi 1.9		

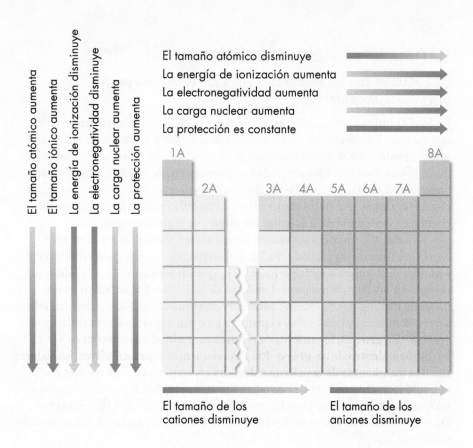

El tamaño atómico aumenta

El tamaño iónico aumenta

La energía de ionización disminuye

La electronegatividad disminuye

La carga nuclear aumenta

La protección aumenta

El tamaño atómico disminuye
La energía de ionización aumenta
La electronegatividad aumenta
La carga nuclear aumenta
La protección es constante

El tamaño de los cationes disminuye

El tamaño de los aniones disminuye

P: *Estás familiarizado con el uso de un mapa del tiempo para identificar tendencias en el clima. Por ejemplo, ciertas áreas son típicamente más calientes que otras. ¿Qué tendencias en las propiedades de los elementos puedes identificar con la ayuda de la tabla periódica?*

Figura 6.24 Resumen de las tendencias periódicas
Las tendencias del tamaño atómico, la energía de ionización, el tamaño iónico y la electronegatividad varían dentro de los grupos y los períodos. Las tendencias que existen entre estas propiedades pueden explicarse por variaciones en la estructura atómica. El aumento de la carga nuclear dentro de los grupos y períodos explica muchas tendencias. Dentro de los grupos, tanto el aumento del número de niveles de energía ocupados como el aumento de la protección tienen un efecto significativo sobre cada tendencia.
Interpretar diagramas *¿Qué propiedades tienden a disminuir en un período? ¿Qué propiedades tienden a disminuir en un grupo?*

6.3 Comprobación de la lección

18. Repasar ¿Cómo cambia el tamaño atómico dentro de los grupos y los períodos?

19. Explicar ¿Cuándo se forman los iones?

20. Resumir ¿Cómo varía la primera energía de ionización dentro de los grupos y los períodos?

21. Describir Compara el tamaño de los iones con el tamaño de los átomos de los que se forman.

22. Repasar ¿Cómo varían los valores de electronegatividad dentro de los grupos y los períodos?

23. Explicar En general, ¿cómo se pueden explicar las tendencias periódicas presentadas por los elementos?

24. Hacer una secuencia Organiza estos elementos en orden decreciente de tamaño atómico: azufre, cloro, aluminio y sodio. ¿Demuestra tu organización una tendencia periódica o una tendencia de grupo?

25. Identificar ¿Qué elemento de cada par tiene la primera energía de ionización más alta?
   a. sodio, potasio
   b. magnesio, fósforo

Elementos de la vida

Como todo lo demás en el universo, tu cuerpo se compone de elementos. Tu cuerpo usa estos elementos para diferentes funciones. Aproximadamente, 97 por ciento del cuerpo humano se compone sólo de cuatro elementos: oxígeno, carbono, hidrógeno y nitrógeno. El 3 por ciento restante contiene aproximadamente otros 20 elementos esenciales para la vida.

SISTEMA CIRCULATORIO El hierro y el oxígeno son fundamentales para el sistema circulatorio: el sistema que lleva la sangre por todo el cuerpo. El hierro, contenido en los glóbulos rojos de la sangre, ayuda a transportar el oxígeno desde los pulmones hasta otras células en tu cuerpo. Otros dos elementos, el cobre y el cobalto, son necesarios para la formación de los glóbulos rojos de la sangre.

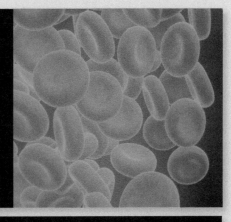

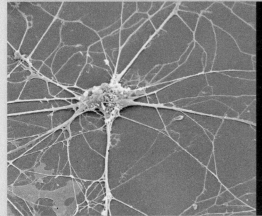

SISTEMA NERVIOSO El sodio y el potasio son esenciales para el sistema nervioso, en particular para las neuronas. Estos elementos permiten que tu cerebro se comunique con otros tejidos de tu cuerpo. Otros elementos que son importantes para el buen funcionamiento del sistema nervioso son el calcio, el cloro, el zinc y el magnesio.

SISTEMA ESQUELÉTICO Tus huesos y dientes, dos componentes del sistema esquelético, están compuestos en gran parte de calcio y fósforo, que le dan a los huesos y dientes su fortaleza. El flúor, el boro, el magnesio y el silicio también son importantes para el crecimiento óseo y para mantener los huesos fuertes.

Un paso más allá

1. Describir Usa la información proporcionada en la página R1 para calcular la composición del cuerpo humano en términos de metales, no metales y metaloides.

2. Predecir Los elementos sodio, magnesio, potasio y calcio son los metales más abundantes en el cuerpo humano y están presentes en forma de iones. ¿Cuál es la carga de cada uno de estos iones?

3. Hacer una secuencia Use la Figura 6.23 para hacer una lista de los iones de la Pregunta 2 del más pequeño al más grande.

Periodicidad en tres dimensiones

Propósito
Construir modelos tridimensionales de las tendencias periódicas

Materiales

- **placa de 96 pocillos**
- **popotes**
- **tijeras**
- **regla**
- **marcador permanente de punto fino**

Procedimiento

1. Mide la profundidad de un pocillo en la placa metiendo un popote en un pocillo y sosteniéndolo en posición vertical como se muestra en la fotografía. Haz una marca en el popote en el punto donde esta hace contacto con la superficie de la placa. Mide la distancia desde el extremo del popote hasta la marca en centímetros (cm). Anota esta distancia así como la profundidad del pocillo.

2. Corta el popote a una longitud que sea de 4.0 cm más la profundidad del pocillo. El popote se extenderá exactamente 4.0 cm por arriba de la superficie de la placa.

3. El flúor tiene un valor de electronegatividad de 4.0. En una escala en la que 1.0 cm equivale a 1.0 unidades de electronegatividad, la porción del popote que se extiende por arriba de la superficie de la placa representa los valores de electronegatividad del flúor. Usando la misma escala, corta algunos popotes para representar los valores de electronegatividad de todos los elementos listados en la Tabla 6.2. Recuerda añadir la profundidad del pocillo al valor de electronegatividad antes de cortar un popote. Mientras cortas los popotes, marca cada uno con el símbolo químico del elemento que represente.

4. Coloca los popotes en la placa en filas y columnas para que coincidan con las ubicaciones de los elementos en la tabla periódica.

Analizar y concluir

1. Usar modelos ¿Qué elemento representado en tu modelo es el más electronegativo?

2. Usar modelos Basado en tu modelo, ¿cuál es la tendencia general en la electronegatividad de izquierda a derecha a través de un período?

3. Interpretar diagramas Relaciona la tendencia de electronegatividad a través de un período con la ubicación de los metales y los no metales en la tabla periódica.

4. Usar modelos Basado en tu modelo, ¿cuál es la tendencia general en la electronegatividad dentro de un grupo? ¿Existen excepciones?

5. Explicar ¿Por qué crees que el valor de electronegatividad del hidrógeno es tan alto dada su ubicación en la tabla periódica?

Tú eres el químico

1. Diseñar un experimento Construye un modelo tridimensional parecido para la primera energía de ionización. Usa los datos de la Tabla 6.1 para construir el modelo. Usa una escala en la que 1.0 cm sea igual a 300 kJ/mol.

2. Diseñar un experimento Diseña y construye un modelo tridimensional que muestre las tendencias en los radios iónicos y atómicos de los elementos de los grupos 1A y 7A. Idea una manera de mostrar los radios iónicos y atómicos en el mismo modelo.

3. Analizar datos El xenón tiene un valor de electronegatividad de 2.6. Corta y coloca un popote en tu primer modelo para representar el xenón. ¿Apoya el xenón la tendencia de electronegatividad a través de un período? ¿Es el xenón propenso a formar compuestos? Explica tus respuestas.

6 Guía de estudio

GRANIDEA LOS ELECTRONES Y LA ESTRUCTURA DE LOS ÁTOMOS

Las tablas periódicas pueden contener el nombre, el símbolo, el número atómico, la masa atómica y el número de electrones en cada nivel de energía de cada elemento. La configuración electrónica de un elemento puede determinarse con base en la ubicación de un elemento en la tabla periódica. El tamaño atómico, la energía de ionización, el tamaño iónico y la electronegatividad son tendencias que varían entre períodos y grupos de la tabla periódica. Estas tendencias se pueden explicar mediante variaciones en la estructura atómica. El aumento en la carga nuclear dentro de grupos y períodos explica muchas tendencias. Dentro de grupos, un aumento de la protección electrónica tiene un efecto significativo en estas tendencias.

6.1 Organizar los elementos

Los primeros químicos usaron las propiedades de los elementos para clasificarlos en grupos.

Mendeleev organizó los elementos en su tabla periódica en orden creciente de masa atómica.

En la tabla periódica moderna, los elementos están organizados en orden creciente de número atómico.

Tres clases de elementos son metales, no metales y metaloides.

- ley periódica (162)
- metal (165)
- no metal (165)
- metaloide (166)

6.2 Clasificar los elementos

La tabla periódica por lo general muestra los símbolos y los nombres de los elementos, junto con la información sobre la estructura de sus átomos.

Los elementos se pueden clasificar en gases nobles, elementos representativos, metales de transición o metales de transición interna con base en sus configuraciones electrónicas.

- metal alcalino (167)
- metal alcalinotérreo (167)
- halógeno (167)
- gas noble (170)
- elemento representativo (171)
- metal de transición (172)
- metal de transición interna (172)

6.3 Tendencias periódicas

En general, el tamaño atómico aumenta de arriba hacia abajo dentro de un grupo y disminuye de izquierda a derecha en un período.

Los iones positivos y negativos se forman cuando los electrones se transfieren entre los átomos.

La primera energía de ionización tiende a disminuir de arriba hacia abajo dentro de un grupo y a aumentar de izquierda a derecha en un período.

El tamaño iónico tiende a aumentar de arriba hacia abajo dentro de un grupo. Generalmente, el tamaño de cationes y aniones disminuye de izquierda a derecha en un período.

En general, los valores de electronegatividad disminuyen de arriba hacia abajo dentro de un grupo. Para los elementos representativos, los valores tienden a aumentar de izquierda a derecha en un período.

- radio atómico (174)
- ion (176)
- catión (176)
- anión (176)
- energía de ionización (177)
- electronegatividad (181)

Lección por lección

6.1 Organizar los elementos

26. ¿Por qué Mendeleev dejó espacios en su tabla periódica?

★ 27. ¿Qué efecto tuvo el descubrimiento del galio en la aceptación de la tabla de Mendeleev?

28. ¿Qué patrón se revela cuando los elementos son organizados en una tabla periódica en orden creciente de número atómico?

29. Con base en sus ubicaciones en la tabla periódica, ¿esperarías que el carbono y el silicio tengan propiedades similares? Explica tu respuesta.

30. Identifica cada propiedad siguiente como más característica de un metal o de un no metal.

a. un gas a temperatura ambiente
b. frágil
c. maleable
d. mal conductor de la corriente eléctrica
e. brillante

31. En general, ¿en qué se diferencian los metaloides de los metales y los no metales?

6.2 Clasificar los elementos

32. ¿Dónde están situados los metales alcalinos, los metales alcalinotérreos, los halógenos y los gases nobles en la tabla periódica?

33. ¿Cuáles de los siguientes son símbolos de elementos representativos: Na, Mg, Fe, Ni, Cl?

★ 34. ¿Qué gas noble no tiene ocho electrones en su nivel de energía ocupado más alto?

35. ¿Cuál de estos metales no es un metal de transición?

a. aluminio   **c.** hierro
b. plata   **d.** circonio

36. Usa la Figura 6.13 para escribir la configuración electrónica de estos elementos.

a. boro   **c.** flúor   **e.** aluminio
b. arsénico **d.** zinc

37. Escribe la configuración electrónica de estos elementos.

a. el gas noble en el período 3
b. el metaloide en el período 3
c. el metal alcalinotérreo en el período 3

6.3 Tendencias periódicas

★38. ¿Qué elemento de cada par tiene átomos con un mayor radio atómico?

a. sodio, litio
b. estroncio, magnesio
c. carbono, germanio
d. selenio, oxígeno

39. Explica la diferencia entre la primera y la segunda energía de ionización de un elemento.

40. ¿Qué elemento de cada par tiene la mayor primera energía de ionización?

a. litio, boro
b. magnesio, estroncio
c. cesio, aluminio

41. Ordena los siguientes grupos de elementos en orden creciente de energía de ionización:

a. Be, Mg, Sr   **b.** Bi, Cs, Ba   **c.** Na, Al, S

42. ¿Por qué hay un gran aumento entre la primera y la segunda energía de ionización de los metales alcalinos?

★43. ¿Cómo funciona el radio iónico de un metal típico en comparación con su radio atómico?

44. ¿Qué partícula tiene el radio más grande en cada par átomo/ion?

a. Na, Na^+ **c.** I, I^-
b. S, S^{2-} **d.** Al, Al^{3+}

45. ¿Qué elemento de cada par tiene el valor de electronegatividad más alto?

a. Cl, F   **c.** Mg, Ne
b. C, N   **d.** As, Ca

46. ¿Por qué los gases nobles no se incluyen en la Tabla 6.2?

★ 47. Cuando los elementos de cada par están químicamente combinados, ¿qué elemento de cada par tiene una mayor atracción para los electrones?

a. Ca u O   **c.** H u O
b. O o F   **d.** K o S

48. ¿Para cuál de estas propiedades tiene el litio un valor más grande que el potasio?

a. primera energía de ionización
b. radio atómico
c. electronegatividad
d. radio iónico

49. La gráfica de barras muestra cuántos elementos se descubrieron antes de 1750 y en cada período de 50 años entre 1750 y 2000.

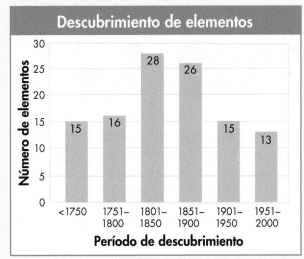

Descubrimiento de elementos

(Número de elementos vs. Período de descubrimiento)

- <1750: 15
- 1751–1800: 16
- 1801–1850: 28
- 1851–1900: 26
- 1901–1950: 15
- 1951–2000: 13

a. ¿En qué período de 50 años se descubrieron más elementos?

b. Cómo contribuyó el trabajo de Mendeleev al descubrimiento de elementos?

c. Qué porcentaje de estos elementos fueron descubiertos hacia 1900?

50. Escribe el símbolo del elemento o elementos que se ajusten a cada descripción.

a. un no metal en el grupo 4A

b. el metal de transición interna con el número atómico más bajo

c. todos los no metales cuyos números atómicos son múltiplos de cinco

d. un metal del grupo 5A

★ 51. ¿En qué par de elementos son más parecidas las propiedades de los elementos? Explica tu razonamiento.

a. sodio y cloro

b. nitrógeno y fósforo

c. boro y oxígeno

52. Explica por qué el flúor tiene un radio atómico más pequeño que el oxígeno y el cloro.

53. ¿Esperarías que los metales o los no metales en el mismo período tengan energías de ionización más altas? Da una razón para tu respuesta.

54. En cada par, ¿qué ión es más grande?

  a. Ca^{2+}, Mg^{2+} **b.** Cl^-, P^{3-} **c.** Cu^+, Cu^{2+}

55. Usa la gráfica de la Figura 6.15 para calcular el radio atómico del átomo de indio.

★ 56. Enumera los símbolos de todos los elementos con configuraciones electrónicas que terminan como sigue. *Nota:* Cada n representa un nivel de energía.

  a. ns^1 **b.** ns^2np^4 **c.** ns^2nd^{10}

57. Explica por qué debe haber una conexión entre la configuración electrónica de un elemento y su ubicación en la tabla periódica.

58. ¿Qué ecuación representa la primera ionización de un átomo de metal alcalino?

  a. $Cl \longrightarrow Cl^+ + e^-$

  b. $Ca \longrightarrow Ca^+ + e^-$

  c. $K \longrightarrow K^+ + e^-$

  d. $H \longrightarrow H^+ + e^-$

59. ¿Qué tendencia se demuestra por la siguiente serie de ecuaciones?

$$Li + 520 \text{ kJ/mol} \longrightarrow Li^+ + e^-$$
$$O + 1314 \text{ kJ/mol} \longrightarrow O^+ + e^-$$
$$F + 1681 \text{ kJ/mol} \longrightarrow F^+ + e^-$$
$$Ne + 2080 \text{ kJ/mol} \longrightarrow Ne^+ + e^-$$

★ 60. Hay un gran salto entre la segunda y la tercera energía de ionización del magnesio. Hay un gran salto entre la tercera y la cuarta energía de ionización del aluminio. Explica estas observaciones.

61. La gráfica de barras muestra la relación entre los radios atómicos y iónicos de los elementos del Grupo 1A.

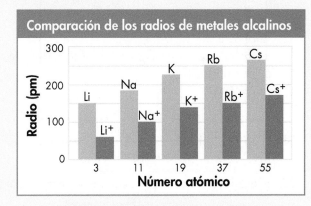

Comparación de los radios de metales alcalinos

(Radio (pm) vs. Número atómico)

- 3: Li, Li⁺
- 11: Na, Na⁺
- 19: K, K⁺
- 37: Rb, Rb⁺
- 55: Cs, Cs⁺

a. Describe y explica la tendencia en el radio atómico dentro del grupo.

b. Explica la diferencia que hay entre el tamaño de los átomos y el tamaño de los iones.

62. Localiza cada uno de los siguientes elementos en la tabla periódica y decide si es probable que sus átomos formen aniones o cationes.

  a. sódico   **e.** yodo

  b. flúor   **f.** berilio

  c. calcio   **g.** oxígeno

  d. potasio   **h.** litio

63. Predecir ¿Crees que hay más elementos por descubrir? Si es así, ¿cuál es el número atómico más bajo que podría tener un nuevo elemento? Explica.

64. Interpretar gráficas Las gráficas muestran la relación entre las electronegatividades y las primeras energías de ionización de los elementos del período 2 y del período de 3.

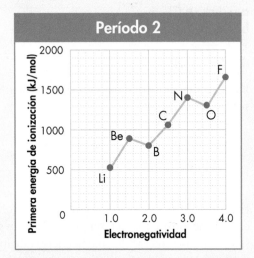

Período 2

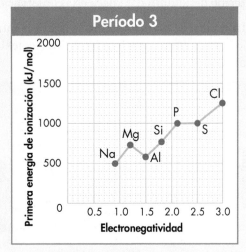

Período 3

a. Con base en los datos de estos dos períodos, ¿cuál es la tendencia general entre estos dos valores?

b. Usa la carga nuclear y el efecto protector para explicar esta tendencia.

*65. Explicar Da una razón para cada una de las siguientes comparaciones:

a. El calcio tiene una segunda energía de ionización más pequeña que el potasio.

b. El litio tiene una primera energía de ionización más grande que el cesio.

c. El magnesio tiene una tercera energía de ionización más grande que el aluminio.

*66. Explicar ¿Por qué se requiere más energía para quitar un electrón $4s$ del zinc que del calcio?

67. Hacer una secuencia Las siguientes esferas representan Ca, Ca^{2+}, y Mg^{2+}. ¿Cuál es cuál? Explica tu razonamiento.

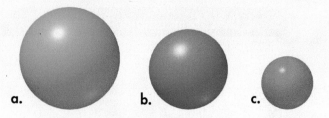

a.　　　　　b.　　　　　c.

*68. Aplicar conceptos Escribe la configuración electrónica de los siguientes iones:

a. el líquido en el Grupo 7A con una carga de 1−

b. el metaloide en el período 3 con una carga de 4+

c. el gas en el Grupo 6A con una carga de 2−

d. el metal alcalinotérreo en el período 3 con una carga de 2+

69. Interpretar diagramas Usa la tabla periódica y la Figura 6.13 para identificar los siguientes elementos:

a. tiene su electrón más externo en $7s^1$

b. contiene un solo electrón en un orbital d

70. Generalizar ¿Por qué la primera energía de ionización de un no metal es mucho mayor que la de un metal alcalino?

71. Inferir La gráfica de barras muestra las densidades de los primeros seis elementos en el período 4. La densidad aumenta en este período desde el potasio hasta el cromo. Usa las tendencias en la tabla periódica para explicar este comportamiento. *Pista*: ¿Cuál es la ecuación para determinar la densidad?

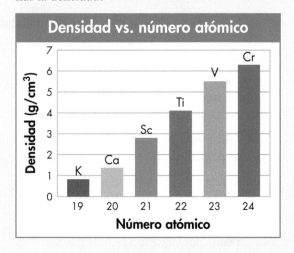

72. Explicar ¿Por qué los cationes son más pequeños y los aniones más grandes que sus respectivos átomos?

73. Analizar datos Haz una gráfica de masa atómica frente a número atómico. Elige once puntos (números atómicos 1, 10, 20 y así sucesivamente hasta el número atómico 100) para hacer tu gráfica. Usa la gráfica para describir la relación entre masa atómica y número atómico. ¿Existe una relación 1:1 entre la masa atómica y el número atómico? Explica.

74. Comparar y contrastar Los iones Mg^{2+} y Na^+ tienen cada uno diez electrones. ¿Qué ion esperarías que tenga el radio más pequeño? ¿Por qué?

⋆75. Predecir La afinidad electrónica es una medida de la capacidad de un átomo para ganar electrones. Predice la tendencia de la afinidad electrónica en un período. Explica tu respuesta.

76. Explicar Los iones S^{2-}, Cl^-, K^+, Ca^{2+} y Sc^{3+} tienen el mismo número total de electrones que el gas noble argón. ¿Cómo esperarías que varíe el radio de estos iones? ¿Esperarías la misma variación en la serie de O^{2-}, F^-, Na^+, Mg^{2+}, Al^{3+}, en la que cada ion tiene el mismo número total de electrones que el gas noble neón? Explica tu respuesta.

77. Graficar Las energías de ionización para la eliminación de los primeros seis electrones en el carbono son, empezando con el primer electrón, 1086 kJ/mol, 2352 kJ/mol, 4619 kJ/mol, 6220 kJ/mol, 37.820 kJ/mol y 47 260 kJ/mol.

a. Usa estos datos para construir una gráfica de energía de ionización frente al número de ionización. *Nota:* El número de ionización indica qué electrón se pierde.

b. ¿Entre qué dos números de ionización presenta la energía de ionización el mayor aumento? ¿Por qué se puede predecir este comportamiento?

⋆78. Inferir Los átomos y iones con el mismo número de electrones se describen como *isoelectrónicos*.

a. Escribe el símbolo de un catión y un anión que sean isoelectrónicos con el criptón.

b. ¿Es posible que un catión sea isoelectrónico con un anión en el mismo período? Explica.

79. Predecir Calcula el radio atómico del praseodimio con base en los siguientes datos para radios atómicos de los elementos vecinos: La (187.9 pm), Ce (183.2 pm), Nd (182.1 pm) y Pm (181.1 pm). Compara tu predicción con el valor dado en un manual de química.

80. Explicar ¿Por qué el tamaño de un átomo tiende a aumentar de arriba hacia abajo en un grupo? ¿Por qué el tamaño de un átomo tiende a disminuir de izquierda a derecha en un período?

81. Conexión con la GRANIDEA El ion Zn^{2+} es importante en varios procesos biológicos. Un proceso depende del Zn^{2+} temporalmente enlazado a una molécula en los glóbulos rojos. Cuando el Zn^{2+} está ausente, Cd^{2+} se puede unir a la molécula. Sin embargo, el, Cd^{2+} se une con más fuerza y afecta de manera adversa el proceso. Las diferencias en los tamaños iónicos es una causa importante de la diferencia en la actividad biológica. ¿Cómo esperarías que Hg^{2+} afecte este proceso? ¿Por qué?

MISTERIOQUÍMICO

Hecho en EE. UU.

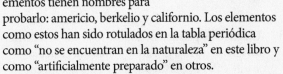

Varios de los elementos "no naturales" fueron de hecho "fabricados en los EE.UU." Por ejemplo, los elementos con los números atómicos 94 a 102 fueron preparados artificialmente por primera vez en California. Tres de estos elementos tienen nombres para probarlo: americio, berkelio y californio. Los elementos como estos han sido rotulados en la tabla periódica como "no se encuentran en la naturaleza" en este libro y como "artificialmente preparado" en otros.

La mayoría de los elementos preparados artificialmente son actínidos o transactínidos. Cada uno de estos elementos tiene un núcleo inestable. Como resultado, estos elementos experimentan una descomposición radioactiva, es decir, sus núcleos se descomponen espontáneamente en partes más pequeñas en un intento por ganar estabilidad.

82. Inferir Los elementos con los números atómicos 99, 101, 104 y 107 fueron nombrados en honor de científicos influyentes del pasado. Identifica el científico honrado por cada elemento.

83. Conexión con la GRANIDEA Muchos detectores de humo usan el elemento artificialmente preparado americio. A manera de reto, escribe la configuración electrónica del americio.

84. Explica por qué la ciencia de hoy en día depende menos de los descubrimientos casuales como en el pasado.

*★***85.** Identifica cada proceso como un cambio químico o un cambio físico.

a. fusión de hierro   c. moler el maíz
b. encender un cerillo   d. acidificación de la leche

86. Describe al menos dos métodos para separar una mezcla de pequeñas cuentas de cobre y hierro.

87. En los Estados Unidos, una típica lata de refresco de cola contiene 355 mL. ¿Cuántas botellas de 2.00 L se podrían llenar con una caja de 24 latas de cola?

88. El volumen del líquido en el cilindro graduado se reporta como 31.8 mL.

a. ¿Cuántas cifras significativas hay en la medida?
b. ¿En qué cifras hay incertidumbre?

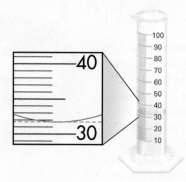

89. Un cubo de plástico de 1.20×10^{-5} km de lado tiene una masa de 1.70 g. Muestra mediante cálculos si este cubo de plástico se hundirá o flotará en agua pura.

*★***90.** Convierte las medidas a metros. Expresa tus respuestas en notación científica.

a. 2.24 nm   c. 7.4 pm
b. 8.13 cm   d. 9.37 mm

91. Un aprendiz de joyero determina que la densidad de una muestra de oro puro es 20.3 g/cm³. El valor aceptado es 19.3 g/cm³. ¿Cuál es el error porcentual de la medición de la densidad que hizo el joyero?

92. ¿Cuál es la masa de 7.7 L de gasolina a 20°C? Supón que la densidad de la gasolina es 0.68 g/cm³.

*★***93.** Una aceituna negra que contiene su semilla tiene una masa de 4.5 g y un volumen de 4.3 cm³. ¿Se hundriá o flotará la aceituna en agua?

94. La distancia del Sol a la Tierra es de 1.50×10^8 km. kilómetros. La velocidad de la luz es de 3.00×10^8 m/s. ¿Cuántos viajes de ida y vuelta entre la Tierra y el Sol podría hacer un haz de luz en un día?

95. La tabla muestra cómo varía el volumen de azufre con la masa. ¿Cómo varía la densidad del azufre con la masa?

Masa de azufre vs. volumen de azufre	
Masa de azufre (g)	Volumen de azufre (cm³)
23.5	11.4
60.8	29.2
115	55.5
168	81.1

96. Calcula el volumen de acetona con la misma masa que 15.0 mL de mercurio. La densidad del mercurio es 13.59 g/mL. La densidad de la acetona es de 0.792 g/mL.

97. Un recipiente rectangular tiene dimensiones interiores de 15.2 cm por 22.9 cm y es de aproximadamente 1 metro de altura. El agua se vierte en el recipiente hasta una altura de 55.0 cm. Cuando una roca dentada con una masa de 5.21 kg se coloca en el recipiente, se hunde hasta el fondo. El nivel del agua se eleva a 58.3 cm y cubre completamente la roca. ¿Cuál es la densidad de la roca?

*★***98.** ¿Cuántos neutrones contiene un átomo de cada isótopo?

a. $^{84}_{36}Kr$ b. $^{79}_{35}Br$ c. $^{190}_{76}Os$ d. $^{185}_{75}Re$

99. Nombra el elemento y calcula el número de partículas subatómicas solicitadas en cada isótopo.

a. neutrones en $^{109}_{47}Ag$ c. electrones en $^{96}_{42}Mo$
b. protones en $^{118}_{50}Sn$ d. electrones en $^{45}_{21}Sc$

*★***100.** ¿Cuántos orbitales p llenos contienen los átomos de estos elementos?

a. carbono   c. oxígeno
b. fósforo   d. nitrógeno

Si tienes problemas con . . .

Pregunta	84	85	86	87	88	89	90	91	92	93	94	95	96	97	98	99	100
Ver el capítulo	1	2	2	3	3	3	3	3	3	3	3	3	3	3	4	4	5

Preparación para los exámenes estandarizados

Elige la opción que responda mejor cada pregunta o que complete cada enunciado.

1. ¿Cuál de las siguientes propiedades aumenta a medida te mueves en un período de izquierda a derecha?

    I. electronegatividad

    II. energía de ionización

    III. radio atómico

  (A) sólo I y II   (C) sólo II y III

  (B) sólo I y III   (D) I, II, y III

2. Enumera los símbolos del sodio, el azufre y el cesio en orden creciente de radios atómicos.

  (A) Na, S, Cs   (C) S, Na, Cs

  (B) Cs, Na, S   (D) Cs, S, Na

3. La configuración electrónica de un elemento en el grupo de los halógenos siempre debería terminar con

  (A) ns^2np^6.   (C) ns^2np^4.

  (B) ns^2np^5.   (D) ns^2np^2.

Usa las esferas para responder las Preguntas 4 y 5.

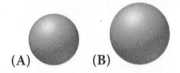

    (A)   (B)

4. Si las esferas representan un átomo de potasio y un ion potasio, ¿cuál representa mejor al ion?

5. Si las esferas representan un átomo y un anión del mismo elemento, ¿qué esfera representa al átomo y cuál representa al anión?

Usa la tabla de datos para responder las Preguntas 6 a 8.

Metal alcalino	Radio atómico (pm)	Primera energía de ionización (kJ/mol)	Valor de electronegatividad
Li	152	520	1.0
Na	186	495.8	0.9
K	227	418.8	0.8
Rb	244	250	0.8
Cs	262	210	0.7

6. Si graficas el radio atómico frente a la primera energía de ionización, ¿revelaría la gráfica una relación directa o inversa?

7. Si graficas el radio atómico frente a la electronegatividad, ¿revelaría la gráfica una relación directa o inversa?

8. Si graficas la primera energía de ionización frente a la electronegatividad, ¿revelaría la gráfica una relación directa o inversa?

Para cada pregunta hay dos enunciados. Decide si cada enunciado es verdadero o falso. Después, decide si el Enunciado II es una explicación correcta del Enunciado I.

Enunciado I		Enunciado II
9. Los valores de electronegatividad son más altos para los metales que para los elementos no metales.	PORQUE	Los átomos de los no metales están entre los átomos más grandes.
10. Un átomo de calcio es más grande que un ion de calcio.	PORQUE	Los iones son siempre más grandes que los átomos de los cuales se formaron.
11. El elemento hidrógeno es un metal.	PORQUE	El hidrógeno está a la izquierda de la tabla periódica.
12. Entre todos los elementos en un período, el gas noble siempre tiene la energía de ionización más pequeña.	PORQUE	Dentro de cualquier período, los radios atómicos tienden a disminuir de derecha a izquierda.

Si tienes problemas con . . .												
Pregunta	1	2	3	4	5	6	7	8	9	10	11	12
Ver la lección	6.3	6.3	6.2	6.3	6.3	6.3	6.3	6.3	6.3	6.3	6.1	6.3

7

Enlaces iónicos y metálicos

EN EL INTERIOR:

- **7.1** Iones
- **7.2** Enlaces iónicos y compuestos iónicos
- **7.3** Enlaces con metales

PearsonChem.com

La Cueva de cristales en México contiene cristales de yeso gigantes. Los cristales de yeso están formados por el compuesto iónico sulfato de calcio ($CaSO_4$) y agua.

ENLACES E INTERACCIONES

Preguntas esenciales:

1. *¿Cómo se forman los compuestos iónicos?*
2. *¿Cómo afecta el enlace metálico las propiedades de los metales?*

MISTERIOQUÍMICO

No es fácil ser verde

Mientras das una vuelta por Central Park en la ciudad de Nueva York, te encuentras con esta estatua del compositor Ludwig van Beethoven. Parece estar hecha de metal pero su superficie es verde y no muy brillante. Este aspecto verde de la estatua, ¿se debe a pintura verde u otra cosa?

Después de investigar, aprendes que la estatua está hecha de bronce, que es una mezcla de metales. La estatua nunca se pintó. En su lugar, la superficie expuesta del bronce sufrió un cambio químico que, con el tiempo, formó una capa verde. Te preguntarás de qué está hecha la capa y cómo se formó. ¿Son diferentes las propiedades de la capa de las del bronce debajo de ella?

▶ Conexión con la **GRAN**IDEA

A medida que lees acerca de los compuestos iónicos y los metales, piensa por qué la estatua cambió de color. Además, piensa cómo las propiedades de la capa verde en la superficie difieren del metal debajo de ella.

7.1 Iones

P: *¿Cuál es el oro de los tontos?* A menudo, la pirita (FeS$_2$) se confunde con el oro, de ahí su nombre, "el oro de los tontos". La pirita es un ejemplo de un sólido cristalino. En los sólidos cristalinos, las partículas que componen la sustancia están organizadas en forma ordenada y repetitiva. En este capítulo aprenderás acerca de los sólidos cristalinos, como la pirita, que están compuestos por iones que están enlazados.

Preguntas clave

🔑 **¿Cómo hallas el número de electrones de valencia en un átomo de un elemento representativo?**

🔑 **¿Cómo se forman los cationes?**

🔑 **¿Cómo se forman los aniones?**

Vocabulario

- electrón de valencia
- estructura punto-electrón
- regla del octeto
- ion haluro

Figura 7.1 Elementos del Grupo 4A
El silicio y el germanio son elementos del Grupo 4A. **a.** El silicio se usa en la fabricación de *chips* de computadora. **b.** Los compuestos de germanio se usan para fabricar fibras ópticas.

Electrones de valencia

🔑 **¿Cómo hallas el número de electrones de valencia en un átomo de un elemento representativo?**

Mendeleev usó semejanzas en las propiedades de los elementos para organizar su tabla periódica. Después los científicos aprendieron que todos los elementos dentro de cada grupo de la tabla periódica reaccionan de forma similar porque tienen el mismo número de electrones de valencia. Los **electrones de valencia** son los electrones en el nivel más alto de energía ocupado de los átomos de un elemento. El número de electrones de valencia determina en gran parte las propiedades químicas de un elemento.

Determinar el número de electrones de valencia El número de electrones de valencia en un átomo de un elemento se relaciona con el número de grupo del elemento en la tabla periódica. 🔑 **Para hallar el número de electrones de valencia en un átomo de un elemento representativo, sólo observa su número de grupo.** Por ejemplo, los átomos de los elementos del Grupo 1A (hidrógeno, litio, sodio, etc.) tienen todos un electrón de valencia que corresponde a 1 en 1A. Los átomos del carbono y del silicio en el Grupo 4A tienen cuatro electrones de valencia. La Figura 7.1 muestra algunas aplicaciones de los elementos del Grupo 4A. Los átomos del nitrógeno y del fósforo en el Grupo 5A tienen cinco electrones de valencia y los átomos del oxígeno y del azufre en el Grupo 6A tienen seis. Los gases nobles (Grupo 8A) son la única excepción a la regla del número de grupo: los átomos del helio tienen dos electrones de valencia y los átomos de todos los demás gases nobles tienen ocho electrones de valencia.

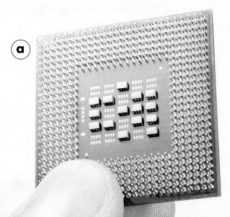

(a)

(b)

Tabla 7.1

Estructuras punto-electrón de algunos elementos del Grupo A

Período	Grupo							
	1A	2A	3A	4A	5A	6A	7A	8A
1	H·							He:
2	Li·	·Be·	·Ḃ·	·Ċ·	·N̈·	:Ö·	:F̈·	:N̈e:
3	Na·	·Mg·	·Äl·	·Si·	·P̈·	:S̈·	:C̈l·	:Är:
4	K·	·Ca·	·Ġa·	·Ġe·	·Äs·	:S̈e·	:B̈r·	:K̈r:

Los electrones de valencia generalmente son los únicos electrones involucrados en enlaces químicos. Por lo tanto, como una regla general, sólo se muestran los electrones de valencia en las estructuras punto-electrón. Las **estructuras punto-electrón** son diagramas que muestran como puntos a los electrones de valencia en los átomos de un elemento. En la Tabla 7.1 se muestran estructuras punto-electrón para los átomos de algunos elementos del Grupo A. Observa que todos los elementos dentro de un grupo dado (con excepción del helio) tienen el mismo número de puntos-electrón en sus estructuras.

La regla del octeto En el Capítulo 6 aprendiste que los gases nobles, como el neón y el argón, son no reactivos en las reacciones químicas. Es decir, son estables. En 1916, el químico Gilbert Lewis usó este hecho para explicar por qué los átomos forman ciertos tipos de iones y moléculas. A esta explicación la llamó regla del octeto. La **regla del octeto** indica que en los compuestos que se forman, los átomos tienden a obtener la configuración electrónica de un gas noble. Un octeto es un conjunto de ocho. Recuerda que los átomos de cada uno de los gases nobles (excepto el helio) tienen ocho electrones en su nivel de energía más alto y la configuración electrónica general $ns^2 np^6$. La regla del octeto toma su nombre de este hecho acerca de los gases nobles.

Los átomos de los metales tienden a perder sus electrones de valencia, dejando un octeto completo en el siguiente nivel de energía más bajo. Los átomos de algunos no metales tienden a ganar o a compartir electrones con un átomo o átomos de otro no metal para lograr un octeto completo. Aunque con algunas excepciones, la regla del octeto aplica a los átomos en la mayoría de los compuestos.

Formación de cationes

🔑 ¿Cómo se forman los cationes?

Un átomo es eléctricamente neutro porque tiene igual número de protones y de electrones. Un ión se forma cuando un átomo o grupo de átomos pierde o gana electrones. 🔑 **Un ión, o catión, con carga positiva, se produce cuando un átomo pierde uno o más electrones de valencia.** Observa que para los metales, el nombre del catión es el mismo que el nombre del elemento. Por ejemplo, un átomo de sodio (Na) forma un catión de sodio (Na^+). De forma similar, un átomo de calcio (Ca) forma un catión de calcio (Ca^{2+}). Aunque sus nombres son similares, los metales y sus cationes tienen muchas diferencias químicas importantes. El metal sodio, por ejemplo, reacciona explosivamente con el agua. En contraste, los cationes de sodio son no reactivos. Como sabrás, los cationes de sodio son un componente de la sal de mesa, un compuesto que es muy estable en el agua.

APOYO PARA LA LECTURA

Desarrollar el vocabulario:
Orígenes de la palabra
Octeto proviene de la palabra griega *okto*, que significa "ocho". Hay ocho electrones en el más alto nivel de energía ocupado de los gases nobles, con excepción del helio. *¿Cómo piensas que el término octeto debería aplicarse también a la música o la poesía?*

Cationes del Grupo 1A Los cationes más comunes son aquellos producidos por la pérdida de electrones de valencia de los átomos de metales. La mayoría de estos átomos tienen de uno a tres electrones de valencia que se eliminan fácilmente. El sodio (número atómico 11) está en el Grupo 1A de la tabla periódica. Los átomos de sodio tienen un total de once electrones, incluyendo un electrón de valencia. Un átomo de sodio puede perder un electrón para convertirse en un ión de sodio con carga positiva. Los átomos de sodio se convierten en iones de sodio en una lámpara de vapor de sodio, como la que se muestra en la Figura 7.2. El ión de sodio tiene una configuración electrónica que es idéntica al gas noble, neón.

Cuando se forma un compuesto, un átomo de sodio pierde su electrón de valencia y se queda con un octeto (ocho electrones) en el que ahora es el más alto nivel de energía ocupado. El número de protones en núcleo del sodio aun es once; por lo tanto, la pérdida de una unidad de carga negativa produce un catión con una carga de 1+. Puedes representar la pérdida del electrón, o ionización, del átomo de sodio escribiendo la configuración electrónica completa del átomo y del ión formado.

$$\text{Na} \quad 1s^2 2s^2 2p^6 3s^1 \xrightarrow{-e^-} \text{Na}^+ \quad 1s^2 \underbrace{2s^2 2p^6}_{\text{octeto}}$$

Observa que la configuración electrónica del ión de sodio ($1s^2 2s^2 2p^6$) es la misma que la del átomo de neón.

$$\text{Ne} \quad 1s^2 \underbrace{2s^2 2p^6}_{\text{octeto}}$$

Los diagramas siguientes ayudan a ilustrar este punto.

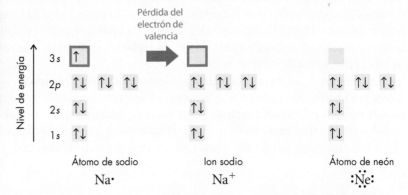

Tanto el ión de sodio como el átomo de neón tienen ocho electrones en sus capas o niveles de valencia (los más altos niveles de energía ocupados). Usando estructuras punto-electrón, puedes mostrar la ionización de forma más sencilla.

$$\text{Na·} \xrightarrow[\text{ionización}]{\text{pérdida de un electrón de valencia}} \text{Na}^+ \quad + \quad e^-$$

Átomo de sodio (eléctricamente neutro, carga = 0)

Ión sodio (el signo de más indica una unidad de carga positiva)

Electrón (el signo de menos indica una unidad de carga negativa)

Figura 7.2 Lámpara de vapor de sodio
Los átomos de sodio (Na) en una lámpara de vapor de sodio se ionizan para formar cationes de sodio (Na⁺).

Aplicar conceptos *¿Cuántos electrones hay en el más alto nivel de energía ocupado de Na⁺?*

Cationes del Grupo 2A El magnesio (número atómico 12) pertenece al Grupo 2A de la tabla periódica; por lo tanto, los átomos del magnesio tienen dos electrones de valencia. Un átomo de magnesio logra una configuración electrónica de un átomo de neón perdiendo ambos electrones de valencia y produciendo un catión de magnesio con una carga de 2+.

pérdida de dos
electrones de
valencia

$$\cdot Mg \cdot \longrightarrow Mg^{2+} + 2e^-$$

Átomo de
magnesio
(eléctricamente
neutro, carga = 0)

Ion magnesio
(2+ indica dos
unidades de
carga positiva)

Electrones
(el 2 frente a
e^- indica dos
unidades de
carga negativa)

La Figura 7.3 enlista los símbolos de los cationes formados por metales en los Grupos 1A y 2A. Los cationes de los elementos del Grupo 1A siempre tienen una carga de 1+. Los cationes de los elementos del Grupo 2A siempre tienen una carga de 2+. Esta consistencia puede explicarse en términos de la pérdida de electrones de valencia por átomos de metal: los átomos pierden el número de electrones necesarios para lograr la configuración electrónica de un gas noble.

Cationes de metales de transición Las cargas de los cationes de metales de transición pueden variar. Un átomo de hierro, por ejemplo, puede perder dos electrones de valencia, formando el catión Fe^{2+}, o tres electrones de valencia, formando el Fe^{3+}.

Algunos iones formados por metales de transición no tienen configuraciones electrónicas de gases nobles ($ns^2 np^6$) y, por lo tanto, son excepciones a la regla del octeto. La plata, con una configuración electrónica de $1s^2 2s^2 2p^6 3s^2 3p^6 3d^{10} 4s^2 4p^6 4d^{10} 5s^1$, es un ejemplo. Para lograr la estructura del criptón, que es el gas noble anterior, un átomo de plata debería perder once electrones. Para adquirir la configuración electrónica del xenón, que es el siguiente gas noble, un átomo de plata debería ganar siete electrones. Los iones con cargas de tres o más no son comunes. Por consiguiente, la plata no logra una configuración de gas noble. Sin embargo, si un átomo de plata pierde su electrón $5s^1$ formando un ión positivo (Ag^+), la configuración que resulta ($4s^2 4p^6 4d^{10}$), con 18 electrones en el más alto nivel de energía ocupado y con todos los orbitales llenos, es relativamente favorable. Tal configuración se conoce como pseudo configuración electrónica de gas noble. Otros elementos que se comportan de forma similar a la plata se encuentran a la derecha del bloque de los metales de transición en la tabla periódica. Un átomo de cobre pierde su único electrón $4s$ para formar un ión cobre (Cu^+) con una pseudo configuración electrónica de gas noble como se muestra a continuación.

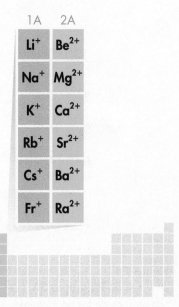

Figura 7.3
Cationes de los Grupos 1A y 2A
Los cationes de los elementos del Grupo 1A tienen una carga de 1+. Los cationes de los elementos del Grupo 2A tienen una carga de 2+.

Pérdida del electrón de valencia

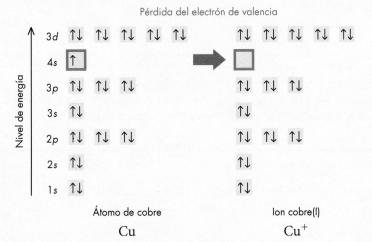

Los cationes de oro (Au^+), cadmio (Cd^{2+}), y mercurio (Hg^{2+}) también tienen pseudo configuraciones electrónicas de gas noble.

Formación de aniones

🔑 ¿Cómo se forman los aniones?

Un anión es un átomo o grupo de átomos con una carga negativa. 🔑 **Un anión se produce cuando un átomo gana uno o más electrones de valencia.** Observa que el nombre de un anión de un elemento no metálico *no* es el mismo que el nombre del elemento. En la Figura 7.4 se muestran los símbolos de los aniones formados por algunos elementos de los grupos 5A, 6A y 7A.

Los átomos de los elementos no metálicos consiguen configuraciones electrónicas de gas noble con mayor facilidad ganando electrones que perdiéndolos porque estos átomos tienen capas de valencia relativamente llenas. Por ejemplo, el cloro pertenece al Grupo 7A (la familia de los halógenos). Los átomos de cloro tienen siete electrones de valencia. La ganancia de un electrón le da a un átomo de cloro un octeto y convierte a un átomo de cloro en un ión de cloruro.

$$\text{Cl} \quad 1s^2 2s^2 2p^6 3s^2 3p^5 \xrightarrow{+e^-} \text{Cl}^- \quad 1s^2 2s^2 2p^6 \underbrace{3s^2 3p^6}_{\text{octeto}}$$

El ión cloruro tiene una sola carga negativa. Observa que la configuración electrónica del ión cloruro ($1s^2 2s^2 2p^6 3s^2 3p^6$) es la misma que la del átomo de argón.

$$\text{Ar} \quad 1s^2 2s^2 2p^6 \underbrace{3s^2 3p^6}_{\text{octeto}}$$

Por lo tanto, los átomos de cloro necesitan un electrón de valencia más para lograr la configuración electrónica del gas noble más cercano. Los diagramas siguientes ilustran cómo tanto el ión cloruro como el átomo de argón tienen un octeto de electrones en sus más altos niveles de energía ocupados.

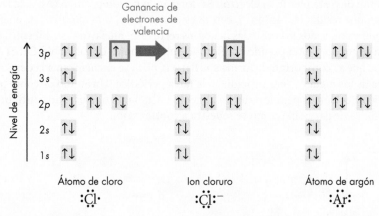

Puedes usar las estructuras punto-electrón para escribir una ecuación que muestre la formación del ión cloruro a partir de un átomo de cloro.

$$:\!\ddot{\text{Cl}}\cdot \quad + \quad e^- \xrightarrow{\text{ganancia de un electrón de valencia}} :\!\ddot{\text{Cl}}\!:^-$$

Átomo de cloro   Electrón   Ion cloruro

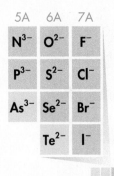

	5A	6A	7A
	N^{3-}	O^{2-}	F^-
	P^{3-}	S^{2-}	Cl^-
	As^{3-}	Se^{2-}	Br^-
		Te^{2-}	I^-

Figura 7.4
Aniones de los grupos 5A, 6A y 7A
Los átomos de los no metales y los metaloides forman aniones al ganar suficientes electrones de valencia para lograr la configuración electrónica del gas noble más cercano.

Interpretar diagramas ¿A qué grupo de la tabla periódica pertenecen los elementos bromo y yodo?

P: *El oro de los tontos está compuesto de cationes de hierro(II) (Fe^{2+}) y aniones de disulfuro (S_2^{2-}). Escribe la configuración electrónica del ión Fe^{2+}.*

Los iones producidos cuando los átomos del cloro y otros halógenos ganan electrones se llaman **iones haluro.** Todos los átomos de
halógenos tienen siete electrones de valencia y necesitan ganar sólo un
electrón para lograr la configuración electrónica de un gas noble. Por
lo tanto, todos los iones haluro (F^-, Cl^-, Br^-, y I^-) tienen una carga de
$1-$. El agua de mar en la Figura 7.5 contiene muchos iones diferentes,
pero los aniones son en su mayoría iones cloruro.

El oxígeno está en el Grupo 6A y un átomo de oxígeno tiene seis
electrones de valencia. Un átomo de oxígeno alcanza una configuración electrónica de neón ganando dos electrones, como se muestra en
los diagramas siguientes.

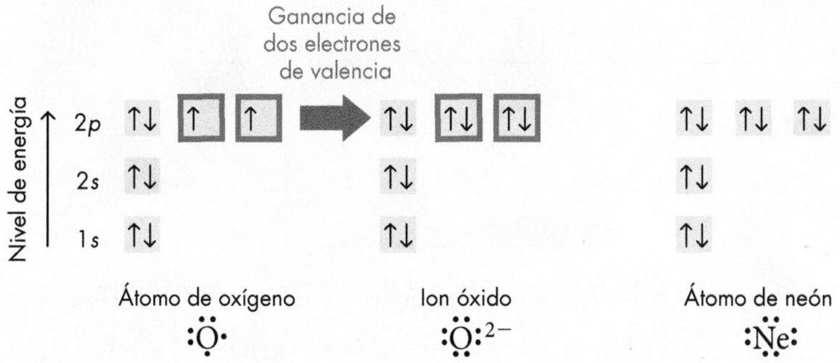

El anión de óxido resultante (O^{2-}) tiene una carga de $2-$. Puedes
escribir la ecuación para la formación de aniones de óxido usando
estructuras punto-electrón.

$$:\ddot{O}\cdot + 2e^- \longrightarrow :\ddot{O}:^{2-}$$

En la Tabla 7.2 se muestran algunos de los aniones comunes de los
que aprenderás en este libro.

Figura 7.5 Iones en agua de mar
Los iones cloruro (Cl^-), sodio
(Na^+), magnesio (Mg^{2+}), calcio
(Ca^{2+}), y potasio (K^+) son
abundantes en el agua de mar.

Tabla 7.2

Algunos aniones comunes

Nombre	Símbolo	Carga
Fluoruro	F^-	$1-$
Cloruro	Cl^-	$1-$
Bromuro	Br^-	$1-$
Ioduro	I^-	$1-$
Óxido	O^{2-}	$2-$
Sulfuro	S^{2-}	$2-$
Nitruro	N^{3-}	$3-$
Fosfito	P^{3-}	$3-$

7.1 Comprobación de la lección

1. Explicar ¿Cómo puedes determinar el
número de electrones de valencia en un átomo de
un elemento representativo?

2. Describir ¿Cómo se forman los cationes?

3. Describir ¿Cómo se forman los aniones?

4. Hacer generalizaciones ¿Los átomos de qué
elementos tienden a ganar electrones? ¿Los átomos
de qué elementos tienden a perder electrones?

5. Aplicar conceptos ¿Cuántos electrones de valencia hay en cada átomo?
  a. potasio   **c.** magnesio
  b. carbono   **d.** oxígeno

6. Usar modelos Dibuja la estructura punto-electrón
para cada elemento de la Pregunta 5.

7. Aplicar conceptos ¿Cuántos electrones ganará o
perderá cada elemento al formar un ion?
  a. calcio   **c.** aluminio
  b. flúor   **d.** oxígeno

8. Inferir Identifica la carga del ion formado cuando
  a. un átomo de potasio pierde un electrón.
  b. un átomo de zinc pierde dos electrones.
  c. un átomo de flúor gana un electrón.

9. Describir Escribe la configuración electrónica
de Cd^{2+}.

Laboratorio a escala

Configuraciones electrónicas de iones

Propósito
Entender la presencia de color en una solución iónica como una característica de las configuraciones electrónicas.

Materiales
- superficie de reacción
- micropipetas o goteros
- químicos que se muestran en la cuadrícula siguiente
- solución de hidróxido de sodio (NaOH)

Procedimiento

1. En hojas aparte, traza dos cuadrículas similares a la de abajo. Haz cada cuadrícula de 2 cm de cada lado.

2. Coloca una superficie de reacción sobre una de las cuadrículas y añade una gota de cada solución en los lugares indicados. Registra el color de cada solución en la otra cuadrícula.

3. Un precipitado es un sólido que separa soluciones de mezclas. Pronostica cuál de los cationes de metal formará precipitados de color con la adición de NaOH. Añade una gota de NaOH para averiguarlo. Registra tus resultados.

$NaCl$	$MgSO_4$	$AlCl_3$
$FeCl_3$	$CaCl_2$	$NiSO_4$
$CuSO_4$	$ZnCl_2$	$AgNO_3$

Analizar y concluir

1. Sacar conclusiones Por lo general, los iones de metales de transición con orbitales d parcialmente llenos son de color. Con base en tus observaciones, ¿qué soluciones contienen iones de metales de transición con orbitales d parcialmente llenos?

2. Analizar datos Escribe las configuraciones electrónicas de Cu^{2+} y Ag^+. ¿Es cada configuración electrónica consistente con el color que observaste para cada catión? Explica tu respuesta.

3. Inferir ¿Qué sugiere el color de la solución que contiene Zn^{2+} acerca de su configuración electrónica? Escribe la configuración electrónica de Zn^{2+}.

4. Predecir ¿Cuál de los siguientes iones de metales de transición piensas que es de color: Cr^{3+}, Cd^{2+}, Hg^{2+}, V^{2+}? Explica tus respuestas.

5. Sacar conclusiones ¿Todos los precipitados a color contienen iones de metales de transición con orbitales d parcialmente llenos?

Tú eres el químico

1. Diseñar un experimento Pronostica cuál de los cationes de metal en este experimento formará precipitados a color con la adición de carbonato de sodio (Na_2CO_3). Diseña un experimento para averiguarlo.

2. Diseñar un experimento Diseña y lleva a cabo un experimento para averiguar cuáles iones de metal forman precipitados con fosfato de sodio (Na_3PO_4). ¿De qué color son los precipitados?

7.2 Enlaces iónicos y compuestos iónicos

LA QUÍMICA Y TÚ

P: *¿De dónde proviene la sal de mesa?* El cloruro de sodio, o sal de mesa, ha sido usado por las personas durante siglos para añadir sabor a la comida y preservarla. En algunos países, la sal se obtiene mediante la evaporación del agua de mar. En otros países, la sal se extrae de los depósitos de roca subterráneos. En esta lección, aprenderás cómo se combinan los aniones y cationes para formar compuestos estables como el cloruro de sodio.

Preguntas clave

🔑 *¿Cuál es la carga eléctrica de un compuesto iónico?*

🔑 *¿Cuáles son tres propiedades de los compuestos iónicos?*

Vocabulario

- compuesto iónico
- enlace iónico
- fórmula química
- unidad de fórmula
- número de coordinación

Formación de compuestos iónicos

🔑 *¿Cuál es la carga eléctrica de un compuesto iónico?*

El cloruro de sodio, o sal de mesa, es un compuesto iónico que consiste en cationes de sodio y aniones de cloro. Un **compuesto iónico** es un compuesto formado por cationes y aniones. 🔑 **Aunque están compuestos por iones, los compuestos iónicos son eléctricamente neutros.** La carga positiva total de los cationes es igual a la carga negativa total de los aniones.

Enlaces iónicos Los aniones y los cationes tienen cargas opuestas y se atraen unos a otros por medio de fuerzas electrostáticas. Las fuerzas electrostáticas que mantienen unidos a los iones en los compuestos se llaman **enlaces iónicos.**

El cloruro de sodio proporciona un ejemplo sencillo de cómo se forman los enlaces iónicos. Considera la reacción entre un átomo de sodio y un átomo de cloro. El átomo de sodio tiene un solo electrón de valencia que puede eliminarse fácilmente. (Si el átomo de sodio pierde su electrón de valencia, logra una configuración electrónica estable de neón.) El átomo de cloro tiene siete electrones de valencia y puede fácilmente ganar un electrón. (Si el átomo de cloro gana un electrón de valencia, logra una configuración electrónica estable de argón.) Cuando el sodio y el cloro reaccionan para formar un compuesto, el átomo de sodio transfiere su electrón de valencia al átomo de cloro. Por lo tanto, los átomos de sodio y de cloro se combinan en una razón uno a uno y ambos iones tienen octetos estables.

$$\text{Na}\cdot \qquad \cdot\ddot{\underset{\cdot\cdot}{\text{Cl}}}: \longrightarrow \text{Na}^+ \qquad :\ddot{\underset{\cdot\cdot}{\text{Cl}}}:^-$$

$$1s^2 2s^2 2p^6 (3s^1) \quad 1s^2 2s^2 2p^6 3s^2 3p^5 \qquad \underbrace{1s^2 2s^2 2p^6}_{octeto} \quad 1s^2 2s^2 2p^6 \underbrace{3s^2 3p^6}_{octeto}$$

$$\text{Ne} \qquad\qquad \text{Ar}$$

$$\underbrace{1s^2 2s^2 2p^6}_{octeto} \qquad 1s^2 2s^2 2p^6 \underbrace{3s^2 3p^6}_{octeto}$$

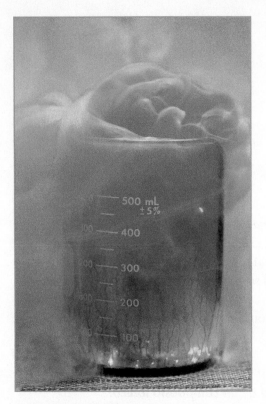

Figura 7.6 Formación de bromuro de aluminio

El metal aluminio y el no metal bromuro reaccionan violentamente para formar el sólido iónico bromuro de aluminio.

Figura 7.7 Formación del cloruro de sodio

Los cationes de sodio y los aniones de cloro forman un arreglo tridimensional periódico en el cloruro de sodio (NaCl).

Inferir *¿Cómo es que la organización de iones en un cristal de cloruro de sodio ayuda a explicar por qué es tan estable el compuesto?*

La Figura 7.6 muestra la reacción del aluminio (Al) y el bromo (Br_2) para formar el compuesto iónico bromuro de aluminio ($AlBr_3$). Cada átomo de aluminio tiene tres electrones de valencia para perder. Cada átomo de bromo tiene siete electrones de valencia y gana inmediatamente un electrón adicional. Por lo tanto, cuando el aluminio y el bromo reaccionan, se combinan tres átomos de bromo con cada átomo de aluminio.

Unidades de fórmula El compuesto iónico cloruro de sodio está formado por igual número de cationes de sodio (Na^+) y aniones de cloro (Cl^-). Los químicos representan la composición de sustancias escribiendo fórmulas químicas. Una **fórmula química** muestra los números de átomos de cada elemento en la unidad representativa más pequeña de una sustancia. Por ejemplo, NaCl es la fórmula química para el cloruro de sodio.

Observa que la fórmula NaCl no representa una sola unidad física. Como se muestra en la Figura 7.7, los iones en el sólido cloruro de sodio están acomodados en un patrón ordenado. Los compuestos iónicos no existen como unidades separadas sino como colecciones de iones con cargas positivas y negativas ordenados en patrones repetitivos. Por lo tanto, la fórmula química de un compuesto iónico se refiere a la razón conocida como unidad de fórmula. Una **unidad de fórmula** es la razón en número entero más baja de iones en un compuesto iónico. Para el cloruro de sodio, la razón en número entero más baja de los iones es 1:1 (un ion Na^+ por cada ion Cl^-). Por lo tanto, la unidad de fórmula para el cloruro de sodio es NaCl. Aunque las cargas iónicas se usan para derivar la fórmula correcta, éstas no se muestran cuando escribes la unidad de fórmula del compuesto.

El compuesto iónico cloruro de magnesio contiene cationes de magnesio (Mg^{2+}) y aniones de cloruro (Cl^-). En el cloruro de magnesio, la razón de cationes de magnesio a los aniones de cloro es 1:2 (un ion Mg^{2+} por dos iones Cl^-). Por lo tanto, la unidad de fórmula del cloruro de magnesio es $MgCl_2$. El compuesto tiene el doble de aniones de cloruro (cada uno con una carga de 1−) que de cationes de magnesio (cada uno con una carga de 2+); por lo tanto, es eléctricamente neutro. En el bromuro de aluminio, la razón de cationes de aluminio a aniones de bromuro es 1:3 (un ion Al^{3+} por tres iones Br^-); por lo tanto, la unidad de fórmula es $AlBr_3$. Otra vez, el compuesto es eléctricamente neutro.

Ion cloruro (Cl⁻)

18 e⁻

17 p⁺
18 n⁰

Ion sodio (Na⁺)

10 e⁻

11 p⁺
12 n⁰

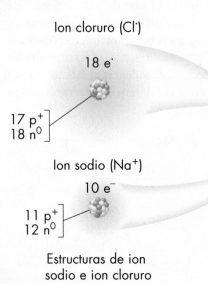

Estructuras de ion sodio e ion cloruro

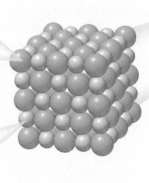

Arreglo de iones Na^+ y iones Cl^- en un cristal de cloruro de sodio

Cristales de cloruro de sodio

Ejemplo de problema 7.1

Predecir fórmulas de compuestos iónicos

Usa estructuras punto-electrón para predecir las fórmulas de los compuestos iónicos que se forman a partir de los elementos siguientes:

a. potasio y oxígeno
b. magnesio y nitrógeno

① Analizar Identifica los conceptos relevantes. Los átomos de metales pierden electrones de valencia cuando forman un compuesto iónico. Los átomos de los no metales ganan electrones. Deben usarse suficientes átomos de cada elemento en la fórmula de manera que los electrones perdidos sean los mismos que los electrones ganados.

② Resolver Aplica los conceptos a este problema.

Empieza con los átomos.	**a.** $K\cdot$ y $\cdot\ddot{O}:$
Con la finalidad de tener una capa de valencia completamente llena, el átomo de oxígeno debe ganar dos electrones. Estos electrones provienen de dos átomos de potasio, cada uno de los cuales pierde un electrón.	$\begin{array}{c} K\cdot \\ \\ K\cdot \end{array} + \cdot\ddot{O}: \longrightarrow \begin{array}{c} K^+ \\ \\ K^+ \end{array} :\ddot{\underset{..}{O}}:^{2-}$
Expresa la estructura punto-electrón como una fórmula.	La fórmula del compuesto formado es K_2O (óxido de potasio).
Empieza con los átomos.	**b.** $\dot{M}g$ y $\cdot\dot{N}:$
Cada átomo de nitrógeno necesita tres electrones para tener un octeto pero cada átomo de magnesio puede perder sólo dos electrones. Se necesitan tres átomos de magnesio por cada dos átomos de nitrógeno.	$\begin{array}{c} \dot{M}g \\ \\ \dot{M}g + \\ \\ \dot{M}g \end{array} \begin{array}{c} \cdot\dot{N}: \\ \\ \cdot\dot{N}: \end{array} \longrightarrow \begin{array}{c} Mg^{2+} \\ \\ Mg^{2+} \\ \\ Mg^{2+} \end{array} \begin{array}{c} :\dot{N}:^{3-} \\ \\ :\dot{N}:^{3-} \end{array}$
Expresa la estructura punto-electrón como una fórmula.	La fórmula del compuesto formado es Mg_3N_2 (nitruro de magnesio).

> Aplica la regla del octeto para determinar cuántos electrones gana o pierde cada átomo.

10. Usa estructuras punto-electrón para determinar las fórmulas de los compuestos iónicos que se forman cuando
  a. el potasio reacciona con el yodo.
  b. el aluminio reacciona con el oxígeno.

11. ¿Cuál es la fórmula del compuesto iónico formado por cationes de calcio y aniones de cloruro?

Propiedades de los compuestos iónicos

¿Cuáles son tres propiedades de los compuestos iónicos?

En la Figura 7.8 se muestra la sorprendente belleza de los cristales de algunos compuestos iónicos. **La mayoría de los compuestos iónicos son sólidos cristalinos a temperatura ambiente.** Los iones componentes en tales cristales están ordenados en patrones tridimensionales periódicos. En el sólido cloruro de sodio, cada ion sodio está rodeado por seis iones cloruro y cada ion cloruro está rodeado por seis iones sodio. En este orden, cada ion es atraído fuertemente a sus vecinos y las repulsiones se minimizan. Las grandes fuerzas de atracción resultan en una estructura muy estable. Esta estabilidad se refleja en el hecho de que NaCl tiene un punto de fusión de aproximadamente 800 °C. **Los compuestos iónicos generalmente tienen puntos de fusión altos.**

Figura 7.8 Sólidos cristalinos
La belleza de los sólidos cristalinos, como éstos, proviene del arreglo ordenado de los iones que los componen.

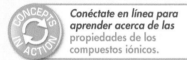

Conéctate en línea para aprender acerca de las propiedades de los compuestos iónicos.

Fluorita (CaF_2)

Grosularia ($Ca_3Al_2(SiO_4)_3$)

Aragonito ($CaCO_3$)

Baritina ($BaSO_4$)

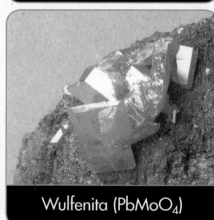

Wulfenita ($PbMoO_4$)

Berilo ($Be_3Al_2(SiO_3)_6$)

Hematita (Fe_2O_3)

Cinabrio (HgS)

El **número de coordinación** de un ion es el número de iones con carga opuesta que rodean al ion en un cristal. En la Figura 7.9a se muestra el arreglo tridimensional de iones en NaCl. El número de coordinación de Na^+ es 6 porque cada ion Na^+ está rodeado por seis iones Cl^-. El número de coordinación de Cl^- también es 6 porque cada ion Cl^- está rodeado por seis iones Na^+. El cloruro de cesio (CsCl) tiene una unidad de fórmula similar al NaCl. Como se ilustra en la Figura 7.9b, ambos compuestos tienen cristales cúbicos pero sus estructuras cristalinas internas son diferentes. Cada ion Cs^+ está rodeado por ocho iones Cl^- y cada ion Cl^- está rodeado por ocho iones Cs^+. Por lo tanto, cada anión y cada catión en el cloruro de cesio tiene un número de coordinación de 8.

En la Figura 7.10 se muestra la forma cristalina del dióxido de titanio (TiO_2), también conocida como rutilo. En este compuesto, el número de coordinación para el catión (Ti^{4+}) es 6. Cada ion Ti^{4+} está rodeado por seis iones O^{2-}. El número de coordinación del anión (O^{2-}) es 3. Cada ion O^{2-} está rodeado por tres iones Ti^{4+}.

Consulta estructuras cristalinas de compuestos iónicos *en línea.*

Figura 7.9
Números de coordinación
El cloruro de sodio y el cloruro de cesio forman cristales cúbicos. **a.** En NaCl, cada ion tiene un número de coordinación de 6. **b.** En CsCl, cada ion tiene un número de coordinación de 8.

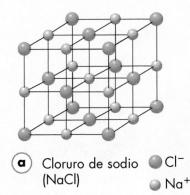

(a) Cloruro de sodio (NaCl) Cl^- Na^+

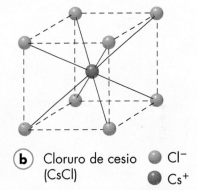

(b) Cloruro de cesio (CsCl) Cl^- Cs^+

Figura 7.10 Rutilo
El dióxido de titanio, o rutilo, forma cristales tetragonales. En TiO_2, cada Ti^{4+} tiene un número de coordinación de 6, mientras que cada ion O^{2-} tiene un número de coordinación de 3.

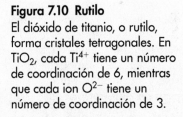

Rutilo (TiO_2) $O^{2\cdot}$ $Ti^{4\cdot}$

Otra característica propiedad de los compuestos iónicos se relaciona con la conductividad. 🔑 **Los compuestos iónicos pueden conducir una corriente eléctrica cuando se derriten o disuelven en agua.** Cuando se derrite el cloruro de sodio, se rompe la estructura cristalina organizada. Como se muestra en la Figura 7.11a, si se aplica un voltaje a lo largo de una masa derretida, los cationes se mueven libremente a un electrodo y los aniones se mueven al otro. Este movimiento de iones le permite a la corriente eléctrica fluir entre los electrodos a través de un cable externo. Por una razón similar, los compuestos iónicos también conducen la corriente eléctrica si se disuelven en agua. Disueltos, los iones son libres de moverse en la solución.

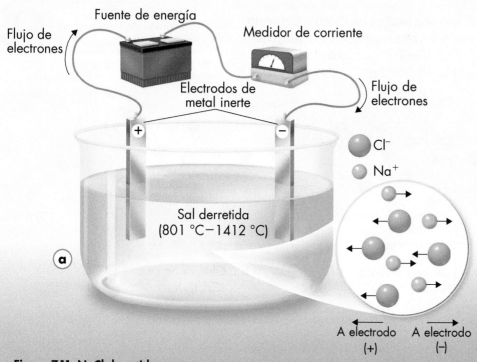

Figura 7.11 NaCl derretido
El cloruro de sodio se derrite a aproximadamente 800 °C. **a.** Si se aplica un voltaje al NaCl derretido, los iones de sodio positivos se mueven al electrodo negativo y los iones de cloruro negativos se mueven al electrodo positivo. **b.** Esta instalación solar usa NaCl derretido para poder absorber y mantener una gran cantidad de calor que se usa para generar electricidad.

Laboratorio rápido

Propósito Demostrar que los iones en la solución conducen una corriente eléctrica

Materiales

- 3 pilas tamaño D
- cinta adhesiva
- 2 tramos de alambre de 30 centímetros con los extremos descubiertos
- un vaso de plástico transparente
- agua destilada
- agua de la llave
- vinagre (ácido acético, $C_2H_4O_2$)
- azúcar de mesa (sacarosa, $C_{12}H_{22}O_{11}$)
- sal de mesa (cloruro de sodio, NaCl)
- bicarbonato (bicarbonato de sodio, $NaHCO_3$)

Soluciones que contienen iones

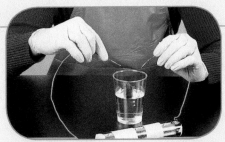

Procedimiento

1. Pega las baterías con la cinta adhesiva de manera que el extremo positivo de una toque el extremo negativo de la otra. Pega con la cinta adhesiva el extremo descubierto de un extremo del cable a la terminal positiva del ensamblaje de pilas y el extremo descubierto del otro cable a la terminal negativa. **PRECAUCIÓN** *Los extremos descubiertos del cable pueden estar afilados y rasguñar la piel. Manéjalos con cuidado.*

2. Llena el vaso hasta la mitad con agua destilada. Sostén los extremos descubiertos de los cables juntos en el agua.

3. Busca la producción de burbujas. Son una señal de que la solución conduce corriente eléctrica.

4. Repite los pasos 2 y 3 con agua de la llave, vinagre y soluciones concentradas de azúcar de mesa, sal de mesa y bicarbonato.

Analizar y concluir

1. Observar ¿Qué muestras produjeron burbujas de gas? ¿Qué muestras no produjeron burbujas de gas?

2. Sacar conclusiones ¿Qué muestras condujeron una corriente eléctrica? ¿Qué es lo que tienen en común estas muestras?

3. Predecir ¿Esperarías los mismos resultados si sólo usaras una pila? ¿Y si usaras seis pilas? Explica tus respuestas.

7.2 Comprobación de la lección

12. Describir ¿Cómo puedes describir la carga eléctrica de un compuesto iónico?

13. Identificar ¿Qué propiedades caracterizan a los compuestos iónicos?

14. Aplicar conceptos Escribe la fórmula química correcta para los compuestos que se forman con cada par de elementos.
- **a.** potasio y azufre
- **b.** calcio y oxígeno
- **c.** sodio y oxígeno
- **d.** aluminio y nitrógeno

15. Describir Escribe fórmulas para cada compuesto.
- **a.** cloruro de bario
- **b.** óxido de magnesio
- **c.** óxido de litio
- **d.** fluoruro cálcico

16. Describir ¿Cómo puedes describir el arreglo de iones sodio y iones cloruro en un cristal de cloruro de sodio?

17. Relacionar causa y efecto ¿Por qué los compuestos iónicos conducen corriente eléctrica cuando están derretidos o disueltos en agua?

18. Aplicar conceptos Lee acerca de los electrolitos de recuperación en la página R4 del Manual de elementos. Escribe configuraciones electrónicas para los dos iones principales que se encuentran en los fluidos corporales.

GRANIDEA ENLACES E INTERACCIONES

19. ¿Qué pares de elementos son más probables que formen compuestos iónicos? Explica tus elecciones y escribe las fórmulas para los compuestos que se formarán.
- **a.** Cl, Br
- **b.** K, He
- **c.** Li, Cl
- **d.** I, Na

Cristales iónicos

¿Cuál cristal iónico es esencial para la vida humana, fue encontrado en ofertas mortuorias de antiguos egipcios, creó y destruyó imperios y ahora es comúnmente usado para sazonar la comida? Si dijiste sal de mesa, ¡estás en lo correcto! La sal de mesa, o cloruro de sodio (NaCl) es un compuesto iónico formado por cationes de sodio(Na^+) y iones de cloruro (Cl^-).

Los cristales de compuestos iónicos, como el cloruro de sodio, pueden crecer mediante un proceso llamado nucleación. Durante la nucleación, el compuesto iónico a cristalizar se disuelve en otro solvente, como el agua. En el proceso de disolución, los iones positivos y negativos se separan. Conforme se elimina el solvente, los iones se juntan otra vez para formar un patrón periódico tridimensional. El cloruro de sodio tiene una estructura cristalina cúbica, pero diferentes compuestos iónicos forman cristales con diferentes formas. Intenta en casa la actividad Por tu cuenta y compara las formas de dos diferentes cristales iónicos.

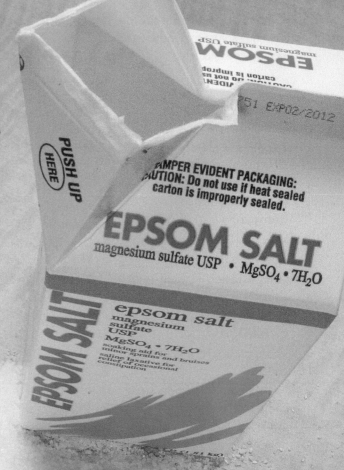

Por tu cuenta

1. Para esta actividad necesitarás **sal de mar, sales Epsom, agua caliente de la llave, 2 platos para pastel, una taza medidora y una cuchara o varilla para revolver.** Las sales Epsom se pueden encontrar en el departamento de farmacia de la mayoría de las tiendas de abarrotes.

2. Mezcla 1/4 de taza de sal de mar y 1/4 de taza de agua caliente en uno de los platos. Revuelve para disolver la mayor parte de la sal. En el otro plato, mezcla 1/4 de taza de sales Epsom y 1/4 de taza de agua caliente. Una vez más, revuelve hasta que la mayor parte de la sal se haya disuelto.

3. Coloca ambos platos en el refrigerador durante tres horas. Una vez que se hayan formado los cristales, compara las formas de los cristales formados en ambas sustancias. Anota tus observaciones.

Piénsalo

1. Comparar y contrastar Describe las formas de los cristales de sal de mar y de las sales Epsom. ¿En qué se parecen? ¿En qué se diferencian?

2. Identificar Las sales Epsom son cristales de sulfato de magnesio ($MgSO_4$). La unidad de fórmula del sulfato de magnesio consiste en un catión de magnesio y un anión de sulfato (SO_4^{2-}) . ¿Cuál es la carga del catión de magnesio?

3. Controlar variables ¿Qué factores piensas que afectan el crecimiento de un cristal? Identifica dos posibles factores, después repite la actividad para comprobar tu hipótesis.

7.3 Enlaces con metales

P: *¿Cuáles son algunas propiedades que son únicas de los metales?* Probablemente hayas visto cercas, rejas o veletas decorativas hechas de metal llamado hierro forjado. El hierro forjado es una forma muy pura de hierro que contiene rastros de carbono. Es un material duro, maleable, dúctil y resistente a la corrosión que se funde a una temperatura muy elevada. Estas propiedades se derivan de la forma en que los iones de metal forman enlacen entre sí.

Enlaces metálicos y propiedades metálicas

🔑 *¿Cómo puedes modelar los electrones de valencia de los átomos de metal?*

Los metales consisten de cationes densamente compactos y de electrones de valencia libremente contenidos más que de átomos neutros. 🔑 **Los electrones de valencia de los átomos en un metal puro pueden modelarse como un mar de electrones.** Es decir, los electrones de valencia son móviles y pueden dejarse llevar libremente de una parte del metal a otra. Los **enlaces metálicos** son las fuerzas de atracción entre los electrones de valencia que flotan libremente y los iones de metal con carga positiva. Estos enlaces mantienen unidos a los metales.

Las propiedades de los metales El modelo del mar de electrones explica muchas propiedades físicas de los metales. Los metales son buenos conductores de la corriente eléctrica porque los electrones pueden fluir libremente en el metal. Conforme los electrones entran por el extremo de una barra de metal, un número igual de electrones sale por el otro extremo. Los metales son dúctiles; es decir, pueden convertirse en alambres, como se muestra en la Figura 7.12. Los metales también son maleables, lo que significa que se les puede dar otra forma mediante martillazos o presión.

Preguntas clave

🔑 *¿Cómo puedes modelar los electrones de valencia de los átomos de metal?*

🔑 *¿Por qué son importantes las aleaciones?*

Vocabulario

- enlace metálico
- aleación

Figura 7.12 Comparar metales y compuestos iónicos
Se puede forzar una barra de metal a pasar a través de una abertura angosta para producir un alambre. **a.** Conforme esto ocurre, el metal cambia de forma pero sigue siendo una sola pieza. **b.** Si se forzara un cristal iónico a pasar a través de la abertura, se destrozaría.
Interpretar diagramas *¿Qué ocasiona que el cristal iónico se rompa?*

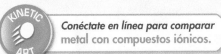
Conéctate en línea para comparar metal con compuestos iónicos.

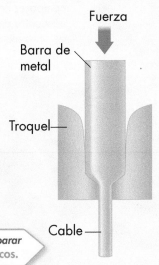
Fuerza
Barra de metal
Troquel
Cable

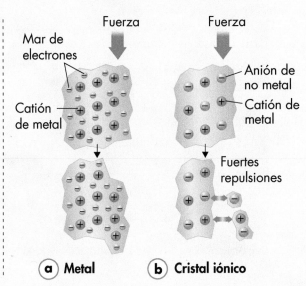
Fuerza
Mar de electrones
Catión de metal

Fuerza
Anión de no metal
Catión de metal
Fuertes repulsiones

a Metal   **b** Cristal iónico

Tanto la ductilidad como la maleabilidad de los metales se pueden explicar en términos de la movilidad de los electrones de valencia. Un mar de electrones de valencia a la deriva aísla los cationes de metal entre sí. Cuando un metal se somete a presión, los cationes del metal fácilmente se deslizan entre sí como cojinetes inmersos en aceite. En contraste, si se golpea un cristal iónico con un martillo, el golpe tiende a empujar los iones positivos entre sí. Los iones positivos se repelen y el cristal se hace añicos.

LA QUÍMICA Y TU

P: *¿En qué se diferencian los metales y los compuestos iónicos? ¿En qué se asemejan?*

La estructura cristalina de los metales La próxima vez que visites una tienda de abarrotes, observa cómo se apilan las manzanas o las naranjas. Muy probablemente tendrán un orden compacto, como se muestra en la Figura 7.13. Este orden ayuda a ahorrar espacio mientras que permite apilar tantas naranjas como sea posible.

Arreglos compactos similares se pueden encontrar en las estructuras cristalinas de los metales. Te sorprendería saber que los metales son cristalinos. De hecho, los metales que contienen sólo un tipo de átomo están entre las formas más sencillas de sólidos cristalinos. Los átomos de metal se acomodan en patrones muy compactos y ordenados. Para las esferas de tamaño idéntico, como los átomos de los metales, son posibles varias ordenaciones compactas. La Figura 7.14 de la página siguiente muestra tales ordenaciones: cúbica centrada en el cuerpo, cúbica centrada en las caras y empaquetamiento compacto hexagonal.

En una estructura cúbica centrada en el cuerpo, cada átomo (excepto aquellos en la superficie) tiene ocho vecinos. Los elementos metálicos sodio, potasio, hierro, cromo y tungsteno se cristalizan en un patrón cúbico centrado en el cuerpo. En una ordenación cúbica centrada en las caras, cada átomo tiene doce vecinos. Entre los metales que forman una estructura cúbica centrada en las caras son cobre, plata, oro, aluminio y plomo. En una ordenación de empaquetamiento compacto hexagonal, cada átomo también tiene doce vecinos. Sin embargo, debido a su forma hexagonal, el patrón es diferente al de la ordenación cúbica centrada en las caras. Entre los metales que tienen una estructura cristalina compacta se encuentran el magnesio, el zinc y el cadmio.

Figura 7.13
Empaquetamiento compacto hexagonal
Estas naranjas Thai ilustran un patrón llamado ordenación de empaquetamiento compacto hexagonal. El mismo patrón se encuentra en las estructuras de cristal de algunos metales.

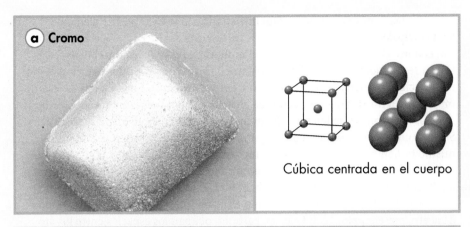

(a) **Cromo**

Cúbica centrada en el cuerpo

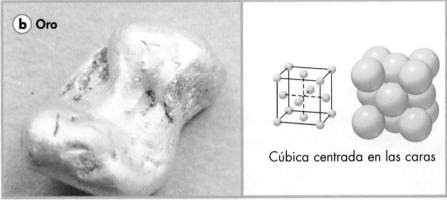

(b) **Oro**

Cúbica centrada en las caras

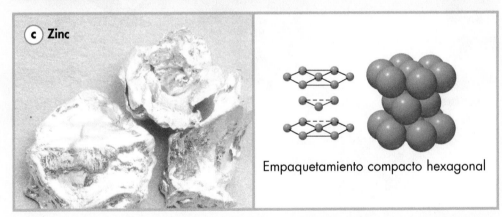

(c) **Zinc**

Empaquetamiento compacto hexagonal

Figura 7.14 Estructuras cristalinas de los metales
Los átomos de metal se cristalizan en patrones característicos.
a. Los átomos de cromo tienen una ordenación cúbica centrada en el cuerpo. **b.** Los átomos de oro tienen una ordenación cúbica centrada en las caras. **c.** Los átomos de zinc tienen una ordenación de empaquetamiento compacto hexagonal.
Interpretar diagramas ¿Cuál de estas ordenaciones es la más compacta?

Aleaciones

¿Por qué son importantes las aleaciones?

Todos los días usas artículos metálicos, como los utensilios. Sin embargo, muy pocos de estos objetos están hechos de un solo tipo de metal. En cambio, la mayoría de los metales que encuentras son aleaciones. Las **aleaciones** son mezclas de dos o más elementos, en las que al menos uno de ellos es un metal. El latón, por ejemplo, es una aleación de cobre y zinc. **Las aleaciones son importantes porque a menudo sus propiedades son superiores a aquéllas de los elementos que las componen.** La plata fina (92.5 por ciento plata y 7.5 por ciento cobre) es más dura y duradera que la plata pura, aun así es lo suficientemente suave como para usarse en la producción de joyería y servicio de mesa. El bronce es una aleación que por lo general contiene siete partes de cobre y una parte de estaño. El bronce es más duro que el cobre y es más fácil de fundir en moldes. Las aleaciones no ferrosas (sin hierro), como el bronce, el cobre-níquel y las aleaciones de aluminio, se usan comúnmente para hacer monedas.

Las aleaciones más importantes hoy en día son los aceros. Los elementos principales en la mayoría de los aceros, además del hierro y el carbono, son el boro, el cromo, el manganeso, el molibdeno, el tungsteno y el vanadio. Como resultado, los aceros tienen una amplia gama de propiedades útiles, como resistencia a la corrosión, ductilidad, dureza y resistencia. En la Figura 7.15 se muestran algunos artículos hechos de aleaciones comunes y sus composiciones.

Las aleaciones pueden formar sus átomos integrantes en formas diferentes. Si los átomos de los componentes en una aleación tienen aproximadamente el mismo tamaño, se pueden reemplazar entre sí en el cristal. Este tipo de aleación se llama aleación de sustitución. Si los tamaños atómicos son bastante diferentes, los átomos más pequeños pueden caber en los intersticios (espacios) entre los átomos más grandes. Tal aleación se llama aleación intersticial. En los varios tipos de acero, por ejemplo, los átomos de carbono ocupan los espacios entre los átomos de hierro. Por lo tanto, los aceros son aleaciones intersticiales.

Figura 7.15 Aleaciones comunes
Las aleaciones están compuestas por dos o más elementos. Aquí se muestran las composiciones (por masa) de la plata fina, el hierro fundido y el acero inoxidable.

Acero inoxidable
80.6% Fe
18.0% Cr
0.4% C
1.0% Ni

Plata fina
92.5% Ag
7.5% Cu

Hierro fundido
96% Fe
4% C

7.3 Comprobación de la lección

20. 🔑 Describir ¿Cómo es que los químicos modelan los electrones de valencia de los átomos de metal?

21. 🔑 Explicar ¿Por qué las aleaciones son más útiles que los metales puros?

22. Explicar ¿Qué significan los términos *dúctil* y *maleable*?

23. Relacionar causa y efecto ¿Por qué es posible doblar los metales no los cristales iónicos?

24. Usar analogías ¿Cómo es que la ordenación de fruta en una pila de naranjas se asemeja a la forma en la que algunos átomos de metal se acomodan en los cristales metálicos?

25. Describir Nombra dos aleaciones ampliamente usadas y describe algunos de sus usos.

GRANIDEA ENLACES E INTERACCIONES

26. Describe cómo se usa el modelo del mar de electrones para explicar las propiedades físicas de los metales.

7 Guía de estudio

GRANIDEA
ENLACES E INTERACCIONES

Los átomos forman iones positivos (cationes) perdiendo electrones de valencia y forman iones negativos (aniones) ganando electrones de valencia. Las fuerzas electrostáticas entre iones con cargas opuestas mantienen unidos a los cationes y a los aniones en un compuesto iónico. Por lo general, los compuestos iónicos tienen puntos de fusión altos y pueden conducir una corriente eléctrica en solución y en estado fundido. Los metales están hechos de cationes compactos rodeados por un mar de electrones. El modelo del mar de electrones explica por qué los metales son buenos conductores de la corriente eléctrica y por qué son dúctiles y maleables.

7.1 Iones

🔑 Para hallar el número de electrones de valencia en un átomo de un elemento representativo, simplemente observa su número de grupo.

🔑 Un ion con carga positiva, o catión, se produce cuando un átomo pierde uno o más electrones de valencia.

🔑 Un anión se produce cuando un átomo gana uno o más electrones de valencia.

• electrón de valencia (194)
• estructura punto-electrón (195)
• regla del octeto (195)
• ion haluro (199)

7.2 Enlaces iónicos y compuestos iónicos

🔑 Aunque están compuestos por iones, los compuestos iónicos son eléctricamente neutros.

🔑 La mayoría de los compuestos iónicos son sólidos cristalinos a temperatura ambiente.

🔑 Los compuestos iónicos por lo general tienen puntos de fusión altos.

🔑 Los compuestos iónicos pueden conducir una corriente eléctrica cuando están fundidos o disueltos en agua.

• compuesto iónico (201)
• enlace iónico (201)
• fórmula química (202)
• unidad de fórmula (202)
• número de coordinación (205)

7.3 Enlaces con metales

🔑 Los electrones de valencia de los átomos en un metal puro pueden modelarse como un mar de electrones.

🔑 Las aleaciones son importantes porque a menudo, sus propiedades son superiores a aquéllas de los elementos que las componen.

• enlace metálico (209)
• aleación (211)

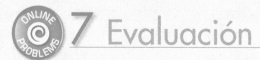
Lección por lección

7.1 Iones

27. ¿Qué es un electrón de valencia?

⁎**28.** ¿A qué grupo de la tabla periódica pertenece cada uno de los elementos siguientes?

a. nitrógeno   d. bario
b. litio   e. bromo
c. fósforo   f. carbono

29. Escribe estructuras punto-electrón para cada uno de los elementos siguientes:

a. Cl   c. Al
b. S   d. Li

30. Describe dos formas en las que se forma un ion a partir de un átomo.

⁎**31.** ¿Cuántos electrones debe perder un átomo de cada elemento para lograr una configuración electrónica de gas noble?

a. Ca   c. Li
b. Al   d. Ba

32. Escribe el símbolo para cada ion formado cuando cada uno de los elementos siguientes pierde sus electrones de valencia.

a. aluminio   d. potasio
b. litio   e. calcio
c. bario   f. estroncio

33. ¿Por qué los átomos de los no metales tienden a formar aniones cuando reaccionar para formar compuestos?

⁎**34.** ¿Cuántos electrones debe ganar cada uno de los átomos siguientes para lograr una configuración electrónica estable?

a. N   c. Cl
b. S   d. P

⁎**35.** ¿Cuál es la fórmula de los iones que se forman cuando los átomos de los elementos siguientes ganan o pierden electrones de valencia y logran configuraciones de gases nobles?

a. azufre   c. flúor
b. sodio   d. fósforo

36. Indica el número de electrones ya sean perdidos o ganados en la formación de cada ion.

a. Br^- e. Ca^{2+}
b. Na^+ f. Cu^+
c. As^{3-} g. H^-
d. Ba^{2+} h. Cu^{2+}

37. Nombra cada ion del Problema 36. Identifica cada uno como anión o como catión.

7.2 Enlaces iónicos y compuestos iónicos

38. Define un enlace iónico.

39. Explica por qué los compuestos iónicos son eléctricamente neutros.

⁎**40.** ¿Cuál de los siguientes pares de átomos esperarías que se combine químicamente para formar un compuesto iónico?

a. Li y S   d. F y Cl
b. O y S   e. I y K
c. Al y O   f. H y N

41. ¿Cuál de los pares siguientes de elementos no formaría compuestos iónicos?

a. azufre y oxígeno
b. sodio y calcio
c. sodio y azufre
d. oxígeno y cloro

42. ¿Cómo puedes representar la composición de un compuesto iónico?

⁎**43.** Identifica los tipos de iones que forman cada compuesto iónico.

a. fluoruro de calcio, CaF_2
b. bromuro de aluminio, $AlBr_3$
c. óxido de litio, Li_2O
d. sulfuro de aluminio, Al_2S_3
e. nitruro de potasio, K_3N

44. Escribe las fórmulas para los iones de los compuestos siguientes:

a. KCl   c. $MgBr_2$
b. BaS   d. Li_2O

45. La mayoría de las sustancias iónicas son quebradizas. ¿Por qué?

46. Explica por qué el $MgCl_2$ fundido conduce una corriente eléctrica mientras que el $MgCl_2$ no lo hace.

7.3 Enlaces con metales

* **47.** ¿Cómo puedes describir la ordenación de átomos en los metales?

48. Explica brevemente por qué los metales son buenos conductores de corriente eléctrica.

* **49.** Nombra las tres ordenaciones cristalinas de átomos de metal compactos. Da un ejemplo de un metal que se cristalice en cada ordenación.

50. Nombra algunas aleaciones que hayas usado o visto el día de hoy.

51. Explica por qué no son idénticas las propiedades de todos los aceros.

Entender conceptos

52. Desarrolla una tabla que muestre la relación entre el número de grupo, los electrones de valencia perdidos o ganados y la fórmula del catión o del anión producido para los siguientes elementos metálicos y no metálicos: Na, Ca, Al, N, S, Br.

53. Escribe estructuras punto-electrón para los elementos siguientes:

a. C **d.** F
b. Be **e.** Na
c. O **f.** P

54. Muestra la relación entre la estructura punto-electrón de un elemento y la ubicación del elemento en la tabla periódica.

* **55.** En términos de electrones, ¿por qué un catión tiene una carga positiva?

56. ¿Por qué un anión tiene una carga negativa?

57. Las esferas siguientes representan los diámetros relativos de átomos o iones. Vuelve a acomodar las secuencias en (a) y en (b) de manera que los tamaños relativos de las partículas correspondan con el tamaño creciente de las partículas como se muestran en el dibujo.

a. átomo de oxígeno, ion óxido, átomo de azufre, ion sulfuro
b. átomo de sodio, ion sodio, átomo de potasio, ion potasio

* **58.** Escribe el nombre y símbolo del ion que se forma cuando

a. un átomo de azufre gana dos electrones.
b. un átomo de aluminio pierde tres electrones.
c. un átomo de nitrógeno gana tres electrones.
d. un átomo de calcio pierde dos electrones.

* **59.** Escribe las configuraciones electrónicas para los cationes 2+ e estos elementos.

a. Fe
b. Co
c. Ni

60. Escribe las configuraciones electrónicas para los cationes 3+ de estos elementos.

a. cromo
b. manganeso
c. hierro

61. Escribe el símbolo para el ion que se forma cuando cada elemento gana electrones y logra una configuración electrónica de gas noble.

a. Br **c.** As
b. H **d.** Se

* **62.** Escribe las configuraciones electrónicas para los siguientes átomos y iones y comenta el resultado.

a. Ar **c.** S^{2-}
b. Cl^- **d.** P^{3-}

63. Escribe las configuraciones electrónicas para los siguientes átomos y iones y comenta el resultado.

a. N^{3-} **c.** F^-
b. O^{2-} **d.** Ne

64. Nombra los primeros cuatro halógenos. ¿En qué grupo están y cuántos electrones de valencia tiene un átomo de cada elemento?

65. Escribe las configuraciones electrónicas completas de los siguientes átomos y iones. Comenta los resultados para cada grupo.

a. Ar, K^+, Ca^{2+}
b. Ne, Na^+, Mg^{2+}, Al^{3+}

66. Si los compuestos iónicos están formados por partículas cargadas (iones), ¿por qué no todos los compuestos iónicos tienen cargas positivas o negativas?

* **67.** ¿Cuál(es) de los compuestos siguientes es más probable que no sea(n) iónico(s)?

a. H_2O **d.** CaS
b. Na_2O **e.** SO_2
c. CO_2 **f.** NH_3

68. Escribe las fórmulas para cada compuesto iónico que se puede formar combinando cada par de iones.

    a. Ba^{2+} y Br^-
    b. Al^{3+} y S^{2-}
    c. K^+ y N^{3-}

69. Los átomos de los elementos de gases nobles son estables. Explica por qué.

70. ¿Cuál es la fórmula más sencilla para los compuestos que se pueden formar cuando cada uno de estos iones se combina con un ion óxido (O^{2-})?

    a. Fe^{3+} **c.** Li^+
    b. Pb^{4+} **d.** Mg^{2+}

71. ¿Puedes predecir el número de coordinación de un ion a partir de la fórmula de un compuesto iónico? Explica por qué.

72. El cobalto metálico se cristaliza en una estructura de empaquetamiento compacto hexagonal. ¿Cuántos vecinos tendrá un átomo de cobalto?

73. Explica cómo se diferencian entre sí las celdas unitarias cúbica centrada en las caras, cúbica centrada en el cuerpo y de empaquetamiento compacto hexagonal.

Cúbica centrada en el cuerpo   Cúbica centrada en las caras   Empaquetamiento compacto hexagonal

74. Las propiedades de todas las muestras de latón no son idénticas. Explica por qué.

75. Haz una lista de los elementos que contiene cada una de las aleaciones siguientes.

    a. latón   **c.** bronce
    b. plata fina   **d.** acero inoxidable

Piensa de manera crítica

76. Hacer generalizaciones ¿Cuál es la relación entre el número de electrones en los niveles de valencia de un diagrama de configuración para un átomo y el número de puntos en la estructura punto-electrón correspondiente?

77. Relacionar causa y efecto ¿Por qué muchos elementos son más estables como iones que como átomos?

78. Hacer generalizaciones ¿Resulta exacto describir al cloruro de sodio (NaCl) como consistente en partículas individuales, cada una formada por un catión Na^+ y un anión Cl^-? Explica tu respuesta.

79. Inferir Para cada fórmula iónica, identifica el número del Grupo A al que pertenece el elemento X.

    a. CaX   **d.** Al_2X_3
    b. MgX_2 **e.** XF
    c. X_3N **f.** XS

80. Comparar ¿En qué se diferencia el movimiento de los iones sodio y los iones cloro en el cloruro de sodio fundido del movimiento de estos iones en los cristales de cloruro de sodio?

81. Relacionar causa y efecto Dos propiedades físicas de los metales son ductilidad y maleabilidad. Explica estas propiedades con base en lo que sabes acerca de los electrones de valencia de los átomos de metal.

82. Interpretar diagramas La forma en como se ordenan los átomos y los iones en los cristales no sólo depende del tamaño. Las esferas en cada ventana atómica siguiente son idénticas en tamaño. Las ventanas tienen exactamente la misma área. ¿En qué ventana están las esferas más compactas? Explica tu razonamiento.

a. 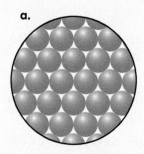   **b.**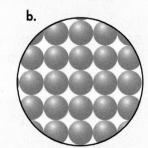

83. Comparar y contrastar Describe las similitudes y las diferencias entre los compuestos iónicos y los metales en términos de sus características físicas y químicas.

84. Relacionar causa y efecto ¿Cómo explica la regla del octeto el gran aumento en la energía entre las energías de la primera y la segunda ionización de los metales del Grupo 1A?

85. Inferir Un átomo del elemento M forma un ion estable en un compuesto iónico con cloro teniendo la fórmula MCl_2. En este compuesto, el ion del elemento M tiene un número de masa de 66 y tiene 28 electrones.

    a. ¿Cuál es la identidad del elemento?
    b. ¿Cuántos neutrones tiene el ion?

*86. **Aplicar conceptos** Clasifica cada elemento de la lista siguiente. ¿Qué formará un átomo de cada elemento, un anión, un catión o será el elemento químicamente no reactivo? Para los átomos que sí forman iones durante una reacción química, escribe el número de electrones que ganará o perderá el átomo.

   a. litio   **d.** cloro
   b. sodio   **e.** magnesio
   c. neón

87. **Inferir** Los cloruros metálicos alcalinos químicamente similares NaCl y CsCl tienen estructuras cristalinas diferentes, mientras que los químicamente diferentes NaCl y MnS tienen las mismas estructuras cristalinas. ¿Por qué? (*Pista:* Considera las tendencias periódicas y de grupo entre las propiedades de los elementos.)

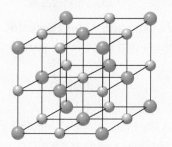

Cl⁻
Na⁺

Cloruro de sodio (NaCl)

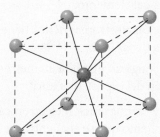

Cl⁻
Cs⁺

Cloruro de cesio (CsCl)

88. **Calcular** La plata se cristaliza en ordenaciones cúbicas centradas en las caras. Un átomo de plata está en el extremo de cada punto de la cuadrícula (la esquina de la celda unitaria). La longitud del extremo de la celda unitaria es de 0.4086 nm. ¿Cuál es el radio atómico de la plata?

*89. **Analizar datos** Considera los dos compuestos iónicos NaCl y CaO.

   a. ¿En qué compuesto esperarías que las fuerzas electrostáticas que mantienen unido al compuesto fueran las más fuertes? Explica tu respuesta.

   b. El punto de fusión del NaCl es 801 °C. El punto de fusión del CaO es 2614 °C. ¿Estos datos apoyan tu predicción? ¿Por qué sí o por qué no?

90. **Comparar** Describe la formación de un catión que es una excepción a la regla del octeto. En tu descripción, compara la configuración electrónica del catión con las configuraciones electrónicas de los gases nobles más cercanos.

91. **Investigar** Conéctate en línea e investiga la cristalografía de difracción de rayos X. ¿Cómo se preparan las muestras? ¿Cómo se generan y detectan los rayos X? ¿Cómo se usa la técnica para estudiar la estructura de sustancias cristalinas?

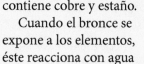

MISTERIOQUÍMICO

No es fácil ser verde

La estatua de Ludwig van Beethoven en Central Park está hecha de bronce. El bronce es una aleación que contiene cobre y estaño.

   Cuando el bronce se expone a los elementos, éste reacciona con agua (H_2O), dióxido de carbono (CO_2) y oxígeno (O_2) en el aire para producir una capa de carbonato de cobre (II) ($CuCO_3$). El carbonato de cobre (II) es un compuesto iónico de color azul verdoso. Una capa de carbonato de cobre (II) sobre la estatua de Beethoven le da a la estatua su color verde. La capa también protege al metal contra futura corrosión.

*92. **Aplicar conceptos** Un átomo de cobre puede perder uno o dos electrones para formar un ion Cu^+ o un ion Cu^{2+}, espectivamente. La carga del ion cobre en $CuCO_3$ es 2+. Escribe la configuración electrónica de este catión.

93. **Formar una opinión** ¿Por qué piensas se usa frecuentemente el bronce para crear estatuas?

94. **Conéctate con la GRANIDEA** ¿En qué se diferencian las propiedades de la capa de carbonato de cobre (II) de la estatua de las propiedades del bronce bajo la capa? Explica cómo estas propiedades son el resultado de un tipo de enlace presente.

95. ¿Cómo se distingue la química orgánica de la química inorgánica?

96. ¿Cuál es el nombre dado a un químico que estudia la composición de la materia?

97. Explica dos formas para satisfacer la necesidad de energía de la sociedad moderna.

✱98. Clasifica las acciones siguientes como cambios químicos o físicos.

   a. Se hornean galletas.
   b. Una luciérnaga emite luz.
   c. Se esculpe una figura en madera.
   d. El caramelo está hecho de azúcar.

99. ¿Cuáles de las sustancias siguientes no son mezclas homogéneas?

   a. anillo de oro
   b. salsa de espagueti
   c. azúcar de caña
   d. vidrio de ventana
   e. agua de río
   f. agua embotellada

✱100. ¿A qué estado(s) físico(s) pasan las sustancias siguientes conforme se eleva su temperatura?

   a. plata   **c.** hielo
   b. gasolina   **d.** cera

101. Redondea cada medida al número de cifras significativas que se indican entre paréntesis.

   a. 56.55 g (3)   **c.** 1.8072 L (3)
   b. 0.004849 m (2)   **d.** 4.007×10^3 mg (2)

✱102. ¿Cuál de las siguientes medidas lineales es la más larga?

   a. 6×10^4 cm   **c.** 0.06 km
   b. 6×10^6 mm   **d.** 6×10^9 nm

103. El helio tiene un punto de ebullición de 4 K. Este es el punto de ebullición más bajo de cualquier líquido. Expresa esta temperatura en grados Celsius.

✱104. La densidad del silicio es 2.33 g/cm^3. ¿Cuál es el volumen de una pieza de silicio que tiene una masa de 62.9 g?

105. Expresa la composición de cada átomo en forma abreviada.

   a. zinc-64   **c.** hidrógeno-3
   b. cloro-37   **d.** calcio-40

106. Un átomo de carbono y un átomo del elemento Z tienen, en conjunto, una masa de 6 uma menos que el doble de la masa de un átomo de oxígeno. Si un átomo de oxígeno tiene una masa de 16 uma y la masa de un átomo de carbono es de 12 uma, ¿cuál es la masa de un átomo del elemento Z?

107. Determina el número de protones, electrones y neutrones en cada uno de los tres isótopos del oxígeno.

✱108. ¿Cuántos orbitales hay en los subniveles siguientes?

   a. subnivel 4*s*   **c.** subnivel 3*s*
   b. subnivel 2*p*   **d.** subnivel 4*d*

109. Da el símbolo de cada uno de los elementos y escribe la configuración electrónica para cada átomo.

   a. nitrógeno   **c.** fósforo
   b. berilio   **d.** potasio

110. Un átomo de un elemento tiene 17 electrones. Da el nombre, símbolo y configuración electrónica completa del elemento.

✱111. Un haz de radiación electromagnética tiene una longitud de onda de 500 nm.

   a. ¿Cuál es esta longitud de onda en metros?
   b. ¿En qué región del espectro es esto?

✱112. Da el símbolo y la configuración electrónica completa del elemento que se encuentra en cada ubicación de la tabla periódica.

   a. Grupo 1A, Período 4
   b. Grupo 3A, Período 3
   c. Grupo 6A, Período 3
   d. Grupo 2A, Período 6

113. ¿Qué partícula subatómica juega el papel más importante en la química?

114. Da el nombre y símbolo de dos elementos que tengan propiedades similares a las del potasio.

Si tienes problemas con . . .

Pregunta	95	96	97	98	99	100	101	102	103	104	105	106	107	108	109	110	111	112	113	114
Ver el capítulo	1	1	1	2	2	2	3	3	3	3	4	4	4	5	5	5	5	6	6	6

Preparación para los exámenes estandarizados

Selecciona la opción que responda mejor cada pregunta o que complete cada enunciado.

1. ¿Cuál de éstos no es un compuesto iónico?
   (A) KF
   (B) SiO_2
   (C) Na_2SO_4
   (D) Na_2O

2. ¿Qué enunciados son correctos cuando el bario y el oxígeno reaccionan para formar un compuesto iónico?
   I. Cada átomo de bario pierde 2 electrones y forma un catión.
   II. Los átomos de oxígeno forman aniones de óxido (O^{2-}).
   III. Los iones están presentes en una razón uno a uno en el compuesto.
   (A) I y II únicamente
   (B) II y III únicamente
   (C) I y III únicamente
   (D) I, II, y III

Las opciones con letras siguientes se refieren a las Preguntas 3 a 6. Una opción de letra puede usarse una vez, más de una vez o ninguna vez.
   (A) gana dos electrones
   (B) pierde dos electrones
   (C) gana tres electrones
   (D) pierde un electrón
   (E) gana un electrón

¿Qué opción describe lo que probablemente sucede cuando cada uno de los elementos siguientes forma un ion?

3. yodo

4. magnesio

5. cesio

6. fósforo

7. ¿Cuántos electrones de valencia tiene el arsénico?
   (A) 5
   (B) 4
   (C) 3
   (D) 2

8. ¿Cuál configuración electrónica representa un ion nitruro?
   (A) $1s^2 2s^2 3s^2 4s^2$
   (B) $1s^2 2s^2 2p^6$
   (C) $1s^2 2s^2 2p^3$
   (D) $1s^2$

9. Cuando un átomo de bromo gana un electrón
   (A) se forma un ion bromuro.
   (B) el ion que se forma tiene una carga de 1−.
   (C) el ion que se forma es un anión.
   (D) todas las anteriores son correctas.

Usa la descripción y la gráfica para responder las Preguntas 10 a 12.

La energía de red es la energía que se requiere para cambiar un mol (6.02×10^{23} unidades de fórmula) de un sólico iónico cristalino a iones gaseosos. La gráfica siguiente muestra las energías de red para los compuestos iónicos formados entre metales alcalinos seleccionados y halógenos.

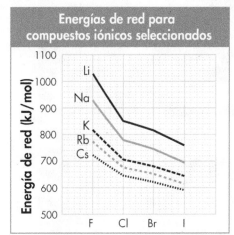

10. Para un metal alcalino dado, ¿cuál es la tendencia en energía de red conforme aumenta el radio atómico del halógeno?

11. Para un halógeno dado, ¿cuál es la tendencia en energía de red conforme aumenta el radio atómico del metal alcalino?

12. Completa este enunciado: "Conforme aumenta el radio atómico del halógeno o del metal, la energía de red _____."

Si tienes problemas con . . .											
Pregunta	1	2	3	4	5	6	7	8	9	10	11	12
Ver la lección	7.2	7.2	7.1	7.1	7.1	7.1	7.1	7.1	7.1	7.2	7.2	7.2

8

Enlaces covalentes

Gotas de agua resultado de las atracciones entre moléculas de agua.

EN EL INTERIOR:

- **8.1** Compuestos moleculares
- **8.2** La naturaleza de los enlaces covalentes
- **8.3** Teorías de enlaces
- **8.4** Los enlaces polares y las moléculas

PearsonChem.com

ENLACES E INTERACCIONES

Preguntas esenciales:

1. *¿En qué se diferencian los enlaces en compuestos moleculares de los enlaces en compuestos iónicos?*

2. *¿Cómo afectan los electrones la forma de una molécula?*

3. *¿Qué factores afectan las propiedades moleculares?*

MISTERIO QUÍMICO

¿Qué es esa alarma?

Una familia despertó a media noche por el sonido de una alarma ensordecedora. La familia pensó que debía de ser la alarma contra incendios. Rápidamente evacuaron la casa y llamaron al 9-1-1. Mientras esperaban a que llegaran los bomberos, no vieron humo ni ninguna otra señal de fuego procedente de la casa.

Los bomberos revisaron la casa y le dijeron a la familia que un compuesto que contenía átomos de carbono y de oxígeno ocasionó la alarma. El dióxido de carbono (CO_2) está compuesto por carbono y oxígeno pero los bomberos confirmaron que no era dióxido de carbono. ¿Hay otras moléculas, además del dióxido de carbono, que estén compuestas por carbono y oxígeno? ¿Cuál fue la sustancia misteriosa y por qué hizo sonar la alarma?

▶ Conexión con la **GRAN**IDEA
A medida que lees acerca de los enlaces covalentes, piensa cómo es que podría haber moléculas diferentes compuestas por átomos de carbono y oxígeno.

8.1 Compuestos moleculares

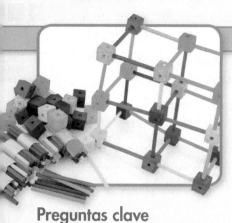

P: *¿Cómo se unen los átomos para formar compuestos con estructuras diferentes?* Este modelo de juguete está hecho de cubos unidos en unidades mediante palitos. Aunque los tipos de piezas son limitados, puedes hacer muchos modelos diferentes de juguetes dependiendo de cuántas piezas uses y cómo las organices. En esta lección, aprenderás cómo se unen los átomos para formar unidades llamadas moléculas.

Preguntas clave

🔑 **¿Qué información proporciona una fórmula molecular?**

🔑 **¿Qué unidades representativas definen a los compuestos moleculares y a los compuestos iónicos?**

Vocabulario

- enlace covalente • molécula
- molécula diatómica
- compuesto molecular
- fórmula molecular

Figura 8.1
Comparar partículas de gas

Moléculas y compuestos moleculares

🔑 **¿Qué información proporciona una fórmula molecular?**

En la naturaleza, sólo los elementos gases nobles, como el helio y el neón, existen como átomos sin combinar. Son monoatómicos; es decir, consisten en un solo átomo, como se muestra en la Figura 8.1. Pero no todos los elementos son monoatómicos. Por ejemplo, un componente clave del aire que respiras es el gas oxígeno, O_2. Como puedes adivinar a partir de la fórmula química, O_2 representa dos átomos que están enlazados.

En el Capítulo 7, aprendiste acerca de los compuestos iónicos, que son sólidos generalmente cristalinos con altos puntos de fusión. Otros compuestos, sin embargo, tienen propiedades muy diferentes. Por ejemplo, el agua (H_2O) es un líquido a temperatura ambiente. El dióxido de carbono (CO_2) y el óxido nitroso (N_2O) son ambos gases a temperatura ambiente. Las atracciones que mantienen unidos los átomos en el O_2, el H_2O, el CO_2 y el N_2O no pueden explicarse mediante enlaces iónicos. Estos enlaces no involucran la transferencia de electrones.

Helio
(He)

El helio, que es menos denso que el aire, a menudo se usa para inflar globos.

Oxígeno
(O_2)

Los buzos respiran aire comprimido, una mezcla que contiene el gas oxígeno.

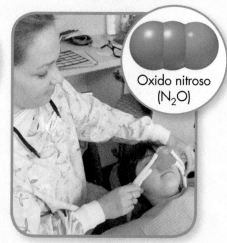

Óxido nitroso
(N_2O)

El óxido nitroso (también conocido como el gas de la risa) a veces se usa como un anestésico suave en procedimientos dentales.

Compartir electrones Recuerda que los enlaces iónicos se forman cuando los átomos que se combinan dan o aceptan electrones. Otra forma en que los átomos se pueden combinar es compartiendo electrones. Los átomos que se mantienen juntos compartiendo electrones se unen mediante un **enlace covalente**. En un enlace covalente, tiene lugar una "lucha" por electrones entre los átomos, lo que los enlaza. En la Lección 8.2 aprenderás acerca de los tipos diferentes de enlaces covalentes.

En la Figura 8.1, las unidades representativas mostradas como oxígeno y óxido nitroso se llaman moléculas. Una **molécula** es un grupo neutro de átomos unidos mediante enlaces covalentes. El gas oxígeno consiste en moléculas de oxígeno; cada molécula de oxígeno consiste en dos átomos de oxígeno enlazados de forma covalente. Una molécula de oxígeno es un ejemplo de una **molécula diatómica** una molécula que contiene dos átomos. Otros elementos que se encuentran en la naturaleza en forma de moléculas diatómicas son el hidrógeno, el nitrógeno y los halógenos. Las moléculas también pueden estar hechas de átomos de elementos diferentes. Un compuesto formado por moléculas se llama **compuesto molecular.** El agua es un ejemplo de un compuesto molecular. Las moléculas en el agua son todas las mismas; cada molécula de agua es una unidad enlazada firmemente de dos átomos de hidrógeno y un átomo de oxígeno.

Representar moléculas Una **fórmula molecular** es la fórmula química de un compuesto molecular. **Una fórmula molecular muestra cuántos átomos de cada elemento contiene una sustancia.** La fórmula molecular del agua es H_2O. Observa que un subíndice escrito después del símbolo de un elemento indica el número de átomos de cada elemento en la molécula. Si sólo hay un átomo, se omite el subíndice 1. La fórmula molecular del dióxido de carbono es CO_2. Esta fórmula representa una molécula que contiene un átomo de carbono y dos átomos de oxígeno.

El butano, que se muestra en la Figura 8.2, también es un compuesto molecular. La fórmula molecular del butano es C_4H_{10}. De acuerdo con esta fórmula, una molécula de butano contiene cuatro átomos de carbono y diez átomos de hidrógeno. Una fórmula molecular refleja el número real de átomos en cada molécula. Los subíndices no son necesariamente las razones más bajas de números enteros. Observa que las fórmulas moleculares también describen moléculas que consisten en átomos de un elemento. Por ejemplo, una molécula de oxígeno consiste en dos átomos de oxígeno enlazados; su fórmula molecular es O_2.

Una fórmula molecular no te indica la estructura de una molécula. En otras palabras, no muestra ni la ordenación de los varios átomos en el espacio ni qué átomos están enlazados entre sí de forma covalente. Una variedad de diagramas y modelos moleculares, algunos de ellos ilustrados en la Figura 8.3, se pueden usar para mostrar la ordenación de átomos en una molécula. Los diagramas y modelos como éstos se usarán a lo largo de este libro de texto.

Figura 8.2 Butano
El butano (C_4H_{10}) se usa comúnmente en encendedores y sopletes. El soplete de butano que se muestra aquí se usa para caramelizar azúcar en un postre.

Figura 8.3 Representaciones de una molécula de amonio
La fórmula NH_3 te indica la composición de una molécula de amonio pero no revela la ordenación de los átomos. Los modelos moleculares y las fórmulas estructurales especifican los enlaces entre átomos y su ordenación.

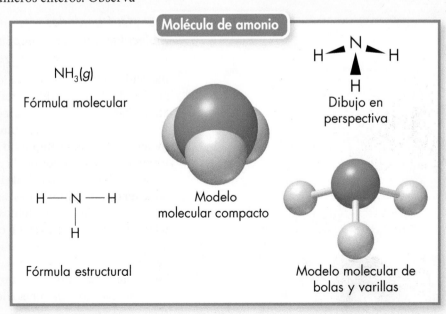

Molécula de amonio

$NH_3(g)$
Fórmula molecular

Fórmula estructural

Modelo molecular compacto

Dibujo en perspectiva

Modelo molecular de bolas y varillas

Figura 8.4
Fórmulas y estructuras moleculares

La fórmula de un compuesto molecular indica los números y tipos de átomos en cada molécula del compuesto.

Usar modelos *¿Cuál de estas moléculas tiene el mayor número de átomos de oxígeno?*

 Átomo de hidrógeno (H)   Átomo de oxígeno (O)   Átomo de carbono (C)

Dióxido de carbono (CO_2)
1 molécula de CO_2 contiene
2 átomos de oxígeno
1 átomo de carbono

Agua (H_2O)
1 molécula de H_2O contiene
2 átomos de hidrógeno
1 átomo de oxígeno

Etanol (C_2H_6O)
1 molécula de C_2H_6O contiene
6 átomos de hidrógeno
2 átomos de carbono
1 átomo de oxígeno

LA QUÍMICA Y TÚ

P: *Así como puedes hacer diferentes tipos de modelos de juguetes, también hay miles de tipos diferentes de estructuras moleculares. ¿Cómo se unen los átomos para formar compuestos con estructuras diferentes?*

La Figura 8.4 muestra las fórmulas y estructuras químicas de algunos otros compuestos moleculares. La ordenación de los átomos dentro de una molécula se llama su estructura molecular. El dióxido de carbono, por ejemplo, es un gas producido por quema completa de carbono. Se encuentra en la atmósfera de la Tierra y disuelto en el agua de mar. La estructura molecular del dióxido de carbono muestra cómo están ordenados los tres átomos en una fila. También muestra cómo el átomo de carbono en cada molécula está en medio de dos átomos de oxígeno. La estructura molecular del agua muestra cómo el átomo de oxígeno está en medio de los átomos de hidrógeno. Sin embargo, los átomos en el agua no están ordenados en una fila. En su lugar, los átomos de hidrógeno están principalmente en un lado de la molécula de agua. La estructura molecular del etanol (C_2H_6O) es más complicada. Como puedes ver en el modelo, cada carbono está enlazado a cuatro átomos, cada hidrógeno está enlazado a un átomo y el oxígeno está enlazado a dos átomos.

Comparar compuestos moleculares e iónicos

¿Qué unidades representativas definen a los compuestos moleculares y a los compuestos iónicos?

Ya has visto cómo se usan las fórmulas para describir compuestos moleculares y compuestos iónicos. Cada tipo de compuesto contiene átomos de elementos diferentes que están combinados químicamente. Sin embargo, las fórmulas describen unidades representativas diferentes. **La unidad representativa de un compuesto molecular es una molécula. Para un compuesto iónico, la unidad representativa es una unidad de fórmula.** Recuerda que una unidad de fórmula es la razón en número entero más bajo de iones en un compuesto iónico. Es importante no confundir unidades de fórmula con moléculas. Una molécula está hecha de dos o más átomos que actúan como una unidad. No existen tales unidades discretas en un compuesto iónico, el cual consiste en un arreglo continuo de iones. Por lo tanto, no existe algo como una molécula de cloruro de socio o una molécula de cloruro de magnesio. En su lugar, estos compuestos existen como grupos de iones con carga positiva y negativa ordenados en patrones tridimensionales repetitivos.

Los compuestos moleculares tienden a tener puntos de fusión y de ebullición relativamente más bajos que los compuestos iónicos. Muchos compuestos moleculares son gases o líquidos a temperatura ambiente. Contrario a los compuestos iónicos, que se forman a partir de un metal combinado con un no metal, la mayoría de los compuestos moleculares están formados por átomos de dos o más no metales. Por ejemplo, un átomo de carbono puede combinarse con un átomo de oxígeno para producir una molécula de un compuesto conocido como monóxido de carbono. El monóxido de carbono es un gas venenoso que se produce al quemar gasolina en motores de combustión interna o en electrodomésticos y calderas de gas. En la Figura 8.5 se ilustran algunas diferencias entre compuestos moleculares y iónicos, usando agua y cloruro de sodio como ejemplos.

Figura 8.5 Compuestos moleculares e iónicos
El agua, que es un compuesto molecular, y el cloruro de sodio, que es un compuesto iónico, se comparan aquí.
Interpretar diagramas *¿En qué se diferencian los compuestos moleculares de los compuestos iónicos?*

Grupo de moléculas de agua

Molécula de agua:

Fórmula química: H_2O

Arreglo de iones sodio e iones cloruro

Unidad de fórmula del cloruro de sodio: Na^+ Cl^-

Fórmula química: NaCl

8.1 Comprobación de la lección

1. **Identificar** ¿Qué información proporciona una fórmula molecular?

2. **Comparar** ¿En qué se diferencian una unidad representativa de un compuesto molecular y una unidad representativa de un compuesto iónico?

3. **Identificar** ¿Cuáles son los únicos elementos que existen en la naturaleza como átomos sin combinar? ¿Qué término se usa para describir tales elementos?

4. **Comparar y contrastar** Describe cómo la molécula cuya fórmula es NO se diferencia de la molécula cuya fórmula es N_2O.

5. **Aplicar conceptos** Da un ejemplo de una molécula diatómica que se encuentra en la atmósfera de la Tierra.

6. **Identificar** ¿Qué información proporciona una estructura molecular?

8.2 La naturaleza de los enlaces covalentes

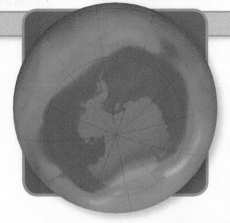

P: *¿Cuál es la diferencia entre el oxígeno que respiras y el oxígeno en el ozono de la atmósfera?* Nuestra atmósfera contiene dos moléculas diferentes que están hechas de átomos de oxígeno. Uno es el oxígeno que necesitan nuestras células para vivir. La otra molécula que contiene sólo átomos de oxígeno es el ozono que nos protege del sol pero que también contribuye al *smog*. Los colores en este mapa indican las concentraciones de ozono en varias partes de la atmósfera de la Tierra. En esta lección aprenderás cómo se pueden unir los átomos de oxígeno para formar el oxígeno que respiras y cómo se pueden unir para formar el ozono.

Preguntas clave

🔑 **¿Cuál es el resultado de compartir electrones en enlaces covalentes?**

🔑 **¿En qué se diferencian los enlaces covalentes coordinados de otros enlaces covalentes?**

🔑 **¿Cuáles son algunas excepciones a la regla del octeto?**

🔑 **¿Cómo se relaciona la fortaleza de un enlace covalente con su energía de disociación de enlaces?**

🔑 **¿Cómo se usan las estructuras de resonancia?**

Vocabulario

• enlace covalente sencillo
• fórmula estructural
• par no compartido
• enlace covalente doble
• enlace covalente triple
• enlace covalente coordinado
• ion poliatómico
• energía de disociación de enlaces
• estructura de resonancia

La regla del octeto en enlaces covalentes

🔑 **¿Cuál es el resultado de compartir electrones en enlaces covalentes?**

Recuerda que cuando se forman los compuestos iónicos, los electrones tienden a transferirse de manera que cada ion adquiere una configuración de gas noble. Una regla similar aplica a los enlaces covalentes. 🔑 **En los enlaces covalentes, por lo general ocurre el intercambio de electrones de manera que los átomos logran las configuraciones electrónicas de los gases nobles.** Por ejemplo, un solo átomo de hidrógeno tiene un electrón. Pero un par de átomos de hidrógeno comparte electrones para formar un enlace covalente en una molécula de hidrógeno diatómica. Por lo tanto, cada átomo de hidrógeno logra la configuración electrónica del helio, un gas noble con dos electrones. Es probable que las combinaciones de átomos de los no metales y los metaloides de los grupos 4A, 5A, 6A y 7A de la tabla periódica formen enlaces covalentes, Los átomos combinados por lo general adquieren un total de ocho electrones, o un octeto, al compartir electrones de manera que se aplica la regla del octeto.

Enlaces covalentes sencillos Los átomos de hidrógeno en una molécula de hidrógeno se mantienen unidos principalmente mediante la atracción de los electrones compartidos a los núcleos positivos. Dos átomos que se mantienen juntos mediante al compartir un par de electrones se unen mediante un **enlace covalente sencillo.** El gas hidrógeno consiste en moléculas diatómicas cuyos átomos comparten sólo un par de electrones, formando un enlace covalente sencillo.

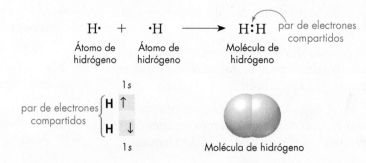

Una estructura punto-electrón como H:H representa al par de electrones compartidos del enlace covalente mediante dos puntos. El par de electrones compartidos que forman el enlace covalente con frecuencia también se representan con un guión, como en H—H para el hidrógeno. Una **fórmula estructural** representa los enlaces covalentes como guiones y muestra la ordenación de átomos enlazados de forma covalente. En contraste, la fórmula molecular del hidrógeno, H_2 indica sólo el número de átomos de hidrógeno en cada molécula.

Consulta enlaces covalentes *en línea animada.*

Los halógenos también forman enlaces covalentes sencillos en sus moléculas diatómicas. El flúor es un ejemplo. Dado que un átomo de flúor tiene siete electrones de valencia, necesita uno más para lograr la configuración electrónica de un gas noble. Al compartir electrones y formar un enlace covalente sencillo, dos átomos de flúor logran, cada uno, la configuración electrónica del neón.

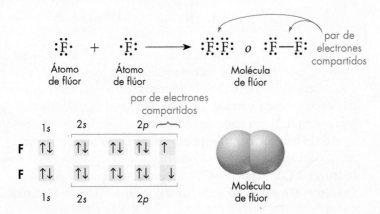

En la molécula F_2, cada átomo de flúor contribuye un electrón para completar el octeto. Observa que dos átomos de flúor comparten sólo un par de electrones de valencia. Un par de electrones de valencia que no se comparte entre átomos se llama un **par no compartido,** también conocido como un par solitario o un par no enlazado. En el F_2, cada átomo de flúor tiene tres pares de electrones no compartidos.

Puedes dibujar estructuras punto-electrón para moléculas de compuestos de la misma forma que los dibujas para moléculas de elementos diatómicos. El agua (H_2O) es una molécula que contiene tres átomos con dos enlaces covalentes sencillos. Dos átomos de hidrógeno comparten electrones con un átomo de oxígeno. Los átomos de hidrógeno y oxígeno logran configuraciones de gas noble compartiendo electrones. Como puedes ver en las estructuras punto-electrón siguientes, el átomo de oxígeno en el agua tiene dos pares no compartidos de electrones de valencia.

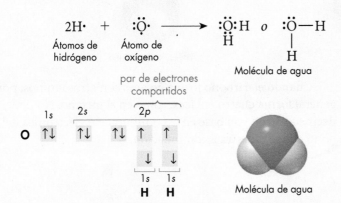

Puedes dibujar la estructura punto-electrón para el amoníaco (NH_3), un gas sofocante, de forma similar. La molécula del amoníaco tiene un par no compartido de electrones.

$$3H\cdot \quad + \quad :\overset{\cdot}{\underset{\cdot}{N}}\cdot \quad \longrightarrow \quad :\overset{H}{\underset{H}{N}}:H \quad o \quad :N-H$$

Átomos de hidrógeno   Átomo de nitrógeno   Molécula de amoníaco

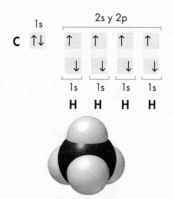

Molécula de amoníaco

La estufa en la Figura 8.6 es de gas natural. El componente principal del gas natural es el metano (CH_4). El metano contiene cuatro enlaces covalentes sencillos. El átomo de carbono tiene cuatro electrones de valencia y necesita cuatro electrones de valencia más para lograr una configuración de gas noble. Cada uno de los cuatro átomos de hidrógeno contribuye un electrón para compartir con el átomo de carbono, formando cuatro enlaces idénticos de carbono-hidrógeno. Como puedes ver en la estructura punto-electrón siguiente, el metano no tiene pares no compartidos de electrones.

$$4H\cdot \quad + \quad \cdot\overset{\cdot}{\underset{\cdot}{C}}\cdot \quad \longrightarrow \quad H:\overset{H}{\underset{H}{C}}:H \quad o \quad H-\overset{H}{\underset{H}{C}}-H$$

Átomos de hidrógeno   Átomo de carbono   Molécula de metano

Figura 8.6 Metano
El metano es el componente principal del gas natural. El gas natural se usa comúnmente como combustible para electrodomésticos como estufas de gas, calentadores de agua, secadoras y calderas.

Molécula de metano

Cuando el carbono forma enlaces con otros átomos, por lo general forma cuatro enlaces, como en el metano. No podrías predecir su patrón con base en la configuración electrónica del carbono que se muestra a continuación.

Si intentaste formar enlaces covalentes de C—H para el metano combinando los dos electrones $2p$ del carbono con dos electrones $1s$ de átomos de hidrógeno, predecirías incorrectamente una molécula con la fórmula CH_2 (en lugar de CH_4). La formación de cuatro enlaces mediante carbono se puede explicar por el hecho de que uno de los electrones $2s$ del carbono es promovido al orbital $2p$ vacío para formar la configuración electrónica siguiente:

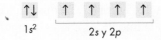

$1s^2$ $2s$ y $2p$

Esta promoción electrónica requiere sólo una pequeña cantidad de energía. La promoción proporciona cuatro electrones de carbono capaces de formar enlaces covalentes con cuatro átomos de hidrógeno. El metano, el compuesto de carbono formado por el intercambio de electrones de carbono con cuatro átomos de hidrógeno, es mucho más estable que el CH_2. Esta estabilidad del metano resultante compensa con mucho el pequeño costo de energía de la promoción electrónica. Por lo tanto, la formación del metano (CH_4) es más favorecida energéticamente que la formación del CH_2.

Ejemplo de problema 8.1

Dibujar una estructura punto-electrón

El ácido clorhídrico (HCl (*aq*)) se prepara disolviendo cloruro de hidrógeno gaseoso (HCl (*g*)) en agua. El cloruro de hidrógeno es una molécula diatómica con un enlace covalente sencillo. Dibuja la estructura punto-electrón para el HCl.

❶ **Analizar** **Identifica los conceptos relevantes.** En un enlace covalente sencillo, un átomo de hidrógeno y un átomo de cloro deben compartir un par de electrones. Cada uno debe contribuir un electrón al enlace. Después muestra el intercambio de electrones en el compuesto que producen.

❷ **Resolver** **Aplica los conceptos a este problema.**

Dibuja las estructuras punto-electrón para los átomos de hidrógeno y de cloro.

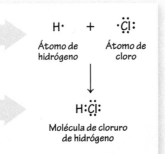

Átomo de hidrógeno   Átomo de cloro

Dibuja la estructura punto-electrón para la molécula de cloruro de hidrógeno.

Molécula de cloruro de hidrógeno

A través del intercambio de electrones, los átomos de hidrógeno y de cloro logran las configuraciones electrónicas de los gases nobles helio y argón, respectivamente.

7. Dibuja estructuras punto-electrón para cada molécula.
  a. cloro
  b. bromo
  c. yodo

8. Las moléculas siguientes tienen enlaces covalentes. Dibuja una estructura punto-electrón para cada una.
  a. H_2O_2
  b. PCl_3

Figura 8.7 Dióxido de carbono
El gas dióxido de carbono es soluble en agua y se usa para carbonatar muchas bebidas. Una molécula de dióxido de carbono tiene dos enlaces dobles carbono-oxígeno.

Enlaces covalentes dobles y triples A veces los átomos se enlazan compartiendo más de un par de electrones. **Los átomos forman enlaces covalentes dobles o triples si es que pueden lograr una estructura de gas compartiendo dos o tres pares de electrones.** Un **enlace covalente doble** es un enlace que involucra dos pares de electrones compartidos. De forma similar, un enlace formado por tres pares de electrones es un **enlace covalente triple.**

El dióxido de carbono (CO_2) se usa para carbonatar muchos refrescos como el que se muestra en la Figura 8.7. La molécula de dióxido de carbono contiene dos oxígenos, cada uno de los cuales comparte dos electrones con el carbono para formar un total de dos enlaces dobles carbono-oxígeno.

$$:\!\ddot{O}\!: \;+\; \cdot \ddot{C} \cdot \;+\; :\!\ddot{O}\!: \;\longrightarrow\; :\!\ddot{O}\!::\!C\!::\!\ddot{O}\!: \quad o \quad :\!\ddot{O}\!=\!C\!=\!\ddot{O}\!:$$

Átomo de oxígeno   Átomo de carbono   Átomo de oxígeno   Molécula de dióxido de carbono

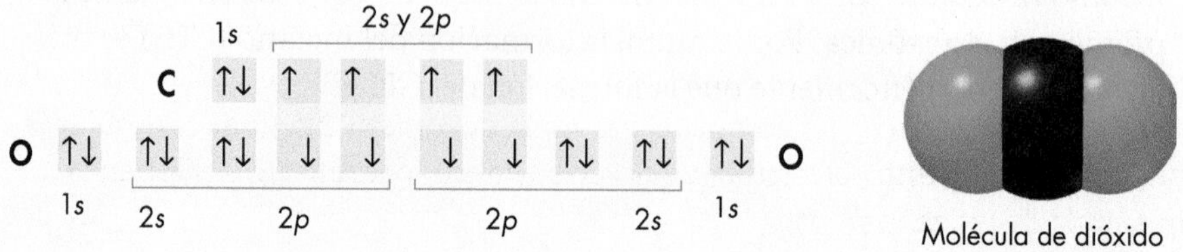

Los dos enlaces dobles en la molécula del dióxido de carbono son idénticos entre sí. El dióxido de carbono es un ejemplo de una molécula triatómica, que es una molécula que consiste de tres átomos.

Un ejemplo de un elemento cuyas moléculas contienen enlaces triples es el nitrógeno (N_2), un componente principal de la atmósfera de la Tierra, como se ilustra en la Figura 8.8. Un solo átomo de nitrógeno tiene cinco electrones de valencia. Cada átomo de nitrógeno en la molécula de nitrógeno debe compartir tres electrones para tener la configuración electrónica del neón. En la molécula de nitrógeno, cada átomo de nitrógeno tiene un par no compartido de electrones.

$$:\!\ddot{N}\cdot \;+\; \cdot \ddot{N}\!: \;\longrightarrow\; :\!N\!::\!\!\vdots\!\!::\!N\!: \quad o \quad :\!N\!\equiv\!N\!:$$

Átomo de nitrógeno   Átomo de nitrógeno   Molécula de nitrógeno

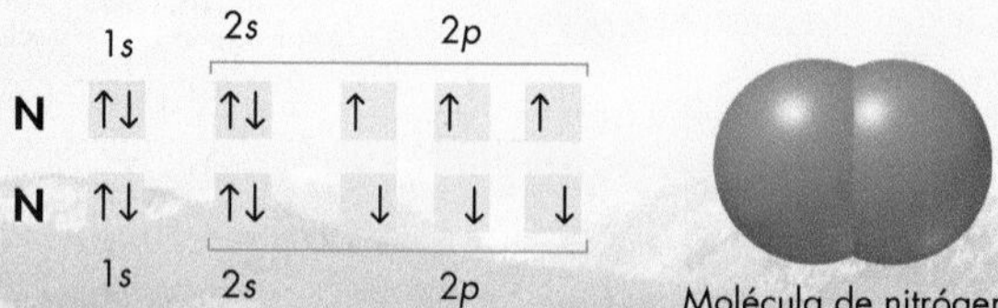

Figura 8.8
Oxígeno y nitrógeno
El oxígeno y el nitrógeno son los componentes principales de la atmosfera de la Tierra. La molécula de oxígeno es una excepción a la regla del octeto. Tiene dos electrones sin pareja. Tres pares de electrones se comparten en una molécula de nitrógeno.

Has de pensar que un átomo de nitrógeno, con seis electrones de valencia, formaría un enlace doble compartiendo dos de sus electrones con otro átomo de oxígeno.

$$:\ddot{O}: \ + \ :\ddot{O}: \ \longrightarrow \ :\ddot{O}::\ddot{O}: \ o \ :\ddot{O}=\ddot{O}:$$

Átomo de oxígeno   Átomo de oxígeno   Molécula de oxígeno

Molécula de oxígeno

En tal ordenación, todos los electrones dentro de la molécula estarían emparejados. Sin embargo, la evidencia experimental indica que dos de los electrones en el O_2 aun están sin emparejar. Por lo tanto, el enlace en la molécula de oxígeno (O_2) no obedece la regla del octeto. No puedes dibujar una estructura punto-electrón que describa adecuadamente el enlace en la molécula de oxígeno.

El nitrógeno y el oxígeno son ambos moléculas diatómicas. En la Tabla 8.1 se enlistan las propiedades y usos de estos elementos y algunos otros que existen como moléculas diatómicas.

Tabla 8.1

Los elementos diatómicos			
Nombre	**Fórmula química**	**Estructura punto-electrón**	**Propiedades y usos**
Flúor	F_2	$:\ddot{F}-\ddot{F}:$	Gas tóxico reactivo de color amarillo verdoso. Los compuestos del flúor, un halógeno, se añaden al agua potable y a la pasta de dientes para promover dientes sanos.
Cloro	Cl_2	$:\ddot{Cl}-\ddot{Cl}:$	Gas tóxico reactivo de color amarillo verdoso. El cloro es un halógeno que se usa en los agentes de blanqueado doméstico.
Bromo	Br_2	$:\ddot{Br}-\ddot{Br}:$	Líquido denso de color café rojizo con olor acre. Los compuestos del bromo, un halógeno, se usan en la preparación de emulsiones fotográficas.
Iodo	I_2	$:\ddot{I}-\ddot{I}:$	Sólido denso de color negro grisáceo que produce vapores púrpuras; un halógeno. Una solución de yodo en alcohol (tintura de yodo) se usa como antiséptico.
Hidrógeno	H_2	$H-H$	Gas incoloro, insípido y sin olor. El hidrógeno es el elemento más ligero que se conoce.
Nitrógeno	N_2	$:N\equiv N:$	Gas incoloro, insípido y sin olor. El aire es aproximadamente 80% nitrógeno por volumen.
Oxígeno	O_2	Insuficiente	Gas incoloro, insípido y sin olor que es vital para la vida. El aire es aproximadamente 20% oxígeno por volumen.

Enlaces covalentes coordinados

🔑 *¿En qué se diferencian los enlaces covalentes coordinados de otros enlaces covalentes?*

El monóxido de carbono (CO) es un ejemplo de un tipo de enlace covalente diferente al que se ve en el agua, el amoníaco, el metano y el dióxido de carbono. Un átomo de carbono necesita ganar cuatro electrones para lograr la configuración electrónica del neón. Un átomo de oxígeno necesita dos electrones. Incluso es posible para ambos átomos lograr configuraciones electrónicas de gas noble mediante un tipo de enlace llamado enlace covalente coordinado. Para ver cómo, empieza observando el enlace covalente doble entre el carbono y el oxígeno.

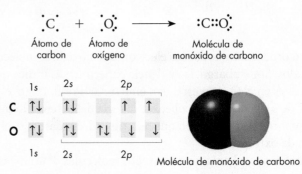

Con el enlace doble en su lugar, el oxígeno tiene una configuración estable pero el carbono no. Como se muestra a continuación, el dilema se resuelve si el oxígeno también dona uno de sus pares no compartidos para el enlace.

$$:C::O: \longrightarrow :C::O:$$

Molécula de
monóxido de carbon

Un enlace covalente en donde un átomo contribuye ambos electrones de enlace es un **enlace covalente coordinado.** En una fórmula estructura, puedes mostrar los enlaces covalentes coordinados como flechas que apunten del átomo que dona el par de electrones al átomo que lo recibe. La fórmula estructural del monóxido de carbono, con dos enlaces covalentes y un enlace covalente coordinado, es $C \equiv O$. 🔑 **En un enlace covalente coordinado, el par compartido de electrones proviene de los átomos del enlace.** Una vez formado, un enlace covalente coordinado es como cualquier enlace covalente.

El ion amoníaco (NH_4^+), que a menudo se encuentra en fertilizantes como en de la Figura 8.9, consiste de dos átomos unidos mediante enlaces covalentes, incluyendo un enlace covalente coordinado. Un **ion poliatómico,** como NH_4^+, es un grupo de átomos enlazados fuertemente que tienen una carga positiva o negativa y se comportan con una unidad. El ion amoníaco se forma cuando un ion hidrógeno con carga positiva (H^+) se une al par no compartido de electrones de una molécula de amoníaco (NH_3).

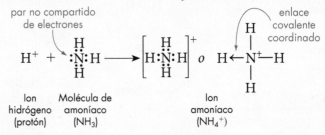

Figura 8.9 Fertilizantes de amoníaco
La mayoría de las plantas necesitan nitrógeno que ya esté combinado en un compuesto más que nitrógeno molecular (N_2) para crecer. El ion amoníaco poliatómico (NH_4^+), presente en el hidróxido de amonio, también llamado amoníaco acuoso, es un componente importante del fertilizante para los sembradíos, jardines y plantas en macetas.

La mayoría de los cationes y aniones poliatómicos contienen enlaces covalentes y enlaces covalentes coordinados. Por lo tanto, los compuestos que contienen iones poliatómicos incluyen tanto enlaces iónicos como covalentes. Como otro ejemplo, dibuja la estructura punto-electrón del ion poliatómico SO_3^{2-}. Primero, dibuja las estructuras punto-electrón para los átomos de azufre y de oxígeno y los dos electrones extra indicados por la carga. Después, une dos de los oxígenos al azufre mediante enlaces covalentes.

$$:\ddot{O}:\ \cdot\ddot{S}:\ \cdot\ddot{O}:\ +\ \cdot\cdot\ \longrightarrow\ :\ddot{O}:\ddot{S}:\cdot\ddot{O}:$$
$$\cdot\ddot{O}: \qquad\qquad\qquad \cdot\ddot{O}:$$

A continuación, une el oxígeno restante mediante un enlace covalente coordinado, con el azufre donando uno de sus pares no compartidos de electrones, y añade los dos electrones extra. Pon corchetes alrededor de la estructura e indica la carga 2−.

$$:\ddot{O}:\ddot{S}:\ddot{O}:\ +\ \cdot\cdot\ \longrightarrow\ \left[:\ddot{O}:\ddot{S}:\ddot{O}:\right]^{2-}$$
$$\cdot\ddot{O}: \qquad\qquad\qquad \cdot\ddot{O}:$$

Cada uno de los átomos ahora tiene ocho electrones de valencia, cumpliendo con la regla del octeto. Sin los electrones extra, dos de los oxígenos estarían carentes de electrones.

La Tabla 8.2 enlista las estructuras punto-electrón de algunos compuestos comunes con enlaces covalentes.

Recuerda, la carga del ion poliatómico negativo es igual al número de electrones que hay además de los electrones de valencia de los átomos presentes. Dado que un ion poliatómico con carga negativa es parte de un compuesto iónico, la carga positiva del catión del compuesto equilibra los electrones adicionales.

Ejemplo de problema 8.2

Dibujar la estructura punto-electrón de un ion poliatómico

El ion H_3O^+ se forma cuando un ion hidrógeno es atraído a un par no compartido de electrones en una molécula de agua. Dibuja la estructura punto-electrón del ion hidronio.

❶ **Analizar** **Identifica los conceptos relevantes.** Cada átomo debe compartir electrones para cumplir con la regla del octeto.

❷ **Resolver** **Aplica los conceptos a este problema.**

Recuerda siempre incluir la carga cuando dibujes estructuras punto-electrón de iones poliatómicos.

Dibuja la estructura punto-electrón de la molécula de agua y del ion hidrógeno. Después, dibuja la estructura punto-electrón del ion hidronio. El oxígeno debe compartir un par de electrones con el hidrógeno añadido para formar un enlace covalente coordinado.	$$H^+\ +\ :\ddot{O}:H \longrightarrow \left[H:\ddot{O}:H\right]^+\ o\ \left[H{\leftarrow}\underset{\overset{|}{H}}{\overset{\overset{H}{|}}{O}}{-}H\right]^+$$ Ion hidrógeno (protón) — Molécula de agua (H_2O) — Ion hidronio (H_3O^+)
Verifica que todos los átomos tengan los electrones que necesitan y que la carga sea la correcta.	El oxígeno en el ion hidronio tiene ocho electrones de valencia y cada hidrógeno comparte dos electrones de valencia, cumpliendo con la regla del octeto. La molécula de agua es neutra y el ion hidrógeno tiene una carga positiva, lo que le da al ion hidronio una carga de 1+.

9. Dibuja la estructura punto-electrón del ion hidronio (OH^-).

10. Dibuja las estructuras punto-electrón para el sulfato (SO_4^{2-}) y el carbonato (CO_3^{2-}). El azufre y el carbono son los átomos centrales, respectivamente.

Tabla 8.2

Algunos compuestos moleculares comunes

Nombre	Fórmula química	Estructura	Propiedades y usos
Monóxido de carbono	CO	:C≡O:	Gas incoloro, altamente tóxico. Es un gran contaminante del aire presente en el humo del cigarro y en los tubos de escape de los coches.
Dióxido de carbono	CO_2	:O=C=O:	Gas incoloro y no reactivo. Este componente normal de la atmósfera se exhala en la respiración de los animales y es fundamental para el crecimiento de la planta.
Peróxido de hidrógeno	H_2O_2	H—O—O—H	Líquido incoloro e inestable en estado puro. Se usa como combustible de cohetes. Una solución de 3% se usa como blanqueador y antiséptico.
Dióxido de azufre	SO_2	:O=S—O:	Los óxidos de azufre se producen en la combustión de productos de petróleo y en carbón. Los grandes contaminantes del aire en las áreas industriales. Los óxidos del azufre pueden llevar a problemas respiratorios.
Trióxido de azufre	SO_3	:O=S(—O:)—O:	
Óxido nítrico*	NO	:O=N·	Los óxidos de nitrógenos son grandes contaminantes del aire producidos por la combustión de combustibles fósiles en los motores de los automóviles. Irritan los ojos, la garganta y los pulmones. El dióxido de nitrógeno, un gas de color café oscuro, se convierte fácilmente en tetróxido de dinitrógeno incoloro. El tetróxido de dinitrógeno se usa como combustible para cohetes.
Dióxido de nitrógeno*	NO_2	:O=N—O:	
Tetróxido de dinitrógeno	N_2O_4	:O—N—N(=O:)(—O:) O:	
Óxido de nitrógeno	N_2O	:O←N≡N:	Gas incoloro de olor dulce. Se usa como un anestésico comúnmente llamado gas de la risa.
Cianuro de hidrógeno	HCN	H—C≡N:	Gas tóxico incoloro con olor a almendras.
Fluoruro de hidrógeno	HF	H—F:	Cuatro haluros de hidrógeno, todos extremadamente solubles en agua. El cloruro de hidrógeno, un gas incoloro con olor acre, se disuelve fácilmente en agua para dar una solución llamada ácido clorhídrico.
Cloruro de hidrógeno	HCl	H—Cl:	
Bromuro de hidrógeno	HBr	H—Br:	
Yoduro de hidrógeno	HI	H—I:	

*No cumple con la regla del octeto

Excepciones a la regla del octeto

¿Cuáles son algunas excepciones a la regla del octeto?

La regla del octeto proporciona una guía para dibujar estructuras punto-electrón. Sin embargo, para algunas moléculas o iones, es imposible dibujar estructuras que cumplan con la regla del octeto. **La regla del octeto no se puede satisfacer en moléculas cuyo número total de electrones de valencia sea un número impar. También hay moléculas en las que un átomo tiene menos o más que un octeto completo de electrones de valencia.** La molécula del dióxido de nitrógeno (NO_2) por ejemplo, contiene un total de diecisiete, un número impar, electrones de valencia. Cada oxígeno contribuye con seis electrones y el nitrógeno contribuye con cinco. Se pueden dibujar dos estructuras punto-electrón verosímiles de la molécula NO_2.

$$:\ddot{O}-\dot{N}=\ddot{O}:$$
$$:\ddot{O}=\dot{N}-\ddot{O}:$$

Molécula de dióxido
de nitrógeno

Se presenta un electrón sin pareja en cada una de estas estructuras, ninguna de las cuales cumple con la regla del octeto. Es imposible dibujar una estructura punto-electrón para el NO_2 que satisfaga la regla del octeto para todos los átomos. NO_2 aun no existe como una molécula estable. De hecho, se produce naturalmente mediante los rayos del tipo que se muestra en la Figura 8.10.

Otras moléculas también tienen un número impar de electrones. En estas moléculas, como en el NO_2, no es posible contar con pares completos de electrones. No es posible dibujar una estructura punto-electrón que satisfaga la regla del octeto. Ejemplos de tales moléculas incluyen dióxido de cloro (ClO_2) y óxido nítrico (NO).

Varias moléculas con un número par de electrones de valencia, tales como algunos compuestos de boro, tampoco cumplen con la regla del octeto. Este resultado puede ocurrir debido a que un átomo adquiere menos que un octeto de ocho electrones. El átomo de boro en el trifluoruro de boro (BF_3), por ejemplo, carece de dos electrones y, por lo tanto, es una excepción a la regla del octeto. El trifluoruro de boro reacciona fácilmente con el amoníaco para formar el compuesto $BF_3 \cdot NH_3$. Al hacerlo así, el átomo de boro acepta el par de electrones no compartidos del amoníaco y completa el octeto.

$$:\ddot{F}-\underset{\overset{\displaystyle |}{\ddot{F}}}{\overset{\overset{\displaystyle :\ddot{F}:}{|}}{B}} \;+\; :\underset{\overset{\displaystyle |}{H}}{\overset{\overset{\displaystyle H}{|}}{N}}-H \longrightarrow :\ddot{F}-\underset{\overset{\displaystyle |}{\ddot{F}}}{\overset{\overset{\displaystyle :\ddot{F}:}{|}}{B}}\leftarrow\underset{\overset{\displaystyle |}{H}}{\overset{\overset{\displaystyle H}{|}}{N}}-H$$

Figura 8.10
Dióxido de nitrógeno
El rayo es un medio por el que el nitrógeno y el oxígeno en la atmósfera producen dióxido de nitrógeno.

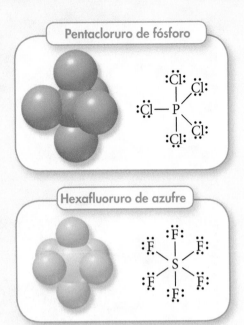

Pentacloruro de fósforo

Hexafluoruro de azufre

Figura 8.11
Excepciones a la regla del octeto
El pentacloruro de fósforo y el hexafluoruro de azufre son excepciones a la regla del octeto.

Interpretar diagramas
¿Cuántos electrones de valencia tiene el azufre en el hexafluoruro de azufre (SF_6) para la estructura que se muestra en la figura?

A veces, algunos átomos, especialmente el fósforo y el azufre, expanden el octeto a diez o doce electrones. Considera el tricloruro de fósforo (PCl_3) y el pentacloruro de fósforo (PCl_5). Ambos son compuestos estables en los que todos los átomos de cloro están enlazados a un solo átomo de fósforo. Los enlaces covalentes en el PCl_3 cumplen con la regla del octeto porque todos los átomos tienen ocho electrones de valencia. Sin embargo, como se muestra en la Figura 8.11, la estructura punto-electrón para el PCl_5 se puede escribir de tal manera que el fósforo tenga diez electrones de valencia. El octeto también se expande a hexafluoruro de azufre (SF_6). La estructura punto-electrón para el SF_6 se puede escribir de tal manera que el azufre tenga doce electrones de valencia.

Energías de disociación de enlaces

⚷ *¿Cómo se relaciona la fortaleza de un enlace covalente con su energía de disociación de enlaces?*

Una gran cantidad de calor se libera cuando los átomos de hidrógeno se combinan para formar moléculas de hidrógeno. Esta liberación de calor sugiere que el producto es más estable que los reactantes. El enlace covalente en la molécula de hidrogeno (H_2) es tan fuerte que se necesitarían 635 kJ de energía para romper los enlaces en 1 mol (6.02×10^{23} enlaces o aproximadamente 2 gramos) de H_2. (Estudiarás el mol en el Capítulo 12.) La energía que se requiere para romper el enlace entre dos átomos enlazados de forma covalente es la **energía de disociación de enlaces.** Las unidades para esta energía con frecuencia se dan en kJ/mol, que es la energía necesaria para romper un mol de enlaces. Por ejemplo, la energía de disociación de enlaces para la molécula de H_2 es 435 kJ/mol.

Tabla 8.3

Energías de disociación de enlaces y longitudes de enlace para enlaces covalentes		
Enlace	**Energía de disociación de enlaces (kJ/mol)**	**Longitud de enlace (pm)**
H—H	435	74
C—H	393	109
C—O	356	143
C=O	736	121
C≡O	1074	113
C—C	347	154
C=C	657	133
C≡C	908	121
C—N	305	147
Cl—Cl	243	199
N—N	209	140
O—H	464	96
O—O	142	132

🔑 **Una gran energía de disociación de enlaces corresponde a un fuerte enlace covalente.** Un típico enlace sencillo carbono-carbono tiene una energía de disociación de enlaces de 347 kJ/mol. Los típicos enlaces dobles y triples carbono-carbono tienen energías de disociación de enlaces de 657 kJ/mol y 908 kJ/mol, respectivamente. Fuertes enlaces carbono-carbono ayudan a explicar la estabilidad de los compuestos de carbono. Los compuestos con sólo enlaces covalentes sencillos C—C y C—H como el metano, tienden a no ser reactivos. En parte no son reactivos debido a que la energía de disociación para cada uno de estos enlaces es alta. Las energías de disociación de enlaces de algunos enlaces comunes se muestran en la Tabla 8.3.

Resonancia

🔑 **¿Cómo se usan las estructuras de resonancia?**

El ozono en la atmósfera superior bloquea la dañina radiación ultravioleta proveniente del Sol. A elevaciones más bajas, como se muestra en la Figura 8.12, contribuye al *smog*. La molécula del ozono tiene dos posibles estructuras punto-electrón. Observa que la estructura de la izquierda se puede convertir a la de la derecha desplazando pares de electrones sin cambiar las posiciones de los átomos de oxígeno.

$$:\ddot{O}:\ddot{O}::\ddot{O}: \longleftrightarrow :\ddot{O}::\ddot{O}:\ddot{O}:$$

Cuando se dibujan, estas estructuras punto-electrón sugieren que el enlace en el ozono consiste en un enlace covalente coordinado sencillo y un enlace covalente doble. Dado que los químicos antiguos imaginaron que los pares de electrones se volteaban hacia atrás y hacia adelante, o resonaban, entre las diferentes estructuras punto-electrón, usaron flechas de doble punta para indicar que dos o más estructuras están en resonancia.

Los enlaces covalentes dobles por lo general son más cortos que los enlaces covalentes sencillos; por lo tanto, se creía que las longitudes de los enlaces del ozono eran desiguales. Sin embargo, las mediciones experimentales muestran que éste no es el caso. Los dos enlaces en el ozono tienen la misma longitud. Este resultado puede explicarse si supones que el enlace real en la molécula del ozono es el promedio de dos estructuras punto-electrón. Los pares de electrones en realidad no resuenan para atrás y para adelante. El enlace real es un híbrido, o mezcla, de los extremos representados por las formas de resonancia.

Las dos estructuras punto-electrón para el ozono son ejemplos de lo que aun se conoce como estructuras de resonancia. Las **estructuras de resonancia** son estructuras que ocurren cuando es posible dibujar dos o más estructuras punto-electrón válidas que tengan el mismo número de pares de electrones para una molécula o ion. 🔑 **Los químicos usan estructuras de resonancia para visualizar el enlace en las moléculas que no se pueden describir adecuadamente mediante una fórmula estructural sencilla.** Aunque no ocurren cambios una y otra vez, se usan las flechas de doble punta para conectar estructuras de resonancia.

LA QUÍMICA Y TÚ

P: *¿Cuál es la diferencia entre el oxígeno que respiras y el oxígeno en el ozono de la atmósfera?*

Aprende más acerca del oxígeno en el aire en línea.

CONCEPTS IN ACTION

Figura 8.12 *Smog* de ozono
Aunque el ozono muy por encima del suelo forma una capa protectora que absorbe la radiación ultravioleta proveniente del Sol, a elevaciones más bajas el ozono es un contaminante que contribuye al *smog*. El *smog* que se muestra aquí en Los Ángeles, California, dificulta ver la silueta de la ciudad.

Laboratorio rápido

Propósito Comparar y contrastar el estiramiento de bandas elásticas y la energía de disociación de enlaces covalentes

Materiales
- 1 lata de comida de 170 g (6 oz)
- 2 latas de comida de 454 g (16 oz)
- 3 bandas elásticas No. 25
- regla
- un gancho
- bolsa de plástico de la tienda
- clip
- papel cuadriculado
- detector de movimiento (opcional)

Fortalezas de los enlaces covalentes

Procedimiento

1. Dobla el gancho para que quepa sobre el marco de una puerta. El gancho debe colgar hacia debajo de un lado de la puerta. Mide la longitud de las bandas elásticas (en cm). Cuelga una banda elástica del gancho.

2. Coloca la lata de 170 g en una bolsa de plástico. Usa un clip para atar la bolsa a un extremo de la banda elástica. Baja la bolsa suavemente hasta que esté suspendida de un extremo de la banda elástica. Mide y registra la longitud de la banda elástica estirada. Usando combinaciones diferentes de latas de comida, repite este proceso tres veces con las masas siguientes: 454 g, 624 g y 908 g.

3. Repite el paso 2, primero usando dos bandas elásticas para conectar el gancho con el clip y después usando tres.

4. Grafica la diferencia en longitudes: (banda elástica estirada) – (banda elástica sin estirar) en el eje de las y versus la masa (kg) en el eje de las x para una, dos y tres bandas elásticas. Traza la línea recta que calcules le quedará mejor a los puntos para cada conjunto de datos. (Tu gráfica debería tener tres líneas separadas). Los interceptos del eje de las x y del eje de las y de las líneas deberían pasar por cero y las líneas deberían extenderse hasta más allá de 1 kg en el eje de las x. Determina la pendiente de cada línea en cm/kg.

Analizar y concluir

1. Analizar resultados experimentales Suponiendo que las bandas elásticas sean modelos para los enlaces covalentes, ¿qué es lo que puedes concluir acerca de las fortalezas relativas de los enlaces sencillos, dobles y triples?

2. Evaluar ¿En qué se diferencia el comportamiento de las bandas elásticas y el de los enlaces covalentes?

ONLINE PROBLEMS 8.2 Comprobación de la lección

11. Identificar Por lo general, ¿qué configuraciones electrónicas logran los átomos al compartir electrones para formar enlaces covalentes?

12. Comparar ¿En qué se diferencia un enlace covalente coordinado de otros enlaces covalentes?

13. Hacer una lista Haz una lista de tres formas en las que no se pueda cumplir con la regla del octeto?

14. Explicar ¿Cómo se relaciona la fortaleza de un enlace covalente con su energía de disociación de enlaces?

15. Identificar ¿Cómo se usan las estructuras de resonancia?

16. Explicar ¿Cómo se usa una estructura punto-electrón en un enlace covalente?

17. Inferir ¿Cuándo es más probable que dos átomos formen un enlace doble entre ellos? ¿Un enlace triple?

18. Identificar ¿Qué tipos de información revela una fórmula estructural acerca del compuesto que representa?

19. Comparar Usa las energías de disociación de enlaces de H_2 y de un enlace típico carbono–carbono para decidir cuál enlace es más fuerte. Explica tu razonamiento.

20. Usar modelos Dibuja estructuras punto-electrón para las moléculas siguientes, que sólo tienen enlaces covalentes sencillos:
   a. H_2S **b.** PH_3 **c.** ClF

Recubrimiento en polvo

¿Alguna vez has admirado un coche nuevo con su pintura suave y brillante? Los fabricantes de coches usan un proceso especial para aplicar la pintura a un coche. Este proceso se llama recubrimiento en polvo o pintura en aerosol electrostática.

En el recubrimiento en polvo, una boquilla de rociador a la medida, conectada a una fuente de energía eléctrica, imparte una carga negativa a las gotas de pintura conforme salen del rociador. Las gotas con carga negativa son atraídas hacia la superficie fundamentada de metal con carga positiva. Pintar con fuerzas de atracción es muy eficiente porque casi toda la pintura se aplica al cuerpo de coche y se desperdicia muy poca.

El recubrimiento en polvo no sólo es para coches. El proceso tiene muchas aplicaciones diferentes, incluyendo la pintura de motocicletas, muebles para exteriores, equipo deportivo, muebles de oficina y cercas de metal.

Sin embargo, un terminado de pintura llamativo no es el único beneficio del recubrimiento en polvo. Este proceso también es ecológico. Dado que la pintura es de hecho atraída a su superficie planeada, la cantidad de pintura desaprovechada es mucho menor en comparación con la pintura en espray tradicional. Además, la cantidad de compuestos orgánicos volátiles tóxicos (volatile organic compounds, VOC) liberados es mínima, si es que hay algo.

APLICANDO EL RECUBRIMIENTO Este trabajador está usando un rociador electrostático para aplicar el recubrimiento al metal. Cualquier recubrimiento que no se adhiere a la parte se puede recoger y reutilizar. Una vez que se ha aplicado el recubrimiento, la parte se cuece en un horno para curar la pintura.

TERMINADO BRILLANTE El recubrimiento en polvo puede producir un terminado de pintura suave y brillante.

Un paso más allá

1. Analizar los beneficios El recubrimiento en polvo tiene cada vez más aplicaciones, en parte debido a sus muchos beneficios. Investiga otras ventajas del recubrimiento en polvo que se mencionan aquí.

2. Inferir El recubrimiento en polvo resulta en una superficie suave, por lo general sin gotear y sin correrse. Con base en lo que has aprendido acerca de las fuerzas de atracción, ¿por qué piensas que se evita el goteo durante el recubrimiento en polvo?

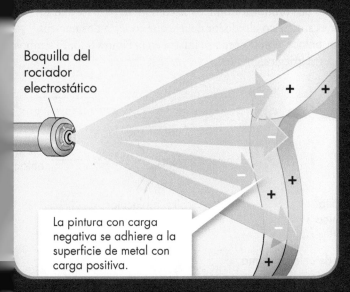

Boquilla del rociador electrostático

La pintura con carga negativa se adhiere a la superficie de metal con carga positiva.

PINTURA ATRACTIVA La pintura casi se envuelve alrededor del metal, pegándose a cualquier superficie cargada disponible.

8.3 Teorías de enlaces

LA QUÍMICA Y TÚ

P: *¿Cómo puedes predecir en dónde es más probable que se encuentre un electrón en una molécula?* Si alguna vez vas a explorar a un área montañosa, puede ser que veas un mapa topográfico como el que se muestra aquí. Las líneas sobre un mapa topográfico te muestran dónde cambian las elevaciones. En esta lección, aprenderás cómo interpretar "mapas" electrónicos que te muestran dónde es más probable encontrar electrones.

Orbitales moleculares

¿Cómo se relacionan los orbitales atómicos y moleculares?

El modelo que has estado usando para los enlaces covalentes supone que los orbitales son aquellos de átomos individuales. Sin embargo, hay un modelo de enlaces según la mecánica cuántica que describe a los electrones en moléculas usando orbitales que existen sólo para agrupaciones de átomos. Cuando dos átomos se combinan, este modelo supone que sus orbitales atómicos se superponen para producir **orbitales moleculares,** u orbitales que aplican a toda la molécula.

De alguna forma, los orbitales atómicos y los orbitales moleculares se asemejan. **Así como un orbital atómico pertenece a un átomo en particular, un orbital molecular pertenece a una molécula en conjunto.** Cada orbital atómico está lleno si contiene dos electrones. De forma similar, se requieren dos electrones para llenar un orbital molecular. Un orbital molecular que puede ocuparse por dos electrones de un enlace covalente se llama un **orbital de enlace.**

Enlaces sigma Cuando dos orbitales atómicos se combinan para formar un orbital molecular que es simétrico alrededor del eje que conecta dos núcleos atómicos, se forma un **enlace sigma** como se ilustra en la Figura 8.13. El símbolo para este enlace es la letra griega sigma (σ).

Preguntas clave

¿Cómo se relacionan los orbitales atómicos y moleculares?

¿Para qué usan los científicos la teoría RPENV?

¿En qué formas es útil la hibridación en la descripción de moléculas?

Vocabulario

- orbital molecular
- orbital de enlace
- enlace sigma
- enlace pi
- ángulo tetraédrico
- teoría RPENV
- hibridación

⊕ representa el núcleo.

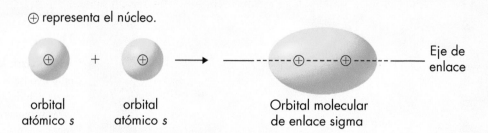

| orbital atómico *s* | orbital atómico *s* | Orbital molecular de enlace sigma | Eje de enlace |

Figura 8.13 Orbital *s* de enlaces sigma
Dos orbitales atómicos *s* se pueden combinar para formar un orbital molecular como en el caso de hidrógeno (H_2). En un orbital molecular de enlace, la densidad del electrón entre los núcleos es alta.

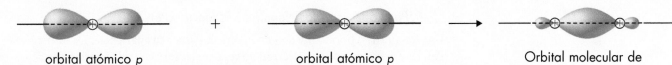

⊕ representa el núcleo.

orbital atómico *p*   +   orbital atómico *p*   →   Orbital molecular de enlace sigma

Figura 8.14 Orbital *p* Enlaces sigma
Dos orbitales atómicos *p* se pueden combinar para formar un orbital molecular de enlace sigma, como en el caso del flúor (F_2). Observa que el enlace sigma es simétrico alrededor del eje del enlace que conecta a los núcleos.

En general, los enlaces covalentes resultan de un desequilibrio entre las atracciones y las repulsiones de los núcleos y los electrones involucrados. Dado que sus cargas tienen signos opuestos, los núcleos y electrones se atraen entre sí. En cambio, los núcleos repelen otros núcleos y los electrones repelen otros electrones porque sus cargas tienen el mismo signo. En una molécula de hidrógeno, los núcleos se repelen entre sí, así como los electrones. Sin embargo, en un orbital molecular enlazante de hidrógeno, las atracciones entre los núcleos del hidrógeno y los electrones son más fuertes que las repulsiones. Por lo tanto, el equilibrio de todas las interacciones entre los átomos de hidrógeno se inclina a favor de mantener los átomos juntos. El resultado es una molécula diatómica estable de H_2.

Los orbitales atómicos *p* también se pueden superponer para formar orbitales moleculares. Un átomo de flúor, por ejemplo, tiene un orbital 2*p* lleno hasta la mitad. Cuando dos átomos de flúor se combinan, como se muestra en la Figura 8.14, los orbitales *p* se superponen para producir un orbital molecular enlazante. Hay una alta probabilidad de encontrar un par de electrones entre los núcleos con carga positiva de los dos fluoruros. Los núcleos de flúor son atraídos a esta región de alta densidad electrónica. Esta atracción mantiene unidos a los átomos en la molécula de flúor (F_2). La superposición de los orbitales 2*p* produce un orbital molecular enlazante que es simétrico cuando se ve alrededor del eje de enlace F—F que conecta los núcleos. Por lo tanto, el enlace F—F es un enlace sigma.

Enlaces pi En el enlace sigma de la molécula de flúor, los orbitales atómicos *p* se sobreponen en los extremos. En algunas moléculas, sin embargo, los orbitales se pueden superponer lado a lado. Como se muestra en la Figura 8.15, la superposición lado a lado de los orbitales atómicos *p* produce lo que se llaman orbitales moleculares pi. En un **enlace pi** (simbolizado por la letra griega π), los electrones de enlace son los que con mayor probabilidad se encuentren en regiones alargadas que están arriba y abajo del eje de enlace de los átomos enlazados. Los orbitales atómicos en los enlaces pi se superponen menos que en los enlaces sigma. Por lo tanto, los enlaces pi tienden a ser más débiles que los enlaces sigma.

⊕ representa el núcleo.

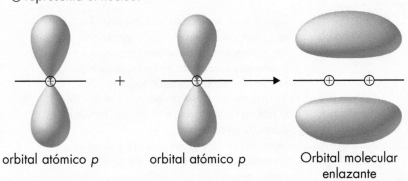

orbital atómico *p*   +   orbital atómico *p*   →   Orbital molecular enlazante

Figura 8.15
Orbital *p* Enlaces pi
La superposición lado a lado de dos orbitales atómicos *p* produce un orbital molecular de enlaces pi. Juntas, las dos regiones alargadas en las que es más probable encontrar al par de electrones enlazados, constituyen un orbital molecular de enlaces pi.

Teoría RPENV

¿Para qué usan los científicos la teoría RPENV?

Una fotografía o boceto pueden no hacerle justicia a tu apariencia. De forma similar, las estructuras punto-electrón no reflejan las formas tridimensionales de las moléculas que se ilustran en la Figura 8.16. La estructura punto-electrón y la fórmula estructural del metano (CH_4), por ejemplo, muestran la molécula como si estuviera plana y simplemente bidimensional.

$$H:\overset{\displaystyle H}{\underset{\displaystyle H}{\overset{..}{\underset{..}{C}}}}:H$$

Metano
(estructura punto electrón)

$$H-\overset{\displaystyle H}{\underset{\displaystyle H}{C}}-H$$

Metano
(fórmula estructural)

APOYO PARA LA LECTURA

DESARROLLAR EL VOCABULARIO: *Origen de la palabra* Tetraedro proviene del griego *tetra-*, que significa "cuatro" y *hedra,* que significa "cara." *¿Cómo te ayuda este origen de la palabra a entender las formas de las moléculas?*

En realidad, las moléculas de metano son tridimensionales. Como se muestra en la Figura 8.16a, los hidrógenos en una molécula de metano están en las cuatro esquinas de un sólido geométrico llamado tetraedro regular. En esta ordenación, todos los ángulos H—C—H son de 109°, el **ángulo tetraédrico.**

Con la finalidad de explicar la forma tridimensional de las moléculas, los científicos usan la teoría de repulsión de pares de electrones del nivel de valencia (teoría RPENV). La **teoría RPENV** indica que la repulsión entre pares de electrones causa que las formas moleculares se ajusten de manera que los pares de electrones de valencia estén tan lejos como sea posible. La molécula de metano tiene cuatro pares de electrones de enlace y ningún par no compartido. Los pares de enlace están lo más lejos posible entre sí cuando el ángulo entre el carbono central y sus hidrógenos unidos es de 109.5°. Esta medida es el ángulo de enlace H—C—H hallado experimentalmente.

Los pares no compartidos de electrones también son importantes en la predicción de las formas de las moléculas. El nitrógeno en el amoníaco (NH_3) está rodeado por cuatro pares de electrones de valencia, de manera que puedes predecir el ángulo tetraédrico de 109.5° para el ángulo de enlace H—N—H. Sin embargo, uno de los pares de electrones de valencia que se muestran en la Figura 8.16b es un par no compartido. Ningún átomo de enlace está compitiendo por estos electrones no compartidos. Por lo tanto, están más cerca del nitrógeno de lo que están de los pares de enlace. El par no compartido repele fuertemente los pares de enlace, empujándolos. El ángulo de enlace medido de H—N—H sólo es de 107°.

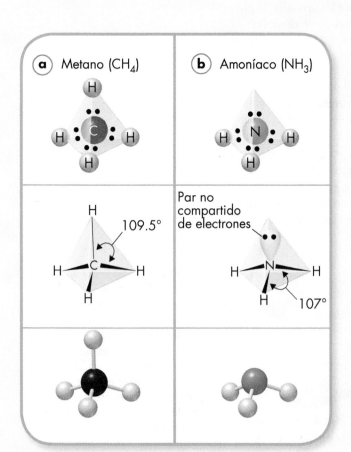

Figura 8.16 Moléculas tridimensionales
a. El metano es una molécula tetraédrica. Los hidrógenos en el metano están en las cuatro esquinas de un tetraedro regular y los ángulos de enlace están todos a 109.5°.
b. Una molécula de amoníaco es piramidal. El par no compartido de electrones repele los pares de enlace.
Usar modelos *¿Cómo se comparan los ángulos de enlace H—N—H resultantes con el ángulo tetraédrico?*

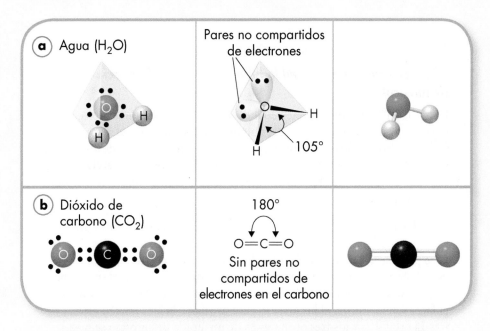

a Agua (H_2O)

Pares no compartidos de electrones

105°

b Dióxido de carbono (CO_2)

180°

O=C=O

Sin pares no compartidos de electrones en el carbono

Figura 8.17
Moléculas planas y lineales
Esta comparación del agua y el dióxido de carbono ilustra cómo los pares no compartidos de electrones pueden afectar la forma de una molécula hecha de tres átomos. **a.** La molécula del agua es angular porque los dos pares no compartidos de electrones en el oxígeno repelen los electrones de enlace. **b.** Por el contrario, la molécula de dióxido de carbono es lineal. El átomo de carbono no tiene pares no compartido de electrones.

En una molécula de agua, el oxígeno forma enlaces covalentes sencillos con dos átomos de hidrógeno. Los dos pares de enlace y los dos pares no compartidos de electrones forman una ordenación tetraédrica alrededor del oxígeno central. Por lo tanto, la molécula del agua es plana pero angular. Con dos pares no compartidos repeliendo a los pares de enlace, el ángulo de enlace H—O—H es comprimido en comparación con el ángulo de enlace H—C—H del metano. El ángulo de enlace experimentalmente medido del agua es de aproximadamente 105°, como se muestra en la Figura 8.17a.

Por el contrario, el carbono en una molécula de dióxido de carbono no tiene pares no compartidos de electrones. Como se ilustra en la Figura 8.17b, los enlaces dobles que unen los oxígenos al carbono son los más lejanos cuando el ángulo de enlace de O=C=O es de 180°. Por lo tanto, el CO_2 es una molécula lineal. En la Figura 8.18 se muestran nueve de las posibles figuras moleculares.

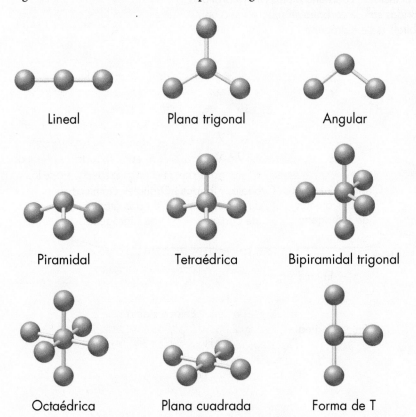

Lineal

Plana trigonal

Angular

Piramidal

Tetraédrica

Bipiramidal trigonal

Octaédrica

Plana cuadrada

Forma de T

Figura 8.18
Figuras moleculares
Aquí se muestran las figuras moleculares más comunes.
Inferir ¿Cuál es la figura de un ion de amoníaco?

Orbitales híbridos

🔑 **¿En qué formas es útil la hibridación en la descripción de moléculas?**

La teoría RPENV funciona bien cuando se justifican las figuras moleculares pero no ayuda mucho al describir los tipos de enlaces que se forman. 🔑 **La hibridación orbital proporciona información acerca de los enlaces moleculares y las figuras moleculares.** En la **hibridación,** se mezclan varios orbitales atómicos para formar el mismo número total de orbitales híbridos equivalentes.

Hibridación que incluye enlaces sencillos Recuerda que la configuración electrónica externa del átomo de carbono es $2s^2 2p^2$, pero uno de los electrones $2s$ se promueve a un orbital $2p$ para dar un electrón $2p$ y tres electrones $2p$, permitiéndole enlazarse a cuatro átomos de hidrógeno en el metano. Debes sospechar que un enlace sería diferente de los otros tres. De hecho, todos los enlaces son idénticos. El hecho se explica mediante la hibridación orbital.

El orbital $2s$ y los tres orbitales $2p$ de un átomo de carbono se mezclan para formar cuatro orbitales híbridos sp^3. Éstos están a un ángulo de 109.5°. Como puedes ver en la Figura 8.19, los cuatro orbitales sp^3 de carbono se superponen con los orbitales $1s$ de los cuatro átomos de hidrógeno. Los orbitales sp^3 se extienden más allá en el espacio que los orbitales s o p, permitiendo muchas sobreposiciones con los orbitales $1s$ de hidrógeno. Los ocho electrones de valencia disponibles llenan los orbitales moleculares para formar cuatro enlaces sigma C—H. El alcance de la superposición resulta en enlaces covalentes inusualmente fuertes.

Figura 8.19 La molécula del metano
En el metano, cada uno de los cuatro orbitales híbridos sp^3 de carbono se superpone a un orbital; $1s$ de hidrógeno.

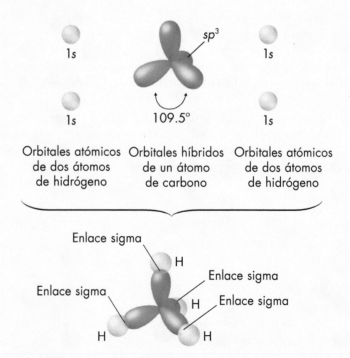

| Orbitales atómicos de dos átomos de hidrógeno | Orbitales híbridos de un átomo de carbono | Orbitales atómicos de dos átomos de hidrógeno |

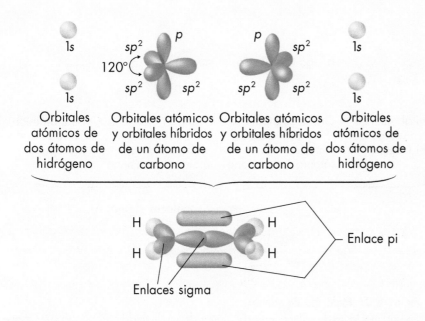

Orbitales atómicos de dos átomos de hidrógeno

Orbitales atómicos y orbitales híbridos de un átomo de carbono

Orbitales atómicos y orbitales híbridos de un átomo de carbono

Orbitales atómicos de dos átomos de hidrógeno

Enlace pi

Enlaces sigma

Figura 8.20 Molécula de etileno
En una molécula de etileno, dos orbitales híbridos sp^2 de cada carbono se superponen con un orbital 1s de hidrógeno para formar un enlace sigma. Los otros orbitales sp^2 se superponen para formar un enlace sigma carbono-carbono. Los orbitales atómicos p se superponen para formar un enlace pi.
Inferir ¿Qué región del espacio ocupa el enlace pi con relación a los átomos de carbono?

Hibridación incluyendo enlaces dobles La hibridación también es útil para describir enlaces covalentes dobles. El etileno es una molécula relativamente simple que tiene un enlace doble carbono-carbono y cuatro enlaces sencillos carbono-hidrógeno.

Etileno

La evidencia experimental indica que los ángulos de enlace H—C—H en el etileno son de aproximadamente 120°. En el etileno, los orbitales híbridos sp^2 se forman a partir de la combinación de un orbital atómico 2s y dos orbitales atómicos 2p de carbono. Como puedes ver en la Figura 8.20, cada orbital híbrido está separado de los otros dos por 120°. Dos orbitales híbridos sp^2 de cada carbono forman orbitales moleculares de enlace sigma con los cuatro orbitales 1s de hidrógeno. El tercer orbital sp^2 de cada uno de los dos carbonos se superpone para formar un orbital de enlace sigma carbono-carbono. Los orbitales de carbono 2p no híbridos se superponen lado a lado para formar un orbital de enlace pi. Un total de doce electrones llenan seis orbitales moleculares de enlace. Por lo tanto, cinco enlaces sigma y un enlace pi mantienen unida a la molécula del etileno. Aunque no se dibujan igual en las fórmulas estructurales, los enlaces pi son más débiles que los enlaces sigma. En las reacciones químicas que involucran el rompimiento de un enlace doble carbono-carbono, es más probable que se rompa el enlace pi que el enlace sigma.

Hibridación que involucra enlaces triples Un tercer tipo de enlace covalente es el enlace triple, que se encuentra en el etileno (C_2H_2), y se llama acetileno.

$$H—C\equiv C—H$$

Al igual que con otras moléculas, la descripción del orbital híbrido del etileno se guía por un entendimiento de las propiedades de la molécula. El etileno es una molécula lineal. La mejor descripción del orbital híbrido se obtiene si se mezcla un orbital atómico 2s de carbono con sólo uno de los tres orbitales atómicos 2p. El resultado son dos orbitales híbridos sp para cada carbono.

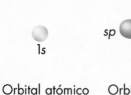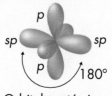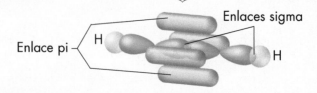

Orbital atómico de un átomo de hidrógeno	Orbitales atómicos y orbitales híbridos de un átomo de carbono	Orbitales atómicos y orbitales híbridos de un átomo de carbono	Orbital atómico de un átomo de hidrógeno

Figura 8.21 Molécula de etileno

En una molécula de etileno, un orbital híbrido *sp* de cada carbono se superpone con un orbital 1*s* de hidrógeno para formar un enlace sigma. El otro orbital híbrido *sp* de cada carbono se superpone para formar un enlace sigma carbono-carbono. Los dos orbitales atómicos *p* de cada carbono también se superponen.

Interpretar diagramas *¿Cuántos enlaces pi están formados en una molécula de etileno?*

El orbital molecular de enlace sigma carbono-carbono de la molécula de etileno que se muestra en la Figura 8.21 se forma a partir de superposición de un orbital *sp* de cada carbono. El otro orbital *sp* de cada carbono se superpone con el orbital 1*s* de cada hidrógeno, formando también orbitales moleculares de enlace sigma. El par restante de orbitales atómicos *p* en cada carbono se superponen lado a lado. Forman dos orbitales moleculares de enlace pi que rodean los carbonos centrales. Los diez electrones disponibles llenan por completo los cinco orbitales moleculares. El enlace de etileno consiste de tres enlaces sigma y dos enlaces pi.

8.3 Comprobación de la lección

21. Revisar ¿Cómo se relacionan los orbitales atómicos y moleculares?

22. Identificar ¿Para qué usan los científicos la teoría RPENV?

23. Describir ¿Cómo ayuda la hibridación en la descripción de moléculas?

24. Clasificar ¿Qué forma esperarías que tuviera un compuesto sencillo que contiene carbono si el átomo de carbono tiene las hibridaciones siguientes?
a. sp^2 **b.** sp^3 **c.** sp

25. Describir ¿Qué es un enlace sigma? Describe, con la ayuda de un diagrama, cómo es que la superposición de dos orbitales 1s llenos hasta la mitad produce un enlace sigma.

26. Explicar Usa la teoría RPENV para predecir los ángulos de enlace en las siguientes moléculas enlazadas de forma covalente. Explica tus predicciones.
a. metano   **b.** amoníaco   **c.** agua

27. Identificar ¿Cuántos enlaces sigma y cuántos enlaces pi hay en una molécula de etileno (C_2H_2)?

28. Clasificar La molécula BF_3 es plana. La unión de un ion flúor con el boro en BF_3, a través de un enlace covalente coordinado, crea el ion BF_4^-. ¿Cuál es la figura geométrica de este ion?

8.4 Los enlaces polares y las moléculas

P: *¿Cómo obtiene su figura un copo de nieve?* La nieve cubre aproximadamente 23 por ciento de la superficie de la Tierra. Cada copo de nieve está formado por hasta 100 cristales de nieve. El tamaño y la forma de cada cristal dependen principalmente de la temperatura del aire y de la cantidad de vapor de agua en el aire en el momento en que se forma el cristal de nieve. En esta lección verás cómo los enlaces covalentes polares en las moléculas de agua influyen en la geometría distintiva de los copos de nieve.

Preguntas clave

🔑 *¿Cómo determinan los valores de electronegatividad la distribución de carga en un enlace polar?*

🔑 *¿Cómo se comparan las fuerzas de las atracciones intermoleculares con las fuerzas de los enlaces iónicos y covalentes?*

🔑 *¿Por qué son tan diversas las propiedades de los compuestos covalentes?*

Vocabulario

- enlace covalente no polar
- enlace covalente polar
- enlace polar
- molécula polar
- dipolo
- fuerzas de van der Waals
- interacción dipolar
- fuerza de dispersión
- enlace de hidrógeno
- sólido en cadena

Figura 8.22
Tirar de la cuerda de electrones
Los núcleos de los átomos jalan los electrones compartidos, así como el nudo en la cuerda es jalado hacia lados opuestos en un juego de tirar de la cuerda.

La polaridad del enlace

🔑 **¿Cómo determinan los valores de electronegatividad la distribución de carga en un enlace polar?**

Los enlaces covalentes incluyen el compartir electrones entre átomos. Sin embargo, los enlaces covalentes difieren en términos de cómo comparten electrones los átomos enlazados. El carácter de la molécula depende del tipo y el número de átomos unidos. Estas características, a su vez, determinan las propiedades moleculares.

Los pares de enlace de los electrones en los enlaces covalentes son jalados, así como en el juego de tirar de la cuerda de la Figura 8.22, entre los núcleos de los átomos que comparten los electrones. Cuando los átomos en el enlace jalan equitativamente (como ocurre cuando átomos idénticos están enlazados), los electrones de enlace son compartidos equitativamente y cada enlace formado es un **enlace covalente no polar.** Las moléculas de hidrógeno (H_2), oxígeno (O_2) y nitrógeno (N_2) tienen enlaces covalentes no polares. Las moléculas halógenas diatómicas, como el Cl_2, también son no polares.

Par compartido de electrones

Núcleo + ← : → + Núcleo

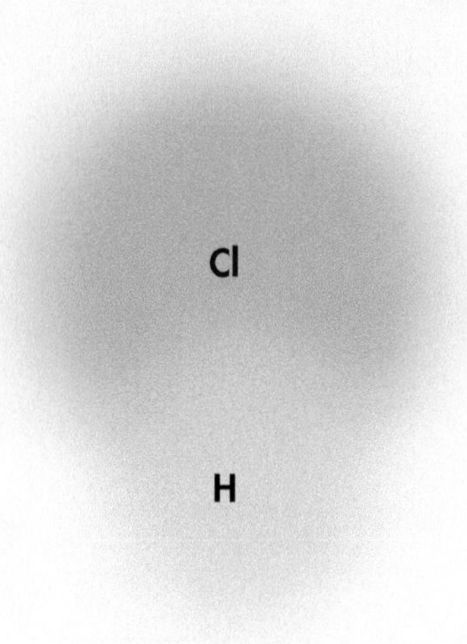

Figura 8.23 Modelo de nube de electrones de un enlace polar
Esta imagen de nube de electrones del cloruro de hidrógeno muestra que el átomo de cloro atrae más a la nube de electrones que el átomo de hidrógeno.

Inferir *¿Qué átomo es más electronegativo, un átomo de cloro o un átomo de hidrógeno?*

Un **enlace covalente polar,** conocido como un **enlace polar,** ies un enlace covalente entre átomos en el que los electrones se comparten inequitativamente. 🔑 **El átomo más electronegativo atrae electrones con más fuerza y gana una carga ligeramente negativa. El átomo menos electronegativo tiene una carga ligeramente positiva.** Consulta otra vez la Tabla 6.2 del Capítulo 6 para ver las electronegatividades de algunos elementos comunes. Cuando más alto sea el valor electronegativo, mayor será la capacidad de un átomo para atraer electrones hacia sí mismo.

Describir enlaces covalentes polares En la molécula del cloruro de hidrógeno (HCl), el hidrógeno tiene una electronegatividad de 2.1 y el cloro tiene una electronegatividad de 3.0. Estos valores son significativamente diferentes así que el enlace covalente en el cloruro de hidrógeno es polar. El átomo de cloro, con su electronegatividad más alta, adquiere una carga negativa ligera. El átomo de hidrógeno adquiere una carga positiva ligera. La letra griega minúscula delta (δ) denota que los átomos en el enlace covalente adquieren cargas parciales, menos de 1+ o 1−.

$$\overset{\delta+}{H}\!\!-\!\!\overset{\delta-}{Cl}$$

El signo de menos en esta notación muestra que el cloro ha adquirido una carga negativa ligera. El signo de más muestra que el hidrógeno ha adquirido una carga positiva ligera. Estas cargas parciales se muestran como nubes de densidad de electrones como se muestra en la Figura 8.23. La naturaleza polar del enlace también podría representarse mediante una flecha apuntando hacia el átomo más electronegativo, como se muestra aquí:

$$H\!\!-\!\!Cl$$

Los enlaces O—H en una molécula de agua también son polares. El oxígeno altamente electronegativo jala parcialmente los electrones de enlace lejos del hidrógeno. El oxígeno adquiere una carga negativa ligera. Se deja al hidrógeno con una carga positiva ligera.

$$\underset{\delta+ H \qquad H \delta+}{\overset{\delta- \; \delta-}{O}} \qquad o \qquad \underset{H \qquad H}{\overset{O}{}}$$

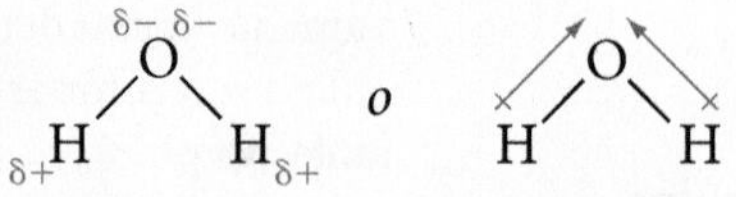

Como se muestra en la Tabla 8.4, la diferencia en electronegatividad entre dos átomos te dice qué tipo de enlace es probable que se forme. No hay límites afilados entre los enlaces iónicos y los enlaces covalentes. Conforme aumenta la diferencia en electronegatividad entre dos átomos, aumenta la polaridad del enlace. Si la diferencia es mayor que 2.0, los electrones probablemente serán jalados por completo por uno de los átomos. En tal caso, se formará un enlace iónico.

Tabla 8.4

Diferencias en electronegatividad y tipos de enlaces		
Rango de diferencias en electronegatividad	**Tipo más probable de enlace**	**Ejemplo**
0.0–0.4	Covalente no polar	H—H (0.0)
0.4–1.0	Covalente polar moderado	$\overset{\delta+}{H}\!\!-\!\!\overset{\delta-}{Cl}$ (0.9)
1.0–2.0	Muy covalente polar	$\overset{\delta+}{H}\!\!-\!\!\overset{\delta-}{F}$ (1.9)
≥2.0	Iónico	Na^+Cl^- (2.1)

Ejemplo de problema 8.3

Identificar el tipo de enlace

¿Qué tipo de enlace (covalente no polar, covalente polar moderado, muy covalente polar o iónico) se formará entre cada uno de los siguientes pares de átomos?

a. N y H   **c.** Ca y Cl
b. F y F   **d.** Al y Cl

❶ **Analizar Identifica los conceptos relevantes.** En cada caso, se da el par de átomos involucrados en el par de enlace. Los tipos de enlaces dependen de las diferencias en electronegatividad entre los elementos de enlace.

> La diferencia en electronegatividad entre dos átomos se expresa como el valor absoluto. Por lo tanto, nunca expresarás la diferencia como un número negativo.

❷ **Resolver Aplica los conceptos a este problema.**

- Identifica las electronegatividades de cada átomo usando la Tabla 6.2.
- Calcula la diferencia en electronegatividad entre los dos átomos.
- Con base en la diferencia en electronegatividad, determina el tipo de enlace usado en la Tabla 8.4.

N (3.0), H (2.1); 0.9; covalente polar moderado

F (4.0), F (4.0); 0.0; covalente no polar

Ca (1.0), Cl (3.0); 2.0; iónico

Al (1.5), Cl (3.0); 1.5; muy covalente polar

29. Identifica los enlaces entre átomos de cada par de elementos como covalente no polares, covalente polar moderado, muy covalente polar o iónico.

a. H y Br   **d.** Cl y F
b. K y Cl   **e.** Li y O
c. C y O   **f.** Br y Br

30. Coloca los siguientes enlaces covalentes en orden del menos al más polar:

a. H—Cl   **c.** H—S
b. H—Br   **d.** H—C

Describir moléculas covalentes polares   Con frecuencia, la presencia de un enlace polar en una molécula hace polar a toda la molécula. En una **molécula polar,** un extremo de la molécula es ligeramente negativo y el otro extremo es ligeramente positivo. Por ejemplo, en la molécula de cloruro de hidrógeno, las cargas parciales en los átomos de hidrógeno y de cloro son regiones eléctricamente cargadas, o polos. Una molécula que tiene dos polos se llama una molécula dipolar, o **dipolo.** La molécula de cloruro de hidrógeno es un dipolo. Observa la Figura 8.24. Cuando se colocan moléculas polares entre placas con cargas opuestas, tienden a orientarse con respecto a las placas positivas y negativas.

Figura 8.24
Moléculas polares en un campo eléctrico
Cuando se colocan moléculas polares, como el HCl, en un campo eléctrico, los extremos ligeramente negativos de las moléculas se orientan hacia la placa con carga positiva y los extremos ligeramente positivos de las moléculas se orientan hacia la placa con carga negativa.
Predecir ¿Qué sucedería si en su lugar, se colocaran moléculas de dióxido de carbono entre las placas? ¿Por qué?

Consulta moléculas polares en línea animada.

Placa negativa   Placa positiva

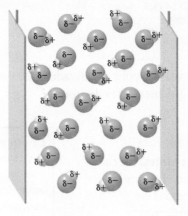 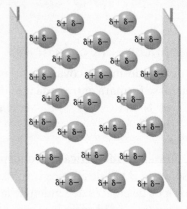

El campo eléctrico está ausente. Las moléculas polares se orientan aleatoriamente.

El campo eléctrico está encendido. Las moléculas polares se alinean.

El efecto de los enlaces polares en la polaridad de una molécula completa depende de la figura de la molécula y de la orientación de los enlaces polares. Por ejemplo, una molécula de dióxido de carbono tiene dos enlaces polares y es lineal.

$$O = C = O$$

Observa que el carbono y los oxígenos están a lo largo del mismo eje. Por lo tanto, las polaridades del enlace se cancelan porque están en direcciones opuestas. Por consiguiente, el dióxido de carbono es una molécula no polar, a pesar de la presencia de enlaces polares.

La molécula del agua también tiene dos enlaces polares. Sin embargo, la molécula del agua es angular más que lineal. Por lo tanto, las polaridades del enlace no se cancelan y una molécula de agua es polar.

Atracciones entre moléculas

🔑 *¿Cómo se comparan las fuerzas de las atracciones intermoleculares con las fuerzas de los enlaces iónicos y covalentes?*

Las moléculas pueden ser atraídas entre sí por una variedad de fuerzas diferentes. 🔑 **Las atracciones intermoleculares son más débiles que los enlaces iónicos o covalentes.** No obstante, no deberías subestimar la importancia de estas fuerzas. Entre otras cosas, estas atracciones son las responsables de la determinación de si un compuesto molecular es un gas, un líquido o un sólido a una temperatura dada.

Fuerzas de van der Waals Las dos atracciones más débiles entre moléculas en conjunto se llaman **fuerzas de van der Waals,** llamadas así por el químico holandés Johannes van der Waals (1837–1923). Las fuerzas de van der Waals consisten en interacciones dipolares y fuerzas de dispersión.

Las **interacciones dipolares** ocurren cuando las moléculas polares son atraídas entre sí. La atracción eléctrica involucrada ocurre entre regiones con cargas opuestas de moléculas polares, como se muestra en la Figura 8.25. La región ligeramente negativa de una molécula polar es atraída débilmente a la región ligeramente positiva de otra molécula polar. Las interacciones dipolares son similares a, pero mucho más débiles que, los enlaces iónicos.

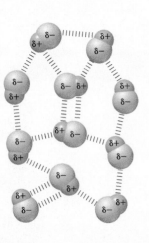

Figura 8.25 Interacciones dipolares
Las moléculas son atraídas a otra mediante interacciones dipolares, un tipo de fuerza de van der Waals.

Las **fuerzas de dispersión,** las más débiles de todas las interacciones moleculares, son causadas por el movimiento de electrones. Ocurren incluso entre moléculas no polares. Cuando sucede que los electrones en movimiento están momentáneamente más del lado de una molécula cercana a los electrones de la molécula vecina, su fuerza influye en los electrones de las moléculas vecinas que están momentáneamente más en el lado opuesto. Este cambio causa una atracción entre dos moléculas similares a, pero mucho más débiles que, la fuerza entre moléculas polares permanentes. La fortaleza de las fuerzas de dispersión por lo general aumenta conforme aumenta el número de los electrones en una molécula. Las moléculas diatómicas de halógeno, por ejemplo, se atraen entre sí principalmente mediante medio de fuerzas de dispersión. El número más grande de electrones en el bromo genera fuerzas de dispersión más grandes. Las moléculas de bromo, por lo tanto, se atraen entre sí lo suficiente como para hacer al bromo un líquido a temperatura y presión ambiente. El yodo, con un número de electrones más grande, es un sólido a temperatura y presión ambiente.

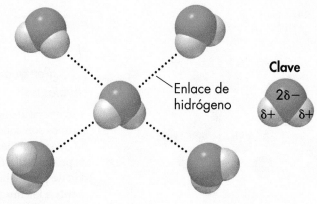

Enlace de hidrógeno

Clave

$2\delta-$

$\delta+$ $\delta+$

Enlaces de hidrógeno   Las interacciones dipolares en el agua producen una atracción entre las moléculas de agua. Cada enlace O—H en la molécula del agua es altamente polar y el oxígeno adquiere una carga ligeramente negativa debido a su mayor electronegatividad. Los hidrógenos en las moléculas del agua adquieren una carga ligeramente positiva. La región positiva de una molécula de agua atrae la región negativa de otra molécula de agua, como se ilustra en la Figura 8.26. Esta atracción entre el hidrógeno de una molécula de agua y el oxígeno de otra molécula de agua es fuerte en comparación con otras interacciones dipolares. Esta atracción relativamente fuerte, que también se encuentra en las moléculas que contienen hidrógeno además del agua, se llama enlace de hidrógeno. La Figura 8.26 ilustra el enlace de hidrógeno en agua.

Los **enlaces de hidrógeno** son fuerzas de atracción en las que un hidrógeno enlazado de forma covalente a un átomo muy electronegativo también es un enlace débil para un par no compartido de electrones de otro átomo electronegativo. Este otro átomo puede estar en la misma molécula o en una molécula cercana. El enlace de hidrógeno siempre involucra al hidrógeno. Es el único elemento químicamente reactivo con electrones de valencia que no están protegidos del núcleo por otros electrones.

Recuerda que para que se forma un enlace de hidrógeno, debe ya existir un enlace covalente entre un átomo de hidrógeno y un átomo altamente electronegativo, como oxígeno, nitrógeno o flúor. La combinación de este enlace fuertemente polar y la falta de un efecto de protección en un átomo de hidrógeno es la responsable de la fuerza relativa de los enlaces de hidrógeno. Un enlace de hidrógeno tiene aproximadamente 5 por ciento de la fuerza de un enlace covalente promedio. Los enlaces de hidrógeno son los más fuertes de las fuerzas intermoleculares. Son extremadamente importantes en la determinación de las propiedades del agua y de las moléculas biológicas como las proteínas. La Figura 8.27 muestra cómo las fuerzas de atracción relativamente fuertes entre las moléculas de agua permiten al mosquito pararse sobre la superficie del agua.

Figura 8.26
Enlaces de hidrógeno en el agua
El fuerte enlace de hidrógeno entre moléculas de agua justifica muchas propiedades del agua, así como el hecho de que el agua es líquida más que gas a temperatura ambiente.

LA QUÍMICA Y TÚ

P: *¿Cómo adquiere su figura un copo de nieve?*

Figura 8.27 Caminar sobre el agua
Las fuertes atracciones entre las moléculas del agua le permiten a este *water strider* "caminar" sobre el agua en lugar de hundirse en ella.

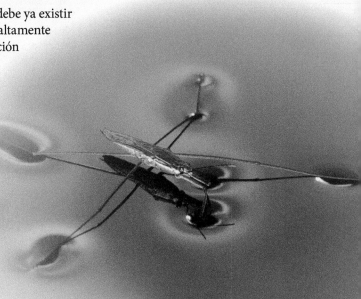

Figura 8.28 Diamante
El diamante es una forma
sólido de un cadena de
carbono. El diamante tiene
una estructura tridimensional
con cada carbono en el centro
de un tetraedro.

Atracciones intermoleculares y propiedades moleculares

¿Por qué son tan diversas las propiedades de los compuestos covalentes?

A temperatura ambiente, algunos compuestos son gases, algunos son líquidos y algunos son sólidos. Las propiedades físicas de un compuesto dependen del tipo de enlace que despliegue, en particular, si es iónico o covalente. Un amplio rango de propiedades físicas ocurre entre los compuestos covalentes. **La diversidad de propiedades físicas entre los compuestos covalentes se debe principalmente a las muchas y variadas atracciones intermoleculares.**

Los puntos de fusión y de ebullición de la mayoría de los compuestos formados por moléculas son bajos en comparación con los de los compuestos iónicos. En la mayoría de los sólidos formados a partir de moléculas, sólo las atracciones débiles entre las moléculas necesitan romperse. Sin embargo, unos pocos sólidos que consisten en moléculas no se funden hasta que la temperatura alcance los 1000 °C o más, o se descompongan sin fundirse en lo absoluto. La mayoría de estas sustancias estables son **sólidos en cadena** (o cristales en cadena), sólidos en los que todos los átomos están enlazados de forma covalente entre sí. El fundir un sólido en cadena requeriría romper los enlaces covalentes a lo largo del sólido.

El diamante es un ejemplo de sólido en cadena. Como se muestra en la Figura 8.28, cada átomo de carbono en un diamante está enlazado de forma covalente a otros cuatro carbonos, interconectando átomos de carbono a lo largo del diamante. Cortar un diamante requiere romper una multitud de estos enlaces. El diamante no se funde; por el contrario, se vaporiza en gas a 3500 °C o más.

El carburo de silicio, con la fórmula SiC y un punto de fusión de aproximadamente 2700 °C, también es un sólido en cadena. El carburo de silicio es tan duro que se usa en piedras de afilar y como abrasivo. También se usa como revestimiento en materiales que están expuestos a altas temperaturas, como en la Figura 8.29. Las estructuras moleculares del carburo de silicio y del diamante son similares entre sí. Puedes pensar en muestras de diamantes, carburo de silicio y otros sólidos en cadena como moléculas sencillas.

Figura 8.29 Carburo de silicio
Las superficies se cubren con carburo de silicio
para fabricar productos que sean no adhesivos y
resistentes a temperaturas extremas, abrasiones y
corrosión.

En la Tabla 8.5 se resumen algunas de las diferencias características entre las sustancias (moleculares) iónicas y covalentes. Observa que los compuestos iónicos tienen puntos de fusión más altos que los compuestos moleculares. Los compuestos iónicos también tienden a ser solubles en agua.

Tabla 8.5

Características de compuestos iónicos y moleculares		
Característica	Compuesto iónico	Compuesto molecular
Unidad representativa	Unidad de fórmula	Molécula
Formación de enlace	Transferir uno o más electrones entre átomos	Compartir pares de electrones entre átomos
Tipo de elementos	Metálicos y no metálicos	No metálicos
Estado físico	Sólido	Sólido, líquido o gaseoso
Punto de fusión	Alto (por lo general por arriba de los 300 °C)	Bajo (por lo general menos de 300 °C)
Solubilidad en agua	Por lo general alta	Alta a baja
Conductividad eléctrica de solución acuosa	Buen conductor	Pobre para conducir

8.4 Comprobación de la lección

31. Explicar ¿Cómo determinan los valores de electronegatividad la distribución de carga en un enlace covalente polar?

32. Comparar ¿Cómo se comparan las fuerzas de las atracciones intermoleculares con las fuerzas de los enlaces iónicos y los enlaces covalentes?

33. Explicar ¿Por qué son tan diversas las propiedades de los compuestos covalentes?

34. Explicar Explica este enunciado: no cada molécula con enlaces polares es polar. Usa el CCl_4 como ejemplo.

35. Dibujar Dibuja la estructura punto-electrón para cada molécula. Identifica los enlaces covalentes polares asignándoles los símbolos positivo ($\delta+$) y ligeramente negativo ($\delta-$) a los átomos apropiados.
  a. HOOH
  b. BrCl
  c. HBr
  d. H_2O

36. Comparar ¿En qué se diferencia un sólido en cadena de la mayoría de otros compuestos covalentes?

37. ¿Qué sucede cuando las moléculas polares están entre placas metálicas con cargas opuestas?

GRANIDEA
ENLACES E INTERACCIONES

38. Explica cómo se relacionan las interacciones dipolares y las fuerzas de dispersión. Primero, explica qué produce las atracciones entre moléculas polares. Después, explica qué produce las fuerzas de dispersión entre las moléculas. Identifica en qué son similares y en qué se diferencian los dos mecanismos de atracción intermolecular.

La cromatografía en papel de los colorantes de alimentos

Propósito

Usar cromatografía en papel para separar e identificar colorantes de alimentos en varias muestras.

Materiales

- lápiz
- regla
- tijeras
- palillos de dientes
- 4 colores diferentes de colorantes de alimentos
- vaso de plástico
- solución de NaCl al 0.1%
- papel de cromatografía

Procedimiento

Corta una tira de papel de cromatografía de 5 cm × 10 cm y etiquétala con un lápiz, como se muestra a continuación. Usa un palillo de dientes diferente para colocar una mota de cada uno de los cuatro colores de alimentos en las equis de tu papel de cromatografía. Llena el vaso de plástico de manera que su fondo esté cubierto sólo con el solvente (solución de NaCl al 0.1%). Envuelve el lápiz con el papel de cromatografía. Quita el lápiz y coloca el papel de cromatografía, con la mota de color hacia abajo, en el solvente. Cuando el solvente alcance la parte superior del papel de cromatografía, quita el papel y deja que seque.

Análisis

Usando tus datos experimentales, registra las respuestas a las preguntas siguientes debajo de tu tabla de datos.

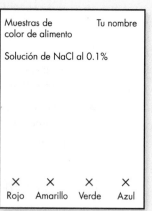

Muestras de color de alimento   Tu nombre

Solución de NaCl al 0.1%

×   ×   ×   ×
Rojo   Amarillo   Verde   Azul

1. Si una muestra de colorante de alimentos produce una sola mancha, por lo general es un compuesto puro. ¿Qué colorantes de alimento consisten en compuestos puros?

2. ¿Qué colores de alimentos son mezclas de compuestos?

3. Los colorantes de alimento con frecuencia consisten en una mezcla de tres colores: rojo No. 40, amarillo No. 5 y azul No. 1. Lee la etiqueta del paquete de colorante de alimento. ¿Qué colorantes contiene tu muestra de colores de alimentos?

4. Identifica cada mota o mancha en tu cromatograma como rojo No. 40, amarillo No. 5 o azul No. 1.

5. La cromatografía en papel separa los compuestos covalentes polares con base en sus polaridades relativas. Los colorantes que son los más polares se desplazan más rápido y aparecen hasta arriba del papel. ¿Cuál colorante es el más polar? ¿Cuál colorante es el menos polar?

Tú eres el químico

Las siguientes actividades a escala te permiten desarrollar tus propios procedimientos y analizar los resultados.

1. Diseñar un experimento Diseña y lleva a cabo un experimento para identificar los colorantes en varios dulces de colores.

2. Diseñar un experimento Diseña y lleva a cabo un experimento para identificar los colorantes en varios marcadores de colores usando el método de la cromatografía en papel.

3. Diseñar un experimento Diseña y lleva a cabo un experimento para identificar los colorantes en varias bebidas en polvo usando el método de la cromatografía en papel.

4. Analizar datos Usa diferentes solventes, como el 2-propanol (alcohol), vinagre y amoníaco para separar los colores de alimentos. ¿La selección de solvente afecta los resultados?

5. Analizar datos Explora el efecto de diferentes papeles en tu resultado. Intenta con toallas de papel, una hoja de papel de libreta y filtros para café. Registra tus resultados. Examina las posiciones relativas del azul No. 1 y del amarillo No. 5. ¿Qué observas?

8 Guía de estudio

GRANIDEA
ENLACES E INTERACCIONES

En los compuestos moleculares, los enlaces ocurren cuando los átomos comparten electrones. En los compuestos iónicos, los enlaces ocurren cuando los electrones son transferidos entre los átomos. Los electrones compartidos y loe electrones de valencia que no están compartidos afectan la figura de un compuesto molecular mientras que los electrones de valencia se quedan tan lejos entre sí como sea posible. Las propiedades moleculares de una molécula se ven afectadas por las atracciones intermoleculares.

8.1 Compuestos moleculares

🗝 Una fórmula molecular muestra cuántos átomos de cada elemento contiene una sustancia.

🗝 La unidad representativa de un compuesto molecular es una molécula. Para un compuesto iónido, la unidad representativa es una unidad de fórmula.

- enlace covalente (223)
- molécula (223)
- molécula diatómica (223)
- compuesto molecular (223)
- fórmula molecular (223)

8.2 La naturaleza de los enlaces covalentes

🗝 En los enlaces covalentes, el intercambio de electrones ocurre de manera que los átomos logran las configuraciones de los gases nobles.

🗝 En un enlace covalente coordinado, el par de electrones compartidos proviene de un solo átomo.

🗝 La regla del octeto no se satisface en las moléculas con un número impar de electrones de valencia ni en las moléculas en las que un átomo tenga menos o más que un octeto completo de electrones de valencia.

🗝 Una gran energía de disociación de enlaces corresponde a un enlace covalente fuerte.

🗝 Los químicos usan estructuras de resonancia para visualizar los enlaces en las moléculas que no pueden describirse adecuadamente mediante una sola fórmula estructural.

- enlace covalente sencillo (226)
- fórmula estructural (227)
- par no compartido (227)
- enlace covalente doble (230)
- enlace covalente triple (230)
- enlace covalente coordinado (232)
- ion poliatómico (232)
- energía de disociación de enlaces (236)
- estructura de resonancia (237)

8.3 Teorías de enlaces

🗝 Así como un orbital atómico pertenece a un átomo en particular, un orbital molecular pertenece a una molécula en conjunto.

🗝 Con la finalidad de explicar la figura tridimensional de las moléculas, los científicos usan la teoría de repulsión de pares de electrones del nivel de valencia (teoría RPENV).

🗝 La hibridación orbital proporciona información acerca de los enlaces moleculares y de la figura molecular.

- orbital molecular (240)
- orbital de enlace (240)
- enlace sigma (240)
- enlace pi (241)
- ángulo tetraédrico (242)
- teoría RPENV (242)
- hibridación (244)

8.4 Los enlaces polares y las moléculas

🗝 Cuando se enlazan átomos diferentes, el átomo más electronegativo atrae a los electrones con más fuerza y adquiere una carga ligeramente negativa.

🗝 Las atracciones intermoleculares son más débiles que un enlace iónico o covalente.

🗝 La diversidad de propiedades físicas entre compuestos covalentes se debe principalmente a la amplia variedad de atracciones intermolecular.

- enlace covalente no polar (247)
- enlace covalente polar (248)
- enlace polar (248)
- molécula polar (249)
- dipolo (249)
- fuerzas de van der Waals (250)
- interacción dipolar (250)
- fuerza de dispersión (251)
- enlace de hidrógeno (252)
- sólido en cadena (252)

Lección por lección

8.1 Compuestos moleculares

39. El punto de fusión de un compuesto es 1240 °C. ¿Es más probable que este compuesto sea iónico o molecular?

40. Identifica el número y los tipos de átomos presentes en una molécula de cada compuesto.

   a. ácido ascórbico (vitamina C), $C_6H_8O_6$
   b. sacarosa (azúcar de mesa), $C_{12}H_{22}O_{11}$
   c. trinitotolueno (TNT), $C_7H_5N_3O_6$

41. ¿Cuál de los siguientes gases en la atmósfera de la Tierra esperarías encontrar como moléculas y cuál como átomos individuales? Explica.

   a. nitrógeno
   b. oxígeno
   c. argón

42. Describe las diferencias entre fórmulas moleculares y fórmulas estructurales para los compuestos moleculares.

43. Identifica las frases que generalmente aplican a los compuestos moleculares.

   a. contienen metales y no metales
   b. con frecuencia son gases o líquidos
   c. tienen puntos de fusión bajos
   d. contienen enlaces iónicos
   e. usan enlaces covalentes

8.2 La naturaleza de los enlaces covalentes

44. Explica por qué el neón es monoatómico pero el cloro es diatómico.

45. Clasifica los compuestos siguientes como iónicos o covalentes:

   a. $MgCl_2$ **c.** H_2O
   b. Na_2S **d.** H_2S

46. Describe la diferencia entre un enlace iónico y un covalente.

47. ¿Cuántos electrones comparten dos átomos en un enlace covalente doble?

★**48.** Caracteriza un enlace covalente coordinado y da un ejemplo.

49. Dibuja estructuras punto-electrón posibles para las sustancias siguientes. Cada sustancia contiene sólo enlaces covalentes sencillos.

   a. I_2 **c.** H_2S
   b. OF_2 **d.** NI_3

★**50.** Explica por qué los compuestos que contienen los enlaces sencillos C—N y C—O pueden formar enlaces covalentes coordinados con H^+ pero los compuestos que contienen los enlaces sencillos C—H y C—C no pueden.

51. Dibuja la estructura punto-electrón del anión poliatómico tiocianato (SCN^-).

52. Dibuja la estructura punto-electrón para el ion carbonato de hidrógeno (HCO_3^-). El carbono es el átomo central y el hidrógeno está unido al oxígeno en este anión poliatómico.

53. Usando estructuras punto-electrón, dibuja al menos dos estructuras de resonancia para el ion nitrito (NO_2^-). Los oxígenos en NO_2^- están unidos al nitrógeno.

★**54.** ¿Cuáles de estos compuestos contiene elementos que no cumplen con la regla del octeto? Explica.

   a. NF_3 **c.** SF_4
   b. PCl_2F_3 **d.** SCl_2

55. Explica lo que significa *energía de disociación de enlaces.*

56. ¿Cuál es la relación entre la magnitud de una energía de disociación de enlaces de una molécula y su reactividad química esperada?

57. ¿Cuántos electrones deben compartir los átomos de los elementos siguientes con otros átomos en los enlaces covalentes para lograr un octeto de electrones?

   a. S   **c.** N   **e.** I
   b. C   **d.** Br

★**58.** Dibuja las estructuras punto-electrón para cada una de estas moléculas.

   a. NH_3 **c.** H_2O_2
   b. $BrCl$ **d.** SiH_4

8.3 Teorías de enlaces

59. ¿Qué es un enlace pi? Describe, con la ayuda de un diagrama, cómo la superposición de dos orbitales atómicos *p* llenos hasta la mitad produce un enlace pi.

60. Usa la teoría RPENV para predecir las figuras de los compuestos siguientes:

a. CO_2 **c.** SO_3 **e.** CO
b. $SiCl_4$ **d.** SCl_2 **f.** H_2Se

61. La molécula CO_2 tiene dos enlaces dobles carbono-oxígeno. Describe el enlace en la molécula de CO_2 que incluye los orbitales híbridos para carbono y oxígeno.

62. ¿Qué tipo de orbital de enlace se forma siempre entre el hidrógeno y otro átomo en un compuesto covalente?

63. ¿Qué tipos de orbitales híbridos están involucrados en el enlace de los átomos de carbono en las moléculas siguientes?

a. CH_4
b. $H_2C{=}CH_2$
c. $HC{\equiv}CH$
d. $N{\equiv}C{-}C{\equiv}N$

8.4 Los enlaces polares y las moléculas

64. ¿Cómo se deben comparar las electronegatividades de dos átomos si un enlace covalente entre ellos es polar?

65. Los enlaces entre los siguientes pares de electrones son covalentes. Ordénalos de acuerdo a la polaridad, escribiendo primero el enlace más polar.

a. H—Cl **c.** H—F **e.** H—H
b. H—C **d.** H—O **f.** S—Cl

66. ¿Qué es un enlace de hidrógeno?

67. Representa el enlace de hidrógeno entre dos moléculas de amoníaco y una molécula de agua.

68. ¿Por qué los compuestos con grandes fuerzas de atracción intermolecular tienen puntos de ebullición mayores que los compuestos con fuerzas de atracción intermolecular débiles?

69. Usa la Tabla 8.3 para determinar cuántos kilojulios se requieren para disociar todos los enlaces C—H en 1 mol de metano (CH_4).

70. ¿Cuál de estas moléculas es la que con menor probabilidad forme un enlace de hidrógeno con una molécula de agua?

a. NH_3 **c.** HF
b. CH_3Cl **d.** H_2O_2

Entender conceptos

71. Idea un proyecto de hibridación para el PCl_3 y predice la figura molecular con base en este esquema.

72. Los átomos de cloro y de oxígeno en el cloruro de tionilo ($SOCl_2$) están enlazados directamente al azufre. Dibuja una estructura punto-electrón aceptable para el cloruro de tionilo.

73. Explica por qué cada estructura punto-electrón es incorrecta. Reemplaza cada estructura con una que sea más aceptable.

a. $[:\!C::\!\ddot{N}:]^-$ **b.** $:\!\ddot{F}:\!P::\!\ddot{F}:$
$\qquad\qquad\qquad\qquad :\!\ddot{F}:$

74. Usa la teoría RPENV para predecir la geometría de cada uno de lo siguiente:

a. $SiCl_4$ **c.** CCl_4
b. CO_3^{2-} **d.** SCl_2

75. La gráfica siguiente muestra cómo el carácter iónico porcentual de un enlace sencillo varía de acuerdo a la diferencia en electronegatividad entre dos elementos que forman el enlace. Responde las preguntas siguientes usando esta gráfica y la Tabla 6.2.

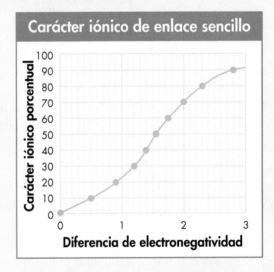

Carácter iónico de enlace sencillo

Carácter iónico porcentual (eje vertical)
Diferencia de electronegatividad (eje horizontal)

a. ¿Cuál es la relación entre el carácter iónico porcentual de los enlaces sencillos y la diferencia de electronegatividad?
b. ¿Qué diferencia de electronegatividad resultará en un enlace con un 50 por ciento de carácter iónico?
c. Calcula el carácter iónico porcentual de los enlaces formados entre (1) litio y oxígeno, (2) nitrógeno y oxígeno, (3) magnesio y cloro) y (4) nitrógeno y flúor.

76. Da los ángulos entre los orbitales de cada híbrido.

  a. híbridos sp^3
  b. híbridos sp^2
  c. híbridos sp

77. ¿Cuál es la geometría alrededor del átomo central en cada una de estas moléculas sencillas?

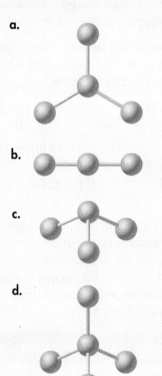

a.

b.

c.

d.

★78. ¿Cuál de las siguientes moléculas contiene un átomo central que no cumple con la regla del octeto?

  a. PBr_5 **c.** PF_3
  b. AlI_3 **d.** $SiCl_4$

79. El vinagre contiene el compuesto ácido acético, cuya fórmula molecular es CH_3COOH.

  a. Dibuja la estructura punto-electrón del ácido acético. (*Pista:* Los dos átomos de carbono están enlazados entre sí y los dos oxígenos están enlazados al mismo carbono.)
  b. ¿Es el enlace entre los áromos de oxígeno y el carbono el mismo?
  c. ¿Es el enlace entre el átomo de carbono y cada átomo de oxígeno un enlace polar o no polar?
  d. ¿Es el ácido acético una molécula polar?

Piensa de manera crítica

80. **Comparar** Haz una lista de los elementos en los compuestos que se encuentran en la Tabla 8.2 de la página 234. ¿Qué tienen en común los elementos que forman enlaces covalentes?

81. **Explicar** ¿Hay una clara diferencia entre un enlace covalente muy polar y un enlace iónico? Explica.

★82. **Explicar** El alcohol etílico (CH_3CH_2OH) y el éter dimetílico (CH_3OCH_3) tienen la misma fórmula molecular, C_2H_6O. El alcohol etílico tiene un punto de ebullición más alto (78 °C) que el éter dimetílico (–25 °C). Propón una explicación para esta diferencia.

83. **Evaluar** Aunque las posiciones relativas de los átomos son correctas en cada una de estas moléculas, hay uno o más enlaces incorrectos en cada una de las estructuras punto-electrón. Identifica los enlaces incorrectos. Dibuja la estructura punto-electrón correcta para cada molécula.

  a. H•C•C•H
  b. :F—O—H
  c. :I:::Cl:
  d. H—N:::N—H

★84. **Predecir** ¿Qué figura esperas para una molécula con un átomo central y los siguientes pares?

  a. dos pares de electrones de enlace y dos pares de electrones sin enlace
  b. cuatro pares de enlace y cero pares sin enlace
  c. tres pares de enlace y un par sin enlace

85. **Interpretar tablas** ¿Es verdadero o falso este enunciado? "Conforme aumenta la diferencia de electronegatividad entre átomos enlazados de forma covalente, la fortaleza de los enlaces disminuye." Usa la tabla siguiente para justificar tu respuesta.

Enlace	Diferencia de electronegatividad	Energía de desasociación de enlaces (kJ/mol)
C—C	2.5 – 2.5 · 0.0	347
C—H	2.5 – 2.1 · 0.4	393
C—N	3.0 – 2.5 · 0.5	305
C—O	3.5 – 2.5 · 1.0	356

86. **Explicar** Hay algunos compuestos en los que un átomo tiene más electrones que el gas noble correspondiente. Los ejemplos son PCl_5, SF_6 y IF_7. Dibuja las estructuras punto-electrón de los átomos de P, S y I y de estos compuestos. Considerando la configuración del nivel externo de P, S y I, desarrolla un esquema de hibridación orbital para explicar la existencia de estos compuestos.

87. **Usar modelos** Dibuja la estructura punto-electrón del ácido fórmico, H_2CO_2. El carbono es el átomo central y todos los átomos están unidos al carbono con excepción de un hidrógeno enlazado a un oxígeno.

88. **Predecir** La estructura punto-electrón y geometría de la molécula de metano (CH_4) se puede describir mediante una variedad de modelos, incluyendo la estructura punto-electrón, la superposición sencilla de orbitales atómicos y la hibridación orbital del carbono. Dibuja la estructura punto-electrón de la molécula de CH_4. Haz un bosquejo de dos imágenes de orbitales moleculares de la molécula CH_4. Para tu primer bosquejo, supón que uno de los electrones en par $2s^2$ de carbono ha sido promovido al orbital $2p$ vacío. Superpón cada orbital atómico lleno hasta la mitad de carbono en un orbital $2s$ lleno hasta la mitad de hidrógeno. ¿Cuál es la geometría predicha de la molécula de CH_4, usando este sencillo método de superposición? En tu segundo bosquejo, supón la hibridación de los orbitales $2s$ y $2p$ de carbono. Ahora, ¿qué geometría predecirías para el CH_4? ¿Qué imagen es preferible con base en el hecho de que todos los ángulos de enlace H—C—H en CH_4 son de 109.5° y de que todas las distancias de los enlaces C—H son idénticas?

89. **Usar modelos** El ácido oxálico, $C_2H_2O_4$, se usa en pulidores y removedores de óxido. Dibuja la estructura punto-electrón para el ácido oxálico dado que los dos carbonos están enlazados pero ninguno de los átomos de hidrógeno está enlazado a un átomo de carbono.

90. **Usar modelos** Dibuja tantas estructuras de resonancia como puedas para HN_3. (*Pista:* Los tres átomos de nitrógeno están enlazados en línea y el átomo de hidrógeno está enlazado a un átomo de nitrógeno en el extremo de la fila de nitrógenos.)

★ 91. **Explicar** Dibuja una estructura punto-electrón para cada molécula y explica por qué no cumple con la regla del octeto.
   a. BeF_2 c. ClO_2 e. XeF_2
   b. SiF_6 d. BF_3

92. **Explicar** Describe lo que es un compuesto molecular. Explica cómo una fórmula molecular es la fórmula química de un compuesto molecular.

93. **Investigar un problema** Investiga cómo los químicos saben que una molécula de oxígeno tiene electrones desapareados. Escribe un reporte breve de tus descubrimientos.

MISTERIOQUÍMICO

¿Qué es esa alarma?

La familia se dio cuenta de que la alarma fue causada por monóxido de carbono (CO). En el monóxido de carbono, los átomos de carbono y oxígeno están unidos por un enlace covalente triple. Aunque el monóxido de carbono y el dióxido de carbono están hechos de átomos de carbono y de oxígeno, tienen propiedades muy diferentes.

El monóxido de carbono es un gas sin olor y sin sabor. Cuando entra al flujo sanguíneo, causa que la hemoglobina se convierta a una forma incapaz de transportar oxígeno. Los síntomas de envenenamiento por monóxido de carbono incluyen dolor de cabeza, náusa, vómitos y confusión mental. La exposición a altos niveles de monóxido de carbono puede resultar en la muerte.

Los electrodomésticos que queman combustible, como calentadores de agua, chimeneas, calderas y estufas de gas, producen monóxido de carbono. Si el electrodoméstico no funciona apropiadamente, puede liberar cantidades peligrosas de monóxido de carbono. Si una casa contiene uno de estos electrodomésticos, entonces los dueños deberían instalar detectores de monóxido de carbono ya que el gas no se puede detectar con la vista o el olfato.

94. **Usar modelos** Dibuja las estructuras punto-electrón del monóxido de carbono y del dióxido de carbono. Describe las diferencias estructurales entre estas dos moléculas.

95. **Conexión con la GRANIDEA** ¿Cómo es que los enlaces covalentes permiten que halla diferentes compuestos moleculares formados por los mismos tipos de átomos?

96. Nombra tres indicadores de cambio químico.

★97. Haz las siguientes conversiones:

   a. 66.5 mm a micrometros

   b. 4×10^{-2} g a centigramos

   c. 5.62 mg/mL a decigramos por litro

   d. 85 km/h a metros por segundo

98. ¿Cuántas cifras significativas hay en cada medida?

   a. 0.00052 m   **c.** 5.050 mg

   b. 9.8×10^4 g   **d.** 8.700 mL

99. ¿Cuántos neutrones hay en cada átomo?

   a. silicio-30   **c.** nitrógeno-15

   b. magnesio-24   **d.** cromo-50

100. ¿En qué se diferencian los isótopos de un átomo?

★101. En un átomo neutro, ¿el número de cuál de las dos partículas subatómicas debe ser igual?

102. ¿Cuántos electrones hay en el subnivel $2p$ de un átomo de cada elemento?

   a. aluminio   **c.** flúor

   b. carbono   **d.** litio

103. ¿Qué le sucede a la longitud de onda de la luz conforme aumenta la frecuencia?

104. ¿Qué representa el 5 en $3d^5$?

105. Escribe las configuraciones electrónicas correctas para los átomos de los elementos siguientes:

   a. sodio   **c.** fósforo

   b. azufre   **d.** nitrógeno

106. ¿Cómo se compara el radio iónico de un anión típico con el radio del átomo neutro correspondiente?

107. ¿Qué criterio usaron Mendeleev y Moseley para ordenar los elementos en la tabla periódica?

108. Da la configuración electrónica del elemento encontrado en cada ubicación de la tabla periódica.

   a. Grupo 1A, período 4

   b. Grupo 3A, período 3

   c. Grupo 6A, período 3

   d. Grupo 2A, período 6

★109. Identifica el átomo más grande de cada par.

   a. calcio y bario

   b. silicio y azufre

   c. socio y nitrógeno

110. ¿Cuál de estos enunciados acerca de la tabla periódica es correcto?

   I. Los elementos están ordenados en orden de masa atómica creciente.

   II. Un período es una fila horizontal.

   III. Los no metales están ubicados en el lado derecho de la tabla.

   a. sólo I

   b. sólo I y II

   c. I, II, y III

   d. sólo I y III

   e. sólo II y III

★111. ¿Cuál de los iones siguientes tiene el mismo número de electrones como un gas noble?

   a. Al^{3+}

   b. O^{2-}

   c. Br^-

   d. N^{3-}

112. ¿Qué elemento es más probable de formar un compuesto iónico con el cloro?

   a. yodo

   b. cesio

   c. helio

113. ¿Cuántos electrones de valencia tiene cada átomo?

   a. argón

   b. aluminio

   c. selenio

   d. berilio

114. Escribe la configuración electrónica de cada ion.

   a. ion óxido

   b. ion magnesio

   c. ion nitruro

   d. ion potasio

115. Una aleación está compuesta por dos o más elementos. ¿Es una aleación un compuesto? Explica tu respuesta.

Si tienes problemas con . . .

Pregunta	96	97	98	99	100	101	102	103	104	105	106	107	108	109	110	111	112	113	114	115
Ver el capítulo	2	3	3	4	4	4	5	5	5	5	6	6	6	6	6	7	7	7	7	7

Preparación para los exámenes estandarizados

Selecciona la opción que responda mejor cada pregunta o que complete cada enunciado.

1. Un enlace en el que dos átomos comparten un par de electrones no es
   - **(A)** un enlace covalente coordinado.
   - **(B)** un enlace covalente polar.
   - **(C)** un enlace iónico.
   - **(D)** un enlace covalente no polar.

2. ¿Cuántos electrones de valencia hay en una molécula de ácido fosfórico, H_3PO_4?
   - **(A)** 7
   - **(B)** 16
   - **(C)** 24
   - **(D)** 32

3. ¿Cuál de estas moléculas puede formar un enlace de hidrógeno con una molécula de agua?
   - **(A)** N_2
   - **(B)** NH_3
   - **(C)** O_2
   - **(D)** CH_4

4. ¿Qué sustancia contiene ambos enlaces, iónico y covalente?
   - **(A)** NH_4NO_3
   - **(B)** CH_3OCH_3
   - **(C)** LiF
   - **(D)** $CaCl_2$

5. ¿Cuál de estos enlaces es el más polar?
   - **(A)** H—Cl
   - **(B)** H—Br
   - **(C)** H—F
   - **(D)** H—I

Usa la descripción y los datos de la tabla siguiente para responder las preguntas 6 a 9.

La tabla relaciona la figura molecular con el número de pares de electrones enlazados y no enlazados en las moléculas.

Pares de enlace	Pares no enlazados	Ordenación de pares de electrones	Figura molecular	Ejemplo
4	0	tetraédrico	tetraédrica	CH_4
3	1	tetraédrico	piramidal	NCl_3
2	2	tetraédrico	angular	H_2S
1	3	tetraédrico	lineal	HF

6. Dibuja la estructura punto-electrón para cada molécula de ejemplo.

7. Explica por qué la ordenación de pares de electrones es tetraédrica en cada molécula.

8. H_2S tiene dos átomos de hidrógeno enlazados a un átomo de azufre. ¿Por qué la molécula no es lineal?

9. ¿Cuál es la ordenación de pares de electrones en PBr_3? Predice la figura molecular de una molécula de PBr_3.

Para las preguntas 10 y 11, identifica el tipo de enlace intermolecular representado por las líneas punteadas de los dibujos.

10. H_2O

11. BrCl

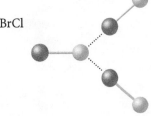

Consejos para tener éxito

Conectores A veces dos frases en una pregunta de verdadero/falso están unidas por una palabra como porque. La palabra implica que una cosa ocasiona que suceda otra. Los enunciados que incluyen tales palabras pueden ser falsos incluso si ambas partes del enunciado son verdaderas.

En las preguntas 12 a 14, a un enunciado le sigue una explicación. Decide si cada enunciado es verdadero y después decide si la explicación que se da es correcta.

12. Una molécula de monóxido de carbono tiene un enlace covalente triple porque los átomos de carbono y de oxígeno tienen un número desigual de electrones de valencia.

13. El xenón tiene un punto de ebullición más bajo que el neón porque las fuerzas de dispersión entre los átomos de xenón son más fuertes que las de los átomos de neón.

14. El ion de nitrato tiene tres estructuras de resonancia porque el ion de nitrato tiene tres enlaces sencillos.

Si tienes problemas con . . .

Pregunta	1	2	3	4	5	6	7	8	9	10	11	12	13	14
Ver la lección	8.2	8.2	8.4	8.3	8.1	8.3	8.2	8.2	8.2	8.2	8.4	8.4	8.4	8.2

9

Nombres químicos y fórmulas

EN EL INTERIOR:

PearsonChem.com

Muchos metales de transición forman compuestos de colores brillantes que se usan para hacer las pinturas de los artistas.

GRANIDEA

- **LOS ELECTRONES Y LA ESTRUCTURA DE LOS ÁTOMOS**

- **ENLACES E INTERACCIONES**

Preguntas esenciales:

1. *¿Cómo te ayuda la tabla periódica a determinar los nombres y las fórmulas de iones y compuestos?*

2. *¿Cuál es la diferencia entre un compuesto iónico y uno molecular?*

MISTERIOQUÍMICO

La equivocación del pepino

La amiga de Tara, Ellie, ama los deliciosos pepinillos con limón que prepara la abuelita de Tara. Como sorpresa, Tara decidió prepararle una tanda para Ellie. Obtuvo la receta de su abuelita. En ella se le pedía "una taza de limón por cada 3 libras de pepinos".

Cuando los pepinillos estuvieron listos, Tara orgullosamente le dio el regalo a Ellie. Observó la cara de Ellie cuando le dio una mordida al pepinillo. Después de la primera mordida, Ellie hizo una mueca. "¿Qué sucede?" preguntó Tara. Después de un momento, Ellie contestó, "Saben . . . gracioso." Tara probó uno y estuvo de acuerdo; no sabían igual que los pepinillos de la abuelita. ¿Qué hizo mal Tara?

▶ Conexión con la **GRANIDEA**
A medida que lees sobre los nombres de los compuestos, piensa qué es lo que pudo haber causado la equivocación del pepino de Tara.

9.1 Nombrar iones

LA QUÍMICA Y TÚ

P: *¿Hablas "Química"?* Intenta ver la etiqueta de los ingredientes en un producto para el hogar: una botella de shampoo, un tubo de pasta de dientes, una caja de detergente. ¿Tienen sentido los nombres de los ingredientes? Para en verdad entender la química, debes aprender su lenguaje. Parte del aprendizaje del lenguaje de la química involucra entender cómo nombrar a los compuestos iónicos. Para ello, necesitas saber cómo nombrar iones.

Preguntas clave

🔑 **¿Cómo puedes determinar las cargas de los iones monoatómicos?**

🔑 **¿En qué se diferencian los iones poliatómicos de los iones monoatómicos? ¿En qué se parecen?**

Vocabulario

• ion monoatómico

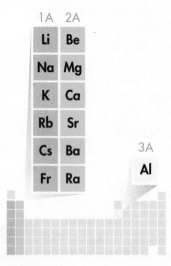

Figura 9.1
Los elementos que forman cationes
Estos elementos representativos forman iones positivos con cargas iguales a su número de grupo.

Iones monoatómicos

🔑 **¿Cómo puedes determinar las cargas de los iones monoatómicos?**

Los compuestos iónicos consisten en un ion metálico positivo y un ion no metálico negativo combinados en una proporción tal que sus cargas suman una carga neta de cero. Por ejemplo, el compuesto iónico de cloruro de sodio (NaCl) consiste en un ion sodio (Na^+) y un ion cloruro (Cl^-). Probablemente ya estés familiarizado con el nombre y la fórmula del cloruro de sodio, que es sal de mesa común. Pero es importante, al aprender el lenguaje de la química, poder nombrar y escribir las fórmulas químicas de todos los compuestos iónicos. El primer paso es aprender acerca de los iones que forman los compuestos iónicos. Algunos iones, llamados **iones monoatómicos,** consisten en un solo átomo con una carga positiva o negativa que resultan de la pérdida o ganancia de uno o más electrones de valencia, respectivamente.

Cationes Recuerda que los elementos metálicos tienden a perder electrones de valencia. El litio, el sodio y el potasio en el Grupo 1A pierden un electrón para formar cationes. Todos los iones del Grupo 1A tienen una carga de 1+ (Li^+, Na^+, K^+, Rb^+, Cs^+ y Fr^+). El magnesio y el calcio son metales del Grupo 2A. Tienden a perder dos electrones para formar cationes con una carga de 2+ (Mg^{2+} y Ca^{2+}), así como todos los otros metales del Grupo 2A. El aluminio es el único metal común en el Grupo 3A. Como se puede esperar, el aluminio tiende a perder tres electrones para formar un catión 3+ (Al^{3+}). 🔑 **Cuando los metales de los Grupos 1A, 2A y 3A pierden electrones, forman cationes con cargas positivas iguales a su número de grupo.** La Figura 9.1 muestra algunos de los elementos cuyas cargas iónicas pueden obtenerse a partir de sus posiciones en la tabla periódica.

Los nombres de los cationes de los metales de los grupos 1A, 2A y 3A son iguales al nombre del metal, precedido por la palabra *ion* o *catión.* Por lo tanto Na^+ es el ion (o catión) sodio, Ca^{2+} es el ion (o catión) calcio y Al^{3+} es el ion (o catión) aluminio.

Tabla 9.1

Símbolos de iones para algunos elementos del Grupo A

1A	2A	3A	4A	5A	6A	7A	8A
Li^+	Be^{2+}			N^{3-}	O^{2-}	F^-	
Na^+	Mg^{2+}	Al^{3+}		P^{3-}	S^{2-}	Cl^-	
K^+	Ca^{2+}			As^{3-}	Se^{2-}	Br^-	
Rb^+	Sr^{2+}					I^-	
Cs^+	Ba^{2+}						

Aniones Los no metales tienden a ganar electrones para formar aniones; por lo tanto, la carga de un ion no metálico es negativa. 🔑 **La carga de cualquier ion de un no metal del Grupo A se determina restándole 8 al número de grupo.** Los elementos del Grupo 7A forman aniones con una carga de 1– (7 – 8 = –1). El nombre de un anión no es el mismo que el nombre del elemento. Los nombres de los aniones empiezan con la raíz del nombre del elemento y terminan con -*uro*. Por ejemplo, dos elementos del Grupo 7A son el flúor y el cloro. Los aniones para estos no metales son el ion fluor*uro* (F^-) y el ion clor*uro* (Cl^-). Los aniones de los no metales del Grupo 6A tienen una carga de 2– (6 – 8 = –2). Los elementos del Grupo 6A, oxígeno y azufre, forman el anión óxido (O^{2-}) y el anión sulf*uro* (S^{2-}), respectivamente. Los tres primeros elementos del Grupo 5A, nitrógeno, fósforo y arsénico, pueden formar aniones con una carga de 3– (5 – 8 = –3). Estos aniones tienen los símbolos N^{3-}, P^{3-}, y As^{3-} y se llaman, respectivamente, ion nitr*uro*, ion fosf*uro* y ion arseni*uro*. La Figura 9.2 muestra algunos elementos comunes del Grupo A que forman aniones. En la Tabla 9.1 se resumen las cargas iónicas de elementos representativos que se pueden obtener de la tabla periódica. La mayoría de los elementos de los Grupos 4A y 8A por lo general no forman iones.

Metales que forman más de un ion Los metales de los Grupos 1A, 2A y 3A consistentemente forman cationes con cargas de 1+, 2+ y 3+, respectivamente. Muchos de los metales de transición (Grupos 1B–8B) forman más de un catión con diferentes cargas iónicas. Se muestran algunos en la Figura 9.3. 🔑 **Las cargas de los cationes de muchos iones metálicos de transición deben determinarse a partir del número de electrones perdidos.** Por ejemplo, el metal de transición, hierro, forma dos cationes comunes, Fe^{2+} (dos electrones perdidos) y Fe^{3+} (tres electrones perdidos). Los cationes del estaño y del plomo, los dos metales del Grupo 4A, también pueden tener más de una carga iónica común.

Se usan dos métodos para nombrar estos iones. El método preferido se llama sistema Stock. En el sistema Stock, colocas un número Romano entre paréntesis después del nombre del elemento para indicar el valor numérico de la carga. Por ejemplo, el catión Fe^{2+} se llama ion hierro(II). Observa que no se deja ningún espacio entre el nombre del elemento y el número Romano entre paréntesis. El nombre de Fe^{2+} se lee "ion hierro dos". El ion Fe^{3+} se llama ion hierro(III) y se lee "ion hierro tres".

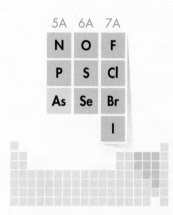

Figura 9.2 Elementos que forman aniones
Estos elementos representativos forman iones negativos con cargas iguales al número de grupo del elemento menos 8.

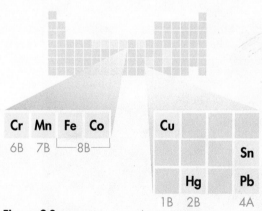

Figura 9.3
Elementos que forman más de un ion
Estos elementos metálicos forman más de un ion positivo.
Identificar *¿Cuáles de estos metales son metales de transición?*

Un método más antiguo y menos útil para nombrar estos cationes usa una palabra raíz con diferentes sufijos al final de la palabra. El nombre más antiguo, o clásico, del elemento, se usa para formar el nombre raíz del elemento. Por ejemplo, *ferrum* es hierro en Latín, por lo tanto, *ferr-* es el nombre raíz para el hierro. El sufijo *-oso* se usa para nombrar al catión con la menor de las dos cargas iónicas. El sufijo *-ico* se usa para la mayor de las dos cargas iónicas. Usando este sistema, Fe^{2+} es el ion ferroso y Fe^{3+} es el ion férrico, como se muestra en la Tabla 9.2. Observa que generalmente puedes identificar un elemento a partir de lo que puede no ser un nombre clásico familiar buscando el símbolo del elemento en el nombre. Por ejemplo, *ferr*oso (Fe) es hierro; *cupr*oso (Cu) es cobre y *estañ*oso (Sn) es estaño. Una desventaja importante de usar los nombres clásicos para los iones es que no te dicen la carga real del ion. Un nombre clásico sólo te dice que el catión tiene la carga más pequeña (*-oso*) o la más grande (*-ico*) del par de posibles iones para ese elemento.

Pocos metales de transición tienen sólo una carga iónica. Los nombres de estos cationes no tienen un número Romano. Estas excepciones incluyen a la plata, con cationes que tienen una carga de 1+ (Ag^+), así como al cadmio y al zinc, con cationes que tienen una carga de 2+ (Cd^{2+} y Zn^{2+}). Como se muestra en la Figura 9.4, algunos iones de metales de transición forman soluciones coloridas.

LA QUÍMICA Y TÚ

P: *Supón que intentas enseñarle a alguien cómo nombrar iones. ¿Qué reglas acerca del "lenguaje de la química" enfatizarías?*

Figura 9.4
Iones de metales de transición
Los compuestos de los metales de transición con frecuencia están fuertemente coloreados. Las soluciones que contienen iones de metales de transición también pueden ser de color.

Tabla 9.2		
Símbolos y nombres de iones metálicos comunes con más de una carga iónica		
Símbolo	**Nombre Stock**	**Nombre clásico**
Cu^+	Ion cobre(I)	Ion cuproso
Cu^{2+}	Ion cobre(II)	Ion cúprico
Fe^{2+}	Ion hierro(II)	Ion ferroso
Fe^{3+}	Ion hierro(III)	Ion férrico
*Hg_2^{2+}	Ion mercurio(I)	Ion mercurioso
Hg^{2+}	Ion mercurio(II)	Ion mercúrico
Pb^{2+}	Ion plomo(II)	Ion plumboso
Pb^{4+}	Ion plomo(IV)	Ion plúmbico
Sn^{2+}	Ion estaño(II)	Ion estañoso
Sn^{4+}	Ion estaño(IV)	Ion estánico
Cr^{2+}	Ion cromo(II)	Ion cromoso
Cr^{3+}	Ion cromo(III)	Ion crómico
Mn^{2+}	Ion manganeso(II)	Ion manganoso
Mn^{3+}	Ion manganeso(III)	Ion mangánico
Co^{2+}	Ion cobalto(II)	Ion cobaltoso
Co^{3+}	Ion cobalto(III)	Ion cobáltico

*Un ion elemental diatómico

NO. 14

Ejemplo de problema 9.1

Nombrar cationes y aniones

Nombra el ion formado por cada uno de los elementos siguientes:

a. potasio   **b.** plomo, 4 electrones perdidos   **c.** azufre

1 Analizar Identifica los conceptos relevantes. Puedes usar la tabla periódica para determinar la carga de la mayoría de los elementos del Grupo A. Los iones con cargas positivas son cationes; los iones con cargas negativas son aniones. Los nombres de los aniones no metálicos terminan en *-uro*. Los cationes metálicos toman el nombre del metal. Algunos metales, incluyendo metales de transición, pueden formar más de un catión. Usa un número Romano en el nombre Stock o usa el nombre clásico con un sufijo para nombrar estos metales.

2 Resolver Aplica los conceptos a este problema.

	a. K	**b.** Pb	**c.** S
Escribe el símbolo del elemento.			
Determina la carga del ion formado por el elemento.	1+	4+	2−
Determina si el ion es un catión o un anión.	K^+ es un catión.	Pb^{4+} es un catión.	S^{2-} es un anión.
Aplica las reglas adecuadas para nombrar el ion. Usa un número Romano si es necesario.	Siguiendo las reglas para nombrar cationes metálicos, K^+ se llama ion potasio.	Siguiendo las reglas para nombrar los metales que pueden formar más de un catión, Pb^{4+} se llama plomo(IV) o ion plúmbico.	Siguiendo las reglas para nombrar los aniones no metálicos, S^{2-} se llama ion sulfuro.

1. Nombra los iones que se forman mediante los elementos siguientes:
   a. selenio
   b. bario
   c. fósforo
   d. yodo

2. ¿Cuántos electrones se perdieron o ganaron para formar estos iones?
   a. Fe^{3+} **c.** Cu^+
   b. O^{2-} **d.** Sr^{2+}

> Una carga negativa significa electrones ganados; una carga positiva significa electrones perdidos.

Ion amonio
(NH_4^+)

Ion nitrato
(NO_3^-)

Ion sulfato
(SO_4^{2-})

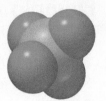
Ion fosfato
(PO_4^{3-})

Figura 9.5 Iones poliatómicos
Estos modelos moleculares muestran la ordenación de átomos en cuatro iones poliatómicos comunes.
Comparar ¿En qué se diferencia el ion amonio de los otros tres iones?

Tabla 9.3		
Iones poliatómicos comunes		
Carga	**Fórmula**	**Nombre**
1–	$H_2PO_4^-$	Dihidrogenofosfato
	$C_2H_3O_2^-$	Etanoato
	HSO_3^-	Ácido sulfhídrico
	HSO_4^-	Ácido sulfúrico
	HCO_3^-	Ácido carbónico
	NO_2^-	Nitruro
	NO_3^-	Nitrato
	CN^-	Cianuro
	OH^-	Hidróxido
	MnO_4^-	Permanganato
	ClO^-	Hipocloruro
	ClO_2^-	Cloruro
	ClO_3^-	Clorato
	ClO_4^-	Perclorato
2–	HPO_4^{2-}	Hidrogenofosfato
	$C_2O_4^{2-}$	Oxalato
	SO_3^{2-}	Sulfuro
	SO_4^{2-}	Sulfato
	CO_3^{2-}	Carbonato
	CrO_4^{2-}	Cromato
	$Cr_2O_7^{2-}$	Dicromato
	SiO_3^{2-}	Silicato
3–	PO_3^{3-}	Fosfito
	PO_4^{3-}	Fosfato
1+	NH_4^+	Amonio

Iones poliatómicos

¿En qué se diferencian los iones poliatómicos de los iones monoatómicos? ¿En qué se parecen?

Algunos iones, como el ion sulfato, se llaman iones poliatómicos. **A diferencia de un ion monoatómico, un ion poliatómico está compuesto por más de un átomo. Pero, como un ion monoatómico, un ion poliatómico se comporta como una unidad y conduce una carga.** El anión sulfato consiste en un átomo de azufre y cuatro átomos de oxígeno. Estos cinco átomos juntos comprenden un solo anión con una carga total de 2–. La fórmula se escribe SO_4^{2-}. Puedes ver la estructura del ion sulfato junto con otros tres iones poliatómicos comunes en la Figura 9.5.

Los nombres y fórmulas de algunos iones poliatómicos comunes se muestran en la Tabla 9.3, agrupados de acuerdo a sus cargas. Observa que los nombres de la mayoría de los aniones poliatómicos terminan en *-uro* o *-ato*. Por ejemplo, observa las terminaciones de los nombres del ion hipocloruro (ClO^-) y el ion carbon*ato* de hidrógeno (HCO_3^-). Observa también que tres importantes iones tienen diferentes terminaciones—el anión cian*uro* (CN^-), el anión hidróx*ido* (OH^-) y el catión amonio (NH_4^+).

A veces los mismos dos o tres elementos se combinan en razones diferentes para formar iones poliatómicos diferentes. Varios ejemplos aparecen en la Tabla 9.3. Busca pares de iones para los que hay ambas terminaciones *-uro* y *-ato*, por ejemplo, sulfuro y sulfato. Examina la carga de cada ion en el par. Observa el número de átomos de oxígeno y las terminaciones de cada nombre. Deberías poder distinguir un patrón en la convención para nombrar.

-uro	*-ato*
SO_3^{2-}, sulfuro	SO_4^{2-}, sulfato
NO_2^-, nitruro	NO_3^-, nitrato
ClO_2^-, cloruro	ClO_3^-, clorato

La carga de cada ion poliatómico en un par dado es la misma. La terminación *-ito* indica un átomo de oxígeno menos que la terminación *-ato*. Sin embargo, la terminación no te dice el número real de átomos de oxígeno en el ion. Por ejemplo, el ion nitrito tiene dos átomos de oxígeno y el ion sulfito tiene tres átomos de oxígeno. Todos los aniones con nombres que terminan en *-ito* o *-ato* contienen oxígeno.

Cuando la fórmula de un ion poliatómico comienza con H (hidrógeno), puedes pensar que la H representa un ion hidrógeno (H^+) combinado con otro ion poliatómico. Por ejemplo, HCO_3^- es una combinación de H^+ y CO_3^{2-}. Observa que la carga en el nuevo ion es la suma algebraica de las cargas iónicas de los dos iones del compuesto.

$$H^+ + CO_3^{2-} \longrightarrow HCO_3^-$$
carbonato $\qquad$ carbonato de hidrógeno

$$H^+ + PO_4^{3-} \longrightarrow HPO_4^{2-}$$
fosfato $\qquad$ hidrogenofosfato

$$H^+ + HPO_4^{2-} \longrightarrow H_2PO_4^-$$
hidrogenofosfato $\qquad$ dihidrogenofosfato

El anión ácido carbónico (HCO_3^-), el anión hidrogenofosfato (HPO_4^{2-}) y el anión dihidrogenofosfato ($H_2PO_4^-$) son componentes esenciales de los sistemas vivos. Por el contrario, el ion cianuro (CN^-) es extremadamente venenoso para los sistemas vivos porque bloquea los medios de producción de energía de las células. En la Figura 9.6 se muestran dos usos para los compuestos con iones poliatómicos que contienen hidrógeno.

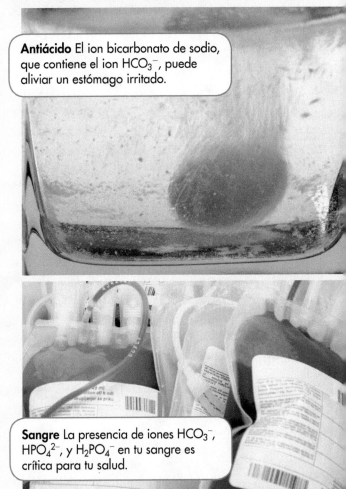

Figura 9.6 Iones poliatómicos que contienen hidrógeno
Los iones poliatómicos que contienen hidrógeno son parte de varios compuestos que afectan tu vida diaria.

Antiácido El ion bicarbonato de sodio, que contiene el ion HCO_3^-, puede aliviar un estómago irritado.

Sangre La presencia de iones HCO_3^-, HPO_4^{2-}, y $H_2PO_4^-$ en tu sangre es crítica para tu salud.

9.1 Comprobación de la lección

3. **Explicar** ¿Cómo puedes determinar las cargas de los cationes de metal? ¿O de los aniones de los no metales? ¿O los cationes de los metales de transición?

4. **Revisar** ¿Cuáles son las similitudes y diferencias entre iones poliatómicos y iones monoatómicos?

5. **Identificar** ¿Cuáles son las cargas de los iones del Grupo 1A, Grupo 3A (aluminio) y del Grupo 5A?

6. **Describir** Escribe el símbolo para el ion de cada elemento. Clasifica el ion como un anión o un catión y nombra el ion.

a. potasio
b. oxígeno
c. bromo
d. estaño (2 electrones perdidos)
e. berilio
f. cobalto (3 electrones perdidos)

7. **Describir** Escribe el símbolo o fórmula (incluyendo la carga) para cada uno de los iones siguientes:

a. ion amonio
b. ion cromo(II)
c. ion cromato
d. ion nitrato

8. **Comparar** ¿Cómo te ayudan las diferencias en los iones poliatomicos PO_3^{3-} y PO_4^{3-} a determinar si cada uno termina en *–ito* o en *–ato*?

GRANIDEA
LOS ELECTRONES Y LA ESTRUCTURA DE LOS ÁTOMOS

9. ¿Cómo se compara la configuración electrónica de un ion de un elemento del Grupo 1A o del Grupo 7A con aquella del gas noble más cercano?

Florecimiento de algas

¿Alguna vez has visto un lago o un río cubierto con lo que parece ser pintura verde o azul verdosa? Esta "pintura" en realidad son altas concentraciones de algas que se han reproducido con rapidez. Este evento se llama florecimiento de algas. Los florecimientos de algas en agua dulce con frecuencia ocurren cuando hay un exceso de compuestos de fosfato, comúnmente llamados fosfatos, en el agua. Los fosfatos son nutrientes que las algas necesitan para sobrevivir. Sin embargo, cuando los niveles de fosfato son muy elevados, las algas crecen y se reproducen a tasas inusualmente rápidas.

Aunque la mayoría de los florecimientos de algas no son dañinos, algunos liberan toxinas que son peligrosas para los humanos y los animales. Incluso los florecimientos de algas no tóxicas pueden causar problemas. Por ejemplo, pueden disminuir la cantidad de oxígeno en el agua y bloquear la luz solar que las plantas necesitan para vivir. Además, los florecimientos de algas pueden alterar el sabor y el olor del agua.

Los fosfatos se encuentran en fertilizantes, detergentes y otros productos de limpieza. Estos productos pueden entrar a los canales a través del vertido directo o de los escurrimientos. Para ayudar a reducir la ocurrencia de florecimientos de algas, las agencias gubernamentales y las industrias han colaborado para proporcionar detergentes, jabones y agentes de limpieza más ecológicos. La próxima vez que vayas a la tienda, observa que muchos detergentes tienen la etiqueta "Libre de fosfatos".

CONTAMINACIÓN Algunas algas de color azul verdoso como esta especie de *Microcystis* puede producir toxinas que contaminen el agua potable.

ASFIXIA Los florecimientos de algas pueden resultar en la muerte de los peces que consumen demasiado oxígeno disuelto en el agua.

Un paso más allá

1. Identificar El fosfato de sodio es un ejemplo de un compuesto de fosfato. Alguna vez fue ampliamente usado en los detergentes. Escribe la fórmula de este compuesto.

2. Inferir ¿Cómo podría afectar un florecimiento de algas a los pastos acuáticos?

3. Investigar un problema Hay otros varios factores que pueden contribuir a un florecimiento de algas. Investiga este tema e identifica al menos otros dos factores que contribuyan a los florecimientos de algas.

9.2 Nombrar compuestos iónicos y escribir su fómula

P: *¿Cuál es el nombre del ingrediente secreto?* Si no se incluye este ingrediente en la receta, la fruta se puede hacer de un café feo. Piensa en cuando rebanas una manzana en casa. Las rebanadas no se ven tan apetitosas si las dejas mucho tiempo porque comienzan a cambiar de color. Pero con la receta y el ingrediente secreto, tus rebanadas de manzana podrían mantener su color. La química también usa recetas o fórmulas, pero sin secretos. Una vez que conoces las reglas, puedes aplicarlas y nombrar cualquier compuesto químico. En esta lección aprenderás cómo nombrar compuestos iónicos.

Preguntas clave

🔑 **¿Cómo determinas la fórmula y el nombre de un compuesto iónico binario?**

🔑 **¿Cómo determinas la fórmula y el nombre de un compuesto con un ion poliatómico?**

Vocabulario

- compuesto binario

Compuestos iónicos binarios

🔑 **¿Cómo determinas la fórmula y el nombre de un compuesto iónico binario?**

Antes de que se desarrollara la ciencia de la química, la persona que descubría un compuesto nuevo lo llamaba como él o ella deseaba. Era común que el nombre describiera alguna propiedad de la sustancia o su fuente. Por ejemplo, un nombre común para el carbonato de potasio (K_2CO_3) es *potash*. El nombre evolucionó porque el compuesto se obtenía hirviendo cenizas de madera en ollas de hierro. El bicarbonato ($NaHCO_3$) es otro ejemplo. El nombre común en inglés, *baking soda*, describe su uso de hornear (*bake*) para hacer que se eleven los productos horneados. En la Figura 9.7 se muestra un compuesto con el nombre común bermellón. ¿Puedes decir qué elementos son bermellón tan sólo con ver el nombre? Por desgracia, tales nombres no te dicen nada acerca de la composición química del compuesto.

El químico francés Antoine-Laurent Lavoisier (1743–1794) determinó la composición de muchos compuestos en sus experimentos para mostrar cómo se forman los compuestos químicos. Conforme se identificaron más y más compuestos, Lavoisier reconoció que se estaba haciendo imposible el memorizar todos los nombres no relacionados de los compuestos. Trabajó con otros químicos para desarrollar un método sistemático para nombrar compuestos químicos. Su trabajo es la base para nombrar los compuestos en la actualidad.

Figura 9.7 Bermellón
La sustancia roja que se deposita en esta roca se llama comúnmente bermellón. El bermellón (HgS) está compuesto por iones mercurio(II) y iones sulfuro.

Figura 9.8 Trabajos de acero
En el proceso de mezcla del acero, se extrae hierro de una hematita, un mineral que contiene óxido de hierro(III).
Aplicar conceptos *¿Cuál es la fórmula del óxido de hierro(III)?*

Escribir fórmulas de compuestos iónicos binarios

Un **compuesto binario** está formado por dos elementos. Los compuestos binarios pueden ser compuestos iónicos o compuestos moleculares. Si sabes el nombre de un compuesto iónico binario, puedes escribir la fórmula. 🔑 **Para escribir la fórmula de un compuesto iónico binario, primero escribe el símbolo del catión y después el del anión. Después suma los subíndices como se necesite para equilibrar las cargas.** La carga positiva del catión debe equilibrar la carga negativa del anión de manera que la carga iónica de la fórmula sea cero. El compuesto iónico cloruro de potasio está formado por cationes potasio (K^+) y aniones cloruro (Cl^-); por lo tanto, el cloruro de potasio es un compuesto iónico binario. La carga de cada catión K^+ está equilibrada por la carga de cada anión Cl^-. Por lo tanto, en el cloruro de potasio, los iones potasio y cloruro se combinan en una razón 1:1. De este modo, la fórmula del cloruro de potasio es KCl. La carga iónica neta de la unidad de fórmula es cero.

El compuesto iónico binario bromuro de calcio está formado por cationes de calcio (Ca^{2+}) y aniones de bromuro (Br^-). Los dos iones no tienen cargas numéricas iguales. Por lo tanto, cada ion de calcio con su carga 2+ debe combinarse con (o equilibrarse por) dos iones de bromuro, cada uno con una carga de 1−. Eso significa que los iones deben combinarse en una razón 1:2; por lo tanto, la fórmula del bromuro de calcio es $CaBr_2$. La carga iónica neta de la unidad de fórmula es cero.

En la Figura 9.8 se muestra un paso del proceso de fabricar acero a partir de una mena de hierro. La hematita, una mena de hierro común contiene óxido de hierro(III). ¿Cuál es la fórmula de este compuesto? Recuerda que un número Romano en el nombre de un ion muestra la carga de un ion de metal. Por consiguiente, el óxido de hierro(III) contiene cationes Fe^{3+} combinados con aniones óxido (O^{2-}). ¿Cómo puedes equilibrar una carga de 3+ y una carga de 2−? Debes hallar el múltiplo común de las cargas, que es 6. Tres cargas de hierro tomadas dos veces es igual a seis ($3 \times 2 = 6$). Dos cargas de oxígeno tomadas tres veces también es igual a seis. Por consiguiente, dos cationes Fe^{3+} (una carga de 6+) equilibrarán tres aniones O^{2-} (una carga de 6−). La fórmula balanceada, entones, es Fe_2O_3.

Otro enfoque para escribir la fórmula balanceada de un compuesto es usar el método *crisscross*. En este método, el valor numérico de la carga de cada ion se cruza y se convierte en el subíndice del otro ion. Observa que los signos de las cargas se eliminan.

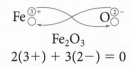

$$Fe_2O_3$$
$$2(3+) + 3(2-) = 0$$

La fórmula es correcta porque la carga total de la fórmula es cero y los subíndices están expresados en la razón con el número entero más pequeño.

Si usas el método *crisscross* para escribir la fórmula de algunos compuestos como el sulfuro de calcio (Ca^{2+} y S^{2-}), obtendrás el resultado Ca_2S_2. Sin embargo, la razón 2:2 de iones calcio y sulfuro no es la razón con el número entero más pequeño. La fórmula correcta del sulfuro de calcio es CaS.

$$Ca^{2+} \quad \overset{\longrightarrow}{\underset{\longleftarrow}{\times}} \quad S^{2-}$$

Ca_2S_2 se reduce a CaS

$$1(2+) + 1(2-) = 0$$

Por supuesto, si las magnitudes de las cargas del catión y del anión son iguales, como en este caso, los iones se combinan en una razón 1:1 y las cargas están equilibradas.

Ejemplo de problema 9.2

Escribir fórmulas de compuestos iónicos binarios

Escribe las fórmulas de los siguientes compuestos iónicos binarios.

a. sulfuro de cobre(II)   **b.** nitruro de potasio

❶ **Analizar Identifica los conceptos relevantes.** Los compuestos iónicos binarios están formados por un catión monoatómico y un anión monoatómico. El símbolo del catión aparece primero en la fórmula del compuesto. Las cargas iónicas en un compuesto deben estar equilibradas y los iones deben combinarse en una razón con el número entero más pequeño.

❷ **Resolver Aplica los conceptos a este problema.**

Escribe el símbolo y la carga de cada ion en el compuesto, primero el catión, después el anión.	**a.** Cu^{2+} y S^{2-} **b.** K^+ y N^{3-}

El método *crisscross* se usa en las soluciones siguientes.

Equilibra la fórmula usando los subíndices adecuados. Asegúrate de que la fórmula exprese la razón con el número entero más pequeño de iones.	$Cu^{2+} \overset{\longrightarrow}{\underset{\longleftarrow}{\times}} S^{2-}$ CuS $K^{1+} \overset{\longrightarrow}{\underset{\longleftarrow}{\times}} N^{3-}$ K_3N
Verifica que las cargas de los dos iones sumen cero.	$1(2+) + 1(2-) = 0$ $3(1+) + 1(3-) = 0$

10. Escribe las fórmulas de los compuestos formados a partir de estos pares de iones.

a. Ba^{2+}, S^{2-} **c.** Ca^{2+}, N^{3-}
b. Li^+, O^{2-} **d.** Cu^{2+}, I^-

11. Escribe fórmulas para los siguientes compuestos iónicos.

a. ioduro de sodio   **c.** sulfuro de potasio
b. cloruro de estaño   **d.** ioduro de calcio

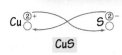
Recuerda sumar los subíndices para hacer neutro el compuesto.

Figura 9.9 Compuestos de estaño
El fluoruro de estaño(II) y el óxido de estaño(IV) tienen composiciones y usos diferentes. **a.** El fluoruro de estaño(II) se añade a algunas pastas de dientes para prevenir las caries. **b.** El óxido de estaño(IV) se usa en el bañado de cerámica.
Identifica ¿Cuáles son las cargas de los iones estaño en los dos compuestos?

b

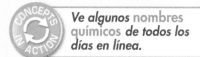
Ve algunos nombres químicos de todos los días en línea.

Nombrar compuestos iónicos binarios Si conoces la fórmula de un compuesto iónico, puedes escribir su nombre. Primero debes verificar que el compuesto esté formado por un catión metálico monoatómico y un anión no metálico monoatómico. 🔑 **Para nombrar cualquier compuesto iónico binario, coloca primero el nombre del anión, seguido por el nombre del catión.** Por ejemplo, el compuesto Cs_2O está formado por el metal cesio y el no metal oxígeno. Ambos, cesio y oxígeno, son elementos del Grupo A que tienen una sola carga. El nombre de Cs_2O, por lo tanto, es óxido de cesio. De forma similar, el nombre de $NaBr$ es bromuro de sodio y el nombre de SrF_2 es fluoruro de estroncio.

Pero supón que quieres nombrar el compuesto iónico binario CuO. Siguiendo la regla anterior, nombrarías a este compuesto óxido de cobre. Sin embargo, el nombre *óxido de cobre* está incompleto. Recuerda que comúnmente, el cobre forma dos cationes: Cu^+ y Cu^{2+}. Los nombres de estos iones son ion cobre(I) y ion cobre(II), respectivamente. ¿Cómo puedes saber cuál de estos cationes forma el compuesto CuO? El trabajar al revés te puede ayudar. La fórmula indica que el catión cobre y el anión óxido se combinan en una razón 1:1. Sabes que el anión óxido siempre tiene una carga de $2-$. Por lo tanto, la carga del catión cobre debe ser $2+$ para equilibrar la carga $2-$. El compuesto CuO debe ser óxido de cobre(II). 🔑 **Si el elemento metálico en un compuesto iónico binario tiene más de una carga iónica común, debe incluirse un número Romano en el nombre del catión.**

En la Tabla 9.2 se enlistan los símbolos y los nombres de los metales comunes que forman más de un catión. Recuerda que las cargas de los aniones monoatómicos pueden determinarse a partir de la tabla periódica. Usando estas dos fuentes, puedes escribir los nombres de SnF_2 y SnS_2. El estaño (Sn) forma cationes con cargas $2+$ y $4+$. El fluoruro es un elemento del Grupo 7A; por lo tanto, la carga del ion fluoruro es $1-$. En el SnF_2, la razón de cationes y aniones es 1:2. Por lo tanto, la carga del catión de estaño debe ser $2+$ para equilibrar la carga combinada $2-$ de dos iones fluoruro. El nombre de SnF_2 es fluoruro de estaño(II) o fluoruro estañoso. Sin embargo, el nombre de SnO_2 no es óxido de estaño(II). El oxígeno es un elemento del Grupo 6A; por lo tanto, su carga es $2-$. La carga del catión estaño debe ser $4+$ para equilibrar las cargas combinadas de dos aniones óxido. Por consiguiente, el nombre de SnO_2 es óxido de estaño(IV). En la Figura 9.9 se muestran ejemplos de los usos del fluoruro estañoso y del óxido estánico.

Ejemplo de problema 9.3

Nombrar compuestos iónicos binarios

Nombra los siguientes compuestos iónicos binarios:

a. CoI_2 **b.** Li_2Se

❶ **Analizar** **Identifica los conceptos relevantes.** Confirma que el compuesto sea un compuesto iónico binario. Para nombrar el compuesto, nombra los iones en el orden inverso al escrito en la fórmula, el nombre del anión seguido del nombre del catión. El nombre de un ion de metal que tenga más de una carga iónica común debe incluir un número Romano indicando la carga.

❷ **Resolver** **Aplica los conceptos a este problema.**

Interpreta la fórmula química en términos de los elementos que la componen. Si encuentras dos elementos, el compuesto es binario.	**a.** CoI_2 contiene cationes cobalto y aniones ioduro. **b.** Li_2Se contiene cationes litio y aniones seleniuro.
Determina si el ion de metal en el compuesto tiene más de una carga iónica común.	El cobalto forma dos cationes comunes: Co^{2+} y Co^{3+}. El litio forma un catión: Li^+.
Si el ion de metal tiene más de una carga iónica, usa el anión del no metal para determinar qué catión se indica en la fórmula.	El ion ioduro es I^-. La Fórmula CoI_2 especifica dos iones ioduro, que tienen una carga dada de $2-$. Por lo tanto, el ion cobalto debe ser Co^{2+} para equilibrar la carga. Este paso no se necesita para el Li_2Se porque el ion litio sólo tiene una carga común.
Escribe el nombre del anión, seguido por el nombre del catión. Incluye números Romanos conforme se necesiten.	ioduro de cobalto(II) seleniuro de litio

12. Nombra los siguientes compuestos iónicos binarios:
- **a.** ZnS
- **b.** KCl
- **c.** BaO
- **d.** $CuBr_2$

13. Escribe los nombres de estos compuestos iónicos binarios.
- **a.** CaO
- **b.** Cu_2Se
- **c.** FeS
- **d.** AlF_3

> Comprueba cada respuesta al escribir la fórmula usando los iones del nombre.

Compuestos con iones poliatómicos

🔑 **¿Cómo determinas la fórmula y el nombre de un compuesto con un ion poliatómico?**

Las conchas marinas que se muestran en la Figura 9.10 están hechas de carbonato de calcio ($CaCO_3$). El carbonato de calcio obviamente no es un compuesto binario porque contiene más de dos elementos. Recuerda que una terminación *–ito* o *–ato* en el nombre del compuesto indica que el compuesto contiene un anión poliatómico que incluye oxígeno. El carbonato de calcio contiene un ion monoatómico (Ca^{2+}) y un ion poliatómico (CO_3^{2-}). La Figura 9.10 también muestra una batería típica de coche llamada batería de almacenamiento de plomo. La reacción productora de energía dentro de la batería usa el compuesto iónico sulfato de plomo (II) ($PbSO_4$), que consiste en el ion monoatómico Pb^{2+} y el ion poliatómico SO_4^{2-}.

Escribir fórmulas de compuestos con iones poliatómicos ¿Cómo escribirías la fórmula de un compuesto iónico con un ion poliatómico? Para empezar, intenta seguir el mismo procedimiento que usaste para los compuestos iónicos binarios. 🔑 **Para escribir la formula de un compuesto con un ion poliatómico, primero escribe el símbolo (o fórmula) del anión seguido del símbolo (o fórmula) del catión. Después, suma los subíndices como se necesite para equilibrar las cargas.** Por ejemplo, el nitrato de calcio está compuesto por un catión calcio (Ca^{2+}) y un anión nitrato poliatómico (NO_3^-). En el nitrato de calcio, se necesitan dos aniones nitrato, cada uno con una carga 1-, para equilibrar la carga de 2+ de cada catión calcio.

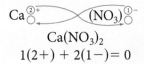

$$Ca^{2+} \quad (NO_3)^{1-}$$
$$Ca(NO_3)_2$$
$$1(2+) + 2(1-) = 0$$

La carga está equilibrada y los iones están expresados en la razón con el número entero más pequeño, así que la fórmula es correcta. Los paréntesis se usan alrededor del ion nitrato en la fórmula porque se necesita más de un anión nitrato. El subíndice 2 que sigue al paréntesis muestra que el compuesto contiene dos aniones nitrato. 🔑 **Siempre que se necesite más de un ion poliatómico para equilibrar las cargas en un compuesto iónico, usa los paréntesis para sacar al ion poliatómico de la fórmula.**

Figura 9.10
Compuestos con iones poliatómicos
Se muestran algunos ejemplos de compuestos iónicos que contienen iones poliatómicos.
Explicar ¿Por qué hay un número Romano en el nombre sulfato de plomo(II)?

Batería de coche Se forma sulfato de plomo(II) ($PbSO_4$) cuando se descarga la batería de un coche.

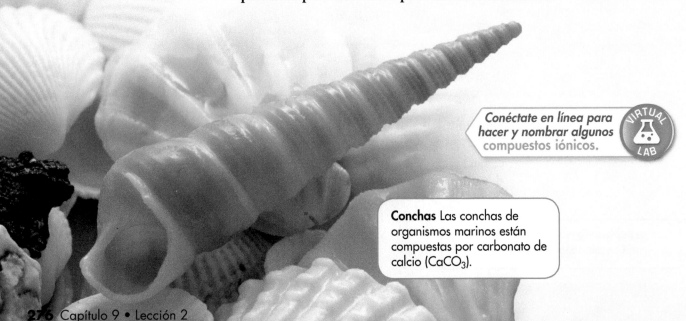

Conéctate en línea para hacer y nombrar algunos compuestos iónicos.

VIRTUAL LAB

Conchas Las conchas de organismos marinos están compuestas por carbonato de calcio ($CaCO_3$).

El carbonato de litio es un compuesto que puede prescribirse a pacientes con trastornos del estado de ánimo, como el trastorno maniaco-depresivo o el bipolar. El compuesto está formado por cationes litio (Li^+) y aniones carbonato poliatómico (CO_3^{2-}). En la fórmula del carbonato de litio, se necesitan dos cationes litio, cada uno con una carga 1+, para equilibrar la carga 2- de un anión carbonato. No se necesitan paréntesis para accionar el anión carbonato poliatómico.

$$Li^{①+} \quad (CO_3)^{②-}$$
$$Li_2CO_3$$
$$2(1+) + 1(2-) = 0$$

El sulfato de estroncio es otro ejemplo de un compuesto en el que sólo se necesita un ion poliatómico (SO_4^{2-}) para equilibrar el catión (Sr^{2+}). Por lo tanto, no se necesitan paréntesis cuando se escribe la fórmula: $SrSO_4$.

Ejemplo de problema 9.4

Escribir fórmulas de compuestos con iones poliatómicos

¿Cuáles son las fórmulas para estos compuestos iónicos?

a. hidróxido de magnesio   **b.** sulfato de potasio

❶ Analizar Identifica los conceptos relevantes. Escribe el símbolo o la fórmula de cada ion en el orden en que se enlistan en el nombre. Usa subíndices para equilibrar las cargas. Los iones deben combinarse en la razón con el número entero más pequeño. Si se necesita más de un ion poliatómico para equilibrar la fórmula, coloca la fórmula del ion poliatómico entre paréntesis, seguido por el subíndice adecuado.

❷ Resolver Aplica los conceptos a este problema.

Escribe el símbolo o fórmula de cada ion en el compuesto, primero el anión, después el catión. Incluye la carga para cada ion.	**a.** catión: Mg^{2+} anión: OH^- **b.** catión: K^+ anión: SO_4^{2-}

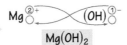

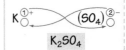

Equilibra la fórmula usando subíndices adecuados. Asegúrate que la fórmula exprese la razón de iones con el número entero más pequeño.

$Mg(OH)_2$ K_2SO_4

> Recuerda: sólo usa paréntesis si hay más de un ion poliatómico en la fórmula balanceada.

Verifica que las cargas de los dos iones sumen cero.

$$1(2+) + 2(1-) = 0 \qquad 2(1+) + 1(2-) = 0$$

14. Escribe las fórmulas de los compuestos formados a partir de este par de iones.
   a. NH_4^+, SO_3^{2-}
   b. ion calcio, ion fosfato

15. Escribe las fórmulas de los compuestos siguientes:
   a. sulfato óxido de litio
   b. nitrito de cromo(III)

Figura 9.11 Hipoclorito de sodio
El compuesto NaClO a menudo se añade al agua de la lavadora para blanquear (darle brillo) a las telas blancas.

Nombrar compuestos con iones poliatómicos Has aprendido a escribir fórmulas de compuestos que contienen iones poliatómicos cuando se te dan los nombres. Ahora, si se te dieran las fórmulas de estos compuestos, ¿podrías nombrarlos? Cuando se nombran compuestos que contienen iones poliatómicos, primero debes identificar cualquier ion poliatómico en la fórmula del compuesto. Si el ion poliatómico no te es familiar, halla su nombre en la Tabla 9.3. 🔑 **Para nombrar un compuesto que contiene un ion poliatómico, primero señala el nombre del anión y después el nombre del catión. Si el catión es un elemento metálico que tiene más de una carga iónica común, incluye un número Romano en el nombre del catión.** Recuerda que las mismas reglas aplican cuando se nombran los compuestos iónicos binarios.

El compuesto NaClO se usa como desinfectante en las albercas y como blanqueador, como se muestra en la Figura 9.11. El catión en este compuesto es el ion sodio (Na^+). El otro ion, ClO^-, es un ion poliatómico llamado ion hipoclorito. Por lo tanto, el nombre de NaClO es hipoclorito de sodio.

Ejemplo de problema 9.5

Nombrar compuestos con iones poliatómicos

Nombra los siguientes compuestos iónicos:

a. $(NH_4)_2C_2O_4$ **b.** $Fe(ClO_3)_3$

❶ **Analizar** **Identifica los conceptos relevantes.** Determina si hay un ion poliatómico en la fórmula. Para nombrar el compuesto, enlista los nombres de los iones en el orden inverso al que están escritos en la fórmula: el nombre del anión seguido del nombre del catión. El nombre de un ion que tiene más de una carga iónica común debe incluir un número Romano indicando la carga.

❷ **Resolver** **Aplica los conceptos a este problema.**

Identifica cualquier ion poliatómico.	**a.** NH_4^+ y $C_2O_4^{2-}$	**b.** ClO_3^-
Determina si algún ion de metal en el compuesto tiene más de una carga iónica común. Si así es, usa el anión del no metal para determinar qué catión se indica en la fórmula.	Este paso no se necesita porque no hay iones de metal en este compuesto.	El hierro forma dos cationes comunes: Fe^{2+} y Fe^{3+}. El ion clorato es ClO_3^-. Tres iones clorato dan una carga de 3−. Por lo tanto, el ion hierro debe ser Fe^{3+} para equilibrar la carga.
Escribe el nombre del anión, después el nombre del catión. Incluye números Romanos conforme se necesiten.	oxalato de amonio	clorato de hierro(III)

16. Nombra los siguientes compuestos iónicos:
    a. CaC_2O_4 **c.** $KMnO_4$
    b. $KClO$ **d.** Li_2SO_3

17. Escribe los nombres de estos compuestos iónicos.
    a. $Al(OH)_3$ **c.** $Sn_3(PO_4)_2$
    b. $NaClO_3$ **d.** Na_2CrO_4

Hacer compuestos iónicos

Propósito Mezclar soluciones que contengan cationes y aniones para hacer compuestos iónicos

Materiales

- 9 tubos de ensayo pequeños
- gradilla
- papel, lápiz, regla
- 6 goteros
- solución A (ion Fe^{3+})
- solución B (ion Ag^+)
- solución C (ion Pb^{2+})
- solución X (ion CO_3^{2-})
- solución Y (ion $OH-$)
- solución Z (ion PO_4^{3-})

Procedimiento

1. Etiqueta tres tubos de ensayo como A, tres tubos de ensayo como B y tres tubos de ensayo como C.

2. Añade 10 gotas (aproximadamente 0.5 mL) de la solución A a los tubos de ensayo etiquetados con A. Añade 10 gotas de la solución B a los tubos de ensayo etiquetados con B. Repite este paso con la solución C.

3. Añade 10 gotas de la solución X a uno de los tubos de ensayo etiquetados con A, 10 gotas a uno de los tubos de ensayo etiquetados con B y 10 gotas a un tubo de ensayo etiquetado con C. Observa cada tubo de ensayo para la formación de un sólido.

4. Haz una cuadrícula de 3 X 3 pulgadas para registrar tus observaciones. Etiqueta las filas A, B y C. Etiqueta las columnas X, Y y Z. Describe cualquier material sólido que observes.

5. Repite el paso 3, añadiendo 10 gotas de solución Y a los tubos de ensayo A, B y C. Registra tus observaciones.

6. Repite el paso 3, añadiendo 10 gotas de la solución Z a los tubos de ensayo A, B y C. Registra tus observaciones.

Analizar y concluir

1. Inferir Algunos compuestos iónicos no son solubles en agua. ¿Qué observaste? ¿Cuántos de los compuestos formados fueron insolubles?

2. Describir Escribe la fórmula de cada compuesto iónico formado.

3. Describir Nombra cada compuesto iónico formado.

4. Sacar conclusiones ¿Conducirá siempre la mezcla de cualquier catión con cualquier anión a la formación de un compuesto iónico insoluble? Explica tu respuesta.

9.2 Comprobación de la lección

18. **Resumir** Describe los procedimientos para escribir las fórmulas y los nombres de los compuestos iónicos binarios.

19. **Revisar** ¿Cómo escribes las fórmulas y los nombres de compuestos con iones poliatómicos?

20. **Evaluar** ¿Cuáles son las ventajas y desventajas de los nombres comunes?

21. **Aplicar conceptos** Escribe la fórmula de estos compuestos iónicos binarios.
- **a.** cloruro de berilio
- **b.** sulfuro de cesio
- **c.** ioduro de sodio
- **d.** óxido de estroncio

22. **Identificar** ¿Qué condición debe satisfacerse cuando se escribe la fórmula de un compuesto iónico?

23. **Aplicar conceptos** Escribe la fórmula de estos compuestos que contienen iones poliatómicos.
- **a.** nitrito de cromio(III)
- **b.** perclorato de sodio
- **c.** carbonato óxido de magnesio
- **d.** acetato de calcio

24. **Explicar** ¿Cuándo usas paréntesis al escribir una fórmula química?

25. **Describir** Nombra los siguientes compuestos iónicos:
- **a.** LiF
- **b.** SnS_2
- **c.** $MnCO_3$
- **d.** $Sr(H_2PO_4)_2$

26. **Identificar** ¿Cuál de las siguientes fórmulas es incorrecta?
- **a.** $Mg_2(SO_4)_3$
- **b.** $AsRb_3$
- **c.** $BeCl_3$
- **d.** NaF

9.3 Nombrar compuestos moleculares y escribir su fórmula

Pregunta clave

🔑 *¿Qué guías se usan para escribir el nombre y la fórmula de un compuesto molecular binario?*

LA QUÍMICA Y TÚ

P: *¿En qué se diferencia un triatlón de un pentatlón? ¿En qué se diferencia el trifluoruro de fósforo del pentafluoruro de fósforo?*

LA QUÍMICA Y TÚ

P: *¿Qué prefijos numéricos se usan en química?* Ya estás familiarizado con palabras que contienen prefijos numéricos. Por ejemplo, la palabra *triatlón* contiene el prefijo *tri-*, que indica el número 3. A veces los atletas compiten en eventos multideportivos, pentatlones, heptatlones, decatlones, etc. El prefijo de cada uno te dice cuántos deportes hay en cada evento. Los prefijos también se usan en química. En esta lección, aprenderás cómo es que los prefijos en el nombre de un compuesto molecular binario te indican su composición.

Compuestos moleculares binarios

🔑 **¿Qué guías se usan para escribir el nombre y la fórmula de un compuesto molecular binario?**

Recuerda que los compuestos iónicos binarios están formados por los iones de dos elementos, un metal y un no metal. Los compuestos moleculares binarios también se componen de dos elementos, pero ninguno de los dos elementos es un no metal ni un ion. Estas diferencias afectan el nombre de estos compuestos y la forma en como se escriben sus fórmulas. Los compuestos moleculares binarios están formados por moléculas, no iones; por lo tanto, no se pueden usar las cargas iónicas para escribir sus fórmulas o para nombrarlos.

Cuando se combinan dos elementos no metálicos, con frecuencia lo hacen en más de una forma. Por ejemplo, los elementos carbono y oxígeno se combinan para formar dos compuestos gaseosos, CO y CO_2. ¿Cómo nombrarías un compuesto binario formado por la combinación de átomos de carbono y oxígeno? Parecería satisfactorio llamarlo óxido de carbono. Sin embargo, los dos óxidos de carbono, CO y CO_2, son compuestos muy diferentes. Estar sentado en una habitación con una cantidad muy pequeña de CO_2 en el aire no presentaría problemas. Exhalas CO_2 como un producto de la química de tu cuerpo, como se muestra en la Figura 9.12. Por lo tanto, normalmente está presente en el aire que respiras. Por otra parte, si la misma cantidad de CO estuviera en la habitación, podrías morir por asfixia. El compuesto binario CO es un gas venenoso que interfiere con la capacidad de la sangre de llevar oxígeno a las células del cuerpo. Obviamente, se necesita un sistema de nombrado que distinga entre estos dos compuestos.

Nombrar compuestos moleculares binarios Los prefijos en los nombres de los compuestos moleculares binarios ayudan a distinguir compuestos que contienen diferente número de átomos como CO y CO_2. En la Tabla 9.4 hay una lista de los prefijos que se usan para nombrar compuestos moleculares binarios. Estos prefijos te dicen cuántos átomos de un elemento están presentes en cada molécula del compuesto. De acuerdo con la tabla, el prefijo *mono-* se usaría para un solo átomo de oxígeno en CO. El prefijo *di-* se usaría para indicar la presencia de dos átomos de oxígeno en CO_2.

Usa la lista de prefijos en la Tabla 9.4 junto con las siguientes guías para nombrar un compuesto molecular binario. Pero antes de aplicar estos pasos, debes confirmar que el compuesto sea un compuesto molecular binario. 🔑

Para nombrar un compuesto molecular binario, usa las guías siguientes:

1. Escribe los nombres de los elementos en el orden inverso al que tienen en la fórmula.

2. Usa prefijos adecuadamente para indicar el número de cada tipo de átomo. Si sólo un átomo del primer elemento está en la fórmula, omite el prefijo *mono–* para ese elemento. Además, la vocal al final del prefijo a veces se elimina cuando el nombre del elemento empieza con una vocal.

3. Termina el nombre del primer elemento con el sufijo *–uro*.

Siguiendo estas guías, el CO se llama *monóxido* y el CO_2 se llama *dióxido*. ¿Qué sucede con el compuesto Cl_2O_8? Este compuesto molecular binario consiste en dos átomos de cloro y ocho átomos de oxígeno. Por consiguiente, el nombre es *oct*óxido de *di*cloro.

Tabla 9.4	
Prefijos usados al nombrar compuestos moleculares binarios	
Prefijo	**Número**
mono-	1
di-	2
tri-	3
tetra-	4
penta-	5
hexa-	6
hepta-	7
octa-	8
nona-	9
deca-	10

Figura 9.12 Dióxido de carbono
Cuando exhalas bajo el agua, se elevan burbujas que contienen CO_2 a la superficie del agua.

Nombrar compuestos moleculares binarios

Nombra los siguientes compuestos moleculares binarios:

a. N_2O **b.** PCl_3

❶ Analizar   Identifica los conceptos relevantes. Confirma que el compuesto sea un compuesto molecular binario, un compuesto formado por dos no metales. Para nombrar el compuesto, nombra los elementos en el orden inverso al que tienen en la fórmula. Usa los prefijos conforme se necesiten para indicar el número de cada tipo de átomo. Usa el sufijo *–uro* en el nombre del primer elemento.

❷ Resolver   Aplica los conceptos a este problema.

Identifica los elementos en el compuesto y el número de átomos de cada elemento en una molécula del compuesto.	**a.** N_2O está formado por dos no metales, nitrógeno y oxígeno.	**b.** PCl_3 está formado por dos no metales, fósforo y cloro.
	Cada molécula de N_2O tiene: 2 átomos de nitrógeno; 1 átomo de oxígeno.	Cada molécula de PCl_3 tiene: 1 átomo de fósforo; 3 átomos de cloro.
Escribe los nombres de los elementos en el orden inverso al que tienen en la fórmula. Incluye prefijos para mostrar el número de átomos de cada elemento. Usa el sufijo *–uro* con el nombre del primer elemento.	monóxido dinitrógeno	tricloruro de fósforo

El prefijo *mono-* no se usa con el primer elemento indicado en la fórmula.

27. Nombra los siguientes compuestos moleculares binarios:

a. OF_2 **c.** SO_3

b. S_2F_{10} **d.** SF_6

Escribir fórmulas de compuestos moleculares binarios Supón que sabes el nombre de un compuesto molecular y que quieres escribir la fórmula. 🔑 **Para escribir la fórmula de un compuesto molecular binario, primero usa los prefijos en el nombre que te indican el subíndice de cada elemento en la fórmula. Después, escribe los símbolos correctos de los dos elementos con los subíndices adecuados.** Un ejemplo interesante es el trisulfuro de tetrafósforo, que se usa en algunos cerillos. El nombre *trisulfuro de tretafósforo* tiene los prefijos *tetra-* y *tri-*; por lo tanto, los subíndices del fósforo y del azufre deben ser 4 y 3, respectivamente. Por consiguiente, la fórmula del trisulfuro de tetrafósforo es P_4S_3.

Ejemplo de problema 9.7

Escribir fórmulas de compuestos moleculares binarios

Escribe las fórmulas de los siguientes compuestos moleculares binarios:

a. trifluoruro de nitrógeno   **b.** dicloruro de disulfuro

❶ Analizar Identifica los conceptos relevantes. Los prefijos en el nombre indican el subíndice de cada elemento en la fórmula. Escribe los símbolos de los dos elementos con los subíndices adecuados.

❷ Resolver Aplica los conceptos a este problema.

Usa los prefijos para determinar cuántos átomos de cada elemento hay en el compuesto.

→ **a.** Cada molécula de trifluoruro de nitrógeno tiene:

1 átomo de nitrógeno;
3 átomos de flúor.

b. Cada molécula de dicloruro de disulfuro tiene:

2 átomos de azufre;
2 átomos de cloro.

Desarrolla la fórmula usando los símbolos y subíndices correctos.

→ NF_3

S_2Cl_2

28. Escribe las fórmulas de estos compuestos moleculares binarios.

a. tetraóxido de dinitrógeno   **c.** decafluoruro de disulfuro
b. tetrafluoruro de xenón   **d.** heptafluoruro de yodo

> .Nota: El número 1 nunca se usa como subíndice en una fórmula.

9.3 Comprobación de la lección

29. 🔑 **Revisar** Explica cómo escribir el nombre y la fórmula de un compuesto molecular binario.

30. **Describir** Escribe los nombres de estos compuestos moleculares.

a. NCl_3 **c.** NI_3 **e.** N_2H_4
b. BCl_3 **d.** SO_3 **f.** N_2O_3

31. **Aplicar conceptos** Escribe las fórmulas de estos compuestos moleculares binarios.

a. pentacloruro de fósforo
b. heptafluoruro de yodo
c. trifluoruro de cloro
d. dióxido de yodo

32. **Describir** Escribe las fórmulas o los nombres de estos compuestos moleculares.

a. CS_2 **c.** tetrabromuro de carbono
b. Cl_2O_7 **d.** trióxido de difósforo

33. **Evaluar** El nombre que un estudiante le da al compuesto molecular $SiCl_4$ es tricloruro de monosilicio. ¿Es correcto este nombre? Explica tu respuesta.

34. **Explicar** ¿Son sencillos los enlaces entre el silicio y el cloro en el tetracloruro de silicio? Justifica tu respuesta dibujando una estructura punto-electrón del tetracloruro de silicio.

35. **Clasificar** Determina si cada uno de los siguientes compuestos es un compuesto molecular o un compuesto iónico. ¿Cómo lo sabes?

a. PBr_3 **c.** óxido de hierro(III)
b. KBr **d.** tetraioduro de carbono

GRANIDEA ENLACES E INTERACCIONES

36. ¿Cuál es la diferencia entre un compuesto iónico y un compuesto molecular?

Consejero en nutrición deportiva

Los atletas tienen requerimientos nutritivos diferentes a los de una persona promedio. Como resultado, muchos atletas profesionales contratan a un consejero en nutrición que se especialice en la nutrición del atleta.

Los consejeros en nutrición deportiva crean programas nutricionales individualizados que aseguran composiciones corporales, niveles de desempeño y tasas de recuperación óptimos en los atletas. El programa puede incluir cosas como cómo mantener un equilibrio energético a lo largo del día, cómo evitar la deshidratación o sobrehidratación o qué vitaminas y minerales tomar para mantener una química corporal apropiada.

Es importante que los consejeros entiendan el "lenguaje de la química" para poder descifrar las etiquetas de ingredientes en los productos. Los consejeros registrados han tomado cursos en química, bioquímica, anatomía, psicología y estadística, además de varias clases de nutrición.

COMPETITIVO EN EL FRÍO
Los atletas de invierno como los esquiadores de *snowboard* deben mantener sus provisiones de energía para entrenar y competir a nivel de montaña.

Un paso más allá

1. Inferir ¿Cómo es que la comprensión de la química le ayuda al consejero en nutrición deportiva a desarrollar un plan alimenticio personalizado para un atleta?

2. Hacer una lista Selecciona cinco productos nutricionales para el consumidor (comida o suplementos) de tu casa. Lee las etiquetas de ingredientes de cada producto. Haz una lista de los compuestos que entiendas y clasifica cada uno como compuesto iónico o como compuesto molecular.

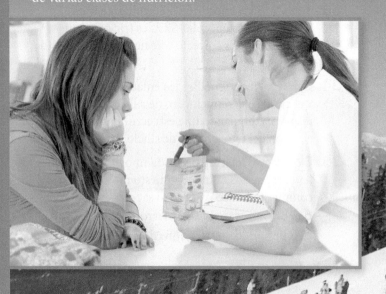

9.4 Nombrar ácidos y bases escribir sus fórmulas

LA QUÍMICA Y TÚ

P: *¿Cuál es el nombre del ácido responsable del sabor vigorizante de esta bebida?* Hay un cierto ácido que le da a muchas bebidas un sabor vigorizante y agradable. En esta lección aprenderás los nombres y las fórmulas de algunos ácidos importantes, incluyendo uno que se encuentra en los refrescos.

Nombres y fórmulas de ácidos

¿Cómo determinas el nombre y la fórmula de un ácido?

Los ácidos son un grupo de compuestos iónicos con propiedades únicas. Como verás en el Capítulo 19, los ácidos se pueden definir de varias maneras. Por ahora, es suficiente saber que un **ácido** es un compuesto que contiene uno o más átomos de hidrógeno y produce iones hidrógeno cuando se disuelve en agua. Los ácidos tienen muchos usos. Por ejemplo, con frecuencia se usa el ácido sulfúrico para grabar tarjetas de circuitos como la que se muestra en la Figura 9.13.

Cuando se nombra un ácido, puedes considerar que el ácido consiste de un anión combinado con tantos iones hidrógeno como se necesiten para hacer a la molécula eléctricamente neutra. Por lo tanto, las fórmulas químicas de los ácidos están en la forma general H_nX, donde X es un anión monoatómico o poliatómico y n es un subíndice que indica el número de iones hidrógeno combinados con el anión.

Preguntas clave

¿Cómo determinas el nombre y la fórmula de un ácido?

¿Cómo determinas el nombre y la fórmula de una base?

Vocabulario

• ácido
• base

Figura 9.13 Ácido sulfúrico
Las tarjetas de circuitos que se usan en las computadoras y otros aparatos electrónicos tienen muescas (o circuitos) que contienen los cables para conducir señales. Los circuitos con frecuencia se crean usando una mezcla que contiene ácido sulfúrico.

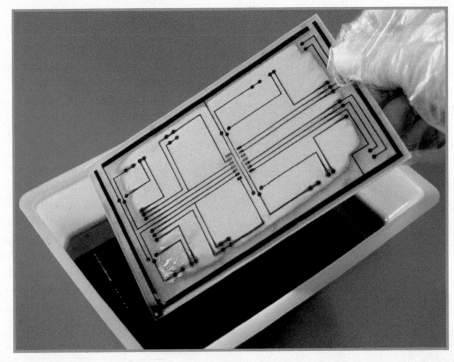

Tabla 9.5

	Nombrar ácidos comunes		
Terminación del anión	Ejemplo	Nombre del ácido	Ejemplo
-uro	cloruro, Cl^-	ácido (raíz) *hídrico*	ácido clorhídrico
-ito	sulfito, SO_3^-	ácido (raíz) *-oso*	ácido sulfuroso
-ato	nitrato, NO_3^-	ácido (raíz) *-ico*	ácido nítrico

Hay tres reglas que te pueden ayudar a nombrar un ácido con la fórmula general H_nX disuelto en agua. Lee las reglas y los ejemplos con cuidado. Observa que el sistema de nombrado depende del nombre del anión (X), en particular del sufijo del nombre del anión. Cada regla se encarga de un anión con un sufijo diferente: *-uro*, *-ito* y *-ato*.

1. ⟲ **Cuando el nombre de un anión termina en *-uro*, el nombre del ácido empieza con la palabra *ácido*, seguida por la raíz del anión y termina con el sufijo *-hídrico*.** Por lo tanto, HCl (X = cloro) se llama *ácido* clorh*ídrico*.

2. ⟲ **Cuando el nombre del anión termina en *-ito*, el nombre del ácido empieza con la palabra *ácido*, seguida por la raíz del anión con el sufijo *-oso*.** Por lo tanto, H_2SO_3 (X = sulfito) se llama *ácido* sulfur*oso*.

3. ⟲ **Cuando el nombre del anión termina en *-ato*, el nombre del ácido empieza con la palabra *ácido*, seguida por la raíz del anión con el sufijo *-ico*.** Por lo tanto, HNO_3 (X = nitrato) se llama *ácido* nítr*ico*.

Estas tres reglas se resumen en la Tabla 9.5. Usa la tabla para ayudarte a escribir nombres de ácidos hasta que te hagas un experto.

Escribir fórmulas de ácidos Si conoces el nombre de un ácido, puedes escribir su fórmula. ⟲ **Para escribir la fórmula de un ácido, usa la regla para escribir el nombre del ácido al revés. Después equilibra las cargas iónicas así como lo harías con cualquier compuesto iónico.** Por ejemplo, considera el ácido bromhídrico. Siguiendo la regla 1, el ácido bromhídrico (sufijo *-hídrico*) debe ser una combinación del ion hidrógeno (H^+) y el ion bromo (Br^-). Por lo tanto, la fórmula del ácido bromhídrico es HBr. ¿Cómo escribes la fórmula del ácido fosforoso? Usando la regla 2, el ion hidrógeno y el ion fosfito (PO_3^{3-}) deben ser los componentes del ácido fosforoso. Necesitas tres iones hidrógeno para equilibrar la carga 3– del anión fosfito. Por lo tanto, la fórmula del ácido fosforoso es H_2SO_4 porque se necesitan dos iones hidrógeno para equilibrar la carga 2– del anión sulfato.

En muchos procesos industriales, incluyendo la fabricación de acero y de fertilizante, se usan los ácidos. Deberías familiarizarte con los nombres y las fórmulas de ácidos comunes como los enlistados en la Tabla 9.6.

LA QUÍMICA Y TÚ

P: *Un ácido que proporciona el sabor vigorizante en muchos refrescos tiene la fórmula H_3PO_4. ¿Cuál es el nombre de este ácido?*

Tabla 9.6

Ácidos comunes	
Nombre	Fórmula
Ácido clorhídrico	HCl
Ácido sulfúrico	H_2SO_4
Ácido nítrico	HNO_3
Ácido etanoico	$HC_2H_3O_2$
Ácido fosfórico	H_3PO_4
Ácido carbónico	H_2CO_3

Ejemplo de problema 9.8

Nombrar ácidos

Nombra los siguientes compuestos como ácidos:

a. HClO   **b.** HCN

❶ Analizar Identifica los conceptos relevantes. El anión del ácido determina el nombre del ácido. (1) Si el nombre del anión termina en *–uro*, nombra el ácido usando la raíz del anión con el sufijo *–hídrico*, precedido por la palabra *ácido*. (2) Si el nombre del anión termina en *–ito*, nombra el ácido usando la raíz del anión con el sufijo *–oso*, precedido por la palabra *ácido*. (3) Si el nombre del anión termina en *–ato*, nombra el ácido usando la raíz del anión con el sufijo *–ico*, precedido por la palabra *ácido*.

❷ Resolver Aplica los conceptos a este problema.

Identifica el anión en el ácido y el sufijo del nombre del anión.	➡	**a.** ClO^- (hipoclor*ito*)	**b.** CN^- (cian*uro*)
Empieza con la palabra *ácido*. Nombra el ácido usando el prefijo (si es que lo hay) y el sufijo adecuados.	➡	ácido hipocloroso (regla 2)	ácido cianhídrico (regla 1)

37. Nombra los compuestos siguientes como ácidos:
  a. HF
  b. HNO_3
  c. H_2SO_3

38. Escribe las fórmulas de los ácidos siguientes:
  a. ácido perclórico
  b. ácido iodhídrico
  c. ácido cloroso

Pista: Para el problema 38, usa la regla de nombrado al revés.

Nombres y fórmulas de bases

🔑 **¿Cómo determinas el nombre y la fórmula de una base?**

Una **base** por lo general es un compuesto iónico que produce iones hidróxido cuando se disuelve en agua. 🔑 **Las bases se nombran de la misma forma que otros compuestos iónicos, el nombre del anión seguido del nombre del catión.** La base común hidróxido de sodio se usa para hacer limpiadores, jabón y papel, como se muestra en la Figura 9.14. El hidróxido de sodio (NaOH) está formado por cationes sodio (Na^+) y aniones hidróxido (OH^-).

🔑 **Para escribir la fórmula de una base, primero escribe el símbolo del catión de metal seguido por la fórmula del ion hidróxido. Después, equilibra las cargas así como lo harías con cualquier compuesto iónico.** Por ejemplo, el hidróxido de aluminio consiste del catión aluminio (Al^{3+}) y el anión hidróxido (OH^-). Necesitas tres iones hidróxido para equilibrar la carga 3+ del catión aluminio. Por lo tanto, la fórmula del hidróxido de aluminio es $Al(OH)_3$.

Figura 9.14 Uso del hidróxido de sodio
En el primer paso de la fabricación de papel, los fabricantes usan NaOH para romper el papel reciclado y la madera y hacer la pulpa.

Ejemplo de problema 9.9

Nombrar bases

Nombra las bases siguientes:

a. KOH   **b.** $Fe(OH)_2$

❶ Analizar **Identifica los conceptos relevantes.** Las bases se nombran igual que otros compuestos iónicos: el nombre del anión seguido por el nombre del catión.

❷ Resolver **Aplica los conceptos a este problema.**

Primero identifica al catión y al anión en el compuesto.	**a.** catión: K^+ anión: OH^-	**b.** catión: Fe^{2+} anión: OH^-
Ahora escribe el nombre del anión, seguido por el nombre del catión.	hidróxido de potasio	hidróxido de hierro(II)

> Recuerda: necesitas incluir un número Romano si el ion de metal puede tener diferentes cargas iónicas.

39. Nombra las bases siguientes:
  a. $Ba(OH)_2$
  b. $Ca(OH)_2$
  c. RbOH

40. Escribe las fórmulas de las bases siguientes:
  a. hidróxido de cesio
  b. hidróxido de berilio
  c. hidróxido de manganeso(III)

9.4 Comprobación de la lección

41. 🔑 **Revisar** Explica cómo determinar el nombre y la fórmula de un ácido.

42. 🔑 **Revisar** ¿Cómo se determinan los nombres y las fórmulas de las bases?

43. **Identificar** Da los nombres de los ácidos siguientes:
  a. HNO_2 **c.** HBr
  b. $HMnO_4$ **d.** H_2S

44. **Identificar** Escribe los nombres de estas bases.
  a. LiOH   **c.** $Mg(OH)_2$
  b. $Pb(OH)_2$ **d.** $Al(OH)_3$

45. **Clasificar** Identifica cada compuesto como un ácido o como una base. Después nombra cada compuesto.
  a. NH_4OH **c.** $Fe(OH)_3$
  b. $HClO_3$ **d.** KOH

46. **Describir** Escribe las fórmulas de estos compuestos iónicos.
  a. ácido carbónico   **c.** hidróxido de hierro(III)
  b. ácido sulfuroso   **d.** hidróxido de zinc

47. **Comparar** ¿Qué elemento aparece generalmente en la fórmula de un ácido? ¿Qué ion aparece generalmente en la fórmula de una base?

9.5 Leyes que gobiernan la formación de compuestos

Preguntas clave

🔑 ¿En qué concuerdan la ley de proporciones definidas y la teoría atómica de Dalton?

🔑 ¿Qué guías generales te pueden ayudar a escribir el nombre y la fórmula de un compuesto químico?

Vocabulario

• ley de las proporciones definidas
• ley de las proporciones múltiples

LA QUÍMICA Y TÚ

P: *¿Sabías que la arena de una playa puede usarse para hacer vidrio?* La arena contiene el compuesto dióxido de silicio, que se usa en la fabricación de vidrio. Una molécula de dióxido de silicio consiste en un átomo de silicio y dos átomos de oxógeno. En esta lección aprenderás por qué la razón de silicio a los átomos de oxígeno en el dióxido de silicio siempre es la misma.

Las leyes de las proporciones definidas y de las proporciones múltiples

🔑 **¿En qué concuerdan la ley de proporciones definidas y la teoría atómica de Dalton?**

Considera el compuesto carbonato de calcio ($CaCO_3$) que se encuentra comúnmente en las rocas. Sin importar si encuentras el compuesto en una roca en Tailandia o en Nueva Zelanda, sigue siendo carbonato de calcio. Este enunciado es cierto porque los tres elementos, calcio, carbono y oxígeno, están combinados en las mismas proporciones en cada molécula de $CaCO_3$. Dos leyes, la ley de las proporciones definidas y la ley de las proporciones múltiples, describen las proporciones en las que se combinan los elementos para formar compuestos. Las reglas para nombrar y escribir fórmulas de compuestos son posibles porque los compuestos obedecen estas dos reglas.

La ley de las proporciones definidas Una fórmula química te dice, por medio de los subíndices, la razón de átomos de cada elemento en el compuesto. Las razones de los átomos pueden también expresarse como relaciones de masa. Por ejemplo, el sulfuro de magnesio (MgS) está compuesto por cationes magnesio y aniones azufre. Si pudieras tomar 100.00 g de sulfuro de magnesio y descomponerlo en sus elementos, obtendrías 43.13 g de magnesio y 56.87 g de azufre. La razón Mg:S de estas masas es 43.13/56.87 o 0.758:1. La relación de masa no cambia sin importar cuánto sufluro de magnesio esté formado o el tamaño de la muestra. El sulfuro de magnesio obedece la **ley de las proporciones definidas,** que enuncia que en las muestras de cualquier compuesto químico, las masas de los elementos siempre están en las mismas proporciones. Esta ley concuerda con la teoría atómica de Dalton.

🔑 Dalton postuló que los átomos se combinan en razones sencillas de números enteros. Si la razón de átomos de cada elemento en un compuesto es fija, entonces la razón de sus masas también es fija.

La ley de proporciones múltiples A principios del siglo XIX, Dalton y otros estudiaron pares de compuestos que contienen los mismos elementos pero diferentes propiedades físicas y químicas. Usando los resultados de estos estudios, Dalton enunció la **ley de proporciones múltiples:** siempre que dos mismos elementos formen más de un compuesto, las diferentes masas de un elemento que se combinan con la misma masa del otro elemento están en la misma razón de números enteros pequeños. En la Figura 9.15 se muestran dos compuestos (CuCl y CuCl₂) que demuestran la ley de proporciones múltiples.

Figura 9.15 CuCl y CuCl₂
a. El cloruro de cobre(I) (CuCl) contiene los elementos cobre y cloro. Este compuesto es verde. **b.** El cloruro de cobre(II) (CuCl₂) contiene los mismos dos elementos que el cloruro de cobre(I), cobre y cloro. Pero, este compuesto es azul.

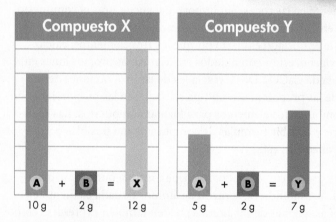

Figura 9.16 Ley de las proporciones múltiples
Dos compuestos, X y Y, contienen masas iguales del elemento B. La razón de las masas de A en estos compuestos es 10:5 o 2:1 (una razón con número entero pequeño).

Comparar *¿Sería diferente la razón si las muestras X y Y contuvieran 3 g de B? Explica.*

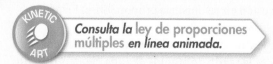

Consulta la ley de proporciones múltiples *en línea animada.*

Dos compuestos familiares, agua (H₂O) y peróxido de hidrógeno (H₂O₂), están formados por los mismos dos elementos. Aunque estos compuestos están formados por los elementos hidrógeno y oxígeno, tienen diferentes propiedades físicas y químicas. Por ejemplo, el agua no blanquea las telas de color, pero el peróxido de hidrógeno blanquea el colorante de la mayoría de las telas. Cada compuesto obedece la ley de proporciones definidas. En cada muestra de peróxido de hidrógeno, están presentes 16.0 g de oxígeno por cada 1.0 g de hidrógeno. La relación de masa de oxígeno a hidrógeno siempre es 16:1. En cada muestra de agua, la relación de masa de oxígeno a hidrógeno siempre es 8:1. Si una muestra de peróxido de hidrógeno tiene la misma masa de hidrógeno que una muestra de agua, la razón de la masa de oxígeno en los dos compuestos es exactamente 2:1.

$$\frac{16 \text{ g O (en H}_2\text{O}_2 \text{ muestra que tiene 1 g H)}}{8 \text{ g O (en H}_2\text{O muestra que tiene 1 g H)}} = \frac{16}{8} = \frac{2}{1} = 2:1$$

Un ejemplo sencillo de la ley de proporciones múltiples se muestra en la Figura 9.16.

Ejemplo de problema 9.10

Calcular las relaciones de masa

El carbono reacciona con el oxígeno para formar dos compuestos. El compuesto A contiene 2.41 g de carbono por cada 3.22 g de oxígeno. El compuesto B contiene 6.71 g de carbono por cada 17.9 g de oxígeno. ¿Cuál es la relación de masa con el número entero más pequeño de carbono que se combina con una masa dada de oxígeno?

❶ Analizar Haz una lista de lo conocido y lo desconocido. Aplica la ley de proporciones múltiples a los dos compuestos. Para cada compuesto, halla los gramos de carbono que se combinan con 1.00 g de oxígeno. Después halla la relación de las masas de carbono en los dos compuestos. Confirma que la relación tenga el número entero más pequeño.

CONOCIDO
Compuesto A = 2.41 g C y 3.22 g O
Compuesto B = 6.71 g C y 17.9 g O

DESCONOCIDO
Relación de masa de C por g O en los dos compuestos = ?

❷ Calcular Resuelve para buscar lo desconocido.

Primero, calcula los gramos de carbono por gramo de oxígeno en el compuesto A.

$$\frac{2.41\,g\,C}{3.22\,g\,O} = \frac{0.748\,g\,C}{1.00\,g\,O}$$

Después, calcula los gramos de carbono por gramo de oxígeno en el compuesto B.

$$\frac{6.71\,g\,C}{17.9\,g\,O} = \frac{0.375\,g\,C}{1.00\,g\,O}$$

Para calcular la relación de masa, compara las masas de un elemento por un gramo del otro elemento en cada compuesto.

Calcula la relación de masa para comparar los dos compuestos.

$$\frac{0.748\,g\,C}{0.375\,g\,C} = \frac{1.99}{1} \approx \frac{2}{1}$$

Expresa la relación de masa como la relación con el número entero más pequeño.

La relación de masa de carbono por gramo de oxígeno en los dos compuestos es **2:1**.

❸ Evaluar ¿Tiene sentido este resultado? La relación es una relación con el número entero más pequeño, como se esperaba. Para una masa dada de oxígeno, el compuesto A contiene el doble de masa de carbono que el compuesto B.

48. El plomo forma dos compuestos con el oxígeno. Uno contiene 2.98 g de plomo y 0.461 g de oxígeno. El otro contiene 9.89 g de plomo y 0.763 g de oxígeno. Para una masa dada de oxígeno, ¿cuál es la relación de masa con el número entero más pequeño de plomo en los dos compuestos?

49. En el compuesto óxido de hierro(III), también conocido como herrumbre, la relación de masa de hierro a oxígeno es 7:3. Una muestra de 33 g de un compuesto formado por hierro y oxígeno contiene 10 g de oxígeno. ¿Es la muestra óxido de hierro(III)? Explica.

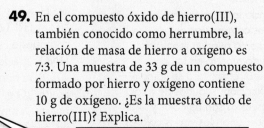

Para responder el Problema 49, primero calcula la masa de hierro en la muestra.

Practicar destrezas: nombres químicos y fórmulas

🔑 ¿Qué guías generales te pueden ayudar a escribir el nombre y la fórmula de un compuesto químico?

En una casa promedio, probablemente puedas encontrar cientos de químicos, incluyendo productos de limpieza, farmacéuticos y pesticidas. Probablemente hayas notado etiquetas de precaución en los productos que te hablan de sus posibles peligros. La mayoría de las personas no sabrían qué hacer si un niño ingiriera uno de estos químicos. Una llamada telefónica al centro de control de venenos puede proporcionar información de emergencia a víctimas de tales envenenamientos. Pero un centro de control de venenos puede ser mucho más efectivo si quien hace la llamada proporciona alguna información acerca del nombre o la fórmula de la sustancia.

Nombrar compuestos químicos Una de las destrezas que aprendiste en este capítulo es nombrar los compuestos químicos. Si ésta es la primera vez que intentas dominar esta destreza, puedes sentirte un poco abrumado. Por ejemplo, puedes encontrar difícil el saber cuándo usar y cuándo no usar prefijos y números Romanos en el nombre. O puedes tener problemas determinando si el nombre de un compuesto debería terminar en –*ato*, -*uro* o –*ito*.

Aquí te presentamos algunas guías para ayudarte a nombrar un compuesto químico a partir de la fórmula química.

1. **🔑 Sigue las reglas para nombrar ácidos cuando H sea el primer elemento en la fórmula.**

2. **🔑 Si el compuesto es binario, generalmente el nombre termina con el sufijo –*uro*. Si el compuesto es un compuesto binario molecular, usa los prefijos para indicar el número de átomos.**

3. **🔑 Cuando en la fórmula hay un ion poliatómico que incluye oxígeno, el nombre del compuesto por lo general termina en –*ito* o –*ato*.**

4. **🔑 Si el compuesto contiene un catión metálico que pueda tener cargas iónicas diferentes, usa un número Romano para indicar el valor numérico de la carga iónica en el compuesto.**

El diagrama de flujo de la Figura 9.18 te da una serie de preguntas para nombrar un compuesto cuando conoces su fórmula. Sigue las flechas y responde las preguntas en el diagrama de flujo para escribir el nombre correcto de un compuesto. La serie de preguntas en el diagrama de flujo te puede ayudar a nombrar los compuestos que puedas tener en casa así como los compuestos responsables de los bellos colores en la madera petrificada que se muestra en la Figura 9.17. Aplica la fórmula general Q_xR_y en cada compuesto. Q y R pueden ser átomos, iones monoatómicos o iones poliatómicos. Por ejemplo, para nombrar el HNO_3, sea H = Q y NO_3 = R. Sigue la primera flecha hacia abajo, hacia la pregunta "¿Q = H?" La respuesta es sí, por lo tanto la flecha de la derecha te dice que el compuesto es un ácido. Puedes entonces seguir las reglas para nombrar ácidos. HNO_3 es ácido nítrico.

Para nombrar el compuesto N_2O_3, sea N = Q y O = R. La respuesta a la pregunta "¿Q = H?" es no, por lo tanto, sigue la flecha hacia la izquierda. El compuesto es binario y su nombre termina en –*uro*. ¿Es Q un metal? La respuesta es no, por lo tanto, debes usar prefijos en el nombre para N_2O_3 que es *trióxido de dinitrógeno*. Practica nombrando otros compuestos usando el diagrama de flujo. Pronto ya no necesitarás el diagrama de flujo.

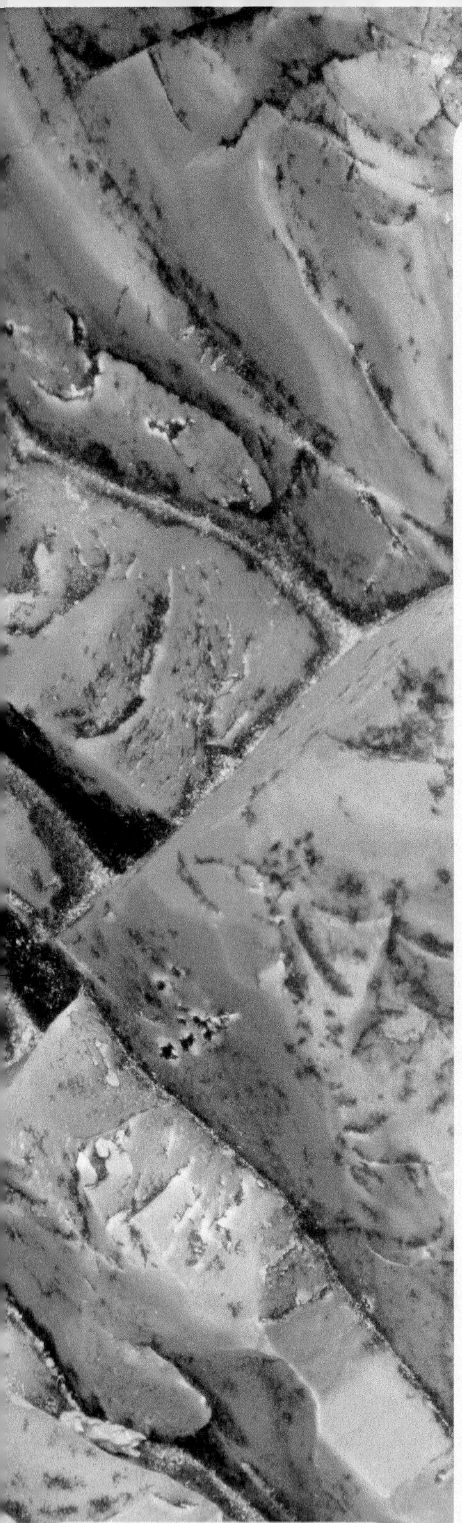

Figura 9.17 Bosque petrificado
Cuando la madera envejece, ciertos compuestos del sedimento pueden reemplazar el tejido muerto en la madera. El proceso se llama petrificación. Algunos de estos compuestos son de color y proporcionan los varios colores a la madera petrificada.

Figura 9.18 Nombrar compuestos
Este diagrama de flujo te ayudará a nombrar compuestos cuando se da una fórmula química. Empieza con las letras Q y R en la fórmula general Q_xR_y.

Interpretar diagramas *¿Cuál es el nombre correcto de Cr_2O_3?*

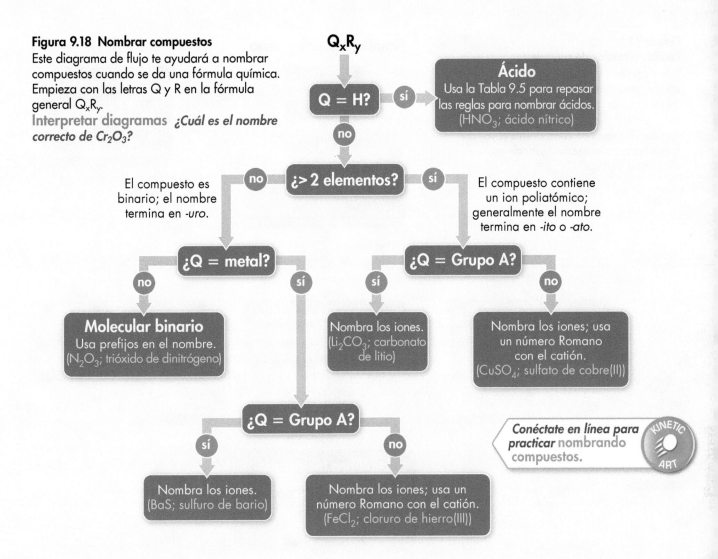

Q_xR_y

Q = H? — sí → **Ácido** Usa la Tabla 9.5 para repasar las reglas para nombrar ácidos. (HNO_3; ácido nítrico)

no ↓

El compuesto es binario; el nombre termina en *-uro*. ← no — **¿> 2 elementos?** — sí → El compuesto contiene un ion poliatómico; generalmente el nombre termina en *-ito* o *-ato*.

¿Q = metal?

¿Q = Grupo A?

no ↓ — **Molecular binario** Usa prefijos en el nombre. (N_2O_3; trióxido de dinitrógeno)

sí ↓

sí → **Nombra los iones.** (Li_2CO_3; carbonato de litio)

no → **Nombra los iones; usa un número Romano con el catión.** ($CuSO_4$; sulfato de cobre(II))

¿Q = Grupo A?

sí ↓ — **Nombra los iones.** (BaS; sulfuro de bario)

no ↓ — **Nombra los iones; usa un número Romano con el catión.** ($FeCl_2$; cloruro de hierro(III))

Conéctate en línea para practicar nombrando compuestos.

KINETIC ART

Escribir fórmulas químicas Al escribir una fórmula química a partir del nombre, es útil recordar las guías siguientes:

1. Una terminación en *–uro* por lo general indica un compuesto binario.

2. Una terminación en *–ito* o *–ato* significa un ion poliatómico que incluye al oxígeno en la fórmula.

3. Los prefijos en un nombre por lo general indican que el compuesto es molecular.

4. Un número Romano después del nombre de un catión muestra la carga iónica del catión.

Estas guías y las preguntas en el diagrama de flujo de la Figura 9.19 te ayudarán a escribir la fórmula de un compuesto cuando conozcas su nombre. Por ejemplo, usa el diagrama de flujo para escribir la fórmula del cromato de sodio. El nombre no contiene prefijos; por lo tanto, el compuesto es iónico. Los iones son ion sodio y ion cromato. El sodio es un elemento del Grupo A, entonces usa la tabla periódica o la Tabla 9.1 para obtener su carga iónica (1+). El ion cromato es un ion poliatómico, entonces usa la Tabla 9.3 para obtener su carga (2−). Equilibra las cargas para obtener la fórmula Na_2CrO_4. Usa este diagrama de flujo para practicar la escritura de fórmulas hasta que ya no lo necesites.

LA QUÍMICA Y TÚ

P: *Usa el diagrama de flujo de la Figura 9.19 para ayudarte a escribir la fórmula del dióxido de silicio.*

Figura 9.19
Escribir fórmulas de compuestos
Este diagrama de flujo te ayudará a
escribir una fórmula química cuando se te
de un nombre químico.
*Interpretar diagramas ¿Cuáles
son los dos tipos de compuestos cuyas
fórmulas puedes escribir usando este
diagrama de flujo?*

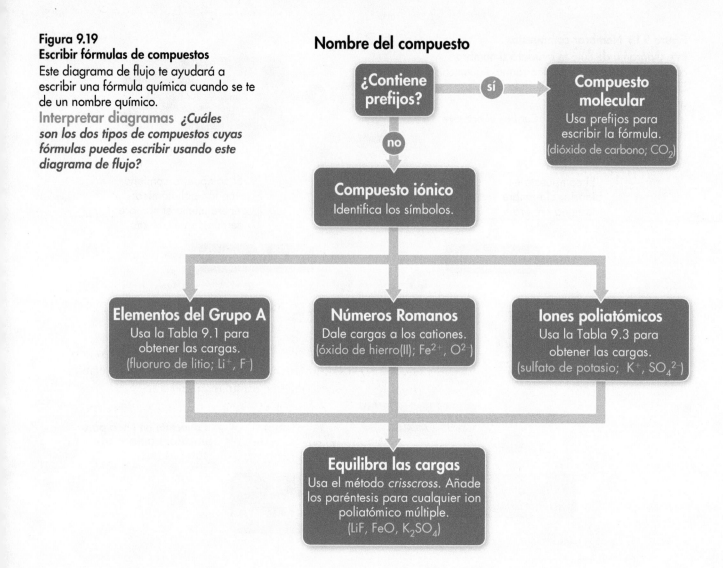

Nombre del compuesto

¿Contiene prefijos? — **sí** → **Compuesto molecular** Usa prefijos para escribir la fórmula. (dióxido de carbono; CO_2)

no

Compuesto iónico Identifica los símbolos.

Elementos del Grupo A Usa la Tabla 9.1 para obtener las cargas. (fluoruro de litio; Li^+, F^-)

Números Romanos Dale cargas a los cationes. (óxido de hierro(II); Fe^{2+}, O^{2-})

Iones poliatómicos Usa la Tabla 9.3 para obtener las cargas. (sulfato de potasio; K^+, SO_4^{2-})

Equilibra las cargas Usa el método *crisscross*. Añade los paréntesis para cualquier ion poliatómico múltiple. (LiF, FeO, K_2SO_4)

9.5 Comprobación de la lección

50. 🔑 Revisar ¿En qué concuerdan la ley de proporciones definidas y la teoría atómica de Dalton?

51. 🔑 Hacer una lista ¿Qué guías generales te pueden ayudar a escribir el nombre y la fórmula de un compuesto?

52. Comparar Dos compuestos que contienen cobre y cloro tienen las masas siguientes:

Compuesto A: 32.10 g Cu y 17.90 g Cl
Compuesto B: 23.64 g Cu y 26.37 g Cl

¿Son los compuestos el mismo? Si no, ¿cuál es la relación de masa con el número entero más pequeño de cobre que se combina con una masa dada de cloro?

53. Identificar Nombra los compuestos siguientes:
a. $CaCO_3$ **b.** $PbCrO_4$ **c.** $SnCr_2O_7$

54. Describir Escribe las fórmulas químicas de cada uno de los compuestos siguientes:
a. hidróxido de estaño(II)
b. fluoruro de bario
c. monóxido de tetraioduro
d. oxalato de hierro(III)

55. Evaluar Identifica los nombres o fórmulas incorrectos de lo siguiente. Explica tu(s) respuesta(s).
a. óxido de calcio(II)
b. óxido de aluminio
c. $Na_2C_2O_4$
d. $Mg(NH_4)_2$

GRANIDEA ENLACES E INTERACCIONES

56. Explica por qué la composición química del agua (H_2O) es siempre la misma.

Nombres y fórmulas de compuestos iónicos

Propósito

Observar la formación de compuestos y escribir sus nombres y fórmulas

Materiales

- lápiz
- papel
- regla
- superficie de reacción
- químicos mostrados en la Figura A
- químicos mostrados en la Figura B

Procedimiento

En hojas de papel separadas, dibuja dos cuadrículas similares a la Figura A. Haz que cada cuadro tenga 2 cm de cada lado. Dibuja X negras en una de las cuadrículas. Usa la otra cuadrícula como tabla de datos para registrar tus observaciones. Coloca una superficie de reacción sobre la cuadrícula con X negras y añade los químicos como se indica en la Figura A.

Analizar y concluir

1. Observar Describe cada precipitado (producto sólido) que se forme. Usa términos como *lechoso, granular, turbio* o *gelationoso*. ¿Qué mezclas no formaron un precipitado?

2. Describir Escribe las fórmulas y los nombres de los compuestos químicos producidos en las mezclas.

Tú eres el químico

1. Analizar datos Repite el experimento usando los químicos de la Figura B. Identifica los precipitados, escribe sus fórmulas y nómbralos.

2. Explicar En las ecuaciones iónicas, el precipitado se escribe del lado derecho de una flecha y los iones que lo producen se escriben del lado izquierdo. Escribe las ecuaciones iónicas de los precipitados formados a partir de las reacciones relacionadas con la Figura B. Por ejemplo, la primera reacción en la Figura B se escribiría así::

$$2Fe^{3+} + 3CO_3^{2-} \longrightarrow Fe_2(CO_3)_3$$

	$AgNO_3$ (Ag^+)	$Pb(NO_3)_2$ (Pb^{2+})	$CaCl_2$ (Ca^{2+})
Na_2CO_3 (CO_3^{2-})	a	e	i
Na_3PO_4 (PO_4^{3-})	b	f	j
$NaOH$ (OH^-)	c	g	k
Na_2SO_4 (SO_4^{2-})	d	h	l

Figura A

	$FeCl_3$ (Fe^{3+})	$MgSO_4$ (Mg^{2+})	$CuSO_4$ (Cu^{2+})
Na_2CO_3 (CO_3^{2-})	a	e	i
Na_3PO_4 (PO_4^{3-})	b	f	j
$NaOH$ (OH^-)	c	g	k
Na_2SO_4 (SO_4^{2-})	d	h	l

Figura B

GRANIDEA LA ESTRUCTURA DE LOS ÁTOMOS; ENLACES E INTERACCIONES

La posición de un elemento en la tabla periódica proporciona información acerca de la formación de un ion y las tendencias del enlace, lo cual se usa para escribir los nombres y fórmulas de iones y compuestos. Los compuestos iónicos y moleculares difieren en composición, los iones forman compuestos iónicos y las moléculas forman compuestos moleculares.

9.1 Nombrar iones

🔑 Cuando los metales en los grupos 1A, 2A y 3A pierden electrones, forman cationes con cargas positivas iguales a su número de grupo. La carga de cualquier ion de un no metal del Grupo A se determina al restar 8 del número de grupo. Las cargas de los cationes de muchos metales de transición deben determinarse a partir del número de electrones perdidos.

🔑 Un ion poliatómico está compuesto por más de un átomo que se comporta como una unidad y conduce una carga.

•ion monoatómico (264)

9.2 Nombrar compuestos iónicos y escribir su fórmula

🔑 Para escribir la fórmula de un compuesto iónico binario, escribe el símbolo del catión y después el del anión. Después equilibra las cargas. El nombre de un compuesto iónico binario es el nombre del anión seguido del nombre del catión.

🔑 Para escribir fórmulas de compuestos con iones poliatómicos, escribe el símbolo del catión seguido del símbolo del anión. Después equilibra las cargas. Para nombrar un compuesto que contiene un ion poliatómico, indica el nombre del anión seguido del nombre del catión.

•compuesto binario (272)

9.3 Nombrar compuestos moleculares y escribir su fórmula

🔑 Para nombrar un compuesto molecular binario, escribe los nombres de los elementos en el orden inverso al que están en la fórmula. Usa prefijos para indicar el número de cada átomo. Termina el nombre del primer elemento con –uro.

🔑 Para escribir la fórmula de un compuesto molecular binario, usa los prefijos para determinar el subíndice de cada elemento. Escribe los símbolos de los elementos con los subíndices.

9.4 Nombrar ácidos y bases y escribir su fórmula

🔑 Si el nombre del anión termina en –uro, el nombre del ácido empieza con la palabra ácido, seguida por el prefijo hidro-. La raíz del anión tiene el sufijo –ico. Si el nombre del anión termina en –ito, el nombre del ácido empieza con la palabra ácido, seguida por la raíz del anión con el sufijo –oso. Si el nombre del anión termina con el sufijo –ato, el nombre del ácido empieza con la palabra ácido, seguida por la raíz del anión con el sufijo –ico. Para escribir la fórmula de un ácido, usa la regla para escribir el nombre del ácido al revés.

🔑 Las bases se nombran como otros compuestos iónicos. Para escribir la fórmula de una base, escribe el símbolo del catión de metal seguido por el del ion hidróxido. Después, equilibra las cargas iónicas.

•ácido (285)   •base (287)

9.5 Leyes que gobiernan la formación de compuestos

🔑 Si la razón de átomos de cada elemento en un compuesto es fija, entonces la relación de sus masas también es fija.

🔑 Sigue las reglas para nombrar ácidos cuando H es el primer elemento. Si el compuesto es binario, por lo general el nombre termina en –uro. Para un compuesto binario molecular, usa prefijos para indicar el número de átomos. Cuando un ion poliatómico con oxígeno está en la fórmula, el compuesto termina en –ito o –ato. Si el compuesto contiene un catión metálico que pueda tener cargas iónicas diferentes, usa un número Romano para indicar la carga iónica.

🔑 Una terminación –uro por lo general indica un compuesto binario. Una terminación –ito o –ato indica un ion poliatómico con oxígeno. Por lo general los prefijos indican un compuesto molecular. Un número Romano después del nombre de un catión muestra la carga iónica del catión.

•ley de proporciones definidas (289)
•ley de proporciones múltiples (290)

Afinación de destrezas: nombres y fórmulas

Problema	❶ Analizar	❷ Resolver
Escribe el nombre del compuesto iónico binario CrI_2.	Nombra los iones en el orden inverso al escrito en la fórmula. Usa un número Romano si el catión del metal en el compuesto puede tener más de una carga iónica común. Pista: Consulta los Problemas de ejemplo 9.2 y 9.3 si tienes problemas identificando compuestos iónicos binarios.	El CrI_2 contiene cationes cromio y iones yodo. El cromio forma dos cationes comunes: Cr^{2+} y Cr^{3+}. El compuesto CrI_2 es eléctricamente neutro. El ion yodo es I^- y la fórmula CrI_2 especifica dos iones de yodo, los cuales dan una carga de 2-. Por lo tanto, el ion cromio debe ser Cr^{2+}. El nombre del compuesto es ioduro de cromio(II).
Escribe el nombre del compuesto molecular binario N_2O_5. Pista: Revisa el Ejemplo de problema 9.6 si necesitas ayuda para nombrar los compuestos moleculares binarios.	Nombra los elementos en el orden escrito en la fórmula. Usa prefijos conforme los necesites para indicar el número de cada tipo de átomo. Usa el sufijo –uro en el nombre del primer elemento.	N_2O_5 está compuesto por dos átomos de nitrógeno y cinco átomos de oxígeno. El nombre del compuesto es pentóxido de dinitrógeno.
Escribe la fórmula del compuesto iónico sulfato de aluminio.	Escribe el símbolo o fórmula de cada ion en el orden inverso al escrito en el nombre. Usa subíndices para equilibrar las cargas. Los iones deben combinarse en la razón con el número entero más pequeño. Usa paréntesis si se necesita más de un ion poliatómico para equilibrar la fórmula.	El sulfato de aluminio contiene cationes Al^{3+} y aniones SO_4^{2-}. Al^{3+} ⤬ $(SO_4)^{2-}$ La fórmula del sulfato de aluminio es $Al_2(SO_4)_3$. Recuerda: Usa los paréntesis cuando hay más de un ion poliatómico en la fórmula equilibrada.
Escribe la fórmula del compuesto molecular binario dióxido de selenio. Recuerda: El número 1 nunca se usa como subíndice en una fórmula.	Los prefijos en el nombre indican el subíndice de cada elemento en la fórmula. Escribe los símbolos de los dos elementos con los subíndices adecuados.	El dióxido de selenio está compuesto por un átomo de selenio y dos átomos de oxígeno. La fórmula del dióxido de selenio se escribe SeO_2.

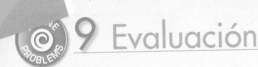

9 Evaluación

✱ Las respuestas aparecen en el Apéndice E

Lección por lección

9.1 Nombrar iones

57. Da las cargas esperadas de los iones de los elementos de estos grupos de la tabla periódica.

  a. Grupo 6A   **c.** Grupo 7A
  b. Grupo 1A   **d.** Grupo 3A

✱**58.** Da la carga esperada de los cationes de los elementos siguientes:

  a. Sr   **b.** Ca   **c.** Al   **d.** Cs

59. Nombra estos iones usando la Tabla 9.2, si es necesario.

  a. Ba^{2+} **b.** I^- **c.** Ag^+ **d.** Hg^{2+}

60. Escribe los nombres y fórmulas de los dos aniones poliatómicos en la Tabla 9.3 con nombres que no terminen en –*ito* o –*ato*.

61. Nombra los iones siguientes:

  a. OH^- **b.** Pb^{4+} **c.** SO_4^{2-} **d.** O^{2-}

9.2 Nombrar compuestos iónicos y escribir su fórmula

62. ¿Cuál es la carga neta de cada compuesto iónico? Explica.

63. ¿Cómo se escriben las fórmulas químicas de los compuestos iónicos binarios, dados sus nombres? ¿Cómo se hace a la inversa?

✱**64.** ¿Cómo determinas la carga de un catión de metal de transición a partir de la fórmula de un compuesto iónico que contenga ese catión?

65. ¿Cómo se escriben las fórmulas de los compuestos iónicos poliatómicos, dados sus nombres? ¿Cómo se hace a la inversa?

66. Completa la tabla escribiendo las fórmulas correctas de los compuestos formados por la combinación de iones positivos y negativos. Después nombra cada compuesto.

	NO_3^-	CO_3^{2-}	CN^-	PO_4^{3-}
NH_4^+	**a.**___	**e.**___	**i.**___	**m.**___
Sn^{4+}	**b.**___	**f.**___	**j.**___	**n.**___
Fe^{3+}	**c.**___	**g.**___	**k.**___	**o.**___
Mg^{2+}	**d.**___	**h.**___	**l.**___	**p.**___

67. ¿Cuáles de los compuestos siguientes son compuestos iónicos binarios?

  a. KBr
  b. K_3PO_4
  c. nitruro de sodio
  d. sulfato de calcio

68. ¿Cuándo deben usarse los paréntesis en la fórmula de un compuesto?

9.3 Nombrar compuestos moleculares y escribir su fórmula

69. ¿Cuáles son los componentes de un compuesto molecular binario?

✱**70.** ¿Qué prefijo indica cada uno de los siguientes números de átomos en la fórmula de un compuesto molecular binario?

  a. 3   **b.** 1   **c.** 2   **d.** 6   **e.** 5   **f.** 4

71. ¿Cómo se escriben las fórmulas de compuestos moleculares binarios, dados sus nombres? ¿Cómo se hace a la inversa, dadas sus fórmulas?

72. Escribe la fórmula o nombre de los compuestos siguientes:

  a. P_2O_5
  b. CCl_4
  c. tricloruro de boro
  d. tetrahidrato de dinitrógeno

9.4 Nombrar ácidos y bases y escribir sus fórmulas

73. Da el nombre o la fórmula de estos ácidos.

  e. HCl   **c.** ácido sulfúrico
  f. HNO_3 **d.** ácido acético

74. ¿Es cada compuesto que contiene hidrógeno un ácido? Explica.

75. Escribe fórmulas para estos compuestos.

  a. ácido nitroso
  b. hidróxido de aluminio
  c. ácido hidroselénico
  d. hidróxido de estroncio
  e. ácido fosfórico

✱**76.** Escribe los nombres o las fórmulas de estos compuestos.

  a. $Pb(OH)_2$ **c.** hidróxido de cobre(II)
  b. $Co(OH)_2$ **d.** hidróxido de hierro(II)

9.5 Leyes que gobiernan la formación de compuestos

77. ¿Cuál es la ley de proporciones definidas?

78. Describe la ley de proporciones múltiples.

*** 79.** El óxido nitroso, el gas de la risa, se usa como un anestésico en odontología. La relación de masa de nitrógeno a oxígeno es de 7:4. Una muestra de 68 g de un compuesto formado por nitrógeno y oxígeno contiene 42 g de nitrógeno. ¿Es la muestra óxido nitroso?

Entender conceptos

80. Escribe las fórmulas de estos compuestos.

  a. permanganato de potasio
  b. hidrocarbonato de calcio
  c. heptóxido de dicloro
  d. tetranitruro de trisilicio
  e. dihidrofosfato de sodio
  f. pentabromuro de fósforo

81. Escribe las fórmulas de estos compuestos.

  a. sulfuro de magnesio   **e.** sulfito de potasio
  b. fosfito de sodio   **f.** carbonato de calcio
  c. hidróxido de bario   **g.** bromuro de sodio
  d. nitrito de cobre(II)   **h.** sulfato férrico

*** 82.** Nombra estos compuestos.

  a. $NaClO_3$ **d.** $HClO_4$ **g.** $KHSO_4$
  b. Hg_2Br_2 **e.** SnO_2 **h.** $Ca(OH)_2$
  c. K_2CrO_4 **f.** $Fe(C_2H_3O_2)_3$ **i.** BaS

83. Nombra cada sustancia.

  a. $LiClO_4$ **d.** CaO **g.** $SrSO_4$
  b. Cl_2O **e.** $Ba_3(PO_4)_2$ **h.** $CuC_2H_3O_2$
  c. HgF_2 **f.** I_2 **i.** $SiCl_4$

84. Nombra cada compuesto.

  a. $Mg(MnO_4)_2$ **d.** N_2H_4 **g.** PI_3
  b. $Be(NO_3)_2$ **e.** $LiOH$ **h.** ZnO
  c. K_2CO_3 **f.** BaF_2 **i.** H_3PO_3

85. Escribe las fórmulas de estos compuestos.

  a. bromuro de calcio   **e.** cianuro de estaño(V)
  b. cloruro de plata   **f.** hidruro de litio
  c. carburo de aluminio   **g.** acetato de estroncio
  d. dióxido de nitrógeno   **h.** silicato de sodio

*** 86.** Un compuesto con la fórmula general Q_xR_y no contiene hidrógeno y tanto Q como R son elementos. Ni Q ni R es un metal. ¿Es Q_xR_y un ácido, un compuesto iónico binario o un compuesto molecular binario?

87. Un compuesto de la fórmula general Q_xR_y no contiene hidrógeno. Q es el metal alcalino de menor masa atómica y R contiene los elementos oxígeno y carbono en una razón 3:1. Escribe el nombre y la fórmula del compuesto.

*** 88.** Dos compuestos contienen sólo estaño y cloro. La razón de las masas de cloro combinadas con 1.00 g de estaño en los dos compuestos es 2:1. Si un compuesto tiene la fórmula $SnCl_2$, ¿cuál es la fórmula del otro compuesto?

89. El análisis de dos compuestos muestra que sólo contienen plomo y yodo en estas cantidades:

Compuesto I: 22.48 g Pb y 27.52 g I
Compuesto II: 5.80 g Pb y 14.20 g I

  a. Determina la razón de plomo contenida en los dos compuestos por cada 1 g de yodo.
  b. Usa tu razón y tu conocimiento de las cargas iónicas para escribir las fórmulas y los nombres de los dos compuestos.

90. Los Estados Unidos producen miles de químicos inorgánicos. Los químicos inorgánicos, en su mayor parte, no contienen carbono. La tabla muestra las cantidades (en miles de millones de kg) de los diez principales químicos inorgánicos producidos en un año reciente.

Nombre químico	Cantidad producida (10^9 kg)
Ácido sulfúrico	39.4
Nitrógeno	26.9
Oxígeno	17.7
Amoníaco	16.5
Cal	16.3
Ácido fosfórico	11.2
Hidróxido de sodio	11.0
Cloro	10.3
Carbonato de sodio	9.3
Ácido nítrico	6.8

  a. ¿Qué porcentaje de la producción total de los diez principales es cal (óxido de calcio)?
  b. Tres gases diatómicos están en la lista. ¿Cuál fue la producción combinada de estos gases en miles de millones de kilogramos?
  c. ¿Qué porcentaje suman los tres ácidos del total de la producción de los diez principales?
  d. Escribe las fórmulas de los diez principales químicos inorgánicos.

Piensa de manera crítica

91. Comparar y contrastar ¿En qué se diferencian la información expresada por una fórmula molecular y la información dada por una unidad de fórmula de un compuesto?

92. Generalizar ¿En qué parte de la tabla periódica encontrarás los dos elementos en un compuesto molecular binario?

93. Sacar conclusiones ¿Por qué es importante para los químicos tener un sistema para escribir nombres y fórmulas químicas?

94. Evaluar Juzga este enunciado: "La carga iónica de cualquier metal puede determinarse a partir de la posición del elemento en la tabla periódica."

95. Explicar Resume las reglas que los químicos usan para nombrar compuestos iónicos. ¿Cuál es el propósito de cada regla?

✷96. Usar modelos El nitrógeno y el oxígeno forman varios compuestos químicos estables. En los modelos siguientes, el nitrógeno es azul; el oxígeno es rojo. Escribe la fórmula molecular y nombra cada uno.

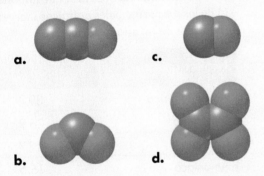

97. Evaluar y revisar Examina los nombres siguientes de compuestos iónicos. Demuestra, al escribir todas las fórmulas posibles de los compuestos, que los nombres están incompletos. Después, escribe cada nombre completo.

  a. sulfuro de cobre   **c.** óxido de plomo
  b. sulfato de hierro   **d.** fluoruro de manganeso

✷98. Evaluar y revisar Explica qué está mal en cada fórmula. Escribe la fórmula correcta.

  a. $CsCl_2$ **c.** ZnO_2
  b. $LiNe$ **d.** Ba_2S_2

99. Inferir El sulfato sódico alumínico es un ingrediente activo del polvo para hornear. La fórmula molecular de este compuesto iónico contiene dos iones sulfato. Escribe la fórmula molecular completa del sulfato sódico alumínico.

✷100. Clasificar Separa los compuestos siguientes en cinco categorías: compuestos iónicos binarios, compuestos moleculares binarios, compuestos con iones poliatómicos, ácidos y bases. Algunos compuestos pueden ajustarse en más de una categoría.

  a. CBr_4 **d.** MgS **g.** Al_2O_3
  b. HCN **e.** H_2SiO_3 **h.** Na_2HPO_4
  c. NH_4OH **f.** $ClBr$ **i.** $KMnO_4$

✷101. Calcular Un estudiante calienta 5.00 g de un compuesto blanco y obtiene 3.60 g de un compuesto verde y 1.40 g de un gas incoloro. Otro estudiante calienta una muestra de 9.00 g del mismo compuesto y obtiene 6.48 g de un compuesto verde y 2.52 g de un gas incoloro.

  a. Muestra, mediante cálculos, que el compuesto blanco obedece la ley de proporciones definidas.
  b. Si un tercer estudiante calienta 14.0 g del compuesto blanco, ¿cuántos gramos de gas incoloro se producirán?

✷102. Sacar conclusiones ¿Qué otra ley se ilustra (dos veces) en el experimento descrito en la pregunta anterior?

103. Aplicar conceptos Los compuestos iónicos están presentes en artículos comúnmente hallados en tu hogar. Escribe las fórmulas de los compuestos iónicos hallados en los siguientes productos comunes para el hogar:

  a. antiácido (carbonato de calcio e hidróxido de magnesio)
  b. pasta para dientes sensibles (fluoruro de sodio y nitrato de potasio)
  c. bloqueador solar (óxido de titanio(IV) y óxido de zinc)
  d. pasta (sulfato ferroso)

104. Usar modelos En los modelos siguientes, el cloro es verde; el fósforo es naranja; el carbono es negro y el azufre es amarillo. Escribe la fórmula y el nombre de cada compuesto. ¿Son estos compuestos iónicos o moleculares?

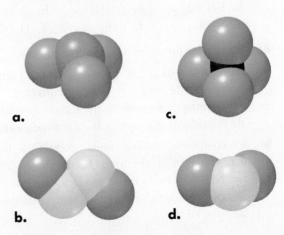

105. Organizar datos El *Manual de química y física de CRC* es un libro de consulta que contiene mucha información acerca de los elementos y los compuestos. Dos secciones del libro que podrías usar se llaman "Constantes físicas de compuestos inorgánicos" y "Constantes físicas de compuestos orgánicos". Para familiarizarte con este trabajo, haz una tabla con estos encabezados: Nombre, Fórmula, Forma cristalina o color, Densidad, Punto de fusión (°C), Punto de ebullición (°C) y Solubilidad en agua.

Nombre	Fórmula	Forma cristalina o color	Densidad	PF (°C)	PE (°C)

Escribe estas sustancias en la tabla: cloruro de amonio, bario, sulfato de bario, carbonato de calcio, cloro, pentahidrato de sulfato de cobre(II), yodo, pentahidrato de sulfato de hierro(II), mercurio, potasio, carbonato y azufre. Usa el manual para completar la tabla.

★106. Analizar datos Usa la tabla que preparaste para el Problema 105 para responder las preguntas siguientes:

a. Tienes dos botellas sin etiquetar, cada una contiene un polvo blanco. Una de las sustancias es carbonato de calcio y la otra es carbonato de potasio. ¿Cómo podrías distinguir entre estos dos compuestos?

b. ¿Cómo distinguirías entre muestras de pentahidrato de sulfato de cobre(II) y pentahidrato de sulfato de hierro(II)?

c. Una botella contiene una mezcla de cloruro de amonio y sulfato de bario. ¿Cómo podrías separar estos dos compuestos?

d. Haz una lista con los elementos en la tabla en orden creciente de densidad. Identifica los elementos como metales o no metalicos.

e. Haz una lista con los compuestos en la tabla en orden decreciente de densidad.

f. Calcula la masa de 47.0 cm³ de mercurio.

g. Calcula el volumen de 16.6 g de azufre.

h. ¿Cómo distinguirías entre los elementos del Grupo 7A enlistados en la tabla?

107. Investigar un problema Los iones sodio (Na^+) y los iones potasio (K^+) se necesitan para que el cuerpo humano funcione. Las deficiencias en estos iones pueden tener efectos adversos en tu salud, Investiga en qué parte del cuerpo es más probable encontrar estos iones y las funciones que desempeñan. Escribe un breve ensayo describiendo tus hallazgos.

108. Explicar Investiga el papel del carbonato de litio en el tratamiento exitoso del desorden bipolar. Escribe un breve reporte que incluya información acerca del desorden bipolar y por qué se usa el carbonato de litio para tratarlo.

109. Conéctate con la GRANIDEA Selecciona cinco productos para el cuidado personal de tu hogar. Lee cada etiqueta de ingredientes e identifica todos los compuestos que puedas descifrar. Escribe un párrafo pequeño en el que expliques cómo es que el aprender a nombrar compuestos químicos te ha ayudado a descifrar estas etiquetas de ingredientes.

MISTERIOQUÍMICO

La equivocación del pepino

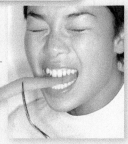

Tara llamó a su abuelita para averiguar qué fue lo que hizo mal. Comenzó describiendo lo que había hecho. Cuando Tara mencionó "exprimir limas", su abuelita la interrumpió y explicó: las limas, en este caso, significaba limas en vinagre, no la fruta cítrica. "¿Limas en vinagre? ¡Nunca escuché hablar de ellas!" exclamó Tara.

Su abuelita fue a buscar un paquete a la alacena para ver la etiqueta de ingredientes. Leyó en voz alta "hidróxido de calcio comestible". Su abuelita explicó "Es lo que hace a los pepinillos crujientes como te gustan".

110. Comparar Cal es el nombre común para el hidróxido de calcio. ¿Cuáles son las ventajas y desventajas del nombre?

★111. Conéctate con la GRANIDEA ¿Es el hidróxido de calcio un compuesto iónico o molecular? Escribe la fórmula.

112. Haz una lista de cinco propiedades de la silla en la que estás sentado. Clasifica cada una como física o química.

* **113.** ¿Cuántas cifras significativas hay en las medidas siguientes?

    a. 15.05 g   **d.** 300.0 cm³
    b. 0.31 cm   **e.** 3.0×10^5 kg
    c. 890 mL   **f.** 0.001 mm

114. Determina la suma de las medidas siguientes con el número correcto de cifras significativas.

$$1.55 \text{ cm} + 0.235 \text{ cm} + 3.4 \text{ cm}$$

115. Haz las conversiones siguientes:

    a. 775 mL a microlitros (μL)
    b. 65°C a K
    c. 8.32 mg Ag a centigramos de plata (cg Ag)

116. Un estudiante descubre que 6.62 g de una sustancia ocupa un volumen de 12.3 cm³. ¿Cuál es la densidad de la sustancia?

117. Compara los neutrones y los protones con respecto a su carga, masa y posición en el átomo.

* **118.** Los diagramas muestran dos modelos del átomo.

    a. ¿Qué modelo es más exacto?
    b. ¿Qué representan las partículas con carga positiva?
    c. ¿Qué representan las partículas con carga negativa?
    d. ¿Qué partícula subatómica principal falta en ambos modelos?

(1) 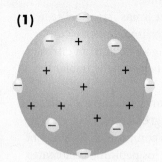 **(2)**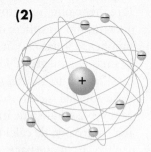

* **119.** ¿Qué elementos tienen estas configuraciones electrónicas?

    a. $1s^2 2s^2 2p^6$ **c.** $1s^2 2s^2 2p^1$
    b. $1s^2 2s^2 2p^2$ **d.** $1s^2$

120. ¿Dónde se hallan los metaloides en la tabla periódica? Compara las propiedades de los metaloides con los metales y los no metalicos.

121. Ordena los grupos de elementos siguientes en orden creciente de energía de ionización.

    a. potasio, cesio, litio, sodio
    b. fluoruro, boro, litio, carbono, neón

122. A partir de las posiciones de los elementos en la tabla periódica, selecciona el elemento en cada par con la mayor electronegatividad.

    a. Cs y Li   **c.** S y Mg   **e.** Te y N
    b. Sr y I   **d.** O y Se   **f.** C y F

123. Los iones de los elementos en los Grupos 1A y 2A tienen radios más pequeños que sus átomos neutros mientras que los iones del Grupo 7A tienen radios más grandes que sus átomos neutros. Explica.

* **124.** ¿Cuántos electrones de valencia tienen los átomos de los elementos siguientes?

    a. litio   **d.** calcio
    b. azufre   **e.** bromo
    c. neón   **f.** fósforo

125. Escribe la configuración electrónica del elemento neón, después identifica tres iones que tengan la misma configuración electrónica.

126. ¿Cuántos protones y electrones hay en cada ion?

    a. ion magnesio   **c.** ion estroncio
    b. ion bromuro   **d.** ion sulfuro

* **127.** ¿Cuál de estos compuestos esperarías que contenga enlaces covalentes? ¿Por qué?

    a. KCl **b.** PBr_3 **c.** ClBr **d.** NaI

128. ¿Cuál de estas sustancias esperarías que sea polar?

    a. Cl_2 **c.** CO_2 **e.** CCl_4 **g.** CH_4
    b. CO **d.** NH_3 **f.** H_2O

129. Dibuja estructuras punto electrón para las sustancias de la Pregunta 128.

130. Explica lo que es un enlace de hidrógeno y bajo qué condiciones se formará un enlace de hidrógeno.

131. Explica la diferencia entre un enlace iónico y un enlace covalente. Usa estructuras punto-electrón para ilustrar tu explicación.

Si tienes problemas con . . .

Pregunta	112	113	114	115	116	117	118	119	120	121	122	123	124	125	126	127	128	129	130	131
Ver el capítulo	2	3	3	3	3	4	5	5	6	6	6	6	7	7	7	8	8	8	8	8

302 Capítulo 9 • Evaluación

Preparación para los exámenes estandarizados

Selecciona la opción que responda mejor cada pregunta o que complete cada enunciado.

1. Identifica el par en el que la fórmula no concuerde con el nombre.
   - **(A)** sulfito, SO_3^{2-}
   - **(B)** nitrito, NO_3^-
   - **(C)** hidróxido, OH^-
   - **(D)** dicromato, $Cr_2O_7^{2-}$

2. ¿Cuáles de estos compuestos son iónicos?
   - I. $CaSO_4$
   - II. N_2O_4
   - III. NH_4NO_3
   - IV. CaS

   - **(A)** sólo I y II
   - **(B)** sólo II y III
   - **(C)** sólo III y IV
   - **(D)** sólo I, III y IV

3. ¿Cuál es el nombre de $AlCl_3$?
   - **(A)** tricloruro de aluminio
   - **(B)** cloruro de aluminio(III)
   - **(C)** clorito de aluminio
   - **(D)** cloruro de aluminio

4. El número Romano en el sulfuro de manganeso(IV) indica
   - **(A)** el número de grupo en la tabla periódica.
   - **(B)** la carga positiva en el ion manganeso.
   - **(C)** el número de iones manganeso en la fórmula.
   - **(D)** el número de iones sulfuro necesarios en la fórmula.

> ## Consejos para tener éxito
>
> **Eliminar las respuestas incorrectas** Si no sabes cuál opción es la correcta, empieza eliminando aquellas que sabes que son incorrectas. Si puedes eliminar algunas opciones, aumentarás tus posibilidades de elegir la respuesta correcta.

5. ¿Cuál de estos enunciados no describe cada compuesto molecular binario?
   - **(A)** Las moléculas de compuestos moleculares binarios están formadas por dos átomos.
   - **(B)** Los nombres de compuestos moleculares binarios contienen prefijos.
   - **(C)** Los nombres de los compuestos moleculares binarios terminan con el sufijo *-uro*.
   - **(D)** Los compuestos moleculares binarios están formados por dos no metales.

6. ¿Cuál es la fórmula del carbonato de amonio?
   - **(A)** NH_4CO_3
   - **(B)** $(NH_4)_2CO_3$
   - **(C)** NH_3CO_4
   - **(D)** NH_4CO_2

Las opciones con letras siguientes se refieren a las Preguntas 7 a 10.

   (A) QR **(B)** QR_2 **(C)** Q_2R **(D)** Q_2R_3

¿Qué fórmula muestra la razón correcta de iones en el compuesto formado por cada par de elementos?

	Elemento Q	Elemento R
7.	aluminio	azufre
8.	potasio	oxígeno
9.	litio	cloro
10.	estroncio	bromo

Usa la tabla de datos para responder las Preguntas 11 y 12. La tabla contiene fórmulas de algunos compuestos iónicos formados cuando los cationes (M, N, P) se combinan con los aniones (A, B, C, D).

Catión	Anión			
	A	B	C	D
M	MA_2	(1)	(2)	MD
N	(3)	N_2B	(4)	(5)
P	PA_3	(6)	PC	$P_2(D)_3$

11. Usa las fórmulas dadas para determinar la carga iónica de cada catión y de cada anión.

12. Escribe fórmulas para los compuestos (1) a (6).

Usa las ventanas atómicas para responder la Pregunta 13.

13. Clasifica los contenidos como sólo elementos, sólo compuestos o elementos y compuestos.

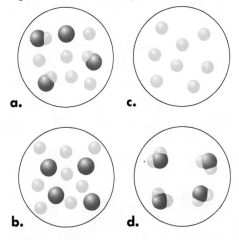

a. c.

b. d.

Si tienes problemas con . . .												
Pregunta	1	2	3	4	5	6	7	8	9	10	11	12	13
Ver la lección	9.1	9.2	9.2	9.2	9.3	9.2	9.2	9.2	9.2	9.2	9.2	9.2	9.2

10

Cantidades químicas

PearsonChem.com

Cuando compras en una tienda de abarrotes o en un mercado de productores, por lo general compras moras azules por pinta y no por mora. De forma similar, los químicos usan una unidad llamada mol para contar átomos y moléculas.

EL MOL Y LA CUANTIFICACIÓN DE MATERIA

Preguntas esenciales:

1. *¿Por qué es el mol una medida importante en la química?*

2. *¿Cómo se puede determinar experimentalmente la fórmula molecular de un compuesto?*

MISTERIOQUÍMICO

Una fórmula para hacer trampa

Los esteroides anabólicos son compuestos desarrollados para aumentar el tamaño y la fuerza muscular. Con frecuencia aparecen noticias acerca de atletas profesionales, como beisbolistas, ciclistas y corredores que han usado esteroides para aumentar su desempeño. Se han desarrollado más de 100 diferentes tipos de esteroides anabólicos y cada una de estas sustancias es ilegal en los Estados Unidos sin prescripción médica. Los esteroides también se prohibieron en muchas organizaciones deportivas debido a sus dañinos efectos secundarios y porque le dan al usuario una ventaja injusta.

Es por ello que, con frecuencia, los atletas se someten a pruebas de uso de esteroides. Entonces, ¿cómo se puede detectar la presencia de esteroides en el cuerpo?

▶ Conexión con la **GRAN**IDEA
A medida que lees sobre el mol y las cantidades químicas, piensa cómo pueden determinarse y usarse la masa molar y la fórmula molecular de un compuesto para identificar la presencia de esteroides en el cuerpo.

10.1 Mol: medida de la materia

P: *¿Cómo puedes cuantificar la cantidad de arena en una escultura de arena?* ¿Alguna vez has ido a la playa y construido un castillo o escultura de arena? Podrías medir la cantidad de arena en una escultura contando los granos de arena. ¿Hay una forma más fácil de medir la cantidad de arena? Los químicos miden la cantidad de una sustancia usando una unidad llamada mol.

Preguntas clave

🔑 **¿Cómo puedes convertir entre el conteo, la masa y el volumen de algo?**

🔑 **¿Cómo cuentan los químicos el número de átomos, moléculas o unidades de fórmula en una sustancia?**

🔑 **¿Cómo determinas la masa molar de un elemento y de un compuesto?**

Vocabulario

- mol
- número de Avogadro
- partícula representativa
- masa molar

Medir la materia

🔑 **¿Cómo puedes convertir entre el conteo, la masa y el volumen de algo?**

La química es una ciencia cuantitativa. En tu estudio de química, analizarás la composición de muestras de materia y realizarás cálculos que relacionen las cantidades de los reactantes en una reacción química con las cantidades de los productos. Para resolver éstos y otros problemas, deberás poder medir la cantidad de materia que tienes.

Una forma de medir la materia es contar cuánto tienes de algo. Por ejemplo, puedes contar los mp3 en tu colección. Otra forma de medir la materia es determinando su masa. Puedes comprar manzanas por kilogramo o por libra, como se muestra en la Figura 10.1. También puedes medir la materia por su volumen. Por ejemplo, las personas compran gasolina por litro o por galón.

Algunas unidades que se usan para medir indican un número específico de artículos. Por ejemplo, un par siempre significa dos. Un par de zapatos son dos zapatos y un par de ases son dos ases. De forma similar, una docena siempre significa 12. Una docena de huevos son 12 huevos y una docena de plumas son 12 plumas.

Las manzanas se pueden medir de tres formas diferentes. En un puesto de frutas, con frecuencia se venden por conteo. En un supermercado, por lo general compras manzanas por peso o por masa. En un huerto, puedes comprar manzanas por volumen. Cada una de estas formas diferentes de medir manzanas puede equipararse a una docena de manzanas.

Por conteo: 1 docena de manzanas = 12 manzanas

Para manzanas de tamaño promedio, se pueden usar las aproximaciones siguientes.

Por masa: 1 docena de manzanas = 2.0 kg de manzanas

Por volumen: 1 docena de manzanas = 0.20 canastas de manzanas

Figura 10.1 Medir por masa
Una docena de manzanas tiene una masa de aproximadamente 2.0 kg.

El saber cómo el conteo, la masa y el volumen de un artículo se relacionan con una unidad común, te permite convertir entre estas unidades. Por ejemplo, con base en las relaciones de unidad dadas en la página anterior, podrías calcular la masa de una canasta de manzanas o la masa de 90 manzanas de tamaño promedio usando factores de conversión como los siguientes:

$$\frac{1 \text{ docena de manzanas}}{12 \text{ manzanas}} \qquad \frac{2.0 \text{ kg de manzanas}}{1 \text{ docena de manzanas}} \qquad \frac{1 \text{ docena de manzanas}}{0.20 \text{ canastas de manzanas}}$$

Ejemplo de problema 10.1

Hallar la masa a partir de un conteo

¿Cuál es la masa de 90 manzanas de tamaño promedio si 1 docena de manzanas tiene una masa de 2.0 kg?

① Analizar Haz una lista de lo conocido y lo desconocido. Usa el análisis dimensional para convertir de número de manzanas a masa de manzanas.

CONOCIDO

número de manzanas = 90 manzanas
12 manzanas = 1 docena de manzanas
1 docena de manzanas = 2.0 kg de manzanas

DESCONOCIDO

masa de 90 manzanas = ? kg

② Calcular Resuelve para buscar lo desconocido.

Primero, identifica la secuencia de conversiones necesarias para realizar el cálculo.

número de manzanas ⟶ docenas de manzanas ⟶ masa de manzanas

Escribe el factor de conversión para convertir de número de manzanas a docenas de manzanas.

$$\frac{1 \text{ docena de manzanas}}{12 \text{ manzanas}}$$

Escribe el factor de conversión para convertir de docenas de manzanas a masa de manzanas.

$$\frac{2.0 \text{ kg de manzanas}}{1 \text{ docena de manzanas}}$$

Las unidades manzanas y docena de manzanas se cancelan, por lo tanto, la respuesta tiene la unidad kg.

Multiplica el número de manzanas por estos dos factores de conversión para obtener la respuesta en kilogramos.

$$90 \text{ manzanas} \cdot \frac{1 \text{ docena de manzanas}}{12 \text{ manzanas}} \cdot \frac{2.0 \text{ kg de manzanas}}{1 \text{ docena de manzanas}} = 15 \text{ kg de manzanas}$$

③ Evaluar ¿Tiene sentido el resultado? Una docena de manzanas tiene una masa de 2.0 kg y 90 manzanas es menos que 10 docenas de manzanas; por lo tanto, la masa debería ser menor que 20 kg de manzanas (10 docenas × 2.0 kg/docena).

1. Si 0.20 canastas es 1 docena de manzanas y una docena de manzanas tiene una masa de 2.0 kg, ¿cuál es la masa de 0.50 canastas de manzanas?

2. Supón que 2.0 kg de manzanas es 1 docena y que cada manzana tiene 8 semillas. ¿Cuántas semillas de manzana hay en 14 kg de manzanas?

En el Problema 1, la conversión deseada es canastas de manzanas ⟶ docenas de manzanas ⟶ masa de manzanas.

En el Problema 2, la conversión deseada es masa de manzanas ⟶ docenas de manzanas ⟶ número de manzanas ⟶ número de semillas.

¿Qué es un mol?

¿Cómo cuentan los químicos el número de átomos, moléculas o unidades de fórmula en una sustancia?

El contar objetos tan grandes como las manzanas es una forma razonable de medir cuánto tienes del objeto. Imagínate intentar contar los granos de arena en una escultura de arena. Sería un trabajo interminable. Recuerda que la materia está compuesta por átomos, moléculas e iones. Estas partículas son mucho más pequeñas que los granos de arena y un número extremadamente grande de ellas están en una pequeña muestra de una sustancia. Obviamente, contar partículas una por una no es práctico. Sin embargo, piensa en contar huevos. Es más fácil cuando los huevos están agrupados en docenas, como se muestra en la Figura 10.2. Una docena es un número específico (12) de cosas.

Contar con moles Los químicos también usan una unidad que es un número específico de partículas. La unidad se llama mol. El **mol** de una sustancia es 6.02×10^{23} partículas representativas de esa sustancia y es la unidad SI para medir la cantidad de una sustancia. El número de partículas representativas en un mol, 6.02×10^{23}, se llama **número de Avogadro.** Se le dio el nombre en honor al científico italiano Amadeo Avogadro di Quaregna (1776–1856), quien ayudó a aclarar la diferencia entre átomos y moléculas.

El término **partícula representativa** se refiere a la especie presente en una sustancia, por lo general átomos, moléculas o unidades de fórmula. La partícula representativa de la mayoría de los elementos es el átomo. El hierro está compuesto por átomos de hierro. El helio está compuesto por átomos de helio. Sin embargo, siete elementos existen normalmente como moléculas diatómicas (H_2, N_2, O_2, F_2, Cl_2, Br_2 y I_2). La partícula representativa de estos elementos y de todos los compuestos moleculares es la molécula. Los compuestos moleculares agua (H_2O) y dióxido de azufre (SO_2) están compuestos por moléculas de H_2O y de SO_2, respectivamente. Para los compuestos iónicos, como el cloruro de sodio, la partícula representativa es la unidad de fórmula $CaCl_2$. **El mol le permite a los químicos contar el número de partículas representativas en una sustancia.** El mol de cualquier sustancia contiene el número de Avogadro de partículas representativas, o 6.02×10^{23} partículas representativas. En la Tabla 10.1 se resume la relación entre las partículas representativas y los moles de las sustancias.

Figura 10.2 Agrupar objetos
Otras palabras, además de *mol*, se usan para describir un número de algo, por ejemplo, una *docena* de huevos son 12 huevos.

Tabla 10.1			
Partículas representativas y moles			
Sustancia	**Partícula representativa**	**Fórmula química**	**Partículas representativas en 1.00 mol**
Cobre	Átomo	Cu	6.02×10^{23}
Nitrógeno atómico	Átomo	N	6.02×10^{23}
Gas nitrógeno	Molécula	N_2	6.02×10^{23}
Agua	Molécula	H_2O	6.02×10^{23}
Sacarosa	Molécula	$C_{12}H_{22}O_{11}$	6.02×10^{23}
Ion calcio	Ion	Ca^{2+}	6.02×10^{23}
Fluoruro de calcio	Unidad de fórmula	CaF_2	6.02×10^{23}

Convertir entre número de partículas y moles La relación 1 mol = 6.02×10^{23} partículas representativas, es la base para los siguientes factores de conversión que puedes usar para convertir el número de partículas representativas en moles y los moles en número de partículas representativas.

$$\frac{1 \text{ mol}}{6.02 \times 10^{23} \text{ partículas representativas}} \quad \text{y} \quad \frac{6.02 \times 10^{23} \text{ partículas representativas}}{1 \text{ mol}}$$

Ejemplo de problema 10.2

Convertir número de átomos en moles

El magnesio es un metal ligero usado en la fabricación de aviones, llantas de coches y herramientas. ¿Cuántos moles de magnesio son 1.25×10^{23} átomos de magnesio?

CONOCIDO
número de átomos = $1.25 \cdot 10^{23}$ átomos de Mg

❶ **Analizar Haz una lista de lo conocido y lo desconocido.** La conversión deseada es átomos ⟶ moles.

DESCONOCIDO
moles = ? moles de Mg

❷ **Calcular Resuelve para buscar lo desconocido.**

Primero, indica la relación entre moles y el número de partículas representativas.	1 mol de Mg = $6.02 \cdot 10^{23}$ átomos de Mg
Escribe los factores de conversión que obtienes con base en esta relación.	$\dfrac{1 \text{ mol de Mg}}{6.02 \cdot 10^{23} \text{ átomos de Mg}}$ y $\dfrac{6.02 \cdot 10^{23} \text{ átomos de Mg}}{1 \text{ mol de Mg}}$
Identifica el factor de conversión necesario para convertir de átomos a moles.	$\dfrac{1 \text{ mol de Mg}}{6.02 \cdot 10^{23} \text{ átomos de Mg}}$
Multiplica el número de átomos de Mg por el factor de conversión.	$1.25 \cdot 10^{23} \text{ átomos de Mg} \cdot \dfrac{1 \text{ mol de Mg}}{6.02 \cdot 10^{23} \text{ átomos de Mg}}$ $= 0.208 \text{ moles de Mg}$

❸ **Evaluar ¿Tiene sentido el resultado?** El número dado de átomos (1.25×10^{23}) es menor que un cuarto del número de Avogadro (6.02×10^{23}), por lo tanto, la respuesta debería ser menor que un cuarto (0.25) de moles de átomos. La respuesta debería tener tres cifras significativas.

> El bromo es una molécula diatómica, por lo tanto, la partícula representativa es Br_2.

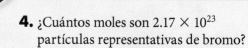

3. ¿Cuántos moles son 2.80×10^{24} átomos de silicio?

4. ¿Cuántos moles son 2.17×10^{23} partículas representativas de bromo?

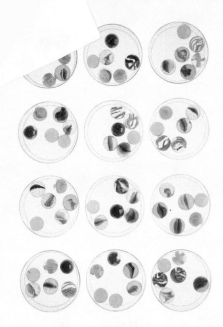

Figura 10.3 Contar canicas
Una docena de tazas con canicas contienen más de una docena de canicas. De forma similar, un mol de moléculas contiene más que un mol de átomos.
Calcular ¿Cuántos átomos hay en un mol de moléculas si cada molécula consiste de seis átomos?

Figura 10.4 Un mol de topos
Un topo promedio tiene una masa de 145 g. La masa de 6.02×10^{23} topos es 8.73×10^{22} kg.

Supón que quieres determinar cuántos átomos hay en un mol de un compuesto. Para hacerlo, debes saber cuántos átomos hay en una partícula representativa del compuesto. Este número se determina a partir de la fórmula química. En la Figura 10.3 se ilustra esta idea con canicas (átomos) en tazas (moléculas). El número de canicas en una docena de tazas es (6×12), o 72 canicas. En la fórmula del dióxido de carbono (CO_2), los subíndices muestran que una molécula de dióxido de carbono está compuesta por tres átomos: un átomo de carbono y dos átomos de oxígeno. Un mol de dióxido de carbono contiene el número de Avogadro de moléculas de CO_2. Cada molécula contiene tres átomos; por lo tanto, un mol de dióxido de carbono contiene tres veces el número de Avogadro de átomos. Una molécula de monóxido de carbono (CO) consiste en dos átomos así que un mol de monóxido de carbono contiene dos veces el número de Avogadro de átomos.

Para hallar el número de átomos en un número dado de moles de un compuesto, primero debes determinar el número de partículas representativas. Para convertir el número de moles de un compuesto al número de partículas representativas (moléculas o unidades de fórmula), multiplica el número de moles por 6.02×10^{23} partículas representativas / 1 mol. Después, multiplica el número de partículas representativas por el número de átomos en cada molécula o unidad de fórmula.

El tamaño de un mol Quizá te preguntes qué tan grande es un mol. La unidad SI, el mol, no está relacionada con el nombre en inglés del topo (*mole*), como se muestra en la figura 10.4. Sin embargo, este pequeño animal te puede ayudar a apreciar el tamaño del número 6.02×10^{23}. Supón que un topo promedio mide 15 cm de largo, 5 cm de alto y tiene una masa de 145 g. Con base en esta información, la masa de 6.02×10^{23} topos es 8.73×10^{22} kg. Esto significa que la masa del número de Avogadro de los topos es igual a más de 60 veces la masa combinada de los océanos de la Tierra. Si se esparciera sobre toda la superficie de la Tierra, el número de Avogadro del topo formaría una capa de más de 8 millones de topos de grosor. ¿Qué sucede con la longitud de 6.02×10^{23} topos? Si se alinearan uno junto a otro, 6.02×10^{23} topos se extenderían desde la tierra hasta la estrella más cercana, Alpha Centauri, más de dos millones de veces. ¿Comienzas a entender qué tan grande es el número de Avogadro?

Ejemplo de problema 10.3

Convertir moles en número de átomos

El propano es un gas que se usa para cocinar y calentar. ¿Cuántos átomos hay en 2.12 moles de propano (C_3H_8)?

❶ Analizar **Haz una lista de lo conocido y lo desconocido.**

La conversión deseada es moles ⟶ moléculas ⟶ átomos.

CONOCIDO

número de moles = 2.12 moles de C_3H_8
1 mol de C_3H_8 = 6.02 · 10^{23} moléculas de C_3H_8
1 molécula de C_3H_8 = 11 átomos
(3 átomos de carbono y 8 átomos de hidrógeno)

DESCONOCIDO

número de átomos = ? átomos

❷ Calcular **Resuelve para buscar lo desconocido.**

Primero, escribe el factor de conversión para convertir de moles a moléculas.

$$\frac{6.02 \cdot 10^{23} \text{ moléculas de } C_3H_8}{1 \text{ mol de } C_3H_8}$$

Recuerda escribir los factores de conversión de manera que la unidad en el denominador cancele la unidad en el numerador del factor anterior.

Escribe el factor de conversión para convertir de moléculas a átomos.

$$\frac{11 \text{ átomos}}{1 \text{ molécula de } C_3H_8}$$

Multiplica los moles de C_3H_8 por los factores de conversión.

$$2.12 \text{ mol de } C_3H_8 \cdot \frac{6.02 \cdot 10^{23} \text{ moléculas de } C_3H_8}{1 \text{ mol de } C_3H_8} \cdot \frac{11 \text{ átomos}}{1 \text{ molécula de } C_3H_8}$$

$$= 1.40 \cdot 10^{25} \text{ átomos}$$

❸ Evaluar **¿Tiene sentido el resultado?** Hay 11 átomos en cada molécula de propano y más de 2 moles de propano; por lo tanto, la respuesta debería ser más de 20 veces el número de Avogadro de moléculas de propano. La respuesta tiene tres cifras significativas con base en las tres cifras significativas en la medida dada.

Hay 3 átomos de carbono y 8 átomos de hidrógeno en 1 molécula de propano.

5. ¿Cuántos átomos hay en 1.14 moles de trióxido de azufre (SO_3)?

6. ¿Cuántos átomos de carbono hay en 2.12 moles de propano? ¿Cuántos átomos de hidrógeno hay en 2.12 moles de propano?

Átomos de carbono		Átomos de hidrógeno		Relación de masa
Número	Masa (uma)	Número	Masa (uma)	$\dfrac{\text{Masa carbono}}{\text{Masa hidrógeno}}$
●	12	○	1	$\dfrac{12\ \text{uma}}{1\ \text{uma}} = \dfrac{12}{1}$
●●	24 (2 × 12)	○○	2 (2 × 1)	$\dfrac{24\ \text{uma}}{2\ \text{uma}} = \dfrac{12}{1}$
●●●●● ●●●●●	120 (10 × 12)	○○○○○ ○○○○○	10 (10 × 1)	$\dfrac{120\ \text{uma}}{10\ \text{uma}} = \dfrac{12}{1}$
●●●●●●●●●● ●●●●●●●●●● ●●●●●●●●●● ●●●●●●●●●● ●●●●●●●●●●	600 (50 × 12)	○○○○○○○○○○ ○○○○○○○○○○ ○○○○○○○○○○ ○○○○○○○○○○ ○○○○○○○○○○	50 (50 × 1)	$\dfrac{600\ \text{uma}}{50\ \text{uma}} = \dfrac{12}{1}$
Número de Avogadro	$(6.02 \times 10^{23}) \times (12)$	Número de Avogadro	$(6.02 \times 10^{23}) \times (1)$	$\dfrac{(6.02 \times 10^{23}) \times (12)}{(6.02 \times 10^{23}) \times (1)} = \dfrac{12}{1}$

Tabla 10.2 Un átomo de carbono promedio es 12 veces más pesado que un átomo de hidrógeno promedio.

a. Leer tablas ¿Cuál es la masa de 50 átomos de carbono? ¿Cuál es la masa de 50 átomos de hidrógeno?

b. Aplicar conceptos ¿Cuál es la relación de la masa de 500 átomos de carbono a la masa de 500 átomos de hidrógeno?

c. Inferir ¿Contienen el mismo número de átomos 36.0 kg de átomos de carbono y 3.0 kg de átomos de hidrógeno? Explica.

Pista: Para responder la parte c, determina la relación de masa de carbono a hidrógeno.

Masa molar

¿Cómo determinas la masa molar de un elemento y de un compuesto?

Recuerda que la masa atómica de un elemento (la masa de un solo átomo) se expresa en unidades de masa atómica (uma). Las masas atómicas son valores relativos con base en la masa del isótopo de carbono más común (carbono-12). La Tabla 10.2 muestra que un átomo de carbono promedio (C) con una masa atómica de 12.0 uma es 12 veces más pesado que un átomo de hidrógeno promedio (H) con una masa atómica de 1.0 uma. Por consiguiente, 100 átomos de carbono son 12 veces más pesados que 100 átomos de hidrógeno. De hecho, cualquier número de átomos de carbono es 12 veces más pesado que el mismo número de átomos de hidrógeno. Por lo tanto, 12.0 g de átomos de carbono y 1.0 g de átomos de hidrógeno deben tener el mismo número de átomos.

Si observas las masas atómicas de los elementos en la tabla periódica, notarás que no son números enteros. Por ejemplo, la masa atómica del carbono no es exactamente 12 veces la masa del hidrógeno. Recuerda del Capítulo 4 que esto se debe a que las masas atómicas son un promedio ponderado de las masas de los isótopos de cada elemento.

La masa de un mol de un elemento Las cantidades medidas en gramos son prácticas para trabajar en el laboratorio, es por eso que los químicos han convertido la escala relativa de masas de los elementos en uma a una escala relativa de masas en gramos. 🔑 **La masa atómica de un elemento expresada en gramos es la masa de un mol del elemento.** La masa de un mol de un elemento es su **masa molar.** Para el carbono, la masa molar es 12.0 g. Para el hidrógeno atómico, la masa molar es 1.0 g. En la Figura 10.5 se muestra un mol de carbono, azufre y hierro. Compara las masas molares de la figura con las masas atómicas en tu tabla periódica. Observa que las masas molares están redondeadas a un lugar después del punto decimal. Todos los ejemplos y problemas en este texto usan masas molares redondeadas de esta manera. Si tu maestro usa una regla de redondeo diferente para las masas molares, tus respuestas a los problemas pueden diferir ligeramente de las respuestas dadas en el texto.

Si compararas 12.0 g de átomos de carbono con 16.0 g de átomos de oxígeno, hallarías que contienen el mismo número de átomos. Las masas molares de cualesquiera dos elementos deben contener el mismo número de átomos. ¿Cuántos átomos están contenidos en la masa molar de un elemento? Ya lo sabes. La masa molar de cualquier elemento contiene 1 mol o 6.02×10^{23} átomos de ese elemento.

El mol ahora se puede definir con mayor amplitud como la cantidad de sustancia que contiene el mismo número de partículas representativas que el número de átomos en 12.0 g de carbono-12. Sabes que 12.0 g es la masa molar del carbono-12, por lo tanto, 12.0 g de carbono es 1 mol de átomos de carbono. La misma relación aplica al hidrógeno: 1.0 g de hidrógeno es 1 mol de átomos de hidrógeno. De forma similar, 24.3 g es la masa molar del magnesio; por lo tanto, 1 mol de magnesio (o 6.02×10^{23} átomos de magnesio) tiene una masa de 24.3 g. La masa molar es la masa de 1 mol de átomos de cualquier elemento.

APOYO PARA LA LECTURA

Desarrollo de comprensión: analogías Puedes comprar huevos pequeños, medianos y grandes. El tamaño de los huevos no afecta cuántos huevos hay en una docena. De forma similar, el tamaño de las partículas representativas no afecta cuántas hay en un mol. *¿Puedes pensar en otra analogía para mostrar la relación entre moles y el tamaño de partículas representativas?*

Figura 10.5 Masa molar de un elemento
Se muestran un mol de carbono, azufre y hierro.
Aplicar conceptos *¿Cuántos átomos de cada elemento están presentes en cada matraz?*

1 mol de átomos de azufre = 32.1 g

1 mol de átomos de carbono = 12.0 g

1 mol de átomos de hierro = 55.8 g

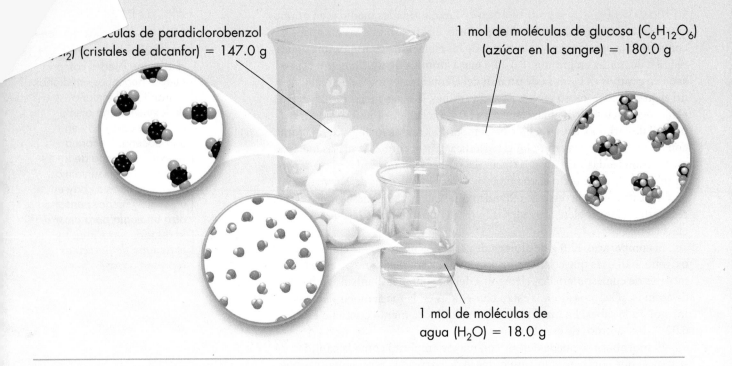

...culas de paradiclorobenzol ...₂) (cristales de alcanfor) = 147.0 g

1 mol de moléculas de glucosa $(C_6H_{12}O_6)$ (azúcar en la sangre) = 180.0 g

1 mol de moléculas de agua (H_2O) = 18.0 g

Figura 10.6 Masa molar de un compuesto

Se muestra un mol para cada uno de tres compuestos moleculares.

Inferir *¿Cómo sabes que cada muestra contiene el número de Avogadro de moléculas?*

Consulta las masas molares de los compuestos *en línea animada.*

La masa de un mol de un compuesto Para hallar la masa de un mol de un compuesto, debes conocer la fórmula del compuesto. La fórmula del trióxido de azufre es SO_3. Una molécula de SO_3 está compuesta por un átomo de azufre y tres átomos de oxígeno.

1 molécula de SO_3 = 1 átomo de S + 3 átomos de O

Puedes calcular la masa de una molécula de SO_3 sumando las masas atómicas de los elementos que conforman la molécula. De la tabla periódica, la masa atómica del azufre (S) es 32.1 uma. La masa de tres átomos de oxígeno es tres veces la masa atómica de un solo átomo de oxígeno (O): 3×16.0 uma = 48.0 uma. Por lo tanto, la masa molecular de SO_3 es 32.1 uma + 48.0 uma = 80.1 uma.

1 átomo de S +   3 átomos de O   = 1 molécula de SO_3

32.1 uma + 16.0 uma + 16.0 uma + 16.0 uma = 80.1 uma

Ahora sustituye la unidad gramos por las unidades de masa atómica para hallar la masa molar de SO_3. La masa molar (g/mol) de cualquier compuesto es la masa en gramos de 1 mol de ese compuesto. Por lo tanto, 1 mol de SO_3 tiene una masa de 80.1 g. Esto es la masa de 6.02×10^{23} moléculas de SO_3.

🔑 **Para calcular la masa molar de un compuesto, halla el número de gramos de cada elemento en un mol del compuesto. Después suma las masas de los elementos en el compuesto.** Este método para calcular la masa molar aplica a cualquier compuesto, molecular o iónico. Las masas molares del paradiclorobenzol $(C_6H_4Cl_2$, 147 g), del agua (H_2O) y de la glucosa $(C_6H_{12}O_6$, 180.0 g) en la Figura 10.6 se obtuvieron de esta manera.

Ejemplo de problema 10.4

Hallar la masa molar de un compuesto

La descomposición del peróxido de hidrógeno (H_2O_2) proporciona suficiente energía para lanzar un cohete. ¿Cuál es la masa molar del peróxido de hidrógeno?

① Analizar Haz una lista de lo conocido y lo desconocido. Convierte de moles de átomos a gramos usando factores de conversión (g/mol) con base en la masa molar de cada elemento. La suma de las masas de los elementos es la masa molar.

② Calcular Resuelve para buscar lo desconocido.

> **CONOCIDO**
>
> fórmula molecular = H_2O_2
> masa de 1 mol de H = 1.0 g de H
> masa de 1 mol de O = 16.0 g de O
>
> **DESCONOCIDO**
>
> masa molar = ? g/mol

| Convierte moles de hidrógeno y oxígeno en gramos de hidrógeno y oxígeno. | $2 \text{ mol de H} \cdot \dfrac{1.0 \text{ g H}}{1 \text{ mol de H}} = 2.0 \text{ g H}$ | Un mol de H_2O_2 tiene 2 moles de átomos de H y 2 moles de átomos de O, por lo tanto, multiplica la masa molar de cada elemento por 2. |

$$2 \text{ mol de O} \cdot \dfrac{16.0 \text{ g O}}{1 \text{ mol de O}} = 32.0 \text{ g O}$$

Suma los resultados.

masa de 1 mol de H_2O_2 = 2.0 g H + 32.0 g O = 34.0 g

masas molares de H_2O_2 = **34.0 g/mol**

③ Evaluar ¿Tiene sentido el resultado? La respuesta es la suma de dos veces la masa molar de hidrógeno y oxígeno (17.0 g/mol). La respuesta se expresa al lugar de las decenas porque los números que se suman se expresan al lugar de las decenas.

> Un mol de PCl_3 tiene 1 mol de átomos de P y 3 moles de átomos de Cl.

7. Halla la masa molar de PCl_3.

8. Cuál es la masa de 1.00 moles de bicarbonato de sodio?

10.1 Comprobación de la lección

9. Revisar ¿Qué es lo que ncesitas saber para convertir entre conteo, masa y volumen de algo?

10. Describir ¿Cómo cuentan los químicos el número de partículas representativas en una sustancia?

11. Explicar ¿Cómo determinas la masa molar de un elemento? ¿Cómo determinas la masa molar de un compuesto?

12. Calcular Si una docena de manzanas tiene una masa de 2.0 kg y 0.20 canastas es 1 docena de manzanas, ¿cuántas canastas hay en 1.0 kg de manzanas?

13. Calcular ¿Cuántos moles son 1.50×10^{23} moléculas de NH_3?

14. Calcular ¿Cuántos átomos hay en 1.75 moles de $CHCl_3$?

15. Calcular ¿Cuál es la masa molar de Ca

¿Qué tan grande es un mol?

El mol es una herramienta especialmente útil para los químicos porque les permite expresar el número de partículas representativas de una sustancia en gramos. Por ejemplo, una muestra de 1 mol de carbono, que contiene el número de Avogadro de átomos de carbono (6.02×10^{23}), tiene una masa de 12.0 g.

El mol es una cantidad enorme. Escrito, el número de Avogadro es 602,000,000,000,000,000,000,000. Sin embargo, puede ser difícil para ti comprender exactamente qué tan grande es un mol. Aquí se presentan maneras interesantes de visualizar el tamaño de un mol.

MUY GRANDE PARA CONTAR Si pudieras contar a una tasa de 1 millón de números por segundo, te llevaría 20 mil millones de años contar hasta 6.02×10^{23}.

MUNDOS DE HORMIGAS

Supón que las hormigas viven en hormigueros de 1 millón de hormigas cada uno y que cada hormiguero tiene una superficie de 1 m².

Un mol de hormigas ¡cubriría 1200 Tierras por completo!

Un paso más allá

1. Calcular Muestra cómo calcular el número de años que te llevaría contar el número de Avogadro si pudieras contar a una tasa de 1 millón de números por segundo.

2. Usar modelos Desarrolla tu propio concepto para ilustrar el tamaño del número de Avogadro. Muestra tus cálculos.

3. Sacar conclusiones En casa, usando una báscula de alimentos, mide un mol de azúcar de mesa (sacarosa, $C_{12}H_{22}O_{11}$) o un mol de sal de mesa (cloruro de sodio, NaCl). ¿Qué te dice esta medida acerca del tamaño de los átomos y las moléculas?

P: *¿Cómo puedes calcular los moles de una sustancia en una masa o volumen dados?* Adivina cuántas monedas hay en el contenedor ¡y gana un premio! Decides entrar al concurso y ganas. Estimaste el grosor y diámetro de una moneda para hallar su volumen aproximado. Después calculaste las dimensiones del contenedor para obtener su volumen. Hiciste las operaciones aritméticas e hiciste tu suposición. De manera similar, los químicos usan las relaciones entre el mol y las cantidades, como masa, volumen y el número de partículas para resolver problemas de química.

Relación mol-masa

🔑 *¿Cómo conviertes la masa de una sustancia en el número de moles de la sustancia?*

En la lección anterior aprendiste que la masa molar de cualquier sustancia es la masa en gramos de un mol de esa sustancia. Esta definición aplica a todas las sustancias: elementos, compuestos moleculares y compuestos iónicos. Sin embargo, en algunas situaciones, el término *masa molar* puede no estar claro. Por ejemplo, supón que se te pide la masa molar del oxígeno. La manera en que respondas esta pregunta dependerá de lo que supongas que es la partícula representativa. Si supones que el oxígeno en la pregunta es oxígeno molecular (O_2), entonces la masa molecular es 32.0 g/mol (2 × 16.0 g/mol). Si supones que la pregunta te pide la masa de un mol de átomos de oxígeno (O), entonces la respuesta es 16.0 g/mol. Puedes evitar la confusión usando la fórmula de la sustancia, en este caso, O_2 u O.

Supón que necesitas un número dado de moles de una sustancia para un experimento de laboratorio. ¿Cómo puedes medir esta cantidad? Por el contrario, supón que obtienes cierta masa de una sustancia en un laboratorio experimental. ¿Cuántos moles es esto? 🔑 **Usa la masa molar de un elemento o compuesto para convertir entre la masa de una sustancia y los moles de la sustancia.** Los factores de conversión de estos cálculos se basan en la relación: masa molar = 1 mol.

$$\frac{\text{masa molar}}{1 \text{ mol}} \quad \text{y} \quad \frac{1 \text{ mol}}{\text{masa molar}}$$

Preguntas clave

🔑 *¿Cómo conviertes la masa de una sustancia en el número de moles de la sustancia?*

🔑 *¿Cómo conviertes el volumen de un gas a TPE en el número de moles del gas?*

Vocabulario

- hipótesis de Avogadro
- temperatura y presión estándar (TPE)
- volumen molar

Ejemplo de problema 10.5

Convertir de moles a masa

Los artículos hechos de aluminio, como partes de aviones y utensilios de cocina, son resistentes a la corrosión porque el aluminio reacciona con el oxígeno en el aire para formar una capa de óxido de aluminio (Al_2O_3). Esta capa dura y resistente previene cualquier corrosión. ¿Cuál es la masa, en gramos, de 9.45 moles de óxido de aluminio?

① Analizar **Haz una lista de lo conocido y lo desconocido.** La masa del compuesto se calcula a partir del número conocido de moles del compuesto. La conversión deseada es moles ⟶ masa.

> CONOCIDO
> número de moles = 9.45 moles de Al_2O_3
>
> DESCONOCIDO
> masa = ? g de Al_2O_3

② Calcular **Resuelve para buscar lo desconocido.**

Primero, determina la masa de 1 mol de Al_2O_3.

$$2 \text{ moles de Al} \times \frac{27.0 \text{ g de Al}}{1 \text{ mol de Al}} = 54.0 \text{ g de Al}$$

$$3 \text{ moles de O} \times \frac{16.0 \text{ g de O}}{1 \text{ mol de O}} = 48.0 \text{ g de O}$$

$$1 \text{ mol de } Al_2O_3 = 54.0 \text{ g de Al} + 48.0 \text{ g de O} = 102.0 \text{ g de } Al_2O_3$$

Identifica el factor de conversión que relaciona moles de Al_2O_3 a gramos de Al_2O_3.

$$\frac{102.0 \text{ g de } Al_2O_3}{1 \text{ mol de } Al_2O_3}$$

Usa la relación:
1 mol de Al_2O_3 = 102.0 g de Al_2O_3.

Multiplica el número dado de moles por el factor de conversión.

$$9.45 \text{ moles de } Al_2O_3 \times \frac{102.0 \text{ g de } Al_2O_3}{1 \text{ mol de } Al_2O_3}$$

$$= 964 \text{ g de } Al_2O_3$$

③ Evaluar **¿Tiene sentido el resultado?** El número de moles de Al_2O_3 es aproximadamente 10 y cada uno tiene una masa de aproximadamente 100 g. La respuesta debería estar cercana a 1000 g. La respuesta se redondeó al número correcto de cifras significativas.

16. Halla la masa, en gramos, de 4.52×10^{-3} moles de $C_{20}H_{42}$.

17. Calcula la masa, en gramos, de 2.50 moles de hidróxido de hierro(II).

> Empieza determinando la masa molar de cada compuesto.

Ejemplo de problema 10.6

Convertir de masa a moles

Cuando el hierro se expone al aire, se corroe para formar un óxido de color café rojizo. El óxido es óxido de hierro(III) (Fe_2O_3). ¿Cuántos moles de óxido de hierro(III) hay en 92.2 de Fe_2O_3 puro?

❶ Analizar Haz una lista de lo conocido y lo desconocido. El número de moles del compuesto se calcula a partir de la masa conocida del compuesto. La conversión es masa $\longrightarrow$ moles.

> CONOCIDO
>
> masa $= 92.2$ g de Fe_2O_3
>
> DESCONOCIDO
>
> número de moles $= ?$ moles de Fe_2O_3

❷ Calcular Resuelve para buscar lo desconocido.

Primero, determina la masa de 1 mol de Fe_2O_3.

$$2\ \text{moles de Fe} \times \frac{55.8\ \text{g de Fe}}{1\ \text{mol de Fe}} = 111.6\ \text{g de Fe}$$

$$3\ \text{moles de O} \times \frac{16.0\ \text{g de O}}{1\ \text{mol de O}} = 48.0\ \text{g de O}$$

$$1\ \text{mol de Fe}_2O_3 = 111.6\ \text{g de Fe} + 48.0\ \text{g de O} = 159.6\ \text{g de Fe}_2O_3$$

Identifica el factor de conversión que relaciona gramos de Fe_2O_3 a moles de Fe_2O_3.

$$\frac{1\ \text{mol de Fe}_2O_3}{159.6\ \text{g de Fe}_2O_3}$$

Observa que la unidad conocida (g) está en el denominador y la unidad desconocida (mol) está en el numerador.

Multiplica la masa dada por el factor de conversión.

$$92.2\ \text{g de Fe}_2O_3 \times \frac{1\ \text{mol de Fe}_2O_3}{159.6\ \text{g de Fe}_2O_3}$$

$$= 0.578\ \text{moles de Fe}_2O_3$$

❸ Evaluar ¿Tiene sentido el resultado? La masa dada (aproximadamente 90 g) es ligeramente mayor que la masa de la mitad de un mol de Fe_2O_3 (aproximadamente 80 g); por lo tanto, la respuesta debería ser ligeramente mayor que la mitad (0.5) de un mol.

18. Halla el número de moles en 3.70×10^{-1} g de boro.

19. Calcula el número de moles en 75.0 g de trióxido de dinitrógeno.

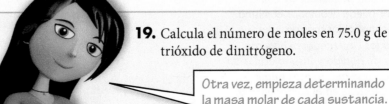

> *Otra vez, empieza determinando la masa molar de cada sustancia.*

La relación mol-volumen

🔑 ¿Cómo conviertes el volumen de un gas a TPE en número de moles de un gas?

LA QUÍMICA Y TÚ

P: *¿Cómo puedes calcular los moles de una sustancia en una masa dada? ¿Cómo puedes calcular los moles de un gas en un volumen dado a TPE?*

Observa otra vez la Figura 10.6. Observa que los volúmenes de un mol de diferentes sustancias sólidas y líquidas no son iguales. Por ejemplo, los volúmenes de un mol de glucosa (azúcar en la sangre) y un mol de paradiclorobenzol (cristales de alcanfor) son mucho más grandes que el volumen de un mol de agua líquida. ¿Qué pasa con los volúmenes de los gases? A diferencia de los líquidos y los sólidos, los volúmenes de moles de gases, medidos bajo las mismas condiciones físicas, son mucho más predecibles. ¿Por qué?

Hipótesis de Avogadro En 1811, Avogadro propuso una explicación revolucionaria. La **hipótesis de Avogadro** indica que volúmenes iguales de gases a la misma temperatura y presión contienen igual número de partículas. Las partículas que componen los diferentes gases no son del mismo tamaño. Sin embargo, las partículas en todos los gases están tan alejadas que un grupo de partículas relativamente grandes no requiere mucho más espacio que el mismo número de partículas relativamente más pequeñas. Sin importar si las partículas son grandes o pequeñas, existen grandes extensiones de espacio entre partículas de gas individuales, como se muestra en la Figura 10.7.

El volumen de un gas varía con un cambio en la temperatura o un cambio en la presión. Debido a estas variaciones en la temperatura y la presión, el volumen de un gas por lo general se mide a una temperatura y presión estándar. **Temperatura y presión estándar (TPE)** significa una temperatura de 0° C y una presión de 101.3 kPa, o 1 atmósfera (atm). A TPE, 1 mol, o 6.02×10^{23} partículas representativas de cualquier gas, ocupan un volumen de 22.4 L. La cantidad 22.4 L se llama **volumen molar** de un gas.

Calcular el volumen y los moles de un gas a TPE El volumen molar de un gas a TPE es una cantidad útil para los químicos. 🔑 **El volumen molar se usa para convertir entre el número de moles de gas y el volumen del gas a TPE.** Los factores de conversión para estos cálculos se basan en la relación 22.4 L = 1 mol a TPE.

$$\frac{22.4 \text{ L}}{1 \text{ mol}} \quad \text{y} \quad \frac{1 \text{ mol}}{22.4 \text{ L}}$$

Puedes usar estos factores de conversión para convertir un número conocido de moles de gas al volumen de gas a TPE. De forma similar, puedes convertir un volumen conocido de gas a TPE al número de moles del gas.

Figura 10.7 Volúmenes de gases
En cada contenedor, el volumen ocupado por las moléculas de gas es pequeño en comparación con el volumen del contenedor. **a.** Las moléculas en el contenedor son pequeñas. **b.** Este contenedor puede acomodar el mismo número de moléculas más grandes.
*Inferir Si los contenedores tuvieran moléculas de líquido y las moléculas en el contenedor **a** fueran más pequeñas que las moléculas en el contenedor **b**, ¿podrían ambos contenedores acomodar el mismo número de moléculas? Explica.*

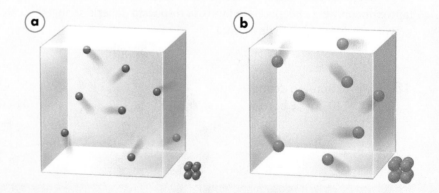

Calcular cantidades de gas a TPE

El dióxido de azufre (SO_2) es un gas producido por la quema de carbón. Es un contaminante del aire y una de las causas de la lluvia ácida. Determina el volumen, en litros, de 0.60 moles del gas SO_2 a TPE.

① Analizar **Haz una lista de lo conocido y lo desconocido.** Dado que el SO_2 es un gas, el volumen a TPE puede calcularse a partir del número conocido de moles.

CONOCIDO

número de moles = 0.60 moles de SO_2
1 mol de SO_2 = 22.4 L de SO_2 a TPE

DESCONOCIDO

volumen = ? L de SO_2

② Calcular **Resuelve para buscar lo desconocido.**

Primero, identifica el factor de conversión que relaciona los moles de SO_2 al volumen de SO_2 a TPE.

$$\frac{22.4 \text{ L de } SO_2}{1 \text{ mol de } SO_2}$$

La relación siguiente aplica para los gases a TPE: 22.4 L = 1 mol.

Multiplica el número dado de moles por el factor de conversión.

$$0.60 \text{ moles de } SO_2 \times \frac{22.4 \text{ L de } SO_2}{1 \text{ mol de } SO_2}$$

$$= 13 \text{ L de } SO_2$$

③ Evaluar **¿Tiene sentido el resultado?** Un mol de cualquier gas a TPE tiene un volumen de 22.4 L; por lo tanto, 0.60 moles deberían tener un volumen ligeramente más grande que la mitad de un mol u 11.2 L. La respuesta debería tener dos cifras significativas.

20. ¿Cuál es el volumen de estos gases a TPE?
  a. 3.20×10^{-3} moles de CO_2
  b. 3.70 moles de N_2
  c. 0.960 moles de CH_4

En el Problema 20, convierte de moles de gas a volumen.

21. A TPE, ¿cuántos moles hay en estos volúmenes de gases?
  a. 67.2 L de SO_2
  b. 0.880 L de He
  c. 1.00×10^3 L de C_2H_6

En el Problema 21, convierte de volumen de gas a moles.

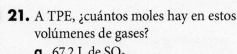

Calcular la masa molar y la densidad Un globo lleno de gas se hundirá o flotará en el aire, dependiendo de si la densidad del gas en el interior del globo es mayor o menor que la densidad que rodea al aire. Diferentes gases tienen diferentes densidades. Por lo general, la densidad de un gas se mide en gramos por litro (g/L) y a una temperatura específica. La densidad de un gas a TPE y el volumen molar a TPE (22.4 L/mol) se pueden usar para calcular la masa molar del gas. De forma similar, la masa molar de un gas y el volumen molar a TPE se pueden usar para calcular la densidad de un gas a TPE.

Ahora ya has examinado un mol en términos de partículas, masa y volumen de gases a TPE. En la Figura 10.8 se resumen estas relaciones y se ilustra la importancia del mol.

Ejemplo de problema 10.8

Calcular la masa molar de un gas a TPE

Se halla que la densidad de un compuesto gaseoso que contiene carbono y oxígeno es de 1.964 g/L a TPE. ¿Cuál es la masa molar del compuesto?

CONOCIDO

densidad = 1.964 g/L
1 mol de gas a TPE = 22.4 L

❶ **Analizar Haz una lista de lo conocido y lo desconocido.** La masa molar del compuesto se calcula a partir de la densidad conocida del compuesto y del volumen molar a TPE.

DESCONOCIDO

masa molar = ? g/mol

❷ **Calcular Resuelve para buscar lo desconocido.**

Usa la densidad y el volumen molar a TPE para calcular la masa molar.

$$\text{masa molar} = \frac{g}{mol} = \frac{g}{L} \cdot \frac{22.4\ L}{1\ mol}$$

Primero, identifica el factor de conversión necesario para convertir de densidad a masa molar.

$$\frac{22.4\ L}{1\ mol}$$

Multiplica la densidad dada por el factor de conversión.

$$\frac{1.964\ g}{1\ L} \cdot \frac{22.4\ L}{1\ mol}$$

$$= 44.0\ g/mol$$

❸ **Evaluar ¿Tiene sentido el resultado?** La razón de masa calculada (44.0 g) a volumen (22.4 L) es de aproximadamente 2, lo que está cercano a la densidad conocida. La respuesta debería tener tres cifras significativas.

22. Un compuesto gaseoso formado por azufre y oxígeno tiene una densidad de 3.58 g/L a TPE. ¿Cuál es la masa molar de este gas?

En el Problema 22, usa la densidad y el volumen molar del gas a TPE para calcular la masa molar.

23. ¿Cuál es la densidad del gas criptón a TPE?

Para hacer el Problema 23, primero halla la masa molar del criptón. Usa la masa molar y el volumen molar a TPE para calcular la densidad a TPE.

Figura 10.8 El mapa del mol

El mol está en el centro de tus cálculos químicos. Para convertir de una unidad a otra, debes usar al mol como un paso intermedio. La forma del factor de conversión depende de lo que sabes y de lo que quieres calcular.

Interpretar diagramas *¿Cuántos factores de conversión se necesitan para convertir de masa de un gas a volumen de un gas a TPE?*

 *Consulta* el mapa del mol *en línea animada.*

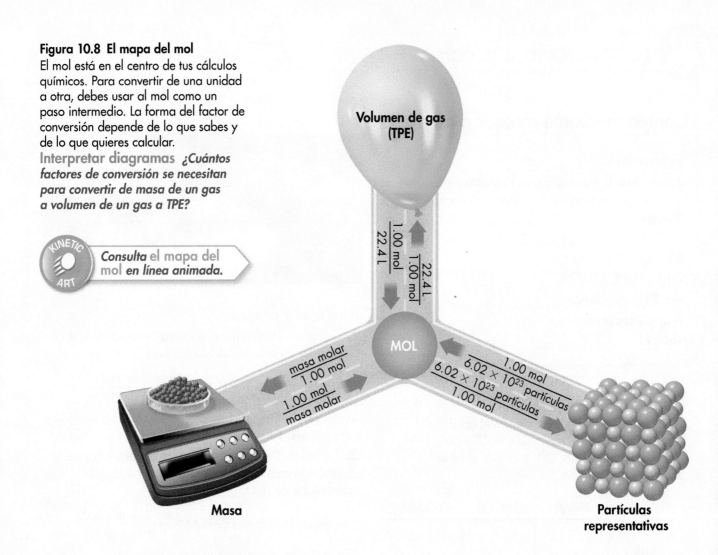

Volumen de gas (TPE)

$\dfrac{1.00\ \text{mol}}{22.4\ \text{L}}$ $\dfrac{22.4\ \text{L}}{1.00\ \text{mol}}$

MOL

$\dfrac{\text{masa molar}}{1.00\ \text{mol}}$ $\dfrac{1.00\ \text{mol}}{\text{masa molar}}$

$\dfrac{1.00\ \text{mol}}{6.02 \times 10^{23}\ \text{partículas}}$ $\dfrac{6.02 \times 10^{23}\ \text{partículas}}{1.00\ \text{mol}}$

Masa

Partículas representativas

10.2 Comprobación de la lección

24. 🔑 **Describir** ¿Cómo conviertes entre la masa y el número de moles de una sustancia?

25. 🔑 **Describir** ¿Cómo conviertes entre el volumen de un gas a TPE y el número de moles del gas?

26. **Calcular** ¿Cuántos gramos hay en 5.66 moles de $CaCO_3$?

27. **Calcular** Halla el número de moles en 508 g de etanol (C_2H_6O).

28. **Calcular** ¿Cuál es el volumen, en litros, de 1.50 moles de Cl_2 a TPE?

29. **Aplicar conceptos** Tres globos llenos de tres compuestos diferentes tienen, cada uno, un volumen de 22.4 L a TPE. ¿Tienen estos globos la misma masa o contienen el mismo número de moléculas? Explica.

30. **Calcular** La densidad de un gas elemental es de 1.7824 g/L a TPE. ¿Cuál es la masa molar del elemento?

31. **Analizar datos** Las densidades de los gases A, B y C a TPE son 1.25 g/L, 2.86 g/L y 0.714 g/L, respectivamente. Calcula la masa molar de cada sustancia. Identifica cada sustancia como amoníaco (NH_3), dióxido de azufre (SO_2), cloro (Cl_2), nitrógeno (N_2) o metano (CH_4).

GRANIDEA
EL MOL Y LA CUANTIFICACIÓN DE MATERIA

32. Un químico recoge 2.94 L de gas monóxido de carbono (CO) a TPE durante un experimento. Explica cómo puede determinar la masa del gas que recogió. ¿Por qué es el mol importante en este cálculo?

Conteo mediante medición de masa

Propósito

Determinar la masa de varias muestras de compuestos químicos y usar los datos para contar átomos

Materiales

- H_2O, NaCl, y $CaCO_3$
- cuchara de plástico
- papel para pesar
- báscula

Procedimiento

Mide la masa de una cucharadita al ras de agua (H_2O), cloruro de sodio (NaCl) y carbonato de calcio ($CaCO_3$). Dibuja una tabla similar a la siguiente.

	$H_2O(l)$	NaCl(s)	$CaCO_3$(s)
Masa (g)			
Masa molar (g/mol)			
Moles de cada compuesto			
Moles de cada elemento			
Átomos de cada elemento			

Analizar y concluir

1. Calcular Determina el número de moles de H_2O contenidos en una cucharadita al ras.

$$\text{moles de } H_2O = g\, H_2O \times \frac{1 \text{ mol de } H_2O}{18.0 \text{ g de } H_2O}$$

Repite con los demás compuestos. Usa la tabla periódica para calcular las masas molares de NaCl y $CaCO_3$.

2. Calcular Determina el número de moles de cada elemento presente en la muestra del tamaño de la cucharadita de H_2O.

$$\text{moles de } H = \text{moles de } H_2O \times \frac{2 \text{ moles de } H}{1 \text{ mol de } H_2O}$$

Repite con los demás compuestos de la tabla.

3. Calcular Determina el número de átomos de cada elemento presente en la muestra del tamaño de la cucharadita de H_2O.

$$\text{átomos de } H = \text{moles de } H \times \frac{6.02 \times 10^{23} \text{ átomos de } H}{1 \text{ mol de } H}$$

Repite con los demás compuestos de la tabla.

4. Analizar datos ¿Cuál de las tres muestras del tamaño de una cucharadita contiene el número más grande de moles de moléculas o unidades de fórmula?

5. Analizar datos ¿Cuál de los tres compuestos contiene el número más grande de átomos?

Tú eres el químico

1. Diseñar un experimento ¿Puedes contar midiendo el volumen? Diseña y lleva a cabo un experimento para hacerlo.

2. Diseñar un experimento Diseña un experimento que determine el número de átomos de calcio, carbono y oxígeno que se ocupen para escribir tu nombre en el pizarrón con un pedazo de gis. Supón que el gis es 100 por ciento carbonato de calcio, $CaCO_3$.

10.3 Composición porcentual y fórmulas químicas

P: *¿Qué te indica la composición porcentual?* Una etiqueta cosida en la costura de una playera por lo general te indica las fibras que se usaron para hacer la pieza de ropa y el porcentaje de cada una. Te ayuda a saber los porcentajes de los componentes en la playera porque ellos afectan qué tan caliente es la playera, si necesitará plancharse y cómo debe lavarse. De manera similar, en la química es importante saber los porcentajes de los elementos en un compuesto.

Preguntas clave

🔑 *¿Cómo calculas la composición porcentual de un compuesto?*

🔑 *¿Cómo puedes calcular la fórmula empírica de un compuesto?*

🔑 *¿Cómo se comparan la fórmula molecular y la fórmula empírica?*

Vocabulario

- composición porcentual
- fórmula empírica

Composición porcentual de un compuesto

🔑 *¿Cómo calculas la composición porcentual de un compuesto?*

En el cuidado del césped, es importante la cantidad relativa, o el porcentaje, de cada nutriente en el fertilizante. En primavera, puedes usar un fertilizante que tenga un alto porcentaje de nitrógeno para "hacer verde" el pasto. En el otoño, puedes usar un fertilizante con un mayor porcentaje de potasio para fortalecer el sistema de raíces. A menudo es útil conocer las cantidades relativas de los componentes de una mezcla o compuesto.

Las cantidades relativas de los elementos en un compuesto se expresan en la **composición porcentual** o el porcentaje por masa de cada elemento en el compuesto. Como se muestra en la Figura 10.9, la composición porcentual de cromato de potasio, K_2CrO_4, es K = 40.3%, Cr = 26.8% y O = 32.9%. Estos porcentajes deben dar un total de 100% (40.3% + 26.8% + 32.9% = 100%). La composición porcentual del compuesto siempre es la misma.

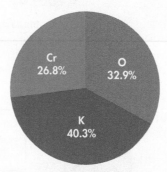

Cromato de potasio, K_2CrO_4

Dicromato de potasio, $K_2Cr_2O_7$

Figura 10.9 Composición porcentual
El cromato de potasio (K_2CrO_4) está compuesto por 40.3% de potasio, 26.8% de cromio y 32.9% de oxígeno.
Comparar *¿En qué se diferencia esta composición porcentual de la composición del dicromato de potasio ($K_2Cr_2O_7$), un compuesto formado por los mismos tres elementos?*

Composición porcentual a partir de los datos de masa Si conoces las masas relativas de cada elemento en un compuesto, puedes calcular la composición porcentual del compuesto. 🔑 **El porcentaje por masa de un elemento en un compuesto es el número de gramos del elemento dividido por la masa en gramos del compuesto, multiplicado por 100%.**

$$\% \text{ por masa del elemento} = \frac{\text{masa del elemento}}{\text{masa del compuesto}} \times 100\%$$

Ejemplo de problema 10.9

Calcular la composición porcentual a partir de los datos de la masa

Cuando se descompone una muestra de 13.60 g de un compuesto que contiene sólo magnesio y oxígeno, se obtienen 5.40 g de oxígeno. ¿Cuál es la composición porcentual de este compuesto?

❶ Analizar Haz una lista de lo conocido y lo desconocido. El porcentaje por masa de un elemento en un compuesto es la masa de ese elemento dividida por la masa del compuesto multiplicado por 100%.

CONOCIDO
masa del compuesto = 13.60 g
masa del oxígeno = 5.40 g de O
masa del magnesio = 13.60 g − 5.40 g O = 8.20 g de Mg

DESCONOCIDO
porcentaje por masa de Mg = ?% de Mg
porcentaje por masa de O = ?% de O

❷ Calcular Resuelve para buscar lo desconocido.

Determina el porcentaje por masa de Mg en el compuesto.

$$\% \text{ de Mg} = \frac{\text{masa de Mg}}{\text{masa del compuesto}} \times 100\% = \frac{8.20 \text{ g}}{13.60 \text{ g}} \times 100\%$$
$$= 60.3\% \text{ Mg}$$

Determina el porcentaje por masa de O en el compuesto.

$$\% \text{ de O} = \frac{\text{masa de O}}{\text{masa del compuesto}} \times 100\% = \frac{5.40 \text{ g}}{13.60 \text{ g}} \times 100\%$$
$$= 39.7\% \text{ O}$$

❸ Evaluar ¿Tiene sentido el resultado? Los porcentajes de los elementos suman 100%.
$$60.3\% + 39.7\% = 100\%$$

En el Problema 34, calcula el porcentaje por masa de mercurio y de oxígeno en el compuesto.

33. Un compuesto se forma cuando 9.03 g de Mg se combinan por completo con 3.48 g de N. ¿Cuál es la composición porcentual de este compuesto?

34. Cuando se descompone una muestra de 14.2 g de óxido de mercurio(III) en sus elementos mediante calor, se obtienen 13.2 g de Hg. ¿Cuál es la composición porcentual del compuesto?

Composición porcentual a partir de la fórmula química También puedes calcular la composición porcentual de un compuesto usando su fórmula química. Los subíndices en la fórmula se usan para calcular la masa de cada elemento en un mol de ese compuesto. Usando las masas individuales de los elementos en la masa molar, puedes calcular el porcentaje por masa de cada elemento.

Aprende más acerca de la composición porcentual *en línea.*

$$\text{\% por masa del elemento} = \frac{\text{masa del elemento en 1 mol de compuesto}}{\text{masa molar del compuesto}} \times 100\%$$

Ejemplo de problema 10.10

Calcular la composición porcentual a partir de una fórmula

El propano (C_3H_8), combustible que comúnmente se usa en las parrillas de gas, es uno de los compuestos que se obtienen del petróleo. Calcula la composición porcentual del propano.

❶ **Analizar Haz una lista de lo conocido y lo desconocido.** Calcula el porcentaje por masa de cada elemento dividiendo la masa de ese elemento en un mol del compuesto por la masa molar del compuesto y multiplicándolo por 100%.

CONOCIDO
masa de C en 1 mol de C_3H_8 = 3 mol × 12.0 g/mol = 36.0 g
masa de H en 1 mol de C_3H_8 = 8 mol × 1.0 g/mol = 8.0 g
masa molar del C_3H_8 = 36.0 g/mol + 8.0 g/mol = 44.0 g/mol

DESCONOCIDO
porcentaje por masa de C = ?% de C
porcentaje por masa de H = ?% de H

❷ **Calcular Resuelve para buscar lo desconocido.**

Determina el porcentaje por masa de C en C_3H_8.

$$\% C = \frac{\text{masa de C en 1 mol de } C_3H_8}{\text{masa molar del } C_3H_8} \times 100\% = \frac{36.0 \text{ g}}{44.0 \text{ g}} \times 100\%$$
$$= 81.8\% \, C$$

Determina el porcentaje por masa de H en C_3H_8.

$$\% H = \frac{\text{masa de H en 1 mol de } C_3H_8}{\text{masa molar del } C_3H_8} \times 100\% = \frac{8.0 \text{ g}}{44.0 \text{ g}} \times 100\%$$
$$= 18\% \, H$$

❸ **Evaluar ¿Tiene sentido el resultado?** Los porcentajes de los elementos suman 100% cuando las respuestas se expresan con dos cifras significativas (82% + 18% = 100%).

35. Calcula el porcentaje por masa de nitrógeno en estos fertilizantes.
   a. NH_3
   b. NH_4NO_3

36. Calcula la composición porcentual de estos compuestos.
   a. etano (C_2H_6)
   b. sulfhidrato de sodio ($NaHSO_4$)

Propósito Medir el porcentaje de agua en una serie de compuestos cristalinos llamados hidratos

Materiales

- **3 tubos de ensayo de tamaño mediano**
- **báscula**
- **espátula**
- **compuestos hidratados de sulfato de cobre (II), cloruro de calcio y sulfato de sodio**
- **sujetador de tubos de ensayo**
- **quemador**

Composición porcentual

Procedimiento

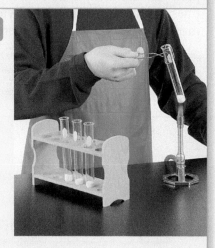

1. Etiqueta cada tubo de ensayo con el nombre del compuesto. Mide y registra las masas.

2. Añade de 2 a 3 g de cada compuesto (una espátula de buen tamaño llena) al tubo de ensayo correspondiente. Mide y registra la masa de cada tubo de ensayo y el compuesto.

3. Usando un sujetador de tubos de ensayo, sostén uno de los tubos en un ángulo de 45° y calienta ligeramente su contenido sobre el quemador, pasándolo lentamente de uno a otro lado de la flama. Observa cualquier cambio en la apariencia del compuesto sólido.

4. Mientras comienza a condensarse humedad en la parte superior del tubo de ensayo, calienta ligeramente la longitud completa del tubo. Continúa calentando hasta que toda la humedad haya salido del tubo. Este proceso puede tomar de 2 a 3 minutos. Repite los pasos 3 y 4 con los otros dos tubos.

5. Permite que se enfríe cada tubo. Después mide y registra la masa de cada tubo de ensayo y del compuesto calentado.

Analizar y concluir

1. Organizar datos Arma una tabla de datos de manera que puedas restar la masa del tubo vacío de la masa del compuesto y el tubo de ensayo, ambos antes y después de calentar.

2. Calcular Halla la diferencia entre la masa de cada compuesto antes y después de calentar. Esta diferencia representa la cantidad de agua perdida por el compuesto hidratado debido al calentamiento.

3. Calcular Determina el porcentaje por masa de agua perdida de cada compuesto.

4. Analizar datos ¿Qué compuesto perdió el mayor porcentaje por masa de agua? ¿Qué compuesto perdió el menor porcentaje por masa de agua?

LA QUÍMICA Y TÚ

P: *¿Qué información puedes obtener a partir de la composición porcentual de un compuesto?*

Composición porcentual como un factor de conversión Puedes usar la composición porcentual para calcular el número de gramos de cualquier elemento en una masa específica de un compuesto. Para hacerlo, multiplica la masa del compuesto por un factor de conversión con base en la composición porcentual del elemento en el compuesto. En el Ejemplo de problema 10.10, hallaste que el propano es 81.8 por ciento carbono y 18 por ciento hidrógeno. Ello significa que en una muestra de 100 g de propano, tendrías 81.8 g de carbono y 18 g de hidrógeno. Puedes usar los siguientes factores de conversión para resolver la masa de carbono o hidrógeno contenida en una cantidad específica de propano.

$$\frac{81.8 \text{ g de C}}{100 \text{ g de C}_3\text{H}_8} \quad \text{y} \quad \frac{18 \text{ g de H}}{100 \text{ g de C}_3\text{H}_8}$$

Ejemplo de problema 10.11

Calcular la masa de un elemento en un compuesto usando la composición porcentual

Calcula la masa de carbono y la masa de hidrógeno en 82.0 g de propano (C_3H_8).

❶ Analizar Haz una lista de lo conocido y lo desconocido. Usa los factores de conversión con base en la composición porcentual del propano para hacer las conversiones siguientes: gramos de $C_3H_8 \longrightarrow$ gramos de C y gramos de $C_3H_8 \longrightarrow$ gramos de H.

CONOCIDO
masa de C_3H_8 = 82.0 g

DESCONOCIDO
masa de carbono = ? g de C
masa de hidrógeno = ? g de H

❷ Calcular Resuelve para buscar lo desconocido.

Para calcular la masa de C, primero escribe el factor de conversión para convertir de la masa de C_3H_8 a la masa de C.	$\dfrac{81.8 \ g \ de \ C}{100 \ g \ de \ C_3H_8}$	A partir del Ejemplo de problema 10.10, el porcentaje por masa de C en C_3H_8 es 81.8%.
Multiplica la masa de C_3H_8 por el factor de conversión.	$82.0 \ g \ de \ C_3H_8 \times \dfrac{81.8 \ g \ de \ C}{100 \ g \ de \ C_3H_8} = 67.1 \ g \ de \ C$	
Para calcular la masa de H, primero escribe el factor de conversión para convertir de la masa de C_3H_8 a la masa de H.	$\dfrac{18 \ g \ de \ H}{100 \ g \ de \ C_3H_8}$	A partir del Ejemplo de problema 10.10, el porcentaje por masa de H en C_3H_8 es 18%.
Multiplica la masa de C_3H_8 por el factor de conversión.	$82.0 \ g \ de \ C_3H_8 \times \dfrac{18 \ g \ de \ H}{100 \ g \ de \ C_3H_8} = 15 \ g \ de \ H$	

❸ Evaluar Tiene sentido el resultado? La suma de las dos masas es igual a 82 g, el tamaño de la muestra, con dos cifras significativas (67 g de C + 15 g de H = 82 g de C_3H_8).

37. Calcula los gramos de nitrógeno en 125 g de cada fertilizante.
   a. NH_3
   b. NH_4NO_3

En el Problema 37, usa la composición porcentual que calculaste para cada compuesto en el Problema 35.

38. Calcula la masa de hidrógeno en cada uno de los compuestos siguientes:
   a. 350 g de etano (C_2H_6)
   b. 20.2 g de hidrogenosulfato de sodio ($NaHSO_4$)

En el Problema 38, usa la composición porcentual que calculaste para cada compuesto en el Problema 36.

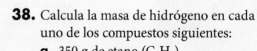

Figura 10.10 Interpretar fórmulas
Una fórmula puede interpretarse a nivel microscópico en términos de átomos o a nivel marcoscópico en términos de moles de átomos.

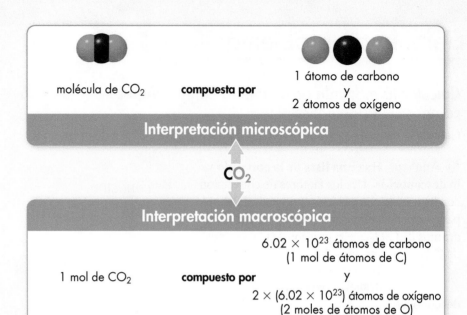

| molécula de CO_2 | **compuesta por** | 1 átomo de carbono y 2 átomos de oxígeno |

Interpretación microscópica

CO_2

Interpretación macroscópica

| 1 mol de CO_2 | **compuesto por** | 6.02×10^{23} átomos de carbono (1 mol de átomos de C) y $2 \times (6.02 \times 10^{23})$ átomos de oxígeno (2 moles de átomos de O) |

Fórmulas empíricas

¿Cómo puedes calcular la fórmula empírica de un compuesto?

Una fórmula útil para cocinar arroz es usar una taza de arroz y dos tazas de agua. Si necesitaras el doble de cantidad de arroz cocido, necesitarías dos tazas de arroz y cuatro tazas de agua. Las fórmulas de algunos compuestos también muestran una razón básica de elementos. El multiplicar esa razón por cualquier factor puede producir las fórmulas de otros compuestos.

La **fórmula empírica** de un compuesto da la razón con el número entero más pequeño de átomos o moles de los elementos en un compuesto. La Figura 10.10 muestra que las fórmulas empíricas pueden interpretarse a un nivel microscópico (atómico) o macroscópico (molar). Una fórmula empírica puede o no ser la misma que una fórmula molecular. Por ejemplo, la razón más baja de hidrógeno a oxígeno en el peróxido de hidrógeno es 1:1. Por lo tanto, la fórmula empírica del peróxido de hidrógeno es HO. La fórmula molecular del peróxido de hidrógeno, H_2O_2, tiene el doble de número de átomos que la fórmula empírica. Observa que la razón de hidrógeno a oxígeno aun es la misma, 1:1. La fórmula molecular indica el número real de cada tipo de átomo presente en una molécula del compuesto. Para el dióxido de carbono, las fórmulas empírica y molecular son la misma, CO_2. La Figura 10.11 muestra dos compuestos de carbono e hidrógeno con la misma fórmula empírica (CH) pero fórmulas moleculares diferentes.

Se puede usar la composición porcentual de un compuesto para calcular la fórmula empírica de ese compuesto. La composición porcentual indica la relación de masas de los elementos en un compuesto. La relación de masas se puede cambiar a razón molar usando factores de conversión con base en la masa molar de cada elemento. La razón molar entonces se reduce a la razón con el número entero más pequeño para obtener la fórmula empírica del compuesto.

Figura 10.11 Compuestos con la misma fórmula empírica
Dos compuestos diferentes pueden tener la misma fórmula empírica. **a.** El etino (C_2H_2), también llamado acetileno, es un gas que se usa en los sopletes de los soldadores. **b.** El estireno (C_8H_8) se usa para hacer poliestireno.
Calcular ¿Cuál es la fórmula empírica del etino y del estireno?

Ejemplo de problema 10.12

Determinar la fórmula empírica de un compuesto

Se analiza un compuesto y se halla que contiene 25.9% de nitrógeno y 74.1% de oxígeno. ¿Cuál es la fórmula empírica del compuesto?

❶ Analizar **Haz una lista de lo conocido y lo desconocido.**
La composición porcentual da la relación de masa de los átomos de nitrógeno a masa de los átomos de oxígeno en el compuesto. Cambia la relación de masas a una razón molar y reduce esta razón a una con el número entero más pequeño.

❷ Calcular **Resuelve para buscar lo desconocido.**

CONOCIDO

porcentaje de masa de N = **25.9% de N**
porcentaje de masa de O = **74.1% de O**

DESCONOCIDO

fórmula empírica = $N_?O_?$

Convierte el porcentaje por masa de cada elemento a moles.

$$25.9 \text{ g de N} \times \frac{1 \text{ mol de N}}{14.0 \text{ g de N}} = 1.85 \text{ moles de N}$$

$$74.1 \text{ g de O} \times \frac{1 \text{ mol de O}}{16.0 \text{ g de O}} = 4.63 \text{ moles de O}$$

La razón molar de N a O es $N_{1.85}O_{4.63}$.

Porcentual significa "partes por 100"; por lo tanto, 100.0 g del compuesto contienen 25.9 g de N y 74.1 g de O

Divide cada cantidad molar por el número más pequeño de moles para obtener 1 mol para el elemento con el número más pequeño de moles.

$$\frac{1.85 \text{ moles de N}}{1.85} = 1 \text{ mol de N}$$

$$\frac{4.63 \text{ moles de O}}{1.85} = 2.50 \text{ moles de O}$$

La razón molar de N a O es ahora $N_1O_{2.5}$.

Multiplica cada parte de la razón por el número entero más pequeño que convierta ambos subíndices a números enteros.

1 mol de N × 2 = 2 moles de N
2.5 moles de O × 2 = 5 moles de O

La fórmula empírica es N_2O_5.

---

❸ Evaluar **¿Tiene sentido el resultado?** Los subíndices son números enteros y la composición porcentual de esta fórmula empírica es igual a los porcentajes dados en el problema original.

---

39. Calcula la fórmula empírica de cada compuesto.
  a. 94.1% de O, 5.9% de H
  b. 67.6% de Hg, 10.8% de S, 21.6% de O

Empieza conviertiendo el porcentaje por masa de cada elemento a moles.

40. 1,6-diaminohexano se usa para hacer el nylon. ¿Cuál es la fórmula empírica de este compuesto si su composición porcentual es 62.1% de C, 13.8% de H y 24.1% de N?

Comparación de las fórmulas empírica y molecular		
Fórmula (nombre)	**Clasificación de la fórmula**	**Masa molar (g/mol)**
CH	Empírica	13
C_2H_2 (etieno)	Molecular	26 (2 × 13)
C_6H_6 (benceno)	Molecular	78 (6 × 13)
CH_2O (metanal)	Empírica y molecular	30
$C_2H_4O_2$ (ácido etanóico)	Molecular	60 (2 × 30)
$C_6H_{12}O_6$ (glucosa)	Molecular	180 (6 × 30)

Tabla 10.3 Diferentes compuestos pueden tener la misma fórmula empírica.

a. Leer tablas ¿Cuál es la masa molar del benceno, C_6H_6?

b. Interpretar tablas ¿Qué compuestos en la tabla tienen la misma fórmula empírica CH_2O?

c. Explicar ¿Por qué la masa molar de la glucosa ($C_6H_{12}O_6$) es igual a seis veces la masa molar del metanal (CH_2O)?

Pista: ¿Cómo se relaciona la fórmula $C_6H_{12}O_6$ con la fórmula CH_2O?

Fórmulas moleculares

🔑 **¿Cómo se comparan la fórmula molecular de un compuesto con la fórmula empírica?**

Observa los compuestos enlistados en la Tabla 10.3. El etieno y el benceno tienen la misma fórmula empírica: CH. El metanal, el ácido etanóico y la glucosa, que se muestran en la Figura 10.12, tienen la misma fórmula empírica: CH_2O. Observa que las masas molares de los compuestos en estos dos grupos son simples números enteros, múltiplos de las masas molares de las fórmulas empíricas CH y CH_2O. 🔑 **La fórmula molecular de un compuesto es, o la misma que su fórmula empírica experimentalmente determinada, o un simple número entero, múltiplo de su fórmula empírica.**

Una vez que determinaste la fórmula empírica de un compuesto, puedes determinar su fórmula molecular si conoces la masa molar del compuesto. Un químico con frecuencia usa un instrumento llamado espectrómetro de masa para determinar la masa molar. El compuesto se descompone en fragmentos cargados (iones) que viajan a través del campo magnético. El campo magnético desvía las partículas de sus trayectorias en línea recta. La masa del compuesto se determina a partir de la cantidad de desviación experimentada por las partículas.

Puedes calcular la masa de la fórmula empírica (mfe) de un compuesto a partir de su fórmula empírica. Esto es simplemente la masa molar de la fórmula empírica. Después puedes dividir la masa molar experimentalmente determinada por la masa de la fórmula empírica. Este cociente da el número de unidades de fórmula empírica en una molécula del compuesto y es el multiplicador para convertir la fórmula empírica a la fórmula molecular.

Figura 10.12 Compuestos con la fórmula empírica CH_2O
El metanal (formaldehído), el ácido etanóico (ácido acético) y la glucosa tienen la misma fórmula empírica.
Aplicar conceptos ¿Cómo podrías obtener fácilmente la masa molar del ácido etanóico usando la masa molar del metanal?

Hallar la fórmula molecular de un compuesto

Calcula la fórmula molecular de un compuesto cuya masa molar es 60.0 g/mol y cuya fórmula empírica es CH_4N.

① Analizar Haz una lista de lo conocido y lo desconocido.
Divide la masa molar por la masa de la fórmula empírica para obtener un número entero. Multiplica los subíndices de la fórmula empírica por este valor para obtener la fórmula molecular.

> **CONOCIDO**
> fórmula empírica = CH_4N
> masa molar = 60.0 g/mol
>
> **DESCONOCIDO**
> fórmula molecular = $C_?H_?N_?$

② Calcular Resuelve para buscar lo desconocido.

Primero, calcula la masa de la fórmula empírica.	mfe de CH_4N = 12.0 g/mol + 4(1.0 g/mol) + 14.0 g/mol = 30.0 g/mol
Divide la masa molar por la masa de la fórmula empírica.	$\dfrac{\text{masa molar}}{\text{mfe}} = \dfrac{60.0\ \text{g/mol}}{30.0\ \text{g/mol}} = 2$
Multiplica los subíndices de la fórmula por su valor.	$(CH_4N) \cdot 2 = C_2H_8N_2$

③ Evaluar ¿Tiene sentido el resultado? La fórmula molecular tiene la masa molar del compuesto.

41. ¿Cuál es la fórmula molecular de un compuesto con la fórmula empírica CCIN y una masa molar de 184.5 g/mol?

42. Halla la fórmula molecular del etilenglicol, que se usa como anticongelante. La masa molar es 62.0 g/mol y la fórmula empírica es CH_3O.

10.3 Comprobación de la lección

43. 🔑 Revisar ¿Cómo calculas el porcentaje por masa de un elemento en un compuesto?

44. 🔑 Identificar ¿Qué información puedes usar para calcular la fórmula empírica de un compuesto?

45. 🔑 Explicar ¿Cómo se relaciona la fórmula molecular de un compuesto con su fórmula empírica?

46. Calcular Determina la composición porcentual del compuesto que se forma cuando 222.6 g de N se combinan por completo con 77.4 g de O.

47. Calcular Halla la composición porcentual del acetato de calcio, $Ca(C_2H_3O_2)_2$.

48. Calcular Usando los resultados del Problema 47, calcula los gramos de hidrógeno en 124 g de $Ca(C_2H_3O_2)_2$.

GRANIDEA
EL MOL Y LA CUANTIFICACIÓN DE MATERIA

49. El compuesto butanoato de metilo huele a manzanas. Su composición porcentual es 58.8% de C, 9.8% de H y 31.4% de O y su masa molar es 102 g/mol. ¿Cuál es su fórmula empírica? ¿Cuál es su fórmula molecular?

Espectrometría de movilidad de iones

En 2001, un terrorista abordó un vuelo con explosivos dentro de sus zapatos. Desde aquél momento, los estadounidenses tuvieron qué quitarse los zapatos durante las revisiones de seguridad en los aeropuertos. Sin embargo, nuevos instrumentos de seguridad, conocidos como *"puffer portals"*, le permiten a seguridad aeroportuaria escanear rastros de explosivos en el cuerpo o ropa de una persona sin que la persona tenga qué quitarse la ropa o zapatos.

El *puffer portal* parece un detector de metales estándar. Tiene conductos y boquillas en las paredes y el techo. Cuando un pasajero entra en él, se cierran las puertas y el instrumento envía ráfagas bruscas de aire para desalojar partículas de su cuerpo, cabello y ropa. La muestra de aire entonces pasa a través de un sistema de análisis de químicos llamado espectrómetro de movilidad iónica (EMI). El EMI identifica compuestos con base en la cantidad de tiempo que le toma a los iones pasar a través de un campo electrificado en un tubo lleno con un gas no reactivo (gas a la deriva). Este "tiempo a la deriva" se compara entonces con una base de datos de "tiempo a la deriva" de diferentes compuestos. De esta manera, las moléculas conocidas como materiales explosivos o narcóticos pueden detectarse e identificarse. Aun si se detecta el picograma de un explosivo, suena una alarma.

INFLAR EXPLOSIVOS Ráfagas de aire desalojan partículas del cabello, el cuerpo y la ropa de una persona. Entonces estas partículas son dirigidas a un espectrómetro de movilidad iónica (EMI).

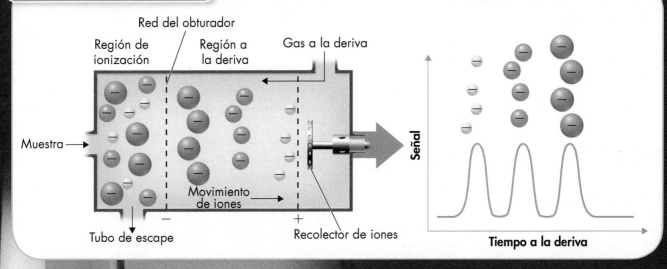

Región de ionización · **Red del obturador** · **Región a la deriva** · **Gas a la deriva**

Muestra →

Movimiento de iones →

Tubo de escape

Recolector de iones

Señal / Tiempo a la deriva

IDENTIFICAR IONES Cuando las partículas entran al EMI, se ionizan o convierten en iones. Las partículas ionizadas entonces viajan a través de un tubo que contiene un campo eléctrico que causa que los iones se separen de acuerdo a su masa, tamaño y forma. Por ejemplo, los iones más pequeños se mueven más rápido y alcanzan el fin del tubo antes que los iones más grandes.

Un paso más allá

1. Calcular Dos compuestos explosivos comunes son el trinitrotuleno (TNT) y la ciclotrimetilentrinitramina (RDX). La fórmula química del TNT es $C_7H_5N_3O_6$. La fórmula química de la RDX es $C_3H_6N_6O_6$. Calcula las masas molares de estos dos compuestos.

2. Analizar datos Si las moléculas del TNT y de la RDX se separaran en un solo EMI con base en la masa, ¿qué compuesto alcanzaría primero el recolector de iones?

3. Predecir ¿Cuáles piensas que serían algunos otros usos de los espectrómetros de movilidad iónica?

GRANIDEA
EL MOL Y LA CUANTIFICACIÓN DE MATERIA

El mol es una medida importante en la química. El mol te permite convertir entre la cantidad de partículas representativas en una sustancia, la masa de una sustancia y el volumen de un gas a TPE. La fórmula molecular de un compuesto puede determinarse al hallar primero la composición porcentual del compuesto y determinar la fórmula empírica. Usando la masa de la fórmula empírica y la masa molar del compuesto, se puede determinar la fórmula molecular.

10.1 Mol: medida de la materia

🔑 El saber cómo el conteo, la masa y el volumen de un artículo se relacionan con una unidad común te permite convertir entre estas unidades.

🔑 El mol le permite a los químicos contar el número de partículas representativas en una sustancia.

🔑 La masa atómica de un elemento expresada en gramos es la masa de un mol del elemento.

🔑 Para calcular la masa molar de un compuesto, halla el número de gramos de cada elemento en un mol del compuesto. Después suma las masas de los elementos en el compuesto.

- mol (308)
- número de Avogadro (308)
- partícula representativa (308)
- masa molar (313)

10.2 Relaciones mol-masa y mol-volumen

🔑 Usa la masa molar de un elemento o compuesto para convertir entre la masa de una sustancia y los moles de una sustancia.

🔑 El volumen molar se usa para convertir entre el número de moles de gas y el volumen del gas a TPE.

- hipótesis de Avogadro (320)
- temperatura y presión estándar (TPE) (320)
- volumen molar (320)

10.3 Composición porcentual y fórmulas químicas

🔑 El porcentaje por masa de un elemento en un compuesto es el número de gramos del elemento dividido por la masa en gramos del compuesto, multiplicado por 100%.

🔑 Puede usarse composición porcentual de un compuesto para calcular la fórmula empírica de ese compuesto.

🔑 La fórmula molecular de un compuesto es, o la misma que su fórmula empírica determinada experimentalmente, o su simple número entero, múltiplo de su fórmula empírica.

- composición porcentual (325)
- fórmula empírica (330)

Ecuaciones clave

$$\% \text{ por masa del elemento} = \frac{\text{masa del elemento}}{\text{masa del compuesto}} \times 100\%$$

$$\% \text{ por masa del elemento} = \frac{\text{masa del elemento en 1 mol del compuesto}}{\text{masa molar del compuesto}} \times 100\%$$

Afinar las matemáticas: Problemas con moles

Problema	❶ Analizar	❷ Calcular	❸ Evaluar
¿Cuántos moles de litio (Li) son 4.81×10^{24} átomos de litio?	Conocido: número de átomos = 4.81×10^{24} átomos de Li 1 mol de Li = 6.02×10^{23} átomos de Li Desconocido: moles = ? moles de Li La conversión deseada es átomos ⟶ moles.	Usa el factor de conversión para convertir de átomos a moles. 4.81×10^{24} átomos de Li $\times$ $\dfrac{1 \text{ mol de Li}}{6.02 \times 10^{23} \text{ átomos de Li}} =$ 7.99 moles de Li Pista: Repasa los problemas de ejemplo 10.2 y 10.3 si tienes problemas para convertir entre el número de partículas representativas y moles.	El número dado de átomos es aproximadamente 8 veces el número de Avogadro; por lo tanto, la respuesta debería ser aproximadamente 8 moles de átomos.
Calcula la masa en gramos de 0.160 moles de H_2O_2.	Conocido: número de átomos = 0.160 moles de H_2O_2 Desconocido: masa = ? g de H_2O_2 La conversión deseada es moles ⟶ masa.	Determina la masa molar de H_2O_2 y usa el factor de conversión correcto para convertir de moles a gramos. 1 mol de H_2O_2 = (2 moles)(1.0 g/mol) + (2 moles)(16.0 g/mol) = 34.0 g de H_2O_2 0.160 moles de $H_2O_2 \times \dfrac{34.0 \text{ g de } H_2O_2}{1 \text{ mol de } H_2O_2}$ $= 5.44$ g de H_2O_2	El número de moles de H_2O_2 es aproximadamente 0.2 y la masa molar es aproximadamente 30 g/mol. La respuesta debería ser aproximadamente 6 g.
¿Cuál es el volumen de 1.25 moles de He a TPE?	Conocido: número de moles = 1.25 moles de He 1 mol de He a TPE = 22.4 L de He Desconocido: volumen = ? L de He La conversión deseada es moles ⟶ volumen a TPE.	Usa el factor de conversión correcto para convertir de moles a volumen a TPE. 1.25 moles de He $\times \dfrac{22.4 \text{ L de He}}{1 \text{ mol de He}} =$ 28.0 L Recuerda: Un mol de cualquier gas a TPE ocupa un volumen de 22.4 L.	Un mol de gas a TPE tiene un volumen de 22.4 L; por lo tanto, 1.25 moles deberían tener un volumen más grande que 22.4 L.
¿Cuál es la composición porcentual del compuesto formado cuando 29.0 g de Ag se combinan por completo con 4.30 g de S?	Conocido: masa de Ag = 29.0 g de Ag masa de S = 4.30 g de S masa del compuesto = 29.0 g + 4.30 g = 33.3 g Desconocido: porcentaje por masa de Ag = ?% de Ag porcentaje por masa de S = ?% de S Usa la ecuación: % por masa del elemento = $\dfrac{\text{masa del elemento}}{\text{masa del compuesto}} \times 100\%$	Calcula el porcentaje por masa de Ag y de S en el compuesto. $\%Ag = \dfrac{29.0 \text{ g}}{33.3 \text{ g}} \times 100\%$ $\%Ag = 87.1\%$ Ag $\%S = \dfrac{4.30 \text{ g}}{33.3 \text{ g}} \times 100\%$ $\%S = 12.9\%$ S Pista: Repasa los problemas de ejemplo 10.9 y 10.10 si tienes problemas para calcular la composición porcentual de un compuesto.	Los porcentajes de los elementos suman 100%.

Lección por lección

10.1 Mol: medida de la materia

50. Haz una lista de tres maneras comunes en que se mide la materia. Da ejemplos de cada una.

✴ **51.** Nombra a la partícula representativa (átomo, molécula o unidad de fórmula) de cada sustancia.

  a. gas oxígeno   **c.** dióxido de azufre
  b. sulfuro de sodio   **d.** potasio

✴ **52.** ¿Cuántos átomos de hidrógeno hay en una partícula representativa de cada sustancia?

  a. $Al(OH)_3$ **c.** $(NH_4)_2HPO_4$
  b. $H_2C_2O_4$ **d.** $C_4H_{10}O$

53. Describe la relación entre el número de Avogadro y un mol de cualquier sustancia.

✴ **54.** Halla el número de moles en cada sustancia.

  a. 2.41×10^{24} unidades de fórmula de NaCl
  b. 9.03×10^{24} átomos de Hg
  c. 4.65×10^{24} moléculas de NO_2

55. ¿Cuál contiene más átomos: 1.00 mol de H_2O_2, 1.00 mol de C_2H_6 o 1.00 mol de CO?

56. ¿Cuál contiene más átomos: 1.00 mol de H_2O_2, 1.00 mol de C_2H_6 o 1.00 mol de CO?

✴ **57.** Halla el número de partículas representativas en cada sustancia.

  a. 3.00 moles de Sn
  b. 0.400 moles de KCl
  c. 7.50 moles de SO_2
  d. 4.80×10^{-3} moles de NaI

58. ¿Cuál es la masa molar del cloro?

59. Haz una lista de los pasos que te tomarían calcular la masa molar de cualquier compuesto.

✴ **60.** Calcula la masa molar de cada sustancia.

  a. H_3PO_4 **d.** $(NH_4)_2SO_4$
  b. N_2O_3 **e.** $C_4H_9O_2$
  c. $CaCO_3$ **f.** Br_2

61. Calcula la masa de 1.00 mol de cada una de estas sustancias.

  a. dióxido de silicio (SiO_2)
  b. nitrógeno diatómico (N_2)
  c. hidróxido de hierro(III) ($Fe(OH)_3$)
  d. cobre (Cu)

10.2 Relaciones mol-masa y mol-volumen

62. Halla la masa de cada sustancia.

  a. 1.50 moles de C_5H_{12} **d.** 7.00 moles de H_2O_2
  b. 14.4 moles de F_2 **e.** 5.60 moles de NaOH
  c. 0.780 moles de $Ca(CN)_2$ **f.** 3.21×10^{-2} moles de Ni

✴ **63.** Calcula la masa en gramos de 0.250 moles de cada uno de los compuestos siguientes:

  a. sacarosa ($C_{12}H_{22}O_{11}$)
  b. cloruro de sodio (NaCl)
  c. permanganato de potasio ($KMnO_4$)

✴ **64.** Calcula el número de moles en 1.00×10^2 g de cada uno de los compuestos en el Problema 63.

65. ¿Cuántos moles hay en cada uno de lo siguiente?

  a. 15.5 g de SiO_2 **d.** 5.96 g de KOH
  b. 0.0688 g de AgCl   **e.** 937 g de $Ca(C_2H_3O_2)_2$
  c. 79.3 g de Cl_2 **f.** 0.800 g de Ca

66. ¿Cuál es el volumen de un mol de cualquier gas a TPE?

✴ **67.** Calcula el volumen de cada uno de los gases siguientes a TPE.

  a. 7.64 moles de Ar
  b. 1.34 moles de SO_2
  c. 0.442 moles de C_2H_6
  d. 2.45×10^{-3} moles de H_2S

✴ **68.** Un gas tiene una densidad de 0.902 g/L a TPE. ¿Cuál es la masa molar de este gas?

69. ¿Cuál es la densidad de cada uno de los gases siguientes a TPE?

  a. C_3H_8 **c.** Ne
  b. O_2 **d.** NO_2

70. Halla cada una de las cantidades siguientes:

  a. el volumen, en litros, de 835 g de SO_3 a TPE.
  b. la masa, en gramos, de una molécula de aspirina ($C_9H_8O_4$)
  c. el número de átomos en 5.78 moles de NH_4NO_3

10.3 Composición porcentual y fórmulas químicas

71. ¿Cuál es la composición porcentual del compuesto que se forma cuando se combinan 2.70 g de aluminio se con oxígeno para formar 5.10 g de óxido de aluminio?

72. Calcula la composición porcentual cuando 13.3 g de Fe se combinan por completo con 5.7 g de O.

73. Calcula la composición porcentual de cada compuesto.

   a. H_2S

   c. $Mg(OH)_2$

   b. $(NH_4)_2C_2O_4$

   d. Na_3PO_4

74. Usando tus respuestas del Problema 73, calcula el número de gramos de estos elementos.

   a. azufre en 3.54 g de H_2S

   b. nitrógeno en 25.0 g de $(NH_4)_2C_2O_4$

   c. magnesio en 97.4 g de $Mg(OH)_2$

   d. fósforo en 804 g de Na_3PO_4

75. ¿Cuál de los compuestos siguientes tiene el porcentaje mayor de hierro por masa?

   a. $FeCl_2$

   c. $Fe(OH)_2$

   b. $Fe(C_2H_3O_2)_3$

   d. FeO

76. ¿Qué es una fórmula empírica? ¿Cuál de las siguientes fórmulas moleculares también son fórmulas empíricas?

   a. ribosa $(C_5H_{10}O_5)$

   b. butirato de etilo $(C_6H_{12}O_2)$

   c. clorofila $(C_{55}H_{72}MgN_4O_5)$

   d. DEET $(C_{12}H_{17}ON)$

77. ¿Qué de lo siguiente puede clasificarse como una fórmula empírica?

   a. S_2Cl_2

   b. $C_6H_{10}O_4$

   c. Na_2SO_3

78. ¿Cuál par de moléculas tiene la misma fórmula empírica?

   a. $C_2H_4O_2$, $C_6H_{12}O_6$

   b. $NaCrO_4$, $Na_2Cr_2O_7$

79. ¿Cuál es la fórmula molecular de cada compuesto? Se dan cada fórmula empírica y masa molar del compuesto.

   a. CH_2O, 90 g/mol

   b. $HgCl$, 472.2 g/mol

Entender conceptos

80. El azúcar de mesa, o sacarosa, tiene la fórmula química $C_{12}H_{22}O_{11}$.

   a. ¿Cuántos átomos hay en 1.00 mol de sacarosa?

   b. ¿Cuántos átomos de C hay en 2.00 moles de sacarosa?

   c. ¿Cuántos átomos de H hay en 2.00 moles de sacarosa?

   d. ¿Cuántos átomos de O hay en 3.65 moles de sacarosa?

81. ¿Cómo puedes determinar la masa molar de un compuesto gaseoso si no conoces su fórmula molecular?

82. Una serie de compuestos tiene la fórmula empírica CH_2O. La gráfica muestra la relación entre la masa molar de los compuestos y la masa de carbono en cada compuesto.

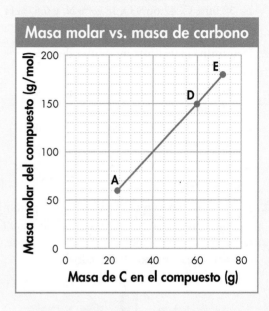

Masa molar vs. masa de carbono

   a. ¿Cuáles son las fórmulas moleculares para los compuestos representados por los puntos de datos A, D y E?

   b. Halla la pendiente de la recta. ¿Es este valor consistente con la fórmula empírica? Explica.

   c. Otros dos puntos de datos válidos están sobre la recta entre los puntos A y D. ¿Cuáles son los valores de x y y para estos puntos de datos?

83. Explica lo que está mal en cada enunciado.

   a. Un mol de cualquier sustancia contiene el mismo número de átomos.

   b. Un mol y una molécula de una sustancia son idénticos en cantidad.

   c. Una masa molar de CO_2 contiene el número de Avogadro de átomos.

84. ¿Qué de lo siguiente contiene el mayor número de átomos?

   a. 82.0 g de Kr

   b. 0.842 moles de C_2H_4

   c. 36.0 g de N_2

85. Calcula los gramos de oxígeno en 90.0 g de Cl_2O.

86. ¿Cuál es la masa total de la mezcla de 3.50×10^{22} unidades de fórmula de Na_2SO_4, 0.500 moles de H_2O y 7.23 g de AgCl?

87. La fórmula molecular de una medicina antibacterial es $C_{17}H_{18}FN_3O_3$. ¿Cuántos átomos de flúor hay en una tableta de 150 mg de esta medicina?

88. Determina las fórmulas empíricas de los compuestos con las siguientes composiciones porcentuales:

a. 42.9% C y 57.1% O
b. 32.00% C, 42.66% O, 18.67% N, y 6.67% H
c. 71.72% Cl, 16.16% O, y 12.12% C

89. Determina la fórmula molecular de cada compuesto.

a. 94.1% O y 5.9% H; masa molar = 34 g/mol
b. 50.7% C, 4.2% H, y 45.1% O; masa molar = 142 g/mol
c. 56.6% K, 8.7% C, y 34.7% O; masa molar = 138.2 g/mol

90. A continuación se muestra una "báscula atómica" ficticia. Quince átomos de boro del lado izquierdo de la báscula se balancean con seis átomos de un elemento desconocido E del lado derecho.

a. ¿Cuál es la masa atómica del elemento E?
b. ¿Cuál es la identidad del elemento E?

91. Un virus típico tiene 5×10^{-6} centímetros de diámetro. Si el número de Avogadro de estas partículas del virus estuviera en una fila, ¿cuántos kilómetros de largo tendría la fila?

92. Calcula la fórmula empírica de cada compuesto.

a. compuesto que consiste en 0.40 moles de Cu y 0.80 moles de Br
b. compuesto con 4 átomos de carbono por cada 12 átomos de hidrógeno

93. La fatiga muscular puede resultar del desarrollo de ácido láctico. La composición porcentual de ácido láctico es 40.0% C, 6.67% H y 53.3% O. ¿Cuál es la fórmula molecular del ácido láctico si su masa molar es de 90.0 g/mol?

94. ¿Qué masa de helio se necesita para inflar un globo a un volumen de 5.50 L a TPE?

95. ¿Cuántas moléculas de agua hay en una botella de 1.00 L de agua? La densidad del agua es de 1.00 g/mL.

Piensa de manera crítica

96. **Inferir** ¿Cuál es la fórmula empírica del compuesto cuya cantidad de átomos de hidrógeno es tres veces más la cantidad de átomos de carbono pero cuya cantidad de átomos de oxígeno es tan sólo la mitad de átomos de carbono?

97. **Aplicar conceptos** ¿Cómo se relacionan las fórmulas empírica y molecular de un compuesto?

98. **Comparar** ¿Por qué un mol de carbono tiene una masa más pequeña que un mol de azufre? ¿En qué se diferencian las estructuras atómicas de estos elementos?

99. **Analizar datos** Una molécula de gas a TPE es igual a 22.4 L de ese gas. También es cierto que diferentes elementos tienen diferentes volúmenes atómicos o diámetros. ¿Cómo puedes conciliar estos dos enunciados?

100. **Interpretar gráficas** La gráfica muestra la composición porcentual de la fenilalanina.

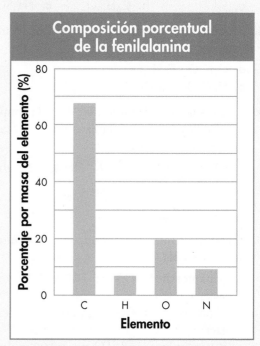

a. ¿Cuál es la fórmula empírica de la fenilalanina?
b. Si la masa molar de la fenilalanina es de 165.2 g/mol, ¿cuál es su fórmula molecular?

*101. **Inferir** La nitroglicerina contiene 60% más átomos de carbono que átomos de hidrógeno, tres veces más átomos de oxígeno que átomos de nitrógeno y el mismo número de átomos de carbono y nitrógeno. El número de moles de nitroglicerina en 1.00 g es 0.00441. ¿Cuál es la fórmula molecular de la nitroglicerina?

102. **Calcular** La densidad del níquel es 8.91 g/cm^3. ¿Qué tan grande un cubo, en cm^3, contendría 2.00×10^{24} átomos de níquel?

*103. **Calcular** El aire seco es aproximadamente 20.95% oxígeno por volumen. Suponiendo TPE, ¿cuántas moléculas de oxígeno hay en una muestra de 75.0 g de aire? La densidad del aire es 1.19 g/L.

104. **Graficar** La tabla siguiente muestra la masa molar y la densidad de siete gases a TPE.

Sustancia	Masa molar (g/mol)	Densidad (g/L)
Oxígeno	32.0	1.43
Dióxido de carbono	44.0	1.96
Etano	30.0	1.34
Hidrógeno	2.0	0.089
Dióxido de azufre	64.1	2.86
Amoníaco	17.0	0.759
Flúor	38.0	1.70

a. Grafica estos datos con la densidad en el eje de las x.
b. ¿Cuál es la pendiente de la recta graficada?
c. ¿Cuál es la masa molar de un gas a TPE que tiene una densidad de 1.10 g/L?
d. Un mol de un gas a TPE tiene una masa de 56.0 g. Usa la gráfica para determinar su densidad.

*105. **Calcular** El número de Avogadro se ha determinado mediante 20 métodos diferentes. En un enfoque, el espacio entre los iones en una sustancia iónica se determina usando una técnica llamada difracción de rayos X. Los estudios de difracción de rayos $\times$ del cloruro de sodio han mostrado que la distancia entre iones adyacentes de Na^+ y Cl^- es 2.819×10^{-8} cm. Calculando la masa molar con cuatro cifras significativas, puedes determinar el número de Avogadro. ¿Qué valor obtienes?

106. **Usar modelos** En el Capítulo 3, aprendiste que las densidades de los sólidos y de los líquidos se miden en g/cm^3 pero las densidades de los gases se miden en g/L. Dibuja diagramas atómicos de un sólido y de un gas que muestren por qué las dos unidades diferentes son prácticas.

107. **Conéctate con la GRANIDEA** Investiga la historia del número de Avogadro. ¿Qué elementos, además del carbono, se han usado para definir un mol? Escribe un reporte que resuma tus descubrimientos.

MISTERIOQUÍMICO

Una fórmula para hacer trampa

Por lo general, los esteroides se pueden detectar en la orina de un atleta. Se recoge una muestra de orina y primero se inyecta en un instrumento que separa los compuestos químicos en la orina.

Los compuestos separados se analizan entonces usando un espectrómetro de masa. El espectrómetro de masa proporciona información como la masa molar de los compuestos presentes en la muestra de orina y la estructura molecular de estos compuestos. Estas estructuras entonces se pueden comparar contra una base de datos de compuestos conocidos para identificar la presencia de esteroides en la muestra.

*108. **Calcular** En un análisis de la orina de un atleta se encontró la presencia de un compuesto con una masa molar de 312 g/mol. ¿Cuántos moles de este compuesto están contenidos en 30.0 mg? ¿Cuántas moléculas del compuesto es esto?

109. **Conéctate con la GRANIDEA** El compuesto encontrado en la orina del atleta, el esteroide THG, tiene una composición porcentual de 80.8% carbono, 8.97% hidrógeno y 10.3% oxígeno. ¿Cuál es la fórmula empírica de THG? Si la masa molar de THG es 312 g/mol, ¿cuál es la fórmula molecular?

*110. Identifica al menos un cambio químico y dos cambios físicos que ocurren en la foto.

*111. Clasifica cada uno de los siguientes cambios como físico o químico.

a. Una tableta de aspirina se desmorona en polvo.
b. Una rosa roja se hace café.
c. El jugo de uva se convierte en vino.
d. El removedor de esmalte de uñas se evapora.
e. Una semilla de frijol germina.
f. Una pieza de cobre se golpea hasta formar una hoja delgada.

112. ¿Cuál de estos enunciados es verdadero acerca de cada solución?

a. Las soluciones están en estado líquido.
b. Las soluciones son homogéneas.
c. Las soluciones son mezclas.
d. Las soluciones están formadas por al menos dos compuestos.

113. Un estudiante escribe la densidad del azúcar de mesa como 1.59 y la densidad del dióxido de carbono como 1.83. ¿Pueden ser correctos estos valores? Explica.

*114. Un bloque de madera que mide 2.75 cm × 4.80 cm × 7.50 cm tiene una masa de 84.0 g. ¿Flotará o se hundirá el bloque de madera?

*115. Convierte cada uno de lo siguiente:

a. 4.72 g a mg
b. 2.7×10^3 cm/s a km/h
c. 4.4 mm a dm

*116. ¿Cuántos protones, electrones y neutrones hay en cada isótopo?

a. zirconio-90   **c.** bromo-81
b. paladio-108   **d.** antimonio-123

*117. Escribe la configuración electrónica completa de cada átomo.

a. flúor   **b.** litio   **c.** rubidio

118. ¿Por qué los elementos magnesio y bario tienen propiedades químicas y físicas similares?

*119. ¿Cuáles de los siguientes son metales de transición: Cr, Cd, Ca, Cu, Co, Cs, Ce?

120. ¿Cómo puede usarse la tabla periódica para inferir el número de electrones de valencia en un átomo?

121. ¿En qué se diferencian una molécula y un átomo?

122. Dibuja estructuras punto-electrón y predice las formas de las moléculas siguientes:

a. PH_3 **b.** CO   **c.** CS_2 **d.** CF_4

123. ¿Cómo se indican los enlaces sencillos, dobles y triples en las estructuras punto-electrón?

124. Da un ejemplo de cada uno de lo siguiente:

a. enlace covalente coordinado
b. estructuras de resonancia
c. excepciones a la regla del octeto

125. Explica cómo puedes usar los valores de electronegatividad para clasificar un enlace como covalente no polar, covalente polar o iónico.

*126. Identifica cualquier fórmula incorrecta entre las siguientes:

a. H_2O_2 **d.** CaS_2
b. $NaIO_4$ **e.** $CaHPO_4$
c. SrO   **f.** BaOH

*127. Nombra estos compuestos.

a. $Fe(OH)_3$ **c.** Na_2CO_3
b. NH_4I **d.** CCl_4

*128. Escribe las fórmulas de estos compuestos.

a. nitrato de potasio
b. óxido de cobre(II)
c. nitruro de magnesio
d. fluoruro de plata

Si tienes problemas con . . .

Pregunta	110	111	112	113	114	115	116	117	118	119	120	121	122	123	124	125	126	127	128
Ver el capítulo	2	2	2	3	3	3	4	5	6	6	7	8	8	8	8	8	9	9	9

Preparación para los exámenes estandarizados

1. Elige el término que mejor complete la segunda relación.

a. docena: huevos

mol : _____

(A) átomos   (C) tamaño

(B) 6.02×10^{23} (D) grams

b. mol: número de Avogadro

volumen molar : _____

(A) mol   (C) TPE

(B) agua   (D) 22.4 L

Selecciona la opción que responda mejor cada pregunta o que complete cada enunciado.

2. Calcula la masa molar del fosfato de amonio, $(NH_4)_3PO_4$.

(A) 113.0 g/mol   (C) 149.0 g/mol

(B) 121.0 g/mol   (D) 242.0 g/mol

3. Con base en la fórmula estructural siguiente, ¿cuál es la fórmula empírica del ácido tartárico, un compuesto que se encuentra en el jugo de uva?

$$HO—CH—COOH$$
$$\mid$$
$$HO—CH—COOH$$

(A) $C_2H_3O_3$ (C) CHO

(B) $C_4H_6O_6$ (D) $C_1H_{1.5}O_{1.5}$

4. ¿Cuántos átomos de hidrógeno hay en seis moléculas de etilenglicol, $C_2H_6O_2$?

(A) 6   (C) $6 \times (6.02 \times 10^{23})$

(B) 36   (D) $36 \times (6.02 \times 10^{23})$

5. ¿Cuál de estos compuestos tiene el porcentaje más grande por masa de nitrógeno?

(A) N_2O (D) N_2O_3

(B) NO   (E) N_2O_4

(C) NO_2

6. ¿Cuál de estos enunciados es verdadero de un globo lleno con 1.00 mol de $N_2(g)$ a TPE?

   I. el globo tiene un volumen de 22.4 L.

   II. El contenido del globo tiene una masa de 14.0 g.

   III. El globo contiene 6.02×10^{23} moléculas.

(A) sólo I   (C) sólo I y III

(B) sólo I y II   (D) I, II y III

7. La alicina, $C_6H_{10}S_2O$, es el compuesto que le da al ajo su olor. Una muestra de alicina contiene 3.0×10^{21} átomos de carbono. ¿Cuántos átomos de hidrógeno contiene esta muestra?

(A) 10   (C) 1.8×10^{21}

(B) 1.0×10^{21} (D) 5.0×10^{21}

Las opciones con letras siguientes se refieren a las Preguntas 8 a 11. Una opción con letra puede usarse una sola vez, más de una vez o ninguna vez.

(A) CH   (B) CH_2 (C) C_2H_5 (D) CH_3 (E) C_2H_3

¿Cuál de las fórmulas es la fórmula empírica de cada uno de los compuestos siguientes?

8. C_8H_{12} **10.** C_2H_6

9. C_6H_6 **11.** C_4H_{10}

Para las preguntas 12 a 14, escribe la fórmula molecular de cada compuesto cuya fórmula estructural se muestra. Después calcula la masa molar del compuesto.

12.

$$\begin{array}{ccccc} & H & OH & H & \\ & \mid & \mid & \mid & \\ H— & C & — C & — C & —H \\ & \mid & \mid & \mid & \\ & H & H & H & \end{array}$$

13.

$$\begin{array}{ccc} & H & O \\ & \mid & \parallel \\ H_2N— & C & —C—OH \\ & \mid & \\ & H & \end{array}$$

14.

$$\begin{array}{ccccc} & H & H & & O \\ & \mid & \mid & & \parallel \\ H— & C & —C & —O— & C —H \\ & \mid & \mid & & \\ & H & H & & \end{array}$$

Si tienes problemas con . . .

Pregunta	1	2	3	4	5	6	7	8	9	10	11	12	13	14
Ver la lección	10.2	10.1	10.3	10.1	10.3	10.2	10.1	10.3	10.3	10.3	10.3	10.1	10.1	10.1

11

Reacciones químicas

Los acuarios de arrecifes como éste usan una solución acuosa de hidróxido de calcio para proporcionar calcio a los animales marinos como caracoles y coral.

EN EL INTERIOR:

- **11.1** Describir reacciones químicas
- **11.2** Tipos de reacciones químicas
- **11.3** Reacciones en soluciones acuosas

PearsonChem.com

REACCIONES

Preguntas esenciales:

1. ¿Cómo obedecen las reacciones químicas la ley de conservación de la masa?

2. ¿Cómo puedes predecir los productos de una reacción química?

MISTERIOQUÍMICO

Orden en el laboratorio

"¿Cómo es que alguien encuentra algo en este laboratorio?" María murmuró para sí. Su especiero en casa estaba en orden alfabético. Si quería encontrar la canela, estaba cerca del clavo y del comino. Decidió ayudar al maestro ordenando los químicos antes de clase.

Encontró el cianuro de sodio y lo puso junto al sulfuro de sodio. Después eligió el hidróxido de sodio y buscó alrededor hasta que encontró el ácido sulfúrico. Antes de que María colocara el hidróxido de sodio, su maestro entró y le dijo "María, ¡deja los químicos en paz! Están acomodados en esa forma por una razón."

¿Por qué la maestra de María no la dejó seguir reacomodando los químicos?

▶ Conexión con la **GRAN**IDEA

A medida que lees sobre las reacciones químicas, piensa cómo es que puedes predecir los resultados de las reacciones químicas.

11.1 Describir reacciones químicas

P: *¿Cómo va a cambiar una reacción química tu manera de conducir?* Probablemente has escuchado acerca de los coches de celdas de combustible de hidrógeno. Las celdas de combustible producen electricidad a través de una reacción química sin cualquier tipo de combustión como las que encuentras en los motores de gasolina típicos. En esta lección aprenderás cómo escribir y balancear las ecuaciones que representan las reacciones químicas.

Preguntas clave

¿Cómo escribes una ecuación esqueleto?

¿Cuáles son los pasos para escribir y balancear una ecuación química?

Vocabulario

- ecuación química
- ecuación esqueleto
- catalizador
- coeficiente
- ecuación balanceada

Introducción a las ecuaciones químicas

¿Cómo escribes una ecuación esqueleto?

Las reacciones químicas tienen lugar cada minuto del día, tanto dentro de ti como a tu alrededor. Después de una comida, tienen lugar una serie de reacciones químicas conforme tu cuerpo digiere la comida. De manera similar, las plantas usan la luz solar para llevar a cabo los procesos fotosintéticos necesarios para producir el crecimiento de la planta. Aunque las reacciones químicas involucradas en la fotosíntesis y en la digestión son diferentes, ambas reacciones químicas son necesarias para mantener la vida. Todas las reacciones químicas, ya sean sencillas o complejas, involucran sustancias de cambio.

En una reacción química, uno o más reactantes se convierten en uno o más productos. El cocinar comida siempre involucra una reacción química. Para hornear panqués, comienzas con una receta y los ingredientes, como se muestra en la Figura 11.1. La receta te indica qué ingredientes mezclar y qué cantidad usar de cada uno. Las reacciones químicas tienen lugar cuando los ingredientes o reactantes se mezclan y calientan en el horno. El producto, en este caso, es una tanda de panqués. Los químicos usan una ecuación química —una notación rápida y abreviada—para transmitir tanta información como sea posible acerca de lo que sucede en una reacción química.

Figura 11.1
Reactantes y productos
Los reactantes en los ingredientes experimentan cambios químicos para formar el producto, los panqués.
Observar *¿Qué evidencia muestra que han ocurrido cambios químicos?*

Figura 11.2 Ejemplos de reacciones

A continuación se muestran tres reacciones químicas comunes.

El hierro se convierte en óxido café rojizo (óxido de hierro(III)) en presencia de oxígeno.

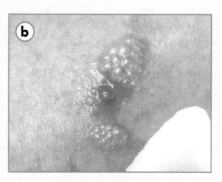

Se forman agua y oxigeno cuando se vierte peróxido de hidrógeno sobre una cortada.

Los productos de la quema de metano son dióxido de carbono y agua.

Ecuaciones con palabras ¿Cómo describes lo que sucede en una reacción química? Recuerda del Capítulo 2 el método abreviado para escribir la descripción de una reacción química. En este método, los reactantes se escribían a la izquierda y los productos a la derecha. Una flecha los separaba. La flecha se lee como *produce, da* o *reacciona para producir*.

$$\text{Reactantes} \longrightarrow \text{productos}$$

¿Cómo podrías describir la oxidación del hierro que se muestra en la Figura 11.2a? Podrías decir: "El hierro reacciona con oxígeno para producir óxido de hierro(III)". Aunque es una descripción perfectamente correcta, es más rápido identificar los reactantes y el producto por medio de una ecuación con palabras.

$$\text{Hierro} + \text{oxígeno} \longrightarrow \text{oxido de hierro(III)}$$

En una ecuación con palabras, escribe los nombres de los reactantes a la izquierda de la flecha, separados por signos de más; escribe los nombres de los productos a la derecha de la flecha, también separados por signos de más. Observa que no se necesitan signos de más del lado del producto de esta ecuación porque el óxido de hierro(III) es el único producto.

¿Alguna vez has vertido el antiséptico peróxido de hidrógeno en una herida abierta? Las burbujas del gas oxígeno se forman rápidamente, como se muestra en la Figura 11.2b. La producción de una sustancia nueva, un gas, es evidencia de un cambio químico. En esta reacción se producen dos nuevas sustancias: gas oxígeno y agua líquida. Podrías describir esta reacción diciendo, "El peróxido de hidrógeno se descompone para formar agua y gas oxígeno". Pero también podrías escribir una ecuación con palabras.

$$\text{Peróxido de hidrógeno} \longrightarrow \text{agua} + \text{oxígeno}$$

Cuando enciendes una hornilla en tu estufa, el gas metano estalla en llamas y produce la energía necesaria para calentar tu sopa. El metano es el componente principal del gas natural, un combustible común para calentar casas y cocinar comida. La quema del metano, como se muestra en la Figura 11.2c, es una reacción química. ¿Cómo escribirías con palabras la ecuación para esta reacción? Quemar una sustancia por lo general requiere oxígeno, así que el metano y el oxígeno son los reactantes. Los productos son agua y dióxido de carbono. Por lo tanto, la ecuación con palabras es:

$$\text{Metano} + \text{oxígeno} \longrightarrow \text{dióxido de carbono} + \text{agua}$$

Ecuaciones químicas Las ecuaciones con palabras describen adecuadamente las reacciones químicas, pero son difíciles de manejar. Es más fácil usar las fórmulas para los reactantes y los productos para escribir reacciones químicas. Una **ecuación química** es la representación de una reacción química; las fórmulas de los reactantes (a la izquierda) están conectadas mediante una flecha con las fórmulas de los productos (a la derecha). Aquí se muestra una ecuación química para la oxidación:

$$Fe + O_2 \longrightarrow Fe_2O_3$$

Las ecuaciones que muestran sólo las fórmulas de los reactantes y de los productos se llaman ecuaciones esqueleto. Una **ecuación esqueleto** es una ecuación química que no indica las cantidades relativas de los reactantes y los productos. El primer paso al escribir una ecuación química completa es escribir la ecuación esqueleto. **Para escribir una ecuación esqueleto, escribe las fórmulas químicas de los reactantes a la izquierda del signo de producir (flecha) y las fórmulas de los productos a la derecha.**

Para añadir más información a la ecuación, puedes indicar los estados físicos de las sustancias al poner un símbolo después de cada fórmula. Usa (s) para un sólido, (l) para un líquido, (g) para un gas y (aq) para una sustancia en solución acuosa (una sustancia disuelta en agua). Aquí se muestra una ecuación desequilibrada para la oxidación con símbolos para los estados físicos añadidos:

$$Fe(s) + O_2(g) \longrightarrow Fe_2O_3(s)$$

En muchas reacciones químicas, se añade un catalizador a la mezcla de la reacción. Un **catalizador** es una sustancia que acelera la reacción pero que no se usa en la reacción. Un catalizador no es ni un reactante ni un producto; por lo tanto, su fórmula se escribe arriba de la flecha en una ecuación química. Por ejemplo, en la Figura 11.3 se muestra que el compuesto óxido de manganeso(IV) ($MnO_2(s)$) cataliza la descomposición de una solución acuosa de peróxido de hidrógeno ($H_2O_2(aq)$) para producir agua y oxígeno.

$$H_2O_2(aq) \xrightarrow{\text{MnO}_2} H_2O(l) + O_2(g)$$

Muchos de los símbolos usados comúnmente para escribir ecuaciones químicas se enlistan a continuación.

Figura 11.3
Acelerar una reacción
El peróxido de hidrógeno se descompone para formar agua y gas oxígeno. **a.** Las burbujas de oxígeno aparecen lentamente conforme continúa la descomposición. **b.** Con la adición del catalizador óxido de manganeso(IV) (MnO_2), la descomposición se acelera. El "humo" blanco es vapor de agua condensado.

Tabla 11.1	
Símbolos usados en ecuaciones químicas	
Símbolo	**Explicación**
$+$	Separa dos reactantes o dos productos
$\longrightarrow$	"Produce", separa a los reactantes de los productos
$\rightleftharpoons$	Se usa en lugar de $\longrightarrow$ para las reacciones reversibles
(s), (l), (g)	Designa un reactante o producto en estado sólido, líquido y gaseoso; se coloca después de la fórmula
(aq)	Designa una solución acuosa; la sustancia se disuelve en agua; se coloca después de la fórmula
$\xrightarrow[\text{calor}]{\Delta}$	Indica que se suministra calor a la reacción
$\xrightarrow{\text{Pt}}$	Una fórmula escrita por encima o por debajo del signo produce indica su uso como catalizador (en este ejemplo, platino)

Escribir una ecuación esqueleto

El ácido clorhidrato reacciona con bicarbonato de sodio sólido. Los productos formados son cloruro de sodio acuoso, agua y gas dióxido de carbono. Escribe una ecuación esqueleto para esta reacción química.

❶ Analizar **Identifica los conceptos relevantes.**

Escribe la fórmula correcta de cada sustancia en la reacción. Indica el estado de cada sustancia. Separa los reactantes de los productos con una flecha. Usa signos de más para separar a los dos reactantes y cada uno de los tres productos.

❷ Resolver **Aplica los conceptos a este problema.**

Empieza con los nombres de los reactantes y los productos. Incluye sus estados físicos.

Reactantes
bicarbonato de sodio (sólido)
ácido clorhídrico (acuoso)

Productos
cloruro de sodio (acuoso)
agua (líquida)
dióxido de carbono (gas)

Escribe la fórmula correcta de cada reactante y cada producto.

Reactantes
$NaHCO_3(s)$ $HCl(aq)$

Productos
$NaCl(aq)$ $H_2O(l)$ $CO_2(g)$

Separa los reactantes de los productos con una flecha. Usa signos de más para separar a los reactantes de los productos.

$$NaHCO_3(s) + HCl(aq) \longrightarrow NaCl(aq) + H_2O(l) + CO_2(g)$$

1. Escribe un enunciado que describa esta reacción química:

$$Na(s) + H_2O(l) \longrightarrow NaOH(aq) + H_2(g)$$

2. El azufre se quema en oxígeno para formar dióxido de azufre. Escribe una ecuación esqueleto para esta reacción química.

Balancear ecuaciones químicas

🔑 ¿Cuáles son los pasos para escribir y balancear una ecuación química?

¿Cómo escribirías una ecuación con palabras para fabricar bicicletas? Simplifica tu tarea limitándote a cuatro componentes principales: marcos, llantas, manubrios y pedales. Tu ecuación con palabras para hacer una bicicleta podría leerse así.

$$\text{Marco} + \text{llanta} + \text{manubrio} + \text{pedal} \longrightarrow \text{bicicleta}$$

Reactantes   Producto

Tu ecuación con palabras muestra a los reactantes (los tipos de partes) y el producto (una bicicleta).

Pero si fueras el responsable de ordenar las partes para hacer una bicicleta, esta ecuación con palabras sería inadecuada porque no indica la cantidad de cada parte que se necesita para hacer una bicicleta.

Una bicicleta estándar está compuesta por un marco (F), dos llantas (W), un manubrio (H) y dos pedales (P). La fórmula para la bicicleta sería FW_2HP_2. La ecuación esqueleto sería

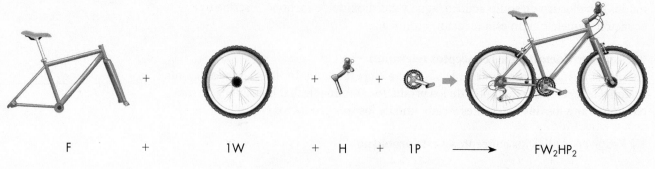

$$F \quad + \quad 1W \quad + \quad H \quad + \quad 1P \quad \longrightarrow \quad FW_2HP_2$$

Esta ecuación está desequilibrada. Una ecuación desequilibrada no indica la cantidad de reactantes necesarios para hacer el producto. Una descripción completa de la reacción debe incluir no sólo los tipos de partes involucradas sino también la cantidad de partes que se necesitan.

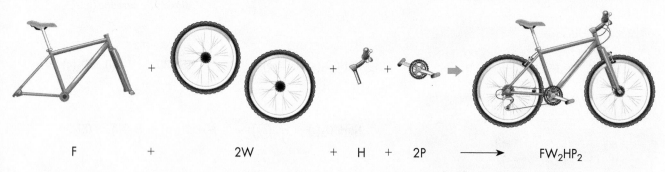

$$F \quad + \quad 2W \quad + \quad H \quad + \quad 2P \quad \longrightarrow \quad FW_2HP_2$$

Esta ecuación para hacer una bicicleta está balanceada. Te indica que un marco, dos llantas, un manubrio y dos pedales producen una bicicleta. Para balancear la ecuación, se colocó el número 2 antes de llantas y pedales. Se entiende que el número 1 está al frente de *marco, manubrio y bicicleta*. Estos números se llaman **coeficientes**; es decir, pequeños números enteros que se colocan al inicio de las fórmulas en una ecuación para balancearla. En esta ecuación balanceada, el número de cada parte de bicicleta en el lado del reactante es el mismo que el número de partes en el lado del producto. Una reacción química también se describe mediante una **ecuación balanceada** en la que cada lado de la ecuación tiene el mismo número de átomos de cada elemento y se conserva la masa.

Recuerda que la teoría atómica de John Dalton señala que conforme los reactantes se convierten en productos, los enlaces que mantienen unidos a los átomos se rompen y se forman nuevos enlaces. Los átomos por sí mismos no son ni creados ni destruidos; simplemente se reacomodan.

Esta parte de la teoría de Dalton explica la ley de conservación de la masa: en cualquier cambio químico, la masa se conserva. Los átomos en los productos son los mismos átomos que estaban en los reactantes, sólo están reacomodados. La representación de una reacción química mediante una ecuación química balanceada es un proceso de dos pasos. 🔑 **Para escribir una ecuación química balanceada, primero escribe la ecuación esqueleto. Después usa coeficientes para balancear la ecuación de manera que obedezca la ley de conservación de la masa.** En cada ecuación balanceada, cada lado de la ecuación tiene el mismo número de átomos de cada elemento.

Sin embargo, a veces, una ecuación esqueleto puede ya estar balanceada. Por ejemplo, el carbono se quema en presencia de oxígeno para producir dióxido de carbono.

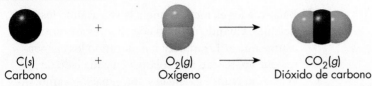

| C(s) | + | $O_2(g)$ | | $CO_2(g)$ |
| Carbono | | Oxígeno | | Dióxido de carbono |

| **Reactantes** | | **Producto** |
| 1 átomo de carbono, 2 átomos de oxígeno | | 1 átomo de carbono, 2 átomos de oxígeno |

Esta ecuación está balanceada. Un átomo de carbono y dos átomos de oxígeno están a cada lado de la ecuación. No necesitas cambiar los coeficientes; se entiende que todos son 1.

¿Qué pasa con la ecuación para la reacción de hidrógeno y gas oxígeno? Cuando se mezclan hidrógeno y oxígeno, el producto de la reacción es agua. La ecuación esqueleto es la siguiente:

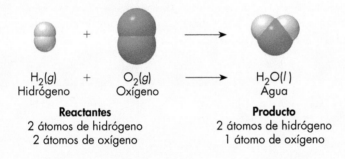

| $H_2(g)$ | + | $O_2(g)$ | | $H_2O(l)$ |
| Hidrógeno | | Oxígeno | | Agua |

Reactantes		**Producto**
2 átomos de hidrógeno		2 átomos de hidrógeno
2 átomos de oxígeno		1 átomo de oxígeno

Las fórmulas para todos los reactantes y el producto son correctas, pero esta ecuación no está balanceada. Cuenta los átomos en ambos lados de la ecuación. Hay dos átomos de oxígeno en el lado (izquierdo) del reactante de la ecuación y sólo un átomo de oxígeno en el lado (derecho) del producto. Escrita, la ecuación no obedece la ley de conservación de la masa y no describe cuantitativamente lo que sucede en realidad. ¿Qué puedes hacer para balancearla?

Para balancear la ecuación para la reacción de hidrógeno y oxígeno, cuenta el número de cada tipo de átomo. El hidrógeno está balanceado pero el oxígeno no. Si pones el coeficiente 2 antes de H_2O, el oxígeno estará balanceado. Ahora hay el doble de átomos de hidrógeno en el producto de los que hay en los reactantes. Para corregir esta ecuación, escribe el coeficiente 2 antes de H_2. Hay cuatro átomos de hidrógeno y dos átomos de oxígeno en cada lado de la ecuación química. La ecuación está ahora balanceada.

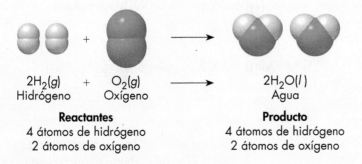

| $2H_2(g)$ | + | $O_2(g)$ | | $2H_2O(l)$ |
| Hidrógeno | | Oxígeno | | Agua |

Reactantes		**Producto**
4 átomos de hidrógeno		4 átomos de hidrógeno
2 átomos de oxígeno		2 átomos de oxígeno

Algunas guías para escribir y balancear ecuaciones se encuentran en la tabla de la página siguiente.

P: *La reacción entre el oxígeno y el hidrógeno en las células de combustible produce la energía para proporcionar energía a un coche. ¿Cuáles son los productos de la reacción en una célula de combustible que hacen al coche de celdas de combustible un coche con cero emisiones?*

Consulta balancear ecuaciones *en línea animada.*

1. Determina las fórmulas correctas para todos los reactantes y productos.

2. Escribe la ecuación esqueleto al colocar las fórmulas de los reactantes a la izquierda y las fórmulas de los productos a la derecha con un signo de produce (⟶) en medio. Si dos o más reactantes o productos están involucrados, separa sus fórmulas con signos de más.

3. Determina el número de átomos de cada elemento en los reactantes y productos. Cuenta un ion poliatómico como una unidad sencilla si aparece sin cambios en ambos lados de la ecuación.

4. Balancea los elementos uno a la vez usando los coeficientes. Cuando no haya coeficientes escritos, se asume que es 1. Empieza balanceando los elementos que aparezcan una sola vez en cada lado de la ecuación. Nunca balancees una ecuación cambiando los subíndices en una fórmula química. Cada sustancia tiene una única fórmula correcta.

5. Verifica cada átomo o ion poliatómico para asegurarte que el número sea igual en ambos lados de la ecuación.

6. Asegúrate que todos los coeficientes estén en la razón más baja posible.

Ejemplo de problema 11.2

Balancear una ecuación química

Los estudiantes colgaron alambre de cobre en una solución acuosa de nitrato de sodio. Observaron un depósito de cristales de plata en el alambre de cobre cuando el cobre reaccionó con el nitrato de plata. Registraron la ecuación de esta reacción pero no la balancearon. Balancea la ecuación.

$$AgNO_3(aq) + Cu(s) \longrightarrow Cu(NO_3)_2(aq) + Ag(s)$$

❶ Analizar **Identifica los conceptos relevantes.**

Aplica las reglas para balancear ecuaciones. Dado que el ion poliatómico nitrato aparece como un reactante y un producto, el ion puede balancearse como una unidad.

> *Recuerda que un coeficiente siempre debe ir antes de la fórmula de un compuesto, no en medio de ella.*

❷ Resolver **Aplica los conceptos a este problema.**

| Balancea el ion nitrato. Coloca un coeficiente 2 antes de $AgNO_3(aq)$. | $2AgNO_3(aq) + Cu(s) \longrightarrow Cu(NO_3)_2(aq) + Ag(s)$ |

| Balancea la plata. Coloca un coeficiente 2 antes de $Ag(s)$. | $2AgNO_3(aq) + Cu(s) \longrightarrow Cu(NO_3)_2(aq) + 2Ag(s)$ |

3. Balancea la ecuación:
$$CO + Fe_2O_3 \longrightarrow Fe + CO_2$$

4. Escribe la ecuación química balanceada de la reacción de carbono con oxígeno para formar monóxido de carbono.

Balancear una ecuación química

El aluminio es una buena opción para los muebles al aire libre porque reacciona con el oxígeno en el aire para formar una delgada capa protectora de óxido de aluminio. Balancea la ecuación de esta reacción.

$$Al(s) + O_2(g) \longrightarrow Al_2O_3(s)$$

❶ Analizar Identifica los conceptos relevantes.

Aplica las reglas para balancear ecuaciones. Observa el número impar de átomos de oxígeno en el producto.

❷ Resolver Aplica los conceptos a este problema.

Primero balancea el aluminio colocando el coeficiente 2 antes de Al(s).	$2Al(s) + O_2(g) \longrightarrow Al_2O_3(s)$
Multiplica la fórmula con el número impar de átomos de oxígeno (a la derecha) por 2 para obtener un número par de átomos de oxígeno a la derecha.	$2Al(s) + O_2(g) \longrightarrow 2Al_2O_3(s)$
Balancea los oxígenos del lado izquierdo colocando un 3 antes de O_2.	$2Al(s) + 3O_2(g) \longrightarrow 2Al_2O_3(s)$
Después vuelve a balancear el aluminio cambiando el coeficiente de Al(s) de 2 a 4.	$4Al(s) + 3O_2(g) \longrightarrow 2Al_2O_3(s)$

Cualquier coeficiente de número entero colocado antes de O_2 siempre dará un número par de átomos de oxígeno del lado izquierdo.

5. Balancea cada ecuación.

a. $FeCl_3 + NaOH \longrightarrow Fe(OH)_3 + NaCl$

b. $CS_2 + Cl_2 \longrightarrow CCl_4 + S_2Cl_2$

c. $KI + Pb(NO_3)_2 \longrightarrow PbI_2 + KNO_3$

d. $C_2H_2 + O_2 \longrightarrow CO_2 + H_2O$

6. Escribe y balancea estas ecuaciones.

a. hidróxido de calcio + ácido sulfúrico $\longrightarrow$ sulfato de calcio + agua

b. sodio + agua $\longrightarrow$ hidróxido de sodio + hidrógeno

Supón que la ecuación para la formación de óxido de aluminio se escribiera de esta manera:

$$8Al(s) + 6O_2(g) \longrightarrow 4Al_2O_3(s)$$

Cada uno de los coeficientes debería dividirse por 2 para obtener una ecuación con la razón de coeficientes con el número entero más pequeño.

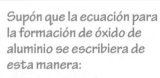

Laboratorio rápido

Materiales

- papel de aluminio, 20 cm × 20 cm
- matraz o cacerola de vidrio grande
- tenedor o cuchara de plata manchada
- bicarbonato de sodio
- cuchara de plástico
- agua caliente

Remover manchas de la plata

Procedimiento

1. Llena el matraz con aproximadamente tres cuartos de agua caliente y añade 2 cucharadas soperas de bicarbonato de sodio ($NaHCO_3$).

2. Aplasta el papel de aluminio hasta formar una pelota y colócala en el matraz.

3. Escribe una breve descripción del tenedor de plata manchado; después colócalo en el matraz de manera que toque la pelota de aluminio.

4. Deja el matraz sin tocar durante 30 minutos.

5. Quita el tenedor y la pelota de aluminio y enjuágalos con agua.

Analizar y concluir

1. Observar Compara el tenedor de plata con tus observaciones antes de colocarlo en el agua. ¿Qué cambios observas?

2. Explicar ¿Ocurrió una reacción química? ¿Cómo lo sabes?

3. Explicar Las manchas en el tenedor de plata son sulfuro de plata (Ag_2S). La plata se mancha cuando se expone al aire, a la clara de huevo o a las ligas de goma. Cada una de estas sustancias contiene azufre. Busca con cuidado un precipitado amarillo claro de sulfuro de aluminio en el fondo del matraz. Escribe la fórmula del sulfuro de aluminio.

4. Aplicar conceptos La ecuación sin balancear de la reacción es

$$Ag_2S(s) + Al(s) \longrightarrow Al_2S_3(s) + Ag(s)$$

Balancea la ecuación.

---

7. Explicar ¿Cómo escribes una ecuación esqueleto?

8. Resumir Describe los pasos para escribir una ecuación química balanceada.

9. Describir Escribe ecuaciones esqueleto para estas reacciones.

   a. Calentar sulfuro de cobre(III) en presencia de oxígeno diatómico produce cobre puro y gas dióxido de azufre.

   b. Cuando se calienta, el bicarbonato (bicarbonato de sodio) se descompone para formar los productos carbonato de sodio, dióxido de carbono y agua.

10. Aplicar conceptos Balancea las ecuaciones siguientes:

   a. $SO_2(g) + O_2(g) \longrightarrow SO_3(g)$

   b. $Fe_2O_3(s) + H_2(g) \longrightarrow Fe(s) + H_2O(l)$

   c. $P(s) + O_2(g) \longrightarrow P_4O_{10}(s)$

   d. $Al(s) + N_2(g) \longrightarrow AlN(s)$

11. Aplicar conceptos Escribe y balancea las ecuaciones de las reacciones siguientes:

   a. El metal hierro y el gas cloro reaccionan para formar el sólido cloruro de hierro(III).

   b. El carbonato de aluminio se descompone para formar el sólido óxido de aluminio y el gas dióxido de carbono.

   c. El sólido magnesio reacciona con nitrato de plata acuoso para formar el sólido plata y nitrato de magnesio acuoso.

Química de cocina

¿Sabías que tu cocina es un buen lugar para estudiar química? La preparación de comida por lo general involucra un gran número de reacciones químicas. Los compuestos en los alimentos crudos se pueden combinar, descomponer u oxidarse para dar un producto final. Los ácidos en vinagres, jugo de limón o cualquier cosa ácida que se usa para marinar carne ayudan a descomponer el tejido conectivo de la carne a través de las reacciones químicas. Si se calienta comida cruda, como en la cocción y horneado, las reacciones químicas producen muchos compuestos complejos. Cuando comes alimentos cocinados, tu cuerpo realiza otras series de reacciones químicas que les permiten a los nutrientes en la comida, alimentar tu cuerpo.

En esta lección aprendiste cómo describir reacciones químicas y escribir ecuaciones químicas balanceadas. Ahora puedes usar materiales ordinarios de cocina para crear tus propias reacciones químicas.

Por tu cuenta

1. Para esta actividad, necesitarás algunos **vasos de papel, bicarbonato, agua, vinagre** y **jugo de limón**. También necesitarás una **cuchara** y un **gotero**.

2. Con la cuchara, pon un poco de bicarbonato en cuatro vasos.

3. Usando un gotero, añade unas pocas gotas de agua al primer vaso. Observa lo que pasa. Después registra tus observaciones en una tabla similar a la que se muestra a continuación.

4. Repite el proceso para cada sustancia de la tabla.

¿Qué viste?	
Sustancia	¿Cuál es la reacción?
Agua	
Vinagre	
Jugo de limón	
Tu selección	

Piénsalo

1. Sacar conclusiones ¿Qué pistas te indican cuándo ocurrió una reacción?

2. Aplicar conceptos La ecuación esqueleto de la reacción entre el bicarbonato y el vinagre es:

$$NaHCO_3 + HC_2H_3O_2 \longrightarrow NaC_2H_3O_2 + H_2O + CO_2$$

¿Está balanceada esta ecuación? Explica.

3. Conexión con la GRANIDEA ¿Cómo aplica la ley de conservación de la masa a este experimento?

11.2 Tipos de reacciones químicas

P: *¿Qué le sucede a la cera cuando enciendes una vela?* Probablemente has notado que tienes menos cantidad de vela después de encenderla que antes, pero quizá no sepas que la vela no se quemará a menos que haya oxígeno presente. Cuando quemas una vela, tiene lugar una reacción química llamada combustión. En esta lección aprenderás que si puedes reacomodar el tipo de reacción, puedes predecir los productos de la reacción.

Clasificar reacciones

¿Cuáles son los cinco tipos generales de reacciones?

Al clasificar las reacciones químicas, puedes predecir más fácilmente los productos que tienen mayor probabilidad de formarse. Un sistema de clasificación identifica cinco tipos generales. **Los cinco tipos generales de reacciones son combinación, descomposición, sustitución sencilla, sustitución doble y combustión.** No todas las reacciones químicas caben exclusivamente en una sola categoría. Ocasionalmente, una reacción puede caber igualmente bien en dos categorías. No obstante, resulta útil el reconocer una reacción como un tipo en particular. Los patrones del comportamiento químico se harán aparentes y te permitirán predecir los productos de las reacciones.

Reacciones de combinación El primer tipo de reacción es la reacción de combinación o síntesis. Una **reacción de combinación** es un cambio químico en el que dos o más sustancias reaccionan para formar una sola sustancia nueva. Como se muestra en la Figura 11.4, el metal magnesio y el gas oxígeno se combinan para formar el compuesto óxido de magnesio.

$$2Mg(s) + O_2(g) \longrightarrow 2MgO(s)$$

Observa que en esta reacción, como en todas las reacciones de combinación, el producto es una sola sustancia (MgO), que es un compuesto. Los reactantes en esta reacción de combinación (Mg y O_2) son dos elementos, lo cual con frecuencia es el caso. Pero dos compuestos también pueden combinarse para formar una sola sustancia.

Cuando un metal del Grupo A y un no metal reaccionan, el producto es un compuesto iónico binario.

$$2K(s) + Cl_2(g) \longrightarrow 2KCl(s)$$

Cuando dos no metales reaccionan en una reacción combinada es posible de obtener más de un producto.

$$S(s) + O_2(g) \longrightarrow SO_2(g) \text{ dióxido de azufre}$$

$$2S(s) + 3O_2(g) \longrightarrow 2SO_3(g) \text{ trióxido de azufre}$$

Pregunta clave

¿Cuáles son los cinco tipos generales de reacciones?

Vocabulario

- reacción de combinación
- reacción de descomposición
- reacción de sustitución sencilla
- serie de actividad
- reacción de sustitución doble
- reacción de combustión

Más de un producto puede resultar de la reacción de combinación de un metal de transición y un no metal.

$$Fe(s) + S(s) \longrightarrow FeS(s) \text{ sulfuro de hierro(II)}$$

$$2Fe(s) + 3S(s) \longrightarrow Fe_2S_3(s) \text{ sulfuro de hierro(III)}$$

Algunos óxidos no metalicos reaccionan con el agua para producir un ácido, un compuesto que produce iones hidrógeno en solución acuosa. Aprenderás acerca de los ácidos en el Capítulo 19.

$$SO_2(g) + H_2O(l) \longrightarrow H_2SO_3(aq) \text{ ácido sulfuroso}$$

Algunos óxidos metálicos reaccionan con agua para dar una base o un compuesto que contenga iones hidroxidós. Una vez más en este caso, puedes usar las cargas iónicas para derivar la fórmula del producto.

$$CaO(s) + H_2O(l) \longrightarrow Ca(OH)_2(aq) \text{ hidróxido de calcio}$$

Figura 11.4 Reacción de combinación
Cuando se enciende, el listón de magnesio reacciona con el oxígeno en el aire que lo rodea para formar óxido de magnesio, un sólido blanco. Esta reacción es una reacción de combinación.

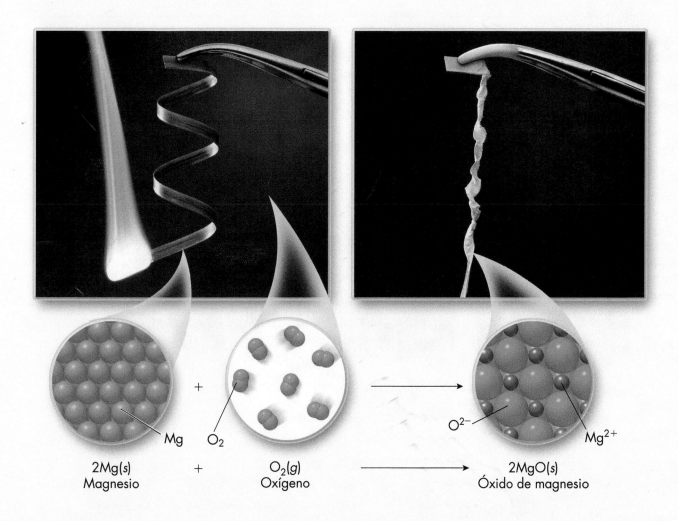

Mg O_2

O^{2-} Mg^{2+}

2Mg(s)	+	$O_2(g)$		2MgO(s)
Magnesio		Oxígeno		Óxido de magnesio

Reacciones de descomposición Algunas reacciones químicas son lo opuesto a las reacciones de combinación. Estas reacciones se clasifican como reacciones de descomposición. Cuando se calienta el óxido de mercurio(II), se descompone en dos sustancias más sencillas, como se muestra en la Figura 11.5.

$$2HgO(s) \longrightarrow 2Hg(l) + O_2(g)$$

Una **reacción de descomposición** es un cambio químico en el que un compuesto sencillo se descompone en dos o más productos más sencillos. Las reacciones de descomposición involucran sólo un reactante y dos o más productos. Los productos pueden ser cualquier combinación de elementos y compuestos. Por lo general es difícil predecir los productos de las reacciones de descomposición. Sin embargo, cuando un compuesto binario sencillo como HgO se descompone, tú sabes que los productos deben ser los elementos que lo constituyen, Hg y O_2. La mayoría de las reacciones de descomposición requieren energía en forma de calor, luz o electricidad.

¿Sabías que cuando se infla la bolsa de aire de un coche sucede una reacción de descomposición? Se coloca un instrumento que puede desencadenar la reacción en la bolsa de aire junto con bolitas de azada sódica (NaN_3). Cuando se detona el instrumento, las bolitas de azada sódica se descomponen y liberan gas nitrógeno, que infla la bolsa de aire rápidamente.

$$2NaN_3(s) \longrightarrow 2Na(s) + 3N_2(g)$$

Figura 11.5 Reacción de descomposición
Cuando el óxido de mercurio(II) de color naranja se calienta, se descompone en sus elementos constitutivos: mercurio líquido y oxígeno gaseoso.
Comparar y contrastar *¿En qué se asemejan las reacciones ilustradas en las Figuras 11.4 y 11.5? ¿En qué se diferencian?*

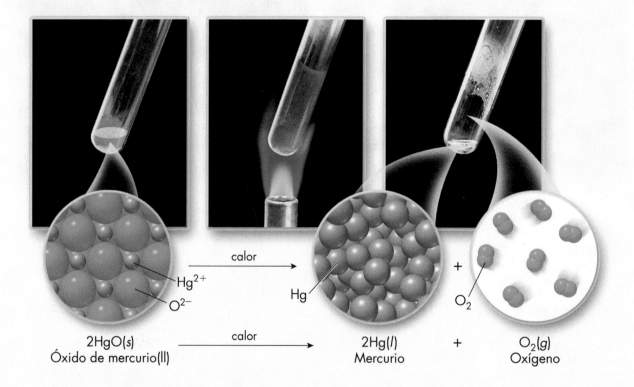

Ejemplo de problema 11.4

Escribir ecuaciones de reacciones de combinación y de descomposición

Escribe una ecuación balanceada para cada una de las reacciones siguientes.

a. Combinación de cobre y azufre:

$$Cu(s) + S(s) \longrightarrow \text{(dos posibles reacciones)}$$

b. Descomposición del agua:

$$H_2O(l) \xrightarrow{\text{electricidad}}$$

① Analizar Identifica los conceptos relevantes. Son posibles dos reacciones de combinación porque el cobre es un metal de transición y tiene más de una carga iónica común (Cu^+ y Cu^{2+}).

② Resolver Aplica los conceptos a este problema.

Escribe la fórmula del (de los) producto(s) en cada reacción.	**a.** Sulfuro de cobre(I) $Cu_2S(s)$ Sulfuro de cobre(II) $CuS(s)$ *Observa que Cu_2S y CuS representan diferentes productos de diferentes reacciones.*	**b.** $H_2(g)$ $O_2(g)$
Escribe una ecuación esqueleto para cada reacción.	Para cobre(I): $Cu(s) + S(s) \longrightarrow Cu_2S(s)$ Para cobre(II): $Cu(s) + S(s) \longrightarrow CuS(s)$	$H_2O(l) \xrightarrow{\text{electricidad}} H_2(g) + O_2(g)$ *El hidrógeno está balanceado pero el oxígeno no. Después de balancear el oxígeno, debes volver a balancear los átomos de hidrógeno.*
Aplica las reglas para balancear ecuaciones.	Para cobre(I): $2Cu(s) + S(s) \longrightarrow Cu_2S(s)$ (balanceada) Para cobre(II): la ecuación esqueleto ya está balanceada. $Cu(s) + S(s) \longrightarrow CuS(s)$ (balanceada)	$2H_2O(l) \xrightarrow{\text{electricidad}} H_2(g) + O_2(g)$ $2H_2O(l) \xrightarrow{\text{electricidad}} 2H_2(g) + O_2(g)$

---

12. Escribe la fórmula del compuesto binario que se descomponga en los productos H_2 y Br_2.

13. Completa y balancea esta reacción de descomposición.

$$HI \longrightarrow$$

14. Escribe y balancea la ecuación para la formación de nitruro de magnesio (Mg_3N_2) a partir de sus elementos.

Reacciones de sustitución sencilla Dejar caer un pequeño pedazo de potasio en un matraz con agua crea la fuerte reacción que se muestra en la Figura 11.6. La reacción produce gas hidrógeno y una gran cantidad de calor. El gas hidrógeno liberado puede prender de forma explosiva.

$$2K(s) + 2H_2O(l) \longrightarrow 2KOH(aq) + H_2(g)$$

Pueden ocurrir reacciones similares pero menos espectaculares. Por ejemplo, si dejas caer un pedazo de zinc en una solución de nitrato de cobre, ocurre esta reacción:

$$Zn(s) + Cu(NO_3)_2(aq) \longrightarrow Cu(s) + Zn(NO_3)_2(aq)$$

Estas ecuaciones describen dos ejemplos de reacciones de sustitución sencilla. Una **reacción de sustitución sencilla** es un cambio químico en el que un elemento reemplaza al segundo elemento en un compuesto. Puedes identificar una reacción de sustitución sencilla al observar que tanto los reactantes como los productos consisten de un elemento y de un compuesto. En la ecuación anterior, el zinc y el cobre intercambian lugares. El elemento de reacción Zn reemplaza al cobre en el compuesto reactante $Cu(NO_3)_2$. Los productos son el elemento Cu y el compuesto $Zn(NO_3)_2$.

Figura 11.6 Reacción de sustitución sencilla
El metal alcalino potasio desplaza al hidrógeno del agua y forma una solución de hidróxido de potasio en una reacción de sustitución sencilla. El calor de la reacción con frecuencia es suficiente para encender el hidrógeno.
Inferir ¿Por qué los metales alcalinos se almacenan bajo un aceite mineral o el queroseno?

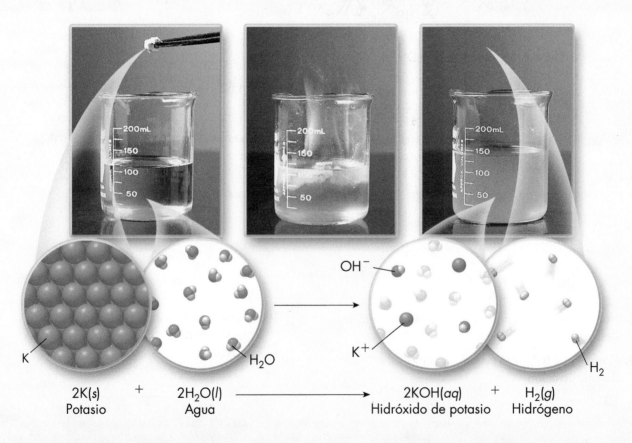

$$2K(s) \quad + \quad 2H_2O(l) \longrightarrow 2KOH(aq) \quad + \quad H_2(g)$$

Potasio · · · · · Agua · · · · · Hidróxido de potasio · · · · · Hidrógeno

Ejemplo de problema 11.5

Escribir ecuaciones de reacciones de sustitución sencilla

Escribe una ecuación balanceada para la reacción de sustitución sencilla.

$$Cl_2(aq) + NaBr(aq) \longrightarrow$$

① Analizar Identifica los conceptos relevantes. El cloro es más reactivo que el bromo y sustituye al bromo de sus compuestos.

② Resolver Aplica los conceptos a este problema.

Pista: Empiezas con un número igual de átomos:
- reactantes
- 2 átomos de cloro
- 1 átomo de sodio
- 1 átomo de bromo
- productos
- 1 átomo de cloro
- 1 átomo de sodio
- 2 átomos de bromo

Escribe la ecuación esqueleto.	$Cl_2(aq) + NaBr(aq) \longrightarrow NaCl(aq) + Br_2(aq)$
Aplica las reglas para balancear ecuaciones.	$Cl_2(aq) + 2NaBr(aq) \longrightarrow 2NaCl(aq) + Br_2(aq)$ (balanceada)

15. Completa las ecuaciones de estas reacciones de sustitución sencilla en solución acuosa. Balancea cada ecuación. Escribe "sin reacción" si no ocurre una reacción.

a. $Fe(s) + Pb(NO_3)_2(aq) \longrightarrow$

b. $Cl_2(aq) + NaI(aq) \longrightarrow$

c. $Ca(s) + H_2O(l) \longrightarrow$

d. $Zn(s) + H_2SO_4(aq) \longrightarrow$

Pista: Observa la tabla 11.2. El zinc desplaza al hidrógeno de un ácido y toma su lugar.

El que un metal desplace a otro metal de un compuesto depende de las reactividades relativas de los dos metales. La **serie de actividad** de los metales, que se da en la Tabla 11.2, enlista los metales en orden decreciente de reactividad. Un metal reactivo desplazará cualquier metal enlistado debajo de él en la serie de actividad. Por lo tanto, el hierro desplazará al cobre de un compuesto de cobre en la solución pero el hierro no desplaza similarmente al zinc o al calcio.

Un halógeno también puede reemplazar a otro halógeno de un compuesto. La actividad de los halógenos disminuye conforme avanzas hacia abajo en el Grupo 7A de la tabla periódica: flúor, cloro, bromo y yodo. El bromo es más activo que el yodo, por lo tanto ocurre esta reacción:

$$Br_2(aq) + 2NaI(aq) \longrightarrow 2NaBr(aq) + I_2(aq)$$

Pero el bromo es menos activo que el cloro, por lo tanto, esta reacción no ocurre:

$$Br_2(aq) + NaCl(aq) \longrightarrow \text{Sin reacción}$$

Tabla 11.2
Serie de actividad de los metales

	Nombre	Símbolo
	Litio	Li
	Potasio	K
	Calcio	Ca
Reactividad decreciente	Sodio	Na
	Magnesio	Mg
	Aluminio	Al
	Zinc	Zn
	Hierro	Fe
	Plomo	Pb
	(Hidrógeno)	(H)*
	Cobre	Cu
	Mercurio	Hg
	Plata	Ag

*Los metales de Li a Na sustituirán a H de los ácidos y el agua; de Mg a Pb sustituirán a H sólo de los ácidos.

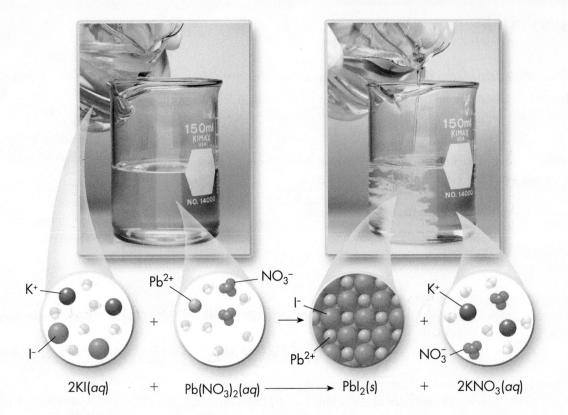

$$2KI(aq) \; + \; Pb(NO_3)_2(aq) \longrightarrow PbI_2(s) \; + \; 2KNO_3(aq)$$

Figura 11.7
Reacción de sustitución doble
Soluciones acuosas de ioduro de potasio y nitrato de plomo(II) reaccionan en una reacción de sustitución doble para formar el precipitado amarillo ioduro de plomo(II).

Reacciones de sustitución doble A veces, cuando se mezclan soluciones de compuestos iónicos, no sucede nada. Otras veces, reaccionan los iones en las dos soluciones. En la Figura 11.7 se muestra que mezclar soluciones acuosas de ioduro de potasio y nitrato de plomo(II) resulta en una reacción química en la que se forma un precipitado amarillo de ioduro de plomo(II) sólido. El nitrato de potasio, el otro producto de la reacción, permanece en solución. Esta reacción es un ejemplo de una **reacción de sustitución doble** que es un cambio químico que involucra un intercambio de iones positivos entre dos compuestos. A las reacciones de sustitución doble también se les conoce como reacciones de desplazamiento doble. Por lo general tienen lugar en una solución acuosa y con frecuencia producen un precipitado, un gas o un compuesto molecular como el agua. Para que ocurra una reacción de sustitución doble, por lo general algo de lo siguiente es verdadero:

1. Uno de los productos sólo es ligeramente soluble y se precipita de la solución. Por ejemplo, la reacción de las soluciones acuosas de sulfuro de sodio y nitrato de cadmio produce un precipitado amarillo de sulfuro de cadmio.

$$Na_2S(aq) \; + \; Cd(NO_3)_2(aq) \longrightarrow CdS(s) \; + \; 2NaNO_3(aq)$$

2. Uno de los productos es gas. El gas venenoso cianuro de hidrógeno se produce cuando el cianuro de sodio, también un veneno, se mezcla con ácido sulfúrico.

$$2NaCN(aq) \; + \; H_2SO_4(aq) \longrightarrow 2HCN(g) \; + \; Na_2SO_4(aq)$$

3. Un producto es un compuesto molecular como el agua. Al combinar soluciones de hidróxido de calcio y ácido clorhídrico se produce agua.

$$Ca(OH)_2(aq) \; + \; 2HCl(aq) \longrightarrow CaCl_2(aq) \; + \; 2H_2O(l)$$

Ejemplo de problema 11.6

Escribir ecuaciones de reacciones de sustitución doble

Se forma un precipitado de carbonato de bario cuando una solución acuosa de cloruro de bario reacciona con el carbonato de potasio acuoso. Escribe una ecuación química balanceada para la reacción de sustitución doble.

$$K_2CO_3(aq) + BaCl_2(aq) \longrightarrow$$

❶ Analizar Identifica los conceptos relevantes. La fuerza motriz detrás de la reacción es la formación de un precipitado. Escribe las fórmulas correctas de los productos usando cargas iónicas. Después balancea la ecuación.

❷ Resolver Aplica los conceptos a este problema.

Escribe la ecuación esqueleto.	$K_2CO_3(aq) + BaCl_2(aq) \longrightarrow KCl(aq) + BaCO_3(s)$
Aplica las reglas para balancear ecuaciones.	$K_2CO_3(aq) + BaCl_2(aq) \longrightarrow 2KCl(aq) + BaCO_3(s)$ (balanceada)

16. Escribe los productos de estas reacciones de sustitución doble. Después balancea cada ecuación.
   a. $NaOH(aq) + Fe(NO_3)_3(aq) \longrightarrow$ (El hidróxido de hierro(III) es un precipitado.)
   b. $Ba(NO_3)_2(aq) + H_3PO_4(aq) \longrightarrow$ (El fosfato de bario es un precipitado.)
   c. $FeS(s) + HCl(aq) \longrightarrow$ (Se forma el gas sulfuro de hidrógeno (H_2S).)

17. Escribe una ecuación balanceada para cada reacción.
   a. $KOH(aq) + H_3PO_4(aq) \longrightarrow$ (Se forma agua.)
   b. $AgNO_3(aq) + NaCl(s) \longrightarrow$ (El cloruro de plata es un precipitado.)
   c. $Ca(OH)_2(aq) + H_3PO_4(aq) \longrightarrow$ (Se forma agua.)
   d. $KI(aq) + Pb(NO_3)_2(aq) \longrightarrow$ (El ioduro de plomo(II) es un precipitado.)
   e. $H_2SO_4(aq) + Al(OH)_3(aq) \longrightarrow$ (Se forma agua.)

> Pista: Usa cargas iónicas para escribir la fórmula correcta del otro producto.

Reacciones de combustión Las flamas de un campamento, vela o parrilla de gas son evidencia de que tiene lugar una reacción de combustión. Una **reacción de combustión** es un cambio químico en el que un elemento o compuesto reacciona con oxígeno, con frecuencia produciendo energía en forma de calor o luz. Una reacción de combustión siempre involucra al oxígeno como un reactante. Con frecuencia el otro reactante es un hidrocarburo, que es un compuesto que produce dióxido de carbono y agua. Pero si el suministro de oxígeno es limitado durante una reacción, la combustión no se completará. El carbono elemental (hollín) y el gas tóxico monóxido de carbono pueden ser productos adicionales.

P: *Los materiales como la cera de vela contienen hidrógeno y carbono. Un tipo de cera tiene la fórmula $C_{25}H_{52}$. La cera reacciona con el oxígeno del aire. Por lo tanto, ¿qué le sucede a la cera conforme se quema?*

La combustión completa de un hidrocarburo libera una gran cantidad de energía como calor. Es por eso que los hidrocarburos como el metano (CH_4), el propano (C_3H_8) y el butano (C_4H_{10}) son combustibles importantes. La reacción de combustión del metano se muestra en la Figura 11.8. La gasolina es una mezcla de hidrocarburos que pueden representarse aproximadamente mediante la fórmula C_8H_{18}. La combustión completa de gasolina en un motor de coche se muestra mediante esta ecuación.

$$2C_8H_{18}(l) + 25O_2(g) \longrightarrow 16CO_2(g) + 18H_2O(g)$$

Las reacciones entre el oxígeno y algunos elementos además del carbono también son ejemplos de reacciones de combustión. Por ejemplo, tanto el magnesio como el azufre arderán en presencia de oxígeno. Mientras observas estas ecuaciones de combustión, nota que las reacciones también podrían clasificarse como reacciones de combinación.

$$2Mg(s) + O_2(g) \longrightarrow 2MgO(s)$$

$$S(s) + O_2(g) \longrightarrow SO_2(g)$$

Figura 11.8 Reacción de combustión
El gas metano reacciona con el oxígeno del aire que lo rodea en una reacción de combustión para producir dióxido de carbono y agua.
Inferir ¿Qué más se produce en esta reacción?

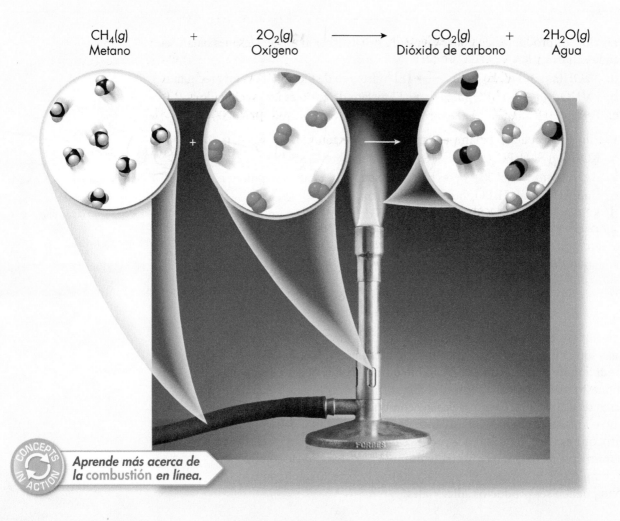

$CH_4(g)$ + $2O_2(g)$ $\longrightarrow$ $CO_2(g)$ + $2H_2O(g)$
Metano   Oxígeno   Dióxido de carbono   Agua

Aprende más acerca de la combustión en línea.

Ejemplo de problema 11.7

Escribir ecuaciones de reacciones de combustión

Una lámpara de alcohol con frecuencia usa etanol como combustible. Escribe una ecuación balanceada para la combustión completa de etanol.

$$C_2H_6O(l)$$

❶ Analizar **Identifica los conceptos relevantes.**

El oxígeno es el otro reactante en una reacción de combustión. Los productos son CO_2 y H_2O.

❷ Resolver **Aplica los conceptos a este problema.**

Escribe la ecuación esqueleto.	$C_2H_6O(l) + O_2(g) \longrightarrow CO_2(g) + H_2O(g)$
Aplica las reglas para balancear ecuaciones.	$C_2H_6O(l) + 3O_2(g) \longrightarrow 2CO_2(g) + 3H_2O(g)$ (balanceada)

18. Escribe una ecuación balanceada de la combustión completa de cada compuesto.
   a. formaldehido ($CH_2O(g)$)
   b. heptano ($C_7H_{16}(l)$)
   c. benceno ($C_6H_6(l)$)

19. Escribe una ecuación balanceada para la combustión completa de
   a. glucosa ($C_6H_{12}O_6(s)$)
   b. acetona ($C_3H_6O(l)$)
   c. pentanol ($C_5H_{12}O(l)$)

Ahora que aprendiste acerca de algunos tipos básicos de reacciones, puedes predecir los productos de muchas reacciones. El número de elementos y/o compuestos reaccionando es un buen indicador de un posible tipo de reacción y, por lo tanto, de posibles productos.

Por ejemplo, en una reacción de combinación, dos o más reactantes (elementos o compuestos) se combinan para formar un solo producto. En una reacción de descomposición, un solo compuesto es el reactante; dos o más sustancias son los productos. Un elemento y un compuesto son los reactantes en una reacción de sustitución sencilla. Un elemento diferente y un compuesto nuevo son los productos. En una reacción de sustitución doble, dos compuestos iónicos son los reactantes; dos nuevos compuestos son los productos. Los reactantes en una reacción de combustión son oxígeno y, por lo general, un hidrocarburo. Los productos de la mayoría de las reacciones de combustión son dióxido de carbono y agua.

❶ Reacción de combinación

Ecuación general: R + S $\longrightarrow$ RS

Reactantes: Por lo general dos elementos o dos compuestos (donde al menos un compuesto es un compuesto molecular)

Probables productos: Un compuesto sencillo

Ejemplo: Quemar magnesio en el aire

Consulta reacciones en línea animada.

$$2Mg(s) + O_2(g) \longrightarrow 2MgO(s)$$

❷ Reacción de descomposición

Ecuación general: RS $\longrightarrow$ R + S

Reactantes: Por lo general un solo compuesto binario o un compuesto con un ion poliatómico

Probables productos: Dos elementos (para un compuesto binario) o dos o más elementos y/o compuestos (para un compuesto con un ion poliatómico)

Ejemplo: Calentar óxido de mercurio(II)

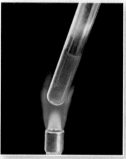

$$2HgO(s) \longrightarrow 2Hg(l) + O_2(g)$$

❸ Reacción de sustitución sencilla

Ecuación general: T + RS $\longrightarrow$ TS + R

Reactantes: Un elemento y un compuesto

En una reacción de sustitución sencilla, un elemento reemplaza a otro elemento de un compuesto en solución acuosa. Para que ocurra una reacción de sustitución sencilla, el elemento que es reemplazado debe ser menos activo que el elemento que hace la sustitución.

Probables productos: Un elemento diferente y un compuesto nuevo

Ejemplo: Potasio en agua

$$2K(s) + 2H_2O(l) \longrightarrow 2KOH(aq) + H_2(g)$$

④ Reacción de sustitución doble

Ecuación general: $R^+ S^- + T^+ U^- \longrightarrow R^+ U^- + T^+ S^-$

Reactantes: Dos compuestos iónicos

En una reacción de sustitución doble, dos compuestos iónicos reaccionan al intercambiar cationes para formar dos compuestos diferentes.

Probables productos: Dos compuestos nuevos

Las reacciones de sustitución doble se conducen mediante la formación de un precipitado, un producto gaseoso o agua.

Ejemplo: Reacción de soluciones acuosas de ioduro de potasio y nitrato de plomo(II).

$$2KI(aq) + Pb(NO_3)_2(aq) \longrightarrow PbI_2(s) + 2KNO_3(aq)$$

⑤ Reacción de combustión

Ecuación general: $C_x H_y + (x + y/4) O_2 \longrightarrow xCO_2 + (y/2)H_2O$

Reactantes: Oxígeno y un compuesto de X, H, (O)
Cuando el oxígeno reacciona con un elemento o compuesto, puede ocurrir una combustión.

Probables productos: CO_2 y H_2O
Con combustión incompleta, C y CO pueden también ser productos.

Ejemplo: La combustión de gas metano en el aire

$$CH_4(g) + 2O_2(g) \longrightarrow CO_2(g) + 2H_2O(g)$$

ONLINE PROBLEMS 11.2 Comprobación de la lección

20. 🔑 Revisar ¿Cuáles son los cinco tipos de reacciones químicas?

21. Aplicar conceptos Clasifica cada reacción y balancea las ecuaciones.
  a. $C_3H_6(g) + O_2(g) \longrightarrow CO_2(g) + H_2O(g)$
  b. $Al(OH)_3(s) \longrightarrow Al_2O_3(s) + H_2O(l)$
  c. $Li(s) + O_2(g) \longrightarrow Li_2O(s)$
  d. $Zn(s) + AgNO_3(aq) \longrightarrow Ag(s) + Zn(NO_3)_2(aq)$

22. Identificar ¿Cuál de los cinco tipos generales de reacción ocurriría con mayor probabilidad, dado cada conjunto de reactantes? ¿Cuáles son los productos probables?
  a. una solución acuosa de dos compuestos iónicos
  b. un compuesto sencillo
  c. dos elementos
  d. oxígeno y un compuesto de carbono e hidrógeno

23. Aplicar conceptos Completa y balancea una ecuación para cada reacción.
  a. $CaI_2(aq) + Hg(NO_3)_2(aq) \longrightarrow$ (HgI_2 se precipita.)
  b. $Al(s) + Cl_2(g) \longrightarrow$
  c. $Ag(s) + HCl(aq) \longrightarrow$
  d. $C_2H_2(g) + O_2(g) \longrightarrow$

GRANIDEA REACCIONES

24. Después de que se quema la madera, la ceniza pesa mucho menos que la madera original. Explica por qué la ley de conservación de la masa no es violada en esta situación.

La historia de la dinamita

En 1846, Ascanio Sobrero añadió glicerol a una mezcla de ácidos nítrico y sulfúrico concentrados. El líquido aceitoso resultante, conocido como nitroglicerina, terminó siendo un explosivo tan poderoso que una pequeña botella podía hacer explotar un edificio. Desafortunadamente, también era extremadamente inestable y tendía a explotar después de manejarse con brusquedad o con un cambio en la temperatura.

Alfred Nobel (1833–1896), químico e industrialista sueco, comenzó a experimentar con nitroglicerina, buscando una manera de hacer más seguro su uso. En 1866, Nobel descubrió que podía mezclar la nitroglicerina con una arena fina llamada *kieselguhr* para convertir el líquido en pasta a la que pudiera dársele forma de barras. Las barras se empacaban entonces en cilindros hechos de papel. A estas barras las llamó "dinamita". Originalmente, Nobel comercializó la dinamita como Polvo para explotar de Nobel

Para encender con seguridad la dinamita y controlar el tiempo de la detonación, Nobel también inventó los detonadores de mecha, los cuales crean una pequeña explosión que desencadena una explosión más grande en la propia dinamita.

En la actualidad, el nitrato de amoníaco se usa en lugar de la nitroglicerina. Esta dinamita es más fuerte, más segura y más económica que la invención original de Nobel.

Cuando murió en 1896, Alfred Nobel dejó una fortuna de nueve millones de dólares para que se usara para financiar otros campos de estudio. El Premio Nobel aun se entrega a las personas cuyo trabajo ayudan a la humanidad.

Un paso más allá

1. Clasificar A continuación se muestra la ecuación de la detonación de nitroglicerina. ¿Qué tipo de reacción es?

$$4C_3H_5N_3O_9 \longrightarrow 12CO_2 + 10H_2O + 6N_2 + O_2$$

2. Investigar Los fuegos artificiales son otro tipo de explosivo. ¿En qué se diferencian las explosiones de dinamita de las explosiones de fuegos artificiales?

GRAN EXPLOSIÓN Nobel comenzó a fabricar el explosivo, que se usó para abrir presas, asientos de canal, minas y los cimientos de grandes edificios.

11.3 Reacciones en soluciones acuosas

LA QUÍMICA Y TÚ

P: *¿Cómo se metieron las estalactitas en las cuevas de roca caliza?* Las estalactitas crecen en los techos de las cuevas como tubos huecos de paredes delgadas que resultan de reacciones químicas que involucran agua. En esta lección aprenderás a predecir la formación de precipitados y escribir ecuaciones para describir las reacciones que los producen.

Ecuaciones iónicas netas

🔑 ¿Qué muestra una ecuación iónica neta?

Tu mundo se basa en agua. Más del 70 por ciento de la superficie de la Tierra está cubierta con agua y aproximadamente 66 por ciento del cuerpo humano adulto es agua. No es sorprendente, entonces, que muchas reacciones químicas importantes tengan lugar en el agua, es decir, en solución acuosa. La reacción de soluciones acuosas de nitrato de sodio con cloruro de sodio para formar cloruro de plata sólido y nitrato de sodio acuoso es una reacción de sustitución doble. La reacción se muestra en la Figura 11.9.

$$AgNO_3(aq) + NaCl(aq) \longrightarrow AgCl(s) + NaNO_3(aq)$$

La ecuación anterior refleja la manera en la que has estado escribiendo ecuaciones que involucran soluciones acuosas de compuestos iónicos. Sin embargo, la ecuación no muestra que, como la mayoría de los compuestos iónicos, los reactantes y uno de los productos se disocian, o separan, en cationes y aniones cuando se disuelven en agua.

Preguntas clave

🔑 **¿Qué muestra una ecuación iónica neta?**

🔑 **¿Cómo puedes predecir la formación de un precipitado en una reacción de sustitución doble?**

Vocabulario

• ecuación iónica completa
• ion espectador
• ecuación iónica neta

Figura 11.9 Precipitado en una reacción de sustitución doble
Se forma un precipitado de cloruro de plata cuando se mezclan las soluciones acuosas de nitrato de plata y cloruro de sodio.
Inferir *¿Qué iones no participan en la reacción?*

Desarrollar vocabulario: *origen de la palabra* La palabra *espectador* proviene del verbo en Latín *spectare*, que significa "observar". Por lo tanto, un ion espectador se puede pensar como el que sólo observa una reacción, que no participa. *Durante un partido de fútbol, ¿qué analogía puedes sacar de las personas sentadas en sus asientos y los jugadores de fútbol en el campo?*

Figura 11.10 Haluro de plata y rayos X médicos
Pequeños cristales de haluro de plata, por lo general bromuro de plata, están incrustados en la cubierta de la película que se usa para registrar rayos X médicos. Los cristales se oscurecen cuando se exponen a los rayos X que pasan a través del cuerpo humano. Las partes densas como los huesos absorben más rayos X; relativamente poco rayos pasan a través de estas partes, que aparecen como áreas iluminadas en la película revelada. Más rayos pasan a través del tejido blando, que aparece como áreas más oscuras en la película revelada. Los metales también absorben fuertemente los rayos X.
Identificar *¿Cómo puedes determinar a partir de estos rayos X si hay un metal en el pie?*

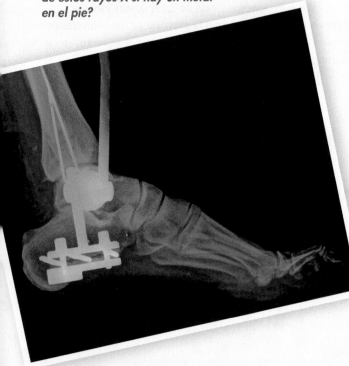

Por ejemplo, cuando el cloruro de sodio se disuelve en agua, se separa en iones sodio ($Na^+(aq)$) y iones cloruro ($Cl^-(aq)$). De forma similar, disuelto en agua, el nitrato de plata se disocia en iones plata ($Ag^+(aq)$) y iones nitrato ($NO_3^-(aq)$). Puedes usar estos iones para escribir una **ecuación iónica completa,** una ecuación que muestra compuestos iónicos disueltos como iones libres disociados.

$$Ag^+(aq) + NO_3^-(aq) + Na^+(aq) + Cl^-(aq) \longrightarrow$$

$$AgCl(s) + Na^+(aq) + NO_3^-(aq)$$

Observa que el ion nitrato y el ion sodio aparecen sin cambios en ambos lados de la ecuación. La ecuación se puede simplificar eliminando estos iones porque no participan en la reacción.

$$Ag^+(aq) + \cancel{NO_3^-(aq)} + \cancel{Na^+(aq)} + Cl^-(aq) \longrightarrow$$

$$AgCl(s) + \cancel{Na^+(aq)} + \cancel{NO_3^-(aq)}$$

Un ion que aparece en ambos lados de una ecuación y que no está directamente involucrado en la reacción se llama **ion espectador.** Cuando vuelves a escribir una ecuación dejando fuera los iones espectadores, tienes una ecuación iónica neta. La **ecuación iónica neta** es una ecuación para una reacción en solución que muestra sólo aquellas partículas que estén directamente involucradas en el cambio químico.

$$Ag^+(aq) + Cl^-(aq) \longrightarrow AgCl(s)$$

Al escribir ecuaciones iónicas netas balanceadas, debes asegurarte de que la carga iónica esté balanceada. Para la reacción anterior, la carga iónica neta en cada lado de la ecuación es cero y, por lo tanto, está balanceada. Pero considera la ecuación esqueleto para la reacción de plomo con nitrato de plata.

$$Pb(s) + AgNO_3(aq) \longrightarrow Ag(s) + Pb(NO_3)_2(aq)$$

El ion nitrato es el ion espectador en esta reacción. La ecuación iónica neta es la siguiente:

$$Pb(s) + Ag^+(aq) \longrightarrow Ag(s) + Pb^{2+}(aq) \text{ (no balanceada)}$$

¿Por qué no está balanceada esta ecuación? Observa que una sola unidad de carga positiva está en el lado del reactante en la ecuación. Dos unidades de carga positiva están en el lado del producto. Al colocar el coeficiente 2 antes de $Ag^+(aq)$ se balancea la carga. Un coeficiente de 2 antes de $Ag(s)$ vuelve a balancear los átomos.

$$Pb(s) + 2Ag^+(aq) \longrightarrow 2Ag(s) + Pb^{2+}(aq) \text{ (balanceada)}$$

🔑 **Una ecuación iónica neta sólo muestra aquellas partículas involucradas en la reacción y está balanceada con respecto tanto a la masa como a la carga.** Uno de los cinco tipos de reacciones identificadas en este capítulo, las reacciones de sustitución tanto sencillas como dobles se pueden escribir como ecuaciones iónicas netas.

Ejemplo de problema 11.8

Escribir y balancear ecuaciones iónicas netas

Las soluciones acuosas de cloruro de hierro(III) e hidróxido de potasio están mezcladas. Se forma un precipitado de hidróxido de hierro(III). Identifica los iones espectadores y escribe una ecuación iónica neta balanceada para la reacción.

❶ Analizar Identifica los conceptos relevantes. Escribe la ecuación iónica completa. Elimina los iones acuosos que aparecen tanto en los reactantes como en los productos. Después balancea la ecuación con respecto tanto a la masa como a la carga.

❷ Resolver Aplica los conceptos a este problema.

Escribe la ecuación iónica completa para la reacción mostrando cualquier compuesto iónico soluble como iones individuales.	$Fe^{3+}(aq) + 3Cl^-(aq) + 3K^+(aq) + 3OH^-(aq) \longrightarrow$ $Fe(OH)_3(s) + 3K^+(aq) + 3Cl^-(aq)$
Elimina los iones acuosos que aparecen tanto como reactantes como productos. Los iones espectadores son K⁺ y Cl⁻.	$Fe^{3+}(aq) + \cancel{3Cl^-(aq)} + \cancel{3K^+(aq)} + 3OH^-(aq) \longrightarrow$ $Fe(OH)_3(s) + \cancel{3K^+(aq)} + \cancel{3Cl^-(aq)}$
Balancea la ecuación iónica neta.	$Fe^{3+}(aq) + 3OH^-(aq) \longrightarrow Fe(OH)_3(s)$

25. Escribe la ecuación iónica neta balanceada para esta reacción.

$$Ca^{2+}(aq) + OH^-(aq) + H^+(aq) + PO_4^{3-}(aq) \longrightarrow$$
$$Ca^{2+}(aq) + PO_4^{3-}(aq) + H_2O(l)$$

26. Escribe la ecuación iónica completa y la ecuación iónica neta para la reacción de hidróxido de calcio acuoso con ácido fosfórico. Los productos son fosfato de calcio y agua.

Predecir la formación de un precipitado

🔑 *¿Cómo puedes predecir la formación de un precipitado en una reacción de sustitución doble?*

Has visto que mezclar soluciones de dos compuestos iónicos a veces resulta en la formación de una sal insoluble llamada precipitado. Algunas combinaciones de soluciones producen precipitados, mientras que otras no. El hecho de que se forme o no un precipitado depende de la solubilidad de los nuevos compuestos que se formen. 🔑 **Al usar las reglas generales de solubilidad de los compuestos iónicos, puedes predecir la formación de un precipitado.** Estas reglas generales se muestran en la Tabla 11.3.

Tabla 11.3		
Reglas de solubilidad para compuestos iónicos		
Compuestos	**Solubilidad**	**Excepciones**
Sales de metales alcalinos y amoníaco	Soluble	Algunos compuestos de litio
Sales de nitratos y sales de cloratos	Soluble	Pocas excepciones
Sales de sulfatos	Soluble	Compuestos de Pb, Ag, Hg, Ba, Sr y Ca
Sales de cloruros	Soluble	Compuestos de Ag y algunos compuestos de Hg y Pb
Carbonatos, fosfatos, cromatos, sulfuros e hidróxidos	La mayoría son solubles	Compuestos de los metales alcalinos y de amoníaco

LA QUÍMICA Y TÚ

P: *¿Cómo se metieron en la cueva las estalactitas que están compuestas por carbonato de calcio?*

Aprende cómo identificar iones en solución **en línea.**

¿Se formará un precipitado cuando se mezclen las soluciones acuosas $Na_2CO_3(aq)$ y $Ba(NO_3)_2(aq)$?

$$2Na^+(aq) + CO_3^{2-}(aq) + Ba^{2+}(aq) + 2NO_3^-(aq) \longrightarrow \text{?}$$

Cuando estos cuatro iones se mezclan, los cationes podrían cambiar de parejas. Si lo hicieran así, los dos nuevos compuestos que se formarían son $NaNO_3$ y $BaCO_3$. Estas son las únicas nuevas combinaciones posibles de catión y anión. Para saber si ocurrirá un intercambio, revisa la Tabla 11.3, la cual te da las guías para determinar si las combinaciones de iones son solubles. Recuerda que el sodio es un metal alcalino. La filas 1 y 2 te indican que el nitrato de sodio no formará un precipitado porque las sales de los metales alcalinos y las sales de los nitratos son solubles. La fila 5 de indica que los carbonatos en general no son solubles. El carbonato de bario se precipitará. En esta reacción, Na^+ y NO_3^- son iones espectadores. La ecuación iónica neta de esta reacción es la siguiente:

$$Ba^{2+}(aq) + CO_3^{2-}(aq) \longrightarrow BaCO_3(s)$$

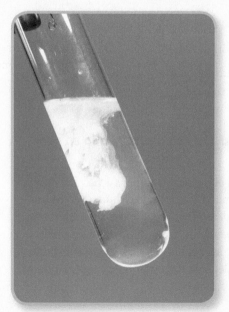

Figura 11.11
Formación de un precipitado
Un precipitado se forma cuando se mezclan las soluciones acuosas sulfato de sodio (Na_2SO_4) y nitrato de bario ($Ba(NO_3)_2$). La ecuación iónica neta de esta reacción es la siguiente:

$Ba^{2+}(aq) + SO_4^{2-}(aq) \longrightarrow BaSO_4(s)$

Aplicar conceptos *¿Qué iones están presentes en la solución final pero no son parte de la ecuación iónica neta?*

Escribir y balancear ecuaciones iónicas netas

El carbonato de potasio acuoso reacciona con el nitrato de estroncio acuoso. Identifica el precipitado que se forma y escribe la ecuación iónica neta de la reacción.

❶ **Analizar Identifica los conceptos relevantes.** Escribe los reactantes. Observa posibles pares de catión y anión que den una sustancia insoluble. Elimina los iones espectadores.

> Usa las reglas de solubilidad de la Tabla 11.3 para identificar los precipitados que se forman.

❷ **Resolver Aplica los conceptos a este problema.**

Escribe los reactantes, mostrando cada uno como iones libres disociados.	$2K^+(aq) + CO_3^{2-}(aq) + Sr^{2+}(aq) + 2NO_3^-(aq) \longrightarrow ?$
Observa posibles pares nuevos de catión y anión que den una sustancia insoluble.	De las dos posibles combinaciones, KNO_3 es soluble y $SrCO_3$ es insoluble.
Elimina los iones espectadores y escribe la ecuación iónica neta.	$CO_3^{2-}(aq) + Sr^{2+}(aq) \longrightarrow SrCO_3(s)$

27. Identifica el precipitado que se forma cuando se mezclan las soluciones de estos compuestos. Escribe la ecuación iónica neta.

$NH_4Cl(aq) + Pb(NO_3)_2(aq) \longrightarrow$

28. Escribe una ecuación iónica completa y una ecuación iónica neta para la reacción de las soluciones acuosas nitrato de hierro(III) e hidróxido de sodio.

ONLINE PROBLEMS

11.3 Comprobación de la lección

29. 🔑 **Revisar** ¿Qué es una ecuación iónica neta?

30. 🔑 **Explicar** ¿Cómo puedes predecir la formación de un precipitado en una reacción de sustitución doble?

31. **Aplicar conceptos** Escribe una ecuación iónica neta balanceada para cada reacción.

a. $Pb(NO_3)_2(aq) + H_2SO_4(aq) \longrightarrow$
$$PbSO_4(s) + HNO_3(aq)$$

b. $Pb(C_2H_3O_2)_2(aq) + HCl(aq) \longrightarrow$
$$PbCl_2(s) + HC_2H_3O_2(aq)$$

c. $Na_3PO_4(aq) + FeCl_3(aq) \longrightarrow$
$$NaCl(aq) + FePO_4(s)$$

d. $(NH_4)_2S(aq) + Co(NO_3)_2(aq) \longrightarrow$
$$CoS(s) + NH_4NO_3(aq)$$

32. **Identificar** Haz una lista de los precipitados que se forman cuando se mezclan soluciones de estos compuestos iónicos.

a. $H_2SO_4 + BaCl_2 \longrightarrow$
b. $Al_2(SO_4)_3 + NH_4OH \longrightarrow$
c. $AgNO_3 + H_2S \longrightarrow$
d. $CaCl_2 + Pb(NO_3)_2 \longrightarrow$
e. $Ca(NO_3)_2 + Na_2CO_3 \longrightarrow$

33. **Aplicar conceptos** El agua dura contiene iones de calcio y de magnesio. Una forma de suavizar el agua es añadiendo fosfato sódico. Escribe las ecuaciones iónicas completa y neta para la reacción de estos iones alcalinotérreos con fosfato sódico acuoso.

Reacciones de precipitación: formación de sólidos

Propósito

Observar, identificar y escribir ecuaciones balanceadas para reacciones de precipitación

Materiales

- lápiz
- papel
- regla
- superficie de reacción
- químicos que se muestran en la cuadrícula de la derecha

	$AgNO_3$ (Ag^+)	$Pb(NO_3)_2$ (Pb^{2+})	$CaCl_2$ (Ca^{2+})
Na_2CO_3 (CO_3^{2-})	a	f	k
Na_3PO_4 (PO_4^{3-})	b	g	l
$NaOH$ (OH^-)	c	h	m
Na_2SO_4 (SO_4^{2-})	d	i	n
$NaCl$ (Cl^-)	e	j	o

Procedimiento

1. Copia la cuadrícula en dos hojas de papel.
2. Haz que cada cuadro tenga 2 cm por lado.
3. Dibuja letras X negras y grandes en una de las cuadrículas.
4. Coloca una superficie de reacción sobre la cuadrícula con las letras X negras y añade los químicos que se muestran. Usa la otra cuadrícula como una tabla de datos para registrar tus observaciones para cada solución.

Analizar

Usando tus datos experimentales, registra tus respuestas a lo siguiente en el espacio abajo de tu tabla de datos.

1. **Explicar** Traduce las siguientes ecuaciones con palabras a ecuaciones químicas balanceadas y explica cómo las ecuaciones representan lo que sucede en los espacios *a* y *g* de la cuadrícula.

    a. En el espacio de la cuadrícula *a*, el carbonato sódico reacciona con el nitrato de plata para producir nitrato sódico y carbonato de plata sólido.

    b. En el espacio de la cuadrícula *g*, el fosfato de sodio reacciona con el nitrato de plomo(II) para producir nitrato sódico y fosfato de plomo(II).

2. **Describir** Escribe una ecuación con palabras para representar lo que sucede en el espacio *m* de la cuadrícula.

3. **Explicar** ¿Qué sucede en el espacio *d* de la cuadrícula? ¿Es necesario escribir una ecuación cuando no ocurre reacción?

4. **Describir** Escribe ecuaciones balanceadas para las otras reacciones de precipitación que observaste.

5. **Describir** Escribe ecuaciones iónicas netas balanceadas para las otras reacciones de precipitación que observaste.

Tú eres el químico

Las siguientes actividades a escala te permiten desarrollar tus propios procedimientos y analizar los resultados.

1. **Explicar** Mezcla una solución de ioduro de potasio (KI) con nitrato de plata. Después mezlca la solución de ioduro de potasio con nitrato de plomo(II). Describe tus resultados. Escribe ecuaciones balanceadas y ecuaciones iónicas netas para cada reacción.

2. **Diseñar un experimento** La sal de mesa es cloruro de sodio en su mayor parte. Diseña y realiza un experimento para averiguar si la sal de mesa forma un precipitado ya sea con nitrato de plomo(II) o con nitrato de plata. Interpreta tus resultados.

3. **Diseñar un experimento** Diseña y realiza un experimento para mostrar que la sal de mesa iodizada contiene ioduro de potasio.

11 Guía de estudio

GRANIDEA REACCIONES

La ley de conservación de la masa enuncia que la masa no se crea ni se destruye. Para demostrar que la masa se conserva durante una reacción, debe balancearse una ecuación química. Puedes predecir los productos de la mayoría de las reacciones químicas identificando el tipo de reacción. Para determinar el tipo de reacción, considera el número de elementos y compuestos que reaccionan.

11.1 Describir reacciones químicas

🔑 Para escribir una ecuación esqueleto, escribe las fórmulas de los reactantes a la izquierda del signo de producir y las fórmulas de los productos a la derecha.

🔑 Después de escribir la ecuación esqueleto, usa coeficientes para balancear la ecuación de manera que obedezca la ley de conservación de la masa.

· ecuación química (348)
· ecuación esqueleto (348)
· catalizador (348)
· coeficiente (350)
· ecuación balanceada (350)

11.2 Tipos de reacciones químicas

🔑 Los cinco tipos generales de reacciones son combinación, descomposición, sustitución sencilla, sustitución doble y combustión.

🔑 El número de elementos y/o compuestos que reaccionan es un buen indicador de un posible tipo de reacción y, por consiguiente, de los posibles productos.

🔑 En una reacción de combinación, siempre hay un solo producto.

🔑 Una reacción de descomposición involucra la descomposición de un solo compuesto en dos o más sustancias más sencillas.

🔑 En una reacción de sustitución sencilla, ambos reactantes y los productos son un elemento y un compuesto.

🔑 Una reacción de sustitución doble por lo general tiene lugar entre dos compuestos iónicos en solución acuosa.

🔑 Una reacción de combustión siempre involucra al oxígeno como reactante.

· reacción de combinación (356)
· reacción de descomposición (358)
· reacción de sustitución sencilla (360)
· serie de actividad (361)
· reacción de sustitución doble (362)
· reacción de combustión (363)

11.3 Reacciones en soluciones acuosas

🔑 Una ecuación iónica neta muestra sólo a aquellas partículas involucradas en la reacción y se balancea con respecto a la masa y la carga.

🔑 Usando las reglas generales para la solubilidad de compuestos iónicos, puedes predecir la formación de un precipitado.

· ecuación iónica completa (370)
· ion espectador (370)
· ecuación iónica neta (370)

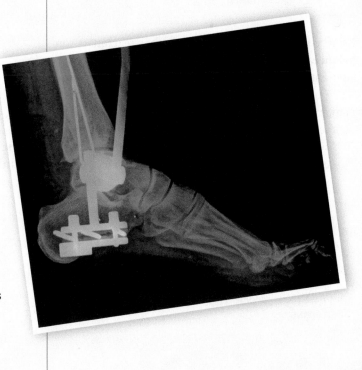

Afinación de destrezas: balancear ecuaciones químicas

Problema	❶ Analizar	❷ Resolver
Escribe la ecuación balanceada para la reacción siguiente: $C_2H_4 + O_2 \longrightarrow$	Los reactantes son un hidrocarburo y oxígeno. El hidrocarburo te indica que los productos deben ser CO_2 y H_2O. El oxígeno te indica que ésta es una reacción de combustión.	Primero escribe una ecuación esqueleto. $C_2H_4 + O_2 \longrightarrow CO_2 + H_2O$ (no balanceada) Primero balancea los átomos de C y los átomos de H. $C_2H_4 + O_2 \longrightarrow 2CO_2 + 2H_2O$ (no balanceada) Después balancea los átomos de O. $C_2H_4 + 3O_2 \longrightarrow 2CO_2 + 2H_2O$ (balanceada)
Escribe la ecuación balanceada para la reacción siguiente: $Al + Cu(NO_3)_2 \longrightarrow$	$Cu(NO_3)_2$ es un compuesto iónico y Al es un elemento. Ésta es una reacción de sustitución sencilla. Verifica la Tabla 11.2 para asegurarte que tiene lugar una reacción.	Primero escribe una ecuación esqueleto. $Al + Cu(NO_3)_2 \longrightarrow Al(NO_3)_3 + Cu$ (no balanceada) Balancea la ecuación. $2Al + 3Cu(NO_3)_2 \longrightarrow 2Al(NO_3)_3 + 3Cu$ (balanceada)

> Un subíndice en un ion poliatómico se mueve con el ion. Por lo tanto, el 3 en NO_3 se queda con el ion. Pero el subíndice 2 está ahí sólo para balancear las cargas. No es parte del ion y no se mueve con él.

Problema	Analizar	Resolver
Escribe la ecuación balanceada para la reacción siguiente: $Na(OH)(aq) +$ $\quad Ba(NO_3)_2(aq) \longrightarrow$	Ambos reactantes son compuestos iónicos; por lo tanto, ésta es una reacción de sustitución doble. En una reacción de sustitución doble, dos compuestos intercambian iones positivos. Con frecuencia produce un gas, un precipitado u otro compuesto molecular como el agua.	Escribe los reactantes, mostrando cada uno como iones libres disociados. $Na^+(aq) + OH^-(aq) +$ $Ba^{2+}(aq) + 2NO_3^-(aq) \longrightarrow$ Observa los nuevos pares posibles de catión y anión que dan una sustancia insoluble. De las dos posibles combinaciones, $Na(NO)_3$ es soluble y $Ba(OH)_2$ es insoluble. Balancea la ecuación. $2NaOH(aq) + Ba(NO_3)_2(aq) \longrightarrow$ $\qquad\qquad 2NaNO_3(aq) + Ba(OH)_2(s)$ (balanceada)

> Usa las reglas de solubilidad de la Tabla 11.3 para identificar el precipitado que se forma.

11.1 Describir reacciones químicas

34. Identifica los reactantes y los productos en cada reacción química.

   a. Se forman gas hidrógeno e hidróxido de sodio cuando se deja caer sodio en agua.

   b. En la fotosíntesis, el dióxido de carbono y el agua reaccionan para formar gas oxígeno y glucosa.

35. Escribe enunciados que describan por completo cada una de las reacciones químicas que se muestran en estas ecuaciones esqueleto.

   a. $NH_3(g) + O_2(g) \xrightarrow{Pt} NO(g) + H_2O(g)$

   b. $H_2SO_4(aq) + BaCl_2(aq) \longrightarrow$
$$BaSO_4(s) + HCl(aq)$$

   c. $N_2O_3(g) + H_2O(l) \longrightarrow HNO_2(aq)$

36. La ecuación para la formación de agua a partir de estos elementos, $H_2(g) + O_2(g) \longrightarrow H_2O(l)$, puede "balancearse" cambiando la fórmula del producto a H_2O_2. Explica por qué esto no es correcto.

* 37. Balancea las ecuaciones siguientes:

   a. $PbO_2(s) \longrightarrow PbO(s) + O_2(g)$

   b. $Fe(OH)_3(s) \longrightarrow Fe_2O_3(s) + H_2O(s)$

   c. $(NH_4)_2CO_3(s) \longrightarrow$
$$NH_3(g) + H_2O(g) + CO_2(g)$$

   d. $CaCl_2(aq) + H_2SO_4(aq) \longrightarrow$
$$CaSO_4(s) + HCl(aq)$$

11.2 Tipos de reacciones químicas

*38. Escribe las ecuaciones químicas balanceadas de las siguientes reacciones de combinación:

   a. $Mg(s) + O_2(g) \longrightarrow$

   b. $P(s) + O_2(g) \longrightarrow$ pentóxido difósforo

   c. $Ca(s) + S(s) \longrightarrow$

39. Escribe una ecuación química balanceada para cada reacción de descomposición.

   a. $Ag_2O(s) \xrightarrow{\Delta}$

   b. nitrato de amonio $\xrightarrow{\Delta}$
$$\text{monóxido de dinitrógeno + agua}$$

40. Usa la serie de actividad de los metales para escribir una ecuación química balanceada para cada una de las reacciones de sustitución sencilla.

   a. $Au(s) + KNO_3(aq) \longrightarrow$

   b. $Zn(s) + AgNO_3(aq) \longrightarrow$

   c. $Al(s) + H_2SO_4(aq) \longrightarrow$

41. Escribe una ecuación balanceada para cada una de las siguientes reacciones de sustitución doble:

   a. $H_2C_2O_4(aq) + KOH(aq) \longrightarrow$

   b. $CdBr_2(aq) + Na_2S(aq) \longrightarrow$
(El sulfuro de cadmio es un precipitado.)

42. Escribe una ecuación balanceada para la combustión completa de cada compuesto.

   a. butano (C_4H_8) **b.** propanal (C_3H_6O)

43. Balancea cada ecuación e identifica su tipo.

   a. $Hf(s) + N_2(g) \longrightarrow Hf_3N_4(s)$

   b. $Mg(s) + H_2SO_4(aq) \longrightarrow MgSO_4(aq) + H_2(g)$

   c. $C_2H_6(g) + O_2(g) \longrightarrow CO_2(g) + H_2O(g)$

   d. $Pb(NO_3)_2(aq) + NaI(aq) \longrightarrow$
$$PbI_2(s) + NaNO_3(aq)$$

44. ¿Cuál es una característica distintiva de cada reacción de descomposición?

11.3 Reacciones en soluciones acuosas

45. ¿Qué es un ion espectador?

*46. Escribe una ecuación iónica neta balanceada para las siguientes reacciones:

   a. $HCl(aq) + Ca(OH)_2(aq) \longrightarrow$

   b. $AgNO_3(aq) + AlCl_3(aq) \longrightarrow$
(El cloruro de plata es un precipitado.)

47. Completa cada ecuación y después escribe una ecuación iónica neta.

   a. $Al(s) + H_2SO_4(aq) \longrightarrow$

   b. $HCl(aq) + Ba(OH)_2(aq) \longrightarrow$

   c. $Au(s) + HCl(aq) \longrightarrow$

Entender conceptos

48. Escribe una ecuación química balanceada para cada reacción. Usa los símbolos necesarios de la Tabla 11.1 para describir la reacción por completo.

   a. El gas cloro burbujeante a través de una solución de ioduro de potasio da un yodo elemental y una solución de cloruro de potasio.

   b. Las burbujas de gas hidrógeno y de cloruro de hierro(III) se producen cuando se deja caer hierro metálico en ácido clorhidrato.

   c. El decaóxido tetrafósforo sólido reacciona con el agua para producir ácido fosfórico.

49. Cada ecuación es incorrecta. Halla los errores y después vuelve a escribir y balancear cada ecuación.

a. $Cl_2 + NaI \longrightarrow NaCl_2 + I$

b. $NH_3 \longrightarrow N + H_3$

c. $Na + O_2 \longrightarrow NaO_2$

50. Escribe ecuaciones químicas balanceadas para estas reacciones de sustitución doble que ocurren en una solución acuosa.

a. Sulfuro de zinc se añade a ácido sulfúrico.

b. Hidróxido de sodio reacciona con ácido nítrico.

c. Se mezclan las soluciones de fluoruro de potasio y nitrato de calcio.

★ **51.** Escribe una ecuación química balanceada para cada reacción de combinación.

a. óxido de sodio + agua

b. hidrógeno + bromo

c. heptóxido dicloro + agua

52. Escribe una ecuación química balanceada para cada reacción de sustitución sencilla que tiene lugar en una solución acuosa. Escribe "sin reacción" si no ocurre una reacción.

a. Se coloca lana de acero (hierro) en ácido sulfúrico.

b. Se vierte mercurio en una solución acuosa de nitrato de zinc.

c. El bromo reacciona con ioduro de bario acuoso.

★ **53.** Se dejan caer pedazos de sodio y de magnesio en tubos de ensayo separados llenos con agua (A y B). Hay un burbujeo fuerte en el tubo A pero no en el tubo B.

a. ¿Qué tubo contiene el metal sodio?

b. Escribe una ecuación para la reacción en el tubo que contiene el metal sodio. ¿Qué tipo de reacción ocurre en este tubo?

54. Escribe una ecuación balanceada para la combustión completa de cada compuesto. Supón que los productos son dióxido de carbono y agua.

a. octano (C_8H_{18})

b. glucosa ($C_6H_{12}O_6$)

c. ácido etanóico ($HC_2H_3O_2$)

55. Escribe escuaciones químicas balanceadas para estas reacciones de descomposición.

a. El aluminio se obtiene del óxido de aluminio con la adición de una gran cantidad de energía eléctrica.

b. El calentar hidróxido de estaño(IV) da óxido de estaño(IV) y agua.

c. El carbonato de plata se descompone en óxido de plata y dióxido de carbono cuando se calienta.

56. Escribe una ecuación iónica neta balanceada para cada reacción. Se da el producto que no está ionizado.

a. $H_2C_2O_4 + KOH \longrightarrow [H_2O]$

b. $Na_2S + HCl \longrightarrow [H_2S]$

c. $NaOH + Fe(NO_3)_3 \longrightarrow [Fe(OH_3)]$

★ **57.** Se forma un precipitado amarillo cuando se mezclan soluciones acuosas de sulfuro de sodio y nitrato de cadmio en un matraz.

a. Escribe la fórmula del precipitado amarillo.

b. Identifica los iones espectadores en la solución.

c. Escribe la ecuación iónica neta de la reacción.

Piensa de manera crítica

58. **Interpretar fotos** Las fotos muestran varios tipos de reacciones.

(1)

(2)

(3)

(4)

(1) Aluminio reaccionando con bromo

(2) La reacción de cobre con nitrato de plata acuoso

(3) Propano (C_3H_8) reaccionando con oxígeno

(4) La reacción de nitrato de plomo(II) con ioduro de potasio

a. identifica cada tipo de reacción.

b. Escribe la ecuación para cada tipo de reacción.

59. **Aplicar conceptos** Escribe una ecuación química balanceada para cada reacción. Clasifica cada una por tipo.

   a. Ioduro de sodio reacciona con ácido fosfórico.

   b. Óxido de potasio reacciona con agua.

   c. El calentar ácido sulfúrico produce agua, oxígeno y dióxido sulfúrico.

   d. Aluminio reacciona con ácido sulfúrico.

   e. Pentano (C_5H_{12}) reacciona con oxígeno.

✶60. **Sacar conclusiones** Cuando el gas amarillo cloro burbujea a través de una solución clara e incolora de ioduro de sodio, la solución se hace café.

   a. ¿Qué tipo de reacción tiene lugar?

   b. Escribe la ecuación iónica neta.

Enriquecimiento

61. **Interpretar gráficas** Los alcanos son moléculas de hidrocarburo que tienen la fórmula general C_nH_{2n+2}. La gráfica muestra el número de moléculas de oxígeno, dióxido de carbono y agua necesarias para balancear las ecuaciones de la combustión completa de cada alcano que tenga de uno a diez átomos de carbono.

$$C_nH_{2n+2} + \underline{\hspace{1cm}} O_2 \longrightarrow \underline{\hspace{1cm}} CO_2 + \underline{\hspace{1cm}} H_2O$$

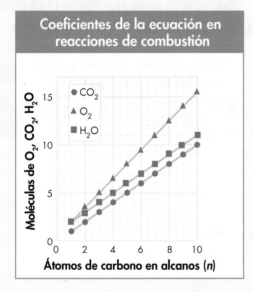

Coeficientes de la ecuación en reacciones de combustión

● CO_2
▲ O_2
■ H_2O

Eje Y: Moléculas de O_2, CO_2, H_2O
Eje X: Átomos de carbono en alcanos (n)

   a. Usa la gráfica para balancear ecuaciones para la combustión de C_5H_{12} y C_9H_{20}.

   b. Extrapola la gráfica y escribe ecuaciones balanceadas para la combustión de $C_{12}H_{26}$ y $C_{17}H_{36}$.

   c. El coeficiente para O_2 en la ecuación general es:

$$n + \frac{n+1}{2}$$

¿Cuáles son los coeficientes para CO_2 y H_2O?

✶62. **Aplicar conceptos** Completa los reactantes que faltan y después balancea cada ecuación.

   a. $K(s) + \underline{\hspace{1cm}} \longrightarrow KOH(aq) + H_2(g)$

   b. $C_2H_5OH(l) + \underline{\hspace{1cm}} \longrightarrow CO_2(g) + H_2O(g)$

   c. $Bi(NO_3)_3(aq) + \underline{\hspace{1cm}} \longrightarrow$
$$Bi_2S_3(s) + HNO_3(aq)$$

   d. $Al(s) + \underline{\hspace{1cm}} \longrightarrow AlBr_3(s)$

Escribe acerca de la ciencia

63. **Explicar** Investiga organismos como luciérnagas y medusas que usan la bioluminiscencia, incluyendo información acerca del descubrimiento de la proteína verde fluorescente (GFP, por sus siglas en inglés). En un panfleto o poster, explica cómo funciona la bioluminiscencia y cómo la usa cada organismo.

64. **Observar** Haz una lista de las cinco reacciones químicas que suceden en tu cocina. Describe y nombra cada reacción en tu lista.

✶65. **Relacionar causa y efecto** ¿Por qué no se permite fumar cerca de una fuente de oxígeno? ¿Qué sucedería si un cerillo estuviera atascado en una habitación llena de oxígeno?

MISTERIOQUÍMICO

Orden en el laboratorio

Los químicos no deberían almacenarse en orden alfabético porque algunos químicos que reaccionan si se se les mezcla podrían terminar juntos. Por ejemplo, los ácidos no deberían almacenarse cerca de los cianuros, sulfuros y otros 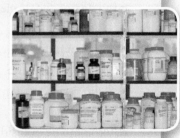 químicos que producen gases tóxicos cuando se les combina. Los ácidos tampoco deberían almacenarse cerca de bases o metales activos. Las reacciones entre ácidos y bases producen calor. Los ácidos y los metales activos reaccionan para producir gases y calor. Los ácidos y los flamables deberían tener áreas de almacenamiento separadas.

66. **Conéctate con la GRANIDEA**
¿Podría almacenarse ácido sulfúrico junto con hidróxido de sodio? Explica tu respuesta. Si no debieran almacenarse juntos, escribe una ecuación química balanceada que apoye tu respuesta.

67. Cuando tomas un vaso con líquido frío afuera en un día cálido y húmedo, pronto se forman gotas de líquido en el exterior del vaso.

   a. ¿Qué es el liquido?
   b. ¿De dónde proviene el líquido?
   c. ¿Ocurrió un cambio químico o físico?

68. Clasifica cada uno de lo siguiente como un elemento, un compuesto, una mezcla homogénea, una mezcla heterogénea o una sustancia. Algunos pueden calificarse en más de una categoría.

   a. agua salada   **d.** sal y arena
   b. cloruro de sodio   **e.** oro
   c. aire   **f.** agua con hielo

69. Un bloque de hielo mide 25.0 cm × 42.0 cm × 38.0 cm. ¿Cuál es la masa del hielo en kilogramos? La densidad del hielo es 0.917 g/cm³.

★70. Haz una lista con el número de protones, neutrones y electrones en este isótopo de titanio: $^{50}_{22}$Ti.

71. Escribe configuraciones electrónicas para los iones siguientes.

   a. Sr^{2+} **b.** S^{2-} **c.** Ga^{3+} **d.** Cu^+

72. Explica qué significa *electronegatividad*. ¿Cómo cambian los valores de electronegatividad a lo largo de una fila de elementos representativos?

73. ¿Es incorrecta alguna de las fórmulas siguientes para compuestos iónicos?

   a. K_2Br **b.** Na_2S **c.** CaN_2 **d.** Al_2O_3

★74. Da el nombre o fórmula de los compuestos siguientes:

   a. cromato de potasio
   b. sulfhidrato sódico
   c. $HMnO_4$
   d. $K_2C_2O_4$

75. Calcula el número de moles en cada sustancia.

   a. 54.0 L de dióxido de nitrógeno (a TPE)
   b. 1.68 g de iones magnesio
   c. 69.6 g de hipoclorito sódico
   d. 4.27×10^{24} moléculas de monóxido de carbono

76. La gráfica muestra la composición porcentual de dos compuestos diferentes formados por los elementos hierro, oxígeno y azufre.

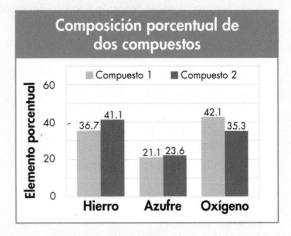

Composición porcentual de dos compuestos

   a. Usando los datos de las gráficas, calcula la fórmula empírica de cada compuesto.
   b. Nombra cada compuesto.

★77. Muchos cafés y refrescos contienen el estimulante cafeína. La composición porcentual de la cafeína es 49.5% de C, 5.20% de H, 16.5% de O y 28.9% de N. ¿Cuál es la fórmula molecular de la cafeína si su masa molar es de 194.1 g/mol?

78. El cloruro de calcio ($CaCl_2$) es un sólido blanco que se usa como agente de secado. La cantidad máxima de agua absorbida por cantidades diferentes de $CaCl_2$ se da en la tabla siguiente.

$CaCl_2$ (g)	$CaCl_2$ (mol)	H_2O (g)	H_2O (mol)
17.3	a._____	5.62	e._____
48.8	b._____	15.8	f._____
124	c._____	40.3	g._____
337	d._____	109	h._____

   a. Completa la tabla.
   b. Dibuja los moles de agua absorbida (eje de las *y*) versus los moles de $CaCl_2$.
   c. Con base en tu gráfica, ¿cuántas moléculas de agua absorbe cada unidad de fórmula de $CaCl_2$?

Si tienes problemas con . . .												
Pregunta	67	68	69	70	71	72	73	74	75	76	77	78
Ver el capítulo	2	2	3	4	5	6	7	9	10	10	10	10

Preparación para los exámenes estandarizados

Selecciona la opción que responda mejor cada pregunta o que complete cada enunciado.

1. Cuando la ecuación $Fe_2O_3 + H_2 \longrightarrow Fe + H_2O$ se balancea usando coeficientes de números enteros, ¿cuál es el coeficiente de H_2?

   (A) 6   **(B)** 3   **(C)** 2   **(D)** 1

2. Identifica el ion espectador en esta reacción.

   $Ba(OH)_2(aq) + H_2SO_4(aq) \longrightarrow BaSO_4(s) + H_2O(l)$

   (A) Ba^{2+} **(D)** H^+
   (B) SO_4^{2-} **(E)** No hay ion
   (C) OH^- espectador.

3. El lazo de magnesio reacciona con una solución acuosa de cloruro de cobre(II) en una reacción de sustitución sencilla. ¿Cuáles son los productos de la ecuación iónica neta balanceada de la reacción?

   (A) $Mg^{2+}(aq) + 2Cl^-(aq) + Cu(s)$
   (B) $Mg^+(aq) + Cl^-(aq) + Cu^+(aq)$
   (C) $Mg^{2+}(aq) + Cu(s)$
   (D) $Cu(s) + 2Cl^-(aq)$

Usa la siguiente tabla de descripción y datos para responder las Preguntas 4 a 6.

Botellas con gotero etiquetadas con P, Q y R contienen una de las tres siguientes soluciones: carbonato de potasio, K_2CO_3, ácido clorhidrato, HCl y nitrato de calcio, $Ca(NO_3)_2$. En la tabla se muestra lo que sucede cuando se mezclan pares de soluciones.

Solución	P	Q	R
P	—	Precipitado	Sin reacción
Q	Precipitado	—	Se forma gas.
R	Sin reacción	Se forma gas.	—

4. Identifica el contenido de cada botella con gotero.

5. Escribe la ecuación iónica neta para la formación del precipitado.

6. Escribe la ecuación iónica completa para la formación del gas.

7. ¿Cuáles son los productos esperados de la reacción de descomposición del óxido de potasio, K_2O?

   (A) $K^+(s)$ y $O^{2-}(g)$
   (B) $K^+(s)$ y $O_2(g)$
   (C) $K(s)$ y $O_2^{2-}(g)$
   (D) $K(s)$ y $O_2(g)$

┌─────────────────────────────┐
Consejos para tener éxito
└─────────────────────────────┘

Interpretar diagramas Antes de responder las preguntas acerca de un diagrama, estudia el diagrama con cuidado. Lee todas las leyendas y etiquetas. Observa toda la información en el diagrama y piensa cómo se relaciona todo.

Usa el diagrama para responder las Preguntas 8 a 11.

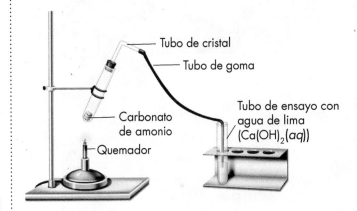

8. Cuando se calienta el carbonato de amonio, se producen agua, amoníaco y dióxido de carbono. ¿Qué tipo de reacción química ocurre?

9. Escribe fórmulas para los productos de la reacción.

10. Escribe una ecuación balanceada para la reacción. Incluye estados para los reactantes y los productos.

11. El agua de lima se usa para probar la presencia del gas dióxido de carbono. Los productos de la reacción de $Ca(OH)_2$ con CO_2 son carbonato de calcio y agua. Escribe una ecuación balanceada para la reacción.

Si tienes problemas con . . .

Pregunta	1	2	3	4	5	6	7	8	9	10	11
Ver la lección	11.2	11.3	11.2	11.3	11.3	11.3	11.2	11.2	11.1	11.2	11.2

12

Estequiometría

Como una ecuación química, una receta te indica la cantidad de cada ingrediente (tus reactantes) necesario para hacer tu producto, en este caso, pan.

EN EL INTERIOR:

PearsonChem.com

GRANIDEA

- ## EL MOL
- ## REACCIONES

Preguntas esenciales:

1. *¿Cómo se usan las ecuaciones químicas balanceadas en los cálculos estequiométricos?*

2. *¿Cómo puedes calcular las cantidades de reactantes y productos en una reacción química?*

MISTERIOQUÍMICO

Migajas de galleta

Para la feria de pasteles, Jack quería hacer galletas para vender. Buscó en los recetarios una buena receta. La receta que escogió pedía cantidades específicas de mantequilla, harina, azúcar, huevos, vainilla y bicarbonato. Jack quería asegurarse de que sus galletas estuvieran deliciosas y dulces. No pensó que hubiera suficiente azúcar en la receta, así que añadió el doble de la cantidad de azúcar que decía la receta.

Jack mezcló los ingredientes, puso bolitas de masa en una bandeja para hornear y las colocó en el horno. Cuando se acabó el tiempo de hornear, Jack se decepcionó con sus galletas. En lugar de dulces y deliciosas, sus galletas estaban café, duras y se desmigajaban con facilidad. ¿Qué sucedió? Verificó la temperatura del horno y la cantidad de tiempo que las galletas debían estar en él. El tiempo y la temperatura concordaban con las instrucciones de la receta. ¿Por qué las galletas de Jack no quedaron como esperaba?

▶ Conexión con la **GRAN**IDEA
A medida que lees acerca de la cuantificación de reacciones químicas, piensa lo que podría haberle pasado a las galletas de Jack.

12.1 Aritmética de las ecuaciones

P: *¿Cómo te das una idea acerca de cuánto material inicial necesitas para hacer un producto final?* Siempre que hagas algo, necesitas tener los ingredientes o las partes para hacer el producto deseado. Cuando se hacen bicicletas, se necesitan partes como llantas, manubrios, pedales y marcos. Si una fábrica necesita hacer 200 bicicletas, entonces los trabajadores necesitarían calcular cuánto de cada parte necesitan para producir las 200 bicicletas. En esta lección aprenderás acerca de cómo determinan los químicos cuánto de cada reactante se necesita para hacer una cierta cantidad de producto.

Preguntas clave

🔑 *¿Cómo usan los químicos las ecuaciones químicas balanceadas?*

🔑 *¿En términos de qué cantidades puedes interpretar una ecuación química balanceada?*

Vocabulario

• estequiometría

Usar ecuaciones

🔑 ¿Cómo usan los químicos las ecuaciones químicas balanceadas?

Un ejemplo de algo que puedas hacer es comida. Por ejemplo, cuando haces galletas, probablemente usas una receta. Una receta de galletas te indica las cantidades precisas de ingredientes para mezclar y hacer un cierto número de galletas. Si necesitas un número más grande de galletas de las que provee la receta, puedes duplicar o triplicar las cantidades de todos los ingredientes. De alguna manera, una receta de galletas proporciona el mismo tipo de información que la que proporciona una ecuación química balanceada. En una receta de galletas, puedes pensar en los ingredientes como los reactantes y en las galletas como en los productos.

Ecuaciones de todos los días La fabricación de triciclos, como las bicicletas y las galletas, es un trabajo que requiere información cuantitativa para crear el producto final. Digamos que estás a cargo de la fabricación en la empresa *Travel Time Tricycle*. El plan de negocios para *Travel Time* requiere la producción de 640 triciclos personalizados cada semana. Una de tus responsabilidades es asegurarte de que haya suficientes partes disponibles al inicio de cada semana laboral para fabricar estos triciclos. ¿Cómo puedes determinar el número de partes que necesitas por semana?

Para simplificar este análisis, supón que los componentes principales del triciclo son el marco (F), el asiento (S), las llantas (W), el manubrio (H) y los pedales (P); es decir, los reactantes. En la figura siguiente se ilustra cómo puede representar una ecuación la fabricación de un solo triciclo.

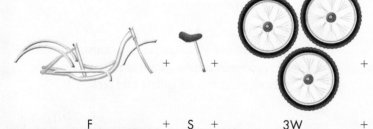
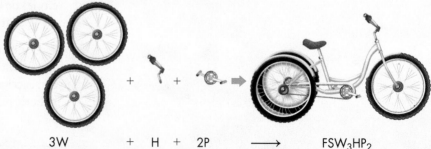

$$F \quad + \quad S \quad + \quad 3W \quad + \quad H \quad + \quad 2P \quad \longrightarrow \quad FSW_3HP_2$$

El triciclo terminado, tu producto, tiene una "fórmula" de FSW_3HP_2. La ecuación balanceada para hace un triciclo sencillo es

$$F + S + 3W + H + 2P \longrightarrow FSW_3HP_2$$

Esta ecuación balanceada es una "receta" para hacer un triciclo sencillo: hacer un triciclo requiere ensamblar un marco, un asiento, tres llantas, un manubrio y dos pedales. Ahora observa el Ejemplo de problema 12.1. En él se muestra cómo usar la ecuación balanceada para calcular el número de partes necesarias para fabricar un número dado de triciclos.

Ejemplo de problema 12.1

Usar una ecuación balanceada como receta

En una semana laboral de cinco días, *Travel Time* tiene programado hacer 640 triciclos. ¿Cuántas llantas debería hacer en la planta el lunes por la mañana para hacer estos triciclos?

❶ **Analizar Haz una lista de lo conocido y lo desconocido.** Usa la ecuación balanceada para identificar un factor de conversión que te permitirá calcular lo desconocido. La conversión que necesitas hacer es de triciclos (FSW_3HP_2) a llantas (W).

❷ **Calcular Resuelve para buscar lo desconocido.**

> CONOCIDO
>
> número de triciclos = 640 triciclos = 640 FSW_3HP_2
> $F + S + 3W + H + 2P \longrightarrow FSW_3HP_2$
>
> DESCONOCIDO
>
> número de llantas = ? W

Identifica un factor de conversión que relaciones llantas con triciclos. Puedes escribir dos factores de conversión que relacionen llantas con triciclos.

$$\frac{3\ W}{1\ FSW_3HP_2} \quad y \quad \frac{1\ FSW_3HP_2}{3\ W}$$

La unidad deseada es W; por lo tanto, usa el factor de conversión a la izquierda. Multiplica el número de triciclos por el factor de conversión.

$$640\ FSW_3HP_2 \times \frac{3\ W}{1\ FSW_3HP_2} = 1920\ W$$

Cuando uses factores de conversión, recuerda cancelar unidades similares cuando estén tanto en el numerador como en el denominador. Esto te indica que estás usando el factor de conversión correcto.

❸ **Evaluar ¿Tiene sentido el resultado?** Si se requieren tres llantas para cada triciclo y se están haciendo más de 600 triciclos, entonces un número de llantas en exceso de 1800 es una respuesta lógica. La unidad de lo conocido (FSW_3HP_2) se cancela y la respuesta tiene la unidad correcta (W).

1. *Time Travel* ha decidido hacer 288 triciclos cada día. ¿Cuántos asientos, llantas y pedales de triciclo se necesitan para cada día?

2. Escribe una ecuación que te dé tu propia "receta" para hacer una patineta.

APOYO PARA LA LECTURA

Desarrollar vocabulario: *Origen de la palabra* Estequiometría proviene de la combinación de las palabras griegas *stoikheioin*, que significa "elemento" y *metron*, que significa "medir". La estequiometría es el cálculo de cantidades de sustancias involucradas en las reacciones químicas. *¿Qué es lo primero que necesitas saber acerca de una reacción química antes de hacer cálculos de estequiometría?*

Ecuaciones químicas balanceadas Casi todo lo que usas está fabricado a partir de químicos: jabones, shampoos y acondicionadores, CDs, cosméticos, medicinas y ropa. Cuando se fabrican estos artículos, el costo de hacerlos no debe ser mayor que el precio al que se vendan. Por lo tanto, los procesos químicos en la fabricación deben llevarse a cabo económicamente. Una situación como ésta es en donde las ecuaciones ayudan.

Una ecuación química balanceada te dice qué cantidades de reactantes mezclar y qué cantidad de producto esperar. **Los químicos usan ecuaciones químicas balanceadas como una base para calcular cuánto reactante se necesita o cuánto producto se formará en una reacción.** Cuando sabes la cantidad de una sustancia en una reacción, puedes calcular la cantidad de cualquier otra sustancia consumida o creada en la reacción. Por lo general, cantidad significa el monto de una sustancia expresada en gramos o moles. Sin embargo, la cantidad también podría estar en litros, toneladas o moléculas.

El cálculo de cantidades en las reacciones químicas es un tema de química llamado **estequiometría.** Los cálculos usando ecuaciones balanceadas se llaman cálculos estequiométricos. Para los químicos, la estequiometría es una forma de contabilidad. Por ejemplo, los contadores pueden registrar el ingreso, los gastos y las ganancias de un negocio pequeño al calcular cada dólar y centavo. Los químicos pueden registrar reactantes y productos usando razones de moles o partículas representativas derivadas de ecuaciones químicas.

Ecuaciones químicas

¿En términos de qué cantidades puedes interpretar una ecuación química balanceada?

En los jardines como el que se muestra en la Figura 12.1, con frecuencia se usan fertilizantes para mejorar el crecimiento de las flores. El amoníaco se usa mucho como fertilizante. El amoníaco se produce de manera industrial mediante la reacción de nitrógeno con hidrógeno.

$$N_2(g) + 3H_2(g) \longrightarrow 2NH_3(g)$$

La ecuación química balanceada te indica las cantidades relativas de reactantes y producto en la reacción. Sin embargo, tu interpretación de la ecuación depende de cómo cuantificas los reactantes y productos. **Una ecuación química balanceada se puede interpretar en términos de cantidades diferentes, incluyendo número de átomos, moléculas o moles; masa y volumen.** Conforme estudias la estequiometría, aprenderás cómo interpretar una ecuación química en términos de cualquiera de estas cantidades.

Número de átomos A nivel atómico, una ecuación balanceada indica el número y los tipos de átomos que están reordenados para hacer el producto o los productos. Recuerda, tanto el número como los tipos de átomos no cambian en una reacción. En la síntesis del amoníaco, los reactantes están compuestos por dos átomos de nitrógeno y seis átomos de hidrógeno. Estos ocho átomos se vuelven a combinar en el producto.

2 átomos de N + 6 átomos de H $\longrightarrow$ 2 átomos de N y 6 átomos de H

8 átomos $\longrightarrow$ 8 átomos

Número de moléculas La ecuación balanceada indica que una molécula de nitrógeno reacciona con tres moléculas de hidrógeno. El nitrógeno y el hidrógeno siempre reaccionan para formar amoníaco en una razón 1:3:2 de moléculas. Si pudieras hacer que 10 moléculas de nitrógeno reaccionen con 30 moléculas de hidrógeno, esperarías obtener 20 moléculas de amoníaco. Por supuesto, no es práctico contar tales números pequeños de moléculas y permitirles reaccionar. Sin embargo, podrías tomar el número de Avogadro de moléculas de nitrógeno y hacerlas reaccionar con tres veces el número de Avogadro de moléculas de hidrógeno. Este valor sería el mismo que la razón 1:3 de moléculas de reactantes. La reacción formaría dos veces el número de Avogadro de moléculas de amoníaco.

$$1 \times \frac{6.02 \times 10^{23}}{\text{moléculas } N_2} + 3 \times \frac{6.02 \times 10^{23}}{\text{moléculas } H_2} \longrightarrow 2 \times \frac{6.02 \times 10^{23}}{\text{moléculas } NH_3}$$

Moles Tú sabes que el número de Avogadro de partículas representativas es igual a un mol de una sustancia. Por lo tanto, dado que una ecuación química balanceada te indica el número de partículas representativas, también te indica el número de moles. Los coeficientes de una ecuación química balanceada indican los números relativos de moles de reactantes y productos en una reacción química. Estos números son las piezas más importantes de información que proporciona una ecuación química balanceada. Usando esta información, puedes calcular las cantidades de reactantes y productos. En la síntesis de amoníaco, un mol de moléculas de nitrógeno reacciona con tres moles de moléculas de hidrógeno para formar dos moles de moléculas de amoníaco. Como puedes ver a partir de esta reacción, el número total de moles de reactantes no es igual al número total de moles del producto.

Figura 12.1 Uso de amoníaco Los jardineros usan las sales de amoníaco como fertilizante. El nitrógeno en estas sales es esencial para el crecimiento de las plantas.

$$1 \text{ mol de } N_2 + 3 \text{ moles de } H_2 \longrightarrow 2 \text{ moles de } NH_3$$

Masa Una ecuación química balanceada obedece la ley de conservación de la masa. Esta ley señala que la masa no puede ni crearse ni destruirse en un proceso químico o físico ordinario. Como recordarás, el número y tipo de átomos no cambia en una reacción química. Por lo tanto, la masa total de los átomos en una reacción no cambia. Usando la relación de mol, puedes relacionar la masa con el número de átomos en la ecuación química. La masa de 1 mol de N_2 (28.0 g) más la masa de 3 moles de H_2 (6.0 g) es igual a la masa de 2 moles de NH_3 (34.0 g). Aunque el número de moles de reactantes no es igual al número de moles de producto, el número total de gramos de reactantes es igual al número total de gramos de producto.

$$28.0 \text{ g } N_2 + (3 \times 2.0 \text{ g } H_2) \longrightarrow (2 \times 17.0 \text{ g } NH_3)$$
$$34.0 \text{ g} \longrightarrow 34.0 \text{ g}$$

Volumen Si supones una temperatura y presión estándar, la ecuación también te indica los volúmenes de los gases. Recuerda que 1 mol de cualquier gas a TPE ocupa un volumen de 22.4 L. La ecuación indica que 22.4 L de N_2 reaccionan con 67.2 L (3×22.4 L) de H_2. Esta reacción forma 44.8 L (2×22.4 L) de NH_3.

$$22.4 \text{ L } N_2 + 67.2 \text{ L } H_2 \longrightarrow 44.8 \text{ L } NH_3$$

Interpretar una ecuación química balanceada

El sulfuro de hidrógeno, que huele a huevos podridos, se halla en los gases volcánicos. La ecuación balanceada para la quema del sulfuro de hidrógeno es

$$2H_2S(g) + 3O_2(g) \longrightarrow 2SO_2(g) + 2H_2O(g)$$

Interpreta esta ecuación en términos de

a. los números de partículas representativas y moles.

b. las masas de reactantes y productos.

❶ Analizar Identifica los conceptos relevantes. Los coeficientes en la ecuación balanceada dan el número relativo de partículas representativas y de moles de reactantes y productos. Una ecuación química balanceada obedece la ley de conservación de la masa.

> Recuerda que los átomos y las moléculas son ambos partículas representativas. En esta ecuación, todos los reactantes y productos son moléculas; por lo tanto, todas las partículas representativas son moléculas.

❷ Calcular Aplica los conceptos a este problema.

Usa los coeficientes en la ecuación balanceada para identificar el número de partículas representativas y de moles.

a. 2 moléculas H_2S + 3 moléculas O_2 ⟶ 2 moléculas SO_2 + 2 moléculas H_2O
2 mol H_2S + 3 mol O_2 ⟶ 2 mol SO_2 + 2 mol H_2O

Usa la tabla periódica para calcular la masa molar de cada reactante y producto.

b. 1 mol H_2S = 34.1 g H_2S
1 mol O_2 = 32.0 g O_2
1 mol SO_2 = 64.1 g SO_2
1 mol H_2O = 18.0 g H_2O

Multiplica el número de moles de cada reactante y producto por su masa molar.

2 mol H_2S + 3 mol O_2 ⟶ 2 mol SO_2 + 2 mol H_2O.

$$\left(2\,mol \times 34.1\,\frac{g}{mol}\right) + \left(3\,mol \times 32.0\,\frac{g}{mol}\right) \longrightarrow$$

$$\left(2\,mol \times 64.1\,\frac{g}{mol}\right) + \left(2\,mol \times 18.0\,\frac{g}{mol}\right)$$

68.2 g H_2S + 96.0 g O_2 ⟶ 128.2 g SO_2 + 36.0 g H_2O

$$164.2\,g = 164.2\,g$$

3. Interpreta la ecuación para la formación de agua a partir de sus elementos en términos de números de moléculas y moles así como de volúmenes de gases a TPE.

$$2H_2(g) + O_2(g) \longrightarrow 2H_2O(g)$$

4. Balancea la ecuación siguiente:

$$C_2H_4(g) + O_2(g) \longrightarrow CO_2(g) + H_2O(g)$$

Interpreta la ecuación balanceada en términos de los números relativos de moles, volúmenes de gas a TPE y masas de reactantes y productos.

En la Figura 12.2 se resume la información derivada de la ecuación química balanceada para la formación de amoníaco. Como puedes ver, la masa de los reactantes es igual a la masa de los productos. Además, el número de átomos de cada tipo en los reactantes es igual al número de átomos de cada tipo en el producto. La masa y los átomos se conservan en cada reacción química. Sin embargo, moléculas, unidades de fórmula, moles y volúmenes no necesariamente se conservan, aunque puede ser que sí. Considera, por ejemplo, la formación del ioduro de hidrógeno.

$$H_2(g) + I_2(g) \longrightarrow 2HI(g)$$

En esta reacción todo se conserva, moléculas, moles y volumen. Pero en la mayoría de las reacciones químicas no sucede así.

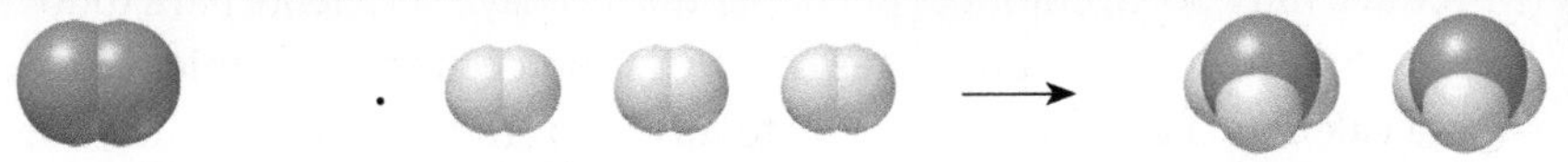

$N_2(g)$	·	$3H_2(g)$	$\longrightarrow$	$2NH_3(g)$
2 átomos N	·	6 átomos H	$\longrightarrow$	2 átomos N y 6 átomos H
1 molécula N_2	·	3 moléculas H_2	$\longrightarrow$	2 moléculas NH_3
10 moléculas N_2	·	30 moléculas H_2	$\longrightarrow$	20 moléculas NH_3
$1 \times$ 6.02×10^{23} moléculas N_2	·	$3 \times$ 6.02×10^{23} moléculas H_2	$\longrightarrow$	$2 \times$ 6.02×10^{23} moléculas NH_3
1 mol N_2	·	3 mol H_2	$\longrightarrow$	2 mol NH_3
28.0 g N_2	·	3×2.0 g H_2	$\longrightarrow$	2×17.0 g NH_3
		34.0 g reactantes	$\longrightarrow$	34.0 g productos
Supón TPE 22.4 L	·	22.4 L 22.4 L 22.4 L	$\longrightarrow$	22.4 L 22.4 L
22.4 L N_2		67.2 L H_2		44.8 L NH_3

Figura 12.2 Interpretar una ecuación química balanceada
La ecuación química balanceada para la formación de amoníaco se puede interpretar de varias maneras. **Predecir** *¿Cuántas moléculas de NH_3 podrían hacerse a partir de 5 moléculas de N_2 y 15 moléculas de H_2?*

Véase balanceo de ecuaciones químicas *en línea animada.*

KINETIC ART

12.1 Comprobación de la lección

ONLINE PROBLEMS

5. Explicar ¿Cómo usan los químicos las ecuaciones balanceadas?

6. Identificar Las reacciones químicas se pueden describir en términos ¿de qué cantidades?

7. Explicar ¿En qué se asemeja una ecuación balanceada a una receta?

8. Identificar ¿Qué cantidades se conservan siempre en las reacciones químicas?

9. Aplicar conceptos Interpreta la ecuación dada en términos de números relativos de partículas representativas, números de moles y masas de reactantes y productos.

$$2K(s) + 2H_2O(l) \longrightarrow 2KOH(aq) + H_2(g)$$

10. Aplicar conceptos Balancea esta ecuación:

$$C_2H_5OH(l) + O_2(g) \longrightarrow CO_2(g) + H_2O(g)$$

Muestra que la ecuación balanceada obedece la ley de conservación de la masa.

12.2 Cálculos químicos

P: *¿Cómo saben los fabricantes cómo hacer lo suficiente de su producto deseado?* Las plantas químicas producen amoníaco al combinar nitrógeno con hidrógeno. Si se produce mucho amoníaco, entonces tal vez deba desperdiciarse. Pero si se produce muy poco, entonces puede ser que no haya suficiente para todos sus clientes. En esta lección aprenderás cómo usar una ecuación química balanceada para calcular la cantidad de producto formado en una reacción química.

Preguntas clave

🔑 *¿Cómo se usan las razones molares en los cálculos químicos?*

🔑 *¿Cuál es el procedimiento general para resolver un problema estequiométrico?*

Vocabulario

- razón molar

Escribir y usar razones molares

🔑 *¿Cómo se usan las razones molares en los cálculos químicos?*

Como aprendiste en la lección anterior, una ecuación química balanceada proporciona una gran cantidad de información cuantitativa. Relaciona partículas (átomos, moléculas y unidades de fórmula), moles de sustancias y masas. Una ecuación química balanceada también es esencial para todos los cálculos que involucran cantidades de reactantes y productos. Por ejemplo, supón que conoces el número de moles de una sustancia. La ecuación química balanceada te permite determinar el número de moles de todas las otras sustancias en la reacción.

Observa otra vez la ecuación balanceada para la producción e amoníaco.

$$N_2(g) + 3H_2(g) \longrightarrow 2NH_3(g)$$

La interpretación más importante de esta ecuación es que 1 mol de nitrógeno reacciona con 3 moles de hidrógeno para formar 2 moles de amoníaco. Con base en esta interpretación, puedes escribir razones que relacionen moles de reactantes con moles de producto. Una **razón molar** es un factor de conversión derivado de los coeficientes de una ecuación química balanceada interpretada en términos de moles. 🔑 **En cálculos químicos, las razones molares se usan para convertir entre un número dado de moles de un reactante o producto a moles de un diferente reactante o producto.** Tres razones molares que se derivan de la ecuación balanceada anterior son

$$\frac{1 \text{ mol } N_2}{3 \text{ mol } H_2} \qquad \frac{2 \text{ mol } NH_3}{1 \text{ mol } N_2} \qquad \frac{3 \text{ mol } H_2}{2 \text{ mol } NH_3}$$

Cálculos mol-mol En la razón molar siguiente, W es la cantidad desconocida y deseada y G es la cantidad dada. Los valores de a y de b son los coeficientes de la ecuación balanceada. Por lo tanto, una solución general para un problema mol-mol, como el Ejemplo de problema 12.3, está dada por

$$x \text{ mol } G \times \frac{b \text{ mol } W}{a \text{ mol } G} = \frac{xb}{a} \text{ mol } W$$

| Dado | Razón molar | Calculado |

Ejemplo de problema 12.3

Calcular moles de un producto

¿Cuántos moles de NH_3 se producen cuando 0.60 moles de nitrógeno reaccionan con hidrógeno?

❶ Analizar Haz una lista de lo conocido y lo desconocido. La conversión es mol $N_2 \longrightarrow$ mol NH_3. De acuerdo con la ecuación balanceada, 1 mol N_2 se combina con 3 mol H_2 para producir 2 mol NH_3. Para determinar el número de moles de NH_3, la cantidad dada de N_2 se multiplica por la forma de la razón molar de la ecuación balanceada que permite que se cancele la unidad dada.

> CONOCIDO
> moles de nitrógeno $= 0.60$ mol N_2
>
> DESCONOCIDO
> moles de amoníaco $= ?$ mol NH_3

❷ Calcular Resuelve para buscar lo desconocido.

Escribe la razón molar que te permita convertir de moles N_2 a moles NH_3.	$\dfrac{2 \text{ mol } NH_3}{1 \text{ mol } N_2}$

Multiplica la cantidad dada de N_2 por la razón molar para hallar los moles de NH_3.

$$0.60 \text{ mol } N_2 \times \frac{2 \text{ mol } NH_3}{1 \text{ mol } N_2} = 1.2 \text{ mol } NH_3$$

❸ Evaluar ¿Tiene sentido el resultado? La razón de 1.2 mol NH_3 a 0.60 mol N_2 es 2:1, como se predijo mediante la ecuación balanceada.

> Recuerda que la razón molar debe tener N_2 debajo de manera que el mol N_2 en la razón molar se cancele con el mol N_2 en lo conocido.

11. Esta ecuación muestra la formación de óxido de aluminio, que se encuentra en la superficie de objetos de aluminio expuestos al aire.

$$4Al(s) + 3O_2(g) \longrightarrow 2Al_2O_3(s)$$

   a. Escribe las seis razones molares que pueden derivarse de esta ecuación.
   b. ¿Cuántos moles de aluminio se necesitan para formar 3.7 mol Al_2O_3?

12. De acuerdo con la ecuación en el Problema 11,
   a. ¿Cuántos moles de oxígeno se requieren para reaccionar por completo con 14.8 mol Al?
   b. ¿Cuántos moles de Al_2O_3 se forman cuando 0.78 mol O_2 reaccionan con aluminio?

Cálculos masa-masa Ninguna báscula de laboratorio puede medir sustancias directamente en moles. En su lugar, la cantidad de una sustancia generalmente se determina midiendo su masa en gramos. A partir de la masa de un reactante o producto, se puede calcular la masa de cualquier otro reactante o producto en una ecuación química dada. La interpretación molar de una ecuación balanceada es la base para esta conversión. Si la muestra dada se mide en gramos, entonces la masa se puede convertir a moles usando la masa molar. Después, la razón molar de la ecuación balanceada se puede usar para calcular el número de moles de lo desconocido. Si es la masa de lo desconocido la que necesita determinarse, el número de moles de lo desconocido se puede multiplicar por la masa molar. Como en los cálculos mol-mol, lo desconocido puede ser o un reactante o un producto.

**Figura 12.3 Amoníaco
en el espacio**

En esta imagen del telescopio
espacial Hubble, son visibles las
nubes de amoníaco condensado
que cubren la superficie de
Saturno.

Pasos para resolver un problema masa-masa Los problemas masa-masa
se resuelven básicamente igual que los problemas mol-mol. Los pasos para
la conversión masa-masa de cualquier masa dada (G) a cualquier masa
deseada (W) se resumen a continuación.

1. Cambiar la masa de G a moles de G (masa $G \longrightarrow$ mol G) usando la
masa molar de G.

$$\text{masa } G \times \frac{1 \text{ mol } G}{\text{masa molar } G} = \text{mol } G$$

2. Cambiar los moles de G a moles de W (mol $G \longrightarrow$ mol W) usando la
razón molar de la ecuación anterior.

$$\text{mol } G \times \frac{b \text{ mol } W}{a \text{ mol } G} = \text{mol } W$$

3. Cambiar los moles de W a gramos de W (mol $W \longrightarrow$ masa W) usando
la masa molar de W.

$$\text{mol } W \times \frac{\text{masa molar } W}{1 \text{ mol } W} = \text{masa } W$$

La Figura 12.4 muestra otra manera de representar los pasos para hacer
cálculos estequiométricos mol-masa y masa-mol. Para un problema mol-
masa, se salta la primera conversión (de masa a moles). Para un problema
masa-mol, se salta la última conversión (de moles a masa). Puedes usar partes del proceso de tres pasos que se muestra en la Figura 12.4 ya que son
adecuados para el problema que estás resolviendo.

**Figura 12.4 Pasos para
la conversión masa-masa**

Este diagrama de solución general
indica los pasos necesarios
para resolver un problema
estequiométrico de masa-masa:
convierte la masa a moles, usa la
razón molar y después convierte
moles a masa.

Inferir *¿Es lo dado siempre un
reactante?*

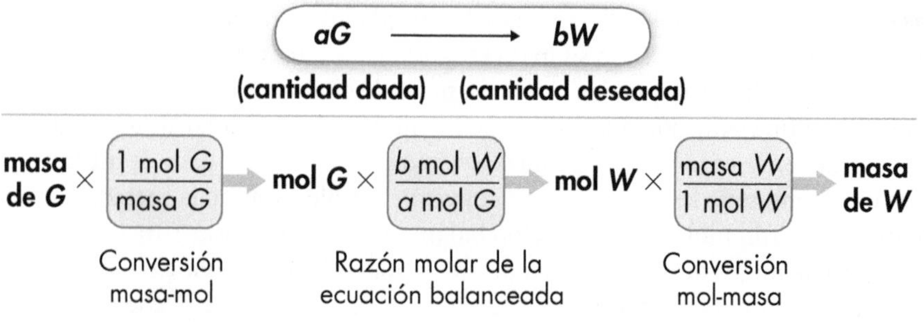

$$aG \longrightarrow bW$$

(cantidad dada)   (cantidad deseada)

$$\textbf{masa de } G \times \boxed{\frac{1 \text{ mol } G}{\text{masa } G}} \to \textbf{mol } G \times \boxed{\frac{b \text{ mol } W}{a \text{ mol } G}} \to \textbf{mol } W \times \boxed{\frac{\text{masa } W}{1 \text{ mol } W}} \to \textbf{masa de } W$$

Conversión
masa-mol

Razón molar de la
ecuación balanceada

Conversión
mol-masa

Ejemplo de problema 12.4

Calcular la masa de un producto

Las nubes de amoníaco (NH_3) están presentes alrededor de algunos planetas, como se muestra en la Figura 12.3. Calcula el número de gramos de NH_3 producidos por la reacción de 5.40 g de hidrógeno con un exceso de nitrógeno. La ecuación balanceada es

$$N_2(g) + 3H_2(g) \longrightarrow 2NH_3(g)$$

① Analizar Haz una lista de lo conocido y lo desconocido. Se usará la masa de hidrógeno para hallar la masa del amoníaco: g $H_2 \longrightarrow$ g NH_3. Los coeficientes de la ecuación balanceada muestran que 3 mol H_2 reaccionan con 1 mol N_2 para producir 2 mol NH_3. Los pasos siguientes son necesarios para determinar la masa del amoníaco:

g $H_2 \longrightarrow$ mol $H_2 \longrightarrow$ mol $NH_3 \longrightarrow$ g NH_3

CONOCIDO

masa de hidrógeno $= 5.40$ g H_2
2 mol NH_3/3 mol H_2 (de la ecuación balanceada)
1 mol $H_2 = 2.0$ g H_2 (masa molar)
1 mol $NH_3 = 17.0$ g NH_3 (masa molar)

DESCONOCIDO

masa de amoníaco $= ?$ g NH_3

② Calcular Resuelve para buscar lo desconocido.

Empieza con la cantidad dada y convierte de masa a moles.

$$5.40 \, g \, H_2 \times \frac{1 \, mol \, H_2}{2.0 \, g \, H_2}$$

No olvides cancelar las unidades en cada paso.

Después convierte de moles del reactante a moles del producto usando la razón molar correcta.

$$5.40 \, g \, H_2 \times \frac{1 \, mol \, H_2}{2.0 \, g \, H_2} \times \frac{2 \, mol \, NH_3}{3 \, mol \, H_2}$$

g $H_2 \longrightarrow$ mol $H_2 \longrightarrow$ mol $NH_3 \longrightarrow$ g NH_3

Termina convirtiendo de moles a gramos. Usa la masa molar de NH_3.

$$5.40 \, g \, H_2 \times \frac{1 \, mol \, H_2}{2.0 \, g \, H_2} \times \frac{2 \, mol \, NH_3}{3 \, mol \, H_2} \times \frac{17.0 \, g \, NH_3}{1 \, mol \, NH_3} = 31 \, g \, NH_3$$

| Cantidad dada | Cambiar unidad dada a moles | Razón molar | Cambiar moles a gramos |

③ Evaluar ¿Tiene sentido el resultado? Dado que hay tres factores de conversión involucrados en esta solución, es más difícil calcular una respuesta. Sin embargo, dado que la masa molar de NH_3 es sustancialmente mayor que la masa molar de H_2, la respuesta debería tener una masa mayor que la masa dada. La respuesta debería tener dos cifras significativas.

13. El gas acetileno (C_2H_2) se produce al añadir agua al carburo cálcico (CaC_2).

$$CaC_2(s) + 2H_2O(l) \longrightarrow C_2H_2(g) + Ca(OH)_2(aq)$$

¿Cuántos gramos de acetileno se producen al añadir agua a 5.00 g CaC_2?

14. Usa la ecuación de la Pregunta 13 para determinar cuántos moles de CaC_2 se necesitan para reaccionar por completo con 49.0 g H_2O.

Otros cálculos estequiométricos

¿Cuál es el procedimiento general para resolver un problema estequiométrico?

Como ya lo sabes, puedes obtener razones molares a partir de una ecuación química balanceada. A partir de las razones molares, puedes calcular cualquier unidad de medida que esté relacionada con el mol. Esta cantidad dada puede expresarse en números de partículas representativas, unidades de masa o volúmenes de gases a TPE. Los problemas pueden incluir cálculos de masa-volumen, partícula-masa y volumen-volumen. Por ejemplo, puedes usar la estequiometría para relacionar volúmenes de reactantes y productos en la reacción que se muestra en la Figura 12.5. **En un problema estequiométrico típico, la cantidad dada se convierte primero a moles. Después, la razón molar de la ecuación balanceada se usa para calcular el número de moles de la sustancia deseada. Por último, los moles se convierten a cualquier otra unidad de medida relacionada con el mol de unidad, conforme lo requiera el problema.**

Hasta ahora, has aprendido cómo usar la relación entre moles y masa (1 mol = masa molar) al resolver problemas estequiométricos masa-masa, masa-mol y mol-masa. La relación mol-masa te da dos factores de conversión.

$$\frac{1 \text{ mol}}{\text{masa molar}} \quad y \quad \frac{\text{masa molar}}{1 \text{ mol}}$$

Recuerda, del Capítulo 10, que el mol también se puede relacionar a otras cantidades. Por ejemplo, 1 mol = 6.02×10^{23} partículas representativas y 1 mol de un gas = 22.4 L a TPE. Estas dos relaciones proporcionan cuatro factores de conversión más que puedes usar en cálculos estequiométricos.

$$\frac{1 \text{ mol}}{6.02 \times 10^{23} \text{ partículas}} \quad y \quad \frac{6.02 \times 10^{23} \text{ partículas}}{1 \text{ mol}}$$

$$\frac{1 \text{ mol}}{22.4 \text{ L}} \quad y \quad \frac{22.4 \text{ L}}{1 \text{ mol}}$$

En la Figura 12.5 se resumen los pasos para un problema estequiométrico típico. Observa que las unidades de la cantidad dada no necesariamente serán las mismas que las unidades de la cantidad deseada. Por ejemplo, dada la masa de *G*, se te podría pedir que calcules el volumen de *W* a TPE.

LA QUÍMICA Y TÚ

P: *¿Cómo piensas que los fabricantes de bolsas de aire saben cómo obtener la cantidad exacta de aire en una bolsa de aire inflada?*

Figura 12.5
Resolver problemas estequiométricos
Con tu conocimiento de los factores de conversión y de este enfoque de resolución de problemas, puedes resolver una variedad de problemas estequiométricos.
Identificar *¿Qué factor de conversión se usa para convertir moles en partículas representativas?*

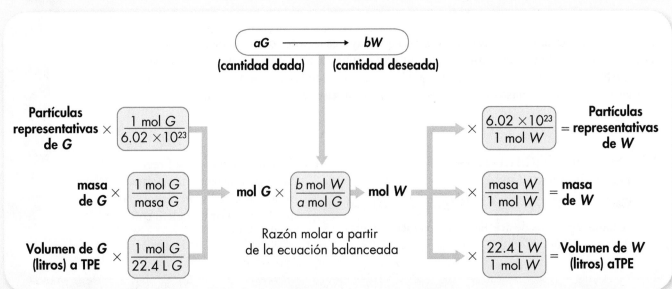

Calcular moléculas de un producto

¿Cuántas moléculas de oxígeno se producen cuando 29.2 g de agua se descomponen mediante electrólisis de acuerdo con esta ecuación balanceada?

$$2H_2O(l) \xrightarrow{\text{electricidad}} 2H_2(g) + O_2(g)$$

① Analizar **Haz una lista de lo conocido y lo desconocido.**
Los cálculos siguientes necesitan llevarse a cabo:

$$g\ H_2O \longrightarrow mol\ H_2O \longrightarrow mol\ O_2 \longrightarrow \text{moléculas } O_2$$

La razón molas adecuada que relaciona mol O_2 al mol H_2O de la ecuación balanceada es 1 mol O_2/2 mol H_2O.

CONOCIDO
masa de agua $= 29.2\ g\ H_2O$
1 mol O_2/2 mol H_2O (de la ecuación balanceada)
1 mol $H_2O = 18.0\ g\ H_2O$ (masa molar)
1 mol $O_2 = 6.02 \cdot 10^{23}$ moléculas O_2

DESCONOCIDO
moléculas de oxígeno $= ?$ moléculas O_2

② Calcular **Resuelve para buscar lo desconocido.**

Empieza con la cantidad dada y convierte de masa a moles.

$$29.2\ g\ H_2O \times \frac{1\ mol\ H_2O}{18.0\ g\ H_2O}$$

Recuerda empezar tus cálculos con la cantidad dada, incluso si la cantidad dada es un producto en la reacción.

Después, convierte de moles de reactante a moles de producto.

$$29.2\ g\ H_2O \times \frac{1\ mol\ H_2O}{18.0\ g\ H_2O} \times \frac{1\ mol\ O_2}{2\ mol\ H_2O}$$

Termina convirtiendo de moles a moléculas.

$$29.2\ g\ H_2O \times \frac{1\ mol\ H_2O}{18.0\ g\ H_2O} \times \frac{1\ mol\ O_2}{2\ mol\ H_2O} \times \frac{6.02 \times 10^{23}\ \text{moléculas } O_2}{1\ mol\ O_2}$$

Cantidad dada   Cambiar a moles   Razón molar   Cambiar a moléculas

$$= 4.88 \times 10^{23}\ \text{moléculas } O_2$$

③ Evaluar **¿Tiene sentido el resultado?** La masa dada de agua debería producir poco menos que 1 mol de oxígeno o un poco menos que el número de Avogadro de moléculas. La respuesta debería tener tres cifras significativas.

15. ¿Cuántas moléculas de oxígeno se producen mediante la descomposición de 6.54 g de clorato de potasio ($KClO_3$)?

$$2KClO_3(s) \longrightarrow 2KCl(s) + 3O_2(g)$$

16. El último paso en la producción de ácido nítrico es la reacción de dióxido de nitrógeno con agua.

$$3NO_2(g) + H_2O(l) \longrightarrow 2HNO_3(aq) + NO(g)$$

¿Cuántos gramos de dióxido de nitrógeno deben reaccionar con el agua para producir 5.00×10^{22} moléculas de monóxido de nitrógeno?

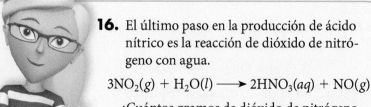

Ejemplo de problema 12.6

Cálculos estequiométricos volumen-volumen

El monóxido de nitrógeno y el gas oxígeno se combinan para formar el gas café dióxido de nitrógeno, el cual contribuye al *smog* fotoquímico. ¿Cuántos litros de dióxido de nitrógeno se producen cuando 34 L de oxígeno reaccionan con un exceso de monóxido de nitrógeno? Supón que las condiciones están a TPE.

$$2NO(g) + O_2(g) \longrightarrow 2NO_2(g)$$

❶ Analizar Haz una lista de lo conocido y lo desconocido. Los cálculos siguientes necesitan llevarse a cabo:

$$\text{L } O_2 \longrightarrow \text{mol } O_2 \longrightarrow \text{mol } NO_2 \longrightarrow \text{L } NO_2$$

Para reactantes gaseosos y productos a TPE, 1 mol de gas tiene un volumen de 22.4 L.

CONOCIDO

volumen de oxígeno $= 34\,\text{L } O_2$

2 mol NO_2/1 mol O_2 (de la ecuación balanceada)

1 mol $O_2 = 22.4$ L O_2 (a TPE)

1 mol $NO_2 = 22.4$ L NO_2 (a TPE)

DESCONOCIDO

volumen de dióxido de nitrógeno $= ?$ L NO_2

❷ Calcular Resuelve para buscar lo desconocido.

Empieza con la cantidad dada y convierte de volumen a moles usando la razón mol-volumen.

$$34\,\text{L } O_2 \times \frac{1\text{ mol } O_2}{22.4\,\text{L } O_2}$$

Después, convierte de moles del reactante a moles del producto usando la razón molar correcta.

$$34\,\text{L } O_2 \times \frac{1\text{ mol } O_2}{22.4\,\text{L } O_2} \times \frac{2\text{ mol } NO_2}{1\text{ mol } O_2}$$

Termina convirtiendo de moles a litros. Usa la razón mol-volumen.

$$34\,\text{L } O_2 \times \frac{1\text{ mol } O_2}{22.4\,\text{L } O_2} \times \frac{2\text{ mol } NO_2}{1\text{ mol } O_2} \times \frac{22.4\text{ L } NO_2}{1\text{ mol } NO_2} = 68\text{ L } NO_2$$

Cantidad dada	Cambiar a moles	Razón molar	Cambiar a litros

❸ Evaluar ¿Tiene sentido el resultado? Dado que 2 mol NO_2 se producen por cada 1 mol O_2 que reacciona, el volumen de NO_2 debería ser el doble del volumen dado de O_2. La respuesta debería tener dos cifras significativas.

---

17. La ecuación para la combustión del monóxido de carbono es

$$2CO(g) + O_2(g) \longrightarrow 2CO_2(g)$$

¿Cuántos litros de oxígeno se requieren para quemar 3.86 L de monóxido de carbono?

18. El fósforo y el hidrógeno se pueden combinar para formar fosfino (PH_3).

$$P_4(s) + 6H_2(g) \longrightarrow 4PH_3(g)$$

¿Cuántos litros de fosfino se forman cuando 0.42 L de hidrógeno reaccionan con fósforo?

Seguridad estequiométrica

En un choque de coches, el inflado adecuado de una bolsa de aire puede salvar tu vida. Mucho aire en la bolsa podría hacer que la bolsa sea muy dura, lo que ocasionaría lesiones porque la bolsa no protegería efectivamente el golpe. Muy poco aire en la bolsa podría ser insuficiente para prevenir el impacto de un conductor contra el volante. Los ingenieros usan la estequiometría para determinar la cantidad exacta de cada reactante en el sistema de inflado de la bolsa de aire.

Cuando sucede un choque, sucede una serie de reacciones. La azida sódica (NaN_3) se descompone en el metal sodio y el gas nitrógeno. El gas nitrógeno causa que la bolsa de aire se infle pero el sodio puede reaccionar explosivamente con agua. Por lo tanto, las bolsas de aire contienen nitrato de potasio (KNO_3) para reaccionar con el sodio. El dióxido de silicio también está incluido en la bolsa de aire para reaccionar con los productos de la segunda reacción. Esta reacción final produce una sustancia inofensiva.

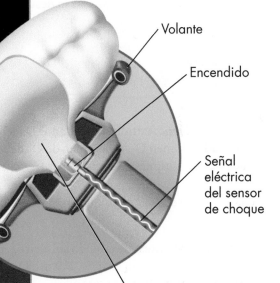

Volante

Bolsa de aire doblada en el volante

Unidad de encendido

Encendido

Bolitas de azida sódica

Volante

Encendido

Señal eléctrica del sensor de choque

Bolitas de azida sódica descomponiéndose
$$2NaN_3(s) \longrightarrow 2Na(s) + 3N_2(g)$$
$$10Na(s) + 2KNO_3(s) \longrightarrow$$
$$K_2O(s) + 5Na_2O(s) + N_2(g)$$

PRUEBA DE CHOQUE El desempeño de una bolsa de aire se prueba usando un maniquí de prueba de choque. La producción del gas nitrógeno causa que las bolsas de aire broten de su lugar de almacenamiento a velocidades de hasta 200 millas por hora.

Un paso más allá

1. Sacar conclusiones Si una reacción en una bolsa de aire no ocurre como se tenía previsto, ¿cómo afectaría esto el desempeño de una bolsa de aire?

2. Explicar Investiga las regulaciones con respecto a las bolsas de aire automotrices y explica por qué las bolsas de aire no son seguras para todos los pasajeros.

Ejemplo de problema 12.7

Hallar el volumen de un gas necesario para una reacción

Suponiendo TPE, ¿cuántos mililitros de oxígeno se necesitan para producir 20.4 mL SO3 de acuerdo con esta ecuación balanceada?

$$2SO_2(g) + O_2(g) \longrightarrow 2SO_3(g)$$

❶ Analizar Haz una lista de lo conocido y lo desconocido. Para una reacción que involucra reactantes o productos gaseosos, los coeficientes también indican cantidades relativas de cada gas. Por lo tanto, puedes usar razones de volumen de la misma manera en que usas razones molares.

CONOCIDO

volumen de trióxido sulfúrico = 20.4 mL

1 ml O_2/2 ml SO_3 (de una ecuación balanceada)

DESCONOCIDO

volumen de oxígeno = ? mL O_2

❷ Calcular Resuelve para buscar lo desconocido.

Multiplica el volumen dado por la razón de volumen adecuada.

$$20.4 \text{ mL SO}_3 \times \frac{1 \text{ mL O}_2}{2 \text{ mL SO}_3} = 10.2 \text{ mL O}_2$$

La razón de volumen se puede escribir usando mililitros como las unidades en lugar de litros.

❸ Evaluar ¿Tiene sentido el resultado? Dado que la razón de volumen es 2 SO_3 a 1 volumen O_2, el volumen de O_2 debería ser la mitad del volumen de SO_3. La respuesta debería tener tres cifras significativas.

Usa la siguiente ecuación química para responder los Problemas 19 y 20.

$$CS_2(l) + 3O_2(g) \longrightarrow CO_2(g) + 2SO_2(g)$$

19. Calcula el volumen de dióxido sulfúrico, en mililitros, producido cuando 27.9 mL O_2 reaccionan con disulfuro de carbono.

20. ¿Cuántos decilitros de dióxido de carbono se producen cuando se forman 0.38 L SO_2?

ⓒ 12.2 Comprobación de la lección

ONLINE PROBLEMS

21. 🔑 Explicar ¿Cómo se usan las razones molares en los cálculos químicos?

22. 🔑 Secuencia Delinea una secuencia de los pasos necesarios para resolver un problema estequiométrico típico.

23. Calcular La combustión del gas acetileno se representa mediante esta ecuación:

$$2C_2H_2(g) + 5O_2(g) \longrightarrow 4CO_2(g) + 2H_2O(g)$$

a. ¿Cuántos gramos de CO_2 y gramos de H_2O se producen cuando 52.0 g C_2H_2 se queman en oxígeno?

b. ¿Cuántos moles de H_2O se producen cuando 64.0 g C_2H_2 se queman en oxígeno?

24. Aplicar conceptos Escribe 12 razones molares que se puedan derivar de la ecuación para la combustión de alcohol de isopropilo.

$$2C_3H_7OH(l) + 9O_2(g) \longrightarrow 6CO_2(g) + 8H_2O(g)$$

GRANIDEA
EL MOL Y LA CUANTIFICACIÓN DE MATERIA

25. Usa lo que has aprendido acerca de los cálculos estequiométricos para explicar el enunciado siguiente: los cálculos estequiométricos no son posibles sin una ecuación química balanceada.

Laboratorio a escala

Análisis de bicarbonato

(La versión de investigación o de sensor de este laboratorio está disponible en el Manual de laboratorio de herramientas de investigación.)

Propósito

Determinar la masa del bicarbonato de sodio en una muestra de bicarbonato, usando la estequiometría.

Materiales

- bicarbonato
- 3 vasos de plástico
- popote
- báscula
- pipeta de HCl, NaOH y timol azul

Procedimiento

A. Mide la masa de un vaso de plástico limpio y seco.

B. Usando el popote como cuchara, llena un extremo con bicarbonato hasta una profundidad de aproximadamente 1 cm. Añade la muestra al vaso y mide otra vez la masa.

C. Coloca dos pipetas con HCl que estén ¾ de llenas en un vaso limpio y mide la masa del sistema.

D. Transfiere el contenido de ambas pipetas con HCl al vaso que contiene el bicarbonato. Gira hasta que se detenga la efervescencia. Espera de 5 a 10 minutos para asegurarte que la reacción esté completa. Mide la masa de las dos pipetas vacías de HCl en su vaso otra vez.

E. Añade 5 gotas de timol azul al vaso de plástico.

F. Coloca dos pipetas llenas con NaOH en un vaso limpio y mide la masa del sistema.

G. Añade NaOH lentamente a la mezcla de bicarbonato/HCl hasta que desaparezca el color rosa. Mide la masa de las pipetas de NaOH en su vaso otra vez.

Analizar

Usando tus datos experimentales, registra las respuestas a las preguntas siguientes debajo de tu tabla de datos.

1. Evaluar Escribe una ecuación balanceada para la reacción entre el bicarbonato ($NaHCO_3$) y HCl.

2. Calcular Calcula la masa en gramos del bicarbonato.

$$(\text{Paso B} - \text{Paso A})$$

3. Calcular Calcula el mmol total de $1M$ HCl. *Nota:* Cada gramo de HCl contiene 1 mmol.

$$(\text{Paso C} - \text{Paso D}) \times 1.00 \text{ mmol/g}$$

4. Calcular Calcula el mmol total de $0.5M$ NaOH. *Nota:* Cada gramo de NaOH contiene 0.5 mmol.

$$(\text{Paso F} - \text{Paso G}) \times 0.500 \text{ mmol/g}$$

5. Calcular Calcula el mmol de HCl que reaccionó con el bicarbonato. *Nota:* El NaOH mide la cantidad de HCl que no reaccionó.

$$(\text{Paso 3} - \text{Paso 4})$$

6. Calcular Calcula la masa del bicarbonato a partir de los datos de la reacción.

$$(0.084 \text{ g/mmol} \times \text{Paso 5})$$

7. Calcular Calcula el error porcentual del experimento.

$$\frac{(\text{Paso 2} - \text{Paso 6})}{\text{Paso 2}} \times 100\%$$

Tú eres el químico

Las siguientes actividades a escala te permiten desarrollar tus propios procedimientos y analizar los resultados.

1. Analizar datos Para cada cálculo que hiciste, sustituye cada cantidad (número y unidad) en la ecuación y cancela las unidades para explicar por qué cada paso de la cantidad deseada.

2. Diseñar y experimentar El bicarbonato consiste en una mezcla de bicarbonato, bicarbonato de sodio y un ácido sólido, por lo general dihidrofosfato cálcico ($Ca(H_2PO_4)_2$). Diseña y lleva a cabo un experimento para determinar el porcentaje de bicarbonato en el polvo para hornear.

12.3 Reactivo limitante y rendimiento porcentual

P: *¿Qué es lo que determina cuánto producto puedes hacer?* Si un carpintero tuviera dos superficies de mesa y siete patas de mesa, tendría dificultad construyendo más de una mesa funcional de cuatro patas. La primera mesa necesitaría cuatro de las patas, dejando sólo tres patas para la segunda mesa. En este caso, el número de patas de mesa es una limitante en la construcción de mesas de cuatro patas. En esta lección aprenderás cómo la cantidad de producto está limitada por una reacción química.

Reactivos limitante y excesivo

🔑 *¿Cómo es que una cantidad insuficiente de cualquiera de los reactantes afecta la cantidad de producto en una reacción?*

Muchos cocineros siguen una receta cuando hacen un platillo nuevo. Ellos saben que las cantidades suficientes de todos los ingredientes deben estar disponibles con la finalidad de seguir la receta. Supón, por ejemplo, que te estás preparando para hacer unos tacos como los de la Figura 12.6. Deberías tener más que suficiente carne, queso, lechuga, tomates, crema, salsa y sazonador a la mano. Sin embargo, sólo tienes dos tortillas. La cantidad de tortillas que tienes limitará el número de tacos que puedes hacer. Por consiguiente, las tortillas son el ingrediente limitante en esta aventura culinaria. Un químico, con frecuencia enfrenta una situación similar. 🔑 **En una reacción química, una cantidad insuficiente de cualquiera de los reactantes limitará la cantidad de producto que se forme.**

Preguntas clave

🔑 *¿Cómo es que una cantidad insuficiente de cualquiera de los reactantes afecta la cantidad de producto en una reacción?*

🔑 *¿Qué es lo que mide el rendimiento porcentual de una reacción?*

Vocabulario

- reactivo limitante
- reactivo excesivo
- rendimiento teórico
- rendimiento real
- rendimiento porcentual

Figura 12.6 Limitar ingredientes
La cantidad de producto se determina mediante la cantidad del reactivo limitante. En este ejemplo, las tortillas son el reactivo limitante. No importa cuánto de los demás ingredientes tengas, con dos tortillas, sólo puedes hacer dos tacos.

Ecuaciones químicas

	$N_2(g)$	$+$	$3H_2(g)$	$\longrightarrow$	$2NH_3(g)$
Receta microscópica:	1 molécula N_2	$+$	3 moléculas H_2	$\longrightarrow$	2 moléculas NH_3
Receta macroscópica:	1 mol N_2	$+$	3 mol H_2	$\longrightarrow$	2 mol NH_3

Figura 12.7 Reactivo limitante
La "receta" pide tres moléculas de H_2 por cada molécula de N_2.

Condiciones experimentales

	Reactantes		Productos
Antes de la reacción	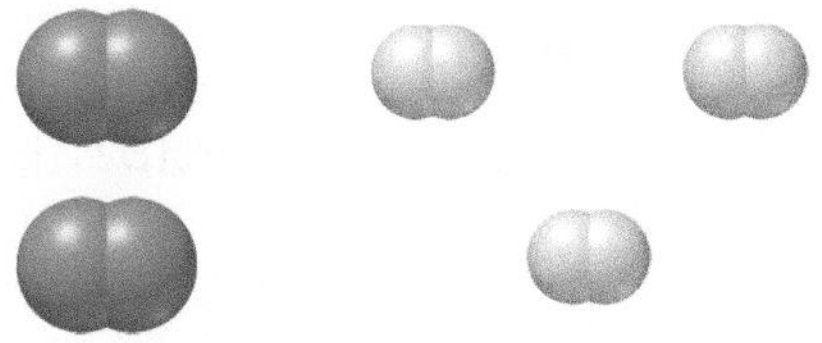 2 moléculas N_2	3 moléculas H_2	0 moléculas NH_3
Después de la reacción	 1 molécula N_2	0 moléculas H_2	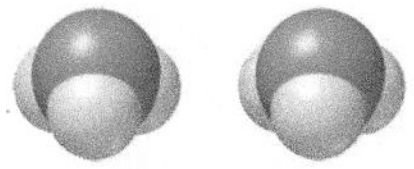 2 moléculas NH_3

En este experimento en particular H_2 es el reactivo limitante y N_2 está en exceso. *Inferir ¿Cómo cambiaría la cantidad de productos formados si empezaras con cuatro moléculas de N_2 y tres moléculas de H_2?*

Como sabes, una ecuación química balanceada es la receta de un químico. Puedes interpretar la receta en una escala microscópica (partículas que interactúan) o en una escala macroscópica (moles que interactúan) Los coeficientes usados para escribir la ecuación balanceada dan tanto la razón de partículas representativas como la razón molar. Recuerda la ecuación para la preparación de amoníaco:

$$N_2(g) + 3H_2(g) \longrightarrow 2NH_3(g)$$

Cuando una molécula (mol) de N_2 reacciona con tres moléculas (moles) de H_2, se producen dos moléculas (moles) de NH_3. ¿Qué sucedería si dos moléculas (moles) de N_2 reaccionaran con tres moléculas (moles) de H_2? ¿Se formarían más de dos moléculas (moles) de NH_3? En la Figura 12.7 se muestran tanto las interpretaciones de partículas como de moles de este problema.

Antes de que tenga lugar la reacción, el nitrógeno y el hidrógeno están presentes en una razón molecular (molar) de 2:3. La reacción tiene lugar de acuerdo con la ecuación balanceada. Una molécula (mol) de N_2 reacciona con tres moléculas (moles) de H_2 para producir dos moléculas (moles) de NH_3. En este punto se ha usado todo el hidrógeno y la reacción se detiene. Queda una molécula (mol) de nitrógeno no reaccionado además de dos moléculas (moles) de NH_3 que se han producido por la reacción.

En esta reacción, sólo se usa por completo el hidrógeno. Este reactante es el **reactivo limitante,** o el reactante que determina la cantidad de producto que se puede formar en la reacción. La reacción ocurre sólo hasta que el reactivo limitante se acaba. Por el contrario, el reactante que no se usa por completo en una reacción se llama **reactivo excesivo.** En este ejemplo, el nitrógeno es el reactivo en exceso porque algo de nitrógeno queda sin reaccionar.

A veces, en los problemas estequiométricos, las cantidades dadas de reactantes se expresan en unidades más que en moles. En tales casos, el primer paso en la solución es convertir la cantidad de cada reactante a moles. Después se puede identificar el reactivo limitante. La cantidad de producto formada en una reacción se puede determinar a partir de la cantidad dada de reactivo limitante.

Véase reactivos limitantes en línea animada.

LA QUÍMICA Y TÚ

P: *¿Qué es lo que determina cuánto producto puedes hacer en una reacción química?*

Ejemplo de problema 12.8

Determinar el reactivo limitante en una reacción

El cobre reacciona con el azufre para formar sulfuro de cobre(I) de acuerdo con la ecuación balanceada siguiente:

$$2Cu(s) + S(s) \longrightarrow Cu_2S(s)$$

¿Cuál es el reactivo limitante cuando 80.0 g Cu reaccionan con 25.0 g S?

❶ Analizar Haz una lista de lo conocido y lo desconocido. Primero debe hallarse el número de moles de cada reactante. Se usa la ecuación balanceada para calcular el número de moles de un reactante necesario para reaccionar con la cantidad dada del otro reactante.

❷ Calcular Resuelve para buscar lo desconocido.

> CONOCIDO
>
> masa de cobre = 80.0 g Cu
> masa de azufre = 25.0 g S
> 1 mol S / 2 mol Cu
>
> DESCONOCIDO
>
> reactivo limitante = ?

Empieza con uno de los reactantes y convierte de masa a moles.	$80.0 \text{ g Cu} \times \dfrac{1 \text{ mol Cu}}{63.5 \text{ g Cu}} = 1.26 \text{ mol Cu}$
Después, convierte la masa del otro reactante a moles.	$25.0 \text{ g S} \times \dfrac{1 \text{ mol S}}{32.1 \text{ g S}} = 0.779 \text{ mol S}$
Ahora convierte moles de Cu a moles de S necesarios para reaccionar con 1.26 moles de Cu.	$1.26 \text{ mol Cu} \times \dfrac{1 \text{ mol S}}{2 \text{ mol Cu}} = 0.630 \text{ mol S}$ Cantidad dada Razón molar Cantidad necesaria

No importa qué reactante uses. Si usaste el número real de moles de S para hallar la cantidad de cobre necesario, aun así identificarías al cobre como el reactivo limitante.

Compara la cantidad de azufre necesario con la cantidad dada de azufre.	0.630 mol S (cantidad necesaria para reaccionar) < 0.779 mol S (cantidad dada) El azufre está en exceso, por lo tanto, el **cobre es el reactivo limitante**.

❸ Evaluar ¿Tiene sentido el resultado? Dado que la razón del mol dado de Cu al mol S fue menor que la razón (2:1) de la ecuación balanceada, el cobre debería ser el reactivo limitante.

---

26. La ecuación para la combustión completa de etileno (C_2H_4) es

$$C_2H_4(g) + 3O_2(g) \longrightarrow 2CO_2(g) + 2H_2O(g)$$

Si 2.70 moles C_2H_4 reaccionan con 6.30 mol O_2, identifica el reactivo limitante.

27. El gas hidrógeno se puede producir mediante una reacción del metal magnesio con el ácido clorhídrico.

$$Mg(s) + 2HCl(aq) \longrightarrow MgCl_2(aq) + H_2(g)$$

Identifica el reactivo limitante cuando 6.00 g HCl reaccionan con 5.00 g Mg.

En el Ejemplo de problema 12.8, puedes haber notado que aun cuando la masa de cobre usada en la reacción es mayor que la masa de azufre, el cobre es el reactivo limitante. El reactante que está presente en la cantidad más pequeña por masa o volumen no es necesariamente el reactivo limitante.

Ejemplo de problema 12.9

Usar un reactivo limitante para hallar la cantidad de un producto

¿Cuál es el número máximo de gramos de Cu_2S que se puede formar cuando 80.0 g Cu reaccionan con 25.0 g S?

$$2Cu(s) + S(s) \longrightarrow Cu_2S(s)$$

❶ Analizar Haz una lista de lo conocido y lo desconocido. El reactivo limitante, el cual se determina en el Ejemplo de problema 12.8, se usa para calcular la cantidad máxima de Cu_2S que se forma.

$$\text{mol Cu} \longrightarrow \text{mol Cu}_2S \longrightarrow \text{g Cu}_2S$$

CONOCIDO

reactivo limitante = 1.26 mol Cu (del ejemplo de problema 12.8)
1 mol Cu_2S = 159.1 g Cu_2S (masa molar)
1 mol Cu_2S / 2 mol Cu (de la ecuación balanceada)

DESCONOCIDO

rendimiento = ? g Cu_2S

❷ Calcular Resuelve para buscar lo desconocido.

Empieza con los moles para el reactivo limitante y convierte a moles del producto. Usa la razón molar de la ecuación balanceada.

$$1.26 \ \text{mol Cu} \times \frac{1 \ \text{mol Cu}_2S}{2 \ \text{mol Cu}}$$

Termina el cálculo al convertir de moles a masa de producto.

$$1.26 \ \text{mol Cu} \times \frac{1 \ \text{mol Cu}_2S}{2 \ \text{mol Cu}} \times \frac{159.1 \ \text{g Cu}_2S}{1 \ \text{mol Cu}_2S} = 1.00 \times 10^2 \ \text{g Cu}_2S$$

❸ Evaluar ¿Tiene sentido el resultado? El cobre es el reactivo limitante en esta reacción. El número máximo de gramos producidos de Cu_2S debería ser más que la cantidad de cobre que reaccionó inicialmente porque el cobre se está combinando con el azufre. Sin embargo, la masa de Cu_2S producida debería ser menor que la masa total de los reactantes (105.0 g) porque el azufre está en exceso.

28. La ecuación siguiente muestra la combustión incompleta del etileno.

$$C_2H_4(g) + 2O_2(g) \longrightarrow 2CO(g) + 2H_2O(g)$$

Si 2.70 mol C_2H_4 reaccionan con 6.30 mol O_2,
a. identifica al reactivo limitante.
b. calcula los moles de agua producidos.

29. El calor de una antorcha de acetileno se produce al quemar acetileno (C_2H_2) en oxígeno.

$$2C_2H_2(g) + 5O_2(g) \longrightarrow 4CO_2(g) + 2H_2O(g)$$

¿Cuántos gramos de agua se pueden producir por la reacción de 2.40 mol C_2H_2 con 7.40 mol O_2?

Laboratorio rápido

Propósito Ilustrar el concepto de un reactivo limitante en una reacción química

Materiales

- cilindro graduado
- báscula
- 3 matraces de Erlenmeyer de 250 mL
- 3 globos de hule
- lazo de magnesio de 4.2 g
- 300 mL de ácido clorhídrico 1.0*M*

Reactivos limitantes

Procedimiento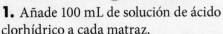

1. Añade 100 mL de solución de ácido clorhídrico a cada matraz.

2. Pesa 0.6 g, 1.2 g y 2.4 g de lazo de magnesio y coloca cada muestra en su propio globo.

3. Estira el extremo de cada globo para que quede en la boca de cada matraz. No permitas que el lazo de magnesio en el globo caiga en el matraz.

4. El magnesio reacciona con ácido clorhídrico para formar gas hidrógeno. Cuando mezcles el magnesio con el ácido clorhídrico en el paso siguiente, generarás un cierto volumen de gas hidrógeno. ¿Cómo piensas que se comparará el volumen de hidrógeno producido en cada matraz?

5. Levanta cada globo y deja caer el magnesio en cada matraz. Observa el volumen de gas producido hasta que la reacción en cada matraz se complete. Registra tus observaciones.

Analizar y concluir

1. Analizar datos ¿Cómo se comparan los volúmenes del gas hidrógeno producido, medidos por el tamaño de los globos? ¿Los resultados concuerdan con tu predicción?

2. Aplicar conceptos Escribe una ecuación balanceada para la reacción que observaste.

3. Calcular Los 100 mL de ácido clorhídrico contenían 0.10 mol HCl. Muestra mediante el cálculo por qué el globo con 1.2 Mg se infló casi el doble del tamaño que el globo con 0.60 Mg.

4. Calcular Muestra mediante el cálculo por qué los globos con 1.2 y 2.4 g Mg se inflaron aproximadamente el mismo volumen. ¿Cuál fue el reactivo limitante cuando se añadieron 2.4 g Mg al ácido?

Rendimiento porcentual

🔑 ¿Qué mide el rendimiento porcentual de una reacción?

Cuando un maestro aplica un examen a la clase, cada estudiante podría obtener una calificación de 100 por ciento. Sin embargo, generalmente no ocurre este resultado. Por el contrario, el desempeño de la clase por lo general abarca un rango de calificaciones. Tu calificación del examen, expresada como un porcentaje, es una razón de dos puntos. El primero es el número de preguntas que respondiste correctamente. El segundo es el número total de preguntas. La calificación compara qué tan bien te desempeñaste con qué tan bien pudiste haberte desempeñado si hubieras contestado todas las preguntas correctamente. Los químicos realizan cálculos similares en el laboratorio cuando el producto de una reacción química es menos que lo esperado, con base en la ecuación química balanceada.

Figura 12.8 Promedio de bateo
Un promedio de bateo es en realidad un rendimiento porcentual. Un promedio de bateo se calcula dividiendo el número de golpes que ha tenido un bateador (rendimiento real) por el número de veces que ha estado al bat (rendimiento teórico).

Cuando una ecuación química balanceada se usa para calcular la cantidad de producto que se formará durante una reacción, el valor calculado representa el rendimiento teórico **rendimiento teórico** es la cantidad máxima de producto que se podría formar a partir de cantidades dadas de reactantes. Por el contrario, la cantidad de producto que en realidad se forma cuando se lleva a cabo la reacción en el laboratorio se llama el **rendimiento real**. El **rendimiento porcentual** es la razón del rendimiento real con el rendimiento teórico expresada como porcentaje.

$$\text{Rendimiento porcentual} = \frac{\text{rendimiento real}}{\text{rendimiento teórico}} \times 100\%$$

Dado que el rendimiento real de una reacción química a menudo es menor que el rendimiento teórico, el rendimiento porcentual con frecuencia es menor que 100 por ciento. **El rendimiento porcentual es una medida de la eficacia de una reacción llevada a cabo en el laboratorio.** Este rendimiento es similar a una calificación de examen que mide tu eficacia de aprendizaje o un promedio de bateo que mide tu eficacia de golpear una pelota de béisbol, como en la Figura 12.8.

La estequiometría y la conservación de la masa ditan que los rendimientos mayores que 100 por ciento no son posibles. Sin embargo, los errores y la falta de conocimiento en un proceso pueden ocasionar que una reacción parezca tener un rendimiento mayor que 100 por ciento. Por ejemplo, si el aire o el agua se filtran en un sistema, entonces se puede formar más producto del esperado.

Muchos factores pueden causar rendimientos porcentuales menores que 100 por ciento. Las reacciones no siempre terminan; cuando una reacción es incompleta, se forma menos de la cantidad calculada de producto. Los reactantes impuros y las reacciones de competencia pueden causar que se formen productos no deseados. El rendimiento real también puede ser menor que el rendimiento teórico debido a la pérdida de producto durante la filtración o en la transferencia entre contenedores. Más aun, si los reactantes o productos no se han medido con cuidado, un rendimiento porcentual del 100 por ciento es improbable.

Un rendimiento real es un valor experimental. La Figura 12.9 muestra un procedimiento de laboratorio típico para determinar el rendimiento real de un producto de una reacción de descomposición. Para las reacciones en las que el rendimiento porcentual ha sido determinado, puedes calcular y, por ende, predecir, un rendimiento real si las condiciones de la reacción permanecen igual.

Figura 12.9 Determinar el rendimiento porcentual
El hidrógeno carbonato de sodio ($NaHCO_3$) se descompondrá cuando se caliente. **a.** La masa de $NaHCO_3$, el reactante, se mide. **b.** El reactante se calienta. **c.** TLa masa de uno de los productos, el carbonato de sodio (Na_2CO_3), el rendimiento real, se mide. El rendimiento porcentual se calcula una vez que se determina el rendimiento real.
Predecir *¿Cuáles son los otros productos de esta reacción?*

Ejemplo de problema **12.10**

Calcular el rendimiento teórico de una reacción

El carbonato de calcio, que se encuentra en las conchas marinas, se descompone cuando se calienta. La ecuación balanceada de esta reacción es

$$CaCO_3(s) \xrightarrow{\Delta} CaO(s) + CO_2(g)$$

¿Cuál es el rendimiento teórico de CaO si se calientan 24.8 g $CaCO_3$?

① Analizar **Haz una lista de lo conocido y lo desconocido.** Calcula el rendimiento teórico usando la masa del reactante:

g $CaCO_3$ ⟶ mol $CaCO_3$ ⟶ mol CaO ⟶ g CaO

CONOCIDO

masa de carbonato de calcio = 24.8 g $CaCO_3$
1 mol $CaCO_3$ = 1 mol CaO

DESCONOCIDO

rendimiento teórico = ? g CaO

② Calcular **Resuelve para buscar lo desconocido.**

Empieza con la masa del reactante y convierte a moles del reactante.

$$24.8 \text{ g } CaCO_3 \times \frac{1 \text{ mol } CaCO_3}{100.1 \text{ g } CaCO_3}$$

Después, convierte a moles del producto usando la razón molar.

$$24.8 \text{ g } CaCO_3 \times \frac{1 \text{ mol } CaCO_3}{100.1 \text{ g } CaCO_3} \times \frac{1 \text{ mol } CaO}{1 \text{ mol } CaCO_3}$$

Termina convirtiendo de moles a masa del producto.

$$24.8 \text{ g } CaCO_3 \times \frac{1 \text{ mol } CaCO_3}{100.1 \text{ g } CaCO_3} \times \frac{1 \text{ mol } CaO}{1 \text{ mol } CaCO_3} \times \frac{56.1 \text{ g } CaO}{1 \text{ mol } CaO}$$

$$= 13.9 \text{ g } CaO$$

③ Evaluar **¿Tiene sentido el resultado?** La razón molar de CaO a $CaCO_3$ es 1:1. La razón de sus masas en la reacción debería ser la misma que la razón de sus masas molares, la cual es mayor que 1:2. El resultado de los cálculos muestra que la masa de CaO es ligeramente mayor que la mitad de la masa de $CaCO_3$.

30. Cuando 84.8 g de óxido de hierro(III) reaccionan con un exceso de monóxido de carbono, se produce hierro.

$$Fe_2O_3(s) + 3CO(g) \longrightarrow 2Fe(s) + 3CO_2(g)$$

¿Cuál es el rendimiento teórico del hierro?

Si hay un exceso de reactante, entonces hay más qué suficiente de ese reactante y no limitará el rendimiento de la reacción.

31. Cuando 5.00 g de cobre reaccionan con un exceso de nitrato de plata, se producen el metal plata y el nitrato de cobre(II). ¿Cuál es el rendimiento teórico de la plata en esta reacción?

Estadísticas de éxito

Puede ser que no uses el término "rendimiento porcentual" fuera de tu clase de química, pero hay muchos ejemplos de rendimiento porcentual en nuestras vidas. En la reacciones químicas, el rendimiento porcentual se refiere a la cantidad de producto formada en una reacción en comparación con cuánto producto era posible. En la escuela, el rendimiento porcentual podría referirse a la tasa de graduación o a la calificación de un examen. En deportes, el rendimiento porcentual podría referirse al porcentaje de tiros que terminan en gol. El desempeño real de un producto en comparación con su desempeño publicitado también es un ejemplo de rendimiento porcentual.

Ya sea en el laboratorio de química o en cualquier otro lado, el rendimiento porcentual es una forma de medir qué tan exitosamente se ha desempeñado algo o alguien. La próxima vez que calcules el rendimiento porcentual de una reacción química, piensa cómo podría usarse esta destreza en otras situaciones fuera de la clase de química.

85 POR CIENTO DE DESEMPEÑO

Rendimiento real: 153 minutos durante los cuales una bebida se mantuvo caliente en los termos

Rendimiento teórico: 180 minutos, como lo anuncian los fabricantes del termo

38 POR CIENTO TASA DE CONVERSIÓN DE TIRO

Rendimiento real: 8 goles anotados

Rendimiento teórico: 21 tiros a gol

Un paso más allá

1. Calcular Se anuncia que el coche de Sara tiene un rendimiento de 43 millas por galón. Sara calculó su kilometraje de gasolina durante el último mes y halló que fue de 39 millas por galón. ¿Cuál es el rendimiento porcentual del kilometraje de gasolina de Sara?

2. Identificar El rendimiento porcentual de una reacción puede ser diferente cada vez que ocurre la reacción. De forma similar, el desempeño de un atleta puede variar. ¿Cuáles son algunos factores que pudieran afectar el rendimiento porcentual?

95 POR CIENTO TASA DE GRADUCACIÓN

Rendimiento real: 305 estudiantes graduados

Rendimiento teórico: 321 estudiantes en la clase de último año

Ejemplo de problema 12.11

Calcular el rendimiento porcentual de una reacción

¿Cuál es el rendimiento porcentual si 13.1 g CaO se produce en realidad cuando se calientan 24.8 g $CaCO_3$?

$$CaCO_3(s) \xrightarrow{\Delta} CaO(s) + CO_2(g)$$

❶ Analizar Haz una lista de lo conocido y lo desconocido. Usa la ecuación para el rendimiento porcentual. El rendimiento teórico para este problema se calculó en el Ejemplo de problema 12.10.

> **CONOCIDO**
> rendimiento real = 13.1 g CaO
> rendimiento teórico = 13.9 g CaO (del Ejemplo de problema 12.10)
>
> **DESCONOCIDO**
> rendimiento porcentual = ? %

❷ Calcular Resuelve para buscar lo desconocido.

$$\text{rendimiento porcentual} = \frac{\text{rendimiento real}}{\text{rendimiento teórico}} \times 100\%$$

Sustituye los valores por el rendimiento real y el rendimiento teórico en la ecuación del rendimiento porcentual.

$$\text{rendimiento porcentual} = \frac{13.1 \, g\,CaO}{13.9 \, g\,CaO} \times 100\% = 94.2\%$$

❸ Evaluar ¿Tiene sentido el resultado? En este ejemplo, el rendimiento real es ligeramente menor que el rendimiento teórico. Por lo tanto, el rendimiento porcentual debería ser ligeramente menor que 100 por ciento.

32. Si 50.0 g de dióxido de silicio se calientan con un exceso de carbono, se producen 27.9 g de carburo de silicio.

$$SiO_2(s) + 3C(s) \xrightarrow{\Delta} SiC(s) + 2CO(g)$$

¿Cuál es el rendimiento porcentual de esta reacción?

33. Si 15.0 g de nitrógeno reaccionan con 15.0 g de hidrógeno, se producen 10.5 g de amoníaco. ¿Cuál es el rendimiento porcentual de esta reacción?

Calcula primero el rendimiento teórico. Después puedes calcular el rendimiento porcentual.

ONLINE PROBLEMS

12.3 Comprobación de la lección

34. Relacionar causa y efecto En una reacción química, ¿cómo afecta una cantidad insuficiente de un reactante la cantidad de producto que se forma?

35. Explicar ¿Cómo puedes estimar la eficiencia de una reacción llevada a cabo en el laboratorio?

36. Definir ¿Qué es un reactivo limitante? ¿Qué es un reactivo excesivo?

37. Calcular ¿Cuántos gramos de SO_3 se producen cuando 20.0 g FeS_2 reaccionan con 16.0 g O_2 de acuerdo con esta ecuación balanceada?

$$4FeS_2(s) + 15O_2(g) \longrightarrow 2Fe_2O_3(s) + 8SO_3(g)$$

38. Calcular ¿Cuál es el rendimiento porcentual si se producen 4.65 g de cobre cuando 1.87 g de aluminio reaccionan con un exceso de sulfato de cobre(II)?

$$2Al(s) + 3CuSO_4(aq) \longrightarrow Al_2(SO_4)_3(aq) + 3Cu(s)$$

12 Guía de estudio

GRANIDEAS
- EL MOL Y LA CUANTIFICACIÓN DE MATERIA
- REACCIONES

Las ecuaciones químicas balanceadas son la base para los cálculos estequiométricos. Los coeficientes de una ecuación balanceada indican el número de partículas, moles o volúmenes de gas en la reacción. Las razones molares de la ecuación balanceada se usan para calcular la cantidad de un reactante o producto en una reacción química a partir de una cantidad dada de uno de los reactantes o productos.

12.1 Aritmética de las ecuaciones

🔑 Los químicos usan ecuaciones químicas balanceadas como una base para calcular cuánto reactante se necesita o cuánto producto se forma en una reacción.

🔑 Una ecuación química balanceada se puede interpretar en términos de cantidades diferentes, incluyeno números de átomos, moléculas o moles; masa; y volumen.

- estequiometría (386)

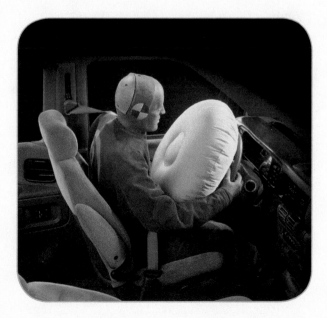

12.2 Cálculos químicos

🔑 En los cálculos químicos, las razones molares se usan para convertir entre un número dado de moles de un reactante o producto a moles de un reactante o producto diferente.

🔑 En un problema estequiométrico típico, primero se convierte la cantidad dada a moles. Después, la razón molar de la ecuación balanceada se usa para calcular los moles de la sustancia deseada. Por último, los moles se convierten a otra unidad de medida relacionada con la unidad mol.

- razón molar (390)

> **Ecuación clave**
>
> relación mol-mol para $aG \rightarrow bW$:
>
> $$x \text{ mol } G \times \frac{b \text{ mol } W}{a \text{ mol } G} = \frac{xb}{a} \text{ mol } W$$

12.3 Reactivo limitante y rendimiento porcentual

🔑 En una reacción química, una cantidad insuficiente de cualquiera de los reactantes limitará la cantidad de producto que se forme.

🔑 El rendimiento porcentual es una medida de la eficiencia de una reacción llevada a cabo en el laboratorio.

- reactivo limitante (401)
- reactivo excesivo (401)
- rendimiento teórico (405)
- rendimiento real (405)
- rendimiento porcentual (405)

> **Ecuación clave**
>
> $$\frac{\text{rendimiento}}{\text{porcentual}} = \frac{\text{rendimiento real}}{\text{rendimiento teórico}} \times 100\%$$

Afinar las matemáticas: Problemas de estequiometría

Problema

El metal hierro (Fe) se puede obtener del mineral de hierro, Fe_2O_3.

$$Fe_2O_3(s) + 3CO(g) \longrightarrow 2Fe(s) + 3CO_2(g)$$

¿Cuánto mineral de hierro se necesita para obtener 92.8 gramos del metal hierro?

El hidróxido de sodio reacciona con el dióxido de carbono de acuerdo con la siguiente ecuación balanceada.

$$2NaOH(s) + CO_2(g) \longrightarrow Na_2CO_3(s) + H_2O(l)$$

¿Cuál es el reactivo limitante cuando 3.50 mol NaOH reaccionan con 2.00 mol CO_2?

---

❶ Analizar

Conocido:

masa de hierro = 92.8 g Fe

1 mol Fe_2O_3 / 2 mol Fe (de la ecuación balanceada)

1 mol Fe = 55.8 g Fe (masa molar)

1 mol Fe_2O_3 = 159.6 g Fe_2O_3 (masa molar)

Desconocido:

Masa de mena de hierro = ? g Fe_2O_3

Conocido:

moles de NaOH = 3.50 mol NaOH

moles de CO_2 = 2.00 mol CO_2

Desconocido:

reactivo limitante = ?

---

❷ Calcular

Lleva a cabo los pasos siguientes:

g Fe $\longrightarrow$ mol Fe $\longrightarrow$ mol Fe_2O_3 $\longrightarrow$ g Fe_2O_3

$$92.8 \text{ g Fe} \times \frac{1 \text{ mol Fe}}{55.8 \text{ g Fe}} \times \frac{1 \text{ mol Fe}_2O_3}{2 \text{ mol Fe}} \times \frac{159.6 \text{ g } 1 \text{ mol Fe}_2O_3}{1 \text{ mol Fe}_2O_3}$$

$$= 133.0 \text{ g Fe}_2O_3$$

Pista: Repasa el Ejemplo de problema 12.4 si tienes problemas calculando la masa de un reactante.

Determina cuántos moles de CO_2 se necesitan para reaccionar con 3.50 mol NaOH.

$$3.50 \text{ mol NaOH} \times \frac{1 \text{ mol CO}_2}{2 \text{ mol NaOH}}$$

$$= 1.75 \text{ mol CO}_2$$

Sólo 1.75 mol CO_2 se necesitan para reaccionar con 3.50 mol NaOH. Dado que hay 2.00 mol CO_2, hay un exceso en CO_2. Por lo tanto, NaOH es el reactivo limitante.

---

❸ Evaluar

Dado que la masa molar del mineral de hierro tiene el doble de masa molar del metal de hierro, tiene sentido que la masa del mineral de hierro sea mayor que la masa del metal de hierro producido.

Para verificar tu trabajo, podrías empezar con la cantidad dada de moles de CO_2 y resolver cuántos moles de NaOH se necesitan.

Pista: Repasa el Ejemplo de problema 12.8 si tienes problemas identificando el reactivo limitante.

Lección por lección

12.1 Aritmética de las ecuaciones

39. Interpreta cada ecuación química en términos de partículas interactivas.

a. $2KClO_3(s) \longrightarrow 2KCl(s) + 3O_2(g)$
b. $4NH_3(g) + 6NO(g) \longrightarrow 5N_2(g) + 6H_2O(g)$
c. $4K(s) + O_2(g) \longrightarrow 2K_2O(s)$

40. Interpreta cada ecuación en el Problema 39 en términos de números interactivos de moles de reactantes y productoss.

41. Calcula y compara la masa de los reactantes con la masa de los productos para cada ecuación del Problema 39. Muestra que cada ecuación balanceada obedece la ley de conservación de la masa.

42. Balancea la ecuación siguiente:

$$C_5H_{12}(g) + O_2(g) \longrightarrow CO_2(g) + H_2O(g)$$

Interpreta la ecuación balanceada en términos del número relativo de moles, volúmenes de gas a TPE y masas de reactantes y productos.

12.2 Cálculos químicos

43. Explica el término *razón molar* en tus propias palabras. ¿Cuándo usarías este término?

44. ¿Qué razón se usa para llevar a cabo cada conversión?

a. mol CH_4 a g CH_4
b. L $CH_4(g)$ a mol $CH_4(g)$ (a TPE)
c. moléculas CH_4 a mol CH_4

⋆**45.** El disulfuro de carbono es un solvente industrial importante. Se prepara mediante la reacción de coque con dióxido de azufre.

$$5C(s) + 2SO_2(g) \longrightarrow CS_2(l) + 4CO(g)$$

a. ¿Cuántos moles de CS_2 se forman cuando reaccionan 2.7 mol C?
b. ¿Cuántos moles de carbono se necesitan para reaccionar con 5.44 mol SO_2?
c. ¿Cuántos moles de monóxido de carbono se forman al mismo tiempo que se forman 0.246 mol CS_2?
d. ¿Cuántos mol SO_2 se requieren para hacer 118 mol CS_2?

⋆**46.** El metanol (CH_3OH) se usa en la producción de muchos químicos. El metanol se hace mediante la reacción de monóxido de carbono e hidrógeno a temperatura y presión altas.

$$CO(g) + 2H_2(g) \longrightarrow CH_3OH(g)$$

a. ¿Cuántos moles de cada reactante se necesitan para producir 3.60×10^2 g CH_3OH?
b. Calcula el número de gramos de cada reactante necesario para producir 4.00 mol CH_3OH.
c. ¿Cuántos gramos de hidrógeno se necesitan para reaccionar con 2.85 mol CO?

47. La reacción de flúor con amoníaco produce tetrafluoruro de dinitrógeno y fluoruro de hidrógeno.

$$5F_2(g) + 2NH_3(g) \longrightarrow N_2F_4(g) + 6HF(g)$$

a. Si tienes 66.6 g NH_3, ¿cuántos gramos de F_2 se requieren para una reacción completa?
b. ¿Cuántos gramos de NH_3 se requieren para producir 4.65 g HF?
c. ¿Cuántos gramos de N_2F_4 se pueden producir a partir de 225 g F_2?

48. ¿Qué información acerca de una reacción química se deriva de los coeficientes en una ecuación balanceada?

49. El óxido se produce cuando el hierro reacciona con el oxígeno.

$$4Fe(s) + 3O_2(g) \longrightarrow 2Fe_2O_3(s)$$

¿Cuántos gramos de Fe_2O_3 se producen cuando se oxidan 12.0 g de hierro?

⋆**50.** El nitruro de litio reacciona con agua para formar amoníaco e hidróxido de litio acuoso.

$$Li_3N(s) + 3H_2O(l) \longrightarrow NH_3(g) + 3LiOH(aq)$$

a. ¿Qué masa de agua se necesita para reaccionar con 32.9 g Li_3N?
b. Cuando tiene lugar la reacción anterior, ¿cuántas moléculas de NH_3 se producen?
c. Calcula el número de gramos de Li_3N que deben añadirse a un exceso de agua para producir 15.0 L NH_3 (a TPE).

12.3 Reactivo limit ante y rendimiento porcentual

51. ¿Cuál es la importancia del reactivo limitante en una reacción? ¿Qué sucede con la cantidad de cualquier reactivo que está presente en exceso?

52. ¿Cómo identificarías un reactivo limitante en una reacción química?

*53. En una cámara de reacción se mezclan 3.0 moles de aluminio con 5.3 moles de Cl_2 y reaccionan. La siguiente ecuación balanceada describe la reacción:

$$2Al(s) + 3Cl_2(g) \longrightarrow 2AlCl_3(s)$$

a. Identifica el reactivo limitante de la reacción.
b. Calcula el número de moles de producto formados.
c. Calcula el número de moles del reactivo excesivo que quedan después de la reacción.

*54. El calentar un mineral de antimonio (Sb_2S_3) en presencia de hierro da el elemento antimonio y el sulfuro de hierro(II).

$$Sb_2S_3(s) + 3Fe(s) \longrightarrow 2Sb(s) + 3FeS(s)$$

Cuando 15.0 g Sb_2S_3 reaccionan con un exceso de Fe, se producen 9.84 g Sb. ¿Cuál es el rendimiento porcentual de esta reacción?

55. El ácido fosfórico reacciona con hidróxido de sodio de acuerdo con la ecuación:

$$H_3PO_4(aq) + 3NaOH(aq) \longrightarrow Na_3PO_4(aq) + 3H_2O(l)$$

Si 1.75 mol H_3PO_4 se hacen para reaccionar con 5.00 mol NaOH, identifica el reactivo limitante.

Entender conceptos

56. El carbonato de calcio reacciona con ácido fosfórico para producir fosfato cálcico, dióxido de carbono y agua.

$$3CaCO_3(s) + 2H_3PO_4(aq) \longrightarrow Ca_3(PO_4)_2(aq) + 3CO_2(g) + 3H_2O(l)$$

a. ¿Cuántos gramos de ácido fosfórico reaccionan con un exceso de carbonato de calcio para producir 3.74 g $Ca_3(PO_4)_2$?
b. Calcula el número de gramos de CO_2 que se forman cuando se producen 0.773 g H_2O.

* 57. El ácido nítrico y el zinc reaccionan para formar nitrato de zinc, nitrato de amoníaco y agua.

$$4Zn(s) + 10HNO_3(aq) \longrightarrow 4Zn(NO_3)_2(aq) + NH_4NO_3(aq) + 3H_2O(l)$$

a. ¿Cuántos átomos de zinc reaccionan con 1.49 g HNO_3?
b. Calcula el número de gramos de zinc que deben reaccionar con un exceso de HNO_3 para formar 29.1 g NH_4NO_3.

58. Si se calientan 75.0 g del mineral siderita ($FeCO_3$) con un exceso de oxígeno, se producen 45.0 g de óxido férrico (Fe_2O_3).

$$4FeCO_3(s) + O_2(g) \longrightarrow 2Fe_2O_3(s) + 4CO_2(g)$$

¿Cuál es el rendimiento porcentual de esta reacción?

59. En un experimento, reaccionan varias masas del metal sodio con una masa inicial fija del gas cloro. La gráfica siguiente muestra las cantidades de sodio usadas y las cantidades de cloruro de sodio formadas.

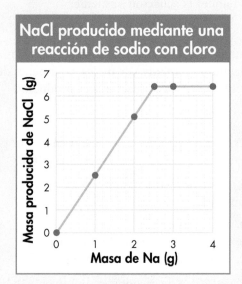

NaCl producido mediante una reacción de sodio con cloro

a. Explica la figura general de la gráfica.
b. Calcula la cantidad del gas cloro usada en este experimento en el punto en donde la curva se vuelve horizontal.

*60. La hidracina (N_2H_4) se usa como combustible de cohete. Reacciona con oxígeno para formar nitrógeno y agua.

$$N_2H_4(l) + O_2(g) \longrightarrow N_2(g) + 2H_2O(g)$$

a. ¿Cuántos litros de N_2 (a TPE) se forman cuando 1.0 kg N_2H_4 reaccionan con 1.2 kg O_2?
b. ¿Cuántos gramos del reactivo excesivo quedan después de la reacción?

61. Cuando se calientan 50.0 g de dióxido de silicio con un exceso de carbono, se producen 32.2 g de carburo de silicio.

$$SiO_2(s) + 3C(s) \longrightarrow SiC(s) + 2CO(g)$$

a. ¿Cuál es el rendimiento porcentual de esta reacción?

b. ¿Cuántos gramos del gas CO se forman?

*62. Si la reacción siguiente procede con un rendimiento del 96.8%, ¿cuántos kilogramos de $CaSO_4$ se forman cuando 5.24 kg SO_2 reaccionan con un exceso de $CaCO_3$ y O_2?

$$2CaCO_3(s) + 2SO_2(g) + O_2(g) \longrightarrow$$
$$2CaSO_4(s) + 2CO_2(g)$$

63. El nitrato de amoníaco se descompondrá explosivamente a altas temperaturas para formar nitrógeno, oxígeno y vapor de agua.

$$2NH_4NO_3(s) \longrightarrow 2N_2(g) + 4H_2O(g) + O_2(g)$$

¿Cuál es el número total de litros de gas formados cuando se descomponen 228 g NH_4NO_3? (Supón TPE.)

*64. El gas hidrógeno se puede hacer al reaccionar metano (CH_4) con un vapor a temperatura alta:

$$CH_4(g) + H_2O(g) \longrightarrow CO(g) + 3H_2(g)$$

¿Cuántas moléculas de hidrógeno se producen cuando 158 g de metano reaccionan con el vapor?

65. Supón que el gas hidrógeno y el vapor de yodo reaccionan para dar un ioduro de hidrógeno gaseoso.

a. Escribe la ecuación balanceada para la reacción.

b. En la ventana atómica siguiente, ¿qué reactante es el reactivo limitante?

c. ¿Cuántas moléculas del reactivo excesivo quedan al final de la reacción?

d. ¿Cuántas moléculas del reactivo limitante necesitan añadirse a la ventana atómica para que todos los reactantes reacciones para formar productos?

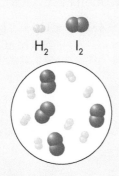

$H_2 \quad I_2$

66. La reacción siguiente ocurre cuando se carga la batería de un coche.

$$PbSO_4(s) + H_2O(l) \longrightarrow$$
$$PbO_2(s) + Pb(s) + H_2SO_4(aq)$$

a. Balancea la ecuación.

b. ¿Cuántos gramos de ácido sulfúrico se producen cuando reaccionan 68.1 g de sulfato de plomo(II)?

* 67. El difluoruro de azufre líquido reacciona con el gas flúor para formar hexafluoruro de azufre gaseoso.

a. Escribe la ecuación balanceada de la reacción.

b. ¿Cuántas moléculas de flúor se requieren para reaccionar con 5.00 mg de difluoruro de azufre?

c. ¿Qué volumen del gas flúor a TPE se requiere para reaccionar por completo con 6.66 g de difluoruro de azufre?

68. El amoníaco (NH_3) reacciona con oxígeno (O_2) para producir monóxido de nitrógeno (NO) y agua.

$$4NH_3(g) + 5O_2(g) \longrightarrow 4NO(g) + 6H_2O(l)$$

¿Cuántos litros de NO se producen cuando 1.40 L de oxígeno reaccionan con amoníaco?

* 69. La fabricación del compuesto F requiere cinco reacciones químicas separadas. La reacción inicial, el compuesto A, se convierte en el compuesto B, el compuesto B se convierte en el compuesto C y así sucesivamente. El diagrama siguiente resume los pasos en la fabricación del compuesto F, incluyendo el rendimiento porcentual de cada paso. Proporciona las cantidades faltantes o los rendimientos porcentuales faltantes. Supón que el reactante y el producto en cada paso reaccionan en una razón molar uno a uno.

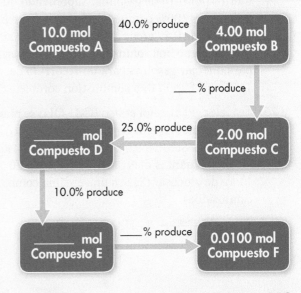

70. Evaluar Dada una cierta cantidad de reactante, calculas que una reacción en particular debería producir 55 g de un producto. Cuando llevas a cabo la reacción, te das cuenta que has producido 63 g de producto. ¿Cuál es el rendimiento porcentual? ¿Qué podría haber causado un rendimiento porcentual mayor que 100%?

71. Explicar ¿Se conservaría la ley de conservación de la masa en una ecuación iónica neta? Explica.

★72. Calcular El elemento fósforo se fabrica a partir de una mezcla de roca de fosfato ($Ca_3(PO_4)_2$), arena (SiO_2) y coque (C) en una caldera eléctrica. La química es compleja pero se resume en estas dos ecuaciones.

$$Ca_3(PO_4)_2 + SiO_2 \longrightarrow P_4O_{10} + CaSiO_3$$

$$P_4O_{10} + C \longrightarrow P_4 + CO$$

Un exceso de coque reacciona con 5.5×10^5 g de fosfato de calcio y 2.3×10^5 g de arena.

a. Balancea cada una de las ecuaciones.
b. ¿Cuál es el reactivo limitante?
c. ¿Cuántos gramos de fósforo se producen?
d. ¿Cuántos gramos de carbono se consumen?

73. Calcular El ácido sulfúrico reacciona con hidróxido de calcio para formar sulfato de calcio y agua.

a. Escribe la ecuación balanceada de la reacción.
b. Halla la masa del material de inicio sin reaccionar cuando 75.0 g de ácido sulfúrico reaccionan con 55.0 g de hidróxido de calcio.

74. Aplicar conceptos Un coche obtiene 9.2 kilómetros por litro de gasolina. Suponiendo que la gasolina es 100% octano (C_8H_{18}), que tiene una densidad de 0.69 g/cm^3, ¿cuántos litros de aire (21% oxígeno por volumen a TPE) se requerirán para quemar gasolina para un recorrido de 1250 km? Supón una combustión completa.

★75. Calcular El alcohol etílico (C_2H_5OH) se puede producir mediante la fermentación de glucosa ($C_6H_{12}O_6$). Si toma 5.0 h para producir 8.0 kg de alcohol, ¿cuántos días tomará consumir 1.0×10^3 kg de glucosa? (Se usa una enzima como catalizador.)

$$C_6H_{12}O_6 \xrightarrow{\text{enzima}} 2C_2H_5OH + 2CO_2$$

76. Calcular Una bicicleta construida para tres tiene un marco, dos llantas, seis pedales y tres asientos. La ecuación balanceada para esta bicicleta es

$$F + 2W + 6P + 3S \longrightarrow FW_2P_6S_3$$

¿Cuántas piezas de cada parte se necesitan para hacer 29 bicicletas construidas para tres?

a. marcos
b. llantas
c. pedales
d. asientos

77. Calcular Una muestra de 1004.0 g de $CaCO_3$ que es 95% puro da 225 L CO_2 a TPE cuando reacciona con un exceso de ácido clorhídrico.

$$CaCO_3 + 2HCl \longrightarrow CaCl_2 + CO_2 + H_2O$$

¿Cuál es la densidad (en g/L) del CO_2?

★78. Calcular Los acantilados de caliza blanca en Diver, Inglaterra, contienen un gran porcentaje de carbonato de calcio ($CaCO_3$). Una muestra de caliza con una masa de 84.4 g reacciona con un exceso de ácido clorhídrico para formar cloruro de calcio.

$$CaCO_3 + 2HCl \longrightarrow CaCl_2 + H_2O + CO_2$$

La masa del cloruro de calcio formado es de 81.8 g. ¿Cuál es el porcentaje de carbonato de calcio en la caliza?

79. Calcular ara la reacción siguiente, hay 100.0 g de cada reactante disponible. ¿Cuál reactante es el reactivo limitante?

$$2MnO_2 + 4KOH + O_2 + Cl_2 \longrightarrow$$
$$2KMnO_4 + 2KCl + 2H_2O$$

80. Calcular La ecuación para una de las reacciones en el proceso de reducir mineral de hierro al metal es

$$Fe_2O_3(s) + 3\ CO(g) \longrightarrow 2\ Fe(s) + 3\ CO_2(g)$$

a. ¿Cuál es la masa máxima de hierro, en gramos, que se puede obtener de 454 g (1.00 lb) de óxido de hierro(III)?

b. ¿Qué masa de CO se requiere para reducir el óxido de hierro(III) al metal hierro?

81. Calcular Los ésteres son un tipo de compuesto que le da un olor característico a algunas frutas. El acetato de pentilo, compuesto de carbono, hidrógeno y oxígeno, tiene olor a plátanos. Cuando 7.44 g de este compuesto experimentan una combustión completa, se producen 17.6 g CO_2 y 7.21 g H_2O.

a. ¿Cuál es la fórmula empírica del acetato de pentilo? (*Pista:* todo el carbono termina en el CO_2; todo el hidrógeno termina en el H_2O.)

b. La masa molar del acetato de pentilo es 130.0 g. ¿Cuál es la fórmula molecular de este compuesto?

c. Escribe la ecuación de la combustión completa de acetato de pentilo.

d. Verifica tu trabajo usando tu ecuación de la parte c para calcular los gramos de CO_2 y H_2O producidos por la combustión completa de 7.44 g de acetato de pentilo.

*82. Calcular El ácido nítrico, HNO_3, se produce en un proceso complejo de tres pasos resumido por estas ecuaciones sin balancear.

Paso 1: $NH_3 + O_2 \longrightarrow NO + H_2O$

Paso 2: $NO + O_2 \longrightarrow NO_2$

Paso 3: $NO_2 + H_2O \longrightarrow HNO_3 + NO$

Observa que el óxido nítrico, NO; producido en el Paso 3, se recicla en el Paso 2.

a. Balancea cada una de las ecuaciones.

b. Suponiendo que todo el nitrógeno del amoníaco eventualmente se incorporará en el ácido nítrico, calcula la masa de ácido nítrico obtenida a partir de 88.0 g NH_3.

c. El ácido nítrico concentrado que se usa en el laboratorio es una solución 70% por masa de HNO_3 en agua. Usando tu respuesta de la parte b, calcula la masa de amoníaco necesaria para preparar 1.00 kg de ácido nítrico concentrado.

83. Calcular SO_3 se puede producir en el siguiente proceso de dos pasos:

$$FeS_2 + O_2 \longrightarrow Fe_2O_3 + SO_2$$

$$SO_2 + O_2 \longrightarrow SO_3$$

Suponiendo que todo el Fe_2S reacciona, ¿cuántos gramos de SO_3 se producen cuando 20.0 g de FeS_2 reaccionan con 16.0 g de O_2?

Escribe acerca de la ciencia

84. Explicar Explica este enunciado: "La masa y los átomos se conservan en cada reacción química, pero los moles no necesariamente se conservan."

85. Explicar Repasa el "mapa del mol" al final de la Lección 10.2. Explica cómo es que este mapa se une al resumen de pasos para los problemas estequiométricos que se muestran en la Figura 12.5.

MISTERIOQUÍMICO

Migajas de galleta

Jack intentó hacer galletas que fueran extra dulces añadiendo más azúcar de la que decía en la receta. De lo que Jack no se dio cuenta es que una receta es como una ecuación química balanceada. Para obtener el producto deseado en la reacción de cocinar, los reactantes, o ingredientes, deben combinarse en razones específicas. Jack cambió la cantidad de azúcar pero no cambió nada de los demás ingredientes. Por lo tanto, cambió las razones de los ingredientes. Las ecuaciones químicas balanceadas son importantes al cocinar y en muchos otros campos.

86. Inferir Si la receta de Jack pide 2.5 tazas de harina y 2 huevos y Jack quiere aumentar la receta en un 50 por ciento, entonces, ¿cuánta harina y huevos necesitará?

87. Conexión con la GRANIDEA ¿Cómo ilustra la experiencia de cocina de Jack el concepto de un reactivo limitante?

*88. ¿Cuántos electrones, protones y neutrones hay en un átomo de cada isótopo?

a. titanio-47
b. estaño-120
c. oxígeno-18
d. magnesio-26

89. Cuando se compara la radiación ultravioleta con la radiación electromagnética visible, ¿cuál tiene

a. una frecuencia mayor?
b. una energía mayor?
c. una longitud de onda más corta?

90. Identifica al átomo más grande de cada par.

a. sodio y cloro
b. arsénico y nitrógeno
c. flúor y cesio

91. Escribe las fórmulas punto electrón para los átomos siguientes:

a. Cs   c. Ca
b. Br   d. P

92. ¿Cuál de estos elementos forma iones con una carga de 2+?

a. potasio
b. azufre
c. bario
d. magnesio

93. Distingue entre enlaces covalentes sencillos, dobles y triples.

94. ¿Puede un compuesto tener enlaces tanto covalentes como iónicos? Explica tu respuesta.

95. ¿Cómo distingues entre un catión y un anión?

96. Nombra estos iones.

a. PO_4^{3-} c. Se^{2-}
b. Al^{3+} d. NH_4^+

97. Nombra cada sustancia.

a. SiO_2 c. H_2CO_3
b. K_2SO_4 d. MgS

98. Escribe la fórmula para cada compuesto.

a. carbonato de aluminio
b. dióxido de nitrógeno
c. sulfuro de potasio
d. cromato de manganeso(II)
e. bromuro de sodio

*99. ¿Cuántos gramos de berilio hay en 147 g del mineral berilo ($Be_3Al_2Si_6O_{18}$)?

100. ¿Cuál es la masa, en gramos, de una molécula de benceno (C_6H_6)?

*101. ¿Cuál es la fórmula molecular del ácido oxálico, masa molar de 90 g/mol? Su composición porcentual es 26.7% C, 2.2% H y 71.1% O.

102. ¿Cuántos moles es cada uno de lo siguiente?

a. 47.8 g KNO_3
b. 2.22 L SO_2 (a TPE)
c. 2.25×10^{22} moléculas PCl_3

103. Escribe una fórmula balanceada para cada reacción.

a. Cuando se calienta, el nitrato de plomo(II) se descompone para formar óxido de plomo(II), dióxido de nitrógeno y oxígeno molecular.
b. La combustión completa del alcohol iso-propílico (C_3H_7OH) produce dióxido de carbono y vapor de agua.
c. Cuando se calienta una mezcla de aluminio y óxido de hierro(II), se produce hierro metálico y óxido de aluminio.

104. Balancea cada ecuación.

a. $Ba(NO_3)_2(aq) + Na_2SO_4(aq) \longrightarrow$
$BaSO_4(s) + NaNO_3(aq)$
b. $AlCl_3(aq) + AgNO_3(aq) \longrightarrow$
$AgCl(s) + Al(NO_3)_3(aq)$
c. $H_2SO_4(aq) + Mg(OH)_2(aq) \longrightarrow$
$MgSO_4(aq) + H_2O(l)$

105. Escribe una ecuación iónica neta para cada reacción del Problema 104.

106. Identifica los iones espectadores en cada reacción del Problema 104.

107. Escribe una ecuación química balanceada para la combustión completa de la ribosa, $C_5H_{10}O_5$.

Si tienes problemas con . . .

Pregunta	88	89	90	91	92	93	94	95	96	97	98	99	100	101	102	103	104	105	106	107
Ver el capítulo	4	5	6	7	7	8	8	9	9	9	9	10	10	10	10	11	11	11	11	11

Preparación para los exámenes estandarizados

Selecciona la opción que responda mejor cada pregunta o que complete cada enunciado.

1. El ácido nítrico se forma mediante la reacción de dióxido de nitrógeno con agua.

$$3NO_2(g) + H_2O(l) \longrightarrow NO(g) + 2HNO_3(aq)$$

¿Cuántos moles de agua se necesitan para reaccionar con 8.4 mol NO_2?

   (A) 2.8 mol   (C) 8.4 mol
   (B) 3.0 mol   (D) 25 mol

2. El trifluoruro de fósforo se forma a partir de sus elementos.

$$P_4(s) + 6F_2(g) \longrightarrow 4PF_3(g)$$

¿Cuántos gramos de flúor se necesitan para reaccionar con 6.20 g de fósforo?

   (A) 2.85 g   (C) 11.4 g
   (B) 5.70 g   (D) 37.2 g

3. El nitruro de magnesio se forma en la reacción del metal magnesio con el gas nitrógeno

$$3Mg(s) + N_2(g) \longrightarrow Mg_3N_2(s)$$

La reacción de 4.0 moles de nitrógeno con 6.0 moles de magnesio produce

   (A) 2.0 moles de Mg_3N_2 y ningún exceso de N_2.
   (B) 2.0 moles de Mg_3N_2 y 2.0 moles de exceso de N_2.
   (C) 4.0 moles de Mg_3N_2 y 1.0 moles de exceso de Mg.
   (D) 6.0 moles de Mg_3N_2 y 3.0 moles de exceso de N_2.

Usa la reacción siguiente para responder las preguntas 4 y 5.

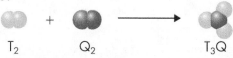

4. Escribe una ecuación balanceada para la reacción entre el elemento T y el elemento Q.

5. Con base en las ventanas atómicas siguientes, identifica el reactivo limitante.

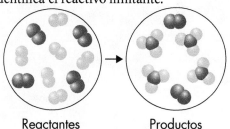

Reactantes   Productos

Para cada pregunta, hay dos enunciados. Decide si cada enunciado es verdadero o falso. Después decide si el Enunciado II es una explicación correcta para el Enunciado I.

Enunciado I		Enunciado II
6. Cada cálculo de estequiometría usa una ecuación balanceada.	PORQUE	Cada reacción química obedece la ley de conservación de la masa.
7. Un rendimiento porcentual siempre es mayor que 0% y menor que 100%.	PORQUE	El rendimiento real en una reacción nunca es mayor que el rendimiento teórico.
8. La cantidad del reactivo limitante dejado después de la reacción es cero.	PORQUE	El reactivo limitante se usa por completo en una reacción.
9. Los coeficientes en una ecuación balanceada representan las masas relativas de los reactantes y los productos.	PORQUE	La masa de los reactantes debe ser igual a la masa de los productos en una reacción química.
10. Una razón molar siempre se escribe con el número mayor en el numerador.	PORQUE	Una razón molar siempre será mayor que 1.

Si tienes problemas con . . .

Pregunta	1	2	3	4	5	6	7	8	9	10
Ver la lección	12.2	12.2	12.3	12.1	12.3	12.1	12.3	12.3	12.1	12.2

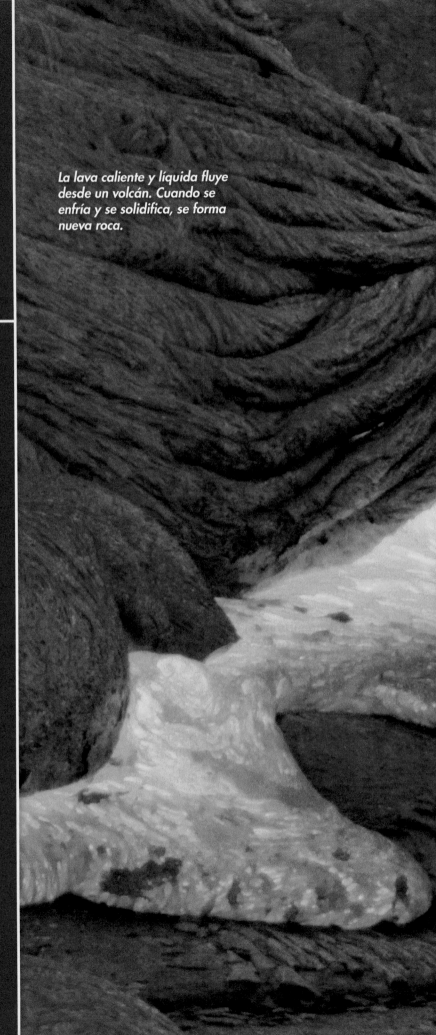

13

Estados de la materia

La lava caliente y líquida fluye desde un volcán. Cuando se enfría y se solidifica, se forma nueva roca.

EN EL INTERIOR:

- **13.1** Naturaleza de los gases
- **13.2** Naturaleza de los líquidos
- **13.3** Naturaleza de los sólidos
- **13.4** Cambios de estado

PearsonChem.com

TEORÍA CINÉTICA

Preguntas esenciales:

1. ¿Qué factores determinan el estado físico de una sustancia?

2. ¿Cuáles son las características que distinguen a gases, líquidos y sólidos?

3. ¿Cómo cambian las sustancias de un estado a otro?

MISTERIOQUÍMICO

Ventanas de carro empañadas

Es un día frío y lluvioso de septiembre, y tú y un amigo se dirigen al cine. Cuando suben al carro de tu madre, puedes ver claramente árboles cercanos que se mecen con el viento. Sin embargo, poco después de que tu madre enciende el carro, las ventanas se empañan, por lo que es casi imposible ver hacia afuera. Tu madre suspira y enciende la calefacción, lo que sólo hace que las ventanas se empañen más. Luego, enciende el aire acondicionado y las ventanas se desempañan en cuestión de segundos. ¿Por qué las ventanas del carro se empañan cuando hace frío o llueve afuera? ¿Por qué se desempañan cuando enciendes el aire acondicionado?

▶ Conexión con la **GRAN**IDEA A medida que lees sobre los estados de la materia, piensa en qué hace que las ventanas del carro se empañen.

13.1 Naturaleza de los gases

P: *¿Qué factores son los que más afectan el tiempo meteorológico?* La atmósfera es un gas, y los factores que determinan el comportamiento de los gases (temperatura y presión) afectan el tiempo meteorológico en la atmósfera. Es por ello que los mapas meteorológicos muestran lecturas de temperatura así como las zonas de alta y baja presión. En esta lección, aprenderás cómo la temperatura y la presión afectan a las partículas de un gas.

Preguntas clave

🔑 *¿Cuáles son los tres supuestos de la teoría cinética cuando se aplica a los gases?*

🔑 *¿Cómo se explica la presión de gas mediante la teoría cinética?*

🔑 *¿Qué relación hay entre la temperatura en kelvins y la energía cinética promedio de las partículas?*

Vocabulario

- energía cinética
- teoría cinética
- presión de gas
- vacío
- presión atmosférica
- barómetro
- pascal (Pa)
- atmósfera estándar (atm)

La teoría cinética y el modelo de los gases

🔑 *¿Cuáles son los tres supuestos de la teoría cinética cuando se aplica a los gases?*

La palabra *cinética* se refiere al movimiento. La energía que un objeto tiene debido a su movimiento se llama **energía cinética.** De acuerdo con la **teoría cinética,** toda la materia consiste en pequeñas partículas que se encuentran en constante movimiento. Las partículas en un gas son por lo general moléculas o átomos. La teoría cinética tal como se aplica a los gases incluye los siguientes supuestos fundamentales acerca de los gases.

🔑 **Las partículas en un gas se consideran esferas pequeñas y duras con un volumen insignificante.** Dentro de un gas, las partículas están relativamente alejadas en comparación con la distancia entre las partículas en un líquido o sólido. Entre las partículas hay espacio vacío. No hay fuerzas de atracción o repulsión entre las partículas.

🔑 **El movimiento de las partículas en un gas es rápido, constante y al azar.** Como resultado de ello, los gases llenan sus recipientes con independencia de la forma y volumen de los contenedores. Un gas no contenido puede extenderse hacia el espacio sin límite. Las partículas viajan en trayectorias rectas hasta que chocan con otra partícula, u otro objeto, tal como la pared de su recipiente. Las partículas cambian de dirección sólo cuando rebotan de las colisiones entre sí o con otros objetos.

¡Las mediciones indican que la velocidad promedio de las moléculas de oxígeno en el aire a 20 °C es increíblemente de 1.700 km/h! A estas altas velocidades, el olor de una pizza de queso caliente en Washington, D.C., debería llegar a la ciudad de México en unos 115 minutos. Sin embargo, eso no sucede debido a que las moléculas responsables del olor golpean constantemente las moléculas en el aire y rebotan en otras direcciones. Su trayectoria de desplazamiento continuo en línea recta es muy corta. El camino sin rumbo que toman las moléculas se llama un camino aleatorio.

🔑 **Todas las colisiones entre las partículas en un gas son perfectamente elásticas.** Durante una colisión elástica, la energía cinética es transferida sin pérdida de una partícula a otra, y la energía cinética total permanece constante. Los diagramas de la Figura 13.1 ilustran los supuestos de la teoría cinética aplicada a los gases.

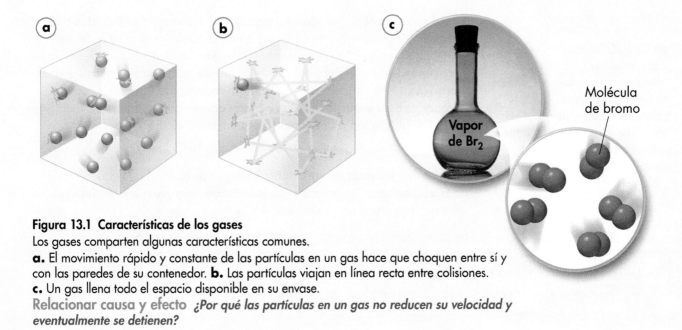

Figura 13.1 Características de los gases
Los gases comparten algunas características comunes.
a. El movimiento rápido y constante de las partículas en un gas hace que choquen entre sí y con las paredes de su contenedor. **b.** Las partículas viajan en línea recta entre colisiones.
c. Un gas llena todo el espacio disponible en su envase.
Relacionar causa y efecto *¿Por qué las partículas en un gas no reducen su velocidad y eventualmente se detienen?*

Presión de gas

¿Cómo se explica la presión de gas mediante la teoría cinética?

Un globo lleno de helio o aire caliente mantiene su forma debido a la presión del gas en su interior. La **presión de gas** resulta de la fuerza ejercida por un gas por unidad de superficie de un objeto. ¿Qué causa esta fuerza? Los cuerpos en movimiento ejercen una fuerza al chocar con otros cuerpos. Aunque una sola partícula en un gas es un cuerpo en movimiento, la fuerza que ejerce es extremadamente pequeña. Sin embargo, no es difícil imaginar que las colisiones simultáneas que involucran muchas partículas producen una fuerza medible en un objeto. **La presión de gas es el resultado de miles de millones de partículas moviéndose rápidamente en un gas que chocan simultáneamente con un objeto.** Si no hay partículas presentes, no puede producirse ninguna colisión. Por consiguiente, no hay presión. Un espacio vacío, sin partículas y sin presión, se llama **vacío.**

Ya estás familiarizado con una presión de gas causada por una mezcla de gases: el aire. El aire ejerce una presión en la Tierra porque la gravedad mantiene las partículas en el aire dentro de la atmósfera de la Tierra. Las colisiones de los átomos y las moléculas en el aire con objetos dan como resultado la **presión atmosférica.** La presión atmosférica disminuye a medida que se sube una montaña porque la densidad de la atmósfera de la Tierra disminuye a medida que la elevación aumenta.

Un **barómetro** es un dispositivo que se usa para medir la presión atmosférica. La Figura 13.2 muestra un tipo de barómetro de mercurio. La altura de la columna de mercurio en el tubo depende de la presión ejercida por las partículas en el aire que chocan con la superficie del mercurio en el plato. La presión atmosférica depende del tiempo meteorológico y de la altitud. Cuando hace buen tiempo a nivel del mar, la presión atmosférica es suficiente para soportar una columna de mercurio de 760 mm de altura.

Figura 13.2 Presión atmosférica
A nivel del mar, el aire ejerce suficiente presión para soportar una columna de mercurio de 760-mm. En la cima del Monte Everest, a 9000 m, el aire ejerce presión suficiente para soportar una columna de mercurio de 253 mm.

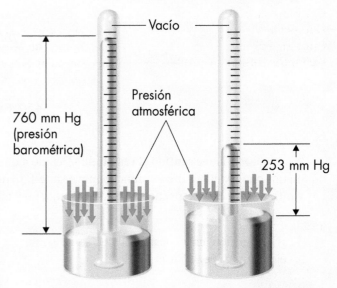

P: *Cuando los meteorólogos establecen que un sistema de baja presión se está moviendo en tu región, por lo general significa que viene una tormenta. ¿Qué crees que le sucede a la columna de mercurio en un barómetro cuando se acerca la tormenta? ¿Por qué?*

La unidad SI de presión es el **pascal (Pa).** Representa una cantidad muy pequeña de presión. Por ejemplo, la presión atmosférica normal es de unos 100.000 Pa, es decir, 100 kilopascales (kPa). Dos unidades más antiguas de presión todavía se usan comúnmente. Estas unidades son milímetros de mercurio (mm Hg) y atmósferas. Una **atmósfera estándar (atm)** es la presión requerida para soportar 760 mm de mercurio en un barómetro de mercurio a 25 °C. La relación numérica entre las tres unidades es

$$1 \text{ atm} = 760 \text{ mm Hg} = 101.3 \text{ kPa}$$

Al estudiar los gases, es importante ser capaz de relacionar los valores medidos a las normas. Recordemos que la temperatura y presión estándar (TPE) se definen como una temperatura de 0 °C y una presión de 101.3 kPa, o 1 atm.

Ejemplo de problema 13.1

Convertir entre unidades de presión

Un manómetro registra una presión de 450 kPa. Convierte esta medida a
a. atmósferas.   **b.** milímetros de mercurio.

① Analizar Haz una lista de lo conocido y lo desconocido.
La presión dada se convierte a la unidad deseada mediante la multiplicación por el factor de conversión apropiado.

CONOCIDO	DESCONOCIDO
presión = 450 kPa	presión = ? atm
1 atm = 101.3 kPa	presión = ? mm de Hg
1 atm = 760 mm de Hg	

② Calcular Resuelve para buscar lo desconocido.

Identifica el factor de conversión apropiado para convertir de kPa a atm.

a. $\dfrac{1\,\text{atm}}{101.3\,\text{kPa}}$

Multiplica la presión dada por el factor de conversión.

$450\,\text{kPa} \times \dfrac{1\,\text{atm}}{101.3\,\text{kPa}} = 4.4\,\text{atm}$

Identifica el factor de conversión apropiado para convertir kPa a mm Hg.

b. $\dfrac{760\,\text{mm de Hg}}{101.3\,\text{kPa}}$

Multiplica la presión dada por el factor de conversión.

$450\,\text{kPa} \times \dfrac{760\,\text{mm de Hg}}{101.3\,\text{kPa}} = 3400\,\text{mm de Hg} = 3.4 \times 10^3\,\text{mm de Hg}$

③ Evaluar ¿Tiene sentido el resultado? Debido a que el primer factor de conversión es mucho menos que 1 y el segundo es mucho mayor que 1, tiene sentido que los valores expresados en atm y mm de Hg sean, respectivamente, más pequeño y más grande que el valor expresado en kPa.

1. ¿Qué presión, en kilopascales y en atmósferas, ejerce un gas a 385 mm de Hg?

2. La presión en la cima del Monte Everest es 33.7 kPa. ¿Es esa presión mayor o menor que 0.25 atm?

Energía cinética y temperatura

⊙ ¿Qué relación hay entre la temperatura en kelvins y la energía cinética promedio de las partículas?

A medida que se calienta una sustancia, sus partículas absorben energía, parte de la cual se almacena dentro de las partículas. Esta porción almacenada de energía, o energía potencial, no eleva la temperatura de la sustancia. El resto de la energía absorbida hace acelerar las partículas, es decir, aumenta su energía cinética. Este aumento de la energía cinética resulta en un aumento de la temperatura.

Energía cinética promedio Las partículas en cualquier colección de átomos o moléculas a una temperatura dada tienen una amplia gama de energías cinéticas. La mayor parte de las partículas tienen energías cinéticas en algún lugar en el medio de este rango. Por tanto, se usa la energía cinética promedio cuando se habla de la energía cinética de una colección de partículas en una sustancia. A una temperatura dada, las partículas de todas las sustancias, sin importar el estado físico, tienen la misma energía cinética promedio. Por ejemplo, los iones de la sal de mesa, las moléculas en el agua y los átomos de helio tienen la misma energía cinética promedio a temperatura ambiente, a pesar de que las tres sustancias se encuentran en diferentes estados físicos.

La Figura 13.3 muestra la distribución de las energías cinéticas de las moléculas de agua a dos temperaturas diferentes. La curva verde muestra la distribución de la energía cinética entre las moléculas de agua en agua fría. La curva púrpura muestra la distribución de la energía cinética entre las moléculas de agua en agua caliente. En ambos casos, la mayoría de las moléculas tienen energías cinéticas intermedias, que están cerca del valor promedio. Nótese que las moléculas a mayor temperatura tienen una gama más amplia de energías cinéticas.

La energía cinética promedio de las partículas en una sustancia está directamente relacionada con la temperatura de la sustancia. Un aumento en la energía cinética promedio de las partículas hace que suba la temperatura de la sustancia. Como una sustancia se enfría, las partículas tienden a moverse más lentamente, y su energía cinética promedio disminuye.

APOYO PARA LA LECTURA

Desarrollar el vocabulario:
Origen de las palabras
Cinética proviene de la palabra griega *kinetos*, que significa "moverse". La energía cinética es la energía que tiene un objeto debido a su movimiento. *Algunas esculturas son cinéticas. ¿Qué característica tienen en común?*

Interpretar gráficas

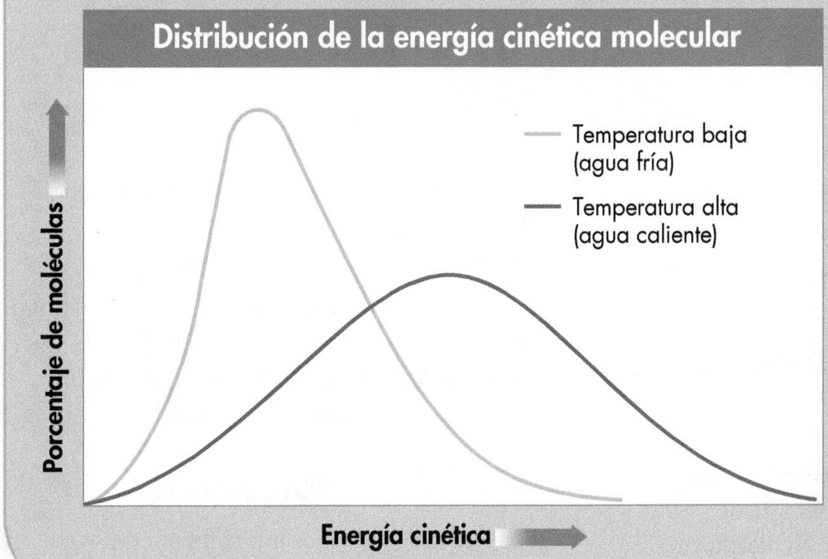

Distribución de la energía cinética molecular

Eje Y: Porcentaje de moléculas
Eje X: Energía cinética

— Temperatura baja (agua fría)
— Temperatura alta (agua caliente)

Figura 13.3 La curva verde y la curva púrpura muestran las distribuciones de energía cinética de un conjunto típico de moléculas a dos diferentes temperaturas.

a. Inferir ¿Qué punto en cada curva representa el promedio de energía cinética?

b. Comparar y contrastar Compara las formas de las curvas para el agua fría y el agua caliente.

c. Predecir ¿Qué le sucedería a la forma de la curva si la temperatura del agua estuviera aún más alta? ¿Y más baja?

Figura 13.4
El lugar más frío del universo
La nebulosa boomerang es la región más fría del espacio. Una nebulosa es una nube de gas y polvo dispersa en un volumen inmenso. Los gases se alejan rápidamente de una estrella moribunda en el centro de la nebulosa. La rápida expansión de estos gases es el motivo por el que esta nebulosa sea tan fría.

Se podría esperar razonablemente que las partículas de todas las sustancias dejaran de moverse a temperatura muy baja. Las partículas no tendrían energía cinética a esa temperatura, ya que no tendrían ningún movimiento. El cero absoluto (0 K, o −273.15 °C) es la temperatura a la que el movimiento de las partículas teóricamente cesa. Ninguna temperatura puede ser más baja que el cero absoluto. El cero absoluto nunca se ha producido en el laboratorio. Sin embargo, una temperatura cercana a cero de alrededor de 0.000 000 000 1 K ($0{,}1 \times 10^{-9}$ K), que es 0.1 nanokelvin, ha sido alcanzada. Las temperaturas más frías registradas fuera del laboratorio son del espacio. En 1995, los astrónomos utilizaron un radiotelescopio para medir la temperatura de la nebulosa boomerang, que se muestra en la Figura 13.4. A una temperatura de alrededor de 1 K, es la región más fría conocida del espacio.

Energía cinética promedio y temperatura Kelvin La escala de temperatura Kelvin refleja la relación entre la temperatura y la energía cinética promedio. 🔑 **La temperatura Kelvin de una sustancia es directamente proporcional a la energía cinética promedio de las partículas de la sustancia.** Por ejemplo, las partículas del gas helio a 200 K tienen el doble de la energía cinética promedio de las partículas del gas helio a 100 K. Los efectos de la temperatura sobre el movimiento de las partículas en líquidos y sólidos son más complejos que en los gases.

13.1 Comprobación de la lección

3. 🔑 **Describir** Describe brevemente los supuestos de la teoría cinética tal como se aplican a los gases.

4. 🔑 **Explicar** Usa la teoría cinética para explicar qué produce la presión de gas.

5. 🔑 **Explicar** ¿Cómo está relacionada la temperatura Kelvin de una sustancia con la energía cinética promedio de sus partículas?

6. Aplicar conceptos Describe el comportamiento de una molécula de oxígeno en un envase sellado de aire. Incluye lo que ocurre cuando la molécula choca con otra molécula o con las paredes del recipiente.

7. Calcular Convierte las siguientes presiones a kilopascales.
a. 0.95 atm   **b.** 45 mm de Hg

8. Predecir Un cilindro de gas oxígeno se enfría de 300 K (27 °C) a 150 K (−123 °C). ¿Por qué factor disminuye la energía cinética promedio de las moléculas de oxígeno en el cilindro?

GRANIDEA TEORÍA CINÉTICA

9. ¿Por qué los gases adoptan la forma y el volumen de sus recipientes?

13.2 Naturaleza de los líquidos

P: *¿Qué tan caliente debe estar el agua cuando haces café?* El café molido contiene muchos aceites diferentes, que contribuyen al sabor y al aroma del café. Si el agua usada para colar el café está demasiado caliente, algunos de estos aceites se vaporizan y escapan al aire, dejando el café menos rico y sabroso. Por esta razón, antes de usarla para preparar tu café, debes dejar que el agua se enfríe un poco después de hervir. En esta sección, aprenderás por qué diferentes líquidos tienen diferentes puntos de ebullición.

Preguntas clave

🔑 **¿Que factores determinan las propiedades físicas de un líquido?**

🔑 **¿Cuál es la relación entre la evaporación y la energía cinética?**

🔑 **¿Cuándo puede haber un equilibrio dinámico entre un líquido y su vapor?**

🔑 **¿Bajo qué condiciones ocurre una ebullición?**

Vocabulario

- vaporización
- evaporación
- presión de vapor
- punto de ebullición
- punto normal de ebullición

Un modelo para los líquidos

🔑 **¿Que factores determinan las propiedades físicas de un líquido?**

De acuerdo con la teoría cinética, tanto las partículas en los gases como las partículas en los líquidos tienen energía cinética. Esta energía permite que las partículas de los gases y de los líquidos pasen unas sobre otras, como se muestra en la Figura 13.5. Las sustancias que pueden fluir se conocen como líquidos. La capacidad de los gases y de los líquidos a fluir permite que se ajusten a la forma de sus contenedores.

Los gases y los líquidos tienen una diferencia clave entre ellos. Según la teoría cinética, no hay atracción entre las partículas de un gas. En cambio, las partículas en un líquido se atraen entre sí. Esta atracción intermolecular mantiene unidas las partículas en un líquido, por lo que los líquidos tienen un volumen definido. 🔑 **La interacción entre movimientos perturbadores de las partículas en un líquido y las atracciones entre las partículas determina las propiedades físicas de los líquidos.**

Las atracciones intermoleculares reducen la cantidad de espacio que hay entre las partículas en un líquido. Así pues, los líquidos son mucho más densos que los gases. El aumento de la presión sobre un líquido no tiene casi ningún efecto sobre su volumen. Lo mismo podemos decir de los sólidos. Por tanto, los líquidos y los sólidos se conocen como estados de la materia condensada.

Figura 13.5
Comparación de líquidos y gases
Tanto los líquidos como los gases pueden fluir. El líquido de la izquierda es agua coloreada. El gas de la derecha es vapor de bromo. Si un gas es más denso que el aire, se puede verter de un recipiente a otro. Estas fotos fueron tomadas en una campana de extracción porque el bromo es tóxico y corrosivo.
Predecir Después de un tiempo, ¿qué pasará con el gas en el vaso de precipitado descubierto? Explica.

Consulta evaporación *animada en línea.*

Figura 13.6 Sistemas abiertos vs. sistemas cerrados

El proceso de evaporación tiene resultados diferentes en un sistema abierto, como un lago o un recipiente abierto, que en un sistema cerrado, como un terrario o un recipiente sellado. **a.** En un sistema abierto, las moléculas que se evaporan pueden escapar del sistema. **b.** En un sistema cerrado, las moléculas no pueden escapar. Forman vapor por encima del líquido. Algunas moléculas se condensan de nuevo en un líquido.

Predecir *¿Cambia el nivel del agua con el tiempo tanto en el recipiente abierto como en el envase cerrado? ¿Por qué?*

Evaporación

¿Cuál es la relación entre la evaporación y la energía cinética?

Como probablemente sepas, el agua en un recipiente abierto, como el de la Figura 13.6a, con el tiempo se escapa a la atmósfera como vapor de agua. La conversión de un líquido a un gas o vapor se llama **vaporización.** Cuando esta conversión se produce en la superficie de un líquido que no está hirviendo, el proceso se llama **evaporación.** La mayor parte de las moléculas en un líquido no tienen suficiente energía cinética para superar las fuerzas de atracción y escapan al estado gaseoso. **Durante la evaporación, sólo aquellas moléculas con una cierta energía cinética mínima pueden escapar de la superficie del líquido.** Incluso algunas de las partículas que se escapan chocan con las moléculas en el aire y rebotan de vuelta al líquido.

Tal vez hayas notado que un líquido se evapora más rápido cuando se calienta. Esto se debe a que el calentamiento del líquido aumenta la energía cinética promedio de sus partículas. La energía adicional permite que más partículas superen las fuerzas de atracción que las mantienen en estado líquido. Como se produce la evaporación, las partículas con la energía cinética más alta tienden a escapar primero. Las partículas que quedan en el líquido tienen una energía cinética promedio menor que las partículas que se han escapado. El proceso es similar a retirar el corredor más rápido de una carrera. Los corredores restantes tienen una velocidad media más baja. A medida que ocurre la evaporación, la temperatura del líquido disminuye. Por tanto, la evaporación es un proceso de enfriamiento.

Se pueden observar los efectos del enfriamiento por evaporación en los días calurosos. Cuando sudas, las moléculas de agua en el sudor absorben el calor de tu cuerpo y se evaporan de la superficie de la piel. Esta evaporación enfría el resto de la transpiración. La transpiración queda te enfría más por la absorción de más calor corporal.

Presión de vapor (en kPa) de tres sustancias a diferentes temperaturas						
Sustancia	0°C	20°C	40°C	60°C	80°C	100°C
Agua	0.61	2.33	7.37	19.92	47.34	101.33
Etanol	1.63	5.85	18.04	47.02	108.34	225.75
Éter dietílico	24.70	58.96	122.80	230.65	399.11	647.87

Tabla 13.1 La tabla compara los valores de presión de vapor del agua, del etanol y del éter dietílico a seis temperaturas.

a. Inferir A una temperatura dada, el etanol tiene una presión de vapor más alta que el agua. ¿Qué indica esto acerca de la fuerza relativa de atracción entre las partículas de cada sustancia?

b. Sacar conclusiones ¿Cómo afecta un aumento de la temperatura la capacidad de un compuesto para evaporarse?

Presión de vapor

🔑 *¿Cuándo puede haber un equilibrio dinámico entre un líquido y su vapor?*

La evaporación de un líquido en un sistema cerrado se diferencia de la evaporación en un sistema abierto. Ninguna partícula de líquido puede escapar al aire que está fuera del recipiente sellado en la Figura 13.6b. Cuando un recipiente parcialmente lleno de líquido se sella, algunas de las partículas en la superficie del líquido se vaporizan. Estas partículas chocan con las paredes del recipiente sellado y generan presión. La medida de la fuerza que ejerce un gas sobre un líquido se denomina **presión de vapor**. Con el tiempo, el número de partículas que entran al gas aumentan y parte de las partículas se condensan y vuelven al estado líquido. La siguiente ecuación resume el proceso.

$$\text{Líquido} \underset{\xleftarrow{\text{condensación}}}{\xrightarrow{\text{evaporación}}} \text{Vapor (gas)}$$

Con el tiempo, el número de partículas que se condensan será igual al número de partículas que se vaporizan. La presión de vapor se mantendrá constante. 🔑 **En un sistema a presión de vapor constante, existe un equilibrio dinámico entre el vapor y el líquido. El sistema está en equilibrio debido a que la tasa de evaporación del líquido es igual a la velocidad de condensación del vapor.**

En el equilibrio, las partículas en el sistema continúan evaporándose y condensándose, pero se produce ningún cambio neto en el número de partículas en el líquido o el vapor. El terrario sellado de la Figura 13.6b es un ejemplo de un sistema cerrado en equilibrio. La humedad en las paredes internas del terrario es señal de que se ha establecido un equilibrio. Las partículas que una vez se evaporaron, ahora se están condensando; pero otras partículas se evaporan para ocupar su lugar.

Presión de vapor y cambio de temperatura Un aumento en la temperatura de un líquido contenido aumenta la presión de vapor. Esto sucede porque las partículas en el líquido calentado han aumentado la energía cinética. Como resultado de ello, más de las partículas alcanzarán el mínimo de energía cinética necesario para escapar de la superficie del líquido. Las partículas escapan del líquido y chocan con las paredes del recipiente con una frecuencia mayor. La Tabla 13.1 da las presiones de vapor de algunos líquidos comunes a varias temperaturas. La presión de vapor indica la volatilidad de un líquido dado, o la facilidad con que se evapora. De los tres líquidos mostrados, el éter dietílico es el más volátil y el agua es el menos volátil.

LA QUÍMICA Y TÚ

P: *Para hacer el café más sabroso, muchas personas muelen los granos de café justo antes de colarlo. Además, tienen el cuidado de no moler los granos de café en exceso. Explica cómo estos dos métodos ayudan a prevenir que los aceites naturales de los granos de café se evaporen.*

Medición de presión de vapor La presión de vapor de un líquido puede ser determinada con un dispositivo llamado manómetro. La Figura 13.7 muestra cómo funciona un manómetro sencillo. Un extremo de un tubo de vidrio en forma de U que contiene mercurio está unido a un recipiente cerrado. El otro extremo del tubo está abierto a la atmósfera. Cuando sólo hay aire en el recipiente, la presión es igual a ambos lados del tubo y el nivel de mercurio es igual en cada brazo del tubo. Cuando se añade un líquido al recipiente, la presión en el recipiente aumenta debido a la presión de vapor del líquido. La presión de vapor del líquido empuja hacia abajo el mercurio en el lado del recipiente del tubo en forma de U. Los niveles de mercurio en el tubo en forma de U ya no son los mismos. Puedes determinar la presión de vapor en mm de Hg mediante la medición de la diferencia entre los dos niveles de mercurio. A medida que aumenta la presión de vapor, también lo hace la diferencia entre los dos niveles.

Punto de ebullición

🔑 ¿Bajo qué condiciones ocurre una ebullición?

La velocidad de evaporación de un líquido en un recipiente abierto aumenta a medida que se calienta el líquido. La calefacción permite que un mayor número de partículas en la superficie del líquido superen las fuerzas de atracción que las mantienen en estado líquido. Las partículas que quedan en el líquido se mueven cada vez más rápido a medida que absorben la energía añadida. Por tanto, la energía cinética promedio de las partículas en el líquido aumenta y la temperatura del líquido sube. 🔑 **Cuando se calienta un líquido a una temperatura a la que las partículas de todo el líquido tienen suficiente energía cinética para evaporarse, el líquido comienza a hervir.** Se forman burbujas de vapor en todo el líquido, suben a la superficie y escapan al aire. El **punto de ebullición** (p. eb.) es la temperatura a la cual la presión de vapor del líquido es simplemente igual a la presión externa sobre el líquido.

Figura 13.7 Manómetro
La presión de vapor de un líquido contenido se puede medir con un manómetro. La presión de vapor es igual a la diferencia de altura del mercurio en los dos brazos del tubo en forma de U.
Calcular ¿Cuál es la diferencia de presión de vapor entre el etanol a 0 °C y el etanol a 20 °C?

Aire a 0 °C

Mercurio

Aire

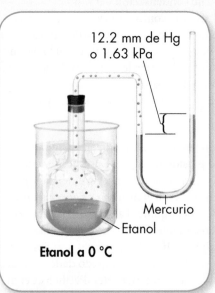

12.2 mm de Hg
o 1.63 kPa

Mercurio

Etanol

Etanol a 0 °C

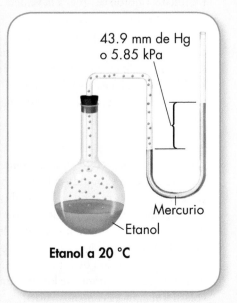

43.9 mm de Hg
o 5.85 kPa

Mercurio

Etanol

Etanol a 20 °C

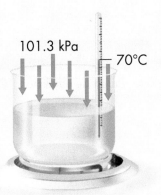

101.3 kPa — 70°C

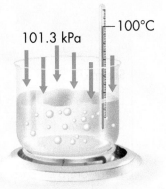

101.3 kPa — 100°C

34 kPa — 70°C

Nivel del mar
La presión atmosférica en la superficie del agua a 70 °C es mayor que su presión de vapor. Las burbujas de vapor no se pueden formar en el agua, y no hierve.

Nivel del mar
En el punto de ebullición, la presión de vapor es igual a la presión atmosférica. Las burbujas de vapor se forman en el agua, y esta hierve.

En lo alto del Monte Everest
A mayor altitud, la presión atmosférica es menor que a nivel del mar. Por tanto, el agua hierve a una menor temperatura.

Punto de ebullición y cambios de presión Como un líquido hierve cuando su presión de vapor es igual a la presión externa, los líquidos no siempre hierven a la misma temperatura. La Figura 13.8 muestra cómo un cambio en la altitud afecta el punto de ebullición del agua. Dado que la presión atmosférica es inferior a mayor altitud, los puntos de ebullición disminuyen a mayor altitud. Por ejemplo, en Denver, que está a 1600 m sobre el nivel del mar, la presión atmosférica promedio es de 85,3 kPa. Así que el agua hierve aproximadamente a 95 °C. En una olla a presión, el vapor no puede escapar y la presión de vapor aumenta. Así que el agua hierve a una temperatura superior a los 100 °C y los alimentos se cocinan más rápido.

Observa la presión de vapor versus la temperatura en la Figura 13.9. Puedes usar la gráfica para mostrar cómo el punto de ebullición de un líquido está relacionado con la presión de vapor. A una presión externa más baja, el punto de ebullición disminuye. Las partículas en el líquido necesitan menos energía cinética para escapar del líquido. A una mayor presión externa, el punto de ebullición aumenta. Las partículas en el líquido necesitan más energía cinética para escapar del líquido.

Figura 13.8
Punto de ebullición y altitud
Un líquido hierve cuando la presión de vapor de las partículas dentro del líquido es igual a la presión atmosférica. El punto de ebullición varía con la altitud.

Interpretar gráficas

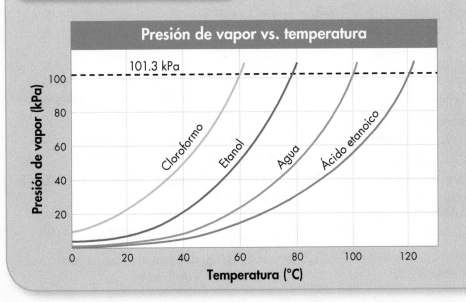

Presión de vapor vs. temperatura

Presión de vapor (kPa) vs. Temperatura (°C)

101.3 kPa

Cloroformo, Etanol, Agua, Ácido etanoico

Figura 13.9 En la gráfica, la intersección de una curva con la línea de 101.3 kPa indica el punto de ebullición de la sustancia a presión estándar.
a. Leer Gráficas ¿Cuál es el punto de ebullición del cloroformo a 101.3 kPa?
b. Leer Gráficas ¿Cuál es la presión de vapor del etanol a 40 °C?
c. Predecir ¿Cuál debe ser la presión atmosférica del ácido etanoico para que hierva a 80 °C?

Tabla 13.2

Puntos normales de ebullición de varias sustancias

Sustancia	Punto de ebullición (°C)
Disulfuro de carbono (CS_2)	46.0
Cloroformo ($CHCl_3$)	61.7
Metanol (CH_4O)	64.7
Tetracloruro de carbono (CCl_4)	76.8
Etanol (C_2H_6O)	78.5
Agua (H_2O)	100.0

Figura 13.10 Agua hirviendo
Debes tener cuidado cuando trabajas con agua hirviendo, pues podrías quemarte ya sea con el agua o con el vapor de agua invisible, en el aire justo por encima del agua.

La ebullición es un proceso de enfriamiento similar a la evaporación. Durante la ebullición, las partículas con la energía cinética más alta escapan primero cuando el líquido está en el punto de ebullición. Al apagar la fuente de calor externo, disminuye la temperatura del líquido por debajo de su punto de ebullición. El aumento del calor permite que más partículas adquieran suficiente energía cinética para escapar. Sin embargo, la temperatura del líquido que hierve nunca se eleva por encima de su punto de ebullición. Si se suministra calor a un ritmo mayor, el líquido hierve más rápido. El vapor producido está a la misma temperatura que el líquido hirviendo. Aunque el vapor tiene la misma energía cinética promedio que el líquido, su energía potencial (o energía almacenada) es mucho más alta. Por tanto, una quemadura con vapor es más grave que una a partir de una masa igual de agua hirviendo, a pesar de que ambos están a la misma temperatura. Esta es una de las razones por las que debes tener cuidado al colar el agua de la pasta o verduras, como se muestra en la Figura 13.10.

Punto normal de ebullición Un líquido puede tener varios puntos de ebullición dependiendo de la presión. El **punto normal de ebullición** se define como el punto de ebullición de un líquido a una presión de 101.3 kPa. La Tabla 13.2 muestra los puntos de ebullición normales de seis compuestos moleculares.

13.2 Comprobación de la lección

10. Identificar ¿Qué factores permiten determinar las propiedades físicas de los líquidos?

11. Explicar En términos de energía cinética, explica cómo se evapora una molécula en un líquido.

12. Describir Un líquido está en un recipiente cerrado y tiene una presión de vapor constante. ¿Cuál es la relación entre la velocidad de evaporación del líquido y la velocidad de condensación del vapor en el recipiente?

13. Relacionar causa y efecto ¿Qué condiciones deben existir para que un líquido hierva?

14. Interpretar gráficas Usa la Figura 13.9 para determinar el punto de ebullición del ácido acético a 27 kPa y del cloroformo a 80 kPa.

15. Explicar ¿Por qué el punto de ebullición de un líquido varia con la presión atmosférica?

16. Inferir Explica cómo la evaporación disminuye la temperatura de un líquido.

GRANIDEA TEORÍA CINÉTICA

17. ¿Por qué los líquidos toman la forma pero no el volumen de sus recipientes?

13.3 Naturaleza de los sólidos

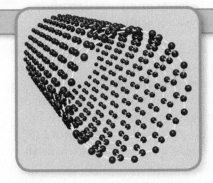

P: *¿Cuál es el material más fuerte del mundo?* No es el acero ni ningún plástico sintético, sino una forma de carbono puro conocida como nanotubos de fullereno. Estas estructuras cilíndricas, formadas a partir de átomos de carbono unidos entre sí en patrones hexagonales, son más de 300 veces más fuertes que el acero. Se pueden hacer con un diámetro de sólo unos pocos nanómetros (de ahí el nombre), pero también de varios milímetros de longitud. Los investigadores de diversos campos están encontrando nuevas aplicaciones y posibilidades para estas estructuras, que forman parte de la nueva área de investigación conocida como la nanotecnología. Aprenderás de los fullerenos en esta sección.

Preguntas clave

⬤ *¿Cómo se relacionan la estructura y las propiedades de los sólidos?*

⬤ *¿Qué determina la forma de un cristal?*

Vocabulario

- punto de fusión
- punto de congelación
- cristal
- celda unitaria
- alótropos
- sólido amorfo
- vidrio

Un modelo de los sólidos

⬤ *¿Cómo se relacionan la estructura y las propiedades de los sólidos?*

Las partículas en los líquidos son relativamente libres de moverse. Sin embargo, las partículas en los sólidos no lo son. ⬤ **Las propiedades generales de los sólidos reflejan la disposición ordenada de las partículas y los lugares fijos de sus partículas.** En la mayoría de los sólidos, los átomos, iones o moléculas están muy juntos. Estos sólidos son densos y no son fáciles de comprimir. Debido a que las partículas en los sólidos tienden a vibrar alrededor de puntos fijos, los sólidos no fluyen.

Cuando se calienta un sólido, sus partículas vibran más rápidamente porque su energía cinética aumenta. La organización de las partículas dentro de los sólidos se descompone, y, finalmente, el sólido se derrite. El **punto de fusión** (p.f.) es la temperatura a la cual un sólido se convierte en un líquido. A esta temperatura, las vibraciones perturbadoras de las partículas son lo suficientemente fuertes como para superar las atracciones que las mantienen en posiciones fijas. El **punto de congelación** (p.c.) es la temperatura a la que un líquido se convierte en sólido. Los puntos de fusión y de congelación de una sustancia son a la misma temperatura. A esa temperatura, las fases líquida y sólida están en equilibrio.

$$\text{Sólido} \; \underset{\longleftarrow \text{congelamiento}}{\overset{\text{fusión} \longrightarrow}{\rightleftharpoons}} \; \text{Líquido}$$

En general, los sólidos iónicos tienen puntos de fusión altos porque se mantienen unidos por fuerzas relativamente fuertes. El cloruro de sodio, un compuesto iónico, tiene un punto de fusión al de 801 °C. Por el contrario, los sólidos moleculares tienen puntos de fusión relativamente bajos. Por ejemplo, el cloruro de hidrógeno, un compuesto molecular, se funde a −112 °C. Sin embargo, no todos los sólidos se funden. La madera y la caña de azúcar, por ejemplo, se descomponen cuando se calientan.

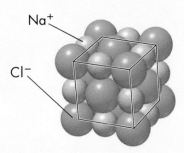

Figura 13.11 Cristal iónico
En cloruro de sodio (NaCl), los iones sodio (Na⁺) y los iones cloruro (Cl⁻) están estrechamente empaquetados en una matriz regular. Los iones vibran alrededor de puntos fijos en el cristal.

Estructura cristalina y celdas unitarias

¿Qué determina la forma de un cristal?

La mayoría de las sustancias sólidas son cristalinas. En un **cristal,** las partículas siguen un patrón tridimensional ordenado y repetitivo llamado red cristalina. La Figura 13.11 muestra parte de la red cristalina del cloruro de sodio. **La forma de un cristal refleja la disposición de las partículas dentro del sólido.**

Sistemas cristalinos Un cristal tiene lados o caras. Los ángulos en los que se cruzan las caras de un cristal son siempre iguales para una sustancia dada y son característicos de esa sustancia. Los cristales se clasifican en siete grupos, o sistemas cristalinos, que tienen las formas características que se muestran en la Figura 13.12. Los bordes están rotulados a, b y c. Los ángulos están rotulados α, β y γ. Los siete sistemas cristalinos difieren en términos de los ángulos entre las caras y en el número de bordes de la misma longitud en cada cara.

La forma de un cristal depende de la disposición de las partículas dentro de él. El grupo más pequeño de partículas dentro de un cristal que retiene la forma geométrica del cristal se conoce como **celda unitaria.** Una red cristalina es una matriz repetitiva de una cualquiera de los catorce tipos de celdas unitarias. Cada sistema cristalino puede estar compuesto por uno a cuatro tipos de celdas unitarias. La Figura 13.13 muestra los tres tipos de celdas unitarias que pueden formar un sistema cristalino cúbico.

Figura 13.12 Sistemas cristalinos
Los cristales se clasifican en siete sistemas cristalinos.
Clasificar *¿En cuál de los sistemas los tres ángulos suman 90°?*

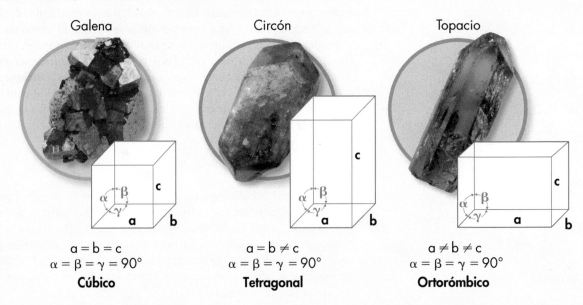

Galena

$a = b = c$
$\alpha = \beta = \gamma = 90°$
Cúbico

Circón

$a = b \neq c$
$\alpha = \beta = \gamma = 90°$
Tetragonal

Topacio

$a \neq b \neq c$
$\alpha = \beta = \gamma = 90°$
Ortorómbico

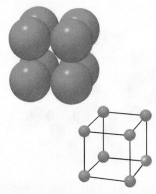
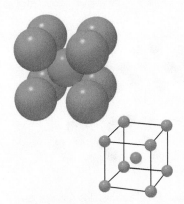
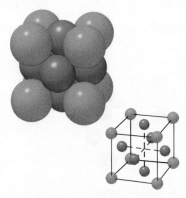

Cúbico simple En una celda unitaria cúbica simple, los átomos o iones están dispuestos en los vértices de un cubo imaginario.

Centrada en el cuerpo En una celda unitaria centrada en el cuerpo, los átomos o iones están en las esquinas y en el centro de un cubo imaginario.

Centrada en las caras En una celda unitaria centrada en las caras, hay átomos o iones en las esquinas y en el centro de cada cara del cubo imaginario.

Alótropos Algunas sustancias sólidas pueden existir en más de una forma. Un buen ejemplo es el elemento carbono. El diamante es una forma cristalina del carbono. Se forma cuando el carbono se cristaliza bajo una gran presión (miles de atmósferas). Otra forma cristalina del carbono es el grafito. En el grafito, los átomos de carbono están organizados en hojas en lugar de en la matriz tridimensional ampliada característica del diamante.

En 1985, una tercera forma cristalina del carbono fue descubierta en el hollín común. Esta forma de carbono se llama buckminsterfullereno. Los átomos de carbono en el buckminsterfullereno están unidos en grupos de 60 átomos que forman una esfera hueca, o jaula, conocida como una bola de Bucky. Los átomos están dispuestos en un patrón de hexágonos y pentágonos sobre la superficie de la jaula, de forma similar al patrón en la superficie de un balón de fútbol. Desde 1985, se han descubierto otras moléculas de carbono que tienen jaulas huecas. La que tiene 70 átomos de carbono tiene forma de una pelota de fútbol. Como grupo, estas formas de carbono se denominan fullerenos.

Figura 13.13 Celdas unitarias
La celda unitaria de un sistema cristalino cúbico puede ser cúbica simple, cúbica centrada en el cuerpo o cúbica centrada en la cara. En los modelos compactos y dibujos, las esferas representan átomos o iones.

Aprende más sobre estructuras cristalinas de los sólidos *en línea.*

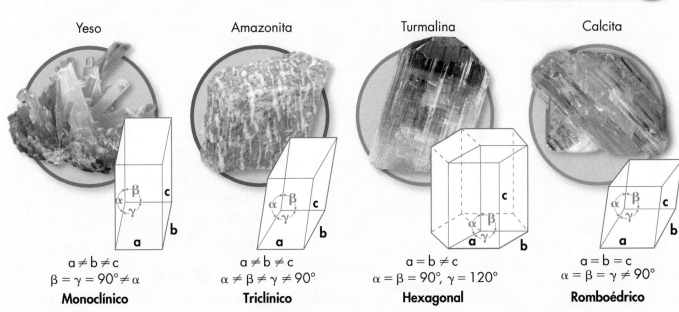

Yeso

$a \neq b \neq c$
$\beta = \gamma = 90° \neq \alpha$
Monoclínico

Amazonita

$a \neq b \neq c$
$\alpha \neq \beta \neq \gamma \neq 90°$
Triclínico

Turmalina

$a = b \neq c$
$\alpha = \beta = 90°, \gamma = 120°$
Hexagonal

Calcita

$a = b = c$
$\alpha = \beta = \gamma \neq 90°$
Romboédrico

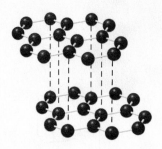

Diamante En el diamante, cada átomo de carbono en el interior del diamante está firmemente unido a otros cuatro. La matriz es rígida y compacta.

Grafito En el grafito, los átomos de carbono están unidos en capas muy espaciadas de matrices hexagonales (seis lados).

Fullereno En el buckminsterfullereno, 60 átomos de carbono forman una esfera hueca. Los átomos de carbono están dispuestos en pentágonos y hexágonos.

Figura 13.14 Alótropos de carbono
El diamante, el grafito y los fullerenos son alótropos de carbono.
Comparar *Tomando en cuenta la disposición de sus átomos, explica por qué las propiedades de los fullerenos están más cerca de las del diamante que de las del grafito.*

P: *¿Qué propiedades estructurales hacen que los nanotubos de fullereno sea el material más fuerte del mundo? Refiérete a la Figura 13.14 en tu respuesta.*

Las propiedades físicas del diamante, del grafito y de los fullerenos son bastante diferentes. El diamante tiene una alta densidad y es muy duro. El grafito tiene una densidad relativamente baja y es suave y resbaladizo. Las jaulas vacías de los fullerenos les dan gran resistencia y rigidez. El diamante, el grafito y los fullerenos son alótropos de carbono cristalinos. Los **alótropos** son dos o más formas moleculares del mismo elemento en el mismo estado físico. Aunque los alótropos se componen de átomos de un mismo elemento, tienen diferentes propiedades debido a que sus estructuras son diferentes. La Figura 13.14 compara las estructuras de los alótropos del carbono. Sólo unos pocos elementos tienen alótropos. Además del carbono, estos elementos incluyen el fósforo, el azufre, el oxígeno, el boro y el antimonio.

Sólidos no cristalinos No todos los sólidos son cristalinos en forma; algunos sólidos son amorfos. Un **sólido amorfo** carece de una estructura interna ordenada. El caucho, el plástico y el asfalto son sólidos amorfos. Sus átomos están ordenados aleatoriamente. Otros ejemplos de sólidos amorfos son los vidrios. Un **vidrio** es un producto transparente que resulta de la fusión de materiales inorgánicos que se han enfriado hasta solidificarse sin cristalizarse. Los vidrios a veces se llaman líquidos superenfriados. Las estructuras internas irregulares de los vidrios están entre las de un sólido cristalino y las de un líquido de flujo libre. Los vidrios no se derriten a una temperatura definida. En cambio, se ablandan gradualmente cuando se calientan. Cuando un sólido cristalino se rompe, los fragmentos tienen los mismos ángulos de superficie que el sólido original. Por el contrario, cuando un sólido amorfo, como el vidrio, se rompe, los fragmentos tienen ángulos irregulares y bordes dentados.

13.3 Comprobación de la lección

18. 🔑 **Describir** En general, ¿cómo están dispuestas las partículas en los sólidos?

19. 🔑 **Explicar** ¿Qué te dice la forma de un cristal sobre la estructura de un cristal?

20. **Comparar** ¿Cómo difieren los alótropos de un elemento?

21. **Identificar** ¿Qué fases están en equilibrio en el punto de fusión de una sustancia?

22. **Comparar** ¿Cómo se comparan en general los puntos de fusión de los sólidos iónicos con los de los sólidos moleculares?

23. **Explicar** ¿Cuál es la diferencia entre una matriz cristalina y una celda unitaria?

GRANIDEA TEORÍA CINÉTICA

24. ¿Por qué los sólidos tienen una forma definida y un volumen definido?

Laboratorio a escala

El comportamiento de líquidos y sólidos

Propósito
Explorar y explicar algunos comportamientos de los líquidos y los sólidos

Materiales
- placa de Petri de plástico
- agua
- hielo
- alcohol
- papel cuadriculado de 1 cm
- cloruro de calcio

Procedimiento
1. En tu cuaderno, haz una copia de la tabla que se muestra a continuación. Agrega una columna para las observaciones. En los experimentos, colocarás sustancias rotuladas A y B dentro de la placa de Petri y sustancias rotuladas C encima de la placa.

2. Para el Experimento 1, coloca una gota de agua en la placa de Petri. Vuelve a colocar la tapa y coloca un pequeño trozo de hielo encima de la cubierta.

3. Después de unos minutos, observa la parte interior de la cubierta de la placa de Petri y el contenido de la placa. Anota tus observaciones. Limpia y seca la placa de Petri y su cubierta.

4. Repite los pasos 2 y 3 para los Experimentos 2 a 5, usando las materias de la tabla. Para el Experimento 4, coloca la placa de Petri en el papel cuadriculado para que puedas colocar el agua y el cloruro de calcio a aproximadamente 3 cm de distancia.

Experimento	Sustancia A	Sustancia B	Sustancia C
1	gota de agua	–	cubo de hielo
2	gota de agua	–	gota de agua
3	gota de alcohol	–	gota de agua
4	gota de agua	pedazo de CaCl₂	–
5	–	varios pedazos de CaCl₂	cubo de hielo

Analizar y concluir
1. **Sacar conclusiones** Explica tus observaciones en el Experimento 1 en términos del comportamiento de los líquidos.

2. **Explicar** ¿Por qué el hielo no es necesario para la formación de nubes en el Experimento 2?

3. **Comparar** ¿Qué diferencias observas en el comportamiento del alcohol en el Experimento 3 y el comportamiento del agua en los experimentos anteriores? Explica.

4. **Predecir** ¿Qué sucede con el cloruro de calcio sólido en un ambiente húmedo?

5. **Sacar conclusiones** Propón una explicación para explicar por qué no se formaron nubes en el Experimento 5.

Tú eres el químico
1. **Analizar datos** Coloca una gota de agua y una gota de alcohol a unos 3 cm de distancia en una placa de Petri. Cubre la placa y colócala en un pedazo de papel cuadriculado. Ten cuidado de no mezclar los contenidos. Observa lo que ocurre con el tamaño de las gotas de agua con el tiempo. Proporciona una explicación de lo que observas.

2. **Observar** Agrega una gota de azul de bromotimol (BTB) a una gota de vinagre. ¿Qué sucede?

3. **Diseñar un experimento** El vinagre es una solución de agua y ácido acético, $C_2H_4O_2$. Diseña y lleva a cabo un experimento usando lo que aprendiste del ejercicio anterior para ver si el ácido acético se evapora de una gota de vinagre.

4. **Diseñar un experimento** Diseña y lleva a cabo un experimento para ver si el amoníaco se evapora de una gota de amoníaco.

13.4 Cambios de estado

LA QUÍMICA Y TÚ

P: *¿A dónde va el agua de lluvia cuando se seca un charco?* El agua sigue un ciclo a través de gran parte de la materia de la Tierra. Cae en forma de lluvia líquida o nieve sólida, se acumula en ríos, océanos o glaciares y vuelve a la atmósfera en forma de gas a través de la evaporación. Todos los organismos vivos usan el agua y la liberan de nuevo al aire. Otros elementos, como el carbono y el nitrógeno, también recorren un ciclo a través de la Tierra en forma de sólidos, líquidos o gases. En esta sección, aprenderás qué condiciones pueden controlar el estado de una sustancia.

Preguntas clave

🔑 *¿Cuándo puede ocurrir una sublimación?*

🔑 *¿Cómo son las condiciones en las cuales las fases están en equilibrio representadas en un diagrama de fases?*

Vocabulario

• sublimación
• diagrama de fases
• punto triple

Sublimación

🔑 *¿Cuándo puede ocurrir una sublimación?*

Si cuelgas ropa mojada en un tendedero en un día muy frío, el agua de la ropa se vuelve rápidamente hielo. Eventualmente, sin embargo, si el día es soleado, la ropa se seca a pesar de que el hielo no se derrita. El hielo cambia directamente a vapor de agua sin derretirse y pasar por el estado líquido. El cambio de una sustancia de un sólido a un vapor sin pasar por el estado líquido se llama **sublimación.** La sublimación puede ocurrir porque los sólidos, como líquidos, tienen una presión de vapor. 🔑 **La sublimación se produce en sólidos con presiones de vapor que superan la presión atmosférica a o cerca de la temperatura ambiente.**

$$\text{Sólido} \underset{\longleftarrow \text{deposición}}{\overset{\text{sublimación} \longrightarrow}{\rightleftharpoons}} \text{Vapor}$$

El yodo es otro ejemplo de una sustancia que sufre una sublimación. Este sólido violeta-negro se convierte normalmente en un vapor púrpura sin pasar por el estado líquido. Observa en la Figura 13.15 cómo los oscuros cristales de yodo de se depositan en el exterior de un tubo de ensayo colocado dentro de otro tubo de ensayo. El tubo de ensayo externo contiene yodo sólido que se calienta suavemente. El tubo de ensayo interior contiene agua líquida y hielo. Los cristales de yodo en la parte inferior del tubo de ensayo externo pasan directamente a vapor de yodo. Cuando el vapor llega a la superficie fría del tubo de ensayo interior, pasa directamente de estado gaseoso a estado sólido.

Moléculas gaseosas I_2

Moléculas sólidas I_2

Figura 13.15 Sublimación
Cuando el yodo sólido se calienta, los cristales se subliman, pasan directamente del estado sólido al estado gaseoso. Cuando el vapor se enfría, pasa directamente del estado gaseoso al estado sólido.

La sublimación tiene muchas aplicaciones útiles. Si el café recién hecho se congela y el agua de vapor se retira con una bomba de vacío (un proceso de sublimación), el resultado es café liofilizado. El dióxido de carbono sólido (hielo seco) que se muestra en la Figura 13.16, se usa a menudo como refrigerante para alimentos, como los helados, que deben permanecer congelados durante el envío. El hielo seco tiene una temperatura baja de −78 °C. Debido a que se sublima, no produce un líquido, como hace el hielo ordinario cuando se derrite. Los ambientadores sólidos contienen una variedad de sustancias que se subliman a temperatura ambiente. La sublimación es también útil para la separación de sustancias. Los químicos orgánicos usan la sublimación para separar mezclas y para purificar compuestos.

Figura 13.16 Hielo seco El dióxido de carbono sólido, o hielo seco, se sublima a presiones atmosféricas normales. A medida que cambia de estado, el hielo seco absorbe el calor, manteniendo los materiales cercanos frescos y secos.
Interpretar fotos *¿Por qué se forma niebla en el aire alrededor del hielo seco?*

Laboratorio rápido

Propósito
Observar la sublimación de los ambientadores

Materiales
- pedazos pequeños de ambientador de aire sólido
- recipiente pequeño y poco profundo
- 2 vasos de plástico transparente de 8 oz
- agua caliente de la llave
- hielo
- 3 tiras de cartón grueso

Sublimación

Procedimiento

1. Coloca unos pedazos de ambientador en uno de los vasos. **PRECAUCIÓN** *Trabaja en una habitación bien ventilada.*

2. Dobla las tiras de cartón y colócalas por encima del borde del vaso que tiene los pedazos del ambientador.

3. Coloca el segundo vaso dentro del primero. La base del segundo vaso no debe tocar el ambientador. Ajusta el cartón según sea necesario. Este montaje es el sublimador.

4. Llena el vaso superior con hielo. Procura que no caiga hielo o agua en el vaso del fondo.

5. Llena un tercio del recipiente poco profundo con agua.

Hielo

Recipiente poco profundo con agua caliente

Ambientador de aire

6. Coloca cuidadosamente el sublimador en agua caliente. Observa lo que sucede.

Analizar y concluir

1. Definir ¿Qué es la sublimación?

2. Predecir ¿Qué crees que sucedería si el agua del recipiente poco profundo estuviera a temperatura ambiente? ¿Y si estuviera hirviendo?

3. Explicar ¿Por qué es posible separar por sublimación las sustancias de algunas mezclas?

Diagramas de fase

🔑 *¿Cómo son las condiciones en las cuales las fases están en equilibrio representadas en un diagrama de fases?*

Las relaciones entre los estados (o fases) sólido, líquido y vapor de una sustancia en un recipiente sellado se pueden representar en una sola gráfica. La gráfica se llama **diagrama de fases.** Un diagrama de fases da las condiciones de la temperatura y la presión a la que una sustancia existe como sólido, líquido o gas (vapor). 🔑 **Las condiciones de presión y temperatura en las que dos fases existen en equilibrio se indican en el diagrama de fases mediante una línea que separa las dos regiones que representan las fases.**

La Figura 13.18 muestra el diagrama de fases para el agua. En cada una de las regiones coloreadas del diagrama de fases, el agua es en una sola fase. La línea curva que separa la fase de vapor del agua de su fase líquida describe las condiciones de equilibrio para el líquido y el vapor. En estas condiciones, el agua puede cambiar de estado líquido a vapor o de vapor a líquido. La misma línea también ilustra cómo la presión de vapor del agua varía con la temperatura. Las otras dos líneas describen las condiciones de equilibrio entre el agua líquida y el hielo, y entre el vapor de agua y el hielo. El punto en el diagrama en el que se encuentran las tres líneas se llama el **punto triple** El punto triple describe el único conjunto de condiciones en las que pueden existir las tres fases en equilibrio. Para el agua, el punto triple es una temperatura de 0.016 °C y una presión de 0,61 kPa (0,0060 atm). La Figura 13.17 muestra del agua en su punto triple.

Figura 13.17 Punto triple
Este matraz está en el punto triple, donde hielo, agua líquida y vapor de agua están en equilibrio. La congelación, la fusión, el punto de ebullición y la condensación están ocurriendo al mismo tiempo en el matraz.

Interpretar gráficas

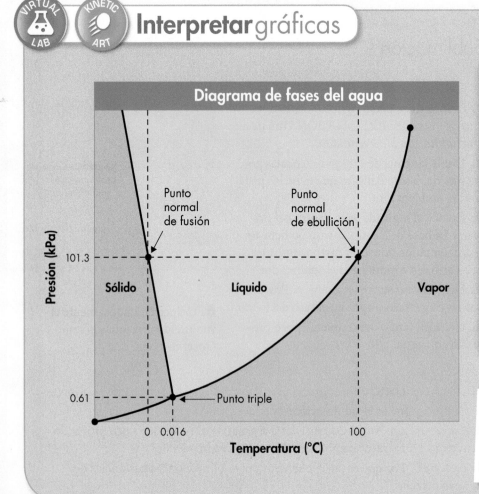

Diagrama de fases del agua

Punto normal de fusión

Punto normal de ebullición

Presión (kPa)

101.3

Sólido **Líquido** **Vapor**

0.61 — — — Punto triple

0   0.016   100

Temperatura (°C)

Figura 13.18 El diagrama de fases del agua muestra la relación entre presión, temperatura y los estados físicos del agua. Observa que la escala en los ejes no es lineal.

a. Leer gráficas Al punto triple del agua, ¿cuáles son los valores de temperatura y presión?

b. Identificar ¿Qué estados de la materia están presentes en el triple punto del agua?

c. Analizar Suponiendo que hay una presión estándar, ¿A qué temperatura hay un equilibrio entre el vapor de agua y el agua líquida? ¿Y entre el agua líquida y el hielo?

Pista: Cada línea representa el conjunto de posibles valores de temperatura y presión en los que las fases están en equilibrio dinámico.

Al consultar la Figura 13.18, puedes determinar lo que ocurre si derrites el hielo o el agua hierve a una presión inferior a 101.3 kPa. Una disminución de la presión reduce el punto de ebullición y eleva el punto de fusión. Un aumento en la presión elevará el punto de ebullición y bajará el punto de fusión.

Mira la Figura 13.18. Sigue la línea de equilibrio entre el agua líquida y el vapor de agua hasta el punto triple. Bajo el punto triple, el vapor y el líquido no pueden existir en equilibrio. El aumento de la presión no convertirá el vapor en líquido. El sólido y el vapor están en equilibrio a temperaturas por debajo de 0.016 °C. Con un aumento de la presión, el vapor comienza a comportarse más como un sólido. Por ejemplo, ya no es fácil comprimirlo.

La Figura 13.18 ilustra también cómo un aumento de la presión afecta el punto de fusión del hielo. Durante años, la hipótesis aceptada de cómo los patinadores de hielo se mueven a lo largo del hielo fue la siguiente. Las cuchillas de los patines ejercen presión, lo que disminuye el punto de fusión del hielo. El hielo se derrite y una película de agua se forma bajo las cuchillas de los patines. Esta película actúa como un lubricante, permitiendo que los patinadores se deslicen graciosamente sobre el hielo, como se muestra en la Figura 13.19. Esta hipótesis no explica por qué los esquiadores también se deslizan fácilmente en otra forma sólida del agua: la nieve. Los esquíes anchos ejercen mucha menos presión por unidad de superficie de la nieve que las cuchillas de los patines estrechos. Investigaciones recientes muestran que la superficie del hielo tiene una superficie resbaladiza, similar al agua que existe por debajo del punto de fusión del hielo. Incluso el hielo que está a −129 °C tiene esta capa. Una nueva hipótesis propone que la superficie parecida a un líquido proporciona la lubricación necesaria para el patinaje y el esquí.

P: *Describe cómo podría moverse el agua desde la superficie de la Tierra a la atmósfera de la Tierra y de vuelta como parte del ciclo del agua. Asegúrate de incluir cualquier cambio de fase que ocurra en tu descripción.*

Figura 13.19 Agua sobre hielo
La superficie del hielo tiene una capa delgada de agua sobre ella.
Aplicar conceptos *Ciertas investigaciones demuestran que mientras más frío es el hielo, más fina es la capa de agua sobre el hielo. ¿En qué deportes (hockey sobre hielo, patinaje de velocidad o patinaje artístico) crees que se beneficiarían más los atletas al mantener el hielo más frío?*

 13.4 Comprobación de la lección

25. Identificar ¿Qué propiedades debe tener un sólido para experimentar una sublimación?

26. Explicar ¿Qué significan las líneas curvas de un diagrama de fase?

27. Aplicar conceptos Describe un uso práctico de la sublimación.

28. Interpretar gráficas Usando la Figura 13.18, estima el punto de ebullición del agua a una presión de 50 kPa.

29. Explicar ¿Qué describe el punto triple en un diagrama de fase?

30. Clasificar ¿Es de esperar que una sustancia que se sublima a casi a temperatura ambiente sea una sustancia molecular o una sustancia iónica? Usa lo que has aprendido acerca de los enlaces en los Capítulos 7 y 8 para responder la pregunta.

Una planta de tratamiento de plasma

Estás muy familiarizado con los sólidos, los líquidos y los gases, pero, ¿sabías que hay un cuarto estado de la materia llamado plasma? Un plasma es una mezcla gaseosa de iones positivos y electrones que se mueven libremente. Los plasmas existen naturalmente en el Sol y otras estrellas, y en los relámpagos. Los plasmas también se pueden crear artificialmente para usarlos en varias tecnologías. Una nueva aplicación de la tecnología de plasma son las plantas de tratamiento de plasma, que tratan la mayor parte de los residuos, incluidos muchos residuos peligrosos.

Las plantas de tratamiento de plasma producen plasmas con temperaturas tan altas como 7000 °C. La energía dentro del plasma rompe los enlaces moleculares del material de desecho de manera que el material se separa en sus componentes elementales. Los productos finales son un gas rico en hidrógeno, conocido como gas de síntesis y un sólido conocido como escoria.

Las plantas de tratamiento de plasma tienen muchas ventajas sobre los tratamientos de residuos tradicionales. No requieren el uso de vertederos o rellenos sanitarios y emiten muchos menos gases invernadero y otros contaminantes que los incineradores. A pesar de estos beneficios, en la actualidad hay sólo dos plantas de tratamiento de plasma que procesan los residuos sólidos urbanos. Esto se debe al costo ya que cada planta es hecha a la medida. La producción estandarizada debería dar como resultado la construcción de más plantas.

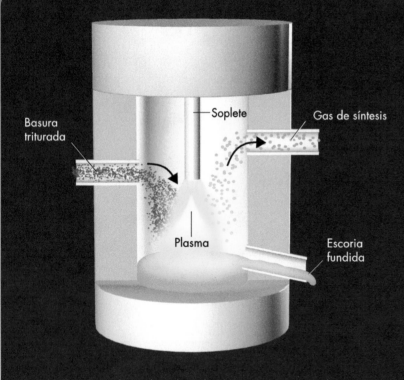

Basura triturada

Soplete

Gas de síntesis

Plasma

Escoria fundida

GAS DE SÍNTESIS
Los gases pasan del horno a una cámara donde cualquier materia orgánica restante o residuos peligrosos son eliminados. Los gases pueden entonces ser utilizados como fuente de combustible o para producir electricidad.

ESCORIA
Todos los materiales peligrosos en la escoria fundida son inertes y no se disolverán fuera de la escoria. La escoria toma diferentes formas dependiendo de la manera en que se enfría.

HORNO DE PLASMA El soplete de plasma convierte la basura en gas de síntesis y escoria. La composición de la basura determina los productos finales. La materia orgánica, o basada en el carbono, da como resultado el gas de síntesis, mientras que la materia inorgánica da como resultado escoria. El horno es hermético, de modo que ninguno de los gases de síntesis puede escapar.

DEL EL HORNO A LA RED
El gas de síntesis extremadamente caliente puede calentar el agua para producir vapor que mueva turbinas de producción de electricidad. Parte de esta electricidad se usa para alimentar la planta, mientras que el resto se vende a la red eléctrica.

LLÉNALO
El gas de síntesis rico en hidrógeno puede usarse como fuente de combustible en los vehículos propulsados por celdas de combustible.

ESCORIA VENDIBLE
La escoria enfriada por aire forma rocas negras y vidriosas. Estas rocas pueden venderse y usarse para hacer concreto o asfalto.

Un paso más allá

1. Inferir Describe cómo puede convertirse un gas en plasma.

2. Comparar y contrastar ¿Es incorrecto decir que una planta de tratamiento de plasma es un incinerador de plasma? Investiga cómo funcionan los incineradores y compáralos con las plantas de tratamiento de plasma.

3. Evaluar el impacto en la sociedad ¿Cómo podría cambiar la sociedad con el uso de plantas de tratamiento de plasma?

13 Guía de estudio

GRANIDEA TEORÍA CINÉTICA

El estado de una sustancia se determina por condiciones de presión y temperatura. Las presiones bajas y las altas temperaturas favorecen los gases, donde las partículas se mueven al azar en constante movimiento de alta velocidad. A presiones más altas y temperaturas más bajas, las partículas reducen la velocidad y ejercen fuerzas de atracción entre sí, produciendo un líquido. A presiones aún más altas y más bajas temperaturas, las partículas asumen un orden y producen sólidos. Una sustancia cambia de estado cuando hay un cambio en el equilibrio entre el movimiento aleatorio de las partículas y las atracciones entre las partículas.

13.1 Naturaleza de los gases

Las partículas en un gas se consideran esferas pequeñas y duras con un volumen insignificante. El movimiento de las partículas en un gas es rápido, constante y aleatorio. Todas las colisiones entre las partículas en un gas son perfectamente elásticas.

La presión de gas es el resultado de miles de millones de partículas que se mueven rápidamente en un gas y que chocan simultáneamente con un objeto.

La temperatura Kelvin de una sustancia es directamente proporcional a la energía cinética promedio de las partículas de la sustancia.

- energía cinética (420)
- teoría cinética (420)
- presión de gas (421)
- vacío (421)
- presión atmosférica (421)
- barómetro (421)
- pascal (Pa) (422)
- atmósfera estándar (atm) (422)

13.2 Naturaleza de los líquidos

La interacción entre los movimientos perturbadores de las partículas en un líquido y las atracciones entre las partículas determinan las propiedades físicas de los líquidos.

Durante la evaporación, sólo aquellas moléculas con una cierta energía cinética mínima pueden escapar de la superficie del líquido.

En un sistema a presión de vapor constante, existe un equilibrio dinámico entre el vapor y el líquido. Las tasas de evaporación y condensación son iguales.

Los líquidos comienzan a hervir a una temperatura en la cual las partículas tienen suficiente energía cinética como para vaporizarse.

- vaporización (426)
- evaporación (426)
- presión de vapor (427)
- punto de ebullición (428)
- punto normal de ebullición (430)

13.3 Naturaleza de los sólidos

Las propiedades generales de los sólidos reflejan la disposición ordenada y las ubicaciones fijas de sus partículas.

La forma de un cristal refleja la disposición de las partículas dentro del sólido.

- punto de fusión (431)
- punto de congelación (431)
- cristal (432)
- celda unitaria (432)
- alótropos (434)
- sólido amorfo (434)
- vidrio (434)

13.4 Cambios de estado

La sublimación se produce en sólidos con presiones de vapor que exceden una presión atmosférica a o cerca de una temperatura ambiente.

Las condiciones de presión y temperatura en que dos fases existen en equilibrio se indican en un diagrama de fases con una línea que separa las dos regiones que representa las fases.

- sublimación (436)
- esquema de fases (438)
- punto triple (438)

Lección por lección

13.1 Naturaleza de los gases

★ **31.** ¿Qué entiendes por una colisión elástica?

32. ¿Cuál de estas afirmaciones es característica de la materia en estado gaseoso?

  a. Los gases llenan sus envases por completo.

  b. Los gases ejercen presión.

  c. Los gases tienen masa.

  d. La presión de un gas es independiente de la temperatura.

  e. Los gases son compresibles.

33. Haz una lista de las diversas unidades usadas para medir la presión, e identifica la unidad SI.

34. Convierte 1.656 kPa a atm.

★ **35.** Convierte 190 mm de Hg a kPa y a atm.

36. Explica la relación que hay entre la temperatura Kelvin de una sustancia y la energía cinética de sus partículas.

37. ¿Cómo se ve afectada la energía cinética promedio de las moléculas de agua cuando se vierte agua caliente en tazas que están a la misma temperatura que el agua?

38. ¿Qué significan las siglas TPE?

39. ¿Qué es significativo de la temperatura absoluta cero?

★ **40.** ¿Qué factor hace que la energía cinética promedio de las moléculas de gas en un recipiente de aerosol aumente cuando la temperatura se eleva de 27 °C (300 K) a 627 °C (900 K)?

13.2 Naturaleza de los líquidos

41. Explica por qué los líquidos y los gases difieren en densidad y capacidad de ser comprimidos.

42. Compara la evaporación de un líquido en un recipiente cerrado con la de líquido en un recipiente abierto.

★ **43.** Describe lo que está sucediendo a nivel molecular cuando se produce un equilibrio dinámico.

44. Explica por qué el aumento de la temperatura de un líquido aumenta su velocidad de evaporación.

45. ¿Es de esperar un equilibrio dinámico en un líquido que está en un recipiente abierto? Explica.

46. Describe el efecto que tiene en la presión de vapor de un líquido el aumento de temperatura.

47. Distingue entre el punto de ebullición y el punto normal de ebullición de un líquido.

48. Usa la gráfica para contestar cada pregunta.

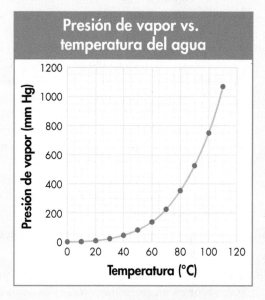

a. ¿Cuál es la presión de vapor de agua a 40 °C?

b. ¿A qué temperatura es la presión de vapor de agua de 600 mm de Hg?

c. ¿Cuál es la importancia de la presión de vapor de agua a 100 °C?

★ **49.** Explica cómo la ebullición es un proceso de enfriamiento.

13.3 Naturaleza de los sólidos

50. Nombra por lo menos una propiedad física que te permita distinguir un sólido molecular de un sólido iónico.

51. Describe qué ocurre cuando un sólido se calienta a su punto de fusión.

★ **52.** Explica por qué los sólidos moleculares generalmente tienen puntos de fusión más bajos que los sólidos iónicos.

13.4 Cambios de estado

★ **53.** Cuando se quita la tapa de un contenedor de alimentos que se ha dejado en un congelador durante varios meses, se descubre una gran colección de cristales de hielo en la parte inferior de la tapa. Explica lo que ha sucedido.

54. Explica por qué un líquido se mantiene a una temperatura constante mientras está en ebullición.

55. ¿Qué sucede con la energía cinética promedio de las moléculas de agua en tu cuerpo cuando tienes fiebre?

56. Consulta la Figura 13.9 para responder a las siguientes preguntas.

   a. ¿Cuál es el punto normal de ebullición del ácido etanoico?

   b. ¿Qué líquido tiene una presión de vapor más alta que 40 °C?

   c. A una presión atmosférica estándar, ¿cuál de las sustancias están en estado gaseoso a 70 °C?

   d. El agua hierve a 100 °C a una presión estándar. ¿Cómo tendría que cambiar la presión sobre el etanol y el ácido acético para que estos líquidos hirvieran a 100 °C?

   e. El Monte McKinley en Alaska es el pico más alto en América del Norte a 6194 m. La presión atmosférica en la cima es de 44 kPa. ¿Cuál es el punto de ebullición del agua en el pico del Monte McKinley?

57. Describe el proceso de evaporación, presión de vapor y el punto de ebullición.

58. ¿Por qué el equilibrio que existe entre un líquido y su vapor en un recipiente cerrado se llama equilibrio dinámico?

59. La tabla muestra la presión de vapor del alcohol isopropílico a diversas temperaturas. Grafica los datos. Usa una curva suave para conectar los puntos de datos.

Temperatura (°C)	Presión de vapor (kPa)
0	1.11
25	6.02
50	23.9
75	75.3
100	198
125	452

   a. ¿Cuál es el punto normal de ebullición estimado del alcohol isopropílico?

   b. ¿Cuál es el punto de ebullición del alcohol isopropílico cuando se aumenta la presión externa a dos veces a la presión estándar?

60. En una serie de líquidos, cuando las fuerzas intermoleculares de atracción se fortalecen, ¿esperarías que la presión de vapor aumente o disminuya? Explica.

61. Predice el estado físico de cada sustancia a la temperatura especificada. Usa el punto de fusión y los datos de punto de ebullición de la tabla siguiente.

   a. fenol a 99 °C
   b. amoniaco a −25 °C
   c. metanol en un baño de hielo-agua
   d. metanol en un baño de agua en ebullición
   e. amoniaco a −100 °C
   f. fenol a 25 °C

Sustancia	Punto de fusión (°C)	Punto de ebullición (°C)
amoníaco	−77.7	−33.4
metanol	−97.7	64.7
agua	0	100
fenol	40.9	181.9

62. ¿Por qué la presión atmosférica es más baja en la cima de una montaña que a nivel del mar?

63. Una balsa completamente inflada se deja fuera toda la noche. A la mañana siguiente, la balsa no está completamente inflada. A medida que la temperatura del aire se eleva durante el día, la balsa se expande al tamaño que tenía la noche anterior. Suponiendo que la cantidad de aire en el interior de la balsa no cambió, usa la teoría cinética para explicar por qué cambió el tamaño de la balsa.

64. Relacionar causa y efecto ¿Qué papel juega la presión atmosférica cuando alguien está bebiendo un líquido con un popote?

65. Analizar datos Tu compañero de laboratorio mide el punto de ebullición del agua en un vaso de precipitados abierto a 108.2 °C. Sabes que el agua puede hervir a esta temperatura, pero le pides a tu compañero que repita la medición. Explica.

66. Inferir ¿Qué evidencia cotidiana sugiere que toda la materia está en constante movimiento?

67. Explicar ¿Es la energía cinética promedio de las partículas en un bloque de hielo a 0 °C igual o diferente a la energía cinética promedio de las partículas en un globo meteorológico lleno de gas a 0 °C? Explica.

68. Inferir ¿Pueden chocar elásticamente los objetos que son lo suficientemente grandes para que los puedas ver? Explica.

69. Aplicar conceptos ¿Cómo ayuda la transpiración a enfriar tu cuerpo en un día caluroso?

70. Relacionar causa y efecto ¿Por qué diferentes líquidos tienen diferentes puntos normales de ebullición?

71. Explicar Un equilibrio líquido-vapor existe en un recipiente. Explica por qué la presión de vapor en el contenedor no se ve afectada cuando cambia el volumen del recipiente.

⋆72. Analizar datos El maestro quiere demostrar que el agua no calentada puede hervir a temperatura ambiente en un vaso de precipitados dentro de una campana de vidrio conectado a una bomba de vacío. Sin embargo, la bomba de vacío está defectuosa y puede reducir las presiones sólo a 15 kPa. ¿Puede el maestro usar esta bomba para llevar a cabo la demostración con éxito? Explica tu respuesta.

73. Comparar Tienes dos frascos sellados con agua a la misma temperatura. En el primer frasco, hay una gran cantidad de agua. En el segundo frasco, hay una pequeña cantidad de agua. Explica cómo la presión de vapor puede ser la misma en ambos frascos.

74. Sacar conclusiones ¿Por qué se recomiendan las ollas a presión para cocinar a gran altura?

75. Proponer una solución Una mezcla de gases contiene oxígeno, nitrógeno y vapor de agua. ¿Qué proceso físico podrías usar para eliminar el vapor de agua de la muestra?

Enriquecimiento

⋆76. Aplicar conceptos La humedad relativa se define por la siguiente ecuación:

$$\text{Humedad relativa} = \frac{(a)}{(b)} \times 100\%$$

donde (a) es la presión del vapor del agua en el aire y (b) es la presión de vapor de equilibrio del agua en el aire a la misma temperatura. ¿Puede la humedad relativa superar el 100%? Explica.

77. Usar modelos Los iones cloruro de sodio están dispuestos en un patrón cúbico centrado en las caras. Dibuja una capa de iones en un cristal de cloruro de sodio.

78. Usar modelos Usando la Figura 13.12, identifica los sistemas cristalinos que se describen a continuación.

a. tres bordes desiguales en ángulos rectos
b. tres aristas iguales con tres ángulos iguales que no son ángulos rectos
c. dos bordes iguales y un borde desigual en ángulo recto
d. tres bordes desiguales no se encuentran en ángulos rectos
e. tres bordes iguales se encuentran en ángulos rectos

⋆79. Usar modelos Usa la ilustración para responder las siguientes preguntas.

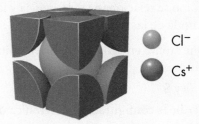

Cl⁻
Cs⁺

a. ¿Qué tipo de celda unitaria hay en una red de cloruro de cesio?
b. ¿Cuál es el número de coordinación de Cs⁺? (*Pista:* Consulta la Sección 7.2 para la definición del número de coordinación.)
c. Tomando en cuenta el diagrama, ¿cuál es la fórmula del cloruro de cesio? Explica tu respuesta.

80. Predecir La línea de equilibrio sólido-líquido en el diagrama de fases de una determinada sustancia se inclina a la derecha. ¿Cómo se ve afectado el punto de congelación de la sustancia por el aumento de la presión?

MISTERIOQUÍMICO

Ventanas de carro empañadas

Las ventanas de los carros se empañan por la condensación. Cuando el aire cálido y húmedo entra en contacto con una superficie fría, el vapor de agua en el aire se condensa en gotas de líquido sobre la superficie fría. Cuando hace frío, tu cuerpo y aliento calientan el aire en el interior del carro. Este aire caliente y húmedo entra en contacto con la superficie fría de la ventana del coche, haciendo que se empañe. El uso de la calefacción del carro aumenta la cantidad de humedad en el aire, pues el aire caliente puede contener más vapor de agua que el aire frío. La cantidad de humedad en el aire también será mayor en un día lluvioso, porque una parte del agua de los pasajeros se evapora. El aire acondicionado enfría y elimina la humedad del aire.

81. Explicar Describe por qué abrir una ventana puede también ayudar a desempañar el parabrisas del carro.

82. Conexión con la GRANIDEA ¿Cómo cambia el movimiento promedio de las moléculas de agua cuando el vapor de agua se condensa en la ventana de un carro? ¿Por qué cambia el movimiento?

83. ¿Cómo se relacionan la frecuencia y la longitud de onda de las ondas de luz?

84. ¿Qué átomo en cada par tiene el radio atómico más grande?

    a. O y S   **b.** K y Br

85. Escribe la configuración electrónica de cada ion.

    a. Ca^{2+} **b.** S^{2-} **c.** Li^+

86. ¿Cuántos pares de electrones no compartidos hay en cada molécula?

    a. H_2O **b.** CO

87. Haz una lista de las atracciones intermoleculares en orden creciente de fortaleza.

    a. fuerzas de dispersión
    b. enlaces de hidrógeno
    c. interacciones dipolo

88. Escribe una fórmula correcta para cada compuesto.

    a. sulfito de cobre(I)   **b.** ácido nitroso

89. Identifica el compuesto molecular binario en cada par de sustancias.

    a. NaCl o CO   **b.** PBr_3 o LiOH

90. Escribe las fórmulas de estos iones.

    a. ion hierro(III)   **b.** ion cadmio

91. Calcula el porcentaje en masa del metal en cada compuesto.

    a. Fe_2S_3 **b.** $Al(OH)_3$

92. ¿Cuántos moles hay en cada muestra?

    a. 888 g de dióxido de azufre
    b. 2.84×10^{22} moléculas de amoníaco

93. El ácido perclórico se forma por la reacción de agua con heptóxido dicloro.

$$Cl_2O_7 + H_2O \longrightarrow 2HClO_4$$

    a. ¿Cuántos gramos de Cl_2O_7 reaccionan con un exceso de H_2O para formar 56.2 g de $HClO_4$?
    b. ¿Cuántos mL de agua se necesitan para formar 3.40 moles de $HClO_4$?

94. ¿Cuántos moles hay en cada muestra?

    a. 8.6 L de CO_2 (a TPE)   **b.** 63,4 g de NH_3

95. Cuando se hace burbujear el gas sulfuro de hidrógeno en una solución de nitrato de cadmio en agua, los productos son el ácido nítrico y un precipitado de sulfuro de cadmio. Escribe una ecuación balanceada para la reacción. Incluye los estados físicos de los reactivos y productos. (El gas sulfuro de hidrógeno es soluble en agua.)

96. Balancea estas ecuaciones.

    a. $V_2O_5 + H_2 \longrightarrow V_2O_3 + H_2O$
    b. $(NH_4)_2Cr_2O_7 \longrightarrow Cr_2O_3 + N_2 + H_2O$

97. Identifica el metal que ocupa el lugar más alto en la serie de actividad de los metales.

    a. magnesio o mercurio
    b. potasio o litio

98. Clasifica cada reacción como combinación, descomposición, reacción de sustitución sencilla, reacción de sustitución doble o combustión.

    a. $2Li(s) + Br_2(l) \longrightarrow 2LiBr(s)$
    b. $2C_2H_6(g) + 7O_2(g) \longrightarrow$
                           $4CO_2(g) + 6H_2O(g)$

99. La descomposición completa de sacarosa (azúcar de mesa) causada por un fuerte calentamiento puede ser representada por esta ecuación.

$$C_{12}H_{22}O_{11}(s) \longrightarrow 11H_2O(l) + 12C(s)$$

Para la descomposición de 1.00 mol de sacarosa:

    a. ¿Cuántos gramos de H_2O se producen?
    b. ¿Cuál es el número total de moles de productos producido?
    c. ¿Cuántos gramos de C se producen?

100. El hidrógeno reacciona con el eteno (C_2H_4) para formar etano (C_2H_6).

$$C_2H_4 + H_2 \longrightarrow C_2H_6$$

¿Cuál es el reactivo limitante cuando 40.0 g de C_2H_4 reaccionan con 3.0 g de H_2?

101. El sulfuro de hierro(II) se produce cuando se calienta hierro con azufre.

$$Fe(s) + S(s) \xrightarrow{\Delta} FeS(s)$$

¿Cuál es el rendimiento teórico de FeS si 25.0 g de Fe se calientan con 32.0 g de S?

102. ¿Cuál es el porcentaje de rendimiento en la Pregunta 101, si se produjeron 16.5 g de FeS?

Si tienes problemas con . . .																				
Pregunta	83	84	85	86	87	88	89	90	91	92	93	94	95	96	97	98	99	100	101	102
Ver el capítulo	5	6	7	8	8	9	9	9	10	10	10	10	11	11	11	11	12	12	12	12

Preparación para los exámenes estandarizados

Usa la gráfica para responder las Preguntas 1 y 2.

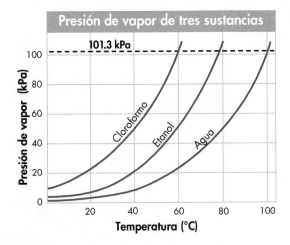

1. ¿Cuál es el punto normal de ebullición del etanol?

2. ¿Se puede calentar el cloroformo a 90 °C en un recipiente abierto?

3. ¿Qué secuencia tienen los estados del CH_3OH ordenados correctamente en orden creciente de energía cinética promedio?
   (A) $CH_3OH(s)$, $CH_3OH(g)$, $CH_3OH(l)$
   (B) $CH_3OH(g)$, $CH_3OH(l)$, $CH_3OH(s)$
   (C) $CH_3OH(l)$, $CH_3OH(g)$, $CH_3OH(s)$
   (D) $CH_3OH(s)$, $CH_3OH(l)$, $CH_3OH(g)$

Usa la ilustración para responder las Preguntas 4 a 6. Hay el mismo líquido en cada matraz.

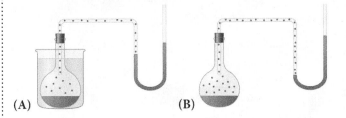

(A)   (B)

4. ¿En qué matraz tiene el vapor una presión menor? Da una razón para tu respuesta.

5. ¿En qué matraz está el líquido a mayor temperatura? Explica tu respuesta.

6. ¿Cómo se puede determinar la presión de vapor de cada matraz?

Para cada pregunta, hay dos enunciados. Decide si cada enunciado es verdadero o falso. Después, decide si el Enunciado II es una explicación correcta del Enunciado I.

Enunciado I		Enunciado II
7. En un recipiente abierto, la velocidad de evaporación de un líquido siempre es igual a la tasa de condensación.	PORQUE	Existe un equilibrio dinámico entre el líquido y su vapor en un recipiente abierto.
8. El agua hierve a una temperatura inferior a 100 °C en la cima de una montaña.	PORQUE	La presión atmosférica disminuye con un aumento de altitud.
9. La temperatura de una sustancia siempre aumenta a medida que se añade calor a la sustancia.	PORQUE	La energía cinética promedio de las partículas en una sustancia aumenta con un aumento en la temperatura.
10. Los sólidos tienen un volumen fijo.	PORQUE	Las partículas en un sólido no se pueden mover.
11. Los gases son más compresibles que los líquidos.	PORQUE	Hay más espacio entre las partículas en un gas que entre las partículas en un líquido.

Si tienes problemas con . . .

Pregunta	1	2	3	4	5	6	7	8	9	10	11
Ver la lección	13.2	13.2	13.4	13.2	13.2	13.2	13.2	13.2	13.1	13.3	13.1

14

Comportamiento de los gases

EN EL INTERIOR:

- **14.1** Propiedades de los gases
- **14.2** Las leyes de los gases
- **14.3** Gases ideales
- **14.4** Gases: Mezclas y movimientos

PearsonChem.com

Los aviadores que practican la aerostación de racimo se sujetan a globos llenos de gas helio para elevarse por encima de las nubes.

TEORÍA CINÉTICA

Preguntas esenciales:

1. ¿Cómo responden los gases a los cambios de presión, volumen y temperatura?

2. ¿Por qué la ley del gas ideal es útil a pesar de que los gases ideales no existen?

MISTERIOQUÍMICO

Bajo presión

Justo después de las 2 p.m., Becki completa su octava inmersión en un período de cuatro días en la costa de Belice. Después de la inmersión, se siente bien.

Pocas horas después de la cena, Becki se siente cansada. Piensa que su fatiga se debe probablemente a las muchas horas que pasó nadando durante sus vacaciones. Pero también comienza a sentir picazón y nota una erupción con manchas en su piel. ¿La picó una criatura de mar durante su última inmersión? Becki decide volver a su habitación de hotel para descansar un poco. Mientras está caminando, comienza a sentir fuertes dolores en las articulaciones de brazos y piernas, y siente que le duele todo el cuerpo. Becki siente que le está dando gripe, pero se da cuenta que sus síntomas están relacionados con sus inmersiones. ¿Qué le sucede a Becki?

▶ Conexión con la GRANIDEA
A medida que lees sobre el comportamiento de los gases, piensa en qué puede haber causado los síntomas de Becki.

14.1 Propiedades de los gases

LA QUÍMICA Y TÚ

P: *¿Por qué hay un rango de presión recomendado para el aire dentro de una pelota de fútbol?* En el fútbol organizado, hay reglas sobre los implementos utilizados en el juego. Por ejemplo, en las competencias internacionales, la masa de la pelota no debe ser superior a 450 gramos ni menor de 410 gramos. La presión del aire dentro de la pelota debe ser inferior a 0.6 atmósferas y no superior a 1.1 atmósferas al nivel del mar.

En esta lección, estudiarás las variables que afectan la presión de un gas. Como descubrirás, la presión de gas es útil en varios objetos, como las bolsas de aire de los automóviles, los botes inflables, los aerosoles y, sí, las pelotas de fútbol.

Compresibilidad

🔑 **¿Por qué es más fácil comprimir los gases que los sólidos y los líquidos?**

Recuerda que en el Capítulo 13 viste que el gas se expande para llenar su recipiente, a diferencia de un sólido o líquido. Lo contrario también es cierto. Los gases se comprimen fácilmente, o entran en un volumen más pequeño. La **compresibilidad** es una medida de cuánto disminuye el volumen de la materia bajo presión.

La compresibilidad de un gas juega un papel importante en la seguridad en los carros. Cuando un carro se detiene repentinamente, las personas en el carro continuarán moviéndose hacia adelante a menos que se les impida. El conductor y los pasajeros tienen más probabilidades de sobrevivir a una colisión si están usando el cinturón de seguridad para restringir su movimiento hacia adelante. Los carros también contienen bolsas de aire como una segunda línea de defensa. Una reducción repentina de la velocidad desencadena una reacción química dentro de una bolsa de aire. Uno de los productos de la reacción es gas de nitrógeno, lo que provoca que la bolsa se infle. Una bolsa de aire inflada evita que el conductor choque con el volante. En el lado del acompañante, una bolsa de aire inflada evita que el pasajero choque con el tablero de instrumentos o el parabrisas.

¿Por qué una colisión con una bolsa de aire inflada causa mucho menos daño que una colisión con un volante o el tablero? Cuando una persona choca con una bolsa de aire inflada, como se muestra en la Figura 14.1, el impacto hace que las moléculas de gas nitrógeno se junten. La compresión del gas absorbe la energía del impacto.

Preguntas clave

🔑 **¿Por qué es más fácil comprimir los gases que los sólidos y los líquidos?**

🔑 **¿Cuáles son los tres factores que afectan la presión de gas?**

Vocabulario

• compresibilidad

Figura 14.1 Compresión de un gas
Debido a que los gases se pueden comprimir, la bolsa de aire absorbe parte de la energía del impacto de una colisión. Las bolsas de aire funcionan mejor cuando se combinan con cinturones de seguridad.
Describir ¿*Qué sucede con las moléculas de gas dentro de una bolsa de aire cuando un conductor choca contra la bolsa?*

La teoría cinética puede explicar por qué los gases se comprimen con mayor facilidad que líquidos o sólidos. **Los gases se comprimen fácilmente debido al espacio que hay entre las partículas en un gas.** Recuerda que el volumen de las partículas en un gas es pequeño en comparación con el volumen global del gas. Por tanto, la distancia que hay entre las partículas en un gas es mucho mayor que la distancia entre las partículas en un líquido o sólido. Cuando se aumenta la presión, las partículas del gas son forzadas a juntarse, o comprimirse.

La Figura 14.2 es un modelo de muestras de aire idénticas en dos diferentes contenedores. Sólo el oxígeno y el nitrógeno (los dos gases principales en el aire) están representados. Cada contenedor tiene 8 moléculas de nitrógeno y 2 moléculas de oxígeno. En el contenedor más grande, las moléculas están más separadas. En el recipiente más pequeño, la muestra de aire está comprimida, y las moléculas están más juntas. Ten en cuenta que a TPE, la distancia entre las partículas en un gas encerrado es de aproximadamente 10 veces el diámetro de una partícula. Sin embargo, no es práctico representar las distancias reales que hay entre las partículas en todos los dibujos moleculares de los gases en este libro. A fin de que los dibujos puedan caber fácilmente en una página, las partículas están dibujadas más cerca.

Figura 14.2 Modelo de aire a dos presiones diferentes
El aire es principalmente una mezcla de dos gases, nitrógeno (N_2) y oxígeno (O_2). Una muestra de aire contiene aproximadamente 4 moléculas de nitrógeno por cada molécula de oxígeno.

Factores que afectan la presión de gas

¿Cuáles son los tres factores que afectan la presión de gas?

La teoría cinética puede ayudar a explicar otras propiedades de los gases, como su capacidad para expandirse y tomar la forma y el volumen de sus contenedores. Recuerda estos supuestos acerca de las partículas en un gas. Las partículas se mueven en línea recta hasta que chocan con otras partículas o las paredes de su contenedor. El movimiento de las partículas es constante y al azar. Puesto que la teoría cinética asume que no hay fuerzas de atracción o repulsión significativas entre las partículas en un gas, las partículas en un gas se pueden mover libremente.

Normalmente, se usan cuatro variables para describir un gas. Las variables y sus unidades comunes son la presión (P) en kilopascales, el volumen (V) en litros, temperatura (T) en grados Kelvin y el número de moles (n). **La cantidad de gas, el volumen y la temperatura son factores que afectan a la presión de gas.**

Aprende más sobre propiedades de los gases *en línea.*

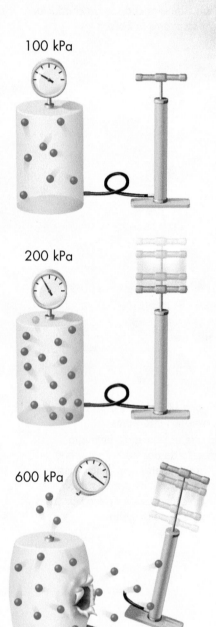

100 kPa

200 kPa

600 kPa

Figura 14.4 Gas en un recipiente rígido Cuando se bombea un gas en un recipiente rígido cerrado, la presión aumenta a medida que más partículas se añaden. Si el número de partículas se duplica, la presión se duplicará.

Figura 14.3 Gas en un recipiente flexible
El volumen de una balsa llena de aire es mucho más grande que su volumen antes de inflarla. Usar una bomba para forzar el aire dentro de una balsa aumenta la presión del aire dentro de la balsa.
Comparar ¿Cuál es la diferencia entre una balsa poco inflada y una balsa completamente inflada? ¿Por qué crees que es peligroso subirse a una balsa poco inflada?

Cantidad de gas Una balsa llena de aire pasa a través de una abertura estrecha entre las rocas, se desploma por una pequeña cascada y cae en el agua revuelta. La balsa se dobla y se tuerce, absorbiendo algunos de los golpes producidos por la energía del río. La fuerza y la flexibilidad de la balsa dependen de la presión del gas en el interior de la balsa. La balsa debe estar hecha de un material que sea lo suficientemente fuerte como para soportar la presión del aire dentro de la balsa. El material también debe evitar que el aire se filtre fuera de la balsa. El volumen de la balsa inflada en la Figura 14.3 es considerablemente mayor que el volumen de la balsa antes de inflarla. A medida que se añade aire, la balsa se expande a todo su volumen. La presión del aire dentro de la balsa mantiene la balsa inflada.

Puedes usar la teoría cinética para predecir y explicar cómo responderán los gases a un cambio en las condiciones. Si se infla una balsa de aire, por ejemplo, la presión en el interior de la balsa se incrementará. Las colisiones de partículas de gas con las paredes interiores de la balsa generarán la presión que ejerce el gas encerrado. Al agregar gas, aumenta el número de partículas. El aumento del número de partículas aumenta el número de colisiones, lo que explica por qué aumenta la presión del gas.

La Figura 14.4 muestra lo que sucede cuando se añade gas a un recipiente rígido y cerrado. Debido a que el recipiente es rígido, el volumen del gas es constante. Supongamos también que la temperatura del gas no cambia. Bajo estas condiciones, si se duplica el número de partículas de gas, se duplica la presión. Si se triplica el número de partículas, se triplica la presión, y así sucesivamente. Puede generar presiones muy altas mediante la adición de más y más gas con una bomba potente y un contenedor fuerte. Sin embargo, una vez que la presión excede la fuerza del contenedor, este estalla. Sacar gas de un recipiente rígido tiene el efecto opuesto. A medida que se reduce la cantidad de gas, la presión dentro del recipiente se reduce. Si el número de partículas en el recipiente se reduce a la mitad, la presión se reducirá a la mitad.

Si la presión del gas en un recipiente sellado es menor que la presión del aire exterior, el aire entrará rápidamente en el contenedor cuando el contenedor se abra. Este movimiento produce el zumbido que se oye cuando se abre un envase al vacío. Cuando la presión de un gas en un recipiente sellado es más alta que la presión del aire exterior, el gas saldrá del recipiente cuando el recipiente no esté sellado.

La operación de una lata de aerosol depende de la circulación de un gas desde una región de alta presión a una región de presión más baja. Los aerosoles pueden contener crema, mousse para el cabello o pintar. La Figura 14.5 muestra cómo funciona una lata de pintura en aerosol. La lata contiene un gas almacenado a alta presión. El aire exterior de la lata está a una menor presión. Al pulsar el botón, se crea una abertura entre el interior de la lata y el aire exterior. El gas fluye a través de la abertura a la región de menor presión en el exterior. El movimiento del gas impulsa, o fuerza, hacia afuera la pintura de la lata. A medida que se acaba el gas, la presión dentro de la lata disminuye hasta que el gas ya no puede impulsar pintura de la lata.

Volumen Si reduces el volumen de un gas contenido, puedes elevar la presión que ejerce. Cuanto más se comprime el gas, mayor es la presión que ejerce el gas en el interior del recipiente. Cuando el gas está en un cilindro, como en un motor de automóvil, se puede usar un pistón para reducir su volumen. El pistón evita que la gasolina se escape a medida que el cilindro baja y sube.

La Figura 14.6 muestra un cilindro de gas bajo dos condiciones diferentes. Cuando el cilindro tiene un volumen de 1 L, el gas ejerce una presión de 100 kPa. Cuando el volumen se redujo a la mitad a 0.5 L, la presión se duplica a 200 kPa. El aumento del volumen del gas contenido tiene el efecto contrario. Si se duplica el volumen, las partículas se pueden expandir en un volumen que es dos veces el volumen original. Con el mismo número de partículas en el doble del volumen, la presión del gas se reduce a la mitad.

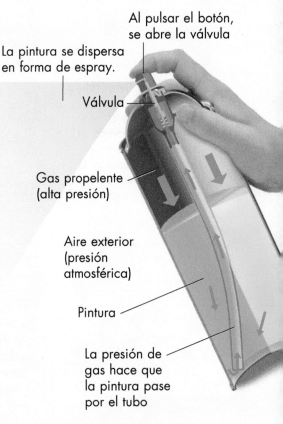

La pintura se dispersa en forma de espray.

Al pulsar el botón, se abre la válvula

Válvula

Gas propelente (alta presión)

Aire exterior (presión atmosférica)

Pintura

La presión de gas hace que la pintura pase por el tubo

Figura 14.5 Lata de aerosol
La presión del gas en el interior de una nueva lata de pintura en aerosol es mayor que la presión del aire fuera de la lata. Cuando el gas pasa a través de una abertura en la parte superior de la lata, impulsa, o fuerza, la pintura fuera de la lata. A medida que se usa la lata, la presión del propelente disminuye.
Relacionar causa y efecto *¿Qué ocurre cuando la presión del propelente es igual a la presión del aire fuera de la lata?*

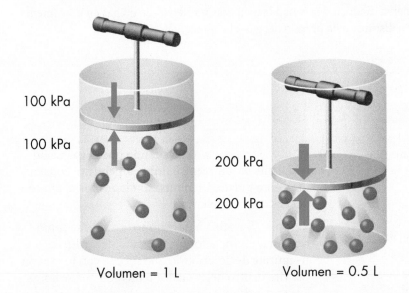

100 kPa

100 kPa

200 kPa

200 kPa

Volumen = 1 L

Volumen = 0.5 L

Figura 14.6 Presión y volumen
Se puede usar un pistón para forzar el gas de un cilindro en un volumen más pequeño. Cuando se reduce el volumen, aumenta la presión que ejerce el gas.
Interpretar diagramas *¿Qué sucede con la presión de gas cuando el volumen se reduce de 1 L a 0.5 L?*

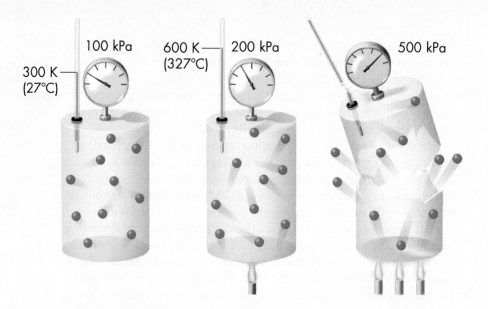

Figura 14.7 Temperatura y presión
Un aumento de la temperatura provoca un aumento en la presión de un gas encerrado. El contenedor puede explotar si la presión de gas aumenta demasiado.

300 K (27°C) 100 kPa

600 K (327°C) 200 kPa

500 kPa

Temperatura Una bolsa sellada de papas fritas se abulta en las costuras cuando se coloca en un lugar soleado. La bolsa se abulta porque el aumento de la temperatura de un gas encerrado provoca un aumento de su presión. Puedes usar la teoría cinética para explicar lo que sucede. A medida que se calienta un gas, aumentan temperatura y la energía cinética promedio de las partículas de gas. Las partículas que se mueven más rápido golpean las paredes de su recipiente con más energía.

Observa la Figura 14.7. El volumen del recipiente y la cantidad de gas es constante. Cuando la temperatura Kelvin del gas encerrado se duplica de 300 K a 600 K, la presión del gas encerrado se duplica de 100 kPa a 200 kPa. Un gas en un recipiente sellado puede generar una enorme presión cuando se calienta. Por esa razón, una lata de aerosol, incluso una "vacía", puede explotar si se lanza al fuego.

Por el contrario, a medida que disminuye la temperatura de un gas encerrado, la presión disminuye. Las partículas, en promedio, se mueven más lentamente y tienen menos energía cinética. Golpean las paredes del recipiente con menos fuerza. Reducir a la mitad la temperatura Kelvin de un gas en un contenedor rígido disminuye la presión del gas a la mitad.

P: *¿Cuál crees que viajaría más lejos si se patea con la misma cantidad de fuerza: un balón de fútbol inflado correctamente o un balón de fútbol poco inflado? ¿Qué podría sucederle a un balón de fútbol demasiado inflado si lo pateas muy fuerte?*

ONLINE PROBLEMS 14.1 Comprobación de la lección

1. **Repasar** ¿Por qué es fácil comprimir un gas?

2. **Identificar** Haz una lista de tres factores que pueden afectar la presión de gas.

3. **Comparar y contrastar** ¿Por qué una colisión con una bolsa de aire causa menos daño que una colisión con un volante?

4. **Explicar** ¿Cómo afecta una disminución de la temperatura la presión de un gas contenido?

5. **Aplicar conceptos** Si la temperatura es constante, ¿qué cambio en el volumen podría causar que la presión de un gas encerrado se reduzca a un cuarto de su valor original?

6. **Aplicar conceptos** Suponiendo que el gas en un recipiente se mantiene a una temperatura constante, ¿cómo puedes incrementar cien veces la presión del gas en el recipiente?

7. **Resumir** Escribe un párrafo para explicar cómo funciona un rociador presurizado de jardín. Asegúrate de describir lo que sucede con la presión del aire dentro del rociador a medida que se bombea con la mano.

GRANIDEA TEORÍA CINÉTICA

8. Usa la teoría cinética de los gases para explicar por qué es fácil reducir el volumen de un gas.

Químico atmosférico

La atmósfera de la Tierra es una mezcla de muchos gases, incluyendo oxígeno, nitrógeno, vapor de agua, dióxido de carbono, metano y ozono. Cada uno tiene un impacto sobre la vida en la Tierra. El estudio de la composición química de la atmósfera se llama química atmosférica. Los químicos atmosféricos analizan las concentraciones de gases atmosféricos y determinan cómo estos gases interactúan químicamente.

Una parte importante de la investigación atmosférica implica el desarrollo de modelos que puedan predecir los efectos de las emisiones de combustibles fósiles y otros contaminantes en la calidad del aire, el clima y la biosfera. Algunos químicos atmosféricos estudian las columnas eruptivas, que son mezclas de gases calientes y polvo que emiten los volcanes. La química atmosférica no se limita a la atmósfera de la Tierra. Con la ayuda de los telescopios, los químicos atmosféricos pueden estudiar la composición de las atmósferas de los planetas distantes.

La investigación atmosférica es a menudo una colaboración entre científicos de diferentes disciplinas, incluyendo química, física, climatología y oceanografía. Los químicos atmosféricos suelen tener un título en química o ciencias de la atmósfera. Muchos de ellos también tienen un título de posgrado en un campo específico de investigación.

INSTRUMENTOS Y TECNOLOGÍA
Un químico atmosférico ajusta un dispositivo que se usa para analizar el movimiento y la composición del aire de la atmósfera.

CALIDAD DEL AIRE El *smog* es una forma de contaminación del aire causada por las emisiones de los tubos de escape y de las chimeneas. El trabajo de los químicos atmosféricos puede ayudar a las comunidades a comprender mejor cómo la actividad humana afecta la calidad del aire local.

Un paso más allá

1. Inferir ¿Qué tipo de datos crees que reúnen los químicos atmosféricos para estudiar los gases en la atmósfera?

2. Investigar un problema El ozono (O_3) es uno de los muchos gases que estudian los químicos atmosféricos. La investigación de la capa de ozono y la descripción de los niveles de ozono en la atmósfera han cambiado con el tiempo.

14.2 Las leyes de los gases

P: *¿Cómo llenas un globo de aire caliente?* Un globo de aire caliente sigue el principio de que el aire caliente es menos denso que el aire más frío. Para hacer que un globo de aire caliente se eleve, el piloto calienta el aire dentro del globo. Para hacer que el globo descienda, el piloto libera aire caliente a través de un orificio de ventilación en la parte superior del globo. En esta sección, aprenderás las leyes que te permiten predecir el comportamiento de los gases.

Ley de Boyle

¿Cómo se relacionan la presión y el volumen de un gas?

La teoría cinética te dice que hay espacio vacío entre las partículas en un gas. Imagínate cómo un aumento de la presión afectaría el volumen de un gas contenido. **Si la temperatura es constante, a medida que la presión de un gas aumenta, el volumen disminuye.** A su vez, a medida que la presión disminuye, el volumen aumenta. Robert Boyle fue la primera persona en estudiar esta relación entre presión y volumen de una manera sistemática. En 1662, Boyle propuso una ley para describir la relación. La **ley de Boyle** establece que para una masa dada de gas a temperatura constante, el volumen del gas varía inversamente a la presión.

Observa la Figura 14.8. Un gas con un volumen de 1.0 L (V_1) está a una presión de 100 kPa (P_1). A medida que el volumen aumenta a 2.0 L (V_2), la presión disminuye a 50 kPa (P_2). El producto de $P_1 \times V_1$ (100 kPa × 1.0 L = 100 kPa·L) es igual al producto de $P_2 \times V_2$ (50 kPa × 2.0 L = 100 kPa · L). A medida que el volumen disminuye a 0.5 L (V_3), la presión aumenta a 200 kPa (P_3). Una vez más, el producto de la presión y el volumen es igual a 100 kPa·L.

Pregunta clave

¿Cómo se relacionan la presión, el volumen y la temperatura de un gas?

Vocabulario

- ley de Boyle
- ley de Charles
- ley de Gay-Lussac
- ley combinada de los gases

Interpretar gráficas

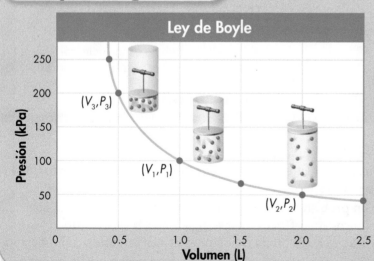

Ley de Boyle

(V_3, P_3)

(V_1, P_1)

(V_2, P_2)

Presión (kPa) / Volumen (L)

Figura 14.8 La presión de un gas cambia a medida que cambia el volumen.

a. Leer gráficas Cuando el volumen es de 2.0 L, ¿cuál es la presión?

b. Predecir ¿Cuál sería la presión si el volumen se aumentara a 3.0 L?

c. Sacar conclusiones Tomando en cuenta la forma de la gráfica, describe en general la relación presión-volumen.

En una relación inversa, el producto de las dos cantidades variables es constante. Por tanto, el producto de la presión y el volumen en cualquiera de los dos conjuntos de condiciones de presión y volumen es siempre constante a una temperatura dada. La expresión matemática de la ley de Boyle es:

$$P_1 \times V_1 = P_2 \times V_2$$

La gráfica de una relación inversa es siempre una curva, como lo muestra la Figura 14.8.

Ejemplo de problema 14.1

Usar la ley de Boyle

Un globo contiene 30.0 L de gas helio a 103 kPa. ¿Cuál es el volumen del helio cuando el globo se eleva a una altitud donde la presión es sólo 25.0 kPa? (Supón que la temperatura se mantiene constante.)

❶ **Analizar** **Haz una lista de lo conocido y lo desconocido.** Usa la ley de Boyle ($P_1 \times V_1 = P_2 \times V_2$) para calcular el volumen desconocido (V_2).

CONOCIDO
$P_1 = 103$ kPa
$V_1 = 30.0$ L
$P_2 = 25.0$ kPa

DESCONOCIDO
$V_2 = ?$ L

❷ **Calcular** **Resuelve para buscar lo desconocido.**

Comienza la ley de Boyle.

$$P_1 \times V_1 = P_2 \times V_2$$

Divide ambos lados por P_2 para despejar V_2:

$$\frac{P_1 \times V_1}{P_2} = \frac{P_2 \times V_2}{P_2}$$

Vuelve a ordenar la ecuación para despejar V_2.

$$V_2 = \frac{P_1 \times V_1}{P_2}$$

Sustituye los valores que conoces por P_1, V_1 y P_2 en la ecuación y resuelve.

$$V_2 = \frac{103 \text{ kPa} \times 30.0 \text{ L}}{25.0 \text{ kPa}}$$

$$= 1.24 \times 10^2 \text{ L}$$

❸ **Evaluar** **¿Tiene sentido el resultado?** Una disminución de la presión a temperatura constante debe corresponder a un aumento proporcional del volumen. El resultado calculado está de acuerdo tanto con la teoría cinética como con la relación presión-volumen. Las unidades se han cancelado correctamente.

9. El óxido nitroso (N_2O) se usa como un anestésico. La presión sobre 2.50 L de N_2O cambia de 105 kPa a 40.5 kPa. Si la temperatura no cambia, ¿cuál será el nuevo volumen?

10. Un gas con un volumen de 4.00 L a una presión de 205 kPa se puede expandir hasta un volumen de 12.0 L. ¿Cuál es la presión en el contenedor si la temperatura se mantiene constante?

Vuelve a ordenar la ley de Boyle para despejar P_2 y resolver el Problema 10.

Figura 14.9 Congelar globos en nitrógeno líquido

Cuando el gas en un globo se enfría a presión constante, el volumen del gas disminuye.

Predecir *¿Qué sucedería si sacaras los globos del vaso de precipitado y dejaras que se calentaran de nuevo a temperatura ambiente?*

Ley de Charles

¿Cómo se relacionan la temperatura y el volumen de un gas?

La Figura 14.9 muestra globos inflados que se sumergen en un recipiente con nitrógeno líquido. Para cada globo, la cantidad de aire y la presión son constantes. A medida que el aire en el interior se enfría rápidamente, se reduce el globo. De hecho, el volumen del gas disminuye tanto que todos los globos enfriados pueden caber fácilmente en el interior del vaso de precipitados.

En 1787, el físico francés Jacques Charles estudió el efecto de la temperatura en el volumen de un gas a presión constante. Cuando representó gráficamente los datos, Charles observó que la gráfica del volumen de un gas frente a la temperatura (en °C) es una línea recta para cualquier gas. **A medida que la temperatura de un gas encerrado aumenta, el volumen aumenta si la presión es constante.** Cuando Charles extrapoló, o amplió, la línea a cero volumen ($V = 0$), la línea siempre intersecaba el eje de temperatura en −273,15 °C. Este valor es igual a 0 en la escala de temperatura Kelvin. Las observaciones que hizo Charles se resumen en la ley de Charles. La **ley de Charles** establece que el volumen de una masa fija de gas es directamente proporcional a su temperatura Kelvin si se mantiene la presión constante. Mira el gráfico de la Figura 14.10. Cuando la temperatura es 300 K, el volumen es 1.0 L. Cuando la temperatura es 900 K, el volumen es 3.0 L. En ambos casos, la relación de V a T es 0.0033.

Interpretar gráficas

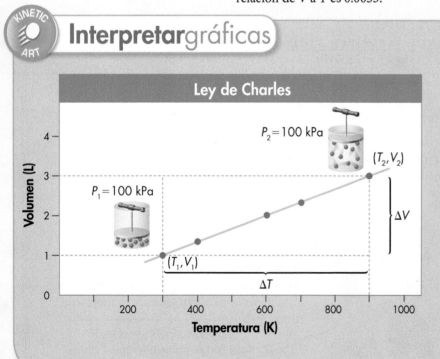

Figura 14.10 La gráfica muestra cómo cambia el volumen a medida que la temperatura de un gas cambia. Observa el Arte cinético para ver una simulación en línea de la ley de Charles.

a. Leer gráficas ¿En qué unidad están expresados los datos de la temperatura?

b. Sacar conclusiones ¿Qué ocurre con el volumen a medida que aumenta la temperatura?

c. Predecir Si la temperatura de un gas fuera 0 K, ¿cuál sería el volumen del gas?

Pista: ΔV es el cambio del volumen de un gas que resulta del cambio de temperatura ΔT.

La relación V_1/T_1 es igual a la relación V_2/T_2. Debido a que esta relación es constante en todas las condiciones de temperatura y volumen, cuando la presión es constante, se puede escribir la ley de Charles de la siguiente manera.

$$\frac{V_1}{T_1} = \frac{V_2}{T_2}$$

La relación de las variables es siempre una constante en una relación directa y la gráfica siempre es una línea recta. No es una relación directa si las temperaturas se expresan en grados Celsius. Así que cuando se resuelven problemas de la ley de los gases, la temperatura siempre debe expresarse en grados Kelvin.

LA QUÍMICA Y TÚ

P: *Un globo de aire caliente contiene un quemador de propano a bordo para calentar el aire en el interior del globo. ¿Qué ocurre con el volumen del globo a medida que se calienta el aire?*

CHEM TUTOR

Ejemplo de problema 14.2

Usar la ley de Charles

Un globo inflado en una habitación a 24 °C tiene un volumen de 4.00 L. El globo se calienta a continuación a una temperatura de 58 °C. ¿Cuál es el nuevo volumen si la presión se mantiene constante?

❶ **Analizar Haz una lista de lo conocido y lo desconocido.** Usa la ley de Charles ($V_1/T_1 = V_2/T_2$) para calcular el volumen desconocido (V_2).

CONOCIDO	DESCONOCIDO
$V_1 = 4.00$ L	$V_2 = ?$ L
$T_1 = 24°C$	
$T_2 = 58°C$	

❷ **Calcular Resuelve para buscar lo desconocido.**

Dado que usarás la ley de los gases, empieza por expresar las temperaturas en kelvins.

$T_1 = 24°C + 273 = 297$ K

$T_2 = 58°C + 273 = 331$ K

Escribe la ecuación de la ley de Charles.

$$\frac{V_1}{T_1} = \frac{V_2}{T_2}$$

Multiplica ambos lados por T_2 para despejar V_2:

$$T_2 \times \frac{V_1}{T_1} = \frac{V_2}{T_2} \times T_2$$

Vuelve a ordenar la ecuación para despejar V_2.

$$V_2 = \frac{V_1 \times T_2}{T_1}$$

Sustituye los valores que conoces de T_1, V_1, y T_2 en la ecuación y resuelve.

$$V_2 = \frac{4.00\,L \times 331\,K}{297\,K} = 4.46\,L$$

❸ **Evaluar ¿Tiene sentido el resultado?** El volumen aumenta a medida que la temperatura aumenta. Este resultado está de acuerdo con la teoría cinética y la ley de Charles.

11. Si una muestra de gas ocupa 6.80 L a 325 °C, ¿cuál será su volumen a 25 °C si la presión no cambia?

12. Exactamente 5.00 L de aire a −50.0 °C se calientan a 100.0 °C. ¿Cuál es el nuevo volumen si la presión permanece constante?

Ley de Gay-Lussac

🔑 ¿Cómo se relacionan la presión y la temperatura de un gas?

300 K
100 kPa

600 K
200 kPa

Figura 14.11 Ley de Gay-Lussac
Cuando un gas se calienta a volumen constante, la presión aumenta.
Interpretar diagramas ¿Cómo puedes saber, a partir de los dibujos, que hay una cantidad fija de gas en los cilindros?

Cuando las llantas no están infladas a la presión recomendada, disminuye la eficiencia del combustible y de la tracción. La banda de rodadura se desgasta más rápido. Más importante aún, un inflado incorrecto puede dar lugar a la rotura de la llanta. Un conductor no debe revisar la presión de la llanta después de conducir una larga distancia porque el aire en la llanta se calienta al rodar. 🔑 **A medida que la temperatura de un gas encerrado aumenta, la presión aumenta si el volumen es constante.**

Joseph Gay-Lussac (1778–1850), químico francés, descubrió la relación entre la presión y la temperatura de un gas en 1802. La ley de los gases describe la relación que lleva su nombre. La **ley de Gay-Lussac** establece que la presión de un gas es directamente proporcional a la temperatura Kelvin si el volumen permanece constante. Observa la Figura 14.11. Cuando la temperatura es de 300 K, la presión es de 100 kPa. Cuando la temperatura se duplica a 600 K, la presión se duplica a 200 kPa. Dado que la ley de Gay-Lussac involucra proporciones directas, las relaciones de P_1/T_1 y P_2/T_2 son iguales a volumen constante. Puedes escribir la ley de Gay-Lussac de la siguiente manera:

$$\frac{P_1}{T_1} = \frac{P_2}{T_2}$$

La ley de Gay-Lussac se puede aplicar para reducir el tiempo que se requiere para cocinar los alimentos. Un método de cocción consiste en colocar los alimentos por encima de una capa de agua y calentar el agua. El vapor de agua que se produce cocina el alimento. El vapor que se escapa de la olla está a una temperatura de aproximadamente 100 °C cuando la presión está cerca de una atmósfera. En una olla a presión, como la que se muestra en la Figura 14.12, el vapor queda atrapado dentro de la olla. La temperatura del vapor alcanza los 120 °C. Los alimentos se cuecen más rápido a esta temperatura más alta, pero aumenta la presión, lo que aumenta el riesgo de una explosión. Una olla de presión tiene una válvula que permite que algo de vapor se escape cuando la presión excede el valor ajustado.

Figura 14.12 Olla a presión
Una olla a presión es un recipiente hermético en el que se usa gas presurizado para cocinar alimentos. Al asegurar la tapa, el volumen del vapor y el número de moléculas de agua son constantes. Por tanto, cualquier incremento de la temperatura produce un incremento de la presión.

Ejemplo de problema 14.3

Usar la ley de Gay-Lussac

Las latas de aerosol llevan etiquetas que advierten no incinerar (quemar) las latas o almacenarlas arriba de una cierta temperatura. Este problema va a mostrar por qué es peligroso desechar las latas de aerosol en el fuego. El gas en un aerosol usado puede estar a una presión de 103 kPa a 25 °C. Si se arroja la lata al fuego, ¿cuál será la presión cuando la temperatura llegue a 928 °C?

❶ Analizar Haz una lista de lo conocido y lo desconocido. Usa la ley de Gay-Lussac ($P_1/T_1 = P_2/T_2$) para calcular la presión (P_2) que no conoces. Recuerda, ya que este problema está relacionado con temperaturas y la ley de los gases, las temperaturas deben expresarse en grados Kelvin.

CONOCIDO	DESCONOCIDO
$P_1 = 103$ kPa	$P_2 = ?$ kPa
$T_1 = 25°C$	
$T_2 = 928°C$	

❷ Calcular Resuelve para buscar lo desconocido.

Empieza por convertir las dos temperaturas conocidas de grados Celsius a kelvins.

$$T_1 = 25°C + 273 = 298\,K$$
$$T_2 = 928°C + 273 = 1201\,K$$

Escribe la ecuación de la ley de Gay-Lussac.

$$\frac{P_1}{T_1} = \frac{P_2}{T_2}$$

Multiplica ambos lados por T_2 para despejar P_2:

$$T_2 \times \frac{P_1}{T_1} = \frac{P_2}{T_2} \times T_2$$

Vuelve a ordenar la ecuación para despejar P_2.

$$P_2 = \frac{P_1 \times T_2}{T_1}$$

Sustituye los valores que conoces por P_1, T_2, y T_1 en la ecuación y resuelve.

$$P_2 = \frac{103\,kPa \times 1201\,K}{298\,K}$$

$$= 415\,kPa$$

$$= 4.15 \times 10^2\,kPa$$

❸ Evaluar ¿Tiene sentido el resultado? A partir de la teoría cinética, uno esperaría que el aumento de la temperatura de un gas produjera un aumento de la presión si el volumen permanece constante. El valor calculado muestra dicho aumento.

13. La presión de un recipiente plástico sellado es de 108 kPa a 41 °C. ¿Cuál es la presión cuando la temperatura desciende a 22 °C? Supongamos que el volumen no cambia.

14. La presión de una llanta de automóvil es de 198 kPa a 27 °C. Después de un largo viaje, la presión es de 225 kPa. ¿Cuál es la temperatura del aire en la llanta? Supongamos que el volumen es constante.

Para resolver el Problema 14, vuelve a ordenar la ley de Gay-Lussac para despejar T_2.

Ley combinada de los gases

🔑 **¿Cómo se relacionan la presión, el volumen y la temperatura de un gas?**

Hay una expresión, llamada **ley combinada de los gases,** que combina la ley de Boyle, la ley de Charles y la ley de Gay-Lussac.

$$\frac{P_1 \times V_1}{T_1} = \frac{P_2 \times V_2}{T_2}$$

🔑 **Cuando sólo la cantidad de gas es constante, la ley combinada de los gases describe la relación entre presión, volumen y temperatura.**

Ejemplo de problema 14.4

Usar la ley combinada de los gases

El volumen de un globo lleno de gas es 30.0 L a 313 K y 153 kPa. ¿Cuál sería el volumen a temperatura y presión estándar (TPE)?

❶ Analizar Haz una lista de lo conocido y lo desconocido. Usa la ley combinada de los gases ($P_1V_1/T_1 = P_2V_2/T_2$) para calcular el volumen desconocido (V_2).

CONOCIDO	DESCONOCIDO
$V_1 = 30.0$ L	$V_2 = ?$ L
$T_1 = 313$ K	
$P_1 = 153$ kPa	
$T_2 = 273$ K (temperatura estándar)	
$P_2 = 101.3$ kPa (presión estándar)	

❷ Calcular Resuelve para buscar lo desconocido.

Enuncia la ley combinada de los gases.

$$\frac{P_1 \times V_1}{T_1} = \frac{P_2 \times V_2}{T_2}$$

Multiplica ambos lados por T_2 y divide ambos lados por P_2 para despejar V_2:

$$\frac{T_2}{P_2} \times \frac{P_1 \times V_1}{T_1} = \frac{P_2 \times V_2}{T_2} \times \frac{T_2}{P_2}$$

Vuelve a ordenar la ecuación para despejar V_2.

$$V_2 = \frac{P_1 \times V_1 \times T_2}{P_2 \times T_1}$$

Sustituye las cantidades conocidas en la ecuación y resuelve.

$$V_2 = \frac{153 \text{ kPa} \times 30.0 \text{ L} \times 273 \text{ K}}{101.3 \text{ kPa} \times 313 \text{ K}} = 39.5 \text{ L}$$

❸ Evaluar ¿Tiene sentido el resultado? Una disminución de la temperatura y una disminución de la presión tienen efectos opuestos sobre el volumen. Para evaluar el aumento del volumen, multiplica V_1 (30.0 L) por la proporción de P_1 a P_2 (1.51) y la proporción de T_2 a T_1 (0.872). El resultado es 39.5 L.

15. Un gas a 155 kPa y 25 °C tiene un volumen inicial de 1.00 L. La presión del gas aumenta a 605 kPa a medida que la temperatura se eleva a 125 °C. ¿Cuál es el nuevo volumen?

16. Una muestra de aire de 5.00 L tiene una presión de 107 kPa a una temperatura de −50.0 °C. Si la temperatura se eleva a 102 °C y el volumen se expande a 7.00 L, ¿cuál es la nueva presión?

Los globos meteorológicos, como el de la Figura 14.13, lleva un paquete de instrumentos de recolección de datos a la atmósfera. A una altitud de unos 27.000 metros, el globo explota. La ley combinada de los gases puede ayudar a explicar esta situación. Tanto la temperatura como la presión exterior disminuyen a medida que asciende el globo. Estos cambios tienen efectos opuestos sobre el volumen del globo meteorológico. Un descenso de la temperatura hace que disminuya el volumen de un gas encerrado. Una caída de la presión externa hace que el volumen aumente. Dado que el globo explota, la caída de la presión debe afectar el volumen más que la caída de la temperatura.

La ley combinada de los gases también puede ayudar a resolver problemas de gas cuando sólo dos variables están cambiando. Puede parecer difícil recordar cuatro expresiones diferentes de las leyes de los gases. Pero en realidad sólo necesitas recordar una expresión: la ley combinada de los gases. Puedes derivar las demás leyes a partir de la ley combinada de los gases si mantienes constante una variable.

Para ilustrar, supongamos que se mantiene constante la temperatura ($T_1 = T_2$). Reordena la ley combinada de los gases de modo que los dos términos de la temperatura se encuentran en el mismo lado de la ecuación. Dado $T_1 = T_2$, la relación de T_1 a T_2 es igual a uno. Multiplicar por 1 no cambia ningún valor en la ecuación. Así que cuando la temperatura es constante, puedes eliminar la relación de temperatura de la ley combinada de los gases ya reordenada. Lo que queda es la ecuación de la ley de Boyle.

$$P_1 \times V_1 = P_2 \times V_2 \times \frac{T_1}{T_2}$$

$$P_1 \times V_1 = P_2 \times V_2$$

Con un proceso similar se obtiene la ley de Charles cuando la presión se mantiene constante y con la ley de Gay-Lussac cuando el volumen se mantiene constante.

Figura 14.13 Globo meteorológico
Los meteorólogos usan globos meteorológicos para recopilar datos sobre la atmósfera de la Tierra.
Inferir *¿Por qué es más probable que se use helio en los globos meteorológicos que aire?*

14.2 Comprobación de la lección

17. Repasar ¿Cómo se relacionan la presión y el volumen de un gas a temperatura constante?

18. Repasar Si la presión es constante, ¿cómo afecta un cambio de temperatura el volumen de un gas?

19. Repasar ¿Cuál es la relación entre la temperatura y la presión de un gas contenido a volumen constante?

20. Describir ¿En qué situaciones es útil la ley combinada de los gases?

21. Definir Escribe la ecuación matemática para la ley de Boyle y explica los símbolos.

22. Calcular Una masa dada de aire tiene un volumen de 6.00 L a 101 kPa. ¿Qué volumen ocupará a 25.0 kPa si la temperatura no cambia?

23. Explicar Cómo se puede derivar la ley de Charles de la ley combinada de los gases?

24. Aplicar conceptos El volumen de un globo meteorológico aumenta a medida que el globo asciende por la atmósfera. ¿Por qué el descenso de la temperatura a gran altitud no hace que descienda el volumen?

GRANIDĖA TEORÍA CINÉTICA

25. ¿Por qué crees que los científicos no puede recopilar los datos de temperatura y volumen de un gas encerrado a temperaturas cercanas al cero absoluto?

14.3 Gases ideales

P: *¿Cómo puedes hacer niebla en un lugar cerrado?* El dióxido de carbono se congela a −78.5 °C, lo cual es mucho más frío que el hielo en el congelador. El dióxido de carbono sólido, o hielo seco, se puede usar para hacer niebla de escenario. El hielo seco no se derrite, se sublima. A medida que el dióxido de carbono sólido se convierte en gas, el vapor de agua en el aire se condensa y forma una niebla blanca. El hielo seco puede existir porque los gases no obedecen a los supuestos de la teoría cinética en todas las condiciones. En esta sección, aprenderás cómo los gases reales difieren de los gases ideales en que se basan las leyes de los gases.

Preguntas clave

🔑 **¿Cómo puedes calcular la cantidad de gas contenido cuando se especifican la presión, el volumen y la temperatura?**

🔑 **¿Bajo qué condiciones difieren más los gases reales de los gases ideales?**

Vocabulario

- constante del gas ideal
- ley del gas ideal

Ley de los gases ideales

🔑 **¿Cómo puedes calcular la cantidad de gas contenido cuando se especifican la presión, el volumen y la temperatura?**

Hasta este punto, has trabajado con tres variables que describen un gas: presión, volumen y temperatura. Hay una cuarta variable que debemos tomar en cuenta: la cantidad de gas en el sistema, expresada en términos del número de moles.

Supón que quieres calcular el número de moles (n) de un gas a un volumen fijo y a una temperatura y presión conocidas. Al modificar la ley combinada de los gases, puedes despejar n. Primero, debes reconocer que el volumen ocupado por un gas a una temperatura y presión específicas depende del número de partículas. El número de moles de gas es directamente proporcional al número de partículas. Por tanto, los moles deben ser también directamente proporcionales al volumen. Ahora puedes introducir los moles a la ley combinada de los gases dividiendo cada lado de la ecuación por n.

$$\frac{P_1 \times V_1}{T_1 \times n_1} = \frac{P_2 \times V_2}{T_2 \times n_2}$$

Esta ecuación muestra que $(P \times V)/(T \times n)$ es una constante. Esta constante es válida para los llamados gases ideales; los gases que se ajustan a las leyes de los gases.

Si conoces los valores de P, V, T y n para un conjunto de condiciones, puedes calcular el valor de la constante. Recuerda que 1 mol de cada gas ocupa 22.4 L a TPE (101.3 kPa y 273 K). Puedes usar estos valores para encontrar el valor de la constante, que tiene el símbolo R y se denomina constante de los gases ideales. Introduce los valores de P, V, T y n en $(P \times V)/(T \times n)$.

$$R = \frac{P \times V}{T \times n} = \frac{101.3 \text{ kPa} \times 22.4 \text{ L}}{273 \text{ K} \times 1 \text{ mol}} = 8.31 \text{ (L} \cdot \text{kPa)} / (\text{K} \cdot \text{mol})$$

La **constante de los gases ideales** (R) tiene el valor 8.31 (L·kPa)/(K·mol). La ley de los gases que incluye las cuatro variables P, V, T, y n, recibe el nombre de **ley de los gases ideales.** Por lo general, se escribe como sigue.

$$P \times V = n \times R \times T \text{ o } PV = nRT$$

🔑 **Cuando conoces la presión, el volumen y la temperatura de un gas contenido, puedes usar la ley de los gases ideales para calcular el número de moles del gas.** La cantidad de helio en un globo, la cantidad de aire en un tanque de buceo o en una llanta de bicicleta; cada una de estas cantidades se puede calcular usando la ley de los gases ideales siempre y cuando conozcas los valores de P, V, y T en cada caso.

Ejemplo de problema 14.5

Usar la ley de los gases ideales

A 34 °C, la presión dentro de una pelota de tenis llena de nitrógeno con un volumen de 0.148 L es de 212 kPa. ¿Cuántos moles de gas nitrógeno hay en la pelota de tenis?

❶ **Analizar Haz una lista de lo conocido y lo desconocido.** Usa la ley de los gases ideales ($P \times V = n \times R \times T$) para calcular el número de moles (n).

CONOCIDO	DESCONOCIDO
$P = 212 \text{ kPa}$	$n = ? \text{ mol N}_2$
$V = 0.148 \text{ L}$	
$T = 34°C$	
$R = 8.31 \text{ (L·kPa) / (K·mol)}$	

❷ **Calcular Resuelve para buscar lo desconocido.**

Convierte de grados Celsius a kelvins. → $T = 34°C + 273 = 307 \text{ K}$

Enuncia la ley de los gases ideas. → $P \times V = n \times R \times T$

Divide ambos lados por (R x T) para despejar n:

$$\frac{P \times V}{R \times T} = \frac{n \times \cancel{R} \times \cancel{T}}{\cancel{R} \times \cancel{T}}$$

Vuelve a ordenar la ecuación para despejar n. → $n = \dfrac{P \times V}{R \times T}$

Sustituye los valores conocidos de P, V, R y T en la ecuación y resuelve. →

$$n = \frac{P \times V}{R \times T} = \frac{212 \text{ kPa} \times 0.148 \text{ L}}{8.31 \text{ (L·kPa) / (K·mol)} \times 307 \text{ K}} = 0.0123 \text{ moles de N}_2$$

$$= 1.23 \times 10^{-2} \text{ moles de N}_2$$

❸ **Evaluar ¿Tiene sentido el resultado?** Una pelota de tenis tiene un pequeño volumen y no está sometida a una gran presión. Es razonable que la bola contenga una pequeña cantidad de nitrógeno.

26. Cuando la temperatura de una esfera vacía y rígida que contiene 685 L de gas helio se mantiene a 621 K, la presión del gas es 1.89×10^3 kPa. ¿Cuántos moles de helio contiene la esfera?

27. ¿Qué presión ejercerán 0.450 moles de un gas a 25 °C si está contenido en un recipiente de 0.650 L?

Para resolver el Problema 27, vuelve a ordenar la ley de los gases ideales para despejar P.

Ejemplo de problema 14.6

Usar la ley de los gases ideales

Una caverna subterránea profunda contiene 2.24×10^6 L de gas metano (CH_4) a una presión de 1.50×10^3 kPa y una temperatura de 315 K. ¿Cuántos kilogramos de CH_4 contiene la caverna?

❶ Analizar Haz una lista de lo conocido y lo desconocido. Calcula el número de moles (*n*) usando la ley de los gases ideales. Usa la masa molar del metano para convertir de moles a gramos. Después, convierte de gramos a kilogramos.

CONOCIDO	DESCONOCIDO
$P = 1.50 \times 10^3$ kPa	$m = ?$ kg CH_4
$V = 2.24 \times 10^6$ L	
$T = 315$ K	
$R = 8.31$ (L·kPa) / (K·mol)	
masa molar$_{CH_4} = 16.0$ g	

❷ Calcular Resuelve para buscar lo desconocido.

Enuncia la ley de los gases ideales.

$$P \times V = n \times R \times T$$

Vuelve a ordenar la ecuación para despejar *n*.

$$n = \frac{P \times V}{R \times T}$$

Sustituye las cantidades que conoces en la ecuación para hallar el número de moles de metano.

$$n = \frac{(1.50 \times 10^3 \text{ kPa}) \times (2.24 \times 10^6 \text{ L})}{8.31 \frac{L \times kPa}{K \times mol} \times 315 \text{ K}} = 1.28 \times 10^6 \text{ moles de } CH_4$$

Haz una conversión mol-masa.

$$1.28 \times 10^6 \text{ moles de } CH_4 \times \frac{16.0 \text{ g } CH_4}{1 \text{ mol de } CH_4} = 20.5 \times 10^6 \text{ g de } CH_4$$

$$= 2.05 \times 10^7 \text{ g de } CH_4$$

Convierte de gramos a kilogramos.

$$2.05 \times 10^7 \text{ g } CH_4 \times \frac{1 \text{ kg}}{10^3 \text{ g}} = 2.05 \times 10^4 \text{ kg de } CH_4$$

❸ Evaluar ¿Tiene sentido el resultado? Aunque el metano se comprime, su volumen es todavía muy grande. Por tanto, es razonable que la caverna contenga una gran masa de metano.

28. Los pulmones de un niño pueden contener 2.20 L. ¿Cuántos gramos de aire pueden contener sus pulmones a una presión de 102 kPa y una temperatura corporal de 37 °C? Usa una masa molar de 29 g para el aire, que es alrededor de 20% de O_2 (32 g/mol) y 80% de N_2 (28 g/mol).

29. ¿Qué volumen ocuparán 12.0 g de oxígeno gaseoso (O_2) a 25 °C y una presión de 52.7 kPa?

En los Problemas 28 y 29, asegúrate de expresar la temperatura en kelvins antes de sustituir la *T* en la ecuación de la ley de los gases ideales.

Gases ideales y gases reales

¿Bajo qué condiciones difieren más los gases reales de los gases ideales?

Un gas ideal es uno que sigue las leyes de los gases en todas las condiciones de presión y temperatura. Tal gas tendría que ajustarse con precisión a los supuestos de la teoría cinética. Sus partículas podrían no tener volumen, y podría no haber ninguna atracción entre las partículas en el gas. Como probablemente sospeches, no hay ningún gas que cumpla con estos supuestos. Por tanto, no existe un gas ideal. Sin embargo, en muchas condiciones de temperatura y presión, un gas real se comporta muy parecido a un gas ideal.

Las partículas de un gas real tienen volumen, y hay atracciones entre las partículas. Debido a estas atracciones, un gas se condensa, o incluso se solidifica, cuando se comprime o se enfría. Por ejemplo, si el vapor de agua se enfría por debajo de 100 °C a la presión atmosférica estándar, se condensa en un líquido. El comportamiento de otros gases reales es similar, aunque pueden requerir temperaturas más bajas y una mayor presión. Estas son las condiciones necesarias para producir el nitrógeno líquido de la Figura 14.14. **Los gases reales difieran más de un gas ideal a bajas temperaturas y altas presiones.**

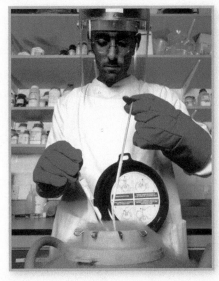

Figura 14.14 Nitrógeno líquido
Un técnico de laboratorio coloca una muestra en un tanque aislado que contiene nitrógeno líquido. El nitrógeno hierve a −196 °C.

Laboratorio rápido

Propósito Medir la cantidad de gas dióxido de carbono que se libera cuando se disuelven tabletas de antiácido en agua

Materiales

- 6 tabletas de antiácido efervescentes
- 3 globos de goma (esféricos)
- gotero plástico
- agua
- reloj
- cinta métrica
- papel cuadriculado
- sensor de presión (opcional)

Dióxido de carbono de tabletas antiácido

Procedimiento

1. Corta seis tabletas antiácidas en pedazos pequeños. Mantén los pedazos de cada tableta en un pila separada. Pon los pedazos de una tableta en el primer globo. Pon los pedazos de dos tabletas en un segundo globo. Pon los pedazos de tres tabletas en el tercer globo. **PRECAUCIÓN** *Si eres alérgico al látex, no toques los globos.*

2. Después de usar el gotero para verter 5 ml de agua fría en cada globo, ata inmediatamente cada globo.

3. Agita los globos para mezclar el contenido. Permite que el contenido se ponga a temperatura ambiente.

4. Mide y anota la circunferencia de cada globo varias veces durante los siguientes 20 minutos.

5. Usa la circunferencia máxima de cada globo para calcular su volumen. (*Pista*: Para el volumen de una esfera, usa $V = \frac{4}{3}\pi r^3$ y $r = \text{circumferencia}/2\pi$.)

Analizar y concluir

1. Hacer una gráfica Haz una gráfica de volumen versus número de tabletas. Usa la gráfica para describir la relación entre el número de tabletas usadas y el volumen del globo.

2. Calcular Supongamos que el globo se llena con gas dióxido de carbono a 20 °C a presión estándar. Cálcula la masa y el número de moles de CO_2 en cada globo al máximo de inflación.

3. Analizar datos Si una tableta de antiácido típica contiene 2.0 g de bicarbonato de sodio, ¿cuántos moles de CO_2 debe liberar cada tableta? Compara este valor teórico con tus resultados.

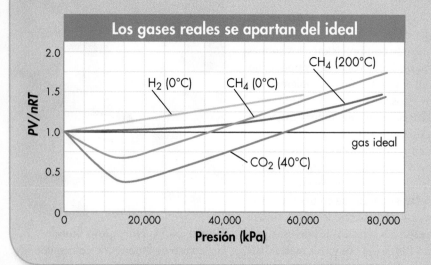

Los gases reales se apartan del ideal

Figura 14.15 Esta gráfica muestra cómo los gases reales se desvían de la ley de los gases ideales a altas presiones.

a. Leer gráficas ¿Cuáles son los valores de (PV/nRT) para un gas ideal a 20,000 y 60,000 kPa?

b. Identificar ¿Qué variable es responsable de las diferencias entre las dos curvas de metano (CH_4)?

c. Hacer generalizaciones ¿Cómo afecta un aumento de la presión al valor de (PV/nRT) para los gases reales?

 LA QUÍMICA Y TÚ

P: *Ciertos tipos de máquinas de niebla usan hielo seco y agua para crear niebla de escenario. Se añaden pedazos de hielo seco a agua caliente, lo que provoca que el hielo seco se sublime. El gas dióxido de carbono frío hace que el vapor de agua del aire de los alrededores se condense en pequeñas gotas, lo que resulta en una niebla espesa. ¿Qué cambios de fase ocurren cuando se hace niebla de escenario?*

La Figura 14.15 muestra cómo el valor de la relación (PV/nRT) cambia a medida que aumenta la presión. Para un gas ideal, el resultado es una línea horizontal porque la relación es siempre igual a 1. Para gases reales a alta presión, la relación puede desviarse, o salirse, de lo ideal. Cuando la relación es mayor que 1, la curva se eleva por encima de la línea del gas ideal. Cuando la relación es menor que 1, la curva cae por debajo de la línea. Las desviaciones pueden explicarse por dos factores. Dado que las fuerzas de atracción reducen la distancia entre las partículas, un gas ocupa menos volumen de lo esperado, causando que el coeficiente sea de menos de 1. Pero el volumen real de las moléculas hace que la relación sea mayor que 1.

En partes de las curvas por debajo de la línea, las atracciones intermoleculares dominan. En partes de las curvas por encima de la línea, el volumen molecular domina. Mira las curvas del metano (CH_4) a 0 °C y 200 °C. A 200 °C, las moléculas tienen más energía cinética para superar las atracciones intermoleculares. Por tanto, la curva para el CH_4 a 200 °C nunca cae por debajo de la línea.

14.3 Comprobación de la lección

30. 🔑 **Repasar** ¿Cómo se puede determinar el número de moles de un gas contenido cuando la presión, el volumen y la temperatura son valores conocidos?

31. 🔑 **Identificar** ¿Bajo qué condiciones los gases reales se devían más del comportamiento ideal?

32. Calcular Determina el volumen ocupado por 0.582 moles de un gas a 15 °C si la presión es de 81.8 kPa.

33. Calcular Llenas un cilindro rígido de acero que tiene un volumen de 20.0 L con gas nitrógeno a una presión final de 2.00×10^4 kPa a 28 °C. ¿Cuántos kilogramos de N_2 contiene el cilindro?

34. Comparar ¿Cuál es la diferencia entre un gas real y un gas ideal?

35. Analizar datos A presión estándar, el amoníaco se condensa a −33.3 °C pero el nitrógeno no se condensa hasta −195.79 °C. Usa lo que sabes sobre enlaces polares para explicar esta diferencia.

GRANIDEA **TEORÍA CINÉTICA**

36. Usa la teoría cinética de los gases para explicar este enunciado: Ningún gas presenta un comportamiento ideal a todas las temperaturas y presiones.

14.4 Gases: Mezclas y movimientos

P: *¿Por qué los globos llenos de helio se desinflan más rápido que los globos llenos de aire?* Probablemente hayas visto globos inflados con aire o helio. La superficie de un globo de látex tiene poros diminutos a través de los cuales pueden pasar las partículas de gas, haciendo que el globo se desinfle con el tiempo. La velocidad a la que el globo se desinfla depende del gas que contiene.

Ley de Dalton

¿Cómo se relacionan la presión total de una mezcla de gases y las presiones parciales de los gases que la componen?

La presión de gas es el resultado de las colisiones de las partículas de un gas con un objeto. Si el número de partículas aumenta en un volumen dado, se producen más colisiones. Si la energía cinética promedio de las partículas aumenta, se producen más colisiones. En ambos casos, la presión aumenta. La presión de gas depende solo del número de partículas en un volumen dado y de su energía cinética promedio. Las partículas en una mezcla de gases a la misma temperatura tienen la misma energía cinética promedio. Por tanto, el tipo de partícula no es importante.

La Tabla 14.1 muestra la composición del aire seco, o aire que no contiene ningún vapor de agua. La contribución de cada gas en una mezcla a la presión total se denomina la **presión parcial** ejercida por el gas. En el aire seco, la presión parcial del nitrógeno es 79.11 kPa. **En una mezcla de gases, la presión total es la suma de las presiones parciales de los gases.**

Preguntas clave

¿Cómo se relacionan la presión total de una mezcla de gases y las presiones parciales de los gases que la componen?

¿Cómo afecta la masa molar de un gas a la velocidad con que éste se difunde o efunde?

Vocabulario

- presión parcial
- ley de Dalton de las presiones parciales
- difusión • efusión
- ley de efusión de Graham

Interpretar datos

Composición del aire seco		
Componente	**Volumen (%)**	**Presión parcial (kPa)**
Nitrógeno	78.08	79.11
Oxígeno	20.95	21.22
Dióxido de carbono	0.04	0.04
Argón y otros	0.93	0.95
Total	**100.00**	**101.32**

Tabla 14.1 La presión total del aire seco es la suma de las presiones parciales de sus gases componentes.

a. Leer tablas ¿Cuál es la presión parcial del oxígeno en el aire seco?

b. Predecir A medida que aumenta la altitud, la presión atmosférica disminuye. ¿Qué crees que le sucede a la presión parcial del oxígeno en el aire a medida que aumenta la altitud?

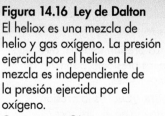

Consulta *la* ley de Dalton en línea animada.

Los datos de la Tabla 14.1 ilustran una ley propuesta por el químico John Dalton. La **ley de las presiones parciales de Dalton** establece que, a volumen y temperatura constante, la presión total ejercida por una mezcla de gases es igual a la suma de las presiones parciales de los gases componentes. Puedes expresar la ley de Dalton matemáticamente como sigue:

$$P_{total} = P_1 + P_2 + P_3 + \dots$$

La ley de Dalton es cierta porque cada gas componente ejerce su propia presión independientemente de la presión ejercida por los otros gases. Mira la Figura 14.16a. El recipiente se llena con heliox, una mezcla de helio y oxígeno utilizada en buceo de profundidad. El componente helio de esta mezcla se muestra en la Figura 14.16b con el mismo volumen y temperatura. El componente oxígeno se muestra en la Figura 14.16c, también con el mismo volumen y temperatura. Cada gas en la mezcla ejerce la presión que ejercía antes de que los gases se mezclaran para hacer heliox. Por tanto, la presión en el recipiente de heliox (500 kPa) es la suma de las presiones en los recipientes de helio y oxígeno (400 kPa + 100 kPa).

Si la composición porcentual de una mezcla de gases no cambia, la fracción de la presión ejercida por un gas no cambia con los cambios de presión total. Este hecho es importante para las personas que deben operar a altas altitudes. Por ejemplo, en la cima del Monte Everest, la presión atmosférica total es de 33.73 kPa. Esta presión es alrededor de un tercio de su valor al nivel del mar. La presión parcial de oxígeno también se reduce en un tercio, a 7,06 kPa. Sin embargo, con el fin de apoyar la respiración en los seres humanos, la presión parcial de oxígeno debe ser 10,67 kPa o más. Por tanto, los escaladores del Monte Everest necesitan una máscara de oxígeno y un cilindro de oxígeno comprimido para sobrevivir el ascenso.

Figura 14.16 Ley de Dalton
El heliox es una mezcla de helio y gas oxígeno. La presión ejercida por el helio en la mezcla es independiente de la presión ejercida por el oxígeno.
Comparar ¿Cómo se compara la proporción de átomos de helio y moléculas de oxígeno con la relación de la presiones parciales?

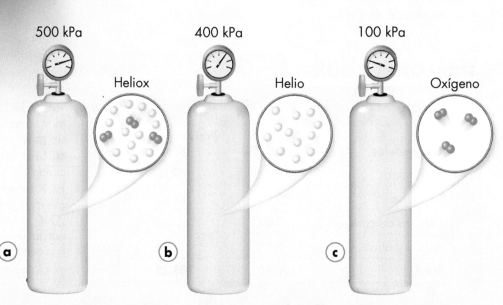

500 kPa   Heliox

400 kPa   Helio

100 kPa   Oxígeno

(a)   (b)   (c)

Ejemplo de problema 14.7

Usar la ley de las presiones parciales de Dalton

El aire contiene oxígeno, nitrógeno, dióxido de carbono y pequeñas cantidades de otros gases. ¿Cuál es la presión parcial del oxígeno (P_{O_2}) a 101.30 kPa de presión total si las presiones parciales del nitrógeno, dióxido de carbono y otros gases son 79.10 kPa, 0.040 kPa y 0.94 kPa, respectivamente?

❶ Analizar Haz una lista de lo onocido y lo desconocido. Usa la ecuación de la ley de las presiones parciales de Dalton ($P_{total} = P_{O_2} + P_{N_2} + P_{CO_2} + P_{otros}$) para calcular el valor desconocido (P_{O_2}).

CONOCIDO	DESCONOCIDO
$P_{N_2} = 79.10$ kPa	$P_{O_2} = ?$ kPa
$P_{CO_2} = 0.040$ kPa	
$P_{otros} = 0.94$ kPa	
$P_{total} = 101.30$ kPa	

❷ Calcular Resuelve para buscar lo desconocido.

Comienza con la ley de las presiones parciales de Dalton.

$$P_{total} = P_{O_2} + P_{N_2} + P_{CO_2} + P_{otros}$$

Resta la suma ($P_{N_2} + P_{CO_2} + P_{otros}$) de ambos lados para despejar P_{O_2}.

Vuelve a ordenar la ley de Dalton para despejar P_{O_2}.

$$P_{O_2} = P_{total} - (P_{N_2} + P_{CO_2} + P_{otros})$$

Sustituye los valores de P_{total} y las presiones parciales conocidas.

$$= 101.30 \text{ kPa} - (79.10 \text{ kPa} + 0.040 \text{ kPa} + 0.94 \text{ kPa})$$

$$= 21.22 \text{ kPa}$$

❸ Evaluar ¿Tiene sentido el resultado? La presión parcial del oxígeno debe ser menor que la del nitrógeno porque P_{total} es sólo 101.30 kPa. Las otras presiones parciales son pequeñas, así que la respuesta calculada de 21.22 kPa parece razonable.

37. Una mezcla que contiene oxígeno, nitrógeno y dióxido de carbono tiene una presión total de 32.9 kPa. Si $P_{O_2} = 6.6$ kPa y $P_{N_2} = 23.0$ kPa, ¿cuánto es P_{CO_2}?

38. Determina la presión total de una mezcla de gases que contiene oxígeno, nitrógeno y helio. Las presiones parciales son $P_{O_2} = 20.0$ kPa, $P_{N_2} = 46.7$ kPa, y $P_{He} = 26.7$ kPa.

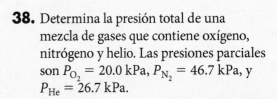

En el Problema 38, lo que no conoces es P_{total}; por tanto, puedes resolver sin volver a ordenar la ley de Dalton.

Ley de Graham

🔑 ¿Cómo afecta la masa molar de un gas a la velocidad con que éste se difunde o efunde?

APOYO PARA LA LECTURA

Desarrollar el vocabulario:
Prefijos Difusión y efusión provienen del latín *fundere* que significa "verter". Sólo se diferencian en sus prefijos. El prefijo *dif-* significa "aparte". El prefijo *ex-* significa "fuera". *¿Cómo es que estos prefijos permiten contrastar lo que ocurre con un gas durante la difusión y la efusión?*

Supón que abres una botella de perfume en una esquina de una habitación. En algún momento, una persona de pie en la esquina opuesta será capaz de oler el perfume. Las moléculas del perfume se evaporan y se difunden, o distribuyen, a través del aire en la habitación. La **difusión** es la tendencia de las moléculas a moverse hacia las zonas de menor concentración hasta que la concentración es uniforme en todos lados.

La secuencia de fotos en la Figura 14.17 ilustra el proceso de difusión del vapor de bromo. En la Figura 14.17a, un cilindro de vidrio que contiene aire se invierte y se sella con un cilindro que contiene vapor de bromo. La Figura 14.17b muestra el vapor de bromo difundiéndose en el aire. El vapor de bromo en el cilindro de abajo ha empezado a moverse hacia arriba en el cilindro de la parte superior, donde hay una menor concentración de bromo. En la Figura 14.17c, el bromo se ha difundido a la parte superior de la columna formada por los cilindros combinados. La concentración de bromo es ahora la misma a lo largo de la columna.

Figura 14.17 Difusión
La difusión de una sustancia a través de otra es un proceso relativamente lento.
Describir *¿Cómo cambia la concentración de bromo en la parte inferior de la columna durante este secuencia?*

(a) Un cilindro de aire y un cilindro de vapor de bromo se sellan juntos.

(b) El vapor de bromo se difunde hacia arriba por el aire.

(c) Después de varias horas, los vapores de bromo llegan a la parte de arriba de la columna.

Hay otro proceso que involucra el movimiento de las moléculas en un gas. Este proceso se denomina efusión. Durante una **efusión,** un gas escapa a través de un pequeño agujero en su contenedor. Con la efusión y la difusión, el tipo de partícula es importante. 🔑 **Los gases de bajo peso molar y difuso se difunden y efunden más rápido que los gases de alto peso molar.**

La contribución de Thomas Graham El químico escocés Thomas Graham estudió la velocidad de efusión durante la década de 1840. A partir de sus observaciones, propuso una ley. La **ley de efusión de Graham** establece que la velocidad de efusión de un gas es inversamente proporcional a la raíz cuadrada de la masa molar del gas. Esta ley también se puede aplicar a la difusión de los gases.

Figura 14.18 Dirigibles
La parte en forma de cigarro de un dirigible, llamado sobre, es un recipiente sellado de gas helio. *Inferir* *¿Qué propiedades crees que son deseables para los materiales usados para hacer la envoltura de un dirigible?*

LA QUÍMICA Y TÚ

P: *¿Por qué los globos llenos de helio se desinflan más rápido que los globos llenos de aire? Usa la ley de efusión de Graham para explicar tu respuesta.*

La ley de Graham tiene sentido si se sabe cómo están relacionadas la masa, la velocidad y la energía cinética de un objeto en movimiento. La expresión que relaciona la masa (m) y la velocidad (v) de un objeto con su energía cinética (EC) es $\frac{1}{2}mv^2$. Para que la energía cinética sea constante, cualquier aumento de la masa debe ser equilibrado por una disminución en la velocidad. Por ejemplo, una pelota con una masa de 2 g debe viajar a 5 m/s para tener la misma energía cinética que un balón con una masa de 1 g que viaja a 7 m/s. Hay un principio importante aquí. Si dos objetos con diferentes masas tienen la misma energía cinética, el objeto más ligero debe moverse más rápido.

Comparar velocidades de efusión El dirigible que se muestra en la Figura 14.18 se infla con helio, que es menos denso que el aire. Uno de los desafíos en el mantenimiento de los dirigibles es evitar que el helio se filtre. Tal vez hayas notado que los globos llenos de helio o aire se desinflan gradualmente con el tiempo. Tanto los dos átomos de helio como las moléculas en el aire pueden pasar a través de los pequeños poros en un globo de látex. Pero un globo lleno de helio se desinfla más rápido que un globo lleno de aire. La teoría cinética puede explicar la diferencia.

Supón que tienes dos globos, uno lleno de helio y el otro lleno de aire. Si los globos están a la misma temperatura, las partículas en cada globo tienen la misma energía cinética promedio. Pero los átomos de helio son menos grandes que las moléculas de oxígeno o nitrógeno. Así que las moléculas en el aire se mueven más lentamente que los átomos de helio con la misma energía cinética. Debido a que la velocidad de efusión se relaciona únicamente con la velocidad de una partícula, la ley de Graham puede escribirse de la siguiente manera para los dos gases, A y B.

$$\frac{\text{Velocidad}_A}{\text{Velocidad}_B} = \sqrt{\frac{\text{masa molar}_B}{\text{masa molar}_A}}$$

En otras palabras, las velocidades de efusión de dos gases son inversamente proporcionales a las raíces cuadradas de sus masas molares. El Ejemplo del problema 14.8 de la página siguiente compara las tasas de efusión del helio y del nitrógeno.

Comparar velocidades de efusión

¿Cuánto más rápido se efunde el helio (He) que el nitrógeno (N_2) a la misma temperatura?

❶ Analizar Haz una lista de lo conocido y lo desconocido. Usa la ley de Graham y las masas molares de los dos gases para calcular la velocidad de efusión.

❷ Calcular Resuelve para buscar lo desconocido. El helio se efunde tres veces más rápido que el nitrógeno a la misma temperatura.

> **CONOCIDO**
> masa molar$_{He}$ = 4.0 g
> masa molar$_{N2}$ = 28.0 g
>
> **DESCONOCIDO**
> **proporción de velocidades de efusión = ?**

Comienza con la ecuación de la ley de efusión de Graham.	$$\frac{Velocidad_{He}}{Velocidad_{N_2}} = \frac{\sqrt{masa\ molar_{N_2}}}{\sqrt{masa\ molar_{He}}}$$
Sustituye las masas molares del nitrógeno y del helio en la ecuación.	$$\frac{Velocidad_{He}}{Velocidad_{N_2}} = \sqrt{\frac{28.0\ g}{4.0\ g}} = \sqrt{7.0} = 2.7$$

❸ Evaluar ¿Tiene sentido el resultado? Los átomos de helio son menos grandes que las moléculas de nitrógeno, así que tiene sentido que el helio se efunda más rápido que el nitrógeno.

39. Calcula la proporción de la velocidad de las moléculas de hidrógeno frente a la velocidad de las moléculas de dióxido de carbono a la misma temperatura.

> Usa lo que conoces sobre fórmulas químicas y moles para escribir la masa molar de cada gas.

14.4 Comprobación de la lección

40. 🔑 **Repasar** En una mezcla de gases, ¿cómo se determina la presión total?

41. 🔑 **Repasar** ¿Cuál es el efecto de la masa molar sobre las velocidades de difusión y efusión?

42. **Explicar** ¿Cómo se calcula la presión parcial de un gas en una mezcla?

43. **Calcular** La presión en una llanta de automóvil llena de aire es 245.0 kPa. Si P_{O_2} = 51.3 kPa, P_{CO_2} = 0.10 kPa, y P_{otros} = 2.3 kPa, ¿cuánto es P_{N_2}?

44. **Comparar** ¿Qué diferencia hay entre efusión y difusión? ¿En qué se parecen estos procesos?

45. **Relacionar causa y efecto** Explica por qué las velocidades de difusión del gas nitrógeno y del monóxido de carbono son casi idénticas a la misma temperatura.

46. **Analizar datos** Tanto la Tabla 14.1 en la página 469 como la tabla Elementos de la atmósfera en la página R1 enumeran datos sobre la composición del aire. Observa los datos incluidos en cada tabla. Identifica dos maneras en que las tablas son similares. Describe al menos tres diferencias.

Difusión

(Otras versiones de este laboratorio se encuentran en el *Manual de laboratorio computarizado*.)

Propósito

Inferir la difusión de un gas mediante la observación de cambios de color durante reacciones químicas

Materiales

- vaso de plástico transparente o placa de Petri
- superficie de reacción
- goteros con azul de bromotimol, ácido clorhídrico y sulfito de hidrógeno de sodio
- regla
- hisopo de algodón
- NaOH, NH_4Cl (opcional)

Procedimiento

1. Usa el vaso de plástico o la placa de Petri para dibujar el círculo grande que se muestra abajo en una hoja de papel.

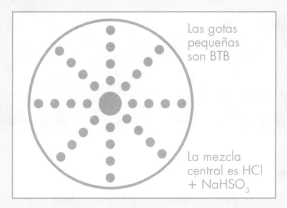

Las gotas pequeñas son BTB

La mezcla central es HCl + $NaHSO_3$

2. Coloca una superficie de reacción sobre la cuadrícula y añade pequeñas gotas de azul de bromotimol (BTB) en el patrón que se muestra por los pequeños círculos. Asegúrate que las gotas no se toquen.

3. Mezcla una gota de ácido clorhídrico (HCl) y una gota de sulfito de hidrógeno de sodio ($NaHSO_3$) en el centro del patrón.

4. Coloca el vaso o la placa de Petri sobre la cuadrícula y observa lo que sucede.

5. Si planeas hacer la Actividad 1 en la sección Tú eres el químico, no deseches los materiales todavía.

Analizar

1. Observar Describe en detalle los cambios que observaste en las gotas de BTB con el paso del tiempo. Haz dibujos para ilustrar los cambios.

2. Describir Dibuja una serie de imágenes que muestren cuál podría ser el aspecto de una de las gotas de BTB con el tiempo si pudieras ver la gota de lado.

3. Explicar El BTB cambió a pesar de que no le añadiste nada. Si la mezcla del centro produjo un gas, ¿explicaría esto el cambio en las gotas de BTB? Usa la teoría cinética para explicar tu respuesta.

4. Describir Traduce la siguiente ecuación en palabras en una ecuación química balanceada: el hidrógeno sulfito de sodio reacciona con el ácido clorhídrico para producir gas de dióxido de azufre, agua y cloruro de sodio.

Tú eres el químico

Las siguientes actividades te permiten desarrollar tus propios procedimientos y analizar los resultados.

1. Analizar datos Con cuidado, absorbe la mezcla central del experimento original con un hisopo de algodón y reemplázala con una gota de NaOH y una gota de NH_4Cl. Describe y explica lo que sucede en términos de la teoría cinética. El cloruro de amonio reacciona con el hidróxido de sodio para producir gas de amoníaco, agua y cloruro de sodio. Escribe y balancea una ecuación química para describir esta reacción.

2. Diseñar un experimento Diseña un experimento para observar el efecto del tamaño de las gotas BTB a la velocidad a la que cambian. Explica tus resultados en términos de la teoría cinética.

Vehículos a gas natural

La mayoría de los carros que se ven en la calle funcionan con gasolina. Sin embargo, en algunas ciudades de EE.UU., así como en partes de América del Sur y Asia, son cada vez más comunes los vehículos que funcionan con combustible gaseoso.

Un vehículo de gas natural, o VGN, funciona con gas natural comprimido (CGN), que es el gas natural que ha sido comprimido a menos del 1 por ciento de su volumen a presión estándar. El combustible se almacena en un cilindro a presión. Al igual que otros vehículos que queman combustibles fósiles, los vehículos a gas natural emiten CO_2. Sin embargo, el gas natural se quema de manera más limpia que la gasolina o el combustible diesel. Muchos carros a gasolina pueden ser adaptados con tecnología VGN de modo que el conductor pueda optar por usar gasolina o CGN.

Ventajas y desventajas

Ventajas del VGN

✔ **Menos contaminación** El VGN produce mucho menos monóxido de carbono, óxido de nitrógeno y toxinas que los vehículos a gasolina.

✔ **Menos mantenimiento** Dado que el gas natural se quema de manera más limpia que la gasolina, los motores de vehículos a gas natural requieren menos mantenimiento que los vehículos a gasolina.

✔ **Combustible más barato** El gas natural cuesta menos que la gasolina.

✔ **Seguridad** Los tanques de combustible de los vehículos a gas natural son más fuertes y más seguros que los tanques de almacenamiento de gasolina.

Desventajas del VGN

✗ **Mas costoso** El VGN tiende a ser más costoso que los carros a gasolina parecidos.

✗ **Menos espacioso** Debido al tanque VGN, los vehículos a gas natural tienen menos espacio en el maletero.

✗ **Autonomía de viaje limitada** Con un solo tanque de gas, los VGN pueden viajar sólo alrededor del 60 por ciento de lo que pueden viajar los carros a gasolina antes de necesitar más combustible.

✗ **Difícil de llenar** Las estaciones de servicio de VGN son actualmente escasas y distantes entre sí.

✗ **Sigue funcionando con un combustible fósil** Al igual que el petróleo, el gas natural es un recurso no renovable.

EN LA CALLE La mayoría de los VGN que hay en los Estados Unidos son autobuses. Pero no te sorprendas si empezaras a ver automóviles de pasajeros con el logotipo "VGN".

LLÉNALO Cualquier edificio que tenga un gasoducto se puede equipar con un dispositivo presurizado para surtir CGN. Pero los conductores de VGN deben tener paciencia: un tanque de CGN vacío se tarda mucho más en llenarse que un tanque de gasolina.

Un paso más allá

1. Calcular El gas natural en un tanque de combustible VGN de 30 L tiene una presión de 2.05×10^4 kPa a una temperatura de 297 K. ¿Cuántos kilogramos de combustible hay en el tanque? (Usa una masa molar de 19 g/mol para el gas natural).

2. Calcular El gas natural es 89% metano (CH_4), 5% etano (C_2H_6), 5% butano (C_4H_{10}) y 1% propano (C_3H_8). Usa los datos de la Pregunta 1 para determinar las presiones parciales de cada componente de gas en el tanque de combustible.

UN GAS REAL EN EL TANQUE DE GAS Un sedán VGN mediano tiene un depósito de combustible en la parte trasera con un volumen de 8 galones, o 30 L. A temperatura ambiente, la presión en el interior de un tanque lleno de CGN es de aproximadamente 3.600 libras por pulgada cuadrada (psi), o 25.000 kPa.

14 **Guía de** estudio

GRANIDEA TEORÍA CINÉTICA

Los gases ideales se ajustan a los supuestos de la teoría cinética. El comportamiento de los gases ideales se puede predecir por las leyes de los gases. Con la ley de los gases ideales, se puede calcular el número de moles de un gas en un volumen fijo a una temperatura y presión conocidas. A pesar de que no existe un gas ideal, los gases reales se comportan idealmente bajo una variedad de condiciones de temperatura y presión.

14.1 Propiedades de los gases

🔑 Los gases se comprimen fácilmente gracias al espacio que hay entre las partículas de un gas.

🔑 La cantidad de gas (n), el volumen (V) y la temperatura (T) son factores que afectan la presión de gas (P).

....

• compresibilidad (450)

14.2 Las leyes de los gases

🔑 Si la temperatura es constante, a medida que la presión de un gas aumenta, el volumen disminuye.

🔑 A medida que la temperatura de un gas encerrado aumenta, también aumenta el volumen si la presión es constante.

🔑 A medida que la temperatura de un gas encerrado aumenta, también se incrementa la presión si el volumen es constante.

🔑 Cuando sólo la cantidad de gas es constante, la ley combinada de los gases describe la relación entre presión, volumen y temperatura.

....

• ley de Boyle (456)
• ley de Charles (458)
• ley de Gay-Lussac (460)
• ley combinada de los gases (462)

┌─────────── Ecuaciones clave ───────────┐

ley de Boyle:
$$P_1 \times V_1 = P_2 \times V_2$$

ley de Gay-Lussac:
$$\frac{P_1}{T_1} = \frac{P_2}{T_2}$$

ley de Charles:
$$\frac{V_1}{T_1} = \frac{V_2}{T_2}$$

ley combinada de los gases:
$$\frac{P_1 \times V_1}{T_1} = \frac{P_2 \times V_2}{T_2}$$

└───┘

14.3 Gases ideales

🔑 Cuando la presión, el volumen y la temperatura de un gas contenido son conocidos, se puede utilizar la ley de los gases ideales para calcular el número de moles del gas.

🔑 Los gases reales difieren más de un gas ideal a bajas temperaturas y altas presiones.

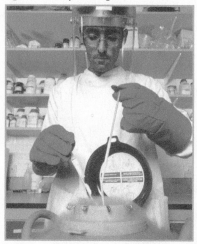

• constante del gas ideal (465)
• ley del gas ideal (465)

┌─────────── Ecuación clave ───────────┐

ley del gas ideal:
$$P \times V = n \times R \times T \text{ o } PV = nRT$$

└───────────────────────────────────────┘

14.4 Gases: Mezclas y movimientos

🔑 En una mezcla de gases, la presión total es la suma de las presiones parciales de los gases.

🔑 Los gases de menor peso molar se difunden y efunden más rápido que los gases de alto peso molar.

....

• presión parcial (469)
• ley de Dalton de las presiones parciales (470)
• difusión (472)
• efusión (472)
• ley de efusión de Graham (472)

┌─────────── Ecuaciones clave ───────────┐

Ley de Dalton: $P_{\text{total}} = P_1 + P_2 + P_3 + \ldots$

Ley de Graham: $\dfrac{\text{Velocidad}_A}{\text{Velocidad}_B} = \sqrt{\dfrac{\text{masa molar}_B}{\text{masa molar}_A}}$

└───┘

Afinar las matemáticas: Problemas de leyes de los gases

Problema	❶ Analizar	❷ Calcular	❸ Evaluar
Una muestra de 2.50 L de gas nitrógeno a una temperatura de 308 K tiene una presión de 1.15 atm. ¿Cuál es el nuevo volumen del gas si la presión aumenta a 1.80 atm y la temperatura disminuye a 286 K?	Conocido: $P_1 = 1.15$ atm $V_1 = 2.50$ L $T_1 = 308$ K $P_2 = 1.80$ atm $T_2 = 286$ K Desconocido: $V_2 = ?$ Usa la ley combinada de los gases: $$\frac{P_1 \times V_1}{T_1} = \frac{P_2 \times V_2}{T_2}$$	Resuelve para hallar V_2 y calcula: $$V_2 = \frac{P_1 V_1 T_2}{P_2 T_1}$$ $$V_2 = \frac{(1.15 \text{ atm})(2.50 \text{ L})(286 \text{ K})}{(1.80 \text{ atm})(308 \text{K})}$$ $V_2 = 1.48$ L	Un aumento de la presión hace que el volumen de un gas disminuya. Del mismo modo, una disminución de la temperatura causa una disminución en el volumen de un gas. Por tanto, V_2 debe ser menor que V_1. La respuesta tiene sentido. Pista: Repasa el Ejemplo de problema 14.4 si tienes problemas con la ley combinada de los gases.
¿Cuántos moles de gas helio llena un globo de 6.45 L a una presión de 105 kPa y una temperatura de 278 K?	Conocido: $P = 105$ kPa $V = 6.45$ L $T = 278$ K $R = 8.31$ L·kPa/K·mol Desconocido: $n = ?$ Usa la ley del gas ideal: $PV = nRT$	Resuelve para hallar n y calcula: $$n = \frac{PV}{RT}$$ $$n = \frac{(105 \text{ kPa})(6.45 \text{ L})}{\left(8.31 \frac{\text{L·kPa}}{\text{K·mol}}\right)(278\text{K})}$$ $n = 0.293$ mol	El gas no está a alta presión y el volumen no es alto. Así que el número de moles en el globo debe ser pequeño. La respuesta es razonable, y las unidades se han cancelado correctamente.
Una mezcla de gas que contiene argón, criptón y helio tiene una presión total de 376 kPa. Si las presiones parciales del argón y del criptón son 92 kPa y 144 kPa, respectivamente, ¿cuál es la presión parcial de helio?	Conocido: $P_{\text{total}} = 376$ kPa $P_{\text{Ar}} = 92$ kPa $P_{\text{Kr}} = 144$ kPa Desconocido: $P_{\text{He}} = ?$ Se aplica la ley de las presiones parciales de Dalton: $P_{\text{total}} = P_{\text{Ar}} + P_{\text{He}} + P_{\text{Kr}}$	Resuelve para hallar P_{He} y calcula: $P_{\text{He}} = P_{\text{total}} - (P_{\text{Ar}} + P_{\text{Kr}})$ $P_{\text{He}} = 376$ kPa $- (92$ kPa $+ 144$ kPa$)$ $P_{\text{He}} = 140$ kPa $P_{\text{He}} = 1.40 \times 10^2$ kPa	La presión parcial del helio debe ser menos de la mitad de la presión total. La respuesta es razonable. Ley de Dalton: La presión total ejercida por una mezcla de gases (P_{total}) es igual a la suma de las presiones parciales de los gases componentes.

Lección por lección

14.1 Propiedades de los gases

47. ¿Qué sucede con las partículas de un gas cuando se comprime el gas?

48. Explica por qué el calentamiento de un gas contenido que se mantiene a un volumen constante aumenta su presión.

49. Describe lo que ocurre con el volumen de un globo cuando se saca afuera en un frío día de invierno. Explica por qué suceden los cambios observados.

50. Un cilindro de metal contiene 1 mol de gas nitrógeno. ¿Qué pasará con la presión si otro mol de gas se añade al cilindro, pero la temperatura y el volumen no cambian?

51. Si un gas se comprime de 4 L a 1 L y la temperatura se mantiene constante, ¿qué ocurre con la presión?

52. Usa el dibujo para ayudarte a explicar por qué la presión de gas disminuye cuando se retira gas de un recipiente con un volumen fijo.

200 kPa   La presión disminuye

14.2 Las leyes de los gases

53. Escribe la ecuación matemática de la ley de Charles y explica los símbolos.

★**54.** El gas en un recipiente cerrado tiene una presión de 3.00×10^2 kPa a 30 °C (303 K). ¿Cuál será la presión si la temperatura baja a −172 °C (101 K)?

55. Calcula el volumen de un gas (en L) a una presión de 1.00×10^2 kPa, si su volumen a 1.20×10^2 kPa es 1.50×10^3 mL.

56. Un gas con un volumen de 4.0 L a 90.0 kPa se expande hasta que la presión cae a 20.0 kPa. ¿Cuál es su nuevo volumen si la temperatura no cambia?

★**57.** Un gas con un volumen de 3.00×10^2 mL a 150.0 °C se calienta hasta que su volumen se expande a 6.00×10^2 mL. ¿Cuál es la nueva temperatura de el gas si la presión permanece constante durante el proceso de calentamiento?

★**58.** Un gas con un volumen de 15 L a 327 °C se enfría a presión constante hasta que el volumen alcanza 5 L. ¿Cuál es la nueva temperatura del gas?

59. Escribe la expresión matemática para la ley combinada de los gases.

60. Un cilindro sellado de gas contiene gas nitrógeno a 1.00×10^3 kPa y una temperatura de 20 °C. Cuando el cilindro se deja al Sol, la temperatura del gas aumenta a 50 °C. ¿Cuál es la nueva presión en el cilindro?

★**61.** Una muestra de gas nitrógeno tiene una presión de 6.58 kPa a 539 K. Si el volumen no cambia, ¿cuál será la presión a 211 K?

62. Muestra cómo la ley de Gay-Lussac puede derivarse de la ley combinada de los gases.

14.3 Gases ideales

63. Describe un gas ideal.

64. Explica por qué es imposible que exista un gas ideal.

★**65.** ¿Cuál es el volumen ocupado por 1.24 moles de un gas a 35 °C si la presión es 96.2 kPa?

66. ¿Qué volumen ocuparán 12.0 g de oxígeno gaseoso (O_2) a 25 °C y a una presión de 52.7 kPa?

★**67.** Si 4.50 g de gas metano (CH_4) se encuentran en un recipiente de 2.00 L a 35 °C, ¿cuál es la presión en el recipiente?

68. ¿Qué presión ejercen 0.450 moles de un gas a 25 °C, si el gas está en un contenedor de 0.650 L?

★**69.** Un globo meteorológico lleno de helio tiene un volumen de 2.4×10^2 L a 99 kPa de presión a una temperatura de 0 °C. ¿Cuál es la masa del helio en el globo?

Gases: Mezclas y movimientos

70. Enuncia con tus propias palabras la ley de las presiones parciales de Dalton.

71. ¿Qué gas se efunde más rápido: el hidrógeno o el cloro? ¿Cuánto más rápido?

72. ¿Qué gas se efunde más rápido a la misma temperatura: el oxígeno molecular o el argón atómico?

★**73.** Calcula la relación de la velocidad de los átomos de helio frente a la velocidad de los átomos de neón a la misma temperatura.

74. Calcula la relación de la velocidad de los átomos de helio frente a la velocidad de las moléculas de flúor a la misma temperatura.

Entender conceptos

75. ¿Cómo explica la teoría cinética la compresibilidad de los gases?

76. Un maestro agrega suficiente agua para cubrir el fondo de una lata de metal vacía con un tapón de rosca. Usando un horno, el maestro calienta la lata sin la tapa hasta que el agua hierve, y luego atornilla la tapa. Cuando la lata sellada se sumerge en agua fría, los lados de la lata colapsan inmediatamente hacia el interior como si la hubieran aplastado en un compactador de basura.

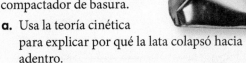

  a. Usa la teoría cinética para explicar por qué la lata colapsó hacia adentro.

  b. Si el experimento se hubiera realizado con una lata seca, ¿los resultados sean similares? Explica.

77. Explica cómo el gas comprimido en una lata de aerosol fuerza la pintura fuera de la lata. Asegúrate de describir cómo la presión del gas en el interior de la lata cambia a medida que la pintura se pulveriza. (Consulta la Figura 14.5 en la Lección 14.1.)

78. ¿Por qué los envases de aerosol tienen la advertencia: "No incinere"?

79. El fabricante de un desodorante en aerosol envasado en un recipiente de 150 ml planea producir un recipiente del mismo tamaño que contenga el doble de gas. ¿De qué manera la presión de gas en el nuevo producto se compara con la del gas en el recipiente original?

80. ¿Por qué se deben usar temperaturas Kelvin en los cálculos que incluyen gases?

81. Explica cómo el uso de una olla a presión reduce el tiempo necesario para cocinar los alimentos.

82. La proporción de dos variables es siempre una constante. ¿Qué se puede concluir acerca de la relación entre las dos variables?

★**83.** Una muestra de gas de 3.50 L a 20 °C y una presión de 86.7 kPa se expande a un volumen de 8.00 L. La presión final del gas es 56.7 kPa. ¿Cuál es la temperatura final del gas en grados Celsius?

84. Explica las razones por las cuales los gases reales se desvían del comportamiento ideal.

85. ¿Cómo se compara el número de partículas de dos gases si sus presiones parciales en un recipiente son idénticas?

86. ¿Por qué un globo lleno de helio se desinfla más rápidamente que un globo lleno de aire?

★**87.** Un cierto gas se efunde cuatro veces más rápido que el oxígeno (O_2). ¿Cuál es la masa molar del gas?

★**88.** Durante un experimento de efusión, un cierto número de moles de un gas desconocido pasó por un pequeño agujero en 75 segundos. Bajo las mismas condiciones, el mismo número de moles de gas oxígeno pasaron a través del agujero en 30 segundos. ¿Cuál es la masa molar del gas desconocido?

89. La fotografía muestra un tubo con bolas de algodón en cada extremo. La bola de algodón en la parte izquierda estaba empapada con ácido clorhídrico. La bola de algodón de la derecha estaba empapada con una solución de amoníaco. Cuando estos compuestos reaccionan, se forma un cloruro de amonio blanco y sólido. Tomando en cuenta la ubicación del cloruro de amonio en el tubo, ¿qué gas se difunde a una velocidad más rápida, el cloruro de hidrógeno o el amoníaco? Explica.

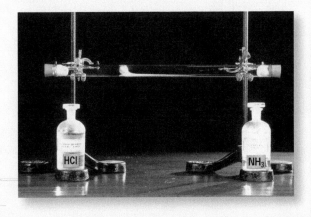

90. Inferir La Figura 14.14 en la Lección 14.3 muestra un tanque aislado que se usa para almacenar nitrógeno líquido. ¿Cómo hace el vacío entre las paredes del tanque para evitar la transferencia de calor?

91. Inferir Los gases se difunden de una región de mayor concentración a una región de menor concentración. ¿Por qué los gases en la atmósfera de la Tierra no escapan hacia el casi vacío del espacio?

92. Aplicar conceptos ¿Qué gas real está más cercano de tener las características de un gas ideal? Explica su respuesta.

93. Predecir El Valle de la Muerte en California está a 86 m bajo el nivel del mar. ¿La presión parcial del oxígeno en el Valle de la Muerte es igual, menor o mayor que la presión parcial del oxígeno al nivel del mar? Da una razón para tu respuesta.

⁎94. Calcular La siguiente reacción se lleva a cabo en un recipiente sellado de 40.0 L a una temperatura de 120 °C:

$$4NH_3(g) + 5O_2(g) \longrightarrow 4NO(g) + 6H_2O(g)$$

a. Cuando 34.0 g de NH_3 reaccionan con 96.0 g de O_2, ¿cuál es la presión parcial de NO en el recipiente sellado?

b. ¿Cuál es la presión total en el recipiente?

95. Interpretar gráficas La gráfica muestra la relación directa entre el volumen y la temperatura para tres muestras de gas diferentes. Ofrece al menos una explicación de por qué las gráficas no son idénticas para las tres muestras. (*Pista:* ¿Qué variables aparte de la temperatura y el volumen se pueden usar para describir un gas?)

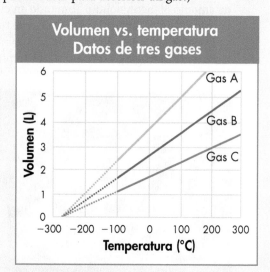

Volumen vs. temperatura
Datos de tres gases

⁎96. Analizar datos Un estudiante reúne los siguiente datos de un gas con volumen fijo.

Temperatura (°C)	Presión (mm Hg)
10	726
20	750
40	800
70	880
100	960

a. Grafica los datos usando la presión como variable dependiente.

b. ¿Cuál es la presión del gas a 0 °C?

c. Es la relación entre las variables directa o inversamente proporcional?

d. ¿Cómo cambia la presión del gas con cada grado Celsius que cambia la temperatura?

e. Escribe una ecuación que relacione la presión y la temperatura del gas.

f. ¿Qué ley de los gases ilustran los datos? Escoge dos puntos de datos en la gráfica para confirmar tu respuesta.

97. Interpretar gráficas La gráfica muestra cómo la proporción (PV/nRT) cambia con el aumento de la presión para del metano (CH_4) a 0 °C y 200 °C.

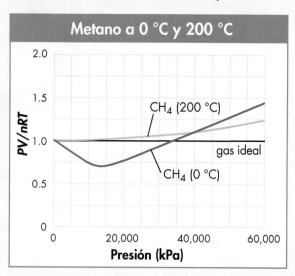

Metano a 0 °C y 200 °C

a. A presiones bajas, ¿qué gas se comporta más como un gas ideal: el metano a 0 °C o el metano a 200 °C?

b. La curva para el metano a 0 °C muestra que la proporción de PV/NRT es menos de 1 a presiones más bajas y mayor de 1 a presiones más altas. ¿Qué características de los gases reales pueden explicar estas desviaciones?

98. **Analizar datos** El oxígeno se produce en el laboratorio mediante el calentamiento de nitrato de potasio (KNO_3). La siguiente tabla de datos da el volumen del oxígeno producido a TPE de diferentes cantidades de KNO_3. Usa los datos para determinar la proporción molar por la cual reaccionan el KNO_3 y el O_2.

Masa de KNO_3 (g)	Volumen de O_2 (cL)
0.84	9.3
1.36	15.1
2.77	30.7
4.82	53.5
6.96	77.3

★99. **Calcular** Una mezcla de gas etino (C_2H_2) y gas metano (CH_4) ocuparon un volumen determinado a una presión total de 16.8 kPa. Cuando la muestra hizo combustión, los productos eran gas CO_2 y vapor de H_2O. El CO_2 se recogió y se halló que su presión era 25.2 kPa en el mismo volumen y a la misma temperatura que la mezcla original. ¿Qué porcentaje de la mezcla original era metano?

★100. **Calcular** Un recipiente de 0.10 L contiene 3.0×10^{20} moléculas de H_2 a 100 kPa y 0 °C.

a. Si el volumen de una molécula de hidrógeno es 6.7×10^{-24} mL, ¿qué porcentaje del volumen del gas está ocupado por sus moléculas?

b. Si la presión se incrementa a 100,000 kPa, el volumen del gas es de 1×10^{-4} L. ¿Qué fracción del volumen total ocupan ahora las moléculas de hidrógeno?

101. **Sacar conclusiones** Muchos gases que tienen moléculas pequeñas, como N_2 y O_2, tienen el volumen molar esperado de 22.41 L a TPE. Sin embargo, otros gases se comportan de una manera no muy ideal, aunque haya presiones ni temperaturas extremas. Los volúmenes molares de CH_4, CO_2 y NH_3 a TPE son 22.37 L, 22.26 L y 22.06 L, respectivamente. Explica las razones de estas grandes desviaciones del ideal.

102. **Explicar** ¿Por qué una pelota de tenis rebota más alto en el verano que en el invierno? Usa lo que sabes sobre el comportamiento de los gases para explicar tu respuesta.

103. **Investigar un problema** Los carros que funcionan con gas natural o hidrógeno requieren diferentes tanques de combustible y diferentes estaciones de servicio que los carros que funcionan con gasolina, que es un líquido a TPE. ¿Cómo diseñarías un tanque de combustible para almacenar un gas? ¿Cómo diseñarías una bomba que bombeara un gas en lugar de un líquido? Investiga un tipo de vehículo que funcione con combustible gaseoso y explica cómo se han solucionado estos problemas.

MISTERIOQUÍMICO

Bajo presión

Becki se dio cuenta que tenía la enfermedad de descompresión, también conocida como embolia gaseosa arterial. Los buzos recreativos usan reguladores unidos al tanque de aire para "regular" el aire que respiran, de manera que esté a la misma presión que la presión fuera de sus cuerpos. Aunque las fracciones de nitrógeno y oxígeno en su suministro de aire permanecieron constantes a alta presión, la presión parcial de cada componente de gas aumentó. Por tanto, con cada respiración bajo el agua, estaba recibiendo más nitrógeno y oxígeno de lo normal.

A medida que Becki ascendía y la presión sobre su cuerpo disminuía, el exceso de nitrógeno formó burbujas en la sangre y en los tejidos, causando dolor y otros síntomas. Los casos graves de embolia requieren de tratamiento en una cámara de alta presión. La presión se reduce gradualmente de modo que el exceso de nitrógeno pueda salir del cuerpo sin causar daño.

104. **Inferir** ¿Cómo podría haber evitado Becki que le diera la embolia?

105. **Conexión con la GRANIDEA** ¿Qué habría sucedido si Becki hubiera contenido la respiración mientras ascendía? Usa las leyes de los gases para dar tu explicación.

Repaso acumulativo

106. ¿Cuál es la relación matemática que hay entre las escalas de temperatura Kelvin y Celsius?

★107. Una muestra de metal tiene una masa de 9.92 g y mide 4.50 cm × 1.30 cm × 1.60 mm. ¿Cuál es la densidad del metal?

108. ¿Cuántos electrones, protones y neutrones hay en un átomo de plomo-206?

109. ¿Qué elemento tiene la siguiente configuración electrónica?

1s	2s	2p	3s	3p	4s	3d
↑↓	↑↓	↑↓	↑↓	↑↓	↑↓	↑↓
		↑↓		↑↓		↑↓
		↑↓		↑↓		↑↓
						↑
						↑

110. ¿Cuáles de estos elementos son metales?

   a. arsénico   **b.** tungsteno   **c.** xenón

111. ¿Qué elemento es más probable que forme un compuesto con el estroncio?

   a. neón   **b.** estaño   **c.** selenio

112. ¿Qué compuesto contiene al menos un enlace doble?

   a. H_2Se **b.** SO_2 **c.** PCl_3

★113. Nombra cada compuesto.

   a. $SnBr_2$ **c.** $Mg(OH)_2$

   b. $BaSO_4$ **d.** IF_5

114. Un átomo de plomo tiene una masa 17.16 veces mayor que la masa de un átomo de carbono-12. ¿Cuál es la masa molar de este isótopo de plomo?

★115. Calcula la masa molar de cada sustancia.

   a. $Ca(CH_3CO_2)_2$ **c.** $C_{12}H_{22}O_{11}$

   b. H_3PO_4 **d.** $Pb(NO_3)_2$

116. ¿Cuál es la importancia del volumen 22.4 L?

★117. Calcula la fórmula molecular de cada uno de los siguientes compuestos.

   a. La fórmula empírica es C_2H_4O, y la masa molar es 88 g.

   b. La fórmula empírica es CH, y la masa molar es 104 g.

   c. La masa molar es 90 g. La composición porcentual es 26.7% de C, 71.1% de O y el 2.2% de H.

118. Calcula la composición porcentual de 2-propanol (C_3H_7OH).

119. ¿Qué tipo de reacción es cada una de las siguientes?

   a. El calcio reacciona con agua para formar hidróxido de calcio y gas hidrógeno.

   b. El mercurio y el oxígeno se preparan por calentamiento de óxido de mercurio (II).

120. Escribe ecuaciones balanceadas para las siguientes reacciones químicas.

   a. El tetrafósforo decoxido reacciona con el agua para formar ácido fosfórico.

   b. El hidróxido de aluminio y el sulfuro de hidrógeno se forman cuando el sulfuro de aluminio reacciona con agua.

★121. El óxido de aluminio se forma a partir de sus elementos.

$$Al(s) + O_2(g) \longrightarrow Al_2O_3(s)$$

   a. Balancea la ecuación.

   b. ¿Cuántos gramos de cada reactivo se necesitan para formar 583 g de $Al_2O_3(s)$?

122. Explica por qué un gas se expande hasta que toma la forma y el volumen de su recipiente.

123. Usa los dibujos para explicar cómo se produce la presión de gas.

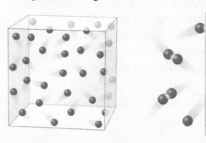

Pared del recipiente

Si tienes problemas con . . .

Pregunta	106	107	108	109	110	111	112	113	114	115	116	117	118	119	120	121	122	123
Ver el capítulo	3	3	4	5	6	7	8	9	10	10	10	10	10	11	11	12	13	13

484 Capítulo 14 • Evaluación

Preparación para los exámenes estandarizados

Escoge la opción que responda mejor a cada pregunta o que complete cada enunciado.

1. Un gas en un globo a presión constante tiene un volumen de 120.0 ml a −123 °C. ¿Cuál es su volumen a 27.0 °C?
   (A) 60.0 mL   (C) 26.5 mL
   (B) 240.0 mL   (D) 546 mL

2. Si la temperatura Kelvin de un gas se triplica y el volumen se duplica, la nueva presión será
   (A) 1/6 de la presión original.
   (B) 2/3 de la presión original.
   (C) 3/2 de la presión original.
   (D) 5 veces la presión original.

3. ¿Cuál de estos gases se efunde más rápido?
   (A) Cl_2 (C) NH_3
   (B) NO_2 (D) N_2

4. Todo el gas oxígeno de un contenedor de 10.0 L a una presión de 202 kPa se agrega a un recipiente de 20.0 L de hidrógeno a una presión de 505 kPa. Después de la transferencia, ¿cuáles son las presiones parciales del oxígeno y el hidrógeno?
   (A) El oxígeno a 101 kPa, el hidrógeno a 505 kPa.
   (B) El oxígeno a 202 kPa, el hidrógeno a 505 kPa.
   (C) El oxígeno a 101 kPa, el hidrógeno a 253 kPa.
   (D) El oxígeno a 202 kPa, el hidrógeno a 253 kPa.

5. ¿Cuál de los siguientes cambios aumentarían la presión de un gas en un recipiente cerrado?
   I. Se elimina parte del gas.
   II. Se disminuye el tamaño del contenedor.
   III. Se aumenta la temperatura.

   (A) I y II solo
   (B) II y III solo
   (C) I y III solo
   (D) I, II y III

6. Un gas real se comporta casi como un gas ideal
   (A) a alta presión y baja temperatura.
   (B) a baja presión y alta temperatura.
   (C) a baja presión y baja temperatura.
   (D) a alta presión y alta temperatura.

Usa las gráficas para responder las Preguntas 7 a 10. Cada gráfica se puede usar una vez, más de una vez o ni una vez.

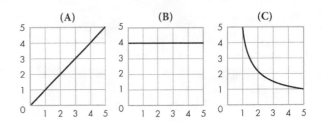

¿Qué gráfica muestra cada uno de los siguientes?

7. una relación directamente proporcional
8. gráfica con pendiente = 0
9. una relación inversamente proporcional
10. gráfica con una pendiente constante

Usa el dibujo para responder las Preguntas 11 y 12.

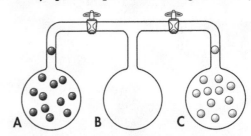

11. La bombilla A y la bombilla C contienen diferentes gases. La bombilla B no contiene gas. Si las válvulas entre las bombillas se abren, ¿cómo se distribuirán las partículas de gas cuando el sistema alcance un equilibrio? Supongamos que no hay partículas en los tubos que conectan las bombillas.

> **Consejos para tener éxito**
>
> **Construir un diagrama** Si te piden que dibujes un diagrama, haz primero un esquema si afincar mucho (para que puedas borrar fácilmente), o haz un esquema en otra hoja de papel. Una vez que estés seguro de tu respuesta, dibuja el diagrama final.

12. Haz un dibujo de tres bombillas con 6 esferas azules en la bombilla A, 9 esferas verdes en la bombilla B y 12 esferas rojas en la bombilla C. Luego, dibuja la configuración para representar la distribución de los gases después de que las válvulas se hayan abierto y el sistema alcance un equilibrio.

Si tienes problemas con . . .

Pregunta	1	2	3	4	5	6	7	8	9	10	11	12
Ver la lección	14.2	14.2	14.4	14.3	14.1	14.3	14.2	14.2	14.2	14.2	14.4	14.4

15

Agua y sistemas acuosos

El agua tiene muchas propiedades únicas. En este capítulo, aprenderás sobre las interacciones entre las moléculas de agua.

EN EL INTERIOR:

- **15.1** El agua y sus propiedades
- **15.2** Sistemas acuosos homogéneos
- **15.3** Sistemas acuosos heterogéneos

PearsonChem.com

ENLACES E INTERACCIONES

Preguntas esenciales:

1. *¿Cómo es que las interacciones entre moléculas de agua generan las propiedades únicas del agua?*

2. *¿Cómo se forman las soluciones acuosas?*

MISTERIOQUÍMICO

A limpiarse

En un hermoso sábado por la tarde, Wes decidió dar un paseo en bicicleta. Se puso en marcha en un largo viaje a través de los senderos en un parque cercano.

Cuando Wes regresó del paseo en bicicleta, se encontró con que sus calcetines tenían muchas manchas. Había suciedad del sendero, así como grasa de la cadena de la bicicleta. Wes pensó que podría limpiar los calcetines con solo meterlos al fregadero. Trató de remojar los calcetines en agua, pero ni la suciedad ni la grasa se les quitaron. ¿No se supone que el agua lo limpia todo? Al parecer no. Si Wes hubiera sabido más sobre la química del agua, podría haber intentado algo diferente para limpiar los calcetines sucios.

▶ Conexión con la **GRAN**IDEA

A medida que lees sobre el agua y los sistemas acuosos, piensa en cómo Wes podría eliminar la suciedad y la grasa de sus calcetines.

15.1 El agua y sus propiedades

P: *¿Qué propiedades del agua la hacen esencial para la vida en la Tierra?* Cuando los astronautas del *Apollo 8* vieron por primera vez su planeta desde una distancia de miles de kilómetros, lo llamaron la gran canica azul. El agua cubre aproximadamente tres cuartas partes de la superficie terrestre. Además de formar los océanos de la Tierra, el agua forma las capas de hielo polar y los ciclos a través de la atmósfera. Toda la vida conocida, como el pingüino en la Figura 15.1, está formada sobre todo de agua.

Agua en estado líquido

🔑 *¿Qué factores producen la alta tensión superficial, la baja presión de vapor y el alto punto de ebullición del agua?*

Ni tú ni las plantas y los animales con los que vivimos en la "gran canica azul" pueden vivir sin agua. Además del agua visible en la superficie de la Tierra, existen inmensas reservas de agua bajo tierra. El agua en forma de hielo y nieve domina las regiones polares de la Tierra. El vapor de agua de la evaporación del agua superficial y del vapor que surge de los géiseres y volcanes está siempre presente en la atmósfera de la Tierra.

Recuerda que el agua, H_2O, es una molécula simple que consiste de tres átomos. El átomo de oxígeno forma un enlace covalente con cada uno de los átomos de hidrógeno. El oxígeno tiene una electronegatividad mayor que el hidrógeno, por lo que el átomo de oxígeno atrae el par de electrones del enlace covalente O—H en un mayor grado que el átomo de hidrógeno. Por tanto, el enlace O—H es altamente polar. En consecuencia, el átomo de oxígeno adquiere una carga parcial negativa (δ-). Los átomos de hidrógeno menos electronegativos adquieren cargas positivas parciales (δ+).

Preguntas clave

🔑 **¿Qué factores producen la alta tensión superficial, la baja presión de vapor y el alto punto de ebullición del agua?**

🔑 **¿Cómo puedes describir la estructura del hielo?**

Vocabulario

- tensión superficial
- tensoactivo

Figura 15.1 El agua es vital para la vida
Los océanos les brindan abundante comida a los pingüinos.

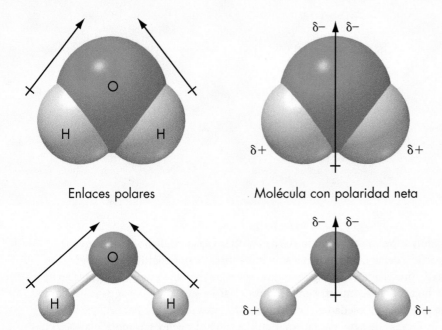

Enlaces polares

Molécula con polaridad neta

Figura 15.2 Polaridad del H$_2$O
En una molécula de agua, las polaridades de los enlaces son iguales, pero los dos polos no se anulan entre sí porque una molécula de agua es angular. La molécula como un todo es polar.
Aplicar conceptos *¿Qué elemento del agua tiene la electronegatividad más alta?*

¿Cómo afectan las polaridades de los dos enlaces O—H la polaridad de la molécula? La forma de la molécula es el factor determinante. El ángulo de enlace de la molécula de agua es de aproximadamente 105°, lo que le da una forma doblada. Las dos polaridades de enlace O—H no se anulan, por lo que la molécula de agua en su conjunto es polar. La polaridad neta de la molécula de agua se ilustra en la Figura 15.2.

En general, las moléculas polares son atraídas entre sí por interacciones dipolares. El extremo negativo de la molécula atrae al polo positivo de otra molécula. Sin embargo, en el agua, esta atracción da como resultado enlaces de hidrógeno, como se ilustra en la Figura 15.3. Recuerda que los enlaces de hidrógeno son fuerzas de atracción que surgen cuando un átomo de hidrógeno está unido covalentemente a un átomo muy electronegativo y también unido débilmente a un par de electrones no compartidos de otro átomo electronegativo. Los enlaces de hidrógeno no son tan fuertes como los enlaces covalentes, pero son más fuertes que otras fuerzas intermoleculares. **Muchas de las propiedades únicas e importantes del agua, incluyendo su alta tensión superficial, baja presión de vapor y alto punto de ebullición son el resultado de enlaces de hidrógeno.**

Figura 15.3 Enlaces de hidrógeno en el agua
La polaridad de la molécula de agua produce enlaces de hidrógeno. **a.** El átomo de oxígeno tiene una carga negativa parcial. Cada átomo de hidrógeno tiene una carga positiva parcial. **b.** Los enlaces de hidrógeno se forman entre el átomo de hidrógeno de una molécula de agua y el átomo de oxígeno de una molécula de agua adyacente.
Inferir *Para formar un enlace de hidrógeno, ¿qué debe ser cierto sobre el hidrógeno y sobre el elemento al que está unido?*

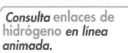

Consulta enlaces de hidrógeno en línea animada.

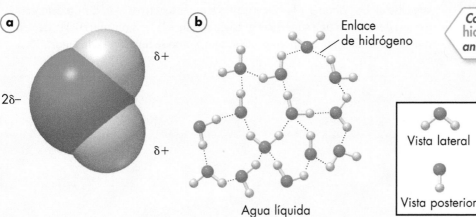

a $2\delta-$ $\delta+$ $\delta+$

b Enlace de hidrógeno

Agua líquida

Vista lateral

Vista posterior

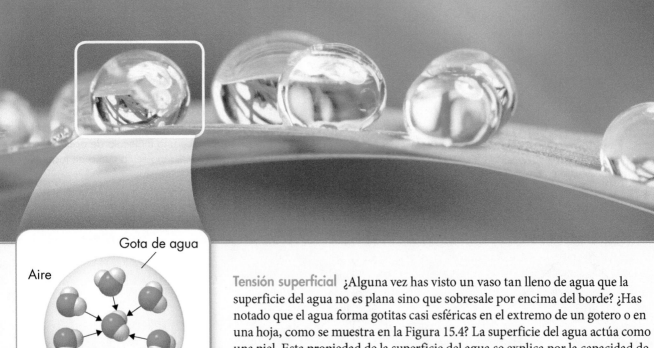

Aire

Gota de agua

Figura 15.4
Tensión superficial del agua
El agua forma gotas casi esféricas en una hoja. Las moléculas de agua en la superficie de la gota de agua no pueden formar enlaces de hidrógeno con moléculas en el aire, por lo que son atraídas hacia el cuerpo del líquido.

Tensión superficial ¿Alguna vez has visto un vaso tan lleno de agua que la superficie del agua no es plana sino que sobresale por encima del borde? ¿Has notado que el agua forma gotitas casi esféricas en el extremo de un gotero o en una hoja, como se muestra en la Figura 15.4? La superficie del agua actúa como una piel. Esta propiedad de la superficie del agua se explica por la capacidad de las moléculas de agua para formar enlaces de hidrógeno. Las moléculas de agua dentro del cuerpo del líquido forman enlaces de hidrógeno con otras moléculas que las rodean por todos los lados. Las fuerzas de atracción sobre cada una de estas moléculas están equilibradas. Sin embargo, las moléculas de agua en la superficie del líquido experimentan una atracción desequilibrada. Puedes ver en la Figura 15.4 que las moléculas de agua tienen enlaces de hidrógeno sólo en el interior de la gota. En consecuencia, las moléculas de agua en la superficie tienden a ser atraídas hacia el interior. La fuerza hacia el interior, o de tracción, que tiende a minimizar el área de superficie de un líquido, se llama **tensión superficial.**

Todos los líquidos tienen una tensión superficial, pero la tensión superficial del agua es mayor que la mayoría. Por esta razón, en algunas superficies, el agua tiende a formar gotas más que a dispersarse. La tensión superficial del agua tiende a mantener una gota de líquido en forma esférica. Por ejemplo, puedes haber notado que el agua tiende a formar gotas en la superficie de un carro recién encerado. Las moléculas de cera son no polares, por lo que hay poca o ninguna atracción entre las moléculas de cera y las moléculas polares del agua. Las gotas no son esferas perfectas porque la fuerza de gravedad tiende a tirar de ellas hacia abajo, haciendo que se aplanen.

Es posible disminuir la tensión superficial del agua mediante la adición de un tensoactivo. Un **tensoactivo** es cualquier sustancia que interfiere con los enlaces de hidrógeno entre las moléculas de agua y, por tanto, reduce la tensión superficial. Los jabones y los detergentes son tensoactivos. Añadir un detergente a gotas de agua en una superficie grasienta reduce la tensión superficial, haciendo que las gotas de agua colapsen hacia afuera, como se muestra en la Figura 15.5.

Figura 15.5 Efecto de un tensoactivo
Las gotas de agua se abultan en algunas superficies. Cuando el detergente, un tensoactivo, se añade al agua, la gota se extiende.
Comparar *¿Qué gota líquida tiene una mayor tensión superficial?*

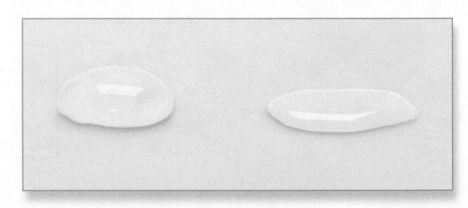

Presión de vapor El enlace de hidrógeno entre las moléculas de agua también explica una presión de vapor del agua inusualmente baja. Recuerda que la presión de vapor de un líquido es el resultado de que las moléculas escapan de la superficie del líquido y entran en la fase de vapor. Una extensa red de enlaces de hidrógeno mantienen a las moléculas de agua líquida unidas entre sí. Estos enlaces de hidrógeno deben romperse antes de que el agua pase del estado líquido al gaseoso, por lo que la tendencia de estas moléculas a escapar es baja y la evaporación es lenta. Imagina lo que sucedería si no fuera así. ¡Todos los lagos y océanos, con sus grandes superficies, se evaporarían rápidamente!

Punto de ebullición Los compuestos moleculares de baja masa molar son generalmente gases o líquidos con bajos puntos de ebullición a la presión atmosférica normal. El amoníaco (NH_3), un compuesto molecular, tiene una masa molar de 17.0 g/mol y hierve a aproximadamente −33 °C. El agua tiene una masa molar de 18.0 g/mol, pero tiene un punto de ebullición de 100 °C. La diferencia entre los puntos de ebullición de estos dos compuestos se debe al enlace de hidrógeno, que es más extenso en el agua que en el amoníaco. Se necesita mucho más calor para interrumpir las atracciones entre las moléculas de agua que entre las moléculas de amoníaco. Si el enlace de hidrógeno en el agua fuera tan débil como lo es en el amoníaco, el agua sería un gas a las temperaturas habituales que se encuentran en la Tierra.

APOYO PARA LA LECTURA

Desarrollar destrezas de lectura: _Inferencia_ Si las moléculas de agua no formaran enlaces de hidrógeno entre sí, el agua tendría un punto de ebullición mucho más bajo. _¿Qué crees que significaría esto para la vida como la conocemos?_

Laboratorio rápido

Propósito Observar una propiedad inusual de la superficie del agua que se produce por los enlaces de hidrógeno

Materiales

- **plato llano o placa de Petri**
- **agua**
- **clip de papel**
- **liga, de aproximadamente 5 cm de diámetro**
- **micropipetas o goteros (2)**
- **aceite vegetal**
- **detergente líquido para platos**

Tensión superficial

Procedimiento

1. Limpia y seca bien el plato.

2. Llena el plato casi por completo con agua. Sécate las manos.

3. Con cuidado de no romper la superficie, coloca suavemente el clip de papel en el agua. Observa lo que sucede.

4. Repite los pasos 1 y 2.

5. Coloca con cuidado la liga abierta en el agua.

6. Poco a poco agrega el aceite vegetal gota a gota en el agua rodeada por la liga hasta que el agua esté cubierta con una capa de aceite. Observa por 15 segundos.

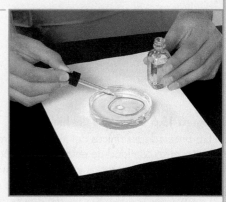

7. Permite que una gota de detergente para lavar platos caiga en el centro de la capa de aceite. Observa el sistema por 15 segundos.

Analizar y concluir

1. Observar ¿Qué pasó con el clip de papel en el paso 3? ¿Por qué?

2. Predecir Si un clip de papel se moja, ¿flota? Explica tu respuesta.

3. Observar Qué forma adoptó la liga cuando el agua en su interior fue cubierta con aceite? ¿Por qué adoptó la forma observada?

4. Describir ¿Qué pasó cuando se colocó una gota de detergente para platos en la capa de aceite?

Agua en estado sólido

🔑 ¿Cómo puedes describir la estructura del hielo?

Has visto que el agua en estado líquido exhibe algunas propiedades únicas. Lo mismo es cierto para el agua en estado sólido. Por ejemplo, los cubos de hielo flotan en el vaso de té helado porque el agua sólida tiene una menor densidad que el agua líquida. Esta situación no es habitual en los líquidos. A medida que un líquido típico se enfría, comienza a contraerse y su densidad aumenta gradualmente. La densidad aumenta debido a que las moléculas del líquido se mueven más cerca de modo que un volumen dado de líquido contiene más moléculas y por tanto más masa. Si el enfriamiento continúa, el líquido finalmente se solidifica con una densidad mayor que la densidad del líquido. Un sólido típico se hunde en su propio líquido debido a que la densidad del sólido es mayor que la del líquido correspondiente.

A medida que el agua empieza a enfriarse, se comporta inicialmente como un líquido típico. Se contrae ligeramente y su densidad aumenta gradualmente, como se muestra en la Tabla 15.1. Observa que a 4 °C, la densidad del agua está en su máximo de 1.0000 g/cm³. Cuando la temperatura del agua cae por debajo de 4 °C, la densidad del agua realmente comienza a disminuir. Por debajo de 4 °C, el agua ya no se comporta como un líquido típico. El hielo, que se forma a 0 °C, tiene una densidad aproximadamente 10 por ciento menor que el agua líquida a 0 °C. Es posible que hayas notado que el hielo comienza a formarse en la superficie de un estanque cuando la temperatura llega a 0 °C, pero el hielo no se hunde. Flota en la superficie, lo que permite hacer patinaje sobre hielo y pescar en el hielo. El hielo es uno de los pocos sólidos que flota en su propio líquido.

¿Por qué es el hielo menos denso que el agua líquida? Como se puede ver en la Figura 15.6, los enlaces de hidrógeno mantienen las moléculas de agua en su lugar en la fase sólida. 🔑 **La estructura del hielo es un marco abierto regular de moléculas de agua en una disposición hexagonal.** Cuando el hielo se derrite, el marco colapsa. Al consultar de nuevo la Figura 15.3, se puede ver que las moléculas de agua se unen más en el agua líquida, por lo que es más densa que el hielo.

Tabla 15.1

Densidad del agua líquida y del hielo

Temperatura (°C)	Densidad (g/cm³)
100 (agua líquida)	0.9584
50	0.9881
25	0.9971
10	0.9997
4	1.0000
0 (agua líquida)	0.9998
0 (hielo)	0.9168

Figura 15.6 Estructura del hielo
Las propiedades únicas del hielo son el resultado de los enlaces de hidrógeno.
a. La gran cantidad de enlaces de hidrógeno en el hielo mantiene a las moléculas de agua más separadas y de una manera más ordenada que en el agua líquida.
b. La simetría hexagonal de un copo de nieve refleja la estructura del cristal de hielo.
Comparar y contrastar *¿En qué se parecen las estructuras del agua líquida (se muestra en la Figura 15.3) y del hielo? ¿En qué se diferencian?*

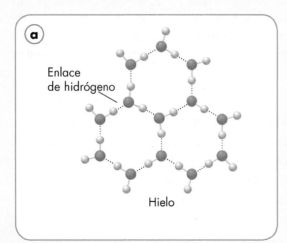

Enlace de hidrógeno

Hielo

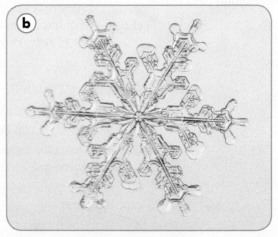

El hecho de que el hielo flota tiene importantes consecuencias para los organismos. Una capa de hielo en la parte superior de un cuerpo de agua, como la que se muestra en la Figura 15.7, actúa como un aislante para el agua que está por debajo, lo que evita que el agua se congele, excepto bajo condiciones extremas. El agua líquida en la parte inferior de un cuerpo de agua congelado está más caliente que 0 °C, por lo que los peces y otros organismos acuáticos pueden sobrevivir. Si el hielo fuera más denso que el agua líquida, los cuerpos de agua tenderían a congelarse durante los meses de invierno, destruyendo muchos tipos de organismos.

El hielo se funde a 0 °C, lo que es una temperatura de fusión elevada para una molécula con un peso molecular tan bajo. Se requiere una cantidad considerable de energía para que las moléculas de agua pasen del estado sólido al estado líquido. El calor absorbido cuando 1 g de agua a 0 °C pasa de un sólido a un líquido es 334 J. Este calor es la misma cantidad de energía que se necesita para elevar la temperatura de 1 g de agua líquida a partir de 0 °C a 80 °C.

LA QUÍMICA Y TÚ

P: *¿Qué propiedades del agua que surgen de los enlaces de hidrógeno la hacen esencial para la vida en la Tierra?*

Figura 15.7 El hielo flota en el agua líquida
Muchos organismos que viven en el agua no sobrevivirían si el hielo fuera más denso que el agua líquida.

15.1 Comprobación de la lección

1. Repasar ¿Qué causa la alta tensión superficial, la baja presión de vapor y el alto punto de ebullición del agua?

2. Describir ¿Cómo están organizadas las moléculas de agua en el hielo?

3. Explicar ¿Por qué el agua forma gotas esféricas en algunas superficies?

4. Relacionar causa y efecto ¿Qué efecto tiene un tensoactivo sobre la tensión superficial del agua?

5. Inferir El agua (H_2O) y el metano (CH_4) tienen pesos moleculares similares. El metano pasa de líquido a gas a −161 °C. El agua se convierte en gas a 100 °C. ¿cómo se puede explicar la diferencia?

6. Aplicar conceptos ¿Qué hace que las tuberías de agua se rompan a temperaturas bajo cero?

GRANIDEA ENLACES E INTERACCIONES

7. Describe cómo los enlaces de hidrógeno producen las propiedades del agua.

15.2 Sistemas acuosos homogéneos

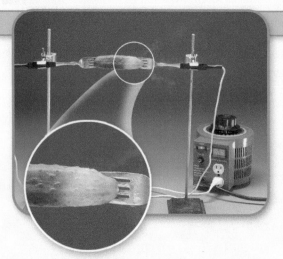

Preguntas clave

🔑 ¿Qué tipos de sustancias se disuelven más fácilmente en agua?

🔑 ¿Por qué todos los compuestos iónicos son electrolitos?

🔑 ¿Por qué los hidratos ganan y pierden agua fácilmente?

Vocabulario

• solución acuosa • solvente
• soluto • solvatación
• electrolito • no electrolito
• electrolito fuerte
• electrolito débil
• agua de hidratación • hidrato
• anhidro • eflorecerse
• higroscópico • desecante
• delicuescente

P: *¿Qué puedes hacer para que brille un pepinillo encurtido? ¿Es posible leer a la luz de un pepinillo encurtido brillante?* Aunque suene absurdo, un pepinillo encurtido común de la tienda de delicatessen ¡puede ser una fuente de luz! Los tenedores de metal se insertan en los extremos del pepinillo encurtido y se conectan a una fuente de corriente eléctrica alterna. Después de un tiempo, durante el cual el pepinillo se calienta y produce vapor, el pepinillo comienza a brillar. El mecanismo por el cual se genera la luz no está totalmente entendido, pero es evidente que la conducción de la corriente eléctrica por el pepinillo encurtido es un factor importante.

Soluciones

🔑 **¿Qué tipo de sustancias se disuelven más fácilmente en agua?**

El agua disuelve tantas de las sustancias con las que entra en contacto con que no vas a encontrar agua químicamente pura en la naturaleza. Incluso el agua de la llave que bebes es una solución que contiene diferentes cantidades de minerales y gases disueltos. Una **solución acuosa** es agua que contiene sustancias disueltas.

Solventes y solutos En una solución, el medio de disolución es el **solvente.** Las partículas disueltas en una solución son el **soluto.** El solvente disuelve al soluto, y el soluto se dispersa en el solvente. Los solventes y solutos pueden ser gases, líquidos o sólidos.

Recuerda que las soluciones son mezclas homogéneas. También son mezclas estables. Por ejemplo, el cloruro de sodio (NaCl) no se asienta si no se agitan sus soluciones y se cumplen otras condiciones, como una temperatura constante. Las partículas del soluto pueden ser átomos, iones o moléculas, y el promedio de sus diámetros son por lo general de menos de 1 nm (10^{-9} m). Por tanto, si filtras una solución a través de papel de filtro, tanto el soluto como el solvente pasan a través del filtro.

🔑 **Las sustancias que se disuelven más fácilmente en agua incluyen compuestos iónicos y compuestos covalentes polares.** Los compuestos no polares covalentes, como el metano, y los compuestos que se encuentran en el aceite, la grasa, y la gasolina, no se disuelven en agua. Sin embargo, el aceite y la grasa se disuelven en la gasolina. Para comprender esta diferencia, es necesario conocer más acerca de las estructuras del solvente y del soluto, y las atracciones que existen entre ellos.

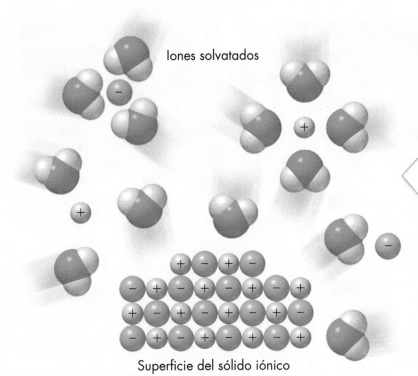

Iones solvatados

Superficie del sólido iónico

Figura 15.8 Solvatación de un sólido iónico
Cuando se disuelve un sólido iónico, los iones se solvatan, o son rodeados por moléculas del solvente.

Inferir ¿Por qué las moléculas de agua se orientan de manera diferente en torno a los aniones y a los cationes?

Consulta solvatación en línea animada.

El proceso de solución Las moléculas de agua están en continuo movimiento debido a que tienen energía cinética. Cuando un cristal de cloruro de sodio se coloca en agua, las moléculas de agua chocan con el cristal. Recuerda que una molécula de agua es polar, con una carga parcial negativa en el átomo de oxígeno y cargas parciales positivas de los átomos de hidrógeno. Las moléculas del solvente polar (H_2O) atraen a los iones del soluto (Na^+, Cl^-). A medida que los iones individuales del soluto se separan del cristal, los iones cargados negativa y positivamente son rodeados por moléculas de solvente y el cristal iónico se disuelve. El proceso mediante el cual los iones positivos y negativos de un sólido iónico es rodeado por las moléculas del solvente se llama **solvatación.** La Figura 15.8 muestra un modelo de la solvatación de un sólido iónico, como el cloruro de sodio.

En algunos compuestos iónicos, las atracciones entre los iones en los cristales son más fuertes que las atracciones ejercidas por el agua. Estos compuestos no pueden estar solvatados en ningún grado significativo y son, por tanto, casi insolubles. El sulfato de bario ($BaSO_4$) y el carbonato de calcio ($CaCO_3$) son ejemplos de compuestos iónicos casi insolubles.

La Figura 15.9 muestra que el aceite y el agua no se mezclan. ¿Y el aceite en la gasolina? Tanto el aceite como la gasolina se componen de moléculas polares. Las fuerzas de atracción que tienen dos moléculas en aceite son similares en magnitud a las fuerzas que mantienen dos moléculas en la gasolina juntas. Las moléculas de aceite se pueden separar fácilmente y reemplazar moléculas en la gasolina para formar una solución. La regla es que los solventes polares como el agua disuelven compuestos iónicos y compuestos polares; los solventes no polares como la gasolina disuelven compuestos no polares. Esta relación se puede resumir en la expresión "parecidos se disuelven en parecidos".

Figura 15.9 Aceite y agua
El aceite y el agua no se mezclan. El aceite es menos denso que el agua; por tanto, flota por encima. Los colores resultan de la curvatura de los rayos de luz producida por la película fina de aceite.

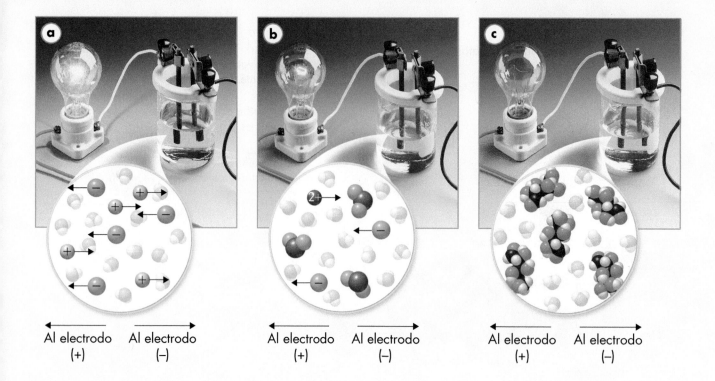

| Al electrodo (+) | Al electrodo (–) | Al electrodo (+) | Al electrodo (–) | Al electrodo (+) | Al electrodo (–) |

Figura 15.10 Conductividad de las soluciones
Una solución conduce la corriente eléctrica si contiene iones. **a.** El cloruro de sodio, un electrolito fuerte, se disocia casi al 100 por ciento en iones en el agua. **b.** El cloruro de mercurio(II), un electrolito débil, se disocia sólo parcialmente en agua. **c.** La glucosa, un no electrolito, no se disocia en agua.

Predecir *El cloruro de plata se disuelve solo ligeramente en el agua. Si los electrodos se sumergieran en una solución de cloruro de plata, ¿sería el resplandor del bulbo brillante, poco brillante o nada brillante?*

Electrolitos y no electrolitos

¿Por qué todos los compuestos iónicos son electrolitos?

¿Recuerdas el pepinillo brillante? La salmuera contenía un electrolito. Un **electrolito** es un compuesto que conduce una corriente eléctrica cuando está en una solución acuosa o está derretido. La conducción de una corriente eléctrica requiere que los iones sean móviles y, por tanto, capaces de llevar cargas a través de un líquido. **Todos los compuestos iónicos son electrolitos porque se disocian en iones.** El cloruro de sodio, el sulfato de cobre(II) y el hidróxido de sodio son electrolitos típicos solubles en agua. El sulfato de bario es un compuesto iónico que no puede conducir corriente eléctrica en solución acuosa ya que es insoluble, pero puede conducir electricidad cuando está derretido.

La configuración experimental en la Figura 15.10 se puede usar para determinar si una solución contiene un electrolito. Para que la bombilla de la luz se encienda, debe fluir una corriente eléctrica entre los dos electrodos que están sumergidos en la solución. Si hay iones presentes en la solución, llevan carga eléctrica de un electrodo a otro, completando el circuito eléctrico.

Un **no electrolito** es un compuesto que no conduce corriente eléctrica, ya sea en una solución acuosa o al estar derretido. Muchos compuestos moleculares son no electrolitos debido a que no se componen de iones. La mayoría de los compuestos de carbono, como el azúcar de mesa (sacarosa) y el alcohol (2-propanol), son no electrolitos.

Algunos compuestos moleculares polares son no electrolitos en estado puro pero se vuelven electrolitos cuando se disuelven en agua. Este cambio se produce debido a que tales compuestos se ionizan en solución. Por ejemplo, ni el amoníaco ($NH_3(g)$) ni el cloruro de hidrógeno ($HCl(g)$) son electrolitos en estado puro. Sin embargo, una solución acuosa de amoníaco conduce una corriente eléctrica porque se forman iones amonio (NH_4^+) y iones hidróxido (OH^-) cuando el amoníaco se disuelve agua.

$$NH_3(g) + H_2O(l) \longrightarrow NH_4^+(ac) + OH^-(ac)$$

Del mismo modo, en una solución acuosa, el cloruro de hidrógeno produce iones hidronio (H_3O^+) y iones cloruro (Cl^-). Una solución acuosa de cloruro de hidrógeno conduce una corriente eléctrica y, por tanto, es un electrolito.

$$HCl(g) + H_2O(l) \longrightarrow H_3O^+(ac) + Cl^-(ac)$$

No todos los electrolitos conducen la corriente eléctrica en el mismo grado. En la Figura 15.10, el foco se ilumina cuando los electrodos se sumergen en una solución de cloruro de sodio. El resplandor brillante muestra que el cloruro de sodio es un electrolito fuerte porque casi todo el cloruro de sodio está disuelto como Na^+ y Cl^-. En una solución que contiene un **electrolito fuerte,** todo o casi todo el soluto existe en forma de iones. Los iones se mueven en la solución y conducen corriente eléctrica. Las sales más solubles, los ácidos inorgánicos y las bases inorgánicas son electrolitos fuertes.

El foco se ilumina débilmente cuando los electrodos se sumergen en una de solución de cloruro de mercurio(II) porque el cloruro de mercurio(II) es un electrolito débil. Un **electrolito débil** conduce la corriente eléctrica deficientemente porque sólo una fracción del soluto en la solución existe en forma de iones. Los ácidos orgánicos y las bases son también ejemplos de electrolitos débiles. En una solución de glucosa, el foco no se enciende. La glucosa ($C_6H_{12}O_6$) es un compuesto molecular. No forma iones, por lo que es un no electrolito.

Los electrolitos son esenciales para todos los procesos metabólicos. Tus células usan electrolitos, como iones sodio y potasio, para llevar impulsos eléctricos internamente y a otras células. Estos impulsos son cruciales para los nervios y la función muscular. Los riñones ayudan a mantener concentraciones equilibradas de electrolitos en la sangre. Sin embargo, si te deshidratas, puede ocurrir un desequilibrio electrolítico. Por ejemplo, cuando haces ejercicio, puedes perder agua y electrolitos del cuerpo a través del sudor. El atleta en la Figura 15.11 entiende que es importante reponer estos electrolitos mediante el consumo de alimentos salados o tomando bebidas deportivas.

P: *Los pepinillos encurtidos contienen sal de mesa. ¿Por qué la corriente eléctrica puede fluir a través de un pepinillo encurtido y hacer que brille?*

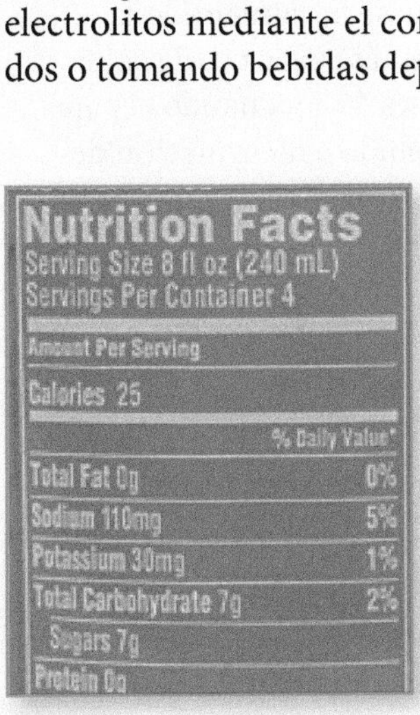

Figura 15.11 Bebidas deportivas Es importante reponer los electrolitos al hacer ejercicio o al sudar. Las bebidas deportivas con frecuencia contienen sodio y potasio.

Nutrition Facts
Serving Size 8 fl oz (240 mL)
Servings Per Container 4

Amount Per Serving

Calories 25

	% Daily Value*
Total Fat 0g	0%
Sodium 110mg	5%
Potassium 30mg	1%
Total Carbohydrate 7g	2%
Sugars 7g	
Protein 0g	

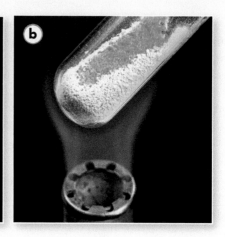

Figura 15.12 Calentar un hidrato
El agua puede expulsarse de un hidrato por calentamiento. **a.** Empieza el calentamiento de una muestra de color azul de $CuSO_4 \cdot 5H_2O$. **b.** Después de un tiempo, buena parte del hidrato azul se ha convertido en anhidro blanco de $CuSO_4$.

Hidratos

¿Por qué los hidratos ganan y pierden agua fácilmente?

Cuando se permite que una solución acuosa de sulfato de cobre(II) se evapore, los cristales de color azul oscuro del pentahidrato de sulfato de cobre(II) se depositan. La fórmula química de este compuesto es $CuSO_4 \cdot 5H_2O$. Las moléculas de agua son una parte integral de la estructura cristalina del pentahidrato de sulfato de cobre(II) y muchas otras sustancias. El agua contenida en un cristal se llama **agua de hidratación** o agua de cristalización. Un compuesto que contiene agua de hidratación se llama **hidrato.** Al escribir la fórmula de un hidrato, usa un punto para conectar la fórmula del compuesto y el número de moléculas de agua por unidad de fórmula. Los cristales del pentahidrato sulfato de cobre(II) deben siempre contener cinco moléculas de agua por cada par de iones de cobre y sulfato. Los cristales de color azul oscuro están secos al tacto. No ha cambiado su composición o apariencia en el aire normalmente húmedo. Sin embargo, cuando se calientan los cristales por arriba de los de 100 °C, pierden su agua de hidratación. **Las fuerzas que unen a las moléculas de agua en hidratos no son muy fuertes, por lo que el agua se pierde y se recupera fácilmente.** La Figura 15.12 muestra cómo los cristales azules de $CuSO_4 \cdot 5H_2O$ se convierten en un polvo anhidro blanco que tiene la fórmula $CuSO_4$. Una sustancia que es un **anhidro** no contiene agua. Si el anhidro sulfato de cobre(II) se trata con agua, el pentahidrato azul se regenera.

$$CuSO_4 \cdot 5H_2O(s) \underset{-calor}{\overset{+calor}{\rightleftharpoons}} CuSO_4(s) + 5H_2O(g)$$

Otro compuesto que cambia de color en presencia de humedad es el cloruro de cobalto(II). Un pedazo de papel de filtro que se ha sumergido en una solución acuosa de cloruro de cobalto(II) y después se seca es de color azul (anhidro $CoCl_2$). Como se puede ver en la Figura 15.13, cuando el papel se expone al aire húmedo, se vuelve de color rosa debido a la formación del hidrato de cobalto(II) hexahidrato de cloruro ($CoCl_2 \cdot 6H_2O$). El papel azul podría ser utilizado para probar la presencia de agua.

Algunos hidratos conocidos se enumeran en la Tabla 15.2. Cada uno contiene una cantidad fija de agua y tiene una composición definida. Para determinar qué porcentaje en masa de un hidrato es agua, en primer lugar determina la masa de agua en un mol de hidrato. Luego, determina la masa molar del hidrato. El porcentaje de la masa de agua se puede calcular utilizando la siguiente ecuación:

Figura 15.13 Exponer un hidrato a la humedad del aire
El papel se moja en una solución acuosa de cloruro de cobalto(II) y después de que se seca, es de color azul. En presencia de · humedad, el papel se hace rosa. *Inferir ¿Cómo puedes cambiar de nuevo el papel de rosa a azul?*

$$\text{Porcentaje por masa de } H_2O = \frac{\text{masa de agua}}{\text{masa de hidrato}} \times 100\%$$

Tabla 15.2

Algunos hidratos conocidos

Fórmula	Nombre químico	Nombre común
$MgSO_4 \cdot 7H_2O$	Sulfato de magnesio heptahidratado	Sal de Epsom
$Ba(OH)_2 \cdot 8H_2O$	Hidróxido de bario octahidratado	
$CaCl_2 \cdot 2H_2O$	Cloruro de calcio dihidratado	
$CuSO_4 \cdot 5H_2O$	Sulfato de cobre(II) pentahidratado	Vitriolo azul
$Na_2SO_4 \cdot 10H_2O$	Sulfato de sodio decahidratado	Sal de Glauber
$KAl(SO_4)_2 \cdot 12H_2O$	Sulfato de aluminio y potasio dodecahidratado	Alumbre
$Na_2B_4O_7 \cdot 10H_2O$	Tetraborato de sodio decahidratado	Borax
$FeSO_4 \cdot 7H_2O$	Sulfato de hierro(II) heptahidratado	Vitriolo verde
$H_2SO_4 \cdot H_2O$	Ácido sulfúrico monohidratado (mp 8.6°C)	

Hidratos eflorescentes Las moléculas de agua en los hidratos están sujetas por fuerzas débiles, por lo que los hidratos a menudo tienen una presión de vapor apreciable. Si un hidrato tiene una presión de vapor superior a la presión de vapor del agua en el aire, el hidrato va a perder su agua de hidratación o se **eflorece.** Por ejemplo, el sulfato de cobre(II) pentahidratado tiene una presión de vapor de aproximadamente 1.0 kPa a temperatura ambiente. La presión promedio de vapor de agua a temperatura ambiente es de aproximadamente 1.3 kPa. El sulfato de cobre(II) pentahidratado es estable hasta que la humedad disminuye. Cuando la presión del vapor cae por debajo de 1.0 kPa, el hidrato se eflorece. La sosa o carbonato de sodio decahidrato ($Na_2CO_3 \cdot 10H_2O$), es eflorescente. A medida que los cristales pierden agua de hidratación, se eflorecen y se recubren con un polvo blanco de anhidro carbonato de sodio (Na_2CO_3).

Hidratos higroscópicos Los compuestos iónicos hidratados que tienen una baja presión de vapor eliminan el agua del aire húmedo para formar mayores hidratos. Estos hidratos y otros compuestos que eliminan la humedad del aire se llaman **higroscópicos.** Por ejemplo, el cloruro de calcio monohidrato absorbe de forma espontánea una segunda molécula de agua cuando se expone al aire húmedo.

$$CaCl_2 \cdot H_2O(s) \xrightarrow{\text{aire húmedo}} CaCl_2 \cdot 2H_2O(s)$$

El cloruro de calcio se usa como desecante en el laboratorio. Un **desecante** es una sustancia que se usa para absorber la humedad del aire y crear una atmósfera seca. El cloruro de calcio anhidro se puede colocar en la parte inferior de un recipiente herméticamente cerrado llamado desecador, que se muestra en la Figura 15.14. Las sustancias que deben mantenerse secas se guardan en su interior. Un desecante sólido, como el sulfato de calcio ($CaSO_4$) también se puede añadir a un solvente líquido, como el etanol, para mantenerlo seco. El sulfato de calcio no se disuelve mucho en el solvente pero absorbe el agua del etanol. Cuando un desecante ha absorbido toda el agua que puede contener, el compuesto puede regresar a su estado anhidro mediante calentamiento.

Figura 15.14 Desecador
Un desecador puede contener cloruro de calcio. Las sustancias que se deben mantener secas se almacenan adentro.

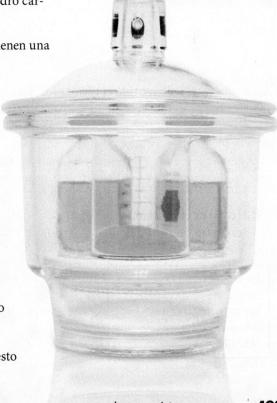

Ejemplo de problema 15.1

Hallar el porcentaje en masa de agua en un hidrato

Calcula el porcentaje en masa de agua en el carbonato de sodio decahidratado $(Na_2CO_3 \cdot 10H_2O)$.

❶ **Analizar Haz una lista de lo conocido y lo desconocido.** Para determinar el porcentaje en masa, divide la masa del agua en un mol del hidrato por la masa molar del hidrato y multiplica por 100 por ciento.

CONOCIDO

fórmula del hidrato $= Na_2CO_3 \cdot 10H_2O$

DESCONOCIDO

porcentaje de masa de $H_2O = ?\%$

❷ **Calcular Resuelve para buscar lo desconocido.**

Por cada 1 mol de $Na_2CO_3 \cdot 10H_2O$, hay 10 moles de H_2O.

Determina la masa de 10 moles de agua.

masa de 10 moles de $H_2O = 10\,[(2 \times 1.0\text{ g}) + 16.0\text{ g}] = 180.0\text{ g}$

Determina la masa de 1 mol del compuesto hidratado.

masa de 1 mol de $Na_2CO_3 \cdot 10H_2O = (2 \times 23.0\text{ g}) + 12.0\text{ g} + (3 \times 16.0\text{ g}) + 180.0\text{ g}$
$$= 286.0\text{ g}$$

Calcula el porcentaje en masa de agua del hidrato.

$$\text{porcentaje en masa de } H_2O = \frac{\text{masa de agua}}{\text{masa de hidrato}} \times 100\%$$

$$= \frac{180.0\text{ g}}{286.0\text{ g}} \times 100\% = 62.94\%$$

❸ **Evaluar ¿Tiene sentido el resultado?** La masa del agua representa más de la mitad de la masa molar del compuesto, por lo que se espera un porcentaje mayor al 50 por ciento.

8. ¿Cuál es el porcentaje en masa de agua del $CuSO_4 \cdot 5H_2O$?

En el Problema 8, empieza por determinar la masa de 5 moles de agua y de 1 mol de hidrato.

9. Si necesitas 5.00 g de Na_2CO_3 anhidro para una reacción, ¿cuántos gramos de $Na_2CO_3 \cdot 10H_2O$ podrías usar en su lugar?

Sabes por el ejemplo de problema de arriba que 62.94% del hidrato es agua; por tanto, 37.06 g de cada 100 g de hidrato son Na_2CO_3.

Compuestos delicuescentes ¿Alguna vez has notado los pequeños paquetes de gel de sílice que a menudo se incluyen con los equipos electrónicos y artículos de cuero? Aunque la estructura del gel de sílice no es la misma que de una sal hidratada, es una sustancia higroscópica que se usa para absorber la humedad del aire para evitar daños a los equipos y materiales delicados. Algunos compuestos son tan higroscópicos que se mojan cuando se exponen al aire normalmente húmedo. Estos compuestos son **delicuescentes,** lo que significa que eliminan suficiente agua del aire para disolverse completamente y formar soluciones. La Figura 15.15 muestra que las bolitas de hidróxido de sodio son delicuescentes. Por esta razón, los contenedores de hidróxido de sodio y otras sustancias delicuescentes siempre deben estar bien cerrados y los productos químicos nunca deben entrar en contacto con la piel. La solución formada por una sustancia delicuescente tiene una presión de vapor inferior a la del agua en el aire.

Figura 15.15 Hidróxido de sodio
Las sustancias delicuescentes, como el hidróxido de sodio, pueden eliminar el agua del aire. **a.** Las bolitas de hidróxido de sodio absorben la humedad del aire. **b.** Con el tiempo se forma una solución.
Clasificar *¿Cuál es el solvente? ¿Cuál es el soluto?*

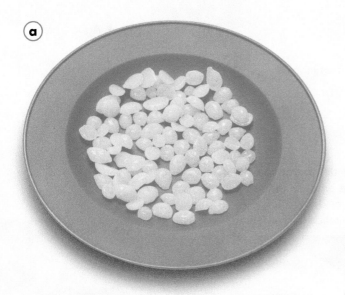
ⓐ

ⓑ

15.2 Comprobación de la lección

10. Identificar ¿Qué tipo de sustancias se disuelven más fácilmente en el agua?

11. Repasar ¿Qué propiedad de todos los compuestos iónicos los hacen electrolitos?

12. Explicar ¿Por qué los hidratos pierden fácilmente el agua cuando se calientan y recuperan el agua cuando se exponen a la humedad?

13. Clasificar Identifica el solvente y el soluto del vinagre, una solución acuosa diluida de ácido acético.

14. Calcular ¿Cuál es el porcentaje en masa de agua del sulfato de hierro(II) heptahidratado ($FeSO_4 \cdot 7H_2O$)?

15. Comparar ¿Es el porcentaje en masa del cobre en $CuSO_4 \cdot 5H_2O$ igual que en el $CuSO_4$? Explica.

16. Comparar y contrastar Distingue entre sustancias eflorescentes y sustancias higroscópicas.

GRANIDEA ENLACES E INTERACCIONES

17. ¿Cuál de las siguientes sustancias se disuelve considerablemente en agua? Explica tu respuesta en términos de las interacciones que se dan entre el solvente y el soluto.
   a. CH_4
   b. KCl
   c. I_2
   d. $MgSO_4$
   e. sacarosa ($C_{12}H_{22}O_{11}$)
   f. $NaHCO_3$

Desalinización por ósmosis inversa

Noventa y siete por ciento del agua del mundo es agua salada. Lamentablemente, los humanos no pueden beber agua salada. Sin embargo, un proceso llamado desalinización por ósmosis inversa puede convertir agua salada en agua potable.

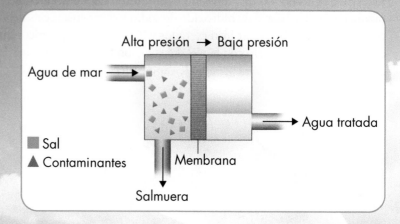

Alta presión → Baja presión

Agua de mar →

■ Sal
▲ Contaminantes

→ Agua tratada

Membrana

Salmuera

❷ **Sistema de pretratamiento**
El agua que entra es tratada y filtrada para remover desperdicios, sedimento y otras partículas microscópicas.

❶ **Suministro de agua de mar**
El agua de mar pasa del océano a la planta desalinizadora a través de ductos muy grandes.

Salmuera

DESALINATION PLANT

❸ **Proceso de ósmosis inversa** Durante un proceso llamado ósmosis inversa, se usa alta presión para forzar el agua de mar a través de membranas semipermeables. Estas membranas sólo permiten el paso del agua, dejando sales y contaminantes detrás en una solución concentrada de agua de mar, llamada salmuera. La salmuera se libera después de nuevo al océano.

Ventajas de la desalinización por ósmosis inversa

✔ **Aumenta los recursos de agua potable** Algunas zonas del mundo no tienen abundantes fuentes de agua potable. La desalinización por ósmosis inversa proporciona agua potable en casos de sequía, escasez de agua o desastres nacionales.

✔ **Bajo impacto ambiental** La conversión de agua salada a agua potable a través de la desalinización por ósmosis inversa usa muy pocos productos químicos.

✔ **Bajo costo inicial** El costo de instalar una planta desalinizadora por ósmosis inversa es relativamente bajo.

Desventajas de la desalinización por ósmosis inversa

✘ **Alto consumo de energía** El costo de poner en marcha una planta de desalinización por ósmosis inversa es alto en comparación con otros métodos para obtener agua potable.

✘ **Baja eficiencia** El volumen de agua potable producido es bajo comparado con el volumen de agua de mar tratada.

✘ **Potencialmente perjudicial para la vida marina** El proceso de sacar agua de mar y retornar salmuera al océano puede perturbar los ambientes marinos.

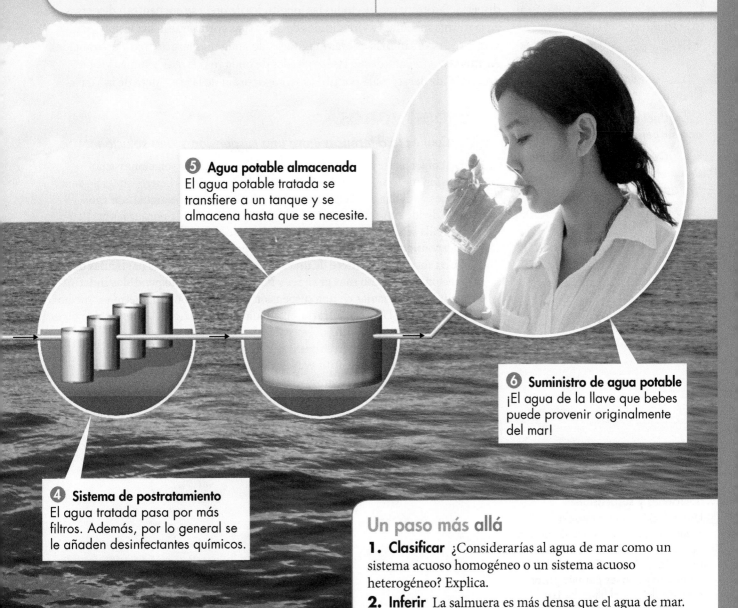

5 Agua potable almacenada
El agua potable tratada se transfiere a un tanque y se almacena hasta que se necesite.

6 Suministro de agua potable
¡El agua de la llave que bebes puede provenir originalmente del mar!

4 Sistema de postratamiento
El agua tratada pasa por más filtros. Además, por lo general se le añaden desinfectantes químicos.

Un paso más allá

1. Clasificar ¿Considerarías al agua de mar como un sistema acuoso homogéneo o un sistema acuoso heterogéneo? Explica.

2. Inferir La salmuera es más densa que el agua de mar. ¿Cómo puede afectar la liberación de salmuera nuevamente al océano al medio ambiente marino?

15.3 Sistemas acuosos heterogéneos

P: *¿Por qué algunas puestas del sol son rojas?* ¿Alguna vez te has preguntado qué produce el resplandor rojo del cielo de la tarde? La atmósfera contiene partículas de agua y polvo. Como la luz del sol pasa a través de las partículas, se encuentra dispersa. Sin embargo, no todas las longitudes de onda se encuentran dispersas en la misma medida. Las longitudes de onda más cortas que la luz visible (azul y verde) se dispersan más que las longitudes de onda más largas (rojo y anaranjado). Al amanecer y al atardecer, las longitudes de onda más largas son más visibles porque la luz del sol viaja por una mayor extensión de la atmósfera de la Tierra.

Preguntas clave

🔑 *¿Cuál es la diferencia entre una suspensión y una solución?*

🔑 *¿Qué distingue un coloide de una suspensión y de una solución?*

Vocabulario

- suspensión
- coloide
- efecto Tyndall
- movimiento browniano
- emulsión

Suspensiones

🔑 **¿Cuál es la diferencia entre una suspensión y una solución?**

Hasta ahora, en este capítulo, has aprendido acerca de las soluciones acuosas, que son mezclas homogéneas. En cambio, las mezclas heterogéneas no son soluciones. Si agitas un recipiente que contiene un trozo de arcilla con agua, el barro se divide en partículas finas. El agua se vuelve turbia porque las partículas de arcilla se suspenden en el agua. Si dejas de agitar, las partículas se asientan. Una **suspensión** es una mezcla en la que las partículas se sedimentan en reposo. 🔑 **Una suspensión difiere de una solución debido a que las partículas de una suspensión son mucho más grandes y no se mantienen suspendidas indefinidamente.** Las partículas en una suspensión típica tienen un diámetro promedio mayor a 1000 nm. Por el contrario, el tamaño de las partículas en una solución es generalmente cerca de 1 nm.

Las suspensiones son heterogéneas porque por lo menos dos sustancias pueden ser claramente identificadas. En el ejemplo de las partículas de arcilla mezclada con agua, se pueden ver claramente la fase dispersa (arcilla) en el medio de dispersión (agua). La Figura 15.16 muestra cómo la diferencia entre una solución y una suspensión se ve fácilmente cuando cada tipo de mezcla se filtra.

Figura 15.16
Soluciones y suspensiones
Una solución es una mezcla homogénea. Una suspensión es una mezcla heterogénea. **a.** El tamaño pequeño de las partículas de soluto en una solución les permite pasar a través del papel filtro. **b.** Las partículas en suspensión pueden eliminarse mediante filtración.

Coloides

¿Qué distingue a un coloide de una suspensión y de una solución?

La gelatina es un ejemplo de un tipo de mezcla llamada coloide. Un **coloide** es una mezcla heterogénea que contiene partículas que varían en tamaño desde 1 nm y hasta 1000 nm. Las partículas se separan, o se dispersan, a lo largo del medio de dispersión, que puede ser sólido, líquido o gas. Las primeras sustancias que se identificaron como coloides fueron los pegamentos. Otros coloides incluyen mezclas como pintura, aerosoles y humo. La Tabla 15.3 muestra algunos sistemas coloidales comunes y da ejemplos de coloides familiares.

¿Cómo difieren las propiedades de los coloides de las de las suspensiones y las soluciones? Muchos coloides son turbios o de aspecto lechoso, como las suspensiones, cuando se concentran. Los coloides pueden tener un aspecto transparente o casi transparente, como las soluciones, cuando están diluidos. La diferencia importante entre los coloides, las soluciones y las suspensiones está en el tamaño de las partículas. **Los coloides tienen partículas más pequeñas que las de las suspensiones y más grandes que las de las soluciones.** Estas partículas de tamaño intermedio no pueden ser retenidas por un papel filtro como las partículas más grandes de una suspensión, y no se asientan con el tiempo. Los coloides pueden distinguirse mediante un fenómeno llamado efecto Tyndall y por la observación del movimiento browniano. También están sujetos a la coagulación o aglutinación, y se pueden emulsionar, o estabilizar.

Tabla 15.3

Algunos sistemas coloidales			
Sistema			
Fase de dispersión	**Medio de dispersión**	**Tipo**	**Ejemplo**
Gas	Líquido	Espuma	Crema batida
Gas	Sólido	Espuma	Malvaviscos
Líquido	Líquido	Emulsión	Leche, mayonesa
Líquido	Gas	Aerosol	Neblina
Sólido	Gas	Humo	Polvo en el aire
Sólido	Líquido	Soluciones, geles	Clara de huevo, mermelada, pintura, sangre, almidón en agua, gelatina

Linterna   Solución   Coloide   Suspensión

Figura 15.17 Dispersión de la luz
El haz de luz sólo es visible
cuando la luz se dispersa
por partículas. **a.** La niebla o
neblina es un coloide y por tanto
exhibe el efecto Tyndall. **b.** Las
soluciones no dispersan la luz.
Las partículas en los coloides y
suspensiones reflejan o dispersan
la luz en todas direcciones.
Explicar *¿Por qué es más fácil
ver las luces de un carro en una
noche de niebla que en una
noche despejada?*

LA QUÍMICA Y TÚ

P: *¿Cuáles son las condiciones
ideales para ver una puesta de
sol roja?*

El efecto Tyndall Por lo general no se puede ver un rayo de sol a menos que
la luz pase a través de las partículas de agua (niebla) o el polvo en el aire. Estas
partículas dispersan la luz del sol. Del mismo modo, un haz de luz es visible a
medida que pasa a través de un coloide. La dispersión de la luz visible por las
partículas coloidales se llama **efecto Tyndall.** Las suspensiones también exhiben el efecto Tyndall. Las soluciones no presentan el efecto Tyndall. Las partículas en soluciones son demasiado pequeñas para dispersar la luz. La Figura 15.17
muestra cómo el efecto Tyndall puede diferenciar soluciones de coloides y
suspensiones.

Movimiento browniano Cuando los coloides se estudian bajo un microscopio, se ven destellos de luz. Los coloides producen destellos porque las partículas que reflejan y dispersan la luz se mueven de forma errática. El movimiento
caótico de las partículas coloidales, que fue observado por primera vez por el
botánico escocés Robert Brown (1773–1858), se llama **movimiento browniano.** El
movimiento browniano es causado por las colisiones de las moléculas del medio
de dispersión con las pequeñas y dispersas partículas coloidales. Estas colisiones
ayudan a evitar que las partículas coloidales se asienten.

Coagulación Las partículas coloidales también tienden a permanecer suspendidas debido a que se cargan mediante la adsorción de iones del medio de dispersión en su superficie. *Adsorción* significa adherirse a una superficie. Algunas
partículas coloidales se cargan positivamente por adsorción de iones cargados
positivamente. Otras partículas coloidales se cargan negativamente por adsorción de iones cargados negativamente. Todas las partículas coloidales en un
sistema coloidal particular tendrán la misma carga, aunque el sistema coloidal
sea neutro. La repulsión entre las partículas de igual carga evita que las partículas formen agregados más pesados que tendrían una mayor tendencia a estabilizarse. Por tanto, un sistema coloidal puede ser destruido o coagulado mediante
la adición de electrolitos. Los iones añadidos neutralizan las partículas coloidales
cargadas. Las partículas se agrupan para formar agregados más pesados y estabilizarse a partir de la dispersión.

Emulsiones La mayonesa es un ejemplo de un sistema coloidal llamado emulsión. Una **emulsión** es una dispersión coloidal de un líquido en un líquido. Un agente emulsionante es esencial para la formación de una emulsión y para mantener la estabilidad de la emulsión. Por ejemplo, los aceites y grasas no son solubles en agua. Sin embargo, los aceites y grasas forman fácilmente una dispersión coloidal si jabón o detergente se añade al agua. Los jabones y detergentes son agentes emulsionantes. Un extremo de una molécula grande de jabón o detergente es polar y es atraído por las moléculas de agua. El otro extremo de la molécula de jabón o detergente es no polar y es soluble en aceite o grasa. Los jabones y otros agentes emulsionantes permiten, por tanto, la formación de dispersiones coloidales entre líquidos que normalmente no se mezclan. La mayonesa es una mezcla heterogénea de aceite y vinagre. Esta mezcla se separaría rápidamente sin la presencia de yema de huevo, que es el agente emulsionante. Otros alimentos como la leche, la margarina y la mantequilla también son emulsiones. Los cosméticos, el champú y las lociones se preparan con emulsionantes para mantener una calidad consistente. La Tabla 15.4 resume las propiedades de las soluciones, los coloides y las suspensiones.

Conéctate en línea para aprender más sobre emulsiones.

Tabla 15.4

Propiedades de las soluciones, coloides y suspensiones			
	Sistema		
Propiedad	**Solución**	**Coloide**	**Suspensión**
Tipo de partícula	Iones, átomos, moléculas pequeñas	Moléculas o partículas grandes	Partículas o agregados grandes
Tamaño de partícula	0.1–1 nm	1–1000 nm	1000 nm y más
Efecto de la luz	No hay dispersión	Presenta efecto Tyndall	Presenta efecto Tyndall
Efecto de la gravedad	Estable, no se separa	Estable, no se separa	Inestable, forma sedimento
Filtración	El filtro no detiene las partículas	El filtro no detiene las partículas	El filtro detiene las partículas
Uniformidad	Homogénea	Heterogénea	Heterogénea

15.3 Comprobación de la lección

18. 🔗 Describir ¿En qué difiere una suspensión de una solución?

19. 🔗 Explicar ¿Qué distingue a un coloide de una suspensión y una solución?

20. Aplicar conceptos ¿Cómo puedes determinar mediante observación que una mezcla es una suspensión?

21. Explicar ¿Podrías separar un coloide filtrándolo? Explica.

22. Inferir ¿Cómo puedes usar el efecto Tyndall para distinguir entre un coloide y una solución?

23. Relacionar causa y efecto ¿Puede la presencia de movimiento browniano distinguir entre una solución y un coloide? Explica.

Electrolitos

Propósito

Clasificar compuestos como electrolitos al probar su conductividad en una solución acuosa

Materiales

- superficie de reacción
- químicos que se muestran en la cuadrícula de abajo
- probador de conductividad
- micropipeta o gotero
- agua

Procedimiento

1. En hojas de papel separadas, dibuja dos cuadrículas parecidas a la de abajo. Haz cada cuadrado de 2 cm por lado.

2. Coloca una superficie de reacción sobre una de las cuadrículas y coloca algunos granos de cada sólido en los lugares indicados.

3. Prueba la conductividad de cada sólido.

4. Añade 1 gota de agua para cada sólido y prueba la conductividad de la mezcla húmeda. Asegúrate de limpiar y secar las guías de conductividad después de cada prueba.

NaCl(s)	MgSO$_4$(s)
Na$_2$CO$_3$(s)	Azúcar de mesa C$_{12}$H$_{22}$O$_{11}$
NaHCO$_3$(s)	Maicena (C$_6$H$_{10}$O$_5$)n
KCl(s)	KI(s)

Analizar y concluir

1. Inferir ¿Qué compuestos de la tabla son electrolitos? ¿Cuáles son no electrolitos?

2. Observar ¿Alguno de estos electrolitos conduce corriente eléctrica en su forma sólida? Explica.

3. Clasificar Identifica cada compuesto de la cuadrícula como iónico o covalente.

4. Sacar conclusiones Para que un compuesto sea un electrolito, ¿qué debe suceder cuando se disuelve en el agua?

Tú eres el químico

1. Analizar datos Cuando un sólido iónico se disuelve en agua, las moléculas de agua atraen a los iones, haciendo que se deshagan o disocien. Los iones disueltos resultantes son partículas con carga eléctrica que permitan que la solución conduzca corriente eléctrica. Las siguientes ecuaciones químicas representan este fenómeno.

$$NaCl(s) \xrightarrow{\text{H}_2\text{O}} Na^+(ac) + Cl^-(ac)$$

$$Na_2CO_3(s) \xrightarrow{\text{H}_2\text{O}} 2Na^+(ac) + CO_3{}^{2-}(ac)$$

Escribe una ecuación química similar para cada electrolito que probaste. Dibuja diagramas para explicar cómo los iones conducen corriente eléctrica.

2. Diseñar un experimento Obtén las siguientes soluciones acuosas: HCl, H$_2$SO$_4$, HNO$_3$, C$_2$H$_4$O$_2$, NH$_3$, NaOH, alcohol y agua destilada. Diseña y lleva a cabo un experimento para probar su conductividad. Usa los datos para clasificar cada sustancia como un electrolito fuerte, electrolito débil o no electrólito.

3. Diseñar un experimento Prueba varios líquidos para determinar su conductividad. Prueba con refrescos, jugo de naranja, jugo de pepinillos y café. ¿Qué líquidos son electrolitos?

15 Guía de estudio

GRANIDEA
ENLACES E INTERACCIONES

Las moléculas de agua se mantienen unidas a través de enlaces de hidrógeno. Las interacciones de los enlaces de hidrógeno entre las moléculas de agua producen las propiedades únicas del agua, incluyendo su alta tensión superficial, baja presión de vapor y un alto punto de ebullición. Los enlaces de hidrógeno también explican por qué el hielo es menos denso que el agua líquida. Los compuestos iónicos y los compuestos covalentes polares se disuelven más fácilmente en agua para formar soluciones acuosas. Los compuestos iónicos se disuelven en el agua cuando las moléculas polares de agua atraen a los iones del soluto, lo que hace que los iones individuales del soluto se liberen del cristal iónico.

15.1 El agua y sus propiedades

🔑 Muchas de las propiedades únicas e importantes del agua incluyendo su alta tensión superficial, baja presión de vapor y alto punto de ebullición son el resultado de los enlaces de hidrógeno.

🔑 La estructura del hielo es un marco abierto regular de moléculas de agua en una disposición hexagonal.

- tensión de la superficie (490)
- tensoactivo (490)

15.2 Sistemas acuosos homogéneos

🔑 Las sustancias que se disuelven más fácilmente en agua incluyen compuestos iónicos y compuestos polares covalentes.

🔑 Todos los compuestos iónicos son electrolitos porque se descomponen en iones.

🔑 Las fuerzas que mantienen las moléculas de agua en los hidratos no son muy fuertes, por lo que el agua se pierde y se recupera con facilidad.

- solución acuosa (494)
- solvente (494)
- soluto (494)
- solvatación (495)
- electrolito (496)
- no electrólito (496)
- electrolito fuerte (497)
- electrolito débil (497)
- agua de hidratación (498)
- hidrato (498)
- anhidro (498)
- eflorescente (499)
- higroscópico (499)
- desecante (499)
- delicuescente (501)

Ecuación clave

$$\text{Porcentaje en masa de } H_2O = \frac{\text{masa de agua}}{\text{masa de hidrato}} \times 100\%$$

15.3 Sistemas acuosos heterogéneos

🔑 Una suspensión difiere de una solución debido a que las partículas de una suspensión son mucho más grandes y no permanecen suspendidas indefinidamente.

🔑 Los coloides tienen partículas más pequeñas que las suspensiones y más grandes que las soluciones.

- suspensión (504)
- coloide (505)
- efecto Tyndall (506)
- movimiento browniano (506)
- emulsión (507)

Lección por lección

15.1 El agua y sus propiedades

24. Explica por qué las moléculas de agua son polares.

★**25.** ¿Por qué las partículas en la superficie de un líquido se comportan de manera diferente que las de la mayor parte de un líquido?

26. ¿Por qué el agua tiene una alta tensión superficial?

27. Describe algunos efectos observables que se producen por la tensión superficial de un líquido.

★**28.** ¿Qué es un tensoactivo? Explica cómo funciona.

29. ¿Cómo se puede explicar la presión inusualmente baja del vapor de agua?

30. Explica por qué el agua tiene un punto de ebullición relativamente alto.

★**31.** Explica por qué las masas de agua con grandes áreas superficiales, como lagos y océanos, no se evaporan rápidamente.

32. ¿Qué característica del hielo lo distingue de la mayoría de las otras sustancias sólidas?

33. Explica la función de los enlaces de hidrógeno en el hielo.

34. ¿En qué se diferencian la estructura del hielo y la estructura del agua?

★**35.** ¿Cuáles serían algunas de las consecuencias si el hielo fuera más denso que el agua?

15.2 Sistemas acuosos homogéneos

36. Distingue entre una solución en general y una solución acuosa.

37. En la formación de una solución, ¿en qué se diferencia el solvente del soluto?

★**38.** Identifica el solvente y el soluto en una solución de azúcar de mesa en agua.

★**39.** Supón que una solución acuosa contiene tanto azúcar de mesa como sal de mesa. ¿Se pueden separar cualquiera de estos solutos del agua por filtración? Explica tu razonamiento.

★**40.** Describe el proceso de hidratación.

41. ¿Por qué es el agua un excelente solvente para la mayoría de los compuestos iónicos y covalentes polares, pero no para compuestos no polares?

42. Explica por qué la gasolina no se disuelve en agua.

★**43.** ¿Cuál de las siguientes sustancias se disuelve apreciablemente en el agua? Justifica tus opciones.

  a. HCl   **d.** C_2H_6

  b. K_2SO_4 **e.** NH_3

  c. NaI   **f.** $CaCO_3$

44. ¿Qué partículas deben estar presentes en una solución para que conduzca corriente eléctrica?

★**45.** ¿Por qué el cloruro de sodio fundido conduce corriente eléctrica?

46. ¿Cuál es la distinción principal entre una solución acuosa de un electrolito fuerte y una solución acuosa de un electrolito débil?

47. ¿Qué se entiende por el agua de hidratación de una sustancia?

★**48.** Escribe las fórmulas de estos hidratos.

  a. decahidrato de sulfato de sodio

  b. dihidrato de cloruro de calcio

  c. octahidrato de hidróxido de bario

★**49.** Nombra cada hidrato.

  a. $SnCl_4 \cdot 5H_2O$

  b. $FeSO_4 \cdot 7H_2O$

  c. $BaBr_2 \cdot 4H_2O$

  d. $FePO_4 \cdot 4H_2O$

★**50.** La sal de Epsom ($MgSO_4 \cdot 7H_2O$) cambia a monohidrato a 150 °C. Escribe una ecuación para este cambio.

51. Algunos hidratos son eflorescentes. Explica qué significa esto. ¿Bajo qué condiciones efloresce un hidrato?

★**52.** Explica por qué una sustancia higroscópica puede usarse como desecante.

53. ¿Por qué es importante mantener ciertas sustancias higroscópicas en envases bien cerrados?

15.3 Sistemas acuosos heterogéneos

★**54.** Organiza coloides, suspensiones y soluciones en orden creciente de tamaño de partícula.

★**55.** ¿Cómo puedes distinguir por observación entre una solución, un coloide y una suspensión?

56. ¿Cuál es el efecto Tyndall?

57. ¿Por qué las soluciones no muestran el efecto de Tyndall?

58. ¿Qué causa el movimiento browniano?

✶**59.** ¿Cuáles son dos circunstancias que ayudan a mantener las partículas coloidales en suspensión?

60. ¿Cómo se puede destruir un coloide?

61. ¿Qué hace a una dispersión coloidal estable?

Entender conceptos

✶**62.** A partir de tu conocimiento de las fuerzas intermoleculares, organiza estos líquidos en orden creciente de tensión superficial: agua (H_2O), hexano (C_6H_{14}), etanol (C_2H_6O).

✶**63.** La siguiente gráfica muestra la densidad del agua a través del rango de temperatura de 0 °C a 20 °C.

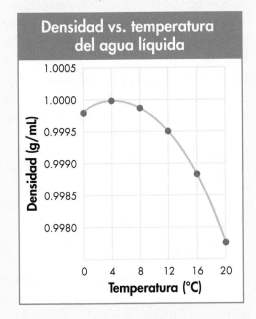

Densidad vs. temperatura del agua líquida

a. ¿Cuál es la densidad máxima del agua?
b. ¿A qué temperatura ocurre la densidad máxima del agua?
c. ¿Sería significativo ampliar la curva suave de la gráfica hacia la izquierda a temperaturas por debajo de 0 °C?

64. Explica por qué los iones se solvatan en una solución acuosa.

✶**65.** El metanol (CH_4O) y el ácido bromhídrico (HBr) son ambos compuestos moleculares. Sin embargo, una solución acuosa de metanol no conduce la corriente eléctrica, pero una solución acuosa de ácido bromhídrico sí conduce electricidad. Explica esta diferencia.

✶**66.** Explica qué propiedades del agua son responsables de este tipo de sucesos.

a. El agua en pequeñas grietas en las rocas ayuda a romper las rocas cuando se congela.
b. El agua se vuelve gotas en un coche recién encerado.
c. Se necesita un tiempo más largo para que una cucharadita de agua se evapore que una cucharadita de alcohol.

67. El agua tiene su máxima densidad a 4 °C. Comenta las consecuencias de este hecho.

✶**68.** El agua es un solvente polar; la gasolina es solvente no polar. Decide qué compuestos son más propensos a disolverse en agua y cuáles son más propensos a disolverse en gasolina.

a. CCl_4 **c.** Na_2SO_4
b. CH_4 **d.** KCl

✶**69.** Tienes una solución que contiene azúcar o sal disuelta en agua.

a. ¿Puedes decir cuál es por la inspección visual? Explica.
b. Di dos maneras en que puedes decir fácilmente cuál es.

70. Explica por qué el etanol (C_2H_6O) se disuelve en gasolina y en agua.

71. ¿Son todos los líquidos solubles entre sí? Explica.

✶**72.** Escribe ecuaciones para mostrar cómo estas sustancias se ionizan o disocian en agua.

a. NH_4Cl **c.** $Cu(NO_3)_2$
b. CH_3COOH **d.** $HgCl_2$

✶**73.** Nombra estos hidratos y determina el porcentaje por masa de agua en cada uno.

a. $Na_2CO_3 \cdot H_2O$
b. $MgSO_4 \cdot 7H_2O$

74. Calcula el porcentaje de la masa de agua en el cloruro de calcio hexahidrato ($CaCl_2 \cdot 6H_2O$).

✶**75.** El hidróxido de bario forma un octahidrato.

a. Escribe la ecuación para la formación de este hidrato a partir de la sal anhidra.
b. Calcula el porcentaje de la masa de agua en el hidróxido de bario octahidrato.

✶**76.** ¿Cuántos gramos de sulfato de cobre(II) pentahidrato tendrías que medir con el fin de obtener 10.0 g de sulfato de cobre(II) anhidro?

77. Explica la diferencia estructural entre el hielo y el agua líquida que explica la baja densidad del hielo.

★78. Relaciona cada término con las siguientes descripciones. Una descripción puede aplicarse a más de un término.

    a. solución   **b.** coloide   **c.** suspensión
- **(1)** no se sedimentan en reposo
- **(2)** mezcla heterogénea
- **(3)** tamaño de partícula inferior a 1 nm
- **(4)** partículas pueden ser filtradas
- **(5)** demuestra el efecto Tyndall
- **(6)** las partículas son invisibles para el ojo sin ayuda
- **(7)** leche homogeneizada
- **(8)** agua salada
- **(9)** mermelada

79. Un estudiante parado frente a un acuario turbio ve la intensa luz de una linterna que brilla a través del acuario como una luz amplia y difusa. ¿Qué fenómeno está observando el estudiante?

★80. Los siguientes diagramas representan las soluciones acuosas de tres sustancias diferentes. Identifica cada sustancia como un electrolito fuerte, electrolito débil o no electrolito.

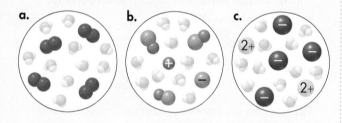

★81. **Predecir** Describe lo que podría suceder si pones un recipiente de vidrio sellado lleno de agua en un congelador.

82. **Usar modelos** Haz un dibujo para mostrar cómo una molécula de agua puede conectarse hasta con otras cuatro moléculas de agua por enlaces de hidrógeno. Escribe una explicación de tu dibujo.

★83. **Relacionar causa y efecto** Un tejedor es un insecto con patas alargadas que puede caminar fácilmente en la superficie del agua. ¿Qué esperas que le suceda al insecto si una pequeña cantidad de un tensoactivo se añade al agua? Explica el razonamiento detrás de tu respuesta.

84. **Predecir** Describe lo que ocurriría en un estanque a 0 °C si la densidad del hielo fuera mayor que la densidad del agua. ¿Crees que el estanque se congelaría más rápidamente? Explica.

★85. **Inferir** Cuando el etanol (C_2H_6O) se disuelve en agua, el volumen de la solución final es menor que los volúmenes separados del agua y del alcohol añadidos. ¿Puedes explicar este resultado? ¿Crees que podría ser posible mezclar dos líquidos diferentes y conseguir un volumen de mezcla que sea más grande que la suma de los volúmenes de los dos componentes? Explica.

★86. **Sacar conclusiones** Cuando la humedad es baja y la temperatura alta, los seres humanos deben beber grandes cantidades de agua o encarar una deshidratación grave. ¿Por qué crees que el agua es tan importante para el buen funcionamiento de tu cuerpo?

87. **Aplicar conceptos** Describe tan específicamente como sea posible qué pasaría si un líquido molecular no polar se añadiera al agua. ¿Qué se formaría si agitaras esta mezcla enérgicamente?

88. **Analizar** Te dan tres sólidos blancos: A, B y C. Sabes que uno de los sólidos debe ser fructosa ($C_6H_{12}O_6$), el otro debe ser nitrato de potasio (KNO_3) y el otro debe ser sulfato de bario ($BaSO_4$). El sólido A se disuelve en agua y la solución resultante conduce la corriente eléctrica. El sólido B es insoluble. El sólido C se disuelve en agua y la solución resultante no conduce la corriente eléctrica. Identifica los sólidos A, B y C.

★89. **Inferir** El papel de prueba del cloruro de cobalto(II) es de color azul. Este papel se fabrica remojando tiras de papel en una solución acuosa de $CoCl_2 \cdot 6H_2O$. Las tiras se secan luego en un horno.

$$CoCl_2 \cdot 6H_2O \xrightarrow{calor} CoCl_2 + 6H_2O$$
$$\text{rosado} \qquad\qquad \text{azul}$$

    a. Cuando el cloruro de cobalto(II) hexahidrato se disuelve en agua, ¿cuál es el color de la solución?

    b. ¿Cuál es el color del papel de cloruro de cobalto(II) mojado?

    c. ¿Cuál es el color del papel de cloruro de cobalto(II) seco?

    d. ¿Cuál es el porcentaje de la masa de agua en el hexahidrato?

    e. ¿Qué prueba el papel de cloruro cobalto(II)?

90. Comparar ¿Cómo se comparan los volúmenes de lo siguiente?

    a. 1 g de hielo a 0 °C y 1 g de agua líquida a 0 °C

    b. 1 g de agua líquida a 100 °C y 1 g de vapor a 100 °C

★91. Relacionar causa y efecto Cuando llega la primavera, la fusión del hielo en la superficie de un estanque comienza un proceso beneficioso que agita el agua del estanque. Explica por qué el agua del estanque comienza a mezclarse cuando el hielo se derrite. (*Pista*: Considera los cambios de densidad).

★92. Inferir Un problema para los bomberos es que buena parte del agua que rocían en un incendio no penetra sino que se escurre llevándose consigo desechos y contaminantes que llegan al medio ambiente. Explica cómo la adición de un tensoactivo al agua que se usa para combatir incendios podría ayudar a apagar el fuego con mayor rapidez y proteger el medio ambiente.

★93. Relacionar causa y efecto Después de un invierno de períodos alternos de congelación y descongelación, algunas carreteras tienen baches. Usando lo que sabes de las propiedades del agua, explica por qué se forman baches.

94. Interpretar diagramas Los detergentes consisten en moléculas con una cabeza polar cargada y una cola larga que parece aceite. En el agua, las moléculas de detergente se pueden agregar a estructuras organizadas llamadas micelas. Como se muestra abajo, las cabezas polares se enfrentan a las moléculas de agua y las cadenas oleosas están en el interior de la micela. Sugiere una explicación para la formación de micelas.

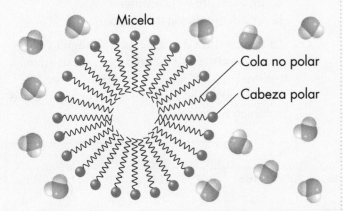

Micela

Cola no polar

Cabeza polar

95. Explicar Investiga la importancia de los electrolitos en el cuerpo. Escribe un párrafo que explique por qué la concentración de estos iones puede disminuir y cómo se pueden restaurar.

96. Investigar A las secadoras a menudo se agregan hojas para secar la ropa para evitar que la ropa se arrugue. Haz una investigación para saber qué compuestos se usan en las hojas para la secadora y cómo funcionan. Escribe un breve informe de tus hallazgos.

MISTERIOQUÍMICO

A limpiarse

Los calcetines sucios de Wes finalmente se limpiaron, pero sólo después de meterlos a la lavadora con una carga de la ropa de su familia. No es sólo la máquina la que hizo el truco. También fue el detergente para ropa que se añadió a la carga.

El agua sola no puede eliminar muchas manchas comunes. Las partículas de suciedad y grasa de los calcetines de Wes estaban atrapadas en las fibras de tela y no se disolvían en el agua. Además, debido a su alta tensión superficial, el agua no puede penetrar las fibras. Por lo general, los detergentes para ropa contienen uno o más tensoactivos. Los tensoactivos reducen la tensión superficial del agua, de modo que pueda mojar eficazmente y penetrar las fibras. Los tensoactivos también actúan como emulsionantes. Un extremo de la molécula del tensoactivo es no polar y puede disolver las moléculas de suciedad y grasa. El otro extremo de la molécula del tensoactivo es polar y se puede disolver en agua. La agitación proporcionada por la lavadora ayuda a liberar la mancha de las fibras de tela.

★ 97. Inferir ¿Qué ocurre con las moléculas de suciedad y grasa una vez que se levantan de las fibras de tela?

98. Conexión con la GRANIDEA
Explica cómo los detergentes remueven las manchas de la ropa describiendo las interacciones entre las moléculas del detergente, las moléculas de las manchas y las moléculas del agua.

99. Un recipiente cilíndrico de 28.0 cm de altura y 3.00 cm de diámetro se llena con agua a 50 °C. La densidad del agua es de 0.988 g/cm³ a esta temperatura. Expresa la masa de agua en el recipiente en las siguientes unidades.

   a. gramos   **b.** miligramos   **c.** kilogramos

⋆100. ¿Cuántas cifras significativas hay en cada medición?

   a. 56.003 g
   b. 750 mL
   c. 0.0056 cm
   d. 0.4005 dg

101. Escribe la configuración electrónica correcta para el ión óxido. ¿Qué gas noble tiene la misma configuración electrónica?

⋆102. Cuando un protón es atraído al par de electrones no compartidos de una molécula de agua, se forma el ión poliatómico hidronio (H_3O^+). Dibuja estructuras electrónicas de puntos para mostrar la formación de este ión.

103. Los globos contienen 1 mol de He, CH_4 y O_2 a TPE.

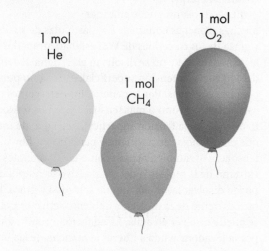

   a. ¿Cuál es el volumen de cada globo?
   b. ¿Cuál es la masa del gas en cada globo?
   c. Calcula la densidad del gas en cada globo.
   d. La densidad del aire a temperatura ambiente es alrededor de 1.2 g/mL. Predice si cada globo flotará o caerá cuando se suelte.

⋆104. Balancea las siguientes ecuaciones.

   a. $CO_2(g) + H_2O(l) \longrightarrow C_6H_{12}O_6(s) + O_2(g)$
   b. $Na(s) + H_2O(l) \longrightarrow$
$$Na^+(aq) + OH^-(aq) + H_2(g)$$

105. ¿Cuántos gramos de gas de hidrógeno y gas oxígeno se requieren para producir 4.50 moles de agua?

⋆106. La descomposición del peróxido de hidrógeno es dada por la ecuación.

$$2H_2O_2(l) \longrightarrow 2H_2O(l) + O_2(g)$$

Calcula la masa de agua y el volumen del oxígeno a TPE que se forman cuando se descomponen 2.00×10^{-3} moles de peróxido de hidrógeno.

⋆107. El acetaldehído (C_2H_4O) se produce comercialmente por la reacción de acetileno (C_2H_2) con agua, como se muestra en esta ecuación.

$$C_2H_2(g) + H_2O(l) \longrightarrow C_2H_4O(l)$$

¿Cuántos gramos de C_2H_4O se pueden producir a partir de 2.60×10^2 g de H_2O, suponiendo que hay suficiente C_2H_2?

108. El hidrógeno reacciona con el oxígeno para formar agua.

$$2H_2(g) + O_2(g) \longrightarrow 2H_2O(l)$$

   a. ¿Cuántos moles de oxígeno se necesitan para producir 10.8 g H_2O?
   b. ¿Cuántos litros de oxígeno hay a TPE?

⋆109. Una mezcla de 40 cm³ de gas de oxígeno y 60 cm³ de gas hidrógeno se encienden a TPE.

   a. ¿Cuál gas es el reactivo limitante?
   b. ¿Cuál es la masa de agua producida?
   c. ¿Qué gas se mantiene después de la reacción?
   d. ¿Cuál es el volumen, a TPE, del gas restante?

110. Explica cómo los siguientes cambios de presión en la superficie del agua afectan el punto de ebullición del agua.

   a. un aumento de la presión
   b. una disminución de la presión

⋆111. La temperatura de 1 L de vapor de agua a volumen constante y 1.00 atm de presión se incrementa de 100 °C a 200 °C. Calcula la presión final del vapor en atmósferas, suponiendo que el volumen no cambia.

Si tienes problemas con . . .

Pregunta	99	100	101	102	103	104	105	106	107	108	109	110	111
Ver el capítulo	3	3	7	8	10	11	12	12	12	12	12	13	14

Preparación para los exámenes estandarizados

Escoge la opción que responda mejor cada pregunta o que complete el enunciado.

1. Cuando un terrón de azúcar se disuelve completamente en un vaso de agua, forma
   (A) un coloide.   (C) una emulsión.
   (B) una suspensión.   (D) una solución.

2. ¿Cuántas moléculas de agua están atadas por unidad de fórmula de un compuesto que es un octahidrato?
   (A) nueve   (B) ocho   (C) siete   (D) seis

3. ¿Qué propiedad es característica del agua?
   (A) tensión superficial relativamente alta
   (B) presión de vapor relativamente alta
   (C) capacidad disolvente relativamente baja
   (D) relativamente baja polaridad

Usa las ventanas atómicas para responder la Pregunta 4.

4. La ventana atómica (A) representa partículas de soluto en un determinado volumen de solución. ¿Qué ventana representa las partículas de soluto en el mismo volumen de solución cuando se duplica la cantidad de solvente?

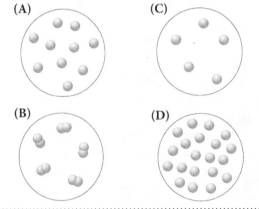

(A)   (C)

(B)   (D)

Consejos para tener éxito

Respuesta construida Probablemente, responderás la mayoría de las respuestas construidas escribiendo un enunciado o párrafo. Incluye tanta información como puedas en tu respuesta, pero evita las palabras innecesarias. Asegúrate de tocar todos los puntos que te pide la pregunta.

Usa la descripción y la tabla de datos para responder las Preguntas 5 a 7.

Un estudiante midió la conductividad de seis soluciones acuosas. Cada solución tenía una concentración igual de soluto. La magnitud del valor de conductividad es proporcional al número de iones en la solución. La unidad de conductividad en SI es el microsiemens/cm (μS/cm). La tabla muestra los resultados de los estudiantes.

Solución	Conductividad (μS/cm)
Cloruro de potasio, KCl	2050
Cloruro de aluminio, $AlCl_3$	4500
Cloruro de calcio, $CaCl_2$	3540
Hidróxido de sodio, NaOH	2180
Etanol, C_2H_6O	0
Bromuro de magnesio, $MgBr_2$	3490

5. ¿Por qué la solución de etanol tiene cero conductividad?

6. Explica por qué dos pares de soluciones conductivas tiene conductividades similares.

7. La solución de $AlCl_3$ tiene una conductividad que es aproximadamente el doble de la solución de KCl. Explica.

Para cada pregunta hay dos enunciados. Decide si cada enunciado es verdadero o falso. Luego, decide si el Enunciado II es una explicación correcta del Enunciado I.

Enunciado I		Enunciado II
8. El agua tiene una tensión superficial relativamente alta.	PORQUE	Las moléculas de agua forman enlaces de hidrógeno muy fuertes con las demás moléculas de agua.
9. Las partículas de un coloide se asientan más rápido que las partículas de una solución.	PORQUE	Las partículas de un coloide son más grandes que las partículas de una solución.
10. Las moléculas de agua son polares.	PORQUE	El enlace entre los átomos de hidrógeno y oxígeno en una molécula de agua es polar.

Si tienes problemas con . . .

Pregunta	1	2	3	4	5	6	7	8	9	10
Ver la lección	15.3	15.2	15.1	15.2	15.2	15.2	15.2	15.1	15.3	15.1

16

Soluciones

EN EL INTERIOR:

PearsonChem.com

El agua de río contiene muchos iones disueltos, incluyendo iones de sodio, calcio, magnesio, cloruro y sulfato.

GRANIDEA

EL MOL Y LA CUANTIFICACIÓN DE MATERIA

Preguntas esenciales:

1. *¿Qué propiedades se usan para describir la naturaleza de las soluciones?*

2. *¿De qué maneras puedes cuantificar la concentración de una solución?*

MISTERIOQUÍMICO

Ese sentimiento de vacío

Estaba ahí un momento y al siguiente ya no: un tramo del camino que parecía que se lo hubiera tragado la tierra. El pavimento se había hundido debido al movimiento del agua subterránea. El agua subterránea consiste en lluvia y hielo derretido que empapa la tierra. Con el tiempo, el agua subterránea puede disolver grandes cantidades de roca, formando gradualmente hermosas cuevas de piedra caliza, así como sumideros destructivos. Un sumidero registrado se tragó una casa, otros varios edificios, cinco coches ¡y hasta una alberca!

¿Qué factores piensas que contribuyen a la formación de sumideros? ¿Cómo crees que se puedan prevenir los accidentes por sumideros?

▶ Conexión con la **GRAN**IDEA
A medida que lees acerca de las soluciones, intenta identificar los factores que ocasionan la formación de sumideros.

16.1 Propiedades de las soluciones

P: *¿Cómo puedes cultivar un árbol hecho de cristales?* Ya estás familiarizado con el concepto del congelamiento de líquidos. ¿Pero qué sucede con los cristales que crecen de una solución? La cristalización de un soluto a partir de una solución es un cambio físico diferente al congelamiento. El árbol de cristal que se muestra aquí comenzó su "vida" como una solución acuosa ordinaria. Conforme el agua se evapora de la solución, los solutos se cristalizan en el papel, formando delicadas "hojas". No todas las soluciones se cristalizarán como lo hizo ésta. La razón de cristalización depende de la naturaleza del soluto y del solvente, así como de la temperatura y de la humedad del ambiente.

Preguntas clave

🔑 **¿Qué factores afectan la rapidez con la que se disuelve una sustancia?**

🔑 **¿Cómo puedes describir el equilibrio en una solución saturada?**

🔑 **¿Qué factores afectan la solubilidad de una sustancia?**

Vocabulario

- solución saturada
- solubilidad
- solución insaturada
- miscible
- inmiscible
- solución sobresaturada
- ley de Henry

Formación de soluciones

🔑 **¿Qué factores afectan la rapidez con la que se disuelve una sustancia?**

¿Has notado, cuando preparas té, que el azúcar granulado se disuelve más rápido que los terrones de azúcar y que tanto el azúcar granulado como los terrones de azúcar se disuelven más rápido en té caliente o cuando lo revuelves? En la Figura 16.1 se ilustran estas observaciones. Podrás explicar estas observaciones una vez que hayas entendido las propiedades de las soluciones.

Recuerda que las soluciones son mezclas homogéneas que pueden ser sólidas, líquidas o gaseosas. Las composiciones del solvente y del soluto determinan si una sustancia se disolverá o no. 🔑 **Los factores que afectan la rapidez con la que se disuelve una sustancia incluyen agitación, temperatura y el tamaño de partícula del soluto.** Cada uno de estos factores involucra el contacto del soluto con el solvente.

Figura 16.1 Disolver el azúcar
El revolver y el calentar aumenta la razón a la que se disuelve un soluto. **a.** Un terrón de azúcar en té frío se disuelve lentamente. **b.** El azúcar granulado se disuelve en agua fría más rápido que un terrón de azúcar, especialmente cuando lo revuelves. **c.** El azúcar granulado se disuelve muy rápido en té caliente.

Agitación Si se coloca una cucharadita de azúcar granulado (sacarosa) en un vaso con té, los cristales se disuelven lentamente. Sin embargo, si se revuelve el contenido del vaso, los cristales se disuelven más rápido. El proceso de disolución ocurre en la superficie de los cristales de azúcar. La agitación acelera el proceso porque el solvente fresco (el agua del té) se pone continuamente en contacto con la superficie del soluto (azúcar). Es importante darse cuenta, sin embargo, que la agitación (revolver o sacudir) afecta sólo la razón a la que se disuelve un soluto sólido. No influye la cantidad del soluto que se disolverá. Una sustancia insoluble permanece sin disolver a pesar de qué tan fuerte o por cuánto tiempo se revuelva el sistema solvente/soluto.

Temperatura La temperatura también influye la razón a la que se disuelve el soluto. El azúcar se disuelve mucho más rápido en té caliente que en té helado. A temperaturas altas, la energía cinética de las moléculas de agua es mayor que a temperaturas más bajas, de manera que las moléculas se mueven más rápido. El movimiento más rápido de moléculas del solvente conduce a un aumento en la frecuencia y la fuerza de las colisiones entre las moléculas de agua y las superficies de los cristales de azúcar.

Tamaño de la partícula del soluto La razón a la que se disuelve el soluto también depende del tamaño de las partículas del soluto. Una cucharada de azúcar granulado se disuelve más rápido que un terrón de azúcar porque las partículas más pequeñas del azúcar granulado exponen una superficie mucho mayor a las moléculas de agua con las que colisionan. Recuerda, el proceso de disolución es un fenómeno de superficie. Cuanta mayor sea el área de la superficie del soluto expuesta, más rápida será la razón de disolución.

Laboratorio rápido

Propósito Clasificar las mezclas como soluciones o como coloides usando el efecto Tyndall

Materiales

- **bicarbonato de sodio**
- **harina de maíz**
- **vara para revolver**
- **agua destilada (o agua de la llave)**
- **linterna**
- **cinta adhesiva protectora**
- **3 jarras con lados paralelos**
- **cucharadita**
- **taza**

Soluciones y coloides

Procedimiento

1. En una taza, haz una pasta: mezcla media cucharadita de harina de maíz con 4 cucharaditas de agua.

2. Llena una jarra con agua. Añade media cucharadita de bicarbonato de sodio a la segunda jarra y llénala con agua. Revuelve para mezclar. Añade la pasta de harina de maíz a la tercera jarra y llénala con agua. Revuelve para mezclar.

3. Apaga las luces de la habitación. Dirige el haz de luz de una linterna a cada una de las jarras y registra tus observaciones.

Analizar y concluir

1. Observar ¿En qué jarra del experimento fue posible ver el trayecto del haz de luz?

2. Inferir ¿Qué hizo visible el haz de luz?

3. Explicar Si se filtrara un sistema que haga el haz de luz visible, ¿el haz de luz sería visible en el filtrado? Explica tu respuesta.

4. Predecir ¿Qué observarías si reemplazaras el bicarbonato de sodio con sacarosa (azúcar de caña) o con cloruro de sodio (sal de mesa)? ¿Y si reemplazaras la harina de maíz con harina o con leche diluida?

Figura 16.2 Solución saturada

En una solución saturada existe un estado de equilibrio dinámico entre la solución y el soluto en exceso. La razón de solvatación (disolución) equivale a la razón de cristalización, de manera que la cantidad total de soluto disuelto permanece constante.

Predecir *¿Qué sucedería si añadieras más soluto a esta solución saturada?*

Véase solución saturada *en línea animada.*

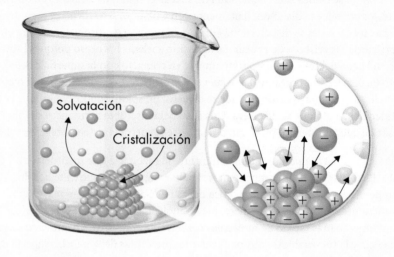

Solvatación

Cristalización

Figura 16.3 Agua termal

El agua en esta agua termal en el Parque Nacional de Yellowstone está saturada de minerales. Conforme el agua se enfría cerca de los bordes del manantial, algunos minerales se cristalizan porque son menos solubles a una temperatura menor.

Solubilidad

¿Cómo puedes describir el equilibrio en una solución saturada?

Si añades 36.0 g de cloruro de sodio a 100 g de agua a 25 °C, los 36.0 g de sal se disuelven. Pero si añades un gramo más de sal y la revuelves, no importa qué tan fuerte o por cuánto tiempo lo hagas, sólo 0.2 g de esa última porción se disolverá. ¿Por qué los 0.8 g de sal permanecen sin disolver? De acuerdo con la teoría cinética, las moléculas de agua están en movimiento continuo. Por lo tanto, deberían continuar bombardeando el sólido en exceso, disolviendo y removiendo los iones. Conforme se solvatan los iones, se disuelven en el agua. Con base en esta información, podrías esperar que todo el cloruro de sodio se disolviera eventualmente. Sin embargo, eso no sucede porque ocurre un proceso de intercambio. Nuevas partículas del sólido se solvatan y entran a la solución, como se muestra en la Figura 16.2. Al mismo tiempo, un igual número de partículas ya disueltas se cristaliza. Estas partículas salen de la solución y son depositadas como un sólido. La masa de cristales sin disolver permanece constante.

¿Qué sucede en la Figura 16.2? Las partículas se mueven del sólido a la solución. Algunas partículas disueltas se mueven de la solución y de regreso al sólido. Dado que estos dos procesos ocurren a la misma razón, no ocurren cambios netos en el sistema en su conjunto. Se dice que tal solución está saturada. Una **solución saturada** contiene la cantidad máxima de soluto para una cantidad dada de solvente a una temperatura y presión constantes. **En una solución saturada, existe un estado de equilibrio constante entre la solución y cualquier soluto sin disolver, siempre y cuando la temperatura permanezca constante.** A 25 °C, 36.2 g de cloruro de sodio disueltos en 100 g de agua forman una solución saturada. Si se añade soluto adicional a esta solución, no se disolverá.

La **solubilidad** de una sustancia es la cantidad de soluto que se disuelve en una cantidad dada de un solvente a una temperatura y presión específicas para producir una solución saturada. La solubilidad con frecuencia se expresa en gramos de soluto por 100 g de solvente (g/100 g H_2O). A veces la solubilidad de un gas se expresa en gramos por litro de solución (g/L). Una solución que contiene menos soluto que una solución saturada a una temperatura y presión constantes es una **solución insaturada.** Si se añade soluto adicional a una solución saturada, el soluto se disolverá hasta que la solución esté saturada.

Algunos líquidos, como el agua y el etanol, son infinitamente solubles entre ellos. Cualquier cantidad de etanol se disolverá en un volumen dado de agua y viceversa. De manera similar, el etilenglicol y el agua se mezclan en todas proporciones. Se dice que pares de líquidos como éstos son completamente miscibles. Dos líquidos son **miscibles** si se disuelven entre sí en todas proporciones. En tal solución, el líquido que está presente en la cantidad más grande por lo general es considerado el solvente. Los líquidos que son ligeramente solubles entre sí, como el agua y el éter dietil, son parcialmente miscibles. Los líquidos que son insolubles entre sí son **inmiscibles.** Como puedes ver en la Figura 16.4, el agua y el aceite son ejemplos de líquidos inmiscibles.

Factores que afectan la solubilidad

🔑 **¿Qué factores afectan la solubilidad de una sustancia?**

Ya leíste que la solubilidad se define como la masa del soluto que se disuelve en una masa dada de un solvente a una temperatura específica. 🔑 **La temperatura afecta la solubilidad de solutos sólidos, líquidos y gaseosos en un solvente; tanto la temperatura como la presión afectan la solubilidad de solutos gaseosos.**

Temperatura La solubilidad de la mayoría de las sustancias sólidas aumenta a medida que aumenta la temperatura del solvente. Para el cloruro de sodio (NaCl), el aumento en la solubilidad es pequeño, de 36.2 por 100 g de agua a 25 °C a 39.2 g por 100 g de agua a 100 °C. La Figura 16.5 muestra cómo la solubilidad de varias sustancias varía con la temperatura.

Para unas cuantas sustancias, la solubilidad disminuye con la temperatura. Por ejemplo, la solubilidad del sulfato de iterbio ($Yb_2(SO_4)_3$) en agua desciende de 44.2 g por 100 g de agua a 0 °C a 5.8 g por 100 g de agua a 90 °C. En la Tabla 16.1 de la página siguiente se enlistan las solubilidades de algunas sustancias comunes en agua a varias temperaturas.

Figura 16.4 Aceite en agua
El aceite vegetal no es soluble en agua. Los líquidos que son insolubles entre sí son inmiscibles.

Interpretar gráficas

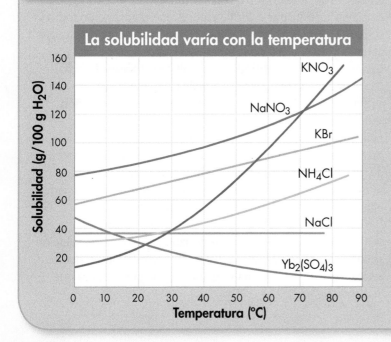

La solubilidad varía con la temperatura

Solubilidad (g/100 g H_2O) — Temperatura (°C)

KNO₃, NaNO₃, KBr, NH₄Cl, NaCl, Yb₂(SO₄)₃

Figura 16.5 Por lo general el cambiar la temperatura afecta la solubilidad de una sustancia.

a. Leer gráficas ¿Qué le sucede a la solubilidad del KNO_3 cuando aumenta la temperatura?

b. Identificar ¿Qué sustancia exhibe el menor cambio en la solubilidad conforme aumenta la temperatura?

c. Predecir Supón que añades algo del sólido NaCl a la solución saturada de NaCl a 20 °C y que calientas la mezcla a 40 °C. ¿Qué le sucedería al NaCl añadido?

d. Inferir Los depósitos minerales alrededor del agua termal de la Figura 16.3 incluyen NaCl y KCl. ¿Cómo piensas que cambia la solubilidad de KCl conforme disminuye la temperatura? Explica tu respuesta.

Tabla 16.1

Sustancia		Solubilidad (g/100 g H$_2$O)			
Nombre	Fórmula	0 °C	20 °C	50 °C	100 °C
Hidróxido de bario	Ba(OH)$_2$	1.67	31.89	—	—
Sulfato de bario	BaSO$_4$	0.00019	0.00025	0.00034	—
Hidróxido de calcio	Ca(OH)$_2$	0.189	0.173	—	0.07
Cloruro de plomo(II)	PbCl$_2$	0.60	0.99	1.70	—
Carbonato de litio	Li$_2$CO$_3$	1.5	1.3	1.1	0.70
Clorato de potasio	KClO$_3$	4.0	7.4	19.3	56.0
Cloruro de potasio	KCl	27.6	34.0	42.6	57.6
Cloruro de sodio	NaCl	35.7	36.0	37.0	39.2
Nitrato de sodio	NaNO$_3$	74	88.0	114.0	182
Cloruro de aluminio	AlCl$_3$	30.84	31.03	31.60	33.32
Nitrato de plata	AgNO$_3$	122	222.0	455.0	733
Bromuro de litio	LiBr	143.0	166	203	266.0
Sacarosa (azúcar de mesa)	C$_{12}$H$_{22}$O$_{11}$	179	230.9	260.4	487
Hidrógeno*	H$_2$	0.00019	0.00016	0.00013	0.0
Oxígeno*	O$_2$	0.0070	0.0043	0.0026	0.0
Dióxido de carbono*	CO$_2$	0.335	0.169	0.076	0.0

Solubilidades de sustancias en agua a varias temperaturas

* Gas a 101 kPa (1 atm) presión total

LA QUÍMICA Y TÚ

P: *¿Cómo crees que funcionan los paquetes para hacer crecer cristales? Usa lo que sabes acerca de la solubilidad y las soluciones saturadas para explicar tu respuesta.*

Supón que haces una solución saturada de acetato de sodio a 30 °C y que dejas la solución sin tocar para que se enfríe hasta 25 °C. Dado que la solubilidad de este compuesto es mayor a 30 °C que a 25 °C, esperas que el acetato de sodio sólido se cristalice a partir de la solución conforme disminuye la temperatura. Pero no se forman cristales. Has hecho una solución sobresaturada. Una **solución sobresaturada** contiene más soluto de lo que puede mantener teóricamente a una temperatura dada. La cristalización de una solución sobresaturada puede iniciarse si se añade un cristal muy pequeño, llamado cristal que actúa como semilla, del soluto. La razón a la que el soluto en exceso se deposita sobre la superficie de un cristal que actúa como semilla puede ser muy alta, como se muestra en la Figura 16.6. La cristalización también puede ocurrir si se rasga el interior del contenedor.

Otro ejemplo de cristalización en una solución sobresaturada es la producción de azúcar piedra. Una solución se sobresatura con azúcar. Los cristales semilla hacen que el azúcar se cristalice de una solución en una cuerda para que la disfrutes.

Figura 16.6 Solución sobresaturada
Una solución sobresaturada de acetato de sodio ($NaC_2H_3O_2(aq)$) se cristaliza rápidamente cuando se le altera.
a. La solución es clara antes de que se añada el cristal que actúa como semilla.
b. Se empieza a formar el cristal en la solución inmediatamente después de la adición del cristal que actúa como semilla. **c–d.** El soluto en exceso se cristaliza rápidamente.
Inferir *Cuando cesa la cristalización, ¿será la solución saturada o insaturada?*

El efecto de la temperatura sobre la solubilidad de los gases en solventes líquidos es el opuesto al de los sólidos. Las solubilidades de la mayoría de los gases son mayores en agua fría que caliente. Por ejemplo, en la Tabla 16.1 se muestra que el componente más importante del aire para los seres vivos—el oxígeno—se hace menos soluble en agua conforme la temperatura de la solución aumenta. El hecho tiene algunas consecuencias importantes. Cuando una plata industrial toma agua de un lago, la temperatura de todo el lago aumenta. Tal cambio en la temperatura se conoce como contaminación térmica. Los animales acuáticos y la vida vegetal pueden afectarse gravemente debido a que el aumento en la temperatura disminuye la concentración de oxígeno disuelto en el agua del lago.

Presión Los cambios en la presión tienen poco efecto en la solubilidad de sólidos y líquidos, pero la presión influye fuertemente en la solubilidad de los gases. La solubilidad de los gases aumenta conforme aumenta la presión del gas por encima de la solución. Las bebidas carbonatadas son un buen ejemplo. Estas bebidas contienen grandes cantidades de dióxido de carbono (CO_2) disuelto en agua. El CO_2 disuelto ocasiona un burbujeo en el líquido y se siente un hormigueo en tu boca. Las bebidas se embotellan bajo una alta presión del gas CO_2, lo que introduce grandes cantidades de gas en la solución. Cuando se abre un contenedor de bebida carbonatada, la presión parcial del CO_2 por encima del líquido disminuye. Inmediatamente después, burbujas de CO_2 se forman en el líquido y escapan de la botella abierta, como se muestra en la Figura 16.7. Como resultado, la concentración de CO_2 disuelto disminuye. Si la botella se deja abierta, la bebida se queda "sin efervescencia" conforme la solución pierde la mayor parte de su CO_2.

¿Cómo se relaciona la presión parcial del gas dióxido de carbono con la solubilidad del CO_2 en una bebida carbonatada? La relación se describe mediante la **ley de Henry,** la cual indica que a una temperatura dada, la solubilidad (S) de un gas en un líquido es directamente proporcional a la presión (P) del gas por encima del líquido. En otras palabras, conforme aumenta la presión del gas por encima del líquido, aumenta la solubilidad del gas. De manera similar, conforme disminuye la presión del gas, disminuye la solubilidad del gas. Puedes escribir esta relación en forma de una ecuación:

$$\frac{S_1}{P_1} = \frac{S_2}{P_2}$$

S_1 es la solubilidad de un gas a una presión, P_1; S_2 es la solubilidad a otra presión, P_2.

Figura 16.7 CO_2 en solución
Cuando una botella de bebida carbonatada se sella, la presión del CO_2 por encima del líquido es alta y la concentración del CO_2 en el líquido también es alta. Cuando se quita la tapa, la presión del gas CO_2 por encima del líquido disminuye y las burbujas de dióxido de carbono salen del líquido.

Ejemplo de problema 16.1

Usar la ley de Henry

Si la solubilidad de un gas en agua es de 0.77 g/L a 3.5 atm de presión, ¿cuál es su solubilidad (en g/L) a 1.0 atm de presión? (La temperatura se mantiene constante a 25 °C.)

❶ Analizar Haz una lista de lo conocido y lo desconocido. Usa la ley de Henry para resolver la solubilidad desconocida.

CONOCIDO	DESCONOCIDO
$P_1 = 3.5$ atm	$S_2 = ?$ g/L
$S_1 = 0.77$ g/L	
$P_2 = 1.0$ atm	

❷ Calcular Resuelve para buscar lo desconocido.

> Enuncia la ecuación de la ley de Henry.

$$\frac{S_1}{P_1} = \frac{S_2}{P_2}$$

Aísla S_2 multiplicando ambos lados por P_2:

$$P_2 \times \frac{S_1}{P_1} = \frac{S_2}{P_2} \times P_2$$

> Resuelve la ley de Henry para S_2. Sustituye los valores conocidos y calcula.

$$S_2 = \frac{S_1 \times P_2}{P_1} = \frac{0.77 \text{ g/L} \times 1.0 \text{ atm}}{3.5 \text{ atm}} = 0.22 \text{ g/L}$$

❸ Evaluar ¿Tiene sentido el resultado? La nueva presión es aproximadamente un tercio de la presión original, así que la nueva solubilidad debería ser aproximadamente un tercio de la original. La respuesta se expresa correctamente con dos cifras significativas.

En el Problema 1, estás resolviendo la ley de Henry para una solubilidad desconocida. En el Problema 2, estás resolviendo para una presión desconocida.

1. La solubilidad de un gas en agua es de 0.16 g/L a 104 k Pa. ¿Cuál es la solubilidad cuando la presión del gas aumenta a 288 k Pa? Supón que la temperatura permanece constante.

2. Un gas tiene una solubilidad en agua a 0 °C de 3.6 g /L a una presión de 1.0 atm. ¿Qué presión se necesita para producir una solución acuosa que contenga 9.5 g/L del mismo gas a 0° C?

16.1 Comprobación de la lección

3. 🔑 Revisar ¿Qué es lo que determina qué tan rápido se disolverá una sustancia?

4. 🔑 Describir ¿Cómo puedes describir el estado de equilibrio en una solución saturada que contenga un soluto no disuelto?

5. 🔑 Describir ¿Qué condición(es) determina(n) las solubilidades de solutos sólidos, líquidos y gaseosos en un solvente?

6. Identificar Nombra una unidad que se use para expresar la solubilidad.

7. Describir ¿Qué es lo que determina si se disolverá o no una sustancia?

8. Explicar ¿Qué harías para cambiar
   a. una solución sólida/líquida a una solución insaturada?
   b. una solución gaseosa/líquida a una solución insaturada?

9. Calcular La solubilidad de un gas es 0.58 g/L a una presión de 104 kPa. ¿Cuál es su solubilidad si la presión aumenta a 250 kPa a la misma temperatura?

16.2 Concentraciones de soluciones

P: *¿Cómo puedes describir la concentración de una solución?* El agua potable limpia es importante para todas las comunidades. ¿Qué es lo que constituye el agua limpia? Tus gobiernos federal y estatales fijan estándares para limitar la cantidad de contaminantes permitidos en el agua potable. Estos contaminantes incluyen metales, pesticidas y bacterias. El agua debe ser tratada constantemente para asegurarse que las concentraciones de estos contaminantes no excedan los límites establecidos.

Molaridad

🔑 **¿Cómo calculas la molaridad de una solución?**

Ya aprendiste que una sustancia se puede disolver hasta cierto punto en un solvente en particular para formar una solución. La **concentración** de una solución es una medida de la cantidad de soluto que está disuelto en una cantidad dada de solvente. Una solución que contiene una cantidad relativamente pequeña de soluto es una **solución diluida.** Por el contrario, una **solución concentrada** contiene una gran cantidad de soluto. Una solución acuosa de cloruro de sodio que contiene 1 g de NaCl por 100 g de H_2O podría describirse como diluida cuando se le compara con una solución de cloruro de sodio que contiene 30 g de NaCl por 100 g de H_2O. Pero la misma solución podría describirse como concentrada cuando se le compara con una solución que contiene sólo 0.01 g de NaCl por 100 g de H_2O. Puedes ver que los términos *concentrado* y *diluido* son sólo descripciones cualitativas de la cantidad de un soluto en una solución.

¿Cómo podría expresarse una concentración cuantitativamente? En química, la unidad más importante de concentración es la molaridad. La **molaridad (M)** es el número de moles de soluto disueltos en un litro de solución. La molaridad también se conoce como concentración molar. Cuando el símbolo *M* está acompañado por un valor numérico, se lee como "molar". En la Figura 16.8 se ilustra el procedimiento para hacer una solución 0.5*M* o 0.5-molar. Observa que el volumen involucrado es el volumen total de la solución resultante, no sólo el volumen del solvente.

Figura 16.8 Cómo hacer una solución 0.5M
a. Añade 0.5 moles de soluto a un matraz volumétrico de 1 L que está lleno hasta la mitad con agua destilada.
b. Gira el matraz con cuidado para disolver el soluto.
c. Llena el matraz con agua exactamente hasta la marca de 1 L.

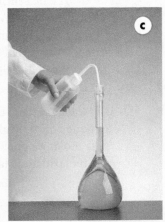

🔑 **Para calcular la molaridad de una solución, divide el número de moles de soluto por el volumen de la solución en litros.**

$$\text{Molaridad } (M) = \frac{\text{moles de soluto}}{\text{litros de solución}}$$

Por ejemplo, supón que 2 moles de glucosa se disuelven en 5 L de solución. Tú podrías calcular la molaridad de la solución como se muestra:

$$\frac{2 \text{ mol glucosa}}{\text{solución } 5 \text{ L}} = 0.4 \text{ mol/L} = 0.4M$$

Si la cantidad de soluto en una solución se expresa en unidades de masa en lugar de moles, puedes calcular la molaridad usando los factores de conversión adecuados, como se muestra en el Ejemplo de problema 16.2.

Ejemplo de problema 16.2

Calcular la molaridad

Las soluciones salinas intravenosas (IV) con frecuencia se administran a los pacientes en el hospital. Una solución salina contiene 0.90 g de NaCl en exactamente 100 mL de solución. ¿Cuál es la molaridad de la solución?

❶ Analizar   Haz una lista de lo conocido y lo desconocido. Convierte la concentración de g/100 mL a mol/L. La secuencia es g/100 mL ⟶ mol/100 mL ⟶ mol/L.

❷ Calcular   Resuelve para buscar lo desconocido.

> Usa la masa molar para convertir g NaCl/100 mL a mol NaCl/100 mL. Después convierte las unidades de volumen de manera que tu respuesta se exprese en mol/L.

CONOCIDO

concentración de solución = 0.90 g NaCl /100 mL
masa molar del NaCl = 58.5 g/mol

DESCONOCIDO

concentración de solución = ?M

$$\text{Concentración de solución} = \frac{0.90 \text{ g NaCl}}{100 \text{ mL}} \times \frac{1 \text{ mol NaCl}}{58.5 \text{ g NaCl}} \times \frac{1000 \text{ mL}}{1 \text{ L}}$$

$$= 0.15 \text{ mol/L}$$

$$= 0.15M$$

> La relación 1 L = 1000 mL te da el factor de conversión 1000 mL/1 L.

❸ Evaluar   ¿Tiene sentido el resultado? La respuesta debería ser menor que 1M porque una concentración de 0.90 g/100 mL es la misma que 9.0 g/1000 mL (9.0 g/1 L) y 9.0 g es menor que 1 mol de NaCl. La respuesta se expresa correctamente con dos cifras significativas.

---

10. Una solución tiene un volumen de 2.0 L y contiene 36.0 g de glucosa ($C_6H_{12}O_6$). Si la masa molar de glucosa es de 180 g/mol, ¿cuál es la molaridad de la solución?

11. Una solución tiene un volumen de 250 mL y contiene 0.70 mol NaCl. ¿Cuál es su molaridad?

En algunos casos, puedes necesitar determinar el número de moles de soluto disueltos en un volumen dado de solución. Puedes hacer esto si conoces la molaridad de la solución. Por ejemplo, ¿cuántos moles hay en 2.00 L de 2.5*M* de cloruro de litio (LiCl)? Primero, vuelve a ordenar la fórmula de la molaridad para resolver el número de moles. Después, sustituye los valores conocidos por la molaridad y el volumen.

$$\text{Molaridad } (M) = \frac{\text{moles de soluto}}{\text{litros de solución } (V)}$$

$$\text{Moles de soluto} = \text{molaridad } (M) \times \text{litros de solución } (V)$$

$$= 2.5M \times 2.00 \text{ L} = \left(\frac{2.5 \text{ mol}}{1 \text{ L}}\right) \times 2.00 \text{ L}$$

$$= 5.0 \text{ mol}$$

Por lo tanto, 2.00 L de 2.5*M* solución de cloruro de litio contienen 5.0 moles de LiCl.

Ejemplo de problema 16.3

Calcular los moles de soluto en una solución

El blanqueador de lavado de ropa doméstico es una solución acuosa diluida de hipoclorito de sodio (NaClO). ¿Cuántos moles de soluto están presentes en 1.5 L de 0.70*M* NaClO?

❶ **Analizar Haz una lista de lo conocido y lo desconocido.** La conversión es volumen de solución ⟶ moles de soluto. La molaridad tiene las unidades mol/*L*, de manera que las puedas usar como un factor de conversión entre moles de soluto y volumen de solución.

CONOCIDO
volumen de solución = 1.5 L
concentración de solución = 0.70M NaClO

DESCONOCIDO
moles de soluto = ? mol

❷ **Calcular Resuelve para buscar lo desconocido.**

Multiplica el volumen dado por la molaridad expresada en mol/L.

$$1.5 \text{ L} \times \frac{0.70 \text{ mol NaClO}}{1 \text{ L}} = 1.1 \text{ mol NaClO}$$

❸ **Evaluar ¿Tiene sentido el resultado?** La respuesta debería ser mayor que 1 mol pero menor que 1.5 moles porque la concentración de la solución es menor que 0.75 mol/L y el volumen es menor que 2 L. La respuesta está correctamente expresada con dos cifras significativas.

12. ¿Cuántos moles de nitrato de amoníaco hay en 335 mL de 0.425*M* NH₄NO₃?

13. ¿Cuántos moles de soluto hay en 250 mL de 2.0*M* CaCl₂? ¿Cuántos gramos de CaCl₂ es esto?

Asegúrate de que tus unidades de volumen se cancelen cuando hagas estos problemas. Si no es así, entonces probablemente te esté faltando el factor de conversión en tus cálculos.

Figura 16.9 Dilución
Añadir solvente a una solución concentrada disminuye la concentración, pero el número total de moles de soluto presentes permanece igual.

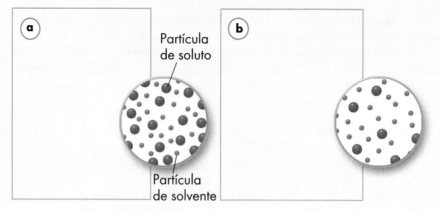

Partícula de soluto

Partícula de solvente

Hacer diluciones

🔑 ¿Qué efecto tiene la dilución sobre la cantidad de soluto?

Ambas soluciones de la Figura 16.9 contienen la misma cantidad de soluto. Puedes adivinarlo por el color de la solución (a) que es más concentrado que el de la solución (b); es decir, la solución (a) tiene la molaridad mayor. La solución más diluida (b) se hizo a partir de la solución (a) añadiendo más solvente. 🔑 **Al diluir una solución se reduce el número de moles de soluto por volumen de unidad pero el número total de moles de soluto en la solución no cambia.** También puedes expresar este concepto escribiendo una ecuación.

Moles de soluto antes de la dilución = moles de soluto después de la dilución

Ahora recuerda la definición de molaridad y de cómo se puede volver a ordenar para resolver los moles de soluto.

$$\text{Molaridad } (M) = \frac{\text{moles de soluto}}{\text{litros de solución } (V)}$$

Moles de soluto = molaridad (M) × litros de solución (V)

El número total de moles de soluto permanece sin cambios después de la dilución, de manera que puedes escribir esta ecuación:

$$\text{Moles de soluto} = M_1 \times V_1 = M_2 \times V_2$$

M_1 y V_1 son la molaridad y el volumen de la solución inicial y M_2 y V_2 son la molaridad y el volumen de la solución diluida. Los volúmenes pueden estar en litros o mililitros, siempre y cuando las mismas unidades se usen tanto para V_1 como para V_2. En la Figura 16.10 se ilustra el procedimiento usado para hacer una dilución en el laboratorio.

Figura 16.10 Hacer una dilución
La estudiante está preparando 100 mL de 0.40M MgSO₄ a partir de una solución existente de 2.0M MgSO₄. **a.** Ella mide 20 mL de la solución existente con una pipeta de 20 mL. **b.** Ella transfiere los 20 mL a un matraz volumétrico de 100 mL. **c.** Ella añade con cuidado agua hasta la marca para tener 100 mL de solución.

Comparar *¿Cuántos moles de MgSO₄ hay en 20 mL de la solución existente? ¿Cuántos hay en 100 mL de la solución diluída?*

Ejemplo de problema 16.4

Preparar una solución diluida

¿Cuántos mililitros de solución acuosa de 2.00M MgSO$_4$ debe diluirse con agua para preparar 100.0 mL de 0.400M MgSO$_4$ acuoso?

❶ Analizar Haz una lista de lo conocido y lo desconocido. Usa la ecuación $M_1 \times V_1 = M_2 \times V_2$ para resolver el volumen inicial desconocido de la solución (V_1) que está diluida en agua.

❷ Calcular Resuelve para buscar lo desconocido.

> CONOCIDO
>
> $M_1 = 2.00M$ MgSO$_4$
> $M_2 = 0.400M$ MgSO$_4$
> $V_2 = 100.0mL$ de 0.400M MgSO$_4$
>
> DESCONOCIDO
>
> $V_1 = ?$ mL de 2.00M MgSO$_4$

Resuelve V_1 y sustituye los valores conocidos en la ecuación. → $V_1 = \dfrac{M_2 \times V_2}{M_1} = \dfrac{0.400M \times 100.0 \text{ mL}}{2.00M} = \boxed{20.0 \text{ mL}}$

Por lo tanto, 20.0 mL de la solución inicial deben diluirse al añadir suficiente agua para aumentar el volumen a 100.0 mL.

❸ Evaluar ¿Tiene sentido el resultado? La concentración inicial es cinco veces mayor que la concentración diluida. Dado que el número de moles de soluto no cambia, el volumen inicial de solución debería ser un quinto del volumen final de la solución diluida.

14. ¿Cuántos mililitros de una solución de 4.00M KI se necesitan para preparar 250.0 mL de 0.760M KI?

15. ¿Cómo podrías preparar 250 mL de 0.20M NaCl usando sólo una solución de 1.0M NaCl y agua?

¿Qué tipo de instrumento de medición de volumen usarías para hacer la dilución del Ejemplo de problema 16.4? La dilución requiere una molaridad con tres cifras significativas, así que necesitarías medir 20.0 mL de la solución 2.00M MgSO$_4$ con una pipeta o bureta volumétrica de 20 mL. (Un cilindro graduado no proporcionaría suficiente precisión.) Transferirías la solución a un matraz volumétrico de 100 mL y añadirías agua al matraz exactamente hasta la línea marcada. El contenido sería entonces de 100.0 mL de 0.400M MgSO$_4$.

Soluciones porcentuales

🗝 *¿En qué se diferencian porcentaje por volumen y porcentaje por masa?*

Si tanto el soluto como el solvente son líquidos, una manera conveniente para hacer una solución es medir los volúmenes del soluto y de la solución. La concentración del soluto se expresa entonces como un porcentaje de la solución por volumen. 🗝 **El porcentaje por volumen de una solución es la razón del volumen de soluto al volumen de solución.** Por ejemplo, el alcohol isopropílico (2-propanol) se vende como solución al 91 por ciento por volumen. Podrías preparar tal solución al diluir 91 mL de alcohol isopropílico puro con suficiente agua para hacer 100 mL de solución. La concentración se escribe como 91 por ciento por volumen, 91 por ciento (volumen/volumen) o 91% (v/v).

$$\text{Porcentaje por volumen (\%(v/v))} = \frac{\text{volumen de soluto}}{\text{volumen de solución}} \times 100\%$$

Calcular porcentaje por volumen

¿Cuál es el porcentaje por volumen de etanol (C_2H_6O, o de alcohol etílico) en la solución final cuando 85 mL de etanol se diluyen en un volumen de 250 mL de agua?

❶ Analizar Haz una lista de lo conocido y lo desconocido. Usa los valores conocidos para el volumen de soluto y el volumen de solución para calcular el porcentaje por volumen.

❷ Calcular Resuelve para buscar lo desconocido.

CONOCIDO
volumen de soluto = 85 mL etanol
volumen de solución = 250 mL

DESCONOCIDO
Porcentaje por volumen = ? % etanol (v/v)

Enuncia la ecuación del porcentaje por volumen.	⟶	$\text{Porcentaje por volumen (\% (v/v))} = \dfrac{\text{volumen de soluto}}{\text{volumen de solución}} \times 100\%$
Sustituye los valores conocidos en la ecuación y resuelve.	⟶	$\%\,(v/v) = \dfrac{85\ \text{mL etanol}}{250\ \text{mL}} \times 100\%$ $= 34\%\ \text{etanol (v/v)}$

❸ Evaluar ¿Tiene sentido el resultado? El volumen del soluto es aproximadamente un tercio del volumen de la solución, por lo tanto, la respuesta es razonable. La respuesta está correctamente expresada con dos cifras significativas.

16. Si se diluyen 10 mL de propanona (C_3H_6O, o acetona) con agua para un volumen de solución total de 200 mL, ¿cuál es el porcentaje por volumen de propanona en la solución?

17. Una botella del antiséptico peróxido de hidrógeno (H_2O_2) se etiqueta como 3.0% (v/v). ¿Cuántos mL H_2O_2 hay en una botella de 400.0 mL de esta solución?

Otra manera para expresar la concentración de una solución es como un porcentaje por masa, o porcentaje (masa/masa). 🔑 **El porcentaje por masa de una solución es la razón de la masa del soluto a la masa de la solución.**

$$\text{Porcentaje por masa (\%(m/m))} = \frac{\text{masa de soluto}}{\text{masa de solución}} \times 100\%$$

También puedes definir porcentaje por masa como el número de gramos de soluto por 100 g de solución. A veces el porcentaje por masa es una medida conveniente de concentración cuando el soluto es un sólido. Por ejemplo, una solución que contiene 7 g de cloruro de sodio en 100 gramos de solución tiene una concentración del 7 por ciento por masa, que también se escribe como 7 por ciento (masa/masa) o 7% (m/m).

Probablemente has visto información en las etiquetas de los alimentos expresada como una composición porcentual. Por ejemplo, la etiqueta en una bebida con sabor a fruta indica el "jugo porcentual" que contiene el producto. Tal información puede ser engañosa a menos que se den las unidades. Cuando describes soluciones porcentuales, asegúrate de especificar si la concentración es % (v/v) o % (m/m).

LA QUÍMICA Y TÚ

P: *¿Cuáles son las tres maneras para calcular la concentración de una solución?*

Ejemplo de problema 16.6

Usar porcentaje por masa como un factor de conversión

¿Cuántos gramos de glucosa ($C_6H_{12}O_6$) se necesitan para hacer 2000 g de una solución de glucosa al 2.8% (m/m)?

❶ Analizar Haz una lista de lo conocido y lo desconocido.
La conversión es masa de solución ⟶ masa de soluto. En una solución de $C_6H_{12}O_6$ al 2.8% (m/m), cada solución contiene 2.8 g de glucosa. Usada como un factor de conversión, la concentración te permite convertir g de solución en g de $C_6H_{12}O_6$.

CONOCIDO

masa de solución = 2000 g
porcentaje por masa = 2.8% $C_6H_{12}O_6$ (m/m)

DESCONOCIDO

masa de soluto = ? g $C_6H_{12}O_6$

❷ Calcular Resuelve para buscar lo desconocido.

Escribe el porcentaje por masa como un factor de conversión con g de $C_6H_{12}O_6$ en el numerador.

$$\frac{2.8 \text{ g } C_6H_{12}O_6}{100 \text{ g solución}}$$

Multiplica la masa de la solución por el factor de conversión.

$$2000 \text{ g solución} \times \frac{2.8 \text{ g } C_6H_{12}O_6}{100 \text{ g solución}} = 56 \text{ g } C_6H_{12}O_6$$

❸ Evaluar ¿Tiene sentido el resultado? La masa preparada de la solución es 20×100 g. Dado que una muestra de 100 g de solución 2.8% (m/m) contiene 2.8 g de soluto, necesitas 20×2.8 g = 56 g de soluto. Para hacer la solución, mezcla 56 g de $C_6H_{12}O_6$ con 1944 g de solvente. (56 g de soluto + 1944 g de solvente = 2000 g de solución)

18. Calcula los gramos de soluto que se requieren para hacer 250 g de 0.10% $MgSO_4$ (m/m).

> Puedes resolver este problema usando ya sea el análisis dimensional o el álgebra.

16.2 Comprobación de la lección

19. 🔑 Revisar ¿Cómo calculas la molaridad de una solución?

20. 🔑 Comparar ¿Cómo se compara el número de moles del soluto antes de la dilución con el número de moles del soluto después de la dilución?

21. 🔑 Identificar ¿Cuáles son dos maneras de expresar la concentración de una solución como un porcentaje?

22. Calcular ¿Cuál es la molaridad de una solución que contiene 400 g $CuSO_4$ en 4.00 L de solución?

23. Calcular ¿Cuántos mililitros de una solución en existencia de 2.00M KNO_3 necesitarías para preparar 100.0 mL de 0.150M KNO_3?

24. Calcular ¿Cuántos moles de soluto están presentes en 50.0 mL de 0.20M KNO_3?

25. Calcular ¿Cuál es la concentración, en porcentaje (v/v), de una solución que contiene 50 mL de éter dietílico ($C_4H_{10}O$) en 2.5 L de solución?

26. Calcular ¿Qué masa de K_2SO_4 necesitarías para preparar 1500 g de solución 5.0% K_2SO_4 (m/m)?

GRANIDEA
EL MOL Y LA CUANTIFICACIÓN DE MATERIA

27. ¿Qué información necesitarías para convertir molaridad a porcentaje por volumen?

El arte del encurtido

Cada cultura tiene su propia versión del encurtido y el arte de hacer encurtidos data desde la historia antigua. Los encurtidos más tempranos descubiertos fueron producidos hace más de 4000 años usando pepinos nativos de la India. En Corea, el kimchi (col encurtida) se ha producido por más de 3000 años. Los antiguos egipcios y griegos escribieron acerca del valor nutritivo y el poder de sanación de los encurtidos.

Hoy en día, con frecuencia puedes contar con el sabor salado de un pepinillo cuando ordenas comida en un restaurante o en un vendedor ambulante. Los encurtidos vienen en muchas variedades. Puede ser que ya conozcas el sabor de los pepinillos que acompañan a los sándwiches o la salsa de pepinillos que se encuentra en un puesto de perritos calientes. Otros tipos de encurtidos incluyen al jengibre encurtido japonés (que frecuentemente se sirve con sushi), el arenque encurtido europeo y los chiles encurtidos que se encuentran en algunas salsas mexicanas.

El encurtir es una manera de preservar la comida usando una solución de sal, ácido (por lo general vinagre), especias y/o azúcar. Al remojar los vegetales y las carnes en la solución de encurtido previene el crecimiento de bacterias dañinas y le da a la comida un sabor agrio y salado.

Muchos tipos de encurtidos

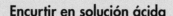
Encurtir en solución ácida

Proceso Este tipo de encurtido por lo general involucra la inmersión y/o cocción, por unas horas o días, de vegetales en una solución que contenga vinagre y especias. El vinagre es una solución acuosa 5% (v/v) de ácido acético ($C_2H_4O_2$).

Ejemplos Las soluciones ácidas se usan para preparar el jengibre encurtido (arriba), el betabel encurtido, encurtidos de pan y mantequilla, arenque encurtido y salsa de pepinillos para perritos calientes.

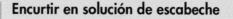
Encurtir en solución de escabeche

Proceso En un encurtido con base en el escabeche, la comida se remoja en una solución salina llamada escabeche durante 4 a 6 semanas. El escabeche promueve el crecimiento de bacterias productoras de ácido. La concentración del escabeche es por lo general de 5 a 10% NaCl (m/m).

Ejemplos Los encurtidos en escabeche comunes incluyen al encurtido de pepinillos de eneldo, al *sauerkraut* (col encurtida fermentada), a los nabos encurtidos de Medio Oriente y a los mangos encurtidos y conservas agridulces de la India.

SOLUCIONES SALADAS Cuando se remojan los encurtidos, la sal en la solución fomenta el crecimiento de bacterias productoras de ácido, las cuales previenen el crecimiento de bacterias que causan su desperdicio. La concentración de sal necesita ser tan exacta como sea posible. Si es muy alta, las productoras del ácido no pueden florecer; si es muy baja, entonces no crecerán suficientes productoras de ácido y tus encurtidos se pueden echar a perder.

Un paso más **allá**

1. Calcular Una receta de encurtidos pide que se mezclen 1.5 tazas de sal para encurtir (NaCl) con 1 galón de agua. Si una taza de sal para encurtir tiene una masa de 220 gramos, ¿cuál es el porcentaje por masa de NaCl en la solución de encurtido? (1 gal = 3785 cm³)

2. Evaluar ¿Se da suficiente información en la pregunta anterior para calcular el porcentaje por volumen de NaCl en la solución de encurtido? Explica tu respuesta.

3. Calcular ¿Cuántos gramos de sal para encurtir necesitarías para preparar 3500 g de solución 5% NaCl (m/m) para una tanda de pepinillos?

16.3 Propiedades coligativas de las soluciones

P: *¿Por qué necesitas la sal para hacer helado?* He aquí una pista: *no* es porque se suponga que el helado deba tener sabor salado. Las temperaturas bajo 0 °C son necesarias para hacer helado. Quienes hacen helado saben que si añades sal de roca al hielo, la mezcla se congela a unos cuantos grados bajo 0 °C. En esta lección, descubrirás cómo un soluto puede cambiar el punto de congelación de una solución.

Describir las propiedades coligativas

🔑 **¿Cuáles son las tres propiedades coligativas de las soluciones?**

Ya sabes que las propiedades físicas de una solución se diferencian de aquellas del solvente puro que se usa para hacer la solución. Después de todo, el té no es igual que el agua sola. Pero te sorprendería saber que algunas de estas diferencias en las propiedades tienen poco que ver con la identidad específica del soluto. Por el contrario, dependen de la mera presencia de las partículas del soluto en la solución.

Una **propiedad coligativa** es una propiedad de las soluciones que depende sólo del número de partículas de soluto, no de su identidad. 🔑 **Tres importantes propiedades coligativas de las soluciones son el descenso de la presión de vapor, la disminución del punto de congelación y el incremento del punto de ebullición.**

Descenso de la presión de vapor Recuerda que la presión de vapor es la presión ejercida por un vapor que está en equilibrio dinámico con su líquido en un sistema cerrado. Una solución que contiene un soluto que es no volátil (no fácilmente vaporizado) siempre tiene una presión de vapor más baja que el solvente puro, como se muestra en la Figura 16.11. La glucosa, un compuesto molecular y el cloruro de sodio, un compuesto iónico, son ejemplos de solutos no volátiles. Cuando la glucosa o el cloruro de sodio se disuelven en un solvente, la presión de vapor de la solución es más baja que la presión de vapor del solvente puro. ¿Por qué es esto verdadero?

Pregunta clave

🔑 *¿Cuáles son las tres propiedades coligativas de las soluciones?*

Vocabulario

- propiedad coligativa
- disminución del punto de congelación
- elevación del punto de ebullición

▶ **Véase** presión de vapor **en línea animada.**

Figura 16.11 Presión de vapor
La presión de vapor de una solución de un soluto no volátil es menor que la presión de vapor de un solvente puro. **a.** El equilibrio se establece entre el líquido y el vapor en un solvente puro. **b.** En una solución, las partículas del soluto reducen el número de partículas del solvente capaces de escapar del líquido. El equilibrio se establece a una presión de vapor más baja.

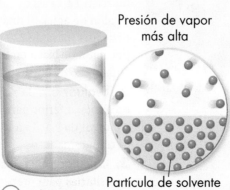

Presión de vapor más alta

Presión de vapor más baja

Partícula de solvente

Partícula de soluto

ⓐ **Solvente puro**

ⓑ **Solución que contiene soluto no volátil**

Figura 16.12 Solutos moleculares vs. iónicos

Las concentraciones de partículas difieren de los compuestos moleculares y iónicos disueltos en agua.

Comparar *¿Qué solución tiene la presión de vapor más baja? ¿Cuál la más alta?*

Glucosa en solución
Tres moles de glucosa disueltos en agua producen 3 moles de partículas porque la glucosa no se disocia.

Cloruro de sodio en solución
Tres moles de cloruro de sodio disueltos en agua producen 6 moles de partículas porque cada unidad de fórmula de NaCl se disocia en dos iones.

Cloruro de calcio en solución
Tres moles de cloruro de calcio disueltos en agua producen 9 moles de partículas porque cada unidad de fórmula CaCl$_2$ se disocia en tres iones.

En una solución acuosa de cloruro de sodio, los iones de sodio y los iones de cloruro están dispersos a través del agua líquida. Tanto dentro del líquido como en la superficie, los iones están rodeados por capas de moléculas de agua asociadas o niveles de agua de solvatación. La formación de estos niveles de agua de solvatación disminuyen el número de moléculas de solvente que tienen suficiente energía cinética para escapar como vapor. Por lo tanto, la solución tiene una presión de vapor más baja que la que pudiera tener el solvente puro (agua) a la misma temperatura.

Los iones de soluto que se disocian, como el cloruro de sodio y el cloruro de calcio, tienen mayores efectos sobre la presión de vapor que los que tiene un soluto no disociado como la glucosa. Recuerda que cada unidad de fórmula del cloruro de sodio (NaCl) produce dos partículas en solución, un ion de sodio y un ion de cloruro.

$$NaCl(s) \xrightarrow{\text{H}_2\text{O}} Na^+(aq) + Cl^-(aq)$$

Cada unidad de fórmula del cloruro de calcio (CaCl$_2$) produce tres partículas, un ion de calcio y dos iones de cloruro.

$$CaCl_2(s) \xrightarrow{\text{H}_2\text{O}} Ca^{2+}(aq) + 2Cl^-(aq)$$

Cuando se disuelve la glucosa, las moléculas no se disocian.

$$C_6H_{12}O_6(s) \xrightarrow{\text{H}_2\text{O}} C_6H_{12}O_6(aq)$$

En la Figura 16.12 se comparan el número de partículas en tres soluciones de la misma concentración. La disminución en la presión de vapor de una solución es proporcional al número de partículas que el soluto hace en solución. Por ejemplo, el descenso de la presión de vapor causada por 0.1 moles de cloruro de sodio en 1000 g de agua es el doble que la causada por 0.1 moles de glucosa en la misma cantidad de agua. De la misma manera, 0.1 moles de CaCl$_2$ en 1000 g de agua producen tres veces el descenso de la presión de vapor que 0.1 moles de glucosa en la misma cantidad de agua.

APOYO PARA LA LECTURA

Desarrollar destrezas de estudio: *Mapa conceptual* Conforme lees, desarrolla un mapa conceptual que organice las principales ideas de esta lección. *¿Qué factor determina la magnitud de las propiedades coligativas de las soluciones?*

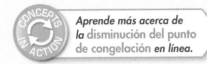
**Aprende más acerca de
la** disminución del punto
de congelación **en línea.**

Disminución del punto de congelación Cuando una sustancia se congela, las partículas del sólido se enfrentan a un patrón ordenado. La presencia de un soluto en agua afecta la formación de este patrón debido a los niveles de agua de solvatación. Como resultado, debe retirarse más energía cinética de una solución que de un solvente puro para ocasionar que la solución se solidifique. El punto de congelación de una solución es menor que el punto de congelación de un solvente puro. La diferencia de temperatura entre el punto de congelación de una solución y el punto de congelación del solvente puro se llama **disminución del punto de congelación.**

La disminución del punto de congelación es otra propiedad coligativa. La magnitud de la disminución del punto de congelación es proporcional al número de partículas de soluto disueltas en el solvente y no depende de su identidad. La adición de 1 mol de partículas de soluto a 1000 g de agua disminuye el punto de congelación 1.86 °C. Por ejemplo, si añades 1 mol (180 g) de glucosa a 1000 g de agua, la solución se congela a −1.86 °C. Sin embargo, si añades 1 mol (58.5 g) de cloruro de sodio a 1000 g de agua, la solución se congela a −3.72 °C, el doble del cambio de la glucosa. La diferencia ocurre porque 1 mol NaCl produce 2 moles de partículas y, por lo tanto, duplica la disminución del punto de congelación.

La disminución del punto de congelación de soluciones acuosas juega un papel importante al ayudar a mantener seguros a los viajeros en un clima frío y cubierto de hielo. El camión de la Figura 16.13 disemina una capa de sal en el camino con hielo para hacer que se derrita el hielo. El hielo derretido forma una solución con un punto de congelación menor que el del agua sola. De manera similar, el etilenglicol ($C_2H_6O_2$, anticongelante) se añade al agua en los sistemas de enfriamiento automotriz para debilitar el punto de congelación del agua por debajo de 0 °C. Los automóviles pueden, por lo tanto, resistir temperaturas por debajo del punto de congelación sin congelarse.

Figura 16.13 Medidas de descongelación
Los caminos pueden estar libres de hielo aun a temperaturas por debajo de 0 °C si se aplica sal. Un descongelante común que se usa en los aviones es una mezcla de agua y propilenglicol.
Inferir *¿Por qué piensas que el $CaCl_2$ es un descongelante de caminos más efectivo que el NaCl?*

Figura 16.14 Anticongelante
El fluido que circula a través de un sistema de enfriamiento de un coche es una solución de agua y etilenglicol o anticongelante. La mezcla resultante se congela por debajo de los 0 °C y hierve por encima de los 100 °C.

Incremento del punto de ebullición El punto de ebullición de una sustancia es la temperatura a la que la presión de vapor de la fase líquida es igual a la presión atmosférica. Como acabas de aprender, añadir un soluto no volátil a un solvente líquido disminuye la presión de vapor del solvente. Debido al descenso de la presión de vapor, debe añadirse energía cinética adicional para elevar la presión de vapor de la fase líquida de la solución a la presión atmosférica y empezar la ebullición. Por lo tanto, el punto de ebullición de una solución es mayor que el punto de ebullición del solvente puro. La diferencia de temperatura entre el punto de ebullición de una solución y el punto de ebullición del solvente puro es el **incremento del punto de ebullición.**

En la Figura 16.14 se muestra un anticongelante siendo vertido en el tanque de enfriamiento de un coche. El anticongelante no sólo disminuye el punto de congelación del agua en el sistema de enfriamiento. También eleva el punto de ebullición, lo que ayuda a proteger al motor de un sobrecalentamiento en el verano.

El incremento del punto de ebullición es una propiedad coligativa; depende de la concentración de partículas, no de su identidad. Por lo tanto, puedes pensar en el incremento del punto de ebullición en términos de partículas. Le toma energía cinética adicional a las partículas del solvente el sobreponerse a las fuerzas de atracción que las mantienen en el líquido. Por lo tanto, la presencia de un soluto eleva el punto de ebullición del solvente. La magnitud del incremento del punto de ebullición es proporcional al número de partículas de soluto disueltas en el solvente. El punto de ebullición del agua aumenta 0.512 °C por cada mol de partículas que forma el soluto cuando se disuelve en 1000 g de agua.

> **LA QUÍMICA Y TÚ**
>
> **P:** *Los solutos además del NaCl podrían usarse para producir la misma disminución del punto de congelación en una máquina para hacer helados. ¿Qué factores piensas que hacen a NaCl una buena opción?*

 16.3 Comprobación de la lección

28. **Identificar** Nombra las tres propiedades coligativas de las soluciones.

29. **Explicar** ¿Por qué una solución tiene una presión de vapor menor que el solvente puro de esa solución?

30. **Explicar** ¿Por qué una solución tiene un punto de congelación disminuido y un punto de ebullición elevado en comparación con el solvente puro?

31. **Comparar** ¿Tendría una solución de fluoruro de sodio diluida o concentrada un punto de ebullición más alto? Explica.

32. **Comparar** Un número igual de moles de KI y de MgI_2 se disuelven en volúmenes iguales de agua. ¿Cuál solución tiene
  a. el punto de ebullición más alto?
  b. la presión de vapor más alta?
  c. el punto de congelación más alto?

33. **Aplicar conceptos** Repasa lo que aprendiste en la Lección 13.2 acerca de la relación entre la presión de vapor de los líquidos y sus puntos de ebullición. Explica por qué sólo los solutos no volátiles ocasionan la elevación del punto de ebullición del solvente.

16.4 Cálculos con propiedades coligativas

P: *¿Qué tan caliente está una olla con pasta hirviendo?* Las instrucciones para cocinar una gran variedad de alimentos, desde pasta seca hasta vegetales frescos, con frecuencia piden añadir una pequeña cantidad de sal al agua de cocción. A la mayoría de las personas les gusta el sabor de la comida cocida con sal.

Pero la adición de sal tiene otro efecto en el proceso de cocción. Recuerda que la sal disuelta eleva el punto de ebullición del agua. Supón que añades una cucharadita de sal a dos litros de agua. Una cucharadita de sal tiene una masa de aproximadamente 20 g. ¿Será suficiente el aumento en el punto de ebullición como para acortar el tiempo que se requiera para cocinar? En esta lección, aprenderás cómo calcular la cantidad que aumentaría el punto de ebullición del agua de cocción.

Preguntas clave

🔑 *¿Cuáles son dos maneras de expresar la razón del soluto al solvente en una solución?*

🔑 *¿Cómo se relacionan la disminución del punto de congelación y el incremento del punto de ebullición con la molalidad?*

Vocabulario

- molalidad (*m*)
- fracción molar
- constante molal de la disminución del punto de congelación (K_f)
- constante molal de la elevación del punto de ebullición (K_b)

Molalidad y fracción molar

🔑 **¿Cuáles son dos maneras de expresar la razón del soluto al solvente en una solución?**

Recuerda que las propiedades coligativas de las soluciones dependen sólo del número de partículas de soluto disueltas en una cantidad dada de solvente. 🔑 **Los químicos usan dos maneras para expresar la razón de las partículas de soluto con partículas de solvente: en molalidad y en fracciones molares.**

La **molalidad (*m*)** es el número de moles de soluto disueltos en 1 kilogramo (1000 gramos) de solvente. A la molalidad también se le conoce como concentración molal.

$$\text{Molalidad } (m) = \frac{\text{moles de soluto}}{\text{kilogramo de solvente}}$$

Observa que la molalidad no es lo mismo que la molaridad. La molalidad se refiere a moles de soluto por kilogramo de solvente y no a moles de soluto por litro de solución. En el caso del agua como el solvente, 1 kg o 1000 g es igual a un volumen de 1000 mL o 1 L.

Puedes preparar una solución que es 1.00 molal (1*m*) en glucosa, por ejemplo, al añadir 1.00 moles (180 g) de glucosa a 1000 g de agua. Una solución de cloruro de sodio 0.500 molal (0.500*m*) se prepara al disolver 0.500 moles (29.3 g) de NaCl en 1.000 kg (1000 g) de agua.

Usar la molalidad

¿Cuántos gramos de ioduro de potasio deben disolverse en 500.0 g de agua para producir una solución KI 0.060 molal?

❶ Analizar Haz una lista de lo conocido y lo desconocido. De acuerdo con la definición de molalidad, la solución final debe contener 0.060 mol KI por 1000 g H_2O. Usa la molalidad como un factor de conversión para convertir de masa del solvente (H_2O) a moles del soluto (KI). Después usa la masa molar de KI para convertir de mol KI a g KI. Los pasos son: masa de $H_2O \longrightarrow$ mol KI $\longrightarrow$ g KI.

CONOCIDO

masa de agua $= 500.0\ g = 0.5000\ kg$
concentración de solución $= 0.060m$
masa molar de KI $= 166.0\ g/mol$

DESCONOCIDO

masa de soluto $= ?\ g\ KI$

❷ Calcular Resuelve para buscar lo desconocido.

Identifica el factor de conversión con base en 0.060*m* que te permita convertir de g H_2O a mol KI.

$$\frac{0.060\ mol\ KI}{1.000\ kg\ H_2O}$$

Identifica el factor de conversión con base en la masa molar de KI que te permita convertir de mol KI a g KI.

$$\frac{166.0\ g\ KI}{1\ mol\ KI}$$

Multiplica el volumen de solvente conocido por los factores de conversión.

$$0.5000\ kg\ H_2O \times \frac{0.060\ mol\ KI}{1.000\ kg\ H_2O} \times \frac{166.0\ g\ KI}{1\ mol\ KI} = 5.0\ g\ KI$$

Para hacer la solución de KI 0.060 molal, disolverías 5.0 g de KI en 500.0 g de agua.

❸ Evaluar ¿Tiene sentido el resultado? Una solución KI 1-molal es una masa molar de KI (166.0 g) disuelta en 1000 g de agua. La concentración molal deseada (0.060*m*) es aproximadamente $\frac{1}{20}$ de ese valor; por lo tanto, la masa de KI debería ser mucho mayor que la masa molar. La respuesta está correctamente expresada con dos cifras significativas.

34. ¿Cuántos gramos de fluoruro de sodio se necesitan para preparar una solución de NaF 0.400*m* que contenga 750 g de agua?

35. Calcula la molalidad de una solución preparada disolviendo 10.0 g NaCl en 600 g de agua.

Recuerda: la molalidad es igual a los moles de soluto disueltos por kilogramo de solvente.

La concentración de una solución también se puede expresar como una fracción molar. La **fracción molar** de un soluto en una solución es la razón de los moles de ese soluto al número total de moles de solvente y soluto. En una solución que contiene n_A moles del soluto A y n_B moles del solvente B, la fracción molar del soluto A (X_A) y la fracción molar del solvente B (X_B) pueden expresarse así:

$$X_A = \frac{n_A}{n_A + n_B} \qquad X_B = \frac{n_B}{n_A + n_B}$$

Observa que la fracción molar es una cantidad sin dimensión. La suma de las fracciones molares de todos los componentes en una solución es igual a la unidad o a uno.

En la Figura 16.15 a continuación y en el Ejemplo de problema 16.8 de la página siguiente, se ilustra cómo calcular las fracciones molares del soluto y el solvente para una solución de etilenglicol (EG) en agua.

Figura 16.15 Fracción molar
Se añade etilenglicol (EG) al agua como anticongelante en las proporciones que se muestran. Una fracción molar es la razón del número de moles de una sustancia al número total de moles de todas las sustancias en la solución.
Inferir *¿Cuál es la suma de todas las fracciones molares en una solución?*

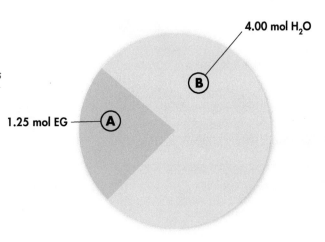

Moles totales = Ⓐ+Ⓑ = 5.25 mol

Fracción molar EG = $\dfrac{Ⓐ}{Ⓐ+Ⓑ} = \dfrac{1.25}{5.25}$

Fracción molar H_2O = $\dfrac{Ⓑ}{Ⓐ+Ⓑ} = \dfrac{4.00}{5.25}$

4.00 mol H_2O Ⓑ

1.25 mol EG Ⓐ

Disminución del punto de congelación e incremento del punto de ebullición

🔑 *¿Cómo se relacionan la disminución del punto de congelación y el incremento del punto de ebullición con la molalidad?*

Las disminuciones de los puntos de congelación y los incrementos de los puntos de ebullición por lo general son bastante pequeños. Por ejemplo, si añades una cucharadita de sal a una olla con agua y hierves la solución resultante, tendrás dificultad en detectar cualquier cambio en el punto de ebullición usando un termómetro de cocina. Resulta que el incremento es sólo una pequeña fracción de un grado Celsius. Para medir las propiedades coligativas con exactitud, necesitarías un termómetro que pueda medir temperaturas y algunos datos de referencia acerca del solvente.

Otra manera de determinar las magnitudes de las propiedades coligativas es calculándolas. Puedes hacer esto si conoces la molalidad de la solución y algunos datos de referencia acerca del solvente.

Calcular fracciones molares

El etilenglicol (EG, o $C_2H_6O_2$) se añade a los sistemas de enfriamiento automotrices como protección contra el clima frío. ¿Cuál es la fracción molar de cada componente en una solución que contiene 1.25 moles de etilenglicol y 4.00 moles de agua?

1 Analizar Haz una lista de lo conocido y lo desconocido. Las cantidades dadas de soluto (EG) y solvente (agua) se expresan en moles. Usa las ecuaciones de fracción molar de un soluto y de fracción molar de un solvente para resolver este problema. (La gráfica circular de la Figura 16.15 te da una representación visual de la fracción molar de cada componente).

CONOCIDO

moles de etilenglicol (n_{EG}) = 1.25 mol EG
moles de agua (n_{H_2O}) = 4.00 mol H_2O

DESCONOCIDO

fracción molar EG (X_{EG}) = ?
fracción molar H_2O (X_{H_2O}) = ?

2 Calcular Resuelve para buscar lo desconocido.

Escribe la ecuación para la fracción molar de etilenglicol (X_{EG}) en la solución.

$$X_{EG} = \frac{n_{EG}}{n_{EG} + n_{H_2O}}$$

Observa que el denominador para cada fracción molar es el mismo: el número total de moles de solvente y de soluto en la solución.

Escribe la ecuación para la fracción molar del agua (X_{H_2O}) en la solución.

$$X_{H_2O} = \frac{n_{H_2O}}{n_{EG} + n_{H_2O}}$$

Sustituye los valores conocidos en cada ecuación.

$$X_{EG} = \frac{n_{EG}}{n_{EG} + n_{H_2O}} = \frac{1.25 \text{ mol}}{1.25 \text{ mol} + 4.00 \text{ mol}} = 0.238$$

$$X_{H_2O} = \frac{n_{H_2O}}{n_{EG} + n_{H_2O}} = \frac{4.00 \text{ mol}}{1.25 \text{ mol} + 4.00 \text{ mol}} = 0.762$$

3 Evaluar ¿Tiene sentido el resultado? La suma de las fracciones molares de todos los componentes en la solución es igual a 1 ($X_{EG} + X_{H_2O} = 1.000$). Cada respuesta se expresa correctamente con tres cifras significativas.

36. ¿Cuál es la fracción molar de cada componente en una solución hecha al mezclar 300 g de etanol (C_2H_6O) con 500 g de agua?

37. Una solución contiene 50.0 g de tetracloruro de carbono (CCl_4) y 50.0 g de cloroformo ($CHCl_3$). Calcula la fracción molar de cada componente en la solución.

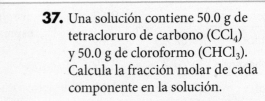

Recuerda: la fracción molar es una razón de mol, no una razón de masa. Si las cantidades dadas son masas, primero debes convertir cada masa a moles usando la masa molar de la sustancia.

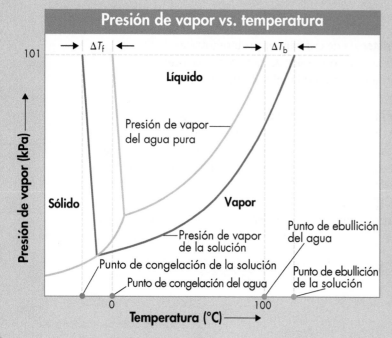

Presión de vapor vs. temperatura

Figura 16.16 La gráfica muestra la relación entre presión de vapor y temperatura para el agua pura y las soluciones acuosas.

a. Leer gráficas ¿Cuál es el punto de congelación del agua? ¿Cuál es el punto de ebullición?

b. Comparar ¿Cómo se comparan los puntos de congelación y de ebullición de la solución con aquéllos del agua pura?

c. Sacar conclusiones ¿La adición de un soluto al agua le permite permanecer líquida sobre un rango de temperatura más largo o más corto? Explica.

La gráfica de la Figura 16.16 muestra que el punto de congelación de una solución disminuye y que su punto de ebullición se incrementa, al añadir un soluto no volátil. 🔑 **Las magnitudes de la disminución del punto de congelación (ΔT_f) y el incremento del punto de ebullición (ΔT_b) de una solución son directamente proporcionales a la concentración molal (m), suponiendo que el soluto es molecular, no iónico.**

$$\Delta T_f \propto m$$
$$\Delta T_b \propto m$$

El cambio en la temperatura de congelación (T_f) es la diferencia entre el punto de congelación de la solución y el punto de congelación del solvente puro. De manera similar, el cambio en la temperatura de ebullición (T_b) es la diferencia entre el punto de ebullición de la solución y el punto de ebullición del solvente puro. El término m es la concentración molal de la solución.

Con la adición de una constante, la proporcionalidad entre la disminución del punto de congelación (ΔT_f) y la molalidad m se puede expresar como una ecuación.

$$\Delta T_f = K_f \times m$$

La constante K_f es la **constante molal de la disminución del punto de congelación,** la cual es igual al cambio en el punto de congelación para una solución 1-molal de una molécula del soluto no volátil. El valor de K_f depende del solvente. Sus unidades son °C/m. En la Tabla 16.2 hay una lista de los valores de K_f para el agua y algunos otros solventes.

Tabla 16.2

Valores de K_f y K_b para algunos solventes comunes

Solvente	K_f (°C/m)	K_b (°C/m)
Ácido acético	3.90	3.07
Benceno	5.12	2.53
Alcanfor	37.7	5.95
Ciclohexeno	20.2	2.79
Etanol	1.99	1.19
Nitrobenceno	7.00	5.24
Fenol	7.40	3.56
Agua	1.86	0.512

Ejemplo de problema 16.9

Calcular la disminución del punto de congelación de una solución

El anticongelante protege un coche del congelamiento. También lo protege del sobrecalentamiento. Calcula la disminución del punto de congelación de una solución que contiene exactamente 100 g del anticongelante etilenglicol ($C_2H_6O_2$) en 0.500 kg de agua.

❶ Analizar Haz una lista de lo conocido y lo desconocido. Calcula el número de moles de $C_2H_6O_2$ y la molalidad de la solución. Después calcula la disminución del punto de congelación usando $\Delta T_f = K_f \times m$.

CONOCIDO	DESCONOCIDO
masa de $C_2H_6O_2$ = 100 g	ΔT_f = ?°C
masa de agua = 0.500 kg	
K_f para H_2O = 1.86° C/m	
masa molar de $C_2H_6O_2$ = 62.0 g/mol	

❷ Calcular Resuelve para buscar lo desconocido.

Usa la masa molar de $C_2H_6O_2$ to para convertir la masa del soluto a moles.

$$100 \, g \, C_2H_6O_2 \times \frac{1 \, mol \, C_2H_6O_2}{62.0 \, g \, C_2H_6O_2} = 1.61 \, mol \, C_2H_6O_2$$

Calcula la molalidad de la solución.

$$m = \frac{mol \, de \, soluto}{kg \, de \, solvente} = \frac{1.61 \, mol}{0.500 \, kg} = 3.22 m$$

Calcula la disminución del punto de congelación.

$$\Delta T_f = K_f \times m = 1.86 \, °C/m \times 3.22 \, m = \boxed{5.99 \, °C}$$

El punto de congelación de la solución es 0.00 °C − 5.99 °C = −5.99 °C.

❸ Evaluar ¿Tiene sentido el resultado? Una solución 1-molal reduce la temperatura de congelación 1.86 °C, por lo tanto, una disminución de 5.99 °C para una solución aproximadamente 3-molal es razonable.

38. ¿Cuál es la disminución del punto de congelación de una solución acuosa de 10.0 g de glucosa ($C_6H_{12}O_6$) en 50.0 g H_2O?

39. Calcula la disminución del punto de congelación de una solución de benceno que contiene 400 g de benceno y 200 g del compuesto molecular acetona (C_3H_6O). K_f para el benceno es 5.12 °C/m.

Como podrás esperar, el incremento del punto de ebullición de una solución también se puede expresar como una ecuación. En este caso, la constante de proporcionalidad es K_b, la **constante molal de la elevación del punto de ebullición,** la cual es igual al cambio en el punto de ebullición para una solución 1-molal de un soluto molecular no volátil.

$$\Delta T_b = K_b \times m$$

En la Tabla 16.2 hay una lista de valores de K_b para algunos solventes. Como K_f, K_b tiene unidades de °C/m.

El Ejemplo de problema 16.9 anterior, describe cómo determinar ΔT_f si el soluto es un compuesto molecular. Pero para los compuestos iónicos, tanto ΔT_f como ΔT_b dependen del número de iones producidos por cada unidad de fórmula. Este número se usa para calcular una molalidad efectiva, como verás en el Ejemplo de problema 16.10.

LA QUÍMICA Y TÚ

P: *¿Se cuece la pasta a 100 °C? Después de que leas el Ejemplo de problema 16.10, calcula el incremento del punto de ebullición para la solución descrita al inicio de la lección, en la página 538.*

Ejemplo de problema 16.10

Calcular el punto de ebullición de una solución

¿Cuál es el punto de ebullición de una solución NaCl 1.50m?

❶ Analizar Haz una lista de lo conocido y lo desconocido. Cada unidad de fórmula de NaCl se disocia en dos partículas, de acuerdo con la ecuación NaCl(s) $\longrightarrow$ Na$^+$(aq) + Cl$^-$(aq). Con base en el número total de partículas disociadas, la molalidad efectiva es $2 \times 1.50m = 3.00m$. Calcula el incremento del punto de ebullición (usando la ecuación $\Delta T_b = K_b \times m$) y después sumándole 100 °C.

CONOCIDO

concentración de la solución = 1.50m NaCl
K_b para H$_2$O = 0.512 °C/m

DESCONOCIDO

punto de ebullición = ? °C

---

❷ Calcular Resuelve para buscar lo desconocido.

Calcula el incremento del punto de ebullición asegurándote de usar la molalidad del total de partículas disociadas en solución.	$\Delta T_b = K_b \times m = 0.512\ °C/m \times 3.00m = 1.54\ °C$
Calcula el punto de ebullición de la solución.	$T_b = 100\ °C + 1.54\ °C = 101.54\ °C$

❸ Evaluar ¿Tiene sentido el resultado? El punto de ebullición se eleva aproximadamente 0.5 °C para cada mol de partículas de soluto, por lo tanto, el cambio total es razonable. Dado que el punto de ebullición del agua es exactamente 100 °C, este valor no limita el número de cifras significativas en la solución del problema.

---

40. ¿Cuál es el punto de ebullición de una solución que contiene 1.25 mol CaCl$_2$ en 1400 g de agua?

41. ¿Qué masa de NaCl debería disolverse en 1.000 kg de agua para elevar el punto de ebullición 2.00 °C?

16.4 Comprobación de la lección

42. 🔑 Hacer una lista ¿Cuáles son dos maneras de expresar la razón de partículas de soluto a partículas de solvente?

43. 🔑 Explicar ¿Cómo se relacionan la disminución del punto de congelación y el incremento del punto de ebullición con la molalidad?

44. Calcular ¿Cuántos gramos de bromuro de sodio deben disolverse en 400.0 g de agua para producir 0.500 de una solución molal?

45. Calcular Calcula la fracción molar de cada componente en una solución de 2.50 moles de ácido etanóico (C$_2$H$_4$O$_2$) en 10.00 moles de agua.

46. Predecir ¿Cuál es el punto de congelación de una solución de 12.0 g de CCl$_4$ disueltos en 750.0 g de benceno? El punto de congelación del benceno es 5.48 °C; K_f es 5.12 °C/m.

47. Generalizar Observa la tabla de la página R1 del Manual de elementos que muestra la distribución de los elementos en los océanos. ¿Qué generalización puedes hacer acerca de la temperatura a la que se congelará cada agua oceánica? ¿Qué efecto tiene la presencia de elementos disueltos en el océano en la razón de evaporación del agua oceánica?

Hacer una solución

Propósito

Hacer una solución y usar datos medidos con cuidado para calcular la concentración de la solución.

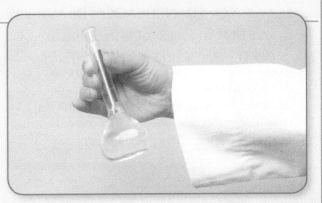

Materiales

- NaCl sólido
- agua
- matraz volumétrico de 50mL
- báscula

Procedimiento

Mide la masa del matraz volumétrico limpio y seco. Añade suficiente NaCl sólido para llenar aproximadamente un décimo del volumen del matraz. Mide la masa del matraz de nuevo. Llena el matraz hasta la mitad y agítalo suavemente hasta que se disuelva todo el NaCl. Llena el matraz con agua hasta la marca de 50mL y mide la masa de nuevo.

Analizar y concluir

Responde las preguntas siguientes con base en tus datos.

1. El porcentaje por masa te indica cuántos gramos de soluto están presentes en 100 g de solución.

$$\% \text{ por masa} = \frac{\text{masa del soluto}}{\text{masa del soluto + solvente}} \times 100\%$$

a. Calcula la masa del soluto (NaCl).
b. Calcula la masa del solvente (agua).
c. Calcula el porcentaje por masa del NaCl en la solución.

2. La fracción molar te indica cuántos moles de soluto están presentes por cada 1 mol de solución total.

$$\text{Fracción molar} = \frac{\text{mol NaCl}}{\text{mol NaCl + mol H}_2\text{O}}$$

a. Calcula los moles del soluto NaCl.
Masa molar del NaCl = 58.5 g/mol
b. Calcula los moles de agua.
Masa molar del H$_2$O = 18.0 g/mol
c. Calcula la fracción molar de tu solución.

3. La molalidad (*m*) te indica cuántos moles de soluto están presentes en 1 kg de solvente.

$$m = \frac{\text{mol NaCl}}{\text{kg H}_2\text{O}}$$

Calcula la molalidad de tu solución.

4. La molaridad (*M*) te indica cuántos moles de soluto están disueltos en 1 L de solución.

$$M = \frac{\text{mol NaCl}}{\text{L solución}}$$

a. Calcula los litros de solución.
b. Calcula la molaridad de la solución de NaCl.

5. La densidad te indica cuántos gramos de solución están presentes en 1 mL de solución.

$$\text{Densidad} = \frac{\text{g solución}}{\text{mL solución}}$$

Calcula la densidad de la solución.

Tú eres el químico

Las siguientes actividades a escala te permiten desarrollar tus propios procedimientos y analizar los resultados.

1. Analizar datos Mide la masa de un matraz volumétrico vacío. Usa una pipeta pequeña para extraer una muestra de tu solución de NaCl y ponerla en el matraz. Mide la masa del matraz de nuevo y llénalo con agua hasta la línea de 50 mL. Mide la masa del matraz de nuevo. Calcula la concentración de esta solución diluida de la solución de NaCl. ¿Son razonables los resultados que obtuviste?

2. Diseñar un experimento Diseña y lleva a cabo un experimento para hacer una solución de azúcar de mesa cuantitativamente. Calcula la concentración de la solución de azúcar de mesa usando las mismas unidades que usaste para calcular la concentración de la solución de NaCl. ¿Es la molalidad efectiva de la solución de azúcar de mesa igual que la molalidad efectiva de la solución de cloruro de sodio de la misma concentración? Recuerda que la molalidad efectiva es el valor de concentración usado para calcular el incremento del punto de ebullición y la disminución del punto de congelación.

16 Guía de estudio

GRANIDEA
EL MOL Y LA CUANTIFICACIÓN DE MATERIA

La solubilidad, la miscibilidad, la concentración y las propiedades coligativas se usan para describir y caracterizar las soluciones. Una concentración de solución puede cuantificarse en términos de molaridad (moles de soluto por litro de solución), molalidad (moles de soluto por kilogramo de solvente), porcentaje por volumen y porcentaje por masa.

16.1 Propiedades de las soluciones

🔑 Los factores que determinan la rapidez con que se disuelve una sustancia son el mezclar, la temperatura y el área de superficie.

🔑 En una solución saturada, existe un estado de equilibrio dinámico entre la solución y cualquier otro soluto sin disolver, siempre y cuando la temperatura permanezca constante.

🔑 La temperatura afecta la solubilidad de solutos sólidos, líquidos y gaseosos en un solvente; tanto la temperatura como la presión afectan la solubilidad de solutos gaseosos.

- solución saturada (520)
- solubilidad (520)
- solución insaturada (520)
- miscible (521)
- inmiscible (521)
- solución sobresaturada (522)
- ley de Henry (523)

Ecuación clave

Ley de Henry: $\dfrac{S_1}{P_1} = \dfrac{S_2}{P_2}$

16.2 Concentraciones de soluciones

🔑 Para calcular la molaridad de una solución, divide los moles de soluto por el volumen de la solución en litros.

🔑 El diluir una solución disminuye el número de moles de soluto por volumen de unidad pero el número total de moles de soluto en la solución no cambia.

🔑 El porcentaje por volumen es la razón del volumen de soluto con el volumen de la solución. El porcentaje por masa es la razón de la masa del soluto a la masa de la solución.

- concentración (525)
- solución diluida (525)
- solución concentrada (525)
- molaridad (M) (525)

Ecuaciones clave

$$\text{Molaridad } (M) = \frac{\text{moles de soluto}}{\text{litros de solución}}$$

$$M_1 \times V_1 = M_2 \times V_2$$

$$\begin{array}{l}\text{Porcentaje} \\ \text{por volumen}\end{array} = \frac{\text{volumen de soluto}}{\text{volumen de solución}} \times 100\%$$

$$\text{Porcentaje por masa} = \frac{\text{masa de soluto}}{\text{masa de solución}} \times 100\%$$

16.3 Propiedades coligativas de las sustancias

🔑 Las propiedades coligativas de las soluciones incluyen descenso de la presión de vapor, disminución del punto de congelación e incremento del punto de ebullición.

- propiedad coligativa (534)
- disminución del punto de congelación (536)
- incremento del punto de ebullición (537)

16.4 Cálculos con propiedades coligativas

🔑 Los químicos usan dos maneras para expresar la razón del soluto al solvente: en molalidad y en fracciones molares.

🔑 Las magnitudes de la disminución del punto de congelación y el incremento del punto de ebullición son proporcionales a la molalidad.

- molalidad (m) (538)
- fracción molar (540)
- constante molal de la disminución del punto de congelación (542)
- constante molal de la elevación del punto de ebullición (543)

Ecuaciones clave

$$\text{Molalidad } (m) = \frac{\text{moles de soluto}}{\text{kilogramo de solvente}}$$

$$\begin{array}{l}\text{Fracciones} \\ \text{molares:}\end{array} \quad X_A = \frac{n_A}{n_A + n_B} \quad X_B = \frac{n_B}{n_A + n_B}$$

$$\Delta T_f = K_f \times m$$

$$\Delta T_b = K_b \times m$$

Afinar las matemáticas: Problemas de concentración de soluciones

Problema	❶ Analizar	❷ Calcular	❸ Evaluar
¿Qué volumen de ácido sulfúrico 12.00M se requiere para preparar 1.00 L de ácido sulfúrico 0.400M?	**Conocido:** $M_1 = 12.00M$ H$_2$SO$_4$ $M_2 = 0.400M$ H$_2$SO$_4$ $V_2 = 1.00$ L de 0.400M H$_2$SO$_4$ **Desconocido:** $V_1 = ?$ L de 12.00M H$_2$SO$_4$ Usa la ecuación siguiente para resolver el volumen inicial desconocido de solución que está diluido: $M_1 \times V_1 = M_2 \times V_2$	Resuelve la ecuación para V_1 y sustituye. $$V_1 = \frac{M_2 \times V_2}{M_1}$$ $$V_1 = \frac{0.400M \times 1.00 \text{ L}}{12.00M}$$ $V_1 = 0.0333$ L	La concentración de la solución inicial (12.00M) es 30 veces más grande que la concentración de la solución diluida (0.400M). Por lo tanto, el volumen de la solución a diluir debería ser un treintavo del volumen final de la solución diluida.
El etanol se mezcla con gasolina para hacer una solución llamada gasohol. ¿Cuál es el porcentaje por volumen de etanol en el gasohol cuando se añaden 95 mL de etanol a suficiente gasolina para hacer 1.0 L de gasohol?	**Conocido:** volumen de etanol = 95 mL volumen de solución = 1.0 L **Desconocido:** concentración de solución = ? % (v/v) Usa la ecuación del porcentaje por volumen: $$\% \text{ (v/v)} = \frac{\text{volumen de soluto}}{\text{volumen de solución}} \times 100\%$$	Asegúrate que los volúmenes conocidos estén expresados en las mismas unidades. Después calcula el porcentaje por volumen del etanol. $$\% \text{ (v/v)} = \frac{0.095 \text{ L}}{1.00 \text{ L}} \times 100\%$$ $$= 9.5\% \text{ (v/v)}$$	El volumen del soluto es aproximadamente un décimo del volumen de la solución; por lo tanto, la respuesta es razonable. La respuesta está correctamente expresada con dos cifras significativas.
Calcula la molalidad de una solución preparada mezclando 5.40 g LiBr con 444 g de agua.	**Conocido:** masa de soluto = 5.40 g masa de agua = 444 g masa molar del LiBr = 86.8 g **Desconocido:** concentración de solución = ?m Usa la ecuación para la concentración molal: $$\text{Molalidad} = \frac{\text{mol de soluto}}{\text{kg de solvente}}$$	Convierte la masa del soluto a moles de soluto. $$5.40 \text{ g LiBr} \times \frac{1 \text{ mol LiBr}}{86.8 \text{ g LiBr}} =$$ $$0.0622 \text{ mol LiBr}$$ Calcula la molalidad. $$\text{Molalidad} = \frac{0.0622 \text{ mol LiBr}}{0.444 \text{ kg H}_2\text{O}}$$ $$= 0.140m$$	La respuesta tiene las unidades correctas (mol de soluto por kg de solvente) y está correctamente expresada con tres cifras significativas.

> Recuerda: La molalidad es el mol de soluto por kg de solvente. Asegúrate de tener las unidades de masa correctas en el denominador.

Lección por lección

16.1 Propiedades de las sustancias

48. Nombra y distingue entre los dos componentes de una solución.

49. Explica por qué el componente disuelto no se resuelve en una solución.

50. Define los términos siguientes: *solubilidad, solución saturada, solución insaturada, miscible* e *inmiscible.*

51. Si se enfría una solución saturada de nitrato de sodio, ¿qué cambio observarías?

52. ¿Puede una solución con un soluto no disuelto ser sobresaturada? Explica.

53. ¿Qué masa de $AgNO_3$ puede disolverse en 250 g de agua a 20 °C? Usa la Tabla 16.1.

54. ¿Cuál es el efecto de la presión en la solubilidad de gases en líquidos?

⋆**55.** La solubilidad del metano, el principal componente del gas natural, en agua a 20 °C y con una presión de 1.00 atm es 0.026 g/L. Si la temperatura permanece constante, ¿cuál será la solubilidad de este gas a las presiones siguientes?

   a. 0.60 atm
   b. 1.80 atm

16.2 Concentraciones de soluciones

56. El saber la molaridad de una solución es más significativo que saber si una solución está diluida o concentrada. Explica.

57. Define *molaridad* y después calcula la molaridad de cada solución.

   a. 1.0 mol KCl en 750 mL de solución
   b. 0.50 mol $MgCl_2$ en 1.5 L de solución

⋆**58.** ¿Cuántos mililitros de solución de KCl $0.500M$ necesitarías diluir para hacer 100.0 mL de KCl $0.100M$?

⋆**59.** Calcula la molaridad de una solución que contiene 0.50 g de NaCl disueltos en 100 mL de solución.

60. Calcula los moles y gramos del soluto en cada solución.

   a. 1.0 L de $0.50M$ NaCl
   b. 5.0×10^2 mL de $2.0M$ KNO_3
   c. 250 mL de $0.10M$ $CaCl_2$
   d. 2.0 L de $0.30M$ Na_2SO_4

⋆**61.** Calcula los gramos de soluto requeridos para hacer las soluciones siguientes:

   a. 2500 g de solución salina (0.90% NaCl (m/m))
   b. 0.050 kg de 4.0% (m/m) $MgCl_2$

62. ¿Cuál es el porcentaje por masa del cloruro de sodio en cada una de las soluciones siguientes?

   a. 44 g NaCl disueltos en 756 g H_2O
   b. 15 g NaCl disueltos en 485 g H_2O
   c. 135 g NaCl disueltos en 765 g H_2O

⋆**63.** ¿Cuál es la concentración (en % (v/v)) de las soluciones siguientes?

   a. 25 mL de etanol (C_2H_6O) se diluyen a un volumen de 150 mL con agua.
   b. 175 mL de alcohol isopropílico (C_3H_8O) se diluyen con agua para un volumen total de 275 mL.

16.3 Propiedades coligativas de las soluciones

64. ¿Qué son las propiedades coligativas? Identifica tres propiedades coligativas y explica por qué ocurre cada una.

65. ¿Cuál de los siguientes tiene un punto de ebullición más alto?

   a. ¿agua de mar o agua destilada?
   b. $1.0M$ KNO_3 o $1.5M$ KNO_3?
   c. $0.100M$ KCl o $0.100M$ $MgCl_2$?

66. ¿Por qué una solución $1m$ de nitrato de calcio tiene un punto de congelación más bajo que una solución $1m$ de nitrato de sodio?

67. Explica por qué un descenso de la presión de vapor de una solución resulta en un aumento de su punto de ebullición.

68. Cuando el agua dentro de las células vivas se congela, los cristales de hielo dañan a la célula. La rana de bosque es una creatura única que puede sobrevivir estando congelada. En condiciones extremadamente frías, el hígado de la rana produce grandes cantidades de glucosa ($C_6H_{12}O_6$), la cual se concentra en las células de la rana. ¿Cómo ayuda la glucosa a prevenir que se forme hielo en las células de la rana?

16.4 Cálculos con propiedades coligativas

69. Distingue entre una solución $1M$ y una solución $1m$.

70. Describe cómo harías una solución acuosa de metanol (CH_4O) en la que la fracción molar del metanol sea 0.40.

71. ¿Cuál es el punto de ebullición de cada solución?
   a. 0.50 mol de glucosa en 1000 g H_2O
   b. 1.50 mol NaCl en 1000 g H_2O

∗72. ¿Cuál es el punto de congelación de cada solución?
   a. 1.40 mol Na_2SO_4 en 1750 g H_2O
   b. 0.060 mol $MgSO_4$ en 100 g H_2O

73. Determina los puntos de congelación de cada solución acuosa $0.20m$.
   a. K_2SO_4
   b. $CsNO_3$
   c. $Al(NO_3)_3$

Entender conceptos

74. Números diferentes de moles de dos solutos diferentes, A y B, se añadieron a cantidades idénticas de agua. La gráfica muestra el punto de congelación de cada una de las soluciones formadas.

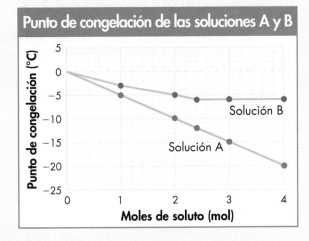

a. Explica las pendientes relativas de las dos líneas entre 0 y 2 moles de soluto añadido.
b. ¿Por qué el punto de congelación de la solución B no continúa su caída conforme se añaden cantidades del soluto B más allá de 2.4 moles?

75. Una mezcla de etilenglicol (EG) y agua se usa como anticongelante en los motores automotrices. El punto de congelación y la densidad de la mezcla varían con el porcentaje por masa de (EG) en la mezcla. En el párrafo siguiente, el punto A representa 20% (EG) por masa; el punto B, 40% y el punto C, 60%.

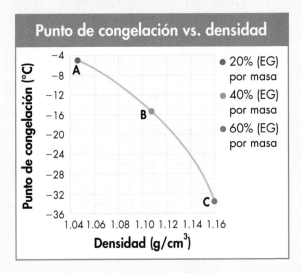

a. ¿Cuál es la densidad de la mezcla de anticongelante que se congela a −25 °C?
b. ¿Cuál es el punto de congelación de una mezcla que tiene una densidad de 1.06?
c. Calcula el punto de congelación de una mezcla que es 30% por masa (EG).

∗76. Calcula los cambios en el punto de congelación y de ebullición para una solución que contiene 12.0 g de naftalina ($C_{10}H_8$) en 50.0 g de benceno.

77. Describe cómo prepararías una solución acuosa de acetona (C_3H_6O) cuya fracción molar de acetona es 0.25.

78. La solubilidad del bicarbonato de sodio ($NaHCO_3$) en agua a 20 °C es 9.6 g/100 g H_2O. ¿Cuál es la fracción molar del $NaHCO_3$ en una solución saturada? ¿Cuál es la molalidad de la solución?

79. Una solución es etiquetada como $0.150m$ NaCl. ¿Cuáles son las fracciones molares del soluto y del solvente en esta solución?

80. Se te da una solución acuosa clara que contiene KNO_3. ¿Cómo determinarías experimentalmente si la solución es insaturada, saturada o sobresaturada?

81. Dibuja una gráfica de solubilidad versus temperatura para los tres gases enlistados en la Tabla 16.1.

82. Calcula el punto de congelación y el punto de ebullición de una solución que contiene 15.0 g de urea (CH_4N_2O) en 250 g de agua. La urea es un compuesto enlazado de manera covalente.

83. Calcula las fracciones molares en una solución que es 25.0 g de etanol (C_2H_6O) y 40.0 g de agua.

84. Calcula el punto de congelación de una solución acuosa de 20.0 g de glucosa ($C_6H_{12}O_6$) disueltos en 500.0 g de agua.

★85. La solubilidad de KCl en agua a 20 °C es 34.0 g KCl/100 g H_2O. Una solución caliente que contiene 50.0 g KCl en 130 g H_2O se enfría a 20 °C.

   a. ¿Cuántos gramos de KCl permanecen sin disolver?

   b. ¿Cuántos gramos salieron de la solución?

86. ¿Cuántos moles de iones están presentes cuando 0.10 moles de cada compuesto se disuelven en agua?

   a. K_2SO_4
   b. $Fe(NO_3)_3$
   c. $Al_2(SO_4)_3$
   d. $NiSO_4$

Piensa de manera crítica

★ 87. Analizar datos Una solución contiene 26.5 g NaCl en 75.0 g H2O a 20 °C. Determina si la solución es insaturada, saturada o sobresaturada. (La solubilidad de NaCl a 20 °C es 36.0 g/100 g H_2O.)

88. Inferir Una solución acuosa se congela a −2.47 °C. ¿Cuál es su punto de ebullición?

89. Calcular El porcentaje (masa/volumen) o % (m/v), es el número de gramos de soluto por 100 mL de solución. El peróxido de hidrógeno con frecuencia se vende comercialmente como una solución acuosa 3.0% (m/v).

   a. Si compras una botella de 250 mL de H_2O_2 3.0% (m/v), ¿cuántos gramos de peróxido de hidrógeno compraste?

   b. ¿Cuál es la molaridad de esta solución?

90. Calcular ¿Cuántos gramos de $NaNO_3$ se precipitarán si una solución saturada de $NaNO_3$ en 200 g H_2O a 50 °C se enfría a 20 °C?

★91. Calcular ¿Cuál es la masa molar de un compuesto no disociado si 5.76 g del compuesto en 750 g de benceno dan una disminución del punto de congelación de 0.460 °C?

★92. Calcular La molalidad de una solución acuosa de azúcar ($C_{12}H_{22}O_{11}$) es $1.62m$. Calcula las fracciones molares del azúcar y el agua.

93. Aplicar conceptos ¿Por qué el cloruro de calcio que se disemina en los caminos con hielo sería más efectivo para derretir el hielo más que una cantidad igual de cloruro de sodio?

94. Calcular La tabla siguiente contiene una lista de las concentraciones molares de los iones monoatómicos más abundantes en el agua de mar. Calcula la masa en gramos de cada ion contenido en 5.00 L de agua de mar. La densidad del agua de mar es de 1.024 g/mL.

Ion	Molaridad (M)
Cloruro	0.546
Sodio	0.470
Magnesio	0.053
Calcio	0.0103
Potasio	0.0102

95. Comparar y contrastar ¿Cuál tendrá un incremento del punto de ebullición mayor: 3.00 g $Ca(NO_3)_2$ en 60.0 g de agua o 6.00 g $Ca(NO_3)_2$ en 30.0 g de agua?

96. Interpretar gráficas La gráfica muestra el efecto de la temperatura en las solubilidades del gas oxígeno (O_2), de gas nitrógeno (N_2) y de monóxido de nitrógeno (NO) en agua.

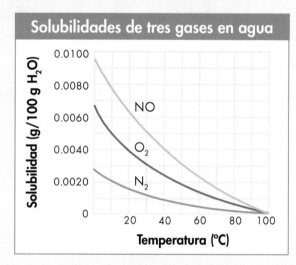

a. ¿Cómo afecta el aumento en la temperatura la solubilidad en el agua de cada gas?

b. ¿A qué temperatura se hacen los gases virtualmente insolubles?

c. Usa la teoría cinética para explicar el comportamiento de solubilidad que se muestra en la gráfica.

97. Calcular Cuando un exceso de zinc se añade a 800 mL de solución de ácido clorhídrico, la solución evoluciona a 1.21 L del gas hidrógeno medido sobre el agua a 21 °C y 747.5 mm Hg. ¿Cuál fue la molaridad del ácido? La presión de vapor del agua a 21 °C es 18.6 mm Hg.

98. Calcular ¿Cuántos milímetros de 1.50M HNO_3 contienen suficiente ácido nítrico para disolver una moneda de un centavo vieja de cobre con una masa de 3.94 g?

$$3Cu + 8HNO_3 \longrightarrow 3Cu(NO_3)_2 + 2NO + 4H_2O$$

99. Hacer una gráfica Una manera para expresar la solubilidad de un compuesto es en términos de moles de compuesto que se disolverán en 1 kg de agua. La solubilidad depende de la temperatura. Dibuja una gráfica de la solubilidad del nitrato de potasio (KNO_3) a partir de los datos siguientes:

Temperatura (°C)	Solubilidad (mol/kg)
0	1.61
20	2.80
40	5.78
60	11.20
80	16.76
100	24.50

Usando tu gráfica, calcula
a. la solubilidad de KNO_3 a 76 °C y a 33 °C.
b. la temperatura a la que la solubilidad es 17.6 mol/kg de agua.
c. la temperatura a la que la solubilidad es 4.24 mol/kg de agua.

★100. Calcular Una muestra de 250 mL de Na_2SO_4 reacciona con un exceso de $BaCl_2$. Si 5.28 g $BaSO_4$ se precipitan, ¿cuál es la molaridad de la solución Na_2SO_4?

101. Diseñar un experimento Supón que tienes un compuesto desconocido y que quieres identificarlo por medio de su masa molar. Diseña un experimento que use el concepto del descenso del punto de congelación para obtener la masa molar. ¿Qué medidas de laboratorio necesitarías hacer? ¿Qué cálculos se necesitarían?

102. Describir Busca una receta para caramelos en línea o en un libro de recetas de cocina. Escribe un párrafo corto describiendo cómo aplica la receta los conceptos clave que has aprendido acerca de las soluciones. Usa los términos, *soluto, solvente, solubilidad, cristalización* y *solución sobresaturada* en tu párrafo.

★103. Hacer una secuencia Escribe un procedimiento paso a paso para preparar 100 mL de KCl 0.50M, empezando con una solución de KCl 2.0M.

MISTERIOQUÍMICO

Ese sentimiento de vacío

Aunque no puedas ver cómo sucede, al agua subterránea debajo de tus pies está disolviendo rocas y minerales muy lentamente bajo tierra. Al final, suficientes de estos solutos minerales ahuecarán cavidades o cavernas subterráneas. Un socavón ocurre cuando el techo de una caverna subterránea se hunde o colapsa.

104. Explicar ¿Por qué piensas que las áreas debajo de las camas de sal son propensas a los socavones?

105. Inferir Como leíste en este capítulo, la agitación puede acelerar la razón a la que se disuelve el sólido en líquido. ¿Qué fuerzas podrían contribuir a agitar el agua subterránea conforme disuelven los minerales subterráneos?

106. Conexión con la GRANIDEA
La piedra caliza, que contiene en su mayor parte, carbonato de calcio ($CaCO_3$), no es soluble en agua. Aun así, las áreas por debajo de la piedra caliza son propensas a los socavones. Lee el artículo acerca de las cuevas de piedra caliza en la página R9. ¿En qué se diferencian la "disolución" de piedra caliza y la solvatación?

107. Convierte cada una de las medidas de masa siguientes a su equivalente en kilogramos.

    a. 347 g   **c.** 9.43 mg
    b. 73 mg   **d.** 877 mg

✶108. El rubidio tiene dos isótopos que ocurren naturalmente. El rubidio-85 (72.165%) tiene una masa de 84.912 uma. El rubidio-87 (27.835%) tiene una masa de 86.909 uma. Calcula la masa atómica promedio del rubidio.

109. ¿Cuál es la diferencia más significativa entre el modelo de Thomson del átomo y el modelo de Rutherford?

110. Nombra y da el símbolo de cada elemento en las posiciones siguientes de la tabla periódica:

    a. Grupo 7B, Período 4   **c.** Grupo 1A, Período 7
    b. Grupo 3A, Período 5   **d.** Grupo 6A, Período 6

111. ¿Cuántos átomos de cada elemento están presentes en cuatro unidades de fórmula del permanganato de calcio?

112. Dibuja estructuras punto-electrón para los átomos siguientes:

    a. I   **b.** Te   **c.** Sb   **d.** Sr

113. El ácido tereftálico es un compuesto orgánico usado en la síntesis de poliésteres. El ácido tereftálico contiene 57.8 por ciento de C, 3.64 por ciento H y 38.5 por ciento O. La masa molar es aproximadamente 166 g/mol. ¿Cuál es la fórmula molecular del ácido tereftálico?

✶114. La fotografía muestra un mol de cada hierro, cobre, mercurio y azufre.

    a. ¿Cuál es la masa de cada elemento?
    b. ¿Cuántos átomos hay en cada muestra?
    c. ¿Cuántos moles son 25.0 g de cada elemento?

✶115. ¿Cuál es el volumen ocupado por 1500 g del gas hidrógeno (H_2) a TPE?

116. Identifica el tipo de reacción química.

    a. $H_2(g) + Cl_2(g) \longrightarrow 2HCl(g)$
    b. $2H_2O(l) \longrightarrow O_2(g) + 2H_2(g)$
    c. $2K(s) + 2H_2O(l) \longrightarrow 2KOH(aq) + H_2(g)$
    d. $C_2H_6O(l) + 3O_2(g) \longrightarrow 2CO_2(g) + 3H_2O(l)$
    e. $Cl_2(aq) + 2KBr(aq) \longrightarrow 2KCl(aq) + Br_2(aq)$
    f. $Pb(NO_3)_2(aq) + 2NaCl(aq) \longrightarrow$
                             $PbCl_2(s) + 2NaNO_3(aq)$

117. Escribe la ecuación iónica neta de la reacción siguiente:

$$2HI(aq) + Na_2S(aq) \longrightarrow H_2S(g) + 2NaI(aq)$$

118. Indica mediante ecuaciones sencillas cómo se ionizan o disocian las sustancias siguientes en agua:

    a. NH_4Cl **d.** $HC_2H_3O_2$
    b. $Cu(NO_3)_2$ **e.** Na_2SO_4
    c. HNO_3 **f.** $HgCl_2$

119. La ecuación de la combustión de metanol (CH_4O) es la siguiente:

$$2CH_4O(l) + 3O_2(g) \longrightarrow 2CO_2(g) + 4H_2O(l)$$

¿Qué volumen de oxígeno, medido a TPE, se requiere para quemar por completo 35.0 g de metanol?

✶120. Un cilindro de gas nitrógeno a 25 °C y 101.3kPa se calienta a 45 °C. ¿Cuál es la nueva presión del gas?

121. ¿Por qué no existe un gas ideal?

122. ¿Qué relación existe entre la tensión superficial y las atracciones intermoleculares en un líquido?

123. La solubilidad del gas cloruro de hidrógeno en el solvente polar agua, es mucho mayor que su solubilidad en el solvente no polar benceno. ¿Por qué?

124. Cuando el jabón se agita con agua, ¿qué se forma: una solución, una suspensión o un coloide? Explica.

Pregunta	107	108	109	110	111	112	113	114	115	116	117	118	119	120	121	122	123	124
Ver el capítulo	3	4	5	6	7	7	10	10	10	11	11	11	12	14	14	15	15	15

Preparación para los exámenes estandarizados

Selecciona la opción que responda mejor cada pregunta o que complete cada enunciado.

1. Una solución acuosa es 65% (v/v) alcohol. ¿Cuántos mililitros de agua hay en una muestra de 95 mL de esta solución?
   - **(A)** 62 mL
   - **(B)** 1.5 mL
   - **(C)** 33 mL
   - **(D)** 30 mL

2. Cuando 2.0 moles de metanol se disuelven en 45 g de agua, la fracción molar del metanol es
   - **(A)** 0.44.
   - **(B)** 0.043.
   - **(C)** 2.25.
   - **(D)** 0.55.

Las opciones con letras siguientes se refieren a las Preguntas 3 a 6. Cada opción puede usarse una vez, más de una vez o ninguna vez.
   - **(A)** moles/litros de solución
   - **(B)** gramos/mol
   - **(C)** moles/kilogramo de solvente
   - **(D)** °C/molal
   - **(E)** sin unidades

¿Cuál de las unidades anteriores es adecuada para cada medida?

3. molalidad

4. fracción molar

5. masa molar

6. molaridad

Usa las ventanas atómicas para responder las Preguntas 7 a 9. Las ventanas muestran agua y dos soluciones acuosas con diferentes concentraciones. Las esferas negras representan las partículas de soluto; las esferas grises representan el agua.

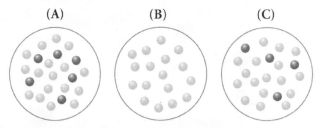

(A)   (B)   (C)

7. ¿Qué solución tiene la presión de vapor más alta?

8. ¿Qué solución tiene la presión de vapor más baja?

9. ¿Qué solución tiene el punto de ebullición más bajo?

10. ¿Cuál de estas acciones ocasionará que más azúcar se disuelva en una solución de agua saturada de azúcar?
    - I. Añadir más azúcar mientras revuelves.
    - II. Añadir más azúcar y calentar a la solución.
    - III. Moler el azúcar hasta que esté en forma de polvo; después añade mientras revuelves.

    - **(A)** sólo I
    - **(B)** sólo II
    - **(C)** sólo III
    - **(D)** sólo I y II
    - **(E)** sólo II y III

Consejos para tener éxito

Leer tablas de datos Las tablas de datos se usan para resumir información. Cuando leas una tabla, intenta entender las relaciones entre las columnas y filas diferentes de información.

Usa la descripción y la tabla de datos para responder las preguntas 11 a 14.

Un estudiante midió los puntos de congelación de tres soluciones acuosas diferentes a cinco diferentes concentraciones. Los datos se muestran abajo.

Molaridad (M)	Disminución del punto de congelación		
	NaCl	CaCl$_2$	C$_2$H$_6$O
0.5	1.7	2.6	0.95
1.0	3.5	5.6	2.0
1.5	5.3	8.3	3.0
2.0	7.2	11.2	4.1
2.5	9.4	14.0	5.3

11. Grafica los datos para los tres solutos en la misma gráfica usando la molaridad como la variable independiente.

12. Resume la relación entre molaridad y disminución del punto de congelación.

13. Compara las pendientes de las tres rectas y explica cualquier diferencia.

14. Si recolectaras información similar para KOH y añadieras una cuarta línea a tu gráfica, ¿a qué recta existente se le aproximaría la nueva recta?

Si tienes problemas con . . .

Pregunta	1	2	3	4	5	6	7	8	9	10	11	12	13	14
Ver la lección	16.2	16.4	16.4	16.4	16.2	16.2	16.3	16.3	16.3	16.1	16.3	16.4	16.3	16.3

17

Termoquímica

EN EL INTERIOR:

- **17.1** El flujo de energía
- **17.2** Medir y expresar cambios de entalpía
- **17.3** Calor en cambios de estado
- **17.4** Calcular los calores de reacción

PearsonChem.com

Este calentador solar en Font Romeu, Francia, convierte luz del sol en calor.

MATERIA Y ENERGÍA

Preguntas esenciales:

1. ¿Cómo se conserva la energía en un proceso químico o físico?

2. ¿Cómo puedes determinar la cantidad de energía absorbida o liberada en un proceso químico o físico?

MISTERIOQUÍMICO

Combatiendo la congelación

Es una noche fría en la Florida central y los meteorólogos predicen que las temperaturas descenderán hasta los −6 °C. Los productores de cítricos del área están asustados. Sólo una o dos horas de temperaturas debajo de los 0 °C podrían ser devastadoras para los árboles cítricos y la fruta.

Los productores de cítricos pueden usar varios métodos para minimizar los daños a sus árboles y a la fruta en el caso de una helada. Algunos productores instalan calentadores para proteger sus cosechas. Otros granjeros usan máquinas de viento o helicópteros para mezclar las capas de aire cálido y frío en la atmósfera y elevar la temperatura en la superficie. Sin embargo, uno de los métodos más importantes para proteger los árboles cítricos es rociarles agua. La congelación del agua protege las ramas, hojas y fruta.

▶ Conexión con la **GRAN**IDEA
A medida que lees acerca de la termoquímica, piensa acerca de cómo el congelamiento del agua puede proteger los árboles cítricos de las heladas.

17.1 El flujo de energía

P: *¿Por qué la lava se enfría más rápido en el agua que en el aire?* El flujo de lava que emana de un volcán en erupción es muy caliente. Su temperatura varía de los 550 °C a los 1400 °C. Conforma la lava fluye por el volcán, pierde calor y lentamente comienza a enfriarse. En algunos casos, la lava puede fluir al océano, donde se enfría con mayor rapidez. En esta lección aprenderás acerca del flujo de calor.

Preguntas clave

🔑 *¿Cuáles son las formas en las que pueden ocurrir los cambios de energía?*

🔑 *¿Qué le sucede a la energía del universo durante un proceso químico o físico?*

🔑 *¿De qué factores depende la capacidad de calor de un objeto?*

Vocabulario

- termoquímica
- energía potencial química
- calor • sistema
- entorno
- ley de conservación de la energía
- proceso endotérmico
- proceso exotérmico
- capacidad calorífica
- calor específico

Transformaciones de energía

🔑 *¿Cuáles son las formas en las que pueden ocurrir los cambios de energía?*

La energía es la capacidad para realizar un trabajo o suministrar calor. A diferencia de la materia, la energía no tiene ni masa ni volumen. La energía se detecta únicamente debido a sus efectos. Por ejemplo, un coche se mueve debido a la energía que suministra el combustible. La **termoquímica** es el estudio de los cambios de energía que ocurren durante las reacciones químicas y los cambios de estado. Cada sustancia tiene una cierta cantidad de energía almacenada dentro de ella. La energía almacenada en los enlaces químicos de una sustancia se llama **energía potencial química.** Los tipos de átomos y el orden de los átomos en una sustancia determinan la cantidad de energía almacenada en la sustancia.

Durante una reacción química, una sustancia es transformada en otra sustancia con una cantidad diferente de energía potencial química. Cuando compras gasolina, como se muestra en la Figura 17.1, en realidad compras la energía potencial almacenada que contiene. Las explosiones controladas de la gasolina en el motor de un coche transforman la energía potencial en trabajo útil, que se puede usar para propulsar el coche. Sin embargo, al mismo tiempo, también se produce calor, haciendo que el motor del coche esté extremadamente caliente. 🔑 **Los cambios de energía ocurren ya sea como transferencia de calor o de trabajo o como una combinación de ambos.**

El **calor,** representado por q, es la energía que se transfiere de un objeto a otro debido a la diferencia en temperatura entre los objetos. Uno de los efectos de añadir calor a un objeto es aumentar su temperatura. El calor fluye espontáneamente de un objeto más caliente a otro más frío. Si dos objetos permanecen en contacto, el calor fluirá del objeto más caliente al objeto más frío hasta que la temperatura de ambos objetos sea la misma.

Figura 17.1 Energía potencial química
La energía potencia química se almacena dentro de los enlaces de las moléculas de la gasolina.

Procesos endotérmico y exotérmico

¿Qué le sucede a la energía del universo durante un proceso químico o físico?

Las reacciones químicas y los cambios en el estado físico por lo general involucran la absorción o la liberación de calor. Al estudiar los cambios de energía, puedes definir un **sistema** como parte del universo en el que enfocas tu atención. Todo lo demás en el universo constituye el **entorno.** En los experimentos termoquímicos, puedes considerar la región en las inmediaciones del sistema como el entorno. Juntos, el sistema y su entorno constituyen el universo.

Un objetivo principal de la termoquímica es examinar el flujo de calor entre el sistema y su entorno. La **ley de conservación de la energía** indica que en cualquier proceso químico o físico, la energía no se crea ni se destruye. **Durante cualquier proceso químico o físico, la energía del universo permanece sin cambios.** Si la energía del sistema aumenta durante ese proceso, la energía del entorno debe disminuir en la misma cantidad. De forma similar, si la energía del sistema disminuye durante ese proceso, la energía del entorno debe aumentar en la misma cantidad.

Dirección del flujo de calor En los cálculos termoquímicos, la dirección del flujo de calor está dada a partir del punto de vista del sistema. El calor es absorbido del entorno en un **proceso endotérmico.** En un proceso endotérmico, el sistema gana calor conforme el entorno pierde calor. En la Figura 17.2a, el sistema (el cuerpo) gana calor de su entorno (el fuego). El calor que fluye en el sistema de su entorno se define como positivo; q tiene un valor positivo. Un **proceso exotérmico** es uno que libera calor hacia su entorno. En un proceso exotérmico, el sistema pierde calor conforme el entorno gana calor. En la Figura 17.2b, el sistema (el cuerpo) pierde calor de su entorno (la transpiración en la piel y en el aire). El calor que fluye hacia afuera del sistema y hacia su entorno se define como negativo; q tiene un valor negativo.

Aprende más acerca de la temperatura y el calor en línea.

Figura 17.2 Flujo de calor
El flujo de calor se define a partir del punto de vista del sistema. **a.** En un proceso endotérmico, el calor fluye dentro del sistema a partir de su entorno. **b.** En un proceso exotérmico, el calor fluye del sistema hacia el entorno. En ambos casos se conserva la energía.
Aplicar conceptos ¿En qué proceso tiene q un valor negativo?

Reconocer procesos endotérmicos y exotérmicos

En un soleado día de invierno, la nieve del techo comienza a derretirse. Conforme el agua derretida gotea del techo, se vuelve a congelar en carámbanos. Describe la dirección del flujo de calor conforme se congela el agua. ¿Es éste un proceso endotérmico o exotérmico?

❶ Analizar Identifica los conceptos importantes. El calor fluye de un objeto más cálido a un objeto más frío. Un proceso endotérmico absorbe calor del entorno. Un proceso exotérmico libera calor a su entorno.

❷ Resolver Aplica los conceptos a este problema.

Primero, identifica al sistema y su entorno.	Sistema: agua Entorno: aire
Determina la dirección del flujo de calor.	Para que el agua se congele, su temperatura debe disminuir. El calor fluye hacia afuera del agua y hacia el aire.
Determina si el proceso es endotérmico o exotérmico.	El calor se libera del sistema hacia su entorno. El proceso es exotérmico.

1. Un contenedor de cera derretida permanece a temperatura ambiente. ¿Cuál es la dirección del flujo de calor conforme la cera líquida se solidifica? ¿Es este proceso endotérmico o exotérmico?

Primero, identifica el sistema y su entorno en cada situación. Después, determina la dirección del flujo de calor.

2. Cuando el hidróxido bórico octahidrato $Ba(OH)_2 \cdot 8H_2O$ se mezcla en un matraz con tiocianato amónico, NH_4SCN, ocurre una reacción. El matraz se hace muy frío. ¿Es la reacción endotérmica o exotérmica?

Unidades para medir el flujo de calor Para describir la cantidad de flujo de calor se requieren unidades diferentes a aquéllas usadas para describir la temperatura. El flujo de calor se mide en dos unidades comunes, la caloría y el julio. Probablemente hayas escuchado que alguien hace ejercicio para "quemar calorías". Durante el ejercicio, tu cuerpo descompone azúcares y grasas en un proceso que libera calor. Aunque en realidad no hay una quema con fuego de azúcares y grasas dentro de tu cuerpo, las reacciones químicas logran el mismo resultado. Por ejemplo, al descomponer 10 g de azúcar, tu cuerpo libera la misma cantidad de calor que liberaría si 10 g de azúcar fueran completamente quemados en un fuego.

Una caloría (cal) se define como la cantidad de calor necesaria para elevar la temperatura de 1 g de agua pura 1 °C. La palabra *caloría* se escribe con una *c* minúscula excepto cuando se hace referencia a la energía contenida en la comida. La Caloría dietética, escrita con *C* mayúscula, siempre se refiere a la energía en la comida. Una Caloría dietética es igual a una kilocaloría o 1000 calorías.

1 Caloría = 1 kilocaloría = 1000 calorías

El julio (J) es la unidad SI de energía. Un julio de calor eleva la temperatura de 1 g de agua pura 0.2390 °C. Puedes convertir entre calorías y julios usando las relaciones siguientes:

$$1\ J = 0.2390\ cal \qquad 4.184\ J = 1\ cal$$

Capacidad calorífica y calor específico

¿De qué factores depende la capacidad calorífica de un objeto?

La cantidad de calor necesario para incrementar la temperatura de un objeto exactamente 1 °C es la **capacidad calorífica** de ese objeto. **La capacidad calorífica de un objeto depende tanto de su masa como de su composición química.** Cuando más grande la masa del objeto, mayor su capacidad calorífica. Uno de los enormes cables de acero en el puente de la Figura 17.3, por ejemplo, requiere mucho más calor para elevar su temperatura 1 °C que la que necesita un pequeño clavo de acero.

Sustancias diferentes con la misma masa pueden tener diferentes capacidades caloríficas. En un día soleado, un charco de 20 kg de agua puede estar frío mientras que una alcantarilla de hierro cercana de 20 kg puede estar muy caliente al tacto. Esta situación ilustra cómo capacidades caloríficas diferentes afectan la temperatura de los objetos. Suponiendo que tanto el agua como el hierro absorben la misma cantidad de energía radiante del Sol, la temperatura del agua cambia menos que la temperatura del hierro en la misma cantidad de tiempo porque la capacidad calorífica específica del agua es mayor que la capacidad calorífica específica del hierro.

La capacidad calorífica específica, o simplemente, el **calor específico,** de una sustancia es la cantidad de calor que toma elevar la temperatura de 1 g de la sustancia 1 °C. En la Tabla 17.1 se dan calores específicos para algunas sustancias comunes. El agua tiene un calor específico muy alto en comparación con las otras sustancias de la tabla. Por lo general los metales tienen calores específicos bajos. La misma cantidad de calor afecta la temperatura de los objetos de igual masa con un calor específico alto mucho menor que la temperatura de aquéllos con un calor específico bajo.

Figura 17.3 Capacidad calorífica
Un enorme cable de acero tiene una capacidad calorífica mayor que un clavo de acero.
Comparar *¿Qué tiene una mayor capacidad calorífica: una taza de agua o una gota de agua?*

Interpretar datos

Calores específicos de algunas sustancias comunes		
Sustancia	**Calor específico**	
	J/(g·°C)	cal/(g·°C)
Agua líquida	4.18	1.00
Etanol	2.4	0.58
Hielo	2.1	0.50
Vapor	1.9	0.45
Cloroformo	0.96	0.23
Aluminio	0.90	0.21
Hierro	0.46	0.11
Plata	0.24	0.057
Mercurio	0.14	0.033

Tabla 17.1 El calor específico de una sustancia se puede expresar en J/(g·°C) o cal/(g·°C).
a. Leer tablas ¿Cuál es el calor específico del cloroformo en cal/(g·°C)?
b. Comparar ¿Qué metal de la tabla tiene el calor específico más alto?
c. Calcular Muestra cómo convertir el calor específico del agua líquida de J/(g·°C) a cal/(g·°C).

Pista: Para la parte c, usa la relación 1 J = 0.2390 cal para escribir el factor de conversión adecuado.

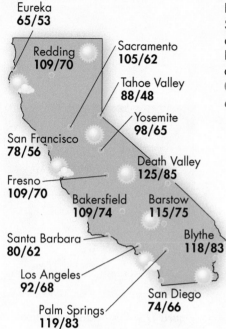

Eureka
65/53

Redding
109/70

Sacramento
105/62

Tahoe Valley
88/48

Yosemite
98/65

San Francisco
78/56

Death Valley
125/85

Fresno
109/70

Bakersfield
109/74

Barstow
115/75

Santa Barbara
80/62

Blythe
118/83

Los Angeles
92/68

Palm Springs
119/83

San Diego
74/66

P: *El calor fluirá a partir de la lava a su entorno hasta que la lava y el entorno estén a la misma temperatura. El aire tiene un calor específico menor que el agua. ¿Por qué la lava se enfriaría más rápido en el agua que en el aire?*

Figura 17.4 Moderación de temperatura
San Francisco está ubicado en la costa del Pacífico. El calor específico alto del agua en el océano ayuda a mantener la temperatura en San Francisco mucho más moderada que la de pueblos y ciudades más alejadas de la costa.

Comparar *Describe cómo es que el océano afecta la temperatura de áreas costeras durante verano e invierno.*

Calor específico del agua Así como toma mucho calor elevar la temperatura del agua, el agua también libera mucho calor conforme se enfría. El agua de ríos y océanos absorben el calor del aire en días calurosos y lo libera de regreso al aire en días fríos. Como se ilustra en la Figura 17.4, esta propiedad del agua es la responsable de los climas moderados en áreas costeras. Los granjeros de cítricos con frecuencia rocían sus árboles con agua para proteger la fruta de daños por heladas durante el clima frío. Conforme el agua se congela, libera calor que ayuda a prevenir que la fruta se congele. Cuando un pay de manzana recién horneado, como el que se muestra en la Figura 17.5, sale del horno, tanto el relleno como la costra están a la misma temperatura. Sin embargo, el relleno, que en su mayor parte es agua, tiene un calor específico mayor que la costra. Para que se enfríe, el relleno debe desprender mucho calor. Esta liberación de calor es la razón de por qué debes tener cuidado de no quemarte la lengua cuando comes un pay de manzana caliente.

Calcular el calor específico Para calcular el calor específico (*C*) de una sustancia, divide la entrada de calor por la masa de la sustancia multiplicada por el cambio de temperatura.

$$C = \frac{q}{m \times \Delta T} = \frac{\text{calor (J o cal)}}{\text{masa (g)} \times \text{cambio de temperatura (°C)}}$$

En la ecuación anterior, *q* es calor y *m* es masa. El símbolo ΔT (se lee "delta T") representa el cambio de temperatura. ΔT se calcula a partir de la ecuación $\Delta T = T_f - T_i$, donde T_f es la temperatura final y T_i es la temperatura inicial. Como puedes ver a partir de la ecuación y de la Tabla 17.1 de la página anterior, el calor se puede expresar en términos de julios o de calorías. Por lo tanto, las unidades de calor específico son J/(g·°C) o cal/(g·°C).

Figura 17.5 Enfriamiento del agua
El relleno de un pay de manzana caliente es agua en su mayor parte, así que es mucho más probable que queme tu lengua que la costra.

Ejemplo de problema 17.2

Calcular el calor específico de una sustancia

La temperatura de una pieza de cobre de 95.4 g aumenta de 25.0 °C a 48 °C cuando el cobre absorbe 849 J de calor. ¿Cuál es el calor específico del cobre?

CONOCIDO

$m_{Cu} = 95.4\ g$
$\Delta T = 48.0°C \cdot 25.0°C = 23.0°C$
$q = 849\ J$

DESCONOCIDO

$C_{Cu} = ?\ J/(g\cdot°C)$

① Analizar Haz una lista de lo conocido y lo desconocido. Usa los valores conocidos y la definición de calor específico.

② Calcular Resuelve para buscar lo desconocido.

Empieza con la ecuación del calor específico.

$$C_{Cu} = \frac{q}{m_{Cu} \times \Delta T}$$

Sustituye las cantidades conocidas dentro de la ecuación para calcular el valor desconocido C_{Cu}.

$$C_{Cu} = \frac{849\ J}{95.4\ g \times 23.0°C} = 0.387\ J/(g\cdot°C)$$

③ Evaluar ¿Tiene sentido el resultado? Recuerda que el agua líquida tiene un calor específico de 4018 J/(g·°C). Los metales tienen calores específicos menores que el agua. Por lo tanto, el valor calculado de 0.387 J/(g·°C) parece razonable.

3. Cuando 435 J de calor se añaden a 3.4 g de aceite de oliva a 21 °C, la temperatura aumenta a 85 °C. ¿Cuál es el calor específico del aceite de oliva?

4. ¿Cuánto calor se requiere para elevar la temperatura de 250.0 g de mercurio 52 °C?

Puedes hallar el calor específico del mercurio en la Tabla 17.1.

17.1 Comprobación de la lección

5. 🔑 **Revisar** ¿Cuáles son las maneras en que la conversión de energía puede ocurrir?

6. 🔑 **Describir** ¿Qué le sucede a la energía del universo durante un proceso físico o químico?

7. 🔑 **Hacer una lista** ¿De cuáles dos factores depende la capacidad calorífica de un objeto?

8. Clasificar Durante una noche fría puedes usar una cobija para calentar tu cuerpo. Describe la dirección del flujo de calor. ¿Es este proceso endotérmico o exotérmico?

9. Calcular Un pedazo de plata tiene una capacidad calorífica de 42.8 J/°C y una masa de 181 g. Calcula el calor específico de la plata.

10. Calcular Usando calorías, calcula cuánto calor absorben 32.0 g de agua cuando se calienta de 25.0 °C a 80.0 °C. ¿Cuántos julios es esto?

GRANIDEA MATERIA Y ENERGÍA

11. ¿Cómo se conserva la energía del universo durante la combustión de gasolina en un motor de coche?

17.2 Medir y expresar cambios de entalpía

LA QUÍMICA Y TÚ

P: *¿Cómo puedes medir la cantidad de calor liberado cuando se quema un cerillo?* Cuando enciendes un cerillo, el calor se libera al entorno. Además de describir la dirección del flujo de calor, también puedes querer determinar la cantidad de calor que se transfiere. El concepto de calor específico te permite medir el flujo de calor en procesos químicos y físicos.

Preguntas clave

🔑 *¿Cómo puedes medir el cambio en la entalpía de una reacción?*

🔑 *¿Cómo puedes expresar el cambio de entalpía de una reacción en una ecuación química?*

Vocabulario

- calorimetría
- calorímetro
- entalpía
- ecuación termoquímica
- calor de reacción
- calor de combustión

Calorimetría

🔑 **¿Cómo puedes medir el cambio en la entalpía de una reacción?**

El calor que es absorbido o liberado durante muchas reacciones químicas puede medirse mediante una técnica llamada calorimetría. La **calorimetría** es la medida del flujo de calor hacia adentro y hacia afuera de un sistema para los procesos químicos y físicos. En un experimento de calorimetría que involucra un proceso endotérmico, el calor absorbido por el sistema es igual al calor liberado por su entorno. En un proceso exotérmico, el calor liberado por un sistema es igual al calor absorbido por su entorno. El instrumento aislado que se usa para medir la absorción o liberación de calor en procesos químicos o físicos se llama **calorímetro.**

Calorímetros de presión constante Los vasos desechables pueden usarse como calorímetros sencillos porque no dejan pasar el calor. El calor fluye para que muchas reacciones químicas puedan medirse en un calorímetro de presión constante similar al de la Figura 17.6. La mayoría de las reacciones químicas y los cambios físicos llevados a cabo en el laboratorio están abiertos a la atmósfera y, por lo tanto, ocurren a una presión constante. La **entalpía** (*H*) de un sistema explica el flujo de calor del sistema a una presión constante.

Agitador — — Termómetro

Tapa desechable (ajuste suelto) —

Agua (donde tiene lugar la reacción) —

Vasos desechables uno dentro del otro (aislante) —

Figura 17.6 Calorímetro de presión constante
En un calorímetro de presión constante sencillo, un termómetro registra el cambio de temperatura conforme los químicos reaccionan en el agua. Las sustancias que reaccionan constituyen el sistema. El agua constituye el entorno.
Relacionar causa y efecto *¿Qué le sucede a la temperatura del agua si se libera calor mediante la reacción en el calorímetro?*

El calor absorbido o liberado mediante una reacción a presión constante es el mismo que el cambio en la entalpía, simbolizado como ΔH.  **El valor de ΔH de una reacción se puede determinar midiendo el flujo de calor de la reacción a presión constante.** En este libro de texto, los términos *calor* y *cambio de entalpía* se usan indistintamente porque las reacciones presentadas ocurren a presión constante. En otras palabras $q = \Delta H$.

Para medir el cambio de entalpía de una reacción en solución acuosa en un calorímetro de vaso desechable, disuelve los químicos que reaccionan (el sistema) en volúmenes conocidos de agua (el entorno). Mide la temperatura inicial de cada solución y mezcla las soluciones en el vaso desechable. Después de que se complete la reacción, mide la temperatura final de las soluciones mezcladas. Puedes calcular el calor absorbido o liberado mediante el entorno (q_{surr}) usando la fórmula para el calor específico, las temperaturas inicial y final y la capacidad calorífica del agua.

$$q_{surr} = m \times C \times \Delta T$$

En esta expresión, m es la masa del agua, C es el calor específico del agua y $\Delta T = T_f - T_i$. El calor absorbido por el entorno es igual a, pero con signo opuesto de, el calor liberado por el sistema. En cambio, el calor liberado por el entorno es igual a, pero con signo opuesto de, el calor absorbido por el sistema. Por lo tanto, el cambio de entalpía para la reacción (ΔH) se puede escribir:

$$q_{sys} = \Delta H = -q_{surr} = -m \times C \times \Delta T$$

El signo de ΔH es positivo para una reacción endotérmica y negativo para una reacción exotérmica.

Calorímetros de volumen constante Los experimentos de calorimetría también se pueden llevar a cabo usando un instrumento llamado calorímetro de bomba. En un calorímetro de bomba, el cual se muestra en la Figura 17.7, una muestra de un compuesto se quema en una cámara de volumen constante en la presencia de oxígeno a presión alta. Entonces, el calor que se libera calienta el agua que rodea a la cámara. Al medir el aumento de la temperatura del agua, es posible calcular la cantidad de calor liberado durante la reacción de combustión.

LA QUÍMICA Y TÚ

P: *¿Qué tipo de calorímetro usarías para medir el calor liberado cuando se quema un cerillo? Describe el experimento y la manera en cómo calcularías el calor liberado.*

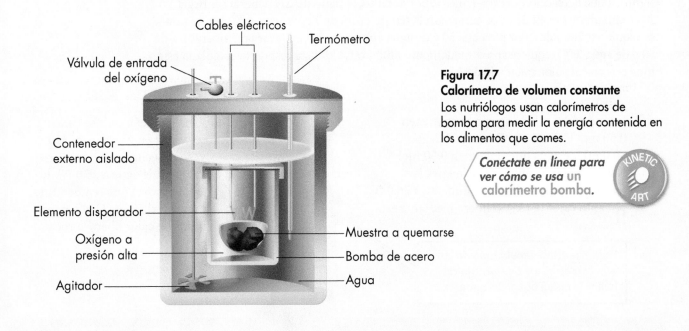

Cables eléctricos

Termómetro

Válvula de entrada del oxígeno

Contenedor externo aislado

Elemento disparador

Oxígeno a presión alta

Agitador

Muestra a quemarse

Bomba de acero

Agua

Figura 17.7
Calorímetro de volumen constante
Los nutriólogos usan calorímetros de bomba para medir la energía contenida en los alimentos que comes.

Conéctate en línea para ver cómo se usa un calorímetro bomba.

KINETIC ART

Ejemplo de problema 17.3

Cambios de entalpía en un experimento de calorimetría

Cuando 25.0 mL de agua que contienen 0.025 mol HCl a 25.0 °C se añaden a 25.0 mL de agua que contienen 0.025 mol NaOH a 25.0 °C en un calorímetro de vaso desechable, ocurre una reacción. Calcula el cambio de entalpía (en kJ) durante esta reacción si la temperatura más alta observada es de 32.0 °C. Supón que las densidades de las soluciones son 1.00 g/mL y que el volumen de la solución final es igual a la suma de los volúmenes de las soluciones que reaccionan.

❶ Analizar Haz una lista de lo conocido y lo desconocido. Usa el análisis dimensional para determinar la masa del agua. También debes calcular ΔT. Usa $\Delta H = -q_{surr} = -m \times C \times \Delta T$ para resolver ΔH.

CONOCIDO	DESCONOCIDO
$C_{agua} = 4.18\ J/(g \cdot °C)$	$\Delta H = ?\ kJ$
$V_{final} = V_{HCl} + V_{NaOH}$	
$\quad = 25.0\ mL + 25.0\ mL = 50.0\ mL$	
$T_i = 25.0°C$	
$T_f = 32.0°C$	
$densidad_{solución} = 1.00\ g/mL$	

❷ Calcular Resuelve para buscar lo desconocido.

Primero, calcula la masa total del agua.

$$m_{agua} = 50.0\ mL \cdot \frac{1.00\ g}{1\ mL} = 50.0\ g$$

Ahora, calcula ΔT.

$$\Delta T = T_f \cdot T_i = 32.0°C \cdot 25.0°C = 7.0°C$$

Usa los valores para m_{agua}, C_{agua}, y ΔT para calcular ΔH.

$$\Delta H = -q_{surr} = \cdot m_{agua} \times C_{agua} \times \Delta T$$
$$= -(50.0\ g)(4.18\ J/(g \cdot °C))(7.0°C)$$
$$= -1500\ J = -1.5\ kJ$$

Usa la relación 1 kJ = 1000 J para convertir tu respuesta de J a kJ.

❸ Evaluar ¿Tiene sentido el resultado? La temperatura de la solución aumenta, lo cual significa que la reacción es exotérmica y, por lo tanto, el signo de ΔH debería ser negativo. Aproximadamente 4 J de calor aumentan la temperatura de 1 g de agua 1 °C, por lo tanto, se requieren 200 J de calor para que 50 g de agua aumenten 1 °C. Elevar la temperatura de 50 g de agua 7 °C requiere aproximadamente 1400 J o 1.4 kJ. Esta respuesta calculada está muy cercana al valor calculado de ΔH.

12. Cuando 50.0 mL de agua que contienen 0.50 mol HCl a 22.5 °C se mezclan con 50.0 mL de agua que contienen 0.50 mol NaOH a 22.5 °C en un calorímetro, la temperatura de la solución aumenta a 26.0 °C. ¿Cuánto calor (en kJ) se libera mediante esta reacción?

Supón que las densidades de las soluciones son 1.00 g/mL para hallar la masa total del agua.

13. Una pequeña roca se calienta y se coloca en un calorímetro de vaso desechable que contiene 25.0 mL de agua a 25.0 °C. El agua alcanza una temperatura máxima de 26.4 °C. ¿Cuántos julios de calor libera la roca?

Ecuaciones termoquímicas

¿Cómo puedes expresar el cambio de entalpía para una reacción en una ecuación química?

Si mezclas óxido de calcio con agua, el agua de la mezcla se calienta. La reacción exotérmica ocurre cuando el cemento, que contiene óxido de calcio, se mezcla con agua para hacer concreto. Cuando 1 mol de óxido de calcio reacciona con 1 mol de agua, se forma 1 mol de hidróxido de calcio y se liberan 65.2 kJ de calor. **En una ecuación química, el cambio de entalpía para la reacción se puede escribir o como un reactante o como un producto.** En la ecuación que describe la reacción exotérmica del óxido de calcio y agua, el cambio de entalpía puede considerarse un producto.

$$CaO(s) + H_2O(l) \longrightarrow Ca(OH)_2(s) + 65.2 \text{ kJ}$$

Esta ecuación se presenta visualmente en la Figura 17.8. Una ecuación química que incluye el cambio de entalpía se llama **ecuación termoquímica.**

Calores de reacción El **calor de reacción** es el cambio de entalpía para la ecuación química exactamente como está escrita. Por lo general verás calores de reacción reportados como ΔH, que es igual al flujo de calor a una presión constante. El estado físico de los reactantes y productos también debe darse. Las condiciones estándar son que la reacción se lleve a cabo a 101.3 kPa (atm) y que los reactantes y productos estén en sus estados físicos usuales a 25°C. El calor de reacción o ΔH, en el ejemplo anterior es −65.2 kJ. Cada mol de óxido de calcio y agua que reacciona para formar hidróxido de calcio, produce 65.2 kJ de calor.

$$CaO(s) + H_2O(l) \longrightarrow Ca(OH)_2(s) \qquad \Delta H = -65.2 \text{ kJ}$$

En ésta y en otros procesos exotérmicos, la energía potencial química de los reactantes es mayor que la energía potencial química de los productos.

APOYO PARA LA LECTURA

Desarrollar comprensión: uso de conocimiento anterior Las ecuaciones termoquímicas son igual que otras ecuaciones balanceadas. Si el calor es absorbido en la reacción, se escribe como un reactante. Si el calor es liberado, se escribe como un producto. *Recuerda las reacciones químicas del Capítulo 11. Para la combustión de metano, ¿de qué lado de la flecha de reacción escribirías el calor absorbido o liberado por la reacción?*

Figura 17.8 Proceso exotérmico El óxido de calcio es uno de los componentes del cemento. La reacción de óxido de calcio y agua es un proceso exotérmico.

Figura 17.9 Proceso endotérmico
La masa del panqué a veces
contiene bicarbonato, también
conocido como bicarbonato
de sodio. La descomposición
del bicarbonato de sodio es un
proceso endotérmico.

Otras reacciones absorben el calor del entorno. Por ejemplo, el
bicarbonato (bicarbonato de sodio) se descompone cuando se calienta. El
dióxido de carbono liberado en la reacción ocasiona que los panqués crezcan
cuando se hornean. Este proceso es endotérmico.

$$2NaHCO_3(s) + 85 \text{ kJ} \longrightarrow Na_2CO_3(s) + H_2O(l) + CO_2(g)$$

Recuerda que ΔH es positivo para reacciones endotérmicas. Por lo tanto,
puedes escribir la reacción así:

$$2NaHCO_3(s) \longrightarrow Na_2CO_3(s) + H_2O(l) + CO_2(g) \qquad \Delta H = 85 \text{ kJ}$$

En la Figura 17.9 se muestra el diagrama de entalpía para esta reacción.

Los problemas de química que involucran cambios de entalpía son
similares a los problemas de estequiometria. La cantidad de calor liberada
o absorbida durante una reacción depende del número de moles de los
reactantes involucrados. La descomposición de 2 moles de bicarbonato de
sodio, por ejemplo, requiere 85 kJ de calor. Por lo tanto, la descomposición de
4 moles de la misma sustancia requeriría el doble de calor o 170 kJ. En éste y
otros procesos endotérmicos, la energía potencial química de los productos es
mayor que la energía potencial química de los reactantes.

Para ver por qué el estado físico de los reactantes y los productos en
una reacción termoquímica deben indicarse, compara las dos ecuaciones
siguientes para la descomposición de 1 mol H_2O:

$$H_2O(l) \longrightarrow H_2(g) + \tfrac{1}{2}O_2(g) \qquad \Delta H = 285.8 \text{ kJ}$$
$$H_2O(g) \longrightarrow H_2(g) + \tfrac{1}{2}O_2(g) \qquad \underline{\Delta H = 241.8 \text{ kJ}}$$
$$\text{diferencia} = \quad 44.0 \text{ kJ}$$

Aunque los dos ecuaciones son muy similares, los diferentes estados físicos
de H_2O resultan en diferentes valores de ΔH. En un caso, el reactante es un
líquido; en el otro caso, el reactante es un gas. La vaporización de 1 mol de
agua líquida a vapor de agua a 25 °C requiere 44.0 kJ de calor.

$$H_2O(l) \longrightarrow H_2O(g) \qquad \Delta H = 44.0 \text{ kJ}$$

Usar el calor de reacción para calcular el cambio de entalpía

Calcula la cantidad de calor (en kJ) que se requiere para descomponer 2.24 mol $NaHCO_3(s)$.

$$2NaHCO_3(s) + 85 \text{ kJ} \longrightarrow Na_2CO_3(s) + H_2O(l) + CO_2(g)$$

❶ **Analizar Haz una lista de lo conocido y lo desconocido.** Usa la ecuación termoquímica anterior para escribir un factor de conversión que relacione kilojulios de calor y moles de $NaHCO_3$. Después usa el factor de conversión para determinar ΔH para 2.24 mol $NaHCO_3$.

CONOCIDO

cantidad de $NaHCO_3(s)$ que se descompone = 2.24 mol

ΔH = 85 kJ para 2 mol $NaHCO_3$

DESCONOCIDO

ΔH = ? kJ para 2.24 mol $NaHCO_3$

❷ **Calcular Resuelve para buscar lo desconocido.**

Escribe el factor de conversión que relacione kJ de calor a moles de $NaHCO_3$.

$$\frac{85 \text{ kJ}}{2 \text{ mol } NaHCO_3(s)}$$

La ecuación termoquímica indica que se necesitan 85 kJ para descomponer 2 mol $NaHCO_3(s)$.

Usando el análisis dimensional, resuelve ΔH.

$$\Delta H = 2.24 \text{ mol } NaHCO_3(s) \cdot \frac{85 \text{ kJ}}{2 \text{ mol } NaHCO_3(s)}$$

$$= 95 \text{ kJ}$$

❸ **Evaluar ¿Tiene sentido el resultado?** Los 85 kJ en la ecuación termoquímica se refieren a la descomposición de 2 mol $NaHCO_3(s)$. Por lo tanto, la descomposición de 2.24 moles debería absorber más calor que 85 kJ. La respuesta de 95 kJ es consistente con este cálculo.

Para resolver el Problema 15, primero convierte la masa de CS_2 a moles de CS_2.

14. La producción de hierro y dióxido de carbono a partir del óxido de hierro(III) y el monóxido de carbono es una reacción exotérmica. ¿Cuántos kilojulios de calor se producen cuando 3.40 mol Fe_2O_3 reaccionan con un exceso de CO?

$$Fe_2O_3(s) + 3CO(g) \longrightarrow$$
$$2Fe(s) + 3CO_2(g) + 26.3 \text{ kJ}$$

15. Cuando el disulfuro de carbono se forma a partir de sus elementos, el calor es absorbido. Calcula la cantidad de calor absorbido (en kJ) cuando se forman 5.66 g de disulfuro de carbono.

$$C(s) + 2S(s) \longrightarrow CS_2(l)$$

$$\Delta H = 89.3 \text{ kJ}$$

Figura 17.10 Combustión
La combustión de gas natural es una reacción exotérmica. Conforme los compuestos de metano (el principal componente del gas natural) y de oxígeno se rompen y se forman enlaces de dióxido de carbono y agua, se liberan grandes cantidades de energía.

Tabla 17.2

Calores de combustión a 25 °C		
Sustancia	**Fórmula**	**ΔH (kJ/mol)**
Hidrógeno	$H_2(g)$	−286
Carbono	$C(s, \text{grafito})$	−394
Metano	$CH_4(g)$	−890
Acetileno	$C_2H_2(g)$	−1300
Etanol	$C_2H_6O(l)$	−1368
Propano	$C_3H_8(g)$	−2220
Glucosa	$C_6H_{12}O_6(s)$	−2808
Octano	$C_8H_{18}(l)$	−5471
Sacarosa	$C_{12}H_{22}O_{11}(s)$	−5645

Calores de combustión La Tabla 17.2 contiene una lista de los calores de combustión para algunas sustancias comunes. El **calor de combustión** es el calor de reacción para la quema completa de un mol de una sustancia. En la Figura 17.10 se muestra la combustión del gas natural, el cual es metano en su mayor parte. Pequeñas cantidades de gas natural dentro del crudo se queman en las refinerías. Ésta es una reacción exotérmica.

$$CH_4(g) + 2O_2(g) \longrightarrow CO_2(g) + 2H_2O(l) + 890 \text{ kJ}$$

También puedes escribir esta ecuación así:

$$CH_4(g) + 2O_2(g) \longrightarrow CO_2(g) + 2H_2O(l) \qquad \Delta H = -890 \text{ kJ}$$

Quemar 1 mol de metano libera 890 kJ de calor. El calor de combustión (ΔH) para esta reacción es de −890 kJ por mol de metano quemado.

Como otros calores de reacción, los calores de combustión se reportan como el cambio de entalpía cuando las reacciones se llevan a cabo a 101.3 kPa de presión y los reactantes y productos están en sus estados físicos a 25 °C.

17.2 Comprobación de la lección

16. Describir ¿Cómo puedes determinar el valor de ΔH de una reacción?

17. Revisar ¿Cómo se expresan los cambios de entalpía en las ecuaciones químicas?

18. Calcular Una masa de plomo se calienta y coloca en un calorímetro de vaso desechable que contiene 40.0 mL de agua a 17.0 °C. El agua alcanza una temperatura de 20.0 °C. ¿Cuántos julios de calor se liberan mediante el plomo?

19. Explicar ¿A qué se refiere el término *calor de combustión*?

20. Describir Cuando se combinan 2 moles de magnesio sólido (Mg) con 1 mol del gas oxígeno (O_2), se forman 2 moles de óxido de magnesio sólido (MgO) y se liberan 1204 kJ de calor. Escribe la ecuación termoquímica para esta reacción de combustión.

21. Calcular El gasohol contiene etanol, $C_2H_6O(l)$. Cuando se quema el etanol, reacciona con $O_2(g)$ para producir $CO_2(g)$ y $H_2O(l)$. ¿Cuánto calor se libera cuando se queman 12.5 g de etanol?

$$C_2H_6O(l) + 3O_2(g) \longrightarrow 2CO_2(g) + 3H_2O(l)$$
$$\Delta H = -1368 \text{ kJ}$$

17.3 Calor en cambios de estado

Preguntas clave

🔑 ¿Cuál es la relación entre calor molar de fusión y calor molar de solidificación?

🔑 ¿Cuál es la relación entre calor molar de vaporización y calor molar de condensación?

🔑 ¿Qué cambios termoquímicos pueden ocurrir cuando se forma una solución?

Vocabulario

- calor molar de fusión
- calor molar de solidificación
- calor molar de vaporización
- calor molar de condensación
- calor molar de solución

LA QUÍMICA Y TÚ

P: *¿Por qué el sudar te ayuda a enfriarte?* Un atleta puede quemar muchas calorías durante un juego. Estas calorías o se usan para trabajar o se liberan como calor. Cuando tu cuerpo se calienta, empiezas a sudar. La evaporación del sudor es la manera en la que tu cuerpo se enfría a sí mismo hasta alcanzar una temperatura normal.

Calor de fusión y de solidificación

🔑 **¿Cuál es la relación entre calor molar de fusión y calor molar de solidificación?**

¿Qué sucede si pones hielo en una mesa a temperatura ambiente? El cubo de hielo es el sistema y la mesa y el aire a su alrededor son el entorno. El hielo absorbe calor de su entorno y empieza a derretirse. La temperatura del hielo y del agua líquida producida permanece a 0 °C hasta que todo el hielo se haya derretido.

Igual que los cubos de hielo, todos los sólidos absorben calor conforme se derriten para convertirse en líquidos. La ganancia de calor ocasiona un cambio de estado en lugar de un cambio de temperatura. Siempre que ocurre un cambio de estado por ganancia o pérdida de calor, la temperatura de la sustancia que se somete al cambio permanece constante. El calor absorbido por un mol de una sustancia sólida conforme se derrite a líquida a una temepratura constante es el **calor molar de fusión** (ΔH_{fus}). El **calor molar de solidificación** ($\Delta H_{sólido}$) es el calor perdido cuando un mol de una sustancia líquida se solidifica a una temperatura constante.

🔑 **La cantidad de calor absorbido por la fusión de un sólido es exactamente la misma que la cantidad de calor liberado cuando el líquido se solidifica; es decir, $\Delta H_{fus} = -\Delta H_{sólido}$.**

La fusión de 1 mol de hielo a 0 °C a 1 mol de agua líquida a 0 °C requiere la absorción de 6.01 kJ de calor. Esta cantidad de calor es el calor molar de fusión del agua. De manera similar, la conversión de 1 mol de agua líquida a 0 °C a 1 mol de hielo a 0 °C libera 6.01 kJ de calor. Esta cantidad de calor es el calor molar de solidificación del agua.

$$H_2O(s) \longrightarrow H_2O(l) \qquad \Delta H_{fus} = 6.01 \text{ kJ/mol}$$

$$H_2O(l) \longrightarrow H_2O(s) \qquad \Delta H_{sólido} = -6.01 \text{ kJ/mol}$$

Ejemplo de problema 17.5

Usar el calor de fusión en cálculos de cambio de fase

¿Cuántos gramos de hielo a 0 °C se fundirán si se añaden 2.25 kJ de calor?

❶ Analizar Haz una lista de lo conocido y lo desconocido. Halla el número de moles de hielo que se pueden fundir por la adición de 2.25 kJ de calor. Convierte moles de hielo a gramos de hielo.

❷ Calcular Resuelve para buscar lo desconocido.

CONOCIDO

Las temperaturas inicial y final son 0 °C
$\Delta H_{fus} = 6.01$ kJ/mol
$\Delta H = 2.25$ kJ

DESCONOCIDO

$m_{hielo} = ?$ g

Empieza expresando ΔH_{fus} como un factor de conversión.

$$\frac{1 \text{ mol } H_2O(s)}{6.01 \text{ kJ}}$$

Usa la ecuación termoquímica
$$H_2O(s) + 6.01 \text{ kJ} \longrightarrow H_2O(l)$$

Expresa la masa molar de hielo como un factor de conversión.

$$\frac{18.0 \text{ g } H_2O(s)}{1 \text{ mol } H_2O(s)}$$

Multiplica el cambio de entalpía conocido por los factores de conversión.

$$m_{hielo} = 2.25 \text{ kJ} \cdot \frac{1 \text{ mol } H_2O(s)}{6.01 \text{ kJ}} \cdot \frac{18.0 \text{ g } H_2O(s)}{1 \text{ mol } H_2O(s)}$$

$$= 6.74 \text{ g } H_2O(s)$$

---

❸ Evaluar ¿Tiene sentido el resultado? Para fundir 1 mol de hielo, se requieren 6.01 kJ de energía. Sólo aproximadamente un tercio de esta cantidad de calor (apenas 2kJ) está disponible, así que sólo aproximadamente un tercio de mol de hielo, o 18.0 g/3 = 6 deberían fundirse. Este cálculo es cercano a la respuesta calculada.

22. ¿Cuántos gramos de hielo a 0 °C podrían fundirse por la adición de 0.400 kJ de calor?

23. ¿Cuántos kilojulios de calor se requieren para fundir una paleta de hielo de 50.0 g a 0 °C? Supón que la paleta tiene la misma masa molar y calor de fusión que el agua.

Para resolver el Problema 23, primero convierte la masa a moles. Después, expresa ΔH_{fus} como un factor de conversión de moles de hielo a kJ de calor.

Laboratorio rápido

Propósito Calcular el calor de fusión del hielo

Materiales
- cilindro graduado de 100 ml
- agua caliente de la llave
- vaso desechable
- termómetro
- hielo

Calor de fusión del hielo

Procedimiento

1. Llena un cilindro graduado con agua caliente de la llave y déjala en reposo por 1 minuto. Vierte el agua en el fregadero.

2. Mide 70 mL de agua caliente. Vierte el agua en el vaso desechable. Mide la temperatura del agua.

3. Añade un cubo de hielo al vaso con agua. Gira lentamente el vaso. Mide la temperatura del agua tan pronto como el cubo de hielo se haya derretido por completo.

4. Vierte el agua en el cilindro graduado y mide el volumen.

Analizar y concluir

1. Calcular Determina la masa del hielo. (*Pista:* usa el aumento en el volumen del agua y la densidad del agua.) Convierte esta masa a moles.

2. Calcular Determina el calor transferido del agua al hielo usando la masa del agua caliente, el calor específico del agua líquida y el cambio de temperatura.

3. Calcular Determina ΔH_{fus} de hielo (kJ/mol) dividiendo el calor transferido del agua mediante los moles de hielo derretido.

4. Realizar el análisis de error Compara tu valor experimental de ΔH_{fus} de hielo con el valor aceptado de 6.01 kJ/mol. Justifica cualquier error.

Calores de vaporización y de condensación

¿Cuál es la relación entre calor molar de vaporización y calor molar de condensación?

Un líquido que absorbe calor en su punto de ebullición se convierte en vapor. La cantidad de calor requerida para vaporizar un mol de un líquido dado a una temperatura constante se llama **calor molar de vaporización** (ΔH_{vap}). En la Tabla 17.3 se enumeran los calores molares de vaporización para varias sustancias a sus puntos de ebullición normales.

El calor molar de vaporización del agua es 40.7 kJ/mol. Esto significa que se requieren 40.7 kJ de energía para convertir 1 mol de agua líquida a 1 mol de vapor de agua al punto de ebullición normal del agua (100 °C a 101.3 kPa).

$$H_2O(l) \longrightarrow H_2O(g) \qquad \Delta H_{vap} = 40.7 \text{ kJ/mol}$$

El éter dietílico ($C_4H_{10}O$) tiene un punto de ebullición de 34.6 °C y un calor molar de vaporización (ΔH_{vap}) de 26.5 kJ/mol. Si el éter dietílico se vierte en un matraz durante un día cálido y húmedo, el éter absorberá calor de las paredes del matraz y se evaporará rápidamente. Si el matraz pierde suficiente calor, el vapor de agua en el aire puede condensarse y congelarse en las paredes del matraz, formando una capa de hielo afuera del matraz.

$$C_4H_{10}O(l) \longrightarrow C_4H_{10}O(g) \qquad \Delta H_{vap} = 26.5 \text{ kJ/mol}$$

Tabla 17.3

Calores de cambio físico		
Sustancia	ΔH_{fus} (kJ/mol)	ΔH_{vap} (kJ/mol)
Amoníaco (NH_3)	5.66	23.3
Etanol (C_2H_6O)	4.93	38.6
Hidrógeno (H_2)	0.12	0.90
Metanol (CH_4O)	3.22	35.2
Oxígeno (O_2)	0.44	6.82
Agua (H_2O)	6.01	40.7

Figura 17.11 Cambios de estado
Los cambios de entalpía acompañan a los cambios de estado. La fusión y la vaporización son procesos endotérmicos. La solidificación y la condensación son procesos exotérmicos.
Interpretar diagramas *¿Qué flechas representan los procesos que liberan calor a su entorno?*

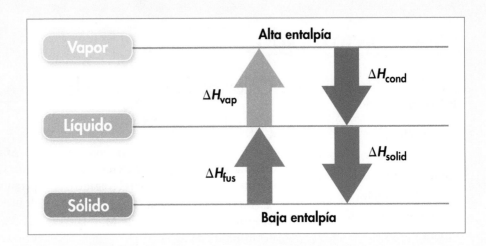

LA QUÍMICA Y TÚ

P: *Explica por qué la evaporación del sudor de tu cuerpo ayuda a mantenerte fresco.*

La condensación es el opuesto exacto de la vaporización. Cuando un vapor se condensa, se libera calor. El **calor molar de condensación** (ΔH_{cond}) es la cantidad de calor liberado cuando un mol de vapor se condensa a su punto de ebullición normal. 🔑 **La cantidad de calor absorbido por un líquido que se vaporiza es exactamente la misma que la cantidad de calor liberado cuando el vapor se condensa; es decir,** $\Delta H_{vap} = -\Delta H_{cond}$. En la Figura 71.11 se muestra la relación entre el calor molar de fusión y el calor molar de solidificación así como entre el calor molar de vaporización y el calor molar de condensación.

En la Figura 17.12 se resumen los cambios de entalpía que ocurren conforme el hielo se calienta hacia líquido y después hacia vapor. Deberías poder identificar ciertas tendencias con respecto a la temperatura durante los cambios de estado y los requerimientos de energía que acompañan dichos cambios a partir de la gráfica. Los valores grandes para ΔH_{vap} y ΔH_{cond} son la razón por la que los vapores cálidos como el vapor puedan ser muy peligrosos. Te puedes quemar con el vapor cuando el calor de condensación se libera y el vapor toca tu piel.

$$H_2O(g) \longrightarrow H_2O(l) \qquad \Delta H_{cond} = -40.7 \text{ kJ/mol}$$

Interpretar gráficas

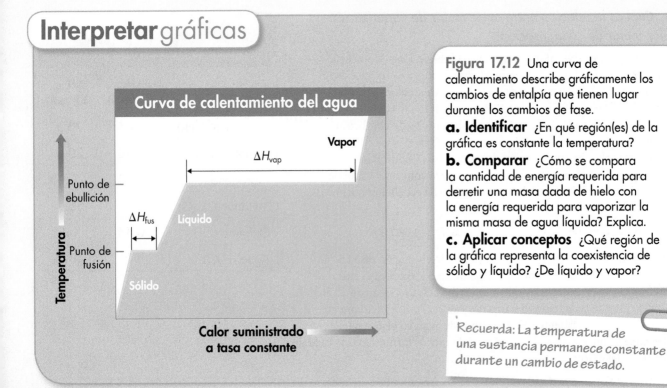

Figura 17.12 Una curva de calentamiento describe gráficamente los cambios de entalpía que tienen lugar durante los cambios de fase.

a. Identificar ¿En qué región(es) de la gráfica es constante la temperatura?

b. Comparar ¿Cómo se compara la cantidad de energía requerida para derretir una masa dada de hielo con la energía requerida para vaporizar la misma masa de agua líquida? Explica.

c. Aplicar conceptos ¿Qué región de la gráfica representa la coexistencia de sólido y líquido? ¿De líquido y vapor?

Recuerda: La temperatura de una sustancia permanece constante durante un cambio de estado.

Ejemplo de problema 17.6

Usar el calor de vaporización en los cálculos de cambio de fase

¿Cuánto calor (en kJ) se absorbe cuando 24.8 g $H_2O(l)$ a 100 °C y 101.3 kPa se convierten a $H_2O(g)$ a 100 °C?

❶ Analizar Haz una lista de lo conocido y lo desconocido. Primero, convierte gramos de agua a moles de agua. Después, halla la cantidad de calor que es absorbido cuando el agua líquida se convierte en vapor.

CONOCIDO

Las condiciones iniciales y finales son 100 °C y 101.3 kPa
masa de agua líquida convertida en vapor = 24.8 g
ΔH_{vap} = 40.7 kJ/mol

DESCONOCIDO

ΔH = ? kJ

❷ Calcular Resuelve para buscar lo desconocido.

Empieza expresando la masa molar del agua en un factor de conversión.

$$\frac{1 \text{ mol } H_2O(l)}{18.0 \text{ g } H_2O(l)}$$

Expresa ΔH_{vap} como un factor de conversión.

$$\frac{40.7 \text{ kJ}}{1 \text{ mol } H_2O(l)}$$

Usa la ecuación termoquímica
$$H_2O(l) + 40.7 \text{ kJ} \longrightarrow H_2O(g)$$

Multiplica la masa de agua en gramos por los factores de conversión.

$$\Delta H = 24.8 \text{ g } H_2O(l) \cdot \frac{1 \text{ mol } H_2O(l)}{18.0 \text{ g } H_2O(l)} \cdot \frac{40.7 \text{ kJ}}{1 \text{ mol } H_2O(l)}$$

$$= 56.1 \text{ kJ}$$

❸ Evaluar ¿Tiene sentido el resultado? Sabiendo que la masa molar del agua es 18.0 g/mol, se puede calcular que 24.8 g $H_2O(l)$ está por debajo de 1.5 mol H_2O. El cambio de entalpía calculado debería ser menor que 1.5 mol × 40 kJ/mol = 60 kJ, y así es.

24. ¿Cuánto calor es absorbido cuando 63.7 g $H_2O(l)$ a 100 °C y 101.3 kPa se convierten a $H_2O(g)$ a 100 °C? Expresa tu respuesta en kJ.

25. ¿Cuántos kilojulios de calor son absorbidos cuando 0.46 g de cloroetano (C_2H_5Cl, bp 12.3 °C) se vaporizan a su punto de ebullición normal? El calor molar de vaporización del cloroetano es de 24.7 kJ/mol.

Para el Problema 25, empieza escribiendo la ecuación termoquímica para la vaporización del cloroetano.

Calor de solución

🔑 ¿Qué cambios termoquímicos pueden ocurrir cuando se forma una solución?

Si alguna vez has usado una compresa caliente o fría, entonces has sentido los cambios de entalpía que ocurren cuando un soluto se disuelve en un solvente. 🔑 **Durante la formación de una solución, el calor es liberado o absorbido.** El cambio de entalpía ocasionado por la disolución de un mol de sustancia es el **calor molar de solución** (ΔH_{soln}). Por ejemplo, cuando 1 mol de hidróxido de sodio, $NaOH(s)$, se disuelve en agua, la solución puede hacerse tan caliente que suelta vapor. El calor de este proceso se libera mientras que los iones de sodio y los iones de hidróxido interactúan con el agua. La temperatura de la solución aumenta, liberando 44.5 kJ de calor como el calor molar de solución.

$$NaOH(s) \longrightarrow Na^+(aq) + OH^-(aq)$$
$$\Delta H_{soln} = -44.5 \text{ kJ/mol}$$

Una aplicación práctica de un proceso de disolución exotérmico es una compresa caliente. En una compresa caliente, el cloruro de calcio, $CaCl_2(s)$, se mezcla con el agua, produciendo calor.

$$CaCl_2(s) \longrightarrow Ca^{2+}(aq) + 2Cl^-(aq)$$
$$\Delta H_{soln} = -82.8 \text{ kJ/mol}$$

La disolución del nitrato de amonio, $NH_4NO_3(s)$ es un ejemplo de proceso endotérmico. Cuando el nitrato de amonio se disuelve en agua, la solución se hace tan fría que puede formarse hielo afuera del contenedor. La compresa fría de la Figura 17.13 contiene cristales de nitrato de amonio y agua. Una vez que el soluto se disuelve en el solvente, la compresa se hace fría. En este caso, el proceso de solución absorbe energía de su entorno.

$$NH_4NO_3(s) \longrightarrow NH_4^+(aq) + NO_3^-(aq)$$
$$\Delta H_{soln} = 25.7 \text{ kJ/mol}$$

Figura 17.13 Compresa fría
La compresa fría que se muestra tiene dos bolsas de plástico selladas, una dentro de la otra. La bolsa externa contiene cristales de nitrato de amonio. La bolsa interna contiene agua líquida. Cuando se aprieta la compresa, la bolsa interna se rompe permitiendo que se mezclen el nitrato de amonio y el agua.
Inferir *¿Cómo definirías al sistema y su entorno en este proceso?*

Calcular el cambio de entalpía en la formación de solución

¿Cuánto calor (en kJ) se libera cuando 2.50 mol NaOH(s) se disuelven en agua?

❶ **Analizar Haz una lista de lo conocido y lo desconocido.** Usa el calor de solución para la disolución de NaOH(s) en agua para resolver la cantidad de calor liberado (ΔH).

CONOCIDO

$\Delta H_{soln} = -44.5$ kJ/mol

cantidad de NaOH(s) disuelto $= 2.50$ mol

DESCONOCIDO

$\Delta H = ?$ kJ

❷ **Calcular Resuelve para buscar lo desconocido.**

> **Empieza expresando ΔH_{soln} como un factor de conversión.**

$$\frac{-44.5 \text{ kJ}}{1 \text{ mol NaOH}(s)}$$

Usa la ecuación termoquímica

$$NaOH(s) \longrightarrow Na^+(aq) + OH^-(aq) + 44.5 \text{ kJ/mol}$$

> **Multiplica el número de moles por el factor de conversión.**

$$\Delta H = 2.50 \text{ mol NaOH}(s) \cdot \frac{-44.5 \text{ kJ}}{1 \text{ mol NaOH}(s)} = -111 \text{ kJ}$$

❸ **Evaluar ¿Tiene sentido el resultado?** ΔH es 2.5 veces mayor que ΔH_{soln}, como debería de ser. Además, ΔH debería ser negativo, ya que la disolución de NaOH(s) en el agua es exotérmica.

26. ¿Cuánto calor (en kJ) se libera cuando 0.677 mol NaOH(s) se disuelve en agua?

27. ¿Cuántos moles de $NH_4NO_3(s)$ deben disolverse en agua de manera que 88.0 kJ de calor sean absorbidos del agua?

ΔH_{soln} para la disolución de $NH_4NO_3(s)$ en agua es 25.7 kJ/mol.

17.3 Comprobación de la lección

28. 🔑 **Describir** ¿Cómo se compara el calor molar de fusión de una sustancia con su calor molar de solidificación?

29. 🔑 **Describir** ¿Cómo se compara el calor molar de vaporización de una sustancia con su calor molar de condensación?

30. 🔑 **Identificar** ¿Qué cambios de entalpía ocurren cuando un soluto se disuelve en un solvente?

31. Calcular ¿Cuánto calor debe eliminarse para congelar una charola con cubos de hielo a 0 °C si el agua tiene una masa de 225 g?

32. Calcular ¿Cuántos kilojulios de calor se requieren para vaporizar 50.0 g de etanol, C_2H_6O? El punto de ebullición del etanol es de 78.3 °C. Su calor molar de vaporización es de 38.6 kJ/mol.

33. Calcular ¿Cuántos kilojulios de calor se liberan cuando 25.0 g de NaOH(s) se disuelven en agua?

GRANIDEA MATERIA Y ENERGÍA

34. Usa lo que sabes acerca de los enlaces de hidrógeno para explicar por qué el agua es un gran calor de vaporización.

Energía geotérmica

En el interior de la Tierra yace una poderosa fuente de energía limpia y renovable: el calor del interior de la Tierra. Esta energía, conocida como energía geotérmica, está contenida en la roca fundida (magma), el agua caliente y el vapor de la subsuperficie de la Tierra. Se pueden emplear pozos subterráneos de vapor o agua calientes para generar calor y electricidad, lo que a su vez, puede usarse para calentar, enfriar o proporcionar electricidad a los edificios.

Las tres principales maneras de acceder al suministro de energía geotérmica de la Tierra es a través de sistemas de calentamiento directo, bombas de calor y centrales eléctricas. El uso de la energía geotérmica directa involucra tubería de agua caliente proveniente de las aguas termales en la superficie de la Tierra y directamente hacia el sistema de calentamiento del edificio. Las bombas de calor geotérmico son sistemas que hacen uso de las temperaturas relativamente constantes cerca de la superficie de la Tierra. En invierno, la temperatura por debajo de la superficie de la Tierra es más cálida que la temperatura del aire. Las bombas de calor se usan para mover el calor de la tierra a la superficie a través de una serie de tubos que contienen fluido. En el verano, la temperatura por debajo de la superficie de la Tierra es más fría que la temperatura del aire. Por lo tanto, las bombas de calor pueden también usarse para enfriar edificios al conducir el calor fuera del edificio y transfiriéndolo a la tierra de afuera. Las centrales eléctricas geotérmicas tienen acceso al agua caliente y el vapor enterrados bajo la superficie de la Tierra. El vapor o agua caliente puede entonces entubarse o bombearse bajo altas presiones a partir de las reservas geotérmicas y hacia generadores en las centrales eléctricas de la superficie. Estas centrales proporcionan electricidad a hogares y negocios.

Pros y contras

Ventajas de usar la energía geotérmica	Desventajas de usar la energía geotérmica
✔ **Costos de operación bajos** Una vez que se ha pagado el costo inicial de la construcción de una instalación de energía geotérmica, no existen costos de combustible adicionales.	✘ **Alto costo inicial** El costo inicial de perforación de pozos para alcanzar las reservas geotérmicas y la instalación de plantas de energía geotérmica es de millones de dólares.
✔ **Energía limpia** Los sistemas de calentamiento geotérmico, las bombas de calor geotérmico y las centrales de energía geotérmica producen pocos o ningún gas contaminante.	✘ **Grandes requerimientos de espacio** Las bombas de calor geotérmico y las plantas de energía requieren grandes extensiones de tierra para la tubería y los pozos.
✔ **Fuente de energía sostenible** A diferencia de los combustibles fósiles, el calor proveniente de debajo de la superficie de la Tierra es una fuente renovable.	✘ **Perjudicial para el medio ambiente** Las perforaciones profundas pueden ocasionar pequeños terremotos y tanto el agua caliente como el vapor pueden acarrear contaminantes a la superficie de la Tierra.

EL PODER DEL VAPOR Esta planta eléctrica en Islandia tiene acceso a una reserva geotérmica 2000 metros por debajo de la superficie. El vapor, que puede alcanzar los 240 °C, se usa para generar electricidad. El vapor condensado (agua líquida) es después dirigido a una laguna, en donde las personas se bañan en ella con fines de sanación y bienestar.

CALOR NATURAL Los géisers y las aguas termales en la superficie de la Tierra indican la presencia de fuentes de calor en la subsuperficie. Estos monos se mantienen calientes en una de las aguas termales de Japón.

Un paso más allá

1. Clasificar Describe la dirección del flujo de calor cuando una bomba de calor geotérmico se usa para calentar un edificio. ¿Cuál es el sistema y cuál es el entorno? ¿Es este proceso endotérmico o exotérmico?

2. Calcular ¿Cuánta energía es absorbida o liberada cuando: 535 kg de vapor a 154 °C se enfrían hasta los 100 °C, el vapor se condensa a 100 °C y el agua líquida se enfría de 100 °C a 37 °C?

3. Comparar y contrastar Compara la energía geotérmica a una o más fuentes de energía. Evalúa los costos y beneficios de cada una.

17.4 Calcular los calores de reacción

LA QUÍMICA Y TÚ

P: *¿Cuánto calor es liberado cuando un diamante cambia a grafito?* Los diamantes son piedras preciosas compuestas de carbono. En un período de millones y millones de años, el diamante se descompondrá en grafito, que es otra forma de carbono. ¿Cómo puedes determinar el cambio de entalpía para la reacción?

Ley de Hess

Preguntas clave

🔑 *¿Cómo puedes calcular el calor de reacción cuando no se puede calcular directamente?*

Vocabulario

• ley de Hess de la suma de los calores
• calor estándar de formación

🔑 *¿Cómo puedes calcular el calor de reacción cuando no se puede calcular directamente?*

A veces es difícil medir el cambio de entalpía de una reacción. La reacción puede tener lugar muy lentamente como para medir el cambio de entalpía o la reacción puede ser un paso intermedio en una serie de reacciones. Afortundamante, es posible determinar un calor de reacción indirectamente usando la ley de Hess de la suma de los calores. La **ley de Hess de la suma de los calores** indica que si sumas dos o más ecuaciones termoquímicas para dar una ecuación final, entonces puedes sumar los calores de reacción para dar el calor final de reacción. 🔑 **La ley de Hess te permite determinar el calor de la reacción indirectamente usando los calores conocidos de la reacción de dos o más ecuaciones termoquímicas.**

Considera la conversión de diamante a grafito que se analizó antes.

$$C(s, \text{diamante}) \longrightarrow C(s, \text{grafito})$$

Aunque el cambio de entalpía para esta reacción no se puede medir directamente, puedes usar la ley de Hess para hallar el cambio de entalpía para la conversión de diamante a grafito usando las reacciones de combustión siguientes y la Figura 17.14:

a. $C(s, \text{grafito}) + O_2(g) \longrightarrow CO_2(g)$ $\qquad \Delta H = -393.5 \text{ kJ}$
b. $C(s, \text{diamante}) + O_2(g) \longrightarrow CO_2(g)$ $\qquad \Delta H = -395.4 \text{ kJ}$

Escribe la ecuación **a** invertida para que de:

c. $CO_2(g) \longrightarrow C(s, \text{grafito}) + O_2(g)$ $\qquad \Delta H = 393.5 \text{ kJ}$

Cuando escribes una reacción invertida, también debes cambiar el signo de ΔH. Si sumas las ecuaciones **b** y **c,** obtienes la ecuación para la conversión de diamante a grafito. Los términos $CO_2(g)$ y $O_2(g)$ en ambos lados de las ecuaciones sumadas se cancelan. Si también sumas los valores de ΔH para las ecuaciones **b** y **c,** puedes obtener el calor de reacción para esta conversión.

$C(s, \text{diamante}) + O_2(g) \longrightarrow CO_2(g)$	$\Delta H = -395.4 \text{ kJ}$
$CO_2(g) \longrightarrow C(s, \text{grafito}) + O_2(g)$	$\Delta H = 393.5 \text{ kJ}$
$C(s, \text{diamante}) \longrightarrow C(s, \text{grafito})$	$\Delta H = -1.9 \text{ kJ}$

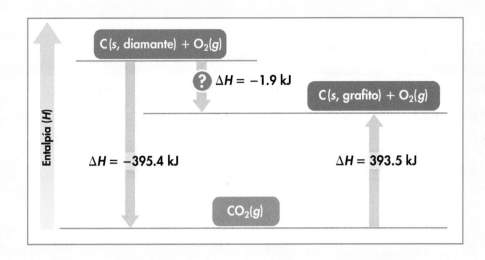

Figura 17.14 Conversión de diamante a grafito
La ley de Hess se usa para determinar el cambio de entalpía para la conversión de diamante a grafito.

Conéctate en línea para ver cómo usar la ley de Hess.

Otro caso donde la ley de Hess es útil es cuando las reacciones conducen a productos además del producto de interés. Supón que quieres determinar el cambio de entalpía para la formación de monóxido de carbono a partir de sus elementos. Puedes escribir la ecuación siguiente para esta reacción.

$$C(s, \text{grafito}) + \tfrac{1}{2}O_2(g) \longrightarrow CO(g) \qquad \Delta H = ?$$

Aunque es fácil escribir la ecuación, llevar a cabo la reacción en el laboratorio como está escrita, es virtualmente imposible. El dióxido de carbono se produce junto con monóxido de carbono. Por lo tanto, cualquier calor medido de reacción se relaciona con la formación de ambos, $CO(g)$ y $CO_2(g)$ y no sólo de $CO(g)$. Sin embargo, las dos reacciones siguientes pueden llevarse a cabo en el laboratorio:

a. $C(s, \text{grafito}) + O_2(g) \longrightarrow CO_2(g) \qquad \Delta H = -393.5 \text{ kJ}$
b. $CO(g) + \tfrac{1}{2}O_2(g) \longrightarrow CO_2(g) \qquad \Delta H = -283.0 \text{ kJ}$

El escribir la inversa de la ecuación **b** produce la ecuación **c.**

c. $CO_2(g) \longrightarrow CO(g) + \tfrac{1}{2}O_2(g) \qquad \Delta H = 283.0 \text{ kJ}$

Al sumar las ecuaciones **a** y **c** se produce la expresión para la formación de $CO(g)$ a partir de sus elementos. El diagrama de entalpía para esta suma de calor se muestra en la Figura 17.15. Observa que sólo $\tfrac{1}{2}O_2(g)$ se cancela en cada ecuación.

$$C(s, \text{grafito}) + O_2(g) \longrightarrow CO_2(g) \qquad \Delta H = -393.5 \text{ kJ}$$
$$\underline{CO_2(g) \longrightarrow CO(g) + \tfrac{1}{2}O_2(g) \qquad\qquad \Delta H = 283.0 \text{ kJ}}$$
$$C(s, \text{grafito}) + \tfrac{1}{2}O_2(g) \longrightarrow CO(g) \qquad \Delta H = -110.5 \text{ kJ}$$

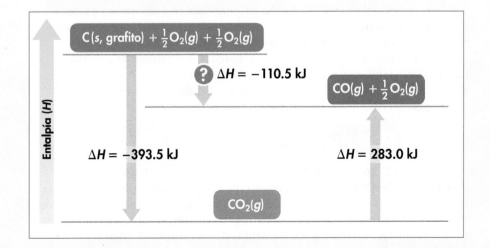

Figura 17.15 Formación de $CO(g)$ a partir de sus elementos
La ley de Hess se usa para determinar el cambio de entalpía para la formación de $CO(g)$ a partir de sus elementos.
Interpretar diagramas *¿Cómo es que el diagrama representa las reacciones endotérmicas y exotérmicas de forma diferente?*

LA QUÍMICA Y TÚ

P: *¿Cómo puedes determinar ΔH de la conversión de diamante a grafito sin llevar a cabo la reacción?*

Termoquímica **579**

Tabla 17.4

Calores estándar de formación (ΔH_f°) a 25 °C y 101.3 kPa					
Sustancia	ΔH_f° (kJ/mol)	Sustancia	ΔH_f° (kJ/mol)	Sustancia	ΔH_f° (kJ/mol)
$Al_2O_3(s)$	−1676.0	$F_2(g)$	0.0	$NO(g)$	90.37
$Br_2(g)$	30.91	$Fe(s)$	0.0	$NO_2(g)$	33.85
$Br_2(l)$	0.0	$Fe_2O_3(s)$	−822.1	$NaCl(s)$	−411.2
$C(s,\ diamante)$	1.9	$H_2(g)$	0.0	$O_2(g)$	0.0
$C(s,\ grafito)$	0.0	$H_2O(g)$	−241.8	$O_3(g)$	142.0
$CH_4(g)$	−74.86	$H_2O(l)$	−285.8	$P(s,\ blanco)$	0.0
$CO(g)$	−110.5	$H_2O_2(l)$	−187.8	$P(s,\ rojo)$	−18.4
$CO_2(g)$	−393.5	$I_2(g)$	62.4	$S(s,\ rómbico)$	0.0
$CaCO_3(s)$	−1207.0	$I_2(s)$	0.0	$S(s,\ monoclínico)$	0.30
$CaO(s)$	−635.1	$N_2(g)$	0.0	$SO_2(g)$	−296.8
$Cl_2(g)$	0.0	$NH_3(g)$	−46.19	$SO_3(g)$	−395.7

Calores estándar de formación

🔑 *¿Cómo puedes calcular el calor de reacción cuando no se puede medir directamente?*

Los cambios de entalpía generalmente dependen de las condiciones del proceso. Para comparar los cambios de entalpía, los científicos especifican un conjunto común de condiciones. Estas condiciones, llamadas estado estándar, se refieren a la forma estable de una sustancia a 25 °C y 101.3 kPa. El **calor estándar de formación** (ΔH_f°) de un compuesto es el cambio de entalpía que acompaña a la formacón de un mol de un compuesto a partir de sus elementos con todas las sustancias en sus estados estándares. El ΔH_f° de un elemento libre en su estado estándar se fija arbitrariamente en cero. Por consiguiente, $\Delta H_f^\circ = 0$ kJ/mol para las moléculas diatómicas $H_2(g)$, $N_2(g)$, $O_2(g)$, $F_2(g)$, $Cl_2(g)$, $Br_2(l)$, e $I_2(s)$. De manera similar, $\Delta H_f^\circ = 0$ kJ/mol para la forma grafito del carbono $C(s,\ grafito)$. En la Tabla 17.4 hay una lista de los valores de ΔH_f° para algunas sustancias comunes.

Los calores estándar de formación proporcionan una alternativa a la ley de Hess en la determinación indirecta de los calores de reacción. 🔑 **Para una reacción que ocurre en condiciones estándar, puedes calcular el calor de reacción usando calores estándar de formación.** Tal cambio de entalpía se llama calor estándar de reacción (ΔH°). El calor estándar de reacción es la diferencia entre los calores estándar de formación de todos los reactantes y productos.

$$\Delta H^\circ = \Delta H_f^\circ \text{ (productos)} - \Delta H_f^\circ \text{ (reactantes)}$$

La Figura 17.16 es un diagrama de entalpía para la formación de agua a partir de sus elementos a condiciones estándar. La diferencia de entalpía entre los reactantes y los productos, −285.8 kJ/mol, es el calor estándar de formación de agua líquida a partir de los gases hidrógeno y oxígeno. Observa que el agua tiene una entalpía menor que los elementos de los cuales se forma.

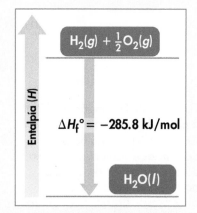

Figura 17.16 Calor estándar de formación del agua
Este diagrama de entalpía muestra el calor estándar de formación del agua.
Clasificar *¿Es la reacción endotérmica o exotérmica?*

Ejemplo de problema 17.8

Calcular el calor estándar de reacción

¿Cuál es el calor estándar de reacción ($\Delta H°$) para la reacción de $CO(g)$ con $O_2(g)$ para formar $CO_2(g)$?

1 Analizar Haz una lista de lo conocido y lo desconocido.
Balancea la ecuación de la reacción de $CO(g)$ con $O_2(g)$ para formar $CO_2(g)$. Después determina $\Delta H°$ usando los calores estándar de formación de los reactantes y los productos.

2 Calcular Resuelve para buscar lo desconocido.

CONOCIDO
(de la tabla 17.4)
$\Delta H_f°CO(g) = -110.5$ kJ/mol
$\Delta H_f°O_2(g) = 0$ kJ/mol (elemento libre)
$\Delta H_f°CO_2(g) = -393.5$ kJ/mol

DESCONOCIDO
$\Delta H° = ?$ kJ

Primero, escribe la ecuación balanceada.

$$2CO(g) + O_2(g) \longrightarrow 2CO_2(g)$$

Halla y suma $\Delta H_f°$ de todos los reactantes.

$$\Delta H_f°(\text{reactantes}) = 2 \text{ mol } CO(g) \times \Delta H_f°CO(g) + 1 \text{ mol } O_2(g) \times \Delta H_f°O_2(g)$$

$$= 2 \text{ mol } CO(g) \times \frac{-110.5 \text{ kJ}}{1 \text{ mol } CO(g)} + 1 \text{ mol } O_2(g) \times \frac{0 \text{ kJ}}{1 \text{ mol } O_2(g)}$$

$$= -221.0 \text{ kJ}$$

> Recuerda tener en cuenta el número de moles de cada reactante y cada producto.

Halla $\Delta H_f°$ del producto de forma similar.

$$\Delta H_f°(\text{productos}) = 2 \text{ mol } CO_2(g) \times \Delta H_f°CO_2(g)$$

$$= 2 \text{ mol } CO_2(g) \times \frac{-393.5 \text{ kJ}}{1 \text{ mol } CO_2(g)}$$

$$= -787.0 \text{ kJ}$$

Calcula $\Delta H°$ para la reacción.

$$\Delta H° = \Delta H_f°(\text{productos}) - \Delta H_f°(\text{reactantes})$$

$$= (-787.0 \text{ kJ}) - (-221.0 \text{ kJ})$$

$$= -566.0 \text{ kJ}$$

3 Evaluar ¿Tiene sentido el resultado? El $\Delta H°$ es negativo; por lo tanto, la reacción es exotérmica. Este resultado tiene sentido porque las reacciones de combustión siempre liberan calor.

35. Calcula $\Delta H°$ para la reacción siguiente:

$$Br_2(g) \longrightarrow Br_2(l)$$

> Recuerda, $Br_2(l)$ es un elemento libre.

36. ¿Cuál es el calor estándar de la reacción ($\Delta H°$) para la formación de $NO_2(g)$ a partir de $NO(g)$ y $O_2(g)$?

> Para hacer el Problema 36, primero escribe la ecuación balanceada de la reacción.

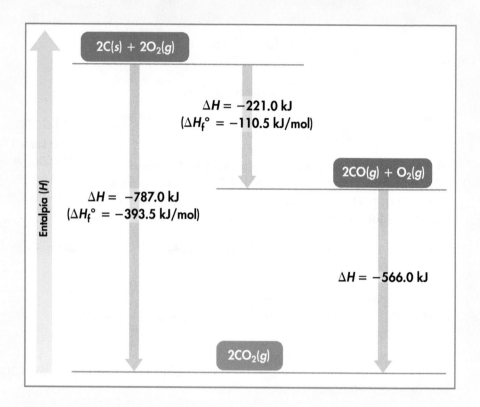

Figura 17.17 Reacción de monóxido de carbono y oxígeno
Los calores estándar de formación se usan para calcular el cambio de entalpía de la reacción de monóxido de carbono y oxígeno.
Explicar *¿Cómo es que este diagrama también demuestra la ley de Hess?*

La Figura 17.17 es un diagrama de entalpía que muestra cómo se calculó el calor estándar de reacción en el Ejemplo de problema 17.8.

$$2CO(g) + O_2(g) \longrightarrow 2CO_2(g)$$

El calor estándar de formación del producto $CO_2(g)$ es -393.5 kJ/mol. Los calores estándar de formación de los reactantes, $CO(g)$ y $O_2(g)$, son -110.5 kJ/mol y 0 kJ/mol respectivamente. El diagrama muestra la diferencia entre $\Delta H_f°$(producto) y $\Delta H_f°$(reactantes) después de tomar en cuenta el número de moles de cada uno.

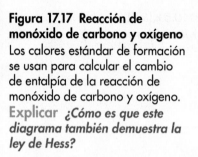

17.4 Comprobación de la lección

37. 🔑 **Describir** ¿Cuáles son dos maneras en las que se puede determinar el calor de reacción cuando no se puede medir directamente?

38. **Calcular** ¿Cuál es el cambio de entalpía (ΔH) en kJ para la reacción siguiente?

$$2Al(s) + Fe_2O_3(s) \longrightarrow 2Fe(s) + Al_2O_3(s)$$

Usa los cambios de entalpía para la combustión del aluminio y el hierro:

$$2Al(s) + \tfrac{3}{2}O_2(g) \longrightarrow Al_2O_3(s) \quad \Delta H = -1676.0 \text{ kJ}$$
$$2Fe(s) + \tfrac{3}{2}O_2(g) \longrightarrow Fe_2O_3(s) \quad \Delta H = -822.1 \text{ kJ}$$

39. **Explicar** ¿Cómo puedes calcular el calor estándar de la reacción?

40. **Calcular** ¿Cuál es el calor estándar de reacción ($\Delta H°$) para la descomposición del peróxido de hidrógeno?

$$2H_2O_2(l) \longrightarrow 2H_2O(l) + O_2(g)$$

GRANIDEA MATERIA Y ENERGÍA

41. Usa la ley de Hess y las dos ecuaciones termoquímicas de la página R34 para calcular ΔH de la reacción siguiente:

$$2H_2O(g) + CH_4(g) \longrightarrow CO_2(g) + 4H_2(g)$$

Laboratorio a escala

Calor de combustión de una vela

Una versión de investigación o sondeo para este laboratorio está disponible en el *Manual de laboratorio de instrumentos de investigación.*

Propósito

Observar quemarse una vela y calcular el calor asociado con la reacción de combustión

Materiales

- **regla** • **vela** • **papel aluminio**
- **báscula** • **cerillos de seguridad**

Procedimiento

1. Mide y registra la longitud de una vela en centímetros.

2. Coloca la vela sobre un pequeño pedazo de papel aluminio y mide la masa del sistema papel-vela.

3. Observa la hora a la que enciendes la vela. Deja que la vela se queme durante aproximadamente 5 minutos. **PRECAUCIÓN** *Mantén la ropa alejada de la flama.* Mientras que esperas, empieza a responder las preguntas de Analizar y concluir.

4. Apaga la vela y registra la hora.

5. Mide la masa del sistema papel-vela de nuevo. **NO** intentes medir la masa mientras la vela está encendida.

Analizar y concluir

1. Observar Mientras la vela se está quemando, haz un dibujo de lo que ves.

2. Observar Examina la flama de cerca. ¿Es la mecha o la cera lo que se quema?

3. Inferir Si dijiste que la cera, ¿cómo es que se quema la cera sin tocar la flama? Si dijiste que la mecha, ¿cuál es la función de la cera?

4. Analizar datos Si pudieras medir la temperatura cerca de la flama, encontrarías que el aire es mucho más caliente arriba de la flama que a un lado. ¿Por qué?

5. Sacar conclusiones ¿Cuánta longitud y masa perdió la vela? ¿Son estos datos más consistentes con la quema de la cera o de la mecha?

6. Inferir Teniendo en cuenta que *mecha* es también un verbo, explica cómo es que funciona la vela.

7. Describir La fórmula para la cera de la vela puede aproximarse a $C_{20}H_{42}$. Escribe una ecuación balanceada para completar la combustión de la cera de la vela.

8. Calcular Determina el número de moles de cera de vela quemados en el experimento.

9. Calcular ¿Cuál es el calor de combustión de la cera de la vela en kJ/mol? El calor estándar de formación de la cera de vela ($C_{20}H_{42}$) es -2230 kJ/mol. Los calores estándar de formación del gas dióxido de carbono y del agua líquida son -394 kJ/mol y -286 kJ/mol, respectivamente.

10. Calcular Determina la cantidad de calor (en kJ) liberado en tu reacción. (*Pista:* multiplica el número de moles de cera de vela quemada en el experimento por el calor de combustión de cera de vela.)

Tú eres el químico

1. Diseñar un experimento Diseña un experimento para mostrar que la cera de vela no se quema con la combustión completa.

2. Diseñar un experimento Diseña un experimento para mostrar que el agua es un producto de la combustión de una vela.

17 Guía de estudio

GRANIDEA MATERIA Y ENERGÍA

Durante un proceso químico o físico, la energía del universo se conserva. Si la energía es absorbida por el sistema en un proceso químico o físico, la misma cantidad de energía es liberada por el entorno. Por el contrario, si la energía es liberada por el sistema, la misma cantidad de energía es absorbida por el entorno. El calor de reacción o proceso puede determinarse experimentalmente a través de la calorimetría. El calor de la reacción también se puede calcular usando los calores conocidos de reacción de dos o más ecuaciones termoquímicas o usando los calores estándar de formación.

17.1 El flujo de energía

🔑 Los cambios de energía ocurren o como transferencia de calor o trabajo o como una combinación de ambos.

🔑 Durante cualquier proceso químico o físico, la energía del universo permanece sin cambios.

🔑 La capacidad calorífica de un objeto depende tanto de su masa como de su composición química.

- termoquímica (556)
- energía potencial química (556) • calor (556)
- sistema (557) • entorno (557)
- ley de conservación de la energía (557)
- proceso endotérmico (557)
- proceso exotérmico (557)
- capacidad calorífica (559) • calor específico (559)

Ecuación clave

$$C = \frac{q}{m \times \Delta T}$$

17.2 Medir y expresar cambios de entalpía

🔑 El valor de ΔH de una reacción se puede determinar midiendo el flujo de calor de la reacción a presión constante.

🔑 En una ecuación química, el cambio de entalpía para la reacción se puede escribir ya sea como un reactante o como un producto.

- calorimetría (562)
- calorímetro (562)
- entalpía (562)
- ecuación termoquímica (565)
- calor de reacción (565)
- calor de combustión (568)

Ecuación clave

$$q_{\text{sis}} = \Delta H = -q_{\text{ent}} = -m \times C \times \Delta T$$

17.3 Calor en cambios de estado

🔑 La cantidad de calor absorbido por un sólido que se funde es exactamente la misma que la cantidad de calor liberado cuando el líquido se solidifica; es decir, $\Delta H_{\text{fus}} = -\Delta H_{\text{sólido}}$.

🔑 La cantidad de calor absorbido por un líquido que se vaporiza es exactamente la misma cantidad de calor liberado cuando el vapor se condensa; es decir, $\Delta H_{\text{vap}} = -\Delta H_{\text{cond}}$.

🔑 Durante la formación de una solución, el calor es absorbido o liberado.

- calor molar de fusión (569)
- calor molar de solidificación (569)
- calor molar de vaporización (571)
- calor molar de condensación (572)
- calor molar de solución (574)

17.4 Calcular los calores de reacción

🔑 La ley de Hess te permite determinar el calor de reacción indirectamente usando los calores conocidos de reacción de dos o más ecuaciones termoquímicas.

🔑 Para una reacción que ocurre en condiciones estándar, puedes calcular el calor de reacción usando calores estándar de formación.

- ley de Hess de la suma de los calores (578)
- calor estándar de formación (580)

Ecuación clave

$$\Delta H° = \Delta H_{\text{f}}°(\text{productos}) - \Delta H_{\text{f}}°(\text{reactantes})$$

Afinar las matemáticas: Calcular cambios de entalpía

Problema	❶ Analizar	❷ Calcular	❸ Evaluar
Cuando 75.0 mL de agua que contiene 0.100 mol HCl a 21.0 °C se añaden a 75.0 mL de agua que contiene 0.100 mol NaOH a 21 °C en un calorímetro de vaso desechable, la temperatura de la solución aumenta a 29.6 °C. Calcula el cambio de entalpía (en kJ) durante esta reacción.	**Conocido:** $C_{agua} = 4.18$ J/(g·°C) $V_{final} = V_{HCl} + V_{NaOH}$ $= 75.0$ mL $+ 75.0$ mL $= 150.0$ mL $\Delta T = T_f - T_i$ $= 29.6$ °C $- 21.0$ °C $= 8.6$ °C densidad$_{solución} = 1.00$ g/mL **Desconocido:** $\Delta H = ?$ kJ Usa $\Delta H = -q_{surr}$ $= -m \times C \times \Delta T$	Calcula la masa del agua. $$m_{agua} = 150.0 \text{ mL} \times \frac{1.00 \text{ g}}{1 \text{ mL}}$$ $= 150.0$ g Usa los valores para m_{agua}, C_{agua}, y ΔT para calcular ΔH. $\Delta H = -(150.0$ g$)(4.18$ J/(g·°C$))$ $\times (8.6$ °C$)$ $= -5400$ J $\Delta H = -5.4$ kJ	Aproximadamente 4 J de calor elevan la temperatura de 1 g de agua 1 °C, por lo tanto, se requieren 600 J de calor para elevar la temperatura de 150 g de agua 1 °C. Para calentar 150 g de agua 9 °C se requieren aproximadamente 5400 J o 5.4 kJ.
		Nota: Para las reacciones en soluciones acuosas, puedes suponer que las densidades de las soluciones son 1.00 g/mL.	
¿Cuánto calor es absorbido cuando 54.9 g $H_2O(l)$ a 100 °C y 101.3 kPa se convierten a $H_2O(g)$ a 100 °C?	**Conocido:** Las condiciones inicial y final son 100 °C y 101.3 kPa masa de agua líquida convertida en vapor $= 54.9$ g $\Delta H_{vap} = 40.7$ kJ/mol **Desconocido:** $\Delta H = ?$ kJ Consulta la ecuación termoquímica $H_2O(l) + 40.7$ kJ $\longrightarrow$ $H_2O(g)$	Los factores de conversión requeridos provienen de la masa molar de agua y de ΔH_{vap}. $$\frac{1 \text{ mol } H_2O(l)}{18.0 \text{ g } H_2O(l)} \text{ y } \frac{40.7 \text{ kJ}}{1 \text{ mol } H_2O(l)}$$ Multiplica la masa del agua por los factores de conversión. $\Delta H = 54.9$ g $H_2O(l) \times \dfrac{1 \text{ mol } H_2O(l)}{18.0 \text{ g } H_2O(l)}$ $\times \dfrac{40.7 \text{ kJ}}{1 \text{ mol } H_2O(l)}$ $\Delta H = 124$ kJ	Sabiendo que la masa molar de agua es de 18.0 g/mol, 54.9 g $H_2O(l)$ son aproximadamente 3 mol H_2O. El cambio de entalpía calculado debería ser de aproximadamente 3 mol $\times$ 40 kJ/mol $=$ 120 kJ, y así es.
¿Cuál es el calor estándar de reacción ($\Delta H°$) para la reacción de $SO_2(g)$ con $O_2(g)$ para formar $SO_3(g)$?	**Conocido:** (de la Tabla 17.4) $\Delta H_f°SO_2(g) = -296.8$ kJ/mol $\Delta H_f°O_2(g) = 0$ kJ/mol $\Delta H_f°SO_3(g) = -395.7$ kJ/mol **Desconocido:** $\Delta H° = ?$ kJ Usa los calores estándar de formación de los reactantes y productos para calcular $\Delta H°$. $\Delta H° = \Delta H_f°$(productos) $-$ $\Delta H_f°$(reactantes)	Escribe la ecuación balanceada. $2SO_2(g) + O_2(g) \longrightarrow 2SO_3(g)$ Halla $\Delta H_f°$ de los reactantes. $\Delta H_f°$(reactantes) $= 2$ mol $SO_2(g) \times$ $\dfrac{-296.8 \text{ kJ}}{1 \text{ mol } SO_2(g)} + 0$ kJ $= -593.6$ kJ Halla $\Delta H_f°$ del producto. $\Delta H_f°$(producto) $= 2$ mol $SO_3(g) \times$ $\dfrac{-395.7 \text{ kJ}}{1 \text{ mol } SO_3(g)} = -791.4$ kJ Calcula $\Delta H°$ para la reacción. $\Delta H° = (-791.4$ kJ$) - (-593.6$ kJ$)$ $\Delta H° = -197.8$ kJ	El $\Delta H°$ es negativo, por lo tanto, la reacción es exotérmica. Esto tiene sentido porque las reacciones de combustión siempre liberan calor. *Recuerda: El $\Delta H_f°$ de un elemento libre en su estado estándar es 0.*

Lección por lección

17.1 El flujo de energía

42. Define *energía potencial química*.

43. ¿Qué sucede siempre cuando dos objetos de temperaturas diferentes entran en contacto? Da un ejemplo a partir de tu propia experiencia.

44. ¿Por qué crees que es importante definir el sistema y su entorno?

45. Explica en tus propias palabras de ley de conservación de la energía.

46. ¿En qué se diferencian los procesos endotérmicos de los procesos exotérmicos?

∗ **47.** Dos sustancias en un matraz de cristal reaccionan químicamente y el matraz de vuelve muy caliente al tacto.

    a. ¿Es la reacción endotérmica o exotérmica?
    b. Si las dos sustancias se definen como el sistema, ¿qué constituye el entorno?

∗ **48.** Clasifica estos procesos como endotérmico o exotérmico.

    a. vapor que se condensa
    b. alcohol que se evapora
    c. alcohol que se quema
    d. papa que se hornea

49. Describe la convención de signo que se usa cuando se describe el flujo de calor en un sistema.

50. ¿Cuál es la relación entre una caloría y una Caloría?

∗ **51.** Haz las conversiones siguientes.

    a. 8.50×10^2 cal a Calorías
    b. 444 cal a julios
    c. 1.8 kJ a julios
    d. 4.5×10^{-1} kJ a calorías

52. ¿Qué factores determinan la capacidad calorífica de un objeto?

∗ **53.** ¿Cuánto calor se requiere para elevar la temperatura de 400.0 g de plata 45 °C?

17.2 Medir y expresar cambios de entalpía

54. ¿En qué conceptos básicos se basa la calorimetría?

55. ¿Cuál es la función de un calorímetro?

56. ¿Cuál es la propiedad que describe el cambio de calor a presión constante?

57. ¿Qué instrumento usarías para medir el calor liberado a volumen constante?

58. ¿Qué información está dada en una ecuación termoquímica?

∗ **59.** La quema de magnesio es una reacción altamente exotérmica.

$$2Mg(s) + O_2(g) \longrightarrow 2MgO(s) + 1204 \text{ kJ}$$

¿Cuántos kilojulios de calor se liberan cuando 0.75 mol de Mg se queman en un exceso de O_2?

60. Da las condiciones estándar para el calor de combustión.

17.3 Calor en cambios de estado

61. Explica por qué el hielo se funde a 0 °C sin un aumento en la temperatura, incluso cuando el calor fluye del entorno al sistema (el hielo).

∗ **62.** Calcula la cantidad de calor ganado o perdido en los cambios siguientes:

    a. 3.5 moles de agua se congelan a 0 °C
    b. 0.44 moles de vapor se condensan a 100 °C
    c. 1.25 moles de NaOH(*s*) se disuelven en agua
    d. 0.15 moles de $C_2H_6O(l)$ se vaporizan a 78.3 °C

63. El etanoato de sodio se disuelve de inmediato en agua de acuerdo con la ecuación siguiente:

$$NaC_2H_3O_2(s) \longrightarrow NaC_2H_3O_2(aq)$$

$$\Delta H = -17.3 \text{ kJ/mol}$$

¿Este proceso aumentará o disminuirá la temperatura del agua?

17.4 Calcular los calores de reacción

64. Explica la ley de Hess de la suma de los calores.

∗ **65.** Una cantidad considerable de calor se requiere para la descomposición de óxido de aluminio.

$$2Al_2O_3(s) \longrightarrow 4Al(s) + 3O_2(g)$$

$$\Delta H = 3352 \text{ kJ}$$

    a. ¿Cuál es el cambio de entalpía para la formación de 1 mol de óxido de aluminio a partir de sus elementos?
    b. ¿Es la reacción endotérmica o exotérmica?

66. Calcula el cambio de entalpía para la formación de cloruro de plomo(IV) mediante la reacción de cloruro de plomo(II) con cloro.

$$PbCl_2(s) + Cl_2(g) \longrightarrow PbCl_4(l)$$

$$\Delta H = ?$$

Usa las siguientes ecuaciones termoquímicas:

$$Pb(s) + 2Cl_2(g) \longrightarrow PbCl_4(l)$$

$$\Delta H = -329.2 \text{ kJ}$$

$$Pb(s) + Cl_2(g) \longrightarrow PbCl_2(s)$$

$$\Delta H = -359.4 \text{ kJ}$$

67. ¿Cuál es el calor estándar de formación de un compuesto?

68. ¿Cuál es el calor estándar de formación de un elemento libre en su estado estándar?

Entender conceptos

69. ¿Cuántos kilojulios de calor son absorbidos cuando 1.00 L de agua se calienta de 18 °C a 85 °C?

70. Las masas iguales de dos sustancias absorben la misma cantidad de calor. La temperatura de la sustancia A aumenta el doble que la temperatura de la sustancia B. ¿Qué sustancia tiene el calor específico más alto? Explica.

71. Identifica cada cambio de entalpía por nombre y clasifica cada cambio como endotérmico o exotérmico.

a. $1 \text{ mol } C_3H_8(l) \longrightarrow 1 \text{ mol } C_3H_8(g)$
b. $1 \text{ mol } Hg(l) \longrightarrow 1 \text{ mol } Hg(s)$
c. $1 \text{ mol } NH_3(g) \longrightarrow 1 \text{ mol } NH_3(l)$
d. $1 \text{ mol } NaCl(s) + 3.88 \text{ kJ} \longrightarrow$
$$1 \text{ mol } NaCl(aq)$$
e. $1 \text{ mol } NaCl(s) \longrightarrow 1 \text{ mol } NaCl(l)$

72. Nombra al menos tres fuentes de error en los experimentos que usan vasos desechables como calorímetros.

73. Calcula el cambio de entalpía en calorías cuando 45.2 g de vapor a 100 °C se condensan en agua a la misma temperatura. ¿Cuál es el cambio de entalpía en julios?

74. Un pedazo de 1.55 g de acero inoxidable absorbe 141 J de calor cuando su temperatura aumenta 178 °C. ¿Cuál es el calor específico del acero inoxidable?

75. Con una excepción, los calores estándar de formación de Na(s), $O_2(g)$, $Br_2(l)$, CO(g), Fe(s) y He(g) son idénticos. ¿Cuál es la excepción?

76. Calcula el cambio en entalpía (en kJ) para las reacciones siguientes usando calores estándar de formación ($\Delta H_f°$):

a. $CH_4(g) + \frac{3}{2}O_2(g) \longrightarrow CO(g) + 2H_2O(l)$
b. $2CO(g) + O_2(g) \longrightarrow 2CO_2(g)$

77. Las cantidades de calor requerido para cambiar cantidades diferentes de tetracloruro de carbono, $CCl_4(l)$, en vapor se dan en la tabla.

Masa de CCl_4 (g)	Calor	
	(J)	(cal)
2.90	652	156
7.50	1689	404
17.0	3825	915
26.2	5894	1410
39.8	8945	2140
51.0	11453	2740

a. Grafica los datos usando el calor como la variable dependiente.
b. ¿Cuál es la pendiente de la recta?
c. El calor de vaporización de $CCl_4(l)$ es de 53.8 cal/g. ¿Cómo se compara este valor con la pendiente de la recta?

78. Halla el cambio de entalpía para la formación de pentacloruro de fósforo a partir de sus elementos.

$$2P(s) + 5Cl_2(g) \longrightarrow 2PCl_5(s)$$

Usa las siguientes ecuaciones termoquímicas:

$$PCl_5(s) \longrightarrow PCl_3(g) + Cl_2(g)$$

$$\Delta H = 156.5 \text{ kJ}$$

$$2P(s) + 3Cl_2(g) \longrightarrow 2PCl_3(g)$$

$$\Delta H = -574.0 \text{ kJ}$$

79. Usa los calores estándar de formación ($\Delta H_f°$) para calcular el cambio en la entalpía de estas reacciones.

a. $2C(s, \text{grafito}) + O_2(g) \longrightarrow 2CO(g)$
b. $2H_2O_2(l) \longrightarrow 2H_2O(l) + O_2(g)$
c. $4NH_3(g) + 5O_2(g) \longrightarrow$
$$4NO(g) + 6H_2O(g)$$
d. $CaCO_3(s) \longrightarrow CaO(s) + CO_2(g)$

80. El calor molar de vaporización del etanol, $C_2H_6O(l)$, es de 38.6 kJ/mol. Calcula el calor requerido para vaporizar 25.0 g de etanol en su punto de ebullición.

81. Una naranja contiene 106 Calorías. ¿Qué masa de agua podría, esta misma cantidad de energía, elevarse de 25 °C al punto de ebullición?

82. La combustión del eteno (C_2H_4) es una reacción exotérmica.

$$C_2H_4(g) + 3O_2(g) \longrightarrow 2CO_2(g) + 2H_2O(l)$$

$$\Delta H = -1.40 \times 10^3 \text{ kJ}$$

Calcula la cantidad de calor liberado cuando 4.79 g C_2H_4 reaccionan con oxígeno en exceso.

83. Calcula el cambio de entalpía (ΔH) para la formación de monóxido de nitrógeno a partir de sus elementos.

$$N_2(g) + O_2(g) \longrightarrow 2NO(g)$$

Usa las siguientes ecuaciones termoquímicas.

$$4NH_3(g) + 3O_2(g) \longrightarrow 2N_2(g) + 6H_2O(l)$$

$$\Delta H = -1.53 \times 10^3 \text{ kJ}$$

$$4NH_3(g) + 5O_2(g) \longrightarrow 4NO(g) + 6H_2O(l)$$

$$\Delta H = -1.17 \times 10^3 \text{ kJ}$$

84. ¿Cuánto calor debe eliminarse de una 45.0-g muestra de naftalina líquida ($C_{10}H_8$) en su punto de congelación para provocar solidificación? El calor de fusión de la naftalina es 19.1 kJ/mol.

85. Si 3.20 kcal de calor se añaden a 1.00 kg de hielo a 0 °C, ¿cuánto líquido a 0 °C es producido y cuánto hielo queda?

Piensa de manera crítica

86. **Relacionar causa y efecto** Tus dedos rápidamente empiezan a sentirse fríos cuando tocas un cubo de hielo. ¿Qué principio termoquímico ilustra este cambio?

87. **Calcular** Colocas una botella que contiene 2.0 L de agua mineral a 25 °C en un refrigerador para enfriarla a 7 °C.

a. ¿Cuántos kJ de calor se pierden por el agua?
b. ¿Cuántos kJ de calor se absorben por el refrigerador?
c. ¿Qué supuestos tuviste en tus cálculos?

88. **Evaluar** Considera el enunciado, "cuanto más negativo es el valor de $\Delta H_f°$, más estable es el compuesto". ¿Es este enunciado verdadero o falso? Explica.

89. **Calcular** Cuando 1.000 moles de $N_2(g)$ reaccionan por completo con 3.000 moles de $H_2(g)$, se producen 2.000 moles de $NH_3(g)$ y 92.38 kJ de calor.

$$N_2(g) + 3H_2(g) \longrightarrow 2NH_3(g) + 92.38 \text{ kJ}$$

Usa esta ecuación termoquímica para calcular ΔH para las reacciones siguientes:

a. $2N_2(g) + 6H_2(g) \longrightarrow 4NH_3(g)$
b. $\frac{3}{2}N_2(g) + \frac{9}{2}H_2(g) \longrightarrow 3NH_3(g)$
c. $\frac{1}{2}N_2(g) + \frac{3}{2}H_2(g) \longrightarrow NH_3(g)$

90. **Explicar** ¿Por qué la fusión es un proceso endotérmico pero el congelamiento es un proceso exotérmico?

91. **Calcular** Un cubo de hielo con una masa de 40.0 g se funde en agua originalmente a 25.0 °C.

a. ¿Cuánto calor absorbe el cubo de hielo del agua cuando se funde? Reporta tu respuesta en calorías, kilocalorías y julios.
b. Calcula el número de gramos de agua que se pueden enfriar a 0 °C mediante el cubo de hielo que se funde.

92. **Evaluar y revisar** Evalúa este enunciado: "el contenido de energía de una sustancia es más alto en la fase líquida que en la fase de vapor a la misma temperatura". Si el enunciado es incorrecto, vuelve a enunciarlo de manera que sea correcto.

93. **Aplicar conceptos** Usando las ecuaciones siguientes,

$$Ca(s) + 2C(s) \longrightarrow CaC_2(s)$$

$$\Delta H = -62.8 \text{ kJ}$$

$$CO_2(g) \longrightarrow C(s) + O_2(g)$$

$$\Delta H = 393.5 \text{ kJ}$$

$$CaCO_3(s) + CO_2(g) \longrightarrow CaC_2(s) + \frac{5}{2}O_2(g)$$

$$\Delta H = 1538 \text{ kJ}$$

determina el calor de reacción (en kJ) para

$$Ca(s) + C(s) + \frac{3}{2}O_2(g) \longrightarrow CaCO_3(s)$$

94. **Calcular** La glucosa del azúcar ($C_6H_{12}O_6$) es un nutriente importante para que los organismos vivos satisfagan sus necesidades de energía. El calor estándar de formación ($\Delta H_f°$) de la glucosa es -1260 kJ/mol. Calcula cuánto calor (en kJ/mol) se libera en condiciones estándar si 1 mol de glucosa experimenta la reacción siguiente:

$$C_6H_{12}O_6(s) + 6O_2(g) \longrightarrow$$
$$6CO_2(g) + 6H_2O(l)$$

95. Calcular El etano, $C_2H_6(g)$, se puede formar por la reacciòn del eteno, $C_2H_4(g)$, con el gas hidrògeno.

$$C_2H_4(g) + H_2(g) \longrightarrow C_2H_6(g)$$

Usa los calores de combustión de las reacciones siguientes para calcular el cambio de calor de la formación de etano a partir de eteno e hidrógeno.

$$2H_2(g) + O_2(g) \longrightarrow 2H_2O(l)$$

$$\Delta H = -5.72 \times 10^2 \text{ kJ}$$

$$C_2H_4(g) + 3O_2(g) \longrightarrow 2CO_2(g) + 2H_2O(l)$$

$$\Delta H = -1.401 \times 10^3 \text{ kJ}$$

$$2C_2H_6(g) + 7O_2(g) \longrightarrow 4CO_2(g) + 6H_2O(l)$$

$$\Delta H = -3.100 \times 10^3 \text{ kJ}$$

96. Inferir Un cubo de hielo a 0 °C se dejó caer en 30.0 de agua en una taza a 45 °C. En ese instante todo el hielo se derritió, la temperatura del agua era de 19.5 °C. ¿Cuál era la masa del cubo de hielo?

★ 97. Calcular Un pedazo de cristal a 95 °C se coloca en 175 g de agua a 21 °C en un contenedor aislado. Se les permite llegar a la misma temperatura. ¿Cuál es la temperatura final de la mezcla de cristal-agua? El calor específico del cristal es de 2.1 cal/(g·°C).

98. Interpretar gráficas El calor molar de vaporización del agua a varias temperaturas está dado en la gráfica. Calcula la cantidad de calor requerido para convertir 1 L de agua en vapor en la cima del Monte Everest (8850 m), donde la temperatura de ebullición del agua es de 70 °C.

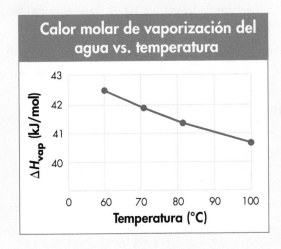

Calor molar de vaporización del agua vs. temperatura

(y-eje: ΔH_{vap} (kJ/mol); x-eje: Temperatura (°C))

99. Explicar Usa el concepto de capacidad calorìfica para explicar por qué durante un dìa soleado. el patio de concreto alrededor de una piscina se hace caliente mientras que el agua permanece fría.

100. Comparar ¿Por qué una quemadura de vapor es potencialmente mucho más seria que una quemadura con agua muy caliente?

MISTERIOQUÍMICO

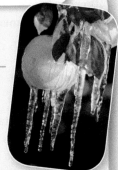

Combatiendo la congelación

Si la temperatura de las ramas, hojas y fruta del árbol cítrico baja a menos de 0 °C, puede ocurrir un daño severo. Cuando los cristales de hielo se forman en las células de las plantas, el agua se vuelve inexistente en los tejidos de la planta. Esta falta de fluidos puede matar a un árbol joven. La fruta por sí misma también puede dañarse con el congelamiento. Las vesículas del jugo dentro de la fruta se romen conforme se forman los cristales de hielo dentro de ella. Estas vesículas rotas ocasionan que la fruta pierda agua y se seque. Bajo una inminente helada, si la fruta no está lista para cosechar, los productores de cítricos deben hallar una manera de proteger sus preciosos cultivos.

El rociar sus cultivos con agua durante lo que dure una helada es una manera eficaz para prevenir que se congelen los árboles y la fruta. El agua se congela directamente sobre las ramas, hojas y fruta. El congelamiento es un proceso exotérmico. Conforme el agua se congela, libera calor y previene que las células de las plantas alcancen temperaturas de congelación.

101. Aplicar conceptos Identifica el sistema y el entorno cuando el agua se congela en una fruta cítrica.

★ 102. Predecir La evaporación del agua en la superficie de una planta puede ocurrir en condiciones secas y con viento. ¿Cómo afectaría esto al árbol cítrico y su fruto?

103. Conexión con la GRANIDEA Explica, en términos de la ley de conservación de la energía, por qué la congelación del agua en un árbol de cítricos puede ocasionar que la temperatura del árbol aumente.

104. Explica la diferencia entre una variable independiente y una variable dependiente.

105. Escribe el símbolo químico correcto para cada elemento.

   a. cromo
   b. cobre
   c. carbono
   d. calcio
   e. cesio

＊**106.** Expresa los resultados de los cálculos siguientes con el número correcto de cifras significativas.

   a. 6.723 m × 1.04 m
   b. 8.934 g + 0.2005 g + 1.55 g
   c. 864 m ÷ 2.4 s
   d. 9.258 °C − 4.82 °C

107. Haz una lista con los tres tipos de partículas subatómicas en un átomo. Describe cada tipo en términos de carga, masa relativa y ubicación con respecto al núcleo.

＊**108.** Calcula la longitud de onda de una onda de radio con una frecuencia de $93.1 \times 10^6 \text{ s}^{-1}$.

109. Haz una lista con los átomos siguientes en orden creciente de radio atómico: fósforo, germanio, arsénico.

110. ¿Cuántos iones de cloruro se requerirían para reaccionar con estos cationes para hacer una partícula eléctricamente neutra?

   a. catión de estroncio
   b. catión de calcio
   c. catión de aluminio
   d. catión de litio

111. ¿En qué se diferencia un enlace covalente polar de un enlace covalente no polar? ¿Qué tipo de enlace se encuentra en el oxígeno molecular (O_2)? ¿En el monóxido de carbono (CO)?

＊**112.** Escribe fórmulas para los compuestos siguientes:

   a. nitruro de potasio
   b. sulfuro de aluminio
   c. nitrato de calcio
   d. sulfato de calcio

＊**113.** ¿Cuántas moléculas de hidrógeno hay en 44.8 L $H_2(g)$ a TPE?

114. Escribe la ecuación iónica neta de la reacción de soluciones acuosas de cloruro de sodio y acetato de plata.

＊**115.** Cuando se iluminan los rayos, el nitrógeno y oxígeno se combinan para formar monóxido de nitrógeno. El monóxido de nitrógeno reacciona con el oxígeno para formar dióxido de nitrógeno. Escribe ecuaciones para estas dos reacciones.

116. ¿Cuántos gramos de oxígeno se forman por la descomposición de 25.0 g de peróxido de hidrógeno?

$$2H_2O_2(l) \longrightarrow 2H_2O(l) + O_2(g)$$

117. ¿Qué fracción de la energía cinética promedio del gas hidrógeno a 100 K tiene el gas hidrógeno a 40K?

＊**118.** Un gas tiene un volumen de 8.57 L a 5273 K. ¿Cuál será el volumen a 355 K si su presión no cambia?

119. ¿Qué propiedad del agua hace imposible hallar agua pura en la naturaleza?

120. ¿Contienen los coloides, suspensiones o soluciones las partículas más pequeñas? ¿Qué contiene las partículas más grandes?

Si tienes problemas con . . .

Pregunta	104	105	106	107	108	109	110	111	112	113	114	115	116	117	118	119	120
Ver el capítulo	1	2	3	4	5	6	7	8	9	10	11	11	12	13	14	15	15

Preparación para los exámenes estandarizados

Selecciona la opción que responda mejor cada pregunta o que complete cada enunciado.

1. El ΔH_{fus} del etanol (C_2H_6O) es 4.93 kJ/mol. ¿Cuántos kilojulios se requieren para fundir 24.5 g de etanol en su punto de congelación?

(A) 2.63 kJ   (C) 9.27 kJ
(B) 4.97 kJ   (D) 263 kJ

2. ¿Cuánto calor, en kilojulios, deben añadirse a 178 g de agua líquida para aumentar la temperatura del agua 5.0 °C?

(A) 890 kJ   (C) 3.7 kJ
(B) 36 kJ   (D) 0.093 kJ

3. El calor estándar de la formación de un elemento libre en su estado estándar siempre es

(A) cero.
(B) positivo.
(C) negativo.
(D) más alto para los sólidos que para los gases.

4. Si ΔH para la reacción $2HgO(s) \longrightarrow 2Hg(l) + O_2(g)$ es 181.66 kJ, entonces ΔH para la reacción $Hg(l) + \frac{1}{2}O_2(g) \longrightarrow HgO(s)$ es

(A) 90.83 kJ.   (C) −90.83 kJ.
(B) 181.66 kJ.   (D) −181.66 kJ.

5. La capacidad calorífica específica del etanol es diez veces más grande que la capacidad calorífica específica de la plata. Una barra caliente de plata con una masa de 55 g se deja caer en una masa igual de alcohol frío. Si la temperatura de la barra de plata cae a 45 °C, la temperatura del alcohol

(A) aumenta 45 °C.
(B) disminuye 4.5 °C.
(C) aumenta 4.5 °C.
(D) disminuye 45 °C.

6. El gas hidrógeno y el gas flúor reaccionan para formar fluoruro de hidrógeno, HF. Calcula el cambio de entalpía (en kJ) para la conversión de 15.0 g de $H_2(g)$ a $HF(g)$ a presión constante.

$$H_2(g) + F_2(g) \longrightarrow 2HF(g)$$
$$\Delta H = -536 \text{ kJ}$$

Usa la gráfica y la tabla para responder las preguntas 7 a 10. Supón 1.00 moles de cada sustancia.

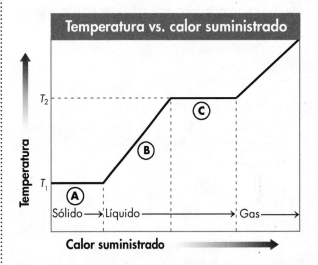

Sustancia	Punto de congelación (K)	ΔH_{fus} (kJ/mol)	Punto de ebullición (K)	ΔH_{vap} (kJ/mol)
Amoníaco	195.3	5.66	239.7	23.3
Benceno	278.7	9.87	353.3	30.8
Metanol	175.5	3.22	337.2	35.2
Neón	24.5	0.33	27.1	1.76

7. Calcula el calor absorbido en la región A para el neón.

8. Calcula el calor absorbido en la región C para el amoníaco.

9. Calcula el calor absorbido en las regiones B y C para el metanol. [calor específico = 2.53 J/(g·°C)]

10. Calcula el calor absorbido en las regiones A, B y C para el benceno. [calor específico = 1.74 J/(g·°C)]

Si tienes problemas con . . .										
Pregunta	1	2	3	4	5	6	7	8	9	10
Ver la lección	17.3	17.1	17.4	17.4	17.1	17.2	17.3	17.3	17.3	17.3

18

Tasas de reacción y equilibrio

Si la tasa a la que los vehículos entran a la ciudad es igual a la tasa con la que salen de la ciudad, el número de vehículos en la ciudad es constante. Esta situación representa un sistema en un estado de equilibrio. De manera similar, las reacciones químicas también pueden alcanzar un estado de equilibrio.

EN EL INTERIOR:

PearsonChem.com

GRANIDEA

- ## REACCIONES
- ## MATERIA Y ENERGÍA

Preguntas esenciales:

1. *¿Cómo se puede controlar la tasa de una reacción química?*

2. *¿Cuál es la función de la energía en las reacciones químicas?*

3. *¿Por qué algunas reacciones ocurren naturalmente y otras no?*

MISTERIOQUÍMICO

Azúcar explosiva

En un ingenio azucarero, el azúcar se procesa hasta que es lo suficientemente pura como para venderla a los consumidores. Cintas transportadoras conectan grandes silos de almacenamiento con la bodega de empacado. En febrero de 2008, los trabajadores de una refinería en Georgia escucharon una pequeña explosión. El sonido provino del lugar en donde las cintas transportadoras entraban a la bodega.

Cinco minutos después, ocurrió una explosión mucho más grande que destruyó la bodega. El fuego se propagó a los silos de almacenamiento. Trece trabajadores murieron y docenas más resultaron heridos. Les tomó cuatro días a los 232 bomberos extinguir el fuego en la bodega. El fuego en los silos les llevó extinguirlo unos pocos días más.

¿Cómo es que la primera explosión condujo a la segunda explosión más destructiva?

▶ Conexión con la **GRAN**IDEA
A medida que lees sobre las tasas de reacción, piensa acerca de lo que podría ocasionar una explosión en un ingenio azucarero.

18.1 Tasas de reacción

LA QUÍMICA Y TÚ

P: *¿Cómo se puede usar el óxido para preparar una comida?* A veces un soldado o explorador desea una comida caliente pero no tiene un lugar en dónde prepararla. Normalmente, el óxido tiene lugar a tan baja velocidad que el calor liberado no podría usarse para cocinar. Sin embargo, hay productos que usan el óxido como una aleación de hierro y magnesio para calentar comida empacada. Estos productos se conocen como *Meals Ready to Eat*, o MRE en forma abreviada.

Preguntas clave

🔑 *¿Cómo se expresa la tasa de una reacción química?*

🔑 *¿Cuáles cuatro factores influyen en la tasa de una reacción química?*

Vocabulario

- tasa
- teoría de colisión
- energía de activación
- complejo activado
- inhibidor

Describir tasas de reacción

🔑 *¿Cómo se expresa la tasa de una reacción química?*

Cuando enciendes un cerillo, sale una flama casi instantáneamente y se quema rápido. Otras reacciones ocurren más lento. Por ejemplo, se requirieron millones de años para que las plantas enterradas debajo de la superficie de la Tierra se convirtieran en carbón. Estos ejemplos muestran que la velocidad de las reacciones químicas puede variar desde muy rápido hasta extremadamente lento.

El concepto de velocidad es familiar. En una carrera, la velocidad determina al ganador. Los nadadores de la Figura 18.1 compiten en una carrera de 100 metros. (La alberca tiene 25 metros de largo, así que deben nadar cuatro vueltas a la alberca para terminar la carrera). Un nadador de clase mundial podría terminar la carrera en 54.5 segundos. Su velocidad promedio puede calcularse usando la ecuación siguiente:

$$\text{Velocidad promedio (m/s)} = \frac{\text{Distancia (m)}}{\text{Tiempo (s)}}$$

La velocidad promedio del nadador, que se expresa en metros por segundo, es de 100 m/54.5 s = 1.83 m/s. Un nadador más lento podría tomarse 60.0 segundos para cubrir la misma distancia. Nada a una velocidad promedio de 1.67 m/s. Tanto 1.83 m/s como 1.67 m/s expresan velocidades de recorrido.

Figura 18.1 Velocidad
La velocidad es un cambio en la distancia sobre un intervalo dado de tiempo. La velocidad promedio de un nadador se puede expresar en unidades de m/s.

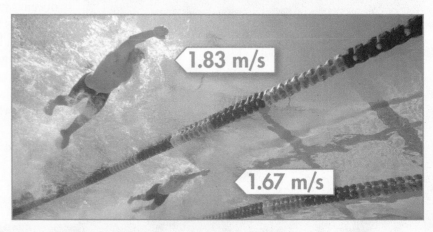

1.83 m/s

1.67 m/s

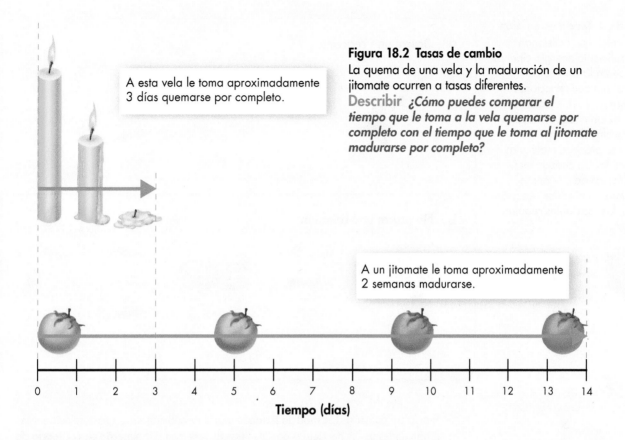

Figura 18.2 Tasas de cambio
La quema de una vela y la maduración de un jitomate ocurren a tasas diferentes.
Describir ¿Cómo puedes comparar el tiempo que le toma a la vela quemarse por completo con el tiempo que le toma al jitomate madurarse por completo?

A esta vela le toma aproximadamente 3 días quemarse por completo.

A un jitomate le toma aproximadamente 2 semanas madurarse.

Tiempo (días)

Tasas de cambio La velocidad es un ejemplo de una tasa. Una **tasa** es una medida de qué tanto cambia algo dentro de una cantidad de tiempo específica. El intervalo de tiempo puede variar desde menos de un segundo hasta siglos. La Figura 18.2 compara la tasa de dos cambios: la quema de una vela y la maduración de un jitomate.

 En química, la tasa de una reacción química, o la velocidad de reacción, generalmente se expresa como el cambio en la cantidad de reactante o producto por la unidad tiempo. La cantidad de un reactante por lo general se expresa en moles. Por ejemplo, si una mitad de un pedazo de hierro de 1 mol se oxida en un año, la tasa a la que el hierro se oxida puede expresarse como 0.5 mol/año. Este número es una tasa promedio. La Figura 18.3 ilustra el progreso de una reacción típica. Con el tiempo, la cantidad de reactante disminuye y la cantidad de producto aumenta.

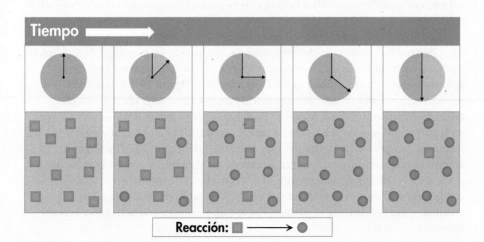

Reacción: ■ ⟶ ●

Figura 18.3 Progreso de reacción
Durante una reacción, los reactantes se convierten en productos. Los cuadros rojos representan a los reactantes. Los círculos azules representan a los productos. Supón que cada caja representa el mismo intervalo de tiempo.
Interpretar diagramas ¿Es la tasa de conversión del reactante en producto constante a lo largo de la reacción? ¿Cómo lo sabes?

Figura 18.4 Teoría de colisión
Si partículas que colisionan
tienen suficiente energía cinética
y chocan en la orientación
correcta, pueden reaccionar
para formar un producto
nuevo. **a.** Un choque eficaz
de moléculas de oxígeno e
hidrógeno produce moléculas
de agua. **b.** Un choque ineficaz
de moléculas de oxígeno e
hidrógeno no produce reacción
alguna; los reactantes rebotan
sin cambios.

*Conéctate en línea
animada para ver
teoría de colisión.*

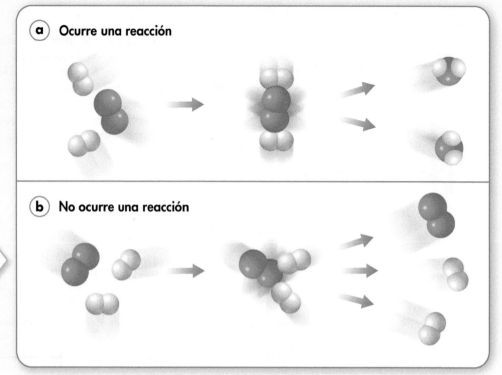

(a) Ocurre una reacción

(b) No ocurre una reacción

Teoría de colisión Un modelo llamado teoría de colisión se usa para relacionar las propiedades de las partículas con las tasas de reacción. De acuerdo con la **teoría de colisión,** los átomos, iones y moléculas pueden reaccionar para formar productos cuando chocan si las partículas tienen suficiente energía cinética. Las partículas que no tienen suficiente energía para reaccionar rebotan sin cambios cuando chocan. En la Figura 18.4 se muestra lo que sucede cuando chocan moléculas de oxígeno e hidrógeno.

Puedes usar dos pelotas de plastilina suave para modelar e ilustrar la teoría de colisión. Si lanzas las pelotas de plastilina juntas suavemente, no se pegan entre sí. Esta situación es similar a las partículas de baja energía que chocan y fallan para reaccionar. Si las mismas pelotas de plastilina se lanzan juntas con gran fuerza, se pegarán entre sí. Esta situación es similar al choque de dos partículas de alta energía que resulta en la formación de un producto.

También puedes usar la plastilina para ilustrar otro punto acerca de las reacciones químicas. Enrolla la plastilina para formar una cuerda y empieza a agitar un extremo cada vez más fuerte. En algún punto, la cuerda de plastilina se romperá. De forma similar, si se aplica suficiente energía a una molécula, los enlaces que mantienen unida a la molécula se pueden romper, formando productos diferentes.

La energía mínima que deben tener las partículas que colisionan para reaccionar se llama **energía de activación.** Puedes pensar en la energía de activación para una reacción como una barrera que los reactantes deben cruzar antes de que se formen los productos. Observa los diagramas de la Figura 18.5. Cuando dos partículas reactantes chocan, pueden formar un complejo activado. Un **complejo activado** es una ordenación inestable de átomos que se forma durante un momento en el punto máximo de la barrera de energía de activación. El complejo activado se forma únicamente si las partículas que colisionan tienen suficiente energía y si los átomos se orientan adecuadamente. El tiempo de vida de un complejo activado es por lo general de aproximadamente 10^{-13} segundos. Su breve existencia termina con la reformación de los reactantes o con la formación de productos. Los dos resultados son igualmente probables. Por lo tanto, el complejo activado a veces se llama *estado de transición.*

La teoría de colisión explica por qué algunas reacciones son extremadamente lentas a temperatura ambiente. Por ejemplo, el carbono y el oxígeno reaccionan cuando se quema carbón vegetal pero la reacción tiene una energía de activación alta. Los enlaces O—O y C—C deben romperse para formar el complejo activado. A temperatura ambiente, los choques de moléculas de oxígeno y carbono no son lo suficientemente energéticos como para romper los enlaces. Por lo tanto, la tasa de reacción del carbono con el oxígeno a temperatura ambiente es esencialmente cero.

Interpretar gráficas

Cambios de energía en la Reacción 1

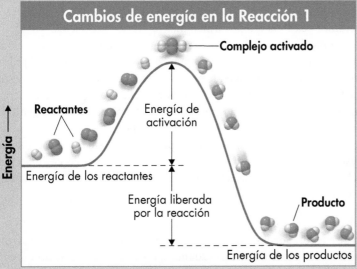

Cambios de energía en la Reacción 2

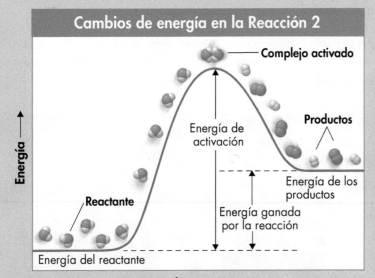

Figura 18.5 La barrera de energía de activación debe cruzarse antes de que los reactantes se conviertan en productos.

a. Leer gráficas ¿Es la energía absorbida o liberada a medida que la reacción progresa de los reactantes al complejo activado?

b. Comparar ¿En qué se diferencian las gráficas de las reacciones 1 y 2?

c. Clasificar ¿Cuál reacción es endotérmica y cuál es exotérmica? ¿Cómo lo sabes?

d. Explicar ¿Por qué una reacción que libera energía debería requerir alguna energía antes de que la reacción empiece?

e. Sacar conclusiones Una vez que se forma un complejo activado, ¿siempre procede a formar productos?

Recuerda: Una reacción endotérmica absorbe calor y una reacción exotérmica libera calor.

Factores que afectan las tasas de reacción

🔑 ¿Cuáles cuatro factores influyen en la tasa de una reacción química?

Cada reacción química procede a su propia tasa. Algunas reacciones son naturalmente rápidas y algunas son naturalmente lentas bajo las mismas condiciones. Sin embargo, al variar las condiciones, puedes modificar la tasa de casi cualquier reacción. 🔑 **Los factores que pueden afectar la tasa de una reacción química son temperatura, concentración, tamaño de las partículas y el uso de un catalizador.** La teoría de colisión ayuda a explicar por qué el cambiar uno o más de estos factores puede afectar la tasa de una reacción química.

Temperatura Por lo general, una reacción se acelera al elevar la temperatura. Una reacción se desacelera al disminuir la temperatura. A temperaturas altas, las partículas se mueven más rápido. La frecuencia de los choques aumenta junto con el porcentaje de partículas que tienen suficiente energía cinética como para resbalarse sobre la barrera de energía de activación. Por lo tanto, un aumento en la temperatura ocasiona que se formen más rápido los productos.

Un ejemplo familiar del efecto de la temperatura en la tasa de reacción es la quema de carbón vegetal. Los reactantes son carbono y oxígeno. El producto es dióxido de carbono. A temperatura ambiente, una bolsa de carbón vegetal en contacto con aire no se quema. Sin embargo, cuando una flama de arranque toca el carbón vegetal, los átomos de carbono y las moléculas de oxígeno chocan con una energía y frecuencia mayores. Algunos choques son a una energía lo suficientemente alta como para formar el producto. Entonces, el calor liberado por la reacción suministra suficiente energía para obtener más carbono y oxígeno sobre la barrera de energía de activación. Cuando se quita la flama de arranque, la reacción continúa.

Concentración En una habitación con muchas personas en donde éstas se mueven alrededor, puedes hallarte tropezando con las personas con mayor frecuencia que si sólo hubiera unas cuantas personas en la habitación. De manera similar, el número de partículas en un volumen dado afecta la tasa a la que ocurre la reacción. El meter más partículas en un volumen fijo aumenta la concentración de reactantes y, por ende, la frecuencia de colisión. La frecuencia de colisión aumentada conduce a una tasa de reacción mayor.

La tablilla encendida en la Figura 18.6 brilla en el aire pero se apaga rápido porque el aire sólo es 20 por ciento oxígeno. Pero cuando la tablilla encendida se mete en oxígeno puro, inmediatamente brota una flama. La concentración mayor de oxígeno acelera mucho la reacción de combustión.

Figura 18.6
Efecto de concentración en la tasa de reacción
La tasa de una reacción depende de las concentraciones de los reactantes. **a.** En el aire, una tablilla encendida brilla y pronto se apaga. **b.** Cuando se coloca en una ampolleta con oxígeno puro, la tablilla se prende en una flama.
Inferir *En áreas donde se usan tanques de oxígeno, ¿por qué los signos de advertencia dicen "No fumar. No flamas"?*

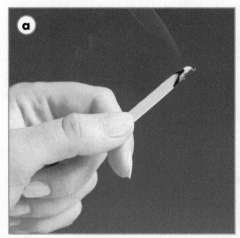
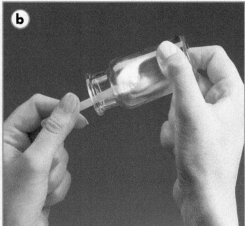

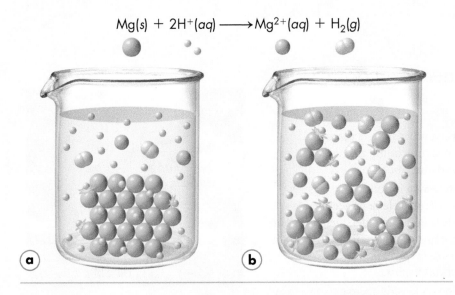

$$Mg(s) + 2H^+(aq) \longrightarrow Mg^{2+}(aq) + H_2(g)$$

(a)

(b)

Figura 18.7 Efecto del tamaño de las partículas en la tasa de reacción
Cuando se coloca un fragmento de magnesio en un ácido diluido, los iones de hidrógeno pueden chocar con los átomos de magnesio. **a.** Sólo los átomos en la superficie del metal están disponibles para la reacción. **b.** Al dividir el metal en piezas más pequeñas se aumenta el área de la superficie y el número de colisiones de partículas.
Explicar *¿Cómo es que el aumentar el número de colisiones aumenta la tasa de reacción?*

Tamaño de las partículas Si colocas un conjunto de ramas en el fuego, se queman rápidamente. Un tronco con la misma masa se quema más despacio. Las pequeñas piezas de madera tienen más área de superficie que el tronco y el área de superficie tiene una función importante en la determinación de la tasa de la reacción de combustión. Lo mismo sucede en otras reacciones químicas porque las colisiones ocurren en la superficie de las partículas.

El área de superficie total de un reactante sólido o líquido afecta la tasa de una reacción. Cuanto menor sea el tamaño de la partícula, mayor será el área de superficie para una masa dada de partículas. En la Figura 18.7 se muestra cómo una disminución en el tamaño de las partículas afecta la cantidad de un reactante expuesto para la reacción. Cuando un pedazo de metal se divide en varias piezas más pequeñas, el área de superficie total aumenta. El resultado de un aumento en el área de superficie es un aumento en la frecuencia de colisiones y de la tasa de reacción.

Otra manera para aumentar el área de superficie de los sólidos es disolviéndolos. En una solución, las partículas están separadas y son más accesibles para otros reactantes. También puedes aumentar el área de superficie de un sólido al molerlo hasta formar un polvo fino. Las partículas pequeñas como polvo, sin embargo, pueden ser peligrosas cuando se suspenden en el aire. Como saben los mineros de carbón, el polvo de carbón mezclado con aire es un peligroso explosivo debido al área de superficie grande de las partículas de polvo de carbón. El mismo riesgo existe en los molinos de harina, elevadores de grano e ingenios azucareros. La fotografía de la Figura 18.8 muestra un ingenio azucarero en Georgia después de una explosión semejante.

Figura 18.8 Explosión de polvo
Una explosión destruyó este ingenio azucarero. El tamaño minúsculo de las partículas reactantes (polvo de azúcar) causó que la reacción de azúcar con oxígeno en el aire fuera explosiva.

Laboratorio rápido

Propósito Determinar si el acero se quemará

Materiales

- almohadilla de lana de acero #0000
- pinzas
- quemador de gas
- almohadilla resistente al calor
- pinzas pequeñas

¿Se quema el acero?

Procedimiento

1. Enrolla una pequeña pieza de lana de acero en una bolita apretada del tamaño de un chícharo.

2. Sosteniendo la bolita con unas pinzas, calienta la lana de acero en la punta de la flama azul del quemador por no más de 10 segundos. **PRECAUCIÓN** *Sigue todas las precauciones para trabajar con flamas.*

3. Coloca la lana de acero caliente en la almohadilla resistente al calor para que se enfríe. Registra tus observaciones.

4. Con suavidad, enrolla una segunda pieza de lana de acero en una bolita suelta. Repite los pasos 2 y 3.

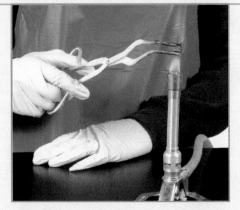

5. Usa las pinzas pequeñas para jalar unas pocas fibras individuales de lana de acero de la almohadilla. Sostén un extremo de las fibras sueltas con las pinzas. Repite los pasos 2 y 3.

Analizar y concluir

1. Observar ¿Qué diferencias observaste cuando se calentaron en la flama la bolita apretada, la bolita suelta y las fibras sueltas?

2. Relacionar causa y efecto Da una razón para cualquier diferencia observada.

3. Describir Escribe la ecuación balanceada de cualquier reacción química que hayas observado. Supón que la lana de acero está compuesta principalmente de hierro.

4. Comparar y contrastar ¿En qué se diferencian tus resultados de aquéllos observados en la oxidación del cuerpo de un automóvil?

5. Aplicar conceptos Explica por qué la lana de acero es un peligro en tiendas donde hay platos calientes, flamas abiertas o motores chispeantes.

LA QUÍMICA Y TÚ

P: *Cuando se añade agua salada a la aleación de metal en un MRE, la tasa de la reacción de oxidación aumenta y el calor se produce rápidamente. ¿Qué factor que puede afectar las tasas de reacción se aplica a esta situación?*

Catalizadores El aumentar la temperatura no siempre es la mejor forma de aumentar la tasa de una reacción. Con frecuencia es mejor un catalizador. Recuerda que un catalizador es una sustancia que aumenta la tasa de una reacción sin necesidad de usarse durante la reacción. Los catalizadores permiten que las reacciones procedan a lo largo de un trayecto con una energía menor. En la Figura 18.9 se muestra que la barrera de energía de activación para la reacción catalizada es menor que para la reacción no catalizada. Cuando la barrera es más baja, una fracción mayor de reactantes tiene la energía para formar productos dentro de un tiempo dado. Por ejemplo, la tasa de la reacción de hidrógeno y oxígeno a temperatura ambiente es insignificante. Pero con una pequeña cantidad de platino (Pt) como catalizador, la reacción es rápida.

$$2H_2(g) + O_2(g) \xrightarrow{\text{Pt}} 2H_2O(l)$$

Un catalizador no se consume durante una reacción. Por lo tanto, no aparece como un reactante en la ecuación química. Por el contrario, con frecuencia el catalizador se escribe arriba de la flecha de produce, como en la ecuación anterior.

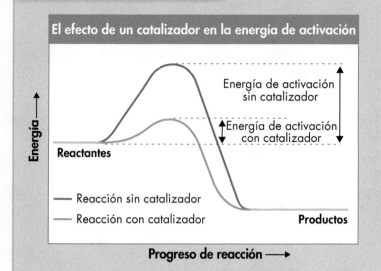

El efecto de un catalizador en la energía de activación

Energía de activación sin catalizador

Energía de activación con catalizador

Reactantes

—— Reacción sin catalizador

—— Reacción con catalizador

Productos

Energía

Progreso de reacción →

Figura 18.9 Un catalizador disminuye la barrera de energía de activación para una reacción. Con una barrera más baja, más partículas tienen suficiente energía para una colisión exitosa.

a. Leer gráficas ¿Cómo el uso de un catalizador cambia la cantidad de energía necesaria para que se formen los productos?

b. Generalizar ¿Cambia el catalizador la cantidad de energía liberada en la reacción?

c. Comparar ¿Junto con cuál de los dos trayectos de reacción los reactantes se convierten más rápido en productos?

Pista: Las partículas reactantes deben tener una energía igual a, o mayor que, la energía de activación para ser convertidas en los productos.

La temperatura corporal normal es sólo de aproximadamente 37 °C. Tu cuerpo necesita mantener esta temperatura para evitar un daño a las células. A 37 °C, las reacciones en cuerpo serían muy lentas sin catalizadores. Los catalizadores que aumentan las tasas de reacciones biológicas se llaman enzimas. Cuando comes un alimento que contiene proteína, las enzimas en tu tracto digestivo ayudan a romper las moléculas de proteína en unas pocas horas. Sin las enzimas, la digestión de la proteína a 37 °C ¡podría tomar años!

Un **inhibidor** es una sustancia que interfiere con la acción de un catalizador. Algunos inhibidores funcionan mediante la reacción con, o "envenenando", el mismo catalizador. Por consiguiente, el inhibidor reduce la cantidad de catalizador disponible para una reacción. Las reacciones se desaceleran o incluso se detienen cuando un catalizador es envenenado.

18.1 Comprobación de la lección

1. 🔑 **Explicar** ¿Cómo puedes expresar la tasa de una reacción química?

2. 🔑 **Identificar** Haz una lista de los cuatro factores que influyen en la tasa de una reacción química.

3. **Describir** Una delgada hoja de 0.2 moles de zinc se convierte por completo en óxido de zinc (ZnO) en un mes. ¿Cómo expresarías la tasa de conversión del zinc?

4. **Resumir** ¿Todas las colisiones entre partículas reactantes conducen a productos? Explica.

5. **Relacionar causa y efecto** La comida almacenada en un refrigerador puede permanecer fresca durante largos períodos. ¿Por qué la misma comida almacenada a temperatura ambiente se echa a perder rápidamente?

GRANIDEA MATERIA Y ENERGÍA

6. Haz un diagrama de Venn con dos círculos. Rotula uno Materia y el otro Energía. Elige una ubicación en el diagrama para que cada factor influya en la tasa de una reacción. Escribe un párrafo explicando tus elecciones.

Convertidores catalíticos

Los vehículos que consumen combustibles fósiles son una principal fuente de contaminación del aire. Una tecnología que reduce significativamente la contaminación del aire ocasionada por vehículos se llama convertidor catalítico. El instrumento evita que los contaminantes se liberen al aire convirtiéndolos en emisiones menos dañinas. Un convertidor catalítico típico es capaz de eliminar aproximadamente 98 por ciento de la contaminación de un vehículo: hidrocarburos sin reaccionar, monóxido de carbono y óxidos de nitrógeno. Los metales preciosos como el platino, el paladio y el rodio son catalizadores para las reacciones que ocurren dentro del convertidor.

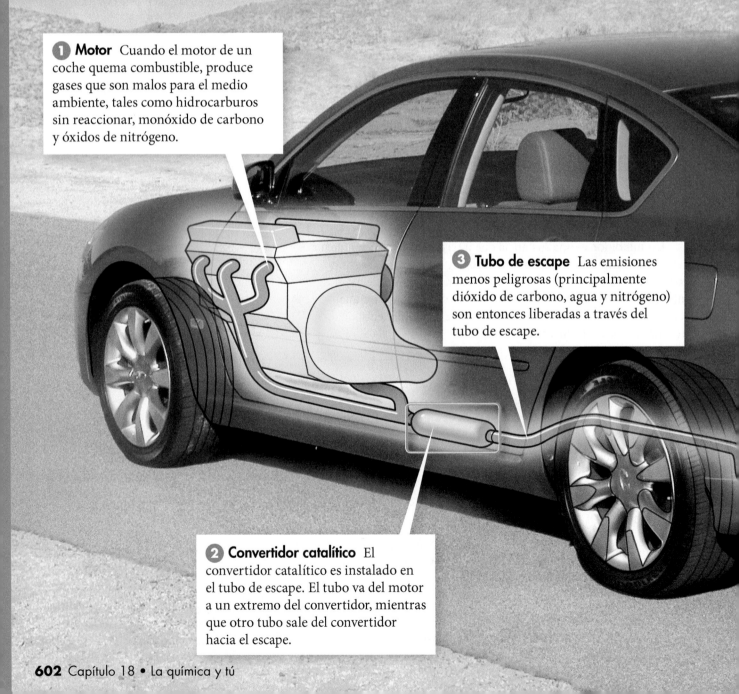

1 Motor Cuando el motor de un coche quema combustible, produce gases que son malos para el medio ambiente, tales como hidrocarburos sin reaccionar, monóxido de carbono y óxidos de nitrógeno.

3 Tubo de escape Las emisiones menos peligrosas (principalmente dióxido de carbono, agua y nitrógeno) son entonces liberadas a través del tubo de escape.

2 Convertidor catalítico El convertidor catalítico es instalado en el tubo de escape. El tubo va del motor a un extremo del convertidor, mientras que otro tubo sale del convertidor hacia el escape.

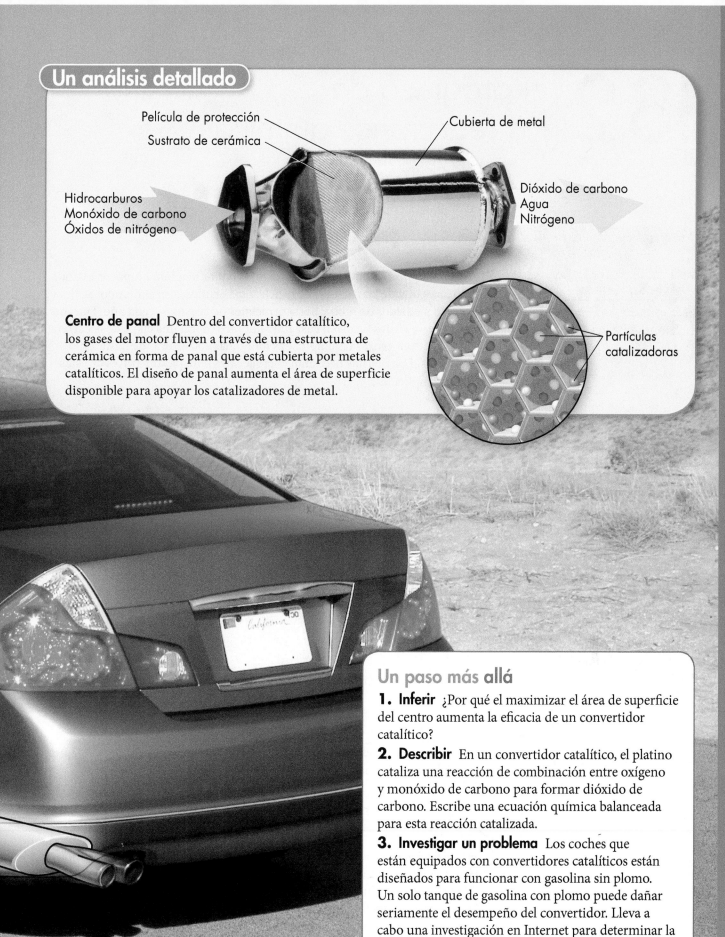

Película de protección

Sustrato de cerámica

Cubierta de metal

Hidrocarburos
Monóxido de carbono
Óxidos de nitrógeno

Dióxido de carbono
Agua
Nitrógeno

Centro de panal Dentro del convertidor catalítico, los gases del motor fluyen a través de una estructura de cerámica en forma de panal que está cubierta por metales catalíticos. El diseño de panal aumenta el área de superficie disponible para apoyar los catalizadores de metal.

Partículas catalizadoras

Un paso más allá

1. Inferir ¿Por qué el maximizar el área de superficie del centro aumenta la eficacia de un convertidor catalítico?

2. Describir En un convertidor catalítico, el platino cataliza una reacción de combinación entre oxígeno y monóxido de carbono para formar dióxido de carbono. Escribe una ecuación química balanceada para esta reacción catalizada.

3. Investigar un problema Los coches que están equipados con convertidores catalíticos están diseñados para funcionar con gasolina sin plomo. Un solo tanque de gasolina con plomo puede dañar seriamente el desempeño del convertidor. Lleva a cabo una investigación en Internet para determinar la razón. Escribe un párrafo breve para resumir lo que aprendiste.

18.2 El progreso de las reacciones químicas

P: *¿En qué se parece una bicicleta de carreras a una reacción química?* El Tour de Francia es una de las carreras de bicicleta más famosas en el mundo. Se lleva a cabo desde mediados de julio y hasta principios de agosto de cada año. Durante la carrera, los ciclistas recorren casi 4000 kilómetros. En una etapa de la carrera, los ciclistas deben cruzar las empinadas montañas con alturas de hasta 1900 metros o más. Los ciclistas necesitan energía extra para pasar a través de estas montañas empinadas.

Preguntas clave

🔑 *¿Cuál es la relación entre el valor de la constante de tasa específica, k, y la tasa de una reacción química?*

🔑 *¿Cómo progresan la mayoría de las reacciones desde el inicio hasta el final?*

Vocabulario

- ley de tasas
- constante de tasa específica
- reacción de primer orden
- reacción elemental
- mecanismo de reacción
- intermedio

Leyes de tasas

🔑 **¿Cuál es la relación entre el valor de la constante de tasa específica, k, y la tasa de una reacción química?**

La tasa de una reacción depende en parte de las concentraciones de los reactantes. Supón que hay una reacción con sólo un reactante y un producto. Podrías escribir una ecuación sencilla para esta reacción.

$$A \longrightarrow B$$

La tasa a la que A forma a B se puede expresar como el cambio en A (ΔA) con tiempo, donde $[A_1]$ es la concentración molar inicial de A en el tiempo t_1 y $[A_2]$ es la concentración molar de A en un tiempo posterior, t_2.

$$\text{Tasa} = \frac{\Delta A}{\Delta t} = \frac{[A_2] - [A_1]}{t_2 - t_1}$$

La tasa de desaparición de A es proporcional a la concentración de A.

$$\frac{\Delta A}{\Delta t} \propto [A]$$

La proporcionalidad puede expresarse como la concentración de A, [A], multiplicada por una constante, k.

$$\boxed{\text{Tasa} = \frac{\Delta A}{\Delta t} = k \times [A]}$$

Esta ecuación es una **ley de tasas,** una expresión para la tasa de una reacción en términos de la concentración de los reactantes. La **constante de tasa específica** (k) para una reacción es una constante de proporcionalidad que relaciona las concentraciones de los reactantes con la tasa de la reacción. El valor de la constante de tasa específica depende de las condiciones de la reacción y se determina a través de experimentos. 🔑 **El valor de la constante de tasa específica, k, en una ley de tasas es grande si los productos se forman con rapidez; el valor es pequeño si los productos se forman despacio.**

Interpretar gráficas

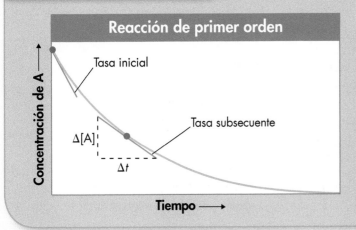

Reacción de primer orden

Concentración de A →

Tasa inicial

Tasa subsecuente

$\Delta[A]$

Δt

Tiempo →

Figura 18.10 La gráfica muestra cómo cambia la concentración de un reactante durante una reacción de primer orden.

a. Identificar ¿Cuáles son las variables independientes y las dependientes?

b. Describir ¿Qué le pasa a la concentración del reactante A con el paso del tiempo?

c. Comparar Las líneas rojas cortas (tangentes) ilustran las tasas de reacción en dos puntos distintos dentro de la reacción. ¿Qué tasa es más rápida: la *tasa inicial* o la *tasa subsecuente*?

Pista: La pendiente de la tangente con respecto a la curva en cualquier punto es igual a la tasa en ese punto.

Reacciones de primer orden El orden de una reacción es la potencia a la que la concentración de una reacción debe elevarse para que coincida con los datos experimentales de la concentración y la tasa. En una **reacción de primer orden,** la tasa es directamente proporcional a la concentración de sólo un reactante. Supón que la reacción A ⟶ B es un ejemplo de una reacción de primer orden. La tasa de reacción es proporcional a la concentración de A elevada a la primera potencia: $[A]^1 = [A]$.

La gráfica de la Figura 18.10 muestra el progreso de una reacción de primer orden. Con el tiempo, la tasa de reacción disminuye porque la concentración del reactante disminuye. Para una reacción de primer orden, si [A] se reduce a la mitad, la tasa de reacción se reduce a la mitad. La tasa ($\Delta A/\Delta t$) en cualquier punto de la gráfica es igual a la pendiente de la tangente con respecto a la curva en ese punto.

Reacciones de orden mayor En algunas reacciones, dos sustancias reaccionan para dar productos. Un ejemplo es una reacción de sustitución doble. La ecuación general para una reacción de sustitución doble se puede escribir como se muestra a continuación. Los coeficientes se representan con letras minúsculas.

$$a\text{A} + b\text{B} \longrightarrow c\text{C} + d\text{D}$$

Para la reacción de A con B, la tasa de reacción es dependiente de las concentraciones tanto de A como de B.

$$\text{Tasa} = k[A]^x[B]^y$$

Cuando cada exponente en la ley de tasas es igual a 1 (es decir, $x = y = 1$), se dice que la reacción es de primer orden en A y de primer orden en B. El orden general de una reacción es la suma de los exponentes para los reactantes individuales. Una reacción que es de primer orden en A y de primer orden en B es, por consiguiente, de segundo orden en general.

Puedes suponer que los coeficientes en una ecuación química y los exponentes en la ley de tasas para esa reacción serían siempre los mismos. Si tu suposición fuera cierta, podrías usar los coeficientes de los reactantes para hallar el orden de una reacción. Sin embargo, para la mayoría de las reacciones, los exponentes en la ley de tasas y los coeficientes en la ecuación no corresponden. La mayoría de las reacciones son más complejas que las reacciones usadas en los ejemplos. Por lo tanto, el orden real de una reacción debe determinarse mediante un experimento.

Hallar el orden de una reacción a partir de datos experimentales

Considera la reacción $aA \longrightarrow B$. La ley de tasas para esta reacción es Tasa $= k[A]^x$. A partir de los datos en la tabla, halla el orden de la reacción con respecto a A y el orden general de la reacción.

Prueba	Concentración inicial de A (mol/L)	Tasa inicial (mol/(L·s))
1	0.050	3.0×10^{-4}
2	0.10	12×10^{-4}
3	0.20	48×10^{-4}

CONOCIDO

$[A]_1 = 0.050$ mol/L
$[A]_2 = 0.10$ mol/L
$\text{Tasa}_1 = 3.0 \times 10^{-4}$ mol/(L·s)
$\text{Tasa}_2 = 12 \times 10^{-4}$ mol/(L·s)

DESCONOCIDO

Orden de la reacción con respecto a A = ?

Orden general de la reacción = ?

❶ **Analizar** **Haz una lista de lo conocido y lo desconocido.** Usa las primeras dos pruebas para calcular el orden y la tercera para evaluar tu respuesta.

❷ **Calcular** **Resuelve para buscar lo desconocido.**

Empieza con la ley de tasas para cada concentración inicial de A.

$\text{Tasa}_1 = k[A_1]^x$
$\text{Tasa}_2 = k[A_2]^x$

La ley de tasas de la reacción y de la constante de tasa específica, k, es la misma para cualquier concentración inicial de A.

Divide la segunda expresión por la primera expresión.

$$\frac{\text{Tasa}_2}{\text{Tasa}_1} = \frac{k[A_2]^x}{k[A_1]^x} = \left(\frac{[A_2]}{[A_1]}\right)^x$$

Sustituye las cantidades conocidas en la ecuación.

$$\frac{12 \times 10^{-4}\,\text{mol/(L·s)}}{3.0 \times 10^{-4}\,\text{mol/(L·s)}} = \left(\frac{0.10\,\text{mol/L}}{0.050\,\text{mol/L}}\right)^x$$

$$4.0 = 2.0^x$$

Determina el valor de x.

$$x = 2$$

La reacción es de segundo orden en A.
Dado que A es el único reactante, la reacción debe ser de segundo orden en general.

❸ **Evaluar** **¿Tiene sentido el resultado?** Si la reacción fuera de primer orden en A, duplicar la concentración duplicaría la tasa. Sin embargo, la Tasa_2 es *cuatro* veces la Tasa_1. Por lo tanto la reacción es de segundo orden para A y de segundo orden en general porque A es el único reactante. Como comprobación mayor, observa lo que le sucede a la tasa cuando la concentración se duplica otra vez de 0.10 mol/L a 0.20 mol/L.

Para hacer el Problema 8, aísla k y después sustituye las unidades para la tasa y la concentración.

7. Supón que la tasa inicial para una reacción de primer orden es de 0.5 mol/(L·s). ¿Cuál es la tasa cuando quedan la mitad de los reactantes? ¿Cuándo quedan un cuarto de los reactantes?

8. Muestra que la unidad de k para una reacción de primer orden es una unidad recíproca de tiempo, tal como un segundo recíproco (s^{-1}). Empieza con la expresión Tasa $= k[A]$.

Mecanismos de reacción

¿Cómo progresan la mayoría de las reacciones de inicio a fin?

Las ecuaciones balanceadas son extremadamente útiles. Ellas te indican qué reactantes están presentes al inicio de la reacción y qué productos hay presentes al final. Lo que una ecuación balanceada no te dice es *cómo* ocurrió la reacción. Por ejemplo, las plantas usan la fotosíntesis para captar y almacenar energía luminosa. El proceso puede resumirse indicando que el dióxido de carbono y el agua producen azúcares simples y oxígeno. Sin embargo, el proceso de la fotosíntesis no es tan sencillo como implica este resumen.

Reacciones de uno y múltiples pasos Si tuvieras suficientes datos, podrías graficar todos los cambios de energía que ocurren a medida que los reactantes se convierten en productos en una reacción química. Dicha gráfica se llama curva de progreso de reacción o perfil de reacción. Para una reacción elemental, obtendrías una gráfica como las que se muestran en la Figura 18.5. Una **reacción elemental** es una reacción en la que los reactantes se convierten en productos en un solo paso. Este tipo de reacción sólo tiene un punto máximo de energía de activación y un complejo activado.

La mayoría de las reacciones químicas consisten en dos o más reacciones elementales. La serie de reacciones elementales o pasos que tienen lugar durante el curso de una reacción compleja se llama **mecanismo de reacción.** La Figura 18.11 muestra una curva de progreso de reacción para una reacción química compleja. La gráfica tiene un punto máximo para cada complejo activado y un valle para cada intermedio.

Un **intermedio** es un producto de un paso en un mecanismo de reacción y un reactante en el paso siguiente. Un intermedio tiene una estructura más estable y un tiempo de vida más largo que un complejo activado. Aun así, un intermedio es lo suficientemente reactivo como para tomar parte en el paso siguiente. Los intermedios no aparecen en la ecuación química general para una reacción.

Interpretar gráficas

Cambios de energía para una reacción de pasos múltiples

Complejo activado

Intermedio

Energía

Reactantes

Productos

Progreso de reacción

Figura 18.11 Una curva de progreso de reacción muestra un pico de energía de activación para cada reacción elemental. Los valles indican la formación de intermedios.

a. Leer gráficas ¿Cuántos pasos hay en el mecanismo de reacción representado en esta gráfica?

b. Leer gráficas ¿Cuántos intermedios se forman a medida que progresa la reacción?

c. Predecir ¿Qué efecto tendría un catalizador en la altura de los picos y en la profundidad de los valles en esta curva?

Pista: Para responder la parte c, revisa de nuevo la Figura 18.9.

Pasos para determinar la tasa En una reacción química de pasos múltiples, los pasos no progresan a la misma tasa. Un paso será más lento que los otros. El paso más lento determinará, o limitará, la tasa de la reacción en general. Como una analogía, piensa en las compras en un supermercado. Primero, recoges los artículos que quieres comprar. Después, pasas a través de la fila de la caja y pagas tu compra. Si compras muchos artículos, probablemente el primer paso tome más tiempo que el segundo. Si compras sólo uno o dos artículos, el pasar por la fila de la caja puede ser un paso más lento.

Considera el mecanismo de reacción para la descomposición del óxido nitroso (N_2O). Los experimentos han demostrado que el mecanismo consiste de dos pasos que se muestran a continuación.

Paso 1: $N_2O(g) \longrightarrow N_2(g) + O(g)$ (lento)

Paso 2: $\underline{N_2O(g) + O(g) \longrightarrow N_2(g) + O_2(g)}$ (rápido)

En general: $2N_2O(g) \longrightarrow 2N_2(g) + O_2(g)$

En el primer paso, el óxido nitroso se descompone en átomos de gas nitrógeno y de oxígeno. Los átomos de oxígeno son un intermedio. Reaccionan con óxido nitroso en el segundo paso para producir moléculas de nitrógeno y moléculas de oxígeno. La reacción en el segundo y más rápido paso ocurre hasta que ocurra el primer paso más lento. Por lo tanto, la tasa de la reacción en general depende de la tasa del primer paso. Para aumentar la tasa de la reacción en general, necesitarías aumentar la tasa del primer paso. Por lo tanto, para la descomposición del óxido nitroso, el primer paso se llama el *paso en la determinación de la tasa.*

Cuando las ecuaciones de los dos pasos se suman, los átomos de oxígeno desaparecen. Este ejemplo ilustra por qué no puedes usar la ecuación química general de una reacción compleja para determinar el mecanismo de reacción. Por el contrario, el mecanismo debe determinarse a través de experimentos.

18.2 Comprobación de la lección

9. **Explicar** ¿Qué indica el tamaño de la constante de tasa específica, k, acerca de la tasa de una reacción química?

10. **Resumir** ¿Cómo reaccionan la mayoría de las reacciones químicas de inicio a fin?

11. **Describir** ¿Cómo puedes usar una gráfica de concentración de reactante versus tiempo para determinar la tasa de una reacción química?

12. **Sacar conclusiones** Considera la reacción de un paso $aA \longrightarrow B$, con la siguiente ley de tasas: Tasa $= k[A]^x$. Cuando la concentración de A aumenta de 0.35 mol/L a 0.70 mol/L, la tasa inicial aumenta de 1.6 mol/(L·s) a 3.2 mol/(L·s). ¿Cuál es el orden de la reacción con respecto a A? ¿Cuál es el orden general de la reacción?

13. **Aplicar conceptos** La ley de tasas para la reacción siguiente es de primer orden en NO y O_3 y de segundo orden en general.

$$NO(g) + O_3(g) \longrightarrow NO_2(g) + O_2(g)$$

Escribe la ley de tasas para esta reacción.

14. **Explicar** ¿Cuál es una reacción elemental y cómo se relaciona con un mecanismo de reacción?

15. **Clasificar** ¿Es un intermedio un reactante o un producto? Explica.

16. **Inferir** Observa la ecuación para la reacción de óxido nítrico y oxígeno. ¿Piensas que ésta es una reacción de un solo paso o una reacción de pasos múltiples? Usa lo que sabes acerca de la teoría de colisión para explicar tu respuesta.

$$2NO(g) + O_2(g) \longrightarrow 2NO_2(g)$$

18.3 Reacciones reversibles y equilibrio

LA QUÍMICA Y TÚ

P: *¿Cómo ayudaron los químicos a los granjeros a producir más comida?* Los fertilizantes pueden aumentar la cantidad de un cultivo por unidad de tierra. La mayoría de los fertilizantes contienen amoníaco o compuestos de nitrógeno hechos a partir del amoníaco. Durante años, los científicos intentaron y fallaron en desarrollar una manera eficiente de producir amoníaco a partir de nitrógeno e hidrógeno. A principios del siglo XX, dos químicos alemanes, Fritz Haber y Karl Bosch, encontraron la solución.

Preguntas clave

🔑 **¿Qué sucede a nivel molecular en un sistema químico en equilibrio?**

🔑 **¿Qué tres tensiones pueden causar un cambio en la posición de equilibrio de un sistema químico?**

🔑 **¿Qué indica el tamaño de una constante de equilibrio acerca de un sistema en equilibrio?**

Vocabulario

- reacción reversible
- equilibrio químico
- posición de equilibrio
- principio Le Châtelier
- constante de equilibrio

Reacciones reversibles

🔑 **¿Qué sucede a nivel molecular en un sistema químico en equilibrio?**

Con base en las ecuaciones químicas que has visto, puedes haber inferido que las reacciones químicas siempre progresan en una dirección. Esta inferencia no es verdadera. Una **reacción reversible** es una en la que la conversión de los reactantes en productos y la conversión de productos en reactantes ocurre al mismo tiempo. Aquí mostramos un ejemplo de una reacción reversible.

Reacción hacia adelante: $2SO_2(g) + O_2(g) \longrightarrow 2SO_3(g)$

Reacción hacia atrás: $2SO_2(g) + O_2(g) \longleftarrow 2SO_3(g)$

En la primera reacción, que se lee de izquierda a derecha, el dióxido de azufre y el oxígeno producen trióxido de azufre. En la segunda reacción, que se lee de derecha a izquierda, el trióxido de azufre se descompone en oxígeno y dióxido de azufre. La primera reacción se llama reacción hacia adelante. La segunda reacción se llama reacción hacia atrás. Las dos ecuaciones pueden combinarse en una usando una flecha doble. La flecha doble te indica que la reacción es reversible.

$$2SO_2(g) + O_2(g) \rightleftharpoons 2SO_3(g)$$
Dióxido de azufre   Oxígeno   Trióxido de azufre

En la Figura 18.12 se modela lo que sucede a nivel molecular.

Figura 18.12 Reacciones opuestas Las moléculas de SO_2 y O_2 reaccionan para producir SO_3. Las moléculas de SO_3 se descomponen para producir SO_2 y O_2.

Consulta reacciones reversibles *en línea animada.*

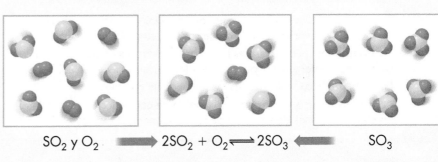

SO_2 y O_2 $2SO_2 + O_2 \rightleftharpoons 2SO_3$ SO_3

Establecer el equilibrio ¿Qué sucede en realidad cuando el dióxido de azufre y el oxígeno se mezclan en un contenedor sellado? La reacción hacia adelante empieza a una tasa dada. Dado que el trióxido de azufre está presente desde el inicio, la tasa inicial de la reacción hacia atrás es cero. A medida que se forma el trióxido de azufre, sin embargo, empieza la descomposición del trióxido de azufre. La tasa de la reacción hacia atrás es lenta al principio. Su tasa aumenta a medida que aumenta la concentración de trióxido de azufre. Al mismo tiempo, la tasa de la reacción hacia adelante disminuye porque el dióxido de azufre y el oxígeno se están usando. Al final, el trióxido de azufre se descompone tan rápido como se combinan el dióxido de azufre y el oxígeno. Cuando las tasas de las reacciones hacia adelante e inversa sean iguales, la reacción habrá alcanzado un estado de balance llamado **equilibrio químico.**

Observa las gráficas de la Figura 18.13. La gráfica de la izquierda muestra el progreso de una reacción que empieza con concentraciones iniciales de SO_2 y O_2 pero con cero SO_3. La gráfica de la derecha muestra el progreso de una reacción que empieza con una concentración inicial de SO_3 y cero concentraciones de SO_2 y O_2. Observa que después de cierto tiempo, el equilibrio se alcanza y todas las concentraciones permanecen constantes. La cantidad de SO_3 en la mezcla en equilibrio es la cantidad máxima que se puede producir mediante esta reacción bajo las condiciones de la reacción.

Condiciones en equilibrio Las cantidades sin cambios de SO_2, O_2 y SO_3 en la mezcla de reacción en equilibrio podrían hacer que pienses que ambas reacciones se han detenido. Éste no es el caso. El equilibrio químico es un estado dinámico. **En el equilibrio químico, ambas reacciones, tanto hacia adelante como a la inversa, continúan pero dado que sus tasas son iguales, no ocurren cambios netos en las concentraciones de los componentes de la reacción.** En la Figura 18.14 se proporciona una analogía de cómo se establece y mantiene un equilibrio.

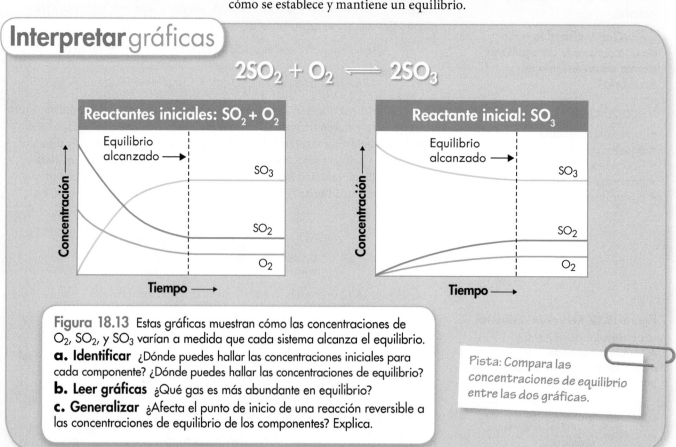

Interpretar gráficas

$$2SO_2 + O_2 \rightleftharpoons 2SO_3$$

Reactantes iniciales: $SO_2 + O_2$

Equilibrio alcanzado →

Concentración

SO_3

SO_2

O_2

Tiempo →

Reactante inicial: SO_3

Equilibrio alcanzado →

Concentración

SO_3

SO_2

O_2

Tiempo →

Figura 18.13 Estas gráficas muestran cómo las concentraciones de O_2, SO_2, y SO_3 varían a medida que cada sistema alcanza el equilibrio.

a. Identificar ¿Dónde puedes hallar las concentraciones iniciales para cada componente? ¿Dónde puedes hallar las concentraciones de equilibrio?

b. Leer gráficas ¿Qué gas es más abundante en equilibrio?

c. Generalizar ¿Afecta el punto de inicio de una reacción reversible a las concentraciones de equilibrio de los componentes? Explica.

Pista: Compara las concentraciones de equilibrio entre las dos gráficas.

Figura 18.14 Posiciones de equilibrio
Las escaleras eléctricas para subir y bajar en una tienda pueden representar una reacción hacia adelante y su reacción hacia atrás. **a.** Cuando la tienda abre, sólo ocurre la reacción hacia adelante a medida que los clientes avanzan al segundo piso. **b.** Se alcanza el equilibrio cuando la tasa a la que los clientes se mueven del primer al segundo piso es igual a la tasa a la que los clientes se mueven del segundo al primer piso.
Usar analogías ¿Debe ser igual el número de personas en cada piso en el punto de equilibrio? Explica.

Concentraciones en equilibrio Aunque las tasas de las reacciones tanto hacia adelante como a la inversa son iguales en el punto de equilibrio, las concentraciones de los componentes por lo general no lo son. Observa de nuevo la Figura 18.13. En el punto de equilibrio, la concentración de SO_3 es mucho mayor que las concentraciones de SO_2 y O_2. Las concentraciones relativas de los reactantes y productos en equilibrio marcan la **posición de equilibrio** de una reacción. Esta posición te dice qué reacción es más probable que suceda, si la reacción hacia adelante o la reacción hacia atrás. Supón que un solo reactante A, forma un solo producto B. Si la mezcla de equilibrio contiene 1 por ciento de A y 99 por ciento de Be, entonces se dice que la formación de B está favorecida.

$$A \underset{}{\rightleftharpoons} B$$
1%   99%

Si la mezcla contiene 99 por ciento de A y 1 por ciento de B en el punto de equilibrio, entonces la formación de A está favorecida.

$$A \underset{}{\rightleftharpoons} B$$
99%   1%

Observa que las flechas del equilibrio no tienen la misma longitud. La flecha más larga indica qué reacción está favorecida y si los reactantes o productos serán más comunes en el punto de equilibrio.

En principio, casi todas las reacciones son reversibles hasta cierto punto y bajo las condiciones correctas. En la práctica, un conjunto de componentes es con frecuencia tan favorecido en el equilibrio que el otro conjunto no se puede detectar. Cuando no se puede detectar reactante alguno, puedes decir que la reacción se ha completado o que es reversible. Cuando no se puede detectar producto alguno, puedes decir que la reacción ha tenido lugar. Las reacciones reversibles ocupan el punto medio entre los extremos de la irreversibilidad y la no reacción.

Factores que afectan el equilibrio: el principio de Le Châtelier

🔑 *¿Cuáles tres tensiones causan un cambio en la posición de equilibrio de un sistema químico?*

El balance que existe en un sistema químico en equilibrio es delicado. Se puede ver afectado cuando se cambia una o más condiciones de la reacción. Cuando se afecta el equilibrio de un sistema, éste hace ajustes para restaurar el equilibrio. Sin embargo, la posición de equilibrio del equilibrio restaurado no será la misma que la posición de equilibrio original. Es decir, la cantidad de reactantes puede haber aumentado o la cantidad de productos puede haber disminuido. Un cambio así se llama movimiento en la posición de equilibrio.

El químico francés Henri Le Châtelier (1850–1936) estudió el cambio en la posición de equilibrio como resultado de condiciones cambiantes. Propuso lo que se ha llamado **el principio de Le Châtelier:** si se aplica una tensión a un sistema en equilibrio dinámico, el sistema cambia de forma que atenúa la tensión. 🔑 **Las tensiones que afectan al equilibrio de un sistema químico incluyen cambios en la concentración de reactantes o productos, cambios de temperatura y cambios de presión.**

En los ejemplos del principio de Le Châtelier que se presentan en esta lección, los reactantes quedarán del lado izquierdo de la flecha doble y los productos quedarán del lado derecho. Las flechas azules muestran los cambios cuando algo se añade o se quita del sistema. Las flechas azules siempre apuntan en dirección del cambio en la posición de equilibrio; es decir, hacia el lado favorecido.

Concentración Cambiar la cantidad o concentración de cualquier reactante o producto en un sistema en equilibrio afecta al equilibrio. El sistema se ajustará para minimizar los efectos del cambio. Considera la descomposición del ácido carbónico (H_2CO_3) en solución acuosa. Los productos son dióxido de carbono y agua. El sistema ha alcanzado el equilibrio. La cantidad de ácido carbónico es menor que 1 por ciento.

$$\underset{<1\%}{H_2CO_3(aq)} \; \overset{\overset{\text{Añadir } CO_2}{\longleftarrow \text{Dirección del cambio}}}{\underset{\underset{\text{Dirección del cambio} \longrightarrow}{\text{Quitar } CO_2}}{\rightleftharpoons}} \; \underset{>99\%}{CO_2(aq) + H_2O(l)}$$

Supón que se añade dióxido de carbono al sistema. Este aumento en la concentración de CO_2 causa que se eleve la tasa de la reacción hacia atrás. A medida que se forma más reactante (H_2CO_3), la tasa de la reacción hacia adelante también empieza a aumentar. A la larga, las tasas de ambas reacciones, hacia adelante y a la inversa, se hacen iguales otra vez. Se establece un nuevo equilibrio con una mayor concentración de reactante (H_2CO_3). El añadir un producto a una reacción en equilibrio impulsa una reacción reversible en dirección de los reactantes.

Supón, por otro lado, que se quita el dióxido de carbono. Esta disminución en la concentración de CO_2 causa que la tasa de la reacción hacia atrás disminuya. A medida que se forma menos reactante (H_2CO_3), la tasa de la reacción hacia adelante también empieza a disminuir. A la larga, las tasas de ambas reacciones, hacia adelante y a la inversa, se hacen iguales otra vez. Se reestablece el equilibrio pero en una posición de equilibrio diferente. El quitar un producto siempre impulsa una reacción reversible en dirección de los productos.

Los granjeros usan la eliminación de un producto para aumentar la producción de huevos que ponen las gallinas. Las gallinas ponen huevos y luego proceden a empollarlos. Si se quitan los huevos después de ponerlos, entonces la gallina pondrá más huevos. De forma similar, a medida que los productos se eliminan de una mezcla de reacción, el sistema intenta restaurar el equilibrio produciendo más productos. Sin embargo, la reacción no podrá nunca restablecer el equilibrio porque los productos son eliminados constantemente. La reacción continúa para producir productos hasta que se acaben los reactantes.

Tu cuerpo proporciona otro ejemplo del efecto que tiene la eliminación de un producto. El dióxido de carbono es un producto de las reacciones que proporcionan energía a tu cuerpo. El dióxido de carbono producido en las células es conducido a través de los vasos sanguíneos hacia los pulmones. Algo del dióxido de carbono se dispersa de la sangre a los pulmones y se exhala al aire. Existe un equilibrio entre el ácido carbónico, el dióxido de carbono y el agua en tu sangre.

Los atletas de la Figura 18.15 usan más energía que una persona en reposo. Durante el ejercicio, aumenta la concentración de CO_2 en la sangre. Este aumento en el CO_2 cambia el equilibrio en dirección del ácido carbónico. El nivel de H_2CO_3 en la sangre necesita permanecer bastante constante. Afortunadamente, el aumento en el nivel de CO_2 también fomenta un aumento en la tasa de respiración. Con más respiraciones por minuto, se elimina más CO_2 de los pulmones. La eliminación de CO_2 causa que el equilibrio cambie hacia los productos, lo cual reduce la cantidad de H_2CO_3.

El mismo principio aplica a la adición o remoción de reactantes. Cuando se añade un reactante a un sistema en equilibrio, la reacción cambia en dirección de la formación de productos. Cuando se elimina un reactante, la reacción cambia en dirección de la formación de reactantes.

Figura 18.15 Efecto de la concentación en equilibrio
El dióxido de carbono es un producto de reacciones en las células. Una respiración rápida durante y después del ejercicio intenso ayuda a reducir el nivel de CO_2 en la sangre y, por lo tanto, ayuda a controlar el nivel de H_2CO_3.
Predecir *¿Es la concentración de CO_2 mayor en el aire inhalado que en el aire exhalado? Explica.*

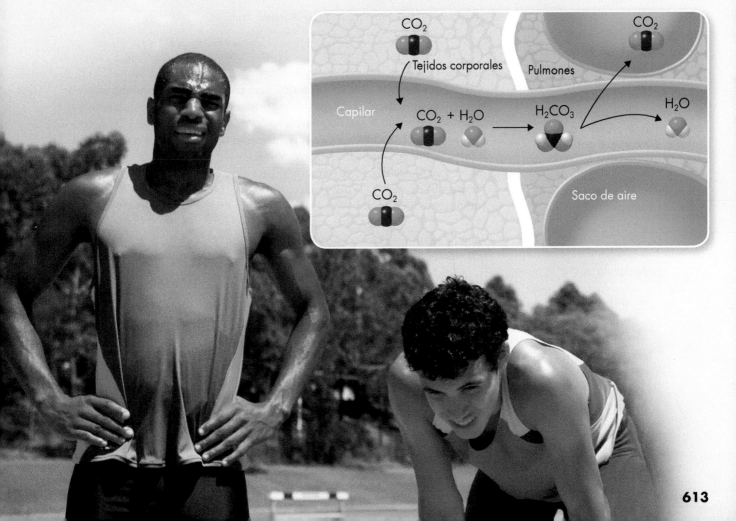

P: *Fritz Haber y Karl Bosch averiguaron cómo aumentar la producción de amoníaco cuando reaccionaban nitrógeno e hidrógeno. Su éxito provino del control de la temperatura y la presión. ¿En qué dirección ajustaron cada factor y por qué?*

Temperatura El aumento de temperatura ocasiona que la posición de equilibrio de una reacción cambie en la dirección en que absorbe el calor. Es decir, cambiará en la dirección en que reduce la tensión. Por ejemplo, la reacción que ocurre cuando se produce amoníaco (NH_3) a partir de N_2 y H_2 es exotérmica.

$$N_2(g) + 3H_2(g) \underset{\underset{\text{Dirección del cambio}\rightarrow}{\text{Eliminar calor (enfriar)}}}{\overset{\overset{\text{Añadir calor.}}{\leftarrow\text{Dirección del cambio}}}{\rightleftharpoons}} 2NH_3(g) + calor$$

Se puede considerar que el calor es un producto, así como el NH_3. Al calentar la mezcla de reacción en equilibrio se mueve la posición de equilibrio hacia la izquierda, lo que favorece a los reactantes. Como resultado, disminuye la producción de productos. Al enfriar o eliminar el calor, se mueve la posición de equilibrio hacia la derecha y aumenta la producción de producto.

Presión Los sistemas de equilibrio en los que algunos reactantes y productos son gases, se ven afectados por un cambio en la presión. Un cambio ocurrirá sólo si hay un número desigual de moles de gas en cada lado de la ecuación. La reacción en la que se forma el amoníaco es un ejemplo útil. Los tres gases están en un cilindro con un émbolo unido a un destapador. Cuando el destapador se empuja hacia abajo, el volumen disminuye y la presión aumenta. Puedes predecir hacia qué lado de la posición de equilibrio cambiará al compartir el número de moléculas de reactantes y productos. Cuando se forman dos moléculas de amoníaco, se usan cuatro moléculas de reactantes (tres de hidrógeno y una de nitrógeno). Un cambio hacia el amoníaco (el producto) disminuirá el número de moléculas. El cambio disminuirá la presión pero no la presión original.

$$N_2(g) + 3H_2(g) \underset{\underset{\leftarrow\text{Dirección del cambio}}{\text{Disminuir presión.}}}{\overset{\overset{\text{Aumentar la presión.}}{\text{Dirección del cambio}\rightarrow}}{\rightleftharpoons}} 2NH_3(g)$$

Puede usarse un cambio de presión para favorecer a los reactantes en la reacción de amoníaco. El detener el destapador en la Figura 18.16 aumentará el volumen que ocupa el gas. Este aumento del volumen ocasiona una disminución de la presión. El añadir moléculas al contenedor te puede ayudar a restaurar la presión. Por consiguiente, la descomposición del amoníaco, que aumenta el número de moléculas, se ve favorecida. Un nuevo equilibrio se establece a una presión que es mayor a la que tenía el sistema cuando se le afectó pero no tan alta como la presión original.

Figura 18.16
Efecto de la presión en equilibrio
La presión afecta una mezcla de nitrógeno, hidrógeno y amoníaco.
a. El sistema está en equilibrio.
b. Se altera el equilibrio mediante un aumento de presión. **c.** Se establece una nueva posición de equilibrio con menos moléculas.
Explicar *¿Cómo explica el gas ideal (PV = nRT) este cambio en la posición de equilibrio?*

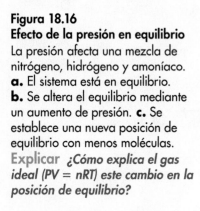

Molécula de amoníaco (NH_3)

Molécula de hidrógeno (H_2)

Molécula de nitrógeno (N_2)

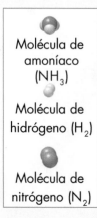

(a) Equilibrio inicial (11 moléculas de gas)

(b) Aumento de presión, equilibrio alterado

(c) Equilibrio nuevo (9 moléculas de gas)

Catalizadores y equilibrio Los catalizadores disminuyen el tiempo que toma establecer el equilibrio. Sin embargo, no afectan la cantidad de reactantes y productos presentes en equilibrio. El trayecto de energía para una reacción hacia atrás es el opuesto exacto del trayecto de energía para la reacción hacia adelante. Por lo tanto, al añadir un catalizador se disminuye el trayecto de energía en la misma cantidad que ambas reacciones.

Ejemplo de problema 18.2

Aplicar el principio de Le Châtelier

¿Qué efecto tendrá cada uno de los siguientes cambios en la posición de equilibrio para esta reacción reversible?

$$PCl_5(g) + calor \rightleftharpoons PCl_3(g) + Cl_2(g)$$

a. Se añade Cl_2.
c. Se elimina el calor.
b. Se aumenta la presión.
d. Se elimina el PCl_3 mientras se forma.

❶ **Analizar** **Identifica los conceptos relevantes.** De acuerdo con el principio de Le Châtelier, la posición de equilibrio cambiará en una dirección que minimice la tensión impuesta.

❷ **Resolver** **Aplica los conceptos a este problema.**

Empieza con la adición de Cl_2.	**a.** El Cl_2 es un producto. Al aumentar la concentración de un producto cambia el equilibrio hacia la izquierda.
Analiza el efecto de un aumento en la presión.	**b.** Al reducir el número de moléculas de gas se disminuye la presión. El equilibrio cambia hacia la izquierda.
Analiza el efecto de la eliminación de calor.	**c.** La reacción hacia atrás produce calor. La eliminación de calor causa que el equilibrio cambie a la izquierda.
Analiza el efecto de la eliminación de PCl_3.	**d.** El PCl_3 es un producto. La eliminación de un producto mientras se forma causa que el equilibrio cambie a la derecha.

17. ¿Cómo se ve afectada la posición de equilibrio de esta reacción por los cambios siguientes?

$$2SO_2(g) + O_2(g) \rightleftharpoons 2SO_3(g) + calor$$

a. disminuir la temperatura
b. disminuir la presión
c. eliminar oxígeno
d. añadir trióxido de azufre (SO_3)

Para un cambio de presión, compara el número de moléculas de gas en ambos lados de la ecuación.

18. ¿Cómo se ve afectada la posición de equilibrio de esta reacción por los cambios siguientes?

$$C(s) + H_2O(g) + calor \rightleftharpoons CO(g) + H_2(g)$$

a. disminuir la temperatura
b. disminuir la presión
c. eliminar hidrógeno
d. añadir vapor de agua

Constantes de equilibrio

¿Qué es lo que indica el tamaño de una constante de equilibrio acerca de un sistema en equilibrio?

Los químicos expresan la posición de equilibrio como un valor numérico. Este valor relaciona las cantidades de reactantes a productos en equilibrio. Observa la reacción general siguiente en la que dos reactantes forman dos productos. Los coeficientes, *a*, *b*, *c* y *d* representan el número de moles.

$$a\text{A} + b\text{B} \rightleftharpoons c\text{C} + d\text{D}$$

La **constante de equilibrio** (K_{eq}) es la razón de concentraciones de producto a concentraciones de reactante en equilibrio. Cada concentración se eleva a una potencia igual al número de moles de esa sustancia en la ecuación química balanceada. Aquí se presenta una expresión para la constante de equilibrio para la reacción general indicada con anterioridad.

$$K_{eq} = \frac{[\text{C}]^c \times [\text{D}]^d}{[\text{A}]^a \times [\text{B}]^b}$$

Los exponentes en la expresión de equilibrio constante son los coeficientes en la ecuación química balanceada. Las concentraciones de sustancias están en moles por litro (mol/L). El valor de K_{eq} depende de la temperatura de la reacción. Si la temperatura cambia, el valor de K_{eq} también cambia.

El tamaño de la constante de equilibrio indica si los reactantes o los productos son más comunes en equilibrio. Cuando K_{eq} tiene un valor grande, como 3.1×10^{11}, la mezcla de reacción en equilibrio consistirá principalmente de producto. Cuando K_{eq} tiene un valor pequeño, como 3.1×10^{-11}, la mezcla en equilibrio consistirá principalmente de reactante. Cuando K_{eq} tiene un valor intermedio, como 0.15 o 50, la mezcla tendrá todas las cantidades significativas tanto de reactante como de producto.

Cuando se calcula el valor de una constante de equilibrio, la cancelación de unidades puede o no conducir a una unidad para la constante. Como resultado, los químicos acordaron reportar las constantes de equilibrio sin indicar la unidad. El Ejemplo de problema 18.3 muestra cómo calcular la constante de equilibrio para la reacción que se ilustra en la Figura 18.17.

Figura 18.17
Favorecer reactantes o productos
El tetraóxido de dinitrógeno es un gas incoloro. El dióxido de nitrógeno es un gas marrón. El frasco de la izquierda está en un plato con agua caliente. El frasco de la derecha está en hielo.
Interpretar diagramas ¿Cómo afecta un aumento en la temperatura la mezcla en equilibrio de estos gases?

- ● Dióxido de nitrógeno (NO_2)
- ■ Tetraóxido de dinitrógeno (N_2O_4)

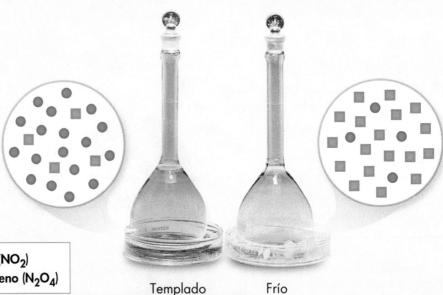

Templado   Frío

Ejemplo de problema 18.3

Expresar y calcular K_{eq}

El gas incoloro de tetraóxido de dinitrógeno (N_2O_4) y el gas marrón dióxido de nitrógeno (NO_2) existen en equilibrio entre sí.

$$N_2O_4(g) \rightleftharpoons 2NO_2(g)$$

Un litro de la mezcla de gas en equilibrio contiene 0.0045 moles de N_2O_4 y 0.30 moles de NO_2 a 10 °C. Escribe la expresión para la constante de equilibrio (K_{eq}) y calcula el valor de la constante para la reacción.

❶ Analizar Haz una lista de lo conocido y lo desconocido. Modifica la expresión general para la constante de equilibrio y sustituye las concentraciones conocidas para calcular K_{eq}.

CONOCIDO	DESCONOCIDO
$[N_2O_4] = 0.0045$ mol/L	K_{eq} (expresión algebraica) = ?
$[NO_2] = 0.030$ mol/L	K_{eq} (valor numérico) = ?

❷ Calcular Resuelve para buscar lo desconocido.

Empieza con la expresión general para la constante de equilibrio.

$$K_{eq} = \frac{[C]^c \times [D]^d}{[A]^a \times [B]^b}$$

Coloca la concentración del producto en el numerador y la concentración del reactante en el denominador. Eleva cada concentración a una potencia igual a su coeficiente en la ecuación química.

Escribe la constante de equilibrio para esta reacción.

$$K_{eq} = \frac{[NO_2]^2}{[N_2O_4]}$$

Sustituye las concentraciones conocidas y calcula K_{eq}.

$$K_{eq} = \frac{(0.030 \text{ mol/L})^2}{0.0045 \text{ mol/L}} = \frac{(0.030 \text{ mol/L} \times 0.030 \text{ mol/L})}{0.0045 \text{ mol/L}}$$

$$= 0.20 \text{ mol/L} = 0.20$$

Puedes ignorar la unidad mol/L, los químicos reportan las constantes de equilibrio sin indicar la unidad.

❸ Evaluar ¿Tiene sentido el resultado? Cada concentración se eleva a la potencia correcta. El valor numérico de la constante se expresa correctamente con dos cifras significativas. El valor para K_{eq} es adecuado para una mezcla en equilibrio que contiene cantidades significativas de ambos gases.

> Aquí te presentamos una pista para el Problema 20: calcula $1/K_{eq}$ para la reacción hacia adelante.

19. La reacción en donde se forma el amoníaco es $N_2(g) + 3H_2(g) \rightleftharpoons 2NH_3(g)$. En equilibrio, un frasco de 1 L contiene 0.15 moles de H_2, 0.25 moles de N_2 y 0.10 moles de NH_3. Calcula K_{eq} para esta reacción.

20. Usando las condiciones de equilibrio descritas en el Problema 19, calcula K_{eq} para $2NH_3(g) \rightleftharpoons N_2(g) + 3H_2(g)$. ¿Cómo se relaciona K_{eq} para una reacción hacia adelante con K_{eq} para una reacción hacia atrás?

Encontrar la constante de equilibrio

Un mol del gas incoloro hidrógeno y un mol del vapor violeta yodo están sellados en un frasco de 1 L y se les deja reaccionar a 450 °C. En equilibrio, se presentan 1.56 moles de yoduro de hidrógeno incoloro, junto con algunos gases reactantes. Calcula K_{eq} para la reacción.

$$H_2(g) + I_2(g) \rightleftharpoons 2HI(g)$$

❶ Analizar Haz una lista de lo conocido y lo desconocido.
Halla las concentraciones de los reactantes en equilibrio. Después sustituye las concentraciones en equilibrio en la expresión para la constante de equilibrio de esta reacción.

CONOCIDO	DESCONOCIDO
$[H_2]$ (inicial) = 1.00 mol/L	K_{eq} = ?
$[I_2]$ (inicial) = 1.00 mol/L	
$[HI]$ (equilibrio) = 1.56 mol/L	

❷ Calcular Resuelve para buscar lo desconocido.

Primero usa la ecuación balanceada para averiguar cuánto I_2 y H_2 se consumen en la reacción.

$$1.56 \text{ moles de HI} \times \frac{1 \text{ mol de } H_2}{2 \text{ moles de HI}} = 0.780 \text{ moles de } H_2$$

En esta reacción, el número de moles de I_2 usados es igual al número de moles de H_2 usados.

Calcula cuánto I_2 y H_2 permanecen en equilibrio.

$$\text{mol } H_2 = \text{mol } I_2 = (1.00 \text{ mol} - 0.780 \text{ moles}) = 0.22 \text{ moles}$$

Escribe la expresión para K_{eq}.

$$K_{eq} = \frac{[HI]^2}{[H_2] \times [I_2]}$$

Usa la expresión general para K_{eq} como guía:

$$K_{eq} = \frac{[C]^c \times [D]^d}{[A]^a \times [B]^b}$$

Sustituye las concentraciones en equilibrio de los reactantes y los productos en la ecuación y resuelve K_{eq}.

$$K_{eq} = \frac{(1.56 \text{mol/L})^2}{0.22 \text{ mol/L} \times 0.22 \text{ mol/L}} = \frac{1.56 \text{ mol/L} \times 1.56 \text{ mol/L}}{0.22 \text{ mol/L} \times 0.22 \text{ mol/L}} = 5.0 \times 10^1$$

❸ Evaluar ¿Tiene sentido el resultado? Cada concentración se eleva a la potencia correcta. El valor de la constante refleja la presencia de cantidades significativas de reactantes y producto en la mezcla en equilibrio.

En el problema 22, primero debes hallar las concentraciones en equilibrio de H_2 y CO_2.

21. Supón que el siguiente sistema alcanza el equilibrio:
$$N_2(g) + O_2(g) \rightleftharpoons 2NO(g)$$
El análisis de la mezcla en equilibrio de un frasco de 1 L da los resultados siguientes: 0.50 moles de N_2, 0.50 moles de O_2 y 0.020 moles de NO. Calcula K_{eq} para la reacción.

22. A 750 °C, la reacción siguiente alcanza el equilibrio en un frasco de un L:
$$H_2(g) + CO_2(g) \rightleftharpoons H_2O(g) + CO(g)$$
La reacción empieza con 0.10 moles de H_2 y 0.10 moles de CO_2. En equilibrio, hay 0.047 moles de H_2O y 0.047 moles de CO. Calcula K_{eq} para la reacción.

Buscar concentraciones en equilibrio

El cloruro de bromo (BrCl) se descompone para formar bromo y cloro.

$$2BrCl(g) \rightleftharpoons Br_2(g) + Cl_2(g)$$

A cierta temperatura, la constante de equilibrio para la reacción es 11.1. Una muestra de BrCl puro se coloca en un contenedor de 1 L y se deja descomponer. En equilibrio, la mezcla de reacción contiene 4.00 moles de Cl_2. ¿Cuáles son las concentraciones en equilibrio de Br_2 y BrCl?

① Analizar **Haz una lista de lo conocido y lo desconocido.** Usa la ecuación balanceada, la constante de equilibrio y la expresión de la constante de equilibrio para hallar las concentraciones desconocidas. De acuerdo con la ecuación balanceada, cuando BrCl se descompone, se forman números iguales de moles de Br_2 y Cl_2.

CONOCIDO	DESCONOCIDO
$[Cl_2]$ (equilibrio) = 4.00 mol/L	$[Br_2]$ (equilibrio) = ? mol/L
K_{eq} = 11.1	[BrCl] (equilibrio) = ? mol/L

② Calcular **Resuelve para buscar lo desconocido.**

El volumen del contenedor es de un L; por lo tanto, calcula $[Br_2]$ en equilibrio.

$$[Br_2] = \frac{4.00 \text{ moles}}{1 \text{ L}} = 4.00 \text{ mol/L}$$

Escribe la expresión en equilibrio para la reacción.

$$K_{eq} = \frac{[Br_2] \times [Cl_2]}{[BrCl]^2}$$

Vuelve a ordenar la ecuación para resolver $[BrCl]^2$. Después sustituye los valores conocidos para K_{eq}, $[Br_2]$ y $[Cl_2]$.

$$[BrCl]^2 = \frac{[Br_2] \times [Cl_2]}{K_{eq}} = \frac{4.00 \text{ mol/L} \times 4.00 \text{ mol/L}}{11.1}$$

$$= 1.44 \text{ mol}^2/L^2$$

Halla [BrCl] tomando la raíz cuadrada de cada lado de la ecuación.

$$[BrCl] = \sqrt{1.44 \text{ mol}^2/L^2} = 1.20 \text{ mol/L}$$

Usa tu calculadora para hallar la raíz cuadrada.

③ Evaluar **¿Tiene sentido el resultado?** Tiene sentido que la concentración en equilibrio del reactante y los productos esté presente en cantidades significativas porque K_{eq} tiene un valor intermedio.

---

23. A cierta temperatura, la constante de equilibrio para la reacción en la que el dióxido de nitrógeno forma tetraóxido de dinitrógeno es 5.6.

$$2NO_2(g) \rightleftharpoons N_2O_4(g)$$

En un contenedor de 1 L, la cantidad de N_2O_4 en equilibrio es de 0.66 moles. ¿Cuál es la concentración en equilibrio de NO_2?

24. El yoduro de hidrógeno se descompone para formar hidrógeno y yodo.

$$2HI(g) \rightleftharpoons H_2(g) + I_2(g)$$

En un contenedor de 1 L a 450 °C, la mezcla en equilibrio contiene 0.50 moles de hidrógeno. ¿Cuáles son las concentraciones en equilibrio del hidrógeno y del yoduro de hidrógeno? (K_{eq} = 0.020)

Ingeniero químico

Quizá pienses que el *surfing* está muy alejado de la química. ¡Pero estarías equivocado! Las tablas para *surfing*, los trajes isotérmicos e incluso las ceras sintéticas que se usan para ayudarle a tus pies a mantenerse sobre la tabla fueron creados usando productos desarrolados por ingenieros químicos.

Los ingenieros químicos están preocupados principalmente por la fabricación a gran escala de productos químicos, como plásticos y otros productos de petróleo, farmacéuticos y alimentos. Los ingenieros químicos también pueden estar involucrados en la investigación, el diseño y el desarrollo de plantas de procesamiento, la evaluación de procesos de operación y la extracción y procesamiento de materias primas.

Un paso más allá

1. Inferir ¿Cuáles son algunas razones por las que los ingenieros químicos puedan necesitar una gran variedad de conocimiento científico y de ingeniería en su trabajo?

2. Identificar ¿Cuáles son algunos productos de uso diario que pudiera haber desarrollado un ingeniero químico?

 18.3 Comprobación de la lección

25. 🔑 **Revisar** ¿Qué le sucede a las cantidades de reactantes y de productos después de que una reacción ha alcanzado el equilibrio químico?

26. 🔑 **Hacer una lista** ¿Cuáles son las tres tensiones que pueden alterar el equilibrio de un sistema químico?

27. 🔑 **Explicar** ¿Qué te dice el valor de la constante de equilibrio acerca de las cantidades de reactantes y productos presentes en el equilibrio?

28. Relacionar causa y efecto ¿Puede un cambio de presión afectar la posición de equilibrio en cada reacción reversible? Explica.

29. Describir ¿Cómo puedes usar una ecuación química balanceada para escribir una expresión de constante de equilibrio?

30. Aplicar conceptos ¿Cuál de las constantes de equilibrio indica una reacción en la que la cantidad de producto es mucho más grande que la cantidad de reactante en equilibrio? Explica.
a. $K_{eq} = 1 \times 10^8$
b. $K_{eq} = 3 \times 10^{-6}$

31. Calcular La mezcla en equilibrio para la reacción $2HI(g) \rightleftharpoons H_2(g) + I_2(g)$ contiene 0.050 moles de H_2. ¿Cuántos moles de I_2 y de HI están presentes en equilibrio ($K_{eq} = 0.018$)?

GRANIDEA REACCIONES

32. Repasa el concepto de rendimiento porcentual de la Lección 12.3. ¿Cómo el entender el principio de Le Châtelier ayuda a los químicos a aumentar el rendimiento porcentual de una reacción química reversible?

18.4 Equilibrio de solubilidad

P: *¿Cómo es posible ingerir un veneno sin lastimarse?* Las sustancias químicas son necesarias para hacer que los órganos, además de los huesos, sean visibles en imágenes de rayos X. En una prueba, un paciente bebe una mezcla líquida espesa que contiene sulfato de bario, el cual es un veneno. Dado que el sulfato de bario puede absorber los rayos X, los tejidos cubiertos por el líquido aparecerán como áreas luminosas en las imágenes de rayos X. Esta lección te ayudará a entender cómo un veneno como el sulfato de bario puede usarse con seguridad para esta prueba.

Preguntas clave

🔑 *¿Cuál es la relación entre la constante del producto de solubilidad y la solubilidad de un compuesto?*

🔑 *¿Cómo puedes predecir si la precipitación ocurrirá cuando se mezclen dos soluciones?*

Vocabulario

- constante del producto de solubilidad
- ion común
- efecto del ion común

La constante del producto de solubilidad

🔑 *¿Cuál es la relación entre la constante del producto de solubilidad y la solubilidad de un compuesto?*

La mayoría de los compuestos iónicos contienen metales alcalinos que son solubles en agua. Por ejemplo, más de 35 g de cloruro de sodio se disolverán en sólo 100 g de agua. Por el contrario, algunos compuestos iónicos son insolubles en agua. Por ejemplo, los compuestos que contienen iones de fosfato, sulfito o carbonato tienden a no disolverse en agua. Excepciones a esta regla son los compuestos en los que los iones se combinan con iones de amoníaco o iones de metales alcalinos. La Tabla 18.1 proporciona algunas reglas generales para la solubilidad de compuestos iónicos en agua.

Tabla 18.1

Solubilidad de compuestos iónicos en agua		
Compuestos	**Solubilidad**	**Excepciones**
Sales de metales del Grupo 1A y amoníaco	Solubles	Algunos compuestos de litio
Etanoatos, nitratos, cloratos y percloratos	Solubles	Pocas excepciones
Sulfatos	Solubles	Compuestos de Pb, Ag, Hg, Ba, Sr y Ca
Cloruros, bromuros y yoduros	Solubles	Compuestos de Ag y algunos de Hg y Pb
Sulfuros e hidróxidos	La mayoría son insolubles	Los sulfuros de metales alcalinos y los hidróxidos son solubles. Los compuestos de Ba, Sr y Ca son poco solubles.
Carbonatos, fosfatos y sulfitos	Insolubles	Los compuestos de metales alcalinos y de iones de amoníaco

Figura 18.18 Cloruro de plata
Algunos compuestos iónicos, como el cloruro de plata, son poco solubles en agua.
Predecir *¿El añadir cloruro de plata sólido a este tubo de ensayo aumentaría las concentraciones de iones de plata e iones de cloruro?*

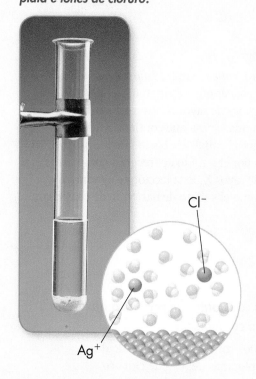

Cl⁻

Ag⁺

La mayoría de los compuestos iónicos insolubles de hecho se disolverán en agua hasta cierto punto. Se dice que estos compuestos son poco solubles en agua. La Figura 18.18 modela lo que sucede cuando el compuesto "insoluble" de cloruro de plata se mezcla con agua. Se establece un equilibrio entre el sólido y los iones disueltos en la solución saturada.

$$AgCl(s) \rightleftharpoons Ag^+(aq) + Cl^-(aq)$$

Puedes escribir una expresión de la constante de equilibrio para este proceso.

$$K_{eq} = \frac{[Ag^+] \times [Cl^-]}{[AgCl]}$$

La expresión incluye los iones disueltos, que están en solución, y el sólido AgCl, que no lo está. Para comparar la solubilidad de las sales, es útil tener una constante que refleje sólo las concentraciones de los iones disueltos. Esta constante se llama **constante del producto de solubilidad** (K_{sp}), que es igual al producto de las concentraciones de los iones, cada uno elevado a una potencia igual al coeficiente del ion en la ecuación de disociación.

$$K_{sp} = [A]^a \times [B]^b$$

Los coeficientes para la disociación de cloruro de plata son 1; por lo tanto, la expresión K_{sp} para la disociación se escribe así:

$$K_{sp} = [Ag^+] \times [Cl^-]$$

¿Qué te dice el tamaño de la constante del producto de solubilidad acerca de la solubilidad de un compuesto? 🔑 **Cuanto más pequeño sea el valor de la constante del producto de solubilidad, menor será la solubilidad del compuesto.** En la Tabla 18.2 se enumeran los valores de K_{sp} para algunos compuestos iónicos que son poco solubles en agua.

Tabla 18.2

Constantes del producto de solubilidad (K_{sp}) a 25 °C					
Compuesto iónico	K_{sp}	**Compuesto iónico**	K_{sp}	**Compuesto iónico**	K_{sp}
Haluros		**Sulfatos**		**Hidróxidos**	
AgCl	1.8×10^{-10}	PbSO$_4$	6.3×10^{-7}	Al(OH)$_3$	3.0×10^{-34}
AgBr	5.0×10^{-13}	BaSO$_4$	1.1×10^{-10}	Zn(OH)$_2$	3.0×10^{-16}
AgI	8.3×10^{-17}	CaSO$_4$	2.4×10^{-5}	Ca(OH)$_2$	6.5×10^{-6}
PbCl$_2$	1.7×10^{-5}	**Sulfuros**		Mg(OH)$_2$	7.1×10^{-12}
PbBr$_2$	2.1×10^{-6}	NiS	4.0×10^{-20}	Fe(OH)$_2$	7.9×10^{-16}
PbI$_2$	7.9×10^{-9}	CuS	8.0×10^{-37}	**Carbonatos**	
PbF$_2$	3.6×10^{-8}	Ag$_2$S	8.0×10^{-51}	CaCO$_3$	4.5×10^{-9}
CaF$_2$	3.9×10^{-11}	ZnS	3.0×10^{-23}	SrCO$_3$	9.3×10^{-10}
Cromatos		FeS	8.0×10^{-19}	ZnCO$_3$	1.0×10^{-10}
PbCrO$_4$	1.8×10^{-14}	CdS	1.0×10^{-27}	Ag$_2$CO$_3$	8.1×10^{-12}
Ag$_2$CrO$_4$	1.2×10^{-12}	PbS	3.0×10^{-28}	BaCO$_3$	5.0×10^{-9}

Ejemplo de problema 18.6

Buscar las concentraciones iónicas en una solución saturada

¿Cuál es la concentración de iones plomo e iones cromato en una solución saturada de cromato de plomo(II) a 25 °C? ($K_{sp} = 1.8 \times 10^{-14}$)

CONOCIDO	DESCONOCIDO
$K_{sp} = 1.8 \times 10^{-14}$	$[Pb^{2+}] = ?\ M$
$PbCrO_4(s) \rightleftharpoons Pb^{2+}(aq) + CrO_4{}^{2-}(aq)$	$[CrO_4{}^{2-}] = ?\ M$

❶ **Analizar Haz una lista de lo conocido y lo desconocido.** Escribe la expresión para K_{sp}. Después modifícala de manera que sólo haya una incógnita.

❷ **Calcular Resuelve para buscar lo desconocido.**

Empieza con la expresión general para la constante del producto de solubilidad.

$$K_{sp} = [A]^a \times [B]^b$$

El exponente para cada ion es 1.

Usa la ecuación química para escribir la expresión correcta de K_{sp} para la reacción.

$$K_{sp} = [Pb^{2+}] \times [CrO_4{}^{2-}] = 1.8 \times 10^{-14}$$

En equilibrio, $[Pb^{2+}] = [CrO_4{}^{2-}]$

Sustituye $[Pb^{2+}]$ para $[CrO_4{}^{2-}]$ en la expresión para obtener una ecuación con una sola incógnita.

$$K_{sp} = [Pb^{2+}] \times [Pb^{2+}] = [Pb^{2+}]^2 = 1.8 \times 10^{-14}$$

Resuelve para hallar $[Pb^{2+}]$.

$$[Pb^{2+}] = \sqrt{1.8 \times 10^{-14}}$$

$$[Pb^{2+}] = [CrO_4{}^{2-}] = 1.3 \times 10^{-7}\,M$$

❸ **Evaluar ¿Tiene sentido el resultado?** Calcula $[Pb^{2+}] \times [CrO_4{}^{2-}]$ para evaluar la respuesta. El resultado es 1.7×10^{-14}, lo cual está cercano al valor para K_{sp}. El resultado varía ligeramente del valor real porque las respuestas fueron redondeadas a dos cifras significativas.

33. El sulfuro de plomo(II) (PbS) tiene un valor K_{sp} de 3.0×10^{-28}. ¿Cuál es la concentración de los iones plomo(II) en una solución saturada de PbS a 25 °C?

Empieza por escribir la ecuación para la disociación del compuesto iónico sólido.

34. ¿Cuál es la concentración de iones calcio en una solución saturada de carbonato de calcio a 25 °C? Usa el valor de K_{sp} para el carbonato de calcio de la Tabla 18.2.

El efecto del ion común

🔑 ¿Cómo puedes predecir si ocurrirá una precipitación cuando se mezclen dos soluciones?

En una solución saturada de cromato de plomo(II), se establece un equilibrio entre el cromato de plomo(II) sólido y sus iones en solución.

$$PbCrO_4(s) \rightleftharpoons Pb^{2+}(aq) + CrO_4^{2-}(aq) \quad K_{sp} = 1.8 \times 10^{-14}$$

¿Qué sucedería si añadieras algo de nitrato de plomo a esta solución? El nitrato de plomo(II), $Pb(NO_3)_2$, es soluble en agua. Así que el añadir $Pb(NO_3)_2$ causa que la concentración del ion de plomo aumente. El producto de $[Pb^{2+}]$ y $[CrO_4^{2-}]$ sería mayor que K_{sp} del cromato de plomo(II). La adición de los iones de plomo es una tensión al equilibrio. Al aplicar el principio de Le Châtelier, la tensión puede atenuarse si la reacción se mueve hacia la izquierda. En la Figura 18.19 se muestra el resultado. El exceso de iones de plomo se combina con los iones de cromato en solución para formar $PbCrO_4$ sólido adicional. El cromato de plomo(II) continúa precipitándose a partir de la solución hasta que el producto de $[Pb^{2+}]$ y $[CrO_4^{2-}]$ una vez más es igual a 1.8×10^{-14}. La diferencia es que ahora los iones de plomo en solución provienen de dos fuentes, $PbCrO_4$ y $Pb(NO_3)_2$.

$$K_{sp} \text{ para la solución original: } [Pb^{2+}][CrO_4^{2-}] = 1.8 \times 10^{-14}$$

$$K_{sp} \text{ después de agregar } Pb(NO_3)_2\text{: } \left[Pb^{2+}\right]_{[CrO_4^{2-}]} = 1.8 \times 10^{-14}$$

En este ejemplo, el ion de plomo es un ion común. Un **ion común** es uno que se halla en ambos compuestos iónicos en una solución. La disminución de la solubilidad de un compuesto iónico es el resultado de la adición de un ion común llamado **efecto del ion común.** Los químicos pueden usar un compuesto iónico con un ion común para hacer que un sólido se precipite de una solución. Para que el efecto del ion común funcione, el compuesto añadido debe ser más soluble que el compuesto que ya está en la solución. Añadir nitrato de plomo(II) a una solución saturada de $PbCrO_4$ hace que disminuya la solubilidad del $PbCrO_4$. Al añadir cromato de sodio, Na_2CrO_4, a la solución, se producirá el mismo efecto. El ion de cromato es común a ambas sales y el Na_2CrO_4 es mucho más soluble en agua que el $PbCrO_4$.

Figura 18.19 Cromato de plomo(II)
El cromato de plomo(II), $PbCrO_4$, es poco soluble en agua. **a.** El sólido amarillo en el tubo de ensayo es $PbCrO_4$. No se puede disolver porque la solución está saturada con iones Pb^{2+} y CrO_4^{2-}. **b.** Agregar algo de nitrato de plomo(II), $Pb(NO_3)_2$, a la solución hace que el $PbCrO_4$ se precipite a partir de la solución, la cual aumenta la cantidad de $PbCrO_4$ sólido.
Relacionar causa y efecto
¿Cómo es que el añadir nitrato de plomo altera el equilibrio de $PbCrO_4$?

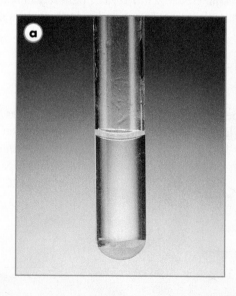

Ejemplo de problema 18.7

Hallar las concentraciones del ion en equilibrio en presencia de un ion común

Pequeñas cantidades de bromuro de plata se pueden añadir a las lentes usadas en los anteojos. El bromuro de plata hace que los lentes se oscurezcan en presencia de grandes cantidades de luz UV. La K_{sp} del bromuro de plata es 5.0×10^{-13}. ¿Cuál es la concentración del ion bromuro en una solución saturada de 1.00 L de AgBr a la que se le añaden 0.020 moles de $AgNO_3$?

1 Analizar Haz una lista de lo conocido y lo desconocido. Usa una incógnita para expresar tanto $[Ag^+]$ como $[Br^-]$. Sea x la concentración en equilibrio del ion bromuro y $x + 0.020$ la concentración en equilibrio del ion plata.

CONOCIDO
$K_{sp} = 5.0 \times 10^{-13}$
se añaden moles de $AgNO_3$ = 0.020 moles
$AgBr(s) \rightleftharpoons Ag^+(aq) + Br^-(aq)$

DESCONOCIDO
$[Br^-] = ?\ M$

2 Calcular Resuelve para buscar lo desconocido.

Escribe la expresión para K_{sp}.
$$K_{sp} = [Ag^+] \times [Br^-]$$

Sustituye x por $[Br^-]$ en la expresión del producto de solubilidad.
$$K_{sp} = [Ag^+] \times x$$

Vuelve a ordenar la ecuación para hallar x.
$$x = \frac{K_{sp}}{[Ag^+]}$$

Con base en el pequeño valor de K_{sp}, puedes suponer que x será muy pequeña en comparación con 0.020. Por lo tanto, $[Ag^+] \approx 0.020$ M.

Sustituye los valores para K_{sp} y $[Ag^+]$ en la expresión y resuelve.
$$x = \frac{(5.0 \times 10^{-13})}{0.020}$$
$$[Br^-] = 2.5 \times 10^{-11} M$$

3 Evaluar Tiene sentido el resultado? La concentración de Br^- en una solución saturada de AgBr es $7.0 \times 10^{-7} M$ (la raíz cuadrada de K_{sp}). Tiene sentido que la adición de $AgNO_3$ disminuyera la concentración de Br^- porque la presencia de un ion común, Ag^+, hace que AgBr se precipite de la solución.

35. ¿Cuál es la concentración del ion sulfuro en una solución de 1.0 L de sulfuro de hierro(II) a la que se le añaden 0.04 moles de nitrato de hierro(II)? La K_{sp} de FeS es 8×10^{-19}.

36. La K_{sp} de $SrSO_4$ es 3.2×10^{-7}. ¿Cuál es la concentración en equilibrio del ion sulfato en una solución de 1.0 L de sulfato de estroncio a la que se le añaden 0.10 moles de $Sr(CH_3CO_2)_2$?

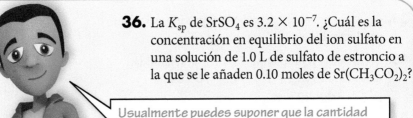

Usualmente puedes suponer que la cantidad del compuesto ligeramente soluble que se disocia es pequeña en comparación con la cantidad de ion común que se añade.

Figura 18.20
Formación de un precipitado
A medida que se mezclan soluciones de nitrato de bario y sulfato de sodio, se forma un precipitado de BaSO₄.
Explicar ¿Por qué el sulfato de bario es el único compuesto que se precipita cuando se mezclan las soluciones?

Puedes usar la constante de producto de solubilidad para predecir si se formará un precipitado cuando se mezclen dos soluciones. **Un precipitado se formará si el producto de las concentraciones de dos iones en la mezcla es mayor que el valor de K_{sp} para el compuesto formado a partir de los iones.** Después de que se forma el precipitado, la solución está saturada para ese compuesto. Si el producto de las concentraciones es menor que el valor de K_{sp}, no se formará precipitado alguno y la solución será insaturada.

Supón que mezclas dos soluciones, 0.50 L de 0.0002M de Ba(NO₃)₂ y 0.50 L de 0.008M de Na₂SO₄. La mezcla tendrá un volumen de un litro. El compuesto que puede formar un precipitado es el sulfato de bario (BaSO₄), el cual tiene un valor de K_{sp} de 1.1×10^{-10}. La precipitación ocurrirá si el producto de las concentraciones de Ba^{2+} y SO_4^{2-} es mayor que el valor de K_{sp}.

Para predecir si se formará un precipitado, necesitas saber la concentración de los iones después de que se mezclen las soluciones. Durante la mezcla, cada solución se diluye con un volumen igual al de la otra solución. Por lo tanto, las concentraciones tanto de Ba^{2+} como de SO_4^{2-} serán la mitad de sus concentraciones originales. Por consiguiente, en la solución combinada $[Ba^{2+}] = 0.001M$ y $[SO_4^{2-}] = 0.004M$. Puedes multiplicar estas concentraciones y comparar el resultado con el valor de K_{sp}.

$$[Ba^{2+}] \times [SO_4^{2-}] = (0.001M) \times (0.004M) = 4 \times 10^{-6}$$

El resultado calculado es mayor que el valor de K_{sp} para el sulfato de bario (1.1×10^{-10}). Por lo tanto, BaSO₄ se precipitará de la solución. El proceso continuará hasta que el producto de la concentración de los iones que permanece en la solución sea igual a 1.1×10^{-10}. En la Figura 18.20 se muestra la mezcla de estas dos soluciones y la formación del precipitado de sulfato de bario.

18.4 Comprobación de la lección

37. Resumir ¿Qué te indica la constante del producto de solubilidad, K_{sp}, acerca de la solubilidad de un compuesto?

38. Identificar ¿Cuáles dos valores deberías comparar para predecir si se formará un precipitado cuando se mezclen dos soluciones?

39. Aplicar conceptos Escribe la expresión del producto de solubilidad para Ag₂CO₃.

40. Comparar ¿Qué compuesto tiene la solubilidad más alta: FeS ($K_{sp} = 8.0 \times 10^{-19}$) o CuS ($K_{sp} = 8.0 \times 10^{-37}$)?

41. Calcular ¿Cuál es el valor de la K_{sp} del sulfuro de níquel(II) si las concentraciones en equilibrio de Ni^{2+} y S^{2-} en una solución saturada de NiS son de $2 \times 10^{-10}M$ cada una?

42. Calcular ¿Cuál es la concentración de iones plomo e iones sulfuro en una solución saturada de sulfuro de plomo (PbS) a 25 °C? ($K_{sp} = 3.0 \times 10^{-28}$)

43. Calcular El valor K_{sp} para el sulfato de bario es de 1.1×10^{-10}. ¿Cuál es la concentración del ion sulfato de una solución saturada de 1.00 L de BaSO₄ a la que se le añaden 0.015 moles de Ba(NO₃)₂?

44. Predecir ¿Se formará un precipitado cuando se mezclan 500 mL de una solución de 0.02M de AgNO₃ con 500 mL de una solución de 0.001M de NaCl? Explica.

GRANIDEA REACCIONES

45. Explica cómo ilustra el efecto del ion común el principio de Le Châtelier.

18.5 Energía libre y entropía

LA QUÍMICA Y TÚ

P: *¿Cómo puede empezar un incendio por sí mismo?* A veces un incendio puede ocurrir sin una fuente externa de encendido, como un cerillo o una chispa eléctrica. El combustible podría ser un montón de trapos grasosos o heno apilado que no se haya secado por completo. La *combustión espontánea* es el término que se usa para describir estos incendios. En esta lección aprenderás acerca de las condiciones que pueden ocasionar tales incendios.

Preguntas clave

🔑 *¿Cuáles son dos características de las reacciones espontáneas?*

🔑 *¿Qué función desempeña la entropía en una reacción?*

🔑 *¿Cuáles dos factores determinan si una reacción es espontánea?*

🔑 *¿Cómo se relaciona el valor de ΔG con la espontaneidad de una reacción?*

Vocabulario

- energía libre
- reacción espontánea
- reacción no espontánea
- entropía
- ley de desorden

Energía libre y reacciones espontáneas

🔑 *¿Cuáles son dos características de las reacciones espontáneas?*

Una parte de la energía liberada en una reacción química puede emplearse para hacer trabajo, como empujar los pistones en un motor de combustión interna. La energía que está disponible para hacer trabajo se llama **energía libre.** Sin embargo, sólo porque la energía esté disponible para hacer trabajo, no significa que pueda usarse eficientemente. Por ejemplo, un motor de combustión interna en un coche es sólo aproximadamente 30 por ciento eficiente. Es decir, sólo aproximadamente 30 por ciento de la energía libre liberada como gasolina se usa para mover el coche. El 70 por ciento restante se pierde como fricción y desecho de calor. Ningún proceso puede hacerse 100 por ciento eficiente. Incluso en los seres vivos, que están entre los usuarios de energía libre más eficientes, los procesos son poco más de 70 por ciento eficientes.

Reacciones espontáneas contra reacciones no espontáneas La energía se puede obtener de una reacción sólo si en realidad ocurre la reacción. Es decir, puedes escribir una ecuación balanceada para una reacción química pero la reacción puede no ocurrir. Por ejemplo, puedes escribir una ecuación para la descomposición de dióxido de carbono y oxígeno.

$$CO_2(g) \longrightarrow C(s) + O_2(g)$$

Esta ecuación, que representa el inverso de la combustión, está balanceada. Sin embargo, la experiencia te indica que esta reacción no tiende a ocurrir. El carbono y el oxígeno reaccionan para formar dióxido de carbono, no a la inversa. El mundo de las ecuaciones químicas balanceadas en realidad se divide en dos grupos. Un grupo contiene ecuaciones que representan reacciones que en realidad ocurren. El otro contiene ecuaciones que representan reacciones que no tienden a ocurrir o, al menos, no eficientemente.

Figura 18.21 Reacción espontánea
Los fuegos artificiales son el resultado
de reacciones espontáneas altamente
favorecidas. Se libera una gran cantidad
de energía libre.

Algunas reacciones químicas son espontáneas. Una **reacción espontánea** ocurre naturalmente y favorece la formación de productos en las condiciones indicadas. En la Figura 18.21 se muestra un ejemplo de reacción espontánea. **Las reacciones espontáneas producen grandes cantidades de productos y liberan energía libre.** Una reacción química que no favorece la formación de productos en las condiciones indicadas se llama **reacción no espontánea.** Tales reacciones producen poco, o nada, de producto.

Reacciones reversibles En casi todas las reacciones reversibles se favorece una reacción sobre la otra. Considera la descomposición del ácido carbónico en agua.

$$H_2CO_3(aq) \rightleftharpoons CO_2(g) + H_2O(l)$$
$$<1\% \qquad\qquad >99\%$$

En la reacción hacia adelante, el ácido carbónico es el reactante. Supón que pudieras empezar con ácido carbónico puro en agua y dejaras que el sistema se equilibrara. Más del 99 por ciento del reactante se convertiría en productos de dióxido de carbono y agua. Estos productos son altamente favorecidos en equilibrio. La tendencia natural es que el ácido carbónico se descomponga en dióxido de carbono y agua. Por lo tanto, la reacción hacia adelante es espontánea y libera energía libre. En la reacción a la inversa, el dióxido de carbono y el agua son los reactantes y el ácido carbónico es el producto. Supón que permites que una solución de dióxido de carbono y agua se equilibre. Menos del 1 por ciento de los reactantes se combinará para formar ácido carbónico. Los reactantes muestran poca tendencia natural a irse a los productos. Por lo tanto, la combinación de dióxido de carbono y agua para formar ácido carbónico es una reacción no espontánea.

En la Figura 18.22 se muestra otro ejemplo de una reacción reversible. Cuando se mezclan las soluciones de nitrato de cadmio y sulfuro de sodio, los productos son nitrato de sodio acuoso y sulfuro de cadmio amarillo sólido. El sulfuro de cadmio es altamente favorecido. Por lo tanto, la reacción hacia adelante es espontánea. La reacción a la inversa, la producción de nitrato de cadmio y sulfuro de sodio a partir de sulfuro de cadmio y nitrato de sodio, no es espontánea.

Figura 18.22 Reacción reversible
Un precipitado de sulfuro de cadmio se forma espontáneamente cuando se mezclan las soluciones de sulfuro de sodio y nitrato de cadmio. La reacción inversa no es espontánea.
Inferir *¿Se libera energía libre en esta reacción?*

$$Cd(NO_3)_2(aq) + Na_2S(aq) \rightleftharpoons CdS(s) + 2NaNO_3(aq)$$

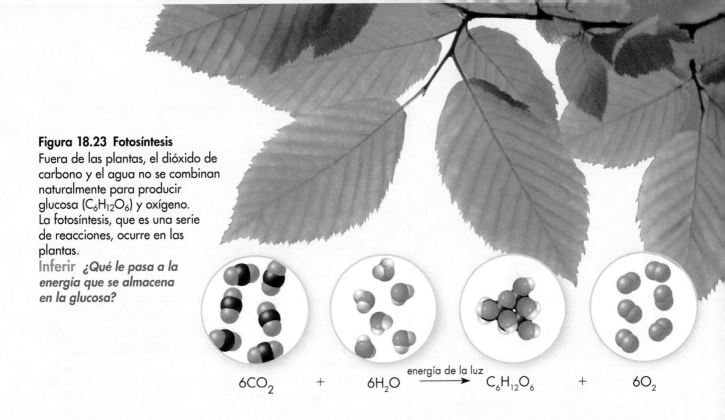

Figura 18.23 Fotosíntesis
Fuera de las plantas, el dióxido de carbono y el agua no se combinan naturalmente para producir glucosa ($C_6H_{12}O_6$) y oxígeno. La fotosíntesis, que es una serie de reacciones, ocurre en las plantas.
Inferir ¿Qué le pasa a la energía que se almacena en la glucosa?

$$6CO_2 \quad + \quad 6H_2O \quad \xrightarrow{\text{energía de la luz}} \quad C_6H_{12}O_6 \quad + \quad 6O_2$$

La tasa de reacciones espontáneas Es importante hacer notar que los términos *espontáneo* y *no espontáneo* no se refieren a la tasa de una reacción. Algunas reacciones espontáneas son tan lentas que parece que son no espontáneas. La reacción de azúcar de mesa y oxígeno es un ejemplo de tal reacción.

$$C_{12}H_{22}O_{11} + 12O_2 \longrightarrow 12CO_2 + 11H_2O$$

Parece que nada sucede en un tazón de azúcar sobre la mesa. Puedes suponer que la reacción es no espontánea. De hecho, la reacción es altamente espontánea pero a temperatura ambiente la reacción es tan lenta que le tomaría a la reacción miles de años completarse. Cuando tú suministras energía en forma de calor, la reacción es rápida. Entonces resulta obvio que la formación de dióxido de carbono y agua es altamente favorecida.

El cambiar las condiciones de una reacción química puede afectar más que la tasa de reacción. También puede afectar el hecho de que ocurra o no una reacción. Una reacción que sea no espontánea en un conjunto de condiciones puede ser espontánea en otro conjunto de condiciones. Considera la reacción de fotosíntesis, que se resume en la Figura 18.23. Esta reacción de pasos múltiples tiene lugar en las hojas de las plantas. Este complejo proceso no podría suceder sin la energía suministrada por la luz solar. Otros requerimientos incluyen pigmentos de plantas, como la clorofila, que absorbe la energía luminosa.

Reacciones en pareja A veces una reacción no espontánea puede ocurrir si está emparejada con una reacción espontánea. Una reacción libera energía que usa la otra reacción. Las reacciones en pareja son comunes en los complejos procesos biológicos que tienen lugar en los organismos vivos. Dentro de las células, una serie de reacciones espontáneas liberan la energía almacenada en la glucosa. Las moléculas en las células captan y transfieren la energía libre a las reacciones no espontáneas, como la formación de proteínas. En el Capítulo 24 se describen estos procesos.

LA QUÍMICA Y TÚ

P: *Las reacciones de descomposición que ocurren dentro de un montón de trapos engrasados o en heno húmedo apilado pueden hacer que se eleve el calor. Si el calor no puede escapar, aumentará la temperatura dentro del montón o la pila. ¿Cómo puede un aumento en la temperatura ocasionar que un incendio se inicie por sí mismo? Pista: piensa en la reacción del azúcar de mesa y el oxígeno.*

Figura 18.24 Orden y desorden
Un paseador de perros que lleva varios perros
podría representar el orden relativo y el desorden.
a. Todos los perros están con correa y van
caminando en orden por el camino. **b.** Los perros
ya no llevan correa y corren libremente. Esta
situación representa al desorden.

*Aprende más acerca
de la* entropía *en línea.*

Entropía

🗝 ¿Qué función desempeña la entropía en una reacción?

Recuerda que los cambios en el contenido de calor, o entropía, de un sistema, ocurren en la mayoría de los procesos químicos y físicos. Estos cambios ayudan a determinar si un proceso es espontáneo. Por ejemplo, la combustión de carbono (grafito) es exotérmica. La reacción libera 393.5 kJ por cada mol de carbono quemado. La reacción es espontánea.

$$C(s, \text{grafito}) + O_2(g) \longrightarrow CO_2(g) + 393.5 \text{ kJ/mol}$$

Podrías esperar que sólo las reacciones exotérmicas sean espontáneas. Sin embargo, algunos procesos son espontáneos aun cuando absorban calor. Considera lo que sucede mientras el hielo se derrite. A medida que cambia de sólido a líquido, 1 mol de hielo a 25 °C absorbe 6.0 kJ de calor de su entorno. El agua líquida tiene una energía mayor que el hielo sólido.

$$H_2O(s) + 6.0 \text{ kJ/mol} \longrightarrow H_2O(l)$$

Si consideras sólo los cambios de entalpía, es difícil explicar por qué el hielo se derrite. En los procesos espontáneos, la regla parece ser que la dirección del cambio de energía es de mayor a menor energía. Aun así, el hielo no se derrite. Algún factor además del cambio de entalpía debe ayudar a determinar si un proceso físico o químico es espontáneo.

El otro factor se relaciona con el orden. Probablemente estés familiarizado con las ideas diarias acerca del orden y el desorden. Por ejemplo, un puñado de canicas está en relativo orden en el sentido de que todas las canicas están recogidas en un solo lugar. Si se dejan caer las canicas, no es probable que terminen en el mismo orden. Por el contrario, las canicas estarán dispersas por el suelo. Se desordenan. Las canicas dispersas tienen una entropía mayor que un puñado de canicas. La **entropía** es una medida del desorden de un sistema. En la Figura 18.24 se proporciona otra comparación del orden relativo y el desorden.

La **ley del desorden** indica que la tendencia natural es que los sistemas se muevan en dirección de un desorden creciente o aleatoriedad. Probablemente estés familiarizado con esta tendencia. Por ejemplo, empiezas el año escolar con un casillero vacío que gradualmente vas llenando de artículos. Durante unas pocas semanas, es fácil encontrar artículos en tu casillero. Con el tiempo, tu casillero tiende a desordenarse a menos que pongas energía (trabajo) en el mantenimiento del orden.

La ley del desorden también aplica a nivel de átomos y moléculas. Así que la entropía afecta la dirección de una reacción. 🗝 **Las reacciones en las que aumenta la entropía mientras que los reactantes forman productos tienden a ser favorecidas.** En la Figura 18.25 se proporcionan algunas reglas generales para ayudarte a predecir el efecto de la entropía en una reacción.

Figura 18.25 Entropía

Aquí se muestran cuatro ejemplos de cambios que pueden aumentar la entropía de un sistema.

(a)

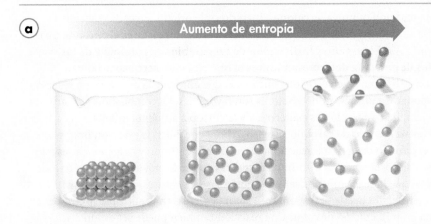

Para una sustancia dada, la entropía del gas es mayor que la entropía del líquido o del sólido. De forma similar, la entropía del líquido es mayor que la del sólido. Por lo tanto, la entropía aumenta en reacciones cuyos reactantes sólidos forman productos líquidos o gaseosos. La entropía también aumenta cuando los reactantes líquidos forman productos gaseosos.

(b)

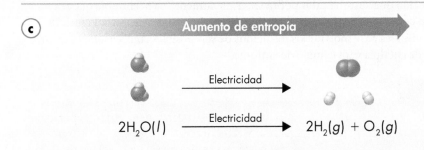

La entropía aumenta cuando se divide una sustancia en partes. Por ejemplo, la entropía aumenta cuando un compuesto iónico, como el cloruro de sodio, se disuelve en agua. Los iones de sodio y los iones de cloro están menos ordenados en la solución que en el cristal sólido.

(c)

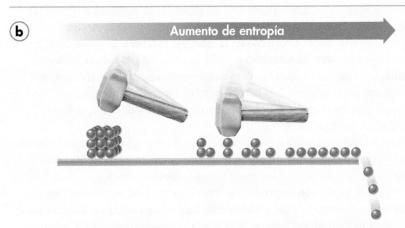

$$2H_2O(l) \xrightarrow{\text{Electricidad}} 2H_2(g) + O_2(g)$$

La entropía tiende a aumentar en reacciones químicas donde el número total de moléculas del producto es mayor que el número total de moléculas del reactante.

(d)

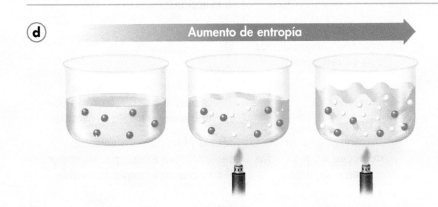

La entropía tiende a aumentar cuando la temperatura aumenta. A medida que la temperatura aumenta, las moléculas se mueven cada vez más rápido, lo que aumenta el desorden.

Entalpía y entropía

¿Cuáles dos factores determinan si una reacción es espontánea?

En cada reacción química, el calor es liberado o absorbido. En cada reacción, la entropía aumenta o disminuye. ¿Cómo afectan estos dos factores el curso de una reacción? **El tamaño y la dirección de los cambios de entalpía y de los cambios de entropía determinan juntos si una reacción será espontánea.**

Considera una reacción exotérmica en la que aumente la entropía. La reacción será espontánea porque ambos factores son favorables. La combustión del carbono es un ejemplo. La reacción es exotérmica y la entropía aumenta mientras el carbono sólido forma dióxido de carbono gaseoso. Ahora considera la reacción inversa en la que el dióxido de carbono reacciona para formar carbono y oxígeno. La reacción absorbe calor y la entropía disminuye mientras que se forma un sólido a partir de gases. Así que la reacción debe ser no espontánea.

Una reacción puede ser espontánea si un descenso en la entropía se compensa con una gran liberación de calor. Una reacción también puede ser espontánea si un aumento en la entalpía se compensa con un aumento en la entropía. Recuerda el ejemplo del hielo que se derrite. El cambio en la entalpía no es favorable porque el calor es absorbido. El cambio en la entropía es favorable porque un sólido se cambia a líquido. Aun cuando el calor es absorbido, la fusión del hielo es espontánea por encima de los 0 °C. A esas temperaturas, la absorción de calor está lo suficientemente compensada con un cambio favorable en la entropía. En la Tabla 18.3 se resume el efecto de los cambios de entalpía y de entropía en la espontaneidad de las reacciones.

También puedes usar los cambios de entalpía y de entropía para determinar si una reacción es no espontánea. Considera una reacción en la que se absorba el calor y disminuya la entropía. En ese caso, ningún cambio es favorable. Ningún cambio favorece la formación de productos. Para algunas reacciones exotérmicas, la disminución en la entropía es lo suficientemente grande como para compensar el cambio de entalpía favorable. En ese caso la reacción es no espontánea. Finalmente, una reacción que absorba calor podrá tener un aumento en la entropía que sea tan pequeño como para compensar el cambio de entalpía favorable. En la Figura 18.26 se usan visuales para mostrar los resultados de seis posibles combinaciones de un cambio de entalpía y un cambio de entropía.

Tabla 18.3

Cómo los cambios de entalpía y entropía afectan la espontaneidad de las reacciones		
Cambio de entalpía	**Cambio de entropía**	**¿Es espontánea la reacción?**
Disminuye (exotérmico)	Aumenta (mayor desorden en productos que en reactantes)	Sí
Aumenta (endotérmico)	Aumenta	Sólo si el cambio de entalpía desfavorable es compensado por el cambio de entropía favorable
Disminuye (exotérmico)	Disminuye (menor desorden en productos que en reactantes)	Sólo si el cambio de entropía desfavorable es compensado por el cambio de entalpía favorable
Aumenta (endotérmico)	Disminuye	No

Figura 18.26 Entalpía y entropía

La combinación del cambio de entalpía y el cambio en entropía para una reacción determina si la reacción es espontánea.

Resumir *Explica por qué una reacción espontánea puede ocurrir cuando un factor es desfavorable pero no cuando ambos factores son desfavorables.*

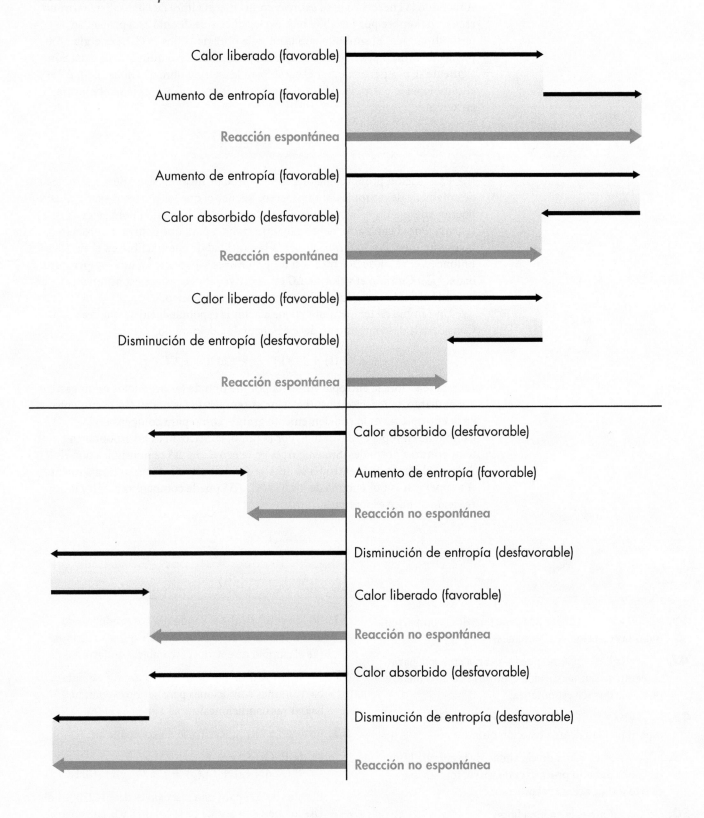

Calor liberado (favorable)

Aumento de entropía (favorable)

Reacción espontánea

Aumento de entropía (favorable)

Calor absorbido (desfavorable)

Reacción espontánea

Calor liberado (favorable)

Disminución de entropía (desfavorable)

Reacción espontánea

Calor absorbido (desfavorable)

Aumento de entropía (favorable)

Reacción no espontánea

Disminución de entropía (desfavorable)

Calor liberado (favorable)

Reacción no espontánea

Calor absorbido (desfavorable)

Disminución de entropía (desfavorable)

Reacción no espontánea

Cambio de energía libre

🔑 ¿Cómo se relaciona el valor de ΔG a la espontaneidad de una reacción?

A menudo la energía libre se expresa como energía libre de Gibbs. Este término recibe su nombre por Josiah Gibbs, el científico que definió esta propiedad termodinámica. El símbolo para la energía libre de Gibbs es G. La energía libre puede liberarse o absorberse durante un proceso físico o químico. La ecuación siguiente se usa para calcular el cambio en la energía libre de Gibbs (ΔG). ΔS es el cambio en la entropía, ΔH es el cambio en la entalpía y T es la temperatura en kelvins.

$$\Delta G = \Delta H - T\Delta S$$

La ecuación proporciona una forma de cuantificar el efecto de los cambios de entalpía y de entropía en un proceso. Recuerda que los procesos espontáneos liberan energía libre, la cual disminuye la cantidad de energía libre en el sistema. Por el contrario, debe realizarse trabajo para que ocurra un proceso no espontáneo. Por lo tanto, aumenta la cantidad de energía libre en el sistema. Entonces, el valor de ΔG indica si un proceso es espontáneo a una temperatura dada. 🔑 **Cuando el valor de ΔG es negativo, el proceso es espontáneo. Cuando el valor es positivo, el proceso es no espontáneo.**

Un cambio de temperatura puede afectar la espontaneidad de una reacción. Considera la descomposición del carbonato de calcio sólido.

$$CaCO_3(s) + 178 \text{ kJ} \longrightarrow CaO(s) + CO_2(g)$$

En esta reacción, la entropía aumenta porque uno de los productos es un gas. Sin embargo, la reacción absorbe calor. A temperaturas normales, el aumento en la entropía no es lo suficientemente grande como para compensar el cambio de entalpía desfavorable. Por lo tanto, la reacción es no espontánea a temperaturas normales. Sin embargo, en la ecuación, ΔS se multiplica por T. Así que el efecto de la entropía se amplía a medida que la temperatura aumenta. A temperaturas por encima de los 850 °C, $T\Delta S$ puede compensar a ΔH, y la reacción se hace espontánea.

18.5 Comprobación de la lección

46. 🔑 Revisar ¿Cuáles dos características comparten todas las reacciones espontáneas?

47. 🔑 Explicar ¿Cómo puedes usar la entropía para determinar si una reacción química es más o menos probable que sea espontánea?

48. 🔑 Revisar ¿Cuáles dos factores determinan la espontaneidad de una reacción química?

49. 🔑 Resumir Cuando el cambio de la energía libre de Gibbs para un proceso es negativo, ¿qué es lo que esto te indica acerca del proceso?

50. Definir ¿Qué es la energía libre?

51. Sacar conclusiones Supón que los productos de una reacción están más ordenados que los reactantes. ¿Es el cambio de entropía favorable o desfavorable?

52. Explicar ¿Cómo puede una reacción ser espontánea bajo algunas condiciones pero ser no espontánea bajo otras condiciones?

53. Inferir La nitroglicerina se descompone así:

$$4C_3H_5(NO_3)_3(l) \longrightarrow$$
$$6N_2(g) + O_2(g) + 12CO_2(g) + 10H_2O(g)$$

El valor de ΔH para esta reacción es de -1427 kJ/mol. Usa lo que sabes acerca de la entalpía y la entropía para explicar por qué esta reacción es tan explosiva.

Laboratorio a escala

Entalpía y entropía

Propósito
Observar y medir los cambios de energía durante la formación de una solución y describir y explicar esos cambios en términos de entalpía y entropía

Materiales
- termómetro de alcohol
- cuatro vasos de plástico de 1 oz
- cuchara de plástico
- cloruro de sodio
- cloruro de amoníaco
- cloruro de calcio
- agua
- hielo picado
- agitador

Procedimiento
1. Haz una tabla de datos como la de abajo en una hoja aparte.

2. Coloca dos cucharadas medidas de agua en un vaso de plástico. Mide y registra la temperatura del agua (T_1).

3. Seca la cuchara. Después, agrega una cucharada de NaCl al vaso. Agita suavemente con el termómetro.

4. Registra la temperatura más alta o más baja que resulte (T_2).

5. Enjuaga el termómetro y la cuchara.

6. Repite los pasos 2 a 5 usando NH_4Cl y $CaCl_2$.

Mezcla	T_1	T_2	ΔT
$NaCl(s) + H_2O(l)$			
$NH_4Cl(s) + H_2O(l)$			
$CaCl_2(s) + H_2O(l)$			

Analizar y concluir

1. Calcular Determina ΔT para cada mezcla usando la ecuación siguiente: $\Delta T = T_2 - T_1$

2. Observar Un proceso exotérmico libera calor. Un proceso endotérmico absorbe calor. ¿En qué mezcla fue endotérmico el proceso de disolución? ¿En qué mezcla fue exotérmico el proceso? ¿En qué mezcla el calor no se liberó ni se absorbió? ¿Qué solución(es) tuvo(tuvieron) poco o ningún cambio en la temperatura?

3. Describir Esta es la ecuación para la disociación de NaCl en agua:

$$NaCl(s) \longrightarrow Na^+(aq) + Cl^-(aq)$$

Escribe ecuaciones iónicas similares para mostrar cómo se disocian en agua el NH_4Cl y el $CaCl_2$. Incluye al calor como un reactante o un producto en cada ecuación.

4. Sacar conclusiones Cuando un sólido se disuelve en agua, ¿aumenta o disminuye la entropía? Explica tu razonamiento.

5. Relacionar causa y efecto Tanto el cambio de entalpía como el cambio de entropía fueron favorables para un cambio espontáneo, ¿en cuál mezcla? ¿En qué mezcla fue un cambio favorable y el otro desfavorable para un cambio espontáneo? Explica por qué aun así sucedió el cambio?

Tú eres el químico

1. Analizar datos Mezcla una cucharada de hielo picado con una cucharada de NaCl. Revuelve suavemente con un agitador. Después mide y registra el cambio en temperatura para esta mezcla con los resultados para la mezcla de NaCl y agua líquida.

2. Analizar datos Explica lo que observaste en la primera actividad. *Pista:* ¿Es el proceso de fundición de hielo exotérmico o endotérmico?

3. Diseñar un experimento ¿Serán los resultados los mismos cuando se mezcla un compuesto diferente a NaCl con el hielo picado? Intenta hacer la Actividad 1 con NH_4Cl y $CaCl_2$.

GRANIDEA
REACCIONES, MATERIA Y ENERGÍA

La tasa de una reacción química puede controlarse ajustando la temperatura, concentración o tamaño de la partícula. El añadir un catalizador acelera la reacción al disminuir la energía de activación. La energía es liberada en algunas reacciones y absorbida en otras. Los cambios en la entalpía y la entropía se pueden usar para explicar por qué algunas reacciones ocurren naturalmente y otras no.

18.1 Tasas de reacción

🔑 En química, la tasa de una reacción química o la tasa de reacción generalmente se expresa como el cambio en la cantidad de reactante o producto por unidad de tiempo.

🔑 Los factores que pueden afectar la tasa de una reacción química son temperatura, concentración, tamaño de la partícula y el uso de un catalizador.

- **tasa** (595)
- **teoría de colisión** (596)
- **energía de activación** (596)
- **complejo activado** (596)
- **inhibidor** (601)

18.2 El progreso de las reacciones químicas

🔑 El valor de la constante de tasa específica, k, en una ley de tasa es grande si los productos se forman rápidamente; el valor es pequeño si los productos se forman lentamente.

🔑 La mayoría de las reacciones químicas consisten de dos o más reacciones elementales.

- **ley de tasa** (604)
- **constante de tasa específica** (604)
- **reacción de primer orden** (605)
- **reacción elemental** (607)
- **mecanismo de reacción** (607)
- **intermedio** (607)

18.3 Reacciones reversibles y equilibrio

🔑 En equilibrio químico, tanto las reacciones hacia adelante como las inversas continúan; pero dado que sus tasas son iguales, ningún cambio neto ocurre en las concentraciones de los componentes de reacción.

🔑 Las tensiones que alteran el equilibrio de un sistema químico incluyen cambios en la concentración de los reactantes o los productos, cambios en temperatura y cambios en presión.

🔑 El tamaño de la constante de equilibrio indica si los reactantes o productos son más comunes en equilibrio.

- **reacción reversible** (609)
- **equilibrio químico** (610)
- **posición de equilibrio** (611)
- **principio de Le Châtelier** (612)
- **constante de equilibrio** (616)

18.4 Equilibrio de solubilidad

🔑 Cuanto más pequeño sea el valor de la constante del producto de solubilidad, menor será la solubilidad del compuesto.

🔑 Se formará un precipitado si el producto de las concentraciones de dos iones en la mezcla es mayor que el valor de K_{sp} del compuesto formado a partir de los iones.

- **constante del producto de solubilidad** (622)
- **ion común** (624)
- **efecto del ion común** (624)

18.5 Energía libre y entropía

🔑 Las reacciones espontáneas producen grandes cantidades de productos y liberan energía libre.

🔑 Las reacciones donde la entropía aumenta mientras que los reactantes forman productos tienden a estar favorecidas.

🔑 El tamaño y la dirección de los cambios de entalpía y de entropía determinan si una reacción es espontánea.

🔑 Cuando el valor de ΔG es negativo, un proceso es espontáneo. Cuando el valor es positivio, un proceso es no espontáneo.

- **energía libre** (627)
- **reacción espontánea** (628)
- **reacción no espontánea** (628)
- **entropía** (630)
- **ley de desorden** (630)

Ecuaciones clave

$$\text{Tasa} = \frac{\Delta A}{\Delta t} = k \times [A] \qquad \text{Tasa} = k[A]^x[B]^y$$

$$K_{eq} = \frac{[C]^c \times [D]^d}{[A]^a \times [B]^b}$$

$$K_{sp} = [A]^a \times [B]^b$$

$$\Delta G = \Delta H - T\Delta S$$

Afinar las matemáticas: Problemas de equilibrio

Problema	❶ Analizar	❷ Calcular	❸ Evaluar
El dióxido de azufre gaseoso reacciona con el oxígeno en un contenedor de 1.0 L a 600 °C para formar trióxido de azufre gaseoso. $2SO_2(g) + O_2(g) \rightleftharpoons$ $\qquad\qquad 2SO_3(g)$ En equilibrio, una mezcla de estos gases contiene 1.5 moles de SO_2, 1.2 moles de O_2 y 3.4 moles de SO_3. ¿Cuál es la constante de equilibrio de esta reacción?	Conocido: $[SO_2] = 1.5$ mol/L $[O_2] = 1.2$ mol/L $[SO_3] = 3.4$ mol/L Desconocido: $K_{eq} = ?$ Usa la expresión para K_{eq}: $K_{eq} = \dfrac{[C]^c \times [D]^d}{[A]^a \times [B]^b}$	Escribe la expresión de K_{eq} para esta ecuación y sustituye las concentraciones en equilibrio de esta expresión. $K_{eq} = \dfrac{[SO_3]^2}{[SO_2]^2 \times [O_2]}$ $= \dfrac{(3.4 \text{ mol/L})^2}{(1.5 \text{ mol/L})^2 \times (1.2 \text{ mol/L})}$ $K_{eq} = 4.3$	Cada concentración se eleva a la potencia correcta. El valor para K_{eq} es apropiado para una mezcla en equilibrio que contenga un número mayor de moles de productos que de reactantes.
¿Cuál es la concentración de iones plata y cloruro en una solución saturada de cloruro de plata a 25 °C? ($K_{sp} = 1.8 \times 10^{-10}$)	Conocido: $K_{sp} = 1.8 \times 10^{-10}$ $AgCl(s) \rightleftharpoons$ $\qquad Ag^+(aq) + Cl^-(aq)$ Desconocido: $[Ag^+] = ?M$ $[Cl^-] = ?M$ Usa la expresión para K_{sp}: $K_{sp} = [A]^a \times [B]^b$	Escribe la expresión para K_{sp}, modifícala para que sólo haya una incógnita y resuelve hallando esa incógnita. $K_{sp} = [Ag^+] \times [Cl^-]$ $1.8 \times 10^{-10} = [Ag^+]^2$ $[Ag^+] = \sqrt{1.8 \times 10^{-10}}$ $[Ag^+] = 1.3 \times 10^{-5}M$ $[Cl^-] = 1.3 \times 10^{-5}M$ Pista: En equilibrio, $[Ag^+] = [Cl^-]$.	Si multiplicas $[Ag^+] \times [Cl^-]$, el resultado es 1.7×10^{-10}, lo cual es cercano al valor de K_{sp}. El valor no es exactamente el mismo porque las respuestas están redondeadas a dos cifras significativas.
Predice si se formará un precipitado cuando se mezclen 0.50 L de $0.001M$ de $Ca(NO_3)_2$ con 0.50 L de $0.0008M$ de Na_2CO_3 para formar un litro de solución. La K_{sp} de $CaCO_3$ es 4.5×10^{-9}.	Conocido: 0.50 L de $0.001M$ de $Ca(NO_3)_2$ 0.50 L de $0.0008M$ de Na_2CO_3 K_{sp} de $CaCO_3 = 4.5 \times 10^{-9}$ Desconocido: $[Ca^{2+}] \times [CO_3^{2-}] > K_{sp}?$ La precipitación ocurrirá si el producto de las concentraciones de los dos iones excede el valor de K_{sp} de $CaCO_3$.	Divide las concentraciones iniciales a la mitad porque el volumen de la solución se duplicó. Multiplica las concentraciones como un producto de ensayo y compáralo con K_{sp}. $[Ca^{2+}]$ (final) $= 0.0005M$ $[CO_3^{2-}]$ (final) $= 0.0004M$ $[Ca^{2+}] \times [CO_3^{2-}] =$ $(0.0005M) \times (0.0004M) =$ 2×10^{-7} $2 \times 10^{-7} > K_{sp}$, por lo tanto se formará un precipitado.	Se formará un precipitado en este caso porque 2.0×10^{-7} es mayor que 4.5×10^{-9}. Recuerda: Las constantes de equilibrio se reportan sin unidades.

18 Evaluación

Lección por lección

18.1 Tasas de reacción

✷**54.** De acuerdo con la teoría de colisión, ¿cuáles son dos cosas que pueden suceder cuando colisionan los átomos, iones o moléculas?

55. ¿Qué es la energía de activación?

56. ¿Cuál de estos enunciados es verdadero?

   a. Las reacciones químicas tienden a desacelerar cuando se eleva la temperatura.

   b. Una vez que empieza una reacción química, las partículas reactantes ya no tienen que chocar para que se formen los productos.

   c. Aumentar el área de superficie total de reactantes sólidos o líquidos aumenta la tasa de la reacción.

57. Cuando se enciende el gas de una estufa, el gas no se quema hasta que se enciende una flama. Explica esta observación en términos del efecto de la temperatura en la tasa de reacción.

✷**58.** Explica cómo puede un catalizador cambiar la tasa de una reacción.

18.2 El progreso de las reacciones químicas

59. ¿Qué es una ley de tasa?

60. ¿En qué se diferencia una reacción de primer orden de las reacciones de orden más alto?

✷**61.** Dibuja una curva de progreso de reacción para la reacción general con el mecanismo siguiente:

$$2NO(g) \longrightarrow N_2O_2(g) \text{ (rápido)}$$

$$N_2O_2(g) + O_2(g) \longrightarrow 2NO_2(g) \text{ (lento)}$$

¿Cuál es el intermedio de esta reacción?

62. Escribe la ecuación balanceada de la reacción general descrita en la Pregunta 61.

18.3 Reacciones reversibles y equilibrio

63. En tus propias palabras, define una reacción reversible.

64. Compara las tasas de las reacciones hacia adelante e inversa cuando se ha establecido un equilibrio de reacción.

65. ¿Cuál es el principio de Le Châtelier?

✷**66.** Escribe la expresión para la constante de equilibrio de cada reacción.

   a. $4H_2(g) + CS_2(g) \Longrightarrow CH_4(g) + 2H_2S(g)$
   b. $PCl_5(g) \Longrightarrow PCl_3(g) + Cl_2(g)$

67. Para cada reacción, decide si los productos o los reactantes serán más comunes en equilibrio.

   a. $H_2(g) + F_2(g) \Longrightarrow 2HF(g); K_{eq} = 1 \times 10^{13}$
   b. $SO_2(g) + NO_2(g) \Longrightarrow$
           $NO(g) + SO_3(g); K_{eq} = 1 \times 10^2$
   c. $2H_2O(g) \Longrightarrow$
           $2H_2(g) + O_2(g); K_{eq} = 6 \times 10^{-28}$

68. ¿Para qué reacción afectará un cambio de presión la posición de equilibrio? ¿Cómo cambiará la posición y por qué?

   a. $H_2(g) + F_2(g) \longrightarrow 2HF(g)$
   b. $SO_2(g) + NO_2(g) \longrightarrow NO(g) + SO_3(g)$
   c. $2H_2O(g) \longrightarrow 2H_2(g) + O_2(g)$

18.4 Equilibrio de solubilidad

69. ¿Qué es lo que representa la constante del producto de solubilidad (K_{sp})?

70. Escribe la expresión para K_{sp} de cada uno de los compuestos siguientes:

   a. NiS   **b.** $BaCO_3$

✷**71.** Usa la Tabla 18.2 para clasificar estos compuestos del más soluble al menos soluble.

   a. CuS **b.** $BaSO_4$ **c.** $SrCO_3$ **d.** AgI

72. ¿Qué sucede cuando un ion común se añade a una solución saturada de un compuesto iónico?

18.5 Energía libre y entropía

73. Explica qué significa decir que un proceso es 50 por ciento eficiente.

74. Compara la cantidad de producto en equilibrio en una reacción espontánea con la cantidad de producto en equilibrio en una reacción no espontánea.

75. Enuncia la ley del desorden en tus propias palabras.

76. ¿Cuál sistema de cada ejemplo siguiente tiene la entropía más baja?

   a. 50 mL de agua líquida o 50 mL de hielo

   b. 10g de cristales de cloruro de sodio o una solución que contiene 10 g de cloruro de sodio.

77. ¿Aumenta o disminuye la entropía en cada una de las reacciones siguientes:

a. $CaCO_3(s) \longrightarrow CaO(s) + CO_2(g)$
b. $NH_3(g) + HCl(g) \longrightarrow NH_4Cl(s)$

78. ¿Es verdad que todos los procesos espontáneos son exotérmicos? Explica tu respuesta.

79. Explica por qué el vapor se condensa en agua líquida a presión atmosférica normal aun cuando el cambio de entropía es desfavorable. *Pista:* ¿Es la condensación exotérmica o endotérmica?

80. ¿Cómo puede usarse un cambio en la energía libre de Gibbs para predecir si una reacción será espontánea?

Entender conceptos

81. ¿Cuál de los enunciados siguientes siempre es verdadero para una reacción que es espontánea?

a. La reacción es exotérmica.
b. La entropía aumenta en la reacción.
c. Se libera energía libre en la reacción.

82. Usa el principio de Le Châtelier para explicar por qué las bebidas carbonatadas pierden su sabor cuando sus contenedores se dejan abiertos.

83. Considera la descomposición de N_2O_5 en tetracloruro de carbono (CCl_4) a 45 °C.

$$2N_2O_5(soln) \longrightarrow 4NO_2(g) + O_2(g)$$

La reacción es de primer orden en N_2O_5, con la constante de tasa específica de $6.08 \times 10^{-4}\ s^{-1}$. Calcula la tasa de reacción en estas condiciones.

a. $[N_2O_5] = 0.200$ mol/L
b. $[N_2O_5] = 0.319$ mol/L

84. Considera la reacción reversible siguiente:

$$2NO_2(g) \rightleftharpoons N_2O_4(g)$$

¿Qué le sucederá a la tasa de reacción si la concentración de NO_2 se cambia de 0.020 mol/L a 0.030 mol/L? ¿Qué le sucederá a la posición de equilibrio?

85. Para la reacción $A + B \rightleftharpoons C$, la energía de activación de la reacción hacia adelante es de 5 kJ y el cambio de energía total es de −20 kJ. ¿Cuál es la energía de activación de la reacción inversa?

86. Dibuja una curva de progreso de reacción para una reacción que tenga una energía de activación de 22 kJ y un cambio de energía total de −103 kJ.

87. Una caja grande es dividida en dos compartimentos con una puerta entre ellos. En (a), cantidades iguales de dos gases monoatómicos diferentes están colocados en los dos compartimentos. En (b), la puerta entre los compartimentos está abierta y los gases empiezan a mezclarse. ¿Por qué será altamente improbable para el sistema en (b) progresar al sistema en (c)?

a.   **b.**   **c.**

88. ¿Esperarías que la entropía aumente en cada una de las reacciones siguientes? Explica tu razonamiento.

a. $C(s) + O_2(g) \longrightarrow CO_2(g)$
b. $2Al_2O_3(s) \longrightarrow 4Al(s) + 3O_2(g)$
c. $2N(g) \longrightarrow N_2(g)$
d. $N_2(g) \longrightarrow 2N(g)$

89. ¿Cuál sería el efecto en la posición de equilibrio si el volumen disminuyera en la reacción siguiente?

$$4HCl(g) + O_2(g) \rightleftharpoons 2Cl_2(g) + 2H_2O(g)$$

90. Escribe la expresión de la constante de equilibrio para esta reacción.

$$2SO_2(g) + O_2(g) \rightleftharpoons 2SO_3(g)$$

91. Una mezcla en equilibrio a 827 °C contiene 0.552 moles de CO_2, 0.552 moles de H_2, 0.448 moles de CO y 0.448 moles de H_2O. La ecuación balanceada se muestra a continuación.

$$CO_2(g) + H_2(g) \rightleftharpoons CO(g) + H_2O(g)$$

¿Cuál es el valor de K_{eq}?

92. ¿Qué debe ser verdadero acerca de la concentración de dos iones si la precipitación ocurre cuando se mezclan las soluciones de los dos iones?

93. ¿Cuál es la concentración de los iones carbonato en una solución saturada de $SrCO_3$? ($K_{sp} = 9.3 \times 10^{-10}$)

94. Predice lo que le sucederá a la tasa de una reacción reversible lenta si se añade un catalizador. ¿Qué le sucederá a la posición de equilibrio?

95. Haz una lista de las cinco cosas que hiciste hoy y que resultaron en un aumento de la entropía.

96. ¿Cuál es la concentración en equilibrio del ion de bario en una solución saturada de 1.0 L de carbonato de bario a la que se le añaden 0.25 moles de K_2CO_3?

★ 97. Supón que el equilibrio se establece para la reacción siguiente a 425 k:

$$Fe_3O_4(s) + 4H_2(g) \rightleftharpoons 3Fe(s) + 4H_2O(g)$$

¿Cómo se verá afectada la concentración en equilibrio de H_2O por estas acciones?

a. añadir más H_2 a la mezcla
b. aumentar la presión
c. eliminar $H_2(g)$
d. añadir un catalizador

98. Un estudiante prepara una solución al combinar 0.025 moles de $CaCl_2$ y 0.015 moles de $Pb(NO_3)_2$ y al añadir agua para hacer una solución de 1.0 L. ¿Se formará un precipitado de $PbCl_2$ en esta solución?

Piensa de manera crítica

99. Relacionar causa y efecto Un aumento en la temperatura eleva la energía de las colisiones entre moléculas de reactantes. Un aumento en la concentración de reactantes aumenta el número de colisiones. ¿Cuál es el efecto de un catalizador en las colisiones entre moléculas?

★100. Sacar conclusiones Se piensa que el mecanismo para la descomposición de peróxido de hidrógeno es así:

$$H_2O_2(aq) + I^-(aq) \longrightarrow$$
$$H_2O(l) + IO^-(aq) \text{ (lento)}$$

$$IO^-(aq) + H_2O_2(aq) \longrightarrow$$
$$H_2O(l) + O_2(g) + I^-(aq) \text{ (rápido)}$$

a. ¿Cuál es el intermedio?
b. ¿Cuál es el número mínimo de complejos activados necesarios para describir la reacción?
c. ¿Cuál de las dos reacciones tiene la constante de tasa específica más pequeña?
d. Escribe la ecuación química balanceada total para la reacción.
e. ¿Califica I^- como catalizador? Explica.

101. Relacionar causa y efecto La congelación de agua líquida a 0 °C puede representarse así.

$$H_2O(l) \rightleftharpoons H_2O(s)$$

La densidad del agua líquida es de 1.00 g/cm³. La densidad del hielo es de 0.92 g/cm³. Explica por qué la aplicación de presión hace que el hielo se derrita.

102. Aplicar conceptos Explica lo que le sucede a cada una de las situaciones siguientes.

a. Una fogata se "abanica" para ayudar a que continúe.
b. Los cubos de hielo se derriten más rápido que un bloque de hielo con la misma masa.
c. Una pizca de dióxido de manganeso en polvo hace que el peróxido de hidrógeno explote aun cuando el dióxido de manganeso no cambie.

★103. Analizar datos Los iones de amoníaco y los iones de nitrito reaccionan en agua para formar el gas nitrógeno.

$$NO_2^-(aq) + NH_4^+(aq) \longrightarrow N_2(g) + 2H_2O(l)$$

A partir de los datos siguientes, decide el orden de la reacción con respecto a NH_4^+ y a NO_2^- así como al orden general de la reacción.

Inicial $[NO_2]^-$ (mol/L)	Inicial $[NH_4]^+$ (mol/L)	Tasa inicial (mol/(L·s))
0.0100	0.200	5.4×10^{-7}
0.0200	0.200	10.8×10^{-7}
0.0400	0.200	21.5×10^{-7}
0.0600	0.200	32.3×10^{-7}
0.200	0.0202	10.8×10^{-7}
0.200	0.0404	21.6×10^{-7}
0.200	0.0606	32.4×10^{-7}
0.200	0.0808	43.3×10^{-7}

104. Usar analogías Un tope de velocidad es una cresta a lo largo de la superficie de una calle, estacionamiento o entrada. ¿Cuál es el propósito de un tope de velocidad y cómo se asemeja la energía de activación?

★105. Aplicar conceptos En la reacción reversible para la formación de amoníaco, tanto el cambio de entalpía como el cambio de entropía favorecen la reacción inversa.

$$N_2(g) + 3H_2(g) \rightleftharpoons 2NH_3(g) + calor$$

Tú eres el ingeniero químico a cargo de la producción a gran escala de amoníaco. ¿Cuáles son tres cosas que puedes hacer para aumentar el rendimiento porcentual de tu producto?

106. Comparar y contrastar Cuando calculas K_{eq} para una reacción, usas el coeficiente de la ecuación balanceada. ¿Por qué los coeficientes no se usan para hallar el orden de una reacción?

107. Inferir Frascos de mermelada están almacenados en los estantes de abarrotes a temperatura ambiente. ¿Por qué la instrucción "Refrigerar después de abrirse" aparece en la etiqueta?

108. Hacer una gráfica Los datos siguientes se recolectaron para la descomposición del compuesto AB en sus elementos. La reacción es de primer orden en AB. Responde las preguntas siguientes.

[AB] (mol/L)	Tiempo (s)
0.300	0
0.246	50
0.201	100
0.165	150
0.135	200
0.111	250
0.090	300
0.075	350

a. Haz una gráfica de concentración (eje de las y) contra tiempo (eje de las x).

b. Determina la tasa de la reacción a $t = 100$ segundos y $t = 250$ segundos.

★109. Interpretar gráficas Cuando el azúcar de mesa, o sacarosa, se disuelve en un ácido, la sacarosa se descompone lentamente en dos azúcares más simples: fructosa y glucosa. Usa la gráfica para responder las preguntas siguientes:

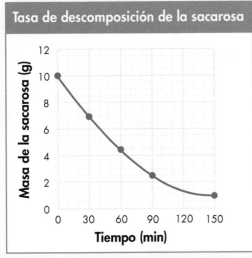

Tasa de descomposición de la sacarosa

Masa de la sacarosa (g) vs *Tiempo (min)*

a. ¿Cuántos gramos de sacarosa se descomponen en los primeros 30 minutos?

b. ¿Cuántos gramos de sacarosa se descomponen en el intervalo entre 90 y 120 minutos?

c. En general, ¿qué le sucede a la tasa de descomposición con el tiempo?

110. Explicar El compost es una mezcla que los jardineros agregan al suelo para mejorarlo. Muchos jardineros hacen su propio compost reciclando desperdicios del jardín y la cocina. ¿Qué tipos de reacciones tienen lugar en un montón de compost? ¿Por qué es importante voltear regularmente el montón de compost?

111. Conexión con la GRANIDEA Un debate de tasas de reacción a menudo se enfoca en formas para acelerar las reacciones. Sin embargo, algunas veces es importante saber cómo desacelerar una reacción, tal como la combustión. Usa el principio de Le Châtelier para explicar por qué funcionan algunos de los métodos que se usan para combatir incendios.

MISTERIOQUÍMICO

Azúcar explosiva

El Consejo de Seguridad Química de los Estados Unidos (Chemical Safety Board, CSB) investiga accidentes químicos en áreas de trabajo. La agencia aplica lo que aprende para recomendar formas de mejorar la seguridad. En 2009, el CSB publicó un reporte de la explosión en el ingenio azucarero en Georgia.

Un año antes de la explosión, una cubierta de acero se había agregado a la banda transportadora donde ocurrió la primera explosión. La cubierta se agregó para mantener limpia el azúcar. Pero la cubierta también permitió que se acumularan peligrosas concentraciones de polvo de azúcar alrededor de la banda. Fue difícil para el CSB señalar la causa exacta de la primera explosión debido a la extensión del daño. Sin embargo, sospecharon que el sobrecalentamiento de una parte de la banda encendió el polvo.

Las vibraciones de la pequeña explosión sacudieron el polvo de azúcar suelto que se había acumulado en muchas superficies de la bodega. Repentinamente el aire dentro de la bodega se llenó de pequeñas partículas de azúcar.

112. Relacionar causa y efecto Explica cómo la primera explosión aumentó la posibilidad de que ocurriera una segunda explosión más violenta.

113. Conexión con la GRANIDEA Supón que trabajas para el CSB. ¿Qué recomendaciones harías para prevenir incendios similares en el futuro?

114. Escribe las configuraciones electrónicas y dibuja las estructuras punto-electrón para los siguientes elementos:

a. Ge **c.** O **e.** Cl
b. Ca **d.** Ar **f.** P

* 115. ¿Por qué es incorrecto decir que el cloruro de potasio sólido está compuesto por moléculas de KCl?

116. Nombra cada ion y después identifícalo como anión o catión.

a. F^- **c.** P^{3-} **e.** Na^+ **g.** O^{2-}
b. Cu^{2+} **d.** H^+ **f.** I^- **h.** Mg^{2+}

* 117. Nombra los siguientes compuestos y da la carga en el anión para cada uno.

a. $NaClO_4$ **c.** $Ca_3(PO_4)_2$ **e.** Na_2SO_4
b. $KMnO_4$ **d.** $MgCO_3$ **f.** $K_2Cr_2O_7$

118. ¿Cuáles átomos de la siguiente lista esperarías que formen iones positivos y cuáles esperarías que formen iones negativos?

a. Cl **c.** P **e.** Cu **g.** K
b. Ca **d.** Se **f.** Sn **h.** Fe

119. Halla la masa en gramos de cada cantidad.

a. 4.50 moles de Fe
b. 36.8 L de CO (a TPE)
c. 1 molécula de glucosa, $C_6H_{12}O_6$
d. 0.0642 moles de fosfato de amoníaco

120. El nitrato de plata acuoso reacciona con el yoduro de potasio acuoso para formar el precipitado de yoduro de plata.

a. Escribe la ecuación iónica completa.
b. ¿Cuáles son los iones espectadores?
c. Escribe la ecuación iónica neta.

* 121. Cuando se calienta, el clorato de potasio se descompone en cloruro de potasio y oxígeno.

a. Escribe la ecuación balanceada para esta reacción química.
b. ¿Cuántos gramos de oxígeno se forman cuando se descomponen 4.88 g de $KClO_3$?

122. Da los nombres y abreviaturas de tres unidades de presión.

123. ¿Es una constante el punto de ebullición de una sustancia líquida? Explica.

124. ¿Qué le sucede a la presión de un gas en un contenedor en cada instancia?

a. Se agregan más partículas de gas.
b. Disminuye la temperatura del gas.
c. Se reduce el volumen del contenedor.

125. ¿Qué volumen ocuparán 24.5 g de gas de dióxido de carbono a 55 °C y una presión de 88.8 kPa?

126. ¿Cuál de estos compuestos se disolvería fácilmente en agua?

a. $KI(s)$ **c.** $NH_4Cl(s)$
b. $C_2H_6(g)$ **d.** $Na_3PO_4(s)$

127. Calcula el porcentaje por masa de agua en el tetrahidrato de bromuro bórico.

128. ¿Para cuál de estas sustancias la solubilidad en agua puede ser más propicia a disminuir con un aumento de temperatura?

a. $NH_4NO_3(s)$ **c.** $KI(s)$
b. $NH_3(g)$ **d.** $NaCl(s)$

* 129. ¿Cuántos moles de soluto hay en 2.40 L de 0.66M de KCl?

130. ¿Cuántos litros de una solución disponible de 6.00M de HCl necesitarías para preparar 15.0 L de 0.500M de HCl?

131. Una pequeña cantidad de etanol (C_2H_5OH) se disuelve en un matraz grande de agua.

a. Identifica el soluto y el solvente.
b. ¿Está el punto de congelación de la solución por arriba o por debajo de 0 °C?

132. ¿Cuánto calor se libera cuando 12.4 g de vapor a 100 °C se condensan en agua a 100 °C?

* 133. Cuando el hidróxido de sodio sólido se disuelve en agua, la temperatura de la solución aumenta. ¿Es este un proceso exotérmico o endotérmico? Explica tu respuesta.

134. La siguiente es la ecuación para completar la combustión de eteno:

$$C_2H_4(g) + 3O_2(g) \longrightarrow 2CO_2(g) + 2H_2O(g)$$
$$\Delta H = -1411 \text{ kJ}$$

¿Cuántos kilojulios de calor se liberan cuando se queman 32.8 g de eteno?

Si tienes problemas con . . .

Pregunta	114	115	116	117	118	119	120	121	122	123	124	125	126	127	128	129	130	131	132	133	134
Ver el capítulo	5	7	9	9	9	10	11	12	13	13	14	14	15	15	16	16	16	16	17	17	17

Preparación para los exámenes estandarizados

Selecciona la opción que responda mejor cada pregunta o que complete cada enunciado.

1. ¿Cuál reacción está representada por la siguiente expresión para una constante en equilibrio?

$$K_{eq} = \frac{[CO]^2 \times [O_2]}{[CO_2]^2}$$

(A) $2CO_2 \rightleftharpoons O_2 + 2CO$

(B) $CO_2{}^2 \rightleftharpoons O_2 + 2CO^2$

(C) $O_2 + 2CO \rightleftharpoons 2CO_2$

(D) $O_2 + CO_2 \rightleftharpoons CO_2{}^2$

2. A 25°C, el sulfuro de zinc tiene una K_{sp} de 3.0×10^{-23}, el carbonato de zinc tiene una K_{sp} de 1.0×10^{-10} y el yoduro de plata tiene una K_{sp} de 8.3×10^{-17}. Ordena estas sales de la más a la menos soluble.

(A) carbonato de zinc, sulfuro de zinc, yoduro de plata

(B) yoduro de plata, carbonato de zinc, sulfuro de zinc

(C) carbonato de zinc, yoduro de plata, sulfuro de zinc

(D) sulfuro de zinc, yoduro de plata, carbonato de zinc

Consejos para tener éxito

Partes múltiples A veces dos frases en una pregunta falso/verdadero se conectan con una palabra como *porque, por lo tanto* o *entonces*. Estas palabras implican una relación causa-efecto entre las dos frases. Sé consciente de que el enunciado completo puede ser falso aún si cada frase es verdadera por sí misma

Usa la tabla para responder las preguntas 3 y 4.

ΔS	ΔH	ΔG	¿Espontaneo?
+	−	(a)	Sí
+	(b)	+ o −	A T alta
(c)	+	+	No
−	−	(d)	A T baja

3. El valor de ΔG depende de los términos de entalpía (ΔH) y de entropía (ΔS) para una reacción. El valor de ΔG también varía como una función de temperatura. Usa los datos en la tabla para identificar los valores (a), (b), (c) y (d) que faltan.

4. ¿Cuál de estas reacciones esperarías que fuera espontánea a temperaturas relativamente bajas? ¿A temperaturas relativamente altas?

(A) $H_2O(l) \longrightarrow H_2O(g)$

(B) $H_2O(g) \longrightarrow H_2O(l)$

(C) $H_2O(s) \longrightarrow H_2O(l)$

5. Las ventanas atómicas siguientes representan diferentes grados de entropía. Ordena las ventanas en creciente entropía.

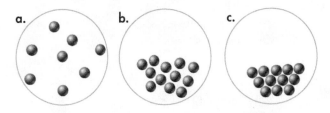

a. b. c.

Para cada pregunta, hay dos enunciados. Decide si cada enunciado es verdadero o falso. Después decide si el Enunciado II es una explicación correcta para el Enunciado I.

Enunciado I		Enunciado II
6. Un catalizador disminuye la energía de activación de una reacción química.	PORQUE	Un catalizador hace una reacción más exotérmica.
7. La entropía del hielo es mayor que la entropía del vapor.	PORQUE	La densidad del hielo es mayor que la del vapor.
8. La tasa de una reacción química se ve afectada por un cambio de temperatura.	PORQUE	La energía cinética de las partículas está relacionada con la temperatura.
9. Un valor más grande para una constante de equilibrio indica que los productos son favorecidos en equilibrio.	PORQUE	La razón de productos a reactantes en equilibrio siempre es > 1.

Si tienes problemas con . . .

Pregunta	1	2	3	4	5	6	7	8	9
Ver la lección	18.3	18.4	18.5	18.5	18.5	18.1	18.5	18.1	18.3

19

Ácidos, bases y sales

EN EL INTERIOR:

- **19.1** Teorías ácido-base
- **19.2** Iones hidrógeno y ácidos
- **19.3** Fuerzas de ácidos y bases
- **19.4** Reacciones de neutralización
- **19.5** Sales en solución

PearsonChem.com

Los artistas con frecuencia usan ácido fluorhídrico para grabar diseños en cristal.

REACCIONES

Preguntas esenciales:

1. ¿Cuáles son las diferentes formas en que los químicos definen los ácidos y las bases?

2. ¿Qué significa el pH de una solución?

3. ¿Cómo usan los químicos las reacciones ácido-base?

MISTERIOQUÍMICO

Rastro de papel

La invención de la imprenta en 1440 aumentó el número de libros que podían imprimirse y la necesidad de papel en donde imprimir estos libros. El principal ingrediente en el papel era el algodón, que casi es celulosa pura. Este tipo de papel se llama papel telado. Cuando los libros se imprimían en papel telado de alta calidad y se almacenaban correctamente, podían durar cientos de años.

Para 1880, la demanda de papel era tanta que los impresores cambiaron del papel telado al papel a base de madera. Con el tiempo, el papel a base de madera tiende a hacerse amarillo y a romperse. A veces el papel era tan frágil que se desmoronaba al tacto.

¿Por qué un cambio en el contenido del papel causó un cambio tan dramático en sus propiedades?

▶ Conexión con la **GRANIDEA**

A medida que lees sobre los ácidos y las bases, piensa acerca de lo que podría causar que el papel se desmoronara.

19.1 Teorías ácido-base

P: *¿Por qué los altos niveles de amoníaco son dañinos para tí?* Bracken Cave, cerca de San Antonio, Texas, es el hogar de millones de murciélagos mexicanos cola de ratón. Los compuestos de nitrógeno en la orina de los murciélagos se pueden descomponer y liberar amoníaco en el aire. Los visitantes de la cueva deben usar gafas protectoras y respiradores. Necesitan esta protección debido a lo que sucede cuando el amoníaco reacciona con agua. El amoníaco es un ejemplo de una base. En esta lección, aprenderás acerca de algunas propiedades de ácidos y bases.

Preguntas clave

🔑 *¿Cómo definió Arrhenius un ácido y una base?*

🔑 *¿Qué es lo que distingue a un ácido de una base en la teoría Brønsted-Lowry?*

🔑 *¿Cómo definió Lewis un ácido y una base?*

Vocabulario

- ion hidronio (H_3O^+)
- ácido conjugado
- base conjugada
- par conjugado ácido-base
- anfótero
- ácido de Lewis
- base de Lewis

Ácidos y bases de Arrhenius

🔑 *¿Cómo definió Arrhenius un ácido y una base?*

Los ácidos y las bases tienen propiedades distintivas. Muchos de los alimentos que consumes, incluso aquellos que se muestran en la Figura 19.1a, contienen ácidos. Los ácidos le dan a los alimentos un sabor ácido o agrio. Los limones, que saben lo suficientemente agrios como para hacer que tu boca se pliegue, contienen ácido cítrico. Las soluciones acuosas de los ácidos son electrolitos fuertes o débiles. Recuerda que un electrolito puede conducir la electricidad. El electrolito en una batería de coche es un ácido. Los ácidos causan ciertos pigmentos químicos, llamados indicadores, para cambiar de color. Muchos elementos, como el zinc y el magnesio, reaccionan con soluciones acuosas de ácidos para producir gas hidrógeno.

El jabón de la Figura 19.1b es un material familiar que tiene las propiedades de una base. Si accidentalmente has probado el jabón, sabes que tiene un sabor amargo. El sabor amargo es una propiedad general de las bases pero una que es peligrosa probar. La sensación resbalosa del jabón es otra propiedad de las bases. Como los ácidos, las bases ocasionarán que un indicador cambie de color. Las bases también forman soluciones acuosas que son electrolitos fuertes o débiles.

Los químicos conocen las propiedades de ácidos y bases desde hace muchos años. Sin embargo, no pudieron proponer una teoría para explicar su comportamiento. Entonces, en 1887, el químico sueco Svante Arrhenius propuso una nueva forma para definir y pensar en los ácidos y bases. 🔑 **De acuerdo con Arrhenius, los ácidos son compuestos que contienen hidrógeno, que se ionizan para producir iones hidrógeno (H^+) en solución acuosa. Las bases son compuestos que se ionizan para producir iones hidróxido (OH^-) en solución acuosa.**

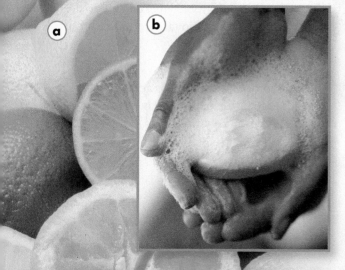

Figura 19.1 Ácidos y bases
Muchos artículos contienen ácidos o bases o producen ácidos y bases cuando se disuelven en agua. **a.** Los árboles de cítricos contienen ácido cítrico ($HC_6H_7O_7$). **b.** Muchos jabones fueron fabricados usando la base común de hidróxido sodio (NaOH).

Ácidos de Arrhenius En la Tabla 19.1 se enumeran seis ácidos comunes. Varían en el número de hidrógenos que contienen y que forman iones hidrógeno. Un átomo de hidrógeno que puede formar un ion hidrógeno se describe como *ionizable*. El ácido nítrico (HNO_3) tiene un hidrógeno ionizable; por lo tanto, el ácido nítrico se clasifica como un ácido *monoprótico*. El prefijo *mono-* significa "uno" y la raíz *prótico* refleja el hecho de que un ion hidrógeno es un protón. Los ácidos que contienen dos hidrógenos ionizables, como el ácido sulfúrico (H_2SO_4), se llaman ácidos *dipróticos*. Los ácidos que contienen tres hidrógenos ionizables, como el ácido fosfórico, se llaman ácidos *tripróticos*.

No todos los compuestos que contienen hidrógeno son ácidos. Además, algunos hidrógenos en un ácido pueden no formar iones hidrógeno. Sólo un hidrógeno que esté enlazado a un elemento muy electronegativo puede liberarse como un ion. Recuerda que tales enlaces son altamente polares. Cuando un compuesto que contiene tales enlaces se disuelve en agua, libera iones hidrógeno. Un ejemplo es la molécula de cloruro de hidrógeno que se muestra a continuación:

$$\overset{\delta+}{H}-\overset{\delta-}{Cl}(g) \xrightarrow{H_2O} H^+(aq) + Cl^-(aq)$$

Cloruro de hidrógeno   Ion hidrógeno (ácido clorhídrico)   Ion cloruro

Sin embargo, en una solución acuosa, los iones hidrógeno no están presentes. Por el contrario, los iones hidrógeno están unidos a las moléculas de agua como iones hidronio. Un **ion hidronio (H_3O^+)** es el ion que se forma cuando una molécula de agua gana un ion hidrógeno. Como se muestra en la Figura 19.2, el cloruro de hidrógeno se ioniza para formar una solución acuosa de iones hidronio y iones de cloruro.

HCl
Cloruro de hidrógeno
+
H_2O
Agua
→
H_3O^+
Ion hidronio
+
Cl^-
Ion cloruro

Contrario al cloruro de hidrógeno, el metano (CH_4) es un ejemplo de compuesto que contiene hidrógeno y no es un ácido. Los cuatro átomos de hidrógeno en el metano están unidos a un átomo de carbono central mediante enlaces C—H débilmente polares. Por lo tanto, el metano no tiene hidrógenos ionizables y no es un ácido. El ácido etanoico (CH_3COOH), que comúnmente se llama ácido acético, es un ejemplo de una molécula que contiene tanto hidrógenos que no se ionizan como hidrógenos que sí se ionizan. Aunque sus moléculas contienen cuatro hidrógenos, el ácido etanoico es un ácido monoprótico. La fórmula estructural muestra por qué.

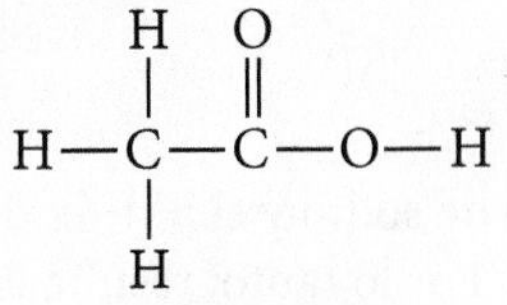

$$H-\overset{\overset{\displaystyle H}{|}}{\underset{\underset{\displaystyle H}{|}}{C}}-\overset{\overset{\displaystyle O}{\|}}{C}-O-H$$

Ácido etanoico
(CH_3COOH)

Los tres hidrógenos unidos al átomo de carbono son enlaces polares débiles. No se ionizan. Sólo el hidrógeno enlazado a un oxígeno altamente electronegativo se puede ionizar. Para los ácidos complejos, necesitas ver la fórmula estructural para reconocer cuáles hidrógenos se pueden ionizar.

Tabla 19.1
Algunos ácidos comunes

Nombre	Fórmula
Ácido clorhídrico	HCl
Ácido nítrico	HNO_3
Ácido sulfúrico	H_2SO_4
Ácido fosfórico	H_3PO_4
Ácido etanoico	CH_3COOH
Ácido carbónico	H_2CO_3

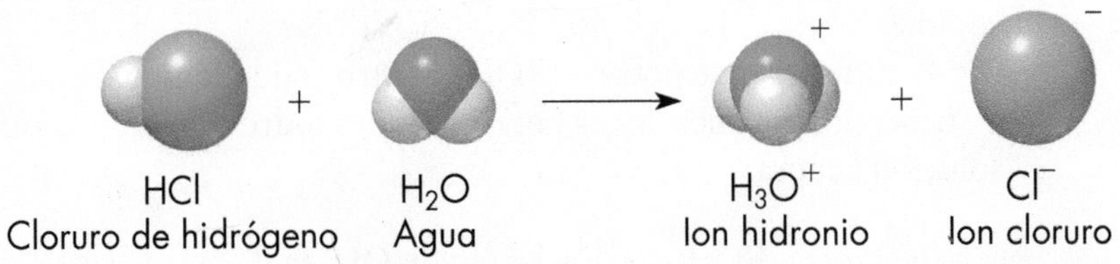

Figura 19.2 Ácido clorhídrico
El ácido clorhídrico es de hecho una solución acuosa de cloruro de hidrógeno. El cloruro de hidrógeno forma iones hidronio, lo que hace ácido a este compuesto.
Explicar *¿Por qué el cloruro de hidrógeno libera un ion hidrógeno cuando se disuelve en agua?*

Consultar disociación *ácida en línea animada.*

Figura 19.3 Drenajes obstruidos
A veces, cuando se regresa el agua en un lavabo es porque el drenaje está obstruido. Un plomero puede desmontar los tubos para eliminar un obstáculo o se puede usar un limpiador de drenaje que contenga hidróxido de sodio para que deshaga el obstáculo.

Tabla 19.2

Algunas bases comunes		
Nombre	**Fórmula**	**Solubilidad en agua**
Hidróxido de sodio	NaOH	Alta
Hidróxido de potasio	KOH	Alta
Hidróxido de calcio	$Ca(OH)_2$	Muy baja
Hidróxido de magnesio	$Mg(OH)_2$	Muy baja

Bases de Arrhenius La Tabla 19.2 contiene una lista de las cuatro bases comunes. Puedes estar familiarizado con la base hidróxido de sodio (NaOH), que también se conoce como lejía. El hidróxido de sodio es un sólido iónico. Se disocia en iones sodio e iones hidróxido en solución acuosa.

$$NaOH(s) \xrightarrow{H_2O} Na^+(aq) + OH^-(aq)$$

Hidróxido   Ion   Ion
de sodio   sodio   hidróxido

El hidróxido de sodio es extremadamente cáustico. Una sustancia cáustica puede quemar o deshacer materiales con los que tenga contacto. Esta propiedad es la razón por la que el hidróxido de sodio es un componente principal en productos que se usan para limpiar drenajes obstruidos. En la Figura 19.3 se muestra un limpiador de drenajes que contiene hidróxido de sodio.

El hidróxido de potasio (KOH) es otro sólido iónico. Se disocia para producir iones potasio e iones hidróxido en solución acuosa.

$$KOH(s) \xrightarrow{H_2O} K^+(aq) + OH^-(aq)$$

Hidróxido   Ion   Ion
de potasio   potasio   hidróxido

El sodio y el potasio son elementos del Grupo 1A. Los elementos del Grupo 1A, los metales alcalinos, reaccionan violentamente con el agua. Los productos de estas reacciones son soluciones acuosas de hidróxido y gas hidrógeno. La ecuación siguiente resume la reacción del sodio con el agua:

$$2Na(s) + 2H_2O(l) \longrightarrow 2NaOH(aq) + H_2(g)$$

Metal   Agua   Hidróxido   Hidrógeno
sodio   de sodio

El hidróxido de sodio y el hidróxido de potasio son muy solubles en agua. Por lo tanto, resulta fácil hacer soluciones concentradas de estos compuestos. Las soluciones tendrían el típico sabor amargo y la sensación resbalosa de una base. Sin embargo, éstas no son propiedades que quisieras confirmar. Las soluciones son extremadamente cáusticas para la piel. Pueden ocasionar heridas profundas, dolorosas y lentas para sanar si no se lavan inmediatamente.

El hidróxido de calcio, Ca(OH)$_2$, y el hidróxido de magnesio, Mg(OH)$_2$, son compuestos de los metales del Grupo 2A. Estos compuestos no son muy solubles en agua. Sus soluciones siempre son muy diluidas, aun cuando sean saturadas. Una solución saturada de hidróxido de calcio sólo tiene 0.165 g de Ca(OH)$_2$ por 100 g de agua. El hidróxido de magnesio es aun menos soluble que el hidróxido de calcio. Una solución saturada sólo tiene 0.0009 g de Mg(OH)$_2$ por cada 100 g de agua. En la Figura 19.4 se muestra una suspensión de hidróxido de magnesio en agua. Algunas personas usan esta suspensión como un antiácido y como un laxante suave.

Ácidos y bases de Brønsted-Lowry

⚷ ¿Qué es lo que distingue a un ácido de una base en la teoría de Brønsted-Lowry?

La definición de los ácidos y las bases de Arrhenius no es muy amplia. Excluye algunas sustancias que tienen propiedades ácidas o básicas ya sea por sí mismas o en solución. Por ejemplo, el carbonato de sodio (Na$_2$CO$_3$) y el amoníaco (NH$_3$) actúan como bases cuando forman soluciones acuosas. Sin embargo, ninguno de estos compuestos se clasificaría como una base de acuerdo con la definición de Arrhenius.

En 1923, el químico danés Johannes Brønsted y el químico inglés Thomas Lowry estuvieron trabajando independientemente. Cada químico propuso la misma definición de ácidos y bases. **⚷ De acuerdo con la teoría de Brønsted-Lowry, un ácido es un donador del ion hidrógeno y una base es un aceptante del ion hidrógeno.** Esta teoría incluye a todos los ácidos y bases que definió Arrhenius. También incluye algunos compuestos que Arrhenius no clasificó como bases.

Puedes usar la teoría de Brønsted-Lowry para entender por qué el amoníaco es una base. El gas amoníaco es muy soluble en agua. Cuando el amoníaco se disuelve en agua, los iones hidrógeno se transfieren del agua al amoníaco para formar iones de amonio e iones hidróxido.

$$NH_3(aq) + H_2O(l) \rightleftharpoons NH_4^+(aq) + OH^-(aq)$$

En la Figura 19.5 se ilustra cómo cada molécula de agua dona un ion hidrógeno al amoníaco. El amoníaco es una base de Brønsted-Lowry porque acepta los iones hidrógeno. El agua es un ácido de Brønsted-Lowry porque dona iones hidrógeno.

Figura 19.4 Leche de magnesia
Este producto es una suspensión de hidróxido de magnesio en agua. La mayoría de las bases son demasiado cáusticas para tragarse. Pero, la baja solubilidad del hidróxido de magnesio hace segura la suspensión para su consumo.

Consulta amoníaco en agua **en línea animada.**

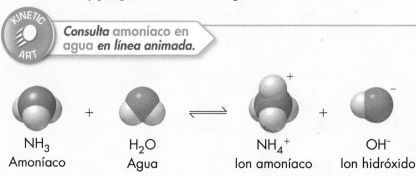

NH$_3$
Amoníaco

+

H$_2$O
Agua

NH$_4^+$
Ion amoníaco

+

OH$^-$
Ion hidróxido

**Figura 19.5
Amoníaco en agua**
Cuando el amoníaco y el agua reaccionan, las moléculas de agua donan iones hidrógeno a las moléculas de amoníaco. La reacción produce iones amoníaco e iones hidróxido.
Explicar ¿Por qué el amoníaco no se clasifica como una base de Arrhenius?

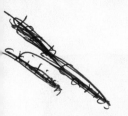

Ácidos y bases conjugados Todos los gases se hacen menos solubles en agua a medida que aumenta la temperatura. Por lo tanto, cuando la temperatura de una solución acuosa de amoníaco aumenta, el gas amoníaco se libera. Esta liberación actúa como una tensión en el sistema. En respuesta a esta tensión, el NH_4^+ reacciona con OH^- para formar más NH_3 y H_2O. En la reacción inversa, los iones de amoníaco donan iones hidrógeno a los iones hidróxido. Por lo tanto, el NH_4^+ (el donador) actúa como un ácido de Brønsted-Lowry y el OH^- (el aceptante) actúa como una base Brønsted-Lowry. En esencia, la reacción reversible de amoníaco y agua tiene dos ácidos y dos bases.

$$NH_3(aq) + H_2O(l) \rightleftharpoons NH_4^+(aq) + OH^-(aq)$$
$$\text{Base} \qquad \text{Ácido} \qquad\quad \text{Ácido} \qquad\quad \text{Base}$$
$$\text{conjugado} \quad \text{conjugada}$$

En la ecuación, los productos de la reacción hacia adelante se distinguen de los reactantes al usar el adjetivo *conjugado*. Este término proviene de una palabra en latín que significa "juntar". Un **ácido conjugado** es el ion o molécula que se forma cuando una base gana un ion hidrógeno. En la reacción anterior, el NH_4^+ es el ácido conjugado de la base NH_3. Una **base conjugada** es el ion o molécula que queda después de que un ácido pierde un ion hidrógeno. En la reacción anterior, el OH^- es la base conjugada del ácido H_2O.

Los ácidos conjugados siempre están emparejados con una base y las bases conjugadas siempre están emparejadas con un ácido. Un **par conjugado ácido-base** consiste de dos iones o moléculas relacionadas por la pérdida o ganancia de un ion hidrógeno. La molécula de amoníaco y el ion amonio son un par conjugado ácido-base. La molécula de agua y el ion hidróxido son también un par conjugado ácido-base.

$$NH_3(aq) + H_2O(l) \rightleftharpoons NH_4^+(aq) + OH^-(aq)$$
$$\text{Base} \qquad \text{Ácido} \qquad\quad \text{Ácido} \qquad\quad \text{Base}$$
$$\text{conjugado} \quad \text{conjugada}$$

La disociación del cloruro de hidrógeno en agua proporciona otro ejemplo de ácidos y bases conjugados.

$$HCl(g) + H_2O(l) \rightleftharpoons H_3O^+(aq) + Cl^-(aq)$$
$$\text{Ácido} \qquad \text{Base} \qquad\quad \text{Ácido} \qquad\quad \text{Base}$$
$$\text{conjugado} \quad \text{conjugada}$$

En esta reacción, el cloruro de hidrógeno es el donador del ion hidrógeno. Por lo tanto, es, por definición, un ácido de Brønsted-Lowry. El ion cloruro es la base conjugada del ácido HCl. El ion hidrógeno es el ácido conjugado del agua base.

En la Figura 19.6 se muestra la reacción que tiene lugar cuando el ácido sulfúrico se disuelve en agua. Los productos de esta reacción son iones hidronio e iones sulfato de hidrógeno. Usa la figura para identificar los dos pares conjugados ácido-base.

Figura 19.6 Ácido sulfúrico
Cuando el ácido sulfúrico y el agua reaccionan, forman iones hidronio e iones sulfato de hidrógeno.
Identificar ¿Qué producto es el ácido conjugado y cuál es la base conjugada?

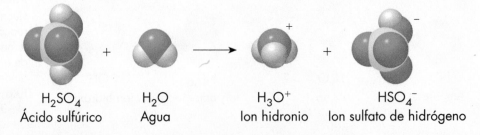

H_2SO_4 H_2O H_3O^+ HSO_4^-
Ácido sulfúrico   Agua   Ion hidronio   Ion sulfato de hidrógeno

Sustancias anfóteras Observa la Tabla 19.3. Fíjate que el agua aparece tanto en la lista de ácidos como en la lista de bases. A veces el agua acepta un ion hidrógeno. Otras veces, dona un ion hidrógeno. La manera en que se comporta el agua depende del otro reactante. Se dice que una sustancia que puede actuar como ácido o como base es un **anfótero.** El agua es anfótera. En la reacción con el ácido clorhídrico, el agua acepta un protón y es, por lo tanto, una base. En la reacción con amoníaco, el agua dona un protón y es, por lo tanto, un ácido. Busca otras dos sustancias en la Tabla 19.3 que sean anfóteras.

Ácidos y bases de Lewis

🗝️ *¿Cómo definió Lewis un ácido y una base?*

El trabajo que Gilbert Lewis (1875–1946) realizó acerca de los enlaces condujo a un concepto nuevo de ácidos y bases. 🗝️ **De acuerdo con Lewis, un ácido acepta un par de electrones y una base dona un par de electrones durante una reacción.** Esta definición es más general que aquéllas ofrecidas por Arrhenius o por Brønsted y Lowry. Un **ácido de Lewis** es una sustancia que puede aceptar un par de electrones para formar un enlace covalente. De forma similar, una **base de Lewis** es una sustancia que puede donar un par de electrones para formar un enlace covalente.

Las definiciones de Lewis incluyen a todos los ácidos y bases de Brønsted-Lowry. Considera la reacción de H^+ y OH^-. El ion hidrógeno se dona a sí mismo al ion hidróxido. Por lo tanto, el H^+ es un ácido de Brønsted-Lowry y el OH^- es una base de Brønsted-Lowry. El ion hidróxido se puede enlazar al ion hidrógeno porque tiene un par no compartido de electrones. Por lo tanto, el OH^- también es una base de Lewis y el H^+, que acepta al par de electrones, es un ácido de Lewis.

$$H^+ + {}^-\!\!:\!\overset{..}{\underset{..}{O}}\!\!-\!H \longrightarrow \overset{..}{\underset{..}{O}} \quad H \qquad H$$

ácido de Lewis   base de Lewis

Un segundo ejemplo de una reacción entre un ácido de Lewis y una base de Lewis es lo que sucede cuando el amoníaco se disuelve en agua. Los iones hidrógeno provenientes de la disociación del agua son el aceptante del par de electrones y el ácido de Lewis. El amoníaco es el donador del par de electrones y la base de Lewis.

En la Tabla 19.4 se comparan las definiciones de ácidos y bases. La definición de Lewis es la más amplia. Se extiende a los compuestos que la teoría de Brønsted-Lowry no clasifica como ácidos y bases. El Ejemplo de problema 19.1 proporciona algunos ejemplos de esos compuestos.

Tabla 19.3

Algunos pares conjugados ácido-base

Ácido	Base
HCl	Cl^-
H_2SO_4	HSO_4^-
H_3O^+	H_2O
HSO_4^-	SO_4^{2-}
CH_3COOH	CH_3COO^-
H_2CO_3	HCO_3^-
HCO_3^-	CO_3^{2-}
NH_4^+	NH_3
H_2O	OH^-

Tabla 19.4

Definiciones de ácido-base

Tipo	Ácido	Base
Arrhenius	productor de H^+	productor de OH^-
Brønsted-Lowry	donador de H^+	aceptante de H^+
Lewis	aceptante del par de electrones	donador del par de electrones

Identificar los ácidos y las bases de Lewis

Identifica los ácidos de Lewis y las bases de Lewis en esta reacción entre el amoníaco y el trifluoruro de boro.

$$NH_3 + BF_3 \longrightarrow NH_3BF_3$$

❶ Analizar Identifica los conceptos relevantes. Cuando un ácido de Lewis reacciona con una base de Lewis, la base dona un par de electrones y el ácido acepta el par donado.

❷ Resolver Aplica los conceptos a este problema.

Dibuja estructuras punto-electrón para identificar qué reactante tiene un par no compartido de electrones.

Identifica al reactante con el par no compartido de electrones y al reactante que pueda aceptar al par de electrones.

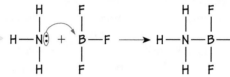

El amoníaco tiene un par no compartido de electrones para donar. El átomo de boro puede aceptar los electrones donados.

Clasifica a los reactantes según su comportamiento.

Las bases de Lewis donan un par de electrones; por lo tanto la base de Lewis es el amoníaco. Los ácidos de Lewis aceptan un par de electrones; por lo tanto el ácido de Lewis es el trifluoruro de boro.

1. Identifica el ácido de Lewis y la base de Lewis en cada reacción.
  a. $H^+ + H_2O \longrightarrow H_3O^+$
  b. $AlCl_3 + Cl^- \longrightarrow AlCl_4^-$

2. Predice si el PCl_3 sería un ácido de Lewis o una base de Lewis en las reacciones químicas típicas. Explica tu predicción.

 19.1 Comprobación de la lección

3. 🔑 Repasar ¿Cuál es la definición de un ácido y una base de Arrhenius?

4. 🔑 Describir ¿Cómo se definen los ácidos y las bases mediante la teoría de Brønsted-Lowry?

5. 🔑 Explicar ¿Cómo amplió Lewis la definición de ácidos y bases?

6. Comparar y contrastar ¿En qué se parecen las propiedades de ácidos y bases? ¿En qué se diferencian?

7. Clasificar Determina si los ácidos siguientes son monopróticos, dipróticos o tripróticos:
  a. H_2CO_3 **b.** H_3PO_4 **c.** HCl **d.** H_2SO_4

8. Aplicar conceptos Escribe una ecuación química para la ionización de HNO_3 en agua y para la reacción de CO_3^{2-} con agua. Identifica al donador de hidrógeno y al aceptante del ion hidrógeno en cada ecuación. Después, rotula cada par conjugado ácido-base en las dos ecuaciones.

GRANIDEA REACCIONES

9. Algunos limpiadores de drenajes para el hogar contienen tanto hidróxido de sodio como pequeñas partículas de aluminio o de zinc. Investiga cómo la adición de estos metales puede aumentar la efectividad del producto.

P: *¿Qué factores necesitas controlar para que un pez tenga agua limpia dónde vivir?* El pez dorado puede vivir hasta 20 años o más en un acuario si las condiciones son las correctas. El agua en el acuario debe limpiarse regularmente. Debes controlar la temperatura del agua. En esta lección, estudiarás otro factor que afecta la habilidad del pez para sobrevivir.

Preguntas clave

🔑 *¿Cómo se relacionan [H⁺] y [OH⁻] en una solución acuosa?*

🔑 *¿Cómo se emplea el pH para clasificar una solución cómo neutra, ácida o básica?*

🔑 *¿Cuáles son dos métodos que se usan para medir el pH?*

Vocabulario

- auto-ionización
- solución neutra
- constante de producto iónico del agua (K_{eq})
- solución ácida
- solución básica
- pH

Iones hidrógeno del agua

🔑 *¿Cómo se relacionan [H⁺] y [OH⁻] en una solución acuosa?*

Las moléculas de agua son altamente polares y están en movimiento constante aun a temperatura ambiente. A veces, las colisiones entre moléculas de agua son lo suficientemente energéticas como para que ocurra una reacción. Cuando esto sucede, un ion hidrógeno se transfiere de una molécula de agua a otra, como se ilustra a continuación. Una molécula de agua que gana un ion hidrógeno se convierte en un ion hidronio (H_3O^+). Una molécula de agua que pierde un ion hidrógeno se convierte en un ion hidróxido (OH^-).

H_2O	H_2O	H_3O^+	OH^-
Molécula de agua	Molécula de agua	Ion hidronio	Ion hidróxido

Autoionización del agua La reacción en la que las moléculas de agua producen iones se llama **auto-ionización** del agua. Esta reacción se puede escribir como una disociación simple.

$$H_2O(l) \rightleftharpoons \underset{\text{Ion hidrógeno}}{H^+(aq)} + \underset{\text{Ion hidróxido}}{OH^-(aq)}$$

En el agua o en una solución acuosa, los iones hidrógeno siempre se unen a las moléculas de agua como iones hidronio. Sin embargo, los químicos aún se refieren a estos iones como iones hidrógeno e incluso protones. En este libro de texto, H^+ o H_3O^+ se usan para representar a los iones hidrógeno en solución acuosa.

La auto-ionización del agua ocurre hasta cierto punto. En el agua pura a 25 °C, la concentración de los iones hidrógeno es sólo de $1 \times 10^{-7}M$. La concentración de OH^- también es de $1 \times 10^{-7}M$ porque los números de los iones H^+ y OH^- son iguales en agua pura. Cualquier solución acuosa en la que [H⁺] y [OH⁻] sean iguales es una **solución neutra.**

Figura 19.7 Envejecido por ácido
A veces los guitarristas quieren que una guitarra nueva se vea como si fuera vieja o "antigua". El guitarrista puede quitar las nuevas y brillantes partes metálicas de la guitarra y exponerlas al ácido clorhídrico. El ácido hará que las partes metálicas se vean opacas. Las dos guitarras de la figura siguiente son nuevas, pero la de abajo se ha envejecido con ácido.

Constante de producto iónico del agua La ionización del agua es una reacción reversible, por lo que aplica el principio de Le Châtelier. La adición de iones hidrógeno o de iones hidróxido a una solución acuosa es una tensión para el sistema. En respuesta, el equilibrio se cambiará hacia la formación del agua. La concentración del otro ion disminuirá. En cualquier solución acuosa, cuando aumenta [H$^+$], disminuye [OH$^-$]. De forma similar, cuando [H$^+$] aumenta, [OH$^-$] disminuye.

$$H^+(aq) + OH^-(aq) \rightleftharpoons H_2O(l)$$

🔑 **Para las soluciones acuosas, el producto de la concentración del ion hidrógeno y la concentración del ion hidróxido es igual a 1.0×10^{-14}.**

$$[H^+] \times [OH^-] = 1.0 \times 10^{-14}$$

Esta ecuación es verdadera para todas las soluciones acuosas diluidas a 25 °C. Cuando las sustancias se añaden al agua, las concentraciones de H$^+$ y OH$^-$ pueden cambiar. Sin embargo, el producto de [H$^+$] y [OH$^-$] no cambia. El producto de las concentraciones de los iones hidrógeno y los iones hidróxido en el agua se llama **constante de producto iónico del agua (K_{eq}).**

$$K_{eq} = [H^+] \times [OH^-] = 1.0 \times 10^{-14}$$

Soluciones ácidas No todas las soluciones son neutras. Cuando algunas sustancias se disuelven en agua, liberan iones hidrógeno. Por ejemplo, cuando el cloruro de hidrógeno se disuelve en agua, forma ácido clorhídrico.

$$HCl(aq) \longrightarrow H^+(aq) + Cl^-(aq)$$

En el ácido clorhídrico, la concentración de iones hidrógeno es mayor que la concentración de iones hidróxido. (Los iones hidróxido provienen de la auto-ionización del agua). Una solución en donde [H$^+$] es mayor que [OH$^-$] es una **solución ácida.** En las soluciones ácidas, [H$^+$] es mayor que $1 \times 10^{-7} M$. En la Figura 19.7 se muestra una guitarra que fue artificialmente envejecida usando ácido clorhídrico.

Soluciones básicas Cuando el hidróxido de sodio se disuelve en agua, forma iones hidróxido en solución.

$$NaOH(aq) \longrightarrow Na^+(aq) + OH^-(aq)$$

En una solución así, la concentración de iones hidrógeno es menor que la concentración de iones hidróxido. Recuerda, los iones hidrógeno están presentes a partir de la auto-ionización del agua. Una **solución básica** es una en la que [H$^+$] es menor que [OH$^-$]. El [H$^+$] de una solución básica es menor que $1 \times 10^{-7} M$. Las soluciones básicas también se conocen como soluciones alcalinas.

Usar la constante de producto iónico del agua

Si el $[H^+]$ en una solución es $1.0 \times 10^{-5}M$, ¿es la solución ácida, básica o neutra? ¿Cuál es el $[OH^-]$ de esta solución?

1 Analizar Haz una lista de lo conocido y lo desconocido.
Usa la expresión para la constante de producto iónico del agua y la concentración conocida de iones hidrógeno para hallar la concentración de iones hidróxido.

2 Calcular Resuelve para buscar lo desconocido.

CONOCIDO
$[H^+] = 1.0 \times 10^{-5}M$
$K_w = 1 \times 10^{-14}$

DESCONOCIDO
¿Es la solución ácida, básica o neutra?
$[OH^-] = ?M$

| Usa $[H^+]$ para determinar si la solución es ácida, básica o neutra. | $[H^+]$ es $1.0 \times 10^{-5}M$, lo cual es mayor que $1.0 \times 10^{-7}M$. Por lo tanto, la solución es ácida. |

| Vuelve a acomodar la expresión para la constante de producto iónico para hallar $[OH^-]$. | $K_w = [H^+] \times [OH^-]$ $$[OH^-] = \frac{K_w}{[H^+]}$$ |

Cuando dividas los números escritos en notación científica, resta el exponente en el denominador del exponente en el numerador.

| Sustituye los valores conocidos de $[H^+]$ y de K_{eq}. Después, halla $[OH^-]$. | $$[OH^-] = \frac{1.0 \times 10^{-14}}{1.0 \times 10^{-5}}$$ $$= 1.0 \times 10^{-9}M$$ |

3 Evaluar ¿Tiene sentido el resultado? Si $[H^+]$ es mayor que $1.0 \times 10^{-7}M$, entonces $[OH^-]$ debe ser menor que $1.0 \times 10^{-7}M$. $1 \times 10^{-9}M$ es menor que $1 \times 10^{-7}M$. Para comprobar tu cálculo, multiplica los valores por $[H^+]$ y $[OH^-]$ para asegurarte que el resultado sea igual a 1×10^{-14}.

Para el Problema 11, vuelve a acomodar la expresión de la constante del producto iónico para hallar $[H^+]$.

10. Clasifica cada solución como ácida, básica o neutra.
  a. $[H^+] = 6.0 \times 10^{-10}M$
  b. $[OH^-] = 3.0 \times 10^{-2}M$
  c. $[H^+] = 2.0 \times 10^{-7}M$
  d. $[OH^-] = 1.0 \times 10^{-7}M$

11. Si la concentración de iones hidróxido de una solución acuosa es $1 \times 10^{-3}M$, ¿cuál es la solución $[H^+]$? ¿Es la solución ácida, básica o neutra?

El concepto del pH

🔑 ¿Cómo se usa el pH para clasificar una solución cómo neutra, acida o básica?

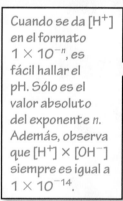

LA QUÍMICA Y TÚ

P: *En un acuario, el pH del agua es otro factor que afecta la habilidad para sobrevivir de los peces. La mayoría de los peces de agua dulce necesitan un pH ligeramente ácido o neutro. Para un tanque de agua salada, el pH ideal es ligeramente básico. ¿Qué podría explicar la diferencia en el rango del pH ideal?*

La expresión de la concentración del ion hidrógeno en la molaridad no es práctica. Un sistema más ampliamente usado para expresar $[H^+]$ es la escala de pH, propuesta en 1909 por el científico danés Søren Sørensen. El rango de la escala del pH va del 0 al 14.

Iones hidrógeno y el pH El **pH** de una solución es el logaritmo negativo de la concentración del ion hidrógeno. El pH puede representarse matemáticamente usando la ecuación siguiente:

$$pH = -\log[H^+]$$

En agua pura o una solución neutra $[H^+] = 1 \times 10^{-7}M$, y el pH es 7.

$$pH = -\log(1 \times 10^{-7})$$
$$= -(\log 1 + \log 10^{-7})$$
$$= -(0.0 + (-7.0)) = 7.0$$

Si el $[H^+]$ de una solución es mayor que $1 \times 10^{-7}M$, el pH es menor que 7.0. Si el $[H^+]$ de una solución es menor que $1 \times 10^{-7}M$, el pH es mayor que 7.0. 🔑 **Una solución con un pH menor que 7.0 es ácida. Una solución con un pH de 7.0 es neutra. Una solución con un pH mayor que 7.0 es básica.** La Tabla 19.5 resume la relación entre $[H^+]$, $[OH^-]$ y pH. También indica los valores de pH de algunos sistemas acuosos comunes, incluyendo la leche y la sangre.

Cuando se da $[H^+]$ en el formato 1×10^{-n}, es fácil hallar el pH. Sólo es el valor absoluto del exponente n. Además, observa que $[H^+] \times [OH^-]$ siempre es igual a 1×10^{-14}.

Tabla 19.5

Relaciones entre [H⁺], [OH⁻] y pH

	[H⁺] (mol/L)	[OH⁻] (mol/L)	pH	
Aumento de acidez	1×10^{0}	1×10^{-14}	0.0	1M HCl
	1×10^{-1}	1×10^{-13}	1.0	0.1M HCl
	1×10^{-2}	1×10^{-12}	2.0	Jugo gástrico / Jugo de limón
	1×10^{-3}	1×10^{-11}	3.0	
	1×10^{-4}	1×10^{-10}	4.0	Jugo de tomate / Café negro
	1×10^{-5}	1×10^{-9}	5.0	
	1×10^{-6}	1×10^{-8}	6.0	Leche
Neutra	1×10^{-7}	1×10^{-7}	7.0	Agua pura / Sangre
Aumento de basicidad	1×10^{-8}	1×10^{-6}	8.0	Agua de mar
	1×10^{-9}	1×10^{-5}	9.0	
	1×10^{-10}	1×10^{-4}	10.0	Leche de magnesia
	1×10^{-11}	1×10^{-3}	11.0	Amoníaco casero
	1×10^{-12}	1×10^{-2}	12.0	
	1×10^{-13}	1×10^{-1}	13.0	0.1M NaOH
	1×10^{-14}	1×10^{0}	14.0	1M NaOH

Calcular el pH a partir de [H$^+$] Expresar [H$^+$] en notación científica puede facilitar el cálculo de pH. Por ejemplo, volverías a escribir 0.0010M como $1.0 \times 10^{-3}M$. El coeficiente 1.0 tiene dos cifras significativas. El pH de una solución con esta concentración es 3.00. Los dos números a la derecha del punto decimal representan las dos cifras significativas en la concentración.

Es fácil hallar el pH de las soluciones cuando el coeficiente es 1.0. El pH de la solución es igual al exponente, con el signo cambiado de menos a más. Por ejemplo, una solución con [H$^+$] = $1 \times 10^{-2}M$ tiene un pH de 2.0. Cuando el coeficiente es un número diferente de 1, necesitarás usar una calculadora con una tecla de función log para calcular el pH.

Ejemplo de problema 19.3

Calcular el pH a partir de [H$^+$]

¿Cuál es el pH de una solución con una concentración de ion hidrógeno de $4.2 \times 10^{-10}M$?

❶ **Analizar Haz una lista de lo conocido y lo desconocido.** Para hallar el pH a partir de la concentración del ion hidrógeno, usa la ecuación pH = $-\log$[H$^+$].

CONOCIDO	DESCONOCIDO
[H$^+$] = $4.2 \times 10^{-10}M$	pH = ?

❷ **Calcular Resuelve para buscar lo desconocido.**

Empieza con la ecuación para hallar el pH a partir de [H$^+$].

$$pH = -\log[H^+]$$

Sustituye el [H$^+$] conocido y usa la función log en tu calculadora para hallar el pH.

$$pH = -\log(4.2 \times 10^{-10})$$
$$= -(-9.37675)$$
$$= 9.37675$$
$$= 9.38$$

Redondea el pH a dos lugares decimales porque la concentración del ion hidrógeno tiene dos cifras significativas.

❸ **Evaluar ¿Tiene sentido el resultado?** El valor de la concentración del ion hidrógeno está entre $1 \times 10^{-9}M$ y $1 \times 10^{-10}M$. Por lo tanto, el pH calculado debería estar entre 9 y 10 y así es.

---

12. Halla el pH de cada solución.
   a. [H$^+$] = 0.045M
   b. [H$^+$] = $8.7 \times 10^{-6}M$
   c. [H$^+$] = 0.0015M
   d. [H$^+$] = $1.2 \times 10^{-3}M$

13. ¿Cuáles son los valores del pH de las siguientes soluciones, con base en sus concentraciones del ion hidrógeno?
   a. [H$^+$] = $1.0 \times 10^{-12}M$
   b. [H$^+$] = $1 \times 10^{-4}M$

Calcular [H⁺] a partir de pH Puedes calcular la concentración del ion hidrógeno de una solución si conoces el pH. Si el pH es un entero, es fácil hallar el valor de [H⁺]. Para un pH de 9.0, $[H^+] = 1 \times 10^{-9}M$. Para un pH de 4.0, $[H^+]$ es $1 \times 10^{-4}M$.

Sin embargo, la mayoría de los valores de pH no son números enteros. Por ejemplo, la leche de magnesia tiene un pH de 10.50. El $[H^+]$ debe ser menor que $1 \times 10^{-10}M$ (pH 10.0) pero mayor que $1 \times 10^{-11}M$ (pH 11.0). La concentración del ion hidrógeno es $3.2 \times 10^{-11}M$. Cuando el valor de pH no es un número entero, necesitarás una calculadora con una función antilog (10^x) para obtener un valor exacto de la concentración del ion hidrógeno.

Ejemplo de problema 19.4

Calcular [H⁺] a partir de pH

El pH de una solución desconocida es 6.35. ¿Cuál es la concentración del ion hidrógeno de la solución?

CONOCIDO
pH = 6.35

DESCONOCIDO
[H⁺] = ?M

❶ **Analizar Haz una lista de lo conocido y lo desconocido.** Usarás la función antilog de tu calculadora para hallar la concentración.

❷ **Calcular Resuelve para buscar lo desconocido.**

Primero, simplemente intercambia los lados de la ecuación para hallar el pH y sustituye el valor conocido.

$$pH = -\log[H^+]$$
$$-\log[H^+] = pH$$
$$-\log[H^+] = 6.35$$

Cambia los signos en ambos lados de la ecuación y después halla lo desconocido.

$$\log[H^+] = -6.35$$
$$[H^+] = \text{antilog}(-6.35)$$

En la mayoría de las calculadoras, usa la segunda tecla o INV seguida por log para obtener el antilog.

Usa la función antilog (10^x) en tu calculadora para hallar [H⁺]. Registra la respuesta en notación científica.

$$[H^+] = 4.5 \times 10^{-7}M$$

❸ **Evaluar ¿Tiene sentido el resultado?** El pH está entre 6 y 7. Por lo tanto, la concentración del ion hidrógeno debe estar entre $1 \times 10^{-6}M$ y $1 \times 10^{-7}M$. La respuesta se redondea a dos cifras significativas porque el pH se mide con dos lugares decimales.

14. Calcula el [H⁺] de cada solución.
 a. pH = 5.00
 b. pH = 12.83

15. ¿Cuáles son las concentraciones del ion hidrógeno para las soluciones con los siguientes valores de pH?
 a. 4.00
 b. 11.55

Calcular el pH a partir de [OH⁻] Si sabes el [OH⁻] de una solución, puedes hallar su pH. Recuerda que la constante de producto iónico del agua define la relación entre [H⁺] y [OH⁻]. Por lo tanto, puedes usar la constante de producto iónico del agua para determinar [H⁺] para un [OH⁻] conocido. Después, usas [H⁺] para calcular el pH. Como práctica, intenta hacer el Ejemplo de problema 19.5.

Ejemplo de problema 19.5

Calcular el pH a partir de [OH⁻]

¿Cuál es el pH de una solución si $[OH^-] = 4.0 \times 10^{-11} M$?

❶ Analizar Haz una lista de lo conocido y lo desconocido.
Para hallar [H⁺], divide K_{eq} por el valor conocido de [OH⁻]. Después, calcula el pH como lo hiciste en el Ejemplo de problema 19.3.

CONOCIDO	DESCONOCIDO
$[OH^-] = 4.0 \times 10^{-11} M$	pH = ?
$K_{eq} = 1.0 \times 10^{-14}$	

❷ Calcular Resuelve para buscar lo desconocido.

Empieza con una constante de producto iónico para hallar [H⁺]. Vuelve a acomodar la ecuación para hallar [H⁺].

$$K_{eq} = [OH^-] \times [H^+]$$

$$[H^+] = \frac{K_{eq}}{[OH^-]}$$

Sustituye los valores de K_{eq} y [OH⁻] para hallar [H⁺].

$$[H^+] = \frac{1.0 \times 10^{-14}}{4.0 \times 10^{-11}} = 0.25 \times 10^{-3} M$$

$$= 2.5 \times 10^{-4} M$$

Después, usa la ecuación para hallar pH. Sustituye el valor de [H⁺] que acabas de calcular.

$$pH = -\log [H^+]$$
$$= -\log (2.5 \times 10^{-4})$$

Usa una calculadora para hallar el log.

$$= -(-3.60205)$$

$$= 3.60$$

Redondea el pH a dos lugares decimales porque el [OH⁻] tiene dos cifras significativas.

❸ Evaluar ¿Tiene sentido el resultado? Una solución en la que el [OH⁻] es menor que $1 \times 10^{-7} M$ es ácida porque [H⁺] es mayor que $1 \times 10^{-7} M$. La concentración del ion hidrógeno está entre $1 \times 10^{-3} M$ y $1 \times 10^{-4} M$. Por lo tanto, el pH debería estar entre 3 y 4.

16. Calcula el pH de cada solución.
  a. $[OH^-] = 4.3 \times 10^{-5} M$
  b. $[OH^-] = 4.5 \times 10^{-11} M$

17. Calcula el pH de cada solución.
  a. $[OH^-] = 5.0 \times 10^{-9} M$
  b. $[OH^-] = 8.3 \times 10^{-4} M$

Medir el pH

¿Cuáles son dos métodos que se usan para medir el pH?

En muchas situaciones, saber el pH resulta útil. Un bedel podría necesitar mantener el correcto equilibrio entre ácido y base en una alberca. Un jardinero puede querer saber si cierta planta se desarrollará en un jardín. Un doctor puede intentar diagnosticar una condición médica. **Se pueden usar indicadores ácido-base o de pH para medir el pH.**

Indicadores ácido-base Un indicador se usa con frecuencia para mediciones iniciales de pH y para muestras con pequeños volúmenes. Un indicador (HIn) es un ácido o una base que se disocia en un rango conocido de pH. Los indicadores funcionan porque su forma ácida y su forma base forman colores diferentes en solución. La ecuación general siguiente representa la disociación de un indicador ácido-base (HIn).

$$\text{HIn}(aq) \rightleftharpoons \text{H}^+(aq) + \text{In}^-(aq)$$

Forma ácida   Forma base

La forma ácida del indicador (HIn) es dominante en un pH bajo y un [H$^+$] alto. La forma base (In$^-$) es dominante en un pH alto y un [OH$^-$] alto.

El cambio de la forma de ácido dominante a la forma de base dominante ocurre dentro de un margen estrecho de aproximadamente dos unidades de pH. Dentro de este rango, el color de la solución es una mezcla de los colores de las formas ácida y base. Si conoces el rango de pH en el que ocurre el cambio de color, puedes hacer un cálculo aproximado del pH de una solución. En todos los valores de pH por debajo de este rango, observarías sólo el color de la forma ácida. En todos los valores de pH por encima de este rango, observarías sólo el color de la forma base.

Para un cálculo más preciso del pH de la solución, podrías repetir la prueba con indicadores que tengan rangos diferentes de pH para su cambio de color. Se necesitan muchos indicadores para abarcar el espectro completo de pH. En la Figura 19.8 se muestran los rangos de pH de algunos indicadores comunes de ácido-base.

Interpretar gráficas

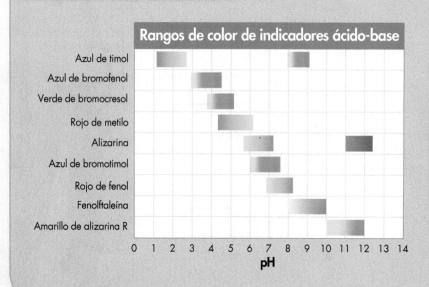

Rangos de color de indicadores ácido-base

Azul de timol
Azul de bromofenol
Verde de bromocresol
Rojo de metilo
Alizarina
Azul de bromotimol
Rojo de fenol
Fenolftaleína
Amarillo de alizarina R

pH: 0 1 2 3 4 5 6 7 8 9 10 11 12 13 14

Figura 19.8 Cada indicador resulta útil para un rango específico de valores de pH.

a. Identificar En un pH de 12, ¿qué indicador sería amarillo?

b. Aplicar conceptos ¿Qué indicador podrías usar para mostrar que el pH de una solución ha cambiado de 3 a 5?

c. Generalizar ¿Qué notas con respecto al rango en el que cambia de color cada indicador?

Figura 19.9 Efectos de la acidez del suelo
El pH del suelo puede afectar el desarrollo de las plantas. **a.** En suelos ácidos, las hortensias producen flores azules. **b.** En suelos básicos, las hortensias producen flores rosas.

Los indicadores tienen ciertas propiedades que limitan su utilidad. Los valores de pH por lo general están dados para 25 °C. A otras temperaturas, un indicador puede cambiar de color con un pH diferente. Si la solución a probar es de color, el color del indicador puede ser engañoso. Las sales disueltas en una solución pueden afectar la disociación del indicador. El uso de tiras indicadoras puede ayudar a superar estos problemas. Una tira indicadora es un pedazo de papel o plástico que se ha sumergido en un indicador y después secado. El papel se sumerge en una solución desconocida. El color que resulta se compara con una gráfica de color para medir el pH. Algún papel indicador ha absorbido indicadores múltiples. Los colores que resultan cubrirán un amplio rango de valores de pH. Antes de plantar el arbusto que se muestra en la Figura 19.9, quizá quieras medir el pH de tu suelo.

Figura 19.10 pH-metro
Un pH-metro proporciona una forma rápida y exacta de medir el pH de un sistema.

pH-metros Probablemente tu laboratorio de química tenga pH-metros. Un pH-metro se usa para hacer mediciones rápidas y continuas de pH. Las mediciones de pH que se obtienen con un pH-metro son típicamente exactas hasta con un margen de error dentro de 0.01 unidades de pH. Si el pH-metro se conecta a una computadora o registro, el usuario tendrá un registro de los cambios en el pH.

Un pH-metro puede ser más fácil de usar que los indicadores líquidos o tiras indicadoras. Como se muestra en la Figura 19.10, la lectura del pH es visible en la pantalla del pH-metro. Los hospitales usan pH-metros para hallar pequeños pero significativos cambios en el pH de la sangre y otros fluídos. Las aguas residuales, desperdicios industriales y el pH del suelo se pueden monitorear fácilmente con un pH-metro. El color y lo turbio de la solución no afecta la exactitud del valor de pH obtenido.

Laboratorio rápido

Propósito Medir el pH de los materiales de un hogar usando un indicador natural

Materiales

- hojas de col roja
- 1 taza medidora
- agua caliente
- 2 jarras
- cuchara
- estopilla
- 3 hojas de papel blanco
- cinta transparente
- regla
- lápiz
- 10 vasos pequeños de plástico transparente
- marcador permanente
- vinagre blanco (CH_3COOH)
- bicarbonato ($NaHCO_3$)
- espátula
- amoníaco casero
- gotero
- materiales caseros variados

Indicadores de fuentes naturales

Procedimiento

1. Coloca media taza de hojas de col roja en una jarra y añade media taza de agua caliente. Revuelve y muele las hojas con una cuchara. Continúa este proceso hasta que el agua tenga un color distintivo.

2. Presiona la mezcla con un pedazo de estopilla limpio en una jarra limpia. El líquido que se recolecte en la jarra será tu indicador.

3. Pega las tres hojas de papel blanco por sus extremos. Traza una línea a lo largo del centro de las hojas pegadas. Rotula la línea a intervalos de 5 cm con números del 1 al 14. Esta línea rotulada es tu escala de pH.

4. Usa el marcador permanente para rotular tres vasos con vinagre, bicarbonato y amoníaco. Vacía el indicador en cada vaso hasta una profundidad de aproximadamente 1 cm.

5. Añade varias gotas de vinagre al primer vaso. Usa una espátula para añadir una pizca de bicarbonato al segundo vaso. Añade varias gotas de amoníaco al tercer vaso. Los valores de pH de las soluciones de vinagre, bicarbonato y amoníaco casero son aproximadamente 3, 9 y 11, respectivamente. Registra los colores que observas en las ubicaciones correctas en tu escala de pH.

6. Repite el procedimiento para artículos del hogar como sal de mesa, leche, jugo de limón, detergente para la ropa, leche de magnesia, pasta de dientes, champú y bebidas carbonatadas.

Analizar y concluir

1. Observar ¿De qué color es el indicador en soluciones ácidas, neutras y básicas?

2. Relacionar causa y efecto ¿Qué causó que cambiara el color del indicador cuando se añadía un material al vaso?

3. Clasificar Divide los materiales caseros que probaste en tres grupos: ácidos, básicos y neutros.

4. Analizar datos ¿Qué grupo contiene los artículos que se usan para la limpieza? ¿Qué grupo contiene los artículos que se usan para la higiene personal?

19.2 Comprobación de la lección

18. Repasar ¿Cómo se relacionan las concentraciones de iones hidrógeno e iones hidróxido en una solución acuosa?

19. Identificar ¿Cuál es el rango de valores de pH en las soluciones siguientes?
  a. básica   **b.** ácida   **c.** neutra

20. Hacer una lista ¿Qué métodos puedes usar para medir el pH de una solución?

21. Relacionar causa y efecto ¿Qué le sucede a $[H^+]$ mientras aumenta el pH de la solución?

22. Calcular Determina el pH de cada solución.
  a. $[H^+] = 1 \times 10^{-6}M$ **c.** $[OH^-] = 1 \times 10^{-2}M$
  b. $[H^+] = 0.00010M$ **d.** $[OH^-] = 1 \times 10^{-11}M$

23. Comparar En términos de concentraciones iónicas, ¿en qué se diferencian las soluciones básicas de las soluciones ácidas?

24. Calcular Halla las concentraciones del ion hidróxido para las soluciones con los valores siguientes de pH:
  a. 6.00   **b.** 9.00   **c.** 12.00

Agrónomo

¿Te gusta la idea de trabajar con plantas pero encuentras a la química más interesante que a la biología? Si es así, deberías considerar una carrera en agronomía. La agronomía es una rama de la agricultura que trata con las interacciones entre plantas, suelos y el medio ambiente. Los agrónomos usan su conocimiento de química para ayudar a producir cultivos saludables y aumentar los rendimientos, mientras que preservan el medio ambiente.

Las oportunidades para los agrónomos se extienden más allá de los laboratorios e invernaderos. Los agrónomos también trabajan para empresas de negocios, agencias gubernamentales, grupos de conservación, organizaciones filantrópicas y universidades. Los agrónomos también pueden usar su conocimiento de manejo del agua y la tierra para atender problemas tales como embellecimiento de áreas urbanas y paisajismo de caminos.

QUÍMICA DE CAMPO Muchos agrónomos tienen la oportunidad de trabajar con comunidades locales. Este agrónomo está aconsejando a un grupo de granjeros en Kenya acerca de cómo mejorar sus cultivos usando la ciencia.

ACIDEZ DEL SUELO El pH del suelo está entre los factores más importantes en la producción de cultivos. Los agrónomos pueden ayudar a los granjeros a obtener el pH de suelo correcto para un cultivo específico.

Un paso más allá

1. Aplicar conceptos El pH del suelo ideal para el maíz es de aproximadamente 6.0. Si el $[H^+]$ es igual a $2.14 \times 10^{-5} M$, ¿es el suelo muy ácido o muy básico para que crezca el maíz?

2. Inferir ¿Cuáles son dos artículos no alimenticios que un agrónomo podría ayudar a producir?

P: *¿Qué hace a un ácido más seguro que otro?* El jugo de limón, que contiene ácido cítrico, tiene un pH de aproximadamente 2.3. Sin embargo, consumes jugo de limón. Cuando cortas un limón, por lo general no usas guantes ni gafas protectoras. Pero algunos ácidos requieren tales precauciones. En esta lección aprenderás la diferencia entre ácido "débil" como el ácido cítrico y ácido "fuerte" como el ácido sulfúrico.

Ácidos y bases fuertes y débiles

¿Cómo se clasifican los ácidos y las bases como fuertes o débiles?

La Tabla 19.6 hace una comparación de las fuerzas de algunos ácidos y bases. **Los ácidos y las bases se clasifican como fuertes o débiles con base en el grado al que se ionizan en agua.** El ácido clorhídrico y el ácido sulfúrico son ejemplos de ácidos fuertes. En general, un **ácido fuerte** está completamente ionizado en solución acuosa.

$$HCl(g) + H_2O(l) \longrightarrow H_3O^+(aq) + Cl^-(aq)$$
100%

Un **ácido débil** se ioniza sólo ligeramente en solución acuosa. La ionización del ácido etanoico (CH_3COOH), un ácido débil típico, no está completa.

$$CH_3COOH(aq) + H_2O(l) \rightleftharpoons H_3O^+(aq) + CH_3COO^-(aq)$$
< 1%

Pregunta clave

¿Cómo se clasifican los ácidos y las bases como fuertes o débiles?

Vocabulario

- ácido fuerte
- ácido débil
- constante de disociación ácida (K_a)
- base fuerte
- base débil
- constante de disociación básica (K_b)

Tabla 19.6

Fuerzas relativas de algunos ácidos y bases comunes		
Sustancia	**Fórmula**	**Fuerza relativa**
Ácido clorhídrico	HCl	Ácidos fuertes
Ácido nítrico	HNO_3	
Ácido sulfúrico	H_2SO_4	
Ácido fosfórico	H_3PO_4	Fuerza creciente del ácido
Ácido etanoico	CH_3COOH	
Ácido carbónico	H_2CO_3	
Ácido hipocloroso	HClO	
Amoníaco	NH_3	Solución neutra
Silicato de sodio	Na_2SiO_3	Fuerza creciente de la base
Hidróxido de calcio	$Ca(OH)_2$	
Hidróxido de sodio	NaOH	Bases fuertes
Hidróxido de potasio	KOH	

Disociación de un ácido fuerte

HA H_3O^+ A^-

Disociación completa →

Número relativo de moles

$$HA(aq) + H_2O(l) \longrightarrow H_3O^+(aq) + A^-(aq)$$

Disociación de un ácido débil

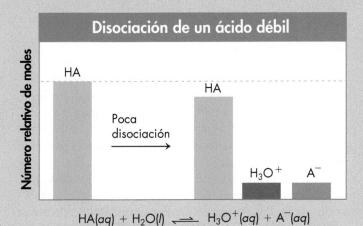

HA

HA

Poca disociación →

H_3O^+ A^-

Número relativo de moles

$$HA(aq) + H_2O(l) \rightleftharpoons H_3O^+(aq) + A^-(aq)$$

Figura 19.11 La disociación de un ácido (HA) en agua produce H_3O^+ y un anión, A^-. Las gráficas de barras comparan el alcance de disociación de un ácido fuerte y de un ácido débil.

a. Explicar ¿Por qué hay una sola barra para HA en la gráfica para el ácido fuerte, pero dos barras para HA en la gráfica del ácido débil?

b. Aplicar conceptos En la gráfica para el ácido fuerte, ¿por qué las barras para H_3O^+ y A^- tienen la misma altura que la barra para HA?

c. Inferir En la gráfica del ácido débil, ¿por qué es la altura de la barra de H_3O^+ igual a la distancia de la parte superior de la segunda barra de HA a la línea punteada?

> Pista: Las barras representan las cantidades relativas del ácido y de los iones que forma en solución.

Constante de disociación ácida En la Figura 19.11 se hace una comparación del alcance de disociación de ácidos fuertes y ácidos débiles. Un ácido fuerte, como el ácido clorhídrico, se disocia completamente en agua. Como resultado, $[H_3O^+]$ es alto en una solución acuosa de un ácido fuerte. Por el contrario, los ácidos débiles permanecen disociados. Por ejemplo, en una solución acuosa de ácido etanoico, menos del 1 por ciento de las moléculas están ionizadas en cualquier momento.

Puedes usar una ecuación balanceada para escribir la expresión de la constante de equilibrio para una reacción. La expresión de la constante de equilibrio que se muestra a continuación es para el ácido etanoico.

$$K_{eq} = \frac{[H_3O^+] \times [CH_3COO^-]}{[CH_3COOH] \times [H_2O]}$$

Para las soluciones acuosas diluidas, la concentración del agua es constante. Esta constante puede combinarse con K_{eq} para dar una constante de disociación ácida. Una **constante de disociación ácida (K_a)** es la razón de la concentración de la forma disociada de un ácido a la concentración de la forma disociada. La forma disociada incluye tanto a H_3O^+ como al anión.

$$K_{eq} \times [H_2O] = K_a = \frac{[H_3O^+] \times [CH_3COO^-]}{[CH_3COOH]}$$

Tabla 19.7

Constantes de disociación de ácidos débiles

Ácido	Ecuación química para la disociación	K_a (25 °C)
Ácido oxálico	$HOOCCOOH(aq) \rightleftharpoons H^+(aq) + HOOCCOO^-(aq)$	5.6×10^{-2}
	$HOOCCOO^-(aq) \rightleftharpoons H^+(aq) + OOCCOO^{2-}(aq)$	5.1×10^{-5}
Ácido fosfórico	$H_3PO_4(aq) \rightleftharpoons H^+(aq) + H_2PO_4^-(aq)$	7.5×10^{-3}
	$H_2PO_4^-(aq) \rightleftharpoons H^+(aq) + HPO_4^{2-}(aq)$	6.2×10^{-8}
	$HPO_4^{2-}(aq) \rightleftharpoons H^+(aq) + PO_4^{3-}(aq)$	4.8×10^{-13}
Ácido metanoico	$HCOOH(aq) \rightleftharpoons H^+(aq) + HCOO^-(aq)$	1.8×10^{-4}
Ácido benzoico	$C_6H_5COOH(aq) \rightleftharpoons H^+(aq) + C_6H_5COO^-(aq)$	6.3×10^{-5}
Ácido etanoico	$CH_3COOH(aq) \rightleftharpoons H^+(aq) + CH_3COO^-(aq)$	1.8×10^{-5}
Ácido carbónico	$H_2CO_3(aq) \rightleftharpoons H^+(aq) + HCO_3^-(aq)$	4.3×10^{-7}
	$HCO_3^-(aq) \rightleftharpoons H^+(aq) + CO_3^{2-}(aq)$	4.8×10^{-11}

La constante de disociación ácida (K_a) refleja la fracción de un ácido que se ioniza. Por esta razón, las constantes de disociación a veces se llaman constantes de ionización. Si el grado de disociación o ionización del ácido en una solución es pequeño, el valor de la constante de disociación será pequeño. Los ácidos débiles tienen valores pequeños de K_a. Si el grado de ionización de un ácido es más completo, el valor de K_a será más grande. Cuanto más fuerte es un ácido, más grande será su valor de K_a. Por ejemplo, el ácido nitroso (HNO_2) tiene una K_a de 4.4×10^{-4}, pero el ácido etanoico (CH_3COOH) tiene una K_a de 1.8×10^{-5}. Es decir, el ácido nitroso está más ionizado en solución que el ácido etanoico. Por lo tanto, el ácido nitroso es un ácido más fuerte que el ácido etanoico.

En la Tabla 19.7 se muestran las ecuaciones de ionización y las constantes de disociación de algunos ácidos débiles. Algunos ácidos tienen más de una constante de disociación porque tienen más de un hidrógeno ionizable. El ácido oxálico, por ejemplo, es un ácido diprótico. Pierde dos hidrógenos, uno a la vez. Por lo tanto, tiene dos constantes de disociación. El ácido oxálico se encuentra naturalmente en ciertas hierbas y vegetales, como los que se ilustran en la Figura 19.12.

Los ácidos de la Tabla 19.7 están clasificados por el valor de la primera constante de disociación. Observa lo que le sucede a K_a con cada ionización. La K_a disminuye de la primera a la seguda ionización. Disminuye otra vez de la segunda a la tercera ionización.

Figura 19.12 Ácido oxálico
Los cebollines y el perejil tienen cantidades relativamente altas de ácido oxálico en comparación con otras frutas y vegetales.

Calcular constantes de disociación Para calcular la constante de disociación ácida (K_a) de un ácido débil, necesitas saber la concentración molar inicial del ácido y de [H^+] (o, alternativamente, del pH) de la solución en equilibrio. Puedes usar estos datos para hallar las concentraciones en equilibrio del ácido y los iones. Estos valores entonces se sustituyen en la expresión de K_a.

En general, puedes hallar la K_a de un ácido en agua sustituyendo las concentraciones en equilibrio del ácido, [HA], del anión a partir de la disociación del ácido, [A^-] y del ion hidrógeno, [H^+] en la siguiente ecuación.

$$K_a = \frac{[H^+][A^-]}{[HA]}$$

Ejemplo de problema 19.6

Calcular una constante de disociación

En una solución de $0.1000M$ de ácido etanoico, [H^+] = $1.34 \times 10^{-3}M$. Calcula la K_a del ácido. Consulta la Tabla 19.7 para la ecuación de ionización del ácido etanoico.

CONOCIDO	DESCONOCIDO
[ácido etanoico] = $0.1000M$	K_a = ?
[H^+] = $1.34 \times 10^{-3}M$	

❶ Analizar **Haz una lista de lo conocido y lo desconocido.**

❷ Calcular **Resuelve para buscar lo desconocido.**

Empieza determinando la concentración en equilibrio de los iones.

[H^+] = [CH_3COO^-] = $1.34 \times 10^{-3}M$

Cada molécula de CH_3COOH que se ioniza produce un ion H^+ y un ion CH_3COO^-.

Después determina las concentraciones en equilibrio de cada componente.

$(0.1000 - 0.00134)M = 0.0987M$

Concentración	[CH_3COOH]	[H^+]	[CH_3COO^-]
Inicial	0.1000	0	0
Cambio	-1.34×10^{-3}	1.34×10^{-3}	1.34×10^{-3}
Equilibrio	0.0987	1.34×10^{-3}	1.34×10^{-3}

Sustituye los valores de equilibrio en la expresión para K_a.

$$K_a = \frac{[H^+] \times [CH_3COO^-]}{[CH_3COOH]} = \frac{(1.34 \times 10^{-3}) \times (1.34 \times 10^{-3})}{0.0987}$$

$$= 1.82 \times 10^{-5}$$

❸ Evaluar **¿Tiene sentido el resultado?** El valor calculado de K_a es consistente con el de un ácido débil.

25. En una solución de $0.1000M$ de ácido metanoico, [H^+] = $4.2 \times 10^{-3}M$. Calcula la K_a de este ácido.

26. En una solución de $0.2000M$ de un ácido débil monoprótico, [H^+] = $9.86 \times 10^{-4}M$. ¿Cuál es la K_a de este ácido?

Constante de disociación básica Así como hay ácidos fuertes y ácidos débiles, también hay bases fuertes y bases débiles. Una **base fuerte** se disocia por completo en iones de metal e iones de hidróxido en solución acuosa. Algunas bases fuertes, como el hidróxido de calcio y el hidróxido de magnesio, no son muy solubles en agua. Las pequeñas cantidades de estas bases que se disuelven en agua se disocian por completo.

Una **base débil** reacciona con agua para formar el ácido conjugado de la base y de los iones de hidróxido. Para una base débil, la cantidad de disociación es relativamente pequeña. El amoníaco es un ejemplo de base débil. En la figura 19.13 se muestra un uso para una solución acuosa de amoníaco.

$$NH_3(aq) + H_2O(l) \rightleftharpoons NH_4^+(aq) + OH^-(aq)$$

Amoníaco   Agua   Ion   Ion
                         amonio   hidróxido

Cuando se establece el equilibrio, sólo aproximadamente 1 por ciento del amoníaco está presente como NH_4^+. Este ion es el ácido conjugado de NH_3. Las concentraciones de NH_4^+ y OH^- son bajas e iguales. La expresión de la constante de equilibrio para la disociación de amoníaco en agua es:

$$K_{eq} = \frac{[NH_4^+] \times [OH^-]}{[NH_3] \times [H_2O]}$$

Recuerda que la concentración del agua es constante en soluciones diluidas. Esta constante se puede combinar con la K_{eq} del amoníaco para dar una constante de disociación básica (K_b) del amoníaco.

$$K_{eq} \times [H_2O] = K_b = \frac{[NH_4^+] \times [OH^-]}{[NH_3]}$$

En general, la **constante de disociación básica (K_b)** es la razón de la concentración del ácido conjugado multiplicado por la concentración del ion hidróxido para la concentración de la base. La forma general de la expresión para la constante de disociación básica se muestra a continuación.

$$K_b = \frac{[\text{ácido conjugado}] \times [OH^-]}{[\text{base}]}$$

Puedes usar esta ecuación para calcular la K_b de una base débil. Necesitas saber la concentración inicial de la base y la concentración de los iones hidróxido para el equilibrio. Si sabes el pH, puedes calcular el $[H^+]$ y el $[OH^-]$ correspondiente.

La magnitud de K_b indica la habilidad de una base débil para competir con la base OH^- muy fuerte por los iones hidrógeno. Dado que las bases como el amoníaco son débiles con relación al ion hidróxido, la K_b para tal base por lo general es pequeña. La K_b para el amoníaco es de 1.8×10^{-5}. Cuanto más pequeño sea el valor de K_b, más débil será la base.

Tabla 19.8

Comparar concentración y fuerza de ácidos

Solución ácida	Concentración		Fuerza
	Cuantitativa (o molar)	Relativa	
Ácido clorhídrico	12M HCl	Concentrada	Fuerte
Jugo gástrico	0.08M HCl	Diluída	Fuerte
Ácido etanoico	17M CH_3COOH	Concentrada	Débil
Vinagre	0.2M CH_3COOH	Diluída	Débil

LA QUÍMICA Y TÚ

P: *A pesar de su pH relativamente bajo, el jugo de limón es seguro para consumir porque el ácido cítrico es un ácido débil. El ácido cítrico tiene tres valores de K_a. ¿Qué te dice esta información acerca del ácido cítrico?*

Concentración versus fuerza A veces las personas confunden los conceptos de concentración y fuerza. Las palabras *concentrado* y *diluido* indican cuánto de un ácido o base está disuelto en solución. Estos términos se refieren al número de moles del ácido o base en un volumen dado. Las palabras *fuerte* y *débil* se refieren a la extensión de la ionización o disociación de un ácido o base.

La Tabla 19.8 muestra cuatro combinaciones posibles de concentración y fortaleza de los ácidos. El ácido clorhídrico, HCl(*aq*), es un ácido fuerte porque se disocia por completo en iones. El jugo gástrico en tu estómago es una solución diluida de HCl. El número relativamente pequeño de moléculas de HCl en un volumen dado de jugo gástrico está disociado en iones. Para resumir, aun cuando el ácido clorhídrico concentrado esté diluido en agua, sigue siendo un ácido fuerte. En cambio, el ácido etanoico (ácido acético) es un ácido débil porque se ioniza sólo ligeramente en solución. El vinagre es una solución diluida en ácido etanoico. Incluso en altas concentraciones, el ácido etanoico sigue siendo un ácido débil.

Los mismos conceptos aplican a las bases. Una solución de amoníaco puede ser diluida o concentrada. Sin embargo, en cualquier solución de amoníaco, la cantidad relativa de ionización será pequeña. Por lo tanto, el amoníaco es una base débil en cualquier concentración. Del mismo modo, el hidróxido de sodio es una base fuerte en cualquier concentración.

19.3 Comprobación de la lección

27. Repasar ¿Qué factor determina si un ácido o una base es fuerte o débil?

28. Comparar ¿Cómo varían las constantes de disociación ácida entre ácidos fuertes y ácidos débiles?

29. Sacar conlusiones ¿Cuál de los ácidos en la Tabla 19.6 esperarías que tenga la constante de disociación más baja?

30. Describir ¿Cómo determinas la K_a de un ácido débil o la K_b de una base débil?

31. Predecir El ácido HX tiene una K_a muy pequeña. ¿Cómo se comparan las cantidades relativas de H^+ y HX en equilibrio?

32. Calcular Una solución de 0.500M de un ácido tiene una concentración del ion hidronio de $5.77 \times 10^{-6}M$. Calcula la K_a de este ácido.

33. Describir Escribe una ecuación química para la disociación de cada uno de los ácidos y bases siguientes en agua.
a. ácido nítrico
b. ácido etanoico
c. amoníaco
d. hidróxido de magnesio

34. Clasificar Una solución de un ácido de 15M tiene una K_a de 7.5×10^{-3}. Explica cómo clasificarías esta solución en términos de concentración y fortaleza.

Constantes de disociación de ácidos débiles

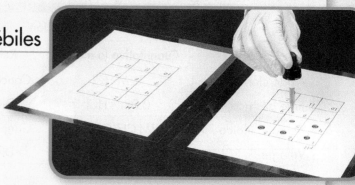

Propósito

Medir las constantes de disociación de ácidos débiles

Materiales

- papel, lápiz y regla
- superficie de reacción
- 12 soluciones con diferentes valores de pH
- verde de bromocresol
- soluciones de otros indicadores ácido-base

Procedimiento

1. En dos hojas de papel por separado, dibuja dos cuadrículas similares a la que se presenta abajo. Haz cada cuadro de 2 cm por lado.

2. Coloca una superficie de reacción sobre una de las cuadrículas y coloca una gota de verde de bromocresol en cada cuadro.

3. Añade una gota de la solución con un pH de 1 al cuadrado rotulado 1. Añade una gota de la solución con un pH de 2 al cuadrado rotulado 2. Continúa añadiendo gotas de esta manera hasta que hayas añadido una gota a cada uno de los cuadros.

4. Usa la segunda cuadrícula como una tabla de datos para registrar tus observaciones en cada cuadrado.

pH

1	2	3
4	5	6
7	8	9
10	11	12

Analizar y concluir

1. Observar ¿De qué colores son las soluciones con los pH más bajos y con los pH más altos?

2. Observar ¿A qué pH cambia de un color a otro el verde de bromocresol?

3. Inferir Los indicadores ácido-base, como el verde de bromocresol, por lo general son ácidos débiles. Dado que el verde de bromocresol tiene una fórmula bastante compleja, es conveniente representarla como HBCG. El HBCG se disocia en agua de acuerdo con la ecuación siguiente. HBCG y BCG⁻ son un par conjugado ácido-base.

$$\text{HBCG}(aq) + \text{H}_2\text{O}(l) \rightleftharpoons \underset{\text{(azul)}}{\text{BCG}^-(aq)} + \text{H}_3\text{O}^+(aq)$$
$$\underset{\text{(amarillo)}}{}$$

La expresión de K_a es

$$K_a = \frac{[\text{BCG}^-] \times [\text{H}_3\text{O}^+]}{[\text{HBCG}]}$$

Cuando $[\text{BCG}^-] = [\text{HBCG}]$, $K_a = [\text{H}_3\text{O}^+]$.

¿De qué color es la base conjugada de HBCG? ¿De qué color es el ácido conjugado de BCG⁻?

4. Sacar conclusiones ¿A qué pH hay una cantidad igual de ácido conjugado y base conjugada? ¿Cómo lo sabes?

5. Calcular ¿Cuál es la K_a para la solución descrita en la Pregunta 4?

Tú eres el químico

1. Diseñar un experimento Diseña y lleva a cabo un experimento para medir las constantes de disociación de algunos otros indicadores ácido-base. Registra el color de cada ácido conjugado y base conjugada. Calcula la K_a para cada ácido.

2. Explicar ¿Cómo puedes medir la constante de disociación de un indicador ácido-base? Describe qué hacer y cómo interpretar los resultados.

Erosión de la piedra

En todo el mundo, famosas estructuras de roca como el Partenón en Grecia, el Taj Mahal en India, los tallados mayas en México y las gárgolas en la fachada de la Catedral de Notre Dame, se están erosionando por lluvia ácida.

La lluvia ácida es lluvia con un pH de 5.0 o menos. Se forma cuando los contaminantes del aire, como el dióxido de azufre y óxidos de nitrógeno, se combinan con el vapor de agua en la atmósfera para producir ácidos.

Muchos edificios famosos, estatuas y puntos de referencia están hechos de mármol o piedra caliza. Ambos materiales consisten de carbonato de calcio, $CaCO_3$. Los ácidos de la lluvia ácida reaccionan con el carbonato de calcio de las piedras para formar iones calcio, agua y dióxido de carbono. En este proceso, se pierde el complejo detalle de la estructura. Explora por ti mismo cómo afectan los ácidos a los materiales hechos de carbonato de calcio intentando la actividad siguiente.

Por tu cuenta

1. Para esta actividad necesitarás **2 tazones, 2 pedazos de piedra caliza del mismo tamaño hechos de carbonato de calcio, vinagre blanco, agua de la llave, cinta adhesiva protectora, un marcador permanente** y **una servilleta de papel.** Coloca el vinagre en el primer tazón. Rotula el tazón con un pedazo de cinta adhesiva y un marcador. Coloca la misma cantidad de agua en el segundo tazón y rotúlalo. *Opcional:* Si quieres, puedes hacer un diseño (con una aguja, un clavo o una tachuela) en cada pedazo de piedra caliza antes de continuar con el paso 2.

2. Coloca un pedazo de piedra caliza en cada tazón. Observa lo que sucede con la piedra caliza.

3. Después de aproximadamente 5 minutos, quita los pedazos de piedra caliza de los tazones y colócalos en una servilleta de papel. Compara los pedazos de piedra caliza.

Piénsalo

1. Comparar ¿Cómo afectó el vinagre a la piedra caliza en comparación con el agua?

2. Inferir ¿Qué causó las burbujas que ves cuando se coloca la piedra caliza en el vinagre?

3. Describir Escribe una ecuación balanceada para explicar lo que le sucede a la piedra caliza cuando se coloca en vinagre. *Nota:* Sea $H^+(aq)$ que represente al ácido.

4. Sacar conclusiones ¿Por qué la lluvia ácida resulta en una pérdida del detalle de la gárgola de esta página? ¿Cuál sería el efecto de la lluvia ácida en una estatua durante un largo período de tiempo?

19.4 Reacciones de neutralización

Preguntas clave

🔑 ¿Qué productos se forman cuando reaccionan un ácido y una base?

🔑 ¿En qué punto ocurre la neutralización en una valoración química?

Vocabulario

- reacción de neutralización
- valoración química
- solución estándar
- punto de equivalencia
- punto final

Aprende más acerca de las reacciones ácido-base *en línea.*

LA QUÍMICA Y TÚ

P: *¿Qué puede ocasionar que las hojas se hagan amarillas durante la temporada de crecimiento?* Puedes haber notado hojas amarillas durante una temporada cuando las hojas aún deberían estar verdes. Esta condición se llama *clorosis* porque la planta carece del pigmento llamado clorofila. Para producir clorofila, las plantas necesitan absorber nutrientes, como el hierro, del suelo. A veces hay mucho hierro pero la planta no lo absorbe por las raíces porque el pH del suelo es muy alto.

Reacciones ácido-base

🔑 **¿Qué productos se forman cuando reaccionan un ácido y una base?**

Supón que mezclas una solución de un ácido fuerte, como el HCl, con una solución de una base fuerte, como el NaOH. Los productos son cloruro de sodio y agua.

$$HCl(aq) + NaOH(aq) \longrightarrow NaCl(aq) + H_2O(l)$$

🔑 **En general, los ácidos y las bases reaccionan para producir una sal y agua.** La reacción completa de un ácido fuerte y una base fuerte produce una solución neutra. Por lo tanto, este tipo de reacción se llama una **reacción de neutralización.**

Cuando escuchas la palabra *sal*, puedes pensar en una sustancia que se usa para darle sabor a la comida. La sal de mesa (NaCl) es sólo un ejemplo de sal. Las sales son compuestos iónicos que consisten en un anión a partir de un ácido y en un catión de una base.

Una reacción entre un ácido y una base se completará cuando la solución contenga igual número de iones hidrógeno e iones hidróxido. La ecuación balanceada proporciona la razón correcta de ácido a base. Para el ácido clorhídrico y el hidróxido de sodio, la razón molar es 1:1.

$$HCl(aq) + NaOH(aq) \longrightarrow NaCl(aq) + H_2O(l)$$

| 1 mol | 1 mol | 1 mol | 1 mol |

Para el ácido sulfúrico y el hidróxido de sodio, la razón es 1:2. Dos moles de la base se requieren para neutralizar un mol del ácido.

$$H_2SO_4(aq) + 2NaOH(aq) \longrightarrow Na_2SO_4(aq) + 2H_2O(l)$$

| 1 mol | 2 mol | 1 mol | 2 mol |

De manera similar, el ácido clorhídrico y el hidróxido de calcio reaccionan en una razón 2:1.

$$2HCl(aq) + Ca(OH)_2(aq) \longrightarrow CaCl_2(aq) + 2H_2O(l)$$

| 2 mol | 1 mol | 1 mol | 2 mol |

Hallar los moles necesarios para la neutralización

El término *neutralización* se usa para describir tanto la reacción como el punto en el que se completa la reacción de neutralización. ¿Cuántos moles de ácido sulfúrico se requieren para neutralizar 0.50 moles de hidróxido de sodio? La ecuación para la reacción es

$$H_2SO_4(aq) + 2NaOH(aq) \longrightarrow Na_2SO_4(aq) + 2H_2O(l)$$

❶ Analizar **Haz una lista de lo conocido y lo desconocido.** Para determinar el número de moles de ácido, necesitas saber el número de moles de la base y la razón molar del ácido a la base.

CONOCIDO	DESCONOCIDO
moles de NaOH = 0.50 moles	moles de H_2SO_4 = ? moles
1 mol de H_2SO_4/2 moles de NaOH	
(de la ecuación balanceada)	

❷ Calcular **Resuelve para buscar lo desconocido.**

Usa la razón molar de ácido a base para determinar el número de moles del ácido.

$$0.50 \text{ moles de NaOH} \times \frac{1 \text{ mol de } H_2SO_4}{2 \text{ moles de NaOH}} = 0.25 \text{ moles de } H_2SO_4$$

❸ Evaluar **¿Tiene sentido el resultado?** Dado que la razón molar de H_2SO_4 a NaOH es 1:2, el número de moles de H_2SO_4 debería ser la mitad del número de moles de NaOH.

35. ¿Cuántos moles de hidróxido de potasio se necesitan para neutralizar 1.56 moles de ácido fosfórico?

Para resolver cada problema, empieza escribiendo una ecuación balanceada.

36. ¿Cuántos moles de hidróxido de sodio se requieren para neutralizar 0.20 moles de ácido nítrico?

Valoración química

🔑 *¿En qué punto ocurre una neutralización en una valoración química?*

Puedes usar una reacción de neutralización para determinar la concentración de un ácido o una base. El proceso de adición de una cantidad medida de una solución de concentración desconocida se llama **valoración química.** Los pasos en la valoración química ácido-base son los siguientes.

1. Un volumen medido de una solución ácida de concentración desconocida se añade a un frasco.

2. Varias gotas de un indicador se añaden a una solución mientras se hace girar el frasco suavemente.

3. Volúmenes medidos de una base de concentración conocida se mezclan en el ácido hasta que el indicador cambia de color escasamente.

Figura 19.14 Valoración química

Las fotografías muestran los pasos en una valoración química ácido-base. **a.** Un matraz con un volumen conocido de ácido (y algún indicador de fenolftaleína) se coloca debajo de una solución amortiguadora que es llenada con la base de una concentración conocida. **b.** La base se añade lentamente al ácido mientras se gira lentamente el matraz. **c.** Un cambio en el color de la solución es la señal de que ha ocurrido la neutralización.

P: *Los compuestos del hierro necesitan disociarse antes de que las plantas puedan absorber el hierro. Sin embargo, estos compuestos se hacen menos solubles a medida que aumenta el pH. Para la mayoría de las plantas, un pH entre 5.0 y 6.5 proporcionará suficiente hierro utilizable.¿Cómo podrías cambiar el pH del suelo?*

La solución de una concentración conocida es la **solución estándar.** Los pasos en la valoración química de un ácido de concentración desconocida con una base estándar se muestran en la Figura 19.14. Puedes usar un procedimiento similar para hallar la concentración de una base usando un ácido estándar.

🔑 **La neutralización ocurre cuando el número de moles de iones hidrógeno es igual al número de moles de iones hidróxido.** Dos cosas que son iguales en valor, se dice que son *equivalentes*. Por lo tanto, el punto en el que ocurre la neutralización se llama **punto de equivalencia.** El indicador que se elige para la valoración química debe cambiar de color en o cerca del pH del punto de equivalencia. El punto al que el indicador cambia de color es el **punto final** de la valoración química.

En la Figura 19.15 se muestra cómo cambia el pH de una solución durante la valoración química de un ácido fuerte (HCl) con una base fuerte (NaOH). La solución ácida inicial tiene un pH bajo (aproximadamente 1). A medida que se añade NaOH, el pH aumenta porque una parte del ácido reacciona con la base. El punto de equivalencia para esta reacción ocurre en un pH de 7. A medida que la valoración química se acerca al punto de equivalencia, el pH aumenta dramáticamente porque los iones hidrógeno se están usando. Extender la valoración química más allá del punto de neutralización produce un mayor aumento del pH. Si la valoración química de HCl y NaOH pudiera detenerse justo en el punto de equivalencia, la solución en la solución amortiguadora consistiría sólo de H_2O y NaCl más una pequeña cantidad del indicador.

Valoración química de un ácido fuerte con un base fuerte

pH

14
12
10
8
6
4
2
0

← Punto de equivalencia

25   50   75   100

0.10M NaOH añadido (mL)

Figura 19.15 Curva de valoración química

En esta valoración química, 0.10*M* de NaOH se añade lentamente a 50.0 mL de 0.10*M* de HCl. El pH de la solución se mide y registra periódicamente para construir una curva de valoración química. El punto de equivalencia se localiza en el punto medio de la parte veritcal de la curva. La neutralización ocurre cuando se han añadido 50.0 mL de NaOH al matraz.

Comparar *¿Cómo se relacionan [H^+] y [OH^-] con el punto de equivalencia?*

Ejemplo de problema 19.8

Determinar la concentración mediante valoración química

Una solución de 25 mL de H_2SO_4 es neutralizada por 18 mL de 1.0M de NaOH. ¿Cuál es la concentración de la solución de H_2SO_4? La ecuación de la reacción es

$$H_2SO_4(aq) + 2NaOH(aq) \longrightarrow Na_2SO_4(aq) + 2H_2O(l)$$

CONOCIDO

[NaOH] = 1.0M

V_{NaOH} = 18 mL = 0.018 L

$V_{H_2SO_4}$ = 25 mL = 0.025 L

DESCONOCIDO

[H_2SO_4] = ?M

❶ **Analizar Haz una lista de lo conocido y lo desconocido.** Los pasos de la conversión son los siguientes: L de NaOH ⟶ moles de NaOH ⟶ moles de H_2SO_4 ⟶ M de H_2SO_4.

❷ **Calcular Resuelve para buscar lo desconocido.**

> Convierte los moles a litros porque la molaridad está en moles por litro.

Usa la molaridad para convertir el volumen de base a moles de base.	$0.018 \text{ L de NaOH} \times \dfrac{1.0 \text{ mol de NaOH}}{1 \text{ L de NaOH}} = 0.018 \text{ moles de NaOH}$
Usa la razón molar para hallar los moles del ácido.	$0.018 \text{ moles de NaOH} \times \dfrac{1 \text{ mol de } H_2SO_4}{2 \text{ moles de NaOH}} = 0.0090 \text{ moles de } H_2SO_4$
Calcula la molaridad dividiendo los moles de ácido por los litros de solución.	$\text{molaridad} = \dfrac{\text{moles de soluto}}{\text{L de solución}} = \dfrac{0.0090 \text{ moles}}{0.025 \text{ L}} = 0.36M \text{ de } H_2SO_4$

❸ **Evaluar ¿Tiene sentido el resultado?** Si el ácido tuviera la misma molaridad que la base (1.0M), 50 mL de base neutralizarían 25 mL de ácido. Dado que el volumen de la base es mucho menor que 50 mL, la molaridad del ácido debe ser mucho menor que 1.0M.

---

37. ¿Cuántos mililitros de 0.45M de HCl neutralizarán 25.0 mL de 1.00M KOH?

38. ¿Cuál es la molaridad de una solución de H_3PO_4 si 15.0 mL se neutralizan mediante 38.5 mL de 0.150M de NaOH?

19.4 Comprobación de la lección

39. 🗝 **Repasar** ¿Cuáles son los productos de una reacción entre un ácido y una base?

40. 🗝 **Explicar** ¿Por qué el punto en la valoración química cuando ocurre la neutralización se llama punto de equivalencia?

41. Calcular ¿Cuántos moles de HCl se requieren para neutralizar soluciones acuosas de estas bases?
a. 0.03 moles de KOH
b. 2 moles de NH_3
c. 0.1 moles de $Ca(OH)_2$

42. Describir Escribe las ecuaciones balanceadas completas de las siguientes reacciones ácido-base:
a. $H_2SO_4(aq) + KOH(aq) \longrightarrow$
b. $H_3PO_4(aq) + Ca(OH)_2(aq) \longrightarrow$
c. $HNO_3(aq) + Mg(OH)_2(aq) \longrightarrow$

GRANIDEA REACCIONES

Repasa la información en los tipos de reacciones químicas del Capítulo 11. ¿Qué tipos de reacciones son reacciones de neutralización? Explica tu respuesta.

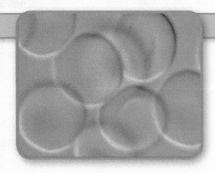

P: *¿Cómo se controla el pH en la sangre de un cuerpo humano?* Las reacciones químicas en las células son muy sensibles a los cambios ligeros en el pH. Por ejemplo, el pH de la sangre humana necesita mantenerse cercano a 7.4. Una persona no podría sobrevivir durante más de unos pocos minutos si el pH de la sangre descendiera por debajo de 6.8 o aumentara por arriba de 7.8. En esta lección se te explicará el proceso que previene tal evento de amenaza a la vida.

Preguntas clave

🔑 *¿Cuándo es la solución de una sal ácida o básica?*

🔑 *¿Cuáles son los componentes de una solución amortiguadora?*

Vocabulario

- hidrólisis de sales
- solución amortiguadora
- capacidad amortiguadora

Hidrólisis de sales

🔑 *¿Cuándo es la solución de una sal ácida o básica?*

Recuerda que una sal es uno de los productos de una reacción de neutralización. Una sal consiste de un anión de un ácido y un catión de una base. Las soluciones de muchas sales son neutras. Las sales que forman soluciones neutras incluyen al cloruro de sodio y al sulfato de potasio. Algunas sales forman soluciones ácidas o básicas, como se muestra en la Figura 19.16. El indicador que se usa en la Figura 19.16 se llama indicador universal porque se puede usar para un amplio rango de valores de pH.

En la Figura 19.17 se muestran dos curvas de valoraciones químicas. Una curva es para la adición de hidróxido de sodio, una base fuerte, al ácido etanoico, un ácido débil. Una solución acuosa de etanoato de sodio existe en el punto de equivalencia.

$$\text{CH}_3\text{COOH}(aq) + \text{NaOH}(aq) \longrightarrow \text{CH}_3\text{COONa}(aq) + \text{H}_2\text{O}(l)$$

| Ácido etanoico | Hidróxido de sodio | Etanoato de sodio | Agua |

La segunda curva de valoración química es para la reacción entre el ácido clorhídrico, que es un ácido fuerte y el hidróxido de sodio. Esta segunda curva debería verse familiar. Apareció primero en la Lección 19.4 en la sección de valoraciones químicas.

Figura 19.16
El pH de las soluciones de sal
Un indicador universal se añadió a 0.10M soluciones de sal acuosas. Con base en el color del indicador, las soluciones se pueden clasificar así: **a.** El cloruro de amonio, NH₄Cl(aq), es ácido (pH de aproximadamente 5.3). **b.** El cloruro de sodio, NaCl(aq), es neutro (pH de 7). **c.** El etanoato de sodio, CH₃COONa(aq), es básico (pH de aproximadamente 8.7).

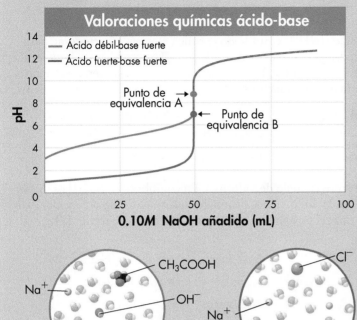

Figura 19.17 La gráfica compara las curvas de valoración química para un ácido débil y una base fuerte con las de un ácido fuerte y una base fuerte.

a. Leer gráficas ¿Cuál es el pH del punto de equivalencia para cada valoración química?

b. Interpretar diagramas ¿Qué iones están presentes en cada solución en el punto de equivalencia?

c. Explicar ¿Por qué son diferentes los puntos de equivalencia de las dos valoraciones químicas?

Pista: Para responder la parte c, considera qué reacción ocurre en una solución que no ocurre en la otra.

El pH del punto de equivalencia para la valoración química ácido débil-base fuerte es básico. Para una valoración química ácido fuerte-base fuerte, el pH en el punto de equivalencia es neutro. Esta diferencia en el pH existe porque la hidrólisis ocurre con algunas sales en solución. En la **hidrólisis de sales,** los cationes o aniones de una sal disociada eliminan los iones hidrógeno del, o donan los iones hidrógeno al, agua. 🔑 **Las sales que producen soluciones ácidas tienen iones positivos que liberan iones hidrógeno al agua. Las sales que producen soluciones básicas tienen iones negativos que atraen iones hidrógeno del agua**.

El etanoato de sodio (CH_3COONa) es una sal de un ácido débil y una base fuerte. En solución la sal se ioniza por completo.

$$CH_3COONa(aq) \longrightarrow CH_3COO^-(aq) + Na^+(aq)$$

Etanoato de sodio   Ion de etanoato   Ion de sodio

El ion de etanoato es una base Brønsted-Lowry, lo que significa que es un aceptante de hidrógeno. Reacciona con agua para formar ácido etanoico e iones hidróxido. En equilibrio, los reactantes son favorecidos.

$$CH_3COO^-(aq) \; + \; H_2O(l) \; \rightleftharpoons \; CH_3COOH(aq) + OH^-(aq)$$

Aceptante de H^+,   Donador de H^+,   (hace básica
base de   ácido de   la solución)
Brønsted-Lowry   Brønsted-Lowry

Este proceso se llama hidrólisis porque un ion hidrógeno separa una molécula de agua. El sufijo *–lisis* proviene de una palabra griega que significa "separar" o "soltar". En la solución la concentración de iones hidróxido es mayor que la concentración de iones hidrógeno. Por lo tanto, la solución es básica.

El cloruro de amonio (NH_4Cl) es la sal del ácido fuerte ácido clorhídrico (HCl) y de la base débil amoniaco (NH_3). Está ionizado por completo en solución.

$$NH_4Cl(aq) \longrightarrow NH_4^+(aq) + Cl^-(aq)$$

El ion de amoníaco (NH_4^+) es un ácido lo suficientemente fuerte como para donar un ion hidrógeno a una molécula de agua. Los productos son moléculas de amoníaco e iones hidronio. Los reactantes son favorecidos en el equilibrio, como se muestra por los tamaños relativos de las flechas hacia adelante e inversa.

$$NH_4^+(aq) \quad + \quad H_2O(l) \; \rightleftharpoons \; NH_3(aq) + H_3O^+(aq)$$

| Donador de H$^+$, ácido de Brønsted-Lowry | Aceptante de H$^+$, base de Brønsted-Lowry | (hace ácida la solución) |

Este proceso es otro ejemplo de hidrólisis. En equilibrio, el $[H_3O^+]$ es mayor que el $[OH^-]$. Por lo tanto, una solución de cloruro de amonio es ácida. Para determinar si una sal formará una solución ácida o básica, recuerda las reglas siguientes:

Ácido fuerte + Base fuerte $\longrightarrow$ Solución neutra

Ácido fuerte + Base débil $\longrightarrow$ Solución ácida

Ácido debil + Base fuerte $\longrightarrow$ Solución básica

Soluciones amortiguadoras

¿Cuáles son los componentes de una solución amortiguadora?

Supón que añades 10 mL de 0.10M de hidróxido de sodio a 1 L de agua pura. El pH aumentará aproximadamente 4 unidades de pH (de 7.0 a aproximadamente 11.0). Este cambio es un aumento relativamente grande en el pH. Ahora considera una solución que contenga 0.20M de ácido etanoico y 0.20M de etanoato de sodio. Esta solución tiene un pH de 4.76. Si añades 10 mL de 0.10M de hidróxido de sodio a 1 L de esta solución, el pH aumenta 0.01 unidades de pH: de 4.76 a 4.77. Este es un cambio relativamente pequeño en el pH. Si se añadieron 10 mL de ácido en lugar de la base, la cantidad de cambio en el pH también fue muy pequeño.

La solución de ácido etanoico y etanoato de sodio es un ejemplo de una solución amortiguadora. Una **solución amortiguadora** es una solución en la que el pH permanece bastante constante cuando se añaden pequeñas cantidades de ácido o de base. **Una solución amortiguadora es una solución de un ácido débil y una de sus sales o una solución de una base débil y una de sus sales.** En la Figura 19.18 se compara lo que sucede cuando se añade 1.0 mL de 0.01M solución de HCl a una solución no amortiguada y a una solución con una solución amortiguada.

Figura 19.18 Efecto de una solución amortiguadora
En una solución amortiguadora, el pH no cambia dramáticamente. **a.** El indicador muestra que ambas soluciones son básicas (un pH de aproximadamente 8). **b.** Se añade HCl a cada solución. El indicador no muestra un cambio visible del pH en la solución amortiguada. El cambio de color en la solución no amortiguada indica un cambio en el pH de 8 a 3, aproximadamente.
Predecir *¿Cómo responderían las soluciones originales si se añadiera NaOH?*

amortiguada   no amortiguada

amortiguada   no amortiguada

Cómo funcionan las soluciones amortiguadoras Una solución amortiguadora puede resistir mejor cambios drásticos en el pH que el agua pura. La razón es bastante sencilla. Una solución amortiguadora contiene un componente que puede reaccionar con iones hidrógeno (un aceptante de hidrógeno) y otro componente que reacciona con iones hidróxido (un donador de iones hidrógeno). Estos componentes actúan como reservas de potencia neutralizadora que se puede aprovechar cuando los iones hidrógeno o los iones hidróxido se añaden a la solución.

La solución amortiguadora ácido etanoico-ion etanoato se puede usar para mostrar cómo funciona una solución amortiguadora. Cuando se añade un ácido a la solución amortiguadora, los iones etanoato (CH_3COO^-) actúan como una "esponja" del ion hidrógeno. Mientras los iones etanoato reaccionan con los iones hidrógeno, forman ácido etanoico. Este ácido débil no se ioniza extensivamente en agua; por lo tanto, el cambio en el pH es muy ligero.

$$CH_3COO^-(aq) + H^+(aq) \rightleftharpoons CH_3COOH(aq)$$

Ion etanoato   Ion hidrógeno   Ácido etanoico

Cuando se añaden iones hidróxido a la solución amortiguadora, el ácido etanoico y los iones hidróxido reaccionan para producir agua y el ion etanoato.

$$CH_3COOH(aq) + OH^-(aq) \rightleftharpoons CH_3COO^-(aq) + H_2O(l)$$

Ácido etanoico   Ion hidróxido   Ion etanoato   Agua

El ion etanoato no es una base lo suficientemente fuerte como para aceptar iones hidrógeno del agua hasta un gran alcance. Por lo tanto, la reacción inversa es mínima y el cambio en el pH es muy poco.

Capacidad amortiguadora Las soluciones amortiguadoras tienen sus límites. Mientras se añade un ácido a la solución amortiguadora de etanoato, al final ningún ion etanoato estará presente para aceptar iones hidrógeno. En ese punto, la solución amortiguadora no puede ya controlar el pH. La solución amortiguadora de etanoato también se vuelve ineficiente cuando se añade mucha base. En ese caso, ninguna molécula de ácido etanoico está presente para donar iones hidrógeno. Añadir mucho ácido o base excederá la capacidad amortiguadora de una solución. La **capacidad amortiguadora** es la cantidad de ácido o base que se puede añadir a una solución amortiguadora antes de que ocurra un cambio importante en el pH.

En la Tabla 19.9 se enlistan algunos sistemas amortiguadores comunes. Dos de estos sistemas amortiguadores ayudan a mantener un pH óptimo en la sangre humana. Uno es el sistema amortiguador ácido carbónico-carbonato de hidrógeno. El otro es el sistema amortiguador dihidrofosfato-hidrofosfato.

Tabla 19.9

Importantes sistemas amortiguadores		
Nombre de la solución amortiguadora	Fórmulas	pH de la solución amortiguadora*
Ácido etanoico-ion etanoato	CH_3COOH/CH_3COO^-	4.76
Ion dihidrofosfato-ion hidrofosfato	$H_2PO_4^-/HPO_4^{2-}$	7.20
Ácido carbónico-ion carbonato de hidrógeno (solución saturada con CO_2)	H_2CO_3/HCO_3^-	6.46
Ion amonio-amoníaco	NH_4^+/NH_3	9.25

*Los componentes tienen concentraciones de 0.1M.

Ejemplo de problema 19.9

Describiendo los sistemas de soluciones amortiguadoras

Escribe ecuaciones químicas balanceadas para mostrar cómo la solución amortiguadora ácido carbónico-carbonato de hidrógeno puede "limpiar" iones hidróxido y iones hidrógeno.

① Analizar Identifica los conceptos relevantes. Una solución amortiguadora contiene dos componentes: un aceptante de ion hidrógeno (que puede reaccionar con H^+) y un donador de ion hidrógeno (que puede reaccionar con OH^-).

② Resolver Aplica los conceptos en este problema.

Identifica al aceptante del ion hidrógeno y al donador del ion hidrógeno.	El H_2CO_3, un ácido débil, puede liberar iones hidrógeno. El HCO_3^- es la base conjugada, que puede aceptar iones hidrógeno.
Escribe la ecuación para la reacción que ocurre cuando se añade una base a la solución amortiguadora.	Cuando se añade una base, los iones hidróxido reaccionan con el H_2CO_3. $$H_2CO_3(aq) + (OH^-)(aq) \rightleftharpoons HCO_3^-(aq) + H_2O(l)$$
Escribe la ecuación para la reacción que ocurre cuando se añade un ácido a la solución amortiguadora.	Cuando se añade un ácido, los iones hidrógeno reaccionan con el HCO_3^-. $$HCO_3^-(aq) + (H^+)(aq) \rightleftharpoons H_2CO_3(aq)$$

44. Escribe ecuaciones para mostrar lo que sucede en las siguientes situaciones:
   a. Se añade ácido a una solución que contiene iones HPO_4^{2-}.
   b. Se añade base a una solución que contiene iones $H_2PO_4^-$.

45. Una solución amortiguadora consiste en ácido metanoico (HCOOH) y ion metanoato ($HCOO^-$). Escribe una ecuación para mostrar lo que sucede cuando se añade un ácido a esta solución amortiguadora.

19.5 Comprobación de la lección

46. 🔑 Repasar ¿Qué tipo de sal produce una solución ácida? ¿Qué tipo de sal produce una solución básica?

47. 🔑 Describir ¿Qué tipos de sustancias pueden combinarse para hacer una solución amortiguadora?

48. Clasificar ¿Cuál de estas sales se hidrolizaría para producir una solución acuosa ácida y por qué?
   a. $KC_2H_3O_2$
   b. LiCl
   c. $NaHCO_3$
   d. $(NH_4)_2SO_4$

49. Identificar ¿Cuál de los pares siguientes puede formar una solución amortiguadora? Explica.
   a. NH_3 y HCO_3^-
   b. C_6H_5COOH y $C_6H_5COO^-$

50. Describir Escribe una ecuación química balanceada para mostrar lo que sucede cuando se añade un ácido a una solución amortiguadora de ion amonio-amoníaco. Escribe una ecuación para mostrar lo que sucede cuando se añade una base.

51. Relacionar causa y efecto Usa el principio de Le Châtelier para explicar cómo mantiene un sistema amortiguador el pH de una solución.

Amortiguadores oceánicos

Mientras que los niveles de dióxido de carbono atmosférico (CO_2) se elevan debido a un incremento en la quema de combustibles fósiles, el calentamiento global no es el único problema ambiental potencial que enfrenta la Tierra. Adicionalmente, el agua del océano se hace más ácida, lo que puede afectar al ecosistema oceánico.

Los océanos absorben CO_2 de forma natural de la atmósfera. Una parte del CO_2 absorbido se convierte en ácido carbónico (H_2CO_3), lo que puede bajar el pH del agua oceánica. Afortunadamente, los océanos tienen un excelente sistema amortiguador natural que le ayuda a mantener el pH óptimo para mantener la vida oceánica, aproximadamente 8.2. El sistema amortiguador del océano se basa mayormente en el sistema amortiguador carbonato de hidrógeno-ion carbonato. Sin embargo, la capacidad amortiguadora de los amortiguadores en el agua océanica es limitada y las actividades humanas actuales están acercándose a esos límites.

Intenta la siguiente actividad en casa para obtener un mejor entendimiento de los efectos del CO_2 y de las sales marinas en el pH del agua oceánica.

Por tu cuenta

1. Para esta actividad, necesitarás los materiales siguientes: **4 vasos para beber, cinta adhesiva protectora, un marcador permanente, agua destilada, agua carbonatada, sal de mar, una taza medidora; ¼ de cucharadita medidora** y **4 tiras de prueba de pH.** (Puedes pedirle a tu maestro tiras de prueba de pH si es que no tienes en tu casa.) Usa la cinta adhesiva y el marcador para rotular los vasos con 1, 2, 3 y 4.

2. Añade ½ taza de agua destilada a los vasos 1 y 2. Añade ½ taza de agua carbonatada a los vasos 3 y 4.

3. Añade ¾ de cucharadita de agua de mar a los contenedores 2 y 4. Revuelve hasta que la sal se haya disuelto. Esta razón de sal de mar a agua es similar a la que se encuentra en el océano.)

4. Mide el pH de cada solución y regístralo en una tabla similar a la que aquí se muestra.

¿Qué encontraste?				
Vidrio	1	2	3	4
Contenido				
pH				

Piénsalo

1. Comparar Determina si cada solución es ácida, básica o neutra. ¿En qué se diferencian las cuatro soluciones?

2. Explicar ¿Cómo actúa una solución que contiene iones carbonato de hidrógeno (HCO_3^-) e iones carbonato (CO_3^{2-}) como un amortiguador? Usa ecuaciones químicas para apoyar tu explicación.

3. Sacar conclusiones ¿Qué demuestra este experimento acerca de los efectos del CO_2 disuelto (en el agua carbonatada) y de la sal de mar en el pH del agua oceánica?

19 Guía de estudio

GRANIDEA REACCIONES

Los químicos definen a los ácidos y a las bases de acuerdo con los iones que obtienen en solución acuosa. Los químicos también definen a los ácidos y a las bases con base en si aceptan o donan iones hidrógeno y si son donadores o aceptantes de pares de electrones. El pH de la solución refleja la concentración de iones hidrógeno. Los químicos usan las reacciones ácido-base para determinar la concentración de un ácido o de una base en solución.

19.1 Teorías ácido-base

🔑 De acuerdo con Arrhenius, los ácidos son hidrógenos que contienen compuestos que se ionizan para obtener iones hidrógeno en solución acuosa. Las bases son compuestos que se ionizan para obtener iones hidróxido en solución acuosa.

🔑 De acuerdo con la teoría de Brønsted-Lowry, un ácido es un donador de iones hidrógeno y una base es un aceptante de iones hidrógeno.

🔑 De acuerdo con Lewis, un ácido acepta un par de electrones y una base dona un par de electrones.

- ion hidronio (H_3O^+) (647)
- ácido conjugado (650)
- base conjugada (650)
- par conjugado ácido-base (650)
- anfótero (651)
- ácido de Lewis (651)
- base de Lewis (651)

19.2 Iones hidrógeno y acidez

🔑 Para soluciones acuosas, el producto de la concentración de iones hidrógeno y la concentración de iones hidróxido es igual a 1×10^{-14}.

🔑 Una solución con un pH menor que 7.0 es ácida. Una solución con un pH de 7 es neutra. Una solución con un pH mayor que 7.0 es básica.

🔑 Se pueden usar los indicadores ácido-base o los metros de pH para medir el pH.

- autoionización (653)
- solución neutra (653)
- constante deproducto iónico del agua (K_{eq}) (654)
- solución ácida (654)
- solución básica (654)
- pH (656)

$$K_{eq} = [H^+] \times [OH^-] = 1.0 \times 10^{-14}$$
$$pH = -\log[H^+]$$

19.3 Fuerzas de ácidos y bases

🔑 Ácidos y bases se clasifican como fuertes o débiles con base en el grado al que se ionizan en agua.

- ácido fuerte (664)
- ácido débil (664)
- constante de disociación ácida (K_a) (665)
- base fuerte (668)
- base débil (668)
- constante de disociación básica (K_b) (668)

$$K_a = \frac{[H^+][A^-]}{[HA]}$$

19.4 Reacciones de neutralización

🔑 En general, ácidos y bases reaccionan para producir una sal y agua.

🔑 La neutralización ocurre cuando el número de moles de iones hidrógeno es igual al número de moles de iones hidróxido.

- reacción de neutralización (672)
- valoración química (673)
- solución estándar (674)
- punto de equivalencia (674)
- punto final (674)

19.5 Sales en solución

🔑 Las sales que producen soluciones ácidas tienen iones positivos que liberan iones hidrógeno al agua. Las sales que producen soluciones básicas tienen iones negativos que atraen a los iones hidrógeno del agua.

🔑 Un amortiguador es una solución de un ácido débil y una de sus sales o una base débil y una de sus sales.

- hidrólisis de sal (677)
- solución amortiguadora (678)
- capacidad amortiguadora (679)

Afinar las matemáticas: Problemas ácido-base

Problema	❶ Analizar	❷ Calcular	❸ Evaluar
El pH de una solución desconocida es 3.70. ¿Cuál es la concentración de iones hidrógeno?	Conocido: pH = 3.70 Desconocido: $[H^+] = ?M$ Usa la ecuación siguiente: $pH = -\log[H^+]$	Vuelve a acomodar la expresión para el pH y sustituye el valor conocido de pH para hallar lo desconocido: $-\log[H^+] = pH$ $-\log[H^+] = 3.70$ $\log[H^+] = -3.70$ El antilog de -3.70 es 2.0×10^{-4}. Por lo tanto, $[H^+] = 2.0 \times 10^{-4} M$.	El pH está entre 3 y 4. Por lo tanto, la concentración de iones hidrógeno debe estar entre $1 \times 10^{-3} M$ y $1 \times 10^{-4} M$. *Nota: Para determinar el antilog en la mayoría de los cálculos, presiona la segunda tecla o INV y después la tecla log.*
En una solución de 0.500M de un ácido débil (HA), el $[H^+]$ es 4.02×10^{-3} en equilibrio. Halla la K_a para este ácido. El ácido se disocia así: $HA \rightleftharpoons H^+ + A^-$ *Pista: Repasa el Ejemplo de problema 19.6 para ayudarte a hallar las concentraciones en equilibrio.*	Conocido: $[HA] = 0.500M$ $[H^+] = 4.02 \times 10^{-3}$ Desconocido: $K_a = ?$ Usa la expresión general para K_a: $K_a = \dfrac{[H^+] \times [A^-]}{[HA]}$	En equilibrio, $[H^+]$ es igual a $[A^-]$: $[H^+] = [A^-] = 4.02 \times 10^{-3}$ Calcula $[HA]$ en equilibrio: $0.500M - 0.00402M = 0.496M$ Sustituye las concentraciones en equilibrio dentro de la ecuación para K_a y resuelve: $K_a = \dfrac{(4.02 \times 10^{-3}) \times (4.02 \times 10^{-3})}{0.496}$ $K_a = 3.26 \times 10^{-5}$	El valor de K_a es consistente con el de un ácido débil.
¿Cuántos moles de KOH se necesitan para neutralizar 0.25 moles de H_2SO_4? La ecuación para la reacción es $2KOH(aq) + H_2SO_4(aq) \longrightarrow$ $\quad K_2SO_4(aq) + 2H_2O(l)$	Conocido: moles de H_2SO_4 = 0.25 moles Desconocido: moles de KOH = ? moles	Usa la razón molar de base a ácido (2 moles de KOH a 1 mol de H_2SO_4) para determinar el número de moles de la base: 0.25 ~~moles de H_2SO_4~~ $\times$ $\quad \dfrac{2 \text{ moles de KOH}}{1 \text{ ~~mol de H_2SO_4~~}}$ $= 0.50$ moles de KOH	La razón molar de KOH a H_2SO_4 es 2:1. Por lo tanto, el número de moles de KOH debería ser el doble del número de moles de H_2SO_4.

Lección por lección

19.1 Teorías ácido-base

* **52.** ¿Cómo describió Arrhenius los ácidos y las bases?

53. Clasifica cada compuesto como un ácido de Arrhenius o una base de Arrhenius.

  a. $Ca(OH)_2$ **c.** HNO_3 **e.** HBr
  b. C_2H_5COOH **d.** KOH **f.** H_2SO_4

54. Escribe una ecuación para la disociación de cada compuesto en agua.

  a. KOH **b.** $Mg(OH)_2$

* **55.** Escribe ecuaciones balanceadas para la reacción de cada metal con agua.

  a. litio   **b.** bario

56. Identifica cada reactante en las ecuaciones siguientes como donador de iones hidrógeno (ácidos) o como aceptante de ionadores hidrógeno (base). Todas las reacciones tienen lugar en solución acuosa.

  a. $HNO_3 + H_2O \longrightarrow H_3O^+ + NO_3^-$
  b. $CH_3COOH + H_2O \rightleftharpoons H_3O^+ + CH_3COO^-$
  c. $NH_3 + H_2O \rightleftharpoons NH_4^+ + OH^-$
  d. $H_2O + CH_3COO^- \rightleftharpoons CH_3COOH + OH^-$

57. Rotula los pares conjugados ácido-base para cada ecuación de la Pregunta 56.

58. ¿Qué es un ácido de Lewis? ¿Qué es una base de Lewis?

19.2 Iones hidrógeno y acidez

59. Escribe una ecuación que muestre la autoionización en agua.

60. ¿Cuáles son las concentraciones de H^+ y OH^- en agua pura a 25 °C?

61. ¿Cómo se calcula el pH de una solución?

62. ¿Por qué es el pH del agua pura a 25 °C igual a 7.0?

* **63.** Calcula el pH de las soluciones siguientes e indica si cada solución es ácida o básica.

  a. $[OH^-] = 1 \times 10^{-2}M$ **b.** $[H^+] = 1 \times 10^{-2}M$

64. ¿Cuáles son las concentraciones de iones hidrógeno para las soluciones con los valores de pH siguientes?

  a. 4.00   **b.** 8.00   **c.** 12.00

65. Calcula el pH o $[H^+]$ de cada solución.

  a. $[H^+] = 2.4 \times 10^{-6}M$ **b.** pH = 13.20

19.3 Fuerzas de ácidos y bases

* **66.** Identifica cada compuesto como un ácido o base fuerte o débil.

  a. $NaOH$ **b.** NH_3 **c.** H_2SO_4 **d.** HCl

67. ¿Tendría un ácido fuerte una K_a grande o pequeña? Explica tu respuesta.

68. ¿Por qué se clasifican $Mg(OH)_2$ y $Ca(OH)_2$ como bases fuertes aun cuando sus soluciones saturadas son sólo un poco básicas?

69. Escribe la expresión para K_a de cada ácido. Supón que sólo un hidrógeno se ioniza.

  a. HF **b.** H_2CO_3

19.4 Reacciones de neutralización

70. Escribe una ecuación general en palabras para una reacción de neutralización.

71. Identifica los productos y escribe ecuaciones balanceadas para cada reacción de neutralización.

  a. $HNO_3(aq) + KOH(aq) \longrightarrow$
  b. $HCl(aq) + Ca(OH)_2(aq) \longrightarrow$
  c. $H_2SO_4(aq) + NaOH(aq) \longrightarrow$

72. ¿Cómo es posible reconocer el punto final de una valoración química?

* **73.** ¿Cuál es la molaridad del hidróxido de sodio si 20.0 mL de la solución son neutralizados por cada una de las soluciones de $1.00M$ siguientes?

  a. 28.0 mL de HCl
  b. 17.4 mL de H_3PO_4

19.5 Sales en solución

74. ¿Qué tipos de sales se hidrolizan en agua?

* **75.** Escribe una ecuación que muestre por qué es básica una solución acuosa de bicarbonato de sodio.

76. Explica por qué las soluciones de sales que se hidrolizan en agua no tienen un pH de 7.

77. Predice si una solución acuosa de cada sal será ácida, básica o neutra.

  a. $NaHCO_3$ **d.** Na_2CO_3
  b. NH_4NO_3 **e.** Na_2SO_4
  c. KCl **f.** NH_4Cl

78. Explica por qué una solución amortiguada no puede absorber una cantidad ilimitada de ácido o base.

79. Explica cómo es que la teoría de Lewis es un sistema de clasificación más general que las descripciones de Arrhenius o la teoría de Brønsted-Lowry.

80. ¿Es posible tener un ácido débil concentrado? Explica.

★ **81.** Escribe ecuaciones que muestren que el ion fosfato de hidrógeno (HPO_4^{2-}) es anfótero.

82. El pH de una solución $0.5000M$ de HNO_2 es de 1.83. ¿Cuál es la K_a de este ácido?

83. ¿Cómo se comparan el $[H^+]$ y el $[OH^-]$ en cada tipo de solución?

   a. solución neutra
   b. solución básica
   c. solución ácida

84. Escribe la fórmula y el nombre del ácido conjugado de cada ácido de Brønsted-Lowry.

   a. HCO_3^- **b.** NH_4^+ **c.** HI **d.** H_2SO_3

★ **85.** Escribe la fórmula y el nombre del ácido conjugado de cada base de Brønsted-Lowry.

   a. ClO_2^- **b.** H_2O **c.** $H_2PO_4^-$ **d.** NH_3

86. Calcula el $[OH^-]$ o pH de cada solución.

   a. pH = 4.60   **c.** $[OH^-] = 1.8 \times 10^{-2}M$
   b. pH = 9.30   **d.** $[OH^-] = 7.3 \times 10^{-9}M$

87. Escribe las tres ecuaciones paso a paso de la ionización del ácido fosfórico.

88. Usa las definiciones de ácidos de Brønsted-Lowry y de Lewis para identificar cada reactante como un ácido o una base.

   a. $KOH(aq) + HBr(aq) \longrightarrow KBr(aq) + H_2O(l)$
   b. $HCl(aq) + H_2O(l) \longrightarrow Cl^-(aq) + H_3O^+(aq)$

89. Escribe la fórmula de la base conjugada de cada uno de los ácidos siguientes:

   a. H_2SO_4 **b.** CH_3COOH **c.** H_2O

90. Usa la solución amortiguadora del fosfato ($H_2PO_4^-/HPO_4^{2-}$) para ilustrar cómo funciona un sistema amortiguador. Usa ecuaciones para mostrar cómo puede el pH de una solución mantenerse casi constante cuando se añaden pequeñas cantidades de ácido o base.

★ **91.** Escribe una ecuación para la reacción de cada antiácido con ácido clorhídrico.

   a. hidróxido de magnesio
   b. carbonato de calcio
   c. hidróxido de aluminio

92. ¿Cómo afectaría la adición de cada sustancia al equilibrio entre el ácido hipocloroso y el ion hipoclorito?

$$HOCl(aq) + OH^-(aq) \rightleftharpoons OCl^-(aq) + H_2O(l)$$

   a. HCl   **b.** NaOH

93. Los datos siguientes se obtuvieron de una valoración química de 50.00 mL de ácido etanoico (CH_3COOH) de concentración desconocida con $0.100M$ NaOH. Grafica estos datos para obtener una curva de valoración química. Coloca el pH en el eje de las y.

Volumen de NaOH (mL)	pH	Volumen de NaOH (mL)	pH
0	3.18	50.00	8.73
10.00	4.15	50.01	8.89
25.00	4.76	51.00	11.00
40.00	5.36	60.00	11.96
49.00	6.45	75.00	12.30
49.99	8.55	100.00	12.52

   a. ¿Cuál es el pH en el punto final de esta valoración química?
   b. Usa la Figura 19.8 para identificar uno o más indicadores ácido-base que pudieran usarse para determinar el punto final en esta valoración química.

94. Escribe una ecuación para mostrar que una solución acuosa de etanoato de sodio será básica.

★ **95.** Ordena las soluciones siguientes de acuerdo con la decreciente acidez:

   a. $0.1M$ de NaOH   **c.** $0.1M$ de NH_4Cl
   b. $0.1M$ de HCl   **d.** $0.1M$ de CH_3COONa

96. Los vapores del ácido fuerte $HCl(aq)$ y la base débil $NH_3(aq)$ se combinan para formar una sal blanca.

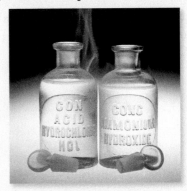

   a. ¿Cuál es el nombre y la fórmula de la sal?
   b. ¿Qué tipo de solución formará esta sal cuando se disuelva en agua?

97. Comparar Arrhenius, Brønsted-Lowry y Lewis ofrecieron explicaciones para el comportamiento de ácidos y bases.

    a. ¿Qué explicación es más fácil para ti de entender?

    b. ¿Cómo es posible que las tres explicaciones sean aceptadas por los químicos?

98. Predecir La solubilidad del dióxido de carbono en agua depende de cuatro reacciones reversibles diferentes.

$$CO_2(g) \rightleftharpoons CO_2(aq)$$
$$CO_2(aq) + H_2O(l) \rightleftharpoons H_2CO_3(aq)$$
$$H_2CO_3(aq) \rightleftharpoons H^+(aq) + HCO_3^-(aq)$$
$$HCO_3^-(aq) \rightleftharpoons H^+(aq) + CO_3^{2-}(aq)$$

Si el agua de mar fuera ligeramente alcalina, ¿esperarías que la concentración de CO_2 disuelto fuera mayor o menor en agua pura? Explica tu respuesta.

99. Evalúar Critica la exactitud de cada uno de los enunciados.

    a. Los indicadores como el metilo rojo proporcionan medidas exactas y precisas del pH.

    b. De acuerdo con la definición de ácidos y bases de Arrhenius, el amoníaco califica como una base.

    c. La fuerza de un ácido o base cambia a medida que cambia su concentración.

✱100. Relacionar causa y efecto Usa el amortiguador cianato HOCN/OCN⁻ para explicar cómo funciona el sistema amortiguador. Usa ecuaciones para mostrar cómo el pH de una solución puede mantenerse casi constante cuando se añaden pequeñas cantidades de ácido o base.

✱101. Identificar ¿Qué cantidad podría corresponder con el eje de las y en esta gráfica: [H⁺], pH o [OH⁻]? Explica tu respuesta.

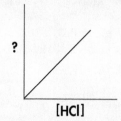

102. Calcular El sustituto del azúcar, la sacarina ($HNC_7H_4SO_3$) tiene un hidrógeno ácido. Una solución acuosa $1.000M$ de sacarina tiene un pH de 1.71. Calcula la K_a de la sacarina.

103. Interpretar gráficas La gráfica muestra el número de milimoles (mmol) de agua formada mientras que gotas de $1.0M$ de HCl se añaden a una muestra de 25.0 mL de NaOH de concentración desconocida.

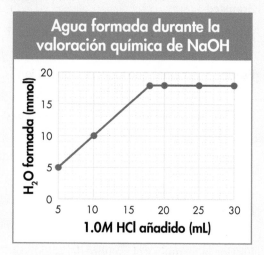

    a. Escribe una ecuación para la reacción.

    b. Calcula la concentración de NaOH.

104. Calcular Supón que añades lentamente $0.1M$ de NaOH a 50.0 mL de $0.1M$ de HCl. ¿Qué volumen de NaOH debes añadir antes de que ocurra la neutralización? Explica tu razonamiento.

105. Predecir ¿Serán las soluciones resultantes neutras, ácidas o básicas en el punto de equivalencia para cada una de las valoraciones químicas siguientes? Explica.

    a. HCl valorado químicamente con NaOH

    b. NaOH valorado químicamente con HCl

    c. CH_3COOH valorado químicamente con NaOH

    d. NH_3 valorado químicamente con HCl

    e. CH_3COOH valorado químicamente con NH_3

✱106. Usar modelos Puedes usar la expresión siguiente para hallar el pH de una solución:

$$pH = -\log[H^+]$$

¿Qué expresión podrías usar para hallar la cantidad análoga, el pOH de una solución?

107. Aplicar conceptos La leche, una emulsión acuosa, tiene un pH de aproximadamente 6.7. Calcula la pOH de leche usando la ecuación que derivaste en la Pregunta 106. Si la ecuación que derivaste es correcta, la suma de los valores para pH y pOH será igual a 14.

108. Aplicar conceptos Usa la expresión de K_{eq} para demostrar la relación siguiente:

$$pH + pOH = 14$$

109. Calcular ¿Cuál es el pH de una solución $0.010M$ de NaCN ($K_b = 2.1 \times 10^{-5}$)?

★110. Generalizar Muestra que para cualquier par conjugado ácido-base, $K_a \times K_b = K_{eq}$.

111. Interpretar datos La K_{eq} de agua varía con la temperatura, como se muestra en la tabla.

Temperatura (°C)	K_{eq}	pH
0	1.137×10^{-15}	**a.** _____
10	2.917×10^{-15}	**b.** _____
20	6.807×10^{-15}	**c.** _____
30	1.469×10^{-14}	**d.** _____
40	2.917×10^{-14}	**e.** _____
50	5.470×10^{-14}	**f.** _____

a. Calcula el pH del agua para cada temperatura en la tabla.

b. Usa los datos para preparar una gráfica de pH contra temperatura. Usa la gráfica para calcular el pH del agua a 5 °C.

c. ¿A qué temperatura es el pH del agua 6.85 aproximadamente?

112. Calcular ¿Cuál es la molaridad de una solución de H_2SO_4 si 80.0 mL de la solución reaccionan con 0.424 g de Na_2CO_3?

$$H_2SO_4(aq) + Na_2CO_3(aq) \longrightarrow$$
$$H_2O(l) + CO_2(aq) + Na_2SO_4(aq)$$

★113. Aplicar conceptos El sistema amortiguador de ion carbonato-ácido carbónico es un sistema amortiguador en la sangre. Este sistema está representado por las ecuaciones siguientes:

$$H_2O(l) + CO_2(g) \rightleftharpoons H_2CO_3(aq)$$
$$H_2CO_3(aq) \rightleftharpoons H^+(aq) + HCO_3^-(aq)$$

Las reacciones en las células producen dióxido de carbono. El exceso de dióxido de carbono es liberado a través de los pulmones. ¿Cómo podría la respiración rápida conducir a un pH de la sangre anormalmente alto (alcalosis)? ¿Cómo podría la respiración lenta conducir a un pH de la sangre anormalmente bajo (acidosis)?

114. Calcular El blanqueador casero es una solución de hipoclorito de sodio. ¿Cuál es el $[OH^-]$ en una solución acuosa que es 5.0% NaClO por masa? ¿Cuál es el pH de la solución? (La densidad de la solución es de 1.0 g/mL y $K_a = 3.5 \times 10^{-8}$.)

Escribe acerca de la ciencia

115. Investigar La principal causa de las caries es el ácido débil, ácido láctico (C_2H_5OCOOH). El ácido láctico se forma cuando las bacterias, como el *Streptococcus mutans*, se alimentan del azúcar. En la boca los azúcares están presentes en la placa pegajosa en la superficie de los dientes. Empezando con la información de la página R30, investiga los esfuerzos actuales para combatir las caries. Escribe un reporte en donde se resuman sus hallazgos.

116. Conexión con la GRANIDEA Las sales de hipoclorito se usan para desinfectar albercas. En la página R30 del Cuaderno de los elementos, lee acerca de lo que sucede cuando se añaden compuestos de cloro al agua de las albercas. Usa las reacciones de hidrólisis para explicar cómo es que el pH del agua afecta la concentración de ácido hipocloroso (HOCl).

MISTERIOQUÍMICO

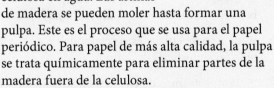

Rastro de papel

La pulpa de madera que se usa para hacer papel es una suspensión de fibras de celulosa en agua. Las astillas de madera se pueden moler hasta formar una pulpa. Este es el proceso que se usa para el papel periódico. Para papel de más alta calidad, la pulpa se trata químicamente para eliminar partes de la madera fuera de la celulosa.

Con frecuencia el papel está cubierto con un químico como el sulfato de aluminio para evitar que absorba mucha tinta. Los químicos que se usaban para este propósito con frecuencia dejaban un residuo de ácido en el papel. Con el tiempo, el ácido ocasionaba que las fibras de celulosa se deterioraran.

117. Inferir El proceso para tratar el papel se llama desacidificación. El primer paso en un método popular de desacidificación es sumergir el papel en una solución diluida de hidróxido de calcio. Escribe una ecuación química para describir lo que ocurre en este paso de desacidificación.

★118. Conexión con la GRANIDEA ¿Qué tipo de reacción se lleva a cabo en el proceso de desacidificación? ¿Esperarías que el pH del papel aumentara o disminuyera en el proceso de desacidificación?

119. Escribe el producto de cada una de estas reacciones de combinación.

    a. $K(s) + O_2(g) \longrightarrow$
    b. $Ca(s) + S(s) \longrightarrow$
    c. $F_2(g) + Al(s) \longrightarrow$

120. ¿Cuántos gramos de oxígeno se necesitan para quemar por completo 87.4 g de azufre para formar trióxido de azufre?

$$S(s) + O_2(g) \longrightarrow SO_3(g)$$

∗121. ¿Cuál estado de la materia no es parte del proceso de sublimación?

122. Enuncia la ley de las presiones parciales de Dalton.

123. ¿Cuál de estas leyes describe una relación inversa?

    a. la ley de Charles
    b. la ley de Boyle
    c. la ley de Gay-Lussac

124. ¿Cuál tiene las partículas más grandes, una solución, un coloide o una suspensión?

125. ¿Cuál de éstos no es un electrolito?

    a. $NaCl(l)$ **c.** $SiO_2(s)$
    b. $KNO_2(aq)$ **d.** $NaCl(aq)$

∗126. ¿Qué tipo de enlace es el respondable de la alta tensión superficial del agua?

127. ¿Cuántos gramos de cloruro de potasio hay en 45.0 mL de una solución 5.00% (por masa)?

128. ¿Cómo prepararías 400.0 mL de una solución $0.680M$ de KOH?

∗129. ¿Cuántos litros de 8.0M de HCl se necesitan para preparar 1.50 L de 2.5M de HCl?

130. ¿Cuál de estos procesos es endotérmico? Proporciona una explicación.

    a. cera quemándose
    b. agua evaporándose
    c. cera derritiéndose
    d. asando un malvavisco

131. ¿Cuántos julios de calor se requieren para fundir un cubo de hielo de 55.0 g a 0 °C?

∗132. Haz las conversiones siguientes:

    a. 34.5 cal a julios
    b. 250 Cal a kilojulios
    c. 0.347 kJ a calorías

133. La capacidad calorífica específica del hierro es 0.46 J/(g·°C). ¿Cuántos kilojulios de energía se necesitan para elevar 14 °C la temperatura de una barra de hierro de 432 g?

134. ¿Qué debe ser cierto acerca de la concentración de dos iones si la precipitación ocurre cuando las soluciones de dos iones se mezclan?

135. Escribe una expresión de la constante de equilibrio para cada ecuación.

    a. $2CO_2(g) \rightleftharpoons 2CO(g) + O_2(g)$
    b. $N_2(g) + 3H_2(g) \rightleftharpoons 2NH_3(g)$

136. ¿Cuál es la concentración en equilibrio del ion bario en una solución saturada de 1.0 L de $BaCO_3$ a la que se le han añadido 0.25 moles de K_2CO_3?

∗137. En cada par, ¿cuál tiene la entropía más alta?

    a. $NaCl(s)$ o $NaCl(aq)$
    b. $CO_2(s)$ o $CO_2(g)$
    c. agua caliente o agua fría

138. ¿Como afectaría cada cambio la posición de equilibrio de esta reacción?

$$2H_2(g) + O_2(g) \rightleftharpoons 2H_2O(g) + calor$$

    a. aumentar la presión
    b. añadir un catalizador
    c. aumentar la concentración de $H_2(g)$
    d. enfriar la mezcla de reacción
    e. quitar el vapor de agua del contenedor

139. Para la reacción $A(g) + B(g) + C(g) \longrightarrow D(g)$, se obtuvieron los datos siguientes a una temperatura constante. A partir de los datos, determina el orden de reacción con respecto a A, B y C y el orden total de la reacción.

[A] inicial (mol/L)	[B] inicial (mol/L)	[C] inicial (mol/L)	Tasa inicial (mol/(L·min))
0.0500	0.0500	0.0100	6.25×10^{-3}
0.1000	0.0500	0.0100	1.25×10^{-2}
0.1000	0.1000	0.0100	5.00×10^{-2}
0.0500	0.0500	0.0200	6.25×10^{-3}

Si tienes problemas con . . .

Pregunta	119	120	121	122	123	124	125	126	127	128	129	130	131	132	133	134	135	136	137	138	139
Ver el capítulo	11	12	13	14	14	15	15	15	16	16	16	17	17	17	17	18	18	18	18	18	18

Preparación para los exámenes estandarizados

Selecciona la opción que responda mejor cada pregunta o que complete cada enunciado.

1. Si un ácido tiene una K_a medida de 3×10^{-6},
   (A) el ácido es un ácido fuerte.
   (B) una solución acuosa del ácido tendría un pH < 7.
   (C) el ácido es un electrolito fuerte.
   (D) Todas las anteriores son correctas.

2. El pH de una muestra de jugo de naranja es 3.5. Una muestra de jugo de tomate tiene un pH de 4.5. Comparado con el $[H^+]$ del jugo de naranja, el $[H^+]$ del jugo de tomate es
   (A) 1.0 veces mayor.   (C) 10 veces mayor.
   (B) 10 veces menor.   (D) 1.0 veces menor.

Consejos para tener éxito

Eliminar respuestas incorrectas Si no sabes cuál opción es la correcta, elimina aquellas que sepas que son incorrectas. Si puedes eliminar algunas opciones, aumentarás tus probabilidades de elegir la respuesta correcta.

---

3. ¿Qué ion o molécula es la base conjugada del ion amoníaco, NH_4^+?
   (A) H_2O (B) OH^- (C) NH_3 (D) H_3O^+

4. ¿Cuántos moles de NaOH se requieren para neutralizar 2.4 moles de H_2SO_4?
   (A) 1.2 mol (B) 2.4 mol (C) 3.6 mol (D) 4.8 mol

5. Una solución con una concentración de iones hidrógeno de $2.3 \times 10^{-8}M$ tiene un pH entre
   (A) 2 y 3. (B) 3 y 4. (C) 7 y 8. (D) 8 y 9.

6. La ecuación iónica neta para la reacción de neutralización entre las soluciones hidróxido de potasio y ácido hidroclórico es
   (A) $H^+(aq) + OH^-(aq) \longrightarrow H_2O(l)$
   (B) $KOH(aq) + HCl(aq) \longrightarrow H_2O(l) + KCl(aq)$
   (C) $K^+(aq) + Cl^-(aq) \longrightarrow KCl(aq)$
   (D) $K^+(aq) + OH^-(aq) + H^+(aq) + Cl^-(aq) \longrightarrow$ $KCl(aq) + H_2O(l)$

7. Calcula la molaridad de una solución de HCl si 25.0 mL de la solución se neutralizan por 15.5 mL de $0.800M$ de NaOH.
   (A) $0.248M$ (B) $0.496M$ (C) $1.29M$ (D) $0.645M$

8. ¿Cuál combinación de compuesto e ion no haría una solución amortiguadora útil?
   (A) ion amonio y amoníaco
   (B) ion carbonato de hidrógeno y ácido carbónico
   (C) ion sulfato y ácido sulfúrico
   (D) ion etanoato y ácido etanoico

Las opciones con letras siguientes se refieren a las Preguntas 9 a 11. En cada fórmula, P es el catión y Q es el anión.
   (A) PQ   (B) P_2Q_3 (C) PQ_3 (D) P_3Q

¿Cuál de las opciones es la fórmula general para la sal formada en cada una de las reacciones de neutralización siguientes?

9. $H_3PO_4 + NaOH \longrightarrow$

10. $H_2SO_4 + Mg(OH)_2 \longrightarrow$

11. $HNO_3 + Al(OH)_3 \longrightarrow$

Usa los dibujos siguientes para responder las Preguntas 12 y 13. Las moléculas del agua se omitieron de las ventanas de solución.

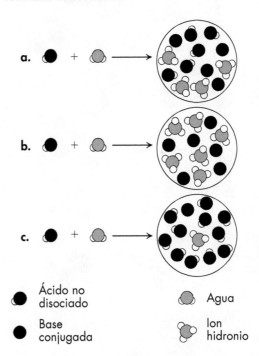

● Ácido no disociado   ⬤ Agua

● Base conjugada   ⬤ Ion hidronio

12. Clasifica los ácidos en orden ascendente de fuerza.

13. ¿Cuántos de los ácidos son ácidos fuertes?

Pregunta	1	2	3	4	5	6	7	8	9	10	11	12	13
Ver la lección	19.3	19.2	19.1	19.4	19.2	19.4	19.4	19.5	19.4	19.4	19.4	19.3	19.3

Si tienes problemas con . . .

20
Reacciones de oxidación-reducción

PearsonChem.com

El color de la Estatua de la Libertad es el resultado del cobre de la capa exterior que reacciona con el agua, el dióxido de carbono y otros compuestos del aire.

GRANIDEA

REACCIONES

Preguntas esenciales:

1. ¿Qué sucede durante una oxidación y una reducción?
2. ¿Cómo puedes balancear ecuaciones redox?

MISTERIOQUÍMICO

Tesoro manchado

Cuando se hunde un barco hasta el fondo del océano, el barco y todo lo que lleva quedan expuestos a los severos elementos del mar. El naufragio comienza a desintegrarse lentamente. Lo mismo le sucedió a los naufragios de galeones españoles.

Muchos de los galeones españoles contenían diferentes tipos de monedas. Las monedas de plata descubiertas en naufragios se ven como si fueran basura, ya que por lo general están ennegrecidas y oxidadas. Sin embargo, las monedas de oro aún conservan su acabado dorado. ¿Por qué las monedas de oro soportan mejor los elementos del mar que las monedas de plata?

▶ Conexión con la **GRAN**IDEA
A medida que lees sobre las reacciones químicas de oxidación y reacción, piensa por qué diferentes metales reaccionan de manera diferente a pesar de que estén expuestos a las mismas condiciones.

20.1 Significado de oxidación y reducción

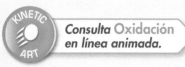

Consulta Oxidación *en línea animada.*

LA QUÍMICA Y TÚ

P: *¿Por qué es necesario lavar la parte inferior de los carros?* Un carro limpio se ve mejor que un carro sucio, pero las apariencias no son la única razón para lavar el carro. Durante el invierno en los climas fríos, se suele echar sal en las carreteras para bajar el punto de congelación del agua y así evitar la acumulación de hielo resbaladizo. La sal puede hacer la conducción más segura, pero la sal que se aferra a las partes metálicas de los carros puede causar daños a tu vehículo. En esta lección, aprenderás acerca de reacciones de oxidación y reducción, incluyendo aquellas que dañan los vehículos salados ocasionando que se corroan u oxiden con relativa rapidez.

Preguntas clave

∽ *¿Qué le sucede a una sustancia que experimenta una oxidación? ¿Qué le sucede a una sustancia que experimenta una reducción?*

∽ *¿Cómo es que la presencia de sales y ácidos acelera la corrosión de los metales?*

Vocabulario

- reacciones de oxidación-reducción
- oxidación
- reducción
- agente reductor
- agente oxidante

¿Qué son oxidación y reducción?

∽ *¿Qué le sucede a una sustancia que experimenta una oxidación? ¿Qué le sucede a una sustancia que experimenta una reducción?*

La combustión de la gasolina en el motor de un carro y la combustión de madera en una chimenea son reacciones que requieren oxígeno a medida que liberan energía. Las reacciones que descomponen los alimentos en tu cuerpo y liberan energía usan oxígeno del aire que respiras.

Oxígeno y redox Los primeros químicos veían a la oxidación sólo como la combinación de un elemento con el oxígeno para producir un óxido. La combustión de un combustible es también una reacción de oxidación que usa oxígeno. Por ejemplo, cuando el metano (CH_4), el componente principal del gas natural, se quema en el aire, se oxida y forma óxidos de carbono e hidrógeno, como se muestra en la Figura 20.1. Un óxido de carbono es el dióxido de carbono, CO_2.

Figura 20.1
Oxidación del metano
En un mechero Bunsen, el oxígeno del aire se mezcla con el metano del conducto de gas. El metano se oxida y se produce dióxido de carbono y agua.

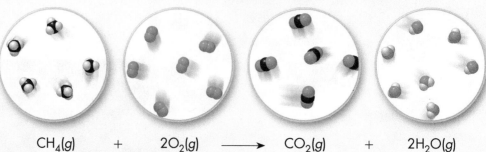

$$CH_4(g) \quad + \quad 2O_2(g) \quad \longrightarrow \quad CO_2(g) \quad + \quad 2H_2O(g)$$

No todos los procesos de oxidación que usan oxígeno implican combustión. Por ejemplo, cuando el hierro elemental se convierte en herrumbre, como en la Figura 20.2, se oxida lentamente en compuestos como óxido de hierro (III) (Fe_2O_3). El blanqueamiento de manchas en tejidos es otro ejemplo de oxidación que no implica combustión. El blanqueador líquido común contiene hipoclorito de sodio (NaClO), una sustancia que libera oxígeno, que oxida las manchas a una forma incolora. Los blanqueadores en polvo pueden contener hipoclorito de calcio ($Ca(ClO)_2$), perborato de sodio ($NaBO_3$) o percarbonato de sodio ($2Na_2CO_3 \cdot 3H_2O_2$). El peróxido de hidrógeno (H_2O_2) también libera oxígeno cuando se descompone. Es tanto blanqueador como un antiséptico suave que mata las bacterias oxidándolas.

Un proceso llamado reducción es lo contrario a la oxidación. Originalmente, la reducción significaba la pérdida de oxígeno de un compuesto. La reducción de la mena de hierro a hierro metálico consiste en la eliminación de oxígeno del óxido de hierro (III). La reducción se lleva a cabo calentando la mena con carbono, por lo general en la forma de coque. La ecuación para la reducción de la mena de hierro se muestra a continuación.

$$2Fe_2O_3(s) + 3C(s) \longrightarrow 4Fe(s) + 3CO_2(g)$$

Óxido de   Carbono   Hierro   Dióxido de
hierro (III)   carbono

La reducción del hierro también incluye un proceso de oxidación. A medida que el óxido de hierro (III) se reduce a hierro por la pérdida de oxígeno, el carbono se oxida a dióxido de carbono por la ganancia de oxígeno. La oxidación y la reducción siempre ocurren simultáneamente. **Una sustancia que se oxida gana oxígeno. Una sustancia que se reduce pierde oxígeno.** No se produce oxidación sin reducción, y no se produce ninguna reducción sin oxidación. Por tanto, las reacciones que implican procesos de oxidación y reducción se llaman **reacciones de oxidación-reducción.** Las reacciones de oxidación-reducción también se conocen como *reacciones redox.*

Figura 20.2 Oxidación del hierro
Cuando ciertas cosas hechas de hierro se exponen al aire húmedo, los átomos de Fe reaccionan con las moléculas de O_2. El hierro se oxida en compuestos como el óxido de hierro (III) (Fe_2O_3).

4Fe(s)   + $3O_2(g)$ $\longrightarrow$ $2Fe_2O_3(s)$
Hierro   Oxígeno   Óxido de hierro (III)

Desplazamiento de electrones en reacciones redox Los conceptos modernos de oxidación y reducción se han ampliado para incluir muchas reacciones que ni siquiera involucran oxígeno. En el Capítulo 6 aprendiste que, con excepción del flúor, el oxígeno es el elemento más electronegativo. En consecuencia, cuando el oxígeno se enlaza a un átomo de un elemento diferente (que no sea flúor), los electrones de ese átomo se desplazan hacia el oxígeno. En la actualidad se entiende que las reacciones redox implican cualquier desplazamiento de electrones entre los reactantes. La **oxidación** se define ahora como la pérdida total o parcial de electrones o la ganancia de oxígeno. La **reducción** se define ahora como la ganancia completa o parcial de electrones o la pérdida de oxígeno.

Oxidación	Reducción
Pérdida de electrones	Ganancia de electrones
Ganancia de oxígeno	Pérdida de oxígeno

Reacciones redox que forman iones Durante una reacción entre un metal y un no metal, los electrones se transfieren de los átomos del metal a los átomos del no metal. Por ejemplo, cuando el metal magnesio se calienta con el no metal azufre, se produce el compuesto iónico sulfuro de magnesio, como se muestra en la Figura 20.3. Dos electrones son transferidos de un átomo de magnesio a un átomo de azufre. Los átomos de magnesio se hacen más estables por la pérdida de electrones. Los átomos de azufre se hacen más estables debido a la ganancia de electrones.

Átomo de magnesio · · · Átomo de azufre · · · Ion magnesio · · · Ion sulfuro

Figura 20.3
Síntesis de un compuesto iónico
Cuando el magnesio y el azufre se calientan juntos, experimentan una reacción de oxidación-reducción para formar sulfuro de magnesio.

Dado que pierde electrones, se dice que el átomo de magnesio se oxidó en un ion magnesio. Al mismo tiempo, el átomo de azufre gana dos electrones y se reduce a un ion azufre. El proceso general se representa como los siguientes procesos de los dos componentes.

Oxidación: $\cdot Mg \cdot \longrightarrow Mg^{2+} + 2e^-$ (pérdida de electrones)

Reducción: $\cdot \ddot{S} : + 2e^- \longrightarrow : \ddot{S} :^{2-}$ (ganancia de electrones)

$Mg(s)$ + $S(s)$ $\xrightarrow{\text{calor}}$ $MgS(s)$

Una sustancia que se oxida pierde electrones. Una sustancia que se reduce gana electrones. La sustancia que pierde electrones es el **agente reductor.** Al perder electrones ante el azufre, el magnesio reduce el azufre. Por tanto, el magnesio es el agente reductor. La sustancia que acepta electrones es el **agente oxidante.** Al aceptar electrones del magnesio, el azufre oxida el magnesio. El azufre es el agente oxidante. Otra manera de identificar los agentes oxidantes y reductores es recordar que la especie que se reduce es el agente oxidante y la especie que se oxida es el agente reductor.

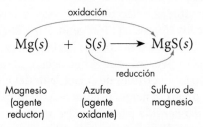

$$Mg(s) \; + \; S(s) \longrightarrow MgS(s)$$

oxidación

reducción

Magnesio (agente reductor)

Azufre (agente oxidante)

Sulfuro de magnesio

APOYO PARA LA LECTURA

Desarrollar destrezas de estudio: *Usar la mnemotécnica* Para ayudarte a recordar las definiciones de *oxidación* y *reducción,* usa la frase "*OPE* dijo a*RGEnis*". OPE significa Oxidación es Pérdida de Electrones; RGE significa Reducción es Ganancia de Electrones.

Ejemplo de problema 20.1

Identificar reactantes oxidados y reducidos

El nitrato de plata reacciona con el cobre para formar nitrato de cobre y plata. A partir de la ecuación siguiente, determina lo que se oxida y lo que se reduce. Identifica al agente oxidante y al agente reductor.

$$2AgNO_3(aq) + Cu(s) \longrightarrow Cu(NO_3)_2(aq) + 2Ag(s)$$

❶ **Analizar** **Identifica los conceptos relevantes.** Identifica los iones en la reacción y, luego, determina cómo se transfieren los electrones.

❷ **Resolver** **Aplica los conceptos a esta situación.**

Vuelve a escribir la ecuación en forma iónica para que sea más fácil de analizar la reacción.

$$2Ag^+ + 2NO_3^- + Cu \longrightarrow Cu^{2+} + 2NO_3^- + 2Ag$$

En esta reacción, el átomo de cobre (Cu) pierde dos electrones cuando se convierte en el ion Cu^{2+}. Estos electrones los ganan dos iones de plata (Ag^+), que se vuelven átomos de plata neutros.

La especie que pierde electrones se oxida y es el agente reductor. La especie que gana electrones se reduce y es el agente oxidante.

Oxidación: $Cu \longrightarrow Cu^{2+} + 2e^-$ (pérdida de electrones)
Reducción: $2Ag^+ + 2e^- \longrightarrow 2Ag$ (ganancia de electrones)

El Cu es un agente reductor. El Ag^+ es un agente oxidante.

---

1. Determina qué se oxida y qué se reduce en cada reacción. Identifica al agente oxidante y al agente reductor en cada caso.

a. $2Na(s) + S(s) \longrightarrow Na_2S(s)$

b. $4Al(s) + 3O_2(g) \longrightarrow 2Al_2O_3(s)$

2. Identifica estos procesos como oxidación o reducción.

a. $Li \longrightarrow Li^+ + e^-$

b. $2I^- \longrightarrow I_2 + 2e^-$

c. $Zn^{2+} + 2e^- \longrightarrow Zn$

d. $Br_2 + 2e^- \longrightarrow 2Br^-$

Redox con compuestos covalentes Cuando un metal y un no metal reaccionan y forman iones, es fácil identificar las transferencias completas de electrones. Pero algunas reacciones implican compuestos covalentes, es decir, compuestos en los que no ocurre una transferencia completa de electrones. Un ejemplo es la reacción del hidrógeno con el oxígeno.

$$2H_2(g) + O_2(g) \longrightarrow 2H_2O(l)$$

Considera lo que ocurre con los electrones de enlace en la formación de una molécula de agua. En cada molécula de hidrógeno reactante, los electrones de enlace son compartidos por igual entre los átomos de hidrógeno. Sin embargo, en el agua los electrones de enlace son atraídos hacia el oxígeno, ya que es mucho más electronegativo que el hidrógeno. El resultado es un desplazamiento de electrones de enlace lejos del hidrógeno, a pesar de que no hay una transferencia completa. El hidrógeno se oxida porque sufre una pérdida parcial de electrones.

En el oxígeno, el otro reactante, los electrones de enlace son compartidos por igual entre los átomos de oxígeno en la molécula de oxígeno reactante. Sin embargo, cuando el oxígeno se enlaza con el hidrógeno en la molécula de agua, hay un desplazamiento de electrones hacia el oxígeno. Por tanto, el oxígeno se reduce, ya que sufre una ganancia parcial de electrones.

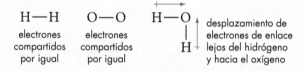

En la reacción de hidrógeno y oxígeno para producir agua, el hidrógeno es el agente reductor porque se oxida. El oxígeno es el agente oxidante porque se reduce. Esta reacción redox es altamente exotérmica, es decir, libera una gran cantidad de energía, como se muestra en la Figura 20.4.

En algunas reacciones que implican reactantes o productos covalentes, el desplazamiento parcial de electrones es menos obvio. Algunas pautas generales son útiles. Por ejemplo, para los compuestos de carbono, la adición de oxígeno o la eliminación de hidrógeno siempre es una oxidación. La siguiente Tabla 20.1 enumera los procesos que constituyen la oxidación y reducción. La última entrada de la tabla se refiere a los números de oxidación, que se introducen en la Lección 20.2.

Figura 20.4 Soldadura
Este soldador está usando un soplete que contiene una mezcla de H_2 y O_2 llamada oxihidrógeno para cortar y soldar acero. Cuando el hidrógeno se quema en oxígeno, la reacción redox genera temperaturas de alrededor de 2600 °C.
Infiere *¿Cuál es el producto de esta reacción redox?*

Tabla 20.1	
Procesos que implican oxidación y reducción	
Oxidación	**Reducción**
Pérdida completa de electrones (reacciones iónicas)	Ganancia completa de electrones (reacciones iónicas)
Desplazamiento de electrones *lejos* de un átomo en un enlace covalente	Desplazamiento de electrones *hacia* un átomo en un enlace covalente
Ganancia de oxígeno	Pérdida de oxígeno
Pérdida de hidrógeno por un compuesto covalente	Ganancia de hidrógeno por un compuesto covalente
Aumento del número de oxidación.	Disminución del número de oxidación

Corrosión

🔑 ¿Cómo es que la presencia de sales y ácidos acelera la corrosión de los metales?

Miles de millones de dólares se gastan cada año para prevenir y reparar los daños causados por la corrosión de los metales. El hierro, un metal de construcción común que se usa a menudo en forma de aleación de acero, se corroe al oxidarse por oxígeno en iones de hierro. El agua en el medio ambiente acelera la tasa de corrosión. El oxígeno, el agente oxidante, se reduce a iones óxido (en compuestos como Fe_2O_3) o a iones hidróxido. Las siguientes ecuaciones describen la corrosión del hierro a hidróxidos de hierro en condiciones de humedad.

$$2Fe(s) + O_2(g) + 2H_2O(l) \longrightarrow 2Fe(OH)_2(s)$$

$$4Fe(OH)_2(s) + O_2(g) + 2H_2O(l) \longrightarrow 4Fe(OH)_3(s)$$

La corrosión se produce más rápidamente en presencia de sales y ácidos. 🔑 **La presencia de sales y ácidos acelera la corrosión mediante la producción de soluciones conductoras que hacen más fácil la transferencia de electrones.** La corrosión de algunos metales puede ser una característica deseable, como se muestra en la Figura 20.5.

Resistencia a la corrosión No todos los metales se corroen fácilmente. El oro y el platino se llaman metales nobles debido a que son muy resistentes a perder sus electrones por la corrosión. Otros metales pierden electrones con facilidad, pero están protegidos de la corrosión por el recubrimiento de óxido formado en su superficie. Por ejemplo, el aluminio se oxida rápidamente en el aire para formar un revestimiento muy compacto de partículas de óxido de aluminio. Este revestimiento protege el objeto de aluminio de la corrosión adicional, como se muestra en la Figura 20.6. El hierro también forma un revestimiento cuando se corroe, pero el revestimiento de óxido de hierro que se forma no es muy compacto. El agua y el aire pueden penetrar el revestimiento y atacar el metal de hierro que está por debajo. La corrosión continúa hasta que el objeto de hierro se convierte sólo en una pila de óxido.

Figura 20.5 Corrosión
Las reacciones de oxidación-reducción generan corrosión. El cobre de este edificio reaccionó con el vapor de agua, el dióxido de carbono y otras sustancias del aire para formar una pátina. Esta pátina consiste en una película verde claro de carbonato de cobre (II) básico. Las pátinas embellecen la apariencia de la superficie de los objetos de cobre.

Consulta corrosión en línea animada.

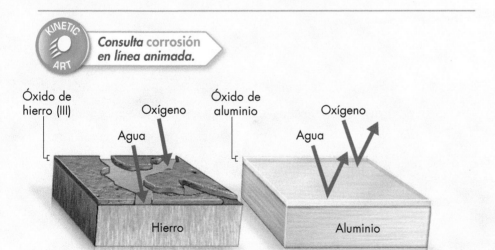

Figura 20.6 Comparar óxidos
La oxidación provoca la corrosión completa de algunos metales. **a.** El hierro reacciona con agua y oxígeno para formar óxido de hierro (III), o herrumbre. **b.** Sin embargo, el aluminio resiste dicha corrosión debido a que forma una capa protectora de óxido de aluminio.
Aplicar conceptos *¿Cómo difiere el óxido de aluminio en el aluminio del óxido de hierro(III) formado en la corrosión de hierro?*

LA QUÍMICA Y TÚ

P: *Si tu carro está expuesto a la sal en las calles durante el invierno, ¿por qué es importante lavar la sal del carro?*

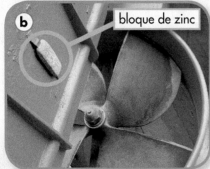

bloque de zinc

Controlar la corrosión La corrosión de objetos como palas o cuchillos es un problema común, pero no suele ser grave. Por el contrario, la corrosión de un pilar de soporte de acero de un puente o del casco de acero de un tanquero de petróleo es mucho más grave y costosa. Para evitar la corrosión en tales casos, la superficie del metal puede cubrirse con aceite, pintura, plástico u otro metal, como se muestra en la Figura 20.7. Estos revestimientos evitan que la superficie entre en contacto con el aire y el agua, evitando así la corrosión. Sin embargo, si el revestimiento se raya o desgasta, el metal expuesto comenzará a corroerse.

En otro método de control de la corrosión, un metal se "sacrifica", o se permite que se corroa, para salvar un segundo metal. Por ejemplo, para proteger un objeto de hierro, se puede poner una pieza de magnesio (u otro metal activo) en contacto eléctrico con el hierro. Cuando el oxígeno y el agua atacan al objeto de hierro, los átomos de hierro pierden electrones a medida que el hierro comienza a oxidarse. Sin embargo, dado que el magnesio es un mejor agente reductor que el hierro, el magnesio transfiere inmediatamente electrones a los átomos de hierro, impidiendo su oxidación.

Los bloques de zinc y magnesio de sacrificio a veces se adjuntan a muelles y cascos de barcos para evitar daños por corrosión en las zonas sumergidas en el agua. La Figura 20.7b muestra bloques de zinc fijados al casco de acero de un barco. Los bloques se corroen en lugar del hierro. Las tuberías subterráneas y los tanques de almacenamiento pueden estar conectados a bloques de magnesio para protegerlos. Es más fácil y más barato sustituir un bloque de magnesio o de zinc que reemplazar un puente o una tubería.

Figura 20.7 Control de la corrosión
Al pintar una superficie, como este puente, se le protege de los efectos del medio ambiente. **a.** El metal cromo también sirve como capa protectora y le da un acabado especular atractivo. Al igual que el aluminio, el cromo forma una película de óxido resistente a la corrosión en su superficie. **b.** Los bloques de zinc se pegan al casco de acero (hierro) de este barco. Los bloques de zinc se oxidan (corroen) en lugar del hierro y evitan que el casco se corroa.

Aprende más sobre corrosión en línea.

Laboratorio rápido

Propósito Poner a prueba el efecto de los agentes oxidantes en manchas y tintes

Materiales
- placa de punto
- gotero
- agua
- colorímetro (opcional)

Agentes oxidantes
- blanqueador de cloro líquido (5% (m/v) de hipoclorito de sodio)
- blanqueador en polvo
- solución de ácido oxálico (1% (m/v))
- solución de tiosulfato de sodio (hipo) (0.2M de $Na_2S_2O_3$)
- peróxido de hidrógeno (3% (v/v) de H_2O_2)

Muestras
- solución de yodo (1% I_2 en 2% (m/v) KI)
- solución de permanganato de potasio (0.05M de $KMnO_4$)
- jugo de uva
- agua oxidada
- pedazo de tela de color
- pétalos de flores de colores
- manchas de pasto en un pedazo de tela blanca

¡Blanquéalo! Oxidar el color para quitarlo

Procedimiento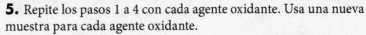

1. Coloca las muestras en una placa de punto. Usa 4 gotas de cada líquido o un pedazo pequeño de cada sólido.

2. Describe el color y el aspecto de cada muestra en el paso 1.

3. Añade unas gotas del primer agente oxidante a cada muestra.

4. Describe cualquier cambio inmediato en la apariencia así como cualquier otro cambio después de 15 minutos.

5. Repite los pasos 1 a 4 con cada agente oxidante. Usa una nueva muestra para cada agente oxidante.

Analizar y concluir

1. Organizar datos Haz una cuadrícula y registra tus observaciones.

2. Comparar y contrastar Comparar el poder oxidante de los agentes oxidantes.

3. Explicar ¿Cómo sabes que han ocurrido cambios químicos?

 20.1 Comprobación de la lección

3. Definir Define oxidación y reducción en términos de ganancia o pérdida de oxígeno.

4. Definir Define oxidación y reducción en términos de ganancia o pérdida de electrones.

5. Explicar ¿Cómo acelera la presencia de sales y ácidos la corrosión de los metales?

6. Explicar ¿Cómo identificas al agente oxidante y al agente reductor en una reacción redox?

7. Identificar ¿Cuál de lo siguiente sería más probablemente un agente oxidante y cuál sería más probablemente un agente reductor? (*Pista*: Piensa en términos de la tendencia a perder o ganar electrones).
a. Cl_2 **b.** K **c.** Ag^+

8. Aplicar conceptos Usa la transferencia de electrones o el desplazamiento de electrones para identificar lo que se oxida y lo que se reduce en cada reacción. Usa los valores de electronegatividad de la Tabla 6.2 del Capítulo 6, para los compuestos covalentes.
a. $2Na(s) + Br_2(l) \longrightarrow 2NaBr(s)$
b. $H_2(g) + Cl_2(g) \longrightarrow 2HCl(g)$
c. $2Li(s) + F_2(g) \longrightarrow 2LiF(s)$
d. $S(s) + Cl_2(g) \longrightarrow SCl_2(g)$
e. $N_2(g) + 2O_2(g) \longrightarrow 2NO_2(g)$
f. $Mg(s) + Cu(NO_3)_2(aq) \longrightarrow Mg(NO_3)_2(aq) + Cu(s)$

9. Identificar Identifica al agente oxidante y al agente reductor en cada una de las reacciones del Problema 8.

Fuegos artificiales

Es la víspera de Año Nuevo, y al filo de la medianoche, una deslumbrante variedad de fuegos artificiales comienzan a explotar en lo alto. Las vistas y sonidos de cada explosión son el resultado de varias reacciones de oxidación-reducción que tienen lugar en los fuegos artificiales a medida que ascienden hacia el cielo.

Hay cuatro componentes básicos en cualquier fuego artificial: oxidantes, agentes reductores, colorantes y aglutinantes. Los oxidantes, como nitratos, cloratos y percloratos, producen el oxígeno necesario para que el fuego artificial se queme. Los agentes reductores, por lo general azufre y carbono, se combinan con el oxígeno para producir la energía térmica de la explosión. Los iones metálicos, como litio, calcio y sodio, crean los colores brillantes que se ven. Y los aglutinantes mantienen los materiales unidos.

Estos cuatro materiales se forman en pequeños grumos conocidos como estrellas. Las estrellas se colocan en una cubierta de cartón o papel junto con pólvora y dos cargas. Cuando se enciende la primera carga, la pólvora impulsa los fuegos artificiales en el aire. Después, la segunda carga hace que la pólvora adicional impulse las estrellas hacia el cielo y encienda los oxidantes, que reaccionan con los agentes reductores, haciendo que las estrellas exploten en brillantes destellos de color.

ROJO, BLANCO Y AZUL Se usan diferentes sales de metales y compuestos para crear los diferentes colores en los fuegos artificiales. El litio y el estroncio se usan para el rojo, el magnesio y el aluminio se usan para el blanco y el cobre se usa para el azul.

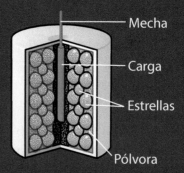

Mecha
Carga
Estrellas
Pólvora

ANATOMÍA DE UN FUEGO ARTIFICIAL
Los fuegos artificiales aéreos contienen estrellas y pólvora dentro de una cubierta de cartón. La carga y la mecha se usan para encender los fuegos artificiales. La disposición de las estrellas determina la forma de la explosión, mientras que el tamaño y la forma de la estrella determinan el tamaño, forma y velocidad de la ráfaga.

Un paso más allá

1. Identificar El nitrato de potasio (KNO_3) se usaba originalmente en los fuegos artificiales y en la pólvora. La reacción para la producción de KNO_3 es

$$4KCl + 4HNO_3 + O_2 \longrightarrow$$
$$4KNO_3 + 2Cl_2 + 2H_2O$$

¿Es esta una reacción redox? Si es así, ¿qué sustancia se oxida y cuál se reduce?

2. Describir La luz blanca y brillante de algunos fuegos artificiales se produce cuando el magnesio reacciona con el oxígeno en el aire para formar óxido de magnesio. Escribe una ecuación balanceada para esta reacción.

20.2 Números de oxidación

LA QUÍMICA Y TÚ

P: *¿Por qué las bengalas emiten una luz tan brillante?* Si alguna vez has visto o sostenido una bengala, entonces sabes que las bengalas emiten una luz muy brillante. Son como fuegos artificiales de mano. Las bengalas contienen metales en polvo. A medida que las bengalas se queman, una reacción química cambia los metales. En esta lección, aprenderás acerca de cómo se definen la oxidación y la reducción en reacciones como éstas en términos de un cambio en el número de oxidación.

Asignación de números de oxidación

🔑 *¿Cuál es la regla general para asignar números de oxidación?*

Un **número de oxidación** es un número positivo o negativo asignado a un átomo para indicar su grado de oxidación o reducción. 🔑 **Como regla general, el número de oxidación de un átomo enlazado es la carga que tendría si los electrones del enlace se le asignaran al átomo del elemento más electronegativo.** En la siguiente lección, aprenderás que las ecuaciones de las reacciones redox complejas se pueden balancear mediante el uso de cambios del número de oxidación. El conjunto de reglas de la página siguiente debe ayudarte a determinar los números de oxidación.

En los compuestos iónicos binarios, como $NaCl$ y $CaCl_2$, los números de oxidación de los átomos son iguales a las cargas iónicas (Regla 1). El compuesto cloruro de sodio se compone de iones sodio (Na^{1+}) e iones cloruro (Cl^{1-}). Por tanto, el número de oxidación del sodio es +1 y el del cloro es −1. En el $CaCl_2$, el número de oxidación del calcio es +2 y el del cloro es −1. Observa que el signo se coloca antes del número de oxidación.

Dado que el agua es un compuesto molecular, no hay cargas iónicas asociadas a sus átomos. Sin embargo, el oxígeno se reduce en la formación del agua. El oxígeno es más electronegativo que el hidrógeno. Por tanto, en el agua, los dos electrones compartidos en el enlace H—O se desplazan hacia el oxígeno y lejos del hidrógeno. Imagina que los electrones aportados por los dos átomos de hidrógeno se transfieren completamente al oxígeno. Las cargas que se derivarían de esta transferencia son los números de oxidación de los elementos enlazados. El número de oxidación del oxígeno es −2 y el número de oxidación de cada hidrógeno es +1 (Reglas 2 y 3). Los números de oxidación se escriben a menudo por encima de los símbolos químicos de una fórmula. Por ejemplo, el agua se puede representar como

$$\overset{+1\ -2}{H_2O}$$

Preguntas clave

🔑 **¿Cuál es la regla general para asignar números de oxidación?**

🔑 **¿Cómo se definen la oxidación y la reducción en términos del cambio en el número de oxidación?**

Vocabulario

• número de oxidación

Muchos elementos pueden tener varios números de oxidación diferentes. Usa las reglas 5 y 6 para determinar el número de oxidación de los átomos de estos elementos, más otros elementos no cubiertos en las primeras cuatro reglas. Todas las sustancias que se muestran en la Figura 20.8 contienen cromo, pero el cromo tiene un número de oxidación diferente en su estado no combinado y en cada compuesto.

Reglas para asignar números de oxidación

1. El número de oxidación de un ion monoatómico es igual en magnitud y signo a su carga iónica. Por ejemplo, el número de oxidación del ion bromuro (Br^{1-}) es −1; el del ion Fe^{3+} es +3.

2. El número de oxidación del hidrógeno en un compuesto es +1, excepto en los hidruros metálicos, como el NaH, donde es −1.

3. El número de oxidación del oxígeno en un compuesto es −2, excepto en los peróxidos, como el H_2O_2, donde es −1, y en los compuestos con el flúor más electronegativo, donde es positivo.

4. El número de oxidación de un átomo en forma no combinada (elemental) es 0. Por ejemplo, el número de oxidación de los átomos del metal potasio (K) o de los átomos del gas nitrógeno (N_2) es 0.

5. Para cualquier compuesto neutro, la suma de los números de oxidación de los átomos en el compuesto debe ser igual a 0.

6. Para un ion poliatómico, la suma de los números de oxidación debe ser igual a la carga iónica del ion.

Figura 20.8
El cromo en su estado no combinado tiene un color plateado mate. El dicromato de potasio ($K_2Cr_2O_7$) anaranjado y el sulfato de potasio de cromo(III) ($CrK(SO_4)_2 \cdot 12H_2O$) púrpura son compuestos de cromo.
Infiere ¿Cuál es el número de oxidación del cromo en cada compuesto?

Ejemplo de problema 20.2

Asignar números de oxidación a átomos

¿Cuál es el número de oxidación de cada tipo de átomo en los siguientes iones y compuestos?

a. SO_2

c. Na_2SO_4

b. CO_3^{2-}

d. $(NH_4)_2S$

❶ Analizar Identifica los conceptos relevantes. Usa el conjunto de reglas que acabas de aprender para asignar y calcular números de oxidación.

❷ Resolver Aplica los conceptos a este problema.

a. Hay dos átomos de oxígeno y el número de oxidación de cada oxígeno es −2 (Regla 3). La suma de los números de oxidación para el compuesto neutro debe ser 0 (Regla 5). Por tanto, el número de oxidación del azufre es +4, porque +4 + (2 × (−2)) = 0.

$$\overset{+4\,-2}{SO_2}$$

b. El número de oxidación del oxígeno es −2 (Regla 3).

$$\overset{?\,-2}{CO_3^{2-}}$$

La suma de los números de oxidación de los átomos de carbono y oxígeno debe ser igual a la carga iónica, −2 (Regla 6). El número de oxidación del carbono debe ser +4, porque +4 + (3 × (−2)) = −2.

$$\overset{+4\,-2}{CO_3^{2-}}$$

c. El número de oxidación de cada ion sodio, Na^+, es el mismo que su carga iónica, +1 (Regla 1). El número de oxidación del oxígeno es −2 (Regla 3).

$$\overset{+1\ \ ?\,-2}{Na_2SO_4}$$

Para que la suma de los números de oxidación en el compuesto sea 0 (Regla 5), el número de oxidación del azufre debe ser +6, porque (2 × (+1)) + (+6) + (4 × (−2)) = 0.

$$\overset{+1\,+6\,-2}{Na_2SO_4}$$

d. Los iones amonio, NH_4^+, tienen una carga iónica de +1, por lo que la suma de los números de oxidación de los átomos en el ion amonio debe ser +1. El número de oxidación del hidrógeno es +1 en este ion. Por tanto, el número de oxidación del nitrógeno debe ser −3.

$$\overset{?\ +1}{NH_4^+}$$
$$? + 4(+1) = +1$$
$$-3 + 4(+1) = +1$$

Dos iones amonio tienen una carga total de +2. Dado que el compuesto $(NH_4)_2S$ es neutro, el azufre debe tener un número de oxidación de equilibrio de −2.

$$\overset{-3\,+1\ \ -2}{(NH_4)_2S}$$

❸ Evaluar ¿Tiene sentido el resultado? Los resultados son consistentes con las reglas para determinar números de oxidación. Además, la adición de los números de oxidación da la carga total final correcta para el ion y los tres compuestos neutros.

---

10. Determina el número de oxidación de cada elemento siguiente:

a. S_2O_3

c. P_2O_5

b. Na_2O_2

d. NO_3^-

11. Determina el número de oxidación del cloro en cada una de las siguientes sustancias:

a. $KClO_3$

c. $Ca(ClO_4)_2$

b. Cl_2

d. Cl_2O

P: *¿Qué le sucede al número de oxidación de los metales cuando arden en una bengala?*

Cambios del número de oxidación en las reacciones químicas

¿Cómo se definen la oxidación y la reducción en términos del cambio en el número de oxidación?

La Figura 20.9 muestra lo que sucede cuando se coloca un alambre de cobre en una solución de nitrato de plata. En esta reacción, el número de oxidación de la plata disminuye de +1 a 0, ya que cada ion plata (Ag^{1+}) gana un electrón y se reduce a plata metálica (Ag^0). El número de oxidación del cobre aumenta de 0 a +2, a medida que cada átomo de metal de cobre (Cu^0) pierde dos electrones y se oxida a un ion cobre(II) (Cu^{2+}). Aquí está la ecuación con los números de oxidación añadidos:

$$\overset{+1 \ +5-2}{2AgNO_3(aq)} + \overset{0}{Cu(s)} \longrightarrow \overset{+2 \ +5-2}{Cu(NO_3)_2(aq)} + \overset{0}{2Ag(s)}$$

Figura 20.9
Oxidación del cobre
El cobre reacciona con el nitrato de plata. **a.** Un alambre de cobre se coloca en una solución de nitrato de plata. **b.** Los cristales de plata cubren el alambre, y la solución se vuelve lentamente azul como resultado de la formación de nitrato de cobre (II).

Sacar conclusiones ¿Qué cambio ocurre en el número de oxidación de la plata? ¿Cómo cambia el número de oxidación del cobre?

En la Figura 20.10 se ilustra una reacción redox que muestra lo que ocurre cuando un clavo de hierro brillante se sumerge en una solución de sulfato de cobre (II).

Se pueden definir la oxidación y la reducción en términos de un cambio en el número de oxidación. **Un aumento en el número de oxidación de un átomo o ion indica oxidación. Una disminución en el número de oxidación de un átomo o ion indica reducción.**

Figura 20.10
Reducción del cobre
Una reacción redox se produce entre el hierro y el cobre. **a.** Un clavo de hierro se coloca en una solución de sulfato de cobre (II). **b.** El hierro reduce los iones Cu^{2+} en la solución y se oxidado simultáneamente a Fe^{2+}. El hierro queda recubierto con cobre metálico.

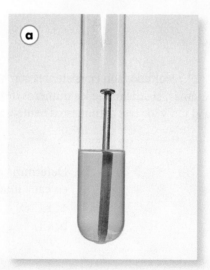
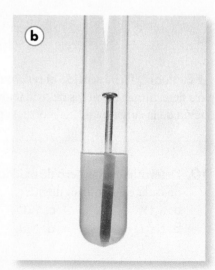

Ejemplo de problema 20.3

Identificar átomos oxidados y reducidos

Usa los cambios en el número de oxidación para identificar qué átomos se oxidan y qué átomos se reducen en las reacciones siguientes. También identifica el agente oxidante y el agente reductor.

a. $Cl_2(g) + 2HBr(aq) \longrightarrow 2HCl(aq) + Br_2(l)$

b. $C(s) + O_2(g) \longrightarrow CO_2(g)$

① Analizar Identifica los conceptos relevantes. Un aumento del número de oxidación indica oxidación. Una disminución del número de oxidación indica reducción. La sustancia que se oxida en una reacción redox es el agente reductor. La sustancia que se reduce es el agente oxidante.

② Resolver Aplica los conceptos a este problema.

> El número de oxidación de cada cloro en Cl_2 es 0 debido a la Regla 4.

a. Usa las reglas para asignar los números de oxidación a cada átomo en la ecuación.

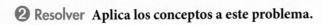

$$\overset{0}{Cl_2}(g) + \overset{+1\ -1}{2HBr}(aq) \longrightarrow \overset{+1\ -1}{2HCl}(aq) + \overset{0}{Br_2}(l)$$

Después, usa los cambios en los números de oxidación para identificar qué átomos se oxidan y qué átomos se reducen.

Por último, identifica al agente oxidante y al agente reductor.

El elemento cloro se reduce porque su número de oxidación disminuye (de 0 a −1). El ion bromo del HBr(ac) se oxida porque su número de oxidación aumenta (de −1 a 0). El cloro se reduce; por tanto, el Cl_2 es el agente oxidante. El ion bromo del HBr(ac) se oxida; por tanto, el Br^- es el agente reductor.

b. Usa las reglas para asignar números de oxidación a cada átomo en la ecuación.

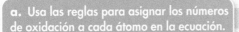

$$\overset{0}{C}(s) + \overset{0}{O_2}(g) \longrightarrow \overset{+4\ -2}{CO_2}(g)$$

Después, usa los cambios en los números de oxidación para identificar qué átomos se oxidaron y cuáles se redujeron.

Por último, identifica al agente oxidante y al agente reductor.

El elemento carbono se oxida porque su número de oxidación aumenta (de 0 a +4). El elemento oxígeno se reduce porque su oxidación disminuye (de 0 a −2). El carbono se oxida; por tanto, el C es el agente reductor. El oxígeno se reduce; por tanto, el O_2 es el agente oxidante.

③ Evaluar ¿Tienen sentido los resultados? Tiene sentido que lo que se oxida en una reacción química sea el agente reductor porque pierde electrones (se convierte en el agente por el cual el átomo que se reduce gana electrones). Por el contrario, tiene sentido que lo que se reduce en una reacción química sea el agente oxidante porque gana electrones (es el agente por el que el átomo que se oxida pierde electrones).

---

12. Usa los cambios en los números de oxidación para identificar qué átomos se oxidan y cuáles se reducen en cada reacción.

a. $2H_2(g) + O_2(g) \longrightarrow 2H_2O(l)$

b. $2KNO_3(s) \longrightarrow 2KNO_2(s) + O_2(g)$

13. Identifica al agente oxidante y al agente reductor en cada ecuación del Problema 12.

Ejemplo de problema 20.4

Identificar los átomos oxidados y reducidos

Usa los cambios en el número de oxidación para identificar los átomos que se oxidan y que se reducen en las reacciones siguientes. También identifica al agente oxidante y al agente reductor.

$$Zn(s) + 2MnO_2(s) + 2NH_4Cl(aq) \longrightarrow ZnCl_2(aq) + Mn_2O_3(s) + 2NH_3(g) + H_2O(l)$$

❶ Analizar Identifica los conceptos relevantes.

❷ Resolver Aplica los conceptos a este problema.

| Usa las reglas para asignar números de oxidación a cada átomo en la ecuación. |

$$\overset{0}{Zn}(s) + 2\overset{+4 \, -2}{MnO_2}(s) \; \overset{-3 \, +1 \, -1}{2NH_4Cl}(aq) \longrightarrow \overset{+2 \, -1}{ZnCl_2}(aq) + \overset{+3 \, -2}{Mn_2O_3}(s) + 2\overset{-3 \, +1}{NH_3}(g) + \overset{+1 \, -2}{H_2O}(l)$$

| Después, usa los cambios en los números de oxidación para identificar qué átomos se oxidan y cuáles se reducen. |

El elemento zinc se oxida porque su número de oxidación aumenta (de 0 a +2). El ion manganeso se reduce porque su número de oxidación disminuye (de +4 a +3). El zinc se oxida; por tanto, el Zn es el agente reductor. El manganeso (en MnO_2) se reduce; por tanto, el Mn^{4+} es el agente oxidante.

| Por último, identifica al agente oxidante y al agente reductor. |

14. Identifica qué átomos se oxidan y cuáles se reducen en cada reacción.
  a. $NH_4NO_2(s) \longrightarrow N_2(g) + 2H_2O(g)$
  b. $PbO_2(aq) + 4HI(aq) \longrightarrow I_2(aq) + PbI_2(s) + 2H_2O(l)$

15. Identifica al agente oxidante y al agente reductor en cada ecuación del Problema 14.

20.2 Comprobación de la lección

16. 🔑 **Explicar** ¿Cuál es la regla general para la asignación de números de oxidación?

17. 🔑 **Explicar** ¿Cómo se relaciona el cambio en el número de oxidación con el proceso de oxidación y reducción?

18. **Explicar** ¿Cómo se usa la carga para asignar números de oxidación a los elementos en un ion poliatómico?

19. **Identificar** Usa los cambios en los números de oxidación para identificar qué átomos se oxidan y cuáles se reducen en cada reacción.
  a. $2Na(s) + Cl_2(g) \longrightarrow 2NaCl(s)$
  b. $2HNO_3(aq) + 6HI(aq) \longrightarrow 2NO(g) + 3I_2(s) + 4H_2O(l)$
  c. $3H_2S(g) + 2HNO_3(aq) \longrightarrow 3S(s) + 2NO(g) + 4H_2O(l)$
  d. $2PbSO_4(s) + 2H_2O(l) \longrightarrow Pb(s) + PbO_2(s) + 2H_2SO_4(aq)$

20. **Identificar** Identifica al agente oxidante y al agente reductor en cada reacción del Problema 19.

20.3 Describir ecuaciones redox

P: *¿Por qué la fruta cortada se pone marrón?* Si has comido una manzana, entonces probablemente hayas notado que la pulpa de la manzana se pone marrón después de quitarle la piel. La manzana todavía se puede comer, pero no se ve tan apetitosa. Como puedes haber adivinado, este cambio de color se debe a una reacción química. En esta lección, aprenderás más acerca de la identificación de ciertos tipos de reacciones químicas y cómo escribir y balancear las ecuaciones químicas para las reacciones redox.

Preguntas clave

🔑 *¿Cuáles son las dos clases de reacciones químicas?*

🔑 *¿Cuáles son dos métodos diferentes para balancear una ecuación redox?*

Vocabulario

• método de cambio del número de oxidación
• semirreacción
• método de semirreacción

Identificar reacciones redox

🔑 *¿Cuáles son las dos clases de reacciones químicas?*

En general, todas las reacciones químicas pertenecen a una de dos clases. 🔑 *Una clase de reacciones químicas es de oxidación-reducción (redox), en la que los electrones se transfieren de una especie de reacción a otra. La otra clase incluye todas las otras reacciones en las que no hay transferencia de electrones.* Muchas reacciones de sustitución sencilla, reacciones de combinación, reacciones de descomposición y reacciones de combustión son reacciones redox. Dos ejemplos de reacciones redox se muestran en la Figura 20.11. La Figura 20.11a muestra lo que sucede cuando el metal potasio reacciona con el agua. La Figura 20.11b muestra la reacción del zinc con ácido clorhídrico. Ejemplos de reacciones que no son reacciones redox son las reacciones de sustitución doble y las reacciones ácido-base.

Figura 20.11 Reacciones redox de sustitución sencilla
Las reacciones de sustitución sencilla son reacciones redox.
a. El metal potasio reacciona violentamente con el agua para producir gas hidrógeno (el cual se enciende) e hidróxido de potasio.
b. El metal zinc reacciona vigorosamente con el ácido clorhídrico para producir gas hidrógeno y cloruro de zinc.
Aplicar conceptos *Explica por qué cada reacción es una reacción redox.*

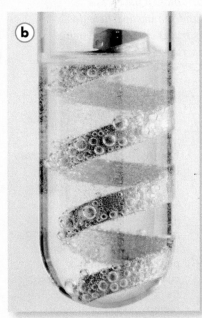

Durante una tormenta eléctrica, como se muestra en la Figura 20.12, las moléculas de oxígeno y las moléculas de nitrógeno en el aire reaccionan para formar monóxido de nitrógeno. Esta reacción es un ejemplo de una reacción de combinación. La ecuación de la reacción se muestra a continuación.

$$N_2(g) + O_2(g) \longrightarrow 2NO(g)$$

¿Cómo puedes saber si se trata de una reacción redox? Si el número de oxidación de un elemento en una especie en reacción cambia, entonces ese elemento ha sufrido una oxidación o reducción. Por tanto, la reacción en su conjunto debe ser una reacción redox. En el ejemplo anterior, el número de oxidación del nitrógeno aumenta de 0 a +2, mientras que el número de oxidación del oxígeno disminuye de 0 a −2. Por tanto, la reacción entre el nitrógeno y el oxígeno para formar monóxido de nitrógeno es una reacción redox.

Muchas reacciones en las que se producen cambios de color son reacciones redox. Un ejemplo es la manzana en la primera página de esta lección. Otro ejemplo se muestra en la Figura 20.13. Escrita en forma iónica, la ecuación balanceada de esta reacción es

$$MnO_4^-(aq) + Br^-(aq) \longrightarrow Mn^{2+}(aq) + Br_2(aq)$$

Ion permanganato (púrpura)   Ion bromuro (incoloro)   Ion manganeso(II) (incoloro)   Bromo (marrón)

Figura 20.13 Pistas de colores
Un cambio de color puede indicar una reacción redox. Cuando una solución incolora que contiene iones bromuro (Br^-) se añade a una solución que contiene iones permanganato (MnO_4^-), el color púrpura característico del ion permanganato es reemplazado por el color marrón pálido del bromo.

Identificar reacciones redox

Usa el cambio en el número de oxidación para identificar si cada reacción es una reacción redox o una reacción de algún otro tipo. Si una reacción es una reacción redox, identifica al elemento reducido, al elemento oxidado, al agente reductor y al agente oxidante.

a. $Cl_2(g) + 2NaBr(aq) \longrightarrow 2NaCl(aq) + Br_2(aq)$

b. $2NaOH(aq) + H_2SO_4(aq) \longrightarrow Na_2SO_4(aq) + 2H_2O(l)$

❶ Analizar   Identifica los conceptos relevantes.

Si se producen cambios en el número de oxidación, la reacción es una reacción redox. El elemento cuyo número de oxidación aumenta, se oxida y es el agente reductor. El elemento cuyo número de oxidación disminuye, se reduce y es el agente oxidante.

❷ Resolver   Aplica los conceptos a este problema.

| a. Asigna los números de oxidación. | 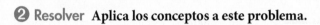 |
| Interpreta el cambio (o la falta de cambio) en los números de oxidación para identificar si la reacción es una reacción redox. | Esta es una reacción redox. El cloro se reduce. El ion bromuro se oxida. El cloro es el agente oxidante; el ion bromuro es el agente reductor. |

$$\overset{0}{Cl_2}(g) + 2\overset{+1 \; -1}{NaBr}(aq) \longrightarrow 2\overset{+1 \; -1}{NaCl}(aq) + \overset{0}{Br_2}(aq)$$

| b. Asigna los números de oxidación. |  |
| Interpreta el cambio (o la falta de cambio) en los números de oxidación para identificar si la reacción es una reacción redox. | Ninguno de los elementos cambia su número de oxidación. Esta no es una reacción redox. |

$$2\overset{+1 \; -2 \; +1}{NaOH}(aq) + \overset{+1 \; +6 \; -2}{H_2SO_4}(aq) \longrightarrow \overset{+1 \; +6 \; -2}{Na_2SO_4}(aq) + 2\overset{+1 \; -2}{H_2O}(l)$$

> Esta es una reacción ácido-base (neutralización).

21. Identifica cuál de las siguientes es una reacción redox. Si una reacción es una reacción redox, nombra el elemento oxidado y el elemento reducido.
a. $Mg(s) + Br_2(l) \longrightarrow MgBr_2(s)$
b. $H_2CO_3(aq) \longrightarrow H_2O(l) + CO_2(g)$

22. Identifica cuál de las siguientes reacciones es una reacción de oxidación-reducción. Si una reacción es una reacción redox, nombra el elemento que se oxida y el elemento que se reduce.
a. $CaCO_3(s) + 2HCl(aq) \longrightarrow CaCl_2(aq) + H_2O(l) + CO_2(g)$
b. $CuO(s) + H_2(g) \longrightarrow Cu(s) + H_2O(l)$

Balancear una ecuación redox

🔑 *¿Cuáles son dos métodos diferentes para balancear una ecuación redox?*

Muchas reacciones de oxidación-reducción son demasiado complejas para ser balanceadas por ensayo y error. Afortunadamente, hay dos métodos sistemáticos disponibles. 🔑 *Dos diferentes métodos para balancear ecuaciones redox son el método de cambio del número de oxidación y el método de semirreacción.* Estos dos métodos se basan en el hecho de que el número total de electrones ganados en la reducción debe ser igual al número total de electrones perdidos en la oxidación. Un método usa los cambios de los números de oxidación, y el otro usa semirreacciones.

Figura 20.14
Reducción de iones hierro
En un alto horno como éste, el aire se sopla a través de una combinación de mena de hierro y coque. El monóxido de carbono producido a partir de la oxidación de coque reduce los iones Fe^{3+} a hierro metálico.

Usar cambios en el número de oxidación Puedes usar los números de oxidación para hacer un seguimiento de las transferencias de electrones. En el **método de cambio del número de oxidación,** balanceas una ecuación redox mediante la comparación de los aumentos y disminuciones de los números de oxidación. Para usar este método, empieza con la ecuación esqueleto de la reacción redox. Por ejemplo, observa el proceso usado para obtener hierro metálico a partir de una mena de hierro en un alto horno, que se muestra en la Figura 20.14.

$$Fe_2O_3(s) + CO(g) \longrightarrow Fe(s) + CO_2(g) \text{ (no balanceada)}$$

Paso 1: Asigna los números de oxidación a todos los átomos de la ecuación. Escribe los números encima de los átomos.

$$\overset{+3\ -2}{Fe_2O_3}(s) + \overset{+2-2}{CO}(g) \longrightarrow \overset{0}{Fe}(s) + \overset{+4-2}{CO_2}(g)$$

El número de oxidación se indica por átomo. Por tanto, aunque la carga total positiva de iones Fe en Fe_2O_3 sea 6+, el número de oxidación de cada ion Fe es +3.

Paso 2: Identifica qué átomos se oxidan y cuáles se reducen. En esta reacción, el hierro disminuye en número de oxidación de +3 a 0, un cambio de −3. Por tanto, el hierro se reduce. El carbono aumenta en número de oxidación de +2 a +4, un cambio de +2. Por tanto, el carbono se oxida.

Paso 3: Usa una línea de corchete para conectar los átomos que experimentan oxidación y otra línea para conectar los que experimentan reducción. Escribe el cambio del número de oxidación en el punto medio de cada línea.

$$\overset{+3\ -2}{Fe_2O_3}(s) + \overset{+2-2}{CO}(g) \overset{\text{+2 (oxidación)}}{\longrightarrow} \overset{0}{Fe}(s) + \overset{+4-2}{CO_2}(g)$$
$$\underset{\text{−3 (reducción)}}{}$$

Recuerda que un cambio en el número de oxidación representa el número de electrones transferidos. Cada átomo de carbono en el CO pierde 2 electrones en la oxidación, y cada átomo de hierro en el Fe_2O_3 acepta 3 electrones en la reducción. A medida que la ecuación se escribe, el número de electrones transferidos en la oxidación no es igual al número de electrones transferidos en la reducción. El Paso 4 hará iguales los cambios en el número de oxidación.

Paso 4: Hacer que el aumento total del número de oxidación sea igual a la disminución total del número de oxidación mediante el uso de coeficientes apropiados. En este ejemplo, el aumento del número de oxidación debería multiplicarse por 3 y la disminución del número de oxidación debería multiplicarse por 2, lo que da un aumento de +6 y una disminución de −6. Esta igualdad se puede lograr en la ecuación colocando el coeficiente 2 antes de Fe en el lado derecho y el coeficiente 3 antes de CO y CO_2. La fórmula Fe_2O_3 no necesita un coeficiente porque la fórmula ya indica 2 Fe.

$$\overset{3 \times (+2) \cdot +6}{Fe_2O_3(s) + 3CO(g) \longrightarrow 2Fe(s) + 3CO_2(g)}$$
$$\underset{2 \times (-3) \cdot -6}{}$$

Paso 5: Por último, asegúrate que la ecuación está balanceada para átomos y carga. Si es necesario, termina de balancear la ecuación mediante inspección.

$$Fe_2O_3(s) + 3CO(g) \longrightarrow 2Fe(s) + 3CO_2(g)$$

Ejemplo de problema 20.6

Balancear ecuaciones redox mediante el cambio del número de oxidación

Balancea esta ecuación redox mediante el método de cambio del número de oxidación.

$$K_2Cr_2O_7(aq) + H_2O(l) + S(s) \longrightarrow KOH(aq) + Cr_2O_3(s) + SO_2(g)$$

❶ **Analizar** **Identifica los conceptos relevantes.** Puedes balancear ecuaciones redox al determinar los cambios en los números de oxidación y aplicar los cinco pasos.

❷ **Resolver** **Aplica los conceptos a este problema.**

Paso 1: Asigna los números de oxidación.	$\overset{+1+6-2}{K_2Cr_2O_7}(aq) + \overset{+1-2}{H_2O}(l) + \overset{0}{S}(s) \longrightarrow \overset{+1-2+1}{KOH}(aq) + \overset{+3-2}{Cr_2O_3}(s) + \overset{+4-2}{SO_2}(g)$
Paso 2: Identifica los átomos que están oxidados y reducidos.	Cr se reduce. S se oxida.
Paso 3: Conecta los átomos que cambian en número de oxidación. Indica los signos y magnitudes de los cambios.	$\overset{+6}{K_2Cr_2O_7}(aq) + H_2O(l) + \overset{0}{S}(s) \longrightarrow KOH(aq) + \overset{+3}{Cr_2O_3}(s) + \overset{+4}{SO_2}(g)$ (−3 ... ·4)
Paso 4: Balancea el aumento y la disminución de los números de oxidación.	$2\overset{+6}{K_2Cr_2O_7}(aq) + H_2O(l) + 3\overset{0}{S}(s) \longrightarrow KOH(aq) + 2\overset{+3}{Cr_2O_3}(s) + 3\overset{+4}{SO_2}(g)$ (4)(−3) = −12 ... (3)(+4) = +12

Cuatro átomos de cromo deben reducirse ($4 \times (-3) = -12$ de disminución) por cada tres átomos de azufre que se oxidan ($3 \times (+4) = +12$ de incremento). Coloca el coeficiente 3 antes de S y SO_2, y el coeficiente 2 antes de $K_2Cr_2O_7$ y Cr_2O_3.

Paso 5: Comprueba la ecuación y balancea por inspección si es necesario.	$2K_2Cr_2O_7(aq) + 2H_2O(l) + 3S(s) \longrightarrow 4KOH(aq) + 2Cr_2O_3(s) + 3SO_2(g)$

El coeficiente 4 antes de KOH balancea el potasio. El coeficiente 2 antes del H_2O balancea el hidrógeno y el oxígeno.

23. Balancea cada ecuación redox usando el método de cambio del número de oxidación.
   a. $KClO_3(s) \longrightarrow KCl(s) + O_2(g)$
   b. $HNO_2(aq) + HI(aq) \longrightarrow NO(g) + I_2(s) + H_2O(l)$

24. Balancea cada ecuación redox usando el método de cambio del número de oxidación.
   a. $Bi_2S_3(s) + HNO_3(aq) \longrightarrow Bi(NO_3)_3(aq) + NO(g) + S(s) + H_2O(l)$
   b. $SbCl_5(aq) + KI(aq) \longrightarrow SbCl_3(aq) + KCl(aq) + I_2(s)$

Figura 20.15
Dióxido de azufre
El dióxido de azufre se suele usar para conservar frutas secas.

Tabla 20.2

Números de oxidación del azufre en diferentes sustancias

Sustancia	Número de oxidación
H_2SO_4	+6
SO_3	+6
H_2SO_3	+4
SO_2	+4
$Na_2S_2O_3$	+2
SCl_2	+2
S_2Cl_2	+1
S	0
H_2S	−2

Usar semirreacciones El segundo método para equilibrar ecuaciones redox implica el uso de semirreacciones. Una **semirreacción** es una ecuación que muestra sólo la oxidación o sólo la reducción que tiene lugar en una reacción redox. En el **método de semirreacción,** escribes y balanceas las semirreacciones de oxidación y reducción por separado antes de combinarlas en una ecuación redox balanceada. El procedimiento es diferente, pero el resultado es el mismo que con el método de cambio del número de oxidación.

El azufre es un elemento que puede tener varios números de oxidación diferentes, como se puede ver en la Tabla 20.2. El dióxido de azufre se puede usar para conservar frutos secos como la fruta que se muestra en la Figura 20.15. La oxidación del azufre por ácido nítrico en solución acuosa es un ejemplo de una reacción redox que puede balancearse siguiendo los pasos del método de semirreacción, que se describe abajo.

$$S(s) + HNO_3(aq) \longrightarrow SO_2(g) + NO(g) + H_2O(l) \text{ (no balanceada)}$$

Paso 1: Escribe la ecuación balanceada en forma iónica. En este caso, sólo el HNO_3 está ionizado. Los productos son compuestos covalentes.

$$S(s) + H^+(aq) + NO_3^-(aq) \longrightarrow SO_2(g) + NO(g) + H_2O(l)$$

Paso 2: Escribe semirreacciones separadas para los procesos de oxidación y reducción. El azufre se oxida en esta reacción debido a que su número de oxidación aumenta de 0 a +4. El nitrógeno se reduce debido a que su número de oxidación disminuye de +5 a +2.

Semirreacción de oxidación:
$$\overset{0}{S}(s) \longrightarrow \overset{+4}{SO_2}(g)$$

Semirreacción de reducción:
$$\overset{+5}{NO_3^-}(aq) \longrightarrow \overset{+2}{NO}(g)$$

Observa que los iones H^+ y H_2O no se incluyen en las semirreacciones porque no están ni oxidados ni reducidos. Sin embargo, se usarán para balancear las semirreacciones.

Paso 3: Balancea los átomos en las semirreacciones.
a. Balancea la semirreacción de oxidación. El azufre ya está balanceado en la semirreacción, pero no el oxígeno. Esta reacción se lleva a cabo en una solución ácida, por lo que el H_2O y el $H^+(aq)$ están presentes y se pueden usar para balancear el oxígeno y el hidrógeno según sea necesario. Si la reacción se lleva a cabo en una solución básica, el H_2O y el OH^- se usan para balancear estas especies. Añade dos moléculas de H_2O a la izquierda para balancear el oxígeno en la semirreacción.

$$2H_2O(l) + S(s) \longrightarrow SO_2(g)$$

El oxígeno está ahora balanceado, pero se deben añadir cuatro iones hidrógeno ($4H^+$) a la derecha para balancear el hidrógeno en el lado izquierdo.

$$2H_2O(l) + S(s) \longrightarrow SO_2(g) + 4H^+(aq)$$

Esta semirreacción está balanceada en términos de átomos. Observa que no está balanceada en términos de cargas. Las cargas se balancean en el Paso 4.

b. Balancea la semirreacción de reducción. El nitrógeno ya está balanceado. Añade dos moléculas de H_2O a la derecha para balancear el oxígeno.

$$NO_3^-(aq) \longrightarrow NO(g) + 2H_2O(l)$$

El oxígeno está balanceado, pero se deben agregar cuatro iones hidrógeno ($4H^+$) a la izquierda para balancear el hidrógeno.

$$4H^+(aq) + NO_3^-(aq) \longrightarrow NO(g) + 2H_2O(l)$$

Esta semirreacción está balanceada en términos de átomos.

Paso 4: Añade suficientes electrones a un lado de cada semirreacción para balancear las cargas. Ten en cuenta que ninguna de las semirreacciones está balanceada para la carga. Se necesitan cuatro electrones en el lado derecho en la semirreacción de oxidación.

Oxidación: $2H_2O(l) + S(s) \longrightarrow SO_2(g) + 4H^+(aq) + 4e^-$

Se necesitan tres electrones en el lado izquierdo en la semirreacción de reducción.

Reducción: $4H^+(aq) + NO_3^-(aq) + 3e^- \longrightarrow NO(g) + 2H_2O(l)$

Cada semirreacción está ahora balanceada con respecto a átomos y carga.

El método de semirreacción es muy útil para balancear ecuaciones de reacciones que tienen lugar en soluciones ácidas o básicas.

Paso 5: Multiplica cada semirreacción por un número apropiado para hacer que el número de electrones sea igual en ambas. El número de electrones perdidos en la oxidación debe ser igual al número de electrones ganados en la reducción. En este caso, la semirreacción de oxidación se multiplica por 3 y la semirreacción de reducción se multiplica por 4. Por tanto, el número de electrones perdidos en la oxidación y el número de electrones ganados en la reducción es igual a 12.

Oxidación: $6H_2O(l) + 3S(s) \longrightarrow 3SO_2(g) + 12H^+(aq) + 12e^-$

Reducción: $16H^+(aq) + 4NO_3^-(aq) + 12e^- \longrightarrow 4NO(g) + 8H_2O(l)$

Paso 6: Añade las semirreacciones balanceadas para mostrar una ecuación general.

$$6H_2O(l) + 3S(s) + 16H^+(aq) + 4NO_3^-(aq) + 12e^- \longrightarrow$$
$$3SO_2(g) + 12H^+(aq) + 12e^- + 4NO(g) + 8H_2O(l)$$

Después, resta los términos que aparecen a ambos lados de la ecuación.

$$3S(s) + 4H^+(aq) + 4NO_3^-(aq) \longrightarrow 3SO_2(g) + 4NO(g) + 2H_2O(l)$$

Paso 7: Agrega los iones espectadores y balancea la ecuación. Recuerda que los iones espectadores están presentes, pero no participan o cambian, durante una reacción. Debido a que ninguno de los iones en los reactantes aparecen en los productos, no hay iones espectadores en este ejemplo en particular. La ecuación balanceada es correcta. Sin embargo, se puede escribir para mostrar el HNO_3 como no ionizado.

$$3S(s) + 4HNO_3(aq) \longrightarrow 3SO_2(g) + 4NO(g) + 2H_2O(l)$$

Ejemplo de problema 20.7

Balancear ecuaciones redox con semirreacciones

Balancea esta ecuación redox por el método de semirreacción.

$$KMnO_4(aq) + HCl(aq) \longrightarrow MnCl_2(aq) + Cl_2(g) + H_2O(l) + KCl(aq)$$

❶ Analizar Identifica los conceptos relevantes. Puedes usar los siete pasos del método de semirreacción.

❷ Resolver Aplica los conceptos a este problema.

Paso 1: Escribe la ecuación en forma iónica.

$$K^+(aq) + MnO_4{}^-(aq) + H^+(aq) + Cl^-(aq) \longrightarrow$$
$$Mn^{2+}(aq) + 2Cl^-(aq) + Cl_2(g) + H_2O(l) + K^+(aq) + Cl^-(aq)$$

Paso 2: Escribe las semirreacciones. Determina los procesos de oxidación y de reducción.

$$\overset{-1}{} \qquad \overset{0}{}$$

Semirreacción de oxidación: $\overset{-1}{Cl^-} \longrightarrow \overset{0}{Cl_2}$

Semirreacción de reducción: $\overset{+7}{MnO_4{}^-} \longrightarrow \overset{+2}{Mn^{2+}}$

Paso 3: Balancea los átomos en cada semirreacción. La solución es ácida; por tanto, usa H_2O y H^+ para balancear el oxígeno y el hidrógeno.

Oxidación: $2Cl^-(aq) \longrightarrow Cl_2(g)$ (átomos balanceados)

Reducción: $MnO_4{}^-(aq) + 8H^+(aq) \longrightarrow$
$$Mn^{2+}(aq) + 4H_2O(l) \quad \text{(átomos balanceados)}$$

Paso 4: Balancea las cargas añadiendo electrones.

Oxidación: $2Cl^-(aq) \longrightarrow Cl_2(g) + 2e^-$ (cargas balanceadas)

Reducción: $MnO_4{}^-(aq) + 8H^+(aq) + 5e^- \longrightarrow$
$$Mn^{2+}(aq) + 4H_2O(l) \quad \text{(cargas balanceadas)}$$

Paso 5: Iguala el número de electrones. Multiplica la semirreacción de oxidación por 5 y la semirreacción de reducción por 2.

Oxidación: $10Cl^-(aq) \longrightarrow 5Cl_2(g) + 10e^-$

Reducción: $2MnO_4{}^-(aq) + 16H^+(aq) + 10e^- \longrightarrow 2Mn^{2+}(aq) + 8H_2O(l)$

Paso 6: Suma las semirreacciones. Después, resta los términos que aparecen en ambos lados.

$$10Cl^-(aq) + 2MnO_4{}^-(aq) + 16H^+(aq) + 10e^- \longrightarrow$$
$$5Cl_2(g) + 10e^- + 2Mn^{2+}(aq) + 8H_2O(l)$$

Paso 7: Suma los iones espectadores, asegurándote de que las cargas y los átomos estén balanceados.

$$10Cl^- + 2MnO_4{}^- + 2K^+ + 16H^+ + 6Cl^- \longrightarrow$$
$$5Cl_2 + 2Mn^{2+} + 4Cl^- + 8H_2O + 2K^+ + 2Cl^-$$

| Combina el Cl⁻ espectador y no espectador de cada lado. | $16Cl^-(aq) + 2MnO_4^-(aq) + 2K^+(aq) + 16H^+(aq) \longrightarrow$ $5Cl_2(g) + 2Mn^{2+}(aq) + 6Cl^-(aq) + 8H_2O(l) + 2K^+(aq)$ |

| Muestra la ecuación balanceada de las sustancias dadas en la pregunta (no la de los iones). | $2KMnO_4(aq) + 16HCl(aq) \longrightarrow 2MnCl_2(aq) + 5Cl_2(g) + 8H_2O(l) + 2KCl(aq)$ |

25. La siguiente reacción tiene lugar en una solución ácida. Balancea la ecuación por el método de semirreacción.
$Sn^{2+}(aq) + Cr_2O_7^{2-}(aq) \longrightarrow Sn^{4+}(aq) + Cr^{3+}(aq)$

26. La siguiente reacción tiene lugar en una solución básica. Balancea la ecuación por el método de semirreacción.
$Zn(s) + NO_3^-(aq) \longrightarrow NH_3(aq) + Zn(OH)_4^{2-}(aq)$

> Para una solución básica, usa H_2O y OH^- en el Paso 3 para balancear los átomos.

  # 20.3 Comprobación de la lección

27. 🔑 **Identificar** ¿Cuáles son las dos clases de reacciones químicas?

28. 🔑 **Comparar** ¿Cuáles son dos métodos diferentes para balancear una ecuación redox?

29. **Calcular** Balancea cada ecuación redox, usando el método de cambio del número de oxidación.

a. $ClO_3^-(aq) + I^-(aq) \longrightarrow Cl^-(aq) + I_2(aq)$ [solución ácida]
b. $C_2O_4^{2-}(aq) + MnO_4^-(aq) \longrightarrow Mn^{2+}(aq) + CO_2(g)$ [solución ácida]
c. $Br_2(l) + SO_2(g) \longrightarrow Br^-(aq) + SO_4^{2-}(aq)$ [solución ácida]

30. **Calcular** Usa el método de semirreacción para escribir una ecuación iónica balanceada de cada reacción.

a. $Zn(s) + As_2O_3(aq) \longrightarrow AsH_3(aq) + Zn^{2+}(aq)$ [solución básica]
b. $NiO_2(s) + S_2O_3^{2-}(aq) \longrightarrow Ni(OH)_2(s) + SO_3^{2-}(aq)$ [solución básica]

31. **Identificar** Revisa las ecuaciones para la producción de sodio, bromo y yodo que se encuentran en las páginas R2 y R28 del Manual de Elementos. Identifica al agente oxidante y al agente reductor en cada reacción.

Colores de los minerales

El berilo puro es un mineral incoloro sin pretensiones. Pero cuando las impurezas causadas por pequeñas cantidades de ciertos elementos están presentes en el cristal, el berilo se transforma en esmeraldas verde brillante, aguamarinas azul claro, morganitas rosa claro, heliodoros dorados y berilos rojos con tonos rubí.

Los metales de transición, como el hierro, el cromo y el manganeso, son las causas más comunes del color en los minerales. El tipo, la cantidad y el número de oxidación del metal de transición, así como el compuesto que forma, determinan el color. La mayoría de los metales de transición tienen dos o más números de oxidación, cada uno de los cuales puede ser responsable de un color diferente en un mineral. Por ejemplo, el Fe^{2+} le da al aguamarina su color azul, mientras que el Fe^{3+} hace a los heliodoros amarillos. El Mn^{2+} es responsable de la tonalidad rosada de la morganita y el Mn^{3+} le da un tono rojo al berilo.

El cambio del estado de oxidación de la impureza puede cambiar el color del mineral. El calentamiento de un berilo amarillo, por ejemplo, convierte al Fe^{3+} en la piedra en Fe^{2+}, lo que pone azul al berilo. Y el calentamiento de una amatista púrpura (cuarzo coloreado por Fe^{3+}) produce citrina amarillo-marrón (Fe^{2+}).

AÑADIR COLOR A LAS JOYAS

Los elementos de transición son los responsables de crear berilos de diferente color.

UN ESTADO, DIFERENTES COLORES

El cromo(III) produce rubíes rojos y esmeraldas verdes porque forma diferentes compuestos en el mineral base.

EXCAVANDO EN EL SUELO

El berilo se obtiene a través de la minería. En esta mina en Madagascar, los trabajadores excavan a mano para buscar berilo.

Un paso más allá

1. Identificar Determina el número de oxidación de cada uno de los siguientes iones de metales de transición: Fe^{2+}, Fe^{3+}, Mn^{2+}, Mn^{3+}.

2. Aplicar conceptos Cuando la amatista se calienta para producir citrina, ¿se oxida o se reduce el hierro en el mineral? Explica tu respuesta.

Laboratorio a escala

Semirreacciones

Propósito

Observar reacciones redox y escribir semirreacciones que las describan

Materiales

- regla
- superficie de reacción
- químicos enumerados en la cuadrícula

Procedimiento

1. En hojas de papel separadas, dibuja dos cuadrículas iguales a la de abajo.

	HCl	HNO₃	H₂SO₄
Zn			
Mg			
Cu			
Fe			

2. Haz cada cuadrado de 2 cm de lado. Coloca una superficie de reacción sobre una de las cuadrículas y añade una gota de cada solución ácida a un pedazo de cada metal, como se muestra arriba. Usa la segunda cuadrícula como tabla de datos para anotar tus observaciones de cada solución.

Analizar

Usando los datos, responde las siguientes preguntas.

1. Explicar ¿Qué metal es el más reactivo? ¿Cómo lo sabes? ¿Qué metal no reaccionó con ninguno de los ácidos?

2. Inferir Haz una lista de los metales en orden decreciente de reactividad.

3. Inferir ¿Cuál es la fórmula química del gas producido en cada reacción?

4. Calcular Un metal activo reacciona con un ácido para producir gas hidrógeno y una sal. Escribe ecuaciones químicas y ecuaciones iónicas netas para describir las reacciones que observaste. ¿Son todas estas reacciones redox? Explica.

5. Calcular La semirreacción de la oxidación del zinc se muestra a continuación.

$$Zn(s) \longrightarrow Zn^{2+}(aq) + 2e^-$$

Escribe la semirreacción de oxidación para los otros metales que reaccionan.

6. Calcular La semirreacción de la reducción del hidrógeno a partir del ácido se muestra a continuación.

$$2H^+ + 2e^- \longrightarrow H_2(g)$$

Observa que esta semirreacción es igual para todos los ácidos. Demuestra cómo la adición de esta semirreacción a cada una de las semirreacciones de oxidación da como resultado ecuaciones iónicas generales netas.

Tú eres el químico

Las siguientes actividades a escala te permiten desarrollar tus propios procedimientos y analizar los resultados.

1. Analizar datos Las monedas de 1¢ acuñadas después de 1982 son de zinc con una capa delgada de cobre. Usa un centavo que haya sido dañado de manera que una parte del zinc se vea para comparar la reactividad del zinc y del cobre con diversos ácidos.

2. Diseñar un experimento Muchos productos de uso doméstico, como los limpiadores de inodoros y el vinagre, contienen ácidos. Diseña y lleva a cabo experimentos para saber si estos productos también reaccionan con los metales.

20 Guía de estudio

GRANIDEA REACCIONES

Las reacciones de oxidación-reducción siempre ocurren simultáneamente en las reacciones redox. La pérdida de electrones es oxidación. La ganancia de electrones es reducción. Si el oxígeno está involucrado en la reacción, entonces la sustancia que gana oxígeno se oxida, mientras que la sustancia que pierde oxígeno se reduce. La especie que se reduce es el agente oxidante, mientras que la especie oxidada es el agente reductor. Las reacciones redox se identifican por los cambios en el número de oxidación. Las ecuaciones redox se pueden balancear mediante dos métodos, el método de cambio del número de oxidación y balanceando las semirreacciones de oxidación y reducción.

20.1 Significado de oxidación y reducción

🔑 Una sustancia que experimenta una oxidación gana oxígeno o pierde electrones, mientras que una sustancia que experimenta una reducción pierde oxígeno o gana electrones.

🔑 La presencia de sales y ácidos acelera la corrosión mediante la producción de soluciones conductoras que facilitan la transferencia de electrones.

- reacción de oxidación-reducción (693)
- oxidación (694)
- reducción (694)
- agente reductor (695)
- agente oxidante (695)

20.2 Números de oxidación

🔑 Como regla general, el número de oxidación de un átomo de enlace es la carga que tendría si los electrones del enlace fueran asignados al átomo del elemento más electronegativo.

🔑 Un aumento en el número de oxidación de un átomo o ion indica oxidación. Una disminución en el número de oxidación de un átomo o ion indica reducción.

- número de oxidación (701)

20.3 Describir ecuaciones redox

🔑 Una clase de reacciones químicas son las reacciones de oxidación-reducción (redox), en las que los electrones se transfieren de una especie en reacción a otra. La otra clase incluye todas las demás reacciones, en las que no hay transferencia de electrones.

🔑 Para balancear una ecuación redox usando el método de cambio del número de oxidación, el aumento total del número de oxidación de la especie oxidada se debe balancear con la disminución total del número de oxidación de la especie reducida.

🔑 Para balancear una reacción redox usando semirreacciones, escribe semirreacciones separadas para la oxidación y la reducción. Después de balancear átomos en cada semirreacción, balancea los electrones ganados en la reducción con los electrones perdidos en la oxidación.

- método de cambio del número de oxidación (710)
- semirreacción (712)
- método de semirreacción (712)

Afinación de destrezas: Reacciones redox

Usa los cambios en el número de oxidación para identificar qué átomos se oxidan y cuáles se reducen en cada reacción.

$2ZnS(s) + 3O_2(g) \longrightarrow$
$\qquad\qquad 2ZnO(s) + 2SO_2(g)$

La siguiente reacción tiene lugar en una solución básica. Usa el método de semirreacción para escribir una ecuación iónica balanceada.

$MnO_4^-(aq) + I^-(aq) \longrightarrow MnO_2(s) + I_2(s)$

---

❶ Analizar

Asigna un número de oxidación a cada átomo a ambos lados de la ecuación. Una disminución del número de oxidación indica una reducción. Un aumento del número de oxidación indica una oxidación.

Sigue los pasos del método de semirreacción para balancear la ecuación. Escribe semirreacciones separadas de la oxidación y la reducción. Después de balancear los átomos de cada semirreacción, balancea los electrones ganados en la reducción con los electrones perdidos en la oxidación.

---

❷ Resolver

Usa las reglas para asignar números de oxidación para identificar el número de oxidación de cada átomo.

$$2\overset{+2\ -2}{ZnS}(s) + 3\overset{0}{O_2}(g) \longrightarrow$$
$$2\overset{+2\ -2}{ZnO}(s) + 2\overset{+4-2}{SO_2}(g)$$

El número de oxidación del azufre aumenta de +2 a +4; por tanto, el azufre se oxida.

El número de oxidación del oxígeno disminuye de 0 a –2; por tanto, el oxígeno se reduce.

> Recuerda que la suma de los números de oxidación de los átomos en un compuesto neutro debe ser igual a cero.

Realiza los pasos siguientes.

Paso 1:
$MnO_4^-(aq) + I^-(aq) \longrightarrow MnO_2(s) + I_2(s)$

Paso 2:
Semirreacción de oxidación: $I^-(aq) \longrightarrow I_2(s)$
Semirreacción de reducción: $MnO_4^-(aq) \longrightarrow MnO_2(s)$

> Pista: Primero, balancea la ecuación como si fuera una solución ácida, usando iones H^+ y H_2O. Después, agrega tantos iones OH^- a cada lado de la ecuación como iones H^+ hay en un lado.

Paso 3:
Balancea la semirreacción de oxidación.
$I^-(aq) \longrightarrow I_2(s)$
$2I^-(aq) \longrightarrow I_2(s)$

Balancea la semirreacción de reducción.
$MnO_4^-(aq) \longrightarrow MnO_2(s) + 2H_2O$
$4H^+ + MnO_4^-(aq) \longrightarrow MnO_2(s) + 2H_2O$
$4OH^- + 4H^+ + MnO_4^-(aq) \longrightarrow MnO_2(s) + 2H_2O + 4OH^-$
$4H_2O + MnO_4^-(aq) \longrightarrow MnO_2(s) + 2H_2O + 4OH^-$
$2H_2O + MnO_4^-(aq) \longrightarrow MnO_2(s) + 4OH^-$

Paso 4:
Oxidación: $2I^-(aq) \longrightarrow I_2(s) + 2e^-$
Reducción: $3e^- + 2H_2O + MnO_4^-(aq) \longrightarrow MnO_2(s) + 4OH^-$

Paso 5:
Oxidación: $6I^-(aq) \longrightarrow 3I_2(s) + 6e^-$
Reducción: $6e^- + 4H_2O + 2MnO_4^-(aq) \longrightarrow 2MnO_2(s) + 8OH^-$

Paso 6:
$6I^-(aq) + \cancel{6e^-} + 4H_2O + 2MnO_4^-(aq) \longrightarrow$
$\qquad\qquad 3I_2(s) + \cancel{6e^-} + 2MnO_2(s) + 8OH^-$
$6I^-(aq) + 4H_2O + 2MnO_4^-(aq) \longrightarrow 3I_2(s) + 2MnO_2(s) + 8OH^-$

Lección por lección

20.1 Significado de oxidación y reducción

32. ¿Qué proceso químico debe siempre acompañar a un proceso de reducción?

33. ¿Qué le sucede a un agente oxidante durante una reacción redox?

⋆**34.** Balancea cada ecuación redox e identifica si la primera sustancia en cada ecuación se oxidó o redujo.

 a. $Ba(s) + O_2(g) \longrightarrow BaO(s)$
 b. $CuO(s) + H_2(g) \longrightarrow Cu(s) + H_2O(l)$
 c. $C_2H_4(g) + O_2(g) \longrightarrow CO_2(g) + H_2O(l)$
 d. $CaO(s) + Al(s) \longrightarrow Al_2O_3(s) + Ca(s)$

35. Identifica cada proceso como oxidación o como reducción.

 a. $Al \longrightarrow Al^{3+} + 3e^-$
 b. $2Cl^- \longrightarrow Cl_2 + 2e^-$
 c. $S^{2-} \longrightarrow S + 2e^-$
 d. $Sr \longrightarrow Sr^{2+} + 2e^-$

⋆**36.** ¿Cuáles de los siguientes son muy probablemente agentes oxidantes y cuáles son muy probablemente agentes reductores? (*Pista:* Piensa en términos de la tendencia a perder o ganar electrones).

 a. Cl_2
 b. K
 c. Ag^+
 d. Zn^{2+}

⋆ **37.** Consulta los valores de electronegatividad en la Tabla 6.2 para determinar qué reactante se oxida y qué reactante se reduce en cada reacción.

 a. $H_2(g) + S(s) \longrightarrow H_2S(g)$
 b. $N_2(g) + 3H_2(g) \longrightarrow 2NH_3(g)$
 c. $S(s) + O_2(g) \longrightarrow SO_2(g)$
 d. $2H_2(g) + O_2(g) \longrightarrow 2H_2O(l)$

38. Identifica al agente oxidante y al agente reductor en cada una de las reacciones del Problema 37.

20.2 Números de oxidación

39. En tus propias palabras, ¿qué es un número de oxidación?

40. ¿Cuál de estos enunciados es falso?

 a. El número de oxidación de un elemento no combinado es cero.
 b. La suma de los números de oxidación de los átomos de un ion poliatómico debe ser igual a la carga del ion.
 c. Cada elemento tiene un único número de oxidación.
 d. El número de oxidación del oxígeno en un compuesto o ion poliatómico casi siempre es -2.

41. Determina el número de oxidación de cada átomo de metal.

 a. Ca^{2+} **c.** Na_2CrO_4 **e.** MnO_4^-
 b. Al_2S_3 **d.** V_2O_5

⋆**42.** Asigna los números de oxidación a los átomos en los siguientes iones:

 a. OH^- **c.** IO_3^- **e.** HSO_4^-
 b. PO_4^{3-} **d.** $H_2PO_4^-$

20.3 Describir ecuaciones redox

43. Usa los cambios en los números de oxidación para identificar los átomos que se oxidan y los que se reducen en cada reacción.

 a. $Al(s) + MnO_2(s) \longrightarrow Al_2O_3(s) + Mn(s)$
 b. $K(s) + H_2O(l) \longrightarrow KOH(aq) + H_2(g)$
 c. $HgO(s) \longrightarrow Hg(l) + O_2(g)$
 d. $P_4(s) + O_2(g) \longrightarrow P_4O_{10}(s)$

⋆**44.** Balancea cada ecuación redox.

 a. $Al(s) + Cl_2(g) \longrightarrow AlCl_3(s)$
 b. $Al(s) + Fe_2O_3(s) \longrightarrow Al_2O_3(s) + Fe(s)$
 c. $Cl_2(g) + KOH(aq) \longrightarrow$
   $\qquad KClO_3(aq) + KCl(aq) + H_2O(l)$
 d. $HNO_3(aq) + H_2S(g) \longrightarrow$
   $\qquad S(s) + NO(g) + H_2O(l)$
 e. $KIO_4(aq) + KI(aq) + HCl(aq) \longrightarrow$
   $\qquad KCl(aq) + I_2(s) + H_2O(l)$

⋆**45.** Identifica cuáles de estas ecuaciones balanceadas representan reacciones redox.

 a. $Li(s) + H_2O(l) \longrightarrow LiOH(aq) + H_2(g)$
 b. $K_2Cr_2O_7(aq) + HCl(aq) \longrightarrow$
   $\qquad KCl(aq) + CrCl_3(aq) + H_2O(l) + Cl_2(g)$
 c. $Al(s) + HCl(aq) \longrightarrow AlCl_3(aq) + H_2(g)$
 d. $Cl_2(g) + H_2O(l) \longrightarrow HCl(aq) + HClO(aq)$
 e. $I_2O_5(s) + CO(g) \longrightarrow I_2(s) + CO_2(g)$
 f. $H_2O(l) + SO_3(g) \longrightarrow H_2SO_4(aq)$

46. Usa el método de semirreacción para escribir una ecuación iónica balanceada para cada reacción. Todas ocurren en soluciones ácidas.

a. $CuS(s) + NO_3^-(aq) \longrightarrow$
$$Cu(NO_3)_2(aq) + NO_2(g) + SO_2(g)$$

b. $I^-(aq) + NO_3^-(aq) \longrightarrow I_2(s) + NO(g)$

47. Usa el método de semirreacción para escribir una ecuación iónica balanceada para cada reacción. Todas ocurren en soluciones básicas.

a. $MnO_4^-(aq) + ClO_2^-(aq) \longrightarrow$
$$MnO_2(s) + ClO_4^-(aq)$$

b. $Cr^{3+}(aq) + ClO^-(aq) \longrightarrow$
$$CrO_4^{2-}(aq) + Cl^-(aq)$$

c. $Mn^{3+}(aq) + I^-(aq) \longrightarrow$
$$Mn^{2+}(aq) + IO_3^-(aq)$$

Entender conceptos

48. Balancea las ecuaciones del Problema 43 mediante un método apropiado.

49. Balancea las ecuaciones del Problema 45 mediante un método apropiado.

50. Determina el número de oxidación del fósforo en cada sustancia.

a. P_4O_8 **d.** P_4O_6

b. PO_4^{3-} **e.** $H_2PO_4^-$

c. P_2O_5 **f.** PO_3^{3-}

51. ¿Cuál es el número de oxidación del cromo en cada uno de estos compuestos?

a. K_2CrO_4 **b.** Cr_2O_3

52. Identifica el elemento oxidado, el elemento reducido, el agente oxidante y el agente reductor en cada ecuación redox no balanceada.

a. $MnO_2(s) + HCl(aq) \longrightarrow$
$$MnCl_2(aq) + Cl_2(g) + H_2O(l)$$

b. $Cu(s) + HNO_3(aq) \longrightarrow$
$$Cu(NO_3)_2(aq) + NO_2(g) + H_2O(l)$$

c. $P(s) + HNO_3(aq) + H_2O(l) \longrightarrow$
$$NO(g) + H_3PO_4(aq)$$

d. $Bi(OH)_3(s) + Na_2SnO_2(aq) \longrightarrow$
$$Bi(s) + Na_2SnO_3(aq) + H_2O(l)$$

53. Balancea cada ecuación redox del Problema 52 mediante el método del cambio del número de oxidación.

54. Se usa un dispositivo para la medición del contenido de alcohol para probar el aliento de una persona y detectar el alcohol etanol, C_2H_5OH. En esta prueba, el etanol reacciona con una solución ácida anaranjada de iones dicromato para formar iones cromo(III) verdes.

$$Cr_2O_7^{2-}(aq) + C_2H_5OH(aq) \longrightarrow$$
$$Cr^{3+}(aq) + CO_2(g)$$

La cantidad de cambio de color es proporcional a la cantidad de etanol en la respiración exhalada.

a. Balancea esta ecuación mediante el método de semirreacción.

b. ¿Son los iones dicromato un agente oxidante o un agente reductor?

55. El elemento metálico tungsteno, que se usa como filamento en las bombillas incandescentes, se obtiene al calentar óxido de tungsteno(VI) con hidrógeno.

$$WO_3(s) + H_2(g) \longrightarrow W(s) + H_2O(g)$$

a. Balancea la ecuación.

b. ¿Cuál es el agente reductor en esta reacción?

c. ¿Qué elemento experimenta un aumento del número de oxidación?

56. La plata se mancha cuando reacciona con el sulfuro de hidrógeno del aire.

$$Ag(s) + H_2S(g) \longrightarrow Ag_2S(s) + H_2(g)$$

a. ¿Se oxida o se reduce la plata en esta reacción?

b. Identifica al agente oxidante y al agente reductor.

c. Balancea la ecuación.

57. La siguiente ecuación representa una reacción de oxidación-reducción que usa oxígeno. Muestra cómo esta reacción también se puede definir como una reacción de oxidación-reducción en términos de transferencia de electrones.

$$Pb(s) + O_2(g) \longrightarrow PbO(s)$$

58. ¿Representa cada una de las siguientes ecuaciones una reacción redox? Explica cómo lo sabes.

a. $Bi_2O_3(s) + 3C(s) \longrightarrow 2Bi(s) + 3CO(g)$

b. $Cr_2O_3(s) + 3H_2S(g) \longrightarrow Cr_2S_3(s) + 3H_2O(l)$

c. $BCl_3(g) + 3H_2O(l) \longrightarrow H_3BO_3(s) + 3HCl(g)$

59. Escribe ecuaciones químicas para las siguientes reacciones redox. Balancea cada ecuación usando el método de cambio del número de oxidación.

    a. El clorato de bario sólido se descompone cuando se calienta y produce cloruro de bario sólido y oxígeno gaseoso.

    b. El sulfuro de plomo(II) sólido reacciona con el oxígeno gaseoso para producir óxido de plomo(II) sólido y dióxido de azufre gaseoso.

60. La siguiente ecuación no balanceada representa una reacción que puede ocurrir cuando el tetróxido de dinitrógeno, N_2O_4, se combina con hidracina, N_2H_4.

$$N_2O_4(l) + N_2H_4(l) \longrightarrow N_2(g) + H_2O(g)$$

Balancea la ecuación y describe con palabras la transferencia de electrones que tiene lugar.

61. Examina la siguiente ecuación redox hipotética.

$$2X + 3H_2Y \longrightarrow X_2Y_3 + 3H_2$$

    a. ¿Cuál es el número de oxidación del elemento X a cada lado de la ecuación?

    b. ¿Cuál es el número de oxidación del elemento Y a cada lado de la ecuación?

    c. ¿Qué se oxida en esta ecuación?

    d. ¿Qué se reduce en esta ecuación?

Piensa de manera crítica

62. Explicar ¿Por qué es necesario que el número de electrones perdidos sea igual al número de electrones ganados en todas las reacciones redox.

63. Explicar El número de oxidación más alto posible que presenta el cloro en cualquier compuesto es +7, mientras que su número de oxidación más negativo es −1. Escribe la configuración electrónica del cloro y explica por qué son éstos los números de oxidación limitantes del cloro.

64. Explicar ¿Por qué un átomo de sodio es un agente reductor, pero un ion sodio no lo es?

65. Explicar Muchas reacciones de descomposición, de sustitución sencilla, de combinación y de combustión también son reacciones redox. ¿Por qué una reacción de sustitución doble nunca es una reacción redox?

66. Hacer generalizaciones ¿Por qué todas las reacciones redox deben tener un agente reductor y un agente oxidante?

67. Inferir La humanidad comenzó a hacer y usar herramientas de hierro hace más de 3000 años, pero pocos artefactos de hierro antiguos han sobrevivido. Explica.

68. Identificar ¿Qué sustancia en cada par es más probable que sea un agente oxidante?

    a. S^{2-} o SO_4^{2-}

    b. H_2O o H_2O_2

    c. NO_2^- o NO_3^-

    d. $Cr_2O_7^{2-}$ o Cr^{3+}

    e. H_2 o H_2O

69. Identificar ¿Cuál es más probable que sea un agente reductor fuerte: un metal del Grupo 1A o un no metal del Grupo 7A? Explica.

70. Predecir Predice el(los) producto(s) y escribe la ecuación balanceada para cada una de estas reacciones redox. Identifica al agente oxidante en cada reacción.

    a. rubidio + yodo $\longrightarrow$

    b. bario + agua $\longrightarrow$

    c. aluminio + sulfato de hierro(II) $\longrightarrow$

    d. buteno (C_4H_8) + oxígeno $\longrightarrow$

    e. zinc + ácido bromhídrico $\longrightarrow$

    f. magnesio + bromo $\longrightarrow$

71. Explicar La electronegatividad del renio, Re, es 1.9, y la electronegatividad del selenio es 2.4. Si el renio reaccionara con selenio para formar un compuesto, ¿qué elemento se oxidaría y qué elemento se reduciría? Explica.

72. Explicar ¿Cuál de los siguientes iones es más probable que sea un agente oxidante? Explica tu elección.

$$MnO_4^-, MnO_4^{2-}, Mn^{+2}$$

Enriquecimiento

73. Calcular ¿Cuántos gramos de cobre se necesitan para reducir totalmente los iones plata en 85.0 ml de una solución de $0.150M$ de $AgNO_3(aq)$?

74. Calcular ¿Cuántos mililitros de una solución de $0.280M$ de $K_2Cr_2O_7(aq)$ son necesarios para oxidar 1.40 g de azufre? Primero, balancea la ecuación.

$$K_2Cr_2O_7(aq) + H_2O(l) + S(s) \longrightarrow$$
$$SO_2(g) + KOH(aq) + Cr_2O_3(s)$$

75. Calcular El monóxido de carbono puede ser eliminado del aire al pasarlo por pentóxido de diyodo sólido.

$$CO(g) + I_2O_5(s) \longrightarrow I_2(s) + CO_2(g)$$

a. Balancea la ecuación.

b. Identifica el elemento que se oxida y el elemento que se reduce.

c. ¿Cuántos gramos de monóxido de carbono pueden ser eliminados del aire por 0.55 g de pentóxido de diyodo (I_2O_5)?

76. Calcular ¿Cuál es el número de oxidación del nitrógeno en cada una de estas especies?

a. HNO_3 **c.** N_2O_3 **e.** N_2O **g.** NO

b. NH_3 **d.** NO_2^- **f.** NH_4Cl **h.** NO_2

77. Calcular Los elementos flúor y oxígeno pueden reaccionar para formar monóxido de flúor, F_2O. Escribe la ecuación química balanceada para esta reacción. Comprueba los valores de electronegatividad y luego identifica los elementos oxidados y reducidos.

78. Explicar El número de oxidación del nitrógeno puede variar desde un mínimo de -3 a un máximo de $+5$. Usa esta información para explicar por qué el ion nitruro, N^{3-}, sólo puede actuar como un agente reductor, y por qué el ion nitrato, NO_3^-, sólo puede actuar como un agente oxidante.

79. Calcular Las reacciones de oxidación-reducción son la base del análisis químico por valoración química. El permanganato de potasio, un buen agente oxidante, a veces se usa como reactivo de valoración química porque experimenta un cambio de color cuando se reduce.

$$\underset{\text{(púrpura)}}{MnO_4^-(aq)} \longrightarrow \underset{\text{(incoloro)}}{Mn^{2+}(aq)}$$

Escribe una ecuación redox balanceada para la oxidación del ion estannoso a ion estánnico en una solución ácida usando permanganato como agente oxidante.

★80. Describir Hay un número de aniones que se usan comúnmente como agentes oxidantes y reductores en el laboratorio. Balancea cada una de estas semirreacciones. Identifica cada uno de los aniones como agente oxidante o reductor.

a. $Cr_2O_7^{2-}(aq) \rightarrow Cr^{3+}(aq)$ [solución ácida]

b. $S_2O_3^{2-}(aq) \rightarrow SO_4^{2-}(aq)$ [solución ácida]

c. $CrO_4^{2-}(aq) \rightarrow Cr(OH)_3(aq)$ [solución básica]

d. $MnO_4^-(aq) \rightarrow Mn^{2+}(aq)$ [solución ácida]

e. $C_2O_4^{2-}(aq) \rightarrow CO_2(g)$ [solución ácida]

f. $MnO_4^-(aq) \rightarrow MnO_2(s)$ [solución básica]

81. Calcular Combina cada uno de los siguientes pares de semirreacciones para formar una ecuación redox completa y balanceada.

a. $Hg^{2+} + 2e^- \longrightarrow Hg$
$Al \longrightarrow Al^{3+} + 3e^-$

b. $MnO_2 + 4H^+ + 2e^- \longrightarrow Mn^{2+} + 2H_2O$
$Fe \longrightarrow Fe^{2+} + 2e^-$

c. $Fe^{3+} + e^- \longrightarrow Fe^{2+}$
$Cd \longrightarrow Cd^{2+} + 2e^-$

Escribe acerca de la ciencia

82. Explicar La plata recuperada de naufragios puede estar oxidada con una capa negra. Investiga y escribe un informe acerca de cómo se le quita la capa de óxido a los objetos de plata.

83. Conexión con la GRANIDEA Escribe un párrafo sobre cinco ejemplos de la vida real de reacciones de oxidación-reducción.

MISTERIOQUÍMICO

Tesoro oxidado

Las monedas de oro y plata recuperadas de los mismos galeones españoles hundidos fueron expuestas a los mismos elementos del mar. Sin embargo, las monedas de plata se corroen más rápidamente que las monedas de oro porque la plata se oxida más fácilmente que el oro. Las reacciones de oxidación hacen que las monedas de plata se corroan, y finalmente hacen que la superficie de las mismas se ponga negra y quebradiza. Puesto que el oro no se oxida tan fácilmente, las monedas de oro conservan su color dorado y no muestran tantos signos de oxidación.

84. Inferir Supón que hay dos tipos de monedas, una hecha de magnesio y una de hierro. ¿Qué moneda esperarías que se manchara más rápido si ambas estuvieran expuestas a las mismas condiciones?

85. Conexión con la GRANIDEA ¿Por qué sería útil para los constructores de barcos conocer acerca de reacciones redox?

*86. La combustión completa de los hidrocarburos implica la oxidación de los átomos de carbono e hidrógeno por el oxígeno. En la siguiente tabla se presentan los moles de O_2 usados y los moles de CO_2 y H_2O producidos, cuando se queman una serie de hidrocarburos llamados alcanos.

Alcano quemado	O_2 usado (mol)	CO_2 producido (mol)	H_2O producido (mol)
CH_4	2	1	2
C_2H_6	3.5	2	3
C_3H_8	5	3	4
C_4H_{10}	a. _____	d. _____	g. _____
C_5H_{12}	b. _____	e. _____	h. _____
C_6H_{14}	c. _____	f. _____	i. _____

a. Completa la tabla.

b. Con base en los datos, escribe una ecuación generalizada y balanceada para la oxidación completa de cualquier alcano. Usa el siguiente esquema y escribe los coeficientes en términos de x y y:

$$C_xH_y + \underline{\quad} O_2 \longrightarrow \underline{\quad} CO_2 + \underline{\quad} H_2O$$

87. Nombra un cambio de estado que no implique un líquido.

*88. Un cilindro de gas tiene un volumen de 6.8 L y se llena con 13.8 g de N_2. Calcula la presión de N_2 a 25 °C.

89. Una pintura en particular debe ser agitada antes de usarla. ¿Es la pintura agitada una solución o una suspensión? Explica.

90. ¿Cuáles de estas son no electrolitos?

a. $S(s)$ **c.** $SiO_2(s)$
b. $NH_4Cl(aq)$ **d.** $F_2(g)$

*91. ¿Cómo prepararías 440 ml de una solución de HCl de 1.5 M a partir de una solución estándar de HCl de 6.0 M?

92. Un mol de LiF y de $Ca(NO_3)_2$ se disuelven, cada uno, en 1.0 L de agua. ¿Qué solución tiene el punto de ebullición más alto? Explica.

93. ¿Cuál es la molaridad de la solución preparada disolviendo 46.4 g de H_3PO_4 en agua suficiente para hacer 1.25 L de la solución?

*94. El K_{ps} del bromuro de plomo(II) ($PbBr_2$) a 25 °C es 2.1×10^{-6}. ¿Cuál es la solubilidad del $PbBr_2$ (en mol/L) a esta temperatura?

95. Se lleva a cabo una reacción completa. ¿Es el valor de K grande o pequeño?

96. Las etiquetas de unas botellas que contienen $0.1M$ de soluciones de Na_2SO_4, $BaCl_2$ y NaCl han sido cambiadas accidentalmente. Para descubrir qué botella contiene NaCl, colocas una solución saturada clara de $BaSO_4$ ($K_{ps} = 1.1 \times 10^{-10}$) en tres tubos de ensayo. A cada tubo de ensayo le añades unas gotas de cada solución con las etiquetas erróneas. Los resultados se muestran a continuación. ¿A qué tubo se añadió NaCl? Explica.

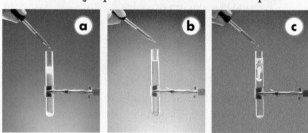

97. ¿Cuál es la concentración de iones hidrógeno de soluciones con el siguiente pH?

a. 2.00   **b.** 11.00   **c.** 8.80

98. ¿Cuántos mililitros de una solución de KOH de $4.00M$ son necesarios para neutralizar 45.0 mL de una solución de H_2SO_4 $2.50M$?

99. Identifica los pares conjugados ácido-base en cada ecuación.

a. $NH_4^+(aq) + H_2O(l) \longrightarrow$
$$NH_3(aq) + H_3O^+(aq)$$
b. $H_2SO_3(aq) + NH_2^-(aq) \longrightarrow$
$$HSO_3^-(aq) + NH_3(aq)$$
c. $HNO_3(aq) + I^-(aq) \longrightarrow$
$$HI(aq) + NO_3^-(aq)$$

*100. Calcula el pH de las soluciones con las siguientes concentraciones de iones hidrógeno o concentraciones de hidróxido. Clasifica cada una como ácida, básica o neutra.

a. $[H^+] = 0.000\ 010M$
b. $[OH^-] = 1.0 \times 10^{-4}M$
c. $[OH^-] = 1.0 \times 10^{-1}M$
d. $[H^+] = 3.0 \times 10^{-7}M$

Si tienes problemas con . . .

Pregunta	86	87	88	89	90	91	92	93	94	95	96	97	98	99	100
Ver el capítulo	12	13	14	15	15	16	16	16	18	18	19	19	19	19	19

Preparación para los exámenes estandarizados

Escoge la opción que responda mejor cada pregunta o que complete el enunciado.

1. ¿Cuál de estos procesos no es una oxidación?
   (A) una disminución del número de oxidación
   (B) una pérdida completa de electrones
   (C) una ganancia de oxígeno
   (D) una pérdida de hidrógeno por una molécula covalente

2. ¿En cuál de estos pares de iones y compuestos que contienen nitrógeno es el número de oxidación del nitrógeno en el ion más alto que en el compuesto de nitrógeno?
   - I. N_2H_4 y NH_4^+
   - II. NO_3^- y N_2O_4
   - III. N_2O y NO_2^-

   (A) sólo I   (D) sólo II y III
   (B) sólo I y II   (E) I, II y III
   (C) I y III

3. Identifica los elementos oxidados y reducidos en esta reacción.
   $$2ClO^- + H_2 + 2e^- \longrightarrow 2Cl^- + 2OH^-$$
   (A) Cl se oxida; H se reduce
   (B) H se oxida; Cl se reduce
   (C) Cl se oxida; O se reduce
   (D) O se oxida; Cl se reduce

4. ¿Cuál de estas semirreacciones representa una reducción?
   - I. $Fe^{2+} \longrightarrow Fe^{3+}$
   - II. $Cr_2O_7^{2-} \longrightarrow Cr^{3+}$
   - III. $MnO_4^- \longrightarrow Mn^{2-}$

   (A) sólo I y II   (C) I y III
   (B) II y III   (D) I, II y III

5. ¿Cuál de estos tipos generales de reacciones no es una reacción redox?
   (A) de sustitución simple (C) de combustión
   (B) de combinación   (D) de sustitución doble

6. ¿Cuál es el agente reductor en esta reacción?
   $$MnO_4^- + SO_2 \longrightarrow Mn^{2+} + SO_4^{2-}$$
   (A) SO_2 (C) Mn^{2+}
   (B) SO_4^{2-} (D) MnO_4^-

Consejos para tener éxito

Interpretar tablas de datos Para interpretar el contenido de una tabla, empieza por leer el título (si hay uno). Después, lee los encabezados. Trata de averiguar la relación que hay entre las diferentes columnas y filas de información. Pregúntate: *¿Qué información está relacionada en la tabla? ¿Cómo están representadas las relaciones?*

Usa la tabla para responder las Preguntas 7 a 9.

Metal	Ion de metal
K	K^+
3 Ca	Ca^{2+}
Na	Na^+
Mg	Mg^{2+}
4 Fe	Fe^{2+}
Sn	Sn^{2+}
Pb	Pb^{2+}
5 Cu	Cu^{2+}
Ag	Ag^+

7. ¿Qué flecha indica un aumento en la facilidad de oxidación? ¿Y de reducción?

8. ¿Qué grupo numerado de metales son los agentes reductores más fuertes? ¿Qué grupo numerado de metales son los más difíciles de oxidar?

9. ¿Cuál es un agente oxidante más fuerte, Na o Fe?

Usa este diagrama para responder las Preguntas 10 y 11. Éste muestra la formación de un ion a partir de un átomo.

Átomo → Ion

10. ¿Representa el diagrama una oxidación o una reducción? ¿Aumenta o disminuye el número de oxidación cuando se forma el ion?

11. Dibuja un diagrama que muestre la formación de un ion sulfuro a partir de un átomo de azufre. Haz que la relación de tamaño entre el átomo y el ion sea realista. ¿Representa tu dibujo una oxidación o una reducción?

Si tienes problemas con . . .

Pregunta	1	2	3	4	5	6	7	8	9	10	11
Ver la lección	20.1	20.2	20.2	20.2	20.3	20.3	20.2	20.2	20.2	20.2	20.1

21

Electroquímica

EN EL INTERIOR:

PearsonChem.com

Se usó un proceso electroquímico para producir el acabado de cromo brillante de este carro.

MATERIA Y ENERGÍA

Preguntas esenciales:

1. *¿Cómo se produce la energía en un proceso electroquímico?*

2. *¿Cómo se puede usar la energía para impulsar un proceso electroquímico?*

MISTERIO QUÍMICO

¿Basura o tesoro?

María y su amiga decidieron pasar el sábado caminando por un mercado de las pulgas local. En el puesto de un vendedor, María vio un anillo de oro brillante y hermoso. El vendedor le dijo a María que el anillo era una antigüedad del siglo XIX y que estaba hecho de oro macizo. Enamorada del anillo, María lo compró y se lo puso en el dedo.

Varias semanas más tarde, mientras se quitaba el anillo, María se dio cuenta de que el anillo estaba decolorado en varios lugares. Casi parecía que el oro se estaba despegando del anillo. María estaba preocupada porque el anillo era caro, y creía que era una valiosa antigüedad. Ella decidió llevarle el anillo a un joyero para ver si podía pulirlo y devolverle su color dorado original. Sin embargo, María se molestó cuando el joyero le reveló la verdad sobre su anillo de "oro".

▶ Conexión con la **GRAN**IDEA
A medida que lees sobre procesos electroquímicos, piensa en cómo se puede hacer que un anillo parezca hecho de oro a pesar de que no lo sea.

21.1 Celdas electroquímicas

P: *¿Por qué algunos tipos de medusas brillan?* En una noche de verano, las luciérnagas brillan para atraer a sus parejas. En las profundidades del océano, el pez ángel emite luz para atraer a sus presas. También existen camarones, calamares, medusas e incluso bacterias luminosas. Estos y otros organismos son capaces de emitir energía en forma de luz como resultado de reacciones redox.

Preguntas clave

🔑 *¿Qué tipo de reacción química está involucrada en todos los procesos electroquímicos?*

🔑 *¿Cómo produce energía eléctrica una celda voltaica?*

🔑 *¿Qué aplicaciones actuales usan procesos electroquímicos para producir energía eléctrica?*

Vocabulario

• proceso electroquímico
• celda electroquímica
• celda voltaica • semicelda
• puente salino • electrodo
• ánodo • cátodo • celda seca
• batería • celda de combustible

Procesos electroquímicos

🔑 *¿Qué tipo de reacción química está involucrada en todos los procesos electroquímicos?*

Los procesos químicos pueden liberar o absorber energía. La energía a veces puede ser electricidad. Un **proceso electroquímico** es cualquier conversión entre energía química y energía eléctrica. 🔑 **Todos los procesos electroquímicos implican reacciones redox.** Los procesos electroquímicos tienen muchas aplicaciones en el hogar, así como en la industria. Las pilas de linternas y de automóviles son ejemplos conocidos de dispositivos usados para generar electricidad. La fabricación de aluminio y sodio, y el baño de plata de los cubiertos implican el uso de electricidad. Los sistemas biológicos también usan la electroquímica para llevar los impulsos nerviosos.

Reacciones redox y serie de actividad Cuando una tira del metal zinc se sumerge en una solución acuosa de sulfato de cobre(II) azul, el zinc se cubre de cobre, como se muestra en la Figura 21.1. La ecuación iónica neta implica sólo zinc y cobre.

$$Zn(s) + Cu^{2+}(aq) \longrightarrow Zn^{2+}(aq) + Cu(s)$$

Figura 21.1
Reacción redox
El metal zinc se oxida espontáneamente en una solución de iones de cobre.
a. Una tira de zinc se sumerge en una solución de sulfato de cobre(II). **b.** A medida que el cobre se adhiere al zinc, la solución de sulfato de cobre(II) azul es reemplazada por una solución incolora de sulfato de zinc. El cobre parece negro porque está en un estado finamente dividido.

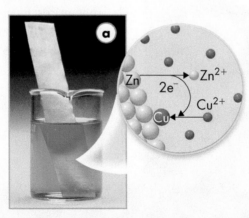

Serie de actividad de metales

	Elemento	Semirreacción de oxidación
Los más activos y fáciles de oxidar	Litio	$Li(s) \longrightarrow Li^+(aq) + e^-$
	Potasio	$K(s) \longrightarrow K^+(aq) + e^-$
	Bario	$Ba(s) \longrightarrow Ba^{2+}(aq) + 2e^-$
	Calcio	$Ca(s) \longrightarrow Ca^{2+}(aq) + 2e^-$
	Sodio	$Na(s) \longrightarrow Na^+(aq) + e^-$
Actividad decreciente	Magnesio	$Mg(s) \longrightarrow Mg^{2+}(aq) + 2e^-$
	Aluminio	$Al(s) \longrightarrow Al^{3+}(aq) + 3e^-$
	Zinc	$Zn(s) \longrightarrow Zn^{2+}(aq) + 2e^-$
	Hierro	$Fe(s) \longrightarrow Fe^{2+}(aq) + 2e^-$
	Níquel	$Ni(s) \longrightarrow Ni^{2+}(aq) + 2e^-$
	Estaño	$Sn(s) \longrightarrow Sn^{2+}(aq) + 2e^-$
	Plomo	$Pb(s) \longrightarrow Pb^{2+}(aq) + 2e^-$
	Hidrógeno*	$H_2(g) \longrightarrow 2H^+(aq) + 2e^-$
	Cobre	$Cu(s) \longrightarrow Cu^{2+}(aq) + 2e^-$
	Plata	$Ag(s) \longrightarrow Ag^+(aq) + e^-$
Los menos activos y fáciles de oxidar	Mercurio	$Hg(s) \longrightarrow Hg^{2+}(aq) + 2e^-$
	Oro	$Au(s) \longrightarrow Au^{3+}(aq) + 3e^-$

Tabla 21.1 Se muestra la semirreacción de oxidación de cada metal.

a. Leer tablas ¿Cuál es la semirreacción para la oxidación del níquel?

b. Comparar ¿Cuál metal se oxida más fácilmente, el plomo o el magnesio?

c. Relacionar causa y efecto ¿Qué sucederá si una tira de cobre se sumerge en una solución de nitrato de plata? Si se produce una reacción, escribe las semirreacciones.

Recuerda: El metal más activo se oxidará; el metal menos activo se reducirá.

*El hidrógeno se incluye a manera de referencia.

Los electrones se transfieren de los átomos de zinc a los iones cobre. Se trata de una reacción redox espontánea. Los átomos de zinc pierden electrones a medida que se oxidan en iones zinc, mientras que los iones cobre en la solución ganan los electrones perdidos por el zinc. Los iones cobre se reducen a átomos de cobre y se depositan como cobre metálico. A medida que los iones cobre en la solución son gradualmente reemplazados por iones zinc, el color azul de la solución se desvanece. Las semirreacciones balanceadas para esta reacción redox se pueden escribir de la siguiente manera:

$$\text{Oxidación:} \quad Zn(s) \longrightarrow Zn^{2+}(aq) + 2e^-$$
$$\text{Reducción:} \quad Cu^{2+}(aq) + 2e^- \longrightarrow Cu(s)$$

En la serie de actividad de los metales de la Tabla 21.1, el zinc está por encima del cobre en la lista. Para cualesquiera dos metales en una serie de actividad, el metal más activo es el que se oxida más fácilmente. El zinc se oxida más fácilmente que el cobre. Cuando el zinc se sumerge en una solución de sulfato de cobre(II), el zinc se adhiere al cobre. En contraste, cuando una tira de cobre se sumerge en una solución de sulfato de zinc, el cobre no se adhiere espontáneamente al zinc. Esto es porque el metal cobre no es oxidado por los iones zinc.

Celdas electroquímicas Cuando una tira de zinc se sumerge en una solución de sulfato de cobre(II), los electrones son transferidos de los átomos de zinc a los iones cobre. Este flujo de electrones es una corriente eléctrica. Si una reacción redox se usa como fuente de energía eléctrica, las dos semirreacciones deben estar separadas físicamente. En el caso de la reacción del metal zinc e ion cobre, los electrones liberados por los átomos de zinc deben pasar a través de un circuito externo para llegar a los iones cobre si se espera producir electricidad útil. En esa situación, el sistema sirve como una celda electroquímica. Alternativamente, se puede usar una corriente eléctrica para producir un cambio químico. Ese sistema también sirve como una celda electroquímica. Cualquier dispositivo que convierta energía química en energía eléctrica o energía eléctrica en energía química es una **celda electroquímica.** Las reacciones redox ocurren en todas las celdas electroquímicas.

Celdas voltaicas

🔑 ¿Cómo produce energía eléctrica una celda voltaica?

En 1800, el físico italiano Alessandro Volta construyó la primera celda electroquímica que se podía usar para generar una corriente eléctrica directa (DC). Nombrada en honor a su inventor, una **celda voltaica** es una celda electroquímica que se usa para convertir la energía química en energía eléctrica. 🔑 **La energía eléctrica se produce en una celda voltaica por una reacción redox espontánea dentro de la celda.** Puedes encontrar celdas voltaicas en todos lados. Hacen funcionar tu linterna y tu reproductor mp3, como se muestra en la Figura 21.2.

Construir una celda voltaica Una celda voltaica consiste en dos semiceldas. Una **semicelda** es una parte de una celda voltaica en la que ocurre ya sea oxidación o reducción. Una semicelda típica consiste en una pieza de metal sumergida en una solución de sus iones. La Figura 21.3 en la página siguiente muestra una celda voltaica que hace uso de la reacción de zinc-cobre. En esta celda, una semicelda es una tira de zinc sumergida en una solución de sulfato de zinc. La otra semicelda es una tira de cobre sumergida en una solución de sulfato de cobre(II).

Las semiceldas están conectadas por un **puente salino,** que es un tubo que contiene un electrolito fuerte, a menudo sulfato de potasio (K_2SO_4). Los puentes salinos también contienen agar, una sustancia gelatinosa. Puede usarse una placa porosa en lugar de un puente salino. El puente salino o placa porosa permite que los iones pasen de una semicelda a la otra, pero evita que las soluciones se mezclen completamente. Un cable transporta los electrones en el circuito externo desde la tira de zinc hasta la tira de cobre. Al circuito se le puede conectar un voltímetro o un foco. La fuerza motriz de tal celda voltaica es la reacción redox espontánea entre el metal zinc y los iones cobre en la solución.

Las tiras de zinc y de cobre de esta celda voltaica sirven como los electrodos. Un **electrodo** es un conductor en un circuito que transporta electrones hacia o desde una sustancia distinta de un metal. La reacción en el electrodo determina si el electrodo está etiquetado como ánodo o cátodo. El electrodo en el que se produce la oxidación se llama el **ánodo.** Los electrones se producen en el ánodo. Por tanto, el ánodo se etiqueta como el electrodo negativo en una celda voltaica. El electrodo en el que se produce la reducción se llama el **cátodo.** Los electrones son consumidos en el cátodo de una celda voltaica. Como resultado, el cátodo se etiqueta como el electrodo positivo. Sin embargo, ningún electrodo está realmente cargado. Todas las partes de la celda voltaica se mantienen equilibradas en términos de carga en todo momento. Los electrones que se mueven equilibran cualquier carga que pudiera acumularse a medida que se producen la oxidación y la reducción.

Figura 21.2 Celda voltaica
Una celda voltaica le da poder a este reproductor mp3.
Predecir *¿Qué otros dispositivos contienen celdas voltaicas?*

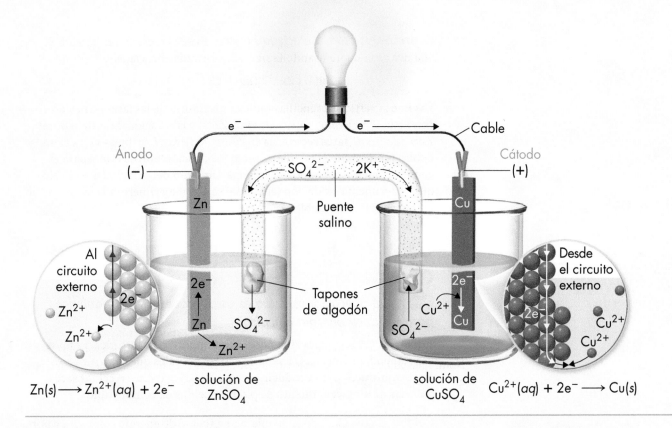

$$Zn(s) \longrightarrow Zn^{2+}(aq) + 2e^-$$

solución de ZnSO$_4$

$$Cu^{2+}(aq) + 2e^- \longrightarrow Cu(s)$$

solución de CuSO$_4$

Cómo funciona una celda voltaica El proceso electroquímico que se produce en una celda voltaica de zinc-cobre se puede describir mejor en una serie de pasos. Estos pasos en realidad se producen al mismo tiempo.

Paso 1 Los electrones se producen en la tira de zinc de acuerdo a la semirreacción de oxidación:

$$Zn(s) \longrightarrow Zn^{2+}(aq) + 2e^-$$

El zinc se oxida en la tira de zinc, por lo que la tira de zinc es el ánodo, o electrodo negativo, en la celda voltaica.

Paso 2 Los electrones abandonan el ánodo de zinc y pasan a través del circuito externo a la tira de cobre. (Si hay un foco en el circuito, el flujo de electrones hará que se encienda. Si un voltímetro está presente, indicará un voltaje).

Paso 3 Los electrones entran en la tira de cobre e interactúan con los iones cobre en la solución. Ahí ocurre la siguiente semirreacción de reducción:

$$Cu^{2+}(aq) + 2e^- \longrightarrow Cu(s)$$

Los iones cobre se reducen en la tira de cobre, por lo que la tira de cobre es el cátodo, o electrodo positivo, en la celda voltaica.

Paso 4 Para completar el circuito, los iones positivos y negativos se mueven a través de las soluciones acuosas por el puente salino. Las dos semirreacciones se pueden resumir para mostrar la reacción general de la celda. Observa que los electrones se deben cancelar.

$$Zn(s) \longrightarrow Zn^{2+}(aq) + 2e^-$$

$$Cu^{2+}(aq) + 2e^- \longrightarrow Cu(s)$$

$$\overline{Zn(s) + Cu^{2+}(aq) \longrightarrow Zn^{2+}(aq) + Cu(s)}$$

Figura 21.3 Celda voltaica zinc-cobre

En esta celda voltaica, los electrones generados a partir de la oxidación de Zn a Zn^{2+} fluyen a través del circuito externo (el cable) a la tira de cobre. Estos electrones reducen el Cu^{2+} del entorno a Cu. Para mantener la neutralidad en los electrolitos, los aniones fluyen a través del puente salino.

Explicar *¿Cuál es el propósito del puente salino?*

Consulta celdas voltaicas *en línea animada.*

Representar celdas electroquímicas Puedes representar la celda voltaica zinc-cobre usando la siguiente fórmula abreviada.

$$\text{Zn}(s) \mid \text{ZnSO}_4(aq) \parallel \text{CuSO}_4(aq) \mid \text{Cu}(s)$$

Las líneas verticales sencillas indican los límites de las fases que están en contacto. Por ejemplo, la tira de zinc, $\text{Zn}(s)$ y la solución de sulfato de zinc, $\text{ZnSO}_4(ac)$, son fases separadas en contacto físico. Las líneas verticales dobles representan el puente salino o la partición porosa que separa el compartimiento del ánodo del compartimiento del cátodo. La semicelda que experimenta oxidación (el ánodo) se escribe primero, a la izquierda de las líneas verticales dobles.

Usar celdas voltaicas como fuentes de energía

🔑 **¿Qué aplicaciones actuales usan procesos electroquímicos para producir energía eléctrica?**

Aunque la celda voltaica zinc-cobre es de importancia histórica, ya no se usa comercialmente. 🔑 **Las aplicaciones actuales que usan procesos electroquímicos para producir energía eléctrica incluyen celdas secas, baterías de almacenamiento de plomo y celdas de combustible.**

Celdas secas Cuando se requiere una fuente de energía compacta y portátil, se suele escoger una celda seca. Una **celda seca** es una celda voltaica en la que el electrolito es una pasta. En un tipo de celda seca, un recipiente de zinc se llena con una pasta húmeda y espesa de óxido de manganeso(IV) (MnO_2), cloruro de zinc (ZnCl_2), cloruro de amonio (NH_4Cl) y agua (H_2O). Como se muestra en la Figura 21.4a, se mete una vara de grafito en la pasta. El recipiente de zinc es el ánodo y la vara de grafito es el cátodo. La pasta espesa y su revestimiento de papel evitan que el contenido de la celda se mezcle libremente; así que no es necesario un puente salino. Las semirreacciones de esta celda se muestran a continuación.

Oxidación: $\text{Zn}(s) \longrightarrow \text{Zn}^{2+}(aq) + 2e^-$ (en el ánodo)

Reducción: $2\text{MnO}_2(s) + 2\text{NH}_4^+(aq) + 2e^- \longrightarrow$
$\text{Mn}_2\text{O}_3(s) + 2\text{NH}_3(aq) + \text{H}_2\text{O}(l)$ (en el cátodo)

Aprende acerca de fuentes de energía química *en línea.*

Figura 21.4 Celdas secas
Tanto las celdas secas como las pilas alcalinas son celdas electroquímicas sencillas que producen aproximadamente 1.5 V. **a.** La celda seca es barata, tiene un tiempo de caducidad corto y experimenta caídas de voltaje cuando se usa. **b.** La pila alcalina tiene un mayor tiempo de caducidad y no experimenta caídas de voltaje.
Aplicar conceptos *¿Qué se oxida en estas celdas y qué se reduce?*

a Celda seca

Botón positivo (+)

Vara de grafito (cátodo)

Pasta húmeda de MnO_2, ZnCl_2, NH_4Cl, H_2O y grafito en polvo

Zinc (ánodo)

Tapa final negativa (−)

b Pila alcalina

Botón positivo (+)

Envase de acero

Pasta de MnO_2 en KOH

Vara de grafito (cátodo)

Separador absorbente

Zinc (ánodo)

Tapa final negativa (−)

En una celda seca común, la varilla de grafito sirve sólo como un conductor y no experimenta reducción, aun cuando es el cátodo. El manganeso en MnO_2 es la especie que se reduce realmente. El potencial eléctrico de esta celda empieza en 1.5 V pero disminuye de manera constante durante el uso a alrededor de 0.8 V. Las celdas secas de este tipo no son recargables porque la reacción catódica es irreversible.

La pila alcalina, que se muestra en la Figura 21.4b de la página anterior, es una celda seca mejorada. En la batería alcalina, las reacciones son similares a las de la pila seca común, pero el electrolito es una pasta básica de KOH. Este cambio en el diseño elimina la acumulación de gas de amoníaco y mantiene el electrodo de zinc, que se corroe más lentamente bajo condiciones básicas, o alcalinas.

Baterías de almacenamiento de plomo Las personas dependen de las baterías de plomo para encender sus carros. Una **batería** es un grupo de celdas voltaicas conectadas entre sí. Una batería de carro de 12 V se compone de seis celdas voltaicas conectadas entre sí. Cada celda produce aproximadamente 2 V y consta de rejillas de plomo, como se muestra en la Figura 21.5. Un conjunto de rejillas, el ánodo, está lleno de plomo esponjoso. El otro conjunto, el cátodo, está lleno de óxido de plomo(IV) (PbO_2). El electrolito para ambas semiceldas en una batería de plomo es ácido sulfúrico. El uso del mismo electrolito en ambas semiceldas permite que la celda funcione sin un puente salino o separador poroso. Las semirreacciones son las siguientes:

$$\text{Oxidación:} \quad Pb(s) + SO_4^{2-}(aq) \longrightarrow PbSO_4(s) + 2e^-$$

$$\text{Reducción:} \quad PbO_2(s) + 4H^+(aq) + SO_4^{2-}(aq) + 2e^- \longrightarrow$$
$$PbSO_4(s) + 2H_2O(l)$$

Cuando una batería de almacenamiento de plomo se descarga, produce la energía eléctrica necesaria para encender un carro. La reacción redox espontánea general que se produce es la suma de las semirreacciones de oxidación y reducción.

$$Pb(s) + PbO_2(s) + 2H_2SO_4(aq) \longrightarrow 2PbSO_4(s) + 2H_2O(l)$$

Esta ecuación muestra que se forma sulfato de plomo(II) durante la descarga. El sulfato se acumula lentamente en las placas y la concentración del electrolito de ácido sulfúrico disminuye.

APOYO PARA LA LECTURA

Desarrollar destrezas de lectura: *Comparar y contrastar* Una pila alcalina es en realidad una celda seca, mientras que una batería de almacenamiento de plomo se considera una batería de verdad. *¿En qué se parecen las pilas alcalinas y las baterías de plomo? ¿En qué se diferencian?*

Figura 21.5 Batería de almacenamiento de plomo
Aquí se ilustra una batería de plomo de 12 V. La corriente se produce cuando el plomo del ánodo y el óxido de plomo(IV) del cátodo se convierten en sulfato de plomo(II). Estos procesos disminuyen la concentración del ácido sulfúrico en la batería. Si se invierte el proceso, la batería se vuelve a cargar.

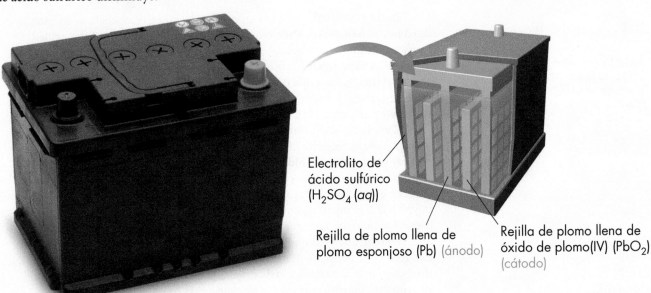

Electrolito de ácido sulfúrico (H_2SO_4 (aq))

Rejilla de plomo llena de plomo esponjoso (Pb) (ánodo)

Rejilla de plomo llena de óxido de plomo(IV) (PbO_2) (cátodo)

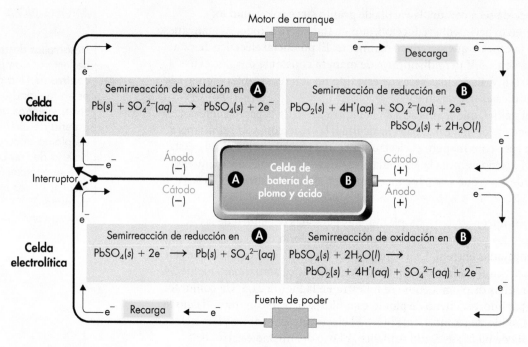

Motor de arranque

Celda voltaica

Semirreacción de oxidación en **A**
$$Pb(s) + SO_4^{2-}(aq) \longrightarrow PbSO_4(s) + 2e^-$$

Semirreacción de reducción en **B**
$$PbO_2(s) + 4H^+(aq) + SO_4^{2-}(aq) + 2e^-$$
$$PbSO_4(s) + 2H_2O(l)$$

Descarga

Ánodo (−)   **A**   Cátodo (+)

Interruptor

Celda de batería de plomo y ácido

Cátodo (−)   **B**   Ánodo (+)

Celda electrolítica

Semirreacción de reducción en **A**
$$PbSO_4(s) + 2e^- \longrightarrow Pb(s) + SO_4^{2-}(aq)$$

Semirreacción de oxidación en **B**
$$PbSO_4(s) + 2H_2O(l) \longrightarrow$$
$$PbO_2(s) + 4H^+(aq) + SO_4^{2-}(aq) + 2e^-$$

Recarga   **Fuente de poder**

Figura 21.6 Descarga y recarga de una batería de plomo y ácido
La batería de plomo y ácido en un automóvil actúa como una celda voltaica (arriba) cuando suministra corriente para encender el motor. Parte de la energía del motor en marcha se usa para recargar la batería, que luego actúa como una celda electrolítica (abajo). Aprenderás más sobre celdas electrolíticas en la Lección 21.3.

La reacción inversa tiene lugar cuando se recarga una batería de almacenamiento de plomo. Esta reacción se produce mientras el generador del carro está funcionando correctamente.

$$2PbSO_4(s) + 2H_2O(l) \longrightarrow Pb(s) + PbO_2(s) + 2H_2SO_4(aq)$$

Esta no es una reacción espontánea. Para que la reacción proceda como está escrita, una corriente directa debe pasar a través de la celda en dirección opuesta a la del flujo de la corriente durante la descarga. Los procesos que ocurren durante la descarga y recarga de una batería de plomo y ácido se resumen en la Figura 21.6. En teoría, una batería de almacenamiento de plomo se puede descargar y recargar de forma indefinida, pero en la práctica su vida útil es limitada. Pequeñas cantidades de sulfato de plomo(II) caen de los electrodos y se acumulan en la parte inferior de la celda. Finalmente, los electrodos pierden tanto sulfato de plomo(II) que el proceso de recarga es ineficaz o la celda hace cortocircuito. La batería debe ser sustituida.

Celdas de combustible Para superar las desventajas asociadas a las baterías de plomo, se han desarrollado celdas con electrodos renovables. Estas celdas, llamadas **celdas de combustible,** son celdas voltaicas en las que una sustancia combustible experimenta una oxidación de la que se obtiene continuamente energía eléctrica. Las celdas de combustible no tienen que ser recargadas. Pueden ser diseñadas para no emitir contaminantes al aire y para operar de manera más silenciosa y más rentable que un generador eléctrico convencional.

Tal vez la celda de combustible más sencilla supone la reacción de gas hidrógeno y gas oxígeno. El único producto de la reacción es agua líquida. En la celda de combustible de hidrógeno y oxígeno que se muestra en la Figura 21.7a, hay tres compartimentos separados entre sí por dos electrodos. Los electrodos se hacen generalmente de carbono. El oxígeno del aire (el agente oxidante) fluye hacia el compartimiento del cátodo. El hidrógeno (el combustible) fluye hacia el compartimiento del ánodo. El ánodo y el cátodo están separados por una membrana delgada que permite a los iones hidrógeno pasar, pero no a los electrones. Por consiguiente, la membrana actúa como un puente salino. Los electrones de la semirreacción de oxidación en el ánodo pasan a través de un circuito externo para entrar en la semirreacción de reducción en el cátodo.

Las semirreacciones en este tipo de celda de combustible de hidrógeno y oxígeno son:

Oxidación: $2H_2(g) \longrightarrow 4H^+(aq) + 4e^-$ (en el ánodo)

Reducción: $O_2(g) + 4H^+(aq) + 4e^- \longrightarrow 2H_2O(g)$ (en el cátodo)

La reacción general es la oxidación de hidrógeno para formar agua.

$$2H_2(g) + O_2(g) \longrightarrow 2H_2O(g)$$

Otros combustibles, como el metano (CH_4) y el amoníaco (NH_3), se pueden usar en lugar del hidrógeno. Otros agentes oxidantes, como el cloro (Cl_2) y el ozono (O_3), se pueden usar en lugar del oxígeno.

Desde la década de 1960, los astronautas han usado celdas de combustible como fuente de energía a bordo de naves espaciales. En las misiones espaciales *Apollo* se usaron celdas de combustible de hidrógeno y oxígeno con una masa de aproximadamente 100 kg cada una. Las celdas de combustible son muy adecuadas para misiones espaciales prolongadas porque ofrecen una fuente continua de energía que no libera contaminantes. En las misiones de transbordadores espaciales, por ejemplo, los astronautas beben el agua producida por las celdas de combustible de hidrógeno y oxígeno a bordo.

El uso de celdas de combustible ya no se limita a los viajes espaciales. Los científicos e ingenieros han desarrollado carros que funcionan con celdas de combustible. Estos vehículos, como el que se muestra en la Figura 21.7b, son impulsados por motores eléctricos, que funcionan con celdas de combustible. Los vehículos con celdas de combustible pueden ser alimentados con gas hidrógeno puro, que se almacena en tanques de alta presión. Sin embargo, se necesita más investigación y desarrollo antes de que los vehículos de celdas de combustible predominen en las calles. Actualmente, las celdas de combustible son caras para hacer y es difícil almacenar el hidrógeno. Sin embargo, es posible que pronto veas carros, autobuses y bicicletas funcionando con celdas de combustible. Es posible que un día tengas un teléfono celular o una computadora portátil que funcionen con una celda de combustible en miniatura.

Figura 21.7 Celda de combustible hidrógeno y oxígeno
La celda de combustible de hidrógeno y oxígeno es una fuente limpia de energía. **a.** La membrana permite que los iones $H^+(aq)$ que se producen por oxidación de $H_2(g)$ en el ánodo pasen al cátodo, donde se forma $H_2O(g)$. **b.** Estas celdas se pueden usar en vehículos.

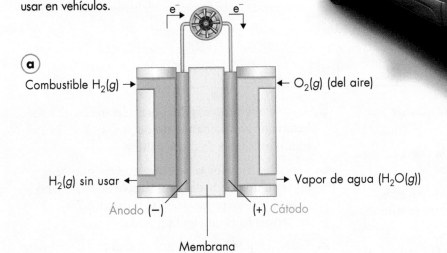

Alessandro Volta

A finales de la década de 1770, el físico italiano Alessandro Volta (1745–1827) descubrió que el contacto entre dos metales diferentes podía producir electricidad. Usando este conocimiento, Volta comenzó a experimentar con formas para producir una corriente eléctrica constante. En 1799, construyó una pila de discos de zinc y cobre en orden alterno, separados por un cartón empapado en agua salada. Cuando conectó un cable a ambos extremos de la pila, empezó a fluir una corriente constante. Este dispositivo, llamado "pila voltaica", fue la primera pila.

Volta descubrió que diferentes tipos de metales podían cambiar la cantidad de corriente producida y que podía aumentar la corriente mediante la adición de discos a la pila. Más tarde, mejoró la pila mediante la creación de una "corona de copas" (copas separadas de solución salina y unidas por tiras de metal). En 1810, Napoleón Bonaparte le dio a Volta el título de Conde en honor a su trabajo, y en 1881 la unidad de potencial eléctrico se empezó a llamar "voltio", en honor a Volta.

LA PILA REINVENTADA Las pilas modernas se ven muy diferentes de los discos de zinc y cobre de Volta.

Un paso más allá

1. Explicar ¿Cuál era la función del cartón empapado en agua salada en la batería de Volta?

2. Inferir ¿Cuál es una posible razón por la que la "corona de copas" de Volta generaba más corriente que una "pila voltaica"?

21.1 Comprobación de la lección

1. **Identificar** ¿Qué tipo de reacción sucede durante un proceso electroquímico?

2. **Describir** ¿Cuál es la fuente de la energía eléctrica producida en una celda voltaica?

3. **Hacer una lista** ¿Cuáles son tres ejemplos de tecnologías que usan procesos electroquímicos para suministrar energía eléctrica?

4. **Comparar** ¿Qué metal se oxida más fácilmente, el plomo o el calcio?

5. **Aplicar conceptos** ¿Cuál es el electrolito en una batería de almacenamiento de plomo? Escribe las semirreacciones de dicha batería.

6. **Describir** Escribe la reacción general que tiene lugar en una celda de combustible de hidrógeno y oxígeno. ¿Qué producto(s) se forma(n)? Describe las semirreacciones en esta celda.

7. **Predecir** ¿Qué sucede cuando una tira de cobre se sumerge en una solución de sulfato de hierro(II)?

21.2 Semiceldas y potenciales de celda

LA QUÍMICA Y TÚ

P: *¿Cómo puedes calcular el potencial eléctrico de una celda en la pila de una computadora portátil?* Las pilas proporcionan corriente para encender las luces y muchos tipos de dispositivos electrónicos, como la computadora portátil que se muestra aquí. El potencial eléctrico entre los terminales positivo y negativo de la pila de litio de una computadora portátil es de 3.7 V. En esta lección, aprenderás a calcular el potencial eléctrico.

Preguntas clave

🔑 *¿Qué causa el potencial eléctrico de una celda electroquímica?*

🔑 *¿Cómo puedes determinar el potencial de reducción estándar de una semicelda?*

🔑 *¿Cómo puedes determinar si una reacción redox es espontánea?*

Vocabulario

- potencial eléctrico
- potencial de reducción
- potencial de celda
- potencial de celda estándar
- electrodo de hidrógeno estándar

Potencial eléctrico

🔑 **¿Qué causa el potencial eléctrico de una celda electroquímica?**

El **potencial eléctrico** de una celda voltaica es una medida de la capacidad de la celda para producir una corriente eléctrica. El potencial eléctrico se mide por lo general en voltios (V). El potencial de una semicelda aislada no se puede medir. Por ejemplo, no puedes medir el potencial eléctrico de una semicelda de zinc o de una semicelda de cobre por separado. Sin embargo, cuando estas dos semiceldas están conectadas para formar una celda voltaica, la diferencia de potencial se puede medir.

🔑 **El potencial eléctrico de una celda resulta de la competencia por electrones entre dos semiceldas.** La semicelda que tiene una mayor tendencia a ganar electrones es en la que se produce la reducción. La oxidación se produce en la otra semicelda. La tendencia de una semirreacción dada a ocurrir como una reducción se llama **potencial de reducción.** La semicelda en que se produce la reducción tiene un mayor potencial de reducción que la semicelda en la que se produce la oxidación. La diferencia entre los potenciales de reducción de las dos celdas se llama **potencial de celda.**

$$\text{potencial de celda} = \left(\begin{array}{c}\text{potencial de}\\\text{reducción de la}\\\text{semicelda en la que}\\\text{ocurre la reducción}\end{array}\right) - \left(\begin{array}{c}\text{potencial de}\\\text{reducción de la}\\\text{semicelda en la que}\\\text{ocurre la oxidación}\end{array}\right)$$

$$\text{o } E_{cel} = E_{red} - E_{oxid}$$

El **potencial de celda estándar** ($E°_{cel}$) es el potencial de la celda que se mide cuando las concentraciones de iones en las semiceldas son $1M$, los gases están a una presión de 101 kPa y la temperatura es de 25 °C. Los símbolos $E°_{red}$ y $E°_{oxid}$ representan los potenciales de reducción estándar de las semiceldas de reducción y de oxidación, respectivamente. La relación entre estos valores sigue la relación general para el potencial de celda anterior.

$$E°_{cel} = E°_{red} - E°_{oxid}$$

Figura 21.8 Electrodo de hidrógeno estándar
Al electrodo de hidrógeno estándar se le asigna arbitrariamente un potencial de reducción estándar de 0.00 V a 25 °C.

Los potenciales de las semiceldas no se pueden medir directamente, por lo que los científicos han elegido un electrodo arbitrario como referencia. El **electrodo de hidrógeno estándar** se usa con otros electrodos para que se puedan medir los potenciales de reducción de las otras celdas. El potencial de reducción estándar del electrodo de hidrógeno tiene un valor asignado de 0.00 V. El electrodo estándar de hidrógeno, que se ilustra en la Figura 21.8, se compone de un electrodo de platino sumergido en una solución con una concentración de iones hidrógeno de $1M$. La solución está a 25 °C. El electrodo en sí es un pequeño cuadrado de papel de platino recubierto de platino finamente dividido, conocido como platino negro. El gas hidrógeno a una presión de 101 kPa burbujea alrededor del electrodo de platino. La reacción de la semicelda que se produce en la superficie del platino negro es la siguiente:

$$2H^+(aq, 1M) + 2e^- \rightleftharpoons H_2(g, 101 \text{ kPa}) \quad E^\circ_{H^+} = 0.00 \text{ V}$$

Las flechas dobles en la ecuación indican que la reacción es reversible. El símbolo $E^\circ_{H^+}$ representa el potencial de reducción estándar de H^+. El potencial de reducción estándar de H^+ es la tendencia de los iones H^+ a ganar electrones y reducirse a $H_2(g)$. Si esta reacción de semicelda se produce como una reducción o como una oxidación se determina por el potencial de reducción de la semicelda a la que está conectado el electrodo de hidrógeno estándar.

Potenciales de reducción estándar

¿Cómo puedes determinar el potencial de reducción estándar de una semicelda?

Se puede hacer una celda voltaica al conectar una semicelda de hidrógeno estándar a una semicelda de zinc estándar, como se muestra en la Figura 21.9. Para determinar la reacción general de esta celda, primero identifica la semicelda en la que ocurre la reducción. En todas las celdas electroquímicas, la reducción se lleva a cabo en el cátodo y la oxidación se lleva a cabo en el ánodo. Un voltímetro da una lectura de +0.76 V cuando el electrodo de zinc está conectado al terminal negativo y el electrodo de hidrógeno está conectado al terminal positivo. El zinc se oxida, lo que significa que es el ánodo. Los iones hidrógeno se reducen, lo que significa que el electrodo de hidrógeno es el cátodo. Ahora puedes escribir las semirreacciones y la reacción general de la celda.

Oxidación: $\quad\quad\quad\quad$ $Zn(s) \longrightarrow Zn^{2+}(aq) + 2e^-$ (en el ánodo)

Reducción: $\quad\quad\quad\quad$ $2H^+(aq) + 2e^- \longrightarrow H_2(g)$ (en el cátodo)

Reacción en la celda: $\overline{Zn(s) + 2H^+(aq) \longrightarrow Zn^{2+}(aq) + H_2(g)}$

Puedes determinar el potencial de reducción estándar de una semicelda mediante el uso de un electrodo de hidrógeno estándar y la ecuación para el potencial de celda estándar. En la celda de zinc-hidrógeno, el zinc se oxida y los iones hidrógeno se reducen. Sea $E^\circ_{red} = E^\circ_{H^+}$ y $E^\circ_{oxid} = E^\circ_{Zn^{2+}}$ en la ecuación del potencial de celda estándar.

$$E^\circ_{cel} = E^\circ_{red} - E^\circ_{oxid}$$

$$E^\circ_{cel} = E^\circ_{H^+} - E^\circ_{Zn^{2+}}$$

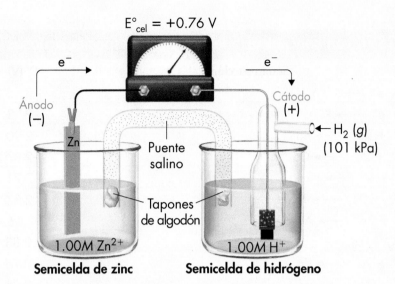

$E^{\circ}_{cel} = +0.76$ V

e⁻

Ánodo
(−)

Zn

Puente
salino

Tapones
de algodón

1.00M Zn²⁺

Semicelda de zinc

e⁻

Cátodo
(+)

H₂ (g)
(101 kPa)

1.00M H⁺

Semicelda de hidrógeno

Figura 21.9 Celda de zinc–hidrógeno
La celda voltaica consiste en semiceldas de zinc e hidrógeno.
Interpretar diagramas
¿Dónde ocurre la reducción? ¿Qué especie se reduce en esta celda?

El potencial de la celda (E°_{cel}) se mide en 0.76 V. El potencial de reducción de la semicelda de hidrógeno es un estándar definido: E°_{H+} siempre es igual a 0.00 V. La sustitución de estos valores en la ecuación anterior dará el potencial de reducción estándar para la semicelda de zinc.

$$+0.76 \text{ V} = 0.00 \text{ V} - E^{\circ}_{Zn^{2+}}$$

$$E^{\circ}_{Zn^{2+}} = -0.76 \text{ V}$$

El potencial de reducción estándar para la semicelda de zinc es −0.76 V. El valor es negativo porque la tendencia de los iones zinc a ser reducidos a metal zinc en esta celda es menor que la tendencia de los iones hidrógeno a ser reducidos a gas hidrógeno.

Muchas semiceldas diferentes se pueden combinar con la semicelda de hidrógeno de una manera similar. Al usar este método, se puede obtener el potencial de reducción estándar de cada semicelda. Por ejemplo, para una semicelda de cobre estándar, el potencial de celda estándar medido es 0.34 V cuando el electrodo de cobre está conectado con el electrodo positivo y el electrodo de hidrógeno está conectado al terminal negativo. El cobre es el cátodo y los iones cobre se reducen al metal cobre cuando funciona la celda. La semicelda de hidrógeno es el ánodo y el gas hidrógeno se oxida a iones hidrógeno. Puedes calcular el potencial de reducción del cobre de la siguiente manera:

$$E^{\circ}_{cel} = E^{\circ}_{red} - E^{\circ}_{oxid}$$

$$E^{\circ}_{cel} = E^{\circ}_{Cu^{2+}} - E^{\circ}_{H^{+}}$$

$$+0.34 \text{ V} = E^{\circ}_{Cu^{2+}} - 0.00 \text{ V}$$

$$E^{\circ}_{Cu^{2+}} = +0.34 \text{ V}$$

Este valor es positivo porque la tendencia de los iones cobre a ser reducidos en la celda es mayor que la tendencia de los iones hidrógeno a ser reducidos.

La Tabla 21.2 de la página siguiente muestra algunos potenciales de reducción estándar a 25 °C. Las semirreacciones están organizadas en orden creciente de tendencia a ocurrir en la dirección de avance, es decir, como una reducción. Por tanto, las semirreacciones de la parte superior de la tabla tienen la menor tendencia a ocurrir como reducciones. Las semirreacciones de la parte inferior de la tabla tienen la mayor tendencia a ocurrir como reducciones.

LA QUÍMICA Y TÚ

P: *¿Qué necesitas saber para calcular el potencial eléctrico de una celda en una batería de computadora portátil?*

Tabla 21.2

Potenciales de reducción a 25 °C con concentraciones de 1M de especies acuosas

	Electrodo	Semirreacción	$E°$ (V)
Menor tendencia a ocurrir como reducción	Li^+/Li	$Li^+ + e^- \longrightarrow Li$	−3.05
	K^+/K	$K^+ + e^- \longrightarrow K$	−2.93
	Ba^{2+}/Ba	$Ba^{2+} + 2e^- \longrightarrow Ba$	−2.90
	Ca^{2+}/Ca	$Ca^{2+} + 2e^- \longrightarrow Ca$	−2.87
	Na^+/Na	$Na^+ + e^- \longrightarrow Na$	−2.71
	Mg^{2+}/Mg	$Mg^{2+} + 2e^- \longrightarrow Mg$	−2.37
	Al^{3+}/Al	$Al^{3+} + 3e^- \longrightarrow Al$	−1.66
	H_2O/H_2	$2H_2O + 2e^- \longrightarrow H_2 + 2OH^-$	−0.83
	Zn^{2+}/Zn	$Zn^{2+} + 2e^- \longrightarrow Zn$	−0.76
	Cr^{3+}/Cr	$Cr^{3+} + 3e^- \longrightarrow Cr$	−0.74
	Fe^{2+}/Fe	$Fe^{2+} + 2e^- \longrightarrow Fe$	−0.44
	H_2O/H_2 (pH 7)	$2H_2O + 2e^- \longrightarrow H_2 + 2OH^-$	−0.42
	Cd^{2+}/Cd	$Cd^{2+} + 2e^- \longrightarrow Cd$	−0.40
Tendencia creciente a ocurrir como reducción (agente oxidante más fuerte)	$PbSO_4/Pb$	$PbSO_4 + 2e^- \longrightarrow Pb + SO_4^{2-}$	−0.36
	Co^{2+}/Co	$Co^{2+} + 2e^- \longrightarrow Co$	−0.28
	Ni^{2+}/Ni	$Ni^{2+} + 2e^- \longrightarrow Ni$	−0.25
	Sn^{2+}/Sn	$Sn^{2+} + 2e^- \longrightarrow Sn$	−0.14
	Pb^{2+}/Pb	$Pb^{2+} + 2e^- \longrightarrow Pb$	−0.13
	Fe^{3+}/Fe	$Fe^{3+} + 3e^- \longrightarrow Fe$	−0.036
	H^+/H_2	$2H^+ + 2e^- \longrightarrow H_2$	0.000
	$AgCl/Ag$	$AgCl + e^- \longrightarrow Ag + Cl^-$	+0.22
	Hg_2Cl_2/Hg	$Hg_2Cl_2 + 2e^- \longrightarrow 2Hg + 2Cl^-$	+0.27
	Cu^{2+}/Cu	$Cu^{2+} + 2e^- \longrightarrow Cu$	+0.34
	O_2/OH^-	$O_2 + 2H_2O + 4e^- \longrightarrow 4OH^-$	+0.40
	Cu^+/Cu	$Cu^+ + e^- \longrightarrow Cu$	+0.52
	I_2/I^-	$I_2 + 2e^- \longrightarrow 2I^-$	+0.54
	Fe^{3+}/Fe^{2+}	$Fe^{3+} + e^- \longrightarrow Fe^{2+}$	+0.77
	Hg_2^{2+}/Hg	$Hg_2^{2+} + 2e^- \longrightarrow 2Hg$	+0.79
	Ag^+/Ag	$Ag^+ + e^- \longrightarrow Ag$	+0.80
	O_2/H_2O (pH 7)	$O_2 + 4H^+ + 4e^- \longrightarrow 2H_2O$	+0.82
	Hg^{2+}/Hg	$Hg^{2+} + 2e^- \longrightarrow Hg$	+0.85
	Br_2/Br^-	$Br_2 + 2e^- \longrightarrow 2Br^-$	+1.07
	O_2/H_2O	$O_2 + 4H^+ + 4e^- \longrightarrow 2H_2O$	+1.23
	MnO_2/Mn^{2+}	$MnO_2 + 4H^+ + 2e^- \longrightarrow Mn^{2+} + 2H_2O$	+1.28
	$Cr_2O_7^{2-}/Cr^{3+}$	$Cr_2O_7^{2-} + 14H^+ + 6e^- \longrightarrow 2Cr^{3+} + 7H_2O$	+1.33
	Cl_2/Cl^-	$Cl_2 + 2e^- \longrightarrow 2Cl^-$	+1.36
	PbO_2/Pb^{2+}	$PbO_2 + 4H^+ + 2e^- \longrightarrow Pb^{2+} + 2H_2O$	+1.46
Mayor tendencia a ocurrir como reducción	MnO_4^-/Mn^{2+}	$MnO_4^- + 8H^+ + 5e^- \longrightarrow Mn^{2+} + 4H_2O$	+1.51
	$PbO_2/PbSO_4$	$PbO_2 + 4H^+ + SO_4^{2-} + 2e^- \longrightarrow PbSO_4 + 2H_2O$	+1.69
	F_2/F^-	$F_2 + 2e^- \longrightarrow 2F^-$	+2.87

Calcular los potenciales de celda estándar

¿Cómo puedes determinar si una reacción redox es espontánea?

En una celda electroquímica, la reacción de la semicelda que tiene el potencial de reducción más positivo (o menos negativo) ocurre como una reducción en la celda. Puedes usar los potenciales de reducción estándar conocidos de las semiceldas (de la Tabla 21.2) para predecir las semiceldas en las que ocurrirá la reducción y la oxidación, y para hallar el valor de E°_{cel} sin tener que armar en realidad la celda. **Si el potencial de celda para una reacción redox dada es positivo, entonces la reacción es espontánea como está escrita. Si el potencial de celda es negativo, entonces la reacción no es espontánea.** Esta última reacción será espontánea en dirección inversa, y el potencial de celda tendrá entonces un valor numéricamente igual pero positivo.

Ejemplo de problema 21.1

Determinar la espontaneidad de una reacción

Muestra que la siguiente reacción redox entre el metal zinc y los iones plata es espontánea.

$$Zn(s) + 2Ag^+(aq) \longrightarrow Zn^{2+}(aq) + 2Ag(s)$$

① Analizar Haz una lista de lo conocido y lo desconocido. Identifica las semirreacciones y calcula el potencial de celda estándar ($E^{\circ}_{cel} = E^{\circ}_{red} - E^{\circ}_{oxid}$). Si E°_{cel} es positivo, la reacción es espontánea.

② Calcular Resuelve para buscar lo desconocido.

CONOCIDO

reacción en la celda: $Zn(s) + 2Ag^+(aq) \longrightarrow Zn^{2+}(aq) + 2Ag(s)$

DESCONOCIDO

¿Es espontánea la reacción?

Primero, identifica las semirreacciones.

Oxidación: $Zn(s) \longrightarrow Zn^{2+}(aq) + 2e^-$

Reducción: $Ag^+(aq) + e^- \longrightarrow Ag(s)$

Escribe ambas semiceldas como reducciones con sus potenciales de reducción estándar.

$Zn^{2+}(aq) + 2e^- \longrightarrow Zn(s) \quad E^{\circ}_{Zn^{2+}} = -0.76\,V$

$Ag^+(aq) + e^- \longrightarrow Ag(s) \qquad E^{\circ}_{Ag^+} = +0.80\,V$

Calcula el potencial de celda estándar.

$E^{\circ}_{cel} = E^{\circ}_{red} - E^{\circ}_{oxid} = E^{\circ}_{Ag^+} - E^{\circ}_{Zn^{2+}}$

$\qquad = +0.80\,V - (-0.76\,V) = +1.56\,V$

$E^{\circ}_{cel} > 0$, por tanto, la reacción es espontánea.

③ Evaluar ¿Tiene sentido el resultado? El zinc está sobre la plata en la serie de actividad de los metales. Tiene sentido que el zinc se oxide en presencia de iones plata.

Usa la Tabla 21.2 para buscar los potenciales de reducción estándar de las semiceldas.

8. Determina si la siguiente reacción redox ocurrirá espontáneamente:

$$3Zn^{2+}(aq) + 2Cr(s) \longrightarrow 3Zn(s) + 2Cr^{3+}(aq)$$

9. ¿Es espontánea la reducción así como está escrita?

$$Co^{2+}(aq) + Fe(s) \longrightarrow Fe^{2+}(aq) + Co(s)$$

Ejemplo de problema 21.2

Escribir la reacción de celda

Determina la reacción de celda de una celda voltaica compuesta por las siguientes semiceldas:

$$Fe^{3+}(aq) + e^- \longrightarrow Fe^{2+}(aq) \quad E°_{Fe^{3+}} = +0.77 \text{ V}$$

$$Ni^{2+}(aq) + 2e^- \longrightarrow Ni(s) \quad E°_{Ni^{2+}} = -0.25 \text{ V}$$

❶ Analizar Identifica los conceptos relevantes. La semicelda con el potencial de reducción más positivo es en la que se produce la reducción (el cátodo). La reacción de oxidación se produce en el ánodo. Suma las semirreacciones, asegurándote que el número de electrones perdidos sea igual al número de electrones ganados.

❷ Resolver Aplica los conceptos a este problema.

Primero, identifica el cátodo y el ánodo.

La semicelda de Fe^{3+} tiene el potencial de reducción más positivo; por tanto, es el cátodo. La semicelda de Ni^{2+} tiene el potencial de reducción más negativo; por tanto, es el ánodo. En esta celda voltaica, Fe^{3+} se reduce y Ni se oxida.

Escribe las reacciones de las semiceldas en la dirección en la que realmente ocurren.

Oxidación: $Ni(s) \longrightarrow Ni^{2+}(aq) + 2e^-$ (en el ánodo)

Reducción: $Fe^{3+}(aq) + e^- \longrightarrow Fe^{2+}(aq)$ (en el cátodo)

Si es necesario, multiplica las semirreacciones por los factores apropiados para que los electrones se cancelen al sumar las semirreacciones.

$$Ni(s) \longrightarrow Ni^{2+}(aq) + 2e^-$$
$$2[Fe^{3+}(aq) + e^- \longrightarrow Fe^{2+}(aq)]$$

> Multiplica la ecuación de la semicelda de Fe^{3+} por 2, de modo que el número de electrones esté presente en igual cantidad en ambos lados de la ecuación.

Suma las semirreacciones.

$$Ni(s) \longrightarrow Ni^{2+}(aq) + 2e^-$$
$$2Fe^{3+}(aq) + 2e^- \longrightarrow 2Fe^{2+}(aq)$$
$$\overline{Ni(s) + 2Fe^{3+}(aq) \longrightarrow Ni^{2+}(aq) + 2Fe^{2+}(aq)}$$

> Los electrones perdidos por la especie que se oxida deben ser iguales a los electrones ganados por la especie que se reduce.

> La semicelda que tiene un potencial de reducción más positivo es el cátodo.

10. Una celda voltaica se construye usando las siguientes reacciones:

$$Cu^{2+}(aq) + 2e^- \longrightarrow Cu(s)$$
$$E°_{Cu^{2+}} = +0.34 \text{ V}$$
$$Al^{3+}(aq) + 3e^- \longrightarrow Al(s)$$
$$E°_{Al^{3+}} = -1.66 \text{ V}$$

Determina la reacción de la celda.

11. Se construye una celda voltaica usando las siguientes semirreacciones:

$$Ag^+(aq) + e^- \longrightarrow Ag(s)$$
$$E°_{Ag^+} = +0.80 \text{ V}$$
$$Cu^{2+}(aq) + 2e^- \longrightarrow Cu(s)$$
$$E°_{Cu^{2+}} = +0.34 \text{ V}$$

Determina la reacción de la celda.

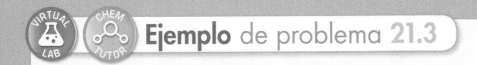

Ejemplo de problema 21.3

Calcular el potencial de celda estándar

Calcula el potencial de celda estándar de la celda voltaica descrita en el Ejemplo de problema 21. 2. Las semirreacciones son las siguientes:

$$Fe^{3+}(aq) + e^- \longrightarrow Fe^{2+}(aq) \quad E^\circ_{Fe^{3+}} = +0.77 \text{ V}$$

$$Ni^{2+}(aq) + 2e^- \longrightarrow Ni(s) \quad E^\circ_{Ni^{2+}} = -0.25 \text{ V}$$

❶ **Analizar** **Haz una lista de lo conocido y lo desconocido.** Usa la ecuación $E^\circ_{cel} = E^\circ_{red} - E^\circ_{oxid}$ para calcular el potencial de celda estándar.

> **CONOCIDO**
> $E^\circ_{Fe^{3+}} = +0.77 \text{ V}$
> $E^\circ_{Ni^{2+}} = -0.25 \text{ V}$
> ánodo: semicelda de Ni^{2+}
> cátodo: semicelda de Fe^{3+}
>
> **DESCONOCIDO**
> $E^\circ_{cel} = ?$

❷ **Calcular** **Resuelve para buscar lo deconocido.**

> **Primero, escribe la ecuación del potencial de celda estándar.**
> $$E^\circ_{cel} = E^\circ_{red} - E^\circ_{oxid} = E^\circ_{Fe^{3+}} - E^\circ_{Ni^{2+}}$$

> **Sustituye los valores de los potenciales de reducción estándar y resuelve la ecuación.**
> $$E^\circ_{cel} = +0.77 \text{ V} - (-0.25 \text{ V}) = +1.02 \text{ V}$$

❸ **Evaluar** **¿Tiene sentido el resultado?** El potencial de reducción de la reducción es positivo, y el potencial de reducción de la oxidación es negativo. Por tanto, E°_{cel} debe ser positivo.

12. Calcula el potencial de celda estándar de una celda voltaica construida usando las semirreacciones descritas en el Problema 10.

> Si hiciste el Problema 10, sabes cuál es el ánodo y el cátodo de esta celda.

13. Calcula el potencial de celda estándar de la celda voltaica construida usando las semirreacciones descritas en el Problema 11.

> Si hiciste el Problema 11, sabes cuál es el ánodo y el cátodo de esta celda.

21.2 Comprobación de la lección

14. ⬅ **Explicar** ¿Qué causa el potencial eléctrico de una celda?

15. ⬅ **Describir** ¿Cómo se puede hallar el potencial de reducción estándar de una semicelda?

16. ⬅ **Revisar** ¿Qué valores de potencial de celda indican una reacción espontánea? ¿Qué valores de potencial de celda indican una reacción no espontánea?

17. **Calcular** Determina si la siguiente reacción redox se producirá espontáneamente:

$$2Al^{3+}(aq) + 3Mg(s) \longrightarrow 2Al(s) + 3Mg^{2+}(aq)$$

18. **Calcular** Determina la reacción de celda y el potencial de celda estándar de una celda voltaica compuesta por las siguientes semiceldas:

$$Li^+(aq) + e^- \longrightarrow Li(s) \quad E^\circ_{Li^+} = -3.05 \text{ V}$$

$$Mg^{2+}(aq) + 2e^- \longrightarrow Mg(s) \quad E^\circ_{Mg^{2+}} = -2.37 \text{ V}$$

GRANIDEA MATERIA Y ENERGÍA

19. ¿Por qué una batería de plomo y ácido produce energía? Calcula el potencial de celda estándar de una celda voltaica en una batería de plomo y ácido.

Electroquímica **743**

Una pila de limón

Las pilas proporcionan energía a muchos de los dispositivos electrónicos que tal vez uses en tu vida diaria, incluyendo computadoras portátiles, teléfonos celulares y reproductores mp3. Las pilas vienen en diversas formas y tamaños, desde la batería grande de 12 V de los carros, pasando por las pilas AAA de las calculadoras, hasta las pequeñas pilas de los relojes.

Una pila es esencialmente un recipiente que contiene un ánodo, donde se produce la oxidación, un cátodo, donde se produce la reducción, y un electrolito. Los electrones fluyen desde el ánodo hasta el cátodo a través de un circuito externo, que por lo general es el dispositivo al que está suministrando energía la batería. Los iones positivos y negativos se mueven a través del electrolito para completar el circuito.

¿Sabías que puedes hacer una pila en casa con solo clavos o alambres y frutas? Prueba esta actividad en casa y observa cuánto voltaje puedes generar.

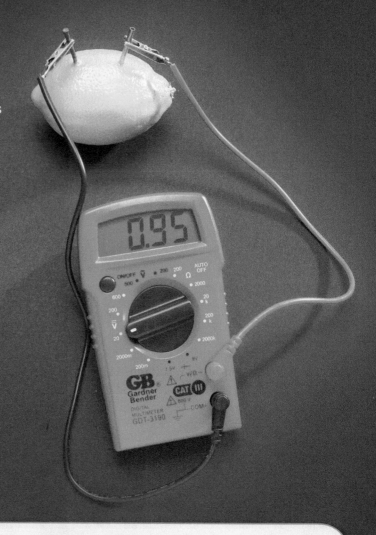

Por tu cuenta

1. Para esta actividad, necesitarás un **clavo, tornillo o cable de cobre** (de unos 5 cm de largo) y un **clavo o tornillo de zinc o galvanizado** (de unos 5 cm de largo). Estos servirán como tus electrodos. También necesitarás un **limón entero** y un **multímetro** ajustado para medir voltaje (si tienes uno). Limpia los electrodos con agua caliente y jabón, enjuágalos y sécalos. Rueda el limón por la mesa para suavizarlo. Ten cuidado de no romper la piel.

2. Inserta los electrodos de zinc y cobre en el limón. Los electrodos no se deben tocar y deben estar a unos 2 o 3 cm de separación.

3. Brevemente toca ambos electrodos a la vez con la lengua y observa lo que sucede.

4. Mide el voltaje de tu pila de limón con un multímetro. Sujeta el extremo positivo (rojo) al electrodo de cobre y el extremo negativo (negro) al electrodo de zinc.

Piénsalo

1. Observar Describe la sensación en tu lengua.

2. Medir ¿Cuál fue el voltaje de la pila? ¿Qué pasaría si sujetaras el extremo positivo del multímetro al electrodo de zinc y el extremo negativo al electrodo de cobre?

3. Predecir ¿Podrías generar suficiente voltaje como para encender un carro si conectas 12 pilas de limón en serie? Explica.

21.3 Celdas electrolíticas

LA QUÍMICA Y TÚ

P: *¿Cómo se puede colorear una botella de aluminio?* Probablemente sabes que el aluminio es un metal de color plateado. Pero, entonces, ¿cómo se pueden colorear los objetos de aluminio? Si un objeto de aluminio tiene un color distinto al plateado, fue anodizado antes de que lo tiñeran. En el proceso de anodización, el objeto de aluminio es el ánodo en una celda electrolítica. El electrolito es un ácido diluido. Cuando una corriente eléctrica fluye a través de la celda, se forma óxido de aluminio sobre la superficie del aluminio. En esta lección, aprenderás acerca de los procesos electroquímicos que requieren energía eléctrica.

Preguntas clave

🔑 **¿En qué se diferencian las celdas voltaicas y las electrolíticas?**

🔑 **¿Cuáles son algunas aplicaciones que usan celdas electrolíticas?**

Vocabulario

- electrólisis
- celda electrolítica

Celdas electrolíticas vs. celdas voltaicas

🔑 **¿En qué se diferencian las celdas voltaicas de las electrolíticas?**

En la Lección 21.1, aprendiste cómo se puede usar una reacción química espontánea para generar un flujo de electrones (una corriente eléctrica). En esta lección, aprenderás cómo se puede usar una corriente eléctrica para producir una reacción redox espontánea. El proceso en el que la energía eléctrica se usa para llevar a cabo tal cambio químico se llama **electrólisis.** Aunque tal vez no te hayas dado cuenta, ya estás familiarizado con algunos resultados de la electrólisis, como la joyería bañada en oro y las piezas de automóviles cromadas. La Figura 21.10 muestra algunos platos bañados en plata.

El aparato en el que se lleva a cabo la electrólisis es una celda electrolítica. Una **celda electrolítica** es una celda electroquímica que se usa para provocar un cambio químico a través de la aplicación de la energía eléctrica. Una celda electrolítica usa energía eléctrica (corriente directa) para hacer que una reacción redox no espontánea se lleve a cabo.

**Figura 21.10
Productos de la electrólisis**
La plata pura se puede adherir al acero mediante la electrólisis.

ⓐ Celda voltaica

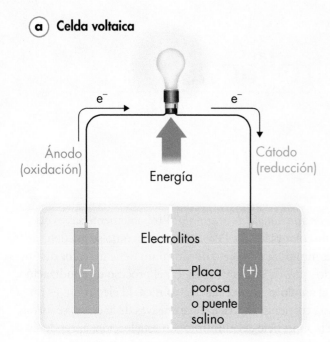

e⁻

Ánodo
(oxidación)

Cátodo
(reducción)

Energía

Electrolitos

(−)

(+)

—— Placa
porosa
o puente
salino

ⓑ Celda electrolítica

Pila

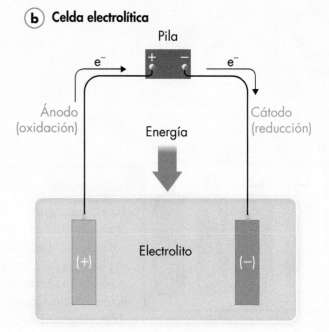

e⁻   e⁻

Ánodo
(oxidación)

Cátodo
(reducción)

Energía

Electrolito

(+)   (−)

Figura 21.11 Celdas voltaicas y electrolíticas
Las celdas electroquímicas se pueden
clasificar como voltaicas o electrolíticas.
a. En una celda voltaica, la energía se libera
de una reacción redox espontánea. El sistema
(celda) funciona en el entorno (foco). **b.** En
una celda electrolítica, se absorbe energía
para producir una reacción no espontánea.
El entorno (pila o fuente de alimentación)
hacen un trabajo sobre el sistema (celda).

Consulta celdas voltaicas y
electrolíticas *en línea animada.*

Tanto en las celdas voltaicas como en las electrolíticas, los
electrones fluyen desde el ánodo hasta el cátodo en el circuito
externo. Como se muestra en la Figura 21.11, para ambos tipos de
celdas, el electrodo en el que se produce la reducción es el cátodo. El
electrodo en el que se produce la oxidación es el ánodo.
🔑 **La diferencia clave entre una celda voltaica y una
electrolítica es que en una celda voltaica el flujo de electrones es el
resultado de una reacción redox espontánea, mientras que en una
celda electrolítica los electrones se hacen fluir por una fuente de
alimentación externa, como una pila.** El proceso redox en la celda
voltaica es espontáneo; en la celda electrolítica, el proceso redox no
es espontáneo. Las celdas electrolíticas y voltaicas también difieren
en la asignación de carga a los electrodos. En una celda voltaica, el
ánodo es el electrodo negativo y el cátodo es el electrodo positivo. En
una celda electrolítica, el cátodo se considera el electrodo negativo,
ya que está conectado al electrodo negativo de la pila. Se considera
que el ánodo en la celda electrolítica es el electrodo positivo, porque
está conectado al electrodo positivo de la pila. Es importante
recordar estas convenciones sobre los dos tipos de celdas.

Producir procesos no espontáneos

🔑 *¿Cuáles son algunas aplicaciones de las celdas
electrolíticas?*

La electrólisis se puede usar para generar reacciones no espontáneas
que son de importancia comercial. 🔑 **La electrólisis de una
solución o de un compuesto iónico fundido puede dar lugar
a una separación de los elementos del compuesto. Las celdas
electrolíticas también se usan comúnmente en el enchapado,
purificación y refinamiento de metales.**

Electrólisis del agua Cuando se aplica una corriente a dos electrodos sumergidos en agua pura, no sucede nada. No existe un flujo de corriente ni electrólisis. Sin embargo, cuando un electrolito como H_2SO_4 o KNO_3 en baja concentración se añade al agua pura, la solución conduce una corriente eléctrica y se produce la electrólisis. Este proceso se ilustra en la Figura 21.12. Los productos de la electrólisis del agua son gas hidrógeno y gas oxígeno. Este proceso se usa a veces para producir gas hidrógeno para las celdas de combustible.

El agua se oxida en el ánodo de acuerdo con la siguiente semirreacción de oxidación:

Oxidación: $2H_2O(l) \longrightarrow O_2(g) + 4H^+(aq) + 4e^-$ (en el ánodo)

El agua se reduce a hidrógeno en el cátodo de acuerdo con la siguiente semirreacción de reducción:

Reducción: $2H_2O(l) + 2e^- \longrightarrow H_2(g) + 2OH^-(aq)$ (en el cátodo)

La región alrededor del ánodo se vuelve ácida debido a un aumento de iones H^+. La región alrededor del cátodo se vuelve básica debido a la producción de iones OH^-. La reacción general de celda se obtiene mediante la suma de las semirreacciones (después de duplicar la ecuación de semirreacción de reducción para balancear los electrones).

Oxidación: $2H_2O(l) \longrightarrow O_2(g) + 4H^+(aq) + 4e^-$

Reducción: $2[2H_2O(l) + 2e^- \longrightarrow H_2(g) + 2OH^-(aq)]$

Reacción de celda general: $6H_2O(l) \longrightarrow 2H_2(g) + O_2(g) + 4H^+(aq) + 4OH^-(aq)$

Los iones producidos tienden a recombinarse para formar agua.

$$4H^+(aq) + 4OH^-(aq) \longrightarrow 4H_2O(l)$$

Por tanto, la reacción neta se puede escribir de la siguiente manera:

$$2H_2O(l) \longrightarrow 2H_2(g) + O_2(g)$$

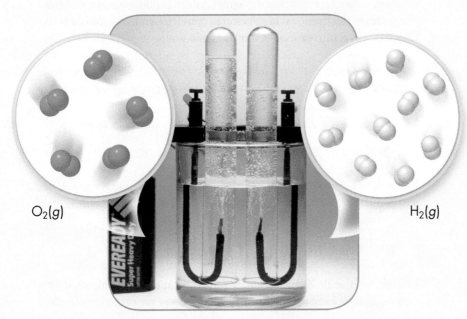

$O_2(g)$ $H_2(g)$

Figura 21.12 Electrólisis del agua
Cuando se pasa una corriente eléctrica a través del agua, el agua se descompone en gas oxígeno y gas hidrógeno.
Interpretar fotos *¿Qué electrodo de la fotografía es el cátodo? ¿Cuál es el ánodo?*

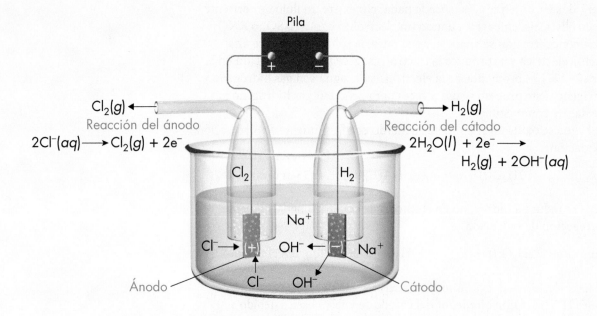

Pila

Cl$_2$(g) ← Reacción del ánodo

$2Cl^-(aq) \longrightarrow Cl_2(g) + 2e^-$

Cl$_2$

→ H$_2$(g)

Reacción del cátodo

$2H_2O(l) + 2e^- \longrightarrow$

$H_2(g) + 2OH^-(aq)$

H$_2$

Na$^+$

Cl$^-$ → (+) OH$^-$ ← (−) Na$^+$

Ánodo   Cl$^-$ OH$^-$ Cátodo

Figura 21.13 Electrólisis de la salmuera
Se producen gas cloro, gas hidrógeno e hidróxido de sodio cuando se hace pasar una corriente eléctrica a través de una solución acuosa de cloruro de sodio.
Interpretar diagramas ¿Qué sustancias se producen por oxidación? ¿Qué sustancias se producen por reducción?

Electrólisis de la salmuera Si el electrolito en una solución acuosa se oxida o se reduce más fácilmente que el agua, entonces los productos de la electrólisis serán sustancias distintas al hidrógeno y al oxígeno. Un ejemplo es la electrólisis de la salmuera, una solución acuosa concentrada de cloruro de sodio. Este proceso produce simultáneamente tres importantes productos químicos industriales: gas cloro, gas hidrógeno e hidróxido de sodio. La celda electrolítica para la electrólisis de la salmuera se muestra en la Figura 21.13.

Durante la electrólisis de la salmuera, los iones cloruro se oxidan para producir gas cloro en el ánodo. El agua se reduce para producir gas hidrógeno en el cátodo. Los iones sodio no se reducen al metal sodio en el proceso porque las moléculas de agua se reducen más fácilmente que los iones sodio. La reducción del agua también produce iones hidróxido. Por tanto, el electrolito en la solución se convierte en hidróxido de sodio (NaOH). Las semirreacciones son las siguientes:

Oxidación: $2Cl^-(aq) \longrightarrow Cl_2(g) + 2e^-$ (en el ánodo)

Reducción: $2H_2O(l) + 2e^- \longrightarrow H_2(g) + 2OH^-(aq)$ (en el cátodo)

La ecuación iónica general es la suma de las dos semirreacciones.

$$2Cl^-(aq) + 2H_2O(l) \longrightarrow Cl_2(g) + H_2(g) + 2OH^-(aq)$$

El ion espectador Na$^+$ se puede incluir en la ecuación (como parte de NaCl y de NaOH) para mostrar la formación del hidróxido de sodio durante el proceso electrolítico.

$$2NaCl(aq) + 2H_2O(l) \longrightarrow Cl_2(g) + H_2(g) + 2NaOH(aq)$$

Cuando la solución de hidróxido de sodio está aproximadamente al 10 por ciento (masa/volumen), se elimina de la celda y se procesa más a fondo.

Electrólisis de cloruro de sodio derretido Tanto el sodio como el cloro son comercialmente importantes. El sodio se usa en las lámparas de vapor de sodio y como refrigerante en algunos reactores nucleares. El cloro, un gas de color amarillo verdoso, se usa para esterilizar el agua potable y es importante en la fabricación de policloruro de vinilo (PVC) y diversos plaguicidas. Estos dos elementos se producen a través de la electrólisis de cloruro de sodio puro derretido, en lugar de una solución acuosa de NaCl. El gas cloro se produce en el ánodo y el sodio derretido se acumula en el cátodo. Las semirreacciones de la electrólisis del cloruro de sodio derretido son las siguientes:

Oxidación: $2Cl^-(l) \longrightarrow Cl_2(g) + 2e^-$ (en el ánodo)

Reducción: $2Na^+(l) + 2e^- \longrightarrow 2Na(l)$ (en el cátodo)

La ecuación general es la suma de las dos semirreacciones.

$$2NaCl(l) \longrightarrow 2Na(l) + Cl_2(g)$$

La celda electrolítica en la que se lleva a cabo este proceso comercial se llama celda de Downs y se muestra en la Figura 21.14. La celda funciona a una temperatura de 801 °C, de modo que el cloruro de sodio se mantenga derretido. Una pantalla de hierro perforada separa el cátodo circular del ánodo de grafito. El sodio, con un punto de fusión de 97.8 °C, se mantiene en forma líquida. El sodio líquido flota en el cloruro de sodio derretido más denso y se desprende a medida que se forma. El gas cloro se acumula después de que brota de la sal derretida. El diseño de la celda de Downs permite que se agregue cloruro de sodio fresco conforme se requiera. El diseño también separa los productos para que no se recombinen y vuelvan a formar con el cloruro de sodio.

Figura 21.14 Celdas de Downs
La celda de Downs produce metal sodio y gas cloro a partir de la electrólisis de cloruro de sodio derretido.

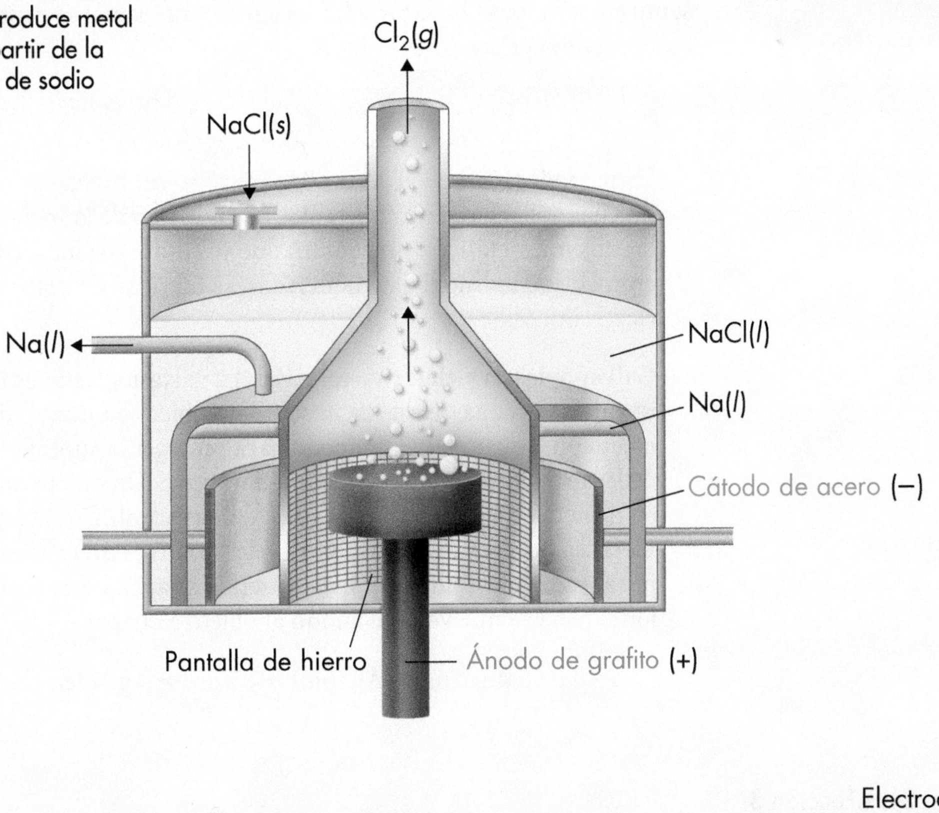

Propósito Oxidar metales electroquímicamente e identificar los productos

Materiales

- superficie de reacción
- papel de aluminio
- papel filtro
- micropipeta o gotero
- solución de sulfato de sodio (Na_2SO_4)
- moneda de 1¢
- pila de 9 voltios
- moneda de níquel
- clavo de hierro

Análisis electroquímico de los metales

Procedimiento

1. Apila lo siguiente en orden sobre una superficie de reacción: un cuadrado de 3 cm de papel de aluminio, un cuadrado de 2 cm de papel filtro, 1 gota de solución de Na_2SO_4 y una moneda de 1¢. La moneda de 1¢ debe estar centrada en el papel filtro, que debe estar centrado en el papel de aluminio.

2. Aplica el terminal negativo (−) de la pila de 9 voltios al papel de aluminio y el terminal positivo (+) a la moneda de 1¢ durante no más de tres segundos.

3. Retira la moneda de 1¢ y observa el papel filtro.

4. Repite los pasos 1 a 3, reemplazando la moneda de 1¢ con una moneda de níquel.

5. Repite los pasos 1 a 3, reemplazando la moneda de 1¢ con un clavo de hierro.

Analizar y concluir

1. Observar ¿Qué colores se forman en el papel filtro con cada objeto?

2. Describir Para cada objeto de metal que probaste, la batería oxidó los átomos de metal para formar cationes metálicos con una carga de 2+. Escribe una semirreacción para cada oxidación del metal que observaste. ¿En dónde tienen lugar estas reacciones, en el ánodo o en el cátodo?

3. Relacionar causa y efecto Explica en tus propias palabras por qué se formaron colores en el papel filtro.

4. Describir El papel de aluminio sirve como cátodo, donde se da la reducción del agua. Escribe la semirreacción para la reducción del agua.

5. Describir Combina la semirreacción para la oxidación del cobre con la semirreacción para la reducción del agua para formar la ecuación general de la reacción de la celda.

Usar la electrólisis en el procesamiento de metales La electrólisis tiene muchas aplicaciones importantes en el campo de la metalurgia. Muchos de los objetos metálicos y brillantes que ves todos los días, como los accesorios cromados o las monedas niqueladas, se fabrican con la ayuda de procesos electrolíticos.

Galvanoplastia y electroformación La galvanoplastia es la deposición de una delgada capa de un metal sobre un objeto en una celda electrolítica. Un objeto puede ser electrochapado para proteger la superficie del metal base de la corrosión o para que sea más atractivo. Un objeto que se va a chapar en plata debe ser el cátodo en una celda electrolítica. El ánodo es la plata metálica que se va a depositar y el electrolito es una solución de una sal de plata, como el cianuro de plata. Cuando se aplica una corriente directa, los iones plata se mueven del ánodo al objeto a chapar.

$$\text{Reducción:} \quad Ag^+(aq) + e^- \longrightarrow Ag(s) \text{ (en el cátodo)}$$

El resultado neto es que plata pasa del ánodo de plata al objeto que se está chapando. La Figura 21.15 muestra estatuillas que se recubren de cobre, níquel y oro de 24 quilates. Muchos factores contribuyen a la calidad del recubrimiento de metal que se forma. En la solución de galvanizado, la concentración de los cationes a ser reducidos debe controlarse cuidadosamente. La solución también debe contener compuestos que controlen la acidez y aumenten la conductividad. Otros compuestos se pueden usar para hacer que el recubrimiento de metal sea más brillante o liso.

La electroformación es un proceso en el que un objeto se reproduce haciendo un molde de metal del mismo en el cátodo de una celda. Por ejemplo, un molde de un objeto puede revestirse con metal para que conduzca una corriente. Después, se electrochapa con una gruesa capa de metal. Este revestimiento puede entonces sacarse del molde. La electroformación se usa para hacer joyería y tubos para instrumentación química, como cromatógrafos de gases.

Figura 21.15 Electrochapado
Cobre, níquel y oro fueron chapados al peltre para producir estas estatuillas.

Electrodeposición y electrorefinación En un proceso llamado electrodeposición, los metales impuros se pueden purificar en celdas electrolíticas. Los cationes de sales fundidas o soluciones acuosas se reducen en el cátodo para dar metales muy puros. Un uso común de la electrodeposición es la extracción de aluminio a partir de su mineral, bauxita. La bauxita es alúmina impura (Al_2O_3). En un método conocido como proceso de Hall-Heroult, la alúmina purificada se disuelve en criolita fundida (Na_3AlF_6) y se calienta hasta por arriba de los 1000 °C en un tanque recubierto de carbono. El revestimiento de carbono, conectado a una corriente directa, sirve como cátodo. El ánodo consiste en varillas de carbono que se sumergen en el tanque. En el cátodo, los iones Al^{3+} se reducen, formando aluminio fundido. En el ánodo, el carbono se oxida, formando el gas dióxido de carbono. La reacción general es la siguiente:

$$2Al_2O_3(l) + 3C(s) \longrightarrow 4Al(l) + 3CO_2(g)$$

En el proceso de electrorefinación, el ánodo de la celda es una pieza de metal impuro. Se oxida en el catión y después se reduce al metal puro en el cátodo. Esta técnica se usa para obtener plata, plomo y cobre ultrapuros.

Otros procesos Otros procesos electrolíticos se centran en el ánodo en lugar del cátodo. En el electropulido, por ejemplo, la superficie de un objeto en el ánodo se disuelve selectivamente para darle un alto acabado. En el electromaquinado, una pieza de metal en el ánodo se disuelve parcialmente hasta que la parte restante es una copia exacta del objeto en el cátodo.

LA QUÍMICA Y TÚ

P: *En el proceso de anodización del aluminio, el objeto de aluminio funciona como ánodo. ¿A qué electrodo de la fuente de poder está conectado el ánodo?*

ONLINE PROBLEMS 21.3 Comprobación de la lección

20. Describir ¿Cuál es la diferencia entre una celda electrolítica y una celda voltaica?

21. Hacer una lista ¿Cuáles son algunas aplicaciones de las celdas electrolíticas?

22. Comparar ¿Cuál es la carga del ánodo de una celda electrolítica? ¿Cuál es la carga del ánodo de una celda voltaica?

23. Aplicar conceptos ¿Qué proceso, oxidación o reducción, se produce siempre en el cátodo de una celda electrolítica?

24. Explicar Lee acerca del proceso de Hall-Heroult en la página R13. Escribe las semirreacciones de la electrólisis que ocurre y explica la función de la criolita en el proceso.

GRANIDEA MATERIA Y ENERGÍA

25. ¿Libera energía la reacción redox en una celda voltaica? Si no se suministra energía eléctrica, ¿libera energía la reacción redox en la celda voltaica? Explica.

Laboratorio a escala

Electrólisis del agua

Propósito
Electrolizar soluciones e interpretar las observaciones en términos de reacciones y ecuaciones químicas

Materiales
- superficie de reacción • micropipetas o goteros
- dispositivo de electrólisis • agua
- solución de sulfato de sodio (Na_2SO_4)
- solución de azul de bromotimol (BTB)

Procedimiento
1. En hojas de papel separadas, dibuja dos cuadrículas similares a la Figura A. Haz cada cuadrado de 2 cm de lado.

2. Coloca una superficie de reacción sobre una de las cuadrículas y añade una gota de cada una de las soluciones que se muestran en la Figura A.

3. Aplica los cables del dispositivo de electrólisis a cada solución. Asegúrate de limpiar los cables entre cada experimento. Fíjate bien en el cátodo (cable negativo) y el ánodo (cable positivo).

4. Usa la segunda cuadrícula como una tabla de datos para anotar tus observaciones para cada solución.

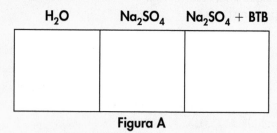

H_2O	Na_2SO_4	Na_2SO_4 + BTB

Figura A

Analizar y concluir
1. Relacionar causa y efecto Explica por qué el agua pura no conduce corriente eléctrica y no experimenta electrólisis.

2. Relacionar causa y efecto Explica por qué el agua con sulfato de sodio conduce corriente eléctrica y experimenta electrólisis.

3. Analizar datos El cátodo proporciona electrones al agua y se produce la siguiente semirreacción:

$$2H_2O(l) + 2e^- \longrightarrow H_2(g) + 2OH^-(aq)$$

Explica cómo se corresponden tus observaciones con los productos que se muestran en esta reacción.

4. Analizar datos El ánodo quita electrones al agua, y se produce la siguiente semirreacción:

$$H_2O(l) \longrightarrow \tfrac{1}{2}O_2(g) + 2H^+(aq) + 2e^-$$

Explica cómo se corresponden tus observaciones con los productos que se muestran en esta reacción.

5. Resumir Suma las dos semirreacciones para obtener la reacción general de la electrólisis del agua. Simplifica el resultado sumando los iones OH^- y H^+ para obtener H_2O, y después cancela todo lo que aparezca a ambos lados de la ecuación.

Tú eres el químico
1. Analizar datos Realiza el experimento anterior usando las soluciones que se muestran en la Figura B. Anota los resultados. Las reacciones de cátodo y ánodo son

$$2H_2O(l) + 2e^- \longrightarrow H_2(g) + 2OH^-(aq) \text{ (en el cátodo)}$$
$$2I^-(aq) \longrightarrow I_2(aq) + 2e^- \text{ (en el ánodo)}$$

Explica cómo se corresponden tus observaciones con los productos mostrados en estas semirreacciones.

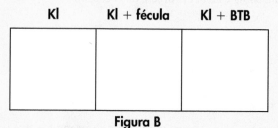

KI	KI + fécula	KI + BTB

Figura B

2. Analizar datos Para cada semirreacción presentada arriba, busca los valores de $E°$ en la Tabla 21.2. Demuestra que los valores de $E°$ son consistentes con lo que observas.

3. Diseña un experimento Diseña un experimento para explorar lo que ocurre cuando electrolizas NaCl, KBr y $CuSO_4$ con y sin BTB. Escribe semirreacciones para predecir los resultados.

21 Guía de estudio

GRANIDEA MATERIA Y ENERGÍA

Los dos tipos de celdas electroquímicas son las celdas voltaicas y las celdas electrolíticas. En una celda voltaica, se produce corriente eléctrica por una reacción redox espontánea. Las celdas voltaicas se usan en las pilas y en las celdas de combustible. En una celda electrolítica se produce una reacción redox no espontánea mediante la aplicación de energía eléctrica. Las celdas electrolíticas se usan para producir químicos de importancia comercial y para chapar, purificar y refinar los metales.

21.1 Celdas electroquímicas

 Todos los procesos electroquímicos implican reacciones redox.

🔑 La energía eléctrica se produce en una celda voltaica por una reacción redox espontánea dentro de la celda.

🔑 Las aplicaciones actuales que usan procesos electroquímicos para producir energía eléctrica incluyen celdas secas, baterías de almacenamiento de plomo y celdas de combustible.

- proceso electroquímico (728)
- celda electroquímica (730)
- celda voltaica (730)
- semicelda (730)
- puente salino (730)
- electrodo (730)
- ánodo (730)
- cátodo (730)
- celda seca (732)
- pila (733)
- celda de combustible (734)

21.2 Semiceldas y potenciales de celda

🔑 El potencial eléctrico de una celda resulta de una competencia por los electrones entre dos semiceldas.

🔑 Puedes determinar el potencial de reducción estándar de una semicelda mediante el uso de un electrodo de hidrógeno estándar y la ecuación para el potencial de celda estándar.

🔑 Si el potencial de celda para una reacción redox dada es positivo, entonces la reacción es espontánea como está escrita. Si el potencial de celda es negativo, entonces la reacción no es espontánea.

- potencial eléctrico (737)
- potencial de reducción (737)
- potencial de celda (737)
- potencial de celda estándar (737)
- electrodo de hidrógeno estándar (738)

Ecuación clave

$$E^\circ_{cel} = E^\circ_{red} - E^\circ_{oxid}$$

21.3 Celdas electrolíticas

🔑 La diferencia clave entre las celdas voltaicas y electrolíticas es que en una celda voltaica el flujo de electrones es el resultado de una reacción redox espontánea, mientras que en una celda electrolítica los electrones se hacen fluir por una fuente de poder externa, como una pila.

🔑 La electrólisis de una solución o de un compuesto iónico derretido puede resultar en la separación de los elementos de los compuestos. Las celdas electrolíticas se usan también para chapar, purificar y refinar metales.

- electrólisis (745)   • celda electrolítica (745)

Lección por lección

21.1 Celdas electroquímicas

26. Si las actividades relativas de dos metales son conocidas, ¿qué metal se oxida más fácilmente?

27. Escribe las semirreacciones que ocurren cuando una tira de aluminio se sumerge en una solución de sulfato de cobre(II).

★28. Para cada par de metales de la lista de abajo, decide qué metal se oxida más fácilmente.

a. Hg, Cu **d.** Sn, Ag
b. Ca, Al **e.** Pb, Zn
c. Ni, Mg **f.** Cu, Al

29. ¿Qué esperarías que ocurra cuando se sumerge una tira de plomo en una solución acuosa de nitrato de magnesio?

30. ¿Qué se entiende por el término *semicelda*?

31. Explica la función del puente salino en una pila voltaica.

32. ¿En qué electrodo en una celda voltaica ocurre siempre la reducción?

★33. Describe la estructura de una celda seca. ¿Qué sustancia se oxida? ¿Qué sustancia se reduce?

34. ¿En qué se parecen las celdas secas y las pilas alcalinas? ¿En qué se diferencian?

35. Explica por qué la densidad del electrolito en una batería de plomo disminuye durante el proceso de descarga.

★36. Usa el método abreviado para representar la reacción electroquímica en una batería de plomo.

37. Haz una lista de las ventajas de una celda de combustible sobre una batería de plomo.

38. Las celdas de combustible se pueden diseñar para generar energía eléctrica sin emitir contaminantes al aire, sin embargo, no se usan mucho. Explica.

21.2 Semiceldas y potenciales de celda

39. ¿Cuál es el potencial eléctrico de una celda voltaica?

★40. ¿Cuál es la diferencia entre el potencial de celda estándar y el potencial de reducción estándar?

41. ¿Cuál es el potencial eléctrico de un electrodo de hidrógeno estándar? ¿Cómo se determinó?

42. Explica cómo determinar el potencial de reducción estándar para la semicelda de aluminio.

43. ¿Cómo se compara el orden de los metales en la Tabla 21.1 con el orden en la Tabla 21.2? Explica.

★44. Determina si estas reacciones redox ocurrirán espontáneamente. Calcula el potencial de celda estándar en cada caso.

a. $Cu(s) + 2H^+(aq) \longrightarrow Cu^{2+}(aq) + H_2(g)$
b. $2Ag(s) + Fe^{2+}(aq) \longrightarrow 2Ag^+(aq) + Fe(s)$

45. Usa la información de la Tabla 21.2 para calcular los potenciales de celda estándar para estas celdas voltaicas.

a. $Zn \mid Zn^{2+} \parallel Cu^{2+} \mid Cu$
b. $Ni \mid Ni^{2+} \parallel Cl_2 \mid Cl^-$
c. $Sn \mid Sn^{2+} \parallel Ag^+ \mid Ag$

21.3 Celdas electrolíticas

★46. Distingue entre celdas voltaicas y electrolíticas.

Usa el diagrama para responder los Problemas 47 a 49.

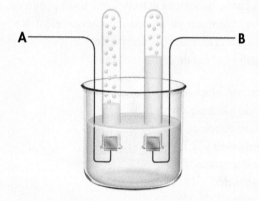

47. Escribe la ecuación para la descomposición del agua por electrólisis.

48. ¿En qué electrodo, A o B, se produce hidrógeno?

49. La ecuación para la electrólisis de la salmuera es

$$2NaCl(aq) + 2H_2O(l) \longrightarrow$$
$$Cl_2(g) + H_2(g) + 2NaOH(aq)$$

¿Cómo modificarías el diagrama de la electrólisis para que represente cuantitativamente la formación de hidrógeno y cloro?

★50. ¿Qué cambios químicos se producen durante la electrólisis de la salmuera?

51. ¿Cuáles son los productos de la electrólisis del cloruro de sodio derretido?

52. ¿Cuáles son algunas aplicaciones de la electrólisis en el campo de la metalurgia?

53. Describe brevemente cómo galvanizarías una cuchara con plata.

Entender conceptos

54. Describe la composición del ánodo, el cátodo y los electrolitos en:
   a. una batería de plomo completamente cargada
   b. una batería de plomo completamente descargada

★55. Predice lo que sucederá, en todo caso, cuando un clavo de hierro se sumerge en una solución de sulfato de cobre(II). Escribe las semirreacciones de oxidación y reducción de este proceso y la ecuación balanceada de la reacción general.

56. El potencial de reducción estándar de una semicelda de cadmio es -0.40 V. ¿Qué significa esto?

★57. Calcula E°_{cel} y escribe la reacción general de estas celdas.
   a. $Sn \mid Sn^{2+} \parallel Pb^{2+} \mid Pb$
   b. $H_2 \mid H^+ \parallel Br_2 \mid Br^-$

58. ¿Por qué no es posible medir el potencial de una semicelda aislada?

59. Completa la siguiente tabla de datos para la electrólisis del agua.

H$_2$O usado	H$_2$ formado	O$_2$ formado
a. 2.0 mol	_____ mol	_____ mol
b. _____ g	_____ g	16.0 g
c. _____ mL	10.0 g	_____ g
d. 44.4 g	_____ g	_____ g
e. _____ g	8.80 L (TPE)	_____ L (TPE)
f. 66.0 mL	_____ g	_____ L (TPE)

★60. ¿Cuál es la relación entre el voltaje producido por una reacción redox y la espontaneidad de la reacción?

61. Las reacciones que tienen lugar en las celdas voltaicas producen corriente eléctrica, y se pueden producir las reacciones en celdas electrolíticas cuando se aplica una corriente eléctrica. ¿Qué característica común comparten estas reacciones redox?

★62. En un proceso usado para producir metal aluminio, el mineral que contiene el óxido de aluminio se convierte en cloruro de aluminio. Entonces se producen aluminio metálico y gas cloro por la electrólisis de cloruro de aluminio derretido ($AlCl_3$).
   a. Escribe las semirreacciones que tienen lugar en el cátodo y el ánodo.
   b. Escribe la ecuación de la reacción de celda general.
   c. Identifica los productos producidos en el cátodo y el ánodo.

63. Usa la información de la Tabla 21.2 para determinar cuál de las siguientes reacciones de celda procederá espontáneamente.
   a. $Zn + Pb^{2+} \longrightarrow ?$
   b. $Cu + Fe^{2+} \longrightarrow ?$
   c. $Ag + Cu^{2+} \longrightarrow ?$
   d. $H_2 + Cu \longrightarrow ?$
   e. $Fe + Pb^{2+} \longrightarrow ?$
   f. $Na + Cl_2 \longrightarrow ?$

64. Para cada reacción espontánea en el Problema 63, escribe la semirreacción que tiene lugar en el ánodo. Escribe la semirreacción que tiene lugar en el cátodo.

65. Escribe la ecuación balanceada general de cada reacción espontánea del Problema 63.

66. Determina el potencial de celda estándar para cada reacción espontánea del Problema 63.

67. En ciertos casos, más de una reacción es posible en un electrodo. ¿Cómo puedes determinar qué reacción ocurrirá en realidad?

★68. Responde las siguientes preguntas para la electrólisis de la salmuera (solución de cloruro de sodio concentrada).
   a. Escribe las ecuaciones para las dos posibles reacciones que pueden tener lugar en el ánodo.
   b. Escribe las ecuaciones para las dos posibles reacciones que pueden tener lugar en el cátodo.
   c. ¿Qué reacción tiene lugar en realidad en el ánodo? Explica por qué esta reacción se lleva a cabo con preferencia a la otra posible reacción.
   d. ¿Qué reacción tiene lugar en realidad en el cátodo? Explica por qué esta reacción se lleva a cabo con preferencia a la otra posible reacción.

★69. Identifica el agente oxidante más fuerte en cada uno de los siguientes pares:
   a. Li^+, Ca^{2+} **c.** Cu^{2+}, Cu^+
   b. Fe^{3+}, Hg_2^{2+} **d.** Hg^{2+}, I_2

70. El oro no se incluye en la Tabla 21.2. ¿Dónde debe aparecer el oro en la tabla?

∗71. ¿Por qué se usa una corriente directa y no una alterna en la electrogalvanización de metales?

72. Escribe las reacciones de celda generales y calcula $E°_{cel}$ para las celdas voltaicas compuestas de los siguientes conjuntos de semirreacciones.

a. $Ag^+(aq) + e^- \longrightarrow Ag(s)$
$Cr^{3+}(aq) + 3e^- \longrightarrow Cr(s)$
b. $Al^{3+}(aq) + 3e^- \longrightarrow Al(s)$
$Cd^{2+}(aq) + 2e^- \longrightarrow Cd(s)$

Piensa de manera crítica

∗73. Relacionar causa y efecto Las baterías de plomo se pueden recargar. ¿Por qué las celdas secas no son recargables?

74. Inferir Para cualquier celda voltaica, los químicos consideran que el electrodo que produce electrones es negativo, y lo llaman el ánodo. Sin embargo, la mayoría de los diccionarios definen el ánodo como el electrodo con carga positiva. Explica.

∗75. Interpretar diagramas Describe el proceso que ocurre en la siguiente ilustración.

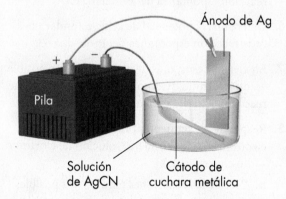

Ánodo de Ag

Pila

Solución de AgCN

Cátodo de cuchara metálica

76. Relacionar causa y efecto En la mayoría de las celdas voltaicas, las semiceldas están conectadas por un puente salino o barrera porosa en lugar de un trozo de alambre de cobre o algún otro metal. ¿Por qué el alambre de metal no es adecuado para la conexión de las semiceldas de una celda voltaica? Explica tu respuesta.

77. Inferir ¿Qué propiedad del sulfato de plomo(II) y del óxido de plomo(IV) hace que los puentes salinos sean innecesarios en las baterías de plomo?

78. Interpretar diagramas Abajo se muestra una celda electrolítica. La sustancia MX es un compuesto iónico.

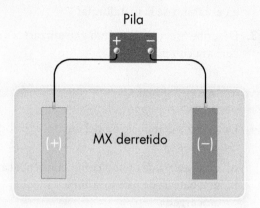

Pila

MX derretido

(+) (−)

a. ¿En qué electrodo se da una reducción?
b. ¿En qué electrodo los iones liberan electrones?
c. ¿En qué electrodo entran los electrones a la celda?
d. ¿En qué electrodo se forma M elemental?

∗79. Interpretar gráficas ¿Qué gráfica es característica de una celda seca? Explica tu respuesta.

a.
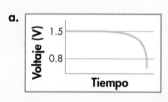

b.
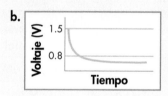

c.
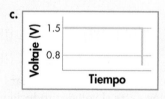

d.
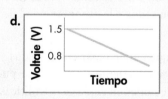

***80. Calcular** Escribe las reacciones de celda generales y calcula E°_{cel} para las celdas voltaicas compuestas de los siguientes conjuntos de semirreacciones.

    a. $AgCl(s) + e^- \longrightarrow Ag(s) + Cl^-(aq)$
       $Ni^{2+}(aq) + 2e^- \longrightarrow Ni(s)$
    b. $Al^{3+}(aq) + 3e^- \longrightarrow Al(s)$
       $Cl_2(g) + 2e^- \longrightarrow 2Cl^-(aq)$

81. Evaluar Un ingeniero ha propuesto un nuevo diseño de batería que usa plata como electrodo en ambas semiceldas. Como químico, ¿qué le dirías al ingeniero de la propuesta?

82. Aplicar conceptos El cobre impuro se purifica en una celda electrolítica. Diseña una celda electrolítica con H_2SO_4 como electrolito, que permita llevar a cabo este proceso. Da las reacciones de oxidación y reducción, y una ecuación balanceada de la reacción general.

83. Aplicar conceptos Esta reacción redox espontánea se produce en la celda voltaica que se ilustra abajo.

$$Ni^{2+}(aq) + Fe(s) \longrightarrow Ni(s) + Fe^{2+}(aq)$$

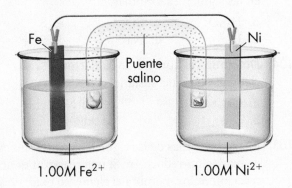

1.00M Fe^{2+} 1.00M Ni^{2+}

    a. Identifica el ánodo y el cátodo.
    b. Asigna cargas a los electrodos.
    c. Escribe las semirreacciones.
    d. Calcula el potencial de celda estándar cuando las semiceldas están en condiciones estándar.

***84. Relacionar causa y efecto** Las celdas de una batería de automóvil están separadas entre sí. Sin embargo, el electrolito es el mismo en todas las celdas. ¿Cuál sería la consecuencia de colocar todas las celdas en un solo recipiente de solución electrolítica en vez de en compartimientos separados?

85. Explicar Escribe un párrafo que explique cómo funciona una celda voltaica de zinc–cobre. Asegúrate de mencionar las semirreacciones y la reacción global en tu explicación. (*Pista*: Usa la Figura 21.3 como referencia.)

86. Comparar y contrastar ¿Qué tienen en común las celdas voltaicas y las celdas electrolíticas? ¿En qué se diferencian?

MISTERIOQUÍMICO

¿Basura o tesoro?

El joyero le informó a María que no compró un anillo antiguo de oro puro sino una pieza barata de joyería de fantasía. El anillo estaba hecho en realidad de acero inoxidable que estaba electrochapado con oro. A medida que María usaba el anillo, la fina capa de oro comenzó a desgastarse, dejando al descubierto la parte de acero inoxidable. Sin embargo, el joyero se ofreció a volvera chapar el anillo barato con más oro para recuperar su color original.

    El proceso por el cual el oro se chapa sobre otro metal es similar al proceso por el cual la plata se chapa sobre un objeto. El objeto a chapar en oro es el cátodo en una celda electrolítica. El ánodo es oro metálico, que suministra el oro que se deposita sobre el objeto. El electrolito es una solución de un compuesto de oro. La galvanoplastia del objeto se produce cuando se aplica una corriente directa.

87. Describir Dibuja la celda electrolítica que se usa para chapar oro sobre un objeto. Rotula el ánodo y el cátodo y asigna las cargas a los electrodos. Indica la dirección de flujo de los electrones y escribe las semirreacciones.

***88. Inferir** ¿Cómo podrías eliminar el oro de un objeto chapado en oro usando una celda electrolítica?

Conexión con la GRANIDEA
¿Ocurrirían las semirreacciones en una celda electrolítica que se usa para chapar oro en un objeto si no se aplicara corriente eléctrica a la celda? Explica.

90. Balancea cada ecuación.

a. $H_2S(g) + HNO_3(aq) \longrightarrow$
$$S(s) + NO(g) + H_2O(l)$$

b. $AgNO_3(aq) + Pb(s) \longrightarrow$
$$Pb(NO_3)_2(aq) + Ag(s)$$

c. $Cl_2(g) + NaOH(aq) \longrightarrow$
$$NaCl(aq) + NaClO_3(aq) + H_2O(l)$$

✳91. Una muestra de gas oxígeno tiene un volumen de 425 mL a 30 °C. ¿Cuál es el nuevo volumen del gas si aumenta la temperatura a 60 °C mientras que la presión se mantiene constante?

92. Escribe las fórmulas de estos hidratos.

a. cloruro de estaño pentahidratado(IV)
b. sulfato de magnesio heptahidratado
c. fosfato de hierro(III) tetrahidratado
d. cloruro de calcio dihidratado

✳93. Calcula los gramos de soluto necesarios para hacer las siguientes soluciones:

a. 250 g de 0.90% NaCl (m/m)
b. 500 mL de 2.0M KNO$_3$

94. El ácido nítrico concentrado es 16M. ¿Cómo prepararías 500 mL de HNO$_3$ 1.0M a partir del ácido concentrado?

95. Convierte lo siguiente:

a. 4.32×10^5 julios a kilojulios
b. 255 Calorías a calorías
c. 645 calorías a julios

96. Calcula la cantidad de calor perdida o ganada en los siguientes cambios:

a. 0.625 moles de NaOH(s) se disuelven en agua
b. 1.17 moles de agua se congelan a 0 °C
c. 0.30 moles de C_2H_6O(l) se vaporizan
d. 0.66 moles de vapor se condensan a 100 °C

✳97. La combustión de gas natural, el metano (CH_4), es una reacción exotérmica.

$$CH_4(g) + 2O_2(g) \longrightarrow CO_2(g) + 2H_2O(l)$$
$$\Delta H = -890 \text{ kJ}$$

Calcula la cantidad de calor liberado cuando 4.80 g de CH_4 reaccionan con un exceso de oxígeno.

✳98. Cuatro reacciones tienen las siguientes constantes de equilibrio. Identifica en cuál de estas reacciones se favorece a los reactantes por sobre los productos. ¿Por qué?

a. $K_{eq} = 0.006$ **c.** $K_{eq} = 8 \times 10^{-4}$
b. $K_{eq} = 5.3$ **d.** $K_{eq} = 2 \times 10^3$

99. Da la expresión de la constante de equilibrio para la descomposición de amoníaco en nitrógeno e hidrógeno.

$$2NH_3(g) \rightleftharpoons N_2(g) + 3H_2(g)$$

✳100. Determina el pH de cada solución.

a. $[H^+] = 1.0 \times 10^{-8}M$
b. $[H^+] = 0.000010M$
c. $[OH^-] = 1.0 \times 10^{-4}M$
d. $[OH^-] = 1.0 \times 10^{-9}M$

101. Tres soluciones tienen los siguientes valores de pH. ¿Cuáles son las concentraciones del ion hidróxido de estas soluciones?

a. pH = 7.0 **b.** pH = 4.0 **c.** pH = 9.0

102. Escribe una ecuación balanceada para la reacción de cada uno de los siguientes metales con agua:

a. sodio **b.** calcio

✳103. Determina el número de oxidación del azufre en las siguientes fórmulas.

a. H_2SO_4 **c.** SO_2 **e.** S
b. H_2S **d.** $Na_2S_2O_3$ **f.** SO_3^{2-}

104. Determina el número de oxidación de cada elemento en estas sustancias.

a. $CaCr_2O_7$ **c.** $Ca(NO_3)_2$
b. $KMnO_4$ **d.** $Al(OH)_3$

✳105. Identifica cuáles de las siguientes reacciones son de oxidación-reducción. Si una reacción es una reacción redox, nombra el elemento oxidado y el elemento reducido.

a. $CaCO_3(s) \longrightarrow CaO(s) + CO_2(g)$
b. $Ca(s) + Cl_2(g) \longrightarrow CaCl_2(s)$
c. $Ca(s) + 2H_2O(l) \longrightarrow Ca(OH)_2(aq) + H_2(g)$

106. Balancea cada ecuación redox.

a. $Br_2(g) + NaOH(aq) \longrightarrow$
$$NaBrO_3(aq) + NaBr(aq) + H_2O(l)$$
b. $Fe_2O_3(s) + H_2(g) \longrightarrow Fe(s) + H_2O(l)$

Si tienes problemas con . . .

Pregunta	90	91	92	93	94	95	96	97	98	99	100	101	102	103	104	105	106
Ver el capítulo	11	14	15	16	16	17	17	17	18	18	19	19	19	20	20	20	20

Preparación para los exámenes estandarizados

Escoge la opción que responda mejor cada pregunta o que complete cada enunciado.

1. ¿Qué afirmación describe a la electrólisis?
   (A) La reducción se produce en el ánodo.
   (B) Se produce energía.
   (C) La oxidación se produce en el cátodo.
   (D) Los iones positivos se mueven hacia el cátodo.

2. Una celda voltaica se construye usando las siguientes semirreacciones:

   $Cd^{2+}(aq) + 2e^- \longrightarrow Cd(s)$ $E°_{Cd^{2+}} = -0.40$ V
   $Sn^{2+}(aq) + 2e^- \longrightarrow Sn(s)$ $E°_{Sn^{2+}} = -0.14$ V

   ¿Cuál es el potencial de celda estándar para esta celda voltaica?
   (A) -0.54 V   (C) $+0.26$ V
   (B) -0.26 V   (D) $+0.54$ V

3. ¿Cuál de los siguientes productos es de la reacción que se produce en una celda de combustible de hidrógeno y oxígeno?
   (A) $CO(g)$ (C) $H_2O(g)$
   (B) $CO_2(g)$ (D) $H_2O_2(l)$

4. El metal magnesio se prepara por electrólisis de $MgCl_2$ derretido. Una semirreacción es

   $$Mg^{2+}(l) + 2e^- \longrightarrow Mg(l)$$

   ¿Cuál de los siguientes enunciados es verdadero?
   (A) Esta semirreacción se produce en el cátodo.
   (B) Los iones magnesio se oxidan.
   (C) Los iones cloruro se reducen en el ánodo.
   (D) Los iones cloruro ganan electrones durante este proceso.

5. Si el potencial de celda de una reacción redox es positivo,
   (A) la reacción redox es espontánea.
   (B) la reacción redox no es espontánea.
   (C) la reacción sólo se produce durante la electrólisis.
   (D) más de un enunciado es correcto.

Usa la tabla de datos para responder las Preguntas 6 a 13. El hidrógeno se incluye como punto de referencia para los metales.

Serie de actividad de algunos metales	
Elemento	**Semirreacción de oxidación**
Litio	$Li(s) \longrightarrow Li^+(aq) + e^-$
Potasio	$K(s) \longrightarrow K^+(aq) + e^-$
Sodio	$Na(s) \longrightarrow Na^+(aq) + e^-$
Aluminio	$Al(s) \longrightarrow Al^{3+}(aq) + 3e^-$
Zinc	$Zn(s) \longrightarrow Zn^{2+}(aq) + 2e^-$
Hierro	$Fe(s) \longrightarrow Fe^{2+}(aq) + 2e^-$
Hidrógeno	$H_2(g) \longrightarrow 2H^+(aq) + 2e^-$
Cobre	$Cu(s) \longrightarrow Cu^{2+}(aq) + 2e^-$

6. ¿Qué metal perderá más fácilmente un electrón, el sodio o el potasio?

7. ¿Qué metal se oxida más fácilmente, el cobre o el aluminio?

8. ¿Cuál es la relación entre la facilidad de oxidación y la actividad de un metal?

9. Describe lo que ocurriría si se colocara una tira de aluminio limpia en una solución de sulfato de cobre(II). Explica tu respuesta.

10. ¿Una tira de cobre sumergida en una solución que contiene iones de zinc reaccionará espontáneamente con los iones de zinc? Explica tu razonamiento.

11. Tomando en cuenta las posiciones del zinc y del hierro en la tabla, explica cómo colocar bloques de zinc al casco de un barco para proteger el acero de la corrosión.

12. Escribe la semirreacción de la reducción de iones de aluminio.

13. A la derecha se muestra una celda electrolítica. Dibuja la celda en una hoja de papel y rotula el ánodo, el cátodo y la dirección del flujo de electrones.

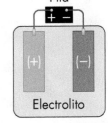

Pila

Electrolito

Si tienes problemas con . . .												
Pregunta	1	2	3	4	5	6	7	8	9	10	11	12	13
Ver la lección	21.3	21.2	21.1	21.3	21.2	21.1	21.1	21.1	21.1	21.1	21.1	21.1	21.3

22

Compuestos de hidrocarburos

EN EL INTERIOR:

PearsonChem.com

Turkmenistán tiene algunos de los yacimientos de gas natural más grandes del mundo. Este yacimiento de gas natural en la ciudad de Darvaza ¡ha estado ardiendo por más de tres décadas!

QUÍMICA DEL CARBONO

Preguntas esenciales:

1. ¿Cómo se nombran los hidrocarburos?

2. ¿Cuáles son las propiedades generales de los hidrocarburos?

MISTERIOQUÍMICO

Nariz en alquiler

Un día mientras caminaba de la escuela a la casa, Anthony vio un cartel solicitando participantes para una prueba de olor. El cartel ofrecía a los participantes "$50 por menos de una hora de tu tiempo". Así que decidió asistir.

Cuando Anthony se presentó para el estudio, y tras llenar el papeleo, un investigador le pidió que oliera dos muestras químicas. La primera olía como a naranja recién cortada. La segunda tenía un olor que le recordó a los pinos.

Anthony tenía curiosidad. "¿Qué estoy oliendo?", preguntó. "Limoneno", contestó el investigador. "¿Y la segunda?", preguntó Anthony. El investigador dio la misma respuesta: "Limoneno". Anthony se quedó perplejo. ¿Cómo podían dos sustancias, ambas llamadas limoneno, oler tan diferente?

▶ Conexión con la **GRAN**IDEA
A medida que lees sobre los hidrocarburos, piensa en qué puede hacer posible este fenómeno.

22.1 Hidrocarburos

P: *¿Por qué algunos combustibles fósiles son gases, otros son líquidos y otros son sólidos?* La gasolina que se usa para encender esta motocicleta es un líquido a TPE. También lo es el combustible diesel que se usa en camiones y autobuses, y el queroseno que se usa en linternas. Otros combustibles son gases o sólidos. Por ejemplo, el combustible que se usa en una caldera puede ser gas natural o un sólido, como el carbón. Todos estos combustibles contienen mezclas de compuestos llamados hidrocarburos. En esta lección, aprenderás acerca de la estructura y las propiedades de los hidrocarburos.

Preguntas clave

🔑 *¿Por qué los átomos de carbono forman cuatro enlaces covalentes?*

🔑 *¿Cuáles son dos posibles configuraciones de los átomos de carbono en un alcano?*

Vocabulario

- hidrocarburo
- alcano
- alcano de cadena lineal
- serie homóloga
- fórmula estructural condensada
- sustituto
- grupo alquilo
- alcano de cadena ramificada

Química orgánica e hidrocarburos

🔑 *¿Por qué un átomo de carbono forma cuatro enlaces covalentes?*

Hace menos de 200 años, se pensaba que sólo los seres vivos podían sintetizar los compuestos de carbono que se encuentran en sus células. Así que estos compuestos se clasificaron como compuestos orgánicos y el estudio de estos compuestos se conoce como química orgánica. Muchas personas creían que una fuerza vital misteriosa dirigía la formación de compuestos de carbono. Un químico alemán, Friedrich Wöhler (1800–1882), refutó esta idea en 1828. Pudo usar sustancias inorgánicas para sintetizar urea: un compuesto orgánico que se encuentra en la orina. Hoy en día, la química orgánica incluye a la química de casi todos los compuestos de carbono, independientemente de su origen.

Introducción a los hidrocarburos En un libro de referencia que muestra las propiedades de los compuestos comunes, la lista de los compuestos orgánicos es mucho más larga que la lista de compuestos inorgánicos. De hecho, todos los días se sintetizan nuevos compuestos orgánicos. Los compuestos orgánicos más simples se llaman hidrocarburos. Por definición, un compuesto contiene al menos dos elementos. Un **hidrocarburo** es un compuesto orgánico que contiene sólo carbono e hidrógeno. Los dos hidrocarburos más simples son el metano y el etano.

Recuerda que un átomo de carbono tiene cuatro electrones de valencia y que un átomo de hidrógeno tiene un electrón de valencia. Por lo tanto, un átomo de carbono puede formar un enlace covalente sencillo con cuatro átomos de hidrógeno, como se muestra a continuación.

$$\cdot \dot{\underset{\cdot}{C}} \cdot \; + \; 4H\cdot \; \longrightarrow \; H\!:\!\overset{H}{\underset{H}{\overset{\cdot\cdot}{C}}}\!:\!H$$

Átomo de   Átomos de   Molécula
carbono   hidrógeno   de metano

🔑 **Dado que el carbono tiene cuatro electrones de valencia, un átomo de carbono siempre forma cuatro enlaces covalentes.** Recordar a este principio te ayudará a escribir las estructuras correctas de los compuestos orgánicos.

El metano no es típico de la gran mayoría de los compuestos orgánicos porque no hay un enlace entre los átomos de carbono en una molécula de metano. En cambio, hay un enlace carbono-carbono en el etano. En una molécula de etano, dos átomos de carbono comparten un par de electrones. Los restantes seis electrones de valencia forman pares de enlace con los electrones de seis átomos de hidrógeno.

$$2\cdot\dot{\underset{\cdot}{C}}\cdot \; + \; 6H\cdot \; \longrightarrow \; \cdot\dot{C}\!:\!\dot{C}\cdot \; + \; 6H\cdot \; \longrightarrow \; H\!:\!\overset{H}{\underset{H}{C}}\!:\!\overset{H}{\underset{H}{C}}\!:\!H$$

Átomos de   Átomos de   Molécula
carbono   hidrógeno   de etano

La capacidad del carbono para formar enlaces carbono-carbono estables es una de las razones por las que el carbono puede formar tantos compuestos diferentes.

Representar hidrocarburos En la Tabla 22.1 se muestran las fórmulas estructurales, modelos de bolas y varillas, y modelos espaciales del metano y del etano. Las fórmulas estructurales son una forma conveniente de mostrar la disposición de los átomos en una molécula. Sin embargo, las fórmulas estructurales bidimensionales no proporcionan información precisa acerca de cómo están dispuestos los átomos en una molécula en el espacio. Los modelos moleculares tridimensionales representan las formas de las moléculas con mayor precisión. A lo largo de este capítulo y del siguiente, se usarán modelos de bolas y varillas y modelos espaciales junto con las fórmulas estructurales para representar moléculas orgánicas. La teoría de orbitales híbridos y la teoría RPENV se usan para predecir las formas moleculares.

APOYO PARA LA LECTURA

Desarrollar destrezas de estudio: *Diagrama de agrupación* A medida que lees el capítulo, construye un diagrama de agrupación para organizar los diferentes tipos de hidrocarburos. Usa un código de colores para distinguir los grupos. *¿Cómo te ayudará este diagrama a aprender acerca de los hidrocarburos?*

Tabla 22.1

Varias maneras de representar hidrocarburos

Nombre	Fórmula estructural	Modelo de bolas y varillas	Modelo espacial
Metano			
Etano			

Figura 22.1 Aceite y agua
Las moléculas no polares de este aceite de cocina no son atraídas por las moléculas polares del agua. Por tanto, no se mezclan.
Interpretar fotos ¿Qué evidencia de insolubilidad ves en la foto?

Propiedades de los hidrocarburos El par de electrones en un enlace carbono-hidrógeno o en un enlace carbono-carbono es compartido casi por igual por los núcleos de los átomos que forman el enlace. Por tanto, los hidrocarburos son moléculas no polares. Las atracciones entre las moléculas no polares son fuerzas débiles de van der Waals. Por tanto, los hidrocarburos con masas molares bajas tienden a ser gases o líquidos que hierven a baja temperatura.

Recuerda la regla general "semejante disuelve a semejante". Dos compuestos no polares formarán una solución, al igual que dos compuestos polares. Sin embargo, un compuesto no polar y un compuesto polar no formarán una solución. Por ejemplo, dado que el aceite es una mezcla de hidrocarburos, el aceite y el agua no se mezclan. Por tanto, el aceite flotará en la parte superior del agua, como se muestra en la Figura 22.1.

Alcanos

¿Cuáles son dos posibles configuraciones de los átomos de carbono en un alcano?

El metano y el etano son ejemplos de alcanos. Un **alcano** es un hidrocarburo en el que sólo hay enlaces covalentes simples. En cualquier alcano, todos los carbono-carbono son enlaces covalentes sencillos y todos los otros enlaces son carbono-hidrógeno. **Los átomos de carbono de un alcano pueden estar dispuestos en una cadena lineal o en una cadena ramificada.**

Alcanos de cadena lineal El etano es el **alcano de cadena lineal** más simple, es un alcano que contiene cualquier número de átomos de carbono, uno tras otro, en una cadena. El propano (C_3H_8) tiene tres átomos de carbono enlazados en una cadena de ocho electrones compartidos con ocho átomos de hidrógeno. El butano (C_4H_{10}) tiene una cadena de cuatro carbonos y diez hidrógenos. La Figura 22.2 muestra cómo se pueden usar el propano y el butano.

Figura 22.2 Combustibles de hidrocarburos
Los hidrocarburos se usan comúnmente como combustibles. **a.** Los tanques presurizados de propano se usan para encender los quemadores de los globos aerostáticos. **b.** El butano sirve como combustible en muchos sopletes de cocina.

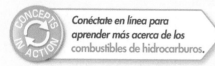
Conéctate en línea para aprender más acerca de los combustibles de hidrocarburos.

Propano

Butano

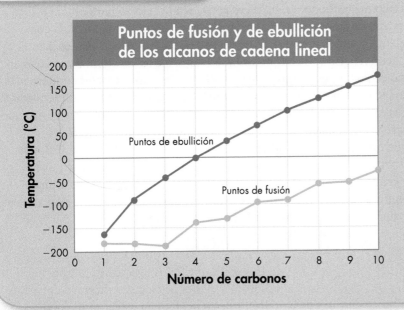

Puntos de fusión y de ebullición de los alcanos de cadena lineal

Puntos de ebullición

Puntos de fusión

Figura 22.3 Esta gráfica ilustra cómo varían los puntos de fusión y de ebullición con el número de carbonos en los alcanos de cadena lineal.

a. Describir Determina si cada alcano es sólido, líquido o gas a temperatura ambiente.

b. Leer gráficas ¿Cómo afectan los carbonos añadidos a los puntos de ebullición de los alcanos de cadena lineal?

c. Predecir Estima un punto de ebullición del undecano, el alcano de cadena lineal con once carbonos.

La Figura 22.3 muestra los puntos de fusión y de ebullición de los alcanos de cadena lineal que contienen hasta diez carbonos. Los alcanos de cadena lineal son un ejemplo de serie homóloga. Un grupo de compuestos forman una **serie homóloga** si hay un incremento constante en el cambio de la estructura molecular de un compuesto al otro en la serie. Un grupo CH_2 es el incremento del cambio en los alcanos de cadena lineal. Este cambio se resume a continuación para la parte inicial de la serie homóloga.

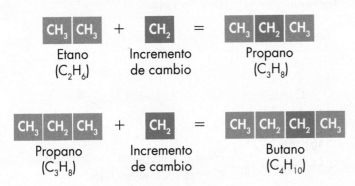

| CH_3 | CH_3 | $+$ | CH_2 | $=$ | CH_3 | CH_2 | CH_3 |

Etano
(C_2H_6)

Incremento de cambio

Propano
(C_3H_8)

| CH_3 | CH_2 | CH_3 | $+$ | CH_2 | $=$ | CH_3 | CH_2 | CH_2 | CH_3 |

Propano
(C_3H_8)

Incremento de cambio

Butano
(C_4H_{10})

Observa en la Figura 22.3 que los puntos de ebullición de los alcanos de cadena lineal aumentan a medida que aumenta el número de carbonos de la cadena. Los puntos de fusión aumentan de manera similar.

Nombrar alcanos de cadena lineal Los nombres de los alcanos de cadena lineal siguen las reglas establecidas por la Unión Internacional de Química Pura y Aplicada (IUPAC). Cada alcano tiene un nombre que termina con el sufijo *-ano*. Para los alcanos de cadena lineal de uno a cuatro átomos de carbono, los nombres oficiales y los nombres comunes son iguales. Estos son metano, etano, propano y butano, respectivamente. Se usa una mezcla de prefijos latinos y griegos para nombrar a los hidrocarburos con cadenas lineales de más de cuatro átomos de carbono. Los prefijos son *penta-* para 5, *hexa-* para 6, *hepta-* para 7 y así sucesivamente. Usa la Tabla 22.2 para memorizar los nombres de los diez primeros alcanos de cadena lineal.

Tabla 22.2

Alcanos de cadena lineal

Nombre	Fórmula
Metano	CH_4
Etano	C_2H_6
Propano	C_3H_8
Butano	C_4H_{10}
Pentano	C_5H_{12}
Hexano	C_6H_{14}
Heptano	C_7H_{16}
Octano	C_8H_{18}
Nonano	C_9H_{20}
Decano	$C_{10}H_{22}$

Dibujar fórmulas estructurales para los alcanos de cadena lineal Para dibujar la fórmula estructural de un alcano de cadena lineal, escribe el símbolo del carbono tantas veces como sea necesario para obtener una cadena de la longitud adecuada. Después, completa la fórmula con hidrógenos y con las líneas que representen los enlaces covalentes. Las fórmulas estructurales completas muestran a todos los átomos y enlaces en una molécula. Sin embargo, a veces las fórmulas estructurales condensadas, o abreviadas, también funcionan. En una **fórmula estructural condensada,** algunos enlaces y/o átomos quedan fuera de la fórmula estructural. Aunque no aparecen los enlaces y los átomos, debes suponer que están ahí.

Una fórmula estructural condensada en la forma $CH_3(CH_2)_nCH_3$ usa una especie diferente de abreviatura. La unidad CH_2 entre paréntesis se llama grupo metileno. El subíndice n a la derecha del paréntesis indica el número de grupos metileno que están unidos entre sí. Este método abreviado se aplica al butano de la siguiente manera:

$$CH_3(CH_2)_2CH_3$$

Unidad metileno — Subíndice

El subíndice después de los paréntesis en la fórmula estructural condensada del butano es 2. Esto significa que dos grupos metileno están unidos entre sí en la estructura. La Tabla 22.3 muestra varias maneras de dibujar fórmulas estructurales condensadas, usando butano como un ejemplo.

En cada fórmula estructural condensada, ciertas características de la fórmula estructural completa quedan afuera.

Tabla 22.3

Fórmulas del butano	
Fórmula	**Descripción**
C_4H_{10}	Fórmula molecular
	Fórmula estructural completa
$CH_3-CH_2-CH_2-CH_3$	Fórmula estructural condensada (enlaces (C—H sobreentendidos)
$CH_3CH_2CH_2CH_3$	Fórmula estructural condensada (enlaces (C—H y C—C sobreentendidos)
$CH_3(CH_2)_2CH_3$	Fórmula estructural condensada (todos los enlaces sobreentendidos)
$C-C-C-C$	Esqueleto de carbono (enlaces de hidrógeno y C—H sobreentendidos)
	Fórmula de líneas angulares (carbonos e hidrógenos sobreentendidos) Los átomos de carbono se ubican en cada intersección y en los extremos de las líneas.

Ejemplo de problema 22.1

Dibujar fórmulas estructurales de alcanos

Dibuja las fórmulas estructurales completas de los alcanos de cadena lineal que tienen

a. tres átomos de carbono. **b.** cuatro átomos de carbono.

❶ Analizar Identifica los conceptos relevantes. En un alcano, cada átomo de carbono forma cuatro enlaces covalentes con el hidrógeno o con otros átomos de carbono. Dado que estos son alcanos de cadena lineal, escribe el número apropiado de átomos de carbono en línea recta, conectados entre sí por enlaces sencillos. Después, agrega el número apropiado de átomos de hidrógeno.

❷ Resolver Aplica los conceptos a este problema.

Empieza con el número de carbonos.

Cada carbono central se enlaza con dos hidrógenos. Cada carbono de los extremos se enlaza con tres hidrógenos.

Asegúrate que cada carbono tenga 4 enlaces.

1. Dibuja formulas estructurales completas de los alcanos de cadena lineal de cinco a seis átomos de carbono.

2. ¿Cuántos enlaces sencillos hay en una molécula de propano?

Alcanos de cadena ramificada Los alcanos y otros hidrocarburos no siempre tienen átomos de carbono enlazados en cadenas lineales. Debido a que un átomo de carbono forma cuatro enlaces covalentes, se puede enlazar no sólo a uno o dos átomos de carbono, sino a tres o incluso cuatro carbonos, resultando en cadenas ramificadas. En química orgánica, las ramas de una cadena de hidrocarburo se tratan como si hubieran sido sustituidas por un átomo de hidrógeno en la cadena. Un átomo o grupo de átomos que pueden tomar el lugar de un átomo de hidrógeno en una molécula de hidrocarburo padre se denomina **sustituto.** Observa los diagramas siguientes. La cadena de carbono continua más larga de un hidrocarburo de cadena ramificada se llama el alcano padre. Todos los otros átomos de carbono o grupos de átomos de carbono se consideran sustitutos. En el capítulo 23 estudiarás los compuestos en los que los átomos como halógenos, oxígeno y nitrógeno pueden tomar el lugar de un átomo de hidrógeno en la cadena de carbono.

Un hidrocarburo sustituto que se deriva de un alcano se llama un **grupo alquilo.** Puedes pensar en un grupo alquilo como un alcano al que se le ha quitado uno de los hidrógenos. Un grupo alquilo puede ser de uno o varios carbonos de largo. Los grupos alquilo se nombran mediante la eliminación de la terminación *-ano* del nombre del hidrocarburo padre y añadiendo *-ilo*. Los tres grupos alquilo más pequeños son el grupo metilo (— CH_3), el grupo etilo (— CH_2CH_3) y el grupo propilo (— $CH_2CH_2CH_3$).

Cuando un grupo alquilo sustituto está unido a un hidrocarburo de cadena lineal, se forman ramas. Un alcano con uno o más grupos alquilo se llama **alcano de cadena ramificada.** Cada carbono en una molécula orgánica puede clasificarse como un carbono primario, secundario, terciario o cuaternario. Si el carbono en cuestión sólo está unido a un átomo de carbono, entonces el carbono es un carbono primario. Si dos carbonos están unidos al carbono en cuestión, entonces el carbono es un carbono secundario; si son tres carbonos, es un carbono terciario y si son cuatro carbonos, es un carbono cuaternario. En las siguientes fórmulas estructurales se dan ejemplos de carbonos primarios, secundarios, terciarios y cuaternarios.

$$CH_3 - CH_3 \qquad CH_3 - CH_2 - CH_3 \qquad CH_3 - \overset{\displaystyle CH_3}{\underset{}{CH}} - CH_3 \qquad CH_3 - \overset{\displaystyle CH_3}{\underset{\displaystyle CH_3}{C}} - CH_3$$

Carbonos primarios   Carbono secundario   Carbono terciario   Carbono cuaternario

El isooctano es un hidrocarburo que contiene cada uno de estos tipos de carbonos. Probablemente hayas visto las etiquetas de octanaje de la gasolina como se muestra en la Figura 22.4. El isooctano es el estándar para la determinación de índices de octanaje de las mezclas de los hidrocarburos que componen la gasolina. El índice de octanaje de una gasolina es una medida de su capacidad para evitar el golpeteo del motor, que es el sonido que hace un motor de combustión interna cuando la gasolina se enciende demasiado pronto. El golpeteo reduce el rendimiento de un vehículo y, eventualmente, puede conducir a daños en el motor.

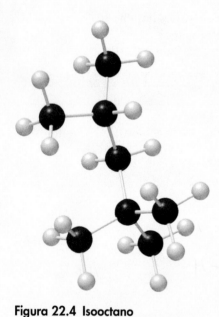

Figura 22.4 Isooctano
Los índices de octanaje de la gasolina están relacionados a los del isooctano, un buen combustible antigolpeteo, que tiene asignado un valor de 100.
Interpretar diagramas *Halla cada tipo de carbono (primario, secundario, terciario y cuaternario) en el modelo del isooctano.*

Nombrar alcanos de cadena ramificada Las reglas IUPAC para nombrar alcanos de cadena ramificada son bastante sencillas. El nombre de un alcano de cadena ramificada se basa en el nombre de la cadena de carbono continua más larga. Cada sustituto se nombra de acuerdo con la longitud de su cadena y se numera de acuerdo a su posición en la cadena principal. El compuesto con la fórmula estructural que se muestra a la derecha se puede usar como ejemplo.

$$CH_3-CH_2-CH_2-CH-CH-CH-CH_3$$
$$\overset{|}{CH_2} \quad \overset{|}{CH_3} \quad \overset{|}{CH_3}$$
$$\overset{|}{CH_3}$$

---

1. Halla la cadena continua más larga de carbonos en la molécula. Esta cadena se considera el hidrocarburo padre.

$$CH_3-CH_2-CH_2-CH-CH-CH-CH_3$$
$$\overset{|}{CH_2} \quad \overset{|}{CH_3} \quad \overset{|}{CH_3}$$
$$\overset{|}{CH_3}$$

> La cadena más larga está resaltada en el ejemplo. Contiene siete átomos de carbono. Por tanto, el hidrocarburo padre es el heptano.

---

2. Numera los carbonos de la cadena principal en una secuencia. Para ello, empieza por el extremo que dará los números más pequeños a los grupos sustitutos unidos a la cadena.

$$\overset{7}{CH_3}-\overset{6}{CH_2}-\overset{5}{CH_2}-\overset{4}{CH}-\overset{3}{CH}-\overset{2}{CH}-\overset{1}{CH_3}$$
$$\overset{|}{CH_2} \quad \overset{|}{CH_3} \quad \overset{|}{CH_3}$$
$$\overset{|}{CH_3}$$

> Enumerar la cadena de derecha a izquierda da a los sustitutos los números más bajos (2, 3 y 4). Enumerar la cadena de la otra manera viola la regla.

---

3. Suma números a los nombres de los grupos sustitutos para identificar sus posiciones en la cadena. Estos números se vuelven prefijos del nombre del grupo sustituto.

> Los sustitutos y posiciones son 2-metil, 3-metil y 4-etil.

---

4. Usa prefijos para indicar la aparición del mismo grupo más de una vez en la fórmula estructural. Algunos prefijos comunes son *di-* (dos veces), *tri-* (tres veces) y *tetra-* (cuatro veces).

> Los dos grupos metilo están combinados como 2,3-dimetil.

---

5. Haz una lista con los nombres de los alquilos sustitutos en orden alfabético. Para alfabetizar, ignora los prefijos *di-*, *tri-* y así sucesivamente.

> El grupo 4-etil está primero en la lista seguido por 2,3-dimetil.

---

6. Combina todas las partes y usa la puntuación adecuada. Escribe el nombre completo sin espacios. Usa comas para separar los números y usa guiones para separar los números de las palabras.

> El nombre correcto del compuesto es 4-etil-2,3dimetilheptano. Es incorrecto escribir 4-etil-2,3-dimetil heptano.

Ejemplo de problema 22.2

Nombrar alcanos de cadena ramificada

Nombra este compuesto usando el sistema IUPAC. Fíjate que la cadena más larga no está escrita en línea recta.

$$CH_3—CH_2—\underset{\underset{\underset{CH_3}{|}}{\underset{CH_2}{|}}{\overset{\overset{CH_3}{|}}{C}}}—CH_3$$

❶ **Analizar** **Identifica los conceptos relevantes.**

La estructura padre es la cadena más larga de carbonos. Todos los demás grupos son sustitutos. Enumera los carbonos para darle al primer sustituto el número más bajo posible. Estos números de ubicación se convierten en parte del nombre como prefijos. Haz una lista de los nombres de los sustitutos en orden alfabético con los números separados por comas y los números y las palabras separados por guiones.

❷ **Resolver** **Aplica los conceptos a este problema.**

Identifica la cadena de carbono más larga en la molécula.	La cadena más larga tiene seis carbonos; por tanto, el nombre termina en hexano.
Identifica los sustitutos y sus posiciones en el hidrocarburo padre.	Hay dos sustitutos metil en el carbono 3; por tanto, el prefijo es 3,3-dimetil.
Coloca todo junto. Puedes saltarte el paso de alfabetización porque sólo hay un tipo de sustituto.	El nombre IUPAC correcto es 3,3-dimetilhexano.

sustitutos

$$\overset{1}{CH_3}—\overset{2}{CH_2}—\overset{3}{\underset{\underset{\underset{\overset{6}{CH_3}}{|}}{\underset{\overset{5}{CH_2}}{|}}}{\underset{\overset{4}{CH_2}}{|}}{\overset{\overset{CH_3}{|}}{C}}}—CH_3$$

¡Recuerda empezar la enumeración por el extremo que les da a los sustitutos los números más pequeños!

3. Nombra estas compuestos de acuerdo con el sistema IUPAC.

a. $$CH_2—CH_2—\underset{\underset{\underset{CH_3}{|}}{\underset{CH_2}{|}}{CH}}—CH_2—CH_3$$
$$\quad\ \ |$$
$$\quad\ CH_3$$

b. $$CH_3—CH_2—\underset{\underset{CH_3}{|}}{CH}—CH_3$$

4. Nombra los siguientes compuestos de acuerdo con el sistema IUPAC.

$$CH_3—CH_2—CH_2—\underset{\underset{\underset{\underset{CH_3}{|}}{\underset{CH_3—CH}{|}}}{\underset{CH_2}{|}}}{CH}—CH_2—CH_3$$

Dibujar fórmulas estructurales de alcanos de cadena ramificada Con el nombre de un alcano de cadena ramificada y el conocimiento de las reglas IUPAC, es fácil de reconstruir la fórmula estructural. Primero, halla la palabra raíz (que termina en -ano) en el nombre del hidrocarburo. Después, dibuja la cadena de carbono más larga para crear el hidrocarburo padre, y enumera los carbonos en la cadena. Luego, identifica los grupos sustitutos en el nombre del hidrocarburo. Conecta los sustitutos a la cadena principal enumerada en las ubicaciones adecuadas. Completa la fórmula estructural mediante la adición de hidrógenos conforme se necesiten.

Ejemplo de problema 22.3

Dibujar fórmulas estructurales de alcanos de cadena ramificada

Dibuja la fórmula estructural del 2,2,4-trimetilpentano, o isooctano.

1 Analizar Identifica los conceptos relevantes. La parte del nombre que termina en *-ano* indica la estructura padre. Los prefijos indican los tipos de sustitutos, el número de veces que aparece cada uno y sus ubicaciones en la cadena padre. Se agregan hidrógenos cuando sea necesario.

2 Resolver Aplica los conceptos a este problema.

Dibuja el número de carbonos necesarios para representar la estructura padre indicada en el nombre y el número de carbonos de la cadena.	La estructura padre es un pentano, que tiene cinco átomos de carbono. $\quad$ C—C—C—C—C $\quad$ 1 2 3 4 5
Conecta cada sustituto como indica el prefijo.	Hay dos grupos metilo en el carbono 2 y uno en el carbono 4.
Termina añadiendo los hidrógenos a la fórmula donde sea necesario.	Se necesita agregar un total de nueve hidrógenos para completar la estructura.

Ten cuidado: Cada carbono tiene cuatro y solo cuatro enlaces.

5. Dibuja la fórmula estructural del 2,3-dimetilhexano.

6. Dibuja la fórmula estructural del 4-etil-2,3,4-trimetiloctano.

22.1 Comprobación de la lección

7. Repasar ¿Por qué los átomos de carbono forman cuatro enlaces covalentes?

8. Identificar ¿Cuáles son dos formas de configurar los átomos de carbono en un alcano?

9. Inferir Explica por qué el aceite mineral, que es una mezcla de hidrocarburos, no es soluble en agua.

10. Describir Dibuja las fórmulas estructurales completas de los siguientes alcanos:

a. octano $\qquad$ **b.** 3-etilhexano

11. Describir Escribe la fórmula estructural condensada del 2,2-dimetilbutano.

12. Identificar Nombra los siguientes alcanos usando el sistema IUPAC.

a.

```
    H   H   H
    |   |   |
H — C — C — C — H
    |   |   |
    H   H   H
```

b. $CH_3—CH—CH—CH_2—CH_3$
$\qquad\qquad |\quad\ |$
$\qquad\quad CH_3\ CH_3$

GRANIDEA QUÍMICA DEL CARBONO

13. ¿Cómo caracterizarías a los alcanos en términos de la polaridad de sus enlaces?

22.2 Hidrocarburos insaturados

P: *¿Qué significa que una grasa sea insaturada?* Probablemente has leído las etiquetas de nutrición que presentan el contenido de grasas saturadas e insaturadas. Por ejemplo, las aceitunas son ricas en grasas insaturadas, pero bajas en grasas saturadas. En esta lección, descubrirás qué significan los términos *saturado* e *insaturado*.

Preguntas clave

🔑 **¿Cuáles son las características estructurales de los alquenos?**

🔑 **¿Cuáles son las características estructurales de los alquinos?**

Vocabulario

- compuesto saturado
- compuesto insaturado
- alqueno • alquino

Figura 22.5 Eteno
Dado que la rotación alrededor del enlace doble esta restringida, los átomos del eteno yacen en un solo plano.

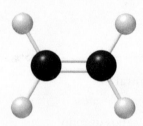

P: *Acabas de leer acerca de los compuestos saturados e insaturados. Usa lo que has aprendido para describir en qué se diferencian estructuralmente las grasas saturadas de las grasas insaturadas.*

Alquenos

🔑 **¿Cuáles son las características estructurales de los alquenos?**

Un compuesto orgánico que contiene el número máximo de átomos de hidrógeno por átomo de carbono se llama **compuesto saturado.** Los alcanos son compuestos saturados porque los únicos enlaces en los alcanos son enlaces covalentes sencillos. Un compuesto orgánico que contiene enlaces dobles o triples carbono-carbono se llama **compuesto insaturado.** La relación de átomos de hidrógeno a átomos de carbono es menor en un compuesto insaturado que en un compuesto saturado. Un **alqueno** es un hidrocarburo que contiene uno o más enlaces covalentes dobles carbono-carbono. En las fórmulas estructurales se muestran los enlaces dobles carbono-carbono como dos líneas paralelas. 🔑 **Al menos un enlace doble carbono-carbono de un alqueno es un enlace covalente doble. Otros enlaces pueden ser enlaces sencillos carbono-carbono y enlaces carbono-hidrógeno.**

El eteno (C_2H_4) es el alqueno más simple. A menudo se le da el nombre común de etileno. La Figura 22.5 muestra el modelo de bolas y varillas del eteno. Para nombrar un alqueno por el sistema IUPAC, halla la cadena más larga de la molécula que contiene el enlace doble. Esta cadena es el alqueno padre. Tiene el nombre raíz del alcano con el mismo número de carbonos más la terminación *-eno.* La cadena está numerada de modo que los átomos de carbono del enlace doble tengan los números más bajos posibles. Los sustitutos en la cadena se nombran y numeran de la misma manera que en los alcanos. Algunos ejemplos de las estructuras y de los nombres IUPAC de alquenos simples se muestran a continuación.

$$CH_2{=}CH_2$$
Eteno

$$CH_3{-}\overset{\displaystyle H}{\underset{\displaystyle }{C}}{=}\overset{\displaystyle H}{\underset{\displaystyle }{C}}{-}H$$
Propeno

$$CH_2{=}CH{-}CH_2{-}CH_3$$
1-buteno

$$CH_3{-}\overset{\displaystyle H}{\underset{\displaystyle }{C}}{=}\overset{\displaystyle H}{\underset{\displaystyle }{C}}{-}CH_3$$
2-buteno

$$CH_3{-}CH{-}\overset{\displaystyle H}{\underset{\displaystyle }{C}}{=}\overset{\displaystyle H}{\underset{\displaystyle }{C}}{-}CH_3$$
4-metil-2-penteno

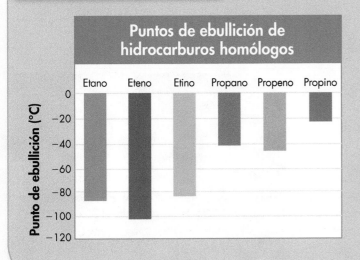

Puntos de ebullición de hidrocarburos homólogos

Etano | Eteno | Etino | Propano | Propeno | Propino

Punto de ebullición (°C)

Figura 22.6 La gráfica muestra la relación entre los puntos de ebullición y el grado de saturación de algunos hidrocarburos.

a. Leer gráficas Determina el punto de ebullición de cada uno de los hidrocarburos en la gráfica..

b. Identificar Dibuja una fórmula estructural condensada para cada hidrocarburo.

c. Hacer generalizaciones ¿Cómo afecta el grado de saturación a los puntos de ebullición de los hidrocarburos con el mismo número de átomos de carbono?

Nota: El *grado de saturación* se refiere a la proporción de átomos de hidrógeno y átomos de carbono.

Alquinos

¿Cuáles son las características estructurales de los alquinos?

Un hidrocarburo que contiene uno o más enlaces covalentes triples carbono-carbono se llama **alquino.** En las fórmulas estructurales, los enlaces triples carbono-carbono se muestran como tres líneas paralelas. **Al menos un enlace carbono-carbono en un alquino es un enlace covalente triple. Otros enlaces pueden ser enlaces sencillos o dobles carbono-carbono y enlaces carbono-hidrógeno.** Al igual que los alquenos, los alquinos son compuestos insaturados.

Los alquinos no son abundantes en la naturaleza. El alquino más simple es el etino (C_2H_2), comúnmente llamado acetileno. El acetileno es el combustible quemado en los sopletes de oxiacetileno que se usan para soldar. La Figura 22.7 muestra que los enlaces simples que se extienden desde los carbonos en el enlace triple carbono-carbono del etino están separados por un ángulo de 180°, lo que hace que el etino sea una molécula lineal.

Al igual que los alcanos, las atracciones principales entre alquenos y alquinos son fuerzas débiles de van der Waals. En consecuencia, la introducción de un enlace doble o triple en un hidrocarburo no tiene un efecto dramático en sus propiedades físicas, como el punto de ebullición. Compara los puntos de ebullición de alcanos, alquenos y alquinos con dos y tres átomos de carbono en la Figura 22.6.

Figura 22.7 Etino
El enlace triple restringe la rotación en la molécula del etino, la cual tiene una forma lineal.
Identificar *¿Cuál es la proporción de hidrógeno a carbono en el etino?*

  ## 22.2 Comprobación de la lección

14. **Revisar** Describe la unión entre los átomos en un alqueno.

15. **Identificar** ¿Qué tipos de enlaces están presentes en un alquino?

16. **Explicar** ¿Cuál es la diferencia entre los hidrocarburos saturados e insaturados?

17. **Hacer generalizaciones** ¿Cómo se comparan los puntos de ebullición de los alquenos y los alquinos con los de los alcanos?

18. **Aplicar conceptos** Dibuja las estructuras punto-electrón del eteno y del etino. Usa tus conocimientos de las teorías de enlaces para describir la forma de cada molécula.

Investigador de incendios provocados

Los incendios provocados son un crimen peligroso en el que una persona inicia un incendio con la intención de causar daños a la propiedad o a otra persona. La persona responsable, un pirómano, con frecuencia usa un acelerante para iniciar el fuego. La gasolina y el líquido para encendedores (ambos compuestos inflamables hechos de hidrocarburos) son dos de los acelerantes más comunes. Si se sospecha un incendio provocado, un investigador examina cuidadosamente el lugar del incendio y busca evidencia de un crimen.

Los investigadores de incendios provocados a menudo recolectan los desechos de la escena para analizarlos en el laboratorio y buscar pruebas de acelerantes. Los investigadores con frecuencia analizan las muestras con un instrumento llamado cromatógrafo de gases. El resultado del análisis a veces se llama "huella digital" porque, al igual que una huella digital humana, cada acelerante muestra un patrón característico. Con el conocimiento de las moléculas en cada acelerante, el investigador puede identificar el acelerante a partir de la huella digital. Saber qué acelerante se usó en el crimen puede ayudar a la policía a limitar la búsqueda del pirómano.

¿QUIÉN ES TU SOCIO? Por lo general, se usan perros entrenados con olfatos muy sensibles para que guíen la recolección de evidencia.

Análisis cromatográfico de gas

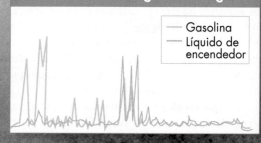

Gasolina
Líquido de encendedor

ACELERANTES La gasolina y el líquido para encendedores son mezclas complejas de hidrocarburos. Cada pico de la cromatografía representa un compuesto químico diferente.

Un paso más allá

1. Describir Uno de los hidrocarburos que se encuentran en la gasolina es el alcano de cadena ramificada 3-metilhexano. Escribe la fórmula estructural condensada de este compuesto.

2. Analizar datos Usa los datos del análisis de cromatografía de gas anterior para comparar el número de compuestos de hidrocarburos presentes en la gasolina y en el líquido para encendedores.

22.3 Isómeros

P: *¿Cómo te ayudan a ver los isómeros?* Al igual que muchos otros procesos biológicos, la visión involucra a la química. La luz que entra al ojo causa un cambio en la estructura tridimensional de las moléculas de la retina del ojo. La estructura general de las moléculas de la retina parece doblada antes de que llegue la luz, luego la estructura parece relativamente recta. Este cambio estructural da lugar a la visión.

Preguntas clave

🔑 **¿En qué se diferencian las propiedades de los isómeros constitucionales?**

🔑 **¿Cuáles son dos tipos de estereoisómeros?**

Vocabulario

- isómero
- isómero constitucional
- estereoisómero
- isómeros *cis-trans*
- configuración *cis*
- configuración *trans*
- carbono asimétrico
- enantiómero

Isómeros constitucionales

🔑 **¿En qué se diferencian las propiedades de los isómeros constitucionales?**

Tal vez hayas notado que las estructuras de algunos hidrocarburos sólo se diferencian en las posiciones de los sustitutos o de los enlaces múltiples. Observa las fórmulas estructurales del butano, del 2-metilpropano y de los modelos de la Figura 22.8.

$$CH_3—CH_2—CH_2—CH_3$$

Butano (C_4H_{10})
(bp −0.5 °C)

$$CH_3—\overset{\displaystyle CH_3}{\overset{|}{CH}}—CH_3$$

2-metilpropano (C_4H_{10})
(bp −11.7 °C)

A pesar de que ambos compuestos tienen la fórmula C_4H_{10}, sus puntos de ebullición y otras propiedades difieren. Debido a que sus estructuras son diferentes, son diferentes sustancias. Los compuestos que tienen la misma fórmula molecular pero diferentes estructuras moleculares se llaman **isómeros.**

El butano y el 2-metilpropano representan una categoría de isómeros llamados isómeros constitucionales, o isómeros estructurales. Los **isómeros constitucionales** son compuestos que tienen la misma fórmula molecular, pero los átomos se unen de manera diferente. 🔑 **Los isómeros constitucionales difieren en sus propiedades físicas como el punto de ebullición y el punto de fusión. También tienen diferentes reactividades químicas.** En general, cuanto más ramificada esté la estructura del hidrocarburo, menor será el punto de ebullición del isómero en comparación con los isómeros menos ramificados.

Figura 22.8 Isómeros constitucionales
Tanto el butano como el 2-metilpropano tienen la fórmula molecular C_4H_{10}. Pero los átomos de cada compuesto están ordenados de manera diferente.

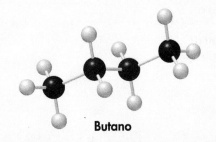

Butano

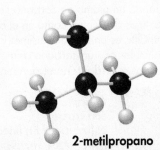

2-metilpropano

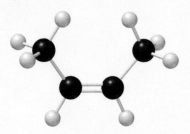

Configuración *cis*

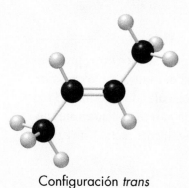

Configuración *trans*

Figura 22.9 Isómeros *cis-trans*
Las propiedades de los isómeros *cis-trans* son diferentes. El punto de ebullición del *cis*-2-buteno es 3.7 °C y el punto de ebullición del *trans*-2-buteno es 0.8 °C.

Comparar ¿En qué se diferencian las configuraciones cis y trans?

Estereoisómeros

⚷ ¿Cuáles son los dos tipos de estereoisómeros?

Recuerda que las moléculas son estructuras tridimensionales. Por tanto, las moléculas que tienen la misma fórmula molecular y que tienen átomos unidos exactamente en el mismo orden pueden seguir siendo isómeros. Los **estereoisómeros** son moléculas en las que los átomos están unidos en el mismo orden, pero las posiciones de los átomos en el espacio son diferentes. ⚷ **Dos tipos de estereoisómeros son los isómeros *cis-trans* y los enantiómeros.**

Isómeros *cis-trans* Un enlace doble entre dos átomos de carbono impide que otros átomos de la molécula roten, o giren, unos con respecto a otros. Debido a esta falta de rotación, los grupos a cada lado del enlace doble pueden tener diferentes orientaciones en el espacio. Los **isómeros *cis-trans*,** también conocidos como isómeros geométricos, tienen átomos unidos en el mismo orden, pero la orientación espacial de los grupos es diferente. Aunque el isomerismo *cis-trans* es posible en otras moléculas, el ejemplo más común se produce en las moléculas con enlaces dobles. Observa los modelos del 2-buteno en la Figura 22.9. Hay dos configuraciones posibles para los grupos metilo y los átomos de hidrógeno con respecto al enlace doble rígido. En la **configuración cis,** hay grupos similares en el mismo lado del enlace doble. Pero, cuando los grupos similares se extienden desde lados opuestos del enlace doble, el isómero tiene una **configuración trans.** Los isómeros *cis-trans* tienen diferentes propiedades físicas y químicas.

Deberías poder identificar los isómeros *cis-trans* de los alquenos cuando cada carbono del enlace doble tiene un sustituto y un hidrógeno. Ten en cuenta que los grupos sustitutos unidos a los átomos de carbono del enlace doble no tienen que ser iguales a los ilustrados en las estructuras siguientes.

$$CH_3 \quad\quad H$$
$$\diagdown \quad /$$
$$C = C$$
$$/ \quad\quad \diagdown$$
$$H \quad\quad CH_2CH_3$$

trans-2-penteno

$$CH_3 \quad\quad CH_2CH_3$$
$$\diagdown \quad /$$
$$C = C$$
$$/ \quad\quad \diagdown$$
$$H \quad\quad H$$

cis-2-penteno

$$CH_3 \quad\quad H$$
$$\diagdown \quad /$$
$$C = C$$
$$/ \quad\quad \diagdown$$
$$CH_3CH_2 \quad\quad H$$

2-metil-1-buteno
(no hay isómeros *cis, trans*)

Enantiómeros La segunda categoría de estereoisomerismo ocurre siempre que un átomo central tiene cuatro átomos o grupos diferentes unidos. Por lo general, el átomo central es carbono. Un carbono con cuatro átomos o grupos diferentes unidos es un **carbono asimétrico.** Observa los modelos moleculares en la Figura 22.10. Debido a que los átomos de H, F, Cl y Br están unidos a un solo átomo de carbono, el carbono es un carbono asimétrico. La relación entre las dos moléculas es similar a la relación entre la mano derecha y la mano izquierda. A veces se usan los términos *diestro* y *zurdo* para describir los compuestos que tienen un carbono asimétrico.

Figura 22.10 Carbonos asimétricos
Cuando un átomo de carbono tiene cuatro sustitutos diferentes, como en el compuesto CHFClBr, es un carbono asimétrico. Las moléculas con un carbono asimétrico son o diestras o zurdas y no se pueden superponer.

Consulta moléculas con carbonos asimétricos en línea.

Para entender el estereoisomerismo que incluye carbonos asimétricos, es necesario visualizar la relación entre un objeto con su imagen especular. Si el objeto es simétrico, como una pelota, entonces su imagen especular puede superponerse. Es decir, la pelota y su reflejo son indistinguibles. Por el contrario, un par de manos es distinguible a pesar de que las manos tienen partes idénticas. La mano derecha se refleja como una mano izquierda y la mano izquierda se refleja como una mano derecha. Cuando intentas colocar tus manos una encima de la otra, el pulgar de una mano se alinea con el dedo meñique de la otra mano. No importa cómo gires tus manos, no puedes conseguir que se vean exactamente iguales.

Los pares de moléculas que son imágenes especulares y que no se pueden superponer se llaman **enantiómeros,** o isómeros ópticos. Las moléculas que se muestran en la Figura 22.10 son ejemplos de enantiómeros. A diferencia de otros isómeros, los enantiómeros tienen propiedades físicas idénticas, como puntos de ebullición y densidades. Sin embargo, los enantiómeros se comportan de manera diferente cuando interactúan con otras moléculas que tienen carbonos asimétricos. En el Capítulo 24, aprenderás que muchas moléculas de tu cuerpo tienen carbonos asimétricos. En consecuencia, cada enantiómero puede tener un efecto diferente en el cuerpo.

LA QUÍMICA Y TÚ

P: *¿Qué tipo de isomerismo ayuda a la visión? Observa la Figura 22.9. Explica cómo la estructura general de una molécula retinal se ve relativamente recta o doblada dependiendo de qué isómero (cis-trans) sea.*

Ejemplo de problema 22.4

Identificar átomos de carbono asimétricos

¿Qué compuesto tiene un carbono asimétrico?

a. CH_3CHCH_3
      |
      OH

b. $CH_3CHCH_2CH_3$
      |
      OH

> El carbono central del compuesto (a) tiene dos grupos CH_3 unidos; por tanto, el carbono no es asimétrico.

❶ **Analizar Identifica los conceptos relevantes.**
Un carbono asimétrico tiene cuatro sustitutos diferentes unidos.

❷ **Resolver Aplica los conceptos a este problema.**

Dibuja la estructura de manera que sea más fácil comparar los cuatro diferentes grupos unidos al carbono central.	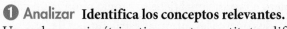
Compara los grupos. Si los cuatro grupos son únicos, el carbono central es asimétrico. Si hay dos iguales, el carbono central no es asimétrico.	**El compuesto (b)** tiene un carbono asimétrico.

19. Identifica el carbono asimétrico (si lo hay) en cada uno de los siguientes compuestos:

a. CH_3CHCHO
      |
      Cl

b. CH_3CHOH
      |
      CH_3

20. Identifica cualquier carbono asimétrico en los siguientes compuestos.

a.

b. CH_2Cl_2

Laboratorio rápido

Propósito Construir un modelo de bolas y varillas y nombrar los nueve isómeros constitucionales del heptano (C_7H_{16})

Materiales

- **estuche de modelo de bolas y varillas** (Es posible que los colores usados para representar los elementos en el estuche no correspondan con los colores usados para representar los elementos en este libro)
- **papel y lápiz**

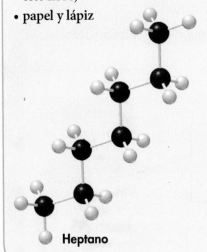

Heptano

Isómeros del heptano

Procedimiento

1. Construye un modelo de la cadena lineal del isómero de C_7H_{16}. Dibuja la fórmula estructural de este isómero.

2. Elimina un átomo de carbono del extremo de la cadena y vuelve a conectarlo como un sustituto metilo para formar un alcano de cadena ramificada. Dibuja la fórmula estructural de este isómero.

3. Mueve el grupo metilo a una nueva posición en la cadena. Después, dibuja este tercer isómero. ¿Hay otra posición en la que el grupo metilo pueda colocarse en la cadena de seis carbonos para formar otro isómero?

4. Haz otros isómeros constitucionales al acortar la cadena lineal más larga y usar los carbonos retirados como sustitutos. Dibuja la fórmula estructural de cada isómero.

Analizar y concluir

1. Hacer una lista ¿Cuáles son los nombres de los nueve isómeros constitucionales del C_7H_{16}?

2. Identificar ¿Cuál es la cadena de carbono lineal más corta posible en el grupo de isómeros heptano?

3. Explicar ¿Por qué cada isómero constitucional tiene su propio nombre único?

4. Usar modelos Observa cuidadosamente las fórmulas estructurales de los nueve isómeros constitucionales que dibujaste. Identifica cualquiera que tenga un carbono asimétrico.

22.3 Comprobación de la lección

21. 🔑 **Explicar** ¿Por qué esperarías que dos isómeros constitucionales tengan propiedades diferentes como los puntos de ebullición?

22. 🔑 **Repasar** Nombra dos tipos de estereoisómeros.

23. Aplicar conceptos Dibuja las fórmulas estructurales de los siguientes alquenos. Si un compuesto tiene isómeros *cis-trans*, dibuja tanto la forma *cis* como la *trans*.

   a. 1-penteno   **c.** 2-metil-1-buteno

   b. 2-hexeno   **d.** 2,5-dimetil-3-hexeno

24. Comparar ¿En qué se parecen los isómeros constitucionales y los estereoisómeros? ¿En qué se diferencian?

25. Explicar ¿Cómo puedes identificar un carbono asimétrico?

26. Usar analogías Piensa en una analogía para describir la relación entre dos moléculas que son enantiómeros.

27. Resumir Dibuja un mapa conceptual para mostrar cómo se relacionan las siguientes palabras de vocabulario: isómeros, isómeros constitucionales, estereoisómeros, isómeros *cis-trans* y enantiómeros.

22.4 Anillos de hidrocarburos

LA QUÍMICA Y TÚ

P: *¿Tiene un compuesto qué ser oloroso para ser clasificado como aromático?* Cuando escuchas la palabra *aromático*, tal vez piensas en un perfume o en flores. Pero en la química orgánica, *aromático* significa otra cosa.

Hidrocarburos cíclicos

¿Cuál es la estructura general de un hidrocarburo cíclico?

No todos los hidrocarburos son cadenas lineales o cadenas ramificadas. **En algunos compuestos de hidrocarburos, la cadena de carbono está en forma de anillo.** Un compuesto que contiene un anillo de hidrocarburo se llama **hidrocarburo cíclico.** La Figura 22.11 muestra las estructuras de algunos ejemplos. Muchas moléculas que se encuentran en la naturaleza contienen hidrocarburos cíclicos. Los anillos con cinco y seis carbonos son los más abundantes.

Al igual que los alcanos de cadena lineal y de cadena ramificada, los hidrocarburos cíclicos pueden ser saturados o insaturados. Un hidrocarburo cíclico que contiene sólo enlaces sencillos, y por tanto es saturado, se llama **cicloalcano.** Para determinar el nombre IUPAC de un cicloalcano, primero cuenta el número de carbonos en el anillo y asigna el nombre del alcano correspondiente. Después, sólo tienes que añadir el prefijo *ciclo-* al nombre del alcano. Por ejemplo, el anillo de tres carbonos de la Figura 22.11 se llama ciclopropano.

Preguntas clave

¿Cuál es la estructura general de un hidrocarburo cíclico?

¿Cuál es la descripción más precisa de los enlaces en el benceno?

Vocabulario

- hidrocarburo cíclico
- cicloalcano
- compuesto aromático
- compuesto alifático

Figura 22.11 Cicloalcanos
Estas ilustraciones muestran los primeros cuatro miembros de la serie homóloga de cicloalcanos. **Predecir** *¿Cómo esperarías que se compararan el punto de ebullición del cicloheptano con los puntos de ebullición de estos cicloalcanos?*

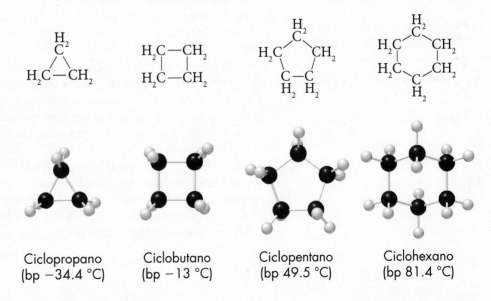

Ciclopropano (bp −34.4 °C) Ciclobutano (bp −13 °C) Ciclopentano (bp 49.5 °C) Ciclohexano (bp 81.4 °C)

Figura 22.12 Benceno
Todos los átomos en el compuesto aromático benceno yacen en un único plano.
Usar modelos ¿Cuál es la fórmula molecular del benceno?

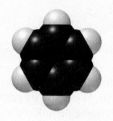

Hidrocarburos aromáticos

¿Cuál es la descripción más precisa de los enlaces en el benceno?

Hay una clase de hidrocarburos cíclicos insaturados que son los responsables de los aromas de especies como vainilla, canela, clavo de olor y jengibre. Estos compuestos fueron originalmente llamados compuestos aromáticos porque tienen aromas característicos y agradables. Sin embargo, no todos los compuestos clasificados como aromáticos tienen olores agradables. De hecho, muchos no tienen olor en absoluto.

El benceno es el compuesto aromático más simple. Un **compuesto aromático** o areno, se define ahora como un compuesto orgánico que contiene un anillo bencénico u otro anillo en el que los enlaces son como los del benceno. Cualquier compuesto no clasificado como un compuesto aromático es un **compuesto alifático.** Los compuestos que has estudiado anteriormente en este capítulo (alcanos, alquenos, alquinos y cicloalcanos) son compuestos alifáticos. Las propiedades de los compuestos aromáticos son muy diferentes de las de los compuestos alifáticos.

La estructura del benceno Friedrich Kekulé (1829–1896) hizo una importante contribución a la química. Él fue el primero en describir la estructura de una molécula de benceno. Observa los modelos del benceno que se muestran en la Figura 22.12. La molécula de benceno es un anillo de carbono de seis miembros con un átomo de hidrógeno unido a cada carbono. Esta configuración deja un electrón de cada carbono libre de participar en un enlace doble. Se pueden escribir dos estructuras diferentes con enlaces dobles alternos para el benceno.

Estas fórmulas estructurales muestran sólo los extremos en la distribución de electrones entre cualesquiera dos átomos de carbono adyacentes en el benceno. Un extremo es un enlace sencillo normal. El otro extremo es un enlace doble normal. Recuerda que cuando dos o más estructuras igualmente válidas se pueden extraer de una molécula, se produce resonancia. Los verdaderos enlaces en un anillo bencénico no se alternan entre las dos estructuras de resonancia extremas. Por el contrario, todos los enlaces en el anillo son híbridos idénticos de enlaces sencillos y dobles. **En una molécula de benceno, los electrones de enlace entre los átomos de carbono se comparten de manera uniforme alrededor del anillo.** El benceno y otras moléculas que presentan resonancia son más estables que algunas moléculas similares que no presentan resonancia. Por tanto, el benceno no es tan reactivo como los alquenos de seis carbonos.

Dibujar un círculo continuo o discontinuo dentro de un hexágono es una buena manera de representar al benceno en términos de cómo se distribuyen los electrones. Sin embargo, tal dibujo no muestra el número de electrones involucrados. Por esta razón, en este libro se usa la estructura tradicional, que se muestra en el extremo derecho en la siguiente serie. Sin embargo, recuerda que todos los enlaces del anillo son idénticos.

Compuestos aromáticos sustituidos Muchos colorantes usados para producir los intensos colores de tu ropa, como el azul que se muestra en la Figura 22.13, son compuestos aromáticos sustituidos. Los compuestos que contienen sustitutos unidos a un anillo bencénico se nombran usando al benceno como el hidrocarburo padre. Cuando el anillo bencénico es un sustituto, el grupo C_6H_5 se llama un grupo fenilo.

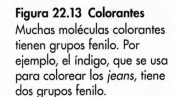

Figura 22.13 Colorantes
Muchas moléculas colorantes tienen grupos fenilo. Por ejemplo, el índigo, que se usa para colorear los *jeans*, tiene dos grupos fenilo.

Metilbenceno
(tolueno)

Etilbenceno

$CH_3-CH_2-CH-CH_2-CH_2-CH_3$

3-fenilhexano

Algunos derivados del benceno tienen dos sustitutos. Estos derivados se llaman bencenos disustituidos. El dimetilbenceno, también llamado xileno, es un ejemplo de un benceno disustituido. Hay tres isómeros constitucionales del dimetilbenceno ($C_6H_4(CH_3)_2$). Los puntos de ebullición de los tres compuestos son un recordatorio de que los isómeros constitucionales tienen diferentes propiedades físicas.

1,2-dimetilbenceno
(*o*-xileno)
(bp 144 °C)

1,3-dimetilbenceno
(*m*-xileno)
(bp 139 °C)

1,4-dimetilbenceno
(*p*-xileno)
(bp 138 °C)

En el sistema de nomenclatura IUPAC, las posibles posiciones de dos sustitutos del benceno disustituido se designan como 1,2; 1,3; o 1,4. Los nombres comunes de los bencenos disustituidos usan los términos *orto*, *meta* y *para* (abreviado como *o*, *m* y *p*) en lugar de números.

22.4 Comprobación de la lección

28. 🔑 **Definir** ¿Qué es un hidrocarburo cíclico?

29. 🔑 **Repasar** Describe los enlaces entre los átomos de carbono en el benceno.

30. Identificar Nombra los siguientes compuestos usando el sistema IUPAC.

a. CH_2CH_3

c. CH_2CH_3 ... $CH_2CH_2CH_3$

b.

31. Evaluar Otro nombre de un compuesto aromático es areno. ¿Te parece que areno es una buena opción? Considera qué significa el sufijo -*eno* cuando se usa en los compuestos alifáticos.

GRANIDEA QUÍMICA DEL CARBONO

32. El hexano, el 1-hexeno, el ciclohexano y el benceno tienen cada uno seis átomos de carbono. ¿Cuál es la diferencia entre estos hidrocarburos? Usa las palabras *alifático*, *aromático*, *saturado* e *insaturado* para explicar tu respuesta.

P: *¿De dónde proviene la gasolina?* Tal vez pienses que la gasolina proviene de las estaciones de servicio, pero, ¿y antes de eso? En esta lección, descubrirás de dónde proviene la gasolina y cómo se refina.

Gas natural

¿Qué hidrocarburos hay en el gas natural?

La quema de combustibles fósiles produce gran parte de la energía mundial. Los combustibles fósiles son a base de carbono, ya que se derivan de la descomposición de los organismos. Hace millones de años, los organismos marinos murieron, se asentaron en el fondo del océano y quedaron enterrados en los sedimentos oceánicos. El calor, la presión y las bacterias convirtieron estos residuos en petróleo y gas natural, que contienen sobre todo hidrocarburos alifáticos. La Figura 22.14 muestra cómo el gas natural se encuentra a menudo alrededor de los depósitos de petróleo o en pozos separados en la roca.

El gas natural es una fuente importante de alcanos de baja masa molar. Por lo general, el gas natural está compuesto por alrededor de 80 por ciento metano, 10 por ciento etano, 4 por ciento propano y 2 por ciento butano. El 4 por ciento restante consiste en nitrógeno e hidrocarburos de mayor masa molar. El gas natural también contiene una pequeña cantidad del gas noble helio. De hecho, el gas natural es una fuente importante de helio. El metano, el principal constituyente del gas natural, es especialmente apreciado para la combustión ya que se quema con una flama limpia y caliente.

$$CH_4(g) + 2O_2(g) \longrightarrow CO_2(g) + 2H_2O(g) + calor$$

El propano y el butano se separan de los otros gases en el gas natural por licuación. Estos combustibles de calefacción se venden en forma líquida en tanques presurizados como gas licuado de petróleo (gas LP).

El oxígeno es necesario para la combustión eficiente de un hidrocarburo. Si no hay suficiente oxígeno disponible, la combustión está incompleta. La combustión completa de un hidrocarburo produce una flama azul. La combustión incompleta produce una flama amarilla. El color amarillo se debe a la formación de pequeñas, partículas de carbono brillante que se depositan en forma de hollín cuando se enfrían. El monóxido de carbono, un gas tóxico, también se forma junto con el dióxido de carbono y el agua durante la combustión incompleta.

Preguntas esenciales

🔑 **¿Qué hidrocarburos hay en el gas natural?**

🔑 **¿Cuál es el primer paso para refinar el petróleo?**

🔑 **¿Qué características se usan para clasificar al carbón?**

Vocabulario

• pirólisis

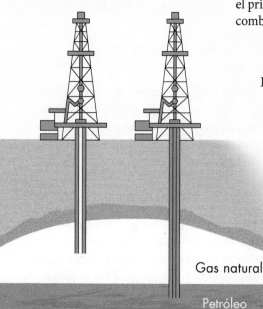

Gas natural

Petróleo

Agua

Figura 22.14 Pozos de petróleo y gas
Los pozos se taladran para llegar a los depósitos de gas natural y petróleo.

Petróleo

¿Cuál es el primer paso para refinar el petróleo?

Los compuestos orgánicos que se encuentran en el petróleo, o crudo, son más complejos que los del gas natural. La mayor parte de los hidrocarburos del petróleo son alcanos de cadena lineal y de cadena ramificada. Pero el petróleo también contiene pequeñas cantidades de compuestos aromáticos y compuestos orgánicos que contienen azufre, oxígeno y nitrógeno.

Los seres humanos han sabido del petróleo durante siglos; algunos pueblos antiguos lo encontraron mientras surgía del suelo en ciertas áreas. A finales de la década de 1850, fue descubierto un gran depósito de petróleo en Pensilvania cuando se perforó un pozo para obtener petróleo que se usaría como combustible. Dentro de algunas décadas, también se hallaron depósitos de petróleo en el Medio Oriente, Europa y las Indias Orientales. Desde entonces, el petróleo se ha encontrado en otras partes del mundo también.

El petróleo crudo es una mezcla de hidrocarburos que tienen desde 1 átomo de carbono hasta más de 40 átomos de carbono. Sin tratamiento adicional, el crudo no es muy útil. La mezcla debe separarse, o refinarse, en partes llamadas fracciones, que tienen muchos usos comerciales. **La refinación de petróleo empieza con la destilación de petróleo crudo en fracciones de acuerdo con el punto de ebullición.** En la Figura 22.15 se muestra el esquema de una torre de destilación de petróleo. Cada fracción de destilación contiene varios hidrocarburos diferentes.

Fíjate que la fracción de gasolina representa sólo el 40 por ciento de la mezcla de petróleo crudo. Sin embargo, la gasolina es, con mucho, el producto petrolero más comúnmente usado. Para hacer que la oferta satisfaga la demanda, se deben usar otros procesos como la pirólisis. La **pirólisis** es un proceso controlado por el cual se descomponen y reconfiguran los hidrocarburos en moléculas más pequeñas y útiles. Por ejemplo, a las fracciones que contienen compuestos de alto peso molar se les hace pirólisis para producir los componentes de cadena corta más útiles de la gasolina y el queroseno. A los hidrocarburos se les hace pirólisis con la ayuda de un catalizador y de calor. Este proceso también produce alcanos de baja masa molar, que se usan para la fabricación de pinturas y plásticos. Además de la pirólisis, también se usan otros procesos catalíticos para aumentar las cantidades de los componentes que mejoran el rendimiento de la gasolina.

Figura 22.15 Destilación fraccional del petróleo crudo
El petróleo crudo se calienta para que se vaporice y ascienda por una columna fraccionante. Los compuestos que tienen los mayores puntos de ebullición se condensan cerca de la base. Los compuestos que tienen los menores puntos de ebullición se condensan en la parte superior.
Inferir ¿En qué fracción esperarías hallar al decano?

Consulta destilación fraccional del petróleo crudo en línea animada.

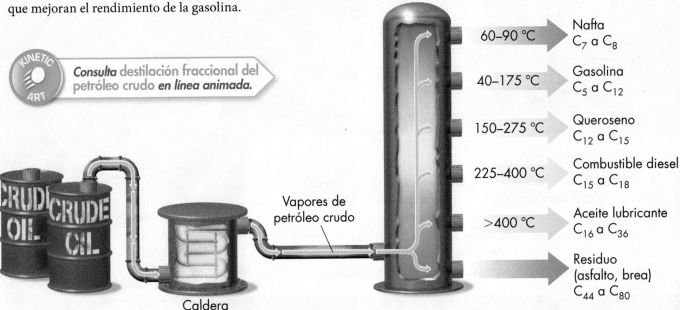

Vapores de petróleo crudo

Caldera (vapor supercalentado)

60–90 °C — Nafta C_7 a C_8

40–175 °C — Gasolina C_5 a C_{12}

150–275 °C — Queroseno C_{12} a C_{15}

225–400 °C — Combustible diesel C_{15} a C_{18}

>400 °C — Aceite lubricante C_{16} a C_{36}

Residuo (asfalto, brea) C_{44} a C_{80}

Biorremediación

El petróleo y el agua no se mezclan. Es posible que hayas observado este hecho en imágenes de un derrame de petróleo en las noticias. Los derrames de petróleo pueden llevar a la muerte a las aves marinas y a los mamíferos marinos, y pueden contaminar el suelo y el agua potable.

Una de las herramientas que se usan para limpiar el petróleo derramado es una tecnología relativamente nueva llamada biorremediación. La tecnología usa microbios "comepetróleo" (especialmente bacterias) para remediar el derrame. Para estos microbios, los hidrocarburos en el petróleo crudo no son un contaminante sino una fuente de alimento. Durante el proceso de la digestión, los hidrocarburos nocivos se convierten en productos menos dañinos, principalmente dióxido de carbono y agua. La biorremediación es un método seguro, simple y relativamente barato para solucionar los derrames de petróleo. Sin embargo, el proceso requiere tiempo para funcionar. Además, por lo general sólo funciona con el petróleo residual de las costas, después de que parte del derrame haya sido eliminado por otros medios.

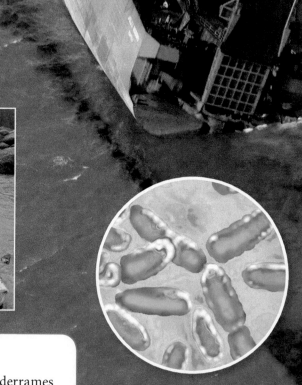

Un paso más allá

1. Describir Dos hidrocarburos que se encuentran en los derrames de crudo son el metilbenceno y el metilciclopentano. Dibuja las fórmulas estructurales de estos dos compuestos.

2. Investigar un problema Otra tecnología llamada agente de dispersión se usa a menudo para remediar los derrames de petróleo. Investiga esta tecnología y compárala con la biorremediación.

TECNOLOGÍA DE VANGUARDIA Y VIVA La degradación del petróleo en el medio ambiente marino es llevada a cabo por diversos microorganismos, incluyendo la especie *Pseudomonas* que se muestra aquí.

Carbón

¿Qué características se usan para clasificar al carbón?

Los geólogos piensan que el carbón se originó hace unos 300 millones de años cuando enormes helechos y musgos crecían en abundancia en las regiones tropicales pantanosas. Cuando las plantas murieron, se formaron gruesas capas de vegetación en descomposición. Finalmente, la vegetación en descomposición quedó cubierta por capas y capas de suelo y roca, lo que provocó una fuerte presión. Esta presión, junto con el calor del interior de la Tierra, fue convirtiendo poco a poco los restos vegetales en carbón.

Formación del carbón La primera etapa en la formación de carbón es un material intermedio conocido como turba. La turba, que se muestra en la Figura 22.16, es un material suave, marrón, esponjoso y fibroso. Cuando se excava de un pantano, la turba tiene un muy alto contenido de agua. Después de que se ha dejado secar, se produce un combustible barato pero que produce mucho humo. Si la turba se deja en el suelo, continuará cambiando. Después de un largo período de tiempo, la turba pierde la mayor parte de su textura fibrosa y se convierte en lignito, o carbón marrón. **El carbón se clasifica por su dureza y por su contenido de carbono.** Por ejemplo, el lignito es mucho más duro que la turba y tiene un contenido de carbono más alto (alrededor del 30 por ciento). Sin embargo, su contenido de agua es todavía alto. La constante presión y el calor poco a poco convierten el lignito en carbón bituminoso, o carbón suave, que es más duro que el lignito. El carbón bituminoso tiene un contenido de agua inferior y un contenido más alto de carbono (35 por ciento a 85 por ciento) que el lignito. En algunas regiones de la corteza terrestre, se dan presiones aún mayores. En esos lugares, como en la tierra debajo del este de Pensilvania, la hulla se ha transformado en antracita, o carbón duro. La antracita tiene un contenido de carbono que supera el 85 por ciento, lo que la convierte es una fuente excelente de combustible.

El carbón, que se encuentra generalmente en filones de 1 a 3 metros de espesor, se obtiene en minas tanto subterráneas como superficiales. En América del Norte, las minas de carbón tienen por lo general menos de 100 metros de profundidad. La mayor parte del carbón está tan cerca de la superficie que se suele extraer en minas a cielo abierto. Por el contrario, muchas minas de carbón en Europa y Asia se extienden de 1000 a 1500 metros por debajo de la superficie de la Tierra.

LA QUÍMICA Y TÚ

P: *¿De dónde proviene la gasolina? ¿De dónde proviene el carbón? Usa las Figuras 22.14, 22.15 y 22.16 para explicar tus respuestas.*

Figura 22.16 Formación del carbón
Cuando los helechos y el musgo mueren, se acumulan sus restos en descomposición. Durante millones de años, las capas de materia orgánica en descomposición se amontonan y forman turba. La constante presión y el calor transforman la turba en lignito, carbón bituminoso y antracita.
Identificar *¿Cuáles tres variables contribuyen a la formación del carbón?*

Tiempo, calor, presión

Turba   Lignito   Bitumen   Antracita

Composición del carbón El carbón consiste en gran parte de compuestos aromáticos condensados de muy alta masa molar. Estos compuestos tienen una alta proporción de carbono en comparación con el hidrógeno. Debido a la alta proporción de compuestos aromáticos, el carbón deja más hollín cuando se quema que los combustibles más alifáticos obtenidos a partir del petróleo. El carbón también contiene una pequeña cantidad de azufre. A medida que se quema el carbón, el azufre se oxida para formar SO_2 y SO_3, dos grandes contaminantes atmosféricos que contribuyen a la lluvia ácida y al esmog, como se muestra en la Figura 22.17. Con el fin de reducir la contaminación del aire, la mayoría del azufre se elimina antes de quemar el carbón. Los óxidos de azufre presentes después de la combustión son generalmente capturados antes de que las emisiones salgan de la chimenea.

El carbón se puede destilar para obtener una variedad de productos: gas de hulla, alquitrán de hulla, amoníaco y coque. El coque es el material sólido que queda después de la destilación del carbón. Se usa como un combustible en muchos procesos industriales y es el agente reductor fundamental en la fundición del mineral de hierro. El gas de hulla se compone principalmente de hidrógeno, metano y monóxido de carbono. El alquitrán de hulla se puede destilar aún más en benceno, tolueno, naftaleno, fenol y alquitrán. El amoníaco que se obtiene a partir del carbón destilado se convierte en sulfato de azufre para usarlo como fertilizante.

Figura 22.17 Esmog en Beijing
El óxido de azufre de las emisiones de plantas de carbón en China suelen generar un esmog denso.

22.5 Comprobación de la lección

33. Describir ¿Qué tipo de hidrocarburos se encuentran en el gas natural?

34. Repasar Describe el primer proceso usado en la refinación del petróleo.

35. Identificar ¿Cuáles son las dos características que se usan para clasificar al carbón?

36. Comparar ¿Cómo se diferencian los productos de la combustión de las combustiones completa e incompleta de los hidrocarburos?

37. Explicar ¿Por qué la pirólisis es un paso necesario en el proceso de refinación del petróleo?

38. Hacer una lista ¿Cuáles son algunos productos comunes hechos a partir de gas natural, petróleo y carbón?

39. Resumir ¿Cómo se formaron los tres principales combustibles fósiles?

40. Comparar ¿Cómo se diferencian las composiciones químicas de gas natural, petróleo y carbón?

Laboratorio a escala

Isómeros de hidrocarburos

Propósito

Dibujar fórmulas de línea-ángulo y nombrar algunos de los isómeros de la gasolina.

Materiales

- palillos
- plastilina
- lápiz
- papel

Procedimiento

La gasolina es una mezcla compleja de moléculas de hidrocarburos. En general, cada molécula contiene entre cinco y doce átomos de carbono. Muchos de los componentes de la gasolina son isómeros con la misma fórmula molecular. Estos componentes incluyen los isómeros del pentano. Estudia las fórmulas y los nombres de los isómeros constitucionales del C_5H_{12} en la tabla siguiente. Haz un modelo de cada isómero con palillos y plastilina, usando modelos espaciales como guía. Compara los modelos de cada isómero.

Analizar y concluir

1. Describir Dibuja la fórmula estructural completa de cada isómero de C_5H_{12} en la tabla.

2. Inferir En una fórmula de línea-ángulo, cada línea representa un enlace carbono-carbono. Cada extremo de una línea, así como la intersección de las líneas, representa un átomo de carbono. Sabiendo que el carbono siempre forma cuatro enlaces covalentes, explica cómo determinar el número de átomos de hidrógeno enlazados a cada carbono en una fórmula de línea-ángulo.

3. Describir Dado que el butano se puede vaporizar fácilmente, se usa en las formulaciones de gasolinas en climas fríos durante el invierno. Dibuja las fórmulas estructurales condensadas y las fórmulas línea-ángulo de los dos isómeros de butano (C_4H_{10}).

Tú eres el químico

1. Analizar datos La gasolina contiene también isómeros de hexano. Dibuja las fórmulas línea-ángulo y nombra los cinco isómeros del C_6H_{14}. Haz un modelo de cada isómero.

2. Diseñar un experimento La gasolina también contiene pequeñas cantidades de los seis isómeros del penteno. Dos de los isómeros son configuraciones *cis* y *trans* del mismo isómero constitucional. Experimenta con tus modelos para hacer los seis isómeros. Usa dos palillos para representar un enlace doble. Dibuja las fórmulas línea-ángulo de cada isómero. Nombra cada compuesto.

Isómeros de C_5H_{12}		
Fórmula condensada	**Fórmula de línea-ángulo**	**Modelo espacial**
$CH_3CH_2CH_2CH_2CH_3$ pentano		
$CH_3CHCH_2CH_3$ | CH_3 2-metilbutano		
CH_3 | CH_3CCH_3 | CH_3 2,2-dimetilpropano		

GRANIDEA QUÍMICA DEL CARBONO

Los hidrocarburos se nombran usando el sistema IUPAC, aunque a veces se usan nombres comunes para ciertos compuestos conocidos. Todos los hidrocarburos son moléculas no polares. En general, cuantos menos átomos de carbono tenga un hidrocarburo, menores serán sus puntos de fusión y de ebullición. Los hidrocarburos con la misma fórmula molecular pero diferente estructura molecular pueden tener diferentes propiedades.

22.1 Hidrocarburos

🔑 Debido a que el carbono tiene cuatro electrones de valencia, un átomo de carbono siempre forma cuatro enlaces covalentes.

🔑 Los átomos de carbono de un alcano pueden ordenarse en una cadena lineal o en una cadena ramificada.

- hidrocarburo (762)
- alcano (764)
- alcanos de cadena lineal (764)
- serie homóloga (765)
- fórmula estructural condensada (766)
- sustituto (767)
- grupo alquilo (768)
- alcanos de cadena ramificada (768)

22.2 Hidrocarburos insaturados

🔑 Al menos un enlace carbono-carbono en un alqueno es un enlace covalente doble. Otros enlaces pueden ser enlaces sencillos carbono-carbono y enlaces carbono-hidrógeno.

🔑 Al menos un enlace carbono-carbono en un alquino es un enlace covalente triple. Otros enlaces pueden ser enlaces sencillos o dobles carbono-carbono y enlaces carbono-hidrógeno.

- compuesto saturado (772)
- compuesto insaturado (772)
- alqueno (772)
- alquino (773)

22.3 Isómeros

🔑 Los isómeros constitucionales difieren en propiedades físicas, como el punto de ebullición y el punto de fusión. También tienen diferentes reactividades químicas.

🔑 Dos tipos de estereoisómeros son los isómeros *cis-trans* y los enantiómeros.

- isómero (775)
- isómero constitucional (775)
- estereoisómero (776)
- isómero *cis-trans* (776)
- configuración *cis* (776)
- configuración *trans* (776)
- carbono asimétrico (776)
- enantiómero (777)

22.4 Anillos de hidrocarburos

🔑 En algunos compuestos de hidrocarburos, la cadena de carbono tiene forma de anillo.

🔑 En una molécula de benceno, los electrones de enlace se distribuyen entre los átomos de carbono de manera uniforme alrededor del anillo.

- hidrocarburo cíclico (779)
- cicloalcano (779)
- compuesto aromático (780)
- compuesto alifático (780)

22.5 Hidrocarburos de la corteza de la Tierra

🔑 El gas natural es una fuente importante de alcanos de baja masa molar.

🔑 La refinación del petróleo comienza con la destilación del petróleo crudo en fracciones de acuerdo al punto de ebullición.

🔑 El carbón se clasifica por su dureza y contenido de carbono.

- pirólisis (783)

Afinación de destrezas: fórmulas estructurales

Problema	❶ Analizar	❷ Resolver

Problema

Nombra este compuesto usando el sistema IUPAC.

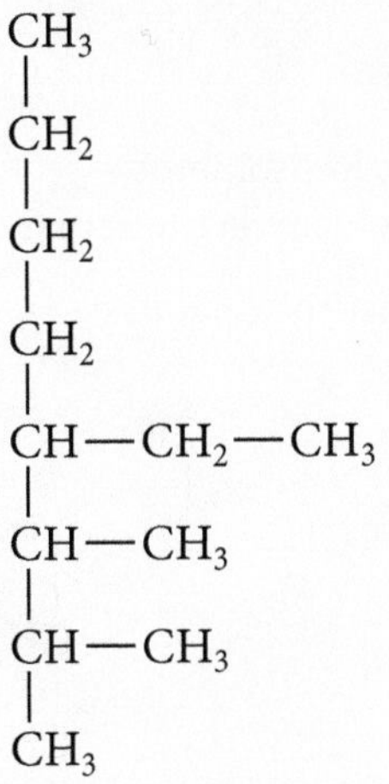

CH$_3$
|
CH$_2$
|
CH$_2$
|
CH$_2$
|
CH—CH$_2$—CH$_3$
|
CH—CH$_3$
|
CH—CH$_3$
|
CH$_3$

❶ Analizar

- Los carbonos del hidrocarburo padre deben estar enumerados para dar a los sustitutos los números más bajos posibles.
- Los números de ubicación para los sustitutos se incluyen en el prefijo. Si hay varios sustitutos del mismo tipo, incluye esa información también en el prefijo; por ejemplo, *di-* o *tri-* para dos o tres sustitutos, respectivamente.
- Los nombres de los sustitutos se deben enumerar en orden alfabético y con la puntuación correcta.

Pista: Repasa el Ejemplo de problema 22.2 si tienes problemas para nombrar los alcanos de cadena ramificada.

❷ Resolver

Hidrocarburo padre: ocho átomos de carbono (octano)

Sustitutos y sus ubicaciones:
- grupo metilo en el carbono 2
- grupo metilo en el carbono 3
- grupo etilo en el carbono 4

8 CH$_3$
|
7 CH$_2$
|
6 CH$_2$
|
5 CH$_2$
|
4 CH—[CH$_2$—CH$_3$]
|
3 CH—[CH$_3$]   Sustitutos
|
2 CH—[CH$_3$]
|
1 CH$_3$

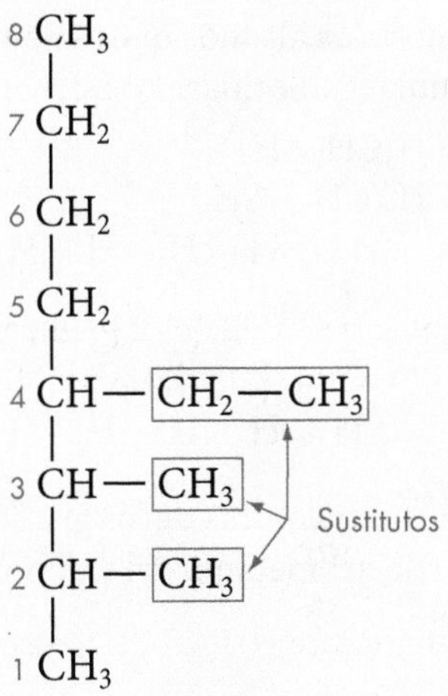

Prefijo: 4-etil-2,3-dimetil

El nombre IUPAC es 4-etil-2,3-dimetiloctano.

Problema

Dibuja la fórmula estructural condensada del 4-etil-2-metilheptano

Pista: Repasa el Ejemplo de problema 22.3 si tienes problemas dibujando las fórmulas estructurales de los alcanos de cadena ramificada.

❶ Analizar

- La parte del nombre que termina en *-ano* identifica al hidrocarburo padre.
- Los prefijos identifican a los sustitutos, cuántas veces aparecen y la ubicación de cada uno de los hidrocarburos padres.
- Cada átomo de carbono debe tener cuatro enlaces covalentes. Se deben agregar los hidrógenos para satisfacer esta necesidad.

❷ Resolver

Hidrocarburo padre: heptano (siete átomos de carbono)

Sustitutos y sus ubicaciones:
- grupo etilo en el carbono 4
- grupo metilo en el carbono 2

La fórmula estructural del 4-etil-2-metilheptano es

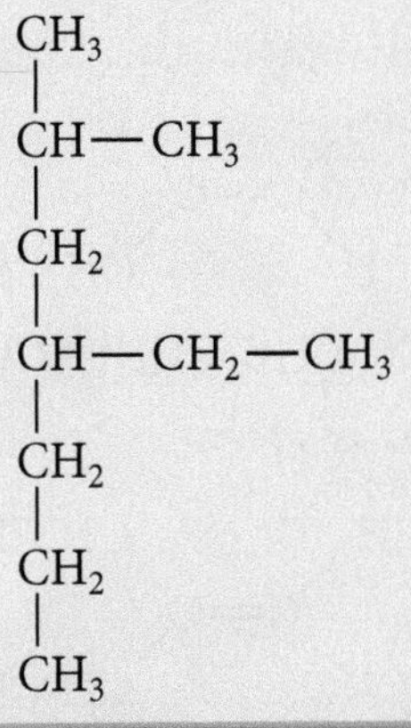

CH$_3$
|
CH—CH$_3$
|
CH$_2$
|
CH—CH$_2$—CH$_3$
|
CH$_2$
|
CH$_2$
|
CH$_3$

22 Evaluación

Lección por lección

22.1 Hidrocarburos

41. ¿Por qué las moléculas de los alcanos son no polares?

★42. Dibuja las fórmulas estructurales condensadas del pentano y del hexano. Supón que los enlaces C—H y C—C están sobreentendidos.

43. Nombra los alcanos que tienen las siguientes fórmulas moleculares o estructurales.

a. $CH_3CH_2CH_3$
b. $CH_3(CH_2)_6CH_3$
c.
$$H-\underset{\underset{H}{|}}{\overset{\overset{H}{|}}{C}}-\underset{\underset{H}{|}}{\overset{\overset{H}{|}}{C}}-\underset{\underset{H}{|}}{\overset{\overset{H}{|}}{C}}-\underset{\underset{H}{|}}{\overset{\overset{H}{|}}{C}}-\underset{\underset{H}{|}}{\overset{\overset{H}{|}}{C}}-H$$

44. Dibuja estructuras de los grupos alquilo derivados a partir del metano, del etano y del propano.

★45. Da el nombre IUPAC de cada compuesto.

a.
$$CH_3-\underset{\underset{CH_3}{|}}{CH}-\underset{\underset{CH_3}{|}}{CH_2}$$

b.
$$CH_3-\underset{\underset{CH_3}{|}}{CH}-\underset{\underset{CH_3}{|}}{CH}-CH_3$$

c.
$$CH_3-\underset{\underset{CH_2}{|}}{CH}-CH_2-\underset{\underset{CH_3}{|}}{CH_2}$$
$$\underset{\underset{CH_3}{|}}{}$$

22.2 Hidrocarburos insaturados

46. Da el nombre IUPAC de estos alquenos.

a. $CH_3CH=CH_2$
b.
$$\underset{H}{\overset{CH_3}{\diagdown}}C=C\underset{CH_2CH_3}{\overset{H}{\diagup}}$$
c. $CH_3CHCH_2CH=CH_2$
$$\underset{\underset{CH_3}{|}}{}$$
d.
$$\underset{CH_3}{\overset{CH_3}{\diagdown}}C=C\underset{CH_2CH_3}{\overset{CH_2CH_3}{\diagup}}$$

★47. Clasifica cada uno de los siguientes compuestos como saturado o insaturado. Explica.

a. $CH_3CH=CHCH_2CH_3$
b. $CH_3CH_2CH_3$

22.3 Isómeros

48. Dibuja y nombra todos los isómeros constitucionales con la fórmula molecular C_6H_{14}.

49. Dibuja un isómero constitucional de cada compuesto.

a.
$$CH_3-\underset{\underset{CH_3}{|}}{\overset{\overset{CH_3}{|}}{C}}-CH_3$$

b.
$$CH_3-\underset{\underset{CH_2}{|}}{\overset{\overset{CH_3}{|}}{CH}}-CH-CH_3$$
$$\underset{\underset{CH_3}{|}}{}$$

50. Dibuja una fórmula estructural o esqueleto de carbono de cada uno de los siguientes alquenos. Si hay formas *cis* y *trans* presentes, incluye ambas formas.

a. 2-penteno
b. 2-metil-2-penteno
c. 3-etil-2-penteno

51. ¿Puedes dibujar el isómero constitucional del hexano que tenga un carbono asimétrico? Explica.

★52. ¿Tienen todas las moléculas enantiómeros? Explica.

22.4 Anillos de hidrocarburo

53. Da el nombre IUPAC del siguiente hidrocarburo cíclico.

a. [octágono]   b. [cuadrado]

54. Explica por qué estas dos estructuras representan el 1,2-dietilbenceno.

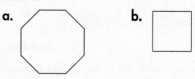

★55. Dibuja una fórmula estructural de cada compuesto.

a. 1,4-dietilbenceno
b. 2-metil-3-fenilpentano
c. 1,3-dimetilbenceno

22.5 Hidrocarburos de la corteza terrestre

56. Clasifica estos materiales en orden creciente de contenido de carbono: carbón bituminoso, turba, lignito y carbón antracita.

57. ¿Cómo se usan los catalizadores en la refinación de petróleo?

★**58.** ¿Qué sucede con el azufre cuando se quema el carbón?

Entender conceptos

59. ¿Por qué son incorrectos los siguientes nombres? ¿Cuáles son los nombres correctos?

  a. 2-dimetilpentano
  b. 1,3-dimetilpropano
  c. 3-metilbutano
  d. 3,4-dimetilbutano

★**60.** Para cada hidrocarburo que se muestra, identifica los tipos de enlaces covalentes y nombra el compuesto.

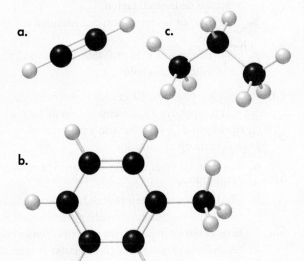

61. Escribe las fórmulas estructurales de estos compuestos.

  a. propino   **c.** 2-fenilpropano
  b. ciclohexano   **d.** 2,2,4-trimetilpentano

★**62.** Después del etano, ¿cuáles son los siguientes tres miembros de la serie homóloga de los alcanos?

63. Compara los isómeros *cis-trans* y los enantiómeros.

64. Dibuja las estructuras punto-electrón de cada compuesto.

  a. propeno   **c.** propino
  b. propano   **d.** ciclobutano

65. Escribe una ecuación para la combustión del octano.

★**66.** Compara estas tres estructuras moleculares. ¿Cuál crees que es la más estable? Explica tu respuesta.

67. Los cuatro hidrocarburos producidos en mayor cantidad en años recientes en los Estados Unidos están enumerados en la tabla siguiente. Responde las siguientes preguntas tomando en cuenta los datos dados.

Químico	Cantidad producida (miles de millones de kg)
Eteno	15.9
Propeno	8.4
Benceno	5.3
Etilbenceno	4.3

  a. ¿Cuántos miles de millones de kilogramos de compuestos aromáticos se produjeron?
  b. De la masa total de los cuatro compuestos producidos, ¿qué porcentaje por masa se fabricó de compuestos alifáticos?

★**68.** ¿Son estas dos estructuras isómeros *cis-trans*? Explica tu respuesta.

$$CH_3 \quad CH_3 \qquad\qquad H \qquad\qquad H$$
$$C=C \qquad\qquad C=C$$
$$H \qquad\qquad H \qquad\qquad CH_3 \qquad CH_3$$

69. Usa las características rotuladas en la estructura molecular siguiente para responder las siguientes preguntas.

$$C_6H_5 \qquad CH_2CH_2CH_3$$

  a. ¿Qué rótulo identifica un enlace doble?
  b. ¿Qué rótulo identifica un grupo fenilo?
  c. ¿Qué rótulo identifica un grupo metilo?
  d. ¿Qué rótulo identifica un carbono asimétrico?
  e. ¿Qué rótulo identifica un grupo propilo?

70. ¿Tiene el etilciclohexano un carbono asimétrico? Explica.

71. Usa los elementos rotulados en la estructura molecular siguiente para responder las siguientes preguntas.

$$CH_3-\underset{\underset{①}{\overset{\overset{\displaystyle CH_3}{|}}{\underset{\displaystyle CH_3}{|}}}{C}}-CH_2-\underset{③}{\overset{\overset{\displaystyle CH_3}{|}}{CH}}-\underset{④}{CH_3}$$

a. ¿Qué rótulo identifica un carbono primario?
b. ¿Qué rótulo identifica un carbono secundario?
c. ¿Qué rótulo identifica un carbono terciario?
d. ¿Qué rótulo identifica un carbono cuaternario?

Piensa de manera crítica

72. Inferir El metano (CH_4), un combustible muy usado, tiene un calor de combustión (ΔH) -890 kJ/mol. El ΔH del benceno (C_6H_6) es mucho más alto, -3268 kJ/mol, y sin embargo el benceno por sí solo nunca se usa como combustible. Sugiere algunos motivos por los que el benceno es un combustible menos deseable que el metano.

73. Analizar Explica por qué no se puede dibujar una fórmula estructural para el meteno.

74. Usar modelos Usa los isómeros del 2-penteno para mostrar cómo la falta de rotación alrededor de un enlace doble carbono-carbono conduce a los isómeros *cis-trans*.

75. Inferir La mayoría de los hidrocarburos cíclicos tienen puntos de ebullición más altos que los alcanos con el mismo número de carbonos. Sugiere una posible explicación para esta diferencia general en los puntos de ebullición.

76. Aplicar conceptos Los alcadienos son hidrocarburos con dos enlaces dobles. Dibuja la fórmula estructural del alcadieno con la fórmula molecular C_3H_4.

77. Predecir La fórmula molecular C_4H_6 podría representar un alquino, un cicloalqueno o un hidrocarburo con dos enlaces dobles. Escribe una fórmula estructural condensada para cada uno. ¿Qué compuesto crees que sea el menos estable? ¿Por qué?

78. Aplicar conceptos Dibuja fórmulas estructurales para los siguientes compuestos:
a. 3,4-dimetil-3-hexeno
b. 1-etil-2-metilciclopentano
c. 5,5-dipropildecano

79. Comparar ¿Qué característica estructural se asocia con cada uno de estos hidrocarburos: un alcano, un alqueno, un hidrocarburo aromático y un cicloalcano?

80. Evaluar y repasar Dibuja una estructura correcta para cualquiera de las opciones siguientes que sea incorrecta.
a. $CH_3-CH\cdot CH-CH_2-CH_3$
b.

$$\text{(estructura de ciclopenteno con dos grupos } CH_3)$$

c. $CH_3-C{\equiv}CH-CH_2-CH_3$
d. $CH_3\cdot CH-CH_2-CH_3$

81. Aplicar conceptos Tras la combustión completa, un alcano gaseoso da un volumen de dióxido de carbono que es dos veces el volumen del alcano inicial a la misma temperatura y presión. Identifica al alcano y escribe la ecuación balanceada de su combustión.

82. Aplicar conceptos Los alcanos 2-metilbutano y pentano se interconvierten, o isomerizan fácilmente, en presencia de un catalizador.
a. Escribe una ecuación química balanceada de esta reacción de isomerización.
b. ¿Qué tipo de isómeros son el 2-metilbutano y el pentano?
c. ¿Qué isómero es más probable que tenga el punto de ebullición más bajo?

83. Interpretar gráficas La gráfica muestra la relación entre la temperatura y la composición de las mezclas en equilibrio de 2-metilbutano y pentano en presencia de un catalizador.
a. Las mezclas en equilibrio contienen la mayor cantidad ¿de cuál isómero?
b. ¿Podrías obtener mejores rendimientos del isómero 2-metilbutano mediante la ejecución de la reacción a temperaturas más altas o más bajas?
c. ¿A qué temperatura podrías ejecutar la reacción para obtener una mezcla que contenga aproximadamente 25 por ciento pentano y 75 por ciento 2-metilbutano?

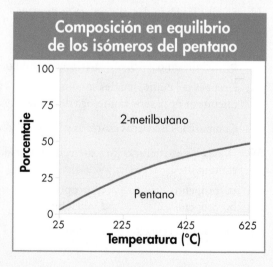

Composición en equilibrio de los isómeros del pentano

84. Predecir Usa la gráfica de la Figura 22.3 para predecir el punto de ebullición del dodecano, el alcano de cadena lineal que contiene doce carbonos. Después, usa un manual de química para hallar el punto de ebullición verdadero del dodecano. Compara el punto de ebullición verdadero con tu predicción.

85. Aplicar conceptos Corrige cada uno de los siguientes nombres y dibuja las fórmulas estructurales correctas.

   a. 4-metilhexano
   b. 1,4-dietilciclopentano
   c. 3,3metil-4-etiloctane
   d. 4,4-dimetilpentano
   e. 2-etilheptano
   f. fenilmetano

★86. Interpretar gráficas La gráfica muestra el número de isómeros constitucionales de los alcanos con tres a diez átomos de carbono.

   a. ¿Cuántos isómeros constitucionales hay para los alcanos C_6, C_7, C_8, C_9, y C_{10}?
   b. La diferencia entre el número de isómeros de C_7 y C_8 es 9. La diferencia entre el número de isómeros para C_9 y C_{10} es 40. En cada caso, se añade un átomo de carbono adicional a la molécula. ¿Por qué es tan diferente el cambio en el número de isómeros?

87. Evaluar Los combustibles fósiles, como el petróleo y el gas natural, son las materias primas de muchos productos comerciales. ¿Debería esta información influir en la decisión de desarrollar otras fuentes de energía además de los combustibles fósiles? Explica.

88. Investigar un problema Cuando los combustibles fósiles se queman en un motor de combustión interna, el tubo de escape contiene más que gas dióxido carbono y vapor de agua. Investiga cómo funcionan los convertidores catalíticos y escribe un párrafo para explicar qué sucede con los contaminantes en el convertidor catalítico.

89. Conexión con la GRANIDEA Tal vez hayas visto la instrucción "Agítese bien antes de usar" en una botella de aderezo para ensaladas. Estas instrucciones suelen aparecer en los aderezos que contienen aceite de oliva y agua como dos ingredientes principales. Las moléculas del aceite de oliva tienen largas colas de hidrocarburos. Explica por qué necesitas agitar este tipo de aderezos de ensalada antes de verterlos en la ensalada.

MISTERIOQUÍMICO

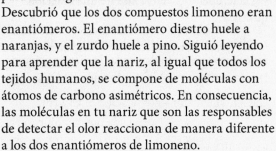

Nariz en alquiler

Después de terminar con la prueba de olor, Anthony fue inmediatamente a su casa y se conectó a Internet para investigar el limoneno. Descubrió que los dos compuestos limoneno eran enantiómeros. El enantiómero diestro huele a naranjas, y el zurdo huele a pino. Siguió leyendo para aprender que la nariz, al igual que todos los tejidos humanos, se compone de moléculas con átomos de carbono asimétricos. En consecuencia, las moléculas en tu nariz que son las responsables de detectar el olor reaccionan de manera diferente a los dos enantiómeros de limoneno.

Este fenómeno es común en compuestos con carbonos asimétricos. Otro ejemplo son los dos enantiómeros del compuesto carvona. Un enantiómero huele a menta y el otro enantiómero huele a comino.

★90. Inferir ¿Difieren las propiedades físicas como el color, la densidad y el punto de ebullición en los dos enantiómeros de limoneno?

91. Conexión con la GRANIDEA Muchos medicamentos tienen carbonos simétricos. Hay casos en los que un enantiómero ayuda mientras que el otro es muy perjudicial. ¿Cómo es esto posible?

92. Calcula las cantidades siguientes:

   a. El número de litros que a TPE ocupan 6.20×10^{-1} moles de $Cl_2(g)$

   b. El volumen de un gas a 3 kPa de presión si el mismo gas tiene un volumen de 6 L a 0.5 kPa y la temperatura es constante

   c. La presión parcial del gas X (P_x) en una mezcla de tres gases, X, Y y Z, si la presión total (P_{total}) es 50 kPa y la suma de las presiones parciales de Y y Z es 30 kPa

93. ¿Cuántos moles de soluto se encuentran en 750 ml de $1.50M$ KNO_3? ¿Cuántos gramos de KNO_3 es esto?

94. ¿Cuántas calorías se absorben cuando se evaporan 56.0 g de agua líquida a 100 °C?

95. Un dólar de plata se calienta y se coloca en un calorímetro con un vaso de espuma que contiene 50.0 mL de agua a 26.5 °C. El agua alcanza una temperatura máxima de 27.3 °C. ¿Cuántos julios de calor liberó el dólar de plata?

96. ¿Cuál es la relación entre una caloría y un julio? ¿Cuántos julios es 1 kcal?

97. ¿Cómo influyen (a) el tamaño de partícula y (b) la temperatura en la tasa de una reacción química?

98. Explica cómo la posición de equilibrio de esta reacción se ve afectada por (a) la disminución de la temperatura y (b) la eliminación de CO_2.

$$CaCO_3(s) + calor \rightleftharpoons CaO(s) + CO_2(g)$$

99. Escribe expresiones de equilibrio constante de las siguientes reacciones:

   a. $Cl_2(g) + I_2(g) \rightleftharpoons 2ICl(g)$

   b. $2HBr(g) \rightleftharpoons H_2(g) + Br_2(g)$

   c. $2S_2Cl_2(g) + 2H_2O(g) \rightleftharpoons$
$$4HCl(g) + 3S(g) + SO_2(g)$$

   d. $N_2(g) + 3H_2(g) \rightleftharpoons 2NH_3(g)$

100. ¿Cuáles son los valores del pH de las soluciones acuosas que contienen cada una de las siguientes concentraciones de hidróxido de litio?

   a. $1.0 \times 10^{-4}M$ **c.** $0.010M$

   b. $3.9 \times 10^{-7}M$ **d.** $0.0050M$

101. Una solución incolora de pH desconocido se vuelve azul cuando se prueba con el indicador de ácido-base bromotimol azul. Se mantiene incolora cuando se prueba con fenolftaleína.

   a. ¿Cuál es el pH aproximado de la solución?

   b. ¿Cómo puedes determinar el pH con más precisión?

102. Escribe la fórmula de cada ácido o base.

   a. ácido fosfórico   **c.** ácido carbónico

   b. hidróxido de cesio   **d.** hidróxido de bario

103. Escribe la reacción de la disociación de cada uno de los siguientes compuestos en agua.

   a. hidróxido de sodio   **b.** hidróxido de bario

104. Da el número de oxidación de cada elemento en las siguientes sustancias:

   a. $CaCO_3$ **c.** $LiIO_3$

   b. Cl_2 **d.** Na_2SO_3

105. ¿Son estos procesos de oxidación o de reducción?

   a. $Fe^{3+} + e^- \rightarrow Fe^{2+}$

   b. $Cl_2 + 2e^- \rightarrow 2Cl^-$

   c. $Fe^{3+} + 3e^- \rightarrow Fe$

   d. $Zn \rightarrow Zn^{2+} + 2e^-$

106. Determina el número de oxidación del nitrógeno en los siguientes compuestos y iones:

   a. N_2O_4 **c.** NO_2 **e.** NH_3

   b. NO_3^- **d.** NH_4^+ **f.** NO

107. Balancea estas ecuaciones redox.

   a. $C_3H_7OH(l) + O_2(g) \rightarrow CO_2(g) + H_2O(l)$

   b. $BaO(s) + Al(s) \rightarrow Al_2O_3(s) + Ba(s)$

108. Explica el término *potencial de celda estándar*.

109. Una celda voltaica está hecha de las siguientes semiceldas. Determina la reacción de la celda y calcula el potencial de celda estándar.

$$Al^{3+}(aq) + 3e^- \rightarrow Al(s) \qquad E°Al^{3+} = -1.66V$$

$$Ni^{2+}(aq) + 2e^- \rightarrow Ni(s) \qquad E°Ni^{2+} = -0.25V$$

110. El potencial de celda estándar calculado para una reacción redox es un número negativo. ¿Qué te indica un número negativo acerca de la reacción?

111. ¿Qué proceso ocurre siempre en el cátodo de una celda electrolítica? ¿Y en el cátodo de una celda voltaica?

Si tienes problemas con . . .

Pregunta	92	93	94	95	96	97	98	99	100	101	102	103	104	105	106	107	108	109	110	111
Ver el capítulo	14	16	17	17	17	18	18	18	19	19	19	19	20	20	20	20	21	21	21	21

Preparación para los exámenes estandarizados

Escoge la opción que responda mejor a cada pregunta o complete cada enunciado.

1. ¿Cuál es el nombre del compuesto que tiene la siguiente fórmula estructural?

$$CH_3-\underset{\underset{H}{|}}{\overset{\overset{CH_3}{|}}{C}}-\underset{\underset{H}{|}}{\overset{\overset{H}{|}}{C}}-\underset{\underset{H}{|}}{\overset{\overset{CH_3}{|}}{C}}-CH_3$$

   (A) 1,2,3,3-tetrametilpropano
   (B) heptano
   (C) 2,4-dimetilpentano
   (D) 1,5-dimetilbutano

2. ¿Cuál de éstas es una característica de todos los alquenos?

   I. insaturados
   II. enlace doble carbono-carbono
   III. enantiómeros

   (A) sólo I y II
   (B) sólo II y III
   (C) sólo I y III
   (D) I, II y III

3. ¿Cuántos átomos de carbono hay en una molécula de 4,5-dietiloctano?
   (A) 10   (C) 14
   (B) 12   (D) 16

4. El isomerismo *cis-trans* es posible en el
   (A) 2-penteno.   (C) propino.
   (B) 2-butano.   (D) benceno.

Consejos para tener éxito

Eliminar respuestas incorrectas Si no sabes qué respuesta es correcta, empieza por eliminar aquellas que sabes que son incorrectas. Si logras descartar algunas opciones, tendrás menos opciones para tomar en cuenta, lo que aumentará tus posibilidades de escoger la respuesta correcta.

---

5. Un isómero constitucional del heptano es el
   (A) metilbenceno.   (C) cicloheptano
   (B) 3,3-dimetilpentano. (D) 3-metilhexeno

6. ¿Qué molécula puede tener enantiómeros?
   (A) CH_4 (C) $CFClBrI$
   (B) CF_2H_2 (D) CF_2ClH

7. Dibuja las fórmulas estructurales de tres isómeros constitucionales del pentano, C_5H_{12}. Nombra cada isómero.

8. Escribe las fórmulas estructurales de cuatro isómeros constitucionales del ciclopentano. Nombra cada uno de los isómeros.

Las opciones con letras siguientes se refieren a las Preguntas 9 a 12. Una opcion con letra se puede usar una vez, más de una vez o ninguna vez.
   (A) alqueno
   (B) areno
   (C) alquino
   (D) alcano

¿A cuál de las clases de hidrocarburos anteriores pertenecen cada uno de los siguientes compuestos?

9. C_7H_{16}

10. C_5H_8

11. C_6H_6

12. C_8H_{16}

Usa la estructura molecular siguiente para responder las Preguntas 13 a 16. Cada estructura molecular se puede usar una vez, más de una vez o ninguna vez.

(A)
$$\underset{H}{\overset{CH_3}{}}C=C\underset{CH_3}{\overset{H}{}}$$

(C)
$$\underset{CH_3}{\overset{H}{}}C=C\underset{CH_3}{\overset{H}{}}$$

(B) $CH_3CH_2CH_2CH_3$

(D) ⬡

13. ¿Qué estructura es un cicloalcano?

14. ¿Qué estructura es un hidrocarburo saturado?

15. ¿Qué estructura es un isómero *cis*?

16. ¿Qué estructura es un isómero *trans*?

Si tienes problemas con . . .

Pregunta	1	2	3	4	5	6	7	8	9	10	11	12	13	14	15	16
Ver la lección	22.1	22.2	22.1	22.3	22.3	22.3	22.3	22.3	22.1	22.2	22.4	22.2	22.4	22.2	22.3	22.3

23

Grupos funcionales

EN EL INTERIOR:

- **23.1** Introducción a los grupos funcionales
- **23.2** Alcoholes, éteres y aminos
- **23.3** Compuestos carbonilos
- **23.4** Polímeros

PearsonChem.com

Los sabores y aromas únicos de las especias se deben a compuestos orgánicos con varios grupos funcionales.

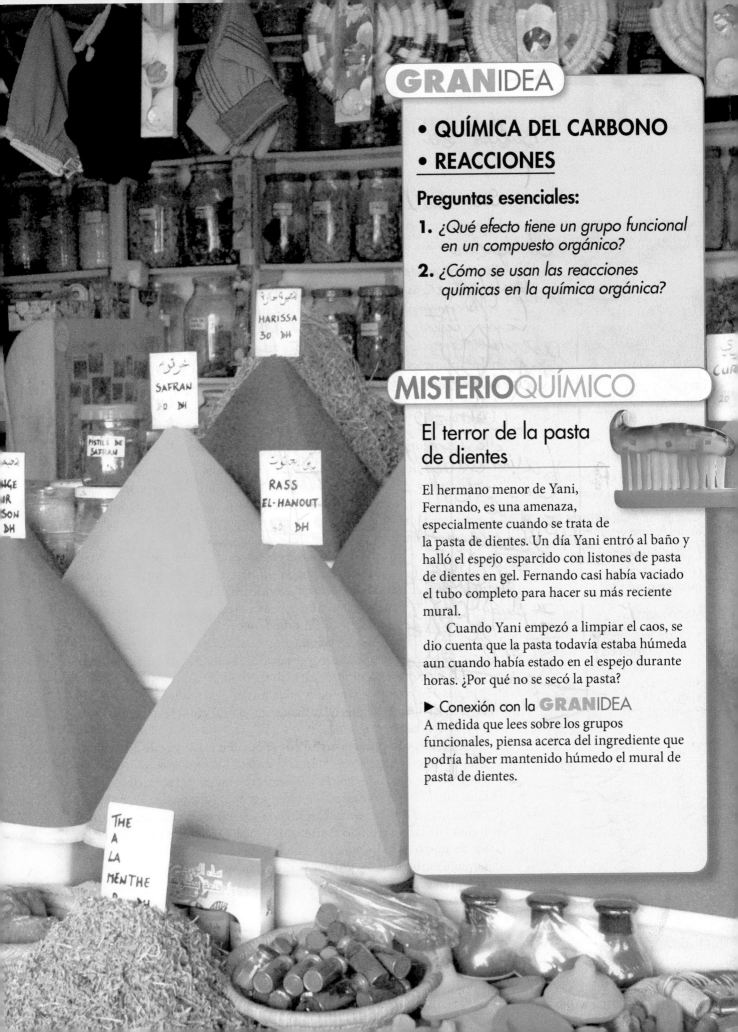

- **QUÍMICA DEL CARBONO**
- **REACCIONES**

Preguntas esenciales:

1. ¿Qué efecto tiene un grupo funcional en un compuesto orgánico?

2. ¿Cómo se usan las reacciones químicas en la química orgánica?

MISTERIOQUÍMICO

El terror de la pasta de dientes

El hermano menor de Yani, Fernando, es una amenaza, especialmente cuando se trata de la pasta de dientes. Un día Yani entró al baño y halló el espejo esparcido con listones de pasta de dientes en gel. Fernando casi había vaciado el tubo completo para hacer su más reciente mural.

Cuando Yani empezó a limpiar el caos, se dio cuenta que la pasta todavía estaba húmeda aun cuando había estado en el espejo durante horas. ¿Por qué no se secó la pasta?

▶ Conexión con la **GRANIDEA**
A medida que lees sobre los grupos funcionales, piensa acerca del ingrediente que podría haber mantenido húmedo el mural de pasta de dientes.

23.1 Introducción a los grupos funcionales

P: *¿Cómo puedes saber la diferencia entre un compuesto orgánico y otro?* Si alguna vez has visto una banda de música, sabes que todos los miembros visten el mismo uniforme. A cierta distancia, todos los músicos se ven casi idénticos. Pero, ¿lo son? Si miras más detalladamente, puedes distinguir sus diferecias mediante los instrumentos que llevan. De forma similar, un hidrocarburo es casi idéntico a otro hasta que se distingue mediante un grupo funcional.

Grupos funcionales

¿Cómo se clasifican los compuestos orgánicos?

En el Capítulo 22 aprendiste acerca de los componentes esenciales de cada compuesto orgánico: cadenas y anillos de hidrocarburos. En la mayoría de las reacciones orgánicas, los esqueletos de hidrocarburos saturados de moléculas son químicamente inertes o no reactivos. Entonces, ¿cómo puede haber cientos de diferentes tipos de reacciones orgánicas?

La mayor parte de la química orgánica incluye sustituyentes, que son grupos unidos a cadenas o anillos de hidrocarburos. Los sustituyentes de moléculas orgánicas con frecuencia contienen oxígeno, nitrógeno, azufre y/o fósforo. Se llaman grupos funcionales porque son partes químicamente funcionales de las moléculas. Un **grupo funcional** es una ordenación específica de átomos en un compuesto orgánico, capaz de reacciones químicas características. La mayor parte de la química orgánica involucra grupos funcionales de moléculas orgánicas. Observa que los enlaces dobles y triples de alquenos y alquinos son químicamente reactivos. Por lo tanto, los enlaces dobles y triples de carbono-carbono se consideran grupos funcionales.

Los compuestos orgánicos se pueden clasificar de acuerdo a sus grupos funcionales. En la Tabla 23.1 se identifican los grupos funcionales que aprenderás en este capítulo. Encontrarás muy útil el referirte a esta tabla mientras se te presentan los nuevos grupos funcionales. En cada estructura general presentada, el símbolo R representa cualquier cadena o anillo de carbono unido al grupo funcional. En algunos casos, R puede ser un átomo de hidrógeno. Cuando más de un grupo R se muestra en la fórmula estructural, los grupos no necesitan ser el mismo. En la Figura 23.1 se muestran varios productos de consumo que contienen compuestos orgánicos con varios grupos funcionales.

Preguntas clave

¿Cómo se clasifican los compuestos orgánicos?

¿Cuál es la fórmula general de un haluro orgánico?

¿Cómo se usan las reacciones de sustitución en la química orgánica?

Vocabulario

- grupo funcional
- haluro orgánico
- haluros de alquilo
- haluros de arilo
- reacción de sustitución

Conéctate en línea para aprender más acerca de los productos que contienen compuestos orgánicos.

Tabla 23.1

Compuestos orgánicos clasificados por grupo funcional

Tipo de compuesto	Estructura general	Grupo funcional
Haluro orgánico	R—X (X = F, Cl, Br, or I)	Halógeno
Alcohol	R—OH	Hidroxilo
Éter	R—O—R	Éter
Amino	R—NH$_2$	Amino
Aldehído	$\underset{\displaystyle R-C-H}{\overset{\displaystyle O}{\parallel}}$	Carbonilo
Cetona	$\underset{\displaystyle R-C-R}{\overset{\displaystyle O}{\parallel}}$	Carbonilo
Ácido carboxílico	$\underset{\displaystyle R-C-OH}{\overset{\displaystyle O}{\parallel}}$	Carboxilo
Éster	$\underset{\displaystyle R-C-O-R}{\overset{\displaystyle O}{\parallel}}$	Éster
Amida	$\underset{\displaystyle R-C-N-R}{\overset{\displaystyle O \quad\; R}{\parallel \quad\; |}}$	Amida

Figura 23.1 Productos de consumo
Muchos artículos contienen derivados de hidrocarburos. Los esqueletos de hidrocarburos en estos productos son químicamente similares. Los grupos funcionales le dan a cada producto propiedades y usos únicos.

ASPIRIN

250 TABLETS
MG EACH

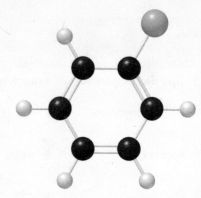

Figura 23.2 Haluros orgánicos Un haluro orgánico es un compuesto que contiene carbono con un sustituyente de halógeno. **Clasificar** *¿Son estos haluros orgánicos haluros de alquilo o haluros de arilo?*

Clorometano   Cloroeteno   Clorobenceno

Haluros orgánicos

¿Cuál es la fórmula general de un haluro orgánico?

Un **haluro orgánico** es un compuesto orgánico que contiene al menos un átomo de flúor, cloro, bromo o yodo, enlazado covalentemente. **La fórmula general de un haluro orgánico es RX, donde X es un sustituyente halógeno.** Las reglas IUPAC para nombrar a los haluros orgánicos se basan en el nombre del hidrocarburo original. Los grupos halógenos se nombran como sustituyentes. A continuación se muestran ejemplos de nombres IUPAC para haluros orgánicos simples. Los nombres comunes se dan entre paréntesis. En la Figura 23.2 se muestran los modelos de bolas y varillas para estos haluros orgánicos.

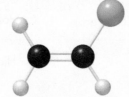

$CH_3 - Cl$

Clorometano
(cloruro de metilo)

Cloroeteno
(cloruro de vinilo)

Clorobenceno
(cloruro de fenilo)

Los nombres comunes de los haluros orgánicos consisten de dos partes. La primera parte nombra la porción del hidrocarburo de la molécula como un grupo alquilo, como *metil-* o *etil-*. La segunda parte nombra el halógeno con una terminación *–uro*. Sobre la base de sus nombres comunes, un haluro orgánico en el que un halógeno se une a un carbono de una cadena alifática se llama **haluro de alquilo.** Un haluro orgánico en el que el halógeno está unido a un carbono de un anillo areno se llama **haluro de arilo.** En la Tabla 23.2 se enumeran los nombres de algunos grupos de sustituyentes además de metilo, etilo y propilo.

Las atracciones entre las moléculas de los haluros orgánicos son principalmente el resultado de interacciones de van der Waals débiles. Por lo general, estas atracciones aumentan con el grado de sustitución halógena. Esto significa que los compuestos orgánicos más altamente halogenados tienen puntos de ebullición más altos, como se ilustra en la Tabla 23.3.

Muy pocos haluros orgánicos se encuentran en la naturaleza, pero pueden prepararse y usarse fácilmente para muchos propósitos. Por ejemplo, los hidrofluorocarbonos (HFC) se usan como refrigerantes en los sistemas de aire acondicionado de los automóviles. Los haluros orgánicos también se usan como solventes y como ingredientes de polímeros elásticos.

Tabla 23.2

Algunos grupos sustituyentes comunes

Nombre	Estructura del grupo
Isopropilo	$CH_3 - \overset{\displaystyle CH_3}{\underset{\displaystyle H}{C}} -$
Isobutilo	$CH_3 - \overset{\displaystyle CH_3}{CH} - CH_2 -$
Butilo secundario (*sec*-butil)	$CH_3 - CH_2 - \overset{\displaystyle }{CH} - CH_3$
Butilo terciario [*ter*-butil]	$CH_3 - \overset{\displaystyle CH_3}{\underset{\displaystyle CH_3}{C}} -$
Vinilo	$\overset{\displaystyle H}{\underset{\displaystyle H}{C}} = \overset{\displaystyle H}{\underset{\displaystyle H}{C}}$
Fenilo	(anillo bencénico)

Tabla 23.3

Comparando metanos y clorometanos

Fórmula molecular	Nombre	Masa molar (g)	Punto de ebullición (°C)
CH_4	Metano	16.0	−161
CH_3Cl	Clorometano (cloruro de metilo)	50.5	−24
CH_2Cl_2	Diclorometano (cloruro de metileno)	85.0	40
$CHCl_3$	Triclorometano (cloroformo)	119.5	61
CCl_4	Tetrametano (tetracloruro de carbono)	154.0	74

Reacciones de sustitución

¿Cómo se usan las reacciones de sustitución en la química orgánica?

Las reacciones orgánicas con frecuencia proceden más lentamente que las reacciones inorgánicas porque las reacciones orgánicas comúnmente involucran la descomposición de enlaces covalentes relativamente fuertes. Con frecuencia requieren de catalizadores. Muchas reacciones orgánicas son complejas y, por lo general, dan una mezcla de productos. Los productos deseados deben entonces separarse mediante destilación, cristalización u otros medios. Un tipo común de reacción orgánica es una **reacción de sustitución** en la que un átomo, o grupo de átomos, reemplaza a otro átomo o grupo de átomos.

Las reacciones de sustitución son un método importante para la introducción de grupos funcionales en moléculas orgánicas. Por ejemplo, un átomo de halógeno puede reemplazar a un átomo de hidrógeno o a un alcano para producir un haluro orgánico. El símbolo X representa un halógeno en esta ecuación generalizada.

$$R-H \quad + \quad X_2 \quad \longrightarrow \quad R-X \quad + \quad HX$$

Alcano · Halógeno · Haluro orgánico · Haluro de hidrógeno

A partir de la ecuación generalizada, puedes escribir una específica. Este tipo de reacción también se llama reacción de halogenación porque la reacción introduce un átomo de halógeno en la molécula. La luz solar u otra fuente de radiación ultravioleta sirve por lo general como un catalizador.

$$CH_4 \quad + \quad Cl_2 \quad \xrightarrow{\text{luz UV}} \quad CH_3Cl \quad + \quad HCl$$

Metano · Cloro · Clorometano · Cloruro de hidrógeno

Aun bajo condiciones controladas, esta simple reacción de sustitución produce una mezcla de mono-, di-, tri- y tetraclorometanos.

La halogenación del benceno en presencia de un catalizador causa la sustitución de un átomo de hidrógeno en el anillo. Los compuestos de hierro con frecuencia se usan como catalizadores para las reacciones de sustitución en compuestos aromáticos.

Benceno · Bromo · Bromobenceno · Bromuro de hidrógeno

P: *Ya aprendiste que la adición de un sustituyente halógeno a un hidrocarburo afecta ciertas propiedades físicas. ¿Cómo puedes distinguir entre hidrocarburos y haluros orgánicos en términos de estructuras y propiedades?*

Los haluros orgánicos pueden convertirse en otros tipos de compuestos mediante reacciones de sustitución. Por ejemplo, los iones hidróxido pueden desplazar átomos de halógeno en cadenas de carbono para formar un alcohol. (El flúor es una excepción. Dado que los grupos flúor no son fácilmente desplazables, rara vez se les usa para preparar alcoholes). La reacción general para la formación de un alcohol a partir de un haluro orgánico es:

$$R—X \ + \ OH^- \ \xrightarrow[100°C]{H_2O} \ R—OH \ + \ X^-$$

Haluro orgánico   Ion hidróxido   Alcohol   Ion haluro

Los químicos usan soluciones acuosas de hidróxido de sodio o hidróxido de potasio como fuente de iones hidróxido. A continuación se muestran las ecuaciones para dos ejemplos especificos:

$$CH_3—I(l) \ + \ KOH(aq) \ \xrightarrow{100°C} \ CH_3—OH(l) \ + \ KI(aq)$$

Yodometano   Hidróxido de   Metanol   Yoduro de
                         potasio   potasio

$$CH_3CH_2Br(l) \ + \ NaOH(aq) \ \xrightarrow{100°C} \ CH_3CH_2OH(l) \ + \ NaBr(aq)$$

Bromometano   Hidróxido de   Etanol   Bromuro de
                          sodio   sodio

Los haluros orgánicos también se pueden convertir en otros haluros orgánicos, aminos o éteres mediante reacciones de sustitución similares.

23.1 Comprobación de la lección

1. Repasar ¿Cómo se clasifican los compuestos orgánicos?

2. Identificar ¿Cuál es la fórmula general de un haluro orgánico?

3. Explicar ¿Por qué son útiles las reacciones de sustitución en la química orgánica?

4. Clasificar Identifica el grupo funcional en cada estructura. Después clasifica el compuesto de acuerdo a su grupo funcional.
a. $CH_3—OH$
b. $CH_3—CH_2—NH_2$
c. [estructura: anillo bencénico]$—\overset{\overset{\displaystyle}{|}}{\underset{\underset{\displaystyle O}{\|}}{C}}—OH$
d. $CH_3—CH_2—CH_2—Br$
e. $CH_3—CH_2—O—CH_2—CH_3$
f. $CH_3—CH_2—I$

5. Describir Dibuja una fórmula estructural para cada compuesto siguiente.
a. cloruro de isopropilo
b. 1-yodo-2,2-dimetilpentano
c. *p*-bromotolueno
d. bromoeteno
e. 2-bromo-2-cloro-1,1,1-trifluoretano
f. yoduro de vinilo

6. Comparar ¿Cómo esperarías comparar los puntos de ebullición del etano y del cloroetano? Explica tu respuesta.

7. Aplicar conceptos Dibuja las fórmulas estructurales y escribe los nombres IUPAC de todos los dicloropropanos que pueden resultar de la reacción de sustitución entre cloro y propano.

8. Describir Escribe una ecuación química balanceada para la preparación de 2-propanol a partir de hidróxido de potasio y 2-bromopropano.

PCB: Un contaminante persistente

Aunque el atún que comes podría atraparse fresco, todavía podría estar contaminado por un químico industrial tóxico que no se ha fabricado en los Estados Unidos ¡en los últimos 30 años! Estos químicos, llamados bifenilos policlorinados (*polychlorinated biphenyls*, PCB) no se descomponen con facilidad y, por lo tanto, persisten donde quiera que terminen por largos períodos de tiempo.

Los PCB son haluros orgánicos aromáticos que se usaban en una variedad de aplicaciones industriales, incluyendo transformadores eléctricos, fluidos hidráulicos y papel copia sin carbono. Los químicos, que fueron prohibidos en 1979, se acumularon como desecho en los sedimentos y el agua de ríos, lagos y océanos. Los organismos que viven en el agua ingieren los químicos, que pueden desarrollarse con el paso del tiempo en sus tejidos grasos. Este desarrollo puede pasar hacia arriba en la cadena alimenticia. Arriba de la cadena alimenticia, los niveles de PCB pueden ser desde 100,000 hasta 1,000,000 veces más altos que en los niveles ambientales originales.

Aunque la cantidad de PCB de una sola comida no es dañina, niveles bajos continuos de exposición pueden conducir a varios problemas de salud, incluso el cáncer.

MAGNIFICACIÓN DEL EFECTO

Los organismos que están más arriba en la cadena alimenticia pueden acumular concentraciones más grandes de PCB que los organismos que están más abajo en la cadena alimenticia. La serie de la derecha muestra niveles típicos de PCB para cada miembro en unidades de partes por billón (ppb).

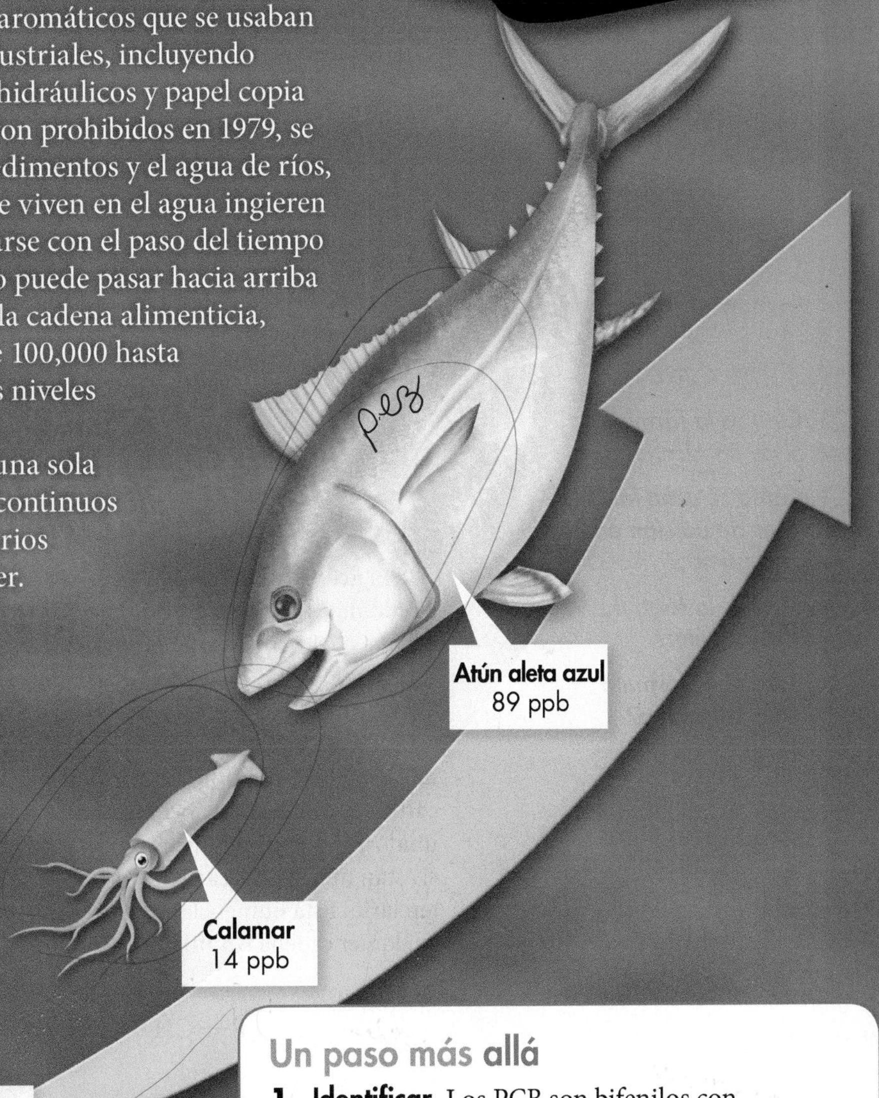

Atún aleta azul
89 ppb

Calamar
14 ppb

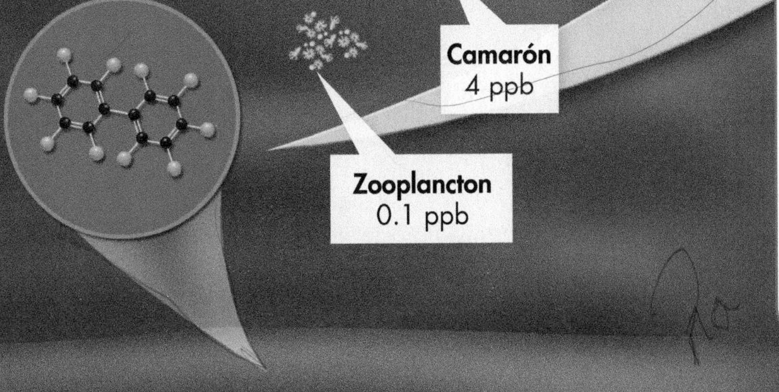

Camarón
4 ppb

Zooplancton
0.1 ppb

Un paso más allá

1. Identificar Los PCB son bifenilos con uno a diez átomos unidos. Dibuja las fórmulas estructurales de cinco diferentes PCB.

2. Inferir Los bifenilos policlorinados son estables calóricamente, no inflamables y tienen alta resistencia eléctrica. Con base en estas propiedades, ¿por qué las empresas pudieron haber usado los PCB como materiales aislantes y conductores térmicos?

23.2 Alcoholes, éteres y aminos

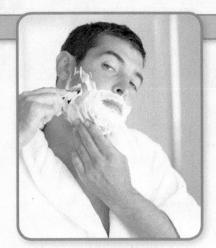

LA QUÍMICA Y TÚ

P: *¿Cómo puede refrescarte la química orgánica?* La loción para después de afeitar contiene cierto compuesto orgánico que imparte una sensación fresca a la piel. El mismo ingrediente se puede hallar en los dulces de menta, los jarabes para la tos y las cremas musculares. En esta lección, leerás acerca de tres clases de compuestos orgánicos que tienen una amplia variedad de usos.

Alcoholes

¿Cuál es la fórmula general de un alcohol?

¿Qué tienen en común el enjuague bucal, el perfume y el espray para el cabello? Todos contienen alcohol de algún tipo. Un **alcohol** es un compuesto orgánico con un grupo —OH. **La fórmula general de un alcohol es ROH.**

$$R - \ddot{\underset{..}{O}} - H$$

Alcohol

El grupo funcional —OH en los alcoholes se llama **grupo hidroxilo.** El átomo de oxígeno en el grupo —OH tiene dos pares de electrones sin enlazar, los que comprimen en ángulo de enlace R—O—H. Como resultado, un grupo funcional alcohol tiene una figura doblada.

Los alcoholes alipáticos se pueden clasificar en categorías estructurales de acuerdo al número de carbonos unidos al carbono con el grupo hidroxilo. Si sólo un carbono (o ninguno) está unido a C—OH, el último carbono se considera carbono primario y el alcohol es un alcohol primario. Si dos carbonos están unidos, el carbono es un carbono secundario, lo que da un alcohol secundario; si están unidos tres carbonos, se obtiene un carbono terciario y un alcohol terciario. Esta numenclatura se resume a continuación usando R para representar cualquier cadena o anillo de carbono.

Preguntas clave

- ¿Cuál es la fórmula general de un alcohol?
- ¿Cómo se usan las reacciones de adición en la química orgánica?
- ¿Cuál es la fórmula general de un éter?
- ¿Cuál es la fórmula general de un amino?

Vocabulario

- alcohol
- grupo hidroxilo
- fermentación
- reacción de adición
- reacción de hidratación
- reacción de hidrogenación
- éter
- amino

Alcohol primario	$R - CH_2 - OH$	Sólo un grupo R está unido a C—OH de un alcohol primario (1°, abreviado).
Alcohol secundario	$R - \overset{\overset{\displaystyle R}{\mid}}{C}H - OH$	Dos grupos R están unidos a C—OH de un alcohol secundario (2°).
Alcohol terciario	$R - \overset{\overset{\displaystyle R}{\mid}}{\underset{\underset{\displaystyle R}{\mid}}{C}} - OH$	Tres grupos R están unidos a C—OH de un alcohol terciario (3°).

Nombrar alcoholes Tanto los nombres IUPAC como los nombres comunes se usan para los alcoholes. Para nombrar alcoholes alifáticos usando el sistema IUPAC, elimina la terminación –e del nombre del hidrocarburo original y añade la terminación –ol. El hidrocarburo original es la cadena continua más larga de carbonos que incluye el carbono unido al grupo hidroxilo. Al numerar los hidrocarburos originales, la posición del grupo hidroxilo está dada con el número más bajo posible. Algunos alcoholes tienen más de un grupo hidroxilo. Para nombrar estos alcoholes usando el sistema IUPAC, simplemente añade la terminación –diol o –triol al nombre del hidrocarburo original si el alcohol tiene dos o tres grupos hidroxilos, respectivamente.

Los nombres comunes de los alcoholes alifáticos se escriben de la misma forma que los de los haluros orgánicos. El grupo alquilo etilo, por ejemplo, se nombra y es precedido por la palabra *alcohol*, como en *alcohol etílico*. El nombre común para un alcohol con dos grupos hidroxilos es un glicol.

Cuando un grupo hidroxilo está unido directamente a un anillo aromático, el compuesto se llama *fenol*. Para asignar el nombre IUPAC, el fenol se usa como el hidrocarburo original. Por ejemplo, un fenol con un grupo metilo unido se llama metilfenol. El cresol es el nombre común para los isómeros constitucionales *o*, *m* y *p* de metilfenol. En la Tabla 23.4 se halla una lista de nombres, fórmulas estructurales y modelos de bolas y varillas de algunos alcoholes y fenoles simples.

Tabla 23.4

	Algunos alcoholes y fenoles comunes	
Nombre IUPAC (nombre común)	**Fórmula estructural**	**Modelo de bolas y varillas**
Etanol (alcohol etílico)	CH_3-CH_2-OH	
2-propanol (alcohol isopropilo)	$CH_3-\overset{\displaystyle OH}{\underset{\displaystyle |}{CH}}-CH_3$	
1,2-etanediol (glicol etileno)	$\underset{\displaystyle OH}{CH_2}-\underset{\displaystyle OH}{CH_2}$	
1,2,3-propanetriol (glicerol)	$\underset{\displaystyle OH}{CH_2}-\underset{\displaystyle OH}{CH}-\underset{\displaystyle OH}{CH_2}$	
2-metilfenol (a-cresol)	(anillo aromático)$-CH_3$, $-OH$	

Figura 23.3 Usos de alcoholes

Los alcoholes se usan en muchos productos comunes. **a.** El alcohol isopropilo (IUPAC: 2-propanol) es un antiséptico efectivo. **b.** Muchos productos cosméticos, incluyendo el brillo labial, contienen 1,2,3-propanetriol. **c.** Los fluídos anticongelantes de los aviones son aproximadamente 65 por ciento 1,2-etanediol.

Inferir *¿Por qué el fluido anticongelante previene que el agua en un avión se congele a 0 °C?*

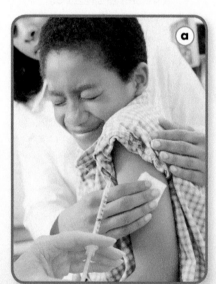

Propiedades de los alcoholes Los alcoholes son capaces de enlaces de hidrógeno intermoleculares, lo que se refleja en sus propiedades físicas. Por ejemplo, los alcoholes hierven a temperaturas más altas que los alcanos y los haluros orgánicos que contienen números comparativos de átomos.

Dado que los alcoholes son derivados del agua (el grupo hidroxilo es parte de una molécula de agua), de alguna manera son solubles en agua. Los alcoholes con hasta cuatro carbonos son completamente solubles en agua. La solubilidad de los alcoholes con más de cuatro carbonos en una cadena es por lo general más baja. Esto se debe a que los alcoholes consisten de dos partes: la cadena de carbono y el grupo hidroxilo. La cadena de carbono es no polar y no está unida al agua. El grupo hidroxilo es polar e interactúa fuertemente con el agua a través de enlaces de hidrógeno. Para los alcoholes de hasta cuatro carbonos, la polaridad del grupo hidrógeno sobrepasa la no polaridad de la cadena de carbono. Como resultado, estos alcoholes son solubles en agua. Sin embargo, a medida que aumenta el número de átomos de carbono por encima de cuatro, domina la no polaridad de la cadena de carbono y la solubilidad del alcohol disminuye.

Usos de los alcoholes La Figura 23.3 ilustra algunos usos comunes de los alcoholes. Por ejemplo, 2-propanol, que se conoce mejor como alcohol, con frecuencia es un antiséptico. También se usa como base para perfumes, cremas, lociones y otros cosméticos. Otro alcohol, 1,2,3-propanetriol, es altamente soluble en agua porque tiene tres grupos hidroxilo. También tiene la tendencia a absorber el agua de su entorno. Esta cualidad hace al 1,2,3-propanetriol un agente humectante valioso en los cosméticos, alimentos y medicamentos.

Algunos anticongelantes usan 1,2-etanediol como el ingrediente principal. Este alcohol tiene un punto de ebullición elevado, 197 °C, lo que ayuda a prevenir que los motores de vehículos se sobrecalienten. Sus ventajas sobre otros líquidos con altos puntos de ebullición son su solubilidad en agua y su bajo punto de congelación, −17 °C. Cuando se añade agua al 1,2-etanediol, la mezcla se congela a temperaturas aún más bajas. Por ejemplo, un 50% de solución acuosa (v/v) de 1,2-etanediol se congela a −36 °C. Esta propiedad también convierte al 1,2-etanediol en un agente anticongelante efectivo.

Figura 23.4 Fermentación del pan
Las levaduras, que son parte de una receta de pan, descomponen azúcares en la mezcla de masa. El gas de dióxido de carbono que se produce se disipa y ocasiona que se infle la masa. Quedan pequeños hoyos en el pan horneado como evidencia del gas dióxido de carbono.

El etanol es un químico industrial importante. La mayor parte del etanol se produce mediante la fermentación de la levadura del azúcar. La **fermentación** es la producción de etanol a partir de los azúcares mediante la acción de levaduras o bacterias. Las enzimas de las levaduras o bacterias sirven como catalizadores para la transformación. El pan en la Figura 23.4 se infla debido a la fermentación. Las moléculas de glucosa en la masa se descomponen por la reacción de fermentación siguiente.

$$C_6H_{12}O_6(aq) \longrightarrow 2CH_3CH_2OH(aq) \quad + \quad 2CO_2(g)$$

Glucosa   Etanol   Dióxido de carbono

El etanol en bebidas alcohólicas se produce generalmente por fermentación. El etanol es una sustancia intoxicante; es un depresor que puede ser fatal si se toma una gran dosis a la vez.

El etanol que se usa en muchas aplicaciones industriales se desnaturaliza. El alcohol desnaturalizado es etanol, inadecuado para el consumo debido a la presencia de un aditivo. Esa sustancia añadida, o desnaturalizante, es con frecuencia el metanol. El metanol es altamente tóxico. Se ha reportado que tan sólo 10 mL ocasionan ceguera y se conoce que 30 mL han ocasionado la muerte.

Reacciones de adición

¿Cómo se usan las reacciones de adición en la química orgánica?

Los enlaces sencillos de carbono-carbono en los alcanos no son fáciles de romper. En un alcano, sin embargo, uno de los enlaces en el enlace doble es un poco más débil. Este enlace es más fácil de romper que un enlace sencillo de carbono-carbono. Por lo tanto, a veces es posible para un compuesto de estructura general X—Y añadirse a un enlace doble. En una **reacción de adición,** una sustancia se añade al enlace doble o triple de un alqueno y un alquino. **Las reacciones de adición son un método importante de introducción de grupos funcionales nuevos a las moléculas orgánicas. También se usan para convertir alquenos en alcanos.** En la reacción de adición general que se muestra a continuación, X y Y representan las dos partes del reactivo que se añaden al alqueno.

APOYO PARA LA LECTURA

Desallorar destrezas de estudio: *tabla comparar/contrastar* A medida que lees sobre reacciones de adición, usa una tabla comparar/contrastar para organizar la información. En total, se analizan tres tipos de reacciones de adición. Incluye una columna en tu tabla para cada tipo. *¿Qué tienen en común las reacciones?*

C=C + X—Y ⟶ —C—C—

Alqueno   Reactivo   Producto

Reacciones de hidratación

La adición de agua a un alqueno es una **reacción de hidratación.** Una reacción de hidratación resulta en la formación de un alcohol. Las reacciones de hidratación por lo general ocurren cuando el alqueno y el agua se calientan a aproximadamente 100 °C en presencia de una pequeña cantidad de un ácido fuerte. El ácido, por lo general ácido clorhídrico o ácido sulfúrico, sirve como un catalizador para la reacción. La adición de agua al eteno para formar etanol es una reacción de hidratación típica. Las partes de etanol que provienen de la adición de agua se muestran en azul en la ecuación siguiente.

Eteno   Agua   Etanol

Reacciones de halogenación

Cuando el reactivo X—Y es una molécula de halógeno como el cloro o el bromo, el producto de la reacción es un haluro orgánico disustituido. Un ejemplo es la adición de bromo a eteno para formar el hidrocarburo disustituido, 1,2-dibromoetano.

Eteno   Bromo   1,2-dibromoetano
(incoloro)   (naranja)   (incoloro)

La adición de bromo a enlaces múltiples carbono-carbono con frecuencia se usa como una prueba química para la insaturación en una molécula orgánica. El bromo tiene un color naranja pero la mayoría de los compuestos orgánicos de bromo sustituido son incoloros. La prueba para insaturación se lleva a cabo añadiendo unas gotas de una solución al 1% de bromo en tetraclorometano al alqueno. Como se muestra en la Figura 23.5, la pérdida del color naranja es una prueba positiva para la insaturación. Si permanece el color naranja, la muestra está completamente saturada.

Los haluros de hidrógeno, como HBr o HCl, también se pueden añadir a un enlace doble. Dado que el producto contiene sólo un sustituyente, se llama haluro orgánico monosustituido. Un ejemplo es la adición de cloruro de hidrógeno al eteno.

Eteno   Cloruro de   Cloroetano
    hidrógeno

Figura 23.5 Prueba para la insaturación
Se puede usar la solución de bromo para identificar compuestos orgánicos insaturados. **a.** Después de mezclar, si la solución continúa incolora, el compuesto es positivo para la insaturación. **b.** Si la solución permance naranja, el compuesto es negativo para la insaturación.

Figura 23.6 Hidrogenación
Las grasas en los aceites de cocina tienen enlaces dobles. Los aceites se convierten en sólidos untables al agregar hidrógeno a los enlaces dobles.
Interpretar fotos *¿Qué evidencia de reacción química ves en la foto?*

Reacciones de hidrogenación La adición de hidrógeno al enlace doble carbono-carbono para producir un alqueno se llama **reacción de hidrogenación.** La hidrogenación por lo general requiere un catalizador. Con frecuencia se usa un catalizador de platino (Pt) o de paladio (Pd). La fabricación de margarina o de pastas para untar a partir de varios aceites es una aplicación común de la hidrogenación. Como se muestra en la Figura 23.6, la adición de hidrógeno a grasas insaturadas en aceites resulta en la formación de grasas saturadas. Las grasas saturadas tienen puntos de fusión más altos que las grasas insaturadas. Esta es la razón por la que la margarina permanece sólida a temperatura ambiente.

La hidrogenación de un enlace doble es una reacción de reducción. En los ejemplos siguientes, el eteno es reducido a etano y el ciclohexeno es reducido a ciclohexano.

Consulta reacciones de adición *en línea animada.*

Eteno   Hidrógeno   Etano

Ciclohexeno   Hidrógeno   Ciclohexano

Bajo condiciones normales, el benceno resiste la hidrogenación. También resiste la adición de un halógeno o un haluro de hidrógeno. Sin embargo, bajo condiciones de altas temperaturas y altas presiones de hidrógeno y, con ciertos catalizadores, tres moléculas de gas hidrógeno pueden reducir una molécula de benceno para formar ciclohexano.

Benceno   Hidrógeno   Ciclohexano

P: *El mentol es el nombre común del compuesto orgánico responsable de la sensación de frescura en muchos productos al consumidor. El mentol es un ciclohexanol con dos sustituyentes alquilo. ¿Es el mentol un alcohol o un éter? ¿Cómo lo sabes?*

Éteres

🔑 ¿Cuál es la fórmula general de un éter?

Otro tipo de compuesto orgánico te puede sonar familiar: los éteres. Un **éter** es un compuesto orgánico en el que el oxígeno está enlazado a dos grupos carbono. 🔑 **La fórmula general de un éter es ROR.** Como un alcohol, una molécula de éter está doblada debido a los pares no compartidos de electrones en el átomo de oxígeno.

$$R \overset{\ddot{\text{O}}}{\diagup \diagdown} R$$

Éter

Para nombrar un éter usando el sistema IUPAC, primero necesitas identificar los dos grupos R. El grupo R más pequeño se trata como parte del sustituyente y las terminaciones *–ano* y *–eno* se reemplazan con *–oxi*. El grupo R más grande es el hidrocarburo original. En los nombres comunes de éteres, ambos grupos R se tratan como sustituyentes. Las terminaciones *–ano* y *–eno* se reemplazan con *-ilo* para ambos grupos R. Para formar el nombre común, haz una lista de los nombres de los dos grupos R en orden alfabético y añade la palabra *éter*. Dos éteres simples se muestran a continuación junto con sus nombres IUPAC y comunes.

$$CH_3CH_2—O—CH_3 \qquad CH_3—O—$$

Metoxietano   Metoxibenceno
(éter etilo metilo)   (éter metilo fenilo)

El éter etilo metilo y el éter metilo fenilo son moléculas asimétricas. Esto se debe a que los grupos R unidos al átomo de oxígeno son diferentes. Cuando ambos grupos R son iguales, el éter es simétrico. La misma regla aplica cuando se nombran éteres simétricos con el sistema IUPAC que se muestra en los ejemplos siguientes. Los nombres comunes de éteres simétricos usan el prefijo *di-*. Sin embargo, a veces, el prefijo *di-* se elimina y un compuesto como el éter dietilo se llama simplemente éter etilo.

$$CH_3CH_2—O—CH_2CH_3$$

Etoxietano   Fenoxibenceno
(éter dietilo)   (éter difenilo)

El éter dietilo fue el primer anestésico general confiable. Los doctores lo usaron durante más de un siglo. Sin embargo, dado que el éter dietilo es altamente flamable y, con frecuencia, ocasiona náuseas, eventualmente se reemplazó con otros anestésicos como el isoflurano que se muestra en la Figura 23.7. El éter difenilo se usa en la fabricación de perfumes y jabones debido a su característico olor a geranio.

Por lo general, los éteres tienen puntos de ebullición más bajos que los alcoholes de masa molar comparable pero puntos de ebullición más altos que los hidrocarburos y los haluros orgánicos comparables. A diferencia de los alcoholes, los éteres no pueden formar enlaces de hidrógeno con otras moléculas de éteres. El átomo de oxígeno en un éter es un aceptante de hidrógeno. Pero recuerda que los éteres no tienen átomos de hidrógeno hidroxilo para donar al enlace de hidrógeno. Sin embargo, los éteres pueden formar enlaces de hidrógeno con agua. Por lo tanto, los éteres son más solubles en agua que los hidrocarburos y los haluros orgánicos. Los éteres son menos solubles en agua que los alcoholes porque forman menos enlaces de hidrógeno que los alcoholes cuando interactúan con el agua.

Figura 23.7 Isoflurano
El isoflurano ($C_3H_2ClF_5O$) es un éter halogenado que se usa como un anestésico inhalado. Esta veterinaria está administrando un anestésico inhalado a un koala.
Observar *¿Es el isoflurano un éter simétrico o asimétrico?*

Aminos

🔑 ¿Cuál es la fórmula general de un amino?

Un **amino** es un compuesto orgánico en el que el nitrógeno está enlazado a un grupo carbono. Los aminos son similares al amoníaco (NH_3). Cuando uno, dos o tres hidrógenos en el amoníaco se reemplazan con grupos carbono, el compuesto se clasifica como un amino. 🔑 **La fórmula general de un amino es RNH_2, R_2NH o R_3N.** Los aminos se pueden clasificar de acuerdo con el número de grupos R unidos al átomo de nitrógeno. Un amino con la fórmula general RNH_2 es un amino primario porque un grupo R está unido al átomo de nitrógeno. Los aminos con dos y tres grupos R unidos al átomo de nitrógeno son aminos secundarios y terciarios, respectivamente.

El sistema IUPAC para nombrar aminos primarios es similar al de los alcoholes. La terminación –a del hidrocarburo original se cambia a –*amina*. Por ejemplo, CH_3NH_2 se llama metanamina. Los nombres comunes de aminos primarios son similares a los nombres IUPAC. Se nombra el grupo alquilo o arilo y se termina con –*amina*. El nombre común para la metanamina es metilamina. En la Figura 23.8 se muestran los modelos de bolas y varillas de los dos aminos primarios simples: etanamina y bencenamina.

$$CH_3CH_2NH_2$$

Etanamina
(etilamina)

Bencenamina
(fenilamina)

Como los alcoholes, los aminos primarios forman enlaces de hidrógeno intermoleculares. Dado que el nitrógeno es menos electronegativo que el oxígeno, los enlaces de hidrógeno en los aminos no son tan fuertes como los de los alcoholes. Como resultado, los aminos primarios tienen puntos de ebullición más bajos que los alcoholes con un número comparable de carbonos. Los aminos también pueden tener enlaces de hidrógeno con el agua. Por lo tanto, los aminos más pequeños son solubles en agua pero, a medida que aumenta el número de carbonos, disminuye la solubilidad en agua.

Etanamina

Bencenamina

Figura 23.8 Aminos principales
La etanamina se usa para hacer plásticos, fármacos y pesticidas. La bencenamina se usa para hacer espuma para muebles y algunas tinturas que le dan a la ropa sus colores.
Explicar ¿*Por qué estos compuestos son aminos primarios?*

23.2 Comprobación de la lección

9. 🔑 Repasar ¿Cuál es la fórmula general de un alcohol?

10. 🔑 Repasar ¿Cómo se usan comúnmente las reacciones de adición en la química orgánica?

11. 🔑 Describir Escribe la fórmula general de un éter.

12. 🔑 Hacer una lista ¿Cuáles son las tres posibles fórmulas generales de un amino?

13. Identificar Escribe los nombres IUPAC comunes de cada uno de los siguientes compuestos.

a. $CH_3CH_2CHCH_3$
$|$
OH

b. $CH_3CH_2CH_2NH_2$

c. $CH_3CH_2CH_2OCH_2CH_2CH_2CH_3$

14. Predecir Da la estructura del producto orgánico esperado para cada una de las siguientes reacciones de adición.

a. $CH_3CH \cdot CHCH_3 + H_2O \xrightarrow[100\ °C]{H^+}$

b. $CH_2 \cdot CHCH_3 + Cl_2 \longrightarrow$

c. $CH_3CH \cdot CHCH_3 + HBr \longrightarrow$

d. $CH_3CH \cdot CHCH_3 + H_2 \xrightarrow{catalizador}$

GRANIDEA REACCIONES

15. Escribe un párrafo corto en donde compares y contrastes las reacciones de sustitución y de adición. Incluye al menos dos ejemplos de cada tipo de reacción y describe tus ejemplos con ecuaciones balanceadas.

23.3 Compuestos carbonilos

P: *¿Qué le da al plátano su olor característico?* Muchas moléculas orgánicas tienen aromas agradables. Estas moléculas porporcionan las fragancias de ciertos alimentos y flores. Aprenderás sobre varios de ellos en esta lección.

Preguntas clave

🔑 **¿Qué característica estructural comparten un aldehído y una cetona?**

🔑 **¿Cuál es la fórmula general de un ácido carboxílico?**

🔑 **¿Por qué la deshidrogenación se clasifica como una reacción de oxidación?**

🔑 **¿Cuál es la fórmula general de un éster?**

Vocabulario

- grupo carbonilo
- aldehído
- cetona
- grupo carboxilo
- ácido carboxílico
- ácido graso
- reacción de deshidrogenación
- éster

Aldehídos y cetonas

🔑 **¿Qué característica estructural comparten un aldehído y una cetona?**

Recuerda que en un alcohol, un átomo de oxígeno está enlazado a un grupo carbono y a un átomo de hidrógeno. En un éter, un átomo de oxígeno está enlazado a dos grupos carbono. Un átomo de oxígeno también puede enlazarse a un solo átomo de carbono mediante un enlace covalente doble. Tal arreglo se llama grupo carbonilo. Un **grupo carbonilo** es un grupo funcional con la estructura general $C=O$.

🔑 **El grupo funcional $C=O$ está presente en aldehídos y cetonas.** Un **aldehído** es un compuesto orgánico en el que el carbono del grupo carbonilo está unido a al menos un hidrógeno. La fórmula general de un aldehído es RCHO. Una **cetona** es un compuesto orgánico en el que el carbono del grupo carbonilo está unido a otros dos carbonos. La fórmula general de una cetona es RCOR. Las estructuras de un aldehído y una cetona se resumen a continuación.

Se puede usar el sistema IUPAC para nombrar aldehídos y cetonas. Para cualquier clase de compuesto, identifica la cadena de carbono más larga que contenga el grupo carbonilo. Reemplaza la terminación *–o* de la estructura original con *–al* para designar un aldehído. En el sistema IUPAC, los aldehídos de cadena continua se llaman metanal, etanal, propanal, butanal y así sucesivamente.

Las cetonas se nombran cambiando la terminación de la cadena de carbono continua más larga que contenga el grupo carbonilo de *–o* a *–ona*. Si el grupo carbonilo de una cetona pudiera ocurrir en más de un lugar de la cadena, entonces su posición se designa por el número más bajo posible. En la Tabla 23.5 se ilustran los nombres de algunos aldehídos y cetonas comunes.

Tabla 23.5

Algunos aldehídos y cetonas comunes

Tipo de compuesto	Nombre IUPAC (nombre común)	Fórmula estructural	Modelo de bolas y varillas
Aldehído	Metanal (formaldehído)	$H-\overset{\overset{O}{\|\|}}{C}-H$	
Aldehído	Etanal (acetaldehído)	$CH_3-\overset{\overset{O}{\|\|}}{C}-H$	
Aldehído	Benzaldehído (benzaldehído)		
Cetona	Propanona (acetona)	$CH_3-\overset{\overset{O}{\|\|}}{C}-CH_3$	
Cetona	Deifenilmetanona (benzofenona)		

Usos de aldehídos y cetonas El aldehído más simple es el metanal (HCHO), también llamado formaldehído. El metanal es muy importante industrialmente. Su mayor uso es en la fabricación de resinas sintéticas. Por lo general, el metanal está disponible como una solución acuosa al 40%, conocida como formol. El formol se puede usar en la preservación de especímenes biológicos. El metanal en solución se combina con la proteína de los tejidos para hacerlos duros e insolubles en agua. Esto previene que el espécimen se descomponga.

La cetona industrial más común es la propanona, también conocida como acetona. La propanona es un líquido incoloro y volátil que hierve a 56 °C. La propanona se usa en la industria como un solvente para resinas, plásticos y barnices. Muchos removedores de esmaltes de uñas también contienen propanona.

Algunos compuestos orgánicos con tres carbonos			
Compuesto	Fórmula	Punto de ebullición (°C)	Interacciones intermoleculares primarias
Propano	$CH_3CH_2CH_3$	−42	Fuerzas de dispersión
Propanal	CH_3CH_2CHO	49	Interacciones polar-polar
Propanona	CH_3COCH_3	56	Interacciones polar-polar
1-Propanol	$CH_3CH_2CH_2OH$	97	Enlaces de hidrogeno

Tabla 23.6 Estos cuatro compuestos orgánicos tienen el mismo número de átomos de carbono. Aún así, sus puntos de ebullición son diferentes.

a. Clasificar Determina el tipo de cada compuesto orgánico.

b. Comparar Emplea tu conocimiento sobre interacciones intermoleculares para explicar las similitudes y diferencias en los puntos de ebullición de los cuatro compuestos.

Una amplia variedad de aldehídos y cetonas han sido aislados de plantas y animales. Muchos de ellos, particularmente aquellos con masas molares altas, tienen olores aromáticos. Por lo general, se conocen por sus nombres comunes, los cuales indican sus fuentes naturales o, quizá, una propiedad característica. El benzaldehído es el aldehído aromático más simple. También se le conoce como aceite de almendra amarga porque es el principal responsable del sabor y el aroma de las almendras. Muchos agentes de sabor, incluyendo el extracto de grano de vainilla y las varitas de canela que se muestran en la Figura 23.9, contienen aldehídos aromáticos.

Figura 23.9 Cinamaldehído
Las varas de canela en esta bebida contienen un aldehído con el nombre común cinamaldehído.

Propiedades de los aldehídos y las cetonas Los aldehídos y las cetonas no pueden formar enlaces de hidrógeno intermoleculares porque carecen de los grupos –OH y –NH. Consecuentemente, tienen puntos de ebullición que son más bajos que los de los alcoholes correspondientes. Sin embargo, los aldehídos y las cetonas pueden atraerse entre sí, a través de interacciones polar-polar de sus grupos carbonilo. Como resultado, sus puntos de ebullición son más altos que los de los alcanos correspondientes. Estas fuerzas de atracción justifican el hecho de que casi todos los aldehídos y las cetonas sean líquidos o sólidos a temperatura ambiente. La excepción es el metanal, que es un gas. En la Tabla 23.6 se hace una comparación de los puntos de ebullición de un alcano, un aldehído, una cetona y un alcohol con el mismo número de átomos de carbono.

Los aldehídos y las cetonas pueden formar enlaces de hidrógeno débiles entre el oxígeno carbonilo y los átomos de hidrógeno del agua. Los miembros más bajos de la serie (hasta de tres carbonos) son solubles en agua y en todas las proporciones. Sin embargo, a medida que la longitud de la cadena de hidrocarburo aumenta más allá de cuatro, disminuye la solubilidad en agua. Cuando la cadena de carbono excede los cinco o seis carbonos, la solubilidad tanto de los aldehídos como de las cetonas, es muy baja. Como se podría esperar, todos los aldehídos y las cetonas son solubles en solventes no polares.

Ácidos carboxílicos

¿Cuál es la fórmula general de un ácido carboxílico?

Un **grupo carboxilo** es un grupo funcional que consiste en un grupo carbonilo unido a un grupo hidroxilo. Se puede escribir como —COOH o —CO_2H. Un **ácido carboxílico** es un compuesto orgánico con un grupo carboxilo. **La fórmula general de un ácido carboxílico es RCOOH.**

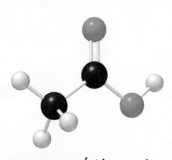

Figura 23.10 Ácido etanoico
El ácido etanoico es un ácido carboxílico simple. Es un líquido incoloro y volátil.
Identificar *¿Qué grupo R está unido al grupo carboxilo en el ácido etanoico?*

Grupo carbonilo
Grupo hidroxilo
Ácido carboxílico

Como debes haber adivinado a partir de sus nombres, los ácidos carboxílicos son ácidos. Los ácidos carboxílicos se consideran ácidos débiles porque se ionizan débilmente en solución. En agua, pueden perder un ion hidrógeno y formar un ion carboxilato, como se muestra en la reacción siguiente.

Ácido carboxílico   Ion carboxilato   +   Ion hidrógeno

En el sistema IUPAC, los ácidos carboxílicos se nombran reemplzando la terminación de la estructura original con la terminación –*oico* y añadiendo la palabra *ácido* al principio. Recuerda, el hidrocarburo original de un ácido carboxílico es la cadena de carbono continua más larga que contiene al grupo carboxilo. Por lo tanto, por ejemplo, el ácido carboxílico CH_3COOH se llama ácido etanoico. En la Figura 23.10 se muestra un modelo de bolas y varillas del ácido etanoico. En la Tabla 23.7 se hace una lista de los nombres y fórmulas de algunos ácidos carboxílicos alifáticos saturados comunes.

Tabla 23.7

Algunos ácidos carboxílicos alifáticos saturados

Fórmula molecular	Átomos de carbono	Nombre IUPAC	Nombre común	Punto de fusión (°C)
HCOOH	1	Ácido metanoico	Ácido fórmico	8
CH_3COOH	2	Ácido etanoico	Ácido acético	17
CH_3CH_2COOH	3	Ácido propanoico	Ácido propiónico	–22
$CH_3(CH_2)_2COOH$	4	Ácido butanoico	Ácido butírico	–6
$CH_3(CH_2)_4COOH$	6	Ácido hexanoico	Ácido caproico	–3
$CH_3(CH_2)_6COOH$	8	Ácido octanoico	Ácido caprílico	16
$CH_3(CH_2)_8COOH$	10	Ácido decanoico	Ácido cáprico	31
$CH_3(CH_2)_{10}COOH$	12	Ácido dodecanoico	Ácido láurico	44
$CH_3(CH_2)_{12}COOH$	14	Ácido tetradecanoico	Ácido mirístico	58
$CH_3(CH_2)_{14}COOH$	16	Ácido hexadecanoico	Ácido palmítico	63
$CH_3(CH_2)_{16}COOH$	18	Ácido octadecanoico	Ácido esteárico	70

Figura 23.11 Ácido cítrico
Un ácido carboxílico común es el ácido cítrico, que se encuentra en limas y limones.
Usar modelos ¿Cuántos grupos carboxilos tiene una molécula de ácido cítrico?

Los ácidos carboxílicos son abundantes y ampliamente distribuidos en la naturaleza. Los limones y las limas de la Figura 23.11 contienen ácido cítrico, un ácido carboxilo que le da a las frutas cítricas su sabor ácido. El nombre IUPAC para el ácido cítrico es 2-hidroxipropano-1,2,3-ácido tricarboxílico. Muchos ácidos carboxílicos tienen nombres comunes derivados de una palabra en Griego o en Latín que describe sus fuentes naturales. Por ejemplo, el nombre común del ácido etanoico es ácido acético, que proviene de la palabra en Latín *acetum*, que significa vinagre. El vinagre de hogar común contiene aproximadamente 5% de ácido acético (v/v). Muchos ácidos carboxílicos se aislaron primero de grasas y se llaman **ácidos grasos.** El ácido proiónico, el ácido de tres carbonos, literalmente significa primer ácido graso.

Como los alcoholes, los ácidos carboxílicos forman enlaces de hidrógeno intermoleculares. Por lo tanto, los ácidos carboxílicos tienen puntos de ebullición y de fusión más altos que otros compuestos con masa molar similar. Los miembros de masa molar baja de la serie de ácidos carboxílicos alifáticos son líquidos incoloros y volátiles. Los miembros más altos de la serie son sólidos no volátiles y cerosos con puntos de fusión bajos. Todos los ácidos carboxílicos aromáticos son sólidos a temperatura ambiente.

El grupo carboxilo en los ácidos carboxílicos es polar y forma fácilmente enlaces de hidrógeno con moléculas de agua. Como resultado, los ácidos metanoico, etanoico, propanoico y butanoico son completamente solubles en agua. Sin embargo, después de cuatro carbonos, la solubilidad disminuye drásticamente. La mayoría de los ácidos carboxílicos también son solubles en solventes orgánicos como el etanol o la propanona.

Reacciones oxidación-reducción

¿Por qué la deshidrogenación se clasifica como una reacción de oxidación?

Las clases de compuestos orgánicos que has estudiado (aldehídos, cetonas y ácidos carboxílicos) están relacionadas por las reacciones de oxidación y de reducción. Recuerda del Capítulo 20 que la oxidación es la ganancia de oxígeno, pérdida de hidrógeno o pérdida de electrones y que la reducción es la pérdida de oxígeno, ganancia de hidrógeno o ganancia de electrones. También recuerda que una no sucede sin la otra.

En química orgánica, el número de átomos de oxígeno y de átomos de hidrógeno unidos al carbono, indica el grado de oxidación de un compuesto. Cuantos menos hidrógenos haya en un enlace carbono-carbono, más oxidado estará el enlace. Por lo tanto, un enlace triple está más oxidado que un enlace doble que, a su vez, está más oxidado que un enlace sencillo.

La pérdida de una molécula de hidrógeno de una molécula orgánica se llama **reacción de deshidrogenación.** Es lo opuesto a una reacción de hidrogenación. El calor fuerte y un catalizador son por lo general necesarios para que ocurra una reacción de deshidrogenación. **La deshidrogenación es una reacción de oxidación porque la pérdida de cada molécula de hidrógeno involucra la pérdida de dos electrones de la molécula orgánica. Los electrones de carbono restantes se emparejan para hacer un segundo o tercer enlace, como se muestra en las reacciones siguientes.**

Consulta reacciones de oxidación en línea animada.

$$H-\underset{\underset{H}{|}}{\overset{\overset{H}{|}}{C}}-\underset{\underset{H}{|}}{\overset{\overset{H}{|}}{C}}-H \xrightarrow[\text{oxidación}]{\substack{\text{pérdida de hidrógeno} \\ \text{(deshidrogenación)}}} \underset{\underset{H}{|}}{\overset{\overset{H}{|}}{C}}=\underset{\underset{H}{|}}{\overset{\overset{H}{|}}{C}} \xrightarrow[\text{oxidación}]{\substack{\text{pérdida de hidrógeno} \\ \text{(deshidrogenación)}}} H-C\equiv C-H$$

Menos oxidado
(más reducido)

Más oxidado
(menos reducido)

La oxidación en la química orgánica también involucra el número y grado de oxidación de átomos de oxígeno unidos a un átomo de carbono. Por ejemplo, el metano, un hidrocarburo saturado, puede oxidarse en pasos en dióxido de carbono. Esto ocurre si alternativamente, gana átomos de oxígeno y pierde átomos de hidrógeno. El metano se oxida en metanol, después en metanal, después en ácido metanoico y, finalmente, en dióxido de carbono. El dióxido de carbono es el más oxidado o menos reducido y el metano es el menos oxidado o más reducido.

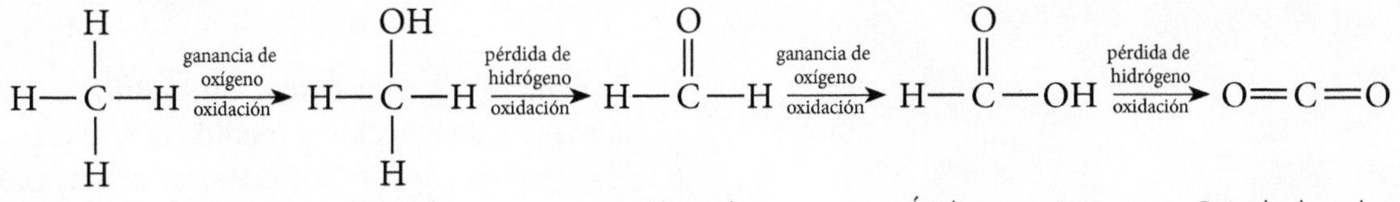

Metano
(molécula más energética)

Metanol

Metanal

Ácido metanoico

Dióxido de carbono
(molécula menos energética)

Cuanto más reducido es un compuesto de carbono, más energía libera hacia su oxidación completa en dióxido de carbono. La oxidación de compuestos orgánicos es exotérmica. Las propiedades de liberación de energía de las reacciones de oxidación son extremadamente importantes para la producción de energía en los sistemas vivos. Para jugar un deporte, como el que se muestra en la Figura 23.12, tu cuerpo debe producir energía mediante reacciones de oxidación.

Los alcoholes primarios pueden oxidarse en aldehídos y los alcoholes secundarios pueden oxidarse en cetonas al calentarlos con dicromato de potasio acidificado ($K_2Cr_2O_7$). Sin embargo, los alcoholes terciarios no pueden oxidarse porque no hay átomos de hidrógeno presentes en el átomo de carbono unido al grupo hidroxilo. A continuación se presentan ejemplos de oxidaciones del alcohol primario y del secundario.

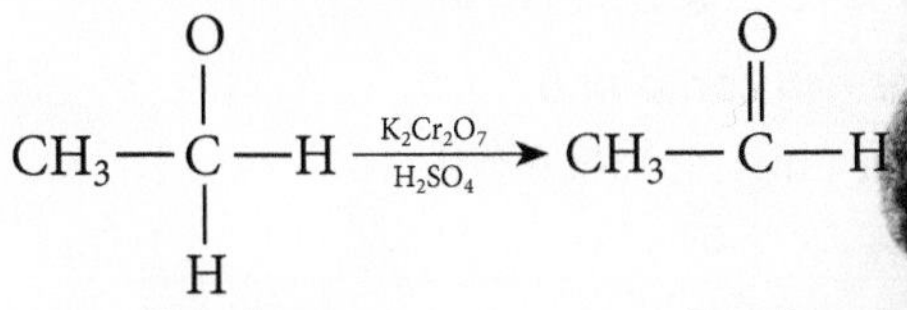

Etanol
(alcohol primario)

Etanal
(aldehído)

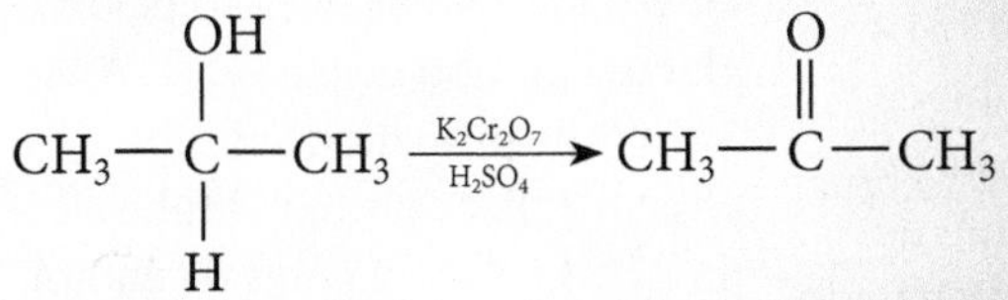

2-propanol
(alcohol secundario)

Propanona
(cetona)

Figura 23.12
Oxidación en los sistemas vivos
Las reacciones de oxidación ocurren en muchas actividades diarias. Estos atletas obtienen energía a través de reacciones de oxidación que tienen lugar dentro de las células de sus cuerpos.

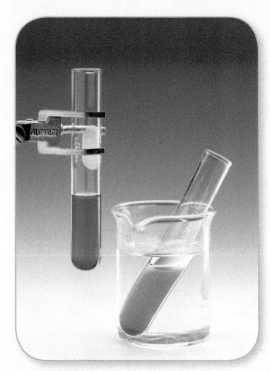

Figura 23.13 Prueba de Fehling
Cuando un aldehído se mezcla con un reactivo de Fehling (tubo de ensayo de la izquierda) y se calienta, los iones cobre(II) azules en el reactivo de Fehling se reducen para formar Cu_2O, un precipitado rojo (tubo de ensayo de la derecha). *Inferir ¿Cuál es el estado de oxidación del cobre en el producto?*

Los aldehídos se oxidan tan fácilmente, que es difícil prevenir una mayor oxidación en ácidos carboxílicos, como se muestra en la siguiente reacción.

$$R-\overset{\overset{\displaystyle O}{\|}}{C}-H \xrightarrow[\text{H}_2\text{SO}_4]{\text{K}_2\text{Cr}_2\text{O}_7} R-\overset{\overset{\displaystyle O}{\|}}{C}-OH$$

Aldehído → Ácido carboxílico

Se evita una mayor oxidación al eliminarlos de la mezcla de reacción a medida que se forman. A diferencia de los aldehídos, las cetonas son relativamente resistentes a una mayor oxidación, así que no hay necesidad de eliminarlas de la mezcla durante la reacción.

Las pruebas para los aldehídos hacen uso de la facilidad con la que estos compuestos se oxidan. Los reactivos de Benedict y de Fehling son soluciones alcalinas color azul profundo de sulfato de cobre(II). En la Figura 23.13 se ilustra la prueba de Fehling para un aldehído. Cuando se oxida un aldehído, se forma un precipitado rojo de óxido de cobre(I) (Cu_2O). El aldehído se oxida en su ácido y los iones cobre(II) (Cu^{2+}) se reducen a iones cobre(I) (Cu^+).

Laboratorio a escala

Propósito Distinguir un aldehído de un alcohol o una cetona usando el reactivo de Tollens

Materiales
- hidróxido de sodio $1M$
- nitrato de plata al 5%
- amoníaco acuoso $6M$
- 4 tubos de ensayo pequeños
- repisa para tubos de ensayo
- goteros de plástico
- solución de glucosa
- propanona
- etanol

Pruebas para un aldehído

Procedimiento

1. Añade 1 gota de hidróxido de sodio $1M$ a 2 mL de nitrato de plata al 5% en un tubo de ensayo. Añade amoníaco acuoso $6M$ gota por gota agitando lentamente el tubo después de cada adición hasta que se disuelva el precipitado café. Este será tu reactivo de Tollens.

2. Coloca 10 gotas del reactivo de Tollens en cada uno de los tres tubos de ensayo limpios y rotulados.

3. Añade 2 gotas de la solución de glucosa al tubo de ensayo 1. Añade 2 gotas de propanona al tubo de ensayo 2. Para probar el tubo de ensayo 3, añade 2 gotas de etanol. Agita lentamente cada tubo para mezclar el contenido.

4. Observa el contenido de los tubos de ensayo dejándolos quietos durante por lo menos 5 minutos.

Analizar y concluir

1. Observar ¿Qué evidencia de una reacción química observaste en el tubo de ensayo 1? ¿En el tubo de ensayo 2? ¿En el tubo de ensayo 3?

2. Describir Escribe la ecuación de cualquier reacción química que hayas observado.

3. Inferir Si observaste una reacción química en uno o más de los tubos de ensayo, ¿qué usos prácticos debería tener una reacción?

Ésteres

🔑 ¿Cuál es la fórmula general de un éster?

Los ésteres probablemente sean los compuestos orgánicos más placenteros y deliciosos que se pueden estudiar. Muchos ésteres tienen placenteros olores a frutas. Los ésteres les dan sus aromas característicos a las moras azules, piñas, manzanas, peras, plátanos y muchas otras frutas más. También les dan sus fragancias a muchos perfumes. Un **éster** es un compuesto orgánico en el que el grupo carboxilo —OH ha sido reemplazado por uno —OR de un alcohol. Los ésteres contienen un grupo carbonilo y un enlace de éter al carbono carbonilo. 🔑 **La fórmula general de un éster es RCOOR.**

LA QUÍMICA Y TÚ

P: *El olor a fresas se debe en gran parte al acetato de bencilo. El olor a almendras se debe en gran parte al benzaldehído. ¿En qué se parecen las fórmulas generales de estos compuestos? ¿En qué se diferencian?*

En la Figura 23.14 se muestra a los ésteres que contribuyen a los olores característicos de plátanos y fresas. Los ésteres simples son sustancias neutras. Aunque las moléculas son polares, no pueden formar enlaces de hidrógeno con otras porque no contienen hidrógeno unido al oxígeno u otro átomo electromagnético. Como resultado, sólo las atracciones débiles sostienen a moléculas de éster entre sí. Como podrías esperar, los ésteres tienen puntos de ebullición mucho más bajos que los ácidos carboxílicos. Los ésteres de baja masa molar son un poco solubles en agua pero los ésteres que contienen más de cuatro o cinco carbonos tienen una solubilidad muy limitada.

Los ésteres pueden prepararse a partir del ácido carboxílico y un alcohol. El proceso se llama esterificación. Se calientan los reactivos, que generalmente son un ácido carboxílico y un alcohol primario o secundario, con un ácido como catalizador. La síntesis del etanoato etilo a partir de ácido etanoico y etanol es un ejemplo de esterificación.

$$\underset{\text{Ácido etanoico}}{CH_3-\overset{\overset{\displaystyle O}{\|}}{C}-OH} + \underset{\text{Etanol}}{CH_3CH_2O-H} \;\underset{}{\overset{H^+}{\rightleftharpoons}}\; \underset{\text{Etanoato etilo}}{CH_3-\overset{\overset{\displaystyle O}{\|}}{C}-OCH_2CH_3} + H_2O$$

Figura 23.14 Ésteres
Los aromas característicos de muchas frutas se deben a los ésteres. El acetato isopentilo es un éster que se encuentra en los plátanos. Las fresas contienen el éster acetato de bencilo.

Acetato de bencilo

Acetato isopentilo

Si un éster se calienta con agua durante varias horas, por lo general sucede muy poco. En un ácido fuerte o en una solución base, sin embargo, el éster se descompone. Un éster se hidroliza mediante la adición de agua para producir un ácido carboxílico y un alcohol. La reacción es rápida en solución ácida.

$$CH_3-\overset{\overset{\textstyle O}{\|}}{C}-OCH_2CH_3 + H_2O \overset{H^+}{\rightleftharpoons} CH_3-\overset{\overset{\textstyle O}{\|}}{C}-OH + HOCH_2CH_3$$

Etanoato de etilo   Ácido etanoico   Etanol

Los iones hidróxido también promueven esta reacción. Por lo general, las soluciones acuosas de hidróxido de sodio o de hidróxido de potasio son la fuente de iones hidróxido. Dado que muchos ésteres no se disuelven en agua, se añade un solvente como el etanol para hacer la solución homogénea. Esta mezcla de reacción por lo general se calienta. Todo el éster se convierte en productos. El producto ácido carboxílico está en solución como su sal de sodio o de potasio, como se muestra en el siguiente ejemplo.

$$CH_3-\overset{\overset{\textstyle O}{\|}}{C}-OCH_2CH_3 + NaOH \longrightarrow CH_3-\overset{\overset{\textstyle O}{\|}}{C}-O^-Na^+ + HOCH_2CH_3$$

Etanoato de etilo   Etanoato de sodio   Etanol

Si la mezcla de reacción se acidifica, se forma el ácido carboxílico.

$$CH_3-\overset{\overset{\textstyle O}{\|}}{C}-O^-Na^+ + HCl \longrightarrow CH_3-\overset{\overset{\textstyle O}{\|}}{C}-OH + NaCl$$

Etanoato de sodio   Ácido etanoico

23.3 Comprobación de la lección

16. Repasar Describe la estructura de los grupos carbonilo que son característicos de aldehídos y cetonas.

17. Identificar ¿Cuál es la fórmula general de un ácido carboxílico?

18. Explicar ¿Por qué la deshidrogenación es una reacción de oxidación?

19. Describir ¿Cuál es la fórmula general de un éster?

20. Predecir ¿Qué productos se esperan cuando se oxidan los siguientes compuestos?
a. $CH_3CH_2CH_2CH_2OH$

b.
$$\underset{|}{CH_3CH_2CHCH_3}$$
$$OH$$

c.
$$\underset{|}{CH_3CH_2CCH_3}$$
$$OH$$
$$|$$
$$CH_3$$

21. Clasificar Escribe el nombre IUPAC para cada uno de los siguientes compuestos:
a. CH_3CH_2CHO

b.
$$CH_3CH_2CH_2\overset{\overset{\textstyle O}{\|}}{C}CH_2CH_3$$

c. $CH_3CH_2CH_2CH_2COOH$

22. Describir Dibuja fórmulas estructurales para los siguientes compuestos orgánicos:
a. ácido hexanoico
b. butanal
c. 2-pentanona

GRANIDEA LA QUÍMICA DEL CARBONO

23. ¿Cómo puedes describir el grado de oxidación de un compuesto orgánico?

Estampas de rasca y huele

Cuando eras pequeño, puede ser que te hayan premiado con una estampa de rasca y huele por una calificación de A+ en alguna tarea. Muchas estampas de rasca y huele huelen a frutas como cerezas, fresas o uvas. Otras huelen a zarzaparrilla, pepinillos, pizza o incluso tenis sucios. ¿Alguna vez te has preguntado de dónde provienen los olores?

Los ésteres por lo general son el componente oloroso que se usa en la tecnología de estampas rasca y huele. Los ésteres usados en las estampas son líquidos volátiles, lo cual explica por qué puedes olerlos. Un mismo éster o mezcla de ésteres con el olor deseado está contenido en numerosas cápsulas diminutas que se pegan a la superficie del papel de la estampa. Las cápsulas son tan pequeñas que apenas si se nota la textura áspera de la estampa. Cuando rascas la estampa, rompes algunas de las cápsulas y permites que las moléculas de éster lleguen a tu nariz.

HUÉLELA Las moléculas de éster volátil que están contenidas en las cápsulas, se liberan de cada cápsula rota.

RÁSCALA Cuando tu dedo ejerce suficiente presión en las cápsulas, se rompen.

Un paso más allá

1. Explicar ¿Por qué el olor se desvanece a medida que continúas rascando la estampa?

2. Describir El butanoato de metilo puede usarse para impartir un aroma a piña. Escribe una fórmula estructural condensada de este éster.

3. Inferir ¿Qué ácido carboxílico y alcohol usarías para preparar heptanoato de etilo, el éster que huele a uvas?

23.4 Polímeros

LA QUÍMICA Y TÚ

P: *¿Cómo se enlazan las moléculas orgánicas para formar cadenas largas?* Igual a cómo los paracaidistas se juntan en una cadena, las moléculas orgánicas se pueden enlazar para forman largas cadenas moleculares. A medida que las moléculas se enlazan, las cadenas moleculares se hacen más y más largas.

Polímeros de adición

¿Cómo se forma un polímero de adición?

La mayoría de las reacciones que has aprendido hasta ahora, involucran reactantes y productos de baja masa molar. Algunos de los más importantes compuestos orgánicos que existen, sin embargo, son moléculas gigantes llamadas polímeros. Ves muchos polímeros diferentes cada día. Por ejemplo, los materiales que conoces como plásticos son polímeros. Los tipos y usos de los plásticos son muchos.

Un **polímero** es una molécula grande formada por enlaces covalentes de moléculas repetitivas más pequeñas. Las moléculas más pequeñas que se combinan para formar un polímero se llaman **monómeros.** Algunos polímeros contienen sólo un tipo de monómero. Otros contienen dos o más tipos de monómeros. La reacción que une monómeros para formar un polímero se llama polimerización. La mayoría de las reacciones de polimerización requieren de un catalizador.

Un polímero de adición se forma cuando los monómeros insaturados reaccionan para formar un polímero. El eteno experimenta una polimerización de adición. Las moléculas de eteno se enlazan entre sí para formar el polímero de cadena larga, el polietileno, como se describe en la siguiente ecuación.

$$x\mathrm{CH_2}{=}\mathrm{CH_2} \longrightarrow \mathrm{H}{-}{(}\mathrm{CH_2}{-}\mathrm{CH_2}{)_x}\mathrm{H}$$

Eteno   Polietileno
(etileno)

Observa que la letra x en el lado del reactante de la ecuación se refiere al número de monómeros (en este caso, el eteno) que se combinan para formar el polímero. La x en el lado del producto indica el número de unidades repetidas en el polímero. Los paréntesis se usan para identificar la unidad que se repite (en este caso, $-\mathrm{CH_2}-\mathrm{CH_2}-$).

El polietileno, que es químicamente resistente y fácil de limpiar, es un producto industrial importante. Se usa para hacer botellas de plástico, contenedores e incluso juguetes, como el que se muestra en la Figura 23.15.

Preguntas clave

 ¿Cómo se forma un polímero de adición?

 ¿Cómo se forman los polímeros de condensación?

Vocabulario

• polímero
• monómero

Figura 23.15 Polietileno
Muchos artículos para el hogar comunes, incluyendo este pato insumergible, están hechos de polietileno.

Figura 23.16 Productos de polímeros

a. El polipropileno se usa en la fabricación de una variedad de artículos que requieren dureza, incluyendo estos mirlitones.
b. El relleno de poliestireno se usa para hacer cascos protectores.

Inferir *¿Cómo protege a un ciclista el relleno de poliestireno en un casco durante un accidente?*

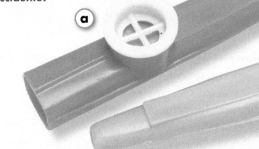

Las propiedades físicas del polietileno se pueden controlar mediante el acortamiento o alargamiento de las cadenas de carbono. El polietileno que contiene cadenas relativamente cortas ($x = 100$) tiene la consistencia de la cera de parafina. El polietileno con cadenas largas ($x = 1000$) es más duro y más rígido.

En la Figura 23.16 se muestran algunos artículos hechos a partir de polímeros de etenos sustituidos. El polipropileno, un polímero más rígido que el polietileno, se usa extensamente en utensilios y contenedores de bebidas. El polipropileno se prepara mediante la polimerización del propileno.

$$x CH_2{=}CH \longrightarrow {+}CH_2{-}CH{)}_x$$

Propeno
(propileno)

Polipropileno

El poliestireno, en forma de un relleno rígido, es un pobre conductor del calor. Esto lo hace útil para el aislante de las casas y para la fabricación de artículos moldeados como vasos para el café o hieleras para un día de campo. El poliestireno se prepara mediante la polimerización del estireno, como se muestra en la reacción siguiente:

$$x CH_2{=}CH \longrightarrow {+}CH_2{-}CH{)}_x$$

Estireno
(benceno de vinilo)

Poliestireno

Muchos polímeros de haluros orgánicos, incluyendo el cloruro de polivinilo (*polyvinyl chloride*, PVC), tienen propiedades útiles. Por ejemplo, el cloruro de polivinilo se usa para hacer tuberías, ropa para la lluvia y mangueras para el jardín. También se produce en láminas, a veces con un respaldo de tela, para usarlas como cubiertas de plástico resistente para muebles. El cloruro de vinilo es el monómero del cloruro de polivinilo.

$$x CH_2{=}CH \longrightarrow {+}CH_2{-}CH{)}_x$$

Cloroeteno
(cloruro de vinilo)

Cloruro de polivinilo
(PVC)

El politetrafluoroeteno (PTFE) es el producto de la polimerización de monómeros de tetrafluoroeteno. El PTFE es muy resistente al calor y a la corrosión química. Probablemente estés familiarizado con este polímero en forma de cubierta en los utensilios de cocina antiadherentes. El PTFE también se usa para aislar cables y alambres. Dado que el PTFE es muy duradero y suave, se forma en relaciones usadas en reactores químicos. También se suspende en aceites de motor como un agente de reducción de fricción.

$$x\text{CF}_2\!=\!\text{CF}_2 \longrightarrow \text{---}(\text{CF}_2\!-\!\text{CF}_2)_x\text{---}$$

Tetrafluoroeteno   PTFE

El poliisopreno es el polímero que constituye el caucho sintético. El monómero de poliisopreno, el isopreno, se cosecha de plantas tropicales como el árbol de hule. El poliisopreno se usa para hacer cintas elásticas, suelas de zapatos deportivos y otros muchos artículos comunes. En la Figura 23.17 se muestra cómo se usa el isopreno en la fabricación de llantas.

$$x\text{CH}_2\!=\!\text{CCH}\!=\!\text{CH}_2 \longrightarrow$$

con CH₃ debajo.

Isopreno   Poliisopreno

Figura 23.17 Caucho natural

1 El caucho se cosecha de las plantas tropicales. Los cosechadores cortan los árboles y la savia que contiene isopreno se recolecta en un recipiente como un tazón.

2 A medida que se seca el caucho cosechado, el isopreno se polimeriza y cambia de forma. Para un caucho de calidad superior, la polimerización ocurre bajo condiciones controladas.

3 Por último, el fabricante procesa y moldea el polímero para formar el producto deseado.

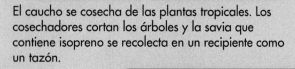

Polímeros de condensación

🔑 ¿Cómo se forman los polímeros de condensación?

La formación de un poliéster es un ejemplo común de polimerización por condensación. 🔑 **Los polímeros de condensación se forman por la unión de monómeros con la pérdida de una molécula pequeña como agua.** Los poliésteres son polímeros que consisten en muchas unidades que se repiten de ácidos dicarboxílicos y alcoholes dihidróxiles unidos por enlaces de éster.

La formación de un poliéster puede representarse por un diagrama de bloque, que muestra sólo a los grupos funcionales involucrados en la reacción de polimerización. Los cuadros y círculos representan partes no reactivas de las moléculas orgánicas. La polimerización por condensación requiere que haya dos grupos funcionales en cada molécula de monómero.

$$x\text{HO}-\overset{\overset{\text{O}}{\|}}{\text{C}}-\Box-\overset{\overset{\text{O}}{\|}}{\text{C}}-\text{OH} + x\text{HO}-\bigcirc-\text{OH} \longrightarrow$$

Ácido dicarboxílico   Alcohol dihidróxil

$$\left(\!\!-\overset{\overset{\text{O}}{\|}}{\text{C}}-\Box-\overset{\overset{\text{O}}{\|}}{\text{C}}-\text{O}-\bigcirc-\text{O}-\!\!\right)_{\!x} + 2x\text{H}_2\text{O}$$

Unidad de polímero representativa de un poliéster

El poliéster tereftalato de polietileno (PET) está formado a partir de ácido tereftálico y etilenglicol, como se muestra en la siguiente reacción.

$$x\text{HO}-\overset{\overset{\text{O}}{\|}}{\text{C}}-\bigcirc-\overset{\overset{\text{O}}{\|}}{\text{C}}-\text{OH} + x\text{HO}-\text{CH}_2\text{CH}_2-\text{OH} \longrightarrow$$

Ácido tereftálico   Etilenglicol

$$\left(\!\!-\overset{\overset{\text{O}}{\|}}{\text{C}}-\bigcirc-\overset{\overset{\text{O}}{\|}}{\text{C}}-\text{O}-\text{CH}_2\text{CH}_2-\text{O}-\!\!\right)_{\!x} + 2x\text{H}_2\text{O}$$

Unidad de polímero representativa de PET

En la Figura 23.18 se muestran dos productos muy diferentes hechos a partir de PET: botellas de agua y una chamarra de vellón. Pero, de hecho, la tela de la chamarra está hecha a partir de botellas PET recicladas. Las fibras de PET se forman cuando el compuesto se funde y se forzan agujeros diminutos en instrumentos llamados *spinnerettes*. Las fibras se usan para cuerda de llantas y ropa inarrugable. Las fibras de PET con frecuencia se mezclan con algodón para hacer ropa que sea más cómoda en días calurosos y húmedos que aquella que sea 100% poliéster. Estas ropas retienen la resistencia a las arrugas del 100% poliéster. Los tubos de fibras de PET tejidos se pueden usar para reemplazar vasos sanguíneos principales. El PET fundido también se puede forzar a través de una abertura angosta para producir placas de película que se usan de forma extensiva en tarjetas de crédito y como cubiertas para la comida congelada.

LA QUÍMICA Y TÚ

P: *Los polímeros constituyen la mayoría de las botellas, contenedores y empaques que ves a tu alrededor. Intenta identificar los polímeros en algunos de estos artículos. ¿Cómo los clasificarías, como polímeros de adición o como polímeros de condensación?*

Figura 23.18 Reciclar PET
Las botellas de plástico de las que bebes pueden ser algún día parte del guardarropa de alguien. Sólo toma aproximadamente una docena de botellas grandes hechas de PET para hacer una chamarra de vellón.

Muchos polímeros importantes se forman por la reacción de ácidos carboxílicos y aminos. Los aminos usados para hacer polímeros por lo general contienen el grupo funcional amino (—NH$_2$). La condensación de un ácido carboxílico y un amino produce una amida.

$$R-\overset{\displaystyle O}{\overset{\displaystyle \|}{C}}-OH + H-\overset{\displaystyle H}{\overset{\displaystyle |}{N}}-R \longrightarrow R-\overset{\displaystyle O}{\overset{\displaystyle \|}{C}}-\overset{\displaystyle H}{\overset{\displaystyle |}{N}}-R + H_2O$$

Ácido carboxílico   Amino   Amida

Las poliamidas son polímeros en los cuales el ácido carboxílico y las unidades del monómero amino están unidos por enlaces de amida. Los muchos tipos de nylon son poliamidas. Probablemente estés familiarizado con una amplia gama de productos de nylon. La unidad de polímero representativa del nylon se deriva del ácido 6-aminohexanoico, un compuesto que contiene ambos grupos funcionales, carboxilo y amino. La larga cadena polímera se forma por la unión sucesiva del grupo carboxilo de una molécula del monómero al grupo amino del siguiente monómero mediante la formación de un enlace de amida.

$$x H_2N-CH_2{\Large(}CH_2{\Large)}_4\overset{\displaystyle O}{\overset{\displaystyle \|}{C}}-OH \xrightarrow{\text{calor}} {\Large(}CH_2{\Large(}CH_2{\Large)}_4\overset{\displaystyle O}{\overset{\displaystyle \|}{C}}-\overset{\displaystyle H}{\overset{\displaystyle |}{N}}{\Large)}_x + x H_2O$$

Ácido 6-aminohexanoico   Unidad de polímero representativa del nylon

El polímero fundido se puede hacer girar para formar fibras muy finas pero a la vez muy fuertes. Las fibras de nylon se usan para alfombras, cordón de llanta, líneas de pesca, calcetería transparente y textiles. El nylon también se moldea para engranes, cojines, cierres y cuerdas, como se muestra en la Figura 23.19.

Las poliamidas que contienen anillos aromáticos son extremadamente fuertes y resistentes al fuego. Los anillos aromáticos hacen a la fibra resultante más rígida y dura. Kevlar™ es una poliamida con un esqueleto de carbono que consiste en anillos aromáticos derivados del ácido tereftálico y la *p*-fenilenediamina. Un chaleco blindado propiamente construido hecho de Kevlar es lo suficientemente fuerte como para detener balas de alta velocidad pero también lo suficientemente ligero y flexible como para usarse debajo de la ropa normal.

$$x HO-\overset{\displaystyle O}{\overset{\displaystyle \|}{C}}-\bigcirc-\overset{\displaystyle O}{\overset{\displaystyle \|}{C}}-OH + x H_2N-\bigcirc-NH_2 \longrightarrow$$

Ácido tereftálico   *p*-fenilenediamina

$$ {\Large(}\overset{\displaystyle O}{\overset{\displaystyle \|}{C}}-\bigcirc-\overset{\displaystyle O}{\overset{\displaystyle \|}{C}}-\overset{\displaystyle H}{\overset{\displaystyle |}{N}}-\bigcirc-\overset{\displaystyle H}{\overset{\displaystyle |}{N}}{\Large)}_x + 2x H_2O$$

Unidad representativa de Kevlar

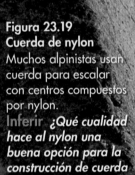

Figura 23.19
Cuerda de nylon
Muchos alpinistas usan cuerda para escalar con centros compuestos por nylon.
Inferir ¿Qué cualidad hace al nylon una buena opción para la construcción de cuerda para escalar?

Nomex™ es otra poliamida que contiene anillos aromáticos. Se usa en la fabricación de materiales resistentes al fuego y en la fabricación de ropa resistente al fuego como la que usa el bombero de la Figura 23.20. Nomex es un pobre conductor de la electricidad. Debido a que es tan rígida, se usa para hacer partes para dispositivos eléctricos. Nomex es una poliamida hecha a partir de ácido isoftálico y *m*-fenilenediamina, como se muestra en la siguiente reacción.

Figura 23.20 Ropa Nomex
La ropa resistente al fuego está hecha de Nomex, una poliamida con anillos aromáticos.

Ácido isoftálico

m-fenilenediamina

Unidad representativa de Nomex

Las proteínas, que son poliamidas de moléculas que ocurren naturalmente, se clasifican entre las más importantes de todas las moléculas biológicas. Aprenderás acerca de estos polímeros con más detalle en el Capítulo 24.

23.4 Comprobación de la lección

24. 🔑 Repasar Describe cómo se forman los polímeros de adición.

25. 🔑 Repasar ¿Cómo se forman los polímeros de condensación?

26. Comparar ¿Qué es un polímero? ¿Qué es un monómero?

27. Describir ¿Qué estructura debe tener un monómero si va a experimentar polimerización por adición?

28. Identificar ¿Qué se forma cuando se combinan un ácido carboxílico y un amino? Da un ejemplo del tipo de polímero que se forma mediante esta reacción.

29. Explicar ¿Cómo está el agua involucrada en la formación de un polímero de condensación?

30. Usar analogías Escribe una analogía para explicarle a un estudiante de secundaria cómo se construye un polímero a partir de monómeros. Usa diagramas así como palabras para describir tu analogía.

31. Identificar Da nombres y usos para tres polímeros que encuentres en tu casa.

Laboratorio a escala

Polímeros

Propósito

Hacer un enlace cruzado de algunos polímeros y examinar sus propiedades

Materiales

- taza de plástico de 3½ oz
- popote
- polvo de goma guar
- cuchara de plástico
- solución de bórax al 4%
- pipeta
- colorante de alimentos (opcional)

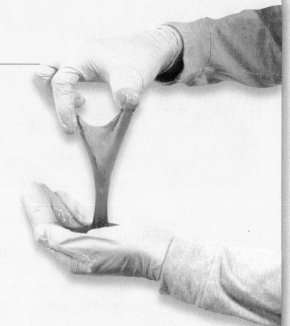

Procedimiento

1. Llena la taza de 3½ oz con agua. Añade colorante de alimentos al agua si quieres que el polímero sea de color.

2. Usa un popote como cuchara medidora para obtener aproximadamente 2 cm de goma guar en polvo. **PRECAUCIÓN** *No uses tu boca para recoger la goma guar en el popote.* Lentamente espolvorea el polvo de goma guar en el agua mientras la agitas con una cuchara de plástico. Añade el polvo de goma guar lentamente para evitar que se haga grumos. Revuelve bien la mezcla.

3. Mientras revuelves, añade una pipeta llena (aproximadamente 4 mL) de solución de bórax. Continúa revolviendo hasta que ocurra un cambio.

Analizar

1. ¿Es el polímero que acabas de hacer un líquido o un sólido? ¿Qué características especiales tiene?

2. La goma guar es un carbohidrato, un polímero con muchos grupos funcionales alcohol (—OH) que se repiten. Dibuja una línea en *zigzag* para representar la cadena de polímero crudo. Añade grupos —OH junto con la cadena para representar los grupos funcionales de alcohol.

3. Los iones borato se combinan con alcohol para formar agua y complejos de borato de alcohol como se muestra a continuación. Escribe una ecuación similar que reemplace todos los grupos —OH en el borato con grupos —OR.

$$\begin{bmatrix} HO & & OH \\ & B & \\ HO & & OH \end{bmatrix}^{-} + R-OH \longrightarrow \begin{bmatrix} HO & & OH \\ & B & \\ HO & & OR \end{bmatrix}^{-} + H_2O$$

4. Si dos cadenas de polímero contienen, cada una, dos grupos —OH cercanos, el borato tendrá un enlace cruzado con las cadenas de polímero al formar un complejo con dos alcoholes en cada cadena. Dibuja una estructura similar a la que dibujaste para la Pregunta 3, pero reemplaza tus cuatro grupos R con dos cadenas de polímeros.

Tú eres el químico

1. Diseñar un experimento Intenta usar el bórax para hacer un enlace cruzado con otros polímeros de carbohidratos comunes, como la harina de maíz o el almidón para lavar líquido. Para cada polímero, llena hasta la mitad una taza de 3 oz con el polímero de carbohidrato elegido y añade suficiente agua para llevar el líquido hasta menos de 1 cm del borde. Revuelve con cuidado y por completo. Añade una pipeta llena (aproximadamente 4 mL) de solución de bórax mientras revuelves. Describe las similitudes y diferencias entre el polímero de enlace cruzado y el polímero que hiciste previamente. Compara las propiedades de estos polímeros.

2. Analizar datos Corta una tira de papel de 1 cm × 15 cm. Usa una gota de pegamento o una engrapadora para sujetar un extremo de la tira de papel al otro extremo para formar un anillo. Ahora corta algunas tiras de papel de idéntico tamaño y pégalas o engrápalas en una cadena de anillos de papel. Explica cómo esta cadena es como un polímero. Haz otro anillo de papel que haga un enlace cruzado desde tu cadena hasta las cadenas de tus compañeros de clase. Explica cómo estas cadenas enlazadas son como polímeros de enlace cruzado.

23 Guía de estudio

GRANIDEA
LA QUÍMICA DEL CARBONO Y REACCIONES

Los grupos funcionales afectan las propiedades físicas y químicas de los compuestos orgánicos. Las reacciones químicas se pueden usar para cambiar la estructura de moléculas orgánicas, con frecuencia introduciendo un nuevo grupo funcional. Las reacciones de sustitución, adición, oxidación-reducción y polimerización se usan comúnmente en la química orgánica.

23.1 Introducción a los grupos funcionales

🔑 Los compuestos orgánicos se pueden clasificar de acuerdo con sus grupos funcionales.

🔑 La fórmula general de un haluro orgánico es RX, donde X es un halógeno sustituyente.

🔑 Las reacciones de sustitución son un método importante de introducción de nuevos grupos funcionales a moléculas orgánicas.

- grupo funcional (798)
- haluro orgánico (800)
- haluro de alquilo (800)
- haluro de arilo (800)
- reacción de sustitución (801)

23.2 Alcoholes, éteres y aminos

🔑 La fórmula general de un alcohol es ROH.

🔑 Las reacciones de adición son un método importante de introducción de nuevos grupos funcionales a moléculas orgánicas. También se usan para convertir alquenos en alcanos.

🔑 La fórmula general de un éter es ROR.

🔑 La fórmula general de un amino es RNH_2, R_2NH o R_3N.

- alcohol (804)
- grupo hidroxilo (804)
- fermentación (807)
- reacción de adición (807)
- reacción de hidratación (808)
- reacción de hidrogenación (809)
- éter (810)
- amino (811)

23.3 Compuestos carbonilos

🔑 El grupo funcional $C = O$ está presente en aldehídos y cetonas.

🔑 La fórmula general de un ácido carboxílico es RCOOH.

🔑 La deshidrogenación es una reacción de oxidación debido a que la pérdida de cada molécula de hidrógeno incluye la pérdida de dos electrones de la molécula orgánica.

🔑 La fórmula general de un éster es RCOOR.

- grupo carbonilo (812)
- aldehído (812)
- cetona (812)
- grupo carboxilo (815)
- grupo carboxílico (815)
- ácido graso (816)
- reacción de deshidrogenación (816)
- éster (819)

23.4 Polímeros

🔑 Un polímero de adición se forma cuando los monómeros insaturados reaccionan para formar un polímero.

🔑 Los polímeros de condensación se forman mediante la unión de monómeros con la pérdida de una pequeña molécula como el agua.

- polímero (822)
- monómero (822)

Lección por lección

23.1 Introducción a los grupos funcionales

32. ¿Qué representa la R en la fórmula RCH_2Cl?

★**33.** Escribe una fórmula estructural para cada compuesto.

   a. 1,2,2-triclorobutano

   b. 1,3,5-tribromobenceno

   c. 1,2-diclorociclohexano

34. Nombra los haluros orgánicos siguientes:

   a. $CH_2 \cdot CHCH_2Cl$

   b. $CH_3\overset{\underset{|}{CH_3}}{C}HCH_2\overset{\underset{|}{Cl}}{C}HCH_2Cl$

   c. benceno con Br en posiciones 1,3

35. Escribe las fórmulas estructurales y da los nombres IUPAC para todos los isómeros de los compuestos siguientes:

   a. $C_3H_6Cl_2$ **b.** C_4H_9Br

36. ¿Qué productos orgánicos se forman en las siguientes reacciones?

   a. benceno—$Br + NaOH \xrightarrow{calor}$ ____ $+ NaBr$

   b. ciclohexano—$Cl + NaOH \longrightarrow$ ____ $+ NaCl$

   c. $CH_3\overset{\underset{|}{CH_3}}{C}HCl + NaOH \longrightarrow$ ____ $+ NaCl$

   d. benceno $+ Br_2 \xrightarrow{catalizador}$ ____ $+ HBr$

23.2 Alcoholes, éteres y aminos

★**37.** Da los nombres IUPAC de estos alcoholes.

   a. $CH_3 — \overset{\underset{|}{OH}}{C}H — CH_3$

   b. $\overset{\underset{|}{OH}}{C}H_2 — \overset{\underset{|}{OH}}{C}H — CH_3$

   c. $CH_3 — \overset{\overset{\displaystyle CH_3}{|}}{\underset{\underset{\displaystyle OH}{|}}{C}} — CH_3$

★**38.** Escribe las estructuras y los nombres de los productos que se obtienen con la adición de cada uno de los siguientes reactivos al eteno.

   a. HBr **b.** Cl_2 **c.** H_2O **d.** H_2 **e.** HCl

39. Escribe la estructura para el producto esperado de cada reacción.

   a. $CH_2 \cdot CHCH_2CH_3 + Br_2 \longrightarrow$

   b. $CH_3CH \cdot CHCH_3 + I_2 \longrightarrow$

   c. $CH_3CH \cdot CHCH_3 + HBr \longrightarrow$

   d. $CH_3CH \cdot CHCH_3 + H_2 \longrightarrow$

   e. ciclohexeno $+ Cl_2 \longrightarrow$

40. Da los nombres IUPAC y comunes para los éteres siguientes:

   a. $CH_3OCH_2CH_3$

   b. benceno—$O—CH_2CH_3$

   c. $CH_2 \cdot CHOCH \cdot CH_2$

   d. $CH_3\overset{\underset{|}{CH_3}}{C}HO\overset{\underset{|}{CH_3}}{C}HCH_3$

41. Nombra los aminos siguientes:

   a. $CH_3CH_2CH_2CH_2NH_2$

   b. $CH_3CH_2NH_2$

23.3 Compuestos carbonilos

★**42.** Da los nombres IUPAC para los siguientes compuestos carbonilos.

   a. $CH_3\overset{\overset{\displaystyle O}{\|}}{C}CH_3$ **d.** $CH_3CH_2\overset{\overset{\displaystyle O}{\|}}{C}CH_2CH_2CH_3$

   b. CH_3CHO

   e. benceno—CH_2CHO

   c. $CH_3\overset{\underset{|}{CH_3}}{C}HCH_2CHO$ **f.** $CH_3(CH_2)_3COOH$

43. Escribe la estructura para el producto orgánico esperado de cada reacción.

   a. $CH_3CH_2OH \xrightarrow[H_2SO_4]{K_2Cr_2O_7}$

   b. $CH_3CHO \xrightarrow[H_2SO_4]{K_2Cr_2O_7}$

   c. $CH_3CH_2CH_2CHO \xrightarrow[H_2SO_4]{K_2Cr_2O_7}$

   d. $CH_3 — CH_2 — \overset{\underset{|}{OH}}{C}H — CH_3 \xrightarrow[H^+]{K_2Cr_2O_7}$

23.4 Polímeros

44. Diferentes muestras de un polímero como el polietileno pueden tener diferentes propiedades. Explica.

*   **45.** Dibuja la estructura de las unidades que se repiten en un polímero que tiene los monómeros siguientes:

a. 1-buteno   **b.** 1,2-dicloroeteno

Entender conceptos

46. Escribe una fórmula general para cada tipo de compuesto.

a. haluro orgánico   **d.** éster
b. cetona   **e.** amida
c. aldehído   **f.** éter

47. Coloca los compuestos siguientes en orden del punto de ebullición más bajo al punto de ebullición más alto. Las masas molares se dan entre paréntesis.

a. CH_3CHO (44 g)
b. CH_3CH_2OH (46 g)
c. $CH_3CH_2CH_3$ (44 g)

48. Escribe la estructura y el nombre de los productos esperados para cada reacción.

a. $CH_3COOH + CH_3OH \xrightarrow{H^+}$

b. $CH_3CH_2CH_2COOCH_2CH_3 + H_2O \xrightarrow{H^+}$

c. $CH_3CH_2OH \xrightarrow[H^+]{K_2Cr_2O_7}$

49. Explica por qué un enlace doble carbono-carbono es no polar, pero un enlace doble carbono-oxígeno es muy polar.

*   **50.** Clasifica cada compuesto como un alcohol, un fenol o un éter.

a. (estructura de naftaleno con OH)   **d.** (fenol con OH)

b. (difenil éter, anillo—O—anillo)   **e.** CH_3CH_2CHOH con CH_3

c. (anillo—CH_2OH)   **f.** $CH_3CH_2OCH_3$

51. Explica por qué el 2-metil-1-propanol puede oxidarse pero el 2-metil-2-propanol no puede oxidarse.

52. Escribe las fórmulas estructurales para los productos de estas reacciones.

a. $CH_3CH_2CH \cdot CH_2 + Cl_2 \longrightarrow$

b. $CH_3CH_2CH \cdot CH_2 + Br_2 \longrightarrow$

c. (ciclohexeno) $+ HBr \longrightarrow$

*   **53.** Para cada compuesto dibujado, identifica el grupo funcional y nombra el compuesto. Los átomos rojos representan oxígeno.

a. (modelo molecular)   **c.** (modelo molecular)

b. (modelo molecular)   **d.** (modelo molecular)

54. Escribe el nombre y la estructura del alcohol que debe estar oxidado para hacer cada compuesto carbonilo.

a. HCHO

c. CH_3 sobre CH_3CHCHO

b. O doble enlace sobre CH_3CCH_3

d. (ciclohexanona con O)

55. Escribe las estructuras de los productos esperados para las reacciones siguientes:

a. $CH_3CH_2COOCH_2CH_3 + NaOH \longrightarrow$

b. CH_3COO—(anillo) $+ KOH \longrightarrow$

c. $CH_3CH_2COOCH_2CH_2CH_3 + H_2O \xrightarrow{H^+}$

d. $CH_3CH_2COOCH_2CHCH_3 + H_2O \xleftarrow{HCl}$ con CH_3

56. Aplicar conceptos Dibuja las estructuras de los productos esperados y nombra los reactantes y productos de cada reacción.

a. $CH_3COOCH_3 + H_2O \xrightarrow{HCl}$

b. $CH_3CH_2COOCH_2CH_2CH_3 + H_2O \xrightarrow{H^+}$

c. $HCOOCH_2CH_3 + KOH \longrightarrow$

⋆ **57. Sacar conclusiones** El benceno es venenoso y un carcinógeno comprobado. Aun así, muchos compuestos que contienen anillos de benceno, como el benzaldehído, son comunes en los alimentos que ingieres. ¿Por qué algunos compuestos orgánicos con grupos fenil son seguros para comer?

58. Comparar Explica por qué el éter dietilo es más soluble en agua que el éter dihexilo. ¿Qué esperarías que sea más soluble en agua, el propano o el éter dietilo? ¿Por qué?

59. Comparar Explica por qué el 1-butanol tiene un punto de ebullición más alto que el éter dihexilo. ¿Qué compuesto esperarías que sea más soluble en agua? ¿Por qué?

60. Evaluar El propano ($CH_3CH_2CH_3$) y el acetaldehído (CH_3CHO) tienen la misma masa molar pero el propano hierve a $-42\ °C$ y el acetaldehído hierve a $21\ °C$. Explica esta diferencia.

⋆ **61. Comparar y contrastar** ¿Cómo esperarías que se comparara la solubilidad en agua de los ácidos etanoico y decanoico?

62. Inferir Los procesos usados para sintetizar muchos compuestos orgánicos con frecuencia usan compuestos que contienen enlaces dobles o triples como reactantes. Explica por qué el uso de reactantes insaturados podría ser ventajoso sobre el uso de reactantes saturados.

⋆ **63. Clasificar** La cadaverina (1,5-pentanediamina) y la putrescina (1,4-butanediamina) son compuestos de olor desagradable que se forman por bacterias en la carne en descomposición. Dibuja sus estructuras. ¿Qué tipo de compuestos orgánicos son estos dos químicos?

64. Graficar Usa los datos de la Tabla 23.3 para hacer una gráfica con los puntos de ebullición contra el número de átomos de cloro para los cinco compuestos enumerados en la tabla. ¿Es la gráfica una línea recta? Usa la gráfica para describir la relación entre el punto de ebullición y el grado de sustitución de halógeno.

65. Aplicar conceptos Para las estructuras siguientes, escribe una ecuación química mostrando cómo producir el compuesto.

a. **b.**

⋆ **66. Inferir** El tetrahidrofurano (THF) es un solvente orgánico industrial importante. El THF es un éter cíclico que contiene cuatro átomos de carbono en el anillo. Dibuja una fórmula estructural de este éter cíclico.

67. Predecir Escribe estructuras y nombres de los productos orgánicos obtenidos cuando los compuestos siguientes reaccionaron con el reactivo de Fehling.

a. ⬡—CH_2CHO

b. $CH_3\overset{\displaystyle CH_3}{\underset{\displaystyle |}{CH}}CHO$

c. $CH_3\overset{\displaystyle CH_3}{\underset{\displaystyle |}{CH}}CH_2CHO$

68. Interpretar gráficas La gráfica muestra los puntos de ebullición de la cadena recta C_2–C_{10} de alcoholes 1-hidroxilo y la cadena recta de 1-cloroalcanos contra sus masas molares.

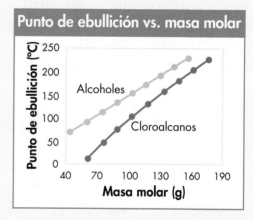

Punto de ebullición vs. masa molar

a. Explica por qué los puntos de ebullición de los alcoholes son consistentemente más altos que los de los cloroalcanos con masa molar similar.

b. ¿Por qué el espacio en el punto de ebullición entre los alcoholes y los cloroalcanos disminuye a medida que aumenta la longitud de la cadena?

★ 69. Interpretar diagramas El colesterol es un compuesto en tu dieta y sintetizado por tu hígado. A veces se deposita en las paredes internas de los vasos sanguíneos causando un endurecimiento de las arterias. Describe las características estructurales y los grupos funcionales de esta importante molécula.

$$CH_3$$
$$|$$
$$CHCH_2CH_2CH$$
$$CH_3$$

70. Proponer una solución Los hidrocarburos del petróleo son una fuente importante de materia prima para la industria química. Usando las reacciones cubiertas en este capítulo, propón un esquema para la síntesis de etilenglicol, un componente principal en el anticongelante, a partir del petroquímico eteno.

★ 71. Sacar conclusiones El cabello humano está compuesto por polímeros de cadenas largas. Algunos de los monómeros de estos polímeros contienen átomos de azufre. Cuando dos átomos de azufre están uno junto al otro, forman enlaces covalentes de disulfuro (S—S) fuertes que pueden unir dos moléculas de polímero. La ubicación de estos enlaces entre los polímeros del cabello afecta lo ondulado o lacio del cabello y ayuda a mantener a los polímeros en su lugar. Una loción de ondulado que se usa en las ondas permanentes es un agente de reducción y el agente de neutralización es un agente de oxidación. Usando esta información, explica en términos de química cómo puede cambiar una onda permanente la forma del cabello. Describe qué pasos químicos deben tomarse para cambiar la forma del cabello de una persona de lacio a rizado.

72. Inferir ¿Cuál de los monómeros siguientes puede usarse para producir el polímero de adición $+CF_2+_x$: $CH_2=CF_2$, $CH_2=CHF$, CF_4, $CF_2=CF_2$, o $CHF=CHF$?

73. Analizar datos Un compuesto no identificado de la fórmula molecular $C_5H_{10}O$ produjo un precipitado rojo cuando se trató con el reactivo de Fehling. Una prueba más detallada mostró que el compuesto no contiene un anillo de hidrocarburo. Escribe las fórmulas estructurales para todos los compuestos que pudieran ser esta sustancia desconocida.

74. Investigar un problema El éter tert-butilo (MTBE) es un aditivo de la gasolina que se usa comúnmente. Recientemente, las agencias reguladoras comenzaron a limitar su uso. Escribe un párrafo acerca del MTBE, en el que expliques la función del MTBE en la gasolina y por qué su uso es ahora limitado.

75. Conexión con la GRANIDEA El ácido acetilsalicílico (aspirina) y el ibuprofeno son ambos ingredientes activos de agentes paliativos del dolor que se venden sin receta médica. Funcionan previniendo que ciertas proteínas envíen señales de dolor al cerebro. Observa las estructuras de estos dos ingredientes activos. Escribe un reporte pequeño en el que compares las estructuras y los grupos funcionales de estos dos compuestos

MISTERIOQUÍMICO

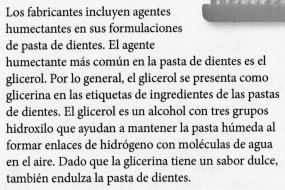

El terror de la pasta de dientes

Los fabricantes incluyen agentes humectantes en sus formulaciones de pasta de dientes. El agente humectante más común en la pasta de dientes es el glicerol. Por lo general, el glicerol se presenta como glicerina en las etiquetas de ingredientes de las pastas de dientes. El glicerol es un alcohol con tres grupos hidroxilo que ayudan a mantener la pasta húmeda al formar enlaces de hidrógeno con moléculas de agua en el aire. Dado que la glicerina tiene un sabor dulce, también endulza la pasta de dientes.

★ 76. Comparar Se ha sabido que los falsificadores fabrican pasta de dientes barata sustituyendo el glicol dietileno por glicerol. Como el glicerol, el glicol dietileno es un agente humectante pero también es tóxico. Compara las estructuras del glicol dietileno y el glicerol.

77. Conexión con la GRANIDEA Con frecuencia hay más de un agente humectante en la pasta de dientes. Observa la lista de ingredientes en el contenedor de tu pasta de dientes. ¿Hay otros alcoholes además del glicerol que puedan servir como agentes humectantes? Investiga en Internet para hallar las estructuras de cada alcohol e identifica el número de grupos hidroxilo.

*78. ¿Cuál es el número máximo de orbitales en el subnivel p de un átomo?

   a. 1   **b.** 3   **c.** 5   **d.** 9

79. Usando estructuras de punto-electrón, ilustra la formación de F⁻ a partir de un átomo de flúor y de OH⁻ a partir de átomos de hidrógeno y oxígeno.

80. Calcula la masa, en gramos, de un litro de SO_2 a temperatura y presión estándar.

81. Una muestra de 1.40 L de gas nitrógeno en un contenedor sellado a 25 °C y 1.00×10^2 kPa se calienta a 68.7 °C. ¿Cuál es la nueva presión?

*82. El carbonato de sodio con frecuencia se vende como el compuesto anhidroso [$Na_2CO_3(s)$] o como el decahidrato [$Na_2CO_3 \cdot 10H_2O(s)$]. Si el precio por kilogramo del compuesto anhidroso y del decahidrato es el mismo, ¿qué compuesto tiene el mejor valor?

83. Supón que el agua entra a una planta eléctrica a 20 °C y la deja a 30 °C. ¿Será la cantidad de oxígeno disuelto en el agua mayor al entrar o al dejar la planta?

84. Una solución se hace diluyendo 250 mL de $0.210M$ solución de $Ca(NO_3)_2$ con agua a un volumen final de 450 mL. Calcula la molaridad de $Ca(NO_3)_2$ en la solución diluida.

85. En una solución saturada que contiene soluto sin disolver, el soluto es disuelto continuamente, pero la concentración de la solución permanece constante. Explica este enunciado.

*86. Una charola de aluminio de 500 g a 22 °C se calienta a 180 °C en un horno. ¿Cuántos kJ de calor absorbe la charola de aluminio si el calor específico del aluminio es de 0.90 J/(g·°C)?

87. Predice la dirección de cambio en la posición de equilibrio para cada cambio de condiciones.

$$2NO_2(g) \rightleftharpoons 2NO(g) + O_2(g)$$

   a. disminuye la presión parcial de O_2
   b. aumenta la presión total
   c. aumenta la presión parcial de O_2
   d. aumenta la presión parcial de NO

*88. Haz una lista de los valores de K_a para los ácidos débiles en orden creciente de fortaleza del ácido.

   a. 3.5×10^{-6}
   b. 2.7×10^{-3}
   c. 1.5×10^{-5}
   d. 6.6×10^{-5}

89. Asigna un número de oxidación a cada átomo en estos compuestos.

   a. $NaNO_2$
   b. $CoSO_4$
   c. SeO_2
   d. $Zn(OH)_2$
   e. K_2PtCl_4

90. El sólido borohidrato de sodio ($NaBH_4$) se ha estudiado como posible fuente de combustible de hidrógeno para vehículos impulsados con hidrógeno. El borohidrato reacciona con agua para producir gas hidrógeno y metaborato de sodio. Identifica qué átomos de los reactantes están oxidados, qué átomos están reducidos y qué átomos están sin afectar en esta reacción.

$$NaBH_4(s) + 2H_2O(l) \longrightarrow 4H_2(g) + NaBO_2(aq)$$

91. ¿Cuál es la fuente de la energía eléctrica producida en una celda voltáica?

*92. ¿En qué electrodo de una celda electrolítica ocurre siempre la reducción? ¿Cuál es la carga del electrodo?

93. Dibuja una fórmula estructural condensada para cada compuesto.

   a. 1,2-dimetilciclobutano
   b. 2-metil-2-penteno
   c. 2-buteno
   d. 2-penteno
   e. 2-metilhexeno

*94. ¿Qué es más probable que sea una buena fuente de compuestos aromáticos, el petróleo o el carbón?

95. ¿Cuál de estos enunciados se aplica al eteno?

   a. hidrocarburo saturado
   b. ángulo de enlace H—C—H de 120°
   c. alqueno
   d. compuesto aromático

Si tienes problemas con . . .

Pregunta	78	79	80	81	82	83	84	85	86	87	88	89	90	91	92	93	94	95
Ver el capítulo	5	7	10	14	15	16	16	16	17	18	19	20	20	21	21	22	22	22

Preparación para los exámenes estandarizados

Selecciona la opción que responda mejor cada pregunta o que complete cada enunciado.

1. La hidrólisis del ácido catalizado de un éster da un ácido carboxílico y
   - (A) un amino.
   - (B) un éter.
   - (C) un alcohol.
   - (D) un alqueno.

2. El etano, el metanal y el metanol tienen masas molares similares. ¿Qué serie enumera los compuestos en orden creciente de punto de ebullición?
   - (A) etano, metanal, metanol
   - (B) metanal, metanol, etano
   - (C) metanol, metanal, etano
   - (D) etano, metanol, metanal

3. Un grupo carbonilo se caracteriza por un
   - (A) enlace doble carbono-carbono.
   - (B) enlace doble carbono-oxígeno.
   - (C) enlace sencillo carbono-nitrógeno.
   - (D) enlace sencillo carbono-oxígeno.

Las opciones con letras siguientes se refieren a las Preguntas 4 a 7. Una opción de letra puede usarse una sola vez, más de una vez o ninguna.
   - (A) alcohol
   - (B) cetona
   - (C) ácido carboxílico
   - (D) éter

¿A qué clase de compuestos orgánicos pertenece cada uno de los compuestos siguientes?

4. CH_3CH_2COOH

5. $CH_3CH_2CH_2OH$

6. $CH_3CH_2OCH_3$

7. CH_3COCH_3

Usa los modelos siguientes para la Pregunta 8.

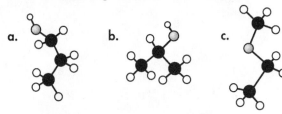

a.   b.   c.

8. La fórmula molecular de cada compuesto es C_3H_8O. Escribe el nombre de cada compuesto.

9. Hay dos compuestos con un grupo carbonilo que tienen la fórmula molecular C_3H_6O. Escribe una fórmula estructural completa para cada compuesto. Nombra cada compuesto.

> **Consejos para tener éxito**
>
> **Eliminar respuestas incorrectas** Si no sabes cuál opción es la correcta, elimina aquellas que sepas que son incorrectas. Si eliminas algunas opciones, aumentarás tus posibilidades de elegir la respuesta correcta.

Caracteriza las reacciones en las Preguntas 10 a 14 como reacciones de adición, esterificación, oxidación, polimerización o sustitución.

10. $CH_3CHO \xrightarrow[H_2SO_4]{K_2Cr_2O_7} CH_3COOH$

11. $CH_2 \cdot CH_2 + HCl \longrightarrow CH_3CH_2Cl$

12. $CH_3CO_2H + CH_3CH_2OH \xrightarrow{H^+} CH_3COOCH_2CH_3 + H_2O$

13. $xCH_2 \cdot CH_2 \longrightarrow H \left(CH_2 - CH_2 \right)_x H$

14. $\bigcirc + Br_2 \xrightarrow{catalizador} \bigcirc^{Br} + HBr$

Para cada pregunta, hay dos enunciados. Decide si cada enunciado es verdadero o falso. Después decide si el Enunciado II es una explicación correcta para el Enunciado I.

Enunciado I		Enunciado II
15. La adición de hidrógeno a un alqueno es una reacción de reducción.	**PORQUE**	La adición de hidrógeno a cualquier molécula es una reacción de reducción.
16. Los aldehídos se oxidan fácilmente.	**PORQUE**	La oxidación de aldehídos produce alcoholes.
17. El etanol (CH_3CH_2OH) es inmiscible en agua en todas las proporciones.	**PORQUE**	Las moléculas de etanol pueden formar enlaces de hidrógeno con otras moléculas de etanol.

Si tienes problemas con . . .

Pregunta	1	2	3	4	5	6	7	8	9	10	11	12	13	14	15	16	17
Ver la lección	23.3	23.3	23.3	23.3	23.2	23.2	23.3	23.2	23.3	23.3	23.2	23.3	23.4	23.1	23.2	23.3	23.2

24

La química de la vida

EN EL INTERIOR:

- **24.1** Una base para la vida
- **24.2** Carbohidratos
- **24.3** Aminoácidos y sus polímeros
- **24.4** Lípidos
- **24.5** Ácidos nucleicos
- **24.6** Metabolismo

PearsonChem.com

Todos los organismos, incluyéndote a ti y a tus compañeros de clase, están hechos del mismo tipo de moléculas: carbohidratos, proteínas, lípidos y ácidos nucleicos.

LA QUÍMICA COMO CIENCIA FUNDAMENTAL

Preguntas esenciales:

1. ¿Cuáles son las características de los cuatro tipos de moléculas biológicas?
2. ¿Cuál es la función del anabolismo y del catabolismo en una célula?

MISTERIOQUÍMICO

Fenil . . . ¿qué?

¿Alguna vez has observado las etiquetas en los alimentos y te has preguntado qué es lo que significan? En los Estados Unidos, la Administración de alimentos y medicamentos (*Food and Drug Administration*, FDA) regula los requisitos de cómo deben etiquetarse los alimentos. La información que podrías ver en los alimentos incluye una etiqueta nutricional, la cantidad de alimento, los ingredientes que contiene el alimento y la fecha de caducidad.

Algunas etiquetas de alimentos también contienen advertencias acerca de los ingredientes en la comida. Algunas etiquetas te advierten acerca de cosas comunes, como nueces o leche. Pero otras veces la advertencia puede dejarte adivinando lo que significa. La advertencia en la etiqueta que se muestra aquí dice que el producto "contiene fenilalanina". ¿Qué es la fenilalanina? ¿Por qué las personas necesitan saber que su comida contiene fenilalanina?

▶ Conexión con la **GRAN**IDEA
A medida que lees sobre las moléculas involucradas en los procesos de la vida, piensa acerca de cómo es que la química de estas moléculas es fundamental para los seres vivos.

24.1 Una base para la vida

P: *¿De dónde obtienen los peces su oxígeno?* Todos los animales necesitan oxígeno para sobrevivir. La mayoría de los peces obtienen oxígeno al tiempo que el agua fluye a través de sus branquias. Nosotros respiramos oxígeno del aire que nos rodea. El aire que respiras está compuesto principalmente por nitrógeno (N_2) y oxígeno (O_2). La atmósfera temprana de la Tierra puede haber sido muy distinta, con muy poco oxígeno y muy poco hospitalaria para la vida. Se piensa que la atmósfera cambió con el paso del tiempo. En esta lección, aprenderás cómo se produce el oxígeno tanto en el aire como en el agua.

Preguntas clave

🔑 **¿Cuáles son los dos principales tipos de células que existen en la naturaleza?**

🔑 **¿Qué compuesto se reduce durante la fotosíntesis? ¿Qué compuestos se forman?**

Vocabulario

• fotosíntesis

Figura 24.1 Tipos de célula
Las células procariotas y eucariotas se muestran aquí. Observa que sólo la célula eucariota tiene un núcleo.
Comparar y contrastar
¿Cómo se comparan las células procariotas y eucariotas en tamaño?

La estructura de las células

🔑 **¿Cuáles son los dos principales tipos de células que existen en la naturaleza?**

¡La vida! Sin duda estás familiarizado con ella pero ¿qué significa en realidad? Hasta hace poco, la vida estaba definida como la capacidad de un organismo para crecer y para reproducirse. Sin embargo, descubrimientos recientes hechos al borde de la vida, parecen empañar esta simple definición. Tan difícil como es definir la vida, generalmente puedes considerar pequeñas estructuras llamadas células como las unidades fundamentales de la vida.

Los organismos están compuestos tan sólo de una célula o de hasta miles de millones de células. 🔑 **Existen dos principales tipos de células en la naturaleza: células procariotas y células eucariotas.** La célula procariota es la más antigua de las dos. Análisis microscópicos de restos fosilizados muestran que las células procariotas estaban presentes en la Tierra hace por lo menos 3 mil millones de años. Las células eucariotas no aparecieron hasta hace aproximadamente mil millones de años. En la Figura 24.1 se muestran ambos tipos de células.

Célula procariota

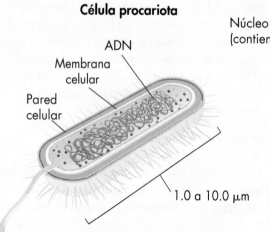

Pared celular
Membrana celular
ADN
1.0 a 10.0 μm

Célula eucariota

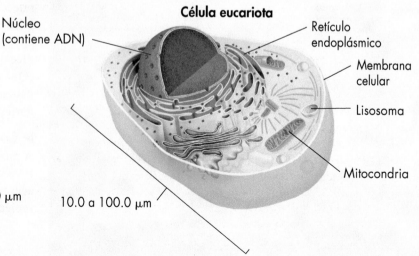

Núcleo (contiene ADN)
Retículo endoplásmico
Membrana celular
Lisosoma
Mitocondria
10.0 a 100.0 μm

Tanto las células eucariotas como las células procariotas contienen todos los químicos necesarios para la vida dentro de una membrana celular. La membrana celular es un saco que sostiene el contenido de una célula y actúa como una barrera selectiva para el paso de sustancias hacia adentro y hacia afuera de la célula. Las células eucariotas son considerablemente más grandes y más complejas que las células procariotas pero los procesos químicos llevados a cabo por ambos tipos de células son muy similares.

Una característica principal que distingue a las células eucariotas de las células procariotas es que las primeras contienen orgánulos encerrados en la membrana. Los orgánulos, que son órganos pequeños, son pequeñas estructuras suspendidas en el fluido celular interno, o citoplasma. Los orgánulos son los sitios de muchas funciones especializadas en las células eucariotas. Por ejemplo, el núcleo, una estructura importante en la reproducción de la célula eucariota, no está presente en las células procariotas. Las mitocondrias son la fuente de energía celular en las células eucariotas que usan oxígeno. Con frecuencia, a las mitocondrias se les conoce como la fuerza motriz de la célula. Los lisosomas son los sitios para la digestión de sustancias llevadas a la célula. Además, otra estructura encerrada en la membrana en las células eucariotas es el retículo endoplásmico (RE) plegado con forma de red. Entre sus varias funciones, el RE sirve como un lugar de unión para los ribosomas. Los ribosomas, pequeños orgánulos que no están encerrados en la membrana, son los sitios en donde se hacen las sustancias fundamentales llamadas proteínas.

El ciclo de la energía y el carbono

¿Qué compuesto se reduce durante la fotosíntesis? ¿Qué compuestos se forman?

Los organismos deben tener energía para sobrevivir. La fuente máxima de esta energía es el Sol. Las células de plantas verdes y ciertas algas contienen orgánulos llamados cloroplastos que son capaces de captar la energía solar y hacer comida. Dentro del cloroplasto está un sistema de membranas captador de luz, que se muestra en la Figura 24.2 y que convierte la energía luminosa en energía química mediante un proceso llamado **fotosíntesis.** Además de la luz solar, los organismos fotosintéticos requieren dióxido de carbono y agua. **La fotosíntesis usa la energía proveniente de la luz solar para reducir el dióxido de carbono a compuestos que contienen enlaces C—H, principalmente en forma de glucosa ($C_6H_{12}O_6$).** En la ecuación siguiente se resume este proceso:

$$6CO_2 \;+\; 6H_2O \;+\; \text{Energía} \longrightarrow C_6H_{12}O_6 \;+\; 6O_2$$

Dióxido de carbono (carbono en un estado más oxidado)   Agua   de la luz solar   Glucosa (carbono en un estado más reducido)   Oxígeno

En la Figura 24.3 de la página siguiente se ilustra la relación entre la fotosíntesis y los compuestos de carbono que usan todos los organismos. En el ciclo de la energía y el carbono, los organismos fotosintéticos producen los compuestos de carbono necesarios. Los animales, que no llevan a cabo fotosíntesis, obtienen estos compuestos de carbono al comer plantas o animales que se alimentan de plantas. Tanto las plantas como los animales obtienen energía al liberar la energía almacenada en los enlaces químicos de estos compuestos de carbono. Los nutrientes se oxidan de nuevo en dióxido de carbono y agua en el proceso.

$$C_6H_{12}O_6 \;+\; 6O_2 \longrightarrow 6CO_2 \;+\; 6H_2O \;+\; \text{Energía}$$

Glucosa (carbono en un estado más reducido)   Oxígeno   Dióxido de carbono (carbono en un estado más oxidado)   Agua

Figura 24.2 Cloroplasto
Las reacciones de la fotosíntesis tienen lugar en las membranas internas y en los espacios entre membranas de un cloroplasto. Los pigmentos en los cloroplastos son la razón del color verde de las hojas.

P: *Los peces, al igual que todos los animales, necesitan oxígeno para sobrevivir. ¿Qué proceso produce oxígeno?*

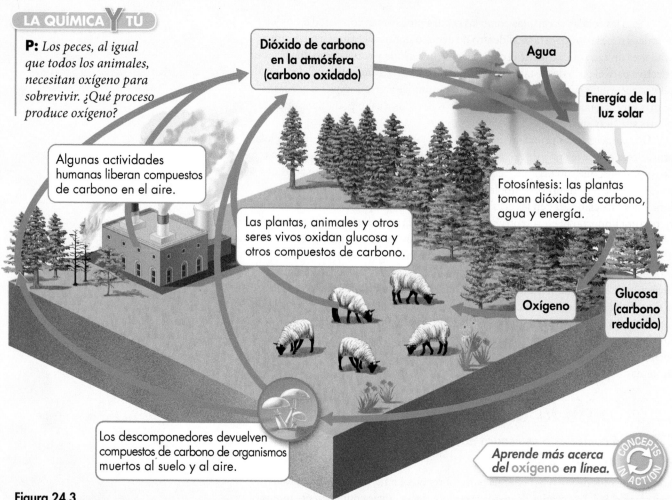

Dióxido de carbono en la atmósfera (carbono oxidado)

Agua

Energía de la luz solar

Algunas actividades humanas liberan compuestos de carbono en el aire.

Fotosíntesis: las plantas toman dióxido de carbono, agua y energía.

Las plantas, animales y otros seres vivos oxidan glucosa y otros compuestos de carbono.

Oxígeno

Glucosa (carbono reducido)

Los descomponedores devuelven compuestos de carbono de organismos muertos al suelo y al aire.

Aprende más acerca del oxígeno en línea.

CONCEPTS IN ACTION

Figura 24.3
El ciclo de la energía y el carbono

En el ciclo de la energía y el carbono, la fotosíntesis y la oxidación de la glucosa son los responsables de las principales transformaciones y movimientos del carbono. Las plantas liberan oxígeno a la atmósfera a través de la fotosíntesis.

Interpretar diagramas
¿En qué partes del ciclo se consume el oxígeno?

Aunque las plantas podrían sobrevivir sin animales, los animales jamás podrían sobrevivir sin plantas. Sin la fotosíntesis, el abastecimiento de compuestos de carbono que los animales necesitan para obtener energía no existiría.

El oxígeno es otro producto importante de la fotosíntesis. Los organismos terrestres y acuáticos fotosintéticos producen el oxígeno que se encuentra en la atmósfera, los océanos y los lagos de la Tierra. El oxígeno es necesario para que vivan la mayoría de los organismos. La importancia de los organismos fotosintéticos es una razón principal de preocupación acerca de la pérdida de tales organismos a través de la destrucción de los bosques.

Todos los procesos biológicos, incluyendo a la fotosíntesis, se basan en ciertos tipos esenciales de sustancias químicas. Sorprendentemente, una gran complejidad de vida surge de tan sólo unos pocos tipos de moléculas biológicas. En este capítulo, aprenderás acerca de las estructuras moleculares de las grandes clases de moléculas biológicas y las funciones que desempeñan en los seres vivos.

24.1 Comprobación de la lección

1. Identificar ¿Cuáles dos tipos de células existen en la naturaleza?

2. Repasar ¿Qué cambios químicos ocurren durante la fotosíntesis?

3. Identificar ¿Cuáles son las unidades fundamentales de la vida?

4. Describir Describe la estructura de una célula eucariota.

5. Describir ¿Cuál es la función de los cloroplastos en las plantas verdes y las algas?

6. Identificar Escribe una ecuación que describa la oxidación de la glucosa.

7. Explicar Explica cómo se mueve el carbono por el medio ambiente.

24.2 Carbohidratos

LA QUÍMICA Y TÚ

P: *¿Por qué una vaca mastica todo el día?* Las vacas pasan la mayor parte del día masticando su alimento. La dieta de una vaca es rica en celulosa, la cual pertenece a una clase de moléculas orgánicas conocidas como carbohidratos. En esta lección, aprenderás acerca de las estructuras y las funciones de los carbohidratos.

Pregunta clave

🔑 **¿Cuál es la fórmula general de los carbohidratos?**

Vocabulario

- carbohidrato
- monosacárido
- disacárido
- polisacárido

Figura 24.4 Carbohidratos en los alimentos
Los carbohidratos son las fuentes de energía más abundantes en los alimentos. Pero algunas fuentes son más saludables que otras. Los vegetales, las frutas, los granos y las pastas de grano entero son una fuente más saludable de carbohidratos que las harinas blancas, las galletas y los refrescos.

Clasificar carbohidratos

🔑 **¿Cuál es la fórmula general de los carbohidratos?**

Los corredores de largas distancias con frecuencia se preparan para una carrera comiendo una gran cantidad de pan y pasta, un proceso conocido como carga de carbohidratos. Los panes y las pastas son excelentes fuentes de la familia de moléculas importantes llamadas carbohidratos. Los **carbohidratos** son monómeros y polímeros de aldehídos y cetonas que tienen numerosos grupos hidróxilos unidos; están hechos de carbono, hidrógeno y oxígeno. 🔑 **La mayoría de los carbohidratos tienen la fórmula general $C_n(H_2O)_n$.** El nombre *carbohidrato* proviene de la observación temprana de que debido a la fórmula $C_n(H_2O)_n$, los compuestos parecen ser hidratos de carbono. Pero, los carbohidratos no son hidratos de verdad.

Los carbohidratos son la principal fuente de energía para el cuerpo. Se encuentran en la mayoría de los alimentos, incluyendo frutas, panes, pasta y legumbres de la Figura 24.4. Los carbohidratos también están en muchos dulces, como galletas y pasteles. En esta lección, aprenderás acerca de las similitudes y diferencias entre algunos tipos de carbohidratos bien conocidos.

Monosacáridos Las moléculas de carbohidratos más simples se llaman azúcares simples o **monosacáridos.** La glucosa y la fructosa son ejemplos de azúcares simples. La glucosa es abundante en plantas y animales. La glucosa es la principal fuente de energía para nuestros cuerpos. Dependiendo de la fuente, la glucosa también se llama dextrosa, monohidrato de dextrosa o glucemia. La fructosa existe en un gran número de frutas y en la miel. La glucosa y la fructosa tienen la fórmula molecular $C_6H_{12}O_6$. Sin embargo, la glucosa tiene un grupo funcional aldehído, mientras que la fructosa tiene un grupo funcional cetona. Por lo tanto, la glucosa y la fructosa son isómeros constitucionales. Ambos experimentan muchas de las mismas reacciones que los aldehídos y cetonas ordinarios.

En solución acuosa, los azúcares simples como la glucosa y la fructosa existen en un equilibrio dinámico entre las formas de cadena lineal y cíclica. La forma cíclica predomina. Las estructuras para cada azúcar en ambas formas se muestran a continuación.

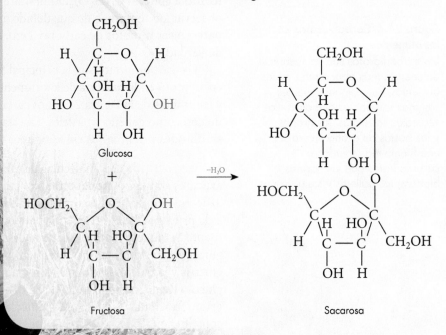

Formas de cadena lineal y cíclica de la glucosa

Formas de cadena lineal y cíclica de la fructosa

Observa el grupo funcional de los aldehídos (—CHO) en la forma de cadena lineal de la glucosa y el grupo funcional de las cetonas $\left(-\overset{\displaystyle \|}{\underset{\displaystyle O}{C}}-\right)$ en la cadena lineal de la fructosa.

Disacáridos Los azúcares simples forman la base fundamental de los carbohidratos más complejos. Las formas cíclicas de dos azúcares simples se pueden unir por medio de una reacción de condensación. Por ejemplo, la unión de glucosa y fructosa con la pérdida de una molécula de agua produce la sacarosa, un azúcar de mesa común. Las plantas de caña de azúcar, como las que se muestran en la Figura 24.5, son una fuente principal de sacarosa. Un azúcar como la sacarosa, que se forma a partir de la condensación de dos monosacáridos, se conoce como **disacárido.** La reacción mediante la que se forma es la siguiente.

Glucosa

+

Fructosa

$\xrightarrow{-H_2O}$

Sacarosa

Figura 24.5 Caña de azúcar
Comercialmente, la sacarosa se obtiene principalmente del jugo de caña de azúcar y de la remolacha azucarera. La caña de azúcar, que se muestra aquí, crece hasta llegar a ser un pasto alto y con frecuencia se cultiva a mano.

Polisacáridos La formación de un disacárido a veces es el primer paso en la reacción de polimerización por condensación que produce moléculas extremadamente grandes. Los polímeros producidos por la unión de muchos monómeros monosacáridos se llaman **polisacáridos.** Los almidones, la principal forma de almacenamiento de la glucosa en las platas, son los polímeros polisacáridos que consisten en monómeros de glucosa. En la Figura 24.6 se muestra una porción de una molécula de almidón.

Una típica molécula lineal de almidón contiene cientos de monómeros de glucosa. Otros almidones son moléculas ramificadas en las que cada rama contiene aproximadamente una docena de unidades de glucosa. El glicógeno, la fuente de energía almacenada en el hígado y las células musculares de los animales, es una molécula más altamente ramificada que los almidones de las plantas. El glicógeno, también, consiste de monómeros de glucosa.

La celulosa es probablemente la molécula biológica más abundante en la Tierra. Como puedes ver en la Figura 24.6, la celulosa también es un polímero de glucosa. La orientación del enlace que une los monómeros de glucosa en la celulosa es diferente de la orientación del enlace en el almidón y el glicógeno. El almidón se puede digerir por la mayoría de los organismos y es parcialmente soluble en agua. Sin embargo, la celulosa puede digerirse por sólo unos pocos microorganismos, como aquellos que viven en los tractos digestivos del ganado y las termitas. La celulosa es insoluble en agua y es un polisacárido estructural importante que proporciona forma, dureza y rigidez a las plantas. Las paredes celulares de las plantas están hechas de celulosa. El algodón es aproximadamente 80 por ciento celulosa.

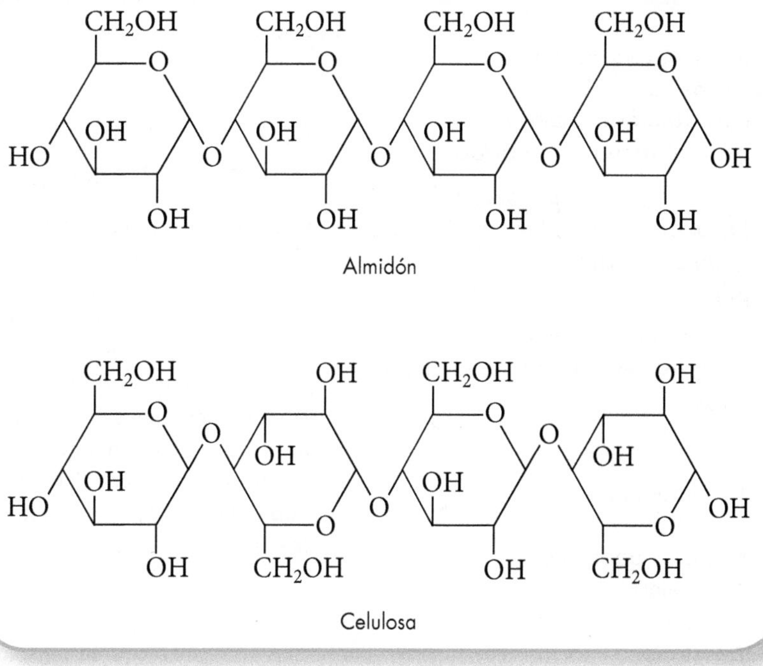

Figura 24.6 Polisacáridos
El almidón y la celulosa son polímeros similares hechos de cientos de monómeros de glucosa. Se diferencian en la orientación del enlace entre las unidades de glucosa. Debido a esta diferencia, el almidón es fácilmente digerible, pero la celulosa es indigerible para la mayoría de los organismos.
Usar modelos ¿Cuáles son las diferencias entre las fórmulas estructurales completas usadas en la Figura 24.5 y las fórmulas usadas en la Figura 24.6?

P: *La dieta de una vaca consiste de celulosa en su mayor parte. El estómago de una vaca contiene varias partes. La comida entra a la primera parte del estómago y es regurgitada de manera que la vaca la mastica de nuevo. El alimento regurgitado pasa entonces a una parte posterior del estómago donde viven unas bacterias especiales. ¿Por qué la masticación y regurgitación son necesarias para que la vaca digiera la celulosa?*

Almidón

Celulosa

24.2 Comprobación de la lección

8. **Repasar** ¿Cuál es la fórmula general para los carbohidratos?

9. **Identificar** ¿En dónde se encuentra la glucosa en la naturaleza?

10. **Explicar** ¿Cómo se pueden combinar las formas cíclicas de dos azúcares simples?

11. **Comparar** Distingue entre las características estructurales importantes de la sacarosa, la glucosa y la fructosa.

12. **Describir** Describe las principales características de los monosacáridos, los disacáridos y los polisacáridos.

13. **Comparar** El almidón y la celulosa tienen diferentes propiedades pero ambos están compuestos por unidades de glucosa. Explica lo que los hace diferentes.

14. **Repasar** Nombra una fuente para cada polisacárido:
a. almidón
b. celulosa
c. glicógeno

15. **Identificar** ¿Cuál es el carbohidrato más abundante en la Tierra y dónde se encuentra?

24.3 Aminoácidos y sus polímeros

LA QUÍMICA Y TÚ

P: *¿Por qué tus músculos necesitan aminoácidos?* Tus músculos están en uso continuo. Por ejemplo, los músculos de tu estómago ayudan en la digestión de los alimentos que ingieres y los músculos de tus dedos te permiten darle vuelta a las páginas de un libro o a manejar el *mouse* de la computadora. Los ejercicios de fortalecimiento pueden causar que tus músculos se hagan más grandes y fuertes. Esto no sucedería sin los aminoácidos. En esta lección, aprenderás acerca de los aminoácidos y algunas de sus funciones.

Preguntas clave

🔑 **¿Cuál es la estructura general de un aminoácido?**

🔑 **¿Qué es lo que determina las diferencias en las propiedades químicas y fisiológicas de los péptidos y las proteínas?**

🔑 **¿Cómo afectan las enzimas las tasas de reacción en los seres vivos?**

Vocabulario

- aminoácido
- péptido
- enlace peptídico
- proteína
- enzima
- sustrato
- sitio activo

Aminoácidos

🔑 ¿Cuál es la estructura general de un aminoácido?

Muchos compuestos biológicos contienen nitrógeno además de carbono, oxígeno e hidrógeno. Algunas de las moléculas más importantes que contienen nitrógeno en los organismos son los aminoácidos. De hecho, los polímeros de aminoácidos componen más de la mitad del peso seco de tu cuerpo.

Un **aminoácido** es cualquier compuesto que contenga un grupo amino ($-NH_2$) y un grupo carboxilo ($-COOH$) en la misma molécula. Para químicos y bioquímicos, sin embargo, el término por lo general está reservado para los 20 aminoácidos comunes que están formados y que usan los organismos vivos. 🔑 **Los aminoácidos consisten de un grupo carboxilo, un grupo amino, un hidrógeno y una cadena lateral del grupo R que están enlazados covalentemente a un átomo de carbono central.**

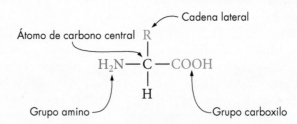

La naturaleza química del grupo de cadena lateral justifica las diferencias en las propiedades de los 20 aminoácidos. En algunos aminoácidos, las cadenas laterales son alifáticas no polares o hidrocarburos aromáticos. En otros aminoácidos, las cadenas laterales son neutras pero polares. Aun en otros, las cadenas laterales son ácidas o básicas.

Dado que el carbono central de los aminoácidos es simétrico, estos compuestos pueden existir como enantiómeros. Como puedes recordar de la Lección 22.3, los enantiómeros pueden ser derechos o zurdos. Casi todos los aminoácidos que se encuentran en la naturaleza son de la forma zurda o en L.

En la Tabla 24.1 se dan los nombres de algunos aminoácidos comunes con sus abreviaturas de tres letras. Examina las abreviaturas. Las usarás cuando leas o escribas acerca de la estructura de las proteínas.

Tabla 24.1

Aminoácidos comunes							
Nombre	**Símbolo**	**Nombre**	**Símbolo**	**Nombre**	**Símbolo**	**Nombre**	**Símbolo**
Alanina	Ala	Glutamina	Gln	Leucina	Leu	Serina	Ser
Arginina	Arg	Ácido glutámico	Glu	Lisina	Lys	Treonina	Thr
Asparagina	Asn	Glicina	Gly	Metionina	Met	Triptófano	Trp
Ácido aspártico	Asp	Histidina	His	Fenilalanina	Phe	Tirosina	Tyr
Cisteína	Cys	Isoleucina	Ile	Prolina	Pro	Valina	Val

Péptidos y proteínas

🔑 **¿Qué es lo que determina las diferencias en las propiedades químicas y fisiológicas de los péptidos y las proteínas?**

Un **péptido** es cualquier combinación de aminoácidos en la que el grupo amino de un aminoácido está unido al grupo carboxilo de otro aminoácido. El enlace amida entre el grupo carboxilo de un aminoácido y el nitrógeno en el grupo amino del siguiente aminoácido en la cadena peptídica se llama **enlace peptídico.** Los enlaces peptídicos siempre involucran al grupo amino central y al grupo carboxilo central. Las cadenas laterales no están involucradas en el enlace.

$$H_2N-\underset{\underset{H}{|}}{\overset{\overset{R}{|}}{C}}-\underset{}{\overset{\overset{O}{||}}{C}}-OH + H-\underset{\underset{H}{|}}{\overset{\overset{H}{|}}{N}}-\underset{\underset{H}{|}}{\overset{\overset{R}{|}}{C}}-\underset{}{\overset{\overset{O}{||}}{C}}-OH \longrightarrow H_2N-\underset{\underset{H}{|}}{\overset{\overset{R}{|}}{C}}-\underset{}{\overset{\overset{O}{||}}{C}}-\underset{\underset{H}{|}}{\overset{\overset{H}{|}}{N}}-\underset{\underset{H}{|}}{\overset{\overset{R}{|}}{C}}-\underset{}{\overset{\overset{O}{||}}{C}}-OH + H_2O$$

Enlace peptídico

aminoácido   aminoácido   Péptido

Un grupo de aminoácidos libres está en un extremo del péptido. La costumbre es escribir la fórmula del péptido de manera que el grupo amino libre quede en el extremo izquierdo. También hay un grupo carboxilo libre, que aparece en el extremo derecho de la molécula.

Más aminoácidos pueden añadirse al péptido de la misma manera para formar largas cadenas mediante polimerización por condensación. El orden en el que están unidos los aminoácidos de una molécula peptídica se llama la secuencia de aminoácido de esa molécula. La secuencia de aminoácido de un péptido es convenientemente expresada usando las abreviaturas de tres letras para los aminoácidos. Por ejemplo, Asp—Glu—Gly representa a un péptido que contiene tres aminoácidos. Este tri-péptido contiene ácido aspártico, ácido glutámico y glicina, en ese orden, con el grupo amino libre supuestamente en el extremo izquierdo (en el Asp) y el grupo carboxilo en el extremo derecho (en el Gly). Observa que Asp—Glu—Gly es un péptido diferente de Gly—Glu—Asp porque el orden de los aminoácidos está al revés y, por ende, el grupo amino libre y el grupo carboxilo libre están en aminoácidos diferentes.

En teoría, el proceso de adición de aminoácidos a una cadena peptídica puede continuar indefinidamente. Un péptido con más de diez aminoácidos es un polipéptido. Un péptido con más de aproximadamente 100 aminoácidos es una **proteína.** En promedio, una molécula de 100 aminoácidos tiene una masa molecular de aproximadamente 10,000 uma. Las proteínas son una clase importante de biomoléculas. Las proteínas se necesitan en casi todas las reacciones químicas que ocurren en el cuerpo. Podemos hacer algunos de los aminoácidos que usan nuestras células para hacer proteínas. Otros aminoácidos deben obtenerse comiendo alimentos ricos en proteínas, como los granos de la Figura 24.7.

Figura 24.7
Aminoácidos en tu dieta
Los granos y el arroz integral son buenas fuentes de aminoácidos.

Figura 24.8 Estructuras péptidas

Los péptidos forman figuras tridimensionales. **a.** Esta es una representación de aminoácidos en una cadena peptídica. **b.** La cadena puede enrollarse en una hélice. **c.** Dos cadenas péptidas pueden acomodarse en una estructura en forma de lámina plegada.

Aplicar conceptos ¿Qué tipos de enlaces determinan la forma tridimensional de una proteína?

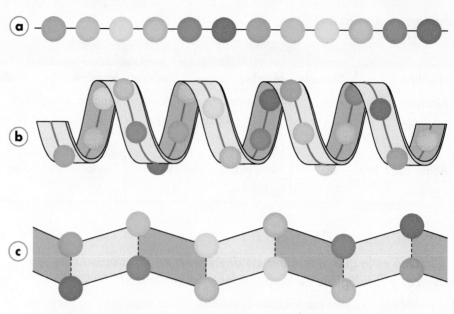

Consulta estructura péptida en línea animada.

LA QUÍMICA Y TÚ

P: ¿Por qué tus músculos necesitan aminoácidos?

Figura 24.9 Mioglobina

La estructura tridimensional de la mioglobina, la proteína de almacenamiento de oxígeno del tejido muscular, se muestra aquí. La mayor parte de la cadena peptídica de la mioglobina se enrolla en hélices. La mioglobina también contiene una estructura no proteínica llamada hemo. El hemo contiene cuatro anillos unidos con un ion hierro(II) (Fe^{2+}) en el centro. El oxígeno molecular se une al hierro de hemo. Los animales marinos, como este delfín, tienen una gran concentración de mioglobina en sus músculos, lo que les permite almacenar oxígeno durante largas inmersiones.

Las diferencias en las propiedades químicas y fisiológicas de los péptidos y las proteínas son resultado de las diferencias en la secuencia de aminoácidos. Veinte aminoácidos se pueden unir en una enorme variedad de formas en una molécula de proteína. Tantas como 20^{100} secuencias de aminoácidos son posibles para una proteína de 100 aminoácidos que contienen una combinación de los 20 aminoácidos diferentes.

Las moléculas de proteínas están dobladas en formas tridimensionales relativamente estables. La Figura 24.8a representa una larga cadena peptídica de una proteína y la Figura 24.8b muestra cómo las secciones de una cadena peptídica pueden enrollarse en una espiral regular, conocida como hélice. Las cadenas peptídicas también pueden ordenarse lado a lado para formar una lámina plegada, como se muestra en la Figura 24.8c. También pueden ocurrir los pliegues irregulares de las cadenas. La forma tridimensional de una proteína se determina por interacciones entre los aminoácidos en sus cadenas peptídicas. La forma de la proteína es parcialmente sostenida por enlaces de hidrógeno entre cadenas dobladas adyacentes. También se forman enlaces covalentes entre átomos de azufre de cadenas laterales de cisteína que están dobladas cerca una de la otra. En esa forma, las cadenas peptídicas separadas pueden unirse en una sola proteína. La Figura 24.9 delinea la forma de la mioglobina, una proteína que almacena oxígeno en las células musculares. Las cadenas peptídicas de la mayor parte de la molécula de mioglobina están trenzadas en hélices.

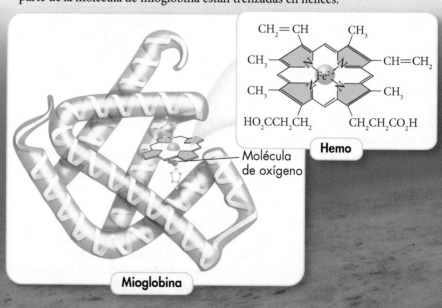

Molécula de oxígeno

Hemo

Mioglobina

Enzimas

¿Cómo afectan las enzimas las tasas de reacción en los seres vivos?

Las **enzimas** son proteínas que actúan como catalizadores biológicos. **Las enzimas aumentan las tasas de reacción química en los seres vivos.** En 1926, el químico estadounidense James B. Sumner reportó el primer aislamiento y cristalización de una enzima. La enzima que aisló fue la ureasa. La ureasa hidroliza urea, un componente de la orina, en amoníaco y dióxido de carbono. El fuerte olor del amonio de pañales húmedos que se dejan por mucho tiempo es el resultado de la acción de bacterias que contienen esta enzima. La ecuación para la reacción se muestra a continuación.

$$H_2N - \overset{\overset{\displaystyle O}{\|}}{C} - NH_2(aq) + H_2O(l) \xrightarrow{\text{ureasa}} 2NH_3(g) + CO_2(g)$$

Urea   Agua   Amoníaco   Dióxido de carbono

Desde el descubrimiento de la ureasa, miles de enzimas se han aislado y caracterizado estructuralmente como proteínas.

Además de poder promover reacciones, las enzimas tienen otras dos propiedades de verdaderos catalizadores. Primero, permanecen sin cambios durante la reacción que catalizan. Segundo, no cambian su posición de equilibrio normal de un sistema químico. La misma cantidad de producto se forma eventualmente sin importar si está presente o no una enzima. Sin embargo, pocas reacciones en las células alcanzan el equilibrio. Los productos tienden a convertirse rápidamente en otra sustancia en una subsecuente reacción catalizada por una enzima. De acuerdo con el principio de Le Châtelier, tal eliminación de un producto impulsa la reacción hacia su término.

Cómo funcionan las enzimas Las enzimas catalizan la mayoría de los cambios químicos que ocurren en la célula. Los **sustratos** son las moléculas en las que actúan las enzimas. En una reacción enzimática típica, que se muestra en la Figura 24.10, el sustrato interactúa con las cadenas laterales de los aminoácidos en la enzima. Estas interacciones ocasionan la creación o rompimiento de enlaces. Una molécula de sustrato debe hacer contacto con, y enlazarse a, una molécula de enzima antes de que el sustrato se transforme en producto. El lugar de la enzima en donde se une el sustrato se llama **sitio activo.** Un sitio activo es por lo general una bolsa o fisura que se forma por los pliegues en las cadenas peptídicas de la enzima proteína. La cadena peptídica de una enzima está doblada en una forma única para acomodar al sustrato en el sitio activo.

Figura 24.10 Enzima y sustrato
Un sustrato se ajusta en un sitio activo con forma distintiva en una enzima. El rompimiento del enlace sucede en el sitio activo para producir los productos de la reacción.
Predecir *¿Qué sucedería si el acceso al sitio activo estuviera bloqueado por otra molécula?*

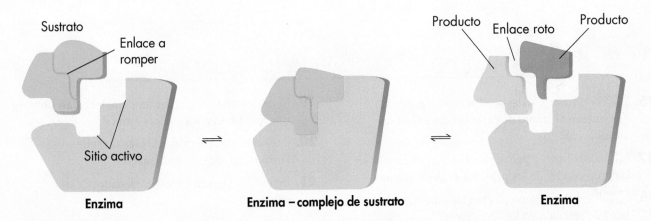

Sustrato   Enlace a romper   Sitio activo   **Enzima**

Enzima – complejo de sustrato

Producto   Enlace roto   Producto   **Enzima**

Figura 24.11
Anhidrasa carbónica
a. La anhidrasa carbónica (azul) sólo tiene un sustrato, el ácido carbónico (rojo). **b.** Un complejo enzima-sustrato de anhidrasa carbónica y ácido carbónico. Observa cómo se acomoda el sustrato en el sitio activo.

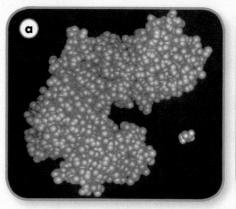
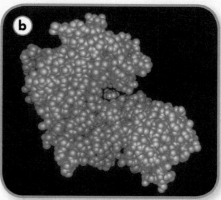

Dado que el sitio activo de cada enzima tiene una forma distintiva, sólo una molécula de sustrato específica puede acomodarse en la enzima, similar a lo que sucede cuando una sola forma de llave entra en cierta cerradura. Por ende, cada enzima puede catalizar sólo una reacción química a la vez. Un complejo enzima-sustrato se forma cuando una molécula de enzima y una molécula de sustrato se unen. En la Figura 24.11 se muestra un modelo de complejo enzima-sustrato formado entre la enzima anhidrasa carbónica y su sustrato, el ácido carbónico.

Para ver la eficiencia de las enzimas, considera los efectos de la anhidrasa carbónica en el ácido carbónico. La anhidrasa carbónica cataliza el rompimiento reversible del ácido carbónico en dióxido de carbono y agua. Una molécula de anhidrasa carbónica puede catalizar el rompimiento de 36 millones de moléculas de ácido carbónico ¡en un minuto!

$$H_2CO_3(aq) \underset{\text{carbónica}}{\overset{\text{anhidrasa}}{\rightleftharpoons}} CO_2(g) + H_2O(l)$$

Ácido carbónico   Dióxido de carbono   Agua

Coenzimas Algunas enzimas pueden catalizar directamente la transformación de sustratos biológicos sin la asistencia de otras sustancias. Otras enzimas necesitan coenzimas no proteínicas, también llamadas cofactores, para asistir en la transformación. Las coenzimas son iones metálicos o pequeñas moléculas orgánicas que deben estar presentes para que ocurra una reacción de catalización por enzimas. Muchas vitaminas solubles en agua, como las vitaminas B, son coenzimas. Los iones metálicos que actúan como coenzimas incluyen a los cationes magnesio, potasio, hierro y zinc. La enzima catalasa incluye un ion hierro(III) en su estructura. La catalasa cataliza la descomposición del peróxido de hidrógeno en agua y oxígeno, como se muestra en la Figura 24.12 y en la siguiente reacción.

$$2H_2O_2(aq) \xrightarrow{\text{catalasa}} 2H_2O(l) + O_2(g)$$

Figura 24.12 Catalasa
El hígado contiene altos niveles de la enzima catalasa. Cuando una péqueña cantidad de células de hígado machacado se añaden a una solución de peróxido de hidrógeno, el gas oxígeno evoluciona rápidamente.

16. 🔑 Repasar ¿Cuáles son los cuatro grupos que rodean al átomo de carbono central en un aminoácido?

17. 🔑 Identificar ¿Qué determina las diferencias en las propiedades de los péptidos y las proteínas?

18. 🔑 Explicar ¿Cómo afectan las enzimas a las tasas de reacción en los seres vivos?

19. Identificar ¿Qué grupos funcionales están siempre involucrados en los enlaces amida?

20. Explicar ¿Qué significa la secuencia de aminoácido de una proteína?

21. Describir Describe tres propiedades de las enzimas.

El huevo: un almacén bioquímico

Propósito

Explorar algunas propiedades físicas y químicas de un huevo de gallina

Materiales

- huevo de gallina
- regla
- báscula

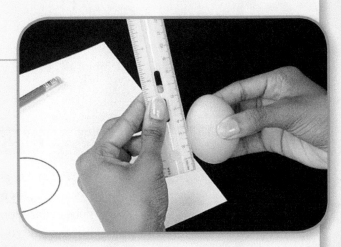

Procedimiento

Consigue un huevo de gallina. Examina la forma del huevo y mide su longitud y su ancho en centímetros. Mide la masa del huevo. Haz un dibujo exacto y de tamaño real de tu huevo y anota tus datos en el dibujo.

Analizar y concluir

Usando tus datos experimentales, anota las respuestas a las preguntas siguientes debajo de tu dibujo.

1. Calcular Una manera de comparar las figuras de los huevos es usando un índice de figura. El índice de figura es el ancho (w) de un huevo expresado como un porcentaje de su longitud (l). Calcula el índice de figura de tu huevo.

$$\text{Índice de figura} = \frac{w}{l} \times 100\%$$

2. Calcular El volumen, la masa original (cuando se acaba de poner) y el área de superficie de un huevo puede calcularse fácilmente usando las ecuaciones siguientes.

$V = (0.5236)(lw^2)$ $m = (0.5632)(lw^2)$
$A = (3.138)(lw^2)^{2/3}$
$V = $ volumen $m = $ masa original
$A = $ área de superficie

Usa tus datos para calcular el volumen, la masa original y el área de superficie de tu huevo. Muestra tu trabajo y anota tus resultados.

3. Comparar ¿Cuál es mayor, la masa medida o la masa calculada de tu huevo? Sugiere por qué la masa de un huevo podría cambiar con el paso del tiempo.

4. Comparar Usando la masa medida y el volumen calculado, calcula la densidad del huevo. Compara este valor con la densidad de un huevo recién puesto (densidad de un huevo recién puesto = 1.075 g/cm³).

Tú eres el químico

Las siguientes actividades a escala te permiten desarrollar tus propios procedimientos y analizar los resultados.

1. Diseñar un experimento Diseña un experimento para responder la siguiente pregunta: ¿Cambia la masa de un huevo con el paso del tiempo?

2. Analizar datos Usando la masa medida, la masa original calculada y tus experimentos en la pérdida de masa de un huevo con el tiempo, calcula la edad del huevo. ¿Qué suposiciones debes hacer?

3. Diseñar un experimento Diseña y lleva a cabo un experimento para medir el volumen de un huevo. Escribe lo que hiciste y lo que hallaste.

4. Diseñar un experimento Lleva a cabo una serie de experimentos o consulta con tus compañeros de clase y usa sus datos para determinar si varía el índice de figura con el tamaño del huevo (pequeño, mediano, grande, extra grande, jumbo) y cómo.

5. Analizar datos Determina cómo varía la masa de un huevo con su tamaño (pequeño, mediano, grande, extra grande, jumbo).

6. Analizar datos El cascarón del huevo contiene una matriz de carbonato de calcio con una cutícula de proteína. Coloca una gota de HCl en un cascarón y observa lo que sucede. Escribe una ecuación química para esta reacción.
PRECAUCIÓN *El HCl es cáustico y puede quemar la piel.*

7. Analizar datos Las proteínas pueden detectarse al añadir soluciones acuosas de sulfato de cobre(II) e hidróxido de sodio a una muestra. Un color violeta indica la presencia de proteína. Prueba con leche en polvo y el cascarón de un huevo para la proteína. ¿Cuáles son tus resultados?

8. Diseñar un experimento Diseña y lleva a cabo un experimento para responder la siguiente pregunta: ¿Afecta la temperatura la masa de un huevo con el paso del tiempo?

24.4 Lípidos

P: *¿Por qué la grasa es una parte importante de nuestra dieta?* Con frecuencia, los medios de comunicación describen a la grasa como algo que debe evitarse porque es mala para ti. Probablemente no sea sorprendente que la carne roja pueda tener un alto nivel de grasa. Pero no esperarías que los aguacates, como el que se muestra aquí, sean altos en grasa. En esta lección, aprenderás por qué las grasas son necesarias en nuestra dieta.

Pregunta clave

🔑 *¿Qué propiedad física distingue a los lípidos de otros tipos de moléculas biológicas?*

Vocabulario

- lípidos
- triglicérido
- saponificación
- fosfolípido
- cera

Figura 24.13 Grasas en los alimentos
Niveles moderados de grasas y aceites en la dieta son esenciales para la salud.

Describir lípidos

🔑 **¿Qué propiedad física distingue a los lípidos de otros tipos de moléculas biológicas?**

Las grasas, los aceites y otros compuestos insolubles en agua se llaman **lípidos.** 🔑 **Los carbohidratos y las proteínas tienden a disolverse en agua. Mientras que los lípidos tienden a disolverse fácilmente en solventes orgánicos, como el éter y el cloroformo.** La mayoría de las grasas, como la mantequilla de la Figura 24.13, se obtienen de los animales. Las grasas provenientes de la nuez de palmera y del coco son excepciones. La mayoría de los aceites, como el aceite de oliva, son productos vegetales.

Aunque una excesiva grasa en la dieta es nociva, necesitas algunos lípidos en tu dieta para mantenerte saludable. Los expertos recomiendan que tu ingesta de grasas sea de menos del 30 por ciento de tu ingesta calórica diaria. Los lípidos le proporcionan a tu cuerpo una forma eficiente de almacenar energía. También son necesarios para mantener sanas tus membranas celulares.

Triglicéridos Las grasas naturales y los aceites existen como triésteres de glicerol con ácidos grasos, que son ácidos carboxílicos de cadena larga (de C_{12} y hasta C_{24}). Esta forma de lípido se conoce como **triglicérido.** Los triglicéridos son importantes como forma de almacenamiento de largo plazo de energía en el cuerpo humano. La ecuación siguiente muestra la reacción general para la formación de triglicéridos.

$$
\begin{array}{c}
CH_2OH \\
| \\
CHOH \\
| \\
CH_2OH
\end{array}
+
\begin{array}{c}
O \\
\| \\
HO-C-R \\
O \\
\| \\
HO-C-R \\
O \\
\| \\
HO-C-R
\end{array}
\longrightarrow
\begin{array}{c}
O \\
\| \\
CH_2-O-C-R \\
O \\
\| \\
CH-O-C-R \\
O \\
\| \\
CH_2-O-C-R
\end{array}
+ \ 3H_2O
$$

Glicerol   3 moléculas de   Triglicérido   Agua
ácidos grasos   (triéster de glicerol)

Una grasa, como la grasa de carne o aceite de coco, se mezcla con un exceso de hidróxido de sodio y se calienta.

Se añade cloruro de sodio a la mezcla de saponificación. Esto hace que las sales del sodio de los ácidos grasos se separe como una crema gruesa de jabón crudo.

El jabón crudo se purifica y después se puede procesar como se desee.

Figura 24.14
Fabricación de jabón
Estas fotografías ilustran la fabricación de jabón. Una vez que se forma el jabón, se vierte en moldes. Después se puede moler o trozar, con aroma o color añadido, y moldearse de nuevo para producir un producto terminado.

Como otros ésteres, las grasas y los aceites son fácilmente hidrolizados en presencia de ácidos y bases. La hidrólisis de aceites o grasas mediante ebullición con una solución acuosa de un hidróxido de metal alcalino se llama **saponificación.** La saponificación se usa para hacer jabón. Los jabones, entonces, son sales de metales alcalinos (Na, K o Li) de ácidos grasos. A continuación se muestra una reacción de saponificación típica.

$$CH_2-O-\underset{\underset{O}{\|}}{C}-(CH_2)_{16}CH_3$$
$$CH-O-\underset{\underset{O}{\|}}{C}-(CH_2)_{16}CH_3 \ + \ 3NaOH \ \longrightarrow \ \begin{array}{c}CH_2OH \\ CHOH \\ CH_2OH\end{array} \ + \ 3CH_3(CH_2)_{16}-\underset{\underset{O}{\|}}{C}-O^-Na^+$$
$$CH_2-O-\underset{\underset{O}{\|}}{C}-(CH_2)_{16}CH_3$$

Estearina
(triéster de glicerol
y ácido esteárico)

Glicerol

Estearato de sodio
(un jabón)

Como se muestra en la Figura 24.14, el jabón se puede hacer a partir de una grasa, como la grasa de carne o el aceite de coco. El glicerol es un derivado importante de las reacciones de saponificación. Se recupera mediante la evaporación de la capa de agua.

Fosfolípidos Los lípidos que contienen grupos fosfato se llaman **fosfolípidos.** Los fosfolípidos son abundantes en las células. En la Figura 24.15 se muestra una molécula de fosfolípido típica, la lecitina. La molécula de lecitina tiene una cabeza iónica hidrofílica (que ama el agua) y colas de hidrocarburo hidrofóbicas (que odian el agua). Recuerda la regla de solubilidad, "igual disuelve igual". La lecitina, que es parcialmente hidrofóbica y parcialmente hidrofílica, se comporta en el agua tanto como un hidrocarburo insoluble como un compuesto iónico soluble. En agua, las cadenas de carbono hidrofóbicas de lecitina se agregan al agua excluida. La parte hidrofílica es atraída hacia el agua, que la puede solvatar. En agua, los fosfolípidos forman espontáneamente una capa doble esférica llamada bicapa lipídica, en la que las colas hidrofóbicas de las moléculas del fosfolípido son comprimidas entre dos capas de cabezas hidrofílicas.

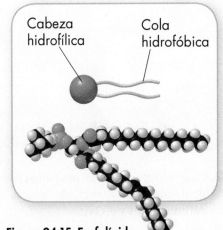

Cabeza hidrofílica

Cola hidrofóbica

Figura 24.15 Fosfolípido
En el diagrama simplificado, la cabeza hidrofílica se muestra como una esfera y las colas hidrofóbicas como líneas onduladas. El modelo llenador de espacio es el fosfolípido lecitina.

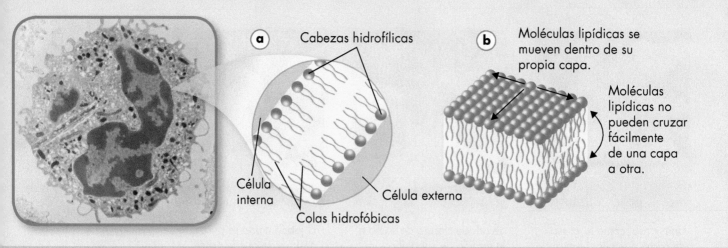

a Cabezas hidrofílicas

Célula interna

Colas hidrofóbicas

Célula externa

b Moléculas lipídicas se mueven dentro de su propia capa.

Moléculas lipídicas no pueden cruzar fácilmente de una capa a otra.

Figura 24.16 Bicapa lipídica
Una membrana celular tiene una estructura de bicapa lipídica.
a. Las cabezas hidrofílicas están en contacto con el agua pero las colas hidrofóbicas no. **b.** Las moléculas lipídicas se mueven fácilmente dentro de su propia capa pero no se mueven con facilidad a la otra capa.
Aplicar conceptos ¿Qué previene a una molécula lipídica de cruzar al lado opuesto de la bicapa?

P: *¿Por qué es la grasa una parte importante de nuestra dieta?*

Las membranas celulares, como la que se muestra en la Figura 24.16, consisten principalmente de bicapas lipídicas. La bicapa lipídica de una membrana celular actúa como barrera en contra del paso de moléculas e iones hacia adentro y hacia afuera de la célula. Sin embargo, las células necesitan tomar ciertos iones y moléculas, como nutrientes, mientras sacan otros materiales. La absorción selectiva se logra mediante la protuberancia de moléculas de proteína a través de la bicapa lipídica. Estas proteínas forman canales a través de los cuales pasan selectivamente iones y moléculas específicos. No todas las proteínas de membrana se extienden a través de toda la membrana. Algunas proteínas, como las enzimas, pueden estar adheridas a la superficie interior de la membrana. Muchas proteínas de membrana tienen moléculas de carbohidrato unidas. La porción de carbohidrato está en el exterior de la bicapa lipídica, donde puede tener enlaces de hidrógeno con el agua. La porción de proteína está en el interior de la bicapa lipídica, así que no tiene contacto con el agua.

Ceras Otro tipo de lípidos son las **ceras.** Las ceras son ésteres de ácidos grasos de cadena larga y alcoholes de cadena larga. Las cadenas de hidrocarburos tanto para el ácido como para el alcohol por lo general contienen de 10 a 30 átomos de carbono. Las ceras son sólidos estables que se funden lentamente. En muchas plantas, una capa de cera protege las superficies de las hojas de la pérdida del agua y del ataque de microorganismos. Por ejemplo, la cera de carnauba, un ingrediente principal en la cera para coches y para pulir pisos, se encuentra en las hojas de un árbol de palmera en América del Sur. En los animales, las ceras cubren la piel, pelo y plumas y mantienen a estas estructuras flexibles y resistentes al agua.

24.4 Comprobación de la lección

22. Comparar ¿Qué propiedad física distingue a las sustancias biológicas como carbohidratos y proteínas?

23. Comparar Compara las estructuras moleculares de los tres principales tipos de lípidos.

24. Identificar ¿Cuáles son los productos de una reacción de saponificación?

25. Explicar ¿Qué función desempeñan los fosfolípidos y las proteínas en las membranas celulares?

26. Explicar ¿Cómo se comportan los fosfolípidos en agua?

27. Identificar ¿Cuáles dos tipos de compuestos orgánicos se combinan para formar una cera?

28. Identificar ¿Cuál es la función de las ceras en las plantas? ¿Cuál es en los animales?

Bioquímicos

La bioquímica es la química de la vida y los bioquímicos combinan los campos de la química, la microbiología, la biología celular, la genética y la física para estudiar los procesos químicos y físicos de las células y los organismos.

Los bioquímicos con frecuencia trabajan en los campos médico, agrícola y el relacionado con los alimentos. Quienes trabajan en el campo médico pueden investigar las causas de las enfermedades y los desórdenes genéticos y desarrollar nuevos medicamentos. También podrían investigar los cambios químicos que tienen lugar en las células para identificar cómo las sustancias como las medicinas, las hormonas y los químicos domésticos afectan a las células, los tejidos y las funciones corporales. Los bioquímicos que trabajan en la agricultura pueden desarrollar nuevas técnicas para tales tareas como la cosecha de cultivos y el control de plagas. Los bioquímicos que trabajan en las ciencias alimenticias pueden analizar los efectos de cocción, enlatado y el procesamiento del valor nutrimental de los alimentos; o pueden estudiar los efectos de ciertos alimentos y nutrientes en el cuerpo humano.

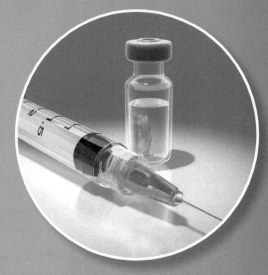

COMBATIENTES DE LA INFLUENZA
Los bioquímicos investigan los aspectos químicos del sistema inmunológico y los virus para crear vacunas que ayuden a prevenir enfermedades virales como las conocidas cadenas de virus de influenza.

MONITOREAR EL MEDIO AMBIENTE
Los bioquímicos analizan los efectos de las condiciones ambientales en plantas y animales como estos corales en el Océano Índico.

CREAR BIOCOMBUSTIBLES La comprensión tanto de la genética como de la química de las plantas permite a los bioquímicos investigar cómo algunas plantas como el maíz y la soja pueden usarse como fuentes de combustibles renovables.

Un paso más allá

1. Identificar ¿Cuáles son los tres procesos de vida que dependen de la química? Explica tu respuesta.

2. Evaluar el impacto en la sociedad ¿Cuál es una forma en la que el entendimiento de los procesos químicos involucrados en el envejecimiento podrían ayudar a futuras generaciones?

24.5 Ácidos nucleicos

P: *¿Por qué con frecuencia los niños son parecidos a sus padres?* Quizá las personas te hayan dicho que tienes los ojos de tu madre o la nariz de tu padre. Aunque esto no es literalmente cierto (tus ojos y nariz son tuyos), heredas algunos rasgos de tus padres. En esta lección, aprenderás acerca de las moléculas que están involucradas en la herencia de rasgos de los padres.

Preguntas clave

🗝 **¿Cuáles son las funciones del ADN y del ARN?**

🗝 **¿Cuántas bases de ADN se requieren para especificar un aminoácido en una cadena peptídica?**

🗝 **¿Qué son las mutaciones genéticas?**

🗝 **¿Cuáles son dos ejemplos de la tecnología de ADN que se usan hoy en día?**

Vocabulario

- ácido nucleico
- nucleótido
- gen

ADN y ARN

🗝 **¿Cuáles son las funciones del ADN y del ARN?**

Hace más de cien años, un bioquímico suizo descubrió una clase de compuestos que contienen nitrógeno en los núcleos de las células. Los núcleos primero se obtuvieron de glóbulos blancos muertos en el pus de heridas infectadas. El eventual entendimiento del papel biológico de los compuestos ha llevado a una revolución en la bioquímica.

Estos compuestos que contienen nitrógeno, llamados **ácidos nucleicos,** son polímeros que se encuentran principalmente en el núcleo de una célula. Son componentes indispensables de cada ser vivo. Dos tipos de ácidos nucleicos están en las células: ácido *desoxirribo*nucleico (ADN) y ácido *ribo*nucleico (ARN). 🗝 **El ADN almacena la información necesaria para hacer proteínas y gobernar la reproducción y crecimiento de las células y de nuevos organismos. El ARN tiene una función clave en la transmisión de la información almacenada en el ADN y en la síntesis de proteínas.**

Los monómeros que componen los polímeros de ADN y ARN se llaman **nucleótidos.** Los ácidos nucleicos son, por lo tanto, polinucleótidos. Como se muestra a continuación, cada nucleótido consiste en un grupo fosfato, azúcar de cinco carbonos y una unidad que contiene nitrógeno llamada base de nitrógeno.

Nucleótido

La unidad de azúcar en los nucleótidos del ADN es el monosacárido de cinco carbonos conocido como desoxirribosa. Hay cuatro diferentes bases de nitrógeno en el ADN: adenina, guanina, timina y citosina. Estas cuatro bases se abrevian como A, G, T y C, respectivamente, y se muestran en un segmento corto de una molécula de ADN en la Figura 24.17. Observa que la adenina y la guanina contienen, cada una, un anillo doble y que la timina y la citosina contienen, cada una, un anillo sencillo. La ribosa, que tiene un átomo de oxígeno más que la desoxirribosa, es el azúcar que se encuentra en los monómeros nucleótidos del ARN. La base timina nunca se encuentra en el ARN. En cambio, es reemplazada por una quinta base de nitrógeno, llamada uracilo, que se abrevia U.

Figura 24.17 ADN

Los monómeros nucleótidos del ADN están enlazados a través de sus grupos de fosfato de azúcar. Dos cadenas de ADN se enrollan en una hélice.

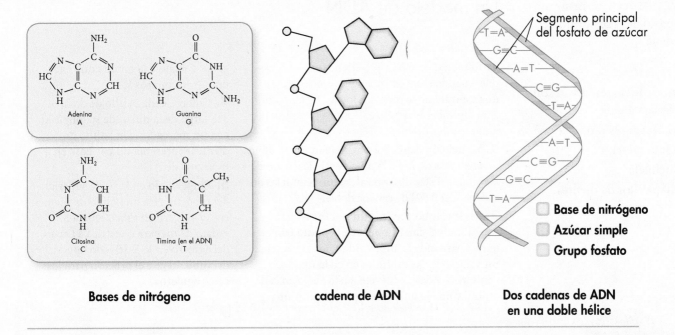

Bases de nitrógeno

cadena de ADN

Dos cadenas de ADN en una doble hélice

Los químicos que estudian los ácidos nucleicos descubrieron que la cantidad de adenina en el ADN siempre es igual a la cantidad de timina (A = T). De forma similar, la cantidad de guanina siempre es igual a la cantidad de citosina (G = C). La importancia de estos hechos no fue aparente sino hasta 1953, cuando James Watson y Francis Crick propusieron que la estructura de ADN consiste en dos cadenas polinucleótidas envueltas en una forma espiral, como en la Figura 24.17. Esta espiral es la famosa doble hélice del ADN. Para que las bases de nitrógeno encajen perfectamente en la doble hélice, cada base de doble anillo en una cadena debe estar emparejada con una base de anillo sencillo en la cadena opuesta. Los pares de A con T y de G con C no sólo proporcionan el mejor ajuste posible; permiten también que se forme el máximo número de enlaces de hidrógeno entre las bases opuestas, como se muestra en la Figura 24.18. Por ende, los pares de A y T (con dos enlaces de hidrógeno entre bases opuestas) y de G y C (con tres enlaces de hidrógeno) hacen la ordenación más estable en la doble hélice.

Figura 24.18
Enlace de hidrógeno en el ADN

Las dos cadenas de ADN en una doble hélice se mantienen unidas mediante muchos enlaces de hidrógeno; hay dos enlaces de hidrógeno entre cada timina (T) y adenina (A) y tres enlaces de hidrógeno entre cada citosina (C) y guanina (G).
Interpretar diagramas *En el par de C con G, ¿cuántos enlaces de hidrógeno incluyen nitrógeno? ¿Cuántos incluyen oxígeno?*

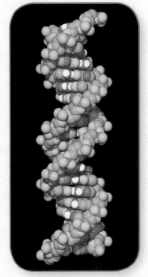

Propósito Construir un modelo de ADN de doble cadena

Materiales

- tubo de cartón de un rollo de servilletas
- marcadores (dos colores)
- cinta métrica
- tachuela
- 10 palillos de dientes

Un modelo de ADN

Procedimiento

1. El tubo de cartón típico tiene una costura que, cuando se ve desde un extremo, muestra una espiral que se mueve lejos del observador. Esta espiral es una hélice. Delinea la espiral con un marcador de color.

2. Usando un marcador de diferente color, dibuja una segunda espiral a la mitad entre las líneas de la primera. Estas dos espirales representan las dos cadenas del ADN de cadena doble.

3. Mide el tubo y marca un punto en cada espiral cada 5 cm. Etiqueta cada punto con la letra S para indicar una unidad de azúcar. Haz un agujero en las espirales en cada marca S con una tachuela. Muévete hacia abajo en cada espiral y marca una letra P para indicar un

grupo fosfato a la mitad entre cada uno de los puntos S.

4. Colorea cada palillo de dientes a lo largo de la mitad de su longitud con un marcador. Un palillo de dientes representa un par base en la molécula de ADN.

5. Empezando en la parte superior del tubo, inserta un palillo de dientes en un agujero en una etiqueta S y guíalo de manera que salga a través del agujero en la S del lado opuesto del tubo. Repite el proceso para los otros agujeros

Analizar y concluir

1. Usar modelos ¿Están las bases en el interior o en el exterior de la doble hélice? ¿Están acomodadas al azar o de forma clara?

2. Analizar datos ¿Están los grupos fosfato en el exterior o en el interior de la estructura de ADN?

3. Analizar datos ¿Están los grupos de azúcar en el interior o en el exterior de la molécula de ADN?

El código genético

⚬─ *¿Cuántas bases de ADN se requieren para especificar un aminoácido en una cadena peptídica?*

Un organismo contiene muchas proteínas que son características de este organismo en particular. Las proteínas de los gusanos de tierra son diferentes a las proteínas de los árboles de pino, las cuales, a su vez, son diferentes a las proteínas de los humanos. ¿Cómo saben las células en un tipo dado de organismo qué proteínas producir? Las células usan las instrucciones contenidas en el ADN del organismo. Un **gen** es un segmento de ADN que lleva las instrucciones para la producción de una cadena peptídica. Por lo tanto, los productos de los genes son los péptidos y las proteínas que se encuentran en un organismo.

Puedes pensar en el ADN como un manual de referencia que almacena las instrucciones para la producción de proteínas. Las instrucciones están escritas en un lenguaje sencillo que tiene 4 "letras": las bases A, T, G y C. Los datos experimentales demuestran que cada "palabra" en el manual del ADN es de exactamente tres letras de largo. Cada secuencia de base de tres letras, o tripleta, codifica uno de los 20 aminoácidos. Las palabras código se encadenan en la molécula de ADN para formar genes, que especifican el orden de los aminoácidos en péptidos y proteínas.
⚬─ **Se requieren tres bases de ADN ordenadas en una secuencia específica para especificar un aminoácido en una cadena peptídica o proteínica.**

La Tabla 24.2 proporciona las palabras código de ADN para los 20 aminoácidos comunes. Por ejemplo, puedes ver que la palabra código de ADN, AAA, especifica el aminoácido fenilalanina (Phe) y que la palabra código de ADN, CGA; especifica el aminoácido alanina (Ala). Observa que la mayoría de los aminoácidos están especificados por más de una palabra código pero una palabra código nunca especifica más de un aminoácido. Con las palabras código de ADN de tres letras, se requerirían 900 bases acomodadas en una secuencia específica para codificar una cadena peptídica compuesta por hasta 300 aminoácidos ordenados en una secuencia específica.

Una de las palabras código (TAC) significa el inicio de un péptido. Tres palabras código (ATT, ATC y ACT) se reservan para las palabras código finales o de término. La traducción de una secuencia de base de ADN en un gen dentro de la secuencia de aminoácidos de un péptido empieza con la palabra código de inicio y se despliega de forma continua hasta que alcanza una palabra código de término. La palabra código de término señala un alto a la adición de aminoácidos en la producción del péptido. Puedes pensar en un código de término como similar al punto final de un enunciado.

Las masas moleculares de las moléculas de ADN alcanzan los millones y, posiblemente, hasta los miles de millones. Incluso con sólo cuatro bases el número de secuencias posibles de nucleótidos en una cadena de ADN es enorme. La secuencia de las bases de nitrógeno, A, T, G y C en el ADN de un organismo constituye el plan genético, o proyecto, de ese organismo. Este plan genético es heredado de padres a hijos. Las diferencias en el número y secuencia de las bases en el ADN finalmente son las responsables de la gran diversidad de criaturas vivientes que se encuentran en la Tierra.

P: *¿Por qué los niños con frecuencia se parecen a sus padres?*

Tabla 24.2

Palabras código de ADN de tres letras para los aminoácidos

Primera letra en la palabra código		Segunda letra en la palabra código				Tercera letra en la palabra código
		A	**G**	**T**	**C**	
A		AAA Phe	AGA Ser	ATA Tyr	ACA Cys	**A**
		AAG Phe	AGG Ser	ATG Tyr	ACG Cys	**G**
		AAT Leu	AGT Ser	ATT End	ACT End	**T**
		AAC Leu	AGC Ser	ATC End	ACC Trp	**C**
G		GAA Leu	GGA Pro	GTA His	GCA Arg	**A**
		GAG Leu	GGG Pro	GTG His	GCG Arg	**G**
		GAT Leu	GGT Pro	GTT Gln	GCT Arg	**T**
		GAC Leu	GGC Pro	GTC Gln	GCC Arg	**C**
T		TAA Ile	TGA Thr	TTA Asn	TCA Ser	**A**
		TAG Ile	TGG Thr	TTG Asn	TCG Ser	**G**
		TAT Ile	TGT Thr	TTT Lys	TCT Arg	**T**
		TAC Met	TGC Thr	TTC Lys	TCC Arg	**C**
C		CAA Val	CGA Ala	CTA Asp	CCA Gly	**A**
		CAG Val	CGG Ala	CTG Asp	CCG Gly	**G**
		CAT Val	CGT Ala	CTT Glu	CCT Gly	**T**
		CAC Val	CGC Ala	CTC Glu	CCC Gly	**C**

Mutaciones genéticas

¿Qué son las mutaciones genéticas?

Cuando ocurre un cambio en la palabra código del ADN, el resultado es una mutación en el ADN. **Las sustituciones, adiciones o supresiones de uno o más nucleótidos en la molécula de ADN se llaman mutaciones genéticas.** El efecto de la supresión de una base sencilla de un gen puede ilustrarse mediante la siguiente analogía. Supón que una cadena de letras del alfabeto es:

PATTHEREDCAT

Las letras pueden no tener sentido a primera vista. Sin embargo, si las separas en palabras de tres letras, forman un enunciado perfectamente sensible.

PAT THE RED CAT

Ahora borra la primera letra y sepáralas de nuevo en segmentos de tres letras:

ATT HER EDC AT

Este último enunciado no tiene sentido. De forma similar, la supresión de una base en la secuencua de base del ADN puede quitarle sentido a la información. Una secuencia que una vez pudo haber sido codificada por la secuencia adecuada de aminoácidos en una proteína necesaria puede reemplazarse por una secuencia que produzca una secuencia de aminoácidos inútil o dañina. El mismo tipo de efecto dañino puede producirse por mutaciones que involucren sustituciones o adiciones de nucleótidos.

Dichas mutaciones pueden resultar en la producción de una proteína defectuosa o en ninguna proteína. Las enfermedades que resultan de mutaciones genéticas se llaman desórdenes genéticos. Se han identificado miles de desórdenes genéticos. La galactosemia es un ejemplo de desorden genético que afecta a 1 de cada 55,000 nacidos. La galactosemia resulta de una mutación en una enzima llamada GALT (galactosa-1- fosfato uridiltransferasa). La GALT es necesaria para descomponer la galactosa del azúcar en glucosa, como se muestra en la Figura 24.19. Sin una GALT normal, la galactosa puede desarrollarse en el cuerpo y causar falla renal, un hígado engrandecido, cataratas y daño cerebral. Por lo general, a los recién nacidos se les hace una prueba para la galactosemia al nacer. La única forma para tratar la galactosemia es evitando alimentos que contengan galactosa, como leche, quesos y granos secos.

No todas las mutaciones genéticas son dañinas. Ocasionalmente, una mutación puede resultar en una síntesis de una proteína que sea más eficiente que la versión que existía previamente. Tal mutación podría, entonces, ser benéfica para la supervivencia del organismo afectado.

Figura 24.19 Galactosemia
Las personas con galactosemia tienen mutaciones en el gen de la enzima GALT. No pueden completar la descomposición de la lactosa. Deben evitar cualquier alimento que contenga galactosa o lactosa, incluyendo la leche y los productos que contienen leche.

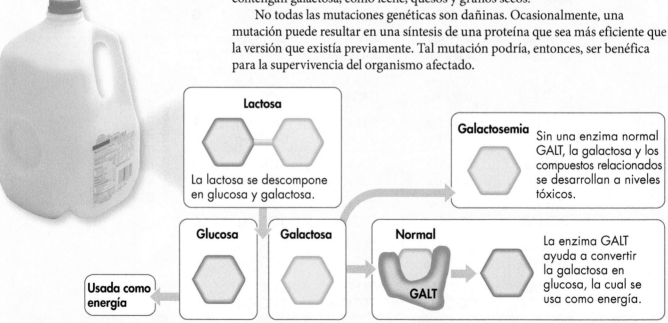

Lactosa

La lactosa se descompone en glucosa y galactosa.

Glucosa

Galactosa

Usada como energía

Galactosemia
Sin una enzima normal GALT, la galactosa y los compuestos relacionados se desarrollan a niveles tóxicos.

Normal
GALT
La enzima GALT ayuda a convertir la galactosa en glucosa, la cual se usa como energía.

Tecnologías de ADN

🔑 *¿Cuáles son dos ejemplos de tecnologías de ADN que se usan en la actualidad?*

Dado que el ADN es una parte tan importante de los seres vivos, no es sorprendente que la tecnología de ADN tenga un impacto tan significativo en nuestra sociedad. En las páginas siguientes, aprenderás acerca de algunas de estas tecnologías.

Tipificación de ADN Sólo una pequeña fracción del ADN de un humano se usa para codificar la información necesaria para la síntesis de proteína. El resto consiste en secuencias de base repetitivas y sin codificar que separan o, a veces, interrumpen las secuencias de codificación genética. La función de estos tramos de ADN sin codificar no es clara. Las secuencias no codificadas son similares para los miembros de la misma familia pero ligeramente diferentes para casi cualquier individuo. Las diferencias también existen en las porciones codificadas de ADN. Las secuencias de base del ADN son ligeramente diferentes para diferentes individuos, excepto para gemelos idénticos. Los gemelos idénticos se ven parecidos porque tienen un ADN idéntico.

🔑 **La tipificación de ADN usa la variación en el ADN de individuos como una base para crear perfiles de ADN e identificar a una persona a partir de muestras de su cabello, células de la piel o fluido corporal.** Dado que las secuencias de ADN, como las huellas dactilares, son únicas para cada individuo, la tipificación del ADN también se ha llamado identificación genética. Para construir un perfil de ADN, los científicos primero aíslan el ADN en la muestra. Sólo se necesita una pequeña muestra. Una muestra puede ser cualquier cosa que incluya dientes, uñas, sangre, cabello, saliva o células de la piel. En la Figura 24.20 se muestran algunos artículos que los investigadores obtuvieron de una escena del crimen.

Las muestras se pueden tipificar de varias maneras, pero el método más comúnmente usado por el Buró Federal de Investigaciones (*Federal Bureau of Investigation*, FBI) es el análisis *short tandem repeat* (STR). Un *short tándem repeat* es un segmento corto de ADN que se repite varias veces. Por ejemplo, una de las regiones de ADN usada por el FBI contiene repeticiones de la secuencia AGAT. Para obtener un perfil, el FBI observa 13 diferentes regiones de STR.

El perfil de ADN puede entonces compararse con una muestra de ADN de un individuo conocido, como se muestra en la Figura 24.21. El FBI tiene un sistema de tecnología llamado Sistemas de índices de ADN combinados (*Combined DNA Indexing Systems*, CODIS) que permite a los laboratorios a lo largo del país compartir e investigar perfiles de ADN. La posibilidad de que dos individuos (con excepción de los gemelos idénticos) tengan el mismo perfil de ADN para estas 13 regiones es de 1 en mil millones.

Figura 24.21 Perfil de ADN

Este es un ejemplo de cómo debe verse el perfil de ADN para una región de STR. El ADN de una escena del crimen tiene un segmento con 9 repeticiones y un segmento con 10 repeticiones. El sospechoso 1 puede eliminarse porque la longitud de sus segmentos no concuerda con la muestra de la escena del crimen.

Figura 24.20
Evidencia en la escena del crimen
Estos científicos analizan artículos tomados de una escena criminal. El ADN se puede aislar a partir de la sangre en los artículos, en este caso, la ropa y el hacha.

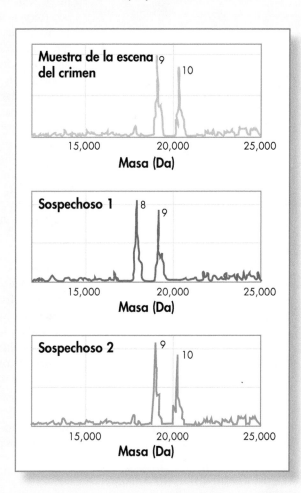

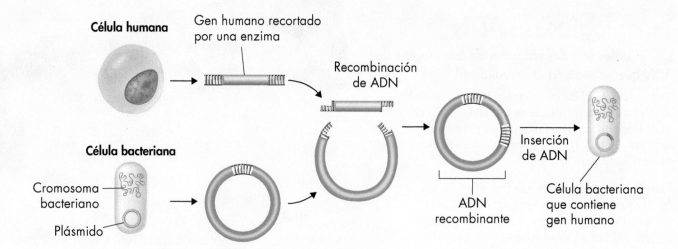

Célula humana

Gen humano recortado por una enzima

Recombinación de ADN

Célula bacteriana

Cromosoma bacteriano

Plásmido

Inserción de ADN

ADN recombinante

Célula bacteriana que contiene gen humano

Figura 24.22
ADN recombinante
Aquí se incluyen los elementos de un experimento que involucra ADN recombinante. En este experimento, el ADN de un organismo se inserta en el ADN de un organismo diferente.

Tecnología de ADN recombinante Los científicos han aprendido a manipular los genes mediante varios métodos. **La tecnología de ADN recombinante consiste en métodos para atravesar una cadena de ADN insertando una pieza nueva de ADN en un espacio creado por la escisión y resellar la cadena.** En la Figura 24.22 se ilustra dicho método. El ADN alterado formado por este método se conoce como ADN recombinante.

Aplicaciones en la medicina La primera aplicación práctica de la tecnología de ADN recombinante fue insertar un gen para convertir la insulina humana en bacterias. La mayoría de las personas producen insulina naturalmente, un polipéptido que controla los niveles de azúcar en la sangre. Sin embargo, una producción insuficiente de insulina resulta en diabetes. Los síntomas de la diabetes con frecuencia pueden controlarse mediante inyecciones de insulina. En el pasado, la insulina humana no estaba disponible para este propósito. La insulina de cerdo, que es bastante similar a la insulina humana, se usaba como sustituto. Sin embargo, algunos pacientes eran alérgicos a la insulina de cerdo. En la actualidad, los pacientes diabéticos usan la forma humana de insulina producida por bacterias que han sido alteradas mediante tecnología de ADN recombinante. El uso de esta insulina elimina la necesidad del uso potencialmente peligroso de la insulina de cerdo.

Otras proteínas producidas mediante tecnología de ADN recombinante se usan como medicamentos. Por ejemplo, una enzima llamada activador tisular de plasminógeno (*tissue plasminogen activator*, TPA) se usa para disolver coágulos sanguíneos en pacientes que sufren de ataques cardiacos. Otra proteína, el interferón, se piensa que alivia o retrasa algunos efectos debilitantes de la esclerosis múltiple. La tecnología de ADN recombinante también se aplica a la cura de desórdenes genéticos en un tratamiento experimental conocido como terapia genética.

Aplicaciones en la agricultura En agricultura, las nuevas técnicas de ADN recombinante pueden hacer a las plantas resistentes a las plagas y a los herbicidas y producir frutas y vegetales más aptos para su embarque y almacenamiento. Los rasgos más comunes en los cultivos genéticamente modificados son la resistencia a herbicidas y la resistencia a los insectos en maíz, algodón, soya y cánola.

Los cultivos también han sido genéticamente modificados con propósitos farmacéuticos. Estos llamados cultivos farmacéuticos son modificados genéticamente para producir medicamentos que tratan o previenen enfermedades como el cáncer y el SIDA. Los organismos alterados genéticamente tienen muchos beneficios potenciales pero algunas personas tienen procupaciones acerca de su seguridad. También hay preocupación de que los cultivos genéticamente modificados puedan contaminar otros cultivos si crecen y se les procesa cerca de ellos.

Clonación Las preocupaciones éticas se originaron en 1997 cuando científicos escoceses anunciaron el nacimiento de una oveja llamada Dolly, que se muestra en la Figura 24.23. En la reproducción animal normal, una cría es una mezcla genética de las características de ambos progenitores. Dolly, sin embargo, fue un clon; es decir, una cría de un solo individuo. Un clon es una copia genética exacta de su progenitor porque se formó usando ADN de sólo un progenitor. Desde la clonación de Dolly, otros animales también han sido clonados exitosamente, incluyendo vacas, ratones y gatos. El nacimiento de animales clonados ha planteado la pregunta de si los humanos podrían, eventualmente, ser clonados. Muchas personas están preocupadas acerca de algunos posibles resultados de la clonación de individuos idénticos. Estas situaciones son un aspecto de preocupaciones más generales acerca de la singularidad de la vida.

Figura 24.23 Clonación
Polly y Dolly no tuvieron padres. Dolly fue clonada a partir de una sola célula tomada de su madre. Polly también fue clonada a partir de una célula que fue genéticamente modificada.
Inferir ¿Cómo se compara el ADN de Dolly con el ADN en las células de su madre?

Clonación sin modificación genética

DOLLY fue una oveja doméstica hembra notable por ser el primer mamífero clonado a partir de una célula adulta.

Clonación con modificación genética

POLLY y su hermana Molly fueron los primeros mamíferos exitosamente clonados a partir de una célula adulta y genéticamente modificados al mismo tiempo.

24.5 Comprobación de la lección

29. Repasar ¿Qué funciones llevan a cabo el ADN y el ARN?

30. Repasar ¿Qué especifica la secuencia de base de tres letras del ADN?

31. Identificar ¿Cuáles son los tres tipos de mutaciones genéticas?

32. Identificar ¿Qué métodos se usan en la tecnología de ADN recombinante?

33. Describir Describe cómo podrían aplicarse los métodos científicos al proceso de identificación genética del ADN.

34. Evaluar ¿Por qué piensas que la clonación es controversial? ¿Cuál es tu opinión sobre el tema?

24.6 Metabolismo

P: *¿Por qué un colibrí come tanto?* Un colibrí come más que su peso en comida todos los días. Los colibríes tienen una alta temperatura corporal, y un ritmo cardiaco y de respiración acelerados. Todos estos factores afectan el metabolismo de un colibrí. En esta lección, aprenderás acerca de las reacciones que son parte del metabolismo de un organismo.

Preguntas clave

¿Cuál es la función del ATP en las células vivas?

¿Qué le sucede a las moléculas biológicas y a la energía durante el catabolismo y el anabolismo?

¿Cómo proporcionan las bacterias fijadoras de nitrógeno una forma utilizable de nitrógeno a las plantas?

Vocabulario

• trifosfato de adenosina (ATP)
• metabolismo
• catabolismo
• anabolismo

ATP

¿Cuál es la función del ATP en las células vivas?

Todos los seres vivos necesitan energía para funcionar. El **trifosfato de adenosina (adenosine triphosphate, ATP)**, que se muestra en la Figura 24.24, es una molécula que transmite esta energía en las células de los organismos vivos. La función del ATP se puede comparar a la banda que conecta un motor eléctrico a una bomba. El motor genera energía capaz de operar la bomba. Pero si una banda no conecta el motor a la bomba, se desperdicia la energía producida por el motor. Puedes pensar en el ATP como la banda que conecta la producción y el uso de energía por las células. **En las células vivas, el ATP es el transportador de energía entre las reacciones espontáneas que liberan energía y las reacciones no espontáneas que usan energía.**

Recuerda que las reacciones de oxidación, como la combustión de metano en una caldera o la oxidación de la glucosa en una célula viva, son reacciones espontáneas que liberan energía. Esta energía puede capturarse cuando el difosfato de adenosina (*adenosine diphosphate,* ADP) se condensa con un grupo fosfato inorgánico para convertirse en ATP. La adición de un grupo fosfato, llamada fosforilación, ocurre durante ciertas reacciones de oxidación bioquímica.

Figura 24.24 ATP

El ATP está hecho de adenina, ribosa y tres grupos fosfato. El ATP proporciona energía a los músculos para mover el cuerpo.

Comparar y contrastar *¿En qué se parece la estructura del ATP a la de un nucleótido de ADN?*

$$\text{Adenosina}-\overset{\overset{\displaystyle O}{\|}}{\underset{\underset{\displaystyle OH}{|}}{P}}-O-\overset{\overset{\displaystyle O}{\|}}{\underset{\underset{\displaystyle OH}{|}}{P}}-OH \;+\; HO-\overset{\overset{\displaystyle O}{\|}}{\underset{\underset{\displaystyle OH}{|}}{P}}-OH \;\longrightarrow\; \text{Adenosina}-\overset{\overset{\displaystyle O}{\|}}{\underset{\underset{\displaystyle OH}{|}}{P}}-O-\overset{\overset{\displaystyle O}{\|}}{\underset{\underset{\displaystyle OH}{|}}{P}}-O-\overset{\overset{\displaystyle O}{\|}}{\underset{\underset{\displaystyle OH}{|}}{P}}-OH \;+\; H_2O$$

Difosfato de adenosina   Fosfato inorgánico   Trifosfato de adenosina   Agua
(ADP)   (Pi)   (ATP)

La formación de ATP captura eficientemente la energía producida por las reacciones de oxidación en las células vivas. Cada mol de ATP producido por la fosforilación de ADP almacena aproximadamente 30.5 kJ de energía. Las células usan esta energía liberada para conducir procesos que ordinariamente serían no espontáneos. Debido a su capacidad para capturar energía de un proceso y trasmitirla a otro, a veces se refiere al ATP como un compuesto de alta energía; sin embargo, la energía producida por la descomposición de ATP a ADP no es particularmente alta para el rompimiento de un enlace covalente. El ATP es importante porque ocupa una posición intermedia en la energética de la célula. Se puede formar mediante el uso de energía obtenida de algunas reacciones de oxidación de más alta energía. La energía que está contenida en los enlaces de ATP puede, entonces, usarse para conducir otros procesos celulares.

Reacciones del metabolismo

🔑 ¿Qué le sucede a las moléculas biológicas y a la energía durante el catabolismo y el anabolismo?

Miles de reacciones químicas tienen lugar en las células de un organismo vivo. El conjunto completo de reacciones químicas llevadas a cabo por un organismo se conoce como el **metabolismo** del organismo. Las reacciones que ocurren en el metabolismo se pueden dividir en dos procesos principales: catabolismo y anabolismo.

Catabolismo En el metabolismo, los componentes celulares no necesarios y los nutrientes en la comida se descomponen en compuestos más simples mediante reacciones químicas que en su conjunto se denominan **catabolismo.** Las reacciones catabólicas liberan energía así como producen compuestos simples. 🔑 **La degradación de moléculas biológicas complejas como carbohidratos, lípidos, proteínas y ácidos nucleicos durante el catabolismo proporciona la energía y el fundamento para la construcción de nuevos compuestos biológicos necesarios para la célula.** A través de la formación de ATP, las reacciones catabólicas proporcionan la energía para tales necesidades como movimiento corporal y la transportación de nutrientes a las células en donde se requieran. Las reacciones de oxidación del catabolismo también proporcionan energía en forma de calor. Estas reacciones ayudan a mantener la temperatura corporal constante a 37 °C.

La oxidación completa de la glucosa en dióxido de carbono y agua es uno de los procesos de obtención de energía más importantes del catabolismo. Estudia la Figura 24.25 que resume los principales pasos en la degradación de una molécula de glucosa en seis moléculas de dióxido de carbono. La oxidación completa en realidad involucra muchas reacciones que no se muestran. Como puedes ver en la figura, se nombran los principales reactantes y productos que contienen carbono y también se hace referencia a ellos de acuerdo con el número de carbonos que contengan.

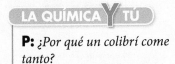

LA QUÍMICA Y TÚ

P: *¿Por qué un colibrí come tanto?*

Figura 24.25 Catabolismo de glucosa
La descomposición de la glucosa en dióxido de carbono y agua es uno de los procesos más importantes de obtención de energía del catabolismo.
Hacer generalizaciones *¿Qué le sucede al número de enlaces de carbono de un paso al siguiente?*

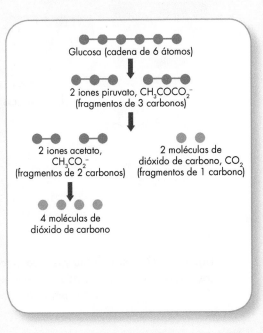

Glucosa (cadena de 6 átomos)

2 iones piruvato, $CH_3COCO_2^-$
(fragmentos de 3 carbonos)

2 iones acetato, $CH_3CO_2^-$ 2 moléculas de dióxido de carbono, CO_2
(fragmentos de 2 carbonos)   (fragmentos de 1 carbono)

4 moléculas de dióxido de carbono

Figura 24.26 Metabolismo animal
Los organismos como este ratón usan la energía almacenada en los enlaces químicos de moléculas de comida para impulsar los procesos de sus cuerpos.

La combustión de un mol de glucosa en seis moles de dióxido de carbono y seis moles de agua, ya sea por fuego o por oxidación en una célula viva, produce 2.82×10^3 kJ de energía. Las células que usan oxígeno pueden producir hasta 38 moles de ATP capturando la energía liberada por la completa oxidación ¡de un solo mol de glucosa! La gran cantidad de ATP producido a partir de la oxidación de la glucosa lo hace el modo más posible de producción de energía para la mayoría de los tipos de células. De hecho, si la glucosa está disponible, las células cerebrales no usan otra fuente de compuestos de carbono para la producción de energía. La necesidad de energía y de bloques fundamentales es la razón por la que todos los organismos, como el ratón de campo que se muestra en la Figura 24.26, requieren comida.

Anabolismo Algunos de los compuestos simples producidos por el catabolismo se usan para sintetizar moléculas biológicas más complejas (carbohidratos, lípidos, proteínas y ácidos nucleicos) necesarias para la salud y el crecimiento de un organismo. Las reacciones de síntesis del metabolismo se llaman **anabolismo.** A diferencia del catabolismo, que libera energía, el anabolismo usa la energía.

En la Figura 24.27 se da un resumen de la relación entre el catabolismo y el anabolismo. Los nutrientes y los componentes celulares no necesarios se degradan a componentes más simples mediante las reacciones del catabolismo. Las reacciones de oxidación del catabolismo producen energía capturada en la formación de ATP. 🔑 **En el anabolismo, los productos y la energía del catabolismo se usan para hacer nuevos compuestos y partes celulares necesarias para la vida y el crecimiento celular.** Ya sabes que la energía producida por procesos físicos y químicos es de poco valor a menos que la energía se capture para realizar trabajo. Si no es capturada, la energía se pierde como calor. La energía química producida por el catabolismo debe tener algunos medios de ser usada para el trabajo químico del anabolismo. La molécula de ATP es ese medio de transmisión de energía.

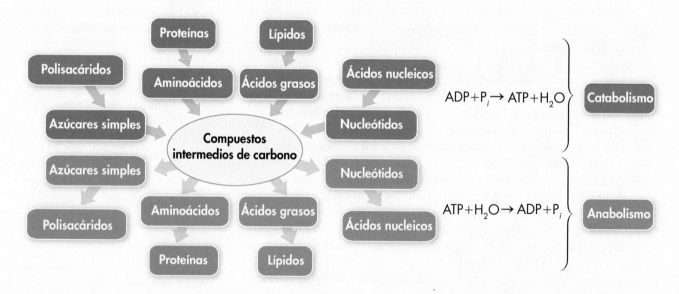

Figura 24.27 Catabolismo y anabolismo
Los compuestos simples producidos por el catabolismo se usan en las reacciones de síntesis del anabolismo.
Aplicar conceptos ¿Qué parte del metabolismo libera energía? ¿Qué parte usa energía?

El ciclo del nitrógeno

🔑 *¿Cómo proporcionan las bacterias fijadoras de nitrógeno una forma utilizable de nitrógeno a las plantas?*

Aprendiste que las moléculas biológicas llevadas al cuerpo de un organismo como nutrientes en la comida se descomponen durante el catabolismo. La comida contiene carbohidratos, proteínas, lípidos, ácidos nucleicos, vitaminas y minerales. Estos nutrientes están compuestos principalmente por átomos de carbono, hidrógeno y oxígeno. Muchos compuestos biológicos, como las proteínas, contienen también nitrógeno. Aunque la atmósfera terrestre es 78 por ciento gas nitrógeno, ningún animal y sólo algunas plantas pueden usar esta forma de nitrógeno para hacer compuestos que contengan nitrógeno. Sin embargo, ciertas bacterias pueden convertir gas nitrógeno en formas utilizables en un proceso llamado fijación de nitrógeno. 🔑 **Las bacterias fijadoras de nitrógeno reducen el nitrógeno atmosférico ($N_2(g)$) a amoníaco ($NH_3(g)$), una forma soluble en agua del nitrógeno que pueden usar las plantas.** En la tierra y en los fluidos biológicos, la mayor parte del amoníaco está presente en iones amonio.

Las plantas incorporan el amonio en los compuestos de nitrógeno biológico como proteínas, ácidos nucleicos y ATP. Dado que los animales no pueden sintetizar estos compuestos, los obtienen comiendo plantas u otros animales que comen plantas. Cuando estas plantas y animales mueren, se degradan con la ayuda de las bacterias. La materia descompuesta regresa el nitrógeno a la tierra en forma de amonio, iones nitrito (NO_2^-) o iones nitrato (NO_3^-). Más aun, algo de nitrógeno es devuelto a la atmósfera. Este flujo de nitrógeno entre la atmósfera y la Tierra y sus criaturas vivas es el ciclo del nitrógeno, que se muestra en la Figura 24.28.

Figura 24.28 Ciclo del nitrógeno
El nitrógeno se mueve entre la atmósfera y la biósfera en el ciclo del nitrógeno.

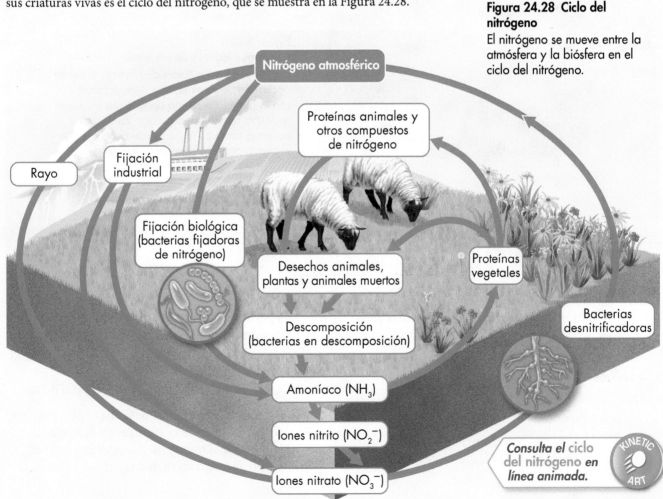

Nitrógeno atmosférico

Proteínas animales y otros compuestos de nitrógeno

Rayo

Fijación industrial

Fijación biológica (bacterias fijadoras de nitrógeno)

Desechos animales, plantas y animales muertos

Proteínas vegetales

Descomposición (bacterias en descomposición)

Bacterias desnitrificadoras

Amoníaco (NH_3)

Iones nitrito (NO_2^-)

Iones nitrato (NO_3^-)

Consulta el ciclo del nitrógeno en línea animada.

KINETIC ART

Fijación de nitrógeno biológico Hay dos tipos de bacterias fijadoras de nitrógeno: de vida independiente y simbióticas. Las bacterias de vida independiente llevan una existencia independiente en la tierra. Las bacterias simbióticas, como la *Rhizobium*, viven en un arreglo mutuamente benéfico con las plantas. Las bacterias simbióticas viven en nódulos en las raíces de las legumbres, como la alfalfa, tréboles, guisantes y frijoles. Estos nódulos de raíz se muestran en la Figura 24.29. La fertilidad del suelo se puede mejorar al arar legumbres ricas en nitrógeno de nuevo a la tierra en lugar de cosecharlas.

Fijación de nitrógeno industrial La agricultura moderna usa una enorme cantidad de nitrógeno, el cual juega un papel importante en el ciclo del nitrógeno. Durante varios años atrás, la cantidad diaria de nitrógeno atmosférico fijado mediante procesos industriales en la producción de fertilizantes probablemente haya excedido la cantidad fijada por organismos vivos en los bosques y los océanos de la Tierra. Los fertilizantes de nitrógeno entran en la biósfera cuando son tomados por las plantas. Además, una pequeña cantidad de nitrógeno atmosférico se fija mediante las descargas de rayos, lo que produce los óxidos de nitrógeno soluble (NO, NO_2, N_2O_4 y N_2O_5).

Figura 24.29
Bacterias fijadoras de nitrógeno
Los bultos en estas raíces de plantas contienen bacterias que viven en una relación simétrica con la planta. La planta obtiene gas nitrógeno de forma que lo pueda usar y las bacterias obtienen alimento en forma de azúcares que la planta produce durante la fotosíntesis.

24.6 Comprobación de la lección

35. Explicar ¿Cuál es la función del ATP en la producción y uso de energía en las células vivas?

36. Explicar ¿Cuál es la función del catabolismo en las células de los organismos vivos?

37. Secuenciar ¿Cómo hace uso el anabolismo de los productos del catabolismo?

38. Identificar ¿Qué forma de nitrógeno proporcionan las bacterias fijadoras de nitrógeno a las plantas?

39. Identificar ¿Cuántos moles de ATP se forman a partir de la completa oxidación de un mol de glucosa en una célula que usa oxígeno?

GRANIDEA
LA QUÍMICA COMO CIENCIA FUNDAMENTAL

40. Escribe un párrafo que describa cómo se mueve el nitrógeno entre la atmósfera y la biósfera. (*Pista:* Usa el nitrógeno atmosférico como el punto de inicio en tu descripción del proceso).

Prueba de ADN

¿Te gustaría saber si tienes predisposición a alguna enfermedad tratable, como la diabetes o el cáncer de seno? ¿Qué tal una enfermedad incurable, como la de Huntington? Las respuestas a estas preguntas, y muchas más, podrían estar en una gota de saliva.

En años recientes, los investigadores han aprendido cómo hacer exámenes para cientos de desórdenes genéticos usando pruebas genéticas. Las pruebas genéticas incluyen el análisis del ADN de una persona para determinar cambios en los genes que pueden indicar un desorden específico. El ADN usado para estas pruebas se puede obtener a partir de una muestra de sangre, orina o incluso saliva. De hecho, hoy puedes enviar por correo una muestra de saliva a un laboratorio y después ¡ver tus resultados en línea!

Las pruebas genéticas pueden ser valiosas en la determinación de las probabilidades que tiene una persona de desarrollar una enfermedad tratable. Sin embargo, saber que tenemos una predisposición genética para una enfermedad que no tiene tratamiento o cura en la actualidad puede causar ansiedad o desesperación. Además, hay muchas preocupaciones éticas involucradas en las pruebas genéticas, incluyendo quién tiene acceso a los resultados de la prueba y cuántas pruebas reales se llevan a cabo en el ADN. La información en el ADN es mucho mayor que sólo la enfermedad específica que un laboratorio pudiera probar. Debido a estas preocupaciones, es importante considerar todas las consecuencias de saber tu información genética antes de hacer la prueba

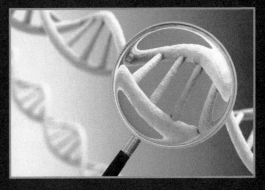

MUTACIONES DEL ADN Las alteraciones en el orden de las bases en el ADN causan mutaciones genéticas, lo que conduce a enfermedades.

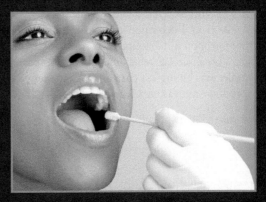

PRUEBA EN EL HOGAR Las pruebas en el hogar incluyen la recolección de muestras de saliva o de sangre. La muestra entonces se envía a un laboratorio que analiza el ADN en busca de mutaciones conocidas que correspondan a diferentes enfermedades y desórdenes.

Un paso más allá

1. Identificar ¿Cuáles son algunos posibles beneficios de las pruebas genéticas? ¿Cuáles son algunos posibles riesgos?

2. Formar una opinión ¿Te gustaría que te hicieran una prueba en busca de potenciales desórdenes genéticos? ¿Por qué?

GRANIDEA
LA QUÍMICA COMO CIENCIA FUNDAMENTAL

Hay cuatro principales tipos de moléculas biológicas. La mayoría de los carbohidratos son polímeros que liberan energía cuando se descomponen. Las proteínas son polímeros de aminoácidos y son necesarias para la mayoría de las reacciones químicas en las células. Los lípidos son solubles en agua y se pueden usar para almacenamiento de largo plazo. Los ácidos nucleicos son polímeros de nucleótidos. El ácido nucleico ADN lleva las instrucciones a una célula. Las reacciones catabólicas descomponen las moléculas biológicas para proporcionar energía y bloques fundamentales para la célula. Las reacciones anabólicas producen moléculas biológicas para almacenar energía y producir nuevas partes celulares.

24.1 Una base para la vida

🔑 Los dos principales tipos de células que existen en la naturaleza son las células procariotas y las células eucariotas.

🔑 La fotosíntesis usa la luz solar para reducir CO_2 a compuestos que contienen enlaces $C-H$, principalmente en forma de glucosa.

- fotosíntesis (839)

24.2 Carbohidratos

🔑 La mayoría de los carbohidratos tienen la fórmula general $C_n(H_2O)_n$.

- carbohidrato (841)
- monosacárido (841)
- disacárido (842)
- polisacárido (843)

24.3 Aminoácidos y sus polímeros

🔑 Un aminoácido tiene un grupo carboxilo, un grupo amino, un átomo de hidrógeno y un grupo R enlazado a un átomo de carbono central.

🔑 Las diferencias en la secuencia de aminoácido resultan en diferencias en las propiedades de los péptidos.

🔑 Las enzimas aumentan las tasas de reacción.

- aminácido (844)
- péptido (845)
- enlace peptídico (845)
- proteína (845)
- enzima (847)
- sustrato (847)
- sitio activo (847)

24.4 Lípidos

🔑 Los lípidos tienden a disolverse fácilmente en solventes orgánicos mientras que los carbohidratos y las proteínas tienden a disolverse en agua.

- lípido (850)
- triglicérido (850)
- saponificación (851)
- fosfolípido (851)
- cera (852)

24.5 Ácidos nucleicos

🔑 El ADN almacena información necesaria para producir proteínas y gobierna la reproducción de células. El ARN transmite información almacenada en el ADN durante la síntesis de proteína.

🔑 Se requiere una secuencia de tres bases de ADN para especificar un aminoácido en un péptido.

🔑 Las mutaciones genéticas ocurren cuando uno o más nucleótidos en el ADN son sustituidos, añadidos o suprimidos.

🔑 Ejemplos de tecnología de ADN incluyen la tipificación de ADN, la producción de bacterias que producen proteínas humanas, modificación genética de alimentos y animales y la clonación.

- ácido nucleico (854)
- nucleótido (854)
- gen (856)

24.6 Metabolismo

🔑 En las células vivas, el ATP es el conductor de energía entre las reacciones espontáneas que liberan y las reacciones no espontáneas que usan la energía.

🔑 La degradación de moléculas biológicas durante el catabolismo proporciona la energía y los bloques fundamentales para la producción de nuevos compuestos. En el anabolismo, se producen nuevos compuestos necesarios para la vida y el crecimiento celular a partir de los productos del catabolismo.

🔑 Las bacterias fijadoras de nitrógeno reducen el nitrógeno atmosférico a amonio, una forma de nitrógeno soluble en agua que pueden usar las plantas.

- trifosfato de adenosina (ATP) (862)
- metabolismo (863)
- catabolismo (863)
- anabolismo (864)

24.1 Una base para la vida

41. ¿Cuál es la principal diferencia entre una célula procariota y una eucariota?

✴**42.** Explica lo que sucede en la fotosíntesis.

43. Escribe una ecuación balanceada de la oxidación completa de la glucosa.

44. Describe tres orgánulos que se encuentran en las células eucariotas. Da una función a cada orgánulo.

24.2 Carbohidratos

45. Nombra dos monosacáridos importantes.

46. ¿Dónde en la naturaleza se hallan la glucosa y la fructosa?

✴ **47.** ¿Cómo se diferencia el grupo funcional carbonilo en la glucosa y la fructosa?

48. ¿Cuáles monosacáridos se combinan para formar el disacárido sacarosa?

49. ¿Cuál es el producto de la hidrólisis completa del almidón? ¿De glicógeno?

50. ¿Qué producto se forma cuando se descompone la celulosa?

24.3 Aminoácidos y sus polímeros

51. ¿Cuál es el nombre dado al enlace que conecta dos aminoácidos en una cadena peptídica?

52. ¿Cuántos enlaces peptídicos tiene el tripéptido Ser-Gly-Phe? Explica.

✴**53.** Describe dos patrones comunes que se encuentran en los pliegues de las cadenas de proteína.

54. ¿Son iguales las estructuras de los siguientes dos tripéptidos? Explica.

a. Ala—Ser—Gly   **b.** Gly—Ser—Ala

55. Describe la función de una enzima.

56. ¿Qué es un complejo enzima-sustrato? ¿Cómo se forma?

24.4 Lípidos

57. Distingue entre una grasa y un aceite.

58. ¿Qué es un triglicérido?

59. ¿Qué es un jabón?

60. Dibuja las fórmulas estructurales de los productos de la hidrólisis completa de la estearina.

61. Dibuja una representación sencilla de una bicapa lipídica.

62. ¿Cuáles dos tipos de compuestos se combinan para formar una cera?

24.5 Ácidos nucleicos

63. ¿Cuáles dos tipos de ácidos nucleicos tienen células?

✴**64.** ¿Cuáles son los componentes de un nucleótido?

65. ¿Cuál es la diferencia estructural entre la unidad de azúcar en el ARN y la unidad de azúcar en el ADN?

66. ¿Qué tipo de enlace ayuda a mantener unida la doble hélice del ADN?

67. ¿Cuál de los siguientes pares de bases se hallan en una molécula de ADN: A—A, A—T, C—G, G—A, A—U o T—U?

68. ¿Cuántas bases especifican a un aminoácido en el código genético?

✴**69.** ¿Cuáles son las consecuencias de una sustitución de una base por otra en el ADN? Da un ejemplo.

✴**70.** ¿Cuál es la base para la identificación de un individuo mediante el perfil de ADN?

71. ¿Qué es el ADN recombinante?

24.6 Metabolismo

72. Escribe una ecuación balanceada y abreviada para la hidrólisis de ATP a ADP.

73. ¿De dónde provienen las biomoléculas que tu cuerpo degrada durante el catabolismo?

✴ **74.** ¿Cómo se relacionan el catabolismo y el anabolismo?

75. Describe el ciclo del nitrógeno en tus propias palabras.

76. ¿Cuál es la fuente de la materia prima que se usa en las reacciones anabólicas?

77. ¿Qué significa fijación de nitrógeno industrial? ¿Qué se produce durante este proceso?

Entender conceptos

✴**78.** La fórmula del ácido palmítico es $CH_3(CH_2)_{14}CO_2H$. Un jabón popular es principalmente palmitato de sodio. Dibuja una fórmula estructural para el palmitato de sodio.

79. ¿Por qué son hidrofílicas las cabezas ubicadas en el exterior de la membrana celular?

80. Considera la siguiente secuencia de ADN: GCC–CCA–ACG–TTA.

   a. Usando las palabras código para los aminoácidos en la Tabla 24.2 de la página 857, escribe la secuencia de aminoácidos formada mediante la traslación de la secuencia de ADN en un péptido.

   b. ¿Qué secuencia de aminoácido resultaría de la sustitución de adenina (A) por la segunda citosina (C)?

81. Identifica o clasifica cada una de las siguientes moléculas biológicas.

   a.

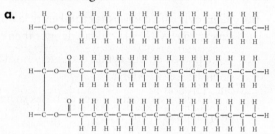

   b.

   c.

82. Usa la Tabla 24.2 de la página 857 para escribir una secuencia de base para el ADN que codifique el tripéptido Ala—Gly—Ser. ¿Por qué tu respuesta debería ser diferente a las respuestas de tus compañeros de clase?

83. Un segmento de cadena de ADN tiene la siguiente secuencia de base: CGATCCA. Escribe la secuencia de base que se podría hallar en la otra cadena de la doble hélice.

84. ¿Qué tipo de monómero produce cada uno de los polímeros siguientes?

   a. proteína   **c.** ácido nucleico
   b. polisacárido

85. ¿Cuál es una función de las proteínas de membrana?

86. ¿Cada palabra código en el ADN especifica un aminoácido en la síntesis de proteína? Explica.

87. ¿Cuáles son algunos de los resultados de la investigación de ADN recombinante?

88. La oxidación completa de la glucosa libera 2.82×10^3 kJ/mol de energía y la formación de ATP de ADP requiere 30.5 kJ/mol. ¿Qué porcentaje de la energía liberada en la oxidación completa de glucosa es capturado en la formación de ATP?

89. Un adulto promedio gasta aproximadamente 8400 kJ de energía diario. ¿Cuántos moles de ATP deben convertirse a ADP para proporcionar esta cantidad de energía?

90. ¿Por qué los humanos no pueden digerir la celulosa, considerando que está hecha de los mismos monómeros que el almidón?

91. ¿Cómo se forma un complejo enzima-sustrato en el sitio activo de la enzima?

92. ¿Qué función desempeñan las coenzimas en el metabolismo?

93. Sugiere una razón por la que se piensa que las células procariotas son más antiguas que las eucariotas.

94. ¿Cuáles son las posibles consecuencias de un error en la secuencia de ADN?

95. Explica por qué la fotosíntesis podría ser considerada el proceso químico más importante sobre la Tierra.

96. Describe las diferencias entre monosacáridos, disacáridos y polisacáridos. Da ejemplos de cada tipo de carbohidrato.

97. Describe cómo se unen los aminoácidos para formar un enlace péptido.

98. ¿Qué es un par de bases? ¿Cómo se relaciona el par de base a la estructura del ADN?

Piensa de manera crítica

99. Explicar Interpreta este enunciado: "El dióxido de carbono es una molécula pobre en energía, pero la glucosa es una molécula rica en energía".

100. Secuenciar En la doble hélice de ADN, ¿dónde se ubican los pares de base en relación con la estructura principal: adentro de la doble hélice o afuera de la doble hélice? ¿Qué debe suceder antes de que la maquinaria hacedora de proteína pueda "leer" las palabras código formadas por las bases de ADN?

101. Explicar ¿Qué tipo de mutación genética piensas que hará más daño a un organismo: una mutación de sustitución en la que una base es sustituida por otra base o una mutación de adición en la que se añade una base a una secuencia de bases? Explica.

102. Predecir Sugiere una razón por la que la planta de frijol puede no crecer bien si se planta en suelo estéril.

103. Identificar ¿Qué tipo de polímero se forma a partir de cada uno de los siguientes monómeros?

a. aminoácidos

b. monosacáridos

c. nucleótidos

*104. Interpretar diagramas Completa la siguiente ecuación dibujando las fórmulas estructurales de los productos:

Enriquecimiento

105. Comparar y contrastar Compara la estructura de un nucleótido de ADN con un nucleótido de ARN.

106. Comparar Describe las características estructurales que comparten todos los aminoácidos. ¿Qué características estructurales son diferentes entre los aminoácidos?

*107. Identificar Usando fórmulas estructurales, escribe una ecuación química para la formación de un dipéptido a partir de dos aminoácidos. ¿Qué grupo funcional crea la reacción?

108. Causa y efecto Explica por qué el crecimiento celular se detiene cuando la ingesta de nutrientes es insuficiente.

109. Interpretar diagramas El compuesto siguiente está hidrolizado mediante la ebullición con hidróxido de sodio. ¿Cuáles son los productos de la saponificación?

$$
\begin{array}{l}
CH_2-O-\overset{\displaystyle O}{\overset{\|}{C}}-(CH_2)_{14}CH_3 \\[4pt]
CH-O-\overset{\displaystyle O}{\overset{\|}{C}}-(CH_2)_{12}CH_3 \\[4pt]
CH_2-O-\overset{\displaystyle O}{\overset{\|}{C}}-(CH_2)_{16}CH_3
\end{array}
$$

110. Identificar ¿Qué ocasiona la formación espontánea de una bicapa lipídica?

111. Explicar Las cadenas péptidicas se doblan y tuercen en figuras tridimensionales. Sugiere cómo mantiene una cadena peptídica su forma tridimensional.

*112. Interpretar diagramas Una secuencia de nueve bases en un gen se codifica para la secuencia de aminoácidos Trp-Met-Met. ¿Cuál es la secuencia de bases en este fragmento de ADN? Usa la Tabla 24.2 de la página 857 para ayudarte. ¿Podrías determinar la secuencia de base si la secuencia de aminoácidos fuera Trp-Met-Leu? ¿Por qué?

Escribe acerca de la ciencia

113. Explicar Escribe un párrafo explicando cómo son capaces las células de absorber selectivamente ciertos iones y moléculas mientras excluyen otros materiales.

114. Conexión con la GRANIDEA Escoge una de las moléculas analizadas en este capítulo. Escribe un párrafo describiendo cómo se relacionan los elementos y la estructura de las moléculas a la función de las moléculas.

MISTERIOQUÍMICO

Fenil . . . ¿qué?

La fenilalanina es un aminoácido, un monómero de proteínas. Por lo tanto, ¿cómo podría ser la fenilalanina dañina para tu salud? Para la mayoría de las personas, la fenilalanina no es un problema de salud. Pero es una preocupación para personas que tienen desórdenes genéticos como la fenilquetonuria, o PKU. Normalmente, la fenilalanina es convertida por el cuerpo en otro aminoácido, la tirosina. Las personas con PKU carecen de la enzima que se requiere para convertir la fenilalanina en tirosina. Cuando esto sucede, la fenilalanina se acumula a niveles tóxicos en el cuerpo. La PKU se trata al comer una dieta baja en fenilalanina (el cuerpo aún necesita una pequeña cantidad de fenilalanina).

115. Inferir Dado que la fenilalanina es un aminoácido, ¿qué tipos de alimentos esperarías que fueran altos en fenilalanina?

116. Conexión con la GRANIDEA ¿Por qué un nutricionista necesita entender de química?

117. Describe dos factores que ocasionen que los gases reales se desvíen de la ley del gas ideal.

118. Caracteriza estos compuestos como electrolitos o no electrolitos.

  a. NaCl   **c.** CCl_4
  b. $CuSO_4$ **d.** H_2O

*119. Calcula la elevación en el punto de ebullición de estas soluciones acuosas.

  a. $0.507m$ NaCl   **c.** $0.155m$ $CaCl_2$
  b. $0.204m$ NH_4Cl **d.** $0.222m$ $NaHSO_4$

*120. ¿Cuánto calor (en kJ) se libera o absorbe cuando 0.265 moles de bicarbonato de sodio se descomponen de acuerdo con la siguiente reacción?

$$2NaHCO_3(s) \rightarrow Na_2CO_3(s) + H_2O(g) + CO_2(g)$$

$$\Delta H = 129 \text{ kJ}$$

121. Explica por qué las agujas en un árbol de abeto seco se pueden quemar con casi una rapidez explosiva.

122. ¿Qué debe ser verdadero en el punto final de un análisis volumétrico ácido-base?

123. Calcula el pH de cada una de las soluciones siguientes:

  a. $[H^+] = 7.0 \times 10^{-5} M$
  b. $[OH^-] = 1.8 \times 10^{-9} M$
  c. $[OH^-] = 6.1 \times 10^{-2} M$
  d. $[H^+] = 4.4 \times 10^{-11} M$

124. Identifica el agente de oxidación en cada reacción.

  a. xenón + flúor $\longrightarrow$ tetrafluoruro de xenón
  b. azufre + oxígeno $\longrightarrow$ trióxido de azufre
  c. cloro gaseoso + bromuro de sodio acuoso $\longrightarrow$ bromo acuoso + cloruro de sodio acuoso

125. ¿En qué electrodo de una celda voltáica ocurre siempre la oxidación? ¿Cuál es la carga en este electrodo?

126. ¿Qué observarías cuando un tramo de alambre de níquel se sumerge en una solución acuosa de nitrato de plata?

127. Para cada par de metales que se muestra a continuación, decide qué metal se reduce más fácilmente.

  a. Cu, Mg   **c.** Ag, Sn   **e.** Ni, Cd
  b. Cd, Ni   **d.** Zn, Fe   **f.** Al, Cu

*128. Escribe una estructura molecular para cada compuesto.

  a. heptano   **c.** 2-penilbutano
  b. 2-metil-3-hexano **d.** 1,3-dietilbenceno

129. Nombra el homólogo más alto de cada uno de estos compuestos.

  a. 1-butano   **c.** pentano
  b. ciclooctano   **d.** nonano

*130. Da el nombre IUPAC de estos compuestos.

a.

```
          CH₂
        /     \
    H₂C        CH₂
        \     /
    H₂C — CH₂
```

b.

```
              H
              |
    H   H — C — H   H
    |       |       |
H — C ----- C ----- C — H
    |       |       |
    H      OH       H
```

c.

```
    H   H       H   H
    |   |       |   |
H — C — C — C — C — C — H
    |   |   ‖   |   |
    H   H   O   H   H
```

131. Escribe una fórmula molecular para cada compuesto.

  a. acetato de metilo
  b. ácido 2-hidroxipropanóico

132. Nombra cada polímero e indica al menos uno de sus usos.

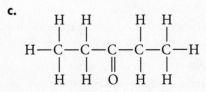

a. $\left(CF_2-CF_2\right)_x$ **c.** $H\left(CH_2-CH_2\right)H$

b. $\left(CH_2-\underset{\underset{Cl}{|}}{CH}\right)_x$ **d.** $\left(CH_2-CH\right)_x$

133. La capsaicina, que se muestra a continuación, es el contribuyente principal al ardor de los chiles. Encierra en un círculo el nombre de los grupos funcionales en la capsaicina.

$$CH_3O$$
$$HO \!-\!\!\bigcirc\!\!-\! CH_2NHC(CH_2)_4CH\!=\!CHCH(CH_3)_2$$
(con $\overset{O}{\overset{\|}{C}}$)

Si tienes problemas con . . .

Pregunta	117	118	119	120	121	122	123	124	125	126	127	128	129	130	131	132	133
Ver el capítulo	14	15	16	17	18	19	19	20	21	21	21	22	22	23	23	23	23

Preparación para los exámenes estandarizados

Selecciona la opción que responda mejor cada pregunta o que complete cada enunciado.

1. ¿Qué frase describe mejor al ATP?
   (A) productor de energía
   (B) consumidor de energía
   (C) bombra de energía
   (D) transmisor de energía

Para las preguntas 2 a 5, relaciona la categoría de compuestos orgánicos que mejor se identifique con cada molécula biológica.

    I. monosacáridos

    II. aminoácidos

    III. ácidos grasos

    IV. nucleótidos

2. proteínas
3. ácidos nucleicos
4. lípidos
5. carbohidratos

6. ¿Qué elemento no se encuentra en los aminoácidos?
   (A) fósforo   (C) oxígeno
   (B) nitrógeno   (D) hidrógeno

7. Para que cualquier enzima funcione, el sustrato debe unirse al
   (A) producto.   (C) sitio activo.
   (B) cofactor.   (D) péptido.

Usa el párrafo para responder las preguntas 8 a 10.
Dado que un aminoácido contiene tanto un grupo carboxilo como un grupo amino, es anfótero; es decir, puede actuar o como un ácido o como una base. Los aminoácidos cristalinos tienen algunas propiedades (puntos de fusión relativamente altos y altas solubilidades en agua) que son más características de sustancias iónicas que de sustancias moleculares.

8. Escribe una ecuación que muestre a la glicina actuando como un ácido en una reacción con agua. (La glicina es el aminoácido más simple. Su cadena lateral es R = H).

9. Escribe una ecuación que muestre a la glicina actuando como una base en una reacción con agua.

10. Es posible para la glicina experimental una reacción interna de neutralización ácido-base de Brønsted-Lowry. Escribe la fórmula estructural resultante. Explica cómo justificaría esta reacción las propiedades iónicas de la glicina.

Para cada pregunta, hay dos enunciados. Decide si cada enunciado es verdadero o falso. Después decide si el Enunciado II es una explicación correcta para el Enunciado I.

Enunciado I		Enunciado II
11. Los lípidos tienden a ser insolubles en agua.	PORQUE	Los lípidos tienen principalmente enlaces no polares.
12. El almidón y la celulosa son digeribles por la mayoría de los organismos.	PORQUE	La glucosa es el monómero tanto en el almidón como en la celulosa.
13. Muchas de las reacciones en el catabolismo son reacciones de oxidación.	PORQUE	Las reacciones de oxidación tienden a ser reacciones productoras de energía.
14. La secuencia de bases en el ADN contiene el código para la producción de proteínas.	PORQUE	Cada par de bases en el ADN codifica un aminoácido específico.

Si tienes problemas con . . .

Pregunta	1	2	3	4	5	6	7	8	9	10	11	12	13	14
Ver la lección	24.6	24.3	24.5	24.4	24.2	24.3	24.3	24.3	24.3	24.3	24.4	24.2	24.6	24.5

25

Química nuclear

EN EL INTERIOR:

- **25.1 Radiación nuclear**
- **25.2 Transformaciones nucleares**
- **25.3 Fisión y fusión**
- **25.4 Radiación en tu vida**

PearsonChem.com

Un submarino nuclear usa la energía producida por reacciones nucleares.

LOS ELECTRONES Y LA ESTRUCTURA DE LOS ÁTOMOS

Preguntas esenciales:

1. *¿Qué sucede cuando un núcleo inestable se desintegra?*

2. *¿Cómo cambia la estructura de los átomos durante la fisión y la fusión?*

3. *¿Cómo afecta a tu vida la química nuclear?*

MISTERIOQUÍMICO

Un bebé de la Edad del Hielo

En 2007, un pastor de renos en el norte-centro de Rusia creyó ver los restos congelados de un reno. Lo que encontró fue un bebé mamut lanudo perfectamente conservado del tamaño de un perro grande. La única cosa que faltaba era su pelaje desgreñado. Los científicos llamaron al mamut Lyuba, que significa "amor" en ruso.

Los mamuts lanudos son una especie extinta emparentada con los elefantes modernos. Estos grandes mamíferos tenían colmillos curvos y el pelo largo. Vivieron en la Tierra desde alrededor de 1.8 millones de años hasta hace unos 11,500 años. ¿Cómo saben los científicos cuándo vivió y murió Lyuba?

▶ Conexión con la **GRAN**IDEA

A medida que lees acerca de las reacciones nucleares, piensa en qué tipo de reacción se podría usar para averiguar la edad de un fósil de mamut.

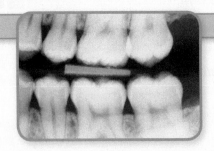

P: *¿Por qué algunos tipos de radiación son más peligrosos que otros?* Los átomos emiten radiación electromagnética cuando un electrón se mueve de un nivel de energía superior a un nivel de energía inferior. La mayoría de la radiación electromagnética, como la luz visible, tiene poca energía y no es peligrosa. Los rayos X son una excepción. La exposición prolongada o frecuente a los rayos X puede dañar las células de tu cuerpo. Esta lección explicará por qué la exposición es también una preocupación con la radiación nuclear

Preguntas clave

🔑 *¿En qué se diferencian las reacciones nucleares de las reacciones químicas?*

🔑 *¿Cuáles son los tres tipos de radiación nuclear?*

Vocabulario

- radioactividad
- radiación nuclear
- radioisótopo
- partícula alfa
- partícula beta
- partícula gamma

Figura 25.1 Marie Curie
Marie Curie y su esposo Pierre compartieron el Premio Nobel de Física en 1903 con Becquerel por su trabajo pionero en radioactividad.

Radioactividad

🔑 *¿En qué se diferencian las reacciones nucleares de las reacciones químicas?*

En 1896, el químico francés Antoine Henri Becquerel hizo un descubrimiento accidental. Estaba estudiando la capacidad de las sales de uranio que habían sido expuestas a la luz solar de nublar las placas de película fotográfica. Durante el mal tiempo, cuando Becquerel no podía exponer una muestra a la luz solar, dejaba la muestra en la parte superior de la placa fotográfica. Al revelar la placa, descubrió que la sal de uranio seguía nublando la película. En ese momento, dos de los socios de Becquerel eran Marie y Pierre Curie. Los Curie pudieron demostrar que los rayos emitidos por los átomos de uranio habían nublado la película. Marie Curie se muestra en la Figura 25.1. Ella usó el término **radioactividad** para referirse a la emisión espontánea de los rayos o partículas de ciertos elementos, como el uranio. Los rayos y partículas emitidas a partir de una fuente radioactiva se llama **radiación nuclear.**

La radioactividad, que también se llama desintegración radioactiva, es un ejemplo de una reacción nuclear. En las reacciones químicas y en las reacciones nucleares, los átomos se vuelven más estables. El término *estable* significa "constante" o "improbable que cambie". En una reacción química, los átomos tienden a alcanzar una configuración electrónica más estable mediante la transferencia o intercambio de electrones. Las reacciones nucleares empiezan con isótopos inestables, o **radioisótopos.** Los átomos de estos isótopos se vuelven más estables cuando se producen cambios en sus núcleos. Los cambios están siempre acompañados por la emisión de grandes cantidades de energía.

🔑 **A diferencia de las reacciones químicas, las reacciones nucleares no se ven afectadas por cambios de temperatura, presión o por la presencia de catalizadores. Además, las reacciones nucleares de un radioisótopo dado no se pueden desacelerar, acelerar o detener.**

La desintegración radioactiva es un proceso espontáneo que no requiere una entrada de energía. Si el producto de una reacción nuclear es inestable, se desintegrará también. El proceso continúa hasta que los isótopos inestables de un elemento cambian, o se transforman, en isótopos estables de un elemento diferente. Estos isótopos estables no son radioactivos.

Tabla 25.1

	Características de algunos tipos de radiación					
Tipo	Consiste en	Símbolo	Carga	Masa (uma)	Fuente común	Poder de penetración
Radiación alfa	Partículas alfa (núcleos de helio)	α, $^4_2$He	2+	4	Radio-226	Bajo (0.05 mm del tejido corporal)
Radiación beta	Partículas beta (electrones)	β, $^0_{-1}$e	1−	1/1837	Carbono-14	Moderado (4 mm del tejido corporal)
Radiación gamma	Radiación electromagnética de alta energía	γ	0	0	Cobalto-60	Muy alto (penetra el cuerpo fácilmente)

Tipos de radiación

¿Cuáles son tres tipos de radiación nuclear?

La radiación se emite durante la desintegración radiactiva. **Los tres tipos de radiación nuclear son la radiación alfa, la radiación beta y la radiación gamma.** La Tabla 25.1 resume las características de estos tres tipos de radiación.

Radiación alfa Algunas fuentes radiactivas emiten núcleos de helio, que también son llamados partículas alfa. Cada **partícula alfa** contiene dos protones y dos neutrones y tiene una doble carga positiva. En las ecuaciones nucleares, una partícula alfa se escribe $^4_2$He o α. El símbolo de carga eléctrica por lo general se omite.

El radioisótopo uranio-238 emite radiación alfa y se transforma en otro radioisótopo, torio-234. La Figura 25.2 ilustra este proceso.

$$^{238}_{92}\text{U} \xrightarrow[\text{radioactiva}]{\text{Desintegración}} \,\,^{234}_{90}\text{Th} + \,\,^4_2\text{He (emisión } \alpha)$$

Uranio-238   Torio-234   Partícula alfa

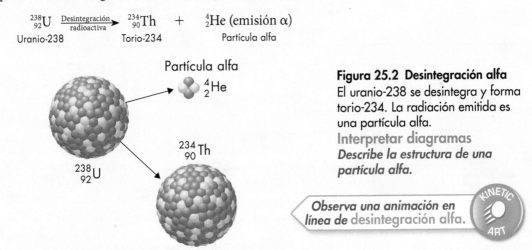

Partícula alfa

$^4_2$He

$^{238}_{92}$U

$^{234}_{90}$Th

Figura 25.2 Desintegración alfa
El uranio-238 se desintegra y forma torio-234. La radiación emitida es una partícula alfa.
Interpretar diagramas
Describe la estructura de una partícula alfa.

Observa una animación en línea de desintegración alfa.

Cuando un átomo pierde una partícula alfa, el número atómico del producto es inferior en dos y su número de masa es inferior en cuatro. En una ecuación nuclear balanceada, la suma de los números de masa (superíndices) de la derecha debe ser igual a la suma de la izquierda. Lo mismo es cierto para los números atómicos (subíndices).

Debido a su gran masa y carga, las partículas alfa no viajan muy lejos y no son muy penetrantes. Puede detenerlas una hoja de papel o la superficie de la piel. Pero los radioisótopos que emiten partículas alfa pueden causar daño cuando se ingieren. Una vez dentro del cuerpo, las partículas no tienen que viajar muy lejos para penetrar en el tejido blando.

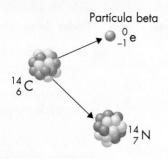

Partícula beta

$$^{0}_{-1}e$$

$$^{14}_{6}C$$

$$^{14}_{7}N$$

Figura 25.3 Desintegración beta
Cuando un átomo de carbono-14 se desintegra, los productos son nitrógeno-14 y partículas beta.

Radiación beta Una **partícula beta** es un electrón que resulta de la desintegración de un neutrón en un átomo. El neutrón se desintegra en un protón, que permanece en el núcleo, y en un electrón, que se libera.

$$^{1}_{0}n \longrightarrow {}^{1}_{1}p + {}^{0}_{-1}e$$

Neutrón   Protón   Electrón (partícula beta)

El símbolo del electrón tiene un subíndice −1 y un superíndice 0. El −1 representa la carga del electrón. El 0 representa la masa extremadamente pequeña del electrón en comparación con la masa del protón.

El carbono-14 es un radioisótopo. Emite partículas beta a medida que se desintegra y forma nitrógeno-14. La Figura 25.3 ilustra esta reacción.

$$^{14}_{6}C \longrightarrow {}^{14}_{7}N + {}^{0}_{-1}e \ (\text{Emisión } \beta)$$

Carbono-14 (radioactivo)   Nitrógeno-14 (estable)   Partícula beta

El átomo de nitrógeno-14 tiene el mismo número de masa que el carbono-14, pero su número atómico ha aumentado en 1. Contiene un protón adicional y un neutrón menos. La ecuación nuclear está balanceada.

Una partícula beta tiene menos carga que una partícula alfa y mucha menos masa que una partícula alfa. Por tanto, las partículas beta son más penetrantes que las partículas alfa. Las partículas beta pueden pasar a través de papel pero no a través de papel aluminio o piezas delgadas de madera. Dadas sus cargas opuestas, la radiación alfa y beta se pueden separar por un campo eléctrico, como se muestra en la Figura 25.4.

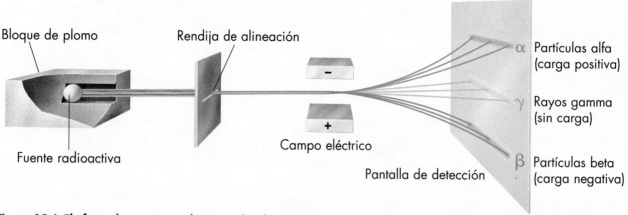

Figura 25.4 El efecto de un campo eléctrico sobre la radiación
Un campo eléctrico tiene un efecto diferente en cada tipo de radiación. Las partículas alfa y beta se mueven en direcciones opuestas. Las partículas alfa se mueven hacia la placa negativa y las partículas beta se mueven hacia la placa positiva. Los rayos gamma no son desviados a medida que pasan entre las placas.
Aplicar conceptos *¿Por qué los rayos gamma no son desviados?*

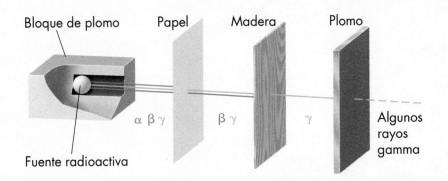

Bloque de plomo   Papel   Madera   Plomo

α β γ   β γ   γ

Fuente radioactiva

Algunos rayos gamma

Figura 25.5 Poder relativo de penetración de la radiación nuclear
Debido a su gran masa y carga, las partículas alfa (rojo) son las menos penetrantes de los tres principales tipos de radiación nuclear. Los rayos gamma (amarillo) no tienen masa o carga y son los más penetrantes.
Inferir ¿Qué tan penetrantes son las partículas beta (verde) en comparación con las partículas alfa y los rayos gamma?

Radiación gamma Un fotón de alta energía emitido por un radioisótopo se llama **rayo gamma.** Los fotones de alta energía son una forma de radiación electromagnética. Los núcleos emiten a menudo rayos gamma junto con partículas alfa o beta durante la desintegración radioactiva. Los siguientes ejemplos demuestran este proceso.

$$^{230}_{90}\text{Th} \longrightarrow {}^{226}_{88}\text{Ra} + {}^{4}_{2}\text{He} + \gamma$$

Torio-230   Radio-226   Partícula alfa   Rayo gamma

$$^{234}_{90}\text{Th} \longrightarrow {}^{234}_{91}\text{Pa} + {}^{0}_{-1}\text{e} + \gamma$$

Torio-234   Protactinio-234   Partícula beta   Rayo gamma

Los rayos gamma no tienen masa ni carga eléctrica. Por tanto, la emisión de radiación gamma no altera el número atómico o el número de masa de un átomo. Debido a que los rayos gamma son muy penetrantes, pueden ser muy peligrosos. Por ejemplo, los rayos gamma pasan fácilmente a través de papel, madera y el cuerpo humano. Pueden ser detenidos, aunque no por completo, por varios metros de hormigón o varios centímetros de plomo, como se muestra en la Figura 25.5.

LA QUÍMICA Y TÚ

P: *Los rayos gamma pueden ser peligrosos debido a su poder de penetración. ¿Qué propiedad determina el poder relativo de penetración de la radiación magnética?*

25.1 Comprobación de la lección

1. Comparar ¿Qué factores no afectan a las reacciones nucleares, pero sí afectan a las reacciones químicas?

2. Describir Describe brevemente los tres principales tipos de radiación nuclear.

3. Identificar ¿Qué parte del átomo experimenta cambios durante la desintegración radiactiva?

4. Comparar y contrastar ¿Cómo cambia el número atómico del núcleo por la desintegración alfa? ¿Y por la desintegración beta? ¿Y por la desintegración gamma?

5. Describir ¿Cuáles dos elementos deben ser iguales para que una ecuación nuclear esté balanceada?

6. Relacionar causa y efecto ¿Cómo afecta la desintegración alfa al número de masa de un núcleo? ¿Cómo afecta la desintegración beta al número de masa?

7. Identificar ¿Cuál de los tres tipos de radiación descritos en esta lección es la más penetrante y por qué?

8. Predecir Cuando el polonio-210 se desintegra por radiación alfa, ¿qué isótopo se forma?

25.2 Transformaciones nucleares

P: *¿Cuál es la fuente del radón en los hogares?* Todos los isótopos del gas radón son inestables y emiten radiación. La inhalación de radón es la segunda causa de cáncer de pulmón en los Estados Unidos. El radón puede acumularse en un sótano que no está bien ventilado. Dado que el radón es un gas incoloro e inodoro, es común que la gente no sepa que está siendo expuesta a niveles elevados de radón. Hay paquetes de prueba para medir los niveles de radón en un edificio. En esta lección, estudiarás la serie de desintegración que produce este peligroso gas.

Preguntas clave

¿Qué determina el tipo de desintegración que experimenta un radioisótopo?

¿Cuánto queda de una muestra radioactiva después de su semivida?

¿Cuáles son dos maneras en que ocurren las transmutaciones?

Vocabulario

- fuerza nuclear
- banda de estabilidad
- positrón
- semivida
- transmutación
- elementos transuránicos

Estabilidad y desintegración nuclear

¿Qué determina el tipo de desintegración que experimenta un radioisótopo?

Todos los núcleos atómicos, excepto los de los átomos de hidrógeno, consisten de neutrones y dos o más protones. Si no hay una fuerza que mantenga unidas estas partículas subatómicas, los protones de igual carga se repelen entre sí y se separan. La **fuerza nuclear** es una fuerza de atracción que actúa entre *todas* las partículas nucleares que están muy próximas entre sí, como los protones y los neutrones del núcleo. A estas distancias cortas, la fuerza nuclear domina sobre las repulsiones electromagnéticas y mantiene unido el núcleo.

Se conocen más de 1,500 núcleos diferentes. Sólo 264 de los núcleos conocidos son estables y no se desintegran. El resto son inestables y cambian con el tiempo. La estabilidad de un núcleo depende de la relación de neutrones a protones. La Figura 25.6 muestra una gráfica del número de neutrones vs. el número de protones para todos los núcleos estables conocidos. La región de la gráfica en la que estos puntos se encuentran se llama **banda de estabilidad.** Para los elementos de bajo número atómico (por debajo de aproximadamente 20), esta relación es de aproximadamente 1. Por encima del número atómico 20, los núcleos estables tienen más neutrones que protones.

Un núcleo puede ser inestable y sufrir una descomposición espontánea por diferentes razones. **La relación de neutrones a protones en un radioisótopo determina el tipo de desintegración que se produce.** Algunos núcleos son inestables porque tienen demasiados neutrones en relación con el número de protones. Cuando uno de estos núcleos se desintegra, un neutrón emite una partícula beta (electrones de movimiento rápido) a partir del núcleo. Un neutrón que emite un electrón se convierte en un protón.

$$\,^1_0n \longrightarrow \,^1_1p + \,^0_{-1}e$$

Este proceso se conoce como emisión beta. Aumenta el número de protones mientras que disminuye el número de neutrones. Entre los radioisótopos que se someten a emisión beta están los siguientes.

$$\,^{66}_{29}Cu \longrightarrow \,^{66}_{30}Zn + \,^0_{-1}e$$

$$\,^{14}_6C \longrightarrow \,^{14}_7N + \,^0_{-1}e$$

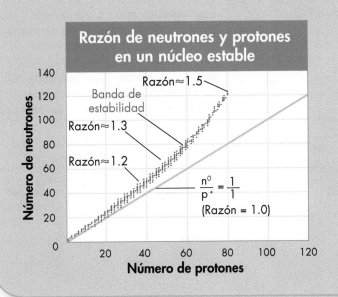

Razón de neutrones y protones en un núcleo estable

Banda de estabilidad

Razón ≈ 1.5

Razón ≈ 1.3

Razón ≈ 1.2

$$\frac{n^0}{p^+} = \frac{1}{1}$$

(Razón = 1.0)

Figura 25.6 Un diagrama de neutrones vs. protones para todos los núcleos estables forma un patrón llamado banda de estabilidad, que se muestra en púrpura. La línea verde muestra cuál sería el patrón si la razón fuera 1 para cada núcleo.

a. Identificar ¿Qué representa cada punto?

b. Leer gráficas ¿Cuál es la razón de neutrones y protones para el estaño (Sn, número atómico = 50)?

c. Describir ¿Cómo cambia la razón de neutrones a protones a medida que el número de protones aumenta en los núcleos estables?

Otros núcleos son inestables porque tienen muy pocos neutrones en relación con el número de protones. Estos núcleos aumentan su estabilidad mediante la conversión de un protón a un neutrón. Un electrón es capturado por un núcleo durante este proceso, que se llama captura de electrones. Aquí hay dos ejemplos de captura de electrones.

$$^{59}_{28}\text{Ni} + ^{0}_{-1}\text{e} \longrightarrow ^{59}_{27}\text{Co}$$

$$^{37}_{18}\text{Ar} + ^{0}_{-1}\text{e} \longrightarrow ^{37}_{17}\text{Cl}$$

Un **positrón** es una partícula con la masa de un electrón, pero con carga positiva. Su símbolo es $^{0}_{+1}\text{e}$. Durante la emisión de positrones, los protones se convierten en neutrones, al igual que en la captura de electrones. Estos son dos ejemplos de emisión de positrones.

$$^{8}_{5}\text{B} \longrightarrow ^{8}_{4}\text{Be} + ^{0}_{+1}\text{e}$$

$$^{15}_{8}\text{O} \longrightarrow ^{15}_{7}\text{N} + ^{0}_{+1}\text{e}$$

Cuando un protón se convierte en un neutrón, el número atómico disminuye en 1 y el número de neutrones aumenta en 1.

Todos los núcleos que tienen un número atómico superior a 83 son radioactivos. Estos núcleos tienen demasiados neutrones y demasiados protones para ser estables. Por tanto, experimentan una desintegración radioactiva. La mayoría de ellos emiten partículas alfa. Las emisiones alfa aumentan la razón de neutrones a protones, que tiende a aumentar la estabilidad del núcleo. En la emisión alfa el número de masa disminuye en cuatro y el número atómico disminuye en dos.

$$^{226}_{88}\text{Ra} \longrightarrow ^{222}_{86}\text{Rn} + ^{4}_{2}\text{He}$$

$$^{232}_{90}\text{Th} \longrightarrow ^{228}_{88}\text{Ra} + ^{4}_{2}\text{He}$$

Recuerda que la conservación de la masa es una propiedad importante de las reacciones químicas. En contraste, la masa no se conserva durante las reacciones nucleares. Una cantidad extremadamente pequeña de la masa se convierte en energía liberada durante la desintegración radiactiva.

Interpretar gráficas

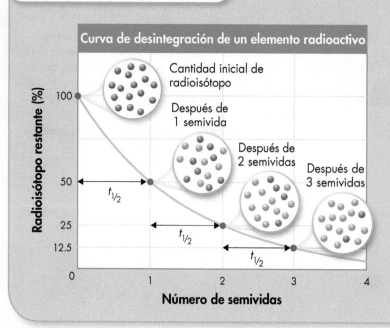

Curva de desintegración de un elemento radioactivo

Cantidad inicial de radioisótopo

Después de 1 semivida

Después de 2 semividas

Después de 3 semividas

Figura 25.7 Esta curva de desintegración muestra que durante cada semivida la mitad de los átomos radiactivos se desintegran en átomos de otro elemento.

a. Leer gráficas ¿Qué porcentaje de los átomos originales permanecen después de una semivida? ¿Y después de dos semividas?

b. Leer gráficas ¿Cuántas semividas se necesitan para que permanezca el 12.5% del radioisótopo?

c. Aplicar conceptos Explica por qué esta gráfica se puede aplicar a todos los radioisótopos.

Semivida

🔑 *¿Cuánto queda de una muestra radioactiva después de su semivida?*

LA QUÍMICA Y TÚ

P: *Los compuestos de uranio se encuentran en rocas y en los suelos que forman estas rocas. ¿Cómo pueden estos compuestos de uranio conllevar una concentración de radón en hogares y edificios?*

Cada radioisótopo tiene una tasa de desintegración característica, que se mide por su semivida. Una **semivida** ($t_{\frac{1}{2}}$) es el tiempo requerido para que la mitad de los núcleos de una muestra de radioisótopos se desintegren en otros productos, como se muestra en la Figura 25.7. 🔑 **Durante cada semivida, la mitad de los átomos radiactivos restantes se desintegran en átomos de un elemento nuevo.**

Comparar semividas Las semividas pueden ser tan cortas como un segundo o tan largas como miles de millones de años. La Tabla 25.2 muestra las semividas de algunos radioisótopos que ocurren en la naturaleza. Los científicos usan las semividas de algunos radioisótopos a largo plazo para determinar la edad de objetos antiguos. Muchos radioisótopos producidos artificialmente tienen una semivida corta, lo que los hace útiles en la medicina nuclear. Los isótopos de corta vida no son un peligro de radiación a largo plazo para los pacientes.

Tabla 25.2

Semividas de algunos radioisótopos que ocurren naturalmente

Isótopo	Semivida	Radiación emitida
Carbono-14	5.730×10^3 años	β
Potasio-40	1.25×10^9 años	β, γ
Radón-222	3.8 días	α
Radio-226	1.6×10^3 años	α, γ
Torio-234	24.1 días	β, γ
Uranio-235	7.0×10^8 años	α, γ
Uranio-238	4.5×10^9 años	α

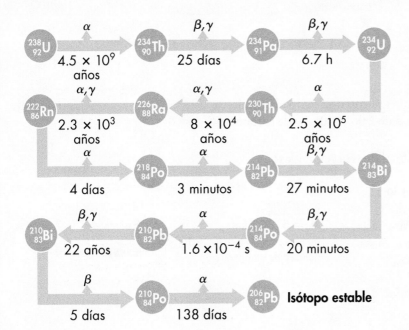

Figura 25.8 Serie de desintegración del U-238
El Uranio-238 se desintegra a través de una serie de intermedios radioactivos, incluyendo el gas radón (Rn).
Interpretar diagramas ¿Cuál es el producto final estable de esta serie?

Un isótopo que tiene una semivida larga es el uranio-238. Se desintegra a través de una compleja serie de isótopos inestables hasta el isótopo estable de plomo-206. La Figura 25.8 resume este proceso. La edad de los minerales que contienen uranio puede estimarse por la medición de la razón uranio-238 a plomo-206. Debido a que la semivida del uranio-238 es 4.5×10^9 años, es posible usar su semivida para la datación de rocas tan antiguas como el sistema solar.

Datación por radiocarbono Los científicos a menudo encuentran la edad de un objeto que fue alguna vez parte de un sistema vivo mediante la medición de la cantidad de carbono-14 ($^{14}_{6}C$) que contiene. El carbono-14 tiene una semivida de 5730 años. Sin embargo, la mayor parte del carbono de la Tierra se compone de isótopos más estables $^{12}_{6}C$ y $^{13}_{6}C$. La razón de $^{14}_{6}C$ a otros isótopos de carbono en el medio ambiente es bastante constante debido a que los rayos cósmicos de alta energía del espacio producen constantemente $^{14}_{6}C$ en el dióxido de carbono de la atmósfera superior.

Las plantas usan dióxido de carbono para producir compuestos de carbono, como glucosa. En estos compuestos, la razón de isótopos de carbono es la misma del aire. La misma razón se mantiene a medida que los animales consumen plantas y otros animales. Por tanto, la razón de carbono-14 a otros isótopos de carbono es constante durante la vida de un organismo. Cuando un organismo muere, deja de intercambiar carbono con el medio ambiente y sus átomos 14 $^{14}_{6}C$ se desintegran sin ser reemplazados. Por tanto, la razón de $^{14}_{6}C$ a carbono estable en los restos de un organismo cambia de manera predecible. Los arqueólogos pueden usar estos datos para estimar cuándo murió un organismo.

Función de desintegración exponencial Puedes usar la siguiente ecuación para calcular la cantidad de un isótopo que permanecerá después de un número dado de semividas.

$$A = A_0 \times \left(\tfrac{1}{2}\right)^n$$

En la fórmula, A representa la cantidad restante, A_0 es la cantidad inicial y n es el número de semividas. El exponente n indica el número de veces que debe multiplicarse A_0 por $\tfrac{1}{2}$ para determinar A. La Tabla 25.3 muestra ejemplos en los que $n = 1$ y $n = 2$.

Conéctate en línea para aprender más sobre semivida.

Tabla 25.3

Desintegración de una cantidad (A_0) inicial de radioisótopo	
Semivida	**Cantidad restante**
0	$A_0 \times \left(\tfrac{1}{2}\right)^0 = A_0$
1	$A_0 \times \left(\tfrac{1}{2}\right)^1 = A_0 \times \tfrac{1}{2}$
2	$A_0 \times \left(\tfrac{1}{2}\right)^2 = A_0 \times \tfrac{1}{2} \times \tfrac{1}{2}$

Usar las semividas en cálculos

El carbono-14 emite radiación beta y se desintegra con una semivida ($t_{\frac{1}{2}}$) de 5730 años. Supón que empiezas con una masa de 2.00×10^{-12} g de carbono-14.

a. ¿Cuánto duran tres semividas?

b. ¿Cuántos gramos del isótopo quedan al final de tres semividas?

❶ Analizar Haz una lista de lo conocido y lo desconocido. Para calcular la longitud de tres semividas, multiplica la semivida por tres. Para hallar la masa del radioisótopo restante, multiplica la masa original por $\frac{1}{2}$ por cada semivida transcurrida.

CONOCIDO

$t_{\frac{1}{2}} = 5730$ años

masa inicial (A_0) 2.00×10^{-12} g

número de semividas (n) = 3

DESCONOCIDO

3 semividas = ? años

masa restante = ? g

❷ Calcular Resuelve para buscar lo desconocido.

Multiplica la semivida del carbono-14 por el número total de semividas.

a. $t_{\frac{1}{2}} \times n = 5730$ años $\times 3 = 17{,}190$ años

La masa inicial de carbono-14 se reduce a la mitad por cada semivida. Por tanto, multiplica por $\frac{1}{2}$ tres veces.

b. Masa restante $= 2.00 \times 10^{-12}$ g $\times \dfrac{1}{2} \times \dfrac{1}{2} \times \dfrac{1}{2}$

$= 0.250 \times 10^{-12}$ g

$= 2.50 \times 10^{-13}$ g

Puedes obtener la misma respuesta usando la ecuación de la función exponencial de desintegración.

c. $A = A_0 \left(\dfrac{1}{2}\right)^n = (2.00 \times 10^{-12}\ g) \left(\dfrac{1}{2}\right)^3$

$= (2.00 \times 10^{-12}\ g) \left(\dfrac{1}{8}\right)$

$= 0.250 \times 10^{-12}$ g

$= 2.50 \times 10^{-13}$ g

❸ Evaluar ¿Tiene sentido el resultado? Después de tres semividas, la masa de carbono-14 debería ser un octavo de la masa original. Si divides 2.50×10^{-13} g por 2.00×10^{-12} g, obtendrás 12.5%, o $\frac{1}{8}$.

Para el Problema 9, primero determina el número de semividas.

9. El manganeso-56 es un emisor beta con una semivida de 2.6 h. ¿Cuál es la masa del manganeso-56 en una muestra de 1.0 mg de isótopo al final de 10.4 h?

10. El torio-234 tiene una semivida de 24.1 días. ¿Se desintegrarán todos los átomos de torio de una muestra en 48.2 días? Explica.

Reacciones de transmutación

¿Cuáles son las dos maneras en que puede ocurrir una transmutación?

Durante miles de años, los alquimistas intentaron convertir el plomo en oro, un elemento que tiene mayor valor que el plomo. A pesar de mucho esfuerzo, no fueron capaces de lograr su objetivo. Lo que querían lograr era la **transmutación**, o conversión de un átomo de un elemento en un átomo de otro elemento. Este cambio puede ocurrir de al menos dos formas. **La transmutación puede producirse por desintegración radiactiva o cuando ciertas partículas bombardean el núcleo de un átomo.** Las partículas pueden ser protones, neutrones, partículas alfa o átomos pequeños.

Las transmutaciones son comunes en la naturaleza. La producción de carbono-14 a partir de nitrógeno-14 que se lleva a cabo en la atmósfera superior es un ejemplo. Recuerda la serie de desintegración del uranio-238, que se describe en la Figura 25.8. En esta serie, se producen 14 transmutaciones antes de que se produzca un isótopo estable de plomo. Algunas transmutaciones que no ocurren en la naturaleza se pueden propiciar en un laboratorio o en un reactor nuclear. Ernest Rutherford realizó en 1919 la primera transmutación artificial. Él bombardeó gas nitrógeno con partículas alfa. Los resultados de esta acción se muestran en la Figura 25.9. A medida que los átomos de nitrógeno absorben las partículas alfa, forman 18 átomos de flúor.

$$^{14}_{7}\text{N} + ^{4}_{2}\text{He} \longrightarrow ^{18}_{9}\text{F}$$

Nitrógeno-14   Partícula alfa   Flúor-18

Los átomos de flúor inestables se desintegran rápidamente para formar un isótopo estable de oxígeno y un protón.

$$^{18}_{9}\text{F} \longrightarrow ^{17}_{8}\text{O} + ^{1}_{1}\text{p}$$

Flúor-18   Oxígeno-17   Protón

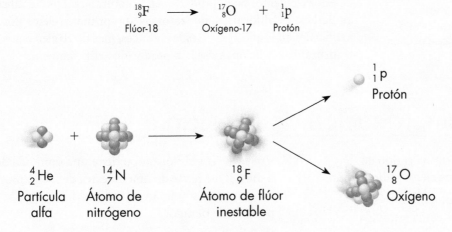

$^{4}_{2}\text{He}$
Partícula alfa

$^{14}_{7}\text{N}$
Átomo de nitrógeno

$^{18}_{9}\text{F}$
Átomo de flúor inestable

$^{1}_{1}\text{p}$
Protón

$^{17}_{8}\text{O}$
Oxígeno

Figura 25.9 La transmutación del nitrógeno-14
La primera transmutación artificial incluyó el bombardeo de gas nitrógeno con partículas alfa.
Interpretar diagramas *¿Qué partícula es intermedia en esta reacción nuclear?*

El experimento de Rutherford condujo finalmente al descubrimiento del protón. Él y otros científicos notaron un patrón mientras hacían los diferentes experimentos de transmutación. En todos los casos, se emitieron los núcleos de hidrógeno. Los científicos se dieron cuenta que estos núcleos de hidrógeno (protones) deben tener un papel fundamental en la estructura atómica. El descubrimiento de James Chadwick del neutrón en 1932 también incluyó un experimento de transmutación. Los neutrones se produjeron cuando el berilio-9 fue bombardeado con partículas alfa.

$$^{9}_{4}\text{Be} + ^{4}_{2}\text{He} \longrightarrow ^{12}_{6}\text{C} + ^{1}_{0}\text{n}$$

Berilio-9   Partícula alfa   Carbono-12   Neutrón

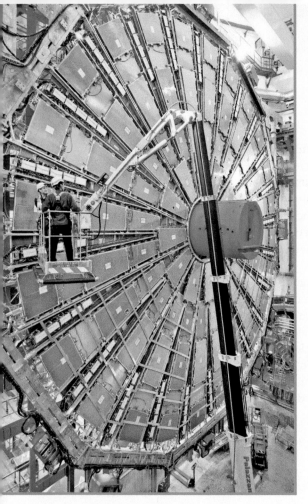

Figura 25.10 Acelerador de partículas
El Gran Colisionador de Hadrones es el acelerador más poderoso del mundo. Tiene una circunferencia de unos 27 kilómetros y está a unos 100 metros bajo tierra. El acelerador está diseñado para imitar las condiciones que existían justo después del Big Bang.

Los elementos con números atómicos por arriba de 92, el número atómico del uranio, se llaman **elementos transuránicos.** Todos estos elementos son radiactivos. Todos los elementos transuránicos sufren transmutación. Estos elementos se sintetizan en los reactores nucleares y aceleradores nucleares. Los reactores producen haces de partículas de baja energía. Los aceleradores se usan para aumentar la velocidad de bombardeo de partículas a velocidades muy altas. A veces, las partículas deben pasar a través de una serie de aceleradores antes de que alcancen la velocidad deseada. La Organización Europea para la Investigación Nuclear, conocida como CERN, tiene una serie de aceleradores en la frontera entre Francia y Suiza. La Figura 25.10 muestra el acelerador más grande del CERN.

Cuando el uranio-238 es bombardeado con neutrones relativamente lentos de un reactor nuclear, algunos núcleos de uranio capturan estos neutrones. El producto es uranio-239.

$$^{238}_{92}U + ^{1}_{0}n \longrightarrow ^{239}_{92}U$$

El uranio-239 es radiactivo y emite una partícula beta. El otro producto es un isótopo del elemento radiactivo artificial neptunio (número atómico 93).

$$^{239}_{92}U \longrightarrow ^{239}_{93}Np + ^{0}_{-1}e$$

El neptunio es inestable y se desintegra, emite una partícula beta y un segundo elemento artificial, el plutonio (número atómico 94).

$$^{239}_{93}Np \longrightarrow ^{239}_{94}Pu + ^{0}_{-1}e$$

El plutonio y el neptunio son elementos transuránicos. La mayoría de estos elementos no se producen en la naturaleza. Los científicos en Berkeley, California, sintetizaron los dos primeros elementos artificiales en el año 1940. Desde entonces, más de 20 elementos transuránicos adicionales se han producido artificialmente.

⊚ 25.2 Comprobación de la lección

11. Identificar ¿Qué factor determina el tipo de desintegración que se produce en un radioisótopo?

12. Predecir ¿Qué cantidad de una muestra de radioisótopo queda después de una semivida? ¿Y después de dos semividas?

13. Explicar ¿Cómo puede producirse una transmutación en un isótopo estable?

14. Aplicar conceptos Completa las siguientes ecuaciones nucleares. Usa lo que sabes acerca de ecuaciones nucleares balanceadas para identificar las partículas que faltan.
  a. $^{27}_{13}Al + ^{4}_{2}He \longrightarrow ^{30}_{14}Si + ?$
  b. $^{214}_{83}Bi \longrightarrow ^{4}_{2}He + ?$
  c. $^{27}_{14}Si \longrightarrow ^{0}_{-1}e + ?$
  d. $^{66}_{29}Cu \longrightarrow ^{66}_{30}Zn + ?$

15. Calcular Un radioisótopo tiene una semivida de 4 días. ¿Qué parte de una muestra de 20 gramos de este radioisótopo permanece al final de cada período de tiempo?
  a. 4 días
  b. 8 días

16. Calcular La masa de una muestra de cobalto-60 disminuyó de 0.800 g a 0.200 g durante un período de 10.5 años. A partir de esta información, calcula la semivida del cobalto-60.

17. Interpretar gráficas Supón que la variable del eje de las x en la Figura 25.7 es el tiempo en lugar del número de semividas. ¿Se podría usar la misma gráfica para representar todos los radioisótopos? ¿Por qué?

Radioactividad y semividas

Propósito

Simular la transformación de un isótopo radioactivo a lo largo del tiempo, hacer una gráfica con los datos y relacionar los datos con la desintegración radioactiva y las semividas.

Materiales

- **moneda**
- **papel cuadriculado**

Procedimiento

1. En una hoja de papel, haz una tabla de datos similar a la de abajo.

2. Para el ensayo 1, lanza una moneda 100 veces. En tu mesa, anota el número total de caras que resultan.

3. Para el ensayo 2, lanza la moneda el mismo número de veces que el número de caras en el ensayo 1. Anota el número de lanzamientos y el número de caras obtenidas.

4. Continúa el procedimiento hasta que no obtengas más caras.

Ensayo	Número de lanzamientos	Número de caras
1	100	
2		
3		
4		
5		
6		
7		
8		

Analizar

1. Graficar Usa papel cuadriculado para graficar el número de lanzamientos (eje de las *y*) frente al número de ensayo (eje de las *x*). Dibuja una línea fina para conectar los puntos.

2. Interpretar gráficas ¿Es la tasa del número de caras obtenidas con el tiempo, lineal o no lineal? ¿Es la tasa constante con el tiempo o cambia?

3. Relacionar causa y efecto ¿Por qué cada ensayo reduce el número de caras en aproximadamente la mitad?

4. Usar modelos Una semivida es el tiempo necesario para que la mitad de los átomos de un radioisótopo se desintegren en productos. ¿Qué valor representa la semivida del proceso de lanzar monedas?

Tú eres el químico

1. Diseñar un experimento Diseña y lleva a cabo un experimento usando un solo dado para modelar la desintegración radiactiva. Grafica los datos.

2. Calcular El radón-222 sufre desintegración alfa, emitiendo una partícula alfa (núcleo de helio),

$$^{222}_{86}\text{Rn} \longrightarrow ^{218}_{84}\text{Po} + ^{4}_{2}\text{He}$$

Busca la semivida del radón-222 en la Tabla 25.2 y determina el tiempo necesario para que sólo quede un octavo de la muestra de radón-222.

3. Calcular El carbono-14 sufre desintegración beta, emitiendo una partícula beta (electrón),

$$^{14}_{6}\text{C} \longrightarrow ^{14}_{7}\text{N} + ^{0}_{-1}\text{e}$$

Busca la semivida del carbono-14 en la Tabla 25.2 y determina qué fracción de una muestra de carbono-14 quedará después de 11,460 años.

25.3 Fisión y fusión

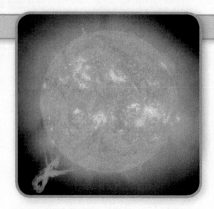

LA QUÍMICA Y TÚ

P: *¿De dónde viene la energía del Sol?* El Sol parece una bola brillante de fuego en el cielo. El Sol es tan brillante que no debes mirarlo directamente sin protección ocular. El Sol está a la mitad de su ciclo de vida. Ha estado produciendo energía por cerca de cinco mil millones de años y se espera que continúe produciendo energía durante unos cinco mil millones más. En esta lección estudiarás la reacción nuclear que tiene lugar en el Sol.

Preguntas clave

🔑 **¿Qué sucede en una reacción nuclear en cadena?**

🔑 **¿En qué se diferencian las reacciones de fisión y las reacciones de fusión?**

Vocabulario

- fisión
- moderación de neutrones
- absorción de neutrones
- fusión

Fisión nuclear

🔑 **¿Qué sucede en una reacción nuclear en cadena?**

Cuando los núcleos de ciertos isótopos son bombardeados con neutrones, los núcleos se dividen en fragmentos más pequeños. Este proceso se llama **fisión.** Por ejemplo, el uranio-235 y el plutonio-239 son isótopos fisionables. La Figura 25.11 muestra cómo el uranio-235 se divide en dos fragmentos más pequeños de aproximadamente el mismo tamaño al ser golpeado por un neutrón lento. Al mismo tiempo, la fisión libera más neutrones. Estos neutrones golpean el núcleo de otro átomo de uranio-235, lo que provoca una reacción en cadena. 🔑 **En una reacción en cadena, algunos de los neutrones emitidos reaccionan con otros átomos fisionables, que emiten neutrones que reaccionan con átomos aún más fisionables.**

La fisión nuclear puede liberar enormes cantidades de energía. Por ejemplo, la fisión de 1 kg de uranio-235 rinde una cantidad de energía igual a la producida por la explosión de 20,000 toneladas de dinamita. En una reacción nuclear en cadena no controlada, toda la energía se libera en fracciones de segundo. Una bomba atómica es un dispositivo que puede desencadenar una reacción nuclear en cadena no controlada.

Figura 25.11 Fisión del uranio
Al ser golpeado por un electrón lento, un núcleo de uranio-235 se divide en dos núcleos más pequeños y libera tres neutrones. *Predecir ¿Qué sucede cuando los neutrones liberados golpean otros núcleos de uranio-235?*

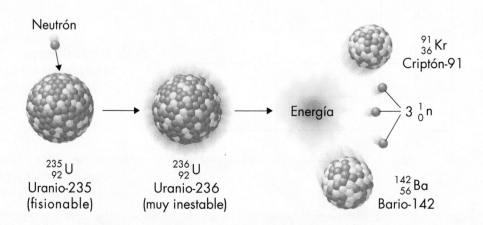

Neutrón

$^{91}_{36}Kr$
Criptón-91

$3\,^{1}_{0}n$

Energía

$^{235}_{92}U$
Uranio-235
(fisionable)

$^{236}_{92}U$
Uranio-236
(muy inestable)

$^{142}_{56}Ba$
Bario-142

La fisión se puede controlar para que la energía se libere más lentamente. Los reactores nucleares, como el que se muestra en la Figura 25.12, usan la fisión controlada para producir energía útil. La reacción se lleva a cabo en barras de combustible de uranio-235 o plutonio-239. Gran parte de la energía producida en esta reacción es en forma de calor. Un fluido, normalmente sodio líquido o agua, elimina calor de la parte central del reactor. Por tanto, el fluido se llama refrigerante. El fluido calentado se usa para transformar el agua en vapor, que impulsa una turbina que genera electricidad. El control de la fisión en un reactor nuclear consiste en dos pasos: moderación de neutrones y absorción de neutrones.

Moderación de neutrones La **moderación de neutrones** es un proceso que desacelera los neutrones para que el combustible del reactor pueda capturarlos y continúen la reacción en cadena. La moderación es necesaria porque la mayoría de los neutrones producidos se mueven tan rápido que pasarían por encima de un núcleo sin ser capturados. El agua y el carbono en forma de grafito son buenos moderadores.

Absorción de neutrones Para evitar que la reacción en cadena vaya demasiado rápido, algunos de los neutrones desacelerados deben ser atrapados antes de que golpeen átomos fisionables. La **absorción de neutrones** es un proceso que disminuye el número de neutrones de movimiento lento. Las barras de control, hechas de materiales como el cadmio, se usan para absorber neutrones. Cuando las barras de control se extienden casi completamente hasta el centro del reactor, absorben muchos neutrones y la fisión se produce lentamente. A medida que las barras se sacan, absorben menos neutrones y el proceso de fisión se acelera. Si la reacción en cadena se diera demasiado rápido, es posible que el calor producido fuera más de lo que el líquido refrigerante pudiera eliminar. El centro del reactor se recalentaría, lo que podría dar lugar a un fallo mecánico y a la liberación de materiales radiactivos a la atmósfera. En última instancia, podría ocurrir una fusión del centro del reactor.

Figura 25.12 Reactor nuclear
Un reactor nuclear se usa para producir electricidad. Un refrigerante absorbe el calor producido por la fisión controlada y transfiere el calor al agua, que cambia a vapor. El vapor impulsa una turbina, que acciona un generador que produce electricidad.
Interpretar diagramas *¿Qué sucede con el vapor después de que impulsa la turbina?*

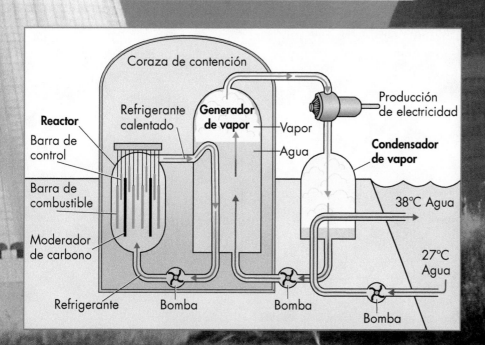

Coraza de contención

Reactor
Barra de control
Barra de combustible
Moderador de carbono

Refrigerante calentado
Generador de vapor
Vapor
Agua

Producción de electricidad
Condensador de vapor
38°C Agua
27°C Agua

Refrigerante   Bomba   Bomba
Bomba

Consulta reactor nuclear en línea animada.

KINETIC ART

Desarrollar destrezas de lectura:
Inferencia Cuando haces
una inferencia, en realidad
estás leyendo entre líneas.
Una inferencia debería estar
fundamentada en información del
texto y en cualquier conocimiento
previo que tengas. Después de
leer la sección Residuo nuclear,
usa la inferencia para explicar
cómo el almacenamiento de
residuos nucleares puede afectar
al medio ambiente.

Residuo nuclear Las barras de combustible de las centrales eléctricas nucleares son una fuente importante de residuos nucleares. Las barras de combustible están hechas de un isótopo fisionable, ya sea uranio-235 o plutonio-239. Las barras son largas y estrechas, típicamente de 3 metros de largo con un diámetro de 0.5 cm. En un reactor típico, hay trescientas barras de combustible que forman un conjunto, y un centenar de conjuntos están dispuestos para formar el núcleo del reactor. Durante la fisión, la cantidad de isótopos fisionables en cada barra de combustible disminuye. Finalmente, las barras ya no tienen suficiente combustible para generar electricidad constante. Las barras de combustible ya carentes del isótopo deben ser retiradas y sustituidas por nuevas barras de combustible.

Las barras de combustible gastadas se clasifican como residuos nucleares de alta actividad. Contienen una mezcla de isótopos altamente radiactivos, incluidos los productos de la fisión y los restos del combustible nuclear. Algunos de estos productos de la fisión tienen semividas muy cortas, de fracciones de segundo. Otros tienen una semivida de cientos o miles de años. Todas las centrales nucleares tienen tanques de retención, o "piscinas", para las barras de combustible gastadas. El agua enfría las barras gastadas y también actúa como un blindaje para reducir los niveles de radiación. Las piscinas, como la que se muestra en la Figura 25.13, son típicamente de 12 metros de profundidad. Los anaqueles de almacenamiento de la parte inferior de estas piscinas están diseñados para contener los elementos combustibles gastados. Las barras continúan produciendo calor durante años después de su separación del núcleo.

Las barras de combustible gastadas pueden pasar una década o más en un tanque de retención. En el pasado, los operadores de las plantas esperaban que las barras de combustible gastadas fueran reprocesadas. Cualquier isótopo fisionable que sobrara de las barras se reciclaría en la fabricación de nuevas barras de combustible. Sin embargo, con grandes depósitos de mineral de uranio disponibles (muchos en los Estados Unidos) es menos costoso producir combustible nuevo que volver a procesar el combustible agotado. En algunas plantas nucleares, la piscina de almacenamiento no tiene más espacio disponible. Para mantener estas plantas abiertas, sus barras de combustible deben almacenarse fuera de las instalaciones. Encontrar sitios de almacenamiento adecuados es difícil porque a veces es necesario almacenar durante mucho tiempo los residuos de alto nivel. Por ejemplo, el plutonio-239 no se degrada a niveles seguros sino después de 20.000 años. A menudo, las personas se preocupan de que haya residuos nucleares almacenados cerca o enviados a través de sus comunidades.

Figura 25.13 Desechar barras de combustible
Los anaqueles del fondo de esta piscina contienen barras de combustible gastadas. El brillo azulado proviene de las partículas beta que las barras emiten en el agua.

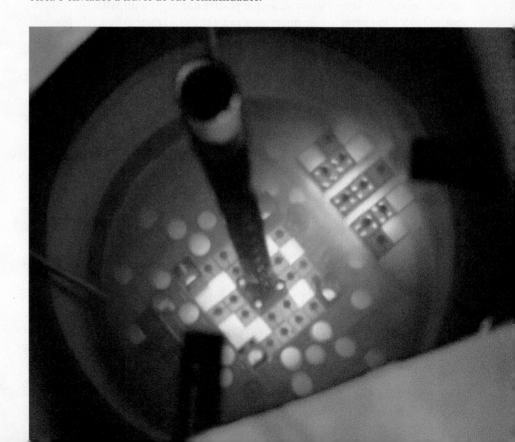

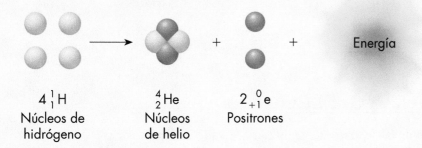

$$4\,_{1}^{1}\text{H}$$
Núcleos de
hidrógeno

$$_{2}^{4}\text{He}$$
Núcleos
de helio

$$2\,_{+1}^{0}\text{e}$$
Positrones

Energía

Figura 25.14 Fusión en el Sol
En el Sol, los núcleos de
hidrógeno se fusionan para
producir núcleos de helio.
Interpretar diagramas
*¿Cuáles son los otros productos
de esta reacción?*

Fusión nuclear

¿En qué se diferencian las reacciones de fisión y las reacciones de fusión?

El Sol, directa e indirectamente, es la fuente de energía más usada en la Tierra. La energía emitida por el Sol proviene de la fusión nuclear. La **fusión** ocurre cuando los núcleos se combinan para producir un núcleo de mayor masa. En la fusión solar, los núcleos de hidrógeno (protones) se fusionan para formar núcleos de helio. La Figura 25.14 muestra que la reacción también produce dos positrones. **Las reacciones de fusión, en las que se combinan pequeños núcleos, liberan mucha más energía que las reacciones de fisión, en las que un núcleo grande se divide y forma núcleos más pequeños.** Sin embargo, las reacciones de fusión ocurren sólo a temperaturas muy altas (en exceso de 40,000,000 °C).

El uso de la fusión nuclear controlada como fuente de energía en la Tierra es atractivo. Los combustibles potenciales son baratos y fácilmente disponibles. Algunos científicos están estudiando una reacción en la que un núcleo de deuterio (hidrógeno-2) y un núcleo de tritio (hidrógeno-3) se combinan para formar un núcleo de helio.

$$_{1}^{2}\text{H} + _{1}^{3}\text{H} \longrightarrow _{2}^{4}\text{He} + _{0}^{1}\text{n} + \text{energía}$$

Los problemas de la fusión yacen en alcanzar las altas temperaturas necesarias para iniciar la reacción y en la contención de la reacción una vez que ha comenzado. Las altas temperaturas requeridas para iniciar reacciones de fusión se han logrado usando una bomba de fisión. Esta bomba es el dispositivo de activación usado en las bombas de hidrógeno, que es un dispositivo de fusión no controlada. Sin embargo, este proceso no tiene uso como generador controlado de electricidad.

LA QUÍMICA Y TÚ

P: *Las altas temperaturas necesarias para producir la fusión existen en el núcleo del Sol. Al final del ciclo de vida del Sol, tendrán lugar otras reacciones de fusión. ¿Qué elemento se forma cuando se fusionan dos núcleos de helio?*

25.3 Comprobación de la lección

18. **Relacionar causa y efecto** Explica lo que ocurre en una reacción nuclear en cadena.

19. **Comparar** ¿En qué se diferencian las reacciones de fusión de las reacciones de fisión?

20. **Explicar** ¿Qué es la moderación de neutrones y por qué es necesaria en un reactor nuclear?

21. **Identificar** ¿Cuáles son dos fuentes de los núcleos radiactivos presentes en las barras de combustible gastado?

22. **Evaluar** Supón que los problemas técnicos de los reactores de fusión se pudieran superar. ¿Cuáles son las ventajas de usar un reactor de fusión para producir electricidad?

23. **Interpretar diagramas** Repasa el diagrama de un reactor en la Figura 25.12. ¿Qué función desempeña el agua en un reactor nuclear típico?

24. **Inferir** Algunos residuos nucleares se almacenan unos 600 metros debajo del desierto de Nuevo México dentro de cavernas cavadas a partir de un antiguo lecho de sal de roca. La tierra por encima del lugar de almacenamiento es propiedad del gobierno federal. ¿Por qué crees que escogieron este lugar?

25. **Describir** Lee sobre reactores de agua pesada en la página R35 del Manual de elementos. ¿Cuál es la ventaja de usar agua pesada en lugar de agua común como moderador de neutrones?

Energía nuclear a escala

Alrededor del 20 por ciento de la electricidad generada cada año en los Estados Unidos proviene de la energía nuclear. Los costos de operación de las centrales nucleares son inferiores a los de las plantas que queman combustibles fósiles. Sin embargo, una planta de energía nuclear, como la que se muestra en la foto, cuesta más y requiere más tiempo para construir que una planta de combustión de carbón. Además, la gente tiene dudas sobre la seguridad de estas plantas.

Las plantas que queman combustibles fósiles también tienen problemas. Las preocupaciones sobre el calentamiento global han hecho de la reducción de las emisiones de carbono una prioridad para muchos países. Para cumplir con este objetivo, las plantas que queman combustibles fósiles deben instalar una tecnología con el fin de atrapar el dióxido de carbono producido cuando queman carbón o gas natural. Una mayor dependencia de la energía nuclear puede ayudar a reducir las emisiones de carbono.

Ciertos investigadores de la Universidad Estatal de Oregon han propuesto un nuevo tipo de plantas nucleares para hacer frente a algunos de los problemas presentados por las plantas tradicionales. El gran reactor de superficie de una planta tradicional se sustituiría por módulos autocontenidos, que se encontrarían sesenta y cinco metros bajo tierra. La planta podría abrir con sólo unos pocos módulos. Se podría añadir más módulos según sea necesario.

Viejo vs. nuevo

	Planta tradicional	Planta a escala
Construcción	Las plantas de una sola unidad se deben construir en el lugar. El tiempo de construcción es de 7 a 10 años.	Las unidades modulares se construyen en la fábrica y se envían al lugar. El tiempo de construcción es de 3 a 3.5 años.
Método de refrigeración	El refrigerante circula gracias a válvulas y bombas alrededor del núcleo del reactor.	El refrigerante circula gracias a la gravedad, la condensación, la evaporación y la convección.
Seguridad	El reactor está en la superficie. Se requiere una fuente de energía para los sistemas de refrigeración. Si es necesario apagar el reactor, no se genera electricidad.	Los módulos están bajo tierra en cámaras de hierro autocontenidas e inmersas en una piscina de agua. Se puede apagar un módulo sin afectar a los demás.
Tamaño	Muchas plantas de una sola unidad requieren de aproximadamente 20 acres.	Una planta que genere tanta electricidad como una planta tradicional pequeña requeriría de aproximadamente 4 acres.

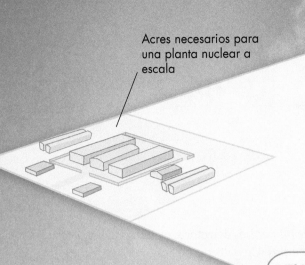

Acres necesarios para una planta nuclear a escala

|———— 1 milla ————|

Acres necesarios para una planta nuclear tradicional

VENTAJA DEL TAMAÑO Una ventaja de las plantas nucleares a escala es que requieren aproximadamente 80 por ciento menos acres que las plantas nucleares tradicionales.

Edificio del reactor

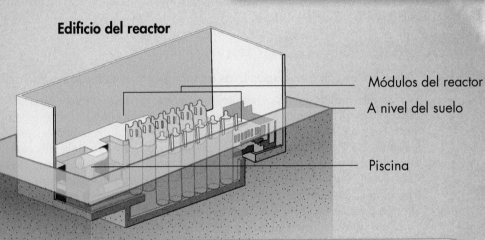

Módulos del reactor

A nivel del suelo

Piscina

VENTAJA DE SEGURIDAD Dado que los reactores a escala son autocontenidos, cualquier problema que tenga un módulo no afectará al resto de los módulos.

Un paso más allá

1. Interpretar tablas ¿Por qué las plantas a escala no necesitan una fuente de respaldo de energía eléctrica para el sistema de refrigeración?

2. Evaluar Las plantas nucleares proporcionan a menudo el poder para las grandes ciudades. ¿Qué aspectos de las nuevas plantas las hacen útiles para las zonas rurales?

3. Identificar ¿Qué problemas de seguridad relacionados con la energía nuclear no están resueltos en las plantas a escala?

25.4 Radiación en tu vida

LA QUÍMICA Y TÚ

P: *¿Cómo funciona un detector de humo?* Los detectores de humo pueden evitar lesiones o muertes por incendios. Un detector de humo típico de una casa contiene una pequeña cantidad de americio, $^{241}_{95}Am$, en forma de AmO_2. El americio-241 es un radioisótopo. Cuando el aire está libre de humo, una corriente fluye a través del detector de humo. Cuando el humo está presente, hay una caída en la corriente. Esta caída es detectada por un circuito electrónico, que provoca que suene una alarma. Esta lección te ayudará a entender el papel de la radiación en la detección de humo.

Detectar radiación

⚷ ¿Cuáles son tres dispositivos usados para detectar la radiación?

La radiación emitida por los radioisótopos tiene energía suficiente para derribar electrones fuera de algunos átomos de una sustancia bombardeada, produciendo iones. Por tanto, la radiación emitida por los radioisótopos se llama **radiación ionizante.** No es posible para los seres humanos ver, oír, oler o sentir la radiación ionizante. Así que la gente debe confiar en los dispositivos de detección para alertar de la presencia de radiación y controlar su nivel. Estos dispositivos funcionan debido a los efectos de la radiación cuando golpea átomos o moléculas en el detector. Por ejemplo, la radiación puede exponer una placa fotográfica, que produce una imagen tal como la que se muestra en la Figura 25.15. Cuando se revela la placa, sus zonas oscuras indican dónde se expuso la placa a la radiación. Algunos dispositivos se basan en la corriente producida cuando los átomos están ionizados. ⚷ **Comúnmente se usan los contadores Geiger, los contadores de centelleo y los dosímetros de película para detectar la radiación.**

Preguntas clave

⚷ **¿Cuáles son tres dispositivos usados para detectar la radiación?**

⚷ **¿Cuáles son algunos usos prácticos de los radioisótopos?**

Vocabulario

- radiación ionizante

LA QUÍMICA Y TÚ

P: *La radiación emitida en un detector de humo ioniza el nitrógeno y el oxígeno del aire, y una corriente fluye. Cuando las partículas de humo se adhieren a los iones, los iones pierden la carga. ¿Qué sucede después?*

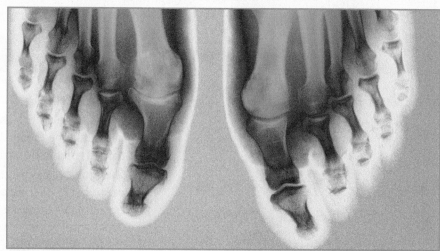

Figura 25.15 Rayos X Los rayos X permiten que los médicos vean dentro del cuerpo sin tener que abrir el cuerpo. Se añadió color para resaltar algunas partes de la imagen.

Contador Geiger Un contador Geiger usa un tubo de metal lleno de gas para detectar la radiación. El tubo tiene un electrodo de alambre central conectado a una fuente de alimentación. Cuando la radiación ionizante penetra una ventana delgada en un extremo del tubo, el gas dentro del tubo se ioniza. Debido a los iones y electrones libres producidos, el gas es capaz de conducir la electricidad. Cada vez que un tubo Geiger se expone a la radiación, la corriente fluye. Las ráfagas de electricidad impulsan los contadores electrónicos o provocan clics audibles desde un altavoz incorporado. Los contadores Geiger pueden detectar radiaciones alfa, beta y gamma. Los primeros contadores Geiger manuales y pequeños se desarrollaron en la década de 1930.

Los astrónomos usan contadores Geiger para detectar rayos cósmicos del espacio exterior. Los geólogos usan contadores Geiger para buscar minerales radiactivos, como minerales de uranio. Estos dispositivos también se usan para comprobar que no haya fugas en hospitales y otros lugares que usen radiación. La Figura 25.16 muestra un uso de un contador Geiger.

Contador de centelleo Un contador de centelleo usa una superficie cubierta de fósforo para detectar la radiación. Cuando la radiación ionizante incide en la superficie, el fósforo produce destellos brillantes de luz, o centelleos. Se detecta el número de destellos y energías electrónicamente. Los datos se convierten a continuación en impulsos electrónicos, que se miden y registran. Los contadores de centelleo son más sensibles que los contadores Geiger. Esto significa que pueden detectar la radiación que no pueden detectar los contadores Geiger. Los contadores de centelleo se usan para darle seguimiento al paso de radioisótopos a través del cuerpo. También se usan para supervisar el posible transporte de materiales radiactivos a través de las fronteras nacionales y a través de los aeropuertos.

Dosímetro de película La Figura 25.17 es un diagrama de un dosímetro de película típico. El dosímetro contiene capas de película fotográfica cubiertas con papel negro a prueba de luz. La película se sella en un soporte de plástico o de metal. Para llegar a la película, la radiación debe pasar a través de un filtro, que absorbe parte de la radiación, o un área transparente a través de la cual la radiación puede pasar fácilmente. Las personas que trabajan con o cerca de radiación ionizante deben llevar un dosímetro de película para controlar su exposición mientras están en el trabajo. A intervalos específicos, la película se retira y se revela. La fuerza y el tipo de radiación se determinan mediante la comparación de la oscuridad de la película en todas las áreas expuestas. Se lleva un registro de los resultados. Los dosímetros de película no protegen a las personas contra la radiación, pero permiten monitorear el grado de exposición. Para protegerse, los trabajadores deben mantener una distancia de seguridad de la fuente y usar un blindaje adecuado.

Figura 25.16 Contadores Geiger
Esta persona está usando un contador Geiger para detectar áreas de radiación en un suelo contaminado por un derrame.

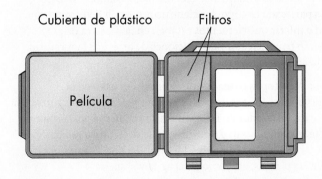

Cubierta de plástico   Filtros

Película

Figura 25.17 Dosímetro de película
En un dosímetro de película, la radiación pasa por varios filtros o por un área transparente antes de llegar a la película. Por cada área pasan diferentes cantidades de radiación.

Propósito Demostrar la relación que hay entre la intensidad de la radiación y la distancia hasta la fuente de radiación

Materiales

- **linterna**
- **tiras de cinta adhesiva**
- **tijeras**
- **cartulina blanca (50 cm × 50 cm)**
- **regla o cinta para medir**
- **superficie plana lo suficientemente larga como para sostener una regla métrica**
- **papel cuadriculado**

Relaciones de cuadrado inverso

Procedimiento

1. Estima y anota la distancia (A) desde el filamento de la bombilla hasta la superficie delantera de la linterna.

2. Cubre el extremo de una linterna con tiras de cinta adhesiva. Deja una ranura cuadrada de 1 cm × 1 cm en el centro de la cinta.

3. Coloca la linterna de lado sobre una superficie plana. Enciende la linterna. Oscurece la habitación.

4. Coloca un pedazo grande de cartulina blanca en frente de la linterna, perpendicular a la superficie horizontal.

5. Aleja la linterna de la cartulina en incrementos pequeños. En cada

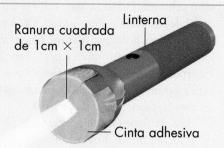

posición, anota la distancia (B) desde la linterna hasta la cartulina y la longitud (L) de un lado de la imagen cuadrada en la cartulina.

6. En una hoja de papel cuadriculado, haz los puntos L en el eje de las y versus A + B en el eje de las x. En otra hoja, haz los puntos L^2 en el eje de las y versus A + B en el eje de las x.

Analizar y concluir

1. Hacer generalizaciones A medida que la linterna se mueve lejos de la mesa, ¿qué le sucede a la intensidad de la luz de la imagen cuadrada? Usa las gráficas para describir la relación entre la intensidad y la distancia.

2. Explicar Cuando la distancia entre la linterna y la cartulina (B) se duplica y triplica, ¿qué ocurre con las zonas y las intensidades de los cuadrados?

Usar radiación

¿Cuáles son algunos usos prácticos de los radioisótopos?

Aunque la radiación puede ser perjudicial, puede ser usada con seguridad y tiene muchas aplicaciones importantes. **Los radioisótopos se usan para analizar la materia, estudiar el crecimiento de las plantas, diagnosticar problemas médicos y tratar enfermedades.**

Analizar la materia Los científicos usan la radiación para detectar rastros de elementos en las muestras. El proceso se denomina análisis de activación de neutrones. Una muestra es bombardeada con neutrones de una fuente radiactiva. Algunos átomos en la muestra se vuelven radioactivos. La semivida y el tipo de radiación emitida pueden detectarse y analizarse con una computadora. Debido a que estos datos son únicos para cada isótopo, los científicos pueden determinar qué radioisótopos se producen e inferir qué elementos estaban en la muestra original. Los museos usan este proceso para detectar falsificaciones de arte. Los laboratorios forenses lo usan para analizar los residuos de pólvora.

Usar rastreadores Los radioisótopos llamados rastreadores se usan en la agricultura para poner a prueba los efectos de los herbicidas, pesticidas y fertilizantes en las plantas. Se introduce un rastreador en la sustancia a probar. Luego, las plantas se tratan con la sustancia marcada. Se usan dispositivos que detectan la radiactividad para localizar la sustancia en las plantas. El rastreador también puede monitorearse en animales que consumen las plantas, así como en el agua y el suelo.

Diagnosis de problemas médicos Los radioisótopos se pueden usar para detectar trastornos de la glándula tiroides, que está ubicada en la garganta. La principal función de esta glándula es controlar la velocidad con la que tus células liberan la energía de los alimentos. La glándula tiroides extrae iones yoduro de la sangre y los usa para hacer la hormona tiroxina. Para diagnosticar un trastorno de la tiroides, el paciente recibe una bebida que contiene una pequeña cantidad del radioisótopo yodo-131. Después de aproximadamente dos horas, se mide la cantidad ingerida de yoduro mediante el escaneo de la garganta del paciente con un detector de radiación. La Figura 25.18 muestra los resultados de un análisis de este tipo. De manera similar, el radioisótopo tecnecio-99m se usa para detectar los tumores cerebrales y los trastornos del hígado. El fósforo-32 se usa para detectar el cáncer de piel.

Tratamiento de enfermedades La radiación es un método que se usa en el tratamiento de algunos tipos de cáncer. El cáncer es una enfermedad en la cual las células anormales del cuerpo se producen a un ritmo mucho más rápido que las células normales. La masa de células cancerígenas resultante de este crecimiento descontrolado se llama tumor. Las células cancerosas que crecen rápidamente son más susceptibles al daño por radiación de alta energía, como rayos gamma, que las células sanas. Por tanto, la radiación se puede usar para matar las células cancerosas de un tumor. Sin embargo, también mueren algunas células normales y las células cancerosas en el centro del tumor pueden ser resistentes a la radiación. Por tanto, los beneficios del tratamiento y los riesgos para el paciente deben ser evaluados cuidadosamente antes de comenzar el tratamiento con radiación. El cobalto-60 y el cesio-137 son las fuentes de radiación típicas para la terapia del cáncer.

Las sales de los radioisótopos también se pueden sellar en tubos de oro para insertarlos directamente en los tumores. Este método de tratamiento se llama siembra. Las sales emiten rayos beta y gamma que matan las células cancerosas. Dado que el radioisótopo está en un recipiente sellado, no puede viajar a otras partes del cuerpo.

Los medicamentos por receta que contienen isótopos radiactivos de oro, yodo y fósforo a veces se usan en la terapia de radiación. Por ejemplo, al paciente se le puede dar una dosis de yodo-131 mayor que la que se usa para detectar enfermedades de la tiroides para el tratamiento de una enfermedad. El yodo radiactivo pasa a través del sistema digestivo a la sangre, que lo lleva a la tiroides. El yodo que se acumula en la glándula emite partículas beta y rayos gamma, que proporcionan la terapia.

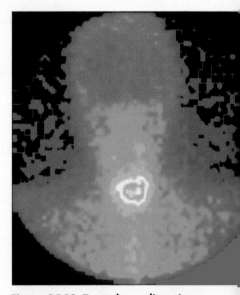

Figura 25.18 Trazador radioactivo
Esta imagen escaneada de una glándula tiroides muestra dónde se ha absorbido el yodo-131. Los médicos usan estas imágenes para identificar trastornos de la tiroides.

25.4 Comprobación de la lección

26. Comparar En cada uno de los tres dispositivos de detección descritos en la lección, ¿cuál se usa para detectar la radiación?

27. Repasar ¿Cuáles son dos maneras en que se pueden usar los radioisótopos en la medicina?

28. Definir ¿Por qué la radiación emitida por los radioisótopos se llama radiación ionizante?

29. Explicar Supón que trabajaste con o cerca de una fuente de radiación. ¿Por qué tu empleador podría usar un dosímetro de película en lugar de un contador Geiger para controlar tu exposición a la radiación?

30. Inferir ¿Por qué los aeropuertos usan contadores de centelleo y no contadores Geiger para buscar materiales radiactivos?

31. Comparar ¿Qué dispositivo, contador Geiger, contador de centelleo o dosímetro de película, es más parecido a un detector de humo? Explica tu elección.

32. Hacer una secuencia Describe brevemente los tres pasos que ocurren cuando el yodo-131 se usa para diagnosticar enfermedades de la tiroides.

33. Explicar ¿Cuál es una de las ventajas de usar tubos sellados, o semillas, para el tratamiento de un tumor?

25 Guía de estudio

GRANIDEA LOS ELECTRONES Y LA ESTRUCTURA DE LOS ÁTOMOS

Los núcleos atómicos inestables se desintegran al emitir partículas alfa y beta. Por lo general, también emiten rayos gamma. Durante la fisión y la fusión, los átomos cambian su identidad química porque cambia el número de protones en sus núcleos. En la fisión, los núcleos grandes se dividen en dos o más núcleos más pequeños. En la fusión, los núcleos más pequeños se combinan para formar núcleos más grandes a muy alta temperatura y presión. La capacidad para detectar partículas emitidas cuando los núcleos se desintegran ayuda a los científicos a estudiar los procesos que tienen lugar en los organismos vivos. Esta capacidad también permite a los científicos determinar la edad de los fósiles y otros objetos.

25.1 Radiación nuclear

🔑 A diferencia de las reacciones químicas, las reacciones nucleares no se ven afectadas por los cambios de temperatura, presión o la presencia de catalizadores. Además, las reacciones nucleares de un radioisótopo dado no se pueden desacelerar, acelerar o detener.

🔑 Tres tipos de radiación nuclear son la radiación alfa, la radiación beta y la radiación gamma.

- radioactividad (876)
- radiación nuclear (876)
- radioisótopo (876)
- partícula alfa (877)
- partícula beta (878)
- rayo gamma (879)

25.2 Transformaciones nucleares

🔑 La razón de neutrones a protones en un radioisótopo determina el tipo de desintegración que se produce.

🔑 Durante cada semivida, la mitad de los átomos radiactivos restantes se desintegra en átomos de un elemento nuevo.

🔑 Una transmutación puede ocurrir por desintegración radiactiva o cuando las partículas bombardean el núcleo de un átomo.

- fuerza nuclear (880)
- banda de estabilidad (880)
- positrón (881)
- semivida (882)
- transmutación (885)
- elementos transuránicos (886)

Ecuación clave

$$A = A_0 \times \left(\frac{1}{2}\right)^n$$

25.3 Fisión y fusión

🔑 En una reacción en cadena, algunos de los neutrones emitidos reaccionan con otros átomos fisionables, que emiten neutrones que reaccionan con aún más átomos fisionables.

🔑 Las reacciones de fusión, en las que se combinan núcleos pequeños, liberan mucha más energía que las reacciones de fisión, en las que se dividen grandes núcleos para formar núcleos más pequeños.

- fisión (888)
- moderación de neutrones (889)
- absorción de neutrones (889)
- fusión (891)

25.4 Radiación en tu vida

🔑 Comúnmente se usan los contadores Geiger, los contadores de centelleo y los dosímetros de película para detectar la radiación.

🔑 Los radioisótopos se usan para analizar la composición de la materia, estudiar el crecimiento de las plantas, diagnosticar problemas médicos y tratar enfermedades.

- radiación ionizante (894)

Afinar las matemáticas: Reacciones nucleares

Problema	❶ Analizar	❷ Calcular	❸ Evaluar
El plutonio-239 se desintegra al emitir una partícula alfa. ¿Cuál es el producto de esta reacción? $^{239}_{94}Pu \longrightarrow ^{4}_{2}He + X$	Conocido: número de masa de Pu = 239 número de masa de α = 4 número atómico de Pu = 94 número atómico de α = 2 Desconocido: Número de masa de X = ? Número atómico de X = ? Identidad de X = ? En la ecuación de una reacción nuclear, los números de masa y los números atómicos deben estar balanceados.	El número de masa de X debe ser igual al número de masa de Pu menos el número de masa de α. El número atómico de X debe ser igual al número atómico de Pu menos el número atómico de α. $^{239}_{94}Pu \longrightarrow ^{4}_{2}He + ^{239-4}_{94-2}X$ $\longrightarrow ^{4}_{2}He + ^{235}_{92}X$ El elemento que tiene el número atómico 92 es el uranio. $^{239}_{94}Pu \longrightarrow ^{4}_{2}He + ^{235}_{92}U$	Los números de masa dan un total de 239 a ambos lados de la ecuación. Los números atómicos dan un total de 94 a ambos lados de la ecuación. El isótopo uranio-235 es un radioisótopo bien conocido.
El torio-234 tiene una semivida de 24.1 días. Si una muestra de torio-234 tiene una masa de 6.4×10^{-12} g, ¿cuánto queda de la muestra después de 72.3 días?	Conocido: Masa original de Th = 6.4×10^{-12} g Tiempo de desintegración = 72.3 días $t_{\frac{1}{2}}$ = 24.1 días Desconocido: Masa restante de Th = ? La masa del torio-234 disminuye a la mitad con cada semivida. Halla el número de semividas en 72.3 días y multiplica la masa del torio por $\frac{1}{2}$ por cada semivida.	Divide el tiempo de desintegración por la semivida de torio para hallar el número de semividas. $\dfrac{72.3 \text{ días}}{24.1 \text{ días/semivida}} = 3$ semividas Multiplica la masa del torio por $\frac{1}{2}$ tres veces. 6.4×10^{-12} g $\times \frac{1}{2} \times \frac{1}{2} \times \frac{1}{2} =$ 8.0×10^{-11} g	Después de tres semividas, el número de átomos de un radioisótopo disminuirá a $\frac{1}{8}$ de su número original. Pista: Repasa el Ejemplo de problema 25.1 para otro cálculo relacionado con semividas.
El carbono-14 sufre una desintegración beta y produce nitrógeno-14. La semivida de este proceso es 5730 años. En una muestra de una pieza antigua de cerámica, la razón de átomos de carbono-14 a átomos de nitrógeno-14 es 25%. ¿Qué edad tiene la pieza de cerámica?	Conocido: $t_{\frac{1}{2}}$ = 5730 años Razón de C-14 a N-14 = 25% Desconocido: Edad de la muestra = ? El número de átomos de C-14 disminuye a la mitad cada 5730 años. Halla el número de semividas que reducen el número de átomos de C-14 a $\frac{1}{4}$ (25%) y multiplica por 5730.	Una razón de $\frac{1}{4}$ de átomos de C14 a átomos de N-14 significa que el C-14 se ha desintegrado por dos semividas: $\dfrac{1}{4} = \dfrac{1}{2} \times \dfrac{1}{2} = \left(\dfrac{1}{2}\right)^2$ Convierte las dos semividas a años. 5730 años $\times 2 =$ 11,460 años	La muestra de cerámica tiene 11,460 años de edad, lo que es igual a dos semividas o el tiempo necesario para que 75% de los átomos de carbono-14 se desintegren.

Afinar las matemáticas **899**

Lección por lección

25.1 Radiación nuclear

34. Explica en qué se diferencian los radioisótopos de otros isótopos.

35. La desintegración del radio-226 produce un isótopo del elemento radón y radiación alfa. El número atómico del radio (Ra) es 88. El número del radón (Rn) es 86. Escribe una ecuación balanceada para esta transformación.

*36. Un isótopo del elemento plomo (Pb) se desintegra a un isótopo del elemento bismuto (Bi) por la emisión de una partícula beta. Completa la ecuación de la reacción suministrando el número atómico y masa atómica que faltan.

$$^{210}_{?}\text{Pb} \longrightarrow ^{?}_{83}\text{Bi} + ^{0}_{-1}\text{e}$$

37. Escribe el símbolo y la carga de cada opción.

a. partícula alfa
b. partícula beta
c. rayo gamma

*38. La radiación alfa es emitida durante la desintegración de los siguientes isótopos. Escribe una ecuación nuclear balanceada para describir cada proceso de desintegración. Nombra el elemento producido en cada caso.

a. uranio-238 ($^{238}_{92}\text{U}$)
c. uranio-235 ($^{235}_{92}\text{U}$)
b. torio-230 ($^{230}_{90}\text{Th}$)
d. radón-222 ($^{222}_{86}\text{Rn}$)

39. Los siguientes radioisótopos son emisores beta. Escribe ecuaciones nucleares balanceadas para describir cada proceso de desintegración.

a. carbono-14 ($^{14}_{6}\text{C}$)
c. potasio-40 ($^{40}_{19}\text{K}$)
b. estroncio-90 ($^{90}_{38}\text{Sr}$)
d. nitrógeno-13 ($^{13}_{7}\text{N}$)

*40. ¿Cómo se ven afectados el número de masa y el número atómico de un núcleo por la pérdida de lo siguiente?

a. partícula beta
b. partícula alfa
c. rayo gamma

41. Los siguientes núcleos radiactivos se descomponen por emisión de partículas alfa. Escribe el producto del proceso de descomposición de cada isótopo.

a. $^{238}_{94}\text{Pu}$
c. $^{210}_{84}\text{Po}$
b. $^{210}_{83}\text{Bi}$
d. $^{230}_{90}\text{Th}$

25.2 Transformaciones nucleares

*42. ¿Qué le sucede a un átomo con un núcleo que está fuera de la banda de estabilidad?

43. Escribe una ecuación para la desintegración radiactiva del flúor-17 por emisión de positrones.

44. Identifica el isótopo más estable en cada par.

a. $^{14}_{6}\text{C}$, $^{13}_{6}\text{C}$
c. $^{15}_{8}\text{O}$, $^{16}_{8}\text{O}$
b. $^{3}_{1}\text{H}$, $^{1}_{1}\text{H}$
d. $^{13}_{7}\text{N}$, $^{14}_{7}\text{N}$

45. Define *semivida*.

46. ¿Por qué es importante que los isótopos radiactivos que se usan para el diagnóstico o tratamiento de problemas médicos tengan una vida media relativamente corta?

* 47. A un paciente se le administran 20 mg de yodo-131. La semivida del yodo-131 es de 8 días. ¿Cuánto del isótopo permanecerá en el cuerpo del paciente después de 40 días?

48. ¿Cuál es la diferencia entre radiactividad natural y artificial?

49. ¿Cuáles son los elementos transuránicos? ¿Por qué son poco usuales?

25.3 Fisión y fusión

50. Describe el proceso de la fisión nuclear y define una reacción nuclear en cadena.

51. ¿Por qué las barras de combustible gastadas se retiran del núcleo de un reactor? ¿Qué contienen? ¿Qué sucede con ellas después de que se retiran?

52. Las reacciones de fusión producen enormes cantidades de energía. ¿Por qué la fusión no se usa para generar energía eléctrica?

25.4 Radiación en tu vida

53. ¿Por qué los rayos X y la radiación emitida por los radioisótopos se llaman radiación ionizante?

54. Por qué las personas deben contar con dispositivos como los contadores Geiger para detectar la radiación?

55. ¿Qué tipo de personas están obligadas a llevar un dosímetro de película y cuál es el propósito de este dispositivo?

56. ¿Por qué las células cancerosas son más fáciles de dañar con radiación de alta energía que las células sanas?

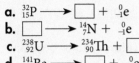

★ **57.** Escribe ecuaciones nucleares balanceadas de estas transmutaciones.

   a. $^{30}_{15}P$ a $^{30}_{14}Si$
   b. $^{13}_{6}C$ a $^{14}_{6}C$
   c. $^{131}_{53}I$ a $^{131}_{54}Xe$

58. ¿En qué se diferencian las reacciones nucleares que tienen lugar en el Sol de las reacciones nucleares que tienen lugar en un reactor nuclear?

59. Completa estas ecuaciones nucleares.

   a. $^{32}_{15}P \longrightarrow \boxed{} + ^{0}_{-1}e$
   b. $\boxed{} \longrightarrow ^{14}_{7}N + ^{0}_{-1}e$
   c. $^{238}_{92}U \longrightarrow ^{234}_{90}Th + \boxed{}$
   d. $^{141}_{56}Ba \longrightarrow \boxed{} + ^{0}_{-1}e$
   e. $\boxed{} \longrightarrow ^{181}_{77}Ir + ^{4}_{2}He$

60. Escribe ecuaciones nucleares de la desintegración beta de los siguientes isótopos.

   a. $^{90}_{38}Sr$ **b.** $^{14}_{6}C$ **c.** $^{137}_{55}Cs$ **d.** $^{239}_{93}Np$ **e.** $^{50}_{22}Ti$

61. La gráfica muestra la curva de desintegración radiactiva del torio-234. Usa la gráfica para responder las preguntas siguientes.

Desintegración del torio-234

   a. ¿Qué porcentaje del isótopo permanece después de 60 días?
   b. Transcurridos 40 días, ¿cuántos gramos de una muestra de 250 g de torio-234 permanecerían?
   c. ¿Cuántos días se tardan 44 g de torio-234 en desintegrarse a 4.4 g de torio-234?
   d. ¿Cuál es la semivida del torio-234?

62. Escribe una ecuación nuclear balanceada para cada ecuación en palabras.

   a. El radón-222 emite una partícula alfa para formar polonio-218.
   b. El radio-230 se produce cuando el torio-234 emite una partícula alfa.
   c. Cuando el polonio-210 emite una partícula alfa, el producto es plomo-206.

63. Describe brevemente las contribuciones que hicieron las siguientes personas al estudio de la radiactividad y de la química nuclear.

   a. Marie Curie
   b. Antoine Henri Becquerel
   c. James Chadwick
   d. Ernest Rutherford

64. ¿Cuántos protones y neutrones hay en cada uno de los siguientes núcleos?

   a. $^{60}_{27}Co$ **b.** $^{206}_{82}Pb$ **c.** $^{233}_{90}Th$ **d.** $^{3}_{1}H$

★ **65.** Una muestra de materia tiene 32 millones de átomos radiactivos. ¿Cuántos de estos átomos quedarían después de cinco semividas?

66. Escribe ecuaciones nucleares balanceadas para las emisiones alfa de cada uno de estos isótopos.

   a. $^{231}_{91}Pa$ **b.** $^{241}_{95}Am$ **c.** $^{226}_{88}Ra$ **d.** $^{252}_{99}Es$

★ **67.** Escribe ecuaciones nucleares balanceadas de la emisión beta de cada uno de estos isótopos.

   a. $^{3}_{1}H$ **b.** $^{28}_{12}Mg$ **c.** $^{131}_{53}I$ **d.** $^{75}_{34}Se$

68. Usa el concepto de estabilidad para comparar las reacciones químicas con las reacciones nucleares.

69. La proporción de carbono-14 a carbono-12 en un trozo de carbón de una excavación arqueológica es la mitad de la razón de carbono-14 a carbono-12 en un pedazo de madera recién cortada. ¿Cuál es la edad del trozo de carbón?

70. ¿En qué se parecen un positrón y un electrón? ¿En qué se diferencian?

★ **71.** Usa lo que sabes acerca de ecuaciones nucleares de reacción balanceadas para completar las siguientes ecuaciones.

   a. $^{38}_{19}K \longrightarrow ^{38}_{20}Ca + ?$
   b. $^{242}_{94}Pu \longrightarrow ? + ^{4}_{2}He$
   c. $^{68}_{31}Ga \longrightarrow ? + ^{0}_{-1}e$
   d. $^{68}_{32}Ge \longrightarrow ^{68}_{31}Ga + ?$

Piensa de manera crítica

*72. Clasificar Nombra los elementos representados por los siguientes símbolos e indica cuál de estos no tiene isótopos estables.

a. Pt   **b.** Th   **c.** Fr   **d.** Ti
e. Xe   **f.** Cf   **g.** V   **h.** Pd

73. Interpretar gráficas Usa la gráfica para determinar cuál de estos isótopos tiene núcleos estables: neón-21, circonio-90 y neodimio-130.

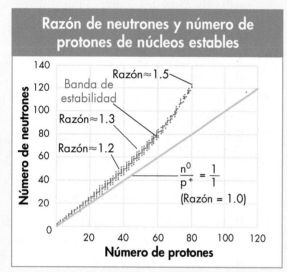

Razón de neutrones y número de protones de núcleos estables

Número de neutrones (eje y): 0, 20, 40, 60, 80, 100, 120, 140
Número de protones (eje x): 20, 40, 60, 80, 100, 120

Banda de estabilidad
Razón ≈ 1.5
Razón ≈ 1.3
Razón ≈ 1.2

$$\frac{n^0}{p^+} = \frac{1}{1}$$
(Razón = 1.0)

74. Usar analogías Compara la semivida de un elemento con un torneo deportivo de eliminación simple. *Pista:* ¿Qué sucede en cada ronda del torneo?

75. Inferir Un núcleo radioactivo se desintegra para dar un núcleo de bismuto-211 ($^{211}_{83}$Bi) y una partícula alfa. ¿Cuál era el núcleo original?

*76. Calcular El contenido de carbono-14 de un objeto produce 4 conteos por minuto por gramo de carbono. La materia viva tiene un contenido de carbono-14 que produce 16 conteos por minuto por gramo de carbono. ¿Cuál es la edad del objeto?

77. Relacionar causa y efecto ¿Por qué una partícula alfa es menos penetrante que una partícula beta?

78. Inferir ¿Por qué los radioisótopos de C, N y O pueden ser especialmente perjudiciales para los seres vivos?

79. Comparar y contrastar El yodo-131 se usa para diagnosticar y tratar los trastornos de la tiroides. ¿Cuál es la principal diferencia entre los dos procesos?

80. Aplicar conceptos ¿Debería usarse un radioisótopo con una semivida medida en días en un detector de humo? ¿Por qué?

81. Calcular Bismuto-209 fue bombardeado con hierro-58 durante varios días. Se produjo meitnerio ($^{266}_{109}$Mt). ¿Cuántos neutrones fueron liberados por átomo?

$$^{209}_{83}Bi + {}^{58}_{26}Fe \longrightarrow {}^{266}_{109}Mt + ?{}^{1}_{0}n$$

*82. Predecir Cuando los neutrones chocan con magnesio-24 ($^{24}_{12}$Mg), un neutrón es capturado y algunos fotones son expulsados. ¿Qué nuevo elemento se forma?

83. Hacer generalizaciones El plutonio-239 emite partículas alfa, que no penetran en una delgada hoja de papel o la piel. ¿En qué condiciones es el plutonio-239 especialmente peligroso para los organismos?

*84. Calcular El tritio (hidrógeno-3) tiene una semivida de 12.3 años. ¿Qué edad tiene una botella de vino si el contenido de tritio es el 25% del de un vino nuevo?

85. Aplicar conceptos ¿Qué propiedades de los isótopos hacen posible el uso del análisis de activación de neutrones para identificar la composición de la materia?

86. Relacionar causa y efecto ¿Qué efecto tuvo el descubrimiento de la radiactividad en el modelo atómico de Dalton?

87. Analizar datos Una muestra de californio-249 ($^{249}_{98}$Cf) se usó como objetivo en la síntesis de seaborgio ($^{236}_{106}$Sg). Se emitieron cuatro neutrones por cada $^{249}_{98}$Cf transformado. El resultado fue un núcleo con 106 protones y una masa de 263 uma. ¿Qué tipo de partícula golpeó el objetivo?

$$^{249}_{98}Cf + ? \longrightarrow 4{}^{1}_{0}n + {}^{263}_{106}Sg$$

88. Usar modelos Explica cómo las fichas de dominó que caen en la fotografía se pueden usar como modelo para una reacción en cadena.

89. Calcular El radioisótopo cesio-137 tiene una semivida de 30 años. Una muestra se desintegró a una tasa de 544 conteos por minuto en el año 1985. ¿En qué año la tasa de desintegración tendrá 17 conteos por minuto?

90. Interpretar gráficas Usa la siguiente gráfica para responder a las preguntas.

a. Describe el proceso que se está representado en la gráfica.

b. Sugiere un título adecuado para la gráfica.

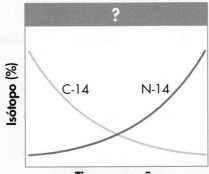

91. Aplicar conceptos El bismuto-211 se desintegra por emisión alfa para producir otro radioisótopo, el cual emite radiación beta hasta que se transforma en un isótopo estable. Escribe las ecuaciones de las reacciones nucleares y el nombre de los productos de la desintegración.

92. Analizar datos ¿Qué isótopo queda después de que un isótopo de torio-234 pierde tres partículas beta y cinco partículas alfa?

93. Evaluar En el siguiente argumento, el tercer enunciado se basa en los dos primeros enunciados. ¿Es lógico el razonamiento? ¿Por qué?

(1) La radiación mata las células que crecen rápido.

(2) Las células cancerosas crecen rápido.

(3) Por tanto, la radiación mata solamente las células cancerosas.

★94. Calcular El uranio tiene una densidad de 19 g/cm³. ¿Qué volumen ocupa una masa de 8.0 kg de uranio?

95. Hacer generalizaciones El elemento 107 (Bh) se forma cuando cada uno de los núcleos del elemento 109 (Mt) emite una partícula alfa. Los núcleos del elemento 107, a su vez, emiten una partícula alfa, formando un átomo con un número de masa de 262. Escribe las ecuaciones balanceadas de estas dos reacciones nucleares.

96. Resumir Investiga métodos que se usan para datar materiales, como cerámica, coral y piedra. Prepara un informe escrito que resuma tus resultados sobre los radioisótopos usados, sus semividas y sus limitaciones.

97. Explicar Investiga cómo se produce el tecnecio-99m. ¿Qué significa la letra *m* al final del nombre? ¿Cómo se usa este isótopo para hacer resonancias magnéticas de los huesos?

MISTERIOQUÍMICO

Un bebé de la Edad de hielo

Los científicos fueron capaces de usar datación por carbono-14 para determinar la edad de la cría de mamut descubierta en el año 2007. Durante la corta estadía de Lyuba en la Tierra, la razón de carbono-14 a otros isótopos de carbono en su cuerpo fue constante. Después de su muerte, los átomos inestables de carbono-14 comenzaron a descomponerse. La razón de átomos de carbono-14 a otros átomos de carbono ya no era fija. Tomando en cuenta la razón de los isótopos de carbono en la muestra conservada, Lyuba vivió y murió hace unos 40,000 años.

Los arqueólogos usan el mismo método para datar artefactos dejados por culturas antiguas. Un artefacto es un objeto hecho o formado por seres humanos. Ejemplos de artefactos son herramientas, armas y adornos.

98. Calcular ¿Aproximadamente cuántas semividas representan 40,000 años? La semivida del carbono-14 es de 5730 años.

99. Aplicar conceptos Ciertos arqueólogos encuentran un cuenco de madera, una punta de flecha de piedra y una cuenta de hueso en un sitio que sospechan tiene 40,000 años de antigüedad. ¿Qué objetos pueden usar para probar su hipótesis? Explica.

100. Conexión con la GRANIDEA Describe qué sucede con la estructura de los átomos de carbono-14 a medida que se desintegran.

101. ¿Cuántos protones, neutrones y electrones hay en un átomo de cada isótopo?

  a. hierro-59
  b. uranio-235
  c. cromo-52

102. ¿Cuál es el principio de exclusión de Pauli? ¿Cuál es la regla de Hund?

103. Identifica los enlaces que hay entre cada par de átomos como iónico o covalente.

  a. carbono y silicio
  b. calcio y flúor
  c. azufre y nitrógeno
  d. bromo y cesio

104. El siguiente diagrama muestra una molécula de agua. Identifica la ubicación de cualquier carga positiva parcial y negativa parcial en la molécula. Luego, explica cómo las cargas parciales y sus ubicaciones producen una atracción entre diferentes moléculas de agua.

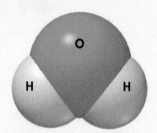

★105. Un pedazo de magnesio con una masa de 10.00 g se añade a ácido sulfúrico. ¿Cuántos centímetros cúbicos de gas hidrógeno (a TPE) se producirán si el magnesio reacciona completamente? ¿Cuántos moles de gas hidrógeno se encuentran en este volumen?

106. Balancea las siguientes ecuaciones.

  a. $Ca(OH)_2 + HCl \longrightarrow CaCl_2 + H_2O$
  b. $Fe_2O_3 + H_2 \longrightarrow Fe + H_2O$
  c. $NaHCO_3 + H_2SO_4 \longrightarrow$
  $ Na_2SO_4 + CO_2 + H_2O$
  d. $C_2H_6 + O_2 \longrightarrow CO_2 + H_2O$

★107. Tienes una solución 0.30M de sulfato de sodio. ¿Qué volumen (en mL) se debe medir para dar 0.0020 moles de sulfato de sodio?

108. Dibuja la fórmula estructural de cada compuesto.

  a. 2,2-dimetilhexano
  b. 1,2-dimetilciclopentano
  c. 2-metil-2-hepteno
  d. 2-butino
  e. 1,4-dimetilbenceno
  f. 3-etloctano

109. Nombra cada compuesto.

  a. CH_3CH_2COOH
  b. CH_3CH_2CHO
  c. $CH_3CH_2CH_2OH$
  d. $CH_3CH_2CH_2NH_2$
  e. $CH_3CH_2CH_2Cl$
  f. $CH_3CH_2OCH_3$

110. Para cada par de compuestos, ¿cuál es el más oxidado?

  a. etanol y etanal
  b. etano y eteno
  c. ácido etanoico y etanal
  d. etino y etano

111. ¿Qué dos compuestos resultan de la hidrólisis catalizada del etanoato de propilo?

112. ¿Cuál de estas clases de compuestos no contiene un enlace doble carbono-oxígeno?

  a. amida
  b. cetona
  c. aldehído
  d. ácido carboxílico

113. Empareja un elemento numerado con cada término.

  a. ácido amino   **(1)** hidratos de carbono
  b. grasa   **(2)** ácido nucleico
  c. monosacárido   **(3)** lípido
  d. enlace peptídico   **(4)** proteína
  e. azúcar
  f. ADN
  g. saponificación
  h. código genético
  i. enzima
  j. triglicéridos

Si tienes problemas con...												
Pregunta	101	102	103	104	105	106	107	108	109	110	111	112	113
Ver capítulo	4	5	8	8	12	11	16	22	23	23	23	23	24

Preparación para los exámenes estandarizados

Consejos para tener éxito

Anticipar la respuesta Usa lo que sabes para determinar cuál debería ser la respuesta. Luego, mira si tu respuesta, o una similar, se da entre las opciones.

Escoge la opción que responda mejor a cada pregunta.

1. Si un radioisótopo experimenta una emisión beta,
   (A) el número atómico cambia.
   (B) el número de neutrones restantes es constante.
   (C) el isótopo pierde protones.
   (D) el número de masa cambia.

2. El radioisótopo radón-222 tiene una semivida de 3.8 días. ¿Cuánto queda de una muestra inicial de 20.0 g de radón-222 luego de 15.2 días?
   (A) 5.00 g   (C) 1.25 g
   (B) 12.5 g   (D) 2.50 g

3. Las barras de combustible de los reactores nucleares
   (A) no son radioactivas.
   (B) se almacenan bajo el agua por lo menos por una década.
   (C) contienen solo un isótopo de uranio, ^{238}U.
   (D) permanecen radioactivas por menos de 100 años.

4. ¿Qué partícula se necesita para balancear esta ecuación?
   $$^{27}_{13}\text{Al} + {}^{4}_{2}\text{He} \longrightarrow ? + {}^{30}_{15}\text{P}$$

Por cada ecuación nuclear en las Preguntas 5 a 8, nombra la partícula que se emite o se captura.

5. $^{59}_{26}\text{Fe} \longrightarrow {}^{59}_{27}\text{Co} + {}^{0}_{-1}e$

6. $^{185}_{79}\text{Au} \longrightarrow {}^{181}_{77}\text{Ir} + {}^{4}_{2}\text{He}$

7. $^{59}_{27}\text{Co} + {}^{1}_{0}n \longrightarrow {}^{60}_{27}\text{Co}$

8. $^{118}_{54}\text{Xe} \longrightarrow {}^{118}_{53}\text{I} + {}^{0}_{+1}e$

Usa los dibujos de los núcleos atómicos para responder las Preguntas 9 y 10.

9. Escribe el nombre y el símbolo de cada isótopo.

10. ¿Qué isótopo es radioactivo?

(A)   (B)   (C)

⬤ Protón   ⬤ Neutrón

Usa la gráfica para responder las Preguntas 11 a 13.

Estima el porcentaje restante de un radioisótopo después de un número dado de semividas.

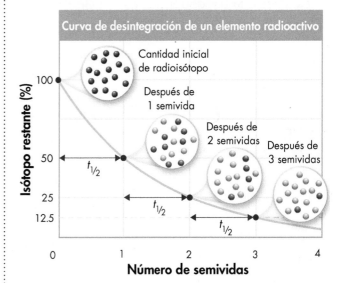

Curva de desintegración de un elemento radioactivo

11. $0.5\ t_{1/2}$

12. $1.25\ t_{1/2}$

13. $3.75\ t_{1/2}$

Las opciones con letras de abajo se refieren a las Preguntas 14 a 17. Cada opción con letra se puede usar una vez, más de una vez o ninguna vez.

   (A) dosímetro de película
   (B) trazador de radioactividad
   (C) terapia de radiación
   (D) análisis de activación de neutrones
   (E) contador Geiger

¿Cuál de las opciones de arriba describe mejor cada una de las siguientes aplicaciones?

14. tratamiento de algunos tipos de cáncer

15. detección de radiación ionizante

16. monitorización de la exposición a radiación

17. diagnóstico de algunas enfermedades

Si tienes problemas con...

Pregunta	1	2	3	4	5	6	7	8	9	10	11	12	13	14	15	16	17
Ver la lección	25.1	25.2	25.3	25.3	25.1	25.1	25.3	25.2	25.1	25.2	25.2	25.2	25.2	25.4	25.4	25.4	25.4

Apéndice A Manual de elementos

Elementos en la corteza terrestre

Elemento	Partes por millón
Oxígeno	466,000
Silicio	277,000
Aluminio	82,000
Hierro	41,000
Calcio	41,000
Sodio	23,000
Potasio	21,000
Magnesio	21,000
Titanio	4400
Hidrógeno	1400

Elementos en la atmósfera

Elemento	Partes por millón*
Nitrógeno	780,900
Oxígeno	209,500
Argón	9300
Neón	18
Helio	5.2
Criptón	1.14
Hidrógeno	0.5
Xenón	0.086
Radón	Huellas

*Datos del aire seco.

Elementos disueltos en los océanos

Elemento	Partes por millón
Cloro	19,400
Sodio	10,800
Magnesio	1300
Azufre	904
Calcio	411
Potasio	392
Bromo	67
Carbono	28
Estroncio	8
Boro	5

Elementos en el cuerpo humano

Elemento	Porcentaje de la masa total del cuerpo
Oxígeno	61
Carbono	23
Hidrógeno	10
Nitrógeno	2.6
Calcio	1.4
Fósforo	1.1
Azufre	0.2
Potasio	0.2
Sodio	0.14
Cloro	0.12

GRUPO1A

3 2 1
Li
Litio
6.941

El **litio** fue descubierto en 1817 por Johan August Arfvedson

11 2 8 1
Na
Sodio
22.990

El **sodio** fue descubierto en 1807 por Sir Humphry Davy

19 2 8 8 1
K
Potasio
39.098

El **potasio** fue descubierto en 1807 por Sir Humphry Davy

37 2 8 18 8 1
Rb
Rubidio
85.468

El **rubidio** fue descubierto en 1861 por Robert Bunsen y Gustav Kirchhoff

55 2 8 18 18 8 1
Cs
Cesio
132.91

El **cesio** fue descubierto en 1860 por Robert Bunsen y Gustav Kirchhoff

87 2 8 18 32 18 8 1
Fr
Francio
(223)

El **francio** fue descubierto en 1939 por Marguerite Perey

Propiedades físicas

- Los metales alcalinos son sólidos de color gris plateado y son lo suficientemente suaves como para cortarlos con un cuchillo. Son suaves porque tienen un solo electrón de valencia.

- La presencia de un solo electrón de valencia también explica que los puntos de fusión y ebullición de los metales alcalinos sean tan bajos.

  Los metales alcalinos puros se almacenan en aceite porque reaccionan con el oxígeno y la humedad del aire.

Puntos de fusión y ebullición

Densidad

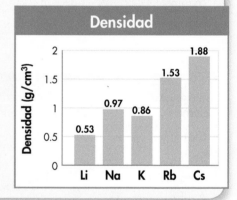

Fuentes

- Los metales alcalinos no están sin combinar en la naturaleza porque son altamente reactivos.

- El sodio se encuentra generalmente como cloruro de sodio en la sal subterránea y los depósitos de salmuera. Es un importante componente del agua de mar.

- El sodio es el único metal alcalino fabricado a gran escala. Generalmente se produce por electrólisis de cloruro de sodio fundido.

  $$2NaCl(l) \longrightarrow 2Na(l) + Cl_2(g)$$

  El litio y el potasio se producen mediante un proceso similar.

- El mineral silvita, KCl, es una fuente de potasio.

Fabricación de sodio

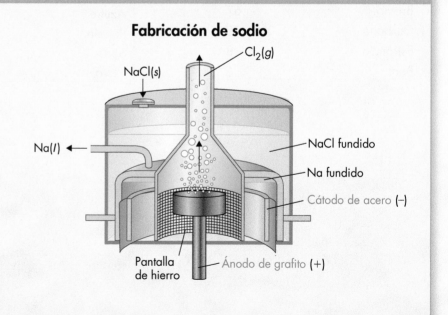

Propiedades atómicas

- Los metales alcalinos tienen una configuración electrónica que termina en ns^1.
- Los metales alcalinos son los metales más reactivos.
- Los metales alcalinos forman iones con una carga de 1+.
- Los átomos de los metales alcalinos son los más grandes de sus períodos.
- El cesio es un buen agente reductor porque su primera energía de ionización es muy baja.

Los metales alcalinos se pueden identificar por el color que producen cuando sus compuestos se calientan con una llama.

Primera energía de ionización

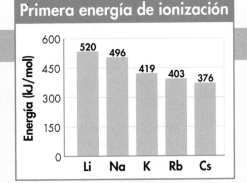

Electronegatividad

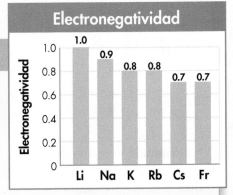

	Li	Na	K	Rb	Cs
Radio atómico (pm)	156	191	238	255	273
Radio iónico (pm)	60 Li^+	95 Na^+	133 K^+	148 Rb^+	169 Cs^+

Litio — Sodio — Potasio — Rubidio — Cesio

Compuestos y reacciones importantes

- Todos los metales alcalinos reaccionan con agua para formar una solución alcalina. Ejemplo:

$$2K(s) + 2H_2O(l) \longrightarrow 2KOH(aq) + H_2(g)$$

- Todos los metales alcalinos reaccionan con halógenos para formar un haluro iónico. Ejemplo:

$$2Cs(s) + Cl_2(g) \longrightarrow 2CsCl(s)$$
$$\Delta H = -442.8 \text{ kJ/mol}$$

- Cuando se calienta, el bicarbonato de sodio (bicarbonato) produce $CO_2(g)$ y vapor, lo que hace que los productos horneados crezcan.

$$2NaHCO_3(s) \xrightarrow{\Delta} Na_2CO_3(s) + CO_2(g) + H_2O(g)$$
$$\Delta H = 129 \text{ kJ/mol}$$

- El hidruro de litio es una fuente conveniente para preparar hidrógeno.

$$LiH(s) + H_2O(l) \longrightarrow LiOH(aq) + H_2(g)$$

- El superóxido de potasio, KO_2, es una fuente de oxígeno en los submarinos. Elimina el CO_2 de la atmósfera mientras produce oxígeno.

$$4KO_2(s) + 2CO_2(g) \longrightarrow 2K_2CO_3(s) + 3O_2(g).$$

- El hipoclorito de sodio, NaClO, se usa como blanqueador y para la desinfección de piscinas.
- El bicarbonato de sodio, $NaHCO_3$, se usa en los extintores de fuego.
- El nitrato de potasio, KNO_3, se usa en cerillos y fertilizantes químicos.
- El hidróxido de sodio, NaOH, se usa como limpiador de drenajes. También se usa para producir otros químicos y en muchos procesos industriales.

Usos del NaOH

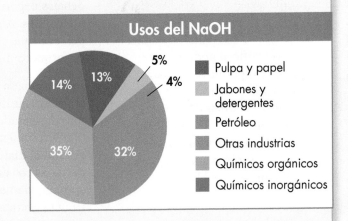

5% — 4% — 14% — 13% — 35% — 32%

- Pulpa y papel
- Jabones y detergentes
- Petróleo
- Otras industrias
- Químicos orgánicos
- Químicos inorgánicos

GRUPO 1A

Na Lámparas de vapor

Cuando las farolas tienen un brillo dorado, el origen de la luz es probablemente vapor de sodio. Dentro de la farola hay un tubo sellado que contiene una aleación de sodio y mercurio así como un gas de arranque, como xenón. Los electrodos a cada extremo del tubo están conectados a un circuito eléctrico. Cuando la farola está encendida, una chispa, o un arco, se forma entre los electrodos. El arco produce suficiente calor para vaporizar los átomos de sodio y de mercurio. Dentro del arco, los átomos se ionizan. Fuera del arco, los iones se recombinan con los electrones y se emite luz (amarilla por el sodio y azul-verde por el mercurio).

Una farola de vapor de sodio consume menos energía que la mayoría de las demás fuentes de luz y cuesta menos para operar. Pero la farola no es una fuente perfecta de luz. El color de un objeto es visible sólo cuando la luz de ese color se refleja en el objeto. Por tanto, las líneas amarillas del pavimento se ven amarillas bajo una farola de vapor de sodio, pero una señal de alto de color rojo se ve gris.

Las personas que cultivan plantas bajo luz artificial podrían usar farolas de vapor de sodio para estimular la producción de flores y frutas. Las farolas de vapor se deben combinar con otras fuentes de luz. De lo contrario, los tallos de las plantas serán demasiado débiles para soportar a las plantas.

Na K Restaurar electrolitos

"No te preocupes" puede ser un buen consejo para el manejo del estrés, pero no para el mantenimiento de un cuerpo sano. El sudor que produces en un día caluroso o durante el ejercicio enfría tu cuerpo al evaporarse. El sudor está compuesto principalmente por agua, cloruro de sodio y pequeñas cantidades de otras sales inorgánicas. Las sales son electrolitos que ayudan a mantener constante el volumen de los fluidos corporales. Los electrolitos producen iones cuando se disuelven en agua.

Los fluidos corporales contienen iones sodio e iones potasio. Los iones potasio son los principales cationes dentro de las células. Los iones sodio son los principales cationes en los fluidos fuera de las células. La transmisión de los impulsos nerviosos depende del movimiento de iones sodio y potasio a través de las membranas de las células nerviosas. Los iones potasio hacen que el músculo del corazón se relaje entre latidos.

El reemplazo del agua perdida durante el ejercicio es importante, pero no suficiente. También se deben reemplazar los electrolitos. Algunos signos de carencia de electrolitos son: calambres musculares, náuseas e incapacidad para pensar con claridad. Muchos atletas usan bebidas deportivas para reemplazar electrolitos. Algunos expertos recomiendan estas bebidas para las personas que pierden más de 8 litros de sudor al día, o que se ejercitan de forma continua durante más de 60 minutos.

La sal de mesa es la principal fuente de sodio en la dieta. Sin embargo, también se encuentran grandes cantidades en los lugares más inesperados, como los huevos. Para un adulto sano, la ingesta diaria recomendada de cloruro de sodio es de aproximadamente 5 gramos al día; aproximadamente la mitad de la cantidad que muchas personas consumen. La cantidad *diaria* recomendada de potasio es de aproximadamente 1 gramo. La palabra *diaria* es importante porque los riñones excretan potasio incluso cuando el suministro está bajo. Comer alimentos ricos en potasio y bajos en sodio es ideal. Estos alimentos incluyen los plátanos, el pollo y el jugo de naranja.

Los plátanos constituyen aproximadamente un tercio de las frutas frescas consumidas en los Estados Unidos.

Cs Reloj atómico de cesio

Algunos relojes contienen un cristal de cuarzo que vibra a una tasa constante. La vibración marca el ritmo que luego se traduce en la hora que ves en la pantalla. Un reloj de cristales de cuarzo es más preciso que un reloj mecánico, que tiene partes que se mueven y que se pueden desgastar por la fricción. Pero un cristal de cuarzo no es lo suficientemente preciso para los sistemas modernos de comunicación y navegación.

Para una mayor precisión, es necesario un reloj atómico, que puede ganar o perder un segundo ¡en un millón de años! En la mayoría de los relojes atómicos, el ritmo lo marcan los átomos de cesio-133. A diferencia de los cristales de cuarzo, todos los átomos de cesio-133 son idénticos y no se desgastan con el uso. El reloj está diseñado para que los átomos absorban y emitan radiación una y otra vez. La radiación emitida tiene una frecuencia de exactamente 9,192,631,770 ciclos por segundo. Los ciclos se cuentan y traducen en segundos, minutos y horas.

Hay cuatro relojes atómicos de cesio en el Instituto Nacional de Estándares y Tecnología en Fort Collins, Colorado. Se usan microondas para transmitir con precisión las señales desde estos relojes hasta el resto de Norteamérica. Los relojes que se ofrecen como "controlados por radio" contienen una antena diminuta y un receptor que recibe la señal y decodifica la información. El dueño determina la zona horaria. La señal de radio establece la hora.

Los Sistemas de Posicionamiento Global (GPS) pueden localizar cualquier sitio en la Tierra con un margen de error de unos pocos metros. El sistema depende de señales horarias precisas que provienen de los relojes atómicos que hay en 24 satélites que orbitan la Tierra.

El receptor GPS de este carro compara las señales enviadas exactamente a la misma hora por tres satélites diferentes para determinar su ubicación.

Na Sal de la Tierra

En el mundo antiguo, la sal de mesa (NaCl) era un producto extremadamente valioso. Antes de la refrigeración, la sal se usaba para conservar alimentos, como carnes y pescado. Dado que la sal elimina el agua de las bacterias, estas se secan y mueren. Sobre todo los marineros ("perros salados") dependían del cerdo y del pescado salado para sobrevivir en los viajes largos.

Las rutas comerciales fueron establecidas y los caminos fueron construidos para transportar la sal. En la antigua China, las monedas estaban hechas de sal y los impuestos se cobraban en sal. Los soldados romanos recibían un pago llamado *salarium argentum*, o "plata de sal", de donde proviene la palabra *salario*.

Li Desorden bipolar

Millones de personas en los Estados Unidos experimentan los cambios extremos de humor producidos por el desorden bipolar. Durante la fase maníaca, creen que pueden conquistar el mundo. Durante la depresión, pierden todas las esperanzas. Se puede usar un compuesto iónico de carbonato de litio para controlar estos síntomas.

Nadie sabe cómo funciona exactamente el tratamiento. Los científicos saben que los iones litio puede aumentar los niveles de serotonina. La serotonina es un transmisor químico (neurotransmisor) que transmite los mensajes entre las células cerebrales.

¿Sabías que . . . ?

La mayoría de los metales alcalinos se almacenan en aceite. Pero el litio tiene una densidad tan baja que flota en el aceite. Por tanto, se le aplica una capa de vaselina antes de almacenarlo.

4 Be Berilio 2 2 9.0122
El **berilio** fue descubierto en 1798 por Nicholas Vauquelin

12 Mg Magnesio 2 8 2 24.305
El **magnesio** fue aislado en 1808 por Sir Humphry Davy

20 Ca Calcio 2 8 8 2 40.08
El **calcio** fue descubierto en 1808 por Sir Humphry Davy

38 Sr Estroncio 2 8 18 8 2 87.62
El **estroncio** fue descubierto en 1808 por Sir Humphry Davy

56 Ba Bario 2 8 18 18 8 2 137.33
El **bario** fue descubierto en 1808 por Sir Humphry Davy

88 Ra Radio 2 8 18 32 18 8 2 (226)
El **radio** fue descubierto en 1898 por Marie Curie y Pierre Curie

Propiedades físicas

- Los metales alcalinotérreos son relativamente suaves, pero más duros que los metales alcalinos.

- Los metales alcalinotérreos tienen un brillo gris blancuzco al cortarlos. Al exponerlos al aire, se les forma rápidamente una dura capa de óxido.

- Las densidades, los puntos de fusión y los puntos de ebullición suelen ser más altos que los de los metales alcalinos del mismo período.

- Las aleaciones de magnesio son fuertes y livianas. Se usan en cámaras, cortadoras de césped, aviones y automóviles.

Puntos de fusión y ebullición

Densidad

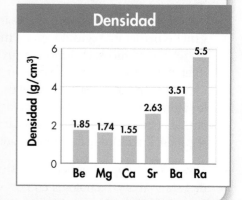

Fuentes

- Los metales alcalinotérreos no se encuentran en la naturaleza en estado elemental.

- Muchas cordilleras montañosas contienen carbonatos alcalinotérreos—caliza ($CaCO_3$) y dolomita ($CaCO_3 \cdot MgCO_3$).

- El bario se produce por la reducción de su óxido con aluminio a alta temperatura.

$$3BaO(s) + 2Al(s) \longrightarrow 3Ba(l) + Al_2O_3(s)$$

- Las sales de radio, altamente radioactivo, son productos secundarios del refinamiento de uranio.

Las conchas de ostras que contienen $CaCO_3$, se usan para extraer magnesio del agua de mar. El gas cloro que se produce durante la electrólisis del cloruro de magnesio se introduce de nuevo en el proceso.

Producción de magnesio

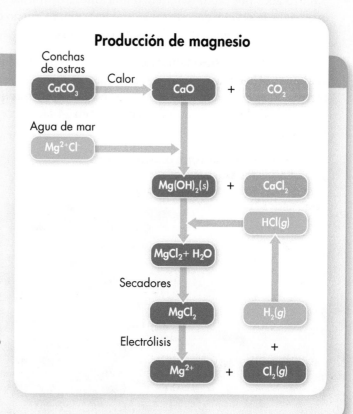

Propiedades atómicas

- Los metales alcalinotérreos tienen una configuración electrónica que termina en ns^2.

- Los metales alcalinotérreos son agentes reductores fuertes que pierden 2 electrones y forman iones con una carga de 2+.

- Dado que el radio es luminoso, se ha usado para hacer que las manecillas y los números de los relojes brillen en la oscuridad.

- La razón de ^{87}Sr a ^{86}Sr varía con la ubicación. Estos datos se usan para resolver enigmas, como la fuente de la madera que se usó en edificios prehistóricos.

Primera energía de ionización

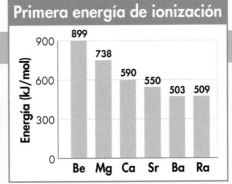

Electronegatividad

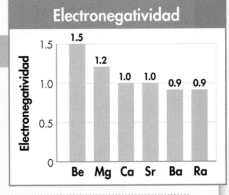

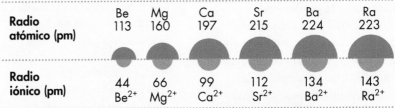

Radio atómico (pm)	Be 113	Mg 160	Ca 197	Sr 215	Ba 224	Ra 223
Radio iónico (pm)	44 Be^{2+}	66 Mg^{2+}	99 Ca^{2+}	112 Sr^{2+}	134 Ba^{2+}	143 Ra^{2+}

El calcio, el estroncio y el bario se pueden identificar por los colores que producen cuando sus compuestos se calientan con una flama.

Calcio   Estroncio   Bario

Compuestos y reacciones importantes

- Los metales alcalinotérreos son menos reactivos que los metales alcalinos.

- Los metales alcalinotérreos reaccionan con los halógenos para formar iones haluro. Ejemplo:

$$Mg(s) + Br_2(l) \longrightarrow MgBr_2(s)$$

- Todos los metales del grupo 2A (excepto el Be) reaccionan con agua para formar una solución alcalina. Ejemplo:

$$Sr(s) + 2H_2O(l) \longrightarrow Sr(OH)_2(aq) + H_2(g)$$

- Los metales alcalinotérreos reaccionan con oxígeno para formar óxidos binarios. Ejemplo:

$$2Ca(s) + O_2(g) \longrightarrow 2CaO(s)$$
$$\Delta H = -635.1 \text{ kJ/mol}$$

- El calentamiento de caliza produce cal, CaO.

$$CaCO_3(s) \xrightarrow{\Delta} CaO(s) + CO_2(g)$$
$$\Delta H = 176 \text{ kJ/mol}$$

- La cal apagada, $Ca(OH)_2$, reacciona con el dióxido de carbono para formar caliza.

$$Ca(OH)_2(s) + CO_2(g) \longrightarrow CaCO_3(s) + H_2O(g)$$

- El peróxido de bario se usa como un blanqueador seco en polvo. Reacciona con el agua para formar el agente blanqueador peróxido de hidrógeno.

$$BaO_2(s) + 2H_2O(l) \longrightarrow H_2O_2(aq) + Ba(OH)_2(aq)$$

- El yeso, sulfato de calcio dihidratado, $CaSO_4 \cdot 2H_2O$, se usa para hacer placas de yeso.

- El fosfato de calcio, $Ca_3(PO_4)_2$, es el principal componente de los huesos y del esmalte de los dientes.

La cal apagada es un ingrediente del yeso, del cemento y del mortero que se usaron en esta pared de piedra.

GRUPO 2A

Mg Clorofila

Una planta que no recibe magnesio se pondrá amarilla y finalmente morirá. El color amarillo es señal de que la planta no está produciendo suficiente del pigmento verde clorofila, que se encuentra en las estructuras llamadas cloroplastos. Un milímetro cuadrado de la superficie de una hoja contiene cerca de medio millón de cloroplastos. En los cloroplastos, la energía lumínica se transforma en energía química.

Las moléculas de clorofila absorben las longitudes de onda azul claro y rojo claro y reflejan el verde claro. Hay un ion magnesio en el centro de todas las moléculas de clorofila. Está colocado como una gema en un anillo parecido a una corona. El ion magnesio forma un enlace con cada átomo de nitrógeno.

Clorofila a

La clorofila proviene de una familia de compuestos llamados porfirinas, que contienen un ion metálico central. En el hemo, el ion es Fe^{2+}. Hay cuatro moléculas hemo en la hemoglobina, que transporta el oxígeno en la sangre.

Sr Ba Fuegos artificiales

La creación de un espectáculo aéreo de fuegos artificiales requiere destreza y conocimientos de química. Los proyectiles se almacenan en tubos de acero anclados en la arena. Un proyectil típico contiene dos cargas, una para iniciar el proyectil y una para hacer que el proyectil estalle. Cuando estalla la carga de elevación, el proyectil sale del tubo y se enciende el fusible conectado a la carga explosiva. El proyectil viaja durante unos segundos antes de estallar.

El nombre de este efecto de fuego artificial es crisantemo.

Las explosiones que lanzan los proyectiles y las hacen estallar son reacciones redox exotérmicas. El agente reductor, o combustible, puede ser aluminio, magnesio o azufre. El agente oxidante puede ser un nitrato, un clorato o un perclorato, como el perclorato de potasio ($KClO_4$).

Cuando un proyectil estalla, libera bolitas diminutas llamadas "estrellas", que producen los colores. Sólo se necesitan unos pocos elementos para producir estos colores. Dos son metales alcalinotérreos, estroncio para el rojo brillante y bario para la luz verde. Estos mismos colores se producen cuando los compuestos de estroncio y de bario se calientan en una flama. Las pruebas de flama pueden identificar elementos porque cada elemento emite longitudes de onda de luz características cuando sus electrones absorben energía y luego vuelven al estado fundamental.

Las etiquetas que se usan para los proyectiles de los fuegos artificiales describen el color y el efecto que producirá el proyectil.

Las reacciones químicas que forman una cueva de piedra caliza son simples. El dióxido de carbono del aire se disuelve en la lluvia para formar ácido carbónico débil, H_2CO_3. A medida que la lluvia pasa a través del suelo, disuelve el dióxido de carbono producido por las plantas en descomposición y se vuelve aún más ácida. El agua de lluvia se filtra en la piedra caliza, $CaCO_3$, debajo del suelo. La $CaCO_3$ se disuelve en el ácido carbónico, y forma una solución de hidrógeno carbonato de calcio, $Ca(HCO_3)_2$.

$$CaCO_3(s) + H_2CO_3(aq) \longrightarrow Ca^{2+}(aq) + 2HCO_3^-(aq)$$

En millones de años, mientras se disuelve más y más la piedra caliza, se forma una cueva y poco a poco crece en tamaño. Una vez que la cueva deja de crecer, se puede producir otro proceso. La solución de hidrógeno carbonato de calcio gotea a través del techo de la cueva. Se libera dióxido de carbono de la solución, dejando tras de sí un pequeño depósito de carbonato de calcio sólido.

$$Ca^{2+}(aq) + 2HCO_3^-(aq) \longrightarrow$$
$$CaCO_3(s) + CO_2(g) + H_2O(l)$$

El depósito crece lentamente en una estalactita, que cuelga del techo como un carámbano. Las gotas de solución que caen del techo forman estalagmitas en el suelo de la caverna. El carbonato de calcio es blanco. Así que cualquier color en los depósitos se debe a los rastros de iones metálicos, como el cobre (azul-verde) y el hierro (rojo-marrón). La tasa de crecimiento de las formaciones depende principalmente del volumen de agua que gotea a través del techo y de la concentración de hidrógeno carbonato de calcio del agua. En muchas cuevas, la tasa de crecimiento se mide en centímetros por cientos o miles de años.

Las estalactitas y las estalagmitas se pueden unir para formar columnas.

Como adulto joven, puedes tener un gran efecto sobre la salud de tus huesos el resto de tu vida. Adquieres 90% del tejido óseo de tu esqueleto antes de los 18 años de edad (mujeres) o los 20 años de edad (hombres). La actividad física y la cantidad de calcio de tu dieta son factores que afectan el desarrollo de la masa ósea.

Para mantener un nivel constante de calcio en tu sangre, tu cuerpo puede liberar calcio del tejido óseo. Si se pierde suficiente calcio de los huesos, estos se vuelven frágiles y tienden a quebrarse fácilmente. Esta condición, conocida como osteoporosis, es más común en las personas mayores. Sin embargo, le puede ocurrir a los adultos jóvenes o de mediana edad.

La ingesta de calcio recomendada desde los 9 a los 18 años de edad es 1.3 g al día. Esta es la cantidad de calcio que hay en un litro de leche. Los alimentos enriquecidos con calcio, como el jugo de naranja, son una buena opción para quienes no pueden digerir la lactosa de la leche.

La vitamina D ayuda a absorber el calcio. La vitamina D que produce tu piel gracias a la exposición al Sol no es por lo general suficiente para satisfacer las necesidades diarias. Por tanto, el jugo de naranja está también enriquecido con vitamina D.

¿Sabías que . . . ?

El óxido de **calcio** (cal) emite una luz blanca brillante cuando se calienta. Antes de las luces eléctricas, los teatros podían dirigir un reflector hacia un actor mediante el enfoque de cal caliente. Por lo tanto, la expresión *en el candelero* describe a una persona en una posición destacada.

5	2 3
B	
Boro	
10.81	

El **boro** fue descubierto en 1808 por Sir Humphry Davy y por Joseph-Louis Gay-Lussac y Louis-Jacques Thénard

13	2 8 3
Al	
Aluminio	
26.982	

El **aluminio** fue descubierto en 1825 por Hans Christian Oersted

31	2 8 18 3
Ga	
Galio	
69.72	

El **galio** fue descubierto en 1875 por Paul-Emile Lecoq de Boisbaudran

49	2 8 18 18 3
In	
Indio	
114.82	

El **indio** fue descubierto en 1863 por Ferdinand Reich y Hieronymus T. Richter

81	2 8 18 32 18 3
Tl	
Talio	
204.37	

El **talio** fue descubierto en 1861 por Sir William Crookes

Propiedades físicas

- El boro es un metaloide. El resto de los elementos del Grupo 3A son metales.

- El aluminio es un material estructural valioso debido a su fortaleza, sobre todo en aleaciones de silicio y hierro. Estas aleaciones tienen baja densidad y son resistentes a la corrosión.

- El galio tiene un amplio rango de temperatura líquida (de 30 °C a 2204 °C). El galio sólido flota en galio líquido, que es un metal poco usual.

El boro es negro, brillante y extremadamente duro, pero quebradizo.

Puntos de fusión y ebullición

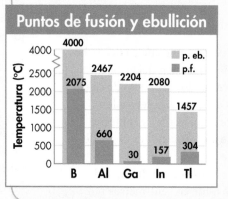

Densidad

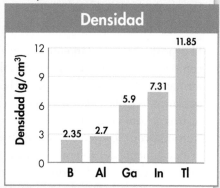

Fuentes

- El boro siempre está combinado con oxígeno en la naturaleza. El boro se puede preparar mediante la reacción de su óxido con el metal magnesio.

$$B_2O_3(s) + 3Mg(s) \longrightarrow 2B(s) + 3MgO(s)$$

- La bauxita es una mena de aluminio muy común. El principal mineral de la bauxita es la alúmina, Al_2O_3, que se reduce a aluminio por electrólisis.

- El galio, el indio y el talio son muy raros. Por lo general, se extraen de las menas que se están procesando para extraer otros metales.

La cinta transportadora se usa para descargar bauxita de un tren. La bauxita es una gran fuente de aluminio. También es una fuente de galio.

Propiedades atómicas

- Los elementos del Grupo 3A tienen una configuración electrónica que termina en ns^2np^1.

- El número de oxidación más común del boro, del aluminio, del galio y del indio es +3. El del talio es +1.

- Los elementos del Grupo 3A se vuelven más metálicos de arriba hacia abajo dentro del grupo.

- El talio-201 radioactivo se inyecta en pacientes a los que se les hace un examen de estrés para diagnosticar enfermedades cardíacas.

Primera energía de ionización

Energía (kJ/mol)

B	Al	Ga	In	Tl
801	578	579	558	589

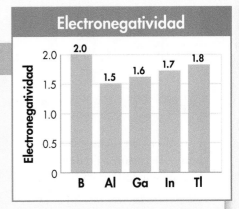

Electronegatividad

Electronegatividad

B	Al	Ga	In	Tl
2.0	1.5	1.6	1.7	1.8

	B	Al	Ga	In	Tl
Radio atómico (pm)	83	143	141	166	172
Radio iónico (pm)	23 B^{3+}	51 Al^{3+}	62 Ga^{3+}	81 In^{3+}	95 Tl^{3+}

Compuestos y reacciones importantes

- Los elementos del Grupo 3A reaccionan con los halógenos para formar haluros. Ejemplo:

$$2Al(s) + 3Cl_2(g) \longrightarrow 2AlCl_3(s)$$

El cloruro de aluminio se usa como catalizador en las reacciones orgánicas.

- Los elementos del Grupo 3A reaccionan con el oxígeno para formar óxidos. Ejemplo:

$$4Al(s) + 3O_2(g) \longrightarrow 2Al_2O_3(s)$$

$$\Delta H = -1676 \text{ kJ/mol}$$

Dado que esta reacción es tan exotérmica, el aluminio pulverizado es un componente de algunos explosivos, fuegos artificiales y combustibles de cohetes.

- El sulfato de aluminio (alúmina), $Al_2(SO_4)_3 \cdot 18H_2O$, se usa como coagulante en las plantas de tratamiento de aguas.

- El arseniuro de galio, GaAs, convierte la corriente eléctrica en luz en los diodos LED. Se produce del siguiente modo.

$$(CH_3)_3Ga(g) + AsH_3(g) \longrightarrow GaAs(s) + 3CH_4(g)$$

Este diodo LED se muestra a aproximadamente cinco veces su tamaño real.

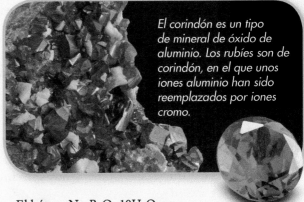

El corindón es un tipo de mineral de óxido de aluminio. Los rubíes son de corindón, en el que unos iones aluminio han sido reemplazados por iones cromo.

- El bórax, $Na_2B_4O_7 \cdot 10H_2O$, se usa para suavizar agua y se encuentra en cristales y vidriados. Cuando una mezcla de bórax y ácido clorhídrico se calienta, se produce ácido bórico.

$$Na_2B_4O_7(aq) + 2HCl(aq) + 5H_2O(l) \longrightarrow 4H_3BO_3(aq) + 2NaCl(aq)$$

- El ácido bórico es venenoso si se ingiere. El sólido se usa como insecticida contra las cucarachas. Una solución diluida de ácido bórico se puede usar como colirio.

- El carburo de boro, B_4C, es casi tan duro como el diamante. Se usa en objetos que deben resistir el desgaste, como herramientas para cortar.

- Los instrumentos de vidrio de los laboratorios se hacen con vidrio resistente al calor, que contiene de 12% a 15% de óxido bórico.

In Usos del indio

El indio es un metal suave con un punto de fusión bajo de 157 °C. Una propiedad muy útil del indio líquido es su capacidad de "mojar" el vidrio. Se extiende y forma una capa fina sobre el vidrio en vez de formar gotas. Esta propiedad permite usar el indio para hacer espejos tan reflectantes como los espejos de plata, pero más resistentes a la corrosión.

Las aleaciones de indio que tienen un bajo punto de fusión se usan como soldadura para unir vidrios. También pueden unir metales a bajas temperaturas. Hay productos, como los componentes electrónicos, que se pueden dañar si se unen a altas temperaturas. Los sellos de algunos rociadores contra incendios están unidos con aleaciones de indio. Cuando el calor de un incendio derrite la aleación, el sello cede y empieza a salir agua por el rociador.

Al Reciclar aluminio

El aluminio, liviano y duradero, tiene muchos usos. Cuando se reemplazan las partes de hierro en los vehículos por partes de aluminio, se necesita menos combustible para viajar la misma distancia. Aproximadamente 20% del aluminio que se produce se usa para empaques, incluyendo latas y papel aluminio.

En los Estados Unidos, cada año se venden más de 80 mil millones de latas de bebidas no alcohólicas. Más del 50% de estas latas se reciclan. La energía que se ahorra al reciclar sólo una de estas latas se puede usar para operar una televisión por tres horas. La energía necesaria para reciclar aluminio es 5% de la energía necesaria para obtener aluminio de una mena nueva. Otro beneficio de reciclar es que se reduce la cantidad de desechos sólidos.

Las latas de aluminio recicladas se trituran, aplastan y calientan para retirar los materiales que no son de aluminio. Los pedazos de aluminio, del tamaño de una papa frita, se meten en hornos donde se mezclan con aluminio nuevo y se derriten. Luego, el aluminio derretido se vierte en lingotes de 7.6 m, que tienen una masa de 13,600 kg. Los lingotes pasan por una fábrica de laminados para reducir su espesor de aproximadamente 0.5 m a aproximadamente 0.25 mm. Estas delgadas hojas se enrollan y envían a un fabricante que produce el cuerpo y las tapas de las latas. El aluminio proveniente de latas recicladas forma parte de una nueva lata en los siguientes 60 días.

El aluminio se usa en los bienes al consumidor duraderos como los bates de béisbol.

Las latas de aluminio se comprimen antes de enviarlas a las compañías que reciclan aluminio.

Al Fabricar aluminio

El aluminio es el metal más abundante en la corteza terrestre (8.3% por masa). Se encuentra en minerales como la bauxita (óxido de aluminio impuro, Al_2O_3). Pero durante años después de su descubrimiento, no había una manera práctica de extraer aluminio de sus menas. Este metal raro y costoso se usaba, al igual que el oro, principalmente en la decoración.

Un profesor en el Oberlin College en Ohio retó a su clase para que encontraran una manera barata de producir aluminio. En 1885, Charles Hall asumió el reto. Construyó un laboratorio en un almacén para leña. Sabía que otros químicos habían tratado de descomponer el óxido de aluminio mediante electrólisis. Este método no era práctico porque el punto de fusión del óxido de aluminio es muy alto (2045 °C). Hall descubrió que al mezclar óxido de aluminio con criolita (Na_3AlF_6) se producía una mezcla que se derretía a una temperatura más baja de 1012 °C.

El proceso que inventó Hall se suele llamar proceso de Hall-Heroult. Paul Heroult, un francés de 23 años de edad, desarrolló el mismo proceso casi simultáneamente. Todavía se usa hoy en día. La bauxita se calienta a más de 1000 °C para extraer el óxido de aluminio puro. El óxido de aluminio se disuelve en la criolita derretida y se coloca en un tanque de hierro recubierto con grafito. Las barras de grafito, que se usan como ánodos, se consumen durante este proceso.

$$\text{Ánodo: } C(s) + 2O^{2-}(l) \longrightarrow CO_2(g) + 4e^-$$

$$\text{Cátodo: } 3e^- + Al^{3+}(l) \longrightarrow Al(l)$$

Los productos son dióxido de carbono y metal aluminio derretido. Dado que el aluminio es más denso que la mezcla de óxido de aluminio con criolita, aquel se deposita en el fondo del tanque y se va sacando periódicamente.

Al Anodizar aluminio

Si un objeto de aluminio, como una linterna, tiene un color diferente del plateado, fue anodizado antes de ser coloreado. El principal objetivo de la anodización es proteger el aluminio de la corrosión con un revestimiento de óxido de aluminio. La capacidad de colorearse es un beneficio añadido.

El objeto de aluminio se vuelve el ánodo en la celda electrolítica. El electrolito es un ácido diluido. Cuando fluye una corriente eléctrica en la celda, se forma óxido de aluminio en la superficie del aluminio.

La capa de óxido es delgada, dura y densa. Contiene pequeños poros, que pueden absorber un colorante orgánico. Si se mete una pieza ya coloreada en agua hirviendo, la capa de óxido absorbe el agua y se expande. Esta expansión cierra los poros y sella el colorante. Dado que la capa de óxido es tan delgada, el color plateado del aluminio se ve a través del colorante y le da al objeto un brillo metálico.

¿Sabías que . . . ?

El nombre del **indio** proviene de índigo, una línea brillante de su espectro de emisión. El indio emite un sonido agudo cuando se dobla. El estaño y el galio también "lloran" cuando se doblan.

GRUPO 4A

6 ²⁄₄
C
Carbono
12.011

El **carbono** se conoce desde tiempos antiguos

14 ²⁄₈⁄₄
Si
Silicio
28.086

El **silicio** fue descubierto en 1824 por Jöns Jacob Berzelius

32 ²⁄₈⁄₁₈⁄₄
Ge
Germanio
72.59

El **germanio** fue descubierto en 1886 por Clemens Winkler

50 ²⁄₈⁄₁₈⁄₄
Sn
Estaño
118.69

El **estaño** se conoce desde tiempos antiguos

82 ²⁄₈⁄₁₈⁄₃₂⁄₁₈⁄₄
Pb
Plomo
207.2

El **plomo** se conoce desde tiempos antiguos

Propiedades físicas

- Los elementos del Grupo 4A son todos sólidos a temperatura ambiente.
- Las propiedades metálicas de los elementos del Grupo 4A aumentan del carbono al plomo.
- El diamante, el grafito y el buckminsterfullereno son tres alótropos de carbono.

Diagrama de fases del carbono

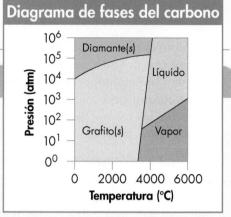

El grafito es más estable que el diamante a TPE, pero la energía de activación es demasiado alta para que el diamante se convierta en grafito en estas condiciones.

Puntos de fusión y ebullición

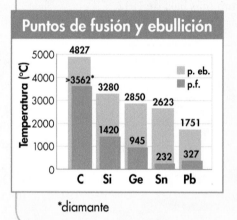

*diamante

Densidad

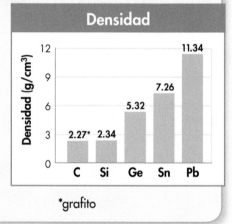

*grafito

Fuentes

- El carbono se encuentra en la naturaleza como elemento, en la atmósfera de la Tierra como dióxido de carbono, en la corteza terrestre como minerales carbonados y en los compuestos orgánicos producidos por las células.

- El silicio se puede producir por reducción de óxido de silicio (sílice) con magnesio, carbono o aluminio. Ejemplo:

$$SiO_2(s) + 2Mg(s) \longrightarrow Si(s) + 2MgO(s)$$

- El estaño se prepara por reducción del mineral casiterita, SnO_2.

$$SnO_2(s) + 2C(s) \longrightarrow 2CO(g) + Sn(s)$$

- El plomo se refina a partir del mineral de galena, PbS. La galena se calienta en aire para formar una mezcla de PbO y $PbSO_4$. El plomo se produce por otra reacción entre estos compuestos con PbS.

Al_2SiO_5
Andalucita

$AlSi_2O_5OH$
Pirofilita

Aproximadamente 90% de los minerales de la corteza de la Tierra son sílice y silicatos. En los silicatos, cada átomo de silicio está rodeado por tres o cuatro átomos de oxígeno. Estas unidades se pueden unir entre sí en cadenas, láminas, anillos o cristales.

Propiedades atómicas

- Los elementos del Grupo 4A tienen una configuración electrónica que termina en ns^2np^2.

- Los números de oxidación más comunes de los elementos del Grupo 4A son +4 y +2. El número de oxidación más común del carbono es también −4.

- El silicio y el germanio son semiconductores.

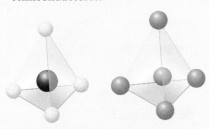

CH₄
molécula de metano

SiO₄⁴⁻
ion silicato

Primera energía de ionización

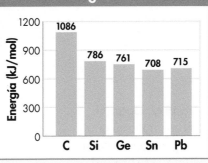

	C	Si	Ge	Sn	Pb
Energía (kJ/mol)	1086	786	761	708	715

Electronegatividad

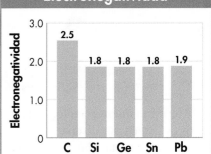

	C	Si	Ge	Sn	Pb
Electronegatividad	2.5	1.8	1.8	1.8	1.9

	C	Si	Ge	Sn	Pb
Radio atómico (pm)	77	109	122	139	175
Radio iónico (pm)	15 C^{4+}	41 Si^{4+}	53 Ge^{4+}	71 Sn^{4+}	84 Pb^{4+}

Cuando el carbono y el silicio forman cuatro enlaces covalentes, suele haber una hibridización sp^3. El resultado son compuestos e iones con estructuras tetraédricas.

Compuestos y reacciones importantes

- Los elementos del Grupo 4A se oxidan con halógenos.

$$Ge(s) + 2Cl_2(g) \longrightarrow GeCl_4(l)$$

- Los elementos del Grupo 4A se combinan con oxígeno para formar óxidos. Ejemplo:

$$Sn(s) + O_2(g) \longrightarrow SnO_2(s)$$

- La combustión completa de los hidrocarburos produce dióxido de carbono y agua. Ejemplo:

$$CH_4(g) + 2O_2(g) \longrightarrow CO_2(g) + 2H_2O(l)$$
$$\Delta H = -890 \text{ kJ/mol}$$

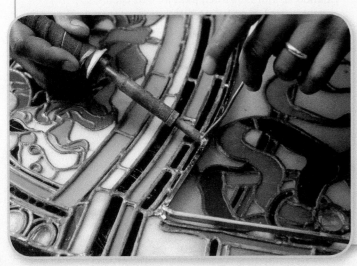

- Las plantas usan dióxido de carbono para producir carbohidratos y oxígeno.

- El silicato de sodio acuoso, Na_2SiO_3, se usa como adhesivo de papel, como aglutinante en el cemento y para estabilizar la pizarra durante las perforaciones petroleras.

$$SiO_2(s) + 2NaOH(aq) \longrightarrow Na_2SiO_3(aq) + H_2O(l)$$

- El acetileno es un combustible que se usa para soldar. Se forma cuando el carbonato de calcio reacciona con agua.

$$CaC_2(s) + 2H_2O(l) \longrightarrow C_2H_2(g) + Ca(OH)_2(aq)$$

- El carbonato de tungsteno, WC, se usa en las superficies de corte de las mechas y sierras.

- El fluoruro de estaño(II), SnF_2, se usa en algunas cremas dentales para prevenir las caries.

El dióxido de silicio, SiO_2, es la arena de muchas playas. Se usa para hacer vidrio, incluyendo el vidrio "policromado" con sales metálicas. Los pedazos de vidrio de esta ventana se mantienen unidos con tiras de plomo.

C Química ecológica

El término *química ecológica* fue acuñado en 1992. Describe los esfuerzos por diseñar procesos químicos que no usen o produzcan sustancias dañinas. El objetivo es proteger al medio ambiente y conservar los recursos. Por ejemplo, si se usa un catalizador para reducir la temperatura a la que ocurre una reacción, el proceso requiere menos energía.

El dióxido de carbono está en el centro del éxito de la química ecológica. Los solventes orgánicos se usan para disolver sustancias que son insolubles en agua. Muchos de estos solventes son tóxicos. Puede ser difícil eliminar todos los rastros de solvente tóxico de los productos de una reacción y reciclar o desechar con seguridad el solvente. El dióxido de carbono supercrítico puede reemplazar algunos de los solventes orgánicos. Un gas se convierte en un fluido supercrítico a una temperatura y presión llamada punto crítico. Para el dióxido de carbono, esto ocurre a 31.1 °C y a aproximadamente 100 atmósferas. En su punto crítico, el dióxido de carbono está en un estado híbrido. Tiene una alta densidad (como un líquido) pero es fácil de comprimir (como un gas). Muchos compuestos orgánicos se disuelven en forma de dióxido de carbono supercrítico. El solvente es fácil de separar de la mezcla de una reacción porque se evapora a temperatura ambiente y a presión atmosférica. También se usa para separar sustancias de mezclas. Puede extraer cafeína de los granos de café, limpiar ropa en seco o limpiar tableros de circuitos.

Descafeinar café

La cafeína se disuelve dentro de los granos de café metidos en agua.

↓ Extracción

La cafeína se difunde en CO_2 supercrítico.

↓ Absorción

Las gotas de agua extraen la cafeína del CO_2.

Después de extraer la cafeína, los granos de café se secan y tuestan. La solución acuosa de cafeína se vende a fabricantes de bebidas no alcohólicas.

Si Cristal óptico

El vidrio es un material con la estructura de un líquido pero con la dureza de un sólido. En la mayoría de los sólidos, las partículas están configuradas en un entramado ordenado. En el vidrio sólido, las moléculas permanecen desordenadas, como en un líquido. El principal ingrediente de la mayoría de los vidrios es el sílice (SiO_2), que es una de las pocas sustancias que se enfrían sin cristalizarse.

El vidrio usado en los anteojos, microscopios y telescopios se llama cristal óptico. Este tipo de vidrio es más puro que el vidrio de las ventanas y transmite más luz. El cristal óptico se puede convertir en largas fibras que se usan como periscopios diminutos para ver tejidos en las profundidades del cuerpo humano.

En una fibra óptica, la luz viaja a través de un centro fino de vidrio llamado núcleo. Una segunda capa de vidrio refleja la luz de vuelta al núcleo.

Una capa exterior de plástico evita que la fibra se dañe. La transmisión de señales de luz a través del vidrio se llama óptica de fibra.

Cuando las fibras se unen para formar cables, suelen reemplazar a los cables eléctricos en una red informática. También se usan para transmitir señales de televisión y teléfono a largas distancias.

Con un teléfono celular puedes llamar o enviar textos a tus amigos desde cualquier lugar. La mayoría de los teléfonos también permiten leer y enviar mensajes electrónicos, buscar direcciones, tomar fotografías, escuchar música o tener acceso a las noticias más recientes. ¿Cómo es posible que un dispositivo tan complejo sea lo suficientemente pequeño como para caber en tu bolsillo? Esto es posible gracias a la tecnología de semiconductores.

El silicio es un semiconductor. En su forma pura, conduce la corriente eléctrica mejor que la mayoría de los no metales, aunque no tan bien como los metales. Pero su capacidad de conducir electricidad puede cambiar drásticamente mediante dopaje, es decir, la adición de rastros de otros elementos al cristal de silicio.

El dopaje con arsénico produce un semiconductor donante o de tipo n. Cada átomo de arsénico tiene cinco electrones de valencia mientras que el silicio solo tiene cuatro. Por tanto, hay electrones de sobra en el cristal. El dopaje con boro produce un semiconductor aceptante o de tipo p. Dado que el boro solo tiene tres electrones de valencia, hay un "hueco" positivo en el cristal por cada átomo de boro. Los electrones de sobra o huecos se mueven libremente y conducen la corriente eléctrica.

Las combinaciones de semiconductores tipo n y tipo p se usan para construir componentes electrónicos diminutos. Un circuito integrado contiene millones de componentes que caben en una pequeña placa semiconductora. El "chip" resultante se puede usar para controlar dispositivos como computadoras, calculadoras, reproductores de DVD, televisiones y teléfonos.

Silicio puro

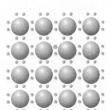

tipo n (con arsénico)

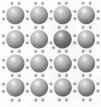

tipo p (con boro)

El circuito integrado de un teléfono celular debe procesar cada vez más datos a medida que se le agregan funciones al teléfono.

El buckminsterfullereno (C_{60}) es un miembro de la familia de los fullerenos. Estas estructuras tienen forma de jaula esférica o casi esférica de carbono elemental. Estas jaulas son redes de 20 a 600 átomos de carbono.

Los científicos han verificado la existencia de esferas de fullereno anidadas. El C_{60} puede estar anidado en el C_{240}, y este par puede estar anidado en el C_{540}. Estas estructuras anidadas a veces se llaman cebollas de fullereno porque parecen las capas de una cebolla.

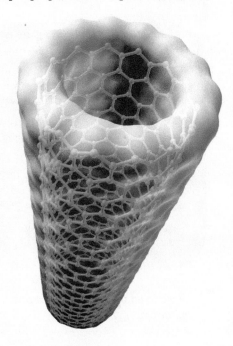

El Dr. Sumio Iijima descubrió un fullereno tubular, o nanotubo de carbono, en Japón en 1991.

¿Sabías que . . . ?

A los diamantes se les podría decir "hielo". Un diamante puede eliminar rápidamente el calor de tu mano al tocarlo. Esta alta conductividad térmica es poco usual para una sustancia que contiene enlaces covalentes.

C Gases invernadero

Hay gases en la atmósfera de la Tierra que se llaman gases invernadero porque actúan como el vidrio de un invernadero. La luz solar pasa fácilmente a través de estos gases hasta la superficie de la Tierra. Parte de la energía solar rebota en la superficie como radiación infrarroja. Esta radiación es absorbida por los gases invernadero y radiada de nuevo a la Tierra. Al atrapar la radiación infrarroja, los gases invernadero mantienen la superficie terrestre a aproximadamente 33 °C más caliente de lo que debería ser.

Promedio de temperatura de la superficie terrestre

Con el aumento de los gases invernadero, más radiación infrarroja queda atrapada, lo que ocasiona el calentamiento global.

El dióxido de carbono (CO_2) es el gas invernadero más abundante. Se libera al aire como un producto de la respiración celular y se remueve del aire durante la fotosíntesis. Normalmente, estas interacciones mantienen constante la cantidad de CO_2 atmosférico. Pero la quema de combustibles fósiles libera más de 20 mil millones de toneladas métricas de CO_2 cada año. Además, a medida que los bosques son talados para la agricultura, disminuye la capacidad de las plantas para eliminar el CO_2 de la atmósfera.

Los científicos están de acuerdo en que el aumento de la temperatura de la Tierra en unos pocos grados puede generar problemas. Pero no están de acuerdo en cuanto a qué tan severos pueden ser estos problemas. ¿Puede el clima cambiar tanto que las tierras de labranza se conviertan en desiertos? ¿Puede la fusión de los cascos polares causar que el nivel del mar suba hasta un punto en que las ciudades costeras queden bajo el agua?

El vidrio en un invernadero atrapa la radiación infrarroja.

Si Materiales compuestos

La mayoría de los materiales compuestos contienen dos materiales distintos. Los materiales se pueden organizar en capas, como cuando una lámina de plástico se sella entre dos vidrios. O un material compuesto puede consistir de una matriz que tenga fibras incrustadas de un segundo material. Por lo general, la matriz es de plástico. Las fibras pueden ser de carbono.

Los materiales compuestos reforzados con fibras de carbono son más fuertes que el acero, pero muy livianos. Estos materiales compuestos se usan en equipos deportivos, como palos de hockey y palos de golf. Cansa menos usar una raqueta de tenis de fibra de carbono que una hecha de madera o de metal. Los bates de béisbol de fibra de carbono se comportan más como bates de madera que como bates de aluminio.

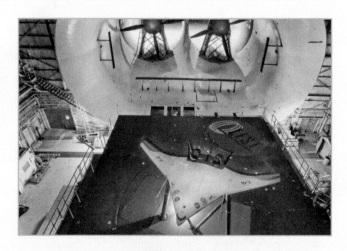

Los nuevos aviones suelen estar hechos de materiales compuestos. Como parte del proceso de diseño, se coloca un modelo de avión en un túnel de viento para probar qué sucederá con el avión durante el vuelo.

Los Estados Unidos están a la cabeza mundial en producción de desechos sólidos, con cerca de 2 kg de desechos por persona al día. Afortunadamente, los Estados Unidos también son el líder en reciclaje. Es importante reciclar los plásticos porque están hechos de petróleo crudo, un recurso no renovable. Además, algunos plásticos liberan gases tóxicos, como el cianuro de hidrógeno (HCN) y el cloruro de hidrógeno (HCl), cuando se queman en un incinerador. Finalmente, los plásticos se usan para empacar materiales porque no se desintegran cuando se exponen a la luz solar, el agua o los microorganismos. Lo malo de esta resistencia es que los plásticos pueden permanecer intactos por décadas en los basureros y rellenos sanitarios.

Por lo general, los plásticos se clasifican por tipo antes de que los derritan y reprocesen. La industria del plástico tiene un código para identificar los tipos de plástico. El numero 1 se le asigna al tereftalato de polietileno (PET), que se usa en las botellas de bebidas no alcohólicas. El número 2 se refiere al polietileno de alta densidad (HDPE), que se usa en los envases de leche y en las botellas de champú. Estos son los dos tipos que tienen mayor demanda. Las alfombras y la ropa se hacen con fibras de PET reciclado. El HDPE reciclado se usa como sustituto de madera en los escritorios y los bancos.

Las ropas de lana suelen contener plástico reciclado.

Si **Polímeros de silicio**

Si te has puesto lentes de contacto rígidos o has usado crema de afeitar, has usado silicona. Los polímeros de silicona tienen cadenas en las que se alternan el silicio y el oxígeno. Las propiedades de las siliconas dependen de los grupos que están unidos a los átomos de silicio y a la longitud de las cadenas.

En las gomas y las resinas de silicona, hay enlaces cruzados entre las cadenas. Estas siliconas repelen el agua y permanecen elásticas, incluso a bajas temperaturas. Se usan en los trajes espaciales, como juntas en las ventanas de avión y como selladores que se colocan en un lugar y se dejan endurecer.

En el polidimetilsiloxano, dos grupos metilo están unidos a cada átomo de silicio en la cadena. El polidimetilsiloxano se usa como lubricante de piel y en las lociones para broncearse.

$$CH_3-Si(CH_3)_2-O-\left[Si(CH_3)_2-O\right]_n-Si(CH_3)_2-CH_3$$

Polidimetilsiloxano

C **Monóxido de carbono**

Es difícil detectar el gas monóxido de carbono porque es incoloro e inodoro. Cuando se inhala, sus moléculas se unen a la hemoglobina en los glóbulos rojos. Se unen aproximadamente 200 veces más efectivamente que las moléculas de oxígeno. Por tanto, llega menos oxígeno a los tejidos del cuerpo. Los síntomas de envenenamiento con un bajo nivel de monóxido de carbono son dolores de cabeza, mareo, nausea y somnolencia. Los altos niveles de monóxido de carbono son fatales.

La combustión incompleta del combustible en las calderas de gas y en los calentadores produce monóxido de carbono. También se forma, hasta cierto punto, en todos los motores de combustión interna. En los Estados Unidos, los carros tienen convertidores catalíticos, que convierten el monóxido de carbono en dióxido de carbono. En la mayoría de las comunidades, los propietarios de viviendas deben instalar dispositivos para monitorear la concentración de monóxido de carbono.

El humo de cigarrillo contiene monóxido de carbono. El monóxido de carbono de un cigarrillo puede permanecer en la sangre del fumador por varias horas. Fumar aumenta el riesgo de infartos porque el corazón debe bombear más fuerte para llevar oxígeno a las células cuando el nivel de oxígeno en la sangre se ha reducido.

¿Sabías que . . . ?

Los miembros de la expedición escocesa al Polo Sur en 1912 pueden haber muerto por culpa del **estaño.** El suministro de queroseno se filtró por pequeños huecos en las uniones de las latas de almacenamiento porque el estaño con el que estaban soldadas se convierte lentamente en un polvo a menos de 13 °C.

7 ²⁵

N

Nitrógeno
14.007

El **nitrógeno** fue descubierto en 1772 por Daniel Rutherford

15 ²⁸⁵

P

Fósforo
30.974

El **fósforo** fue descubierto en 1669 por Henning Brand

33 ²⁸¹⁸⁵

As

Arsénico
74.922

El **arsénico** fue descubierto en 1250 por Albertus Magnus

51 ²⁸¹⁸¹⁸⁵

Sb

Antimonio
121.75

El **antimonio** fue descubierto en el siglo XVII o antes

83 ²⁸¹⁸³²¹⁸⁵

Bi

Bismuto
208.98

El **bismuto** fue descrito en 1450 por Basil Valentine; pero Claude-François Geoffroy demostró que era otro elemento en 1753

Propiedades físicas

- Con excepción del gas nitrógeno, los elementos del Grupo 5A son sólidos a temperatura ambiente.

- Las propiedades metálicas de los elementos del Grupo 5A aumentan de arriba a abajo dentro del grupo. El N y el P son no metales. El As y el Sb son metaloides. El Bi es un metal.

- El nitrógeno líquido es un criogénico, un líquido refrigerante que hierve por debajo de −190 °C.

- El fósforo tiene 10 alótropos incluyendo el blanco y el rojo.

El fósforo blanco es muy reactivo y se debe almacenar bajo agua. El fósforo rojo es mucho más estable.

Puntos de fusión y ebullición

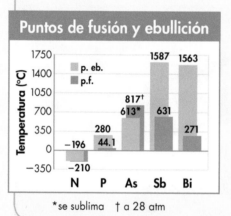

*se sublima   † a 28 atm

Densidad

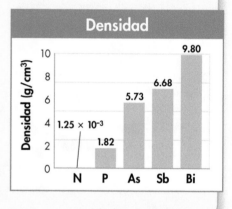

Fuentes

- El nitrógeno se obtiene de la destilación fraccionaria de aire licuado.

- El fósforo se deriva de los minerales fosfatos. Ejemplo:

$$Ca_3(PO_4)_2(s) + 3SiO_2(s) + 5C(s) \longrightarrow 2P(l) + 3CaSiO_3(s) + 5CO(g)$$

- El arsénico se prepara al calentar una mezcla de $FeAs_2$ y FeS_2 en ausencia de aire.

- El antimonio se prepara calentando la mena de estibina, Sb_2S_3.

Destilación fraccionaria del aire

Columna de destilación

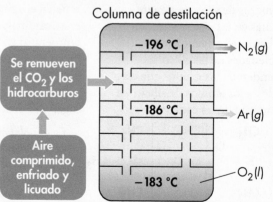

Propiedades atómicas

- Los elementos del Grupo 5A tienen una configuración electrónica de ns^2np^3.

- Los números de oxidación más comunes de los elementos del Grupo 5A son +3, +5 y −3.

- El nitrógeno tiene números de oxidación desde −3 a +5 en una variedad de compuestos estables.

- El nitrógeno elemental, N_2, es muy poco reactivo debido a su fuerte enlace triple N a N.

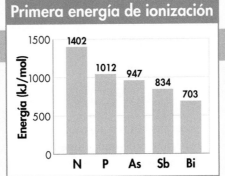

Primera energía de ionización

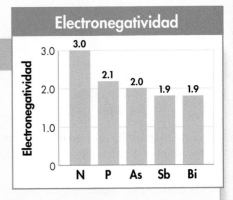

Electronegatividad

	N	P	As	Sb	Bi
Radio atómico (pm)	70	109	122	137	170
Radio iónico (pm)	146 N^{3-}	212 P^{3-}	222 As^{3-}	76 Sb^{3+}	117 Bi^{3+}

Compuestos y reacciones importantes

- El óxido nitroso, N_2O, (gas hilarante) es un anestésico. Está hecho de nitrato de amonio.

$$NH_4NO_3(s) \xrightarrow{\Delta} N_2O(g) + 2H_2O(g)$$

- El dióxido de nitrógeno, NO_2, es un contaminante del aire que producen los combustibles fósiles que se queman a altas temperaturas.

- Los rayos hacen que el nitrógeno y el oxígeno del aire reaccionen y formen óxido nítrico, NO.

- La hidracina venenosa, N_2H_4, se usa en el combustible de los cohetes. Se prepara según la siguiente reacción.

$$2NH_3(aq) + OCl^-(aq) \longrightarrow N_2H_4(aq) + Cl^-(aq) + H_2O(l)$$

La reacción es compleja. Un producto intermedio es la cloramina, NH_2Cl, que también es venenosa. Las etiquetas en las botellas de amoníaco y cloro para blanquear advierten que no se mezclen estas soluciones. Si ignoras esta advertencia, se puede producir cloramina.

- El ácido nítrico, HNO_3, se usa para hacer fertilizantes y explosivos. Se produce mediante el proceso Ostwald.

- El ácido fosfórico se usa en bebidas no alcohólicas y fertilizantes. Se hace con una reacción de doble reemplazo.

$$Ca_3(PO_4)_2(s) + 3H_2SO_4(aq) \longrightarrow 3CaSO_4(aq) + 2H_3PO_4(aq)$$

Los dentistas usan ácido fosfórico para grabar el esmalte expuesto de un diente taladrado para que el relleno se adhiera al diente.

- El amoníaco se sintetiza directamente a partir de sus elementos por el proceso de Haber-Bosch.

$$3H_2(g) + N_2(g) \longrightarrow 2NH_3(g)$$

- Los aminoácidos como la glicina, H_2NCH_2COOH, son los ladrillos de las proteínas.

- El subsalicilato de bismuto, $BiO(C_7H_5O_3)$, es el ingrediente activo de un antiácido rosado.

- El trióxido de arsénico, As_2O_3, es un veneno muy poderoso. Su uso para matar hierbas y como insecticida se ha restringido.

- El antimonio se añade a las aleaciones para aumentar su dureza.

Proceso de Ostwald

El amoníaco se oxida en dióxido de nitrógeno en dos etapas. El dióxido de nitrógeno forma ácido nítrico a medida que pasa por agua tibia.

GRUPO 5A

N Amoníaco

El nitrógeno del aire no es útil para las plantas. Las fuentes naturales de nitrógeno aprovechable del suelo no bastan para sustentar los niveles actuales de producción agrícola. El químico alemán Fritz Haber ideó una solución. Descubrió cómo convertir el nitrógeno atmosférico en amoníaco. En el proceso de Haber, el nitrógeno y el hidrógeno se calientan bajo presión en presencia de hierro.

$$N_2(g) + 3H_2(g) \longrightarrow 2NH_3(g)$$
$$\Delta H = 46.19 \text{ kJ/mol}$$

El amoníaco se licua. El amoníaco líquido, las soluciones acuosas de amoníaco y las sales de amoníaco se usan como fertilizantes. El amoníaco líquido también se usa como refrigerante. Muchos productos de limpieza contienen amoníaco líquido, que es una base débil. El amoníaco también se usa para fabricar explosivos.

Proceso de Haber

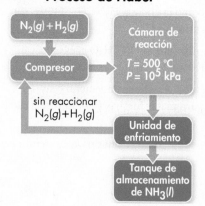

Cuando la mezcla reactiva se enfría, el amoníaco licuado se puede separar del nitrógeno y del hidrógeno.

N Explosivos

Las explosiones son reacciones exotérmicas extremadamente rápidas, que producen productos gaseosos. Las explosiones más poderosas ocurren cuando los reactantes son líquidos o sólidos. La presión aumenta a medida que los reactantes se convierten en gases, sobre todo si los gases están confinados. Cuando los gases se expanden, la liberación resultante de la presión produce una onda expansiva. La energía cinética de esta onda, el viento que le sigue y el calor son la fuerza destructiva de la explosión.

Los ingenieros usan una serie de pequeñas explosiones controladas para lograr que un edificio colapse hacia adentro, o implosione.

Una explosión requiere un combustible y un oxidante. Si el oxidante y el combustible están separados, la reacción es una reacción de combustión. Este tipo de explosiones pueden ocurrir si una fuga de gas natural en un edificio se enciende con una chispa o flama.

$$CH_4 + 2O_2(g) \longrightarrow CO_2(g) + 2H_2O(g) \qquad \Delta H = 890 \text{ kJ/mol}$$

Si el combustible es su propio oxidante, tiene lugar una reacción de descomposición. La nitroglicerina, $C_3H_5(NO_3)_3$, es un líquido viscoso, claro y aceitoso. Se descompone y forma una mezcla de productos gaseosos.

$$4C_3H_5(NO_3)_3(l) \longrightarrow 6N_2(g) + O_2(g) + 12CO_2(g) + 10H_2O(g)$$
$$\Delta H = -1427 \text{ kJ/mol}$$

Los explosivos autooxidantes suelen ser inestables. Enfrascarlos puede ser suficiente para que se detonen. Alfred Nobel, un químico e inventor sueco, descubrió una manera menos riesgosa de usar la nitroglicerina. Después de que la fábrica de nitroglicerina de su familia explotara en 1864, mudó sus experimentos a una barcaza en un lago. Un día se topó con un recipiente de nitroglicerina que tenía un escape. Afortunadamente, la diatomita en la que estaba empacado el recipiente había absorbido el líquido. Nobel descubrió que la mezcla era estable hasta que se detonaba con un detonador de mecha. Además, la mezcla era tan explosiva como el líquido puro. Nobel llamó a su invento dinamita.

En su testamento, Nobel estableció un fondo para otorgar un premio anual de química, física, fisiología y medicina, literatura y la paz.

La lluvia corriente tiene un pH de aproximadamente 5.6. Es ligeramente ácida porque el dióxido de carbono del aire se disuelve y forma pequeñas gotas de ácido carbónico (H_2CO_3). En la lluvia ácida, el pH es menor debido a que la emisión de óxidos de nitrógeno y óxidos de azufre es menor en la atmósfera. Algunas fuentes naturales, como volcanes, emiten estos óxidos. Pero la mayoría provienen de la quema de combustibles fósiles. En la atmósfera, los óxidos forman ácido nítrico (HNO_3) y ácido sulfúrico (H_2SO_4), que cae a la Tierra en forma de lluvia o nieve.

Dado que la lluvia ácida disuelve y arrasa con los nutrientes del suelo, los árboles están muriendo en los Montes Apalaches. Dado que las especies acuáticas son muy sensibles a los cambios de pH, algunos lagos que una vez estaban llenos de peces y ranas ahora carecen de vida.

Las plantas de poder son una fuente de óxidos de azufre y óxidos de nitrógeno. Hay dispositivos llamados depuradores que se usan para eliminar estos contaminantes del humo. En un tipo de depurador, el humo pasa por una suspensión acuosa de piedra caliza (CaO). La piedra caliza reacciona con el SO_2 para formar sulfito de calcio ($CaSO_3$) sólido.

Se puede usar otro tipo de depurador para eliminar los óxidos de nitrógeno. Se rocía amoníaco sobre una superficie recubierta de una mezcla de catalizadores. A medida que el humo pasa sobre la superficie, los óxidos de nitrógeno reaccionan con el amoníaco y el oxígeno y forman nitrógeno y agua.

Otra manera de tratar los óxidos de nitrógeno es evitar que se formen. Este método supone quemar combustible, como carbón, a altas temperaturas. Cuando el quemador contiene más combustible que aire, la mayoría del oxígeno del aire reacciona con el combustible más que con el nitrógeno.

La mayoría de los fertilizantes contienen sales de nitrógeno, fósforo y potasio. Estos elementos son esenciales para el crecimiento de las plantas. En la etiqueta, los porcentajes por masa de estos nutrientes se presentan siempre en el orden N-P-K.

Dado que las sales de los fertilizantes pueden variar, hay reglas para presentar el contenido. El nitrógeno siempre se presenta como un porcentaje por masa de nitrógeno elemental. El fósforo y el potasio se presentan como porcentajes por masa de pentóxido de fósforo, P_2O_5, y óxido de potasio, K_2O.

Este sistema facilita la comparación de fertilizantes. Por ejemplo, un fertilizante de tipo 20-10-10 tiene el doble de masa de nitrógeno que un fertilizante de tipo 10-10-10. Pero ambos tienen la misma masa de fósforo y de potasio. Es posible que los números no den un total de 100% porque los fertilizantes siempre contienen ingredientes que no están incluidos en el análisis N-P-K.

Niveles de pH de la lluvia

■ > 5.3	■ 4.8 – 4.9
■ 5.2 – 5.3	■ 4.7 – 4.8
■ 5.1 – 5.2	■ 4.6 – 4.7
■ 5.0 – 5.1	■ 4.5 – 4.6
■ 4.9 – 5.0	■ 4.4 – 4.5

Este mapa se hizo a partir del análisis de muestras recolectadas en estaciones de campo en 2008.

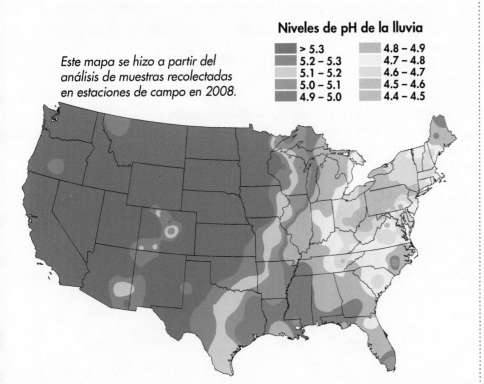

¿Sabías que . . . ?

El oxiclorato de **bismuto** (BiOCl) es lo que les da una apariencia brillante y nacarada al esmalte de uñas y al lápiz labial.

GRUPO 6A

8	²₆
O	
Oxígeno	
15.999	

El **oxígeno** fue descubierto en 1772 por Carl Scheele y en 1774 por Joseph Priestly

16	²₈₆
S	
Azufre	
32.06	

El **azufre** se conoce desde tiempos antiguos

34	²₈ ₁₈₆
Se	
Selenio	
78.96	

El **selenio** fue descubierto en 1817 por Jöns Jacob Berzelius

52	²₈ ₁₈ ₁₈₆
Te	
Telurio	
127.60	

El **telurio** fue descubierto en 1782 por Franz Joseph Müller von Reichenstein

84	²₈ ₁₈ ₃₂₆
Po	
Polonio	
(209)	

El **polonio** fue descubierto en 1898 por Marie Curie

Propiedades físicas

monoclínico

ortorrómbico

- Con excepción del gas oxígeno, O_2, los elementos del Grupo 6A son sólidos a temperatura ambiente.

- Las propiedades metálicas de los elementos del Grupo 6A aumentan de arriba a abajo dentro del grupo.

- El polonio es un metal radioactivo.

La celda unitaria en el azufre cristalino es una molécula S_8.

Puntos de fusión y ebullición

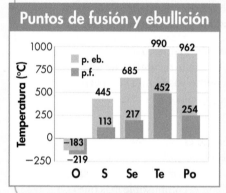

Temperatura (°C) — p. eb. / p.f.

990, 962, 685, 452, 445, 254, 217, 113, −183, −219

O, S, Se, Te, Po

Densidad

Densidad (g/cm³)

1.43×10^{-3}, 2.07, 4.28, 6.25, 9.14

O, S, Se, Te, Po

Fuentes

- La producción a gran escala de oxígeno se logra mediante la destilación fraccional de aire líquido. El oxígeno líquido se almacena y embarca en botellas selladas al vacío a su punto de ebullición de −183 °C.

- Se usa el proceso de Frasch para extraer azufre de los depósitos subterráneos. Se taladra un pozo en un lecho de azufre y se instalan tubos concéntricos. El agua supercalentada derrite el azufre. El aire comprimido impulsa el azufre a la superficie.

- El azufre también se produce a partir del sulfuro de hidrógeno, H_2S y el dióxido de azufre, SO_2.

$$2H_2S(g) + SO_2(g) \longrightarrow 2H_2O(l) + 3S(s)$$

- El selenio y el telurio son productos secundarios del procesamiento de las menas de azufre para conseguir otros metales.

- El polonio se forma por desintegración radioactiva del radio contenido en minerales como la pechblenda.

El proceso de Frasch

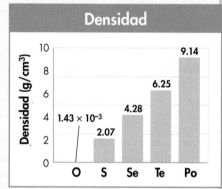

Aire comprimido →

Agua supercalentada (180 °C) →

Espuma de azufre caliente

Arena movediza

Roca que contiene azufre

Azufre sólido

Aire

Azufre líquido (119 °C)

Propiedades atómicas

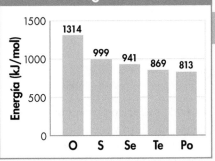

Primera energía de ionización

Energía (kJ/mol)

O	S	Se	Te	Po
1314	999	941	869	813

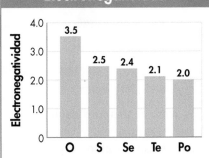

Electronegatividad

O	S	Se	Te	Po
3.5	2.5	2.4	2.1	2.0

- Los elementos del Grupo 6A tienen una configuración electrónica que termina en ns^2np^4.

- Los números de oxidación más comunes de los elementos del Grupo 6A son +4, +6 y −2.

- El oxígeno es paramagnético porque hay electrones no enlazados en las moléculas de O_2.

	O	S	Se	Te	Po
Radio atómico (pm)	66	105	120	139	168
Radio iónico (pm)	140 O^{2-}	184 S^{2-}	198 Se^{2-}	221 Te^{2-}	94 Po^{4+}

El oxígeno líquido se mantiene entre los polos de un imán debido a su atracción al imán.

Compuestos y reacciones importantes

- El oxígeno reacciona con casi todos los demás elementos y forma óxidos. Ejemplo:

$$4K(s) + O_2(g) \longrightarrow 2K_2O(s) \quad \Delta H = -363.2 \text{ kJ/mol}$$

- El ozono, O_3, se produce directamente del oxígeno, O_2, cuando hay rayos.

$$3O_2(g) \longrightarrow 2O_3(g) \qquad \Delta H = +285 \text{ kJ/mol}$$

- El oxígeno es necesario para liberar la energía de los combustibles, como la glucosa, de los organismos.

$$C_6H_{12}O_6(s) + 6O_2(g) \longrightarrow 6CO_2(g) + 6H_2O(g)$$
$$\Delta H = -2808 \text{ kJ/mol}$$

- El oxígeno se usa para producir acero y para oxidar el hidrógeno en las celdas de combustible.

- Los compuestos de azufre suelen oler mal. El sulfuro de hidrógeno, H_2S, huele a huevo podrido. Se forma cuando los sulfatos metálicos reaccionan con ácido clorhídrico. Ejemplo:

$$FeS(s) + 2HCl(aq) \longrightarrow H_2S(g) + FeCl_2(aq)$$

- El ácido sulfúrico concentrado, H_2SO_4, es un agente deshidratante muy fuerte. Ejemplo:

$$C_{12}H_{22}O_{11}(s) \xrightarrow{H_2SO_4} 12C(s) + 11H_2O(g)$$

Cuando se agrega ácido sulfúrico concentrado a la sacarosa, se produce vapor de agua y carbono. La liberación de vapor produce que el carbono se expanda.

- El etilo mercaptán, CH_3CH_2SH, huele muy mal. Se suele agregar al gas natural inodoro para que la gente sepa cuando hay una fuga.

- El tiosulfato de sodio, $Na_2S_2O_3$, también conocido como *hypo*, se usa en el desarrollo de rayos X dentales.

- La adición de seleniuro de cadmio, CdSe, le da un bello color rubí al vidrio.

GRUPO 6A

Se Selenio en la comida

El selenio es un antioxidante que protege las membranas celulares. En los Estados Unidos, el grano se cultiva en suelos ricos en selenio. El ganado y las personas que comen estos granos sufren menos deficiencias de selenio.

Un nutriente esencial puede ser dañino en grandes cantidades. Demasiado selenio puede dañar el sistema nervioso. También puede causar ansiedad y fatiga.

Esta planta (Astragalus bisulcatus) acumula altos niveles de selenio.

Los suelos de la región de las Grandes Planicies y de las Montañas Rocosas contienen por lo general grandes niveles de selenio. Si el ganado come el pasto que crece en dichos suelos, es posible que desarrolle un envenenamiento crónico con selenio. Los síntomas incluyen pérdida del cabello, cascos adoloridos, cojera y falta de energía.

El envenenamiento agudo con selenio hace que el ganado pierda la visión y se tropiece constantemente antes de morir de un fallo respiratorio. Los vaqueros llaman a este trastorno el "tambaleo ciego".

S Ácido sulfúrico

El ácido sulfúrico puro es un líquido denso, incoloro y aceitoso. El ácido sulfúrico concentrado es 98% H_2SO_4 y 2% H_2O. El ácido sulfúrico diluido reacciona con metales, óxidos, hidróxidos o carbonatos para formar sulfatos. La reacción con los metales también libera gas hidrógeno. El ácido sulfúrico se puede usar para producir otros ácidos a partir de sales. Por ejemplo, el cloruro de hidrógeno se puede producir a partir del ácido sulfúrico y el cloruro de sodio.

Cuando el azufre se quema en el aire, el producto es el gas irritante dióxido de azufre, SO_2.

$$H_2SO_4(l) + 2NaCl(s) \longrightarrow Na_2SO_4(s) + 2HCl(g)$$

El ácido sulfúrico se produce principalmente a partir del dióxido de azufre. El proceso se llama proceso de contacto porque la reacción clave se da cuando los reactantes están en contacto con la superficie del catalizador sólido.

(1) El azufre derretido se calienta en aire.

$$S(l) + O_2(g) \longrightarrow SO_2(g)$$

(2) El dióxido de azufre se oxida en presencia del catalizador óxido de vanadio, V_2O_5.

$$2SO_2(g) + O_2(g) \xrightarrow{V_2O_5} 2SO_3(g)$$

(3) El trióxido de azufre se disuelve en agua y forma ácido sulfúrico.

Buena parte del ácido sulfúrico producido en Norteamérica se usa para hacer fertilizantes. El ácido sulfúrico también se usa para refinar el petróleo, para la producción de otros químicos y para el decapado del hierro y el acero. Durante el decapado, los óxidos se remueven de la superficie del metal.

Esta babosa marina de la especie Berthella martensi produce ácido sulfúrico, que aleja a los depredadores.

O Ozono

Cerca de la superficie terrestre, el ozono (O_3) es un contaminante. En la estratósfera, el ozono es literalmente un salvavidas. La capa de ozono de la estratósfera absorbe 99% de la dañina radiación ultravioleta (UV) del Sol. En los años setenta, los científicos comenzaron a sospechar que la capa de ozono estaba amenazada. Fundamentaron su sospecha en modelos de laboratorio. En 1985, esta sospecha fue confirmada cuando ciertos investigadores ingleses descubrieron un "hueco" en la capa de ozono sobre la Antártida. En el invierno, la cantidad de ozono se redujo a casi la mitad.

Los científicos atribuyeron la disminución de la capa de ozono a ciertos químicos llamados clorofluorocarbonos (CFC). Estos químicos se usaban principalmente como propelentes en latas de aerosoles y como refrigerantes en refrigeradores y aires acondicionados. Los CFC son muy estables e inertes en la atmósfera inferior. Con el tiempo, pasan a la estratósfera, donde se desintegran por acción de la radiación solar. Gracias a un ciclo repetido de las reacciones (2) y (3), un solo átomo de cloro puede destruir hasta 100,000 moléculas de ozono.

$$(1) \quad CCl_3F \longrightarrow Cl\bullet + \bullet CCl_2F$$
$$(2) \quad Cl\bullet + O_3 \longrightarrow ClO\bullet + O_2$$
$$(3) \quad ClO\bullet + O \longrightarrow Cl\bullet + O_2$$

En 1978, los Estados Unidos prohibieron el uso de CFC en los aerosoles. En 2007, la mayoría de los países acordaron dejar de producir los CFC hacia 2020. La prohibición ha surtido efecto. Las concentraciones de CFC han empezado a estabilizarse en la estratósfera e incluso están disminuyendo en la atmósfera.

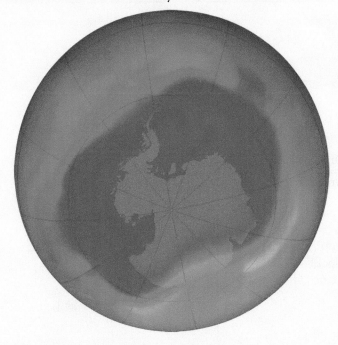

En septiembre de 2006, el "hueco" sobre la Antártida marcó un récord de tamaño. La cantidad de ozono es baja en las zonas azules. Es posible que tome décadas para que la capa de ozono llegue a los niveles anteriores a 1980.

S Tioles

Las mofetas usan un líquido maloliente para repeler depredadores. Los compuestos de la mezcla son principalmente moléculas que contienen azufre. Un tipo de compuesto de azufre llamado tiol es el responsable de este mal olor. Los tioles son compuestos orgánicos en los que el oxígeno de un alcohol ha sido reemplazado por azufre. La fórmula general del tiol es RSH.

El líquido nauseabundo es segregado y almacenado en glándulas hasta que la mofeta se siente amenazada. Cuando está amenazada, la mofeta contrae los músculos alrededor de las glándulas y rocía el líquido en la dirección de la amenaza. Una mofeta puede lanzar el líquido a aproximadamente tres metros. Aparte de oler mal por un tiempo, el "atacante" no sufre ningún daño.

¿Sabías que . . . ?

Los compuestos orgánicos que contienen **azufre** le dan a las cebollas su sabor y olor. Cuando se corta una cebolla, ocurren ciertas reacciones que producen sulfóxido de tiopranal. Cuando los receptores de tus ojos están expuestos a este gas irritante, desatan la producción de lágrimas.

GRUPO 7A

9	2 7
F	
Flúor	
18.998	

El **flúor** fue descubierto en 1886 por Henri Moissan

17	2 8 7
Cl	
Cloro	
35.453	

El **cloro** fue descubierto en 1774 por Carl Wilhelm Scheele

35	2 8 18 7
Br	
Bromo	
79.904	

El **bromo** fue descubierto en 1826 por Antoine-Jérôme Balard

53	2 8 18 18 7
I	
Yodo	
126.90	

El **yodo** fue descubierto en 1811 por Bernard Courtois

85	2 8 18 32 18 7
At	
Ástato	
(210)	

El **ástato** fue descubierto en 1940 por Dale R. Corson, K. R. Mackenzie y Emilio Segrè

Propiedades físicas

- Los halógenos son no metales. A temperatura ambiente, el flúor y el cloro son gases y el bromo es líquido. El yodo y el ástato son sólidos.

- Los halógenos son muy reactivos. La reactividad disminuye del flúor al ástato. Los halógenos no existen en forma elemental en la naturaleza.

- Los isótopos de ástato son radioactivos con semividas cortas.

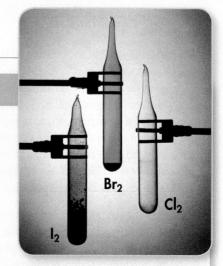

Los coloridos vapores del bromo y del yodo son visibles porque el bromo es volátil y el yodo se sublima fácilmente a temperatura ambiente.

Puntos de fusión y ebullición

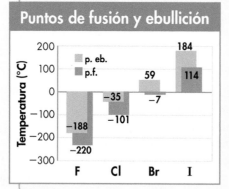

Densidad

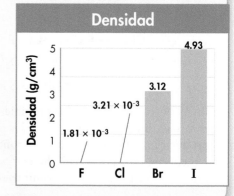

Fuentes

- El gas cloro se hace comercialmente mediante electrólisis de salmuera.

$$2NaCl(aq) + 2H_2O(l) \longrightarrow$$
$$Cl_2(g) + H_2(g) + 2NaOH(aq)$$

- El bromo se obtiene del agua salada mediante una reacción de desplazamiento con cloro.

$$2NaBr(aq) + Cl_2(g) \longrightarrow 2NaCl(aq) + Br_2(l)$$

- El yodo se encuentra en la salmuera y en el yodato de sodio, $NaIO_3$, en depósitos de nitrato de sodio. El yodo se produce a partir de $NaIO_3$ por una reacción redox.

$$2NaIO_3(aq) + 5NaHSO_3(aq) \longrightarrow$$
$$I_2(g) + 2Na_2SO_4(aq) + 3NaHSO_4(aq) + H_2O(l)$$

- El flúor se fabrica por electrólisis de fluoruro de potasio, KF, disuelto en fluoruro de hidrógeno, HF.

La fluorita, CaF_2, es el principal mineral con flúor. El término fluorescente proviene de este mineral, que brilla en presencia de radiación UV.

Propiedades atómicas

- Los elementos del Grupo 7A tienen una configuración electrónica que termina en ns^2np^5.

- Los halógenos existen como moléculas diatómicas.

- Cada halógeno tiene la mayor electronegatividad de su período.

- La carga iónica más común de los halógenos es $1-$. Con excepción del flúor, los halógenos también tienen números de oxidación positivos $+1$, $+3$, $+5$ y $+7$.

El cloro forma cuatro aniones con el oxígeno. El número de oxidación del cloro es diferente en cada anión.

Primera energía de ionización

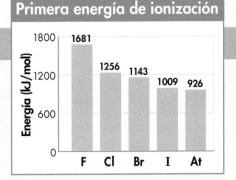

Gráfica de barras: Energía (kJ/mol) vs. F, Cl, Br, I, At
- F: 1681
- Cl: 1256
- Br: 1143
- I: 1009
- At: 926

Electronegatividad

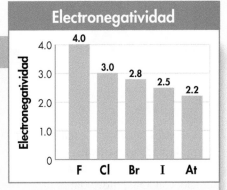

Gráfica de barras: Electronegatividad vs. F, Cl, Br, I, At
- F: 4.0
- Cl: 3.0
- Br: 2.8
- I: 2.5
- At: 2.2

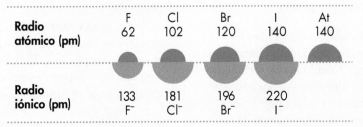

	F	Cl	Br	I	At
Radio atómico (pm)	62	102	120	140	140
Radio iónico (pm)	133 F^-	181 Cl^-	196 Br^-	220 I^-	

Ion hipoclorito   Ion clorito   Ion clorato   Ion perclorato

Compuestos y reacciones importantes

- Los halógenos forman haluros metálicos. Ejemplo:

  $$2Na(s) + Cl_2(g) \longrightarrow 2NaCl(s) \quad \Delta H = -411 \text{ kJ/mol}$$

- Los halógenos forman haluros de hidrógeno. Ejemplo:

  $$H_2(g) + Cl_2(g) \longrightarrow 2HCl(g) \quad \Delta H = -92.3 \text{ kJ/mol}$$

- El blanqueador en seco es una mezcla de compuestos representados por la fórmula CaCl(ClO). El blanqueador en seco se usa para blanquear papel y textiles. También elimina manchas y desinfecta la ropa.

  $$Ca(OH)_2(aq) + Cl_2(g) \longrightarrow CaCl(ClO)(aq) + H_2O(l)$$

- Pequeñas cantidades de oxígeno se producen en el laboratorio mediante el calentamiento de clorato de potasio, $KClO_3$. El clorato de potasio es un agente oxidante en los fuegos artificiales, los cerillos y los explosivos.

  $$2KClO_3(s) \longrightarrow 2KCl(s) + 3O_2(g)$$

- Los recipientes de clorato de sodio se usan en los submarinos para producir oxígeno. También se ponen en los aviones en caso de emergencia.

- El cloro se usa para hacer el monómero de vinilo, $CH_2 = CHCl$, que reacciona para formar el policloruro de vinilo (PVC).

El cloro reacciona vigorosamente con el sodio para formar cloruro de sodio sólido.

- El ácido hidrofluórico (HF) está hecho a partir del mineral fluorita y del ácido sulfúrico. A pesar de que el HF es extremadamente peligroso, tiene muchos usos, incluyendo limpiadores de metales y esmerilado de vidrio.

  $$CaF_2(s) + H_2SO_4(aq) \longrightarrow 2HF(g) + CaSO_4(s)$$

- Las sartenes antiadherentes están recubiertas de un polímero de tetrafluoruroeteno, $F_2C = CF_2$.

- La tintura de yodo es una solución de yodo, I_2, y yoduro de potasio, KI, en alcohol. Es un ejemplo de un desinfectante de la piel a base de yodo.

F   Caries

Tus dientes tienen una capa exterior dura llamada esmalte. Esta capa es principalmente carbonato de calcio, $CaCO_3$, e hidroxiapatita, $[Ca_3(PO_4)_2]_3 \cdot Ca(OH)_2$.

El ácido láctico, $C_3H_6O_3$, es la principal causa de las caries. Forma bacterias cuando las bacterias de la saliva se alimentan de los azúcares presentes en la placa pegajosa de la superficie de los dientes. Un incremento de la concentración H^+ hace que los minerales del esmalte de los dientes se descomponga rápidamente. Una fuente de este aumento de la acidez es el ácido fosfórico de las bebidas no alcohólicas.

Los iones flúor se añaden al agua en muchas ciudades. La mayoría de las cremas dentales tienen iones flúor. Los iones reemplazan a los iones hidróxido en la hidroxiapatita para formar fluoroapatita, $[Ca_3(PO_4)_2]_3 \cdot CaF_2$. Este reemplazo vuelve más resistente el esmalte.

Los iones flúor por sí solos no evitan las caries. Debes cepillarte los dientes y usar hilo dental para evitar que la placa aparezca en el esmalte de tus dientes.

Cl   Química de piscina

Las personas que le dan mantenimiento a las piscinas tienen dos objetivos fundamentales. Evitar el crecimiento de bacterias que producen enfermedades. Evitar el crecimiento de algas que pueden pudrir el agua y obstruir filtros. Se usan los compuestos de cloro para desinfectar el agua de las piscinas. El "cloro líquido" contiene hipoclorito de sodio, $NaClO$. El "cloro seco" es hipoclorito de calcio, $Ca(ClO)_2$. Cuando los iones hipoclorito se disuelven en el agua, ocurre una hidrólisis y se produce ácido hipocloroso, $HClO$.

$$ClO^-(aq) + H_2O(l) \rightleftharpoons HOCl(aq) + OH^-(aq)$$

La cantidad de ácido hipocloroso no disociado en la piscina depende del pH. Si el pH es demasiado alto, la reacción de hidrólisis pasará a los reactantes y reducirá la concentración de HClO. Si el pH es demasiado bajo, se formará demasiado ácido. Una alta concentración de ácido puede irritar los ojos, dañar el yeso y corroer las tuberías metálicas y los filtros de la piscina.

Si el pH de la piscina es demasiado alto, se puede usar sulfato de hidrógeno sódico sólido para que reaccione con los iones OH^-.

$$NaHSO_4(s) + OH^-(aq) \longrightarrow Na^+(aq) + SO_4^{2-}(aq) + H_2O(l)$$

Si el pH es demasiado bajo, se puede usar carbonato de sodio para neutralizar parte del ácido.

$$Na_2CO_3(s) + 2H^+(aq) \longrightarrow 2Na^+(aq) + H_2O(l) + CO_2(aq)$$

El uso de fluoruros en el agua potable y en las cremas dentales ha generado una reducción tan drástica de las caries que algunos adultos nunca han tenido una.

F | Sustitutos de la sangre

La función más importante de la sangre es transportar oxígeno desde los pulmones hasta las células en todo el cuerpo y llevar el dióxido de carbono desde las células hasta los pulmones. Las transfusiones de sangre han sido la respuesta tradicional ante la pérdida de sangre debida a heridas graves o cirugías. Las transfusiones de sangre han salvado millones de vidas. Pero lleva tiempo determinar el tipo de sangre del paciente y los tipos menos comunes de sangre no siempre están disponibles. Además, la sangre puede contener bacterias y virus que producen enfermedades.

Los científicos han tratado durante años de desarrollar un sustituto efectivo y rentable de la sangre. Un enfoque se centra en los perfluorocarbonos (PFC). Los PFC son compuestos orgánicos en los que todos los hidrógenos han sido reemplazados por flúor. Los PFC se pueden disolver y transportan oxígeno. Son muy baratos de producir, es posible controlar su pureza y no reaccionan con otras sustancias del cuerpo.

Algunos problemas con los PFC fueron revelados por pruebas clínicas. Dado que los PFC no se disuelven en agua, se deben mezclar con lípidos para formar una emulsión. La emulsión puede ser inestable en la sangre, lo que significa que no es efectiva por mucho tiempo. Dado que los PFC contienen menos oxígeno que la hemoglobina, el paciente debe respirar aire rico en oxígeno.

Dado que la sangre es tan compleja, es posible que los científicos nunca descubran un sustituto que lleve a cabo todas sus funciones. Por tanto, todavía hay una gran necesidad de donantes de sangre humana.

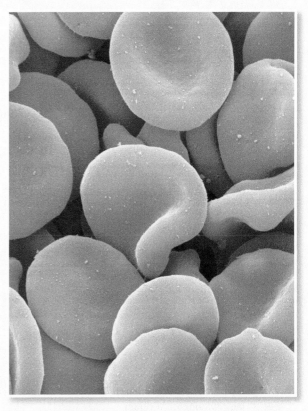

La hemoglobina es la molécula de los glóbulos rojos que transporta oxígeno. Para que un sustituto de la sangre sea efectivo, tiene que llevar a cabo esta misma función.

I | Sal yodada

La glándula tiroides produce hormonas que permiten controlar el crecimiento del cuerpo y la energía que producen las células. Se necesitan pequeñas cantidades de yodo para producir las hormonas de la tiroides. Un adulto necesita aproximadamente 150 mg de yodo diarios.

Los peces del océano son una buena fuente de yodo. Cuando las personas adquieren la mayoría de sus alimentos en la localidad, quienes viven lejos del océano suelen tener una deficiencia de yodo. Para compensar la falta de yodo, la glándula tiroides puede agrandarse. Una deficiencia severa produce algunos tipos de trastornos mentales. Una simple solución a este problema de salud pública es agregarle yoduro de potasio a la sal de mesa.

En los Estados Unidos, la sal yodada se vendió por primera vez en 1924. Hay aproximadamente 400 mg de yodo en una cucharadita de sal yodada. El uso de sal yodada ha eliminado virtualmente el problema de la deficiencia de yodo en los Estados Unidos.

¿Sabías que . . . ?

La tintura púrpura tan apreciada por los emperadores romanos y otros gobernantes contenía **bromo** en el compuesto 6,6'-dibromoíndigo. La tintura se extraía del molusco *Murex brandaris*, que vive en el Mar Mediterráneo.

GRUPO 8A

2	2
He	
Helio	
4.0026	

El **helio** fue descubierto en 1868 por Pierre Janssen

10	2
Ne	8
Neón	
20.179	

El **neón** fue descubierto en 1898 por Sir William Ramsay y Morris Travers

18	2
Ar	8
	8
Argón	
39.948	

El **argón** fue descubierto en 1894 por Lord Rayleigh y Sir William Ramsay

36	2
Kr	8
	18
Criptón	8
83.80	

El **criptón** fue descubierto en 1898 por Sir William Ramsay y Morris Travers

54	2
Xe	8
	18
Xenón	18
131.30	8

El **xenón** fue descubierto en 1898 por Sir William Ramsay y Morris Travers

86	2
Rn	8
	18
	32
Radón	18
(222)	8

El **radón** fue descubierto en 1900 por Friedrich E. Dorn

Fuentes

- El helio se separa de depósitos de gas natural. El neón, el argón, el criptón y el xenón se separan del aire por destilación fraccional.
- Dada su baja densidad, el helio se usa en globos meteorológicos y en dirigibles.
- Además de las luces de neón, los gases nobles se usan en focos fluorescentes, luces estroboscópicas y faros.
- El helio líquido enfría los imanes usados en las imágenes de resonancia magnética.

Propiedades físicas y químicas

- Todos los elementos del Grupo 8A son gases monoatómicos a TPE.
- Los gases nobles son incoloros, inodoros e insípidos.
- El primer compuesto de gas noble, $XePtF_6$, fue hecho en 1962. Hoy en día, se conocen más de 100 compuestos de flúor y xenón.

Los focos incandescentes están llenos de argón en vez de aire para extender la vida del filamento.

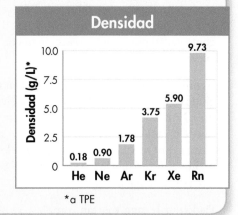

- Un compuesto de argón, HArF, existe solo a temperaturas inferiores a −246 °C.

Puntos de fusión y ebullición

Temperatura (°C)

	He	Ne	Ar	Kr	Xe	Rn
p. eb.	−269	−246	−186	−153	−108	−62
p.f.	−272	−249	−189	−157	−112	−71

Densidad

Densidad (g/L)*

| He | Ne | Ar | Kr | Xe | Rn |
| 0.18 | 0.90 | 1.78 | 3.75 | 5.90 | 9.73 |

*a TPE

Propiedades atómicas

- Los gases nobles tienen una configuración electrónica que termina en ns^2np^6, con excepción del helio ($1s^2$).
- En los gases nobles, el número de oxidación más común para el gas es +2.
- Los gases nobles tienen las mayores energías de ionización porque sus niveles de energía están llenos.

Primera energía de ionización

Energía (kJ/mol)

| He | Ne | Ar | Kr | Xe | Rn |
| 2372 | 2080 | 1520 | 1351 | 1170 | 1037 |

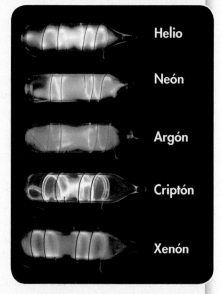

Helio

Neón

Argón

Criptón

Xenón

Cada gas noble emite un color característico en un tubo de descarga.

Ne Luces de neón

Hacia 1855, los científicos podían producir luz al pasar una corriente eléctrica a través de un gas bajo presión y sellado en un tubo de vidrio. Con el descubrimiento de los gases nobles, surgió una nueva tecnología. En 1910, George Claude presentó la primera lámpara de neón en París, Francia.

En 1923, un vendedor de automóviles de Los Angeles compró dos letreros que decían "Packard" por $24,000 (aproximadamente $250,000 dólares de hoy en día). Cuando puso los letreros a la vista en Los Angeles, las personas describieron la luz como "fuego líquido". Hacia la década de 1930, los negocios estaban usando luces de neón para llamar la atención de los clientes.

El neón y el argón son los gases que más se usan en las luces de neón. Las luces anaranjadas-rojas contienen solo neón. Otros colores se producen al agregarle un poco de mercurio al gas noble. El tubo se reviste de un material que brilla cuando se expone a la luz UV emitida por el vapor de mercurio.

Ar De viaje con el argón

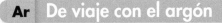

Ya sea en las calles pavimentadas de una ciudad o en un camino sin pavimentar en una montaña, los ciclistas casi siempre se topan con baches. Cuando se enfrentan a un terreno irregular, los ciclistas se pueden preocupar por las llantas, pero probablemente no se preocupen por el marco de la bicicleta. Los marcos de metal están hechos de tubos de aleación de acero y aluminio o titanio.

Estos tubos están soldados entre sí con soldadura TIG (gas inerte de tungsteno). Un arco eléctrico se forma entre un electrodo de tungsteno y las partes a soldar. El calor del arco derrite los extremos de los tubos y los une. Se puede colocar un relleno entre los extremos de los tubos para aumentar la fortaleza de las uniones o para producir una unión más lisa.

Al soldar en aire, hay el peligro de que los tubos de metal o los electrodos se oxiden. Para evitar la oxidación, el área que rodea al arco se llena de un gas inerte, por lo general argón. Soldar con argón tiene otro beneficio. Dado que el argón es un mal conductor del calor, el arco que se forma es angosto. Este arco angosto produce una soldadura que es lisa en apariencia y mecánicamente duradera.

Xe Motores de iones xenón

La señal de un programa de televisión puede provenir de un satélite de comunicación. El satélite está en órbita sobre el ecuador. La posición del satélite se mantiene con un sistema de propulsión de iones xenón.

Cuando los electrones golpean los átomos de xenón en el motor de iones xenón, los átomos pierden electrones y forman iones positivos. Los iones se aceleran mediante una cuadrícula cargada y se disparan desde el motor a aproximadamente 105 km/h. Esta acción impulsa el satélite en dirección opuesta. Con varios motores que apuntan a diferentes direcciones, el satélite se puede mover en cualquier dirección.

Aunque los motores de iones xenón producen una cantidad relativamente pequeña de impulso, pueden proveer impulso por meses o años. Esto hace que los motores de iones xenón sean una buena opción para misiones espaciales muy largas. Además, un gas inerte no implica ningún peligro para el satélite ni para las personas que manipulan los tanques propelentes.

¿Sabías que . . . ?

Cuando el **helio** líquido se enfría a menos de 2 K, su viscosidad disminuye a cero. Se escapará por los lados de un recipiente que no esté sellado herméticamente.

Hidrógeno

1	1
H	
Hidrógeno	
1.0079	

El **hidrógeno** fue descubierto en 1766 por Henry Cavendish

Fuentes

- El hidrógeno se encuentra raramente sin combinar en la Tierra.

- La electrólisis del agua produce el hidrógeno más puro, pero el proceso requiere demasiada energía para ser económico.

$$2H_2O(l) \longrightarrow 2H_2(g) + O_2(g)$$
$$\Delta H = +572 \text{ kJ}$$

- El hidrógeno se produce cuando el metano y el vapor reaccionan a 1100 °C sobre un catalizador de níquel.

$$H_2O(g) + CH_4(g) \xrightarrow{\text{Ni}} CO(g) + 3H_2(g)$$
$$\Delta H = +206 \text{ kJ}$$

Los productos pasan sobre un catalizador de óxido de metal a 400 °C. A medida que el monóxido de carbono reacciona con el vapor agregado, se produce más hidrógeno.

$$CO(g) + H_2O(g) \longrightarrow CO_2(g) + H_2(g)$$
$$\Delta H = -41 \text{ kJ}$$

El dióxido de carbono se elimina a medida que los gases fluyen a través de una solución básica.

$$CO_2(g) + 2OH^-(aq) \longrightarrow CO_3^{2-}(aq) + H_2O(l)$$

Propiedades atómicas y físicas

- El hidrógeno tiene una configuración electrónica de $1s^1$.

- Los números de oxidación más comunes del hidrógeno son +1 y −1.

- La mayoría del hidrógeno (99.985%) es protio, o hidrógeno-1.

- El otro isótopo estable es el deuterio (hidrógeno-2), que tiene el símbolo D. Harold Urey descubrió el hidrógeno pesado, D_2, en 1931.

- El tritio (hidrógeno-3) fue descubierto en 1934. Su semivida es de 12.3 años.

Propiedades del hidrógeno

Propiedad	Valor
Densidad a TPE	0.09 g/L
Punto de fusión	−259°C
Punto de ebullición	−253°C
Energía de ionización	1.312×10^3 kJ/mol
Electronegatividad	2.1

Radio atómico (pm)	H 30
Radio iónico (pm)	1.2 H^+

Propiedades atómicas y físicas

- El hidrógeno forma hidruros binarios moleculares con los no metales. Ejemplo:

$$H_2(g) + Cl_2(g) \longrightarrow 2HCl(g)$$

- Dos tercios del hidrógeno producido en los EE. UU. se usa para sintetizar el compuesto binario molecular de amoníaco.

- El hidrógeno forma hidruros iónicos con metales alcalinos y metales alcalinotérreos. Estos hidruros son poderosos agentes reductores. Ejemplo:

$$Ca(s) + H_2(g) \longrightarrow CaH_2(s)$$

- El hidrógeno se usa para hacer metanol, CH_3OH. La reacción tiene lugar a 200–300 atm y a 400 °C en presencia de un catalizador de óxido de metal.

$$CO(g) + 2H_2(g) \longrightarrow CH_3OH(g)$$

El metanol es un solvente industrial. Se usa para hacer formaldehído, CH_2O, que se usa para hacer plásticos.

El hidrógeno se usa para convertir los aceites líquidos, como el aceite de maíz, en margarina sólida. Se agrega hidrógeno a los enlaces dobles carbono–carbono durante la hidrogenización.

H Reactores de agua pesada

Dado que 1 en 6400 átomos de hidrógeno es deuterio, 1 en 41 millones de moléculas de agua es D_2O. El D_2O se llama agua pesada porque es aproximadamente 10% más pesada que el agua común. En los reactores de agua pesada, el D_2O se usa en lugar del H_2O como moderador de neutrones. Ambos tipos de agua son buenos moderadores, pero el D_2O es más eficiente que el H_2O porque el D_2O absorbe menos neutrones. Por tanto, en un reactor de agua pesada, el uranio que se usa como combustible no necesita ser enriquecido. El costo inicial de separar el agua pesada del agua ligera se recupera por el bajo costo del combustible de uranio.

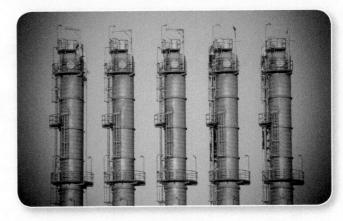

El agua pasa por una serie de torres de extracción en las que el D_2O se separa del H_2O.

H Economía de hidrógeno

El hidrógeno es un combustible no contaminante. Cuando se quema en el aire, el único producto es agua con pequeñas cantidades de óxidos de nitrógeno. No se emiten dióxido de carbono, monóxido de carbono, óxidos de azufre o hidrocarburos sin quemar. En una *economía de hidrógeno*, el hidrógeno reemplazaría a los combustibles fósiles como fuente de energía para la calefacción, el transporte y los procesos industriales. Alcanzar este objetivo requerirá de nuevas tecnologías para la producción, distribución y almacenamiento de hidrógeno.

Se están fabricando carros que funcionan con hidrógeno. En un modelo, el hidrógeno se almacena bajo presión en un tanque. El hidrógeno entra a una celda de combustible donde se combina con oxígeno para producir electricidad. La electricidad mueve un motor eléctrico que a su vez mueve las llantas. Las válvulas del tanque de hidrógeno están diseñadas para cerrarse si los sensores detectan un escape.

Hoy en día, la producción a gran escala de hidrógeno comienza con combustibles fósiles. Pero en una verdadera economía de hidrógeno, la fuente de hidrógeno no serían los combustibles fósiles. Algunos científicos están trabajando en un proceso que usa enzimas para extraer hidrógeno a partir de virutas de madera o pasto. Otros se están concentrando en las algas para producir hidrógeno en presencia de luz solar.

En la feria del automóvil de Los Angeles en 2008, un fabricante de automóviles presentó este diseño de un carro deportivo que funciona con hidrógeno.

H Peróxido de hidrógeno

Las tiras que se usan para blanquear los dientes contienen por lo general peróxido de hidrógeno, H_2O_2. Este es un oxidante muy poderoso que no produce gases tóxicos ni residuos indeseables. Una solución acuosa al 3% es segura para usar en casa. Las concentraciones más fuertes se usan para el tratamiento de agua, blanquear papel y fabricar detergentes germicidas.

El peróxido de hidrógeno puede inhibir el crecimiento de bacterias en las tuberías de agua e incrementar el crecimiento de bacterias que limpian los suelos contaminados. ¿Cómo es esto posible? Los científicos pueden ajustar ciertas variables, como pH, temperatura y concentración, para que el peróxido de hidrógeno oxide un contaminante sin oxidar otro.

¿Sabías que . . . ?

El **hidrógeno** del centro del Sol tiene una densidad de aproximadamente 200 g/mL. La temperatura es aproximadamente 13 millones de grados Celsius. La radiación liberada cuando los núcleos de hidrógeno se fusionan requiere de aproximadamente un millón de años para llegar a la superficie del Sol.

Metales de transición

Antes de 1700

Au oro

Ag plata

Cu cobre

Fe hierro

Hg mercurio

Zn zinc

1700–1799

Co cobalto (1735)

Pt platino (1735)

Ni níquel (1751t)

Mn manganeso (1774)

Mo molibdeno (1778)

W tungsteno (1783)

Ti titanio (1791)

Y Itrio (1794)

Cr cromo (1797)

1800–1899

V vanadio (1801)

Nb niobio (1801)

Ta tantalio (1802)

Pd paladio (1803)

Rh rodio (1803)

Os osmio (1803)

Ir iridio (1803)

Cd cadmio (1817)

Zr circonio (1824)

Ru rutenio (1844)

Sc escandio (1878)

Después de 1900

Lu lutecio (1907)

Hf hafnio (1923)

Re renio (1925)

Propiedades físicas

- La mayoría de los metales de transición son dúctiles, maleables y buenos conductores del calor y la electricidad.

- La densidad de los metales de transición tiende a aumentar a lo largo de un período, mientras que el punto de fusión aumenta hasta un pico en el Grupo 6B y luego disminuye.

Con excepción del cobre y del oro, los metales de transición, incluyendo el platino, tienen un brillo plateado.

- Los compuestos de metales de transición tienden a tener color.

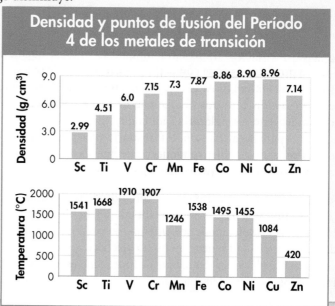

Densidad y puntos de fusión del Período 4 de los metales de transición

Densidad (g/cm³): Sc 2.99, Ti 4.51, V 6.0, Cr 7.15, Mn 7.3, Fe 7.87, Co 8.86, Ni 8.90, Cu 8.96, Zn 7.14

Temperatura (°C): Sc 1541, Ti 1668, V 1910, Cr 1907, Mn 1246, Fe 1538, Co 1495, Ni 1455, Cu 1084, Zn 420

Fuentes

- Los metales de transición provienen de depósitos minerales de la corteza terrestre. Los minerales que se usan para producción comercial de metales se llaman menas.

- Durante siglos, la gente ha desarrollado técnicas para separar metales de las menas. La mena se concentra y el metal se retira por reducción. Después, el metal se refina y purifica.

El oro existe como elemento en la naturaleza. Pero su mena se debe concentrar antes de que el oro se extraiga y purifique.

Propiedades atómicas

- A medida que el número atómico de los metales de transición aumenta, hay un incremento del número de electrones en el nivel de energía anterior al nivel de energía ocupado más alto.

- En los períodos 5 y 6, los metales de transición en el mismo grupo tienen radios atómicos idénticos o casi idénticos. Por tanto, estos pares de elementos tienen propiedades químicas muy similares. Tienden a ocurrir juntos en la naturaleza y son difíciles de separar.

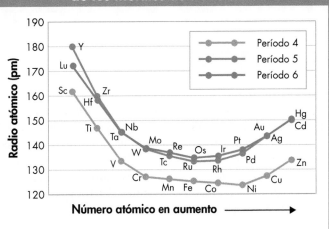

Tendencias del tamaño atómico de los metales de transición

Propiedades químicas

- Hay una gran variación en la reactividad entre los metales de transición. El escandio y el itrio son similares a metales de los grupos 1A y 2A. Se oxidan fácilmente con el aire y reaccionan con el agua para liberar hidrógeno. El platino y el oro son extremadamente estables y resistentes a la oxidación.

- En general, los metales de transición tienen múltiples estados de oxidación. Los compuestos en los que estos elementos están en sus mayores estados de oxidación son agentes oxidantes muy poderosos.

- La mayoría de los metales de transición forman compuestos con colores distintivos. El color de un compuesto o solución de un metal de transición puede indicar el estado de oxidación del metal.

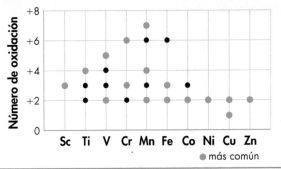

Números de oxidación de los metales de transición del Período 4

VO_3^-

$Cr_2O_7^{2-}$

MnO_4^-

En estas soluciones acuosas, el vanadio, el cromo y el manganeso están en sus estados de oxidación más altos.

El número de oxidación del vanadio es +5 en la solución amarilla, +4 en la solución azul, +3 en la solución verde y +2 en la solución púrpura.

Metales de transición

El cobre fue uno de los primeros metales que se usó. Se encuentra sin combinar en la naturaleza o se reduce fácilmente en sus menas. El suministro romano de cobre provenía principalmente de Chipre y se conocía como *aes Cypriumaes Cyprium* (metal de Chipre). Este nombre evolucionó a *cyprium* y luego a *cuprium*, que es la razón por la que el cobre tiene el símbolo Cu. El cobre puro es apreciado por su capacidad para conducir la corriente eléctrica y por su capacidad para resistir la corrosión.

Alredecor del año 3500 AC, la gente comenzó a agregarle estaño al cobre para producir bronce. Esta aleación es más dura que el cobre puro y más fácil de derretir. Los trabajadores del metal podían producir bronce con diferentes propiedades al variar la cantidad de estaño. El bronce que se usaba para hacer estatuas podía contener apenas un 10% de estaño por masa. El bronce que se usaba para hacer campanas podía contener entre 13% y 25% de estaño. La mayoría de las monedas de cobre son de bronce con 4% de estaño y 1% de zinc.

Cuando se golpea una campana de bronce, el tono claro y fuerte se escucha por varios segundos. Esta campana china antigua formaba parte probablemente de un carillón graduado.

El latón es una aleación de cobre y zinc. El latón es más duro que el cobre puro y más maleable que el bronce. El latón que contiene al menos 65% de cobre se puede trabajar cuando está frío. El latón que tiene entre 55% y 65% de cobre se puede trabajar cuando está caliente. Antes de que llegaran a Europa grandes cantidades de oro y plata, el latón era el metal que se usaba para hacer objetos decorativos.

El cobre que se expone a oxígeno y agua forma una patina de sales básicas de cobre. Esta fina película protege al metal subyacente de una mayor oxidación. La composición de la patina, su color y la velocidad a la que se forma varían con el clima. Se forma más rápido cerca del océano.

Históricamente, el latón se usaba para hacer instrumentos científicos de alta calidad, como este microscopio.

El exterior de este museo científico cerca del puerto de Ámsterdam es de cobre, que ha formado una patina.

Fe Hierro y acero

El carbono se usa para extraer el hierro de sus menas. Al principio, la gente usaba carbón de madera quemada. En 1709, Abraham Darby inventó un proceso que usaba coque en vez de carbón. El coque es carbono casi puro. Se produce cuando el carbón se calienta en ausencia de aire y las impurezas se eliminan en forma de gas. Con el coque, la producción de hierro se vuelve menos costosa y más eficiente.

La mena de hierro se reduce a hierro metálico en un alto horno. Se agregan la mena, el coque y la piedra caliza a la parte superior del horno. El hierro derretido y la escoria se depositan en el fondo. El arrabio que se produce contiene entre 3% y 5% de carbono y cantidades más pequeñas de otras impurezas, que hacen que el hierro sea quebradizo. El arrabio no se puede enrollar o soldar, pero se puede fundir. El hierro fundido se usa para hacer estufas y bloques de motores de carro.

La mayor parte del arrabio se usa para hacer acero. Hay varios métodos para hacer acero, pero todos bajan el contenido de carbono a menos de 2% y eliminan otras impurezas. Aproximadamente 90% del acero producido es acero de construcción, que no contiene otros metales. El acero semidulce, que es maleable y dúctil, contiene menos de 0.2% de carbono. El acero semiduro (0.2% a 0.6% de carbono) se usa en componentes estructurales, como vigas y travesaños. Dado que el acero duro (0.8% a 1.5% de carbono) es más duro que los demás aceros de construcción, se usa para hacer artículos como brocas y cuchillos.

Los metales de transición se usan para producir aleaciones de acero con propiedades específicas. El acero inoxidable más común contiene aproximadamente 18% de cromo y 8% níquel.

En 1779, Abraham Darby III construyó el primer puente de hierro fundido en el río Severn en Inglaterra. Todavía hoy en día los peatones usan el puente.

Alto horno

Gases de combustión (CO, CO_2, N_2)

Mena de hierro, coque, piedra caliza

Aislamiento

200 °C

800 °C

1300 °C

Aire rico en oxígeno

1900 °C

Desecho

Hierro derretido

La mena de hierro contiene normalmente Fe_2O_3 y SiO_2. Cuando se calienta, la piedra caliza produce CaO, que reacciona con el SiO_2 para formar el desecho. El desecho se usa para fabricar cemento Portland.

¿Sabías que . . . ?

Las espadas hechas con acero de Damasco eran muy apreciadas. La fuente de su calidad era el 0.02% de **vanadio** contenido en la mena de hierro que usaban los fabricantes. Cuando comenzaron a usar otra mena de hierro, bajó la calidad del acero.

Metales de transición

Cd Fitorremediación

La fitorremediación usa plantas, como el girasol, la mostaza india y el diente de león, para eliminar contaminantes del suelo y del agua. Los contaminantes incluyen solventes orgánicos, pesticidas y metales tóxicos, como cadmio y cromo.

Las plantas tienen la capacidad natural de absorber nutrientes a través de sus raíces. Por lo general, las plantas no distinguen entre un metal tóxico, como el cadmio, y un nutriente, como el zinc, porque estos metales tienen propiedades químicas parecidas. Por tanto, el cadmio es absorbido y transportado a las hojas y tallos, donde se acumula.

Con las plantas se hace compost o se queman después de la cosecha. Los residuos metálicos se entierran en un relleno sanitario aprobado o se recuperan mediante fundición.

Fe Ni Co Imanes permanentes

Los imanes de refrigerador contienen ferrita de bario, $BaO \cdot 6Fe_2O_3$, o ferrita de estroncio, $SrO \cdot 6Fe_2O_3$, en polvo que se incluye en el plástico o la goma. Los imanes de herradura contienen por lo general una aleación de aluminio, níquel y cobalto.

El hierro, el níquel y el cobalto son fuertemente atraídos por los campos magnéticos. Cuando estos metales se exponen a un campo magnético, sus cationes se alinean de manera ordenada. Cuando el campo se elimina, los iones se mantienen alineados y el material puede actuar como un imán. Este tipo de magnetismo se llama ferromagnetismo.

Un imán conserva su fortaleza a menos que se caliente más allá de un punto llamado temperatura Curie. Para el hierro, esta temperatura es 1043 K. Para el cobalto, es 1388 K. Para el níquel, es 627 K.

Los imanes hechos de aleación de neodimio, boro y hierro son muy poderosos. Si se permite que vuelen juntos se destrozarán. Se usan para revisar billetes falsos porque pueden detectar las pequeñas partículas magnéticas que se colocan en la tinta de los billetes genuinos.

Esta llave es fuertemente atraída por el pequeño cubo de neodimio, hierro y boro.

Au Oro

El oro ocurre principalmente como pequeñas motas de metal libre en venas de cuarzo. Se producen aproximadamente 5 g de oro a partir de una tonelada métrica (10^6 g) de roca que contiene oro.

El oro se puede golpear hasta hacer hojas tan finas que pueden transmitir la luz. Estas hojas, llamadas hojas de oro, se usan para hacer letras y decoraciones en general. El oro se usa en la superficie exterior de los satélites porque resiste la corrosión. Su alta conductividad eléctrica y térmica hacen del oro una buena opción para los contactos de los microcircuitos.

Con el oro puro se pueden hacer aleaciones para hacerlo más duradero. Las aleaciones de oro son seguras de usar como empastes de dientes porque el oro es muy estable.

Las unidades llamadas quilates (k) se usan para describir la pureza del oro. El oro puro es de 24k o 100% oro. El oro de las monedas es por lo general de 22k o 92% oro. El oro de los anillos es por lo general de 14k (58% oro).

Los conectores de cables electrónicos puede estar chapados en oro para mejorar la transferencia de señal y minimizar la corrosión.

Micronutrientes

Pequeñas cantidades de algunos metales de transición son esenciales para la salud humana.

El **hierro** se encuentra principalmente en la hemoglobina y la mioglobina. La hemoglobina es la proteína que transporta el oxígeno en la sangre. La mioglobina es la proteína que almacena el oxígeno en el tejido muscular. La vitamina C permite la absorción de hierro al promover la reducción de iones Fe^{3+} en iones Fe^{2+}.

El **zinc** es un cofactor de muchas enzimas. Ayuda a proteger el sistema inmunológico. Las hormonas que controlan el crecimiento y la reproducción no funcionan adecuadamente sin zinc. Una deficiencia de zinc afecta el sentido del gusto y reduce el apetito.

El **cobre** es un componente de las enzimas que controlan la síntesis de melanina, hemoglobina y fosfolípidos en la capa que protege a los nervios.

El **molibdeno** afecta la absorción de cobre. También se necesita para la oxidación de lípidos y la metabolización del azufre y el nitrógeno.

El **cromo** ayuda al metabolismo de la glucosa y puede ayudar a controlar el inicio de la diabetes en los adultos. Una falta de cromo puede afectar el crecimiento.

El **manganeso** es necesario para el funcionamiento adecuado del sistema nervioso y la glándula tiroides. Se necesita para metabolizar la glucosa. Ayuda a mantener sanos los huesos y cartílagos.

El **cobalto** es un componente de la vitamina B_{12}, que es necesaria para la síntesis de los glóbulos rojos.

Metales de transición como micronutrientes

Elemento	CRA o IA*	Fuentes dietéticas
Hierro	10 mg CRA (M) 20 mg CRA (F)	hígado, vegetales verdes, yema de huevo, pescado, harina integral, nueces, avena, melasa y frijoles
Zinc	11 mg CRA (M) 8 mg CRA (F)	hígado, huevos, carne, leche, granos integrales y mariscos
Cobre	900 µg CRA	frijoles, guisantes y mariscos
Molibdeno	45 µg CRA	frijoles, guisantes y granos integrales
Cromo	35 µg IA (M) 25 µg IA (F)	carne y granos integrales
Manganeso	2.3 mg IA (M) 1.8 mg IA (F)	nueces, granos integrales, frutos secos y vegetales verdes

*Consumo de referencia alimenticio o Ingesta adecuada

Ti Protectores solares

Necesitas tomar un poco de luz solar para que las células de tu piel puedan producir vitamina D, necesaria para tener huesos y dientes sanos. Sin embargo, la radiación UV de la luz solar puede dañar las células de la piel e incluso producir cáncer de piel. La mejor manera de proteger la piel es limitar el tiempo de exposición al Sol. Lo mejor es usar protectores solares.

Todos los ingredientes activos de los protectores solares protegen contra la luz UVB (280–320 nm), que es la principal causa de las quemaduras de sol. Algunos ingredientes protegen contra la luz UVA (320–400 nm), que penetran más profundo y causan daños más duraderos. El factor de protección solar (SPF) mide solo la efectividad de un protector solar contra la UVB, no la UVA.

El dióxido de titanio, TiO_2, puede reflejar y dispersar la luz UV. Pero este óxido estable y no irritante tiene un problema. Parece pintura blanca sobre la piel. Un fabricante ha solucionado este problema al disminuir el tamaño de las partículas de TiO_2 a un diámetro de aproximadamente 21 nm. A este tamaño, el TiO_2 parece transparente porque sus partículas son más pequeñas que la longitud de onda de la luz visible y la luz no es reflejada por las partículas.

¿Sabías que . . . ?

Un pulpo tiene sangre azul, no roja, porque el compuesto que transporta el oxígeno en el pulpo contiene **cobre,** no hierro. Los caracoles, las ostras y las arañas también tienen sangre azul.

Apéndice B

Tabla B.1

Algunas propiedades de los elementos

Elemento	Símbolo	Número atómico	Masa atómica	Punto de fusión (°C)	Punto de ebullición (°C)	Densidad (g/cm³) (gases a TPE)	Números de oxidación
Actinio	Ac	89	(227)	1050	3200	10.07	+3
Aluminio	Al	13	26.98154	660.37	2467	2.6989	+3
Americio	Am	95	243	994	2607	13.67	+3, +4, +5, +6
Antimonio	Sb	51	121.75	630.74	1587	6.691	−3, +3, +5
Argón	Ar	18	39.948	189.2	185.7	0.0017837	
Arsénico	As	33	74.9216	817	613	5.73	−3, +3, +5
Ástato	At	85	(210)	302	337	—	
Azufre	S	16	32.06	112.8	444.7	2.07	−2, +4, +6
Bario	Ba	56	137.33	725	1640	3.5	+2
Berilio	Be	4	9.01218	1278	2970	1.848	+2
Berkelio	Bk	97	(247)	986	—	14.78	
Bismuto	Bi	83	208.9804	271.3	1560	9.747	+3, +5
Bohrio	Bh	107	(264)	—	—	—	
Boro	B	5	10.81	2075	3675	2.34	+3
Bromo	Br	35	79.904	7.2	58.78	3.12	−1, +1, +5
Cadmio	Cd	48	112.41	320.9	765	8.65	+2
Calcio	Ca	20	40.08	839	1484	1.55	+2
Californio	Cf	98	(251)	900	—	14	
Carbono	C	6	12.011	3550	4827	2.267	−4, +2, +4
Cerio	Ce	58	140.12	799	3426	6.657	+3, +4
Cesio	Cs	55	132.9054	28.40	669.3	1.873	+1
Circonio	Zr	40	91.22	1852	4377	6.506	+4
Cloro	Cl	17	35.453	100.98	34.6	0.003214	−1, +1, +5, +7
Cobalto	Co	27	58.9332	1495	2870	8.9	+2, +3
Cobre	Cu	29	63.546	1083.4	2567	8.96	+1, +2
Copernicio	Cn	112	(277)	—	—	—	
Criptón	Kr	36	83.80	156.6	152.30	0.003733	
Cromo	Cr	24	51.996	1907	2672	7.18	+2, +3, +6
Curio	Cm	96	(247)	1340	—	13.51	+3
Darmstadio	Ds	110	(269)	—	—	—	
Disprosio	Dy	66	162.50	1412	2562	8.550	+3
Dubnio	Db	105	(262)	—	—	—	
Einstenio	Es	99	(252)	—	—	—	
Erbio	Er	68	167.26	159	2863	9.066	+3
Escandio	Sc	21	44.9559	1541	2831	2.989	+3
Estaño	Sn	50	118.69	231.968	2270	7.31	+2, +4
Estroncio	Sr	38	87.62	769	1381	2.63	+2
Europio	Eu	63	151.96	822	1597	5.243	+2, +3
Fermio	Fm	100	(257)	—	—	—	
Flúor	F	9	18.998403	219.62	188.54	0.00181	−1
Fósforo	P	15	30.97376	44.1	280	1.82	−3, +3, +5
Francio	Fr	87	(223)	27	677	—	+1
Gadolinio	Gd	64	157.25	1313	3266	7.9004	+3
Galio	Ga	31	69.72	29.78	2204	5.904	+3
Germanio	Ge	32	72.59	937.4	2830	5.323	+2, +4
Hafnio	Hf	72	178.49	2227	4602	13.31	+4
Hassio	Hs	108	(265)	—	—	—	
Helio	He	2	4.00260	272.2	268.934	0.001785	
Hidrógeno	H	1	1.00794	259.14	252.87	0.00008988	−1, +1
Hierro	Fe	26	55.847	1535	2750	7.874	+2, +3
Holmio	Ho	67	164.9304	1474	2695	8.795	+3
Indio	In	49	114.82	156.61	2080	7.31	+1, +3
Iridio	Ir	77	192.22	2410	4130	22.42	+3, +4

Elemento	Símbolo	Número atómico	Masa atómica	Punto de fusión (°C)	Punto de ebullición (°C)	Densidad (g/cm³) (gases a TPE)	Números de oxidación
Iterbio	Yb	70	173.04	819	1194	6.965	+2, +3
Itrio	Y	39	88.9059	1522	3338	4.469	+3
Lantano	La	57	138.9055	921	3457	6.145	+3
Lawrencio	Lr	103	(262)	—	—	—	+3
Litio	Li	3	6.941	180.54	1342	0.534	+1
Lutecio	Lu	71	174.967	1663	3395	9.840	+3
Magnesio	Mg	12	24.305	648.8	1107	1.738	+2
Manganeso	Mn	25	54.9380	1244	1962	7.32	+2, +3, +4, +7
Meitnerio	Mt	109	(268)	—	—	—	
Mendelevio	Md	101	257	—	—	—	+2, +3
Mercurio	Hg	80	200.59	38.842	356.58	13.55	+1, +2
Molibdeno	Mo	42	95.94	2617	4612	10.22	+6
Neodimio	Nd	60	144.24	1021	3068	6.90	+3
Neón	Ne	10	20.179	248.67	246.048	0.0008999	
Neptunio	Np	93	(237)	640	3902	20.25	+3, +4, +5, +6
Niobio	Nb	41	92.9064	2468	4742	8.57	+3, +5
Níquel	Ni	28	58.69	1453	2732	8.902	+2, +3
Nitrógeno	N	7	14.0067	209.86	195.8	0.0012506	−3, +3, +5
Nobelio	No	102	(259)	—	—	—	+2, +3
Oro	Au	79	196.9665	1064.43	2856	19.3	+1, +3
Osmio	Os	76	190.2	3045	5027	22.57	+3, +4
Oxígeno	O	8	15.9994	218.4	182.962	0.001429	−2
Paladio	Pd	46	106.42	1554	2970	12.02	+2, +4
Plata	Ag	47	107.8682	961.93	2212	10.50	+1
Platino	Pt	78	195.08	1772	3627	21.45	+2, +4
Plomo	Pb	82	207.2	327.502	1740	11.35	+2, +4
Plutonio	Pu	94	(244)	641	3232	19.84	+3, +4, +5, +6
Polonio	Po	84	(209)	254	962	9.32	+2, +4
Potasio	K	19	39.0982	63.25	760	0.862	+1
Praseodimio	Pr	59	140.9077	931	3512	6.64	+3
Prometio	Pm	61	(145)	1168	2460	7.22	+3
Protactinio	Pa	91	231.0359	1560	4027	15.37	+4, +5
Radio	Ra	88	(226)	700	1140	5.5	+2
Radón	Rn	86	(222)	71	61.8	0.00973	
Renio	Re	75	186.207	3180	5627	21.02	+4, +6, +7
Rodio	Rh	45	102.9055	1966	3727	12.41	+3
Roentgenio	Rg	111	(272)	—	—	—	
Rubidio	Rb	37	85.4678	38.89	686	1.532	+1
Rutenio	Ru	44	101.07	2310	3900	12.41	+3
Rutherfordio	Rf	104	(261)	—	—	—	
Samario	Sm	62	150.36	1077	1791	7.520	+2, +3
Seaborgio	Sg	106	(263)	—	—	—	
Selenio	Se	34	78.96	217	684.9	4.79	−2, +4, +6
Sílice	Si	14	28.0855	1410	2355	2.33	−4, +2, +4
Sodio	Na	11	22.98977	97.81	882.9	0.971	+1
Talio	Tl	81	204.383	303.5	1457	11.85	+1, +3
Tantalio	Ta	73	180.9479	2996	5425	16.654	+5
Tecnecio	Tc	43	(98)	2172	4877	11.50	+4, +6, +7
Telurio	Te	52	127.60	449.5	989.8	6.24	−2, +4, +6
Terbio	Tb	65	158.9254	1356	3123	8.229	+3
Titanio	Ti	22	47.88	1660	3287	4.54	+2, +3, +4
Torio	Th	90	232.0381	1750	4790	11.72	+4
Tulio	Tm	69	168.9342	1545	1947	9.321	+3
Tungsteno	W	74	183.85	3410	5660	19.3	+6
Uranio	U	92	238.0289	1132.3	3818	18.95	+3, +4, +5, +6
Vanadio	V	23	50.9415	1890	3380	6.11	+2, +3, +4, +5
Xenón	Xe	54	131.29	111.9	107.1	0.005887	
Yodo	I	53	126.9045	113.5	184.35	4.93	−1, +1, +5, +7
Zinc	Zn	30	65.38	419.58	907	7.133	+2

Algunas propiedades de los elementos (cont.)

Configuración electrónica de los elementos

	Elemento	1s	2s	2p	3s	3p	3d	4s	4p	4d	4f	5s	5p	5d	5f	6s	6p	6d	7s	7p
																			Subniveles	
1	Hidrógeno	1																		
2	Helio	2																		
3	Litio	2	1																	
4	Berilio	2	2																	
5	Boro	2	2	1																
6	Carbono	2	2	2																
7	Nitrógeno	2	2	3																
8	Oxígeno	2	2	4																
9	Flúor	2	2	5																
10	Neón	2	2	6																
11	Sodio	2	2	6	1															
12	Magnesio	2	2	6	2															
13	Aluminio	2	2	6	2	1														
14	Sílice	2	2	6	2	2														
15	Fósforo	2	2	6	2	3														
16	Azufre	2	2	6	2	4														
17	Cloro	2	2	6	2	5														
18	Argón	2	2	6	2	6														
19	Potasio	2	2	6	2	6		1												
20	Calcio	2	2	6	2	6		2												
21	Escandio	2	2	6	2	6	1	2												
22	Titanio	2	2	6	2	6	2	2												
23	Vanadio	2	2	6	2	6	3	2												
24	Cromo	2	2	6	2	6	5	1												
25	Manganeso	2	2	6	2	6	5	2												
26	Hierro	2	2	6	2	6	6	2												
27	Cobalto	2	2	6	2	6	7	2												
28	Níquel	2	2	6	2	6	8	2												
29	Cobre	2	2	6	2	6	10	1												
30	Zinc	2	2	6	2	6	10	2												
31	Galio	2	2	6	2	6	10	2	1											
32	Germanio	2	2	6	2	6	10	2	2											
33	Arsénico	2	2	6	2	6	10	2	3											
34	Selenio	2	2	6	2	6	10	2	4											
35	Bromo	2	2	6	2	6	10	2	5											
36	Criptón	2	2	6	2	6	10	2	6											
37	Rubidio	2	2	6	2	6	10	2	6			1								
38	Estroncio	2	2	6	2	6	10	2	6			2								
39	Itrio	2	2	6	2	6	10	2	6	1		2								
40	Circonio	2	2	6	2	6	10	2	6	2		2								
41	Niobio	2	2	6	2	6	10	2	6	4		1								
42	Molibdeno	2	2	6	2	6	10	2	6	5		1								
43	Tecnecio	2	2	6	2	6	10	2	6	5		2								
44	Rutecio	2	2	6	2	6	10	2	6	7		1								
45	Rodio	2	2	6	2	6	10	2	6	8		1								
46	Paladio	2	2	6	2	6	10	2	6	10										
47	Plata	2	2	6	2	6	10	2	6	10		1								
48	Cadmio	2	2	6	2	6	10	2	6	10		2								
49	Indio	2	2	6	2	6	10	2	6	10		2	1							
50	Estaño	2	2	6	2	6	10	2	6	10		2	2							
51	Antimonio	2	2	6	2	6	10	2	6	10		2	3							
52	Telurio	2	2	6	2	6	10	2	6	10		2	4							
53	Yodo	2	2	6	2	6	10	2	6	10		2	5							
54	Xenón	2	2	6	2	6	10	2	6	10		2	6							
55	Cesio	2	2	6	2	6	10	2	6	10		2	6			1				
56	Bario	2	2	6	2	6	10	2	6	10		2	6			2				

Tabla B.2

Configuración electrónica de los elementos (cont.)

#	Elemento	1s	2s	2p	3s	3p	3d	4s	4p	4d	4f	5s	5p	5d	5f	6s	6p	6d	7s	7p
57	Lantano	2	2	6	2	6	10	2	6	10		2	6	1		2				
58	Cerio	2	2	6	2	6	10	2	6	10	1	2	6	1		2				
59	Praseodmio	2	2	6	2	6	10	2	6	10	3	2	6			2				
60	Neodimio	2	2	6	2	6	10	2	6	10	4	2	6			2				
61	Prometio	2	2	6	2	6	10	2	6	10	5	2	6			2				
62	Samario	2	2	6	2	6	10	2	6	10	6	2	6			2				
63	Europio	2	2	6	2	6	10	2	6	10	7	2	6			2				
64	Gadolinio	2	2	6	2	6	10	2	6	10	7	2	6	1		2				
65	Terbio	2	2	6	2	6	10	2	6	10	9	2	6			2				
66	Disprosio	2	2	6	2	6	10	2	6	10	10	2	6			2				
67	Holmio	2	2	6	2	6	10	2	6	10	11	2	6			2				
68	Erbio	2	2	6	2	6	10	2	6	10	12	2	6			2				
69	Tulio	2	2	6	2	6	10	2	6	10	13	2	6			2				
70	Iterbio	2	2	6	2	6	10	2	6	10	14	2	6			2				
71	Lutecio	2	2	6	2	6	10	2	6	10	14	2	6	1		2				
72	Hafnio	2	2	6	2	6	10	2	6	10	14	2	6	2		2				
73	Tantalio	2	2	6	2	6	10	2	6	10	14	2	6	3		2				
74	Tungsteno	2	2	6	2	6	10	2	6	10	14	2	6	4		2				
75	Renio	2	2	6	2	6	10	2	6	10	14	2	6	5		2				
76	Osmio	2	2	6	2	6	10	2	6	10	14	2	6	6		2				
77	Iridio	2	2	6	2	6	10	2	6	10	14	2	6	7		2				
78	Platino	2	2	6	2	6	10	2	6	10	14	2	6	9		1				
79	Oro	2	2	6	2	6	10	2	6	10	14	2	6	10		1				
80	Mercurio	2	2	6	2	6	10	2	6	10	14	2	6	10		2				
81	Talio	2	2	6	2	6	10	2	6	10	14	2	6	10		2	1			
82	Plomo	2	2	6	2	6	10	2	6	10	14	2	6	10		2	2			
83	Bismuto	2	2	6	2	6	10	2	6	10	14	2	6	10		2	3			
84	Polonio	2	2	6	2	6	10	2	6	10	14	2	6	10		2	4			
85	Ástato	2	2	6	2	6	10	2	6	10	14	2	6	10		2	5			
86	Radón	2	2	6	2	6	10	2	6	10	14	2	6	10		2	6			
87	Francio	2	2	6	2	6	10	2	6	10	14	2	6	10		2	6		1	
88	Radio	2	2	6	2	6	10	2	6	10	14	2	6	10		2	6		2	
89	Actinio	2	2	6	2	6	10	2	6	10	14	2	6	10		2	6	1	2	
90	Torio	2	2	6	2	6	10	2	6	10	14	2	6	10		2	6	2	2	
91	Protactinio	2	2	6	2	6	10	2	6	10	14	2	6	10	2	2	6	1	2	
92	Uranio	2	2	6	2	6	10	2	6	10	14	2	6	10	3	2	6	1	2	
93	Neptunio	2	2	6	2	6	10	2	6	10	14	2	6	10	4	2	6	1	2	
94	Plutonio	2	2	6	2	6	10	2	6	10	14	2	6	10	6	2	6		2	
95	Americio	2	2	6	2	6	10	2	6	10	14	2	6	10	7	2	6		2	
96	Curio	2	2	6	2	6	10	2	6	10	14	2	6	10	7	2	6	1	2	
97	Berkelio	2	2	6	2	6	10	2	6	10	14	2	6	10	9	2	6		2	
98	Californio	2	2	6	2	6	10	2	6	10	14	2	6	10	10	2	6		2	
99	Einstenio	2	2	6	2	6	10	2	6	10	14	2	6	10	11	2	6		2	
100	Fermio	2	2	6	2	6	10	2	6	10	14	2	6	10	12	2	6		2	
101	Mendelevio	2	2	6	2	6	10	2	6	10	14	2	6	10	13	2	6		2	
102	Nobelio	2	2	6	2	6	10	2	6	10	14	2	6	10	14	2	6		2	
103	Lawrencio	2	2	6	2	6	10	2	6	10	14	2	6	10	14	2	6	1	2	
104	Rutherfordio	2	2	6	2	6	10	2	6	10	14	2	6	10	14	2	6	2	2	
105	Dubnio	2	2	6	2	6	10	2	6	10	14	2	6	10	14	2	6	3	2	
106	Seaborgio	2	2	6	2	6	10	2	6	10	14	2	6	10	14	2	6	4	2	
107	Bohrio	2	2	6	2	6	10	2	6	10	14	2	6	10	14	2	6	5	2	
108	Hassio	2	2	6	2	6	10	2	6	10	14	2	6	10	14	2	6	6	2	
109	Meitnerio	2	2	6	2	6	10	2	6	10	14	2	6	10	14	2	6	7	2	
110	Darmstadio	2	2	6	2	6	10	2	6	10	14	2	6	10	14	2	6	9	1	
111	Roetgenio	2	2	6	2	6	10	2	6	10	14	2	6	10	14	2	6	10	1	
112	Copernicio	2	2	6	2	6	10	2	6	10	14	2	6	10	14	2	6	10	2	

Constantes físicas	
Unidad de masa atómica	1 uma = 1.6605×10^{-24} g
Número de Avogadro	$N = 6.0221 \times 10^{23}$ partículas/mol
Constante del gas	$R = 8.31$ L·kPa/K·mol
Volumen molar del gas ideal	$V_m = 22.414$ L/mol
Masas de partículas subatómicas	
Electrón (e⁻)	$m_e = 0.0005486$ uma $= 9.1096 \times 10^{-28}$ g
Protón (p⁺)	$m_p = 1.007277$ uma $= 1.67261 \times 10^{-24}$ g
Neutrón (n⁰)	$m_n = 1.008665$ uma $= 1.67492 \times 10^{-24}$ g
Velocidad de la luz (en el vacío)	$c = 2.997925 \times 10^8$ m/s

Unidades SI y equivalentes		
Cantidad	**Unidad SI**	**Equivalentes comunes**
Longitud	metro (m)	1 metro = 1.0936 yardas 1 centímetro = 0.39370 pulgadas 1 pulgada = 2.54 centímetros 1 milla = 5280 pies = 1.6093 kilómetros
Volumen	metro cúbico (m³)	1 litro = 10^{-3} m³ = 1.0567 cuartos 1 galón = 4 cuartos = 8 pintas = 3.7854 litros 1 cuarto = 32 onzas líquidas = 0.94635 litros
Temperatura	kelvin (K)	1 kelvin = 1 grado Celsius $°C = \frac{5}{9}(F - 32)$ $K = °C + 273.15$
Masa	kilogramo (kg)	1 kilogramo = 1000 gramos = masa que pese 2.2046 libras 1 uma = 1.66057×10^{-27} kilogramos
Tiempo	segundo (s)	1 hora = 60 minutos 1 hora = 3600 segundos
Energía	julio (J)	1 julio = 1 kg·m²/s² (exacto) 1 julio = 0.23901 calorías 1 caloría = 4.184 julios
Presión	pascal (Pa)	1 atmósfera = 101.3 kilopascales = 760 mm Hg (torr) = 14.70 libras por pulgada cuadrada

Otros símbolos y abreviaciones

α	rayos alfa	ΔH_f	calor de formación	m	molalidad
β	rayos beta	h	hora	mL	mililitro (*volumen*)
γ	rayos gamma	h	constante de Planck	mm	milímetro (*longitud*)
Δ	cambio en	Hz	hertz (*frecuencia*)	mol	mol (*cantidad*)
$\delta+$, $\delta-$	carga iónica parcial	J	julio (*energía*)	p.f.	punto de fusión
λ	longitud de onda	K	kelvin (*temperatura*)	N	normalidad
π	enlace pi	K_a	constante de disociación ácida	n^0	neutrón
σ	enlace sigma	K_b	constante de disociación básica	n	número de moles
ν	frecuencia	K_b	constante molal de la elevación del punto de ebullición	n	número cuántico principal
uma	unidad de masa atómica			P	presión
(*ac*)	solución acuosa	K_{eq}	constante de equilibrio	p^+	protón
atm	atmósfera (*presión*)	K_f	constante molal de la disminución del punto de congelación	Pa	pascal (*presión*)
p. eb.	punto de ebullición			R	constante del gas ideal
°C	grado Celsius (*temperatura*)	K_w	constante de producto iónico del agua	S	entropía
c	velocidad de la luz en el vacío			s	segundo
cm	centímetro (*longitud*)	K_{sp}	constante de solubilidad del producto	(*s*)	sólido
E	energía	kcal	kilocaloría (*energía*)	SI	Sistema Internacional de Unidades
e^-	electrón	kg	kilogramo (*masa*)		
pc	punto de congelación	kPa	kilopascal (*presión*)	TPE	temperatura y presión estándar
G	energía de Gibbs	L	litro (*volumen*)		
g	gramo (*masa*)	(*l*)	líquido	T	temperatura
(*g*)	gas	M	molaridad	$t_{\frac{1}{2}}$	semivida
gfm	gramo fórmula masa	m	metro (*longitud*)	V	volumen
H	entalpía	m	masa	v	velocidad

Iones poliatómicos comunes

Carga	Nombre	Fórmula	Carga	Nombre	Fórmula
1−	Clorato	ClO_3^-	2−	Carbonato	CO_3^{2-}
	Clorito	ClO_2^-		Cromato	CrO_4^{2-}
	Cianuro	CN^-		Dicromato	$Cr_2O_7^{2-}$
	Dihidrógeno fosfato	$H_2PO_4^-$		Oxalato	$C_2O_4^{2-}$
	Etanoato	CH_3COO^-		Peróxido	O_2^{2-}
	Hidróxido	OH^-		Silicato	SiO_3^{2-}
	Carbonato de hidrógeno	HCO_3^-		Sulfato	SO_4^{2-}
	Sulfato de hidrógeno	HSO_4^-		Sulfito	SO_3^{2-}
	Sulfito de hidrógeno	HSO_3^-		Tiosulfato	$S_2O_3^{2-}$
	Hipoclorito	ClO^-			
	Nitrato	NO_3^-	3−	Fosfato	PO_4^{3-}
	Nitrito	NO_2^-		Fosfito	PO_3^{3-}
	Perclorato	ClO_4^-			
	Permanganato	MnO_4^-	1+	Amonio	NH_4^+
	Tiocianato	SCN^-			

Solubilidades de compuestos a 25°C y 101.3 kPa

	etanoato	bromuro	carbonato	clorato	yoduro	hidróxido	cloruro	nitrato	óxido	perclorato	fosfato	sulfato	sulfuro
aluminio	S	S	X	S	S	I	S	S	I	S	I	S	d
amonio	S	S	S	S	S	X	S	S	X	S	S	S	S
bario	S	S	I	S	S	S	S	S	sS	S	I	I	d
calcio	S	S	I	S	S	S	S	S	sS	S	I	sS	I
cobre(II)	S	S	X	S	S	I	S	S	I	S	I	S	I
hierro(II)	S	S	I	S	S	I	S	S	I	S	I	S	I
hierro(III)	S	S	X	S	S	I	S	S	I	S	I	sS	d
litio	S	S	sS	S	S	S	S	S	S	S	sS	S	S
magnesio	S	S	I	S	S	I	S	S	I	S	I	S	d
potasio	S	S	S	S	S	S	S	S	S	S	S	S	S
plata	sS	I	I	S	I	X	I	S	I	S	I	sS	I
sodio	S	S	S	S	S	S	S	S	S	S	S	S	S
estroncio	S	S	I	S	S	S	S	S	S	S	I	I	I
zinc	S	S	I	S	S	I	S	S	I	S	I	S	I

Clave: S = soluble   d = se descompone en agua
         sS = ligeramente soluble   X = no existe este compuesto
          I = insoluble

Los experimentos en este libro se han diseñado para minimizar el riesgo de accidentes. Sin embargo, la seguridad también es tu responsabilidad. Las reglas siguientes son esenciales para mantener tu seguridad en el laboratorio. Las reglas se dirigen a la preparación antes del laboratorio, las prácticas de laboratorio y los procedimientos después del laboratorio.

Preparación antes del laboratorio

1. Lee por completo el procedimiento antes de empezar. Escucha todas las indicaciones de tu maestro. Cuando tengas dudas acerca de algún procedimiento, pregúntale a tu maestro.

2. Haz sólo los experimentos asignados. Haz cualquier experimento sólo cuando tu maestro esté presente y te haya dado permiso para trabajar.

3. Conoce la ubicación y operación del siguiente equipo de seguridad: extintor de incendios, manta ignífuga, regadera de emergencia y estación lavaojos.

4. Conoce la ubicación de las salidas de emergencia y las rutas de escape. Para poder salir rápidamente, no bloquees los pasillos con muebles. Mantén tu área de trabajo ordenada y libre de objetos personales como abrigos y mochilas.

5. Protege tu ropa y cabello de los químicos y las fuentes de calor. Amárrate el cabello largo y enrolla las mangas de las camisas cuando trabajes en el laboratorio. Evita vestir ropa voluminosa o muy suelta. Quítate la joyería que cuelgue. Usa zapatos cerrados mientras estés en el laboratorio.

Prácticas de laboratorio apropiadas

6. Aun con procedimientos de laboratorio bien diseñados y probados, puede ocurrir un accidente mientras trabajas en el laboratorio. Reporta cualquier accidente a tu maestro, sin importar qué tan insignificante sea.

7. Ponte gafas protectoras contra químicos siempre que trabajes en el laboratorio. Estas gafas están diseñadas para proteger tus ojos de lesiones. Mientras trabajes en el laboratorio, no te talles los ojos porque los químicos se transfieren fácilmente de tus manos a tus ojos.

⚠ Si, a pesar de estas precauciones, un químico entra en contacto con tu ojo, quítate cualquier lente de contacto y enjuaga tu ojo de inmediato con un flujo continuo de agua tibia durante por lo menos 15 minutos.

8. Para reducir el peligro, desperdicio y limpieza, siempre usa cantidades mínimas de los químicos especificados para un experimento.

9. Nunca pruebes algún químico que se use en el laboratorio, incluyendo productos de comida que sean el objeto de una investigación. Maneja todos los artículos como si estuvieran contaminados con químicos desconocidos que puedan ser tóxicos. Mantén toda la comida y bebidas que no sean parte del experimento fuera del laboratorio. No comas, bebas o mastiques goma en el laboratorio.

⚠ Si ingieres accidentalmente una sustancia, notifica de inmediato a tu maestro.

10. No uses objetos de cristal astillados o cortados. No manejes cristal roto. Si los objetos de cristal se rompen, dile a tu maestro y a tus compañeros de clase cercanos. Desecha el cristal roto como te lo indique tu maestro.

⚠ Si, a pesar de estas precauciones, te haces una pequeña cortada, permite que sangre un poco. Enjuaga el área lastimada con agua fría corriente y notifícalo a tu maestro. Cortadas o heridas más serias requieren atención médica inmediata.

11. No manejes objetos de cristal o equipo calientes. Puedes prevenir quemaduras al estar consciente de que el equipo caliente y frío puede verse exactamente igual.

⚠ Si te quemas, echa agua fría sobre el área quemada durante varios minutos hasta que el dolor disminuya. El enfriamiento ayuda a sanar la quemadura. Pídele a un compañero de clase que notifique a tu maestro.

12. Reconoce que el peligro de un choque eléctrico es mayor en presencia de agua. Mantén los aparatos eléctricos alejados de lavamanos y llaves de agua para minimizar el riesgo de choque eléctrico. Ten cuidado de no derramar agua u otros líquidos cerca de un aparato eléctrico.

⚠ Si, a pesar de estas precauciones, derramas agua cerca de algún aparato eléctrico, aléjate, notifícaselo a tu maestro y avisa a otros estudiantes en el área.

13. Reporta inmediatamente a tu maestro cualquier derramamiento de químicos. Sigue las instrucciones de tu maestro para limpiar los derrames. Avisa a otros estudiantes acerca de la identidad y ubicación de los químicos derramados.

⚠ Si, a pesar de estas precauciones, un químico corrosivo entra en contacto con tu piel o ropa, notifícalo a tu maestro. Después lava el área afectada con agua corriente fría durante varios minutos.

Procedimientos después del laboratorio

14. Deshazte de los químicos de una forma que te protejas tú, a tus compañeros y al medio ambiente. Sigue siempre las indicaciones de tu maestro para la limpieza y los desechos. Limpia tu superficie de reacción a escala al drenar el contenido en una toalla de papel. Después limpia la superficie con una toalla de papel húmeda y seca la superficie por completo. Deposita las toallas de papel en el bote de la basura.

15. Lava tus manos perfectamente con agua y jabón antes de salir del laboratorio.

Una Ficha de datos de seguridad (FDS) de un químico describe cualquier cuestión de seguridad. Un diagrama resume los riesgos relacionados con la inflamabilidad, salud y reactividad. Una escala numérica indica el nivel de riesgo.

3 Inflamabilidad

1 Salud

2 Reactividad

Peligros específicos

0 Bajo
1 Ligero
2 Moderado
3 Alto
4 Extremo

Toma las precauciones necesarias cuando aparezca cualquiera de los siguientes símbolos de seguridad en un experimento.

Símbolos de seguridad

 Seguridad para los ojos Ponte gafas protectoras.

 Protección para la ropa Viste una bata de laboratorio o un delantal cuando uses químicos corrosivos o químicos que manchen la ropa.

 Protección para la piel Ponte guantes de plástico cuando uses químicos que puedan irritar o manchar tu piel.

 Vidrio roto No uses objetos de cristal astillados o cortados. No calientes el fondo de un tubo de ensayo.

 Flama expuesta Amarra cabello y ropa suelta. Nunca intentes alcanzar algo por encima de un quemador encendido.

 Sustancia inflamable No dejes una flama cerca de materiales inflamables.

 Sustancia corrosiva Ponte gafas protectoras, un delantal y guantes cuando trabajes con químicos corrosivos.

 Veneno No mastiques goma, no bebas o comas en el laboratorio. Nunca pruebes un químico en el laboratorio.

 Humos Evita inhalar sustancias que puedan irritar tu sistema respiratorio.

 Quemadura térmica No toques objetos o equipo calientes.

 Equipo eléctrico Mantén el equipo eléctrico lejos del agua y otros líquidos.

 Objeto afilado Para evitar una herida punzante, usa tijeras u otros objetos afilados sólo cuando se requiera.

 Eliminación de desechos Deshazte de los químicos como se te indique.

 Lavado de manos Lava tus manos por completo con agua y jabón.

Apéndice D

Capítulo 2

1. ¿Cuáles son las propiedades más útiles en la identificación de una sustancia, las intensivas o las extensivas? Explica tu elección.

2. Clasifica las mezclas siguientes como homogéneas o heterogéneas.

  a. un tostador

  b. una calculadora

  c. el aire en un día claro

  d. una moneda de cobre

3. Identifica lo siguiente como una mezcla o una sustancia.

  a. jugo de tomate

  b. un poste de luz de hierro oxidado

  c. una gota de mercurio

  d. una malteada

4. Clasifica lo siguiente como un cambio físico o un cambio químico.

  a. un aderezo para ensaladas que se separa en capas después de que se le deja reposar

  b. un ácido desparramado que hace un agujero en pantalones de algodón

  c. el alcohol que se congela

  d. el hielo que se sublima

5. Clasifica las propiedades siguientes de una barra de aluminio como físicas o químicas.

  a. se quema en oxígeno puro

  b. se funde a 660 °C

  c. se dobla con facilidad

  d. es no magnética

Capítulo 3

6. ¿Cuántas cifras significativas hay en cada medida?

  a. 786.32 mg   **e.** 0.0500 s

  b. 0.0004 s   **f.** 66.066 mg

  c. 5.060 kg   **g.** 4000 m

  d. 7006.0 g   **h.** 40.0×10^3 m

7. Escribe en notación científica cada una de las medidas del Problema 6.

8. ¿Cuál es la masa total de tres barras de oro que pesan 5543 mg, 23.45 mg y 697.4 mg?

9. La alta temperatura normal diaria en el planeta Zork es de −85 °C. Expresa esta temperatura en kelvins.

10. El metano, un gas que contribuye al calentamiento global, tiene una densidad de 0.714 g/L. ¿Cuál es la masa, en gramos, de 25.0 L de metano?

11. La densidad del zinc es de 9.349 g/cm³ a 20 °C. ¿Cuál es el volumen (en centímetros cúbicos) de una esfera del metal zinc que tiene una masa de 15.6 g?

12. Calcula la masa en kilogramos de 964 mL de mercurio elemental. La densidad del mercurio es de 13.6 g/mL.

13. Haz las conversiones siguientes:

  a. 55 mg a gramos

  b. 5.76 dL a litros

  c. 0.96 m a micrómetros

  d. 5.26 ns a segundos

  e. 87 kg a miligramos

  f. 846 mmol a centimoles

  g. 3.4 nm a picómetros

  h. 6.66×10^3 kg a megagramos

  i. 2.34×10^{-5} mL a microlitros

14. Cuando donas una unidad de sangre a la Cruz Roja, "das" aproximadamente 0.55 L de sangre. ¿Cuántos centímetros cúbicos (cm³) de sangre es esto?

15. La cantidad diaria recomendada de vitamina B_6 para los adultos es de 0.2 cg. ¿Cuántos microgramos de vitamina B_6 deberían consumirse al día?

16. Una persona desarrolla ictericia (caracterizada por una piel amarillenta) cuando la concentración de bilirrubina en su sangre es de 18 mg de bilirrubina por litro de sangre. Suponiendo un volumen total de sangre de 5.2 L, ¿cuál es el número de gramos de bilirrubina en la sangre de una persona?

17. Los ácaros son "insectos" de ocho patas en la misma familia que las arañas. Un ácaro particularmente pequeño tiene una masa de 0.0043 dg. ¿Cuál es la masa de este ácaro expresada en microgramos?

18. Un corredor cubre una pista de 3.00 millas en 35.0 minutos. ¿Cuál es la velocidad promedio en kilómetros/hora?

19. Vas a llevar a cabo una reacción química en la que necesitas 16 g de oxígeno por cada 7.0 g de nitrógeno que uses. Si tienes 0.554 kg de oxígeno, ¿cuántos miligramos de nitrógeno necesitas?

20. Si tu corazón late a un ritmo promedio de 72 veces por minuto, ¿cuántas veces latirá tu corazón cada año?

21. Cuatro matraces vacíos pesan un total de 1.84 kg. Cada matraz, cuando se llena, sostiene 0.75 kg de agua. ¿Cuánto pesan dos matraces llenos con agua?

22. ¿Cuántos días te tomaría contar un millón de monedas de un centavo si pudieras contar una moneda cada segundo? Expresa la respuesta con 3 cifras significativas.

23. La película de una burbuja de jabón tiene 8.0×10^2 nm de grosor. Expresa este grosor en las unidades siguientes:

a. centímetros
c. decímetros
b. micrómetros
d. milímetros

24. El montículo del lanzador en un campo de béisbol de regulación está a 60 pulgadas del *home plate*. ¿Cuántos segundos le toma a una bola rápida a 96 mph llegar al *home plate*? (5280 pies = 1 milla)

25. Las piedras preciosas como los diamantes se miden en quilates, donde 1 quilate = 2.00 dg. ¿Cuántos kilogramos de diamantes se produjeron si se extrajeron 12.5 millones de quilates de diamantes durante un año?

26. ¿Cuántos metros recorre un coche que se mueve a 95 km/hr en 1.0 segundo?

27. Un mililitro de agua es igual a 20 gotas de agua. Si el agua gotea de una llave a una tasa de 7 gotas por minuto, ¿cuántos días le tomará llenar una botella de refresco de 2.00 L por completo?

28. Una receta médica para cierto medicamento pide una dosis de 0.200 mg/kg de peso corporal, cuatro veces por día. El medicamento se empaca en cápsulas de 5 mg. ¿Cuántas cápsulas por dosis deberían dársele a un paciente que pesa 75 kg?

29. Un cigarro con bajo alquitrán contiene 11.0 mg de alquitrán por cigarro.

a. Si todo el alquitrán llega a los pulmones, ¿cuántas cajetillas de cigarros (20 cigarros por cajetilla) tendrían qué fumarse para producir 0.500 lb de alquitrán? (454 g = 1 lb)

b. Si una persona fumara dos cajetillas por día, ¿cuántos años le tomaría acumular 0.500 lb de alquitrán?

30. Un químico necesita 25.0 mL de un compuesto líquido.

a. ¿Qué masa del compuesto es necesaria si la densidad es de 0.718 g/cm³?

b. Si el compuesto cuesta $1.75/gramo, ¿cuál es el costo de esta cantidad del compuesto?

31. ¿Qué volumen de sodio tiene la misma masa que 22.0 cm³ de silicio? La densidad del sodio es de 0.97 g/cm³; la densidad del silicio es de 2.33 g/cm³.

32. ¿Cuál es la masa, en kilogramos, de un bloque de platino que mide 23.0 cm por 78.4 cm por 122 cm? La densidad del platino es de 22.5 g/cm³.

33. El ácido sulfúrico vendido para uso en laboratorios consiste de 96.7% ácido sulfúrico, H_2SO_4, por masa. La densidad de la solución es de 1.845 g/cm³. Calcula el número de kilogramos de H_2SO_4 en una botella de 2.20 L de ácido sulfúrico de laboratorio.

34. ¿Cuántos kilogramos de aire seco hay en una habitación que mide 15.0 pies por 18.0 pies? Usa una densidad promedio del aire de 1.168 g/L. Hay 30.48 cm en un pie.

35. Calcula el número de centímetros cúbicos en cada uno de los siguientes:

a. 1 m³
c. 5 nm³
b. 1 dm³
d. 2×10^{-3} km³

Capítulo 4

36. ¿En cuál de estos átomos es el número de protones igual al número de neutrones?

a. germanio-72
c. silicio-28
b. calcio-40
d. hidrógeno-1

37. Da el número total de partículas subatómicas (protones, electrones y neutrones) en cada átomo.

a. vanadio-51
c. estaño-120
b. aluminio-27
d. hafnio-178

38. Identifica el nombre del elemento y el número de masa de un átomo con la composición dada.

   a. 42 protones, 56 neutrones, 42 electrones

   b. 2 protones, 1 neutrones, 2 electrones

   c. 76 protones, 113 neutrones, 76 electrones

   d. 31 protones, 40 neutrones, 31 electrones

39. Usa la masa y la abundancia porcentual de los cuatro isótopos de estroncio para calcular la masa atómica del estroncio.

Isótopo	Masa (uma)	Abundancia (%)
Estroncio-84	83.193	0.560
Estroncio-86	85.909	9.86
Estroncio-87	86.908	7.00
Estroncio-88	87.906	82.58

40. Un átomo de carbono y un átomo del elemento Z pesan juntos 6 uma menos que el doble de peso de un átomo de oxígeno. Si un átomo de oxígeno pesa 16 uma y un átomo de carbono pesa 12 uma, ¿cuánto pesa el átomo del elemento Z?

Capítulo 5

41. ¿Cuál es el número máximo de electrones en cada uno de los siguientes?

   a. el cuarto nivel de energía

   b. el subnivel de energía $5p$

   c. un orbital $4f$ sencillo

   d. los primeros tres niveles de energía

42. Escribe la configuración electrónica de cada átomo.

   a. níquel

   b. azufre

   c. arsénico

   d. rubidio

43. Identifica los símbolos de los elementos con las siguientes configuraciones electrónicas:

   a. $1s^2 2s^2 2p^6 3s^2 3p^6 3d^{10} 4s^1$

   b. $1s^2 2s^2 2p^6 3s^2 3p^5$

   c. $1s^2 2s^2 2p^6 3s^2 3p^6 3d^{10} 4s^2 4p^6 4d^2 5s^2$

   d. $1s^2 2s^2 2p^6 3s^2 3p^6 3d^{10} 4s^2 4p^6$

44. ¿Cuántos electrones hay en

   a. el tercer nivel de energía de un átomo de indio?

   b. el segundo nivel de energía de un átomo de oxígeno?

   c. el tercer nivel de energía de un átomo de vanadio?

   d. el primer nivel de energía de un átomo de bario?

45. Calcula la longitud de onda (en metros) de cada una de estas frecuencias de radiación electromagnética.

   a. 9.82×10^{19}/s

   b. 2.24×10^{14}/s

   c. 5.31×10^{7}/s

   d. 7.78×10^{10}/s

46. Ordena las longitudes de onda en el Problema 45 de mayor a menor energía.

Capítulo 6

47. Con base en sus posiciones relativas en la tabla periódica, ¿qué átomo en cada par tiene el radio atómico más pequeño?

   a. Na, K

   b. Cl, Br

   c. K, Br

   d. Ne, Na

48. Con base en sus posiciones relativas en la tabla periódica, ¿qué átomo en cada par tiene la mayor electronegatividad?

   a. B, C

   b. Na, Al

   c. Li, Cs

   d. As, F

49. Con base en sus posiciones relativas en la tabla periódica, ¿qué átomo en cada par tiene la primera energía de ionización más alta?

   a. F, Br

   b. Li, F

   c. Ca, Be

   d. K, Ar

50. Aquí se presentan la primera, segunda y tercera energías de ionización (kJ/mol) respectivamente para los elementos representativos "X" y "Y".

Elemento	Primera energía de ionización (kJ/mol)	Segunda energía de ionización (kJ/mol)	Tercera energía de ionización (kJ/mol)
X	738	1450	7732
Y	496	4565	6912

¿En qué grupo de la tabla periódica se encontrarían con mayor probabilidad estos elementos?

51. ¿Sería el ion formado de cada elemento más grande o más pequeño que el átomo del cual se formó?

   a. calcio

   b. aluminio

   c. bromo

   d. nitrógeno

Capítulo 7

52. En cualquier grupo de elementos representativos de la tabla periódica, ¿cómo varía el número de electrones de valencia a medida que los elementos dentro del grupo aumentan en masa?

53. ¿Cuántos electrones de valencia se pierden por el elemento metálico cuando se forma cada uno de estos compuestos iónicos?

   a. BaS

   b. In_2Se_3

   c. GaP

   d. SrI_2

54. Escribe las fórmulas de dos cationes de elementos representativos que tengan la configuración electrónica $1s^2 2s^2 2p^6 3s^2 3p^6$.

55. Si "X" es la fórmula para cualquier halógeno y "M" es la fórmula para cualquier metal, ¿cuál de éstas es una fórmula válida de un compuesto iónico formado entre "M" y "X"? ¿Cuál es la estructura de punto-electrón para "M" en cada uno de los compuestos que se pueden formar?

   a. MX_2

   b. M_2X_2

   c. MX_3

   d. M_2X_3

56. ¿Cuántos electrones hay en cada ion?

   a. Pb^{4+}

   b. Cr^{3+}

   c. Te^{2-}

   d. C^{4-}

Capítulo 8

57. Dibuja una estructura de punto-electrón para cada sustancia.

   a. H_2Te

   b. AsH_3

   c. $SiBr_4$

   d. I_2

58. ¿Cuántos electrones hay en la estructura de punto-electrón para cada uno de estos iones poliatómicos?

   a. cianuro, CN^-

   b. ion bromato, BrO_3^-

   c. ion fosfato, PO_3^{3-}

   d. nitrito, NO_2^-

59. Usa la teoría RPENV para predecir la figura de cada molécula en el Problema 57.

60. Clasifica cada una de las moléculas del Problema 57 como polar o no polar.

Capítulo 9

61. Clasifica cada uno de estos compuestos como molecular o iónico.

   a. CF_4

   b. PtO_2

   c. SrI_2

   d. NH_4Br

   e. K_2CO_3

   f. NI_3

   g. $C_5H_{10}O_5$

   h. $Ba(OH)_2$

62. Nombra o escribe las fórmulas de estos compuestos moleculares.

   a. $SiCl_4$

   b. triyoduro de fósforo

   c. Br_2O_7

   d. monofluoruro de yodo

   e. BrF_5

   f. trióxido diarsénico

   g. NCl_3

   h. pentóxido difósforo

63. Escribe las fórmulas para estos compuestos iónicos.

   a. yoduro de bario

   b. acetato de hierro(III)

   c. dicromato de potasio

   d. bromuro de aminio

   e. nitruro de cesio

   f. nitrato de cobalto(III)

   g. oxalato de aluminio

   h. cloruro mercuroso

64. Nombra estos compuestos iónicos.

   a. Rb_2S **e.** $HgCl_2$

   b. LiI **f.** $CuClO_3$

   c. $Pb(C_2H_3O_2)_2$ **g.** $NaCN$

   d. Mg_3N_2 **h.** $Cr(ClO_4)_3$

65. Nombra estos compuestos.

   a. Cs_2O **e.** H_2CrO_4

   b. SnS_2 **f.** CaC_2O_4

   c. N_4S_4 **g.** $(NH_4)_3PO_4$

   d. B_2O_3 **h.** As_4O_{10}

66. Escribe las fórmulas de estos compuestos.

   a. óxido de calcio

   b. ácido sulfuroso

   c. tetracloruro de diboro

   d. hidrofosfato cálcico

   e. cromato de estaño(II)

   f. hidróxido férrico

   g. clorito de manganeso(II)

   h. monocloruro de yodo

67. Explica por qué no es justo que se pida escribir una fórmula para cada "compuesto".

   a. bromuro de hierro

   b. óxido de azufre

   c. hipocloruro de plomo

   d. cloruro de fósforo

68. El hierro forma dos compuestos con el oxígeno. Un compuesto consiste en 1.396 g de hierro y 0.400 gramos de oxígeno. El otro tiene 0.582 g de hierro y 0.250 g de oxígeno. Muestra con cálculos si este par de compuestos obedece la ley de las proporciones múltiples.

69. ¿Cuántos de cada tipo de átomo hay en una unidad de fórmula de cada compuesto?

   a. $(NH_4)_2SO_3$

   b. $AlPO_4$

   c. $Ca(C_2H_3O_2)_2$

   d. $Fe_2(SO_4)_3$

70. ¿Cuántos de cada tipo de átomo hay en una molécula de cada compuesto?

   a. $C_3H_7O_2$

   b. $C_3H_5(OH)_3$

   c. $C_2H_4(COOH)_2$

   d. $C_7H_5(NO_3)_3$

71. Calcula la masa molar de cada uno de estos compuestos iónicos binarios.

   a. MgO **c.** Hg_2I_2

   b. $AlCl_3$ **d.** Sr_3N_2

72. Calcula la masa molar de cada uno de estos compuestos iónicos.

   a. $(NH_4)_2C_2O_4$

   b. $Ca(OH)_2$

   c. Na_2HPO_4

   d. $Mg(HSO_4)_2$

73. Calcula la masa molar de cada uno de estos compuestos moleculares.

   a. N_2O_5

   b. C_3H_7OH

   c. SO_3

   d. XeF_6

74. Calcula la masa molar de cada uno de estos compuestos.

   a. DEET, $C_{12}H_{17}ON$, un repelente de insectos

   b. aspartame, $C_{14}H_{18}N_2O_5$, un sustituto de azúcar

   c. codeína, $C_{18}H_{21}NO_3$, un analgésico

   d. benzoato de sodio, $NaC_7H_5O_2$, un conservador de comida

75. ¿Cuál es la masa, en gramos, de cada uno de los siguientes?

   a. 5.000 moles de Ar

   b. 1.64 moles de $NaNO_2$

   c. 0.886 moles de $(NH_4)_2SO_4$

   d. 18.3 moles de SiF_4

76. ¿Cuántos moles hay en cada uno de los siguientes?

a. 579 g de Pt

b. 0.0426 g de NO_2

c. 56.8 g de H_2SO_3

d. 6.78×10^3 g de CsH_2PO_4

77. Halla el número de partículas representativas en cada uno de los siguientes:

a. 4.40 moles de Pd

b. 0.284 moles de NaI

c. 1.62 moles de NH_3

d. 12.8 moles de $Fe(C_2H_3O_2)_2$

78. ¿Cuántos moles hay en cada uno de los siguientes?

a. 7.26×10^{22} átomos de Zr

b. 1.48×10^{24} moléculas de C_2H_6O

c. 4.00×10^{23} unidades de fórmula de $KClO_3$

d. 9.02×10^{24} moléculas de OF_2

79. Calcula el volumen, en litros, de cada uno de los siguientes gases a TPE.

a. 3.64 moles de H_2

b. 0.0648 moles de C_2H_6

c. 8.44 moles de SO_3

d. 1.26 moles de Xe

80. ¿Cuántos moles hay en cada uno de los siguientes a TPE?

a. 56.4 L de He

b. 7.64 L de N_2

c. 0.888 L de CO

d. 126 L de SO_2

81. Calcula el número de partículas representativas en cada masa.

a. 14.6 g de CO_2

b. 68.3 g de Os

c. 0.847 g de KCl

d. 174 g de Au_2O_3

82. Calcula la masa de cada una de las siguientes muestras.

a. 7.00×10^9 moléculas de Br_2

b. 9.22×10^{22} unidades de fórmula de NaF

c. 4.8×10^{24} átomos de Li

d. 2.66×10^{20} moléculas de H_2CO

83. Halla la masa de cada uno de los siguientes gases a TPE.

a. 2.44 L de O_2 **c.** 78.0 L de SO_3

b. 777 L de CH_4 **d.** 0.0642 L de H_2

84. Calcula el volumen de cada uno de estos gases a TPE.

a. 0.469 g de Cl_2

b. 44.8 g de NO

c. 2.76 g de N_2O_3

d. 93.2 g de F_2

85. Calcula el número de partículas representativas en cada volumen.

a. 64.0 L de H_2S

b. 3.36 L de C_3H_8

c. 4.78×10^4 L de HF

d. 6.88×10^{-2} L de Kr

86. Halla el volumen a TPE de lo siguiente:

a. 3.66×10^{21} moléculas de F_2

b. 6.11×10^{22} moléculas de PH_3

c. 1.16×10^{25} átomos de Ne

d. 4.48×10^{24} moléculas de C_2H_2

87. Calcula el número de átomos de oxígeno en cada uno de los siguientes:

a. 7 moléculas del explosivo nitroglicerina, $C_3H_5(NO_3)_3$

b. 3.00 moles del antiséptico peróxido de hidrógeno, H_2O_2

c. un globo lleno con 2.00 L de O_2

d. 8.04 g del fertilizante, NH_4NO_3

88. Calcula el número de gramos de hidrógeno en cada uno de los siguientes.

a. un globo lleno con 7.06×10^{24} moléculas de hidrógeno

b. un globo lleno con 14.0 L de metano, CH_4, a TPE

c. una botella de agua de 2.00 L (densidad de H_2O = 1.00 g/mL)

d. un cubo de hielo de 69.5 g (densidad del hielo = 0.917 g/cm^3)

89. Calcula la composición porcentual de cada compuesto.

a. PbO_2

b. $(CH_3)_2CO$

c. KIO_3

d. $Na_2S_2O_3$

e. IF_5

f. $HBrO_4$

g. P_4O_6

h. C_3H_7COOH

90. Usa las respuestas al Problema 89 para calcular el número de gramos del elemento indicado en el compuesto.

  a. plomo en 63.8 g de PbO_2

  b. carbono en 1.664 g de $(CH_3)_2CO$

  c. oxígeno en 36.8 g de KIO_3

  d. azufre en 6.26 g de $Na_2S_2O_3$

  e. flúor en 594 g de IF_5

  f. bromo en 82.7 g de $HBrO_4$

  g. fósforo en 2.66 g de P_4O_6

  h. carbono en 55.0 g de C_3H_7COOH

91. ¿Cuáles de las siguientes son fórmulas empíricas?

  a. $Al_2(SO_4)_3$

  b. $C_6H_4Cl_2$

  c. $C_2H_4(OH)_2$

  d. $K_2Cr_2O_7$

92. ¿Cuál es la fórmula empírica de

  a. $C_6H_{16}N_2$, un compuesto usado para hacer nylon?

  b. $C_6H_8N_2$, un componente del chocolate?

  c. C_8H_8, usado para hacer plásticos de relleno de poliestireno?

  d. C_3H_7OH, alcohol?

93. Determina la fórmula empírica de cada compuesto a partir de los datos de la composición porcentual.

  a. 85.71% C, 14.29% H

  b. 60.94% Ba, 10.65% C, 28.41% O

  c. 37.50% C, 12.50% H, 50.00% O

  d. 27.87% P, 72.13% S

  e. 67.61% U, 32.39% F

  f. 74.19% Na, 25.79% O

  g. 32.43% C, 5.41% H, 43.24% O, 18.92% N

  h. 18.70% Li, 16.26% C, 65.04% O

94. Halla la fórmula molecular a partir de la fórmula empírica dada y de la masa molar.

Fórmula empírica	Masa molar (g/mol)	Fórmula molecular
C_2H_3	54.0	**a.** _____
C_2H_2Cl	123.0	**b.** _____
$C_3H_4O_3$	176.0	**c.** _____
C_5H_7N	162.0	**d.** _____

95. Un compuesto con una masa molar de 312.2 g/mol contiene 69.23% C, 3.85% H y 26.9% N. ¿Cuál es la fórmula molecular de este compuesto?

96. La masa molar de la cafeína, el estimulante que se encuentra en el café, es de 197.0 g/mol. La composición porcentual de la cafeína es 49.48% C, 5.19% H, 28.85% N y 16.48% O. ¿Cuál es la fórmula molecular de la cafeína?

97. El ácido linoléico, que tiene una masa molar de 280.0 g/mol, se halla en muchos aceites vegetales. La composición porcentual de este compuesto es 77.1% carbono, 11.4% hidrógeno y 11.4% oxígeno. Halla la fórmula empírica y la fórmula molecular de este compuesto.

98. Una muestra de 2.716 g de un compuesto de C, H, N y O se halló que contiene 0.7580 g C, 0.0633 g H y 0.8843 g N. La masa molar del compuesto es de 129 g/mol. Calcula la fórmula empírica y la fórmula molecular del compuesto.

Capítulo 11

99. ¿Cuál es la función del elemento platino en esta reacción?

$$2H_2 + O_2 \xrightarrow{Pt} 2H_2O$$

100. Balancea las ecuaciones siguientes:

  a. $Hg(NO_3)_2 + NH_4SCN \longrightarrow Hg(SCN)_2 + NH_4NO_3$

  b. $CH_4O + O_2 \longrightarrow CO_2 + H_2O$

  c. $Ca + Cl_2 \longrightarrow CaCl_2$

  d. $Na_3PO_4 + CoCl_2 \longrightarrow Co_3(PO_4)_2 + NaCl$

  e. $Fe + AgNO_3 \longrightarrow Fe(NO_3)_2 + Ag$

  f. $N_2H_4 \longrightarrow NH_3 + N_2$

  g. $C_{12}H_{26} + O_2 \longrightarrow CO_2 + H_2O$

  h. $CuCl + Mg \longrightarrow Cu + MgCl_2$

101. Clasifica cada una de las ecuaciones del Problema 100 por tipo.

102. Escribe ecuaciones balanceadas para cada una de las reacciones siguientes. Indica los estados de la materia en tus ecuaciones.

  a. El metal potasio reacciona con agua para formar gas hidrógeno e hidróxido de potasio acuoso.

  b. El gas monóxido de nitrógeno reacciona con monóxido de carbono gaseoso para formar el gas dióxido de carbono y el gas nitrógeno.

c. El ácido clorhídrico reacciona con gas oxígeno para formar agua líquida y gas cloro.

d. El hidróxido de calcio acuoso reacciona con el ácido acético para formar agua y acetato de calcio acuoso.

e. El gas oxígeno reacciona con sulfuro de plomo(II) sólido para formar gas dióxido de azufre y óxido de plomo(II).

f. El óxido de litio sólido reacciona con agua para formar hidróxido de litio acuoso.

g. El dióxido de manganeso sólido reacciona con ácido oxálico para formar óxido de manganeso(II), agua y dióxido de carbono gaseoso.

h. El hexahidruro de diboro gaseoso reacciona con gas oxígeno para formar agua líquida y trióxido de diboro sólido.

103. Completa y después balancea cada una de estas ecuaciones.

a. $HCl(aq) \xrightarrow{\text{electricidad}}$

b. $Br_2(l) + AlI_3(aq) \longrightarrow$

c. $Na(s) + S(s) \longrightarrow$

d. $Ba(OH)_2(aq) + HNO_3(aq) \longrightarrow$

e. $C_7H_{14}O_2(l) + O_2(g) \longrightarrow$

f. $Ni(NO_3)_2(aq) + Na_2CO_3(aq) \longrightarrow$

104. Balancea cada una de estas ecuaciones.

a. $MnO_2 + HCl \longrightarrow MnCl_2 + Cl_2 + H_2O$

b. $PCl_5 + H_2O \longrightarrow H_3PO_4 + HCl$

c. $Ca_3P_2 + H_2O \longrightarrow PH_3 + Ca(OH)_2$

d. $Li_3N + H_2O \longrightarrow LiOH + NH_3$

e. $H_2O_2 + N_2H_4 \longrightarrow N_2 + H_2O$

f. $SiCl_4 + Mg \longrightarrow MgCl_2 + Si$

g. $V_2O_5 + H_2 \longrightarrow V_2O_3 + H_2O$

h. $HBr + KHSO_3 \longrightarrow KBr + H_2O + SO_2$

105. Usa la Tabla 11.3 para predecir si se formará un precipitado cuando se mezclen las soluciones acuosas de estos pares de sales. Si se forma un precipitado, escribe su fórmula.

a. sulfato de amonio y bromuro de bario

b. cloruro de cromo(II) y carbonato de litio

c. nitrato de potasio y cloruro de sodio

d. sulfuro de sodio y nitrato de mercurio(II)

106. Escribe una ecuación iónica completa balanceada para cada una de estas reacciones de doble reemplazo. Todos los reactantes están en solución acuosa.

a. cloruro de níquel(II) + fosfato de potasio

b. ácido acético + hidróxido de calcio

c. yoduro de calcio + sulfato de sodio

d. hidróxido de sodio + nitrato de plomo(II)

107. Identifica los iones espectadores en cada una de las reacciones del Problema 106.

108. Escribe ecuaciones iónicas netas para cada una de las reacciones del Problema 106.

Capítulo 12

109. Interpreta cada ecuación en términos de partículas que interactúan.

a. $H_2 + F_2 \longrightarrow 2HF$

b. $2K_3PO_4 + 3CoCl_2 \longrightarrow Co_3(PO_4)_2 + 6KCl$

c. $2PbS + 3O_2 \longrightarrow 2PbO + 2SO_2$

d. $Fe + S \longrightarrow FeS$

110. Escribe todas las razones molares posibles para estas ecuaciones.

a. $2NO + Cl_2 \longrightarrow 2NOCl$

b. $2KClO_3 \longrightarrow 2KCl + 3O_2$

c. $3N_2H_4 \longrightarrow 4NH_3 + N_2$

d. $2Na + O_2 \longrightarrow Na_2O_2$

111. Muestra mediante cálculos que las ecuaciones siguientes obedecen la ley de conservación de la masa:

a. $3NO_2 + H_2O \longrightarrow 2HNO_3 + NO$

b. $4HCl + O_2 \longrightarrow 2H_2O + 2Cl_2$

c. $2Li + S \longrightarrow Li_2S$

d. $2CH_4O + 3O_2 \longrightarrow 2CO_2 + 4H_2O$

112. El ácido nítrico, NHO_3, es producido por un proceso que permite que el dióxido de nitrógeno reaccione con agua.

$3NO_2(g) + H_2O(l) \longrightarrow 2HNO_3(aq) + NO(g)$

a. ¿Cuántos moles de dióxido de nitrógeno, NO_2, se requieren para producir 3.56 moles de ácido nítrico?

b. ¿Cuántos moles de agua reaccionan con 0.946 moles de dióxido de nitrógeno?

113. El hidróxido de calcio reacciona con ácido nítrico para producir una solución acuosa de nitrato de calcio.

$$Ca(OH)_2(aq) + 2HNO_3(aq) \longrightarrow$$
$$2H_2O(l) + Ca(NO_3)_2(aq)$$

a. ¿Cuántos moles de hidróxido de calcio se necesitan para reaccionar con 5.88 moles de ácido nítrico?

b. ¿Cuántos moles de nitrato de calcio se producen cuando 2.30 moles de agua se hacen durante esta reacción?

114. El cromo se combina con oxígeno para formar óxido de cromo(III).

$$4Cr(s) + 3O_2(g) \longrightarrow 2Cr_2O_3(s)$$

a. ¿Cuántos moles de cromo se necesitan para reaccionar con 45.6 g de oxígeno?

b. ¿Cuántos moles de óxido de cromo(III) se producen cuando reaccionan 2.86 g de cromo?

115. El hidróxido de sodio se forma cuando el óxido de sodio reacciona con agua.

$$Na_2O(s) + H_2O(l) \longrightarrow 2NaOH(aq)$$

a. Calcula los gramos de hidróxido de sodio que se forman cuando 2.24 moles de óxido de sodio reaccionan con agua.

b. ¿Qué masa de agua (en centigramos) se necesita para reaccionar con 0.126 moles de óxido de sodio?

116. La reacción de monóxido de nitrógeno con monóxido de carbono produce dióxido de carbono y nitrógeno.

$$2NO(g) + 2CO(g) \longrightarrow 2CO_2(g) + N_2(g)$$

a. ¿Cuántos litros de monóxido de nitrógeno a TPE se necesitan para producir 3.40 moles de gas nitrógeno?

b. Cuando 2.18 moles de nitrógeno se hacen en esta reacción, ¿cuántos litros de dióxido de carbono se producen a TPE?

117. El gas fluoruro de hidrógeno se produce directamente a partir de sus elementos que lo componen.

$$H_2(g) + F_2(g) \longrightarrow 2HF(g)$$

a. Cuando 40.0 L de flúor a TPE reaccionan con un exceso de hidrógeno, ¿cuántos moles de fluoruro de hidrógeno se hacen?

b. ¿Cuántos moles de flúor se necesitan para hacer 8.04 L de fluoruro de hidrógeno a TPE?

118. La herrumbre (óxido de hierro(III)) se forma mediante la reacción de oxígeno con hierro.

$$4Fe(s) + 3O_2(g) \longrightarrow 2Fe_2O_3(s)$$

a. Calcula la masa de oxígeno que se requiere para reaccionar con 10.0 g de hierro.

b. ¿Cuántos gramos de herrumbre se forman cuando 2.48 g de hierro reaccionan con un exceso de oxígeno?

119. El cloruro de plata se precipita cuando se mezclan las soluciones acuosas de cloruro de calcio y nitrato de plata.

$$CaCl_2(aq) + 2AgNO_3(aq) \longrightarrow$$
$$2AgCl(s) + Ca(NO_3)_2(aq)$$

a. ¿Cuántos gramos de nitrato de calcio se forman cuando 0.500 g de cloruro de calcio reaccionan con un exceso de nitrato de plata?

b. ¿Cuántos gramos de cloruro de calcio se requieren para reaccionar por completo con 34.8 g de nitrato de plata?

120. La combustión completa del octano, un componente de la gasolina, forma dióxido de carbono y agua.

$$2C_8H_{18}(l) + 25O_2(g) \longrightarrow$$
$$16CO_2(g) + 18H_2O(l)$$

a. ¿Cuántos gramos de C_8H_{18} deben reaccionar para dar 5.00 g de CO_2?

b. ¿Cuántos litros de gas oxígeno a TPE se requieren para quemar 2.20 g de C_8H_{18}?

121. Un precipitado de carbonato de níquel(II) se forma cuando se mezclan soluciones acuosas de carbonato de sodio y nitrato de níquel(II).

$$Ni(NO_3)_2(aq) + Na_2CO_3(aq) \longrightarrow$$
$$NiCO_3(s) + 2NaNO_3(aq)$$

a. ¿Cuántos gramos de cada reactante deben usarse para formar 6.72 g del precipitado?

b. Cuando 1.88 g de carbonato de níquel(II) se forman, ¿cuántos gramos se producen de nitrato de sodio?

122. Una forma para hacer etanol es reaccionar eteno con agua a presión alta.

$$C_2H_4(g) + H_2O(g) \longrightarrow C_2H_6O(l)$$

a. ¿Cuántos gramos de cada reactante se necesitan para producir 8.84 g de etanol?

b. ¿Cuántos litros de etanol se producen cuando 1.00 kg de eteno reaccionan con un exceso de agua? La densidad del etanol es de 0.789 g/mL.

123. Balancea la ecuación para la formación de hidróxido de aluminio, un ingrediente común en algunas tabletas antiácido.

$$Al_2(SO_4)_3(aq) + NaOH(aq) \longrightarrow$$
$$Al(OH)_3(s) + Na_2SO_4(aq)$$

a. ¿Cuántos gramos de hidróxido de sodio se requieren para reaccionar por completo con 6.22 g de sulfato de aluminio?

b. Cuando 32.0 gramos de hidróxido de sodio reaccionan con un exceso de sulfato de aluminio, ¿cuántos gramos de hidróxido de aluminio se forman?

124. Una fuente de oxígeno elemental en el laboratorio es la descomposición de peróxido de hidrógeno.

$$2H_2O_2(l) \longrightarrow 2H_2O(l) + O_2(g)$$

a. ¿Cuántos gramos de peróxido de hidrógeno se necesitan para producir 5.00 g de oxígeno?

b. Cuando 16.8 g de peróxido de hidrógeno se descomponen, ¿cuántos litros (a TPE) se producen de oxígeno?

125. Una fuente de lluvia ácida es la producción de ácido nítrico a partir de dióxido de nitrógeno y agua en la atmósfera.

$$3NO_2(g) + H_2O(l) \longrightarrow NO(g) + 2HNO_3(aq)$$

a. ¿Cuántos kilogramos de ácido nítrico se producen cuando 5.60 kg de dióxido de nitrógeno reaccionan con un exceso de agua?

b. Calcula la masa en gramos de monóxido de nitrógeno que se produce cuando 0.648 kg de ácido nítrico se forman mediante esta reacción.

126. Las vías de acero para los trenes se sueldan con el hierro líquido (fundido) formado por el inmenso calor generado por esta reacción.

$$2Al(s) + Fe_2O_3(s) \longrightarrow Al_2O_3(s) + 2Fe(l)$$

a. ¿Cuántos gramos de aluminio se necesitan para reaccionar por completo con 0.500 kg de óxido de hierro(III)?

b. ¿Cuántos mililitros de hierro fundido se producen cuando 80.0 g de óxido de hierro(III) reaccionan con un exceso de aluminio? La densidad del hierro es de 7.87 g/cm³. Supón que las densidades del hierro fundido y del hierro sólido son las mismas.

127. El gas cloro se hace mediante la reacción de oxígeno con ácido clorhídrico.

$$4HCl(aq) + O_2(g) \longrightarrow 2Cl_2(g) + 2H_2O(l)$$

a. ¿Cuántos gramos de cada uno de los reactantes se requieren para producir 44.0 g de cloro?

b. A TPE, ¿cuántos litros de oxígeno se necesitan para reaccionar completamente con 125 g de ácido clorhídrico?

128. El fluoruro de hidrógeno se hace mediante la reacción de ácido sulfúrico y fluoruro de calcio.

$$H_2SO_4(l) + CaF_2(s) \longrightarrow 2HF(g) + CaSO_4(s)$$

a. ¿Cuántos gramos de fluoruro de hidrógeno y sulfato de calcio se producen cuando 2.86 g de fluoruro de calcio reaccionan con un exceso de ácido sulfúrico?

b. Calcula el número de kilogramos de fluoruro de calcio que deben reaccionar con un exceso de ácido sulfúrico para producir 1.00 kg de fluoruro de hidrógeno.

129. Cuando el pentóxido de dinitrógeno se calienta, produce oxígeno y dióxido de nitrógeno.

a. Escribe la ecuación balanceada de esta reacción.

b. ¿Cuántos gramos de cada producto se forman cuando 4.00 g de pentóxido de dinitrógeno se descomponen por completo?

130. El blanqueador de ropa (NaClO) se hace mediante la reacción de cloro con hidróxido de sodio.

$$Cl_2(g) + 2NaOH(aq) \longrightarrow$$
$$NaClO(aq) + NaCl(aq) + H_2O(l)$$

a. ¿Cuántos gramos de cloro deben reaccionar con un exceso de hidróxido de sodio para producir 2.50 kg de hipoclorito de sodio?

b. A temperatura ambiente, el gas cloro tiene una densidad de 2.95 g/L. ¿Cuántos dL de gas cloro se necesitan para reaccionar por completo con 66.8 g de hidróxido de sodio?

131. El gas oxígeno burbujeante a través del acetaldehído líquido (C_2H_4O) forma un solo producto, el ácido acético.

a. Escribe una ecuación balanceada para esta reacción.

b. ¿Cuántos gramos de oxígeno se necesitan para reaccionar por completo con 542 g de acetaldehído?

132. El agua se descompone en sus elementos mediante una corriente eléctrica.

    a. Escribe una ecuación balanceada para la reacción.

    b. ¿Cuál es el volumen total (en litros a TPE) de gases producidos cuando se descomponen 222 g de agua?

133. El oxígeno se genera en una máscara antigas mediante una reacción de vapor de agua con superóxido de potasio, KO_2.

$$4KO_2(s) + 2H_2O(l) \longrightarrow 3O_2(g) + 4KOH(s)$$

    a. ¿Cuántos litros de gas oxígeno a TPE se producen cuando 56.0 g de superóxido de potasio reaccionan por completo con vapor de agua?

    b. ¿Cuántos gramos de hidróxido de potasio se producen cuando 56.0 g de KO_2 reaccionan con un exceso de agua?

134. Halla el reactivo limitante para cada conjunto de reactantes. Después calcula el número de moles de cada reactante restante y la cantidad de producto formado después de la reacción.

$$4NH_3(g) + 3O_2(g) \longrightarrow 2N_2(g) + 6H_2O(l)$$

    a. 4.00 moles de NH_3 + 4.00 moles de O_2

    b. 2.00 moles de NH_3 + 1.00 moles de O_2

    c. 7.00 moles de NH_3 + 5.00 moles de O_2

    d. 3.25 moles de NH_3 + 2.75 moles de O_2

135. El trióxido diboro se forma mediante la reacción de 14.0 g de hexahidruro de diboro con 68.0 g de oxígeno.

$$B_2H_6(g) + 3O_2(g) \longrightarrow 3H_2O(l) + B_2O_3(s)$$

    a. Identifica el reactivo limitante.

    b. Calcula la masa producida por el trióxido diboro.

136. Cuando se añade ácido clorhídrico a carbonato de calcio, se producen burbujas de dióxido de carbono.

$$CaCO_3(s) + 2HCl(aq) \longrightarrow$$
$$CaCl_2(aq) + H_2O(l) + CO_2(g)$$

    a. ¿Cuál es el reactivo limitante cuando se añaden 1.68 g de HCl a 4.82 g de $CaCO_3$?

    b. En la reacción, ¿cuántos mililitros de agua se producen? (densidad = 1.00 g/cm³)

    c. ¿Cuál es el volumen, en litros, de dióxido de carbono producido? Supón TPE.

137. Los elementos fósforo y cloro reaccionan para formar tricloruro de fósforo.

$$P_4(s) + 6Cl_2(g) \longrightarrow 4PCl_3(l)$$

    a. ¿Cuál es el reactivo limitante cuando 100.0 g de fósforo reaccionan con 200.0 g de cloro?

    b. ¿Cuántos gramos de tricloruro de fósforo se formaron?

138. El gas hidrógeno es uno de los productos de la reacción de aluminio con ácido clorhídrico.

$$2Al(s) + 6HCl(aq) \longrightarrow AlCl_3(aq) + 3H_2(g)$$

¿Cuántos gramos de H_2 se producen cuando 20.0 g de Al reaccionan con 60.0 g de HCl?

139. Cuando se calienta el óxido de cobre(I), Cu_2O, en oxígeno, se forma óxido de cobre(II).

$$2Cu_2O(s) + O_2(g) \longrightarrow 4CuO(s)$$

Cuando 4.00 moles de óxido de cobre(I) reaccionan con 2.00 moles de oxígeno, se obtienen 7.44 moles de CuO. ¿Cuál es el rendimiento porcentual de esta reacción?

140. Cuando 7.00 moles de C reaccionan con 5.00 moles de SO_2, se forman 1.80 moles de CS_2.

$$3C(s) + 2SO_2(g) \longrightarrow CS_2(l) + 2CO_2(g)$$

¿Cuál es el rendimiento porcentual de esta reacción?

141. Un exceso de agua reacciona con 25.0 g de carburo de calcio. Se obtiene una masa de 7.20 g de C_2H_2.

$$CaC_2(s) + 2H_2O(l) \longrightarrow$$
$$C_2H_2(g) + Ca(OH)_2(aq)$$

¿Cuál es el rendimiento porcentual de C_2H_2?

142. Un exceso de dióxido de azufre reacciona con 0.150 g de gas oxígeno. Se recupera una masa de 0.725 g de trióxido de azufre.

$$2SO_2(g) + O_2(g) \longrightarrow 2SO_3(g)$$

¿Cuál es el rendimiento porcentual de trióxido de azufre?

143. Cuando 30.0 g de CH_4 reaccionan con 90.0 g de O_2 y 30.0 g de NH_3, se forman 94.4 g de H_2O.

$$2CH_4(g) + 3O_2(g) + 2NH_3(g) \longrightarrow$$
$$2HCN(g) + 6H_2O(l)$$

¿Cuál es el rendimiento porcentual de esta reacción?

Capítulo 13

144. Haz las conversiones de presión siguientes:

   a. 364 kPa a atm

   b. 815 mm Hg a kPa

   c. 0.260 atm a mm Hg

   d. 1555 mm Hg a atm

   e. 85.8 kPa a mm Hg

   f. 0.440 atm a kPa

145. El agua se evapora mucho más lentamente a temperatura ambiente que la acetona. ¿Cómo se compara la fortaleza relativa de las fuerzas intermoleculares en estos dos compuestos?

146. En la misma ubicación, cantidades iguales de agua se vierten en un vaso para beber y en un recipiente para pasteles. ¿En qué contenedor se evaporará primero el agua? Explica tu elección.

147. Masas iguales de cera líquida y sólida se colocan en un horno a exactamente la temperatura del punto de fusión de la cera. ¿Cómo cambiarían las cantidades relativas de la cera líquida y sólida con el tiempo?

Capítulo 14

148. Una muestra de gas a una presión de 124 kPa tiene un volumen de 3.00 L. Si el gas es comprimido a un volumen de 1.26 L, ¿cuál es la nueva presión? (Supón una temperatura constante.)

149. Un tanque para bucear tiene un volumen de 11.0 L. ¿Qué volumen de gas en litros a 0.950 atm se requiere para llenar por completo el tanque a una presión de 45.0 atm, suponiendo que no hay cambios en la temperatura del gas?

150. Una jeringa contiene 2.60 mL de gas a 20.0 °C. ¿Cuál es el volumen del gas después de que la temperatura aumenta a 68 °C?

151. Un gas contenido tiene un volumen de 120.0 mL a −183 °C. ¿Qué volumen ocupa este gas a 47.0 °C?

152. ¿A qué temperatura debe elevarse un gas contenido a una presión de 464 mm Hg y a una temperatura de 40.0 °C, para aumentar la presión a 994 mm Hg?

153. La presión de un gas en un cilindro a 27.0 °C es de 846 kPa. ¿Cuál es la presión en el cilindro cuando la temperatura aumenta a 54.0 °C?

154. Calcula la presión final de un gas inicialmente a una presión de 122 kPa que se expande de 4.50 L a 56 °C a 18.0 L a 124 °C.

155. Un globo meteorológico tiene un volumen de 3.5 kL a 1.01 atm y 18 °C. ¿Cuál es el volumen del globo a una presión de 0.420 atm y a −18 °C?

156. Un cilindro contiene 4.50 L de nitrógeno a 35 °C y una presión de 644 kPa. ¿Cuántos moles de N_2 hay en el cilindro?

157. Un globo que contiene 1.46 moles de neón tiene un volumen de 36.2 L.

   a. Bajo las mismas condiciones, ¿cuál es el volumen del globo si se añaden 0.34 moles de Ne adicionales al globo?

   b. ¿La respuesta cambiaría si se añadieran 0.34 moles de He en lugar del neón?

158. ¿Cuál es la presión (en kPa) en un tanque de 5.00 L que contiene 0.240 moles de oxígeno a una temperatura de 17 °C?

159. Calcula el volumen de 0.880 moles de flúor a 26 °C y a 88.8 kPa.

160. Un cilindro de metal contiene 0.440 moles de gas nitrógeno a una presión de 34.0 kPa. ¿Cuál es la presión en el contenedor después de que se quitan 0.128 moles de nitrógeno?

161. Todo el gas neón de un contenedor de 10.0 L a una presión de 202 kPa se añaden a un contenedor de 20.0 L de argón a una presión de 505 kPa. Después de la transferencia, ¿cuáles son las presiones parciales del neón y el argón?

162. Un niño compra un globo relleno con 3.50 L de helio en un día muy caluroso cuando la temperatura es de 39.0 °C afuera. Suponiendo una presión constante, ¿cuál es el volumen del globo cuando el niño lo lleva a su casa con aire acondicionado a 20.0 °C?

163. Supón que tienes un cilindro de 0.500 L que contiene 0.150 moles de gas oxígeno, O_2, a 25 °C.

   a. ¿Cuál es la presión adentro del cilindro?

   b. ¿Cómo cambiaría la presión adentro del cilindro si sustituyeras 0.150 moles de gas dióxido de azufre, SO_2, por los 0.150 moles de gas oxígeno?

   c. ¿Cómo cambiaría la presión adentro del cilindro si añadieras 0.150 moles de gas dióxido de azufre, SO_2, al oxígeno que ya está en el cilindro?

164. En un motor de automóvil típico, la mezcla de gas en un cilindro está comprimida y la presión aumenta de 1.00 atm a 9.50 atm. Si el volumen sin comprimir del cilindro es de 755 mL, ¿cuál es el volumen cuando está completamente comprimido? (Supón una temperatura constante.)

165. ¿Cuál es la presión nueva cuando una lata de aerosol con una presión inicial de 4.50 atm a 25 °C se calienta en el fuego hasta 650 °C?

166. ¿Cuántos moles de aire hay en los pulmones de una persona promedio con una capacidad pulmonar total de 3.8 L? Supón que la persona está a nivel del mar (1.00 atm) y tiene una temperatura corporal normal de 37 °C.

167. Dos contenedores de igual tamaño se llenan con 4.0 g de He y 32.0 g de O_2, respectivamente. Suponiendo una temperatura constante, ¿esperarías que las presiones de estos dos gases fueran idénticas? Explica tu respuesta.

168. El nitruro de litio se forma a partir de sus elementos.

$$6Li(s) + N_2(g) \longrightarrow 2Li_3N(s)$$

¿Cuántos mililitros de gas nitrógeno a TPE se necesitan para reaccionar con 0.246 g de litio?

169. El nitrógeno y el hidrógeno reaccionan para formar amonio.

$$3H_2(g) + N_2(g) \longrightarrow 2NH_3(g)$$

¿Cuántos litros de hidrógeno medidos a una presión de 86.4 kPa y 245 °C se necesitan para reaccionar por completo con 6.44 g de N_2?

170. Las bolsas de aire de los coches se inflan con gas nitrógeno formado a través de esta reacción de descomposición:

$$2NaN_3(s) \longrightarrow 2Na(s) + 3N_2(g)$$

¿Cuántos gramos de NaN_3 se necesitan para inflar una bolsa a un volumen de 10.6 L, suponiendo TPE?

Capítulo 15

171. ¿Cuál de estas moléculas puede formar enlaces de hidrógeno con agua?

  a. H_2 **c.** HCl

  b. CH_3OH **d.** C_2H_6

172. Clasifica cada sustancia como electrolito o como no electrolito.

  a. NH_4NO_3 **c.** $NaBr_2$

  b. C_2H_6O **d.** Cl_2

173. Calcula el porcentaje por masa de agua en el trihidrato de perclorato de litio.

174. Un experimento requiere hacer una solución que contenga 34.6 g de $CaCl_2$. Tu única fuente es el hidrato, $CaCl_2 \cdot 2H_2O$. ¿Cuántos gramos del hidrato necesitas usar para obtener la masa requerida de $CaCl_2$?

175. Una muestra de 19.97 g de un hidrato contiene 5.08 g de Cu, 2.57 g de S, 5.12 g de O y 7.20 g de H_2O. ¿Cuál es la fórmula empírica de este hidrato?

Capítulo 16

176. La solubilidad del gas dióxido de carbono a 50 °C y una presión de 1.00 atm es de 7.6×10^{-2} g/100 g de H_2O. Suponiendo una temperatura constante, calcula la solubilidad del CO_2 cuando la presión aumenta a 2.50 atm.

177. Calcula la molaridad de cada una de estas soluciones.

  a. 4.24 moles de NaCl en 2.00 L de solución

  b. 0.164 moles de $C_5H_{10}O_5$ en 125 mL de solución

  c. 0.0056 moles de CsBr en 50.0 mL de solución

  d. 2.84 moles de C_2H_6O en 0.650 L de solución

178. ¿Cuál es la molaridad de cada una de estas soluciones?

  a. 3.34 g de $CuNO_2$ en 0.150 L de solución

  b. 0.0688 g de CoF_2 en 20.0 mL de solución

  c. 88.8 g de KOH en 0.755 L de solución

  d. 1.66 g de $LiNO_3$ en 455 mL de solución

179. Halla los moles del soluto en las soluciones siguientes:

  a. 650 mL de $0.28M$ $NaNO_3$

  b. 1.4 L de $0.35M$ KI

  c. 0.340 L de $2.22M$ $CaCl_2$

  d. 148 mL de $0.0068M$ LiF

180. Calcula la masa de soluto en cada una de estas soluciones.

  a. 2.00 L de $0.440M$ MgF_2

  b. 6.80 dL de $1.88M$ CH_4O

  c. 65.0 mL de $0.0360M$ $NaNO_3$

  d. 5.00 mL de $1.48M$ HCl

181. ¿Cuántos mililitros de una solución estándar de $2.50M$ de $SrCl_2$ en solución se requieren para hacer cada solución diluida?

   a. 50.0 mL de $1.00M$ $SrCl_2$

   b. 1.0 L de $0.40M$ $SrCl_2$

   c. 750 mL de $0.25M$ $SrCl_2$

   d. 65.0 dL de $0.146M$ $SrCl_2$

182. Una solución acuosa es 65% (v/v) alcohol. ¿Cuántos mililitros de alcohol hay en una muestra de 97 mL de esta solución?

183. Calcula el porcentaje por masa de cada una de estas soluciones.

   a. 6.50 g de CsI en 266 g de H_2O

   b. 246 g de NaOH en 1.40 kg de H_2O

   c. 0.428 g de K_2CO_3 en 8.58 g de H_2O

   d. 1.20 kg de $NaNO_3$ en 2.00 kg de H_2O

184. Calcula la fracción molar de cada componente de las soluciones siguientes:

   a. 2.40 moles de CH_4O y 5.36 moles de C_2H_6O

   b. 1.25 moles de H_2O y 87.6 g de HCl

   c. 24.0 g de C_2H_6O y 10.0 g de H_2O

   d. 0.464 g de C_2H_6O y 2.36 g de CH_4O

185. El bromuro de potasio se disuelve en agua. ¿Qué enunciados son verdaderos cuando se compara la solución con el agua pura?

   a. El punto de ebullición de la solución es más alto.

   b. La presión de vapor de la solución es más alta.

   c. El punto de congelación de la solución es más alto.

186. Calcula la molalidad de estas soluciones.

   a. 0.246 moles de KCl en 1.66 kg de solvente

   b. 0.116 moles de $LiNO_3$ en 844 g de solvente

   c. 56.6 moles de CsI en 1.06 kg de solvente

   d. 6.66 moles de $MgBr_2$ en 2.50 kg de solvente

187. Calcula los puntos de congelación y de ebullición de cada una de estas soluciones acuosas.

   a. $2.34m$ NH_4Br

   b. $1.17m$ $CaCl_2$

   c. 24.4 g de LiCl en 0.400 kg de H_2O

   d. 44.8 g de $MgCl_2$ en 1.20 kg de H_2O

188. Cuando las soluciones acuosas de carbonato de sodio y nitrato de níquel(II) se mezclan, se precipita el carbonato de níquel(II).

$$Ni(NO_3)_2(aq) + Na_2CO_3(aq) \longrightarrow$$
$$NiCO_3(s) + 2NaNO_3(aq)$$

   a. ¿Qué volumen de $0.366M$ $Ni(NO_3)_2$ se requiere para reaccionar por completo con 55.8 mL de $0.500M$ Na_2CO_3?

   b. ¿Cuántos gramos de carbonato de níquel(II) se precipitan en esta reacción?

189. El hidróxido de aluminio se precipita cuando se mezclan soluciones acuosas de sulfato de aluminio e hidróxido de sodio.

$$Al_2(SO_4)_3(aq) + 6NaOH(aq) \longrightarrow$$
$$2Al(OH)_3(s) + 3Na_2SO_4(aq)$$

   a. ¿Qué volumen de $0.136M$ $Al_2(SO_4)_3$ se necesita para reaccionar por completo con 26.0 mL de $1.20M$ NaOH?

   b. ¿Qué masa de hidróxido de aluminio se precipita en esta reacción?

190. Un metro de conductividad mide cuantitativamente la capacidad de una solución acuosa para conducir corriente eléctrica. La magnitud del valor de conductividad es proporcional al número de iones en la solución. Los datos de un experimento se dan en la tabla.

Soluciones (0.2M)	Conductividad (μS/cm)
KCl	2050
$AlCl_3$	4500
$CaCl_2$	3540
NaOH	2080
C_2H_6O	0

   a. ¿Cuáles dos soluciones tienen conductividades similares? ¿Por qué esperarías que sea así?

   b. La razón de la conductividad de la solución de cloruro de aluminio a la conductividad de la solución del cloruro de potasio es de aproximadamente dos a uno. ¿Por qué esperarías este resultado?

Capítulo 17

191. A medida que la masa de una sustancia aumenta,

   a. ¿aumenta, disminuye o permanece constante su capacidad calorífica?

   b. ¿aumenta, disminuye o permanece constante su calor específico?

192. La temperatura de una pieza de 6.42 gramos de cristal es de 15 °C. ¿Cuántas calorías tomaría aumentar la temperatura del cristal a 96 °C? El calor específico del cristal es de 0.12 cal/(g·°C).

193. El etanol tiene un calor específico de 2.43 J/(g·°C). Si se añaden 468 J de calor a 29.0 g de etanol inicialmente a 25 °C, ¿cuál es la temperatura final del líquido?

194. Cuando se añaden 1564 J de energía a una muestra de oro a 25.0 °C, la temperatura del oro aumenta 424 °C. ¿Cuál es la masa del oro? El calor específico del oro es de 0.129 J/(g·°C).

195. Masas idénticas de aluminio y plomo a la misma temperatura absorben cantidades idénticas de energía calorífica. El calor específico del aluminio es de 0.901 J/(g·°C); el calor específico del plomo es de 0.129 J/(g·°C). ¿Cuál se calienta más, el aluminio o el plomo?

196. Supón que tu dieta proporciona 2100 Cal (Kcal) en un día y que tu peso corporal es de 68 kg. Empieza con una temperatura corporal normal de 37 °C. Calcula la temperatura máxima que tu cuerpo alcanzaría absorbiendo todas las 2100 kcal en una sola vez. Para los propósitos de este problema, supón que tu cuerpo es 100% agua. El calor específico del agua es de 1.00 cal/(g·°C).

197. El monóxido de nitrógeno se forma a partir de sus elementos.

$$N_2(g) + O_2(g) \longrightarrow 2NO(g)$$
$$\Delta H = 181 \text{ kJ/mol}$$

   a. ¿Es esta reacción exotérmica o endotérmica?

   b. ¿Cuántos kilojulios de energía se necesitan para formar 8.70 moles de NO?

198. El dióxido de carbono y el agua se producen por la combustión completa de propano, C_3H_8.

$$C_3H_8(g) + 5O_2(g) \longrightarrow$$
$$3CO_2(g) + 4H_2O(g) + 526 \text{ kcal}$$

   a. ¿Es esta reacción exotérmica o endotérmica?

   b. ¿Cuántas Kcal de energía se producen cuando se queman 14.4 g de C_3H_8 en un exceso de oxígeno?

199. La reacción siguiente se usó para darle propulsión a los cohetes del módulo de aterrizaje en la misión *Apollo.*

$$2N_2H_4(l) + N_2O_4(l) \longrightarrow 3N_2(g) + 4H_2O(g)$$
$$\Delta H = -1049 \text{ kJ}$$

   a. ¿Es esta reacción exotérmica o endotérmica?

   b. ¿Cuántos gramos de N_2H_4 deben reaccionar con un exceso de N_2O_4 para producir 645 kJ de energía?

   c. ¿Cuántos kilojulios de energía se producen cuando 5.40 g de N_2O_4 reaccionan con un exceso de N_2H_4?

200. El calor de fusión del mercurio es de 2.30 kJ/mol. ¿Cuánto calor (en J) se libera cuando 24.0 g de Hg cambian de un estado líquido a un estado gaseoso en su punto de congelación?

201. ¿Cuánta energía calorífica se requiere para cambiar 50.0 g de agua líquida a 100 °C a vapor de agua a 100 °C? El calor molar de fusión es de 6.01 kJ/mol y el calor molar de vaporización es de 40.7 kJ/mol.

202. Hay un cambio dramático de temperatura cuando se disuelve nitrato de amonio en agua.

$$NH_4NO_3(s) \longrightarrow NH_4^+(aq) + NO_3^-(aq)$$
$$\Delta H_{soln} = 25.7 \text{kJ/mol}$$

   a. Cuando el nitrato de amonio se disuelve en agua, ¿hay un aumento o disminución de la temperatura?

   b. Calcula el cambio de calor cuando 55.0 g de $NH_4NO_3(s)$ se disuelven en agua.

203. Usa los datos de la Tabla 17.4 y los valores adicionales para $\Delta H°$ que se dan a continuación para calcular el calor estándar de reacción ($\Delta H°$) para cada una de estas reacciones.

Sustancia	$\Delta H_f°$ (kJ/mol)
$N_2H_4(l)$	50.63
$HNO_3(aq)$	−207.4

   a. $2SO_2(g) + O_2(g) \longrightarrow 2SO_3(g)$

   b. $3N_2H_4(l) \longrightarrow 4NH_3(g) + N_2(g)$

   c. $3NO_2(g) + H_2O(g) \longrightarrow 2HNO_3(aq) + NO(g)$

   d. $2NO(g) + 2CO(g) \longrightarrow 2CO_2(g) + N_2(g)$

204. El etanol se fabrica mediante la reacción de agua con etano, C_2H_4.

$$C_2H_4(g) + H_2O(l) \longrightarrow C_2H_6O(l)$$

Usa las ecuaciones siguientes para calcular el $\Delta H°$ de esta reacción.

$$C_2H_6O(l) + 3O_2(g) \longrightarrow 2CO_2(g) + 3H_2O(l)$$
$$\Delta H = -1367 \text{ kJ}$$

$$C_2H_4(g) + 3O_2(g) \longrightarrow 2CO_2(g) + 2H_2O(l)$$
$$\Delta H = -1411 \text{ kJ}$$

205. Usa las ecuaciones siguientes para calcular el calor estándar de formación, en kJ/mol, del nitrato de magnesio:

$$2MgO(s) \longrightarrow 2Mg(s) + O_2(g) \quad \Delta H = 1203 \text{ kJ}$$
$$Mg_3N_2(s) \longrightarrow 3Mg(s) + N_2(g) \quad \Delta H = 463 \text{ kJ}$$
$$Mg(NO_3)_2(s) + 8Mg(s) \longrightarrow 6MgO(s) + Mg_3N_2(s)$$
$$\Delta H = -3884 \text{ kJ}$$

206. El calor de sublimación del hielo seco (CO_2 sólido) es 25.2 kJ/mol. ¿Cuántos gramos de agua a 0.00 °C estarían congelados por la completa sublimación de 48.0 g de hielo seco que se dejara caer en el agua? El calor de fusión del agua es de 6.01 kJ/mol.

Capítulo 18

207. El óxido nítrico reacciona con hidrógeno para formar gas nitrógeno y agua.

$$2NO(g) + 2H_2(g) \longrightarrow N_2(g) + 2H_2O(g)$$

En un experimento, la duplicación de la concentración de H_2 ocasiona que se duplique la tasa de reacción. Cuando la concentración de NO se duplica, la tasa de reacción aumenta en un factor de ocho. Escribe la ley de tasa para la reacción.

208. En equilibrio, ¿son los reactantes o los productos favorecidos por reacciones que tienen las siguientes constantes de equilibrio?

a. $K_{eq} = 5.6 \times 10^{-7}$ **c.** $K_{eq} = 5.6 \times 10^{-14}$
b. $K_{eq} = 5.6 \times 10^{21}$ **d.** $K_{eq} = 5.6 \times 10^{5}$

209. Escribe la expresión para la constante de equilibrio de cada reacción.

a. $2PCl_3(g) + O_2(g) \rightleftharpoons 2POCl_3(g)$
b. $2HOCl(g) \rightleftharpoons Cl_2O(g) + H_2O(g)$
c. $Br_2(g) + 5F_2(g) \rightleftharpoons 2BrF_5(g)$
d. $N_2H_4(g) + 6H_2O_2(g) \rightleftharpoons$
$$2NO_2(g) + 8H_2O(g)$$

210. Usando las ecuaciones del Problema 109, calcula el valor de K_{eq} cuando las cantidades siguientes de reactantes y productos están presentes en un contenedor de 1 L en equilibrio.

a. 1.44 moles de PCl_3, 1.44 moles de O_2, y 2.60 moles de $POCl_3$

b. 0.220 moles de HOCl, 4.68 moles de Cl_2O, y 6.82 moles de H_2O

c. 0.0500 moles de Br_2, 1.00 mol de F_2, y 0.0465 moles de BrF_5

d. 0.400 moles de N_2H_4, 0.100 moles de H_2O_2, 1.20 moles de NO_2, y 1.00 mol de H_2O

211. Haz una lista de tres formas para causar un cambio en este equilibrio hacia la derecha, formando más $CH_4O(g)$.

$$CO(g) + 2H_2(g) \rightleftharpoons CH_4O(g) + \text{calor}$$

212. Un gas amarillo (Y) reacciona con un gas incoloro (C) para producir un gas azul (B), de acuerdo con esta ecuación:

$$C(g) + 3Y(g) \rightleftharpoons 2B(g) + \text{calor}$$

El sistema está inicialmente en equilibrio y tiene un color verde. ¿Qué le sucede al color del sistema si se colocan las siguientes tensiones en él? Nota: La mezcla de azul y amarillo forma verde.

a. Una cantidad grande de C incoloro se elimina del contenedor de reacción.

b. Se calienta el contenedor de reacción.

213. Supón que el siguiente sistema químico está originalmente en equilibrio y que el color del líquido es púrpura (una mezcla de los colores rosa y azul):

$$\text{calor} + [Co(H_2O)_6]^{2+}(aq) + 4\,Cl^-(aq) \rightleftharpoons$$
$$\text{rosa}$$
$$[CoCl_4]^{2-}(aq) + 6\,H_2O(l)$$
$$\text{azul}$$

a. ¿Cómo cambia el color si se añade un ion cloruro al sistema?

b. ¿Cómo cambia el color si la mezcla de reacción se enfría?

214. Usa la Tabla 18.1 para predecir si se formará un precipitado cuando se mezclen los siguientes pares de sustancias.

a. $K_2S(aq) + Cu(NO_3)_2(aq)$
b. $NH_4Cl(aq) + Pb(NO_3)_2(aq)$
c. $Na_2CO_3(aq) + ZnCl_2(aq)$
d. $KNO_3(aq) + BaCl_2(aq)$

215. Halla las concentraciones en equilibrio de iones zinc y sulfuro en una solución saturada de sulfuro de zinc con $K_{sp} = 3.0 \times 10^{-23}$.

216. Para cada cambio, ¿aumenta o disminuye la entropía?

  a. Se funde una pepita de oro.

  b. Se solidifica la cera líquida.

  c. Se forma agua líquida a partir de vapor de agua.

  d. Se forma agua líquida a partir de hidrógeno y gas oxígeno.

Capítulo 19

217. Identifica cada especie en cada una de las ecuaciones como ácido de Brønsted-Lowry o base de Brønsted-Lowry.

  a. $H_2O(aq) + CN^-(aq) \rightleftharpoons$
$$OH^-(aq) + HCN(aq)$$

  b. $HClO_3(aq) + H_2O(aq) \rightleftharpoons$
$$ClO_3^-(aq) + H_3O^+(aq)$$

  c. $C_5H_5NH^+(aq) + OH^-(aq) \rightleftharpoons$
$$C_5H_5N(aq) + H_2O(aq)$$

  d. $HSO_4^-(aq) + H_3O^+(aq) \rightleftharpoons$
$$H_2SO_4(aq) + H_2O(aq)$$

218. ¿Cuál de los pares siguientes es un conjugado ácido-base?

  a. NH_4^+, NH_3

  b. H_3PO_4, $H_2PO_4^-$

  c. HSO_4^-, SO_4^{2-}

  d. H_3O^+, OH^-

219. El amonio puede actuar como una base de Lewis hacia ¿cuál de estos compuestos?

  a. CH_4

  b. BCl_3

  c. NF_3

  d. OF_2

220. Calcula el pH de cada solución y clasifícala como ácida o básica.

  a. $[H^+] = 4.6 \times 10^{-4}M$

  b. $[H^+] = 1.2 \times 10^{-8}M$

  c. $[OH^-] = 8.3 \times 10^{-4}M$

  d. $[OH^-] = 2.8 \times 10^{-11}M$

  e. $[H^+] = 3.9 \times 10^{-2}M$

  f. $[OH^-] = 1.5 \times 10^{-9}M$

221. Calcula el $[H^+]$ y el $[OH^-]$ a partir del pH de cada solución.

  a. pH = 6.03

  b. pH = 1.18

  c. pH = 12.68

  d. pH = 4.33

  e. pH = 9.16

  f. pH = 3.46

222. Ordena estos ácidos del más fuerte al más débil.

  a. HX, $K_a = 1 \times 10^{-4}$

  b. HY, $K_a = 1 \times 10^{-11}$

  c. HP, $K_a = 1 \times 10^{-2}$

  d. HQ, $K_a = 1 \times 10^{-9}$

223. El ácido acetilsalicílico (aspirina) tiene una K_a de 3×10^{-4}. Una solución $0.00056M$ de aspirina sería mejor descrita ¿en qué términos, débil, fuerte, diluida o concentrada?

224. Una solución $0.10000M$ de un ácido desconocido, HX, tiene una concentración de ion hidrógeno de $3.65 \times 10^{-4}M$. Calcula el valor de K_a de este ácido.

225. Nombra y escribe la fórmula para la sal que se forma en las siguientes neutralizaciones ácido-base.

  a. hidróxido de aluminio con ácido fosfórico

  b. ácido oxálico con hidróxido de magnesio

  c. ácido sulfuroso con hidróxido de litio

  d. hidróxido de sodio con ácido carbónico

226. ¿Cuántos moles de ácido sulfúrico se requieren para neutralizar 1.40 moles de hidróxido de potasio?
$$2KOH(aq) + H_2SO_4(aq) \longrightarrow$$
$$K_2SO_4(aq) + 2H_2O(l)$$

227. ¿Cuál es la molaridad de una solución de ácido clorhídrico si 25 mL de la solución reaccionan por completo con 1.66 g de $NaHCO_3$?
$$HCl(aq) + NaHCO_3(s) \longrightarrow$$
$$NaCl(aq) + H_2O(l) + CO_2(g)$$

228. En una valoración química ácido-base, ¿cuántos mL de HCl $0.180M$ se requieren para neutralizar 20.0 mL de NaOH $0.220M$?

229. ¿Cuántos mililitros de $Ca(OH)_2$ $0.456M$ se necesitan para neutralizar 25.0 mL de HCl $0.300M$?

230. Una solución amortiguadora (HBr/BrO⁻) está hecha por la mezcla de cantidades iguales de ácido hipobromoso (HBrO) e hipobromito de sodio (NaBrO).

  a. Escribe una ecuación para la reacción que ocurre cuando se añade un ácido a esta solución amortiguadora.

  b. Escribe una ecuación para la reacción que ocurre cuando se añade una base a esta solución amortiguadora.

Capítulo 20

231. ¿Cuál es el número de oxidación del azufre en cada una de estas especies?

a. SF_6	**d.** SO_3
b. CaS_2O_3	**e.** S
c. K_2SO_3	**f.** H_2SO_4

232. ¿Cuál es el número de oxidación del bromo en lo siguiente?

a. $CsBr$	**d.** Br_2
b. $NaBrO_3$	**e.** $BrCl$
c. BrO_2^-	**f.** $NaBrO$

233. Considera la reacción siguiente:

$$CuCl_2(aq) + Fe(s) \longrightarrow Cu(s) + FeCl_2(aq)$$

  a. ¿Qué reactante perdió electrones?

  b. ¿Cuál es el agente de oxidación?

  c. ¿Qué reactante se oxidó en esta reacción?

  d. ¿Cuál es el agente de reducción?

234. En cada una de estas reacciones, el azufre ¿se oxida o se reduce?

  a. $HgS(s) \longrightarrow Hg(l) + S(s)$

  b. $S(s) + O_2(g) \longrightarrow SO_3(g)$

  c. $H_2SO_4(aq) + Ca(s) \longrightarrow H_2S(g) + Ca^{2+}(aq)$

  d. $Al(s) + S(s) \longrightarrow Al_2S_3(s)$

235. Balancea cada una de las ecuaciones del Problema 234.

236. Balancea cada una de las siguientes reacciones redox y clasifica cada una como una reacción de combinación, de descomposición o de sustitución sencilla.

  a. $Mg(s) + H_2O(l) \longrightarrow Mg(OH)_2 + H_2(g)$

  b. $PF_3(g) + F_2(g) \longrightarrow PF_5(g)$

  c. $C_2H_2(g) + H_2(g) \longrightarrow C_2H_6(g)$

  d. $NaNO_3(s) \longrightarrow NaNO_2(s) + O_2(g)$

237. El sulfito de hierro(II) reacciona con una solución ácida del ion permanganato.

$$5FeSO_3 + 14H^+ + 3MnO_4^- \longrightarrow$$
$$3Mn^{2+} + 5Fe^{3+} + 5SO_4^{2-} + 7H_2O$$

  a. ¿Cuál es el número de oxidación del hierro y del manganeso en los reactantes?

  b. ¿Cuál es el número de oxidación del azufre y del oxígeno en SO_4^{2-}?

  c. Identifica el agente de oxidación en esta reacción.

  d. ¿Qué se reduce en esta reacción?

238. Escribe una ecuación química balanceada para cada una de estas reacciones e identifica el elemento oxidado y el elemento reducido.

  a. Monóxido de nitrógeno reacciona con hidrógeno para formar nitrógeno y agua.

  b. Permanganato de potasio, sulfato de hierro(II) y ácido sulfúrico reaccionan, produciendo sulfato de manganeso(II), sulfato de hierro(III), sulfato de potasio y agua.

  c. Fósforo elemental (P_4) y monóxido de nitrógeno reaccionan para formar hexóxido de tetrafósforo y nitrógeno.

  d. Dióxido de azufre, ácido nítrico y agua reaccionan para producir ácido sulfúrico y monóxido de nitrógeno.

239. Balancea cada ecuación redox por el método de cambio del número de oxidación. Identifica el agente de oxidación y el agente de reducción.

  a. $KMnO_4(aq) + NaNO_2(aq) + H_2O(l) \longrightarrow$
  $MnO_2(s) + NaNO_3(aq) + KOH(aq)$

  b. $I_2(s) + Na_2S_2O_3(aq) \longrightarrow$
  $Na_2S_4O_6(aq) + NaI(aq)$

  c. $HCl(aq) + NH_4Cl(aq) + K_2Cr_2O_7(aq) \longrightarrow$
  $CrCl_3(aq) + KCl(aq) + N_2(g) + H_2O(l)$

  d. $FeCl_2(aq) + H_2O_2(aq) + HCl(aq) \longrightarrow$
  $FeCl_3(aq) + H_2O(l)$

240. Usa el método de semirreacción para escribir una ecuación iónica balanceada para cada reacción. Identifica la especie oxidada y la especie reducida.

  a. $Cr_2O_7^{2-}(aq) + I^-(aq) \longrightarrow$
  $Cr^{3+}(aq) + I_2(s)$ (en solución ácida)

  b. $MnO_4^-(aq) + SO_3^{2-}(aq) \longrightarrow$
  $Mn^{2+}(aq) + SO_4^{2-}(aq)$ (en solución ácida)

  c. $C_2O_4^{2-}(aq) + MnO_4^-(aq) \longrightarrow$
  $CO_3^{2-}(aq) + MnO_2(s)$ (en solución básica)

  d. $CN^-(aq) + 2MnO_4^-(aq) \longrightarrow$
  $MnO_2(s) + CNO^-(aq)$ (en solución básica)

241. ¿Qué sucede cuando una tira de zinc se sumerge en una solución de cloruro de aluminio?

242. Una tira de aluminio se sumerge en una solución de sulfato de níquel(II). Explica el resultado.

243. Una celda voltáica se construye usando las siguientes semirreacciones:

$$Ag^+(aq) + e^- \longrightarrow Ag(s) \qquad E°_{Ag^+} = +0.80 \text{ V}$$

$$Al^{3+}(aq) + 3e^- \longrightarrow Al(s) \qquad E°_{Al^{3+}} = -1.66 \text{ V}$$

Determina la reacción celular.

244. Calcula el potencial celular estándar para la celda voltáica descrita en el Problema 243.

245. ¿Qué proceso, de reducción o de oxidación, ocurre siempre en el ánodo de una celda electrolítica?

Capítulo 22

246. ¿Qué propiedades de enlaces hace el carbono únicamente apto para hacer un número muy grande de compuestos orgánicos?

247. Dibuja fórmulas estructurales para estos compuestos.

  a. 3-fenilpentano

  b. 2-fenil-1-buteno

248. Describe las características estructurales de una molécula alquena que permite la existencia de isómeros *cis-trans*.

249. ¿Cómo se produce un carbono asimétrico en una molécula orgánica?

250. ¿Cuáles de estas estructuras son isómeros *cis*?

251. Escribe los nombres IUPAC para estas estructuras. Usa los prefijos *cis* y *trans* cuando sea adecuado.

252. ¿Qué nombre se da al anillo de benceno cuando es un sustituyente en una molécula orgánica?

253. ¿Son los anillos de benceno más o menos resistentes a las reacciones químicas que el doble enlace carbono-carbono en un alcano? Explica tu respuesta.

254. ¿Qué característica(s) caracteriza(n) a los alcanos?

    a. enlaces sencillos carbono-hidrógeno

    b. enlaces dobles carbono-carbono

    c. enlaces sencillos carbono-carbono

    d. pueden contener cadenas ramificadas

    e. pueden contener sustituyentes fenilo

255. Dibuja las fórmulas estructurales de estos compuestos.

    a. 1,3-dietilbenceno

    b. 1-etil-4-propilbenceno

    c. 1,3,5-trietilbenceno

256. Si quisieras idear un proceso industrial para preparar metilbenceno, ¿preferirías petróleo o carbón como tu material de inicio? Explica tu elección.

Capítulo 23

257. Nombra el grupo funcional en estas estructuras moleculares.

    a. CH_3CH_2Br

    b. $-CO_2H$

    c. $-CH_2NHCH_3$

    d. $CH_3CH_2\overset{\displaystyle O}{\overset{\|}{C}}CH_2\underset{\underset{\textstyle CH_3}{|}}{\overset{\overset{\textstyle CH_3}{|}}{C}}H$

    e. $CH_3CH_2CH_2OCH_3$

258. ¿Cuál de estas estructuras representa a los haluros de arilo?

    a.

    b.

    c.

    d.

    e.

259. Si se requieren 23 g de un alqueno para decolorar por completo 9.92 g de bromo, ¿cuál es la masa molar del alqueno?

260. Escribe las fórmulas estructurales del producto orgánico de estas reacciones.

    a. $CH_2\!=\!CHCH_2CH_3 + Cl_2 \longrightarrow$

    b. $+ Br_2 \longrightarrow$

    c. $+ HCl \longrightarrow$

    d. $+ Br_2 \xrightarrow{\text{catalizador}}$

261. El tratamiento de 7.57 g de ácido pentanoico con un exceso grande de etanol en la presencia de una cantidad catalítica de ácido clorhídrico produjo 8.21 g de pentanoato de etilo después de la purificación. Escribe una ecuación balanceada para la reacción y calcula el rendimiento porcentual del éster.

262. Clasifica estas reacciones como oxidación o reducción.

a.

b. $CH_3CH_2CH_2CH_2CHO \xrightarrow{CuSO_4}$
$CH_3CH_2CH_2CH_2CO_2H$

c.

d. $CH_4 + 2O_2 \longrightarrow CO_2 + 2H_2O$

263. ¿Cuántos litros de gas hidrógeno a TPE se requieren para saturar 0.150 moles de benceno?

264. Escribe ecuaciones completas para las siguientes reacciones orgánicas. Asegúrate de incluir todos los reactantes y catalizadores que se requieran para las transformaciones.

a. 1-penteno a pentano

b. 2,3-dimetil-2buteno a 2-cloro-2,3-dimetilbutano

c. etano a cloroetano

d. ciclohexano a 1,2-dibromociclohexano

265. Se oxida una muestra de benzaldehído para producir el sólido blanco cristalino, ácido benzoico. Escribe la fórmula estructural del ácido benzoico.

266. Completa estas reacciones.

a. $CH_3CH_2CH_2I + KOH \xrightarrow[100°C]{H_2O}$

b.

c. $CH_3CH_2CHO \xrightarrow{K_2Cr_2O_7}$

d.

267. Clasifica cada una de estas reacciones como hidratación, hidrogenación, hidrólisis o sustitución.

a.

b.

c.

d.

Capítulo 24

268. La saliva contiene una enzima llamada amilasa, que cataliza la descomposición de almidón a sus monómeros. Sugiere una razón por la que una pieza de pan comienza a saber dulce cuando se ha masticado por un corto período de tiempo.

269. ¿Cuál de estos enunciados aplica a las enzimas?

    a. no cambian la posición de equilibrio

    b. catalizan reacciones biológicas

    c. enlazan sustratos y, a veces, cofactores en sitios activos

    d. cambian la posición de equilibrio para favorecer productos

    e. son casi siempre ácidos nucleicos

270. Si una molécula de la enzima catalasa puede descomponer 3.60×10^6 moléculas de peróxido en un minuto, ¿cuántos minutos le tomaría a esta molécula de enzima descomponer 1 mol de peróxido? ¿Cuántas horas?

271. El nivel de glucosa en sangre normalmente es de 70 a 120 mg/dL. Si el volumen de sangre de un estudiante es de 4.5 L y su nivel de glucosa en sangre es de 90 mg/dL, ¿cuál es el número total de gramos de glucosa en su sangre?

272. La sacarosa, un azúcar de mesa ordinario, tiene la fórmula molecular $C_{12}H_{22}O_{11}$.

    a. ¿Cuál es la masa molar de la sacarosa?

    b. ¿Cuál es la molaridad de una solución acuosa que contiene 7.12 g/L de sacarosa?

    c. Escribe una ecuación balanceada para la combustión completa de sacarosa en el aire.

273. Un estudiante come una hamburguesa de 115 g que contiene 20.0% de masa de grasa. La energía potencial química de la grasa es de 37.7 kJ/gramo.

    a. ¿Cuántos gramos de grasa contiene la hamburguesa?

    b. ¿Cuántos kilojulios de energía están almacenados en la grasa?

    c. ¿Cuál es la cantidad de energía en Calorías de dieta?

    d. ¿Qué porcentaje de Calorías totales representa esta cantidad de energía en 2.00×10^3 Calorías/dieta diaria?

274. Las nueces, ricas en grasas y en aceites con una energía potencial química de 25.8 kJ/g son una comida nutritiva para muchas personas. Supón que comes 27.3 g de nueces y que después das una caminata rápida. Si quemas 3.76×10^2 kJ de energía cinética por cada kilómetro que caminas, ¿qué tan lejos necesitarás caminar para gastar la energía proporcionada por las nueces?

275. Hay 3.4 pares base en cada vuelta completa de la doble hélice en una molécula de ADN. ¿Cuántas vueltas hay en una molécula de ADN que contiene 5.0×10^8 pares base?

276. ATP no es la única molécula biológica capaz de transmitir energía. Por ejemplo, la hidrólisis de la molécula de ácido fosfoenolpirúvico libera aun más energía libre que la hidrólisis de ATP. Usa las ecuaciones siguientes para escribir una ecuación neta que muestre que la energía liberada por la hidrólisis de ácido fosfoenolpirúvico puede acoplarse a la fosforilación de ADP para formar ATP en una reacción espontánea.

Ácido fosfoenolpirúvico $+ H_2O \longrightarrow$
$$\text{ácido pirúvico} + P_i$$
$$\Delta G = -61.4 \text{ kJ/mol}$$

$$ADP + P_i + \longrightarrow ATP + H_2O$$
$$\Delta G = 30.5 \text{ kJ/mol}$$

277. La hidrólisis de ATP a ADP y el fosfato inorgánico libera 30.5 kJ/mol de energía libre. Si toda esta energía se desecha como calor, ¿cuántos moles de ATP deben hidrolizarse para aumentar la temperatura de 1 L de agua de 20 °C a 37 °C?

Capítulo 25

278. ¿Cómo cambian el número de masa y el número atómico de un átomo radioactivo A si primero emite una partícula alfa y el átomo resultante emite entonces una partícula beta para finalmente dar un átomo C?

279. Un átomo activo radioactivo experimenta una descomposición beta para lograr cesio-133. Escribe una ecuación balanceada para esta reacción nuclear.

280. ¿Qué núcleos predecirías que son estables? Explica tu respuesta.

    a. $^{9}_{3}Li$ **c.** $^{20}_{8}O$

    b. $^{59}_{27}Co$ **d.** $^{146}_{60}Nd$

281. Escribe una ecuación nuclear balanceada para lo siguiente:

    a. descomposición beta de sodio-26

    b. descomposición alfa de $^{234}_{92}U$

282. El plutonio-239 presenta un problema serio de eliminación de desechos. Si se requieren siete semividas para que la radioactividad del desecho alcance un nivel tolerable y si Pu-239 tiene $t_{1/2} = 2.41 \times 10^4$ años, ¿cuánto tiempo debe almacenarse Pu-239?

Apéndice E

Soluciones elegidas

Capítulo 1

25. $12 \text{ bloques} \times \dfrac{1 \text{ mi}}{10 \text{ bloques}} \times \dfrac{20 \text{ min}}{1 \text{ mi}} = 24 \text{ min}$

26. $48 \text{ min} \times \dfrac{1 \text{ mi}}{20 \text{ min}} \times \dfrac{10 \text{ bloques}}{1 \text{ mi}} = 24 \text{ bloques}$

27. Álgebra II se programaría durante el segundo período en vez del primer período.

28. No, el horario de Manny no cambiaría. Álgebra II no será programada para el segundo período porque este es el horario para Arte. Álgebra II no será programada para el tercer período porque este es el horario para Química. Por tanto, Álgebra II será programada para el primer período.

35. La química tiene que ver con los cambios que sufre la materia.

37. Un científico que está estudiando el cáncer con el objetivo de hallar un tratamiento efectivo está haciendo una investigación aplicada porque la investigación tiene un objetivo práctico o aplicación.

38. Un bombero debe conocer qué químicos debe usar con cada tipo de incendio; un conocimiento de química ayudará a un reportero a reunir información durante una entrevista con un químico.

42. Los científicos pueden estudiar la composición de estrellas distantes mediante el análisis de la luz que transmiten hacia la Tierra.

44. La herramienta más poderosa que pueda tener cualquier científico es el método científico.

46. c

48. Se repite el experimento. Si se obtiene el mismo resultado, debemos proponer una nueva hipótesis.

49. Una ley científica resume los resultados de muchos experimentos; una teoría explica los resultados de los experimentos.

51. Los buenos solucionadores de problemas hacen b, c y d.

54. Ganar dos de tres juegos significa que se pierde uno de cada tres jugados:

$162 \text{ juegos jugados} \times \dfrac{1 \text{ perdido}}{3 \text{ juegos jugados}} = 54 \text{ perdidos}$

56. $1{,}000{,}000 \text{ monedas de 1¢} \times \dfrac{1 \text{ seg}}{1 \text{ moneda de 1¢}} \times \dfrac{1 \text{ min}}{60 \text{ seg}} \times$

$\dfrac{1 \text{ h}}{60 \text{ min}} \times \dfrac{1 \text{ día}}{24 \text{ h}} = 11.6 \text{ días (aproximadamente 12 días)}$

57. Las respuestas variarán; respuestas posibles: 1c, 2d, 3e, 4b, 5a

58. Una respuesta posible es desarrollar materiales para producir miembros artificiales.

61. La hipótesis del médico es que el dolor de garganta es producto de una bacteria que produce faringitis. El experimento que lleva a cabo para poner a prueba la hipótesis es revisar la muestra para ver si tiene bacterias que causen faringitis.

62. Tu experimento puede ser correcto, pero tu hipótesis puede ser incorrecta. Debes examinar de nuevo tu hipótesis y repetir el experimento.

65. a. Variable independiente: cantidad de sal añadida

   b. Variable dependiente: punto de congelamiento del agua con sal

   c. Cambiar el volumen de agua también cambiaría la cantidad relativa de sal por volumen de agua y afectaría los resultados.

   d. Sí, hasta cierto punto. El punto de congelamiento parece nivelarse a aproximadamente 15 °C.

66. $40 \text{ mi en bicicleta} \times \dfrac{30 \text{ mi en carro}}{4 \text{ mi en bicicleta}} = 300 \text{ mi en carro}$

70. Una persona que conoce las teorías y prácticas de la química tiene más probabilidades de reconocer la importancia de un descubrimiento accidental y tiene los medios y la motivación para convertir dicho descubrimiento accidental en una contribución científica importante.

71. Método 1: dividir el peso de cuatro matraces en 2; $2.0 \text{ lb}/2 = 1.0 \text{ lb}$. Método 2: multiplicar el peso de un matraz por 2; $0.5 \text{ lb} \times 2 = 1.0 \text{ lb}$. Estas respuestas son iguales.

72. Una teoría no se puede probar nunca. Es una explicación bien comprobada de un amplio conjunto de observaciones. Es posible que sea necesario cambiar una teoría en el futuro para explicar nuevas observaciones.

73. c

75. Número de cajas $= 5 \times 6 \times 5 = 150 \text{ cajas}$

$150 \text{ cajones} \times \dfrac{4 \text{ cajas}}{1 \text{ cajón}} \times \dfrac{20 \text{ cartones}}{1 \text{ caja}} \times \dfrac{12 \text{ huevos}}{1 \text{ cartón}}$

$= 144{,}000 \text{ huevos}$

77. a. $1 \text{ paquete} \times \dfrac{1 \text{ cartón}}{6 \text{ paquetes}} \times \dfrac{1 \text{ caja}}{12 \text{ cartones}} \times \dfrac{1 \text{ cajón}}{8 \text{ cajas}} \times$

$\dfrac{\$576.00}{1 \text{ cajón}} = \$1.00$

   b. número de sobres en un paquete

80. Las respuestas variarán, pero las posibles respuestas son las siguientes: Factores: (1) el PLA se hace con recursos naturales; (2) la producción de PLA requiere menos energía que la producción de plásticos a base de petróleo; (3) disponibilidad de lugares para compostaje. Los factores (1) y (2) hacen que los productos de PLA sean una buena opción, pero el factor (3) puede hacer que sea difícil escoger productos de PLA.

Capítulo 2

10. El hierro es magnético; la sal de mesa no. La sal de mesa se disolverá en el agua; el hierro no.

11. Al disminuir la temperatura a menos del punto de ebullición de cada gas, puedes condensar cada sustancia y separar los gases.

20. El líquido A es probablemente una sustancia. El líquido B es una mezcla porque queda un sólido después de la evaporación.

21. El líquido no era un elemento porque quedó un sólido cuando el líquido se evaporó. Un proceso físico, como la evaporación, no se puede usar para descomponer un compuesto. Por tanto, el líquido era una mezcla.

42. Estado; ambos son gases.

44. Un vapor; el término *vapor* se usa para referirse al estado gaseoso de una sustancia que normalmente existe como líquido o sólido a temperatura ambiente.

47. Sacarle punta a un lápiz es un cambio irreversible. Hacer cubos de hielo es un cambio reversible.

50. **a.** heterogénea
b. homogénea
c. depende de qué tan bien esté batida la masa
d. homogénea
e. heterogénea
f. homogénea
g. heterogénea
h. homogénea

53. **a.** El cloruro de sodio (sal de mesa) es un compuesto porque está formado por dos elementos, sodio y cloro.
b. El agua salada es una mezcla porque está formada por dos compuestos, agua (H_2O) y NaCl.
c. El sodio es un elemento porque no está combinado con ningún otro elemento.

57. El compuesto agua contiene dos partes de hidrógeno por una parte de oxígeno.

60. **a.** físico
b. químico (cambio de color)
c. químico (producción de gas)
d. físico

62. 40 g de $NH_4NO_3 - 14$ g de $N - 8$ g de $O = 18$ g de H_2O

66. El azufre, que es la única sustancia en la tabla que es un sólido a temperatura ambiente.

67. La masa es una propiedad extensiva, que depende únicamente de la cantidad de materia de una muestra, no de la composición de la muestra.

70. Las partículas en los sólidos están muy unidas; por tanto, es difícil comprimirlas. Las partículas en los gases están relativamente espaciadas entre sí.

76. **a.** gas producido
b. formación de un precipitado
c. cambio de color y textura
d. cambio de energía, cambio de olor
e. gas producido
f. cambio de color, cambio de olor

80. La cera parece desaparecer porque los productos de la reacción (dióxido de carbono y vapor de agua) son gases incoloros.

81. Se agrega suficiente agua para disolver el azúcar. Se separa el carbón y la arena del agua azucarada por filtración. Los grandes pedazos de carbón se pueden separar gracias al color y el tamaño. Los pequeños pedazos de carbón se pueden quemar.

85. **a.** Sí; porque la gráfica es una línea recta, la proporción de hierro y oxígeno es una constante, que se verifica para un compuesto.
b. No; un punto dado para los valores no caería en la línea. La razón de masa de hierro y oxígeno es diferente.

88. **a.** oxígeno y calcio
b. silicio, aluminio y hierro
c. Diferente; el segundo elemento más abundante en la corteza terrestre, el silicio, no es abundante en el cuerpo humano y el segundo elemento más abundante en el cuerpo humano, el carbono, no está entre los más abundantes en la corteza terrestre. Si los elementos son diferentes, entonces los compuestos tienen que ser también diferentes.

Capítulo 3

1. **a.** $(6.6 \times 10^{-8}) + (5.0 \times 10^{-9}) = (6.6 \times 10^{-8}) + (0.5 \times 10^{-8}) = (6.6 + 0.5) \times 10^{-8} = 7.1 \times 10^{-8}$
b. $(9.4 \times 10^{-2}) - (2.1 \times 10^{-2}) = (9.4 - 2.1) \times 10^{-2} = 7.3 \times 10^{-2}$

2. $\dfrac{6.6 \times 10^6}{(8.8 \times 10^{-2}) \times (2.5 \times 10^3)} = 0.30 \times 10^5 = 3.0 \times 10^4$

3. Error = valor experimental − valor aceptado = 2.04 m − 2.00 m = 0.04 m

$$\% \text{ error} = \frac{|\text{error}|}{\text{valor acceptado}} \times 100\% = \frac{|0.04 \text{ m}|}{2.00 \text{ m}} \times 100\%$$
$$= 2\%$$

4. a. 4   **b.** 4   **c.** 2   **d.** 5

5. a. 3   **b.** 2   **c.** 4   **d.** 4

6. a. 8.71×10^1 m   **d.** 9.01×10^3 m
   b. 4.36×10^8 m   **e.** 1.78×10^{-3} m
   c. 1.55×10^{-2} m   **f.** 6.30×10^2 m

7. a. 9×10^1 m   **d.** 9×10^3 m
   b. 4×10^8 m   **e.** 2×10^{-3} m
   c. 2×10^{-2} m   **f.** 6×10^2 m

8. a. 61.2 m + 9.35 m + 8.6 m = 79.15 m = 79.2 m
   b. 9.44 m − 2.11 m = 7.33 m
   c. 1.36 m + 10.17 m = 11.53 m
   d. 34.61m − 17.3 m = 17.3 m

9. 14.2 g + 8.73 g + 0.912 g = 23.842 g = 23.8 g

10. a. 8.3 m × 2.22 m = 18.4 m^2 = 18 m^2 = 1.8×10^1 m^2
   b. 8432 m^2 ÷ 12.5 m = 675 m = 6.75×10^2 m
   c. $35.2 \, s \times \dfrac{1 \text{ min}}{60 \, s} = 0.587 \text{ min} = 5.87 \times 10^{-1} \text{ min}$

11. $V = l \times w \times h = 22.4 \text{ m} \times 11.3 \text{ m} \times 5.2 \text{ m} = 1316.2 \text{ m}^3$
   $= 1.3 \times 10^3$ m^3

19. mp: K = °C + 273 = 960.8 + 273 = 1234 K
   bp: K = °C + 273 = 2212 + 273 = 2485 K

20. °C = K − 273 = 77.2 − 273 = −196°C

21. $\text{Densidad} = \dfrac{\text{masa}}{\text{volumen}} = \dfrac{612 \text{ g}}{245 \text{ cm}^3} = 2.50 \text{ g/cm}^3$

   No, porque la densidad del aluminio es de 2.7 g/cm^3

22. $\text{Densidad} = \dfrac{\text{masa}}{\text{volumen}} = \dfrac{68.0 \text{ g}}{6.48 \text{ cm}^3} = 10.5 \text{ g/cm}^3$

36. $1 \text{ semana} \times \dfrac{7 \, d}{1 \text{ semana}} \times \dfrac{24 \, h}{1 \, d} \times \dfrac{60 \text{ min}}{1 \, h}$
   $= 10{,}080 \text{ min} = 1.0080 \times 10^4 \text{ min}$

37. $40 \, h \times \dfrac{60 \text{ min}}{1 \, h} \times \dfrac{60 \text{ s}}{1 \text{ min}} = 144{,}000 \text{ s} = 1.44000 \times 10^5 \text{ s}$

38. $\text{Cinta de } 570 \text{ cm} \times \dfrac{1 \text{ estudiante}}{\text{cinta de 8.5 cm}} = 67 \text{ estudiantes}$

39. $\text{Cambio de } 48.0 \text{ °C} \times \dfrac{\text{cambio de } 1.80 \text{ °F}}{\text{cambio de } 1.00 \text{ °C}}$
   $= \text{cambio de } 86.4\text{°F}$

40. $5.00 \, \text{g de Au} \times \dfrac{1 \text{ átomo de Au}}{3.271 \times 10^{-22} \, \text{g de Au}}$
   $= 1.53 \times 10^{22} \text{ átomos de Au}$

41. a. $0.044 \, km \times \dfrac{10^3 \text{ m}}{1 \, km} = 44 \text{ m}$

   b. $4.6 \, mg \times \dfrac{1 \text{ g}}{10^3 \, mg} = 4.6 \times 10^{-3} \text{ g}$

   c. $0.107 \, g \times \dfrac{10^2 \text{ cg}}{1 \, g} = 10.7 \text{ cg}$

42. a. $15 \, cm^3 \times \dfrac{1 \text{ L}}{10^3 \, cm^3} = 0.015 \text{ L} = 1.5 \times 10^{-2} \text{ L}$

   b. $7.38 \, g \times \dfrac{1 \text{ kg}}{10^3 \, g} = 7.38 \times 10^{-3} \text{ kg}$

   c. $6.7 \, s \times \dfrac{10^3 \text{ ms}}{1 \, s} = 6.7 \times 10^3 \text{ ms}$

   d. $94.5 \, g \times \dfrac{10^6 \text{ μg}}{1 \, g} = 9.45 \times 10^7 \text{ μg}$

43. a. $14.8 \, g \, B \times \dfrac{1 \text{ cm}^3}{2.34 \, g \, B} = 6.32 \text{ cm}^3$

   b. $4.62 \, g \, Hg \times \dfrac{1 \text{ cm}^3}{13.5 \, g \, Hg} = 0.342 \text{ cm}^3 = 3.42 \times 10^{-1} \text{ cm}^3$

44. a. $\text{Volumen} = \dfrac{\text{masa}}{\text{densidad}} = \dfrac{14.8 \text{ g de B}}{2.34 \text{ g de B/cm}^3} = 6.32 \text{ cm}^3$

   b. $\text{Volumen} = \dfrac{\text{masa}}{\text{densidad}} = \dfrac{4.62 \text{ g de Hg}}{13.5 \text{ g de Hg/cm}^3} = 0.342 \text{ cm}^3$

   $= 3.42 \times 10^{-1} \text{ cm}^3$

45. $50.0 \, cm^3 \times \dfrac{0.950 \text{ g}}{1 \, cm^3} = 47.5 \text{ g}$

46. $0.227 \, nm \times \dfrac{1 \text{ m}}{10^9 \, nm} = 0.227 \times 10^{-9} \text{ m} = 2.27 \times 10^{-8} \text{ m}$

47. $1.3 \times 10^4 \, km \times \dfrac{10^3 \, m}{1 \, km} \times \dfrac{10 \text{ dm}}{1 \, m} = 1.3 \times 10^{4+3+1} \text{ dm}$
   $= 1.3 \times 10^8 \text{ dm}$

48. $\dfrac{19.3 \, g}{1 \, cm^3} \times \dfrac{10^6 \, cm^3}{1 \text{ m}^3} \times \dfrac{1 \text{ kg}}{10^3 \, g} = 19.3 \times 10^{6-3} \text{ kg/m}^3$

   $= 19.3 \times 10^3 \text{ kg/m}^3 = 1.93 \times 10^4 \text{ kg/m}^3$

49. $\dfrac{7.0 \times 10^6 \text{ RBCs}}{1 \, mm^3} \times \dfrac{10^9 \, mm^3}{1 \, m^3} \times \dfrac{1 \, m^3}{10^3 \, dm^3} \times \dfrac{1 \, dm^3}{1 \text{ L}}$

   $= 7.0 \times 10^{6+9-3} \text{ RBCs/L} = 7.0 \times 10^{12} \text{ RBCs/L}$

59. a. 43 g   **d.** 92.0 m
   b. 7.3 cm^2 **e.** 32.4 m^3
   c. 225.8 L   **f.** 104 m^3

60. (58) a. 9.85×10^1 L   **d.** 1.22×10^{10} °C
   b. 7.63×10^{-4} cg   **e.** 7.50×10^{-3} mm
   c. 5.70×10^1 m   **f.** 1.76×10^3 mL

   (59) a. 4.3×10^1 g   **d.** 9.20×10^1 m
   b. 7.3×10^0 cm^2 **e.** 3.24×10^1 m^3
   c. 2.258×10^2 L   **f.** 1.04×10^2 m^3

63. pm, nm, μm, mm, cm, dm, m, km;

1 pm $= 10^{-12}$ m, 1 nm $= 10^{-9}$ m, 1 μm $= 10^{-6}$ m,

1 mm $= 10^{-3}$ m, 1 cm $= 10^{-2}$ m, 1 dm $= 10^{-1}$ m,

1 km $= 10^3$ m

66. K $=$ °C $+ 273 = 962 + 273 = 1235$ K

69. Densidad $= \dfrac{\text{masa}}{\text{volumen}} = \dfrac{57.3 \text{ g}}{4.7 \text{ cm}^3} = 12 \text{ g/cm}^3$

No; la densidad de la barra metálica es de 12 g/cm^3, pero la densidad del oro es de 19 g/cm^3.

74. a. $157 \cancel{es} \times \dfrac{1 \text{ s}}{100 \cancel{es}} = 1.57 \text{ s}$

b. $42.7 \cancel{L} \times \dfrac{10^3 \text{ mL}}{1 \cancel{L}} = 42{,}700 \text{ mL} = 4.27 \times 10^4 \text{ mL}$

c. $261 \cancel{\text{nm}} \times \dfrac{1 \cancel{m}}{10^9 \cancel{\text{nm}}} \times \dfrac{10^3 \text{ mm}}{1 \cancel{m}} = 261 \times 10^{3-9} \text{ mm} =$

$261 \times 10^{-6} \text{ mm} = 2.61 \times 10^{-4} \text{ mm}$

d. $0.065 \cancel{\text{km}} \times \dfrac{10^3 \cancel{m}}{1 \cancel{\text{km}}} \times \dfrac{10 \text{ dm}}{1 \cancel{m}} = 650 \text{ dm}$

$= 6.5 \times 10^2 \text{ dm}$

e. $642 \cancel{\text{cg}} \times \dfrac{1 \cancel{g}}{10^2 \cancel{\text{cg}}} \times \dfrac{1 \text{ kg}}{10^3 \cancel{g}} = \dfrac{642 \text{ kg}}{10^{2+3}} = \dfrac{642 \text{ kg}}{10^5} =$

$642 \times 10^{-5} \text{ kg} = 6.42 \times 10^{-3} \text{ kg}$

f. $8.25 \times 10^2 \cancel{\text{cg}} \times \dfrac{1 \cancel{g}}{10^2 \cancel{\text{cg}}} \times \dfrac{10^9 \text{ ng}}{1 \cancel{g}} = 8.25 \times 10^9 \text{ ng}$

75. a. $\dfrac{0.44 \cancel{\text{mL}}}{1 \cancel{\text{min}}} \times \dfrac{1 \cancel{L}}{10^3 \cancel{\text{mL}}} \times \dfrac{10^6 \text{ } \mu\text{L}}{1 \cancel{L}} \times \dfrac{1 \cancel{\text{min}}}{60 \text{s}}$

$= (7.3 \times 10^{-3}) \times 10^3 \text{ } \mu\text{L/s} = 7.3 \text{ } \mu\text{L/s}$

b. $\dfrac{7.86 \cancel{g}}{1 \cancel{\text{cm}^2}} \times \dfrac{10^4 \cancel{\text{cm}^2}}{1 \cancel{m^2}} \times \dfrac{1 \cancel{m^2}}{10^6 \text{ mm}^2} \times \dfrac{10^3 \text{ mg}}{1 \cancel{g}}$

$= 7.86 \times 10^1 \text{ mg/mm}^2 = 78.6 \text{ mg/mm}^2$

c. $\dfrac{1.54 \cancel{\text{kg}}}{\cancel{L}} \times \dfrac{10^3 \text{g}}{1 \cancel{\text{kg}}} \times \dfrac{1 \cancel{L}}{10^3 \cancel{\text{mL}}} \times \dfrac{1 \cancel{\text{mL}}}{1 \text{ cm}^3} = 1.54 \text{ g/cm}^3$

77. a. $28.3 \cancel{\text{cg}} \times \dfrac{1 \cancel{g}}{10^2 \cancel{\text{cg}}} \times \dfrac{10^3 \text{ mg}}{\cancel{g}} = 28.3 \times 10^1 \text{ mg}$

$= 283 \text{ mg}$

b. $283 \cancel{\text{mg}} \times \dfrac{1 \text{ g}}{10^3 \cancel{\text{mg}}} = 0.283 \text{ g}$

c. $0.283 \cancel{g} \times \dfrac{1 \text{ kg}}{10^3 \cancel{g}} = 0.000283 \text{ kg}$

d. $6.6 \times 10^3 \cancel{\text{mg}} \times \dfrac{1 \text{ g}}{10^3 \cancel{\text{mg}}} = 6.6 \text{ g}$

e. $6.6 \cancel{g} \times \dfrac{10^2 \text{ cg}}{1 \cancel{g}} = 660 \text{ cg} = 6.6 \times 10^2 \text{ cg}$

f. $6.6 \cancel{g} \times \dfrac{1 \text{ kg}}{10^3 \cancel{g}} = 6.6 \times 10^{-3} \text{ kg}$

g. $2.8 \times 10^{-4} \cancel{g} \times \dfrac{10^3 \text{ mg}}{\cancel{g}} = 2.8 \times 10^{-1} \text{ mg}$

h. $2.8 \times 10^{-4} \cancel{g} \times \dfrac{10^2 \text{ cg}}{\cancel{g}} = 2.8 \times 10^{-2} \text{ cg}$

i. $2.8 \times 10^{-4} \cancel{g} \times \dfrac{1 \text{ kg}}{10^3 \cancel{g}} = 2.8 \times 10^{-7} \text{ kg}$

86. $125 \cancel{\text{kg de carbón}} \times \dfrac{1.30 \text{ kg de C}}{2.00 \cancel{\text{kg de carbón}}} = 81.25 \text{ kg de C}$

$= 81.3 \text{ kg de C}$

87. $50 \cancel{\text{g de aire}} \times \dfrac{1 \text{ cm}^3 \text{ de aire}}{1.19 \times 10^{-3} \cancel{\text{g de aire}}} = 42.0 \times 10^3 \text{ cm}^3 \text{ de}$

aire $= 4.20 \times 10^4 \text{ cm}^3 \text{ de aire}$

89. Volumen $= 158 \cancel{\text{g de H}_2\text{O}} \times \dfrac{1 \text{ cm}^3}{1.000 \cancel{\text{g de H}_2\text{O}}} = 158 \text{ cm}^3$

Densidad $= \dfrac{\text{masa}}{\text{volumen}} = \dfrac{127 \text{ g}}{158 \text{ cm}^3} = 0.804 \text{ g/cm}^3$

90. $\dfrac{0.15 \cancel{s}}{1 \cancel{\text{min}}} \times \dfrac{60 \cancel{\text{min}}}{1 \cancel{h}} \times \dfrac{24 \cancel{h}}{1 \text{ día}} \times \dfrac{1 \text{ min}}{60 \cancel{s}}$

$= 0.15 \times 24 \text{ min/día} = 3.6 \text{ min/día perdido}$

91. $V = 28.6 \text{ cm} \times (73.0 \times 10^{-1} \text{ cm}) \times (0.72 \times 10^2 \text{ cm}) = 1.50 \times 10^4 \text{ cm}^3$

Densidad $= \dfrac{\text{masa}}{\text{volumen}} =$

$\dfrac{1.38 \times 10^4 \cancel{g}}{1.50 \times 10^4 \cancel{\text{cm}^3}} \times \dfrac{1 \text{ kg}}{10^3 \cancel{g}} \times \dfrac{10^3 \cancel{\text{cm}^3}}{1 \text{ L}} = 0.92 \text{ kg/L}$

93. $1.5 \times 10^8 \cancel{\text{km}} \times \dfrac{10^3 \cancel{m}}{1 \cancel{\text{km}}} \times \dfrac{1 \cancel{s}}{3.0 \times 10^8 \cancel{m}} \times \dfrac{1 \text{ min}}{60 \cancel{s}}$

$= 8.3 \text{ min}$

94. $\dfrac{5.52 \cancel{g}}{1 \cancel{\text{cm}^3}} \times \dfrac{1 \text{ kg}}{10^3 \cancel{g}} \times \dfrac{10^6 \cancel{\text{cm}^3}}{1 \cancel{m^3}} \times \dfrac{1 \cancel{m^3}}{10^3 \text{ dm}^3} = \dfrac{5.52 \times 10^6 \text{ kg}}{10^6 \text{ dm}^3}$

$= 5.52 \text{ kg/dm}^3$

97. Masa$_{\text{amalgama}} = 26.0 \text{ g} + 10.8 \text{ g} + 2.4 \text{ g} + 0.8 \text{ g} = 40.0 \text{ g}$

$25.0 \cancel{\text{g de amalgama}} \times \dfrac{26.0 \text{ g de Ag}}{40.0 \cancel{\text{g de amalgama}}} = 16.3 \text{ g de Ag}$

98. $\dfrac{112 \cancel{\text{km}}}{1 \cancel{h}} \times \dfrac{10^3 \text{ m}}{1 \cancel{\text{km}}} \times \dfrac{1 \cancel{h}}{60 \cancel{\text{min}}} \times \dfrac{1 \cancel{\text{min}}}{60 \text{ s}} =$

$0.0311 \times 10^3 \text{ m/s} = 31.1 \text{ m/s}$

103. Volumen de Fe $= 355 \cancel{\text{g de Fe}} \times \dfrac{1 \text{ cm}^3 \text{ de Fe}}{7.87 \cancel{\text{g de Fe}}}$

$= 45.1 \text{ cm}^3 \text{ de Fe}$

Masa $=$ volumen $\times$ densidad $= 45.1 \cancel{\text{cm}^3} \times \dfrac{11.3 \text{ g de Pb}}{1 \cancel{\text{cm}^3}}$

$= 510 \text{ g de Pb}$

104.

$$\frac{8.0 \times 10^{-1} \text{ cg de Sr}}{1 \text{ kg de agua de mar}} \times \frac{1 \text{ kg de agua de mar}}{10^3 \text{ g de agua de mar}}$$

$$\times \frac{1.0 \text{ g de agua de mar}}{1 \text{ cm}^3 \text{ de agua de mar}} \times \frac{10^6 \text{ cm}^3 \text{ de agua de mar}}{1 \text{ m}^3 \text{ de agua de mar}}$$

$$\times \frac{1 \text{ g de Sr}}{10^2 \text{ cg de Sr}} = 8.0 \text{ g de Sr/m}^3 \text{ agua de mar}$$

107.

$$34.5 \text{ g de Au} \times \frac{1 \text{ cm}^3 \text{ de Au}}{19.3 \text{ g de Au}} \times \frac{1 \text{ mL de Au}}{1 \text{ cm}^3 \text{ de Au}}$$

$$= 1.79 \text{ mL de Au}$$

Capítulo 4

16. **a.** 9 protones y 9 electrones

b. 20 protones y 20 electrones

c. 13 protones y 13 electrones

d. 19 protones y 19 electrones

17. **a.** 16 **b.** 16 **c.** 23 **d.** 23 **e.** B **f.** 5 **g.** 5

18. **a.** neutrones = número de masa − número atómico
= 80 − 35 = 45

b. neutrones = número de masa − número atómico
= 32 − 16 = 16

c. neutrones = número de masa − número atómico
= 108 − 47 = 61

d. neutrones = número de masa − número atómico
= 207 − 82 = 125

19. **a.** $^{12}_{6}C$ **b.** $^{11}_{5}B$ **c.** $^{9}_{4}Be$ **d.** $^{16}_{8}O$

20. $^{16}_{8}O$, $^{17}_{8}O$, $^{18}_{8}O$

21. neutrones = número de masa − número atómico
= 50 − 24 = 26; el cromo-50 tiene 26 neutrones.

neutrones = número de masa − número atómico
= 52 − 24 = 28; el cromo-52 tiene 28 neutrones.

neutrones = número de masa − número atómico
= 53 − 24 = 29; el cromo-53 tiene 29 neutrones.

22. La masa atómica del boro (10.81 uma) está más cerca de 11 que de 10; por tanto, el boro-11 es más abundante que el boro-10.

23. La masa atómica del silicio (28.086 uma) está más cerca de 28 y 29 que de 30. Por tanto, el silicio-28 es más abundante que el silicio-29 y el silicio-29 es más abundante que el silicio-30.

24. para el ^{63}Cu: 62.93 uma × 0.692 = 43.5 uma
para el ^{65}Cu: 64.93 uma × 0.308 = 20.0 uma
masa atómica = 43.5 uma + 20.0 uma = 63.5 uma

25. para el ^{79}Br: 78.92 uma × 0.5069 = 40.00 uma
para el ^{81}Br: 80.92 uma × 0.4931 = 39.90 uma
masa atómica = 40.00 uma + 39.90 uma = 79.90 uma

40. repele

44. No espera que las partículas alfa sean desviadas a un ángulo mayor.

51. **a.** 19 **b.** 9 **c.** 14 **d.** 29

e. 22 **f.** 22 **g.** 25 **h.** 30

53. para el ^{6}Li: 6.015 uma × 0.075 = 0.45 uma
para el ^{7}Li: 7.016 uma × 0.925 = 6.49 uma
masa atómica = 0.45 uma + 6.49 uma = 6.94 uma

54. debido a la existencia de isótopos

60. 5 protones y 6 neutrones en el núcleo; 5 electrones fuera del núcleo

64. [(82 + 122) × 0.014] + [(82 + 124) × 0.241]
+ [(82 + 125) × 0.221] + [(82 + 126) × 0.524]
= 207 uma

66. **a.** 8,289,000 + 502,570 + 120,570 + 7800 + 1435
+ 477 + 211 + 198 = 8,922,261

8,289,000 ÷ 8,922,261 = 0.929 = 92.9%

b. (8,289,000 + 502,570 + 120,570) ÷ 8,922,261
= 0.9989 = 99.89%

c. (477 + 211 + 198) ÷ 8,922,261
= 0.0000993 = 0.00993%

67. $^{14}_{7}N$: 14.003 uma; 99.63%
$^{15}_{7}N$: 15.000 uma; 0.37%
masa atómica promedio = 14.01 uma

74. Las siguientes son hipótesis razonables: (*i*) El espacio en un átomo individual es grande en relación con el volumen del átomo, pero muy pequeño en relación con un objeto del tamaño de una mano. (*ii*) Hay muchas capas de átomos en una pared o escritorio. El espacio está distribuido por igual en todo el sólido, parecido a la distribución de los bolsillos de aire de una espuma de aislante.

78. 6.941 = [6.015 × (1 − A)] + (7.016 × A)
6.941 = 6.015 − 6.015A + 7.016A
6.941 − 6.015 = 7.016A − 6.015A

$$A = \frac{0.926}{1.001} = 0.925 = 92.5\%$$

79. 17(1.67 × 10⁻²⁴ g) + 18(1.67 × 10⁻²⁴ g)
+ 17(9.11 × 10⁻²⁸ g) = 5.857 × 10⁻²³ g
5.857 × 10⁻²³ g − (5.81 × 10⁻²³ g) = 4.70 × 10⁻²⁵ g

86. 54 g H_2O − 6 g H = 48 g O

88. $4.42 \text{ cm}^3 \times \dfrac{22.5 \text{ g Pt}}{1 \text{ cm}^3} = 99.5 \text{ g Pt}$

Capítulo 5

8. **a.** $1s^2 2s^2 2p^2$

b. $1s^2 2s^2 2p^6 3s^2 3p^6$

c. $1s^2 2s^2 2p^6 3s^2 3p^6 3d^8 4s^2$

9. **a.** $1s^2 2s^2 2p^1$; 1 electrón sin enlazar

b. $1s^2 2s^2 2p^6 3s^2 3p^2$; 2 electrones sin enlazar

c. $1s^2 2s^2 2p^6 3s^2 3p^4$; 2 electrones sin enlazar

15. $\lambda = \dfrac{c}{\nu} = \dfrac{2.998 \times 10^8 \text{ m/s}}{1.50 \times 10^{13} \text{ /s}} = 2.00 \times 10^{-5} \text{ m}$; longitud de onda más larga que la luz roja

16. $\nu = \dfrac{c}{\lambda} = \dfrac{2.998 \times 10^8\ \text{m/s}}{5.00 \times 10^{-8}\ \text{m}} = 6.00 \times 10^{15}\text{/s};$

ultravioleta

17. $E = h\nu = (6.626 \times 10^{-34}\ \text{J}\cdot\text{s}) \times (5.00 \times 10^{11}\text{/s}) = 3.31 \times 10^{-22}\ \text{J}$

18. $\nu = \dfrac{c}{\lambda} = \dfrac{2.998 \times 10^8\ \text{m/s}}{260\ \text{nm}} \times \dfrac{10^9\ \text{nm}}{1\ \text{m}} = 1.2 \times 10^{15}\text{/s}$

$E = h\nu = (6.626 \times 10^{-34}\ \text{J}\cdot\text{s}) \times (1.2 \times 10^{15}\text{/s})$
$\quad = 8.0 \times 10^{-19}\ \text{J}$

28. Bohr propuso que los electrones viajaban en trayectorias circulares alrededor del núcleo.

30. Un electrón que se encuentra 90% de las veces dentro de este límite.

33. El subnivel $2p$ contiene tres orbitales: $2p_x$, $2p_y$, y $2p_z$.

34. **a.** 1 ($1s$)   **c.** 3 ($3s$, $3p$, $3d$)
b. 2 ($2s$, $2p$)   **d.** 4 ($4s$, $4p$, $4d$, $4f$)

35. El principio de Aufbau: los electrones ocupan el nivel energético más bajo posible. Principio de exclusión de Pauli: el orbital de un átomo puede contener máximo dos electrones. Regla de Hund: un electrón ocupa un orbital de un conjunto de orbitales que tienen la misma energía antes de que se dé cualquier enlace de electrones.

36. $2s$, $3p$, $4s$, $3d$

37. **a.** válida   **b.** no válida   **c.** no válida   **d.** válida

39. Los orbitales p en el tercer nivel cuántico tienen tres electrones.

42. **a.** 2   **b.** 3   **c.** 1   **d.** 6

44. **a.** $1s^2 2s^2 2p^6 3s^2 3p^6 3d^{10} 4s^2 4p^4$
b. $1s^2 2s^2 2p^6 3s^2 3p^6 3d^2 4s^2$
c. $1s^2 2s^2 2p^6 3s^2 3p^6 3d^3 4s^2$
d. $1s^2 2s^2 2p^6 3s^2 3p^6 4s^2$

47. **a.** v, vi, iv, iii, i, ii
b. Es su inverso.

50. Un cuanto es una cantidad discreta de energía. Los fotones son cuantos de luz.

51. Un fotón de luz ultravioleta tiene una mayor frecuencia (menos longitud de onda) que un fotón de luz infrarroja. Por tanto, un fotón de luz ultravioleta tiene más energía que un fotón de luz infrarroja.

52. $E = h\nu = (6.626 \times 10^{-34}\ \text{J}\cdot\text{s}) \times (5.80 \times 10^{14}\text{/s}) = 3.84 \times 10^{-19}\ \text{J}$

53. La física clásica considera los cambios de energía como un continuo. En el concepto cuántico, los cambios de energía ocurren en diminutas unidades discretas llamadas cuantos.

54. El electrón del átomo de hidrógeno aumenta (se excita) a un mayor nivel de energía.

57. $1s^2 2s^2 2p^6 3s^2 3p^6 3d^{10} 4s^2 4p^3$; $n = 1$, 2 electrones; $n = 2$, 8 electrones; $n = 3$, 18 electrones; $n = 4$, 5 electrones; el cuarto nivel ($n = 4$) no está lleno.

59. $1s^2 2s^2 2p^3$; nitrógeno (7 electrones); 3 sin enlazar (en el subnivel $2p$)

60. **a.** Na, sodio (11 electrones)
b. N, nitrógeno (7 electrones)
c. Si, silicio (14 electrones)
d. O, oxígeno (8 electrones)
e. K, potasio (19 electrones)
f. Ti, titanio (22 electrones)

63. **a.** $\lambda = 4.36 \times 10^{-7}\ \text{m} \times \dfrac{10^2\ \text{cm}}{1\ \text{m}} = 4.36 \times 10^{-5}\ \text{cm}$
b. visible

c. $\nu = \dfrac{c}{\lambda} = \dfrac{2.998 \times 10^8\ \text{m/s}}{4.36 \times 10^{-7}\ \text{m}} = 6.88 \times 10^{14}\text{/s}$

65. **a.** Se emitirán electrones a poca velocidad.
b. Se emitirán más electrones pero a poca velocidad.
c. Se emitirán electrones a mucha velocidad.

66. $\nu = \dfrac{c}{\lambda} = \dfrac{2.998 \times 10^8\ \text{m/s}}{6.45 \times 10^{-7}\ \text{cm}} \times \dfrac{10^2\ \text{cm}}{1\ \text{m}}$
$\quad = 4.65 \times 10^{14}\text{/s}$

$E = h\nu = (6.626 \times 10^{-34}\ \text{J}\cdot\text{s}) \times (4.65 \times 10^{14}\text{/s})$
$\quad = 3.08 \times 10^{-19}\ \text{J}$

La luz roja tiene una menor energía que la luz verde.

69. **a.** emite energía
b. requiere absorción de energía
c. requiere absorción de energía
d. requiere absorción de energía

70. El electrón más exterior del sodio absorbe fotones de longitud de onda 589 nm cuando salta a un mayor nivel de energía, pero el electrón no tiene suficiente energía para emitir un fotón a esta longitud de onda. Por tanto, el espectro de la luz blanca tiene una línea oscura a 589 nm.

72. **a.** $E = h\nu = h \times \dfrac{c}{\lambda} = 6.626 \times 10^{-34}\ \text{J}\cdot\text{s}$
$\quad\quad \times \dfrac{2.998 \times 10^8\ \text{m/s}}{1.2 \times 10^{-4}\ \text{m}} = 1.7 \times 10^{-21}\ \text{J}$

b. $E = h\nu = h \times \dfrac{c}{\lambda} = 6.626 \times 10^{-34}\ \text{J}\cdot\text{s}$
$\quad\quad \times \dfrac{2.998 \times 10^8\ \text{m/s}}{5.1 \times 10^{-7}\ \text{m}} = 3.9 \times 10^{-19}\ \text{J}$

c. $E = h\nu = h \times \dfrac{c}{\lambda} = 6.626 \times 10^{-34}\ \text{J}\cdot\text{s}$

$$\times \dfrac{2.998 \times 10^8\ \text{m/s}}{1.4 \times 10^{-8}\ \text{m}} = 1.7 \times 10^{-17}\ \text{J}$$

La energía del fotón de luz aumenta a medida que su longitud de onda disminuye.

73. Una órbita confina al electrón a una trayectoria circular fija alrededor del núcleo; un orbital es una región alrededor del núcleo en la que es probable encontrar los electrones.

75. Las respuestas variarán. Los estudiantes pueden darse cuenta que las ondas de radio tienen la menor energía del espectro electromagnético y, por tanto, no tienen suficiente energía para cocinar la comida. Otros pueden razonar que las microondas cocinan la comida más rápido que la radiación infrarroja; por tanto, las ondas de radio cocinarían la comida aún más rápido.

78. a. átomo con electrón en $n = 1$ nivel

b. átomo con electrón en $n = 4$ niveles

c. átomo con electrón en $n = 4$ niveles

d. átomo con electrón en $n = 1$ nivel

79. El elemento potasio (19 electrones).

a. estado excitado, un electrón de valencia pasa de $4s$ a $5p$

b. estado basal, configuración electrónica de menor energía

c. configuración imposible, los orbitales $3p$ pueden contener un máximo de 6 electrones, no 7

81. a. $\nu_1 = \dfrac{c}{\lambda} = \dfrac{2.998 \times 10^8\ \text{m/s}}{5.77 \times 10^{-3}\ \text{cm}} \times \dfrac{10^2\ \text{cm}}{1\ \text{m}}$

$= 5.20 \times 10^{12}/\text{s}$

$\nu_2 = \dfrac{c}{\lambda} = \dfrac{2.998 \times 10^8\ \text{m/s}}{6.82 \times 10^{-4}\ \text{cm}} \times \dfrac{10^2\ \text{cm}}{1\ \text{m}}$

$= 4.40 \times 10^{13}/\text{s}$

$\nu_3 = \dfrac{c}{\lambda} = \dfrac{2.998 \times 10^8\ \text{m/s}}{3.16 \times 10^{-4}\ \text{cm}} \times \dfrac{10^2\ \text{cm}}{1\ \text{m}}$

$= 9.49 \times 10^{13}/\text{s}$

$\nu_4 = \dfrac{c}{\lambda} = \dfrac{2.998 \times 10^8\ \text{m/s}}{1.76 \times 10^{-4}\ \text{cm}} \times \dfrac{10^2\ \text{cm}}{1\ \text{m}}$

$= 1.70 \times 10^{14}/\text{s}$

$\nu_5 = \dfrac{c}{\lambda} = \dfrac{2.998 \times 10^8\ \text{m/s}}{1.36 \times 10^{-4}\ \text{cm}} \times \dfrac{10^2\ \text{cm}}{1\ \text{m}}$

$= 2.20 \times 10^{14}/\text{s}$

$\nu_6 = \dfrac{c}{\lambda} = \dfrac{2.998 \times 10^8\ \text{m/s}}{6.38 \times 10^{-5}\ \text{cm}} \times \dfrac{10^2\ \text{cm}}{1\ \text{m}}$

$= 4.70 \times 10^{14}/\text{s}$

b.

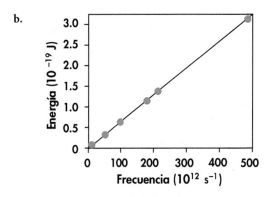

c. $6.63 \times 10^{-34}\ \text{J}\cdot\text{s}$

d. La pendiente es la constante de Planck.

83. Átomo de hidrógeno $(Z = 1)$, $n = 1$:

$$E = 1^2 \times \dfrac{2.18 \times 10^{-18}\ \text{J}}{1^2} = 2.18 \times 10^{-18}\ \text{J}$$

Átomo de hidrógeno $(Z = 1)$, $n = 2$:

$$E = 1^2 \times \dfrac{2.18 \times 10^{-18}\ \text{J}}{2^2} = 5.45 \times 10^{-19}\ \text{J}$$

ion Li^{2+} $(Z = 3)$, $n = 1$:

$$E = 3^2 \times \dfrac{2.18 \times 10^{-18}\ \text{J}}{1^2} = 1.96 \times 10^{-17}\ \text{J}$$

85. Dos imanes se repelen entre sí. Del mismo modo, los electrones con el mismo espín se repelen y son incapaces de ocupar el mismo orbital.

88. La luz emitida desde las bombillas incandescentes tiene una longitud de onda de entre 300 nm a 700 nm, que corresponde al rango de frecuencia de aproximadamente $4 \times 10^{14}\ \text{s}^{-1}$ a $1 \times 10^{15}\ \text{s}^{-1}$:

$$\nu = \dfrac{c}{\lambda} = \dfrac{2.998 \times 10^8\ \text{m/s}}{700\ \text{nm}} \times \dfrac{10^9\ \text{nm}}{1\ \text{m}} = 4 \times 10^{14}\ \text{s}^{-1}$$

$$\nu = \dfrac{c}{\lambda} = \dfrac{2.998 \times 10^8\ \text{m/s}}{300\ \text{nm}} \times \dfrac{10^9\ \text{nm}}{1\ \text{m}} = 1 \times 10^{15}\ \text{s}^{-1}$$

Esto significa que la energía absorbida por los fotones está en un rango de aproximadamente 3×10^{-19} J a 7×10^{-19} J:

$E = h\nu = (6.626 \times 10^{-34}\ \text{J}\cdot\text{s}) \times (4 \times 10^{14}/\text{s})$
$= 3 \times 10^{-19}\ \text{J}$

$E = h\nu = (6.626 \times 10^{-34}\ \text{J}\cdot\text{s}) \times (1 \times 10^{15}/\text{s})$
$= 7 \times 10^{-19}\ \text{J}$

89. a. heterogéneo

b. heterogéneo

c. homogéneo

91. Un compuesto tiene una composición constante; la composición de una mezcla puede variar.

93. $77\ \text{pm} \times \dfrac{1\ \text{m}}{10^{12}\ \text{pm}} \times \dfrac{10^6\ \mu\text{m}}{1\ \text{m}} = 7.7 \times 10^{-5}\ \mu\text{m}$

95. masa de plomo = $28.0 \, \text{cm}^3 \times \dfrac{11.3 \, \text{g}}{1 \, \text{cm}^3} = 316 \, \text{g}$

masa de oro = $16.0 \, \text{cm}^3 \times \dfrac{19.3 \, \text{g}}{1 \, \text{cm}^3} = 309 \, \text{g}$

El pedazo de plomo tiene más masa.

97. **a.** exacta **b.** exacta **c.** no exacta **d.** no exacta

99. Volumen del cobre = 24.08 mL − 20.00 mL = 4.08 mL = 4.08 cm^3

Densidad del cobre = $\dfrac{\text{masa}}{\text{volumen}} = \dfrac{36.4 \, \text{g}}{4.08 \, \text{cm}^3} = 8.92 \, \text{g/cm}^3$

101. El gas helio es menos denso que el gas nitrógeno y el gas oxígeno del aire.

102. La exactitud es la medida de qué tan cerca está el valor al valor verdadero; la precisión es la medida de qué tan cerca está una serie de medidas entre sí.

105. El neón-20 tiene 10 neutrones en su núcleo; el neón-21 tiene 11 neutrones en su núcleo.

Capítulo 6

9. **a.** $1s^2 2s^2 2p^2$

b. $1s^2 2s^2 2p^6 3s^2 3p^6 3d^{10} 4s^2 4p^6 5s^2$

c. $1s^2 2s^2 2p^6 3s^2 3p^6 3d^3 4s^2$

10. **a.** B, Al, Ga, In, Tl

b. F, Cl, Br, I, At

c. Ti, Zr, Hf, Rf

27. El parecido entre las propiedades pronosticadas y las propiedades reales del galio permitieron ganar una mayor aceptación de la tabla periódica de Mendeleev.

34. helio

38. **a.** sodio **c.** germanio

b. estroncio **d.** selenio

43. El radio iónico de un catión metálico es menor que el radio atómico del átomo del metal.

47. **a.** O **b.** F **c.** O **d.** S

51. b; el nitrógeno y el fósforo están en el mismo grupo (Grupo 5A).

56. **a.** H, Li, Na, K, Rb, Cs, Fr

b. O, S, Se, Te, Po

c. Zn, Cd, Hg, Uub

60. Es relativamente fácil eliminar dos electrones del magnesio; es mucho más difícil eliminar un tercer electrón. Es relativamente fácil eliminar tres electrones del aluminio; es mucho más difícil eliminar un cuarto electrón.

65. **a.** Los electrones del calcio se eliminan del mismo nivel de energía. En el potasio, el segundo electrón se elimina del nivel de energía más bajo.

b. Dado que el cesio tiene un mayor radio atómico que el litio, la carga nuclear del átomo de cesio tiene un menor efecto en los electrones del mayor nivel de energía ocupado.

c. El tercer electrón eliminado del átomo de magnesio está en el nivel de energía más bajo.

66. El zinc tiene una mayor carga nuclear (más protones) que el calcio.

68. **a.** $1s^2 2s^2 2p^6 3s^2 3p^6 3d^{10} 4s^2 4p^6$

b. $1s^2 2s^2 2p^6$

c. $1s^2 2s^2 2p^6$

d. $1s^2 2s^2 2p^6$

75. La afinidad de los electrones aumenta (se vuelve más negativa) de izquierda a derecha a lo largo de un período porque la carga nuclear aumenta y el efecto escudo es constante.

78. **a.** Cationes posibles son Rb^+ y Sr^{2+}; aniones posibles son Br^-, Se^{2-}, y As^{3-}.

b. No, un catión es isoelectrónico con el gas noble del período anterior, y un anión es isoelectrónico con el gas noble del mismo período.

85. **a.** cambio físico **c.** cambio físico

b. cambio químico **d.** cambio químico

90. **a.** $2.24 \, \text{nm} \times \dfrac{1 \, \text{m}}{10^9 \, \text{nm}} = 2.24 \times 10^{-9} \, \text{m}$

b. $8.13 \, \text{cm} \times \dfrac{1 \, \text{m}}{10^2 \, \text{cm}} = 8.13 \times 10^{-2} \, \text{m}$

c. $7.4 \, \text{pm} \times \dfrac{1 \, \text{m}}{10^{12} \, \text{pm}} = 7.4 \times 10^{-12} \, \text{m}$

d. $9.37 \, \text{mm} \times \dfrac{1 \, \text{m}}{10^3 \, \text{mm}} = 9.37 \times 10^{-3} \, \text{m}$

93. La densidad de la aceituna es de 1.05 g/cm^3. La aceituna se hundirá porque su densidad es mayor que la del agua.

98. **a.** 48 **b.** 44 **c.** 114 **d.** 110

100. **a.** ninguno **b.** uno, $2p$ **c.** ninguno **d.** ninguno

Capítulo 7

10. **a.** Con el fin de obtener un nivel de valencia, el átomo de yodo debe ganar 1 electrón. Este electrón proviene de 1 átomo de potasio, que pierde un electrón. La fórmula es KI.

b. Cada átomo de oxígeno necesita 2 electrones para obtener un octeto, pero cada átomo de aluminio pierde 3 electrones; por tanto, se necesitan 2 átomos de aluminio por cada 3 átomos de oxígeno. La fórmula es Al_2O_3.

11. Un átomo de calcio pierde 2 electrones de valencia para formar un catión Ca^{2+}. Un átomo de cloro gana 1 electrón para formar un anión Cl^-. La fórmula del compuesto es $CaCl_2$.

28. a. Grupo 5A; 5 electrones de valencia

b. Grupo 1A; 1 electrón de valencia

c. Grupo 5A; 5 electrones de valencia

d. Grupo 2A; 2 electrones de valencia

e. Grupo 7A; 7 electrones de valencia

f. Grupo 4A; 4 electrones de valencia

31. a. 2; un átomo de calcio tiene 2 electrones de valencia que puede perder.

b. 3; un átomo de aluminio tiene 3 electrones de valencia que puede perder.

c. 1; un átomo de litio tiene un electrón de valencia que puede perder.

d. 2; un átomo de bario tiene 2 electrones de valencia que puede perder.

34. a. 3; un átomo de nitrógeno tiene 5 electrones de valencia. Conforma un octeto cuando gana 3 electrones.

b. 2; un átomo de azufre tiene 6 electrones de valencia. Conforma un octeto cuando gana 2 electrones.

c. 1; un átomo de cloro tiene 7 electrones de valencia. Conforma un octeto cuando gana 1 electrón.

d. 3; un átomo de fósforo tiene 5 electrones de valencia. Conforma un octeto cuando gana 3 electrones.

35. a. Un átomo de azufre tiene 6 electrones de valencia y gana 2 electrones para alcanzar una configuración de gas noble. La fórmula del ion formado es S^{2-}.

b. Un átomo de sodio tiene 1 electrón de valencia y pierde 1 electrón para alcanzar una configuración de gas noble. La fórmula del ion formado es Na^+.

c. Un átomo de flúor tiene 7 electrones de valencia y gana 1 electrón para alcanzar una configuración de gas noble. La fórmula del ion formado es F^-.

d. Un átomo de fósforo tiene 5 electrones de valencia y gana 3 electrones para alcanzar una configuración de gas noble. La fórmula del ion formado es P^{3-}.

40. a, c, e (los compuestos iónicos se forman entre átomos de metales y no metales)

43. a. Ca^{2+}, F^- **d.** Al^{3+}, S^{2-}

b. Al^{3+}, Br^- **e.** K^+, N^{3-}

c. Li^+, O^{2-}

47. Los átomos de los metales están configurados de una manera compacta y ordenada

49. cúbica centrada en el cuerpo: Na, K, Fe, Cr o W; cúbica centrada en las caras: Cu, Ag, Au, Al o Pb; hexagonal muy unidos: Mg, Zn o Cd

55. Ha perdido electrones de valencia.

58. a. ion sulfuro (anión), S^{2-}

b. ion aluminio (catión), Al^{3+}

c. ion nitrato (anión), N^{3-}

d. ion calcio (catión), Ca^{2+}

59. a. $1s^2\,2s^2\,2p^6\,3s^2\,3p^6\,3d^6$

b. $1s^2\,2s^2\,2p^6\,3s^2\,3p^6\,3d^7$

c. $1s^2\,2s^2\,2p^6\,3s^2\,3p^6\,3d^8$

62. Todos tienen la configuración de gas noble de $1s^2\,2s^2\,2p^6\,3s^2\,3p^6$.

67. a, c, e, f (estas sustancias no están compuestas de metales y no metales)

68. a. $BaBr_2$ **b.** Al_2S_3 **c.** K_3N

72. 12

75. a. Cu, Zn   **c.** Cu, Sn

b. Ag, Cu   **d.** Fe, Cr, Ni, C

76. Cada electrón del diagrama de punto-electrón representa un electrón de valencia en un diagrama de configuración electrónica.

79. a. 6A (el catión Ca^{2+} debe estar balanceado por un anión con carga 2−)

b. 7A (el catión Mg^{2+} debe estar balanceado por 2 aniones con carga 1−)

c. 1A (el anión N^{3-} debe estar balanceado por 3 cationes con carga 1+)

d. 6A (los 2 aniones 2 Al^{3+} deben estar balanceados por 3 cationes con carga 2−)

e. 1A (el anión F^- debe estar balanceado por un catión con carga 1+)

f. 2A (el anión S^{2-} debe estar balanceado por un catión con carga 2+)

83. Tanto los metales como los compuestos iónicos están compuestos por iones. Ambos se mantienen unidos por atracciones electrostáticas. Los metales siempre conducen la corriente eléctrica y los compuestos iónicos conducen la corriente eléctrica solo cuando están derretidos o disueltos en agua. Los compuestos iónicos están formados por cationes y por aniones; en cambio, los metales están compuestos por cationes y por electrones de valencia libres. Los metales son dúctiles; los compuestos iónicos son quebradizos.

86. a. El litio es un metal; un átomo de litio formará un catión al perder 1 electrón.

b. El sodio es un metal; un átomo de sodio formará un catión al perder 1 electrón.

c. El neón es un gas noble; es químicamente no reactivo.

d. El cloro es un no metal; un átomo de cloro formará un anión al ganar un electrón.

e. El magnesio es un metal; un átomo de magnesio formará un catión al perder 2 electrones.

89. a. CaO; las fuerzas de atracción electrostáticas entre los cationes Ca^{2+} y los aniones O^{2-} del CaO son mucho más fuertes que las fuerzas entre los cationes Na^+ y los aniones Cl^-.

b. Sí; el CaO tiene fuerzas de atracción electrostáticas más fuertes que el NaCl, que se deben superar para derretir el compuesto.

92. La carga del catión cobre es 2+. Su configuración electrónica es $1s^2 2s^2 2p^6 3s^2 3p^6 3d^9$.

98. **a.** química   **c.** física
b. química   **d.** química

100. **a.** líquido, vapor   **c.** líquido, vapor
b. vapor   **d.** líquido, vapor

102. **a.** $6 \times 10^4 \, \cancel{cm} \times \dfrac{1 \, m}{10^2 \, \cancel{cm}} = 600 \, m$

b. $6 \times 10^6 \, \cancel{mm} \times \dfrac{1 \, m}{10^3 \, \cancel{mm}} = 6000 \, m$

c. $0.06 \, \cancel{km} \times \dfrac{10^3 \, m}{1 \, \cancel{km}} = 60 \, m$

d. $6 \times 10^9 \, \cancel{nm} \times \dfrac{1 \, m}{10^9 \, \cancel{nm}} = 6 \, m$

La distancia (b) es la más larga.

104. $\text{volumen} = \dfrac{\text{masa}}{\text{densidad}} = \dfrac{62.9 \, \cancel{g}}{2.33 \, \cancel{g}/cm^3} = 27.0 \, cm^3$

108. **a.** 1   **b.** 3   **c.** 1   **d.** 5

111. **a.** $500 \, \cancel{nm} \times \dfrac{1 \, m}{10^9 \, \cancel{nm}} = 5 \times 10^{-7} \, m$

b. ultravioleta

112. **a.** K, $1s^2 2s^2 2p^6 3s^2 3p^6 4s^1$
b. Al, $1s^2 2s^2 2p^6 3s^2 3p^1$
c. S, $1s^2 2s^2 2p^6 3s^2 3p^4$
d. Ba, $1s^2 2s^2 2p^6 3s^2 3p^6 3d^{10} 4s^2 4p^6 4d^{10} 5s^2 5p^6 6s^2$

Capítulo 8

7. **a.** :C̈l:C̈l: **b.** :B̈r:B̈r: **c.** :Ï:Ï:

8. **a.** H:Ö:Ö:H   **b.** :C̈l:P̈:C̈l:
:C̈l:

9. $[\text{H:}\ddot{\text{O}}\text{:}]^-$

10. $\begin{bmatrix} \text{:}\ddot{\text{O}}\text{:} \\ \text{:}\ddot{\text{O}}\text{:S:}\ddot{\text{O}}\text{:} \\ \text{:}\ddot{\text{O}}\text{:} \end{bmatrix}^{2-}$ $\begin{bmatrix} \text{:}\ddot{\text{O}}\text{:} \\ \text{:}\ddot{\text{O}}\text{:C:} \\ \text{:}\ddot{\text{O}}\text{:} \end{bmatrix}^{2-}$

29. **a.** 0.7; covalente polar moderado
b. 2.2; iónico
c. 1.0; covalente de moderado a muy polar
d. 1.0; covalente de moderado a muy polar
e. 2.5; iónico
f. 0; covalente no polar

30. c y d (igual 0.4), b (0.7), a (0.9)

48. Un átomo contribuye con los dos electrones de un enlace covalente coordinado, como en CO.

50. Se necesita un par de electrones no compartidos para un enlace covalente coordinado. No hay pares no compartidos en los compuestos que solo tienen enlaces C—H y C—C.

54. b y c; suponiendo que solo hay enlaces sencillos, los átomos de P y S tienen cada uno 10 electrones de valencia.

58. **a.** H:N̈:H   **b.** :B̈r:C̈l: **c.** H:Ö:Ö:H   **d.** H:S̈i:H
H   H

60. **a.** lineal   **d.** angular
b. tetraédrica   **e.** lineal
c. trigonal plana   **f.** angular

63. **a.** sp^3 **b.** sp^2 **c.** sp **d.** sp

65. c (1.9), d (1.4), a (.09), f (0.5), b (0.4), e (0.0)

69. $1 \, \cancel{\text{mol de } CH_4} \times \dfrac{393 \, kJ}{1 \, \cancel{\text{mol de } CH_4}} \times 4 = 1572 \, kJ$

71. Los orbitales $3s$ y $3p$ del fósforo se hibridizan para formar cuatro orbitales atómicos sp^3. La forma resultante es piramidal con un ángulo de enlace de $107°$ entre los enlaces sigma.

78. a (el átomo de fósforo del PBr_5 tiene 10 electrones de valencia)

82. El alcohol etilo puede formar enlaces de hidrógeno intermolecular entre sus grupos polares —OH; en cambio, el éter dimetilo no puede formar enlaces de hidrógeno.

84. **a.** angular   **b.** tetraédrico   **c.** piramidal

91. **a.** :F̈—Be—F̈:   (Be solo tiene 4 electrones de valencia.)

b. :F̈, :F̈ \ :F̈ / S con :F̈ (S tiene 12 electrones de valencia.)

c. :Ö—Cl·, :Ö (Cl solo tiene 7 electrones de valencia.)

d. :F̈—B, :F̈ \ :F̈ (B solo tiene 6 electrones de valencia.)

e. :F̈—Xe—F̈:   (Xe tiene 10 electrones de valencia.)

97. **a.** $66.5 \, \cancel{mm} \times \dfrac{1 \, \cancel{m}}{10^3 \, \cancel{mm}} \times \dfrac{10^6 \, \mu m}{1 \, \cancel{m}} = 6.65 \times 10^4 \, \mu m$

b. $4 \times 10^{-2} \, \cancel{g} \times \dfrac{100 \, cg}{1 \, \cancel{g}} = 4 \, cg$

c. $\dfrac{5.62 \, \cancel{mg}}{1 \, \cancel{mL}} \times \dfrac{1 \, \cancel{g}}{10^3 \, \cancel{mg}} \times \dfrac{10 \, dg}{1 \, \cancel{g}} \times \dfrac{10^3 \, \cancel{mL}}{1 \, L} = 56.2 \, dg/L$

d. $\dfrac{85 \, \cancel{km}}{1 \, \cancel{h}} \times \dfrac{1 \, \cancel{h}}{60 \, \cancel{min}} \times \dfrac{1 \, \cancel{min}}{60 \, s} \times \dfrac{10^3 \, m}{1 \, \cancel{km}} = 2.4 \times 10^1 \, m/s$

101. Los protones (carga positiva) y los electrones (carga negativa) deben ser iguales.

109. **a.** bario   **b.** silicio   **c.** sodio

111. Todos tienen el mismo número de electrones que un gas noble.

Capítulo 9

1. a. ion seleniuro   **c.** ion fosfato
    b. ion bario   **d.** ion yoduro

2. a. perdió tres electrones   **c.** perdió un electrón
    b. ganó dos electrones   **d.** perdió dos electrones

10. a. BaS **b.** Li_2O **c.** Ca_3N_2 **d.** CuI_2

11. a. NaI **b.** $SnCl_2$ **c.** K_2S **d.** CaI_2

12. a. sulfuro de zinc   **c.** óxido de bario
    b. cloruro de potasio   **d.** bromuro de cobre(II)

13. a. óxido de calcio   **c.** sulfuro de hierro(II)
    b. seleniuro de cobre(I)   **d.** fluoruro de aluminio

14. a. $(NH_4)_2SO_3$ **b.** $Ca_3(PO_4)_2$

15. a. $LiHSO_4$ **b.** $Cr(NO_2)_3$

16. a. oxalato de calcio
    b. hipoclorito de potasio
    c. permanganato de potasio
    d. sulfito de litio

17. a. hidróxido de aluminio   **c.** fosfato de estaño(II)
    b. clorato de sodio   **d.** cromato de sodio

27. a. difluoruro de oxígeno   **c.** trióxido de azufre
    b. decafluoruro de diazufre   **d.** hexafluoruro de azufre

28. a. N_2O_4 **b.** XeF_4 **c.** S_2F_{10} **d.** IF_7

37. a. ácido hidrofluórico
    b. ácido nítrico
    c. ácido sulfuroso

38. a. $HClO_4$ **b.** HI **c.** $HClO_2$

39. a. hidróxido de bario
    b. hidróxido de calcio
    c. hidróxido de rubidio

40. a. $CsOH$ **b.** $Be(OH)_2$ **c.** $Mn(OH)_3$

48. $\dfrac{2.98 \text{ g de Pb}}{0.461 \text{ g de O}} = \dfrac{x}{1.00 \text{ g de O}}$

$x = \dfrac{2.98 \text{ g de Pb} \times 1.00 \text{ g de O}}{0.461 \text{ g de O}} = 6.46 \text{ g de Pb}$

$\dfrac{9.89 \text{ g de Pb}}{0.763 \text{ g de O}} = \dfrac{y}{1.00 \text{ g de O}}$

$y = \dfrac{9.89 \text{ g de Pb} \times 1.00 \text{ g de O}}{0.763 \text{ g de O}} = 13.0 \text{ g de Pb}$

$\text{razón de masa} = \dfrac{6.46 \text{ g de Pb}}{13.0 \text{ g de Pb}} = 1{:}2$

49. Como $\dfrac{7 \text{ Fe}}{3 \text{ O}} = 2.3$ y $\dfrac{23 \text{ g de Fe}}{10 \text{ g de O}} = 2.3$, el compuesto debe ser óxido de hierro(III).

58. a. 2+   **b.** 2+   **c.** 3+   **d.** 1+

64. Se determina la carga del anión y luego se trabaja la fórmula de atrás hacia adelante para buscar la carga del catión de metal de transición necesario para dar una carga neta de cero a la unidad de fórmula.

70. a. tri-   **c.** di-   **e.** penta-
    b. mono-   **d.** hexa-   **f.** tetra-

76. a. hidróxido de plomo(II)   **c.** $Cu(OH)_2$
    b. hidróxido de cobalto(II)   **d.** $Fe(OH)_2$

79. No, la razón de nitrógeno a oxígeno es 42:26, que no es una razón 7:4.

82. a. clorato de sodio
    b. bromuro de mercurio(I)
    c. cromato de potasio
    d. ácido perclórico
    e. óxido de estaño(IV)
    f. acetato de hierro(III)
    g. sulfato de hidrógeno potasio
    h. hidróxido de calcio
    i. sulfuro de bario

86. compuesto binario molecular

88. $SnCl_4$

96. a. N_2O, monóxido de dinitrógeno
    b. NO_2, dióxido de nitrógeno
    c. NO, monóxido de nitrógeno
    d. N_2O_4, tetraóxido de dinitrógeno

98. a. Las cargas no se balancean; $CsCl$.
    b. El neón no forma compuestos.
    c. Las cargas no se balancean, ZnO.
    d. Los subíndices no son la razón con el número entero más pequeño; BaS.

100. compuestos iónicos binarios: d y g; compuestos binarios moleculares: a y f; compuestos con iones poliatómicos: b, c, e, h e i; ácidos, b y 3; base: c

101. a. 3.60 g sólido/1.40 g gas = 2.57 y 6.48 g sólido/2.52 g gas = 2.57
    El compuesto obedece la ley de las proporciones definidas.
    b. % gas = 1.40/5.00 y 2.52/9.00 = 28.0% gas
    0.28 × 14.0 g = 3.92 g gas incoloro

102. ley de conservación de la masa

106. **a.** El carbonato de potasio tiene una mayor solubilidad en agua que el $CaCO_3$; por tanto, se puede ver cuál se disuelve en el agua más fácilmente.

b. El compuesto de cobre es azul; el compuesto de hierro es blanco.

c. Se agrega agua para disolver el NH_4Cl, y luego se filtra el $BaSO_4$ insoluble.

d. cloro (no metal), azufre (no metal), bromo (no metal), bario (metal), yodo (no metal), mercurio (metal)

e. sulfato de bario, carbonato de calcio, carbonato de potasio, sulfato de cobre(II) pentahidratado, sulfato de hierro(II) pentahidratado, cloruro de amonio

f. masa = densidad × volumen

masa = $47.0 \, cm^3 \times 13.59 \, g/cm^3 = 639$ g de Hg

g. volumen = $\dfrac{masa}{densidad} = \dfrac{16.6 \, g}{2.07 \, g/cm^3} = 8.02 \, cm^3$

h. color, densidad, punto de fusión y punto de ebullición

111. iónico; $Ca(OH)_2$

113. **a.** 4 **b.** 2 **c.** 2 **d.** 4 **e.** 2 **f.** 1

118. **a.** 2 **b.** protones **c.** electrones **d.** neutrones

119. **a.** neón **b.** carbono **c.** boro **d.** helio

124. **a.** 1 **b.** 6 **c.** 8 **d.** 2 **e.** 7 **f.** 5

127. b y c; los compuestos moleculares formados por dos no metales tienen enlaces covalentes.

Capítulo 10

1. $0.50 \text{ canastas de manzanas} \times \dfrac{1 \text{ docena de manzanas}}{0.20 \text{ canastas de manzanas}}$

$\times \dfrac{2.0 \text{ kg de manzanas}}{1 \text{ docena de manzanas}} = 5.0$ kg de manzanas

2. $14 \text{ kg de manzanas} \times \dfrac{1 \text{ docena de manzanas}}{2.0 \text{ kg de manzanas}} \times$

$\dfrac{12 \text{ manzanas}}{1 \text{ docena de manzanas}} \times \dfrac{8 \text{ semillas}}{1 \text{ manzana}} = 670$ semillas

3. $2.80 \times 10^{24} \text{ átomos de Si} \times \dfrac{1 \text{ mol de Si}}{6.02 \times 10^{23} \times \text{ átomos de Si}} =$

4.65 moles de Si

4. $2.17 \times 10^{23} \text{ moléculas de Br}_2 \times$

$\dfrac{1 \text{ mol de Br}_2}{6.02 \times 10^{23} \text{ moléculas de Br}_2} = 0.360$ moles de Br_2

5. $1.14 \text{ moles de SO}_3 \times \dfrac{6.02 \times 10^{23} \text{ moléculas de SO}_3}{1 \text{ moles de SO}_3} \times$

$\dfrac{4 \text{ átomos}}{1 \text{ molécula de SO}_3} = 2.75 \times 10^{24}$ átomos

6. $2.12 \text{ moles de C}_3H_8 \times \dfrac{6.02 \times 10^{23} \text{ moléculas de C}_3H_8}{1 \text{ moles de C}_3H_8} \times$

$\dfrac{3 \text{ C átomos}}{1 \text{ molécula de C}_3H_8} = 3.83 \times 10^{24}$ átomos de C

$2.12 \text{ moles de C}_3H_8 \times \dfrac{6.02 \times 10^{23} \text{ moléculas de C}_3H_8}{1 \text{ mol de C}_3H_8} \times$

$\dfrac{8 \text{ átomos de H}}{1 \text{ molécula de C}_3H_8} = 1.02 \times 10^{25}$ átomos de H

7. $1 \text{ mol de P} \times \dfrac{31.0 \text{ g de P}}{1 \text{ mol de P}} = 31.0$ g de P

$3 \text{ moles de Cl} \times \dfrac{35.5 \text{ g de Cl}}{1 \text{ mol de Cl}} = 106.5$ g de Cl

masa de 1 mol de PCl_3 = 31.0 g de P + 106.5 g de Cl
= 138.0 g

masa molar de PCl_3 = 138 g/mol

8. $1 \text{ mol de Na} \times \dfrac{23.0 \text{ g de Na}}{1 \text{ mol de Na}} = 23.0$ g de Na

$1 \text{ mol de H} \times \dfrac{1.0 \text{ g de H}}{1 \text{ mol de H}} = 1.0$ g de H

$1 \text{ mol de C} \times \dfrac{12.0 \text{ g de C}}{1 \text{ mol de C}} = 12.0$ g de C

$3 \text{ moles de O} \times \dfrac{16.0 \text{ g de O}}{1 \text{ mol de O}} = 48.0$ g de O

masa de 1 mol de $NaHCO_3$ = 23.0 g + 1.0 g + 12.0 g + 48.0 g = 84.0 g

masa molar de $NaHCO_3$ = 84.0 g/mol

16. $20 \text{ moles de C} \times \dfrac{12.0 \text{ g de C}}{1 \text{ mol de C}} = 240.0$ g de C

$42 \text{ moles de H} \times \dfrac{1.0 \text{ g de H}}{1 \text{ mol de H}} = 42.0$ g de H

1 mol de $C_{20}H_{42}$ = 240.0 g de C + 42.0 g de H
= 282.0 g de $C_{20}H_{42}$

$4.52 \times 10^{-3} \text{ moles de C}_{20}H_{42} \times \dfrac{282.0 \text{ g de C}_{20}H_{42}}{1 \text{ mol de C}_{20}H_{42}} = 1.27$ g

17. $1 \text{ mol de Fe} \times \dfrac{55.8 \text{ g de Fe}}{1 \text{ mol de Fe}} = 55.8$ g de Fe

$2 \text{ moles de O} \times \dfrac{16.0 \text{ g de O}}{1 \text{ mol de O}} = 32.0$ g de O

$2 \text{ moles de H} \times \dfrac{1.0 \text{ g de H}}{1 \text{ mol de H}} = 2.0$ g de H

1 mol de $Fe(OH)_2$ = 55.8 g de Fe + 32.0 g de O + 2.0 g de H = 89.8 g de $Fe(OH)_2$

$2.50 \text{ moles de Fe(OH)}_2 \times \dfrac{89.8 \text{ g}}{1 \text{ mol de Fe(OH)}_2}$

= 225 g de $Fe(OH)_2$

18. $3.70 \times 10^{-1} \text{ g B} \times \dfrac{1 \text{ mol de B}}{10.8 \text{ g de B}} = 3.43 \times 10^{-2} \text{ moles de B}$

19. $2 \text{ moles de N} \times \dfrac{14.0 \text{ g de N}}{1 \text{ mol de N}} = 28 \text{ g de N}$

$3 \text{ moles de O} \times \dfrac{16.0 \text{ g de O}}{1 \text{ mol de O}} = 48.0 \text{ g de O}$

$1 \text{ mol de N}_2\text{O}_3 = 28 \text{ g N} + 48.0 \text{ g de O} = 76.0 \text{ g de N}_2\text{O}_3$

$75.0 \text{ g de N}_2\text{O}_3 \times \dfrac{1 \text{ mol de N}_2\text{O}_3}{76.0 \text{ g de N}_2\text{O}_3} = 0.987 \text{ moles de N}_2\text{O}_3$

20. a. $3.20 \times 10^{-3} \text{ moles de CO}_2 \times \dfrac{22.4 \text{ L de CO}_2}{1 \text{ mol de CO}_2} =$
$7.17 \times 10^{-2} \text{ L de CO}_2$

b. $3.70 \text{ moles de N}_2 \times \dfrac{22.4 \text{ L de N}_2}{1 \text{ mol de N}_2} = 82.9 \text{ L de N}_2$

c. $0.960 \text{ moles de CH}_4 \times \dfrac{22.4 \text{ L de CH}_4}{1 \text{ mol de CH}_4} = 21.5 \text{ L de CH}_4$

21. a. $67.2 \text{ L de SO}_2 \times \dfrac{1 \text{ mol de SO}_2}{22.4 \text{ L de SO}_2} = 3.00 \text{ moles de SO}_2$

b. $0.880 \text{ L de He} \times \dfrac{1 \text{ mol de He}}{22.4 \text{ L de He}} = 0.039 \text{ moles de He}$

c. $1.00 \times 10^3 \text{ L de C}_2\text{H}_6 \times \dfrac{1 \text{ mol de C}_2\text{H}_6}{22.4 \text{ L de C}_2\text{H}_6}$
$= \mathbf{44}.6 \text{ moles de C}_2\text{H}_6$

22. $\dfrac{3.58 \text{ g}}{L} \times \dfrac{22.4 \text{ L}}{1 \text{ mol}} = 80.2 \text{ g/mol}$

23. masa molar de $Kr = 83.8 \text{ g/mol}$

$\dfrac{83.8 \text{ g}}{1 \text{ mol de Kr}} \times \dfrac{1 \text{ mol de Kr}}{22.4 \text{ L}} = 3.74 \text{ g/L}$

33. masa de compuesto $= 9.03 \text{ g} + 3.48 \text{ g} = 12.51 \text{ g}$

$\% \text{ Mg} = \dfrac{\text{masa de Mg}}{\text{masa del compuesto}} \times 100\% = \dfrac{9.03 \text{ g}}{12.51 \text{ g}} \times 100\%$
$= 72.2\% \text{ Mg}$

$\% \text{ N} = \dfrac{\text{masa de N}}{\text{masa del compuesto}} \times 100\% = \dfrac{3.48 \text{ g}}{12.51 \text{ g}} \times 100\%$
$= 27.8\% \text{ N}$

34. masa de oxígeno $= 14.2 \text{ g} - 13.2 \text{ g} = 1.0 \text{ g}$

$\% \text{ Hg} = \dfrac{\text{masa de Hg}}{\text{masa del compuesto}} \times 100\% = \dfrac{13.2 \text{ g}}{14.2 \text{ g}} \times 100\%$
$= 93.0\% \text{ Hg}$

$\% \text{ O} = \dfrac{\text{masa de O}}{\text{masa del compuesto}} \times 100\% = \dfrac{1.0 \text{ g}}{14.2 \text{ g}} \times 100\%$
$= 7.0\% \text{ O}$

35. a. masa de N en 1 mol de $NH_3 = 1 \text{ mol} \times 14.0 \text{ g/mol}$
$= 14.0 \text{ g}$

masa molar de $NH_3 = 14.0 \text{ g} + 3 \times 1.0 \text{ g} = 17.0 \text{ g}$

$\% \text{ N} = \dfrac{\text{masa de N en 1 mol de NH}_3}{\text{masa molar de NH}_3} \times 100\%$
$= \dfrac{14.0 \text{ g}}{17.0 \text{ g}} \times 100\% = 82.4\% \text{ N}$

b. masa de N en 1 mol de $NH_4NO_3 = 1 \text{ mol} \times$
$14.0 \text{ g/mol} = 14.0 \text{ g}$

masa molar de $NH_4NO_3 = 14.0 \text{ g} + 4 \times 1.0 \text{ g} + 14.0 \text{ g}$
$+ 3 \times 16.0 \text{ g} = 80.0 \text{ g}$

$\% \text{ N} = \dfrac{\text{masa de N en 1 mol de NH}_4\text{NO}_3}{\text{masa molar de NH}_4\text{NO}_3} \times 100\%$

$= \dfrac{28.0 \text{ g}}{80.0 \text{ g}} \times 100\% = 35.0\% \text{ N}$

36. a. masa de C en 1 mol de $C_2H_6 = 2 \text{ mol} \times 12.0 \text{ g/mol}$
$= 24.0 \text{ g}$

masa de H en un mol de $C_2H_6 = 6 \text{ mol} \times 1.0 \text{ g/mol}$
$= 6.0 \text{ g}$

masa molar de $C_2H_6 = 24.0 \text{ g} + 6.0 \text{ g} = 30.0 \text{ g}$

$\% \text{ C} = \dfrac{\text{masa de C en 1 mol de C}_2\text{H}_6}{\text{masa molar de C}_2\text{H}_6} \times 100\% =$
$\dfrac{24.0 \text{ g}}{30.0 \text{ g}} \times 100\% = 80.0\% \text{ C}$

$\% \text{ H} = \dfrac{\text{masa de H en 1 mol de C}_2\text{H}_6}{\text{masa molar de C}_2\text{H}_6} \times 100\%$

$= \dfrac{6.0 \text{ g}}{30.0 \text{ g}} = 20.0\% \text{ H}$

b. masa de Na en 1 mol de $NaHSO_4 = 1 \text{ mol} \times$
$23.0 \text{ g/mol} = 23.0 \text{ g}$

masa de H en 1 mol de $NaHSO_4 = 1 \text{ mol} \times$
$1.0 \text{ g/mol} = 1.0 \text{ g}$

masa de S en 1 mol de $NaHSO_4 = 1 \text{ mol} \times$
$32.1 \text{ g/mol} = 32.1 \text{ g}$

masa de O en 1 mol de $NaHSO_4 = 4 \text{ mol} \times$
$16.0 \text{ g/mol} = 64.0 \text{ g}$

masa molar de $NaHSO_4 = 23.0 \text{ g} + 1.0 \text{ g} + 32.1 \text{ g}$
$+ 64.0 \text{ g} = 120.1 \text{ g}$

$\% \text{ Na} = \dfrac{\text{masa de Na en 1 mol de NaHSO}_4}{\text{masa molar de NaHSO}_4} \times 100\%$

$= \dfrac{23.0 \text{ g}}{120.1 \text{ g}} = 19.2\% \text{ Na}$

$\% \text{ H} = \dfrac{\text{masa de H en 1 mol de NaHSO}_4}{\text{masa molar de NaHSO}_4} \times 100\%$

$= \dfrac{1.0 \text{ g}}{120.1 \text{ g}} = 0.80\% \text{ H}$

$\% \text{ S} = \dfrac{\text{masa de S en 1 mol de NaHSO}_4}{\text{masa molar de NaHSO}_4} \times 100\%$

$= \dfrac{32.1 \text{ g}}{120.1 \text{ g}} = 26.7\% \text{ S}$

$\% \text{ O} = \dfrac{\text{masa de O en 1 mol de NaHSO}_4}{\text{masa molar de NaHSO}_4} \times 100\%$

$= \dfrac{64.0 \text{ g}}{120.1 \text{ g}} = 53.3\% \text{ O}$

37. a. $125 \text{ g de NH}_3 \times \dfrac{82.4 \text{ g de N}}{100 \text{ g NH}_3} = 103 \text{ g de N}$

b. $125 \text{ g de NH}_4\text{NO}_3 \times \dfrac{35.0 \text{ g de N}}{100 \text{ g de NH}_4\text{NO}_3} = 43.8 \text{ g de N}$

38. **a.** $350 \text{ g de } C_2H_6 \times \dfrac{2.0 \text{ g} \times 10^1 \text{ g de H}}{100 \text{ g de } C_2H_6} = 7.0 \times 10^1 \text{ g de H}$

b. $20.2 \text{ g de } NaHSO_4 \times \dfrac{0.83 \text{ g de H}}{100 \text{ g de } NaHSO_4} = 0.17 \text{ g de H}$

39. **a.** $94.1 \text{ g de } O \times \dfrac{1 \text{ mol de } O}{16.0 \text{ g de } O} = 5.88 \text{ moles de } O$

$5.9 \text{ g de } H \times \dfrac{1 \text{ mol de } H}{1.0 \text{ g de } H} = 5.9 \text{ moles de } H$

La razón molar de O a H es $O_{5.88}H_{5.9}$

$\dfrac{5.88 \text{ moles de } O}{5.88} = 1 \text{ mol de } O$

$\dfrac{5.9 \text{ moles de } H}{5.88} = 1 \text{ mol de } H$

La razón molar de O a H es OH.
La fórmula empírica es OH.

b. $67.6 \text{ g de } Hg \times \dfrac{1 \text{ mol de } Hg}{200.6 \text{ g de } Hg} = 0.337 \text{ moles de } Hg$

$10.8 \text{ g de } S \times \dfrac{1 \text{ mol de } S}{32.1 \text{ g de } S} = 0.336 \text{ moles de } S$

$21.6 \text{ g de } O \times \dfrac{1 \text{ mol de } O}{16.0 \text{ g de } O} = 1.35 \text{ moles de } O$

La razón molar de Hg a S a O es $Hg_{0.337}S_{0.336}O_{1.35}$.

$\dfrac{0.337 \text{ moles de } Hg}{0.336} = 1 \text{ mol de } Hg$

$\dfrac{0.336 \text{ moles de } S}{0.336} = 1 \text{ mol de } S$

$\dfrac{1.35 \text{ moles de } O}{0.336} = 4 \text{ moles de } O$

La razón molar de Hg a S a O es $HgSO_4$.
La fórmula empírica es $HgSO_4$.

40. $62.1 \text{ g de } C \times \dfrac{1 \text{ mol de } C}{12.0 \text{ g de } C} = 5.18 \text{ moles de } C$

$13.8 \text{ g de } H \times \dfrac{1 \text{ mol de } H}{1.0 \text{ g de } H} = 13.8 \text{ moles de } H$

$24.1 \text{ g de } N \times \dfrac{1 \text{ mol de } N}{14.0 \text{ g de } N} = 1.72 \text{ moles de } N$

$\dfrac{5.18 \text{ moles de } C}{1.72} = 3 \text{ moles de } C$

$\dfrac{13.8 \text{ moles de } H}{1.72} = 8 \text{ moles de } H$

$\dfrac{1.72 \text{ moles de } N}{1.72} = 1 \text{ mol de } N$

La fórmula empírica es C_3H_8N.

41. el mfe de $CClN = 12.0 \text{ g/mol} + 35.5 \text{ g/mol} + 14.0 \text{ g/mol}$
$= 61.5 \text{ g/mol}$

$\dfrac{\text{masa molar}}{\text{mfe}} = \dfrac{184.5 \text{ g/mol}}{61.5 \text{ g/mol}} = 3$

$(CClN) \times 3 = C_3Cl_3N_3.$

42. $\text{mfe} = 12.0 \text{ g/mol} + 3(1.0 \text{ g/mol}) + 16.0 \text{ g/mol}$
$= 31.0 \text{ g/mol}$

$\dfrac{\text{masa molar}}{\text{mfe de } CH_3O} = \dfrac{62.0 \text{ g/mol}}{31.0 \text{ g/mol}} = 2$

$(CH_3O) \times 2 = C_2H_6O_2$

51. **a.** molécula
b. unidad de fórmula
c. molécula
d. átomo

52. **a.** 3   **b.** 2   **c.** 9   **d.** 10

54. **a.** $2.41 \times 10^{24} \text{ unidades de fórmula de } NaCl \times$

$\dfrac{1 \text{ mol de } NaCl}{6.02 \times 10^{23} \text{ unidades de fórmula de } NaCl} = 0.400$

$\times 10^1 = 4.00 \text{ moles de } NaCl$

b. $9.03 \times 10^{24} \text{ átomos de } Hg \times \dfrac{1 \text{ mol de } Hg}{6.02 \times 10^{23} \text{ átomos de } Hg}$

$= 15.0 \text{ moles de } Hg$

c. $4.65 \times 10^{24} \text{ moléculas de } NO_2 \times$

$\dfrac{1 \text{ mol de } NO_2}{6.02 \times 10^{23} \text{ moléculas de } NO_2} = 0.772 \times 10^1$

$= 7.72 \text{ moléculas de } NO_2$

57. **a.** $3.00 \text{ moles de } Sn \times \dfrac{6.02 \times 10^{23} \text{ átomos de } Sn}{1 \text{ mol de } Sn}$

$= 1.81 \times 10^{24} \text{ átomos de } Sn$

b. $0.400 \text{ moles de } KCl \times$

$\dfrac{6.02 \times 10^{23} \text{ unidades de fórmula de } KCl}{1 \text{ mol de } KCl}$

$= 2.41 \times 10^{23} \text{ unidades de fórmula de } KCl$

c. $7.50 \text{ moles de } SO_2 \times \dfrac{6.02 \times 10^{23} \text{ moléculas de } SO_2}{1 \text{ mol de } SO_2}$

$= 4.52 \times 10^{24} \text{ moléculas de } SO_2$

d. $4.80 \times 10^{-3} \text{ moles de } NaI \times$

$\dfrac{6.02 \times 10^{23} \text{ unidades de fórmula de } NaI}{1 \text{ mol de } NaI}$

$= 2.89 \times 10^{21} \text{ unidades de fórmula de } NaI.$

60. **a.** $(3 \times 1.0 \text{ g/mol}) + (1 \times 31.0 \text{ g/mol})$
$+ (4 \times 16.0 \text{ g/mol}) = 98.0 \text{ g/mol}$

b. $(2 \times 14.0 \text{ g/mol}) + (3 \times 16.0 \text{ g/mol}) = 76.0 \text{ g/mol}$

c. $(1 \times 40.1 \text{ g/mol}) + (1 \times 12.0 \text{ g/mol}) +$
$(3 \times 16.0 \text{ g/mol}) = 100.1 \text{ g/mol}$

d. $2 \times [(1 \times 14.0 \text{ g/mol}) + (4 \times 1.0 \text{ g/mol})] + (1 \times 32.1 \text{ g/mol}) + (4 \times 16.0 \text{ g/mol}) = 132.1 \text{ g/mol}$

e. $(4 \times 12.0 \text{ g/mol}) + (9 \times 1.0 \text{ g/mol}) +$
$(2 \times 16.0 \text{ g/mol}) = 89.0 \text{ g/mol}$

f. $2 \times 79.9 \text{ g/mol} = 159.8 \text{ g/mol}$

63. a. masa de C en 1 mol de $C_{12}H_{22}O_{11} = 12 \text{ mol} \times$
$12.0 \text{ g/mol} = 144.0 \text{ g}$

masa de H en 1 mol de $C_{12}H_{22}O_{11} = 22 \text{ mol} \times$
$1.0 \text{ g/mol} = 22.0 \text{ g}$

masa O en 1 mol de $C_{12}H_{22}O_{11} = 11 \text{ mol} \times$
$16.0 \text{ g/mol} = 176.0 \text{ g}$

masa molar de $C_{12}H_{22}O_{11} = 144.0 \text{ g} + 22.0 \text{ g} +$
$176.0 \text{ g} = 342.0 \text{ g}$

$0.250 \text{ moles de } C_{12}H_{22}O_{11} \times \dfrac{342.0 \text{ g de } C_{12}H_{22}O_{11}}{1 \text{ mol de } C_{12}H_{22}O_{11}}$
$= 85.5 \text{ g de } C_{12}H_{22}O_{11}$

b. masa de Na en 1 mol de NaCl $= 1 \text{ mol} \times 23.0 \text{ g/mol}$
$= 23.0 \text{ g}$

masa de Cl en 1 mol de NaCl $= 1 \text{ mol} \times 35.5 \text{ g/mol}$
$= 35.5 \text{ g}$

masa molar de NaCl $= 23.0 \text{ g} + 35.5 \text{ g} = 58.5 \text{ g}$
$0.250 \text{ moles de NaCl} \times \dfrac{58.5 \text{ g de NaCl}}{1 \text{ mol de NaCl}} = 14.6 \text{ g de NaCl}$

c. masa de K en 1 mol de $KMnO_4 = 1 \text{ mol} \times 39.1 \text{ g/mol}$
$= 39.1 \text{ g}$

masa de Mn en 1 mol de $KMnO_4 = 1 \text{ mol} \times$
$54.9 \text{ g/mol} = 54.9 \text{ g}$

masa de O en 1 mol de $KMnO_4 = 4 \text{ mol} \times 16.0 \text{ g/mol}$
$= 64.0 \text{ g}$

masa molar de $KMnO_4 = 39.1 \text{ g} + 54.9 \text{ g} + 64.0 \text{ g}$
$= 158.0 \text{ g}$

$0.250 \text{ moles de } KMnO_4 \times \dfrac{158.0 \text{ g de } KMnO_4}{1 \text{ mol de } KMnO_4}$
$= 39.5 \text{ g de } KMnO_4$

64. a. $1.00 \times 10^2 \text{ g de } C_{12}H_{22}O_{11} \times \dfrac{1 \text{ mol de } C_{12}H_{22}O_{11}}{342.0 \text{ g de } C_{12}H_{22}O_{11}}$
$= 0.292 \text{ moles de } C_{12}H_{22}O_{11}$

b. $1.00 \times 10^2 \text{ g de NaCl} \times \dfrac{1 \text{ mol de NaCl}}{58.5 \text{ g de NaCl}}$
$= 1.71 \text{ moles de NaCl}$

c. $1.00 \times 10^2 \text{ g de } KMnO_4 \times \dfrac{1 \text{ mol de } KMnO_4}{158.0 \text{ g de } KMnO_4}$
$= 0.633 \text{ moles de } KMnO_4$

67. a. $7.64 \text{ moles de Ar} \times \dfrac{22.4 \text{ L de Ar}}{1 \text{ mol de Ar}} = 171 \text{ L de Ar}$

b. $1.34 \text{ moles de } SO_2 \times \dfrac{22.4 \text{ L de } SO_2}{1 \text{ mol de } SO_2} = 30.0 \text{ L de } SO_2$

c. $0.442 \text{ moles de } C_2H_6 \times \dfrac{22.4 \text{ L de } C_2H_6}{1 \text{ mol de } C_2H_6} = 9.90 \text{ L de } C_2H_6$

d. $2.45 \times 10^{-3} \text{ moles de } H_2S \times \dfrac{22.4 \text{ L de } H_2S}{1 \text{ mol de } H_2S}$
$= 5.49 \times 10^{-2} \text{ L de } H_2S$

68. $\dfrac{0.902 \text{ g}}{1 \text{ L}} \times \dfrac{22.4 \text{ L}}{1 \text{ mol}} = 20.2 \text{ g/mol}$

72. Masa total $= 13.3 \text{ g} + 5.7 \text{ g} = 19.0 \text{ g}$

$\% \text{ Fe} = \dfrac{13.3 \text{ g}}{19.0 \text{ g}} \times 100\% = 70.0\% \text{ Fe}$

$\% \text{ O} = \dfrac{5.7 \text{ g}}{19.0 \text{ g}} \times 100\% = 3.0 \times 10^1\% \text{ O}$

73. a. $\% \text{ H} = \dfrac{2.0 \text{ g}}{34.1 \text{ g}} \times 100\% = 5.9\% \text{ H}$

$\% \text{ S} = \dfrac{32.1 \text{ g}}{34.1 \text{ g}} \times 100\% = 94.1\% \text{ S}$

b. $\% \text{ N} = \dfrac{28.0 \text{ g}}{124.0 \text{ g}} \times 100\% = 22.6\% \text{ N}$

$\% \text{ H} = \dfrac{8.0 \text{ g}}{124.0 \text{ g}} \times 100\% = 6.5\% \text{ H}$

$\% \text{ C} = \dfrac{24.0 \text{ g}}{124.0 \text{ g}} \times 100\% = 19.4\% \text{ C}$

$\% \text{ O} = \dfrac{64.0 \text{ g}}{124.0 \text{ g}} \times 100\% = 51.6\% \text{ O}$

c. $\% \text{ Mg} = \dfrac{24.3 \text{ g}}{58.3 \text{ g}} \times 100\% = 41.7\% \text{ Mg}$

$\% \text{ O} = \dfrac{32.0 \text{ g}}{58.3 \text{ g}} \times 100\% = 54.9\% \text{ O}$

$\% \text{ H} = \dfrac{2.0 \text{ g}}{58.3 \text{ g}} \times 100\% = 3.4\% \text{ H}$

d. $\% \text{ Na} = \dfrac{69.0 \text{ g}}{164.0 \text{ g}} \times 100\% = 42.1\% \text{ Na}$

$\% \text{ P} = \dfrac{31.0 \text{ g}}{164.0 \text{ g}} \times 100\% = 18.9\% \text{ P}$

$\% \text{ O} = \dfrac{64.0 \text{ g}}{164.0 \text{ g}} \times 100\% = 39.0\% \text{ O}$

74. a. $3.54 \text{ g de } H_2S \times \dfrac{94.1 \text{ g de S}}{100 \text{ g de } H_2S} = 3.33 \text{ g de S}$

b. $25.0 \text{ g de } (NH_4)_2C_2O_4 \times \dfrac{22.6 \text{ g de N}}{100 \text{ g de } (NH_4)_2C_2O_4}$
$= 5.65 \text{ g de N}$

c. $97.4 \text{ g de Mg(OH)}_2 \times \dfrac{41.7 \text{ g de Mg}}{100 \text{ g de Mg(OH)}_2} = 40.6 \text{ g de Mg}$

d. $804 \text{ g de } Na_3PO_4 \times \dfrac{18.9 \text{ g de P}}{100 \text{ g de } Na_3PO_4} = 152 \text{ g de P}$

76. Una fórmula empírica da la razón con el número entero más pequeño de elementos.

a. molecular   **c.** molecular y empírica

b. molecular   **d.** molecular y empírica

79. a. el mfe de CH_2O = 12.0 g/mol + 2 × (1.0 g/mol) + 16.0 g/mol = 30.0 g/mol

$$\frac{\text{masa molar}}{\text{mfe}} = \frac{90 \text{ g/mol}}{30.0 \text{ g/mol}} = 3$$

$(CH_2O) \times 3 = C_3H_6O_3$

b. el mfe de HgCl = 200.6 g/mol + 35.5 g/mol = 236.1 g/mol

$$\frac{\text{masa molar}}{\text{mfe}} = \frac{472.2 \text{ g/mol}}{236.1 \text{ g/mol}} = 2$$

$(HgCl) \times 2 = Hg_2Cl_2$

80. a. 1.00 mol de $C_{12}H_{22}O_{11}$ ×

$$\frac{6.02 \times 10^{23} \text{ moléculas de } C_{12}H_{22}O_{11}}{1 \text{ mol de } C_{12}H_{22}O_{11}} \times$$

$$\frac{45 \text{ átomos}}{1 \text{ molécula de } C_{12}H_{22}O_{11}} = 2.71 \times 10^{25} \text{ átomos}$$

b. 2.00 moles de $C_{12}H_{22}O_{11}$ ×

$$\frac{6.02 \times 10^{23} \text{ moléculas de } C_{12}H_{22}O_{11}}{1 \text{ mol de } C_{12}H_{22}O_{11}} \times$$

$$\frac{12 \text{ átomos de C}}{1 \text{ molécula de } C_{12}H_{22}O_{11}} = 1.44 \times 10^{25} \text{ átomos de C}$$

c. 2.00 moles de $C_{12}H_{22}O_{11}$ ×

$$\frac{6.02 \times 10^{23} \text{ moléculas de } C_{12}H_{22}O_{11}}{1 \text{ mol de } C_{12}H_{22}O_{11}} \times$$

$$\frac{22 \text{ átomos de H}}{1 \text{ molécula de } C_{12}H_{22}O_{11}} = 2.65 \times 10^{25} \text{ átomos de H}$$

d. 3.65 mol de $C_{12}H_{22}O_{11}$ ×

$$\frac{6.02 \times 10^{23} \text{ moléculas de } C_{12}H_{22}O_{11}}{1 \text{ mol de } C_{12}H_{22}O_{11}} \times$$

$$\frac{11 \text{ átomos de O}}{1 \text{ molécula de } C_{12}H_{22}O_{11}} = 2.42 \times 10^{25} \text{ átomos de O}$$

82. a. el mfe de CH_2O = 12.0 g/mol + 2 × (1.0 g/mol) + 16.0 g/mol = 30.0 g/mol

Compuesto A: $\dfrac{\text{masa molar de A}}{\text{mfe}} = \dfrac{60.0 \text{ g/mol}}{30.0 \text{ g/mol}} = 2$

$(CH_2O) \times 2 = C_2H_4O_2$

Compuesto D: $\dfrac{\text{masa molar de D}}{\text{mfe}} = \dfrac{150.0 \text{ g/mol}}{30.0 \text{ g/mol}} = 5$

$(CH_2O) \times 5 = C_5H_{10}O_5$

Compuesto E: $\dfrac{\text{masa molar de E}}{\text{mfe}} = \dfrac{180.0 \text{ g/mol}}{30.0 \text{ g/mol}} = 6$

$(CH_2O) \times 6 = C_6H_{12}O_6$

b. pendiente = $\dfrac{\Delta \text{ masa molar}}{\Delta \text{ masa de C}} = \dfrac{150.0 - 60.0}{60.0 - 24.0} = \dfrac{2.5}{1}$

La pendiente es la razón de la masa de la fórmula empírica a la masa de carbono en la fórmula empírica: 30.0 g/12.0 g = 2.5/1.

c. Los dos otros puntos de datos ocurren cuando la masa molar/mfe = 3 y 4. Estos puntos de datos corresponden a los compuestos con fórmulas moleculares $C_3H_6O_3$ y $C_4H_8O_4$, respectivamente. Por tanto, los valores x, y son (36, 90) y (48, 120).

85. masa molar de Cl_2O = 2 × (35.5 g/mol) + 16.0 g/mol = 87.0 g/mol

$$90.0 \text{ g de } Cl_2O \times \frac{1 \text{ mol de } Cl_2O}{87.0 \text{ g de } Cl_2O} \times \frac{1 \text{ mol de O}}{1 \text{ mol de } Cl_2O}$$
$$\times \frac{16.0 \text{ g de O}}{1 \text{ mol de O}} = 16.6 \text{ g de O}$$

87. $150.0 \text{ mg de } C_{17}H_{18}FN_3O_3 \times \dfrac{1 \text{ g de } C_{17}H_{18}FN_3O_3}{1000 \text{ mg de } C_{17}H_{18}FN_3O_3}$

$\times \dfrac{1 \text{ mol de } C_{17}H_{18}FN_3O_3}{331.0 \text{ g de } C_{17}H_{18}FN_3O_3} \times$

$\dfrac{6.02 \times 10^{23} \text{ moléculas de } C_{17}H_{18}FN_3O_3}{1 \text{ mol de } C_{17}H_{18}FN_3O_3} \times$

$\dfrac{1 \text{ átomo de F}}{1 \text{ molécula de } C_{17}H_{18}FN_3O_3} = 2.73 \times 10^{20} \text{ átomos de F}$

89. a. $94.1 \text{ g de O} \times \dfrac{1 \text{ mol de O}}{16.0 \text{ g de O}} = 5.88 \text{ moles de O}$

$5.9 \text{ g de H} \times \dfrac{1 \text{ mol de H}}{1.0 \text{ g de H}} = 5.9 \text{ moles de H}$

$\dfrac{5.88 \text{ moles de O}}{5.88} = 1.00 \text{ mol de O}; \dfrac{5.9 \text{ moles de H}}{5.88}$
$= 1.00 \text{ mol de H};$

La fórmula empírica es HO.

$$\frac{\text{masa molar}}{\text{mfe}} = \frac{34 \text{ g/mol}}{17.0 \text{ g/mol}} = 2$$

$(HO) \times 2 = H_2O_2$

b. $50.7 \text{ g de C} \times \dfrac{1 \text{ mol de C}}{12.0 \text{ g de C}} = 4.23 \text{ moles de C}$

$4.2 \text{ g de H} \times \dfrac{1 \text{ mol de H}}{1.0 \text{ g de H}} = 4.2 \text{ moles de H}$

$45.1 \text{ g de O} \times \dfrac{1 \text{ mol de O}}{16.0 \text{ g de O}} = 2.83 \text{ moles de O}$

$\dfrac{4.23 \text{ moles de C}}{2.83} = 1.49 \text{ moles de C}; \dfrac{4.2 \text{ moles de H}}{2.83}$

$= 1.5 \text{ moles de H}; \dfrac{2.83 \text{ moles de O}}{2.83} = 1.00 \text{ mol de O}$

1.49 moles de C × 2 = 3 moles de C; 1.5 moles de H × 2 = 3 moles de H; 1.00 mol de O × 2 = 2 moles de O. La fórmula empírica es $C_3H_3O_2$.

$$\frac{\text{masa molar}}{\text{mfe}} = \frac{142 \text{ g/mol}}{71.0 \text{ g/mol}} = 2$$
$(C_3H_3O_2) \times 2 = C_6H_6O_4$

c. $56.6 \text{ g de K} \times \dfrac{1 \text{ mol de K}}{39.1 \text{ g de K}} = 1.45$ moles de K

$8.7 \text{ g de C} \times \dfrac{1 \text{ mol de C}}{12.0 \text{ g de C}} = 0.73$ moles de C

$34.7 \text{ g de O} \times \dfrac{1 \text{ mol de O}}{16.0 \text{ g de O}} = 2.17$ moles de O

$\dfrac{1.45 \text{ moles de K}}{0.73} = 2.00$ moles de K;

$\dfrac{0.73 \text{ moles de C}}{0.73} = 1.00$ mol de C;

$\dfrac{2.17 \text{ moles de O}}{0.73} = 3.00$ moles de O

La fórmula empírica es K_2CO_3.

$\dfrac{\text{masa molar}}{\text{mfe}} = \dfrac{138.2 \text{ g/mol}}{138.2 \text{ g/mol}} = 1$

$(K_2CO_3) \times 1 = K_2CO_3$

90. a. Masa atómica del boro = 10.8 uma

$15 \text{ átomos de B} \times \dfrac{10.8 \text{ uma}}{1 \text{ átomos de B}} = 162$ uma

$\dfrac{162 \text{ uma}}{6} = 27.0$ uma

b. aluminio

91. $6.02 \times 10^{23} \text{ partículas} \times \dfrac{5 \times 10^{-6} \text{ cm}}{1 \text{ partícula}} \times \dfrac{1 \text{ m}}{100 \text{ cm}} \times$

$\dfrac{1 \text{ km}}{1000 \text{ m}} = 3 \times 10^{13}$ km

94. $5.50 \text{ L} \times \dfrac{1 \text{ mol de He}}{22.4 \text{ L}} \times \dfrac{4.0 \text{ g de He}}{1 \text{ mol de He}} = 0.98$ g de He

96. Sea el número de átomos de carbono = x. Entonces, la fórmula empírica es $C_xH_{3x}O_{x/2}$. El valor más bajo de x que dará números enteros en los subíndices es 2. Por tanto, la fórmula empírica es C_2H_6O.

100. a. $68 \text{ g de C} \times \dfrac{1 \text{ mol de C}}{12.0 \text{ g de C}} = 5.7$ moles de C

$7 \text{ g de H} \times \dfrac{1 \text{ mol de H}}{1.0 \text{ g de H}} = 7.0$ moles de H

$20 \text{ g de O} \times \dfrac{1 \text{ mol de O}}{16.0 \text{ g de O}} = 1.3$ moles de O

$9 \text{ g de N} \times \dfrac{1 \text{ mol de N}}{14.0 \text{ g de N}} = 0.64$ moles de N

$\dfrac{5.7 \text{ moles de C}}{0.64} = 9$ moles de C; $\dfrac{7 \text{ moles de H}}{0.64}$

$= 11$ moles de H; $\dfrac{1.3 \text{ moles de O}}{0.64} = 2$ moles de O;

$\dfrac{0.6 \text{ moles de N}}{0.64} = 1$ mol de N

La fórmula empírica es $C_9H_{11}O_2N$.

b. $\dfrac{\text{masa molar}}{\text{mfe}} = \dfrac{165.2 \text{ g/mol}}{165.0 \text{ g/mol}} = 1$

La fórmula molecular es $C_9H_{11}O_2N$.

101. A partir de la información dada, la razón de átomos es $C_{0.6}H_1O_{1.8}N_{0.6}$. La fórmula empírica es $(C_{0.6}H_1O_{1.8}N_{0.6}) \times 5 = C_3H_5O_9N_3$.

mfe = $3 \times (12.0 \text{ g/mol}) + 5 \times (1.0 \text{ g/mol}) + 9 \times (16.0 \text{ g/mol}) + 3 \times (14.0 \text{ g/mol}) = 227.0$ g/mol

$\text{masa molar} = \dfrac{1.00 \text{ g}}{0.00441 \text{ moles}} = 227$ g/mol

$\dfrac{\text{masa molar}}{\text{mfe}} = \dfrac{227}{227.0} = 1$

La fórmula molecular es también $C_3H_5O_9N_3$.

103. $75.0 \text{ g de aire} \times \dfrac{1 \text{ L de aire}}{1.19 \text{ g de aire}} \times \dfrac{20.95 \text{ L de } O_2}{100 \text{ L de aire}} \times$

$\dfrac{1 \text{ mol de } O_2}{22.4 \text{ L de } O_2} \times \dfrac{6.02 \times 10^{23} \text{ moléculas de } O_2}{1 \text{ mol de } O_2} = 3.54 \times$

10^{23} moléculas de O_2

105. Considera un cubo que contiene 1 mol de NaCl. La masa del cubo (hasta 4 cifras significativas) sería 22.99 g + 35.45 g = 58.44 g. El volumen del cubo se puede calcular usando la densidad del NaCl sólido:

$58.44 \text{ g de NaCl} \times \dfrac{1 \text{ cm}^3}{2.165 \text{ g de NaCl}} = 26.99$ cm^3

Por tanto, la longitud de un lado del cubo es

$\sqrt[3]{26.99 \text{ cm}^3} = 3.000$ cm

El número de iones por lado es como sigue:

$3.000 \text{ cm} \times \dfrac{1 \text{ ion}}{2.819 \times 10^{-8} \text{ cm}} = 1.064 \times 10^8$ iones

El número total de iones en el cubo es $(1.064 \times 10^8 \text{ iones})^3 = 1.205 \times 10^{24}$ iones

Para calcular el número de Avogadro, debes determinar el número de unidades de fórmula del cubo:

$1.205 \times 10^{24} \text{ iones} \times \dfrac{1 \text{ unidad de fórmula}}{2 \text{ iones}} =$

6.025×10^{23} unidades de fórmula

108. $30.0 \text{ mg} \times \dfrac{1 \text{ g}}{1000 \text{ mg}} \times \dfrac{1 \text{ mol de compuesto}}{312 \text{ g}} \times$

$\dfrac{6.02 \times 10^{23} \text{ moléculas}}{1 \text{ mol de compuesto}} = 5.79 \times 10^{19}$ moléculas

110. cambio químico: la cera que se quema
cambios físicos: la cera que se derrite, la cera que se vaporiza

111. a. cambio físico **d.** cambio físico

b. cambio químico **e.** cambio químico

c. cambio químico **f.** cambio físico

114. $\dfrac{84.0 \text{ g}}{2.75 \text{ cm} \times 4.80 \text{ cm} \times 7.5 \text{ cm}} = 0.85 \text{ g/cm}^3$

El bloque flotará porque su densidad (0.85 g/cm^3) es menor que la densidad del agua (1.00 g/cm^3).

115. **a.** $4.72 \text{ g} \times \dfrac{1000 \text{ mg}}{1 \text{ g}} = 4.72 \times 10^3 \text{ mg}$

b. $\dfrac{2.7 \times 10^3 \text{ cm}}{\text{s}} \times \dfrac{1 \text{ m}}{100 \text{ cm}} \times \dfrac{1 \text{ km}}{1000 \text{ m}} \times \dfrac{60 \text{ s}}{1 \text{ min}} \times$

$\dfrac{60 \text{ min}}{1 \text{ h}} = 97 \text{ km/h}$

c. $4.4 \text{ mm} \times \dfrac{1 \text{ m}}{1000 \text{ mm}} \times \dfrac{10 \text{ dm}}{1 \text{ m}} = 4.4 \times 10^{-2} \text{ dm}$

116. **a.** 40 protones, 40 electrones, 50 neutrones

b. 46 protones, 46 electrones, 62 neutrones

c. 35 protones, 35 electrones, 46 neutrones

d. 51 protones, 51 electrones, 72 neutrones

117. **a.** $1s^2 2s^2 2p^5$

b. $1s^2 2s^1$

c. $1s^2 2s^2 2p^6 3s^2 3p^6 3d^{10} 4s^2 4p^6 5s^1$

119. Cr, Cd, Cu, Co

126. **d.** CaS_2 **f.** $Ba(OH)$

127. **a.** hidróxido de hierro(III)   **c.** carbonato de sodio

b. yoduro de amoníaco   **d.** tetracloruro de carbono

128. **a.** KNO_3 **b.** CuO **c.** Mg_3N_2 **d.** AgF

Capítulo 11

1. Cuando el sodio sólido se deja caer en agua, se produce gas hidrógeno e hidróxido de sodio acuosos.

2. $S(s) + O_2(g) \longrightarrow SO_2(g)$

3. $3CO + Fe_2O_3 \longrightarrow 2Fe + 3CO_2$

4. $2C + O_2 \longrightarrow 2CO$

5. **a.** $FeCl_3 + 3NaOH \longrightarrow Fe(OH)_3 + 3NaCl$

b. $CS_2 + 3Cl_2 \longrightarrow CCl_4 + S_2Cl_2$

c. $2KI + Pb(NO_3)_2 \longrightarrow PbI_2 + 2KNO_3$

d. $2C_2H_2 + 5O_2 \longrightarrow 4CO_2 + 2H_2O$

6. **a.** $Ca(OH)_2 + H_2SO_4 \longrightarrow CaSO_4 + 2H_2O$

b. $Na + H_2O \longrightarrow NaOH + H$

12. HBr

13. $2HI \longrightarrow H_2 + I_2$

14. $3Mg + N_2 \longrightarrow Mg_3N_2$

15. **a.** $Fe(s) + Pb(NO_3)_2(aq) \longrightarrow Fe(NO_3)_2(aq) + Pb(s)$

b. $Cl_2(aq) + 2NaI(aq) \longrightarrow 2NaCl(aq) + I_2(aq)$

c. $Ca(s) + 2H_2O(l) \longrightarrow Ca(OH)_2(aq) + H_2(g)$

d. $Zn(s) + H_2SO_4(aq) \longrightarrow ZnSO_4(aq) + H_2(g)$

16. **a.** $3NaOH(aq) + Fe(NO_3)_3(aq) \longrightarrow$

$Fe(OH)_3(s) + 3NaNO_3(aq)$

b. $3Ba(NO_3)_2(aq) + 2H_3PO_4(aq) \longrightarrow$

$Ba_3(PO_4)_2(s) + 6HNO_3(aq)$

c. $FeS(s) + 2HCl(aq) \longrightarrow H_2S(g) + FeCl_2(aq)$

17. **a.** $3KOH(aq) + H_3PO_4(aq) \longrightarrow$

$K_3PO_4(aq) + 3H_2O(l)$

b. $AgNO_3(aq) + NaCl(s) \longrightarrow AgCl(s) + NaNO_3(aq)$

c. $3Ca(OH)_2(aq) + 2H_3PO_4(aq) \longrightarrow$

$Ca_3(PO_4)_2(aq) + 6H_2O(l)$

d. $2KI(aq) + Pb(NO_3)_2(aq) \longrightarrow$

$2KNO_3(aq) + PbI_2(s)$

e. $3H_2SO_4(aq) + 2Al(OH)_3(aq) \longrightarrow$

$Al_2(SO_4)_3(aq) + 6H_2O(l)$

18. **a.** $CH_2O(g) + O_2(g) \longrightarrow CO_2(g) + H_2O(g)$

b. $C_7H_{16}(l) + 11O_2(g) \longrightarrow 7CO_2(g) + 8H_2O(g)$

c. $2C_6H_6(l) + 15O_2(g) \longrightarrow 12CO_2(g) + 6H_2O(g)$

19. **a.** $C_6H_{12}O_6(s) + 6O_2(g) \longrightarrow 6CO_2(g) + 6H_2O(g)$

b. $C_3H_6O(l) + 4O_2(g) \longrightarrow 3CO_2(g) + 3H_2O(g)$

c. $2C_5H_{12}O(l) + 15O_2(g) \longrightarrow 10CO_2(g) + 12H_2O(g)$

25. $OH^-(aq) + H^+(aq) \longrightarrow H_2O(l)$

26. Ecuación iónica completa:

$3Ca^{2+}(aq) + 6OH^-(aq) + 6H^+(aq) + 2PO_4{}^{3-}(aq)$

$\longrightarrow Ca_3(PO_4)_2(s) + 6H_2O(l)$

Ecuación iónica neta: igual a la ecuación iónica completa

27. El precipitado que se forma es cloruro de plomo.

$Pb^{2+}(aq) + 2Cl^-(aq) \longrightarrow PbCl_2(s)$

28. Ecuación iónica completa:

$Fe^{3+}(aq) + NO_3{}^-(aq) + 3Na^+(aq) + 3OH^-(aq) \longrightarrow$

$3Na^+(aq) + NO_3{}^-(aq) + Fe(OH)_3(s)$

Ecuación iónica neta:

$Fe^{3+}(aq) + OH^-(aq) \longrightarrow Fe(OH)_3(s)$

37. **a.** $2PbO_2(s) \longrightarrow 2PbO(s) + O_2(g)$

b. $2Fe(OH)_3(s) \longrightarrow Fe_2O_3(s) + 3H_2O(l)$

c. $(NH_4)_2CO_3(s) \longrightarrow 2NH_3(g) + H_2O(g) + CO_2(g)$

d. $CaCl_2(aq) + H_2SO_4(aq) \longrightarrow$

$CaSO_4(s) + 2HCl(aq)$

38. **a.** $2Mg(s) + O_2(g) \longrightarrow 2MgO(s)$

b. $4P(s) + 5O_2(g) \longrightarrow 2P_2O_5(s)$

c. $Ca(s) + S(s) \longrightarrow CaS(s)$

46. **a.** $H^+(aq) + OH^-(aq) \longrightarrow H_2O(l)$

b. $Ag^+(aq) + Cl^-(aq) \longrightarrow AgCl(s)$

51. **a.** $Na_2O(s) + H_2O(l) \longrightarrow 2NaOH(aq)$

b. $H_2(g) + Br_2(g) \longrightarrow 2HBr(g)$

c. $Cl_2O_7(l) + H_2O(l) \longrightarrow 2HClO_4(aq)$

53. a. tubo A

b. $2Na(s) + 2H_2O(l) \longrightarrow 2NaOH(aq) + H_2(g)$
sustitución sencilla

57. a. $CdS(s)$

b. $Na^+(aq)$ y $NO_3^-(aq)$

c. $Cd^{2+}(aq) + S^{2-}(aq) \longrightarrow CdS(s)$

60. a. sustitución sencilla

b. $Cl_2(g) + 2I^-(aq) \longrightarrow I_2(aq) + 2Cl^-(aq)$

62. a. $2K(s) + 2H_2O(l) \longrightarrow 2KOH(aq) + H_2(g)$

b. $C_2H_5OH(l) + 3O_2(g) \longrightarrow 2CO_2(g) + 3H_2O(g)$

c. $2Bi(NO_3)_3(aq) + 3H_2S(g) \longrightarrow$
$$Bi_2S_3(s) + 6HNO_3(aq)$$

d. $2Al(s) + 3Br_2(l) \longrightarrow 2AlBr_3(s)$

65. No está permitido fumar cerca de una fuente de oxígeno porque un incendio puede arder más rápido en un área que tiene altas concentraciones de oxígeno. Sin embargo, si un cerillo se encendiera en una habitación llena de oxígeno y aislada de cualquier material combustible, el cerillo solo se quemaría más vigorosamente.

70. 22 protones, 28 neutrones y 22 electrones

74. a. K_2CrO_4

c. ácido permangánico

b. $NaHSO_3$

d. oxalato de potasio

77. Primero, se determina la fórmula empírica.

$49.5 \text{ g de C} \times \dfrac{1 \text{ mol de C}}{12.0 \text{ g de C}} = 4.13 \text{ moles de C}$

$5.20 \text{ g de H} \times \dfrac{1 \text{ mol de H}}{1.01 \text{ g de H}} = 5.15 \text{ moles de H}$

$16.5 \text{ g de O} \times \dfrac{1 \text{ mol de O}}{16.0 \text{ g de O}} = 1.03 \text{ moles de O}$

$28.9 \text{ g de N} \times \dfrac{1 \text{ mol de N}}{14.0 \text{ g de N}} = 2.06 \text{ moles de N}$

Después, se divide cada valor por 1.03. La fórmula empírica es $C_4H_5ON_2$. La masa de la fórmula empírica es 97 g.

$\dfrac{\text{mfg}}{\text{mfe}} = \dfrac{194.1 \text{ g}}{97 \text{ g}} = 2$

$(C_4H_5ON_2) \times 2 = C_8H_{10}O_2N_4$

Capítulo 12

1. $288 \text{ FSW}_3\text{HP}_2 \times \dfrac{1 \text{ asientos}}{1 \text{ FSW}_3\text{HP}_2} = 288 \text{ asientos}$

$288 \text{ FSW}_3\text{HP}_2 \times \dfrac{3 \text{ llantas}}{1 \text{ FSW}_3\text{HP}_2} = 864 \text{ llantas}$

$288 \text{ FSW}_3\text{HP}_2 \times \dfrac{2 \text{ pedales}}{1 \text{ FSW}_3\text{HP}_2} = 576 \text{ pedales}$

2. Las respuestas variarán, pero deberían incluir el número correcto de "partes" para hacer el producto. Por ejemplo, 1 tabla + 2 ejes + 4 llantas $\longrightarrow TE_2L_4$. Nota: El eje (E) de una patineta sostiene las llantas (L). La tabla (T) de una patineta es la parte sobre la que se para la persona al montar patineta.

3. 2 moléculas de H_2 + 1 molécula de $O_2 \longrightarrow$
$$2 \text{ moléculas de } H_2O$$

2 moles de H_2 + 1 mol de $O_2 \longrightarrow$ 2 moles de H_2O

44.8 L de H_2 + 22.4 L de $O_2 \longrightarrow$ 44.8 L de H_2O

4. $C_2H_4(g) + 3O_2 \longrightarrow 2CO_2(g) + 2H_2O(g)$;

1 mol de C_2H_4 + 3 moles de $O_2 \longrightarrow$
$$2 \text{ moles de } CO_2 + 2 \text{ moles de } H_2O;$$

22.4 L de C_2H_4 + 67.2 L de $O_2 \longrightarrow$
$$44.8 \text{ L de } CO_2 + 44.8 \text{ L de } H_2O;$$

$\left(1 \text{ mol} \times \dfrac{28.0 \text{ g}}{\text{mol}}\right) + \left(3 \text{ moles} \times \dfrac{32.0 \text{ g}}{\text{mol}}\right) \longrightarrow$

$$\left(2 \text{ moles} \times \dfrac{44.0 \text{ g}}{\text{mol}}\right) + \left(2 \text{ moles} \times \dfrac{18.0 \text{ g}}{\text{mol}}\right)$$

28.0 g de C_2H_4 + 96.0 g de $O_2 \longrightarrow$
$$88.0 \text{ g de } CO_2 + 36.0 \text{ g de } H_2O$$

124 g = 124 g

11. a. $\dfrac{4 \text{ moles de Al}}{3 \text{ moles de } O_2}$ $\dfrac{3 \text{ moles de } O_2}{4 \text{ moles de Al}}$ $\dfrac{4 \text{ moles de Al}}{2 \text{ moles de } Al_2O_3}$

$\dfrac{2 \text{ moles de } Al_2O_3}{4 \text{ moles de Al}}$ $\dfrac{3 \text{ moles de } O_2}{2 \text{ moles de } Al_2O_3}$ $\dfrac{2 \text{ moles de } Al_2O_3}{3 \text{ moles de } O_2}$

b. $3.7 \text{ moles de } Al_2O_3 \times \dfrac{4 \text{ moles de Al}}{2 \text{ moles de } Al_2O_3} = 7.4 \text{ moles de Al}$

12. a. $14.8 \text{ moles de Al} \times \dfrac{3 \text{ moles de } O_2}{4 \text{ moles de Al}} = 11.1 \text{ moles de } O_2$

b. $0.78 \text{ moles de } O_2 \times \dfrac{2 \text{ moles de } Al_2O_3}{3 \text{ moles de } O_2}$
$$= 0.52 \text{ moles de } Al_2O_3$$

13. $5.00 \text{ g de } CaC_2 \times \dfrac{1 \text{ mol de } CaC_2}{64.1 \text{ g de } CaC_2} \times \dfrac{1 \text{ mol de } C_2H_2}{1 \text{ mol de } CaC_2}$

$\times \dfrac{26.0 \text{ g de } C_2H_2}{1 \text{ mol de } C_2H_2} = 2.03 \text{ g de } C_2H_2$

14. $49.0 \text{ g de } H_2O \times \dfrac{1 \text{ mol de } H_2O}{18.0 \text{ g de } H_2O} \times \dfrac{1 \text{ mol de } CaC_2}{2 \text{ moles de } H_2O}$
$$= 1.36 \text{ moles de } CaC_2$$

15. $6.54 \text{ g de } KClO_3 \times \dfrac{1 \text{ mol de } KClO_3}{122.6 \text{ g de } KClO_3} \times \dfrac{3 \text{ moles de } O_2}{2 \text{ moles de } KClO_3}$

$\times \dfrac{6.02 \times 10^{23} \text{ moléculas de } O_2}{1 \text{ mol de } O_2} = 4.82 \times$

$10^{22} \text{ moléculas de } O_2$

16. $5.00 \times 10^{22} \text{ moléculas de NO} \times$

$\dfrac{1 \text{ mol de NO}}{6.02 \times 10^{23} \text{ moléculas de NO}} \times \dfrac{3 \text{ moles de } NO_2}{1 \text{ mol de NO}} \times$

$\dfrac{46.0 \text{ g de } NO_2}{1 \text{ mol de } NO_2} = 11.5 \text{ g de } NO_2$

17. $3.86 \text{ L de CO} \times \dfrac{1 \text{ mol de CO}}{22.4 \text{ L de CO}} \times \dfrac{1 \text{ mol de O}_2}{2 \text{ moles de CO}} \times$

$$\dfrac{22.4 \text{ L de O}_2}{1 \text{ mol de O}_2} = 1.93 \text{ L de O}_2$$

18. $0.42 \text{ L de H}_2 \times \dfrac{1 \text{ mol de H}_2}{22.4 \text{ L de H}_2} \times \dfrac{4 \text{ moles de PH}_3}{6 \text{ moles de H}_2} \times$

$$\dfrac{22.4 \text{ L de PH}_3}{1 \text{ mol de PH}_3} = 0.28 \text{ L de PH}_3$$

19. $27.9 \text{ mL de O}_2 \times \dfrac{2 \text{ mL de SO}_2}{3 \text{ mL de O}_2} = 18.6 \text{ mL de SO}_2$

20. $0.38 \text{ L de SO}_2 \times \dfrac{1 \text{ L de CO}_2}{2 \text{ L de SO}_2} \times \dfrac{10 \text{ dL de CO}_2}{1 \text{ L de CO}_2}$

$$= 1.9 \text{ dL de CO}_2$$

26. $2.70 \text{ moles de C}_2\text{H}_4 \times \dfrac{3 \text{ moles de O}_2}{1 \text{ mol de C}_2\text{H}_4} = 8.10 \text{ moles de O}_2$

8.10 moles de O_2 son necesarios para reaccionar con 2.70 moles de C_2H_4, pero hay solo 6.30 moles de O_2 para la reacción. Por tanto, el O_2 es el reactivo limitante.

27. $6.00 \text{ g de HCl} \times \dfrac{1 \text{ mol de HCl}}{36.5 \text{ g de HCl}} = 0.160 \text{ moles de HCl}$

$5.00 \text{ g de Mg} \times \dfrac{1 \text{ mol de Mg}}{24.3 \text{ g de Mg}} = 0.210 \text{ moles de Mg}$

$0.16 \text{ moles de HCl} \times \dfrac{1 \text{ mol de Mg}}{2 \text{ moles de HCl}} = 0.080 \text{ moles de Mg}$

El HCl es el reactivo limitante.

28. **a.** $2.70 \text{ moles de C}_2\text{H}_4 \times \dfrac{2 \text{ moles de O}_2}{1 \text{ mol de C}_2\text{H}_4} = 5.40 \text{ moles de O}_2$

El C_2H_4 es el reactivo limitante.

b. $2.70 \text{ moles de C}_2\text{H}_4 \times \dfrac{2 \text{ moles de H}_2\text{O}}{1 \text{ mol de C}_2\text{H}_4}$

$$= 5.40 \text{ moles de H}_2\text{O}$$

29. $2.40 \text{ moles de C}_2\text{H}_2 \times \dfrac{5 \text{ moles de O}_2}{2 \text{ moles de C}_2\text{H}_2} = 6.00 \text{ moles de O}_2$

El C_2H_2 es el reactivo limitante.

$2.40 \text{ moles de C}_2\text{H}_2 \times \dfrac{2 \text{ moles de H}_2\text{O}}{2 \text{ moles de C}_2\text{H}_2} \times \dfrac{18.0 \text{ g de H}_2\text{O}}{1 \text{ mol de H}_2\text{O}}$

$$= 43.2 \text{ g de H}_2\text{O}$$

30. $84.8 \text{ g de Fe}_2\text{O}_3 \times \dfrac{1 \text{ mol de Fe}_2\text{O}_3}{159.9 \text{ g de Fe}_2\text{O}_3} \times \dfrac{2 \text{ moles de Fe}}{1 \text{ mol de Fe}_2\text{O}_3}$

$$\times \dfrac{55.9 \text{ g de Fe}}{1 \text{ mol de Fe}} = 59.3 \text{ g de Fe}$$

31. $Cu(s) + 2AgNO_3(aq) \longrightarrow 2Ag(s) + Cu(NO_3)_2(aq)$

$5.00 \text{ g de Cu} \times \dfrac{1 \text{ mol de Cu}}{63.6 \text{ g de Cu}} \times \dfrac{2 \text{ moles de Ag}}{1 \text{ mol de Cu}} \times$

$$\dfrac{107.9 \text{ g de Ag}}{1 \text{ mol de Ag}} = 17.0 \text{ g de Ag}$$

32. $50.0 \text{ g de SiO}_2 \times \dfrac{1 \text{ mol de SiO}_2}{60.1 \text{ g de SiO}_2} \times \dfrac{1 \text{ mol de SiC}}{1 \text{ mol de SiO}_2} \times$

$$\dfrac{40.1 \text{ g de SiC}}{1 \text{ mol de SiC}} = 33.36 \text{ g de SiC}$$

$\text{rendimiento } \% = \dfrac{27.9 \text{ g de SiC}}{33.4 \text{ g de SiC}} \times 100\% = 83.5\%$

33. $N_2 + 3H_2 \longrightarrow 2NH_3$

$15.0 \text{ g de N}_2 \times \dfrac{1 \text{ mol de N}_2}{28.0 \text{ g de N}_2} \times \dfrac{3 \text{ moles de H}_2}{1 \text{ mol de N}_2} \times$

$$\dfrac{2.0 \text{ g de H}_2}{1 \text{ mol de H}_2} = 3.2 \text{ g de H}_2$$

El N_2 es el reactivo limitante; por tanto, se deben usar la masa de nitrógeno dada para buscar el rendimiento teórico de NH_3.

$15.0 \text{ g de N}_2 \times \dfrac{1 \text{ mol de N}_2}{28.0 \text{ g de N}_2} \times \dfrac{2 \text{ moles de NH}_3}{1 \text{ mol de N}_2} \times$

$$\dfrac{17.0 \text{ g de NH}_3}{1 \text{ mol de NH}_3} = 18.2 \text{ g de NH}_3$$

$\% \text{ de rendimiento} = \dfrac{10.5 \text{ g de NH}_3}{18.2 \text{ g de NH}_3} \times 100\% = 57.7\%$

45. **a.** $2.7 \text{ moles de C} \times \dfrac{1 \text{ mol de CS}_2}{5 \text{ moles de C}} = 0.54 \text{ moles de CS}_2$

b. $5.44 \text{ moles de SO}_2 \times \dfrac{5 \text{ moles de C}}{2 \text{ moles de SO}_2} = 13.6 \text{ moles de C}$

c. $0.246 \text{ moles de CS}_2 \times \dfrac{4 \text{ moles de CO}}{1 \text{ mol de CS}_2}$

$$= 0.984 \text{ moles de CO}$$

d. $118 \text{ moles de CS}_2 \times \dfrac{2 \text{ moles de SO}_2}{1 \text{ mol de CS}_2} = 236 \text{ moles de SO}_2$

46. **a.** $3.60 \times 10^2 \text{ g de CH}_3\text{OH} \times \dfrac{1 \text{ mol de CH}_3\text{OH}}{32.0 \text{ g de CH}_3\text{OH}}$

$$\times \dfrac{1 \text{ mol de CO}}{1 \text{ mol de CH}_3\text{OH}} = 11.3 \text{ moles de CO}$$

$3.60 \times 10^2 \text{ g de CH}_3\text{OH} \times \dfrac{1 \text{ mol de CH}_3\text{OH}}{32.0 \text{ g de CH}_3\text{OH}}$

$$\times \dfrac{2 \text{ moles de H}_2}{1 \text{ mol de CH}_3\text{OH}} = 22.5 \text{ moles de H}_2$$

b. $4.00 \text{ moles de CH}_3\text{OH} \times \dfrac{1 \text{ mol de CO}}{1 \text{ mol de CH}_3\text{OH}} \times$

$$\dfrac{28.0 \text{ g de CO}}{1 \text{ mol de CO}} = 112 \text{ g de CO}$$

$4.00 \text{ moles de CH}_3\text{OH} \times \dfrac{2 \text{ moles de H}_2}{1 \text{ mol de CH}_3\text{OH}} \times$

$$\dfrac{2.0 \text{ g de H}_2}{1 \text{ mol de H}_2} = 16 \text{ g de H}_2$$

c. $2.85 \text{ moles de CO} \times \dfrac{2 \text{ moles de H}_2}{1 \text{ mol de CO}} \times \dfrac{2.0 \text{ g de H}_2}{1 \text{ mol de H}_2}$

$$= 11 \text{ g de H}_2$$

50. **a.** $32.9 \text{ g de Li}_3\text{N} \times \dfrac{1 \text{ mol de Li}_3\text{N}}{34.7 \text{ g de Li}_3\text{N}} \times \dfrac{3 \text{ moles de H}_2\text{O}}{1 \text{ mol de Li}_3\text{N}}$

$\times \dfrac{18.0 \text{ g de H}_2\text{O}}{1 \text{ mol de H}_2\text{O}} = 51.2 \text{ g de H}_2\text{O}$

b. $32.9 \text{ g de Li}_3\text{N} \times \dfrac{1 \text{ mol de Li}_3\text{N}}{34.7 \text{ g de Li}_3\text{N}} \times \dfrac{1 \text{ mol de NH}_3}{1 \text{ mol de Li}_3\text{N}}$

$\times \dfrac{6.02 \times 10^{23} \text{ moléculas de NH}_3}{1 \text{ mol de NH}_3}$

$= 5.71 \times 10^{23} \text{ moléculas de NH}_3$

c. $15.0 \text{ L de NH}_3 \times \dfrac{1 \text{ mol de NH}_3}{22.4 \text{ L de NH}_3} \times \dfrac{1 \text{ mol de Li}_3\text{N}}{1 \text{ mol de NH}_3}$

$\times \dfrac{34.7 \text{ g de Li}_3\text{N}}{1 \text{ mol de Li}_3\text{N}} = 23.2 \text{ g de Li}_3\text{N}$

53. a. $3.0 \text{ moles de Al} \times \dfrac{3 \text{ moles de Cl}_2}{2 \text{ moles de Al}} = 4.5 \text{ moles de Cl}_2$

El Al es el reactivo limitante.

b. $3.0 \text{ moles de Al} \times \dfrac{2 \text{ moles de AlCl}_3}{2 \text{ moles de Al}} = 3.0 \text{ moles de AlCl}_3$

c. $5.3 \text{ moles de Cl}_2 - 4.5 \text{ moles de Cl}_2 = 0.80 \text{ moles de Cl}_2$

54. $15.0 \text{ g de Sb}_2\text{S}_3 \times \dfrac{1 \text{ mol de Sb}_2\text{S}_3}{339.9 \text{ g de Sb}_2\text{S}_3} \times \dfrac{2 \text{ moles de Sb}}{1 \text{ mol de Sb}_2\text{S}_3}$

$\times \dfrac{121.8 \text{ g de Sb}}{1 \text{ mol de Sb}} = 10.8 \text{ g de Sb}$

$\text{rendimiento porcentual} = \dfrac{9.84 \text{ g de Sb}}{10.8 \text{ g de Sb}} \times 100\% = 91.1\%$

57. a. $1.49 \text{ g de HNO}_3 \times \dfrac{1 \text{ mol de HNO}_3}{63.0 \text{ g de HNO}_3} \times \dfrac{4 \text{ moles de Zn}}{10 \text{ moles de HNO}_3}$

$\times \dfrac{6.02 \times 10^{23} \text{ átomos de Zn}}{1 \text{ mol de Zn}} = 5.70 \times 10^{21} \text{ átomos de Zn}$

b. $29.1 \text{ g de NH}_4\text{NO}_3 \times \dfrac{1 \text{ mol de NH}_4\text{NO}_3}{80.0 \text{ g de NH}_4\text{NO}_3}$

$\times \dfrac{4 \text{ moles de Zn}}{1 \text{ mol de NH}_4\text{NO}_3} \times \dfrac{65.4 \text{ g de Zn}}{1 \text{ mol de Zn}} = 95.2 \text{ g de Zn}$

60. a. $1.0 \text{ kg de N}_2\text{H}_4 \times \dfrac{10^3 \text{ g de N}_2\text{H}_4}{1.0 \text{ kg de N}_2\text{H}_4} \times \dfrac{1 \text{ mol de N}_2\text{H}_4}{32.0 \text{ g de N}_2\text{H}_4}$

$\times \dfrac{1 \text{ mol de N}_2}{1 \text{ mol de N}_2\text{H}_4} \times \dfrac{22.4 \text{ L de N}_2}{1 \text{ mol de N}_2} = 7.0 \times 10^2 \text{ L de N}_2$

$1.2 \text{ kg de O}_2 \times \dfrac{10^3 \text{ g de O}_2}{1 \text{ kg de O}_2} \times \dfrac{1 \text{ mol de O}_2}{32.0 \text{ g de O}_2}$

$\times \dfrac{1 \text{ mol de N}_2}{1 \text{ mol de O}_2} \times \dfrac{22.4 \text{ L de N}_2}{1 \text{ mol de N}_2} = 8.4 \times 10^2 \text{ L de N}_2$

Dado que $7.0 \times 10^2 \text{ L de N}_2 < 8.4 \times 10^2 \text{ L de N}_2$, el reactivo limitante es N_2H_4 y O_2 en exceso.

b. $1.0 \text{ kg de N}_2\text{H}_4 \times \dfrac{10^3 \text{ g de N}_2\text{H}_4}{1 \text{ kg de N}_2\text{H}_4} \times \dfrac{1 \text{ mol de N}_2\text{H}_4}{32.0 \text{ g de N}_2\text{H}_4} \times$

$\dfrac{1 \text{ mol de O}_2}{1 \text{ mol de N}_2\text{H}_4} \times \dfrac{32.0 \text{ g de O}_2}{1 \text{ mol de O}_2}$

$= 1.0 \times 10^3 \text{ g de O}_2 \text{ usados}$

$1.0 \times 10^3 \text{ g de O}_2 \times \dfrac{1 \text{ kg de O}_2}{10^3 \text{ g de O}_2} = 1.0 \text{ kg de O}_2$

$1.2 \text{ kg de O}_2 - 1.0 \text{ kg de O}_2 = 0.2 \text{ kg de O}_2$

El exceso de reactivo que queda es 0.2 kg de O_2.

64. $158 \text{ g de CH}_4 \times \dfrac{1 \text{ mol de CH}_4}{16.0 \text{ g de CH}_4} \times \dfrac{3 \text{ moles de H}_2}{1 \text{ mol de CH}_4}$

$\times \dfrac{6.02 \times 10^{23} \text{ moléculas de H}_2}{1 \text{ mol de H}_2} = 1.78 \times 10^{25} \text{ moléculas de H}_2$

67. a. $SF_2(l) + 2F_2(g) \longrightarrow SF_6(g)$

b. $5.00 \text{ mg de SF}_2 \times \dfrac{1 \text{ g de SF}_2}{10^3 \text{ mg de SF}_2} \times \dfrac{1 \text{ mol de SF}_2}{70.1 \text{ g de SF}_2}$

$\times \dfrac{2 \text{ moles de F}_2}{1 \text{ mol de SF}_2} \times \dfrac{6.02 \times 10^{23} \text{ moléculas de F}_2}{1 \text{ mol de F}_2}$

$= 8.59 \times 10^{19} \text{ moléculas}$

c. $6.66 \text{ g de SF}_2 \times \dfrac{1 \text{ mol de SF}_2}{70.1 \text{ g de SF}_2} \times \dfrac{2 \text{ moles de F}_2}{1 \text{ mol de SF}_2} \times$

$\dfrac{22.4 \text{ L de F}_2}{1 \text{ mol de F}_2} = 4.26 \text{ L de F}_2$

69. $B \longrightarrow C$:

$\text{rendimiento porcentual} = \dfrac{\text{rendimiento real}}{\text{rendimiento teórico}} \times 100\%$

$= \dfrac{2.00 \text{ moles de C}}{4.00 \text{ moles de C}} \times 100\% = 50.0\%$

$C \longrightarrow D$:

Sea x el rendimiento real del compuesto D.

$\text{rendimiento porcentual} = 25.0\% = \dfrac{x}{2 \text{ moles de D}} \times 100\%$

$x = 0.250 \times 2 \text{ moles de D}$

$x = 0.500 \text{ moles de D}$

$D \longrightarrow E$:

Sea y el rendimiento real del compuesto E.

$\text{rendimiento porcentual} = 10.0\% = \dfrac{y}{0.500 \text{ moles de E}} \times 100\%$

$y = 0.100 \times 0.500 \text{ moles de E}$

$y = 0.0500 \text{ moles de E}$

$E \longrightarrow F$:

$\text{rendimiento porcentual} = \dfrac{\text{rendimiento real}}{\text{rendimiento teórico}} \times 100\%$

$= \dfrac{0.0100 \text{ moles de F}}{0.0500 \text{ moles de F}} \times 100\% = 20.0\%$

72. **a.** $2Ca_3(PO_4)_2 + 6SiO_2 \longrightarrow P_4O_{10} + 6CaSiO_3$

$P_4O_{10} + 10C \longrightarrow P_4 + 10CO$

b. $5.5 \times 10^5 \text{ g de Ca}_3(PO_4)_2 \times \dfrac{1 \text{ mol de Ca}_3(PO_4)_2}{310.3 \text{ g de Ca}_3(PO_4)_2}$

$\times \dfrac{1 \text{ mol de P}_4O_{10}}{2 \text{ moles de Ca}_3(PO_4)_2} = 8.9 \times 10^2 \text{ moles de P}_4O_{10}$

$2.3 \times 10^5 \text{ g de SiO}_2 \times \dfrac{1 \text{ mol de SiO}_2}{60.1 \text{ g de SiO}_2} \times \dfrac{1 \text{ mol de P}_4O_{10}}{6 \text{ moles de SiO}_2}$

$= 6.4 \times 10^2 \text{ moles de P}_4O_{10}$

Dado que 6.4×10^2 moles de $P_4O_{10} < 8.9 \times 10^2$ moles de P_4O_{10}, el SiO_2 es el reactivo limitante.

c. $6.4 \times 10^2 \text{ moles de P}_4O_{10} \times \dfrac{1 \text{ mol de P}_4}{1 \text{ mol de P}_4O_{10}} \times$

$\dfrac{124.0 \text{ g de P}_4}{1 \text{ mol de P}_4} = 7.9 \times 10^4 \text{ g de P}_4$

d. $6.4 \times 10^2 \text{ moles de P}_4O_{10} \times \dfrac{10 \text{ moles de C}}{1 \text{ mol de P}_4O_{10}} \times$

$\dfrac{12.0 \text{ g de C}}{1 \text{ mol de C}} = 7.7 \times 10^4 \text{ g de C}$

75. La ecuación balanceada es:

$C_6H_{12}O_6 \longrightarrow 2C_2H_5OH + 2CO_2$

$1.0 \times 10^3 \text{ kg de C}_6H_{12}O_6 \times \dfrac{10^3 \text{ g de C}_6H_{12}O_6}{1 \text{ kg de C}_6H_{12}O_6}$

$\times \dfrac{1 \text{ mol de C}_6H_{12}O_6}{180.0 \text{ g de C}_6H_{12}O_6} \times \dfrac{2 \text{ moles de C}_2H_5OH}{1 \text{ mol de C}_6H_{12}O_6}$

$\times \dfrac{46.0 \text{ g de C}_2H_5OH}{1 \text{ mol de C}_2H_5OH} \times \dfrac{1 \text{ kg de C}_2H_5OH}{10^3 \text{ g de C}_2H_5OH}$

$\times \dfrac{5.0 \text{ h}}{8 \text{ kg de C}_2H_5OH} \times \dfrac{1 \text{ día}}{24 \text{ h}} = 13 \text{ días}$

78. Primero se calcula la cantidad de $CaCO_3$ necesaria para producir 81.8 g de $CaCl_2$:

$81.8 \text{ g de CaCl}_2 \times \dfrac{1 \text{ mol de CaCl}_2}{111.0 \text{ g de CaCl}_2} \times \dfrac{1 \text{ mol de CaCO}_3}{1 \text{ mol de CaCl}_2}$

$\times \dfrac{100.1 \text{ g de CaCO}_3}{1 \text{ mol de CaCO}_3} = 73.8 \text{ g de CaCO}_3$

Luego, se calcula el % de $CaCO_3$ en la piedra caliza:

$\dfrac{73.8 \text{ g de CaCO}_3}{84.4 \text{ g de piedra caliza}} \times 100\% = 87.4\% \text{ CaCO}_3$

82. **a.** $4NH_3 + 5O_2 \longrightarrow 4NO + 6H_2O$

$2NO + O_2 \longrightarrow 2NO_2$

$3NO_2 + H_2O \longrightarrow 2HNO_3 + NO$

b. $88.0 \text{ g de NH}_3 \times \dfrac{14.0 \text{ g de N}}{17.0 \text{ g de NH}_3} \times \dfrac{63.0 \text{ g de HNO}_3}{14.0 \text{ g de N}}$

$= 326 \text{ g de HNO}_3$

c. 70.0% of 1 kg de $HNO_3 = 700$ g de HNO_3

$700 \text{ g de HNO}_3 \times \dfrac{88.0 \text{ g de NH}_3}{326 \text{ g de HNO}_3} = 189 \text{ g de NH}_3$

88. **a.** 22, 22, 25   **c.** 8, 8, 10

b. 50, 50, 70   **d.** 12, 12, 14

99. $(3 \times 9.0) + (2 \times 27.0) + (6 \times 28.1) + (18 \times 16.0) = 537.6$

$147 \text{ g de Be}_3Al_2Si_6O_{18} \times \dfrac{27.0 \text{ g de Be}}{537.6 \text{ g de Be}_3Al_2Si_6O_{18}}$

$= 7.38 \text{ g de Be}$

101. $90 \text{ g} \times 0.267 = 24 \text{ g de C}$

$24 \text{ g de C} \times \dfrac{1 \text{ mol de C}}{12.0 \text{ g de C}} = 2.0 \text{ moles de C}$

$90 \text{ g} \times 0.022 = 2.0 \text{ g de H}$

$2.0 \text{ g de H} \times \dfrac{1 \text{ mol de H}}{1.0 \text{ g de H}} = 2.0 \text{ moles de H}$

$90 \text{ g} \times 0.711 = 64 \text{ g de O}$

$64 \text{ g de O} \times \dfrac{1 \text{ mol de O}}{16.0 \text{ g de O}} = 4.0 \text{ moles de O}$

La fórmula empírica es $C_2H_2O_4$.

Capítulo 13

1. $385 \text{ mm Hg} \times \dfrac{101.3 \text{ kPa}}{760 \text{ mm Hg}} = 51.3 \text{ kPa}$

$51.3 \text{ kPa} \times \dfrac{1 \text{ atm}}{101.3 \text{ kPa}} = 0.507 \text{ atm}$

2. $33.7 \text{ kPa} \times \dfrac{1 \text{ atm}}{101.3 \text{ kPa}} = 0.33 \text{ atm} > 0.25 \text{ atm}$

31. En una colisión elástica, la energía se transfiere entre las partículas.

35. **a.** $190 \text{ mm Hg} \times \dfrac{101.3 \text{ kPa}}{760 \text{ mm Hg}} = 25 \text{ kPa}$

b. $190 \text{ mm Hg} \times \dfrac{1 \text{ atm}}{760 \text{ mm Hg}} = 0.25 \text{ atm}$

40. Dado que la temperatura Kelvin es directamente proporcional a la energía cinética promedio y al aumento de temperatura de 300 K a 900 K, la energía cinética promedio también se triplica.

43. Dos procesos opuestos están sucediendo a tasas idénticas.

49. Las moléculas que escapan tienen más energía cinética que las moléculas promedio. Por tanto, la energía cinética promedio y la temperatura de las moléculas restantes es más baja.

52. Las atracciones intermoleculares entre las moléculas es más débil que las atracciones entre los iones.

53. El agua de la comida se sublima y luego se condensa en la tapa.

55. La energía cinética promedio de las moléculas es mayor porque, por definición, la fiebre es un estado de aumento de la temperatura del cuerpo.

60. Disminuye; a medida que las atracciones se vuelven más fuertes, se hace más difícil para las moléculas liberarse de las atracciones y vaporizarse.

63. La temperatura Kelvin es directamente proporcional a la energía cinética promedio. A medida que aumenta la temperatura, las partículas de aire se aceleran y aumenta su energía cinética, lo que hace que la balsa se expanda. A medida que la temperatura disminuye, las partículas de aire se desaceleran y disminuye la energía cinética, lo que hace que la balsa no se infle por completo.

65. Respuesta posible: Dado que el vaso de precipitado es un recipiente abierto, el agua debería hervir a 100 °C en o cerca del nivel del mar. Es posible que tu compañero haya leído mal el termómetro y deba revisar de nuevo el valor.

72. No; a 15 kPa, el agua hervirá a una temperatura de aproximadamente 50 °C, que es mucho más alto que la temperatura ambiente.

76. No; si (a) > (b), entonces el vapor de agua se condensará a una tasa mayor de la que se evapora el líquido.

79. **a.** cúbica centrada en el cuerpo

b. 8

c. CsCl (un ion Cl^- ion y $8 \times \dfrac{1}{8}$ es igual a un ion Cs^+)

85. **a.** $1s^2 2s^2 2p^6 3s^2 3p^6$

b. $1s^2 2s^2 2p^6 3s^2 3p^6$

c. $1s^2$

93. **a.** $56.2 \text{ g de HClO}_4 \times \dfrac{1 \text{ mol de HClO}_4}{100.5 \text{ g de HClO}_4} \times$

$\dfrac{1 \text{ mol de Cl}_2\text{O}_7}{2 \text{ moles de HClO}_4} \times \dfrac{183.0 \text{ g de Cl}_2\text{O}_7}{1 \text{ mol de Cl}_2\text{O}_7} = 51.2 \text{ g de Cl}_2\text{O}_7$

b. $3.40 \text{ moles de HClO}_4 \times \dfrac{1 \text{ mol de H}_2\text{O}}{2 \text{ moles de HClO}_4} \times$

$\dfrac{22.4 \text{ L de H}_2\text{O}}{1 \text{ mol de H}_2\text{O}} \times \dfrac{1000 \text{ mL de H}_2\text{O}}{1 \text{ L de H}_2\text{O}}$

$= 3.81 \times 10^4 \text{ mL de H}_2\text{O}$

95. $H_2S(aq) + Cd(NO_3)_2(aq) \longrightarrow 2HNO_3(aq) + CdS(s)$

99. **a.** $1 \text{ mol de C}_{12}\text{H}_{22}\text{O}_{11} \times \dfrac{11 \text{ moles de H}_2\text{O}}{1 \text{ mol de C}_{12}\text{H}_{22}\text{O}_{11}} \times \dfrac{18.0 \text{ g de H}_2\text{O}}{1 \text{ mol de H}_2\text{O}}$

$= 198 \text{ g de H}_2\text{O}$

b. 11 moles de H_2O + 12 moles de C = 23 moles

c. $1 \text{ mol de C}_{12}\text{H}_{22}\text{O}_{11} \times \dfrac{12 \text{ moles de C}}{1 \text{ mol de C}_{12}\text{H}_{22}\text{O}_{11}} \times \dfrac{12.0 \text{ g de C}}{1 \text{ mol de C}}$

$= 144 \text{ g de C}$

100. $40.0 \text{ g de C}_2\text{H}_4 \times \dfrac{1 \text{ mol de C}_2\text{H}_4}{28.0 \text{ g de C}_2\text{H}_4} \times \dfrac{1 \text{ mol de H}_2}{1 \text{ mol de C}_2\text{H}_4} \times$

$\dfrac{2.0 \text{ g de H}_2}{1 \text{ mol de H}_2} = 2.86 \text{ g de H}_2$

El C_2H_4 es el reactivo limitante.

Capítulo 14

9. $V_2 = \dfrac{P_1 \times V_1}{P_2} = \dfrac{105 \text{ kPa} \times 2.50 \text{ L}}{40.5 \text{ kPa}} = 6.48 \text{ L}$

10. $P_2 = \dfrac{P_1 \times V_1}{V_2} = \dfrac{205 \text{ kPa} \times 4.00 \text{ L}}{12.0 \text{ L}} = 68.3 \text{ kPa}$

11. $T_1 = 325°C + 273 = 598 \text{ K}$

$T_2 = 25°C + 273 = 298 \text{ K}$

$V_2 = \dfrac{V_1 \times T_2}{T_1} = \dfrac{6.80 \text{ L} \times 298 \text{ K}}{598 \text{ K}} = 3.39 \text{ L}$

12. $T_1 = -50.0°C + 273 = 223 \text{K}$

$T_2 = 100.0°C + 273 = 373 \text{ K}$

$V_2 = \dfrac{V_1 \times T_2}{T_1} = \dfrac{5.00 \text{ L} \times 373 \text{ K}}{223 \text{ K}} = 8.36 \text{ L}$

13. $T_1 = 41°C + 273 = 314 \text{ K}$

$T_2 = 22°C + 273 = 295 \text{ K}$

$P_2 = \dfrac{P_1 \times T_2}{T_1} = \dfrac{108 \text{ kPa} \times 295 \text{ K}}{314 \text{ K}} = 101 \text{ kPa}$

14. $T_1 = 27°C + 273 = 300 \text{ K}$

$T_2 = \dfrac{P_2 \times T_1}{P_1} = \dfrac{225 \text{ kPa} \times 300 \text{ K}}{198 \text{ kPa}} = 341 \text{ K} \ (68°C)$

15. $T_1 = 25°C + 273 = 298 \text{ K}$

$T_2 = 125°C + 273 = 398 \text{ K}$

$V_2 = \dfrac{P_1 \times V_1 \times T_2}{T_1 \times P_2} = \dfrac{155 \text{ kPa} \times 1.00 \text{ L} \times 398 \text{ K}}{298 \text{ kPa} \times 605 \text{ K}}$

$= 0.342 \text{ L}$

16. $T_1 = -50°C + 273 = 223 \text{ K}$

$T_2 = 102°C + 273 = 375 \text{ K}$

$P_2 = \dfrac{P_1 \times V_1 \times T_2}{T_1 \times V_2} = \dfrac{107 \text{ kPa} \times 5.00 \text{ L} \times 375 \text{ K}}{223 \text{ K} \times 7.00 \text{ L}}$

$= 129 \text{ kPa}$

26. $n = \dfrac{P \times V}{R \times T}$

$n = \dfrac{1.89 \times 10^3 \text{ kPa} \times 685 \text{ L}}{8.31 \dfrac{\text{L} \cdot \text{kPa}}{\text{K} \cdot \text{mol}} \times 621 \text{ K}} = 251 \text{ moles de He}$

27. $T = 25°C + 273 = 298 \text{ K}$

$P = \dfrac{n \times R \times T}{V}$

$P = \dfrac{0.450 \text{ mol} \times 8.31 \dfrac{\text{L} \cdot \text{kPa}}{\text{K} \cdot \text{mol}} \times 298 \text{ K}}{0.650 \text{ L}}$

$= 1.71 \times 10^3 \text{ kPa}$

28. $T = 37°C + 273 = 310\ K$

$$n = \frac{P \times V}{R \times T} = \frac{102\ \text{kPa} \times 2.20\ L}{8.31\ \frac{L \cdot \text{kPa}}{K \cdot \text{mol}} \times 310\ K}$$

$$= 0.0871\ \text{moles de aire}$$

$$0.0871\ \text{moles de aire} \times \frac{29\ \text{g de aire}}{1\ \text{mol de aire}} = 2.5\ \text{g de aire}$$

29. $T = 25°C + 273 = 298\ K$

$$n = 12.0\ \text{g}\ O_2 \times \frac{1\ \text{mol de}\ O_2}{32.0\ \text{g de}\ O_2} = 0.375\ \text{moles de}\ O_2$$

$$V = \frac{n \times R \times T}{P}$$

$$V = \frac{0.375\ \text{mol} \times 8.31\ \frac{L \cdot \text{kPa}}{K \cdot \text{mol}} \times 298\ K}{52.7\ \text{kPa}} = 17.6\ L$$

37. $P_{\text{total}} = P_{O_2} + P_{N_2} + P_{CO_2}$

$P_{CO_2} = P_{\text{total}} - (P_{O_2} + P_{N_2})$

$P_{CO_2} = 32.9\ \text{kPa} - 6.6\ \text{kPa} - 23.0\ \text{kPa}$

$P_{CO_2} = 3.3\ \text{kPa}$

38. $P_{\text{total}} = P_{O_2} + P_{N_2} + P_{He}$

$P_{\text{total}} = 20.0\ \text{kPa} + 46.7\ \text{kPa} + 26.7\ \text{kPa}$

$P_{\text{total}} = 93.4\ \text{kPa}$

39. $\dfrac{\text{Velocidad}_{H_2}}{\text{Velocidad}_{CO_2}} = \sqrt{\dfrac{\text{masa molar}_{CO_2}}{\text{masa molar}_{H_2}}} = \sqrt{\dfrac{44.0\ g}{2.0\ g}} = \sqrt{22}$

$$= 4.7$$

La razón es 4.7:1.

54. $P_2 = \dfrac{P_1 \times T_2}{T_1} = \dfrac{300\ \text{kPa} \times 101\ K}{303\ K} = 100\ \text{kPa}$

57. $T_1 = 150.0°C + 273 = 423\ K$

$$T_2 = \frac{T_1 \times V_2}{T_1} = \frac{423\ K \times 600\ \text{mL}}{300\ \text{mL}} = 846\ K\ (573°C)$$

58. $T_1 = 327.0°C + 273 = 600\ K$

$$T_2 = \frac{T_1 \times V_2}{T_1} = \frac{600\ K \times 5\ L}{15\ L} = 200\ K\ (-73°C)$$

61. $P_2 = \dfrac{P_1 \times T_2}{T_1} = \dfrac{6.58\ \text{kPa} \times 211\ K}{539\ K} = 2.58\ \text{kPa}$

65. $T = 35°C + 273 = 308\ K$

$$V = \frac{n \times R \times T}{P}$$

$$V = \frac{1.24\ \text{mol} \times 8.31\ \frac{L \cdot \text{kPa}}{K \cdot \text{mol}} \times 308\ K}{96.2\ \text{kPa}} = 33.0\ L$$

67. $T = 35°C + 273 = 308\ K$

$$n = 4.50\ \text{g de}\ CH_4 \times \frac{1\ \text{mol de}\ CH_4}{16.0\ \text{g de}\ CH_4} = 0.281\ \text{moles de}\ CH_4$$

$$P = \frac{n \times R \times T}{V}$$

$$P = \frac{0.281\ \text{mol} \times 8.31\ \frac{L \cdot \text{kPa}}{K \cdot \text{mol}} \times 308\ K}{2.00\ L}$$

$$= 360\ \text{kPa} = 3.60 \times 10^2\ \text{kPa}$$

69. $T = 0°C + 273 = 273\ K$

$$n = \frac{P \times V}{R \times T} = \frac{99\ \text{kPa} \times 240\ L}{8.31\ \frac{L \cdot \text{kPa}}{K \cdot \text{mol}} \times 273\ K} = 10.5\ \text{moles de He}$$

$$10.5\ \text{moles de He} \times \frac{4.0\ \text{g de He}}{1\ \text{mol de He}} = 42\ \text{g de He}$$

73. $\dfrac{\text{Velocidad}_{He}}{\text{Velocidad}_{Ne}} = \dfrac{\sqrt{\text{masa molar}_{Ne}}}{\sqrt{\text{masa molar}_{He}}} = \dfrac{\sqrt{20.2\ g}}{\sqrt{4.0\ g}} = \sqrt{5.05}$

$$= 2.25$$

La razón es 2.25:1.

83. $T_1 = 20°C + 273 = 293\ K$

$$T_2 = \frac{T_1 \times P_2 \times V_2}{P_1 \times V_1}$$

$$T_2 = \frac{293\ K \times 56.7\ \text{kPa} \times 8.00\ L}{86.7\ \text{kPa} \times 3.50\ L} = 438\ K\ (165°C)$$

87. Sea g cierto gas.

Velocidad $= 4 \times \text{Velocidad}_{O_2}$

$$\frac{\text{Velocidad}_g}{\text{Velocidad}_{O_2}} = \sqrt{\frac{\text{masa molar}_{O_2}}{\text{masa molar}_g}}$$

$$\frac{4 \times \text{Velocidad}_{O_2}}{\text{Velocidad}_{O_2}} = \sqrt{\frac{32.0\ g}{\text{masa molar}_g}}$$

$$4^2 = \left(\sqrt{\frac{32.0\ g}{\text{masa molar}_g}}\right)^2$$

$$16 = \frac{32.0\ g}{\text{masa molar}_g}$$

$$\text{masa molar}_g = \frac{32.0\ g}{16} = 2.0\ g$$

88. Sea g un gas desconocido.
Sea $n =$ el número de moles de gas.

$$\frac{\text{Velocidad}_g}{\text{Velocidad}_{O_2}} = \sqrt{\frac{\text{masa molar}_{O_2}}{\text{masa molar}_g}}$$

$$\frac{\frac{n}{75\ s}}{\frac{n}{30\ s}} = \sqrt{\frac{32.0\ g}{\text{masa molar}_g}}$$

$$\left(\frac{30}{75}\right)^2 = \frac{32.0\ g}{\text{masa molar}_g}$$

$$900 \times \text{masa molar}_g = 5625 \times 32.0\ g$$

$$\text{masa molar}_g = \frac{180{,}000\ g}{900} = 200\ g$$

94. a. $T = 120°C + 273 = 393$ K

$$34.0 \text{ g de NH}_3 \times \frac{1 \text{ mol de NH}_3}{17.0 \text{ g de NH}_3} = 2 \text{ moles de NH}_3$$

$$96.0 \text{ g de O}_2 \times \frac{1 \text{ mol de O}_2}{32.0 \text{ g de O}_2} = 3 \text{ moles de O}_2$$

$$2 \text{ moles de NH}_3 \times \frac{5 \text{ moles de O}_2}{4 \text{ moles de NH}_3} = 2.5 \text{ moles de O}_2$$

2.5 moles de O_2 < 3 moles de O_2, por tanto NH_3 es el reactivo limitante.

$$n_{NO} = 2 \text{ moles de NH}_3 \times \frac{4 \text{ moles de NO}}{4 \text{ moles de NH}_3}$$
$$= 2 \text{ moles de NO}$$

$$P = \frac{n \times R \times T}{V}$$

$$P_{NO} = \frac{2 \text{ mol} \times 8.31 \dfrac{L \cdot kPa}{K \cdot mol} \times 393 \text{ K}}{40.0 \text{ L}} = 163 \text{ kPa}$$

b. $n_{H_2O} = 2 \text{ moles de NH}_3 \times \dfrac{6 \text{ moles de H}_2O}{4 \text{ moles de NH}_3}$
$= 3 \text{ moles de H}_2O$

$$P_{H_2O} = \frac{3 \text{ mol} \times 8.31 \dfrac{L \cdot kPa}{K \cdot mol} \times 393 \text{ K}}{40.0 \text{ L}} = 245 \text{ kPa}$$

El O_2 tiene un exceso de 0.5 moles.

$$P_{O_2} = \frac{0.5 \text{ mol} \times 8.31 \dfrac{L \cdot kPa}{K \cdot mol} \times 393 \text{ K}}{40.0 \text{ L}} = 41 \text{ kPa}$$

$P_{total} = P_{O_2} + P_{NO} + P_{H_2O}$
$= 41 \text{ kPa} + 163 \text{ kPa} + 245 \text{ kPa} = 449 \text{ kPa}$

96. b. 700 mm de Hg

c. directamente proporcional

d. La presión aumenta 2.4 mm de Hg por cada 1 °C.
pendiente de la línea $(m) =$

$$\frac{750 \text{ mm Hg} - 726 \text{ mm Hg}}{20°C - 10°C} = \frac{24 \text{ mm Hg}}{10°C}$$
$$= 2.4 \text{ mm Hg/°C}$$

e. $m = 2.4$; intercepto en $y = 700$ mm Hg;
ecuación de la línea:
$P = (2.4 \text{ mm Hg/°C})T + 700 \text{ mm Hg}$

f. Ley de Gay-Lussac; puntos de datos de ejemplo:
$(T_1, P_1) = (10°C, 726 \text{ mm Hg})$
$(T_2, P_2) = (20°C, 750 \text{ mm Hg})$

$T_1 = 10°C + 273 = 283$ K
$T_1 = 20°C + 273 = 293$ K

$$\frac{P_1}{T_1} = \frac{P_2}{T_2}$$

$$\frac{726 \text{ mm Hg}}{283 \text{ K}} = \frac{750 \text{ mm Hg}}{293 \text{ K}} = 2.6 \text{ mm Hg/K}$$

99. Sea $n_{inicial}$ los moles de metano/etino.

$n_{inicial} = n_{CH_4} + n_{C_2H_2}$ [ecuación 1]

Sea n_{CO_2} los moles finales de CO_2. $PV = nRT$, por tanto $V = nRT/P$. A volumen y temperatura constante:

$$V = \frac{n_{CO_2} \times R \times T}{25.2 \text{ kPa}} = \frac{n_{inicial} \times R \times T}{16.8 \text{ kPa}}$$

$n_{CO_2} \times 16.8 \text{ kPa} = 25.2 \text{ kPa} \times n_{inicial}$

$$n_{CO_2} = \frac{25.2 \text{ kPa}}{16.8 \text{ kPa}} \times n_{inicial}$$

$n_{CO_2} = 1.5 n_{inicial}$ [ecuación 2]

Ecuaciones químicas de la combustión:
$CH_4 + 2O_2 \longrightarrow CO_2 + 2H_2O$
(Cada mol de CH_4 quemado rinde 1 mol de CO_2.)

$$C_2H_2 + \frac{5}{2}O_2 \longrightarrow 2CO_2 + H_2O$$

(Cada mol de C_2H_2 quemado rinde 2 moles de CO_2.)

Por tanto, $n_{CO_2} = n_{CH_4} + 2n_{C_2H_2}$ [ecuación 3]

Se sustituye la ecuación 2 en la ecuación 3:
$1.5 n_{inicial} = n_{CH_4} + 2n_{C_2H_2}$

sustituye $n_{inicial}$ usando la ecuación 1:

$1.5(n_{CH_4} + n_{C_2H_2}) = n_{CH_4} + 2n_{C_2H_2}$

$n_{CH_4} = n_{C_2H_2}$

Por tanto, en términos de moles, la mezcla inicial está formada por partes iguales de metano y etino, o 50% metano (CH_4).

100. Sea x el porcentaje del volumen de gas total ocupado por sus moléculas.

$V_{H_2 \text{ moléculas}} = 3.0 \times 10^{20} \text{ moléculas de H}_2 \times$
$$\frac{6.7 \times 10^{-24} \text{ mL}}{1 \text{ molécula de H}_2} \times \frac{1 \text{ L}}{10^3 \text{ mL}} = 2.0 \times 10^{-6} \text{ L}$$

a. $\dfrac{V_{moléculas}}{V_{gas}} \times 100\% = \dfrac{2.0 \times 10^{-6} \text{ L}}{0.10 \text{ L}} \times 100\%$
$= 2.0 \times 10^{-3}\%$

b. $\dfrac{V_{moléculas}}{V_{gas}} \times 100\% = \dfrac{2.0 \times 10^{-6} \text{ L}}{1 \times 10^{-4} \text{ L}} \times 100\% = 2.0\%$

107. $h = 1.60$ mm $= 0.160$ cm
$V = l \times w \times h = 4.50 \text{ cm} \times 1.30 \text{ cm} \times 0.160 \text{ cm}$
$= 0.936 \text{ cm}^3$
Densidad $= \dfrac{\text{masa}}{\text{volumen}} = \dfrac{9.92 \text{ g}}{0.936 \text{ cm}^3} = 10.6 \text{ g/cm}^3$

113. a. bromuro de estaño(II) **c.** hidróxido de magnesio

b. sulfato de bario **d.** pentafluoruro de yodo

115. a. masa molar de $Ca(CH_3CO_2)_2 = (1 \times 40.1$ g/mol$)$ $+ (4 \times 12.0$ g/mol$) + (6 \times 1.0$ g/mol$) +$ $(4 \times 16.0$ g/mol$) = 158.1$ g/mol

b. masa molar de $H_3PO_4 = (3 \times 1.0$ g/mol$) + (1 \times$ 31.0 g/mol$) + (4 \times 16.0$ g/mol$) = 98.0$ g/mol

c. masa molar de $C_{12}H_{22}O_{11} = (12 \times 12.0$ g/mol$) +$ $(22 \times 1.0$ g/mol$) + (11 \times 16.0$ g/mol$) = 342.0$ g/mol

d. masa molar de $Pb(NO_3)_2 = (1 \times 207.2$ g/mol$) +$ $(2 \times 14.0$ g/mol$) + (6 \times 16.0$ g/mol$) = 331.2$ g/mol

117. a. mfe de $C_2H_4O = (2 \times 12.0$ g/mol$) + (4 \times 1.0$ g/mol$) +$ $(1 \times 16.0$ g/mol$) = 44.0$ g/mol

$$\frac{\text{masa molar}}{\text{mfe}} = \frac{88 \text{ g/mol}}{44.0 \text{ g/mol}} = 2$$

$(C_2H_4O) \times 2 = C_4H_8O_2$

b. mfe de $CH = 12.0$ g/mol $+ 1.0$ g/mol $= 13.0$ g/mol

$$\frac{\text{masa molar}}{\text{mfe}} = \frac{104 \text{ g/mol}}{13.0 \text{ g/mol}} = 8$$

$(CH) \times 8 = C_8H_8$

c. $\%C = 26.7\% = \dfrac{\text{masa de C}}{90 \text{ g}} \times 100\%$

masa de C $= 0.267 \times 90$ g $= 24$ g

$24 \text{ g C} \times \dfrac{1 \text{ mol de C}}{12.0 \text{ g de C}} = 2.0$ moles de C

$\%O = 71.1\% = \dfrac{\text{masa de O}}{90 \text{ g}} \times 100\%$

masa de O $= 0.711 \times 90$ g $= 64$ g

$64 \text{ g de O} \times \dfrac{1 \text{ mol de O}}{16.0 \text{ g de O}} = 4.0$ moles de O

$\%H = 2.2\% = \dfrac{\text{masa de H}}{90 \text{ g}} \times 100\%$

masa de H $= 0.022 \times 90$ g $= 2.0$ g

$2.0 \text{ g de H} \times \dfrac{1 \text{ mol de H}}{1.0 \text{ g de H}} = 2.0$ moles de H

La fórmula empírica es $C_2H_2O_4$. Dado que la masa molar/mfe $= 1$, $C_2H_2O_4$ es tanto la fórmula empírica como la fórmula molecular

121. a. $4Al(s) + 3O_2(g) \longrightarrow 2Al_2O_3(s)$

b. $583 \text{ g de Al}_2O_3 \times \dfrac{1 \text{ mol de Al}_2O_3}{102 \text{ g de Al}_2O_3} = 5.72$ moles de Al_2O_3

$5.72 \text{ g de Al}_2O_3 \times \dfrac{4 \text{ moles de Al}}{2 \text{ moles de Al}_2O_3} \times \dfrac{27.0 \text{ g de Al}}{1 \text{ mol de Al}}$ $= 309$ g de Al

$5.72 \text{ g de Al}_2O_3 \times \dfrac{3 \text{ moles de O}_2}{2 \text{ moles de Al}_2O_3} \times \dfrac{32.0 \text{ g de O}_2}{1 \text{ mol de O}_2}$ $= 275$ g de O_2

Capítulo 15

8. masa de 5 moles de $H_2O = 5[(2 \times 1.0$ g$) + 16.0$ g$]$ $= 90.0$ g

masa molar de $CuSO_4 \cdot H_2O = 63.5$ g $+ 32.1$ g $+$ $(4 \times 16.0$ g$) + 90.0$ g $= 249.6$ g

$\%$ por masa de $H_2O = \dfrac{\text{masa de agua}}{\text{masa del hidrato}} \times 100\%$

$= \dfrac{90.0 \text{ g}}{249.6 \text{ g}} \times 100\% = 36.1\%$

9. $5.00 \text{ g de Na}_2CO_3 \times \dfrac{100.0 \text{ g de Na}_2CO_3 \cdot 10 \text{ H}_2O}{37.06 \text{ g de Na}_2CO_3}$

$= 13.5$ g $Na_2CO_3 \cdot 10H_2O$

25. Las moléculas de la superficie son atraídas a las moléculas del líquido de abajo pero no al aire. Las moléculas dentro del líquido son atraídas en todas direcciones.

28. Un tensoactivo es un agente humectante como jabón o detergente. Un tensoactivo interfiere con el enlace de hidrógeno entre moléculas de agua y reduce la tensión superficial.

31. El agua tiene baja presión de vapor.

35. Los cuerpos de agua se congelarían del fondo hacia arriba. Esto mataría muchas formas de vida acuática.

38. Solvente: agua; soluto: azúcar

39. No; las moléculas y los iones son más pequeños que los poros del filtro y, por lo tanto, pasarían a través del filtro.

40. Moléculas de solvente rodean iones con carga positiva e iones con carga negativa.

43. a. HCl (polar) se disuelve.

b. K_2SO_4 (iónico) se disuelve.

c. NaI (iónico) se disuelve.

d. C_2H_6 (no polar) no se disuelve.

e. NH_3 (polar) se disuelve.

f. $CaCO_3$ (fuerzas iónicas fuertes) no se disuelve.

45. Sus iones son libres de moverse hacia electrodos con carga positiva y con carga negativa.

48. **a.** $Na_2SO_4 \cdot 10H_2O$

  b. $CaCl_2 \cdot 2H_2O$

  c. $Ba(OH)_2 \cdot 8H_2O$

49. **a.** pentahidrato de cloruro de estaño(IV)

  b. heptahidrato de sulfato de hierro(II)

  c. tetrahidrato de bromuro de bario

  d. tetrahidrato de fosfato de hierro(III)

50. $MgSO_4 \cdot 7H_2O(s) \longrightarrow MgSO_4 \cdot H_2O(s) + 6H_2O(g)$

52. Las sustancias higroscópicas absorben vapor de agua del aire y crean un entorno seco en un contenedor sellado.

54. soluciones, coloides, suspensiones

55. Los coloides y las suspensiones exhiben el efecto de Tyndall pero no las soluciones. Las partículas en una suspensión se depositarán con el tiempo.

59. El movimiento browniano y la repulsión entre iones con cargas iguales se absorben en las superficies de partículas coloidales.

62. hexano, etano, agua

63. **a.** 1.0000 g/mL   **b.** 4°C

  c. No; habrá un quiebre en la curva a 0 °C mientras en agua líquida a 0 °C cambia a hielo a 0 °C.

65. El ácido hidrobrómico se disocia en hidrógeno e iones bromuro cuando se disuelve en agua, pero el metanol no.

66. **a.** El agua se expande cuando se congela en hielo.

  b. El agua es polar y la cera es no polar; el agua tiene una tensión superficial mayor.

  c. El agua tiene una presión de vapor más baja que el alcohol.

68. **a.** gasolina   **c.** agua

  b. gasolina   **d.** agua

69. **a.** No, ambos forman soluciones claras e incoloras.

  b. Evapora el agua para examinar los cristales; prueba la conductividad eléctrica; haz una prueba de flama.

72. **a.** $NH_4Cl(s) \longrightarrow NH_4^+(aq) + Cl^-(aq)$

  b. $C_2H_4O_2(s) \longrightarrow H^+(aq) + C_2H_3O_2^-(aq)$

  c. $Cu(NO_3)_2(s) \longrightarrow Cu^{2+}(aq) + 2NO_3^-(aq)$

  d. $HgCl_2(s) \longrightarrow Hg^{2+}(aq) + 2Cl^-(aq)$

73. **a.** monohidrato carbonato de sodio;

  masa de 1 mol de $H_2O = (2 \times 1.0\,g) + 16.0\,g = 18.0\,g$

  masa molar de $Na_2CO_3 \cdot H_2O = (2 \times 23.0\,g) + 12.0\,g + (3 \times 16.0\,g) + 18.0\,g = 124.0\,g$

  % por masa de $H_2O = \dfrac{18.0\,g}{124.0\,g} \times 100\% = 14.5\%$

b. heptahidrato sulfato de magnesio;

  masa de 7 moles de $H_2O = 7[(2 \times 1.0\,g) + 16.0\,g] = 126.0\,g$

  masa molar de $MgSO_4 \cdot 7H_2O = 24.3\,g + 32.1\,g + (4 \times 16.0\,g) + 126.0\,g = 246.4\,g$

  % por masa de $H_2O = \dfrac{126.0\,g}{246.4\,g} \times 100\% = 51.14\%$

75. **a.** $Ba(OH)_2(s) + 8H_2O(l) \longrightarrow Ba(OH)_2 \cdot 8H_2O(s)$

  b. masa de 8 moles de $H_2O = 8[(2 \times 1.0\,g) + 16.0\,g] = 144.0\,g$

  masa molar de $Ba(OH)_2 \cdot 8H_2O = 137.3\,g + 2(16.0\,g + 1.0\,g) + 144.0\,g = 315.3\,g$

  % por masa de $H_2O = \dfrac{144.0\,g}{315.3\,g} \times 100\% = 45.67\%$

76. Del Problema de práctica 8, el H_2O porcentual en $CuSO_4 \cdot 5H_2O$ es 36.1%. Esto significa que por cada 100.0 g de hidrato, hay 100.0 g − 36.1 g = 63.9 g de $CuSO_4$ anhidroso.

$$10.0\ g\ de\ \cancel{CuSO_4} \times \frac{100.0\ g\ de\ CuSO_4 \cdot 5H_2O}{63.9\ g\ de\ \cancel{CuSO_4}}$$

$$= 15.6\ g\ de\ CuSO_4 \cdot 5H_2O$$

78. **a.** (1), (3), (6), (8)

  b. (1), (2), (5), (6), (7), (9)

  c. (2), (4), (5)

80. **a.** no electrolito

  b. electrolito débil

  c. electrolito fuerte

81. El contenedor se rompería porque el agua se expande cuando se congela.

83. La tensión superficial del agua no deja que se hunda. El tensoactivo reduciría la tensión superficial y entonces sí se hundiría.

85. Las estructuras con enlaces de hidrógeno en agua líquida se interrumpen cuando se añade alcohol etílico porque el alcohol compite por enlaces de hidrógeno con las moléculas de agua y la estructura de agua colapsa. Por lo tanto, las mezclas de agua y alcohol etílico tienen menos volumen que la suma de los volúmenes de los componentes. La mezcla de dos líquidos podría resultar en un volumen más grande que la suma de los volúmenes de los componentes si el orden estructural en la mezcla es mayor que en los componentes por separado.

86. La mayoría de las reacciones químicas importantes de la vida tienen lugar en soluciones acuosas dentro de las células.

89. **a.** rosa **b.** rosa **c.** azul

d. masa de 6 moles de $H_2O = 6[(2 \times 1.0 \text{ g}) + 16.0 \text{ g}]$
$= 108.0 \text{ g}$

masa molar de $CoCl_2 \cdot 6H_2O = 58.9 \text{ g} + (2 \times 35.5 \text{ g}) + 108.0 \text{ g} = 237.9 \text{ g}$

% por masa de $H_2O = \dfrac{108.0 \text{ g}}{237.9 \text{ g}} \times 100\% = 45.40\%$

e. agua o vapor de agua

91. En primavera, cuando el hielo se derrite y la temperatura de la superficie del agua aumenta a 4 °C, se hace más pesada que el agua debajo de ella y se hunde. El movimiento descendente del agua de la superficie obliga al agua en las partes más profundas del lago a subir, en donde se calienta.

92. Un tensoactivo ayuda a humedecer el material que se quema; entonces se necesita menos agua para apagar el fuego. Por lo tanto, menos agua acarrea contaminantes al entorno.

93. El agua penetra en las grietas del pavimento y se expande cuando se congela, creando grietas más grandes. Los ciclos continuos de congelamiento-descongelamiento ocasionan que el pavimento se rompa y se formen baches.

97. Las moléculas en la tierra y la grasa se disuelven en agua.

100. **a.** 5 **b.** 2 **c.** 2 **d.** 4

102. $H^+ + H \!:\! \overset{\cdot\cdot}{\underset{\cdot\cdot}{O}} \!:\! H \longrightarrow H \!:\! \overset{\cdot\cdot}{\underset{H}{O}} \!:\! H^+$

104. a. $6CO_2(g) + 6H_2O(l) \longrightarrow C_6H_{12}O_6(s) + 6O_2(g)$

b. $2Na(s) + 2H_2O(l) \longrightarrow$
$Na^+(aq) + 2OH^-(aq) + H_2(g)$

106. $2.00 \times 10^{-3} \text{ moles de } H_2O_2 \times \dfrac{2 \text{ moles de } H_2O}{2 \text{ moles de } H_2O_2} \times$
$\dfrac{18.0 \text{ g de } H_2O}{1 \text{ mol de } H_2O} = 0.0360 \text{ g de } H_2O$

$2.00 \times 10^{-3} \text{ moles de } H_2O_2 \times \dfrac{1 \text{ mol de } O_2}{2 \text{ moles de } H_2O_2} \times$
$\dfrac{22.4 \text{ L de } O_2}{1 \text{ mol de } O_2} = 0.0224 \text{ L de } O_2$

107. $2.60 \times 10^2 \text{ g de } H_2O \times \dfrac{1 \text{ mol de } H_2O}{18.0 \text{ g de } H_2O} \times \dfrac{1 \text{ mol de } C_2H_4O}{1 \text{ mol de } H_2O}$

$\times \dfrac{44.0 \text{ g de } C_2H_4O}{1 \text{ mol de } C_2H_4O} = 636 \text{ g de } C_2H_4O$

109. a. $40 \text{ cm}^3 \times \dfrac{1 \text{ mL}}{1 \text{ cm}^3} \times \dfrac{1 \text{ L}}{1000 \text{ mL}} \times \dfrac{1 \text{ mol de } O_2}{22.4 \text{ L}}$
$= 1.8 \times 10^{-3} \text{ moles de } O_2$

$60 \text{ cm}^3 \times \dfrac{1 \text{ mL}}{1 \text{ cm}^3} \times \dfrac{1 \text{ L}}{1000 \text{ mL}} \times \dfrac{1 \text{ mol de } H_2}{22.4 \text{ L}}$
$= 2.7 \times 10^{-3} \text{ moles de } H_2$

$1.8 \times 10^{-3} \text{ moles de } O_2 \times \dfrac{2 \text{ moles de } H_2}{1 \text{ mol de } O_2}$
$= 3.6 \times 10^{-3} \text{ moles de } H_2$

Dado que 2.7×10^{-3} moles de $H_2 < 3.6 \times 10^{-3}$ moles de H_2, el hidrógeno es el reactivo limitante.

b. $2.7 \times 10^{-3} \text{ moles de } H_2 \times \dfrac{2 \text{ moles de } H_2O}{2 \text{ moles de } H_2} \times$
$\dfrac{18.0 \text{ g de } H_2O}{1 \text{ mol de } H_2O} = 0.049 \text{ g de } H_2O$

c. oxígeno

d. $2.7 \times 10^{-3} \text{ moles de } H_2 \times \dfrac{1 \text{ mol de } O_2}{2 \text{ moles de } H_2}$
$= 1.4 \times 10^{-3} \text{ moles de } O_2$

Exceso de $O_2 = (1.8 \times 10^{-3} - 1.4 \times 10^{-3})$ moles de O_2
$= 0.4 \times 10^{-3}$ moles de O_2

$0.4 \times 10^{-3} \text{ moles de } O_2 \times \dfrac{22.4 \text{ L}}{1 \text{ mol de } O_2} = 9 \times 10^{-3} \text{ L}$

111. $T_1 = 100°C + 273 \text{ K} = 373 \text{ K}$
$T_2 = 200°C + 273 \text{ K} = 473 \text{ K}$

$P_2 = \dfrac{P_1 \times T_2}{T_1} = \dfrac{1.00 \text{ atm} \times 473 \text{ K}}{373 \text{ K}} = 1.27 \text{ atm}$

Capítulo 16

1. $S_2 = \dfrac{S_1 \times P_2}{P_1} = \dfrac{0.16 \text{ g/L} \times 288 \text{ kPa}}{104 \text{ kPa}} = 0.44 \text{ g/L}$

2. $P_2 = \dfrac{P_1 \times S_2}{S_1} = \dfrac{1.0 \text{ atm} \times 9.5 \text{ g/L}}{3.6 \text{ g/L}} = 2.6 \text{ atm}$

10. $\dfrac{36.0 \text{ g de } C_6H_{12}O_6}{2.0 \text{ L}} \times \dfrac{1 \text{ mol de } C_6H_{12}O_6}{180 \text{ g de } C_6H_{12}O_6} = 0.10 \text{ mol/L}$
$= 0.10M$

11. $\dfrac{0.70 \text{ moles de NaCl}}{250 \text{ mL}} \times \dfrac{10^3 \text{ mL}}{1 \text{ L}} = 2.8 \text{ mol/L} = 2.8M$

12. $335 \text{ mL} \times \dfrac{1 \text{ L}}{10^3 \text{ mL}} \times \dfrac{0.425 \text{ moles de } NH_4NO_3}{1 \text{ L}}$
$= 0.142 \text{ moles de } NH_4NO_3$

13. $250 \text{ mL} \times \dfrac{1 \text{ L}}{10^3 \text{ mL}} \times \dfrac{2.0 \text{ moles de } CaCl_2}{1 \text{ L}}$
$= 0.50 \text{ moles de } CaCl_2$

$0.50 \text{ moles de } CaCl_2 \times \dfrac{111.1 \text{ g de } CaCl_2}{1 \text{ mol de } CaCl_2} = 56 \text{ g de } CaCl_2$

14. $V_1 = \dfrac{M_2 \times V_2}{M_1} = \dfrac{0.760M \times 250 \text{ mL}}{4.00M} = 47.5 \text{ mL}$

15. $V_2 = \dfrac{M_1 \times V_1}{M_2} = \dfrac{0.20M \times 250 \text{ mL}}{1.0M} = 50 \text{ mL}$

Usa una pipeta para transferir 50 mL (cálculo arriba) de la solución 1.0M a un matraz volumétrico de 250 ml. Después añade agua destilada hasta la marca.

16. $\dfrac{10 \text{ mL propanona}}{200 \text{ mL}} \times 100\% = 5.0 \%$ propanona (v/v)

17. $3.0\%(v/v) = \dfrac{V_{H_2O_2}}{V_{soln}} \times 100\%$

$V_{H_2O_2} = \dfrac{3.0\%}{100\%} \times 400.0 \text{ mL} = 12 \text{ mL}$

18. $250 \text{ g de solución} \times \dfrac{10 \text{ g de MgSO}_4}{100 \text{ g de solución}} = 25 \text{ g de MgSO}_4$

34. $750 \text{ g de H}_2\text{O} \times \dfrac{0.400 \text{ moles de NaF}}{10^3 \text{ g de H}_2\text{O}} \times \dfrac{42.0 \text{ g de NaF}}{1 \text{ mol de NaF}}$
$= 12.6 \text{ g NaF}$

35. $\dfrac{10.0 \text{ g de NaCl}}{600 \text{ g de H}_2\text{O}} \times \dfrac{1 \text{ mol de NaCl}}{58.5 \text{ g de NaCl}} \times \dfrac{10^3 \text{ g de H}_2\text{O}}{1 \text{ kg de H}_2\text{O}}$
$= 0.285m \text{ NaCl}$

36. $n_{C_2H_6O} = 300 \text{ g de C}_2\text{H}_6\text{O} \times \dfrac{1 \text{ mol de C}_2\text{H}_6\text{O}}{46.0 \text{ g de C}_2\text{H}_6\text{O}}$
$= 6.52 \text{ moles de C}_2\text{H}_6\text{O}$

$n_{H_2O} = 500 \text{ g de H}_2\text{O} \times \dfrac{1 \text{ mol de H}_2\text{O}}{18.0 \text{ g de H}_2\text{O}}$

$= 27.8 \text{ moles de H}_2\text{O}$

$X_{C_2H_6O} = \dfrac{n_{C_2H_6O}}{n_{C_2H_6O} + n_{H_2O}} = \dfrac{6.52 \text{ mol}}{27.8 \text{ mol} + 6.52 \text{ mol}} = 0.190$

$X_{H_2O} = \dfrac{n_{H_2O}}{n_{C_2H_6O} + n_{H_2O}} = \dfrac{27.8 \text{ mol}}{27.8 \text{ mol} + 6.52 \text{ mol}} = 0.810$

37. $n_{CCl_4} = 50.0 \text{ g de CCl}_4 \times \dfrac{1 \text{ mol de CCl}_4}{153.8 \text{ g de CCl}_4}$

$= 0.325 \text{ moles de CCl}_4$

$n_{CHCl_3} = 50.0 \text{ g de CHCl}_3 \times \dfrac{1 \text{ mol de CHCl}_3}{119.4 \text{ g de CHCl}_3}$
$= 0.419 \text{ moles de CHCl}_3$

$X_{CCl_4} = \dfrac{n_{CCl_4}}{n_{CCl_4} + n_{CHCl_3}} = \dfrac{0.325 \text{ mol}}{0.325 \text{ mol} + 0.419 \text{ mol}}$
$= 0.437$

$X_{CHCl_3} = \dfrac{n_{CHCl_3}}{n_{CCl_4} + n_{CHCl_3}} = \dfrac{0.419 \text{ mol}}{0.325 \text{ mol} + 0.419 \text{ mol}}$
$= 0.563$

38. $10.0 \text{ g de C}_6\text{H}_{12}\text{O}_6 \times \dfrac{1 \text{ mol de C}_6\text{H}_{12}\text{O}_6}{180.0 \text{ g de C}_6\text{H}_{12}\text{O}_6}$
$= 0.0556 \text{ moles de C}_6\text{H}_{12}\text{O}_6$

$m = \dfrac{0.0556 \text{ moles de C}_6\text{H}_{12}\text{O}_6}{50.0 \text{ g de H}_2\text{O} \times \dfrac{1 \text{ kg de H}_2\text{O}}{10^3 \text{ g de H}_2\text{O}}} = 1.11m \text{ C}_6\text{H}_{12}\text{O}_6$

$\Delta T_f = K_f \times m = 1.86°C/m \times 1.11m = 2.06°C$

39. $200 \text{ g de C}_3\text{H}_6\text{O} \times \dfrac{1 \text{ mol de C}_3\text{H}_6\text{O}}{58.0 \text{ g de C}_3\text{H}_6\text{O}}$

$= 3.45 \text{ moles de C}_3\text{H}_6\text{O}$

$m = \dfrac{3.45 \text{ moles de C}_3\text{H}_6\text{O}}{400 \text{ g de benceno} \times \dfrac{1 \text{ kg de benceno}}{10^3 \text{ g de benceno}}} = 8.63m \text{ C}_3\text{H}_6\text{O}$

$\Delta T_f = K_f \times m = 5.12°C/m \times 8.62m = 44.2°C$

40. $m = \dfrac{1.25 \text{ moles de CaCl}_2}{1400 \text{ g de H}_2\text{O} \times \dfrac{1 \text{ kg de H}_2\text{O}}{10^3 \text{ g de H}_2\text{O}}} = 0.893m \text{ CaCl}_2$

Cada unidad de fórmula de $CaCl_2$ se disocia en 3 partículas, por lo tanto, la molalidad de las partículas totales es:

$3 \times 0.893m = 2.68m$

$\Delta T_b = K_b \times m = 0.512°C/m \times 2.68m = 1.37°C$

$T_b = 100°C + 1.37°C = 101.37°C$

41. $m = \dfrac{\Delta T_b}{K_b} = \dfrac{2.00°C}{0.512°C/m} = 3.91m$
(molalidad de partículas totales)

Cada unidad de fórmula de NaCl se disocia en 2 partículas, por lo tanto, la concentración de la solución es:

$3.91m/2 = 1.96m$

La masa de NaCl necesaria por kg de H_2O es:

$1.96 \text{ mol de NaCl} \times \dfrac{58.5 \text{ g de NaCl}}{1 \text{ mol de NaCl}} = 115 \text{ g de NaCl}$

55. a. $S_2 = \dfrac{S_1 \times P_2}{P_1} = \dfrac{0.026 \text{ g/L} \times 0.60 \text{ atm}}{1.00 \text{ atm}} = 0.016 \text{ g/L}$

b. $S_2 = \dfrac{S_1 \times P_2}{P_1} = \dfrac{0.026 \text{ g/L} \times 1.80 \text{ atm}}{1.00 \text{ atm}} = 0.047 \text{ g/L}$

58. $V_1 = \dfrac{M_2 \times V_2}{M_1} = \dfrac{0.100M \times 100.0 \text{ mL}}{0.500M} = 20.0 \text{ mL}$

59. $\dfrac{0.50 \text{ g de NaCl}}{100 \text{ mL}} \times \dfrac{1 \text{ mol de NaCl}}{58.5 \text{ g de NaCl}} \times \dfrac{10^3 \text{ mL}}{1 \text{ L}} = 0.085M$

61. a. $2500 \text{ g de solución} \times \dfrac{0.90 \text{ g de NaCl}}{100 \text{ g de solución}} = 23 \text{ g de NaCl}$

b. $0.050 \text{ kg de solución} \times \dfrac{1000 \text{ g de solución}}{1 \text{ kg de solución}} \times$
$\dfrac{4.0 \text{ g de MgCl}_2}{100 \text{ g de solución}} = 2.0 \text{ g MgCl}_2$

63. a. $\dfrac{25 \text{ mL de etanol}}{150 \text{ mL}} \times 100\% = 17\% (v/v) \text{ etanol}$

b. $\dfrac{175 \text{ mL de alcohol isopropil}}{275 \text{ mL}} \times 100\%$
$= 63.6\% (v/v) \text{ alcohol isopropil}$

72. a. Molalidad de $Na_2SO_4 = \dfrac{1.40 \text{ moles de } Na_2SO_4}{1750 \text{ g de } H_2O \times \dfrac{1 \text{ kg de } H_2O}{10^3 \text{ g de } H_2O}}$

$= 0.800m \, Na_2SO_4$

Cada mol de Na_2SO_4 que se disuelve, obtiene 3 moles de partículas.

Molalidad de partículas totales $= 3 \times 0.800m = 2.40m$

$\Delta T_f = K_f \times m = 1.86°C/m \times 2.40 \, m = 4.46°C$

$T_f = 0°C - 4.46°C = -4.46°C$

b. Molalidad de $MgSO_4 = \dfrac{0.060 \text{ moles de } MgSO_4}{100 \text{ g de } H_2O \times \dfrac{1 \text{ kg de } H_2O}{10^3 \text{ g de } H_2O}}$

$= 0.60m \, MgSO_4$

Cada mol de $MgSO_4$ que se disuelve, obtiene 2 moles de partículas.

Molalidad de partículas totales $= 2 \times 0.60m = 1.2m$

$\Delta T_f = K_f \times m = 1.86°C/m \times 1.2 \, m = 2.2°C$

$T_f = 0°C - 2.2°C = -2.2°C$

76. $12.0 \text{ g de } C_{10}H_8 \times \dfrac{1 \text{ mol de } C_{10}H_8}{128.0 \text{ g de } C_{10}H_8}$

$= 0.0938 \text{ moles de } C_{10}H_8$

$m = \dfrac{0.0938 \text{ moles de } C_{10}H_8}{50.0 \text{ g de } C_6H_6 \times \dfrac{1 \text{ kg de } C_6H_6}{1000 \text{ g de } C_6H_6}} = 1.88m \, C_{10}H_8$

$\Delta T_f = K_f \times m = 5.12°C/m \times 1.88 \, m = 9.63°C$

$\Delta T_b = K_b \times m = 2.53°C/m \times 1.88 \, m = 4.76°C$

85. a. A 20 °C, la solubilidad de KCl en agua es de 34.0 g/100 h de H_2O o 44.2 g/130 g de H_2O. Por lo tanto, 44.2 g de KCl permanecen sin disolver.

b. 50.0 g de KCl $-$ 44.2 g de KCl $=$ 5.8 g de KCl

87. $S = \dfrac{36.0 \text{ g de } NaCl}{100 \text{ g de } H_2O} \times \dfrac{0.750}{0.750} = \dfrac{27.0 \text{ g de } NaCl}{75.0 \text{ g de } H_2O}$

La solución contiene 26.5 g de $NaCl$/75.0 g de H_2O y, por lo tanto, es insaturada.

91. $m = \dfrac{\Delta T_f}{K_f} = \dfrac{0.460°C}{5.12°C/m} = 0.898m$

Sea $x = $ masa molar del soluto sin disociar.

$\dfrac{5.76 \text{ g}/x}{750 \text{ g de benceno}} \times \dfrac{1000 \text{ g de benceno}}{1 \text{ kg de benceno}} = 0.898m$

$7.68 \text{ g}/x = 0.0898 \text{ mol}$

$x = 7.68 \text{ g}/0.0898 \text{ mol} = 85.5 \text{ g/mol}$

92. $1000 \text{ g de } H_2O \times \dfrac{1 \text{ mol}}{18.0 \text{ g de } H_2O} = 55.6 \text{ moles de } H_2O$

$m_{C_{12}H_{22}O_{11}} = 1.62m = 1.62 \text{ moles de } C_{12}H_{22}O_{11}/\text{kg } H_2O$

$X_{H_2O} = \dfrac{55.6 \text{ moles de } H_2O}{55.6 \text{ moles de } H_2O + 1.62 \text{ moles de } C_{12}H_{22}O_{11}}$

$= 0.972$

$X_{C_{12}H_{22}O_{11}} = \dfrac{1.62 \text{ moles de } C_{12}H_{22}O_{11}}{55.6 \text{ moles de } H_2O + 1.62 \text{ moles de } C_{12}H_{22}O_{11}}$

$= 0.0283$

100. $Na_2SO_4(aq) + BaCl(aq) \longrightarrow BaSO_4(s) + 2NaCl(aq)$

$5.28 \text{ g de } BaSO_4 \times \dfrac{1 \text{ mol de } BaSO_4}{233.4 \text{ g de } BaSO_4} \times \dfrac{1 \text{ mol de } Na_2SO_4}{1 \text{ mol de } BaSO_4}$

$= 0.0226 \text{ moles de } Na_2SO_4$

Molaridad $= \dfrac{0.0226 \text{ moles de } Na_2SO_4}{250 \times 10^{-3} \text{ L}} = 0.090M \, Na_2SO_4$

103. $V_1 = \dfrac{M_2 \times V_2}{M_1} = \dfrac{0.50M \times 100 \text{ mL}}{2.0M} = 25 \text{ mL}$

Paso 1: Empezar con una solución estándar que sea $2.0M$ KCl.

Paso 2: Transferir 25 mL de $2.0M$ KCl a un matraz volumétrico de 100 mL.

Paso 3: Añadir agua destilada hasta la marca de 100 mL.

108. masa atómica de Rb $= (0.72165)(84.912 \text{ uma}) + (0.27835)$ $(86.909 \text{ uma}) = 61.277 \text{ uma} + 24.191 \text{ uma} = 85.468 \text{ uma}$

114. a. 1 mol de Fe $=$ 55.8 g de Fe

1 mol de Cu $=$ 63.5 g de Cu

1 mol de Hg $=$ 200.6 g de Hg

1 mol de S $=$ 32.1 g de S

b. Cada muestra contiene 6.02×10^{23} átomos.

c. $25.0 \text{ g de Fe} \times \dfrac{1 \text{ mol de Fe}}{55.8 \text{ g de Fe}} = 0.448 \text{ moles de Fe}$

$25.0 \text{ g de Fe} \times \dfrac{1 \text{ mol de Cu}}{63.5 \text{ g de Cu}} = 0.394 \text{ moles de Cu}$

$25.0 \text{ g de Fe} \times \dfrac{1 \text{ mol de Hg}}{200.6 \text{ g de Hg}} = 0.125 \text{ moles de Hg}$

$25.0 \text{ g de Fe} \times \dfrac{1 \text{ mol de S}}{32.1 \text{ g de S}} = 0.779 \text{ moles de S}$

115. $1500 \text{ g de } H_2 \times \dfrac{1 \text{ mol de } H_2}{2.0 \text{ g de } H_2} \times \dfrac{22.4 \text{ L de } H_2}{1 \text{ mol de } H_2}$

$= 1.7 \times 10^4 \text{ L}$

120. $T_1 = 25°C + 273 = 298 \text{ K}$

$T_1 = 45°C + 273 = 318 \text{ K}$

$P_2 = \dfrac{P_1 \times T_2}{T_1} = \dfrac{101.3 \text{ kPa} \times 318 \text{ K}}{298 \text{ K}} = 108 \text{ kPa}$

Capítulo 17

1. El calor fluye desde el sistema (cera) hacia el entorno (aire). El proceso es exotérmico.

2. Dado que el matraz se enfría, el calor absorbido por el sistema (químicos dentro del matraz) desde el entorno (matraz y aire del entorno). El proceso es endotérmico.

3. $\Delta T = 85°C - 21°C = 64°C$

$C_{\text{aceite de oliva}} = \dfrac{q}{m \times \Delta T} = \dfrac{435 \text{ J}}{3.4 \text{ g} \times 64°C}$

$= 2.0 \text{ J/(g} \cdot °C)$

4. $q = C_{Hg} \times m \times \Delta T = (0.14\ J/(g \cdot °C))(250.0\ g)(52°C)$
$= 1800\ J = 1.8\ kJ$

12. $V_{agua} = 50.0\ mL + 50.0\ mL = 100.0\ mL$

$m_{agua} = 100.0\ \cancel{mL} \times \dfrac{1.00\ g}{1\ \cancel{mL}} = 100.0\ g$

$\Delta T = 26.0°C - 22.5°C = 3.5°C$

$\Delta H = -q_{surr} = -m_{agua} \times C_{agua} \times \Delta T = -(100.0\ g) \times$
$(4.18\ J/(g \cdot °C))(3.5°C) = -1460\ J = -1.46\ kJ$
$(1.46\ kJ\ de\ calor\ se\ liberaron)$

13. $\Delta T = 26.4°C - 25.0°C = 1.4°C$

$\Delta H = -q_{surr} = -m_{agua} \times C_{agua} \times \Delta T = -(25.0\ g) \times (4.18$
$J/(g \cdot °C))(1.4°C) = -150\ J$
$(150\ J\ de\ calor\ se\ liberan\ por\ la\ roca)$

14. $\Delta H = 3.40\ \cancel{moles\ de\ Fe_2O_3} \times \dfrac{26.3\ kJ}{1\ \cancel{mol\ de\ Fe_2O_3}} = 89.4\ kJ$

15. $\Delta H = 5.66\ \cancel{g\ de\ CS_2} \times \dfrac{1\ \cancel{mol\ de\ CS_2}}{76.2\ \cancel{g\ de\ CS_2}} \times \dfrac{89.3\ kJ}{1\ \cancel{mol\ de\ CS_2}}$
$= 6.63\ kJ$

22. $m_{H_2O(s)} = 0.400\ \cancel{kJ} \times \dfrac{1\ \cancel{mol\ de\ H_2O(s)}}{6.01\ \cancel{kJ}} \times \dfrac{18.0\ g\ de\ H_2O(s)}{1\ \cancel{mol\ de\ H_2O(s)}}$
$= 1.20\ g\ de\ H_2O(s)$

23. $\Delta H = 50.0\ \cancel{g\ de\ H_2O(l)} \times \dfrac{1\ \cancel{mol\ de\ H_2O(l)}}{18.0\ \cancel{g\ de\ H_2O(l)}} \times$
$\dfrac{-6.01\ kJ}{1\ \cancel{mol\ de\ H_2O(l)}} = 16.7\ kJ$

24. $\Delta H = 63.7\ \cancel{g\ de\ H_2O(l)} \times \dfrac{1\ \cancel{mol\ de\ H_2O(l)}}{18.0\ \cancel{g\ de\ H_2O(l)}} \times$
$\dfrac{40.7\ kJ}{1\ \cancel{mol\ de\ H_2O(l)}} = 144\ kJ$

25. $\Delta H = 0.46\ \cancel{g\ de\ C_2H_5Cl} \times \dfrac{1\ \cancel{mol\ de\ C_2H_5Cl}}{64.5\ \cancel{g\ de\ C_2H_5Cl}} \times$
$\dfrac{24.7\ kJ}{1\ \cancel{mol\ de\ C_2H_5Cl}} = 0.18\ kJ$

26. $\Delta H = 0.677\ \cancel{moles\ de\ NaOH(s)} \times \dfrac{-44.5\ kJ}{1\ \cancel{mol\ de\ NaOH(s)}}$
$= -30.1\ kJ$

27. $moles\ de\ NH_4NO_3(s) = 88.0\ \cancel{kJ} \times \dfrac{1\ mol\ de\ NH_4NO_3(s)}{25.7\ \cancel{kJ}}$
$= 3.42\ moles\ de\ NH_4NO_3(s)$

35. $\Delta H_f°(reactantes) = 1\ \cancel{mol\ de\ Br_2(g)} \times \dfrac{30.91\ kJ}{1\ \cancel{mol\ de\ Br_2(g)}}$
$= 30.91\ kJ$

$\Delta H_f°(productos) = 1\ \cancel{mol\ de\ Br_2(l)} \times \dfrac{0\ kJ}{1\ \cancel{mol\ de\ Br_2(l)}} = 0\ kJ$

$\Delta H° = \Delta H_f°(productos) - \Delta H_f°(reactantes)$
$= 0\ kJ - 30.91\ kJ = -30.91\ kJ$

36. $2NO(g) + O_2(g) \longrightarrow 2NO_2(g)$

$\Delta H_f°(reactantes) = 2\ \cancel{moles\ de\ NO(g)} \times \dfrac{90.37\ kJ}{1\ \cancel{mol\ de\ NO(g)}}$
$+ 1\ \cancel{mol\ de\ O_2(g)} \times \dfrac{0\ kJ}{1\ \cancel{mol\ de\ O_2(g)}} = 180.7\ kJ$

$\Delta H_f°(productos) = 2\ \cancel{moles\ de\ NO_2(g)} \times \dfrac{33.85\ kJ}{1\ \cancel{mol\ de\ NO_2(g)}}$
$= 67.70\ kJ$

$\Delta H° = \Delta H_f°(productos) - \Delta H_f°(reactantes)$
$= 67.70\ kJ - 180.7\ kJ = -113.0\ kJ$

47. **a.** exotérmica

b. El entorno inmediato son el matraz de cristal y el aire. Si una o más de las sustancias está en agua, el agua también se considera parte del entorno.

48. **a.** exotérmico **c.** exotérmico
b. endotérmico **d.** endotérmico

51. **a.** $8.50 \times 10^2\ \cancel{cal} \times \dfrac{1\ Cal}{1000\ \cancel{cal}} = 0.85\ Cal$

b. $444\ \cancel{cal} \times \dfrac{4.18\ J}{1\ \cancel{cal}} = 1.86 \times 10^3\ J$

c. $1.8\ \cancel{kJ} \times \dfrac{1000\ J}{1\ \cancel{kJ}} = 1.8 \times 10^3\ J$

d. $45 \times 10^{-1}\ \cancel{kJ} \times \dfrac{1000\ \cancel{J}}{1\ \cancel{kJ}} \times \dfrac{1\ cal}{4.18\ \cancel{J}} = 1.1 \times 10^2\ cal$

53. $q = C \times m \times \Delta T = (0.24\ J/\cancel{g} \cdot \cancel{°C})(400.0\ \cancel{g})(45\ \cancel{°C})$
$= 4.3 \times 10^3\ J$

59. $\Delta H = 0.75\ \cancel{moles\ de\ Mg} \times \dfrac{-1204\ kJ}{2\ \cancel{moles\ de\ Mg}} = -4.5 \times 10^2\ kJ$

62. **a.** $\Delta H = 3.50\ \cancel{moles\ de\ H_2O(l)} \times \dfrac{-6.01\ kJ}{1\ \cancel{mol\ de\ H_2O(l)}}$
$= -21.0\ kJ$

b. $\Delta H = 0.44\ \cancel{moles\ de\ H_2O(g)} \times \dfrac{-40.7\ kJ}{1\ \cancel{mol\ de\ H_2O(g)}}$
$= -18\ kJ$

c. $\Delta H = 1.25\ \cancel{moles\ de\ NaOH} \times \dfrac{-44.5\ kJ}{1\ \cancel{mol\ de\ NaOH}}$
$= -55.6\ kJ$

d. $\Delta H = 0.15\ \cancel{moles\ de\ C_2H_6O} \times \dfrac{5.8\ kJ}{1\ \cancel{mol\ de\ C_2H_6O}} = 6.5\ kJ$

65. **a.** $\Delta H = 1\ \cancel{mol\ de\ Al_2O_3(s)} \times \dfrac{-3352\ kJ}{2\ \cancel{moles\ de\ Al_2O_3(s)}}$
$= -1676\ kJ$

b. ΔH es negativo por lo que la reacción es exotérmica.

66. Invertir la segunda ecuación y cambiar el signo de ΔH. Después añadir las ecuaciones y los valores de ΔH.

$Pb(s) + 2Cl_2 \longrightarrow PbCl_4(l)$ $\Delta H = -329.2\ kJ$
$PbCl_2(s) \longrightarrow Pb(s) + Cl_2(g)$ $\Delta H = 359.4\ kJ$

$PbCl_2(s) + Cl_2(g) \longrightarrow PbCl_4(l)$ $\Delta H = 30.2\ kJ$

70. La sustancia B; para masas iguales, la sustancia con el mayor calor específico experimenta un cambio de temperatura menor.

74. $C_{\text{acero inoxidable}} = \dfrac{q}{m \times \Delta T} = \dfrac{141 \text{ J}}{1.55 \text{ g} \times 178°C} = 0.511 \text{ J/(g·°C)}$

76. a. $\Delta H_f°(\text{reactantes}) = 1 \text{ mol de CH}_4(g) \times \dfrac{-74.86 \text{ kJ}}{1 \text{ mol de CH}_4(g)}$

$+ \dfrac{3}{2} \text{ moles de O}_2(g) \times \dfrac{0 \text{ kJ}}{1 \text{ mol de O}_2(g)} = -74.86 \text{ kJ}$

$\Delta H_f°(\text{productos}) = 1 \text{ mol de CO}(g) \times \dfrac{-110.5 \text{ kJ}}{1 \text{ mol de CO}(g)}$

$+ 2 \text{ moles de H}_2O(l) \times \dfrac{-285.8 \text{ kJ}}{1 \text{ mol de H}_2O(l)} = -682.1 \text{ kJ}$

$\Delta H° = \Delta H_f°(\text{productos}) - \Delta H_f°(\text{reactantes})$
$= (-682.1 \text{ kJ}) - (-74.86 \text{ kJ}) = -607.2 \text{ kJ}$

b. $\Delta H_f°(\text{reactantes}) = 2 \text{ moles de CO}(g) \times \dfrac{-110.5 \text{ kJ}}{1 \text{ mol de CO}(g)}$

$+ 1 \text{ mol de O}_2(g) \times \dfrac{0 \text{ kJ}}{1 \text{ mol de O}_2(g)} = -221.0 \text{ kJ}$

$\Delta H_f°(\text{productos}) = 2 \text{ moles de CO}_2(g) \times$

$\dfrac{-393.5 \text{ kJ}}{1 \text{ mol de CO}(g)} = -787.0 \text{ kJ}$

$\Delta H° = \Delta H_f°(\text{productos}) - \Delta H_f°(\text{reactantes})$
$= (-787.0 \text{ kJ}) - (-221.0 \text{ kJ}) = -566.0 \text{ kJ}$

78. Multiplica la primera ecuación por 2, inviértela y cambia el signo de ΔH.

$2PCl_3(g) + 2Cl_2(g) \longrightarrow 2PCl_5(s)$	$\Delta H = (2)(-87.9 \text{ kJ})$
$2P(s) + 3Cl_2(g) \longrightarrow 2PCl_3(s)$	$\Delta H = -574 \text{ kJ}$
$2P(s) + 5Cl_2(g) \longrightarrow 2PCl_5(s)$	$\Delta H = -750 \text{ kJ}$

81. $q = 106 \text{ Cal} \times \dfrac{1000 \text{ cal}}{1 \text{ Cal}} = 1.06 \times 10^5 \text{ cal}$

$\Delta T = 100.0°C - 25.0°C = 75.0°C$

$m_{\text{agua}} = \dfrac{q}{C_{\text{agua}} \times \Delta T} = \dfrac{1.06 \times 10^5 \text{ cal}}{(1.00 \text{ cal/(g·°C)})(75.0°C)}$
$= 1.41 \times 10^3 \text{ g}$

85. Calcula los gramos de hielo que se derriten cuando se absorben 3.20 kcal.

$3.20 \text{ kcal} \times \dfrac{4.18 \text{ kJ}}{1 \text{ kcal}} \times \dfrac{1 \text{ mol H}_2O}{6.01 \text{ kJ}} \times \dfrac{18.0 \text{ g H}_2O}{1 \text{ mol H}_2O}$
$= 40.1 \text{ g de hielo se derriten}$

La cantidad del hielo que permanece es:

$1.0 \text{ kg} - 0.401 \text{ kg} = 0.96 \text{ kg de hielo} = 9.6 \times 10^2 \text{ g hielo}$

89. a. Esta ecuación es la ecuación original multiplicada por 2, por lo tanto, multiplica ΔH por 2:

$\Delta H = 2 \times (-92.38 \text{ kJ}) = -184.76 \text{ kJ}$

b. Esta ecuación es la ecuación original multiplicada por $\dfrac{3}{2}$, por lo tanto, multiplica ΔH por $\dfrac{3}{2}$:

$\Delta H = \dfrac{3}{2} \times (-92.38 \text{ kJ}) = -138.6 \text{ kJ}$

c. Esta ecuación es la ecuación original multiplicada por $\dfrac{1}{2}$, por lo tanto, multiplica ΔH por $\dfrac{1}{2}$:

$\Delta H = \dfrac{1}{2} \times (-92.38 \text{ kJ}) = -46.19 \text{ kJ}$

91. a. Calcula el calor absorbido por el hielo derretido:

$40.0 \text{ g de H}_2O(l) \times \dfrac{1 \text{ mol de H}_2O(s)}{18.0 \text{ g de H}_2O(s)} \times \dfrac{6.01 \text{ kJ}}{1 \text{ mol de H}_2O(l)}$
$\times \dfrac{1000 \text{ J}}{1 \text{ kJ}} = 1.34 \times 10^4 \text{ J}$

Convierte a calorías:

$1.34 \times 10^4 \text{ J} \times \dfrac{1 \text{ cal}}{4.18 \text{ J}} = 3.21 \times 10^4 \text{ cal}$

Convierte a kilocalorías:

$3.21 \times 10^3 \text{ cal} \times \dfrac{1 \text{ kcal}}{1000 \text{ cal}} = 3.21 \text{ kcal}$

b. $m_{\text{agua}} = \dfrac{q}{C_{\text{agua}} \times \Delta T} = \dfrac{1.34 \times 10^4 \text{ J}}{4.18 \text{ J/(g·°C)} \times (25.0°C)}$
$= 128 \text{ g}$

94. $\Delta H_f°(\text{reactantes}) = 1 \text{ mol de C}_6H_{12}O_6(s) \times$

$\dfrac{-1260 \text{ kJ}}{1 \text{ mol de C}_6H_{12}O_6(s)} + 6 \text{ moles de O}_2(g) \times$

$\dfrac{0 \text{ kJ}}{1 \text{ mol de O}_2(g)} = -1260 \text{ kJ}$

$\Delta H_f°(\text{productos}) = 6 \text{ moles de CO}_2(g) \times \dfrac{-393.5 \text{ kJ}}{1 \text{ mol de CO}_2(g)}$

$+ 6 \text{ moles de H}_2O(l) \times \dfrac{-285.8 \text{ kJ}}{1 \text{ mol de H}_2O(l)} = -4075.8 \text{ kJ}$

$\Delta H° = \Delta H_f°(\text{productos}) - \Delta H_f°(\text{reactantes})$
$= (-4075.8 \text{ kJ}) - (-1260 \text{ kJ}) = -2820 \text{ kJ}$

97. El calor liberado mientras se enfría el cristal es igual al calor absorbido por el agua.

$q_{\text{cristal}} = -q_{\text{agua}}$ y $T_{f,\text{cristal}} = T_{f,\text{agua}} = T_f$, por lo tanto:

$C_{\text{cristal}}m_{\text{cristal}}(T_f - T_{i,\text{cristal}}) = -C_{\text{agua}}m_{\text{agua}}(T_f - T_{i,\text{agua}})$

$T_f(C_{\text{cristal}}m_{\text{cristal}} + C_{\text{agua}}m_{\text{agua}}) = C_{\text{agua}}m_{\text{agua}}T_{i,\text{agua}}$
$+ C_{\text{cristal}}m_{\text{cristal}}T_{i,\text{cristal}}$

$T_f = \dfrac{C_{\text{agua}}m_{\text{agua}}T_{i,\text{agua}} + C_{\text{cristal}}m_{\text{cristal}}T_{i,\text{cristal}}}{C_{\text{cristal}}m_{\text{cristal}} + C_{\text{agua}}m_{\text{agua}}}$

$= \dfrac{(1.00 \text{ cal/(g·°C)})(175 \text{ g})(21°C) + (2.1 \text{ cal/(g·°C)})(41.0 \text{ g})(95°C)}{(2.1 \text{ cal/(g·°C)})(41.0 \text{ g}) + (1.00 \text{ cal/(g·°C)})(175 \text{ g})}$

$= \dfrac{3700 \text{ cal} + 8200 \text{ cal}}{86 \text{ cal/°C} + 175 \text{ cal/°C}} = \dfrac{11900 \text{ cal}}{261 \text{ cal/°C}} = 45.6°C$

102. La evaporación es un proceso endotérmico. A medida que el agua se evapora, absorbe calor de los árboles y la fruta, ocasionando que su temperatura disminuya. Esto puede llevar a que las ramas, hojas y fruta se congelen.

106. **a.** 6.99 m^2 **c.** 3.6×10^2 m/s

 b. 10.68 g **d.** 4.44°C

108. $\lambda = \dfrac{c}{\nu} = \dfrac{2.998 \times 10^8 \text{ m/s}}{93.1 \times 10^6 \text{ s}^{-1}} = 3.22 \text{ m}$

112. **a.** K_3N **c.** $Ca(NO_3)_2$

 b. Al_2S_3 **d.** $CaSO_4$

113. $44.8 \text{ L} \times \dfrac{1 \text{ mol de } H_2}{22.4 \text{ L}} \times \dfrac{6.02 \times 10^{23} \text{ moléculas de } H_2}{1 \text{ mol de } H_2}$

$= 1.20 \times 10^{24} \text{ moléculas de } H_2$

115. $N_2(g) + O_2(g) \longrightarrow 2NO(g)$

$2NO(g) + O_2(g) \longrightarrow 2NO_2(g)$

118. $V_2 = \dfrac{V_1 \times T_2}{T_1} = \dfrac{8.57 \text{ L} \times 355 \text{ K}}{273 \text{ K}} = 11.1 \text{ L}$

Capítulo 18

7. $\text{Tasa}_1 = 0.5 \text{ mol/(L·s)}$

$\text{Tasa}_2 = x$

$\dfrac{\text{Tasa}_2}{\text{Tasa}_1} = \dfrac{x^1}{0.5^1} = \left(\dfrac{1}{2}\right)^1$

$2x = 0.5 \text{ mol/(L·s)}$

$x = \dfrac{0.5 \text{ mol/(L·s)}}{2} = 0.25 \text{ mol/(L·s)};$

$\dfrac{\text{Tasa}_2}{\text{Tasa}_1} = \dfrac{x^1}{0.5^1} = \left(\dfrac{1}{4}\right)^1$

$4x = 0.5 \text{ mol/(L·s)}$

$x = \dfrac{0.5 \text{ mol/(L·s)}}{4} = 0.125 \text{ mol/(L·s)}$

8. $\text{Tasa} = k[A]$

$k = \dfrac{\text{Tasa}}{[A]} = \dfrac{\frac{\text{mol}}{(\text{L·s})}}{\frac{\text{mol}}{\text{L}}} = \dfrac{1}{s} = s^{-1}$

17. **a.** favorece a productos **c.** favorece a reactantes

 b. favorece a reactantes **d.** favorece a reactantes

18. **a.** favorece a reactantes **c.** favorece a productos

 b. favorece a reactantes **d.** favorece a productos

19. $K_{eq} = \dfrac{[NH_3]^2}{[N_2][H_2]^3} = \dfrac{(0.10M)^2}{(0.25M) \times (0.15M)^3} = 12$

20. $K_{eq} = \dfrac{[N_2][H_2]^3}{[NH_3]^2} = \dfrac{(0.25M) \times (0.15M)^3}{(0.10M)^2} = 8.4 \times 10^{-2};$

Una es la inversa de la otra.

21. $K_{eq} = \dfrac{[NO]^2}{[N_2][O_2]} = \dfrac{(0.02M)^2}{0.50M \times 0.50M} = 1.6 \times 10^{-3}$

22. $0.047 \text{ moles de } H_2O \times \dfrac{1 \text{ mol de } H_2}{1 \text{ mol de } H_2O} = 0.047 \text{ moles de } H_2$

$0.10 - 0.047 = 0.053 \text{ moles de } H_2 \text{ en equilibrio}$

(mol de H_2 = mol de CO_2)

$K_{eq} = \dfrac{[H_2O][CO]}{[H_2][CO_2]} = \dfrac{(0.047M) \times (0.047M)}{(0.053M) \times (0.053M)} = 0.79$

23. $K_{eq} = \dfrac{[N_2O_4]}{[NO_2]^2}$

$5.6 = \dfrac{0.66M}{[NO_2]^2}$

$[NO_2]^2 = \dfrac{0.66M}{5.6}$

$[NO_2] = \sqrt{\dfrac{0.66M}{5.6}} = 0.34M$

24. $[H_2] = [I_2] = 0.50M;$

$K_{eq} = \dfrac{[H_2][I_2]}{[HI]^2}$

$0.020 = \dfrac{0.50M \times 0.50M}{[HI]^2}$

$[HI]^2 = \dfrac{0.50M \times 0.50M}{0.020} = \dfrac{0.25M^2}{0.020} = 12.5M^2$

$[HI] = \sqrt{12.5M^2} = 3.5M$

33. $K_{sp} = [Pb^{2+}] \times [S^{2-}]$

$3.0 \times 10^{-28} = [Pb^{2+}]^2$

$[Pb^{2+}] = \sqrt{3.0 \times 10^{-28}M^2} = 2 \times 10^{-14}M$

34. $K_{sp} = [Ca^{2+}] \times [CO_3^{2-}]$

$4.5 \times 10^{-9} = [Ca^{2+}]^2$

$[Ca^{2+}] = \sqrt{4.5 \times 10^{-9}M^2} = 6.7 \times 10^{-5}M$

35. $K_{sp} = [Pb^{2+}] \times [S^{2-}]$

$[S^{2-}] = \dfrac{K_{sp}}{[Pb^{2+}]} = \dfrac{(8 \times 10^{-19})}{0.04} = 2 \times 10^{-17}M$

36. $K_{sp} = [Sr^{2+}] \times [SO_4^{2-}]$

$[SO_4^{2-}] = \dfrac{K_{sp}}{[Sr^{2+}]} = \dfrac{(3.2 \times 10^{-7})}{0.10} = 3.2 \times 10^{-6}M$

54. Átomos, iones o moléculas pueden reaccionar para formar productos o pueden rebotar sin cambios.

58. Un catalizador aumenta la tasa de reacciones al proporcionar un mecanismo de reacción alternativo con una energía de activación más baja.

61.

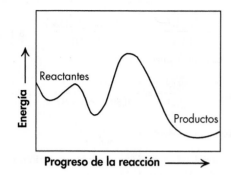

El intermedio es $N_2O_2(g)$.

66. **a.** $K_{eq} = \dfrac{[CH_4] \times [H_2S]^2}{[H_2]^4 \times [CS_2]}$

   b. $K_{eq} = \dfrac{[PCl_3] \times [Cl_2]}{[PCl_5]}$

71. c, b, d, a

77. **a.** La entropía aumenta.   **b.** La entropía disminuye.

81. c

85. Dado que el cambio de energía total para la reacción hacia adelante (-20 kJ) es negativo, la energía se libera y la reacción es exotérmica. La reacción inversa es endotérmica (la energía es absorbida). La curva del progreso de la reacción para la reacción inversa es:

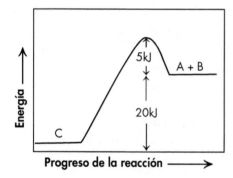

La energía de activación de la reacción inversa es la altura total del pico (20 kJ + 5 kJ = 25 kJ).

89. aumento en los productos

91. $K_{eq} = \dfrac{[CO] \times [H_2O]}{[CO_2] \times [H_2]} = \dfrac{0.448 \times 0.448}{0.552 \times 0.552} = 6.59 \times 10^{-1}$

92. El producto de las concentraciones de los iones debe ser mayor que la constante ion-producto (K_{sp}).

97. **a.** favorece a productos   **c.** favorece a reactantes
   b. sin efecto   **d.** sin efecto

100. **a.** IO^-
   b. dos
   c. la reacción lenta
   d. $2H_2O_2 \longrightarrow 2H_2O + O_2$
   e. No, el I^- cambia en la reacción. Un catalizador no aparecería en la reacción como un reactante, un intermedio o un producto.

103. primer orden en NO_2^-, primer orden en NH_4^+, segundo orden en general

105. Aumentar la presión, enfriar la mezcla de reacción y eliminar NH_3

109. **a.** aproximadamente 3 g
   b. aproximadamente 1.3 g
   c. La tasa de descomposición disminuye con el tiempo.

115. El cloruro de potasio es un compuesto iónico, no un compuesto molecular.

117. **a.** perclorato de sodio, $1-$
   b. permanganato de potasio, $1-$
   c. fosfato de calcio, $3-$
   d. carbonato de calcio, $2-$
   e. sulfato de sodio, $2-$
   f. dicromato de potasio, $2-$

121. **a.** $2KClO_3(s) + calor \longrightarrow 2KCl(s) + 3O_2(g)$
   b. masa molar = $39.1 + 35.5 + (3 \times 16.0) = 122.6$ g

$$4.88 \;\text{g de } KClO_3 \times \dfrac{1 \;\text{mol de } KClO_3}{122.6 \;\text{g de } KClO_3} \times$$
$$\dfrac{3 \;\text{moles de } O_2}{2 \;\text{moles de } KClO_3} \times \dfrac{32 \;\text{g de } O_2}{1 \;\text{mol de } O_2} = 1.91 \;\text{g de } O_2$$

129. $2.40 \;\text{L de } KCl \times \dfrac{0.66 \;\text{moles de } KCl}{1 \;\text{L de } KCl} = 1.58$ moles de KCl

133. El proceso es exotérmico porque se libera calor.

Capítulo 19

1. **a.** H^+ es el ácido de Lewis; H_2O es la base de Lewis.
   b. $AlCl_3$ es el ácido de Lewis; Cl^- es la base de Lewis.

2. base de Lewis; tiene un par no enlazado de electrones que puede donar.

10. **a.** básica   **c.** ácida
   b. básica   **d.** neutra

11. $[H^+] = \dfrac{K_w}{[OH^-]} = \dfrac{1.0 \times 10^{-14}}{1 \times 10^{-3}M} = 1 \times 10^{-11}M$; básica

12. **a.** $pH = -\log[H^+] = -\log(0.045M) = 1.35$
   b. $pH = -\log[H^+] = -\log(8.7 \times 10^{-6}M) = 5.06$
   c. $pH = -\log[H^+] = -\log(0.0015M) = 2.82$
   d. $pH = -\log[H^+] = -\log(1.2 \times 10^{-3}M) = 2.92$

13. **a.** $pH = -\log[H^+] = -\log(1.0 \times 10^{-12}M) = 12$
   b. $pH = -\log[H^+] = -\log(1 \times 10^{-4}M) = 4$

14. **a.** $pH = -\log[H^+]$
   $5.00 = -\log[H^+]$
   $-5.00 = \log[H^+]$
   $[H^+] = 10^{-5.00} = 1.00 \times 10^{-5}M$

b. $pH = -\log[H^+]$

$12.83 = -\log[H^+]$

$-12.83 = \log[H^+]$

$[H^+] = 10^{-12.83} = 1.48 \times 10^{-13} M$

15. a. $pH = -\log[H^+]$

$4.00 = -\log[H^+]$

$-4.00 = \log[H^+]$

$[H^+] = 10^{-4.00} = 1.00 \times 10^{-4} M$

b. $pH = -\log[H^+]$

$11.55 = -\log[H^+]$

$-11.55 = \log[H^+]$

$[H^+] = 10^{-11.55} = 2.82 \times 10^{-12} M$

16. a. $[H^+] = \dfrac{K_w}{[OH^-]} = \dfrac{1.0 \times 10^{-14}}{4.3 \times 10^{-5} M} = 0.23 \times 10^{-9} M$

$pH = -\log[H^+] = -\log(0.23 \times 10^{-9} M) = 9.64$

b. $[H^+] = \dfrac{K_w}{[OH^-]} = \dfrac{1.0 \times 10^{-14}}{4.5 \times 10^{-11} M} = 0.22 \times 10^{-3} M$

$pH = -\log[H^+] = -\log(0.22 \times 10^{-3} M) = 3.66$

17. a. $[H^+] = \dfrac{K_w}{[OH^-]} = \dfrac{1.0 \times 10^{-14}}{5.0 \times 10^{-9} M} = 0.20 \times 10^{-5} M$

$pH = -\log[H^+] = -\log(0.20 \times 10^{-5} M) = 5.70$

b. $[H^+] = \dfrac{K_w}{[OH^-]} = \dfrac{1.0 \times 10^{-14}}{8.3 \times 10^{-4} M} = 0.12 \times 10^{-10} M$

$pH = -\log[H^+] = -\log(0.12 \times 10^{-10} M) = 10.91$

25. $0.1000 M - 4.2 \times 10^{-3} M = 0.0958 M$

$K_a = \dfrac{(4.2 \times 10^{-3}) \times (4.2 \times 10^{-3})}{(0.0958)} = 1.8 \times 10^{-4}$

26. $0.2000 M - 9.86 \times 10^{-4} M = 0.199 M$

$K_a = \dfrac{(9.86 \times 10^{-4}) \times (9.86 \times 10^{-4})}{(0.199)} = 4.89 \times 10^{-6}$

35. $H_3PO_4(aq) + 3KOH(aq) \longrightarrow K_3PO_4(aq) + 3H_2O(l)$

$1.56 \text{ moles de } H_3PO_4 \times \dfrac{3 \text{ moles de KOH}}{1 \text{ mol de } H_3PO_4}$

$= 4.68 \text{ moles de KOH}$

36. $HNO_3(aq) + NaOH(aq) \longrightarrow NaNO_3(aq) + H_2O(l)$

$0.20 \text{ moles de } HNO_3 \times \dfrac{1 \text{ mol de NaOH}}{1 \text{ mol de } HNO_3}$

$= 0.20 \text{ moles de NaOH}$

37. $25.0 \text{ mL de KOH} \times \dfrac{1.00 \text{ mol de KOH}}{1000 \text{ mL de KOH}} \times \dfrac{1 \text{ mol de HCl}}{1 \text{ mol de KOH}}$

$\times \dfrac{1000 \text{ mL de HCl}}{0.45 \text{ moles de HCl}} = 56 \text{ mL de HCl}$

38. $38.5 \text{ mL de NaOH} \times \dfrac{0.150 \text{ moles de NaOH}}{1000 \text{ mL de NaOH}}$

$\times \dfrac{1 \text{ mol de } H_3PO_4}{3 \text{ moles de NaOH}} = 0.00193 \text{ moles de } H_3PO_4$

$\dfrac{0.00193 \text{ moles de } H_3PO_4}{0.0150 \text{ L } H_3PO_4} = 0.129 M\ H_3PO_4$

44. a. $HPO_4{}^{2-}(aq) + H^+(aq) \longrightarrow H_2PO_4{}^-(aq)$

b. $H_2PO_4{}^-(aq) + OH^-(aq) \longrightarrow HPO_4{}^{2-}(aq) + H_2O(l)$

45. $HCOO^-(aq) + H^+(aq) \longrightarrow HCOOH(aq)$

52. Los ácidos se ionizan para dar iones hidrógeno en solución acuosa. Las bases se ionizan para dar iones hidróxido en solución acuosa.

55. a. $2Li(s) + 2H_2O(l) \longrightarrow 2LiOH(aq) + H_2(g)$

b. $Ba(s) + 2H_2O(l) \longrightarrow Ba(OH)_2(s) + H_2(g)$

63. a. $pH = -\log[H^+] = -\log\left(\dfrac{K_w}{[OH^-]}\right)$

$= -\log\left(\dfrac{1 \times 10^{-14}}{1 \times 10^{-2} M}\right) = 12; \text{básica}$

b. $pH = -\log[H^+] = -\log(1 \times 10^{-2} M) = 2; \text{ácida}$

66. a. base fuerte   **c.** ácido fuerte

b. base débil   **d.** ácido fuerte

73. a. $NaOH(aq) + HCl(aq) \longrightarrow NaCl(aq) + H_2O(l)$

$28.0 \text{ mL de HCl} \times \dfrac{1 \text{ L de HCl}}{10^3 \text{ mL de HCl}} \times \dfrac{1 \text{ mol de HCl}}{1 \text{ L de HCl}}$

$\times \dfrac{1 \text{ mol de NaOH}}{1 \text{ mol de HCl}} = 0.028 \text{ moles de NaOH}$

$\dfrac{0.028 \text{ moles de NaOH}}{20.0 \text{ mL}} \times \dfrac{10^3 \text{ mL}}{1 \text{ L}} = 1.40 M$

b. $3NaOH(aq) + H_3PO_4(aq) \longrightarrow Na_3PO_4(aq) + 3H_2O(l)$

$17.4 \text{ mL de } H_3PO_4 \times \dfrac{1 \text{ L de } H_3PO_4}{10^3 \text{ mL de } H_3PO_4} \times$

$\dfrac{1 \text{ mol de } H_3PO_4}{1 \text{ L de } H_3PO_4} \times \dfrac{3 \text{ moles de NaOH}}{1 \text{ mol de } H_3PO_4}$

$= 0.0522 \text{ moles de NaOH}$

$\dfrac{0.0522 \text{ moles de NaOH}}{20.0 \text{ mL}} \times \dfrac{10^3 \text{ mL}}{1 \text{ L}} = 2.61 M$

75. $HCO_3{}^-(aq) + H_2O(l) \longrightarrow H_2CO_3(aq) + OH^-(aq)$

81. $HPO_4{}^{2-}(aq) \longrightarrow H^+(aq) + PO_4{}^{3-}(aq)$
(actuando como un ácido)

$HPO_4{}^{2-}(aq) + H^+(aq) \longrightarrow H_2PO_4{}^-(aq)$
(actuando como base)

85. a. $HClO_2$, ácido cloroso

b. H_3O^+, ion hidronio

c. H_3PO_4, ácido fosfórico

d. $NH_4{}^+$, ion amonio

91. a. $2HCl(aq) + Mg(OH)_2(aq) \longrightarrow$

$MgCl_2(aq) + 2H_2O(l)$

b. $2HCl(aq) + CaCO_3(aq) \longrightarrow$

$H_2O(l) + CO_2(g) + CaCl_2(aq)$

c. $3HCl(aq) + Al(OH)_3(aq) \longrightarrow AlCl_3(aq) + 3H_2O(l)$

95. b, c, d, a

100. $HOCN(aq) + OH^-(aq) \longrightarrow H_2O(l) + OCN^-(aq)$

$OCN^-(aq) + H^+(aq) \longrightarrow HOCN(aq)$

101. El eje de las y puede corresponder a $[H^+]$ porque HCl es un ácido fuerte.

106. $pOH = -\log[OH^-]$

110. $K_w = K_a K_b = \dfrac{[H^+]\cancel{[A^-]}}{\cancel{[HA]}} \times \dfrac{\cancel{[HA]}[OH^-]}{\cancel{[A^-]}} = [H^+][OH^-]$

113. Una respiración rápida libera más CO_2. El cambio en el equilibrio ocasiona que disminuyan las concentraciones de H_2CO_3 y H^+. La pérdida de H^+ aumenta la basicidad de la sangre y los resultados de alcalosis. Una respiración lenta no libera suficiente CO_2. La acumulación de CO_2 aumenta las concentraciones de H_2CO_3 y H^+. La concentración de H^+ aumenta la acidez de la sangre y los resultados de acidosis.

118. neutralización; aumentará

121. líquido

126. enlace de hidrógeno

129. $V_1 = \dfrac{M_2 \times V_2}{M_1} = \dfrac{2.5\cancel{M} \times 1.50 \text{ L}}{8.0\cancel{M}} = 0.47 \text{ L}$

132. **a.** $34.5 \cancel{\text{cal}} \times \dfrac{1 \text{ J}}{0.239 \cancel{\text{cal}}} = 144 \text{ J}$

b. $250 \cancel{\text{Cal}} \times \dfrac{10^3 \cancel{\text{cal}}}{1 \cancel{\text{Cal}}} \times \dfrac{1 \cancel{\text{J}}}{0.239 \cancel{\text{cal}}} \times \dfrac{1 \text{ kJ}}{10^3 \cancel{\text{J}}}$
$$= 1.05 \times 10^3 \text{ kJ}$$

c. $0.347 \cancel{\text{kJ}} \times \dfrac{10^3 \cancel{\text{J}}}{1 \cancel{\text{kJ}}} \times \dfrac{0.239 \text{ cal}}{1 \cancel{\text{J}}} = 82.9 \text{ cal}$

137. **a.** $NaCl(aq)$ **b.** $CO_2(g)$ **c.** agua caliente

Capítulo 20

1. **a.** Na: oxidado, pierde electrones (agente de reducción); S: reducido, gana electrones (agente de oxidación)

b. Al: oxidado, pierde electrones (agente de reducción); O_2: reducido, gana electrones (agente de oxidación)

2. **a.** oxidación (pérdida de 1 electrón)

b. oxidación (pérdida de 2 electrones)

c. reducción (ganancia de 2 electrones)

d. reducción (ganancia de 2 electrones)

10. **a.** S, +3; O, −2 **c.** P, +5; O, −2

b. Na, +1; O, −1 **d.** N, +5; O, −2

11. **a.** $\overset{+1\ +5\ -2}{KClO_3}$; +5 **c.** $\overset{+2\ \ +7\ -2}{Ca(ClO_4)_2}$; +7

b. 0 **d.** $\overset{+1\ \ -2}{Cl_2O}$; +1

12. **a.** H_2 se oxida (0 a +1); O_2 se reduce (0 a −2).

b. N se reduce (+5 a +3); O se oxida (−2 a 0).

13. **a.** H_2 es el agente de reducción; O_2 es el agente de oxidación.

b. N es el agente de oxidación; O es el agente de reducción.

14. **a.** N en NH_4^+ se oxida (-3 a 0); H permanece sin cambios; N en NO_2^- se reduce (+3 a 0); O permanece sin cambios.

b. Pb se reduce (+4 a +2); O permanece sin cambios; H permanece sin cambios; I se oxida (-1 en HI a 0 en I_2).

15. **a.** N en NH_4^+ es el agente de reducción; N en NO_2^- es el agente de oxidación.

b. Pb es el agente de oxidación; I es el agente de reducción.

21. **a.** reacción redox: Mg se oxida (0 a +2), Br_2 se reduce (0 a −1)

b. no es una reacción redox

22. **a.** no es una reacción redox

b. reacción redox: H_2 se oxida (0 a +1), Cu se reduce (+2 a 0)

23. **a.**
$$\overbrace{}^{(1)(-6)\ =\ -6}$$
$$\overset{+1+5-2}{KClO_3}(s) \longrightarrow \overset{+1\ -1}{KCl}(s) + \overset{0}{O_2}(g)$$
$$\underbrace{}_{(3)(+2)\ =\ +6}$$

Un átomo K debe reducirse por cada 3 átomos yodizados de oxígeno.

$KClO_3(s) \longrightarrow KCl(s) + O_2(g)$

Balanceo por inspección; pon el coeficiente 3 antes de O_2 y el coeficiente 2 antes de $KClO_3$ y KCl:

$2KClO_3(s) \longrightarrow 2KCl(s) + 3O_2(g)$

b. $2HNO_2(aq) + 2HI(aq) \longrightarrow$
$$2NO(g) + I_2(s) + 2H_2O(l)$$

24. **a.**
$$\overbrace{}^{(2)(-3)\ =\ -6}$$
$$\overset{+3\ -2}{Bi_2S_3}(s) + \overset{+1\ +5\ -2}{HNO_3}(aq) \longrightarrow$$
$$\overset{+3\ +5\ -2}{Bi(NO_3)_3}(aq) + \overset{+2\ -2}{NO}(g) + \overset{0}{S}(s) + \overset{+1\ -2}{H_2O}(l)$$
$$\underbrace{}_{(3)(+2)\ =\ +6}$$

2 átomos de N deben reducirse por cada 3 átomos oxidados de azufre.

$Bi_2S_3(s) + 2HNO_3(aq) \longrightarrow$
$$Bi(NO_3)_3(aq) + 2NO(g) + 3S(s) + H_2O(l)$$

Balanceo por inspección; pon el coeficiente 2 antes de $Bi(NO_3)_3$, el coeficiente 8 antes de HNO_3 y el coeficiente 4 antes de H_2O:

$Bi_2S_3(s) + 8HNO_3(aq) \longrightarrow$
$$2Bi(NO_3)_3(aq) + 2NO(g) + 3S(s) + 4H_2O(l)$$

b. $SbCl_5(aq) + 2KI(aq) \longrightarrow$
$$SbCl_3(aq) + 2KCl(aq) + I_2(s)$$

25. Semirreacción de oxidación: $\overset{+2}{Sn^{2+}} \longrightarrow \overset{+4}{Sn^{4+}}$

Semirreacción de reducción: $\overset{+6}{Cr_2O_7^{2-}} \longrightarrow \overset{+3}{Cr^{3+}}$

Oxidación: $Sn^{2+}(aq) \longrightarrow Sn^{4+}(aq)$ (átomos balanceados)

Reducción: $Cr_2O_7^{2-}(aq) + 14H^+ \longrightarrow$
$$2Cr^{3+}(aq) + 7H_2O(l)$$
(átomos balanceados)

Oxidación: $Sn^{2+}(aq) \longrightarrow Sn^{4+}(aq) + 2e^-$
(cargas balanceadas)

Reducción: $Cr_2O_7^{2-}(aq) + 14H^+ + 6e^- \longrightarrow$
$$2Cr^{3+}(aq) + 7H_2O(l)$$
(cargas balanceadas)

Oxidación: $3Sn^{2+}(aq) \longrightarrow 3Sn^{4+}(aq) + 6e^-$

Reducción: $Cr_2O_7^{2-}(aq) + 14H^+ + 6e^- \longrightarrow$
$$2Cr^{3+}(aq) + 7H_2O(l)$$

$3Sn^{2+}(aq) + Cr_2O_7^{2-}(aq) + 14H^+ + \cancel{6e^-} \longrightarrow$
$$3Sn^{4+}(aq) + \cancel{6e^-} + 2Cr^{3+}(aq) + 7H_2O(l)$$

$3Sn^{2+}(aq) + Cr_2O_7^{2-}(aq) + 14H^+ \longrightarrow$
$$3Sn^{4+}(aq) + 2Cr^{3+}(aq) + 7H_2O(l)$$

26. $Zn(s) + NO_3^-(aq) + H_2O(l) + OH^-(aq) \longrightarrow$
$$Zn^{2+} + OH^-(aq) + NH_3(aq)$$

Semirreacción de oxidación: $\overset{0}{Zn} \longrightarrow \overset{+2}{Zn^{2+}}$

Semirreacción de reducción: $\overset{+5}{NO_3^-} \longrightarrow \overset{-3}{NH_3}$

Oxidación: $Zn(s) \longrightarrow Zn^{2+}(aq)$ (átomos balanceados)

Reducción: $NO_3^-(aq) + 6H_2O(l) \longrightarrow$
$$NH_3(aq) + 9OH^-(aq)$$
(átomos balanceados)

Oxidación: $Zn(s) \longrightarrow Zn^{2+}(aq) + 2e^-$
(cargas balanceadas)

Reducción: $NO_3^-(aq) + 6H_2O(l) + 8e^- \longrightarrow$
$$NH_3(aq) + 9OH^-(aq)$$
(cargas balanceadas)

Oxidación: $Zn(s) \longrightarrow Zn^{2+}(aq) + 2e^-$
(cargas balanceadas)

Reducción: $NO_3^-(aq) + 6H_2O(l) + 8e^- \longrightarrow$
$$NH_3(aq) + 9OH^-(aq)$$
(cargas balanceadas)

Oxidación: $4Zn(s) \longrightarrow 4Zn^{2+}(aq) + 8e^-$
(cargas balanceadas)

Reducción: $NO_3^-(aq) + 6H_2O(l) + 8e^- \longrightarrow$
$$NH_3(aq) + 9OH^-(aq)$$
(cargas balanceadas)

$4Zn(s) + NO_3^-(aq) + 6H_2O(l) + \cancel{8e^-} \longrightarrow$
$$4Zn^{2+}(aq) + \cancel{8e^-} + NH_3(aq) + 9OH^-(aq)$$

$4Zn(s) + NO_3^-(aq) + 6H_2O(l) \longrightarrow$
$$4Zn^{2+}(aq) + NH_3(aq) + 9OH^-(aq)$$

$4Zn(s) + NO_3^-(aq) + 6H_2O(l) + 16OH^-(aq) \longrightarrow$
$$4Zn^{2+}(aq) + NH_3(aq) + 9OH^-(aq) + 16OH^-(aq)$$
(iones espectadores añadidos)

$4Zn(s) + NO_3^-(aq) + 6H_2O(l) + 16OH^-(aq) \longrightarrow$
$$4Zn(OH)_4^{2-}(aq) + NH_3(aq) + 9OH^-(aq)$$

$4Zn(s) + NO_3^-(aq) + 6H_2O(l) + 7OH^-(aq) \longrightarrow$
$$4Zn(OH)_4^{2-}(aq) + NH_3(aq)$$

34. a. $2Ba(s) + O_2(g) \longrightarrow 2BaO(s)$; el bario se oxida

b. $CuO(s) + H_2(g) \longrightarrow Cu(s) + H_2O(l)$; el cobre se reduce

c. $C_2H_4(g) + 3O_2(g) \longrightarrow 2CO_2(g) + 2H_2O(l)$; el carbono se oxida

d. $3CaO(s) + 2Al(s) \longrightarrow Al_2O_3(s) + 3Ca(s)$; el calcio se reduce

36. a. agente de oxidación   **c.** agente de oxidación
b. agente de reducción   **d.** agente de oxidación

37. a. H_2 se oxida; S se reduce.
b. N_2 se reduce; H_2 se oxida.
c. S se oxida; O_2 se reduce.
d. H_2 se oxida; O_2 se reduce.

42. a. O, -2; H, $+1$ **d.** H, $+1$; P, $+5$; O, -2
b. P, $+5$; O, -2 **e.** H, $+1$; S, $+6$; O, -2
c. I, $+5$; O, -2

44. a. $2Al(s) + 3Cl_2(g) \longrightarrow 2AlCl_3(s)$
b. $2Al(s) + Fe_2O_3(s) \longrightarrow Al_2O_3(s) + 2Fe(s)$
c. $3Cl_2(g) + 6KOH(aq) \longrightarrow$
$$KClO_3(aq) + 5KCl(aq) + 3H_2O(l)$$
d. $2HNO_3(aq) + 3H_2S(aq) \longrightarrow$
$$3S(s) + 2NO(g) + 4H_2O(l)$$
e. $KIO_4(aq) + 7KI(aq) + 8HCl(aq) \longrightarrow$
$$8KCl(aq) + 4I_2(s) + 4H_2O(l)$$

45. redox: a, b, c, d, e

46. a. $CuS(s) + 8NO_3^-(aq) + 8H^+(aq) \longrightarrow$
$$Cu(NO_3)_2(aq) + SO_2(g) + 6NO_2(g) + 4H_2O(l)$$
b. $6I^-(aq) + 2NO_3^-(aq) + 8H^+(aq) \longrightarrow$
$$3I_2(s) + 2NO(g) + 4H_2O(l)$$

47. a. $4MnO_4^-(aq) + 3ClO_2^-(aq) + 2H_2O(l) \longrightarrow$
$$4MnO_2(s) + 3ClO_4^-(aq) + 4OH^-(aq)$$
b. $2Cr^{3+}(aq) + 3ClO^-(aq) + 10OH^-(aq) \longrightarrow 2CrO_4^{2-}$
$(aq) + 3Cl^-(aq) + 5H_2O(l)$
c. $6Mn^{3+}(aq) + I^-(aq) + 6OH^-(aq) \longrightarrow$
$$6Mn^{2+}(aq) + IO_3^-(aq) + 3H_2O(l)$$

50. a. $+4$ **b.** $+5$ **c.** $+5$ **d.** $+3$ **e.** $+5$ **f.** $+3$

54. a. $16H^+(aq) + 2Cr_2O_7^{2-}(aq) + C_2H_5OH(aq) \longrightarrow$
$$4Cr^{3+}(aq) + 2CO_2(g) + 11H_2O(l)$$
b. agente de oxidación

59. a. $Ba(ClO_3)_2(s) \longrightarrow BaCl_2(s) + 3O_2(g)$
b. $2PbS(s) + 3O_2(g) \longrightarrow 2PbO(s) + 2SO_2(g)$

63. $1s^2 2s^2 2p^6 3s^2 3p^5$; un átomo de cloro puede "perder" sus 7 electrones de valencia o puede ganar 1 electrón para llenar el último orbital $3p$.

66. En cada reacción redox una especie pierde uno o más electrones y es un agente de reducción. Otra sustancia gana uno o más electrones y es un agente de oxidación.

70. a. $Rb(s) + I_2(s) \longrightarrow RbI_2(s)$; el agente de oxidación es I

b. $Ba(s) + 2H_2O(l) \longrightarrow Ba(OH)_2(aq) + H_2(g)$; el agente de oxidación es H

c. $2Al(s) + 3FeSO_4(aq) \longrightarrow Al_2(SO_4)_3(aq) + 3Fe(s)$; el agente de oxidación es Fe

d. $C_4H_8(g) + 6O_2(g) \longrightarrow 4CO_2(g) + 4H_2O(l)$; el agente de oxidación es O

e. $Zn(s) + 2HBr(aq) \longrightarrow ZnBr_2(aq) + H_2(g)$; el agente de oxidación es H

f. $Mg(s) + Br_2(l) \longrightarrow MgBr_2(s)$, el agente de oxidación es Br

73. $2AgNO_3(aq) + Cu(s) \longrightarrow Cu(NO_3)_2(aq) + 2Ag(s)$

$$85.0 \text{ mL} \times \frac{1 \text{ L}}{1000 \text{ mL}} \times \frac{0.150 \text{ moles de AgNO}_3}{1 \text{ L de AgNO}_3}$$
$$\times \frac{1 \text{ mol de Cu}}{2 \text{ moles de AgNO}_3} \times \frac{63.5 \text{ g de Cu}}{1 \text{ mol de Cu}} = 0.405 \text{ g de Cu}$$

80. a. $Cr_2O_7{}^{2-}(aq) + 14H^+ + 6e^- \longrightarrow$
$$2Cr^{3+}(aq) + 7H_2O(l)$$
$Cr_2O_7{}^{2-}$ es un agente de oxidación.

b. $S_2O_3{}^{2-}(aq) + 5H_2O(l) \longrightarrow$
$$2SO_4{}^{2-}(aq) + 10H^+ + 8e^-$$
$S_2O_3{}^{2-}$ es un agente de reducción.

c. $CrO_4{}^{2-}(aq) + 4H_2O(l) + 3e^- \longrightarrow$
$$Cr(OH)_3(aq) + 5OH^-(aq)$$
$CrO_4{}^{2-}$ es un agente de oxidación.

d. $MnO_4{}^-(aq) + 8H^+ + 5e^- \longrightarrow$
$$Mn^{2+}(aq) + 4H_2O(l)$$
$MnO_4{}^-$ es un agente de oxidación.

e. $C_2O_4{}^{2-}(aq) \longrightarrow 2CO_2(g) + 2e^-$
$C_2O_4{}^{2-}$ es un agente de reducción.

f. $2H_2O(l) + MnO_4{}^-(aq) + 3e^- \longrightarrow$
$$MnO_2(s) + 4OH^-(aq)$$
$MnO_4{}^-$ es un agente de oxidación.

86. a.

Alqueno quemado	O_2 usado (mol)	CO_2 producido (mol)	H_2O producido (mol)
CH_4	2	1	2
C_2H_6	3.5	2	3
C_3H_8	5	3	4
C_4H_{10}	6.5	4	5
C_5H_{12}	8	5	6
C_6H_{14}	9.5	6	7

b. $C_xH_y + [x + (y/4)]O_2 \longrightarrow xCO_2 + (y/2)H_2O$

88. $T = 25°C + 273 = 298 \text{ K}$

$$P = \frac{n \times R \times T}{V}$$

$$= \frac{\left(13.8 \text{ g de N}_2 \times \frac{1 \text{ mol de N}_2}{28.0 \text{ g de N}_2}\right) \times 8.31\left(\frac{L \cdot kPa}{K \cdot mol}\right) \times 298 K}{6.8 \text{ L}}$$

$$= 1.8 \times 10^2 \text{ kPa}$$

91. $V_2 = \dfrac{M_1 \times V_1}{M_2} = \dfrac{1.5 M \text{ HCl} \times 440 \text{ mL de HCl}}{6.0 M \text{ HCl}}$

$= 110 \text{ mL de } 6.0 M \text{ HCl}$

Diluye 110 mL de 6.0M HCl a 440 mL de volumen total.

94. $PbBr_2(s) \longrightarrow Pb^{2+} + 2Br^-$

$K_{sp} = [Pb^{2+}][Br^-] = 2.1 \times 10^{-6}$

Sea $x = [Pb^{2+}]$.

Entonces $2x = [Br^-]$.

$(x)(2x)^2 = 2.1 \times 10^{-6}$

$4x^3 = 2.1 \times 10^{-6}$

$x = [Pb^{2+}] = 8.1 \times 10^{-3}$

La solubilidad de $PbBr_2$ es $8.1 \times 10^{-3}M$.

100. a. $pH = -\log[H^+] = -\log(0.000010) = -\log(10^{-5})$
$= 5.00$ (ácida)

b. $[H^+] = \dfrac{K_w}{[OH^-]} = \dfrac{1.0 \times 10^{-14}M^2}{1 \times 10^{-4}M} = 1.0 \times 10^{-10}M$

$pH = -\log[H^+] = -\log(1.0 \times 10^{-10}M)$
$= 10.00$ (básica)

c. $[H^+] = \dfrac{K_w}{[OH^-]} = \dfrac{1.0 \times 10^{-14}M^2}{1 \times 10^{-1}M} = 1.0 \times 10^{-13}M$

$pH = -\log[H^+] = -\log(1.0 \times 10^{-13}M)$
$= 13.00$ (básica)

d. $pH = -\log[H^+] = -\log(3.0 \times 10^{-7})$
$= 6.50$ (ácida)

Capítulo 21

8. Las semirreacciones son

Oxidación: $Cr(s) \longrightarrow Cr^{3+}(aq) + 3e^-$

Reducción: $Zn^{2+}(aq) + 2e^- \longrightarrow Zn(s)$

Escribiendo ambas semiceldas como reducciones:

$Cr^{3+}(aq) + 3e^- \longrightarrow Cr(s) \qquad E°_{Cr^{3+}} = -0.74 \text{ V}$

$Zn^{2+}(aq) + 2e^- \longrightarrow Zn(s) \qquad E°_{Zn^{2+}} = -0.76 \text{ V}$

$E°_{cel} = E°_{rojo} - E°_{oxid} = E°_{Zn^{2+}} - E°_{Cr^{3+}}$

$= -0.76 \text{ V} - (-0.74 \text{ V}) = -0.02 \text{ V}$

$E°_{cel} < 0$, por lo tanto, la reacción es no espontánea.

9. Las semirreacciones son

Oxidación: $Fe(s) \longrightarrow Fe^{2+}(aq) + 2e^-$

Reducción: $Co^{2+}(aq) + 2e^- \longrightarrow Co(s)$

Escribiendo ambas semiceldas como reacciones:

$Fe^{2+}(aq) + 2e^- \longrightarrow Fe(s) \qquad E°_{Fe^{2+}} = -0.44\text{ V}$

$Co^{2+}(aq) + 2e^- \longrightarrow Co(s) \qquad E°_{Co^{2+}} = -0.28\text{ V}$

$E°_{cel} = E°_{rojo} - E°_{oxid} = E°_{Co^{2+}} - E°_{Fe^{2+}}$

$= -0.28\text{ V} - (-0.44\text{ V}) = +0.16\text{ V}$

$E°_{cel} > 0$, por lo tanto, la reacción es espontánea.

10. Cu^{2+} se reduce y Al se oxida.

Oxidación: $Al(s) \longrightarrow Al^{3+}(aq) + 3e^-$

Reducción: $Cu^{2+}(aq) + 2e^- \longrightarrow Cu(s)$

Escribiendo ambas semiceldas como reducciones:

$2[Al(s) \longrightarrow Al^{3+}(aq) + 3e^-]$

$3[Cu^{2+}(aq) + 2e^- \longrightarrow Cu(s)]$

$2Al(s) \longrightarrow 2Al^{3+}(aq) + \cancel{6e^-}$

$3Cu^{2+}(aq) + \cancel{6e^-} \longrightarrow 3Cu(s)$

$\overline{2Al(s) + 3Cu^{2+}(aq) \longrightarrow 2Al^{3+}(aq) + 3Cu(s)}$

11. Ag^+ se reduce y Cu se oxida.

Las semirreacciones son

Oxidación: $Cu(s) \longrightarrow Cu^{2+}(aq) + 2e^-$

Reducción: $Ag^+(aq) + e^- \longrightarrow Ag(s)$

Escribiendo ambas semiceldas como reducciones:

$Cu(s) \longrightarrow Cu^{2+}(aq) + 2e^-$

$2[Ag^+(aq) + e^- \longrightarrow Ag(s)]$

$Cu(s) \longrightarrow Cu^{2+}(aq) + \cancel{2e^-}$

$2Ag^{2+}(aq) + \cancel{2e^-} \longrightarrow 2Ag(s)$

$\overline{Cu(s) + 2Ag^{2+}(aq) \longrightarrow Cu^{2+}(aq) + 2Ag(s)}$

12. $E°_{celda} = E°_{rojo} - E°_{oxid} = E°_{Cu^{2+}} - E°_{Al^{3+}}$

$= 0.34\text{ V} - (-1.66\text{ V}) = +2.00\text{ V}$

13. $E°_{celda} = E°_{rojo} - E°_{oxid} = E°_{Ag^+} - E°_{Cu^{2+}}$

$= 0.80\text{ V} - (+0.34\text{ V}) = +0.46\text{ V}$

28. Usando la Tabla 21.1, cuanto más activo es un elemento, más fácilmente se oxida.

a. Cu **b.** Ca **c.** Mg **d.** Sn **e.** Zn **f.** Al

33. Un contenedor de zinc (ánodo) lleno con pasta de electrolito; el cátodo es una vara de grafito incrustada en la pasta; Zn se oxida; MnO_2 se reduce.

36. $Pb(s) \mid PbSO_4(aq) \parallel PbO_2(s) \mid PbSO_4(s)$

40. El potencial de reducción estándar de una semiceldas es una medida de la tendencia de una semirreacción dada para que ocurra como una reducción bajo condiciones estándar. La diferencia entre potenciales de reducción estándar de las dos semiceldas es el potencial de celda estándar.

44. **a.** Cu se oxida y H^+ se reduce.

Escribiendo ambas semirreacciones como reducciones:

$Cu(s) \longrightarrow Cu^{2+}(aq) + 2e^- \qquad E°_{Cu^{2+}} = +0.34\text{ V}$

$2H^+(aq) + 2e^- \longrightarrow H_2(g) \qquad E°_{H^+} = 0.000\text{ V}$

$E°_{cel} = E°_{rojo} - E°_{oxid} = E°_{H^+} - E°_{Cu^{2+}}$

$= 0.000\text{ V} - (+0.34\text{ V}) = -0.34\text{ V}$

$E°_{cel} < 0$, por lo tanto, la reacción no ocurre espontáneamente.

b. Ag se oxida y Fe^{2+} se reduce.

Escribiendo ambas semirreacciones como reducciones:

$Ag(s) \longrightarrow Ag^+(aq) + e^- \qquad E°_{Ag^+} = +0.80\text{ V}$

$Fe^{2+}(aq) + 2e^- \longrightarrow Fe(s) \qquad E°_{Fe^{2+}} = -0.44\text{ V}$

$E°_{cel} = E°_{rojo} - E°_{oxid} = E°_{Fe^{2+}} - E°_{Ag^+}$

$= -0.44\text{ V} - (+0.80\text{ V}) = -1.24\text{ V}$

$E°_{cel} < 0$, por lo tanto, la reacción no ocurre espontáneamente.

46. Las celdas voltáicas convierten energía química en energía eléctrica. Las celdas electrolíticas usan energía eléctrica para causar una reacción química.

50. Los iones cloruro se yodizan para producir gas cloro y el agua se reduce para producir gas hidrógeno.

55. Al clavo de hierro se le formará una capa de cobre mientras Fe se yodiza a Fe^{2+} y Cu^{2+} se reduce a Cu.

Oxidación: $Fe(s) \longrightarrow Fe^{2+}(aq) + \cancel{2e^-}$

Reducción: $Cu^{2+}(aq) + \cancel{2e^-} \longrightarrow Cu(s)$

Reacción celular total:

$Fe(s) + Cu^{2+}(aq) \longrightarrow Fe^{2+}(aq) + Cu(s)$

57. **a.** $Sn(s) + Pb^{2+}(aq) \longrightarrow Sn^{2+}(aq) + Pb(s)$

Oxidación: $Sn(s) \longrightarrow Sn^{2+}(aq) + \cancel{2e^-}$

Reducción: $Pb^{2+}(aq) + \cancel{2e^-} \longrightarrow Pb(s)$

Reacción celular total:

$Sn(s) + Pb^{2+}(aq) \longrightarrow Sn^{2+}(aq) + Pb(s)$

$E°_{cel} = E°_{rojo} - E°_{oxid} = E°_{Pb^{2+}} - E°_{Sn^{2+}}$

$= -0.13\text{ V} - (-0.14\text{ V}) = +0.01\text{ V}$

b. $H_2(g) + Br_2(l) \longrightarrow 2H^+(aq) + 2Br^-(aq)$

Oxidación: $H_2(g) \longrightarrow 2H^+(aq) + \cancel{2e^-}$

Reducción: $Br_2(l) + \cancel{2e^-} \longrightarrow 2Br^-(aq)$

Reacción celular total:

$H_2(g) + Br_2(l) \longrightarrow 2H^+(aq) + 2Br^-(aq)$

$E°_{cel} = E°_{rojo} - E°_{oxid} = E°_{Br^-} - E°_{H^+}$

$= +1.07\text{ V} - 0.00\text{ V} = +1.07\text{ V}$

60. Si el potencial celular para una reacción redox es positivo, la reacción es espontánea cuando se escribe.

62. a. oxidación: $2Cl^-(l) \longrightarrow Cl_2(g) + 2e^-$ (en el ánodo)

Reducción: $Al^{3+}(l) + 3e^- \longrightarrow Al(l)$ (en el cátodo)

b. Multiplica la semirreacción de oxidación por 3 y la semirreacción de reducción por 2 para balancear los electrones:

$6Cl^-(l) \longrightarrow 3Cl_2(g) + \cancel{6e^-}$

$2Al^{3+}(l) + \cancel{6e^-} \longrightarrow 2Al(l)$

Reacción celular total:
$2AlCl_3(l) \longrightarrow 2Al(l) + 3Cl_2(g)$

c. El gas cloro se produce en el ánodo. El aluminio líquido se produce en el cátodo.

68. a. Reacciones de oxidación posibles en el ánodo:

(*i*) $2Cl^-(aq) \longrightarrow Cl_2(g) + 2e^-$

(*ii*) $2H_2O(l) \longrightarrow O_2(g) + 4H^+(aq) + 4e^-$

b. Reacciones de reducción posibles en el cátodo:

(*i*) $Na^+(aq) + e^- \longrightarrow Na(s)$

(*ii*) $2H_2O(l) + 2e^- \longrightarrow H_2(g) + 2OH^-(aq)$

c. (*i*) Los iones cloruro se oxidan más rápido a gas cloro de lo que las moléculas de agua se oxidan a oxígeno.

d. (*ii*) Las moléculas de agua son más fáciles de reducir que los iones sodio.

69. El agente de oxidación más fuerte tendrá el potencial de reducción estándar ($E°$) más positivo.

a. Ca^{2+} **b.** Hg_2^{2+} **c.** Cu^+ **d.** Hg^{2+}

71. Una corriente directa fluye sólo en una dirección. Si se usa una corriente alterna, las reacciones del ánodo y del cátodo se invertirían constantemente.

73. La reacción del cátodo en una celda seca no es reversible, por lo tanto, las células secas no son recargables. Las reacciones de ánodo y de cátodo en una batería de almacenamiento de plomo son reversibles. Por lo tanto, las baterías de almacenamiento de plomo son recargables cuando se aplica una energía eléctrica.

75. La cuchara se galvaniza con plata en una celda electrolítica. La cuchara sirve de cátodo y el ánodo es plata metálica. El electrolito es una solución de cianuro de plata. Cuando se aplica una corriente directa, los iones plata se mueven del ánodo a la cuchara, donde se reducen al metal plata.

79. d; el voltaje de una celda seca disminuye continuamente.

80. a. El potencial de reducción estándar de AgCl ($+0.22$ V) es más positivo que el potencial de reducción estándar de Ni^{2+} (-0.25 V), por lo tanto, AgCl se reduce y Ni se oxida.

Oxidación: $Ni(s) \longrightarrow Ni^{2+}(aq) + 2e^-$

Reducción: $2[AgCl(s) + e^- \longrightarrow Ag(s) + Cl^-(aq)]$

Reacción celular total:
$Ni(s) + 2AgCl(s) \longrightarrow 2Ag(s) + NiCl_2(aq)$

$E°_{cel} = E°_{rojo} - E°_{oxid} = E°_{AgCl} - E°_{Ni^{2+}}$

$= +0.22$ V $- (-0.25$ V$) = +0.47$ V

b. El potencial de reducción estándar de Cl^- ($+1.36$ V) es más positivo que el potencial de reducción estándar de Al^{3+} (-1.66 V), por lo tanto Cl^- se reduce y Al^{3+} se oxida.

Oxidación: $2[Al(s) \longrightarrow Al^{3+}(aq) + 3e^-]$

Reducción: $3[Cl_2(g) + 2e^- \longrightarrow 2Cl^-(aq)]$

Reacción celular total::
$2Al(s) + 3Cl_2(s) \longrightarrow 2AlCl_3(s)$

$E°_{cel} = E°_{rojo} - E°_{oxid} = E°_{Cl^-} - E°_{Al^{3+}}$

$= +1.36$ V $- (-1.66$ V$) = +3.02$ V

84. La salida de la batería no sería de 12 V.

88. Conecta el electrodo positivo de la fuente de poder al objeto de oro y el electrodo negativo a otro metal. El objeto de oro servirá entonces como el ánodo y el oro se oxidará.

91. $T_1 = 30°C + 273 = 303$ K

$T_2 = 60°C + 273 = 333$ K

$V_2 = \dfrac{V_1 \times T_2}{T_1} = \dfrac{425 \text{ mL} \times 333 \, \cancel{K}}{303 \, \cancel{K}} = 467$ mL

93. a. $250 \, \cancel{g} \times \dfrac{0.90 \text{ g de NaCl}}{100 \, \cancel{g}} = 2.3$ g de NaCl

b. $500 \, \cancel{mL} \times \dfrac{1 \, \cancel{L}}{1000 \, \cancel{mL}} \times \dfrac{2 \, \cancel{\text{moles de KNO}_3}}{1 \, \cancel{L}}$

$\times \dfrac{101.1 \text{ g de KNO}_3}{1 \, \cancel{\text{mol de KNO}_3}} = 101$ g de KNO_3

97. $4.80 \, \cancel{\text{g de CH}_4} \times \dfrac{1 \, \cancel{\text{mol de CH}_4}}{16.0 \, \cancel{\text{g de CH}_4}} \times \dfrac{-890 \text{ kJ}}{1 \, \cancel{\text{mol de CH}_4}}$

$= -267$ kJ

98. a y c; $K_{eq} < 1$

100. a. $pH = -\log[H^+] = -\log(1.0 \times 10^{-8}M) = 8.00$

b. $pH = -\log[H^+] = -\log(0.000010M) = 5.00$

c. $[H^+] = \dfrac{K_w}{[OH^-]} = \dfrac{1.0 \times 10^{-14}}{1.0 \times 10^{-4}M} = 1.0 \times 10^{-10}M$

$pH = -\log[H^+] = -\log(1.0 \times 10^{-10}M) = 10.00$

d. $[H^+] = \dfrac{K_w}{[OH^-]} = \dfrac{1.0 \times 10^{-14}}{1.0 \times 10^{-9}M} = 1.0 \times 10^{-5}M$

$pH = -\log[H^+] = -\log(1.0 \times 10^{-5}M) = 5.00$

103. a. $+6$ **b.** -2 **c.** $+4$ **d.** $+2$ **e.** 0 **f.** $+4$

105. b; Ca se oxida a Ca^{2+} y Cl_2 se reduce a Cl^-.

c; Ca se oxida a Ca^{2+} y H^+ se reduce a H_2.

Capítulo 22

1.

$$H-\underset{\underset{H}{|}}{\overset{\overset{H}{|}}{C}}-\underset{\underset{H}{|}}{\overset{\overset{H}{|}}{C}}-\underset{\underset{H}{|}}{\overset{\overset{H}{|}}{C}}-\underset{\underset{H}{|}}{\overset{\overset{H}{|}}{C}}-\underset{\underset{H}{|}}{\overset{\overset{H}{|}}{C}}-H$$

$$H-\underset{\underset{H}{|}}{\overset{\overset{H}{|}}{C}}-\underset{\underset{H}{|}}{\overset{\overset{H}{|}}{C}}-\underset{\underset{H}{|}}{\overset{\overset{H}{|}}{C}}-\underset{\underset{H}{|}}{\overset{\overset{H}{|}}{C}}-\underset{\underset{H}{|}}{\overset{\overset{H}{|}}{C}}-\underset{\underset{H}{|}}{\overset{\overset{H}{|}}{C}}-H$$

2. 10 enlaces sencillos

3. a. 3-etilhexano   **b.** 2-metilbutano

4. 4-etil-2-metilbutano

5.

$$\underset{\underset{CH_3}{|}}{CH_3CHCHCH_2CH_2CH_3}$$
(con CH_3 arriba)

6.

$$CH_3-\underset{\underset{}{|}}{\overset{\overset{CH_3}{|}}{CH}}-\underset{}{\overset{\overset{CH_3}{|}}{CH}}-\underset{\underset{CH_2}{|}}{\overset{\overset{CH_3}{|}}{C}}-CH_2-CH_2-CH_2-CH_3$$
(con CH_2 y CH_3 debajo del C central)

19. a.

$$CH_3-\overset{\overset{H}{|}}{\underset{\underset{Cl}{|}}{\textcircled{C}}}-CHO$$

b. carbono no asimétrico

20. a.

$$CH_3CH_2-\overset{\overset{CH_3}{|}}{\underset{\underset{F}{|}}{\textcircled{C}}}-Br$$

b. carbono no asimétrico

42. pentano: $CH_3CH_2CH_2CH_2CH_3$
hexano: $CH_3CH_2CH_2CH_2CH_2CH_3$

45. a. 2-metilbutano

b. 2,3-dimetilbutano

c. 3-metilhexano

47. a. insaturada porque hay un enlace doble carbono-carbono

b. saturada porque el compuesto contiene el número máximo de átomos de hidrógeno por átomo de carbono

52. No, sólo las moléculas con al menos un carbono asimétrico pueden tener enantiómeros.

55. a.
CH_2CH_3 (anillo bencénico con)
CH_2CH_3

c.
(anillo bencénico con) CH_3
CH_3

b.

$$CH_3-\overset{\overset{CH_3}{|}}{CH}-CH-CH_2-CH_3$$
(con anillo bencénico debajo del segundo CH)

58. La combustión de azufre en carbón produce los contaminantes del aire SO_2 y SO_3.

60. a. El etino (acetileno) tiene un enlace triple carbono-carbono y dos enlaces sencillos carbono-hidrógeno.

b. En el metilbenceno, hay enlaces híbridos dentro del anillo. Todos los otros enlaces son sencillos.

c. Todos los enlaces en el propano son enlaces sencillos.

62. propano, butano, pentano

66. La estructura media es la más estable debido a la resonancia dentro del anillo.

68. No, las estructuras son idénticas; una se ha volteado.

71. a. 4   **b.** 2   **c.** 3   **d.** 1

72. La cantidad de calor por carbono es más alta para el metano (-890 kJ/mol de carbono quemado) que para el benceno ($-3268 \div 6$ carbonos $= -545$ kJ/mol de carbono quemado). La quema de compuestos aromáticos produce más hollín.

76. $CH_2=C=CH_2$

78. a. $CH_3-CH_2-C=C-CH_2-CH_3$
with CH_3 CH_3 below the double-bonded carbons

b.

CH_2CH_3
CH_3
(cyclopentane ring)

c.

CH_3
CH_3 CH_2
CH_2 CH_2
$CH_2-CH_2-C-CH_2-CH_2$
CH_2 CH_2
CH_2 CH_2
CH_3 CH_3

82. a.

$CH_3CH_2CH_2CH_2CH_3 \rightleftharpoons CH_3CHCH_2CH_3$ with CH_3 above

b. constituyente

c. 2-metilbutano

86. a. $C_6 = 5$, $C_7 = 9$, $C_8 = 18$, $C_9 = 35$, $C_{10} = 75$

b. A medida que la molécula del alcano se hace más grande, aumenta dramáticamente el número de diferentes maneras en que se enlazan los átomos de carbono (para formar isómeros constituyentes).

90. No, los enantiómeros tienen propiedades físicas idénticas.

92. a. 6.20×10^{-1} moles de $Cl_2 \times \dfrac{22.4\ L}{1\ mol\ de\ Cl_2} = 13.9\ L$

b. $V_2 = \dfrac{P_1 \times V_1}{P_2} = \dfrac{0.5\ kPa \times 6\ L}{3\ kPa} = 1\ L$

c. $P_X + P_Y + P_Z = P_{total}$
$P_X + 30\ kPa = 50\ kPa$
$P_X + 30\ kPa - 30\ kPa = 50kPa - 30kPa$
$P_X = 20\ kPa$

93. 750 mL de $KNO_3 \times \dfrac{1\ L\ de\ KNO_3}{1000\ mL\ de\ KNO_3} \times$

$\dfrac{1.50\ moles\ de\ KNO_3}{1\ L\ de\ KNO_3} = 1.13\ moles\ de\ KNO_3;$

1.13 moles de $KNO_3 \times \dfrac{101.1\ g\ de\ KNO_3}{1.000\ moles\ de\ KNO_3}$

$= 114\ g\ de\ KNO_3$

98. a. favorece a reactantes   **b.** favorece a productos

100. a. $[H^+] = \dfrac{1.0 \times 10^{-14}}{[OH^-]} = \dfrac{1.0 \times 10^{-14}}{1.0 \times 10^{-4}} = 1.0 \times 10^{-10}M$

$pH = -\log[H^+] = -\log(1.0 \times 10^{-10}) = 10.00$

b. $[H^+] = \dfrac{1.0 \times 10^{-14}}{[OH^-]} = \dfrac{1.0 \times 10^{-14}}{3.9 \times 10^{-7}} = 2.6 \times 10^{-8}M$

$pH = -\log[H^+] = -\log(2.6 \times 10^{-8}) = 7.59$

c. $[H^+] = \dfrac{1.0 \times 10^{-14}}{[OH^-]} = \dfrac{1.0 \times 10^{-14}}{0.010} = 1.0 \times 10^{-12}M$

$pH = -\log[H^+] = -\log(1.0 \times 10^{-12}) = 12.00$

d. $[H^+] = \dfrac{1.0 \times 10^{-14}}{[OH^-]} = \dfrac{1.0 \times 10^{-14}}{5.0 \times 10^{-3}} = 2.0 \times 10^{-12}M$

$pH = -\log[H^+] = -\log(2.0 \times 10^{-12}) = 11.70$

102. a. H_3PO_4 **c.** H_2CO_3

b. $CsOH$ **d.** $Be(OH)_2$

104. a. $2 + C + 3(-2) = 0$
$-4 + C = 0$
$C = +4$
$Ca, +2; C, +4; O, -2$

b. $Cl, 0$

c. $1 + I + 3(-2) = 0$
$I - 5 = 0$
$I = +5$
$Li, +1; I, +5; O, -2$

d. $2(+1) + S + 3(-2) = 0$
$S - 4 = 0$
$S = +4$
$Na, +1; S, +4; O, -2$

110. La reacción es no espontánea.

Capítulo 23

33. a.

Cl
$ClCH_2CCH_2CH_3$
Cl

c.

Cl
Cl
(cyclohexane ring)

b.

Br
Br Br
(benzene ring)

37. a. 2-propanol

b. 1,2-propanediol

c. 2-metil-2-propanol

38. **a.**

$$CH_2 - CH_2$$
with H and Br substituents
bromoetano

b.

$$CH_2 - CH_2$$
with Cl and Cl substituents
1,2–dicloroetano

c.

$$CH_2 - CH_2$$
with H and OH substituents
etanol

d.

$$CH_2 - CH_2$$
with H and H substituents
etano

e.

$$CH_2 - CH_2$$
with H and Cl substituents
cloroetano

42. **a.** propanona
b. etanal
c. 3-metilbutanal
d. 3-hexanona
e. 2-pentiletanal
f. ácido pentanoico

45. **a.**

$$-CH_2 - CH - \\ | \\ CH_2 \\ | \\ CH_3$$

b.

$$-CH - CH - \\ | \quad | \\ Cl \quad Cl$$

50. **a.** fenol
b. éter
c. alcohol
d. fenol
e. alcohol
f. éter

53. **a.** grupo carboxilo, ácido etanoico (ácido acético)
b. éter, éter dietilo (éter etilo)
c. cetona (grupo carbonilo), propanona (acetona)
d. alcohol (grupo hidroxil), etanol (alcohol etílico)

57. Las propiedades químicas (y toxicidad) de compuestos orgánicos se determinan por el compuesto como un todo. Como un sustituyente en una molécula, un anillo del grupo fenilo no tiene las mismas propiedades que el benceno.

61. El ácido etanoico (dos carbonos de largo) es más soluble en agua que el ácido decanoico (diez carbonos de largo).

63. cadaverina, $H_2N(CH_2)_5NH_2$;
putrescina, $H_2N(CH_2)_4NH_2$
Ambos compuestos son aminos.

66.

69. El colesterol es un alcohol con un grupo hidroxil en un cicloalcano. Tiene cuatro anillos no aromáticos. Tiene un enlace doble en uno de sus anillos, así como un grupo alquilo grande, haciendo no polar a la molécula.

71. La loción ondulante reduce los enlaces —S—S— a enlaces —SH. El cabello se puede colocar en rulos para formar el cabello en la figura deseada. El agente de neutralización es un agente de oxidación que reforma los enlaces —S—S—, manteniendo el cabello en su figura ondulada. Pasos similares podrían usarse para alaciar el cabello ondulado.

76. Las dos moléculas son similares en tamaño. El glicol dietileno tiene cuatro carbonos y el glicerol tiene tres carbonos. El glicol dietileno es un éter con dos grupos hidroxilos. El glicerol tiene tres grupos hidroxilos.

glicol dietileno

$$CH_2 - CH_2 - O - CH_2 - CH_2 \\ | \qquad\qquad\qquad\qquad\qquad | \\ OH \qquad\qquad\qquad\qquad\qquad OH$$

glicerol

$$CH_2 - CH - CH_2 \\ | \qquad | \qquad | \\ OH \quad OH \quad OH$$

78. b, 3

82. $Na_2CO_3(s)$ anhidroso es el mejor valor porque el decahidrato es 63.0% agua.

86. $\Delta T = 180°C - 22°C = 158°C$

$q = C_{Al} \times m \times \Delta T$

$$q = \frac{0.90\,J \times \dfrac{1\,kJ}{10^3\,J} \times 500\,g \times 158°C}{(g \cdot °C)} = 71\,kJ$$

88. a, c, d, b

92. La reducción siempre ocurre en el cátodo. En una celda electrolítica, el cátodo es el electrodo negativo.

94. carbón

Capítulo 24

42. Los organismos fotosintéticos usan la energía del sol para sintetizar los compuestos de carbono, como la glucosa, a partir de CO_2 y H_2O.

47. La glucosa es un aldehído; la fructosa es una cetona.

53. Las cadenas peptídicas se doblan en hélices o en láminas galvanizadas en las que las cadenas peptídicas yacen lado a lado.

64. grupos fosfato, unidad de azúcar, base de nitrógeno

69. Una sustitución de una base por otra puede no tener efecto porque el aminoácido especificado por el código de ADN no cambia. O una sustitución de una base por otra puede resultar en una mutación genética en la que se cambia el amino especificado por el código de ADN.

70. El ADN de cada individuo es único.

74. En el catabolismo, las moléculas biológicas se descomponen y se libera energía. En el anabolismo, la energía y los productos del catabolismo se usan para hacer moléculas biológicas.

78.

$$\text{CH}_3(\text{CH}_2)_{14}\overset{\displaystyle \overset{O}{\|}}{-\text{C}}-\text{O}^-\text{Na}^+$$
(palmitato de sodio)

82. C-G-x-C-C-x-T-C-A(o G)
Las respuestas pueden variar porque hay múltiples códigos para el mismo aminoácido.

86. No; tres palabras código especifican la terminación de una cadena peptídica.

88. La oxidación de cada mol de glucosa produce 38 moles de ATP; por lo tanto:

$$\frac{38 \text{ moles de ATP} \times 30.5 \text{ kJ/moles de ATP}}{2.82 \times 10^3 \text{ kJ}} \times 100\% = 41.1\%$$

89. $8400 \text{ kJ} \times \dfrac{1 \text{ mol de ATP}}{30.5 \text{ kJ}} = 275$ moles de ATP

96. Un monosacárido (como la glucosa y la fructosa) consiste de una sola unidad de azúcar sencilla. Un disacárido (como la sacarosa) consiste de dos unidades monosacáridas juntas. Un polisacárido (como el almidón o el glicógeno) consiste de muchas unidades monosacáridas juntas.

98. El emparejamiento de base describe el enlace de hidrógeno que ocurre entre la tiamina (T) y la adenina (A) y entre la citosina (C) y la guanina (G) en el ADN. El emparejamiento de base ayuda a mantener juntas dos cadenas de ADN en una doble hélice.

104.

107. Un grupo amida se forma mediante la reacción.

112. A-C-C-T-A-C-T-A-C
No; Leu tiene 6 posibles palabras código.

119. **a.** Cada unidad de fórmula de NaCl se disocia en 2 partículas; por lo tanto, $0.507m \times 2 = 1.014m$.

$$\Delta T_b = K_b \times m = \frac{0.512°\text{C}}{m} \times 1.014m = 0.519°\text{C}$$

b. Cada unidad de fórmula de NH_4Cl se disocia en 2 partículas; por lo tanto, $0.204m \times 2 = 0.408m$.

$$\Delta T_b = K_b \times m = \frac{0.512°\text{C}}{m} \times 0.408m = 0.209°\text{C}$$

c. Cada unidad de fórmula de CaCl_2 se disocia en 3 partículas; por lo tanto, $0.155m \times 3 = 0.465m$.

$$\Delta T_b = K_b \times m = \frac{0.512°\text{C}}{m} \times 0.465m = 0.238°\text{C}$$

d. Cada unidad de fórmula de NaHSO_4 se disocia en 2 partículas; por lo tanto, $0.222m \times 2 = 0.444m$.

$$\Delta T_b = K_b \times m = \frac{0.512°\text{C}}{m} \times 0.444m = 0.227°\text{C}$$

120. $\Delta H = 0.265$ moles de $\text{NaHCO}_3 \times \dfrac{129 \text{ kJ}}{2 \text{ moles de NaHCO}_3}$
$= 17.1$ kJ de calor absorbido

128. **a.** $\text{CH}_3-\text{CH}_2-\text{CH}_2-\text{CH}_2-\text{CH}_2-\text{CH}_2-\text{CH}_3$

b.

$$\text{CH}_3-\overset{\overset{\displaystyle \text{CH}_3}{|}}{\text{CH}}-\text{CH}=\text{CH}-\text{CH}_2-\text{CH}_3$$

c.

$\text{CH}_3-\text{CH}-\text{CH}_2-\text{CH}_3$

d.

130. **a.** ciclopentano

b. 2-metil-2-propanol

c. 3-pentanona

Capítulo 25

9. $10.4 \cancel{h} \div 2.6 \cancel{h}/\text{semivida} = 4$ semividas

$A = A_0 \left(\frac{1}{2}\right)^4 = 1.0 \text{ mg} \times \frac{1}{16} = 0.063 \text{ mg Mn-56}$

10. $48.2 \cancel{\text{días}} \div 24.1 \cancel{\text{días}}/\text{semivida} = 2$ semividas

(Th-234 átomos) $\times \left(\frac{1}{2}\right)^2 = $ (Th-234 átomos) $\times \frac{1}{4}$

No, permanecerá $\frac{1}{4}$ de la muestra de Th-234.

36. $^{210}_{82}\text{Pb} \longrightarrow \, ^{210}_{83}\text{Bi} + \, ^{0}_{-1}\text{e}$

38. a. $^{238}_{92}\text{U} \longrightarrow \, ^{234}_{90}\text{Th} + \, ^{4}_{2}\text{He}$; torio-234

   b. $^{230}_{90}\text{Th} \longrightarrow \, ^{226}_{88}\text{Ra} + \, ^{4}_{2}\text{He}$; radio-226

   c. $^{235}_{92}\text{U} \longrightarrow \, ^{231}_{90}\text{Th} + \, ^{4}_{2}\text{He}$; torio-231

   d. $^{222}_{86}\text{Rn} \longrightarrow \, ^{218}_{84}\text{Po} + \, ^{4}_{2}\text{He}$; polonio-218

40. a. número de masa no cambia; número atómico aumenta 1

   b. número de masa disminuye 4; número atómico disminuye 2

   c. Número de masa y número atómico no cambian.

42. El átomo experimenta desintegración radioactiva.

47. $n = 40 \cancel{\text{días}} \div 8 \cancel{\text{días}}/\text{semivida} = 5$ semividas

$A = A_0 \left(\frac{1}{2}\right)^n = (20 \text{ mg}) \left(\frac{1}{2}\right)^5 = \frac{20}{32} = 0.625 \text{ mg}$

Permanecen 0.625 mg de I-131.

57. a. $^{30}_{15}\text{P} + \, ^{0}_{-1}\text{e} \longrightarrow \, ^{30}_{14}\text{Si}$

   b. $^{13}_{6}\text{C} + \, ^{1}_{0}\text{n} \longrightarrow \, ^{14}_{6}\text{C}$

   c. $^{131}_{53}\text{I} \longrightarrow \, ^{131}_{54}\text{Xe} + \, ^{0}_{-1}\text{e}$

65. $A = A_0 \left(\frac{1}{2}\right)^n = (3.2 \times 10^7 \text{ átomos}) \left(\frac{1}{2}\right)^5$

$= \frac{3.2 \times 10^7 \text{ átomos}}{32} = 1 \times 10^6 \text{ átomos}$

67. a. $^{3}_{1}\text{H} \longrightarrow \, ^{3}_{2}\text{H} + \, ^{0}_{-1}\text{e}$ **c.** $^{131}_{53}\text{I} \longrightarrow \, ^{131}_{54}\text{Xe} + \, ^{0}_{-1}\text{e}$

   b. $^{28}_{12}\text{Mg} \longrightarrow \, ^{28}_{13}\text{Al} + \, ^{0}_{-1}\text{e}$ **d.** $^{75}_{34}\text{Se} \longrightarrow \, ^{75}_{35}\text{Br} + \, ^{0}_{-1}\text{e}$

71. a. $^{0}_{-1}\text{e}$ **b.** $^{238}_{92}\text{U}$ **c.** $^{68}_{32}\text{Ge}$ **d.** $^{0}_{+1}\text{e}$

72. a. platino   **d.** titanio   **g.** vanadio

   b. torio   **e.** xenón   **h.** paladio

   c. francio   **f.** californio

El torio (b), el francio (c) y el californio (f) tienen isótopos inestables.

76. El carbono-14 se descompuso $\frac{4 \cancel{\text{conteo/min}}}{16 \cancel{\text{conteo/min}}} = \frac{1}{4}$.

Dado que $\frac{1}{4} = \left(\frac{1}{2}\right)^2$, el artefacto tiene 2 semividas.

Una semivida es 5.73×10^3 años.

2 semividas $= (5.73 \times 10^3) \times 2 = 11{,}460$ años.

82. $^{25}_{12}\text{Mg}$

84. $25\% = \frac{25}{100} = \frac{1}{4}$.

$\left(\frac{1}{2}\right)^n = \frac{1}{4}$, por lo tanto, $n = 2$ semividas.

12.3 años $\times$ 2 semividas $= 24.6$ años.

94. $\text{volumen} = \frac{\text{masa}}{\text{densidad}} = \frac{8.0 \cancel{\text{kg}} \times \frac{1000 \, \cancel{g}}{1 \, \cancel{\text{kg}}}}{\frac{19 \, \cancel{g}}{1 \text{ cm}^3}} = 4.2 \times 10^2 \text{ cm}^3$

105. $10.00 \cancel{\text{g de Mg}} \times \frac{1 \cancel{\text{ mol de Mg}}}{24.3 \cancel{\text{ g de Mg}}} \times \frac{1 \text{ mol de H}_2}{1 \cancel{\text{ mol de Mg}}}$

$= 0.412$ moles de H$_2$

$0.412 \cancel{\text{ moles de H}_2} \times \frac{22.4 \cancel{\text{ L de H}_2}}{1 \cancel{\text{ mol de H}_2}} \times \frac{1000 \cancel{\text{ mL de H}_2}}{1 \cancel{\text{ L de H}_2}} \times$

$\frac{1 \text{ cm}^3 \text{ de H}_2}{1 \cancel{\text{ mL de H}_2}} = 9.22 \times 10^3 \text{ cm}^3 \text{ H}_2$

107. $\text{volumen} = \frac{\text{moles}}{\text{molaridad}}$

$= \frac{0.0020 \cancel{\text{ moles de Na}_2\text{SO}_4}}{\frac{0.30 \cancel{\text{ moles de Na}_2\text{SO}_4}}{1 \cancel{L}}} \times \frac{1 \cancel{L}}{1000 \text{ mL}} = 6.7 \text{ mL}$

absolute zero: the zero point on the Kelvin temperature scale, equivalent to $-273.15°C$ *(79)*

cero absoluto: punto cero en la escala de temperatura Kelvin; equivale a $-273.15°C$

accepted value: a quantity used by general agreement of the scientific community *(65)*

valor aceptado: cantidad que se usa por acuerdo general de la comunidad científica

accuracy: the closeness of a measurement to the true value of what is being measured *(64)*

exactitud: qué tan cerca está una medición del valor real de lo que se mide

acid: a compound that produces hydrogen ions in solution; see also hydrogen-ion donor, Lewis acid *(285)*

ácido: compuesto que, en solución, produce iones hidrógeno; ver también donante de iones hidrógeno, ácido de Lewis

acid dissociation constant (K_a): the ratio of the concentration of the dissociated form of an acid to the undissociated form; stronger acids have larger K_a values than weaker acids *(665)*

constante de disociación ácida (K_a): razón de la concentración de la forma disociada de un ácido a la concentración de la forma no disociada; los ácidos más fuertes tienen valores K_a más altos que los ácidos débiles

acidic solution: any solution in which the hydrogen-ion concentration is greater than the hydroxide-ion concentration *(654)*

solución ácida: cualquier solución en la que la concentración de iones hidrógeno es mayor que la de iones hidróxido

activated complex: an unstable arrangement of atoms that exists momentarily at the peak of the activation-energy barrier; an intermediate or transitional structure formed during the course of a reaction *(596)*

complejo activado: ordenación inestable de átomos que existe momentáneamente en el punto más alto de la barrera de energía de activación; estructura intermedia o de transición que se forma en el curso de una reacción

activation energy: the minimum energy colliding particles must have in order to react *(596)*

energía de activación: energía mínima que deben tener las partículas para que, al chocar, reaccionen

active site: a groove or pocket in an enzyme molecule into which the substrate (reactant molecule) fits; where the substrate is converted to products *(847)*

sitio activo: hendidura o bolsa en una molécula de enzima, en la que embona el sustrato (molécula reactante); donde el sustrato se convierte en productos

activity series: a list of elements in order of decreasing activity; the activity series of halogens is Fl, Cl, Br, I *(360)*

serie de actividad: lista de elementos en orden de actividad decreciente; la serie de actividad de los halógenos es F, Cl, Br, I

actual yield: the amount of product that forms when a reaction is carried out in the laboratory *(405)*

rendimiento real: cantidad de producto que se forma cuando se lleva a cabo una reacción en el laboratorio

addition reaction: a reaction in which a substance is added at the double bond of an alkene or at the triple bond of an alkyne *(807)*

reacción de adición: reacción en la que una sustancia se añade al doble enlace de un alqueno o al triple enlace de un alquino

adenosine triphosphate (ATP): a molecule that transmits the energy needed by cells of all living things *(862)*

trifosfato de adenosina (ATP): molécula que transmite la energía que necesitan las células de todos los seres vivos

alcohol: an organic compound having an —OH (hydroxy) group; the general structure is R—OH *(804)*

alcohol: compuesto orgánico que posee un grupo —OH (hidroxilo); su estructura general es R—OH

aldehyde: an organic compound in which the carbon of the carbonyl group is joined to at least one hydrogen; the general formula is RCHO *(812)*

aldehído: compuesto orgánico en el que el carbono del grupo carbonilo está unido a por lo menos un hidrógeno; su fórmula general es RCHO

aliphatic hydrocarbon: any straight-chain or branched-chain alkane, alkene, or alkyne *(780)*

hidrocarburo alifático: cualquier alcano, alqueno o alquino de cadena lineal o cadena ramificada

alkali metal: any metal in Group 1A of the periodic table *(167)*

metal alcalino: cualquier metal del Grupo 1A de la tabla periódica

alkaline earth metal: any metal in Group 2A of the periodic table *(167)*

metal alcalinotérreo: cualquier metal del Grupo 2A de la tabla periódica

alkane: a hydrocarbon containing only single covalent bonds; alkanes are saturated hydrocarbons *(764)*

alcano: hidrocarburo que sólo contiene enlaces covalentes sencillos; los alcanos son hidrocarburos saturados

alkene: a hydrocarbon containing one or more carbon–carbon double bonds; alkenes are unsaturated hydrocarbons (772)

　　alqueno: hidrocarburo que contiene uno o más enlaces dobles carbono–carbono; los alquenos son hidrocarburos insaturados

alkyl group: a hydrocarbon substituent; the methyl group (—CH$_3$) is an alkyl group (768)

　　grupo alquilo: un hidrocarburo sustituto; el grupo metilo (—CH$_3$) es un grupo alquilo

alkyl halide: a halocarbon in which one or more halogen atoms are attached to the carbon atoms of an aliphatic chain (800)

　　haluro de alquilo: compuesto halocarbonado en el que uno o más átomos de halógeno están unidos a los átomos de carbono de una cadena alifática

alkyne: a hydrocarbon containing a carbon–carbon triple bond; alkynes are unsaturated hydrocarbons (773)

　　alquino: hidrocarburo que contiene un triple enlace carbono–carbono; los alquinos son hidrocarburos insaturados

allotrope: one of two or more different molecular forms of an element in the same physical state; oxygen (O$_2$) and ozone (O$_3$) are allotropes of the element oxygen (434)

　　alótropo: una de dos o más formas moleculares distintas de un elemento en el mismo estado físico; el oxígeno (O$_2$) y el ozono (O$_3$) son alótropos del elemento oxígeno

alloy: a mixture composed of two or more elements, at least one of which is a metal (211)

　　aleación: mezcla formada por dos o más elementos, donde al menos uno de ellos es un metal

alpha particle: a positively charged particle emitted from certain radioactive nuclei; it consists of two protons and two neutrons and is identical to the nucleus of a helium atom (877)

　　partícula alfa: partícula con carga positiva emitida por ciertos núcleos radiactivos; consta de dos protones y dos neutrones, y es idéntica al núcleo de un átomo de helio

amine: an organic compound in which nitrogen is bonded to a carbon group (811)

　　amina: compuesto orgánico en el cual el nitrógeno se enlaza a un grupo de carbonos

amino acid: an organic compound having amino (—NH$_2$) and carboxyl (—COOH) groups in the same molecule; proteins are made from the 20 naturally occurring amino acids (844)

　　aminoácido: compuesto orgánico que posee grupos amino (—NH$_2$) y carboxilo (—COOH) en la misma molécula; las proteínas se forman a partir de los 20 aminoácidos naturales

amorphous solid: describes a solid that lacks an ordered internal structure; denotes a random arrangement of atoms (434)

　　sólido amorfo: describe un sólido que carece de una estructura interna ordenada; denota un acomodo aleatorio de átomos

amphoteric: a substance that can act as both an acid and a base (651)

　　anfótero: una sustancia que puede actuar como ácido y como base

amplitude: the height of a wave's crest (138)

　　amplitud: altura de la cresta de una onda

anabolism: synthesis processes in the metabolism of cells; these processes usually require the expenditure of energy (864)

　　anabolismo: procesos de síntesis dentro del metabolismo de las células; por lo regular, esos procesos requieren gasto de energía

analytical chemistry: the area of chemistry that focuses on the composition of matter (3)

　　química analítica: rama de la química que estudia la composición de la materia

anhydrous: describes a substance that does not contain water (498)

　　anhidro: se refiere a una sustancia que no contiene agua

anion: any atom or group of atoms with a negative charge (176)

　　anión: cualquier átomo o grupo de átomos que posee carga negativa

anode: the electrode at which oxidation occurs (730)

　　ánodo: electrodo en el que hay oxidación

applied chemistry: research that is directed toward a practical goal or application (3)

　　química aplicada: investigaciones que tienen una meta o aplicación práctica

aqueous solution: water that contains dissolved substances (494)

　　solución acuosa: agua que contiene sustancias disueltas

aromatic compound: an organic compound that contains a benzene ring or other ring in which the bonding is like that of benzene; aromatic compounds are also known as arenes (780)

　　compuesto aromático: compuesto orgánico que contiene un anillo bencénico u otro anillo con enlaces similares a los del benceno; los compuestos aromáticos también se conocen como arenos

aryl halide: a halocarbon in which one or more halogens are attached to the carbon atoms of an arene ring (800)

　　haluro de arilo: compuesto halocarbonado en el que uno o más átomos de halógeno están unidos a átomos de carbono de un anillo de areno

asymmetric carbon: a carbon atom that has four different atoms or groups attached *(776)*

   carbono asimétrico: átomo de carbono unido a cuatro átomos o grupos distintos

atmospheric pressure: the pressure exerted by atoms and molecules in the atmosphere surrounding Earth, resulting from collisions of these particles with objects *(421)*

   presión atmosférica: presión ejercida por átomos y moléculas de la atmósfera que rodea a la Tierra y que resulta de los choques de dichas partículas con los objetos

atom: the smallest particle of an element that retains its identity in a chemical reaction *(102)*

   átomo: partícula más pequeña de un elemento que conserva su identidad en una reacción química

atomic emission spectrum: the pattern formed when light passes through a prism or diffraction grating to separate it into the different frequencies of light it contains *(140)*

   espectro de emisión atómica: patrón que se forma cuando la luz atraviesa un prisma o una rejilla de difracción que la separa en las diferentes frecuencias de luz que contiene

atomic mass: the weighted average of the masses of the isotopes of an element *(117)*

   masa atómica: promedio ponderado de las masas de los isótopos de un elemento

atomic mass unit (amu): a unit of mass equal to one-twelfth the mass of a carbon-12 atom *(116)*

   unidad de masa atómica (uma): unidad de masa igual a un doceavo de la masa de un átomo de carbono 12

atomic number: the number of protons in the nucleus of an atom of an element *(112)*

   número atómico: número de protones que hay en el núcleo del átomo de un elemento

atomic orbital: a mathematical expression describing the probability of finding an electron at various locations; usually represented by the region of space around the nucleus where there is a high probability of finding an electron *(131)*

   orbital atómico: expresión matemática que describe la probabilidad de hallar un electrón en diversos lugares; se suele representar como la región del espacio en torno al núcleo donde hay una probabilidad elevada de hallar un electrón

atomic radius: one-half the distance between the nuclei of two atoms of the same element when the atoms are joined *(174)*

   radio atómico: mitad de la distancia entre los núcleos de dos átomos del mismo elemento cuando dichos átomos están unidos

aufbau principle: the rule that electrons occupy the orbitals of lowest energy first *(134)*

   principio de aufbau: regla según la cual los electrones ocupan primero los orbitales de energía más baja

Avogadro's hypothesis: equal volumes of gases at the same temperature and pressure contain equal numbers of particles *(320)*

   hipótesis de Avogadro: volúmenes iguales de gases a la misma temperatura y presión contienen el mismo número de partículas

Avogadro's number: the number of representative particles contained in one mole of a substance; equal to 6.02×10^{23} particles *(308)*

   número de Avogadro: número de partículas representativas contenidas en un mol de una sustancia; es igual a 6.02×10^{23} partículas

B

balanced equation: a chemical equation in which mass is conserved; each side of the equation has the same number of atoms of each element *(350)*

   ecuación balanceada: ecuación química en la que se conserva la masa; cada lado de la ecuación tiene el mismo número de átomos de cada elemento

band of stability: the location of stable nuclei on a neutron-vs.-proton plot *(880)*

   banda de estabilidad: región ocupada por los núcleos estables en un diagrama neutrones-protones

barometer: an instrument used to measure atmospheric pressure *(421)*

   barómetro: instrumento que sirve para medir la presión atmosférica

base: a compound that produces hydroxide ions in solution; see also hydrogen-ion acceptor, Lewis base *(287)*

   base: compuesto que, en solución, produce iones hidróxido; ver también receptor de iones hidrógeno, base de Lewis

base dissociation constant (K_b): the ratio of the concentration of the conjugate acid times the concentration of the hydroxide ion to the concentration of the base *(668)*

   constante de disociación básica (K_b): razón de la concentración del ácido conjugado multiplicada por la concentración del ion hidróxido, a la concentración de la base

basic solution: any solution in which the hydroxide-ion concentration is greater than the hydrogen-ion concentration *(654)*

   solución básica: cualquier solución en la que la concentración del ion hidróxido es mayor que la concentración del ion hidrógeno

battery: a group of voltaic cells that are connected to one another *(733)*

   batería: grupo de celdas voltaicas conectadas entre sí

beta particle: an electron resulting from the breaking apart of neutrons in an atom *(878)*

   partícula beta: electrón que se produce al descomponerse los neutrones de un átomo

binary compound: a compound composed of two elements; NaCl and Al_2O_3 are binary compounds *(272)*

    compuesto binario: compuesto integrado por dos elementos; NaCl y Al_2O_3 son compuestos binarios

biochemistry: the area of chemistry that focuses on processes that take place in organisms *(3)*

    bioquímica: rama de la química que se concentra en los procesos que se dan en los organismos

boiling point (bp): the temperature at which the vapor pressure of a liquid is just equal to the external pressure on the liquid *(428)*

    punto de ebullición (p. eb.): temperatura a la que la presión de vapor de un líquido es apenas igual a la presión externa sobre el líquido

boiling-point elevation: the difference in temperature between the boiling point of a solution and the boiling point of the pure solvent *(537)*

    incremento del punto de ebullición: diferencia de temperatura entre el punto de ebullición de una solución y el punto de ebullición del solvente puro

bond dissociation energy: the energy required to break the bond between two covalently bonded atoms; this value is usually expressed in kJ per mol of substance *(236)*

    energía de disociación de enlaces: energía requerida para romper el enlace entre dos átomos unidos de forma covalente; este valor suele expresarse en kJ por mol de sustancia

bonding orbital: a molecular orbital that can be occupied by two electrons of a covalent bond *(240)*

    orbital de enlace: orbital molecular que puede ser ocupado por los dos electrones de un enlace covalente

Boyle's law: for a given mass of gas at constant temperature, the volume of the gas varies inversely with pressure *(456)*

    ley de Boyle: para una masa dada de gas a temperatura constante, el volumen del gas varía en proporción inversa a la presión

branched-chain alkane: an alkane with one or more alkyl groups attached to the parent structure *(768)*

    alcano de cadena ramificada: alcano con uno o más grupos alquilo unidos a la estructura madre

Brownian motion: the chaotic movement of colloidal particles, caused by collision with particles of the solvent in which they are dispersed *(506)*

    movimiento browniano: movimiento caótico de partículas coloidales, debido a los choques con las partículas del solvente en el que están dispersas

buffer: a solution in which the pH remains relatively constant when small amounts of acid or base are added; a buffer can be either a solution of a weak acid and the salt of a weak acid or a solution of a weak base with the salt of a weak base *(678)*

    solución amortiguadora: solución cuyo pH permanece relativamente constante si se le añaden pequeñas cantidades de ácido o base; una solución amortiguadora puede ser una solución de un ácido débil y la sal de un ácido débil o una solución de una base débil y la sal de una base débil

buffer capacity: a measure of the amount of acid or base that may be added to a buffer solution before a significant change in pH occurs *(679)*

    capacidad amortiguadora: medida de la cantidad de ácido o base que se puede añadir a una solución amortiguadora sin que haya un cambio importante en el pH

C

calorie (cal): the quantity of heat needed to raise the temperature of 1 g of pure water 1°C *(77)*

    caloría (cal): cantidad de calor necesaria para elevar 1°C la temperatura de 1 g de agua pura

calorimeter: an insulated device used to measure the absorption or release of heat in chemical or physical processes *(562)*

    calorímetro: aparato con material aislante que sirve para medir la absorción o desprendimiento de calor durante procesos químicos o físicos

calorimetry: the precise measurement of heat flow out of a system for chemical and physical processes *(562)*

    calorimetría: medición precisa del flujo de calor hacia afuera del sistema durante procesos químicos y físicos

carbohydrate: the name given to monomers and polymers of aldehydes and ketones that have numerous hydroxyl groups; sugars and starches are carbohydrates *(841)*

    carbohidrato: nombre dado a monómeros y polímeros de aldehídos y cetonas que tienen muchos grupos hidroxilo; los azúcares y almidones son carbohidratos

carbonyl group: a functional group having a carbon atom and an oxygen atom joined by a double bond; it is found in aldehydes, ketones, esters, and amides *(812)*

    grupo carbonilo: grupo funcional que consiste en un átomo de carbono y uno de oxígeno unidos por un enlace doble; se le encuentra en aldehídos, cetonas, ésteres y amidas

carboxyl group: a functional group consisting of a carbonyl group attached to a hydroxyl group; it is found in carboxylic acids *(815)*

    grupo carboxilo: grupo funcional que consiste en un grupo carbonilo unido a un grupo hidroxilo; se le encuentra en los ácidos carboxílicos

carboxylic acid: an organic acid containing a carboxyl group; the general formula is RCOOH *(815)*

> ácido carboxílico: ácido orgánico que contiene un grupo carboxilo; su fórmula general es RCOOH

catabolism: the reactions in living cells in which substances are broken down and energy is produced *(863)*

> catabolismo: reacción, dentro de las células vivas, por la que diversas sustancias se descomponen y producen energía

catalyst: a substance that increases the rate of reaction by lowering the activation-energy barrier; the catalyst is not used up in the reaction *(348)*

> catalizador: sustancia que aumenta la tasa de reacción disminuyendo la barrera de energía de activación; el catalizador no se consume en la reacción

cathode: the electrode at which reduction occurs *(730)*

> cátodo: electrodo en el que ocurre la reducción

cathode ray: a stream of electrons produced at the negative electrode (cathode) of a tube containing a gas at low pressure *(105)*

> rayo catódico: haz de electrones producido en el electrodo negativo (cátodo) de un tubo que contiene un gas a baja presión

cation: any atom or group of atoms with a positive charge *(176)*

> catión: cualquier átomo o grupo de átomos con carga positiva

cell potential: the difference between the reduction potentials of two half-cells *(737)*

> potencial de celda: diferencia entre los potenciales de reducción de dos semiceldas

Celsius scale: the temperature scale on which the freezing point of water is 0°C and the boiling point is 100°C *(78)*

> escala Celsius: escala de temperatura en la que el punto de congelación del agua es 0°C y el punto de ebullición del agua es 100°C

Charles's law: the volume of a fixed mass of gas is directly proportional to its Kelvin temperature if the pressure is kept constant *(458)*

> ley de Charles: el volumen de una masa fija de gas es directamente proporcional a su temperatura Kelvin si la presión se mantiene constante

chemical change: a change that produces matter with a different composition than the original matter *(43)*

> cambio químico: cambio que produce materia con una composición diferente a la de la materia original

chemical equation: an expression representing a chemical reaction; the formulas of the reactants (on the left) are connected by an arrow with the formulas for the products (on the right) *(348)*

> ecuación química: expresión que representa una reacción química; las fórmulas de los reactantes (a la izquierda) se unen mediante una flecha a las fórmulas de los productos (a la derecha)

chemical equilibrium: a state of balance in which the rates of the forward and reverse reactions are equal; no net change in the amount of reactants and products occurs in the chemical system *(610)*

> equilibrio químico: estado de equilibrio en el que las tasas de reacción de evolución y de reacción inversa son iguales; no hay un cambio neto en la cantidad de reactantes y productos en el sistema químico

chemical formula: an expression that indicates the number and type of atoms present in the smallest representative unit of a substance *(202)*

> fórmula química: expresión que indica el número y tipo de átomos presentes en la unidad representativa más pequeña de una sustancia

chemical potential energy: energy stored in chemical bonds *(556)*

> energía potencial química: energía almacenada en los enlaces químicos

chemical property: the ability of a substance to undergo a specific chemical change *(48)*

> propiedad química: capacidad de una sustancia para experimentar un cambio químico específico

chemical reaction: a change in which one or more reactants change into one or more products; characterized by the breaking of bonds in reactants and the formation of bonds in products *(48)*

> reacción química: cambio en el que uno o más reactantes se convierten en uno o más productos; se caracteriza por la ruptura de enlaces en los reactantes y la formación de enlaces en los productos

chemical symbol: a one- or two-letter representation of an element *(45)*

> símbolo químico: representación de un elemento que emplea una o dos letras

chemistry: the study of the composition of matter and the changes that matter undergoes *(2)*

> química: estudio de la composición de la materia y los cambios que experimenta

cis configuration: the configuration in which substituent groups are on the same side of a double bond *(776)*

> configuración cis: configuración en la que los grupos sustitutos están del mismo lado de un enlace doble

cis-trans isomers: compounds that have atoms in the same order, but differ in the orientation of groups around a double bond *(776)*

> isómeros cis-trans: compuestos cuyos átomos tienen el mismo orden, pero difieren con respecto a la orientación de los grupos alrededor de un enlace doble

coefficient: a small whole number that appears in front of a formula in a balanced chemical equation *(350)*

> coeficiente: número entero pequeño que aparece antepuesto a una fórmula en una ecuación química balanceada

coenzyme: a small organic molecule or metal ion necessary for an enzyme's biological activity *(848)*

coenzima: pequeña molécula orgánica o ion metálico necesario para que una enzima tenga actividad biológica

colligative property: a property of a solution that depends only upon the number of solute particles, and not upon their identities; boiling-point elevation, freezing-point depression, and vapor-pressure lowering are colligative properties *(534)*

propiedad coligativa: propiedad de una solución que depende únicamente del número de partículas de soluto, y no del tipo de soluto; el incremento del punto de ebullición, la disminución del punto de congelación y el descenso de la presión de vapor son propiedades coligativas

collision theory: atoms, ions, and molecules can react to form products when they collide, provided that the particles have enough kinetic energy *(596)*

teoría de choques: los átomos, iones y moléculas pueden reaccionar para formar productos cuando chocan, siempre que las partículas tengan suficiente energía cinética

colloid: a mixture whose particles are intermediate in size between those of a suspension and a solution *(505)*

coloide: mezcla cuyas partículas tienen un tamaño intermedio entre las de una suspensión y una solución

combination reaction: a chemical change in which two or more substances react to form a single new substance; also called a synthesis reaction *(356)*

reacción de combinación: cambio químico en el que dos o más sustancias reaccionan para formar una sola sustancia nueva; también llamada reacción de síntesis

combined gas law: the law that describes the relationship among the pressure, temperature, and volume of an enclosed gas *(462)*

ley combinada de los gases: ley que describe las relaciones entre la presión, la temperatura y el volumen de un gas encerrado

combustion reaction: a chemical change in which an element or a compound reacts with oxygen, often producing energy in the form of heat and light *(363)*

reacción de combustión: cambio químico en el que un elemento o un compuesto reacciona con oxígeno y por lo regular produce energía en forma de luz y calor

common ion: an ion that is common to both salts in a solution; in a solution of silver nitrate and silver chloride, Ag^+ would be a common ion *(624)*

ion común: ion que es común a ambas sales disueltas en una solución; en una solución de nitrato de plata y cloruro de plata, Ag^+ sería un ion común

common ion effect: a decrease in the solubility of an ionic compound caused by the addition of a common ion *(624)*

efecto del ion común: disminución en la solubilidad de un compuesto iónico debida a la adición de un ion común

complete ionic equation: an equation that shows dissolved ionic compounds as dissociated free ions *(370)*

ecuación iónica completa: ecuación que muestra los compuestos iónicos disueltos en forma de iones disociados libres

compound: a substance that contains two or more elements chemically combined in a fixed proportion *(42)*

compuesto: sustancia que contiene dos o más elementos combinados químicamente en una proporción fija

compressibility: a measure of how much the volume of matter decreases under pressure *(450)*

compresibilidad: medida de cuánto disminuye el volumen de la materia cuando se le aplica presión

concentrated solution: a solution containing a large amount of solute *(525)*

solución concentrada: solución que contiene una gran cantidad de soluto

concentration: a measurement of the amount of solute that is dissolved in a given quantity of solvent; usually expressed as mol/L *(525)*

concentración: medida de la cantidad de soluto disuelto en una cantidad específica de solvente; suele expresarse en mol/L

condensed structural formula: a structural formula that leaves out some bonds and/or atoms; the presence of these atoms or bonds is understood *(766)*

fórmula estructural condensada: fórmula estructural que no muestra algunos enlaces o átomos; se sobreentiende la presencia de estos enlaces o átomos

conjugate acid: the particle formed when a base gains a hydrogen ion; NH_4^+ is the conjugate acid of the base NH_3 *(650)*

ácido conjugado: partícula que se forma cuando una base gana un ion hidrógeno; NH_4^+ es el ácido conjugado de la base NH_3

conjugate acid-base pair: two substances that are related by the loss or gain of a single hydrogen ion; ammonia (NH_3) and the ammonium ion (NH_4^+) are a conjugate acid-base pair *(650)*

par conjugado ácido-base: dos sustancias relacionadas entre sí por la pérdida o ganancia de un solo ion hidrógeno; el amoníaco (NH_3) y el ion amonio (NH_4^+) son un par conjugado ácido-base

conjugate base: the particle that remains when an acid has donated a hydrogen ion; OH^- is the conjugate base of the acid water *(650)*

base conjugada: partícula que queda cuando un ácido dona un ion hidrógeno; OH^- es la base conjugada del agua ácida

constitutional isomers: compounds that have the same molecular formula, but whose atoms are bonded in a different order *(775)*

isómeros constitucionales: compuestos que tienen la misma fórmula molecular, pero cuyos átomos están enlazados en distinto orden

conversion factor: a ratio of equivalent measurements used to convert a quantity from one unit to another *(84)*

   factor de conversión: razón de medidas equivalentes usadas para convertir una cantidad de una unidad a otra

coordinate covalent bond: a covalent bond in which one atom contributes both bonding electrons *(232)*

   enlace covalente coordinado: enlace covalente en el que un átomo aporta ambos electrones de enlace

coordination number: the number of ions of opposite charge that surround each ion in a crystal *(205)*

   número de coordinación: número de iones de carga opuesta que rodean a cada ion en un cristal

covalent bond: a bond formed by the sharing of electrons between atoms *(215)*

   enlace covalente: enlace que se forma cuando dos átomos comparten electrones

cracking: the controlled process by which hydrocarbons are broken down or rearranged into smaller, more useful molecules *(783)*

   pirólisis: proceso controlado por el cual los hidrocarburos se descomponen o reacomodan en moléculas más pequeñas y útiles

crystal: a solid in which the atoms, ions, or molecules are arranged in an orderly, repeating, three-dimensional pattern called a crystal lattice *(432)*

   cristal: sólido en el que los átomos, iones o moléculas están dispuestos en un patrón tridimensional ordenado y repetitivo llamado red cristalina

cycloalkane: cyclic hydrocarbon that contains only single bonds *(779)*

   cicloalcano: hidrocarburo cíclico que contiene sólo enlaces sencillos

cyclic hydrocarbon: an organic compound that contains a hydrocarbon ring *(779)*

   hidrocarburo cíclico: compuesto orgánico que contiene un anillo de hidrocarburo

D

Dalton's atomic theory the first theory to relate chemical changes to events at the atomic level *(103)*

   teoría atómica de Dalton: primera teoría en relacionar los cambios químicos con sucesos a nivel atómico

Dalton's law of partial pressures: at constant volume and temperature, the total pressure exerted by a mixture of gases is equal to the sum of the partial pressures of the component gases *(470)*

   teoría de Dalton de las presiones parciales: a volumen y temperatura constantes, la presión total ejercida por una mezcla de gases es igual a la suma de las presiones parciales de los gases componentes

decomposition reaction: a chemical change in which a single compound is broken down into two or more simpler products *(358)*

   reacción de descomposición: cambio químico en el que un solo compuesto se descompone en dos o más productos más simples

dehydrogenation reaction: a reaction in which hydrogen is lost *(816)*

   reacción de deshidrogenación: reacción en la que se pierde hidrógeno

deliquescent: describes a substance that removes sufficient water from the air to form a solution; the solution formed has a lower vapor pressure than that of the water in the air *(501)*

   delicuescente: término que describe a una sustancia que absorbe suficiente humedad del aire como para formar una solución; la solución formada tiene una presión de vapor más baja que la de la humedad del aire

density: the ratio of the mass of an object to its volume *(80)*

   densidad: razón de la masa de un objeto a su volumen

dependent variable: the variable that is observed during an experiment; also called responding variable *(16)*

   variable dependiente: variable que se observa durante un experimento; también llamada variable de respuesta

desiccant: a hygroscopic substance used as a drying agent *(499)*

   desecante: sustancia higroscópica empleada como agente secante

diatomic molecule: a molecule consisting of two atoms *(223)*

   molécula diatómica: molécula que consta de dos átomos

diffusion: the tendency of molecules to move toward areas of lower concentration until the concentration is uniform throughout *(472)*

   difusión: tendencia de las moléculas a moverse hacia áreas de baja concentración hasta que la concentración es uniforme en todo el medio

dilute solution: a solution that contains a small amount of solute *(525)*

   solución diluida: solución que contiene muy poco soluto

dimensional analysis: a technique of problem-solving that uses the units that are part of a measurement to help solve the problem *(86)*

   análisis dimensional: técnica para resolver problemas que se apoya en las unidades de las mediciones para resolver el problema

dipole: a molecule that has two poles, or regions, with opposite charges *(249)*

   dipolo: molécula que tiene dos polos o regiones con cargas opuestas

dipole interactions: intermolecular forces resulting from the attraction of oppositely charged regions of polar molecules (250)

interacción dipolar: fuerzas intermoleculares que resultan de la atracción de regiones de moléculas polares con cargas opuestas

diprotic acid: any acid that contains two ionizable protons (hydrogen ions); sulfuric acid (H_2SO_4) is a diprotic acid (647)

ácido diprótico: cualquier ácido que contenga dos protones (iones hidrógeno) ionizables; el ácido sulfúrico (H_2SO_4) es un ácido diprótico

disaccharide: a carbohydrate formed from two monosaccharide units; common table sugar (sucrose) is a disaccharide (842)

disacárido: carbohidrato formado por dos unidades de monosacárido; el azúcar de mesa común (sacarosa) es un disacárido

dispersion forces: attractions between molecules caused by the electron motion on one molecule affecting the electron motion on the other through electrical forces; these are the weakest interactions between molecules (251)

fuerzas de dispersión: atracciones entre moléculas que se dan cuando el movimiento de los electrones de una molécula afecta el movimiento de los electrones de la otra mediante fuerzas eléctricas; se trata de las interacciones más débiles entre moléculas

displacement reaction: see single-replacement reaction

reacción de desplazamiento: véase reacción de sustitución sencilla

distillation: a process used to separate components of a mixture using differences in boiling points (40)

destilación: proceso que se usa para separar los componentes de una mezcla usando las diferencias en los puntos de ebullición

double covalent bond: a bond in which two atoms share two pairs of electrons (230)

enlace covalente doble: enlace en el que dos átomos comparten dos pares de electrones

double-replacement reaction: a chemical change that involves an exchange of positive ions between two compounds (362)

reacción de sustitución doble: cambio químico que implica un intercambio de iones positivos entre dos compuestos

dry cell: a commercial voltaic cell in which the electrolyte is a moist paste; despite their name, the compact, portable batteries used in flashlights are dry cells (732)

celda seca: celda voltaica comercial en la que, a pesar del nombre, el electrolito es una pasta húmeda; las baterías compactas y portátiles que se usan en las linternas son celdas secas

E

effloresce: to lose water of hydration; the process occurs when the hydrate has a vapor pressure higher than that of water vapor in the air (499)

eflorecerse: perder agua de hidratación; el proceso se presenta cuando la presión de vapor del hidrato es más alta que la del vapor de agua en el aire

effusion: the process that occurs when a gas escapes through a tiny hole in its container (472)

efusión: proceso en el cual un gas escapa por un agujero diminuto en su recipiente

electrical potential: the ability of a voltaic cell to produce an electric current (737)

potencial eléctrico: capacidad de una celda voltaica para producir corriente eléctrica

electrochemical cell: any device that converts chemical energy into electrical energy or electrical energy into chemical energy (730)

celda electroquímica: cualquier dispositivo que convierte energía química en energía eléctrica o energía eléctrica en energía química

electrochemical process: the conversion of chemical energy into electrical energy or electrical energy into chemical energy; all electrochemical processes involve redox reactions (728)

proceso electroquímico: conversión de energía química en energía eléctrica o energía eléctrica en energía química; en todos los procesos electroquímicos intervienen reacciones redox

electrode: a conductor in a circuit that carries electrons to or from a substance other than a metal (730)

electrodo: en un circuito, conductor que transporta electrones hacia o desde una sustancia que no es un metal

electrolysis: a process in which electrical energy is used to bring about a chemical change; the electrolysis of water produces hydrogen and oxygen (745)

electrólisis: proceso en el que se usa energía eléctrica para realizar un cambio químico; la electrolisis del agua produce hidrógeno y oxígeno

electrolyte: a compound that conducts an electric current when it is in an aqueous solution or in the molten state; all ionic compounds are electrolytes, but most covalent compounds are not (496)

electrolito: compuesto que conduce una corriente eléctrica cuando está en solución acuosa o está derretido; todos los compuestos iónicos son electrolitos, pero muy pocos compuestos covalentes lo son

electrolytic cell: an electrochemical cell used to cause a chemical change through the application of electrical energy (745)

celda electrolítica: celda electroquímica que se usa para efectuar un cambio químico mediante la aplicación de energía eléctrica

electromagnetic radiation: energy waves that travel in a vacuum at a speed of 2.998×10^8 m/s; includes radio waves, microwaves, infrared waves, visible light, ultraviolet waves, X-rays, and gamma rays *(139)*

radiación electromagnética: ondas de energía que viajan en el vacío a una velocidad de 2.998×10^8 m/s; incluye las ondas de radio, microondas, ondas infrarrojas, luz visible, ondas ultravioleta, rayos X y rayos gamma

electron: a negatively charged subatomic particle *(105)*

electrón: partícula subatómica con carga negativa

electron configuration: the arrangement of electrons of an atom in its ground state into various orbitals around the nuclei of atoms *(134)*

configuración electrónica: distribución de los electrones de un átomo en su estado basal, en diversos orbitales alrededor del núcleo del átomo

electron dot structure: a notation that depicts valence electrons as dots around the atomic symbol of the element; the symbol represents the inner electrons and atomic nucleus; also called Lewis dot structure *(195)*

estructura de punto electrón: notación que muestra los electrones de valencia como puntos alrededor del símbolo atómico del elemento; el símbolo representa los electrones internos y el núcleo atómico; también se conoce como estructura de puntos de Lewis

electronegativity: the ability of an atom to attract electrons when the atom is in a compound *(181)*

electronegatividad: capacidad de un átomo para atraer electrones cuando el átomo está en un compuesto

element: the simplest form of matter that has a unique set of properties; an element cannot be broken down into simpler substances by chemical means *(42)*

elemento: forma más simple de materia que posee un conjunto único de propiedades; un elemento no puede descomponerse en sustancias más simples usando métodos químicos

elementary reaction: a reaction in which reactants are converted to products in a single step *(607)*

reacción básica: reacción en la que los reactantes se convierten en productos en un solo paso

empirical formula: a formula with the lowest whole-number ratio of elements in a compound; the empirical formula of hydrogen peroxide (H_2O_2) is HO *(330)*

fórmula empírica: fórmula que muestra las proporciones de los elementos en un compuesto con los números enteros más pequeños posibles; la fórmula empírica del peróxido de hidrógeno (H_2O_2) es HO

emulsion: the colloidal dispersion of one liquid in another *(507)*

emulsión: dispersión coloidal de un líquido en otro

enantiomers: molecules that differ from one another in the way that four different groups are arranged around a carbon atom *(777)*

enantiómero: moléculas que se diferencian entre sí por la forma en que cuatro grupos diferentes están dispuestos alrededor de un átomo de carbono

endothermic process: a process that absorbs heat from the surroundings *(557)*

proceso endotérmico: proceso en el que se absorbe calor del entorno

end point: the point in a titration at which the indicator changes color *(674)*

punto final: punto de una valoración química en el que el indicador cambia de color

energy: the capacity for doing work or producing heat *(77)*

energía: capacidad para efectuar trabajo o producir calor

energy level: the specific energies an electron in an atom or other system can have *(129)*

nivel energético: las energías específicas que puede tener un electrón en un átomo u otro sistema

enthalpy (H): the heat content of a system at constant pressure *(562)*

entalpía (H): cantidad de calor en un sistema a presión constante

entropy (S): a measure of the disorder of a system; systems tend to go from a state of order (low entropy) to a state of maximum disorder (high entropy) *(630)*

entropía (S): medida del desorden de un sistema; los sistemas tienden a pasar de un estado ordenado (baja entropía) a un estado de máximo desorden (alta entropía)

enzyme: a protein that acts as a biological catalyst *(847)*

enzima: proteína que actúa como catalizador biológico

enzyme–substrate complex: the structure formed when a substrate molecule joins an enzyme at its active site *(847)*

complejo enzima-sustrato: estructura que se forma cuando una molécula de sustrato se une a una enzima en su sitio activo

equilibrium constant (K_{eq}): the ratio of product concentrations to reactant concentrations at equilibrium, with each concentration raised to a power equal to the number of moles of that substance in the balanced chemical equation *(616)*

constante de equilibrio (K_{eq}): razón de las concentraciones de los productos a las concentraciones de los reactantes en equilibrio, con cada concentración elevada a una potencia igual al número de moles de esa sustancia en la ecuación química balanceada

equilibrium position: the relative concentrations of reactants and products of a reaction that has reached equilibrium; indicates whether the reactants or products are favored in the reversible reaction *(611)*

posición de equilibrio: las concentraciones relativas de reactantes y productos de una reacción que ha alcanzado el equilibrio; indica si se favorecen los reactantes o los productos en la reacción reversible

equivalence point: the point in a titration where the number of moles of hydrogen ions equals the number of moles of hydroxide ions *(674)*

punto de equivalencia: punto de una valoración química en la que el número de moles de iones hidrógeno es igual al número de moles de iones hidróxido

error: the difference between the accepted value and the experimental value *(65)*

error: diferencia entre el valor aceptado y el valor experimental

ester: a derivative of a carboxylic acid in which the —OH of the carboxyl group has been replaced by the —OR from an alcohol; the general formula is RCOOR *(819)*

éster: derivado de un ácido carboxílico en el que el —OH del grupo carboxilo ha sido sustituido por el —OR de un alcohol; la fórmula general es RCOOR

ether: an organic compound in which oxygen is bonded to two carbon groups; the general formula is R—O—R *(810)*

éter: compuesto orgánico en el que el oxígeno está enlazado a dos grupos carbono; la fórmula general es R—O—R

evaporation: vaporization that occurs at the surface of a liquid that is not boiling *(426)*

evaporación: vaporización que se da en la superficie de un líquido que no está en ebullición

excess reagent: a reagent present in a quantity that is more than sufficient to react with a limiting reagent; any reactant that remains after the limiting reagent is used up in a chemical reaction *(401)*

reactivo excesivo: reactivo que está presente en una cantidad más que suficiente para reaccionar con un reactivo limitante; cualquier reactante que queda después de que se ha usado todo el reactivo limitante en una reacción química

exothermic process: a process that releases heat to its surroundings *(557)*

proceso exotérmico: proceso en el que se desprende calor hacia el entorno

experiment: a repeatable procedure that is used to test a hypothesis *(16)*

experimento: procedimiento repetible que sirve para probar una hipótesis

experimental value: a quantitative value measured during an experiment *(65)*

valor experimental: valor cuantitativo que se mide durante un experimento

extensive property: a property that depends on the amount of matter in a sample *(34)*

propiedad extensiva: propiedad que depende de la cantidad de materia en una muestra

F

fatty acid: the name given to continuous-chain carboxylic acids that were first isolated from fats *(816)*

ácido graso: nombre que se da a los ácidos carboxílicos de cadena continua que se aislaron originalmente de las grasas

fermentation: the production of ethanol from sugars by the action of yeast or bacteria *(807)*

fermentación: producción de etanol a partir de azúcares por la acción de levaduras o bacterias

filtration: a process that separates a solid from the liquid in a heterogeneous mixture *(40)*

filtración: proceso para separar un sólido de un líquido en una mezcla heterogénea

first-order reaction: a reaction in which the reaction rate is proportional to the concentration of only one reactant *(605)*

reacción de primer orden: reacción cuya tasa de reacción es proporcional a la concentración de un solo reactante

fission: the splitting of a nucleus into smaller fragments, accompanied by the release of neutrons and a large amount of energy *(888)*

fisión: división de un núcleo en fragmentos más pequeños, acompañada por el desprendimiento de neutrones y una gran cantidad de energía

formula unit: the lowest whole-number ratio of ions in an ionic compound; in magnesium chloride, the ratio of magnesium ions to chloride ions is 1:2 and the formula unit is $MgCl_2$ *(202)*

unidad de fórmula: razón más baja, expresada en números enteros, de los iones en un compuesto iónico; en el cloruro de magnesio, la razón de iones magnesio a iones cloruro es de 1:2, así que la unidad de fórmula es $MgCl_2$

free energy: the energy available to do work *(627)*

energía libre: energía que está disponible para realizar trabajo

freezing point: the temperature at which a liquid changes to a solid *(431)*

punto de congelación: temperatura a la cual un líquido se convierte en un sólido

freezing-point depression: the difference in temperature between the freezing point of a solution and the freezing point of the pure solvent *(536)*

disminución del punto de congelación: diferencia de temperatura entre los puntos de congelación de una solución y del solvente puro

frequency (ν): the number of wave cycles that pass a given point per unit of time; frequency and wavelength are inversely proportional to each other *(138)*

frecuencia (ν): número de ciclos de onda que pasan por un punto específico por unidad de tiempo; la frecuencia y la longitud de onda son inversamente proporcionales entre sí

fuel cell: a voltaic cell that does not need to be recharged; the fuel is oxidized to produce a continuous supply of electrical energy *(734)*

celda de combustible: celda voltaica que no necesita recargarse; el combustible se oxida para producir un suministro continuo de energía eléctrica

functional group: a specific arrangement of atoms in an organic compound that is capable of characteristic chemical reactions; the chemistry of an organic compound is determined by its functional groups *(798)*

grupo funcional: distribución específica de átomos en un compuesto orgánico que puede participar en reacciones químicas características; la química de un compuesto orgánico está determinada por sus grupos funcionales

fusion: the process of combining nuclei to produce a nucleus of greater mass *(891)*

fusión: proceso en el que se combinan núcleos para producir un núcleo con mayor masa

G

gamma ray: a high-energy photon emitted by a radioisotope *(879)*

rayo gamma: fotón de alta energía emitido por un radioisótopo

gas: a form of matter that takes the shape and volume of its container; a gas has no definite shape or volume *(37)*

gas: estado de la materia que adopta la forma y el volumen del recipiente que la contiene; los gases no tienen forma ni volumen definidos

gas pressure: results from the force exerted by a gas per unit surface area of an object; due to collisions of gas particles with the object *(421)*

presión de gas: resultado de la fuerza que ejerce un gas por unidad de área total de un objeto; se debe a los choques de las partículas de gas contra el objeto

Gay-Lussac's law: the pressure of a gas is directly proportional to the Kelvin temperature if the volume is constant *(460)*

ley de Gay-Lussac: la presión de un gas es directamente proporcional a su temperatura Kelvin si se mantiene constante el volumen

gene: a segment of DNA that codes for a single peptide chain *(856)*

gen: segmento de ADN que contiene el código para una sola cadena péptida

glass: transparent fusion product of inorganic materials that have cooled to a rigid state without crystallizing *(434)*

vidrio: producto transparente que resulta de la fusión de materiales inorgánicos que se han enfriado hasta solidificarse sin cristalizarse

Graham's law of effusion: the rate of effusion of a gas is inversely proportional to the square root of its molar mass; this relationship is also true for the diffusion of gases *(472)*

ley de efusión de Graham: la tasa de efusión de un gas es inversamente proporcional a la raíz cuadrada de su masa molar; esta relación también se cumple en la difusión de gases

gram (g): a metric mass unit equal to the mass of 1 cm^3 of water at 4°C *(77)*

gramo (g): unidad de masa métrica equivalente a la masa de 1 cm^3 de agua a 4°C

ground state: the lowest possible energy of an atom described by quantum mechanics *(145)*

estado fundamental: energía más baja que puede tener un átomo descrito por la mecánica cuántica

group: a vertical column of elements in the periodic table; the constituent elements of a group have similar chemical and physical properties *(47)*

grupo: columna vertical de elementos en la tabla periódica; los elementos de un grupo tienen propiedades físicas y químicas similares

H

half-cell: the part of a voltaic cell in which either oxidation or reduction occurs; it consists of a single electrode immersed in a solution of its ions *(730)*

semicelda: parte de una celda voltaica en la que se lleva a cabo la oxidación o reducción; consta de un solo electrodo sumergido en una solución de sus iones

half-life ($t_{1/2}$): the time required for one-half of the nuclei of a radioisotope sample to decay to products *(882)*

semivida ($t_{1/2}$): tiempo que tarda en desintegrarse en productos la mitad de los núcleos de una muestra de un radioisótopo

half-reaction: an equation showing either the oxidation or the reduction that takes place in a redox reaction *(712)*

semirreacción: ecuación que muestra la oxidación o la reducción que se da en una reacción redox

half-reaction method: a method of balancing a redox equation by balancing the oxidation and reduction half-reactions separately before combining them into a balanced redox equation *(712)*

método de semirreacción: método para balancear una ecuación redox equilibrando por separado las semirreacciones de oxidación y reducción antes de combinarlas en una ecuación redox balanceada

halide ion: a negative ion formed when a halogen atom gains an electron *(199)*

ion haluro: ion negativo que se forma cuando un átomo de halógeno gana un electrón

halocarbon: any member of a class of organic compounds containing covalently bonded fluorine, chlorine, bromine, or iodine *(800)*

    compuesto halocarbonado: cualquier miembro de una clase de compuestos orgánicos que contienen flúor, cloro, bromo o iodo unidos mediante enlaces covalentes

halogen: a nonmetal in Group 7A of the periodic table *(167)*

    halógeno: no metal del Grupo 7A de la tabla periódica

heat (q): energy that transfers from one object to another because of a temperature difference between the objects *(556)*

    calor (q): energía que fluye de un objeto a otro debido a la diferencia de temperatura entre los objetos

heat capacity: the amount of heat needed to increase the temperature of an object exactly 1°C *(559)*

    capacidad calorífica: cantidad de calor necesaria para elevar exactamente 1°C la temperatura de un objeto

heat of combustion: the heat of reaction for the complete burning of one mole of a substance *(568)*

    calor de combustión: calor de reacción al quemarse totalmente un mol de una sustancia

heat of reaction: the enthalpy change for a chemical equation exactly as it is written *(565)*

    calor de reacción: cambio de entalpía correspondiente a una ecuación química en la forma exacta en que está escrita

Heisenberg uncertainty principle: it is impossible to know exactly both the velocity and the position of a particle at the same time *(148)*

    principio de incertidumbre de Heisenberg: es imposible conocer con exactitud la velocidad y la posición de una partícula al mismo tiempo

Henry's law: at a given temperature the solubility of a gas in a liquid is directly proportional to the pressure of the gas above the liquid *(523)*

    ley de Henry: a una temperatura determinada, la solubilidad de un gas en un líquido es directamente proporcional a la presión del gas sobre el líquido

hertz (Hz): the unit of frequency, equal to one cycle per second *(138)*

    hertz (Hz): unidad de frecuencia, equivalente a un ciclo por segundo

Hess's law of heat summation: if you add two or more thermochemical equations to give a final equation, then you also add the heats of reaction to give the final heat of reaction *(578)*

    ley de Hess de la suma de los calores: ley según la cual, si se suman dos o más ecuaciones termoquímicas para obtener una ecuación final, también se suman los calores de reacción para obtener el calor de reacción final

heterogeneous mixture: a mixture that is not uniform in composition; components are not evenly distributed throughout the mixture *(39)*

    mezcla heterogénea: mezcla cuya composición no es uniforme; sus componentes no están distribuidos de forma equitativa en toda la mezcla

homogeneous mixture: a mixture that is uniform in composition; components are evenly distributed and not easily distinguished *(39)*

    mezcla homogénea: mezcla cuya composición es uniforme; sus componentes están distribuidos de forma equitativa y no es fácil distinguirlos

homologous series: a group of compounds in which there is a constant increment of change in molecular structure from one compound in the series to the next *(765)*

    serie homóloga: grupo de compuestos en el que se observa un incremento constante de cambio en la estructura molecular de un compuesto al siguiente

Hund's rule: electrons occupy orbitals of the same energy in a way that makes the number or electrons with the same spin direction as large as possible *(134)*

    regla de Hund: los electrones ocupan orbitales de la misma energía haciendo que el número de electrones cuyo espín tiene la misma dirección sea lo más grande posible

hybridization: the mixing of several atomic orbitals to form the same total number of equivalent hybrid orbitals *(244)*

    hibridización: combinación de varios orbitales atómicos para formar el mismo número total de orbitales híbridos equivalentes

hydrate: a compound that has a specific number of water molecules bound to each formula unit *(498)*

    hidrato: compuesto que tiene un número específico de moléculas de agua enlazadas a cada unidad de fórmula

hydration reaction: a reaction in which water is added to an alkene *(808)*

    reacción de hidratación: reacción en la que se añade agua a un alqueno

hydrocarbon: an organic compound that contains only carbon and hydrogen *(762)*

    hidrocarburo: compuesto orgánico que contiene sólo carbono e hidrógeno

hydrogenation reaction: a reaction in which hydrogen is added to a carbon–carbon double bond to give an alkane *(809)*

    reacción de hidrogenación: reacción en la que se añade hidrógeno a un enlace doble carbono–carbono para obtener un alcano

hydrogen bonds: attractive forces in which a hydrogen covalently bonded to a very electronegative atom is also weakly bonded to an unshared electron pair of another electronegative atom *(251)*

enlaces de hidrógeno: fuerzas de atracción en las que un átomo de hidrógeno, unido por un enlace covalente a un átomo muy electronegativo, también está enlazado débilmente a un par no compartido de electrones de otro átomo electronegativo

hydrogen-ion acceptor: a base, according to the Brønsted-Lowry theory; ammonia acts as a base when it accepts hydrogen ions from water *(649)*

receptor de iones hidrógeno: una base, según la teoría de Brønsted-Lowry; el amoniaco actúa como base cuando acepta iones hidrógeno del agua

hydrogen-ion donor: an acid, according to the Brønsted-Lowry theory *(649)*

donador de iones hidrógeno: un ácido, según la teoría de Brønsted-Lowry

hydronium ion (H_3O^+): the positive ion formed when a water molecule gains a hydrogen ion *(647)*

ion hidronio (H_3O^+): ion positivo que se forma cuando una molécula de agua gana un ion hidrógeno

hydroxy group: the —OH functional group in alcohols *(804)*

grupo hidroxilo: el grupo funcional —OH de los alcoholes

hygroscopic: a term describing salts and other compounds that remove moisture from the air *(499)*

higroscópico: término que describe a las sales y otros compuestos que absorben humedad del aire

hypothesis: a proposed explanation for an observation *(16)*

hipótesis: explicación propuesta para una observación

I

ideal gas constant: the constant in the ideal gas law with the symbol R and the value 8.31 (L·kPa)/(K·mol) *(465)*

constante del gas ideal: constante de la ley del gas ideal; se representa con el símbolo R y tiene un valor de 8.31 (L·kPa)/(K·mol)

ideal gas law: the relationship $PV = nRT$, which describes the behavior of an ideal gas *(465)*

ley del gas ideal: relación $PV = nRT$, que describe el comportamiento del gas ideal

immiscible: describes liquids that are insoluble in one another; oil and water are immiscible *(521)*

inmiscible: se dice de los líquidos que son insolubles uno en el otro; el aceite y el agua son inmiscibles

independent variable: the variable that is changed during an experiment; also called manipulated variable *(16)*

variable independiente: variable que cambia durante un experimento; también se llama variable manipulada

inhibitor: a substance that interferes with the action of a catalyst *(601)*

inhibidor: sustancia que interfiere en la acción de un catalizador

inner transition metal: an element in the lanthanide or actinide series; the highest occupied s sublevel and nearby f sublevel of its atoms generally contain electrons; also called inner transition element *(172)*

metal de transición interna: elemento de las series de los lantánidos o los actínidos; el subnivel s más alto ocupado y el subnivel f cercano de sus átomos generalmente contienen electrones; también se llama elemento de transición interna

inorganic chemistry: the study of substances that, in general, do not contain carbon *(3)*

química inorgánica: estudio de sustancias que, en general, no contienen carbono

intensive property: a property that depends on the type of matter in a sample, not the amount of matter *(34)*

propiedad intensiva: propiedad que depende del tipo de materia de una muestra, no de la cantidad de materia

intermediate: a product of one of the steps in a reaction mechanism; it becomes a reactant in the next step *(607)*

intermedio: producto de uno de los pasos de un mecanismo de reacción; se convierte en reactante en el siguiente paso

International System of Units (SI): the revised version of the metric system, adopted by international agreement in 1960 *(74)*

Sistema Internacional de Unidades (SI): versión modificada del sistema métrico, adoptado por acuerdo internacional en 1960

ion: an atom or group of atoms that has a positive or negative charge *(176)*

ion: átomo o grupo de átomos que tiene carga positiva o negativa

ionic bond: the electrostatic attraction that binds oppositely charged ions together *(201)*

enlace iónico: atracción electrostática que enlaza a iones con cargas opuestas

ionic compound: a compound composed of positive and negative ions *(201)*

compuesto iónico: compuesto formado por iones positivos y negativos

ionization energy: the energy required to remove an electron from an atom in its gaseous state *(177)*

energía de ionización: energía necesaria para sacar un electrón de un átomo en su estado gaseoso

ionizing radiation: radiation with enough energy to knock electrons off some atoms of a bombarded substance to produce ions *(894)*

radiación ionizante: radiación con energía suficiente para desprender electrones de algunos átomos de una sustancia bombardeada, produciendo iones

ion-product constant for water (K_w): the product of the concentrations of hydrogen ions and hydroxide ions in water; it is 1×10^{-14} at 25°C *(654)*

   constante de producto iónico del agua (K_w): producto de las concentraciones de iones hidrógeno y de iones hidróxido del agua; es 1×10^{-14} a 25°C

isomers: compounds that have the same molecular formula but different molecular structures *(775)*

   isómeros: compuestos que tienen la misma fórmula molecular, pero diferentes estructuras moleculares

isotopes: atoms of the same element that have the same atomic number but different atomic masses due to a different number of neutrons *(114)*

   isótopos: átomos del mismo elemento que tienen el mismo número atómico pero diferentes masas atómicas porque tienen un número distinto de neutrones

J

joule (J): the SI unit of energy; 4.184 J equal one calorie *(77)*

   julio (J): unidad Si de energía; 4.184 J equivalen a una caloría

K

Kelvin scale: the temperature scale in which the freezing point of water is 273 K and the boiling point is 373 K; 0 K is absolute zero *(78)*

   escala Kelvin: escala de temperatura en la que el punto de congelación del agua es de 273 K y el de ebullición es de 373 K; 0 K es el cero absoluto

ketone: an organic compound in which the carbon of the carbonyl group is joined to two other carbons; the general formula is RCOR *(812)*

   cetona: compuesto orgánico en el que el carbono del grupo carbonilo está unido a otros dos carbonos: la fórmula general es RCOR

kilogram (kg): the mass of 1 L of water at 4°C; it is the base unit of mass in SI *(77)*

   kilogramo (kg): masa de 1 L de agua a 4°C; es la unidad base de la masa en el SI

kinetic energy: the energy an object has because of its motion *(420)*

   energía cinética: energía que tienen los objetos de acuerdo con su movimiento

kinetic theory: a theory explaining the states of matter, based on the concept that all matter consists of tiny particles that are in constant motion *(420)*

   teoría cinética: teoría que explica los estados de la materia con base en el concepto de que toda la materia está formada por diminutas partículas que están en constante movimiento

L

law of conservation of energy: in any chemical or physical process, energy is neither created nor destroyed *(557)*

   ley de conservación de la energía: en cualquier proceso químico o físico, la energia no se crea ni se destruye

law of conservation of mass: in any physical change or chemical reaction, mass is conserved; mass can be neither created nor destroyed *(50)*

   ley de conservación de la masa: en cualquier cambio físico o reacción química, la masa se conserva; la masa no se crea ni se destruye

law of definite proportions: in samples of any chemical compound, the masses of the elements are always in the same proportion *(289)*

   ley de las proporciones definidas: en muestras de cualquier compuesto químico, las masas de los elementos siempre están en la misma proporción

law of disorder: it is a natural tendency of systems to move in the direction of maximum chaos or disorder *(630)*

   ley del desorden: es una tendencia natural de los sistemas a desplazarse en la dirección de máximo caos o desorden

law of multiple proportions: whenever two elements form more than one compound, the different masses of one element that combine with the same mass of the other element are in the ratio of small whole numbers *(290)*

   ley de las proporciones múltiples: siempre que dos elementos forman más de un compuesto, las diferentes masas de un elemento que se combinan con la misma masa del otro elemento están en razón de números enteros pequeños

Le Châtelier's principle: when a stress is applied to a system in dynamic equilibrium, the system changes in a way that relieves the stress *(612)*

   principio de Le Châtelier: cuando se aplica una tensión a un sistema en equilibrio dinámico, el sistema cambia a modo de aliviar dicha tensión

Lewis acid: any substance that can accept a pair of electrons to form a covalent bond *(651)*

   ácido de Lewis: cualquier sustancia capaz de aceptar un par de electrones para formar un enlace covalente

Lewis base: any substance that can donate a pair of electrons to form a covalent bond *(651)*

   base de Lewis: cualquier sustancia capaz de ceder un par de electrones para formar un enlace covalente

limiting reagent: any reactant that is used up first in a chemical reaction; it determines the amount of product that can be formed in the reaction *(401)*

   reactivo limitante: cualquier reactante que se haya consumido primero en una reacción química; determina la cantidad de producto que se puede formar en la reacción

lipid: a member of a large class of relatively water-insoluble organic compounds; fats, oils, and waxes are lipids *(850)*

   lípido: miembro de una clase amplia de compuestos orgánicos relativamente insolubles en agua; las grasas, aceites y ceras son lípidos

liquid: a form of matter that flows, has a fixed volume, and an indefinite shape *(36)*

   líquido: forma de materia que fluye; tiene volumen fijo y forma indefinida

liter (L): the volume of a cube measuring 10 centimeters on each edge (1000 cm^3); it is the common unprefixed unit of volume in the metric system *(76)*

   litro (L): volumen de un cubo cuyas aristas miden 10 centímetros cada una (1000 cm^3); es la unidad común de volumen en el sistema métrico

M

manipulated variable: *see* independent variable *(16)*

   variable manipulada: *véase* variable independiente

mass: a measure of the amount of matter that an object contains; the SI base unit of mass is the kilogram *(34)*

   masa: medida de la cantidad de materia contenida en un objeto; la unidad base de masa en el SI es el kilogramo

mass number: the total number of protons and neutrons in the nucleus of an atom *(113)*

   número de masa: número total de protones y neutrones que contiene el núcleo de un átomo

matter: anything that has mass and occupies space *(2)*

   materia: todo lo que tiene masa y ocupa espacio

measurement: a quantitative description that includes both a number and a unit *(62)*

   medición: descripción cuantitativa que incluye tanto números como unidades

melting point (mp): the temperature at which a substance changes from a solid to a liquid; the melting point of water is 0°C *(431)*

   punto de fusión (p.f.): temperatura a la que una sustancia cambia del estado sólido al líquido; el punto de fusión del agua es 0°C

metabolism: all the chemical reactions carried out by an organism; includes energy-producing (catabolism) reactions and energy-absorbing (anabolism) reactions *(863)*

   metabolismo: todas las reacciones químicas llevadas a cabo por los organismos; incluyen reacciones que producen energía (catabolismo) y reacciones que consumen energía (anabolismo)

metal: one of a class of elements that are good conductors of heat and electric current; metals tend to be ductile, malleable, and shiny *(165)*

   metal: miembro de una clase de elementos que son buenos conductores del calor y la electricidad; los metales suelen ser dúctiles, maleables y brillantes

metallic bond: the force of attraction that holds metals together; it consists of the attraction of free-floating valence electrons for positively charged metal ions *(209)*

   enlace metálico: fuerza de atracción que mantiene unidos los átomos de un metal; se debe a la atracción entre los electrones de valencia, que flotan libremente, y los iones metálicos de carga positiva

metalloid: an element that tends to have properties that are similar to those of metals and nonmetals *(166)*

   metaloide: elemento cuyas propiedades son similares a las de los metales y de los no metales

meter (m): the base unit of length in SI *(75)*

   metro (m): unidad base de longitud en el SI

miscible: describes liquids that dissolve in one another in all proportions *(521)*

   miscible: se les llama así a los líquidos que se disuelven uno en el otro en todas las proporciones

mixture: a physical blend of two or more substances that are not chemically combined *(38)*

   mezcla: incorporación física de dos o más sustancias que no se combinan químicamente

model: a representation of an object or event *(16)*

   modelo: representación de un objeto o evento

molal boiling-point elevation constant (K_b): the change in boiling point for a 1-molal solution of a nonvolatile molecular solute *(543)*

   constante molal de la elevación del punto de ebullición (K_b): cambio en el punto de ebullición de una solución 1-molal de un soluto molecular no volátil

molal freezing-point depression constant (K_f): the change in freezing point for a 1-molal solution of a nonvolatile molecular solute *(542)*

   constante molal de la disminución del punto de congelación (K_f): cambio en el punto de congelación de una solución 1-molal de un soluto molecular no volátil

molality (*m*): the concentration of solute in a solution expressed as the number of moles of solute dissolved in 1 kilogram (1000 g) of solvent *(538)*

   molalidad (*m*): concentración de soluto en una solución expresada como el número de moles de soluto disueltos en 1 kilogramo (1000 g) de solvente

molar heat of condensation (ΔH_{cond}): the amount of heat released by one mole of a vapor as it condenses to a liquid at a constant temperature *(572)*

   calor molar de condensación (ΔH_{cond}): cantidad de calor que un mol de vapor desprende al condensarse en líquido a temperatura constante

molar heat of fusion (ΔH_{fus}): the amount of heat absorbed by one mole of a solid substance as it melts to a liquid at a constant temperature *(569)*

   calor molar de fusión (ΔH_{fus}): cantidad de calor absorbido por un mol de una sustancia sólida al fundirse en líquido a temperatura constante

molar heat of solidification (ΔH_{solid}): the amount of heat lost by one mole of a liquid as it solidifies at a constant temperature *(569)*

calor molar de solidificación (ΔH_{solid}): cantidad de calor que un mol de un líquido pierde al solidificarse a temperatura constante

molar heat of solution (ΔH_{soln}): the enthalpy change caused by the dissolution of one mole of a substance *(574)*

calor molar de disolución (ΔH_{soln}): cambio de entalpía debido a la disolución de un mol de una sustancia

molar heat of vaporization (ΔH_{vap}): the amount of heat absorbed by one mole of a liquid as it vaporizes at a constant temperature *(571)*

calor molar de vaporización (ΔH_{vap}): cantidad de calor absorbida por un mol de un líquido al evaporarse a temperatura constante

molarity (M): the concentration of solute in a solution expressed as the number of moles of solute dissolved in 1 liter of solution *(525)*

molaridad (M): concentración de soluto en una solución expresada como el número de moles de soluto disueltos en 1 litro de solución

molar mass: a term used to refer to the mass of a mole of any substance *(313)*

masa molar: término empleado para referirse a la masa de un mol de cualquier sustancia

molar volume: the volume occupied by 1 mole of a gas at standard temperature and pressure (STP); 22.4 L *(320)*

volumen molar: volumen ocupado por 1 mol de un gas a temperatura y presión estándar (TPE); 22.4 L

mole (mol): the amount of a substance that contains 6.02×10^{23} representative particles of that substance *(308)*

mol: cantidad de una sustancia que contiene 6.02×10^{23} partículas representativas de esa sustancia

molecular compound: a compound that is composed of molecules *(223)*

compuesto molecular: compuesto formado por moléculas

molecular formula: a chemical formula of a molecular compound that shows the kinds and numbers of atoms present in a molecule of a compound *(223)*

fórmula molecular: fórmula química de un compuesto molecular que indica los tipos y números de átomos presentes en una molécula de un compuesto

molecular orbital: an orbital that applies to the entire molecule *(240)*

orbital molecular: orbital que abarca toda la molécula

molecule: a neutral group of atoms joined together by covalent bonds *(215)*

molécula: grupo neutro de átomos unidos por enlaces covalentes

mole fraction: the ratio of the moles of solute in solution to the total number of moles of both solvent and solute *(540)*

fracción molar: razón de moles de soluto en solución al número total de moles de solvente y de soluto

mole ratio: a conversion factor derived from the coefficients of a balanced chemical equation interpreted in terms of moles *(390)*

razón molar: factor de conversión derivado de los coeficientes de una ecuación química balanceada interpretada en términos de moles

monatomic ion: a single atom with a positive or negative charge resulting from the loss or gain of one or more valence electrons *(264)*

ion monoatómico: un solo átomo con carga positiva o negativa resultado de la pérdida o ganancia de uno o más electrones de valencia

monomer: a simple molecule that repeatedly combines to form a polymer *(822)*

monómero: molécula sencilla que se combina repetidamente para formar un polímero

monoprotic acid: any acid that contains one ionizable proton (hydrogen ion); nitric acid (HNO_3) is a monoprotic acid *(647)*

ácido monoprótico: ácido que sólo contiene un protón (ion hidrógeno) ionizable; el ácido nítrico (HNO_3) es un ácido monoprótico

monosaccharide: a carbohydrate consisting of one sugar unit; also called a simple sugar *(841)*

monosacárido: carbohidrato que consta de una sola unidad de azúcar; también llamado azúcar simple

N

net ionic equation: an equation for a reaction in solution showing only those particles that are directly involved in the chemical change *(370)*

ecuación iónica neta: ecuación de una reacción en solución que sólo muestra las partículas que intervienen directamente en el cambio químico

network solid: a solid in which all of the atoms are covalently bonded to each other *(252)*

sólido en cadena: sólido en el que todos los átomos están unidos entre sí por enlaces covalentes

neutralization reaction: a reaction in which an acid and a base react in an aqueous solution to produce a salt and water *(672)*

reacción de neutralización: reacción en la que un ácido y una base reaccionan en una solución acuosa para producir una sal y agua

neutral solution: an aqueous solution in which the concentrations of hydrogen and hydroxide ions are equal; it has a pH of 7.0 *(653)*

solución neutra: solución acuosa en la que las concentraciones de iones hidrógeno e iones hidróxido son iguales; tiene un pH de 7.0

neutron: a subatomic particle with no charge and a mass of 1 amu; found in the nucleus of an atom *(107)*

neutrón: partícula subatómica sin carga que tiene una masa de 1 uma; se le encuentra en el núcleo de los átomos

neutron absorption: a process that decreases the number of slow-moving neutrons in a nuclear reactor; this is accomplished by using control rods made of a material such as cadmium, which absorbs neutrons *(889)*

absorción de neutrones: proceso que reduce el número de neutrones lentos en un reactor nuclear; esto se logra mediante el uso de varillas de control hechas con un material como el cadmio, que absorbe neutrones

neutron moderation: a process used in nuclear reactors to slow down neutrons so the reactor fuel captures them to continue the chain reaction *(889)*

moderación de neutrones: proceso que se usa en reactores nucleares para frenar los neutrones de modo que el combustible del reactor los capture para continuar la reacción en cadena

noble gas: an element in Group 8A of the periodic table; the *s* and *p* sublevels of the highest occupied energy level are filled *(170)*

gas noble: elemento del Grupo 8A de la tabla periódica; los subniveles *s* y *p* del nivel energético ocupado más alto están totalmente llenos

nonelectrolyte: a compound that does not conduct an electric current in aqueous solution or in the molten state *(496)*

no electrolito: compuesto que no conduce una corriente eléctrica ni en solución acuosa ni en estado fundido

nonmetal: an element that tends to be a poor conductor of heat and electric current; nonmetals generally have properties opposite to those of metals *(165)*

no metal: elemento que suele ser mal conductor del calor y la electricidad; las propiedades de los no metales generalmente son opuestas a las de los metales

nonpolar covalent bond: a covalent bond in which the electrons are shared equally by the two atoms *(247)*

enlace covalente no polar: enlace covalente en el que los dos átomos comparten equitativamente los electrones

nonspontaneous reaction: a reaction that does not favor the formation of products at the specified conditions *(628)*

reacción no espontánea: reacción que no favorece la formación de productos en las condiciones especificadas

normal boiling point: the boiling point of a liquid at a pressure of 101.3 kPa or 1 atm *(430)*

punto normal de ebullición: el punto de ebullición de un líquido a una presión de 101.3 kPa o 1 atm

nuclear force: an attractive force that acts between all nuclear particles that are extremely close together, such as protons and neutrons in a nucleus *(880)*

fuerza nuclear: fuerza de atracción que actúa entre todas las partículas nucleares que están extremadamente cerca entre si, como los protones y los neutrones en un núcleo

nuclear radiation: the penetrating rays and particles emitted by a radioactive source *(876)*

radiación nuclear: rayos y partículas penetrantes que emite una fuente radiactiva

nucleic acid: a polymer of ribonucleotides (RNA) or deoxyribonucleotides (DNA) found primarily in cell nuclei; nucleic acids play an important role in the transmission of hereditary characteristics, protein synthesis, and the control of cell activities *(854)*

ácido nucleico: polímero de ribonucleótidos (ARN) o desoxirribonucleótidos (ADN) que se encuentra primordialmente en el núcleo de las células; los ácidos nucleicos desempeñan un papel importante en la transmisión de las características hereditarias, en la síntesis de proteínas y en el control de las actividades celulares

nucleotide: one of the monomers that make up DNA and RNA; it consists of a nitrogen-containing base (a purine or pyrimidine), a sugar (ribose or deoxyribose), and a phosphate group *(854)*

nucleótido: uno de los monómeros que constituyen el ADN y el ARN; consiste en una base nitrogenada (una purina o una pirimidina), un azúcar (ribosa o desoxirribosa) y un grupo fosfato

nucleus: the tiny, dense central portion of an atom, composed of protons and neutrons *(108)*

núcleo: la diminuta porción central densa de un átomo; se compone de protones y neutrones

observation: information obtained through the senses; observation in science often involves a measurement *(15)*

observación: información que se obtiene a través de los sentidos; en la ciencia, la observación suele implicar una medición

octet rule: atoms react by gaining or losing electrons so as to acquire the stable electron structure of a noble gas, usually eight valence electrons *(195)*

regla del octeto: los átomos reaccionan ganando o perdiendo electrones a modo de adquirir la estructura electrónica estable de un gas noble, que por lo general consta de ocho electrones de valencia

organic chemistry: the study of compounds containing carbon *(3)*

química orgánica: estudio de los compuestos que contienen carbono

oxidation: a process that involves complete or partial loss of electrons or a gain of oxygen; it results in an increase in the oxidation number of an atom *(694)*

oxidación: proceso que implica la pérdida total o parcial de electrones o la ganancia de oxígeno; conduce a un aumento en el número de oxidación de un átomo

oxidation number: a positive or negative number assigned to an atom to indicate its degree of oxidation or reduction; the oxidation number of an uncombined element is zero *(701)*

número de oxidación: número positivo o negativo que se asigna a un átomo para indicar su grado de oxidación o reducción; el número de oxidación de un elemento no combinado es cero

oxidation-number-change method: a method of balancing a redox equation by comparing the increases and decreases in oxidation numbers *(710)*

método de cambio del número de oxidación: método para balancear una ecuación redox comparando los incrementos y reducciones de los números de oxidación

oxidation-reduction reaction: a reaction that involves the transfer of electrons between reactants *(693)*

reacción de oxidación–reducción: reacción en la que hay transferencia de electrones entre los reactantes

oxidizing agent: the substance in a redox reaction that accepts electrons; in the reaction, the oxidizing agent is reduced *(695)*

agente oxidante: en una reacción redox, la sustancia que acepta electrones; en la reacción, el agente oxidante se reduce

P

partial pressure: the contribution each gas in a mixture of gases makes to the total pressure *(469)*

presión parcial: contribución de cada gas, en una mezcla de gases, a la presión total

pascal (Pa): the SI unit of pressure *(422)*

pascal (Pa): unidad SI de presión

Pauli exclusion principle: an atomic orbital may describe at most two electrons, each with opposite spin direction *(134)*

principio de exclusión de Pauli: un orbital atómico puede describir como máximo a dos electrones, cada uno con espín opuesto

peptide: an organic compound formed by a combination of amino acids in which the amino group of one acid is united with the carboxyl group of another through an amide bond *(845)*

péptido: compuesto orgánico formado por la combinación de aminoácidos de modo que el grupo amino de un ácido se une al grupo carboxilo de otro creando un enlace amida

peptide bond: the bond between the carbonyl group of one amino acid and the nitrogen of the next amino acid in the peptide chain; the structure is

$$\begin{matrix} O & H \\ \| & | \\ -C- & N- \end{matrix}$$

(845)

enlace péptido: enlace que hay entre el grupo carbonilo de un aminoácido y el nitrógeno del siguiente aminoácido de la cadena péptida; la estructura es

$$\begin{matrix} O & H \\ \| & | \\ -C- & N- \end{matrix}$$

percent composition: the percent by mass of each element in a compound *(325)*

composición porcentual: porcentaje por masa de cada elemento en un compuesto

percent error: the percent that a measured value differs from the accepted value *(65)*

error porcentual: porcentaje en el que un valor medido difiere del valor aceptado

percent yield: the ratio of the actual yield to the theoretical yield for a chemical reaction expressed as a percentage; a measure of the efficiency of a reaction *(405)*

rendimiento porcentual: razón del rendimiento real al rendimiento teórico de una reacción química, expresada como porcentaje; es una medida de la eficiencia de la reacción

period: a horizontal row of elements in the periodic table *(46)*

período: fila horizontal de elementos en la tabla periódica

periodic law: when the elements are arranged in order of increasing atomic number, there is a periodic repetition of their physical and chemical properties *(162)*

ley periódica: si los elementos se acomodan en orden de menor a mayor número atómico, se observa una repetición periódica de sus propiedades físicas y químicas

periodic table: an arrangement of elements in which the elements are separated into groups based on a set of repeating properties *(46)*

tabla periódica: distribución de los elementos dividiéndolos en grupos según un conjunto de propiedades que se repiten

pH: a number used to denote the hydrogen-ion concentration, or acidity, of a solution; it is the negative logarithm of the hydrogen-ion concentration of a solution (656)

pH: número empleado para denotar la concentración del ion hidrógeno (acidez) de una solución; es el logaritmo negativo de la concentración del ion hidrógeno en una solución

phase: any part of a sample with uniform composition and properties (39)

fase: cualquier parte de una muestra que tiene composición y propiedades uniformes

phase diagram: a graph showing the conditions at which a substance exists as a solid, liquid, or vapor (438)

diagrama de fase: gráfica que muestra las condiciones en las que una sustancia existe como sólido, líquido o vapor

phospholipid: a lipid that contains a phosphate group; because phospholipids have hydrophilic heads and hydrophobic tails, they form the lipid bilayers found in cell membranes (851)

fosfolípido: lípido que contiene un grupo fosfato; como los fosfolípidos tienen una cabeza hidrofílica y una cola hidrofóbica, pueden formar las bicapas lípidas de las membranas celulares

photoelectric effect: the ejection of electrons by certain metals when they absorb light with a frequency above a threshold frequency (143)

efecto fotoeléctrico: liberación de electrones por algunos metales cuando absorben la luz con una frecuencia superior a un umbral (o frecuencia mínima)

photon: a quantum of light; a discrete bundle of electromagnetic energy that interacts with matter similarly to particles (144)

fotón: cuanto de luz; paquete discreto de energía electromagnética que interactúa con la materia de forma similar a como lo hacen las partículas

photosynthesis: the process by which green plants and algae use radiant energy from the sun to synthesize glucose from carbon dioxide and water (839)

fotosíntesis: proceso por el cual las plantas y algas verdes aprovechan la energía radiante del Sol para sintetizar glucosa a partir de dióxido de carbono y agua

physical change: a change during which some properties of a material change, but the composition of the material does not change (37)

cambio físico: cambio durante el cual se alteran algunas propiedades de un material, pero sin que se altere la composición del material

physical chemistry: the area of chemistry that deals with the mechanism, the rate, and the energy transfer that occurs when matter undergoes a change (3)

fisicoquímica: área de la química que se relaciona con el mecanismo, la velocidad y la transferencia de energía que ocurre cuando la materia experimenta un cambio

physical property: a quality or condition of a substance that can be observed or measured without changing the substance's composition (35)

propiedad física: cualidad o condición de una sustancia que se puede observar o medir sin alterar la composición de la sustancia

pi bond (π bond): a covalent bond in which the bonding electrons are most likely to be found in sausage-shaped regions above and below the bond axis of the bonded atoms (241)

enlace pi (enlace π): enlace covalente en el que hay una alta probabilidad de encontrar los electrones de enlace en regiones alargadas que están arriba y abajo del eje de enlace de los átomos enlazados

Planck's constant (h): a number used to calculate the radiant energy (E) absorbed or emitted by a body based on the frequency of radiation (143)

constante de Planck (h): número que se usa para calcular la energía radiante (E) que un cuerpo absorbe o emite basándose en la frecuencia de radiación

polar covalent bond (polar bond): a covalent bond between atoms in which the electrons are shared unequally (248)

enlace covalente polar (enlace polar): enlace covalente entre átomos que no comparten equitativamente sus electrones

polar molecule: a molecule in which one side of the molecule is slightly negative and the opposite side is slightly positive (249)

molécula polar: molécula que tiene un lado ligeramente negativo y el otro ligeramente positivo

polyatomic ion: a tightly bound group of atoms that behaves as a unit and has a positive or negative charge (232)

ion poliatómico: grupo fuertemente enlazado de átomos, que se comporta como una unidad y tiene carga positiva o negativa

polymer: a very large molecule formed by the covalent bonding of repeating small molecules, known as monomers (822)

polímero: molécula muy grande formada por los enlaces covalentes de moléculas pequeñas que se repiten, llamadas monómeros

polysaccharide: a complex carbohydrate polymer formed by the linkage of many monosaccharide monomers; starch, glycogen, and cellulose are polysaccharides (843)

polisacárido: carbohidrato complejo formado por el encadenamiento de muchos monómeros monosacáridos; el almidón, el glucógeno y la celulosa son polisacáridos

positron: a particle with the mass of an electron but a positive charge (881)

positrón: partícula con la misma masa que un electrón pero con carga positiva

precipitate: a solid that forms and settles out of a liquid mixture *(49)*
   precipitado: sólido que se forma y se asienta a partir de una mezcla líquida

precision: describes the closeness, or reproducibility, of a set of measurements taken under the same conditions *(64)*
   precisión: cifra que describe la variabilidad de una serie de mediciones efectuadas en las mismas condiciones

product: a substance produced in a chemical reaction *(48)*
   producto: sustancia que se obtiene en una reacción química

protein: any peptide with more than 100 amino acids *(845)*
   proteína: cualquier péptido con más de 100 aminoácidos

proton: a positively charged subatomic particle found in the nucleus of an atom *(107)*
   protón: partícula subatómica con carga positiva que se encuentra en el núcleo de los átomos

pure chemistry: the pursuit of chemical knowledge for its own sake *(3)*
   química pura: búsqueda de conocimientos químicos por sí mismos

pure substance: *see* substance
   sustancia pura: *véase* sustancia

Q

quantum: the amount of energy needed to move an electron from one energy level to another *(129)*
   cuanto: cantidad de energía necesaria para desplazar un electrón de un nivel energético a otro

quantum mechanical model: the modern description, primarily mathematical, of the behavior of electrons in atoms *(130)*
   modelo según la mecánica cuántica: descripción moderna, primordialmente matemática, del comportamiento de los electrones en los átomos

R

radioactivity: the process by which nuclei emit particles and rays *(876)*
   radiactividad: proceso por el cual los núcleos emiten partículas y rayos

radioisotope: an isotope that has an unstable nucleus and undergoes radioactive decay *(876)*
   radioisótopo: isótopo cuyo núcleo es inestable y sufre desintegración radiactiva

rate: describes the speed of change over an interval of time *(595)*
   tasa (de reacción): cifra que describe la tasa de cambio a lo largo de un intervalo de tiempo

rate law: an expression relating the rate of a reaction to the concentration of the reactants *(604)*
   ley de tasa de reacción: expresión que relaciona la tasa de una reacción a la concentración de los reactantes

reactant: a substance present at the start of a reaction *(48)*
   reactante: sustancia presente al inicio de una reacción

reaction mechanism: a series of elementary reactions that take place during the course of a complex reaction *(607)*
   mecanismo de reacción: serie de reacciones básicas que se dan durante el curso de una reacción compleja

reducing agent: the substance in a redox reaction that donates electrons; in the reaction, the reducing agent is oxidized *(695)*
   agente reductor: en una reacción redox, la sustancia que dona electrones; en la reacción, el agente reductor se oxida

reduction: a process that involves a complete or partial gain of electrons or the loss of oxygen; it results in a decrease in the oxidation number of an atom *(694)*
   reducción: proceso que implica una ganancia total o parcial de electrones o pérdida de oxígeno; provoca una disminución en el número de oxidación de un átomo

reduction potential: a measure of the tendency of a given half-reaction to occur as a reduction (gain of electrons) in an electrochemical cell *(737)*
   potencial de reducción: medida de la tendencia que tiene una semirreacción específica de ocurrir como reducción (con ganancia de electrones) en una celda electroquímica

representative element: an element in an "A" group in the periodic table; as a group these elements display a wide range of physical and chemical properties. In their atoms, the *s* and *p* sublevels in the highest occupied energy level are partially filled *(171)*
   elemento representativo: elemento de un grupo "A" de la tabla periódica; en conjunto, estos elementos exhiben una amplia gama de propiedades físicas y químicas. En sus átomos, los subniveles *s* y *p* del nivel energético ocupado más alto están parcialmente llenos

representative particle: the smallest unit into which a substance can be broken down without a change in composition, usually atoms, molecules, or ions *(308)*
   partícula representativa: unidad más pequeña en que puede dividirse una sustancia sin que cambie su composición; por lo regular es un átomo, molécula o ion

resonance structure: one of the two or more equally valid electron dot structures of a molecule or polyatomic ion *(237)*
   estructura de resonancia: una de dos o más estructuras punto-electrón igualmente válidas de una molécula o ion poliatómico

responding variable: *see* dependent variable *(16)*
   variable de respuesta: *véase* variable dependiente

reversible reaction: a reaction in which the conversion of reactants into products and the conversion of products into reactants occur simultaneously (609)

reacción reversible: reacción en la que se da en forma simultánea la conversión de reactantes en productos y la conversión de productos en reactantes

S

salt bridge: a tube containing a strong electrolyte used to separate the half-cells in a voltaic cell; it allows the passage of ions from one half-cell to the other but prevents the solutions from mixing completely (730)

puente salino: tubo que contiene un electrolito fuerte que se usa para separar las semiceldas en una celda voltaica; permite el paso de iones de una semicelda a la otra, pero impide que las soluciones se mezclen totalmente

salt hydrolysis: a process in which the cations or anions of a dissociated salt accept hydrogen ions from water or donate hydrogen ions to water (677)

hidrólisis de sales: proceso por el cual los cationes o aniones de una sal disociada aceptan iones hidrógeno del agua o donan iones hidrógeno al agua

saponification: the hydrolysis of fats or oils by a hot aqueous alkali-metal hydroxide; soaps are made by saponification (851)

saponificación: hidrólisis de grasas o aceites con una solución acuosa caliente de un hidróxido de metal alcalino; los jabones se hacen mediante la saponificación

saturated compound: an organic compound in which all carbon atoms are joined by single covalent bonds; it contains the maximum number of hydrogen atoms per carbon atom (772)

compuesto saturado: compuesto orgánico en el que todos los átomos de carbono están unidos por enlaces covalentes sencillos; contiene el número máximo de átomos de hidrógeno por átomo de carbono

saturated solution: a solution containing the maximum amount of solute for a given amount of solvent at a constant temperature and pressure; an equilibrium exists between undissolved solute and ions in solution (520)

solución saturada: solución que contiene la cantidad máxima de soluto para una cantidad dada de solvente a temperatura y presión constantes; existe equilibrio entre el soluto no disuelto y los iones en solución

scientific law: a concise statement that summarizes the results of many observations and experiments (17)

ley científica: expresión concisa que resume los resultados de muchas observaciones y experimentos

scientific method: a logical, systematic approach to the solution of a scientific problem; steps in the scientific method include making observations, testing hypotheses, and developing theories (15)

método científico: enfoque lógico y sistemático para resolver un problema científico; los pasos del método científico incluyen hacer observaciones, probar hipótesis y desarrollar teorías

scientific notation: an expression of numbers in the form $m \times 10^n$, where m is equal to or greater than 1 and less than 10, and n is an integer (62)

notación científica: convención por la cual los números se expresan en la forma $m \times 10^n$, donde m es un número mayor que o igual a 1 y menor que 10, y n es un entero

self-ionization: a term describing the reaction in which two water molecules react to produce ions (653)

autoionización: reacción en la que dos moléculas de agua reaccionan para producir iones

sigma bond (σ bond): a bond formed when two atomic orbitals combine for form a molecular orbital that is symmetrical around the axis connecting the two atomic nuclei (240)

enlace sigma (enlace σ): enlace que se forma cuando dos orbitales atómicos se combinan para formar un orbital molecular que es simétrico con respecto al eje que conecta a los dos núcleos atómicos

significant figures: all the digits that can be known precisely in a measurement, plus a last estimated digit (66)

cifras significativas: todos los dígitos de una medición que se pueden conocer con precisión, más un último dígito estimado

single covalent bond: a bond formed when two atoms share a pair of electrons (226)

enlace covalente sencillo: enlace que se forma cuando dos átomos comparten un par de electrones

single-replacement reaction: a chemical change in which one element replaces a second element in a compound; also called a displacement reaction (360)

reacción de sustitución sencilla: cambio químico en el que un elemento reemplaza a un segundo elemento en un compuesto; también llamada reacción de desplazamiento

skeleton equation: a chemical equation that does not indicate the relative amounts of reactants and products (348)

ecuación esqueleto: ecuación química que no indica las cantidades relativas de reactantes y productos

solid: a form of matter that has a definite shape and volume (36)

sólido: estado de la materia que tiene forma y volumen definidos

solubility: the amount of a substance that dissolves in a given quantity of solvent at specified conditions of temperature and pressure to produce a saturated solution *(520)*

   solubilidad: cantidad de una sustancia que se disuelve en una cantidad dada de disolvente, bajo condiciones específicas de temperatura y presión, para producir una solución saturada

solubility product constant (K_{sp}): an equilibrium constant applied to the solubility of electrolytes; it is equal to the product of the concentrations of the ions each raised to a power equal to the coefficient of the ion in the dissociation equation *(622)*

   constante del producto de solubilidad (K_{sp}): constante de equilibrio aplicada a la solubilidad de electrolitos; es igual al producto de las concentraciones de los iones, cada una elevada a una potencia igual al coeficiente del ion en la ecuación de disociación

solute: dissolved particles in a solution *(494)*

   soluto: partículas disueltas en una solución

solution: a homogeneous mixture; consists of solutes dissolved in a solvent *(39)*

   solución: mezcla homogénea que consiste en solutos disueltos en un solvente

solvation: a process that occurs when an ionic solute dissolves; in solution, solvent molecules surround the positive and negative ions *(495)*

   solvatación: proceso que tiene lugar cuando se disuelve un soluto iónico; en solución, las moléculas de solvente rodean a los iones positivos y negativos

solvent: the dissolving medium in a solution *(494)*

   solvente: medio dispersor en una solución

specific heat: the amount of heat needed to increase the temperature of 1 g of a substance 1°C; also called specific heat capacity *(559)*

   calor específico: cantidad de calor requerida para elevar 1°C la temperatura de 1 g de una sustancia; también llamado capacidad calorífica

specific rate constant: a proportionality constant relating the concentrations of reactants to the rate of the reaction *(604)*

   constante específica de tasa de reacción: constante de proporcionalidad que relaciona las concentraciones de los reactantes con la tasa de la reacción

spectator ion: an ion that is not directly involved in a chemical reaction; an ion that does not change oxidation number or composition during a reaction *(370)*

   ion espectador: ion que no interviene directamente en una reacción química; ion que no cambia de número de oxidación ni de composición durante una reacción

spectrum: wavelengths of visible light that are separated when a beam of light passes through a prism; range of wavelengths of electromagnetic radiation *(139)*

   espectro: longitudes de onda de luz visible que se separan cuando un haz de luz atraviesa un prisma; gama de longitudes de onda de radiación electromagnética

spin: a quantum mechanical property of electrons that may be thought of as clockwise or counterclockwise *(134)*

   espín: propiedad de los electrones según la mecánica cuántica en la cual la rotación se considera en sentido de las agujas del reloj o en sentido contrario a las agujas del reloj

spontaneous reaction: a reaction that favors the formation of products at the specified conditions; spontaneity depends on enthalpy and entropy changes *(628)*

   reacción espontánea: reacción que favorece la formación de productos, bajo las condiciones especificadas; la espontaneidad depende de los cambios de entalpía y de entropía

standard atmosphere (atm): a unit of pressure; it is the pressure required to support 760 mm of mercury in a mercury barometer at 25°C *(422)*

   atmósfera estándar (atm): unidad de presión; es la presión necesaria para mantener 760 mm de mercurio en un barómetro de mercurio a 25°C

standard cell potential ($E°_{cell}$): the measured cell potential when the ion concentration in the half-cells are $1.00M$ at 1 atm of pressure and 25°C *(737)*

   potencial estándar de celda ($E°_{cell}$): potencial de celda que se mide cuando las concentraciones de los iones en las semiceldas son $1.00M$ a 1 atm de presión y 25°C

standard heat of formation ($\Delta H_f°$): the change in enthalpy that accompanies the formation of one mole of a compound from its elements with all substances in their standard states at 25°C *(580)*

   calor estándar de formación ($\Delta H_f°$): cambio de entalpía que acompaña a la formación de un mol de un compuesto a partir de sus elementos, estando todas las sustancias en su estado estándar a 25°C

standard hydrogen electrode: an arbitrary reference electrode (half-cell) used with another electrode (half-cell) to measure the standard reduction potential of that cell; the standard reduction potential of the hydrogen electrode is assigned a value of 0.00 V *(738)*

   electrodo estándar de hidrógeno: electrodo (semicelda) de referencia arbitrario que se usa junto con otro electrodo (semicelda) para medir el potencial estándar de reducción de esa celda; al potencial estándar de reducción del electrodo de hidrógeno se le asigna el valor de 0.00 V

standard solution: a solution of known concentration used in carrying out a titration *(674)*

   solución estándar: solución cuya concentración se conoce; se usa para efectuar valoraciones químicas

standard temperature and pressure (STP): the conditions under which the volume of a gas is usually measured; standard temperature is 0°C, and standard pressure is 101.3 kPa, or 1 atmosphere (atm) *(320)*

   temperatura y presión estándar (TPE): las condiciones en las que normalmente se mide el volumen de un gas; la temperatura estándar es 0°C y la presión estándar es 101.3 kPa, o 1 atmósfera (atm)

stereoisomers: molecules that have atoms in the same order, but which differ in the arrangement of the atoms in space *(776)*

estereoisómeros: moléculas cuyos átomos están en el mismo orden, pero que difieren en la distribución de los átomos en el espacio

stoichiometry: that portion of chemistry dealing with numerical relationships in chemical reactions; the calculation of quantities of substances involved in chemical equations *(386)*

estequiometría: rama de la química que se ocupa de las relaciones numéricas en las reacciones químicas; el cálculo de las cantidades de sustancias presentes en las ecuaciones químicas

straight-chain alkane: a saturated hydrocarbon that contains any number of carbon atoms arranged one after the other in a chain *(764)*

alcano de cadena lineal: hidrocarburo saturado que contiene cualquier número de átomos de carbono acomodados uno tras otro en una cadena

strong acid: an acid that is completely (or almost completely) ionized in aqueous solution *(664)*

ácido fuerte: ácido que se ioniza casi totalmente en solución acuosa

strong base: a base that completely dissociates into metal ions and hydroxide ions in aqueous solution *(668)*

base fuerte: base que se disocia totalmente en iones metálicos e iones hidróxido en solución acuosa

strong electrolyte: a solution in which a large portion of the solute exists as ions *(497)*

electrolito fuerte: solución en la que una porción considerable de soluto existe en forma de iones

structural formula: a chemical formula that shows the arrangement of atoms in a molecule or a polyatomic ion; each dash between a pair of atoms indicates a pair of shared electrons *(227)*

fórmula estructural: fórmula química que muestra la distribución de los átomos en una molécula o ion poliatómico; cada raya entre un par de átomos indica un par de electrones compartidos

sublimation: the process in which a solid changes to a gas or vapor without passing through the liquid state *(436)*

sublimación: proceso por el cual un sólido cambia a gas o vapor sin pasar por el estado líquido

substance: matter that has a uniform and definite composition; either an element or a compound; also called pure substance *(35)*

sustancia: materia que tiene una composición uniforme y definida; puede ser un elemento o un compuesto; también llamada sustancia pura

substituent: an atom or group of atoms that can take the place of a hydrogen atom on a parent hydrocarbon molecule *(767)*

sustituto: átomo o grupo de átomos que puede ocupar el lugar de un átomo de hidrógeno en una molécula precursora de hidrocarburo

substitution reaction: a common type of organic reaction; involves the replacement of an atom or group of atoms by another atom or group of atoms *(801)*

reacción de sustitución: tipo común de reacción orgánica; implica la sustitución de un átomo o grupo de átomos por otro átomo o grupo de átomos

substrate: a molecule on which an enzyme acts *(847)*

sustrato: molécula sobre la que actúa una enzima

supersaturated solution: a solution that contains more solute than it can theoretically hold at a given temperature; excess solute precipitates if a seed crystal is added *(522)*

solución sobresaturada: solución que contiene más soluto del que en teoría puede contener a una temperatura específica; el soluto en exceso se precipita si se añade un cristal que actúe como semilla

surface tension: an inward force that tends to minimize the surface area of a liquid; it causes the surface to behave as if it were a thin skin *(490)*

tensión superficial: fuerza que tiende a reducir al mínimo la superficie total de un líquido; hace que la superficie se comporte como si fuera una membrana delgada

surfactant: any substance that interferes with the hydrogen bonding between water molecules and thereby reduces surface tension; soaps are surfactants *(490)*

tensoactivo: cualquier sustancia que interfiere en la formación de enlaces de hidrógeno entre las moléculas de agua y así reduce la tensión superficial; los jabones y detergentes son tensoactivos

surroundings: everything in the universe outside of the system *(557)*

entorno: todo lo que no forma parte del sistema, es decir, el resto del universo

suspension: a mixture from which some of the particles settle out slowly upon standing *(504)*

suspensión: mezcla de la que se separan lentamente algunas partículas por asentamiento cuando no se agita

synthesis reaction: *see* combination reaction

reacción de síntesis: *véase* reacción de combinación

system: a part of the universe on which you focus your attention *(557)*

sistema: parte del universo en la que centramos nuestra atención

T

technology: the means by which a society provides its members with those things needed and desired (8)

  tecnología: los medios por los cuales una sociedad proporciona a sus miembros las cosas que necesitan y desean

temperature: a measure of the average kinetic energy of particles in matter; temperature determines the direction of heat transfer (78)

  temperatura: medida de la energía cinética promedio de las partículas en la materia; la temperatura determina la dirección de la transferencia de calor

tetrahedral angle: a bond angle of 109.5° that results when a central atom forms four bonds directed toward the center of a regular tetrahedron (242)

  ángulo tetraédrico: ángulo de enlace de 109.5° que se forma cuando un átomo central forma cuatro enlaces dirigidos hacia el centro de un tetraedro regular

theoretical yield: the amount of product that could form during a reaction calculated from a balanced chemical equation; it represents the maximum amount of product that could be formed from a given amount of reactant (405)

  rendimiento teórico: cantidad de producto que podría formarse durante una reacción, calculada a partir de una ecuación química balanceada; representa la cantidad máxima de producto que podría formarse a partir de una cantidad determinada de reactantes

theory: a well-tested explanation for a broad set of observations (17)

  teoría: explicación, probada exhaustivamente, de un conjunto amplio de observaciones

thermochemical equation: a chemical equation that includes the enthalpy change (565)

  ecuación termoquímica: ecuación química que incluye el cambio de entalpia

thermochemistry: the study of energy changes that occur during chemical reactions and changes in state (556)

  termoquímica: estudio de los cambios de calor que acompañan a las reacciones químicas y a los cambios de estado físico

titration: process used to determine the concentration of a solution (often an acid or base) in which a solution of known concentration (the standard) is added to a measured amount of the solution of unknown concentration until an indicator signals the end point (673)

  valoración química: proceso que se usa para determinar la concentración de una solución (a menudo un ácido o base) en el que una solución de concentración conocida (solución estándar) se añade a una cantidad medida de una solución cuya concentración se desconoce, hasta que un indicador marca el punto final

trans **configuration:** the configuration in which substituent groups are on the opposite sides of a double bond (776)

  configuración *trans:* configuración en la que los grupos sustitutos están en lados opuestos de un enlace doble

transition metal: one of the Group B elements in which the highest occupied s sublevel and a nearby d sublevel generally contain electrons (172)

  metal de transición: uno de los elementos del grupo B en el que el subnivel s ocupado más alto y un subnivel d cercano generalmente contienen electrones

transmutation: the conversion of an atom of one element to an atom of another element (885)

  transmutación: conversión de un átomo de un elemento a un átomo de otro elemento

transuranium element: any elements in the periodic table with atomic number above 92, the atomic number of uranium (886)

  elemento transuránico: cualquier elemento de la tabla periódica cuyo número atómico es mayor que 92, el número atómico del uranio

triglyceride: an ester in which all three hydroxyl groups on a glycerol molecule have been replaced by long-chain fatty acids; fats are triglycerides (850)

  triglicérido: éster en el que los tres grupos hidroxilo de una molécula de glicerol han sido sustituidos por ácidos grasos de cadena larga; las grasas son triglicéridos

triple covalent bond: a covalent bond in which three pairs of electrons are shared by two atoms (230)

  enlace covalente triple: enlace covalente en el que dos átomos comparten tres pares de electrones

triple point: the point on a phase diagram that represents the only set of conditions at which all three phases exist in equilibrium with one another (402)

  punto triple: punto de un diagrama de fase que representa al único conjunto de condiciones en el que las tres fases existen en equilibrio

triprotic acid: any acid that contains three ionizable protons (hydrogen ions); phosphoric acid (H_3PO_4) is a triprotic acid (647)

  ácido triprótico: ácido que contiene tres protones (iones hidrógeno) ionizables; el ácido fosfórico (H_3PO_4) es un ácido triprótico

Tyndall effect: scattering of light by particles in a colloid or suspension, which causes a beam of light to become visible (506)

  efecto Tyndall: dispersión de la luz por las partículas de un coloide o una suspensión, que hace que un haz de luz se vuelva visible

U

unit cell: the smallest group of particles within a crystal that retains the geometric shape of the crystal *(433)*

    celda unitaria: grupo más pequeño de partículas dentro de un cristal que conserva la forma geométrica del cristal

unsaturated solution: a solution that contains less solute than a saturated solution at a given temperature and pressure *(520)*

    solución insaturada: se dice de una solución que contiene menos soluto que una solución saturada a una temperatura y presión específicas

unsaturated compound: an organic compound with one or more double or triple carbon–carbon bonds *(772)*

    compuesto insaturado: compuesto orgánico que tiene uno o más enlaces carbono–carbono dobles o triples

unshared pair: a pair of valence electrons that is not shared between atoms *(227)*

    par no compartido: par de electrones de valencia que no es compartido por dos átomos

V

vacuum: a space where no particles of matter exist *(421)*

    vacío: espacio en el que no existen partículas de materia

valence electron: an electron in the highest occupied energy level of an atom *(194)*

    electrón de valencia: electrón que está en el nivel energético ocupado más alto de un átomo

van der Waals forces: the two weakest intermolecular attractions—dispersion interactions and dipole forces *(250)*

    fuerzas de van der Waals: las dos atracciones intermoleculares más débiles: interacciones de dispersión y fuerzas dipolares

vapor: describes the gaseous state of a substance that is generally a liquid or solid at room temperature *(37)*

    vapor: estado gaseoso de una sustancia que suele ser líquida o sólida a temperatura ambiente

vaporization: the conversion of a liquid to a gas or a vapor *(426)*

    vaporización: conversión de un líquido en gas o vapor

vapor pressure: a measure of the force exerted by a gas above a liquid in a sealed container; a dynamic equilibrium exists between the vapor and the liquid *(427)*

    presión de vapor: medida de la fuerza que ejerce un gas sobre un líquido en un contenedor sellado; equilibrio dinámico que existe entre el vapor y el líquido

voltaic cell: an electrochemical cell used to convert chemical energy into electrical energy; the energy is produced by a spontaneous redox reaction *(730)*

    celda voltaica: celda electroquímica que se usa para convertir energía química en energía eléctrica; la energía se produce por una reacción redox espontánea

volume: a measure of the space occupied by a sample of matter *(34)*

    volumen: medida del espacio ocupado por una muestra de materia

VSEPR theory: valence-shell electron-pair repulsion theory; because electron pairs repel, molecules adjust their shapes so that valence electron pairs are as far apart as possible *(242)*

    teoría RPENV: teoría de repulsión de pares de electrones del nivel de valencia; como los pares de electrones se repelen, las moléculas ajustan su forma de modo que los pares de electrones de valencia estén lo más alejados posible entre sí

W

water of hydration: water molecules that are an integral part of a crystal structure *(498)*

    agua de hidratación: moléculas de agua que forman parte integral de una estructura cristalina

wavelength (λ): the distance between adjacent crests of a wave *(138)*

    longitud de onda (λ): distancia entre crestas adyacentes de una onda

wax: an ester of a long-chain fatty acid and a long-chain alcohol *(852)*

    cera: éster de un ácido graso de cadena larga y un alcohol de cadena larga

weak acid: an acid that is only slightly ionized in aqueous solution *(664)*

    ácido débil: ácido que se ioniza poco en solución acuosa

weak base: a base that reacts with water to form the hydroxide ion and the conjugate acid of the base *(668)*

    base débil: base que reacciona con agua para formar el ion hidróxido y el ácido conjugado de la base

weak electrolyte: a solution that conducts electricity poorly because only a fraction of the solute exists as ions *(497)*

    electrolito débil: solución que apenas conduce la electricidad porque sólo una fracción del soluto existe en forma de iones

weight: a force that measures the pull of gravity on a given mass *(77)*

    peso: fuerza que mide la atracción de la gravedad sobre una masa específica

Indice

La página en la que se define un término está indicada en **letras negritas**. Los números de página para los apéndices empiezan con *R*.

Créditos

Credits cont.

Tabla periódica de los elementos

Elementos representativos
- Metales alcalinos
- Metales alcalinotérreos
- Otros metales
- Metaloides
- No metales
- Gases nobles

Elementos de transición
- Metales de transición
- Metales de transición interna

- C Sólido
- Br Líquido
- He Gas
- Tc No se encuentra en la naturaleza

Número atómico
Electrones en cada nivel de energía
Símbolo del elemento
Nombre del elemento†
Masa atómica†

13 **Al** Aluminio 26.982 (2 8 3)

†Las masas atómicas entre paréntesis son los números de masa del isótopo más duradero de los elementos cuyas masas atómicas estándares no se pueden definir.

Los elementos 104 a 118 son los elementos transactínidos.

*Descubrimiento reportado pero no verificado

Serie de los lantánidos
Serie de los actínidos

1 1A																	18 8A
1 **H** Hidrógeno 1.0079	2 2A											13 3A	14 4A	15 5A	16 6A	17 7A	2 **He** Helio 4.0026
3 **Li** Litio 6.941	4 **Be** Berilio 9.0122											5 **B** Boro 10.81	6 **C** Carbono 12.011	7 **N** Nitrógeno 14.007	8 **O** Oxígeno 15.999	9 **F** Flúor 18.998	10 **Ne** Neón 20.179
11 **Na** Sodio 22.990	12 **Mg** Magnesio 24.305	3 3B	4 4B	5 5B	6 6B	7 7B	8	9 8B	10	11 1B	12 2B	13 **Al** Aluminio 26.982	14 **Si** Silicio 28.086	15 **P** Fósforo 30.974	16 **S** Azufre 32.06	17 **Cl** Cloro 35.453	18 **Ar** Argón 39.948
19 **K** Potasio 39.098	20 **Ca** Calcio 40.08	21 **Sc** Escandio 44.956	22 **Ti** Titanio 47.90	23 **V** Vanadio 50.941	24 **Cr** Cromo 51.996	25 **Mn** Manganeso 54.938	26 **Fe** Hierro 55.847	27 **Co** Cobalto 58.933	28 **Ni** Níquel 58.71	29 **Cu** Cobre 63.546	30 **Zn** Zinc 65.38	31 **Ga** Galio 69.72	32 **Ge** Germanio 72.59	33 **As** Arsénico 74.922	34 **Se** Selenio 78.96	35 **Br** Bromo 79.904	36 **Kr** Criptón 83.80
37 **Rb** Rubidio 85.468	38 **Sr** Estroncio 87.62	39 **Y** Itrio 88.906	40 **Zr** Circonio 91.22	41 **Nb** Niobio 92.906	42 **Mo** Molibdeno 95.94	43 **Tc** Tecnecio (98)	44 **Ru** Rutenio 101.07	45 **Rh** Rodio 102.91	46 **Pd** Paladio 106.4	47 **Ag** Plata 107.87	48 **Cd** Cadmio 112.41	49 **In** Indio 114.82	50 **Sn** Estaño 118.69	51 **Sb** Antimonio 121.75	52 **Te** Teluro 127.60	53 **I** Iodo 126.90	54 **Xe** Xenón 131.30
55 **Cs** Cesio 132.91	56 **Ba** Bario 137.33	71 **Lu** Lutecio 174.97	72 **Hf** Hafnio 178.49	73 **Ta** Tantalio 180.95	74 **W** Tungsteno 183.85	75 **Re** Renio 186.21	76 **Os** Osmio 190.2	77 **Ir** Iridio 192.22	78 **Pt** Platino 195.09	79 **Au** Oro 196.97	80 **Hg** Mercurio 200.59	81 **Tl** Talio 204.37	82 **Pb** Plomo 207.2	83 **Bi** Bismuto 208.98	84 **Po** Polonio (209)	85 **At** Astato (210)	86 **Rn** Radón (222)
87 **Fr** Francio (223)	88 **Ra** Radio (226)	103 **Lr** Lawrencio (262)	104 **Rf** Rutherfordio (261)	105 **Db** Dubnio (262)	106 **Sg** Seaborgio (263)	107 **Bh** Bohrio (264)	108 **Hs** Hassio (265)	109 **Mt** Meitnerio (268)	110 **Ds** Darmstadio (269)	111 **Rg** Roentgenio (272)	112 **Cn** Copernicio (277)	113 ***Uut** Ununtrio (284)	114 ***Uuq** Ununcuadio (289)	115 ***Uup** Ununpentio (288)	116 ***Uuh** Ununhexio (293)	117 ***Uus** Ununseptio (Clasificación pendiente)	118 ***Uuo** Ununoctio (299)

Serie de los lantánidos

| 57 **La** Lantano 138.91 | 58 **Ce** Cerio 140.12 | 59 **Pr** Praseodimio 140.91 | 60 **Nd** Neodimio 144.24 | 61 **Pm** Promecio (145) | 62 **Sm** Samario 150.4 | 63 **Eu** Europio 151.96 | 64 **Gd** Gadolinio 157.25 | 65 **Tb** Terbio 158.93 | 66 **Dy** Disprosio 162.50 | 67 **Ho** Holmio 164.93 | 68 **Er** Erbio 167.26 | 69 **Tm** Tulio 168.93 | 70 **Yb** Iterbio 173.04 |

Serie de los actínidos

| 89 **Ac** Actinio (227) | 90 **Th** Torio 232.04 | 91 **Pa** Protactinio 231.04 | 92 **U** Uranio 238.03 | 93 **Np** Neptunio (237) | 94 **Pu** Plutonio (244) | 95 **Am** Americio (243) | 96 **Cm** Curio (247) | 97 **Bk** Berkelio (247) | 98 **Cf** Californio (251) | 99 **Es** Einstenio (252) | 100 **Fm** Fermio (257) | 101 **Md** Mendelevio (258) | 102 **No** Nobelio (259) |